CB076607

Suma
teológica
VIII

Tomás de Aquino

Tomás de Aquino

Suma
teológica

Volume VIII
III Parte – Questões 1-59

O MISTÉRIO DA ENCARNAÇÃO

Edições Loyola

© Introdução e notas:
Thomas d'Aquin – Somme théologique,
Les Éditions du Cerf, Paris, 1984
ISBN 2-204-02-229-2

Texto latino de *Editio Leonina*, reproduzido na Edição Marietti
(ed. Cl. Suermondt, OP), Marietti, Turim, Roma, 1948ss.

Dados Internacionais de Catalogação na Publicação (CIP)
(Câmara Brasileira do Livro, SP, Brasil)

Tomás de Aquino, Santo, 1225?-1274
    Suma teológica : volume VIII : III parte : questões 1-59 : o mistério da encarnação / Tomás de Aquino ; tradução Carlos Josaphat Pinto de Oliveira. -- 3. ed. -- São Paulo : Edições Loyola, 2021.

    Título original: Thomas d'Aquin : somme théologique
    ISBN 978-85-15-02554-1

    1. Igreja Católica - Doutrinas - Obras anteriores a 1800
2. Sacramento - Igreja Católica 3. Tomás de Aquino, Santo, 1225?-1274. Suma de teologia I. Título.

21-56285   CDD-230.2

Índices para catálogo sistemático:
1. Tomás de Aquino : Suma de teologia   230.2
Maria Alice Ferreira - Bibliotecária - CRB-8/7964

Edições Loyola Jesuítas
Rua 1822, 341 – Ipiranga
04216-000 São Paulo, SP
T 55 11 3385 8500/8501 • 2063 4275
editorial@loyola.com.br
vendas@loyola.com.br
www.loyola.com.br

Todos os direitos reservados. Nenhuma parte desta obra pode ser reproduzida ou transmitida por qualquer forma e/ou quaisquer meios (eletrônico ou mecânico, incluindo fotocópia e gravação) ou arquivada em qualquer sistema ou banco de dados sem permissão escrita da Editora.

ISBN 978-85-15-02554-1

3ª edição: 2021

© EDIÇÕES LOYOLA, São Paulo, Brasil, 2002

PLANO GERAL DA OBRA

Volume I	**I Parte – Questões 1-43** Teologia como ciência O Deus único Os três que são o Deus único
Volume II	**I Parte – Questões 44-119** O Deus criador O anjo A obra dos seis dias O homem A origem do homem O governo divino
Volume III	**I Seção da II Parte – Questões 1-48** A bem-aventurança Os atos humanos As paixões da alma
Volume IV	**I Seção da II Parte – Questões 49-114** Os hábitos e as virtudes Os dons do Espírito Santo Os vícios e os pecados A pedagogia divina pela lei A lei antiga e a lei nova A graça
Volume V	**II Seção da II Parte – Questões 1-56** A fé – A esperança – A caridade A prudência
Volume VI	**II Seção da II Parte – Questões 57-122** A justiça A religião As virtudes sociais
Volume VII	**II Seção da II Parte – Questões 123-189** A fortaleza A temperança Os carismas a serviço da Revelação A vida humana
Volume VIII	**III Parte – Questões 1-59** O mistério da encarnação
Volume IX	**III Parte – Questões 60-90** Os sacramentos da fé O batismo A confirmação A eucaristia A penitência

COLABORADORES DA EDIÇÃO BRASILEIRA

Direção:
Pe. Gabriel C. Galache, SJ
Pe. Danilo Mondoni, SJ

Coordenação geral:
Carlos-Josaphat Pinto de Oliveira, OP

Colaboraram nas traduções:

Aldo Vannucchi
Bernardino Schreiber
Bruno Palma
Carlos-Josaphat Pinto de Oliveira
Carlos Palacio
Celso Pedro da Silva
Domingos Zamagna
Eduardo Quirino
Francisco Taborda
Gilberto Gorgulho
Henrique C. de Lima Vaz
Irineu Guimarães
João B. Libanio

José de Ávila
José de Souza Mendes
Luiz Paulo Rouanet
Marcio Couto
Marcos Marcionilo
Maurílio J. Camello
Maurilo Donato Sampaio
Odilon Moura
Orlando Soares Moreira
Oscar Lustosa
Romeu Dale
Yvone Maria de Campos Teixeira da Silva
Waldemar Valle Martins

Diagramação:
So Wai Tam

Editor:
Joaquim Pereira

SIGLAS E ABREVIATURAS

Chamadas de notas, no rodapé

Formuladas em letras, referem-se às notas da tradução e das introduções.
Formuladas em algarismos, referem-se ao texto latino.

Referências bíblicas

Aparecem no texto com as siglas da Tradução Ecumênica da Bíblia — TEB.
As referências dadas por Sto. Tomás ou por seus editores foram adaptadas às bíblias traduzidas do hebraico e do grego que todos temos em mãos, hoje. A numeração dos salmos é, portanto, a do hebraico.
Após uma referência bíblica, a sigla Vg (Vulgata) não concerne à referência, mas assinala que Sto. Tomás funda-se em uma tradução cujo sentido não se encontra exatamente em nossas bíblias traduzidas do hebraico ou do grego.

Referência à *Suma teológica*

Seu título não é chamado. Suas partes são designadas por algarismos romanos.
— I, q. 1, a. 2, obj. 1 lê-se: *Suma teológica*, primeira parte, questão 1, artigo 2, objeção 1.
— I-II, q. 3, a. 1, s.c. lê-se: *Suma teológica*, primeira seção da segunda parte, questão 3, artigo 1, argumento em sentido contrário.
— II-II, q. 5, a. 2, rep, lê-se: *Suma teológica*, segunda seção da segunda parte, questão 5, artigo 2, resposta (ou "corpo do artigo").
— III, q. 10, a. 4, sol. 3 lê-se: *Suma teológica*, terceira parte, questão 10, artigo 4, solução (da objeção) 3.

Principais obras de Sto. Tomás

Com. = comentários sobre...
— IV Sent. d. 2, q. 3 lê-se: *Livro das sentenças*, de Pedro Lombardo, quarto livro, distinção 2, questão 3.
— III CG, 12 lê-se: *Suma contra os gentios*, terceiro livro, capítulo 12.

Referências aos Padres da Igreja

— PL 12, 480 significa: MIGNE, *Patrologia latina*, tomo 12, coluna 480.
— PG 80, 311 significa: MIGNE, *Patrologia grega*, tomo 80, coluna 311.
Com frequência, deu-se a referência a edições contendo uma tradução francesa dos textos citados por Sto. Tomás:
— SC 90, 13 significa: Coleção *Sources Chrétiennes*, n. 90, p. 13.
— BA 10, 201 significa: *Bibliothèque Augustinienne*, tomo 10, p. 201.
— BL 7, 55 significa: *Correspondance de S. Jérôme*, por J. Labourt, aux éditions des Belles-Lettres, tomo 7, p. 55.

Referências ao magistério da Igreja

— DS 2044 significa: DENZINGER-SCHÖNMETZER, *Enchiridion Symbolorum*... n. 2044 (em latim)
— DUMEIGE 267 significa: GERVAIS DUMEIGE, *La Foi Catholique*... n. 267 (em francês).

AUTORES E OBRAS CITADOS NA SUMA TEOLÓGICA

III Parte – Questões 1-59

ABELARDO (1079-1142) – Teólogo e filósofo francês, natural de Pallet, perto de Nantes, célebre por sua paixão por Heloísa. Ensinou teologia escolástica e lógica. Condenado no Concílio de Soissons e no de Sens, por proposição de S. Bernardo. Na controvérsia sobre os universais, defendeu o conceitualismo. Suas obras principais são, além de tratados teológicos, *Dialética e glosas sobre Porfírio*, e uma obra autobiográfica *Historia calamitatum*.

AGATÃO – Papa de 678 a 681. O III Concílio de Constantinopla (VI ecumênico) acontece durante seu pontificado, em 680-681. Define, contra o monotelitas, a presença de duas vontades em Cristo: a vontade divina e a vontade humana. Sto. Tomás refere-se à carta sinodal do concílio romano, assinada pelo papa e 125 bispos, que os legados pontifícios levaram ao Concílio.

AGELLIUS – É assim que os medievais chamam Aulus Gellius (Aulu-Gelle). Esse gramático latino (aproximadamente 130 d.C.), espírito fino e curioso, é autor das *Noites Antigas*. A obra é apresentada como uma série de conversações, durante a noite, entre amigos eruditos, sobra a gramática, a crítica literária e a história.

AGOSTINHO (354-431) – Agostinho é universalmente conhecido. Africano de nascimento e inicialmente seduzido pelo maniqueísmo, contou, em suas *Confissões*, sua longa caminhada interior até a conversão e seu batismo por Sto. Ambrósio, em 387.

Descobriu, atuando em sua vida, o amor gratuito de Deus e essa experiência da graça iluminou toda a sua obra. Ordenado sacerdote, quase sem o querer, em 391, e bispo de Hipona, em 395, permaneceu sempre atraído pela experiência interior da união a Deus.

Sua obra é imensa. Excetuando Orígenes, nenhum autor cristão procurou a verdade em tantos campos: teologia, exegese, música etc. Combateu todas as heresias de seu tempo: maniqueísmo, donatismo, pelagianismo, procurando definir a doutrina cristã com força e precisão. Sua luta contra o pelagianismo levou-o demasiadamente longe no caminho da restrição à liberdade humana. Sua concepção do homem, marcada por um pessimismo latente, é transfigurada por seu amor a Cristo, o Verbo encarnado e salvador, e por sua ardente procura de Deus, fonte da vida bem-aventurada.

Agostinho não elaborou um sistema. Mas encontrou em Platão o que convinha a seu pensamento: "Nenhuma doutrina está mais próxima da nossa" (*Cidade de Deus VIII*, 5). Todavia, repensa essa doutrina como cristão. É em Deus que as Ideias subsistem, não existem em si.

Nada faz parar seu desejo de conhecer, e pesquisa longamente o mistério da Trindade (tratado sobre a Trindade). Os acontecimentos trágicos de seu tempo ditam-lhe uma grandiosa visão da história, síntese da história universal e divina, em que as duas Cidades se enfrentam (*A Cidade de Deus*).

Agostinho exerce essa atividade espantosa concomitantemente ao exercício de um cargo pastoral extenuante. Dá-se inteiramente a seu povo de Hipona. Quer comunicar-lhe a chama que devora seu coração.

De todas as partes, é consultado. É a autoridade de numerosos concílios regionais, até a morte, momento em que os vândalos sitiam sua cidade de Hipona.

Agostinho lançou inúmeras ideias fecundas e novas. A Igreja do Ocidente o escolheu por guia, julgando-o infalível. Admirou nele o doutor do amor, da unidade da Igreja na caridade de Cristo, o doutor da graça. Essa riqueza de pensamento possibilitou a quase todas as heresias do Ocidente referir-se a uma ou outra de sua obras.

Depois de Aristóteles — e quase tanto como ele —, Agostinho é, de longe, o autor mais citado por Sto. Tomás que, também, atribui a ele muitas obras de outros autores.

ALANO de Insulis ou ALAIN de Lille (1128-1202) – Monge, lecionou em Paris. Participou do III Concílio de Latrão. Procurou rever os métodos teológicos de defesa da fé.

ALBERTO Magno (c. 1193-1280) – Frade dominicano, teólogo e filósofo, natural de Lauingen na Suábia. Profundamente influenciado pelo pensamento de Aristóteles, foi mestre de Sto. Tomás de Aquino. Além da filosofia e da teologia, dedicou-se ao estudo positivo da natureza. Foi declarado santo e doutor da Igreja em 1931.

ALEXANDRE I († 120) – Quinto bispo de Roma, conforme a lista de Sto. Ireneu. Sto. Tomás, confiando na autoridade de Graciano, atribui-lhe decretos sobre a eucaristia que lhe são, seguramente, posteriores.

ALEXANDRE II – Papa de 1061 a 1073. Prosseguiu no trono pontifício a luta que já iniciara como sacerdote em Milão e continuou quando bispo de Luca. Ardente reformador, tomou medidas contra os padres casados e destituiu os bispos simoníacos.
Proibiu aos padres celebrar a missa mais de uma vez por dia, excetuando casos de necessidade e o dia de Natal.

ALEXANDRE III – Papa de 1159 a 1181. Um dos grandes papas da Idade Média. Rolando Bandinelli é, primeiro, professor na universidade de Bolonha, uma das mais célebres da época, dono de grande inteligência e de vasta cultura, escreveu o *Stroma*, resumo do *Decreto* de Graciano (direito canônico) e das *Sentenças*, suma teológica em que a influência de Abelardo se faz sentir, embora o combata em mais de um ponto.
Uma vez papa, lutou durante dezessete anos contra Frederico Barbaroxa, que fizera eleger um antipapa. Alexandre III condenou uma doutrina sobre a humanidade de Cristo que, seguindo Abelardo, tinha defendido nas *Sentenças*. Promulgou numerosas decretais (aproximadamente 500).

ALEXANDRE de Hales († 1245) – Teólogo franciscano, inglês de nascimento e professor na universidade de Paris. Sua obra mais conhecida é uma *Summa theologica* ou *Summa universae theologiae*. Serve-se da filosofia aristotélica no estudo da teologia.

AMALÁRIO de Metz, bispo (775-850) – Sua obra *De ecclesiasticis officiis*, em três volumes, é um marco da cultura do século IX. Promoveu a renovação da liturgia durante os pontificados de Leão III e Gregório IV.

AMBRÓSIO – Nascido provavelmente em 339, morreu em 397. Filho de um prefeito do pretório das Gálias, Ambrósio seguiu a carreira dos filhos das grandes famílias. Era prefeito consular de Ligúria e de Emília, em 374, quando morreu Auxêncio, o bispo ariano de Milão. Eleito bispo da cidade, então capital do Império no Ocidente, em oito dias foi batizado e ordenado sacerdote.
Consciente de sua falta de preparo, Ambrósio iniciou-se na leitura das Escrituras, leu cuidadosamente os autores do Oriente cristão e, principalmente, Orígenes.
Conselheiro dos imperadores, administrador e homem de ação, soube utilizar as circunstâncias, às vezes difíceis, para assegurar a vitória da Igreja sobre o arianismo e os velhos cultos pagãos. Mas era, antes de tudo, um pastor, vigoroso defensor dos fracos e dos pobres. Seus sermões atraíam as massas: "A suavidade de seu discurso encantava", afirmou Sto. Agostinho, seduzido.
Ambrósio pregou muito o Antigo Testamento, comentou longamente o evangelho de são Lucas. Tinha o senso da Escritura: não era um exegeta, mas abordava a palavra de Deus com a inteligência de seu coração, como espiritual, tomado de amor por Cristo. Escreveu numerosos tratados ascéticos e sua correspondência foi abundante.

AMBROSIASTER – Nome dado, desde o Renascimento, a um autor anônimo do século IV. Escreveu um comentário das Epístolas de S. Paulo que chegou a nós, erradamente, entre os escritos de Sto. Ambrósio.

ANACLETO ou Cleto – Papa. Conforme a lista de Sto. Ireneu, é o terceiro bispo de Roma: sucedeu a Lino que tinha sucedido a S. Pedro. As datas do início e do final de seu pontificado são incertas (entre 79 e 90). Suas *Cartas*, às quais se refere Sto. Tomás, são apócrifas.

ANDRÉ de Cesareia, arcebispo (532-577) – Escreveu um comentário exegético-espiritual do Apocalipse em oposição ao comentário, em doze livros, do filósofo Ecumênio, discípulo de Severo de Antioquia.

ANSELMO (1033-1109) – Monge em Bec, aos 27 anos é aluno de Lanfranco. Torna-se abade de Bec em 1078 e, em 1093, sucede a Lanfranco como bispo de Canterbury. Não tarda a entrar em conflito com o rei da Inglaterra a respeito dos direitos e das prerrogativas da Igreja. Precisa deixar a Inglaterra e vai morar em Roma; esse exílio dura praticamente até 1106.
Sua obra é considerável e seu pensamento possante domina a segunda metade do século XI. Sua grande originalidade é o método: "a fé que procura a inteligência". Aplica a razão, com todos os seus recursos, ao estudo da revelação. Já está em germe o método escolástico e a influência da obra de Anselmo sobre Sto. Tomás é importante. Anselmo quer dar ao dogma seu estatuto racional, não por preocupação

apologética, mas com objetivo contemplativo. Crer para compreender e compreender para amar (*Proslogion*, cap. 1).

Suas principais obras teológicas são o *Monologion*, o *Proslogion* e o *Por que Deus fez-se homem*. Nesta última obra, particularmente, elaborou uma interpretação do mistério da redenção que influenciou toda a teologia ocidental (até as novas abordagens contemporâneas, mais fundamentadas na Escritura).

ANSELMO de Laon – Além da *Glosa*, iniciou a coleção dos *Libri Sententiarum*, uma antologia de textos dos Padres, reunidos tematicamente.

APOLINÁRIO – Bispo de Laodiceia, por volta de 362, morto por volta de 390. É antes de tudo um ardoroso partidário do Concílio de Niceia, mas seu ardor em perseguir o arianismo levou ao erro.

Julga impossível que uma só pessoa possua duas naturezas perfeitas. Por isso, a fim de salvar a natureza divina de Cristo, recusa à natureza humana uma alma racional pois, segundo ele, a divindade a substitui. Assim, abre o caminho ao monofisismo.

Foi condenado por volta de 362, por um Concílio de Alexandria e, depois, por três Concílios romanos em 374, 376, 380, assim como pelo II Concílio ecumênico de Constantinopla, em 381.

ARETAS de Cesareia, arcebispo († 932) – Escreveu um comentário do Apocalipse e muitas outras obras inspiradas no seu antecessor André.

ÁRIO (± 256-336) – Sacerdote de Alexandria, orador brilhante, começou, por volta de 318, a levantar numerosas discussões por seus sermões em que desenvolvia uma teologia pessoal que pretendia ser a fé da Igreja.

Com objetivo apostólico, quis adaptar a fé da Igreja ao helenismo ambiente. Partia da convicção neoplatônica de que a divindade é "incriada" e "não gerada". Há, portanto, na Trindade, três substâncias absolutamente heterogêneas e distintas: o Pai, Deus, sem começo; o Logos, que teve começo. É o primogênito das criaturas. Deus o criou antes do tempo a fim de servir-lhe de instrumento para a criação. Difere essencialmente do Pai e ocupa um lugar intermediário entre Deus e o mundo. Quanto ao Espírito Santo, é a primeira das criaturas do Logos, é ainda menos divino que o Logos. No momento da Encarnação, o Logos fez-se carne, cumprindo em Cristo a função de princípio vital. Ário foi condenado pelo Sínodo de Alexandria em 321, e pelo Concílio de Niceia, em 325.

ARISTÓTELES (384-322 a.C.) – Nascido em Estagira, chega em 367 a Atenas, onde se torna aluno de Isócrates e, depois, de Platão, durante cerca de vinte anos, até a morte deste em 347.

Preceptor de Alexandre durante dois anos, volta a Atenas em 335 e funda a escola do Liceu. Durante treze anos, forma numerosos discípulos. Graças ao apoio de Alexandre, reúne uma biblioteca e uma documentação consideráveis. É nessa época que compõe a maior parte de suas obras. Sua inteligência vastíssima possibilita-lhe trabalhar em todas as áreas: filosofia, anatomia, história, política.

Suas obras — cerca de mil, diz a tradição, das quais 162 chegaram até nós —, repartem-se em três grupos que constituem, segundo Aristóteles, o sistema das ciências:

Ciências poiéticas, que estudam as obras da inteligência enquanto a inteligência "faz" algo com materiais preexistentes: poética, retórica e lógica.

Ciências práticas, que estudam as diversas formas da atividade humana, segundo três principais direções: ética, política, econômica.

Ciências teóricas, as mais altas: ciências matemáticas, ciências físicas, ciência primeira (a metafísica), incidindo sobre o ser eterno e imutável, concreto e individual, substância e causa verdadeira, Deus.

Aquele que Sto. Tomás chama de "o Filósofo" estabeleceu as regras da arte da demonstração e do silogismo.

Separa-se completamente do sistema platônico; seu senso do concreto, do real, obriga-o a afirmar que as Ideias não existem fora dos indivíduos.

Segundo ele, tudo na natureza é composto de matéria e de forma. Toda matéria exige uma forma, e uma matéria não pode existir sem ser determinada por uma forma. A matéria e a forma estão entre si na relação da potência e do ato.

A mais alta atividade é o pensamento. Portanto, Deus é essencialmente inteligência e pensamento. É "pensamento de pensamento", ato puro, totalidade de ser e de existir.

ARNÓBIO Jovem († 455) – Escritor eclesiástico, combateu a doutrina da graça de Sto. Agostinho.

ATANÁSIO (± 295-373) – Era diácono em 325 quando acompanhou seu bispo, Alexandre, ao Concílio de Niceia. Sucedeu-lhe na sé episcopal de Alexandria, em 328, e tornou-se o campeão da luta contra o arianismo. Por serem os imperadores desse tempo quase todos arianos, Atanásio foi exilado cinco vezes. Mas permaneceu inabalavelmente fiel à fé de Niceia, o que lhe deu o título de "pilar da Igreja" (S. Gregório de Nazianzo).

Apesar de sua vida errante, escreveu numerosas obras, quase todas dirigidas contra os arianos, e numerosas cartas aos bispos. Amigo dos monges, é o autor da Vida de Sto. Antão que teve enorme sucesso. Compôs, também, tratados sobre a virgindade.

Atribuiu-se a ele, erradamente, o Símbolo *Quicumque* (assim chamado de acordo com a primeira palavra dessa forma de Credo) que é, provavelmente, de origem galicana e data do século V.

AULO Gélio Ver AGELLIUS

AVERRÓIS (Ibn Roschd) (1126-1198) – Nascido em Córdoba e morto em Marraquesh. Grande admirador de Aristóteles, decidiu consagrar a vida ao comentário de suas obras. Tanto o fez que foi chamado, na Idade Média, de "O Comentador".

Reprova a Avicena ter deformado o pensamento de Aristóteles. Mas ele próprio mistura suas concepções com as do mestre. Segundo ele, as inteligências não emanam umas das outras, como acreditava Avicena: foram criadas de toda a eternidade por Deus, Ato puro, Motor primeiro.

Desde toda a eternidade, a matéria existe ao lado de Deus. É uma potência universal que contém em germe as formas substanciais que o Primeiro Motor dela extrai. Os medievais compreenderam, frequentemente, sua psicologia (provavelmente sem razão), da seguinte maneira: o intelecto material (ou intelecto possível), assim como o intelecto agente, é numericamente único e idêntico para todos os homens dentro da humanidade. Sua união com cada indivíduo é acidental, embora tudo morra com a morte do homem, exceto a Inteligência, comum à humanidade inteira.

As teorias de Averróis mereceram-lhe a condenação por parte das autoridades muçulmanas. Mas foi reabilitado antes de morrer. O averroísmo foi condenado pelo bispo de Paris, em 1270 e em 1277.

AVITO de Viena, bispo (494-518) – Suas cartas têm grande valor histórico e muitas delas desenvolvem temas teológicos. Escritor fecundo é autor de uma epopeia bíblica e de um poema parenético. De suas homílias restam apenas três.

BALDUÍNO de Canterbury, arcebispo († 1190) – Seus sermões e coletâneas de leis canônicas encontram-se publicadas.

BASÍLIO (319-379) – Nascido em Cesareia da Capadócia, Basílio fez sólidos estudos em Constantinopla e em Atenas, onde estabeleceu amizade com Gregório de Nazianzo. Concluídos os estudos, retirou-se, em 357, a uma propriedade às margens do Íris, a fim de levar uma vida monástica. Essa vida tranquila não durou. Em 362, Eusébio, bispo de Cesareia de Capadócia, ordenou-o sacerdote e Basílio lhe sucedeu no bispado.

Trava combates incessantes. O imperador Valente esforça-se por impor o arianismo no Oriente e exila os bispos ortodoxos. Vai mesmo a Cesareia com a certeza de fazer Basílio ceder. Mas este resiste respeitosa e resolutamente. Sua coragem faz o imperador desistir sem tomar medida alguma contra ele. Basílio passa a ser o líder da resistência antiariana.

Ao lado desse combate para a "fé católica", Basílio desenvolve uma obra social eficaz. É homem de governo, constrói hospital e hospícios. É severo com os ricos, atencioso com os fracos e os pobres. A paz da Igreja volta, enfim, em 378, com a morte de Valente, mas Basílio aproveita pouco: morre de esgotamento em 1º de janeiro de 379. Logo depois de sua morte, todas as suas ideias triunfam. Recebe logo o título de "Magno".

Sua obra importante é comandada por sua atividade prática. Suas *Regras*, compostas antes de sua ordenação sacerdotal, ainda estão na base do monaquismo no Oriente. Suas homilias fazem conhecer sua obra de pastor: sobre o *Hexameron*, sobre os Salmos etc. Enfim, sua luta contra os arianos lhe forneceu a ocasião para duas obras importantes: o *Tratado contra Eunômio* e o *Tratado do Espírito Santo*.

BEDA Venerável (673-735) – Entregue muito jovem ao bispo Bento Biscop, abade do mosteiro de Wearmouth, na Inglaterra, Beda acompanha os monges que vão fundar o novo mosteiro de Jarrow, em 682. Fica aí até a morte. É o tipo de monge estudioso, erudito. Seu prazer, diz ele, é "aprender, ensinar e escrever". Durante toda a sua vida, pesquisa manuscritos para transmitir o saber das gerações passadas. Conhece os autores da antiguidade quase tão bem como os da cristandade. Interessa-se por astronomia, matemática, retórica, gramática, música.

Sua obra é vasta e lhe valeu a admiração de seus contemporâneos e da Idade Média. Apoia-se na tradição dos Padres para comentar quase toda a Escritura, transmite todo o saber científico e literário da antiguidade, procurando fazer-lhe a síntese.

BERENGÁRIO de Tours (± 1000-1088) – Aluno da escola de Chartres, toma por lema: procurar compreender tudo com razões. Aplicando seu método ao mistério eucarístico, opõe a presença substancial de Cristo, que cessou para nós após a subida de seu corpo ao céu, a sua presença espiritual na eucaristia. Suas posições ambíguas levam-no a ser condenado por numerosos concílios. O Concílio romano de 1079 impõe-lhe um juramento reconhecendo explicitamente a presença real de Cristo na eucaristia e a conversão substancial do pão e do vinho no corpo e no sangue de Cristo.

BERNARDO de Claraval (1091-1153) – Ingressa em Cister com 21 anos, em 1112, acompanhado de trinta jovens nobres, seus amigos. Quer fugir do mundo, encontrar Deus na solidão. Mas três anos depois, em 1115, seu abade o encarrega de ir fundar um novo mosteiro em Claraval. Bernardo fica dividido entre seu desejo de contemplação e seu zelo em fazer seus irmãos avançarem no caminho de Deus. Seus dons excepcionais não demoram em torná-lo conhecido.

Esse místico, que falou tão bem de Deus, dá um novo impulso a sua Ordem; foi pregador da Segunda Cruzada, conselheiro do papa Eugênio III, campeão da ortodoxia em todas as querelas de seu tempo. Sua forte personalidade domina toda a primeira metade do século XII. Representa, diante da escolástica nascente, o último clarão da teologia monástica. Sua contribuição resoluta na condenação de Abelardo mostra sua desconfiança diante de um uso muito amplo da razão para explicar o que é do domínio da fé.

Sua vasta correspondência revela suas preocupações, seu desejo de viver sozinho com Deus. Seus sermões dirigidos a seus monges não envelheceram, particularmente seus Sermões sobre o *Cântico dos Cânticos*. Escreveu, também, muitos "tratados", sendo o mais importante o *Tratado da Consideração* (isto, é da Busca da Verdade) dirigido ao papa Eugênio III.

BOAVENTURA – Teólogo franciscano, natural de Bagnoregio, na Toscana (1221-1274). Tornou-se superior geral dos franciscanos, cardial-bispo de Albano e legado pontifício no concílio de Lyon. Escreveu numerosas obras de teologia e filosofia, inspiradas pela doutrina de Agostinho. Uniu a razão com a mística. É conhecido como Doutor Seráfico.

BOÉCIO (480-524) – Herdeiro da cultura antiga, filósofo, Boécio veio a ser mestre do palácio do rei godo Teodorico, em 520. Mas, acusado de cumplicidade com Bizâncio e de alta traição, o que era falso, foi condenado, sem mesmo poder defender-se, à prisão e à morte.

Boécio está na junção de duas civilizações. Num mundo em que a cultura se perde, pode fazer sólidos estudos no Oriente, sobretudo em Atenas, e quer transmitir aos romanos a sabedoria antiga, mostrar o acordo fundamental entre Platão e Aristóteles. Além disso, Boécio é um cristão familiarizado com o pensamento de Sto. Agostinho e com o dos filósofos gregos. Tenta uma síntese que a Idade Média estudou com admiração.

Sua obra é importante. Tratados de Teologia como *Sobre a Trindade*; tradução e comentário de diversos tratados de Aristóteles, tratado sobre a música, a matemática etc; a mais célebre de suas obras, a *Consolação Filosófica*, escrita na prisão, foi lida e recopiada ao longo da Idade Média.

BONIFÁCIO I, papa (418-422) – Declarado bispo legítimo pelo imperador contra Eulálio, foi firme adversário do pelagianismo e defensor da autoridade papal. É dele o axioma "Roma locuta, causa finita". Encerrou doutrinariamente as questões arianas mantendo, com o apoio do imperador, a condenação de seu antecessor, Zósimo. Sto Agostinho dedicou-lhe um tratado contra os pelagianos.

BUCARDO de Worms, bispo († 1025) – Autor de um *Collectarium* dos cânones eclesiásticos. Denunciou o culto dos espíritos promovido pelas bruxas.

CASSIANO, João (± 360-435) – Entra muito jovem num mosteiro cenobítico em Belém. Após dois anos, obtém a permissão de ir consultar os grandes monges do Egito. Durante quase vinte anos, vive no deserto, pondo-se na escola dos grandes abades e impregnando-se da doutrina de Evágrio. Obrigado a fugir do Egito quando Teófilo, bispo de Alexandria, persegue origenistas e evagrianos, Cassiano refugia-se junto a S. João Crisóstomo, em Constantinopla; e, depois do segundo exílio deste último, parte para Roma, junto ao papa Inocêncio I. Durante dez anos permanece a serviço da Igreja de Roma.

Em 415, chega na Provença, funda em Marselha dois mosteiros, um de monges e outro de monjas. Põe, então, por escrito, os ensinamentos recolhidos durante sua vida no deserto, para formar seus monges e os da região. Publica, primeiro, as *Instituições Cenobíticas*, e as *Conferências* em que se esforça por transmitir ao Ocidente toda a tradição espiritual do Egito. Essas obras exerceram influência considerável na vida religiosa do Ocidente.

Chocado pelo rigor das posições de Agostinho a respeito da graça, Cassiano procura manter certo poder ao livre-arbítrio, ao menos no "início da fé"; todavia, tem cuidado em manter distância em relação a Pelágio. É um dos mais notórios representantes do que se chamou, muito mais tarde, o semipelagianismo.

CASSIODORO (± 485-580) – Discípulo e amigo de Boécio, é, como ele, ministro e conselheiro dos reis godos ao mesmo tempo que amigo das letras. Por volta de 540, retira-se à sua propriedade de Vivarium, onde funda um mosteiro. Aí, esforça-se por conservar a herança antiga, tanto grega como latina, dispersa e destruída, parcialmente, pelas invasões bárbaras. Quer utilizar essa herança para a fé. É ajudado nessa tarefa por seus monges, ardentes copistas. Graças ao trabalho deles, muitas obras antigas foram conhecidas durante a Idade Média.

Cassiodoro escreveu obras históricas, comentários da Escritura e tratados sobre as ciências profanas.

CAUSIS (De) – Tratado árabe (não necessariamente muçulmano) que adapta ao monoteísmo, resumindo-os, os *Elementos de Teologia* do filósofo neoplatônico Proclo (412-485). Foi traduzido para o latim em meados do século XII, com o título de *Livro da Bondade Pura*, mas foi conhecido, principalmente, como *Livro das Causas* e atribuído quer a Aristóteles, quer a autores árabes ou judeus. A tradução, em 1268, dos próprios *Elementos*, por Guilherme de Moerbecke, possibilitou aos latinos conhecer a verdadeira origem do *Livro das Causas*.

CELESTINO I – Papa de 422 a 432. Informado por Cirilo de Alexandria dos erros de Nestório, reúne um concílio em Roma e ameaça Nestório de excomunhão se não retirar suas afirmações. Durante seu pontificado realiza-se o Concílio de Éfeso (431) que condena Nestório.

Luta, também, contra os pelagianos e adverte a Igreja das Gálias contra os semipelagianos.

CESÁRIO de Heisterbach, monge (1180-1240) – Escreveu *Dialogus miraculorum*, uma obra hagiográfica que teve muita repercussão.

CÍCERO, Túlio (106-43 a.C.) – O maior dos oradores romanos. Faz estudos para advocacia no ano 80. Eleito questor na Sicília, defende os sicilianos contra o antigo governador Verres e, pelo fato, torna-se célebre. Cônsul em 63, frustra a conjuração de Catilina. Tem a ambição de desempenhar grande papel político, mas é exilado e reabilitado. Nesse período de perturbações e guerra civil, morre assassinado por ordem de Antônio.

Para Cícero, a atividade intelectual está a serviço da política. Mas foi seu talento oratório que lhe valeu renome durável. Elaborou uma teoria da eloquência: "provar, agradar, comover", que formou gerações de retóricos.

Formado no contato com os filósofos gregos, Cícero procurou, em seus tratados filosóficos, conciliar as diversas escolas (estoicos, epicuristas, acadêmicos) para chegar a uma moral prática (*Dos Deveres, Tusculanas*). Foi criador de uma prosa filosófica.

CIPRIANO (± 200-258) – Africano, nasce numa família pagã, torna-se advogado de renome e converte-se ao cristianismo. Em 248 é bispo de Cartago. Homem de governo e pastor, sua vida identifica-se com a de sua comunidade. Durante a perseguição de Décio, Cipriano afasta-se da cidade e essa "fuga" é mal-interpretada. Encontra-se, depois, enfrentando o problema

dos *lapsi*, os cristãos "caídos", durante a perseguição. Seus últimos anos ficam encobertos por seu conflito com o papa Estêvão a respeito da validez do batismo conferido pelos heréticos, Em 257, Valeriano promulga nova perseguição. Cipriano, que viu a provação chegar, sustenta seu povo. É preso e condenado. Os Atos de seu martírio foram conservados e testemunham de sua dignidade serena diante da morte.

Cipriano é um pastor. Isso se percebe através de toda a sua obra, desde sua abundante correspondência até seus numerosos tratados dos quais os mais célebres são a *Unidade da Igreja* e a *Oração dominical*.

CIRILO de Alexandria (± 380-444) – Sobrinho e colaborador de Teófilo, patriarca de Alexandria, Cirilo o acompanha a Constantinopla e toma parte, em 404, do Sínodo do Carvalho, que destituiu João Crisóstomo. Em 412, sucede a Teófilo de quem herda preconceitos e rancores.

Aprende, em 428, que Nestório, o novo patriarca de Constantinopla, sustenta em seus sermões que há duas pessoas em Cristo, uma pessoa divina, o *Logos*, e uma pessoa humana: o homem-Jesus; daí a impossibilidade de chamar a Virgem Maria: *Theotokos*, Mãe de Deus. A partir de 429, Cirilo intervém junto a Roma, como campeão da ortodoxia contra essa Igreja de Constantinopla, rival de Alexandria. Então, o imperador convoca um Concílio em Éfeso (431). O concílio depõe Nestório e proclama Maria *theotokos*. Mas a terminologia usada, muito diferente da dos orientais, leva-os a protestar. Após muitas concessões, chega-se, em 433, ao Ato de União. Todas essas querelas colocaram as diversas Igrejas umas contra as outras e abriram caminho para novos conflitos sempre mais sutis.

Se a personalidade de Cirilo é fortemente contestada, a pureza de sua fé está fora de dúvida. Deixou uma obra importante: obras exegéticas sobre o Antigo Testamento, comentário dos evangelhos de Lucas e de João, obras dogmáticas e apologéticas.

CIRILO de Jerusalém (± 315-386) – Sacerdote em Jerusalém, Cirilo dirige suas famosas catequeses batismais aos futuros batizandos da cidade. Encontramos, numa linguagem simples e clara, o ensinamento tradicional da Igreja, menos de vinte e cinco anos depois do Concílio de Niceia.

Bispo de Jerusalém, em 348, em plena crise ariana, compartilha da sorte dos bispos fiéis à fé de Niceia; dos seus trinta e oito anos de episcopado, dezesseis se passam em três exílios sucessivos. No tempo de seu episcopado profere durante a semana pascal (a não ser que seja preciso atribuí-las a seu sucessor João) as cinco Catequeses mistagógicas, por meio das quais explica aos novos batizados o sentido dos mistérios — batismo, crisma, eucaristia — recebidos na noite de Páscoa.

CIRO de Alexandria – Metropolita de Fasis no Mar Negro, em 626, Ciro é levado pelo imperador Heráclio a aderir às teorias monoteletistas de Sérgio, patriarca de Constantinopla.

Para recompensá-lo, o imperador oferece-lhe a sé patriarcal de Alexandria, depois da morte de Jorge II, em 631, com os poderes de vice-rei. É encarregado de unir as diversas Igrejas coptas com a Igreja bizantina oficial, mas suas crueldades exasperaram a população. Antes de morrer, em 642, Ciro assiste à tomada de sua cidade de Alexandria pelos árabes.

CLEMENTE de Alexandria († 215) – Professor em Alexandria, procurou unir o pensamento grego à fé cristã. Apologeta, catequista e sobretudo pedagogo, resumiu sua teologia no *Hino ao Cristo Salvador*.

CLEMENTE de Roma – Quarto bispo de Roma de acordo com a lista de Sto. Ireneu. Papa de 97 a 101, aproximadamente, escreveu uma Carta à Igreja de Corinto onde alguns membros se tinham sublevado contra os presbíteros. Essa Carta era tão venerada na antiguidade cristã que fazia parte, às vezes, do Cânon das Escrituras. Não é esta carta que Sto. Tomás cita, mas apócrifas.

CÓDIGO Justiniano – O imperador Justiniano I (527-565), homem de vastas ambições, empreende uma grande obra legislativa. Encarrega Triboniano e outros jurisconsultos de reunir e harmonizar as leis imperiais feitas desde Adriano. De toda essa legislação acumulada, quer fazer um todo coeso. O Código é concluído em 529. Uma nova edição aparece em 534 com o título de *Código Justiniano*: incorpora as leis promulgadas pelo imperador de 527 a 532.

De 530 a 533, Triboniano e seus ajudantes reunem no Digesto ou Pandectas extratos dos 39 jurisconsultos mais célebres, enquanto os Institutos formam uma espécie de manual resumindo os princípios do direito para os estudantes.

Todas essas obras são redigidas em latim, por fidelidade à Roma antiga.

A essa gigantesca coletânea juntam-se as Novelas, ordenanças publicadas pelo próprio Justiniano durante seu reinado, em aplicação dos princípios do Código. As Novelas são redigidas em grego.

O Código começa pelas palavras: "Em nome de Nosso Senhor Jesus Cristo", segue-se uma profissão de fé.

→ TRIBONIANO, jurisconsulto bizantino, falecido em 546. Foi o principal conselheiro do Imperador Justiniano.

COLLATIONES Patrum = Conferências de Cassiano. Ver CASSIANO.

COMENTADOR – Na maioria das vezes, designa AVERRÓIS. Para a Ética, trata-se de Eustrates e outros comentadores gregos.

CRISÓSTOMO, João (± 347-407) – João, a quem a posteridade deu o título de "Crisóstomo" ou "Boca de Ouro", nasceu em Antioquia onde fez excelentes estudos profanos e exegéticos. A seguir, retirou-se às montanhas vizinhas e viveu entre os monges, Depois, solitário. Doente, devido a excesso de austeridades, volta a Antioquia e põe-se a serviço da Igreja. Durante doze anos, atrai a cidade pelos sermões cheios de eloquência, comenta as Escrituras, defende os direitos dos pobres, lembra a grande tradição da Igreja de que está impregnado.

Sua fama é tão grande que, com a morte de Nectário, patriarca de Constantinopla, é praticamente "sequestrado" (397) para suceder-lhe. Na capital, João enfrenta o luxo desenfreado, intrigas e rivalidades. Empreende reformas, denuncia severamente os abusos e as injustiças sociais, em nome de Cristo. Mas ele incomoda. Sua liberdade de palavra e sua intransigência unem em oposição a ele bispos ciumentos e a imperadora Eudóxia. É o exílio, de curta duração, uma primeira vez, e definitiva, uma segunda vez. Em consequência de nova ordem de exílio mandando-o sempre mais longe, João morre de esgotamento.

De sua obra considerável (tratados sobre diversos temas, mas sobretudo homilias sobre a Escritura: Antigo Testamento, Evangelho e, particularmente, Epístolas de seu querido S. Paulo), os latinos tiveram pequena parte (alguns tratados e homilias, *Comentários sobre Mateus, João e Hebreus*).

CROMÁCIO de Aquileia, bispo (séc. IV-V) – Autor de comentários ao evangelho de Mateus, sermões e homilias pastorais.

DAMASCENO, João (± 675-749) – Nascido em Damasco, daí o sobrenome, João faz-se monge de S. Sabas, perto de Jerusalém. É, antes de tudo, um teólogo. Seu nome está ligado à reação contra os iconoclastas. Ocupou-se, também, de exegese, de ascese, de moral.

Sua mais importante obra é a *Fonte do Conhecimento*, suma do pensamento oriental, em que quer "unificar as vozes múltiplas" dos séculos anteriores. A obra divide-se em três partes: 1) os capítulos filosóficos, espécie de introdução filosófica à exposição do dogma, 2) um catálogo das heresias, 3) a exposição da fé ortodoxa.

Esta última parte, a mais conhecida, foi dividida por João em cem capítulos. Mas seu tradutor latino, em 1150, apresentou-a em quatro partes. Essa tradução foi uma das fontes de Pedro Lombardo. João estabelece sua síntese teológica a partir do Padres gregos; ignora os Padres latinos. Essa Exposição da fé ortodoxa influenciou, com certeza, os teólogos do período escolástico.

Quanto ao livro citado igualmente por Sto. Tomás: *Sobre os que adormeceram na fé*, não é, provavelmente, de João Damasceno.

DECRETAIS – Ordenanças dos papas tendo alcance geral para a Igreja inteira, ou destinadas quer a uma província eclesiástica, quer a muitas. A primeira utilização desse termo remonta ao papa Sirício (384-399).

Não se demorou em reunir essas decretais em compêndios. As primeiras coleções são cronológicas. Depois, são sistematizadas por matéria. As diversas coleções são do século IX e foram substituídas pelo famoso *Decreto* de Graciano.

Em 1234, Gregório IX promulga um novo compêndio de Decretais. É uma compilação de todos os compêndios anteriores, preparados, por ordem do papa, por Raimundo de Peñafort.

Por volta de 850, surge, na região do Mans, uma coleção de "falsas" decretais, publicadas sob o nome de Sto. Isidoro de Sevilha. O patrocínio desse suposto autor valeu-lhes ser inseridas no Decreto de Graciano.

→ RAIMUNDO DE PEÑAFORT, jurista, professor e mestre geral dos dominicanos, publicou em 1234, em cinco livros, as *Decretais de Gregório IX*.

DECRETO de Graciano – Na Idade Média, a palavra "Decreto" designa uma coletânea de textos canônicos. A mais célebre é a de Graciano, morto, provavelmente, por volta de 1178. Graciano deu à obra o título de *Concordância dos Cânones Discordantes*, título modificado, depois, por *Decreto*. Teve o imenso mérito de não se contentar em juntar, como fizeram seus antecessores, textos, às vezes, contraditórios sobre um mesmo assunto. Esforçou-se por fazê-los concordar, por encontrar soluções.

Durante muito tempo, o *Decreto* serviu de base ao ensino nas escolas, sem ter, contudo, valor oficial. É uma das "autoridades" de Sto. Tomás.

DÍDIMO Cego (± 313-398) – Nascido em Alexandria, cego aos quatro anos, Dídimo é homem de imensa erudição. É encarregado, por Sto. Atanásio, da Didascália (escola catequética). Faz reviver o pensamento de Orígenes, mas explicando num sentido ortodoxo as expressões ambíguas do "mestre". Sua fama estende-se: Jerônimo, Rufino Paládio são seus alunos. Escreveu muito, mas suas obras perderam-se quase todas no momento das controvérsias origenistas. Ainda temos dele tratados *Sobre o Espírito Santo*, *Sobre a Trindade*, *Contra os Maniqueístas*, e seu *Comentário de Zacarias*.

DIONÍSIO Areopagita – Pseudônimo de um autor do Oriente do final do século V e início de século VI. Suas obras *A hierarquia celeste*, a *Hierarquia eclesiástica*, os *Nomes divinos* (comentados por Sto. Tomás), a *Teologia mística* exerceram uma influência considerável no Oriente como no Ocidente, sem contar que, até o século XVI, acredita-se que esse autor seja realmente o Areopagita, discípulo de S. Paulo, o que deu a seus escritos imensa autoridade.

O Pseudo-Dionísio é um místico. Afirma que para conhecer Deus temos duas vias: a positiva, pela causalidade, que atribui a Deus, ao máximo, todas as perfeições; e a negativa, que é não-conhecimento, ignorância diante desse excesso de plenitude, pois Deus, o Transcendente, está além do cognoscível.

Além das processões internas que constituem as Pessoas da Trindade, há as processões externas: a criação. Deus, em sua condescendência, penetra os seres de sua bondade e os atrai para uni-los a si.

A síntese dionisiana, centrada na transcendência divina e na participação dos seres a Deus, fascinou verdadeiramente o pensamento medieval.

DIONÍSIO de Alexandria (± 200-255) – Nasceu em Alexandria. Converteu-se ao cristianismo e fez-se aluno de Orígenes. Foi nomeado diretor da Didascália (escola catequética) em 231, eleito bispo da cidade em 247. Seu episcopado é uma série de provações: perseguição de Décio, de Valeriano, que o envia a um longínquo exílio, guerra civil, peste.

Temos dele cartas, algumas sob a forma de tratados teológicos, e alguns fragmentos exegéticos.

ECCLESIASTICIS Dogmatibus (De) – Tratado de Genádio de Marselha, espécie de profissão de fé, de manual da doutrina católica. Talvez seja a conclusão dos *Oito livros contra as heresias* que Genádio diz ter escrito.

EGBERTO de York, bispo († 766) – Amigo de Beda e S. Bonifácio, fomentou os estudos clássicos. Reuniu em livros as normas canônicas e litúrgicas tendo em vista a formação do clero.

EPIFÂNIO († 403) – Bispo de Salamina, na ilha de Chipre. Suas obras retratam o ardor com que combateu as heresias, em particular o origenismo.

ESTÊVÃO V – Papa de 885 a 891. Reorganiza a administração do Latrão e impõe sua autoridade aos bispos do império carolíngeo. Algumas de suas decretais foram inseridas no *Decreto* de Graciano.

ESTOICOS – Filósofos seguidores da doutrina de Zenão, fundador do estoicismo no século IV antes de Cristo. Os estoicos têm uma física, uma lógica e uma metafísica. Mas preocupam-se mais com a ação que com a ciência. Para eles, Deus é ordenador de todas as coisas, mas sem as ter criado. É Providência. Ocupa-se do homem que pode dirigir-se a ele pela oração. Dá ao homem uma alma racional. A função dessa alma consiste em dar a Deus seu assentimento: "Não obedeço a Deus, dou-lhe meu consentimento; estou de acordo, não constrangido" (Sêneca*).

Deste princípio decorre a moral estoica, que constitui a essência da doutrina e sua finalidade. O homem deve seguir sua natureza que é "razão". A virtude é a escolha refletida e voluntária

do que é conforme à natureza, isto é, conforme à razão. O bem supremo está no esforço para chegar à virtude. Todo o restante, prazer, dor etc, é indiferente. A virtude reside inteiramente na intenção. Não há graus na virtude (e nem no vício). A paixão é contrária à natureza, é uma doença da alma. O sábio deve abster-se da paixão, permanecer insensível. Quem não realizou essa libertação é um escravo. Quem possui a virtude possui a felicidade.

ESTRABÃO Walafrido (808-849) – Walafrido Vesgo (*Strabus* ou *Strabo*), monge em Reichenau, vai seguir as lições de Rabano Mauro em Fulda. Em 829, torna-se preceptor de Carlos, filho de Luís Piedoso. Nomeado abade de Reichenau, é implicado nas querelas dos filhos de Luís Piedoso e exilado; mas pôde voltar a seu mosteiro.

Walafrido é um homem erudito, mas sua obra não é muito original. Consta principalmente de resumos dos comentários bíblicos de seu mestre, Rabano Mauro; comentou os livros da Escritura quando Rabano não o tinha feito.

Para Tomás de Aquino, como para seus contemporâneos, Walafrido é o autor da *Glosa ordinária*, comentário marginal da Escritura por textos dos Padres da Igreja. Os estudos atuais provaram que essa *Glosa* é nitidamente posterior a Walafrido Estrabão. É do século XII e, muito provavelmente, seu inspirador é Anselmo de Laon.

EUSÉBIO de Cesareia (± 263-337) – Aprisionado durante a perseguição, torna-se bispo de Cesareia da Palestina, em 313. Participa das querelas cristológicas de seu tempo, procura desempenhar um papel conciliador que lhe vale ser acusado de arianismo. Com efeito, receia o termo "consubstancial", vendo nele um risco de confusão das pessoas divinas, de sabelianismo. No Concílio de Niceia (325), faz parte do partido do meio, a igual distância de Ário e de Alexandre de Alexandria. Acaba subscrevendo as decisões do Concílio e do Sínodo.

Eusébio é, antes de tudo, um erudito. Escreveu numerosas obras e, sobretudo, uma *História eclesiástica* que conserva preciosos documentos dos primeiros séculos da Igreja.

EUSÉBIO I (309-210) – Sucedendo ao papa Marcelo, esteve apenas quatro meses no pontificado. Resistindo aos apóstatas, na controvérsia sobre a penitência canônica, foi exilado pelo imperador Maxêncio. Morreu na Sicília.

FABIANO – Papa de 236 a 250. Morre mártir durante a perseguição de Décio. Reorganiza a administração paroquial de Roma. Graciano atribui-lhe cânones sobre o procedimento eclesiástico, o casamento e a eucaristia, que são inautênticos.

FILÁSTRIO de Bréscia, bispo († 306) – Sua obra *Diversorum haereseorum liber* serviu de fonte para Sto. Agostinho escrever *De haeresibus*.

FILÓSTORGO (séc. V) – Escreveu uma *História eclesiástica* em 12 livros que chegou até nós em excertos reproduzidos por Fócio.

FULGÊNCIO de Ruspe (467-532) – Monge e abade, veio a ser bispo de Ruspe (África). Foi exilado duas vezes na Sardenha, pelos vândalos arianos. Suas obras são numerosas; algumas são dirigidas contra os arianos: tratado *Sobre a Trindade* e o célebre tratado *A Pedro, sobre a fé*, resumo da teologia cristã. Suas outras obras são dirigidas contra os semipelagianos, sobretudo Fausto de Riez. A doutrina que ele desenvolve sobre a predestinação é um eco da doutrina de Sto. Agostinho.

GELÁSIO I – Papa de 492 a 496. Papa ativo que se esforça por trazer a Igreja do Oriente à unidade romana; luta contra o pelagianismo. Ordena sínodos em 495 e 496 e vela atentamente sobre a disciplina eclesiástica.

GENÁDIO – Sacerdote de Marselha no final do século V. É sobretudo conhecido pelo seu *De viris illustribus*, continuação do livro do mesmo nome de S. Jerônimo. Escreveu, também, o *De ecclesiasticis dogmatibus*.

GLOSA – Compilação do século XII cujo plano foi concebido por Anselmo de Laon (1050-1117). A obra foi realizada, em parte, por Anselmo, em parte por pessoas que o cercavam. Os versículos da Bíblia são acompanhados, na margem, de excertos de comentários patrísticos.
→ GLOSA LOMBARDI, ver Pedro Lombardo*.

GREGÓRIO I Magno – Nascido por volta de 540, papa (de 590 a 604). Oriundo de uma grande família romana foi, por volta de 570, prefeito de Roma, o mais alto cargo da cidade. Em breve, renuncia ao mundo para tornar-se monge. É enviado a Constantinopla como

apocrisiário (núncio) de 579 a 585. Em 590, após sete meses de resistência, torna-se bispo de Roma num momento particularmente infeliz: invasão lombarda, peste. Grande administrador, reorganiza o patrimônio da Igreja e a assistência aos pobres, procura defender a Itália, luta contra a simonia e a imoralidade do clero, envia missionários à Inglaterra, afirma os direitos da primazia romana.

Esse homem de ação é, também, um pastor. Escreve e prega. Sua correspondência é abundante. *As Morais sobre Jó* e as *Homilias sobre Ezequiel*, conferências para um círculo monástico, são uma exposição da teologia moral penetrada por um grande desejo de Deus; suas *Homilias sobre o Evangelho*, seus Diálogos dirigem-se, principalmente, ao povo de Deus, e sua Pastoral destina-se a quem tem responsabilidade na Igreja. São Gregório foi lido, copiado, meditado durante toda a Idade Média, que encontrou nele seu mestre espiritual.

GREGÓRIO II – Papa de 715 a 731. Encoraja a obra de evangelização de S. Bonifácio na Germânia, define a doutrina sobre os sacramentos e resiste aos iconoclastas.

GREGÓRIO de Nazianzo (± 329-389) – Homem de grande cultura, amigo de S. Basílio, Gregório é mais um contemplativo que um homem de ação. Ajuda, primeiramente, seu pai, bispo de Nazianzo, e é consagrado bispo de Sásima, por Basílio, em 372. Mas logo retira-se na solidão. Depois da morte do imperador ariano Valente (378), a comunidade ortodoxa de Constantinopla chama-o em seu socorro. Gregório chega em 379 e enche a capital de sua ardente eloquência. O imperador Teodoro o entroniza patriarca e participa, com esse cargo, do Concílio de Constantinopla (381). Porém, diante da oposição dos bispos egípcios e as rivalidades que sente a seu redor, demite-se. Refugia-se na solidão, na Capadócia.

Entre suas obras, as mais célebres são seus Discursos e, muito particularmente, os Discursos teológicos sobre a Trindade, pronunciados em Constantinopla. Mereceram-lhe o título de teólogo.

GREGÓRIO de Nissa (± 335-394) – Irmão de S. Basílio que o consagra, em 371, bispo de Nissa, na Capadócia. Gregório é um filósofo, um teólogo, um místico. Desempenhou um grande papel no Concílio de Constantinopla (381), ao lado de Gregório Nazianzeno.

Sua obra é vasta. Escreveu tratados dogmáticos para refutar as numerosas heresias de seu tempo, uma longa Catequese, exposição sistemática da fé cristã e comentários da Escritura.

Consagra seus últimos anos a obras para os meios monásticos organizados por S. Basílio e empenha-se em dar uma "mística" a esse fervoroso movimento: *Vida de Moisés, Comentário do Cântico dos Cânticos.*

Sto. Tomás atribui-lhe o tratado *Sobre a natureza do homem*, muito apreciado durante a Idade Média, composto, na realidade, por Nemésio, bispo de Emesa, nos últimos anos do século IV.

GREGÓRIO de Tours (538-594) – Bispo de Tours, teve grande influência na vida política e religiosa de seu tempo. Sua obra principal é a *Historia ecclesiastica francorum*, em 10 livros, claramente moralista e religiosa.

GUILHERME, abade († 1142) – Fundou vários mosteiros na Itália Meridional. Correspondeu-se com S. Bernardo de Claraval.

GUILHERME de Alvérnia, ou de Paris (1180-1249) – Bispo. Filósofo e teólogo. Entre suas muitas obras, salienta-se *Magisterium Divinale ac Sapientiale* uma verdadeira enciclopédia filosófico-teológica. Conheceu Aristóteles pelos comentários de Avicena. Defendendo os métodos racionais no estudo da fé, foi um dos precursores dos futuros "escolásticos".

GUILHERME de Auxerre († 1231) – Teólogo. Ensinou em Paris. Fez parte de uma comissão, que examinou os escritos de Aristóteles sobre as ciências naturais, proibidos desde 1210. Sua obra principal *Summa Aurea*, no uso dos argumentos aristotélicos, é devedora de Pedro Lombardo e de Sto. Anselmo.

HESÍQUIO – Monge, sacerdote e pregador em Jerusalém, em 412. Morto por volta de 450. É um adversário do nestorianismo. Segue a teologia de Cirilo de Alexandria, mas evita os termos muito técnicos. Comentou a Bíblia quase por inteiro.

HILÁRIO – Nasce por volta de 315. Após profundos estudos, Hilário, ainda pagão e retor, descobre Cristo, recebe o batismo e, finalmente, torna-se bispo de Poitiers (aproximadamente

350). Escreve, então, seu *Comentário a Mateus*. Encontra-se envolvido nas querelas arianas que começam a invadir o Ocidente. Em 356, no Sínodo de Béziers, defende quase sozinho a causa de Niceia e de Sto. Atanásio. A corte imperial reage e o envia ao exílio. Hilário encontra-se no Oriente. Utiliza o ócio forçado para se iniciar na teologia grega e na obra de Orígenes. Trabalha no seu *Tratado sobre a Trindade*, uma obra-prima da literatura antiariana. Continua se correspondendo com seus colegas do episcopado gaulês e, para responder às suas questões doutrinais, manda-lhes seu livro *Sobre os Sínodos*.

Volta ao Ocidente, em 360, e consegue reagrupar o episcopado gaulês em torno da ortodoxia de Niceia. Publica, então, seu *Comentário dos Salmos* e o livro *Dos Mistérios*. Aquele que foi chamado de "Atanásio do Ocidente" morre em 367.

HIPÓLITO de Roma – Foi o último escritor latino a escrever em grego. Opôs-se ao monarquianismo e ao sabelianismo correntes em Roma. Rigorista, desentendeu-se com o papa Calixto a respeito das condições necessárias para o sacramento da penitência. Reconciliou-se com o papa Ponciano. Morreu mártir. Entre outras obras, escreveu *Refutação de todas as heresias* e *Tradição apostólica*.

HONÓRIO de Autun (séc. XII) – Eremita em Ratisbona, escreveu muitas obras tratando dos mais variados assuntos teológicos, científicos, litúrgicos, retratando o conhecimento de seu tempo.

HORÁCIO (± 65 a.C.-8 d.C.) – Poeta latino, amigo de Virgílio, apoiado por Mecenas. Escreveu *Epodos, Sátiras, Odes* e *Epístolas*, das quais a última, a *Arte poética*, é um verdadeiro tratado.

HUGO de Saint-Cher (nascido no final do século XII e morto em 1263) – Dominicano, mestre em Paris a partir de 1230, cardeal em 1244. Exerceu grande influência doutrinal. Escreveu um *Comentário sobre as Sentenças* e diversos tratados teológicos, assim como comentários à Escritura. Dirigiu os trabalhos para a primeira Concordância verbal da Bíblia latina.

HUGO de São Vitor (morto em 1141) – Nada se sabe de suas origens. Por volta de 1127, está na abadia de São Vítor, em Paris, e torna-se, em 1133, mestre da escola pública da abadia. Dá-lhe grande impulso. É um dos espíritos mais cultivados da Idade Média, um homem cheio de curiosidade intelectual e do zelo de tudo aprender.

Sua obra é imensa, desde a gramática (pois todas as artes são servas da divina Sabedoria) até a teologia. Suas obras mais conhecidas são: *A Escritura e os escritores sacros*, os *Sacramentos da fé cristã*, sem contar numerosos comentários da Escritura.

A *Suma das Sentenças* a que se refere Sto. Tomás não é, propriamente falando, de Hugo de São Vitor, mas recebeu sua influência.

INOCÊNCIO I – Papa de 402 a 417. Seu pontificado coincide com o sítio de Roma por Alarico e a tomada da cidade. Tenta impor os usos romanos às Igrejas do Ocidente e fazer reconhecer a primazia da Igreja de Roma. Confirma as condenações dos Concílios da África contra Pelágio.

INOCÊNCIO III – Papa de 1198 a 1216. Um dos maiores papas da Idade Média. Desempenha um papel político afirmando os direitos da Igreja de Roma. Procura reformar as ordens religiosas. Antes de seu pontificado, escreveu muitos tratados, sendo um *Sobre o Santo Mistério do Altar*.

IRENEU (± 140-202) – Provavelmente originário de Esmirna. Conheceu Policarpo, o qual, por sua vez, conhecera em sua juventude o apóstolo S. João, muito idoso. Não se sabe como chegou a Lyon. Sucedeu ao bispo Potino, mártir em 177.

Pode ser considerado o primeiro teólogo da Igreja, mas seu pensamento, muito rico, foi ignorado durante a Idade Média.

ISIDORO (± 570-636) – Sucessor de seu irmão Leandro como bispo de Sevilha, de 599 a 636, Isidoro é o mais célebre escritor do século VII. É um dos elos que unem a Antiguidade à Idade Média.

Menos profundamente perturbada pelas invasões que a Gália e a Itália, a Espanha conservou parte da herança da cultura antiga. Isidoro escreveu tratados exegéticos, teológicos e litúrgicos. Sua obra mais célebre é o *Livro das origens ou das etimologias*, verdadeira suma do saber humano de seu tempo, em todas as áreas. Seus conhecimentos enciclopédicos valeram-lhe uma admiração toda particular na Idade Média.

ISIDORO (Pseudo-) – Ver DECRETAIS.

IVO de Chartres, bispo (1040-1117) – Canonista conciliador participou nas controvérsias sobre as relações entre a Igreja e o Estado, a questão das investiduras, a legislação sobre o casamento, a competência da jurisdição espiritual e outras.

JERÔNIMO (± 347-420) – Temperamento impetuoso, Jerônimo passou a juventude viajando para instruir-se junto aos melhores mestres, antes de fazer um estágio no deserto onde procura dominar seu rude temperamento. "Trilíngue (sabe o grego e o hebraico), volta a Roma onde, devido a sua ciência, o papa Dâmaso* o escolhe por secretário. Depois da morte de Dâmaso, Jerônimo deve deixar a cidade em que conta com muitos amigos e, também, com numerosos inimigos. Acaba instalando-se em Belém com um grupo de "fiéis". Funda dois mosteiros e leva uma vida de trabalho assíduo e de oração. Empreende a grande obra de sua vida: a tradução da Bíblia, do hebraico para o latim. Sempre muito ativo e atento, impressionável e excessivo, imiscui-se em todas as controvérsias e sua pena ágil escreve alternadamente comentários sobre as Escrituras, cartas e panfletos.

JOÃO de Antioquia, († 442) – Bispo, na questão cristológica liderou o grupo que se opunha a Cirilo de Alexandria. O papa Sixto III conseguiu que retomasse o diálogo e chegasse a um acordo. Assumiu o Símbolo de Éfeso e fez com que fosse aceito por um grande número de cristãos.

JÚLIO Africano – Escritor cristão da primeira metade do século III. Restam dele Cestas (misturas profanas), uma vasta Cronografia cobrindo a história do mundo desde Adão até Heliogábalo, uma carta a Orígenes e outra a Aristides, citada por Sto. Tomás.

JURISPERITUS = Jurisconsulto – Título dado por Sto. Tomás à coleção de extratos dos jurisconsultos romanos compilada por ordens de Justiniano.

JUSTINIANO – Imperador do Oriente de 527 a 565. Ele tem ideia muito alta de suas obrigações de imperador cristão e permite-se intervir, não sem cometer imensos erros, nas controversas teológicas. Sua obra mais durável é seu empreendimento de legislação eclesiástica e civil: *Código Justiniano, Digesto, Institutas e Novelas*.

JUSTINO, santo (séc. II) – Apologeta, procurou defender os cristãos das acusações correntes sobre os ritos e celebrações e demonstrar a verdade do cristianismo.

LACTÂNCIO (260-340) – Nascido na África, foi nomeado por Diocleciano mestre de eloquência latina em Nicomédia. Renunciou ao cargo durante a perseguição. Sua obra principal, *Divinae institutiones*, em 7 livros, é uma defesa do cristianismo aos ataques dos escritores contemporâneos.

LANFRANCO (1005-1089) – Prelado inglês, mestre na abadia de Bec, depois conselheiro de Guilherme Conquistador, arcebispo de Canterbury e primaz da Inglaterra. Reformador da Igreja inglesa, substituiu os bispos anglo-saxões por bispos normandos.

LEÃO Magno – Papa de 440 a 461. Antes de tornar-se papa, Leão ajudou os papas, seus predecessores, na chancelaria pontifícia. Numa época muito perturbada (invasão dos hunos, dos vândalos), mantém, no meio das angústias de seus contemporâneos, atitude serena. Em seus sermões, esse homem de fé inquebrantável, não se cansa de admirar o mistério de Deus e de tentar comunicar seu maravilhamento aos fiéis, mostrando-lhes, contudo, os perigos das heresias numerosas em seu tempo.

Muito particularmente, S. Leão teve de examinar, e refutar, o monofisismo de Êutiques, sustentado pela corte imperial de Constantinopla. Nessa ocasião, redigiu o *Tomus ad Flavianum* em que precisa a doutrina da encarnação do Verbo. Uma pessoa, o Verbo de Deus, em duas naturezas, a natureza divina e a natureza humana. Essa doutrina foi reconhecida e definida no Concílio de Calcedônia de 451.

LOMBARDO – Ver PEDRO.

MACRÓBIO – Escritor e gramático latino morto no começo do século V. Escreveu um comentário do sonho de Cipião, de Cícero. Inspira-se em Platão e nos neoplatônicos.

MANIQUEUS – Seguidores do maniqueísmo, religião fundada por *Mani*, sacerdote de Ecbátana na Pérsia, em 250 d.C. É uma síntese de doutrinas iranianas e babilônicas com elementos

budistas e cristãos. Afirma a oposição entre o Bem, a luz, a alma e o Mal, as trevas, o corpo. Assim como o universo, o homem é uma mistura do bem e do mal, a saber, da alma e do corpo. Por isso é necessário libertar as almas da prisão do corpo. Sto. Agostinho o condenou frequentemente em seus escritos.

MÁXIMO Confessor (580-662) – No início, familiar do imperador, Máximo retira-se ao mosteiro de Crisópolis (Bósforo). Expulso pela invasão persa, passa para a África onde conhece Sofrônio, futuro bispo de Jerusalém, adversário decidido da única vontade em Cristo. A partir de 634, Máximo torna-se, juntamente com Sofrônio, o campeão da luta teológica contra o monotelismo todo-poderoso em Constantinopla. Essa luta domina sua existência. Em 646, fixa-se em Roma e, em 649, o Concílio do Latrão condena o monotelismo. Mas em junho de 653, Máximo é preso, com o papa Martinho I, e levado a Constantinopla pela polícia imperial. É submetido a interrogatórios e exilado. A partir desse momento, sua vida é uma sucessão de processos, de exílios sucessivos. No final, com mão e língua cortadas, morre junto ao Cáucaso, em 13 de agosto de 662.

Sua obra é variada: teologia (*Respostas a Talassius*), comentários dos Padres (especialmente de Dionísio o Areopagita, citados por Sto. Tomás), ascese e mística (*Mistagogia, Centúrias sobre a caridade*).

MÁXIMO de Turim – Bispo de Turim no século V. Suas homilias revelam um pastor ardoroso no estudo da Escritura e em prevenir os fiéis contra o paganismo e a heresia.

MIGUEL Paleólogo (1224-1282) – Imperador bizantino em Niceia e depois em Constantinopla. Destruiu o império latino de Constantinopla e provocou as *Vésperas Sicilianas* (1282).

NESTÓRIO (± 380-451) – Nestório é de origem síria. Ingressa num mosteiro perto de Antioquia. Logo adquire fama de orador. Em 428, a corte o chama para ser patriarca de Constantinopla. Não demora a insurgir-se, em seus sermões, contra o termo *theotokos* e a expressão "Deus sofreu". Vê nisso vestígios de apolinarismo. Orador demais, teólogo de menos, pensa poder resolver um problema difícil com discursos eloquentes. No momento em que a teologia das duas naturezas está se definindo, acaba por comprometê-la, deixando de insistir na união íntima das duas naturezas na Pessoa do Verbo. Os monges de Constantinopla inquietam-se. Cirilo de Alexandria avisa Roma e se demonstra incomodado. Em 431, o Concílio de Éfeso, concílio tempestuoso, condena Nestório, depõe-no e envia-o para seu mosteiro de Antioquia. De exílio em exílio, acaba no Grande Oásis do deserto líbio, de onde as incursões bárbaras o expulsam, mais uma vez.

NICOLAU I – Papa de 858 a 867. Enérgico e, às vezes, intransigente, recusa-se a reconhecer a eleição de Fócio para a sé de Constantinopla, após a deposição de Inácio. Essa decisão provoca a primeira ruptura com a Igreja do Oriente. Procura subtrair a Igreja búlgara à influência de Constantinopla a fim de ligá-la a Roma. Exige que os bispos lhe submetam as "causas maiores".

NOVACIANO – No momento da morte do papa Fabiano, durante a perseguição de Décio (250), Novaciano é sacerdote em Roma, brilhante e culto. As circunstâncias não possibilitam uma eleição imediata. Novaciano ocupa um lugar de primeiro plano durante a vacância. Depois de quatorze meses, a perseguição acalma-se. Então, o clero de Roma escolhe por papa o sacerdote Cornélio. Decepcionado, Novaciano se rebela contra ele, faz-se sagrar bispo por três bispos e inicia um cisma. Prega um rigorismo intransigente. O novacianismo torna-se seita importante, principalmente nas grandes cidades.

ORÍGENES (± 185-253) – É iniciado nas Escrituras pelo pai (que acabou morrendo mártir). Clemente de Alexandria forma-o, a seguir, nos conhecimentos humanos e cristãos. Demonstra inteligência tão brilhante que o bispo de Alexandria confia-lhe a direção da escola catequética quando está com apenas 18 anos. Dá imenso brilho à escola, tanto pelo valor de seus ensinamentos como pelo exemplo de sua vida austera. Completa sua formação filosófica pelas lições de Amônio Saccas, a leitura de Platão e de Aristóteles; estuda o hebraico para ler o texto do Antigo Testamento no original. Crente ardoroso e apaixonado, "tinha recebido o dom de pesquisar e de descobrir" (Gregório Taumaturgo, seu aluno). Procura a verdade em todas as fontes, mas, antes de tudo, na Escritura. Em consequência de atrito com seu bispo, parte, em 231, para Cesareia de Palestina, onde funda

uma escola que passou a ser tão próspera quanto a primeira. De todos os lugares, consultam-no sobre questões difíceis, pois não há, ainda, nem concílios nem definição de fé. É a partir da Escritura que os problemas se colocam e que se procura resolvê-los. Durante a perseguição de Décio, Orígenes é longamente torturado e morre pouco depois, em consequência das torturas.

Orígenes deixou obra imensa: 2.000 títulos. Seu pensamento ousado e novo exerceu profunda influência sobre os séculos seguintes. Foi o primeiro a fazer exegese científica sobre todos os livros da Escritura; comentários profundos, escólios sobre as passagens difíceis, homilias calorosas para os fiéis. Compôs escritos ascéticos, apologéticos (*Contra Celso*) e, sobretudo, o tratado *Dos Princípios*, a primeira *Suma Teológica* da antiguidade cristã. Numa grande síntese, Orígenes parte da natureza íntima de Deus para terminar na consumação do universo.

Quase todas as obras de Orígenes desapareceram nas querelas levantadas por seu pensamento audacioso, muitas vezes deformado por seus discípulos. Esse homem que tanto amou a Igreja e que testemunhou fidelidade à sua fé, foi condenado por seus erros sobre a pré-existência das almas, a existência de vários mundos sucessivos, a salvação final universal (incluindo os demônios). Mas seus erros não podem fazer esquecer todas as descobertas e os aprofundamentos que enriqueceram o pensamento cristão.

→ AMÔNIO SACCAS, mestre grego em Alexandria. Cristão de nascimento, passou ao paganismo.

PEDRO Comestor († 1178) – Teólogo. Professor em Paris, aí escreveu sua obra maior *Historia Scholastica*, em 20 volumes. Começa com a criação do mundo e termina com os Atos dos Apóstolos. Todos os livros da Bíblia são apresentados e parafraseados. A obra teve grande sucesso entre os estudantes. O apelido "Comestor" foi-lhe dado em vida pela grande estima em que seu ensino era tido. Várias vezes o comenta em seus sermões. Significa, aplicado a ele, o *que se alimenta* de livros.

PEDRO Crisólogo (406-450) – Bispo de Ravena, distinguiu-se pela eloquência.

PEDRO Pictaviense

PEDRO Lombardo (± 1100-1160) – De origem lombarda, chega a Paris em 1136 para completar seus estudos. A partir de 1142, é mestre afamado na escola de Notre-Dame. Acompanha de perto todas as correntes de ideias de seu tempo, faz parte do corpo de jurados que, no concílio de Reims, condena Gilberto de la Porrée*. Em 1159, é escolhido para bispo de Paris. Morre no ano seguinte.

Todas as suas obras são fruto de seu ensino: *Glosa-Comentário das Salmos*, espécie de compilação patrística que deve servir de complemento à brevidade da obra de Anselmo de Laon, *Glosa sobre as Epístolas de S. Paulo*, ainda mais famosa que a anterior. Mas uma obra, em especial, valeu a Pedro o título de "Mestre das Sentenças", os quatro *Livros das Sentenças*: 1) Deus trino e uno; 2) Deus criador, graça e pecado; 3) Verbo encarnado e Cristo redentor, virtudes e decálogo; 4) Sacramentos e fins derradeiros. Esse plano marca um progresso real sobre os compêndios teológicos desse tempo.

Na efervescência do século XII em que os mestres enveredam, às vezes, em teorias arriscadas, Pedro Lombardo é um moderado. Não quer contentar-se com uma atitude meramente defensiva, e multiplicadora das condenações; sente a necessidade de pesquisar seus contemporâneos e quer mantê-la na ortodoxia. Fiel à tradição dos Padres e com uma clara preocupação pedagógica, une uns aos outros, formando como que um mosaico de sábios. Também empresta ideias de seus contemporâneos, mas não quer elaborar teorias pessoais. Não é um filósofo e não tem, provavelmente, a envergadura de seus grandes predecessores. Sua obra, contudo, apesar de algumas oposições tenazes, é logo apreciada. No Concílio de Latrão, em 1215, os *Livros das Sentenças*, atacados por Joaquim de Fiore, recebem um solene elogio pela sua ortodoxia. A partir desse momento, passam a ser o manual para o ensino da teologia. São comentados, adaptados. É só a partir do século XVII que a Suma de Sto. Tomás os substitui.

PELÁGIO (± 370-432) – Originário da Grã-Bretanha, é um monge austero. Fixa-se em Roma no tempo do papa Anastásio (399-402) e dá conselhos de ascetismo muito apreciados. Defensor da vontade humana, pensa que ela é capaz, sem a graça redentora, de querer e executar o bem; o livre-arbítrio do homem é todo-poderoso, a graça é simplesmente uma ajuda que torna a virtude mais fácil. Não existe

pecado original e pode haver homens que vivem sem pecado. Pelágio esforça-se por difundir sua doutrina por todas as regiões do Império. Sto. Agostinho, que tinha tão profundamente o senso da impotência da natureza humana entregue a suas próprias forças, luta energicamente contra as ideias de Pelágio e de seus partidários. Fá-los condenar nos Concílios de Cartago (415), de Milevi (416) e pelo papa Inocêncio I (417). O Concílio de Éfeso (431) anatematiza solenemente o pelagianismo.

PELÁGIO I – Papa de 556 a 561. Nasceu numa grande família romana. Sabe grego. Ainda diácono, traduz as Sentenças dos Padres do deserto para o público latino. A partir de 536, está na chancelaria pontifícia e encarregado de missões diplomáticas no Oriente. Sucede ao papa Vigílio.
Sto. Tomás cita duas de suas cartas.

PORFÍRIO (± 233-305) – De origem pagã, vai a Atenas para concluir sua formação filosófica. Chega a Roma por volta de 263, descobre Plotino e convive com esse filósofo, asceta e místico. É seu colaborador até 268 quando, esgotado pela ascese da escola plotiniana, vai tratar-se na Sicília. Plotino morre pouco depois, e Porfírio incumbe-se de perpetuar sua memória.
Porfírio é um erudito, inimigo das superstições populares, adversário resoluto do cristianismo que invade o Império. Escreveu muito, mas suas obras perderam-se quase todas. Eis as mais conhecidas: *Plotino, Vida de Pitágoras, Refutação do cristianismo*, de que sobra quase nada, *Carta ao sacerdote egípcio Anebão* e, sobretudo, a introdução deste comentário: o *Isagoge*, pequeno manual escolar sem pretensão, mas claro e preciso. Traduzido por Boécio, esse opúsculo exerceu grande influência sobre os pensadores da Idade Média.

PREPOSITINO de Cremona, (séc. XII-XIII) – Chanceler da Universidade de Paris entre 1206 e 1210. Autor de uma *Summa Theologiae*.

PRÓSPERO de Aquitânia (± 390-455/463) – Nascido na Aquitânia, mora em Marselha em 426. Apavorado pelas doutrinas semipelagianas dos monges da região, escreve a Agostinho para assinalar-lhe o perigo. Pouco antes de morrer, Agostinho responde por *A Predestinação dos Santos* e *O Dom da Perseverança*. Sempre mais isolado em Marselha, Próspero vai a Roma, esperando obter uma condenação. O papa prega a paz aos dois partidos. Mas nenhum o leva em conta e Próspero escreve suas Respostas às objeções caluniosas dos Gauleses e outros tratados. Pouco a pouco, volta a sentimentos mais pacíficos e vê que é preciso abandonar certas posições intransigentes de Agostinho. Desempenha funções importantes na chancelaria pontifícia, junto a S. Leão. Escreveu um *Comentário dos Salmos*, um tratado sobre *A Vocação de todos os Povos*, um *Livro das Sentenças* tiradas das obras de Sto. Agostinho, assim como uma vasta Crônica que vai até 455.
O tratado sobre *A vida contemplativa*, que Sto. Tomás lhe atribui, é obra de Juliano Pomère, sacerdote de Arles, morto em 498.

RABANO Mauro (Hrabanus Maurus) (± 780-856) – Monge de Fulda (Alemanha), Rabano Mauro vai seguir em Tours os curso de Alcuíno. De volta, nomeado diretor de escola e abade de Fulda, torna-se, enfim, bispo da Mogúncia. Recebeu o título de "preceptor da Germânia". Espírito enciclopédico, como seu mestre Alcuíno, comentou quase todo o Antigo e o Novo Testamento. Escreveu, também, um livro sobre *A Instituição dos Clérigos* e um *De universo*, espécie de Suma onde reúne todo o saber de seu tempo.

RAIMUNDO de Peñafort – Jurista, professor e mestre geral dos dominicanos, publicou em 1234, em cinco livros, as *Decretais de Gregório IX*.

REMÍGIO de Auxerre (841-908) – Professor em Auxerre, Reims e, enfim, Paris, é discípulo de João Escoto Erígeno. Admite a realidade dos universais subsistindo na inteligência divina e a participação dos indivíduos em uma realidade superior que possibilita afirmar a unidade substancial da humanidade. Comentou o Gênesis e os Salmos, os *Opuscula Sacra* de Boécio. Temos ainda algumas de suas Homilias sobre S. Mateus.

RICARDO de São Vítor (morto em 1173) – Aluno e sucessor de Hugo na escola de São Vítor, escreveu muito: tratados teológicos, exegéticos, ascéticos e místicos. Preocupou-se, principalmente, em "encontrar razões necessárias" às verdades da fé. Seu tratado *Sobre a Trindade* é característico a esse respeito: procura elevar

a razão até seus limites extremos, embora sabendo-se diante do mistério.

Suas obras místicas tiveram grande repercussão entre seus contemporâneos. Descreveu a preparação da alma para a contemplação e a própria contemplação.

RUPERTO (± 1075-1129/30) – Monge beneditino de Saint-Laurent de Liège e abade do mosteiro de Deutz, perto de Colônia. Não quer ser teólogo, mas sim, monge. É um comentador incansável dos livros santos.

SCOTT Erígena, João (séc. IX) – Teólogo irlandês. Dirigiu a escola palatina e participou na controvérsia sobre a predestinação, nas questões sobre a presença de Cristo na eucaristia e traduziu as obras de Dionísio Aeropagita.

SILVESTRE I – Papa de 314 a 335. Foi testemunha e ator da grande mudança vivida pelos cristãos depois do Edito de Milão. É durante seu pontificado que se erguem as grandes basílicas romanas e que se realiza o Concílio de Niceia (325).

Sto. Tomás faz alusão a uma carta apócrifa extraída de uma vida lendária de S. Silvestre, datando provavelmente do final do século VIII.

TEODORETO de Ciro (± 393-460/66) – Nascido em Antioquia, é nomeado bispo de Ciro (Síria) em 423. É um pastor ativo, combate os pagãos, judeus e heréticos e cuida muito de seu povo. No Concílio de Éfeso, recusa-se a subscrever a condenação de Nestório, pois vê na posição de Cirilo de Alexandria um perigo de apolinarismo. Aceita assinar o Credo de União de 433, com condição de não ser obrigado a condenar Nestório. Nos anos seguintes, empenha-se com ardor na controvérsia contra Êutiques; Dióscoro, sucessor de Cirilo de Alexandria, depõe-no ao "latrocínio de Éfeso" de 449. Teodoreto apela ao papa Leão. No Concílio de Calcedônia, em 451, Teodoreto deve justificar sua doutrina e acaba pronunciando o anátema contra Nestório. É então reconhecido "doutor ortodoxo".

O Concílio de Constantinopla de 553 condena seus escritos contra Cirilo, assim como certo número de suas cartas e sermões.

Sto. Tomás só o conheceu pelo Concílio que o condenou.

TEODORO de Ancira (c. 444) – Bispo de Ancira e opositor de Nestório.

TEODORO de Canterbury, arcebispo (592-690) – Monge grego foi enviado pelo papa à Inglaterra para recompor a Igreja. Criou novos bispados e incentivou o estudo da Sagrada Escritura em suas línguas originais.

TEODORO de Mopsuéstia (± 350-428) – Aluno de Diodoro em Antioquia, é ordenado sacerdote em Antioquia (383) e sagrado bispo de Mopsuéstia na Cilícia, em 392.

Escreveu comentários sobre quase todos os livros da Escritura, com um senso crítico raro na sua época, e muita erudição. As Igrejas nestorianas lhe outorgam o título de "Intérprete". Deixou, também, obras apologéticas e *Homilias batismais*.

Quando morre, em 428, é cercado de veneração por sua ciência e sua ortodoxia. Mas é o momento em que seu aluno, Nestório, se torna patriarca de Constantinopla. Depois do Concílio de Éfeso (431) e da condenação do Nestório, acusa-se o mestre. O V Concílio geral de Constantinopla (553) condena Teodoro com Teodoreto de Ciro e Ibas de Edessa por suas posições cristológicas. Mas os textos apresentados ao Concílio eram, em sua maioria, falsificados e interpolados por seus adversários. Suas obras desapareceram quase inteiramente no original grego, mas encontraram-se algumas em versão siríaca que possibilitam entender melhor seu pensamento.

Sto. Tomás só o conheceu pelo Concílio que o condenou.

TEOFILATO († 1118) – Arcebispo de Ochrida na Bulgária. Além de muitas cartas e homilias escreveu comentários aos diversos livros da Sagrada Escritura.

TEÓFILO de Alexandria, bispo († 412) – Pouco ficou de suas obras. Apenas algumas conservadas entre as obras de S. Jerônimo.

TERTULIANO (160-230) – Advogado cartaginês, depois de se converter dedicou-se como catequista à Igreja de Cartago. Posteriormente deixou a Igreja tornando-se montanista.

TIAGO de Voragine (1228-1298) – Dominicano, arcebispo de Gênova, autor da *Legenda Sanctorum* conhecida como Legenda áurea. Teve uma difusão extraordinária.

TÚLIO – Sobrenome de Cícero* pelo qual é geralmente designado na Idade Média.

URBANO I – Papa de 222 a 230 aproximadamente. A decretal que Sto. Tomás lhe atribui é inautêntica.

URBANO II – Papa de 1088 a 1099. Eudes de Châtillon, arcediago de Reims e, depois, monge em Cluny, é nomeado bispo de Óstia e cardeal por Gregório VII em 1078. Sucede ao papa Vítor III.

Segue os princípios da reforma gregoriana, coloca-se contra o nicolaísmo, a simonia, a investidura leiga. No Concílio de Placência (1095), toma medidas contra as ordenações conferidas por bispos cismáticos ou simoníacos. Preside, também em 1095, o Concílio de Clermont ao final do qual anuncia a primeira cruzada.

VALENTINO (séc. II, morto em 161) – Nascido no Egito, vai a Roma, onde o papa Higino o excomunga. É um dos maiores representantes da "gnose", heresia dos primeiros séculos da Igreja. Seus escritos desapareceram; podemos ter alguma ideia deles pela refutação de Ireneu e Hipólito. A doutrina gnóstica é muito complexa. Na medida em que podemos reconstituí-la, afirma um Deus superior, um mundo intermediário de éons que formam o pleroma, e um mundo inferior: o da matéria. Cristo é um "éon", espírito emanado da Inteligência eterna, que desce para resgatar o homem; une-se ao Jesus do mundo inferior. Agostinho escreveu contra os valentinianos o tratado *De correptione et gratia*.

VICENTE de Lérins († antes de 450) – Monge e presbítero do mosteiro de Lérins. Adversário da doutrina da graça de Sto. Agostinho, considerava-a novidade que devia ser rejeitada. Escreveu várias obras sobre o princípio da tradição e contra o nestorianismo. De Sto. Agostinho temos uma carta *Ad Vicentium*.

VITAE Patrum = As Vidas dos Padres – Uma vasta literatura desenvolveu-se nos desertos do Egito. Recolheram-se as "Palavras" dos Padres ou apofitegmas. Escreveram-se relatos de suas vidas. O primeiro foi a *Vida de Antão* por Atanásio.

Sto. Tomás conheceu uma vasta compilação feita no século VI, contendo, principalmente, *A história dos monges do Egito*, traduzida por Rufino de Aquileia, *A história lausíaca* de Paládio, traduzida, esta também, para o latim, assim como as *Sentenças dos Padres*, traduzidas pelos diáconos (futuros papas), Pelágio e João.

VOLUSIANO – Procônsul em Cartago. Membro de um círculo cultural neoplatônico. Não era cristão mas grande amigo de Sto. Agostinho que lhe escreveu diversas cartas.

AUTORES E OBRAS CITADOS NA SUMA TEOLÓGICA

ABELARDO
—— *Introductio ad Theologiam in tres Libros divisa*: ML 178,979-1114 (*Introd. ad Theol.*).
—— *Sic et Non*: ML 178,1329-1610 (*Sic et Non*).

PSEUDO-ABELARDO
—— *Epitome Theologiae Christianae*: ML 178,1685-1758 (*Epitome Theol. Christ.*).

ACTA SANCTORUM
—— *Acta Sanctorum quotquot toto Orbe coluntur, vel a catholicis scriptoribus celebrantur*, collegit... I. Bollandus cum aliis... 60 vols. Bruxellis, apud Socios Bollandianos, 1883-1925 (*Acta Sanctorum*).

AGATÃO, PAPA
—— Epistola I *Ad Augustos Imperatores*: ML 87,1161-1214 (Epist. I *Ad Augustos Imperatores*).
—— Epistola III *Epistola Agathonis et Romanae Synodi centum viginti quinque Episcoporum... ad Synodum sextam celebrandam*: ML 87,1215-1248 (Epist. III *Synodica*).

AGOSTINHO
—— *Confessionum Libri tredecim*: ML 32,659-868 (*Confess.*).
—— *Obras completas de S. Agustín*, 41 vols. (Madrid, BAC).
—— *Contra Cresconium Grammaticum Partis Donati Libri quatuor*: ML 43,445-594 (*Contra Crescon.*).
—— *Contra duas Epistolas Pelagianorum ad Bonifacium Romanae Ecclesiae Episcopum Libri quatuor*: ML 44,549-638 (*Contra duas Epist. Pelag.*).
—— *Contra Epistolam Parmeniani Libri tres*: ML 43,33-108 (*Contra Epist. Parmen.*).
—— *Contra Faustum Manichaeum Libri triginta tres*: ML 42,207-518 (*Contra Faust.*).
—— *Contra Iulianum, haeresis Pelagianae defensorem libri sex*: ML 44,641-874 (*Contra Iulian.*).
—— *Contra Litteras Petiliani Donatistae Cirtensis episcopi Libri tres*: ML 43,245-388 (*Contra Litt. Petiliani.*).
—— *Contra Maximinum Haereticum Arianorum Episcopum Libri duo*: ML 42,743-814 (*Contra Maximin. Haeret.*).
—— *Contra Sermonem Arianorum Liber unus*: ML 42,683-708 (*Contra Serm. Arian.*).
—— *De agone christiano Liber unus*: ML 40,289-310 (*De agone christ.*).
—— *De anima et eius origine Libri quatuor*: ML 44,475-548 (*De an. et eius orig.*).
—— *De baptismo contra donatistas Libri septem*: ML 43,107-244 (*De bapt. contra Donat.*).
—— *De bono viduitatis Liber seu Epistola ad Iulianam viduam*: ML 40,429-450 (*De bono viduit.*).
—— *De catechizandis rudibus Liber unus*: ML 40,309-348 (*De catechiz. rud.*).
—— *De Civitate Dei contra Paganos Libri duo et viginti*: ML 41,13-804 (*De Civ. Dei*).
—— *De coniugiis adulterinis ad Pollentium Libri duo*: ML 40,451-486 (*De coniug. adulterinis*).
—— *De consensu evangelistarum Libri quatuor*: ML 34,1041-1230 (*De consensu evangelist.*).
—— *De Correptione et Gratia ad Valentinum et cum illo Monachos Adrumentinos Liber unus*: ML 44,915-946 (*De Corrept. et Grat.*).
—— *De diversis Quaestionibus ad Simplicianum Liber duo*: ML 40,101-148 (*De divers. quaest. ad Simplic.*).
—— *De diversis Quaestionibus LXXXIII Liber unus*: ML 40,11-100 (*Octog. trium Quaest.*).
—— *De Doctrina Christiana Libri quatuor*: ML 34,15-122 (*De Doctr. Christ.*).
—— *De Dono Perseverantiae Liber ad Prosperum et Hilarium secundus*: ML 45,993-1034 (*De Dono Persev.*).
—— *De fide et operibus Liber unus*: ML 40,197-230 (*De fide et oper.*).
—— *De Genesi ad Litteram Libri duodecim*: ML 34,245-486 (*De Genesi ad Litt.*).
—— *De Genesi contra Manichaeos Libri duo*: ML 34,173-220 (*De Genesi contra Manich.*).
—— *De Haeresibus ad Quodvultdeus Liber unus*: ML 42,21-50 (*De Haeres.*).
—— *De Libero Arbitrio Libri tres*: ML 32,1221-1310 (*De Lib. Arb.*).
—— *De Natura Boni contra Manichaeos Liber unus*: ML 42,551-572 (*De Nat. Boni*).
—— *De Natura et gratia ad Timasium et Iacobum contra Pelagium Liber unus*: ML 44,247-290 (*De Nat. et Grat.*).
—— *De nuptiis et concupiscentiis ad Valerium Comitem Libri duo*: ML 44,413-474 (*De nupt. et concupisc.*).

—— *De patientia Liber unus*: ML 40,611-626 (*De patientia*).
—— *De peccatorum meritis et remissione et de baptismo parvulorum, ad Marcellinum Libri tres*: ML 44,109-200 (*De pecc. remiss. et bapt. parv.*).
—— *De Praedestinatione Sanctorum Liber ad Prosperum et Hilarium primus*: ML 44,959-992 (*De Praedest. Sanct.*).
—— *De sancta virginitate Liber unus*: ML 40,395-428 (*De virginit.*).
—— *De sermone Domini in Monte secundum Matthaeum Libri duo*: ML 34,1229-1308 (*De serm. Dom.*).
—— *De Symbolo sermo ad catechumenos*: ML 40,627-638 (*De Symb.*).
—— *De Trinitate Libri quindecim*: ML 42,819-1098 (*De Trin.*).
—— *De unico baptismo contra Petilianum ad Constantinum Liber unus*: ML 43,595-614 (*De unic. bapt. contra Petilianum*).
—— *De Vera Religione Liber unus*: ML 34,121-172 (*De Vera Relig.*).
—— *Enarrationes in Psalmos*, Ps. I-LXXIX: ML 36,68-1028; Ps. LXXX-CL: ML 37,1033-1968 (*Enarr. in Psalm.*).
—— *Enchiridion ad Laurentium, sive De Fide, Spe et Caritate Liber unus*: ML 40,231-290 (*Enchir.*).
—— Epistola XXVIII *Ad Hieronymum*: ML 33,111-114 (Epist. XXVIII *Ad Hieron.*).
—— Epistola XL *Ad Hieronymum*: ML 33,154-158 (Epist. XL *Ad Hieron.*).
—— Epistola LIV-LV *Ad Inquisitiones Ianuarii*: ML 33,199-223 (Epist. LV *Ad Inquis. Ianuarii*).
—— Epistola XCVIII *Ad Bonifacium Episcopum*: ML 33,359-364 (Epist. XCVIII *Ad Bonifacium*).
—— Epistola CII *Ad Deogratias seu sex quaestiones contra paganos expositae Liber unus*: ML 33,370-386 (Epist. CII *Ad Deogratias*).
—— Epistola CXVIII *Ad Dioscorum*: ML 33,431-449 (Epist. CXVIII *Ad Diosc.*).
—— Epistola CXXXVII *Ad Volusianum*: ML 33,515-525 (Epist. CXXXVII *Ad Volus.*).
—— Epistola CXL *Ad Honoratum seu De gratia Novi Testamenti*: ML 33,538-577 (Epist. CXL *Ad Honorat.*).
—— Epistola CLIII *Ad Macedonium*: ML 33,653-665 (Epist. CLIII *Ad Macedonium*).
—— Epistola CLXIV *Ad Evodium Episcopum*: ML 33,709-718 (Epist. CLXIV *Ad Evodium*).
—— Epistola CLXXXV *Ad Bonifacium seu De correctione Donatistarum Liber*: ML 33,792-815 (Epist. CLXXXV *Ad Bonifacium*).
—— Epistola CLXXXVII *Ad Dardanum seu De praesentia Dei Liber*: ML 33,832-848 (Epist. CLXXXVII *Ad Dardanum*).
—— Epistola CXCIV *Ad Sixtum Romanum Presbyterum*: ML 33,874-891 (Epist. CXCIV *Ad Sixtum*).
—— Epistola CCV *Ad Consentium*: ML 33,942-949 (Epist. CCV *Ad Consentium*).
—— Epistola CCXI *Ad Monachas*: ML 33,958-965 (Epist. CCXI *De reg.*).
—— Epistola CCLXV *Ad Seleucianam*: ML 33,1086-1089 (Epist. CCLXV *Ad Seleucianam*).
—— *In Epistolam Ioannis ad Parthos Tractatus decem*: ML 35,1977-2062 (*In I Ioann.*).
—— *In Ioannis Evangelium Tractatus CXXIV*: ML 35,1379-1976 (*In Ioann.*).
—— *Quaestiones Evangeliorum Libri duo*: ML 35,1321-1364 (*Quaest. Evang.*).
—— *Quaestiones in Heptateuchum Libri septem*: ML 34,547-824 (*Quaest. in Heptat.*).
—— *Quaestionum septemdecim in Evangelium secundum Matth. Liber unus*: ML 35,1365-1376 (*Quaest. septemdecim in Matth.*).
—— *Retractationum Libri duo*: ML 32,583-656 (*Retract.*).
—— *Sermones ad Populum*, serm. I-CCCXL: ML 38,23-1484; serm. CCCXLI-CCCXLVI: ML 39,1493-1718 (*Serm. ad Popul.*).

AGOSTINHO (?)
—— *Adversus quinque haereses seu Contra quinque hostium genera Tractatus*: ML 42,1101-1116 (*Contra quinq. haeres.*).
—— *De Assumptione Beatae Mariae Virginis Liber unus*: ML 40,1141-1148 (*De Assumpt. B.M.V.*).
—— *De vera et falsa Poenitentia ad Christi devotam Liber unus*: ML 40,1113-1130 (*De vera et falsa poenit.*).
—— *Dialogus quaestionum LXV sub titulo Orosii percontantis et Augustini respondentis*: ML 40,733-752 (*Dial. quaest. sexag. quinq.*).
—— *Sermo de mysterio baptismatis*: ML 40,1209-1212 (*Serm. de mysterio bapt.*).
—— *Sermo in pervigilio Paschae de esu agni*: ML 40,1201-1204 (*Serm. De esu agni*).
—— *Sermones Supposititii*: ML 39,1735-2354 (*Serm. Suppos.*).

PSEUDO-AGOSTINHO
—— *De mirabilibus Sacrae Scripturae Libri tres*: ML 35,2149-2200 (*De mirabilibus Sacrae Scripturae*).
—— *De Symbolo sermo ad catechumenos*: ML 40,637-652 (*De Symb*. serm. I).
—— *De Symbolo ad catechumenos sermo alius*: ML 40,651-660 (*De Symb*. serm. II).
—— *De Symbolo ad catechumenos sermo alius*: ML 40,659-668 (*De Symb*. serm. III).
—— *Hypomnesticon contra Pelagianos et Coelestianos vulgo Libri Hypognosticon*: ML 45,1611-1664 (*Hypognost*.).

PSEUDO-AGOSTINHO (Ambrosiaster)
—— *Quaestiones Veteris et Novi Testamenti*: ML 35,2213-2416 (*Quaest. Vet. et Nov. Test*.).

PSEUDO-AGOSTINHO (S. Fulgêncio)
—— *De fide, seu de regula verae fidei ad Petrum Liber unus*: ML 65,671-708 (*De Fide*).

PSEUDO-AGOSTINHO (Vigílio de Tapso)
—— *Contra Felicianum Arianum de unitate Trinitatis Liber unus, Vigilio restitutus*: ML 42,1157-1172; cf. ML 62,333-352 (*De unit. Trin*.).

ALANO DE INSULIS
—— *De fide catholica contra haereticos sui temporis praesertim albigenses Libri quatuor*: ML 210,305-430 (*De fide cathol. contra haeret*.).

ALBERTO MAGNO
—— *Opera Omnia*, edidit A. Borgnet, 38 vols. (Parisiis, Vivès, 1890-1899) (BO); *S. Alberti Magni... Opera Omnia* (Institutum Alberti Magni Coloniense) (Aschendorff 1951ss) (CO).
—— *Commentarii in Librum Sancti Dionysii Areopagitae De Ecclesiastica Hierarchia*: BO XIV (*In De ecclesiast. hier*.).
—— *In Evangelium secundum Matthaeum loculenta expositio*: BO XX y XXI (*In Matth*.).
—— *In Evangelium secundum Lucam loculenta expositio*: BO XXII (*In Luc*.).
—— *Commentarii in Sententiarum Libros quatuor*: BO XXIX (*In Sent*.).

PSEUDO-ALEXANDRE I
—— Epistola I *Ad omnes Orthodoxos*: MANSI 1,634-643 (Epist. I *Ad omnes orth*.).

PSEUDO-ALEXANDRE II
—— *Fragmenta Epistolarum*: MANSI 19,977-982 (*Fragm. Epist*.).

PSEUDO-ALEXANDRE III
—— *Decreta*: MANSI 21,1101-1110 (*Decreta*).
—— *Fragmentum Epistolae scriptae Rhemensi Archiepiscopo*: MANSI 22,457-458 (*Fragm. epist. ad Archiepisc. Rhemensem*).
—— Epistola DCCXLIV *Ad Willelmum Archiepiscopum Senomensem*: ML 200,685 (Epist. DCCXLIV *Ad Willelmum*).

ALEXANDRE DE HALES
—— *Summa Theologiae*, 3 vols., edid. PP. Collegii S. Bonaventurae Ad Claras Aquas (Quaracchi 1924-1930) (*Summa Theol*.).

ALGERO DE LIÈGE
—— *De Sacramentis Corporis et Sanguinis Dominici*: ML 180,743-854 (*De Sacram. Corp. et Sanguinis Domin*.).
—— *De Sacrificio Missae*: ML 180,853-856 (*De sacrificio Missae*).

AMALÁRIO DE METZ
—— *De ecclesiasticis officiis Libri quatuor ad Ludovicum Pium Imperatorem*: ML 105,985-1242 (*De ecclesiast. off*.).

AMBROSIASTER (Pseudo-Agostinho). Cf. Pseudo-Agostinho.

AMBROSIASTER (Pseudo-Ambrósio)
—— *Commentaria in XII Epistolas Beati Pauli*: ML 17,47-536 (*In Rom*.).

AMBRÓSIO
—— *De Fide ad Gratianum Augustum Libri quinque*: ML 16,549-726 (*De Fide*).
—— *De Incarnationis Dominicae sacramento Liber unus*: ML 16,853-884 (*De Incarn. Domin. sacram.*).
—— *De mysteriis Liber unus*: ML 16,405-426; SC 25 (*De Mysteriis*).
—— *De obitu Valentiniani consolatio*: ML 16,1417-1444 (*De obitu Valent. Consol.*).
—— *De officiis ministrorum Libri tres*: ML 16,25-194 (*De off. ministr.*).
—— *De Poenitentia Libri duo*: ML 16,485-546; SC 179 (*De poenit.*).
—— *De sacramentis Libri sex*: ML 16,435-485 (*De sacram.*).
—— *De Spiritu Sancto Libri tres. Ad Gratianum Augustum*: ML 16,731-850 (*De Spir. Sancto*).
—— *Expositio evangelii secundum Lucam libris X comprehensa*: ML 15,1607-1944; SC 45,52 (*In Luc.*).
—— *Hexaemeron Libri sex*: ML 14,133-288 (*In Hexaem.*).
—— Hymnus IV *Veni Redemptor Gentium*: ML 16,1473-1474 (Hymn. IV *Veni Redemptor gentium*).
—— *In Psalmum David CXVII Expositio*: ML 15,1261-1604 (*In Psalm. CXVIII*).
—— *Sermones Sancto Ambrosio bactenus ascripti*: ML 17,625-758 (*Serm. de Temp.*).

ANACLETO, PAPA
—— Epistola I *Ad omnes episcopos et ceteros cunctos fideles*: MANSI 1,598-606 (Epist. I *Ad omnes episc. et fideles*).

ANDRÉ DE CESAREIA
—— *In Divi Ioannis Apostoli et Evangelistae Apocalypsin commentarius*: MG 106,207-458 (*In Apoc.*).

ANÔNIMO O. P.
—— *Tractatus contra Graecorum errores*: MG 140,483-574 (*Tract. contra Graec. errores*).

ANÔNIMOS
—— *Capitula haeresum Petri Abaelardi*: ML 182,1049-1054 (*Cap. Haeres. Petri Abaelardi*).
—— *Chronicon Paschale*: MG 92,67-1023 (*Chronicon Paschale*).
—— *Die pseudo-aristotelische Schrift über das reine Gute, bekannt unter dem Namen Liber de Causis*, edid. O. Bardenhewer (Freiburg i. B. 1882) (Liber de Causis).
—— *Die Sententiae divinitatis, ein Sentenzenbuch der Gilbertschen Schule*, edid. B. Geyer (Münster i. W. 1909) (*Sent. Divinit.*).
—— *Liber de rebaptismate*: ML 3,1231-1252 (*De rebapt.*).
—— *Ysagoge in Theologiam*, edid. A. Landgraf, *Écrits théologiques de l'école d'Abélard*. Textes inédits (Louvain 1934) p. 63-285 (*Ysagoge in Theol.*).

ANSELMO
—— *Obras completas de San Anselmo*. Ed. bilíngue, 2 vols. (Madrid, BAC Normal v. 82 y 100).
—— Homilia XIII *In Evangelium secundum Lucam: Dum iret...*: ML 158,660-664 (Hom. XIII *In Luc XVII*).
—— *Liber de conceptu virginali et originali peccato*: ML 158,431-464 (*De conceptu virginali*).
—— *Libri duo Cur Deus Homo*: ML 158,359-432 (*Cur Deus Homo*).
—— *Orationes*: ML 158,855-1016 (*Orationes*).

ANSELMO (?)
—— Epistola CVII *De Corpore et Sanguine Domini*: ML 159,255-257 (Epist. CVII *De Corp. et Sanguine Dom.*).

ANSELMO DE LAON
—— *Enarrationes in Evangelium Matthaei*: ML 162,1227-1500 (*In Matth.*).
—— *Sententiae*, edid. F. P. Bliemetzrieder, *Anselmus von Laon Systematische Sentenzen* (Münster i. W. 1919) p. 47-153 (*Sent.*).

ANTIFONÁRIO O. P.
—— *Antiphonarium S. Ordinis Praedicatorum pro Diurnis Horis*, sub Revdiss. P. M. S. Gillet (Romae, in Hospitio Magistri Generalis, 1933) (*Antiphonarium S. O. P.*).

ARETAS DE CESAREIA
—— *Coacervatio Enarrationum ex variis sanctis viris in Ioannis Dilecti Discipuli et Evangelistae Apocalypsin*: MG 106,487-786 (*In Apoc.*).

ARISTÓTELES
—— *Analytica Priora*: Bκ 24a10-70b38) (*Prior. An.*).
—— *Analyticorum Posteriorum* Libri duo: Bκ 71a1-100b17 (*Post. An.*).
—— *Aristoteles Opera Omnia graece et latine cum Indice*, 5 vols., edid. A. Firmin-Didot (Parisiis 1848-1878).
—— *Aristoteles Graece*, 2 vols. ex recensione I. BEKKERI (Academia Regia Borussica, Berolini, 1831).
—— *Ars Rhetorica*: Bκ 1354a1-1420b4 (*Rhet.*).
—— *Categoriae sive Praedicamenta*: Bκ 1a1-15b33 (*Cat.*).
—— *De Anima*: Bκ 402a1-435b25 (*De An.*).
—— *De Caelo*: Bκ 268a1-313b23 (*De Caelo*).
—— *De generatione animalium*: Bκ 715a1-789b20 (*De Gen. anim.*).
—— *De Generatione et corruptione*: Bκ 314a1-338b19 (*De Gener.*).
—— *De Interpretatione* sive *Perihermeneias*: Bk 16a1-24b9 (*Perih.*).
—— *De Memoria et reminiscentia*: Bκ 449b1-453b7 (*De Mem. et rem.*).
—— *De Partibus Animalium*: Bκ 639a1-697b30 (*De part. anim.*).
—— *De Re Publica* sive *Politica*: Bκ 1252a1-1342b34 (*Pol.*).
—— *Ethica Nicomachea*: Bκ 1094a1-1181b23 (*Eth.*).
—— *Metaphysica*: Bκ 980a21-1093b29 (*Metaph.*).
—— *Meteorologicorum* Libri quatuor: Bκ 338a20-390b22 (*Meteor.*).
—— *Historia animalium*: Bκ 486a5-638b37 (*Hist. Anim.*).
—— *Physica Auscultatio*: Bκ 184a18-267b26 (*Phys.*).
—— *Topicorum* Libri octo: Bκ 100a18-164b19 (*Top.*).

ARNIM, I. ab
—— *Stoicorum Veterum Fragmenta*, 4 vols., edit. por I. ab Armin (in Aedibus B. G. Teubneri 1921-1924) (*Fragm.*).

ARNÓBIO JOVEM (?)
—— *Praedestinatus, sive Praedestinatorum Haeresis, et Libri S. Augustino temere ascripti refutatio in libros distributa*: ML 53,587-672 (*Praedestinatus*).

ATANÁSIO
—— *Ad Epictetum Episcopum Corinthi haereticos Epistola*: MG 26,1049-1070 (*Ad Epictetum*).
—— *Ad Episcopos Aegypti et Lybiae Epistola Encyclica contra Arianos*: MG 25,537-594 (Epist. Encycl. *Ad Episc. Aegypti*).
—— *Ad Iovianum De fide*: PG 26,813-824 (Epist. *Ad Iovianum*).
—— *Adversus Arianos*: MG 26,11-526 (*Contra Arianos*).
—— *De Incarnatione Dei Verbi et contra Arianos*: MG 26,983-1028 *(De Incarn. Verbi et contra Arianos)*.
—— *De Incarnatione Domini nostri Iesu Christi contra Apollinarium*: MG 26,1093-1166 *(Contra Apollinarium)*.
—— Epistola IV *Ad Serapionem de Spiritu Sancto*: MG 26,637-676 (Epist. IV *Ad Serapionem*).
—— *Epistola de Synodis Arimi in Italica, et Seleuciae in Isauria celebratis*: MG 26,681-794 (Epist. *De Synod.*).
—— *Epistola Episcoporum Aegypti et Lybiae nonaginta necnon B. Athanasii contra Arianos ad honoratissimos in Africa Episcopos*: MG 26,1029-1048 (Epist. *Ad Afros Episc.*).
—— *Ex commentariis in Lucam*: MG 27,1391-1404 (*Fragm. in Luc.*).
—— *Oratio de humana natura a Verbo assumpta et de Eius per corpus ad nos adventu*: MG 25,95-198 (*Orat. de Incarn. Verbi*).
—— *Vita et Conversatio S. P. N. Antonii scripta missaque ad monachos in peregrina regione versantes*, Evagrio interprete: MG 26,835-976 (*Vita S. Antonii*, Evagrio interprete).

PSEUDO-ATANÁSIO
—— *Symbolum Athanasii*: MANSI II, 1353-1356 (*Symb. "Quicumque"*).

AULO GÉLIO
—— *Pétrone, Apulée, Aulus-Gelle* (Paris, Firmin-Didot, 1882). *Noctium Atticarum Commentarius*, p. 427-750.

AVERRÓIS
—— *Commentaria in Opera Aristotelis*, 12 vols. (Venetiis 1262-1576) (*In De An.*).

AVITO DE VIENA
—— Epistola XXIX *Dommo Segismundo*: ML 59,246-247.
—— *Fragmenta in epistolam Ad Ephesios*: ML 59,310-313 (*Fragm. in Ephes.*).

BALDUÍNO DE CANTERBURY
—— *Liber de sacramento altaris seu Epistola ad Bartholomeum Oxoniensem Episcopum*: ML 204,641-774 (*De Sacram. Altaris*).

BASÍLIO MAGNO
—— Epistola CXCIX *Amphilochio de canonibus*: MG 32,715-732 (Epist. CXCIX *Ad Amphilochium*).
—— Epistola CCLX *Optimo Episcopo*: MG 32,953-968 (Epist. CCLX *Ad Optimum Episc.*).
—— Homilia XVI *In Illud "In principio erat Verbum"*: MG 31,471-482 (Hom. XVI *In Ioann.*).
—— *Liber De Spiritu Sancto ad Amphilochium Iconii Episcopum*: MG 32,67-218; SC 17bis (*De Spir. Sancto*).
—— *Libri quibus impii Eunomii Apologeticus evertitur*: MG 29,497-774; SC 299, 305 (*Contra Eunom.*).

BEDA
—— *De remediis peccatorum*: ML 94,567-576 (*De remediis pecc.*).
—— *Homiliae genuinae*: ML 94,9-268 (*Homiliae*).
—— *In Lucam Evangelistam expositio*: ML 92,301-634 (*In Luc.*).
—— *In Marci Evangelium expositio*: ML 92,131-302 (*In Marc.*).
—— *In Matthaei Evangelium expositio*: ML 92,9-132 (*In Matth.*).

PSEUDO-BEDA
—— *Expositio Epistolae Primae ad Corinthios*, en *Opera Bedae Venerabilis Presbyteri, Angloxonis*, 8 vols., edid. I. Heruagius (Basileae 1563) t. VI, p. 318-599 (*In I Cor.*).

BENTO LEVITA ("Moguntinus")
—— *Capitularium Additiones quatuor*, additio I: MANSI XVIIb, 579-590; y las demás en MANSI XVIIb, 1133-1232 (*Capitularium*).

BERENGÁRIO DE TOURS
—— *De Sacra Coena adversus Lanfrancum Liber posterior*, edid. A. F. y F. T. Vischer (Berolini 1834), en *Berengarii Turonensis quae supersunt tum edita quam inedita*, expressa moderante A. Leandro, t. I (*De Sacra Coena*).

BERNARDO
—— *Obras Completas de S. Bernardo*. Ed. bilingue, 9 vols. (Madrid, BAC Normal, vol. 444, 452, 469, 473, 491, 497, 505).
—— *Contra Quaedam capitula errorum Abaelardi Epistola CXC seu Tractatus Ad Innocentium II Pontificem*: ML 182,1053-1072 (*De erroribus Abaelardi*).
—— *De laudibus Virginis Matris Homiliae quatuor*: ML 183,55-88 (*De Laudibus Virg. Matris*).
—— *In Coena Domini Sermo*: ML 183,271-274 (*In Coena Dom.*).
—— *Instructio sacerdotis seu Tractatus de praecipuis mysteriis nostrae religionis*: ML 184,771-792 (*De Instruct. sacerdotum*).

BERNARDO (?)
—— *Meditationes piissimae de cognitione humanae conditionis*: ML 184,485-508 (*De humana conditione*).

BOÉCIO
—— *De consolatione philosophiae*: ML 63,579-862 (*De consol.*).
—— *In Topica Ciceronis Commentariorum Libri sex*: ML 64,1039-1174 (*In Top. Cicer.*).
—— *Liber de persona et duabus naturis contra Eutychen et Nestorium, ad Ioannem diaconum Ecclesiae Romae*: ML 64,1337-1354 (*De duabus nat.*).
—— *Quomodo Trinitas Unus Deus et non tres dii, Ad Q. Aur. Memm. Symmachum V. C. et Illustrissimum Exconsulem Ord. atque Patricium socerum suum*: ML 64,1247-1256 (*De Trin.*).

BREVIÁRIO
—— *Breviarium iuxta ritum S. O. Praedicatorum auctoritate Apostolica approbatum*, 2 vols., edit. iussit Revdssimus. P. M. S. Gillet (Romae, in Hospito Magistri Ordinis, 1930) (*Breviarium S. O. P.*).

BOAVENTURA
—— *Opera Omnia*, 10 vols., edid. PP. Collegii S. Bonaventurae, Ad Aquas Claras (Quaracchi, 1882-1902).
—— *Obras de S. Buenaventura*. Ed. bilingue, 6 vols. (Madrid, BAC Normal, vol. 6, 9, 19, 29, 36, 49).
—— *Commentarii in quatuor Libros Sententiarum Petri Lombardi*, ib., t. I-IV (*In Sent.*).
—— *Breviloquium*: ib., t. V, p. 199-291 (*Breviloquium*).

BURCARDO DE WORMS
—— *Decretorum Libri viginti*: ML 140,537-1058 (*Decretum*).

CÂNONES APOSTÓLICOS
—— *Canones Apostolorum sanctorum et omni veneratione prosequendorum, ex interpretatione Dionysii Exigui*: MANSI 1, 49-57 (*Can. Apost.*).
—— *Canones Apostolorum, Gentiano Herveto II interprete*: MANSI 1,29-48 (*Can. Apost.*).

CASSIANO
—— *Collationum XXIV Collectio in tres partes divisas*: ML 49,477-1328 (*Collationes*).
—— *De Incarnatione Christi contra Nestorium haereticum Libri septem*: ML 50,9-272 (*De Incarn. Christi*).

CASSIODORO
—— *In Psalterium expositio*: ML 70,25-1056 (*Expos. in Psalt.*)

PSEUDO-CELESTINO I
—— *Praeteritorum Sedis Apostolicae Episcoporum auctoritates De gratia Dei et libero voluntatis arbitrio*: MANSI 4,458-464 (*Capitula*).

CENSORINO
—— *Celse, Vitruve, Frontin* (Paris, Firmin-Didot, 1877). *Liber de die natali ad Q. Cerellium*, p. 355-385 (*De die natali*).

CESÁREO DE HEISTERBACH
—— *Dialogus miraculorum*, 2 vols., edid. I. Strange (Coloniae, Bonnae et Bruxellis, J. M. Heberle, 1851) (*Dial. Miraculorum*).

CÍCERO
—— *Ciceronis Opera*. Ed. C. F. W. Mueller (Leipzig, Teubner, 1872).
—— *Cicéron* (Collection des Universités de France, ed. Budé, "Les Belles Lettres").
—— *De Tusculantis Quaestionibus*, l. I-II: DD t. III, p. 621-670; l. III-V: DD t. IV, p. 1-74 (*Tuscul.*).
—— *Oeuvres Complètes de Cicéron*, 5 vols. (Paris, Firmin-Didot, 1881). (*DD*).
—— *Rhetorica* seu *De Inventione Oratoria*: DD t. I, p. 88-169 (*Rhet.*).
—— *Topica*: DD t. I, p. 489-507 (*Top.*).

CIPRIANO
—— *Adversus Iulianum Imperatorem Libri decem*: MG 76,489-1064 (*Adv. Iulian.*).
—— *Adversus Nestorii blasphemias contradictionum Libri quinque*: MG 76,9-248 (*Adv. Nestorii blasphemias*).
—— *Apologeticus pro duodecim capitibus adversus Orientales Episcopos*: MG 76,315-386 (*Apologeticus adv. Orient. Episc.*).
—— *Commentariorum in Matthaeum quae supersunt*: MG 72,365-474 (*In Matth.*).
—— *De Incarnatione Verbi Dei, Filii Patris*: MG 75,1413-1478 (*De Incarn. Dom.*).
—— *De Oratione Dominica Liber*: ML 4,535-562 (*De Orat. Domin.*).
—— *Dialogus cum Nestorio, quod sancta Virgo Deipara sit et non Christipara*: MG 76,249-256 (*Dial. cum Nestorio*).
—— Epistola LXI *Ad Euchratium, De histrione*: ML 4,372-374 (Epist. LXI *Ad Euchratium*).
—— Epistola LXIII *Ad Caecilium de sacramento Dominici Calicis*: ML 4,383-401 (Epistola LXIII *Ad Caecilium*).
—— Epistola LXX *Ad Ianuarium et ceteros episcopos Numidas, De baptizandis haereticis*: ML 3,1073-1082; cf. ML 4,421 (Epist. LXX *Ad Ianuarium*).
—— Epistola LXXVI *Ad Magnum de baptizandis Novatianis et de iis qui in lecto gratiam consequuntur*: ML 3,1183-1200; cf. ML 4,427 (Epist. LXXVI *Ad Magnum*).
—— *Obras de S. Cipriano. Tratados. Cartas*. Ed. bilingue (Madrid, BAC Normal, v. 241).

CIRILO DE ALEXANDRIA
—— *Epistola Cyrilli Episcopi Alexandrini ad Monachos Aegypti*: MANSI 4,587-618 (Epist. I *Ad Mon. Aegypti*).
—— *Epistola secunda ad Nestorium*, e graeco transtulit Marius Mercator: ML 48,804-808 (Epist. IV *Ad Nestorium*, interprete Mario Mercatore).
—— *Epistola tertia Synodica S. Cyrilli Alexandrini Episcopi directa Nestorio Constantino olitanae Urbis Episcopo, duodecim continens anathematismi Capital*, e graeco transtulit Marius Mercator: ML 48,831-841 (Epist. XVII *Ad Nestorium*, interprete Mario Mercatore).
—— Epistola I *Ad Monachos Aegypti*: MG 77,9-40 (Epist. I *Ad Mon. Aegypti*).
—— Epistola II *Ad Nestorium*: MG 77,43-50 (Epist. II *Ad Nestorium*).
—— Epistola IV *Ad Nestorium*: MG 77,43-50 (Epist. IV *Ad Nestorium*).
—— Epistola XVII *Ad Nestorium de excommunicatione*: MG 77,105-123 (Epist. XVII *Ad Nestorium*).
—— Epistola XLV *Ad Succensum Episcopum*: MG 77,227-238 (Epist. XLV *Ad Succensum*).
—— Epistola LXXXIII *Ad Calosyrium*: MG 76,1065-1078; cf. MG 77,375 (Epist. LXXXIII *Ad Calosyrium*).
—— *Explanatio in Lucae Evangelium*: MG 72,475-950 (*In Luc.*).
—— *Explicatio duodecim capitum, Ephesi pronuntiata, S. Synodo clariorem illorum declarationem exigente*: MG 76,293-312 (*Explicatio duodecim capitum*).
—— *Expositio sive commentarius in Ioannis Evangelium*, l. I-VI: MG 73,9-1056; l. VII-XII: MG 74,9-756 (*In Ioann.*).
—— Fragmentum *In epistolam I B. Petri*: MG 74,1011-1016 (*Fragm. In I Petr.*).
—— *Liber Religiosissimis Reginis noncupatus*: MG 76,1201-1336 (*Orat. I de recta fide ad religiosissimas reginas*).

CLEMENTE DE ALEXANDRIA
—— *Stromatum* Libri octo, l. I-IV: MG 8,685-1382; l. V-VIII; MG 9,9-602 (*Stromata*).

PSEUDO-CLEMENTE I
—— Epistola II *Ad Iacobum Fratrem Domini, De sacratis vestibus et vasis*: MANSI 1, 125-130 (Epist. Decretal. II *Ad Iac.*).

CONCÍLIO AGATENSE, *Concilium Agathense*, anno 506: MANSI 8,319-342 (*Conc. Agathense*).
CONCÍLIO ARAUSICANO I, *Concilium Arausicanum I*, anno 441: MANSI 6,433-452 (*Conc. Arausicanum I*).
CONCÍLIO ARELATENSE I, *Concilium Arelatense I*, anno 314: MANSI 2,463-495 (*Conc. Arelatense I*).
CONCÍLIO BRACARENSE IV, *Concilium Bracarense IV*, anno 675: MANSI 11,153-162 (*Con. Bracarense IV*).
CONCÍLIO CABILONENSE II, *Concilium Cabilonense II*, anno 813: MANSI 14,91-108 (*Conc. Cabilonense II*).
CONCÍLIO CALCEDONENSE, *Calchedonense Concilium Generale Quartum*: MANSI 6,529-1230; 7,1-872 (*Conc. Chalced.*).
CONCÍLIO CARTAGINÊS I, *Concilium Africanum I, vel Carthaginense I, in causa baptismatis haereticorum*, anno 258 (255): MANSI 1,921-926 (*Conc. Carthaginense I [V]*).
CONCÍLIO CARTAGINÊS III, *Concilium Carthaginense nomine tertium ordine temporis, inter ea quae post Nicaenum extant, vere secundum*, anno 436: MANSI 3,875-902 (*Conc. Carthaginense III*).
CONCÍLIO CARTAGINÊS IV, *Concilium Carthaginense nomine et temporis ordine quartum*, anno 436: MANSI 3,945-968 (*Conc. Carthaginense IV*).
CONCÍLIO CONSTANTINOPOLITANO II, *Quinta Synodus Constantinopolitana II*: MANSI 9,157-658 (*Conc. Cpolit. II*).
CONCÍLIO CONSTANTINOPOLITANO III, *Sancta Synodus sexta Generalis Constantinopolitana tertia*: MANSI 11,189-922 (*Conc. Cpolit. III*).
CONCÍLIO EFESINO, *Sanctum Ephesinum Concilium tertium Generale*: MANSI 4,567-1482; 5,1-732 (*Synodus Ephesina*).
CONCÍLIO FRANCFORTIENSE, *Concilium Francofordiense*, anno 794: MANSI 13,862-926 (*Conc. Francoford.*).
CONCÍLIO ILERDENSE, *Concilium Ilerdense*, anno 524: MANSI 8,609-620 (*Conc. Ilerdense*).
CONCÍLIO LATERANENSE ROMANO, *Concilium Lateranense Romanum*, año 649: MANSI 10,863-1188 (*Conc. Lateranense Romanum*).
CONCÍLIO LATERANENSE III, *Appendix ad Concilium Lateranense*: MANSI 22,248-454 (*Append. Conc. Lateranensis*).
CONCÍLIO LATERANENSE IV, *Concilium Lateranense IV Generale. Sub Innocentio IV Summo Pontifice*, año 1215: MANSI 22,953-1086 (*Conc. Lateranense IV*).
CONCÍLIO NICENO I, *Constitutio et Fides Nicaeni Concilii. Subditis capitulis suis*: MANSI 2,665-752 (*Conc. Nicaenum I*).
CONCÍLIO PARISIENSE VI, *Concilium Parisiense VI*, anno 829: MANSI 14,529-608 (*Conc. Parisiense VI*).
CONCÍLIO ROMANO, *Concilium Romanum*, anno 1059: MANSI 19,897-906 (*Conc. Romanum sub Nicolao II*).

CONCÍLIO ROMANO II, *Concilium Romanum II sub Silvestro Papa primo*, año 324: MANSI 2,615-634 (*Conc. Romanum II*).
CONCÍLIO ROMANUM IV, *Concilium Romanum III sub Damaso in quo Appolinaristarum haeresis damnata*, anno 373 (?): MANSI 3,477-492 (*Conc. Romanum IV [?]*).
CONCÍLIO ROMANUM V, *Concilium Romanum V pro restauratione Sanctae Ecclesiae*, anno 1078: MANSI 20,507-516 (*Conc. Romanum V*).
CONCÍLIO ROMANUM VI, *Concilium Romanum VI*, anno 1079: MANSI 20,523-526 (*Conc. Romanum VI*).
CONCÍLIO TOLEDANO I, *Concilium Toletanum I*, anno 400: MANSI 3,997-1014 (*Conc. Toletanum I*).
CONCÍLIO TOLEDANO IV, *Concilium Toletanum IV*, anno 633: MANSI 10,611-650 (*Conc. Toletanum IV*).
CONCÍLIO TOLEDANO VII, *Concilium Toletanum VII*, anno 646: MANSI 10-763-774 (*Conc. Toletanum VII*).
CONCÍLIO TOLEDANO XII, *Concilium Toletanum XII*, anno 681: MANSI 11,1023-1044 (*Conc. Toletanum XII*).
CONCÍLIO TRULANO, *Concilium in Trullo Palatii Imperatoris*, anno 692: MANSI 11,921-1006 (*Conc. in Trullo*).
CONCÍLIO TURONENSE III, *Concilium Turonense III*, año 813: MANSI 14,81-92 (*Conc. Turonense III*).

CORPUS IURIS CANONICI
—— *Corpus Iuris Canonici*, edit. 2ª, 2 vols., edid. Ae. Friedberg (Lipsiae, B. Tauchnitz, 1922).
—— *Decretum Magistri Gratiani* (Gratianus, *Decretum*).
—— *Decretalium Collectiones* (*Decretal. Gregor. IX*).

CORPUS IURIS CIVILIS
—— *Iustiniani Digesta*, en *Corpus Iuris Civilis*, t. I, edit. 15ª (Berolini, apud Weidmannos, 1928) p. 29-926, recognovit T. Mommsen, retractavit P. Krueger (*Dig.*).

CRAMER, J. A.
—— *Catenae graecorum Patrum in Novum Testamentum*, 8 vols., edid. J. A. Cramer (Oxonii, e Typographeo Academico, 1844). Victor Antiochenus (?), *Catena in Evangelium S. Marci*, t. I, p. 260-447 (*Cat. in Marc.*).

CROMÁCIO DE AQUILEIA
—— *Tractatus qui supersunt in evangelium S. Matthaei*: ML 20,327-368 (*In Matth.*).

CHRISTIANUS DRUTHMARO CORBEIENSE
—— *Expositio in Matthaeum Evangelistam*: ML 106,1261-1504 (*In Matth.*).

DE RUBEIS, F. B.
—— *De gestis et scriptis ac doctrina Sancti Thomae Aquinatis dissertationes criticae et apologeticae*: Sancti Thomae Aquinatis doctoris Angelici Opera Omnia, iussu Leonis XIII P. M. edita, t. I (Romae, ex Typographia Polyglotta S. C. de Propaganda Fide, 1882), p. XLV-CCCXLVI (*Dissertationes criticae in S. Thomam Aquinatem*).

DENZINGER, H.-BARWART, C.
—— *Enchiridion Symbolorum definitionum et declarationum de rebus fidei et morum*, edit. 16ª parata a I. B. Umberg (Friburgi Brisgoviae, Herder, 1928) (DZ).

DÍDIMO DE ALEXANDRIA
—— *De Trinitate Libri tres*: MG 39,269-992 (*De Trin.*).
—— *Liber de Spiritu Sancto, S. Hieronymo interprete*: MG 39, 1029-1110; ML 23,109-162 (*De Spiritu Sancto*).

DIONÍSIO ALEXANDRINO
—— *Interpretatio in S. Evangelii secundum Lucam cap. XXIII, v. 42-48*: MG 10,1589-1596 (*Fragm. in Luc.*).

PSEUDO-DIONÍSIO AREOPAGITA
—— *De caelesti hierarchia*: MG 3,119-370 (*De cael. hier.*).
—— *De divinis nominibus*: MG 3,585-996 (*De div. nom.*).
—— *De ecclesiastica hierarchia*: MG 3,369-584 (*De ecclesiast. hier.*).
—— Epistola IV *Caio Monacho*: MG 3,1071-1074 (Epist. IV *Ad Caium Mon.*).
—— Epistola VII *Polycarpo Antistiti*: MG 3, 1077-1082 (Epist. *Ad Polyc.*).
—— Epistola VIII *Demophilo Monacho*: MG 3,1083-1100 (Epist. VIII *Ad Demophil. Mon.*).

—— Epistola X *Ioanni Theologo, Apostolo et Evangelistae in Patmo insula exultanti*: MG 3,1117-1120 (Epist. X *Ad Ioann.*).

DONDAINE, A.
—— *Un traité néo-manichéen du XIIIᵉ siècle: Le Liber de duobus Principiis, suivi d'un fragment de rituel cathare*, edidit A. Dondaine (Roma, Istituto Storico Domenicano S. Sabina, 1939) (*Le Liber de duobus Principiis*).

DURANDO, ABADE DE TROARN
—— *Liber de Corpore et Sanguine Christi contra Berengarium et eius sectatores*: ML 149,1375-1424 (*De Corp. et Sanguine Christi*).

EGBERTO DE YORK
—— *Excerptiones e dictis et canonibus sanctorum Patrum concinnatae et ad ecclesiasticae politiae institutionem conducentes*: MANSI 12,413-431 (Excerptiones).
—— *Poenitentiale*: MANSI 12,431-482 (*Poenitentiale*).

STO. EPIFÂNIO
—— *Adversus octoginta haereses, opus quod inscribitur Panarium sive Arcula*: ML 41,173-1200 (*Adv. Haeres.*).

ERNALDO, ABADE DE BUENAVAL
—— *Liber de cardinalibus operibus Christi usque ad Ascensionem eius ad Patrem ad Adrianum IV Pontificem Maximum*: ML 189,1604-1678 (*De cardinalibus oper. Christi*).

ESTÊVÃO DE BAUGÉ (?)
—— *Tractatus de Sacramento Altaris*: ML 172,1273-1308 (*De sacram. altaris*).

ESTÊVÃO V
—— Fragmentum Epistolae *Leutberto Moguntino Episcopo*: MANSI 18a, 25 (*Fragm. Epist. ad Leutbertum*).

ESTOICOS, cf. Arnim, I. ab.

EUSÉBIO DE CESAREIA
—— *Chronicorum Liber secundos, S. Hieronymo interprete et ampliatore*: ML 27,223-508 (*Chronica*).
—— *Chronicorum Libri duo*, altero a Hieronymo interpretato: MG 19,598 (*Chronica*).
—— *De Laudibus Constantini Oratio in eius tricennalibus habita*: MG 20,1315-1440 (*De laudibus Constantini*).
—— *De solemnitate Paschali*: MG 24,693-706 (*De solemn. Paschali*).
—— *Ecclesiasticae Historiae Libri decem*: MG 20,9-906 (*Hist. Ecclesiast.*).
—— *Epitome selecta ex libro ad Marianum quaestionum evangelicarum*: MG 22,937-958 (*Quaest. ad Marianum*).

EUSÉBIO I
—— Epistola III *Episcopis Thusciae et Campaniae*: MANSI 2,420-424 (Epist. *Ad Thusciae et Campaniae Episc.*).

FABIANO, PAPA
—— Epistola II *Ad omnes Orientales Episcopos*: MANSI 1,775-780 (Epist. *Ad omnes Orientales Episc.*).

FABRÍCIO
—— *Codex Apocryphus Novi Testamenti*, 2 vol. collectus... a I. A. Fabrício (Hamburgi, B. Schiller, 1703). *Acta Apostolorum Apocrypha, sive Historia certaminis apostolici, adscripta Abdiae, primo, ut ferunt, Babyloniae Episcopo, et distributa in Libros decem*, t. II, p. 402-742 (*Hist. Certaminis Apostolici*).

FILÁSTRIO DE BRESCIA
—— *Liber de haeresibus*: Ml 12,1111-1302 (*De haeres.*).

FILÓSTORGO
—— *Ex ecclesiasticis historiis Philostorgi Epitome, confecta a Photio Patriarcha*: MG 65,459-628 (*Hist. Ecclesiast.*).

FULGÊNCIO (Pseudo-Agostinho)
—— *De fide seu De regula verae fidei ad Petrum Liber unus*: ML 65,671-708 (*De fide*).

GANDULFO DE BOLONHA
—— *Sententiarum Libri quatuor* primum edidit... I. de Walter (Vindobonae et Vratislaviae, Haim et Soc., 1924) (*Sent.*).

GELÁSIO I
—— Epistola IX *Ad Episcopos Lucaniae*: MANSI 8,35-45 (Epist. *Ad Episc. Lucaniae*).

GENÁDIO
—— *Liber de ecclesiasticis dogmatibus*: ML 58,979-1000 (*De ecclesiast. dogm.*).
—— *Liber de scriptoribus ecclesiasticis*: ML 58,1053-1120 (*De scriptor. ecclesiast.*).

GERHOH DE REICHERSBERG
—— Epistola VII *Ad Adamum Abbatem Eberacensem*: ML 193,496-500 (Epist. VII *Ad Adamum Abbatem Eberacensem*).
—— Epistola VIII *ad Eberhardum Archiepiscopum Salzburgensem*: ML 193,500-514 (Epist. VIII *Ad Eberhardum Episc. Salzburgensem*).
—— *Liber contra duas haereses*: ML 194,1161-1184 (*Contra duas haeres.*).
—— *Tractatus adversus simoniacos*: ML 194,1335-1372 (*Adv. simoniacos*).

GLOSA
—— *Glossa ordinaria cum expositione lyre litterali et morali, necnon additionibus et relicis*, 6 vols. (Basileae, I. P. de Langedorff et I. F. de Hammelburg, 1506-1508) (*Glossa ordin.*) (*Glossa interl.*).

GLOSA IN DECRETALES GREGORII IX
—— *Decretales D. Gregorii Papae IX, suae integritati cum glossis restitutae* (Venetiis 1595) (*Glossa ordin. in Decret. Gregorii IX*).

GLOSA IN DECRETUM
—— *Decretum Gratiani emandatum et notationibus illustratum una cum glossis*, 2 vol., editionem iussit Gregorius XIII (Venetiis 1595) (*Glossa ordin. in Decretum*).

GRACIANO, cf. Glossa in Decretum.

GREGÓRIO II
—— Epistola XIII *Ad Bonifacium Episcopum*: MANSI 12,244-246 (Epist. XIII *Ad Bonifacium Episc.*).

GREGÓRIO III
—— Epistola I *Ad Bonifacium Archiepiscopum*: MANSI 12,277-279 (Epist. I *Ad Bonifacium*).

GREGÓRIO MAGNO
—— *Dialogorum Libri IV de vita et miraculis Patrum Italicorum et de aeternitate animarum*, l. II: ML 66,125-204; e os demais em ML 75,149-430; SC 251, 260, 265 (*Dial.*).
—— *Homiliarum in Ezechielem Prophetam Libri duo*: ML 76,785-1072; SC 327 (*In Ezech.*).
—— *Liber Sacramentorum*, ML 78,25-240 (*Sacramentarium*).
—— *Moralium Libri sive Expositio in Librum B. Iob*: ML 75,509-1162; ML 76,9-782; SC 32, 212, 221; CC 143, 143a, 143b (*Moral.*).
—— *XL Homiliarum in Evangelia Libri duo*: ML 76,1075-1312 (*In Evang.*).
—— *Registri Epistolarum Libri quatuordecim*: ML 77,441-1328 (*Registrum*).
—— *Regulae Pastoralis Liber ad Ioannem Episcopum civitatis Ravennae*: ML 77,13-128 (*Reg. Pastor.*).

GREGÓRIO DE NAZIANZO
—— *Carmina*: MG 37,397-1600; MG 38,9-130 (*Carmina*).
—— Epistola CI *Ad Cledonium Presbyterum contra Apollinarium*: MG 37,175-194 (Epist. CI *Ad Cledonium*).
—— Epistola CCII *Ad Nectarium Constantinopolitanum Episcopum*: MG 37,329-334 (Epist. CCII *Ad Nectarium*).
—— Oratio XXXIX *In sancta lumina*: MG 36,335-360 (Orat. XXXIX *In sancta lumina*).
—— Oratio XL *In sanctum baptisma*: MG 36,359-428 (Orat. XL *In sanctum bapt.*).
—— Oratio XLV *In sanctum Pascha*: MG 36,623-664 (Orat. XLV *In sanctum Pascha*).

GREGÓRIO DE NISSA
—— *Antirrheticus adversus Appollinarem*: MG 45,1123-1278 (*Adv. Apollinarem*).
—— *De occursu Domini de Deipara Virgine et de iusto Simone*: MG 46,1151-1182 (*De occursu Dom.*).
—— *In sanctum Pascha et de triduano festo Resurrectionis Christi orationes quinque*: MG 46,599-690 (*In Christi Resurrectione*).
—— *Libri contra Eunomium*: MG 45,243-1122 (*Contra Eunom.*).

GREGÓRIO DE TOURS
—— *Historiae Ecclesiasticae Francorum Libri decem*: ML 71,161-572 (*Hist. Francorum*).

GUALTER DE SÃO VÍTOR
—— *Excerpta ex libris contra quatuor Labyrinthos Franciae*: ML 199,1129-1172 (*Contra quatuor Labyrinthos Franciae*).

GUIDMUNDO DE AVERSA
—— *De Corporis et Sanguinis Christi veritate in Eucharistia Libri tres*: ML 149,1427-1494 (*De Corp. et Sanguinis Christi ver.*).

GUILHERME, ABADE DE SÃO TEODORICO
—— *Disputatio adversus Petrum Abaelardum ad Gaufridum Carnotensem Bernardum*: ML 180,249-282 (*Disputatio adv. Abaelardum*).
—— *Epistola ad quemdam monachum qui de Corpore et sanguine scripserat*: ML 180,341-354 (*Epist. ad quemdam Mon.*).

GUILHERME DE ALVÉRNIA
—— *Opera Omnia*, 2 vol., edidit I. D. Traianum Neapolitanum (Venetiis, D. Zenari, 1591). *De sacramento eucharistiae*, t. II, p. 410-431 (*De sacram. eucharistiae*); *De sacramento poenitentiae*, t. II, p. 431-485 (*De sacram. poenit.*).

GUILHERME DE AUXÈRRE
—— *Summa aurea in quatuor Libros Sententiarum* (Parisiis, P. Pigouchet, 1500) (*Summa aurea*).

HAIMON DE HALBERSTADT
—— *Homiliae de Tempore*: ML 118,11-746 (*Homiliae de Temp.*).
—— *In Divini Pauli Epistolas expositio*: ML 117,359-938 (*In I Tim.*).

HENRIQUE DE SEGÚSIO (Hostiense)
—— *Summa super titulis Decretaliuum compilata* (Venetiis, ex officina Theobaldi Pagani Ludunensis, 1480) (*Summa*).

HERARDO DE TOURS
—— *Capitula collecta ex capitularibus regum Francorum*: MANSI 17b,1238-1296 (*Capitula*).

HESÍQUIO DE JERUSALÉM
—— *Commentarius in Leviticum*: MG 93,787-1180 (*In Lev.*).

HILÁRIO
—— *De Trinitate Libri duodecim*: ML 10,25-472 (*De Trin.*).
—— *In Evangelium Matthaei commentarius*: ML 9,917-1078 (*In Matth.*).
—— *Liber de Synodis seu De fide Orientalium*: ML 10,479-546 (*De Synod.*).
—— *Tractatus super Psalmos*: ML 9,231-908 (*In Psalm.*).

HIPÓLITO
—— *Demonstratio adversus Graecos*: MG 93,787-794 (*Adv. Graec.*).
—— *Fragmentum ex Libro I De sancto Pascha*: MG 10,869-870 (*De sancto Pascha.*).

HISTORIA CERTAMINIS APOSTOLICI, cf. Fabricio.

HONÓRIO DE AUTUN
—— *Elucidarium sive Dialogus de summa totius christianae Theologiae*: ML 172,1109-1176 (*Elucidarium*).

—— *Eucharistion seu Liber de Corpore et Sanguine Domini*: ML 172,1249-1258 (*Eucharistion*).
—— *Libellus octo quaestionum de angelis et homine*: ML 172,1185-1192 (*Libellus octo quaest.*).

HORÁCIO, De arte poet. 5,1-2.

HUGO DE ROUEN
—— *Dialogorum seu quaestionum theologicarum Libri septem*: ML 192,1137-1248 (*Dial.*).
—— Epistola *Ad Matthaeum*: ML 192,1227-1230 (Epist. *Ad Matth.*).

HUGO DE SÃO CARO
—— *Commentarium in quatuor Libros Sententiarum*. Bruxelles, Bibliothèque Royale, manusc. 11422-11423, fol. 1-121 (*In Sent.*).
—— *Opera omnia in universum Vetus et Novum Testamentum*, 8 vol. (Venetiis, N. Pezzana, 1754) (*In univ. Test.*).

HUGO DE SÃO VÍTOR
—— *De B. Mariae virginitate Libellus epistolaris*: ML 176,857-876 (*De B. Mariae Virginit.*).
—— *De quatuor voluntatibus in Christo Libellus*: ML 176,841-846 (*De quatuor volunt. in Christo*).
—— *De Sacramentis christianae fidei*: ML 176,173-618 (*De sacram.*).
—— *Quaestiones et decisiones in Epistolas D. Pauli*: ML 175,431-634 (*Quaest. in Epist. Pauli*).

PSEUDO-HUGO DE SÃO VÍTOR
—— *Summa Sententiarum septem tractatibus distincta*: ML 176,41-174 (*Summa Sent.*).

HUGO MENARDO
—— *Notae et observationes in S. Gregorii Magni Librum Sacramentorum*: ML 78,263-582 (*In S. Gregor. Librum Sacram. Notae*).

INOCÊNCIO I
—— Epistola I *Decentii consultationibus respondens*: MANSI 3,1028-1032 (Epist. I *Ad Decentium Eugubinum Episc.*).
—— Epistola VI *Agapito, Macedonio et Mauriano Episcopis Apulis*: MANSI 3,1047 (Epist. VI *Ad Agapitum, Macedonium et Maurianum*).
—— Epistola XVII *Ad Rufum, Eusebium, Eustathium, Claudium, Maximianum, Gerontium... Episcopos Macedones et Diaconos*: ML 20,526-537 (Epist. XVII *Ad Rufum, Eusebium, etc.*).
—— Epistola XXIV *Ad Alexandrum Episcopum Antiochenum*: ML 20,545-551 (Epist. XXIV *Ad Alexandrum*).

INOCÊNCIO III
—— *De sacro Altaris mysterio Libri sex*: ML 217,773-916 (*De sacro Altaris mysterio*).
—— *Regestorum sive Epistolarum Libri sexdecim*, l. I-V: ML 214,1-1194; l. VI-XI: ML 215,9-1612; l. XII-XVI: ML 216,9-992 (*Regesta*).
—— *Sermones de tempore*: ML 217,313-450 (*Serm. de temp.*).

INOCÊNCIO III (?)
—— *Commentarium in septem Psalmos Poenitentiales*: ML 217,967-1130 (*In septem Psalm, Poenitentiales*).

IRENEU
—— *Detectionis et eversionis falso cognominatae agnitionis seu Contra haereses Libri quinque*: MG 7,433-1224 (*Contra haeres.*).

ISIDORO
—— *De ecclesiasticis officiis*: ML 83,737-826 (*De ecclesiast. off.*).
—— *De natura rerum ad Sisebutum Regem Liber*: ML 83,963-1018 (*De nat. rerum*).
—— *De Veteri et Novo Testamento quaestiones*: Ml 83,201-208 (*Quaest. de Vet. et Nov. Test.*).
—— Epistola I *Leudefredo Episcopo*: ML 83,893-898 (Epist. I *Ad Leudefredum*).
—— Epistola IV *Massonae Episcopo*: ML 83,899-902 (Epist. IV *Ad Massonam Episc.*).
—— *Etymologiarum Libri XX*: ML 82,73-728 (*Etymol.*).
—— *Sententiarum Libri tres*: ML 83,537-738 (*Sent.*).

PSEUDO-ISIDORO
—— *Sermones*: ML 83,1217-1228 (*Sermones*).

ISIDORO MERCATOR
—— *Collectio Decretalium*: ML 130,1-1178 (*Decretal. Collectio*).

IVO DE CHARTRES
—— *Decretum Partibus seu Libris septem ac decem digestum*: ML 161,47-1022 (*Decretum*).

JERÔNIMO
—— *Cartas de S. Jerónimo*. Ed. bilingue, 2 vols. (Madrid, BAC Normal, v. 219-220).
—— *Contra Vigilantium Liber unus*: ML 23,353-368 (*Contra Vigilant.*).
—— *Commentariorum in Aggaeum Prophetam ad Paulam et Eustochium Liber unus*: ML 25,1453-1484 (*In Agg.*).
—— *Commentariorum in Amos Prophetam Libri tres*: ML 25,1037-1150 (*In Amos*).
—— *Commentariorum in Danielem Prophetam ad Pammachium et Marcellam Liber unus*: ML 25,513-610 (*In Dan.*).
—— *Commentariorum in Epistolam ad Ephesios Libri tres*: ML 26,467-590 (*In Eph.*).
—— *Commentariorum in Evangelium Matthaei ad Eusebium Libri quatuor*: ML 26,15-228 (*In Matth.*).
—— *Commentariorum in Ezechielem Prophetam Libri quatuordecim*: ML 25,15-512 (*In Ezech.*).
—— *Commentariorum in Ioëlem Prophetam Liber unus ad Pammachium*: ML 25,993-1036 (*In Ioël.*).
—— *Commentariorum in Isaiam Prophetam Libri duodeviginti*: ML 24,17-704 (*In Isaiam*).
—— *Commentariorum in Sophoniam Prophetam Liber unus*: ML 25,1401-1454 (*In Soph.*).
—— *De perpetua virginitate B. Mariae adversus Helvidium Liber unus*: ML 23,193-216 (*Adv. Helvidium*).
—— *Dialogus contra Luciferianos*: ML 23,163-192 (*Dial. contra Luciferianos*).
—— Epistola IX *Ad Paulam et Eustochium De Assumptione Beatae Mariae Virginis*: ML 30,126-147 (Epist. IX *Ad Paulam et Eustoch.*).
—— Epistola LXIX *Ad Oceanum*: ML 22,653-664 (Epist. LXIX *Ad Oceanum*).
—— Epistola LXXVIII seu *Liber exegeticus ad Fabiolam*: ML 22,698-724 (Epist. LXXVIII *Ad Fabiolam*).
—— Epistola CIX *Ad Riparium Presbyterum*: ML 22,698-724 (Epist. CIX *Ad Riparium*).
—— Epistola CXX *Ad Hedibiam*: ML 22,980-1006 (Epist. CXX *Ad Hedibiam*).
—— Epistola CXXX *Ad Demetriadem De servanda virginitate*: ML 22,1107-1138 (Epist. CXXX *Ad Demetr.*).
—— *Liber de nominibus hebraicis*: ML 23,815-904 (*De nom. hebr.*).

JERÔNIMO (?)
—— Epistola XLII *Ad Oceanum de vita clericorum*: ML 30,297-301 (Epist. XLII *Ad Oceanum*).

PSEUDO-JERÔNIMO
—— *Commentarius in Evangelium secundum Marcum*: ML 30,609-668 (*In Marc.*).
—— Epistola XXVIII seu *Sermo in Vigilia Paschae De esu agni*: ML 30,231 (Epist. XXVIII *De esu agni*).
—— Epistola XXXVIII seu *Homilia de Corpore et Sanguine Christi*: ML 30,280-284 (Epist. XXXVIII *Hom. de Corp. et Sanguine Christi*).

JOÃO DE CARNUALHA
—— *Apologia de Verbo Incarnato*: ML 177,295-316 (*De Verbo Incarnato*).
—— *Eulogium ad Alexandrum III Papam Quod Christus sit aliquis Homo*: ML 199,1041-1086 (*Eulogium ad Alexandrum*).

JOÃO CRISÓSTOMO
—— *Obras de S. Juan Crisóstomo*. Ed. bilingue, 3 vols. (Madrid, BAC Normal, v. 141, 146, 169) (*BAC*).
—— *Ad Demetrium Monachum De compunctione Liber primus*: MG 47,393-410; *Ad Stelechium et De compunctione Liber secundus*: MG 47,411-422 (*De compunct.*).
—— *Adversus Iudaeos et Gentiles demonstratio quod Christus sit Deus ex iis quae multis in locis de Illo dicta sunt apud Prophetas*: MG 48,813-838 (*Contra Iudaeos et Gentiles quod Christus sit Deus*).
—— *Commentarius in sanctum Ioannem Apostolorum et Evangelistam*: MG 59,23-482 (*In Ioann.*).
—— *Commentarius in sanctum Matthaeum Evangelistam*: hom. I-XLIV: MG 57,13-472; hom. XLV-XC: MG 58,471-794 (*In Matth.*).

—— *De sancto et salutari baptismate Salvatoris nostri Iesu Christi*: MG 49,363-372 (*Hom. de Bapt. Christi*).
—— *Enarratio in Epistolam ad Hebraeos*: MG 63,9-236 (*In Hebr.*).
—— *Homiliae duae de Cruce et Latrone*: MG 49,399-418 (*Hom. II de Cruce et Latrone*).
—— *Homiliae in Genesim*: hom. I-XLI: MG 53,21-386; hom. XLII-LXVII: MG 54,385-580 (*In Genesim*).
—— *In Ascensionem Domini nostri Iesu Christi et in Principium Actorum II*: MG 52,773-792 (*Hom. de Ascensione Christi*).
—— *In sanctus Macchabaeos et in matrem eorum*: MG 50,617-628 (*De Macchabaeis*).
—— *In S. martyrem Ignatium Deiferum laudatio*: MG 50,585-596 (*Hom. in S. martyrem Ignatium*).
—— *Laudatio sancti martyris Barlaam*: MG 50,675-682 (*Laudatio S. martyris Barlaam*).
—— *Undecim homiliae nunc primum e tenebris erutae*: MG 63,461-530 (*Homiliae XI*).

PSEUDO-JOÃO CRISÓSTOMO
—— *Eruditi commentarii in Evangelium Matthaei* sive *Opus Imperfectum in Matthaeum*: MG 56,611-946 (*Op. imperf. in Matth.*).

JOÃO DAMASCENO
—— *De haeresibus compendium, unde sint et quomodo prodierunt*: MG 94,677-780 (*De haeres.*).
—— *Expositio accurata fidei orthodoxae*: MG 94,789-1228 (*De fide orth.*).
—— Homilia I *In Transfigurationem Domini*: MG 96,545-576 (Hom. I *In Transfigurationem D. N. I. C.*).

JOÃO DIÁCONO
—— *Sancti Gregorii Magni vita*: ML 75,59-242 (*S. Gregor. Magni vita*).

JOÃO SCOTT ERÍGENA
—— *Commentarius in s. evangelium secundum Ioannem*: ML 122,297-348 (*In Ioann.*).

JÚLIO AFRICANO
—— *Epistola ad Aristidem*: MG 10,51-64 (*Epist. ad Aristidem*).

JUSTINO
—— *Dialogus cum Tryphone Iudaeo*: MG 6,471-800 (*Dial. cum Tryphone*).

PSEUDO-JUSTINO
—— *Responsiones ad Orthodoxos de quibusdam necessariis quaestionibus*: MG 6,1249-1400 (*Quaest. ad Orth.*).

LACTÂNCIO
—— *Divinarum Institutionum Libri septem*: ML 6,111-822 (*Div. Instit.*).

LANFRANCO
—— *De Corpore et Sanguine Domini adversus Berengarium Turonensem*: ML 150,407-442 (*De Corp. et Sanguine Dom.*).

LEÃO MAGNO
—— Epistola IX *Ad Dioscorum Alexandrinum Episcopum*: ML 54,624-627 (Epist. IX *Ad Diosc.*).
—— Epistola XVI *Ad universos episcopos per Siciliam constitutos*: ML 54,695-704 (Epist. XVI *Ad univ. episc.*).
—— Epistola XXVIII *Ad Flavianum Episcopum Constantinopolitanum contra Eutychis perfidiam et haeresim*: ML 54,755-782 (Epist. XXVIII *Ad Flavianum*).
—— Epistola XXXV *Ad Iulianum Episcopum Coensem*: ML 54,803-810 (Epist. XXXV *Ad Iulian.*).
—— Epistola LXXX *Ad Anatolium Episcopum Constantinopolitanum*: ML 54,912-915 (Epist. LXXX *Ad Anatolium*).
—— Epistola CVIII *Ad Theodorum Foroiuliensem Episcopum*: ML 54,1011-1014 (Epist. CVIII *Ad Theodorum*).
—— Epistola CXXIV *Ad Monachos Palaestinos*: ML 54,1061-1068 (Epist. CXXIV *Ad Palaestinos*).
—— Epistola CLVI *Ad Leonem Augustum*: ML 54,1127-1132 (Epist. CLVI *Ad Leonem Augustum*).
—— *Sermones in praecipuis totius anni festivitatibus ad romanam plebem habiti*: ML 54,137-468 (*Sermones*).

LEQUIEN, M.
—— *Dissertationes Damascenicae*: MG 94,193-430 (*Dissertationes Damascenicae*).

LIBER DE CAUSIS, cf. Anônimos.

LIBER DE DUOBUS PRINCIPIIS, cf. Dondaine, A.

MABILÔNIO
—— *In Ordinem Romanum Commentarius praevius*: ML 78,851-936 (*In Ord. Romanum Commentarius praevius*).

MACRÓBIO
—— *Macrobe, Varron, Pomponius Méla* (Paris, Firmin-Didot, 1875), *Commentarius ex Cicerone in Somnium Scripions*, p. 9-113 (*In Somn. Scipion.*). *Saturnalia*, p. 146-417 (*Saturnalia*).

MÁRIO MERCATOR
—— *Dissertatio seu Appendix ad contradictionem XII anathematismi Nestoriani*: ML 48,924-932 (*Appendix ad Contradictionem XII anathematismi Nestoriani*).

MÁRIO VITORINO
—— *Adversus Arium*: ML 8,1039-1138 (*Adv. Arium*).

MARTENE, E.
—— *De antiquis Ecclesiae ritibus Libri tres*, 4 vol. collegit et exornavit E. Martene (Antuerpiae 1763-1764) (*De Antiquis Eccl. ritibus*).

MARTIM DE BRAGA
—— *Capitula collecta*: MANSI 9,845-860 (*Capitula*).

MÁXIMO CONFESSOR
—— *Quaestiones, interrogationes et responsiones diversorumque difficiliorum capitum electa*: MG 90,785-856 (*Quaest., Interrog. et Resp.*).

MÁXIMO DE TURIM
—— *Homiliae in quatuor classes distributae*: ML 57,221-530 (*Homiliae*).
—— *Sermones in tres classes distributi*: ML 57,529-760 (*Sermones*).

MELQUÍADES
—— Epistola *Ad omnes Hispaniae Episcopos*: MANSI 2,428-432 (Epist. *Ad omnes Hispaniae Episc.*).

MESTRE BANDINO
—— *Sententiarum Libri quatuor*: ML 192,965-1172 (*Sent.*).

MISSAL S. O. P.
—— *Missale Sacri Ordinis Praedicatorum auctoritate Apostolica approbatum*, editionem iussit Revdsmus. P. M. S. Gillet (Romae, in Hospitio Magistri Generalis, 1933) (*Missale S. O. P.*).

MOMBRITIUS, B.
—— *Sanctuarium seu Vitae sanctorum*, 2 vol. novam editionem curaverunt duo Monachi Solesmenses (Parisiis, Fontemoing et Sociis, 1910) (*Sanctuarium*).

NESTÓRIO
—— *Blasphemiarum Capitula XII* e graeco transtulit Marius Mercator cum contradictionibus Marii Mercatoris: ML 48,907-923 (*Anathematismi XII*).
—— Epistola II *Ad Cyrillum*: MG 77,49-58 (*Epist. II Ad Cyrillum*).
—— *Exemplum epistolae Nestorii ad Cyrillum Episcopum, quae omnibus in sancta Synodo displicuit*: MANSI 4,891-1000 (Epist. II *Ad Cyrillum*).
—— *Impii Nestorii Sermones* e graeco transtulit Marius Mercator: ML 48,757-864 (*Sermones XIII*).
—— *Secunda Nestorii Epistola ad S. Cyrillum Alexandrinum rescribentis* e graeco transtulit Marius Mercator: ML 48,818-827 (*Epist. II Ad Cyrillum*).

NICOLAU I
—— *Decreta seu Rescripta*: MANSI 15,434-448 (*Decreta*).
—— *Responsa ad consulta Bulgarorum*: MANSI 15,401-434 (*Ad Consulta Bulgarorum*).

NOVACIANO
—— *De Trinitate Liber*: ML 3,911-982 (*De Trin.*).

ODÃO DE CAMBRAIS
—— *Expositio in Canonem Missae*: ML 160,1053-1070 (*In Canonem Missae*).

ODÃO RIGALDI
—— *Fr. Odonis Rigaldi Quaestio inedita de motivo Incarnationis*, edidit I. M. Bissen: "Antonianum" 7 (1932) 334-336 (*Quaest. inedita de Motivo Incarn.*).

ORÍGENES
—— *Commentaria in evangelium secundum Matthaeum*: MG 13,829-1800 (*In Matth.*).
—— *Commentaria in Epistolas S. Pauli*: MG 14,833-1310 (*In Rom.*).
—— *Commentaria in evangelium Ioannis*, 23 t.: MG 14,21-830; SC 120, 157, 222, 290 (*In Ioann.*).
—— *Contra Celsum*: MG 11,641-1632; SC 132, 136, 147, 150, 227 (*Contra Celsum*).
—— *Homiliae In Leviticum*: MG 12,405-574; SC 286-287 (*In Lev.*).
—— *In Canticum Canticorum* Libri quatuor: MG 13,83-198; SC 37 (*In Cant.*).
—— *In Lucam Homiliae, interprete S. Hieronymo*: MG 13,1801-1902 (*In Luc.*).
—— *Peri Archon Libri quatuor, interprete Rufino Aquileiensi Presbytero*: MG 11,115-414; SC 252, 253, 268, 269, 312 (*Peri Archon*).
—— *S. Eusebii Hieronymi Stridomensis Presbyteri translatio homiliarum Origenis in Lucam ad Paulam et Eustochium*: ML 26,229-332 (*In Luc.*).

PACIANO
—— Epistola III *Ad Sympronianum Novatianum. Contra Tractatus Novatianorum*: ML 13,1063-1082 (Epist. III *Ad Sympronianum*).

PASCÁSIO DIÁCONO
—— *De Spiritu Sancto Libri duo*: ML 62,9-40 (*De Spir. Sancto*).

PASCÁSIO RADBERTO
—— *De Corpore et Sanguine Domini Liber*: ML 120,1255-1350 (*De Corp. et Sanguine Dom.*).
—— *Expositio in Evangelium Matthaei*: ML 120,31-994 (*In Matth.*).

PATÉRIO
—— *Liber de expositione Veteris ac Novi Testamentis, de diversis libris S. Gregorii Magni concinatus*: ML 79,683-1136 (*Expos. Vet. et Nov. Test.*).

PAULO DIÁCONO
—— *Sancti Gregorii Magni vita*: ML 75,41-60 (*S. Gregor. Magni Vita*).

PEDRO DE CELLE
—— Epistola CLXXI *Ad Nicolaum Monachum S. Albani*: ML 202,613-622 (Epist. CLXXI *Ad Nicolaum Mon.*).
—— Epistola CLXXIII *Ad Nicolaum S. Albani Monachum*: ML 202,628-632 (Epist. CLXXIII *Ad Nicolaum Mon.*).
—— *Sermones*: ML 202,637-926 (*Sermones*).

PEDRO COMESTOR
—— *Historia Scholastica. Opus eximium*: ML 198,1049-1722 (*Hist. Scholast.*).

PEDRO CRISÓLOGO
—— *Sermones*: ML 52,183-666 (*Sermones*).

PEDRO DE TARANTÁSIA
—— *Commentarium in quattuor Libros Sententiarum*, manuscr. Bruges, Bibliothèque de la Ville, n. 186-187 (*In Sent.*).

PEDRO LOMBARDO
—— *Libri IV Sententiarum*, 2 vol. eddiderunt PP. Collegii S. Bonaventurae, Ad Claras Aquas (Quaracchi) 1916 (*Sent.*).

—— *Collectanea in omnes D. Pauli Apostoli epistolas*: ML 191,1297-1696 (Rom, I Cor); ML 192,9-520 (restantes) (*Glossa Lombardi*).

Pedro Pictaviense
—— *Sententiarum Libri quinque*: ML 211,783-1280 (*Sent.*).

Pelágio
—— *Libellus fidei Pelagii ad Innocentium ab ipso missus, Zosimo redditus*: ML 45,1716-1718; cf. ML 48,488-491 (*Libellus Fidei ad Innocentium*).

Pelágio I
—— Epistola *Victori et Pancratio illustribus*: Mansi 9,731-732 (Fragm. epist. *Ad Victorem et Pancratium*).

Plínio
—— *Histoire naturelle de Pline*, 2 vols. (Paris, Firmin-Didot, 1860-1883) (*Naturalis Hist.*).

Porfírio
—— *Isagoge et in Aristotelis Categorias commentarium*, edidit A. Busse. Berolini 1887 (Commentaria in Aristotelem graeca, edita concilio et auctoritate Academiae Litterarum Borussicae, v. IV, pars I) (*Isagoge*).

Prepositino
—— *Summa Theologica*, manuscr. Troyes, Bibliothèque Publique, n. 237 (*Summa*).

Próspero de Aquitânia
—— *Pro Augustino Responsiones ad capitula obiectionum Gallorum calumniantium*: ML 51,155-174 (*Responsio ad Capitula Gallorum*).
—— *Sententiarum ex operibus S. Augustini delibetarum Liber unus*: ML 51,427-496 (*Sent.*).

Rabano Mauro
—— *Commentariorum in Mattheum Libri octo*: ML 107,727-1156 (*In Matth.*).
—— *De clericorum institutione ad Heistulphum Archiepiscopum Libri tres*: ML 107,293-420 (*De Inst. Cleric.*).
—— *Enarrationum in Epistolas Beati Pauli Libri triginta (viginti novem)*: ML 111,1273-1616 (*Ad Rom.*); ML 112,9-834 (restantes) (*Enarr. in Epist. S. Pauli*).
—— *Poenitentiale*: ML 110,467-494 (*Poenitentiale*).

Rahlfs, A.
—— *Septuaginta id est Vetus Testamentum graece iuxta LXX interpretes*, 2 vol., edidit A. Rahlfs (Stuttgart, Privilegierte Württembergische Bibelanstalt, 1935) (*Oratio Manasse*).

Raimundo de Peñafort
—— *Summa*, iuxta editionem quam Lugduni 1718... H. V. Laget procuravit (Veronae, A. Carattonius, 1744) (*Summa*).

Ratramno de Corbie
—— *De Corpore et Sanguine Domini Liber*: ML 121,103-170 (*De Corp. et Sanguine Dom.*).

Remígio de Auxèrre
—— Homilia IV *In illud Matthaei: cum esset desponsata...*: ML 131,886-892 (Hom. IV *In Matth.*).
—— Homilia VII *In illud Matthaei: cum natus esset Iesus...*: ML 131,899-907 (Hom. VII *In Matth.*).

Ricardo de São Vítor
—— *Tractatus de potestate ligandi et solvendi*: ML 196,1159-1178 (*De potest. lig. et solv.*).

Roberto de Courson
—— *Summa de sacramentis*, manuscr. Troyes, Bibliothèque Publique, n. 1175 (*Summa*).

Roberto Pulo
—— *Sententiarum Libri octo*: ML 186,639-1010 (*Sent.*).

ROLANDO BANDINELLI (Alejandro III)
—— *Die Sentenzen-Rolands nachmals Papstes Alexander III*, edidit A. M. Gielt (Freiburg i. B., Herder'sche Verlagshandlung, 1891) (*De Trin.*).

RUPERTO, ABADE TUITIENSE
—— *De gloria et honore Filii Hominis super Matthaeum*: ML 168,1307-1634 (*In Matth.*).

SEPTUAGINTA, cf. Rahlfs, A.

SÍMBOLO NICENO
—— *Fides apud Nicaeam conscripta ab episcopis credentibus CCCXVIII*: MANSI 2,665-668 (*Symb. Nicaenum*).

SÓCRATES ESCOLÁSTICO
—— *Historia Ecclesiastica*: MG 67,29-842 (*Hist. Ecclesiast.*).

SOTERO
—— *Vita, epistolae et decreta*: MANSI 1,687-692 (*Decreta*).

SOZÓMENO DE CONSTANTINOPLA
—— *Historia Ecclesiastica*: MG 67,843-1630 (*Hist. Ecclesiast.*).

TEODORETO NESTORIANO
—— *Haereticarum fabularum compendium*: MG 83,335-556 (*Haeret. Fabul. Compend.*).
—— *Interpretatio XIV Epistolarum Sancti Pauli Apostoli*: MG 82,35-878 (*In Hebr.*).

TEODORO DE CANTERBURY
—— *Poenitentiale*: ML 99,901-960 (*Poenitentiale*).

TEODORO DE MOPSUÉSTIA
—— *Ex epistola ad Domum fragmenta*: MG 66,1011-1014 (*Fragm. epist. ad Domnum*).
—— *Fragmenta ex libris de Incarnatione Filii Dei*: MG 66,969-994 (*Fragm. De Incarn.*).

TEODOTO ANCIRANO
—— *Homilia I In die Nativitatis Salvatoris Nostri Iesu Christi*: MG 77,1349-1370 (Hom. I *In Natalem Salv.*).
—— *Homilia II In Natalem Salvatoris*: MG 77,1369-1386 (Hom. II *In Natalem Salv.*).

TEOFILATO
—— *Enarratio in Evangelium Ioannis*: MG 123,1127-1348; MG 124,9-318 (*In Ioann.*).
—— *Enarratio in Evangelium Lucae*: MG 123,683-1126 (*In Luc.*).
—— *Expositio in epistolam primam S. Petri*: MG 125,1189-1252 (*In I Petr.*).

TEÓFILO DE ALEXANDRIA
—— *Epistola altera Paschalis anni 402. Ad totius Aegypti episcopos S. Hieronymo interprete*: ML 22,792-812 (*Epist. ad Totius Aegypti Episc.*).

TERTULIANO
—— *Adversus Valentinianos Liber*: ML 2,557-632 (*Adv. Valentinianos*).
—— *De Baptismo adversus Quintillam Liber*: ML 1,1305-1334 (*De Bapt.*).
—— *Liber de anima*: ML 2,681-798 (*De An.*).
—— *Liber de Carne Christi*: ML 2,797-838 (*De Carne Christi*).
—— *Liber de poenitentiae*: ML 1,1333-1360 (*De Poenit.*).
—— *Liber de praescriptionibus adversus haereticos*: ML 2,9-92 (*De praescriptionibus*).

THIEL, A.
—— *Epistolae Romanorum Pontificum genuinae et quae ad eos scriptae sunt a S. Hilario usque ad Pelagium II* recensuit et edidit A. Thiel. Brunsbergae, E. Peter, 1868 (*A S. Hilario usque ad S. Hormisdam*).
—— Gelasio I: Epistola XXXVII *Ad Maioricum et Ioannem* (A. Thiel, o.c., p. 450-452); *Epistolarum Fragmenta* (A. Thiel, o.c., p. 483-510).

TIAGO DE VORÁGINE
—— *Legenda Aurea*, recensuit T. Graesse, 2ª ed. (Lipsiae, Impensis Libreriae Amoldianae, 1850) (*Legenda Aurea*).

TICÔNIO AFRICANO
—— *Liber de septem Regulis*: ML 18,15-66 (*De septem reg.*).

URBANO I
—— Epistola *Ad omnes christianos*: MANSI 1,748-752 (Epist. *Ad omnes Christ.*).

URBANO II
—— *Epistolae et privilegia*: ML 151,283-548 (*Epist. et Privilegia*).

VÍTOR ANTIOQUENO, cf. Cramer, J. A.

VIRGÍLIO DE TAPSO (cf. Pseudo-Agostinho).
—— *Contra arianos, etc. Dialogus, Athanasio, Ario, Sabellio, Photino et Probo Iudice interlocutoribus*: ML 62,179-238 (*Contra Arianos, etc. Dial.*).

VOLUSIANO
—— Inter epistolas Augustini, epistola CXXXV *Ad Augustinum Episcopum*: ML 33,512-514 (Epist. CXXXV *Ad Augustin.*).

O MISTÉRIO DA ENCARNAÇÃO

Introdução e notas por Jean-Pierre Torrell
com a colaboração de Bernadeane Carr

INTRODUÇÃO

A terceira e última Parte da *Suma teológica* se inicia pelo estudo do mistério de Jesus Cristo, Deus verdadeiro e homem verdadeiro. Pode surpreender que um tema tão central à fé cristã seja abordado apenas aqui, praticamente por último. Será útil lembrar brevemente como esta última consideração se situa no plano de conjunto do livro; pode-se melhor apreender, desse modo, o propósito do autor.

Como se tem frequentemente observado, a divisão da *Suma* em três partes — embora corresponda a necessidades internas — não diz tudo a respeito da inteligibilidade de seu projeto como um todo. A essa divisão tripartite se sobrepõe uma outra — bipartite —, que permite libertar-se do que a primeira tem de excessivamente material e fragmentário, para aceder a uma visão bem mais unificada, graças à qual podemos melhor apreender a dinâmica geral da obra — que corresponde da maneira mais próxima possível à realidade que se trata de explicar.

Essa divisão em duas grandes seções tem por pano de fundo a antiga distinção entre "teologia" — isto é, o exame de Deus enquanto tal — e "economia" — isto é, a obra de Deus tal como se realiza no tempo. Com efeito, após uma questão de introdução, na qual se interroga sobre a natureza e o método do saber teológico (I, q. 1), Tomás — em seu prólogo à q. 2 — enuncia a *intentio* desse saber: trata-se de transmitir a doutrina a respeito de Deus segundo um duplo ponto de vista: 1º segundo o que Deus é em si mesmo (o que é feito nas questões 2-43 da primeira Parte); 2º na medida em que ele é princípio e fim de todas as coisas, e em especial da criatura racional (isto cobre todo o restante da obra: não só da primeira, mas também da segunda e da terceira partes). Essa aparente desproporção não deve enganar: articulada em numerosas e eruditas subdivisões, a enorme massa de questões restantes é unificada pelo fato de que a universalidade das criaturas só é objeto de reflexão teológica na medida em que essas criaturas são consideradas em relação a Deus, sua origem primeira e fim último.

Não é preciso lembrar em detalhes a maneira pela qual se encadeiam os diversos grandes tratados para apreender a principal vantagem de tal concepção. Inteiramente ordenada pelo esquema *exitus-reditus* (saída de e retorno a Deus, Alfa e Ômega), a construção da *Suma teológica*, em sua parte "econômica", integra de maneira perfeitamente orgânica o desenrolar histórico e existencial da obra de Deus. O movimento de "saída" corresponde ao fim da primeira Parte (q. 44-119); como a Bíblia, Tomás parte da criação no tempo: "No início, Deus criou o céu e a Terra". O movimento complementar é descrito na segunda e terceira partes, não de maneira justaposta como se critica às vezes — a parte cristológica seria apenas um apêndice mal integrado —, mas perfeitamente unificadas sob o signo desse "retorno" da criatura racional a Deus. O exame global termina, na conclusão da terceira parte, pelo retorno glorioso de Cristo no fim dos tempos e pela inauguração de novos céus e da nova terra. Entre as duas criações se situa toda a história da salvação e suas diversas etapas.

É exatamente essa perspectiva que encontramos no Prólogo da terceira parte. Logo de saída, Tomás apresenta Cristo como o Salvador que veio "livrar seu povo de seus pecados" (Mt 1,21). Intencionalmente situada na primeira linha do novo discurso, essa referência à primeira página do Novo Testamento tem valor de fundação. Só a revelação nos ensina que Cristo é para nós "o caminho da verdade, pelo qual nos é doravante possível alcançar a ressurreição e a felicidade da vida imortal". Esse dado tem valor de norma para a teologia: uma vez que se propõe estudar as condições do retorno do homem a Deus, ela não pode abstrair daquele que é o único a tornar isso realizável. Tomás é formal nesse ponto: "Para concluir nosso empreendimento teológico, é *necessário*... continuar nosso estudo pelo do Salvador de todos". E como esse Salvador não é evidentemente um mero meio, não só caminho mas termo final do caminho, é preciso precisamente considerá-lo "em si mesmo", depois "nos benefícios com os quais ele agraciou o gênero humano".

Eis em resumo o conteúdo desta terceira parte. Como especifica o Prólogo, ela se desdobra em três grandes seções: 1) o mistério do Verbo encarnado, visto sucessivamente em seu ser e em sua ação redentora; 2) a comunicação que ele nos faz de sua graça, por meio dos sacramentos na unidade de seu corpo eclesial; 3) a vida imortal que ele nos permite alcançar por meio de uma ressurreição semelhante à sua. Já iniciada aqui pela graça, essa vida atingirá seu pleno desenvolvimento na eternidade da comunhão com Deus.

O exame teológico do movimento de retorno do homem a Deus finda portanto como havia começado, por um estudo do fim último (I-II, q. 1-5). Entre essas duas menções, o autor situou sua reflexão sobre a ação concreta do homem e sobre tudo o que Deus fez por ele em seu Verbo encarnado, para ajudá-lo a alcançar sua realização. Presente e atuante ao longo de toda a elaboração, a ideia da felicidade, vida em comunhão com Deus vivo, é a tradução teológica exata da escatologia em devir dos textos neotestamentários. Ao posicionar no final de seu trabalho o estudo da recapitulação de todas as coisas em Jesus Cristo, o teólogo conclui sua tarefa, que é precisamente encontrar, à luz do que lhe mostra a revelação, a inteligibilidade interna do Mistério e sua manifestação no tempo.

Sto. Tomás não pôde levar a cabo esse programa. Interrompido pela morte, deteve-se antes mesmo de ter terminado o estudo do sacramento da penitência. Seus discípulos se esforçaram em completar o trabalho, buscando nas primeiras obras os elementos que lhes pareciam pertinentes. Esse *Suplemento*, como é denominado, é louvável na intenção e honesto na execução, mas nele não encontramos traço algum do que indicam as primeiras páginas desta terceira parte: os progressos de uma reflexão pessoal que conduziu o autor a novas conclusões em relação às posições de sua juventude. Esse contraste foi muitas vezes notado: é sempre uma questão atual. Como todo grande pensador, Tomás convida seu leitor não só a compreendê-lo, mas a imitar sua atitude na busca da verdade.

TERTIA PARS
SUMMAE THEOLOGIAE
ANGELICI DOCTORIS
SANCTI THOMAE AQUINATIS
ORDINIS PRAEDICATORUM

PROLOGUS

Quia Salvator noster Dominus Iesus Christus, teste Angelo, *populum suum salvum faciens a peccatis eorum*[1], viam veritatis nobis in seipso demonstravit, per quam ad beatitudinem immortalis vitae resurgendo pervenire possimus, necesse est ut, ad consummationem totius theologici negotii, post considerationem ultimi finis humanae vitae et virtutum ac vitiorum, de ipso omnium Salvatore ac beneficiis eius humano generi praestitis nostra consideratio subsequatur[2].

Circa quam, primo considerandum occurrit de ipso Salvatore; secundo, de sacramentis eius, quibus salutem consequimur; tertio, de fine immortalis vitae, ad quem per ipsum resurgendo pervenimus.

Circa primum duplex considerato occurrit: prima est de ipso incarnationis mysterio, secundum quod Deus pro nostra salute factus est homo; secunda de his quae per ipsum Salvatorem nostrum, idest Deum incarnatum, sunt acta et passa.

PRÓLOGO

Nosso Salvador, o Senhor Jesus Cristo, para *salvar seu povo de seus pecados,* segundo o testemunho do anjo, mostrou-nos em si mesmo o caminho da verdade, através do qual possamos chegar pela ressurreição à bem-aventurança da vida imortal. Por essa razão, para levar a termo o trabalho teológico, depois de considerar o fim último da vida humana, as virtudes e os vícios, é necessário que nossa consideração prossiga tratando do Salvador de todos e dos benefícios por ele concedidos a todo o gênero humano.

Para tanto, em primeiro lugar, devemos considerar o próprio Salvador; em segundo lugar, seus sacramentos, pelos quais alcançamos a salvação; em terceiro lugar, o fim da vida imortal, à qual chegamos ressuscitando por ele.

Quanto ao primeiro tópico apresentam-se duas considerações: a primeira refere-se ao próprio mistério da Encarnação, segundo o qual Deus se fez homem para nossa salvação; a segunda ao que nosso Salvador, isto é, o Deus encarnado, realizou e sofreu[a].

---

1. Matth. 1, 21.
2. Cfr. 1, q. 2, Introd.

a. Sto. Tomás consagrou ao estudo do mistério de Cristo um total de 59 questões. Como se vê desde o primeiro enunciado, este conjunto se divide em duas grandes partes. A segunda, que comporta 33 questões (o número de anos que Cristo viveu na terra), é examinada por outro comentador. É suficiente dizer que o autor segue, passo a passo, o desdobrar da vida terrestre de Cristo, para tentar descobrir a significação salutar de tudo o que o Verbo encarnado fez e sofreu pela humanidade, que veio salvar (q. 27-59). Quanto à primeira parte, cujo exame iniciamos, ela é consagrada ao mistério da Encarnação, isto é, à maneira como se realizou a união das duas naturezas, divina e humana, na única pessoa do Verbo encarnado, e é aqui que o autor enfrenta todas as questões possíveis sobre a ontologia e a psicologia de Cristo (q. 1-26). Muito bem informado a respeito da história do dogma cristológico, Tomás põe a serviço da compreensão do mistério os instrumentos bem adaptados de uma teologia que chega com ele à maturidade.

QUAESTIO I
DE CONVENIENTIA INCARNATIONIS
in sex articulos divisa

Circa primum tria consideranda occurrunt: primo quidem, de convenientia incarnationis ipsius; secundo, de modo unionis Verbi incarnati; tertio, de his quae consequuntur ad hanc unionem.

Circa primum quaeruntur sex.
Primo: utrum conveniens fuerit Deum incarnari.
Secundo: utrum fuerit necessarium ad reparationem humani generis.
Tertio: utrum, si non fuisset peccatum, Deus incarnatus fuisset.
Quarto: utrum principalius sit incarnatus ad tollendum originale peccatum quam actuale.
Quinto: utrum conveniens fuerit Deum incarnari a principio mundi.
Sexto: utrum eius incarnatio differri debuerit usque in finem mundi.

Articulus 1
Utrum fuerit conveniens Deum incarnari

Ad primum sic proceditur. Videtur quod non fuerit conveniens Deum incarnari.

1. Cum enim Deus ab aeterno sit ipsa essentia bonitatis, sic optimum est ipsum esse sicut ab aeterno fuit. Sed Deus ab aeterno fuit absque omni carne. Ergo convenientissimum est ipsum non esse carni unitum. Non ergo fuit conveniens Deum incarnari.
2. Praeterea, quae sunt in infinitum distantia inconvenienter iunguntur: sicut inconveniens esset iunctura si quis pingeret imaginem in qua *humano capiti cervix iungeretur equina*[1]. Sed Deus et caro in infinitum distant: cum Deus sit simplicissimus, caro autem composita, et praecipue humana. Ergo inconveniens fuit quod Deus carni uniretur humanae.

QUESTÃO 1
A CONVENIÊNCIA DA ENCARNAÇÃO[b]
em seis artigos

Quanto ao mistério da encarnação três considerações se fazem necessárias: a primeira, sobre a conveniência da própria Encarnação; a segunda, sobre o modo da união do Verbo Encarnado; a terceira, sobre as consequências dessa união.
Quanto à primeira são seis as perguntas:
1. Foi conveniente que Deus se encarnasse?
2. A encarnação foi necessária para a restauração do gênero humano?
3. Deus se teria encarnado se não tivesse existido o pecado?
4. Deus se encarnou para apagar mais o pecado original do que o atual?
5. Teria sido conveniente que Deus se encarnasse desde o princípio do mundo?
6. Sua encarnação deveria ter sido adiada até o fim do mundo?

Artigo 1
Foi conveniente que Deus se encarnasse?

Quanto ao primeiro artigo, assim se procede: parece que **não** foi conveniente que Deus se encarnasse.

1. Com efeito, sendo Deus eternamente a própria essência da bondade, o melhor é que ele seja assim como foi eternamente. Ora Deus, desde toda a eternidade, foi sem nenhuma carne. Logo, é muito conveniente que ele não esteja unido à carne. Logo, não foi conveniente que Deus se encarnasse.
2. Além disso, é inconveniente que se unam coisas que distam entre si infinitamente: assim como seria uma união inconveniente se alguém desenhasse uma imagem na qual, como disse Horácio, "uma cerviz de asno se unisse a uma cabeça humana". Ora, Deus e o corpo distam infinitamente entre si, sendo Deus simplicíssimo e o corpo, sobretudo o humano, composto. Logo, não foi conveniente que Deus se unisse à carne humana.

---

1 Parall.: III *Sent.*, dist. 1, q. 1, a. 2; Cont. Gent. IV, 40, 49, 53, 54, 55; *Compend. Theol.*, c. 200, 201.

1. Horat., *De arte poetica*, vv. 1, 2.

b. A conveniência da encarnação é examinada nesta primeira questão sob diversos aspectos. 1º Do ponto de vista do próprio Deus: sendo o bem supremo, cabe-lhe em grau supremo comunicar-se. 2º Do ponto de vista do homem, a encarnação não estava apta apenas a restaurá-lo; havia até mesmo uma necessidade (da qual será preciso especificar a natureza) de que Deus se encarnasse. 3º Em resposta a uma questão candente de sua época, Tomás estabelece que a redenção é o motivo revelado da Encarnação; examina em seguida questões anexas a esta. 4º Os pecados dos quais Cristo veio nos redimir. 5º O momento mais favorável para isso, e que foi exatamente o escolhido por Deus (a. 5 e 6). Os dois últimos artigos já abordam a questão dos meios da redenção, mas o tratamento da encarnação propriamente dito é deixado para a questão seguinte.

3. PRAETEREA, sic distat corpus a summo spiritu sicut malitia a summa bonitate. Sed omnino esset inconveniens quod Deus, qui est summa bonitas, malitiam assumeret. Ergo non est conveniens quod summus spiritus increatus corpus assumeret.

4. PRAETEREA, inconveniens est ut qui excedit magna, contineatur in minimo; et cui imminet cura magnorum, ad parva se transferat. Sed Deum, qui totius mundi curam gerit, tota universitas capere non sufficit. Ergo videtur inconveniens quod *intra corpusculum vagientis infantiae lateat cui parum putatur universitas; et tandiu a sedibus suis absit ille Regnator, atque ad unum corpusculum totius mundi cura transferatur*; ut Volusianus scribit ad Augustinum[2].

SED CONTRA, illud videtur esse convenientissimum ut per visibilia mostrentur invisibilia Dei: ad hoc enim totus mundus est factus, ut patet per illud Apostoli, Rm 1,20: *Invisibilia Dei per ea quae facta sunt, intellecta, conspiciuntur*. Sed sicut Damascenus dicit, in principio III libri[3], per incarnationis mysterium *monstratur simul bonitas et sapientia et iustitia et potentia Dei*, vel virtus: *bonitas quidem, quoniam non despexit proprii plasmatis infirmitatem; iustitia vero, quoniam non alium facit vincere tyrannum, neque vi eripit ex morte hominem; sapientia vero, quoniam invenit difficillimi decentissimam solutionem; potentia vero*, sive virtus, *infinita, quia nihil est maius quam Deum fieri hominem*. Ergo conveniens fuit Deum incarnari.

RESPONDEO dicendum quod unicuique rei conveniens est illud quod competit sibi secundum rationem propriae naturae: sicut homini conveniens est ratiocinari quia hoc convenit sibi inquantum est rationalis secundum suam naturam. Ipsa autem natura Dei est bonitas: ut patet per Dionysium, 1 cap. *de Div. Nom.*[4]. Unde quidquid pertinet ad rationem boni, conveniens est Deo.

Pertinet autem ad rationem boni ut se aliis communicet: ut patet per Dionysium, 4 cap. *de*

3. ADEMAIS, o corpo dista do espírito supremo como a malícia da suma bondade. Ora, seria totalmente inconveniente que Deus, que é a suma bondade, se unisse à malícia. Portanto, não foi conveniente que o espírito supremo incriado assumisse um corpo.

4. ADEMAIS, o que está acima das grandes coisas não convém que esteja contido numa coisa mínima; e que se volte para coisas pequenas aquele a quem compete o cuidado das coisas maiores. Ora, todo o universo não é bastante para conter a Deus, que tem cuidado do mundo todo. Logo, parece não convir "que se oculte sob o corpozinho de uma criança a vagir aquele diante do qual o universo é tido como pequeno; e que tanto tempo se ausente aquele Rei de seu trono e o governo de todo o mundo seja transferido para um pequeno corpo", como Volusiano escreve a Agostinho.

EM SENTIDO CONTRÁRIO, parece muito conveniente que as coisas invisíveis de Deus se manifestem pelas visíveis: para isso foi feito o mundo, como se vê pelo dito do Apóstolo na Carta aos Romanos: "Suas perfeições invisíveis... tornam-se visíveis para a inteligência em suas obras". Ora, como Damasceno diz: pelo mistério da encarnação "mostram-se juntamente a bondade, a sabedoria, a justiça e o poder de Deus ou a virtude: a bondade, porque não desprezou a fraqueza de sua própria obra; a justiça porque não faz vitorioso outro tirano nem liberta o homem da morte pela violência; a sabedoria porque encontra a solução mais bela para o problema mais difícil; o poder infinito enfim, ou a virtude, porque nada há maior do que Deus fazer-se homem". Logo, foi conveniente que Deus se encarnasse.

RESPONDO. O que convém a cada coisa é o que lhe cabe segundo a razão de sua própria natureza; assim como ao homem convém raciocinar, pois isso lhe convém enquanto é racional segundo sua natureza. Ora, a natureza própria de Deus é a bondade: como Dionísio deixa claro. Logo, tudo o que pertence à razão do bem convém a Deus.

Ora, pertence à razão do bem comunicar-se aos outros[c], como também deixa claro Dionísio.

---

2. Epist. 135, al. 2, n. 2: ML 33, 513.
3. *De fide orthodoxa*, 1, III, c. 1: MG 94, 984 AB.
4. MG 3, 593 C.

c. Reconhecemos um princípio fundamental da teologia de Sto. Tomás. É interessante reencontrá-lo como motivo primeiro da encarnação, como o foi na criação do universo. A retomada de tudo em Cristo é, com efeito, uma nova criação. Antecipemos uma possível dificuldade: se é da natureza do bem comunicar-se, Deus não é de modo algum obrigado a difundir sua bondade, e a liberdade divina permanece a salvo. É somente *a posteriori* que o espírito humano, descobrindo a conveniência de tal difusão na origem da criação e da encarnação, descobre igualmente a sabedoria presente no plano de Deus (Ef 1,3-14).

*Div. Nom.*⁵. Unde ad rationem summi boni pertinet quod summo modo se creaturae communicet. Quod quidem maxime fit per hoc quod *naturam creatam sic sibi coniungit ut una persona fiat ex tribus, Verbo, anima et carne*: sicut dicit Augustinus, XIII *de Trin.*⁶. Unde manifestum est quod conveniens fuit Deum incarnari.

AD PRIMUM ergo dicendum quod incarnationis mysterium non est impletum per hoc quod Deus sit aliquo modo a suo statu immutatus in quo ab aeterno non fuit: sed per hoc quod novo modo creaturae se univit, vel potius eam sibi. Est autem conveniens ut creatura, quae secundum rationem sui mutabilis est, non semper eodem modo se habeat. Et ideo, sicut creatura, cum prius non esset, in esse producta est, convenienter, cum prius non esset unita Deo, postmodum fuit ei unita.

AD SECUNDUM dicendum quod uniri Deo in unitate personae non fuit conveniens carni humanae secundum conditionem suae naturae: quia hoc erat supra dignitatem ipsius. Conveniens tamen fuit Deo, secundum infinitam excellentiam bonitatis eius, ut sibi eam uniret pro salute humana.

AD TERTIUM dicendum quod quaelibet alia conditio secundum quam quaecumque creatura differt a Creatore, a Dei sapientia est instituta, et ad Dei bonitatem ordinata: Deus enim propter suam bonitatem, cum sit increatus, immobilis, incorporeus, produxit creaturas mobiles et corporeas; et similiter malum poenae a Dei iustitia est introductum propter gloriam Dei. Malum vero culpae committitur per recessum ab arte divinae sapientiae et ab ordine divinae bonitatis. Et ideo conveniens esse potuit assumere naturam creatam, mutabilem, corpoream et poenalitati subiectam: non autem fuit conveniens ei assumere malum culpae.

AD QUARTUM dicendum quod, sicut Augustinus respondet, in Epistola *ad Volusianum*⁷, *non habet hoc Christiana doctrina, quod ita sit Deus infusus carni humanae ut curam gubernandae universitatis vel deseruerit vel amiserit, vel ad illud corpusculum quasi contractam transtulerit: hominum est iste sensus nihil nisi corpus valentium cogitare.*

Donde é próprio da razão do sumo bem comunicar-se à criatura do modo mais excelente. O que é feito em grau sumo quando "une a si a natureza criada, de modo que resulte uma pessoa de três princípios, o Verbo, a alma e a carne", como diz Agostinho. Logo, é claro que foi conveniente Deus se encarnar.

QUANTO AO 1º, portanto, deve-se dizer que o mistério da encarnação não se realiza por alguma mudança de Deus em um estado no qual não tenha existido desde toda a eternidade, mas porque se uniu à criatura segundo um novo modo[d], ou antes, uniu a si a criatura. É próprio da criatura, que é mutável segundo sua natureza, não permanecer sempre da mesma maneira. E assim como a criatura, antes não existindo, foi produzida na existência, assim, não sendo antes unida com Deus, foi depois com ele unida.

QUANTO AO 2º, deve-se dizer que estar unida com Deus em unidade de pessoa não convinha ao corpo humano segundo a condição de sua natureza: pois estava acima da sua dignidade. Mas a Deus foi conveniente, de acordo com a excelência infinita de sua bondade, que o unisse a si para a salvação do gênero humano.

QUANTO AO 3º, deve-se dizer que qualquer outra condição pela qual uma criatura qualquer difere do Criador foi estabelecida pela sabedoria de Deus e ordenada à bondade de Deus. Com efeito Deus, em razão de sua bondade, sendo incriado, imóvel, incorpóreo, produziu criaturas móveis e corpóreas: assim como o mal da pena foi introduzido pela justiça de Deus em razão de sua glória. Ao contrário, o mal de culpa é cometido com o afastar-se da arte da divina sabedoria e da ordem da divina bondade. Desta sorte, foi conveniente assumir a natureza criada, mutável, corpórea e sujeita ao castigo; não, porém, o mal de culpa.

QUANTO AO 4º, deve-se dizer que como responde Agostinho: "A doutrina cristã não ensina que Deus de tal modo se uniu ao corpo humano que abandonou ou perdeu o cuidado de governar o universo ou que transferiu esse cuidado, como que contraído, para aquele pequeno corpo: tal é o sentir dos homens, incapazes de pensar a não ser

---

5. MG 693 B.
6. C. 17, n. 22: ML 42, 1031.
7. Epist. 137, al. 3, c. 2, nn. 4, 7, 8: ML 33, 517, 519, 519.

---

d. É preciso registrar desde o início esta explicação de capital importância: a encarnação não muda nada em Deus. Como a criação (I, q. 45, a. 3), a encarnação designa o resultado da ação divina, e seu efeito se situa do lado da natureza humana assumida. Esta se estabelece numa relação de dependência direta à pessoa do Verbo, relação exclusiva que faz com que essa natureza só pertença à pessoa do Verbo (ver abaixo q. 2, a. 7).

Deus autem non mole, sed virtute magnus est: unde magnitudo virtutis eius nullas in angusto sentit angustias. Non est ergo incredibile, ut verbum hominis transiens simul auditur a multis et a singulis totum, quod Verbum Dei permanens simul ubique sit totum. Unde nullum inconveniens sequitur, Deo incarnato.

o corpo. Deus, porém, é grande não pelo tamanho, mas pelo poder: de sorte que a grandeza de seu poder não experimenta nenhuma estreiteza em lugar estreito. Como a palavra do homem, ao passar, é ouvida por muitos, e toda ela por cada um, assim também não é inacreditável que o Verbo de Deus, permanecendo em si, seja todo em todas as partes". Portanto, não se segue nenhum inconveniente da encarnação de Deus.

Articulus 2
Utrum fuerit necessarium ad reparationem humani generis Verbum Dei incarnari

AD SECUNDUM SIC PROCEDITUR. Videtur quod non fuerit necessarium ad reparationem humani generis Verbum Dei incarnari.

1. Verbo enim Dei, cum sit Deus perfectus, ut in Primo[1] habitum est, nihil virtutis per carnem assumptam accrevit. Si ergo Verbum Dei incarnatum naturam reparavit, etiam absque carnis assumptione eam potuit reparare.

2. PRAETEREA, ad reparationem humanae naturae, quae per peccatum collapsa erat, nihil aliud requiri videbatur quam quod homo satisfaceret pro peccato. Non enim Deus ab homine requirere plus debet quam possit: et, cum pronior sit ad miserendum quam ad puniendum, sicut homini imputat actum peccati, ita etiam videtur quod ei imputet ad deletionem peccati actum contrarium. Non ergo fuit necessarium ad reparationem humanae naturae Verbum Dei incarnari.

3. Praeterea, ad salutem hominis praecipue pertinet ut Deum revereatur: unde dicitur Mal 1,6: *Si ego Dominus, ubi timor meus? Si Pater, ubi honor meus?*. Sed ex hoc ipso homines Deum magis reverentur quod eum considerant super omnia elevatum, et ab hominum sensibus remotum: unde in Ps 112,4 dicitur: *Excelsus super omnes gentes Dominus, et super caelos gloria eius*; et postea [v. 5] subditur: *Quis sicut Dominus Deus noster?* quod ad reverentiam pertinet. Ergo videtur non convenire humanae saluti quod Deus nobis similis fieret per carnis assumptionem.

Artigo 2
Era necessário que o Verbo de Deus se encarnasse para a restauração do gênero humano?

QUANTO AO SEGUNDO, ASSIM SE PROCEDE: parece que **não** era necessário que o Verbo de Deus se encarnasse para a restauração do gênero humano.

1. Com efeito, o Verbo de Deus, sendo perfeitamente Deus, como foi visto na I Parte, não recebeu pela encarnação nenhum acréscimo a seu poder. Portanto, se o Verbo de Deus encarnado restaurou a natureza humana, poderia tê-la restaurado sem se encarnar.

2. ALÉM DISSO, para restaurar a natureza humana, decaída pelo pecado, não era necessário senão que o homem desse uma satisfação pelo pecado. Pois Deus não deve pedir ao homem mais do que ele pode fazer; e como é mais inclinado à misericórdia do que à punição, assim como responsabiliza o homem pelo ato do pecado, assim para apagar o pecado basta que lhe impute o ato contrário. Portanto, a encarnação do Verbo de Deus não era necessária para a restauração do gênero humano.

3. ADEMAIS, o principal para a salvação do homem é que reverencie a Deus; por isso, diz o profeta Malaquias: "Se sou o Senhor, onde está o respeito que me é devido? Se sou o Pai, onde está a honra que me é devida?" Ora, os homens têm mais reverência de Deus quando o consideram elevado sobre todas as coisas e distante do conhecimento humano; donde, está dito no Salmo 112: "O Senhor domina sobre todas as nações e sua glória está acima dos céus"; e acrescenta: "Quem é como o Senhor nosso Deus?", o que faz parte da reverência. Logo, não convinha à salvação dos homens que Deus se tornasse semelhante a nós assumindo um corpo.

---

2 PARALL.: III *Sent.*, dist. 4, q. 3, a. 1, ad 3; IV, dist. 10, a. 1, ad 3; *Cont. Gent.* IV, 54, 55; *Cont. Graec., Armen.* etc., c. 5; *Compend. Theol.*, c. 200, 201; in *Psalm.* 45.

1. Q. 27, a. 2, ad 2.

SED CONTRA, illud per quod humanum genus liberatur a perditione, est necessarium ad humanam salutem. Sed mysterium divinae incarnationis est huiusmodi: secundum illud Io 3,16: *Sic Deus dilexit mundum ut Filium suum unigenitum daret, ut omnis qui credit in ipsum non pereat, sed habeat vitam aeternam.* Ergo necesse fuit ad humanam salutem Deum incarnari.

RESPONDEO dicendum quod ad finem aliquem dicitur aliquid esse necessarium dupliciter: *uno modo*, sine quo aliquid esse non potest, sicut cibus est necessarius ad conservationem humanae vitae; *alio modo*, per quod melius et convenientius pervenitur ad finem, sicut equus necessarius est ad iter. *Primo modo Deum incarnari non fuit necessarium* ad reparationem humanae naturae: Deus enim per suam omnipotentem virtutem poterat humanam naturam multis aliis modis reparare. *Secundo autem modo necessarium fuit Deum incarnari* ad humanae naturae reparationem. Unde dicit Augustinus, XIII *de Trin.*[2]: *Ostendamus non alium modum possibilem Deum defuisse, cuius potestati omnia aequaliter subiacent: sed sanandae miseriae nostrae convenientiorem alium modum non fuisse.*

Et hoc quidem considerari potest quantum ad promotionem hominis in bono. Primo quidem, quantum ad fidem, quae magis certificatur ex hoc quod ipsi Deo loquenti credit. Unde Augustinus dicit, XI *de Civ. Dei*[3]: *Ut homo fidentius ambularet ad veritatem, ipsa Veritas, Dei Filius, homine assumpto, constituit atque fundavit fidem.* — Secundo, quantum ad spem, quae per hoc maxime erigitur. Unde Augustinus dicit, XIII *de Trin.*[4]: *Nihil tam necessarium fuit ad erigendam spem nostram quam ut demonstraretur nobis quantum diligeret nos Deus. Quid vero huius rei isto indicio manifestius, quam ut Dei Filius naturae nostrae dignatus est inire consortium?* — Tertio, quantum ad caritatem, quae maxime per hoc excitatur. Unde Augustinus dicit, in libro *de Catechizandis Rudibus*[5]: *Quae maior causa est adventus Domini, nisi ut ostenderet Deus dilectionem suam in nobis?* Et postea subdit: *Si amare pigebat, saltem reamare non pigeat.* — Quarto, quantum ad rectam operationem, in qua nobis exemplum se praebuit. Unde Augustinus dicit, in quodam Sermone *de Nativitate Domini*[6]: *Homo sequendus non erat, qui videri*

EM SENTIDO CONTRÁRIO, o que livra a raça humana da perdição é necessário para a salvação humana. Ora, tal é o mistério da encarnação divina, diz o Evangelho de João: "Deus, com efeito, amou tanto o mundo que deu seu Filho unigênito, para que todo aquele que nele crê não pereça, mas tenha a vida eterna." Portanto, a encarnação de Deus foi necessária para a salvação humana.

RESPONDO. Para obter determinado fim, algo é necessário de duas maneiras: *ou porque* sem ele algo não pode existir, por exemplo, o alimento é necessário para a conservação da vida humana; *ou porque* com ele se chega ao fim de modo melhor e mais conveniente, por exemplo, o cavalo é necessário para viajar. *Do primeiro modo, a encarnação de Deus não foi necessária* para a restauração da natureza humana; por sua virtude onipotente Deus poderia restaurar a natureza humana de muitas outras maneiras. Mas, *do segundo modo, era necessário que Deus se encarnasse* para a restauração da natureza humana. Por isso, diz Agostinho: "Mostremos que a Deus, a cujo poder tudo está submetido, não faltou outro modo possível: mas que não havia outro modo mais conveniente para curar nossa miséria".

O mesmo pode ser considerado sob o aspecto de nosso progresso no bem. 1. Quanto à fé, que se torna mais certa se acreditarmos no próprio Deus que fala. Por isso, diz Agostinho: "Para que o homem caminhasse para a verdade com mais confiança, a própria Verdade, o Filho de Deus, tendo assumido a natureza humana, instituiu e fundou a fé". — 2. Quanto à esperança, que assim se eleva ao máximo. Por isso, diz Agostinho: "Nada foi tão necessário para levantar nossa esperança do que nos ser mostrado o quanto Deus nos ama. E que indício mais manifesto disso do que se ter o Filho de Deus dignado associar-se à nossa natureza?" — 3. Quanto à caridade, que é assim mais despertada. Por isso, Agostinho diz: "Que maior razão houve da vinda do Senhor do que mostrar seu amor por nós?" E acrescenta: "Se éramos preguiçosos para amar, ao menos agora não o sejamos para retribuir o amor". — 4. Quanto ao agir retamente, no que se fez nosso exemplo. Por isso, diz Agostinho num sermão *sobre a Natividade do Senhor*: "O homem, que podia ser visto, não devia ser seguido; Deus, que não podia ser visto, devia ser seguido.

---

2. C. 10, n. 13: ML 42, 1024.
3. C. 2: ML 41, 318.
4. Loc. cit.
5. C. 4, n. 7: ML 40, 314.
6. Serm. ad popul. 371, al. *de Diversis* 52, c. 2: ML 39, 1660.

poterat: Deus sequendus erat, qui videri non poterat. Ut ergo exhiberetur homini et qui ab homine videretur, et quem homo sequeretur, Deus factus est homo. — Quinto, quantum ad plenam participationem divinitatis, quae vere est hominis beatitudo, et finis humanae vitae. Et hoc collatum est nobis per Christi humanitatem: dicit enim Augustinus, in quodam Sermone *de Nativ. Domini*[7]: *Factus est Deus homo, ut homo fieret Deus.*

Similiter etiam hoc utile fuit ad remotionem mali. Primo enim per hoc homo instruitur ne sibi diabolum praeferat, et eum veneretur, qui est auctor peccati. Unde dicit Augustinus, XIII *de Trin.*[8]: *Quando sic Deo coniungi potuit humana natura ut fieret una persona, superbi illi maligni spiritus non ideo se audeant homini praeponere quia non habent carnem.* — Secundo, quia per hoc instruimur quanta sit dignitas humanae naturae, ne eam inquinemus peccando. Unde dicit Augustinus, in libro *de Vera Religione*[9]: *Demonstravit nobis Deus quam excelsum locum inter creaturas habeat humana natura, in hoc quod hominibus in vero homine apparuit.* Et Leo Papa dicit, in Sermone *de Nativitate*[10]: *Agnosce, o Christiane, dignitatem tuam: et, divinae consors factus naturae, noli in veterem vilitatem degeneri conversatione redire.* — Tertio quia, ad praesumptionem hominis tollendam, *gratia Dei, nullis meritis praecedentibus, in homine Christo nobis commendatur*: ut dicitur XIII *de Trinitate*[11]. — Quarto, quia *superbia hominis, quae maximum impedimentum est ne inhaereatur Deo, per tantam Dei humilitatem redargui potest atque sanari*: ut Augustinus dicit ibidem[12]. — Quinto, ad liberandum hominem a servitute. Quod quidem, ut Augustinus dicit, XIII *de Trin.*[13], *fieri debuit sic ut diabolus iustitia hominis Iesu Christi superaretur*: quod factum est Christo satisfaciente pro nobis. Homo autem purus satisfacere non poterat pro toto humano genere; Deus autem satisfacere non debebat; unde oportebat Deum et hominem esse Iesum Christum. Unde et Leo Papa dicit, in Sermone *de Nativ.*[14]: *Suscipitur a virtute infirmitas, a maiestate humilitas: ut, quod nostris remediis congruebat, unus atque idem Dei*

Portanto, para que fosse mostrado ao homem, e fosse visto pelo homem e por ele seguido, Deus se fez homem". — 5. Quanto à participação plena na divindade, que é a verdadeira bem-aventurança do homem e o fim da vida humana. E isso nos foi trazido pela humanidade de Cristo: com efeito, diz Agostinho em outro sermão *sobre a Natividade do Senhor*: "Deus se fez homem para que o homem fosse feito Deus".

Do mesmo modo, a encarnação foi útil para afastar o mal. 1. Por ela o homem é instruído a não preferir o demônio, autor do pecado, nem a venerá-lo. Por isso, diz Agostinho: "Quando Deus pôde unir a si a natureza humana, de tal modo a se constituir uma só pessoa, aqueles malignos e soberbos espíritos não ousam mais sobrepor-se ao homem, por não terem corpo". — 2. Pela encarnação somos instruídos sobre quanta seja a dignidade da natureza humana, para que pecando não a manchemos. Por isso, diz Agostinho: "Mostrou Deus que lugar excelso a natureza humana tem entre as criaturas, ao se mostrar aos homens como verdadeiro homem". E o papa Leão diz: "Reconhece, ó cristão, tua dignidade; e feito consorte da natureza divina, não queiras voltar à antiga baixeza por uma conduta vergonhosa". — 3. Para remover a presunção do homem "nos é recomendada a graça de Deus no homem Cristo, sem que precedessem quaisquer méritos nossos", como diz Agostinho.— 4. Porque "a soberba do homem, que é o maior de todos os impedimentos para que se una a Deus, pode ser refutada e curada pela humildade de Deus", como nesse mesmo lugar declara Agostinho. — 5. Para libertar o homem da servidão, o que, como Agostinho diz, "teve de ser feito de tal sorte que o demônio fosse vencido pela justiça do homem Jesus Cristo". Um simples homem não poderia satisfazer por todo o gênero humano; Deus não o devia; portanto era necessário que Jesus Cristo fosse Deus e homem. Por isso, diz o papa Leão: "A fraqueza é assumida pela força, a humildade pela majestade; para que, conforme era necessário para nossa cura, um e o mesmo mediador entre Deus e os homens pudesse

---

7. Serm. suppos. 128, al. *de Temp.* 13, n. 1: ML 39, 1997.
8. C. 17: ML 42, 1031.
9. C. 16, n. 30: ML 34, 134-135.
10. Serm. 21, al. 20 (I in Nativ. Dom.), c. 3: ML 54, 192 C.
11. C. 17: ML 42, 1031.
12. Loc. cit.
13. Cc. 13, 14: ML 42, 1027-1028.
14. Serm. cit., c. 2: ML 54, 192 AB.

et hominum mediator et mori ex uno, et resurgere posset ex altero. Nisi enim esset verus Deus, non afferret remedium: nisi esset homo verus, non praeberet exemplum.

Sunt autem et aliae plurimae utilitates quae consecutae sunt, supra comprehensionem sensus humani.

AD PRIMUM ergo dicendum quod ratio illa procedit secundum primum modum necessarii, sine quod ad finem perveniri non potest.

AD SECUNDUM dicendum quod aliqua satisfactio potest dici sufficiens dupliciter. Uno modo, perfecte: quia est condigna per quandam adaequationem ad recompensationem commissae culpae. Et sic hominis puri satisfactio sufficiens esse non potuit: quia tota natura humana erat per peccatum corrupta; nec bonum alicuius personae, vel etiam plurium, poterat per aequiparantiam totius naturae detrimentum recompensare. Tum etiam quia peccatum contra Deum commissum quandam infinitatem habet ex infinitate divinae maiestatis: tanto enim offensa est gravior, quanto maior est ille in quem delinquitur. Unde oportuit, ad condignam satisfactionem, ut actio satisfacientis haberet efficaciam infinitam, ut puta Dei et hominis existens.

Alio modo potest dici satisfactio sufficiens imperfecte: scilicet secundum acceptationem eius qui est ea contentus, quamvis non sit condigna. Et hoc modo satisfactio puri hominis est sufficiens. Et quia omne imperfectum praesupponit aliquid perfectum, a quo sustentetur, inde est quod omnis puri hominis satisfactio efficaciam habet a satisfactione Christi.

AD TERTIUM dicendum quod Deus, assumendo carnem, suam maiestatem non minuit: et per consequens non minuitur ratio reverentiae ad ipsum. Quae augetur per augmentum cognitionis ipsius. Ex hoc autem quod nobis appropinquare voluit per carnis assumptionem, magis nos ad se cognoscendum attraxit.

morrer como homem e ressurgir como Deus. Se não fosse verdadeiro Deus não poderia trazer-nos o remédio; se não fosse verdadeiro homem não nos daria o exemplo".

Há ainda outras muitas utilidades provindas da encarnação, que superam a compreensão do conhecimento humano[e].

QUANTO AO 1º, portanto, deve-se dizer que aquele argumento procede segundo o primeiro modo de necessidade, sem o qual não se pode alcançar o fim.

QUANTO AO 2º, deve-se dizer que uma satisfação é suficiente de duas maneiras. De um modo, perfeitamente, na medida em que é condigna por uma certa adequação à reparação da culpa cometida. Desse modo, a satisfação de um simples homem não pôde ser suficiente, porque toda a natureza humana estava corrompida pelo pecado; e nem o bem de alguma pessoa nem o de muitos poderia compensar por equivalência o dano de toda a natureza. Também porque o pecado cometido contra Deus tem algo de infinito em razão da infinitude da majestade divina: a ofensa é tanto maior quanto maior é aquele contra o qual é dirigida. Era preciso pois, para uma satisfação condigna, que a ação do que satisfaz tivesse uma eficácia infinita, como a que procede do homem-Deus.

De outro modo a satisfação pode ser suficiente, imperfeitamente, a saber segundo a aceitação de quem se contenta com ela, embora não seja condigna. Desse modo, a satisfação de um simples homem é suficiente. E como todo imperfeito supõe algo perfeito que seja seu fundamento, assim toda satisfação de um simples homem recebe eficácia da satisfação de Cristo.

QUANTO AO 3º, deve-se dizer que encarnando-se, Deus não diminuiu sua majestade: por conseguinte, não diminui a razão da reverência que lhe é devida. Ela cresce com o aumento do conhecimento que dele podemos ter. E ao querer tornar-se nosso próximo encarnando-se, tanto mais nos atraiu para conhecê-lo.

---

e. Apesar de sua extensão, a argumentação do artigo é perfeitamente clara. Quando se fala de necessidade a respeito da encarnação, é evidente que é uma necessidade que não tem outra razão a não ser o fim que Deus se propunha atingir por meio dela. Se escolheu esse meio, podemos pensar que estava bem adaptado ao fim a que almejava. Dito isto, Sto. Tomás examina duas grandes séries de razões complementares, mas não pretende de modo algum ter esgotado o assunto, e sua confissão final lembra a modéstia que cabe ao teólogo, ou melhor, ao apofatismo de sua condição.

Articulus 3
Utrum, si homo non peccasset, nihilominus Deus incarnatus fuisset

AD TERTIUM SIC PROCEDITUR. Videtur quod, si homo non peccasset, nihilominus Deus incarnatus fuisset.

1. Manente enim causa, manet effectus. Sed sicut Augustinus dicit, XIII *de Trin.*[1], *alia multa sunt cogitanda in Christi incarnatione* praeter absolutionem a peccato, de quibus dictum est[2]. Ergo, etiam si homo non peccasset, Deus incarnatus fuisset.

2. PRAETEREA, ad omnipotentiam divinae virtutis pertinet ut opera sua perficiat, et se manifestet per aliquem infinitum effectum. Sed nulla pura creatura potest dici infinitus effectus: cum sit finita per suam essentiam. In solo autem opere incarnationis videtur praecipue manifestari infinitus effectus divinae potentiae, per hoc quod in infinitum distantia coniunguntur, inquantum factum est quod homo esset Deus. In quo etiam opere maxime videtur perfici universum, per hoc quod ultima creatura, scilicet homo, primo principio coniungitur, scilicet Deo. Ergo, etiam si homo non peccasset, Deus incarnatus fuisset.

3. PRAETEREA, humana natura per peccatum non est facta capacior gratiae. Sed post peccatum capax est gratiae unionis, quae est maxima gratia. Ergo, si homo non peccasset, humana natura huius gratiae capax fuisset. Nec Deus subtraxisset naturae humanae bonum cuius capax erat. Ergo, si homo non peccasset, Deus incarnatus fuisset.

4. PRAETEREA, praedestinatio Dei est aeterna. Sed dicitur, Rm 1,4, de Christo, quod *praedestinatus est Filius Dei in virtute*. Ergo etiam ante peccatum necessarium erat Filium Dei incarnari, ad hoc quod Dei praedestinatio impleretur.

5. PRAETEREA, incarnationis mysterium est primo homini revelatum: ut patet per hoc quod dixit: *Hoc nunc os ex ossibus meis,* etc.[3], quod Apostolus dicit esse *magnum sacramentum in Christo et Ecclesia,* ut patet Eph 5,32. Sed homo

Artigo 3
Deus teria se encarnado, mesmo se o homem não tivesse pecado?

QUANTO AO TERCEIRO, ASSIM SE PROCEDE: parece que se o homem não tivesse pecado mesmo assim Deus **teria** se encarnado.

1. Com efeito, se a causa permanece, também permanece o efeito. Ora, como Agostinho diz, "muitas outras coisas devem ser pensadas da encarnação de Cristo", além da libertação do pecado, da qual se falou. Logo, mesmo que o homem não tivesse pecado Deus teria se encarnado.

2. ALÉM DISSO, é próprio da onipotência do poder divino levar à perfeição suas obras e manifestar-se por algum efeito infinito. Mas nenhuma simples criatura pode ser chamada de efeito infinito, sendo finita por essência. Com efeito, somente na obra da encarnação parece sobretudo manifestar-se o efeito do poder divino, na medida em que realidades infinitamente distantes se unem, pelo fato de o homem ser Deus. Nessa obra o universo também atinge sua máxima perfeição no sentido de que a última das criaturas, o homem, se une ao primeiro princípio, a saber, Deus. Logo, mesmo que o homem não tivesse pecado Deus teria se encarnado.

3. ADEMAIS, pelo pecado a natureza humana não se tornou mais capaz de receber a graça. Ora, depois do pecado tornou-se capaz da graça da união, que é a maior de todas. Portanto, mesmo que o homem não pecasse, a natureza humana teria sido capaz dessa graça. E Deus não teria tirado da natureza humana um bem do qual era capaz. Logo, mesmo que o homem não tivesse pecado Deus se teria encarnado.

4. ADEMAIS, a predestinação de Deus é eterna. Ora, na Carta aos Romanos, se diz de Cristo que foi "estabelecido Filho de Deus com poder". Logo, mesmo antes do pecado era necessário que o Filho de Deus se encarnasse para que fosse cumprida a predestinação de Deus.

5. ADEMAIS, o mistério da encarnação foi revelado ao primeiro homem, o que é evidente por ter ele dito: "Eis, desta vez, o osso dos meus ossos etc...," o que o Apóstolo, na Carta aos Efésios, chama "o grande sacramento no Cristo

---

3 PARALL.: III *Sent.*, dist. 1, q. 1, a. 3; I *ad Tim.*, c. 1, lect. 4.

1. C. 17: ML 42, 1031.
2. A. praec.
3. *Gen.* 2, 23.

non potuit esse praescius sui casus, eadem ratione qua nec angelus: ut Augustinus probat, *super Gen. ad litt.*[4]. Ergo, etiam si homo non peccasset, Deus incarnatus fuisset.

SED CONTRA est quod Augustinus dicit, in libro *de Verbis Dom.*[5], exponens illud quod habetur Lc 19,10, *Venit Filius hominis quaerere et salvum facere quod perierat: Si homo non peccasset, Filius hominis non venisset.* Et 1Ti 1, super illud verbum, *Christus venit in hunc mundum ut peccatores salvos faceret* [v. 15], dicit Glossa[6]: *Nulla causa veniendi fuit Christo Domino, nisi peccatores salvos facere. Tolle morbos, tolle vulnera, et nulla medicinae est causa.*

RESPONDEO dicendum quod aliqui circa hoc diversimode opinantur. Quidam[7] enim dicunt quod, etiam si homo non peccasset, Dei Filius fuisset incarnatus. Alii[8] vero contrarium asserunt. Quorum assertioni magis assentiendum videtur. Ea enim quae ex sola Dei voluntate proveniunt, supra omne debitum creaturae, nobis innotescere non possunt nisi quatenus in sacra Scriptura traduntur, per quam divina voluntas innotescit. Unde, cum in sacra Scriptura ubique incarnationis ratio ex peccato primi hominis assignetur, *convenientius dicitur incarnationis opus ordinatum esse a Deo in remedium peccati, ita quod, peccato non existente, incarnatio non fuisset. Quamvis potentia Dei ad hoc non limitetur*: potuisset enim, etiam peccato non existente, Deus incarnari.

AD PRIMUM ergo dicendum quod omnes aliae causae quae sunt assignatae, pertinent ad remedium peccati. Si enim homo non peccasset, perfusus fuisset lumine divinae sapientiae, et iustitiae rectitudine perfectus a Deo, ad omnia necessaria cognoscenda. Sed quia homo, deserto Deo, ad corporalia collapsus erat, conveniens fuit ut Deus, carne assumpta, etiam per corporalia ei salutis remedium exhiberet. Unde dicit Augustinus, super illud Io 1 cap. [v. 14][9], *Verbum caro factum est:*

e na Igreja". Ora, o homem não podia conhecer com antecedência sua queda, nem o anjo, como o demonstra Agostinho. Logo, mesmo que o homem não pecasse Deus teria se encarnado.

EM SENTIDO CONTRÁRIO, comentando o que diz o Evangelho de Lucas: "Com efeito, o Filho do Homem veio procurar e salvar o que estava perdido", diz Agostinho, "se o homem não pecasse o Filho do Homem não teria vindo". E onde se lê na primeira Carta a Timóteo: "Cristo veio a esse mundo para salvar os pecadores", a Glosa diz: "Não houve outra causa para a vinda do Cristo Senhor senão para salvar os pecadores. Tira as doenças, tira as feridas, e não há necessidade de remédio".

RESPONDO. Sobre essa questão há diversidade de opiniões. Alguns dizem que, mesmo que o homem não pecasse o Filho de Deus teria se encarnado. Outros afirmam o contrário, e é com essa opinião que convém concordar. Tudo o que provém somente da vontade de Deus, acima de qualquer direito da criatura, só o conhecemos pelo ensinamento da Sagrada Escritura, pela qual nos é dada a conhecer a vontade divina. Como porém na Sagrada Escritura o motivo da encarnação sempre é posto no pecado do primeiro homem, é mais correto dizer que a obra da encarnação foi ordenada por Deus para remédio do pecado, de sorte que, não havendo pecado, não haveria encarnação. No entanto, o poder de Deus não está limitado a essa condição: mesmo que não houvesse pecado, Deus poderia encarnar-se[f].

QUANTO AO 1º, portanto, deve-se dizer que todos os outros motivos da encarnação que foram enumerados pertencem ao remédio do pecado. Se o homem não tivesse pecado, teria sido penetrado pela luz da divina sabedoria e dotado por Deus com a retidão da justiça para conhecer todas as coisas necessárias. Mas como o homem, tendo abandonado a Deus, decaiu ao nível das realidades corpóreas, foi conveniente que Deus, encarnando-se, lhe mostrasse por meio de coisas corporais o

---

4. L. XI, c. 18, n. 24: ML 34, 439.
5. Serm. ad pop., serm. 174, al. *de verbis Apost.* 8, c. 2: ML 38, 940.
6. Ordin.: ML 114, 626 A; Lombardi: ML 192, 332 D.
7. Ut S. Albertus M., *In III Sent.*, dist. 20, a. 4; Alexander Halens., *Summa Theol.*, P. III, q. 2, m. 13; Rupertus, *In Matth.*, 1, XIII: ML 168, 1628 B; Honorius Augustodun., *Libellus octo quaest.*, c. 2: ML 172, 1187 AC.
8. Ut Odo Rigaldus, *Quaestio inedita de motivo Incarnationis*; Bonaventura: *In III Sent.*, dist. 1, a. 2, q. 2: ad Claras Aquas, t. III, p. 24.
9. *In Ioann. Evang.*, tract. II, n. 16: ML 35, 1395-1396.

f. A questão do motivo da encarnação suscitou discussões intermináveis e apaixonadas; não é o lugar de lembrá-las aqui. Observemos apenas a perfeita saúde teológica da qual dá mostras o autor. Sem dúvida, Deus teria podido se encarnar mesmo na ausência do pecado; mas raciocinar a partir disso seria incorrer numa teologia hipotética, condicional, na qual o homem

Caro te obcaecaverat, caro te sanat: quoniam sic venit Christus ut de carne vitia carnis extingueret.

AD SECUNDUM dicendum quod in ipso modo productionis rerum ex nihilo divina virtus infinita ostenditur. — Ad perfectionem etiam universi sufficit quod naturali modo creatura ordinetur sic in Deum sicut in finem. Hoc autem excedit limites perfectionis naturae, ut creatura uniatur Deo in persona.

AD TERTIUM dicendum quod duplex capacitas attendi potest in humana natura. Una quidem secundum ordinem potentiae naturalis. Quae a Deo semper impletur, qui dat unicuique rei secundum suam capacitatem naturalem. — Alia vero secundum ordinem divinae potentiae, cui omnis creatura obedit ad nutum. Et ad hoc pertinet ista capacitas. Non autem Deus omnem talem capacitatem naturae replet: alioquin, Deus non posset facere in creatura nisi quod facit; quod falsum est, ut in Primo habitum est[10].

Nihil autem prohibet ad aliquid maius humanam naturam productam esse post peccatum: Deus enim permittit mala fieri ut inde aliquid melius eliciat. Unde dicitur Rm 5,20: *Ubi abundavit iniquitas, superabundavit et gratia.* Unde et in benedictione Cerei Paschalis dicitur: *O felix culpa, quae talem ac tantum meruit habere Redemptorem!*

AD QUARTUM dicendum quod praedestinatio praesupponit praescientiam futurorum. Et ideo, sicut Deus praedestinat salutem alicuius hominis per orationem aliorum implendam, ita etiam praedestinavit opus incarnationis in remedium humani peccati.

AD QUINTUM dicendum quod nihil prohibet alicui revelari effectus cui non revelatur causa. Potuit ergo primo homini revelari incarnationis mysterium sine hoc quod esset praescius sui casus: non enim quicumque cognoscit effectum, cognoscit et causam.

remédio da salvação. Por isso, Agostinho, comentando o texto de João: "O Verbo se fez carne", diz: "A carne te cegara, a carne te cura; porque Cristo veio para apagar com a carne os vícios da carne".

QUANTO AO 2º, deve-se dizer que o poder divino infinito mostra-se já pelo modo de produção das coisas a partir do nada. — Para a perfeição do universo basta que a criatura seja ordenada para Deus como para seu fim, segundo sua natureza. Mas, que a criatura se una a Deus em unidade de pessoa está além dos limites da perfeição da natureza.

QUANTO AO 3º, deve-se dizer que na natureza humana podemos encontrar uma dupla capacidade. Uma, segundo a ordem da potência natural. Essa é sempre satisfeita por Deus, que dá a cada coisa o que é requerido por sua potência natural. — Outra, segundo a ordem da potência divina, a cuja vontade de toda criatura obedece. A esta capacidade se refere a objeção. Mas Deus não satisfaz plenamente essa capacidade da natureza, pois, caso contrário, não poderia fazer na criatura senão o que de fato faz: o que é falso, como se demonstrou na I Parte.

Nada impede que a natureza humana seja elevada, depois do pecado, a algo mais sublime; Deus permite que se faça o mal para daí tirar um bem maior. Eis por que está escrito na Carta aos Romanos: "Onde abundou o pecado superabundou a graça". E na bênção do Círio pascal se diz: "Ó feliz culpa que mereceu ter tal e tão grande Redentor!".

QUANTO AO 4º, deve-se dizer que a predestinação supõe a presciência das coisas futuras. E assim como Deus predestina a salvação de certo homem a ser cumprida pela oração de outros, assim também predestinou a obra da encarnação para remédio do pecado humano[g].

QUANTO AO 5º, deve-se dizer que nada impede que a alguém se revele o efeito sem que seja revelada a causa. O mistério da encarnação pôde ser revelado ao primeiro homem sem que ele conhecesse antecipadamente sua causa; nem sempre o que conhece o efeito conhece também a causa.

---

10. Q. 25, a. 5; q. 105, a. 6.

substituiria a concepção de Deus por sua própria visão das coisas. Uma teologia que deseja permanecer fiel à realidade recebe seus dados da revelação; por mais desejoso que seja de razão e de síntese, Sto. Tomás não esquece que sua construção se baseia na história da salvação, que a "economia" é nossa única via para a "teologia".

g. A predestinação de um homem à salvação não implica de modo algum a inutilidade da prece ou das boas ações. Na verdade, as diversas circunstâncias e os diferentes meios empregados também fazem parte do plano de Deus a respeito desse homem (ver I, q. 83, a. 2 e 3). Pode-se dizer igualmente: a encarnação do Verbo estava prevista desde sempre como remédio do pecado, que no entanto sobreveio no tempo. O pecado exerce portanto, em seu plano, certa causalidade no desenrolar do desígnio divino, que o previa sem querê-lo positivamente, assim como a prece e as boas ações exercem sua influência na predestinação pessoal, influência positivamente desejada por Deus.

Articulus 4
Utrum Deus principalius incarnatus fuerit in remedium actualium peccatorum quam in remedium originalis peccati

AD QUARTUM SIC PROCEDITUR. Videtur quod Deus principalius incarnatus fuerit in remedium actualium peccatorum quam in remedium originalis peccati.

1. Quanto enim peccatum est gravius, tanto magis humanae saluti adversatur, propter quam Deus est incarnatus. Sed peccatum actuale est gravius quam originale peccatum: minima enim poena debetur originali peccato, ut Augustinus dicit, *Contra Iulianum*[1]. Ergo principalius incarnatio Christi ordinatur ad delectionem actualium peccatorum.

2. PRAETEREA, peccato originali non debetur poena sensus, sed solum poena damni, ut in Secundo[2] habitum est. Sed Christus venit pro satisfactione peccatorum poenam sensus pati in cruce, non autem poenam damni: quia nullum defectum habuit divinae visionis aut fruitionis. Ergo principalius venit ad deletionem peccati actualis quam originalis.

3. PRAETEREA, sicut Chrysostomus dicit, in II *de Compunctione Cordis*[3], *hic est affectus servi fidelis, ut beneficia domini sui quae communiter omnibus data sunt, quasi sibi soli praestita reputet: quasi enim de se solo loquens Paulus ita scribit, ad Gl 2,20: Dilexit me, et tradidit semetipsum pro me*. Sed propria peccata nostra sunt actualia: originale enim est *commune peccatum*[4]. Ergo hunc affectum debemus habere, ut aestimemus eum principaliter propter actualia peccata venisse.

SED CONTRA est quod Io 1,29 dicitur: *Ecce Agnus Dei, ecce qui tollit peccata mundi*.

RESPONDEO dicendum quod certum est Christum venisse in hunc mundum non solum ad delendum illud peccatum quod traductum est originaliter in posteros, sed etiam ad deletionem omnium peccatorum quae postmodum superaddita sunt: non quod omnia deleantur (quod est propter defectum hominum, qui Christo non inhaerent, secundum illud Io 3,19: *Venit lux in mundum, et dilexerunt homines magis tenebras quam lucem*), sed quia

Artigo 4
Deus se encarnou mais para remédio dos pecados atuais do que para remédio do pecado original?

QUANTO AO QUARTO, ASSIM SE PROCEDE: parece que Deus **se encarnou** mais para remédio dos pecados atuais do que para remédio do pecado original.

1. Com efeito, quanto mais é grave um pecado tanto mais se opõe à salvação humana, para a qual Deus se encarnou. Ora, o pecado atual é mais grave do que o pecado original; pois, como Agostinho diz, ao pecado original se deve um castigo mínimo. Logo, a encarnação de Cristo ordena-se principalmente a apagar os pecados atuais.

2. ALÉM DISSO, ao pecado original não se deve a pena dos sentidos, mas somente a pena do dano, como acima foi estabelecido. Ora, Cristo veio sofrer a pena dos sentidos na cruz para satisfação dos pecados, mas não a pena do dano, pois não sofreu nenhuma diminuição da visão e fruição divinas. Logo, veio sobretudo para apagar o pecado atual mais do que o original.

3. ADEMAIS, diz Crisóstomo: "Este é o sentimento do servo fiel, a saber, considerar como concedidos somente a si os benefícios de seu senhor que são concedidos a todos. Como se falasse apenas de si, escreve Paulo aos Gálatas: 'Amou-me e se entregou por mim'". Ora, os nossos próprios pecados são pecados atuais e, com efeito, o pecado original é um *pecado comum*. Logo, devemos sentir de tal modo que julguemos ter ele vindo por causa dos pecados atuais.

EM SENTIDO CONTRÁRIO, o Evangelho de João diz: "Eis o Cordeiro de Deus que tira o pecado do mundo".

RESPONDO. É certo que Cristo veio a esse mundo não só para apagar o pecado transmitido originalmente aos pósteros, mas também para apagar todos os pecados que depois foram acrescentados. Não que todos efetivamente sejam apagados, em razão da deficiência dos homens que não aderem a Cristo, conforme o que diz o Evangelho de João: "A luz veio ao mundo e os homens preferiram as trevas à luz", mas porque ele realizou o que foi

---

4 PARALL.: III *Sent*., dist. 1, q. 1, a. 2, ad 6; *De Articulis* XLII, a. 28; *De Articulis* XXXVI, art. 23.

1. L. V, c. 11, n. 44: ML 44, 809.
2. I-II, q. 87, a. 5, 2 a. — Cfr. II *Sent*., dist. 33, q. 2, a. 1.
3. MG 47, 420.
4. Glossa ordin. in Ioan. 1, 29: ML 114, 360 A.

ipse exhibuit quod sufficiens fuit ad omnem deletionem. Unde dicitur Rm 5,15-16: *Non sicut delictum, sic et donum: nam iudicium ex uno in condemnationem, gratia autem ex multis delictis in iustificationem.*

Tanto autem principalius ad alicuius peccati deletionem Christus venit, quanto illud peccatum maius est. Dicitur autem maius aliquid dupliciter. Uno modo, intensive: sicut est maior albedo quae est intensior. Et per hunc modum maius est peccatum actuale quam originale: quia plus habet de ratione voluntarii, ut in Secundo[5] dictum est. — Alio modo dicitur aliquid maius extensive: sicut dicitur maior albedo quae est in maiori superficie. Et hoc modo peccatum originale, per quod totum genus humanum inficitur, est maius quolibet peccato actuali, quod est proprium singularis personae. Et quantum ad hoc, Christus principalius venit ad tollendum originale peccatum: inquantum *bonum gentis divinius est quam bonum unius*, ut dicitur in I *Ethic.*[6]

AD PRIMUM ergo dicendum quod ratio illa procedit de intensiva magnitudine peccati.

AD SECUNDUM dicendum quod peccato originali in futura retributione non debetur poena sensus: poenalitates tamen quas sensibiliter in hac vita patimur, sicut famen, sitim, mortem et alia huiusmodi, ex peccato originali procedunt. Et ideo Christum, ut plene pro peccato originali satisfaceret, voluit sensibilem dolorem pati, ut mortem et alia huiusmodi in seipso consummaret.

AD TERTIUM dicendum quod, sicut Chrysostomus ibidem[7] inducit, verba illa dicebat Apostolus, *non quasi diminuere volens amplissima et per orbem terrarum diffusa Christi munera: sed ut pro omnibus se solum indicaret obnoxium. Quid enim interest si et aliis praestit, cum quae tibi sunt praestita ita integra sunt et ita perfecta quasi nulli alii ex his aliquid fuerit praestitum?* Ex hoc ergo quod aliquis debet sibi reputare beneficia Christi praestita esse, non debet existimare quod non sint praestita aliis. Et ideo non excluditur quin principalius venerit abolere peccatum totius

suficiente para apagar todos os pecados. Assim é dito na Carta aos Romanos: "Não acontece com o dom o mesmo que com a falta; pois, o julgamento de um só pecado terminou em condenação, enquanto a graça aplicada a numerosos pecados terminou em justificação"[h].

Quanto maior é o pecado, com tanto maior razão Cristo veio para apagá-lo. Ora, algo se diz maior de duas maneiras: ou intensivamente, e assim é maior a brancura que é mais intensa. E desse modo o pecado atual é maior do que o original, porque participa mais da natureza do voluntário, como já foi dito na II Parte. — De outra maneira, algo é dito maior extensivamente: como maior é a brancura que está numa superfície mais ampla. E desse modo o pecado original, pelo qual todo o gênero humano é atingido, é maior do que qualquer pecado atual próprio de uma pessoa singular. Sob esse aspecto, Cristo veio principalmente para apagar o pecado original: porque "o bem do povo é mais divino do que o de um só", como se diz no livro I da *Ética*.

QUANTO AO 1º, portanto, deve-se dizer que o argumento procede da grandeza intensiva do pecado.

QUANTO AO 2º, deve-se dizer que na retribuição futura não será atribuída ao pecado original a pena do sentido; mas os sofrimentos que suportamos nessa vida sensivelmente, como a fome, a sede, a morte e outros semelhantes provêm do pecado original. Assim Cristo, para satisfazer plenamente pelo pecado original quis sofrer a dor sensível para abolir em si mesmo a morte e todos os outros castigos.

QUANTO AO 3º, deve-se dizer que o próprio Crisóstomo acrescenta, no mesmo lugar, que o Apóstolo dizia aquelas palavras "não querendo diminuir os grandes benefícios de Cristo espalhados por toda a terra, mas para designar apenas a si como beneficiário em lugar de todos. Que importa que tenha sido concedido a outros, quando o que te foi dado de tal modo o foi inteira e perfeitamente, como se não tivesse sido concedido a ninguém mais?" Portanto, pelo fato de que devamos julgar que os benefícios de Cristo nos foram concedidos, não devemos pensar que não foram concedidos

---

5. I-II, q. 82, a. 1, ad 1.
6. Cfr. ARISTOT. C. 1: 1094, b, 8-10.
7. Loc. cit.: MG 47, 420.

h. Para Sto. Tomás, "uma só falta" remete ao pecado original, mas "numerosos pecados" constitui uma alusão a esse mesmo pecado agravado pelos pecados atuais (ver seu *Comentário sobre Rm 5*, 16, lição 5, Marietti n. 537). A clareza desse versículo explica a certeza manifesta desta resposta. Para um teólogo da Idade Média, a Escritura representava a autoridade por excelência; quando o sentido literal parecia claro, não havia dúvida alguma sobre a doutrina a seguir; restava apenas explicá-la para melhor compreendê-la.

naturae quam peccatum unius personae. Sed illud peccatum commune ita perfecte curatum est in unoquoque ac si in eo solo esset curatum. — Et praeterea, propter unionem caritatis, totum quod omnibus est impensum, unusquisque debet sibi adscribere.

a outros. Logo, não se exclui que tenha vindo principalmente para apagar o pecado de toda a natureza mais do que o pecado de uma só pessoa. Mas o pecado comum foi de tal maneira sanado em cada um como se apenas ele tivesse sido curado. — De resto, em razão da união de caridade, o que foi concedido a todos, cada um o deve atribuir a si mesmo.

Articulus 5
Utrum conveniens fuisset Deum incarnari a principio humani generis

Ad quintum sic proceditur. Videtur quod conveniens fuisset Deum incarnari a principio humani generis.

1. Incarnationis enim opus ex immensitate divinae caritatis processit: secundum illud Eph 2,4-5: *Deus, qui dives est in misericordia, propter nimiam caritatem suam qua dilexit nos, cum essemus mortui peccatis, convivificavit nos in Christo*. Sed caritas non tardat subvenire amico necessitatem patienti: secundum illud Pr 3,28: *Ne dicas amico tuo: Vade et revertere, cras dabo tibi; cum statim possis dare*. Ergo Deus incarnationis opus differre non debuit, sed statim a principio per suam incarnationem humano generi subvenire.

2. Praeterea, 1Ti 1,15 dicitur: *Christus venit in hunc mundum peccatores salvos facere*. Sed plures salvati fuissent si a principio humani generis Deus incarnatus fuisset: plurimi enim, ignorantes Deum, in suo peccato perierunt in diversis saeculis. Ergo convenientius fuisset quod a principio humani generis Deus incarnatus fuisset.

3. Praeterea, opus gratiae non est minus ordinatum quam opus naturae. Sed *natura initium sumit a perfectis*: ut dicit Boetius, in libro de Consolatione[1]. Ergo opus gratiae debuit a

Artigo 5
Teria sido conveniente que Deus se encarnasse desde o princípio da humanidade?[i]

Quanto ao quinto, assim se procede: parece que **teria sido conveniente** que Deus se encarnasse desde o princípio da humanidade.

1. Com efeito, a obra da encarnação proveio da imensidade do amor divino, conforme diz a Carta aos Efésios: "Mas Deus é rico em misericórdia: por causa do grande amor com que nos amou, quando estávamos mortos por nossos pecados, deu-nos a vida em Cristo". Ora, o amor não tarda em socorrer o amigo que sofre necessidade, como se diz no livro dos Provérbios: "Não digas a teu próximo: Vai! Passa amanhã e eu te darei, se agora podes dar". Logo, Deus não deveria ter adiado a obra da encarnação, mas logo desde o princípio ter socorrido a humanidade por meio de sua encarnação.

2. Além disso, na primeira Carta a Timóteo se diz: "Cristo Jesus veio ao mundo para salvar os pecadores". Ora, muitos se teriam salvado se Deus se tivesse encarnado desde o princípio da humanidade. Muitos, com efeito, ignorando a Deus, morreram em seu pecado durante muitos séculos. Logo, teria sido mais conveniente que Deus se encarnasse desde o princípio da humanidade.

3. Ademais, a obra da graça não é menos ordenada do que a obra da natureza. Ora, como diz Boécio "a natureza começa com o que é perfeito". Logo, a obra da graça deveria ser perfeita desde o

---

5 Parall.: *III* Sent., dist. 1, q. 1, a. 4; *Cont. Gent.* IV, 53, 55; in *Isaiam*, c. 2; *ad Galat*.; c. 4, lect. 2.

1. L.III, Prosa 10: ML 63, 765 A.

i. Os dois últimos artigos desta questão tratam sucessivamente de dois aspectos de uma mesma resposta, que em essência é dada no *sentido contrário* do a. 5. Uma vez que "Deus tudo estabeleceu em sua sabedoria", devemos acreditar que a encarnação se produziu na época mais oportuna. No entanto, pode-se apresentar um certo número de razões tanto contra os que a julgam melhor situada na origem do mundo, quanto contra os que pensassem que teria sido melhor adiá-la até o fim dos tempos. O número de autores citados em ambos os sentidos — e que às vezes trazem respostas diferentes — mostra bem a dificuldade de responder de maneira adequada a essa questão além do que nos mostra a revelação. O pensamento cristão desde cedo se preocupou com isso, e pode-se consultar um resumo das principais opiniões a esse respeito no comentário de H. Marrou a sua edição da *Épître à Diognète* na coleção "Sources Chrétiennes", n. 33, pp. 202-207.

principio esse perfectum. Sed in opere incarnationis consideratur perfectio gratiae: secundum illud, *Verbum caro factum est*[2]; et postea subditur, *plenum gratiae et veritatis*. Ergo Christus a principio humani generis debuit incarnari.

SED CONTRA est quod dicitur Gl 4,4: *At ubi venit plenitudo temporis, misit Deus Filium suum, factum ex muliere*: ubi dicit Glossa[3] quod *plenitudo temporis est quod praefinitum fuit a Deo Patre quando mitteret Filium suum*. Sed Deus sua sapientia omnia definivit. Ergo convenientissimo tempore Deus est incarnatus. Et sic non fuit conveniens quod a principio humani generis Deus incarnaretur.

RESPONDEO dicendum quod, cum opus incarnationis principaliter ordinetur ad reparationem naturae humanae per peccati abolitionem, manifestum est quod non fuit conveniens a principio humani generis, ante peccatum, Deum incarnatum fuisse: non enim datur medicina nisi iam infirmis. Unde ipse Dominus dicit, Mt 9,12-13: *Non est opus valentibus medicus, sed male habentibus: non enim veni vocare iustos, sed peccatores*.

Sed non etiam statim post peccatum conveniens fuit Deum incarnari. Primo quidem, propter conditionem humani peccati, quod ex superbia provenerat: unde eo modo erat homo liberandus ut, humilatus, recognosceret se liberatore indigere. Unde super illud Gl 3,19: *Ordinata per angelos in manu mediatoris*, dicit Glossa[4]: *Magno consilio factum est ut, post hominis casum, non illico Dei Filius mitteretur. Reliquit enim Deus prius hominem in libertate arbitrii, in lege naturali, ut sic vires naturae suae cognosceret. Ubi cum deficeret, Legem accepit. Qua data, invaluit morbus, non Legis, sed naturae vitio: ut ita, cognita sua infirmitate, clamaret ad medicum, et gratiae quaereret auxilium.*

Secundo, propter ordinem promotionis in bonum, secundum quem ab imperfecto ad perfectum proceditur. Unde Apostolus dicit, 1Cor 15,46-47: *Non prius quod spirituale est, sed quod animale:*

começo. Mas a perfeição da graça reside na obra da encarnação, conforme o que é dito: "E o Verbo se fez carne", e depois se acrescenta: "Cheio de graça e de verdade". Logo, Cristo deveria ter-se encarnado desde o princípio da humanidade.

EM SENTIDO CONTRÁRIO, na Carta aos Gálatas se diz: "Mas quando chegou a plenitude dos tempos, Deus enviou seu Filho, nascido de mulher". A esse propósito diz a Glosa: "A plenitude dos tempos é o tempo que foi predefinido por Deus Pai para enviar seu Filho". Mas Deus tudo definiu segundo sua sabedoria. Logo, Deus se encarnou no tempo mais conveniente de todos; e assim não teria sido conveniente que Deus se encarnasse desde o princípio da humanidade.

RESPONDO. A obra da encarnação se ordena principalmente à restauração da natureza humana pela eliminação do pecado. Assim, é claro que não foi conveniente que Deus se encarnasse desde o princípio da humanidade, antes do pecado, pois o remédio não se dá senão aos enfermos. O Senhor mesmo diz no Evangelho de Lucas: "Não são os que têm saúde que precisam de médico. Pois eu vim chamar não os justos, mas os pecadores".

Mas também não foi conveniente que Deus se encarnasse logo após o pecado. Primeiro, em razão da condição do pecado humano, que resultara da soberba: de modo que o homem deveria ser libertado de tal modo que, humilhado, reconhecesse que necessitava de um libertador. Eis por que, comentando o texto da Carta aos Gálatas: "Promulgada pelos anjos pela mão de um mediador", diz a Glosa: "Foi obra de grande sabedoria que o Filho de Deus não fosse enviado logo após a queda do homem. Deus deixou primeiro o homem na liberdade de seu arbítrio, na lei natural, para que assim conhecesse as forças de sua natureza. Quando desfaleceu, recebeu a Lei. Dada a Lei, a enfermidade aumentou, não por defeito da Lei, mas da natureza: para que assim, conhecida sua fraqueza, o homem clamasse pelo médico e buscasse o auxílio da graça".

Em segundo lugar, em razão da ordem de realização do bem, segundo a qual se caminha do imperfeito para o perfeito[j]. Por isso, diz o Apóstolo na primeira Carta aos Coríntios: "Mas o que existe

---

2. Ioan. 1, 14.
3. Lombardi: ML 192, 135 B. Cfr. Ordin.: ML 114, 578 B; Ambrosiastr., *In Gal*., super 4, 4: ML 17, 359 C.
4. Lombardi: ML 192, 128 AB.

---

j. Esse princípio é desenvolvido de forma mais ampla no "Respondo" do artigo seguinte (ver 1º).

deinde quod spirituale. Primus homo de terra, terrenus: secundus homo de caelo, caelestis.

Tertio, propter dignitatem ipsius Verbi incarnati. Quia super illud Gl 4,4, *Ubi venit plenitudo temporis*, dicit Glossa[5]: *Quanto maior iudex veniebat, tanto praeconum series longior praecedere debebat.*

Quarto, ne fervor fidei temporis prolixitate tepesceret. Quia circa finem mundi *refrigescet caritas multorum*[6]: et Lc 18,8 dicitur: *Cum Filius hominis veniet, putasne inveniet fidem super terram?*.

AD PRIMUM ergo dicendum quod caritas non differt amico subvenire, salva tamen negotiorum opportunitate et personarum conditione. Si enim medicus statim a principio aegritudinis medicinam daret infirmo, minus proficeret, vel magis laederet quam iuvaret. Et ideo etiam Dominus non statim incarnationis remedium humano generi exhibuit, ne illud contemneret ex superbia, si prius suam infirmitatem non cognosceret.

AD SECUNDUM dicendum quod Augustinus ad hoc respondet, in libro *de Sex Quaestionibus Paganorum*[7], dicens, Qu. 2, quod *tunc voluit Christus hominibus apparere, et apud eos praedicari suam doctrinam, quando et ubi sciebat esse qui in eum fuerant credituri. His enim temporibus, et his in locis, tales homines in eius praedicatione futuros esse sciebat quales, non quidem omnes, sed tamen multi in eius corporali praesentia fuerunt, qui nec in eum, suscitatis mortuis, credere voluerunt.*

Sed hanc responsionem reprobans idem Augustinus dicit, in libro *de Perseverantia*[8]: *Nunquid possumus dicere Tyrios aut Sidonios, talibus apud se virtutibus factis, credere noluisse, aut credituros non fuisse si fierent: cum ipse Dominus eis attestetur quod acturi essent magnae humilitatis poenitentiam, si in eis facta essent divinarum illa signa virtutum?*

Proinde, ut ipse solvens subdit[9], *sicut Apostolus ait, "non est volentis neque currentis, sed miserentis Dei", qui his quos praevidit, si apud eos facta*

primeiro é o ser animal, não o espiritual; este vem depois. O primeiro homem tirado da terra é terrestre. Quanto ao segundo homem, ele vem do céu".

Em terceiro lugar, em razão da dignidade do próprio Verbo encarnado. Com efeito, comentando outro texto da Carta aos Gálatas, "quando chegou a plenitude dos tempos..." a Glosa diz: "Quanto mais eminente era o juiz que deveria vir, tanto maior deveria ser o número dos arautos que o precederiam".

Em quarto lugar, para que não se arrefecesse o fervor da fé com o prolongar-se do tempo. No Evangelho de Lucas se diz: "Mas o Filho do homem quando vier, será que achará fé sobre a terra?"

QUANTO AO 1º, portanto, deve-se dizer que a caridade não adia a ajuda ao amigo, desde que se leve em conta a oportunidade das circunstâncias e a condição das pessoas. Se, logo no princípio da doença, o médico ministrasse o remédio ao enfermo, o proveito seria menor ou então prejudicaria mais do que ajudaria. Assim, Deus não mostrou logo aos homens o remédio da encarnação, para que, movidos pela soberba, não o desprezassem, se primeiro não conhecessem a própria fraqueza.

QUANTO AO 2º, deve-se dizer que Agostinho responde a isso ao dizer: "Cristo quis aparecer aos homens e pregar sua doutrina, quando e onde sabia que haveria quem nele teria acreditado. Ele sabia que em tais tempos e lugares haveria os que, não todos mas muitos, não acreditariam nele nem com a ressurreição dos mortos".

Mas, rejeitando essa resposta, o mesmo Agostinho diz: "Acaso não podemos dizer que os habitantes de Tiro e Sídon, se tais prodígios fossem feitos no meio deles, não quereriam crer ou que de fato não creriam, se tivessem sido feitos: quando o próprio Senhor deu-lhes o testemunho de que teriam feito uma penitência de grande humildade, se no meio deles tivessem sido feitos aqueles sinais do divino poder?".

Respondendo, ele mesmo acrescenta: Por conseguinte, como ensina o Apóstolo "não pertence ao que quer nem ao que corre, mas a quem Deus

---

5. Lombardi: ML 192, 135 C. Cfr. Ordin.: ML 114, 578 B.
6. Matth. 24, 12.
7. Epist. 102, al. 49, n. 14: ML 33, 375-376.
8. C. 9, n. 23: ML 45, 1006.
9. C. 11, n. 25: ML 45, 1007-1008.

essent, suis miraculis credituros, quibus voluit subvenit, aliis autem non subvenit, de quibus in sua praedestinatione, occulte quidem sed iuste, aliud iudicavit. Ita misericordiam eius in his qui liberantur, et veritatem in his qui puniuntur, sine dubitatione credamus.

AD TERTIUM dicendum quod perfectum est prius imperfecto, in diversis quidem, tempore et natura, oportet enim quod perfectum sit quod alia ad perfectionem adducit: sed in uno et eodem imperfectum est prius tempore, etsi sit posterius natura. Sic ergo imperfectionem naturae humanae duratione praecedit aeterna Dei perfectio: sed sequitur ipsam consummata perfectio in unione ad Deum.

mostra misericórdia. Ele, tendo previsto que acreditariam em seus milagres se tivessem sido feitos no meio deles, aos que quis ajudou, a outros não ajudou, a respeito dos quais, em sua predestinação ocultamente, mas justamente, decidiu de outra maneira. Assim, acreditemos sem duvidar em sua misericórdia para os que são salvos, e em sua verdade para os que são punidos".

QUANTO AO 3º, deve-se dizer que entre coisas diversas, o perfeito vem antes do imperfeito, quanto ao tempo como quanto à natureza, pois é necessário que seja o perfeito a trazer as outras coisas à perfeição. Mas, em uma e mesma coisa, o imperfeito vem antes quanto ao tempo, embora seja posterior quanto à natureza. Assim, a imperfeição da natureza humana é precedida pela perfeição eterna de Deus; mas a ela se segue a perfeição consumada na união com Deus.

ARTICULUS 6
Utrum incarnationis opus differri debuerit usque in finem mundi

AD SEXTUM SIC PROCEDITUR. Videtur quod incarnationis opus differri debuerit usque in finem mundi.

1. Dicitur enim in Ps 91,11: *Senectus mea in misericordia uberi*, idest, *in novissimo*, ut Glossa[1] dicit. Sed tempus incarnationis est maxime tempus misericordiae, secundum illud Ps 91,14: *Quoniam venit tempus miserendi eius*. Ergo incarnatio debuit differri usque in finem mundi.

2. PRAETEREA, sicut dictum est[2], perfectum, in eodem, tempore est posterius imperfecto. Ergo id quod est maxime perfectum, debet esse ultimo in tempore. Sed summa perfectio humanae naturae est in unione ad Verbum: quia *in Christo complacuit omnem plenitudinem divinitatis inhabitare*, ut Apostolus dicit, Cl 1,19. Ergo incarnatio debuit differri usque in finem mundi.

3. PRAETEREA, non est conveniens fieri per duo quod per unum fieri potest. Sed unus Christi adventus sufficere poterat ad salutem humanae naturae: qui erit in fine mundi. Ergo non oportuit quod antea veniret per incarnationem. Et ita incarnatio differri debuit usque in finem mundi.

ARTIGO 6
A obra da encarnação deveria ter sido adiada até o fim do mundo?

QUANTO AO SEXTO, ASSIM SE PROCEDE: parece que a obra da encarnação **deveria** ter sido adiada até o fim do mundo.

1. Com efeito, no Salmo 91 se diz: "Minha velhice está na abundante misericórdia", ou seja, "no fim", como diz a Glosa. Ora, o tempo da encarnação é, mais do que todos, o tempo da misericórdia, segundo o mesmo Salmo: "Chegou o tempo de ter misericórdia dele". Logo, a encarnação deveria ter sido adiada até o fim do mundo.

2. ALÉM DISSO, como foi dito, na mesma coisa o perfeito é posterior ao imperfeito quanto ao tempo. Logo, o que é perfeito em sumo grau deve ser o último no tempo. Ora, a perfeição suma da natureza humana está na união com o Verbo, como o Apóstolo diz na Carta aos Colossenses: "Pois aprouve a Deus fazer habitar nele toda a plenitude da divindade". Logo, a encarnação deveria ter sido adiada até o fim do mundo.

3. ADEMAIS, não é conveniente fazer-se por dois o que pode ser feito por um. Ora, uma vinda de Cristo poderia bastar para a salvação da natureza humana, o que acontecerá no fim do mundo. Logo, não era necessário que viesse antes pela encarnação, e assim a encarnação deveria ter sido adiada até o fim do mundo.

---

6 PARALL.: III *Sent*., dist. 1, q. 1, a. 4.
1. Interl.; Lombardi: ML 191, 859 C.
2. A. praec., ad 3.

SED CONTRA est quod dicitur Hb 3,2: *In medio annorum notum facies*. Non ergo debuit incarnationis mysterium, per quod mundo innotuit, usque in finem mundi differri.

RESPONDEO dicendum quod, sicut non fuit conveniens Deum incarnari a principio mundi, ita non fuit conveniens quod incarnatio differretur usque in finem mundi. Quod quidem apparet, primo, ex unione divinae et humanae naturae. Sicut enim dictum est[3], perfectum uno modo tempore praecedit imperfectum: in eo enim quod de imperfecto fit perfectum, imperfectum tempore praecedit perfectum; in eo vero quod est perfectionis causa efficiens, perfectum tempore praecedit imperfectum. In opere autem incarnationis utrumque concurrit. Quia natura humana in ipsa incarnatione est perducta ad summam perfectionem: et ideo non decuit quod a principio humani generis incarnatio facta fuisset. Sed ipsum Verbum incarnatum est perfectionis humanae causa efficiens, secundum illud Io 1,16, *De plenitudine eius omnes accepimus*: et ideo non debuit incarnationis opus usque in finem mundi differri. Sed perfectio gloriae, ad quam perducenda est ultimo natura humana per Verbum incarnatum, erit in fine mundi.

Secundo, ex effectu humanae salutis. Ut enim dicitur in libro *de Quaest. Nov. et Vet. Test.*[4], *in potestate dantis est quando vel quantum velit misereri. Venit ergo quando et subveniri debere scivit, et gratum futurum beneficium. Cum enim languore quodam humani generis obsolescere coepisset cognitio Dei inter homines et mores immutarentur, eligere dignatus est Abraham, in quo forma esset renovatae notitiae Dei et morum. Et cum adhuc reverentia segnior esset, postea per Moysen Legem litteris dedit. Et quia eam gentes spreverunt non se subiicientes ei, neque hi qui acceperunt servaverunt, motus misericordia*

EM SENTIDO CONTRÁRIO, o profeta Habacuc diz: "Senhor vivam teus atos ao longo dos anos; fazeos conhecer ao longo dos anos". Portanto, o mistério da encarnação, pelo qual os atos de Deus se deram a conhecer ao mundo, não deveria diferir até o fim do mundo.

RESPONDO. Assim como não foi conveniente que Deus se encarnasse desde o princípio do mundo, assim não foi conveniente que a encarnação fosse adiada até o fim do mundo. Isso é evidente, primeiro, em razão da união das naturezas divina e humana. Como acaba de ser dito, de um só modo o perfeito precede o imperfeito no tempo. Com efeito, nas coisas em que o perfeito se faz a partir do imperfeito, o imperfeito precede o perfeito no tempo. Mas, nas coisas em que é causa eficiente de perfeição, o perfeito precede o imperfeito no tempo. Na obra da encarnação concorrem uma e outra coisa. Na encarnação, a natureza humana é levada à suma perfeição; por isso, não convinha que a encarnação tivesse lugar desde o começo da humanidade. Mas o próprio Verbo encarnado é causa eficiente da perfeição humana, segundo o que está dito no Evangelho de João: "De sua plenitude, com efeito, todos nós recebemos"; e assim não convinha que a obra da encarnação fosse adiada até o fim do mundo. Mas a perfeição da glória, à qual a natureza humana deve ser conduzida em último lugar pelo Verbo encarnado, acontecerá no fim do mundo[k].

Segundo, em razão do efeito da salvação humana. No livro *De Quaestionibus Novi et Veteris Testamenti* se diz: "No poder daquele que dá, está o de ter misericórdia, quando e na medida em que quiser. Chegou, pois, o tempo em que sabia que devia ajudar e o benefício futuro seria acolhido com gratidão. Quando, pela enfermidade do gênero humano, o conhecimento de Deus entre os homens começou a ser esquecido e os costumes começaram a mudar, dignou-se escolher Abraão no qual se renovasse o conhecimento de Deus e dos costumes. E como, ainda assim, a reverência fosse insuficiente, deu depois a Lei escrita por

---

3. A. praec., ad 3.
4. Augustinus (Ambrosiaster) q. 83: ML 35, 2276-2277.

k. Pode ser que essa resposta constitua um importante elemento de solução à questão do motivo da encarnação, que tão profundamente dividiu tomistas e scotistas. Sem dúvida alguma, a vinda do Verbo de Deus a nossa terra responde à necessidade que tem o homem de ser salvo. Mas isto é apenas uma modalidade do plano divino como um todo, cujo fim último é conduzir o homem à plena comunhão com Deus. Desse ponto de vista, não é menos certo que Cristo represente o coroamento do universo, o grau supremo de excelência que a humanidade pode atingir. O equilíbrio da resposta de Sto. Tomás lhe permite valorizar a finalidade última da consumação na glória de toda natureza humana, sem perder de vista a finalidade intermediária da redenção, que o leva a ver a encarnação como sendo o que faz do Verbo encarnado o princípio, a causa eficiente de nossa salvação. Sto. Tomás, neste ponto, se aproxima bastante de S. Paulo (ver Carta aos Efésios 1,3-14).

Dominus misit Filium suum, qui, data omnibus remissione peccatorum, Deo Patri illos iustificatos offerret. Si autem hoc remedium differretur usque in finem mundi, totaliter Dei notitia et reverentia et morum honestas abolita fuisset in terris.

Tertio apparet quod hoc non fuisset conveniens ad manifestationem divinae virtutis: quae pluribus modis homines salvavit, non solum per fidem futuri, sed etiam per fidem praesentis et praeteriti.

AD PRIMUM ergo dicendum quod Glossa illa exponit de misericordia perducente ad gloriam. Si tamen referatur ad misericordiam exhibitam humano generi per incarnationem Christi, sciendum est quod, sicut Augustinus dicit, in libro *Retractationum*[5], tempus incarnationis potest comparari iuventuti humani generis, *propter vigorem fervoremque fidei, quae per dilectionem operatur*: senectuti autem, quae est sexta aetas, *propter numerum temporum, quia Christus venit in sexta aetate*. Et *quamvis in corpore non possit esse simul iuventus et senectus, potest tamen simul esse in anima: illa propter alacritatem, ista propter gravitatem*. Et ideo in libro *Octoginta trium Quaest.*, alicubi[6] dixit Augustinus quod *non oportuit divinitus venire Magistrum, cuius imitatione humanum genus in mores optimos formaretur, nisi tempore iuventutis*: alibi[7] autem dixit Christum in sexta aetate humani generis, tanquam in senectute, venisse.

AD SECUNDUM dicendum quod opus incarnationis non solum est considerandum ut terminus motus de imperfecto ad perfectum: sed ut principium perfectionis in humana natura, ut dictum est[8].

AD TERTIUM dicendum quod, sicut Chrysostomus dicit[9], super illud Io 3,17, "Non misit Deus Filium suum in mundum ut iudicet mundum", *duo sunt Christi adventus: primus quidem, ut remittat peccata; secundus, ut iudicet. Si enim hoc non fecisset, universi simul perditi essent: omnes enim peccaverunt, et egent gloria Dei*. Unde patet quod non debuit adventum misericordiae differre usque in finem mundi.

meio de Moisés. E como os povos a desprezassem, não se sujeitando a ela, nem a observassem os que a receberam, o Senhor, movido de misericórdia, enviou seu Filho para que, tendo oferecido a todos a remissão dos pecados, os apresentasse justificados a Deus Pai". Se esse remédio fosse diferido até o fim do mundo, teriam sido totalmente apagados da terra o conhecimento de Deus e sua reverência, bem como a honestidade dos costumes.

Terceiro, é claro que isso não seria conveniente para a manifestação do poder divino, que salvou os homens de muitas maneiras, não só pela fé no Cristo que haveria de vir, mas pela fé no Cristo presente e no passado.

QUANTO AO 1º, portanto, deve-se dizer que a Glosa citada fala da misericórdia que conduz à glória. Porém, se for referida à misericórdia mostrada ao gênero humano pela encarnação de Cristo, convém saber que, como diz Agostinho, o tempo da encarnação pode ser comparado à juventude do gênero humano, "em razão do vigor e fervor da fé que opera pela caridade"; também à velhice ou à sexta idade, "por causa do número dos tempos passados, pois Cristo veio na sexta idade. E, conquanto a juventude e a velhice não possam estar juntas no corpo, podem estar juntas na alma: a primeira pela alacridade, a outra pela gravidade". Eis por que, diz Agostinho: "Convinha que viesse no tempo da juventude o Mestre divino, por cuja imitação a raça humana deveria ser formada em excelentes costumes". Em outro lugar, diz que Cristo veio na sexta idade do gênero humano, isto é, na sua velhice.

QUANTO AO 2º, deve-se dizer que a obra da encarnação não só deve ser considerada como termo do movimento do imperfeito ao perfeito; mas também como princípio de perfeição da natureza humana, como foi explicado.

QUANTO AO 3º, deve-se dizer que a propósito do texto de João: "Pois Deus enviou seu Filho ao mundo não para julgar o mundo", diz Crisóstomo: "Duas são as vindas de Cristo: a primeira para remir os pecados; a segunda para julgar. Se não tivesse feito assim, todos juntamente estariam perdidos: pois todos pecaram e têm necessidade da glória de Deus". Fica, pois, claro, que a vinda da misericórdia não deveria ser adiada até o fim do mundo.

---

5. L. I, c. 26: ML 32, 626.
6. Q. 44: ML 40, 28.
7. *De Gen. contra Man.*, l, I, c. 23, n. 40: ML 34, 192.
8. In corp.
9. *In Ioan.*, hom. 28, al. 27; n. 1: MG 59, 162.

QUESTÃO 2
O MODO DE UNIÃO DO VERBO ENCARNADO COM RESPEITO À PRÓPRIA UNIÃO[a]

em doze artigos

Em seguida, deve-se considerar o modo da união do Verbo Encarnado. Primeiro, quanto à própria união; segundo, quanto à pessoa que assume; terceiro, quanto à natureza que é assumida.

A respeito do primeiro são 12 as perguntas:

1. A união do Verbo encarnado foi feita na natureza?
2. Foi feita na pessoa?
3. Foi feita no supósito, ou seja, na hipóstase?
4. A pessoa ou a hipóstase de Cristo é algo composto depois da encarnação?
5. Em Cristo houve união da alma e do corpo?
6. A natureza humana uniu-se ao Verbo acidentalmente?
7. A própria união é algo criado?
8. União é a mesma coisa que assunção?
9. Essa união é a maior de todas as uniões?
10. A união das duas naturezas em Cristo foi feita por obra da graça?
11. Foi precedida por alguns méritos?
12. Alguma graça foi natural a Cristo enquanto homem?

Artigo 1
A união do Verbo encarnado foi feita em uma natureza?

Quanto ao primeiro artigo, assim se procede: parece que a união do Verbo encarnado **foi** feita em uma natureza.

---

1 Parall.: III *Sent.*, dist. 5, q. 1, a. 2; *Cont. Gent.* IV, 35, 41; *De Unione Verbi*, a. 1; *De Verit.*, q. 20, a. 1; *Compend. Theol.*, c. 206; in *Ioan.*, c. 1, lect. 7; *Ad Rom.*, c. 1, lect. 2; *ad Philipp.*, c. 2, lect. 2.

a. Nesta questão, Tomás examina a maneira pela qual se realizou a união do Verbo Encarnado. Ele lembra logo de saída os dados fundamentais recebidos da tradição: a união não se efetuou na natureza (a. 1), mas na pessoa (a. 2), ou, segundo uma outra linguagem, no supósito ou hipóstase (a. 3), de tal modo que se pode falar de uma pessoa "composta" (a. 4). Os dois artigos seguintes estabelecem que há em Cristo união entre alma e corpo (a. 5), e que a união entre a natureza humana e o Verbo não é apenas acidental (a. 6). Depois disso, o autor mostra que é somente na natureza humana de Cristo que a relação de união é uma realidade criada (a. 7). Em seguida, ele faz a distinção entre a união das duas naturezas e a assunção da natureza humana pela pessoa do Verbo: a união se distingue da assunção como o resultado de uma ação se distingue da ação que o causou (a. 8). Essa união é a mais estreita que se pode conceber (a. 9). Os três últimos artigos lembram sucessivamente que a graça da união é uma graça efetivamente incomum que Deus concede à humanidade (a. 10), que se é a resposta divina à santidade dos justos do Antigo Testamento, eles não a mereceram em sentido estrito (a. 11), e que — sob condição de compreender bem os termos — pode-se dizer que essa graça é "natural" a Cristo (a. 12).

1. Dicit enim Cyrillus[1], et inducitur in gestis Concilii Chalcedonensis[2]: *Non oportet intelligere duas naturas, sed unam naturam Dei Verbi incarnatam*. Quod quidem non fieret nisi unio esset in natura. Ergo unio Verbi incarnati facta est in natura.

2. PRAETEREA, Athanasius dicit[3]: Sicut anima rationalis et caro conveniunt in constitutione humanae naturae, sic Deus et homo conveniunt in constitutione alicuius unius naturae. Ergo facta est unio in natura.

3. PRAETEREA, duarum naturarum una non denominatur ex altera nisi aliquo modo in invicem transmutentur. Sed divina natura et humana in Christo ab invicem denominantur: dicit enim Cyrillus[4] divinam naturam esse *incarnatam*; et Gregorius Nazianzenus dicit[5] naturam humanam esse *deificatam*; ut patet per Damascenum[6]. Ergo ex duabus naturis videtur esse facta una natura.

SED CONTRA est quod dicitur in determinatione Concilii Chalcedonensis[7]: *Confitemur in novissimis diebus Filium Dei unigenitum inconfuse, immutabiliter, indivise, inseparabiliter agnoscendum, nusquam sublata differentia naturarum propter unionem*. Ergo unio non est facta in natura.

RESPONDEO dicendum quod ad huius quaestionis evidentiam, oportet considerare quid sit natura. Sciendum est igitur quod nomen *naturae* a *nascendo* est dictum vel sumptum. Unde primo est impositum hoc nomen ad significandum generationem viventium, quae nativitas vel pullulatio dicitur: ut dicatur natura quasi *nascitura*. — Deinde translatum est nomen naturae ad significandum principium huius generationis. — Et quia principium generationis in rebus viventibus est intrinsecum, ulterius derivatum est nomen naturae ad significandum quodlibet principium intrinsecum motus:

1. Com efeito, diz Cirilo e foi introduzido nas atas do Concílio de Calcedônia: "Não se deve entender duas naturezas, mas uma só natureza encarnada do Verbo de Deus". Ora, isso não se pode compreender a não ser que a união se tenha dado na natureza. Logo, a união do Verbo encarnado foi feita na natureza.

2. ALÉM DISSO, diz Atanásio: assim como a alma racional e o corpo, unindo-se, constituem a natureza humana, assim Deus e o homem se unem para constituir uma natureza. Portanto, a união foi feita na natureza.

3. ADEMAIS, entre duas naturezas, uma é denominada segundo a outra apenas se as duas, de alguma maneira, entre si se transmutam. Ora, a natureza divina e a humana em Cristo se denominam reciprocamente, pois Cirilo diz que a natureza divina *se encarnou*; e Gregório de Nanzianzo diz que a natureza humana foi *deificada*, como está claro em Damasceno. Logo, de duas naturezas resultou apenas uma[b].

EM SENTIDO CONTRÁRIO, na definição do Concílio de Calcedônia está dito: "Confessamos a vinda nos últimos tempos do Filho de Deus unigênito, que deve ser reconhecido sem confusão, sem mudança, sem divisão, sem separação, sem que seja abolida a diferença das naturezas por causa da união". Logo, a união não foi feita na natureza.

RESPONDO. Para a solução dessa questão, é preciso considerar o que seja natureza. Convém, pois, saber que o nome *natureza* provém de *nascer*. Daí, esse nome ter sido usado primeiramente para significar a geração dos seres vivos, que se chama nascimento ou propagação; de modo que natureza se diz do *que vai nascer*. — Depois, o nome *natureza* foi transposto para significar o princípio da geração. — E como o princípio da geração nos seres vivos é intrínseco, o nome *natureza* foi ulteriormente estendido para significar todo princípio intrínseco do movimento: assim como diz o

---

1. Epist. 45 *ad Succensum*: MG 77, 232 D; epist. 46 *ad Succens*.: MG 77, 240 C.
2. P. II, act. 1: ed. I. D. Mansi, t. VI, pp. 675-683.
3. In *Symbolo "Quicumque"*: MG 28, 1584 B. Cfr. Denz. 40.
4. Loc. cit. in 1 a.
5. Orat. 45 *in Sanctum Pascha*, n. IX: MG 36, 633 D. Cfr. Orat. 39 *in Sancta Lumina*, n. XVI: MG 36, 353 B.
6. *De fide orth*. l. III, cc. 6, 11, 17: MG 94, 1008 B, 1024 A, 1069 A.
7. P. II, act. 5: ed. I. D. Mansi, t. VI, p. 115; Denz. 148.

b. Bem conhecidas pelos historiadores do dogma, as fórmulas de S. Cirilo — que Tomás retoma nas objeções 1 e 3 — revelam uma perigosa imprecisão de vocabulário. Sem entrar em detalhes, pode-se dizer que, para ele, "natureza" era o equivalente de "pessoa" ou "hipóstase". Essa confusão — ligada ao estado ainda balbuciante da reflexão nesse domínio — causará muitas dificuldades às gerações seguintes. A justo título, Tomás remete às formulações mais autorizadas do concílio de Calcedônia (*em sentido contrário*), e principalmente do concílio de Constantinopla II (r. 1) que, sem renunciar à intenção profunda da doutrina de Cirilo, exprimem-na em termos mais satisfatórios.

secundum quod Philosophus dicit, in II *Physic*.[8], quod *natura est principium motus in eo in quo est per se et non secundum accidens*. — Hoc autem principium vel forma est, vel materia. Unde quandoque natura dicitur forma: quandoque vero materia. — Et quia finis generationis naturalis est, in eo quod generatur, *essentia speciei, quam significat definitio*, inde est quod huiusmodi essentia speciei vocatur etiam natura. Et hoc modo Boetius naturam definit, in libro *de Duabus Naturis*[9], dicens: *Natura est unamquamque rem informans specifica differentia*, quae scilicet complet definitionem speciei. Sic ergo nunc loquimur de natura, secundum quod natura significat essentiam, vel quod quid est, sive quidditatem speciei.

Hoc autem modo accipiendo naturam, impossibile est unionem Verbi incarnati esse factam in natura. Tripliciter enim aliquid unum ex duobus vel pluribus constituitur. Uno modo, ex duobus perfectis integris remanentibus. Quod quidem fieri non potest nisi in his quorum forma est compositio, vel ordo, vel figura: sicut ex multis lapidibus absque aliquo ordine adunatis per solam compositionem fit acervus; ex lapidibus autem et lignis secundum aliquem ordinem dispositis, et etiam ad aliquam figuram redactis, fit domus. Et secundum hoc, posuerunt aliqui[10] unionem esse per modum confusionis, quae scilicet est sine ordine; vel commensurationis, quae est cum ordine.

Sed hoc non potest esse. Primo quidem, quia compositio, ordo vel figura non est forma substantialis, sed accidentalis. Et sic sequeretur quod unio incarnationis non esset per se, sed per accidens: quod infra[11] improbabitur. — Secundo, quia ex huiusmodi non fit unum simpliciter, sed secundum quid: remanent enim plura actu. — Tertio, quia forma talium non est natura, sed magis ars: sicut forma domus. Et sic non constitueretur una natura in Christo, ut ipsi volunt.

Alio modo fit aliquid ex perfectis, sed transmutatis: sicut ex elementis fit mixtum. Et sic aliqui[12] dixerunt unionem incarnationis esse factam per modum complexionis.

Filósofo: "a natureza é o princípio do movimento naquilo, em que o movimento está presente por si e não acidentalmente". — Esse princípio ou é a forma ou a matéria. Donde, a natureza às vezes é chamada forma, outras vezes matéria. — E como o fim da geração natural naquele que é gerado é a *essência da espécie significada pela definição*, assim essa essência da espécie se chama também natureza. Desse modo Boécio define a natureza: "A natureza é a diferença específica que informa cada coisa", ou seja, que completa a definição da espécie. Desse modo, falamos agora da natureza enquanto a natureza significa a essência, ou *o que é* a coisa, a saber, a quididade da espécie.

Entendendo a natureza dessa maneira, é impossível que a união do Verbo encarnado tenha sido feita na natureza. O que é uno é constituído por duas ou mais realidades de três maneiras. 1º. Quando é constituído por duas realidades que permanecem perfeitas e inteiras. O que não acontece senão nos seres cuja forma é a composição, a ordem ou a figura: assim como de muitas pedras ajuntadas sem qualquer ordem, por simples composição, se faz um acervo; de pedras e madeiras dispostas segundo certa ordem e também formando uma certa figura faz-se uma casa. Desta sorte, alguns admitiram a união a modo de confusão, ou seja, sem ordem; ou a modo de proporção, ou seja, com ordem.

Mas isso é impossível. Primeiro, porque a composição, ordem ou figura não são formas substanciais mas acidentais. E assim seguir-se-ia que a união da encarnação não se deu por si, mas por acidente: o que será refutado abaixo. — Segundo, porque desse modo não resulta o uno de modo absoluto, mas apenas sob determinado aspecto, pois os componentes permanecem em ato. — Terceiro, porque a forma desses seres não é natural, mas artificial, como o é a forma da casa. Assim não se constituiria uma natureza em Cristo, como é a intenção dos que adotam essa opinião.

2º. Quando alguma coisa resulta de componentes perfeitos, mas transformados: como dos elementos resulta o misto. Desta sorte disseram alguns que a encarnação foi feita à maneira de combinação.

---

8. C. 1: 192, b, 21-23.
9. C. 1: ML 64, 1342 B.
10. Inter quos, forsan, Sergius Grammaticus.
11. A. 6.
12. Ut Eutyches (v saec.), secundum quod refert Boetius, *De duabus naturis*, c. 7: ML 64, 1351 BC.

Sed hoc non potest esse. Primo quidem, quia natura divina est omnino immutabilis: ut in Prima Parte[13] dictum est. Unde nec ipsa potest converti in aliud, cum sit incorruptibilis: nec aliud in ipsam, cum ipsa sit ingenerabilis. — Secundo, quia id quod est commixtum, nulli miscibilium est idem specie: differt enim caro a quolibet elementorum specie. Et sic Christus nec esset eiusdem naturae cum Patre, nec cum matre. — Tertio, quia ex his quae plurimum distant non potest fieri commixtio: solvitur enim species unius eorum, puta si quis guttam aquae amphorae vini apponat. Et secundum hoc, cum natura divina in infinitum excedat humanam, non potest esse mixtio, sed remanebit sola natura divina.

Tertio modo fit aliquid ex aliquibus non permutatis, sed imperfectis; sicut ex anima et corpore fit homo; et similiter ex diversis membris.

Sed hoc dici non potest de incarnationis mysterio. Primo quidem, quia utraque natura est secundum suam rationem perfecta, divina scilicet et humana. — Secundo, quia divina et humana natura non possunt constituere aliquid per modum partium quantitativarum, sicut membra constituunt corpus: quia natura divina est incorporea. Neque per modum formae et materiae: quia divina natura non potest esse forma alicuius, praesertim corporei. Sequeretur etiam quod species resultans esset communicabilis pluribus: et ita essent plures Christi. — Tertio, quia Christus neque esset humanae naturae, neque divinae: differentia enim addita variat speciem, sicut unitas in numeris, sicut dicitur in VIII *Metaphys*.[14].

AD PRIMUM ergo dicendum quod illa auctoritas Cyrilli exponitur in Quinta Synodo[15] sic: *Si quis, unam naturam Dei Verbi incarnatam dicens, non sic accipit sicut Patres docuerunt, quia ex divina natura et humana unione secundum subsistentiam facta, sed ex talibus vocibus naturam unam sive substantiam divinitatis et carnis Christi introducere conatur, talis anathema sit*. Non ergo sensus est quod in incarnatione ex duabus naturis sit una

Mas isso também é impossível. Primeiro, porque a natureza divina é absolutamente imutável, como foi demonstrado na I Parte. Portanto, não se pode converter em outra coisa, sendo incorruptível; nem outra coisa pode converter-se nela, pois não está sujeita à geração. — Segundo, porque o que é composto não é idêntico segundo a espécie com os componentes; assim a carne é diferente da espécie de qualquer dos seus elementos. Desta sorte, Cristo não seria idêntico em natureza nem com o Pai nem com a mãe. — Terceiro, porque não pode haver combinação entre realidades que muito distam entre si: a espécie de uma delas se dissolveria, como se alguém lançasse uma gota de água numa ânfora de vinho. Por isso, já que a natureza divina excede infinitamente a natureza humana, não poderia haver combinação, mas permaneceria apenas a natureza divina.

3º. Quando algo se faz de elementos não mudados, mas imperfeitos; assim como da alma e do corpo é feito o homem; e o mesmo de diversos membros.

Mas a mesma coisa não pode ser dita do mistério da encarnação. Primeiro, porque ambas as naturezas, a divina e a humana, são perfeitas segundo sua razão. — Segundo, porque a natureza divina e a humana não podem constituir algo a modo de partes quantitativas, assim como os membros constituem o corpo, já que a natureza divina é incorpórea. Nem a modo de forma e matéria, pois a natureza divina não pode ser forma do que quer que seja, sobretudo de algo corpóreo; o que, ademais, teria como consequência a comunicabilidade da espécie resultante a muitos indivíduos; assim haveria muitos Cristos. — Terceiro, porque então Cristo não seria de natureza divina nem de natureza humana: a diferença acrescentada muda a espécie, tal como a unidade ao número, como é dito no livro VIII da *Metafísica*.

QUANTO AO 1º, portanto, deve-se dizer que a afirmação de Cirilo é assim explicada no Concílio II de Constantinopla: "Se alguém, afirmando uma só natureza no Verbo encarnado, não o entender no sentido em que o ensinaram os Padres, a saber, que a união da natureza divina e da natureza humana deu-se segundo a subsistência; mas, com aquelas palavras, tente afirmar uma só natureza ou substância da divindade e do corpo de Cristo, seja

---

13. Q. 9, a. 1, 2.
14. C. 3: 1043, b, 36-1044, a, 2.
15. Idest in Conc. Constantinopol. II (a. 553), Collat. VIII, can. 8: ed. I. D. Mansi, t. IX, p. 382; Denz. 220.

natura constituta: sed quia una natura Dei Verbi carnem univit in persona.

AD SECUNDUM dicendum quod ex anima et corpore constituitur in unoquoque nostrum duplex unitas: naturae, et personae. Naturae quidem, secundum quod anima unitur corpori, formaliter perficiens ipsum, ut ex duabus fiat una natura, sicut ex actu et potentia, vel materia et forma. Et quantum ad hoc non attenditur similitudo: quia natura divina non potest esse corporis forma, ut in Primo probatum est[16]. Unitas vero personae constituitur ex eis inquantum est unus aliquis subsistens in carne et anima. Et quantum ad hoc attenditur similitudo: unus enim Christus subsistit in divina natura et humana.

AD TERTIUM dicendum quod, sicut Damascenus dicit[17], natura divina dicitur incarnata, quia est unita carni personaliter: non quod sit in naturam carnis conversa. Similiter etiam caro dicitur deificata, ut ipse dicit[18], non per conversionem, sed per unionem ad Verbum, salvis suis proprietatibus: ut intelligatur caro deificata quia facta est Dei Verbi caro, non quia facta sit Deus.

ARTICULUS 2
Utrum unio Verbi incarnati sit facta in persona

AD SECUNDUM SIC PROCEDITUR. Videtur quod unio Verbi incarnati non sit facta in persona.

1. Persona enim Dei non est aliud a natura ipsius, ut habitum est in Primo[1]. Si ergo unio non est in natura, sequitur quod non sit facta in persona.

2. PRAETEREA, natura humana non est minoris dignitatis in Christo quam in nobis. Personalitas autem ad dignitatem pertinet, ut in Primo[2] habitum est. Cum ergo natura humana in nobis propriam personalitatem habeat, multo magis habuit propriam personalitatem in Christo.

anátema". Portanto, o sentido não é o de que na encarnação resultou uma natureza de duas naturezas, mas o de que uma única natureza do Verbo de Deus uniu em sua pessoa a carne.

QUANTO AO 2º, deve-se dizer que pela alma e pelo corpo constitui-se em nós uma dupla unidade: de natureza e de pessoa. Da natureza, enquanto a alma se une ao corpo dando-lhe formalmente a perfeição, de sorte que dos dois resulte uma só natureza, assim como do ato e da potência ou da matéria e da forma. Quanto a essa unidade não é válida a semelhança, pois a natureza divina não pode ser forma do corpo, como ficou provado na I Parte. Mas a unidade de pessoa é a que se constitui desses dois princípios enquanto é um só subsistente no corpo e na alma. Quanto a essa segunda unidade é válida a semelhança, pois um só Cristo subsiste na natureza divina e humana.

QUANTO AO 3º, deve-se dizer que como diz Damasceno, a natureza divina é dita encarnada porque está unida pessoalmente à carne, e não porque se tenha convertido na natureza da carne. Do mesmo modo diz ele que a carne foi deificada não por conversão, mas por união ao Verbo, ressalvadas suas propriedades, de sorte que se entenda a carne deificada porque se tornou a carne do Verbo de Deus, não porque se tornou Deus.

ARTIGO 2
A união do Verbo encarnado foi feita na pessoa?

QUANTO AO SEGUNDO, ASSIM SE PROCEDE: parece que a união do Verbo encarnado **não** foi feita na pessoa.

1. Com efeito, a pessoa de Deus não é distinta de sua natureza, como foi demonstrado na I Parte. Portanto, se a união não foi feita na natureza, também não foi feita na pessoa.

2. ALÉM DISSO, a natureza humana não tem menor dignidade em Cristo do que em nós. Ora, a personalidade pertence à dignidade, como foi mostrado na I Parte. Logo, como a natureza humana em nós possui personalidade própria, muito mais possui personalidade própria em Cristo.

---

16. Q. 3, a. 8.
17. *De fide orth.*, l. III, c. 17: MG 94, 1069 A. Cfr. *ibid.* c. 6: MG 94, 1008 B.
18. Loc. cit.

2   PARALL.: III *Sent.*, dist. 5, q. 1, a. 3; *Cont. Gent.* IV, c. 41; *De Unione Verbi*, a. 1; *ad Philipp.*, c. 2, lect. 2.
1. Q. 39, a. 1.
2. Q. 29, a. 3, ad 2.

3. PRAETEREA, sicut Boetius dicit, in libro *de Duabus Naturis*[3], *persona est rationalis naturae individua substantia*. Sed Verbum Dei assumpsit naturam humanam individuam: *natura enim universalis non sistit secundum se, sed in nuda contemplatione consideratur*, ut Damascenus dicit[4]. Ergo humana natura habet suam personalitatem. Non ergo videtur quod sit facta unio in persona.

SED CONTRA est quod in Chalcedonensi Synodo[5] legitur: *Non in duas personas partitum aut divisum, sed unum et eundem Filium unigenitum Dominum nostrum Iesum Christum confitemur*. Ergo facta est unio Verbi in persona.

RESPONDEO dicendum quod persona aliud significat quam natura. Natura enim significat *essentiam speciei, quam significat definitio*. Et si quidem his quae ad rationem speciei pertinent nihil aliud adiunctum inveniri posset, nulla necessitas esset distinguendi naturam a supposito naturae, quod est individuum subsistens in natura illa: quia unumquodque individuum subsistens in natura aliqua esset omnino idem cum sua natura. Contingit autem in quibusdam rebus subsistentibus inveniri aliquid quod non pertinet ad rationem speciei, scilicet accidentia et principia individuantia: sicut maxime apparet in his quae sunt ex materia et forma composita. Et ideo in talibus etiam secundum rem differt natura et suppositum, non quasi omnino aliqua separata: sed quia in supposito includitur ipsa natura speciei, et supradduntur quaedam alia quae sunt praeter rationem speciei. Unde suppositum significatur ut totum, habens naturam sicut partem formalem et perfectivam sui. Et propter hoc in compositis ex materia et forma natura non praedicatur de supposito: non enim dicimus quod hic homo sit sua humanitas. Si qua vero res est in qua omnino nihil est aliud praeter rationem speciei vel naturae suae, sicut est in Deo, ibi non est aliud secundum rem suppositum et natura, sed solum secundum rationem intelligendi: quia natura dicitur secundum quod est essentia quaedam; eadem vero dicitur suppositum secundum quod est subsistens. Et quod est dictum de *supposito*, intelligendum est de *persona* in creatura rationali vel intellectuali: quia nihil aliud est persona quam *rationalis naturae individua substantia*, secundum Boetium[6].

3. ADEMAIS, como diz Boécio, "a pessoa é a substância individual de uma natureza racional". Ora, o Verbo de Deus assumiu a natureza humana individual pois, como diz Damasceno: "A natureza universal não subsiste por si mesma, mas é considerada apenas na pura contemplação". Logo, a natureza humana possui sua própria personalidade e, assim, não parece que a união tenha sido feita na pessoa.

EM SENTIDO CONTRÁRIO, no Concílio de Calcedônia foi proclamado: "Confessamos um e o mesmo Filho Unigênito Senhor nosso Jesus Cristo, não dividido ou partido em duas pessoas". Logo, a união do Verbo foi feita na pessoa.

RESPONDO. Pessoa significa algo diferente de natureza. Pois natureza significa *a essência da espécie significada pela definição*. Se nada se pudesse encontrar acrescentado ao que constitui a definição da espécie, não haveria necessidade de distinguir a natureza do supósito da natureza, que é o indivíduo subsistente em tal natureza: porque assim todo indivíduo subsistente em determinada natureza seria idêntico à sua natureza. Mas acontece em algumas coisas subsistentes haver algo que não pertence à definição da espécie, como os acidentes e os princípios individuantes. Isso aparece mais evidentemente nas que são compostas de matéria e forma. Nessas, portanto, o supósito e a natureza diferem, não como se fossem totalmente separados, mas porque a natureza da espécie está incluída no supósito, e se acrescentam outras realidades que não pertencem à natureza da espécie. Desta sorte, o supósito significa o todo que tem a natureza como uma parte formal e perfectiva dele. Eis a razão pela qual, nos compostos de matéria e forma, a natureza não se atribui ao supósito: assim, não dizemos que este homem é sua humanidade. Se porém existe alguma coisa na qual não há absolutamente nada além da essência da espécie ou da natureza, como acontece em Deus, nela não há distinção real do supósito e da natureza, mas apenas segundo nosso modo de entender: porque a natureza se diz enquanto é determinada essência, mas ela mesma se chama supósito enquanto é subsistente. O que foi explicado acerca do supósito deve-se entender da *pessoa* na criatura racional ou intelectual, pois a pessoa é, segundo Boécio, a "substância individual de uma natureza racional"[c].

---

3. C. 3: ML 64, 1343 C.
4. *De fide orth*., l. III; c. 11: MG 94, 1024 A.
5. P. II, act. 5: ed. I. D. Mansi, t. VII, p. 115; Denz. 148.
6. Loc. cit. in 3 a. — Cfr. I, q. 29, a. 1.

c. Deve-se reter dessa explicação que a pessoa não é senão um supósito, isto é, uma substância individual, mas um supósito de natureza racional. Logo, o que vale para os supósitos em geral vale também para os supósitos específicos que são as pessoas.

Omne igitur quod inest alicui personae, sive pertineat ad naturam eius sive non, unitur ei in persona. Si ergo humana natura Verbo Dei non unitur in persona, nullo modo ei unitur. Et sic totaliter tollitur incarnationis fides: quod est subruere totam fidem Christianam. Quia igitur Verbum habet naturam humanam sibi unitam, non autem ad suam naturam divinam pertinentem, consequens est quod unio sit facta in persona Verbi, non autem in natura.

AD PRIMUM ergo dicendum quod, licet in Deo non sit aliud secundum rem natura et persona, differt tamen secundum modum significandi, sicut dictum est[7]: quia persona significat per modum subsistentis. Et quia natura humana sic unitur Verbo ut Verbum in ea subsistat, non autem ut aliquid addatur ei ad rationem suae naturae, vel ut eius natura in aliquid transmutetur, ideo unio facta est in persona, non in natura.

AD SECUNDUM dicendum quod personalitas necessario intantum pertinet ad dignitatem alicuius rei et perfectionem, inquantum ad dignitatem et perfectionem eius pertinet quod per se existat: quod in nomine personae intelligitur. Dignius autem est alicui quod existat in aliquo se digniori, quam quod existat per se. Et ideo ex hoc ipso humana natura dignior est in Christo quam in nobis, quia in nobis, quasi per se existens, propriam personalitatem habet, in Christo autem existit in persona Verbi. Sicut etiam esse completivum speciei pertinet ad dignitatem formae: tamen sensitivum nobilius est in homine, propter coniunctionem ad nobiliorem formam completivam, quam sit in bruto animali, in quo est forma completiva.

AD TERTIUM dicendum quod *Dei Verbum non assumpsit naturam humanam in universali, sed in atomo*, idest in individuo, sicut Damascenus dicit[8]: alioquin oporteret quod cuilibet homini conveniret esse Dei Verbum, sicut convenit Christo. Sciendum est tamen quod non quodlibet individuum in

Portanto, tudo o que é inerente a alguma pessoa, ou pertencendo à sua natureza ou não, une-se a ela na pessoa. Se, pois, a natureza humana não se une ao Verbo de Deus na pessoa, não se une de nenhuma outra maneira. E assim se elimina totalmente a fé da encarnação, o que significa destruir toda a fé cristã. Portanto, tendo o Verbo unido a si a natureza humana, que não pertence à sua natureza divina, segue-se que a união foi feita na pessoa e não na natureza[d].

QUANTO AO 1º, portanto, deve-se dizer que embora em Deus a natureza e a pessoa não se distingam realmente, diferem segundo o modo de significar, como foi dito, já que a pessoa é significada pela subsistência. E como a natureza humana de tal maneira se une ao Verbo que o Verbo subsista nela, e não que acrescente algo à razão da sua natureza ou faça com que a sua natureza se mude em outra coisa, assim a união foi feita na pessoa e não na natureza.

QUANTO AO 2º, deve-se dizer que a personalidade pertence necessariamente à dignidade e perfeição de alguma coisa na medida em que pertence à sua dignidade e perfeição o existir por si, que é o que se entende pelo nome de pessoa. Contudo, é mais digno para alguma coisa o existir em outro mais digno do que o existir por si. Por essa razão a natureza humana recebe maior dignidade em Cristo do que em nós, porque em nós, existindo por si, possui a própria personalidade, mas em Cristo existe na pessoa do Verbo. Assim também pertence à dignidade da forma ser o que completa a espécie; no entanto, a sensibilidade é mais nobre no homem por estar unida a uma forma mais nobre que completa a espécie, do que no animal no qual ela é a forma última[e].

QUANTO AO 3º, deve-se dizer que como diz Damasceno: "O Verbo de Deus não assumiu uma natureza humana universal, mas individual". Caso contrário, caberia a todo homem ser o Verbo de Deus, como pertence a Cristo. Deve-se, porém, saber que não é a qualquer indivíduo no gênero

---

7. In corp.
8. Loc. cit. in arg.

---

d. Como acabamos de ver, a pessoa (ou o supósito) é a realidade que existe como um "todo", e que possui não só sua natureza, mas tudo o que se acrescenta a ela (acidentes e princípios individuantes): a pessoa engloba toda a realidade de um ser racional. Uma união que não tocasse a pessoa não atingiria a realidade desse ser; não seria real para ele. A natureza, pelo contrário, não se identifica à totalidade de um ser; como dissemos, ela é apenas uma parte deste. Logo, uma união que se efetua sem tocar a natureza não deixa por isso de ser real — contrariamente ao que seria o caso para a pessoa.

e. Nesta última frase, o verbo "completar" deve ser entendido no sentido mais forte; comporta uma ideia de acabamento, de pleno desenvolvimento na perfeição, sugerido pela noção de completude, duas vezes repetida no original latino. A mesma argumentação é retomada e ainda mais claramente expressa no artigo 5, abaixo, final da r. 1.

genere substantiae, etiam in rationali natura, habet rationem personae: sed solum illud quod per se existit, non autem illud quod existit in alio perfectiori. Unde manus Socratis, quamvis sit quoddam individuum, non est tamen persona: quia non per se existit, sed in quodam perfectiori, scilicet in suo toto. Et hoc etiam potest significari in hoc quod persona dicitur *substantia individua*: non enim manus est substantia completa, sed pars substantiae. Licet igitur humana natura sit individuum quoddam in genere substantiae, quia tamen non per se separatim existit, sed in quodam perfectiori, scilicet in persona Dei Verbi, consequens est quod non habeat personalitatem propriam. Et ideo facta est unio in persona.

da substância, mesmo na natureza racional, que convém a definição de pessoa, mas somente ao que existe por si, não ao que existe em outro mais perfeito. Assim a mão de Sócrates, embora seja um indivíduo, não é pessoa, porque não existe por si mas em algo mais perfeito, a saber, em seu todo. O que também pode ser significado ao dizer-se que a pessoa é uma *substância individual*; pois a mão não é uma substância completa, mas é parte de uma substância. Portanto, embora a natureza humana seja um determinado indivíduo no gênero da substância, como não existe em si separadamente, mas em outro mais perfeito, a saber, na pessoa do Verbo de Deus, segue-se que não tem personalidade própria. Assim a união se fez na pessoa.

Articulus 3
Utrum unio Verbi incarnati sit facta in supposito, sive in hypostasi

AD TERTIUM SIC PROCEDITUR. Videtur quod unio Verbi incarnati non sit facta in supposito, sive in hypostasi.
1. Dicit enim Augustinus, in *Enchirid.*[1]: *Divina substantia et humana utrumque est unus Dei Filius: sed aliud propter Verbum, et aliud propter hominem.* Leo Papa etiam dicit, in Epistola *ad Flavianum*[2]: *Unum horum coruscat miraculis, et aliud succumbit iniuriis.* Sed omne quod est aliud et aliud, differt supposito. Ergo unio Verbi incarnati non est facta in supposito.
2. PRAETEREA, hypostasis nihil est aliud quam *substantia particularis*: ut Boetius dicit, in libro *de Duabus Naturis*[3]. Manifestum est autem quod in Christo est quaedam alia substantia particularis praeter hypostasim Verbi, scilicet corpus et anima et compositum ex eis. Ergo in Christo est alia hypostasis praeter hypostasim Verbi Dei.
3. PRAETEREA, hypostasis Verbi non continetur in aliquo genere, neque sub specie: ut patet ex his quae in Prima Parte[4] dicta sunt. Sed Christus, secundum quod est factus homo, continetur sub specie humana: dicit enim Dionysius, 1 cap. *de Div. Nom.*[5]: *Intra nostram factus est naturam qui*

Artigo 3
A união do Verbo encarnado foi feita no supósito, ou seja, na hipóstase?

QUANTO AO TERCEIRO, ASSIM SE PROCEDE: parece que a união do Verbo encarnado **não** foi feita no supósito, ou seja, na hipóstase.
1. Com efeito, diz Agostinho: "A substância humana e a divina são ambas o único Filho de Deus; mas uma em razão do Verbo, outra em razão do homem". E o papa Leão diz: "Um brilha pelos milagres, outro sucumbe às injúrias". Ora, o que é um e outro é diferente pelo supósito. Logo, a união do Verbo encarnado não se fez no supósito.

2. ALÉM DISSO, a hipóstase outra coisa não é senão a *substância particular*, como diz Boécio. Ora, é claro que no Cristo há outra substância particular além da hipóstase do Verbo, a saber, a alma e o corpo e o composto deles resultante. Logo, há em Cristo outra hipóstase além da hipóstase do Verbo de Deus.

3. ADEMAIS, como foi demonstrado na I Parte, a hipóstase do Verbo não está contida nem sob um gênero nem sob uma espécie. Ora, Cristo, enquanto feito homem, está contido sob a espécie humana, pois Dionísio diz: "Aquele que excede supersubstancialmente toda ordem segundo

---

3   PARALL.: III *Sent.*, dist. 6, q. 1, a. 1, q. la 1, 2; dist. 7, q. 1, a. 1; *Cont. Gent.* IV, 38, 39; *De Unione Verbi*, a. 2; *Cont. Error. Graec.*, c. 20; *Cont. Graec., Armen.* etc., c. 6; *Compend. Theol.*, c. 210, 211; *Quodlib.* IX, q. 2, a. 1; in *Ioan.*, c. 1, lect. 7.

1. Cc. 35, 38: ML 40, 250, 251.
2. Epist. 28, al. 24, c. 4: ML 54, 767 B.
3. C. 3: ML 64, 1344 B.
4. Q. 3, a. 5; q. 30, a. 4, ad 3.
5. § 4: MG 3, 592 A.

omnem ordinem secundum omnem naturam supersubstantialiter excedit. Non autem continetur sub specie humana nisi sit hypostasis quaedam humanae speciei. Ergo in Christo est alia hypostasis praeter hypostasim Verbi Dei. Et sic idem quod prius.

SED CONTRA est quod Damascenus dicit, in III libro[6]: *In Domino nostro Iesu Christo duas naturas cognoscimus, unam autem hypostasim*.

RESPONDEO dicendum quod quidam, ignorantes habitudinem hypostasis ad personam, licet concederent in Christo unam solam personam, posuerunt tamen aliam hypostasim Dei et aliam hominis: ac si unio sit facta in persona, non in hypostasi. Quod quidem apparet erroneum tripliciter. Primo, ex hoc quod persona supra hypostasim non addit nisi determinatam naturam, scilicet rationalem; secundum quod Boetius dicit, in libro *de Duabus Naturis*[7], quod *persona est rationalis naturae individua substantia*. Et ideo idem est attribuere propriam hypostasim humanae naturae in Christo, et propriam personam. Quod intelligentes sancti Patres, utrumque in Concilio Quinto, apud Constantinopolim celebrato, damnaverunt, dicentes[8]: *Si quis introducere conetur in mysterio Christi duas subsistentias seu duas personas, talis anathema sit: nec enim adiectionem personae vel subsistentiae suscepit sancta Trinitas, incarnato uno de sancta Trinitate, Deo Verbo*. "Subsistentia" autem idem est quod res subsistens: quod est proprium hypostasis, ut patet per Boetium, in libro *de Duabus Naturis*[9].

Secundo quia, si detur quod persona aliquid addat supra hypostasim in quo possit fieri unio, hoc nihil est aliud quam proprietas ad dignitatem pertinens: secundum quod a quibusdam[10] dicitur quod persona est *hypostasis proprietate distincta ad dignitatem pertinente*. Si ergo facta sit unio in persona et non in hypostasi, consequens erit quod non sit facta unio nisi secundum dignitatem quandam. Et hoc est, approbante Synodo Ephesina[11], damnatum a Cyrillo[12] sub his verbis: *Si quis in uno Christo dividit subsistentias post adunationem, sola copulans eas coniunctione quae secundum dignitatem vel auctoritatem est vel secundum*

toda natureza, encerrou-se em nossa natureza". Mas não está contido sob a espécie humana, senão o que é uma hipóstase da mesma. Logo, há em Cristo outra hipóstase além da hipóstase do Verbo de Deus. E assim, segue-se a mesma consequência.

EM SENTIDO CONTRÁRIO, diz Damasceno: "Conhecemos em Nosso Senhor Jesus Cristo duas naturezas, mas somente uma hipóstase".

RESPONDO. Alguns que ignoravam a relação da hipóstase à pessoa, embora concedessem que em Cristo há uma só pessoa, afirmaram uma hipóstase de Deus e outra do homem, como se a união tivesse sido feita na pessoa, mas não na hipóstase. Mas isso está errado por três razões. 1º. Porque a pessoa não acrescenta à hipóstase senão uma natureza determinada, a saber, a racional, de acordo com a definição de Boécio: "A pessoa é a substância individual de uma natureza racional". Assim é a mesma coisa atribuir a Cristo a hipóstase própria da natureza humana e a pessoa própria. Entendendo desse modo, os Santos Padres no Concílio de Constantinopla condenaram ambas as atribuições: "Se alguém teimar em introduzir no mistério de Cristo duas subsistências ou duas pessoas, seja anátema: com a encarnação de um da Santíssima Trindade, o Filho de Deus, a mesma Trindade não recebe o acréscimo de pessoa ou subsistência". *Subsistência* é a mesma coisa que ser subsistente, o que é próprio da hipóstase, como explica Boécio.

2º. Se acontece que a pessoa acrescenta algo à hipóstase na qual se possa realizar a união, não pode ser senão uma propriedade pertencente à dignidade; assim alguns definiram a pessoa como "hipóstase distinta por uma propriedade que pertence à dignidade". Portanto, se a união tiver sido feita na pessoa e não na hipóstase, a consequência é a de que a união terá sido feita apenas segundo determinada dignidade. E isso foi condenado por Cirilo nos seguintes termos, com a aprovação do Concílio de Éfeso: "Se alguém num único Cristo divide as subsistências depois de sua união, unindo-as apenas com a conjunção que se

---

6. *De fide orth.*, l. III, c. 4: MG 94, 997 B.
7. C. 3: ML 64, 1343 C.
8. Collat. VIII, can. 5: ed. I. D. Mansi, t. IX, p. 379; Denz. 217.
9. C. 3: ML 64, 1344 B.
10. S. Bonaventura, *In I Sent.*, dist. 23, a. 1, q. 1: ad Claras Aquas, t. I, p. 405.
11. P. I, c. 26, anath. 3: ed. I. D. Mansi, t. IV, p. 1082; Denz. 115.
12. Epist. 17 *ad Nestorium*, anath. 3: MG 77, 120 A (interprete Mario Merc.: ML 48, 840 A).

potentiam, et non magis concursu secundum adunationem naturalem, anathema sit.

Tertio, quia tantum hypostasis est cui attribuuntur operationes et proprietates naturae, et ea etiam quae ad naturae rationem pertinent in concreto: dicimus enim quod *hic homo* ratiocinatur, et est risibilis, et est animal rationale. Et hac ratione *hic homo* dicitur esse suppositum: quia scilicet *supponitur* his quae ad hominem pertinent, eorum praedicationem recipiens. Si ergo sit alia hypostasis in Christo praeter hypostasim Verbi, sequetur quod de aliquo alio quam de Verbo verificentur ea quae sunt hominis, puta esse natum de Virgine, passum, crucifixum et sepultum. Et hoc etiam damnatum est, approbante Concilio Ephesino[13], sub his verbis: *Si quis personis duabus vel subsistentiis eas quae sunt in Evangelicis et Apostolicis Scripturis impartitur voces, aut de Christo a Sanctis dictas, aut ab ipso de se; et quasdam quidem velut homini praeter illud ex Deo Verbum specialiter intellecto applicat, quasdam vero, velut Deo decibiles, soli ex Deo Patre Verbo: anathema sit.*

Sic igitur patet esse haeresim ab olim damnatam dicere quod in Christo sunt duae hypostases vel duo supposita, sive quod unio non sit facta in hypostasi vel supposito. Unde in eadem Synodo[14] legitur: *Si quis non confitetur carni secundum subsistentiam unitum ex Deo Patre Verbum, unumque esse Christum cum sua carne, eundem scilicet Deum et hominem, anathema sit.*

AD PRIMUM ergo dicendum quod, sicut accidentalis differentia facit *alterum*, ita differentia essentialis facit *aliud*. Manifestum est autem quod alteritas, quae provenit ex differentia accidentali, potest ad eandem hypostasim vel suppositum in rebus creatis pertinere, eo quod idem numero potest diversis accidentibus subesse: non autem contingit in rebus creatis quod idem numero subsistere possit diversis essentiis vel naturis. Unde sicut quod dicitur alterum et alterum in creaturis, non significat diversitatem suppositi, sed solum diversitatem formarum accidentalium; ita quod Christus dicitur aliud et aliud, non importat diversitatem suppositi sive hypostasis, sed diversitatem naturarum. Unde Gregorius Nazianzenus dicit, in Epistola *ad Chelidonium*[15]: *Aliud et aliud sunt ea*

dá segundo a dignidade ou autoridade ou segundo a potência, e não com a conjunção que se segue à união natural, seja anátema".

3º. É apenas à hipóstase que se atribuem as operações e as propriedades da natureza, e tudo o que pertence concretamente à razão da natureza: com efeito, dizemos que *este homem* raciocina, é capaz de rir e é um animal racional. Por essa razão *este homem* é dito um supósito, pois é *suposto* a tudo o que pertence ao homem, tudo lhe sendo atribuído. Logo, se houver outra hipóstase em Cristo, além da hipóstase do Verbo, seguir-se-á que os atributos do homem se verificariam de outro e não de Cristo, como por exemplo, ter nascido da Virgem, ter sofrido, ter sido crucificado e sepultado. E também isso foi condenado, com a aprovação do Concílio de Éfeso, com essas palavras: "Se alguém dividir entre duas pessoas ou subsistências as palavras que, a respeito de Cristo, estão nos Evangelhos e nas Escrituras apostólicas ou foram ditas pelos Santos ou por Ele de si mesmo, e algumas aplica ao homem especificamente entendido, independentemente do Verbo vindo de Deus, outras, como devendo ser ditas somente de Deus, aplica apenas ao Verbo de Deus Pai, seja anátema".

Fica claro, desta sorte, que é uma heresia outrora condenada dizer que em Cristo há duas hipóstases ou dois supósitos, ou que a união não tenha sido feita na hipóstase ou supósito. Donde se lê no mesmo Concílio: "Se alguém não confessa que o Verbo de Deus Pai se uniu à carne segundo a subsistência, de sorte a ser um único Cristo com sua carne, a saber, o mesmo Deus e homem, seja anátema".

QUANTO AO 1º, portanto, deve-se dizer que assim como a diferença acidental torna uma coisa *outra*, a diferença essencial a torna *outra coisa*. É claro que ser um outro, por uma alteração que provém da diferença acidental pode pertencer à mesma hipóstase ou supósito nas coisas criadas, pois a mesma coisa numericamente pode ser sujeito de diversos acidentes. Mas, nas coisas criadas, não pode acontecer que a mesma possa subsistir numericamente em diversas essências ou naturezas. Logo, assim como o dizer-se das criaturas que é um outro e ainda um outro não significa a diversidade do supósito, mas apenas a diversidade das formas acidentais, assim, o dizer-se de Cristo que é uma coisa e ainda outra não implica a diversidade do supósito ou da hipóstase, mas a

---

13. P. I, c. 26, anath. 4: ed. I. D. Mansi, loc. cit.; Denz. 116.
14. Ibid., anath. 2: ed. I. D. Mansi, loc. cit.; Denz. 114.
15. Epist. 101, al. Orat. 50: MG 37, 180 AB.

ex quibus Salvator est, non alius autem et alius. Dico vero "aliud et aliud" e contrario quam in Trinitate habet. Ibi enim "alius et alius" dicimus, ut non subsistentias confundamus: non "aliud" autem "et aliud".

AD SECUNDUM dicendum quod hypostasis significat substantiam particularem non quocumque modo, sed prout est in suo complemento. Secundum vero quod venit in unionem alicuius magis completi, non dicitur hypostasis: sicut manus aut pes. Et similiter humana natura in Christo, quamvis sit substantia particularis, quia tamen venit in unionem cuiusdam completi, scilicet totius Christi prout est Deus et homo, non potest dici hypostasis vel suppositum: sed illud completum ad quod concurrit, dicitur esse hypostasis vel suppositum.

AD TERTIUM dicendum quod etiam in rebus creatis res aliqua singularis non ponitur in genere vel specie ratione eius quod pertinet ad eius individuationem, sed ratione naturae, quae secundum formam determinatur: cum individuatio magis sit secundum materiam in rebus compositis. Sic igitur dicendum est quod Christus est in specie humana ratione naturae assumptae, non ratione ipsius hypostasis.

diversidade das naturezas. Daqui dizer Gregório de Nazianzo: "Ser uma coisa ainda outra são elementos que constituem o Salvador, não que seja duplamente um outro". Digo outra coisa e ainda outra como sendo o contrário do que acontece na Trindade. Aí dizemos um outro e ainda um outro, para não confundir as subsistências; e não: uma coisa e ainda outra coisa.

QUANTO AO 2º, deve-se dizer que a hipóstase significa a substância particular não de qualquer maneira, mas enquanto existe completa. Mas, enquanto entra em união com algo mais completo não se chama hipóstase, como a mão e o pé. De modo semelhante a natureza humana em Cristo, embora seja uma substância particular, como entra em união com algo completo, a saber, com todo o Cristo enquanto Deus e homem, não pode ser chamada hipóstase ou supósito; chama-se hipóstase ou supósito algo completo ao qual se une.

QUANTO AO 3º, deve-se dizer que também nas coisas criadas uma coisa singular não é posta no gênero ou na espécie em razão do que é próprio de sua individuação, mas em razão da natureza que é determinada segundo a forma; a individuação nos seres compostos se dá mais segundo a matéria. Portanto, deve-se dizer que Cristo está na espécie humana em razão da natureza que foi assumida, não em razão da própria hipóstase.

ARTICULUS 4
Utrum persona Christi sit composita

AD QUARTUM SIC PROCEDITUR. Videtur quod persona Christi non sit composita.

1. Persona enim Christi non est aliud quam persona vel hypostasis Verbi, ut ex dictis[1] patet. Sed in Verbo non est aliud persona et natura: ut patet ex his quae dicta sunt in Prima Parte[2]. Cum ergo natura Verbi sit simplex, ut in Primo[3] ostensum est, impossibile est quod persona Christi sit composita.

2. PRAETEREA, omnis compositio videtur esse ex partibus. Sed divina natura non potest habere rationem partis: quia omnis pars habet rationem imperfecti. Ergo impossibile est quod persona Christi sit composita ex duabus naturis.

3. PRAETEREA, quod componitur ex aliquibus, videtur esse homogeneum eis: sicut ex corporibus

ARTIGO 4
A pessoa de Cristo é composta?

QUANTO AO QUARTO, ASSIM SE PROCEDE: parece que a pessoa de Cristo **não** é composta.

1. Com efeito, como está claro do que até agora foi dito, a pessoa de Cristo não é senão a pessoa ou hipóstase do Verbo. Ora, no Verbo, não há diferença de pessoa e natureza, já ficou provado na I Parte. Logo, dado que a natureza do Verbo é simples, o que também foi mostrado na I Parte, é impossível que a pessoa de Cristo seja composta.

2. ALÉM DISSO, toda composição resulta da adjunção de partes. Ora, a natureza divina não pode ter partes, porque toda parte é algo imperfeito. Logo, é impossível que a pessoa de Cristo seja composta de duas naturezas.

3. ADEMAIS, o que é composto de partes deve ser homogêneo às suas partes: por exemplo, de corpos

---

4 PARALL.: III *Sent.*, dist. 6, q. 2, a. 3.

1. A. 2.
2. Q. 39, a. 1.
3. Q. 3, a. 7.

non componitur nisi corpus. Si igitur ex duabus naturis aliquid sit in Christo compositum, consequens erit quod illud non erit persona, sed natura. Et sic in Christo erit facta unio in natura. Quod est contra praedicta[4].

SED CONTRA est quod Damascenus dicit, III libro[5]: *In Domino Iesu Christo duas naturas cognoscimus: unam autem hypostasim, ex utrisque compositam.*

RESPONDEO dicendum quod persona sive hypostasis Christi dupliciter considerari potest. Uno modo, secundum id quod est in se. Et sic est omnino simplex: sicut et natura Verbi. — Alio modo, secundum rationem personae vel hypostasis, ad quam pertinet subsistere in aliqua natura. Et secundum hoc, persona Christi subsistit in duabus naturis. Unde, licet sit ibi unum subsistens, est tamen ibi alia et alia ratio subsistendi. Et sic dicitur persona composita, inquantum unum duobus subsistit.

Et per hoc patet responsio AD PRIMUM.

AD SECUNDUM dicendum quod illa compositio personae ex naturis non dicitur esse ratione partium, sed potius ratione numeri: sicut omne illud in quo duo conveniunt, potest dici ex eis compositum.

AD TERTIUM dicendum quod non in omni compositione hoc verificatur, quod illud quod componitur sit homogeneum componentibus, sed solum in partibus continui; nam continuum non componitur nisi ex continuis. Animal vero componitur ex anima et corpore, quorum neutrum est animal.

ARTICULUS 5
Utrum in Christo fuerit unio animae et corporis

AD QUINTUM SIC PROCEDITUR. Videtur quod in Christo non fuerit unio animae et corporis.

1. Ex unione enim animae et corporis in nobis causatur persona vel hypostasis hominis. Si ergo anima et corpus fuerunt in Christo unita, sequitur

não se compõe senão um corpo. Se, portanto, há em Cristo algo composto de duas naturezas, não pode ser pessoa e sim natureza. Desta sorte, a união em Cristo seria na natureza, o que é contra o que antes foi estabelecido.

EM SENTIDO CONTRÁRIO, diz Damasceno: "Conhecemos no Senhor Jesus Cristo duas naturezas, uma hipóstase composta de ambas".

RESPONDO. A pessoa ou hipóstase de Cristo pode ser considerada sob dois aspectos. De um modo, enquanto é em si, e desse modo é uma natureza simples, como a natureza do Verbo. — De outro modo enquanto é pessoa ou hipóstase, à qual compete subsistir em determinada natureza. Segundo esse aspecto, a pessoa de Cristo subsiste em duas naturezas. Portanto, embora seja um só subsistente, nele há dois modos de subsistir. Assim, a pessoa se diz composta, na medida em que, sendo uma só, subsiste em duas naturezas.

QUANTO AO 1º, portanto, deve-se dizer que com isso fica clara a resposta à primeira objeção.

QUANTO AO 2º, deve-se dizer que a composição da pessoa por naturezas não é afirmada em razão das partes, mas antes, em razão do número; assim como tudo aquilo no qual dois se unem pode ser dito um composto dos dois[f].

QUANTO AO 3º, deve-se dizer que a homogeneidade do composto com os componentes não se verifica em todo composto, mas somente nas partes do contínuo, pois o contínuo compõe-se de contínuos. Mas o animal se compõe de alma e corpo, dos quais nenhum dos dois é animal.

ARTIGO 5
Em Cristo houve união da alma e do corpo?

QUANTO AO QUINTO, ASSIM SE PROCEDE: parece que em Cristo **não** houve união da alma e do corpo.

1. Com efeito, da união da alma e do corpo resulta em nós a pessoa ou hipóstase do homem. Se, pois, a alma e o corpo foram unidos em Cristo,

---

4. A. 1.
5. *De fide orth.*, l. III, c. 4: MG 94, 997 B.

5 PARALL.: III *Sent.*, dist. 2, q. 1, a. 3, q.la 3; dist. 6, q. 3, a. 1; *Cont. Gent.* IV, 37, 41; *Compend. Theol.*, c. 209.

f. O segundo Concílio de Constantinopla propõe a mesma doutrina, com auxílio de uma formulação diferente, afirmando que a união entre o Verbo e sua humanidade se efetuou "segundo a síntese" (*kata synthesin; secundum compositionem*, em latim; ver DS 424-425; Dumeige 320). Essa fórmula é fornecida como equivalente de "segundo a pessoa ou hipóstase", mas tem a vantagem de indicar simultaneamente a distinção entre as naturezas e sua união. O próprio Tomás cita esse texto de Constantinopla II um pouco adiante (ver a. 6, final da *Solução*).

quod fuerit ex unione eorum aliqua hypostasis constituta. Non autem hypostasis Verbi Dei, quae est aeterna. Ergo in Christo erit aliqua persona vel hypostasis praeter hypostasim Verbi. Quod est contra praedicta[1].

2. PRAETEREA, ex unione animae et corporis constituitur natura humanae speciei. Damascenus autem dicit, in III libro[2], quod *in Domino nostro Iesu Christo non est communem speciem accipere*. Ergo in eo non est facta compositio animae et corporis.

3. PRAETEREA, anima non coniungitur corpori nisi ut vivificet ipsum. Sed corpus Christi poterat vivificari ab ipso Verbo Dei, quod est fons et principium vitae. Ergo in Christo non fuit unio animae et corporis.

SED CONTRA est quod corpus non dicitur animatum nisi ex unione animae. Sed corpus Christi dicitur animatum: secundum illud quod Ecclesia cantat[3]: *Animatum corpus assumens, de Virgine nasci dignatus est*. Ergo in Christo fuit unio animae et corporis.

RESPONDEO dicendum quod Christus dicitur homo univoce cum hominibus aliis, utpote eiusdem speciei existens: secundum illud Apostoli, Philp 2,7: *In similitudinem hominum factus*. Pertinet autem ad rationem speciei humanae quod anima corpori uniatur: non enim forma constituit nisi per hoc quod sit actus materiae; et hoc est ad quod generatio terminatur, per quam natura speciem intendit. Unde necesse est dicere quod in Christo fuerit anima unita corpori: et contrarium est haereticum, utpote derogans veritati humanitatis Christi.

AD PRIMUM ergo dicendum quod ex hac ratione moti fuerunt illi qui negaverunt unionem animae et corporis in Christo: ne per hoc scilicet cogerentur personam novam aut hypostasim in Christo inducere; quia videbant quod in puris hominibus ex unione animae ad corpus constituitur persona. Sed hoc ideo in puris hominibus accidit quia anima et corpus sic in eis coniunguntur ut per se existant. Sed in Christo uniuntur ad invicem ut adiuncta alteri principaliori quod subsistit in natura ex eis composita. Et propter hoc ex unione animae et corporis in Christo non constituitur nova hypostasis seu persona: sed advenit ipsum coniunctum personae seu hypostasi praeexistenti.

segue-se que de sua união resultou alguma hipóstase. Ora, não pode ter sido a hipóstase do Verbo, porque é eterna. Logo, há em Cristo uma pessoa ou hipóstase além da hipóstase do Verbo, o que vai contra o que antes foi afirmado.

2. ALÉM DISSO, a natureza da espécie humana é constituída pela união da alma e do corpo. Ora, diz Damasceno: "Não devemos admitir em Nosso Senhor Jesus Cristo a espécie comum". Logo, nele não houve união da alma e do corpo.

3. ADEMAIS, a alma se une ao corpo para conferir-lhe a vida. Ora, o corpo de Cristo poderia ter sido vivificado pelo próprio Verbo de Deus, que é fonte e princípio da vida. Logo, não houve em Cristo união da alma e do corpo.

EM SENTIDO CONTRÁRIO, é pela união da alma e do corpo que se afirma ser o corpo vivo. Mas o corpo de Cristo é dito vivo, como canta a Igreja: "Assumindo um corpo vivo, dignou-se nascer da Virgem". Logo, houve em Cristo a união da alma e do corpo.

RESPONDO. Cristo se diz homem em uma atribuição unívoca, juntamente com os outros homens, como sendo da mesma espécie, conforme o que diz o Apóstolo na Carta aos Filipenses: "Tornou-se semelhante aos homens". Ora, a união da alma e do corpo pertence à razão da espécie humana, pois a forma não constitui a espécie, a não ser que seja ato de uma matéria, e é este o termo da geração, pelo qual a natureza tende a realizar a espécie. Logo, é necessário afirmar que em Cristo a alma se uniu ao corpo, e o contrário é herético, porque suprime a verdade da humanidade de Cristo.

QUANTO AO 1º, portanto, deve-se dizer que esta foi a razão que moveu os que negaram a união da alma e do corpo em Cristo, para que assim não fossem forçados a nele introduzir uma nova pessoa ou hipóstase; pois viam que nos homens a pessoa se constitui pela união da alma e do corpo. Ora, isso acontece nos homens porque neles a alma e o corpo se unem para existir por si. Mas em Cristo se unem entre si, para se juntarem a outro mais perfeito, que subsiste na natureza composta por eles. Eis por que em Cristo a união da alma e do corpo não constitui uma nova hipóstase ou pessoa, mas esse mesmo conjunto advém a uma pessoa ou hipóstase preexistente[g].

---

1. A. 2.
2. *De fide orth.*, l. III, c. 3: MG 94, 993 A.
3. In festo Circumcisionis, ad Laudes, ant. 1.

---

g. A humanidade assumida pelo Verbo, exatamente semelhante à nossa, resultava da união entre uma alma e um corpo. Todavia, essa humanidade se uniu ao Verbo no momento mesmo de sua criação, de tal modo que, contrariamente ao que ocorre

Nec propter hoc sequitur quod sit minoris efficaciae unio animae et corporis in Christo quam in nobis. Quia ipsa coniunctio ad nobilius non adimit virtutem aut dignitatem, sed auget: sicut anima sensitiva in animalibus constituit speciem, quia consideratur ut ultima forma; non autem in hominibus, quamvis in eis sit nobilior et virtuosior; et hoc per adiunctionem ulterioris et nobilioris perfectionis animae rationalis, ut etiam supra[4] dictum est.

AD SECUNDUM dicendum quod Verbum Damasceni potest intelligi dupliciter. Uno modo, ut referatur ad humanam naturam. Quae quidem non habet rationem communis speciei secundum quod est in uno solo individuo: sed secundum quod est abstracta ab omni individuo, prout in nuda contemplatione consideratur; vel secundum quod est in omnibus individuis. Filius autem Dei non assumpsit humanam naturam prout est in sola consideratione intellectus: quia sic non assumpsisset ipsam rem humanae naturae. Nisi forte diceretur quod humana natura esset quaedam idea separata: sicut Platonici posuerunt hominem sine materia. Sed tunc Filius Dei non assumpsisset carnem: contra id quod dicitur Lc 24,39: *Spiritus carnem et ossa non habet, sicut me videtis habere*. — Similiter etiam non potest dici quod Filius Dei assumpsit humanam naturam prout est in omnibus individuis eiusdem speciei: quia sic omnes homines assumpsisset. — Relinquitur ergo, ut Damascenus postea dicit in eodem libro[5], quod assumpserit naturam humanam *in atomo*, idest in individuo, *non quidem in alio individuo, quod sit suppositum vel hypostasis illius naturae, quam in persona Filii Dei*.

Alio modo potest intelligi dictum Damasceni ut non referatur ad naturam humanam, quasi ex unione animae et corporis non resultet una communis natura, quae est humana: sed est referendum ad unionem duarum naturarum, divinae scilicet et humanae, ex quibus non componitur aliquid tertium, quod sit quaedam natura communis; quia sic illud esset natum praedicari de pluribus. Et hoc

E, nem por isso, se segue que a união da alma e do corpo em Cristo seja menos eficaz do que em nós. Com efeito, a conjunção com o mais nobre não diminui, antes aumenta a força e a dignidade: assim, a alma sensitiva nos animais constitui a espécie, pois é considerada a forma última, mas não nos homens, embora seja neles mais nobre e mais poderosa; precisamente por se unir à ulterior e mais nobre perfeição da alma racional, como aliás foi dito acima.

QUANTO AO 2º, deve-se dizer que a citação de Damasceno pode ser entendida de duas maneiras: 1º. Em referência à natureza humana, que não possui a razão de espécie comum enquanto está somente em um único indivíduo, mas enquanto é abstraída de todos os indivíduos, tal como é considerada como objeto de pura contemplação; ou então enquanto está em todos os indivíduos. Mas o Filho de Deus não assumiu a natureza humana enquanto existe apenas na consideração do intelecto. Se assim fosse, não teria assumido a realidade da natureza humana; a menos que se afirmasse a natureza humana como uma ideia separada, assim como os platônicos afirmaram o homem sem a matéria. Mas, nesse caso, o Filho de Deus não teria assumido a carne, contra o que está dito no Evangelho de Lucas: "Um espírito não tem carnes nem ossos, como vós vedes que eu tenho". — Da mesma maneira, não se pode dizer que o Filho de Deus assumiu a natureza humana enquanto está em todos os indivíduos da mesma espécie, pois assim teria assumido todos os homens. — Resta pois, como diz Damasceno no mesmo livro, que assumiu a natureza humana individualizada, "não porém em outro indivíduo que seja supósito ou pessoa daquela mesma natureza, e sim na pessoa do Filho de Deus".

2º. Pode-se entender a citação de Damasceno, não em referência à natureza humana, como se da união da alma e do corpo não resultasse uma natureza comum, a saber, a humana; mas referindo-se à união das duas naturezas, ou seja, a divina e a humana, das quais não resulta um terceiro termo que seja uma natureza comum, pois, desse modo, seria apta a ser atribuída a muitos. E é o que ele visa

---

4. A. 2, ad 2.
5. *De fide orth.*, l. III, c. 11: MG 94, 1024 A.

conosco, essa união entre a alma e o corpo de Cristo não terminou na pessoa humana. A intervenção especial de Deus substitui a autonomia normal dessa natureza por meio de sua elevação à pessoa do Verbo, de quem depende diretamente, e de que provém sua existência como natureza individual concreta (ver abaixo q. 4, a. 2, r. 2 e 3). Nada falta à natureza humana de Cristo, ela é pelo contrário elevada a um modo superior de existência.

ibi intendit. Unde subdit[6]: *Neque enim generatus est, neque unquam generabitur alius Christus, ex deitate et humanitate, in deitate et humanitate, Deus perfectus, idem et homo perfectus*.

AD TERTIUM dicendum quod duplex est principium vitae corporalis. Unum quidem effectivum. Et hoc modo Verbum Dei est principium omnis vitae. — Alio modo est aliquid principium vitae formaliter. Cum enim *vivere viventibus sit esse*, ut dicit Philosophus, in II *de Anima*[7]; sicut unumquodque formaliter est per suam formam, ita corpus vivit per animam. Et hoc modo non potuit corpus vivere per Verbum, quod non potest esse corporis forma.

naquela citação. Por isso acrescenta: "Nem foi gerado nem será nunca gerado outro Cristo da divindade e da humanidade, na divindade e na humanidade, o mesmo Deus perfeito e homem perfeito".

QUANTO AO 3º, deve-se dizer que o princípio da vida do corpo é duplo. Um, como causa eficiente; e dessa maneira o Verbo de Deus é princípio de toda vida. — Outro, como princípio formal da vida. Dado que o "viver é existir para os viventes", no dizer do Filósofo, como cada coisa existe formalmente por sua forma, assim o corpo vive pela alma. Dessa maneira o corpo não podia viver pelo Verbo, que não pode ser forma do corpo.

ARTICULUS 6
Utrum humana natura fuerit unita Verbo Dei accidentaliter

AD SEXTUM SIC PROCEDITUR. Videtur quod humana natura fuerit unita Verbo Dei accidentaliter.

1. Dicit enim Apostolus, Philp 2,7, de Filio Dei, quod *habitu inventus* est *ut homo*. Sed habitus accidentaliter advenit ei cuius est: sive accipiatur habitus prout est unum de decem generibus; sive prout est species qualitatis. Ergo humana natura accidentaliter unita est Filio Dei.

2. PRAETEREA, omne quod advenit alicui post esse completum, advenit ei accidentaliter: hoc enim dicimus accidens quod potest alicui et adesse et abesse praeter subiecti corruptionem. Sed natura humana advenit ex tempore Filio Dei habenti esse perfectum ab aeterno. Ergo advenit ei accidentaliter.

3. PRAETEREA, quidquid non pertinet ad naturam seu essentiam alicuius rei, est accidens eius: quia omne quod est vel est substantia, vel est accidens. Sed humana natura non pertinet ad essentiam vel naturam Filii Dei divinam: quia non est facta unio in natura, ut supra[1] dictum est. Ergo oportet quod natura humana accidentaliter Filio Dei advenerit.

ARTIGO 6
A natureza humana foi unida ao Verbo de Deus acidentalmente?

QUANTO AO SEXTO, ASSIM SE PROCEDE: parece que a natureza humana **foi** unida ao Verbo de Deus acidentalmente.

1. Com efeito, na Carta aos Filipenses, diz o Apóstolo, do Filho de Deus: "Pelo hábito foi reconhecido como homem"[h]. Ora, o hábito sobrévem acidentalmente àquele que o possui, seja que se entenda por hábito uma das dez categorias, seja uma espécie da qualidade. Logo, a natureza humana se uniu acidentalmente ao Filho de Deus.

2. ALÉM DISSO, tudo o que sobrévem a algo depois de ser completo sobrévem-lhe acidentalmente; chamamos, com efeito, acidente o que pode estar presente ou ausente em algo sem que se desfaça o sujeito. Ora, a natureza humana sobreveio no tempo ao Filho de Deus que tinha o ser perfeito desde toda a eternidade. Logo, sobreveio-lhe acidentalmente.

3. ADEMAIS, tudo o que não pertence à natureza ou essência de alguma coisa é acidente dela; pois tudo o que existe, ou é substância, ou é acidente. Ora, a natureza humana não pertence à natureza ou essência divina do Filho de Deus, porque a união não foi feita na natureza, como acima ficou demonstrado. Logo, é necessário que a natureza

---

6. *Ibid.*, l. III, c. 3: MG 94, 993 A.
7. C. 4: 415 b, 13.

PARALL.: III *Sent.*, dist. 6, q. 3, a. 2; *Cont. Gest.* IV, 34, 37, 41, 49; *De Unione Verbi*, a. 1; *Compend. Theol.*, c. 203, 209, 210; *ad Rom.*, c. 1, lect. 2; *ad Philipp.*, c. 2, lect. 2.

1. A. 1.

---

h. A palavra "condição" seria o mais próximo equivalente do grego *morphé* nesse versículo da epístola aos Filipenses. Mantivemos "hábito" (vestimenta), pelo modo como Sto. Tomás compreendia o termo *habitus* em sua resposta à objeção.

4. PRAETEREA, instrumentum accidentaliter advenit. Sed natura humana in Christo fuit divinitatis instrumentum: dicit enim Damascenus, in III libro[2], quod *caro Christi instrumentum divinitatis existit*. Ergo videtur quod humana natura fuerit Filio Dei unita accidentaliter.

SED CONTRA est quod illud quod accidentaliter praedicatur, non praedicat *aliquid*, sed *quantum* vel *quale* vel *aliquo modo se habens*. Si igitur humana natura accidentaliter adveniret, cum dicitur Christus esse homo, non praedicaretur aliquid, sed quale aut quantum aut aliquo modo se habens. Quod est contra decretalem Alexandri Papae[3] dicentis[4]: *Cum Christus sit perfectus Deus et perfectus homo, qua temeritate audent quidam dicere quod Christus, secundum quod est homo, non est aliquid?*

RESPONDEO dicendum quod, ad huius quaestionis evidentiam, sciendum est quod circa mysterium unionis duarum naturarum in Christo, duplex haeresis insurrexit. Una quidem confundentium naturas: sicut Eutychetis et Dioscori[5], qui posuerunt quod ex duabus naturis est constituta una natura; ita quod confitentur Christum esse *ex duabus naturis*, quasi ante·unionem distinctis; non autem *in duabus naturis*, quasi post unionem naturarum distinctione cessante.

Alia vero fuit haeresis Nestorii et Theodori Mopsuesteni separantium personas. Posuerunt enim aliam esse personam Filii Dei, et filii hominis. Quas dicebant sibi invicem esse unitas, primo quidem, *secundum inhabitationem*: inquantum scilicet Verbum Dei habitavit in illo homine sicut in templo. Secundo, *secundum unitatem affectus*: inquantum scilicet voluntas illius hominis est semper conformis voluntati Dei. Tertio modo, *secundum operationem*: prout scilicet dicebant hominem illum esse Dei Verbi instrumentum. Quarto, *secundum dignitatem honoris*: prout omnis honor humana tenha sobrevindo acidentalmente ao Filho de Deus.

4. ADEMAIS, o instrumento sobrevém acidentalmente. Ora, a natureza humana em Cristo foi instrumento da divindade, pois Damasceno diz: "A carne de Cristo foi instrumento da divindade". Logo, parece que a natureza humana se uniu acidentalmente ao Filho de Deus.

EM SENTIDO CONTRÁRIO, o que se atribui acidentalmente não se atribui como *alguma coisa*, senão à maneira de *quantidade*, *qualidade* ou outro *modo de ser*. Se, portanto, a natureza humana sobreviesse acidentalmente, quando se diz que Cristo é homem, não se atribuiria alguma coisa, mas uma qualidade, uma quantidade, ou outro modo de ser. Ora, tal afirmação iria contra a *Decretal* do papa Alexandre III: "Sendo Cristo perfeito Deus e perfeito homem, por que audácia temerária pretendem alguns que Cristo, enquanto homem, não é alguma coisa?"

RESPONDO[i]. Para entender essa questão convém saber que, a respeito do mistério da união de duas naturezas em Cristo, surgiram duas heresias. Uma, a dos que confundiam as naturezas, como Êutiques e Dióscoro. Afirmaram que de duas naturezas se tinha formado uma só natureza; confessavam, assim, que Cristo era constituído *de duas naturezas*, como que distintas antes da união: mas não que existia *em duas naturezas*, como tendo cessado depois da união a distinção das naturezas.

A outra heresia foi a de Nestório e de Teodoro de Mopsuéstia, que separaram as pessoas. Afirmaram, com efeito, que uma era a pessoa do Filho de Deus e outra a do Filho do homem. Diziam que elas estavam unidas: 1º, *por inabitação*, na medida em que o Verbo de Deus habitou naquele homem como em um templo. 2º, *pela unidade do afeto*, na medida em que a vontade daquele homem se conforma sempre com a vontade de Deus. 3º, *pela operação*: enquanto diziam que aquele homem era instrumento do Verbo de Deus. 4º, *por uma dignidade da honra*, na medida em que toda

---

2. *De fide orth.*, l. III, c. 15: MG 94, 1060 A.
3. Tertii.
4. *Fragm. Epist. ad Archiep. Remens.*: ed. Mansi, XXII, 457.
5. Conc. Chalced., actio V: ed. Mansi, VII, 106. — Cfr. S. Th., *Exposit. primae Decretalis*, n. 1175.

i. Este artigo pode ser lido como um resumo, esquemático mas profundo, de toda a história do dogma cristológico. Os dois primeiros parágrafos da *Solução* lembram os dois grandes erros opostos do monofisismo e do nestorianismo. Na sequência do texto, Sto. Tomás atualiza seu histórico da questão, e examina a primeira e terceira das grandes opiniões dos teólogos medievais, tais como as apresenta Pedro Lombardo, como ressurgências do nestorianismo. Já a segunda dessas posições — que retoma e aprofunda a doutrina de Cirilo de Alexandria — não é uma mera opinião, mas a expressão da fé católica, e é nela que Tomás se reconhece.

qui exhibetur Filio Dei, exhibetur filio hominis, propter coniunctionem ad Filium Dei. Quinto, *secundum aequivocationem*, idest secundum communicationem nominum: prout scilicet dicimus illum hominem esse Deum et Filium Dei. Manifestum est autem omnes istos modos accidentalem unionem importare[6].

Quidam autem posteriores magistri, putantes se has haereses declinare, in eas per ignorantiam inciderunt. Quidam enim eorum concesserunt unam Christi personam, sed posuerunt duas hypostases, sive duo supposita; dicentes hominem quendam, compositum ex anima et corpore, a principio suae conceptionis esse assumptum a Dei Verbo. Et haec est prima opinio quam Magister ponit in sexta distinctione Tertii Libri *Sententiarum*[7]. — Alii[8] vero, volentes servare unitatem personae, posuerunt Christi animam non esse corpori unitam, sed haec duo, separata ab invicem, esse unita Verbo accidentaliter: ut sic non cresceret numerus personarum. Et haec est tertia opinio quam Magister ibidem ponit[9].

Utraque autem harum opinionum incidit in haeresim Nestorii. Prima quidem, quia idem est ponere duas hypostases vel duo supposita in Christo, quod ponere duas personas, ut supra[10] dictum est. Et si fiat vis in nomine *personae*, considerandum est quod etiam Nestorius utebatur unitate personae, propter unitatem dignitatis et honoris. Unde et Quinta Synodus[11] definit anathema eum qui dicit *unam personam secundum dignitatem, honorem et adorationem, sicut Theodorus et Nestorius insanientes conscripserunt*. — Alia vero opinio incidit in errorem Nestorii quantum ad hoc, quod posuit unionem accidentalem. Non enim differt dicere quod Verbum Dei unitum est homini Christo secundum inhabitationem sicut in templo suo, sicut dicebat Nestorius; et dicere quod unitum fuit Verbum homini secundum induitionem sicut vestimento, sicut dicit tertia opinio. Quae etiam dicit peius aliquid quam Nestorius, quod anima et corpus non sunt unita.

Fides autem Catholica, medium tenens inter praedictas positiones, neque dicit esse unionem factam Dei et hominis secundum essentiam vel

honra que é prestada ao Filho de Deus é prestada ao Filho do homem em razão de sua união com o Filho de Deus. 5º, *por equívoco*, ou seja, segundo a comunicação dos nomes, na medida em que dizemos que aquele homem é Deus e Filho de Deus. É claro que todos esses modos importam numa união acidental.

Alguns mestres posteriores, julgando afastar-se dessas heresias, nelas incidiram por ignorância. Uns admitiram que Cristo fosse uma pessoa, mas dele afirmaram duas hipóstases ou dois supósitos, dizendo que certo homem, composto de alma e corpo, foi assumido pelo Verbo de Deus desde o início de sua concepção. E essa é a primeira opinião que o Mestre das Sentenças refere. — Outros, querendo conservar a unidade da pessoa, afirmaram que a alma de Cristo não está unida ao corpo, mas os dois, separados entre si, estão unidos acidentalmente ao Verbo; para que assim não aumentasse o número das pessoas. E essa é a terceira opinião que o Mestre refere no mesmo lugar.

Ambas essas opiniões incidem na heresia de Nestório. A primeira, porque é a mesma coisa afirmar duas pessoas ou dois supósitos em Cristo e afirmar duas hipóstases, como acima foi demonstrado. E ao se insistir no nome *pessoa*, convém lembrar que também Nestório fazia uso da unidade de pessoa em razão da unidade de dignidade e de honra. Eis por que o Concílio de Constantinopla lança anátema sobre quem afirma "uma só pessoa segundo a dignidade, a honra e a adoração, como insensatamente escreveram Teodoro e Nestório". — A outra opinião incide no erro de Nestório ao afirmar a união acidental. Não é diferente afirmar que o Verbo de Deus está unido ao homem Cristo segundo a inabitação, como em seu templo, como dizia Nestório; ou afirmar que o Verbo uniu-se ao homem segundo o revestimento ou a veste, como diz a terceira opinião, que ainda afirma algo mais grave do que Nestório ao dizer que a alma e o corpo não estão unidos.

A fé católica, mantendo o equilíbrio entre as citadas opiniões, nem afirma que a união de Deus e do homem foi feita segundo a essência ou a

---

6. De his quinque modis vide Cyrill. Alex., Epist. 2, 4, 17 *ad Nestorium*: MG 77, 41 A, 45 C, 112 AD; *Anathemat*. 3, 4, 8: MG 77, 120 CD-121 AB; *Nestor*., Epist. 2 *ad Cyrillum* (= epist. 5, inter Cyrill. Alex. opp.): MG 77, 53 AB (= ML 48, 820 BC-821 A).
7. Ed. Moos, n. 2, p. 211.
8. Ut Abaelardus et eius schola.
9. Ed. cit., n. 6, pp. 214-215.
10. A. 3.
11. Conc. Constantinopl. II (Oecumenic. V), Collat. VIII, can. 5: ed. I. D. Mansi, t. IX, p. 379; Denz. 217.

naturam; neque etiam secundum accidens; sed medio modo, secundum subsistentiam seu hypostasim. Unde in Quinta Synodo[12] legitur: *Cum multis modis unitas intelligatur, qui iniquitatem Apollinarii et Eutychetis sequuntur, interemptionem eorum quae convenerunt colentes*, (idest, interimentes utramque naturam), *unionem secundum confusionem dicunt; Theodori autem et Nestorii sequaces, divisione gaudentes, affectualem unitatem introducunt; sancta vero Dei Ecclesia, utriusque perfidiae impietatem reiciens, unionem Dei Verbi ad carnem secundum compositionem confitetur, quod est secundum subsistentiam.*

Sic igitur patet quod secunda trium opinionum quas Magister ponit[13], quae asserit unam hypostasim Dei et hominis, non est dicenda opinio, sed sententia Catholicae fidei. Similiter etiam prima opinio, quae ponit duas hypostases; et tertia, quae ponit unionem accidentalem; non sunt dicendae opiniones, sed haereses in Conciliis ab Ecclesia damnatae.

AD PRIMUM ergo dicendum quod, sicut Damascenus dicit, in III libro[14]: *non necesse autem omnifariam et indefective assimilari exempla: quod enim in omnibus simile, idem utique erit, et non exemplum. Et maxime in divinis: impossibile enim simile exemplum invenire et in Theologia*, idest in deitate Personarum, *et in Dispensatione*, idest in mysterio incarnationis. Humana igitur natura in Christo assimilatur habitui, idest vestimento, non quidem quantum ad accidentalem unionem: sed quantum ad hoc, quod Verbum videtur per humanam naturam, sicut homo per vestimentum. Et etiam quantum ad hoc, quod vestimentum mutatur, quia scilicet formatur secundum figuram eius qui induit ipsum, qui a sua forma non mutatur propter vestimentum: et similiter humana natura assumpta a Verbo Dei est meliorata, ipsum autem Verbum Dei non est mutatum; ut exponit Augustinus, in libro *Octoginta trium Quaestionum*[15].

AD SECUNDUM dicendum quod illud quod advenit post esse completum, accidentaliter advenit, nisi trahatur in communionem illius esse completi. Sicut in resurrectione corpus adveniet animae praeexistenti: non tamen accidentaliter, quia ad idem esse assumetur, ut scilicet corpus

natureza; nem segundo um acidente; mas, mantendo o meio termo entre os dois, afirma que foi feita segundo a subsistência ou a hipóstase. Por isso se lê no II Concílio de Constantinopla: "Como a união é entendida de muitas maneiras, os que seguem a iniquidade de Apolinário e Êutiques, promovendo a destruição dos que se uniram (isto é, destruindo ambas as naturezas), afirmam a união na confusão: os seguidores de Teodoro e Nestório, comprazendo-se na divisão, introduzem uma união por afeto. Mas a santa Igreja de Deus, rejeitando a impiedade de ambas essas perfídias, confessa a união do Verbo de Deus à carne por composição, isto é, segundo a subsistência".

Assim, fica evidente: a segunda dentre as três opiniões que o Mestre das Sentenças enumera, a qual professa a hipóstase única de Deus e do homem, não deve ser chamada opinião, mas sentença da fé católica. Da mesma maneira, a primeira opinião que afirma duas hipóstases, e a terceira que afirma uma união acidental não devem ser chamadas opiniões e sim heresias condenadas pela Igreja em seus concílios.

QUANTO AO 1º, portanto, deve-se dizer que como diz Damasceno: "Não é necessário que o exemplo se aplique sob todos os aspectos e perfeitamente: o que é semelhante em tudo é idêntico, e não exemplo. Isso acontece sobretudo nas coisas divinas: é impossível encontrar um exemplo na teologia (isto é, na divindade das pessoas) e na economia (isto é, no mistério da encarnação)". Portanto, a natureza humana em Cristo é semelhante a um hábito ou a uma veste, não em virtude de união acidental; mas enquanto o Verbo se torna visível pela natureza humana, como o homem por sua veste. E também pelo fato de que a vestimenta se muda, isto é, se conforma à figura de quem a veste, pois este não muda sua forma amoldando-se à vestimenta. De modo semelhante, a natureza humana assumida pelo Verbo de Deus tornou-se melhor, mas o próprio Verbo de Deus não mudou, como diz Agostinho.

QUANTO AO 2º, deve-se dizer que o que sobrevém depois de ser completo sobrévem como acidente, a não ser que seja integrado na comunhão do ato de ser completo. Desse modo, na ressurreição o corpo sobrevirá à alma preexistente, mas não acidentalmente, porque será assumido pelo

---

12. Ibid., can. 4: ed. cit., t. IX, p. 378; Denz. 216.
13. Edit. cit., n. 4, p. 213.
14. *De fide orth.*, l. III, c. 26: MG 94, 1096 AB.
15. Q. 73, n. 2: ML 40, 85.

habeat esse vitale per animam. Non est autem sic de albedine: quia aliud est esse albi, et aliud esse hominis cui advenit albedo. Verbum autem Dei ab aeterno esse completum habuit secundum hypostasim sive personam: ex tempore autem advenit ei natura humana, non quasi assumpta ad unum esse prout est naturae, sicut corpus assumitur ad esse animae; sed ad unum esse prout est hypostasis vel personae. Et ideo humana natura non unitur accidentaliter Filio Dei.

AD TERTIUM dicendum quod accidens dividitur contra substantiam. Substantia autem, ut patet V *Metaphys.*[16], dupliciter dicitur: uno modo, essentia sive natura; alio modo, pro supposito sive hypostasi. Unde sufficit ad hoc quod non sit unio accidentalis, quod sit facta unio secundum hypostasim, licet non sit facta unio secundum naturam.

AD QUARTUM dicendum quod non omne quod assumitur ut instrumentum, pertinet ad hypostasim assumentis, sicut patet de securi et gladio: nihil tamen prohibet illud quod assumitur ad unitatem hypostasis, se habere ut instrumentum, sicut corpus hominis vel membra eius. Nestorius igitur posuit quod natura humana est assumpta a Verbo solum per modum instrumenti, non autem ad unitatem hypostasis. Et ideo non concedebat quod homo ille vere esset Filius Dei, sed instrumentum eius. Unde Cyrillus[17] dicit, in *Epistola ad Monachos Aegypti*[18]: *Hunc Emanuelem*, idest Christum, *non tanquam instrumenti officio sumptum dicit Scriptura: sed tanquam Deum vere humanatum*, idest hominem factum. Damascenus autem[19] posuit naturam humanam in Christo esse sicut instrumentum ad unitatem hypostasis pertinens.

mesmo ato de ser, de sorte que o corpo tenha sua vida pela alma. Mas o mesmo não acontece com a brancura, porque uma coisa é o ser da brancura, outra coisa é o ser do homem ao qual se acrescenta a brancura. O Verbo de Deus possuiu desde toda a eternidade o ser completo segundo a hipóstase ou pessoa. A natureza humana adveio-lhe no tempo, não enquanto assumida por um só ser enquanto é da natureza, assim como o corpo é assumido pelo ser da alma, mas sim pelo ser da hipóstase ou da pessoa. Portanto, a natureza humana não se uniu acidentalmente ao Filho de Deus.

QUANTO AO 3º, deve-se dizer que o acidente se opõe à substância. A substância, porém, como está claro no livro V da *Metafísica*, pode ser entendida de duas maneiras: como essência e natureza ou então como supósito ou hipóstase. Portanto, para que não seja uma união acidental basta que seja uma união segundo a hipóstase, embora não seja uma união segundo a natureza.

QUANTO AO 4º, deve-se dizer que nem tudo o que é assumido como instrumento pertence à hipóstase do que assume, como é evidente no caso de um machado ou de uma espada; porém nada impede o que é assumido na unidade da hipóstase de comportar-se como instrumento, como o corpo do homem ou seus membros. Nestório, portanto, afirmou que a natureza humana foi assumida pelo Verbo somente a modo de instrumento, e não na unidade da hipóstase. Por essa razão não aceitava que tal homem fosse verdadeiramente o Filho de Deus, mas apenas seu instrumento. Daqui dizer Cirilo: "A Escritura diz que este Emanuel, a saber, Cristo, não foi assumido para cumprir o ofício de instrumento, mas como Deus verdadeiramente humanado", a saber, feito homem. Já Damasceno afirmou que a natureza humana em Cristo é como um instrumento pertencente à unidade da hipóstase.

ARTICULUS 7
Utrum unio divinae et humanae naturae sit aliquid creatum

AD SEPTIMUM SIC PROCEDITUR. Videtur quod unio divinae et humanae naturae non sit aliquid creatum.

ARTIGO 7
A união das naturezas divina e humana é algo criado?

QUANTO AO SÉTIMO, ASSIM SE PROCEDE: parece que a união das naturezas divina e humana **não** é algo criado.

---

16. C. 8: 1017, b, 23.
17. Alexandrinus.
18. Epist. 1: MG 77, 29 C.
19. Loc. cit. in arg.

7 PARALL.: III *Sent.*, dist. 2, p. 2, a. 2, q.la 3, ad 2; dist. 5, q. 1, a. 1, q.la 1; dist. 7, q. 2, a. 1.

1. Nihil enim in Deo creatum potest esse: quia quidquid est in Deo, Deus est. Sed unio est in Deo: quia ipse Deus est humanae naturae unitus. Ergo videtur quod unio non sit aliquid creatum.

2. Praeterea, finis est potissimum in unoquoque. Sed finis unionis est divina hypostasis sive persona, ad quam terminata est unio. Ergo videtur quod huiusmodi unio maxime debeat iudicari secundum conditionem divinae hypostasis. Quae non est aliquid creatum. Ergo nec ipsa unio est aliquid creatum.

3. Praeterea, *propter quod unumquodque, et illud magis*[1]. Sed homo dicitur esse Creator propter unionem. Ergo multo magis ipsa unio non est aliquid creatum, sed Creator.

Sed contra est: Quod incipit esse ex tempore, est creatum. Sed unio illa non fuit ab aeterno, sed incoepit esse ex tempore. Ergo unio est aliquid creatum.

Respondeo dicendum quod unio de qua loquimur est relatio quaedam quae consideratur inter divinam naturam et humanam, secundum quod conveniunt in una persona Filii Dei. Sicut autem in Prima Parte[2] dictum est, omnis relatio quae consideratur inter Deum et creaturam, realiter quidem est in creatura, per cuius mutationem talis relatio innascitur: non autem est realiter in Deo, sed secundum rationem tantum, quia non nascitur secundum mutationem Dei. Sic igitur dicendum est quod haec unio de qua loquimur, non est in Deo realiter, sed secundum rationem tantum: in humana autem natura, quae creatura quaedam est, est realiter. Et ideo oportet dicere quod sit quoddam creatum.

1. Com efeito, em Deus nada pode ser criado, pois tudo o que está em Deus é Deus. Ora, a união está em Deus, pois o próprio Deus uniu-se à natureza humana. Logo, parece que a união não seja algo criado.

2. Além disso, em cada coisa, o fim é o que tem primazia. Ora, o fim da união é a hipóstase ou a pessoa divina, na qual termina a união. Portanto, parece que essa união deva ser julgada sobretudo à luz da condição da hipóstase divina, que não é algo criado. Logo, nem a união é algo criado.

3. Ademais, o que é próprio do efeito enquanto tal com maior razão é próprio da causa. Ora, o homem é chamado Criador em virtude da união. Logo, com muito maior razão a própria união não é algo criado, mas Criador.

Em sentido contrário, o que tem início no tempo é criado. Ora, a união não existiu desde toda a eternidade, mas teve início no tempo. Logo, a união é algo criado.

Respondo. A união da qual aqui tratamos é uma certa relação entre a natureza divina e a humana, enquanto concorrem numa única pessoa do Filho de Deus. Como foi demonstrado na I Parte, toda relação entre Deus e a criatura está realmente na criatura, por cuja mudança tal relação surge: não está porém realmente em Deus, mas somente segundo a razão, porque não surge de uma mudança em Deus. Assim, deve-se afirmar que a união da qual tratamos não está realmente em Deus, mas somente segundo a razão; e na natureza humana, que é uma criatura, está realmente. Logo, é necessário afirmar que se trata de algo criado[j].

---

1. Aristot., *Post Anal.*, l. I, c. 2: 72, a, 29-30.
2. Q. 13, a. 7.

---

j. Para uma melhor compreensão da resposta, será útil recordar que em toda relação existem três elementos: o *sujeito*, isto é, o que possui a relação; o *termo*, aquilo para o qual tende a relação; o *fundamento*, o ponto de vista segundo o qual o sujeito é referido ao termo. Desse modo, a relação de filiação encontra na existência do filho (sujeito) o fundamento que permite ligá-lo ao pai (termo). O contrário ocorreria na relação de paternidade, mas em ambos os casos trata-se de uma relação real. Fala-se de relação real unicamente no caso em que o fundamento é alguma coisa de real no sujeito; se não é isso o que ocorre, fala-se de uma relação de razão, de relação conceptual. Assim, na relação entre Deus e o universo, se considerarmos o universo como sujeito e Deus como termo, a existência do universo é o fundamento real que encontra sua explicação em sua relação de criatura no que concerne a seu criador. Mas, se invertermos a perspectiva, Deus sendo o sujeito e o universo o termo, devemos constatar que a criação do universo não acrescentando nada a Deus, não há nele fundamento real que acarretasse uma relação real de Deus com o universo. No entanto, o fato de existir uma relação real entre o universo e seu criador leva-nos a sustentar uma relação específica entre o criador e sua criação, mas nesse caso o fundamento real se encontra no termo, e não no sujeito. Digamos então que a relação de Deus com o universo é exclusivamente uma relação de razão, mas válida porque sua relação complementar é uma relação real (ver também H.-D. Gardeil, *Initiation à la philosophie de Saint Thomas*, vol. IV: *Métaphysique*, Paris, 1966, pp. 104-105). No caso da Encarnação, a relação é real do lado da humanidade, e só de razão do lado do Verbo. O fundamento é real apenas na natureza humana de Cristo, que, antes da Encarnação, não existia. Quanto ao Verbo, ele não é diferente do que era antes da Encarnação. A união porém é real, pois corresponde a um fundamento real em um dos dois membros da relação.

AD PRIMUM ergo dicendum quod haec unio non est in Deo realiter, sed solum secundum rationem tantum: dicitur enim Deus unitus creaturae ex hoc quod creatura unita est ei, absque Dei mutatione.

AD SECUNDUM dicendum quod ratio relationis, sicut et motus, dependet ex fine vel termino: sed esse eius dependet ex subiecto. Et quia unio talis non habet esse reale nisi in natura creata, ut dictum est[3], consequens est quod habeat esse creatum.

AD TERTIUM dicendum quod homo dicitur et est Deus propter unionem inquantum terminatur ad hypostasim divinam. Non tamen sequitur quod ipsa unio sit Creator vel Deus: quia quod aliquid dicatur creatum, hoc magis respicit esse ipsius quam relationem.

ARTICULUS 8
Utrum idem sit unio quod assumptio

AD OCTAVUM SIC PROCEDITUR. Videtur quod idem sit unio quod assumptio.
1. Relationes enim, sicut et motus, specificantur secundum terminum. Sed idem est terminus assumptionis et unionis, scilicet divina hypostasis. Ergo videtur quod non differant unio et assumptio.

2. PRAETEREA, in mysterio incarnationis idem videtur esse uniens et assumens, unitum et assumptum. Sed unio et assumptio videntur sequi actionem et passionem unientis et uniti, vel assumentis et assumpti. Ergo videtur idem esse unio quod assumptio.

3. PRAETEREA, Damascenus dicit, in III libro[1]: *Aliud est unio, aliud incarnatio. Nam unio solam demonstrat copulationem: ad quid autem facta est, non adhuc. Incarnatio autem et humanatio determinant ad quem sit facta copulatio.* Sed similiter assumptio non determinat ad quem facta sit copulatio. Ergo videtur idem esse unio et assumptio.

SED CONTRA est quod divina natura dicitur unita, non autem assumpta.

RESPONDEO dicendum quod, sicut dictum est[2], unio importat relationem divinae naturae et humanae secundum quod conveniunt in una persona.

QUANTO AO 1º, portanto, deve-se dizer que essa união não está realmente em Deus, mas apenas segundo a razão. Afirmamos, com efeito, que Deus está unido à criatura porque a criatura está unida a ele, sem mudança em Deus.

QUANTO AO 2º, deve-se dizer que a razão de relação, assim como a de movimento, dependem do fim ou do termo. Mas seu ato de ser depende do sujeito. E como a união da qual tratamos possui um ato de ser real somente na natureza criada, como acaba de ser dito, segue-se que possui um ato de ser criado.

QUANTO AO 3º, deve-se dizer que o homem se diz e é Deus em razão da união, enquanto essa tem como termo a hipóstase divina. Mas daí não se segue que a própria união seja o Criador ou Deus, porque uma coisa se dizer criada diz respeito mais ao existir da coisa do que à relação.

ARTIGO 8
A união é o mesmo que assunção?

QUANTO AO OITAVO, ASSIM SE PROCEDE: parece que a união **é** o mesmo que assunção.
1. Com efeito, tanto as relações como os movimentos se especificam pelo seu termo. Ora, o termo da assunção e da união é o mesmo, a saber, a hipóstase divina. Logo, parece que não diferem união e assunção.

2. ALÉM DISSO, no mistério da encarnação o que une e assume é idêntico ao que é unido e assumido. Ora, a união e assunção seguem-se à ação e à paixão do que une e do que é unido, ou do que assume e do que é assumido. Logo, união e assunção são a mesma coisa.

3. ADEMAIS, diz Damasceno: "Uma coisa é a união, outra, a encarnação. Com efeito, a união apenas indica a junção e não ainda o seu termo. Porém a encarnação e o tornar-se homem determinam o termo da junção". Logo, são a mesma coisa união e assunção.

EM SENTIDO CONTRÁRIO, da natureza divina se afirma que é unida, mas não assumida.

RESPONDO. Como foi dito, a união implica a relação da natureza divina e da natureza humana, na medida em que concorrem numa só pessoa.

---

3. In corp.

PARALL.: III *Sent*., dist. 5, q. 1, a. 1, q.la 3.

1. *De fide orth*., l. III, c. 11: MG 94, 1024 BC.
2. A. praec.

Omnis autem relatio quae incipit esse ex tempore, ex aliqua mutatione causatur. Mutatio autem consistit in actione et passione. Sic igitur dicendum est quod prima et principalis differentia inter unionem et assumptionem est quod unio importat ipsam relationem: assumptio autem actionem secundum quam dicitur aliquis assumens, vel passionem secundum quam dicitur aliquid assumptum.

Ex hac autem differentia accipitur secundo alia differentia. Nam assumptio dicitur sicut in fieri: unio autem sicut in facto esse. Et ideo uniens dicitur esse unitum: assumens autem non dicitur esse assumptum. Natura enim humana significatur ut in termino assumptionis ad hypostasim divinam per hoc quod dicitur *homo*: unde vere dicimus quod Filius Dei, qui est uniens sibi humanam naturam, est homo. Sed humana natura in se considerata, idest in abstracto, significatur ut assumpta: non autem dicimus quod Filius Dei sit humana natura.

Ex eodem etiam sequitur tertia differentia: quod relatio, praecipue aequiparantiae, non magis se habet ad unum extremum quam ad aliud; actio autem et passio diversimode se habent ad agens et patiens, et ad diversos terminos. Et ideo assumptio determinat terminum et a quo et ad quem, dicitur enim assumptio quasi *ab alio ad se sumptio*: unio autem nihil horum determinat. Unde indifferenter dicitur quod humana natura est unita divinae, et e converso. Non autem dicitur divina natura assumpta ab humana, sed e converso: quia humana natura adiuncta est ad personalitatem divinam, ut scilicet persona divina in humana natura subsistat.

AD PRIMUM ergo dicendum quod unio et assumptio non eodem modo se habent ad terminum, sed diversimode, sicut dictum est[3].

AD SECUNDUM dicendum quod uniens et assumens non omnino sunt idem. Nam omnis persona

Toda relação que tem seu início no tempo origina-se de alguma mudança. Ora, a mudança consiste em ação e paixão. Portanto, deve-se dizer que a primeira e principal diferença entre a união e a assunção consiste em que a união refere-se à própria relação; ao passo que a assunção se refere à ação, tendo-se em vista o que assume; ou então à paixão, se considerarmos o que é assumido[k].

A partir dessa diferença, deve-se admitir, em segundo lugar, uma outra. A assunção significa um vir-a-ser, a união o que já está terminado. Assim, o que une se diz que está unido, mas do que assume não se diz que está assumido. A natureza humana é significada ao termo de sua assunção à hipóstase divina, por aquilo que se diz *homem*. Assim dizemos que o Filho de Deus, que une a si a natureza humana, é homem. Mas a natureza humana, considerada em si mesma, ou seja, abstratamente, é significada como tendo sido assumida; não dizemos que o Filho de Deus é a natureza humana[l].

Segue-se daqui uma terceira diferença. A relação, sobretudo a relação de equivalência, refere-se igualmente tanto a um extremo quanto ao outro; mas a ação e a paixão referem-se diferentemente ao agente e ao paciente e a seus termos diversos. Desse modo, a assunção determina o termo de origem e o termo de chegada, pois a assunção é dita como *assumir em si um outro*. Mas a união não determina nenhum dos dois termos. Assim pode-se dizer indiferentemente que a natureza humana está unida à divina e vice-versa. Mas não se diz que a natureza divina foi assumida pela natureza humana e sim o contrário, pois a natureza humana foi unida à personalidade divina, de sorte que a pessoa divina subsista na natureza humana.

QUANTO AO 1º, portanto, deve-se dizer que união e assunção não se comportam da mesma maneira com relação ao termo, como foi explicado.

QUANTO AO 2º, deve-se dizer que o que une e o que assume não são absolutamente idênticos.

---

3. In corp.

k. A importância dessa distinção entre união e assunção aparecerá mais claramente na questão 3, artigo 4, na qual o autor retoma de modo mais explícito o que ele propõe aqui, na r. 2. É essa distinção que permite explicar como a Trindade como um todo pode estar presente na realização da união entre o Verbo e sua humanidade, quando é somente ao Verbo que essa humanidade está unida, o Verbo sendo o único a *assumir* a natureza humana.

l. No final do parágrafo, Sto. Tomás tira já as consequências dos princípios que acaba de enunciar. Em relação ao primeiro: "Pode-se dizer de quem realiza a união que está unido", o autor mostra que nos exprimimos corretamente ao dizer que o Filho de Deus é homem, pois a hipóstase do Verbo se *une* à humanidade. Com efeito, o *termo* da assunção, isto é, a união de duas naturezas, é o *Verbo encarnado*; a humanidade e a divindade estão nele incluídos por igual, cada uma sendo considerada "unida". Quanto ao segundo princípio, "não se pode dizer daquele que assume que ele é assumido", resulta do fato de que é impossível afirmar: o Verbo *é* a natureza humana. A natureza humana é assumida, é portanto passiva na assunção; o Verbo é o que assume, logo é ativo. Os papéis são complementares, mas não idênticos; o Verbo não poderia portanto ser designado, sem erro, como um elemento passivo nessa assunção.

assumens est uniens: non autem e converso. Nam persona Patris univit naturam humanam Filio, non autem sibi: et ideo dicitur uniens, non assumens. — Et similiter non est idem unitum et assumptum. Nam divina natura dicitur unita, non assumpta.

AD TERTIUM dicendum quod assumptio determinat cui facta est copulatio ex parte assumentis, inquantum assumptio dicitur quasi *ad se sumptio*. Sed incarnatio et humanatio ex parte assumpti, quod est caro, vel natura humana. Et ideo assumptio differt ratione et ab unione, et ab incarnatione seu humanatione.

ARTICULUS 9
Utrum unio duarum naturarum sit maxima unionum

AD NONUM SIC PROCEDITUR. Videtur quod unio duarum naturarum non sit maxima unionum.

1. Unitum enim deficit in ratione unitatis ab eo quod est unum: eo quod unitum dicitur per participationem, unum autem per essentiam. Sed in rebus creatis aliquid dicitur esse simpliciter unum: sicut praecipue patet de ipsa unitate quae est principium numeri. Ergo huiusmodi unio de qua loquimur, non importat maximam unitatem.

2. PRAETEREA, quanto ea quae uniuntur magis distant, tanto minor est unio. Sed ea quae secundum hanc unionem uniuntur, maxime distant, scilicet natura divina et humana: distant enim in infinitum. Ergo huiusmodi est minima unio.

3. PRAETEREA, per unionem aliquid fit unum. Sed ex unione animae et corporis in nobis fit aliquid unum in persona et natura: ex unione autem divinae et humanae naturae fit aliquid unum solum in persona. Ergo maior est unio animae ad corpus quam divinae naturae ad humanam. Et sic unio de qua loquimur, non importat maximam unitatem.

SED CONTRA est quod Augustinus dicit, in I *de Trin.*[1], quod *homo potius est in Filio quam Filius in Patre*. Filius autem est in Patre per unitatem essentiae: homo autem est in Filio per unionem incarnationis. Ergo maior est unio incarnationis

Com efeito, toda pessoa que assume une. Mas a recíproca não é verdadeira. A pessoa do Pai uniu a natureza humana ao Filho, não a si; e, assim, é denominada a que une, mas não a que assume. — Igualmente, não é a mesma coisa o que é unido e o que é assumido. Pois diz-se que a natureza divina é unida, mas não assumida.

QUANTO AO 3º, deve-se dizer que assunção determina, em quem assume, aquele com o qual é feita a junção, na medida em que a assunção é como *tomar em si*. Mas a encarnação e o tornar-se homem determinam quem é assumido, a carne ou a natureza humana. Assim, a assunção difere, segundo a razão, tanto da união como da encarnação e do tornar-se homem.

ARTIGO 9
A união das duas naturezas é a maior de todas as uniões?

QUANTO AO NONO, ASSIM SE PROCEDE: parece que a união das duas naturezas **não** é a maior de todas as uniões.

1. Com efeito, o que é unido é menos na razão de unidade do que é uno, já que o unido se diz por participação e o uno por essência. Ora nas coisas criadas há algo que se diz ser de modo absoluto uno, como é evidente sobretudo da unidade que é princípio do número. Logo, a união da qual tratamos não implica a maior de todas as unidades.

2. ALÉM DISSO, quanto mais distantes os termos que se unem tanto menor a união. Ora, os termos que se unem segundo a união da encarnação são os que mais distam entre si, a saber a natureza divina e a humana, pois distam infinitamente. Logo, essa é a menor de todas as uniões.

3. ADEMAIS, da união resulta sempre algo uno. Ora, da união da alma e do corpo resulta em nós algo uno na pessoa e na natureza, ao passo que da união da natureza divina e da humana resulta algo uno somente na pessoa. Logo, a união da alma com o corpo é maior do que a união da natureza divina com a humana. Assim, dessa união não resulta a maior das unidades.

EM SENTIDO CONTRÁRIO, diz Agostinho: "O homem está no Filho mais do que o Filho no Pai". Ora, o Filho está no Pai em razão da unidade da essência, e o homem está no Filho em razão da unidade da encarnação. Logo, a unidade da

---

9 PARALL.: III *Sent.*, dist. 5, q. 1, a. 1, q.la 2.

1. C. 10, n. 20: ML 42, 834.

quam unitas divinae essentiae. Quae tamen est maxima unitatum. Et sic, per consequens, unio incarnationis importat maximam unitatem.

RESPONDEO dicendum quod unio importat coniunctionem aliquorum in aliquo uno. Potest ergo unio incarnationis dupliciter accipi: uno modo, ex parte eorum quae coniunguntur; et alio modo, ex parte eius in quo coniunguntur. Et ex hac parte huiusmodi unio habet praeeminentiam inter alias uniones: nam unitas personae divinae, in qua uniuntur duae naturae, est maxima. Non autem habet praeeminentiam ex parte eorum quae coniunguntur.

AD PRIMUM ergo dicendum quod unitas personae divinae est maior quam unitas numeralis, quae scilicet est principium numeri. Nam unitas divinae personae est unitas per se subsistens, non recepta in aliquo per participationem: est etiam in se completa, habens in se quidquid pertinet ad rationem unitatis. Et ideo non competit sibi ratio partis, sicut unitati numerali, quae est pars numeri, et quae participatur in rebus numeratis. Et ideo quantum ad hoc unio incarnationis praeeminet unitati numerali, ratione scilicet unitatis personae. Non autem ratione naturae humanae, quae non est ipsa unitas personae divinae, sed est ei unita.

AD SECUNDUM dicendum quod ratio illa procedit ex parte coniunctorum: non autem ex parte personae in qua est facta unio.

AD TERTIUM dicendum quod unitas divinae personae est maior unitas quam unitas et personae et naturae in nobis. Et ideo unio incarnationis est maior quam unio animae et corporis in nobis.

Quia vero id quod in contrarium obiicitur falsum supponit, scilicet quod maior sit unio incarnationis quam unitas personarum divinarum in essentia, dicendum est ad auctoritatem Augustini quod humana natura non est magis in Filio Dei quam Filius Dei in Patre, sed multo minus: sed ipse homo, quantum ad aliquid, est magis in Filio quam Filius in Patre; inquantum scilicet idem supponitur in hoc quod dico *homo*, prout sumitur

encarnação é maior do que a unidade da essência divina, que é a maior de todas as unidades. Assim, a união da encarnação implica a maior unidade[m].

RESPONDO. União implica a conjunção de algumas coisas em uma única. Portanto, a união da encarnação pode ser entendida de duas maneiras: da parte dos que se unem e da parte daquilo em que se unem. Sob esse último aspecto essa união tem primazia sobre todas as outras, pois a unidade da pessoa divina na qual as duas naturezas se unem é a maior de todas. Porém não tem primazia se a considerarmos da parte dos que se unem.

QUANTO AO 1º, portanto, deve-se dizer que a unidade da pessoa divina é maior que a unidade numérica, que é o princípio do número. Com efeito, a unidade da pessoa divina é uma unidade subsistente por si, não recebida em outro por participação; e também é completa, pois contém em si tudo o que pertence à natureza da unidade. Desse modo nela não cabe a razão de parte, como acontece com a unidade numérica que é parte do número e que é participada nas coisas numeradas. Sob esse aspecto, portanto, a união da encarnação é superior à unidade numérica em razão da unidade da pessoa, mas não em razão da natureza humana que não é a própria unidade da pessoa divina, mas lhe é unida.

QUANTO AO 2º, deve-se dizer que o argumento é válido do ponto de vista dos elementos que se unem, mas não da pessoa na qual se unem.

QUANTO AO 3º, deve-se dizer que a unidade da pessoa divina é uma unidade maior do que a unidade da natureza e da pessoa em nós. Desta sorte, a unidade da encarnação é maior do que a unidade da alma e do corpo em nós[n].

Como as objeções *em contrário* supõem algo falso, a saber, que a unidade da encarnação é maior do que a unidade das pessoas divinas na essência, com respeito à citação de Agostinho deve-se dizer que a natureza humana não está mais no Filho de Deus do que o Filho de Deus no Pai, mas muito menos; o homem, porém, sob um certo aspecto, está mais no Filho do que o Filho no Pai, na medida em que se supõe a mesma coisa

---

[m]. Esse argumento *em sentido contrário* permite apreender em um caso específico o papel desempenhado por esse tipo de argumentos na estrutura geral dos artigos da *Suma*: ele se opõe à série de objeções precedentes, mas não se segue disso que Tomás o aceite sem reservas; às vezes esse é o caso, mas nem sempre. A melhor prova disso é que eventualmente a ele responde como às outras objeções. Aqui, portanto, e apesar da autoridade de Agostinho, esse argumento destaca uma afirmação demasiado unilateral para ser totalmente verdadeira.

[n]. A verdade dessa resposta é ilustrada de maneira contundente pelo que se passou no momento da morte de Cristo. Como em cada um de nós, sua alma foi então separada de seu corpo, mas o vínculo de cada parte de sua humanidade, alma e corpo, à pessoa do Verbo jamais foi rompida (ver abaixo q. 50, a. 2 e 3.).

pro Christo, et in hoc quod dico *Filius Dei*; non autem idem est suppositum Patris et Filii.

Articulus 10
Utrum unio incarnationis sit per gratiam

AD DECIMUM SIC PROCEDITUR. Videtur quod unio incarnationis non sit per gratiam.

1. Gratia enim est accidens quoddam: ut in Secunda Parte[1] habitum est. Sed unio humanae naturae ad divinam non est facta per accidens: ut supra[2] ostensum est. Ergo videtur quod unio incarnationis non sit facta per gratiam.

2. PRAETEREA, gratiae subiectum est anima. Sed sicut dicitur Cl 2,9, *in Christo habitavit plenitudo divinitatis corporaliter*. Ergo videtur quod illa unio non sit facta per gratiam.

3. PRAETEREA, quilibet sanctus Deo unitur per gratiam. Si igitur unio incarnationis fuit per gratiam, videtur quod non aliter dicatur Christus esse Deus quam alii sancti homines.

SED CONTRA est quod Augustinus dicit, in libro *de Praedest. Sanctorum*[3]: *Ea gratia fit ab initio fidei suae homo quicumque Christianus, qua gratia homo ille ab initio suo factus est Christus.* Sed homo ille factus est Christus per unionem ad divinam naturam. Ergo unio illa fuit per gratiam.

RESPONDEO dicendum quod, sicut in Secunda Parte[4] dictum est, gratia dupliciter dicitur: uno modo, ipsa voluntas Dei gratis aliquid dantis; alio modo, ipsum gratuitum donum Dei. Indiget autem humana natura gratuita Dei voluntate ad hoc quod elevetur in Deum: cum hoc sit supra facultatem naturae suae. Elevatur autem humana natura in Deum dupliciter. Uno modo, per operationem: qua scilicet sancti cognoscunt et amant Deum. Alio modo, per esse personale: qui quidem modus est singularis Christo, in quo humana natura assumpta est ad hoc quod sit personae Filii Dei. Manifestum est autem quod ad perfectionem operationis requiritur quod potentia sit perfecta per habitum: sed

quando digo *homem*, entendendo Cristo e quando digo *Filho de Deus*, ao passo que não é o mesmo o supósito do Pai e do Filho.

Artigo 10
A união da encarnação foi feita pela graça?

QUANTO AO DÉCIMO, ASSIM SE PROCEDE: parece que a união da encarnação **não** foi feita pela graça.

1. Com efeito, como foi explicado na II Parte, a graça é um acidente. Ora, a união da natureza humana com a divina não foi feita por acidente, como acima se demonstrou. Logo, a união da encarnação não foi feita pela graça.

2. ALÉM DISSO, o sujeito da graça é a alma. Ora, na Carta aos Colossenses, se diz: "Em Cristo habita corporalmente toda a plenitude da divindade". Logo, parece que a união da encarnação não foi feita pela graça.

3. ADEMAIS, qualquer santo está unido a Deus pela graça. Se, pois, a união da encarnação foi feita por meio da graça, parece que não há diferença em dizer que Cristo é Deus como o são os outros santos homens.

EM SENTIDO CONTRÁRIO, diz Agostinho: "Qualquer homem se torna cristão, no início de sua fé, por meio da graça, pela qual este homem foi feito Cristo desde o início de sua existência". Ora, foi por meio da união com a natureza divina que o homem foi feito Cristo. Logo, essa união foi feita pela graça.

RESPONDO. Como foi explicado na II Parte, a graça se entende de duas maneiras: ou significa a vontade de Deus que dá algo gratuitamente ou então o próprio dom gratuito de Deus. A natureza humana tem necessidade da vontade gratuita de Deus para ser elevada a Deus, pois isso está acima da capacidade de sua natureza. Ora, de duas maneiras a natureza humana é elevada a Deus: ou pela operação segundo a qual os santos conhecem e amam a Deus; ou pelo ato de ser pessoal, mas essa maneira é exclusiva de Cristo, no qual a natureza humana foi assumida de modo a pertencer à pessoa do Filho de Deus. É evidente que, para a perfeição da operação, a potência deve ter sido

---

10 PARALL.: Infra, q. 6, a. 6; III *Sent*., dist. 13, q. 3, a. 1; *De Verit*., q. 29, a. 2; *ad Coloss*., c. 2, lect. 2.
1. I-II, q. 110, a. 2, ad 2.
2. A. 6.
3. C. 10, n. 31: ML 44, 982.
4. I-II, q. 110, a. 1.

quod natura habeat esse in supposito suo, non fit mediante aliquo habitu.

Sic igitur dicendum est quod, si gratia accipiatur ipsa Dei voluntas gratis aliquid faciens, vel gratum seu acceptum aliquem habens, unio incarnationis facta est per gratiam, sicut et unio sanctorum ad Deum per cognitionem et amorem. Si vero gratia dicatur ipsum gratuitum Dei donum, sic ipsum quod est humanam naturam esse unitam personae divinae, potest dici quaedam gratia, inquantum nullis praecedentibus meritis hoc est factum: non autem ita quod sit aliqua gratia habitualis qua mediante talis unio fiat.

AD PRIMUM ergo dicendum quod gratia quae est accidens, est quaedam similitudo divinitatis participata in homine. Per incarnationem autem humana natura non dicitur participasse similitudinem aliquam divinae naturae: sed dicitur esse coniuncta ipsi naturae divinae in persona Filii. Maius autem est ipsa res quam similitudo eius participata.

AD SECUNDUM dicendum quod gratia habitualis est solum in anima: sed gratia, idest gratuitum Dei donum quod est uniri divinae personae, pertinet ad totam naturam humanam, quae componitur ex anima et corpore. Et per hunc modum dicitur plenitudo divinitatis in Christo corporaliter habitasse: quia est unita divina natura non solum animae, sed etiam corpori.

Quamvis etiam possit dici quod dicitur habitasse in Christo corporaliter, idest *non umbraliter*, sicut habitavit in sacramentis veteris Legis, de quibus ibidem subditur [v. 17] quod sunt *umbra futurorum, corpus autem est Christus*: prout scilicet corpus contra umbram dividitur.

Dicunt etiam quidam[5] quod divinitas dicitur in Christo habitasse corporaliter, scilicet tribus modis, sicut corpus habet tres dimensiones: uno modo, per essentiam, praesentiam et potentiam, sicut in ceteris creaturis; alio modo, per gratiam gratum facientem, sicut in sanctis; tertio modo, per unionem personalem, quod est proprium sibi.

Unde patet responsio AD TERTIUM: quia scilicet unio incarnationis non est facta solum per gratiam habitualem, sicut alii sancti uniuntur Deo; sed secundum subsistentiam, sive personam.

aperfeiçoada pelo hábito. Mas, para que a natureza tenha o ser em seu supósito não se requer a mediação de um hábito.

Deve-se, pois, dizer que se a graça é entendida como a própria vontade de Deus realizando algo gratuitamente ou recebendo alguém como grato ou aceito, a união da encarnação foi feita pela graça, assim como a união dos santos com Deus pelo conhecimento e amor. Entendendo-se, porém, a graça como o próprio dom gratuito de Deus, o estar a natureza humana unida à pessoa divina pode ser chamado uma graça, na medida em que foi realizado sem que precedesse mérito algum; mas não pode ser entendido como uma graça habitual mediante a qual se realiza essa união°.

QUANTO AO 1º, portanto, deve-se dizer que a graça, como acidente, é uma certa semelhança da divindade participada pelo homem. Mas não se diz que a natureza humana participou, pela encarnação, da semelhança da natureza divina, mas que está unida à própria natureza divina na pessoa do Filho. Ora, a realidade é maior do que sua semelhança participada.

QUANTO AO 2º, deve-se dizer que a graça habitual está somente na alma. Mas a graça, como dom gratuito de Deus que é o unir-se à pessoa divina, pertence a toda a natureza humana composta de alma e corpo. Assim se diz que a plenitude da divindade habitou em Cristo corporalmente, pois a natureza divina está unida não só à alma, mas também ao corpo.

No entanto, pode-se dizer também que a divindade habitou em Cristo corporalmente, isto é, não *a modo de sombra*, assim como habitou nos sacramentos da Lei antiga dos quais aí se diz que são "sombra do que devia vir, mas o corpo é Cristo"; enquanto o corpo se opõe à sombra.

Alguns dizem também que a divindade habitou corporalmente em Cristo de três maneiras, assim como o corpo possui três dimensões: de um modo pela essência, presença e potência, como nas outras criaturas; de outro pela graça santificante, como nos santos; de um terceiro modo, finalmente, pela união pessoal que é própria de Cristo.

QUANTO AO 3º, deve-se dizer que assim fica clara a resposta à TERCEIRA OBJEÇÃO, a saber, que a união da encarnação não se realizou somente pela graça habitual, à maneira como os outros santos

---

5. Vide Hugonem de S. Charo, *In Univ. Test.*, super Col. 2, 9 (ed. Canad. in h. l.).

o. Sto. Tomás retornará a tratar extensamente, nas questões 7 e 8, da graça de Cristo; no que se refere à graça da união, ver nossa nota 11 da Q. 8, a. 5, r. 3.

Articulus 11
Utrum unio incarnationis fuerit aliqua merita subsecuta

Ad undecimum sic proceditur. Videtur quod unio incarnationis fuerit aliqua merita subsecuta.

1. Quia super illud Ps 32,22, *Fiat misericordia tua, Domine, super nos, quemadmodum speravimus in te*, dicit Glossa[1]: *Hic insinuatur desiderium Prophetae de incarnatione, et meritum impletionis*. Ergo incarnatio cadit sub merito.

2. Praeterea, quicumque meretur aliquid, meretur illud sine quo illud haberi non potest. Sed antiqui Patres merebantur vitam aeternam, ad quam pervenire non poterant nisi per incarnationem: dicit enim Gregorius, in libro *Moral*.[2]: *Hi qui ante Christi adventum in hunc mundum venerunt, quantamlibet iustitiae virtutem haberent, ex corporibus educti in sinum caelestis patriae statim recipi nullo modo poterant, quia nondum ille venerat qui iustorum animas in perpetua sede collocaret*. Ergo videtur quod meruerint incarnationem.

3. Praeterea, de Beata Virgine cantatur[3] quod *Dominum omnium meruit portare*: quod quidem factum est per incarnationem. Ergo incarnatio cadit sub merito.

Sed contra est quod Augustinus dicit, in libro *de Praedest. Sanctorum*[4]: *Quisquis in capite nostro praecedentia merita singularis illius generationis invenerit, ipse in nobis, membris eius, praecedentia merita multiplicatae regenerationis inquirat*. Sed nulla merita praecesserunt regenerationem nostram: secundum illud Tt 3,5: *Non ex operibus iustitiae quae fecimus nos, sed secundum suam misericordiam salvos nos fecit per lavacrum regenerationis*. Ergo nec illam Christi generationem aliqua merita praecesserunt.

Respondeo dicendum quod, quantum ad ipsum Christum, manifestum est ex praemissis[5] quod nulla eius merita potuerunt praecedere unionem.

Artigo 11
A união da encarnação foi precedida por alguns méritos?

Quanto ao décimo primeiro, assim se procede: parece que a união da encarnação **foi** precedida por alguns méritos.

1. Com efeito, sobre o versículo do Salmo 32: "A tua fidelidade, Senhor, esteja sobre nós, a nossa esperança está em vós", diz a Glosa: "Aqui se sugere o desejo da encarnação por parte do profeta e o mérito de seu cumprimento". Logo, a encarnação é objeto de mérito.

2. Além disso, quem merece algo merece também o que é necessário para merecê-lo. Ora, os antigos Patriarcas mereciam a vida eterna, que não poderiam alcançar senão pela encarnação, pois diz Gregório: "Os que vieram a esse mundo antes da vinda de Cristo, qualquer que fosse a virtude da justiça que possuíssem, tendo saído do corpo não podiam ser recebidos logo no seio da pátria celeste, porque ainda não viera aquele que deveria colocar as almas dos justos na morada perpétua". Logo, parece que mereceram a encarnação.

3. Ademais, canta-se da bem-aventurada Virgem Maria: "Mereceu trazer o Senhor de todos", o que aconteceu com a encarnação. Logo, a encarnação é objeto de mérito.

Em sentido contrário, diz Agostinho*:* "Quem encontrar em nossa Cabeça os méritos que precederam sua singular geração, busque também em nós, seus membros, os méritos que precederam tão múltipla regeneração". Ora, nenhum mérito precedeu nossa regeneração, como se diz na Carta a Tito: "Não pelas obras justas que tivéssemos feito, senão por sua misericórdia, nos salvou mediante o banho da regeneração". Logo, nem aquela geração de Cristo foi precedida por mérito algum.

Respondo. No que diz respeito ao próprio Cristo, está claro do que precede que nenhum mérito seu antecedeu a união. Pois, não afirmamos

se unem a Deus, mas segundo a subsistência ou a pessoa.

---

11 Parall.: I-II, q. 98, a. 4; III *Sent.*, dist. 4, q. 3, a. 1; *ad Heb.*, c. 1, lect. 4.
  1. Interl.; Lombardi: ML 191, 336 B.
  2. L. XIII, c. 43, al. 15, in vet. 20: ML 75, 1038 AB.
  3. Offic. B. M. V. secundum ritum FF. Praed., ant. ad *Benedictus*.
  4. C. 15, n. 31: ML 44, 983.
  5. A. 2, 3, 6.

Non enim ponimus quod ante fuerit purus homo, et postea per meritum bonae vitae obtinuerit esse Filius Dei, sicut posuit Photinus[6]: sed ponimus quod a principio suae conceptionis ille homo vere fuerit Filius Dei, utpote non habens aliam hypostasim quam Filium Dei, secundum illud Lc 1,35: *Quod ex te nascetur sanctum, vocabitur Filius Dei*. Et ideo omnis operatio illius hominis subsecuta est unionem. Unde nulla eius operatio potuit esse meritum unionis.

Sed neque etiam opera cuiuscumque alterius hominis potuerunt esse meritoria huius unionis ex condigno. Primo quidem, quia opera meritoria hominis proprie ordinantur ad beatitudinem, quae est *virtutis praemium*, et consistit in plena Dei fruitione. Unio autem incarnationis, cum sit esse personali, transcendit unionem mentis beatae ad Deum, quae est per actum fruentis. Et ita non potest cadere sub merito. — Secundo, quia gratia non potest cadere sub merito: quia est merendi principium. Unde multo minus incarnatio cadit sub merito, quae est principium gratiae, secundum illud Io 1,17: *Gratia et veritas per Iesum Christum facta est*. — Tertio, quia incarnatio Christi est reformativa totius humanae naturae. Et ideo non cadit sub merito alicuius hominis singularis: quia bonum alicuius puri hominis non potest esse causa boni totius naturae.

Ex congruo tamen meruerunt sancti Patres incarnationem, desiderando et petendo. Congruum enim erat ut Deus exaudiret eos qui ei obediebant.

Et per hoc patet responsio AD PRIMUM.

AD SECUNDUM dicendum hoc esse falsum, quod sub merito cadat omne illud sine quo praemium esse non potest. Quaedam enim sunt quae non

que antes foi um simples homem e depois, pelos merecimentos de uma vida boa, obteve ser Filho de Deus, como ensinou Fotino; mas afirmamos que desde o início de sua concepção aquele homem foi verdadeiramente Filho de Deus, pois não teve outra hipóstase a não ser o Filho de Deus, segundo o que diz o Evangelho de Lucas: "Aquele que vai nascer será santo e será chamado Filho de Deus". Desta forma toda operação a ele atribuída é consequente à união. Portanto, nenhuma operação dele pôde merecer a união.

Da mesma maneira, nenhuma das obras de homem algum pôde ser meritória dessa união por mérito de estrita justiça. 1º. Porque as obras meritórias do homem se ordenam propriamente à bem-aventurança que é prêmio da virtude, e consiste na plena fruição de Deus. A união da encarnação, sendo um ato de ser pessoal, transcende a união do espírito bem-aventurado com Deus, que é um ato do próprio bem-aventurado; e assim não pode ser objeto de mérito. — 2º. Porque também a graça não pode ser objeto de mérito, uma vez que é princípio do mérito. Muito menos, portanto, a encarnação, que é princípio da graça[p], conforme diz o Evangelho de João: "A graça e a verdade vieram por Jesus Cristo". — 3º. Porque a encarnação de Cristo restaura toda a natureza humana. Portanto não é objeto de mérito de nenhum homem singular, porque o bem de um simples homem não pode ser causa do bem de toda a natureza.

Os santos Patriarcas, porém, mereceram a encarnação em razão de conveniência, com desejos e petições, pois era conveniente que Deus ouvisse aqueles que lhe eram obedientes[q].

QUANTO AO 1º, portanto, deve-se dizer que com isso fica respondida a PRIMEIRA OBJEÇÃO.

QUANTO AO 2º, deve-se dizer que é falso que seja objeto de mérito tudo aquilo sem o qual não pode haver prêmio. Há algumas coisas que não somente

---

6. Episcopus Sirmii, † 376. Vide Vigilium Tapsensem, *Dial. cotnra arian., sabell., etc*.: ML 62, 182 C.

p. Deve-se compreender bem o que diz o autor neste ponto. É evidente que um ato meritório pode ser, em certo sentido, "causa" de uma graça futura, e esta, por sua vez, pode estar na origem de um novo mérito. Assim, uma mesma graça pode ser sucessivamente efeito e causa de mérito. Mas, se houver uma graça que seja fonte de *todo* mérito, mérito algum poderia ser sua causa. Ora, é o caso da graça que é a união hipostática que faz de Cristo a fonte de toda graça e de todo mérito. Isto se verifica em Cristo mesmo, cuja graça habitual ou santificante, pela qual ele podia merecer para si e para nós, é ela própria uma espécie de efeito da graça da união (ver abaixo q. 7, a. 13). A graça da união não podia em absoluto ser objeto de mérito.

q. A conclusão parece contradizer o que precede; é preciso acrescentar que há méritos e méritos. O mérito de conveniência ao qual se refere Sto. Tomás aqui (*ex congruo*, em latim) distingue-se do mérito em sentido estrito (*ex condigno*). Este último é um mérito em justiça (na medida em que podemos empregar esse termo aqui), o que significa que existe proporcionalidade estrita entre o ato meritório e sua recompensa. Pelo contrário, o mérito de conveniência depende mais da liberdade do doador do que da justiça: sua generosidade concede uma graça bem além da que era merecida. É desse modo que o dom infinito da Encarnação é uma graça efetivamente desproporcional aos méritos dos justos do Antigo Testamento; ele é todavia a resposta divina "conveniente" à sua prece e à sua obediência.

solum requiruntur ad praemium, sed etiam praeexiguntur ad meritum: sicut divina bonitas, et eius gratia, et ipsa hominis natura. Et similiter incarnationis mysterium est principium merendi: quia *de plenitudine Christi omnes accepimus*, ut dicitur Io 1,16.

AD TERTIUM dicendum quod Beata Virgo dicitur meruisse portare Dominum Iesum Christum, non quia meruit Deum incarnari: sed quia meruit, ex gratia sibi data, illum puritatis et sanctitatis gradum ut congrue posset esse mater Dei.

ARTICULUS 12
Utrum gratia unionis fuerit Christo homini naturalis

AD DUODECIMUM SIC PROCEDITUR. Videtur quod gratia unionis non fuerit Christo homini naturalis.

1. Unio enim incarnationis non est facta in natura, sed in persona, ut supra[1] dictum est. Sed unumquodque denominatur a termino. Ergo gratia illa magis debet dici personalis quam naturalis.

2. PRAETEREA, gratia dividitur contra naturam: sicut gratuita, quae sunt a Deo, distinguuntur contra naturalia, quae sunt a principio intrinseco. Sed eorum quae ex opposito dividuntur, unum non denominatur ab alio. Ergo gratia Christi non est ei naturalis.

3. PRAETEREA, naturale dicitur quod est secundum naturam. Sed gratia unionis non est naturalis Christo secundum naturam divinam: quia sic conveniret etiam aliis personis. Neque etiam naturalis est ei secundum naturam humanum: quia sic conveniret omnibus hominibus, qui sunt eiusdem naturae cum ipso. Ergo videtur quod nullo modo gratia unionis sit Christo naturalis.

SED CONTRA est quod Augustinus dicit, in *Enchirid.*[2]: *In naturae humanae susceptione fit quodammodo ipsa gratia illi homini naturalis, qua nullum possit admittere peccatum*.

se requerem para o prêmio, mas também são pré-exigidas para o mérito: como a bondade divina e sua graça, bem como a natureza humana. Da mesma maneira o mistério da encarnação é princípio do mérito, porque, segundo o Evangelho de João: "Todos nós recebemos da plenitude de Cristo".

QUANTO AO 3º, deve-se dizer que a Bem-aventurada Virgem mereceu trazer o Senhor Jesus Cristo não porque mereceu que Deus se encarnasse, mas porque mereceu, em virtude da graça que lhe foi dada, o grau de pureza e santidade para que pudesse ser convenientemente mãe de Deus[r].

ARTIGO 12
A graça da união foi natural ao homem Cristo?

QUANTO AO DÉCIMO SEGUNDO, ASSIM SE PROCEDE: parece que a graça da união **não** foi natural ao homem Cristo.

1. Com efeito, a união da encarnação não foi feita na natureza, mas na pessoa, como acima se disse. Ora, todas as coisas se denominam por seu termo. Logo, a graça da encarnação deve-se dizer mais pessoal do que natural.

2. ALÉM DISSO, a graça se opõe à natureza, assim como os dons gratuitos, que procedem de Deus se distinguem das propriedades naturais, que derivam de um princípio intrínseco. Ora, nas coisas que se distinguem por oposição, uma não pode ser denominada por outra. Logo, a graça de Cristo não lhe é natural.

3. ADEMAIS, chama-se natural o que é segundo a natureza. Ora, a graça da união não é natural a Cristo segundo a natureza divina, porque nesse caso conviria também às outras pessoas. Nem segundo a natureza humana, porque assim conviria a todos os homens que têm a mesma natureza que Cristo. Logo, parece que de nenhuma maneira a graça da união seja natural a Cristo.

EM SENTIDO CONTRÁRIO, diz Agostinho: "Ao assumir a natureza humana, torna-se, de alguma maneira, natural àquele homem a graça pela qual não pode cometer pecado algum".

---

12 PARALL.: Infra, q. 34, a. 3, ad 2; III *Sent.*, dist. 4, q. 3, a. 2, q.la 1.
  1. A. 1, 2.
  2. C. 40: ML 40, 252.

r. O mérito da Virgem Maria em relação à Encarnação do Filho de Deus era igualmente um mérito *ex congruo*, do mesmo tipo do dos antigos Padres: diante desse dom inesperado não existe condignidade possível. No entanto, havia lugar para um mérito especial da Virgem: com base na graça que lhe foi concedida, mereceu o grau excepcional de santidade que lhe permitiu desempenhar um papel específico na Encarnação: o de ser "convenientemente" (*congrue*) a mãe de Deus.

RESPONDEO dicendum quod, secundum Philosophum, in V *Metaphys.*³, natura uno modo dicitur ipsa nativitas, alio modo essentia rei. Unde naturale potest aliquid dici dupliciter. Uno modo, quod est tantum ex principiis essentialibus rei: sicut igni naturale est sursum ferri. Alio modo dicitur esse homini naturale quod ab ipsa nativitade habet: secundum illud Eph 2,3: *Eramus natura filii irae*; et Sap 12,10: *Nequam est natio eorum, et naturalis malitia ipsorum.*

Gratia igitur Christi, sive unionis sive habitualis, non potest dici naturalis quasi causata ex principiis naturae humanae in ipso: quamvis possit dici naturalis quasi proveniens in naturam humanam Christi causante divina natura ipsius. Dicitur autem naturalis utraque gratia in Christo inquantum eam a nativitate habuit: quia ab initio conceptionis fuit natura humana divinae personae unita, et anima eius fuit munere gratiae repleta.

AD PRIMUM ergo dicendum quod, licet unio non sit facta in natura, est tamen causata ex virtute divinae naturae, quae est vere natura Christi. Et etiam convenit Christo a principio nativitatis.

AD SECUNDUM dicendum quod non secundum idem dicitur gratia, et naturalis. Sed gratia quidem dicitur inquantum non est ex merito: naturalis autem dicitur inquantum est ex virtute divinae naturae in humanitate Christi ab eius nativitate.

AD TERTIUM dicendum quod gratia unionis non est naturalis Christo secundum humanam naturam, quasi ex principiis humanae naturae causata. Et ideo non oportet quod conveniat omnibus hominibus. Est tamen naturalis ei secundum humanam naturam, propter proprietatem nativitatis ipsius: prout sic conceptus est ex Spiritu Sancto ut esset idem naturalis Filius Dei et hominis. Secundum vero divinam naturam est ei naturalis, inquantum divina natura est principium activum huius gratiae. Et hoc convenit toti Trinitati: scilicet huius gratiae esse activum principium.

RESPONDO^s. Segundo o Filósofo no livro V da *Metafísica*, por natureza se entende ora o nascimento, ora a essência da coisa. Por conseguinte, de duas maneiras pode-se dizer *naturalmente*: 1º. O que procede somente dos princípios essenciais da coisa, por exemplo, ao fogo é natural elevar-se ao alto. 2º. É natural ao homem o que possui desde o nascimento, segundo o que é dito na Carta aos Efésios: "Éramos por natureza filhos da ira"; e ainda no livro da Sabedoria: "Sua natureza era viciada, sua perversidade inata".

Portanto, a graça de Cristo, tanto a graça da união quanto a graça habitual, não pode ser dita natural como tendo sido causada pelos princípios da natureza humana nele; mas pode ser dita natural enquanto adveio à natureza humana de Cristo causada por sua natureza divina. Ambas as graças devem ser ditas naturais em Cristo, enquanto as possuiu desde o nascimento, pois a natureza humana esteve unida à pessoa divina, desde o início de sua concepção e sua alma foi repleta do dom da graça.

QUANTO AO 1º, portanto, deve-se dizer que embora a união não tenha sido realizada na natureza, foi causada pela virtude da natureza divina, que é verdadeira natureza em Cristo. E foi própria de Cristo desde o início do nascimento.

QUANTO AO 2º, deve-se dizer que a graça e o que é natural não se dizem de Cristo segundo a mesma razão. A graça se diz enquanto não procede do mérito, e o que é o natural se diz enquanto procede da virtude da natureza divina na humanidade de Cristo desde seu nascimento.

QUANTO AO 3º, deve-se dizer que a graça da união não é natural a Cristo segundo a natureza humana, como se fosse causada pelos princípios da natureza humana. Por isso não é necessário que seja atribuída a todos os homens. No entanto, é natural a Cristo segundo a natureza humana, em razão da propriedade de seu nascimento, uma vez que foi concebido do Espírito Santo, de tal sorte que lhe fosse natural ser Filho de Deus e do homem. Mas a graça da união é natural a Cristo segundo a natureza divina, enquanto a natureza divina é o princípio ativo dessa graça; e assim ser princípio ativo dessa graça se atribui igualmente a toda a Trindade.

---

3. C. 4: 1014, b, 16-17; b, 35-1015, a, 3.

s. Esta resposta, como se verá, consiste antes de mais nada num esclarecimento do vocabulário; trata-se de tornar compreensível e aceitável o texto de Agostinho citado *em sentido contrário*: para poder utilizá-lo a respeito da graça da união e da graça habitual, é preciso entender o sentido do termo "natural". Uma explicação complementar pode ser encontrada abaixo, q. 7, a. 13, r. 2, na qual a mesma citação de Agostinho é retomada; mas, nesta passagem, na qual se trata somente da graça habitual como consequência da graça da união, Tomás aceita um sentido mais estrito do termo "natural". De fato, assim como uma propriedade resulta necessariamente da natureza de uma coisa e pode ser considerada uma propriedade "natural", do mesmo modo a graça habitual de Cristo é a consequência necessária da graça de união segundo o plano divino da encarnação; ela surge assim como uma propriedade "natural" do Verbo encarnado.

QUAESTIO III
DE UNIONE EX PARTE PERSONAE ASSUMENTIS
in octo articulos divisa

Deinde considerandum est de unione ex parte personae assumentis.
Et circa hoc quaeruntur octo.
Primo: utrum assumere conveniat personae divinae.
Secundo: utrum conveniat naturae divinae.
Tertio: utrum natura possit assumere, abstracta personalitate.
Quarto: utrum una persona possit assumere sine alia.
Quinto: utrum quaelibet persona possit assumere.
Sexto: utrum plures personae possint assumere unam naturam numero.
Septimo: utrum una persona possit assumere duas naturas numero.
Octavo: utrum magis fuerit conveniens de persona Filii quod assumpsit humanam naturam, quam de alia persona divina.

Articulus 1
Utrum personae divinae conveniat assumere naturam creatam

Ad primum sic proceditur. Videtur quod personae divinae non conveniat assumere naturam creatam.
1. Persona enim divina significat aliquid maxime perfectum. Perfectum autem est cui non potest fieri additio[1]. Cum igitur assumere sit quasi *ad se sumere*, ita quod assumptum addatur assumenti, videtur quod personae divinae non conveniat assumere naturam creatam.

QUESTÃO 3
A UNIÃO, DA PARTE DA PESSOA QUE ASSUME[a]
em oito artigos

Em seguida, deve-se considerar a união da parte da pessoa que assume.
A esse respeito são oito as perguntas:
1. Convinha à pessoa divina assumir?
2. Convinha à natureza divina?
3. A natureza poderia assumir, abstraindo-se da personalidade?
4. Uma pessoa poderia assumir sem a outra?
5. Qualquer das pessoas poderia assumir?
6. Diversas pessoas poderiam assumir uma única natureza?
7. Uma só pessoa poderia assumir duas naturezas?
8. Foi conveniente que a pessoa do Filho, mais do que outra pessoa divina, tenha assumido a natureza humana?

Artigo 1
Convinha à pessoa divina assumir a natureza criada?

Quanto ao primeiro artigo, assim se procede: parece que **não** convinha à pessoa divina assumir a natureza criada.
1. Com efeito, a pessoa divina significa algo sumamente perfeito. Ora, ao perfeito nada se pode acrescentar. Logo, como assumir significa *receber em si*, de sorte que o assumido se acrescenta ao que assume, segue-se que não convinha a uma pessoa divina assumir a natureza criada.

---

1 Parall.: III *Sent.*, dist. 5, q. 2, a. 1.

1. Cfr. Aristot., *Phys.*, l. III, c. 6: 207, a. 13.

a. Esta nova questão retoma e prolonga a distinção estabelecida na q. 2, a. 8, entre a união e a assunção, e trata a união do ponto de vista da pessoa que assume. A dificuldade mais geral é a seguinte: uma vez que a Trindade como um todo está aqui em ação, como se dá que seja apenas o Verbo a assumir a natureza humana, e não toda a Trindade? A razão não bastará para responder à questão de maneira a excluir a alternativa, mas a própria pesquisa já se revela do maior interesse.
Dado que, em Deus, natureza e pessoa são idênticas, Tomás começa pesquisando em que sentido se pode afirmar que é a pessoa ou a natureza divina que assume, sem especificar de que pessoa se trata (a. 1-3). O artigo 4 explica que a Trindade como um todo é o princípio operante da assunção, mas que só a pessoa do Verbo é o seu termo. Daí em diante, Tomás procura estabelecer a necessidade, ou pelo menos a conveniência, dessa conclusão. Os artigos 5 e 6 examinam a possibilidade de uma outra pessoa que não o Verbo, mesmo de toda a Trindade, ser o termo da assunção. A resposta é clara: nem a definição de pessoa, nem a de natureza, nem a potência divina permitem-nos afirmar que seria impossível que uma outra pessoa que não a do Verbo se encarnasse. O artigo 7 esmiúça ainda mais o tema: a potência divina é tal que a Encarnação poderia ter se produzido em diversas naturezas humanas. No final, Tomás abandona essas considerações hipotéticas e examina, à luz da Escritura, as conveniências da Encarnação do Filho (a. 8).

2. Praeterea, illud ad quod aliquid assumitur, communicatur quodammodo ei quod in ipsum assumitur: sicut dignitas communicatur ei qui in dignitatem assumitur. Sed de ratione personae est quod sit incommunicabilis: ut in Prima Parte[2] dictum est. Ergo personae divinae non convenit assumere, quod est ad se sumere.

3. Praeterea, persona constituitur per naturam. Sed inconveniens est quod constitutum assumat constituens: quia effectus non agit in suam causam. Ergo personae non convenit assumere naturam.

Sed contra est quod Augustinus[3] dicit, in libro *de Fide ad Petrum*[4]: *Formam, idest naturam servi in suam accepit Deus ille*, scilicet unigenitus, *personam*. Sed Deus unigenitus est persona. Ergo personae competit accipere naturam, quod est assumere.

Respondeo dicendum quod in verbo *assumptionis* duo importantur, videlicet principium actus, et terminus: dicitur enim assumere quasi *ad se aliquid sumere*. Huius autem assumptionis persona est et principium et terminus. Principium quidem, quia personae proprie competit agere: huiusmodi autem sumptio carnis per actionem divinam facta est. Similiter etiam persona est huius sumptionis terminus: quia, sicut supra[5] dictum est, unio facta est in persona, non in natura. Et sic patet quod propriissime competit personae assumere naturam.

Ad primum ergo dicendum quod, cum persona divina sit infinita, non potest et fieri additio. Unde Cyrillus dicit, in Epistola Synodali Ephesini Concilii[6]: *Non secundum coappositionem coniunctionis intelligimus modum*. Sicut etiam in unione hominis ad Deum quae est per gratiam adoptionis, non additur aliquid Deo: sed id quod divinum est apponitur homini. Unde non Deus, sed homo perficitur.

Ad secundum dicendum quod persona dicitur incommunicabilis inquantum non potest de pluribus suppositis praedicari. Nihil tamen prohibet plura de persona praedicari. Unde non est contra rationem personae sic communicari ut subsistat in

2. Além disso, o ser ao qual algo é assumido se comunica, de alguma maneira, ao que nele é assumido, como a dignidade se comunica ao que é a ela assumido. Ora, como foi demonstrado na I Parte, pertence à razão de pessoa o ser incomunicável. Logo, não convinha à pessoa divina assumir, o que é o mesmo que receber em si.

3. Ademais, a pessoa se constitui pela natureza. Ora, não convém ao que é constituído assumir o que o constitui, pois, o efeito não age sobre sua causa. Logo, à pessoa não convém assumir a natureza.

Em sentido contrário, escreve Agostinho: "O Deus unigênito recebeu como sua a forma, isto é, a natureza de servo". Ora, o Deus unigênito é pessoa. Logo, à pessoa cabe receber a natureza, ou seja, assumi-la.

Respondo. Na palavra *assunção* estão contidas duas significações, a saber, o princípio do ato e seu termo[b], pois assunção significa como que *receber algo em si*. A pessoa é o princípio e o termo desta assunção. O princípio: pois é à pessoa que compete propriamente agir, e a encarnação foi obra de uma ação divina. A pessoa é igualmente o termo dessa assunção porque, como acima já foi dito, a união se fez na pessoa e não na natureza. Fica assim claro que propriíssimamente cabe à pessoa assumir a natureza.

Quanto ao 1º, portanto, deve-se dizer que sendo infinita a pessoa divina, a ela nada se pode acrescentar. Eis por que, diz Cirilo na Epístola Sinodal do Concílio de Éfeso: "Não entendemos o modo da união como uma justaposição". Do mesmo modo, na união do homem com Deus, pela graça da adoção, nada se acrescenta a Deus, mas o que é divino é dado ao homem. Portanto, não é Deus, mas o homem que é aperfeiçoado.

Quanto ao 2º, deve-se dizer que a pessoa é incomunicável enquanto não pode ser atribuída a muitos supósitos. Mas nada impede que muitos predicados se atribuam à pessoa. Assim, não é contra a razão de pessoa comunicar-se, de tal sorte

---

2. Q. 29, a. 3, ad 4; q. 30, a. 4, 2 a.
3. Fulgentius.
4. C. 2, n. 18: ML 65, 680 C.
5. Q. 2, a. 1, 2.
6. P. I, c. 26: ed. Mansi, IV, 1074. — Cfr. Cyrilli Alex., Epist. 17, *ad Nestorium*: MG 77, 112 B (= ML 48, 835 C).

b. Primeira abordagem da solução, este artigo enuncia uma distinção fundamental entre princípio e termo da assunção. Considerada em seu *princípio*, a ação divina da assunção da natureza humana provém sem dúvida da pessoa divina, não só do Verbo, mas também e pela mesma razão do Pai e do Espírito Santo, pois é pela força da natureza divina como um todo que se realizou a assunção. Mas, considerada em seu *termo*, a assunção convém à pessoa divina de outra forma, que faz com que ela só caiba propriamente à pessoa do Verbo. Sto. Tomás não diz mais por ora; ele explicitará mais ainda os papéis respectivos da Trindade e do Verbo, a esse respeito, no artigo 4 desta mesma questão.

que subsista em várias naturezas. Desse modo muitas naturezas podem concorrer acidentalmente na pessoa criada, como na pessoa de um só homem concorrem quantidade e qualidade. O próprio da pessoa divina, por motivo de sua infinidade, é que nela concorram as naturezas, não acidentalmente, mas segundo a subsistência.

QUANTO AO 3º, deve-se dizer que, como acima foi dito, a natureza humana não constitui de modo absoluto a pessoa divina, mas a constitui enquanto denominada segundo tal natureza. O Filho de Deus, tendo existido eternamente, não recebe da natureza humana o ser absoluto, mas apenas o ser homem. Mas a pessoa divina se constitui de modo absoluto segundo a natureza divina. Logo, não se deve dizer que a pessoa divina assumiu a natureza divina, mas somente a natureza humana.

Artigo 2
Convinha à natureza divina assumir?[c]

QUANTO AO SEGUNDO, ASSIM SE PROCEDE: parece que **não** convinha à natureza divina assumir.

1. Com efeito, como foi dito, assumir significa como que *receber em si*. Ora, a natureza divina não recebeu em si a natureza humana, porque a união não foi feita na natureza, mas na pessoa, como acima foi explicado. Logo, não cabe à natureza divina assumir a natureza humana.

2. ALÉM DISSO, a natureza divina é comum às três pessoas. Portanto, se convém à natureza divina assumir, segue-se que o mesmo convém às três pessoas. E assim, também o Pai assumiu a natureza humana, como também o Filho, o que é um erro.

3. ADEMAIS, assumir é agir. Ora, agir é próprio da pessoa e não da natureza, que é significada como o princípio mediante o qual o agente age. Logo, não convém à natureza divina assumir.

EM SENTIDO CONTRÁRIO, diz Agostinho: "A natureza que permanece sempre gerada do Pai, isto é, recebida do Pai por geração eterna, assumiu sem pecado nossa natureza".

---

7. Q. 2, a. 6, ad 2.

2 PARALL.: III *Sent.*, dist. 5, q. 2, a. 2.

1. A. praec.
2. Q. 2, a. 1, 2.
3. Fulgentius.
4. C. 2, n. 14: ML 65, 678 A.

c. Como observa Cajetano, comentador de Sto. Tomás, trata-se da natureza divina *concreta*, e não da ideia de divindade em si; o artigo é bem claro a respeito. Dito de outro modo, a questão só possui sentido no interior da fé cristã, que considera que a Encarnação é um fato já ocorrido.

RESPONDEO dicendum quod, sicut dictum est[5], in Verbo *assumptionis* duo significantur: scilicet principium actionis, et terminus eius. Esse autem assumptionis principium convenit naturae divinae secundum seipsam: quia eius virtute assumptio facta est. Sed esse terminum assumptionis non convenit naturae divinae secundum seipsam: sed ratione personae in qua consideratur. Et ideo primo quidem et propriissime persona dicitur assumere: secundario autem potest dici quod etiam natura assumit naturam ad sui personam.

Et secundum etiam hunc modum dicitur natura incarnata: non quasi sit in carnem conversa; sed quia naturam carnis assumpsit. Unde dicit Damascenus[6]: *Dicimus naturam Dei incarnatam esse, secundum beatos Athanasium et Cyrillum*.

AD PRIMUM ergo dicendum quod ly *se* est reciprocum, et refert idem suppositum. Natura autem divina non differt supposito a persona Verbi. Et ideo, inquantum natura divina sumit naturam humanam ad personam Verbi, dicitur eam ad se sumere. Sed quamvis Pater assumat naturam humanam ad personam Verbi, non tamen propter hoc sumit eam ad se: quia non est idem suppositum Patris et Verbi. Et ideo non potest dici proprie quod Pater assumat naturam humanam.

AD SECUNDUM dicendum quod id quod convenit divinae naturae secundum se, convenit tribus personis: sicut bonitas, sapientia et huiusmodi. Sed assumere convenit ei ratione personae Verbi, sicut dictum est[7]. Et ideo soli illi personae convenit.

AD TERTIUM dicendum quod, sicut in Deo idem est quod est et quo est, ita etiam in eo idem est quod agit et quo agit: quia unumquodque agit inquantum est ens. Unde natura divina et est id quo Deus agit, et est ipse Deus agens.

RESPONDO. Como foi dito, a palavra *assunção* tem duas significações: ou significa o princípio da ação ou seu termo. Ser princípio da assunção compete à natureza divina enquanto ela mesma, porque a assunção foi feita por seu poder. Ser porém termo da assunção não compete à natureza divina enquanto ela mesma, mas em razão da pessoa, na qual é considerada. Assim, em primeiro lugar e da maneira mais própria, se diz que a pessoa assumiu; mas secundariamente pode-se dizer que a natureza também assumiu a natureza na sua pessoa.

É em virtude desse segundo modo que se diz encarnada a natureza: não que se tenha convertido em carne, mas porque assumiu a natureza da carne. Daqui dizer Damasceno: "Dizemos que a natureza divina se encarnou[d], segundo os bem-aventurados Atanásio e Cirilo".

QUANTO AO 1º, portanto, deve-se dizer que o *em si* é recíproco e exprime o mesmo suposito. A natureza divina não é diferente da pessoa do Verbo pelo suposito. Assim, enquanto a natureza divina recebe a natureza humana na pessoa do Verbo, se diz que a recebeu *em si*. No entanto, embora o Pai assuma a natureza humana na pessoa do Verbo, nem por isso a recebe em si, pois não é o mesmo o suposito do Pai e do Verbo. Logo, não se pode dizer propriamente que o Pai assuma a natureza humana.

QUANTO AO 2º, deve-se dizer que o que convém à natureza divina enquanto ela mesma convém às três pessoas: como a bondade, a sabedoria e atributos semelhantes. Mas assumir a natureza humana convém à natureza divina em razão da pessoa do Verbo, como foi dito. Logo, convém somente a essa pessoa.

QUANTO AO 3º, deve-se dizer que assim como em Deus se identificam o que é e o pelo que é, assim nele são idênticos o que age e o pelo que age, pois todo agente age enquanto é um ente. Assim a natureza divina não só é aquilo pelo que Deus age, mas também é o próprio Deus que age.

---

5. A. praec.
6. *De fide orth*., l. III, c. 6: MG 94, 1008 B.
7. In corp.

---

d. Mais uma vez, Tomás depara uma terminologia equívoca, promovida pelas mais prestigiosas autoridades; ele empenha, na medida do possível, em salvaguardar suas expressões, e em especificar em que sentido é possível afirmar que a natureza divina se tornou carne, sem renunciar porém à distinção natureza/pessoa, tão laboriosamente conquistada. Afirmar que "o Verbo se encarnou" significa que tudo que o Verbo possui tornou-se carne por intermédio de sua pessoa. Ora, o Verbo possui não só o que lhe é específico, isto é, ser Filho do Pai e Espirador com ele do Espírito, mas também o que ele tem de comum com eles, ou seja, a natureza divina. É possível afirmar, portanto, que a natureza divina tornou-se carne porque uma pessoa que possui essa natureza se encarnou.

Mas aqui o problema se complica, pois a explicação precedente, que vale para o Verbo, termo da assunção, aplica-se igualmente à Trindade como um todo, princípio da assunção. Toda a Trindade opera a assunção, ora ela é idêntica à natureza divina, e portanto a natureza divina operou a assunção. A solução 3 retoma em termos ainda mais explícitos o raciocínio da resposta. Resulta a necessidade de aprofundar ainda mais a reflexão.

Articulus 3
Utrum, abstracta personalitate per intellectum, natura possit assumere

AD TERTIUM SIC PROCEDITUR. Videtur quod, abstracta personalitate per intellectum, natura non possit assumere.
1. Dictum est[1] enim quod naturae convenit assumere ratione personae. Sed quod convenit alicui ratione alicuius, remoto eo, non potest ei convenire: sicut corpus, quod est visibile ratione coloris, sine colore videri non potest. Ergo, abstracta personalitate per intellectum, natura assumere non potest.
2. PRAETEREA, assumptio importat terminum unionis, ut dictum est[2]. Sed unio non potest fieri in natura, sed solum in persona. Ergo, abstracta personalitate, natura divina non potest assumere.

3. PRAETEREA, in Prima Parte[3] dictum est quod in divinis, abstracta personalitate, nihil manet. Sed assumens est aliquid. Ergo, abstracta personalitate, non potest divina natura assumere.

SED CONTRA est quod in divinis personalitas dicitur proprietas personalis: quae est triplex, scilicet paternitas, processio et filiatio, ut in Prima Parte[4] dictum est. Sed, remotis his per intellectum, adhuc remanet Dei omnipotentia, per quam est facta incarnatio: sicut Angelus dixit, Lc 1,37: *Non erit impossibile apud Deum omne verbum*. Ergo videtur quod, etiam remota personalitate, natura divina possit assumere.

RESPONDEO dicendum quod intellectus dupliciter se habet ad divina. Uno modo, ut cognoscat Deum sicuti est. Et sic impossibile est quod circumscribatur per intellectum aliquid a Deo quod aliud remaneat: quia totum quod est in Deo est unum, salva distinctione personarum; quarum tamen una tollitur, sublata alia, quia distinguuntur solum relationibus, quas oportet esse simul.

Alio modo se habet intellectus ad divina, non quidem quasi cognoscens Deum ut est, sed per modum suum: scilicet multipliciter et divisim id quod in Deo est unum. Et per hunc modum potest

Artigo 3
A natureza poderia assumir, abstraindo-se a personalidade pelo intelecto?

QUANTO AO TERCEIRO, ASSIM SE PROCEDE: parece que a natureza **não** poderia assumir abstraindo-se a personalidade pelo intelecto.
1. Com efeito, como foi antes explicado, à natureza cabe assumir em razão da pessoa. Ora, o que convém a algo em razão de outro, afastado este, cessa a conveniência; assim, o corpo que é visível em razão da cor, sem esta, deixa de ser visível. Logo, abstraindo-se a personalidade pelo intelecto, a natureza não pode assumir.
2. ALÉM DISSO, a assunção implica o termo da união, como foi dito. Ora, a união não pode ser feita na natureza, mas somente na pessoa. Logo, abstraindo-se a personalidade, a natureza divina não pode assumir.
3. ADEMAIS, foi afirmado, na I Parte, que, abstraindo-se a personalidade, nada permanece em Deus. Ora, o que assume é alguma coisa. Logo, abstraindo-se a personalidade, a natureza divina não pode assumir.

EM SENTIDO CONTRÁRIO, a personalidade, em Deus, designa uma propriedade pessoal que é tríplice, a saber, a paternidade, a processão e a filiação, como foi dito na I Parte. Ora, mesmo afastadas pelo intelecto essas propriedades, permanece a onipotência divina, pela qual a encarnação se deu, pois como disse o anjo: "Nenhuma palavra de Deus é impossível". Portanto, mesmo abstraindo-se a personalidade, a natureza divina pode assumir.

RESPONDO. O intelecto se refere a Deus de duas maneiras. Primeiro, para conhecer Deus assim como ele é. E dessa maneira é impossível que em Deus algo seja delimitado por nosso intelecto, separando-o do resto. Com efeito, em Deus tudo é uno, ressalvada a distinção das pessoas, das quais porém, negando-se uma, a outra também é negada, pois se distinguem apenas pelas relações, que são necessariamente simultâneas.

De outra maneira, o intelecto se refere às coisas divinas, não como conhecendo Deus tal qual ele é, mas segundo o modo próprio dela, a saber, atingindo como múltiplo e dividido o que é uno

---

3 PARALL.: III *Sent*., dist. 5, q. 2, a. 3.

1. A. praec.
2. A. 1.
3. Q. 40, a. 3.
4. Q. 30, a. 2.

intellectus noster intelligere bonitatem et sapientiam divinam, et alia huiusmodi, quae dicuntur essentialia attributa, non intellecta paternitate vel filiatione, quae dicuntur personalitates. Et secundum hoc, abstracta personalitate per intellectum, possumus adhuc intelligere naturam assumentem.

AD PRIMUM ergo dicendum quod, quia in divinis idem est quo est et quod est, quidquid eorum quae attribuuntur Deo in abstracto secundum se consideretur, aliis circumscriptis, erit aliquid subsistens: et per consequens persona, cum sit in natura intellectuali. Sicut igitur nunc, positis proprietatibus personalibus in Deo, dicimus tres personas: ita, exclusis per intellectum proprietatibus personalibus, remanebit in consideratione nostra natura divina ut subsistens, et ut persona. Et per hunc modum potest intelligi quod assumat naturam humanam ratione suae subsistentiae vel personalitatis.

AD SECUNDUM dicendum quod, etiam circumscriptis per intellectum personalitatibus trium personarum, remanebit in intellectu una personalitas Dei, ut Iudaei intelligunt: ad quam poterit terminari assumptio, sicut nunc dicimus eam terminari ad personam Verbi.

AD TERTIUM dicendum quod, abstracta personalitate per intellectum, dicitur nihil remanere per modum resolutionis, quasi aliud sit quod subiicitur relationi, et aliud ipsa relatio: quia quidquid consideratur in Deo, consideratur ut suppositum subsistens. Potest tamen aliquid eorum quae dicuntur de Deo intelligi sine alio, non per modum iam[5] dictum.

em Deus. Desse modo o nosso intelecto pode conhecer a bondade e a sabedoria divinas e os outros atributos essenciais, não entendendo a paternidade e a filiação que são atributos pessoais. De acordo com esse segundo modo, mesmo abstraindo pelo intelecto a personalidade, podemos entender a natureza como assumindo.

QUANTO AO 1º, portanto, deve-se dizer que em Deus, sendo idênticos aquilo pelo que é e o que é[e], tudo o que abstratamente se atribui a Deus, considerado em si mesmo e delimitado do resto, será algo subsistente. Assim acontece com a pessoa que subsiste na natureza intelectual. Afirmando, portanto, as propriedades pessoais em Deus, afirmamos três pessoas, e excluídas, pelo intelecto, as propriedades pessoais, em nossa consideração permanecerá a natureza divina como subsistente e como pessoa. Dessa maneira, pode-se entender que assuma a natureza humana em razão de sua subsistência ou personalidade.

QUANTO AO 2º, deve-se dizer que mesmo delimitadas pelo intelecto as personalidades das três pessoas, permanecerá no intelecto a personalidade una de Deus, como os judeus a entendem, a qual poderia ser o termo da assunção, como agora dizemos que ela termina na pessoa do Verbo.

QUANTO AO 3º, deve-se dizer que abstraída a personalidade pelo intelecto, nada permanece à maneira de uma separação efetiva, como se fossem distintos realmente o que é sujeito da relação e a própria relação. Isso porque tudo o que é considerado em Deus é considerado como supósito subsistente. Mas algo do que é dito de Deus pode ser entendido sem outros, não à maneira de uma separação efetiva, como foi dito.

ARTICULUS 4
Utrum una persona possit assumere naturam creatam, alia non assumente

AD QUARTUM SIC PROCEDITUR. Videtur quod una persona non possit assumere naturam creatam, alia non assumente.

ARTIGO 4
Uma só pessoa poderia assumir a natureza criada, sem que outra a assumisse?

QUANTO AO QUARTO, ASSIM SE PROCEDE: parece que uma só pessoa **não** poderia assumir a natureza criada, sem que a outra a assumisse.

---

5. In corp.

4 PARALL.: III *Sent*., dist. 1, q. 2, a. 1; *Cont. Gent*. IV, 39.

e. Contrariamente ao que se passa conosco, a natureza ("aquilo pelo qual ele é" = *quo*) e o existente ("o que ele é" = *quod*) são idênticos em Deus. Se, por uma operação mental, separamos conceitualmente um atributo divino da natureza divina, esse atributo deveria assim mesmo ser assimilado ao Deus-existente como algo que subsiste (caso existisse, um atributo subsistente de uma natureza intelectual como a nossa deveria igualmente ser chamado de "pessoa"). Segundo esse procedimento, pode-se falar da natureza divina, abstração feita das três pessoas, sem por isso sacrificar a ideia de que essa natureza é subsistente, e que é uma pessoa em função de sua natureza intelectual.

1. *Indivisa* enim *sunt opera Trinitatis*, ut dicit Augustinus, in *Enchirid.*[1]: sicut enim trium personarum est una essentia, ita una operatio. Sed assumere est operatio quaedam. Ergo non potest convenire uni personae divinae quin conveniat alii.

2. PRAETEREA, sicut dicimus personam Filii incarnatam, ita et naturam: *tota* enim *divina natura in una suarum hypostasum incarnata est*, ut dicit Damascenus, in III libro[2]. Sed natura communis est tribus personis. Ergo et assumptio.

3. PRAETEREA, sicut humana natura in Christo assumpta est a Deo, ita etiam et homines per gratiam assumuntur ab ipso: secundum illud Rm 14,3: *Deus illum assumpsit*. Sed haec assumptio communiter pertinet ad omnes personas. Ergo et prima.

SED CONTRA est quod Dionysius, 2 cap. *de Div. Nom.*[3], incarnationis mysterium dicit pertinere ad *discretam theologiam*: secundum quam scilicet aliquid distinctum dicitur de divinis personis.

RESPONDEO dicendum quod, sicut dictum est[4], assumptio duo importat: scilicet actum assumentis, et terminum assumptionis. Actus autem assumentis procedit ex divina virtute, quae communis est tribus personis: sed terminus assumptionis est persona, sicut dictum est[5]. Et ideo id quod est actionis in assumptione, commune est tribus personis: sed id quod pertinet ad rationem termini, convenit ita uni personae quod non aliis. Tres enim personae fecerunt ut humana natura uniretur uni personae Filii.

AD PRIMUM ergo dicendum quod ratio illa procedit ex parte operationis. Et sequeretur conclusio si solam illam operationem importaret absque termino, qui est persona.

AD SECUNDUM dicendum quod natura dicitur incarnata, sicut est assumens, ratione personae

1. Com efeito, diz Agostinho: "As obras da Trindade são indivisas"; pois, como há uma só essência das três pessoas, assim há uma só operação. Ora, assumir é uma operação. Logo, não pode convir a uma só pessoa, sem que convenha também às outras.

2. ALÉM DISSO, assim como chamamos encarnada a pessoa do Filho, assim também sua natureza. Diz, com efeito, Damasceno: "Toda a natureza divina encarnou-se em uma de suas hipóstases". Ora, a natureza é comum às três pessoas. Logo, também a assunção.

3. ADEMAIS, assim como a natureza humana em Cristo foi assumida por Deus, assim igualmente os homens são assumidos por ele em virtude da graça, como está na Carta aos Romanos: "Pois Deus o assumiu". Ora, essa assunção cabe a todas as pessoas em geral. Logo, também à primeira.

EM SENTIDO CONTRÁRIO, Dionísio afirma que o mistério da encarnação pertence à *teologia discreta*, ou seja, à que trata do que é distinto nas pessoas divinas.

RESPONDO. Como foi antes dito, a assunção implica duas realidades: o ato do que assume e o termo da assunção. O ato do que assume procede do poder divino que é comum às três pessoas; mas o termo da assunção é a pessoa, como foi dito. Assim, o que pertence à ação na assunção é comum às três pessoas. Mas o que pertence ao termo pertence de tal sorte a uma pessoa e não às outras. Com efeito, as três pessoas fizeram com que a natureza humana fosse unida somente à pessoa do Filho[f].

QUANTO AO 1º, portanto, deve-se dizer que esse argumento é procedente sob o aspecto da operação. A conclusão seria válida se a assunção implicasse apenas a operação, sem o termo que é a pessoa.

QUANTO AO 2º, deve-se dizer que a natureza se diz encarnada, assim como o que assume, em

---

1. C. 38: ML 40, 251.
2. *De fide orth.*, l. III, c. 6: MG 94, 1005 A.
3. §§ 3, 6: MG 3, 640 B, 644 C.
4. A. 1, 2.
5. A. 2.

---

f. Este artigo é a articulação da questão, o lugar no qual tudo o que vem antes converge. Lembra mais uma vez a distinção entre princípio e termo do ato de assunção. Acompanhado de especificações concernentes às relações entre natureza e pessoa na Trindade, a distinção permite responder à questão: como o Filho podia tornar-se homem sem a encarnação simultânea do Pai e do Espírito? Em primeiro lugar, Tomás situou o Filho em sua qualidade de pessoa relativa ao Pai e ao Espírito, salientando que essa relação mesma o distingue deles, ao mesmo tempo em que partilha com eles sua natureza divina. Em seguida, distinguiu a pessoa absoluta da Trindade como *princípio* da assunção, e a pessoa relativa do Verbo como *termo* desse mesmo ato de assunção. É desse modo que — sem é claro suprimir o mistério! — Tomás consegue articular de maneira inteligível, resumindo neste artigo, o resultado ao qual chegou.

ad quam terminata est unio, sicut dictum est[6]: non autem prout est communis tribus personis. Dicitur autem *tota natura divina incarnata*, non quia sit incarnata in omnibus personis: sed quia nihil deest de perfectione divinae naturae personae incarnatae.

AD TERTIUM dicendum quod assumptio quae fit per gratiam adoptionis, terminatur ad quandam participationem divinae naturae secundum assimilationem ad bonitatem illius: secundum illud 2Pe 1,4: *Ut divinae consortes naturae*, etc. Et ideo huiusmodi assumptio communis est tribus personis et ex parte principii et ex parte termini. Sed assumptio quae est per gratiam unionis, est communis ex parte principii, non autem ex parte termini, ut dictum est[7].

razão da pessoa na qual termina a união, como foi explicado, e não enquanto é comum às três pessoas. Quando se diz *toda a natureza divina encarnada*, não é porque se tenha encarnado em todas as pessoas, mas porque nada falta da perfeição da natureza divina à pessoa encarnada.

QUANTO AO 3º, deve-se dizer que a assunção que se realiza pela graça da adoção tem o seu termo numa certa participação da natureza divina, segundo a assimilação à sua bondade, conforme a segunda Carta de Pedro: "Em comunhão com a natureza divina etc." Assim essa assunção é comum às três pessoas, tanto da parte do princípio quanto da parte do termo. Mas a assunção pela graça da união é comum por parte do princípio, mas não por parte do termo, como foi dito.

ARTICULUS 5
Utrum alia persona divina potuerit humanam naturam assumere, praeter personam Filii

AD QUINTUM SIC PROCEDITUR. Videtur quod nulla alia persona divina potuit humanam naturam assumere, praeter personam Filii.

1. Per huiusmodi enim assumptionem factum est quod Deus sit Filius Hominis. Sed inconveniens esset quod esse filium conveniret Patri vel Spiritui Sancto: hoc enim vergeret in confusionem divinarum personarum. Ergo Pater et Spiritus Sanctus carnem assumere non possent.

2. PRAETEREA, per incarnationem divinam homines sunt assecuti adoptionem filiorum: secundum illud Rm 8,15: *Non accepistis spiritum servitutis iterum in timore, sed spiritum adoptionis filiorum*. Sed filiatio adoptiva est participata similitudo filiationis naturalis, quae non convenit nec Patri nec Spiritui Sancto: unde dicitur Rm 8,29: *Quos praescivit et praedestinavit conformes fieri imaginis Filii sui*. Ergo videtur quod nulla alia persona potuit incarnari praeter personam Filii.

3. PRAETEREA, Filius dicitur missus, et genitus nativitate temporali, secundum quod incarnatus est. Sed Patri non convenit mitti, qui est innascibilis: ut

ARTIGO 5
Além da pessoa do Filho, outra pessoa divina poderia assumir a natureza humana?

QUANTO AO QUINTO, ASSIM SE PROCEDE: parece que além da pessoa do Filho, **nenhuma** outra pessoa divina poderia assumir a natureza humana.

1. Com efeito, por essa assunção, Deus se tornou Filho do Homem. Ora, não convinha que o ser filho coubesse ao Pai ou ao Espírito Santo, pois conduziria à confusão das pessoas divinas. Logo, o Pai e o Espírito Santo não poderiam encarnar-se.

2. ALÉM DISSO, pela encarnação divina os homens alcançaram a adoção de filhos, segundo a Carta aos Romanos: "Vós não recebestes um espírito que vos torne escravos e vos reconduza ao medo, mas um Espírito que faz de vós filhos adotivos". Ora, a filiação adotiva é uma semelhança participada da filiação natural, que não cabe nem ao Pai nem ao Espírito Santo, como é dito na mesma Carta aos Romanos: "Aqueles que ele de antemão conheceu, também os predestinou a serem conformes à imagem de seu Filho". Logo, parece que nenhuma outra pessoa poderia ter-se encarnado, além da pessoa do Filho.

3. ADEMAIS, do Filho se diz que foi enviado e gerado por um nascimento temporal na medida em que se encarnou. Ora, ao Pai não cabe ser enviado,

---

6. Ibid.
7. In corp.

5 PARALL.: III *Sent.*, dist. 1, q. 2, a. 3.

in Prima Parte¹ habitum est. Ergo saltem persona Patris non potuit incarnari.

SED CONTRA, quidquid potest Filius, potest Pater: alioquin, non esset eadem potentia trium. Sed Filius potuit incarnari. Ergo similiter Pater et Spiritus Sanctus.

RESPONDEO dicendum quod, sicut dictum est², assumptio duo importat: scilicet ipsum actum assumentis, et terminum assumptionis. Principium autem actus est virtus divina: terminus autem est persona. Virtus autem divina communiter et indifferenter se habet ad omnes personas. Eadem etiam est communis ratio personalitatis in tribus personis, licet proprietates personales sint differentes. Quandocumque autem virtus aliqua indifferenter se habet ad plura, potest ad quodlibet eorum suam actionem terminare: sicut patet in potentiis rationalibus, quae se habent ad opposita, quorum utrumque agere possunt. Sic ergo divina virtus potuit naturam humanam unire vel personae Patris vel Spiritus Sancti, sicut univit eam personae Filii. Et ideo dicendum est quod Pater vel Spiritus Sanctus potuit carnem assumere, sicut et Filius.

AD PRIMUM ergo dicendum quod filiatio temporalis, qua Christus dicitur Filius Hominis, non constituit personam ipsius, sicut filiatio aeterna: sed est quiddam consequens nativitatem temporalem. Unde, si per hunc modum nomen filiationis ad Patrem vel Spiritum Sanctum transferretur, nulla sequeretur confusio divinarum personarum.

AD SECUNDUM dicendum quod filiatio adoptiva est quaedam participata similitudo filiationis naturalis; sed fit in nobis appropriate a Patre, qui est principium naturalis filiationis; et per donum Spiritus Sancti, qui est amor Patris et Filii; secundum illud Gl 4,6: *Misit Deus Spiritum Filii sui in corda nostra, clamantem: Abba, Pater*. Et

pois não pode nascer, como foi explicado na I Parte. Logo, ao menos a pessoa do Pai não poderia ter-se encarnado^g.

EM SENTIDO CONTRÁRIO, tudo o que o Filho pode, pode-o igualmente o Pai, caso contrário não seria o mesmo o poder dos três. Ora, o Filho pôde encarnar-se. Logo, tanto o Pai quanto o Espírito Santo também poderiam ter-se encarnado.

RESPONDO. Como foi acima explicado, a assunção implica dois aspectos: o ato do que assume e o termo da assunção. O princípio do ato é o poder divino. O termo é a pessoa. O poder divino é atribuído comumente e indiferentemente a todas as pessoas. Também a razão da personalidade é comum às três pessoas, conquanto sejam diferentes as propriedades pessoais. Sempre que um poder se refere indiferentemente a muitos termos, sua ação pode terminar em qualquer um deles, como é evidente nas potências racionais que se referem a termos opostos, podendo agir sobre qualquer um deles. Assim, o poder divino teria podido unir a natureza humana à pessoa do Pai ou do Espírito Santo, assim como a uniu à pessoa do Filho. Por isso deve-se dizer que tanto o Pai quanto o Espírito Santo poderiam encarnar-se, como o Filho.

QUANTO AO 1º, portanto, deve-se dizer que a filiação temporal, pela qual Cristo é chamado Filho do Homem, não constitui sua pessoa como a filiação eterna, mas é algo que se segue ao nascimento temporal. Portanto, se o nome de filiação fosse transferido para o Pai ou para o Espírito Santo dessa maneira, não se seguiria uma confusão das pessoas divinas.

QUANTO AO 2º, deve-se dizer que a filiação adotiva é uma semelhança participada da filiação natural. Mas em nós ela se faz por apropriação ao Pai, que é o princípio da filiação natural, e pelo dom do Espírito Santo que é o amor do Pai e do Filho, segundo o que diz a Carta aos Gálatas: "Deus enviou aos nossos corações o Espírito de

---

1. Q. 32, a. 3; q. 43, a. 4.
2. A. 1, 2, 4.

g. Todas as objeções apresentam uma mesma tendência a confundir as processões internas da Trindade com as missões *ad extra* das pessoas divinas, ou a limitar demasiado estreitamente as missões segundo a exemplaridade estrita das processões. Em suas respostas, Tomás sublinha que sem dúvida existe uma correspondência entre as missões e as propriedades pessoais expressas pelas processões, mas não se trata de uma necessidade absoluta.
   O que está mais claro é que o Pai e o Espírito Santo são pessoa ao mesmo título que o Filho, e que cada um deles poderia eventualmente ser termo da assunção de uma natureza humana concreta. Todavia, Tomás observa, na solução 3, que uma assunção não basta para constituir uma missão. A missão se verifica quando existe envio de uma pessoa divina por parte de outra. Desse modo, o Espírito Santo, que não encarnou, teve uma missão, na medida em que procede do Pai e do Filho, enquanto o Pai, mesmo que encarnasse, não poderia receber uma missão, pois não procede de nenhuma outra pessoa, que não poderia enviá-lo.

ideo sicut, Filio incarnato, adoptivam filiationem accipimus ad similitudinem naturalis filiationis eius; ita, Patre incarnato, adoptivam filiationem reciperemus ab eo tanquam a principio naturalis filiationis; et a Spiritu Sancto, tanquam a nexu communi Patris et Filii.

AD TERTIUM dicendum quod Patri convenit esse innascibilem secundum nativitatem aeternam: quod non excluderet nativitas temporalis.

Mitti autem dicitur Filius secundum incarnationem, eo quod est ab illo: sine quo incarnatio non sufficeret ad rationem missionis.

seu Filho que clama Abbá, Pai"! Assim como pela encarnação do Filho recebemos a filiação adotiva segundo a semelhança de sua filiação natural, assim, se o Pai se encarnasse receberíamos dele a filiação adotiva como do princípio da filiação natural; e do Espírito Santo, como do vínculo comum ao Pai e ao Filho.

QUANTO AO 3º, deve-se dizer que ao Pai não cabe nascer segundo o nascimento eterno, o que não excluiria o nascimento temporal.

O Filho se diz enviado na encarnação porque procede do Pai, sem o que a encarnação não preencheria a razão de missão.

ARTICULUS 6
Utrum duae personae divinae possint assumere unam et eandem numero naturam

AD SEXTUM SIC PROCEDITUR. Videtur quod duae personae divinae non possunt assumere unam et eandem numero naturam.

1. Hoc enim supposito, aut essent unus homo, vel plures. Sed non plures: sicut enim una natura divina in pluribus personis non patitur esse plures deos, ita una humana natura in pluribus personis non patitur esse plures homines. Similiter etiam non possent esse unus homo: quia unus homo est *iste homo*, qui demonstrat unam personam; et sic tolleretur distinctio trium personarum divinarum, quod est inconveniens. Non ergo duae aut tres personae possunt accipere unam naturam humanam.

2. PRAETEREA, assumptio terminatur ad unitatem personae, ut dictum est¹. Sed non est una persona Patris et Filii et Spiritus Sancti. Ergo non possunt tres personae assumere unam naturam humanam.

3. PRAETEREA, Damascenus dicit, in III libro², et Augustinus, in *I de Trin.*³, quod ex incarnatione Filii Dei consequitur quod quidquid dicitur de Filio Dei, dicitur de Filio Hominis, et e converso. Si ergo tres personae assumerent unam naturam

ARTIGO 6
Duas pessoas divinas poderiam assumir uma única e mesma natureza?ʰ

QUANTO AO SEXTO, ASSIM SE PROCEDE: parece que duas pessoas divinas **não** poderiam assumir uma única e mesma natureza.

1. Com efeito, nessa hipótese, as pessoas divinas seriam ou um único homem ou muitos. Ora, não muitos, pois assim como uma única natureza divina em muitas pessoas não é compatível com a existência de vários deuses, assim também uma única natureza humana em várias pessoas não é compatível com a existência de vários homens. De igual modo, tampouco poderiam ser um único homem, pois, um único homem é *este homem*, o que significa uma única pessoa; nesse caso desapareceria a distinção das três pessoas divinas, o que não convém. Logo, nem duas nem três pessoas podem receber uma única natureza humana.

2. ALÉM DISSO, como foi dito, a assunção tem como termo a unidade da pessoa. Ora, o Pai, o Filho e o Espírito Santo não são uma única pessoa. Logo, as três pessoas não podem assumir uma única natureza humana.

3. ADEMAIS, Damasceno e Agostinho dizem que, em consequência da encarnação do Filho de Deus, tudo o que se afirma do Filho de Deus afirma-se também do Filho do Homem e vice-versa. Portanto, se as três pessoas assumissem

---

6 PARALL.: III *Sent.*, dist. 1, q. 2, a. 4.

1. A. 4.
2. Cfr. *De fide orth.*, l. III, cc. 3, 4: MG 94, 988 B-1000 A.
3. Cfr. c. 13, n. 28: ML 42, 840.

h. É quase desnecessário assinalar o caráter altamente hipotético das questões postas nos artigos 6 e 7. Seu interesse reside menos no que eles nos informam sobre o mistério da Encarnação do que na reflexão que propiciam sobre as relações natureza/pessoa na Trindade. Voltaremos a encontrar uma temática mais propriamente teológica no artigo 8.

humanam, sequitur quod quidquid dicitur de qualibet trium personarum, diceretur de illo homine: et e converso ea quae dicerentur de illo homine, possent dici de qualibet trium personarum. Sic ergo id quod est proprium Patris, scilicet generare Filium ad aeterno, diceretur de illo homine, et per consequens diceretur de Filio Dei: quod est inconveniens. Non ergo est possibile quod tres personae divinae assumant unam naturam humanam.

SED CONTRA, persona incarnata subsistit in duabus naturis, divina scilicet et humana. Sed tres personae possunt subsistere in una natura divina. Ergo etiam possunt subsistere in una natura humana: ita scilicet quod sit una natura humana a tribus personis assumpta.

RESPONDEO dicendum quod, sicut supra[4] dictum est, ex unione animae et corporis in Christo non fit neque nova persona neque hypostasis, sed fit una natura assumpta in personam vel hypostasim divinam. Quod quidem non fit per potentiam naturae humanae, sed per potentiam personae divinae. Est autem talis divinarum personarum conditio quod una earum non excludit aliam a communione eiusdem naturae, sed solum a communione eiusdem personae. Quia igitur in mysterio incarnationis *tota ratio facti est potentia facientis*, ut Augustinus dicit, in Epistola *ad Volusianum*[5]; magis est circa hoc iudicandum secundum conditionem personae assumentis quam secundum conditionem naturae humanae assumptae. Sic igitur non est impossibile divinis personis ut duae vel tres assumant unam naturam humanam.

Esset tamen impossibile ut assumerent unam hypostasim vel unam personam humanam: sicut Anselmus dicit, in libro *De Conceptu Virginali*[6], quod *plures personae non possunt assumere unum eundemque hominem*.

AD PRIMUM ergo dicendum quod, hac positione facta, quod scilicet tres personae assumerent unam humanam naturam, verum esset dicere quod tres personae essent unus homo, propter unam

uma única natureza humana, resultaria que tudo o que se afirmasse de alguma das três pessoas se afirmaria também daquele homem; e, reciprocamente, tudo o que se afirmasse daquele homem poderia ser afirmado de cada uma das três pessoas. Assim, se poderia afirmar daquele homem o que é próprio do Pai, a saber, gerar o Filho desde toda a eternidade, e por consequência se afirmaria do Filho de Deus, o que não convém. Logo, não é possível que as três pessoas divinas assumam uma única natureza humana.

EM SENTIDO CONTRÁRIO, a pessoa encarnada subsiste em duas naturezas, a divina e a humana. Ora, as três pessoas podem subsistir em uma única natureza divina. Logo, podem também subsistir em uma única natureza humana, de tal modo que seja uma única natureza humana assumida pelas três pessoas.

RESPONDO. Como acima foi dito, da união da alma e do corpo, em Cristo, não nasce uma nova pessoa nem uma nova hipóstase, mas uma única natureza assumida na pessoa ou hipóstase divina. E isso não se realiza pelo poder da natureza, mas pelo poder da pessoa divina. Ora, a condição das pessoas divinas é tal que uma não exclui a outra da comunhão da mesma natureza, mas apenas da comunhão da mesma pessoa. Portanto, uma vez que no mistério da encarnação, "toda a razão do que foi feito está no poder do que o faz", como diz Agostinho, deve-se julgar, nesta matéria, antes segundo a condição da pessoa que assume, do que segundo a condição da natureza humana assumida. Assim, não é impossível que duas ou três pessoas divinas assumam uma única natureza humana.

Entretanto, seria impossível que assumissem uma única hipóstase ou uma única pessoa humana, pois, como diz Anselmo: Muitas pessoas não podem assumir um único e mesmo homem[i].

QUANTO AO 1º, portanto, deve-se dizer que na hipótese de que três pessoas assumissem uma única natureza humana, seria verdadeiro afirmar que três pessoas eram um único homem, em razão

---
4. Q. 2, a. 5, ad 1.
5. Epist. 137, al. 3, c. 2, n. 8: ML 33, 519.
6. *Cur Deus homo*, l. II, c. 9: ML 158, 407 B.

i. Se a Trindade assumisse uma só natureza humana, haveria três supósitos numa mesma natureza, como existem as três pessoas da Trindade na única natureza divina. Haveria então *três* pessoas humanas e não uma só, pois haveria três pessoas, provida cada uma de uma natureza humana, ainda que essa natureza única fosse comum às três. No entanto, mesmo admitindo essa assunção comum de uma mesma natureza, não se vê como as três pessoas da Trindade poderiam ser *uma só* pessoa humana, exceto talvez se considerássemos a Trindade como um todo como uma pessoa absoluta.

humanam naturam: sicut nunc verum est dicere quod sunt unus Deus, propter unam divinam naturam. Nec ly *unus* importat unitatem personae: sed unitatem in natura humana. Non enim posset argui ex hoc quod tres personae sunt unus homo, quod essent unus simpliciter: nihil enim prohibet dicere quod homines qui sunt plures simpliciter, sint unus quantum ad aliquid, puta unus populus; sicut Augustinus dicit, VI *de Trin.*[7]: *Diversum est natura spiritus hominis et spiritus Dei, sed inhaerendo fit unus spiritus*, secundum illud 1Cor 6,17: *Qui adhaeret Deo, unus spiritus est*.

AD SECUNDUM dicendum quod, illa positione facta, humana natura esset assumpta in unitate non unius personae, sed in unitate singularum personarum: ita scilicet quod, sicut divina natura habet naturalem unitatem cum singulis personis, ita natura humana haberet unitatem cum singulis per assumptionem.

AD TERTIUM dicendum quod circa mysterium incarnationis fuit communicatio proprietatum pertinentium ad naturam: quia quaecumque conveniunt naturae, possunt praedicari de persona subsistente in natura illa, cuiuscumque naturae nomine significetur. Praedicta ergo positione facta, de persona Patris poterunt praedicari et ea quae sunt humanae naturae, et ea quae sunt divinae: et similiter de persona Filii et Spiritus Sancti. Non autem illud quod conveniret personae Patris ratione propriae personae, posset attribui personae Filii aut Spiritus Sancti, propter distinctionem personarum, quae remaneret. Posset ergo dici quod, sicut Pater est ingenitus, ita homo esset ingenitus, secundum quod ly *homo* supponeret pro persona Patris. Si quis autem ulterius procederet, *Homo est ingenitus, Filius est homo, Ergo Filius est ingenitus*, esset fallacia figurae dictionis vel accidentis. Sicut et nunc dicimus Deum esse ingenitum, quia Pater est ingenitus: nec tamen possumus concludere quod Filius sit ingenitus, quamvis sit Deus.

de a natureza humana ser única; como agora é verdadeiro afirmar que são um único Deus, em razão de ser única a natureza divina. A palavra uma *única* não implica unidade de pessoa, mas unidade na natureza humana. Do fato de que três pessoas são um único homem, não se pode concluir que sejam um único, de modo absoluto. Nada impede que se afirme que homens que são muitos, de modo absoluto, sejam um único, de modo relativo, por exemplo um único povo. Diz Agostinho: "O espírito do homem e o espírito de Deus são distintos, por natureza, mas unindo-se formam um só espírito, segundo o que se diz na primeira Carta aos Coríntios: Quem se une a Deus é um só espírito".

QUANTO AO 2º, deve-se dizer que na hipótese aludida, a natureza humana seria assumida na unidade não de uma única pessoa, mas na unidade de cada uma das pessoas, de tal modo que, assim como a natureza divina tem uma unidade natural com cada uma das pessoas, assim a natureza humana, pela assunção, teria uma unidade com cada uma delas.

QUANTO AO 3º, no mistério da encarnação, houve uma comunicação de propriedades pertencentes à natureza uma vez que tudo o que convém a uma natureza, pode-se atribuir à pessoa subsistente naquela natureza, qualquer que seja ela. Aceita, portanto, essa hipótese, poderão ser atribuídos à pessoa do Pai, tanto o que pertence à natureza humana, como o que pertence à divina; e de igual modo à pessoa do Filho e do Espírito Santo. Mas o que conviesse à pessoa do Pai em razão da própria pessoa, não se poderia atribuir à pessoa do Filho ou do Espírito Santo, por causa da distinção das pessoas, que permaneceria. Seria possível, portanto, afirmar que assim como o Pai é ingênito, assim também o homem seria ingênito, na medida em que a palavra *homem* designasse a pessoa do Pai. E se alguém seguisse argumentando: O homem é ingênito; ora, o Filho é homem; logo, o Filho é ingênito, incorreria no sofisma da figura de dicção ou de acidente. Se afirmamos que Deus é ingênito porque o Pai é ingênito, de nenhuma maneira podemos afirmar que o Filho é ingênito, embora seja Deus.

---

7. C. 3, n. 4: ML 42, 926.

Articulus 7
Utrum una persona divina possit assumere duas naturas humanas

AD SEPTIMUM SIC PROCEDITUR. Videtur quod una persona divina non possit assumere duas naturas humanas.

1. Natura enim assumpta in mysterio incarnationis non habet aliud suppositum praeter suppositum personae divinae, ut ex supra[1] dictis patet. Si ergo ponatur esse una persona divina assumens duas humanas naturas, esset unum suppositum duarum naturarum eiusdem speciei. Quod videtur implicare contradictionem: non enim natura unius speciei multiplicatur nisi secundum distinctionem suppositorum.

2. PRAETEREA, hac suppositione facta, non posset dici quod persona divina incarnata esset unus homo: quia non haberet unam naturam humanam. Similiter etiam non potest dici quod essent plures homines: quia plures homines sunt supposito distincti, et ibi essent unum tantum suppositum. Ergo praedicta positio esset omnino impossibilis.

3. PRAETEREA, in incarnationis mysterio tota divina natura est unita toti naturae assumptae, idest cuilibet parti eius: est enim Christus *perfectus Deus et perfectus homo, totus Deus et totus homo*, ut Damascenus dicit, in III libro[2]. Sed duae humanae naturae non possent totaliter sibi invicem uniri: quia oporteret quod anima unius esset unita corpori alterius, et quod etiam duo corpora essent simul, quod etiam confusionem induceret naturarum. Non ergo est possibile quod persona divina duas humanas naturas assumeret.

SED CONTRA est quod quidquid potest Pater, potest Filius. Sed Pater, post incarnationem Filii, potest assumere naturam humanam aliam numero ab ea quam Filius assumpsit: in nullo enim per incarnationem Filii est diminuta potentia Patris vel Filii. Ergo videtur quod Filius, post incarnationem, possit aliam humanam naturam assumere, praeter eam quam assumpsit.

Artigo 7
Uma só pessoa divina poderia assumir duas naturezas humanas?[j]

QUANTO AO SÉTIMO, ASSIM SE PROCEDE: parece que uma só pessoa divina **não** poderia assumir duas naturezas humanas.

1. Com efeito, a natureza, assumida no mistério da encarnação, não tem outro supósito a não ser o supósito da pessoa divina, como acima foi dito. Logo, se se afirma que uma só pessoa divina assume duas naturezas humanas, haveria um só supósito de duas naturezas da mesma espécie, o que parece implicar contradição, já que a natureza de uma espécie multiplica-se pela distinção dos supósitos.

2. ALÉM DISSO, nessa mesma hipótese, não se poderia dizer que a pessoa divina encarnada fosse um só homem, pois não teria uma só natureza humana. Nem se poderia dizer que seriam vários homens, porque se distinguiriam pelo supósito e no caso haveria um único supósito. Logo, tal hipótese seria totalmente impossível.

3. ADEMAIS, no mistério da encarnação, a natureza divina toda uniu-se a toda a natureza assumida, ou seja, a cada uma de suas partes. Pois, Cristo é "Deus perfeito e homem perfeito, todo Deus e todo homem", conforme ensina Damasceno. Ora, duas naturezas humanas não podem unir-se totalmente entre si, porque então seria necessário que a alma de uma estivesse unida ao corpo de outra e também que dois corpos existissem juntos, o que acarretaria a confusão das naturezas. Logo, não é possível que a pessoa divina assuma duas naturezas humanas.

EM SENTIDO CONTRÁRIO, tudo o que o Pai pode, pode-o também o Filho. Ora, o Pai, depois da encarnação do Filho, pode assumir uma natureza humana distinta numericamente daquela que o Filho assumiu já que, pela encarnação do Filho, em nada ficou diminuída a potência do Pai ou do Filho. Logo, parece que o Filho, depois da encarnação, poderia assumir outra natureza humana além daquela que assumiu.

---

7 PARALL.: III *Sent.*, dist. 1, q. 2, a. 5.
1. Q. 2, a. 3, 6.
2. *De fide orth.*, l. III, c. 7: MG 94, 1012 B.

j. Sempre no gênero hipotético, este artigo propõe na verdade duas questões: 1) Deus possui a potência para encarnar em duas naturezas humanas? 2) Essas duas naturezas humanas, unidas ao mesmo supósito divino, permaneceriam distintas ou se tornariam um só homem? A resposta principal é consagrada à primeira dessas questões; as soluções respondem à segunda. Desse modo Tomás não deixa de examinar nada, e analisa sucessivamente o ponto de vista da pessoa que assume e o da natureza assumida.

RESPONDEO dicendum quod id quod potest in unum et non in amplius, habet potentiam limitatam ad unum. Potentia autem divinae personae est infinita, nec potest limitari ad aliquid creatum. Unde non est dicendum quod persona divina ita assumpserit unam naturam humanam quod non potuerit assumere aliam. Videretur enim ex hoc sequi quod personalitas divinae naturae esset ita comprehensa per unam humanam naturam quod ad eius personalitatem alia assumi non possit. Quod est impossibile: non enim increatum a creato comprehendi potest. Patet ergo quod, sive consideremus personam divinam secundum virtutem, quae est principium unionis; sive secundum suam personalitatem, quae est terminus unionis: oportet dicere quod persona divina, praeter naturam humanam quam assumpsit, possit aliam numero naturam humanam assumere.

AD PRIMUM ergo dicendum quod natura creata perficitur in sua ratione per formam, quae multiplicatur secundum divisionem materiae. Et ideo, si compositio formae et materiae constituat novum suppositum, consequens est quod natura multiplicetur secundum multiplicationem suppositorum. Sed in mysterio incarnationis unio formae et materiae, idest animae et corporis, non constituit novum suppositum, ut supra[3] dictum est. Et ideo posset esse multitudo secundum numerum ex parte naturae, propter divisionem materiae, absque distinctione suppositorum.

AD SECUNDUM dicendum quod posset videri quod, praedicta positione facta, consequeretur quod essent duo homines, propter duas naturas, absque hoc quod essent ibi duo supposita: sicut e converso tres personae dicerentur unus homo, propter unam naturam humanam assumptam, ut supra[4] dictum est. Sed hoc non videtur esse verum. Quia nominibus est utendum secundum quod sunt ad significandum imposita. Quod quidem est ex consideratione eorum quae apud nos sunt. Et ideo oportet, circa modum significandi et consignificandi, considerare ea quae apud nos sunt. In quibus nunquam nomen ab aliqua forma impositum pluraliter dicitur nisi propter pluralitatem suppositorum: homo enim qui est duobus vestimentis indutus, non dicitur duo vestiti, sed *unus vestitus duobus vestimentis*; et qui habet duas qualitates, dicitur singulariter *aliqualis secundum duas qualitates*. Natura autem assumpta quantum ad aliquid se habet per modum indumenti, licet

RESPONDO. O que pode fazer uma única coisa e nenhuma outra tem a potência limitada a essa única coisa. Ora, a potência da pessoa divina é infinita, nem pode ser limitada a algo criado. Logo, não se pode dizer que a pessoa divina tenha assumido uma única natureza humana de sorte a não poder assumir outra. Pois daí pareceria seguir-se que a personalidade da natureza divina foi compreendida por uma única natureza humana, de modo a não lhe ser possível assumir outra. O que é impossível: o incriado não pode ser compreendido pelo criado. É claro pois que, seja considerando a pessoa divina segundo o poder, que é princípio da união; seja considerando-a segundo sua personalidade, que é termo da união, é necessário dizer que a pessoa divina, além da natureza humana que assumiu poderia assumir outra numericamente distinta.

QUANTO AO 1º, portanto, deve-se dizer que a natureza criada é completada em sua razão pela forma que se multiplica segundo a divisão da matéria. Assim, se a composição da forma e da matéria constitui um novo supósito, segue-se que a natureza se multiplica segundo a multiplicação dos supósitos. Mas, no mistério da encarnação, a união da forma e da matéria, isto é, da alma e do corpo, não constitui um novo supósito, como acima ficou dito. Logo, poderia haver uma pluralidade numérica de naturezas, em razão da divisão da matéria, sem a distinção dos supósitos.

QUANTO AO 2º, deve-se dizer que, admitida a hipótese aludida, pareceria seguir-se que pudessem existir dois homens em razão de duas naturezas, sem que existissem dois supósitos; assim como, ao contrário, poderiam existir três pessoas num só homem em razão de ter sido assumida uma só natureza humana, como acima foi dito. Mas isso não parece ser verdadeiro. Com efeito, devemos empregar os nomes de acordo com a significação a eles imposta, o que se faz considerando as coisas que nos cercam. Cumpre, pois, a respeito do modo de significação e conotação dos termos, considerar as coisas que nos cercam. Ora, nestas coisas, nunca o nome imposto segundo alguma forma se diz no plural, a não ser em razão da pluralidade dos supósitos. Se um homem traz em si duas vestes, não se diz que são dois homens vestidos, mas *um só com duas vestes*. De quem tem duas qualidades se fala no singular: é *um tal com duas qualidades*. Quanto a algumas coisas, a natureza

---

3. A. praec.
4. A. praec., ad 1.

non sit similitudo quantum ad omnia, ut supra[5] dictum est. Et ideo, si persona divina assumeret duas naturas humanas, propter unitatem suppositi diceretur *unus homo habens duas naturas humanas*. — Contingit autem quod plures homines dicuntur unus populus, propter hoc quod conveniunt in aliquo uno: non autem propter unitatem suppositi. Et similiter, si duae personae divinae assumerent unam numero humanam naturam, dicerentur unus homo, ut supra[6] dictum est, non propter unitatem suppositi, sed inquantum conveniunt in aliquo uno.

AD TERTIUM dicendum quod divina et humana natura non eodem ordine se habent ad unam divinam personam: sed per prius comparatur ad ipsam divina natura, utpote quae est unum cum ea ab aeterno; sed natura humana comparatur ad personam divinam per posterius utpote assumpta ex tempore a divina persona, non quidem ad hoc quod natura sit ipsa persona, sed quod persona in natura subsistat; Filius enim Dei est sua deitas, sed non est sua humanitas. Et ideo ad hoc quod natura humana assumatur a divina persona, relinquitur quod divina natura unione personali uniatur toti naturae assumptae, idest secundum omnes partes eius. Sed duarum naturarum assumptarum esset uniformis habitudo ad personam divinam, nec una assumeret aliam. Unde non oporteret quod una earum totaliter alteri uniretur, idest, omnes partes unius omnibus partibus alterius.

assumida se comporta à maneira de uma vestimenta, embora essa semelhança não seja válida para tudo, como acima se disse. Portanto, se a pessoa divina assumisse duas naturezas humanas deveria denominar-se, em razão da unidade do suposto, *um único homem tendo duas naturezas humanas*. — Acontece que muitos homens são ditos um só povo, enquanto se referem a algo uno; mas não em razão da unidade do suposto. De modo semelhante, se duas pessoas divinas assumissem uma só natureza humana, numericamente, seriam denominadas um único homem, como acima foi dito, não em razão da unidade do suposto, mas enquanto se referem a algo uno.

QUANTO AO 3º, deve-se dizer que a natureza divina e a natureza humana não se referem à pessoa divina da mesma maneira[k]. Prioritariamente é a natureza divina que a ela se refere, pois é algo uno com ela desde toda a eternidade. Mas a natureza humana se refere secundariamente à pessoa divina, pois foi por ela assumida no tempo, não para que a natureza seja idêntica com a pessoa, mas para que a pessoa subsista na natureza: com efeito, o Filho de Deus é sua divindade, mas não é sua humanidade. Portanto, para que a natureza humana seja assumida pela pessoa divina, requer-se que a natureza divina, por uma união pessoal, se una a toda a natureza assumida, ou seja, segundo todas suas partes. Mas a relação de duas naturezas assumidas à pessoa divina seria uniforme, nem uma assumiria a outra. Assim, não seria necessário que uma delas se unisse totalmente à outra, ou seja, todas as partes de uma com todas as partes de outra.

---

5. Q. 2, a. 6, ad 1.
6. A. praec., ad 1.

k. Em nenhuma pessoa criada a natureza se identifica à pessoa: um homem *não é* sua humanidade. Em Deus, pelo contrário, pessoa e natureza se identificam de fato, mesmo que as distingamos conceitualmente: Deus *é* sua divindade, e sua divindade é sua personalidade.
Mas se Deus se encarnou, sua pessoa não se torna idêntica à humanidade que assume; o Verbo *tem* sua humanidade, ele não é sua humanidade. Logo, na hipótese de que uma segunda natureza humana viesse unir-se à pessoa divina, não resultaria sua união da mesma maneira da primeira natureza assumida, pois esta não é idêntica à pessoa divina. A segunda natureza — como a primeira — só se uniria diretamente à pessoa, e a unidade entre elas resultaria unicamente desse fato de pertencer à mesma pessoa, sem degenerar na confusão denunciada pela objeção.

Articulus 8
Utrum fuerit magis conveniens Filium Dei incarnari quam Patrem vel Spiritum Sanctum

AD OCTAVUM SIC PROCEDITUR. Videtur quod non fuerit magis conveniens Filium Dei incarnari quam Patrem vel Spiritum Sanctum.

1. Per mysterium enim incarnationis homines ad veram Dei cognitionem sunt perducti: secundum illud Io 18,37: *In hoc natus sum, et ad hoc veni in mundum, ut testimonium perhiberem veritati*. Sed ex hoc quod persona Filii Dei est incarnata, multi impediti fuerunt a vera Dei cognitione, ea quae dicuntur de Filio secundum humanam naturam referentes ad ipsam Filii personam: sicut Arius, qui posuit inaequalitatem personarum propter hoc quod dicitur Io 14,28, *Pater maior me est*; qui quidem error non provenisset si persona Patris incarnata fuisset; nullus enim existimasset Patrem Filio minorem. Magis ergo videtur conveniens fuisse quod persona Patris incarnaretur quam persona Filii.

2. PRAETEREA, incarnationis effectus videtur esse recreatio quaedam humanae naturae: secundum illud Gl 6,15: *In Christo Iesu neque circumcisio aliquid valet neque praeputium, sed nova creatura*. Sed potentia creandi appropriatur Patri. Ergo magis decuisset Patrem incarnari quam Filium.

3. PRAETEREA, incarnatio ordinatur ad remissionem peccatorum: secundum illud Mt 1,21: *Vocabis nomen eius Iesum: ipse enim salvum faciet populum suum a peccatis eorum*. Remissio autem peccatorum attribuitur Spiritui Sancto: secundum illud Io 20,22-23: *Accipite Spiritum Sanctum: quorum remiseritis peccata, remittentur eis*. Ergo magis congruebat personam Spiritus Sancti incarnari quam personam Filii.

Artigo 8
Foi mais conveniente que se tenha encarnado o Filho de Deus do que o Pai ou o Espírito Santo?[1]

QUANTO AO OITAVO, ASSIM SE PROCEDE: parece que **não** foi mais conveniente que se tenha encarnado a pessoa do Filho de Deus do que a do Pai ou do Espírito Santo.

1. Com efeito, os homens foram levados ao verdadeiro conhecimento de Deus pelo mistério da encarnação, conforme o Evangelho de João: "Eu nasci e vim ao mundo para dar testemunho da verdade". Ora, muitos foram impedidos de chegar ao verdadeiro conhecimento de Deus pela encarnação da pessoa do Filho de Deus, pois atribuíram à própria pessoa do Filho o que dele se diz em sua natureza humana; como Ário, que afirmou a desigualdade das pessoas em razão do que se diz no Evangelho de João: "O Pai é maior do que eu". Esse erro não teria surgido se a pessoa do Pai se encarnasse, porque ninguém julgaria que o Pai fosse menor que o Filho. Logo, parece que teria sido mais conveniente que se encarnasse a pessoa do Pai do que a do Filho.

2. ALÉM DISSO, o efeito da encarnação parece ter sido uma certa recriação da natureza humana, como se diz na Carta aos Gálatas: "No Cristo Jesus o que importa não é a circuncisão nem a incircuncisão, mas a nova criatura". Ora, o poder de criar é atribuído como próprio ao Pai. Logo, seria mais conveniente que o Pai se encarnasse do que o Filho.

3. ADEMAIS, a encarnação tem como fim a remissão dos pecados, conforme está no Evangelho de Mateus: "E ela dará à luz um filho a quem porás o nome de Jesus, pois é ele que salvará seu povo de seus pecados". Ora, a remissão dos pecados se atribui ao Espírito Santo, segundo o que diz o Evangelho de João: "Recebei o Espírito Santo. A quem perdoardes os pecados ser-lhes-ão perdoados". Logo, convinha mais à pessoa do Espírito Santo encarnar-se do que à pessoa do Filho.

---

8 PARALL.: III *Sent.*, dist. 1, q. 2, a. 2; *Cont. Gent.* IV, 42.

1. Ao final dos sete artigos anteriores, o leitor conclui naturalmente que a encarnação se poderia ter efetuado de outra forma. A razão teológica não foi capaz de estabelecer que havia uma necessidade em que só o Filho se encarnasse; ela mostrou, pelo contrário, que a Encarnação poderia ter-se efetuado por uma das duas outras pessoas, ou mesmo por toda a Trindade. Só há um meio de sair do impasse: o recurso à Revelação. O evento da encarnação do Filho reduz a seu justo valor as mais diversas hipóteses, e o verdadeiro trabalho do teólogo vem à luz: o desígnio de Deus sendo conhecido pela Revelação, esforçar-se por apreender sua inteligibilidade interna. A utilização maciça da Escritura neste último artigo contrasta nitidamente com o procedimento adotado nos artigos anteriores. Sto. Tomás permanece fiel ao princípio por ele enunciado na q. 1, a. 3, acima: tudo o que depende unicamente da vontade de Deus só nos pode ser acessível na medida em que Deus no-lo dá a conhecer pela Sagrada Escritura.

SED CONTRA est quod Damascenus dicit, in III libro[1]: *In mysterio incarnationis manifestata est sapientia et virtus Dei: sapientia quidem, quia invenit difficillimi solutionem pretii valde decentissimam; virtus autem, quia victum fecit rursus victorem.* Sed virtus et sapientia appropriantur Filio: secundum illud 1Cor 1,24: *Christum Dei virtutem et Dei sapientiam.* Ergo conveniens fuit personam Filii incarnari.

RESPONDEO dicendum quod convenientissimum fuit personam Filii incarnari. Primo quidem, ex parte unionis. Convenienter enim ea quae sunt simila, uniuntur. Ipsius autem personae Filii, qui est Verbum Dei, attenditur, uno quidem modo, communis convenientia ad totam creaturam. Quia verbum artificis, idest conceptus eius, est similitudo exemplaris eorum quae ab artifice fiunt. Unde Verbum Dei, quod est aeternus conceptus eius, est similitudo exemplaris totius creaturae. Et ideo, sicut per participationem huius similitudinis creaturae sunt in propriis speciebus institutae, sed mobiliter; ita per unionem Verbi ad creaturam non participativam sed personalem, conveniens fuit reparari creaturam in ordine ad aeternam et immobilem perfectionem: nam et artifex per formam artis conceptam qua artificiatum condidit, ipsum, si collapsum fuerit, restaurat. — Alio modo, habet convenientiam specialiter cum humana natura: ex eo quod Verbum est conceptus aeternae sapientiae, a qua omnis sapientia hominum derivatur. Et ideo homo per hoc in sapientia proficit, quae est propria eius perfectio prout est rationalis, quod participat Verbum Dei: sicut discipulus instruitur per hoc quod recipit verbum magistri. Unde et Eccli 1,5 dicitur: *Fons sapientiae Verbum Dei in excelsis.* Et ideo, ad consummatam hominis perfectionem, conveniens fuit ut ipsum Verbum Dei humanae naturae personaliter uniretur.

Secundo potest accipi ratio huius congruentiae ex fine unionis, qui est impletio praedestinationis: eorum scilicet qui praeordinati sunt ad hereditatem caelestem, quae non debetur nisi filiis, secundum illud Rm 8,17: *Filii et heredes.* Et ideo congruum fuit ut per eum qui est Filius naturalis, homines participarent similitudinem huius filiationis secundum adoptionem sicut Apostolus ibidem [v. 29]

EM SENTIDO CONTRÁRIO, Damasceno diz: "No mistério da encarnação manifestou-se a sabedoria e o poder de Deus: a sabedoria porque encontrou para a mais difícil das situações a solução mais conveniente; o poder porque fez do vencido novamente um vencedor". Mas a sabedoria e o poder são atribuídos como próprios ao Filho, conforme diz a primeira Carta aos Coríntios: "Cristo, força de Deus e sabedoria de Deus". Logo, foi conveniente que se encarnasse a pessoa do Filho.

RESPONDO. A encarnação do Filho teve a máxima conveniência. 1. Por parte da união. As realidades semelhantes unem-se convenientemente. Ora, na pessoa do Filho, que é o Verbo de Deus, observa-se, primeiramente, uma conveniência comum a toda criatura. Pois, o verbo do artesão, ou seja, seu conceito, é a semelhança exemplar das obras que são feitas por ele. Donde, o Verbo de Deus, que é seu eterno conceito, é a semelhança exemplar de toda criatura. E assim como, pela participação nessa semelhança, as criaturas foram estabelecidas em suas espécies, mas sujeitas ao movimento, assim pela união, não apenas participativa, mas pessoal, do Verbo à criatura, foi conveniente que esta fosse reparada em ordem à perfeição eterna e imutável. Com efeito, o artesão, pela forma da arte que tem em mente, segundo a qual criou o objeto, também o restaura, se ele por acaso sofrer dano. — Sob outro aspecto, a encarnação do Verbo mostra uma conveniência particular com a natureza humana, por ser o Verbo o conceito da sabedoria eterna, da qual deriva toda sabedoria dos homens. Assim, o homem progride na sabedoria que é sua perfeição própria enquanto racional, na medida em que participa do Verbo de Deus, do mesmo modo que o discípulo aprende na medida em que recebe a palavra do mestre. Por isso se diz no livro do Eclesiástico: "Fonte da sabedoria é a palavra de Deus nos céus". Desta sorte, para que se consumasse a perfeição do homem foi conveniente que o próprio Verbo de Deus se unisse pessoalmente à natureza humana.

2. A razão dessa conveniência pode ser encontrada no fim da união, que é o cumprimento da predestinação, a saber, daqueles que foram pré-ordenados à herança celeste devida somente aos filhos, segundo a Carta aos Romanos: "Filhos, portanto herdeiros". Assim, foi conveniente que os homens participassem da semelhança dessa filiação por participação, mediante aquele que é

---
1. *De fide orth.*, l. III, c. 1: MG 94, 984 A.

dicit: *Quos praescivit et praedestinavit conformes fieri imagini Filii eius.*

Tertio potest accipi ratio huius congruentiae ex peccato primi parentis, cui per incarnationem remedium adhibetur. Peccavit enim primus homo appetendo scientiam: ut patet ex verbis serpentis promittentis homini *scientiam boni et mali*. Unde conveniens fuit ut per Verbum verae sapientiae homo reduceretur in Deum, qui per inordinatum appetitum scientiae recesserat a Deo.

AD PRIMUM ergo dicendum quod nihil est quo humana malitia non posset abuti: quando etiam ipsa Dei bonitate abutitur, secundum illud Rm 2,4: *An divitas bonitatis eius contemnis?* Unde et, si persona Patris fuisset incarnata, potuisset ex hoc homo alicuius erroris occasionem assumere, quasi Filius sufficere non potuisset ad humanam naturam reparandam.

AD SECUNDUM dicendum quod prima rerum creatio facta est a potentia Dei Patris per Verbum. Unde et recreatio per Verbum fieri debuit a potentia Dei Patris, ut recreatio creationi responderet: secundum illud 2Cor 5,19: *Deus erat in Christo mundum reconcilians sibi.*

AD TERTIUM dicendum quod Spiritus Sancti proprium est quod sit donum Patris et Filii. Remissio autem peccatorum fit per Spiritum Sanctum tanquam per donum Dei. Et ideo convenientius fuit ad iustificationem hominum quod incarnaretur Filius, cuius Spiritus Sanctus est donum.

o Filho por natureza, conforme diz o Apóstolo na mesma Carta: "Os que de antemão conheceu, também os predestinou a serem conformes à imagem do seu Filho".

3. A razão dessa conveniência pode também ser encontrada no pecado do primeiro pai, ao qual a encarnação traz remédio. O primeiro homem pecou pelo apetite da ciência, como está claro nas palavras da serpente prometendo ao homem *a ciência do bem e do mal*. Logo, foi conveniente que o homem, que se afastara de Deus pelo apetite desordenado da ciência, fosse reconduzido a Deus pelo Verbo da verdadeira sabedoria.

QUANTO AO 1º, portanto, deve-se dizer que não há nada de que a malícia humana não possa abusar, pois abusou da própria bondade de Deus, segundo diz a Carta aos Romanos: "Acaso desprezas as riquezas de sua bondade?" Logo, se a pessoa do Pai tivesse se encarnado, o homem poderia daí colher ocasião para algum erro, como se o Filho não bastasse para reparar a natureza humana.

QUANTO AO 2º, deve-se dizer que a primeira criação das coisas foi obra do poder de Deus Pai por meio do Verbo. Assim, a recriação deveria ser também feita pelo poder de Deus Pai por meio do Verbo, para que a recriação correspondesse à criação, conforme a segunda Carta aos Coríntios: "Era Deus que em Cristo reconciliava o mundo consigo".

QUANTO AO 3º, deve-se dizer que é próprio do Espírito Santo que seja dom do Pai e do Filho. Ora, a remissão dos pecados se faz pelo Espírito Santo enquanto dom de Deus. Portanto, foi mais conveniente para a justificação dos homens que se encarnasse o Filho, cujo dom é o Espírito Santo.

QUAESTIO IV
DE UNIONE EX PARTE ASSUMPTI
in sex articulos divisa

Deinde considerandum est de unione ex parte assumpti. Circa quod primo considerandum

QUESTÃO 4
A UNIÃO DA PARTE DO QUE FOI ASSUMIDO[a]
em seis artigos

Em seguida deve-se considerar a união da parte do que foi assumido[b]. A esse propósito convém,

---

a. A nova seção que aqui se inicia estende-se até a questão 15, inclusive. Após estudar a união hipostática do ponto de vista da pessoa que assume, Sto. Tomás, com muita coerência, passa a examinar essa mesma união do ponto de vista da natureza assumida. Duas grandes considerações irão nos ocupar aqui: 1) as realidades diretamente assumidas (q. 4-6); 2) as realidades que delas decorrem por nelas estarem necessariamente implicadas (q. 7-15).

b. Nesta primeira consideração sobre a natureza assumida, o autor mostra desde logo que a dignidade de criatura racional e sua necessidade de redenção faziam da natureza humana a mais apta a ser assumida, de preferência a toda outra natureza criada (a. 1).

occurrit de his quae sunt a Verbo Dei assumpta; secundo, de co-assumptis, quae sunt perfectiones et defectus.

Assumpsit autem Fillius Dei humanam naturam, ex parte eius. Unde circa primum triplex consideratio occurrit: prima est, quantum ad ipsam naturam humanam; secunda est, quantum ad partes ipsius; tertia, quantum ad ordinem assumptionis.

Circa primum quaeruntur sex.

Primo: utrum humana natura fuerit magis assumptibilis a Filio Dei quam aliqua alia natura.

Secundo: utrum assumpserit personam.

Tertio: utrum assumpserit hominem.

Quarto: utrum fuisset conveniens quod assumpsisset humanam naturam a singularibus separatam.

Quinto: utrum fuerit conveniens quod assumpsisset humanam naturam in omnibus singularibus.

Sexto: utrum fuerit conveniens quod assumeret humanam naturam in aliquo homine ex stirpe Adae progenito.

Articulus 1
Utrum humana natura fuerit magis assumptibilis a Filio Dei quam quaelibet alia natura

AD PRIMUM SIC PROCEDITUR. Videtur quod humana natura non fuerit magis assumptibilis a Filio Dei quam quaelibet alia natura.

1. Dicit enim Augustinus, in Epistola *ad Volusianum*[1]: *In rebus mirabiliter factis tota ratio facti est potentia facientis.* Sed potentia Dei facienti incarnationem, quae est opus maxime mirabile, non limitatur ad unam naturam: cum potentia Dei sit infinita. Ergo natura humana non est magis assumptibilis a Deo quam aliqua alia creatura.

em primeiro lugar, considerar o que foi assumido pelo Verbo de Deus. Em segundo lugar, o que foi implicado na assunção, a saber, as perfeições e deficiências.

O Filho de Deus assumiu a natureza humana e suas partes. Quanto ao primeiro, portanto, são três as considerações: com respeito à própria natureza humana; às suas partes; à ordem da assunção.

Quanto à primeira são seis as perguntas:

1. A natureza humana foi mais apta a ser assumida pelo Filho de Deus do que qualquer outra natureza?
2. A pessoa foi assumida?
3. O homem foi assumido?
4. Teria sido conveniente assumir a natureza humana separada dos indivíduos?
5. Teria sido conveniente assumir a natureza humana em todos os indivíduos?
6. Foi conveniente o ter assumido a natureza humana em algum homem gerado da descendência de Adão?

Artigo 1
A natureza humana foi mais apta a ser assumida pelo Filho de Deus do que qualquer outra natureza?

QUANTO AO PRIMEIRO ARTIGO, ASSIM SE PROCEDE: parece que a natureza humana **não** foi mais apta a ser assumida pelo Filho de Deus do que qualquer outra natureza.

1. Com efeito, Agostinho escreve na Carta a Volusiano: "Nas coisas feitas admiravelmente, toda a razão do que é feito reside no poder do que faz". Ora, o poder de Deus que realiza a encarnação, a mais admirável de todas suas obras, não se limita a uma só natureza, pois o poder de Deus é infinito. Logo, a natureza humana não é mais apta a ser assumida por Deus do que qualquer outra natureza.

---

[1] PARALL.: III *Sent.*, dist. 2, q. 1, a. 1; *Cont. Gent.* IV, 53, 55; *ad Heb.*, c. 2, lect. 4.

1. Epist. 137, al. 3, c. 2, n. 8: ML 33, 519.

Ele examina em seguida duas séries de questões: 1) o estado concreto dessa natureza (a. 2-5); 2) seu estado de integridade (a. 6). Os artigos 2 e 3 demonstram que a natureza assumida não se concretizava anteriormente num indivíduo, pois não era nem uma pessoa (a. 2) nem um homem (a. 3) antes da união. Era contudo uma natureza singular, e não a natureza humana universal: seria metafisicamente impossível assumir e concretizar a natureza universal abstrata de um indivíduo (a. 4), e não conviria que uma natureza universal concretizada em todos os indivíduos fosse assumida, pois isso destruiria a pluralidade natural da raça humana (a. 5). Enfim, dada a redenção a ser efetuada, convinha que o Verbo assumisse uma natureza humana submetida às consequências do pecado de Adão (excetuado o próprio pecado), em lugar de uma natureza que escapasse à condição comum (a. 6).

2. Praeterea, similitudo est ratio faciens ad congruitatem incarnationis divinae personae, ut supra[2] dictum est. Sed sicut in natura rationali invenitur similitudo imaginis, ita in natura irrationali similitudo vestigii. Ergo creatura irrationalis assumptibilis fuit, sicut humana natura.

3. Praeterea, in natura angelica invenitur expressior Dei similitudo quam in natura humana: sicut Gregorius dicit, in Homilia *de Centum Ovibus*[3], introducens illud Ez 28,12, *Tu signaculum similitudinis*. Invenitur enim in angelo peccatum, sicut in homine: secundum illud Io 4,18: *In angelis suis reperit pravitatem*. Ergo natura angelica fuit ita assumptibilis sicut natura hominis.

4. Praeterea, cum Deo competat summa perfectio, tanto magis est Deo aliquid simile, quanto est magis perfectum. Sed totum universum est magis perfectum quam partes eius: inter quas est humana natura. Ergo totum universum est magis assumptibile quam humana natura.

Sed contra est quod dicitur Pr 8,31, ex ore Sapientiae genitae: *Deliciae meae esse cum filiis hominum*. Et ita videtur esse quaedam congruentia unionis Filii Dei ad humanam naturam.

Respondeo dicendum quod aliquid assumptibile dicitur quasi aptum assumi a divina persona. Quae quidem aptitudo non potest intelligi secundum potentiam passivam naturalem, quae non se extendit ad id quod transcendit ordinem naturalem, quem transcendit unio personalis creaturae ad Deum. Unde relinquitur quod assumptibile aliquid dicatur secundum congruentiam ad unionem praedictam. Quae quidem congruentia attenditur secundum duo in humana natura: scilicet secundum eius dignitatem; et necessitatem. Secundum *dignitatem* quidem, quia humana natura, inquantum est rationalis et intellectualis, nata est contingere aliqualiter ipsum Verbum per suam operationem, cognoscendo scilicet et amando ipsum. Secundum *necessitatem* autem, quia indigebat reparatione, cum subiaceret originali peccato. Haec autem duo soli humanae naturae conveniunt: nam creaturae irrationali deest congruitas dignitatis; naturae autem angelicae deest congruitas praedictae necessitatis. Unde relinquitur quod sola natura humana sit assumptibilis.

2. Além disso, a semelhança é a razão da conveniência da encarnação da pessoa divina, como acima foi dito. Ora, como na natureza racional se encontra a semelhança da imagem, assim na irracional encontra-se a semelhança do vestígio. Logo, a criatura irracional era tão apta a ser assumida quanto a natureza humana.

3. Ademais, na natureza angélica encontra-se uma semelhança de Deus mais nítida do que na natureza humana, como ensina Gregório, citando o que diz o profeta Ezequiel: "Tu és o selo da semelhança". Ora, no anjo, assim como no homem, encontra-se o pecado, como diz o livro Jó: "E até nos seus anjos encontra a maldade". Logo, a natureza angélica era tão apta a ser assumida quanto a natureza do homem.

4. Ademais, como é própria de Deus a suma perfeição, tanto mais algo é semelhante a Deus quanto mais é perfeito. Ora, o universo todo é mais perfeito do que suas partes, entre as quais está a natureza humana. Logo, todo o universo é mais apto a ser assumido do que a natureza humana.

Em sentido contrário, diz-se no livro dos Provérbios, pelos lábios da Sabedoria: "A minha delícia é estar com os filhos dos homens". Assim parece que há alguma conveniência na união do Filho de Deus com a natureza humana.

Respondo. Diz-se que alguma coisa é apta a ser assumida, quando nela há aptidão a ser assumida por uma pessoa divina. Essa aptidão não pode ser entendida segundo a potência passiva natural, que não alcança o que transcende a ordem natural. Ora, a união pessoal da criatura com Deus transcende essa ordem. Resta, pois, que alguma coisa possa ser dita apta a ser assumida, em razão da conveniência com a referida união. Essa conveniência se encontra na natureza humana sob dois aspectos: o da dignidade e o da necessidade. Quanto à *dignidade*, porque a natureza humana, enquanto racional e intelectual, é capaz de atingir o Verbo de alguma maneira mediante sua operação, ou seja, conhecendo-o e amando-o. Quanto à *necessidade*, porque precisava de reparação, submetida como estava ao pecado original. Essas duas condições se verificam somente na natureza humana. À criatura irracional falta a conveniência da dignidade; à natureza angélica falta a conveniência da sobredita necessidade. Logo, só a natureza humana mostra-se apta a ser assumida.

---

2. Q. 3, a. 8.
3. Homil. 34 *in Evang*., n. 7: ML 76, 1250 B.

AD PRIMUM ergo dicendum quod creaturae denominantur aliquales ex eo quod competit eis secundum proprias causas, non autem ex eo quod convenit eis secundum primas causas et universales: sicut dicimus aliquem morbum esse incurabilem, non quia non potest curari a Deo, sed quia per propria principia subiecti curari non potest. Sic ergo dicitur aliqua creatura non esse assumptibilis, non ad subtrahendum aliquid divinae potentiae, sed ad ostendendum conditionem creaturae quae ad hoc aptitudinem non habet.

AD SECUNDUM dicendum quod similitudo *imaginis* attenditur in natura humana secundum quod est capax Dei, scilicet ipsum attingendo propria operatione cognitionis et amoris. Similitudo autem *vestigii* attenditur solum secundum repraesentationem aliquam ex impressione divina in creatura existentem: non autem ex eo quod creatura irrationalis, in qua est sola talis similitudo, possit ad Deum attingere per solam suam operationem. Quod autem deficit a minori, non habet congruitatem ad id quod est maius: sicut corpus quod non est aptum perfici anima sensitiva, multo minus est aptum perfici anima intellectiva. Multo autem est maior et perfectior unio ad Deum secundum esse personale quam quae est secundum operationem. Et ideo creatura irrationalis, quae deficit ab unione ad Deum per operationem, non habet congruitatem ut uniatur ei secundum esse personale.

AD TERTIUM dicendum quod quidam[4] dicunt angelum non esse assumptibilem, quia a principio suae creationis est in sua personalitate perfectus: cum non subiaceat generationi et corruptioni. Unde non potuisset in unitatem divinae personae assumi nisi eius personalitas destrueretur: quod neque convenit incorruptibilitati naturae eius; neque bonitati assumentis, ad quam non pertinet quod aliquid perfectionis in creatura assumpta corrumpat. — Sed hoc non videtur totaliter excludere congruitatem assumptionis angelicae naturae. Potest enim Deus, producendo novam angelicam naturam, copulare eam sibi in unitate personae: et

QUANTO AO 1º, portanto, deve-se dizer que as criaturas são denominadas tais ou tais, a partir do que lhes convém segundo as próprias causas, não segundo as causas primeiras e universais. Por exemplo, dizemos que uma doença é incurável, não porque não possa ser curada por Deus, mas porque não pode ser curada pelos meios próprios do sujeito. Assim, também, de uma criatura se diz que não é apta a ser assumida, não para subtrair algo ao poder divino, mas para mostrar a condição da criatura que não tem aptidão para ser assumida.

QUANTO AO 2º, deve-se dizer que a semelhança *por imagem*[c] é atribuída à natureza humana enquanto é capaz de Deus, ou seja, de atingi-lo pela própria operação do conhecimento e do amor. Já a semelhança *por vestígio* é atribuída somente em razão de certa representação impressa por Deus na criatura irracional, única a ter essa semelhança, e não porque ela possa atingir Deus por sua própria operação. O que é deficiente com relação ao que é menor não goza de conveniência com o que é maior. Assim o corpo, que não é apto a ser aperfeiçoado pela alma sensitiva, o é muito menos pela alma intelectiva. Ora, é muito maior e mais perfeita a união a Deus segundo o ato de ser pessoal do que segundo a operação. Logo, a criatura irracional, incapaz de união com Deus pela sua operação, não possui a aptidão conveniente para unir-se com ele segundo o ato de ser pessoal.

QUANTO AO 3º, deve-se dizer que alguns autores afirmaram que o anjo não está apto a ser assumido porque desde o início de sua criação é perfeito em sua personalidade, pois não está submetido à geração e à corrupção. Portanto, não poderia ser assumido na unidade da pessoa divina, a não ser que sua personalidade fosse destruída. Ora, isso não convém nem à incorruptibilidade de sua natureza, nem à bondade do que assume, ao qual não convém destruir algo da perfeição na criatura que é assumida. — Mas essa razão não parece excluir totalmente da criatura angélica a conveniência de ser assumida. Deus poderia, criando

---

4. Cfr. ALBERTUM M., *In III Sent.*, dist. 2, a. 2: ed. A. Borgnet, t. XXVIII, p. 24; PETRUM DE TARANTASIA, *In III Sent.*, dist. 2, q. 1, a. 1.

---

c. Semelhança por imagem e semelhança por vestígio baseiam-se nas duas diferentes maneiras pelas quais um efeito lembra sua causa. A primeira consiste na mera relação de *causalidade*: um galho partido evoca um agente que causou sua ruptura, mas não diz qual é; pode ser um homem ou um anima irracional, assim como o vento. A segunda representa não só a causalidade, mas também a *natureza* ou a *forma* da causa: uma criança faz pensar em seu pai, em sua natureza de homem mas também em algumas de suas características (branco ou negro, loiro ou moreno etc.). Quando o efeito só representa sua causa do ponto de vista da causalidade, fala-se de uma semelhança por vestígio; quando representa igualmente sua natureza, fala-se de uma semelhança por imagem (ver I, q. 45, a. 7; sobre os diferentes níveis de semelhança entre um efeito e sua causa, ver também I, q. 93, a. 9).

sic nihil praeexistens ibi corrumperetur. Sed, sicut dictum est[5], deest congruitas ex parte necessitatis: quia, etsi natura angelica in aliquibus peccato subiacet, est tamen eius peccatum irremediabile, ut in Prima Parte[6] habitum est.

AD QUARTUM dicendum quod perfectio universi non est perfectio unius personae vel suppositi: sed eius quod est unum sub positione vel ordine. Cuius plurimae partes non sunt assumptibiles, ut dictum est[7]. Unde relinquitur quod solum natura humana sit assumptibilis.

Articulus 2
Utrum Filius Dei assumpserit personam

AD SECUNDUM SIC PROCEDITUR. Videtur quod Filius Dei assumpserit personam.

1. Dicit enim Damascenus, in III libro[1], quod Filius Dei *assumpsit humanam naturam in atomo*, idest, in individuo. Sed *individuum rationalis naturae* est persona: ut patet per Boetium, in libro *de Duabus Naturis*[2]. Ergo Filius Dei personam assumpsit.

2. PRAETEREA, Damascenus dicit[3] quod Filius Dei *assumpsit ea quae in natura nostra plantavit*. Plantavit autem ibi personalitatem. Ergo Filius Dei assumpsit personam.

3. PRAETEREA, nihil consumitur nisi quod est. Sed Innocentius III[4] dicit, in quadam Decretali, quod *persona Dei consumpsit personam hominis*. Ergo videtur quod persona hominis fuit prius assumpta.

SED CONTRA est quod Augustinus[5] dicit, in libro *de Fide ad Petrum*[6], quod *Deus naturam hominis assumpsit, non personam*.

RESPONDEO dicendum quod aliquid dicitur assumi ex eo quod *ad aliquid sumitur*. Unde illud quod assumitur oportet praeintelligi assumptioni: sicut

uma nova natureza angélica, uni-la a si na unidade da pessoa. Desta sorte nada de preexistente seria destruído naquela natureza. Mas, como foi antes explicado, o que falta é a conveniência por parte da necessidade. Com efeito, embora em alguns anjos a natureza angélica esteja submetida ao pecado, esse pecado é sem remédio, como foi demonstrado na I Parte.

QUANTO AO 4º, deve-se dizer que a perfeição do universo não é a perfeição de uma única pessoa ou supósito, mas daquilo que é único pela disposição ou ordem. Ora, disso muitas partes não são aptas a serem assumidas, como foi dito. Resulta, portanto, que apenas a natureza humana é apta a ser assumida.

Artigo 2
O Filho de Deus assumiu a pessoa?

QUANTO AO SEGUNDO, ASSIM SE PROCEDE: parece que o Filho de Deus **assumiu** a pessoa.

1. Com efeito, diz Damasceno: "O Filho de Deus assumiu a natureza humana num ser indiviso", isto é, no indivíduo. Ora, o indivíduo da natureza racional é a pessoa, como ensina Boécio. Logo, o Filho de Deus assumiu a pessoa.

2. ALÉM DISSO, diz ainda Damasceno que o Filho de Deus "assumiu o que plantou em nossa natureza". Ora, nela plantou a personalidade. Logo, o Filho de Deus assumiu a pessoa.

3. ADEMAIS, nada é consumido senão o que existe. Ora, diz Inocêncio III em certa *Decretal* que "a pessoa de Deus consumiu a pessoa do homem". Logo, parece que primeiro foi assumida a pessoa do homem.

EM SENTIDO CONTRÁRIO, declara Agostinho: "Deus assumiu a natureza do homem, não a pessoa".

RESPONDO. Alguma coisa se diz assumida porque *é recebida em outra*. É necessário, pois, que o que é assumido seja pressuposto à assunção, assim

---

5. In corp.
6. Q. 64, a. 2.
7. In corp.

2 PARALL.: III *Sent.*, dist. 5, q. 3, a. 3.
1. *De fide orth.*, l. III, c. 11: MG 94, 1024 A.
2. C. 3: ML 64, 1343 C.
3. Op. cit., l. III, c. 6: MG 94, 1005 A.
4. Cfr. PASCHASIUM DIAC., *De Spiritu S.*, l. II, c. 4: ML 62, 29 C.
5. Fulgentius.
6. C. 17: ML 65, 698 C.

id quod movetur localiter praeintelligitur ipsi motui. Persona autem non praeintelligitur in humana natura assumptioni, sed magis se habet ut terminus assumptionis, ut supra[7] dictum est. Si enim praeintelligeretur, vel oporteret quod corrumperetur: et sic frustra esset assumpta. Vel quod remaneret post unionem: et sic essent duae personae, una assumens et alia assumpta; quod est erroneum, ut supra[8] ostensum est. Unde relinquitur quod nullo modo Filius Dei assumpsit humanam personam.

AD PRIMUM ergo dicendum quod naturam humanam assumpsit Filius Dei *in atomo*, idest in individuo quod non est aliud a supposito increato quod est persona Filii Dei. Unde non sequitur quod persona sit assumpta.

AD SECUNDUM dicendum quod naturae assumptae non deest propria personalitas propter defectum alicuius quod ad perfectionem humanae naturae pertineat: sed propter additionem alicuius quod est supra humanam naturam, quod est unio ad divinam personam.

AD TERTIUM dicendum quod *consumptio* ibi non importat destructionem alicuius quod prius fuerat: sed impeditionem eius quod aliter esse posset. Si enim humana natura non esset assumpta a divina persona, natura humana propriam personalitatem haberet. Et pro tanto dicitur persona *consumpsisse personam*, licet improprie, quia persona divina sua unione impedivit ne humana natura propriam personalitatem haberet.

como o que é movido localmente é pressuposto ao movimento. Ora, a pessoa não é pressuposta à assunção na natureza humana, mas se comporta antes como termo da assunção, como acima foi explicado. Se fosse pressuposta, seria necessário ou que fosse dissolvida, e assim a assunção teria sido vã; ou que permanecesse depois da união e assim haveria duas pessoas, uma que assume, outra que é assumida, o que é errôneo, como foi mostrado acima. Logo, conclui-se que de nenhuma maneira o Filho de Deus assumiu a pessoa humana.

QUANTO AO 1º, portanto, deve-se dizer que o Filho de Deus assumiu a natureza humana *no indiviso*, ou seja, no indivíduo, que outro não é senão o supósito incriado, ou seja, a pessoa do Filho de Deus. Logo, não se segue que a pessoa humana tenha sido assumida.

QUANTO AO 2º, deve-se dizer que a personalidade própria não falta à natureza que foi assumida em razão do defeito de algo que pertença à perfeição da natureza humana, e sim em razão do acréscimo de algo que está acima da natureza humana, a saber, a união à pessoa divina.

QUANTO AO 3º, deve-se dizer que *consumir* no texto citado não significa a destruição de alguma coisa que antes existira, mas o impedimento do que poderia ser de outra maneira. Se a natureza humana não tivesse sido assumida pela pessoa divina, teria a própria personalidade. Assim se diz que a pessoa *consumiu a pessoa*, embora impropriamente, ou seja, no sentido de que a pessoa divina impediu, com sua união, que a natureza humana tivesse a própria personalidade[d].

ARTICULUS 3
Utrum persona divina assumpserit hominem

AD TERTIUM SIC PROCEDITUR. Videtur quod persona divina assumpserit hominem.

ARTIGO 3
A pessoa divina assumiu o homem?

QUANTO AO TERCEIRO, ASSIM SE PROCEDE: parece que a pessoa divina **assumiu** o homem.

---

7. Q. 3, a. 1, 2.
8. Q. 2, a. 6.

3 PARALL.: Supra, q. 2, a. 6; III *Sent.*, dist. 6, q. 1, a. 2; *Cont. Error. Graec.*, c. 20; *Compend. Theol.*, c. 210; *ad Rom.*, c. 1, lect. 3; *ad Philipp.*, c. 2, lect. 2.

d. A resposta à questão posta pelo título do artigo é formal: o Verbo não assumiu uma pessoa humana, é a própria expressão da fé cristã, e caberia ao nestorianismo pretender o contrário. No entanto, Sto. Tomás não deixa de lembrar uma evidência: para a natureza humana, o fato de ser desprovida de sua personalização propriamente humana não constitui para ela uma carência; ela é personalizada no nível da pessoa do Verbo, não se trata de uma diminuição, mas de uma "dignificação" jamais vista. Como diz ainda Sto. Tomás, o Verbo se torna "a hipóstase [isto é, a pessoa] de uma natureza humana" (*III Sent*. D. 1, q. 1, a. 1). É interessante observar que, sem jamais empregar explicitamente a expressão "pessoa humana" ao se referir a Cristo, Sto. Tomás encaminha aqueles que desejam fazê-lo, pois o que é a pessoa ou hipóstase de uma natureza humana senão uma pessoa humana?... Se não se deve dizer que o Verbo *tem* uma pessoa humana, pode-se sem dúvida afirmar que ele *é* também

1. Dicitur enim in Ps 64,5: *Beatus quem elegisti et assumpsisti*: quod Glossa[1] exponit de Christo. Et Augustinus dicit, in libro *de Agone Christiano*[2]: *Filius Dei hominem assumpsit, et in illo humana perpessus est*.

2. PRAETEREA, hoc nomen *homo* significat naturam humanum. Sed Filius Dei assumpsit humanam naturam. Ergo assumpsit hominem.

3. PRAETEREA, Filius Dei est homo. Sed non est homo quem non assumpsit: quia sic esset pari ratione Petrus, vel quilibet alius homo. Ergo est homo quem assumpsit.

SED CONTRA est auctoritas Felicis Papae et Martyris, quae introducitur in Ephesina Synodo[3]: *Credimus in Dominum nostrum Iesum Christum, de Virgine Maria natum, quia ipse est Dei sempiternus Filius et Verbum, et non homo a Deo assumptus, ut alter sit praeter illum. Neque enim hominem assumpsit Dei Filius ut alter sit praeter ipsum*.

RESPONDEO dicendum quod, sicut supra[4] dictum est, id quod assumitur non est terminus assumptionis, sed assumptioni praeintelligitur. Dictum est autem[5] quod individuum in quo assumitur natura humana, non est aliud quam divina persona, quae est terminus assumptionis. Hoc autem nomen *homo* significat humanam naturam prout est nata in supposito esse: quia, ut dicit Damascenus[6], sicut hoc nomen *Deus* significat eum qui habet divinam naturam, ita hoc nomen *homo* significat eum qui habet humanam naturam. Et ideo non est proprie dictum quod Filius Dei assumpsit hominem, supponendo, sicut rei veritas se habet, quod in Christo sit unum suppositum et una hypostasis.

Sed secundum illos qui ponunt in Christo duas hypostases vel duo supposita, convenienter et proprie dici posset quod Filius Dei hominem assumpsisset. Unde et prima opinio quae ponitur sexta distinctione Tertii Libri *Sententiarum*, concedit hominem esse assumptum. Sed illa opinio erronea est, ut supra[7] ostensum est.

1. Com efeito, no Salmo 64 se diz: "Bem-aventurado aquele que elegeste e assumiste", que a Glosa interpreta como dito do Cristo. Escreve também Agostinho: "O Filho de Deus assumiu o homem e nele padeceu o que é próprio do homem".

2. ALÉM DISSO, o termo *homem* significa a natureza humana. Ora, o Filho de Deus assumiu a natureza humana. Logo, assumiu o homem.

3. ADEMAIS, o Filho de Deus é homem. Ora, não é o homem que ele assumiu, porque assim seria, pela mesma razão, Pedro ou qualquer outro homem. Logo, é o homem que ele assumiu.

EM SENTIDO CONTRÁRIO, temos a autoridade de Félix, papa e mártir, que foi recebida no Concílio de Éfeso: "Cremos no Senhor nosso Jesus Cristo, nascido da Virgem Maria, porque é o Filho sempiterno e o Verbo de Deus, e não homem assumido por Deus para que seja outro diferente de si. Pois o Filho de Deus não assumiu o homem para ser outro diferente de si".

RESPONDO. Como acima foi dito, o que é assumido não é o termo da assunção, mas é a ela pressuposto. Também foi dito que o indivíduo no qual a natureza humana é assumida não é senão a pessoa divina que é o termo da assunção. Ora, o termo *homem* significa a natureza humana enquanto apta a existir num supósito. Com efeito, diz Damasceno, "assim como o termo *Deus* significa o que tem a natureza divina, assim o termo *homem* significa o que tem a natureza humana". Desse modo não se diz com propriedade que o Filho de Deus assumiu o homem se supusermos, como na verdade sucede, que em Cristo haja um só supósito e uma só hipóstase.

Mas, de acordo com os que admitem em Cristo duas hipóstases ou dois supósitos, poderia ser dito propriamente e convenientemente que o Filho de Deus assumiu o homem. Assim, a primeira opinião que ocorre na distinção 6ª do livro III das *Sentenças* concede que o homem tenha sido assumido. Mas tal opinião é errônea, como acima foi mostrado.

---

1. Interl.; LOMBARDI: ML 191, 584 A. — Vide AUG., *Enarr. in Ps.*, Ps. 64, super v. 5, n. 5: ML 36, 778.
2. C. 11: ML 40, 297.
3. Part. II, act. 1: ed. Mansi, IV, 1187. — Cfr. CYRILLUM, *Apologeticus adv. Orient. Episc.*, anath. VI: MG 76, 344 A.
4. A. praec.
5. Ibid., ad 1.
6. *De fide orth.*, l. III, c. 11: MG 94, 1028 A.
7. Q. 2, a. 6.

---

uma pessoa humana. Parafraseando ligeiramente a fórmula dos Padres, podemos pensar que, sem deixar de ser o que era (pessoa divina), o Verbo se tornou o que não era (pessoa humana). (Para a exegese, nesse sentido, dos diversos textos tomistas, remetemos de bom grado a J.-H. Nicolas, *Les Profondeurs de la grâce*, Paris, 1969, pp. 234-38.)

AD PRIMUM ergo dicendum quod huiusmodi locutiones non sunt attendendae, tanquam propriae: sed pie sunt exponendae, ubicumque a sacris Doctoribus ponuntur; ut dicamus *hominem assumptum*, quia eius natura est assumpta; et quia assumptio terminata est ad hoc quod Filius Dei sit homo.

AD SECUNDUM dicendum quod hoc nomen *homo* significat naturam humanam in concreto, prout scilicet est in aliquo supposito. Et ideo, sicut non possumus dicere quod suppositum sit assumptum, ita non possumus dicere quod homo sit assumptus.

AD TERTIUM dicendum quod Filius Dei non est homo quem assumpsit; sed cuius naturam assumpsit.

QUANTO AO 1º, portanto, deve-se dizer que esses modos de falar não devem ser tomados como próprios, mas sempre que usados pelos santos Doutores, devem ser explicados piedosamente: de sorte que digamos *homem assumido* porque sua natureza foi assumida e porque a assunção tem como termo o Filho de Deus feito homem[e].

QUANTO AO 2º, deve-se dizer que o termo *homem* significa concretamente a natureza humana, a saber, enquanto existe em algum supósito. Assim do mesmo modo que não podemos dizer que o supósito foi assumido, também não podemos dizer que o homem foi assumido.

QUANTO AO 3º, deve-se dizer que o Filho de Deus não é o homem que ele assumiu, mas aquele do qual ele assumiu a natureza[f].

ARTICULUS 4
Utrum Filius Dei debuerit assumere naturam humanam abstractam ab omnibus individuis

AD QUARTUM SIC PROCEDITUR. Videtur quod Filius Dei debuit assumere naturam humanam abstractam ab omnibus individuis.

1. Assumptio enim naturae humanae facta est ad communem omnium hominum salutem: unde dicitur 1Ti 4,10, de Christo, quod est *Salvator omnium hominum, maxime fidelium*. Sed natura prout est in individuis, recedit a sua communitate. Ergo Filius Dei debuit humanam naturam assumere prout est ab omnibus individuis abstracta.

2. PRAETEREA, in omnibus quod nobilissimum est Deo est attribuendum. Sed in unoquoque genere id quod est per se potissimum est. Ergo Filius Dei debuit assumere *per se hominem*. Quod quidem, secundum Platonicos[1], est humana natura ab individuis separata. Hanc ergo debuit Filius Dei assumere.

ARTIGO 4
Deveria o Filho de Deus assumir a natureza humana abstraída de todos os indivíduos?

QUANTO AO QUARTO, ASSIM SE PROCEDE: parece que o filho de Deus **deveria** assumir a natureza humana abstraída de todos os indivíduos.

1. Com efeito, a assunção da natureza humana foi feita para a salvação comum de todos os homens. Assim se diz de Cristo na primeira Carta a Timóteo, que é "o Salvador de todos os homens, especialmente daqueles que creem". Ora, a natureza, enquanto está nos indivíduos, afasta-se da sua comunidade. Logo, o Filho de Deus deveria assumir a natureza humana enquanto abstraída de todos os indivíduos.

2. ALÉM DISSO, em todas as coisas, o que é mais nobre deve ser atribuído a Deus. Ora, em cada gênero é em primeiro lugar o que é por si mesmo. Logo, o Filho de Deus deveria assumir o *homem por si mesmo*. Tal é, segundo os platônicos, a natureza humana separada dos indivíduos. Logo, ela é que deveria ser assumida pelo Filho de Deus.

---

4 PARALL.: Supra, q. 2, a. 2, ad 3; a. 5, ad 2; III *Sent.*, dist. 2, Expos. litt.

1. Cfr. ARISTOT., *Met.*, l. I, c. 6: 987, b, 10-11; — l. VII, c. 16: 1040, b, 27-1041, a. 5.

e. Essa solução é típica da atitude de Sto. Tomás em relação às autoridades patrísticas, concedendo-lhes um crédito de confiança metodológica, e esforçando-se em explicá-las no sentido mais favorável. Neste artigo, ele considera que os autores para os quais a palavra homem significa natureza são verdadeiras testemunhas da fé católica, enquanto rejeita aqueles para os quais homem significa a pessoa já constituída.

f. O Filho de Deus não é o homem que ele assumiu, pois ele não assumiu um homem, mas uma natureza humana ainda não hipostasiada. Em consequência, ele é "aquele do qual ele assumiu a natureza", não como se este fosse um homem preexistente que não ele mesmo, do qual teria se apropriado. Ele é sim o homem ao qual pertence a natureza a partir do momento em que ele a assumiu, essa natureza não tendo jamais pertencido a outro que não ele mesmo.

3. PRAETEREA, natura humana non est assumpta a Filio Dei prout significatur in concreto per hoc nomen *homo*, ut dictum est[2]. Sic autem significatur prout est in singularibus, ut ex dictis[3] patet. Ergo Filius Dei assumpsit humanam naturam prout est ab individuis separata.

SED CONTRA est quod dicit Damascenus, in III libro[4]: *Dei Verbum incarnatum neque eam quae nuda contemplatione consideratur naturam assumpsit. Non enim incarnatio hoc: sed deceptio, et fictio incarnationis.* Sed natura humana prout est a singularibus separata vel abstracta, *in nuda contemplatione cogitatur: quia secundum seipsam non subsistit*, ut idem Damascenus dicit[5]. Ergo Filius Dei non assumpsit humanam naturam secundum quod est a singularibus separata.

RESPONDEO dicendum quod natura hominis, vel cuiuscumque alterius rei sensibilis, praeter esse quod in singularibus habet, dupliciter potest intelligi: uno modo, quasi per seipsam esse habeat praeter materiam, sicut Platonici posuerunt[6]; alio modo, sicut in intellectu existens, vel humano vel divino.

Per se quidem subsistere non potest, ut Philosophus probat, in VII *Metaphys.*[7]: quia ad naturam speciei rerum sensibilium pertinet materia sensibilis, quae ponitur in eius definitione; sicut carnes et ossa in definitione hominis. Unde non potest esse quod natura humana sit praeter materiam sensibilem.

Si tamen esset hoc modo subsistens natura humana, non fuisset conveniens ut a Verbo Dei assumeretur. Primo quidem, quia assumptio ista terminatur ad personam. Hoc autem est contra rationem formae communis, ut sic in persona individuetur. — Secundo, quia naturae communi non possunt attribui nisi operationes communes et universales, secundum quas homo nec meretur nec demeretur: cum tamen illa assumptio ad hoc facta sit ut Filius Dei in natura assumpta nobis

3. ADEMAIS, a natureza humana não foi assumida pelo Filho de Deus enquanto concretamente significada pelo termo *homem*, como foi dito, pois assim seria significada enquanto existe nos indivíduos singulares. Logo, o Filho de Deus assumiu a natureza humana enquanto separada dos indivíduos.

EM SENTIDO CONTRÁRIO, escreve Damasceno: "O Verbo de Deus encarnado não assumiu a natureza que é considerada pela pura contemplação. Isso não seria encarnação mas engano e ficção de encarnação". Ora, a natureza humana, enquanto separada e abstraída dos indivíduos singulares, "é pensada pela pura contemplação, porque não subsiste em si mesma", como acrescenta o próprio Damasceno. Logo, o Filho de Deus não assumiu a natureza humana enquanto separada dos indivíduos singulares.

RESPONDO. A natureza do homem ou de qualquer coisa sensível, além da existência que possui nos indivíduos singulares, pode ser entendida de duas maneiras: ou como tendo existência por si mesma fora da matéria, como afirmaram os platônicos; ou como existindo na inteligência, seja humana, seja divina.

Ela não pode subsistir por si mesma, como o Filósofo demonstra no livro VII da *Metafísica*, porque a matéria sensível, que é posta em sua definição, pertence à natureza específica das coisas sensíveis, como as carnes e os ossos pertencem à definição do homem. Assim sendo, é impossível que a natureza humana exista fora da matéria sensível[g].

Se, porém, a natureza humana subsistisse dessa maneira, não seria conveniente que fosse assumida pelo Verbo de Deus. Em primeiro lugar, porque a assunção tem como seu termo a pessoa. Ora, é contra o modo de ser da forma comum a individuação numa pessoa. — Em segundo lugar, porque à natureza comum não podem ser atribuídas senão operações comuns e universais, segundo as quais o homem não possui mérito nem demérito. Ora, a assunção aconteceu para que o Filho de Deus

---

2. A. praec.
3. Ibid.
4. *De fide orth.*, l. III, c. 11: MG 94, 1024 A.
5. Loc. cit.
6. Cfr. 2 a.
7. C. 15: 1039, b, 27-30.

---

g. Para Sto. Tomás, em sua qualidade de aristotélico, é metafisicamente impossível que uma natureza universal se torne uma natureza concreta, isto é, realmente existente, sem ser ao mesmo tempo individuada. Seria uma contradição, mesmo para a onipotência divina. Mas, uma vez que outros teólogos de sua época, de inspiração platônica, tinham em mente tal possibilidade, Tomás enumera, na sequência de sua argumentação, os inconvenientes que decorreriam da assunção pelo verbo da natureza humana abstrata.

mereretur. — Tertio, quia natura sic existens non est sensibilis, sed intelligibilis. Filius autem Dei assumpsit humanam naturam ut hominibus in ea visibilis appareret: secundum illud Bar 3,38: *Post haec in terris visus est, et cum hominibus conversatus est*.

Similiter etiam non potuit assumi natura humana a Filio Dei secundum quod est in intellectu divino. Quia sic nihil aliud esset quam natura divina: et per hunc modum, ab aeterno esset in Filio Dei humana natura.

Similiter non convenit dicere quod Filius Dei assumpserit humanam naturam prout est in intellectu humano. Quia hoc nihil aliud esset quam si intelligeretur assumere naturam humanam. Et sic, si non assumeret eam in rerum natura, esset intellectus falsus. Nec aliud esset quam *fictio quaedam incarnationis*, ut Damascenus dicit[8].

AD PRIMUM ergo dicendum quod Filius Dei incarnatus est communis omnium Salvator, non communitate generis vel speciei, quae attribuitur naturae ab individuis separatae: sed communitate causae, prout Filius Dei incarnatus est universalis causa salutis humanae.

AD SECUNDUM dicendum quod *per se homo* non invenitur in rerum natura ita quod sit praeter singularia, sicut Platonici posuerunt. — Quamvis quidam[9] dicant quod Plato non intellexit hominem separatum esse nisi in intellectu divino. Et sic non oportuit quod assumeretur a Verbo: cum ab aeterno sibi affuerit.

AD TERTIUM dicendum quod natura humana, quamvis non sit assumpta in concreto ut suppositum praeintelligatur assumptioni: sic tamen assumpta est in individuo, quia assumpta est ut sit in individuo.

ARTICULUS 5

Utrum Filius Dei humanam naturam assumere debuerit in omnibus individuis

AD QUINTUM SIC PROCEDITUR. Videtur quod Filius Dei humanam naturam assumere debuit in omnibus individuis.

merecesse por nós na natureza assumida. — Em terceiro lugar, porque a natureza assumida dessa maneira não é sensível, mas inteligível. Ora, o Filho de Deus assumiu a natureza humana para nela aparecer visível aos homens, segundo o que diz o livro do profeta Baruc: "Depois disso foi visto na terra e viveu entre os homens".

Da mesma maneira a natureza humana não pode ser assumida pelo Filho de Deus enquanto está no intelecto divino, pois, desse modo seria a própria natureza divina e existiria no Filho de Deus desde toda a eternidade.

Nem cabe dizer que o Filho de Deus teria assumido a natureza humana enquanto está no intelecto humano. Seria, com efeito a mesma coisa que assumir a própria natureza humana intelectualmente. E assim se não a assumisse enquanto existe realmente, o intelecto seria falso. Seria a mesma coisa que uma *certa ficção de encarnação*, como diz Damasceno.

QUANTO AO 1º, portanto, deve-se dizer que o Filho de Deus encarnado é o salvador comum de todos, não segundo a comunidade de gênero ou de espécie, a qual é atribuída à natureza separada dos indivíduos, mas segundo a comunidade de causa, pois o Filho de Deus encarnado é causa universal da salvação humana.

QUANTO AO 2º, deve-se dizer que o *homem por si mesmo* não se encontra na natureza por estar para além dos indivíduos singulares, como afirmaram os platônicos. — Isso não obstante dizerem alguns que Platão não entendeu o homem separado senão como existente no intelecto divino. E assim não poderia ter sido assumido pelo Verbo, pois nele estaria desde toda a eternidade.

QUANTO AO 3º, embora a natureza humana não tenha sido concretamente assumida, de sorte que o supósito se pressuponha à assunção, foi assumida no indivíduo, pois foi assumida para existir no indivíduo.

ARTIGO 5

O Filho de Deus deveria assumir a natureza humana em todos os indivíduos?

QUANTO AO QUINTO, ASSIM SE PROCEDE: parece que o Filho de Deus **deveria** assumir a natureza humana em todos os indivíduos.

---

8. Cfr. a. *sed c*.
9. Cfr. AUG., *Octoginta trium quaest.*, q. 46, n. 2: ML 40, 30.

5 PARALL.: III *Sent.*, dist. 2, q. 1, a. 2, q.la 1.

1. Id enim quod primo et per se assumptum est, est natura humana. Sed quod convenit per se alicui naturae, convenit omnibus in eadem natura existentibus. Ergo conveniens fuit ut natura humana assumeretur a Dei Verbo in omnibus suppositis.

2. Praeterea, incarnatio divina processit ex divina caritate: ideo dicitur Io 3,16: *Sic Deus dilexit mundum ut Filium suum unigenitum daret*. Sed caritas facit ut aliquis se communicet amicis quantum possibile est. Possibile autem fuit Filio Dei ut plures naturas hominum assumeret, ut supra[1] dictum est: et, eadem ratione, omnes. Ergo conveniens fuit ut Filius Dei assumeret naturam in omnibus suis suppositis.

3. Praeterea, sapiens operator perficit opus suum breviori via qua potest. Sed brevior via fuisset si omnes homines assumpti fuissent ad naturalem filiationem, quam quod per unum Filium naturalem *multi in adoptionem filiorum adducantur*, ut dicitur Gl 4,5. Ergo natura humana debuit a Filio Dei assumi in omnibus suppositis.

Sed contra est quod Damascenus dicit, in III libro[2], quod Filius Dei *non assumpsit humanam naturam quae in specie consideratur: neque enim omnes hypostases eius assumpsit*.

Respondeo dicendum quod non fuit conveniens quod humana natura in omnibus suis suppositis a Verbo assumeretur. Primo quidem, quia tolleretur multitudo suppositorum humanae naturae, quae est ei connaturalis. Cum enim in natura assumpta non sit considerare aliud suppositum praeter personam assumentem, ut supra[3] dictum est; si non esset natura humana nisi assumpta, sequeretur quod non esset nisi unum suppositum humanae naturae, quod est persona assumens.

Secundo, quia hoc derogaret dignitati Filii Dei incarnati, prout est *primogenitus in multis fratribus*[4] secundum humanam naturam, sicut est *primogenitus omnis creaturae*[5] secundum divinam. Essent enim tunc omnes homines aequalis dignitatis.

Tertio, quia conveniens fuit quod, sicut unum suppositum divinum est incarnatum, ita unam solam naturam humanam assumeret: ut ex utraque parte unitas inveniatur.

1. Com efeito, a natureza humana foi assumida primeiramente e por si mesma. Ora, o que convém por si a alguma natureza convém a todos os indivíduos que existem na mesma natureza. Logo, era conveniente que o Verbo de Deus assumisse a natureza humana em todos os supósitos.

2. Além disso, a encarnação divina procedeu da divina caridade, como diz o Evangelho de João: "Deus amou tanto o mundo que lhe deu seu Filho unigênito". Ora, pela caridade alguém se comunica com os amigos tanto quanto possível. Assim, era possível ao Filho de Deus assumir as naturezas de diversos homens, como acima foi dito e, pela mesma razão, as naturezas de todos. Logo, era conveniente que o Filho de Deus assumisse a natureza em todos os seus supósitos.

3. Ademais, o artesão sábio realiza sua obra pelo caminho mais breve que puder. Ora, teria sido um caminho mais breve se todos os homens fossem assumidos à filiação natural do que, por um só Filho natural, "a muitos seja dado ser filhos adotivos", segundo a Carta aos Gálatas. Logo, a natureza humana deveria ter sido assumida em todos os supósitos.

Em sentido contrário, escreve Damasceno que o Filho de Deus "não assumiu a natureza humana considerada em sua espécie, e nem assumiu todas suas hipóstases".

Respondo. Não foi conveniente que o Verbo assumisse a natureza humana em todos seus supósitos. 1. Porque ficaria assim supressa a pluralidade dos supósitos da natureza humana, que lhe é conatural. Com efeito, na natureza assumida não se deve admitir outro supósito a não ser o da pessoa que assume, como foi acima dito. Se não houvesse outra natureza humana a não ser a assumida, não haveria senão um supósito da natureza humana, a saber, a pessoa que assume.

2. Porque seria contrário à dignidade do Filho de Deus encarnado, enquanto *primogênito entre muitos irmãos* segundo a natureza humana, assim como *primogênito de toda criatura* segundo a natureza divina. Com efeito, todos os homens teriam então a mesma dignidade.

3. Porque foi conveniente que, assim como um só supósito divino se encarnou, assim assumisse uma só natureza humana, para que em ambas as partes se encontrasse a unidade.

---

1. Q. 3, a. 7.
2. *De fide orth.*, l. III, c. 11: MG 94, 1024 A.
3. A. 3; q. 2, a. 6.
4. *Rom.* 8, 29.
5. *Col.* 1, 15.

AD PRIMUM ergo dicendum quod assumi convenit secundum se humanae naturae, quia scilicet non convenit ei ratione personae, sicut naturae divinae convenit assumere ratione personae. Non autem quia convenit ei secundum se sicut pertinens ad principia essentialia eius, vel sicut naturalis eius proprietas: per quem modum conveniret omnibus eius suppositis.

AD SECUNDUM dicendum quod dilectio Dei ad homines manifestatur non solum in ipsa assumptione humanae naturae, sed praecipue per ea quae passus est in natura humana pro aliis hominibus: secundum illud Rm 5,8sqq.: *Commendat autem Deus suam caritatem in nobis, quia, cum inimici essemus, Christus pro nobis mortuus est*. Quod locum non haberet si in omnibus hominibus naturam humanam assumpsisset.

AD TERTIUM dicendum quod ad brevitatem viae quam sapiens operator observat, pertinet quod non faciat per multa quod sufficienter potest fieri per unum. Et ideo convenientissimum fuit quod per unum hominem alii omnes salvarentur.

QUANTO AO 1º, portanto, deve-se dizer que ser assumida convém à natureza humana em razão de si mesma, e não lhe convém em razão da pessoa, assim como à natureza divina convém assumir em razão da pessoa. No entanto, não convém à natureza humana em razão de si mesma, como pertencendo aos seus princípios essenciais ou como sua propriedade natural. Dessa maneira conviria a todos os seus supósitos.

QUANTO AO 2º, deve-se dizer que o amor de Deus pelos homens manifesta-se não somente na própria assunção da natureza humana, mas sobretudo pelo que sofreu pelos outros homens na natureza humana, segundo a Carta aos Romanos: "Mas nisto Deus prova o seu amor para conosco: Cristo morreu por nós quando ainda éramos pecadores". Ora, isso não aconteceria se assumisse a natureza humana em todos os homens.

QUANTO AO 3º, deve-se dizer que à brevidade do caminho que deve seguir o sábio artesão pertence o não fazer por muitos meios o que pode fazer por um só. Assim, foi da máxima conveniência que todos os homens se salvassem por meio de um só homem.

ARTICULUS 6

Utrum fuerit conveniens ut
Filius Dei humanam naturam
assumeret ex stirpe Adae

AD SEXTUM SIC PROCEDITUR. Videtur quod non fuerit conveniens ut Filius Dei humanam naturam assumeret ex stirpe Adae.
1. Dicit enim Apostolus, Hb 7,26: *Decebat ut esset nobis pontifex segregatus a peccatoribus*. Sed magis esset a peccatoribus segregatus si non assumpsisset humanam naturam ex stirpe Adae peccatoris. Ergo videtur quod non debuit de stirpe Adae naturam humanam assumere.

2. PRAETEREA, in quolibet genere nobilius est principium eo quod est ex principio. Si igitur assumere voluit humanam naturam, magis debuit eam assumere in ipso Adam.
3. PRAETEREA, gentiles fuerunt magis peccatores quam Iudaei: ut dicit Glossa[1], Gl 2, super illud [v. 15], *Nos natura Iudaei, non ex gentibus peccatores*. Si ergo ex peccatoribus naturam humanam

ARTIGO 6

Foi conveniente que o Filho de Deus
assumisse a natureza humana da
descendência de Adão?

QUANTO AO SEXTO, ASSIM SE PROCEDE: parece que **não foi** conveniente que o Filho de Deus assumisse a natureza humana da descendência de Adão.
1. Com efeito, diz o Apóstolo na Carta aos Hebreus: "Convinha que nosso sumo sacerdote fosse separado dos pecadores". Ora, mais separado estaria dos pecadores se não assumisse a natureza humana da descendência de Adão pecador. Logo, parece que não deveria assumir a natureza humana da descendência de Adão.

2. ALÉM DISSO, em qualquer gênero, o princípio é mais nobre do que o principiado. Portanto, se o Filho de Deus quis assumir a natureza humana, deveria tê-la assumido no próprio Adão.
3. ADEMAIS, os gentios foram mais pecadores do que os judeus, como a Glosa afirma a propósito do que diz a Carta aos Gálatas: "Nós somos judeus de nascença e não pecadores vindos dos gentios".

---

6 PARALL.: Infra, q. 31, a. 1; III *Sent*., dist. 2, q. 1, a. 2, q.la 2, 3; *Compend. Theol*., c. 217.

1. Interl.; LOMBARDI: ML 192, 114 C.

assumere voluit, debuit eam magis assumere ex gentilibus quam ex stirpe Abrahae, qui fuit iustus.

SED CONTRA est quod Lc 3,23sqq. generatio Domini reducitur usque ad Adam.

RESPONDEO dicendum quod, sicut Augustinus dicit, in XIII *de Trin.*[2], *poterat Deus hominem aliunde suscipere, non de genere illius Adae qui suo peccato obligavit genus humanum. Sed* melius iudicavit et de ipso quod victum fuerat genere assumere hominem Deus, per quem generis humani vinceret inimicum. Et hoc propter tria. Primo quidem, quia hoc videtur ad iustitiam pertinere, ut ille satisfaciat qui peccavit. Et ideo de natura per ipsum corrupta debuit assumi id per quod satisfactio erat implenda pro tota natura.

Secundo, hoc etiam pertinet ad maiorem hominis dignitatem: dum ex illo genere victor diaboli nascitur quod per diabolum fuerat victum.

Tertio, quia per hoc etiam Dei potentia magis ostenditur: dum de natura corrupta et infirma assumpsit id quod in tantam virtutem et dignitatem est promotum.

AD PRIMUM ergo dicendum quod Christus debuit esse a peccatoribus segregatus quantum ad culpam, quam venerat destruere: non quantum ad naturam, quam venerat salvare; secundum quam *debuit per omnia fratribus assimilari*, ut idem Apostolus dicit, Hb 2,17. Et in hoc etiam mirabilior est eius innocentia, quod de massa peccato subiecta natura assumpta tantam habuit puritatem.

AD SECUNDUM dicendum quod, sicut dictum est[3], oportuit eum qui peccata venerat tollere, esse a peccatoribus segregatum quantum ad culpam: cui Adam subiacuit, et quem Christus *a suo delicto eduxit*, ut dicitur Sap 10,12. Oportebat autem eum qui mundare omnes venerat, non esse mundandum: sicut et in quolibet genere motus primum movens est immobile secundum illum motum,

Portanto, se ele quis assumir a natureza humana, deveria tê-la assumido antes dos pagãos e não da descendência de Abraão, que foi justo.

EM SENTIDO CONTRÁRIO, segundo o Evangelho de Lucas, a ascendência do Senhor remonta a Adão.

RESPONDO. Escreve Agostinho[h]: "Deus poderia assumir o homem de outra origem, não da linhagem daquele Adão que comprometeu todo o gênero humano com o seu pecado". Mas Deus julgou melhor assumir o homem da própria linhagem que fora vencida para, por meio dele, vencer o inimigo do gênero humano. Isso por três razões.

1. Porque parece ser próprio da justiça que aquele que pecou ofereça satisfação. Assim, é da natureza por ele corrompida que deveria ser assumido o que deveria cumprir a satisfação em favor de toda a natureza.

2. Porque pertence à maior dignidade do homem que o vencedor do diabo nasça da raça vencida pelo diabo.

3. Porque assim se mostra melhor o poder de Deus, a saber, que tenha assumido de uma natureza enferma e corrompida o que foi elevado a tanta virtude e dignidade.

QUANTO AO 1º, portanto, deve-se dizer que Cristo deveria ser separado dos pecadores, no que diz respeito à culpa que veio destruir, e não à natureza que vinha salvar. Com efeito, diz o mesmo Apóstolo: "Por isso devia assemelhar-se em tudo a seus irmãos". É mais admirável sua inocência, pelo fato de que a natureza, assumida de uma massa sujeita ao pecado, tenha possuído uma pureza tão grande.

QUANTO AO 2º, deve-se dizer que como acaba de ser dito, quem vinha tirar os pecados era necessário que fosse separado dos pecadores quanto à culpa à qual esteve sujeito Adão, a quem Cristo *arrancou de sua própria transgressão*, como diz o livro da Sabedoria. Era necessário que aquele que vinha purificar a todos não devesse ser purificado. De modo semelhante, em qualquer gênero

---

2. C. 18: ML 42, 1032.
3. Ad 1.

h. Sto. Tomás não exclui a possibilidade de uma assunção da natureza humana exteriormente à raça de Adão, fosse ela criada *ex nihilo*, como o foi o primeiro homem, fosse proveniente de outra raça de homens hipoteticamente existentes fora de nosso planeta. Mas o que ele faz questão de salientar é o ato maravilhoso de Deus, o qual, a partir de nossa raça corrompida, extraiu um homem possuidor da mesma inocência e da mesma integridade de Adão, ou que teriam sido as de uma raça que não teria conhecido o pecado (ver I, q. 94-101 para a descrição do primeiro homem antes da queda). Tomás demonstra que, do ponto de vista da redenção, convinha também que o Verbo tomasse a condição da humanidade tal como nos deixou Adão após seu pecado, não o estado pecador dessa humanidade, mas os limites e os sofrimentos que são sua consequência (questão que será tratada em pormenor, abaixo, q. 14-15). Ele adota aqui o axioma patrístico, retomado na questão seguinte, com as palavras de São João Damasceno: "O que não é assumido não pode ser curado" (ver q. 5, a. 4, Solução).

sicut primum alterans est inalterabile. Et ideo non fuit conveniens ut assumeret humanam naturam in ipso Adam.

AD TERTIUM dicendum quod, quia Christus debebat esse maxime a peccatoribus segregatus quantum ad culpam, quasi summam innocentiae obtinens, conveniens fuit ut a primo peccatore usque ad Christum perveniretur mediantibus quibusdam iustis, in quibus perfulgerent quaedam insignia futurae sanctitatis. Propter hoc etiam in populo ex quo Christus erat nasciturus, instituit Deus quaedam sanctitatis signa, quae incoeperunt in Abraham, qui primus promissionem accepit de Christo, et circumcisionem in signum foederis consummandi, ut dicitur Gn 17,11.

de movimento, o motor primeiro é imóvel com respeito a esse mesmo movimento e o que é primeiro princípio de alteração é inalterável. Assim, não era conveniente que a natureza humana fosse assumida no próprio Adão.

QUANTO AO 3º, deve-se dizer que como Cristo devia ser separado dos pecadores mais que todos quanto à culpa, pois possuiu a inocência suma, era conveniente que do primeiro pecador se chegasse a Cristo, mediante alguns justos nos quais brilhassem alguns sinais da santidade futura. Por essa razão, também no povo do qual o Cristo deveria nascer, Deus instituiu alguns sinais de santidade. Eles começaram em Abraão que, por primeiro, recebeu a promessa a respeito do Cristo e a circuncisão, qual sinal da aliança a ser consumada, como diz o livro do Gênesis.

QUAESTIO V
DE ASSUMPTIONE PARTIUM HUMANAE NATURAE
in quatuor articulos divisa

Deinde considerandum est de assumptione partium humanae naturae.
Et circa hoc quaeruntur quatuor.
Primo: utrum Filius Dei debuerit assumere verum corpus.
Secundo: utrum assumere debuerit corpus terrenum, scilicet carnem et sanguinem.
Tertio: utrum assumpserit animam.
Quarto: utrum assumere debuerit intellectum.

ARTICULUS 1
Utrum Filius Dei assumpserit verum corpus

AD PRIMUM SIC PROCEDITUR. Videtur quod Filius Dei non assumpserit verum corpus.

QUESTÃO 5
A ASSUNÇÃO DAS PARTES DA NATUREZA HUMANA
em quatro artigos

Em seguida deve-se considerar a assunção das partes da natureza humana.
A esse respeito são quatro as perguntas:
1. O Filho de Deus deveria assumir um corpo verdadeiro?
2. Deveria ter assumido um corpo terreno, isto é, a carne e o sangue?
3. Assumiu a alma?
4. Deveria ter assumido o intelecto?[a]

ARTIGO 1
O Filho de Deus assumiu um corpo verdadeiro?

QUANTO AO PRIMEIRO ARTIGO, ASSIM SE PROCEDE: parece que o Filho de Deus **não** assumiu um corpo verdadeiro.

---

1 PARALL.: III *Sent.*, dist. 2, q. 1, a. 3, q.la 1, 2; dist. 4, q. 2, a. 1; IV, dist. 3, a. 3, q.la 2, ad 2; *Cont. Gent.* IV, 29, 30; *Comp. Theol.*, c. 207; *ad Rom.*, c. 8, lect. 1; II *ad Cor.*, c. 5, lect. 4.

a. Cada um dos artigos desta questão efetua a refutação de uma heresia específica condenada pela Igreja nos primeiros séculos de sua história. Segundo um catálogo fornecido por Sto. Tomás no primeiro capítulo de seu opúsculo, *Os artigos da fé e os sacramentos da Igreja*, o primeiro artigo trata da heresia dos maniqueus, o segundo da de Valentino, o terceiro da de Ário e de Apolinário, o quarto apenas da de Ário. Como se pode facilmente perceber, essa ordem é mais lógica do que cronológica.

1. Dicitur enim Philp 2,7 quod *in similitudinem hominum factus* est. Sed quod est secundum veritatem, non dicitur esse secundum similitudinem. Ergo Filius Dei non assumpsit verum corpus.

2. PRAETEREA, assumptio corporis in nullo derogavit dignitati divinitatis: dicit enim Leo Papa, in sermone *de Nativitate*[1], quod *nec inferiorem naturam consumpsit glorificatio, nec superiorem minuit assumptio*. Sed hoc ad dignitatem Dei pertinet quod sit omnino a corpore separatus. Ergo videtur quod per assumptionem non fuerit Deus corpori unitus.

3. PRAETEREA, signa debent respondere signatis. Sed apparitiones veteris Testamenti, quae fuerunt signa et figurae apparitionis Christi, non fuerunt secundum corporis veritatem, sed secundum imaginariam visionem: sicut patet Is 6,1: *Vidi Dominum sedentem*, etc. Ergo videtur quod etiam apparitio Filii Dei in mundum non fuerit secundum corporis veritatem, sed solum secundum imaginationem.

SED CONTRA est quod Augustinus dicit, in libro *Octoginta trium Quaest.*[2]: *Si phantasma fuit corpus Christi, fefellit Christus. Et si fefellit, veritas non est. Est autem veritas Christus. Ergo non phantasma fuit corpus eius*. Et sic patet quod verum corpus assumpsit.

RESPONDEO dicendum quod, sicut dicitur in libro *de Ecclesiasticis Dogmatibus*[3], natus est Dei Filius non putative, quasi imaginatum corpus habens, sed corpus verum. Et huius ratio triplex potest assignari. Quarum prima est ex ratione humanae naturae, ad quam pertinet verum corpus habere. Supposito igitur ex praemissis[4] quod conveniens fuerit Filium Dei assumere humanam naturam, consequens est quod verum corpus assumpserit.

1. Com efeito, está escrito na Carta aos Filipenses: "Fez-se semelhante aos homens". Ora, o que é segundo a verdade não se diz segundo a semelhança. Logo, o Filho de Deus não assumiu um corpo verdadeiro.

2. ALÉM DISSO, a assunção do corpo não subtraiu em nada a dignidade da divindade. Assim diz o papa Leão: "Nem a glorificação consumiu a natureza inferior, nem a assunção diminuiu a superior". Ora, pertence à dignidade de Deus estar totalmente separado do corpo. Logo, parece que pela assunção Deus não se uniu ao corpo.

3. ADEMAIS, os sinais devem corresponder aos significados. Ora, as aparições do Antigo Testamento, que foram sinais e figuras da aparição de Cristo, não se deram segundo a verdade do corpo, mas segundo uma visão imaginária, como está claro no livro do profeta Isaías: "Vi o Senhor sentado etc..." Logo, parece que também a aparição do Filho de Deus no mundo não se tenha dado na verdade do corpo, mas só na imaginação.

EM SENTIDO CONTRÁRIO, diz Agostinho: "Se o corpo de Cristo foi um fantasma, Cristo enganou. Se enganou, não é a verdade. Ora, Cristo é a verdade. Logo, seu corpo não foi um fantasma". Fica, assim, claro que assumiu um corpo verdadeiro.

RESPONDO[b]. No livro *Dos Dogmas Eclesiásticos* se escreve: "O Filho de Deus nasceu, não de maneira fictícia, como tendo um corpo imaginário, mas tendo um corpo verdadeiro". Três razões podem ser apontadas para essa afirmação. A primeira procede da própria natureza humana, à qual pertence possuir um corpo verdadeiro. Supondo-se, do que foi dito antes, ter sido conveniente que o Filho de Deus assumisse a natureza humana, segue-se que assumiu um corpo verdadeiro.

---

1. Serm. 21 (I in Nativ. Dom.), c. 2: ML 54, 192 A.
2. Q. 14: ML 40, 14.
3. GENNADII MASSILIENS., c. 2: ML 58, 981 C.
4. Q. 4, a. 1.

Santo Tomás inicia pelo erro mais grave, que destrói completamente a fé cristã, e se encaminha para outros erros que preservam pelo menos uma parte dessa fé. Do ponto de vista estritamente histórico, esse quadro de heresias deveria comportar muitos matizes, mas deve-se lê-lo de preferência como uma tipologia, que caracteriza com bastante pertinência os erros modelares nesse domínio. Observe-se além disso que, nessas demonstrações, Tomás apela constantemente para três grandes argumentos convergentes: negar que Cristo tenho um corpo carnal e uma alma inteligente como a nossa é 1) ir de encontro ao testemunho da Escritura; 2) pôr em questão a redenção do homem; 3) negar a própria Encarnação, suprimindo a assunção de uma natureza realmente humana pelo Verbo.

b. Segundo o opúsculo *Os artigos da fé*, o erro de que se trata aqui é o dos maniqueus. Dado que para eles todo o mundo dos corpos seria a criação de um deus mau, não conviria que o Filho de Deus se encarnasse em um corpo de origem diabólica; sua Encarnação não podia portanto ser senão uma aparência de assunção da carne. Esse docetismo (do grego *dokein* = parecer) não tem evidentemente nada a ver com a fé cristã; Sto. Tomás não tem dificuldade alguma em demonstrá-lo.

Secunda ratio sumi potest ex his quae in mysterio incarnationis sunt acta. Si enim non fuit verum corpus eius sed phantasticum, ergo nec veram mortem sustinuit; nec aliquid eorum quae de eo Evangelistae narrant, secundum veritatem gessit, sed solum secundum apparentiam quandam. Et sic etiam sequitur quod non fuit vera salus hominis subsecuta: oportet enim effectum causae proportionari.

Tertia ratio potest sumi ex ipsa dignitate personae assumentis, quae cum sit veritas, non decuit ut in opere eius aliqua fictio esset. Unde et Dominus hunc errorem per seipsum excludere dignatus est, Lc 24, cum discipuli, *conturbati et conterriti, putabant se spiritum videre* [v. 37], et non verum corpus: et ideo se eis palpandum praebuit, dicens [v. 39]: *Palpate et videte: quia spiritus carnem et ossa non habet, sicut me videtis habere.*

AD PRIMUM ergo dicendum quod similitudo illa exprimit veritatem humanae naturae in Christo, per modum quo omnes qui vere in humana natura existunt, similes specie esse dicuntur. Non autem intelligitur similitudo phantastica. Ad cuius evidentiam, Apostolus subiungit [v. 8] quod *factus* est *obediens usque ad mortem, mortem autem crucis*: quod fieri non potuisset si fuisset sola similitudo phantastica.

AD SECUNDUM dicendum quod per hoc quod Filius Dei verum corpus assumpsit, in nullo est eius dignitas diminuta. Unde Augustinus[5] dicit, in libro de Fide ad Petrum[6]: *Exinanivit seipsum, formam servi accipiens, ut fieret servus: sed formae Dei plenitudinem non amisit*. Non enim Filius Dei sic assumpsit verum corpus ut forma corporis fieret, quod repugnat divinae simplicitati et puritati: hoc enim esset assumere corpus in unitate naturae, quod est impossibile, ut ex supra[7] dictis patet. Sed, salva distinctione naturae, assumpsit in unitate personae.

AD TERTIUM dicendum quod figura respondere debet quantum ad similitudinem, non quantum ad rei veritatem: *si enim per omnia esset similitudo, iam non esset signum, sed ipsa res*, ut Damascenus dicit, in III libro[8]. Conveniens igitur fuit ut apparitiones veteris Testamenti essent secundum apparentiam tantum, quasi figurae: apparitio autem Filii

A segunda razão se pode tomar no que se passou no mistério da encarnação. Se o corpo não foi verdadeiro, mas imaginário, logo não suportou uma morte verdadeira; e nada do que narram os evangelistas a respeito do corpo aconteceu na verdade, mas apenas em aparência. Daí se seguiria não ter havido verdadeira salvação do homem, pois é necessário que o efeito seja proporcional à causa.

A terceira razão decorre da própria dignidade da pessoa que assume. Sendo ela a Verdade, não era conveniente que em suas obras houvesse algum engano. O próprio Senhor se dignou por si mesmo abolir esse erro, quando os discípulos, espantados e cheios de medo, pensavam estar vendo um espírito e não um corpo verdadeiro, ele se ofereceu para ser tocado, dizendo: "Tocai-me, olhai: um espírito não tem carnes nem ossos como vós vedes que eu tenho".

QUANTO AO 1º, portanto, deve-se dizer que esta semelhança exprime a verdade da natureza humana em Cristo, do modo pelo qual todos os que existem verdadeiramente na natureza humana são ditos semelhantes segundo a espécie. Mas não se trata de semelhança imaginária. E para maior evidência, o Apóstolo acrescenta: "Tornando-se obediente até a morte, e morte de cruz". O que seria impossível, se o corpo do Cristo fosse só uma semelhança imaginária.

QUANTO AO 2º, deve-se dizer que por ter o Filho de Deus assumido um corpo verdadeiro, em nada foi diminuída sua dignidade. Assim diz Agostinho: "Despojou-se a si mesmo, tomando a condição de servo para tornar-se servo; mas não perdeu a plenitude da forma de Deus". O Filho de Deus não assumiu um corpo verdadeiro para tornar-se forma do corpo, o que repugna à simplicidade e pureza divinas. Assim aconteceria se assumisse o corpo na unidade da natureza, o que é impossível, como acima ficou claro. Ao contrário, preservada a distinção da natureza, assumiu na unidade da pessoa.

QUANTO AO 3º, deve-se dizer que a figura deve corresponder ao figurado quanto à semelhança, não quanto à verdade da coisa. Como Damasceno diz: "Se a semelhança fosse completa não seria um sinal, seria a própria realidade". Assim foi conveniente que as aparições do Antigo Testamento se dessem somente segundo a aparência, como

---

5. Fulgentius.
6. C. 2, n. 21: ML 65, 682 A.
7. Q. 2, a. 1.
8. *De fide orth.*, l. III, c. 26: MG 94, 1096 AB.

Dei in mundo esset secundum corporis veritatem, quasi res figurata sive signata per illas figuras. Unde Apostolus, Cl 2,17: *Quae sunt umbra futurorum, corpus autem Christi*.

Articulus 2
Utrum Christus habuerit corpus carnale, sive terrestre

AD SECUNDUM SIC PROCEDITUR. Videtur quod Christus non habuerit corpus carnale, sive terrestre, sed caeleste.

1. Dicit enim Apostolus, 1Cor 15,47: *Primus homo de terra, terrenus: secundus homo de caelo, caelestis*. Sed primus homo, scilicet Adam, fuit de terra quantum ad corpus, ut patet Gn 2,7. Ergo etiam secundus homo, scilicet Christus, fuit de caelo quantum ad corpus.

2. PRAETEREA, 1Cor 15,50 dicitur: *Caro et sanguis regnum Dei non possidebunt*. Sed regnum Dei principaliter est in Christo. Ergo in ipso non est caro et sanguis, sed magis corpus caeleste.

3. PRAETEREA, omne quod est optimum est Deo attribuendum. Sed inter omnia corpora corpus nobilissimum est caeleste. Ergo tale corpus debuit Christus assumere.

SED CONTRA est quod Dominus dicit, Lc 24,39: *Spiritus carnem et ossa non habet, sicut me videtis habere*. Caro autem et ossa non sunt ex materia caelestis corporis, sed ex inferioribus elementis. Ergo corpus Christi non fuit corpus caeleste, sed carneum et terrenum.

RESPONDEO dicendum quod eisdem rationibus apparet quare corpus Christi non debuit esse caeleste, quibus ostensum est[1] quod non debuit esse phantasticum. Primo enim, sicut non salvaretur veritas humanae naturae in Christo si corpus eius esset phantasticum, ut posuit Manichaeus[2]; ita etiam non salvaretur si poneretur caeleste, sicut ponit Valentinus[3]. Cum enim forma hominis sit quaedam

figuras. Mas a aparição do Filho de Deus no mundo deveria ser segundo a verdade do corpo, como realidade figurada ou significada por aquelas figuras. Assim o diz o Apóstolo na Carta aos Colossenses: "Tudo isso não passa de sombra do que devia vir. A realidade é Cristo".

Artigo 2
Cristo teve um corpo de carne ou terrestre?

QUANTO AO SEGUNDO, ASSIM SE PROCEDE: parece que Cristo **não** teve um corpo de carne ou terrestre, mas celeste.

1. Com efeito, escreve o Apóstolo na primeira Carta aos Coríntios: "O primeiro homem tirado da terra é terrestre; quanto ao segundo homem ele vem do céu". Ora, o primeiro homem, a saber, Adão, foi feito de terra quanto ao corpo como está no livro do Gênesis. Logo, o segundo homem, ou seja, Cristo, foi do céu quanto ao corpo.

2. ALÉM DISSO, segundo a primeira Carta aos Coríntios: "A carne e o sangue não podem herdar o reino de Deus". Ora, o reino de Deus está em Cristo como em seu princípio. Logo, nele não há carne e sangue, mas antes, um corpo celeste.

3. ADEMAIS, tudo o que é ótimo deve ser atribuído a Deus. Ora, o corpo celeste é o mais nobre entre todos os corpos. Logo, Cristo deve ter assumido esse corpo.

EM SENTIDO CONTRÁRIO, o Senhor diz no Evangelho de Lucas: "O espírito não tem carnes nem ossos como vós vedes que eu tenho". Ora, a carne e os ossos não constam da matéria do corpo celeste, mas dos elementos inferiores. Logo, o corpo de Cristo não foi corpo celeste, mas de carne e terreno.

RESPONDO. É claro que o corpo de Cristo não devia ser celeste pelas mesmas razões pelas quais foi demonstrado que não devia ser imaginário.

1. Assim como não se preservaria a verdade da natureza humana em Cristo se seu corpo fosse imaginário como afirmou Mani, assim também ela não se preservaria, se fosse celeste, como afirmou Valentino[c]. Sendo a forma do homem algo natural,

---

2 PARALL.: Infra, q. 31, a. 1, ad 1; III *Sent*., dist. 2, q. 1, a. 3, q.la 1; dist. 4, q. 2, a. 1; *Cont. Gent*. IV, 30; *Compend. Theol*., c. 208; in *Ioan*., c. 2, lect. 1; *ad Heb*., c. 8, lect. 1.

1. A. praec.
2. *Manichaeus* sive *Mani* (n. in Perside c. a. 215 p. Ch.).
3. *Valentinus* aegyptius, c. 135-160 Romae floruit.

c. Sem contestar diretamente a realidade do corpo de Cristo, o gnóstico Valentino questionava seu caráter terrestre. Segundo ele, esse corpo seria de mesma natureza que os corpos celestes, isto é, eterno e imutável, impassível (incapaz de sentir sofrimento),

res naturalis, requirit determinatam materiam, scilicet carnes et ossa, quae in hominis definitione poni oportet, ut patet per Philosophum, in VII *Metaphys*.[4].

Secundo, quia hoc etiam derogaret veritati eorum quae Christus in corpore gessit. Cum enim corpus caeleste sit impassibile et incorruptibile, ut probatur in I *de Caelo*[5], si Filius Dei corpus caeleste assumpsisset, non vere esuriisset nec sitiisset, nec etiam passionem et mortem sustinuisset.

Tertio, etiam hoc derogat veritati divinae. Cum enim Filius Dei se ostenderet hominibus quasi corpus carneum et terrenum habens, fuisset falsa demonstratio si corpus caeleste habuisset. Et ideo in libro *de Ecclesiasticis Dogmatibus*[6] dicitur: *Natus est Filius Dei carnem ex Virginis corpore trahens, et non de caelo secum afferens*.

AD PRIMUM ergo dicendum quod Christus dicitur dupliciter de caelo descendisse. Uno modo, ratione divinae naturae: non ita quod divina natura esse in caelo defecerit; sed quia in infimis novo modo esse coepit, scilicet secundum naturam assumptam; secundum illud Io 3,13: *Nemo ascendit in caelum nisi qui descendit de caelo, Filius Hominis, qui est in caelo*.

Alio modo, ratione corporis: non quia ipsum corpus Christi secundum suam substantiam de caelo descenderit; sed quia virtute caelesti, idest Spiritus Sancti, est eius corpus formatum. Unde Augustinus dicit, *ad Orosium*[7], exponens auctoritatem inductam[8]: *Caelestem dico Christum, quia non ex humano conceptus est semine*. Et hoc etiam modo Hilarius exponit, in libro *de Trinitate*[9].

AD SECUNDUM dicendum quod *caro et sanguis* non accipiuntur ibi pro substantia carnis et sanguinis: sed pro corruptione carnis et sanguinis. Quae quidem in Christo non fuit quantum ad culpam. Fuit tamen ad tempus quantum ad poenam, ut opus nostrae redemptionis expleret.

AD TERTIUM dicendum quod hoc ipsum ad maximam Dei gloriam pertinet quod corpus infirmum

requer uma determinada matéria, a saber, carnes e ossos, que é necessário incluir na definição do homem, como ensina o Filósofo no livro VII da *Metafísica*.

2. Porque suprimiria a verdade daquilo que Cristo realizou no corpo. Como o corpo celeste é incorruptível e impassível, como se prova no livro *I de Coelo*, se o Filho de Deus houvesse assumido um corpo celeste, não teria tido verdadeiramente sede e fome, nem suportado a paixão e a morte.

3. Porque nega também a verdade divina. Já que o Filho de Deus se mostrou aos homens como tendo um corpo de carne e terreno, teria sido uma exibição de falsidade, se ele tivesse um corpo celeste. Por essa razão se diz no livro *Dos Dogmas Eclesiásticos*: "O Filho de Deus nasceu recebendo a carne do corpo da Virgem e não trazendo-a consigo do céu".

QUANTO AO 1º, portanto, deve-se dizer que de duas maneiras se pode dizer que Cristo desceu dos céus. 1. Em razão da natureza divina: não que a natureza divina deixasse de estar no céu, mas porque passou a existir nesses lugares mais inferiores de uma nova maneira, a saber, segundo a natureza assumida. É o que se diz no Evangelho de João: "Ninguém subiu ao céu senão aquele que desceu do céu, o Filho do Homem que está no céu".

2. Em razão do corpo: não porque o corpo de Cristo tenha descido do céu segundo sua substância, mas porque seu corpo foi formado pelo poder celeste, isto é, do Espírito Santo. Assim diz Agostinho, escrevendo a Orósio, ao expor o texto antes citado: "Chamo o Cristo de celeste porque não foi concebido de sêmen humano". E da mesma maneira o expõe Hilário.

QUANTO AO 2º, deve-se dizer que *carne e sangue* não devem ser interpretados nesse texto como a substância da carne e do sangue, mas como a corrupção da carne e do sangue. Essa corrupção não existiu em Cristo em razão da culpa, mas em razão da pena, temporariamente, para que se cumprisse a obra de nossa redenção.

QUANTO AO 3º, deve-se dizer que o fato de que um corpo fraco e terreno tenha sido elevado a

---

4. C. 11: 1036, b, 3-7; 28-32.
5. Cfr. ARISTOT. C. 3: 270, a, 12-17; 25-27.
6. GENNADII MASSILIENS., c. 2: ML 58, 981 C.
7. *Dial*. 65 *quaest*., q. 4: ML 40, 736 (inter opp. Aug.).
8. In arg.
9. L. X, c. 16: ML 10, 354 B-355 A.

não submetido à mudança. Tomás lhe opõe as mesmas razões já apresentadas aos maniqueus: essa doutrina questiona a verdade mesma da Encarnação e a realidade dos sofrimentos do Filho de Deus, e portanto também a eficácia da redenção.

et terrenum ad tantam sublimitatem provehit. Unde in Synodo Ephesina[10] legitur verbum sancti Theophili dicentis: *Qualiter artificum optimi non pretiosis tantum materiebus artem ostendentes in admiratione sunt, sed, vilissimum lutum et terram dissolutam plerumque assumentes, suae disciplinae demonstrantes virtutem, multo magis laudantur; ita omnium optimus artifex, Dei Verbum, non aliquam pretiosam materiam corporis caelestis apprehendens ad nos venit, sed in luto magnitudinem suae artis ostendit.*

Articulus 3
Utrum Filius Dei animam assumpserit

Ad tertium sic proceditur. Videtur quod Filius Dei animam non assumpserit.

1. Ioannes enim, incarnationis mysterium tradens, dixit [1,14]: *Verbum caro factum est*, nulla facta de anima mentione. Non autem dicitur caro factum eo quod sit in carnem conversum: sed quia carnem assumpsit. Non ergo videtur assumpsisse animam.

2. Praeterea, anima necessaria est corpori ad hoc quod per eam vivificetur. Sed ad hoc non fuit necessaria corpori Christi, ut videtur: quia ipsum Dei Verbum est, de quo in Ps 35,10: *Domine, apud te est fons vitae*. Superfluum igitur fuisset animam adesse, Verbo praesente. *Deus autem et natura nihil frustra faciunt*: ut etiam Philosophus dicit, in I *de Caelo*[1]. Ergo videtur quod Filius Dei animam non assumpsit.

3. Praeterea, ex unione animae ad corpus constituitur natura communis, quae est species humana. *In Domino autem Iesu Christo non est communem speciem accipere*: ut Damascenus dicit, in III libro[2]. Non igitur assumpsit animam.

Sed contra est quod Augustinus dicit, in libro *de Agone Christiano*[3]: *Non eos audiamus qui solum corpus humanum dicunt esse susceptum a Verbo Dei; et sic audiunt quod dictum est, Verbum caro factum est, ut negent illum hominem vel animam, vel aliquid hominis habuisse nisi carnem solam.*

tanta sublimidade redunda justamente na maior glória de Deus. Assim, no Concílio de Éfeso são repetidas as palavras de são Teófilo: "Assim como os melhores entre os artesãos são dignos de admiração, mostrando sua arte não somente nos materiais preciosos, mas tomando muitas vezes o barro mais ordinário e a terra em pó, manifestam a grandeza de sua habilidade e assim recebem um maior louvor; assim o maior de todos os artesãos, o Verbo de Deus, veio a nós não tomando alguma matéria preciosa de um corpo celeste, mas mostrou a grandeza de sua arte no barro".

Artigo 3
O Filho de Deus assumiu uma alma?

Quanto ao terceiro, assim se procede: parece que o Filho de Deus **não** assumiu uma alma.

1. Com efeito, transmitindo o mistério da encarnação o evangelista João disse: "E o Verbo se fez carne", não fazendo nenhuma referência à alma. Ora, não se diz que o Verbo se fez carne por se ter convertido em carne, mas por tê-la assumido. Logo, não parece ter assumido a alma.

2. Além disso, a alma é necessária ao corpo para dar-lhe a vida. Ora, para esse fim não parece ter sido necessária ao corpo de Cristo, sendo ele o próprio Verbo de Deus do qual se diz no Salmo 35: "Senhor, em ti está a fonte da vida". Portanto, com a presença do Verbo a alma era supérflua. Ora, "Deus e a natureza nada fazem em vão", como também diz o Filósofo no livro I do *Céu*. Logo, parece que o Filho de Deus não assumiu uma alma.

3. Ademais, a natureza comum que é a espécie humana é constituída pela união da alma e do corpo. Ora, diz Damasceno: "Não se admite no Senhor Jesus Cristo a espécie comum". Logo, Cristo não assumiu a alma.

Em sentido contrário, diz Agostinho: "Não ouçamos aqueles que dizem ter o Verbo de Deus assumido somente o corpo humano; assim entendem o que foi dito 'o Verbo se fez carne' de modo a negar que aquele homem possuísse alma ou algo do homem a não ser apenas a carne".

---

10. P. II, act. 1: ed. Mansi, IV, 1188.

3 Parall.: III *Sent.*, dist. 2, q. 1, a. 3, q.la 2; *Cont. Gent.* IV, 32; *De Verit.*, q. 20, a. 1; *Compend. Theol.*, c. 204; in *Ioan.*, c. 1, lect. 7; *ad Rom.*, c. 1, lect. 2.

1. C. 4: 271, a, 33.
2. *De fide orth.*, l. III, c. 3: MG 94, 993 A.
3. C. 21: ML 40, 302.

RESPONDEO dicendum quod, sicut Augustinus dicit, in libro *de Haeresibus*[4], opinio primo fuit Arii[5], et postea Apollinaris[6], quod Filius Dei solam carnem assumpserit, absque anima, ponentes quod Verbum fuerit carni loco animae. Ex quo sequeretur quod in Christo non fuerunt duae naturae, sed una tantum: ex anima enim et carne una natura humana constituitur.

Sed haec positio stare non potest, propter tria. Primo quidem, quia repugnat auctoritati Scripturae, in qua Dominus de sua anima facit mentionem: Mt 26,38, *Tristis est anima mea usque ad mortem*; et Io 10,18, *Potestatem habeo ponendi animam meam*.

Sed ad hoc respondebat Apollinaris[7] quod in his verbis anima metaphorice sumitur: per quem modum in veteri Testamento Dei anima commemoratur, Is 1,14: *Calendas vestras et solemnitates odivit anima mea*. — Sed, sicut dicit Augustinus, in libro *Octoginta trium Quaest.*[8], Evangelistae in Evangelica narratione narrant quod miratus est Iesus, et iratus, et contristatus, et quod esuriit. Quae quidem ita demonstrant eum veram animam habuisse, sicut ex hoc quod comedit et dormivit et fatigatus est, demonstratur habuisse verum corpus humanum. Alioquin, si et haec ad metaphoram referantur, cum similia legantur in veteri Testamento de Deo, peribit fides Evangelicae narrationis. Aliud est enim quod prophetice nuntiatur in figuris: aliud quod secundum rerum proprietatem ab Evangelistis historice scribitur.

Secundo, derogat praedictus error utilitati incarnationis, quae est liberatio hominis. Ut enim argumentatur Augustinus[9], in libro *contra Felicianum*[10], *si, accepta carne, Filius Dei animam omisit, aut, innoxiam sciens, medicinae indigentem*

RESPONDO. Como explica Agostinho, esta foi a opinião primeira de Ário e depois de Apolinário, a saber que o Filho de Deus assumiu somente a carne sem a alma, afirmando que o Verbo esteve para o corpo em lugar da alma[d]. Daqui se seguia que em Cristo não houve duas naturezas, mas apenas uma, pois uma só natureza humana é constituída pela alma e pelo corpo.

Mas essa posição é insustentável por três razões. 1. Porque é contrária aos textos da Escritura, nos quais o Senhor faz menção de sua alma no Evangelho de Mateus: "Minha alma está triste a ponto de morrer", e no de João: "Tenho o poder de me despojar da alma".

Mas Apolinário contestava o uso desses textos dizendo que neles a palavra alma era empregada metaforicamente da maneira como, no Antigo Testamento, se menciona a alma de Deus como no livro do profeta Isaías: "As vossas luas novas e as vossas solenidades detesto-as e a minha alma as odiou". — No entanto, como diz Agostinho, nas narrativas evangélicas os evangelistas contam que Jesus se admirou, ficou irado e triste e teve fome. Isso demonstra que teve uma alma verdadeira, assim como o ter comido, dormido e se ter cansado mostram que teve um verdadeiro corpo humano. De resto, se também isso se entender metaforicamente, do modo como coisas semelhantes se dizem de Deus no Antigo Testamento, desapareceria a veracidade da narrativa evangélica. Uma coisa é o que se anuncia profeticamente por figuras, outra o que é escrito historicamente pelos evangelistas, de modo próprio e real.

2. Esse erro suprime a utilidade da encarnação, que é a libertação do homem. Assim argumenta Agostinho: "Se, tendo assumido a carne, o Filho de Deus deixou de fazê-lo com respeito à alma; ou pensando ser ela inocente, não julgou que

---

4. Haer. 49, 55: ML 42, 39, 40.
5. Cfr. ATHANAS., *Contra Apollin.*, l. I, n. 15; l. II, n. 3: MG 26, 1121 A, 1136 C; EPIPHAN., *Adv. haer.*, l. II, t. 2, haer. 69: MG 42, 232 B; AUG., *De haer.*, haer. 49: ML 42, 40.
6. Cfr. AUG., *De haer.*, haer. 55: ML 42, 40; LEON. M., Serm. 24 (4 in Nat. Dom.), c. 5: ML 54, 207 A.
7. Cfr. THEOPHIL. ALEX., Epist. ad totius Aegypti episc. (interpr. Hieron.), n. 4: ML 22, 795; CYRILL. ALEX., *De Incarn. Dom.*, c. 19: MG 75, 1453 AB; AUG., *Octoginta trium quaest.*, q. 80, n. 3: ML 40, 94-95.
8. Q. 80, n. 3: ML 40, 95.
9. Vigilius Tapsensis.
10. *De Unitate Trinitatis*, c. 19: ML 62, 347 C-348 A (= ML 42, 1168-1169).

d. Essa nova heresia não contestava mais a verdade do corpo de Cristo, mas do outro elemento do composto humano, sua alma. O resultado era o mesmo, era a realidade verdadeiramente humana de Cristo que era posta em questão. Mas, se foi relativamente fácil combater o docetismo, foi bem mais difícil desmantelar a argumentação especiosa que fazia o Verbo desempenhar o papel de alma no composto humano. Compreendeu-se logo que a divindade de Cristo estava em questão, mas demorou-se bem mais a perceber todas as consequências que isto acarretava também para a integridade humana, e a heresia específica de Apolinário (próximo artigo) é sua ilustração mais marcante.

non credidit; aut, a se alienam putans, redemptionis beneficio non donavit; aut, ex toto insanabilem iudicans, curare nequivit; aut ut vilem, et quae nullis usibus apta videretur, abiecit. Horum duo blasphemiam important in Deum. Quomodo enim dicetur omnipotens, si curare non potuit desperatam? Aut quomodo omnium Deus, si non ipse fecit animam nostram? Duobus vero aliis, in uno animae causa nescitur: in altero meritum non tenetur. Aut intelligere causam putandus est animae qui eam, ad accipiendum legem habitu insitae rationis instructam, a peccato voluntariae transgressionis nititur separare? Aut quomodo eius generositatem novit qui, ignobilitatis vitio dicit despectam? Si originem attendas, pretiosior est animae substantia: si transgressionis culpam, propter intelligentiam peior est causa. Ego autem Christum et perfectam sapientiam scio, et piissimam esse non dubito: quorum primo, meliorem et prudentiae capacem non despexit; secundo, eam quae magis fuerat vulnerata, suscepit.

Tertio vero, haec positio est contra ipsam incarnationis veritatem. Caro enim et ceterae partes hominis per animam speciem sortiuntur. Unde, recedente anima, non est os aut caro nisi aequivoce: ut patet per Philosophum, II *de Anima*[11], et VII *Metaphys.*[12].

AD PRIMUM ergo dicendum quod, cum dicitur, *Verbum caro factum est*, "caro" ponitur pro toto homine, ac si diceret, *Verbum homo factum est*: sicut Is 40,5 dicitur: *Videbit omnis caro salutare Dei nostri*. Ideo autem totus homo per carnem significatur, quia, ut dicitur in auctoritate inducta[13], quia per carnem Filius Dei visibilis apparuit: unde subditur: *Et vidimus gloriam eius*. — Vel ideo quia, ut Augustinus dicit, in libro *Octoginta trium Quaest.*[14], *in tota illa unitate susceptionis principale Verbum est, extrema autem atque ultima caro. Volens itaque Evangelista commendare pro nobis dilectionem humilitatis Dei, Verbum et carnem nominavit, omittens animam, quae est Verbo inferior, carne praestantior.* — Rationabile etiam fuit ut

necessitasse de remédio; ou considerando-a algo estranho a si, não lhe concedeu o benefício da redenção; ou julgando-a de todo incurável, não quis curá-la; ou a rejeitou por tão ordinária que não parecia ser útil para nada. Esses dois últimos motivos introduzem uma blasfêmia em Deus. Como poderia ele ser chamado onipotente se não pudesse curar a que estava sem esperança? E como seria o Deus de todas as coisas se não foi o criador de nossa alma? Quanto aos dois outros motivos, em um deles se ignora a razão de ser da alma; no outro não se preserva seu mérito. Como se pode pensar que entendeu a razão de ser da alma aquele que, a ela que foi dotada do hábito inato da razão para receber a lei, esforça-se por separá-la do pecado da transgressão voluntária? Ou como conheceu sua generosidade aquele que a declara desprezada em razão de sua vileza? Se consideras a origem, a substância da alma é mais preciosa; se levas em conta a transgressão da culpa, seu estado é pior por causa da inteligência. Eu, porém, sei que Cristo é a sabedoria perfeita e não duvido de que seja piíssima; em razão da primeira, não desprezou a que era melhor e capaz da prudência; em razão da segunda, acolheu a que mais fora ferida".

3. Essa afirmação é contrária à própria verdade da encarnação. A carne e as outras partes do homem recebem a espécie por meio da alma. De sorte que, afastando-se a alma, não há osso ou carne, senão de modo equívoco, como é claro segundo o Filósofo no livro II da *Alma* e no VII da *Metafísica*.

QUANTO AO 1º, portanto, deve-se dizer que quando se diz *o Verbo se fez carne*, a carne é tomada pelo homem todo, como se disséssemos *O Verbo se fez homem*, ou como diz o livro do profeta Isaías: "Toda carne verá a salvação de nosso Deus". Portanto, o homem todo é significado pela palavra carne, pois, como se diz no texto aduzido acima, pela carne o Filho de Deus apareceu visivelmente, donde se acrescenta *e nós vimos sua glória*. — Ou ainda porque, como diz Agostinho: "Em toda aquela unidade da assunção, o principal é o Verbo, o ínfimo e último a carne. Querendo, pois, o Evangelista encarecer para nós o amor da humildade de Deus, referiu-se ao Verbo e à carne, omitindo a alma que é inferior ao Verbo,

---

11. C. 1: 412, b, 20-22.
12. C. 10: 1035, b, 25.
13. In arg.
14. Q. 80, n. 2: ML 40, 94.

nominaret carnem, quae, propter hoc quod magis distat a Verbo, minus assumptibilis videbatur.

AD SECUNDUM dicendum quod Verbum est fons vitae sicut prima causa vitae effectiva. Sed anima est principium vitae corpori tanquam forma ipsius. Forma autem est effectus agentis. Unde ex praesentia Verbi magis concludi posset quod corpus esset animatum: sicut ex praesentia ignis concludi potest quod corpus cui ignis adhaeret, sit calidum.

AD TERTIUM dicendum quod non est inconveniens, immo necessarium dicere quod in Christo fuit natura quae constituitur per animam corpori advenientem. Damascenus autem[15] negat in Domino Iesu Christo esse communem speciem quasi aliquid tertium resultans ex unione divinitatis et humanitatis.

mas superior à carne". — Foi também racional o ter mencionado a carne que, em razão da maior distância do Verbo, parecia menos assumível.

QUANTO AO 2º, deve-se dizer que o Verbo é fonte da vida enquanto primeira causa da vida. Mas a alma é o princípio da vida para o corpo enquanto sua forma. Ora, a forma é efeito do agente. Logo, da presença do Verbo se poderia concluir com maior razão que o corpo fosse animado, assim como da presença do fogo pode-se concluir que o corpo, tomado pelo fogo, esteja quente.

QUANTO AO 3º, deve-se dizer que não é inconveniente, antes é necessário dizer que em Cristo há uma natureza constituída pela alma unida ao corpo. Damasceno nega que haja no Senhor Jesus Cristo uma espécie comum, a modo de um terceiro termo, resultante da união da divindade e da humanidade.

ARTICULUS 4
Utrum Filius Dei assumpserit mentem humanam, sive intellectum

AD QUARTUM SIC PROCEDITUR. Videtur quod Filius Dei non assumpsit mentem humanam, sive intellectum.
1. Ubi enim est praesentia rei, non requiritur eius imago. Sed homo secundum mentem est ad imaginem Dei: ut dicit Augustinus, in libro *de Trin.*[1]. Cum ergo in Christo, fuerit praesentia ipsius divini Verbi, non oportuit ibi esse mentem humanam.
2. PRAETEREA, maior lux offuscat minorem. Sed Verbum Dei, quod est *lux illuminans omnem hominem venientem in hunc mundum*, ut dicitur Io 1,9, comparatur ad mentem sicut lux maior ad minorem: quia et ipsa mens quaedam lux est, quasi lucerna illuminata a prima luce, Pr 20,27: *Lucerna Domini spiraculum hominis*. Ergo in Christo, qui est Verbum Dei, non fuit necessarium esse mentem humanam.

3. PRAETEREA, assumptio humanae naturae a Dei Verbo dicitur eius *incarnatio*. Sed intellectus, sive mens humana, neque est caro neque est actus carnis: quia nullius corporis actus est, ut probatur

ARTIGO 4
O Filho de Deus assumiu a mente humana, ou o intelecto?

QUANTO AO QUARTO, ASSIM SE PROCEDE: parece que o Filho de Deus **não** assumiu a mente humana, ou o intelecto.
1. Com efeito, onde a realidade está presente, não há necessidade de sua imagem. Ora, o homem, pela mente, foi feito à imagem de Deus, como diz Agostinho. Logo, como em Cristo havia a presença do próprio Verbo divino, não foi necessário que nele houvesse mente humana.
2. ALÉM DISSO, a luz mais forte ofusca a mais fraca. Ora, o Verbo de Deus, que, segundo o Evangelho de João, é "a verdadeira luz que ilumina todo homem que vem a este mundo", está para a mente como a luz mais forte para a mais fraca, já que a própria mente é como uma luz, como uma lâmpada iluminada pela luz primeira: "O espírito do homem é uma lâmpada do Senhor", diz o livro dos Provérbios. Logo, não era necessário que houvesse uma mente em Cristo, que é o Verbo de Deus.

3. ADEMAIS, a assunção da natureza humana pelo Verbo de Deus é denominada *encarnação*. Ora, o intelecto ou a mente humana nem é carne nem é ato da carne, porque não é ato de nenhum

---

15. *De fide orth.*, l. III, c. 3: MG 94, 993 A.

PARALL.: III *Sent.*, dist. 2, q. 1, a. 3, q.la 2; *Cont. Gent.* IV, 33; *De Verit.*, q. 20, a. 1; *Compend. Theol.*, c. 205; in *Ioan.*, c. 1, lect. 7.

1. L. XII, c. 7, n. 10: ML 42, 1004. — Cfr. I, q. 93, a. 6.

in III *de Anima*². Ergo videtur quod Filius Dei humanam mentem non assumpserit.

SED CONTRA est quod Augustinus³ dicit, in libro *de Fide ad Petrum*⁴: *Firmissime tene, et nullatenus dubites, Christum, Filium Dei, habentem nostri generis carnem et animam rationalem. Qui de carne sua dicit: "Palpate et videte: quia spiritus carnem et ossa non habet, sicut me videtis habere"*, Lc 24,39. *Animam quoque se ostendit habere, dicens: "Ego pono animam meam, et iterum sumo eam"*, Io 10,17. *Intellectum quoque se ostendit habere, dicens: "Discite a me, quia mitis sum et humilis corde"*, Mt 11,29. *Et de ipso per Prophetam Dominus dicit: "Ecce intelliget puer meus"*, Is 52,13.

RESPONDEO dicendum quod, sicut Augustinus dicit, in libro *de Haeresibus*⁵, Apollinaristae de anima Christi a Catholica Ecclesia dissenserunt, dicentes, sicut Ariani, Christum carnem solam sine anima suscepisse. *In qua quaestione testimoniis Evangelicis victi, mentem defuisse animae Christi dixerunt, sed pro hac ipsum Verbum in ea fuisse.*

Sed haec positio eisdem rationibus convincitur sicut et praedicta. Primo enim, hoc adversatur narrationi Evangelicae, quae commemorat eum fuisse miratum, ut patet Mt 8,10. Admiratio autem absque ratione esse non potest: quia importat collationem effectus ad causam; dum scilicet aliquis videt effectum cuius causam ignorat, et quaerit, ut dicitur in principio *Metaphys.*⁶.

Secundo, repugnat utilitati incarnationis, quae est iustificatio hominis a peccato. Anima enim humana non est capax peccati, nec gratiae iustificantis, nisi per mentem. Unde praecipue oportuit mentem humanam assumi. Unde Damascenus dicit, in III libro⁷, quod *Dei Verbum assumpsit corpus et animam intellectualem et rationalem*: et postea subdit⁸: *Totus toti unitus est, ut toti mihi salutem gratificet*, idest, gratis faciat: *quod enim inassumptibile est, incurabile est.*

Tertio, hoc repugnat veritati incarnationis. Cum enim corpus proportionetur animae sicut materia propriae formae, non est vera caro humana quae

corpo, como se prova no livro III da *Alma*. Logo, parece que o Filho de Deus não tenha assumido a mente humana.

EM SENTIDO CONTRÁRIO, diz Agostinho: "Retém firmissimamente e não duvides de modo algum que o Cristo, Filho de Deus, tinha a carne de nossa espécie e a alma racional. De sua carne, ele disse: 'Tocai e vede; o espírito não tem carne nem ossos como vós vedes que eu tenho'". Mostrou igualmente que tinha alma, dizendo: 'Eu deponho a minha alma e em seguida a retomo'. Mostrou também que tinha intelecto dizendo: 'Sede discípulos meus, porque eu sou manso e humilde de coração'. E dele, assim fala o Senhor pelo profeta Isaías: 'Eis que meu servo compreenderá'".

RESPONDO. Como diz Agostinho, os apolinaristas divergiram da Igreja Católica a propósito da alma de Cristo, ao afirmar, assim como os arianos, que Cristo assumiu somente a carne, sem a alma. Nessa questão, vencidos pelos testemunhos dos Evangelhos, disseram que à alma de Cristo faltava a mente, sendo que em seu lugar nela estava o próprio Verbo.

Essa afirmação, como a precedente, é refutada pelas mesmas razões. 1. É contrária à narrativa evangélica que lembra ter Cristo se admirado, como está claro no Evangelho de Mateus. Ora, a admiração não pode existir sem a razão, pois implica a referência do efeito à causa, quando, por exemplo, alguém vê o efeito, cuja causa ignora e a busca, como se diz no livro I da *Metafísica*.

2. É contrária à utilidade da encarnação que é a justificação do homem do pecado. Ora, a alma humana não é capaz do pecado e da graça que a justifica, a não ser pela mente. Logo, foi necessário, acima de tudo, que fosse assumida a mente humana. Daqui dizer Damasceno que "o Verbo de Deus assumiu o corpo e a alma intelectual e racional", acrescentando: "Ele todo uniu-se ao todo a fim de trazer gratuitamente a salvação ao todo; o que não pode ser assumido é incurável".

3. É contrária à verdade da encarnação. O corpo é proporcional à alma como a matéria à própria forma, por isso, não há verdadeira carne humana

---

2. C. 4: 429, a, 24-27.
3. Fulgentius.
4. C. 14: ML 65, 697 BC.
5. Haer. 55: ML 42, 40.
6. C. 2: 982, b, 12-17; 983, a, 12-14.
7. *De fide orth.*, l. III, c. 6: MG 94, 1005 A.
8. Ibid.: MG 94, 1005 B.

non est perfecta anima humana, scilicet rationali. Et ideo, si Christus animam sine mente habuisset, non habuisset veram carnem humanam, sed carnem bestialem: quia per solam mentem anima nostra differt ab anima bestiali. Unde dicit Augustinus, in libro *Octoginta trium Quaest.*[9], quod secundum hunc errorem sequeretur quod Filius Dei *beluam quandam cum figura humani corporis suscepisset.* — Quod iterum repugnat veritati divinae, quae nullam patitur fictionis falsitatem.

AD PRIMUM ergo dicendum quod, ubi est ipsa res per sui praesentiam, non requiritur eius imago ad hoc quod suppleat locum rei: sicut, ubi erat imperator, milites non venerabantur eius imaginem. Sed tamen requiritur cum praesentia rei imago ipsius ut perficiatur ex ipsa rei praesentia: sicut imago in cera perficitur per impressionem sigilli, et imago hominis resultat in speculo per eius praesentiam. Unde, ad perficiendam humanam mentem, necessarium fuit quod eam sibi Verbum Dei univit.

AD SECUNDUM dicendum quod lux maior evacuat lucem minorem alterius corporis illuminantis: non tamen evacuat, sed perficit lucem corporis illuminati. Ad praesentiam enim solis stellarum lux obscuratur: sed aeris lumen perficitur. Intellectus autem seu mens hominis est quasi lux illuminata a luce divini Verbi. Et ideo per lucem divini Verbi non evacuatur mens hominis, sed magis perficitur.

AD TERTIUM dicendum quod, licet potentia intellectiva non sit alicuius corporis actus, ipsa tamen essentia animae humanae, quae est forma corporis, requiritur quod sit nobilior, ad hoc quod habeat potentiam intelligendi. Et ideo necesse est ut corpus melius dispositum ei respondeat.

sem a alma humana perfeita, ou seja, racional. Logo, se Cristo tivesse uma alma sem a mente, não teria verdadeira carne humana, mas a carne de um animal; pois nossa alma se diferencia da do animal apenas pela mente. Assim, ensina Agostinho: de acordo com esse erro, "o Filho de Deus teria assumido algum animal com a figura do corpo humano". — Ora, isso é contrário à verdade divina, que não admite nenhuma falsidade ou ficção.

QUANTO AO 1º, portanto, deve-se dizer que onde está presente a própria coisa, não há necessidade da imagem para suprir sua ausência. Desse modo, quando o imperador estava presente, os soldados não veneravam sua imagem. Mas a imagem é requerida com a coisa presente para que se torne mais perfeita pela presença da própria coisa. Por exemplo, a imagem na cera torna-se perfeita pela impressão do sinete, e a imagem do homem se representa no espelho pela presença do homem. Assim, era necessário que o Verbo de Deus unisse a si a mente humana para torná-la mais perfeita.

QUANTO AO 2º, deve-se dizer que uma luz mais forte suprime a luz mais fraca de outro corpo iluminante, mas não suprime e sim torna mais perfeita a luz do corpo iluminado. Com a presença do sol, a luz das estrelas se obscurece, mas se torna mais perfeita a claridade do ar. O intelecto ou a mente do homem é como uma luz iluminada pela luz do Verbo divino. Portanto, por essa luz do Verbo divino não é supressa, mas se torna mais perfeita a mente do homem.

QUANTO AO 3º, deve-se dizer que embora a potência intelectiva não seja ato de algum corpo[e], é necessário que a essência da alma, que é a forma do corpo, seja mais nobre, para que tenha o poder de conhecer. Portanto, é necessário que a ela corresponda um corpo mais bem disposto.

---

9. Q. 80, n. 1: ML 40, 93.

e. Ao assegurar que "a potência intelectiva não é o ato de um corpo", o autor não pretende eliminar a dependência do espírito em relação ao corpo: a inteligência recebe a matéria do que ele conhece por intermédio dos sentidos corporais. Mas, com Aristóteles, Sto. Tomás concebe a inteligência como uma faculdade espiritual cujo primeiro ato consiste em abstrair a "species" inteligível da "species" sensível que lhe apresentam os sentidos e a imaginação. É justamente essa imaterialidade que torna possível o conhecimento: identificação com o outro enquanto outro. (Para uma apresentação mais completa da teoria do conhecimento presente em Tomás, ver H.-D. Gardeil, *Initiation à la philosophie de S. Thomas d'Aquin*, t. III, *Psychologie*, Paris, 1966, pp. 94-104.)

QUAESTIO VI
DE ORDINE ASSUMPTIONIS
in sex articulos divisa

Deinde considerandum est de ordine assumptionis praedictae.
Et circa hoc quaeruntur sex.
Primo: utrum Filius Dei assumpserit carnem mediante anima.
Secundo: utrum assumpserit animam mediante spiritu, sive mente.
Tertio: utrum anima Christi fuerit prius assumpta a Verbo quam caro.
Quarto: utrum caro fuerit prius a Verbo assumpta quam animae unita.
Quinto: utrum tota humana natura sit assumpta mediantibus partibus.
Sexto: utrum sit assumpta mediante gratia.

Articulus 1
Utrum Filius Dei assumpserit carnem mediante anima

Ad primum sic proceditur. Videtur quod Filius Dei non assumpserit carnem mediante anima.

1. Perfectior enim est modus quo Filius Dei unitur humanae naturae et partibus eius, quam quo est in omnibus creaturis. Sed in creaturis est immediate per essentiam, praesentiam et potentiam. Ergo multo magis Filius Dei unitur carni, et non mediante anima.

2. Praeterea, anima et caro unita sunt Dei Verbo in unitate hypostasis seu personae. Sed corpus immediate pertinet ad personam sive hypostasim hominis, sicut et anima. Quinimmo magis videtur se de propinquo habere ad hypostasim hominis corpus, quod est materia, quam anima, quae est forma: quia principium individuationis, quae importatur in nomine hypostasis, videtur esse

QUESTÃO 6
A ORDEM DA ASSUNÇÃO[a]
em seis artigos

Em seguida, deve-se considerar a ordem da assunção.
E sobre isso são seis as perguntas:
1. O Filho de Deus assumiu a carne mediante a alma?
2. Assumiu a alma mediante o espírito ou a mente?
3. A alma de Cristo foi assumida pelo Verbo antes da carne?
4. A carne foi assumida antes de se unir à alma?
5. A natureza humana no seu todo foi assumida mediante as partes?
6. Foi assumida pela mediação da graça?

Artigo 1
O Filho de Deus assumiu a carne mediante a alma?

Quanto ao primeiro artigo, assim se procede: parece que o Filho de Deus **não** assumiu a carne mediante a alma.

1. Com efeito, é mais perfeito o modo pelo qual o Filho de Deus se uniu à natureza humana e às suas partes do que o modo pelo qual está em todas as criaturas. Ora, está imediatamente nas criaturas por essência, presença e potência. Logo, com muito maior razão se une imediatamente à carne e não mediante a alma.

2. Além disso, a alma e o corpo estão unidos ao Verbo de Deus na unidade da hipóstase ou da pessoa. Ora, o corpo, tanto quanto a alma, pertence imediatamente à pessoa ou hipóstase do homem. Mais ainda, o corpo do homem, que é matéria, parece estar mais junto à hipóstase do que a alma que é forma; pois o princípio de individuação, implicado no termo hipóstase, parece ser a matéria.

---

1 Parall.: Infra, a. 4, ad 3; q. 50, a. 2, ad 2; III *Sent.*, dist. 2, q. 2, a. 1, q.la 1; dist. 21, q. 1, a. 1, q.la 1, ad 1; *Cont. Gent.* IV, 44; *De Spirit. Creat.*, a. 3, ad 5.

a. Para falar da ordem segundo a qual se efetuou a assunção da natureza humana pelo Verbo existem duas possibilidades: a ordem da natureza (ontológica ou lógica) e a ordem do tempo (cronológica). Segundo a primeira, alma e corpo são as partes substanciais da humanidade assumida (a. 1), a alma se dividindo por sua vez em partes potenciais, das quais o intelecto é a mais nobre (a. 2). Em ambos os casos, a parte mais perfeita serve de intermediária para a assunção da parte menos perfeita: a alma para o corpo, a inteligência para o resto da alma. Se pensarmos na ordem temporal, precisamos dizer que não existe prioridade alguma da alma sobre o corpo, ou vice-versa; uma e outro foram assumidos simultaneamente (a. 3 e 4). Se voltarmos à ordem da natureza, poderemos afirmar uma prioridade do todo sobre as partes: o todo desempenha, em relação a suas partes, o papel de um fim, e é este que tem prioridade na intenção de Deus. Na intenção daquele que assume, o todo exerce um papel intermediário para a assunção das partes (a. 5). O último artigo introduz as duas questões seguintes, mostrando que a graça não teve nenhum papel intermediário na união hipostática; só pode ser sua consequência (a. 6).

materia. Ergo Filius Dei non assumpsit carnem mediante anima.

3. PRAETEREA, remoto medio, separantur ea quae per medium coniunguntur: sicut, remota superficie, cessaret color a corpore, qui inest corpori per superficiem. Sed, separata per mortem anima, adhuc remanet unio Verbi ad carnem: quod infra[1] patebit. Ergo Verbum non coniungitur carni mediante anima.

SED CONTRA est quod Augustinus dicit, in Epistola *ad Volusianum*[2]: *Ipsa magnitudo divinae virtutis animam sibi rationalem, et per eandem corpus humanum, totumque omnino hominem, in melius mutandum, coaptavit.*

RESPONDEO dicendum quod medium dicitur respectu principii et finis. Unde, sicut principium et finis important ordinem, ita et medium. Est autem duplex ordo: unus quidem temporis; alius autem naturae. Secundum autem ordinem temporis, non dicitur in mysterio incarnationis aliquid medium: quia totam naturam humanam simul sibi Dei Verbum univit, ut infra[3] patebit.

Ordo autem naturae inter aliqua potest attendi dupliciter: uno modo, secundum dignitatis gradum, sicut dicimus angelos esse medios inter homines et Deum; alio modo, secundum rationem causalitatis, sicut dicimus mediam causam existere inter primam causam et ultimum effectum. Et hic secundos ordo aliquo modo consequitur primum: sicut enim dicit Dionysius, 13 cap. *Cael. Hier.*[4], Deus per substantias magis propinquas agit in ea quae sunt magis remota.

Si ergo attendamus gradum dignitatis, anima media invenitur inter Deum et carnem. Et secundum hoc, potest dici quod Filius Dei univit sibi carnem mediante anima. — Sed secundum ordinem causalitatis, ipsa anima est aliqualiter causa carnis uniendae Filio Dei. Non enim esset

Logo, o Filho de Deus não assumiu a carne mediante a alma.

3. ADEMAIS, removido o meio, separam-se os termos unidos pelo meio, assim como, removida a superfície, acabaria a cor do corpo que lhe é inerente pela superfície. Ora, separada a alma pela morte, permanece a união do Verbo ao corpo, como mais adiante, se explicará. Logo, o Verbo não se une à carne mediante a alma.

EM SENTIDO CONTRÁRIO, escreve Agostinho a Volusiano: "A própria magnitude do divino poder uniu a si a alma racional; e, por ela, o corpo humano e todo o homem que devia ser mudado para melhor".

RESPONDO. O meio se diz com relação ao princípio e ao fim[b]. Portanto, como o princípio e o fim implicam a ordem, assim também o meio. Ora, há dois tipos de ordem: um de tempo, outro de natureza. Segundo a ordem temporal, não se requer que haja algum meio no mistério da encarnação, pois o Verbo de Deus uniu a si, ao mesmo tempo, toda a natureza humana, como adiante se explicará.

Já a ordem de natureza entre as coisas pode ser considerada de duas maneiras: a primeira, segundo o grau de dignidade, assim como dizemos que os anjos estão no meio entre Deus e os homens; a segunda, conforme a razão de causalidade, do modo como dizemos que uma causa segunda está no meio entre a causa primeira e o último efeito. Essa segunda ordem decorre, de algum modo, da primeira, pois, como ensina Dionísio, Deus age nas substâncias mais remotas por meio das que estão mais próximas.

Se considerarmos, portanto, o grau de dignidade, a alma está no meio entre Deus e o corpo. Desse modo pode-se dizer que o Filho de Deus uniu a si o corpo mediante a alma. — Mas, segundo a ordem de causalidade, a alma é, de algum modo, a causa do corpo que deve unir-se ao Filho

---

1. Q. 50, a. 2.
2. Epist. 137, al. 3, c. 2, n. 8: ML 33, 519.
3. A. 3, 4.
4. § 3: MG 3, 300 D.

b. Em todos os artigos da presente questão que tratam de um intermediário (a. 1, 2 e 5), Sto. Tomás supõe conhecida a definição que ele fornece aqui. Deixando de lado os intermediários de ordem temporal, que não são pertinentes ao presente caso, ele se atém aos de ordem natural, entre os quais distingue dois tipos: segundo a dignidade e segundo a causalidade, o primeiro prevalecendo sobre o segundo. De fato, se a prioridade de um ser mais perfeito poderia ser apenas teórica no plano conceitual, é bem real quanto à sua relação com a causalidade: uma causa só exerce sua ação na medida de sua superioridade ou de sua atuação mais perfeita que a de seu efeito; a ordem de causalidade se funda sempre, portanto, sobre uma ordem de perfeição ou de dignidade. Nos casos que nos ocupam, a ordem de causalidade de que se trata consiste cada vez na mediação da causa final. A alma é intermediária para a assunção do corpo, pois é sua forma e, enquanto tal, o corpo lhe é subordinado como a uma espécie de fim: o corpo existe para a alma, e não o contrário (ver I-II, q. 2, a. 5). Se o corpo é assumido é em razão de sua subordinação à alma, e é essa subordinação que a torna mais apta a ser assumida do que qualquer outro corpo.

assumptibilis nisi per ordinem quem habet ad animam rationalem, secundum quam habet quod sit caro humana: dictum est enim supra[5] quod natura humana prae ceteris est assumptibilis.

AD PRIMUM ergo dicendum quod duplex ordo considerari potest inter creaturam et Deum. Unus quidem, secundum quod creaturae causantur a Deo et dependent ab ipso sicut a principio sui esse. Et sic, propter infinitatem suae virtutis, Deus immediate attingit quamlibet rem, causando et conservando. Et ad hoc pertinet quod Deus immediate est in omnibus per essentiam, potentiam et praesentiam.

Alius autem ordo est secundum quod res reducuntur in Deum sicut in finem. Et quantum ad hoc, invenitur medium inter creaturam et Deum: quia inferiores creaturae reducuntur in Deum per superiores, ut dicit Dionysius, in libro *Caelest. Hier.*[6]. Et ad hunc ordinem pertinet assumptio humanae naturae a Verbo Dei, quod est terminus assumptionis. Et ideo per animam unitur carni.

AD SECUNDUM dicendum quod, si hypostasis Verbi Dei constitueretur simpliciter per naturam humanam, sequeretur quod corpus esset ei vicinius, cum sit materia, quae est individuationis principium: sicut et anima, quae est forma specifica, propinquius se habet ad naturam humanam. Sed quia hypostasis est prior et altior quam humana natura, tanto id quod est in humana natura propinquius se habet, quanto est altius. Et ideo propinquior est Verbo Dei anima quam corpus.

AD TERTIUM dicendum quod nihil prohibet aliquid esse causam alicuius quantum ad aptitudinem et congruitatem, quo tamen remoto, id non tollitur: quia, etsi fieri alicuius dependeat ex aliquo, postquam tamen est in facto esse, ab eo non dependet. Sicut, si inter aliquos amicitia causaretur aliquo mediante, eo recedente adhuc amicitia remanet: et si aliqua in matrimonium ducitur propter pulchritudinem, quae facit congruitatem in muliere ad copulam coniugalem, tamen, cessante pulchritudine, adhuc durat copula coniugalis. Et similiter, separata anima, remanet unio Verbi Dei ad carnem.

de Deus. Com efeito, o corpo não teria capacidade de ser assumido senão pela ordem que o liga à alma racional, pois é por meio dessa ordem que ele pode ser chamado corpo humano. Acima foi dito que a natureza humana é mais apta para ser assumida que as demais naturezas.

QUANTO AO 1º, portanto, deve-se dizer que entre Deus e as criaturas podemos considerar dois tipos de ordem. O primeiro segundo o qual as criaturas são causadas por Deus e dele dependem como do princípio do seu existir. Desse modo, em razão da infinitude do seu poder, Deus atinge imediatamente qualquer coisa, causando e conservando. Sob esse aspecto, se diz que Deus está presente em todas as coisas por essência, presença e potência.

A outra ordem é aquela segundo a qual as coisas se referem a Deus como a seu fim. Sob esse aspecto, há intermediários entre as criaturas e Deus, pois as criaturas inferiores se referem a Deus por meio das superiores, como ensina Dionísio. A essa ordem pertence a assunção da natureza humana pelo Verbo de Deus que é o termo dessa mesma assunção. Desse modo, o Verbo se une à carne por meio da alma.

QUANTO AO 2º, deve-se dizer que se a hipóstase do Verbo de Deus fosse constituída simplesmente pela natureza humana, o corpo estaria mais próximo dela, pois é matéria, princípio da individuação; assim como a alma, que é a forma específica, está mais próxima da natureza humana. Mas, já que a hipóstase é anterior à natureza humana e mais elevada do que ela, o que lhe está mais próximo na natureza humana é o que nesta é o mais elevado. Por essa razão, a alma está mais próxima do Verbo de Deus do que o corpo.

QUANTO AO 3º, deve-se dizer que nada impede que alguma coisa seja causa de outra, em razão da aptidão e da congruência, de sorte que, removida a primeira a outra permaneça: porque embora uma coisa dependa de outra em sua origem, já não mais depende dela uma vez tornada realidade. Por exemplo, se a amizade entre alguns fosse causada pela mediação de um outro, afastando-se este permanece a amizade. Também, se alguma mulher é recebida em matrimônio em razão de sua beleza, o que é causa da congruência da mulher para a união conjugal, no entanto, acabada a beleza, a união permanece. Assim, separada a alma, permanece a união do Verbo à carne.

---

5. Q. 4, a. 1.
6. C. 4, § 3: MG 3, 181 A.

Articulus 2
Utrum Filius Dei assumpserit animam mediante spiritu

AD SECUNDUM SIC PROCEDITUR. Videtur quod Filius Dei non assumpsit animam mediante spiritu.

1. Idem enim non cadit medium inter ipsum et aliquid aliud. Sed spiritus, sive mens, non est aliud in essentia ab ipsa anima: ut in Prima Parte[1] dictum est. Ergo Filius Dei non assumpsit animam mediante spiritu, sive mente.

2. PRAETEREA, id quo mediante facta est assumptio, videtur magis assumptibile. Sed spiritus, sive mens, non est magis assumptibilis quam anima: quod patet ex hoc quod spiritus angelici non sunt assumptibiles, ut supra[2] dictum est. Ergo videtur quod Filius Dei non assumpserit animam mediante spiritu.

3. PRAETEREA, posterius assumitur a primo mediante priori. Sed anima nominat ipsam essentiam, quae est prior naturaliter quam ipsa potentia eius, quae est mens. Ergo videtur quod Filius Dei non assumpserit animam mediante spiritu vel mente.

SED CONTRA est quod Augustinus dicit, in libro *de Agone Christiano*[3]: *Invisibilis et incommutabilis Veritas per spiritum animam, et per animam corpus accepit*.

RESPONDEO dicendum quod, sicut dictum est[4], Filius Dei dicitur assumpsisse carnem anima mediante, tum propter ordinem dignitatis, tum etiam propter congruitatem assumptionis. Utrumque autem horum invenitur si comparemus intellectum, qui spiritus dicitur, ad ceteras animae partes. Non

Artigo 2
O Filho de Deus assumiu a alma mediante o espírito?

QUANTO AO SEGUNDO, ASSIM SE PROCEDE: parece que o Filho de Deus **não** assumiu a alma mediante o espírito.

1. Com efeito, o que é idêntico não pode ser meio entre si mesmo e outra coisa. Ora, o espírito ou mente não é essencialmente distinto da alma, como foi provado na I Parte. Logo, o Filho de Deus não assumiu a alma mediante o espírito ou mente.

2. ALÉM DISSO, aquilo por meio do qual a assunção foi realizada parece ser o mais assumível. Ora, o espírito ou a mente não é mais assumível do que a alma, o que é evidente pelo fato de que os espíritos angélicos não são assumíveis, como acima foi dito. Logo, parece que o Filho de Deus não assumiu a alma mediante o espírito.

3. ADEMAIS, o que vem depois é assumido pelo primeiro, mediante o que vem antes. Ora, a alma designa a própria essência, que naturalmente vem antes de sua potência, que é a mente. Logo, parece que o Filho de Deus não assumiu a alma mediante o espírito ou a mente.

EM SENTIDO CONTRÁRIO, escreve Agostinho: "A Verdade invisível e incomutável recebeu a alma por meio do espírito; e o corpo, por meio da alma"[c].

RESPONDO. Como acaba de ser dito, o Filho de Deus assumiu o corpo mediante a alma, seja em razão da ordem de dignidade, seja igualmente pela congruência da assunção. Ambas essas razões ocorrem se compararmos o intelecto, que é dito espírito, com as outras partes da alma[d]. A alma é

---

2 PARALL.: III *Sent.*, dist. 2, q. 2, a. 1, q.la 2.

1. Q. 77, a. 1, ad 1.
2. Q. 4, a. 1.
3. C. 18: ML 40, 300.
4. A. praec.

    c. A antropologia aqui empregada por Agostinho inspira-se talvez em S. Paulo (1Tm 5,23: espírito, alma e corpo). Segundo essa divisão tripartite, a alma (a *psyché* no texto de Paulo) é o princípio de vida, tanto no animal como no homem, mas não inclui o espírito (o *pneuma* de Paulo), pelo qual o homem se distingue dos animais. Para Sto. Tomás, pelo contrário, o espírito é uma potência — ou parte potencial — da alma.

    d. Quando Sto. Tomás se refere às partes da alma, não se deve esquecer que ele não pensa em partes físicas (como os diferentes órgãos de nosso corpo), mas em partes potenciais, as forças ou faculdades da alma. Entre elas, a inteligência ou espírito desempenha o papel da parte formalmente mais humana da alma, a que acaba por distingui-la das almas inferiores das plantas e dos animais. As forças ou partes inferiores da alma se subordinam à inteligência, da qual constituem uma espécie de suporte. Desse modo, os sentidos e a imaginação servem à inteligência nos primeiros estágios de conhecimento intelectual; ainda desse modo as forças vitais da alma, as que asseguram as funções vegetativas (respiração, digestão etc.), encontram seu pleno valor no fato de que realizam as condições físicas que tornam possível o exercício da vida intelectual e espiritual do homem. Por via de consequência, as outras partes da alma se subordinam ao espírito, e sua atividade tem por objetivo a atividade da parte superior da alma. Como no artigo precedente, é a dignidade do espírito que assegura sua prioridade na ordem da causalidade, e a mediação da causa final se verifica mais uma vez (cf. nota 2).

enim anima est assumptibilis secundum congruitatem nisi per hoc quod est capax Dei, ad imaginem eius existens: quod est secundum mentem, quae spiritus dicitur, secundum illud Eph 4,23: *Renovamini spiritu mentis vestrae*. Similiter etiam intellectus, inter ceteras partes animae, est superior et dignior et Deo similior. Et ideo, ut Damascenus dicit, in III libro[5], unitum est carni per medium intellectum Verbum Dei: *intellectus enim est quod est animae purissimum; sed et Deus est intellectus*.

AD PRIMUM ergo dicendum quod, si intellectus non sit aliud ab anima secundum essentiam, distinguitur tamen ab aliis partibus animae secundum rationem potentiae. Et secundum hoc competit sibi ratio medii.

AD SECUNDUM dicendum quod spiritui angelico non deest congruitas ad assumptionem propter defectum dignitatis, sed propter irreparabilitatem casus. Quod non potest dici de spiritu humano: ut patet ex his quae in Prima Parte[6] dicta sunt.

AD TERTIUM dicendum quod anima inter quam et Dei Verbum ponitur medium intellectus, non accipitur pro essentia animae, quae est omnibus potentiis communis: sed pro potentiis inferioribus, quae sunt omni animae communes.

assumível em razão de congruência, pelo fato de ser capaz de Deus, existindo à sua imagem; e isso se dá segundo a mente, que também se diz espírito, segundo o que diz a Carta aos Efésios: "Renovai-vos pelo espírito de vossa mente". Do mesmo modo o intelecto, entre as outras partes da alma, é superior e mais digno e mais semelhante a Deus. Por isso diz Damasceno: "O Verbo de Deus se uniu à carne por meio do intelecto. O intelecto é o que há de mais puro na alma; e Deus é intelecto".

QUANTO AO 1º, portanto, deve-se dizer que se o intelecto não se distingue da alma segundo a essência, distingue-se, no entanto, da outras partes da alma, segundo a razão de potência. Por isso, compete-lhe a razão de meio.

QUANTO AO 2º, deve-se dizer que ao espírito angélico não falta a congruência para a assunção por deficiência de dignidade, mas pela irreparabilidade da queda. Ora, o mesmo não se pode dizer do espírito humano, como ficou claro na I Parte.

QUANTO AO 3º, deve-se dizer que o intelecto é meio entre o Verbo de Deus e a alma, não enquanto por esta se entende a essência da alma, que é comum a todas as potências, mas, sim, as potências inferiores que são comuns a todas as almas.

ARTICULUS 3
Utrum anima Christi fuerit prius assumpta a Verbo quam caro

AD TERTIUM SIC PROCEDITUR. Videtur quod anima Christi fuerit prius assumpta a Verbo quam caro.

1. Filius enim Dei assumpsit carnem mediante anima, ut dictum est[1]. Sed prius pervenitur ad medium quam ad extremum. Ergo Filius Dei prius assumpsit animam quam corpus.

2. PRAETEREA, anima Christi est dignior angelis: secundum illud Ps 96,7: *Adorate eum, omnes angeli eius*. Sed angeli creati sunt a principio: ut in Primo[2] habitum est. Ergo et anima Christi. Quae non fuit ante creata quam assumpta: dicit enim Damascenus, in III libro[3], quod *nunquam neque anima neque corpus Christi propriam habuerunt hypostasim praeter Verbi hypostasim*. Ergo videtur

ARTIGO 3
A alma de Cristo foi assumida pelo Verbo antes da carne?

QUANTO AO TERCEIRO, ASSIM SE PROCEDE: parece que a alma de Cristo **foi** assumida pelo Verbo antes da carne.

1. Com efeito, o Filho de Deus assumiu a carne mediante a alma, como foi dito. Ora, chega-se primeiro ao meio do que ao extremo. Logo, o Filho de Deus assumiu a alma antes do corpo.

2. ALÉM DISSO, a alma de Cristo é mais digna do que os anjos, segundo o Salmo 96: "Adorai-o todos os seus anjos". Ora, os anjos foram criados desde o princípio, como consta da I Parte. Logo, também a alma de Cristo. Mas ela não foi criada antes de ser assumida, pois diz Damasceno: "Nem a alma nem o corpo de Cristo possuíram alguma vez uma hipóstase própria além da hipóstase do

---

5. *De fide orth.*, l. III, c. 6: MG 94, 1005 B.
6. Q. 64, a. 2.

3 PARALL.: III *Sent.*, dist. 2, q. 2, a. 3; *Cont. Gent.* IV, 33.
1. A. 1.
2. Q. 46, a. 3.
3. *De fide orth.*, l. III, c. 27: MG 94, 1097 B.

quod anima fuerit ante assumpta quam caro, quae est concepta in utero virginali.

3. PRAETEREA, Io 1,14 dicitur: *Vidimus eum plenum gratiae et veritatis*: et postea [v. 16] sequitur: *de plenitudine eius omnes accepimus*, idest, omnes fideles quocumque tempore, ut Chrysostomus exponit[4]. Hoc autem non esset nisi Christus habuisset plenitudinem gratiae et veritatis ante omnes sanctos qui fuerunt ab origine mundi: quia causa non est posterior causato. Cum ergo plenitudo gratiae et veritatis fuerit in anima Christi ex unione ad Verbum, secundum illud quod ibidem [v. 14] dicitur, *Vidimus gloriam eius quasi Unigeniti a Patre, plenum gratiae et veritatis*; consequens videtur quod a principio mundi anima Christi fuisset a Verbo Dei assumpta.

SED CONTRA est quod Damascenus dicit, in IV libro[5]: *Non, ut quidam mentiuntur, ante eam quae est ex Virgine incarnationem, intellectus est unitus Deo Verbo, et ex tunc vocatus est Christus.*

RESPONDEO dicendum quod Origenes[6] posuit omnes animas a principio fuisse creatas: inter quas etiam posuit animam Christi creatam[7]. Sed hoc quidem est inconveniens: scilicet, si ponatur quod fuerit tunc creata sed non statim Verbo unita, quia sequeretur quod anima illa habuisset aliquando propriam subsistentiam sine Verbo. Et sic, cum fuisset a Verbo assumpta, vel non esset facta unio secundum substinentiam; vel corrupta fuisset subsistentia animae praeexistens.

Similiter etiam est inconveniens si ponatur quod anima illa fuerit a principio Verbo unita, et postmodum in utero Virginis incarnata. Quia sic eius anima non videretur eiusdem esse naturae cum nostris, quae simul creantur dum corporibus infunduntur. Unde Leo Papa dicit, in Epistola *ad Iulianum*[8], quod *non alterius naturae erat caro quam nostra: nec alio illi quam ceteris hominibus est anima inspirata principio.*

AD PRIMUM ergo dicendum quod, sicut supra[9] dictum est, anima Christi dicitur esse medium in

Verbo". Logo, parece que a alma foi assumida antes da carne, que foi concebida no seio virginal.

3. ADEMAIS, no Evangelho de João se diz: "Nós o vimos cheio de graça e verdade"; e logo após: "De sua plenitude, com efeito, todos nós recebemos", a saber, todos os fiéis de qualquer tempo, como explica Crisóstomo. Ora, tal não seria possível se Cristo não possuísse a plenitude da graça e da verdade antes de todos os santos que existiram desde a origem do mundo, porque a causa não pode ser posterior ao efeito. Portanto, como a plenitude da graça e da verdade existiu na alma de Cristo em razão da união com o Verbo, segundo o mesmo texto de João: "Nós vimos sua glória, como de Filho unigênito do Pai, cheio de graça e de verdade", segue-se que desde o princípio do mundo a alma de Cristo foi assumida pelo Verbo de Deus.

EM SENTIDO CONTRÁRIO, eis o que diz Damasceno: "Não foi antes da encarnação no seio da Virgem, como alguns falsamente dizem, que o intelecto foi unido ao Verbo de Deus e desde então foi chamado o Cristo".

RESPONDO. Orígenes afirmou que todas as almas foram criadas desde o princípio, e entre elas também foi criada a alma de Cristo. Mas isso não é conveniente, a saber, a suposição de que tenha sido então criada, mas não unida logo ao Verbo de Deus, pois daqui se seguiria que a alma de Cristo possuiu alguma vez subsistência própria, sem o Verbo. Assim, ao ser assumida pelo Verbo ou a união não se fez segundo a subsistência ou foi desfeita a subsistência preexistente da alma.

Da mesma maneira é inadmissível a afirmação de que a alma de Cristo tenha estado unida ao Verbo desde o princípio e depois se encarnado no seio da Virgem. Desta sorte, sua alma não se apresentaria como sendo da mesma natureza do que as nossas, que são criadas ao mesmo tempo em que são infundidas nos corpos. Por essa razão diz o papa Leão na *Carta a Juliano*: "A carne não era de natureza diferente da nossa; nem lhe foi inspirada a alma por um princípio diferente do dos outros homens".

QUANTO AO 1º, portanto, deve-se dizer que como foi dito antes, a alma de Cristo se diz intermediária

---

4. Homil. 14, al. 13, in *Ioann*.: MG 59, 92.
5. *De fide orth*., l. IV, c. 6: MG 94, 1112 A.
6. *Peri Archon*, l. I, c. 7, n. 1; c. 8, n. 3: MG 11, 170 C-171 B, 178 B.
7. Ibid., l. II, c. 8, n. 2; c. 6, n. 5: MG 11, 220 B, 213 BC.
8. Epist. 35, al. 11, c. 3: ML 54, 809 A.
9. A. 1.

unione carnis ad Verbum secundum ordinem naturae. Non autem oportet ex hoc quod fuerit medium ex ordine temporis.

AD SECUNDUM dicendum quod, sicut Leo Papa, in eadem Epistola[10], dicit, anima Christi *excellit non diversitate generis, sed sublimitate virtutis*. Est enim eiusdem generis cum nostris animabus: sed excellit etiam angelos secundum *plenitudinem gratiae et veritatis*[11]. Modus autem incarnationis respondet animae secundum proprietatem sui generis: ex quo habet, cum sit corporis forma, ut creetur simul dum corpori infunditur et unitur. Quod non competit angelis, quia sunt substantiae omnino a corporibus absolutae.

AD TERTIUM dicendum quod de plenitudine Christi omnes homines accipiunt secundum fidem quam habent in ipsum: dicitur enim Rm 3,22, quod *iustitia Dei est per fidem Iesu Christi in omnes et super omnes qui credunt in ipsum*. Sicut autem nos in ipsum credimus ut incarnatum, ita antiqui crediderunt in ipsum ut nasciturum: *habentes enim eundem spiritum credimus*, ut dicitur 2Cor 4,13. Habet autem fides quae est in Christum virtutem iustificandi ex proposito gratiae Dei: secundum illud Rm 4,5: *Ei qui non operatur, credenti autem in eum qui iustificat impium, fides reputatur ad iustitiam secundum propositum gratiae Dei*. Unde, quia hoc propositum est aeternum, nihil prohibet per fidem Iesu Christi aliquos iustificari antequam eius anima esset plena gratia et veritate.

na união da carne ao Verbo segundo a ordem da natureza. Mas daqui não se segue que o tenha sido na ordem temporal.

QUANTO AO 2º, deve-se dizer que como diz o papa Leão na mesma *Carta*, a alma de Cristo é "mais excelente não pela diversidade do gênero, mas pela sublimidade da virtude". Com efeito, ela é do mesmo gênero que nossas almas, mas é mais excelente do que os próprios anjos segundo *a plenitude da graça e da verdade*. O modo da encarnação corresponde à alma segundo a propriedade de seu gênero. Daqui se segue que, sendo forma do corpo, é criada ao mesmo tempo em que é infundida no corpo e com ele unida. O mesmo não acontece com os anjos, que são substâncias completamente independentes do corpo.

QUANTO AO 3º, deve-se dizer que todos os homens recebem da plenitude de Cristo na medida da fé que nele têm. Com efeito, diz a Carta aos Romanos: "A justiça de Deus é dada pela fé em Jesus Cristo para todos e sobre todos os que creem nele". Assim como cremos nele como encarnado, assim os antigos creram nele como devendo nascer, como diz a segunda Carta aos Coríntios: "Possuindo o mesmo espírito... também nós cremos". A fé em Cristo tem a virtude de justificar segundo o propósito da graça de Deus, conforme a Carta aos Romanos: "Para o que não realiza obras, mas crê naquele que justifica o ímpio, sua fé é levada em conta de justiça segundo o propósito da graça de Deus". Como esse propósito é eterno, nada impede que alguns tenham sido justificados pela fé em Jesus Cristo antes que a alma de Jesus fosse cheia de graça e verdade.

ARTICULUS 4

Utrum caro Christi fuerit prius a Verbo assumpta quam animae unita

AD QUARTUM SIC PROCEDITUR. Videtur quod caro Christi fuit primo a Verbo assumpta quam animae unita.

1. Dicit enim Augustinus[1], in libro *de Fide ad Petrum*[2]: *Firmissime tene, et nullatenus dubites, non carnem Christi sine divinitate conceptam in utero Virginis antequam susciperetur a Verbo*. Sed

ARTIGO 4

A carne de Cristo foi assumida pelo Verbo antes de ser unida à alma?

QUANTO AO QUARTO, ASSIM SE PROCEDE: parece que a carne de Cristo **foi** assumida pelo Verbo antes de ser unida à alma.

1. Com efeito, diz Agostinho: "Retém firmissimamente e de nenhum modo duvides que a carne do Cristo não foi concebida no seio da Virgem sem a divindade, antes de ser assumida pelo Verbo".

---

10. C. 3: ML 54, 809 A.
11. Jo. 1,14.

4 PARALL.: III *Sent.*, dist. 2, q. 2, a. 3; *Cont. Gent.* IV, 44.

1. Fulgentius.
2. C. 18: ML 65, 698 D-699 A.

caro Christi videtur prius fuisse concepta quam animae rationali unita: quia materialis dispositio prius est in via generationis quam forma completiva. Ergo prius fuit caro Christi assumpta quam animae unita.

2. Praeterea, sicut anima est pars naturae humanae, ita et corpus. Sed anima humana non habuit aliud principium sui esse in Christo quam in aliis hominibus: ut patet ex auctoritate Leonis Papae supra[3] inducta. Ergo videtur quod nec corpus Christi aliter habuit principium essendi quam in nobis. Sed in nobis ante concipitur caro quam adveniat anima rationalis. Ergo etiam ita fuit in Christo. Et sic caro prius fuit a Verbo assumpta quam animae unita.

3. Praeterea, sicut dicitur in libro de Causis[4], *causa prima plus influit in causatum, et prius unitur ei quam causa secunda*. Sed anima Christi comparatur ad Verbum sicut causa secunda ad primam. Prius ergo Verbum est unitum carni quam anima.

Sed contra est quod Damascenus dicit, in III libro[5]: *Simul Dei Verbi caro, simul caro animata, rationalis et intellectualis*. Non ergo unio Verbi ad carnem praecessit unionem ad animam.

Respondeo dicendum quod caro humana est assumptibilis a Verbo secundum ordinem quem habet ad animam rationalem sicut ad propriam formam. Hunc autem ordinem non habet antequam anima rationalis ei adveniat: quia simul dum aliqua materia fit propria alicuius formae, recipit illam formam; unde in eodem instanti terminatur alteratio in quo introducitur forma substantialis. Et inde est quod caro non debuit ante assumi quam esset caro humana, quod factum est anima rationali adveniente. Sicut igitur anima non est prius assumpta quam caro, quia contra naturam animae est ut prius sit quam corpori uniatur; ita caro non debuit prius assumi quam anima, quia non prius est caro humana quam habeat animam rationalem.

Ora, a carne do Cristo parece que foi concebida antes de ter sido unida à alma racional; com efeito, na ordem da geração, a disposição material vem antes da forma completiva. Logo, a carne do Cristo foi assumida antes de ser unida à alma.

2. Além disso, como a alma é parte da natureza humana, assim também o corpo. Ora, a alma humana não teve um princípio de seu existir em Cristo diferente nos outros homens, como resulta do testemunho do papa Leão acima citado. Portanto, parece que nem o corpo de Cristo teve outro princípio do seu existir diferente do nosso. Ora, em nós a carne é concebida antes do advento da alma racional. Logo, assim também aconteceu em Cristo e, desse modo, a carne foi assumida pelo Verbo antes de ser unida à alma.

3. Ademais, como ensina o *Liber de causis*: "A causa primeira influi mais no efeito e se une a ele antes da causa segunda". Ora, a alma de Cristo se compara ao Verbo como a causa segunda à primeira. Logo, o Verbo se uniu à carne antes da alma.

Em sentido contrário, escreve Damasceno: "Simultaneamente existem a carne do Verbo de Deus, e a carne animada, racional e intelectual". Logo, a união do Verbo à carne não precedeu a união à alma.

Respondo. O corpo humano é capaz de ser assumido pelo Verbo segundo a ordem que mantém com a alma racional como com sua forma própria. Ora, ele não possui essa ordem antes que lhe sobrevenha a alma racional. Com efeito, quando alguma matéria torna-se própria de alguma forma recebe essa mesma forma. Por isso, a alteração termina no mesmo instante em que a forma substancial é introduzida. Essa a razão pela qual a carne não devia ser assumida antes de se tornar carne humana, o que aconteceu com o advento da alma racional. Portanto, como a alma não foi assumida antes da carne, pois é contra a natureza da alma existir antes de estar unida ao corpo, assim a carne não devia ser assumida antes da alma, porque a carne humana não existe antes de ter a alma racional[e].

---

3. A. praec.
4. Prop. I (1).
5. *De fide orth.*, l. III, c. 2: MG 94, 985 C-988 A.

e. Para melhor compreender este artigo (em especial a Respondo e a r. 2) é preciso lembrar-se que, com Aristóteles e com a ciência de sua época, Sto. Tomás pensava que a animação do corpo humano só se produzia um certo tempo depois da concepção (por volta do quadragésimo dia para o sexo masculino). Esse prazo era necessário, ao que se pensava, para que o corpo se desenvolvesse suficientemente, e se munisse de todos os órgãos antes de receber a alma racional como sua forma. No entanto, no caso de Cristo, uma vez que a ação do Espírito Santo havia substituído o papel do homem numa concepção normal, Sto. Tomás pensava que o agente divino havia sido poderoso o bastante para formar o corpo de Cristo suficientemente desenvolvido, a fim de que pudesse receber sua alma racional desde o primeiro instante (ver abaixo q. 32, a. 1 e q. 33, a. 1). O autor salvaguarda assim o fato de não ter havido nenhuma hipóstase antes da assunção pelo Verbo — nem mesmo a hipóstase de um corpo ou de uma matéria inanimados.

AD PRIMUM ergo dicendum quod caro humana sortitur esse per animam. Et ideo ante adventum animae non est caro humana: sed potest esse dispositio ad carnem humanam. In conceptione tamen Christi Spiritus Sanctus, qui est agens infinitae virtutis, simul et materiam disposuit et ad perfectum perduxit.

AD SECUNDUM dicendum quod forma actu dat speciem: materia autem, quantum est de se, est in potentia ad speciem. Et ideo contra rationem formae esset quod praeexisteret naturae speciei, quae perficitur per unionem eius ad materiam: non autem est contra naturam materiae quod praeexistat naturae speciei. Et ideo dissimilitudo quae est inter originem nostram et originem Christi secundum hoc quod caro nostra prius concipitur quam animetur, non autem caro Christi, est secundum id quod praecedit naturae complementum: sicut et quod nos concipimur ex semine viri, non autem Christus. Sed differentia quae esset quantum ad originem animae, redundaret in diversitatem naturae.

AD TERTIUM dicendum quod Verbum Dei per prius intelligitur unitum carni quam anima per modum communem quo est in ceteris creaturis per essentiam, potentiam et praesentiam: prius tamen dico, non tempore, sed natura. Prius enim intelligitur caro ut quoddam ens, quod habet a Verbo, quam ut animata, quod habet ab anima. Sed unione personali prius secundum intellectum oportet quod caro uniatur animae quam Verbo: quia ex unione ad animam habet quod sit unibilis Verbo in persona; praesertim quia persona non invenitur nisi in rationali natura.

QUANTO AO 1º, portanto, deve-se dizer que a carne humana recebe a existência por meio da alma. Assim, antes do advento da alma não há carne humana, mas pode haver disposição para recebê-la. Na concepção de Cristo, porém, o Espírito Santo, que é um agente de poder infinito, ao mesmo tempo dispôs a matéria e a conduziu ao termo perfeito.

QUANTO AO 2º, deve-se dizer que a forma em ato é o que dá a espécie. A matéria, tomada em si mesma, é potência à espécie. Seria, pois, contra a razão da forma que ela preexistisse à natureza da espécie que se realiza por sua união à matéria. Não é, porém, contra a natureza da matéria o preexistir à natureza da espécie. Assim, a dessemelhança que há entre nossa origem e a origem de Cristo pelo fato de que nossa carne primeiro é concebida e depois animada, o que não acontece com a carne de Cristo, provém do que precede o complemento da natureza, pois nós somos concebidos pelo sêmen do varão, e Cristo não. Se a diferença ocorresse quanto à origem da alma redundaria numa diversidade de natureza.

QUANTO AO 3º, deve-se dizer que o Verbo de Deus se entende unido primeiro à carne do que à alma, pelo modo comum segundo o qual está em todas as criaturas, a saber, por essência, potência e presença. Digo primeiro, não temporalmente mas por prioridade de natureza. Primeiro se entende a carne como um certo ente, que ela possui pelo Verbo, do que como animada, o que ela recebe da alma. Mas, em razão da união pessoal, é necessário que, segundo o intelecto, a carne primeiro seja unida à alma do que ao Verbo. Com efeito, é da união à alma que ela tem a capacidade de ser unida pessoalmente ao Verbo, sobretudo porque a pessoa não se encontra senão na criatura racional.

ARTICULUS 5
Utrum Filius Dei assumpserit totam naturam humanam mediantibus partibus

AD QUINTUM SIC PROCEDITUR. Videtur quod Filius Dei assumpserit totam naturam humanam mediantibus partibus.

1. Dicit enim Augustinus, in libro *de Agone Christiani*[1], quod *invisibilis et incommutabilis Veritas per spiritum animam, per animam corpus, et sic totum hominem assumpsit*. Sed spiritus,

ARTIGO 5
O Filho de Deus assumiu toda a natureza humana por meio das partes?

QUANTO AO QUINTO, ASSIM SE PROCEDE: parece que o Filho de Deus **assumiu** toda a natureza humana por meio das partes.

1. Com efeito, diz Agostinho: "A Verdade incomutável e invisível assumiu a alma por meio do espírito e pela alma o corpo e, assim, todo o homem". Ora, o espírito, a alma e o corpo são partes

---

5 PARALL.: III *Sent.*, dist. 2, q. 2, a. 1, q.la 3; a. 3, q.la 1.
1. C. 18: ML 40, 300.

anima et corpus sunt partes totius hominis. Ergo totum hominem assumpsit mediantibus partibus.

2. PRAETEREA, ideo Dei Filius carnem assumpsit mediante anima, quia anima est Deo similior quam corpus. Sed partes humanae naturae, cum sint simpliciores, videntur esse similiores ei, qui est simplicissimus, quam totum. Ergo assumpsit totum mediantibus partibus.

3. PRAETEREA, totum resultat ex unione partium. Sed unio intelligitur ut terminus assumptionis: partes autem praeintelliguntur assumptioni. Ergo assumpsit totum per partes.

SED CONTRA est quod Damascenus dicit, in III libro[2]: *In Domino Iesu Christo non partes partium intuemur, sed quae proxime componuntur, idest deitatem et humanitatem.* Humanitas autem est quoddam totum, quod componitur ex anima et corpore sicut ex partibus. Ergo Filius Dei assumpsit partes mediante toto.

RESPONDEO dicendum quod, cum dicitur aliquid medium in assumptione incarnationis, non designatur ordo temporis: quia simul facta est assumptio totius et omnium partium. Ostensum est[3] enim quod simul anima et corpus sunt ad invicem unita ad constituendam naturam humanam in Verbo. Designatur autem ibi ordo naturae. Unde per id quod est prius natura, assumitur id quod est posterius.

Est autem aliquid prius in natura dupliciter: uno modo ex parte agentis, alio modo ex parte materiae; hae enim duae causae praeexistunt rei. Ex parte quidem agentis, est simpliciter primum id quod primo cadit in eius intentione, sed secundum quid est primum illud a quo incipit eius operatio: et hoc ideo, quia intentio est prior operatione. Ex parte vero materiae, est prius illud quod prius existit in transmutatione materiae.

In incarnatione autem oportet maxime attendere ordinem qui est ex parte agentis: quia, ut Augustinus dicit, in Epistola ad *Volusianum*[4], *in talibus rebus tota ratio facti est potentia facientis.*

do homem todo. Logo, o Verbo de Deus assumiu o homem todo mediante as partes.

2. ALÉM DISSO, o Filho de Deus assumiu a carne mediante a alma porque a alma é mais semelhante a Deus do que o corpo. Ora, as partes da natureza humana, sendo mais simples, são mais semelhantes do que o todo àquele que é simplicíssimo. Logo, o Filho de Deus assumiu o todo mediante as partes.

3. ADEMAIS, o todo resulta da união das partes. Ora, entende-se por união o termo da assunção, pois as partes se compreendem antes da assunção. Logo, o todo foi assumido mediante as partes.

EM SENTIDO CONTRÁRIO, diz Damasceno: "No Senhor Jesus Cristo não contemplamos as partes das partes, mas apenas as que mais proximamente se unem, a saber, a divindade e a humanidade". Ora, a humanidade é um todo determinado, que se compõe da alma e do corpo como de suas partes. Logo, o Filho de Deus assumiu as partes mediante o todo.

RESPONDO. Quando falamos de algum meio na assunção da encarnação não temos em vista a ordem temporal. Com efeito, a assunção do todo e das suas partes foi feita ao mesmo tempo. Foi demonstrado que a alma e o corpo unem-se simultaneamente para constituir a natureza humana no Verbo, e aí o que se tem em vista é a ordem da natureza. Logo, o que é posterior na ordem da natureza é assumido pelo que é anterior.

De duas maneiras algo é anterior segundo a ordem da natureza: ou da parte do agente ou da parte da matéria. Essas duas causas são preexistentes ao efeito. Da parte do agente é absolutamente primeiro o que primeiro ocorre em sua intenção; mas é primeiro relativamente o que é o começo de sua operação. Isso porque a intenção vem antes da operação. Da parte da matéria vem antes o que primeiro existe na transmutação da matéria.

Ora, na encarnação merece a maior atenção a ordem que provém do agente, porque como escreve Agostinho: "Nessas coisas toda a razão do que é feito se encontra no poder do que faz"[f]. Ora,

---

2. *De fide orth.*, l. III, c. 16: MG 94, 1068 A.
3. A. 3, 4.
4. Epist. 137, al. 3, c. 2, n. 8: ML 33, 519.

f. Essa citação de Agostinho enuncia a razão pela qual é o agente divino e sua intenção que se deve considerar prioritariamente aqui. A matéria não oferecia nenhuma disposição para a encarnação do Verbo; somente a ação do Espírito Santo podia tê-la feito subordinar-se. E essa operação é por sua vez posterior à intenção que a dirige; será ela portanto que dará a indicação última, de acordo com a qual poder-se-á julgar adequadamente a ordem da assunção. Ora, na ordem da intenção — de Deus como de todo outro agente — é o fim que possui a prioridade. Na criação e na assunção da natureza humana pelo Verbo, é o todo dessa natureza que é o fim perseguido, e não suas partes; apenas ele é completo, enquanto suas partes só encontram nele seu

Manifestum est autem quod secundum intentionem facientis prius est completum quam incompletum: et per consequens, totum quam partes. Et ideo dicendum est quod Verbum Dei assumpsit partes humanae naturae mediante toto. Sicut enim corpus assumpsit propter ordinem quem habet ad animam rationalem, ita assumpsit corpus et animam propter ordinem quem habent ad humanam naturam.

AD PRIMUM ergo dicendum quod ex verbis illis nihil datur intelligi nisi quod Verbum, assumendo partes humanae naturae, assumpsit totam humanam naturam. Et sic assumptio partium prior est in via operationis intellectu, non tempore. Assumptio autem naturae est prior in via intentionis: quod est esse prius simpliciter, ut dictum est[5].

AD SECUNDUM dicendum quod Deus ita est simplex quod etiam est perfectissimus. Et ideo totum est magis simile Deo quam partes, inquantum est perfectius.

AD TERTIUM dicendum quod unio personalis est ad quam terminatur assumptio: non autem unio naturae, quae resultat ex coniunctione partium.

é manifesto que, segundo a intenção do agente, primeiro o completo vem antes do incompleto, e, consequentemente, o todo primeiro do que as partes. Deve-se, portanto, dizer que o Verbo de Deus assumiu as partes da natureza humana mediante o todo. Assim como assumiu o corpo em razão da ordem que possui para com a alma racional, assim assumiu o corpo e alma em razão da ordem que possuem para com a natureza humana.

QUANTO AO 1º, portanto, deve-se dizer que daquelas palavras entende-se apenas que o Verbo, assumindo as partes da natureza humana, assumiu-a toda. Assim, a assunção das partes é anterior na ordem da operação intencionalmente, mas não temporalmente. A assunção da natureza vem primeiro na ordem da intenção, ou seja, primeiro absolutamente, como foi dito.

QUANTO AO 2º, deve-se dizer que Deus é tão simples quanto perfeitíssimo. Assim, o todo é mais semelhante a Deus do que as partes, enquanto é mais perfeito.

QUANTO AO 3º, deve-se dizer que a assunção termina na união pessoal, e não na união da natureza que resulta da conjunção das partes.

ARTICULUS 6
Utrum Filius Dei assumpserit humanam naturam mediante gratia

AD SEXTUM SIC PROCEDITUR. Videtur quod Filius Dei assumpserit humanam naturam mediante gratia.

1. Per gratiam enim unimur Deo. Sed humana natura in Christo maxime fuit unita. Ergo illa unio facta fuit per gratiam.

2. PRAETEREA, sicut corpus vivit per animam, quae est eius perfectio, ita anima per gratiam. Sed humana natura redditur congrua ad assumptionem per animam. Ergo Filius Dei assumpsit animam mediante gratia.

3. PRAETEREA, Augustinus, XV de Trin.[1], dicit quod Verbum incarnatum est sicut verbum nostrum in voce. Sed verbum nostrum unitur voci mediante spiritu. Ergo Verbum Dei unitur carni

ARTIGO 6
O Filho de Deus assumiu a natureza humana mediante a graça?

QUANTO AO SEXTO, ASSIM SE PROCEDE: parece que o Filho de Deus **assumiu** a natureza humana mediante a graça.

1. Com efeito, nós nos unimos a Deus pela graça. Ora, a natureza humana em Cristo está ao máximo unida a Deus. Logo, a união se fez mediante a graça.

2. ALÉM DISSO, como o corpo vive pela alma que é sua perfeição, assim a alma vive pela graça. Ora, a natureza humana torna-se capaz de ser assumida pela alma. Logo, o Filho de Deus assumiu a alma mediante a graça.

3. ADEMAIS, diz Agostinho que o Verbo encarnado é como nosso verbo na voz. Ora, nosso verbo se une à voz mediante o espírito. Logo, o Verbo de Deus se une à carne mediante o Espírito

---

5. In corp.

6 PARALL.: Supra, q. 2, a. 10; III *Sent.*, dist. 2, q. 2, a. 2, q.la 1, 2; dist. 13, q. 3, a. 1; *De Verit.*, q. 29, a. 2; *Quodlib.* IX, q. 2, a. 2, ad 3; *Compend., Theol.*, c. 214.

1. C. 11: ML 42, 1071-1072.

acabamento. Resulta que, segundo a ordem da natureza, o todo é o intermediário por meio do qual as partes são assumidas, assim como o fim perseguido é o intermediário de toda ação na ordem da intenção.

mediante Spiritu Sancto: et ita mediante gratia, quae Spiritui Sancto attribuitur, secundum illud 1Cor 12,4: *Divisiones gratiarum sunt, idem autem Spiritus*.

SED CONTRA est quod gratia est quoddam accidens animae, ut in Secunda Parte[2] habitum est. Unio autem Verbi ad humanam naturam est facta secundum subsistentiam, et non secundum accidens: ut ex supra[3] dictis patet. Ergo natura humana non est assumpta mediante gratia.

RESPONDEO dicendum quod in Christo ponitur gratia unionis, et gratia habitualis. Gratia ergo non potest intelligi ut medium in assumptione humanae naturae, sive loquamur de gratia unionis, sive de gratia habituali. Gratia enim unionis est ipsum esse personale quod gratis divinitus datur humanae naturae in persona Verbi: quod quidem est terminus assumptionis. Gratia autem habitualis, pertinens ad specialem sanctitatem illius hominis, est effectus quidam consequens unionem: secundum illud Io 1,14: *Vidimus gloriam eius quasi Unigeniti a Patre, plenum gratiae et veritatis*; per quod datur intelligi quod hoc ipso quod ille homo est Unigenitus a Patre, quod habet per unionem, habet plenitudinem gratiae et veritatis.

Si vero intelligatur gratia ipsa voluntas Dei aliquid gratis faciens vel donans, sic unio facta est per gratiam, non sicut per medium, sed sicut per causam efficientem.

AD PRIMUM ergo dicendum quod unio nostra ad Deum est per operationem, inquantum scilicet eum cognoscimus et amamus. Et ideo talis unio est per gratiam habitualem: inquantum operatio perfecta procedit ab habitu. Sed unio naturae humanae ad Verbum Dei est secundum esse personale: quod non dependet ab aliquo habitu, sed immediate ab ipsa natura.

AD SECUNDUM dicendum quod anima est perfectio substantialis corporis: gratia vero est perfectio animae accidentalis. Et ideo gratia non potest ordinare animam ad unionem personalem, quae non est accidentalis, sicut anima corpus.

Santo, e, assim, mediante a graça que é atribuída ao Espírito Santo, conforme a primeira Carta aos Coríntios: "Há diversidade de dons da graça, mas o Espírito é o mesmo".

EM SENTIDO CONTRÁRIO, a graça é um acidente da alma, como se demonstrou na II Parte. Ora, a união do Verbo à natureza humana é feita segundo a subsistência e não segundo um acidente, como ficou claro. Logo, a natureza humana não foi assumida mediante a graça.

RESPONDO. Em Cristo são afirmadas a graça da união e a graça habitual. Portanto, a graça não pode ser entendida como um meio na assunção da natureza humana, seja ao nos referirmos à graça da união seja à graça habitual. A graça da união é o próprio existir pessoal que é dado gratuitamente por Deus à natureza humana na pessoa do Verbo, o que é o termo da assunção. A graça habitual, pertencente à santidade especial do homem Cristo, é um efeito que se segue à união, conforme o Evangelho de João: "Nós vimos sua glória, como de Filho unigênito do Pai, cheio de graça e de verdade". Daqui se entende que, pelo fato mesmo de ser Filho unigênito do Pai, e isso lhe advém pela união, tem a plenitude da graça e da verdade.

Se, porém, se entende por graça a própria vontade de Deus operando ou dando algo gratuitamente, então a união se realizou pela graça não como meio, mas como causa eficiente[g].

QUANTO AO 1º, portanto, deve-se dizer que nossa união com Deus dá-se por meio da operação, ou seja, na medida em que o conhecemos e amamos. Por isso, essa união dá-se por meio da graça habitual, pois a operação perfeita procede do hábito. Mas a união da natureza ao Verbo de Deus dá-se segundo o ato de existir pessoal, que não depende de hábito algum, mas imediatamente da própria natureza.

QUANTO AO 2º, deve-se dizer que a alma é perfeição substancial do corpo; a graça é perfeição acidental da alma. Portanto, a graça não pode ordenar a alma para a união pessoal, que não é acidental, como a alma pode ordenar o corpo.

---

2. I-II, q. 110, a. 2, ad 2.
3. Q. 2, a. 6.

g. Na q. 2, a. 10, Sto. Tomás já especificou em que sentido se pode falar da união hipostática como de uma graça. Essa graça da união merece ser chamada assim 1) em virtude da vontade divina, decretando a Encarnação de maneira "graciosa", sem que nada o tenha determinado a tanto; 2) em virtude do dom "gracioso" que a pessoa do Verbo faz de si mesmo à natureza humana; Sto. Tomás o lembra bem claramente no presente artigo. Mas a questão que ele propõe agora é outra, e só pode receber uma resposta: a graça como dom criado conferido à natureza humana não pôde ser o meio de união, pois a natureza que poderia ter sido seu suporte não existia antes da união. Contrariamente a Alexandre de Hales ou a S. Boaventura, que admitiam uma graça dada para dispor a natureza humana à união — não anteriormente, mas simultaneamente —, Sto. Tomás considera a graça de Cristo não como uma disposição anterior à união, mas como seu efeito, não como seu meio, mas como sua consequência (ver abaixo q. 7, a. 13).

AD TERTIUM dicendum quod verbum nostrum unitur voci mediante spiritu, non quidem sicut medio formali, sed sicut per medium movens: nam ex verbo concepto interius procedit spiritus, ex quo formatur vox. Et similiter ex Verbo aeterno procedit Spiritus Sanctus, qui formavit corpus Christi, ut infra[4] patebit. Non autem ex hoc sequitur quod gratia Spiritus Sancti sit formale medium in unione praedicta.

QUANTO AO 3º, deve-se dizer que nosso verbo se une à voz mediante o espírito[h], não enquanto meio formal, mas enquanto meio que move: com efeito, o espírito, do qual se forma a voz, procede do verbo concebido interiormente. Da mesma maneira, do Verbo eterno procede o Espírito Santo que formou o corpo de Cristo, como adiante se explicará. Daqui não se segue que a graça do Espírito Santo seja um meio formal para a união pessoal.

---
4. Q. 32, a. 1.

h. Pode-se traduzir *spiritus* por "espírito" ou por "sopro". Se o interpretarmos no sentido de Agostinho, citado na objeção, a tradução seria "espírito", pois Agostinho o identifica à imaginação (Tomás não ignorava esse sentido, pois recorda-o na I, q. 79, a. 13, obj. 1). Se, pelo contrário, se preferir o sentido de "sopro", emitido na formação das palavras, isto não perturba em nada o raciocínio desta solução. Nos dois casos, o *spiritus* é o motor, ou pelo menos o intermediário eficiente da articulação das palavras, não seu intermediário formal. Analogicamente, nem o Espírito, nem sua graça são a forma da união, ainda que sejam sua causa eficiente.

QUAESTIO VII
DE GRATIA CHRISTI SECUNDUM QUOD EST SINGULARIS HOMO
in tredecim articulos divisa

Deinde considerandum est de coassumptis a Filio Dei in humana natura. Et primo, de his, quae pertinent ad perfectionem; secundo de his quae pertinent ad defectum.

Circa primum consideranda sunt tria: primo, de gratia Christi; secundo, de scientia eius; tertio, de potentia ipsius.

De gratia autem Christi considerandum est dupliciter: primo quidem, de gratia eius secundum quod est singularis homo; secundo, de gratia eius secundum quod est caput Ecclesiae. Nam de gratia unionis iam dictum est.

Circa primum quaeruntur tredecim.
Primo: utrum in anima Christi sit aliqua gratia habitualis.
Secundo: utrum in Christo fuerint virtutes.
Tertio: utrum in eo fuerit fides.

QUESTÃO 7
A GRAÇA DE CRISTO ENQUANTO HOMEM SINGULAR
em treze artigos

Em seguida, deve-se considerar o que foi coassumido na natureza humana pelo Filho de Deus. Em primeiro lugar, o que pertence à perfeição. Em segundo, o que pertence às deficiências[a].

Quanto ao primeiro, devem-se considerar três aspectos: 1. A graça de Cristo; 2. Sua ciência; 3. Seu poder.

Sobre a graça devem-se considerar: 1. A graça de Cristo enquanto homem singular. 2. A graça de Cristo enquanto cabeça da Igreja. Da graça da união já se falou.

A respeito do primeiro, são treze as perguntas:
1. Na alma de Cristo houve alguma graça habitual?
2. Em Cristo houve virtudes?
3. Em Cristo houve fé?

---
a. Essa nova subdivisão especifica o anúncio geral feito no Prólogo da questão 4 acima (ver n. 1). As questões 7-15 que restam a examinar nesta seção se dividem em dois grandes títulos: 1) as realidades que podem ser consideradas em nós como perfeições, e que conheceram na humanidade de Cristo um ápice inigualável: graça, ciência, força (q. 7-13); 2) as realidades que, pelo contrário, constituem limites inerentes à nossa humanidade, e que foram, também elas, assumidas (ou não) pelo Verbo: as que estão ligadas ao corpo (q. 14), as que pertencem à alma (q. 15).

A sequência da questão 7 é perfeitamente clara: após estabelecer a existência da graça na alma de Cristo (a. 1), Tomás detalha seus componentes: virtudes e dons (a. 2-6). Ele aborda de passagem essa forma especial de graça que são os carismas, graças gratuitamente dadas (a. 7-8), depois volta à graça santificante, para penetrar no sentido da plenitude infinita da graça de Cristo (a. 9-12). Enfim, ele especifica as relações que existem entre a graça habitual e a união hipostática (a. 13).

Quarto: utrum fuerit in eo spes.
Quinto: utrum in Christo fuerint dona.
Sexto: utrum in Christo fuerit timoris donum.
Septimo: utrum in Christo fuerint gratiae gratis datae.
Octavo: utrum in Christo fuerit prophetia.
Nono: utrum in eo fuerit plenitudo gratiae.
Decimo: utrum talis plenitudo sit propria Christi.
Undecimo: utrum Christi gratia sit infinita.
Duodecimo: utrum potuerit augeri.
Tertiodecimo: qualiter haec gratia se habeat ad unionem.

4. Em Cristo houve esperança?
5. Em Cristo houve dons?
6. Em Cristo houve o dom do temor?
7. Em Cristo houve graças gratuitamente dadas?
8. Em Cristo houve o dom da profecia?
9. Em Cristo existiu a plenitude da graça?
10. Essa plenitude é própria de Cristo?
11. A graça de Cristo é infinita?
12. A graça de Cristo pôde ser aumentada?
13. Qual a relação da graça à união?

Articulus 1
Utrum in anima assumpta a Verbo fuerit gratia habitualis

AD PRIMUM SIC PROCEDITUR. Videtur quod in anima assumpta a Verbo non fuerit gratia habitualis.

1. Gratia enim est quaedam participatio divinitatis in creatura rationali: secundum illud 2Pe 1,4: *Per quem magna et pretiosa nobis promissa donavit, ut divinae simus consortes naturae.* Christus autem Deus est non participative, sed secundum veritatem. Ergo in eo non fuit gratia habitualis.

2. PRAETEREA, gratia ad hoc est necessaria homini ut per eam bene operetur, secundum illud 1Cor 15,10, *Abundantius omnibus laboravi: non autem ego, sed gratia Dei mecum*; et etiam ad hoc quod homo consequatur vitam aeternam, secundum illud Rm 6,23, *Gratia Dei vita aeterna.* Sed Christo, ex hoc solo quod erat naturalis Filius Dei, debebatur hereditas vitae aeterna. Ex hoc etiam quod erat Verbum, per quod *facta sunt omnia*[1], aderat ei facultas omnia bona operandi. Non igitur secundum humanam naturam indigebat alia gratia nisi unione ad Verbum.

3. PRAETEREA, illud quod operatur per modum instrumenti, non indiget habitu ad proprias operationes, sed habitus fundatur in principali

Artigo 1
Na alma assumida pelo Verbo houve a graça habitual?[b]

QUANTO AO PRIMEIRO ARTIGO, ASSIM SE PROCEDE: parece que na alma assumida pelo Verbo **não** houve a graça habitual.

1. Com efeito, a graça é uma certa participação da divindade na criatura racional, conforme a segunda Carta de Pedro: "Por ele nos concedeu coisas grandes e preciosas, que nos tinham sido prometidas para que entrássemos em comunhão com a natureza divina". Ora, Cristo é Deus não por participação, mas em verdade. Logo, nele não houve a graça habitual.

2. ALÉM DISSO, a graça é necessária ao homem para que ele possa operar bem, segundo a primeira Carta aos Coríntios: "(...) eu trabalhei mais do que eles todos; não eu, mas a graça de Deus comigo"; e também para que o homem alcance a vida eterna, segundo a Carta aos Romanos: "A graça de Deus é a vida eterna". Ora, a Cristo, somente pelo fato de ser por natureza Filho de Deus, era devida a herança da vida eterna. Também por ser o Verbo pelo qual *tudo foi feito* era dotado da faculdade de realizar todos os bens. Logo, segundo sua natureza humana, não necessitava de outra graça a não ser a união ao Verbo.

3. ADEMAIS, o que opera na condição de instrumento não necessita de hábito para as próprias operações, pois o hábito reside no agente

---

1 PARALL.: III *Sent.*, dist. 13, q. 1, a. 1; *De Verit.*, q. 29, a. 1; *Compend. Theol.*, c. 213, 214; in *Ioan.*, c. 3, lect. 6.
1. Io 1,3.

b. Essa graça habitual é precisamente graça santificante, que Sto. Tomás chama, aliás, de *gratum faciens*, isto é, "que torna agradável" a Deus. Ela se distingue, em cada um de nós, da graça *gratis data*, isto é, do carisma concedido tendo em vista o bem comum (ver I-II, q. 111, a. 1); o mesmo ocorre em Cristo (ver a. 7 a seguir), mas nele essa graça se distingue também do que chamamos de graça da união (*gratia unionis*), ou seja, do dom que a pessoa do Verbo faz de si mesma a sua humanidade (ver acima q. 2, a. 10 e q. 6, a. 6).

agente. Humana autem natura in Christo fuit sicut *instrumentum deitatis*: ut dicit Damascenus, in III libro². Ergo in Christo non debuit esse aliqua gratia habitualis.

SED CONTRA est quod dicitur Is 11,2: *Requiescet super eum Spiritus Domini*: qui quidem esse in homine dicitur per gratiam habitualem, ut in Prima Parte³ dictum est. Ergo in Christo fuit gratia habitualis.

RESPONDEO dicendum quod necesse est ponere in Christo gratiam habitualem, propter tria. Primo quidem, propter unionem animae illius ad Verbum Dei. Quanto enim aliquod receptivum propinquius est causae influenti, tanto magis participat de influentia ipsius. Influxus autem gratiae est a Deo: secundum illud Ps 83,12: *Gratiam et gloriam dabit Dominus*. Et ideo maxime fuit conveniens ut anima illa reciperet influxum divinae gratiae.

Secundo, propter nobilitatem illius animae, cuius operationes oportebat propinquissime attingere ad Deum per cognitionem et amorem. Ad quod necesse est elevari humanam naturam per gratiam.

Tertio, propter habitudinem ipsius Christi ad genus humanum. Christus enim, inquantum homo, est *mediator Dei et hominum*, ut dicitur 1Ti 2,5. Et ideo oportebat quod haberet gratiam etiam in alios redundantem: secundum illud Io 1,16: *De plenitudine eius omnes accepimus, gratiam pro gratia*.

AD PRIMUM ergo dicendum quod Christus est verus Deus secundum personam et naturam divinam. Sed quia cum unitate personae remanet distinctio naturarum, ut ex supra⁴ dictis patet, anima Christi non est per suam essentiam divina. Unde oportet quod fiat divina per participationem, quae est secundum gratiam.

AD SECUNDUM dicendum quod Christo, secundum quod est naturalis Filius Dei, debetur hereditas aeterna, quae est ipsa beatitudo increata, per increatum actum cognitionis et amoris Dei, eundem scilicet quo Pater cognoscit et amat seipsum.

principal. Ora, a natureza humana de Cristo foi como um *instrumento da divindade*, como diz Damasceno. Logo, em Cristo não devia haver graça habitual.

EM SENTIDO CONTRÁRIO, eis o que diz o profeta Isaías: "Sobre ele repousará o Espírito do Senhor". Ora, o Espírito está no homem pela graça habitual, como foi dito na I Parte. Logo, em Cristo houve a graça habitual.

RESPONDO. É necessário afirmar em Cristo a graça habitual, por três razões[c]. 1. Em razão da união de sua alma ao Verbo de Deus. Quanto mais algo receptivo está próximo da causa que nele influi, tanto mais participa de sua influência. Ora, o influxo da graça provém de Deus segundo o que diz o Salmo 83: "O Senhor dá a graça e a glória". Assim, foi sumamente conveniente que a alma de Cristo recebesse o influxo da graça divina.

2. Em razão da nobreza da própria alma, cujas operações deviam atingir a Deus o mais proximamente pelo conhecimento e pelo amor. Para tanto, era necessário elevar a natureza humana pela graça.

3. Em razão da relação do próprio Cristo com o gênero humano. Com efeito, Cristo, enquanto homem, é "mediador entre Deus e os homens", como diz a primeira Carta a Timóteo. Era necessário, pois, que possuísse a graça, que também refluísse nos outros, segundo o Evangelho de João: "De sua plenitude todos nós recebemos, graça por graça".

QUANTO AO 1º, portanto, deve-se dizer que Cristo é verdadeiro Deus, segundo a pessoa e natureza divinas. Como, porém, na unidade da pessoa, permanece a distinção das naturezas, como acima ficou claro, a alma de Cristo não é divina por sua essência. Logo, é necessário que seja divina por participação, o que se dá pela graça.

QUANTO AO 2º, deve-se dizer que enquanto é naturalmente Filho de Deus, a Cristo é devida a herança eterna, que é a bem-aventurança incriada pelo ato incriado do conhecimento e do amor de Deus, a saber, o mesmo ato pelo qual o Pai

---

2. *De fide orth.*, l. III, c. 15: MG 94, 1060 A.
3. Q. 43, a. 3.
4. Q. 2, a. 1, 2.

c. Dos três argumentos desenvolvidos nesta resposta, deve-se notar que o segundo é o mais sólido. O vocabulário empregado o mostra sem equívoco, pois Tomás não hesita em falar de uma verdadeira *necessidade* da graça para que a humanidade de Cristo se eleve ao nível de sua divindade. Talvez seja o concílio de Calcedônia o que melhor explica essa necessidade, especificando que a união entre a divindade e a humanidade em Cristo se efetuou "sem confusão nem mistura". A humanidade de Cristo não foi portanto intrinsecamente transformada pelo mero fato da união hipostática. Para que ela possa conhecer e amar Deus, para que possa conhecer seu próprio mistério de pertencer à pessoa do Verbo, a alma de Cristo ainda tinha necessidade de ser "divinizada" (ver r. 1).

Cuius actus anima capax non erat, propter differentiam naturae. Unde oportebat quod attingeret ad Deum per actum fruitionis creatum. Qui quidem esse non potest nisi per gratiam.

Similiter etiam, inquantum est Verbum Dei, habuit facultatem omnia bene operandi operatione divina. Sed quia, praeter operationem divinam, oportet ponere operationem humanam, ut infra[5] patebit; oportuit in eo esse habitualem gratiam, per quam huiusmodi operatio in eo esset perfecta.

AD TERTIUM dicendum quod humanitas Christi est instrumentum divinitatis, non quidem sicut instrumentum inanimatum, quod nullo modo agit sed solum agitur: sed tanquam instrumentum animatum anima rationali, quod ita agit quod etiam agitur. Et ideo, ad convenientiam actionis, oportuit eum habere gratiam habitualem.

conhece e ama a si mesmo. Ora, a alma de Cristo não era capaz desse ato, em razão da diferença de natureza. Era necessário, pois, que atingisse a Deus por um ato criado de fruição, o que não pode ser senão pela graça.

Do mesmo modo, enquanto é o Verbo de Deus, Cristo possuía a faculdade de operar bem todas as coisas por uma operação divina. Como porém, além da operação divina, era necessário admitir nele uma operação humana, como adiante se verá, foi necessário igualmente que nele houvesse uma graça habitual por meio da qual essa operação fosse perfeita.

QUANTO AO 3º, deve-se dizer que a humanidade de Cristo é instrumento da divindade, não como um instrumento inanimado que é somente movido, mas não age de modo algum. Mas como um instrumento animado pela alma racional, que de tal maneira age que é também movido a agir. Logo, para que fosse apto a agir era necessário que tivesse a graça habitual.

ARTICULUS 2
Utrum in Christo fuerint virtutes

AD SECUNDUM SIC PROCEDITUR. Videtur quod in Christo non fuerint virtutes.

1. Christus enim habuit abundantiam gratiae. Sed gratia sufficit ad omnia recte agendum: secundum illud 2Cor 12,9: *Sufficit tibi gratia mea*. Ergo in Christo non fuerunt virtutes.

2. PRAETEREA, secundum Philosophum, VII *Ethic.*[1], virtus dividitur contra *quendam heroicum sive divinum habitum*, qui attribuitur hominibus divinis. Hoc autem maxime convenit Christo. Ergo Christus non habuit virtutes, sed aliquid altius virtute.

3. PRAETEREA, sicut in Secunda Parte[2] dictum est, virtutes omnes simul habentur. Sed Christo non fuit conveniens habere simul omnes virtutes: sicut patet de liberalitate et magnificentia, quae habent actum suum circa divitias, quas Christus contempsit, secundum illud Mt 8,20: *Filius Hominis non habet ubi caput suum reclinet*. Temperantia etiam et continentia sunt circa concupiscentias

ARTIGO 2
Em Cristo houve virtudes?

QUANTO AO SEGUNDO, ASSIM SE PROCEDE: parece que em Cristo **não** houve virtudes.

1. Com efeito, Cristo possuiu a abundância da graça. Ora, basta a graça para se agir retamente, de acordo com a segunda Carta aos Coríntios: "A minha graça te basta". Logo, em Cristo não houve virtudes.

2. ALÉM DISSO, segundo Aristóteles, a virtude se opõe a um *certo hábito heroico ou divino*, que se atribui aos homens possuídos por Deus. Ora, isso convém acima de tudo a Cristo. Logo, Cristo não possuiu virtudes, mas algo superior.

3. ADEMAIS, como foi dito na II Parte, as virtudes são simultaneamente possuídas. Ora, a Cristo não convinha possuir simultaneamente todas as virtudes como, por exemplo, a liberalidade e a magnificência cujos atos têm por objeto as riquezas, desprezadas por ele, conforme o Evangelho de Mateus: "O Filho do Homem não tem onde recostar a cabeça". Também a temperança e a continência

---

5. Q. 19, a. 1.

PARALL.: III *Sent.*, dist. 13, q. 1, a. 1; a. 2, q.la 1.

1. C. 1: 1145, a. 20. — Cfr. I-II, q. 68, a. 1, ad 1.
2. I-II, q. 65, a. 1, 2.

pravas: quae in Christo non fuerunt. Ergo Christus non habuit virtutes.

SED CONTRA est quod super illud Ps 1,2, *Sed in lege Domini voluntas eius*, dicit Glossa[3]: *Hic ostenditur Christus plenus omni bono*. Sed *bona qualitas mentis* est virtus. Ergo Christus fuit plenus omni virtute.

RESPONDEO dicendum quod, sicut in Secunda Parte[4] habitum est, sicut gratia respicit essentiam animae, ita virtus respicit eius potentiam. Unde oportet quod, sicut potentiae animae derivantur ab eius essentia, ita virtutes sunt quaedam derivationes gratiae. Quanto autem aliquod principium est perfectius, tanto magis imprimit suos effectus. Unde, cum gratia Christi fuerit perfectissima, consequens est quod ex ipsa processerint virtutes ad perficiendum singulas potentias animae, quantum ad omnes animae actus. Et ita Christus habuit omnes virtutes.

AD PRIMUM ergo dicendum quod gratia sufficit homini quantum ad omnia quibus ordinatur ad beatitudinem. Horum tamen quaedam perficit gratia immediate per seipsam, sicut gratum facere Deo, et alia huiusmodi: quaedam autem mediantibus virtutibus, quae ex gratia procedunt.

AD SECUNDUM dicendum quod habitus ille heroicus vel divinus non differt a virtute communiter dicta nisi secundum perfectiorem modum, inquantum scilicet aliquis est dispositus ad bonum quodam altiori modo quam communiter omnibus competat. Unde per hoc non ostenditur quod Christus non habuit virtutes: sed quod habuit eas perfectissime, ultra communem modum. Sicut etiam Plotinus posuit quendam sublimem modum virtutum, quas esse dixit *purgati animi*.

AD TERTIUM dicendum quod liberalitas et magnificentia commendantur circa divitias inquantum aliquis non tantum appretiatur divitias quod velit eas retinere praetermittendo id quod fieri oportet. Ille autem minime divitias appretiatur qui penitus eas contemnit et abiicit propter perfectionis amorem. Et ideo in hoc ipso quod Christus omnes divitias contempsit, ostendit in se summum gradum liberalitatis et magnificentiae. Licet etiam

têm por objeto as concupiscências viciosas, que não existiram em Cristo. Logo, ele não possuiu virtudes.

EM SENTIDO CONTRÁRIO, a propósito do Salmo 1: "Mas se compraz na Lei do Senhor", diz a Glosa: "Aqui se mostra Cristo cheio de todo bem". Ora, a virtude é a *qualidade boa da mente*. Logo, Cristo foi pleno de toda virtude.

RESPONDO. Foi explicado na II Parte: como a graça diz respeito à essência da alma, a virtude diz respeito à sua potência. Assim, do mesmo modo que as potências da alma derivam de sua essência, as virtudes são como certas derivações da graça. Ora, quanto mais perfeito um princípio, tanto mais se imprime em seus efeitos. Logo, sendo a graça de Cristo perfeitíssima, segue-se que dela procederam virtudes para aperfeiçoar cada uma das potências com respeito a todos os atos da alma. Desse modo, Cristo possuiu todas as virtudes[d].

QUANTO AO 1º, portanto, deve-se dizer que a graça basta ao homem com respeito a todas as coisas pelas quais ele se ordena à bem-aventurança. Algumas dessas coisas a graça aperfeiçoa imediatamente por si mesma, como tornar grato a Deus e outras semelhantes. Outras perfeições são dadas por meio das virtudes, que procedem da graça.

QUANTO AO 2º, deve-se dizer que o tal hábito heroico ou divino não se distingue da virtude comumente entendida, a não ser por um modo mais perfeito, que inclina alguém a fazer o bem de maneira mais elevada do que a comum a todos. Daí, portanto, não se prova que Cristo não tenha possuído virtudes, mas sim que as possuiu perfeitissimamente, acima da maneira comum. Também Plotino admitiu um certo modo sublime das virtudes que denominou de *alma purificada*.

QUANTO AO 3º, deve-se dizer que a liberalidade e a magnificência são recomendadas a propósito das riquezas, na medida em que alguém não somente aprecia a riqueza, mas as quer reter, omitindo o que deve ser feito. O que, porém, despreza completamente e rejeita as riquezas por causa do amor da perfeição, esse de maneira alguma as aprecia. Assim, justamente por ter desprezado todas as riquezas, Cristo mostrou-se no sumo grau da libera-

---

3. LOMBARDI: ML 191, 62 B. Cfr. Ordin.: ML 113, 845 A, B; CASSIODOR., *Exposit. in Psalt.*, super Ps. 1, 2: ML 70, 30 B.
4. I-II, q. 110, a. 4.

d. Essa resposta é o prolongamento normal da resposta do artigo anterior. A graça, enquanto torna agradável a Deus, qualifica imediatamente a alma do sujeito que a recebe; enquanto permite agir de maneira conforme a essa santificação primeira, a graça qualifica as faculdades da alma, a inteligência e a vontade, permitindo ao sujeito antes de mais nada conhecer e amar a Deus, que primeiro o amou. Observe-se a clareza da conclusão: Cristo possui *todas* as virtudes; a exceção do artigo seguinte o destaca ainda mais.

liberalitatis actum exercuerit, secundum quod sibi conveniens erat, faciendo pauperibus erogari quae sibi dabantur: unde, cum Dominus dixit Iudae, Io 13,27, *Quod facis, fac citius*, discipuli intellexerunt Dominum mandasse quod *egenis aliquid daret* [v. 29].

Concupiscentias autem pravas Christus omnino non habuit: sicut infra[5] patebit. Propter hoc tamen non excluditur quin habuerit temperantiam: quae tanto perfectior est in homine quanto magis pravis concupiscentiis caret. Unde, secundum Philosophum, in VII *Ethic.*[6], temperatus in hoc differt a continente, quod temperatus non habet pravas concupiscentias, quas continens patitur. Unde, sic accipiendo continentiam sicut Philosophus accipit, ex hoc ipso quod Christus habuit omnem virtutem, non habuit continentiam, quae non est virtus, sed aliquid minus virtute.

Articulus 3
Utrum in Christo fuerit fides

Ad tertium sic proceditur. Videtur quod in Christo fuerit fides.

1. Fides enim est nobilior virtus quam virtutes morales, puta temperantia et liberalitas. Huiusmodi autem virtutes fuerint in Christo, ut dictum est[1]. Multum ergo magis fuit in eo fides.

2. Praeterea, Christus non docuit virtutes quas ipse non habuit: secundum illud Act 1,1: *Coepit Iesus facere et docere*. Sed de Christo dicitur, Hb 12,2, quod est *auctor et consummator fidei*. Ergo in eo maxime fuit fides.

3. Praeterea, quidquid est imperfectionis excluditur a beatis. Sed in beatis est fides: nam super illud Rm 1,17, *Iustitia Dei revelatur in eo ex fide in fidem*, dicit Glossa[2]: *de fide verborum et spei in fidem rerum et speciei*. Ergo videtur quod etiam in Christo fuerit fides: cum nihil imperfectionis importet.

Sed contra est quod dicitur Hb 11,1, quod *fides est argumentum non apparentium*. Sed Christo

lidade e da magnificência. Isso não obstante ter exercido ato de liberalidade conforme era conveniente, fazendo distribuir aos pobres o que lhe era dado. Assim, quando o Senhor disse a Judas: "O que fazes faze-o depressa", os discípulos entenderam que o Senhor ordenava que "desse algo aos pobres".

Quanto às concupiscências viciosas, de maneira nenhuma Cristo as possuiu, como adiante ficará claro. Mas nem por isso se exclui que tenha possuído a temperança, que é tanto mais perfeita no homem quanto mais carece de concupiscências viciosas. Donde, segundo Aristóteles, nisso difere o temperante e o continente, o primeiro não possui as concupiscências viciosas de que sofre o primeiro. Portanto, entendendo a continência como o Filósofo a entende, pelo fato mesmo de ter tido todas as virtudes, Cristo não teve a continência que não é virtude, mas algo inferior à virtude.

Artigo 3
Em Cristo houve fé?

Quanto ao terceiro, assim se procede: parece que em Cristo **houve** fé.

1. Com efeito, a fé é uma virtude mais nobre do que as virtudes morais como, por exemplo, a temperança e a liberalidade. Ora, em Cristo existiram essas virtudes, como acaba de ser dito. Logo, com maior razão houve nele fé.

2. Além disso, Cristo não ensinou as virtudes que não possuiu, segundo o que está nos Atos dos Apóstolos: "Jesus começou a fazer e a ensinar". Ora, de Cristo se diz na Carta aos Hebreus: "Que é o autor e o consumador da fé". Logo, nele houve fé em grau sumo.

3. Ademais, tudo o que é imperfeito se exclui dos bem-aventurados. Ora, nos bem-aventurados há fé, pois sobre o que diz a Carta aos Romanos: "É nele que a justiça de Deus se revela pela fé e para a fé", diz a Glosa: "Da fé nas palavras de esperança para a fé nas coisas especificadas". Parece, pois, que houve fé em Cristo, pois não implica nada de imperfeito.

Em sentido contrário, na Carta aos Hebreus, se diz que "a fé é o argumento das coisas que não

---

5. Q. 15, a. 2.
6. C. 11: 1152, a. 1-3. — Cfr. II-II, q. 155, a. 4.

3 Parall.: Infra, a. 4; a. 8, ad 2; a. 9, ad 1; I-II, q. 65, a. 5, ad 3; III *Sent.*, dist. 13, q. 1, a. 2, q.la 1, ad 1; dist. 36, a. 2, ad 3; IV, dist. 33, q. 3, a. 2, ad 6; *De Verit.*, q. 29, a. 4, ad 15; *De Virtut.*, q. 4, a. 1, ad 12.

1. A. praec.
2. Ordin.: ML 114, 471 D; Lombardi: ML 191, 1323 D.

nihil fuit non apparens: secundum illud quod dixit ei Petrus, Io 21,17: *Tu omnia nosti*. Ergo in Christo non fuit fides.

RESPONDEO dicendum quod, sicut in Secunda Parte[3] dictum est, obiectum fidei est res divina non visa. Habitus autem virtutis, sicut et quilibet alius, recipit speciem ab obiecto. Et ideo, excluso quod res divina non sit visa, excluditur ratio fidei. Christus autem in primo instanti suae conceptionis plene vidit Deum per essentiam, ut infra[4] patebit. Unde fides in eo esse non potuit.

AD PRIMUM ergo dicendum quod fides est nobilior virtutibus moralibus, quia est circa nobiliorem materiam: sed tamen importat quendam defectum in comparatione ad illam materiam, qui defectus in Christo non fuit. Et ideo non potuit in eo esse fides: licet fuerint in eo virtutes morales, quae in sui ratione huiusmodi defectum non important per comparationem ad suas materias.

AD SECUNDUM dicendum quod meritum fidei consistit in hoc quod homo, ex obedientia Dei, assentit istis quae non videt: secundum illud Rm 1,5: *Ad obediendum fidei in omnibus gentibus pro nomine eius*. Obedientiam autem ad Deum plenissime habuit Christus: secundum illud Philp 2,8: *Factus est obediens usque ad mortem*. Et sic nihil ad meritum pertinens docuit quod ipse excellentius non impleret.

AD TERTIUM dicendum quod, sicut Glossa[5] ibidem dicit, *fides proprie est qua creduntur quae non videntur*. Sed fides quae est rerum visarum, improprie dicitur, et secundum quandam similitudinem, quantum ad certitudinem aut firmitatem adhaesionis.

ARTICULUS 4
Utrum in Christo fuerit spes

AD QUARTUM SIC PROCEDITUR. Videtur quod in Christo fuerit spes.

se veem". Mas para Cristo tudo foi manifesto, conforme lhe disse Pedro: "Tu conheces todas as coisas". Logo, em Cristo não houve fé.

RESPONDO. Como foi dito na II Parte, o objeto da fé é a realidade divina que não é vista. O hábito da virtude, como qualquer outro, é especificado pelo objeto. Logo, excluindo-se que a realidade divina seja vista, exclui-se a razão da fé. Ora, Cristo, desde o primeiro instante de sua concepção, viu plenamente a Deus em sua essência, como adiante ficará claro. Logo, nele não pôde haver fé[e].

QUANTO AO 1º, portanto, deve-se dizer que a fé é mais nobre do que as virtudes morais porque tem por objeto uma matéria mais nobre. No entanto, implica alguma deficiência com respeito àquela matéria, deficiência que não houve em Cristo. Por isso, nele não pôde haver fé, não obstante ter havido nele as virtudes morais que não implicam, por sua natureza, a deficiência em comparação com suas matérias.

QUANTO AO 2º, deve-se dizer que o mérito da fé consiste em que o homem, por obediência a Deus, dê seu assenso a realidades que não vê, conforme a Carta aos Romanos: "A fim de que, entre todos os povos, se obedeça à fé, em seu nome". Ora, Cristo obedeceu a Deus do modo mais pleno, segundo a Carta aos Filipenses: "Feito obediente até a morte". Assim, nada ensinou que dissesse respeito ao mérito e que ele não cumprisse do modo mais excelente.

QUANTO AO 3º, deve-se dizer que como diz a Glosa no texto aduzido, "pela fé, propriamente, se crê nas realidades que não se veem". Mas a fé nas realidades que se veem se chama fé impropriamente e segundo alguma semelhança no tocante à certeza ou firmeza da adesão.

ARTIGO 4
Em Cristo houve esperança?

QUANTO AO QUARTO, ASSIM SE PROCEDE: parece que em Cristo **houve** esperança.

---

3. II-II, q. 4, a. 1; cfr. ibid., q. 1, a. 4.
4. Q. 34, a. 4.
5. Ordin.: ML 114, 471 D; LOMBARDI: ML 191, 1323 D.

4 PARALL.: Infra, a. 6, ad 1; a. 8, ad 2, a. 9, ad 1; I-II, q. 65, a. 5, ad 3; II-II, q. 18, a. 2, ad 1; III *Sent*., dist. 13, q. 1, a. 2, q.la 1, ad 1; dist. 26, q. 2, a. 5, q.la 1; *De Verit*., q. 29, a. 4, ad 15; *De Virtut*., q. 4, a. 1, ad 12; a. 4, ad 16; in *Psalm*. 15, 30; *ad Heb*., c. 2, lect. 3.

e. Essa conclusão supõe como evidente que a alma de Cristo dispunha da visão beatífica durante sua vida terrestre. Essa posição, comum aos teólogos da época de Sto. Tomás e depois dele, é difícil de manter a partir da Escritura e da Tradição, e o Magistério não se pronunciou de maneira definitiva a respeito. Um teólogo que não considerasse a existência dessa visão beatífica em Cristo como teologicamente assegurada, deveria aderir com todas suas forças à conclusão do artigo precedente: Cristo teve *todas* as virtudes, incluindo a fé.

1. Dicitur enim in Ps 30,2 ex persona Christi, secundum Glossam[1]: *In te, Domine, speravi.* Sed virtus spei est qua homo sperat in Deum. Ergo virtus spei fuit in Christo.

2. PRAETEREA, spes est expectatio futurae beatitudinis, ut in Secunda Parte[2] habitum est. Sed Christus aliquid expectabat ad beatitudinem pertinens, videlicet gloriam corporis. Ergo videtur quod in eo fuit spes.

3. PRAETEREA, unusquisque potest sperare id quod ad eius perfectionem pertinet, si sit futurum. Sed aliquid erat futurum quod ad perfectionem Christi pertinet: secundum illud Eph 4,12: *Ad consummationem sanctorum, in opus ministerii, in aedificationem corporis Christi.* Ergo videtur quod Christo competebat habere spem.

SED CONTRA est quod dicitur Rm 8,24: *Quod videt quis, quid sperat?* Et sic patet quod, sicut fides est de non visis, ita et spes. Sed fides non fuit in Christo, sicut dictum est[3]. Ergo nec spes.

RESPONDEO dicendum quod, sicut de ratione fidei est quod aliquis assentiat his quae non videt, ita de ratione spei est quod aliquis expectet id quod nondum habet. Et sicut fides, inquantum est virtus theologica, non est de quocumque non viso, sed solum de Deo, ita etiam spes, inquantum est virtus theologica, habet pro obiecto ipsam Dei fruitionem, quam principaliter homo exspectat per spei virtutem. Sed ex consequenti ille qui habet virtutem spei, potest etiam in aliis divinum auxilium exspectare: sicut et ille qui habet virtutem fidei, non solum credit Deo de rebus divinis, sed de quibuscumque aliis sibi divinitus revelatis.

Christus autem a principio suae conceptionis plene habuit fruitionem divinam, ut infra[4] dicetur. Et ideo virtutem spei non habuit. Habuit tamen spem respectu aliquorum quae nondum erat

1. Com efeito, no Salmo 30 se diz da pessoa de Cristo segundo a Glosa: "Em ti, Senhor, esperei". Ora, pela virtude da esperança, o homem espera em Deus. Logo, em Cristo houve a virtude da esperança.

2. ALÉM DISSO, a esperança é a expectativa da bem-aventurança futura, como se explicou na II Parte. Ora, Cristo esperava algo que correspondia à bem-aventurança, a saber, a glória do corpo. Logo, parece que nele houve esperança.

3. ADEMAIS, cada um pode esperar o que pertence à sua perfeição, caso seja algo futuro. Ora, do que pertence à perfeição de Cristo, algo era futuro, segundo a Carta aos Efésios: "Para a perfeição dos santos em razão da obra do ministério, para edificar o corpo de Cristo". Logo, parece que cabia a Cristo ter esperança.

EM SENTIDO CONTRÁRIO, está escrito na Carta aos Romanos: "Se alguém vê, o que espera?". É claro, pois, que assim como a fé tem por objeto as coisas que não se veem, assim também a esperança. Mas, como acaba de ser dito, em Cristo não houve a fé. Logo, nem a esperança.

RESPONDO. Como pertence à razão da fé que alguém dê seu assentimento às realidades que não vê, assim à razão da esperança pertence esperar o que ainda não se possui. E do mesmo modo que a fé, enquanto virtude teológica, não diz respeito a qualquer coisa que não se vê, mas somente a Deus, também a esperança, enquanto é virtude teológica tem como objeto a fruição do próprio Deus, a qual o homem espera, sobretudo, por meio da virtude da esperança. Consequentemente, quem tem a virtude da esperança pode esperar também o auxílio de Deus em outras coisas, como o que tem a virtude da fé não somente crê em Deus quanto às coisas divinas, mas quanto a quaisquer outras verdades que lhe sejam divinamente reveladas.

Ora, Cristo, desde o início de sua concepção, possuiu plenamente a fruição divina, como adiante se explicará. Portanto, não teve a virtude da esperança[f]. No entanto, teve esperança a respeito

---

1. Interl.; Ordin.: ML 113, 884 C. — Vide CASSIODOR., *Exposit. in Psalt.*, super Ps. 30, 1: ML 70, 207 C.
2. II-II, q. 17, a. 1, ad 2; a. 5; a. 6, 2 a.
3. A. praec.
4. Q. 34, a. 4.

f. Essa conclusão negativa é bastante coerente com a posição de Sto. Tomás sobre a visão beatífica em Cristo. Deve-se fazer em relação à esperança a mesma observação feita em relação à fé. Quanto à exegese do mesmo texto, deve-se acrescentar que a esperança à qual se refere a sequência do artigo não é a virtude teologal propriamente dita. A resposta à segunda objeção é bem clara sobre esse ponto. Essa "esperança", que é também a dos santos já na pátria, e que continuará sendo a deles até a ressurreição geral, é antes um "desejo", enraizado na posse do objeto específico da esperança, que se espalhe igualmente sobre o corpo a felicidade que já é a da alma.

adeptus: licet non habuit fidem respectu quorumcumque. Quia, licet plene cognosceret omnia, per quod totaliter fides excludebatur ab eo, non tamen adhuc plene habebat omnia quae ad eius perfectionem pertinebant, puta immortalitatem et gloriam corporis, quam poterat sperare.

AD PRIMUM ergo dicendum quod hoc non dicitur de Christo secundum spem quae est virtus theologica: sed eo quod quaedam alia speravit nondum habita, sicut dictum est[5].

AD SECUNDUM dicendum quod gloria corporis non pertinet ad beatitudinem sicut in quo principaliter beatitudo consistat, sed per quandam redundantiam a gloria animae, ut in Secunda Parte[6] dictum est. Unde spes, secundum quod est virtus theologica, non respicit beatitudinem corporis, sed beatitudinem animae, quae in divina fruitione consistit.

AD TERTIUM dicendum quod aedificatio Ecclesiae per conversionem fidelium non pertinet ad perfectionem Christi qua in se perfectus est: sed secundum quod alios ad participationem suae perfectionis inducit. Et quia spes dicitur proprie respectu alicuius quod expectatur ab ipso sperante habendum, non proprie potest dici quod virtus spei Christo conveniat ratione inducta.

de algumas coisas que ainda não havia alcançado, embora não tenha tido fé a respeito de coisa alguma. Com efeito, embora conhecesse plenamente todas as coisas, em razão do que dele se exclui completamente a fé, não possuía ainda completamente tudo o que dizia respeito à sua perfeição como, por exemplo, a imortalidade e a glória do corpo, que podia esperar.

QUANTO AO 1º, portanto, deve-se dizer que esse texto não se aplica a Cristo quanto à esperança que é uma virtude teológica, e sim porque esperou outras coisas que ainda não possuía, como acaba de ser dito.

QUANTO AO 2º, deve-se dizer que a glória do corpo não pertence à bem-aventurança como algo no qual a bem-aventurança principalmente consiste, mas por uma certa redundância da glória da alma, como foi dito na II Parte. A esperança portanto, enquanto virtude teológica, não considera a bem-aventurança do corpo, mas a bem-aventurança da alma, que consiste na fruição de Deus.

QUANTO AO 3º, deve-se dizer que a edificação da Igreja pela conversão dos fiéis não pertence à perfeição de Cristo, que é perfeito em si mesmo, mas na medida em que conduz outros à participação de sua perfeição. Como a esperança se diz propriamente com respeito a algo a ser obtido por aquele mesmo que espera, não se pode propriamente dizer, pela razão aduzida, que a virtude da esperança convenha a Cristo.

ARTICULUS 5
Utrum in Christo fuerint dona

AD QUINTUM SIC PROCEDITUR. Videtur quod in Christo non fuerint dona.
1. Sicut enim communiter dicitur, dona dantur in adiutorium virtutum. Sed id quod est in se perfectum, non indiget exteriori auxilio. Cum igitur in Christo fuerint virtutes perfectae, videtur quod in eo non fuerunt dona.
2. PRAETEREA, non videtur esse eiusdem dare dona et recipere: quia dare est habentis, accipere autem non habentis. Sed Christo convenit dare dona: secundum illud Ps 67,19: *Dedit dona hominibus*. Ergo Christo non convenit accipere dona Spiritus Sancti.

ARTIGO 5
Em Cristo houve dons?

QUANTO AO QUINTO, ASSIM SE PROCEDE: Parece que em Cristo **não** houve dons.
1. Com efeito, como comumente se diz, os dons são dados em auxílio às virtudes. Ora, o que é perfeito em si não tem necessidade de auxílio exterior. Logo, como em Cristo as virtudes foram perfeitas, parece que nele não houve dons.
2. ALÉM DISSO, não pertence ao mesmo dar os dons e recebê-los: pois dar pertence ao que tem, receber ao que não tem. Ora, é próprio de Cristo dar os dons, conforme o Salmo 69: "Deu dons aos homens". Logo, a Cristo não convinha receber dons do Espírito Santo.

---

5. In corp.
6. I-II, q. 4, a. 6.

PARALL.: In *Isaiam*, c. 11; in *Ioan.*, c. 1, lect. 8.

3. PRAETEREA, quatuor dona videntur pertinere ad contemplationem viae, scilicet sapientia, scientia, intellectus et consilium, quod pertinet ad prudentiam: unde et Philosophus, in VI *Ethic*.[1], numerat ista inter virtutes intellectuales. Sed Christus habuit contemplationem patriae. Ergo non habuit huiusmodi dona.

SED CONTRA est quod dicitur Is 4,1: *Apprehendent septem mulieres virum unum*: Glossa[2]: *idest, septem dona Spiritus Sancti Christum*.

RESPONDEO dicendum quod, sicut in Secunda Parte[3] dictum est, dona proprie sunt quaedam perfectiones potentiarum animae secundum quod sunt natae moveri a Spiritu Sancto. Manifestum est autem quod anima Christi perfectissime a Spiritu Sancto movebatur: secundum illud Lc 4,1: *Iesus, plenus Spiritu Sancto, regressus est a Iordane, et agebatur a Spiritu in desertum*. Unde manifestum est quod in Christo fuerunt excellentissime dona.

AD PRIMUM ergo dicendum quod illud quod est perfectum secundum ordinem suae naturae, indiget adiuvari ab eo quod est altioris naturae: sicut homo, quantumcumque perfectus, indiget adiuvari a Deo. Et hoc modo virtutes indigent adiuvari per dona, quae perficiunt potentias animae secundum quod sunt motae a Spiritu Sancto.

AD SECUNDUM dicendum quod Christus non secundum idem est recipiens et dans dona Spiritus Sancti: sed dat secundum quod Deus, et accipit secundum quod homo. Unde Gregorius dicit, in II *Moral*.[4], quod *Spiritus Sanctus humanitatem Christi nunquam deseruit, ex cuius divinitate procedit*.

3. ADEMAIS, quatro entre os dons parece que dizem respeito à contemplação no estado de caminhante, a saber, a sabedoria, a ciência, a inteligência e o conselho, que faz parte da prudência. Eis por que o Filósofo, no livro VI da *Ética*, os enumera entre as virtudes intelectuais. Ora, Cristo possuiu a contemplação da pátria celeste. Logo, não possuiu tais dons.

EM SENTIDO CONTRÁRIO, diz o profeta Isaías: "Sete mulheres se atracarão a um só homem". A Glosa comenta: "São os sete dons do Espírito Santo envolvendo a Cristo".

RESPONDO. Como foi dito na II Parte, os dons são, propriamente, certas perfeições das potências da alma, tornando-as aptas a serem movidas pelo Espírito Santo. Ora, é claro que alma de Cristo era movida pelo Espírito Santo do modo mais perfeito, conforme o Evangelho de Lucas: "Jesus, repleto do Espírito Santo, voltou do Jordão e estava no deserto, conduzido pelo Espírito". Logo, é evidente que em Cristo existiram os dons no grau mais excelente[g].

QUANTO AO 1º, portanto, deve-se dizer que o que é perfeito na ordem de sua natureza tem necessidade de ser ajudado pelo que é de uma natureza mais elevada. Por exemplo o homem, por mais que seja perfeito, tem necessidade de ser ajudado por Deus. Desse modo, as virtudes precisam ser ajudadas pelos dons que aperfeiçoam as potências da alma, quando passam a ser movidas pelo Espírito Santo[h].

QUANTO AO 2º, deve-se dizer que não é sob o mesmo aspecto que Cristo recebe e dá os dons do Espírito Santo. Dá enquanto Deus e recebe enquanto homem. Por isso, diz Gregório: "O Espírito Santo nunca abandonou a humanidade de Cristo, de cuja divindade procede".

---

1. C. 3: 1139, b, 16-17.
2. Ordin.: ML 113, 1240 C; vide HIERON., *In Isaiam*, l. II, super 4, 1: ML 24, 73 A.
3. I-II, q. 68, a. 1.
4. C. 56, al. 28, in vet. 41, n. 90: ML 75, 598 B.

---

g. A exegese fantasista da Glosa, presente no *em sentido contrário*, não deve induzir em confusão. A argumentação do artigo parte do fato tão bem atestado pelos evangelhos de que Jesus Cristo era inteiramente impulsionado pelo Espírito Santo: ele tinha portanto os dons desse mesmo Espírito. A conclusão parece óbvia; todavia, evidencia a eminente divinização da humanidade de Cristo: não só era dotada de todas as virtudes que permitem a um homem comum agir, com plena liberdade, no que se refere ao domínio sobrenatural, como possuía ainda mais que qualquer outro homem, de maneira verdadeiramente única, a capacidade de ser impulsionada imediatamente pelo Espírito de Deus, que a conduzia onde este queria. Era isto o que fazia dela um instrumento total e livremente submetido a todas as iniciativas divinas, até querer por intermédio de sua vontade humana e de maneira inteiramente espontânea o que queria a pessoa do Verbo à qual estava hipostaticamente unida.

h. Para iluminar a doutrina deste artigo sobre a diferença entre virtudes e dons, deve-se reportar à I-II, q. 68, a. 1. Em essência, consiste no seguinte: possuídas na forma de *habitus* estáveis, as virtudes qualificam as forças da alma de maneira permanente, de tal modo que o sujeito pode agir quando quer, por seu próprio movimento. Pelo contrário, os dons não são concedidos de maneira contínua, e designam uma moção divina "pontual"; escapam à iniciativa humana, pois o Espírito "sopra onde quer", e é ele que toma então a iniciativa. Santo Tomás o diz com felicidade em seu comentário a Rm 8,14: "O homem espiritual não age prioritariamente como se fosse movido por sua própria vontade, mas é levado a agir por meio do instinto do Filho de Deus". Sem deixar de agir livremente, é contudo *movido* pelo Espírito Santo.

AD TERTIUM dicendum quod in Christo non solum fuit cognitio patriae, sed etiam cognitio viae, ut infra[5] dicetur. Et tamen etiam in patria sunt per aliquem modum dona Spiritus Sancti, ut in Secunda Parte[6] habitum est.

QUANTO AO 3º, deve-se dizer que em Cristo houve não apenas o conhecimento da pátria, mas também o conhecimento do caminho, como adiante se dirá. No entanto, também na pátria haverá, de alguma maneira, os dons do Espírito Santo, como já foi explicado.

ARTICULUS 6
Utrum in Christo fuerit donum timoris

AD SEXTUM SIC PROCEDITUR. Videtur quod in Christo non fuit donum timoris.

1. Spes enim potior videtur quam timor: nam spei obiectum est bonum, timoris vero malum, ut in Secunda Parte[1] habitum est. Sed in Christo non fuit virtus spei, ut supra[2] habitum est. Ergo etiam non fuit in eo donum timoris.

2. PRAETEREA, dono timoris timet aliquis vel separationem a Deo, quod pertinet ad timorem *castum*; vel puniri ab ipso, quod pertinet ad timorem *servilem*; ut Augustinus dicit, *super Canonicam Ioan.*[3]. Sed Christus non timuit separari a Deo per peccatum, neque puniri ab eo propter culpam suam: quia impossibile erat eum peccare, ut infra[4] dicetur; timor autem non est de impossibili. Ergo in Christo non fuit donum timoris.

3. PRAETEREA, 1Io 4,18 dicitur: *Perfecta caritas foras mittit timorem*. Sed in Christo fuit perfectissima caritas: secundum illud Eph 3,19: *Supereminentem scientiae caritatem Christi*. Ergo in Christo non fuit donum timoris.

SED CONTRA est quod dicitur Is 11,3: *Replebit eum Spiritus timoris Domini*.

RESPONDEO dicendum quod, sicut in Secunda Parte[5] dictum est, timor respicit duo obiecta: quorum unum est malum terribile; aliud est ille cuius potestate malum potest inferri, sicut aliquis timet regem inquantum habet potestatem occidendi. Non autem timeretur ille qui habet potestatem, nisi habet quandam eminentiam potestatis, cui de facili resisti non possit: ea enim quae in promptu

ARTIGO 6
Em Cristo houve o dom do temor?

QUANTO AO SEXTO, ASSIM SE PROCEDE: parece que em Cristo **não** houve o dom do temor.

1. Com efeito, a esperança é mais importante do que o temor, pois o objeto da esperança é o bem, o do temor o mal, como foi explicado na II Parte. Ora, em Cristo não houve a virtude da esperança, como acaba de ser mostrado. Logo, nele também não pode ter havido o dom do temor.

2. ALÉM DISSO, pelo dom do temor alguém teme ou a separação de Deus, o que é próprio do temor *casto*; ou o ser punido por ele, o que é próprio do temor *servil*, como Agostinho ensina. Ora, Cristo nem temeu ser separado de Deus pelo pecado, nem o ser punido por ele por alguma culpa própria, já que lhe era impossível pecar, como adiante se dirá. O temor não tem por objeto o que é impossível. Logo, em Cristo não houve o dom do temor.

3. ADEMAIS, na primeira Carta de João se diz: "O perfeito amor lança fora o temor". Ora, em Cristo houve um amor perfeitíssimo, conforme a Carta aos Efésios: "O amor de Cristo que sobrepuja todo o conhecimento". Logo, em Cristo não houve o dom do temor.

EM SENTIDO CONTRÁRIO, está a sentença do profeta Isaías: "O Espírito o encherá do temor do Senhor".

RESPONDO. Como já foi dito na II Parte, o temor visa a um duplo objeto: ou o mal que aterroriza por si, ou aquele que pode causar o mal, por exemplo, o temor do rei enquanto tem o poder de condenar à morte. Mas não seria objeto de temor o que tem poder, a não ser que tenha uma superioridade de poder a qual não se pode resistir facilmente. Como efeito, não tememos o que facilmente podemos

---

5. A. 8; q. 15, a. 6, 7, 10; q. 46, a. 6 c, 7 c.
6. I-II, q. 68, a. 6.

PARALL.: III *Sent.*, dist. 15, q. 2, a. 2, q.la 3; in *Isaiam*, c. 11.

1. I-II, q. 40, a. 1; q. 41, a. 2; q. 42, a. 1.
2. A. 4.
3. Tract. 9, n. 5, super 4, 18: ML 35, 2049. Cfr. *In Ioan. Evang.*, tract. 85, n. 3, super 15, 15: ML 35, 1849.
4. Q. 15, a. 1.
5. I-II, q. 42, a. 1.

habemus repellere, non timemus. Et sic patet quod aliquis non timetur nisi propter suam eminentiam.

Sic igitur dicendum est quod in Christo fuit timor Dei, non quidem secundum quod respicit malum separationis a Deo per culpam; nec secundum quod respicit malum punitionis pro culpa; sed secundum quod respicit ipsam divinam eminentiam, prout scilicet anima Christi quodam affectu reverentiae movebatur in Deum, a Spiritu Sancto acta. Unde Hb 5,7 dicitur quod in omnibus *exauditus est pro sua reverentia*. Hunc enim affectum reverentiae ad Deum Christus, secundum quod homo, prae ceteris habuit pleniorem. Et ideo ei attribuit Scriptura plenitudinem timoris Domini.

AD PRIMUM ergo dicendum quod habitus virtutum et donorum proprie et per se respiciunt bonum, malum autem ex consequenti: pertinet enim ad rationem virtutis ut *opus bonum reddat*, ut dicitur in II *Ethic*.[6]. Et ideo de ratione doni timoris non est illud malum quod respicit timor, sed eminentia illius boni, scilicet divini, cuius potestate aliquod malum infligi potest. Spes autem, secundum quod est virtus, respicit non solum auctorem boni, sed etiam ipsum bonum inquantum est non habitum. Et ideo Christo, quia iam habebat perfectum beatitudinis bonum, non attribuitur virtus spei, sed donum timoris.

AD SECUNDUM dicendum quod ratio illa procedit de timore secundum quod respicit obiectum quod est malum.

AD TERTIUM dicendum quod perfecta caritas foras mittit timorem servilem, qui respicit principaliter poenam. Sic autem timor non fuit in Christo.

repelir. É claro, desse modo, que alguém não é temido a não ser por sua superioridade.

Deve-se, pois, dizer que em Cristo houve o temor de Deus não enquanto tendo em vista o mal da separação de Deus pela culpa; nem o mal da punição em razão da culpa, mas enquanto considera a própria superioridade divina, pois a alma de Cristo era movida por um certo afeto de reverência para com Deus, pela ação do Espírito Santo. Assim se diz na Carta aos Hebreus: "Foi atendido por causa de sua submissão". Enquanto homem, Cristo possuiu esse afeto de reverência para com Deus mais intensamente do que qualquer outro. Por isso a Escritura lhe atribui a plenitude do temor do Senhor.

QUANTO AO 1º, portanto, deve-se dizer que os hábitos das virtudes e dos dons, por si e propriamente falando, dizem respeito ao bem, e só por consequência ao mal. À razão da virtude pertence "tornar a obra boa", como diz o livro II da *Ética*. Eis por que à razão do dom do temor não pertence o mal que o temor considera, mas a superioridade do bem, a saber, divino, pelo poder do qual algum mal pode ser infligido[i]. A esperança, enquanto virtude, considera não somente o agente do bem, mas igualmente o próprio bem, enquanto não possuído. A Cristo, portanto, que já gozava do bem perfeito da bem-aventurança, não se atribui a virtude da esperança, mas o dom do temor.

QUANTO AO 2º, deve-se dizer que o argumento procede do temor, na medida em que considera o objeto que é o mal.

QUANTO AO 3º, deve-se dizer que o amor perfeito lança fora o temor servil, que considera sobretudo o castigo. Não houve tal temor em Cristo.

ARTICULUS 7
Utrum in Christo fuerint gratiae gratis datae

AD SEPTIMUM SIC PROCEDITUR. Videtur quod in Christo non fuerint gratiae gratis datae.

ARTIGO 7
Em Cristo houve graças gratuitamente dadas?[j]

QUANTO AO SÉTIMO, ASSIM SE PROCEDE: parece que em Cristo **não** houve graças gratuitamente dadas.

---

6. C. 5: 1106, a, 18-24.

7 PARALL.: *In Isaiam*, c. 1.

---

i. Cristo com certeza possui todos os dons do Espírito Santo. Se Sto. Tomás só se questiona sobre o dom do temor, é porque ele constitui um problema particular devido à possível confusão com a paixão do temor. Dom e paixão de temor se assemelham no fato de que ambos se relacionam à superioridade de um poderoso. Mas a paixão do temor se define pela tendência a fugir diante do mal que esse poderoso pode infligir, um mal que se opõe ao amor próprio, que só busca sua própria satisfação. O dom do temor, pelo contrário, pode existir sem medo algum do mal presente ou possível, e não contém o amor de si como elemento determinante. Como a humildade, à qual está intimamente ligado, é reconhecimento cordial de sua própria pequenez, e da grandeza do outro. Em relação a Deus Pai, Cristo em sua humanidade partilhava sem dúvida desse sentimento: "Pois o Pai é maior do que eu" (Jo 14,28).

j. Para justificar a pertinência dessa questão no âmbito do exame efetivo da graça de Cristo, basta recordar que graças *gratis datae* podem ser entendidas por carismas. Assim como a graça santificante (*gratum faciens*), essas graças "gratuitamente dadas"

1. Ei enim qui habet aliquid secundum plenitudinem, non competit illud habere secundum participationem. Sed Christus habuit gratiam secundum plenitudinem: secundum illud Io 1,14: *Plenum gratiae et veritatis*. Gratiae autem gratis datae videntur esse quaedam participationes divisim et particulariter diversis attributae: secundum illud 1Cor 12,4: *Divisiones gratiarum sunt*. Ergo videtur quod in Christo non fuerint gratiae gratis datae.

2. Praeterea, quod debetur alicui, non videtur esse gratis ei datum. Sed debitum erat homini Christo quod sermone sapientiae et scientiae abundaret, et potens esset in virtutibus faciendis, et alia huiusmodi quae pertinent ad gratias gratis datas: cum ipse sit *Dei virtus et Dei sapientia*, ut dicitur 1Cor 1,24. Ergo Christo non fuit conveniens habere gratias gratis datas.

3. Praeterea, gratiae gratis datae ordinantur ad utilitatem fidelium: secundum illud 1Cor 12,7: *Unicuique datur manifestatio Spiritus ad utilitatem*. Non autem videtur ad utilitatem pertinere habitus, aut quaecumque dispositio, si homo non utatur: secundum illud Eccli 20,32: *Sapientia abscondita, et thesaurus invisus, quae utilitas in utrisque?* Christus autem non legitur usus fuisse omnibus gratiis gratis datis: praesertim quantum ad genera linguarum. Non ergo in Christo fuerunt omnes gratiae gratis datae.

Sed contra est quod Augustinus dicit, in Epistola *ad Dardanum*[1], quod sicut in capite sunt omnes sensus, ita in Christo fuerunt omnes gratiae.

Respondeo dicendum quod, sicut in Secunda Parte[2] habitum est, gratiae gratis datae ordinantur ad fidei et spiritualis doctrinae manifestationem. Oportet autem qui docet, habere ea per quae sua doctrina manifestetur: aliter sua doctrina esset inutilis. Spiritualis autem doctrinae et fidei primus et principalis Doctor est Christus: secundum illud Hb 2,3-4: *Cum initium accepisset enuntiari a Domino, per eos qui audierunt in nos confirmata est, contestante Deo signis et prodigiis*, etc. Unde manifestum est quod in Christo fuerunt

1. Com efeito, a quem tem algo segundo a plenitude não lhe cabe ter a mesma coisa por participação. Ora, Cristo teve a graça segundo a plenitude conforme o Evangelho de João: "Cheio de graça e de verdade". E as graças gratuitamente dadas parecem ser certas participações da graça distribuídas a diversas pessoas de maneira parcial e particular, conforme a primeira Carta aos Coríntios: "Há divisões de graças". Logo, parece que em Cristo não houve graças gratuitamente dadas.

2. Além disso, o que a alguém é devido não lhe é dado gratuitamente. Ora, ao homem Cristo era devido que possuísse abundantemente as palavras de sabedoria e de ciência e fosse poderoso em fazer milagres e outras coisas do mesmo gênero que pertencem às graças gratuitamente dadas; com efeito, ele é "o poder de Deus e a sabedoria de Deus", como diz a primeira Carta aos Coríntios. Logo, não era conveniente que Cristo recebesse graças gratuitamente dadas.

3. Ademais, essas graças visam à utilidade dos fiéis, como se diz na Carta acima citada: "A cada um é dado o poder de manifestar o Espírito em vista do bem de todos". Ora, não parecem ser úteis o hábito ou qualquer outra disposição que não sejam usados pelo homem, conforme o Eclesiástico: "Sabedoria escondida e tesouro enterrado, para que servem uma e outro?" Ora, não se lê que Cristo tenha usado todas as graças gratuitamente dadas, sobretudo no tocante ao dom das línguas. Logo, em Cristo não houve todas as graças gratuitamente dadas.

Em sentido contrário, diz Agostinho: "Como na cabeça há todos os sentidos, assim em Cristo houve todas as graças".

Respondo. Como foi explicado na II Parte, as graças gratuitamente dadas se ordenam à manifestação da fé e da doutrina espiritual. Ora, é necessário a quem ensina possuir o que serve a manifestar sua doutrina; do contrário, sua doutrina seria inútil. Ora, o principal doutor da doutrina espiritual e da fé é Cristo, conforme a Carta aos Hebreus: "Tendo começado a ser anunciada a salvação pelo Senhor, nos foi confirmada por aqueles que o tinham ouvido e também pelo testemunho de Deus com sinais e prodígios etc.". Logo, é claro

---

1. Ep. 187, al. 57, c. 13, n. 40: ML 33, 847.
2. I-II, q. III, a. 4.

são dons de Deus, e correspondem portanto à ideia de graça, mas, contrariamente à graça santificante, não são possuídas por *habitus*, e seu uso não é necessariamente meritório. Não são concedidas ao sujeito que as recebe para seu benefício pessoal, mas para melhor exercício da missão que lhe foi confiada.

excellentissime omnes gratiae gratis datae, sicut in primo et principali Doctore fidei.

AD PRIMUM ergo dicendum quod, sicut gratia gratum faciens ordinantur ad actus meritorios tam interiores quam exteriores, ita gratia gratis data ordinatur ad quosdam actus exteriores fidei manifestativos, sicut est operatio miraculorum, et alia huiusmodi. In utraque autem gratia Christus plenitudinem habuit: inquantum enim divinitati unita erat eius anima, plenam efficaciam habebat ad omnes praedictos actus perficiendos. Sed alii sancti, qui moventur a Deo sicut instrumenta non unita, sed separata, particulariter efficaciam recipiunt ad hos vel illos actus perficiendos. Et ideo in aliis sanctis huiusmodi gratiae dividuntur: non autem in Christo.

AD SECUNDUM dicendum quod Christus dicitur *Dei virtus et Dei sapientia*, inquantum est aeternus Dei Filius. Sic autem non competit sibi habere gratiam, sed potius esse gratiae largitorem. Competit autem sibi gratiam habere secundum humanam naturam.

AD TERTIUM dicendum quod donum linguarum datum est Apostolis quia mittebantur *ad docendas omnes gentes*³. Christus autem in una sola Iudaeorum gente voluit personaliter praedicare: secundum quod ipse dicit, Mt 15,24: *Non sum missus nisi ad oves quae perierunt domus Israel*; et Apostolus dicit, Rm 15,8: *Dico Iesum Christum ministrum fuisse Circumcisionis*. Et ideo non oportuit quod loqueretur pluribus linguis. Nec tamen defuit ei omnium linguarum notitia: cum etiam occulta cordium non essent ei abscondita, ut infra⁴ dicetur, quorum voces quaecumque sunt signa. Nec tamen inutiliter hanc notitiam habuit: sicut non inutiliter habet habitum qui eo non utitur quando non est opportunum.

que houve em Cristo, do modo mais excelente, todas as graças gratuitamente dadas, como naquele que é o primeiro e principal doutor da fé.

QUANTO AO 1º, portanto, deve-se dizer que como a graça santificante se ordena aos atos meritórios, interiores e exteriores, assim a graça gratuitamente dada se ordena a alguns atos exteriores que manifestam a fé, como a realização de milagres e coisas semelhantes. Cristo teve a plenitude em ambas essas espécies de graças. Pois enquanto unida à divindade, sua alma tinha plena eficácia para realizar todos os atos antes enumerados. Os outros santos, porém, que são movidos por Deus como instrumentos não unidos, mas separados, recebem uma eficácia particular para levar a efeito este ou aquele ato. Por isso, essas graças estão divididas nos outros santos, mas não em Cristo.

QUANTO AO 2º, deve-se dizer que Cristo é chamado *poder de Deus e sabedoria de Deus* enquanto é Filho de Deus eterno. Como tal, não lhe é próprio possuir a graça, mas ser dela distribuidor. Porém segundo a natureza humana cabe-lhe possuir a graça.

QUANTO AO 3º, deve-se dizer que o dom das línguas foi dado aos Apóstolos porque eram mandados *para ensinar todas as nações*. Cristo, porém, quis pregar pessoalmente apenas à nação dos judeus, conforme ele mesmo declarou: "Fui enviado apenas às ovelhas perdidas da casa de Israel". E o Apóstolo diz na Carta aos Romanos: "Cristo se fez servo dos circuncisos". Portanto, não foi necessário que falasse várias línguas. Nem por isso, no entanto, lhe faltou o conhecimento das línguas, como também não lhe eram escondidos os segredos dos corações, como abaixo se dirá, dos quais quaisquer palavras são sinais. Nem lhe foi inútil esse conhecimento, assim como não possui inutilmente um hábito quem não o usa quando não é oportuno.

ARTICULUS 8
Utrum in Christo fuerit prophetia

AD OCTAVUM SIC PROCEDITUR. Videtur quod in Christo non fuerit prophetia.
1. Prophetia enim importat quandam obscuram et imperfectam notitiam: secundum illud Nm 12,6: *Si quis fuerit inter vos propheta Domini,*

ARTIGO 8
Em Cristo houve profecia?

QUANTO AO OITAVO, ASSIM SE PROCEDE: parece que em Cristo **não** houve profecia.
1. Com efeito, a profecia implica um certo conhecimento obscuro e imperfeito, segundo o que se diz no livro dos Números: "Se há entre vós um

---
3. Matth. 28, 19.
4. Q. 10, a. 2.

PARALL.: II-II, q. 174, a. 5, ad 3; *De Verit.*, q. 20, a. 6; *Compend. Theol.*, c. 216; in *Ioan.*, c. 4, lect. 6; c. 6, lect. 2.

per somnium aut in visione loquar ad eum. Sed Christus habuit plenam et perfectam notitiam: multo magis quam Moyses, de quo ibi subditur [v. 8] quod *palam, et non per aenigmata Deum vidit*. Non ergo debet in Christo poni prophetia.

2. PRAETEREA, sicut fides est eorum quae non videntur, et spes eorum quae non habentur, ita prophetia est eorum quae non sunt praesentia, sed distant: nam propheta dicitur quasi *procul fans*. Sed in Christo non ponitur fides neque spes, ut supra[1] dictum est. Ergo etiam prophetia non debet poni in Christo.

3. PRAETEREA, propheta est inferioris ordinis quam angelus: unde et de Moyse, qui fuit supremus prophetarum, ut dictum est in Secunda Parte[2], Act 7,38 dicitur quod locutus est cum Angelo in solitudine. Sed Christus non est *minoratus ab angelis* secundum notitiam animae, sed solum *secundum corporis passionem*: ut dicitur Hb 2,9. Ergo videtur quod Christus non fuit propheta.

SED CONTRA est quod de eo dicitur, Dt 18,15: *Prophetam suscitabit vobis Deus de fratribus vestris*. Et ipse de se dicit, Mt 13,57 et Io 4,44: *Non est propheta sine honore nisi in patria sua*.

RESPONDEO dicendum quod propheta dicitur quasi *procul fans*, vel *procul videns*: inquantum scilicet cognoscit et loquitur ea quae sunt procul ad hominum sensibus; sicut etiam Augustinus dicit, XVI *Contra Faustum*[3]. Est autem considerandum quod non potest dici aliquis propheta ex hoc quod cognoscit et annuntiat ea quae sunt aliis procul, cum quibus ipse non est. Et hoc manifestum est secundum locum et secundum tempus. Si enim aliquis in Gallia existens cognosceret et annuntiaret aliis in Gallia existentibus ea quae tunc in Syria agerentur, propheticum esset: sicut Elisaeus ad Giezi dixit, 4Reg 5,26, quomodo vir descenderat de curru et occurrerat ei. Si vero aliquis in Syria existens ea quae sunt ibi annuntiaret, non esset hoc propheticum. Et idem apparet secundum tempus. Propheticum enim fuit quod Isaias praenuntiavit quod Cyrus, Persarum rex, templum Dei esset reaedificaturus, ut patet Is 44,28: non autem fuit propheticum quod Esdras hoc scripsit[4], cuius tempore factum est.

profeta do Senhor é em sonho ou em visão que eu lhe falarei". Ora, Cristo teve pleno e perfeito conhecimento, muito mais do que Moisés, do qual, aí mesmo, se acrescenta: "Viu a Deus claramente e não por meio de enigmas". Logo, a Cristo não se deve atribuir a profecia.

2. ALÉM DISSO, como a fé tem por objeto as coisas que não se veem e a esperança, as coisas que não se possuem, assim a profecia visa às coisas que não estão presentes, mas distantes. Pois, profeta significa *o que fala à distância*. Ora, a Cristo não se atribuem nem a fé nem a esperança, como foi dito. Logo, também a profecia não lhe deve ser atribuída.

3. ADEMAIS, o profeta está numa ordem inferior ao anjo. Assim de Moisés, o maior dos profetas, como se viu na II Parte, se diz no livro dos Atos dos Apóstolos que falou com um anjo no deserto. Ora, Cristo não foi feito *menor que os anjos*, segundo o conhecimento da alma, mas apenas *segundo a paixão corporal*, como se diz na Carta aos Hebreus. Logo, parece que Cristo não foi profeta.

EM SENTIDO CONTRÁRIO, de Cristo se diz: "Deus suscitará para vós um profeta entre vossos irmãos". E ele diz de si mesmo no Evangelho de Mateus e de João: "Um profeta só é desprezado em sua pátria e em sua casa".

RESPONDO. É chamado profeta o que *fala à distância* ou o que *vê longe*, na medida em que conhece e fala a respeito das coisas que estão longe dos sentidos dos homens, como Agostinho explica. Deve-se considerar que não pode ser tido como profeta quem conhece e anuncia o que está longe daqueles junto aos quais ele não está. E isso é claro quanto ao tempo e ao lugar. Se alguém, estando na Gália, conhecesse e anunciasse aos outros habitantes da Gália acontecimentos que se passavam na Síria, seria algo profético. Assim Eliseu disse a Guehazi como um homem desceu do carro para vir a seu encontro. Se, porém, alguém estando na Síria anunciasse o que aí se passa, não seria profético. O mesmo se dá quanto ao tempo. Foi profético o que Isaías prenunciou, a saber, que Ciro, rei dos persas, reedificaria o templo de Deus. Mas não foi profético o ter escrito Esdras a respeito do mesmo fato que se deu em seu tempo.

---

1. A. 3, 4.
2. II-II, q. 174, a. 4.
3. C. 18: ML 42, 327.
4. Esdr. l. I, cc. 1, 3.

Si igitur Deus aut angeli, vel etiam beati, cognoscunt et annuntiant ea quae sunt procul a nostra notitia, non pertinet ad prophetiam: quia in nullo nostrum statum attingunt. Christus autem ante passionem nostrum statum attingebat: inquantum non solum erat comprehensor, sed etiam viator. Et ideo propheticum erat quod ea quae erant procul ab aliorum viatorum notitia, et cognoscebat et annuntiabat. Et hac ratione dicitur in eo fuisse prophetia.

AD PRIMUM ergo dicendum quod per illa verba non ostenditur esse de ratione prophetiae aenigmatica cognitio, quae scilicet est per somnium et in visione: sed ostenditur comparatio aliorum prophetarum, qui per somnium et in visione perceperunt divina, ad Moysen, qui palam et non per aenigmata Deum vidit; qui tamen propheta est dictus, secundum illud Dt 34,10: *Non surrexit ultra propheta in Israel sicut Moyses.*

Potest tamen dici quod, etsi Christus habuit plenam et apertam notitiam quantum ad partem intellectivam, habuit tamen in parte imaginativa quasdam similitudines, in quibus etiam poterat specullari divina, inquantum non solum erat comprehensor, sed etiam viator.

AD SECUNDUM dicendum quod fides est eorum quae non videntur ab ipso credente. Similiter spes est eorum quae non habentur ab ipso sperante. Sed prophetia est eorum quae sunt procul a communi hominum sensu, cum quibus propheta conversatur et communicat in statu viae. Et ideo fides et spes repugnant perfectioni beatitudinis Christi: non autem prophetia.

AD TERTIUM dicendum quod angelus, cum sit comprehensor, est supra prophetam qui est purus viator: non autem supra Christum, qui simul fuit viator et comprehensor.

Portanto, se Deus, ou os anjos ou mesmo os bem-aventurados conhecem e anunciam o que está longe do nosso conhecimento, isto não pertence à profecia, pois nada tem a ver com o nosso estado. Mas Cristo, antes da paixão, tinha a ver com o nosso estado, pois não somente gozava da visão beatífica, mas também caminhava para ela. Desse modo, era profético o que ele conhecia e anunciava das coisas que estavam longe do conhecimento dos outros caminhantes, e eis por que se lhe atribui a profecia[k].

QUANTO AO 1º, portanto, deve-se dizer que por aquelas palavras não se afirma que o conhecimento obscuro, que ocorre no sonho e nas visões, pertença à razão da profecia; mas se estabelece uma comparação entre os outros profetas que percebiam as coisas divinas por meio de sonhos e visões, e Moisés que viu a Deus claramente e não por enigmas. No entanto, também Moisés foi chamado profeta, segundo o livro do Deuteronômio: "Nunca mais em Israel surgiu um profeta como Moisés".

Pode-se, porém, dizer que, não obstante ter tido Cristo um conhecimento claro e aberto quanto à parte intelectiva, na parte imaginativa retinha algumas semelhanças nas quais podia ver o reflexo das coisas divinas, pois não apenas gozava da visão beatífica, mas era igualmente caminhante.

QUANTO AO 2º, deve-se dizer que a fé tem por objeto as coisas que não são vistas pelo que crê. De modo semelhante, a esperança tem por objeto as coisas que não são possuídas pelo que espera. Mas a profecia tem por objeto as realidades distantes do senso comum dos homens, com os quais o profeta convive e comunica no estado de caminhante. Assim, a fé e a esperança repugnam à perfeição da bem-aventurança de Cristo; mas não a profecia.

QUANTO AO 3º, deve-se dizer que o anjo, sendo participante da visão beatífica, está acima do profeta, que é apenas um caminhante para ela. Mas não está acima do Cristo que foi juntamente ambas as coisas.

---

k. Uma vez que atribui a Cristo a visão beatífica, Sto. Tomás se vê embaraçado para explicar sua qualidade de profeta. Clara, imediata, não-conceitual, inefável, excluindo a fé em seu sujeito beneficiário, a visão beatífica está infinitamente além das limitações da visão profética, obscura e longínqua, que comporta necessariamente conceitos e imagens, à qual é essencial ser transmissível, e que mantém seu sujeito beneficiário sob o regime da fé. Sto. Tomás fará jus, adiante, à exigência de conceptualização e de transmissão necessárias à profecia (ver o que ele diz a respeito da ciência infusa: III, q. 11, a. 1, mas já aqui na r. 1). Por ora, ele salvaguarda a qualidade profética de Cristo de maneira bastante exterior, salientando que Cristo partilhava com os destinatários de sua mensagem a mesma condição de viajor.

Articulus 9
Utrum fuerit in Christo gratiae plenitudo

AD NONUM SIC PROCEDITUR. Videtur quod non fuerit in Christo gratiae plenitudo.

1. A gratia enim derivantur virtutes, ut in Secunda Parte[1] dictum est. Sed in Christo non fuerunt omnes virtutes: non enim fuit in eo fides neque spes, ut ostensum est[2]. Ergo in Christo non fuit gratiae plenitudo.

2. PRAETEREA, sicut patet ex his quae in Secunda Parte[3] dicta sunt, gratia dividitur in operantem et cooperantem. Operans autem gratia dicitur per quam iustificatur impius. Quod quidem non habuit locum in Christo, qui nunquam subiacuit alicui peccato. Ergo in Christo non fuit plenitudo gratiae.

3. PRAETEREA, Iac 1,17 dicitur: *Omne datum optimum, et omne donum perfectum, de sursum est, descendens a Patre luminum.* Sed quod descendit, habetur particulariter, et non plene. Ergo nulla creatura, nec etiam anima Christi, potest habere plenitudinem donorum gratiae.

SED CONTRA est quod dicitur Io 1,14: *Vidimus eum plenum gratiae et veritatis.*

RESPONDEO dicendum quod plene dicitur haberi quod totaliter et perfecte habetur. Totalitas autem et perfectio potest attendi dupliciter. Uno modo, quantum ad quantitatem eius intensivam: puta si dicam aliquem plene habere albedinem, si habeat eam quantumcumque nata est haberi. Alio modo, secundum virtutem: puta si aliquis dicatur plene habere vitam, quia habet eam secundum omnes effectus vel opera vitae. Et sic plene habet vitam homo: non autem brutum animal, vel planta.

Utroque autem modo Christus habuit gratiae plenitudinem. Primo quidem, quia habuit eam in summo, secundum perfectissimum modum qui potest haberi. Et hoc quidem apparet primo, ex propinquitate animae Christi ad causam gratiae. Dictum est enim[4] quod, quanto aliquod receptivum

ARTIGO 9
Em Cristo houve a plenitude da graça?

QUANTO AO NONO, ASSIM SE PROCEDE: parece que em Cristo **não** houve a plenitude da graça.

1. Com efeito, da graça procedem as virtudes, como já foi dito. Ora, em Cristo não existiram todas as virtudes, pois não houve nele nem a fé nem a esperança, como foi dito. Logo, não houve em Cristo a plenitude da graça.

2. ALÉM DISSO, como ficou claro na II Parte, a graça se divide em operante e cooperante. Ora, a graça operante é aquela pela qual o ímpio é justificado, o que não aconteceu com Cristo, que nunca esteve sob qualquer pecado. Logo, em Cristo não houve a plenitude da graça.

3. ADEMAIS, na Carta de Tiago, está escrito: "Todo dom valioso e toda dádiva perfeita descem do alto, do Pai das luzes". Ora, o que desce é recebido em parte e não plenamente. Logo, nenhuma criatura, nem mesmo a alma de Cristo, pode possuir a plenitude dos dons da graça.

EM SENTIDO CONTRÁRIO, está claro no Evangelho de João: "Nós o vimos cheio de graça e de verdade".

RESPONDO. Entende-se possuir plenamente, quando se possui total e perfeitamente. Ora, a totalidade e a perfeição podem ser consideradas de dois modos. Primeiro, quanto à sua quantidade intensiva; por exemplo, se diz que alguém possui plenamente a brancura quando a possui tanto quanto é capaz de possuí-la. Segundo, quanto às suas virtualidades[1]; por exemplo se diz que alguém possui plenamente a vida, se a possui segundo todos os seus efeitos e obras; desse modo o homem possui plenamente a vida, mas não o animal ou a planta.

Cristo possuiu a plenitude da graça dos dois modos. Primeiro, porque a possuiu em sumo grau, segundo o modo mais perfeito com que pode ser possuída. Isso se mostra, em primeiro lugar, pela proximidade da alma de Cristo à causa da graça. Foi dito anteriormente, que quanto mais o recipiente

---

9   PARALL.: III *Sent.*, dist. 13, q. 1, a. 2, q.la 1; dist. 15, q. 1, a. 2, ad 5; *Compend. Theol.*, c. 213, 214; in *Ioan.*, c. 1, lect. 8.

1. I-II, q. 110, a. 4, ad 1.
2. A. 3, 4.
3. I-II, q. III, a. 2.
4. A. 1.

1. Dinâmica não deve ser entendida aqui por oposição a estático, pois a graça não tem nada de realidade parada; é pelo contrário a raiz principal do agir. É possível, no entanto, distinguir sua essência de suas virtualidades, e Tomás desenvolverá tal distinção no artigo seguinte (já o fez de maneira geral na I-II, q. 110, a. 3). Dinâmica traduz portanto a expressão latina *secundum virtutem*, pela qual se enfatiza que a plenitude da graça em Cristo não se verifica apenas quanto a seu grau de *intensidade*, mas também quanto à plenitude de sua *extensão*; todas as virtualidades da graça se realizam em Cristo em grau supremo.

propinquius est causae influenti, abundantius recipit. Et ideo anima Christi, quae propinquius coniungitur Deo inter omnes creaturas rationales, recipit maximam influentiam gratiae eius. — Secundo, ex comparatione eius ad effectum. Sic enim recipiebat anima Christi gratiam ut ex ea quodammodo transfunderetur in alios. Et ideo oportuit quod haberet maximam gratiam: sicut ignis, qui est causa caloris in omnibus calidis, est maxime calidus.

Similiter etiam quantum ad virtutem gratiae, plene habuit gratiam: quia habuit eam ad omnes operationes vel effectus gratiae. Et hoc ideo, quia conferebatur ei gratia tanquam cuidam universali principio in genere habentium gratias. Virtus autem primi principii alicuius generis universaliter se extendit ad omnes effectus illius generis: sicut sol, qui est universalis causa generationis, ut dicit Dionysius, 4 cap. *de Div. Nom.*[5], eius virtus se extendit ad omnia quae sub generatione cadunt. Et sic secunda plenitudo gratiae attenditur in Christo, inquantum se extendit eius gratia ad omnes gratiae effectus, qui sunt virtutes et dona et alia huiusmodi.

AD PRIMUM ergo dicendum quod fides et spes nominant effectus gratiae cum quodam defectu qui est ex parte recipientis gratiam: inquantum scilicet fides est de non visis, et spes de non habitis. Unde non oportet quod in Christo, qui est auctor gratiae, fuerint defectus quos important fides et spes. Sed quidquid est perfectionis in fide et spe, est in Christo multo perfectius. Sicut in igne non sunt omnes modi caloris defectivi ex defectu subiecti: sed quidquid pertinet ad perfectionem caloris.

AD SECUNDUM dicendum quod ad gratiam operantem, per se pertinet facere iustum: sed quod iustum faciat ex impio, hoc accidit ei ex parte subiecti, in quo peccatum invenitur. Anima Christi igitur iustificata est per gratiam operantem, inquantum per eam facta est iusta et sancta a principio suae conceptionis: non quod ante fuerit peccatrix, aut etiam non iusta.

está próximo da causa que nele influi, tanto mais abundantemente recebe dela. Assim a alma de Cristo, que está unida a Deus mais proximamente do que qualquer criatura racional, recebe em grau máximo a influência de sua graça. — Segundo, mostra-se por sua comparação ao efeito. A alma de Cristo recebia de tal modo a graça que ela, de alguma maneira, podia transfundir-se nos outros. Era, pois, necessário que possuísse a graça em grau máximo, assim como o fogo, que é causa do calor nos outros objetos, é quente em grau máximo.

Do mesmo modo, Cristo possuiu plenamente a graça quanto à sua virtualidade, pois a possuiu quanto a todas suas operações e efeitos. Isso porque a graça lhe era conferida como a um princípio universal para todos quantos possuem a graça. A virtude do primeiro princípio de algum gênero universal estende-se a todos os efeitos daquele gênero. Assim a virtude do sol que é causa universal da geração, como diz Dionísio, se estende a todos os seres sujeitos à geração. Desta sorte se considera a plenitude da graça em Cristo, da segunda maneira, enquanto sua graça se estende a todos os efeitos da graça que são as virtudes, os dons, e outros semelhantes.

QUANTO AO 1º, portanto, deve-se dizer que a fé e a esperança designam efeitos da graça com uma certa deficiência, própria de quem recebe a graça, na medida em que a fé se refere às realidades que não se veem e a esperança se refere às que não se possuem. Por isso, não convinha que em Cristo, autor da graça, houvesse as deficiências que a fé e a esperança trazem consigo. Mas tudo o que a fé e a esperança contêm de perfeição existiu em Cristo de maneira muito mais perfeita. Do mesmo modo, no fogo não estão todos os modos deficientes do calor que provêm da imperfeição de seu sujeito. Mas nele está tudo o que pertence à perfeição do calor.

QUANTO AO 2º, deve-se dizer que à graça operante pertence, por si, tornar alguém justo. Mas que ela justifique quem antes era ímpio é algo de acidental da parte do sujeito, no qual se encontra o pecado. Portanto, a alma de Cristo foi justificada pela graça operante, pois foi por ela feita justa e santa desde o princípio de sua concepção, sem que tenha sido antes pecadora ou mesmo não justa[m].

---

5. § 4: MG 3, 700 A.

m. Essa resposta deve ser cuidadosamente assinalada; ela evidencia o fato de que o essencial da graça não é "curar" a natureza ferida, mas "erguê-la" ao plano da amizade com Deus. O dom da graça à humanidade de Cristo responde à necessidade de preencher o abismo ontológico que separa o homem de Deus, a criatura de seu Criador.

AD TERTIUM dicendum quod plenitudo gratiae attribuitur animae Christi secundum capacitatem creaturae, non autem per comparationem, ad plenitudinem infinitam bonitatis divinae.

QUANTO AO 3º, deve-se dizer que à alma de Cristo se atribui plenitude de graça, segundo a criatura é capaz e não segundo a plenitude infinita da bondade divina.

ARTICULUS 10
Utrum plenitudo gratiae sit propria Christi

AD DECIMUM SIC PROCEDITUR. Videtur quod plenitudo gratiae non sit propria Christi.

1. Quod enim est proprium alicui, sibi soli convenit. Sed esse plenum gratia quibusdam aliis attribuitur: dicitur enim, Lc 1,28, Beatae Virgini, *Ave, gratia plena: Dominus tecum*; dicitur etiam, Act 6,8, *Stephanus autem plenus gratia et fortitudine*. Ergo plenitudo gratiae non est propria Christi.

2. PRAETEREA, id quod potest communicari aliis per Christum, non videtur proprium Christo. Sed plenitudo gratiae potest communicari per Christum aliis: dicit enim Apostolus, Eph 3,19: *Ut impleamini in omnem plenitudinem Dei*. Ergo plenitudo gratiae non est propria Christo.

3. PRAETEREA, status viae videtur proportionari statui patriae. Sed in statu patriae erit quaedam plenitudo: quia *in illa caelesti patria, ubi est plenitudo omnis boni, licet quaedam data sint excellenter, nihil tamen possidetur singulariter*, ut patet per Gregorium, in Homilia *de Centum Ovibus*[1]. Ergo in statu viae gratiae plenitudo habetur a singulis hominibus. Et ita plenitudo gratiae non est propria Christo.

SED CONTRA est quod plenitudo gratiae attribuitur Christo inquantum est Unigenitus a Patre: secundum illud Io 1,14: *Vidimus eum, quasi Unigenitum a Patre, plenum gratiae et veritatis*. Sed esse unigenitum a Patre est proprium Christo. Ergo et sibi proprium est esse plenum gratiae et veritatis.

RESPONDEO dicendum quod plenitudo gratiae potest attendi dupliciter: uno modo, ex parte ipsius gratiae; alio modo, ex parte habentis gratiam. Ex parte quidem ipsius gratiae; dicitur esse plenitudo ex eo quod aliquis pertingit ad summum gratiae et quantum ad essentiam et quantum ad virtutem: quia scilicet habet gratiam et in maxima excellentia qua potest haberi, et in maxima extensione ad

ARTIGO 10
A plenitude da graça é própria de Cristo?

QUANTO AO DÉCIMO, ASSIM SE PROCEDE: parece que a plenitude da graça **não** é própria de Cristo.

1. Com efeito, o que é próprio de alguém só a ele é atribuído. Ora, a plenitude de graça é atribuída a outros; assim se diz da bem-aventurada Virgem: "Ave, cheia de graça, o Senhor é contigo"; e também está escrito no livro dos Atos dos Apóstolos: "Estêvão, cheio de graça e de poder". Logo, a plenitude da graça não é própria de Cristo.

2. ALÉM DISSO, o que pode ser comunicado por Cristo a outros não parece ser próprio de Cristo. Ora, a plenitude da graça pode ser por Cristo comunicada a outros, pois o Apóstolo diz: "A fim de que sejais cumulados de toda a plenitude de Deus". Logo, a plenitude da graça não é própria de Cristo.

3. ADEMAIS, o estado de caminhante parece dever corresponder ao estado da pátria. Ora, no estado da pátria haverá uma certa plenitude; "pois naquela pátria celeste, onde reside a plenitude de todo o bem, embora alguns dons sejam dados de modo excelente, nada porém é possuído de modo exclusivo", como exprime Gregório. Logo, todos os homens têm a plenitude da graça no estado de caminhante e, assim, ela não é própria de Cristo.

EM SENTIDO CONTRÁRIO, a plenitude da graça é atribuída a Cristo enquanto é Unigênito do Pai, conforme o Evangelho de João: "Nós o vimos como Filho único do Pai, cheio de graça e de verdade". Ora, é próprio de Cristo ser Filho único do Pai. Logo, também é próprio dele ser cheio de graça e de verdade.

RESPONDO. A plenitude da graça pode ser considerada de duas maneiras: ou da parte da própria graça, ou da parte de quem a possui. Entende-se a plenitude da parte da própria graça, quando alguém alcança o ápice da graça, seja quanto à essência seja quanto às suas virtualidades: possui a graça no grau máximo em que é possível possuí-la e na extensão máxima a todos os seus efeitos. Ora,

---

10 PARALL.: Infra, q. 27, a. 5, ad 1; III *Sent*., dist. 13, q. 1, a. 2, q.la 2, ad 2; *Compend. Theol*., c. 214; *Expos. super Salut. Angel*.; in *Ioan*., c. 1, lect. 8; c. 3, lect. 6; 1 *ad Cor*., c. 11, lect. 1; c. 12, lect. 1; *ad Coloss*., c. 1, lect. 5.

1. Homil. 34 *in Evang*., n. 14: ML 76, BC.

omnes gratiae effectus. Et talis gratiae plenitudo est propria Christo. — Ex parte vero subiecti, dicitur gratiae plenitudo quando aliquis habet plene gratiam secundum suam conditionem: sive secundum intensionem, prout in eo est intensa gratia usque ad terminum praefixum ei a Deo, secundum illud Eph 4,7, *Unicuique nostrum data est gratia secundum mensuram donationis Christi*; sive etiam secundum virtutem, inquantum scilicet habet facultatem gratiae ad omnia quae pertinent ad suum statum sive officium, sicut Apostolus dicebat, Eph 3,8-9, *Mihi autem, omnium sanctorum minimo, data est gratia haec, illuminare homines*, etc. Et talis gratiae plenitudo non est propria Christo, sed communicatur aliis per Christum.

AD PRIMUM ergo dicendum quod Beata Virgo dicitur gratia plena, non ex parte ipsius gratiae, quia non habuit gratiam in summa excellentia qua potest haberi, nec ad omnes effectus gratiae: sed dicitur fuisse plena gratiae per comparationem ad ipsam, quia scilicet habebat gratiam sufficientem ad statum illum ad quem erat electa a Deo, ut scilicet esset mater Dei. Et similiter Stephanus dicitur plenus gratia, quia habebat gratiam sufficientem ad hoc quod esset idoneus minister et testis Dei, ad quod erat electus. Et eadem ratione dicendum est de aliis. Harum tamen plenitudinum una est plenior alia: secundum quod aliquis est divinitus praeordinatus ad altiorem vel inferiorem statum.

AD SECUNDUM dicendum quod Apostolus ibi loquitur de illa plenitudine gratiae quae accipitur ex parte subiecti, in comparatione ad id ad quod homo est divinitus praeordinatus. Quod quidem est vel aliquid commune, ad quod praeordinantur omnes sancti: vel aliquid speciale, quod pertinet ad excellentiam aliquorum. Et secundum hoc, quaedam plenitudo gratiae est omnibus sanctis communis: ut scilicet habeant gratiam sufficientem ad merendum vitam aeternam, quae in plena Dei fruitione consistit. Et hanc plenitudinem optat Apostolus fidelibus quibus scribit.

essa plenitude da graça é própria de Cristo. — Da parte do sujeito, entende-se a plenitude da graça quando alguém a possui plenamente conforme sua condição, seja segundo a intensidade, enquanto nele a graça atinge o termo que lhe foi prefixado por Deus, segundo o que está na Carta aos Efésios: "A cada um de nós, entretanto, a graça foi dada segundo a medida do dom de Cristo"; ou segundo a virtualidade, enquanto possui a faculdade da graça para todas as coisas que pertencem a seu estado ou ofício, como se exprimia o Apóstolo na Carta aos Efésios: "Eu, que sou o último dos santos, recebi a graça de iluminar os homens etc." Essa plenitude da graça não é própria de Cristo, mas é comunicada por ele aos outros[n].

QUANTO AO 1º, portanto, deve-se dizer que a bem-aventurada Virgem é denominada cheia de graça não da parte da própria graça, pois não possuiu a graça no grau de suma excelência em que se pode possuí-la, nem quanto a todos os efeitos da graça. Mas é denominada cheia de graça por comparação a si mesma, pois possuía a graça suficiente para aquele estado para o qual fora escolhida por Deus, qual seja o de ser Mãe de Deus. Do mesmo modo, Estêvão foi chamado cheio de graça, porque possuía a graça suficiente para ser ministro idôneo e testemunha de Deus, para o que fora eleito. Do mesmo modo se deve dizer dos outros. No entanto, entre essas plenitudes uma é mais plena do que a outra, conforme alguém seja pré-ordenado por Deus a um estado superior ou inferior.

QUANTO AO 2º, deve-se dizer que o Apóstolo aí se refere à plenitude da graça que é considerada da parte do sujeito, com respeito àquilo para o que é pré-ordenado por Deus. Isso é ou algo comum, a que todos os santos são pré-ordenados, ou algo especial, pertencendo à excelência de alguns. Segundo essa distinção, uma certa plenitude de graça é comum a todos os santos, ou seja, o possuir a graça suficiente para merecer a vida eterna que consiste na plena fruição de Deus. É essa plenitude que o Apóstolo deseja aos fiéis aos quais escreve[o].

---

n. Existe, por trás do artigo, um conflito de autoridades escriturárias: o termo "plenitude" é igualmente empregado para outros (a Virgem Maria, Estêvão...); em que sentido existe uma plenitude própria a Cristo? Sto. Tomás distingue uma plenitude *objetiva*, que designa o ápice da graça no que concerne à sua essência e a suas virtualidades; somente Cristo pode possuí-las. Mas há também uma plenitude *subjetiva*, que corresponde à plenitude destinada a tal ou qual santo, segundo a sua posição no plano de Deus; desse ponto de vista, cada um recebe a plena medida do que necessita.

o. Todas as respostas deste artigo retomam e precisam a resposta principal, mas a segunda é especialmente bem-vinda. A predestinação comum corresponde à vontade de Deus "que quer que todos os homens se salvem e que cheguem a ter o conhecimento da verdade" (1Tm 2,4); a graça comum a todos corresponde ao auxílio necessário para que essa vontade se torne efetiva em cada um. O que não impede que haja vocações excepcionais em meio ao Povo de Deus (a Virgem, os Apóstolos, os fundadores de Ordens etc.), e Deus concede as graças especiais segundo seu desígnio.

AD TERTIUM dicendum quod illa dona quae sunt communia in patria, scilicet visio, comprehensio et fruitio, et alia huiusmodi, habent quaedam dona sibi correspondentia in statu viae, quae etiam sunt communia sanctis. Sunt tamen quaedam praerogativae sanctorum, in patria et in via, quae non habentur ab omnibus.

Articulus 11
Utrum gratia Christi sit infinita

AD UNDECIMUM SIC PROCEDITUR. Videtur quod gratia Christi sit infinita.

1. Omne enim immensum est infinitum. Sed gratia Christi est immensa: dicitur enim Io 3,34: *Non enim ad mensuram dat Deus Spiritum*, scilicet Christo. Ergo gratia Christi est infinita.

2. PRAETEREA, effectus infinitus demonstrat virtutem infinitam, quae non potest fundari nisi in essentia infinita. Sed effectus gratiae Christi est infinitus: extendit enim se ad salutem totius humani generis; *ipse* enim *est propitiatio pro peccatis totius mundi*, ut dicitur 1Io 2,2. Ergo gratia Christi est infinita.

3. PRAETEREA, omne finitum per additionem potest pervenire ad quantitatem cuiuscumque rei finitae. Si ergo gratia Christi est finita, posset alterius hominis gratia tantum crescere quod perveniret ad aequalitatem gratiae Christi. Contra quod dicitur Iob 28,17: *Non adaequabitur ei aurum vel vitrum*, secundum quod Gregorius ibi exponit[1]. Ergo gratia Christi est infinita.

SED CONTRA est quod gratia Christi est quiddam creatum in anima. Sed omne creatum est finitum: secundum illud Sap 11,21: *Omnia in numero, pondere et mensura disposuisti*. Ergo gratia Christi non est infinita.

RESPONDEO dicendum quod, sicut ex supra[2] dictis patet, in Christo potest duplex gratia considerari. Una quidem est gratia unionis: quae, sicut supra dictum est, est ipsum uniri personaliter Filio Dei, quod est gratis concessum humanae naturae. Et hanc gratiam constat esse infinitam: secundum quod ipsa persona Verbi est infinita.

Alia vero est gratia habitualis. Quae quidem potest dupliciter considerari. Uno modo, secundum

QUANTO AO 3º, deve-se dizer que aos dons que são comuns na pátria celeste, como a visão, a compreensão, a fruição e outros semelhantes, correspondem dons no estado de caminhante, que também são comuns aos santos. Há, porém, algumas prerrogativas dos santos, na pátria e no caminho, que não são comuns a todos.

Artigo 11
A graça de Cristo é infinita?

QUANTO AO DÉCIMO PRIMEIRO, ASSIM SE PROCEDE: parece que a graça de Cristo é infinita.

1. Com efeito, todo imenso é infinito. Ora, a graça de Cristo é imensa, pois no Evangelho de João está escrito: "Deus não lhe dá o Espírito sob medida", a saber, a Cristo. Logo, a graça de Cristo é infinita.

2. ALÉM DISSO, o efeito infinito demonstra uma virtude infinita que não pode fundar-se senão numa essência infinita. Ora, o efeito da graça de Cristo é infinito, pois se estende à salvação de todo o gênero humano: "Ele é vítima de expiação pelos pecados do mundo inteiro", como está na primeira Carta de João. Logo, a graça de Cristo é infinita.

3. ADEMAIS, pela adição, qualquer realidade finita pode alcançar a quantidade de qualquer outra realidade finita. Se, portanto, a graça de Cristo fosse finita, a graça de outro homem poderia crescer, de modo a igualar-se à graça de Cristo. Ora, isso é contrário ao que Gregório expõe a propósito do que diz o livro de Jó: "O ouro e o cristal não a igualam". Logo, a graça de Cristo é infinita.

EM SENTIDO CONTRÁRIO, a graça de Cristo é algo criado na alma. Ora, tudo o que é criado é finito, segundo o livro da Sabedoria: "Dispuseste tudo segundo o número, o peso e a medida". Logo, a graça de Cristo não é infinita.

RESPONDO. Como ficou claro do que acima foi dito, em Cristo podemos considerar uma dupla graça. A primeira é a graça da união. Essa, como foi dito, é o próprio unir-se pessoalmente ao Filho de Deus, o que foi gratuitamente concedido à natureza humana. Tal graça é infinita, pois a própria pessoa do Verbo é infinita.

A segunda é a graça habitual, que pode ser considerada de dois modos. Primeiro, enquanto é um

---

11 PARALL.: I *Sent.*, dist. 17, q. 2, a. 4, ad 3; dist. 44, a. 3, ad 2; III, dist. 13, q. 1, a. 2, q.la 2; *De Verit.*, q. 29, a. 3; *Compend. Theol.*, c. 215; in *Ioan.*, c. 3, lect. 6.

1. *Moral.* l. XVIII, c. 48, n. 79: ML 76, 85.
2. Q. 2, a. 10; q. 6, a. 6.

quod est quoddam ens. Et sic necesse est quod sit ens finitum. Est enim in anima Christi sicut in subiecto. Anima autem Christi est creatura quaedam, habens capacitatem finitam. Unde esse gratiae, cum non excedat suum subiectum, non potest esse infinitum.

Alio modo potest considerari secundum propriam rationem gratiae. Et sic gratia ipsa potest dici infinita, eo quod non limitatur: quia scilicet habet quidquid potest pertinere ad rationem gratiae, et non datur ei secundum aliquam certam mensuram id quod ad rationem gratiae pertinet; eo quod, *secundum propositum gratiae Dei*[3], cuius est gratiam mensurare, gratia confertur animae Christi sicut cuidam universali principio gratificationis in humana natura, secundum illud Eph 1,6, *Gratificavit nos in dilecto Filio suo*. Sicut si dicamus lucem solis esse infinitam, non quidem secundum suum esse, sed secundum rationem lucis, quia habet quidquid potest ad rationem lucis pertinere.

AD PRIMUM ergo dicendum quod id quod dicitur, *Pater non ad mensuram dat Spiritum Filio*, uno modo exponitur de dono quod Deus Pater ab aeterno dedit Filio, scilicet divinam naturam, quae est donum infinitum. Unde quaedam Glossa[4] dicit ibidem: *ut tantus sit Filius quantus et Pater*.

Alio modo, potest referri ad donum quod datum est humanae naturae, ut uniatur divinae personae, quod est donum infinitum. Unde Glossa dicit ibidem: *Sicut Pater plenum et perfectum genuit Verbum, sic plenum et perfectum est unitum humanae naturae*[5].

Tertio modo, potest referri ad gratiam habitualem, inquantum gratia Christi se extendit ad omnia quae sunt gratiae. Unde Augustinus[6], hoc exponens, dicit: *Mensura quaedam divisio donorum est: alii enim datur per Spiritum sermo sapientiae, alii sermo scientiae. Sed Christus, qui dat, non ad mensuram accepit*.

AD SECUNDUM dicendum quod gratia Christi habet infinitum effectum, tum propter infinitatem

ente, e assim é necessário que seja um ente finito. Com efeito, ela está na alma de Cristo como em seu sujeito. Ora, a alma de Cristo é uma criatura que possui uma capacidade finita. Logo o ser da graça, que não excede o seu sujeito, não pode ser infinito.

O segundo modo diz respeito à própria natureza da graça. Segundo esse modo, a graça em si mesma pode ser dita infinita porque não é limitada: possui tudo o que pertence à razão de graça[p], e o que pertence à razão de graça não é dado a Cristo segundo alguma medida. Com efeito, a graça é atribuída à alma de Cristo *segundo o propósito da graça de Deus*, a quem pertence medir a graça, como a um princípio universal de distribuição da mesma, segundo a Carta aos Efésios: "Cumulou-nos de graça no seu bem-amado Filho". É como se disséssemos que a luz do sol é infinita, não segundo o seu ser, mas segundo a razão de luz, pois ele possui tudo o que compete à razão de luz.

QUANTO AO 1º, portanto, deve-se dizer que a sentença "Deus não dá o Espírito sob medida ao Filho", é interpretada, de um lado, do dom que Deus Pai deu ao Filho desde toda eternidade, a saber, a natureza divina, que é um dom infinito. Daí uma certa Glosa dizer a esse propósito: "Para que o Filho seja tanto quanto é o Pai".

De outro lado, pode ser interpretada do dom que é feito à natureza humana, para unir-se à pessoa divina, que é um dom infinito. Por essa razão, diz a Glosa, nesse mesmo lugar: "Assim como Pai gerou o Verbo pleno e perfeito, assim ele se uniu à natureza humana pleno e perfeito".

Um terceiro modo pode ser referido à graça habitual, enquanto a graça de Cristo se estende a tudo quanto é do domínio da graça. Expondo esse ponto, assim diz Agostinho: "A medida é uma certa divisão dos dons: a uns é dado pelo Espírito a linguagem da sabedoria, a outros a linguagem da ciência. Mas Cristo, sendo o que dá, não recebeu sob medida".

QUANTO AO 2º, deve-se dizer que a graça de Cristo tem efeito infinito, tanto pela infinidade

---

3. *Rom.* 4, 5.
4. Interl. — Cfr. AUG., *In Ioan.*, tract. XIV, n. 11, super 4, 35: ML 35, 1509.
5. Ordin.: ML 114, 370 B.
6. *In Ioan.*, tract. XIV, n. 10, super 3, 34: ML 35, 1508-1509.

p. Mais uma vez Sto. Tomás se choca com duas autoridades escriturárias que parecem contradizer-se: basta comparar a primeira objeção com o *em sentido contrário* para perceber a oposição. A solução consiste evidentemente em conceder que só se pode falar de uma infinidade relativa caso se considere a graça de Cristo enquanto criada. No entanto, se prestarmos atenção ao fato de que a graça de Cristo abarca tudo o que pertence à ideia da graça, e que nenhuma graça pode ser dada, ou mesmo imaginada, que não seja a sua, então deve-se conceder também que essa graça "ilimitada" é o equivalente para nós de uma graça "infinita".

praedictam[7] gratiae; tum propter unitatem divinae personae, cui anima Christi est unita.

AD TERTIUM dicendum quod minus per augmentum potest pervenire ad quantitatem maioris in his quae habent quantitatem unius rationis. Sed gratia alterius hominis comparatur ad gratiam Christi sicut quaedam virtus particularis ad universalem. Unde, sicut virtus ignis, quantumcumque crescat, non potest adaequari virtuti solis; ita gratia alterius hominis, quantumcumque crescat, non potest adaequari gratiae Christi.

ARTICULUS 12
Utrum gratia Christi potuerit augeri

AD DUODECIMUM SIC PROCEDITUR. Videtur quod gratia Christi potuerit augeri.

1. Omni enim finito potest fieri additio. Sed gratia Christi finita fuit, ut dictum est[1]. Ergo potuit augeri.

2. PRAETEREA, augmentum gratiae fit per virtutem divinam: secundum illud 2Cor 9,8: *Potens est Deus omnem gratiam abundare facere in vobis*. Sed virtus divina, cum sit infinita, nullo termino coarctatur. Ergo videtur quod gratia Christi potuerit esse maior.

3. PRAETEREA, Lc 2,52 dicitur quod *Puer Iesus proficiebat aetate, sapientia et gratia apud Deum et homines*. Ergo gratia Christi potuit augeri.

SED CONTRA est quod dicitur Io 1,14: *Vidimus eum, quasi Unigenitum a Patre, plenum gratiae et veritatis*. Sed nihil potest esse aut intelligi maius quam quod aliquis sit unigenitus a Patre. Ergo non potest eses, vel etiam intelligi, maior gratia quam illa qua Christus fuit plenus.

RESPONDEO dicendum quod aliquam formam non posse augeri contingit dupliciter: uno modo, ex parte ipsius subiecti; alio modo, ex parte illius formae. Ex parte quidem subiecti, quando subiectum attingit ad ultimum in participatione ipsius

antes explicada, quanto pela unidade da pessoa divina à qual a alma de Cristo está unida[q].

QUANTO AO 3º, deve-se dizer que nas coisas que têm a mesma natureza quantitativa, o menor pode chegar por aumento à quantidade do maior. Mas a graça de outro homem se compara à graça de Cristo como um certo poder particular ao poder universal. Assim como o poder do fogo, por mais que cresça, não pode igualar-se ao poder do sol, assim a graça de outro homem, por mais que cresça, não pode igualar-se à graça de Cristo.

ARTIGO 12
A graça de Cristo pôde ser aumentada?

QUANTO AO DÉCIMO SEGUNDO, ASSIM SE PROCEDE: parece que a graça de Cristo **pôde** ser aumentada.

1. Com efeito, a tudo o que é finito pode ser feita uma adição. Ora, a graça de Cristo é finita, como foi dito. Logo, pôde ser aumentada.

2. ALÉM DISSO, o aumento da graça se faz pelo poder divino, como se diz na segunda Carta aos Coríntios: "Deus tem o poder de vos cumular com toda a sorte de graças". Ora, o poder divino, sendo infinito, não é contido por nenhum termo. Logo, parece que a graça de Cristo podia ser maior.

3. ADEMAIS, no Evangelho de Lucas está escrito: "Jesus progredia em idade, em sabedoria e em graça diante de Deus e dos homens". Logo, a graça de Cristo pôde ser aumentada.

EM SENTIDO CONTRÁRIO, está o que se diz no Evangelho de João: "Nós o vimos como Filho único do Pai, cheio de graça e de verdade". Ora, nada pode ser ou compreender-se maior do que alguém que é o Filho unigênito do Pai. Logo, não pode existir e nem compreender-se uma graça maior do aquela da qual Cristo foi pleno.

RESPONDO. De duas maneiras acontece que uma forma não possa receber aumento. De um lado, da parte do sujeito; de outro, da parte da própria forma. Da parte do sujeito, quando ele atinge o termo último na participação da forma segundo

---

7. In corp.

12 PARALL.: I *Sent.*, dist. 15, q. 5, a. 1, q.la 4; dist. 17, q. 2, a. 4, ad 3; III, dist. 13, q. 1, a. 2, q.la 3.

1. A. praec.

q. As duas razões propostas para a infinidade do efeito da graça de Cristo dependem estreitamente uma da outra. Tomás não contesta o argumento da segunda objeção; ele mostra pelo contrário toda sua força. O efeito infinito da graça de Cristo funda-se na infinidade mesma dessa graça em sua essência, mas esta, por sua vez, funda-se na infinidade da graça da união (que reside no dom da pessoa infinita do Verbo a essa humanidade). Com efeito, o mérito de Cristo é infinito em virtude da pessoa do Verbo, que é aqui o sujeito que age, mas é por meio da graça habitual que o Verbo pode merecer na humanidade e por intermédio desta.

formae secundum suum modum: sicut si dicatur quod aer non potest crescere in caliditate, quando pertingit ad ultimum gradum caloris qui potest salvari in natura aeris; licet possit esse maior calor in rerum natura, qui est calor ignis. Ex parte autem formae excluditur possibilitas augmenti quando aliquod subiectum attingit ad ultimam perfectionem qua potest talis forma haberi: sicut si dicamus quod calor ignis non potest augeri, quia non potest esse perfectior gradus caloris quam ille ad quem pertingit ignis.

Sicut autem aliarum formarum est ex divina sapientia determinata propria mensura, ita et gratiae: secundum illud Sap 11,21: *Omnia in numero, pondere et mensura disposuit*. Mensura autem unicuique formae praefigitur per comparationem ad suum finem: sicut non est maior gravitas quam gravitas terrae, quia non potest esse inferior locus loco terrae. Finis autem gratiae est unio creaturae rationalis ad Deum. Non potest autem esse, nec intelligi, maior unio creaturae rationalis ad Deum quam quae est in persona. Et ideo gratia Christi pertingit usque ad summam mensuram gratiae. Sic ergo manifestum est quod gratia Christi non potuit augeri ex parte ipsius gratiae.

Sed neque ex parte ipsius subiecti. Quia Christus, secundum quod homo, a primo instanti suae conceptionis fuit verus et plenus comprehensor. Unde in eo non potuit esse gratiae augmentum, sicut nec in aliis beatis: quorum gratia augeri non potest, eo quod sunt in termino.

Hominum vero qui sunt pure viatores, gratia potest augeri et ex parte formae, quia non attingunt summum gratiae gradum: et ex parte subiecti, quia nondum pervenerunt ad terminum.

AD PRIMUM ergo dicendum quod, si loquamur de quantitatibus mathematicae, cuilibet finitae quantitati potest fieri additio: quia ex parte quantitatis finitae non est aliquid quod repugnet additioni. Si vero loquamur de quantitate naturali, sic potest esse repugnantia ex parte formae, cui debetur determinata quantitas, sicut et alia accidentia determinata. Unde Philosophus dicit, II *de Anima*[2],

o seu modo. Como se disséssemos que o ar não pode aumentar seu calor quando atinge o último grau de calor que pode ser recebido na natureza do ar, embora possa haver na natureza um calor maior, que é o calor do fogo. Da parte da forma, a possibilidade de ser aumentada se exclui, quando um sujeito atinge o último grau de perfeição de que é capaz a tal forma. Como se disséssemos que o calor do fogo não pode aumentar porque não pode haver um grau de calor mais intenso do que aquele a que chega o fogo.

Ora, assim como a medida própria das outras formas foi determinada pela sabedoria divina, assim o foi a da graça, conforme diz o livro da Sabedoria: "Dispuseste todas as coisas em número, peso e medida". A medida de cada forma é fixada segundo a proporção com o seu fim; assim não pode haver uma gravidade maior do que a gravidade da terra porque não há um lugar inferior ao lugar da terra. O fim da graça é a união da criatura racional a Deus. Ora, não pode existir nem ser entendida uma união maior da criatura racional a Deus do que a que se realiza na pessoa. Por isso a graça de Cristo atinge a mais elevada medida da graça. É claro, pois, que a graça de Cristo não pôde ser aumentada da parte da própria graça[r].

Mas nem mesmo da parte do sujeito. Com efeito, desde o primeiro instante de sua concepção Cristo, homem, teve verdadeira e plena visão de Deus. Logo, nele não pôde haver aumento da graça, assim como nem nos outros bem-aventurados, cuja graça não pode ser aumentada, porque alcançaram o fim.

Quanto aos homens que estão ainda a caminho, sua graça pode ser aumentada tanto da parte da forma, que não atinge o mais alto grau da graça; quanto da parte dos sujeitos, que ainda não chegaram a seu fim.

QUANTO AO 1º, portanto, deve-se dizer que se falamos de quantidades matemáticas, a qualquer quantidade finita pode ser feita uma adição, pois da parte da quantidade finita nada há que se oponha à adição. Se falamos de quantidade natural, nesse caso pode haver uma oposição da parte da forma à qual se deve uma quantidade determinada como também outros acidentes determinados. Daí,

---

2. C. 4: 416, a. 16-17.

r. A maneira pela qual Sto. Tomás se exprime nestas últimas duas frases poderia dar a entender que a união hipostática representa o grau eminente da graça habitual, coroando-a na mesma linha. Não é com certeza seu pensamento: a graça habitual, pelo contrário, é uma consequência da união na pessoa. Mas é igualmente verdade que a graça pessoal é de certo modo "subordinada" à união hipostática (ver r. 2), de tal modo que a união na pessoa é a medida da graça pessoal.

quod *omnium natura constantium est terminus et ratio magnitudinis et augmenti*. Et inde est quod quantitati totius caeli non potest fieri additio. Multo igitur magis in ipsis formis consideratur aliquis terminus, ultra quem non transgrediuntur. Et propter hoc, non oportuit quod gratiae Christi posset fieri additio, quamvis sit finita secundum sui essentiam.

AD SECUNDUM dicendum quod, licet virtus divina posset facere aliquid maius et melius quam sit habitualis gratia Christi, non tamen posset facere quod ordinaretur ad aliquid maius quam sit unio personalis ad Filium unigenitum a Patre: cui unioni sufficienter correspondet talis mensura gratiae secundum definitionem divinae sapientiae.

AD TERTIUM dicendum quod in sapientia et gratia aliquis potest proficere dupliciter. Uno modo, secundum ipsos habitus sapientiae et gratiae augmentatos. Et sic Christus in eis non proficiebat. — Alio modo, secundum effectus: inquantum scilicet aliquis sapientiora et virtuosiora opera facit. Et sic Christus proficiebat sapientia et gratia, sicut et aetate: quia secundum processum aetatis perfectiora opera faciebat, ut se verum hominem demonstraret, et in his quae sunt ad Deum et in his quae sunt ad homines.

dizer Aristóteles que "a natureza de todas as coisas estáveis é o termo e a proporção da grandeza e do aumento". Assim, à quantidade do universo não se pode acrescentar nada. Portanto, muito mais nas próprias formas, deve-se considerar um certo termo além do qual não se procede. Eis por que, não poderia ser aumentada a graça de Cristo, embora fosse finita quanto à sua essência.

QUANTO AO 2º, deve-se dizer que embora a virtude divina tenha podido fazer algo maior e melhor do que era a graça habitual de Cristo, não poderia fazer com que fosse ordenada a algo maior do que a união pessoal ao Filho unigênito do Pai. A essa união corresponde, de modo suficiente, certa medida da graça segundo a definição da sabedoria divina.

QUANTO AO 3º, deve-se dizer que alguém pode progredir na sabedoria e na graça de duas maneiras. De um modo, segundo os próprios hábitos aumentados da sabedoria e da graça, e não era assim que Cristo progredia. — De outro modo, segundo os efeitos, ou seja, enquanto alguém faz obras cada vez mais sábias e mais perfeitas. Assim, Cristo progredia em sabedoria e graça bem como em idade, pois, ao avançar da idade, fazia obras mais perfeitas para mostrar-se verdadeiro homem, seja nas coisas que dizem respeito a Deus, seja naquelas que dizem respeito aos homens[s].

ARTICULUS 13

Utrum gratia habitualis in Christo subsequatur unionem

AD DECIMUMTERTIUM SIC PROCEDITUR. Videtur quod gratia habitualis in Christo non subsequatur unionem.

1. Idem enim non sequitur ad seipsum. Sed haec gratia habitualis videtur eadem esse cum gratia unionis: dicit enim Augustinus, in libro *de Praedest. Sanctorum*[1]: *Ea gratia fit ab initio fidei suae homo quicumque Christianus, qua gratia homo ille ab initio suo factus est Christus*; quorum duorum primum pertinet ad gratiam habitualem,

ARTIGO 13

A graça habitual em Cristo é uma consequência da união?

QUANTO AO DÉCIMO TERCEIRO, ASSIM SE PROCEDE: parece que a graça habitual em Cristo **não** é uma consequência da união.

1. Com efeito, uma mesma coisa não é consequência de si mesma. Mas essa graça habitual parece ser a mesma que a graça de união. Diz, com efeito, Agostinho: "Qualquer homem se torna cristão desde o início de sua fé, pela mesma graça, pela qual desde seu início aquele homem se tornou Cristo". Ora, desses dois efeitos da graça, um se

---

13 PARALL.: Supra, q. 6, a. 6; III *Sent.*, dist. 13, q. 3, a. 2, q.la 3; *Compend. Theol.*, c. 214.

1. C. 15, n. 31: ML 44, 982.

s. Essa resposta distingue entre a *posse* da graça e de seus diversos hábitos operativos, que Cristo tinha em plenitude desde o início, e o *uso* dessa graça, os atos que ela permite realizar, os quais foram cada vez mais perfeitos. Esses atos só puderam efetivamente se exercer quando as faculdades do homem-Jesus estiveram em condições de funcionar. Isto é o mesmo que reconhecer que Cristo foi submetido — como o homem verdadeiro que quis ser — à lei de evolução progressiva, de desenvolvimento, que é a de todo ser humano. Ele aumentou fisicamente de tamanho, mas também psicologicamente, e mesmo "espiritualmente". A menos que se faça dela um "monstro" (o termo é de S. Cirilo de Alexandria), não se pode atribuir à criança Jesus um desenvolvimento psicológico e espiritual que não corresponda à sua idade (ver abaixo III, q. 12, a. 3, r. 3).

secundum ad gratiam unionis. Ergo videtur quod gratia habitualis non subsequatur unionem.

2. PRAETEREA, dispositio praecedit perfectionem tempore, vel saltem intellectu. Sed gratia habitualis videtur esse sicut quaedam dispositio humanae naturae ad unionem personalem. Ergo videtur quod gratia habitualis non subsequatur unionem, sed magis praecedat.

3. PRAETEREA, commune est prius proprio. Sed gratia habitualis est communis Christo et aliis hominibus: gratia autem unionis est propria Christo. Ergo prior est, secundum intellectum, gratia habitualis quam ipsa unio. Non ergo sequitur eam.

SED CONTRA est quod dicitur Is 42,1, *Ecce servus meus, suscipiam eum*: et postea sequitur, *Dedi Spiritum meum super eum*, quod quidem ad donum gratiae habitualis pertinet. Unde relinquitur quod susceptio naturae humanae in unione personae praecedat gratiam habitualem in Christo.

RESPONDEO dicendum quod unio humanae naturae ad divinam personam, quam supra[2] diximus esse ipsam gratiam unionis, praecedit gratiam habitualem in Christo, non ordine temporis, sed naturae et intellectus. Et hoc triplici ratione. Primo quidem, secundum ordinem principiorum utriusque. Principium enim unionis est persona Filii assumens humanam naturam, quae secundum hoc dicitur *missa esse in mundum*[3] quod humanam naturam assumpsit. Principium autem gratiae habitualis, quae cum caritate datur, est Spiritus Sanctus, qui secundum hoc dicitur mitti quod per caritatem mentem inhabitat. Missio autem Filii, secundum ordinem naturae, prior est missione Spiritus Sancti: sicut ordine naturae Spiritus Sanctus procedit a Filio et a Patre dilectio. Unde et unio personalis, secundum quam intelligitur missio Filii, est prior, ordine naturae, gratia habituali, secundum quam intelligitur missio Spiritus Sancti.

refere à graça habitual, outro à graça da união. Logo, parece que a graça habitual não é consequência da graça da união.

2. ALÉM DISSO, a disposição vem antes da perfeição, ou no tempo ou ao menos segundo a razão. Ora, a graça habitual parece ser uma certa disposição da natureza humana à união pessoal. Logo, a graça habitual parece não se seguir à união, mas antes precedê-la.

3. ADEMAIS, o que é comum é anterior ao que é próprio. Ora, a graça habitual é comum a Cristo e aos outros homens, ao passo que a graça da união é própria de Cristo. Logo, segundo a ordem da razão, a graça habitual é anterior à união e, portanto, não lhe é subsequente.

EM SENTIDO CONTRÁRIO, lê-se no livro do Profeta Isaías: "Eis o meu servo, eu o tomarei"; e logo se acrescenta: "Sobre ele dei meu Espírito", o que diz respeito à graça habitual. Segue-se, portanto, que a assunção da natureza humana na unidade da pessoa preceda em Cristo a graça habitual.

RESPONDO. A união da natureza humana à pessoa divina, que acima designamos como a própria graça da união, precede em Cristo a graça habitual, não segundo a ordem do tempo, mas segundo a ordem da natureza e da razão. E isso por um tríplice motivo[t]. 1. Considerando a ordem dos princípios de cada uma dessas graças. O princípio da união é a pessoa do Filho assumindo a natureza humana. Eis por que ela é dita *enviada ao mundo*, porque assumiu a natureza humana. O princípio da graça habitual, que é dada com a caridade, é o Espírito Santo, que por isso se diz ser enviado enquanto habita na mente pela caridade. Segundo a ordem de natureza, a missão do Filho é anterior à missão do Espírito Santo, assim como segundo a ordem de natureza o Espírito Santo, que é o amor, procede do Pai e do Filho. Desta sorte, também a união pessoal, segundo a qual se entende a missão do Filho, é anterior, na ordem de natureza à graça habitual, segundo a qual se entende a missão do Espírito Santo.

---

2. Q. 2, a. 10; q. 6, a. 6.
3. Ioan. 3, 17; 10, 36; 17, 8. Cfr. supra q. 3, a. 5, ad 3.

t. As duas primeiras razões se apresentam segundo uma ordem natural, ou ontológica; a terceira, segundo uma ordem conceptual, ou simplesmente lógica. A primeira consiste em evidenciar a anterioridade do princípio da graça da união, isto é, a missão do Filho, sobre o da graça habitual, isto é, a missão do Espírito Santo; definitivamente, essa ordem se origina naquela das processões intratrinitárias. A segunda razão sublinha a anterioridade da causa sobre seu efeito; é a relação que existe entre a graça da união e a graça pessoal. Quando à terceira razão, ela valoriza a finalidade específica de cada uma das graças: a graça habitual é concedida tendo em vista o agir virtuoso do sujeito; mas a graça da união é dada para que esse sujeito exista: o sujeito Cristo ainda não existia antes da união hipostática. Resulta que a graça da união precede logicamente a graça habitual, do mesmo modo que o ser precede o agir.

Secundo, accipitur ratio huius ordinis ex habitudine gratiae ad suam causam. Gratia enim causatur in homine ex praesentia divinitatis, sicut lumen in aere ex praesentia solis: unde dicitur Ez 43,2: *Gloria Dei Israel ingrediebatur per viam orientalem, et terra splendebat a maiestate eius*. Praesentia autem Dei in Christo intelligitur secundum unionem humanae naturae ad divinam personam. Unde gratia habitualis Christi intelligitur ut consequens hanc unionem, sicut splendor solem.

Tertia ratio huius ordinis assumi potest ex fine gratiae. Ordinatur enim ad bene agendum. *Actiones* autem *sunt suppositorum et individuorum*. Unde actio, et per consequens gratia ad ipsam ordinans, praesupponit hypostasim operantem. Hypostasis autem non praesupponitur in humana natura ante unionem, ut ex supra[4] dictis patet. Et ideo gratia unionis, secundum intellectum, praecedit gratiam habitualem.

AD PRIMUM ergo dicendum quod Augustinus ibi gratiam nominat gratuitam Dei voluntatem gratis beneficia largientem. Et propter hoc eadem gratia dicit hominem quemcumque fieri Christianum qua gratia factus est Christus homo, quia utrumque gratuita Dei voluntate, absque meritis, factum est.

AD SECUNDUM dicendum quod, sicut dispositio in via generationis praecedit perfectionem ad quam disposuit in his quae successive perficiuntur, ita naturaliter perfectionem sequitur quam aliquis iam consecutus est: sicut calor, qui fuit dispositio ad formam ignis, est effectus profluens a forma ignis iam praeexistentis. Humana autem natura in Christo unita est personae Verbi a principio absque successione. Unde gratia habitualis non intelligitur ut praecedens unionem, sed ut consequens eam, sicut quaedam proprietas naturalis. Unde et Augustinus dicit, in *Enchirid*.[5], quod *gratia est quodammodo Christo homini naturalis*.

AD TERTIUM dicendum quod commune est prius proprio si utrumque sit unius generis: sed in his

2. A razão dessa ordem decorre da relação da graça com sua causa. A graça é causada no homem pela presença da divindade, assim como a luz no ar pela presença do sol. Assim diz o livro do profeta Ezequiel: "E eis que do oriente chegava a glória do Deus de Israel, e a terra resplandecia com sua majestade". Ora, a presença de Deus em Cristo entende-se segundo a união da natureza humana à pessoa divina. Portanto, a graça habitual de Cristo é consequente a essa união como o esplendor ao sol[u].

3. ADEMAIS, pode-se admitir a razão dessa ordem segundo o fim da graça. A graça se ordena ao bem agir. Ora, as *ações se atribuem aos supósitos e aos indivíduos*. Logo, a ação e, por consequência, a graça que a ela se ordena pressupõem a hipóstase que age. Mas a hipóstase não é pressuposta na natureza humana antes da união, como ficou anteriormente claro. Portanto, a graça da união, segundo a razão, precede a graça habitual.

QUANTO AO 1º, portanto, deve-se dizer que, nesse texto, Agostinho chama de graça a vontade gratuita de Deus que prodigaliza gratuitamente seus benefícios. Por isso, diz que, pela mesma graça, qualquer homem se torna cristão e o Cristo se fez homem, pois ambos esses dons procedem, sem merecimento, da vontade gratuita de Deus.

QUANTO AO 2º, deve-se dizer que como, no processo da geração, que tem lugar sucessivamente, a disposição precede a perfeição para a qual dispõe, assim também ela se segue naturalmente à perfeição que alguém já alcançou. Por exemplo, o calor: ele é uma disposição para a forma do fogo, mas é também um efeito decorrente da forma do fogo já preexistente. Ora, a natureza humana em Cristo está unida à pessoa do Verbo desde o início, sem sucessão. Por isso, a graça habitual não se entende como precedendo a união, mas como sendo a ela consequente, à semelhança de qualquer propriedade natural. Assim, diz Agostinho: "De certo modo a graça é natural ao homem Cristo".

QUANTO AO 3º, deve-se dizer que o que é comum é anterior ao que é próprio, se ambos pertencem

---
4. Q. 4, a. 3.
5. C. 40: ML 40, 252. — Cfr. supra q. 2, a. 12; q. 6, a. 6.

u. Em qualquer outro homem, essa presença de Deus que é causa de graça é primeiramente uma presença "efetiva", ou seja, pela ação de Deus na alma; completa-se pela habitação, isto é, a presença segundo o ser intencional de conhecimento e de amor. Em Cristo, a presença de Deus é de certa forma mais "física", pois a ação divina estabelece uma relação entre a humanidade e o Verbo, de tal modo que a pessoa do Verbo subsiste nessa humanidade, da forma como cada um de nós subsiste em sua própria humanidade. A consequência dessa presença única é uma presença "efetiva", ela própria única, e é por isso que a graça habitual atinge em Cristo seu grau de realização supremo, assim como a presença intencional da Trindade inteira em sua alma atingia uma intensidade sem igual.

quae sunt diversorum generum, nihil prohibet proprium prius esse communi. Gratia autem unionis non est in genere gratiae habitualis: sed est super omne genus, sicut et ipsa divina persona. Unde hoc proprium nihil prohibet esse prius communi: quia non se habet per additionem ad commune, sed potius est principium et origo eius quod commune est.

ao mesmo gênero. Mas nas coisas que pertencem a gêneros diferentes, nada impede que o próprio venha antes do comum. Ora, a graça da união não pertence ao mesmo gênero que a graça habitual, mas está acima de todos os gêneros, assim como a própria pessoa divina. Assim, nada impede que, nesse caso, o próprio preceda o comum, pois não sucede por adição ao comum, mas antes, é o princípio e origem do que é comum.

QUAESTIO VIII
DE GRATIA CHRISTI SECUNDUM QUOD EST CAPUT ECCLESIAE
in octo articulos divisa

Deinde considerandum est de gratia Christi secundum quod est caput Ecclesiae.
Et circa hoc quaeruntur octo.
Primo: utrum Christus sit caput Ecclesiae.
Secundo: utrum sit caput hominum quantum ad corpus, vel solum quantum ad animas.
Tertio: utrum sit caput omnium hominum.
Quarto: utrum sit caput angelorum.
Quinto: utrum gratia secundum quam est caput Ecclesiae, sit eadem cum habituali eius secundum quod est quidam homo singularis.
Sexto: utrum esse caput Ecclesiae sit proprium Christo.
Septimo: utrum diabolus sit caput omnium malorum.
Octavo: utrum Antichristus etiam possit dici caput omnium malorum.

Articulus 1
Utrum Christo, secundum quod est homo, competat esse caput Ecclesiae

AD PRIMUM SIC PROCEDITUR. Videtur quod Christo, secundum quod est homo, non competat esse caput Ecclesiae.

QUESTÃO 8
DA GRAÇA DE CRISTO ENQUANTO CABEÇA DA IGREJA[a]
em oito artigos

Em seguida, deve-se considerar a graça de Cristo como cabeça da Igreja.
Sobre isso são oito as perguntas:
1. Cristo é a cabeça da Igreja?
2. Cristo é a cabeça dos homens quanto ao corpo ou apenas quanto às almas?
3. Cristo é a cabeça de todos os homens?
4. Cristo é a cabeça dos anjos?
5. A graça pela qual Cristo é a cabeça da Igreja é a mesma graça habitual que possui como um homem singular?
6. É próprio de Cristo ser cabeça da Igreja?
7. O demônio é a cabeça de todos os maus?
8. Também o Anticristo pode ser chamado cabeça de todos os maus?

Artigo 1
Compete a Cristo, enquanto homem, ser cabeça da Igreja?

QUANTO AO PRIMEIRO ARTIGO, ASSIM SE PROCEDE: parece que **não** compete a Cristo, enquanto homem, ser cabeça da Igreja.

---

1 PARALL.: III *Sent.*, dist. 13, q. 2, a. 1; *De Verit.*, q. 29, a. 4, 5; *Compend. Theol.*, c. 214; I *ad Cor.*, c. 11, lect. 1; *ad Ephes.*, c. 1, lect. 8; *ad Coloss.*, c. 1, lect. 5.

a. A presente questão estuda o que se chama de graça *capital* (de *caput* = cabeça). É a única e exclusiva graça de Cristo mas, enquanto na questão precedente ela era considerada em uma perspectiva segundo a qual era uma perfeição pessoal da humanidade de Cristo, aqui ela é examinada na perspectiva de que Cristo tinha por missão difundi-la. Como diz S. Paulo aos Efésios (4,7-16), é da cabeça que o corpo todo recebe aquilo de que necessita para sua vida. Ou ainda, segundo o versículo de

1. Caput enim influit sensum et motum in membra. Sensus autem et motus spiritualis, qui est per gratiam, non influitur nobis a Christo homine: quia, sicut dicit Augustinus, in XV *de Trin*.[1], nec etiam Christo, secundum quod est homo, dat Spiritum Sanctum, sed solum inquantum est Deus. Ergo ei, secundum quod est homo, non competit esse caput Ecclesiae.

2. PRAETEREA, capitis non videtur esse aliud caput. Sed Christi, secundum quod est homo, caput est Deus: secundum illud 1Cor 11,3: *Caput Christi Deus*. Ergo ipse Christus non est caput.

3. PRAETEREA, caput in homine est quoddam particulare membrum influentiam recipiens a corde. Sed Christus est universale principium totius Ecclesiae. Ergo non est Ecclesiae caput.

SED CONTRA est quod dicitur Eph 1,22: *Ipsum dedit caput super omnem Ecclesiam*.

RESPONDEO dicendum quod, sicut tota Ecclesia dicitur unum corpus mysticum per similitudinem ad naturale corpus hominis, quod secundum diversa membra habet diversos actus, ut Apostolus docet, Rm 12,4-5 et 1Cor 12,12seqq.; ita Christus dicitur caput Ecclesiae secundum similitudinem humani capitis. In quo tria possumus considerare: scilicet ordinem, perfectionem et virtutem. Ordinem, quia caput est prima pars hominis, incipiendo a superiori. Et inde est quod omne principium consuevit vocari caput: secundum illud Ier 2: *Ad omne caput viae posuisti lupanar tibi*. — Perfectionem autem, quia in capite vigent omnes sensus et interiores et exteriores: cum in ceteris membris sit solus tactus. Et inde est quod dicitur Is 9,15: *Senex et honorabilis ipse est caput*. — Virtutem vero, quia virtus et motus ceterorum membrorum, et gubernatio eorum in suis actibus, est a capite, propter vim sensitivam et motivam ibi dominantem. Unde et rector dicitur caput populi: secundum illud 1Reg 15,17: *Cum esses parvulus in oculis tuis, caput in tribubus Israel factus es*.

1. Com efeito, a cabeça comunica o sentido e o movimento aos membros. Ora, o sentido e o movimento espirituais, que provêm da graça, não são comunicados a nós pelo homem Cristo. Com efeito, diz Agostinho que não é enquanto homem que Cristo dá o Espírito Santo, mas apenas enquanto Deus. Logo, enquanto homem, não lhe compete ser cabeça da Igreja.

2. ALÉM DISSO, não parece que a cabeça deva ter outra cabeça. Ora, a cabeça de Cristo enquanto homem é Deus, de acordo com a primeira Carta aos Coríntios: "A cabeça de Cristo é Deus". Logo, o próprio Cristo não é cabeça.

3. ADEMAIS, no homem, a cabeça é um determinado membro que recebe influxo do coração. Ora, Cristo é princípio universal de toda a Igreja. Logo, não é cabeça da Igreja.

EM SENTIDO CONTRÁRIO, na Carta aos Efésios está escrito: "Ele o pôs como cabeça de toda a Igreja".

RESPONDO. Como toda a Igreja é denominada um único corpo místico por comparação ao corpo natural do homem que, segundo os diversos membros, exerce diversos atos, como ensina o Apóstolo na Carta aos Romanos e na primeira Carta aos Coríntios, assim Cristo é denominado cabeça da Igreja por comparação com a cabeça humana[b]. Nesta, podemos considerar três aspectos: ordem, perfeição e poder. A ordem, porque a cabeça é a primeira parte do homem, começando do alto. Assim se costuma denominar cabeça a todo princípio, conforme diz o livro do profeta Jeremias: "Em toda cabeça de caminho puseste um lupanar para ti". — A perfeição, porque na cabeça estão presentes todos os sentidos interiores e exteriores, ao passo que nos outros membros está apenas o tato. Eis por que, diz o livro do profeta Isaías: "O ancião e o honrado, esse é a cabeça". — Finalmente o poder, porque o poder e o movimento dos outros membros e o governo dos seus atos procedem da cabeça em razão da eficiência sensitiva e motora que nela domina. Por isso, o dirigente é chamado a

---

1. C. 26, n. 46: ML 42, 1093.

Jo 1,16, que Sto. Tomás ama particularmente: de sua plenitude todos recebemos. A questão se encadeia facilmente: Sto. Tomás estabelece primeiramente o fato dessa "capitalidade" de Cristo (a. 1), que assume tudo do homem, corpo e alma (a. 2), e que é absolutamente universal, pois se estende a todos os homens (a. 3) e mesmo aos anjos (a. 4). O autor acrescenta as relações entre graça habitual e graça capital (a. 5), e deduz que somente Cristo pode ser a cabeça da Igreja (a. 6). Os dois últimos artigos rejeitam maneiras impróprias de se referir a Satã ou ao Anti-Cristo como cabeça dos maus (a. 7-8).

b. Este artigo representa um belo exemplo da maneira pela qual Sto. Tomás se serve da Bíblia. Na primeira parte desta resposta utiliza o livro santo como uma espécie de dicionário analógico, encontrando exemplos para ilustrar os três sentidos da palavra cabeça, que ele quer valorizar. Na segunda parte, efetua a transposição graças a três outras passagens, que descrevem o papel de Cristo como cabeça, nas três ordens complementares de exemplaridade, plenitude e eficiência. Desse modo, a teologia especulativa ilustra a maneira pela qual se pode compreender o título de cabeça da Igreja que a Escritura confere a Cristo.

Haec autem tria competunt Christo spiritualiter. Primo enim, secundum propinquitatem ad Deum gratia eius altior et prior est, etsi non tempore: quia omnes alii acceperunt gratiam per respectum ad gratiam ipsius, secundum illud Rm 8,29: *Quos praescivit, hos et praedestinavit conformes fieri imaginis Filii sui, ut sit ipse primogenitus in multis fratribus*. — Secundo vero, perfectionem habet quantum ad plenitudinem omnium gratiarum, secundum illud Io 1,14: *Vidimus eum plenum gratiae et veritatis*, ut supra[2] ostensum est. — Tertio, virtutem habuit influendi gratiam in omnia membra Ecclesiae: secundum illud Io 1,16: *De plenitudine eius omnes accepimus*. — Et sic patet quod convenienter dicitur Christus caput Ecclesiae.

AD PRIMUM ergo dicendum quod dare gratiam aut Spiritum Sanctum convenit Christo secundum quod Deus, auctoritative: sed instrumentaliter ei convenit secundum quod est homo, inquantum scilicet eius humanitas fuit *instrumentum divinitatis eius*[3]. Et ita actiones ipsius ex virtute divinitatis fuerunt nobis salutiferae, utpote gratiam in nobis causantes, et per meritum et per efficientiam quandam. Augustinus autem negat Christum, secundum quod est homo, dare Spiritum Sanctum per auctoritatem. Instrumentaliter autem, sive ministerialiter, etiam alii sancti dicuntur dare Spiritum Sanctum: secundum illud Gl 3,5: *Qui tribuit vobis Spiritum Sanctum*, etc.

AD SECUNDUM dicendum quod in metaphoricis locutionibus non oportet attendi similitudinem quantum ad omnia: sic enim non esset similitudo, sed rei veritas. Capitis igitur naturalis non est caput aliud, quia corpus humanum non est pars alterius corporis. Sed corpus similitudinarie dictum, idest aliqua multitudo ordinata, est pars alterius multitudinis: sicut multitudo domestica est

cabeça do povo, segundo o livro dos Reis: "Como eras pequeno a teus próprios olhos foste feito cabeça nas tribos de Israel".

Essas três funções pertencem espiritualmente a Cristo. Em primeiro lugar, de acordo com a proximidade de Deus, sua graça é mais elevada e anterior, embora não na ordem do tempo, porque todos os outros receberam a graça em relação com a graça de Cristo, conforme está na Carta aos Romanos: "Aqueles que ele de antemão conheceu também os predestinou a serem conformes à imagem de seu Filho, a fim de que este seja o primogênito numa multidão de irmãos". — Em segundo lugar, a graça de Cristo tem a perfeição quanto à plenitude de todas as graças, segundo diz João no seu Evangelho: "Nós o vimos cheio de graça e verdade", como acima foi demonstrado. — Em terceiro lugar, Cristo tem o poder de causar a graça em todos os membros da Igreja, segundo o mesmo João: "De sua plenitude todos nós recebemos". — Fica clara, assim, a conveniência de se designar Cristo como cabeça da Igreja.

QUANTO AO 1º, portanto, deve-se dizer que a Cristo, enquanto Deus, cabe dar a graça ou o Espírito Santo por via de autoridade; porém, a modo de instrumento, cabe-lhe enquanto homem, ou seja, na medida em que sua humanidade foi "instrumento de sua divindade"[c]. Assim suas ações, pelo poder da divindade, foram salvíficas para nós, enquanto em nós causaram a graça, por mérito e por eficiência. Agostinho, por sua vez, nega que Cristo, enquanto homem, possa dar o Espírito Santo por via de autoridade. Mas a modo de instrumento ou no exercício de ministério, também de outros santos se diz que dão o Espírito Santo, conforme a Carta aos Gálatas: "Aquele que vos concede o Espírito Santo" etc...

QUANTO AO 2º, deve-se dizer que, nas expressões metafóricas, a comparação não se estende a tudo, caso contrário não seria comparação, mas exprimiria a verdade da coisa. Portanto, não existe outra cabeça da cabeça natural, porque o corpo humano não é parte de outro corpo. Mas o corpo dito por comparação, ou seja, uma multidão ordenada, é parte de outra multidão, como

---

2. Q. 7, a. 9.
3. Cfr. DAMASCEN., *De fide orth.*, l. III, c. 15: MG 94, 1049 A, 1060 A.

c. O termo "instrumento", aplicado nesta solução a Cristo e aos santos assume um significado diferente em cada caso. Sto. Tomás deixou isso bem explícito em *De Veritate*, q. 29, a. 5, r. 3, onde lembra que nenhum ministro da Igreja age em virtude de sua própria autoridade, nem santifica por sua própria força; já as ações de Cristo traziam a salvação por si mesmas, devido à união de sua humanidade com a pessoa do Verbo. Cristo operou nossa salvação *quasi ex propria virtute*, como se fosse por sua própria eficácia.

pars multitudinis civilis. Et ideo paterfamilias, qui est caput multitudinis domesticae, habet super se caput rectorem civitatis. Et per hunc modum nihil prohibet caput Christi esse Deum, cum tamen ipse sit caput Ecclesiae.

AD TERTIUM dicendum quod caput habet manifestam eminentiam respectu exteriorum membrorum: sed cor habet quandam influentiam occultam. Et ideo cordi comparatur Spiritus Sanctus, qui invisibiliter Ecclesiam vivificat et unit: capiti comparatur Christus, secundum visibilem naturam, qua homo hominibus praefertur.

ARTICULUS 2
Utrum Christus sit caput hominum quantum ad corpora

AD SECUNDUM SIC PROCEDITUR. Videtur quod Christus non sit caput hominum quantum ad corpora.
1. Christus enim dicitur caput Ecclesiae inquantum influit spiritualem sensum et motum gratiae in Ecclesiam. Sed huius spiritualis sensus et motus capax non est corpus. Ergo non est caput hominum secundum corpora.
2. PRAETEREA, secundum corpora communicamus cum brutis. Si ergo Christus esset caput hominum quantum ad corpora, sequeretur quod etiam esset caput brutorum animalium. Quod est inconveniens.
3. PRAETEREA, Christus corpus suum ab aliis hominibus traxit: ut patet Mt 1 et Lc 3,23sqq. Sed caput est primum inter cetera membra, ut dictum est[1]. Ergo Christus non est caput Ecclesiae quantum ad corpora.

SED CONTRA est quod dicitur Phil 3,21: *Reformabit corpus humilitatis nostrae, configuratum corpori claritatis suae.*

RESPONDEO dicendum quod corpus humanum habet naturalem ordinem ad animam rationalem, quae

por exemplo, os membros da família são parte da multidão civil. Assim o pai de família, cabeça dos membros da família, tem sobre si como cabeça o governante da cidade. Dessa maneira, nada impede que Deus seja cabeça de Cristo, sendo este cabeça da Igreja.

QUANTO AO 3º, deve-se dizer que a cabeça possui uma elevação manifesta com respeito aos membros exteriores. O coração, porém, tem sobre eles uma influência oculta. Assim o Espírito Santo, que vivifica e une invisivelmente a Igreja, é comparado ao coração. Cristo, porém, é comparado à cabeça, em razão da natureza visível pela qual preside os homens[d].

ARTIGO 2
Cristo é a cabeça dos homens quanto aos corpos?

QUANTO AO SEGUNDO, ASSIM SE PROCEDE: parece que Cristo **não** é a cabeça dos homens quanto aos corpos.
1. Com efeito, Cristo é cabeça da Igreja, enquanto comunica o sentido espiritual e o movimento da graça à Igreja. Ora, o corpo não é capaz desse sentido espiritual e desse movimento. Logo, Cristo não é cabeça dos homens enquanto corpos.
2. ALÉM DISSO, pelo corpo, temos algo de comum com os animais. Logo, se Cristo fosse cabeça dos homens quanto aos corpos, também o seria dos animais, o que é inconveniente.

3. ADEMAIS, Cristo recebeu seu corpo de outros homens, como aparece nos Evangelhos de Mateus e Lucas. Ora, segundo foi dito, a cabeça é o primeiro dentre os outros membros. Logo, Cristo não é cabeça da Igreja quanto aos corpos.

EM SENTIDO CONTRÁRIO, está escrito na Carta aos Filipenses: "Há de transfigurar nosso corpo humilhado para torná-lo semelhante a seu corpo glorioso".

RESPONDO. O corpo humano é ordenado naturalmente à alma racional, que é sua própria forma

---

2 PARALL.: III *Sent.*, dist. 13, q. 2, a. 2, q.la 3.
 1. A. praec.

d. Segundo M. Grabman, a apresentação do Espírito como coração da Igreja seria uma ideia específica de Sto. Tomás em relação aos teólogos de sua época. Sem renunciar à ideia do Espírito alma da Igreja, herdada de Agostinho, ele pode desenvolver de maneira mais homogênea a metáfora do corpo. Em sua antropologia, com efeito, cabeça e coração possuem papéis complementares; vê-se assim acentuado o papel da Igreja de co-princípio, que cabe ao Cristo-cabeça e ao Espírito-coração. Além disso, a imagem do coração tem a vantagem de evitar a dificuldade que pode surgir de uma utilização unívoca da ideia de alma: o Espírito não é forma da Igreja, ao mesmo título que a alma o é do corpo.

est propria forma eius et motor. Et inquantum quidem est forma eius, recipit ab anima vitam et ceteras proprietates convenientes humano corpori secundum suam speciem. Inquantum vero anima est motor corporis, corpus instrumentaliter servit animae.

Sic ergo dicendum quod habet vim influendi Christi humanitas inquantum est coniuncta Dei Verbo, cui corpus unitur per animam, ut supra[2] dictum est. Unde tota Christi humanitas, secundum scilicet animam et corpus, influit in homines quantum ad animam et quantum ad corpus: sed principaliter quantum ad animam; secundario quantum ad corpus. Uno modo, inquantum *membra corporis exhibentur arma iustitiae* in anima existenti per Christum: ut Apostolus dicit, Rm 6,13. Alio modo, inquantum vita gloriae ab anima derivatur ad corpus: secundum illud Rm 8,11: *Qui suscitavit Iesum a mortuis, vivificabit et mortalia corpora vestra, propter inhabitantem Spiritum eius in vobis.*

AD PRIMUM ergo dicendum quod sensus spiritualis gratiae non pervenit quidem ad corpus primo et principaliter: sed secundario et instrumentaliter, ut dictum est[3].

AD SECUNDUM dicendum quod corpus animalis bruti nullam habitudinem habet ad animam rationalem, sicut habet corpus humanum. Et ideo non est simile.

AD TERTIUM dicendum quod, licet Christus traxerit materiam corporis ab aliis hominibus, vitam tamen immortalem corporis omnes homines trahunt ab ipso: secundum illud 1Cor 15,22: *Sicut in Adam omnes moriuntur, ita in Christo omnes vivificabuntur.*

e princípio de movimento. Da alma, enquanto sua forma, recebe a vida e outras propriedades que lhe são convenientes segundo sua espécie. Enquanto a alma é princípio de movimento do corpo esse lhe serve de instrumento.

Deve-se, portanto, dizer que a humanidade de Cristo, enquanto unida ao Verbo de Deus, ao qual o corpo está unido mediante a alma, como acima foi dito, possui o poder de causar. Assim, toda a humanidade de Cristo, a saber, segundo a alma e o corpo, exerce um influxo nos homens, na alma e no corpo, embora principalmente na alma e secundariamente no corpo. Primeiro, enquanto "os membros do corpo se mostram como armas da justiça" que, por meio de Cristo, existe na alma, como se diz na Carta aos Romanos. Segundo, enquanto a vida da glória deriva da alma até o corpo, conforme está na mesma Carta: "Aquele que ressuscitou Jesus Cristo dentre os mortos dará também vida aos vossos corpos mortais pelo Espírito que mora em vós"[e].

QUANTO AO 1º, portanto, deve-se dizer que o sentido espiritual da graça não chega ao corpo em primeiro lugar e principalmente, mas secundária e instrumentalmente, como foi dito.

QUANTO AO 2º, deve-se dizer que o corpo do animal não tem nenhuma relação com a alma racional, como o tem o corpo humano. Portanto, não vale a comparação.

QUANTO AO 3º, deve-se dizer que embora Cristo receba a matéria do corpo de outros homens, os homens, porém, recebem dele a vida imortal, como se declara na primeira Carta aos Coríntios: "Assim como todos morrem em Adão, todos receberão a vida em Cristo".

ARTICULUS 3

Utrum Christus sit caput omnium hominum

AD TERTIUM SIC PROCEDITUR. Videtur quod Christus non sit caput omnium hominum.

1. Caput enim non habet relationem nisi ad membra sui corporis. Infideles autem nullo modo sunt membra Ecclesiae, *quae est corpus* Christi, ut dicitur Eph 1,23. Ergo Christus non est caput omnium hominum.

ARTIGO 3

Cristo é a cabeça de todos os homens?

QUANTO AO TERCEIRO, ASSIM SE PROCEDE: parece que Cristo **não** é a cabeça de todos os homens.

1. Com efeito, a cabeça não tem relação a não ser com os membros de seu corpo. Ora, os infiéis não são, de modo algum, membros da Igreja "que é o corpo de Cristo", como está na Carta aos Efésios. Logo, Cristo não é a cabeça de todos os homens.

---

2. Q. 6, a. 1.
3 In corp.

3 PARALL.: III *Sent.*, dist. 13, q. 2, a. 2, q.la 2.

---

e. Este artigo não apresenta dificuldade especial, mas não se deve subestimar sua importância. Contra toda concepção mais ou menos idealista da salvação, Sto. Tomás lembra o sólido realismo antropológico bíblico: Cristo era um homem de verdade, alma e corpo; a salvação que ele traz diz respeito à humanidade como um todo, corporal e espiritual.

2. Praeterea, Apostolus dicit, Eph 5,25-27, quod *Christus tradidit semetipsum pro Ecclesia, ut ipse sibi exhiberet Ecclesiam gloriosam, non habentem maculam aut rugam aut aliquid huiusmodi*. Sed multi sunt, etiam fideles, in quibus invenitur macula aut ruga peccati. Ergo nec erit omnium fidelium Christus caput.

3. Praeterea, sacramenta veteris Legis comparantur ad Christum sicut *umbra* ad *corpus*, ut dicitur Cl 2,17. Sed Patres veteris Testamenti sacramentis illis suo tempore serviebant: secundum illud Hb 8,5: *Exemplari et umbrae deserviunt caelestium*. Non ergo pertinebant ad corpus Christi. Et ita Christus non est caput omnium hominum.

Sed contra est quod dicitur 1Ti 4,10: *Salvator omnium est, et maxime fidelium*. Et 1Io 2,2: *Ipse est propitiatio pro peccatis nostris: non autem pro nostris tantum, sed etiam pro totius mundi*. Salvare autem homines, aut propitiatorem esse pro peccatis eorum, competit Christo secundum quod est caput. Ergo Christus est caput omnium hominum.

Respondeo dicendum quod haec est differentia inter corpus hominis naturale et corpus Ecclesiae mysticum, quod membra corporis naturalis sunt omnia simul, membra autem corporis mystici non sunt omnia simul: neque quantum ad esse naturae, quia corpus Ecclesiae constituitur ex hominibus qui fuerunt a principio mundi usque ad finem ipsius; neque etiam quantum ad esse gratiae, quia eorum etiam qui sunt in uno tempore, quidam gratia carent postmodum habituri, aliis eam iam habentibus. Sic igitur membra corporis mystici non solum accipiuntur secundum quod sunt in actu, sed etiam secundum quod sunt in potentia. Quaedam tamen sunt in potentia quae nunquam reducuntur ad actum: quaedam vero quae quandoque reducuntur ad actum, secundum hunc triplicem gradum, quorum unus est per fidem, secundus per caritatem viae, tertius per fruitionem patriae.

Sic ergo dicendum est quod, accipiendo generaliter secundum totum tempus mundi, Christus est caput omnium hominum: sed secundum diversos gradus. Primo enim et principaliter est caput eorum qui actu uniuntur sibi per gloriam. Secundo, eorum qui actu uniuntur sibi per caritatem. Tertio, eorum qui actu uniuntur sibi per fidem. Quarto vero, eorum qui sibi uniuntur solum potentia nondum ad actum reducta, quae tamen est ad actum

2. Além disso, diz o Apóstolo na Carta aos Efésios: "Cristo se entregou pela Igreja, quis apresentá-la a si mesmo esplêndida, sem mancha, sem ruga nem defeito algum". Ora, há muitos fiéis nos quais se encontram manchas e rugas do pecado. Logo, Cristo não é cabeça nem mesmo de todos os fiéis.

3. Ademais, os sacramentos da antiga Lei são comparados a Cristo como a "sombra ao corpo", conforme diz a Carta aos Colossenses. Ora, os Patriarcas do Antigo Testamento, a seu tempo, estavam sujeitos àqueles sacramentos, segundo a Carta aos Hebreus: "Servem a um exemplar e sombra das coisas celestes". Logo, não pertenciam ao corpo de Cristo e, assim, Cristo não é cabeça de todos os homens.

Em sentido contrário, na primeira Carta a Timóteo, se diz: "É o Salvador de todos e sobretudo dos fiéis". E na primeira Carta de João: "Ele é vítima de expiação pelos nossos pecados e não somente pelos nossos, mas também pelos do mundo inteiro". Ora, salvar os homens ou ser vítima de expiação pelos seus pecados cabe a Cristo enquanto é cabeça. Logo, Cristo é cabeça de todos os homens.

Respondo. A diferença entre o corpo natural do homem e o corpo místico da Igreja reside em que os membros do corpo natural estão todos juntos ao mesmo tempo, os membros do corpo místico não estão todos ao mesmo tempo. Nem quanto a seu ser natural, porque o corpo da Igreja é constituído por homens que existiram desde o princípio do mundo e que existirão até o fim. Nem quanto ao ser da graça, porque daqueles que existem ao mesmo tempo, alguns não possuem a graça que depois terão, outros já a possuem. Por conseguinte, não se entendem como membros do corpo místico apenas os que o são em ato, mas também os que o são em potência. Alguns, porém, são em potência, mas nunca serão em ato, outros serão em ato, em algum tempo, segundo o tríplice grau seguinte; primeiro, pela fé, segundo pela caridade do caminho, terceiro pela fruição da pátria.

Portanto, deve-se afirmar que Cristo é a cabeça de todos os homens, mas segundo graus diversos, entendendo-se essa afirmação em sua generalidade, segundo todo o tempo do mundo. Em primeiro lugar e principalmente, ele é cabeça daqueles que a ele estão unidos em ato pela glória. Em segundo lugar, dos que a ele estão unidos em ato pela caridade. Em terceiro, dos que a ele estão unidos em ato pela fé. Quarto, dos que estão

reducenda, secundum divinam praedestinationem. Quinto vero, eorum qui in potentia sibi sunt uniti quae nunquam reducentur ad actum: sicut homines in hoc mundo viventes qui non sunt praedestinati. Qui tamen, ex hoc mundo recedentes, totaliter desinunt esse membra Christi: quia iam nec sunt in potentia ut Christo uniantur.

AD PRIMUM ergo dicendum quod illi qui sunt infideles, etsi actu non sint de Ecclesia, sunt tamen in potentia. Quae quidem potentia in duobus fundatur: primo quidem et principaliter, in virtute Christi, quae sufficiens est ad salutem totius humani generis; secundario, in arbitrii libertate.

AD SECUNDUM dicendum quod esse Ecclesiam *gloriosam, non habentem maculam neque rugam*, est ultimus finis, ad quem perducimur per passionem Christi. Unde hoc erit in statu patriae: non autem in statu viae, in quo *si dixerimus quia peccatum non habemus, nosmetipsos seducimus*, ut dicitur 1Io 1,8. Sunt tamen quaedam, scilicet mortalia, quibus carent illi qui sunt membra Christi per actualem unionem caritatis. Qui vero his peccatis subduntur, non sunt membra Christi actualiter, sed potentialiter: nisi forte imperfecte, per fidem informem, quae unit Christo secundum quid et non simpliciter, ut scilicet per Christum homo assequatur vitam gratiae; *fides* enim *sine operibus mortua est*, ut dicitur Iac 2,20. Percipiunt tamen tales a Christo quendam actum vitae, qui est credere: sicut si membrum mortificatum moveatur aliqualiter ab homine.

AD TERTIUM dicendum quod sancti Patres non insistebant sacramentis legalibus tanquam quibusdam rebus, sed sicut imaginibus et umbris futurorum. Idem autem est motus in imaginem, inquantum est imago, et in rem: ut patet per Philosophum, in libro *de Memoria et Reminiscentia*[1]. Et ideo antiqui Patres, servando legalia sacramenta, ferebantur in Christum per fidem et dilectionem

unidos a ele apenas em potência que ainda não foi reduzida a ato, mas que um dia o será, segundo a predestinação divina. Quinto, dos que estão a ele unidos em potência que nunca será reduzida a ato; tais são os que vivem nesse mundo e que não são predestinados. Esses, porém, partindo desse mundo, deixam totalmente de ser membros de Cristo porque não mais estão unidos a Cristo nem mesmo em potência[f].

QUANTO AO 1º, portanto, deve-se dizer que os infiéis, embora não pertençam à Igreja em ato, a ela pertencem em potência. Essa potência tem um duplo fundamento: primeiro e principalmente, no poder de Cristo, que é suficiente para a salvação de todo o mundo; em segundo lugar, na liberdade de arbítrio.

QUANTO AO 2º, deve-se dizer que ser a Igreja "gloriosa, não tendo mancha nem ruga", é o fim último ao qual somos conduzidos pela paixão de Cristo. Isso acontecerá no estado da pátria, não no estado do caminho, no qual, "se dissermos: não temos pecado, enganamos a nós mesmos", como está na primeira Carta de João. Há, porém, alguns pecados, a saber, os mortais, dos quais carecem os membros de Cristo pela união atual de caridade. Os que se submetem a esses pecados não são membros de Cristo em ato, mas em potência, a não ser talvez imperfeitamente, pela fé informe, que une a Cristo sob certo aspecto e não de modo absoluto, de modo que o homem alcance por Cristo a vida da graça, como se diz na Carta de Tiago: "A fé sem obras está morta". No entanto, esses recebem de Cristo algum ato de vida, ou seja, crer; assim como o membro paralisado é, de alguma maneira, movido pelo homem.

QUANTO AO 3º, deve-se dizer que os santos Patriarcas não se apoiavam nos sacramentos da Lei como em algumas coisas, mas como em imagens e sombras das realidades futuras. Pois, é o mesmo o movimento que visa à imagem enquanto tal, e à coisa, como explica Aristóteles. Assim, os antigos Patriarcas, observando os sacramentos da Lei, eram levados a Cristo pela mesma fé e pelo

---

1. C. 1: 450, b, 27-31.

f. Encontramos nesta resposta os principais elementos de uma teologia dos laços que nos fazem pertencer à Igreja. Pode-se ficar surpreso de ver que ela não menciona nenhum elemento institucional a sublinhar a visibilidade dessa vinculação. Tal silêncio possui duas explicações bem naturais e simples. Por um lado, Sto. Tomás não escreve um tratado da Igreja, mas uma *Suma*: o que significa que não se deve buscar nela os elementos necessários a esse tratado, os quais seríamos tentados a cobrar aqui. Eles serão encontrados um pouco adiante nesta terceira Parte, quando se abordar os sacramentos (q. 60 e ss.). Por outro lado, é preciso lembrar que Sto. Tomás redige sua *Suma* em um contexto teológico bem distante daquele que será criado pela Reforma. Ele pode assim enfatizar o aspecto essencialmente interior da ligação dos homens a Cristo e ao corpo eclesial, sem que se possa pensar, por isso, que ele negligenciasse o aspecto exterior e visível dessa vinculação.

eandem qua et nos in ipsum ferimur. Et ita Patres antiqui pertinebant ad idem corpus Ecclesiae ad quod nos pertinemus.

mesmo amor que nos impelem também a nós. Assim, eles pertenciam ao mesmo corpo da Igreja ao qual nós pertencemos.

Articulus 4
Utrum Christus, secundum quod homo, sit caput angelorum

Ad quartum sic proceditur. Videtur quod Christus, secundum quod homo, non sit caput angelorum.
1. Caput enim et membra sunt unius naturae. Sed Christus, secundum quod homo, non est conformis in natura cum angelis, sed solum cum hominibus: quia, ut dicitur Hb 2,16: *Nusquam angelos apprehendit, sed semen Abrahae apprehendit*. Ergo Christus, secundum quod homo, non est caput angelorum.
2. Praeterea, illorum Christus est caput qui pertinent ad Ecclesiam, *quae est corpus eius*, ut dicitur Eph 1,23. Sed angeli non pertinent ad Ecclesiam: nam Ecclesia est congregatio fidelium; fides autem non est in angelis; non enim ambulant *per fidem*, sed *per speciem*, alioquin peregrinarentur a Domino, secundum quod Apostolus argumentatur, 2Cor 5,6-7. Ergo Christus, secundum quod homo, non est caput angelorum.
3. Praeterea, Augustinus dicit, *super Ioan.*[1], quod sicut *Verbum quod erat a principio apud Patrem*, vivificat animas, ita *Verbum caro factum* vivificat corpora: quibus angeli carent. Sed *Verbum caro factum* est Christus secundum quod homo. Ergo Christus, secundum quod homo, non influit vitam angelis. Et ita, secundum quod homo, non est caput angelorum.

Sed contra est quod Apostolus dicit, Cl 2,10: *Qui est caput omnis principatus et potestatis*. Et eadem ratio est de angelis aliorum ordinum. Ergo Christus est caput angelorum.

Respondeo dicendum quod, sicut dictum est[2], ubi est unum corpus, necesse est ponere unum caput. Unum autem corpus similitudinarie dicitur una multitudo ordinata in unum secundum distinctos

Artigo 4
Cristo, enquanto homem, é cabeça dos anjos?

Quanto ao quarto, assim se procede: parece que Cristo, enquanto homem, **não** é cabeça dos anjos.
1. Com efeito, a cabeça e os membros pertencem a uma única natureza. Ora, Cristo, enquanto homem, não é igual em natureza aos anjos, mas apenas aos homens, pois na Carta aos Hebreus está escrito: "Pois ele vem em auxílio não de anjos, mas da descendência de Abraão". Logo, Cristo, enquanto homem, não é cabeça dos anjos[g].
2. Além disso, Cristo é cabeça daqueles que pertencem à Igreja "que é o seu corpo", como diz a Carta aos Efésios. Ora, os anjos não pertencem à Igreja que é a congregação dos fiéis, e neles não há fé, pois não *caminham na fé*, mas *pela visão*. Caso contrário, estariam longe do Senhor, como argumenta o Apóstolo na segunda Carta aos Coríntios. Logo Cristo, enquanto homem, não é cabeça dos anjos.
3. Ademais, Agostinho diz que assim como "o Verbo que está, desde o princípio, junto do Pai", dá vida às almas, assim "o Verbo feito carne" dá vida aos corpos, que os anjos não possuem. Ora, o *Verbo feito carne* é Cristo enquanto homem. Logo Cristo, enquanto homem, não dá vida aos anjos e, assim, não é cabeça dos anjos.

Em sentido contrário, diz o Apóstolo na Carta aos Colossenses: "Ele é cabeça de todo principado e potestade". E a mesma razão vale para os anjos das outras ordens. Logo, Cristo é cabeça dos anjos.

Respondo. Como já foi dito, onde há um corpo é necessário que haja uma cabeça. Por comparação, chama-se um corpo uma multidão ordenada na unidade, segundo atos e ofícios distintos. Ora, é claro

---

4   Parall.: III *Sent.*, dist. 13, q. 2, a. 2, q.la 1; IV, dist. 9, a. 2, q.la 5; dist. 49, q. 4, a. 4, ad 5; *De Verit.*, q. 29, a. 4; *Compend. theol.*, c. 214; I *ad Cor.*, c. 11, lect. 1; *ad Ephes.*, c. 1, lect. 8.

1. Tract. 19, n. 15, super 5, 26: ML 35, 1552-1553; tract. 23, n. 6: ML 35, 1585.
2. A. 1, ad 2.

    g. As objeções introdutórias do debate salientam que os anjos não partilham nem da natureza dos homens nem de sua situação de viajores. O domínio de Cristo, enquanto homem, não poderia portanto estender-se aos anjos, mas apenas enquanto Deus. Sto. Tomás não aceita deixar-se encerrar numa concepção do domínio de Cristo limitada pela conformidade de natureza *específica* entre Cristo e seus súditos; estende tal domínio à conformidade *genérica* que têm entre si todas as criaturas intelectuais, entre os quais os anjos (ver a Resposta à primeira objeção).

actus sive officia. Manifestum est autem quod ad unum finem, qui est gloria divinae fruitionis, ordinantur et homines et angeli. Unde corpus Ecclesiae mysticum non solum consistit ex hominibus, sed etiam ex angelis. Totius autem huius multitudinis Christus est caput: quia propinquius se habet ad Deum, et perfectius participat dona ipsius, non solum quam homines, sed etiam quam angeli; et de eius influentia non solum homines recipiunt, sed etiam angeli. Dicitur enim Eph 1,20sqq., quod constituit eum, scilicet Christum Deus Pater, *ad dexteram suam in caelestibus, supra omnem principatum et potestatem et virtutem et dominationem, et omne nomen quod nominatur non solum in hoc saeculo, sed etiam in futuro, et omnia subiecit sub pedibus eius*. Et ideo Christus non solum est caput hominum, sed etiam angelorum. Unde Mt 4,11 legitur quod *accesserunt angeli et ministrabant ei*.

AD PRIMUM ergo dicendum quod influentia Christi super omnes homines principaliter quidem est quantum ad animas: secundum quas homines conveniunt cum angelis in natura generis, licet non in natura speciei. Et huius conformitatis ratione Christus potest dici caput angelorum, licet deficiat conformitas quantum ad corpora.

AD SECUNDUM dicendum quod Ecclesia secundum statum viae est congregatio fidelium: sed secundum statum patriae est congregatio comprehendentium. Christus autem non solum fuit viator, sed etiam comprehensor. Et ideo non solum fidelium, sed etiam comprehendentium est caput, utpote plenissime habens gratiam et gloriam.

AD TERTIUM dicendum quod Augustinus ibi loquitur secundum quandam assimilationem causae ad effectum, prout scilicet res corporalis agit in corpora, et res spiritualis in res spirituales. Tamen humanitas Christi, ex virtute spiritualis naturae, scilicet divinae, potest aliquid causare non solum in spiritibus hominum, sed etiam in spiritibus angelorum, propter maximam coniunctionem eius ad Deum, scilicet secundum unionem personalem.

que os homens e os anjos ordenam-se a um único fim, que é a glória da fruição divina[h]. Daqui se segue que o corpo místico da Igreja compõe-se não somente dos homens, mas também dos anjos. De toda essa multidão, Cristo é a cabeça, porque está mais perto de Deus e participa de seus dons, mais perfeitamente, não só do que os homens, mas também do que os anjos. E tanto os homens quanto os anjos recebem seu influxo. Por isso, se diz na Carta aos Efésios que o constituiu, a saber, que Deus Pai "o fez sentar-se à sua direita nos céus, acima de todo Principado, Potestade, Virtude e Dominação, e de qualquer outro nome capaz de ser nomeado, não somente nesse mundo, mas ainda no mundo futuro, e tudo colocou sob seus pés". Portanto, Cristo é cabeça não somente dos homens mas também dos anjos. Por isso, se lê no Evangelho de Mateus que "anjos se aproximaram e o serviam".

QUANTO AO 1º, portanto, deve-se dizer que a influência de Cristo sobre todos os homens se exerce principalmente quanto às almas, pelas quais os homens se conformam aos anjos na natureza genérica, embora não na específica. Em razão dessa conformidade, Cristo pode ser chamado cabeça dos anjos, embora a conformidade cesse quanto ao corpo.

QUANTO AO 2º, deve-se dizer que a Igreja é a congregação dos fiéis a caminho para a glória; mas, para os que chegaram à pátria, é a congregação dos que gozam da visão beatífica. Cristo não somente estava a caminho, mas gozava da visão. Por isso, é cabeça não somente dos fiéis, mas igualmente dos que alcançaram o termo, pois possui da maneira mais plena a graça e a glória.

QUANTO AO 3º, deve-se dizer que Agostinho, no texto citado, exprime-se segundo uma certa assimilação da causa ao efeito, na medida em que as coisas corporais agem nos corpos e as espirituais nas realidades espirituais. No entanto, a humanidade de Cristo, em virtude da natureza espiritual, ou seja, divina, pode causar um efeito não só nos espíritos dos homens, mas também nos espíritos dos anjos, em razão de sua máxima união com Deus, a saber, a união pessoal.

---

h. O destaque dado à felicidade como o fim único comum aos anjos e aos homens permite relativizar as objeções que se apoiavam na ausência de uma conformidade de natureza entre homens e anjos, para excluir estes últimos do corpo da Igreja. A conformidade de natureza não faz mais do que tornar possível a existência de uma sociedade, só oferece membros potenciais da mesma. O fim buscado ou possuído em comum é aqui mais importante: é ele que faz de uma multiplicidade de membros *em potência* um corpo ou uma sociedade efetivamente *em ato*.

Articulus 5
Utrum sit eadem gratia qua Christus est caput Ecclesiae, cum gratia singulari illius hominis

AD QUINTUM SIC PROCEDITUR. Videtur quod non sit eadem gratia qua Christus est caput Ecclesiae, cum gratia singulari illius hominis.
1. Dicit enim Apostolus, Rm 5,15: *Si unius delicto multi mortui sunt, multo magis gratia Dei et donum in gratia unius hominis Iesu Christi in plures abundavit.* Sed aliud est peccatum actuale ipsius Adae: et aliud peccatum originale, quod traduxit in posteros. Ergo alia est gratia personalis, quae est propria ipsius Christi: et alia est gratia eius inquantum est caput Ecclesiae, quae ab ipso ad alios derivatur.

2. PRAETEREA, habitus distinguuntur secundum actus. Sed ad alium actum ordinatur in Christo gratia eius personalis, scilicet ad sanctificationem illius animae: et ad alium actum ordinatur gratia capitis, scilicet ad sanctificandum alios. Ergo alia est gratia personalis ipsius Christi: et alia est gratia eius inquantum est caput Ecclesiae.

3. PRAETEREA, sicut supra[1] dictum est, in Christo distinguitur triplex gratia: scilicet gratia unionis, gratia capitis, et gratia singularis illius hominis. Sed gratia singularis Christi est alia a gratia unionis. Ergo est etiam alia a gratia capitis.

SED CONTRA est quod dicitur Io 1,16: *De plenitudine eius omnes accepimus.* Secundum hoc autem est caput nostrum, quod ab eo accipimus. Ergo secundum hoc quod habet plenitudinem gratiae, est caput nostrum. Plenitudinem autem gratiae habuit secundum quod perfecte fuit in illo gratia personalis, ut supra[2] dictum est. Ergo secundum gratiam personalem est caput nostrum. Et ita non est alia gratia capitis, et alia gratia personalis.

RESPONDEO dicendum quod unumquodque agit inquantum est ens actu[3]. Oportet autem quod sit idem actu quo aliquid est actu, et quo agit: et sic idem est calor quo ignis est calidus, et quo calefacit. Non tamen omnis actus quo aliquid est actu, sufficit ad hoc quod sit principium agendi in alia: cum

Artigo 5
A graça pela qual Cristo é cabeça da Igreja é a mesma que ele tem como homem individual?

QUANTO AO QUINTO, ASSIM SE PROCEDE: parece que a graça pela qual Cristo é cabeça da Igreja **não** é a mesma que ele tem como homem individual.
1. Com efeito, diz o Apóstolo na Carta aos Romanos: "Se pela falta de um só muitos morreram, com muito maior razão a graça de Deus, graça concedida a um só homem, Jesus Cristo, derramou-se em abundância sobre muitos". Ora, o pecado atual de Adão é diferente do pecado original que se comunicou a seus descendentes. Logo, uma é a graça pessoal que é própria de Cristo, outra é a sua graça enquanto cabeça da Igreja, que dele se comunica aos outros.

2. ALÉM DISSO, os hábitos se distinguem pelos atos. Ora, a graça pessoal de Cristo se ordena a um ato que se refere à santificação de sua alma; ao passo que a graça da cabeça se ordena a outro ato que se refere à santificação dos demais. Logo, uma é a graça pessoal de Cristo e outra a sua graça enquanto cabeça da Igreja.

3. ADEMAIS, como acima foi dito, em Cristo distingue-se uma tríplice graça: a graça da união, a graça da cabeça e a graça individual do homem. Ora, a graça individual de Cristo é diferente da graça da união. Logo, também é diferente da graça da cabeça.

EM SENTIDO CONTRÁRIO, no Evangelho de João está escrito: "De sua plenitude todos nós recebemos". Cristo é, pois, nossa cabeça enquanto dele recebemos. Logo, é nossa cabeça na medida em que possui a plenitude da graça. Ora, ele possuiu a plenitude da graça enquanto a graça pessoal existiu nele perfeitamente, como acima foi dito. Logo, ele é nossa cabeça segundo a graça pessoal e, por conseguinte, não é uma a graça da cabeça e outra a graça pessoal.

RESPONDO. Cada um age enquanto está em ato. Pois, é necessário que seja a mesma perfeição em ato pela qual algo está em ato e pela qual age. Assim, é o mesmo calor pelo qual o fogo é quente e pelo qual esquenta. No entanto, nem todo ato pelo qual algo está em ato é suficiente para que

---

5   PARALL.: III *Sent.*, dist. 13, q. 3, a. 2, q.la 1, 2; *De Verit.*, q. 29, a. 5.

1. Q. 7, Introd.
2. Q. 7, a. 9.
3. ARISTOT., *Met.*, l. IX, c. 8: 1049, b, 27. Cfr. *Phys.*, l. III, c. 2: 202, a, 11-12.

enim *agens sit praestantius patiente*, ut Augustinus dicit, XII *super Gen. ad litt.*[4], et Philosophus, in III *de Anima*[5], oportet quod agens in alia habeat actum secundum eminentiam quandam. Dictum est autem supra[6] quod in anima Christi recepta est gratia secundum maximam eminentiam. Et ideo ex eminentia gratiae quam accepit, competit sibi quod gratia illa ad alios derivetur. Quod pertinet ad rationem capitis. Et ideo eadem est secundum essentiam gratia personalis qua anima Christi est iustificata, et gratia eius secundum quam est caput Ecclesiae iustificans alios: differt tamen secundum rationem.

AD PRIMUM ergo dicendum quod peccatum originale in Adam, quod est peccatum naturae, derivatum est a peccato actuali ipsius, quod est peccatum personale, quia in eo persona corrupit naturam; qua corruptione mediante, peccatum primi hominis derivatur ad posteros, secundum quod natura corrupta corrumpit personam. Sed gratia non derivatur a Christo in nos mediante natura humana, sed per solam personalem actionem ipsius Christi. Unde non oportet in Christo distinguere duplicem gratiam, quarum una respondeat naturae, alia personae, sicut in Adam distinguitur peccatum naturae et personae.

AD SECUNDUM dicendum quod diversi actus quorum unus est ratio et causa alterius, non diversificant habitum. Actus autem personalis gratiae, qui est sanctum facere formaliter habentem, est ratio iustificationis aliorum, quae pertinet ad gratiam capitis. Et inde est quod per huiusmodi differentiam non diversificatur essentia habitus.

AD TERTIUM dicendum quod gratia personalis et gratia capitis ordinantur ad aliquem actum: gratia autem unionis non ordinatur ad actum, sed ad esse personale. Et ideo gratia personalis et gratia capitis conveniunt in essentia habitus: non autem gratia unionis. — Quamvis gratia personalis possit quodammodo dici gratia unionis, prout facit

seja princípio de ação em outras coisas. Como "o agente é mais perfeito do que o paciente", como dizem Agostinho e Aristóteles, é necessário que o que exerce sua ação em outro possua o ato de maneira eminente. Ora, acima se disse que a graça foi recebida na alma de Cristo de modo supereminente. Assim, cabe-lhe comunicar a graça aos outros a partir da supereminência da graça que recebeu. Mas essa comunicação pertence à razão de cabeça[i]. Logo, segundo sua essência, a graça pessoal, pela qual a alma de Cristo foi justificada, é a mesma graça, segundo a qual é cabeça da Igreja, justificando os outros, embora haja uma distinção de razão.

QUANTO AO 1º, portanto, deve-se dizer que o pecado original em Adão, que é pecado da natureza, derivou do pecado atual do mesmo que é um pecado pessoal, porque nele a pessoa corrompe a natureza. Por meio dessa corrupção o pecado do primeiro homem se comunica aos descendentes, na medida em que a natureza corrupta corrompe as pessoas. Ora, a graça não nos é comunicada por Cristo mediante a natureza humana, mas unicamente pela ação pessoal do próprio Cristo[j]. Logo, não é necessário distinguir em Cristo uma dúplice graça das quais uma corresponda à natureza, outra à pessoa, assim como em Adão se distinguem o pecado da natureza e o pecado da pessoa.

QUANTO AO 2º, deve-se dizer que atos diversos, dos quais um é a razão e causa do outro, não diversificam o hábito. O ato da graça pessoal que torna formalmente santo quem o possui é a razão da justificação dos outros, o que pertence à graça da cabeça. Eis por que a essência do hábito não se diversifica em razão dessa diferença.

QUANTO AO 3º, deve-se dizer que a graça pessoal e a graça capital se ordenam a algum ato. Mas a graça da união não se ordena ao ato, mas ao ser pessoal. Por isso, a graça pessoal e a graça capital se encontram na essência do hábito, mas não a graça da união. — Embora a graça pessoal possa, de algum modo, ser chamada graça da união,

---

4. C. 16, n. 33: ML 34, 467.
5. C. 5: 430, a, 18-19.
6. Q. 7, a. 9, 10.

i. Também se fala usualmente de uma graça *capital* (de *caput*, chefe, cabeça). O artigo é bem claro a esse respeito: não se trata de uma nova graça a adicionar-se à graça pessoal de Cristo; é essa graça pessoal mesma que chamamos de "capital", quando a consideramos em relação a seu efeito sobre os membros do Corpo de Cristo. Sto. Tomás volta a afirmá-lo claramente: "Cristo recebeu a graça, não só a título individual, mas também a título de chefe da Igreja, de modo a que a graça se difunda dele para seus membros" (III, q. 48, a. 1).

j. Não nos deixemos enganar por esta frase, que não contrapõe em absoluto a natureza humana de Cristo à sua ação pessoal. Pelo contrário, é pela mediação da natureza concreta de Cristo que recebemos toda graça. A natureza humana de que se trata aqui é a que recebemos ao nascer, e Sto. Tomás se limita a enfatizar que, diferentemente do pecado original, a graça não é hereditária.

congruitatem quandam ad unionem. Et secundum hoc, una per essentiam est gratia unionis et gratia capitis et gratia singularis personae, sed differens sola ratione.

Articulus 6
Utrum esse caput Ecclesiae sit proprium Christo

Ad sextum sic proceditur. Videtur quod esse caput Ecclesiae non sit proprium Christo.

1. Dicitur enim 1Reg 15,17: *Cum esses parvulus in oculis tuis, caput in tribubus Israel factus es*. Sed una est Ecclesia in novo et in veteri Testamento. Ergo videtur quod, eadem ratione, alius homo praeter Christum potest esse caput Ecclesiae.

2. Praeterea, ex hoc Christus dicitur caput Ecclesiae quod gratiam influit Ecclesiae membris. Sed etiam ad alios pertinet gratiam aliis praebere: secundum illud Eph 4,29: *Omnis sermo malus ab ore vestro non procedat: sed si quis bonus est ad aedificationem fidei, ut det gratiam audientibus*. Ergo videtur quod etiam alii quam Christo competat esse caput Ecclesiae.

3. Praeterea, Christus, ex eo quod praeest Ecclesiae, non solum dicitur caput, sed etiam *pastor*[1] et *fundamentum*[2] Ecclesiae. Sed non soli sibi Christus retinuit nomen pastoris: secundum illud 1Pe 5,4: *Cum apparuerit Princeps pastorum, percipietis immarcescibilem gloriae coronam*. Nec etiam nomen fundamenti: secundum illud Ap 21,14: *Murus civitatis habens fundamenta duodecim*. Ergo videtur quod nec etiam nomen capitis sibi soli retinuerit.

Sed contra est quod dicitur Cl 2,19: *Caput Ecclesiae est ex quo corpus, per nexus et coniunctiones subministratum et constructum, crescit in augmentum Dei*. Sed hoc soli Christo convenit. Ergo solus Christus est caput Ecclesiae.

enquanto introduz certa conveniência à união. Sob esse aspecto, a graça da união, a graça capital e a graça pessoal são uma só segundo a essência, diferindo porém por uma distinção de razão[k].

Artigo 6
Ser cabeça da Igreja é próprio de Cristo?

Quanto ao sexto, assim se procede: parece que ser cabeça da Igreja **não** é próprio de Cristo.

1. Está escrito no livro dos Reis: "Ainda que sejas pequeno a teus próprios olhos, foste feito o chefe das tribos de Israel." Ora, uma só é a Igreja no Antigo e no Novo Testamento. Logo, parece que, por essa mesma razão, um outro homem, além de Cristo, pode ser cabeça da Igreja.

2. Além disso, Cristo é chamado cabeça da Igreja por comunicar a graça a seus membros. Ora, dar a graça pertence também a outros; assim se diz na Carta aos Efésios: "Nenhuma palavra perniciosa deve sair de vossos lábios, mas se necessário, alguma palavra boa capaz de edificar a fé e proporcionar a graça aos que a ouvem". Logo, parece que a outros, além de Cristo, pertença ser cabeça da Igreja.

3. Ademais, por presidir à Igreja, Cristo é chamado não apenas cabeça, mas também *pastor* e *fundamento* da Igreja. Ora, Cristo não reservou somente para si o título de pastor, segundo se diz na primeira Carta de Pedro: "E quando aparecer o príncipe dos pastores recebereis a coroa imperecível da glória". Nem o título de fundamento, segundo o livro do Apocalipse: "Os muros da cidade tinham doze fundamentos". Logo, parece que não reservou somente para si o nome de cabeça.

Em sentido contrário, está o texto da Carta aos Colossenses: "Ele é a cabeça da Igreja da qual o corpo provido e bem unido graças às articulações e ligamentos tira o crescimento que Deus lhe dá". Ora, tal função compete somente a Cristo. Logo, apenas ele é cabeça da Igreja.

---

6 Parall.: *De Verit.*, q. 29, a. 4, ad 2.

1. *Ioan*. 10, 11, 14; *Heb*. 13, 20.
2. I *Cor*. 3, 11.

k. As duas últimas frases desta solução aludem a uma doutrina ainda difundida na época em que Sto. Tomás escrevia, e que ele mesmo defendeu nas *Sentenças*, a qual compreendia a graça da união como aperfeiçoamento da humanidade de Cristo tendo em vista sua união com o Verbo. A partir do momento em que define essa graça como nada mais sendo que essa própria união hipostática (ver acima q. 2, a. 10), não pode mais se expressar nesses termos, e distingue nitidamente (como o faz na primeira parte desta solução) a graça da união da graça pessoal. No entanto, caso se queira conservar a antiga maneira de se expressar, é preciso acrescentar que é à graça pessoal mesma que se chama graça de união, enquanto precisamente ela é qualificada por sua relação de conveniência à graça de união propriamente dita. Mas é evidente que tal maneira de falar só contribui para perpetuar o equívoco; é melhor evitá-la, portanto.

RESPONDEO dicendum quod caput in alia membra influit dupliciter. Uno modo, quodam intrinseco influxu: prout virtus motiva et sensitiva a capite derivatur ad cetera membra. Alio modo, secundum exteriorem quandam gubernationem: prout scilicet secundum visum et alios sensus, qui in capite radicantur, dirigitur homo in exterioribus actibus.

Interior autem effluxus gratiae non est ab aliquo nisi a solo Christo, cuius humanitas, ex hoc quod est divinitati adiuncta, habet virtutem iustificandi. Sed influxus in membra Ecclesiae quantum ad exteriorem gubernationem, potest aliis convenire. Et secundum hoc, aliqui alii possunt dici capita Ecclesiae: secundum illud Am 6,1: *Optimates capita populorum*. Differenter tamen a Christo. Primo quidem, quantum ad hoc, quod Christus est caput omnium eorum qui ad Ecclesiam pertinent secundum omnem locum et tempus et statum: alii autem homines dicuntur capita secundum quaedam specialia loca, sicut episcopi suarum ecclesiarum; vel etiam secundum determinatum tempus, sicut Papa est caput totius Ecclesiae, scilicet tempore sui pontificatus; et secundum determinatum statum, prout scilicet sunt in statu viatoris. Alio modo, secundum quod Christus est caput Ecclesiae propria virtute et auctoritate: alii vero dicuntur capita inquantum vicem gerunt Christi; secundum illud 2Cor 2,10: *Nam et ego, quod donavi, si quid donavi, propter vos, in persona Christi*; et 2Cor 5,20: *Pro Christo legatione fungimur, tanquam Deo exhortante per nos*.

AD PRIMUM ergo dicendum quod verbum illud intelligitur secundum quod ratio capitis consideratur ex exteriori gubernatione, prout rex dicitur caput regni sui.

AD SECUNDUM dicendum quod homo non dat gratiam interius influendo, sed exterius persuadendo ad ea quae sunt gratiae.

AD TERTIUM dicendum quod, sicut dicit Augustinus, *super Ioan.*[3], *si praepositi Ecclesiae pastores sunt, quomodo unus pastor est, nisi quia sunt illi omnes unius membra pastoris?* Et similiter alii

RESPONDO. A cabeça influi nos outros membros de duas maneiras. Primeiramente, por um influxo intrínseco, enquanto a força motora e sensitiva procede da cabeça para os outros membros. Em segundo lugar, por um certo governo exterior, enquanto por meio da visão e outros sentidos que têm sede na cabeça, o homem é dirigido em suas ações exteriores.

Ora, o eflúvio interior da graça não procede de nenhum outro, mas apenas de Cristo, cuja humanidade unida à divindade tem o poder de justificar. Mas o influxo nos membros da Igreja, pelo governo exterior, pode ser atribuído a outros, que, por essa razão, podem ser chamados cabeças da Igreja, segundo o livro de Amós: "Os nobres são cabeças dos povos". Mas de modo bem diferente do de Cristo. Primeiro, porque Cristo é cabeça de todos os que pertencem à Igreja, em todo lugar, tempo e estado. Os outros homens são chamados cabeças em alguns lugares especiais, como os bispos em suas dioceses; ou por algum tempo como o Papa é cabeça de toda a Igreja no tempo de seu pontificado; e para determinado estado, enquanto estão ainda no estado de caminhantes. Segundo, porque: Cristo é cabeça da Igreja por virtude e autoridade próprias; os outros são chamados cabeças enquanto representantes de Cristo, conforme a segunda Carta aos Coríntios: "Pois também eu, o que doei, se algo doei foi por vossa causa na pessoa de Cristo"; e na mesma Carta: "É em nome de Cristo que exercemos a função de embaixadores, como se vos exortasse por meio de nós"[1].

QUANTO AO 1º, portanto, deve-se dizer que o texto citado deve ser entendido no sentido de que a razão de cabeça é considerada segundo o governo exterior, do modo como o rei é chamado cabeça de seu reino.

QUANTO AO 2º, deve-se dizer que o homem não dá a graça influindo interiormente, mas persuadindo exteriormente a respeito do que pertence à graça.

QUANTO AO 3º, deve-se dizer que como diz Agostinho: "Se os prepostos na Igreja são pastores, como existe um só pastor, senão porque todos eles são membros de um só pastor?" Da mesma

---

3. Tract. 46, n. 5, super 10, 11: ML 35, 1730.

1. Pode-se ler a doutrina do artigo como complemento à do terceiro artigo desta mesma questão. Sto. Tomás se referia ali à ligação dos membros a Cristo-cabeça, segundo um ponto de vista exclusivamente interior e espiritual. Ele acrescenta aqui que existe igualmente um vínculo exterior e visível entre Cristo e os membros de seu corpo eclesial, e que esse vínculo é assegurado pela mediação dos ministros. Em total dependência de Cristo, estes exercem uma certa autoridade sobre o corpo; a despeito de seus limites, essa autoridade justifica o título de chefe que às vezes lhe é concedido.

possunt dici fundamenta et capita, inquantum sunt unius capitis et fundamenti membra. Et tamen, sicut Augustinus ibidem[4] dicit, *quod pastor est, dedit membris suis: ostium vero se nemo nostrum dicit; hoc sibi ipse proprium tenuit*. Et hoc ideo quia in ostio importatur principalis auctoritas, inquantum ostium est per quod omnes ingrediuntur in domum: et ipse solus Christus est *per quem accessum habemus in gratiam istam in qua stamus*[5]. Per alia vero nomina praedicta potest importari auctoritas non solum principalis, sed etiam secundaria.

maneira podem ser ditos fundamentos e cabeças enquanto são membros de uma só cabeça e de um só fundamento. Além disso, acrescenta Agostinho: "Ser pastor, concedeu-o a seus membros; mas a nenhum dos nossos chamou de porta, o que reservou para si". Isso porque a porta implica a autoridade principal, enquanto a porta é por onde entram todos na casa; e somente Cristo "é aquele pelo qual temos acesso, pela fé, a esta graça na qual estamos estabelecidos". Pelos outros nomes antes enumerados pode ser designada não somente a autoridade principal, mas também a secundária.

Articulus 7
Utrum diabolus sit caput malorum

Ad septimum sic proceditur. Videtur quod diabolus non sit caput malorum.

1. Ad rationem enim capitis pertinet quod influat sensum et motum in membra: ut dicit quaedam Glossa[1], *ad* Eph 1, super illud, *Ipsum dedit caput*, etc. Sed diabolus non habet virtutem influendi malitiam peccati, quod ex voluntate peccantis procedit. Ergo diabolus non potest dici caput malorum.

2. Praeterea, per quodlibet peccatum fit homo malus. Sed non omnia peccata sunt a diabolo. Quod quidem manifestum est de peccatis daemonum, qui non ex persuasione alterius peccaverunt. Similiter etiam nec omne peccatum hominis ex diabolo procedit: dicitur enim in libro *de Ecclesiasticis Dogmatibus*[2]: *Non omnes cogitationes nostrae malae semper diaboli instinctu excitantur: sed aliquoties ex motu arbitrii nostri emergunt*. Ergo diabolus non est caput omnium malorum.

3. Praeterea, unum caput uni corpori praeficitur. Sed tota multitudo malorum non videtur habere aliquid in quo uniantur: quia *malum malo contingit esse contrarium*[3]; contingit enim *ex diversis defectibus*, ut Dionysius dicit, 4 cap. *de Div. Nom.*[4]. Ergo diabolus non potest dici caput omnium malorum.

Artigo 7
O demônio é cabeça dos maus?[m]

Quanto ao sétimo, assim se procede: parece que o demônio **não** é cabeça dos maus.

1. Com efeito, pertence à natureza da cabeça causar o sentido e o movimento nos outros membros. Assim diz certa Glosa comentando a Carta aos Efésios: "Ele o deu como cabeça" etc...Ora, o demônio não tem o poder de causar a malícia do pecado, que procede da vontade do pecador. Logo, o demônio não pode ser dito cabeça dos maus.

2. Além disso, qualquer pecado torna o homem mau. Ora, nem todos os pecados provêm do demônio, como está claro no pecado dos próprios demônios que não pecaram em virtude da persuasão de outros. Do mesmo modo, nem todo pecado dos homens procede do demônio. Assim consta do livro *Dos Dogmas Eclesiásticos*: "Nem todos os maus pensamentos são despertados em nós pela instigação do demônio; algumas vezes nascem do movimento de nosso livre-arbítrio". Logo, o demônio não é cabeça de todos os maus.

3. Ademais, a um só corpo é destinada uma só cabeça. Ora, a multidão inteira dos maus não parece possuir algo segundo o qual esteja unida. Com efeito, "acontece ao mal ser contrário do mal", na medida em que procede "de defeitos diversos" como diz Dionísio. Logo, o demônio não pode ser dito cabeça de todos os maus.

---

4. Tract. 47, n. 3, super 10, 14: ML 35, 1734.
5. *Rom.* 5, 2.

1. Ordin., super *Col.* 1, 18: ML 114, 610 C; Lombardi, ibid.: ML 192, 264 A.
2. Gennadii. C. 49, al. 82: ML 58, 999 A.
3. Arist., *Categ.*, c. 11: 14, a. 1-12.
4. § 30: MG 3, 729 C.

m. Numa espécie de antítese ao que foi visto até agora, o autor examina, nos artigos 7 e 8, a condição dos que não pertencem a Cristo, e procura especificar os limites de um reino do mal contraposto ao corpo místico de Cristo. Tais questões eram tradicionais na Escola na época de Sto. Tomás, mas é melhor evitar forçar demais os termos.

SED CONTRA est quod, super illud Iob 18,17, *Memoria illius pereat de terra*, dicit Glossa[5]: *De unoquoque iniquo dicitur ut ad caput, idest diabolum, revertatur.*

RESPONDEO dicendum quod, sicut supra[6] dictum est, caput non solum interius influit membris, sed etiam exterius gubernat, eorum actus dirigendo ad aliquem finem. Sic igitur potest dici aliquis caput alicuius multitudinis vel secundum utrumque, scilicet secundum interiorem influxum et exteriorem gubernationem: et sic est Christus caput Ecclesiae, ut dictum est[7]. — Vel secundum solam exteriorem gubernationem: et sic quilibet princeps vel praelatus est caput multitudinis sibi subiectae. Et per hunc modum dicitur diabolus caput omnium malorum: nam, ut dicitur Iob 41,25, *ipse est rex super omnes filios superbiae.*

Pertinet autem ad gubernatorem ut eos quos gubernat ad suum finem perducat. Finis autem diaboli est aversio rationalis creaturae a Deo: unde a principio hominem ab obedientia divini praecepti removere tentavit[8]. Ipsa autem aversio a Deo habet rationem finis inquantum appetitur sub specie libertatis: secundum illud Ier 2,20: *A saeculo confregisti iugum, rupisti vincula, dixisti, Non serviam.* Inquantum igitur ad hunc finem aliqui adducuntur peccando, sub diaboli regimine et gubernatione cadunt. Et ex hoc dicitur eorum caput.

AD PRIMUM ergo dicendum quod, licet diabolus non influat interius rationali menti, tamen suggerendo inducit ad malum.

AD SECUNDUM dicendum quod gubernator non semper suggerit singulis ut eius voluntati obediant, sed proponit omnibus signum suae voluntatis, ad cuius sequelam aliqui excitantur inducti, alii sponte propria: sicut patet in duce exercitus, cuius vexillum sequuntur milites etiam nullo persuadente. Sic igitur primum peccatum diaboli, qui *ab initio peccat*, ut dicitur 1Io 3,8, propositum est omnibus ad sequendum: quod quidam imitantur per suggestionem ipsius, quidam propria sponte absque ulla suggestione. Et secundum hoc, omnium malorum

EM SENTIDO CONTRÁRIO, comentando o livro de Jó: "Desapareça sua lembrança da terra", diz a Glosa; "isso se diz de qualquer pecador, para que volte à sua cabeça, isto é, ao demônio".

RESPONDO. Como acima foi dito, a cabeça não só causa interiormente nos membros, mas também os governa exteriormente dirigindo seus atos para algum fim. Desta sorte pode-se denominar a alguém cabeça da multidão: ou segundo os dois aspectos, pelo influxo interior e pelo governo exterior; assim, Cristo é a cabeça da Igreja, como antes foi explicado. — Ou somente segundo o governo exterior, e assim qualquer príncipe ou prelado é cabeça da multidão que lhe é sujeita. Segundo esse modo, o demônio pode ser dito cabeça de todos os maus, pois, como está no livro de Jó: "Ele é rei sobre todos os filhos da soberba".

Cabe ao que governa conduzir os governados a seu fim. O fim do demônio é fazer a criatura racional voltar as costas para Deus. Por isso, desde o princípio, tentou remover o homem da obediência ao mandamento divino. Voltar as costas para Deus tem razão de fim enquanto é desejado sob a aparência de liberdade, segundo o profeta Jeremias: "Há muito quebraste teu jugo, rompeste teus laços, dizendo: 'Não servirei'". Portanto, enquanto pelo pecado alguns são levados a esse fim, incidem sob o regime e governo do demônio. E por isso ele é chamado sua cabeça[n].

QUANTO AO 1º, portanto, deve-se dizer que embora o demônio não possa influir interiormente na inteligência, pode, no entanto, induzir ao mal por sugestão.

QUANTO AO 2º, deve-se dizer que aquele que governa nem sempre sugere a cada um que obedeça à sua vontade, mas propõe a todos um sinal da mesma. Uns são impelidos a segui-lo, outros o fazem espontaneamente. Assim acontece com o comandante do exército, cuja bandeira é seguida pelos soldados, mesmo que ninguém os persuada a fazê-lo. Assim, pois, o primeiro pecado do demônio, que "peca desde o início", conforme a primeira Carta de João, é apresentado a todos para que o sigam. Alguns o imitam por sugestão

---

5. Ordin.: ML 113, 807 A.
6. A. praec.
7. Ibid.
8. *Gen.* 3.

n. O diabo só é cabeça dos maus na medida em que estes aceitam de certo modo ser seus membros por seu livre-arbítrio. Mas, ao contrário de Cristo, o demônio só pode agir sobre os seus *do exterior*. Mesmo que possa exercer sua tentação sobre as faculdades sensíveis, ou mesmo sobre a imaginação, não tem acesso algum ao mais íntimo do homem, nem a sua razão, nem a sua vontade (para maiores detalhes sobre essa doutrina tradicional, ver I-II, q. 80, sobretudo o artigo 2).

caput est diabolus, inquantum illum imitantur: secundum illud Sap 2,24-25: *Invidia diaboli mors introivit in orbem terrarum: imitantur autem illum qui sunt ex parte illius.*

AD TERTIUM dicendum quod omnia peccata conveniunt in aversione a Deo, licet ad invicem differant secundum conversionem ad diversa commutabilia bona.

ARTICULUS 8
Utrum Antichristus sit caput malorum

AD OCTAVUM SIC PROCEDITUR. Videtur quod Antichristus non sit caput malorum.
1. Unius enim corporis non sunt diversa capita. Sed diabolus est caput multitudinis malorum. Non ergo Antichristus est eorum caput.
2. PRAETEREA, Antichristus est membrum diaboli. Sed caput distinguitur a membris. Ergo Antichristus non est caput malorum.
3. PRAETEREA, caput habet influentiam in membra. Sed Antichristus nullam habet influentiam in malos homines qui eum praecesserunt. Ergo Antichristus non est caput malorum.

SED CONTRA est quod Iob 21, super illud [v. 29], *Interrogate quemlibet de viatoribus*, dicit Glossa[1]: *Dum de omnium malorum corpore loqueretur, subito ad omnium iniquorum caput, Antichristum, verba convertit.*

RESPONDEO dicendum quod, sicut supra[2] dictum est, in capite naturali tria inveniuntur: scilicet ordo, perfectio et virtus influendi. Quantum ergo ad ordinem temporis, non dicitur esse Antichristus caput malorum, quasi eius peccatum praecesserit, sicut praecessit peccatum diaboli.

Similiter etiam non dicitur esse malorum caput propter virtutem influendi. Si enim aliquos sui temporis ad malum sit conversurus, exterius inducendo; non tamen illi qui ante eum fuerunt, ab ipso sunt in malitiam inducti, nec eius malitiam sunt imitati. Unde secundum hoc non posset dici caput omnium malorum, sed aliquorum.

Relinquitur igitur quod dicatur caput omnium malorum propter malitiae perfectionem. Unde super illud 2Thess 2,4, Ostendens *se tanquam*

do próprio demônio, outros espontaneamente, sem sugestão alguma. Assim sendo, a cabeça de todos os maus é o demônio, enquanto todos o imitam, conforme o livro da Sabedoria: "Pela inveja do diabo a morte entrou no mundo; e a experimentam os que são do seu partido".

QUANTO AO 3º, deve-se dizer que todos os pecados têm algo de comum que é dar as costas a Deus, embora sejam diferentes um do outro, segundo se voltam para diversos bens perecíveis.

ARTIGO 8
O Anticristo é cabeça de todos os maus?

QUANTO AO OITAVO, ASSIM SE PROCEDE: parece que o Anticristo **não** é cabeça de todos os maus.
1. Com efeito, um só corpo não pode ter várias cabeças. Ora, o demônio é cabeça da multidão dos maus. Logo, o Anticristo não é sua cabeça.
2. ALÉM DISSO, o Anticristo é membro do demônio. Ora, a cabeça se distingue dos membros. Logo, o Anticristo não é cabeça dos maus.
3. ADEMAIS, a cabeça influi nos membros. Ora, o Anticristo não teve nenhuma influência nos homens maus que o precederam. Logo, o Anticristo não é cabeça dos maus.

EM SENTIDO CONTRÁRIO, a propósito do que diz Jó: "Perguntai aos viajantes?", diz a Glosa: "Enquanto falava do corpo de todos os maus, logo voltou o discurso para a cabeça de todos os iníquos, o Anticristo".

RESPONDO. Como acima foi dito, na cabeça natural encontram-se três propriedades: ordem, perfeição e poder de influir. No que diz respeito à ordem do tempo, o Anticristo não é chamado cabeça de todos os maus, como se seu pecado tivesse precedido o dos outros, como o do demônio precedeu.

Também não pode ser chamado cabeça dos maus em razão do poder de influir. Embora possa, a seu tempo, fazer alguns voltarem-se para o mal, induzindo-os exteriormente, os que existiram antes dele não foram por ele induzidos ao mal nem imitaram sua malícia. Portanto, também sob esse aspecto não pode ser dito cabeça dos maus, mas somente de alguns.

Resta, pois, que seja chamado cabeça dos maus em razão da perfeição da malícia. Assim, a propósito do que diz a segunda Carta aos

---
8
1. Ex GREG., *Moral.*, l. XV, c. 58, n. 69: ML 75, 1117 B.
2. A. 1.

sit Deus, dicit Glossa[3]: *Sicut in Christo omnis plenitudo divinitatis inhabitavit, ita in Antichristo plenitudo omnis malitiae*: non quidem ita quod humanitas eius sit assumpta a diabolo in unitate personae, sicut humanitas Christi a Filio Dei; sed quia diabolus malitiam suam eminentius ei influit suggerendo quam omnibus aliis. Et secundum hoc, omnes alii mali qui praecesserunt sunt quasi quaedam figura Antichristi: secundum illud 2Thess 2,7: *Mysterium iam operatur iniquitatis*.

AD PRIMUM ergo dicendum quod diabolus et Antichristus non sunt duo capita, sed unum: quia Antichristus dicitur esse caput inquantum plenissime invenitur in eo impressa malitia diaboli. Unde super illud 2Thess 2,4, *Ostendens se tanquam sit Deus*, dicit Glossa[4]: *In ipso erit caput omnium malorum, scilicet diabolus, qui est rex super omnes filios superbiae*. Non autem dicitur in eo esse per unionem personalem; nec per intrinsecam habitationem, quia *sola Trinitas menti illabitur*, ut dicitur in libro *de Ecclesiasticis Dogmatibus*[5]: sed per malitiae effectum.

AD SECUNDUM dicendum quod, sicut *caput Christi est Deus*[6], et tamen *ipse est caput Ecclesiae*[7], et supra[8] dictum est; ita Antichristus est membrum diaboli, et tamen ipse est caput malorum.

AD TERTIUM dicendum quod Antichristus non dicitur caput omnium malorum propter similitudinem influentiae, sed propter similitudinem perfectionis. In eo enim diabolus quasi malitiam suam ducet ad caput: per modum quo dicitur aliquis *ad caput* propositum suum ducere, cum illud perfecerit.

Tessalonicenses: "Apresentando-se como se fosse Deus", diz a Glosa: "Assim como em Cristo mora a plenitude da divindade, assim no Anticristo a plenitude de toda malícia". Isso não quer dizer que sua humanidade tenha sido assumida pelo demônio na unidade da pessoa, como a humanidade de Cristo pelo Filho de Deus. Mas sim que o demônio causou nele, por sugestão, sua malícia, de modo mais eminente do que em todos os outros[o]. Donde todos os maus que o precederam são como uma certa figura do Anticristo, conforme a segunda Carta aos Tessalonicenses: "Pois o mistério da iniquidade já está em ação".

QUANTO AO 1º, portanto, deve-se dizer que o demônio e o Anticristo não são duas cabeças, mas apenas uma. O Anticristo é chamado cabeça, enquanto nele se encontra gravada totalmente a malícia do demônio. Eis por que, comentando o texto da segunda Carta aos Tessalonicenses, a Glosa diz: "Nele reside a cabeça de todos os maus, a saber, o diabo, que é rei sobre todos os filhos da soberba". Não diz que está nele por união pessoal nem por inabitação intrínseca, porque "somente a Trindade penetra na mente", como se diz no livro *Dos Dogmas Eclesiásticos*, mas por efeito da maldade.

QUANTO AO 2º, deve-se dizer que como "a cabeça de Cristo é Deus" e, no entanto, "ele é a cabeça da Igreja", como antes foi dito, assim o Anticristo é membro do demônio e, no entanto, é cabeça dos maus.

QUANTO AO 3º, deve-se dizer que o Anticristo não é chamado cabeça de todos os maus em razão da semelhança da influência, mas em razão da semelhança da perfeição. Nele, com efeito, é como se o demônio levasse sua malícia a cabo, segundo o modo com o qual se diz que alguém levou *a cabo* o seu propósito quando o realizou.

---

3. LOMBARDI: ML 192, 317 D. — Vide HAYMON., *In II Thessal*., super 2, 4: ML 117, 780 B.
4. LOMBARDI: ML 192, 317 D. — Vide HAYMON., *In II Thessal*., super 2, 4: ML 117, 780 B.
5. GENNADII. C. 83: ML 58, 999 B.
6. I *Cor*. 11, 3.
7. *Col*. 1, 18.
8. A. 1, ad 2.

o. O paralelo antitético entre Cristo, cabeça da Igreja, e o diabo, cabeça dos maus, possui limites evidentes. O diabo não tem de forma alguma o poder de criar uma humanidade que ele poderia unir a sua pessoa; o Anticristo não poderia portanto ser instrumento conjunto do diabo, como o é a humanidade de Jesus para o Verbo. Como com todos que se ligam a ele, o diabo só pode agir sobre o Anticristo por meio de influência externa. Mas, por hipótese, ele absorve de tal modo essa influência que atinge a perfeição no mal.

QUAESTIO IX
DE SCIENTIA CHRISTI IN COMMUNI
in quatuor articulos divisa

Deinde considerandum est de scientia Christi.

Circa quam duo consideranda sunt: primo, quam scientiam Christus habuerit; secundo, de unaquaque scientiarum ipsius.
Circa primum quaeruntur quatuor.
Primo: utrum Christus habuerit aliquam scientiam praeter divinam.
Secundo: utrum habuerit scientiam quam habent beati vel comprehensores.
Tertio: utrum habuerit scientiam inditam vel infusam.
Quarto: utrum habuerit aliquam scientiam acquisitam.

ARTICULUS 1
Utrum in Christo fuerit aliqua scientia praeter divinam

AD PRIMUM SIC PROCEDITUR. Videtur quod in Christo non fuerit aliqua scientia praeter divinam.

1. Ad hoc enim necessaria est scientia ut per eam aliqua cognoscantur. Sed Christus per scientiam divinam cognoscebat omnia. Superfluum igitur fuisset quod in eo esset quaedam alia scientia.
2. PRAETEREA, lux minor per maiorem offuscatur. Sed omnis scientia creata comparatur ad scientiam Dei increatam sicut lux minor ad maiorem. Ergo in Christo non refulsit alia scientia quam divina.
3. PRAETEREA, unio humanae naturae, ad divinam facta est in persona, ut ex supra[1] dictis patet.

QUESTÃO 9
A CIÊNCIA DE CRISTO EM GERAL
em quatro artigos

Em seguida deve-se considerar a ciência de Cristo.

Sobre isso são duas as considerações: primeira, qual ciência Cristo possuiu; segunda, sobre cada uma de suas ciências.
A respeito da primeira são quatro as perguntas:
1. Cristo possuiu alguma ciência além da divina?
2. Cristo possuiu a ciência dos bem-aventurados ou dos que gozam da visão beatífica?
3. Cristo possuiu a ciência infusa?
4. Cristo possuiu alguma ciência adquirida?[a]

ARTIGO 1
Houve em Cristo alguma ciência além da divina?[b]

QUANTO AO PRIMEIRO ARTIGO, ASSIM SE PROCEDE: parece que em Cristo **não** houve alguma ciência além da divina.

1. Com efeito, a ciência é necessária para que se conheça alguma coisa. Ora, pela ciência divina Cristo tudo conhecia. Logo, qualquer outra ciência teria sido nele supérflua.
2. ALÉM DISSO, a luz menor é ofuscada pela maior. Ora, toda ciência criada é comparada à ciência incriada de Deus como a luz menor à maior. Logo, em Cristo não brilhou outra ciência a não ser a divina.
3. ADEMAIS, a união da natureza humana à divina foi feita na pessoa, como acima ficou claro.

---

[1] PARALL.: III *Sent.*, dist. 14, a. 1, q.la 1; *De Verit.*, q. 20, a. 1; *Compend. Theol.*, c. 216.
  1. Q. 2, a. 2.

a. Os quatro artigos desta questão se dividem segundo duas grandes preocupações. A primeira corresponde ao artigo 1, que estabelece a existência de uma ciência humana em geral além da ciência divina; essa dupla ciência correspondendo à dupla natureza de Cristo (a. 1). A segunda preocupação consiste em enumerar os diferentes níveis em que se verifica a existência dessa ciência criada: 1) Vindo para conduzir os homens à felicidade, Cristo mesmo devia usufruir da visão beatífica (a. 2). No entanto, a visão de Deus em si mesmo e de todas as coisas em Deus não eliminava nem a possibilidade nem a necessidade de uma ciência das coisas em si. Essa ciência das coisas pode ser: 2) seja diretamente infundida no espírito de Cristo por meio da ação de Deus (e desse modo a solidariedade com os anjos e a superioridade de Cristo a seu respeito são estabelecidas, a. 3); 3) seja adquirida por Cristo segundo as vias normais do conhecimento (dessa forma sua solidariedade com os homens e sua superioridade em relação a eles são asseguradas, a. 4). Trata-se apenas de uma primeira abordagem desses problemas, e as três questões seguintes vão retomá-los de modo mais detalhado: a visão beatífica na q. 10; a ciência infusa na q. 11; a ciência experimental na q. 12.
b. Por ciência divina deve-se compreender, é claro, a ciência própria ao Verbo, que ele possui em comum com toda a Trindade desde sempre, e que consiste num perfeito conhecimento de si mesmo e de todas as coisas nele. A questão de uma outra ciência em Cristo se põe em relação direta com as duas naturezas que ele possui: cada natureza tendo sua atividade específica, uma ciência propriamente humana deve portanto pertencer a sua natureza humana. Os artigos que se seguem especificam as diferentes espécies de ciência que se pode conceber para ele.

Ponitur autem in Christo, secundum quosdam[2], quaedam *scientia unionis*, per quam scilicet Christus ea quae ad mysterium incarnationis pertinent plenius scivit quam aliquis alius. Cum ergo unio personalis contineat duas naturas, videtur quod in Christo non sint duae scientiae, sed una tantum scientia pertinens ad utramque naturam.

SED CONTRA est quod Ambrosius dicit, in libro *de Incarnatione*[3]: *Deus in carne perfectionem humanae naturae assumpsit: suscepit sensum hominis, sed non sensum carnis inflatum*. Sed ad sensum hominis pertinet scientia creata. Ergo in eo fuit alia scientia praeter divinam.

RESPONDEO dicendum quod, sicut ex supra[4] dictis patet, Filius Dei humanam naturam integram assumpsit: idest, non corpus solum, sed etiam animam; non solum sensitivam, sed etiam rationalem. Et ideo oportuit quod haberet scientiam creatam, propter tria. Primo quidem, propter animae perfectionem. Anima enim, secundum se considerata, est in potentia ad intelligibilia cognoscenda: est enim *sicut tabula in qua nihil est scriptum*[5]; et tamen possibile est in ea scribi, propter intellectum possibilem, *in quo est omnia fieri*, ut dicitur in III *de Anima*[6]. Quod autem est in potentia, est imperfectum nisi reducatur ad actum. Non autem fuit conveniens ut Filius Dei humanam naturam imperfectam assumeret, sed perfectam: utpote qua mediante, totum humanum genus erat ad perfectum reducendum. Et ideo oportuit quod anima Christi esset perfecta per aliquam scientiam, quae esset proprie perfectio eius. Et ideo oportuit in Christo esse aliquam scientiam praeter scientiam divinam. Alioquin anima Christi esset imperfectior omnibus animabus aliorum hominum.

Secundo quia, cum *quaelibet res sit propter suam operationem*, ut dicitur in II *de Caelo et Mundo*[7], frustra haberet Christus animam intellectualem, si non intelligeret secundum illam. Quod pertinet ad scientiam creatam.

Tertio, quia aliqua scientia creata pertinet ad animae humanae naturam, scilicet illa per quam naturaliter cognoscimus prima principia: *scientiam* enim hic large accipimus pro qualibet cognitione intellectus humani. Nihil autem natularium Christo

Ora, segundo alguns, é atribuída a Cristo uma certa *ciência da união*, pela qual Cristo conheceu mais plenamente do que qualquer outro tudo o que se refere ao mistério da Encarnação. Portanto, como a união pessoal compreende as duas naturezas, parece que em Cristo não há duas ciências, mas apenas uma, pertencente às duas naturezas.

EM SENTIDO CONTRÁRIO, diz Ambrósio: "Deus assumiu a perfeição da natureza humana na carne; tomou a si o sentido do homem, mas não o sentido orgulhoso da carne". Ora, a ciência criada pertence ao sentido do homem. Logo, houve em Cristo outra ciência além da divina.

RESPONDO. Como antes foi dito, o Filho de Deus assumiu a natureza humana íntegra, ou seja, não apenas o corpo, mas também a alma; e não apenas a alma sensitiva, mas também a racional. Logo, foi necessário que possuísse a ciência criada por três razões. 1. Em razão da perfeição da alma. A alma, considerada em si mesma, está em potência para conhecer o que é inteligível. É como "uma tábua na qual nada está escrito". No entanto, é possível que algo seja nela escrito por causa do "intelecto possível que se pode tornar todas as coisas", como diz o livro III da *Alma*. Ora, o que está em potência é imperfeito, a não ser que seja reduzido a ato. Assim, não convinha que o Filho de Deus assumisse a natureza humana imperfeita e sim em sua perfeição, pois por meio dela todo o gênero humano devia ser levado à perfeição. Era, pois, necessário que a alma de Cristo fosse perfeita quanto a alguma ciência que pertencesse propriamente à sua perfeição. Devia, assim, existir em Cristo alguma ciência além da divina. Do contrário, a alma de Cristo seria menos perfeita do que a de qualquer outro homem.

2. "Como qualquer coisa existe em razão de sua operação", diz o livro II do *Céu e do Mundo*, Cristo possuiria em vão a alma intelectual se não entendesse por meio dela o que é próprio da ciência criada.

3. Porque alguma ciência criada pertence à natureza da alma humana, ou seja, aquela pela qual conhecemos naturalmente os primeiros princípios. Entendemos *ciência* aqui em sentido amplo, por qualquer conhecimento do intelecto humano.

---

2. Cfr. ALEXANDRUM HALENS., *Summa Theol.*, p. III, q. 13, m. 2, 5.
3. C. 7, n. 71: ML 16, 836 B.
4. Q. 5.
5. ARISTOT., *De an.*, l. III, c. 4: 430, a. 1.
6. C. 5: 430, a. 14-17.
7. C. 3: 286, a. 8-9.

defuit: quia totam humanam naturam suscepit, ut supra⁸ dictum est. Et ideo in Sexta Synodo⁹ damnata est positio negantium in Christo duas esse scientias, vel duas sapientias.

AD PRIMUM ergo dicendum quod Christus cognovit omnia per scientiam divinam operatione increata, quae est ipsa Dei essentia: Dei enim intelligere est sua substantia, ut probatur in XII *Metaphys.*¹⁰. Unde hic actus non potuit esse animae humanae Christi: cum sit alterius naturae. Si igitur non fuisset in anima Christi alia scientia praeter divinam, nihil cognovisset. Et ita frustra fuisset assumpta: cum *res sit propter suam operationem.*

AD SECUNDUM dicendum quod, si duo lumina accipiantur eiusdem ordinis, minus offuscatur per maius: sicut lumen solis, offuscat lumen candelae, quorum utrumque accipitur in ordine illuminantis. Sed si accipiatur maius in ordine illuminantis et minus in ordine illuminati, minus lumen non offuscatur per maius, sed magis augetur: sicut lumen aeris per lumen solis. Et hoc modo lumen scientiae non offuscatur, sed clarescit in anima Christi per lumen scientiae divinae, quae est *lux vera illuminans omnem hominem venientem in hunc mundum*, ut dicitur Io 1,9.

AD TERTIUM dicendum quod, ex parte unitorum, ponitur scientia in Christo et quantum ad naturam divinam et quantum ad humanam: ita quod per unionem, secundum quam est eadem hypostasis Dei et hominis, id quod est Dei attribuitur homini, et id quod est hominis attribuitur Deo, ut supra¹¹ dictum est. Sed ex parte ipsius unionis non potest poni in Christo aliqua scientia. Nam unio illa est ad esse personale: scientia autem non convenit personae nisi ratione alicuius naturae.

Ora, do que era natural nada faltou a Cristo, pois assumiu toda a natureza humana, como já foi dito. Por isso, o sexto Concílio Ecumênico condenou a posição dos que negavam haver em Cristo duas ciências ou duas sabedorias.

QUANTO AO 1º, portanto, deve-se dizer que Cristo conheceu todas as coisas pela ciência divina por operação incriada que é a própria divina essência. Como demonstra o livro XII da *Metafísica*, o conhecer de Deus é a sua substância. Logo, esse ato, sendo de natureza diferente, não pode ser atribuído à alma humana de Cristo. Portanto, se na alma de Cristo, não houvesse outra ciência além da divina, nada teria conhecido e, assim, teria sido assumida em vão, pois *a coisa existe em razão de sua operação.*

QUANTO AO 2º, deve-se dizer que se se tomam duas luzes da mesma ordem, a menor é ofuscada pela maior, assim como a luz do sol ofusca a luz do candelabro, sendo, cada uma em sua ordem, fonte de luz. Porém, se se toma a maior na ordem do que ilumina, e a menor na ordem do que é iluminado, a luz menor não é ofuscada pela maior, mas ao contrário, aumenta mais, como acontece com a luz do ar iluminada pela luz do sol. Assim, a luz da ciência não é ofuscada, mas se torna mais clara na alma de Cristo pela luz da ciência divina, que é *verdadeira luz que ilumina todo homem que vem a este mundo*, como diz o Evangelho de João.

QUANTO AO 3º, deve-se dizer que da parte das naturezas que se unem, afirma-se a ciência em Cristo, em relação tanto à natureza divina quanto à natureza humana. Com efeito, pela união segundo a qual a hipóstase de Deus e do homem é a mesma, o que pertence a Deus é atribuído ao homem, e o que pertence ao homem é atribuído a Deus, como acima foi dito. Por parte da própria união, porém, não pode haver em Cristo alguma ciência, pois a união refere-se ao existir pessoal, e a ciência não se atribui à pessoa senão em razão de alguma natureza[c].

---

8. Q. 5.
9. Act. 4: ed. Mansi, XI, 274. — Cfr. AGATH., Epist. I ad Aug. Imperat.: ML 87, 1161-1185.
10. C. 9: 1074, b, 15-21.
11. Q. 3, a. 6, 3 a.

c. A pertinência dessa resposta só será plenamente apreendida se lembrarmos que a ciência — como, de resto, toda outra operação — só se relaciona à pessoa que a possui e exerce por intermédio de sua natureza. A ciência é um *habitus* que se exerce por meio de atos cujo princípio imediato é a natureza, princípio de operações, e não da pessoa. A pessoa é sem dúvida o sujeito último da operação, o sujeito que age (o *principium quod*), mas age por meio de sua natureza (o *principium quo*). Em Cristo, o sujeito que age é o Verbo, mas não se pode concluir disso que só há nele uma ciência; deve-se pelo contrário sustentar com firmeza que há nele uma ciência criada e uma incriada, correspondendo às suas duas naturezas.

Articulus 2
Utrum in Christo fuerit scientia beatorum vel comprehensorum

AD SECUNDUM SIC PROCEDITUR. Videtur quod in Christo non fuerit scientia beatorum vel comprehensorum.

1. Scientia enim beatorum est per participationem divini luminis: secundum illud Ps 35,10: *In lumine tuo videbimus lumen*. Sed Christus non habuit lumen divinum tanquam participatum, sed ipsam divinitatem in se habuit substantialiter manentem: secundum illud Cl 2,9: *In ipso habitat omnis plenitudo divinitatis corporaliter*. Ergo in ipso non fuit scientia beatorum.

2. PRAETEREA, scientia beatorum eos beatos facit: secundum illud Io 17,3: *Haec est vita aeterna, ut cognoscant te, verum Deum, et quem misisti, Iesum Christum*. Sed homo ille fuit beatus ex hoc ipso, quod fuit Deo unitus in persona: secundum illud Ps 64,5: *Beatus quem elegisti et assumpsisti*. Non ergo oportet ponere in ipso scientiam beatorum.

3. PRAETEREA, duplex scientia homini competit: una secundum suam naturam; alia supra suam natura. Scientia autem beatorum, quae in divina visione consistit, non est secundum naturam hominis, sed supra eius naturam. In Christo autem fuit alia supernaturalis scientia multo fortior et altior, scilicet scientia divina. Non igitur oportuit in Christo esse scientiam beatorum.

SED CONTRA, scientia beatorum in Dei visione vel cognitione consistit. Sed ipse plene cognovit Deum, etiam secundum quod homo: secundum illud Io 8,55: *Scio eum, et sermonem eius servo*. Ergo in Christo fuit scientia beatorum.

RESPONDEO dicendum quod illud quod est in potentia, reducitur in actum per id quod est actu:

Artigo 2
Houve em Cristo a ciência dos bem-aventurados ou dos que gozam a visão de Deus?

QUANTO AO SEGUNDO, ASSIM SE PROCEDE: parece que em Cristo **não** houve a ciência dos bem-aventurados ou dos que gozam a visão de Deus.

1. Com efeito, a ciência dos bem-aventurados é uma participação da luz divina, segundo o Salmo 35: "Em tua luz veremos a luz". Ora, Cristo não possuiu a luz divina como participada, mas tinha a própria divindade nele imanente de modo substancial, segundo a Carta aos Colossenses: "Pois nele habita corporalmente toda a plenitude da divindade". Logo, nele não houve a ciência dos bem-aventurados.

2. ALÉM DISSO, a ciência dos bem-aventurados é sua bem-aventurança, segundo o Evangelho de João: "Ora, a vida eterna é que eles te conheçam a ti, único verdadeiro Deus e aquele que enviaste Jesus Cristo". Ora, Cristo era bem-aventurado justamente por estar unido a Deus em sua pessoa, segundo o Salmo 64: "Feliz o que escolheste e assumiste". Logo, não é necessário atribuir-lhe a ciência dos bem-aventurados

3. ADEMAIS, ao homem compete uma dupla ciência: uma, corresponde à sua natureza; outra a supera. A ciência dos bem-aventurados que consiste na visão divina não corresponde à natureza do homem, mas lhe é superior Ora, em Cristo houve uma outra ciência sobrenatural muito mais intensa e elevada, a saber, a ciência divina. Logo, não era necessário que tivesse a ciência dos bem-aventurados.

EM SENTIDO CONTRÁRIO, a ciência dos bem-aventurados consiste na visão ou conhecimento de Deus. Mas Cristo, também enquanto homem, conheceu plenamente a Deus, conforme o que diz o Evangelho de João: "Eu o conheço e guardo sua palavra". Logo, houve em Cristo a ciência dos bem-aventurados.

RESPONDO. O que está em potência é reduzido a ato pelo que está em ato[d]; é necessário que esteja

---

2 PARALL.: *Compend. Theol.*, c. 216.

d. Esse argumento é típico da maneira pela qual Sto. Tomás raciocina quando se trata de Cristo. Segundo o que se pode denominar de "princípio de perfeição", e que encontra sua aplicação plena no caso da visão beatífica, Cristo deveria ter atingido desde sua vida terrestre o fim feliz que é o de todo o homem. Devia atingi-lo para que fosse perfeito, mas também para exercer em relação aos outros homens o seu papel de cabeça. Daí a conclusão.
Sem entrar nas discussões modernas sobre o tema, mas simplesmente para ajudar a ler Sto. Tomás da maneira crítica a que ele faz jus, pode-se observar que sua argumentação deixa de assegurar-se do momento em que Cristo atingiu a perfeição, no qual

oportet enim esse calidum id per quod alia calefiunt. Homo autem est in potentia ad scientiam beatorum, quae in visione Dei consistit, et ad eam ordinatur sicut ad finem: est enim creatura rationalis capax illius beatae cognitionis, inquantum est ad imaginem Dei. Ad hunc autem finem beatitudinis homines reducuntur per Christi humanitatem: secundum illud Hb 2,10: *Decebat eum propter quem omnia et per quem omnia, qui multos filios in gloriam adduxerat, auctorem salutis eorum per passionem consummari*. Et ideo oportuit quod cognitio ipsa in Dei visione consistens excellentissime Christo homini conveniret: quia semper causam oportet esse potiorem causato.

AD PRIMUM ergo dicendum quod divinitas unita est humanitati Christi secundum personam, et non secundum naturam vel essentiam: sed cum unitate personae remanet distinctio naturarum. Et ideo anima Christi, quae est pars humanae naturae, per aliquod lumen participatum a natura divina perfecta est ad scientiam beatam, qua Deus per essentiam videtur.

AD SECUNDUM dicendum quod ex ipsa unione homo ille est beatus beatitudine increata: sicut ex unione est Deus. Sed praeter beatitudinem increatam, oportuit in natura humana Christi esse quandam beatitudinem creatam, per quam anima eius in ultimo fine humanae naturae constitueretur.

AD TERTIUM dicendum quod visio seu scientia beata est quodammodo supra naturam animae rationalis: inquantum scilicet propria virtute ad eam pervenire non potest. Alio vero modo est secundum naturam ipsius: inquantum scilicet per naturam suam est capax eius, prout scilicet ad imaginem Dei facta est, ut supra[1] dictum est. Sed scientia increata est omnibus modis supra naturam animae humanae.

quente o que transmite calor a outros. Ora, o homem está em potência em relação à ciência dos bem-aventurados que consiste na visão de Deus, e a ela está ordenado como a seu fim. Com efeito, ele é criatura racional, capaz do conhecimento bem-aventurado, enquanto é à imagem de Deus. Os homens, com efeito, são conduzidos a esse fim da bem-aventurança pela humanidade de Cristo, segundo a Carta aos Hebreus: "Convinha, de fato, àquele por quem e para quem tudo existe e que queria conduzir à glória uma multidão de filhos levar à consumação por meio de sofrimentos o promotor da salvação deles". Foi necessário, pois, que o conhecimento que consiste na visão de Deus conviesse de modo excelentíssimo ao homem Cristo, pois a causa sempre é superior ao efeito.

QUANTO AO 1º, portanto, deve-se dizer que a divindade está unida à humanidade de Cristo na pessoa e não na natureza ou essência. No entanto, na unidade da pessoa permanece a distinção das naturezas. Assim a alma de Cristo, que é parte da natureza humana, por uma certa luz participada da natureza divina, torna-se perfeitamente apta à ciência bem-aventurada, segundo a qual Deus é contemplado em sua essência.

QUANTO AO 2º, deve-se dizer que graças à união, o homem Cristo é bem-aventurado pela bem-aventurança incriada; assim como pela união ele é Deus. No entanto, além da bem-aventurança incriada, foi necessário que houvesse na natureza humana de Cristo uma certa bem-aventurança criada pela qual sua alma alcançasse o fim último da natureza humana.

QUANTO AO 3º, deve-se dizer que a visão ou ciência bem-aventurada de certo modo está acima da natureza da alma racional, dado que não pode alcançá-la por suas próprias forças. Mas, de outro modo, é conforme à natureza da mesma alma, pois, sendo criada à imagem de Deus, como antes foi dito, ela é capaz daquela ciência. A ciência incriada, porém, está absolutamente acima da natureza da alma humana.

---

1. In corp.

tornou-se plenamente cabeça. O versículo da Epístola aos Hebreus (2,11) que ele cita em apoio de sua posição diz claramente que Cristo só atingiu sua "completude" por intermédio de sua morte e ressurreição; o que vai ao encontro de muitas outras passagens escriturísticas (em especial Fl 2,6-11). Logo, se não há dúvida de que o Cristo glorificado é o que nos conduz à felicidade, pois ele atingiu o ápice de toda perfeição, é bem mais difícil afirmar que ele já possuía desde sua vida terrestre a visão dos bem-aventurados ligados a essa plenitude.

A questão continua sendo delicada e extremamente debatida; importa lembrar que o Santo Ofício recomendou prudência a respeito: não se pode ensinar "com segurança" (*tuto*) que "não é evidente que tenha havido na alma de Cristo, quando este vivia entre os homens, a ciência que possuem os bem-aventurados na visão" (DS 3645; Dumeige 376). Como veremos, a posição de Sto. Tomás é bastante coerente cm sua opção básica, mas o obrigará a uma série de especificações que descobriremos aos poucos.

Articulus 3
Utrum in Christo sit alia scientia indita, praeter scientiam beatam

AD TERTIUM SIC PROCEDITUR. Videtur quod in Christo non sit alia scientia indita, praeter scientiam beatam.

1. Omnis enim alia scientia creata comparatur ad scientiam beatam sicut imperfectum ad perfectum. Sed, praesente perfecta cognitione, excluditur cognitio imperfecta: sicut manifesta visio faciei excludit aenigmaticam visionem fidei, ut patet 1Cor 13,10-12. Cum igitur in Christo fuerit scientia beata, ut dictum est[1], videtur quod non potuerit in eo alia esse scientia indita.

2. PRAETEREA, imperfectior modus cognitionis disponit ad perfectiorem: sicut opinio, quae est per syllogismum dialecticum, disponit ad scientiam, quae est per syllogismum demonstrativum. Habita autem perfectione, non est ulterius necessaria dispositio: sicut, habito termino, non est necessarius motus. Cum igitur cognitio quaecumque alia creata comparetur ad cognitionem beatam sicut imperfectum ad perfectum, et sicut dispositio ad terminum, videtur quod, cum Christus habuerit cognitionem beatam, quod non fuerit ei necessarium habere aliam cognitionem.

3. PRAETEREA, sicut materia corporalis est in potentia ad formam sensibilem, ita intellectus possibilis est in potentia ad formam intelligibilem. Sed materia corporalis non potest simul recipere duas formas sensibiles, unam perfectiorem et aliam minus perfectam. Ergo nec anima potest simul recipere duplicem scientiam, unam perfectiorem et aliam minus perfectam. Et sic idem quod prius.

SED CONTRA est quod dicitur Cl 2,3, quod in Christo *sunt omnes thesauri sapientiae et scientiae absconditi*.

RESPONDEO dicendum quod, sicut dictum est[2], decebat quod natura humana assumpta a Verbo Dei, imperfecta non esset. Omne autem quod est in potentia, est imperfectum nisi reducatur ad actum. Intellectus autem possibilis humanus est in potentia ad omnia intelligibilia. Reducitur autem ad actum per species intelligibiles, quae sunt

Artigo 3
Há em Cristo outra ciência infusa além da ciência bem-aventurada?

QUANTO AO TERCEIRO, ASSIM SE PROCEDE: parece que em Cristo **não** há outra ciência infusa além da ciência bem-aventurada.

1. Com efeito, toda ciência criada é comparada à ciência bem-aventurada como o imperfeito ao perfeito. Ora, com a presença do conhecimento perfeito desaparece o conhecimento imperfeito: assim como a clara visão face a face exclui a visão da fé por enigma, como se lê na primeira Carta aos Coríntios. Logo, tendo havido em Cristo a ciência bem-aventurada como foi dito, parece que não haveria lugar nele para outra ciência infusa.

2. ALÉM DISSO, o modo imperfeito do conhecimento dispõe para o modo mais perfeito, assim como a opinião, que se dá por silogismo dialético, dispõe para a ciência que se dá por silogismo demonstrativo. Com a posse da perfeição, a disposição não é mais necessária, assim como não é necessário o movimento, uma vez alcançado o termo. Como qualquer conhecimento criado se compara ao conhecimento bem-aventurado como o imperfeito ao perfeito e como a disposição ao termo, parece, portanto, não ser necessário ainda um outro conhecimento a Cristo, que já possui o conhecimento bem-aventurado.

3. ADEMAIS, como a matéria corporal está em potência para a forma sensível, assim o intelecto possível está em potência para a forma inteligível. Ora, a matéria corporal não pode receber simultaneamente duas formas sensíveis, uma mais perfeita, outra menos perfeita. Logo, nem a alma pode receber ao mesmo tempo duas ciências, uma mais perfeita e outra menos perfeita. O que nos leva à mesma conclusão.

EM SENTIDO CONTRÁRIO, está escrito na Carta aos Colossenses: "Em Cristo estão escondidos todos os tesouros da sabedoria e da ciência".

RESPONDO. Como foi dito, era conveniente que a natureza humana assumida pelo Verbo não tivesse imperfeição. Ora, o que está em potência é imperfeito a não ser que seja reduzido a ato. O intelecto humano possível está em potência a todos os inteligíveis. É reduzido a ato pelas espécies inteligíveis, que são suas formas completivas, como

---

3 PARALL.: Infra, q. 12, a. 1; III *Sent*., dist. 14, a. 1, q.la 5; *De Verit*., q. 20, a. 2, 3; *Compend. Theol*., c. 216.
1. A. praec.
2. A. 1.

formae quaedam completivae ipsius: ut patet ex his quae dicuntur in III *de Anima*[3]. Et ideo oportet in Christo scientiam ponere inditam, inquantum per Verbum Dei animae Christi, sibi personaliter unitae, impressae sunt species intelligibiles ad omnia ad quae est intellectus possibilis in potentia: sicut etiam per Verbum Dei impressae sunt species intelligibiles menti angelicae in principio creationis rerum, ut patet per Augustinum, *super Gen. ad litt.*[4]. Et ideo, sicut in Angelis, secundum eundem Augustinum[5], ponitur duplex cognitio, una scilicet *matutina*, per quam cognoscunt res in Verbo, et alia *vespertina*, per quam cognoscunt res in propria natura per species sibi inditas: ita, praeter scientiam divinam increatam, est in Christo, secundum eius animam, scientia beata, qua cognoscit Verbum et res in Verbo; et scientia indita sive infusa, per quam cognoscit res in propria natura per species intelligibiles humanae menti proportionatas.

AD PRIMUM ergo dicendum quod visio imperfecta fidei in sui ratione includit oppositum manifestae visionis: eo quod de ratione fidei est ut sit de non visis, ut in Secunda Parte[6] habitum est. Sed cognitio quae est per species inditas, non includit aliquid oppositum cognitionis beatae. Et ideo non est eadem ratio utrobique.

AD SECUNDUM dicendum quod dispositio se habet ad perfectionem dupliciter: uno modo, sicut via ducens in perfectionem; alio modo, sicut effectus a perfectione procedens. Per calorem enim disponitur materia ad suscipiendum formam ignis: qua tamen adveniente, calor non cessat, sed remanet quasi quidam effectus talis formae. Et similiter opinio, ex syllogismo dialectico causata, est via ad scientiam, quae per demonstrationem acquiritur: qua tamen acquisita, potest remanere cognitio quae est per syllogismum dialecticum,

está claro no livro III da *Alma*. É necessário, pois, afirmar em Cristo uma ciência infusa; assim, por meio do Verbo de Deus, ao qual está pessoalmente unida, a alma de Cristo tem impressas as espécies inteligíveis de todas as coisas para as quais o intelecto possível está em potência. Assim também, no início da criação, pelo Verbo de Deus, as espécies inteligíveis foram impressas na mente angélica, como ensina Agostinho. Ao anjo, segundo o mesmo Agostinho, se atribui um duplo conhecimento: um, *matutino*, pelo qual conhece as coisas no Verbo; e outro, *vespertino*, pelo qual conhece as coisas em sua própria natureza pelas espécies nele infusas. Assim, além da ciência divina incriada, há em Cristo, em sua alma, uma ciência bem-aventurada, pela qual conhece o Verbo e as coisas no Verbo; e uma ciência infusa, pela qual conhece as coisas em sua natureza própria pelas espécies inteligíveis proporcionadas à mente humana[e].

QUANTO AO 1º, portanto, deve-se dizer que a visão imperfeita da fé implica, em sua razão, o oposto da visão manifesta; pois, pertence à razão da fé ter como objeto as realidades não visíveis, como se mostrou na II Parte. Mas o conhecimento por espécies infusas não implica o conhecimento bem-aventurado como oposto. Logo, não há a mesma razão nos dois casos.

QUANTO AO 2º, deve-se dizer que a disposição se refere à perfeição de duas maneiras. De um modo, como caminho que conduz à perfeição; de outro, como o efeito que procede da perfeição. Assim, pelo calor a matéria é disposta a receber a forma do fogo; ao chegar esta, o calor não cessa, mas permanece como efeito daquela forma. Do mesmo modo, a opinião produzida pelo silogismo dialético é caminho para a ciência que se adquire por demonstração. Adquirida a ciência, pode permanecer o conhecimento obtido pelo silogismo dialético

---

3. C. 8: 431, b, 21-432, a. 3.
4. L. II, c. 8, n. 16: ML 34, 269.
5. *De Gen. ad litt.*, l. IV, c. 22: ML 34, 312; *De Civ. Dei*, l. XI, c. 7: ML 41, 322.
6. II-II, q. 1, a. 4.

e. O conhecimento das coisas em sua natureza própria se obtém usualmente por meio de formas representativas (as espécies inteligíveis) extraídas das realidades que elas representam pelo trabalho do intelecto agente, e impressas em seguida no intelecto possível. Todavia, no caso mais elevado do conhecimento profético, Sto. Tomás admite que Deus possa criar essas espécies inteligíveis e imprimi-las no espírito do profeta. É a hipótese que ele mantém aqui para Cristo. Em virtude do princípio de perfeição enunciado no artigo precedente, Cristo devia superar até mesmo os anjos, não só em seu conhecimento de Deus, mas também das coisas em si (ver *De Veritate*, q. 20, a. 3). Conviria portanto que ele possuísse no mais alto grau a ciência infusa, que contudo só é natural nos anjos (ver *De Veritate*, q. 8, a. 9, e I, q. 55, a. 2, Solução e r. 1). Se é um pouco difícil admitir que essa perfeição *angélica* não se aplique bem a um espírito *humano*, Sto. Tomás lembra que as espécies inteligíveis infusas são da mesma natureza que as espécies naturalmente adquiridas. Muda apenas o seu modo de aquisição. Daí, ele conclui que essas espécies, sendo criadas, são proporcionais ao espírito humano de Cristo, e portanto que esse saber infuso permanece um saber humano.

quasi consequens scientiam demonstrativam, quae est per causam; quia ille qui cognoscit causam, ex hoc etiam magis potest cognoscere signa probabilia, ex quibus procedit dialecticus syllogismus. Et similiter in Christo simul cum scientia beatitudinis manet scientia indita, non quasi via ad beatitudinem, sed quasi per beatitudinem confirmata.

AD TERTIUM dicendum quod cognitio beata non fit per speciem quae sit similitudo divinae essentiae, vel eorum quae in divina essentia cognoscuntur, ut patet ex his quae in Prima Parte[7] dicta sunt: sed talis cognitio est ipsius divinae essentiae immediate, per hoc quod ipsa essentia divina unitur menti beatae sicut intelligibile intelligenti. Quae quidem essentia divina est forma excedens proportionem cuiuslibet creaturae. Unde nihil prohibet quin, cum hac forma superexcedente, simul insint rationali menti species intelligibiles proportionatae suae naturae.

como consequente à ciência demonstrativa, que procede pela causa, pois o que conhece a causa tanto mais pode conhecer os sinais prováveis dos quais procede o silogismo dialético. De modo semelhante em Cristo, junto com a ciência da bem-aventurança permanece a ciência infusa, não como caminho para a bem-aventurança, mas enquanto confirmada por ela.

QUANTO AO 3º, deve-se dizer que na bem-aventurança, o conhecimento não se dá por uma espécie que seja semelhança da essência divina ou das coisas que se conhecem na essência divina, como ficou claro na I Parte. Trata-se de um conhecimento imediato da divina essência, pois ela se une à mente do bem-aventurado como o inteligível ao que conhece. Na verdade, porém, a essência divina é uma forma que excede a proporção de qualquer criatura. Nada impede, pois, que com essa forma superexcedente, estejam presentes na mente racional espécies inteligíveis proporcionadas à sua natureza.

ARTICULUS 4
Utrum in Christo fuerit aliqua scientia experimentalis acquisita

AD QUARTUM SIC PROCEDITUR. Videtur quod in Christo non fuerit aliqua scientia experimentalis acquisita.
1. Quidquid enim Christo conveniens fuit, excellentissime habuit. Sed Christus non habuit excellentissime scientiam acquisitam: non enim institit studio litterarum, quo perfectissime scientia acquiritur; dicitur enim Io 7,15: *Mirabantur Iudaei, dicentes: Quomodo hic litteras scit, cum non didicerit?* Ergo videtur quod in Christo non fuerit aliqua scientia acquisita.

2. PRAETEREA, ei quod est plenum, non potest aliquid superaddi. Sed potentia animae Christi fuit impleta per species intelligibiles divinitus inditas, ut dictum est[1]. Non ergo potuerunt supervenire eius animae aliquae species acquisitae.
3. PRAETEREA, in eo qui iam habitum scientiae habet, per ea quae a sensu accipit, non acquiritur novus habitus, quia sic duae formae eiusdem speciei simul essent in eodem: sed habitus qui prius

ARTIGO 4
Houve em Cristo alguma ciência experimental adquirida?

QUANTO AO QUARTO, ASSIM SE PROCEDE: parece que **não** houve em Cristo nenhuma ciência experimental adquirida.
1. Com efeito, tudo o que foi conveniente a Cristo, ele o possuiu da maneira mais excelente. Ora, Cristo não possuiu da maneira mais excelente a ciência adquirida; não se entregou, por exemplo, ao estudo das letras pelo qual essa ciência é adquirida do modo mais perfeito. Com efeito, lê-se no Evangelho de João: "Os judeus estavam surpresos e diziam: 'Como ele é tão letrado se não estudou?'" Logo, parece que em Cristo não houve ciência adquirida.

2. ALÉM DISSO, ao que já está cheio não se pode acrescentar mais nada. Ora, a potência da alma de Cristo foi plena das espécies inteligíveis divinamente infundidas, como foi dito. Logo, não havia lugar em sua alma para as espécies adquiridas.
3. ADEMAIS, o que já possui o hábito da ciência por intermédio do que recebe pelos sentidos não adquire um novo hábito, pois assim haveria no mesmo sujeito duas formas da mesma espécie,

---

7. Q. 12, a. 2, 9.

4 PARALL.: Infra, q. 12, a. 2; q. 15, a. 8; III *Sent.*, dist. 14, a. 3, q.la 5, ad 3; dist. 18, a. 3, ad 5; *De Verit.*, q. 20, a. 3, ad 1; *Compend. Theol.*, c. 216.

1. A. praec.

inerat, confirmatur et augetur. Cum ergo Christus habuerit habitum scientiae inditae, non videtur quod per ea quae sensu percepit, aliquam aliam scientiam acquisierit.

SED CONTRA est quod Hb 5,8 dicitur: *Cum esset Filius Dei, didicit ex his quae passus est, obedientiam*: Glossa[2]: *idest, expertus est*. Fuit ergo in Christo aliqua experimentalis scientia: quae est scientia acquisita.

RESPONDEO dicendum quod, sicut ex supra[3] dictis patet, nihil eorum *quae Deus in nostra natura plantavit*, defuit humanae naturae assumptae a Verbo Dei. Manifestum est autem quod in humana natura Deus plantavit non solum intellectum possibilem, sed etiam intellectum agentem. Unde necesse est dicere quod in anima Christi non solum intellectus possibilis, sed etiam intellectus agens fuerit. Si autem in aliis *Deus et natura nihil frustra fecerunt*, ut Philosophus dicit, in I *de Caelo et Mundo*[4], multo minus in anima Christi aliquid fuit frustra. Frustra autem est quod non habet propriam operationem: cum *omnis res sit propter suam operationem*, ut dicitur in II *de Caelo et Mundo*[5]. Propria autem operatio intellectus agentis est facere species intelligibiles actu, abstrahendo eas a phantasmatibus: unde dicitur in III *de Anima*[6] quod intellectus agens est *quo est omnia facere*. Sic igitur necesse est dicere quod in Christo fuerunt aliquae species intelligibiles per actionem intellectus agentis in intellectu possibili eius receptae. Quod est esse in ipso scientiam acquisitam, quam quidam[7] experimentalem nominant.

Et ideo, quamvis aliter alibi[8] scripserim, dicendum est in Christo scientiam acquisitam fuisse. Quae proprie est scientia secundum modum humanum, non solum ex parte recipientis subiecti, sed etiam ex parte causae agentis: nam talis scientia

mas apenas o hábito já possuído é confirmado e aumentado. Logo, como Cristo já possuía o hábito da ciência infusa, não parece que tivesse adquirido outra ciência por meio das percepções dos sentidos.

EM SENTIDO CONTRÁRIO, diz-se na Carta aos Hebreus: "Embora sendo Filho, aprendeu a obediência pelos próprios sofrimentos". A Glosa comenta: "Isto é, experimentou". Logo, houve em Cristo uma certa ciência experimental, que é uma ciência adquirida.

RESPONDO. Como está claro pelo que acima foi dito, nada do que Deus plantou em nossa natureza faltou à natureza humana assumida pelo Verbo de Deus. Ora, é claro que Deus dotou nossa natureza não só do intelecto possível, mas também do intelecto agente. Logo, é necessário admitir que, na alma de Cristo, havia não apenas o intelecto possível mas igualmente o intelecto agente. Se nas outras coisas "Deus e a natureza nada fizeram em vão", como diz o Filósofo no livro I do *Céu e do Mundo*, muito menos na alma de Cristo existiu algo em vão. Ora, existe em vão o que não tem sua operação própria, pois que "toda coisa existe em vista de sua operação", conforme o o livro II do *Céu e do Mundo*. A operação própria do intelecto agente é fazer as espécies inteligíveis, abstraindo-as das representações imaginárias. Daí dizer o livro III da *Alma* que ao intelecto agente "compete tudo fazer". Portanto devemos dizer que houve em Cristo espécies inteligíveis pela ação do intelecto agente e recebidas no seu intelecto possível, o que equivale a afirmar que houve nele uma ciência adquirida, que alguns denominam experimental.

Assim, embora eu mesmo tenha escrito diferentemente em outro lugar, deve-se dizer que em Cristo houve uma ciência adquirida[f]. Trata-se da ciência própria do modo humano de conhecer, não apenas da parte do sujeito que recebe, mas

---

2. Interl.; LOMBARDI: ML 192, 438 A.
3. Q. 4, a. 2, 2 a; q. 5.
4. C. 4: 271, a, 33.
5. C. 3: 286, a. 8-9.
6. C. 5: 430, a. 15-17.
7. S. BONAVENTURA, *In III Sent.*, dist. 14, a. 3, q. 2: S. ALBERTUS M., *In III Sent.*, l. III, dist. 10.
8. III *Sent.*, dist. 14, a. 3, q.la 5, ad 3; dist. 18, a. 3, ad 5.

f. Em seu primeiro ensinamento (cerca de vinte anos antes), Sto. Tomás não admitia que Cristo pudesse ter uma ciência natural adquirida; ele só lhe reconhecia a visão beatífica e a ciência infusa (*III, Sent.*, D. 14, q. 1, a. 3, sol. 3). Ele abandona aqui formalmente essa opinião, e é interessante observar que ele chega à nova posição por meio de um raciocínio do mesmo tipo daquele que conduziu os grandes Concílios cristológicos a admitir progressivamente que a plena humanidade de Cristo acarretava a presença nele de duas naturezas, de duas vontades, de duas operações. Uma passagem como essa mostra de maneira eloquente a que ponto Sto. Tomás se manteve atento durante toda sua vida, e nada impede pensar que muitas posições que nos surpreendem hoje poderiam ter sido modificadas numa nova retomada de sua exposição da psicologia de Cristo.

ponitur in Christo secundum lumen intellectus agentis, quod est humanae naturae connaturale. Scientia autem infusa attribuitur animae humanae secundum lumen desuper infusum: qui modus cognoscendi est proportionatus naturae angelicae. Scientia vero beata, per quam ipsa Dei essentia videtur, est propria et connaturalis soli Deo: ut in Prima Parte[9] dictum est.

AD PRIMUM ergo dicendum quod, cum duplex sit modus acquirendi scientiam, scilicet inveniendo et addiscendo, modus qui est per inventionem est praecipuus, modus autem qui est per disciplinam est secundarius. Unde dicitur in I *Ethic.*[10]: *Ille quidem est optimus qui omnia per seipsum intelligit: bonus autem et ille qui bene dicenti obediet.* Et ideo Christo magis competebat habere scientiam acquisitam per inventionem quam per disciplinam: praesertim cum ipse daretur a Deo omnibus in Doctorem, secundum illud Il 2,23: *Laetamini in Domino Deo vestro: quia dedit vobis Doctorem iustitiae.*

AD SECUNDUM dicendum quod humana mens duplicem habet respectum. Unum quidem ad superiora. Et secundum hunc respectum, anima Christi fuit plena per scientiam inditam. Alius autem respectus eius est ad inferiora: idest ad phantasmata, quae sunt nata movere mentem humanam per virtutem intellectus agentis. Oportuit autem quod etiam secundum hunc respectum anima Christi scientia impleretur: non quin prima plenitudo menti humanae sufficeret secundum seipsam; sed oportebat eam perfici etiam secundum comparationem ad phantasmata.

AD TERTIUM dicendum quod alia ratio est de habitu acquisito, et de habitu infuso. Nam habitus scientiae acquiritur per comparationem humanae mentis ad phantasmata: unde secundum eandem rationem non potest alius habitus iterato acquiri. Sed habitus scientiae infusae est alterius rationis, utpote a superiori descendens in animam, non secundum proportionem phantasmatum. Et ideo non est eadem ratio de utroque habitu.

também da parte da causa agente: pois essa ciência é atribuída a Cristo segundo a iluminação do intelecto agente, que é conatural à natureza humana. A ciência infusa é atribuída à alma humana segundo uma iluminação infundida do alto, sendo esse modo de conhecer proporcionado à natureza angélica. Mas a ciência dos bem-aventurados pela qual a própria essência de Deus é contemplada, é própria somente de Deus e a ele conatural, como foi dito na I Parte.

QUANTO AO 1º, portanto, deve-se dizer que há dois modos de adquirir a ciência, a saber, descobrindo e aprendendo. O modo por descoberta é mais importante, enquanto o modo por meio da aprendizagem é secundário. Assim diz o livro I da *Ética*: "É excelente aquele que entende tudo por si mesmo; é bom o que aceita quem ensina bem". Por isso, a Cristo era mais conveniente possuir a ciência adquirida por descoberta do que por aprendizagem[g], sobretudo porque ele foi dado a todos por Deus como Doutor, segundo o que diz o livro do profeta Joel: "Alegrai-vos no Senhor vosso Deus porque vos deu o Doutor da justiça".

QUANTO AO 2º, deve-se dizer que a mente humana tem duas relações. Uma, para as realidades superiores; e por essa relação, a alma de Cristo foi plena da ciência infusa. A outra relação é para as realidades inferiores, ou seja, para as representações imaginárias que podem mover a mente humana por virtude do intelecto agente. Foi necessário que também por essa relação fosse plena a alma de Cristo. Não porque a primeira plenitude não bastasse por si mesma à mente humana; mas porque era necessário que ela fosse perfeita também em relação às representações imaginárias.

QUANTO AO 3º, deve-se dizer que diferem, em sua razão, o hábito adquirido e o hábito infuso. Com efeito, o hábito da ciência se adquire pelo recurso da mente humana às representações imaginárias. Eis por que não se pode adquirir reiteradamente o mesmo hábito segundo a mesma razão. Mas o hábito da ciência infusa possui natureza diferente, pois desce do alto à alma, e não segundo a proporção das representações imaginárias. Logo, não é a mesma a razão dos dois hábitos.

---

9. Q. 12, a. 4.
10. C. 2: 1095, b, 10-11.

g. Voltaremos a tratar do tema abaixo na q. 12, a. 3, nota 5.

QUAESTIO X
DE SCIENTIA BEATA ANIMAE CHRISTI
in quatuor articulos divisa

Deinde considerandum est de qualibet praedictarum scientiarum. Sed quia de scientia divina dictum est in Prima Parte, restat nunc videre de aliis: primo, de scientia beata; secundo, de scientia indita; tertio, de scientia acquisita. Sed quia de scientia beata, quae in Dei visione consistit, plura dicta sunt in Prima Parte, ideo hic sola illa videntur dicenda quae pertinent ad animam Christi.

Circa hoc quaeruntur quatuor.
Primo: utrum anima Christi comprehenderit Verbum, sive divinam essentiam.
Secundo: utrum cognoverit omnia in Verbo.
Tertio: utrum anima Christi in Verbo cognoverit infinita.
Quarto: utrum videat Verbum, vel divinam essentiam, clarius qualibet alia creatura.

Articulus 1
Utrum anima Christi comprehenderit et comprehendat Verbum, sive divinam essentiam

AD PRIMUM SIC PROCEDITUR. Videtur quod anima Christi comprehenderit et comprehendat Verbum, sive divinam essentiam.

1. Dicit enim Isidorus[1] quod *Trinitas sibi soli nota est, et homini assumpto*. Igitur homo assumptus communicat cum sancta Trinitate in illa notitia sui quae est sanctae Trinitatis propria. Huiusmodi autem est notitia comprehensionis. Ergo anima Christi comprehendit divinam essentiam.

2. PRAETEREA, magis est uniri Deo secundum esse personale quam secundum visionem. Sed,

QUESTÃO 10
A CIÊNCIA BEM-AVENTURADA DA ALMA DE CRISTO
em quatro artigos

Em seguida, deve-se considerar cada uma das ciências de Cristo. Da ciência divina, no entanto, já se tratou na I Parte. Resta, pois, tratar das outras. Primeiramente, da ciência bem-aventurada. Em segundo lugar, da ciência infusa. Em terceiro, da ciência adquirida. Sobre a ciência bem-aventurada, que consiste na visão de Deus, muito se falou na I Parte; portanto, aqui, se tratará somente dos aspectos concernentes à alma de Cristo[a].

Sobre isso são quatro as perguntas:
1. A alma de Cristo compreendeu o Verbo, ou a essência divina?
2. A alma de Cristo tudo conheceu no Verbo?
3. A alma de Cristo conheceu no Verbo infinitos objetos?
4. A alma de Cristo vê o Verbo ou a essência divina mais claramente do que qualquer outra criatura?

Artigo 1
A alma de Cristo compreendeu e compreende o Verbo, ou a essência divina?

QUANTO AO PRIMEIRO ARTIGO, ASSIM SE PROCEDE: parece que a alma de Cristo **compreendeu** e compreende o Verbo, ou a essência divina.

1. Com efeito, diz Isidoro: "A Trindade é conhecida apenas de si mesma e do homem que assumiu". Portanto, o homem que foi assumido tem em comum com a santa Trindade o conhecimento de si mesmo que é próprio dela. Ora, tal é o conhecimento de compreensão. Logo, a alma de Cristo compreende a essência divina.

2. ALÉM DISSO, unir-se a Deus pela existência pessoal é mais do que unir-se pela visão. Ora, diz

---

[1] PARALL.: III *Sent.*, dist. 14, a. 2, q.la 1; *De Verit.*, q. 20, a. 4, 5; *Compend. Theol.*, c. 216; I *ad Tim.*, c. 6, lect. 3.
  1. *Sent.* al. *de Summo Bono*, l. I, c. 3, n. 1: ML 83, 543 A.

[a] A essência da visão beatífica consiste no conhecimento direto de Deus, sem a intermediação de nenhuma forma representativa criada. Isso é comum a Cristo e aos outros seres bem-aventurados. O que Cristo tinha de próprio deve ser buscado na maior extensão de sua visão e em sua maior intensidade: ele vê mais coisas e as vê mais claramente. Quanto à extensão, a maior possível seria o conhecimento completo de Deus; a resposta aqui só pode ser negativa: a alma de Cristo, sendo apenas uma criatura, não podia "compreender" a essência infinita de Deus; só Deus possui uma visão correspondendo perfeitamente a sua essência (a. 1). Apesar desse limite, Tomás afirma que Cristo conheceu no Verbo todo o criado, passado, presente futuro (a. 2), o que corresponde a uma certa infinidade de seu saber, uma vez que um número ilimitado de atos são possíveis às criaturas que ele conhecia (a. 3). Quanto à intensidade ou à clareza de sua visão, deve-se dizer que, em consequência da união hipostática, a alma de Cristo via Deus e todas as coisas nele mais perfeitamente do que qualquer outra criatura, pois nenhuma delas está tão intimamente unida a Deus.

sicut Damascenus dicit, in III libro[2], *tota divinitas, in una personarum, est unita humanae naturae in Christo*. Multo igitur magis tota natura divina videtur ab anima Christi. Et ita videtur quod anima Christi comprehendat divinam essentiam.

3. PRAETEREA, *illud quod convenit Filio Dei per naturam, convenit Filio Hominis per gratiam*, ut Augustinus dicit, in libro *de Trinitate*[3]. Sed comprehendere divinam essentiam competit Filio Dei per naturam. Ergo Filio Hominis competit per gratiam. Et ita videtur quod anima Christi per gratiam Verbum comprehendat.

SED CONTRA est quod Augustinus dicit, in libro *Octoginta trium Quaest.*[4]: *Quod se comprehendit, finitum est sibi*. Sed essentia divina non est finita in comparatione ad animam Christi: cum in infinitum eam excedat. Ergo anima Christi non comprehendit Verbum.

RESPONDEO dicendum quod, sicut ex supra[5] dictis patet, sic facta est unio naturarum in persona Christi quod tamen proprietas utriusque naturae inconfusa permansit: ita scilicet quod *increatum mansit increatum, et creatum mansit infra limites creaturae*, sicut Damascenus dicit, in III libro[6]. Est autem impossibile quod aliqua creatura comprehendat divinam essentiam, sicut in Prima Parte[7] dictum est: eo quod infinitum non comprehenditur a finito. Et ideo dicendum quod *anima* Christi nullo modo comprehendit divinam essentiam.

AD PRIMUM ergo dicendum quod homo assumptus connumeratur divinae Trinitati in sui cognitione, non ratione comprehensionis, sed ratione cuiusdam excellentissimae cognitionis prae ceteris creaturis.

AD SECUNDUM dicendum quod nec etiam in unione quae est secundum esse personale, natura humana comprehendit Verbum Dei, sive naturam divinam: quae quamvis tota unita fuerit humanae naturae in una persona Filii, non tamen fuit tota virtus divinitatis ab humana natura quasi circumscripta.

Damasceno: "Toda divindade em uma das pessoas uniu-se à natureza humana em Cristo". Logo, com muito maior razão, toda natureza divina é contemplada pela alma de Cristo. Parece, pois, que a alma de Cristo compreende a essência divina.

3. ADEMAIS, diz Agostinho: "O que convém ao Filho de Deus pela natureza convém ao Filho do Homem pela graça". Ora, compreender a essência divina convém ao Filho de Deus pela natureza. Logo, convém ao Filho do Homem pela graça. Parece assim que a alma de Cristo compreende o Verbo pela graça.

EM SENTIDO CONTRÁRIO, Agostinho declara: "Aquele que compreende a si mesmo é finito para si". Ora, a essência divina não é finita para a alma de Cristo, pois a excede infinitamente. Logo, a alma de Cristo não compreende o Verbo.

RESPONDO. Está claro pelo que acima foi explicado que a união das naturezas na pessoa de Cristo se operou de tal maneira que a propriedade de cada natureza permaneceu sem confusão. Ou seja, como diz Damasceno: "O incriado permaneceu incriado e o criado ficou dentro dos limites da criatura". Ora, é impossível que uma criatura compreenda a essência divina, como foi demonstrado na I Parte; pois o infinito não pode ser compreendido pelo finito. Deve-se, pois, afirmar que de nenhuma maneira a alma de Cristo compreende a essência divina[b].

QUANTO AO 1º, portanto, deve-se dizer que o homem que foi assumido é comparado à Trindade divina no conhecimento de si mesma, não por modo de compreensão e sim de um certo conhecimento, o mais excelente com relação às outras criaturas.

QUANTO AO 2º, deve-se dizer que nem mesmo na união segundo a existência pessoal a natureza humana compreende o Verbo de Deus ou a natureza divina. Com efeito, embora toda ela se tenha unido à natureza humana na única pessoa do Filho, toda a perfeição da divindade não foi como

---

2. *De fide orth.*, l. III, c. 6: MG 94, 1005 A.
3. Cfr. l. I, c. 13, n. 30: ML 42, 842.
4. Q. 15: ML 40, 14-15.
5. Q. 2, a. 1.
6. *De fide orth.*, l. III, c. 3: MG 94, 993 C.
7. Q. 12, a. 7.

b. Além da explicação óbvia e que basta enunciar para que se perceba sua evidência, de que o finito não pode "compreender" o infinito, um outro grande princípio está em ação neste artigo — como de resto em todas essas questões sobre a ciência criada de Cristo —, e é o ensinamento do Concílio da Calcedônia: a união das duas naturezas se efetuou sem confusão. Toda argumentação que pretendesse passar da ciência infinita do Verbo para a de sua humanidade estaria desconhecendo gravemente esse dado fundamental do dogma.

Unque Augustinus dicit, in Epistola *ad Volusianum*[8]: *Scire te volo non hoc Christianam habere doctrinam, quod ita Deus infusus sit carni ut curam gubernandae universitatis vel deseruerit vel amiserit, vel ad illud corpusculum quasi contractam collectamque transtulerit.* Et similiter anima Christi totam essentiam Dei videt: non tamen eam comprehendit, quia non totaliter eam videst, idest, non ita perfecte sicut visibilis est, ut in Prima Parte[9] expositum est.

AD TERTIUM dicendum quod verbum illud Augustini est intelligendum de gratia unionis, secundum quam omnia quae dicuntur de Filio Dei secundum naturam divinam, dicuntur de Filio Hominis, propter identitatem suppositi. Et secundum hoc, vere potest dici quod Filius Hominis est comprehensor divinae essentiae: non quidem secundum animam, sed secundum divinam naturam. Per quem etiam modum potest dici quod Filius Hominis est Creator.

que circunscrita pela natureza humana. Por isso, diz Agostinho: "Quero que saibas que a doutrina cristã não afirma que Deus se infundiu na carne de sorte a deixar ou abandonar o cuidado de governar o universo ou a tenha transferido para aquele pequeno corpo como que contraído e apertado". De modo semelhante, a alma de Cristo vê toda a essência de Deus. Porém não a compreende porque não a vê totalmente, ou seja, tão perfeitamente quanto é visível, como foi explicado na I Parte.

QUANTO AO 3º, deve-se dizer que o texto citado de Agostinho deve ser entendido com respeito à graça da união, segundo a qual tudo o que se diz do Filho de Deus segundo a natureza divina se diz do Filho do Homem em razão da identidade de supósito. Desde esse ponto de vista pode-se dizer em verdade que o Filho do Homem compreende a essência divina, não segundo a alma, mas segundo a natureza divina. E dessa madeira pode-se dizer igualmente que o Filho do Homem é Criador.

ARTICULUS 2
Utrum anima Christi in Verbo cognoscat omnia

AD SECUNDUM SIC PROCEDITUR. Videtur quod anima Christi in Verbo non cognoscat omnia.

1. Dicitur enim Marci 13,32: *De die autem illa nemo scit, neque angeli in caelo neque Filius, nisi Pater.* Non igitur omnia scit in Verbo.

2. PRAETEREA, quanto aliquis perfectius cognoscit aliquod principium, tanto plura in illo principio cognoscit. Sed Deus perfectius videt essentiam suam quam anima Christi. Ergo plura cognoscit in Verbo quam anima Christi. Non ergo anima Christi in Verbo cognoscit omnia.

3. PRAETEREA, quantitas scientiae attenditur secundum quantitatem scibilium. Si ergo anima Christi sciret in Verbo omnia quae scit Verbum, sequeretur quod scientia animae Christi aequaretur scientiae divinae, creatum videlicet increato. Quod est impossibile.

ARTIGO 2
A alma de Cristo conhece todas as coisas no Verbo?

QUANTO AO SEGUNDO, ASSIM SE PROCEDE: parece que a alma de Cristo **não** conhece todas as coisas no Verbo.

1. Com efeito, no Evangelho de Marcos se diz: "Mas este dia e esta hora ninguém os conhece, nem os anjos do céu nem o Filho, mas somente o Pai". Portanto, a alma de Cristo não conhece todas as coisas no Verbo.

2. ALÉM DISSO, quanto mais perfeitamente conhece alguém um princípio, tanto mais coisas conhece naquele princípio. Ora, Deus vê mais perfeitamente a própria essência do que a alma de Cristo. Logo, conhece mais coisas no Verbo do que a alma de Cristo. Portanto, a alma de Cristo não conhece todas as coisas no Verbo.

3. ADEMAIS, a quantidade da ciência depende da quantidade do que se pode saber. Logo, se a alma de Cristo conhecesse no Verbo todas as coisas que o Verbo conhece, seguir-se-ia que a ciência da alma de Cristo seria igual à ciência divina, ou seja, o criado igual ao incriado. O que é impossível.

---

8. Epist. 137, al. 3, c. 2, n. 4: ML 33, 517.
9. Q. 12, a. 7.

PARALL.: III *Sent.*, dist. 14, a. 2, q.la 2; *De Verit.*, q. 8, a. 4; q. 20, a. 4, 5; *Compend. Theol.*, c. 216.

SED CONTRA est quod, super illud Ap 5,12, *Dignus est Agnus qui occisus est accipere divinitatem et scientiam*, Glossa[1] dicit: *idest, omnium cognitionem*.

RESPONDEO dicendum quod, cum quaeritur an Christus cognoscat omnia in Verbo, dicendum est quod ly *omnia* potest dupliciter accipi. Uno modo, proprie: ut distribuat pro omnibus quae quocumque modo sunt vel erunt vel fuerunt, vel facta vel dicta vel cogitata a quocumque, secundum quodcumque tempus. Et sic dicendum est quod anima Christi in Verbo cognoscit omnia. Unusquisque enim intellectus creatus in Verbo cognoscit, non quidem omnia simpliciter, sed tanto plura quanto perfectius videt Verbum: nulli tamen intellectui beato deest quin cognoscat in Verbo omnia quae ad ipsum spectant. Ad Christum autem, et ad eius dignitatem, spectant quodammodo omnia: inquantum *ei subiecta sunt omnia*[2]. Ipse est etiam *omnium iudex constitutus a Deo, quia Filius Hominis est*, ut dicitur Io 5,27. Et ideo anima Christi in Verbo cognoscit omnia existentia secundum quodcumque tempus, et etiam hominum cogitatus, quorum est iudex: ita quod de eo dicitur, Io 2,25, *Ipse enim sciebat quid esset in homine*; quod potest intelligi non solum quantum ad scientiam divinam, sed etiam quantum ad scientiam animae eius quam habet in Verbo.

Alio modo ly *omnia* potest accipi magis large: ut extendatur non solum ad omnia quae sunt actu secundum quodcumque tempus, sed etiam ad omnia quaecumque sunt in potentia nunquam reducta ad actum. Horum autem quaedam sunt solum in potentia divina. Et huiusmodi non omnia cognoscit in Verbo anima Christi. Hoc enim esset comprehendere omnia quae Deus potest facere: quod esset comprehendere divinam virtutem, et per consequens divinam essentiam; virtus enim quaelibet cognoscitur per cognitionem eorum in quae potest. — Quaedam vero sunt non solum in potentia divina, sed etiam in potentia creaturae. Et huiusmodi omnia cognoscit anima Christi in Verbo. Comprehendit enim in Verbo omnis creaturae essentiam: et per consequens potentiam et virtutem, et omnia quae sunt in potentia creaturae.

AD PRIMUM ergo dicendum quod illud verbum intellexerunt Arius et Eunomius[3], non quantum ad

EM SENTIDO CONTRÁRIO, sobre o texto do Apocalipse: "O Cordeiro que foi imolado é digno de receber a divindade e a ciência", comenta a Glosa: "O conhecimento de todas as coisas".

RESPONDO. Na questão sobre se Cristo conhece todas as coisas no Verbo, pode-se entender a expressão *todas as coisas* de duas maneiras. Primeiro, em sentido próprio, a saber, atingindo tudo o que de algum modo existe, ou existirá ou existiu, fatos, ditos, pensamentos de qualquer um em qualquer tempo. Dessa maneira deve-se dizer que a alma de Cristo conhece todas as coisas no Verbo. Com efeito, o intelecto criado conhece no Verbo não todas as coisas de modo absoluto, mas tanto mais coisas quanto mais perfeitamente vê o Verbo. A nenhum intelecto bem-aventurado falta o conhecimento no Verbo de todas as coisas que lhe dizem respeito. Mas a Cristo e à sua dignidade dizem respeito, de certo modo, todas as coisas, enquanto "tudo lhe foi submetido". Ele igualmente "foi constituído por Deus Juiz de todos porque é o Filho do Homem", como está no Evangelho de João. Logo, a alma de Cristo conhece no Verbo todas as coisas existentes em qualquer tempo e também os pensamentos do homem, dos quais é juíza; e assim se diz, no mesmo Evangelho de João: "Pois ele sabia o que havia no homem"; o que pode ser entendido não apenas da ciência divina, mas também da ciência da alma de Cristo, tal como a possui no Verbo.

De outra maneira a expressão *todas as coisas* pode ser entendida em sentido amplo, de sorte a estender-se não somente às coisas que estão em ato em qualquer tempo, mas também às coisas que estão apenas em potência nunca reduzida a ato. Algumas dessas coisas estão somente na potência divina e essas a alma de Cristo não as conhece todas no Verbo. Com efeito, conhecê-las todas significaria conhecer todas as coisas que Deus pode fazer, o que seria compreender o poder divino e, por conseguinte, a essência divina, pois qualquer poder é conhecido pelo conhecimento do que ele pode realizar. — Outras coisas não estão somente no poder divino, mas também na potência da criatura. Todas essas a alma de Cristo conhece no Verbo. De fato, ela compreende no Verbo a essência de toda criatura e, consequentemente, a potência e a virtude e tudo o que está na potência da criatura.

QUANTO AO 1º, portanto, deve-se dizer que Ário e Eunômio entenderam o texto citado não quanto

---

1. Ordin.: ML 114, 721 B.
2. I *Cor*. 15, 27.
3. Cfr. ATHAN., *Contra Arian*., Orat. III, n. 26: MG 26, 380 B; HILAR., *De Trin*., l. IX, n. 3: ML 10, 282 A; AMBROS., *De fide*, l. V, c. 16, nn. 193-202: ML 16, 688 A-690 B; HIERON., *In Matth*., l. IV, super 24, 36: ML 26, 181 AC.

scientiam animae, quam in Christo non ponebant, ut supra[4] dictum est: sed quantum ad divinam cognitionem Filii, quem ponebant esse minorem Patre quantum ad scientiam. — Sed istud stare non potest. Quia *per Verbum Dei facta sunt omnia*, ut dicitur Io 1,3: et, inter alia, facta sunt etiam per ipsum omnia tempora. Nihil autem per ipsum factum est quod ab eo ignoretur.

Dicitur ergo nescire diem et horam iudicii, quia non facit scire: interrogatus enim ab Apostolis super hoc, Act 1,6-7, hoc eis noluit revelare. Sicut e contrario legitur Gn 22,12: *Nunc cognovi quod timeas Deum*, idest, *Nunc cognoscere feci*[5]. Dicitur autem Pater scire, eo quod huiusmodi cognitionem tradidit Filio. Unde in hoc ipso quod dicitur, *nisi Pater*, datur intelligi quod Filius cognoscat, non solum quantum ad divinam naturam, sed etiam quantum ad humanam. Quia, ut Chrysostomus argumentatur[6], *si Christo homini datum est ut sciat qualiter oporteat iudicare, quod est maius; multo magis datum est ei scire quod est minus, scilicet tempus iudicii.*

Origenes tamen hoc exponit[7] de Christo secundum *corpus eius, quod est Ecclesia*[8], quae hoc ipsum tempus ignorat. — Quidam[9] autem dicunt hoc esse intelligendum de Filio Dei adoptivo, non de naturali.

AD SECUNDUM dicendum quod Deus perfectius cognoscit suam essentiam quam anima Christi, quia eam comprehendit. Et ideo cognoscit omnia non solum quae sunt in actu secundum quodcumque tempus, quae dicitur cognoscere *scientia visionis*; sed etiam omnia quaecumque ipse potest facere, quae dicitur cognoscere per *simplicem intelligentiam*,

à ciência da alma, que não atribuíam a Cristo, como acima foi dito, mas quanto ao conhecimento divino do Filho, que afirmavam ser menor do que o Pai quanto à ciência. — Mas essa afirmação é insustentável, porque, segundo o Evangelho de João: "Pelo Verbo de Deus todas as coisas foram feitas"; e, entre essas, também todos os tempos foram feitos por ele. Ora, nada foi feito por ele que fosse por ele ignorado.

Assim se diz que não sabia o dia e a hora do juízo porque não os fazia saber: perguntado a respeito pelos Apóstolos, não quis revelar-lhes. O contrário se lê no livro do Gênesis: "Agora sei que temes a Deus, isto é, agora dei a conhecer". Diz-se que o Pai sabe por que transmitiu esse conhecimento ao Filho. Exatamente ao se dizer *a não ser o Pai* dá-se a entender que o Filho conheça não somente quanto à natureza divina, mas também quanto à humana. Assim argumenta Crisóstomo: "Se foi dado a Cristo homem saber de que modo é necessário julgar, o que é mais importante, com muito maior razão lhe foi dado conhecer o tempo do juízo, o que é menos importante".

Orígenes, no entanto, expõe esse texto, referindo-o a Cristo segundo "o seu corpo que é a Igreja". — Alguns o entendem do Filho de Deus adotivo, não do natural[c].

QUANTO AO 2º, deve-se dizer que Deus, compreendendo sua essência, conhece-a mais perfeitamente do que a alma de Cristo. Por isso, conhece todas as coisas que estão em ato em qualquer tempo, o que se chama conhecer pela *ciência de visão*. Mas também conhece todas as coisas que pode fazer, o que se chama conhecer pela *ciência de simples*

---

4. Q. 5, a. 3.
5. Glossa interl. ibid.; AUG., *De Trin.*, l. I, c. 12, n. 23: ML 42, 837.
6. Homil. 77, al. 78, *in Matth.*, n. 1: MG 58, 703.
7. *In Matth.*, Commentar. series, n. 55, super 24, 36: MG 13, 1687 C.
8. *Col.* 1, 24.
9. GREG. TURON., *Hist. Francorum*, l. I, prol.: ML 71, 163 A; RABAN. M., *In Matth.*, l. VII, super 24, 36: ML 107, 1078 C; ABAELARD., *Sic et non*, § 76: ML 178, 1451 D; P. COMEST., *Hist. Schol.*, In Evang., c. 142: ML 198, 1611 D.

c. A interpretação dada pelo autor do versículo de Marcos (13,32), citado na objeção, reflete a de vários Padres da Igreja, incluindo Sto. Agostinho. É a tese que chamamos de ignorância "econômica" (economia significando o desígnio divino): afirma que Cristo ignora o dia do juízo, pois ele não tinha por missão dá-lo a conhecer. No entanto, o fato de Sto. Tomás relacionar outras interpretações possíveis desse versículo mostra que não existe unanimidade da tradição sobre esse ponto, e os teólogos defensores de uma certa ignorância de Cristo encontram nesse texto um de seus mais fortes argumentos. Outros Padres, e não dos menores (Ireneu e Atanásio, por exemplo), não hesitaram em admitir uma ignorância real de Cristo quanto a certas coisas. É um assunto sobre o qual o Santo Ofício — na declaração já citada: nota 4 da q. 9, a. 2 — recomendou prudência, declarando que não se podia ensinar sem precaução as seguintes proposições: "Não se pode declarar certa a opinião que afirma que a alma de Cristo nada ignorou, mas que, desde o início, ele conheceu todas as coisas, passadas, presente e futuras, no Verbo, isto é, tudo o que Deus conhece pela ciência da visão". — "A doutrina de alguns modernos sobre a ciência limitada da alma de Cristo não é menos admissível do que a opinião dos antigos sobre sua ciência universal" (DS 3646-3647; Dumeige 377-37).

ut in Primo¹⁰ habitum est. Scit ergo anima Christi omnia quae Deus in seipso cognoscit per scientiam visionis: non tamen omnia quae Deus in seipso cognoscit per scientiam simplicis intelligentiae. Et ita plura scit Deus in seipso quam anima Christi.

AD TERTIUM dicendum quod quantitas scientiae non solum attenditur secundum numerum scibilium, sed etiam secundum claritatem cognitionis. Quamvis igitur scientia animae Christi quam habet in Verbo, parificetur scientiae visionis quam Deus habet in seipso, quantum ad numerum scibilium; scientia tamen Dei excedit in infinitum, quantum ad claritatem cognitionis, scientiam animae Christi. Quia lumen increatum divini intellectus in infinitum excedit lumen creatum quodcumque receptum in anima Christi, non solum quantum ad modum cognoscendi, sed etiam quantum ad numerum scibilium, ut dictum est¹¹.

inteligência, como foi explicado na I Parte. Portanto, a alma de Cristo conhece todas as coisas que Deus conhece em si mesmo pela ciência da visão, mas não tudo o que Deus conhece em si mesmo pela ciência de simples inteligênciaᵈ. Desta sorte, Deus conhece mais coisas em si mesmo do que a alma de Cristo.

QUANTO AO 3º, deve-se dizer que a quantidade da ciência se avalia, não somente pelo número das coisas conhecidas, mas também pela clareza do conhecimento. Portanto, embora a ciência da alma de Cristo, que ele possui no Verbo, seja igual à ciência da visão que Deus tem em si mesmo quanto ao número das coisas conhecidas, a ciência de Deus é infinitamente superior à ciência da alma de Cristo quanto à clareza do conhecimento. Com efeito, a luz incriada do intelecto divino supera infinitamente qualquer luz criada recebida na alma de Cristo, não somente quanto ao modo do conhecimento, mas também quanto ao número da coisas conhecidas, como acaba de ser dito.

ARTICULUS 3
Utrum anima Christi possit cognoscere infinita in Verbo

AD TERTIUM SIC PROCEDITUR. Videtur quod anima Christi non possit cognoscere infinita in Verbo.

1. Quod enim infinitum cognoscatur, repugnat definitioni infiniti: prout dicitur in III *Physic*.¹ quod *infinitum est cuius quantitatem accipientibus semper est aliqua extra accipere*. Impossibile autem est definitionem a definito separari: quia hoc esset contradictoria esse simul. Ergo impossibile est quod anima Christi sciat infinita.

ARTIGO 3
A alma de Cristo pode conhecer no Verbo coisas infinitas?ᵉ

QUANTO AO TERCEIRO, ASSIM SE PROCEDE: parece que a alma de Cristo **não** pode conhecer no Verbo coisas infinitas.

1. Com efeito, o conhecimento do infinito repugna à sua definição, pois, como diz o livro III da *Física*: "É infinito o que tendo uma quantidade determinada a ela sempre se pode determinar mais uma". Ora, é impossível que a definição seja separada do definido, porque seria afirmar simultaneamente proposições contraditórias. Logo, é impossível que a alma de Cristo conheça coisas infinitas.

---
10. Q. 14, a. 9.
11. In corp. et ad 2.

3 PARALL.: III *Sent*., dist. 14, a. 2, q.la 2, ad 2; q.la 4, ad 2; *De Verit*., q. 20, ad 1 sqq.; *Quodl*. III, q. 2, a. 1.
  1. C. 6: 207, a. 7-8.

  d. Denomina-se ciência de visão o conhecimento que Deus tem de tudo o que é, era, ou será em ato no tempo. Afirma-se que Deus tem a "visão" de tais coisas porque, em sua eternidade, todas as épocas são como um eterno presente, cada momento do tempo sendo visto por ele como presente. Sua ciência de simples inteligência se estende também às coisas que não estão em ato, só em potência, seja na vontade das criaturas, seja na de Deus (ver I, q. 14, a. 9). Segundo a doutrina do presente artigo, a visão beatífica de Cristo lhe permite ter conhecimento de tudo o que Deus conhece por sua ciência da visão, e do que está em potência nas criaturas e que se deve à simples inteligência em Deus, mas não do que só está em potência em Deus.
  e. Bastante longo e complicado, especialmente nas respostas, este artigo é fácil de compreender se é lido no movimento do artigo anterior. O "todas as coisas" deste último artigo podia significar ou bem uma infinidade, ou bem um número limitado de coisas, segundo o sentido conferido à expressão, Caso se trate apenas das realidades em ato em um momento dado, o seu número — por grande que seja — é obviamente finito. Mas caso se trate igualmente daquelas que ainda estão em potência em Deus ou nas criaturas, então se trata sim de uma infinidade. Dado que Sto. Tomás estabeleceu no artigo anterior, que, pela ciência da simples inteligência, Cristo conhecia tudo o que é possível às criaturas, ele pode concluir sem dificuldade que seu conhecimento se estendia a uma infinidade de coisas.

2. Praeterea, infinitorum scientia est infinita. Sed scientia animae Christi non potest esse infinita: est enim capacitas eius finita, cum sit creatura. Non ergo anima Christi potest cognoscere infinita.

3. Praeterea, infinito non potest esse aliquid maius. Sed plura continentur in scientia divina, absolute loquendo, quam in scientia animae Christi, ut dictum est[2]. Ergo anima Christi non cognoscit infinita.

Sed contra, anima Christi cognoscit totam suam potentiam, et omnia in quae potest. Potest autem in emundationem infinitorum peccatorum: secundum illud 1Io 2,2: *Ipse est propritiatio pro peccatis nostris: non autem pro nostris tantum, sed etiam totius mundi.* Ergo anima Christi cognoscit infinita.

Respondeo dicendum quod scientia non est nisi entis[3]: eo quod ens et verum convertuntur. Dupliciter autem dicitur aliquid ens: uno modo, simpliciter, quod scilicet est ens actu; alio modo, secundum quid, quod scilicet est ens in potentia. Et quia, ut dicitur in IX *Metaphys.*[4], unumquodque cognoscitur secundum quod est actu, non autem secundum quod est in potentia, scientia primo et principaliter respicit ens actu. Secundario autem respicit ens in potentia: quod quidem non secundum seipsum cognoscibile est, sed secundum quod cognoscitur illud in cuius potentia existit.

Quantum igitur ad primum modum scientiae, anima Christi non scit infinita. Quia non sunt infinita in actu, etiam si accipiantur omnia quaecumque sunt in actu secundum quodcumque tempus: eo quod status generationis et corruptionis non durat in infinitum; unde est certus numerus non solum eorum quae sunt absque generatione et corruptione, sed etiam generabilium et corruptibilium. — Quantum vero ad alium modum sciendi, anima Christi in Verbo scit infinita. Scit enim, ut dictum est[5], omnia quae sunt in potentia creaturae. Unde, cum in potentia creaturae sint infinita, per hunc modum scit infinita, quasi quadam scientia simplicis intelligentiae, non autem scientia visionis.

Ad primum ergo dicendum quod infinitum, sicut in Prima Parte[6] dictum est, dupliciter dicitur. Uno

2. Além disso, a ciência de coisas infinitas é infinita. Ora, a ciência da alma de Cristo não pode ser infinita, pois sua capacidade é finita, sendo ela uma criatura. Logo, a alma de Cristo não pode conhecer coisas infinitas.

3. Ademais, nada pode ser maior do que o infinito. Ora, há mais coisas na ciência divina, falando absolutamente, do que na ciência da alma de Cristo, como foi explicado no artigo precedente. Logo, a alma de Cristo não conhece coisas infinitas.

Em sentido contrário, a alma de Cristo conhece todo o seu poder e todas coisas sobre as quais se estende esse poder. Ora, ela tem o poder de purificar infinitos pecados, segundo a primeira Carta de João: "Ele é vítima de expiação pelos nossos pecados: não só pelos nossos, mas pelos do mundo inteiro". Logo, a alma de Cristo conhece coisas infinitas.

Respondo. A ciência tem por objeto somente o ente; pois o ente e o verdadeiro são convertíveis entre si. Uma coisa se diz ente de duas maneiras: a primeira de modo absoluto, a saber, o ente em ato. A segunda de modo relativo, a saber, o ente em potência. Ora, como se diz no livro IX da *Metafísica*, cada coisa é conhecida segundo está em ato, não segundo está em potência. Por isso, a ciência tem em vista, primeira e principalmente, o ente em ato. Secundariamente, tem em vista o ente em potência, que não é cognoscível por si mesmo, mas na medida em que se conhece aquilo em cuja potência existe.

Quanto ao primeiro modo de ciência, a alma de Cristo não conhece coisas infinitas. Com efeito, não existem coisas infinitas em ato, mesmo se se considerarem todas as coisas que estão em ato em qualquer tempo, pois o estado da geração e corrupção não dura infinitamente e, assim, há um número certo não somente de coisas incorruptíveis, mas também das que sofrem geração e corrupção. — Quanto ao outro modo de ciência, ao contrário, a alma de Cristo conhece no Verbo coisas infinitas, pois conhece, como já foi explicado, tudo o que está na potência da criatura. Como na potência da criatura, há coisas infinitas, a alma de Cristo as conhece desta maneira, como por uma certa ciência de simples inteligência, não pela ciência de visão.

Quanto ao 1º, portanto, deve-se dizer que como foi dito na I Parte, o infinito se diz de duas

---
2. A. praec.
3. Cfr. Aristot., *Post. Anal.*, l. I, c. 2: 71, b, 25-26.
4. C. 9: 1051, a. 30-33.
5. A. praec.
6. Q. 7, a. 1.

modo, secundum rationem formae. Et sic dicitur infinitum negative: scilicet id quod est forma vel actus non limitatus per materiam vel subiectum in quo recipiatur. Et huiusmodi infinitum, quantum est de se, est maxime cognoscibile, propter perfectionem actus, licet non sit comprehensibile a potentia finita creaturae: sic enim dicitur Deus infinitus. Et tale infinitum anima Christi cognoscit, licet non comprehendat.

Alio modo dicitur infinitum secundum potentiam materiae. Quod quidem dicitur privative: ex hoc scilicet quod non habet formam quam natum est habere. Et per hunc modum dicitur infinitum in quantitate. Tale autem infinitum ex sui ratione est ignotum: quia scilicet est quasi materia cum privatione formae, ut dicitur in III *Physic.*[7]; omnis autem cognitio est per formam vel actum. Sic igitur, si huiusmodi infinitum cognosci debeat secundum modum ipsius cogniti, impossibile est quod cognoscatur: est enim modus ipsius ut accipiatur pars eius post partem, ut dicitur in III *Physic.*[8]. Et hoc modo verum est quod *eius quantitatem accipientibus*, scilicet parte accepta post partem, *semper est aliquid extra accipere*. Sed sicut materialia possunt accipi ab intellectu immaterialiter, et multa unite, ita infinita possunt accipi ab intellectu non per modum infiniti, sed quasi finite, ut sic ea quae sunt in seipsis infinita, sint intellectui cognoscentis finita. Et hoc modo anima Christi scit infinita: inquantum scilicet scit ea, non discurrendo per singula, sed in aliquo uno; puta in aliqua creatura in cuius potentia praeexistunt infinita; et principaliter in ipso Verbo.

AD SECUNDUM dicendum quod nihil prohibet aliquid esse infinitum uno modo quod est alio modo finitum: sicut si imaginemur in quantitatibus superficiem quae sit secundum longitudinem infinita, secundum latitudinem autem finita. Sic igitur, si essent infiniti homines numero, haberent quidem infinita esse secundum aliquid, scilicet secundum

maneiras[f]. Primeiro, segundo a razão de forma, e assim o infinito se diz negativamente, a saber, o que é forma ou ato não limitado pela matéria ou sujeito no qual seja recebido. Esse infinito, considerado em si mesmo, é cognoscível em máximo grau em razão da perfeição do ato, embora não seja compreensível pela potência finita da criatura. Assim, Deus é dito infinito e a alma de Cristo conhece tal infinito, embora não o compreenda.

De outro modo, o infinito se diz segundo a potência da matéria. E então é dito a modo de privação, a saber, não possui a forma que naturalmente é capaz de possuir. Desse modo diz-se infinito em relação à quantidade, e tal infinito, em razão de si mesmo, não é conhecido, pois é como a matéria com privação da forma, como se diz no livro III da *Física*, e todo conhecimento é pela forma ou pelo ato. Portanto, se tal infinito devesse ser conhecido segundo o modo do que é conhecido, isso seria impossível, pois tal modo implica que se determina uma parte após a outra, como se diz no mesmo III da *Física*. É, pois, verdade que *o que tem determinada uma certa quantidade*, ou seja, uma parte depois de outra parte, a ele *sempre se pode determinar mais uma*. Mas, assim como as coisas materiais podem ser recebidas imaterialmente pelo intelecto e muitas coisas podem ser recebidas juntamente, infinitos termos podem ser captados pelo intelecto não segundo o modo do infinito, mas de maneira finita, de sorte que as coisas que são em si mesmas infinitas sejam finitas para o intelecto daquele que as conhece. Desse modo a alma de Cristo conhece infinitas coisas, enquanto as conhece não discorrendo por cada uma delas, mas numa certa unidade, por exemplo, nalguma criatura em cuja potência preexistem infinitas coisas, e principalmente no próprio Verbo.

QUANTO AO 2º, deve-se dizer que nada impede que algo seja infinito de um modo e finito de outro, por exemplo, se imaginarmos nas quantidades uma superfície que seja infinita segundo a longitude, mas finita segundo a largura. Assim, se os homens fossem infinitos numericamente, possuiriam a infinidade segundo um certo sentido,

---

7. C. 6: 207, a. 25-26.
8. C. 6: 206, a. 25-29.

---

f. Desses dois aspectos da infinidade, um só se verifica nas criaturas. A infinidade quanto à forma só vale para Deus; as formas das criaturas só podem ser limitadas, em virtude de seu caráter criado. Mas também existe no criado uma certa infinidade: na medida em que os atos das criaturas estão ainda em potência, são comparáveis a uma matéria indefinida e, em certo sentido, infinita. Mas na verdade esses atos *in-finitos* não são cognoscíveis em si mesmos; só são cognoscíveis na medida em que seu princípio, isto é, a essência bem definida da criatura, é por sua vez conhecida. É desse modo que Cristo conhecia a infinidade de atos possíveis às criaturas, conhecendo pela visão no Verbo a essência de toda criatura.

multitudinem: secundum tamen rationem essentiae non haberent infinitatem, eo quod omnis essentia esset limitata sub ratione unius speciei. Sed illud quod est simpliciter infinitum secundum essentiae rationem, est Deus, ut in Prima Parte[9] dictum est. Proprium autem obiectum intellectus est *quod quid est*, ut dicitur in III *de Anima*[10]: ad quod pertinet ratio speciei.

Sic igitur anima Christi, propter hoc quod habet capacitatem finitam, id quod est simpliciter infinitum secundum essentiam, scilicet Deum, attingit quidem, sed non comprehendit, ut dictum est[11]. Id quidem infinitum quod in creaturis est in potentia, potest comprehendi ab anima Christi: quia comparatur ad ipsam secundum essentiae rationem, ex qua parte infinitatem non habet. Nam etiam intellectus noster intelligit universale, puta naturam generis vel speciei, quod quodammodo habet infinitatem, inquantum potest de infinitis praedicari.

AD TERTIUM dicendum quod id quod est infinitum omnibus modis, non potest esse nisi unum: unde et Philosophus dicit, in I *de Caelo et Mundo*[12], quod quia corpus est ad omnem partem dimensionatum, impossibile est plura esse corpora infinita. Si tamen aliquid esset infinitum uno modo tantum, nihil prohiberet esse plura talia infinita: sicut si intelligeremus plures lineas infinitas secundum longitudinem protractas in aliqua superficie finita secundum latitudinem. Quia igitur infinitum non est substantia quaedam, sed accidit rebus quae dicuntur infinitae, ut dicitur in III *Physic*.[13]; sicut infinitum multiplicatur secundum diversa subiecta, ita necesse est quod proprietas infiniti multiplicetur, ita quod conveniat unicuique eorum secundum illud subiectum. Est autem quaedam proprietas infiniti quod infinito non sit aliquid maius. Sic igitur, si accipiamus unam lineam infinitam, in illa non est aliquid maius infinito. Et similiter, si accipiamus quamcumque aliarum linearum infinitarum, manifestum est quod uniuscuiusque earum partes sunt infinitae. Oportet igitur quod omnibus illis infinitis non sit aliquid maius in illa linea: tamen in alia linea et in tertia erunt plures partes, etiam infinitae, praeter istas. Et hoc etiam videmus in numeris accidere: nam species numerorum parium sunt infinitae, et similiter species numerorum

a saber, o da multidão, mas não possuiriam a infinidade segundo a razão da essência, porque toda essência seria limitada sob a razão de uma única espécie. O que é absolutamente infinito segundo a razão da essência é Deus, como foi explicado na I Parte. O objeto próprio do intelecto é a *quididade*, como diz o livro III da *Alma*, à qual pertence a razão da espécie.

Assim pois a alma de Cristo, tendo uma capacidade finita, atinge, é verdade, o que é absolutamente infinito segundo a essência, ou seja, Deus, mas não o compreende, como já foi dito. Mas o infinito em potência que está nas criaturas pode ser compreendido pela alma de Cristo, porque se apresenta a ela sob a razão da essência, que não possui a infinidade. Do mesmo modo nosso intelecto entende o universal, por exemplo, a natureza do gênero e da espécie, que possui uma certa infinidade na medida em que pode ser atribuído a infinitos sujeitos.

QUANTO AO 3º, deve-se dizer que o que é infinito sob todos os aspectos não pode ser senão uno. Assim diz o Filósofo, no livro I do *Céu e do Mundo*, que, tendo o corpo sua dimensão em todos os seus lados, é impossível que haja muitos corpos infinitos. Mas se algo fosse infinito segundo um único modo, nada impediria que houvesse muitos desses infinitos, por exemplo, se entendêssemos diversas linhas infinitas prolongadas segundo a longitude, numa certa superfície que é finita segundo a largura. Como o infinito não é uma substância, mas um acidente das coisas que são denominadas infinitas, como diz o livro III da *Física*, assim, multiplicando-se o infinito segundo seus diversos sujeitos, assim também é necessário que se multiplique a propriedade do infinito, de modo que convenha a cada um dos sujeitos. Uma propriedade do infinito é que nada seja maior que ele. Portanto, se supusermos uma linha infinita, nela não há nada maior que o infinito. Do mesmo modo, se tomarmos alguma das outras linhas infinitas, é claro que há infinitas partes em cada uma delas. É, pois, necessário, que naquela linha não haja nada maior do que todos aqueles infinitos. No entanto, em outra linha e numa terceira haverá muitas partes e mesmo infinitas, além dessas. Vemos que isso acontece com os números, pois são infinitas

---

9. Q. 7, a. 2.
10. C. 6: 430, b, 28-31.
11. A. 1.
12. C. 7: 274, b, 19-22.
13. C. 5: 204, a, 20-22.

imparium; et tamen numeri et pares et impares sunt plures quam pares.

Sic igitur dicendum quod infinito simpliciter quoad omnia, nihil est maius: infinito autem secundum aliquid determinatum, non est aliquid maius in illo ordine, potest tamen accipi aliquid maius extra illum ordinem. Per hunc igitur modum infinita sunt in potentia creaturae: et tamen plura sunt in potentia Dei quam in potentia creaturae. Et similiter anima Christi scit infinita scientia simplicis intelligentiae: plura tamen scit Deus secundum hunc intelligentiae modum.

as espécies dos números pares e igualmente as dos números ímpares, mas, somados os números pares e ímpares, são mais que os números pares.

Deve-se dizer, portanto, que nada é maior do que o infinito que é tal absolutamente, sob todos os seus aspectos. Quanto ao infinito determinado segundo algum aspecto, nada é maior do que ele em sua ordem, mas pode haver algo maior em outra ordem. Desse modo, portanto, coisas infinitas estão na potência da criatura. No entanto, há mais na potência de Deus do que na potência da criatura. De modo semelhante, a alma de Cristo conhece infinitas coisas pela ciência de simples inteligência, mas Deus conhece mais coisas segundo esse modo de inteligência.

Articulus 4
Utrum anima Christi perfectius videat Verbum quam quaelibet alia creatura

Ad quartum sic proceditur. Videtur quod anima Christi non perfectius videat Verbum quam quaelibet alia creatura.

1. Perfectio enim cognitionis est secundum medium cognoscendi: sicut perfectior est cognitio quae habetur per medium syllogismi demonstrativi, quam quae habetur per medium syllogismi dialectici. Sed omnes beati vident Verbum immediate per ipsam divinam essentiam, ut in Prima Parte[1] dictum est. Ergo anima Christi non perfectius videt Verbum quam quaelibet alia creatura.

2. Praeterea, perfectio visionis non excedit potentiam visivam. Sed potentia rationalis animae, qualis est anima Christi, est infra potentiam intellectivam angeli: ut patet per Dionysium, 4 cap. Cael. Hier.[2]. Ergo anima Christi non perfectius videt Verbum quam angeli.

3. Praeterea, Deus in infinitum perfectius videt Verbum suum quam anima. Sunt ergo infiniti gradus medii inter modum quo Deus videt Verbum suum, et inter modum quo anima Christi videt ipsum. Ergo non est asserendum quod anima Christi perfectius videat Verbum, vel essentiam divinam, quam quaelibet alia creatura.

Sed contra est quod Apostolus dicit, Eph 1,20-21, quod Deus constituit Christum in caelestibus

Artigo 4
A alma de Cristo vê o Verbo mais perfeitamente do que qualquer outra criatura?

Quanto ao quarto, assim se procede: parece que a alma de Cristo **não** vê o Verbo mais perfeitamente do que qualquer outra criatura.

1. Com efeito, a perfeição do conhecimento é segundo o modo de conhecer; por exemplo, é mais perfeito o conhecimento que se obtém pelo silogismo demonstrativo do que pelo silogismo dialético. Ora, todos os bem-aventurados contemplam imediatamente o Verbo por meio da essência divina, como foi dito na I Parte. Logo, a alma de Cristo não vê o Verbo mais perfeitamente do que qualquer outra criatura.

2. Além disso, a perfeição da visão não ultrapassa a potência visiva. Ora, a potência da alma racional, como é a alma de Cristo, é inferior à potência intelectiva do anjo, como ensina Dionísio. Logo, a alma de Cristo não vê o Verbo mais perfeitamente do que os anjos.

3. Ademais, Deus vê seu Verbo de maneira infinitamente mais perfeita do que a alma. Logo, há infinitos graus intermediários entre o modo com que Deus vê seu Verbo e o modo com que a alma de Cristo o vê. Logo, não se deve afirmar que a alma de Cristo vê o Verbo ou a essência divina de modo mais perfeito do que qualquer outra criatura.

Em sentido contrário, o Apóstolo diz na Carta aos Efésios: "Deus estabeleceu Cristo no céu, sobre

---

4 Parall.: Compend. Theol., c. 216.

1. Q. 12, a. 2.
2. § 2: MG 3, 180 A. —, Cfr. De div. nom., c. 4, § 2: MG 3, 696 BC.

super omnem principatum et potestatem et virtutem et dominationem, et omne nomen quod nominatur, non solum in hoc saeculo, sed etiam in futuro. Sed in caelesti gloria tanto aliquis est superior quanto perfectus cognoscit Deum. Ergo anima Christi perfectius videt Deum quam quaevis alia creatura.

RESPONDEO dicendum quod divinae essentiae visio convenit omnibus beatis secundum participationem luminis derivati ad eos e fonte Verbi Dei: secundum illud Eccli 1,5: *Fons sapientiae Verbum Dei in excelsis.* Huic autem Verbo Dei propinquius coniungitur anima Christi, quae est unita Verbo in persona, quam quaevis alia creatura. Et ideo plenius recipit influentiam luminis in quo Deus videtur ab ipso Verbo, quam quaecumque alia creatura. Et ideo prae ceteris creaturis perfectius videt ipsam primam veritatem, quae est Dei essentia. Et ideo dicitur Io 1,14: *Vidimus gloriam eius, quasi Unigeniti a Patre, plenum* non solum *gratiae*, sed etiam *veritatis*.

AD PRIMUM ergo dicendum quod perfectio cognitionis, quantum est ex parte cogniti, attenditur secundum medium: sed quantum est ex parte cognoscentis, attenditur secundum potentiam vel habitum. Et inde est quod etiam inter homines per unum medium unus perfectius cognoscit aliquam conclusionem quam alius. Et per hunc modum anima Christi, quae abundantiori impletur lumine, perfectius cognoscit divinam essentiam quam alii beati, licet omnes Dei essentiam videant per seipsam.

AD SECUNDUM dicendum quod visio divinae essentiae excedit naturalem potentiam cuiuslibet creaturae, ut in Prima Parte[3] dictum est. Et ideo gradus in ipso attenduntur magis secundum ordinem gratiae, in quo Christus est excellentissimus, quam secundum ordinem naturae, secundum quem natura angelica praefertur humanae.

AD TERTIUM dicendum quod, sicut supra[4] dictum est de gratia quod non potest esse maior gratia quam Christi per respectum ad unionem Verbi, idem etiam dicendum est de perfectione divinae

todo principado, poder, virtude e dominação, e sobre todo nome, não só neste século senão também no futuro". Ora, na glória celeste, alguém está tanto mais elevado quanto mais perfeitamente conhece a Deus. Portanto, a alma de Cristo vê mais perfeitamente a Deus do que qualquer outra criatura.

RESPONDO. A visão da essência divina convém a todos os bem-aventurados segundo a participação da luz que para eles deriva da fonte do Verbo de Deus, segundo o texto do livro do Eclesiástico: "A fonte da sabedoria é o Verbo de Deus nos céus". Ora, a alma de Cristo está unida mais estreitamente a esse Verbo de Deus do que qualquer outra criatura, pois está unida ao Verbo na pessoa. Logo, recebe mais plenamente de qualquer outra criatura a influência da luz na qual Deus é visto por seu próprio Verbo. Logo, vê mais perfeitamente do que as outras criaturas a verdade primeira que é a essência de Deus. Por isso, se diz no Evangelho de João: "Nós vimos sua glória, como do Filho único do Pai, cheio, não somente de graça", mas também *de verdade*[g].

QUANTO AO 1º, portanto, deve-se dizer que a perfeição do conhecimento, considerada da parte do objeto conhecido, é determinada pelo meio; mas considerada da parte do sujeito que conhece, é determinada pela potência ou pelo hábito. Assim é que também entre os homens, pelo mesmo meio, um conhece a conclusão mais perfeitamente do que outro. Dessa maneira a alma de Cristo, que está repleta de uma luz mais abundante, conhece mais perfeitamente a essência divina do que os outros bem-aventurados, embora todos a contemplem em si mesma.

QUANTO AO 2º, deve-se dizer que a visão da essência divina supera a potência natural de qualquer criatura, como foi dito na I Parte. Portanto, os graus nessa visão se consideram mais segundo a ordem da graça, na qual Cristo é o mais excelente, do que segundo a ordem da natureza, segundo a qual a natureza angélica é superior à humana.

QUANTO AO 3º, deve-se dizer que como acima foi explicado acerca da graça, a saber, que não pode haver uma graça maior do que a graça de Cristo com relação à união do Verbo, o mesmo

---

3. Q. 12, a. 4.
4. Q. 7, a. 12.

g. Sto. Tomás atribui a Cristo a visão beatífica, pois lhe cabe ser a causa (instrumental) dessa visão para os homens. É pelo mesmo motivo que lhe reconhece o grau supremo dessa visão, e a plenitude de conhecimento dela resultante. Tal supremacia deriva, em última instância, da ontologia única de Cristo: a união hipostática da humanidade ao Verbo é a única e exclusiva razão da infinidade da graça que lhe é concedida, assim como da infinidade de conhecimento que decorre da plenitude ímpar de sua visão de Deus.

visionis: licet, absolute considerando, possit aliquis gradus esse sublimior secundum infinitatem divinae potentiae.

se deve dizer com relação à perfeição da visão divina, embora, considerando-se absolutamente, poderia algum grau ser mais elevado de acordo com a infinidade da potência divina.

QUAESTIO XI
DE SCIENTIA INDITA VEL INFUSA ANIMAE CHRISTI
in sex articulos divisa

Deinde considerandum est de scientia indita vel infusa animae Christi.
Et circa hoc quaeruntur sex.
Primo: utrum per hanc scientiam Christus sciat omnia.
Secundo: utrum hac scientia uti potuerit non convertendo se ad phantasmata.
Tertio: utrum haec scientia fuerit collativa.
Quarto: de comparatione huius scientiae ad scientiam angelicam.
Quinto: utrum fuerit scientia habitualis.

Sexto: utrum fuerit distincta per diversos habitus.

QUESTÃO 11
A CIÊNCIA INFUSA DA ALMA DE CRISTO[a]
em seis artigos

Em seguida, deve-se considerar a ciência infusa da alma de Cristo.
E sobre isso são seis as perguntas:
1. Por essa ciência Cristo conhece todas as coisas?
2. Pôde utilizar essa ciência sem recorrer às representações imaginárias?
3. Essa ciência infusa foi discursiva?
4. Como essa ciência se compara à ciência angélica?
5. Essa ciência infusa foi uma ciência habitual?
6. Essa ciência distinguiu-se por diversos hábitos?

Articulus 1
Utrum secundum scientiam inditam vel infusam Christus cognoverit omnia

Ad primum sic proceditur. Videtur quod secundum hanc scientiam Christus non cognoverit omnia.
1. Haec enim scientia indita est Christo ad perfectionem potentiae intellectus eius. Sed intellectus possibilis animae humanae non videtur esse in potentia ad omnia simpliciter, sed ad illa sola in

Artigo 1
Cristo conheceu todas as coisas por ciência infusa?

Quanto ao primeiro artigo, assim se procede: parece que Cristo **não** conheceu todas as coisas por ciência infusa.
1. Com efeito, a ciência infusa foi dada a Cristo para aperfeiçoar o poder de seu intelecto. Ora, o intelecto possível da alma humana não parece estar em potência de modo absoluto a todas as

---

1 Parall.: Infra, q. 12, a. 1; III *Sent.*, dist. 14, a. 3, q.la 1; *De Verit.*, q. 20, a. 6; *Compend. Theol.*, cap. 216.

a. Duas grandes questões se põem a propósito da ciência infusa de Cristo, a de seu conteúdo ou de seus objetos e a de suas modalidades de realização. Quanto ao conteúdo, e em consequência do princípio de perfeição já exposto, o autor pensa que, por meio de sua ciência infusa, Jesus conhecia tudo o que pode ser conhecido pelo homem, seja por sua própria atividade intelectual, seja por revelação, com exceção da ciência de Deus (a. 1). Quanto ao modo, uma vez que provém diretamente de Deus, essa ciência não tem necessidade alguma de imagens ou de raciocínio para que seja adquirida. Cristo podia no entanto servir-se de imagens e de raciocínio para pôr em prática essa ciência que ele já possuía (a. 2 e 3). Tal vínculo às imagens e ao raciocínio, próprio à inteligência humana, implicava uma certa inferioridade da ciência de Cristo em relação à dos anjos, mesmo que, por sua certeza e pelo número de objetos conhecidos, fosse superior a destes últimos (a. 4). Como toda ciência humana natural, a ciência infusa era possuída por Cristo de maneira contínua e permanente, presente mesmo quando ele não a empregava efetivamente, isto é, em ato (a. 5), e se subdividia em diversas categorias de saber, segundo a diversidade de domínios do conhecimento — como ocorre conosco (a. 6).

quae potest reduci in actum per intellectum agentem, qui est proprium activum ipsius: quae quidem sunt cognoscibilia secundum rationem naturalem. Ergo secundum hanc scientiam non cognovit ea quae naturalem rationem excedunt.

2. Praeterea, phantasmata se habent ad intellectum humanum sicut colores ad visum, ut dicitur in III *de Anima*[1]. Sed non pertinet ad perfectionem virtutis visivae cognoscere ea quae sunt omnino absque colore. Ergo neque ad perfectionem intellectus humani pertinet cognoscere ea quorum non possunt esse phantasmata: sicut sunt substantiae separatae. Sic igitur, cum huiusmodi scientia fuerit in Christo ad perfectionem animae intellectivae ipsius, videtur quod per huiusmodi scientiam non cognoverit substantias separatas.

3. Praeterea, ad perfectionem intellectus non pertinet cognoscere singularia. Videtur igitur quod per huiusmodi scientiam anima Christi non cognoverit singularia.

Sed contra est quod dicitur Is 11,2-3, quod *replebit eum Spiritus sapientiae et intellectus, scientiae et consilii*: sub quibus comprehenduntur omnia cognoscibilia. Nam ad sapientiam pertinet cognitio divinorum omnium; ad intellectum autem pertinet cognitio omnium immaterialium; ad scientiam autem pertinet cognitio omnium conclusionum; ad consilium autem cognitio omnium agibilium. Ergo videtur quod Christus, secundum scientiam sibi inditam per Spiritum Sanctum, habuerit omnium cognitionem.

Respondeo dicendum quod, sicut prius[2] dictum est, conveniens fuit ut anima Christo per omnia esset perfecta, per hoc quod omnis eius potentialitas sit reducta ad actum. Est autem considerandum quod in anima humana, sicut in qualibet creatura, consideratur duplex potentia passiva: una quidem per comparationem ad agens naturale; alia vero per comparationem ad agens primum, qui potest quamlibet creaturam reducere in actum aliquem altiorem, in quem non reducitur per agens naturale, et haec consuevit vocari *potentia obedientiae* in creatura. Utraque autem potentia animae Christi fuit reducta in actum secundum hanc scientiam divinitus inditam. Et ideo secundum eam anima Christi primo quidem cognovit quaecumque ab

coisas, mas somente àquelas em relação às quais pode ser reduzido ao ato pelo intelecto agente, que é seu princípio ativo próprio; e essas são apenas as que são conhecíveis pela razão natural. Logo, por meio da ciência infusa Cristo não conheceu o que supera a razão natural.

2. Além disso, as representações imaginárias estão para o intelecto humano como as cores para a visão, como diz o livro III da *Alma*. Ora, não cabe à perfeição da potência visiva conhecer as coisas completamente destituídas de cor. Logo, não cabe à perfeição do intelecto humano conhecer as coisas das quais não há representações imaginárias, como são as substâncias separadas. Portanto, como a ciência infusa foi dada a Cristo para a perfeição de sua alma intelectiva, parece que por meio dessa ciência não tenha conhecido as substâncias separadas.

3. Ademais, não pertence à perfeição do intelecto conhecer os singulares. Parece, pois, que Cristo não tenha conhecido os singulares pela ciência infusa.

Em sentido contrário, diz o texto do profeta Isaías: "Ele o encherá do espírito de sabedoria e do intelecto, da ciência e do conselho", o que compreende todo o objeto do conhecimento. Com efeito, à sabedoria pertence o conhecimento de todas as coisas divinas; ao intelecto, o conhecimento de todas as coisas imateriais; à ciência, o conhecimento de todas as conclusões; ao conselho, o conhecimento de todas as coisas práticas. Portanto, parece que Cristo, por meio da ciência que lhe foi infundida pelo Espírito Santo, teve o conhecimento de todas as coisas.

Respondo. Como antes já foi dito, para que a alma em Cristo fosse perfeita sob todos os aspectos, era conveniente que todas as suas potencialidades fossem levadas ao ato. Devemos considerar que na alma humana, como em toda criatura, há uma dupla potência passiva: uma, em relação ao agente natural; outra, em relação ao agente primeiro, que pode levar qualquer criatura a um ato mais elevado, ao qual não pode ser levada por um agente natural. A essa potência na criatura costuma-se dar o nome de *potência obediencial*. Na alma de Cristo, ambas essas potências foram levadas ao ato pela ciência divinamente infundida. Mediante essa ciência, portanto, a alma de Cristo conheceu primeiramente tudo o que pode ser conhecido pelo

---

1. C. 7: 431, a. 14-17.
2. Q. 9, a. 1.

homine cognosci possunt per virtutem luminis intellectus agentis: sicut sunt quaecumque pertinent ad scientias humanas. Secundo vero per hanc scientiam cognovit Christus omnia illa quae per revelationem divinam hominibus innotescunt: sive pertineant ad donum sapientiae, sive ad donum prophetiae, sive ad quodcumque domum Spiritus Sancti. Omnia enim ista abundantius et plenius ceteris cognovit anima Christi. Ipsam tamen Dei essentiam per hanc scientiam non cognovit: sed solum per primam, de qua supra[3] dictum est.

AD PRIMUM ergo dicendum quod illa ratio procedit de actione naturali animae intellectivae, quae scilicet est per comparationem ad agens naturale, quod est intellectus agens.

AD SECUNDUM dicendum quod anima humana in statu huius vitae, quando quodammodo est ad corpus obligata, ut sine phantasmate intelligere non possit, non potest intelligere substantias separatas. Sed post statum huius vitae, anima separata poterit aliqualiter substantias separatas per seipsam cognoscere, ut in Prima Parte[4] dictum est. Et hoc praecipue manifestum est circa animas beatorum. Christus autem, ante passionem, non solum fuit viator, sed etiam comprehensor. Unde anima eius poterat cognoscere substantias separatas, per modum quo cognoscit anima separata.

AD TERTIUM dicendum quod cognitio singularium non pertinet ad perfectionem animae intellectivae secundum cognitionem speculativam: pertinet tamen ad perfectionem eius secundum cognitionem practicam, quae non perficitur absque cognitione singularium, in quibus est operatio, ut dicitur in VI Ethic.[5]. Unde ad prudentiam requiritur memoria

homem em virtude da luz do intelecto agente, como é tudo quanto pertence às ciências humanas. Em segundo lugar, conheceu por essa ciência tudo o que é sabido pelos homens por revelação divina, seja o que pertence ao dom de sabedoria ou ao dom de profecia ou a qualquer dom do Espírito Santo. Tudo isso a alma de Cristo conheceu mais copiosamente e mais plenamente do que os outros homens. Porém não conheceu por essa ciência a própria essência divina, conhecida apenas pelo modo de ciência do qual precedentemente se tratou[b].

QUANTO AO 1º, portanto, deve-se dizer que o argumento procede da ação natural da alma intelectiva, que se exerce segundo o agente natural, que é o intelecto agente.

QUANTO AO 2º, deve-se dizer que a alma humana no estado da vida presente, no qual de tal sorte é ligada ao corpo que nada pode conhecer sem representações imaginárias não pode conhecer as substâncias separadas. Mas, depois da presente vida, a alma, separada do corpo, pode de alguma maneira conhecer por meio de si mesma as substâncias separadas, como foi dito na I Parte, o que se manifesta principalmente na alma dos bem-aventurados. Cristo porém, antes de sua paixão, não somente foi peregrino na terra, mas possuidor também da visão divina. Logo, sua alma podia conhecer as substâncias separadas à maneira de conhecer da alma separada[c].

QUANTO AO 3º, deve-se dizer que o conhecimento dos singulares não pertence à perfeição da alma intelectiva, em seu conhecimento especulativo, mas à sua perfeição quanto ao conhecimento prático; este não pode ser levado a cabo sem o conhecimento dos singulares, nos quais tem lugar a operação, como diz o livro VI da *Ética*. Por

---

3. Q. praec.
4. Q. 89, a. 2.
5. C. 8: 1141, b, 14-16. — Cfr. II-II, q. 60, a. 4, ad 2.

b. A ciência infusa de Cristo abarcava duas grandes categorias de conhecimento: a das realidades naturalmente atingíveis pela inteligência, e a das coisas divinas, às quais o homem só tem acesso pela boa vontade divina, que efetiva a potência obediencial do espírito humano. Contudo, mesmo nesse último caso, a ciência infusa não fornece a visão de Deus, nem a visão das outras realidades em Deus; isto é reservado à visão beatífica.

É interessante observar que, nesse sistema coerente da tripla ciência de Cristo, a ciência infusa substitui o carisma da profecia no que concerne ao conhecimento das coisas divinas obtidas por revelação. Sto. Tomás admite aqui de modo muito mais amplo o que acima ele só concedia de maneira limitada (q. 7, a. 8, n. 11), e ao mesmo tempo explica satisfatoriamente a eminente qualidade profética que o Novo Testamento reconhecia em Cristo. Se podemos pôr em dúvida que o conhecimento infuso das realidades naturais tenha sido necessário a Cristo para realizar sua missão, é absolutamente indispensável manter esse conhecimento infuso das realidades divinas, pois somente ele punha Cristo em estado de ser o Profeta por excelência.

c. Sem afirmar positivamente que a alma de Cristo partilhava o estado de almas separadas, Sto. Tomás admite que a visão beatífica permitia à sua alma conhecer as substâncias separadas, conhecimento que normalmente não é acessível à alma ligada ao corpo. Não é o único paradoxo resultante do fato de que Cristo, segundo tal concepção, era ao mesmo tempo *viator*, participante de nossa condição terrestre e *comprehensor*, já tendo de certo modo alcançado o termo da viagem. O autor volta a tratar do tema de maneira mais abrangente no artigo seguinte e abaixo q. 15, a. 10.

praeteritorum, cognitio praesentium, et *providentia futurorum*: ut Tullius dicit, in sua *Rhetorica*[6]. Quia igitur Christus habuit plenitudinem prudentiae, secundum donum consilii, consequens est quod cognovit omnia singularia praeterita, praesentia et futura.

ARTICULUS 2
Utrum anima Christi potuerit intelligere secundum scientiam inditam vel infusam non convertendo se ad phantasmata

AD SECUNDUM SIC PROCEDITUR. Videtur quod anima Christi non potuerit intelligere secundum hanc scientiam nisi convertendo se ad phantasmata.

1. Phantasmata enim comparatur ad animam intellectivam sicut colores ad visum, ut dicitur in III *de Anima*[1]. Sed potentia visiva Christi non potuit exire in actum nisi convertendo se ad colores. Ergo etiam neque anima eius intellectiva potuit aliquid intelligere nisi convertendo se ad phantasmata.

2. PRAETEREA, anima Christi est eiusdem naturae cum animabus nostris: alioquin ipse non esset eiusdem speciei nobiscum; contra id quod Apostolus dicit, Philp 2,7, quod est *in similitudinem hominum factus*. Sed anima nostra non potest intelligere nisi convertendo se ad phantasmata. Ergo nec etiam anima Christi.

3. PRAETEREA, sensus dati sunt homini ut deserviant intellectui. Si igitur anima Christi intelligere potuit absque conversione ad phantasmata, quae per sensus accipiuntur, sequeretur quod sensus frustra fuissent in anima Christi: quod est inconveniens. Videtur igitur quod anima Christi non potuerit intelligere nisi convertendo se ad phantasmata.

SED CONTRA est quod anima Christi cognovit quaedam quae per phantasmata cognosci non possunt, scilicet substantias separatas. Potuit igitur intelligere non convertendo se ad phantasmata.

RESPONDEO dicendum quod Christus in statu ante passionem fuit simul viator et comprehensor, ut infra[2] magis patebit. Et praecipue quidem conditiones viatoris habuit ex parte corporis, inquantum fuit passibile: conditiones vero comprehensoris maxime habuit ex parte animae intellectivae. Est autem

isso, para a prudência é necessária a *memória das coisas passadas, o conhecimento das presentes e a providência das futuras*, como diz Túlio em sua *Retórica*. Logo, como Cristo possuiu a plenitude da prudência, graças ao dom do conselho, segue-se que conheceu todos os singulares passados, presentes e futuros.

ARTIGO 2
A alma de Cristo podia conhecer em virtude da ciência infusa sem recorrer às representações imaginárias?

QUANTO AO SEGUNDO, ASSIM SE PROCEDE: parece que a alma de Cristo **não** podia conhecer pela ciência infusa sem recorrer às representações imaginárias.

1. Com efeito, essas representações se referem à alma intelectiva como as cores à visão, como está no livro III da *Alma*. Ora, a potência visiva de Cristo não podia passar ao ato sem o recurso às cores. Logo, nem sua alma intelectiva podia conhecer algo sem recorrer às representações imaginárias.

2. ALÉM DISSO, a alma de Cristo possui a mesma natureza que a nossa, pois, do contrário, não teria em comum conosco a mesma espécie, contra o que diz o Apóstolo na Carta aos Filipenses: "Feito à semelhança dos homens". Ora, nossa alma nada pode conhecer sem recorrer às representações. Logo, nem a alma de Cristo.

3. ADEMAIS, os sentidos foram dados ao homem para servir ao intelecto. Se, portanto, a alma de Cristo pôde conhecer sem recorrer às representações recebidas pelos sentidos, os sentidos seriam inúteis para ela; o que é inconveniente. Logo, parece que a alma de Cristo nada pôde conhecer sem o recurso às representações imaginárias.

EM SENTIDO CONTRÁRIO, a alma de Cristo conhece algumas coisas que não podem ser conhecidas pelas representações imaginárias, a saber, as substâncias separadas. Logo, pôde conhecer sem recorrer às representações.

RESPONDO. Em sua condição anterior à paixão, Cristo foi juntamente peregrino na terra e possuidor da visão divina, como abaixo será explicado. As condições de peregrino lhe vieram principalmente da parte do corpo ainda passível; as condições de possuidor da visão divina lhe vieram

---

6. *De invent. rhet.*, l. II, c. 53.

2 PARALL.: Infra, a. 4; III *Sent.*, dist. 14, a. 3, q.la 2; *De Verit.*, q. 20, a. 3, ad 1.

1. C. 7: 431, a, 14-17.
2. Q. 15, a. 10.

haec conditio animae comprehensoris, ut nullo modo subdatur suo corpori aut ab eo dependeat, sed totaliter ei dominetur: unde et post resurrectionem ex anima gloria redundabit in corpus. Ex hoc autem anima hominis viatoris indiget ad phantasmata converti, quod est corpori obligata, et quodammodo ei subiecta et ab eo dependens. Et ideo animae beatae, et ante resurrectionem et post, intelligere possunt absque conversione ad phantasmata. Et hoc quidem oportet dicere de anima Christi, quae plene habuit facultatem comprehensoris.

AD PRIMUM ergo dicendum quod similitudo illa quam Philosophus ponit, non attenditur quantum ad omnia. Manifestum est enim quod finis potentiae visivae est cognoscere colores: finis autem potentiae intellectivae non est cognoscere phantasmata, sed cognoscere species intelligibiles, quas apprehendit a phantasmatibus et in phantasmatibus, secundum statum praesentis vitae. Est igitur similitudo quantum ad hoc ad quod aspicit utraque potentia: non autem quantum ad hoc in quod utriusque potentiae conditio terminatur. Nihil autem prohibet, secundum diversos status, ex diversis rem aliquam ad suum finem tendere: finis autem proprius alicuius rei semper est unus. Et ideo, licet visus nihil cognoscat absque colore, intellectus tamen, secundum aliquem statum, potest cognoscere absque phantasmate: sed non absque specie intelligibili.

AD SECUNDUM dicendum quod, licet anima Christi fuerit eiusdem naturae cum animabus nostris, habuit tamen aliquem statum quem animae nostrae non habent nunc in re, sed solum in spe, scilicet statum comprehensionis.

AD TERTIUM dicendum quod, licet anima Christi potuerit intelligere non convertendo se ad phantasmata, poterat tamen intelligere se ad phantasmata convertendo. Et ideo sensus non fuerunt frustra in ipso: praesertim cum sensus non dentur homini solum ad scientiam intellectivam, sed etiam ad necessitatem vitae animalis.

sobretudo da parte da alma intelectiva. A condição da alma do possuidor da visão divina é a de que de nenhuma maneira seja sujeita a seu corpo ou dele dependa, mas totalmente o domine, de modo que após a ressurreição a glória redundará no corpo a partir da alma. A alma do homem ainda peregrino necessita recorrer às representações imaginárias, porque está ligada ao corpo e, de alguma maneira, a ele sujeita e dependente dele. Portanto, as almas bem-aventuradas, antes e depois da ressurreição, podem conhecer sem recorrer às representações. E isso deve-se dizer da alma de Cristo, que teve plenamente a faculdade do possuidor da visão divina[d].

QUANTO AO 1º, portanto, deve-se dizer que a semelhança que o Filósofo propõe não se estende a todos os aspectos do conhecimento intelectivo. Pois, é claro que o fim da potência visiva é conhecer as cores, ao passo que o fim da potência intelectiva não é conhecer as representações imaginárias, mas as espécies inteligíveis que a partir delas e nelas apreende, no estado da vida presente. Portanto, existe semelhança quanto aos objetos de ambas as potências, mas não quanto ao termo da condição de cada uma delas. Nada impede que uma coisa, segundo seus diversos estados, recorra a diversos meios para tender ao seu fim. Porém, o fim próprio de uma coisa é sempre único. E assim, embora a visão nada conheça sem a cor, o intelecto, segundo um de seus estados, pode conhecer sem a representação imaginária, não, todavia, sem a espécie inteligível.

QUANTO AO 2º, deve-se dizer que embora a alma de Cristo seja da mesma natureza do que as nossas, possui um estado que as nossas almas, agora, ainda não possuem em realidade, mas apenas na esperança, a saber, o estado da posse da visão divina.

QUANTO AO 3º, deve-se dizer que embora a alma de Cristo pudesse conhecer sem recorrer às representações imaginárias, podia conhecer a si mesma recorrendo a elas. Desta sorte, não possuiu em vão os sentidos, tanto mais que os sentidos não são dados ao homem apenas para servir à ciência intelectiva, mas também para as necessidades de sua vida animal.

---

d. Segundo a teoria do conhecimento do autor, a atividade intelectual da alma é possível com ou sem corpo. Com seu corpo, no estado normal que conhecemos, a atividade intelectual está sempre ligada aos sentidos e às imagens. É somente no estado normal em que é separada do corpo pela morte que a alma pode conhecer sem recurso a imagens. Ela conhece então por outros meios: as ideias que nela permanecem após a morte, as que lhe são diretamente infundidas por Deus, ou pelo conhecimento direto que tem de si mesma (ver I, q. 89, cujos diferentes artigos evocam todas essas possibilidades). É portanto essa maneira de conhecer que a ciência infusa torna possível a Cristo: sua condição de *comprehensor* o torna capaz de partilhar certos privilégios da alma separada. Do ponto de vista da história das ideias, é interessante notar que a teoria aristotélica do conhecimento sofre algumas modificações para ser adaptada a casos que o Filósofo não podia evidentemente prever.

Articulus 3
Utrum anima Christus habuerit scientiam inditam seu infusam per modum collationis

AD TERTIUM SIC PROCEDITUR. Videtur quod anima Christi non habuit hanc scientiam per modum collationis.

1. Dicit enim Damascenus, in III libro[1]: *In Christo non dicimus consilium neque electionem*. Non autem removentur haec a Christo nisi inquantum important collationem et discursum. Ergo videtur quod in Christo non fuerit scientia collativa vel discursiva.

2. PRAETEREA, homo indiget collatione et discursu rationis ad inquirenda ea quae ignorat. Sed anima Christi cognovit omnia, ut supra[2] dictum est. Non igitur fuit in eo scientia discursiva vel collativa.

3. PRAETEREA, scientia animae Christi se habuit per modum comprehensorum, qui angelis conformantur, ut dicitur Mt 22,30. Sed in angelis non est scientia discursiva seu collativa: ut patet per Dionysium, 7 cap. *de Div. Nom.*[3]. Non ergo in anima Christi fuit scientia discursiva seu collativa.

SED CONTRA, Christus habuit animam rationalem, ut supra[4] habitum est. Propria autem operatio animae rationalis est conferre et discurrere ab uno in aliud. Ergo in Christo fuit scientia discursiva vel collativa.

RESPONDEO dicendum quod aliqua scientia potest esse discursiva vel collativa dupliciter. Uno modo, quantum ad scientiae acquisitionem: sicut accidit in nobis, qui procedimus ad cognoscendum unum per aliud, sicut effectus per causas, et e converso. Et hoc modo scientia animae Christi non fuit discursiva vel collativa: quia haec scientia de qua nunc loquimur, fuit sibi divinitus indita, non per investigationem rationis acquisita.

Alio modo potest dici scientia discursiva vel collativa quantum ad usum: sicut scientes interdum ex causis concludunt effectus, non ut de novo addiscant, sed volentes uti scientia quam iam habent. Et hoc modo scientia animae Christi poterat esse collativa et discursiva: poterat enim ex uno aliud concludere, sicut sibi placebat. Sicut, Mt 17,24-25, cum Dominus quaesivisset a Petro *a quibus reges terrae tributum acciperent, a filiis*

Artigo 3
A alma de Cristo possuiu a ciência infusa segundo o modo discursivo?

QUANTO AO TERCEIRO, ASSIM SE PROCEDE: parece que a alma de Cristo **não** possuiu a ciência infusa segundo o modo discursivo.

1. Com efeito, diz Damasceno: "Não dizemos que haja em Cristo conselho nem eleição". Ora, tais atos não se excluem de Cristo senão enquanto implicam o discurso. Logo, parece que em Cristo não houve ciência discursiva.

2. ALÉM DISSO, o homem necessita do discurso da razão para pesquisar o que ignora. Ora, a alma de Cristo tudo conheceu, como acima foi dito. Logo, não houve nele ciência discursiva.

3. ADEMAIS, a ciência da alma de Cristo operou segundo o modo dos que possuem a visão divina, que se assemelham aos anjos como se diz no Evangelho de Mateus. Ora, nos anjos não há ciência discursiva, como está claro segundo Dionísio. Logo, na alma de Cristo não houve ciência discursiva.

EM SENTIDO CONTRÁRIO, Cristo possuiu uma alma racional, como antes foi demonstrado. A operação própria da alma racional é discorrer de uma coisa a outra. Logo, em Cristo houve a ciência discursiva.

RESPONDO. A ciência pode ser discursiva de duas maneiras. 1. Quanto à aquisição da ciência. Como acontece conosco, que procedemos ao conhecimento de uma coisa por meio de outra, como do efeito pela causa, e reciprocamente. Segundo esse modo, a ciência da alma de Cristo não foi discursiva, porque a ciência da qual aqui tratamos lhe foi infundida divinamente, não adquirida pela investigação da razão.

2. Quanto ao uso. Por exemplo, os que já sabem, algumas vezes conhecem os efeitos pelas causas não aprendendo de novo, mas querendo usar a ciência que já possuem. Desse modo, a ciência da alma de Cristo podia ser discursiva. Podia concluir de uma coisa a outra conforme lhe aprazia. Assim, no Evangelho de Mateus, tendo o Senhor perguntado a Pedro: "Os reis da terra de quem recebem as taxas ou os impostos, dos seus

---

3 PARALL.: III *Sent.*, dist. 14, a. 3, q.la 3; *De Verit.* q. 20, a. 3, ad 1.

1. *De fide orth.*, l. III, c. 14: MG 94, 1044 B. — Cfr. l. II, c. 22: MG 94, 948 C.
2. A. 1.
3. § 2: MG 3. 868 B.
4. Q. 5, a. 4.

suis an ab alienis, Petro respondente quod *ab alienis*, conclusit: *Ergo liberi sunt filii*.

AD PRIMUM ergo dicendum quod a Christo excluditur consilium quod est cum dubitatione: et per consequens electio, quae in sui ratione tale consilium includit. Non autem a Christo excluditur usus consiliandi.

AD SECUNDUM dicendum quod ratio illa procedit de discursu et collatione prout ordinatur ad scientiam acquirendam.

AD TERTIUM dicendum quod beati conformantur angelis quantum ad dona gratiarum: manet tamen differentia quae est secundum naturam. Et ideo uti collatione et discursu est connaturale animabus beatorum, non autem angelis.

filhos ou dos estranhos?", e tendo Pedro respondido: "Dos estranhos, concluiu: por conseguinte, os filhos estão livres".

QUANTO AO 1º, portanto, deve-se dizer que o que se exclui de Cristo é o conselho acompanhado de dúvida e, portanto, a eleição que inclui em si esse tipo de conselho[e]. Mas dele não se exclui o uso do conselho.

QUANTO AO 2º, deve-se dizer que o argumento procede do discurso enquanto é ordenado à obtenção da ciência.

QUANTO AO 3º, deve-se dizer que os bem-aventurados se assemelham aos anjos quanto aos dons das graças, mas neles permanece a diferença de natureza. Assim usar do discurso é conatural às almas dos bem-aventurados, não aos anjos.

ARTICULUS 4
Utrum in Christo scientia indita seu infusa fuerit minor quam in angelis

AD QUARTUM SIC PROCEDITUR. Videtur quod in Christo huiusmodi scientia fuerit minor quam in angelis.
1. Perfectio enim proportionatur perfectibili. Sed anima humana, secundum ordinem naturae, est infra naturam angelicam. Cum igitur scientia de qua nunc loquimur, sit indita animae Christi ad perfectionem ipsius, videtur quod huiusmodi scientia fuerit infra scientiam qua perficitur natura angelica.
2. PRAETEREA, scientia animae Christi fuit aliquo modo collativa et discursiva: quod non potest dici de scientia angelorum. Ergo scientia animae Christi fuit inferior scientia angelorum.
3. PRAETEREA, quanto aliqua scientia est magis immaterialis, tanto est potior. Sed scientia angelorum est immaterialior quam scientia animae Christi: quia anima Christi est actus corporis et habet conversionem ad phantasmata, quod de angelis dici non potest. Ergo scientia angelorum est potior quam scientia animae Christi.

SED CONTRA est quod Apostolus dicit, Hb 2,9: *Eum qui modico quam angeli minoratus est, videmus Iesum, propter passionem mortis, gloria et honore coronatum*. Ex quo apparet quod propter

ARTIGO 4
A ciência infusa em Cristo foi menor do que nos anjos?

QUANTO AO QUARTO, ASSIM SE PROCEDE: parece que a ciência infusa em Cristo **foi** menor do que nos anjos.
1. Com efeito, a perfeição é proporcionada ao que é perfectível. Ora, a alma humana, segundo a ordem da natureza, é inferior à natureza angélica. Portanto, como a ciência da alma de Cristo, da qual agora tratamos, foi-lhe infundida para sua perfeição, parece que tal ciência era inferior à ciência que aperfeiçoa a natureza angélica.
2. ALÉM DISSO, a ciência da alma de Cristo, de alguma maneira, foi discursiva, o que não se pode dizer da ciência dos anjos. Logo, a ciência da alma de Cristo foi inferior à ciência dos anjos.
3. ADEMAIS, quanto mais uma ciência é imaterial, mais é perfeita. Ora, a ciência dos anjos é mais imaterial do que a ciência da alma de Cristo, pois a alma de Cristo é ato do corpo e recorre às representações imaginárias, o que não se pode dizer da alma dos anjos. Logo, a ciência dos anjos é mais perfeita do que a ciência da alma de Cristo.

EM SENTIDO CONTRÁRIO está o que diz o Apóstolo na Carta aos Hebreus: "Aquele que se tornou um pouco inferior aos Anjos acha-se, por causa da morte que padeceu, coroado de glória e honra".

---

4 PARALL.: III *Sent*., dist. 14, a. 1, q.la 2, ad 1; a. 3, q.la 2, 4; *De Verit*., q. 20, a. 4; *Compend. Theol*., c. 216.

e. Não mais do que o dom de temor (do qual se tratou acima na q. 7, a. 6), o dom de conselho não comporta em sua definição imperfeição alguma. Em si, é um juízo reto sobre a ação a dirigir; é somente de maneira acidental que ele vem ajudar a escolha, ou corrigir a hesitação ou dúvida sobre o que fazer. O caráter discursivo ligado a essa hesitação ou a essa escolha não se encontra de modo algum no dom de conselho de que Cristo dispunha.

solam passionem mortis dicatur Christus ab angelis minoratus. Non ergo propter scientiam.

RESPONDEO dicendum quod scientia indita animae Christi potest considerari dupliciter: uno modo secundum id quod habuit a causa influente; alio modo, secundum id quod habuit ex subiecto recipiente. Quantum igitur ad primum, scientia indita animae Christi fuit excellentior quam scientia angelorum, et quantum ad multitudinem cognitorum, et quantum ad scientiae certitudinem: quia lumen spirituale quod est inditum animae Christi, est multo excellentius quam lumen quod pertinet ad naturam angelicam. Quantum autem ad secundum, scientia indita animae Christi est infra scientiam angelicam: scilicet quantum ad modum cognoscendi qui est naturalis animae humanae, qui scilicet est per conversionem ad phantasmata et per collationem et discursum.

Et per hoc patet responsio AD OBIECTA.

Donde se vê que Cristo foi menor que os anjos unicamente em razão da paixão e morte. Logo, não em razão da ciência.

RESPONDO. A ciência que foi infundida na alma de Cristo pode ser considerada de duas maneiras: ou na causa que a infunde; ou no sujeito que a recebe. Quanto à primeira maneira, a ciência infundida na alma de Cristo foi mais excelente do que a ciência dos anjos, seja quanto à multidão dos objetos conhecidos, seja quanto à certeza da ciência. Com efeito, a luz espiritual infundida na alma de Cristo é muito mais excelente do que a luz que pertence à natureza angélica. Quanto à segunda maneira, a ciência infundida na alma de Cristo é inferior à ciência angélica, ou seja, quanto ao modo de conhecer que é natural à alma humana e que opera recorrendo às representações imaginárias e por meio do discurso[f].

Fica assim claramente dada a resposta ÀS OBJEÇÕES.

ARTICULUS 5
Utrum scientia indita seu infusa in Christo fuerit habitualis scientia

AD QUINTUM SIC PROCEDITUR. Videtur quod in Christo non fuerit habitualis scientia.

1. Dictum est[1] enim quod animam Christi decuit maxima perfectio. Sed maior est perfectio scientiae existentis in actu quam praeexistentis in habitu. Ergo conveniens fuisse videtur quod omnia scire in actu. Ergo non habuit habitualem scientiam.

2. PRAETEREA, cum habitus ordinetur ad actum, frustra videtur esse habitualis scientia quae numquam in actum reducitur. Cum autem Christus sciverit omnia, sicut iam[2] dictum est, non potuisset omnia illa actu considerare unum post aliud cognoscendo: quia infinita non est enumerando pertransire. Frustra ergo fuisset in eo scientia habitualis: quod est inconveniens. Habuit igitur actualem scientiam omnium quae scivit, et non habitualem.

ARTIGO 5
A ciência infusa em Cristo foi uma ciência habitual?

QUANTO AO QUINTO, ASSIM SE PROCEDE: parece que **não** houve em Cristo uma ciência habitual.

1. Com efeito, como foi explicado, à alma de Cristo convinha a máxima perfeição. Ora, é maior a perfeição da ciência que existe em ato, do que a da que preexiste em hábito. Logo, parece ter sido conveniente que Cristo tudo conhecesse em ato. Portanto, não possuiu a ciência habitual.

2. ALÉM DISSO, o hábito é ordenado ao ato. Portanto a ciência habitual que nunca passa ao ato parece inútil. Como Cristo conheceu todas as coisas, como já foi dito, não poderia considerar todas as coisas conhecendo uma depois da outra, porque não se pode percorrer um número infinito de coisas, enumerando-as. Logo, a ciência habitual teria sido nele inútil, o que é inconveniente. Portanto, Cristo possuiu ciência atual, e não habitual, de tudo o que conheceu.

---

5   PARALL.: III *Sent.*, dist. 14, a. 1, q.la 2, 3; *De Verit.*, q. 20, a. 2.
    1. A. 1; q. 9, a. 1.
    2. A. 1.

f. Essa resposta mostra bem a dupla preocupação do autor: por um lado, salvaguardar a qualquer preço o primado de Cristo, que conhece mais e melhor do que os anjos; por outro lado, não deixar de fazer desse conhecimento de Cristo um conhecimento humano que pode recorrer às imagens e ao raciocínio — mesmo que isso implique uma certa inferioridade em relação à ciência dos anjos.

3. Praeterea, scientia habitualis est quaedam perfectio scientis. Perfectio autem est nobilior perfectibili. Si igitur in anima Christi fuit aliquis habitus scientiae creatus, sequeretur quod aliquid creatum esset nobilius anima Christi. Non igitur in anima Christi fuit scientia habitualis.

Sed contra, scientia Christi de qua nunc loquimur, univoca fuit scientiae nostrae: sicut et anima eius fuit unius speciei cum anima nostra. Sed scientia nostra est in genere habitus. Ergo et scientia Christi fuit habitualis.

Respondeo dicendum quod, sicut supra[3] dictum est, modus huius scientiae inditae animae Christi fuit conveniens ipsi subiecto recipienti: nam receptum est in recipiente per modum recipientis[4]. Est autem hic modus connaturalis animae humanae, ut quandoque sit intellectus actu, quandoque in potentia. Medium autem inter puram potentiam et actum completum est habitus. Eiusdem autem generis est medium et extrema. Et sic patet quod modus connaturalis animae humanae est ut recipiat scientiam per modum habitus. Et ideo dicendum est quod scientia indita animae Christi fuit habitualis: poterat enim ea uti quando volebat.

Ad primum ergo dicendum quod in anima Christi fuit duplex cognitio: et utraque suo modo perfectissima. Una quidem excedens modum naturae humanae: qua scilicet vidit Dei essentiam et alia in ipsa. Et haec fuit perfectissima simpliciter. Et talis cognitio non fuit habitualis, sed actualis respectu omnium quae hoc modo cognovit. — Alia autem cognitio fuit in Christo secundum modum proportionatum humanae naturae, prout scilicet cognovit res per species sibi divinitus inditas: de qua cognitione nunc loquimur. Et haec cognitio non fuit simpliciter perfectissima: sed perfectissima in genere humanae cognitionis. Unde non oportuit quod semper esset in actu.

Ad secundum dicendum quod habitus reducitur in actum ad imperium voluntatis: nam habitus est

3. Ademais, a ciência habitual é uma perfeição do que a possui. Ora, a perfeição é mais nobre do que o que é perfectível. Logo, se tivesse havido na alma de Cristo um hábito criado de ciência, haveria algo criado mais nobre do que a alma de Cristo. Portanto, não houve ciência habitual na alma de Cristo.

Em sentido contrário, a ciência de Cristo, de que tratamos, foi unívoca à nossa ciência, assim como sua alma foi da mesma espécie que a nossa. Ora, a nossa ciência está no gênero do hábito. Logo, a ciência de Cristo foi habitual.

Respondo. Como anteriormente foi dito, o modo da ciência infusa na alma de Cristo foi adequado ao sujeito que a recebeu, pois o que é recebido está no recipiente à maneira do recipiente. Ora, o modo conatural à alma humana é que o intelecto ora esteja em ato, ora em potência. O meio entre a potência pura e o ato completo é o hábito. Mas o meio e os extremos pertencem ao mesmo gênero. Desta sorte, é claro que o modo conatural à alma humana é que receba a ciência segundo o modo de hábito. Portanto, devemos dizer que a ciência infundida na alma de Cristo foi habitual, pois poderia usá-la quando quisesse[g].

Quanto ao 1º, portanto, deve-se dizer que na alma de Cristo houve duas formas de conhecimento, ambas perfeitíssimas. Uma, que excede o modo da natureza humana e pela qual contemplou a essência de Deus e as outras coisas nela. Essa foi a ciência absolutamente perfeitíssima. Esse conhecimento não foi habitual, mas atual com relação a todas as coisas que ele conheceu desse modo. — A outra forma de conhecimento em Cristo foi segundo o modo proporcionado à natureza humana, isto é, enquanto conheceu as coisas pelas espécies que lhe foram infundidas por Deus. Desse conhecimento estamos agora tratando. Ele não foi absolutamente perfeitíssimo, mas perfeitíssimo no gênero do conhecimento humano. Logo, não esteve necessariamente sempre em ato.

Quanto ao 2º, deve-se dizer que o hábito passa ao ato obedecendo ao império da vontade; pois

---

3. A. praec.
4. Cfr. De Causis, prop. 12 (103).

g. Os termos desta resposta são claros e falam por si sós. Uma ciência que se possui por hábito (*habitus*) está constantemente à disposição daquele que a possui. O matemático não o deixa de ser, mesmo quando se ocupa de algo diferente da matemática, ou quando dorme. Os princípios de sua ciência estão sempre presentes e ele pode utilizá-los quando quiser. É precisamente um dos pontos sobre os quais a ciência infusa de Cristo se distingue do dom da profecia, tal como o encontramos entre os profetas do Antigo Testamento. Eles só recebiam esse dom de maneira pontual, passageira; suas revelações resultavam de uma intervenção divina a cada vez renovada. O modo eminente pelo qual Cristo possuía o dom da profecia implica, pelo contrário, a posse permanente do conhecimento de Deus e das coisas divinas, de modo que ele podia apelar para ele a qualquer instante, segundo as necessidades de seu ensinamento.

*quo quis agit cum voluerit*⁵. Voluntas autem se habet ad infinita indeterminate. Et tamen hoc non est frustra, licet non in omnia actualiter tendat, dummodo tendat actualiter in id quod convenit loco et tempori. Et ideo etiam habitus non est frustra, licet non omnia reducantur in actum quae habitui subiacent, dummodo reducatur in actum id quod congruit ad debitum finem voluntatis secundum exigentiam negotiorum et temporis.

AD TERTIUM dicendum quod bonum et ens dupliciter dicitur. Uno modo, simpliciter. Et sic bonum et ens dicitur substantia, quae in suo esse et in sua bonitate subsistit. Alio modo dicitur ens et bonum secundum quid. Et hoc modo dicitur ens et bonum accidens: non quia ipsum habeat esse et bonitatem, sed quia eo subiectum est ens et bonum. Sic igitur scientia habitualis non est simpliciter melior aut dignior quam anima Christi, sed secundum quid: nam tota bonitas habitualis scientiae cedit in bonitatem subiecti.

pelo "hábito *alguém passa ao ato quando quiser*". Ora, a vontade se comporta indeterminadamente em relação a infinitas coisas. E, no entanto, não é inútil conquanto não tenda atualmente a todas as coisas, mas ao que é conveniente segundo o tempo e o lugar. Portanto, também o hábito não é inútil, embora nem tudo o que está sob o hábito passe ao ato, desde que passe ao ato o que está de acordo com o devido fim da vontade, segundo a exigência das ocupações e do tempo.

QUANTO AO 3º, deve-se dizer que o bem e o ente se dizem de duas maneiras. Primeiro, de maneira absoluta. Assim, a substância se diz bem e ente, porque subsiste em seu existir e em sua bondade. Em segundo lugar, o bem e o ente se dizem sob certo aspecto. E, desse modo, o acidente se diz ente, não por possuir o existir e a bondade, mas porque, mediante ele, o sujeito é ente e bem. Assim a ciência habitual não é absolutamente melhor ou mais digna do que a alma de Cristo, mas segundo um determinado aspecto. Com efeito, toda a bondade habitual da ciência passa para a bondade do sujeito.

ARTICULUS 6
Utrum scientia indita animae Christi fuerit distincta secundum diversos habitus

AD SEXTUM SIC PROCEDITUR. Videtur quod in anima Christi non fuerit nisi unus habitus scientiae.

1. Quanto enim scientia est perfectior, tanto est magis unita: unde et angeli superiores per formas magis universales cognoscunt, ut in Prima Parte¹ dictum est. Sed scientia Christi fuit perfectissima. Ergo fuit maxime una. Non ergo fuit distincta per plures habitus.

2. PRAETEREA, fides nostra derivatur a scientia Christi: unde dicitur Hb 12,2: *Aspicientes in auctorem fidei et consummatorem, Iesum*. Sed unus est habitus fidei de omnibus credibilibus, ut in Secunda Parte² dictum est. Ergo multo magis in Christo non fuit nisi unus habitus scientiae.

3. PRAETEREA, scientiae distinguuntur secundum diversas rationes scibilium. Sed anima Christi omnia scivit secundum unam rationem: scilicet se-

ARTIGO 6
A ciência infusa da alma de Cristo se distinguiu segundo diversos hábitos?

QUANTO AO SEXTO, ASSIM SE PROCEDE: parece que na alma de Cristo **não** houve senão um só hábito de ciência.

1. Com efeito, quanto mais uma ciência é perfeita tanto mais é una. Por isso os anjos superiores conhecem por meio de formas mais universais, como foi explicado na I Parte. Ora, a ciência de Cristo foi perfeitíssima e, portanto, una em máximo grau. Logo, não se distinguiu segundo diversos hábitos.

2. ALÉM DISSO, nossa fé é derivada da ciência de Cristo, e por isso se diz na Carta aos Hebreus: "De olhos fitos naquele que é o iniciador da fé e a conduz à plena realização, Jesus". Ora, um só é o hábito da fé para tudo o que se deve crer, como foi dito na II Parte. Logo, com muito maior razão, houve em Cristo um só hábito da ciência.

3. ADEMAIS, as ciências se distinguem de acordo com as razões diversas dos seus objetos. Ora, a alma de Cristo conheceu tudo segundo uma só

---
5. AVERR., *De Anima*, l. III, Comment. 18. — Cfr. I-II, q. 49, a. 3, *sed c*, et loc. ibid. cit.

6 PARALL.: III *Sent.*, dist. 14, a. 3, q.la 4.
1. Q. 55, a. 3.
2. II-II, q. 4, a. 6.

cundum lumen divinitus infusum. Ergo in Christo fuit tantum unus habitus scientiae.

SED CONTRA est quod Zach 3,9 dicitur quod *super lapidem unum*, idest Christum, *sunt septem oculi*. Per oculum autem scientia intelligitur. Ergo videtur quod in Christo fuerunt plures habitus scientiae.

RESPONDEO dicendum quod, sicut dictum est[3], scientia indita animae Christi habuit modum connaturalem animae humanae. Est autem connaturale animae humanae ut recipiat species in minori universalitate quam angeli: ita scilicet quod diversas naturas specificas per diversas intelligibiles species cognoscat. Ex hoc autem contingit quod in nobis sunt diversi habitus scientiarum, quia sunt diversa scibilium genera: inquantum scilicet ea quae reducuntur in unum genus, eodem habitu scientiae cognoscuntur; sicut dicitur in I *Poster.*[4] quod *una scientia est quae est unius generis subiecti*. Et ideo scientia indita animae Christi fuit distincta secundum diversos habitus.

AD PRIMUM ergo dicendum quod, sicut supra[5] dictum est, scientia animae Christi est perfectissima, et excedens scientiam angelorum, quantum ad id quod consideratur in ea ex parte Dei influentis: est tamen infra scientiam angelicam quantum ad modum recipientis. Et ad huiusmodi modum pertinet quod scientia illa per multos habitus distinguatur, quasi per species magis particularis existens.

AD SECUNDUM dicendum quod fides nostra innititur primae veritati. Et ideo Christus est auctor fidei nostrae secundum divinam scientiam, quae est simpliciter una.

AD TERTIUM dicendum quod lumen divinitus infusum est ratio intelligendi communis ea quae divinitus revelantur: sicut et lumen intellectus eorum quae naturaliter cognoscuntur. Et ideo oportuit in anima Christi species singularum rerum ponere ad cognoscendum cognitione propria unumquodque. Et secundum hoc, oportuit esse diversos habitus scientiae in anima Christi, ut dictum est[6].

razão, a saber, a luz infundida por Deus. Logo, houve em Cristo um só hábito de ciência.

EM SENTIDO CONTRÁRIO, está escrito no livro de Zacarias: "Sobre esta pedra única (isto é, Cristo) há sete olhos". Ora, por olhos se entende a ciência. Logo, parece que em Cristo houve vários hábitos de ciência.

RESPONDO. Como foi dito, a ciência infusa na alma de Cristo teve um modo conatural à alma humana. Ora, é conatural à alma humana que receba espécies menos universais do que os anjos, de modo que conheça diversas naturezas específicas por diversas espécies inteligíveis. Daí se segue que em nós há diversos hábitos das ciências, porque há diversos gêneros de coisas cognoscíveis, enquanto as coisas que se reduzem a um único gênero são conhecidas pelo mesmo hábito de ciência, como se diz no livro I dos *Segundos Analíticos*: "A ciência una tem por objeto um único gênero". Assim, a ciência infusa na alma de Cristo distinguiu-se segundo diversos hábitos[h].

QUANTO AO 1º, portanto, deve-se dizer que como anteriormente foi dito, a ciência da alma de Cristo é perfeitíssima e supera a ciência dos anjos, enquanto considerada da parte de Deus que a causa; mas é inferior à ciência angélica, quanto ao modo do que a recebe. A esse modo pertence a ciência que se distingue por vários hábitos, na medida em que existe por meio de espécies mais particulares.

QUANTO AO 2º, deve-se dizer que nossa fé se apoia na verdade primeira. Assim, Cristo é autor de nossa fé segundo a ciência divina, que é absolutamente una.

QUANTO AO 3º, deve-se dizer que a luz infundida por Deus é a razão comum para entender as coisas divinamente reveladas, assim como a luz do intelecto o é para as coisas que são conhecidas naturalmente. Foi, portanto, necessário infundir na alma de Cristo as espécies de cada coisa para conhecer cada uma com conhecimento próprio. Logo, foi necessário que houvesse na alma de Cristo diversos hábitos de ciência, como foi dito[i].

---

3. A. 4, 5.
4. C. 28: 87, a, 38.
5. A. 4.
6. In corp.

h. O mínimo de diversidade que podemos postular nessa ciência infusa de Cristo é o que se deve às duas grandes categorias a que já nos referimos: o conhecimento das coisas divinas, por um lado, e o conhecimento das coisas criadas, por outro. Se fosse o caso de manter a todo custo o caráter infuso deste último, seria preciso admitir inúmeras subdivisões desse saber, correspondendo a nossas diversas ciências humanas segundo os objetos a conhecer.

i. Semelhante à luz do intelecto agente no processo normal do conhecimento, a luz infusa é o meio pelo qual as coisas são conhecidas, não é o conhecimento propriamente dito. É portanto o conhecimento ou ciência infusa que se divide em diversos hábitos, não a própria luz que permanece indivisa.

QUAESTIO XII
DE SCIENTIA ANIMAE CHRISTI ACQUISITA VEL EXPERIMENTALI

in quatuor articulos divisa

Deinde considerandum est de scientia animae Christi acquisita vel experimentali.
Et circa hoc quaeruntur quatuor.
Primo: utrum secundum hanc scientiam Christus cognoverit omnia.
Secundo: utrum in hac scientia profecerit.
Tertio: utrum aliquid ab homine didicerit.
Quarto: utrum acceperit aliquid ab angelis.

Articulus 1
Utrum secundum scientiam acquisitam vel experimentalem Christus omnia cognoverint

Ad primum sic proceditur. Videtur quod secundum hanc scientiam Christus non omnia cognovit.

1. Huiusmodi enim scientia per experientiam acquiritur. Sed Christus non omnia expertus est. Non igitur omnia secundum hanc scientiam scivit.

2. Praeterea, scientiam acquirit homo per sensum. Sed non omnia sensibilia sensibus corporalibus Christi fuerunt subiecta. Non igitur secundum hanc scientiam omnia cognovit.

3. Praeterea, quantitas scientiae attenditur secundum scibilia. Si igitur secundum hanc scientiam Christus omnia scivisset, esset in eo scientia acquisita aequalis scientiae infusae et scientiae beatae: quod est inconveniens. Non ergo secundum hanc scientiam Christus omnia scivit.

Sed contra est quod nihil imperfectum fuit in Christo quantum ad animam. Fuisset autem

QUESTÃO 12
A CIÊNCIA ADQUIRIDA OU EXPERIMENTAL DA ALMA DE CRISTO[a]

em quatro artigos

Em seguida, deve-se considerar a ciência adquirida ou experimental da alma de Cristo.
Sobre isso são quatro as perguntas:
1. Cristo conheceu tudo por ciência adquirida ou experimental?
2. Progrediu nessa ciência?
3. Aprendeu alguma coisa dos homens?
4. Recebeu alguma coisa dos anjos?

Artigo 1
Cristo conheceu tudo por ciência adquirida ou experimental?

Quanto ao primeiro artigo, assim se procede: parece que Cristo **não** conheceu tudo por essa ciência.

1. Com efeito, essa ciência se adquire por experiência. Ora, Cristo não teve experiência de todas as coisas. Logo, não conheceu tudo por meio dessa ciência.

2. Além disso, o homem adquire a ciência pelo sentido. Ora, nem todas as coisas sensíveis foram submetidas aos sentidos corporais de Cristo. Portanto, ele não conheceu todas as coisas por meio dessa ciência.

3. Ademais, a quantidade da ciência se mede pelas coisas que se podem conhecer. Logo, se Cristo conhecesse todas as coisas por meio dessa ciência, nele a ciência adquirida seria igual à ciência infusa e à ciência dos bem-aventurados, o que é inconveniente. Portanto, não conheceu todas as coisas por meio dessa ciência.

Em sentido contrário, em Cristo nada houve de imperfeito no que diz respeito à alma. Ora, a

---

a. Nesta questão, Sto. Tomás expõe uma doutrina que alcançou após certa hesitação (ver acima q. 9, a. 4, nota 6). Ele aí chegou tomando consciência do fato de que a plena humanidade de Cristo implicava que também sua inteligência devia exercer todas as suas funções: seu intelecto agente extraiu, portanto, das espécies inteligíveis a partir das realidades experimentadas por seus sentidos, e a partir daí raciocinou e tirou suas conclusões. Isso que pode parecer óbvio, não o era para um espírito do século XIII. Dominado pela ideia da total perfeição de Cristo, era-lhe difícil admitir que a obscuridade e os tateamentos de nosso saber humano tinham sido partilhadas pelo Verbo encarnado. É por isso que Sto. Tomás se empenha em eliminar tanto quanto possível toda imperfeição da ciência adquirida de Cristo. Primeiramente, ele conheceu tudo o que podia ser conhecido pelo trabalho do intelecto agente (a. 1). Em seguida, se houve uma certa ordem na aquisição desse saber, rapidamente Cristo alcançou um estágio no qual não havia mais progresso possível (a. 2). De todo modo, Cristo adquiriu tal ciência pessoalmente, sem nenhuma necessidade de ser ensinado pelos homens (a. 3) ou pelos anjos (a. 4). Doutor por excelência e fonte de verdade, não convinha que Cristo fosse ensinado por aqueles dos quais era o Mestre. Supera-os todos tanto pela extensão de sua ciência, que engloba todas as coisas, como por seu modo de aquisição.

imperfecta haec eius scientia, si secundum eam non scivisset omnia: quia imperfectum est cui potest fieri additio[1]. Ergo secundum hanc scientiam Christus omnia scivit.

RESPONDEO dicendum quod scientia acquisita ponitur in anima Christi, ut supra[2] dictum est, propter convenientiam intellectus agentis, ne eius actio sit otiosa, qua facit intelligibilia actu: sicut etiam scientia indita vel infusa ponitur in anima Christi ad perfectionem intellectus possibilis. Sicut autem intellectus possibilis est *quo est omnia fieri*, ita intellectus agens est *quo est omnia facere*: ut dicitur in III *de Anima*[3]. Et ideo, sicut per scientiam inditam scivit anima Christi omnia illa ad quae intellectus possibilis est quocumque modo in potentia, ita per scientiam acquisitam scivit omnia illa quae possunt sciri per actionem intellectus agentis.

AD PRIMUM ergo dicendum quod scientia rerum acquiri potest non solùm per experientiam ipsarum, sed etiam per experientiam quarundam aliarum rerum: cum ex virtute luminis intellectus agentis possit homo procedere ad intelligendum effectus per causas, et causas per effectus, et similia per similia, et contraria per contraria. Sic igitur, licet Christus non fuerit omnia expertus, ex his tamen quae expertus est, in omnium devenit notitiam.

AD SECUNDUM dicendum quod, licet corporalibus sensibus Christi non fuerint subiecta omnia sensibilia, fuerunt tamen sensibus eius subiecta aliqua sensibilia ex quibus, propter excellentissimam vim rationis eius, potuit in aliorum notitiam devenire per modum praedictum[4]. Sicut, videndo corpora caelestia, potuit comprehendere eorum virtutes, et effectus quos habent in istis inferioribus, qui eius sensibus non subiacebant. Et, eadem

ciência adquirida seria imperfeita se por ela não fossem conhecidas todas as coisas, pois o imperfeito é aquilo ao qual algo se pode adicionar. Logo, Cristo conheceu todas as coisas por meio dessa ciência.

RESPONDO. Como antes foi dito, a ciência adquirida é atribuída à alma de Cristo por convir ao intelecto agente, para que não fique ociosa a sua atividade, que leva ao ato o que é inteligível, como também a ciência infusa lhe é atribuída para a perfeição do intelecto possível. Pois, se o intelecto possível é o que *pode tornar-se todas as coisas,* o intelecto agente é o que *pode fazer todas as coisas,* como diz o livro III da *Alma*. Por conseguinte, como, pela ciência infusa, a alma de Cristo conheceu tudo para o que, de alguma maneira, o intelecto possível está em potência, assim pela ciência adquirida conheceu tudo o que pode ser conhecido pela ação do intelecto agente[b].

QUANTO AO 1º, portanto, deve-se dizer que a ciência das coisas pode ser adquirida não somente pela experiência delas mesmas, mas também pela experiência de certas outras coisas. De fato, pelo poder da luz do intelecto agente o homem pode passar ao conhecimento dos efeitos pelas causas e da causas pelos efeitos, como também dos semelhantes pelos semelhantes e dos contrários por seus contrários. Portanto, embora Cristo não tenha experimentado tudo, pelas coisas que experimentou chegou ao conhecimento de tudo.

QUANTO AO 2º, deve-se dizer que embora todos as coisas sensíveis não tenham sido submetidas aos sentidos corporais de Cristo, foram-lhes submetidas algumas, a partir das quais, graças ao poder excelentíssimo de sua razão, podia chegar ao conhecimento de outras, pelo modo que foi explicado. Assim, vendo os corpos celestes pôde compreender suas virtudes e os efeitos que produzem nas coisas inferiores que a seus sentidos não

---

1. Cfr. ARISTOT., *Phys.*, l. III, c. 6: 207, a, 8-15.
2. Q. 9, a. 4.
3. C. 5: 430, a, 14-15.
4. In resp. ad 1.

b. A conclusão da resposta é clara: Cristo conheceu tudo o que é possível conhecer pelo intelecto agente, isto é, tudo o que os homens podem alcançar em matéria de ciência. Não que ele tenha tido por si mesmo todas as experiências sensíveis possíveis, mas a partir das que ele teve pôde deduzir todo o resto (ver as respostas deste artigo, em especial a resposta 2). Como sua ciência de visão ou sua ciência infusa, a ciência experimental de Cristo era perfeita. Sto. Tomás se atém aqui a uma certa generalidade, mas seus comentadores não terão medo de ser mais precisos. Segundo os carmelitas de Salamanca, Cristo devia ser considerado não só como o maior dialético, filósofo, matemático, moralista ou político, mas ainda como o maior orador, músico, pintor, granjeiro, marinheiro etc. É sem dúvida ir longe demais, e em todo caso bem além do que os Evangelhos nos informam sobre Jesus. Estaríamos mais próximos da verdade dizendo que Cristo conheceu tudo o que lhe era necessário para realizar sua missão de salvação. É o mesmo que confessar que sua verdadeira grandeza é de ordem religiosa, e permanecemos aqui no domínio da fé sem ceder demais à imaginação.

ratione, ex quibuscumque aliis in aliorum notitiam devenire potuit.

AD TERTIUM dicendum quod secundum istam scientiam anima Christi non simpliciter cognovit omnia: sed illa omnia quae per lumen intellectus agentis hominis sunt cognoscibilia. Unde per hanc scientiam non cognovit essentias substantiarum separatarum; nec etiam singularia praeterita vel futura. Quae tamen cognovit per scientiam inditam, ut supra[5] dictum est.

ARTICULUS 2
Utrum secundum scientiam acquisitam vel experimentalem Christus profecerit

AD SECUNDUM SIC PROCEDITUR. Videtur quod secundum hanc scientiam Christus non profecerit.
1. Sicut enim secundum scientiam beatitudinis vel secundum scientiam infusam Christus cognovit omnia, ita secundum hanc scientiam acquisitam: ut ex dictis[1] patet. Sed secundum illas scientias non profecit. Ergo nec secundum istam.
2. PRAETEREA, proficere est imperfecti: quia perfectum additionem non recipit. Sed in Christo non est ponere scientiam imperfectam. Ergo secundum hanc scientiam Christus non profecit.
3. PRAETEREA, Damascenus dicit[2]: *Qui proficere dicunt Christum sapientia et gratia ut additamentum suscipientem, non venerantur unionem.* Non venerari autem unionem est impium. Ergo impium est dicere quod scientia eius additamentum acceperit.

SED CONTRA est quod habetur Lc 2,52, quod *Iesus proficiebat sapientia et aetate et gratia, apud Deum et homines.* Et Ambrosius dicit[3] quod *proficiebat secundum sapientiam humanam.* Humana autem sapientia est quae humano modo acquiritur, scilicet per lumen intellectus agentis. Ergo Christus secundum hanc scientiam profecit.

RESPONDEO dicendum quod duplex est profectus scientiae. Unus quidem secundum essentiam: prout scilicet ipse habitus scientiae augetur. Alius autem secundum effectum: puta si aliquis, secundum eundem et aequalem scientiae habitum, primo minora aliis demonstret, et postea maiora et subtiliora.

se tinham submetido. Pela mesma razão, de umas coisas pôde chegar ao conhecimento de outras.

QUANTO AO 3º, deve-se dizer que mediante essa ciência, a alma de Cristo não conheceu de modo absoluto todas as coisas, mas sim tudo o que se pode conhecer pela luz do intelecto agente do homem. Logo, por meio dessa ciência não conheceu as essências das substâncias separadas, nem os singulares passados ou futuros. Mas tudo isso conheceu pela ciência infusa, como acima foi dito.

ARTIGO 2
Cristo progrediu na ciência adquirida ou experimental?

QUANTO AO SEGUNDO, ASSIM SE PROCEDE: parece que Cristo **não** progrediu nessa ciência.
1. Com efeito, como Cristo conheceu tudo pela ciência dos bem-aventurados e pela ciência infusa, assim também tudo conheceu por meio dessa ciência adquirida, como ficou claro. Ora, ele não progrediu naquelas ciências. Logo, nem nessa.
2. ALÉM DISSO, progredir cabe ao que é imperfeito; pois o perfeito não recebe adição. Ora, não se deve afirmar em Cristo uma ciência imperfeita. Logo, ele não progrediu na ciência adquirida.
3. ADEMAIS, diz Damasceno: "Os que dizem que Cristo progrediu na sabedoria e na graça como quem recebe um aumento, não veneram a união". Ora, não venerar a união é ímpio. Logo, é ímpio dizer que sua ciência recebeu um aumento.

EM SENTIDO CONTRÁRIO, declara-se no Evangelho de Lucas: "Jesus crescia em sabedoria, idade e graça, diante de Deus e dos homens". E Ambrósio comenta: "Crescia em sabedoria humana". Ora, a sabedoria humana é a que se adquire de modo humano, a saber, graças à luz do intelecto agente. Portanto, Cristo progrediu nessa ciência.

RESPONDO. O progresso na ciência se entende de duas maneiras. Uma, segundo a essência, isto é, quando aumenta o próprio *habitus* da ciência. Outra, segundo o efeito como, por exemplo, quando alguém, com o mesmo e igual *habitus* da ciência, primeiro demonstra aos outros conclusões de menor dificuldade, depois as de maior dificuldade e sutileza.

---

5. Q. praec., a. 1, ad 2, 3.

2 PARALL.: Infra, q. 15, a. 8; III *Sent.*, dist. 14, a. 3, q.la 5; *Compend. Theol.*, c. 216; in *Ioan.*, c. 4, lect. 1; *ad Heb.*, c. 5, lect. 2.

1. A. praec.
2. *De fide orth.*, l. III, c. 22: MG 94, 1088 A.
3. *De Incarn. Domin. Sacram.*, c. 7, n. 72: ML 16, 837 A.

Hoc autem secundo modo, manifestum est quod Christus in scientia et gratia profecit, sicut et in aetate: quia scilicet, secundum augmentum aetatis, opera maiora faciebat, quae maiorem sapientiam et gratiam demonstrabant. Sed quantum ad ipsum habitum scientiae, manifestum est quod habitus scientiae infusae in eo non est augmentatus: cum a principio plenarie sibi fuerit omnis scientia infusa. Et multo minus scientia beata in eo augeri potuit. De scientia autem divina, quod non possit augeri, supra in Prima Parte[4] dictum est.

Si igitur, praeter habitum scientiae infusum, non sit in anima Christi habitus aliquis scientiae acquisitae, ut quibusdam videtur[5], et mihi aliquando visum est[6]; nulla scientia in Christo augmentata fuit secundum suam essentiam, sed solum per experientiam, idest per conversionem specierum intelligibilium inditarum ad phantasmata. Et secundum hoc, dicunt quod scientia Christi profecit secundum experientiam: convertendo scilicet species intelligibiles inditas ad ea quae de novo per sensum accepit.

Sed quia inconveniens videtur quod aliqua naturalis actio intelligibilis Christo deesset, cum extrahere species intelligibiles a phantasmatibus sit quaedam naturalis actio hominis secundum intellectum agentem, conveniens videtur hanc etiam actionem in Christo ponere. Et ex hoc sequitur quod in anima Christi aliquis habitus scientiae fuit qui per huiusmodi abstractionem specierum potuerit augmentari: ex hoc scilicet quod intellectus agens, post primas species intelligibiles abstractas a phantasmatibus, poterat etiam alias abstrahere.

AD PRIMUM ergo dicendum quod tam scientia infusa animae Christi, quam scientia beata, fuit effectus agentis infinitae virtutis, qui potest simul totum operari: et ita in neutra scientia Christus profecit, sed a principio habuit eam perfectam. Sed scientia acquisita est tantum ab intellectu agente, qui non simul totum operatur, sed successive. Et ideo secundum hanc scientiam Christus non a principio scivit omnia, sed paulatim et post

É claro que Cristo progrediu em ciência e graça, assim como em idade, dessa segunda maneira. Com efeito, segundo crescia em idade, fazia obras maiores que mostravam maior sabedoria e graça. Porém, quanto ao *habitus* da ciência, é evidente que nele não cresceu o *habitus* da ciência infusa, pois desde o princípio foi-lhe infundida plenamente toda ciência. Muito menos a ciência dos bem-aventurados pôde crescer nele. Na I Parte, com efeito, foi demonstrado que a ciência divina não pode aumentar.

Portanto, se além do *habitus* da ciência infusa não houve na alma de Cristo um *habitus* de ciência adquirida, como é opinião de alguns e também foi minha, em certo momento, nenhuma ciência em Cristo aumentou segundo sua essência, mas somente por experiência, ou seja, pela conversão às representações imaginárias das espécies inteligíveis infusas. De acordo com isso dizem que a ciência de Cristo progrediu segundo a experiência, ou seja convertendo as espécies inteligíveis infusas às novas coisas que recebia pelos sentidos.

Entretanto, como parece não convir que faltasse a Cristo alguma ação natural da inteligência, e dado que abstrair as espécies inteligíveis das representações imaginárias é uma ação natural do homem, exercida pelo intelecto agente, é conveniente atribuir essa ação também a Cristo. Segue-se daqui que houve na alma de Cristo um certo *habitus* de ciência que podia aumentar por meio dessa abstração das espécies, ou seja, o intelecto agente, depois das primeiras espécies inteligíveis abstraídas, podia abstrair outras[c].

QUANTO AO 1º, portanto, deve-se dizer que tanto a ciência infusa da alma de Cristo quanto a ciência dos bem-aventurados foram efeitos de um agente de poder infinito, que pode operar tudo de uma vez. Assim, Cristo não progrediu em nenhuma dessas duas ciências, mas desde o início as possuiu perfeitamente. Mas a ciência adquirida é somente obra do intelecto agente, que não opera tudo simultaneamente, mas sucessivamente. Assim, mediante

---

4. Q. 14, a. 5, ad 2.
5. ALEX. HALENS., *Summa Theol.*, P. III, q. 13, m. 2, ad ob.; S. BONAVENT., III *Sent.*, dist. 14, a. 3, q. 2: ad Claras Aquas, t. III, p. 322; S. ALB. M., III *Sent.*, dist. 13, a. 10.
6. III *Sent.*, dist. 14, a. 3, q.la 5, ad 3; dist. 18, a. 3, ad 5.

c. Admitir a ação natural do intelecto agente em Cristo é admitir também o desenvolvimento do hábito de ciência que lhe corresponde. De fato, a experiência das coisas sensíveis se faz aos poucos, assim como a abstração das espécies inteligíveis a partir dessa experiência, é também ela progressiva. As experiências acumuladas por Cristo, à medida que avançava em idade, conduziram-no a uma ciência cada vez mais vasta. Diferentemente de sua ciência beatífica e de sua ciência infusa, que só progrediam em sua aplicação à experiência, a ciência adquirida de Cristo aumentava mesmo em seu hábito, pois não era apenas aplicada à experiência, *derivava* dela.

aliquod tempus, scilicet in perfecta aetate. Quod patet ex hoc quod Evangelista simul dicit eum profecisse *scientia et aetate*.

AD SECUNDUM dicendum quod haec etiam scientia in Christo fuit semper perfecta secundum tempus, licet non fuerit perfecta simpliciter et secundum naturam. Et ideo potuit habere augmentum.

AD TERTIUM dicendum quod verbum Damasceni intelligitur quantum ad illos qui[7] dicunt simpliciter factam fuisse additionem scientiae Christi: scilicet secundum quamcumque eius scientiam; et praecipue secundum infusam, quae causatur in anima Christi ex unione ad Verbum. Non autem intelligitur de augmento scientiae quae ex naturali agente causatur.

ARTICULUS 3
Utrum Christus aliquid ab hominibus didicerit

AD TERTIUM SIC PROCEDITUR. Videtur quod Christus aliquid ab hominibus didicerit.

1. Dicitur enim Lc 2,46-47 quod *invenerunt eum in Templo in medio doctorum, interrogantem illos et respondentem*. Interrogare vero et respondere est addiscentis. Ergo Christus ab hominibus aliquid didicit.

2. PRAETEREA, acquirere scientiam ab homine docente videtur esse nobilius quam acquirere a sensibus: quia in anima hominis docentis sunt species intelligibiles in actu, in rebus autem sensibilibus sunt species intelligibiles solum in potentia. Sed Christus accipiebat scientiam experimentalem ex rebus sensibilibus, ut dictum est[1]. Ergo multo magis poterat accipere scientiam addiscendo ab hominibus.

3. PRAETEREA, Christus secundum scientiam experimentalem a principio non omnia scivit, sed in ea profecit, ut dictum est[2]. Sed quilibet audiens sermonem significativum alicuius, potest addiscere quod nescit. Ergo Christus potuit ab hominibus

essa ciência, Cristo não conheceu tudo desde o início, mas pouco a pouco e depois de algum tempo, a saber, na idade madura. O que fica claro ao dizer o Evangelista que ele progrediu ao mesmo tempo em *ciência* e *idade*.

QUANTO AO 2º, deve-se dizer que também essa ciência em Cristo foi sempre perfeita em relação ao tempo, embora não o fosse de maneira absoluta e em sua natureza. Assim, podia aumentar[d].

QUANTO AO 3º, deve-se dizer que o texto de Damasceno se entende daqueles que dizem ter havido de modo absoluto adição à ciência de Cristo, ou seja, em qualquer das ciências que possuiu e, sobretudo na ciência infusa que é causada na alma de Cristo pela união com o Verbo. Mas não se aplica ao aumento da ciência que é causada por um agente natural.

ARTIGO 3
Cristo aprendeu alguma coisa dos homens?

QUANTO AO TERCEIRO, ASSIM SE PROCEDE: parece que Cristo **aprendeu** alguma coisa dos homens.

1. Com efeito, no Evangelho de Lucas se diz: "Encontraram-no no Templo, sentado em meio aos mestres, interrogando-os e respondendo-lhes". Ora, interrogar e responder é próprio de quem aprende. Logo, Cristo aprendeu alguma coisa dos homens.

2. ALÉM DISSO, adquirir a ciência do homem que ensina parece ser mais nobre do que adquiri-la dos sentidos; pois, na alma do homem que ensina as espécies inteligíveis estão em ato, ao passo que nas coisas sensíveis estão só em potência. Ora, Cristo recebia a ciência experimental das coisas sensíveis, como foi dito. Logo, com maior razão podia receber a ciência aprendendo dos homens.

3. ADEMAIS, mediante a ciência experimental, Cristo não soube tudo desde o princípio, mas nela progrediu, como foi dito. Ora, quem quer que ouça a fala de outro expressando algo pode aprender o que ignorava. Logo, Cristo pôde aprender dos

---

7. Cfr. ABAELARDUM, *Sic et non*, § 76: ML 178, 1451.

1. A. praec.; q. 9, a. 4.
2. A. praec.

d. Podemos comparar esta resposta com um esclarecimento apresentado adiante (q. 12, a. 3, r. 3): "O Senhor nada fez que não conviesse à sua idade". É evidente: o saber e o comportamento de um bebê ou de uma criança não são os de um adolescente, e ainda menos o de um adulto. Falar de perfeição nesse caso seria evocar uma perfeição relativa, correspondendo à idade de Cristo. Nada impede pensar que essa perfeição podia igualmente ser relativa na época em que Cristo viveu. De modo que, mesmo chegado ao estágio em que seu saber adquirido não podia aumentar, essa perfeição permaneceria no contexto de uma época e de um lugar; o que parece diretamente exigido pelo arraigamento plenamente humano desse saber adquirido.

aliqua addiscere quae secundum hanc scientiam nesciebat.

SED CONTRA est quod dicitur Is 55,4: *Ecce, testem populis dedi eum, ducem ac praeceptorem gentibus*. Praeceptoris autem non est doceri, sed docere. Ergo Christus non accepit aliquam scientiam per doctrinam alicuius hominis.

RESPONDEO dicendum quod in quolibet genere id quod est primum movens non movetur secundum illam speciem motus: sicut primum alterans non alteratur. Christus autem constitutus est caput Ecclesiae, quinimmo omnium hominum, ut supra[3] dictum est, ut non solum omnes homines per ipsum gratiam acciperent, sed etiam ut omnes ab eo doctrinam veritatis reciperent. Unde ipse dicit, Io 18,37: *In hoc natus sum, et ad hoc veni in mundum, ut testimonium perhibeam veritati*. Et ideo non fuit conveniens eius dignitati ut a quocumque hominum doceretur.

AD PRIMUM ergo dicendum quod, sicut Origenes dicit, *super Luc.*[4], *Dominus interrogabat, non ut aliquid disceret, sed ut interrogatus erudiret. Ex uno quippe doctrinae fonte manat et interrogare et respondere sapienter.* Unde et ibidem [v. 47] in Evangelio sequitur quod *stupebant omnes qui eum audiebant, super prudentia et responsis eius*.

AD SECUNDUM dicendum quod ille qui addiscit ab homine non accipit immediate scientiam a speciebus intelligibilibus quae sunt in mente ipsius: sed mediantibus sensibilibus vocibus, tanquam ignis intellectualium conceptionum. Sicut autem voces ab homine formatae sunt signa intellectualis scientiae ipsius, ita creaturae a Deo conditae sunt signa sapientiae eius: unde Eccli 1,10 dicitur quod Deus *effundit sapientiam suam super omnia opera sua*. Sicut igitur dignius est doceri a Deo quam ab homine, ita dignius est accipere scientiam per sensibiles creaturas quam per hominis doctrinam.

homens algo que não sabia mediante a ciência experimental.

EM SENTIDO CONTRÁRIO, diz-se no texto do profeta Isaías: "Eis, eu o dei como testemunha para as nações, chefe e preceptor para as gentes". Ora, ao preceptor não compete ser ensinado, mas ensinar. Logo, Cristo não recebeu ciência alguma pela doutrina de homem algum.

RESPONDO. Em qualquer gênero, o que primeiro move não é movido por aquela espécie de movimento, como o primeiro que produz alteração não é alterado. Ora, Cristo foi constituído cabeça da Igreja e, mais ainda, de todos os homens, como antes foi dito, de sorte que todos os homens recebessem dele não apenas a graça, mas também a doutrina da verdade. Por isso diz no Evangelho de João: "Eu nasci e vim ao mundo para dar testemunho da verdade". Logo, não foi conveniente à sua dignidade que fosse ensinado por qualquer homem[e].

QUANTO AO 1º, portanto, deve-se dizer que como diz Orígenes: "O Senhor interrogava não para aprender algo, mas para que, sendo interrogado, ensinasse. De uma só fonte da doutrina promana o interrogar e o responder com sabedoria". Eis por que se acrescenta no Evangelho: "Todos os que o ouviam se admiravam de sua prudência e de suas respostas".

QUANTO AO 2º, deve-se dizer que aquele que aprende do homem não recebe imediatamente a ciência das espécies inteligíveis que estão na mente de quem ensina, mas por meio das vozes sensíveis que são sinais dos conceitos intelectuais. Como essas vozes formadas pelo homem são sinais de sua ciência intelectual, assim as criaturas criadas por Deus são sinais de sua sabedoria. Daí, se dizer no livro do Eclesiástico: "Deus derramou sua sabedoria sobre todas as suas obras". Assim como é mais digno ser ensinado por Deus do que pelo homem, assim é mais digno receber a ciência das coisas sensíveis do que do ensinamento humano.

---

3. Q. 8, a. 3.
4. Interprete HIERONYMO, hom. 19: MG 13, 1851 A (= ML 26, 263 D).

e. Mais uma vez o princípio de perfeição conduz o autor a uma afirmação surpreendente: Cristo tudo descobriu por si mesmo, sem nada receber de qualquer ensinamento humano. A afirmação é excessivamente global para dispensar ser matizada. Tomada ao pé-da-letra, excluiria a possibilidade de a Virgem Maria ter ensinado o Menino Jesus a rezar, ou que S. José tenha podido transmitir-lhe seu ofício de carpinteiro. É preciso diferenciar os domínios: no das coisas de Deus, Cristo era com efeito o mestre de todos e se, em sua infância, pôde aprender os rudimentos da história da salvação, veio o dia em que ele soube mostrar, sem que ninguém mais lhe tivesse ensinado, de que maneira inédita essa história encontrava nele sua realização. Mas, no domínio das realidades cotidianas ou das ciências profanas não é com certeza diminuir sua grandeza admitir que o jovem Jesus tenha aprendido uma quantidade de coisas de seus contemporâneos. Ainda que seja preciso acrescentar que a personalidade excepcional que descobrimos nos Evangelhos superou sem dificuldade alguma tudo o que recebeu.

AD TERTIUM dicendum quod Iesus proficiebat in scientia experimentali sicut etiam in aetate, ut dictum est[5]. Sicut autem aetas opportuna requiritur ad hoc quod homo accipiat scientiam per inventionem, ita etiam ad hoc quod accipiat scientiam per disciplinam. Dominus autem nihil fecit quod non congrueret eius aetati. Et ideo audiendis doctrinae sermonibus non accommodavit auditum nisi illo tempore quo poterat etiam per viam experientiae talem scientiae gradum attigisse. Unde Gregorius dicit, *super Ezech.*[6]: *Duodecimo anno aetatis suae dignatus est homines interrogare in terra, quia, iuxta rationis usum, doctrinae sermo non suppetit nisi in aetate perfecta.*

QUANTO AO 3º, deve-se dizer que Jesus progredia na ciência experimental bem como em idade, como foi dito. Mas, como se requer uma idade oportuna para que o homem receba a ciência por meio da descoberta, assim também se requer para que a receba por meio do aprendizado. Ora, o Senhor nada fez que não conviesse à sua idade. Por isso, não prestou ouvidos aos discursos da ciência senão no tempo em que poderia também, pelo caminho da experiência, atingir o mesmo grau de ciência. Daí, a palavra de Gregório: "Aos doze anos de idade, dignou-se interrogar os homens na terra porque, conforme o uso da razão, não distribuiu as palavras da doutrina senão na idade perfeita".

ARTICULUS 4
Utrum Christus ab angelis scientiam acceperit

AD QUARTUM SIC PROCEDITUR. Videtur quod Christus ab angelis scientiam acceperit.

1. Dicitur enim Lc 22,43 quod *apparuit Christo angelus de caelo confortans eum.* Sed confortatio fit per verba exhortatoria docentis: secundum illud Iob 4,3-4: *Ecce, docuisti plurimos, et manus lassas roborasti: vacillantes confirmaverunt sermones tui.* Ergo Christus ab angelis doctus est.

2. PRAETEREA, Dionysius dicit, 4 cap. *Cael. Hier.*[1]: *Video enim quod et ipse Iesus, supercaelestium substantiarum supersubstantialis substantia, ad nostram intransmutabiliter veniens, obedienter subiicitur Patris et Dei per angelos formationibus.* Videtur igitur quod ipse Christus ordinationi legis divinae subiici voluerit, per quam homines, mediantibus angelis, erudiuntur.

3. PRAETEREA, sicut corpus humanum naturali ordine subiicitur corporibus caelestibus, ita etiam humana mens angelicis mentibus. Sed corpus Christi subiectum fuit impressionibus caelestium corporum: passus est enim calorem in aetate et frigus in hieme, sicut et alias humanas passiones. Ergo et eius mens humana subiacebat illuminationibus supercaelestium spirituum.

ARTIGO 4
Cristo recebeu ciência dos anjos?

QUANTO AO QUARTO, ASSIM SE PROCEDE: parece que Cristo **recebeu** ciência dos anjos.

1. Com efeito, no Evangelho de Lucas está escrito: "Então apareceu do céu um anjo que o fortalecia". Ora, esse fortalecimento se faz por palavras de exortação de quem ensina, segundo o que se diz no livro de Jó: "Eis, ensinaste a muitos e fortaleceste as mãos cansadas; tuas palavras confirmaram os que vacilavam". Logo, Cristo foi ensinado por anjos.

2. ALÉM DISSO, diz Dionísio: "Vejo como o próprio Jesus, substância supersubstancial entre as substâncias superiores celestes, vindo sem mudança ao nosso mundo, sujeita-se à instrução do Pai e Deus, por meio dos anjos". Logo, parece que Cristo quis submeter-se à disposição da lei divina, segundo a qual os homens são ensinados por meio dos anjos.

3. ADEMAIS, pela ordem natural, como o corpo humano está sujeito aos corpos celestes, assim a mente humana o está às mentes angélicas. Ora, o corpo de Cristo esteve sujeito às impressões dos corpos celestes: pois sofreu calor no verão e frio no inverno, além de outros incômodos humanos. Logo, sua mente humana estava sujeita à iluminação dos espíritos superiores celestes.

---

5. A. praec.
6. L. I, hom. 2, n. 3: ML 76, 796 B.

PARALL.: Infra, q. 30, a. 2, ad 1; III *Sent.*, dist. 13, q. 2, a. 2, q.la 1, ad 3; dist. 14, a. 3, q.la 6.
1. § 4: MG 3, 181 C.

SED CONTRA est quod Dionysius dicit, 7 cap. *Cael. Hier.*², quod supremi angeli *ad ipsum Iesum quaestionem faciunt, et ipsius divinae operationis pro nobis scientiam discunt: et eas ipse Iesu sine medio docet*. Non est autem eiusdem docere et doceri. Ergo Christus non accepit scientiam ab angelis.

RESPONDEO dicendum quod anima humana, sicut media inter substantias spirituales et res corporales existit, ita duobus modis nata est perfici: uno quidem modo, per scientiam acceptam ex rebus sensibilibus; alio modo, per scientiam inditam sive impressam ex illuminatione spiritualium substantiarum. Utroque autem modo anima Christi fuit perfecta: ex sensibilibus quidem, secundum scientiam experimentalem, ad quam quidem non requiritur lumen angelicum, sed sufficit lumen intellectus agentis; ex impressione vero superiori, secundum scientiam infusam, quam est immediate adeptus a Deo. Sicut enim supra communem modum creaturae anima illa unita est Verbo in unitate personae, ita, supra communem modum hominum, immediate ab ipso Dei Verbo repleta est scientia et gratia: non autem mediantibus angelis, qui etiam ex influentia Verbi rerum scientiam in sui principio acceperunt, sicut in II libro *super Gen. ad litt.*³ Augustinus dicit.

AD PRIMUM ergo dicendum quod illa confortatio angeli non fuit per modum instructionis, sed ad demonstrandum proprietatem humanae naturae. Unde Beda dicit, *super Luc*.⁴: *In documento utriusque naturae, et angeli ei ministrasse, et eum confortasse dicuntur. Creator enim suae creaturae non eguit praesidio: sed, homo factus, sicut propter nos tristis est, ita propter nos confortatur*; ut scilicet in nobis fides incarnationis ipsius confirmetur.

AD SECUNDUM dicendum quod Dionysius dicit Christum *angelicis formationibus fuisse subiectum*, non ratione sui ipsius: sed ratione eorum quae circa eius incarnationem agebantur, et circa ministrationem in infantili aetate constituti. Unde

EM SENTIDO CONTRÁRIO, diz Dionísio que os anjos mais elevados "fazem perguntas a Jesus e aprendem para nós a ciência por sua operação divina; e o mesmo Jesus sem intermediário os ensina". Ora, não cabe ao mesmo ensinar e ser ensinado. Logo, Cristo não recebeu a ciência dos anjos.

RESPONDO. A alma humana está no meio entre as substâncias espirituais e as coisas corporais. Assim, pode ser aperfeiçoada de dois modos: ou pela ciência recebida das coisas sensíveis ou pela ciência infusa ou impressa por iluminação das substâncias espirituais. A alma de Cristo foi perfeita dos dois modos. Pelas coisas sensíveis, mediante a ciência experimental para a qual não é necessária a iluminação angélica, mas basta o lume do intelecto agente. Por uma influência superior, mediante a ciência infusa que recebeu imediatamente de Deus. Como a alma de Cristo, acima do modo comum da criatura, estava unida a Deus na unidade de pessoa, assim, acima do modo comum dos homens, foi cumulada de sabedoria e de graça, imediatamente pelo próprio Verbo de Deus, e não mediante os anjos. Também estes, desde seu princípio, receberam a ciência das coisas por influência do Verbo, segundo diz Agostinho[f].

QUANTO AO 1º, portanto, deve-se dizer que o conforto recebido do anjo não se deu a modo de instrução, mas para manifestar a propriedade da natureza humana. Assim diz Beda: "Para comprovação de ambas as naturezas é dito que os anjos o confortavam e o serviam. O Criador não teve necessidade da proteção de sua criatura; mas, feito homem, assim como ficou triste por nossa causa, por nossa causa foi confortado"; ou seja, para que se confirmasse em nós a fé na encarnação.

QUANTO AO 2º, deve-se dizer que Dionísio afirma que Cristo esteve "sujeito às instruções angélicas", não em razão de si mesmo, mas das circunstâncias de sua encarnação e do auxílio devido à sua idade infantil. Por isso, acrescenta no

---

2. § 3: MG 3, 209 B.
3. C. 8, n. 16: ML 34, 269. — Cfr. I, q. 55, a. 2.
4. L. VI, super 22, 43: ML 92, 603 BC.

f. Para Sto. Tomás, a mediação dos anjos entre Deus e os homens é um fato bem atestado pela Escritura e pela Tradição, e a obra do Pseudo-Dionísio, *Da hierarquia celeste*, exerce aqui uma autoridade particular. O domínio privilegiado dessa mediação angélica é o da revelação, especialmente no caso da profecia (ver I, q. 111, a. 1; II-II, q. 172, a. 2). Dado que Cristo foi um agente privilegiado da revelação, poderíamos esperar a intervenção dos anjos também em seu caso. Sto. Tomás rejeita tal mediação: em virtude da união pessoal da alma de Cristo ao Verbo, ela recebia imediatamente sua ciência infusa. Logo, não mais do que os homens, os anjos nada ensinaram a Cristo: nem no domínio de sua ciência experimental, pois seu intelecto agente bastava para tanto, nem no domínio das realidades divinas, pois Jesus recebeu sua ciência infusa do Verbo, que ensina também aos anjos.

ibidem subdit quod *per medios angelos nuntiatur Ioseph a Patre dispensata Iesu ad Aegyptum recessio, et rursum ad Iudaeam de Aegypto traductio*.

AD TERTIUM dicendum quod Filius Dei assumpsit corpus passibile, ut infra[5] dicetur: sed animam perfectam scientia et gratia. Et ideo corpus eius fuit convenienter subiectum impressioni caelestium corporum: anima vero eius non fuit subiecta impressioni caelestium spirituum.

mesmo lugar: "Por meio dos anjos é anunciada a José o refúgio de Jesus no Egito por disposição do Pai e de novo seu retorno do Egito à Judeia".

QUANTO AO 3º, deve-se dizer que o Filho de Deus assumiu um corpo passível, como depois se dirá, mas uma alma perfeita em ciência e graça. Assim, seu corpo foi, com razão, submetido à influência dos corpos celestes, mas sua alma não foi submetida à ação dos espíritos celestes[g].

---

5. Q. 14, a. 1.

g. Pelo fato mesmo de ver Deus, a alma de Jesus era livre de toda influência dos espíritos celestes. O mesmo não ocorria com seu corpo, que partilhava com o nosso as consequências do pecado original e, por meio dele, sofria a influência dos corpos celestes. Independentemente da cosmologia em jogo aqui, deve-se notar a maneira pela qual as últimas linhas das questões 9 a 12 introduzem as questões seguintes, nas quais Sto. Tomás tratará da força da alma de Cristo (q. 13), depois, das fraquezas de seu corpo (q. 14) e de sua alma (q. 15).

QUAESTIO XIII
DE POTENTIA ANIMAE CHRISTI
in quatuor articulos divisa

Deinde considerandum est de potentia animae Christi.
Et circa hoc quaeruntur quatuor.
Primo: utrum habuerit omnipotentiam simpliciter.
Secundo: utrum habuerit omnipotentiam respectu corporalium creaturarum.
Tertio: utrum habuerit omnipotentiam respectu proprii corporis.
Quarto: utrum habuerit omnipotentiam respectu executionis propriae voluntatis.

QUESTÃO 13
O PODER DA ALMA DE CRISTO[a]
em quatro artigos

Em seguida, deve-se considerar o poder da alma de Cristo.
Sobre isso são quatro as perguntas:
1. Cristo foi onipotente de modo absoluto?
2. Foi onipotente com respeito às criaturas corporais?
3. Foi onipotente com respeito ao próprio corpo?
4. Foi onipotente com respeito à execução do seu próprio querer?

ARTICULUS 1
Utrum anima Christi habuerit omnipotentiam

AD PRIMUM SIC PROCEDITUR. Videtur quod anima Christi habuit omnipotentiam.

ARTIGO 1
A alma de Cristo foi onipotente?

QUANTO AO PRIMEIRO ARTIGO, ASSIM SE PROCEDE: parece que a alma de Cristo **foi** onipotente.

---

1 PARALL.: I *Sent.*, dist. 43, q. 1, a. 2; III, dist. 1, q. 1, a. 2, ad 2; dist. 14, a. 4.

a. Esta questão sobre o poder da alma de Cristo se abre por uma distinção fundamental: Deus, tendo uma natureza infinita, é o único a ser absolutamente Todo-Poderoso; uma vez que a natureza humana de Cristo permanece distinta de sua natureza divina, sua alma não poderia ter essa onipotência divina absoluta; não tem, particularmente, o poder de criar (a. 1). Tem contudo uma onipotência relativa quanto à transformação das criaturas, mas deve-se distinguir aqui o que concerne ao poder próprio de sua alma como agente principal do que lhe pertence em sua qualidade de instrumento do Verbo; sob este último aspecto, tinha o poder de realizar milagres (a. 2). Do mesmo modo, tinha sobre seu próprio corpo um domínio natural limitado mas, pela virtude do Verbo agindo nela, tinha um domínio perfeito e milagroso sobre esse corpo (a. 3). No entanto, sua alma não tinha autoridade no que dependia da vontade de outras pessoas, seja de Deus, seja dos homens; e, portanto, o que ela queria, mas não tinha o poder de realizar, convinha que pedisse a Deus, a quem tudo é possível, lhe conferisse esse poder de realizar (a. 4).

1. Dicit enim Ambrosius, *super Luc.*[1]: *Potentiam quam Dei Filius naturaliter habet, homo erat ex tempore accepturus*. Sed hoc praecipue videtur esse secundum animam, quae est potior pars hominis. Cum ergo Filius Dei ab aeterno omnipotentiam habuerit, videtur quod anima Christi ex tempore omnipotentiam acceperit.

2. PRAETEREA, sicut potentia Dei est infinita, sic et eius scientia. Sed anima Christi habet omnium scientiam eorum quae scit Deus quodammodo, ut supra[2] dictum est. Ergo etiam habet omnem potentiam. Et ita est omnipotens.

3. PRAETEREA, anima Christi habet omnem scientiam. Sed scientiarum quaedam est practica, quaedam speculativa. Ergo habet eorum quae scit scientiam practicam: ut scilicet sciat facere ea quae scit. Et sic videtur quod omnia facere possit.

SED CONTRA est: quod proprium est Dei, non potest alicui creaturae convenire. Sed proprium est Dei esse omnipotentem: secundum illud Ex 15,2: *Iste Deus meus, et glorificabo eum*; et postea [v. 3] subditur, *Omnipotens nomen eius*. Ergo anima Christi, cum sit creatura, non habet omnipotentiam.

RESPONDEO dicendum quod, sicut supra[3] dictum est, in mysterio incarnationis ita facta est unio in persona quod tamen remansit distinctio naturarum, utraque scilicet natura retinente id quod sibi est proprium. Potentia autem activa cuiuslibet rei sequitur formam ipsius, quae est principium agendi. Forma autem vel est ipsa natura rei, sicut in simplicibus: vel est constituens ipsam rei naturam, sicut in his quae sunt composita ex materia et forma. Unde manifestum est quod potentia activa cuiuslibet rei consequitur naturam ipsius. Et per hunc modum omnipotentia consequenter se habet ad divinam naturam. Quia enim natura divina est ipsum esse Dei incircumscriptum, ut patet per Dionysium, 5 cap. *de Div. Nom.*[4], inde est quod habet potentiam activam respectu omnium quae possunt habere rationem entis, quod est habere omnipotentiam: sicut et quaelibet alia res habet potentiam activam respectu eorum ad quae se extendit perfectio suae naturae, sicut calidum ad calefaciendum. Cum igitur anima Christi sit pars

1. Com efeito, escreve Ambrósio: "O poder que o Filho de Deus possui naturalmente, o homem haveria de receber a seu tempo". Ora, essa afirmação parece dizer respeito sobretudo à alma que é a principal parte do homem. Logo, como o Filho de Deus possuiu a onipotência desde toda a eternidade, parece que a alma de Cristo recebeu a onipotência no tempo.

2. ALÉM DISSO, como é infinito o poder de Deus, assim também sua ciência. Ora, a alma de Cristo possui, de certo modo, a ciência de todas as coisas conhecidas por Deus, como já foi dito. Logo, possui também todo o poder, e é, assim, onipotente.

3. ADEMAIS, a alma de Cristo possui toda ciência. Ora, as ciências são ou práticas ou especulativas. Logo, Cristo teve a ciência prática das coisas que conheceu, de modo que sabia fazer o que conheceu. Assim, parece que podia fazer todas as coisas.

EM SENTIDO CONTRÁRIO, o que é próprio de Deus não pode ser atribuído a criatura alguma. Mas é próprio de Deus ser onipotente, conforme o livro do Êxodo: "Este é meu Deus e eu o glorificarei", logo acrescentando: "Seu nome é onipotente". Portanto, a alma de Cristo, sendo uma criatura, não é onipotente.

RESPONDO. Como antes foi dito, no mistério da encarnação, a união na pessoa foi feita de tal maneira a permanecer a distinção das naturezas, conservando cada uma delas o que lhe é próprio. A potência ativa de cada coisa segue sua forma, que é o princípio do agir. A forma ou é a própria natureza como nas coisas simples, ou é constitutivo da natureza como nas que são compostas de matéria e forma. É claro, pois, que a potência ativa de qualquer coisa segue sua natureza. Desta maneira a onipotência é consequência da natureza divina. Como a natureza divina é o próprio existir não-circunscrito, como consta por Dionísio, segue-se que tem a potência ativa com respeito a todas as coisas que podem ser, o que é o mesmo que ser onipotente, assim como qualquer outra coisa tem a potência ativa com respeito a todas as coisas às quais se estende a perfeição de sua natureza, como o corpo quente para aquecer. Logo, como a alma de Cristo é parte da natureza humana é impossível que possua a onipotência.

---

1. Cfr. BEDAM, *Homil.*, l. I, hom. 1, in festo Annuntiat.: ML 94, 11 D. — Vide P. LOMBARDUM, III *Sent.*, dist. 14, c. 2: ad Claras Aquas, t. II, p. 610.
2. Q. 10, a. 2.
3. Q. 2, a. 1; q. 10, a. 1.
4. § 4: MG 3, 817 C.

humanae naturae, impossibile est quod habeat omnipotentiam.

AD PRIMUM ergo dicendum quod homo accepit ex tempore omnipotentiam quam Filius Dei habuit ab aeterno, per ipsam unionem personae, ex qua factum est ut, sicut homo dicitur Deus, ita dicatur omnipotens: non quasi sit alia omnipotentia hominis quam Filii Dei, sicut nec alia deitas; sed eo quod est una persona Dei et hominis.

AD SECUNDUM dicendum quod alia ratio est de scientia, et de potentia activa: sicut quidam[5] dicunt. Nam potentia activa consequitur ipsam naturam rei: eo quod actio consideratur ut egrediens ab agente. Scientia autem non semper habetur per ipsam essentiam scientis: sed potest haberi per assimilationem scientis ad res scitas secundum similitudines susceptas.

Sed haec ratio non videtur sufficere. Quia sicut aliquis potest cognoscere per similitudinem susceptam ab alio, ita etiam potest agere per formam ab alio susceptam: sicut aqua vel ferrum calefacit per calorem susceptum ab igne. Non igitur per hoc prohibetur quin, sicut anima Christi per similitudines omnium rerum sibi a Deo inditas potest omnia cognoscere, ita per easdem similitudines possit ea facere.

Est ergo ulterius considerandum quod id quod a superiori natura in inferiori recipitur, habetur per inferiorem modum: non enim calor in eadem perfectione et virtute recipitur ab aqua qua est in igne. Quia igitur anima Christi inferioris naturae est quam divina natura, similitudines rerum non recipiuntur in ipsa anima Christi secundum eandem perfectionem et virtutem secundum quam sunt in natura divina. Et inde est quod scientia animae Christi est inferior scientia divina: quantum ad modum cognoscendi, quia Deus perfectius cognoscit quam anima Christi; et etiam quantum ad numerum scitorum, quia anima Christi non cognoscit omnes res quas Deus potest facere, quae tamen Deus cognoscit scientia simplicis intelligentiae; licet cognoscat omnia praesentia, praeterita et futura, quae Deus cognoscit scientia visionis. Et similiter similitudines rerum animae Christi inditae non adaequant virtutem divinam in agendo: ut

QUANTO AO 1º, portanto, deve-se dizer que o homem recebeu no tempo a onipotência que o Filho de Deus possuiu desde toda a eternidade mediante a união da pessoa. Dela resultou que, como o homem é dito Deus, assim também possa ser dito onipotente. Não que a onipotência do homem seja distinta da do Filho de Deus, assim como não é distinta a divindade, mas porque é uma a pessoa de Deus e do homem[b].

QUANTO AO 2º, deve-se dizer que segundo a opinião de alguns, é diferente a razão de ciência e de potência ativa. A potência ativa segue a própria natureza da coisa, pois a ação é considerada como procedendo do agente. Mas a ciência nem sempre se possui pela essência do que sabe, mas pode ser possuída pela assimilação do que conhece às coisas conhecidas, mediante semelhanças recebidas.

Mas essa razão não parece suficiente. Pois, como alguém pode conhecer pela semelhança recebida de outro, assim também pode agir pela forma recebida de outro, como a água e o ferro podem esquentar pelo calor recebido do fogo. Portanto, nada impede que, se a alma de Cristo pode conhecer todas as coisas pelas semelhanças de todas elas infundidas por Deus, possa, do mesmo modo, tudo fazer pelas mesmas semelhanças.

Deve-se, portanto, aprofundar a consideração. O que é recebido na natureza inferior a partir da superior, é possuído em um modo inferior. O calor não é recebido na água com a mesma perfeição e poder que se encontram no fogo. Sendo, pois, a alma de Cristo uma natureza inferior à natureza divina, as semelhanças das coisas não são nela recebidas com a mesma perfeição e poder que têm na natureza divina. Eis por que a ciência da alma de Cristo é inferior à ciência divina. Primeiro, quanto ao modo do conhecimento, pois Deus conhece mais perfeitamente do que a alma de Cristo; e também quanto ao número das coisas conhecidas, já que a alma de Cristo não conhece todas as coisas que Deus pode fazer; e Deus as conhece pela ciência de simples inteligência. Conhece, no entanto, todas as coisas presentes, passadas e futuras que Deus conhece pela ciência de visão. Do mesmo modo, as semelhanças das coisas infundidas na alma de

---

5. Vide P. LOMBARDUM, III *Sent*., dist. 14, c. 1: ad Claras Aquas, t. II, p. 608.

b. Esta solução emprega a lei da *communicatio idiomatum*, isto é, a comunicação das propriedades de cada natureza, por intermédio de sua união na única pessoa do Verbo. Voltaremos a encontrá-la adiante, na q. 16, na qual o autor aborda o tema com toda a amplidão desejável.

scilicet possint omnia agere quae Deus potest; vel etiam eo modo agere sicut Deus agit, qui agit per virtutem infinitam, cuius creatura non est capax. Nulla autem res est ad cuius cognitionem aliqualiter habendam requiratur virtus infinita, licet aliquis modus cognoscendi sit virtutis infinitae: quaedam tamen sunt quae non possunt fieri nisi a virtute infinita, sicut creatio et alia huiusmodi, ut patet ex his quae in Prima Parte[6] dicta sunt. Et ideo anima Christi, cum sit creatura et virtutis finitae, potest quidem omnia cognoscere, sed non per omnem modum: non autem potest omnia facere, quod pertinet ad rationem omnipotentiae. Et inter cetera, manifestum est quod non potest creare seipsam.

AD TERTIUM dicendum quod anima Christi habuit et scientiam practicam et speculativam: non tamen oportet quod omnium illorum habeat scientiam practicam quorum habuit scientiam speculativam. Ad scientiam enim speculativam habendam sufficit sola conformitas vel assimilatio scientis ad rem scitam: ad scientiam autem practicam requiritur quod formae rerum quae sunt in intellectu sint factivae. Plus autem est habere formam et imprimere formam habitam in alterum, quam solum habere formam: sicut plus est lucere et illuminare quam solum lucere. Et inde est quod anima Christi habet quidem speculativam scientiam creandi, scit enim qualiter Deus creat: sed non habet huius modi scientiam practicam, quia non habet scientiam creationis factivam.

ARTICULUS 2
Utrum anima Christi habeat omnipotentiam respectu immutationis creaturarum

AD SECUNDUM SIC PROCEDITUR. Videtur quod anima Christi habeat omnipotentiam respectu immutationis creaturarum.
1. Dicit enim ipse, Mt ult., [18]: *Data est mihi omnis potestas in caelo et in terra.* Sed nomine *caeli et terrae* intelligitur omnis creatura: ut patet

Cristo não igualam o poder divino quanto à ação, de modo a poder fazer todas as coisas que Deus pode fazer, ou agir da maneira como Deus age, pois Ele age por poder infinito, da qual nenhuma criatura é capaz. Não há coisa alguma para cujo conhecimento se necessita, de alguma maneira, de um poder infinito, embora certo modo de conhecimento tenha um poder infinito. Há coisas, porém, que não podem ser feitas a não ser por um poder infinito, como a criação e coisas parecidas, como foi explicado na I Parte. Por conseguinte, a alma de Cristo, sendo criatura e de poder finito, pode tudo conhecer, mas não de todas as maneiras; assim não pode tudo fazer, o que é próprio da onipotência. E, quanto ao mais, é claro que não pode criar a si mesma[c].

QUANTO AO 3º, deve-se dizer que a alma de Cristo possuiu tanto a ciência prática quanto a ciência especulativa. Porém, não foi necessário que possuísse ciência prática de tudo aquilo de que possuiu ciência especulativa. Para se possuir essa ciência, basta unicamente a conformidade ou assimilação do que conhece à coisa conhecida. Para a ciência prática, é necessário que as formas das coisas que estão na inteligência sejam factíveis. É mais possuir a forma e imprimir em outro a forma possuída do que somente possuir a forma; assim como é mais brilhar e iluminar do que apenas brilhar. Assim é que a alma de Cristo possui a ciência especulativa do ato de criar, pois conhece como Deus cria; mas não possui a ciência prática, porque não tem a ciência efetiva da criação.

ARTIGO 2
A alma de Cristo foi onipotente com respeito à mudança nas criaturas?

QUANTO AO SEGUNDO, ASSIM SE PROCEDE: parece que a alma de Cristo **foi** onipotente com respeito à mudança nas criaturas.
1. Com efeito, diz o próprio Cristo no Evangelho de Mateus: "Toda a autoridade me foi dada no céu e sobre a terra". Ora, com a designação *céu e*

---

6. Q. 45, a. 5, ad 3; q. 65, a. 3, ad 3. — Cfr. ibid., q. 25, a. 3, ad 4.

2 PARALL.: III *Sent.*, dist. 14, a. 4; dist. 16, q. 1, art. 3.

c. O poder de criar, poder especificamente divino, foge à força da alma de Cristo, tanto no que se refere à criação em geral quanto ao poder particular de criar a si mesma. Esta última hipótese é evidentemente contraditória, uma vez que, para se criar, isto é, passar a existir a partir do nada (*ex nihilo*), a alma de Cristo teria de existir antes de ser criada. Quanto à criação em geral, a alma de Cristo teria de preexistir a toda criatura para poder criá-las; ora, como sabemos (ver q. 6, a. 3), ela só começou a existir no momento da Encarnação. O poder que lhe reconhecemos não é portanto a onipotência absoluta, mas uma onipotência relativa, que os artigos seguintes tentarão definir.

cum dicitur, Gn 1,1, *In principio creavit Deus caelum et terram*. Ergo videtur quod anima Christi habeat omnipotentiam respectu immutationis creaturarum.

2. PRAETEREA, anima Christi est perfectior qualibet creatura. Sed quaelibet creatura potest moveri ab aliqua alia creatura: dicit enim Augustinus, in III *de Trin*.[1], quod *sicut corpora grossiora et inferiora per subtiliora et potentiora quodam ordine reguntur, ita omnia corpora per spiritum vitae rationalem; et spiritus vitae rationalis desertor atque peccator per spiritum vitae rationalem, pium et iustum*. Anima autem Christi etiam ipsos supremos spiritus movet, illuminando eos: ut dicit Dionysius, 7 cap. *Cael. Hier*.[2]. Ergo videtur quod anima Christi habeat omnipotentiam respectu immutationis creaturarum.

3. PRAETEREA, anima Christi habuit plenissime gratiam miraculorum seu *virtutum*: sicut et ceteras gratias. Sed omnis immutatio creaturae potest ad gratiam miraculorum pertinere: cum etiam miraculose caelestia corpora a suo ordine immutata fuerint, sicut probat Dionysius, in Epistola *ad Polycarpum*[3]. Ergo anima Christi habuit omnipotentiam respectu immutationis creaturarum.

SED CONTRA est quod eiusdem est transmutare creaturas cuius est conservare eas. Sed hoc est solius Dei: secundum illud Hb 1,3: *Portans omnia verbo virtutis suae*. Ergo solius Dei est habere omnipotentiam respectu immutationis creaturarum. Non ergo hoc convenit animae Christi.

RESPONDEO dicendum quod hic duplici distinctione est opus. Quarum prima est ex parte transmutationis creaturarum: quae triplex est. Una quidem est naturalis: quae scilicet fit a proprio agente secundum ordinem naturae. Alia vero est miraculosa, quae fit ab agente supernaturali, supra consuetum ordinem et cursum naturae: sicut resuscitatio mortuorum. Tertia autem est secundum quod omnis creatura vertibilis est in nihil.

Secunda autem distinctio est accipienda ex parte animae Christi: quae dupliciter considerari potest. Uno modo, secundum propriam naturam et virtutem, sive naturalem sive gratuitam. Alio modo, prout est instrumentum Verbi Dei sibi personaliter uniti.

terra se entende toda criatura, como resulta claramente do livro do Gênesis: "No princípio Deus criou o céu e a terra". Logo, parece que a alma de Cristo foi onipotente com respeito à mudança nas criaturas.

2. ALÉM DISSO, a alma de Cristo é mais perfeita do que qualquer outra criatura. Ora, qualquer criatura pode ser movida por outra. Diz Agostinho: "Assim como os corpos mais crassos e inferiores são regidos segundo uma certa ordem pelos mais poderosos e sutis, assim todos os corpos são regidos pelo espírito racional da vida, e o espírito da vida racional desertor e pecador é regido pelo espírito da vida racional justo e pio". Ora, a alma de Cristo move até os espíritos supremos, iluminando-os, como diz Dionísio. Logo, parece que a alma de Cristo foi onipotente com respeito à mudança nas criaturas.

3. ADEMAIS, a alma de Cristo possuiu, em plenitude, a graça dos milagres ou das *virtudes*, assim como todas as outras graças. Ora, toda mudança nas criaturas pode se referir à graça dos milagres, como até os corpos celestes foram milagrosamente mudados em sua ordem, como prova Dionísio. Logo, a alma de Cristo foi onipotente com respeito à mudança das criaturas.

EM SENTIDO CONTRÁRIO, é próprio de quem conserva as criaturas também mudá-las. Mas isto só a Deus pertence, conforme a Carta aos Hebreus: "Sustenta todas as coisas pela palavra de seu poder". Logo, só a Deus pertence possuir a onipotência com respeito à mudança das criaturas. Logo, tal onipotência não convém à alma de Cristo.

RESPONDO. Nessa questão, temos necessidade de uma dupla distinção. 1. Da parte da mudança das criaturas; e essa é tríplice. A primeira é natural, ou seja, é realizada pelo próprio agente segundo a ordem da natureza. A outra é milagrosa e é realizada por um agente sobrenatural acima da ordem comum e do curso da natureza, como a ressurreição dos mortos. A terceira, na medida em que toda criatura pode voltar ao nada.

2. Da parte da alma de Cristo; e pode ser considerada de duas maneiras. Primeiro, segundo a própria natureza e poder tanto natural, como gratuito. Segundo, enquanto é instrumento do Verbo de Deus que lhe é pessoalmente unido.

---

1. C. 4, n. 9: ML 42, 873.
2. § 3: MG 3, 209 B.
3. Epist. 7, § 2: MG 3, 1080 C.

Si ergo loquamur de anima Christi secundum propriam naturam et virtutem, sive naturalem sive gratuitam, potentiam habuit ad illos effectus faciendos qui sunt animae convenientes: puta ad gubernandum corpus, et ad disponendum actus humanos; et etiam ad illuminandum, per gratiae et scientiae plenitudinem, omnes creaturas rationales ab eius perfectione deficientes, per modum quo hoc est conveniens creaturae rationali.

Si autem loquamur de anima Christi secundum quod est instrumentum Verbi sibi uniti, sic habuit instrumentalem virtutem ad omnes immutationes miraculosas faciendas ordinabiles ad incarnationis finem, qui est *instaurare omnia, sive quae in caelis sive quae in terris sunt*[4].

Immutationes vero creaturarum secundum quod sunt vertibiles in nihil, correspondent creationi rerum, prout scilicet producuntur ex nihilo. Et ideo, sicut solus Deus potest creare, ita solus potest creaturas in nihilum redigere: qui etiam solus eas in esse conservat, ne in nihilum decidant. Sic ego dicendum est quod anima Christi non habet omnipotentiam respectu immutationis creaturarum.

AD PRIMUM ergo dicendum quod, sicut dicit Hieronymus[5], *illi potestas data est qui paulo ante crucifixus et sepultus in tumulo, qui postea resurrexit*: idest, Christo secundum quod homo. Dicitur autem sibi omnis potestas data ratione unionis, per quam factum est ut homo esset omnipotens, ut supra[6] dictum est. Et quamvis hoc ante resurrectionem innotuerit angelis, post resurrectionem innotuit omnibus hominibus, ut Remigius dicit[7]. Tunc autem *dicuntur res fieri, quando innotescunt*. Et ideo post resurrectionem Dominus dicit sibi potestatem esse datam *in caelo et in terra*.

AD SECUNDUM dicendum quod, licet omnis creatura sit mutabilis ab alia creatura, praeter supremum angelum, qui tamen potest illuminari ab anima Christi; non tamen omnis immutatio quae potest fieri circa creaturam, potest fieri a creatura; sed quaedam immutationes possunt fieri a solo Deo. Quaecumque tamen immutationes creaturarum possunt fieri per creaturas, possunt etiam fieri per

Se nos referirmos à alma de Cristo segundo sua própria natureza e poder tanto natural, quanto gratuito, ela teve o poder de produzir os efeitos que são próprios da alma: por exemplo, o governo dos corpos e a disposição dos atos humanos. Como também para iluminar mediante a plenitude da ciência e da graça todas criaturas racionais de perfeição menor que a sua, segundo o modo conveniente à criatura racional.

Porém, se nos referirmos à alma de Cristo enquanto instrumento do Verbo a ela unido, desse modo possuiu o poder instrumental para fazer todas as mudanças milagrosas em ordem ao fim da encarnação que é "reunir todas as coisas, o que está nos céus e o que está na terra".

Já as mudanças, que se referem à aniquilação das criaturas, correspondem à criação, pela qual as coisas são produzidas a partir do nada. Assim, como só Deus pode criar, só ele pode reduzir as criaturas ao nada, pois também só ele as conserva no existir para que não retornem ao nada. Desta sorte deve-se dizer que a alma de Cristo não foi onipotente com respeito à mudança das criaturas.

QUANTO AO 1º, portanto, deve-se dizer com Jerônimo: "Tal poder foi dado àquele que pouco antes foi crucificado e posto no sepulcro e que depois ressuscitou"; ou seja, a Cristo enquanto homem. Deve-se dizer, portanto, que todo poder lhe foi dado em razão da união, da qual resultou que o homem fosse onipotente, como já foi dito. E embora tal fato fosse conhecido dos anjos antes da ressurreição, depois da ressurreição foi conhecido de todos os homens, como diz Remígio. *Costuma-se dizer que as coisas são feitas quando são conhecidas*. Assim depois da ressurreição, o Senhor disse que o poder lhe foi dado no céu e na terra[d].

QUANTO AO 2º, deve-se dizer que embora toda criatura seja passível de mudança por parte de outra criatura, com exceção do anjo mais elevado, este pode ser iluminado pela alma de Cristo. Todavia, nem toda mudança pode ser feita na criatura por outra criatura, pois há mudanças que só Deus pode realizar. Mas todas as mudanças das criaturas que podem ser feitas por outras podem

---

4. *Ephes.* 1, 10.
5. *In Matth.*, l. IV, super 28, 18: ML 26, 218 B.
6. A. praec. ad 1.
7. Cfr. S. Th., *Cat. Aur.*, in Matth., c. 28, § 4, super v. 18.

d. A maneira pela qual Sto. Tomás interpreta a passagem de Mt (28,18), citada na objeção, mantém a ideia geral da resposta: a onipotência da alma de Cristo é apenas relativa, e atua sobre um campo limitado. Conserva ao mesmo tempo a afirmação de que tudo o que pertence a Jesus a título de união hipostática pertence-lhe desde o primeiro instante da encarnação. Ele sempre teve essa onipotência relativa, mas só se *manifestou* aos homens após a Ressurreição.

animam Christi secundum quod est instrumentum Verbi. Non autem secundum propriam naturam et virtutem: quia quaedam huiusmodi immutationum non pertinent ad animam, neque quantum ad ordinem naturae neque quantum ad ordinem gratiae.

AD TERTIUM dicendum quod, sicut dictum est in Secunda Parte[8], gratia virtutum, seu miraculorum, datur animae alicuius sancti, non ut propria virtute eius, sed ut per virtutem divinam huiusmodi miracula fiant. Et haec quidem gratia excellentissime data est animae Christi: ut scilicet non solum ipse miracula faceret, sed etiam hanc gratiam in alios transfunderet. Unde dicitur, Mt 10,1, quod, *convocatis duodecim discipulis, dedit illis potestatem spirituum immundorum, ut eiicerent eos; et curarent omnem languorem et omnem infirmitatem*.

também ser feitas pela alma de Cristo, enquanto é instrumento do Verbo. Mas isso não pela própria natureza e poder, porque algumas dessas mudanças não são próprias da alma, nem quanto à ordem da natureza nem quanto à ordem da graça.

QUANTO AO 3º, deve-se dizer que como foi dito na II Parte, a graça das virtudes ou dos milagres é concedida à alma de algum santo, não por seu próprio poder, mas para que tais milagres se façam pelo poder divino. Essa graça foi concedida à alma de Cristo do modo mais excelente, de sorte que não só fizesse os milagres, mas também comunicasse essa graça a outros. Assim se diz no Evangelho de Mateus: "Reunindo os discípulos, Jesus lhes deu autoridade sobre os espíritos impuros, para que os expulsassem e curassem toda doença e toda enfermidade".

ARTICULUS 3
Utrum anima Christi habuerit omnipotentiam respectu proprii corporis

AD TERTIUM SIC PROCEDITUR. Videtur quod anima Christi habuerit omnipotentiam respectu proprii corporis.

1. Dicit enim Damascenus, in III libro[1], quod *omnia naturalia fuerunt Christo voluntaria: volens enim esurivit, volens sitivit, volens timuit, volens mortuus est*. Sed ex hoc Deus dicitur omnipotens quia *omnia quaecumque voluit, fecit*[2]. Ergo videtur quod anima Christi habuit omnipotentiam respectu naturalium operationum proprii corporis.

2. PRAETEREA, in Christo fuit perfectius humana natura quam in Adam: in quo, secundum originalem iustitiam quam habuit in statu innocentiae, corpus habebat omnino subiectum animae, ut nihil in corpore posset accidere contra animae voluntatem. Ergo multo magis anima Christi habuit omnipotentiam respectu sui corporis.

3. PRAETEREA, ad imaginationem animae naturaliter corpus immutatur; et tanto magis, quanto anima fuerit fortioris imaginationis; ut in Prima Parte[3] habitum est. Sed anima Christi habuit virtutem perfectissimam, et quantum ad imaginationem, et quantum ad alias vires. Ergo anima Christi fuit omnipotens in respectu ad corpus proprium.

ARTIGO 3
A alma de Cristo foi onipotente com respeito ao próprio corpo?

QUANTO AO TERCEIRO, ASSIM SE PROCEDE: parece que a alma de Cristo **foi** onipotente com respeito ao próprio corpo.

1. Com efeito, diz Damasceno: "Todas as coisas naturais em Cristo foram voluntárias. Querendo, teve fome; querendo, teve sede; querendo, teve temor; querendo, morreu". Ora, Deus é dito onipotente porque "fez tudo aquilo que quis". Logo, parece que a alma de Cristo foi onipotente com respeito às operações naturais do próprio corpo.

2. ALÉM DISSO, a natureza humana foi mais perfeita em Cristo do que em Adão. Este, segundo a justiça original que possuiu no estado de inocência, tinha o corpo totalmente sujeito à alma, de modo que nada pudesse acontecer em seu corpo contra a vontade da alma. Logo, com muito maior razão, a alma de Cristo foi onipotente com respeito a seu corpo.

3. ADEMAIS, o corpo muda naturalmente por força da imaginação da alma e tanto mais, quanto mais forte for a imaginação, como foi dito na I Parte. Ora, a alma de Cristo teve um poder perfeitíssimo, seja quanto à imaginação seja quanto às outras faculdades. Logo, a alma de Cristo foi onipotente com respeito ao próprio corpo.

---

8. II-II, q. 178, a. 1, ad 1.

3 PARALL.: III *Sent.*, dist. 16, q. 1, a. 3.

1. *De fide orth.*, l. III, c. 20: MG 94, 1084 A.
2. Ps. 113, 11; al. 113, *b*, 3.
3. Q. 117, a. 3, ad 2, 3.

SED CONTRA est quod dicitur Hb 2,17, quod *debuit per omnia fratribus assimilari*: et praecipue in his quae pertinent ad conditionem humanae naturae. Sed ad conditionem humanae naturae pertinet quod valetudo corporis, et eius nutritio et augmentum, imperio rationis, seu voluntati, non subdantur: quia naturalia soli Deo, qui est auctor naturae, subduntur. Ergo nec in Christo subdebantur. Non igitur anima Christi fuit omnipotens respectu proprii corporis.

RESPONDEO dicendum quod, sicut dictum est[4], anima Christi potest dupliciter considerari. Uno modo, secundum propriam virtutem et naturam. Et hoc modo, sicut non poterat immutare exteriora corpora a cursu et ordine naturae, ita etiam non poterat immutare proprium corpus a naturali dispositione: quia anima, secundum propriam naturam, habet determinatam proportionem ad suum corpus.

Alio modo potest considerari anima Christi secundum quod est instrumentum unitum Verbo Dei in persona. Et sic subdebatur eius potestati totaliter omnis dispositio proprii corporis. Quia tamen virtus actionis non proprie attribuitur instrumento, sed principali agenti, talis omnipotentia attribuitur magis ipsi Verbo Dei quam animae Christi.

AD PRIMUM ergo dicendum quod verbum Damasceni est intelligendum quantum ad voluntatem divinam Christi. Quia, sicut ipse in praecedenti capitulo[5] dicit, *beneplacito divinae voluntatis permittebatur carni pati et operari quae propria*.

AD SECUNDUM dicendum quod non pertinebat hoc ad originalem iustitiam quam Adam habuit in statu innocentiae, quod anima hominis haberet virtutem transmutandi corpus proprium in quamcumque formam: sed quod posset ipsum conservare absque nocumento. Et hanc etiam virtutem Christus assumere potuisset, si voluisset. Sed, cum sint tres status hominum, scilicet innocentiae, culpae et gloriae; sicut de statu gloriae assumpsit comprehensionem, et de statu innocentiae immunitatem a peccato, ita et de statu culpae assumpsit

EM SENTIDO CONTRÁRIO, está escrito na Carta aos Hebreus: "Devia assemelhar-se em tudo a seus irmãos", sobretudo nas coisas que pertencem à condição da natureza humana. Ora, pertence à condição da natureza humana que a saúde do corpo, sua alimentação e crescimento não estejam sujeitos ao império da razão ou da vontade; pois as coisas naturais estão sujeitas somente a Deus, autor da natureza. Logo, tampouco em Cristo estavam sujeitos. Portanto, a alma de Cristo não foi onipotente com respeito ao próprio corpo.

RESPONDO. Como já foi dito, a alma de Cristo pode ser considerada de duas maneiras. 1. Segundo sua própria virtude e natureza. Desse modo, assim como não podia mudar os corpos exteriores do curso e da ordem da natureza, também não podia mudar o próprio corpo de sua disposição natural, pois a alma, segundo sua natureza própria, possui uma determinada proporção para com seu corpo.

2. Enquanto é instrumento unido ao Verbo de Deus na pessoa. Sob esse aspecto toda disposição de seu próprio corpo era sujeita a seu poder. Como, porém, o poder da ação não se atribui propriamente ao instrumento, mas ao agente principal, essa onipotência é atribuída mais ao próprio Verbo de Deus do que à alma de Cristo[e].

QUANTO AO 1º, portanto, deve-se dizer que o texto de Damasceno deve ser entendido com relação à vontade divina de Cristo. Com efeito, como ele mesmo diz no capítulo precedente, "segundo o beneplácito da vontade divina era permitido à carne sofrer e operar o que era próprio dela".

QUANTO AO 2º, deve-se dizer que à justiça original, que Adão possuiu no estado de inocência, não competia que a alma humana tivesse o poder de mudar seu próprio corpo em qualquer forma, mas apenas o poder de conservá-lo sem dano. Também Cristo, se quisesse, poderia fazer seu esse poder. Como, porém, há três estados do homem, a saber, o de inocência, o de culpa e o de glória, assim como Cristo assumiu do estado de glória a visão da essência divina e do estado de inocência a imunidade com respeito ao pecado, assim do estado de

---

4. A. praec.
5. C. 19: MG 94, 1080 B. — Cfr. cc. 14, 15: MG 94, 1037 A, 1045 C.

e. Por sua própria virtude, a alma de Cristo não tinha todo o poder sobre as criaturas, não mais do que sobre seu próprio corpo. Todas as funções reflexas, como a respiração, a digestão, a sensação de fome ou de sede, escapavam ao controle da alma, nele como em nós. O suor de angústia diante da morte, no Jardim do Getsêmani, constitui um exemplo dramático disso. Quanto à força milagrosa que a alma de Cristo podia exercer sobre seu próprio corpo e sobre toda criatura em sua qualidade de instrumento do Verbo, podemos supor que Cristo só a utilizou para as necessidades de sua missão. Os milagres evangélicos não são prodígios gratuitos: sinais do Reino, visam provocar a fé.

necessitatem subiacendi poenalitatibus huius vitae, ut infra[6] dicetur.

AD TERTIUM dicendum quod imaginationi, si fortis fuerit, naturaliter obedit corpus quantum ad aliqua. Puta quantum ad casum de trabe in alto posita; quia imaginatio nata est esse principium motus localis, ut dicitur in III *de Anima*[7]. Similiter etiam quantum ad alterationem quae est secundum calorem et frigus, et alia consequentia: eo quod ex imaginatione consequenter natae sunt consequi passiones animae, secundum quas movetur cor, et sic per commotionem spirituum totum corpus alteratur. Aliae vero dispositiones corporales, quae non habent naturalem ordinem ad imaginationem, non transmutantur ab imaginatione, quantumcumque sit fortis: puta figura manus vel pedis, vel aliquid simile.

culpa assumiu a necessidade de estar sujeito aos incômodos dessa vida, como em seguida se dirá.

QUANTO AO 3º, deve-se dizer que o corpo obedece em algumas coisas à imaginação, se essa for forte. Por exemplo, quanto a lançar-se da trave colocada no alto; pois, é natural à imaginação ser princípio do movimento local, como se diz no livro III da *Alma*. O mesmo acontece quanto à alteração provocada pelo frio ou pelo calor e suas outras consequências. Com efeito, da imaginação seguem-se naturalmente as paixões da alma, pelas quais o coração é movido e assim, pela comoção dos espíritos, todo o corpo é alterado[f]. Mas outras disposições corporais que não são ordenadas naturalmente à imaginação não podem ser mudadas por ela, por mais forte que seja, como, por exemplo, a forma das mãos ou dos pés ou algo semelhante.

ARTICULUS 4
Utrum anima Christi habuerit omnipotentiam respectu executionis propriae voluntatis

AD QUARTUM SIC PROCEDITUR. Videtur quod anima Christi non habuerit omnipotentiam respectu executioni propriae voluntatis.

1. Dicitur enim Mc 7,24, quod, *ingressus domum, neminem voluit scire: sed non potuit latere*. Non ergo potuit exequi in omnibus propositum suae voluntatis.

2. PRAETEREA, praeceptum est signum voluntatis, ut in Prima Parte[1] dictum est. Sed Dominus quaedam facienda praecepit quorum contraria acciderunt: dicitur enim Mt 9,30-31 quod caecis illuminatis *comminatus est Iesus, dicens, Videte ne aliquis sciat: illi autem egressi diffamaverunt illum per totam terram illam*. Non ergo in omnibus potuit exequi propositum suae voluntatis.

3. PRAETEREA, id quod aliquis potest facere, non petit ab alio. Sed Dominus petivit a Patre, orando,

ARTIGO 4
A alma de Cristo foi onipotente com respeito à execução da própria vontade?

QUANTO AO QUARTO, ASSIM SE PROCEDE: parece que a alma de Cristo **não** foi onipotente com respeito à execução da própria vontade.

1. Com efeito, no Evangelho de Marcos se diz: "Entrou em uma casa e não queria que o soubessem, mas não pôde permanecer ignorado". Logo, não pôde cumprir em tudo o propósito de sua vontade.

2. ALÉM DISSO, o preceito é o sinal da vontade, como foi explicado na I Parte. Ora, o Senhor deu ordem de se fazer algo e foi o contrário que aconteceu, como está no Evangelho de Mateus: tendo curado os cegos, "Jesus lhes disse severamente: 'Cuidado! que ninguém o saiba!'. Eles porém, mal saindo, falaram dele em toda a redondeza". Portanto, não pôde cumprir em tudo o propósito de sua vontade.

3. ADEMAIS, o que alguém pode fazer por si, não o solicita de outro. Ora, rezando, o Senhor pediu

---

6. Q. 14, a. 2.
7. Cc. 9, 10: 432, b, 13-17; 433, a, 9-13.

PARALL.: Infra, q. 21, a. 1, ad 1.

1. Q. 19; a. 12.

f. Segundo as teorias fisiológicas do autor, os "espíritos" são esses "vapores bem sutis pelos quais as virtudes da alma se difundem pelas partes do corpo" (*I Sent*. D. 10, q. 1, a. 4). Ele diz ainda: "O espírito animal é o instrumento imediato da alma nas operações corporais" (*IV Sent*., D. 49, q. 3, a. 2). De fato, ele atribui um papel aos espíritos animais em domínios tão diferentes quanto a geração, as sensações, a evocação de imagens, paixões diversas (esperança, temor, cólera) etc. (Podem-se consultar a respeito as notas da tradução francesa, chamada "Revue des Jeunes", volume *Le verbe incarné*, t. II, nota 58, pp. 328-9).

illud quod fieri volebat: dicitur enim Lc 6,12 quod *exivit in montem orare, et erat pernoctans in oratione Dei*. Ergo non potuit exequi in omnibus propositum suae voluntatis.

SED CONTRA est quod Augustinus dicit, in libro *de Quaest. Nov. et Vet. Test.*[2]: *Impossibile est ut Salvatoris voluntas non impleatur: nec potest velle quod scit fieri non debere*.

RESPONDEO dicendum quod anima Christi dupliciter aliquid voluit. Uno modo, quasi per se implendum. Et sic, dicendum est quod quidquid voluit, potuit. Non enim conveniret sapientiae eius ut aliquid vellet per se facere quod suae voluntati non subiaceret.

Alio modo voluit aliquid ut implendum virtute divina: sicut resuscitationem proprii corporis, et alia huiusmodi miraculosa opera. Quae quidem non poterat propria virtute: sed secundum quod erat instrumentum divinitatis, ut dictum est[3].

AD PRIMUM ergo dicendum quod, sicut Augustinus dicit, in libro *de Quaest. Nov. et Vet. Test.*[4], *quod factum est, hoc voluisse dicendus est Christus. Advertendum est enim quod illud in finibus gestum est gentilium, quibus adhuc tempus praedicandi non erat. Ultro tamen venientes ad fidem non suscipere invidiae erat. A suis ergo noluit praedicari: requiri autem se voluit. Et ita factum est*.

Vel potest dici quod haec voluntas Christi non fuit de eo quod per eum fiendum erat, sed de eo quod erat fiendum per alios: quod non subiacebat humanae voluntati ipsius. Unde in Epistola Agathonis Papae[5], quae est recepta in Sexta Synodo[6], legitur: *Ergone ille omnium Conditor ac Redemptor, in terris latere volens, non potuit: nisi hoc ad humanam eius voluntatem, quam temporaliter dignatus est assumere, redigatur?*

AD SECUNDUM dicendum quod, sicut dicit Gregorius, XIX *Moral*.[7], per hoc quod Dominus praecepit taceri virtutes suas, *servis suis se sequentibus exemplum dedit, ut ipsi quidem virtutes suas occultari desiderent, et tamen, ut alii eorum exemplo*

ao Pai que fosse feito o que ele queria, pois no Evangelho de Lucas se diz: "Foi à montanha para orar e passou a noite orando a Deus". Logo, não pôde cumprir em tudo o propósito de sua vontade.

EM SENTIDO CONTRÁRIO, está o texto de Agostinho: "É impossível que não se cumpra a vontade do Salvador; nem ele pode querer o que sabe que não deve ser feito".

RESPONDO. A alma de Cristo quis alguma coisa de duas maneiras. 1. Quanto ao que por si mesmo devia ser realizado deve-se dizer que pôde tudo o que quis. Não seria próprio de sua sabedoria querer fazer por si o que não estava sujeito à sua vontade.

2. ADEMAIS, quanto ao que devia ser realizado pela virtude divina, como a ressurreição do próprio corpo e outras obras milagrosas. Essas coisas ele não podia fazê-las por poder próprio, mas enquanto era instrumento da divindade, como foi dito.

QUANTO AO 1º, portanto, deve-se dizer que como afirma Agostinho: "Deve-se dizer que Cristo quis o que efetivamente foi feito. É de advertir que aquele fato aconteceu no território dos pagãos para os quais não chegara ainda o tempo da pregação. Mas não acolher os que vinham à busca da fé seria odioso. Logo, não quis ser anunciado pelos seus; mas quis ser procurado. E assim aconteceu".

Pode-se dizer também que a vontade de Cristo não teve por objeto o que devia ser feito por ele, mas por outros, o que não estava sujeito à sua vontade[g]. Desse modo, na Epístola do papa Agatão que foi acolhida no VI Concílio Ecumênico se lê: "Por acaso o Criador e Redentor de todas as coisas, querendo permanecer escondido na terra, não o conseguiu? A não ser que esse fato seja referido à sua vontade humana que se dignou assumir no tempo."

QUANTO AO 2º, deve-se dizer que a propósito do preceito do Senhor para que não fossem revelados suas virtudes, escreve Gregório: "Deu exemplo a seus servos e seguidores para que eles também desejem ocultar suas virtudes, e entretanto, sejam

---

2. Quaest. 77: ML 35, 2271. — (Inter Opp. Aug.).
3. A. 2.
4. Loc. cit.
5. *Ad Aug. Imperat*.: ML 87, 1177 D.
6. Conc. Constantinopol. III, act. 4: ed. Mansi, XI, 250.
7. C. 23, al. 14, in vet. 18, n. 36: ML 76, 120 C.

g. A vontade humana de Cristo podia estender-se a duas categorias de realidades que ela não tinha o poder de realizar por si mesma. A primeira reside nas coisas possíveis somente a Deus e, nesse caso, uma vez que Cristo não queria outra coisa do que desejava Deus, sua vontade humana estava em perfeita sintonia com sua vontade divina. A segunda categoria consiste nessas realidades que dependem da vontade de outras criaturas racionais. Enquanto homem, Cristo não pode controlar o livre agir de uma criatura racional; só Deus pode fazê-lo de maneira a não comprometer a liberdade de suas criaturas.

proficiant, prodantur inviti. Sic ergo praeceptum illud designabat voluntatem ipsius qua humanam gloriam refugiebat, secundum illud Io 8,50: *Ego gloriam meam non quaero.* Volebat tamen absolute, praesertim secundum divinam voluntatem, ut publicaretur miraculum factum, propter aliorum utilitatem.

AD TERTIUM dicendum quod Christus orabat etiam pro his quae virtute divina fienda erant: et pro his etiam quae humana voluntate erat facturus. Quia virtus et operatio animae Christi dependebat a Deo, *qui operatur in omnibus velle et perficere*, ut dicitur Philp 2,13.

reveladas a contragosto, a fim de que outros aproveitem do exemplo delas". Assim, aquele preceito designava a vontade de Cristo pela qual fugia da glória humana, segundo o que está no Evangelho de João: "Eu não procuro minha glória". De maneira absoluta, porém, sobretudo em razão da vontade divina, queria que o milagre realizado fosse conhecido, por causa da utilidade dos outros.

QUANTO AO 3º, deve-se dizer que Cristo rezava igualmente pelo que devia ser feito pelo poder divino e pelo que ele devia fazer pela vontade humana. Com efeito, o poder e operação da alma de Cristo dependiam de Deus, que "realiza em todos o querer e o fazer", como diz a Carta aos Filipenses[h].

---

h. Os limites do poder humano de Cristo estabelecem a conveniência de sua prece (ver abaixo q. 21, a. 1, Respondo e r. 1). Convinha que Cristo rezasse a seu Pai para realizar o que não podia fazer unicamente por sua humanidade. Isso se verificou especialmente no caso dos milagres: Jesus reza muitas vezes em voz alta antes de efetuar os milagres, e a ressurreição de Lázaro parece indicar que ele o faz sempre (ver Jo, 11,42). Submetido à vontade de Deus, esse dom dos milagres só pode ser exercido por aquele que é seu instrumento em consonância com ele. No caso de Jesus, porém, essas duas vontades estando sempre em perfeito acordo, pode-se dizer que ele punha esse dom em ato quando queria, simultaneamente como Deus e como homem. Mas Deus não é só a fonte do agir sobrenatural, é também o motor primeiro de todo movimento natural. Igualmente nesse domínio, convinha que Jesus, em sua humanidade, rezasse a Deus por tudo de que ele é a fonte.

QUAESTIO XIV
DE DEFECTIBUS CORPORIS QUOS CHRISTUS IN HUMANA NATURA ASSUMPSIT
in quatuor articulos divisa

Deinde considerandum est de defectibus quos Christus in humana natura assumpsit. Et primo, de defectibus corporis; secundo, de defectibus animae.

Circa primum quaeruntur quatuor.
Primo: utrum Filius Dei assumere debuerit in humana natura corporis defectus.
Secundo: utrum assumpserit necessitatem his defectibus subiacendi.
Tertio: utrum hos defectus contraxerit.

QUESTÃO 14
AS DEFICIÊNCIAS CORPORAIS QUE CRISTO ASSUMIU NA NATUREZA HUMANA[a]
em quatro artigos

Em seguida, devem-se considerar as deficiências que Cristo assumiu na natureza humana. Primeiro, as deficiências do corpo. Segundo, as deficiências da alma.

A respeito do primeiro são quatro as perguntas:
1. O Filho de Deus deveria assumir na natureza humana as deficiências corporais?
2. Assumiu a necessidade de se submeter a essas deficiências?
3. Contraiu essas deficiências?

---

a. A seção que finda era consagrada às perfeições de Cristo: graça, ciência, força; a que inicia examina as deficiências (ou limites: *defectus* em latim) ligadas à natureza humana, e que convinha que ele assumisse. Em primeiro lugar, o partilhar dos sofrimentos corporais, consequências do pecado, dando aos homens uma prova de solidariedade com eles e exemplo de coragem nessa difícil condição (a. 1). Mas não havia nisso qualquer necessidade: a natureza humana de Cristo totalmente isenta de pecado deveria escapar às consequências corporais da falta. *A priori*, não era nem natural nem necessário que essa natureza inocente padecesse das debilidades da carne pecadora; só se impõe *a posteriori*, como resultado de uma livre escolha da vontade divina, livremente aceita pela vontade humana de Jesus (a. 2). Em outros termos, uma vez que não assumiu a causa, o pecado, o Verbo encarnado tampouco sofreu efeitos deste, os limites humanos; ele os assumiu livremente (a. 3). Compreende-se melhor, desse modo, que ele não tenha assumido *todas* as deficiências provenientes do pecado, mas só aquelas que não se opunham à perfeição necessária à sua missão (a. 4).

Quarto: utrum omnes huiusmodi defectus assumpserit.

Articulus 1
Utrum Filius Dei debuerit assumere naturam humanam cum corporis defectibus

AD PRIMUM SIC PROCEDITUR. Videtur quod Filius Dei non debuit assumere naturam humanam cum corporis defectibus.
1. Sicut enim anima unita est Verbo Dei personaliter, ita et corpus. Sed anima Christi habuit omnimodam perfectionem, et quantum ad gratiam et quantum ad scientiam, ut supra[1] dictum est. Ergo etiam corpus eius debuit esse omnibus modis perfectum, nullum in se habens defectum.

2. PRAETEREA, anima Christi videbat Verbum Dei ea visione qua beati vident, ut supra[2] dictum est: et sic anima Christi erat beata. Sed ex beatitudine animae glorificatur corpus: dicit enim Augustinus, in Epistola *ad Dioscorum*[3]: *Tam potenti natura Deus fecit animam ut ex eius plenissima beatitudine redundet etiam in inferiorem naturam, quae est corpus, non beatitudo, quae fruentis et intelligentis est propria, sed plenitudo sanitatis, idest incorruptionis vigor.* Corpus igitur Christi fuit incorruptibile, et absque omni defectu.

3. PRAETEREA, poena consequitur culpam. Sed in Christo non fuit aliqua culpa: secundum illud 1Pe 2,22: *Qui peccatum non fecit.* Ergo nec defectus corporales, qui sunt poenales, in eo esse debuerunt.

4. PRAETEREA, nullus sapiens assumit id quod impedit illum a proprio fine. Sed per huiusmodi defectus corporales multipliciter videtur impediri finis incarnationis. Primo quidem, quia propter huiusmodi infirmitates homines ab eius cognitione impediebantur: secundum illud Is 53,2-3: *Desideravimus eum; despectum et novissimum virorum, virum dolorum et scientem infirmitatem, et quasi absconditus* est *vultus eius et despectus; unde nec reputavimus eum.* Secundo, quia sanctorum Patrum desiderium non videtur impleri, ex quorum persona dicitur Is 51,9: *Consurge, consurge, induere fortitudinem, Brachium Domini.*

4. Assumiu todos as deficiência desse tipo?

Artigo 1
O Filho de Deus deveria assumir a natureza humana com as deficiências corporais?

QUANTO AO PRIMEIRO ARTIGO, ASSIM SE PROCEDE: parece que o Filho de Deus **não** deveria assumir a natureza humana com as deficiências corporais.
1. Com efeito, assim como a alma está unida pessoalmente ao Verbo de Deus, assim também o corpo. Ora, a alma de Cristo possuiu uma perfeição plena quanto à graça e quanto à ciência, como antes foi dito. Logo, também seu corpo deveria ser totalmente perfeito, não tendo em si nenhuma deficiência.

2. ALÉM DISSO, a alma de Cristo via o Verbo de Deus com a visão de que gozam os bem-aventurados, como antes foi dito. Desta sorte, a alma de Cristo era bem-aventurada. Ora, a bem-aventurança da alma glorifica o corpo. Diz, com efeito, Agostinho: "Deus fez a alma de uma natureza tão poderosa que de sua pleníssima bem-aventurança redunde na natureza inferior, que é o corpo, não a bem-aventurança que é própria do que é capaz de fruição e de intelecção, mas a plenitude da saúde, que é o vigor da incorrupção". Logo, o corpo de Cristo foi incorruptível e sem deficiência alguma.

3. ADEMAIS, a pena é consequência da culpa. Ora, em Cristo não houve culpa alguma, conforme a primeira Carta de Pedro: "Não cometeu pecado". Logo, não deveria haver nele as deficiências corporais, que são efeitos da pena.

4. ADEMAIS, nenhum sábio assume o que o impede de alcançar o próprio fim. Ora, por essas deficiências corporais parece que de muitos modos se impedia o fim da encarnação. 1. Porque, em razão dessas enfermidades, os homens ficavam impossibilitados de conhecê-la, segundo o livro do profeta Isaías: "Nós o contemplamos: desprezado, e o último dos homens, homem de dores e conhecedor do sofrimento, cujo rosto estava como escondido e desprezado; por isso não o estimávamos de modo algum". 2. Porque parece que não se cumpriria o desejo dos antigos Padres, em cujo nome se diz no livro do profeta Isaías: "Desperta,

---

1 PARALL.: III *Sent.*, dist. 15, q. 1, a. 1; *Cont. Gent.* IV, 53, 55; *Compend. Theol.*, c. 226.

1. Q. 7, a. 9; q. 9 sqq.
2. Q. 9, a. 2.
3. Epist. 118, al. 56, c. 3, n. 14: ML 33, 439.

Tertio, quia congruentius per fortitudinem quam per infirmitatem videbatur potestas diaboli posse superari, et humana infirmitas posse sanari. Non ergo videtur conveniens fuisse quod Filius Dei humanam naturam assumpserit cum corporalibus infirmitatibus sive defectibus.

SED CONTRA est quod dicitur Hb 2,18: *In eo in quo passus est ipse et tentatus, potens est et eis qui tentantur auxiliari.* Sed ad hoc venit ut nos adiuvaret: unde et David dicebat[4]: *Levavi oculos meos in montes, unde veniet auxilium mihi.* Ergo conveniens fuit quod Filius Dei carnem assumpserit humanis infirmitatibus subiacentem, ut in ea posset pati et tentari, et sic auxilium nobis ferre.

RESPONDEO dicendum conveniens fuisse corpus assumptum a Filio Dei humanis infirmitatibus et defectibus subiacere: et praecipue propter tria. Primo quidem, quia ad hoc Filius Dei, carne assumpta, venit in mundum, ut pro peccato humani generis satisfaceret. Unus autem pro peccato alterius satisfacit dum poenam peccato alterius debitam in seipsum suscipit. Huiusmodi autem defectus corporales, scilicet mors, fames et sitis, et huiusmodi, sunt poena peccati, quod est in mundum per Adam introductum: secundum illud Rm 5,12: *Per unum hominem peccatum intravit in mundum, et per peccatum mors.* Unde conveniens fuit, quantum ad finem incarnationis, quod huiusmodi poenalitates in nostra carne susciperet, vice nostra: secundum illud Is 53,4: *Vere languores nostros ipse tulit.*
Secundo, propter fidem incarnationis adstruendam. Cum enim natura humana non aliter esset nota hominibus nisi prout huiusmodi corporalibus defectibus subiacet, si sine his defectibus Filius Dei naturam humanam assumpsisset, videretur non fuisse verus homo, nec veram carnem habuisse, sed phantasticam: ut Manichaei dixerunt[5]. Et ideo, ut dicitur Philp 2,7, *exinanivit semetipsum,*

desperta, veste-te de poder, braço do Senhor!"
3. Porque pareceria mais razoável que o poder do diabo fosse superado pela fortaleza do que pela fraqueza e, assim, pudesse ser curada a fraqueza humana. Logo, não pareceria conveniente que o Filho de Deus assumisse a natureza humana com as enfermidades corporais ou deficiências.

EM SENTIDO CONTRÁRIO, está escrito na Carta aos Hebreus: "Pois, já que ele mesmo passou pela provação, está em condição de prestar socorro aos que são provados". Ora, ele veio para nos ajudar e, por isso, Davi dizia: "Levantei meus olhos para os montes, donde me virá socorro". Logo, foi conveniente que o Filho de Deus assumisse a carne sujeita às enfermidades humanas para que nela pudesse sofrer e ser tentado e, assim, trazer-nos auxílio.

RESPONDO. Por três razões principalmente foi conveniente que o corpo assumido pelo Filho de Deus estivesse sujeito às enfermidades e deficiências humanas[b]. 1. Porque o Filho de Deus veio ao mundo, tendo assumido a carne, para satisfazer pelo pecado do gênero humano. Ora, alguém satisfaz pelo pecado de outro quando toma sobre si a pena devida àquele pecado. Essas deficiências corporais como a morte, a fome, a sede e outras são penas do pecado introduzido no mundo por Adão, segundo o que está escrito na Carta aos Romanos: "Por um só homem o pecado entrou no mundo e pelo pecado a morte". Portanto, foi conveniente para o fim da encarnação que Cristo assumisse por nós esses castigos de nossa carne, conforme diz o livro do profeta Isaías: "Na verdade, são os nossos sofrimentos que ele carregou".
2. Para estabelecer a fé na encarnação. Como a natureza humana não seria conhecida dos homens senão enquanto sujeita às deficiências corporais, se o Filho de Deus assumisse a natureza humana sem elas pareceria não ser verdadeiro homem nem possuir uma carne verdadeira, mas imaginária, como afirmaram os maniqueus. Por isso está escrito na Carta aos Filipenses: "Despojou-se tomando

---

4. Ps. 120, 1.
5. Cfr. infra, q. 16, a. 1; supra, q. 5, a. 2.

---

b. O Concílio de Éfeso, em 431, lançou o anátema sobre quem quer que não confesse que "o Verbo de Deus sofreu na carne, foi crucificado na carne, sentiu a morte na carne" (DS 263; Dumeige 306). Essa insistência na suscetibilidade da carne de Cristo é o equivalente do que Sto. Tomás pretende expressar quando se refere as "deficiências" de seu corpo; tal termo tem a vantagem de sublinhar que essa suscetibilidade é uma consequência da perda da justiça original. Como o Concílio, Sto. Tomás fundamenta seu ensinamento com múltiplas citações da Escritura, nas quais ele vê além disso o que ele denomina de "conveniência", isto é, as misteriosas razões que explicam no plano de Deus, essa vulnerabilidade física do Verbo encarnado. Como em relação à própria Encarnação (ver acima q. 1, a. 3), não podemos encontrar razões para o "sofrimento de Deus" além daquelas fornecidas pela Revelação.

formam servi accipiens, in similitudinem hominum factus et habitu inventus ut homo. Unde et Thomas per aspectum vulnerum ad fidem est revocatus, ut dicitur Io 20,26sqq.

Tertio, propter exemplum patientiae, quod nobis exhibet passiones et defectus humanos fortiter tolerando. Unde dicitur Hb 12,3: *Sustinuit a peccatoribus adversus semetipsum contradictionem, ut non fatigemini, animis vestris deficientes*.

AD PRIMUM ergo dicendum quod satisfactio pro peccato alterius habet quidem quasi materiam poenas quas aliquis pro peccato alterius sustinet: sed pro principio habet habitum animae ex quo inclinatur ad volendum satisfacere pro alio, et ex quo satisfactio efficaciam habet; non enim esset satisfactio efficax nisi ex caritate procederet, ut infra[6] dicetur. Et ideo oportuit animam Christi perfectam esse quantum ad habitus scientiarum et virtutum, ut haberet facultatem satisfaciendi: et quod corpus eius subiectum esset infirmitatibus, ut ei satisfactionis materia non deesset.

AD SECUNDUM dicendum, quod secundum naturalem habitudinem quae est inter animam et corpus, ex gloria animae redundat gloria ad corpus: sed haec naturalis habitudo in Christo subiacebat voluntati divinitatis ipsius, ex qua factum est ut beatitudo remaneret in anima et non derivaretur ad corpus, sed caro pateretur quae conveniunt naturae passibili; secundum illud quod dicit Damascenus[7], quod *beneplacito divinae voluntatis permittebatur carni pati et operari quae propria*.

AD TERTIUM dicendum quod poena semper sequitur culpam, actualem vel originalem, quandoque quidem eius qui punitur; quandoque autem alterius, pro quo ille qui patitur poenas satisfacit. Et sic accidit in Christo: secundum illud Is 53,5: *Ipse vulneratus est propter iniquitates nostras; attritus est propter scelera nostra*.

AD QUARTUM dicendum quod infirmitas assumpta a Christo non impedivit finem incarnationis,

a condição de servo, tornando-se semelhante aos homens e, por seu aspecto, reconhecido como homem". Também Tomé, conforme o Evangelho de João, pela contemplação das chagas, voltou à fé.

3. Em razão do exemplo de paciência que nos mostram as deficiências e os sofrimentos humanos, tolerados com fortaleza. Por isso, se diz na Carta aos Hebreus: "Suportou da parte dos pecadores tal oposição contra si, a fim de não vos deixar desencorajar pelo desânimo".

QUANTO AO 1º, portanto, deve-se dizer que a satisfação pelo pecado de outro tem quase como matéria as penalidades que alguém suporta em lugar do outro; mas, como princípio, tem o *habitus* da alma pelo qual se inclina a querer satisfazer pelo outro e a partir do qual a satisfação adquire eficácia. Pois não seria uma satisfação eficaz se não procedesse da caridade, como depois se dirá. Assim foi necessário que a alma de Cristo fosse perfeita quanto ao *habitus* das ciências e das virtudes, de sorte a possuir a capacidade de satisfazer; e seu corpo deveria estar sujeito às enfermidades para que não lhe faltasse a matéria da satisfação.

QUANTO AO 2º, deve-se dizer que segundo a relação natural que há entre a alma e o corpo, da glória da alma redunda a glória sobre o corpo. Mas essa relação natural estava submetida, em Cristo, à vontade de sua divindade, da qual resultou que a bem-aventurança permanecesse na alma e não derivasse para o corpo[c], de sorte que a carne sofresse o que é próprio da natureza passível, segundo o que diz Damasceno: "Segundo o beneplácito da divina vontade, era permitido à carne sofrer e operar o que era próprio dela".

QUANTO AO 3º, deve-se dizer que a pena é consequência sempre da culpa, atual ou original, ora daquele que é punido, ora de outro pelo qual satisfaz o que sofre as penas. E assim aconteceu com Cristo, segundo o profeta Isaías: "Ele, porém, foi ferido por causa de nossas iniquidades, triturado por causa de nossos crimes".

QUANTO AO 4º, deve-se dizer que a enfermidade assumida por Cristo não impediu o fim da

---

6. Cfr. *Suppl*., q. 14, a. 2.
7. *De fide orth*., l. III, c. 19: MG 94, 1080 B. — Cfr. cc. 14, 15: MG 94, 1037 A, 1045 C.

c. O autor não contesta a objeção: "É verdade que a glória da alma se difunde pelo corpo"; mas, uma vez que atribui à alma de Cristo a visão beatífica, ele deve explicar por que ela é aqui privada de sua difusão normal, que deveria ter assegurado a impassibilidade e a incorruptibilidade de seu corpo. Sto. Tomás resolve a dificuldade apelando para uma disposição especial da vontade divina, segundo a qual a bem-aventurança de Cristo era "retida" na parte superior de sua alma ("a fina ponta da alma" à qual se referem os místicos). Assim, não era apenas o corpo de Cristo, mas as faculdades inferiores de sua alma que escapavam à sua difusão. Essa "lei" à qual Sto. Tomás recorrerá muitas vezes só conheceu uma exceção durante a vida terrestre de Cristo, no momento da Transfiguração (ver nesta Parte q. 45, a. 2).

sed maxime promovit, ut dictum est[8]. Et quamvis per huiusmodi infirmitates absconderetur eius divinitas, manifestabatur tamen humanitas, quae est via ad divinitatem perveniendi, secundum illud Rm 5,1-2: *Accessum habemus ad Deum per Iesum Christum*. — Desiderabant autem antiqui Patres in Christo, non quidem fortitudinem corporalem, sed spiritualem, per quam et diabolum vicit et humanam infirmitatem sanavit.

Articulus 2
Utrum Christus ex necessitate defectibus corporis subiacuerit

AD SECUNDUM SIC PROCEDITUR. Videtur quod Christus non ex necessitate his defectibus subiacuerit.

1. Dicitur enim Is 53,7: *Oblatus est quia ipse voluit*: et loquitur de oblatione ad passionem. Sed voluntas opponitur necessitati. Ergo Christus non ex necessitate subiacuit corporis defectibus.

2. PRAETEREA, Damascenus dicit, in III libro[1]: *Nihil coactum in Christo consideratur, sed omnia voluntaria*. Sed quod est voluntarium, non est necessarium. Ergo huiusmodi defectus non fuerunt ex necessitate in Christo.

3. PRAETEREA, necessitas infertur ab aliquo potentiori. Sed nulla creatura est potentior quam anima Christi, ad quam pertinebat proprium corpus conservare. Ergo huiusmodi defectus seu infirmitates non fuerunt in Christo ex necessitate.

SED CONTRA est quod Apostolus dicit, Rm 8,3: *Misit Deus Filium suum in similitudinem carnis peccati*. Sed conditio carnis peccati est quod habeat necessitatem moriendi, et sustinendi alias huiusmodi passiones. Ergo talis necessitas sustinendi hos defectus fuit in carne Christi.

RESPONDEO dicendum quod duplex est necessitas. Una quidem coactionis, quae fit ab agente extrinseco. Et haec quidem necessitas contrariatur et naturae et voluntati, quorum utrumque est principium intrinsecum. — Alia autem est necessitas naturalis, quae consequitur principia naturalia: puta formam, sicut necessarium est ignem calefacere;

encarnação, mas o ajudou ao máximo, como foi dito. Embora sua divindade ficasse escondida por essas enfermidades, manifestava-se a humanidade, que é o caminho para se chegar à divindade, conforme a Carta aos Romanos: "Por Jesus Cristo temos acesso a Deus". — Os Padres antigos contemplavam em Cristo não a fortaleza corporal, mas a espiritual, pela qual ele não só venceu o diabo, como curou a enfermidade humana.

Artigo 2
Cristo esteve necessariamente submetido às deficiências do corpo?

QUANTO AO SEGUNDO, ASSIM SE PROCEDE: parece que Cristo **não** esteve necessariamente submetido às deficiências do corpo.

1. Com efeito, no livro do profeta Isaías está escrito: "Foi oferecido porque ele quis", falando do oferecimento para a paixão. Ora, a vontade se opõe à necessidade. Logo, Cristo não necessariamente esteve sujeito às deficiências do corpo.

2. ALÉM DISSO, diz Damasceno: "Em Cristo, nada deve ser considerado de forma coagida, mas tudo voluntariamente". Ora, o que é voluntário não é necessário. Logo, as deficiências corporais não existiram necessariamente em Cristo.

3. ADEMAIS, a necessidade é imposta por alguém mais poderoso. Ora, nenhuma criatura é mais poderosa do que a alma de Cristo, à qual pertencia conservar o próprio corpo. Logo, essas deficiências ou enfermidades não existiram necessariamente em Cristo.

EM SENTIDO CONTRÁRIO, o Apóstolo diz na Carta aos Romanos: "Enviou seu próprio Filho na semelhança da carne do pecado". Ora, a condição da carne do pecado é que tenha a necessidade de morrer e de suportar outros semelhantes sofrimentos. Logo, tal necessidade de suportar essas deficiências existiu na carne de Cristo.

RESPONDO. Há duas formas de necessidade. Uma é a necessidade da coação, proveniente de um agente externo. Essa necessidade é contrária à natureza e à vontade, as quais possuem um princípio intrínseco. — A outra é a necessidade natural, que se segue aos princípios naturais; por exemplo, à forma, segundo a qual é necessário que o fogo

---

8. In corp.

PARALL.: Supra, q. 13, a. 3, ad 2; Infra, q. 15, a. 5, ad 1; III *Sent.*, dist. 16, q. 1, a. 2.

1. *De fide orth.*, l. III, c. 20: MG 94, 1084 A.

vel materiam, sicut necessarium est corpus ex contrariis compositum dissolvi.

Secundum igitur hanc necessitatem quae consequitur materiam, corpus Christi subiectum fuit necessitati mortis, et aliorum huiusmodi defectum. Quia, sicut dictum est[2], *beneplacito divinae voluntatis Christi carni permittebatur agere et pati quae propria*: haec autem necessitas causatur ex principiis humanae carnis, ut dictum est.

Si autem loquamur de necessitate coactionis secundum quod repugnat naturae corporali, sic iterum corpus Christi, secundum conditionem propriae naturae, necessitati subiacuit et clavi perforantis et flagelli percutientis. — Secundum vero quod necessitas talis repugnat voluntati, manifestum est quod in Christo non fuit necessitas horum defectuum, nec per respectum ad voluntatem divinam; nec per respectum ad voluntatem humanam Christi absolute, prout sequitur rationem deliberativam; sed solum secundum naturalem motum voluntatis, prout scilicet naturaliter refugit mortem et corporis nocumenta.

AD PRIMUM ergo dicendum quod Christus dicitur *oblatus quia voluit*, et voluntate divina, et voluntate humana deliberata: licet mors esset contra naturalem motum voluntatis humanae, ut dicit Damascenus[3].

AD SECUNDUM patet responsio ex dictis[4].

AD TERTIUM dicendum quod nihil fuit potentius quam anima Christi absolute: nihil tamen prohibet aliquid fuisse potentius quantum ad hunc effectum; sicut clavus ad perforandum. Et hoc

esquente; ou à matéria, segundo a qual é necessário que o corpo composto de princípios contrários seja corruptível[d].

De acordo com essa necessidade, que se segue à matéria, o corpo de Cristo esteve sujeito à necessidade da morte e às outras deficiências dessa natureza. Pois, conforme o texto antes citado: "Segundo o beneplácito da divina vontade era permitido à carne operar e sofrer o que era próprio dela". Essa necessidade é causada pelos princípios do corpo humano, como foi dito.

Se, porém, nos referirmos à necessidade de coação enquanto repugna à natureza corporal, assim o corpo de Cristo novamente esteve sujeito à necessidade segundo a condição de sua própria natureza, tanto dos cravos que o perfuraram quanto dos flagelos que o feriram. — No entanto, enquanto essa necessidade repugna à vontade, é claro que em Cristo não houve a necessidade dessas deficiências nem com relação à vontade divina, nem com relação à vontade humana de Cristo considerada absolutamente, ou seja, consequente à deliberação da razão, mas apenas segundo o movimento natural da vontade enquanto naturalmente foge da morte e dos danos ao corpo.

QUANTO AO 1º, portanto, deve-se dizer que Cristo *foi oferecido porque ele quis*, tanto pela vontade divina quanto pela vontade humana deliberada, embora, como diz Damasceno, a morte seja contrária ao movimento natural da vontade humana.

QUANTO AO 2º, a resposta está clara pelo que foi dito.

QUANTO AO 3º, deve-se dizer que, absolutamente falando, nada houve mais poderoso do que a alma de Cristo[e]. Mas nada impede que alguma coisa tenha sido mais poderosa quanto a determinado

---

2. A. praec., ad 2, ex Damasc.
3. *De fide orth*., l. III, cc. 23, 24: MG 94, 1088 C, 1092 C. — Cfr. infra, q. 18, a. 2, 5, 6.
4. In corp. — Cfr. supra, q. 13, a. 3, ad 1; infra, q. 18, a. 5.

d. O "necessário" tal como Sto. Tomás o define aqui é tudo o que não é "voluntário". Ora, pelo fato de que a suscetibilidade da carne de Cristo era o resultado de uma permissão especial da vontade divina, assim como da livre aceitação por parte da vontade humana de Jesus de sua paixão e de sua morte, essa suscetibilidade era voluntária, e não "necessária". Contudo, admitindo-se a permissão divina dessa suscetibilidade, o fato de que a carne de Cristo se submeta às propriedades inerentes a toda carne, é *a posteriori* necessária, e não mais voluntária: em relação às necessidades naturais do corpo, a vontade de Cristo não podia mudar algo algum; do mesmo modo, sua carne não podia deixar de ser lacerada pelo chicote ou furada pelos pregos. E isso era profundamente contrário ao movimento natural de sua vontade humana, a qual, espontaneamente tem aversão pela morte ou às feridas. Logo, se em relação à sua vontade humana deliberada, a paixão de Cristo era voluntária e livre, por sua vontade não deliberada ou irracional, ela era não voluntária e, nesse sentido, "necessária".

e. Esse poder absoluto da alma de Cristo é na verdade do Verbo agindo nela, da qual é o instrumento; é o poder milagroso à qual nos referimos na nota anterior. Mediante tal poder, Jesus teria podido anular o efeito normal dos pregos na carne, mas isso não estava em seu poder, tendo-se em conta apenas a capacidade natural de sua alma, a cujos limites o Verbo quis se submeter como aos do corpo.

dico secundum quod anima Christi consideratur secundum propriam naturam et virtutem.

Articulus 3
Utrum Christus defectus corporales contraxerit

Ad tertium sic proceditur. Videtur quod Christus defectus corporales contraxit.
1. Illud enim contrahere dicimur quod simul cum natura ex origine trahimus. Sed Christus simul cum natura humana defectus et infirmitates corporales per suam originem traxit a matre, cuius caro huiusmodi defectibus subiacebat. Ergo videtur quod hos defectus contraxit.

2. Praeterea, illud quod ex principiis naturae causatur, simul cum natura trahitur: et ita contrahitur. Sed huiusmodi poenalitates causantur ex principiis naturae humanae. Ergo eas Christus contraxit.

3. Praeterea, secundum huiusmodi defectus Christus aliis hominibus similatur, ut dicitur Hb 2,17. Sed alii homines huiusmodi defectus contraxerunt. Ergo videtur quod etiam Christus huiusmodi defectus contraxit.

Sed contra est quod huiusmodi defectus contrahuntur ex peccato: secundum illud Rm 5,12: *Per unum hominem peccatum intravit in hunc mundum, et per peccatum mors*. Sed in Christo non habuit locum peccatum. Ergo huiusmodi defectus Christus non contraxit.

Respondeo dicendum quod in verbo *contrahendi* intelligitur ordo effectus ad causam: ut scilicet illud dicatur contrahi quod simul cum sua causa ex necessitate trahitur. Causa autem mortis et horum defectuum in humana natura est peccatum: quia *per peccatum mors intravit in mundum*, ut dicitur Rm 5. Et ideo illi proprie dicuntur hos defectus contrahere qui ex debito peccati hos defectus incurrunt. Christus autem hos defectus non habuit ex debito peccati: quia, ut Augustinus[1] dicit, exponens illud Io 3,31, "Qui de sursum venit, super omnes est, *de sursum venit Christus, idest de altitudine humanae naturae, quam habuit ante peccatum primi hominis*. Accepit enim naturam humanam absque peccato in illa puritate in qua erat in statu innocentiae. Et simili modo potuisset

Artigo 3
Cristo contraiu deficiências corporais?

Quanto ao terceiro, assim se procede: parece que Cristo **contraiu** deficiências corporais.
1. Com efeito, dizemos que contraímos algo quando, juntamente com a natureza, o trazemos desde a origem. Ora, Cristo, juntamente com a natureza humana, trouxe desde sua origem deficiências e fraquezas provindas da mãe, cuja carne estava submetida a tais deficiências. Logo, parece que contraiu essas deficiências.

2. Além disso, o que é causado pelos princípios da natureza é trazido juntamente com a natureza e, assim, é contraído. Ora, essas penalidades são causadas pelos princípios da natureza humana. Logo, parece que Cristo as contraiu.

3. Ademais, Cristo se assemelha aos outros homens em razão dessas deficiências, como diz a Carta aos Hebreus. Ora, os outros homens contraíram essas deficiências. Logo, também Cristo.

Em sentido contrário, essas deficiências são contraídas em razão do pecado, conforme ensina a Carta aos Romanos: "Por um só homem o pecado entrou no mundo e, pelo pecado, a morte". Ora, em Cristo não houve pecado. Logo, ele não contraiu esse tipo de deficiências.

Respondo. No verbo *contrair* compreende-se a ordem do efeito à causa. De fato, se diz que foi contraído o que foi trazido com sua causa necessariamente e ao mesmo tempo. Ora, a causa da morte e dessas deficiências na natureza humana é o pecado porque "pelo pecado a morte entrou no mundo", como diz a Carta aos Romanos. Assim, contraem propriamente essas deficiências os que nelas incorrem em razão do débito do pecado. Mas Cristo não sofreu essas deficiências em razão do débito do pecado, como Agostinho explica, ao expor o texto do evangelista João: "Quem vem do alto está acima de todos: 'Cristo vem do alto, a saber, da altitude da natureza humana, por ele possuída antes do pecado do primeiro homem'". Com efeito, ele recebeu a natureza humana sem

---

3 Parall.: III *Sent.*, dist. 15, q. 1, a. 3; dist. 21, q. 1, a. 2; *Compend. Theol.*, c. 226.

1. Vide Glossam Ordin.: ML 114, 369 D-370 A; S. Th., *Cat. Aur.*, In Ioann., c. III, § 10, super v. 31 (sub nomine Alcuini).

assumere humanam naturam absque defectibus. Sic igitur patet quod Christus non contraxit hos defectus, quasi ex debito peccati eos suscipiens: sed ex propria voluntate.

AD PRIMUM ergo dicendum quod caro Virginis concepta fuit in originali peccato: et ideo hos defectus contraxit. Sed caro Christi ex Virgine assumpsit naturam absque culpa. Et similiter potuisset naturam assumere absque poena: sed voluit suscipere poenam propter opus nostrae redemptionis implendum, sicut dictum est[2]. Et ideo habuit huiusmodi defectus, non contrahendo, sed voluntarie assumendo.

AD SECUNDUM dicendum quod causa mortis et aliorum corporalium defectuum in humana natura est duplex. Una quidem remota: quae accipitur ex parte principiorum materialium humani corporis, inquantum est ex contrariis compositum. Sed haec causa impediebatur per originalem iustitiam. Et ideo proxima causa mortis et aliorum defectuum est peccatum, per quod est subtracta originalis iustitia. Et propter hoc, quia Christus fuit sine peccato, dicitur non contraxisse huiusmodi defectus, sed voluntarie assumpsisse.

AD TERTIUM dicendum quod Christus in huiusmodi defectibus assimilatus est aliis hominibus quantum ad qualitatem defectuum, non autem quantum ad causam. Et ideo non contraxit huiusmodi defectus, sicut et alii.

pecado, naquela pureza que possuía no estado de inocência. Da mesma maneira poderia ter assumido a natureza humana sem deficiências. Fica, pois, claro que Cristo não contraiu essas deficiências como se as recebesse em razão do débito do pecado, mas por vontade própria.

QUANTO AO 1º, portanto, deve-se dizer que a carne da Virgem foi concebida no pecado original[f] e assim contraiu essas deficiências. Mas a carne de Cristo assumiu sem culpa a natureza humana por meio da Virgem. Da mesma maneira poderia ter assumido a natureza sem a pena. Mas quis assumir a pena para realizar a obra de nossa redenção, como foi dito. Portanto, possuiu essas deficiências não por contraí-las, mas por assumi-las voluntariamente.

QUANTO AO 2º, deve-se dizer que a causa da morte e de outras deficiências corporais na natureza humana é dupla. Uma remota, e provém dos princípios materiais do corpo humano enquanto é composto de princípios contrários. Essa causa, porém, estava sustada pela justiça original. Assim, a causa próxima da morte e de outras deficiências é o pecado, em razão do qual foi retirada a justiça original. Justamente porque Cristo não teve pecado, se afirma que não contraiu tais deficiências, mas as assumiu voluntariamente[g].

QUANTO AO 3º, deve-se dizer que no que diz respeito a essas deficiências Cristo se assemelhou aos outros homens quanto à qualidade das mesmas, não quanto à sua causa. Logo não contraiu, como os outros, tais deficiências.

---

2. A. 1.

f. Como se sabe, Sto. Tomás se opunha à ideia de uma conceição imaculada da Virgem Maria, e foi em parte sua autoridade de teólogo que retardou a promulgação desse dogma. A dificuldade provinha de sua teoria da concepção e animação do ser humano: a alma só seria dada ao embrião após um prazo de pelo menos 40 dias. Uma vez que ele sustentava que o pecado original era transmitido com a carne (herança agostiniana), e que a graça que purifica desse pecado só pode ser recebida por um ser racional, não havia possibilidade alguma de admitir uma *conceição* imaculada da Virgem: a alma receptora da graça ainda não existia no momento da concepção. Logo, se Maria devia ser purificada do pecado original, seria sem dúvida *antes* do nascimento, mas somente *após* a concepção, pois não podia ser antes de sua animação. Quanto a Cristo, concebido de maneira sobrenatural pelo Espírito Santo e pela Virgem Maria, ele escapa não só do pecado original e de suas consequências (e portanto, para ele, estas últimas não são necessariamente contraídas, mas voluntariamente assumidas), mas também do lapso entre concepção e animação, e foi desse modo que ele foi cheio de graça desde sua concepção (ver acima q. 6, a. 4 e nota 5).

g. Contrariamente ao que daria a entender o sentido literal, a expressão "justiça original" não designa o estado natural primeiro do homem, mas um dom de graça que o fazia, por assim dizer, supra-humano, impassível e imortal. Com efeito, a condição natural do homem, mesmo sem o pecado, é uma condição de corruptibilidade, consequência de sua materialidade (ver I, q. 97, a. 1). Contudo, a graça original tendo sido perdida pelo pecado, será o pecado que doravante será a causa da suscetibilidade do corpo humano. Segundo Sto. Tomás, uma vez que Cristo escapa totalmente ao pecado original, ele partilhou da graça da justiça original, e assim da incorruptibilidade (ver *ibid.*, r. 3), sendo voluntariamente que ele assumiu a morte e todas as outras deficiências corporais que conhecemos.

Articulus 4
Utrum Christus omnes defectus corporales hominum assumere debuerit

AD QUARTUM SIC PROCEDITUR. Videtur quod Christus omnes defectus corporales hominum assumere debuit.

1. Dicit enim Damascenus[1]: *Quod est inassumptibile, est incurabile*. Sed Christus venerat omnes defectus nostros curare. Ergo omnes defectus nostros assumere debuit.

2. PRAETEREA, dictum est[2] quod ad hoc quod Christus pro nobis satisfaceret, debuit habere habitus perfectivos in anima et defectus in corpore. Sed ipse ex parte animae assumpsit plenitudinem omnis gratiae. Ergo ex parte corporis debuit assumere omnes defectus.

3. PRAETEREA, inter omnes defectus corporales praecipuum locum tenet mors. Sed Christus mortem assumpsit. Ergo multo magis omnes defectus alios assumere debuit.

SED CONTRA est quod contraria non possunt simul fieri in eodem[3]. Sed quaedam infirmitates sunt sibi ipsis contrariae, utpote ex contrariis principiis causatae. Ergo non potuit esse quod Christus omnes infirmitates humanas assumeret.

RESPONDEO dicendum quod, sicut dictum est[4], Christus humanos defectus assumpsit ad satisfaciendum pro peccato humanae naturae: ad quod requirebatur quod perfectionem scientiae et gratiae haberet in anima. Illos igitur defectus Christus assumere debuit qui consequuntur ex peccato communi totius naturae, nec tamen repugnant perfectioni scientiae et gratiae.

Sic igitur non fuit conveniens ut omnes defectus seu infirmitates humanas assumeret. Sunt enim quidam defectus qui repugnant perfectioni scientiae et gratiae: sicut ignorantia, pronitas ad malum, et difficultas ad bonum.

Quidam autem defectus sunt qui non consequuntur communiter totam humanam naturam propter peccatum primi parentis, sed causantur in aliquibus hominibus ex quibusdam particularibus causis: sicut lepra et morbus caducus, et alia huiusmodi. Qui quidem defectus quandoque causantur ex culpa hominis, puta ex inordinatione victus:

Artigo 4
Cristo deveria assumir todas as deficiências corporais do homem?

QUANTO AO QUARTO, ASSIM SE PROCEDE: parece que Cristo **deveria** assumir todas as deficiências corporais do homem.

1. Com efeito, diz Damasceno: "O que não pode ser assumido é incurável". Ora, Cristo veio curar todas as nossas deficiências. Logo, deveria assumir todas elas.

2. ALÉM DISSO, foi antes explicado que Cristo deveria possuir na alma *habitus* que a aperfeiçoassem e deficiências no corpo, a fim de satisfazer por nós. Ora, da parte da alma ele assumiu a plenitude de toda a graça. Logo, da parte do corpo deveria assumir todas as deficiências.

3. ADEMAIS, entre todas as deficiências corporais, o primeiro lugar cabe à morte. Ora, Cristo assumiu a morte. Logo, com maior razão deveria assumir as outras deficiências.

EM SENTIDO CONTRÁRIO, os contrários não se podem encontrar ao mesmo tempo no mesmo sujeito. Ora, algumas enfermidades são contrárias entre si, pois são causadas por princípios contrários. Logo, Cristo não pôde assumir todas as enfermidades humanas.

RESPONDO. Como já foi dito, Cristo assumiu as deficiências humanas para satisfazer pelo pecado da natureza humana. Para isso era necessário que possuísse na alma a perfeição da ciência e da graça. Portanto, Cristo assumiu as deficiências que se seguem ao pecado comum de toda a natureza, e não repugnam à perfeição da ciência e da graça.

Assim sendo, não foi conveniente que assumisse todas as deficiência e enfermidades humanas. Há algumas dessas deficiências que repugnam à perfeição da ciência e da graça, como a ignorância, a inclinação para o mal e a dificuldade para o bem.

Há outras deficiências que não atingem toda natureza humana em comum em razão do pecado dos primeiros pais, mas acontecem por causas particulares, como a lepra, a senilidade e outras semelhantes. Algumas dessas deficiências são causadas por culpa do homem, como, por exemplo, pelo excesso no comer; outras por deficiências

---

4 PARALL.: III *Sent*., dist. 15, q. 1, a. 2; dist. 22, q. 2, a. 1, q.la 1; *Compend. Theol*., c. 226, 231.

1. *De fide orth*., l. III, cc. 6, 18: MG 94, 1005 B, 1071 C.
2. A. 1, ad 1.
3. Cfr. ARISTOT., *Categ*., c. 11: 14, a, 11-12; *Topic*., l. II, c. 7: 113, a, 22-23.
4. A. 1.

quandoque autem ex defectu virtutis formativae. Quorum neutrum convenit Christo: quia caro eius de Spiritu Sancto concepta est, qui est infinitae sapientiae et virtutis, errare et deficere non valens; et ipse nihil inordinatum in regimine suae vitae exercuit.

Sunt autem tertii defectus qui in omnibus hominibus communiter inveniuntur ex peccato primi parentis: sicut mors, fames, sitis, et alia huiusmodi. Et hos defectus omnes Christus suscepit. Quos Damascenus[5] vocat *naturales et indetractibiles passiones*: naturales quidem, quia consequuntur communiter totam humanam naturam; indetractibiles quidem, quia defectum scientiae et gratiae non important.

AD PRIMUM ergo dicendum quod omnes particulares defectus hominum causantur ex corruptibilitate et passibilitate corporis, superadditis quibusdam particularibus causis. Et ideo, dum Christus curavit passibilitatem et corruptibilitatem corporis nostri per hoc quod eam assumpsit, ex consequenti omnes alios defectus curavit.

AD SECUNDUM dicendum quod plenitudo omnis gratiae et scientiae animae Christi secundum se debebatur, ex hoc ipso quod erat a Verbo Dei assumpta. Et ideo absolute omnem plenitudinem sapientiae et gratiae Christus assumpsit. Sed defectus nostros dispensative assumpsit, ut pro peccato nostro satisfaceret: non quia ei secundum se competerent. Et ideo non oportuit quod omnes assumeret: sed solum illos qui sufficiebant ad satisfaciendum pro peccato totius humanae naturae.

AD TERTIUM dicendum quod mors in omnes homines devenit ex peccato primi parentis: non autem quidam alii defectus, licet sint morte minores. Unde non est similis ratio.

hereditárias. Nenhum desses dois tipos convém a Cristo, pois sua carne foi concebida por obra do Espírito Santo que, sendo de sabedoria e poder infinitos, não pode errar nem falhar; e o próprio Cristo em sua vida nunca se comportou desordenadamente.

Há um terceiro gênero de deficiências que se encontram comumente em todos os homens por causa do pecado dos primeiros pais: como a morte, a fome, a sede, e outras semelhantes. Essas deficiências Cristo as tomou sobre si. A essas Damasceno chama "paixões naturais e não censuráveis". São naturais, porque se seguem à natureza humana em comum; não censuráveis, porque não implicam uma deficiência de ciência e de graça[h].

QUANTO AO 1º, portanto, deve-se dizer que todas as deficiências particulares do homem são causadas pela corruptibilidade e vulnerabilidade do corpo, acrescentadas de algumas causas particulares. Assim como Cristo curou a vulnerabilidade e corruptibilidade do nosso corpo por tê-lo assumido, em consequência curou todas as outras deficiências.

QUANTO AO 2º, deve-se dizer que a plenitude da ciência e da graça da alma de Cristo devia-se ao fato de ter sido assumida pelo Verbo de Deus. Logo, Cristo assumiu absolutamente toda a plenitude de sabedoria e de graça. Assumiu porém as nossas deficiências transitoriamente para satisfazer pelos nossos pecados, porque não lhe convinham em razão de si mesmo. Desta sorte, não foi necessário que assumisse todas, mas somente aquelas que bastavam para a satisfação do pecado de toda natureza humana.

QUANTO AO 3º, deve-se dizer que a morte passou para todos os homens em razão do pecado dos primeiros pais, mas não todas as outras deficiências, mesmo sendo menores que a morte. Logo, não há semelhança de razões.

---

5. *De fide orth.*, l. I, c. 11; l. III, c. 20: MG 94, 844 B, 1081 A. — Vide infra, q. 46, a. 4, 2 a et ad 2.

h. A doutrina deste artigo só pode ser bem compreendida à luz do artigo anterior. Não foi por necessidade que o Verbo tomou a si nossa miséria humana, mas por escolha inteiramente livre. Era inteiramente livre também, por conseguinte, de escolher em sua sabedoria e em seu amor o que era requerido pela finalidade de sua missão, e de rejeitar o que era incompatível com ela. As razões fornecidas nesta resposta procuram evidenciar a profunda "conveniência" dessas escolhas.

QUAESTIO XV
DE DEFECTIBUS PERTINENTIBUS AD ANIMAM QUOS CHRISTUS IN HUMANA NATURA ASSUMPSIT

in decem articulos divisa

Deinde considerandum est de defectibus pertinentibus ad animam.
Et circa hoc quaeruntur decem.
Primo: utrum in Christo fuerit peccatum.
Secundo: utrum in eo fuerit fomes peccati.
Tertio: utrum in eo fuerit ignorantia.
Quarto: utrum anima eius fuerit passibilis.
Quinto: utrum in eo fuerit dolor sensibilis.
Sexto: utrum in eo fuerit tristitia.
Septimo: utrum in eo fuerit timor.
Octavo: utrum in eo fuerit admiratio.
Nono: utrum in eo fuerit ira.
Decimo: utrum simul fuerit viator et comprehensor.

Articulus 1
Utrum in Christo fuerit peccatum

Ad primum sic proceditur. Videtur quod in Christo fuerit peccatum.
1. Dicitur enim in Psalmo[1]: *Deus, Deus meus ut quid dereliquisti? Longe a salute mea verba delictorum meorum.* Haec autem verba dicuntur ex persona ipsius Christi: ut patet ex hoc quod ipse ea in cruce protulit[2]. Ergo videtur quod in Christo fuerint delicta.
2. Praeterea, Rm 5,12 dicit Apostolus quod in Adam *omnes peccaverunt:* scilicet quia in eo

QUESTÃO 15
DEFICIÊNCIAS DA ALMA QUE CRISTO ASSUMIU NA NATUREZA HUMANA[a]

em dez artigos

Em seguida, devem-se considerar as deficiências da alma.
Sobre isso são dez as perguntas:
1. Em Cristo houve pecado?
2. Houve inclinação ao pecado?
3. Houve ignorância?
4. Sua alma foi sujeita à paixão?
5. Houve nele dor sensível?
6. Houve nele tristeza?
7. Houve nele temor?
8. Houve nele admiração?
9. Houve nele ira?
10. Foi ele, ao mesmo tempo, peregrino e possuidor da visão beatífica?

Artigo 1
Em Cristo houve pecado?

Quanto ao primeiro artigo, assim se procede: parece que em Cristo **houve** pecado.
1. Com efeito, no Salmo 21 se diz: "Meu Deus, meu Deus, por que me abandonaste? As palavras dos meus delitos estão longe de minha salvação". Ora, essas palavras se dizem da pessoa de Cristo, o que é claro pelo fato de as ter proferido na cruz. Logo, parece que em Cristo houve delitos.
2. Além disso, o Apóstolo diz na Carta aos Romanos: "Todos pecaram em Adão", a saber,

---

[1] Parall.: Supra, q. 4, a. 6, ad 2; q. 14, a. 3; infra, q. 31, a. 7; III *Sent.*, dist. 12, q. 2, a. 1, ad 1; dist. 13, q. 1, a. 1, ad 5; a. 2, q.la 1.

1. Ps. 21, 2.
2. Matth. 27, 46; Marc. 15, 34.

a. Apesar de sua extensão, a presente questão, que se apresenta como a conclusão da seção, desenvolve-se com perfeita precisão. Devido à plenitude de graça e de saber que nele se encontram, Cristo não conheceu nem o pecado nem mesmo a inclinação ao pecado (a. 1 e 2), e tampouco a ignorância, sua consequência (a. 3). No entanto, dada sua relação com um corpo passível, a alma de Jesus era sujeita às paixões, em especial das faculdades sensíveis, ainda que tenham sempre sido submetidas à razão (a. 4).

Tomás se concentra nas paixões que têm por objeto o mal, e que poderiam ser deficiências. A percepção de um mal presente produzia dor para as faculdades sensíveis de Cristo (a. 5) e tristeza para suas faculdades racionais (a. 6). Na medida em que a progressividade de sua ciência experimental lhe proporcionava incerteza quanto ao futuro, ele podia igualmente experimentar temor diante do mal a vir (a. 7). Ligada a essa mesma progressão de sua ciência — e definida por Damasceno como uma espécie de temor — havia igualmente a capacidade de se espantar diante do extraordinário (a. 8). Enfim, reação secundária à percepção do mal, ele podia encolerizar-se, mas na medida regulada pela razão (a. 9).

O último artigo resume tudo o que se adquiriu nesta seção sobre as perfeições e deficiências, salientando a dupla condição de peregrino (*viator*) e de possuidor da visão beatífica (*comprehensor*), que era a de Cristo: por suas perfeições, ele já atingia o termo que é a felicidade sobrenatural; por suas deficiências, permanecia como nós um peregrino, sempre em marcha rumo à completa felicidade que seria seu estado glorioso.

originaliter fuerunt. Sed etiam Christus originaliter fuit in Adam. Ergo in eo peccavit.

3. PRAETEREA, Apostolus dicit, Hb 2,18, quod *in eo in quo Christus passus est et tentatus, potens est et his qui tentantur auxiliari*. Sed maxime indigebamus auxilio eius contra peccatum. Ergo videtur quod in eo fuerit peccatum.

4. PRAETEREA, 2Cor 5,21 dicitur quod Deus *eum qui non noverat peccatum*, scilicet Christum, *pro nobis fecit peccatum*. Sed illud vere est quod a Deo factum est. Ergo in Christo vere fuit peccatum.

5. PRAETEREA, sicut Augustinus dicit, in libro *de Agne Christiano*[3], *in homine Christo se nobis ad exemplum praebuit Filius Dei*. Sed homo indiget exemplo non solum ad recte vivendum, sed etiam ad hoc quod poeniteat de peccatis. Ergo videtur quod in Christo debuit esse peccatum, ut, de peccatis poenitendo, poenitentiae nobis daret exemplum.

SED CONTRA est quod ipse dicit, Io 8,46: *Qui ex vobis arguet me de peccato?*

RESPONDEO dicendum quod, sicut supra[4] dictum est, Christus suscepit defectus nostros ut pro nobis satisfaceret; et veritatem humanae naturae comprobaret; et ut nobis exemplum virtutis fieret. Secundum quae tria manifestum est quod defectum peccati assumere non debuit. Primo enim, peccatum nihil operatur ad satisfactionem: quinimmo virtutem satisfactionis impedit; quia, ut dicitur Eccli 34,23, *dona iniquorum non probat Altissimus*. Similiter etiam ex peccato non demonstratur veritas humanae naturae: quia peccatum non pertinet ad humanam naturam, cuius Deus est causa; sed magis est contra naturam *per seminationem diaboli* introductum, ut Damascenus dicit[5]. Tertio, peccando exempla virtutum praebere non potuit: cum peccatum contrarietur virtuti. Et ideo Christus nullo modo assumpsit defectum peccati, nec originalis nec actualis: secundum illud quod dicitur 1Pe 2,22: *Qui peccatum non fecit, nec inventus est dolus in ore eius*.

porque todos estavam nele como em sua origem. Ora, também Cristo esteve em Adão como em sua origem. Logo, também pecou em Adão.

3. ADEMAIS, diz ainda o Apóstolo na Carta aos Hebreus: "Já que ele mesmo passou pela provação, está em condições de prestar socorro aos que são provados". Ora, é contra o pecado que temos a maior necessidade de seu auxílio. Logo, parece que houve nele pecado.

4. ADEMAIS, na segunda Carta aos Coríntios, se diz: que Deus a quem "não conhecia o pecado", a saber, Cristo, "o fez pecado por nós". Ora, é verdadeiro o que é feito por Deus. Logo, em Cristo houve verdadeiramente pecado.

5. ADEMAIS, diz Agostinho: "No homem Cristo, o Filho de Deus deu-se a nós como exemplo". Ora, o homem precisa de exemplo, não apenas para viver retamente, mas também para penitenciar-se dos pecados. Logo, parece que em Cristo deveria haver pecado para que, arrependendo-se deles, nos desse exemplo de penitência.

EM SENTIDO CONTRÁRIO, está o que Cristo diz no Evangelho de João: "Quem de vós me convencerá de pecado?"

RESPONDO. Como antes foi dito, Cristo tomou nossas deficiências para satisfazer por nós, para comprovar a verdade da natureza humana e se tornar para nós exemplo de virtude. De acordo com esse três fins, é claro que não devia assumir a deficiência do pecado. 1. O pecado nada contribui para satisfação, antes, impede o seu efeito, pois, como diz o livro do Eclesiástico: "O Altíssimo não aprova as ofertas dos ímpios". 2. Do mesmo modo, o pecado não demonstra a verdade da natureza humana que é causada por Deus e, assim, o pecado a ela não pertence. Ao contrário, é oposto à natureza e foi introduzido pela "semeadura do demônio", como diz Damasceno. 3. Não poderia dar exemplo de virtudes pecando, pois o pecado é o contrário da virtude. Logo, Cristo de nenhuma maneira assumiu a deficiência do pecado, nem do original nem do atual, conforme está escrito na primeira Carta de Pedro: "Ele que não cometeu pecado e em sua boca não se encontrou falsidade"[b].

---

3. C. 11: ML 40, 298.
4. Q. 14, a. 1.
5. *De fide orth.*, l. III, c. 20: MG 94, 1081 B.

b. Numerosos concílios definiram a impecabilidade de Cristo, mas Sto. Tomás não os cita. Ele se apoia diretamente na Escritura, lida à luz das interpretações patrísticas, que são para ele a referência imediata. Contrariamente ao que se poderia esperar, ele não cita Hb (4,15): "Que foi tentado em todas as coisas... *exceto no pecado*", que é o versículo mais frequentemente

AD PRIMUM ergo dicendum quod, sicut Damascenus dicit, in III libro[6], dicitur aliquid de Christo, uno modo, secundum proprietatem naturalem et hypostaticam, sicut dicitur quod factus est homo, et quod pro nobis passus est; alio modo, secundum proprietatem personalem et habitudinem, prout scilicet aliqua dicuntur de ipso in persona nostra quae sibi secundum se nullo modo conveniunt. Unde et inter septem regulas Tichonii[7], quas ponit Augustinus in III *de Doct. Christ.*[8], prima ponitur *de Domino et eius corpore*, cum scilicet *Christi et Ecclesiae una persona aestimatur*. Et secundum hoc, Christus ex persona membrorum suorum loquens dicit, *verba delictorum meorum*: non quod in ipso capite delicta fuerint.

AD SECUNDUM dicendum quod, sicut Augustinus dicit, X *super Gen. ad litt.*[9], non omni modo Christus fuit in Adam, et in aliis Patribus, quo nos ibi fuimus. Nos enim fuimus in Adam secundum rationem seminalem, et secundum corpulentam substantiam: quia scilicet, ut ipse ibidem[10] dicit, *cum sit in semine et visibilis corpulentia et invisibilis ratio, utrumque cucurrit ex Adam. Sed Christus visibilem carnis substantiam de carne Virginis sumpsit: ratio vero conceptionis eius non a semine virili, sed longe aliter, ac desuper venit*. Unde non fuit in Adam secundum seminalem rationem, sed solum secundum corpulentam substantiam. Et ideo Christus non accepit active ab Adam naturam humanam, sed solum materialiter, active vero a Spiritu Sancto: sicut et ipse Adam materialiter sumpsit corpus ex limo terrae, active autem a Deo. Et propter hoc Christus non peccavit in Adam, in quo fuit solum secundum materiam.

AD TERTIUM dicendum quod Christus sua tentatione et passione nobis auxilium tulit pro nobis satisfaciendo. Sed peccatum non cooperatur ad satisfactionem, sed magis ipsam impedit, ut dictum est[11]. Et

QUANTO AO 1º, portanto, deve-se dizer que como explica Damasceno, quando se atribui algo a Cristo, ou é por propriedade natural e hipostática, como quando se afirma que se fez homem e sofreu por nós; ou é por propriedade pessoal e relativa, como quando se afirma dele, em nossa pessoa, algo que não lhe convém por si mesmo. Assim, Agostinho, entre as sete regras de Ticônio, afirma como primeira a regra sobre *O Senhor e seu corpo*, na qual a pessoa de Cristo e a da Igreja são consideradas uma só pessoa. De acordo com essa regra, Cristo, falando na pessoa de seus membros, diz: "as palavras de meus delitos", mas não que existissem delitos na própria cabeça[c].

QUANTO AO 2º, deve-se dizer que como diz Agostinho, Cristo não esteve em Adão e nos outros Patriarcas do modo como estivemos nós. Nós estivemos em Adão, segundo a razão seminal e segundo a substância do corpo. Com efeito, explica, "como no sêmen está o corpo visível e o princípio invisível, ambos vieram a partir de Adão. Mas Cristo assumiu a substância visível da carne da carne da Virgem; o princípio de sua concepção não proveio do sêmen viril, mas sim de modo muito diferente e do alto". Portanto, Cristo não esteve em Adão segundo a razão seminal, mas somente segundo a substância do corpo. Portanto, não recebeu ativamente de Adão a natureza humana, mas apenas materialmente; ativamente ele a recebeu do Espírito Santo, assim como o próprio Adão recebeu o corpo materialmente do limo da terra, ativamente de Deus. Por essa razão Cristo não pecou em Adão, no qual esteve somente segundo a matéria.

QUANTO AO 3º, deve-se dizer que com sua tentação e paixão, Cristo nos trouxe auxílio, satisfazendo por nós. Mas o pecado não coopera para a satisfação, antes a impede, como foi dito. Portanto,

---

6. *De fide orth.*, l. III, c. 25: MG 94, 1093 AB.
7. De septem Regulis, reg. 1: ML 18, 15 C.
8. C. 31: ML 34, 82.
9. C. 20, n. 35: ML 34, 424.
10. Loc. cit.
11. In corp.

---

alegado nesse contexto, mas refere-se a 1Pd (2,22): "*o qual não cometeu pecado*". O motivo dessa escolha parece residir num estrito respeito ao sentido literal de cada texto; o primeiro sendo interpretado por Sto. Tomás como as tentações sofridas por Cristo, o segundo sobre o pecado propriamente dito.

c. A atribuição ao Cristo-cabeça do que só vale literalmente para seu corpo, a Igreja — ambos sendo considerados como uma só pessoa mística — ocupava um papel de grande importância na leitura e interpretação dos Salmos desde as origens do cristianismo. Sto. Tomás dá continuidade a essa tradição, e observa, no Prólogo a seu comentário dos Salmos, que se deve compreendê-los como profecias de Cristo e de sua Igreja, exprimindo em "figuras" a realidade futura. Segundo ele, o Salmo (22) citado fala "literalmente" de Cristo e, em seu comentário, acrescenta outra interpretação possível: poderíamos compreender o "clamor de suas faltas" como o da carne de Cristo, vítima da angústia que sofre pelos pecados dos outros.

ideo non oportuit ut peccatum in se haberet, sed quod omnino esset purus a peccato: alioquin, poena quam sustinuit fuisset sibi debita pro peccato proprio.

AD QUARTUM dicendum quod Deus *fecit Christum peccatum*, non quidem ut in se peccatum haberet, sed quia fecit eum hostiam pro peccato: sicut Os 4,8 dicitur, *Peccata populi mei comedent*, scilicet sacerdotes, qui secundum legem comedebant hostias pro peccato oblatas[12]. Et secundum hoc modum dicitur Is 53,6, quod *Dominus posuit in eo iniquitates omnium nostrum*: quia scilicet eum tradidit ut esset hostia pro peccatis omnium hominum.
Vel, *fecit eum peccatum*, idest, habentem *similitudinem carnis peccati*, ut dicitur Rm 8,3. Et hoc propter corpus passibile et mortale quod assumpsit.

AD QUINTUM dicendum quod poenitens laudabile exemplum dare potest, non ex eo quod peccavit, sed in hoc quod poenam sustinuit voluntarius pro peccato. Unde Christus dedit maximum exemplum poenitentibus, dum non pro peccato proprio, sed pro peccatis aliorum voluit poenam subire.

ARTICULUS 2
Utrum in Christo fuerit fomes peccati

AD SECUNDUM SIC PROCEDITUR. Videtur quod in Christo fuerit fomes peccati.
1. Ab eodem enim principio derivatur fomes peccati, et passibilitas corporis sive mortalitas: scilicet ex subtractione originalis iustitiae, per quam simul inferiores vires animae subdebantur rationi, et corpus animae. Sed in Christo fuit passibilitas corporis et mortalitas. Ergo etiam in eo fuit fomes peccati.
2. PRAETEREA, sicut Damascenus dicit, in III libro[1], *beneplacito divinae voluntatis permittebatur caro Christi pati et operari quae propria*. Sed proprium est carni ut concupiscat delectabilia sibi. Cum ergo nihil aliud sit fomes quam concupiscentia, ut dicitur in Glossa[2], Rm 7,8, videtur quod in Christo fuerit fomes peccati.

não foi necessário que tivesse em si pecado, mas que fosse totalmente puro do pecado. Caso contrário, a pena que suportou lhe teria sido devida pelo próprio pecado.

QUANTO AO 4º, deve-se dizer que Deus "fez a Cristo pecado" não para que tivesse em si o pecado, mas porque o fez hóstia pelo pecado, como se diz no livro de Oseias: "Eles se alimentam do pecado do meu povo", a saber, os sacerdotes que, segundo a lei, se alimentavam das hóstias oferecidas pelo pecado. Desse modo também se diz no livro do profeta Isaías: "O Senhor fez recair sobre ele a iniquidade de todos nós", ou seja, entregou-o para ser hóstia pelos pecados de todos os homens.
Ou então, *fê-lo pecado*, isto é, *tendo a semelhança da carne do pecado*, como está na Carta aos Romanos, em razão do corpo passível e mortal que assumiu.

QUANTO AO 5º, deve-se dizer que o penitente pode dar um exemplo louvável, não porque pecou, mas porque suportou voluntariamente a pena pelo pecado. Por isso, Cristo deu aos penitentes o maior exemplo quando quis sofrer a pena, não pelos pecados próprios, mas pelos pecados dos outros.

ARTIGO 2
Em Cristo houve inclinação* ao pecado?

QUANTO AO SEGUNDO, ASSIM SE PROCEDE: parece que em Cristo **houve** inclinação ao pecado.
1. Com efeito, a inclinação ao pecado e a vulnerabilidade do corpo ou a mortalidade derivam do mesmo princípio, a saber, a subtração da justiça original pela qual ao mesmo tempo as forças inferiores da alma estavam sujeitas à razão e o corpo à alma. Ora, em Cristo existiu a vulnerabilidade do corpo e a mortalidade. Logo, também a inclinação ao pecado.
2. ALÉM DISSO, diz Damasceno: "Segundo o beneplácito da divina vontade era permitido à carne de Cristo sofrer e operar o que lhe era próprio". Ora, é próprio da carne desejar o que é para ela deleitável. Ora, como a inclinação não é senão a concupiscência, como diz a Glosa, comentando a Carta aos Romanos, parece que em Cristo houve a inclinação para o pecado.

---

12. *Levit.* 6, 26.

PARALL.: Infra, q. 27, a. 3, ad 1; *Compend. Theol.*, cap. 224.

1. *De fide orth.*, l. III, c. 19: MG 94, 1080 B. — Cfr. cc. 14, 15: MG 94, 1037 A, 1045 C.
2. Interl.; LOMBARDI: ML 191, 1416 D.

---

* *Fomes peccati* traduzimos por inclinação ao pecado. O sentido próprio de *fomes* é lenha miúda e seca para acender o fogo. Na tradução francesa: "le foyer du péché" e na espanhola: "el horno donde se fragua el pecado".

3. Praeterea, ratione fomitis *caro concupiscit adversus spiritum*, ut dicitur Gl 5,17. Sed tanto Spiritus ostenditur esse fortior et magis dignus corona, quanto magis super hostem, scilicet concupiscentiam carnis, dominatur: secundum illud 2Ti 2,5: *Non coronabitur nisi qui legitime certaverit*. Christus autem habuit fortissimum et victoriosissimum spiritum, et maxime dignum corona: secundum illud Ap 6,2: *Data est ei corona, et exivit vincens, ut vinceret*. Videtur ergo quod in Christo debuerit esse maxime fomes peccati.

Sed contra est quod dicitur Mt 1,20: *Quod in ea natum est, de Spiritu Sancto est*. Sed Spiritus Sanctus excludit peccatum, et inclinationem peccati, quae importatur nomine fomitis. Ergo in Christo non fuit fomes peccati.

Respondeo dicendum quod, sicut supra[3] dictum est, Christus perfectissime habuit gratiam et omnes virtutes. Virtus autem moralis quae est in irrationali parte animae, eam facit rationi esse subiectam, et tanto magis quanto perfectior fuerit virtus: sicut temperantia concupiscibilem, et fortitudo et mansuetudo irascibilem, ut in Secunda Parte[4] dictum est. Ad rationem autem fomitis pertinet inclinatio sensualis appetitus in id quod est contra rationem. Sic igitur patet quod, quanto virtus fuerit magis in aliquo perfecta, tanto magis debilitatur in eo vis fomitis. Cum igitur in Christo fuerit virtus secundum perfectissimum gradum, consequens est quod in eo fomes peccati non fuerit: cum etiam iste defectus non sit ordinabilis ad satisfaciendum, sed potius inclinat ad contrarium satisfactioni.

Ad primum ergo dicendum quod inferiores vires pertinentes ad sensibilem appetitum, naturaliter sunt obedibiles rationi: non autem vires corporales, vel humorum corporalium, vel etiam ipsius animae vegetabilis, ut patet in I *Ethic*.[5] Et ideo perfectio virtutis, quae est secundum rationem rectam, non excludit passibilitatem corporis: excludit

3. Ademais, em razão dessa inclinação, "a carne em seus desejos opõe-se ao espírito", diz a Carta aos Gálatas. Ora, o espírito se mostra tanto mais forte e tanto mais digno do prêmio quanto mais domina sobre o inimigo, ou seja, sobre o desejo da carne, conforme a segunda Carta a Timóteo: "Não será coroado senão aquele que lutou conforme as regras". Ora, Cristo possui o espírito mais forte e mais vitorioso e, mais que todos, digno da coroa, segundo o livro do Apocalipse: "Foi-lhe dada uma coroa e ele partiu como vencedor para vencer". Logo, parece que em Cristo deveria existir ao máximo a inclinação para o pecado.

Em sentido contrário, está o que escreve o Evangelho de Mateus: "O que foi gerado nela provém do Espírito Santo". Ora, o Espírito Santo exclui o pecado e a inclinação ao pecado. Logo, em Cristo não houve inclinação ao pecado.

Respondo. Como acima foi dito, Cristo possuiu perfeitissimamente a graça e todas as virtudes. A virtude moral que se encontra na parte irracional da alma torna-a sujeita à razão e tanto mais quanto mais perfeita for a virtude; por exemplo, a temperança domina a parte concupiscível e a fortaleza e a mansidão, a irascível, como foi dito na II Parte. É da razão da inclinação mover o apetite sensível ao que é contrário à razão. É claro, portanto, que tanto mais se debilita em alguém a força da inclinação quanto mais perfeita for nele a virtude. Logo, como em Cristo existiu a virtude em um grau perfeitíssimo, segue-se que nele não houve inclinação ao pecado, também porque essa deficiência não se ordena à satisfação, mas, antes, inclina ao contrário da satisfação[d].

Quanto ao 1º, portanto, deve-se dizer que as forças inferiores que pertencem ao apetite sensível são naturalmente submissas à obediência da razão. Não, porém, as forças corporais, ou dos humores corporais ou também da alma vegetativa, conforme o livro I da *Ética*. Desta sorte, a perfeição da virtude, que é segundo a reta razão, não exclui a

---

3. Q. 7, a. 2, 9.
4. I-II, q. 56, a. 4.
5. C. 13: 1102, b, 28-31; S. Th. lect. 20, n. 240.

d. A inclinação ao pecado (*fomes peccati*), que Sto. Tomás define como "uma inclinação do apetite sensível ao que é contrário à razão", é em nós uma consequência do pecado original. Essa má inclinação não desaparece, pura e simplesmente, pelo efeito da graça batismal; deve ser combatida até o fim, mesmo por parte dos mais santos. Todavia, o crescimento na graça e na virtude enfraquecem-na cada vez mais. Cristo, que partilhava da justiça original e que atingira o grau supremo de graça e virtude, não tinha evidentemente essa propensão interior ao mal. Se ele foi tentado, como nota a r. 3, foi unicamente do exterior. Faz-se jus, assim, ao que a Escritura nos ensina: por um lado, ele escapa totalmente ao pecado, por outro, foi tentado pelo diabo (ver Mt 4,1-11) — e talvez também por Pedro, que se vê duramente rejeitado como Satanás (ver Mt 16,23).

autem fomitem peccati, cuius ratio consistit in resistentia sensibilis appetitus ad rationem.

AD SECUNDUM dicendum quod caro naturaliter concupiscit id quod est sibi delectabile, concupiscentia appetitus sensitivi: sed caro hominis, qui est animal rationale, hoc concupiscit secundum modum et ordinem rationis. Et hoc modo caro Christi, concupiscentia appetitus sensitivi, naturaliter appetebat escam et potum et somnum, et alia huiusmodi quae secundum rationem rectam appetuntur: ut patet per Damascenus, in III libro[6]. Ex hoc autem non sequitur quod in Christo fuerit fomes peccati, qui importat concupiscentiam delectabilium praeter ordinem rationis.

AD TERTIUM dicendum quod fortitudo spiritus aliqualis ostenditur ex hoc quod resistit concupiscentiae carnis sibi contrariantis: sed maior fortitudo spiritus ostenditur si per eius virtutem totaliter comprimatur, ne contra spiritum concupiscere possit. Et ideo hoc competebat Christo, cuius spiritus summum gradum fortitudinis attigerat. Et licet non sustinuerit impugnationem interiorem ex parte fomitis, sustinuit tamen exteriorem impugnationem ex parte mundi et diaboli, quos superando victoriae coronam promeruit.

sujeição do corpo às paixões, mas exclui a inclinação ao pecado, cuja razão consiste na resistência do apetite sensível à razão.

QUANTO AO 2º, deve-se dizer que a carne deseja naturalmente o que é deleitável para si, pela concupiscência do apetite sensível. Mas a carne do homem, que é animal racional, deseja segundo o modo e a ordem da razão. Desse modo a carne de Cristo, pela concupiscência do apetite sensível, desejava naturalmente o alimento, a bebida e o sono e outras coisas semelhantes, que podem ser desejadas segundo a reta razão, conforme Damasceno. Daqui não se segue que em Cristo tenha havido inclinação ao pecado, que implica a concupiscência das coisas deleitáveis fora da ordem da razão.

QUANTO AO 3º, deve-se dizer que a fortaleza de um espírito qualquer se mostra no fato de resistir à concupiscência da carne que o contraria. Porém o espírito mostra uma fortaleza ainda maior se, por meio de sua força, a concupiscência é totalmente reprimida, de modo a não poder desejar contra o espírito. Assim acontecia com Cristo, cujo espírito alcançara o sumo grau de fortaleza. Embora não sustentasse combate interior por parte da inclinação, sustentou combate exterior por parte do mundo e do diabo e, tendo-os vencido, mereceu a coroa da vitória.

ARTICULUS 3
Utrum in Christo fuerit ignorantia

AD TERTIUM SIC PROCEDITUR. Videtur quod in Christo fuerit ignorantia.

1. Illud enim vere fuit in Christo quod sibi competit secundum humanam naturam, licet non competat secundum divinam: sicut passio et mors. Sed ignorantia convenit Christo secundum humanam naturam: dicit enim Damascenus, in III libro[1], quod *ignorantem et servilem assumpsit naturam*. Ergo ignorantia vere fuit in Christo.

2. PRAETEREA, aliquis dicitur ignorans per notitiae defectum. Sed aliqua notitia defuit Christo: dicit enim Apostolus, 2Cor 5,21: *Eum qui non novit peccatum, pro nobis peccatum fecit*. Ergo in Christo fuit ignorantia.

ARTIGO 3
Em Cristo houve ignorância?

QUANTO AO TERCEIRO, ASSIM SE PROCEDE: parece que em Cristo **houve** ignorância.

1. Com efeito, em Cristo houve verdadeiramente tudo o que lhe era próprio segundo a natureza humana, embora não lhe conviesse segundo a natureza divina, como o sofrimento e a morte. Ora, a ignorância convém a Cristo segundo a natureza humana, pois diz Damasceno que ele assumiu "uma natureza ignorante e servil". Logo, em Cristo houve verdadeiramente ignorância.

2. ALÉM DISSO, diz-se que alguém é ignorante quando lhe falta conhecimento. Ora, algum conhecimento faltou a Cristo, pois diz o Apóstolo na segunda Carta aos Coríntios: "Àquele que não conhecera o pecado, (Deus) o fez pecado por nós". Logo, em Cristo houve ignorância.

---

6. *De fide orth.*, l. III, c. 14: MG 94, 1036 D-1037 A.

3 PARALL.: III *Sent.*, dist. 15, q. 1, a. 2; Expos. litt.; *De Verit.*, q. 20, a. 4, ad 11, 12; *Compend. Theol.*, cap. 226.

1. *De fide orth.*, l. III, c. 21: MG 94, 1084 B.

3. Praeterea, Is 8,4 dicitur: *Antequam sciat puer vocare patrem suum et matrem suam, auferetur fortitudo Damasci*. Puer autem ille est Christus. Ergo in Christo fuit aliquarum rerum ignorantia.

Sed contra, ignorantia per ignorantiam non tollitur. Christus autem ad hoc venit ut ignorantias nostras auferret: venit enim *ut illuminaret his qui in tenebris et in umbra mortis sedent*[2]. Ergo in Christo ignorantia non fuit.

Respondeo dicendum quod, sicut in Christo fuit plenitudo gratiae et virtutis, ita in ipso fuit plenitudo omnis scientiae, ut ex praemissis[3] patet. Sicut autem in Christo plenitudo gratiae et virtutis excludit peccati fomitem, ita plenitudo scientiae excludit ignorantiam, quae scientiae opponitur. Unde, sicut in Christo non fuit fomes peccati, ita non fuit in eo ignorantia.

Ad primum ergo dicendum quod natura a Christo assumpta potest dupliciter considerari. Uno modo, secundum rationem suae speciei. Et secundum hoc dicit Damascenus eam esse *ignorantem et servilem*. Unde subdit[4]: *Nam serva est quidem hominis natura eius qui fecit ipsam, Dei, et non habet futurorum cognitionem*. — Alio modo potest considerari secundum illud quod habet ex unione ad hypostasim divinam, ex qua habet plenitudinem scientiae et gratiae: secundum illud Io 1,14: *Vidimus eum, quasi Unigenitum a Patre, plenum gratiae et veritatis*. Et hoc modo natura humana in Christo ignorantiam non habuit.

Ad secundum dicendum quod Christus dicitur non novisse peccatum, quia nescivit per experientiam. Scivit autem per simplicem notitiam.

Ad tertium dicendum quod Propheta ibi loquitur de humana Christi scientia. Dicit ergo: *Antequam sciat puer*, scilicet secundum humanitatem, *vocare*

3. Ademais, diz o profeta Isaías: "Antes que a criança saiba chamar seu pai e sua mãe, será tirada a fortaleza de Damasco". Aquela criança é Cristo. Logo, em Cristo houve ignorância de certas coisas.

Em sentido contrário, a ignorância não é suprimida pela ignorância. Ora, Cristo veio para suprimir nossas ignorâncias, pois veio para "iluminar os que se acham nas trevas e na sombra da morte". Logo, não houve ignorância em Cristo.

Respondo. Assim como em Cristo houve a plenitude de graça e de virtude, assim houve nele a plenitude de toda ciência, como ficou claro do que até aqui foi explicado. Como em Cristo a plenitude de graça e de virtude exclui a inclinação ao pecado, assim a plenitude de ciência exclui a ignorância, que se opõe à ciência. Portanto, como não houve em Cristo a inclinação ao pecado, também não houve a ignorância[e].

Quanto ao 1º, portanto, deve-se dizer que a natureza assumida por Cristo pode ser considerada sob dois aspectos. 1. Em razão de sua espécie. E assim Damasceno a denomina "ignorante e servil". Por isso, acrescenta: "Pois a natureza do homem é serva daquele que a fez, Deus, e não possui o conhecimento das coisas futuras"[f]. 2. Pode ser considerada naquilo que recebeu da união com a hipóstase divina, da qual possui a plenitude de ciência e de graça, conforme o evangelista João: "Nós o vimos como Filho único do Pai, cheio de graça e de verdade". Assim considerada, a natureza humana em Cristo não esteve sujeita à ignorância.

Quanto ao 2º, deve-se dizer que se afirma que Cristo não conheceu o pecado, porque não o conheceu por experiência. Conheceu-o, porém, por simples notícia.

Quanto ao 3º, deve-se dizer que nesse texto, o profeta fala da ciência humana de Cristo. Diz ele: "Antes que a criança saiba", ou seja, segundo a

---

2. Luc. 1, 79.
3. Q. 7, a. 2, 9; q. 9 sqq.
4. Loc. cit.

e. Sto. Tomás é tributário aqui da herança agostiniana, segundo a qual a ignorância é consequência do pecado, e de certo modo pecaminosa em si mesma. Isto é em parte verdade, quando se trata do conhecimento moral, a respeito do qual todas as espécies de obstáculos impedem a clareza e a firmeza. Mas há também a ignorância que é o mero não-saber, intrinsecamente ligado à natureza do espírito humano em potência em relação à verdade, o qual se reduz progressivamente com a aquisição da ciência. Nada impede de pensar que o saber perfeito de Cristo no que se refere ao domínio moral e religioso, que era indispensável à sua missão, tenha podido ser acompanhado dessa ignorância de muitas coisas terrestres que é a parte que cabe à nossa humanidade.

f. A natureza humana, segundo sua razão específica, equivale à humanidade de Cristo, abstração feita das perfeições que ela recebe em virtude da união hipostática (plenitude de graça e de verdade, dom dos milagres etc.). É interessante observar que Sto. Tomás não contesta sua ignorância do futuro. Segundo ele, essa ignorância era incompatível com o estado de inocência do primeiro homem (ver I, q. 94, a. 3); se outras ignorâncias são incompatíveis com a natureza inocente assumida pelo Verbo, não seria o caso desta.

patrem suum, Ioseph, qui pater fuit putative, *et matrem suam*, scilicet Mariam, *auferetur fortitudo Damasci*. Quod non est sic intelligendum quasi aliquando fuerit homo et hoc nesciverit: sed, *antequam sciat*, idest, antequam fiat homo scientiam habens humanam, *auferetur* vel, ad litteram, *fortitudo Damasci et spolia Samariae, per regem Assyriorum*; vel, spiritualiter, quia, *nondum natus, populum suum sola invocatione salvabit*, ut Glossa[5] Hieronymi exponit.

Augustinus tamen, in Sermone *de Epiph.*[6], dicit hoc esse completum in adoratione Magorum. Ait enim: *Antequam per humanam carnem humana verba proferret, accepit virtutem Damasci, scilicet divitias, in quibus Damascus praesumebat: in divitiis autem principatus auro defertur. Spolia vero Samariae iidem ipsi erant. Samaria namque pro idolatria ponitur: illic enim populus ad idola colenda conversus est. Haec ergo prima spolia puer idololatriae detraxit*. Et secundum hoc intelligitur: *antequam sciat puer*, idest, *antequam ostendat se scire*.

humanidade, "chamar seu pai", José, que foi o pai putativo, e "a mãe", a saber, Maria, "será tirada a fortaleza de Damasco". Isso não se deve entender como se em algum momento, feito homem, não o soubesse; mas, "antes que saiba", isto é, antes que se torne homem possuindo a ciência humana, "será tirada", ou, literalmente, "a fortaleza de Damasco e os espólios de Samaria pelo rei dos assírios"; ou, espiritualmente, porque, "não tendo ainda nascido salvará o seu povo somente pela invocação", como expõe a Glosa de Jerônimo[g].

Agostinho declara, no entanto, que a profecia se completou na adoração dos magos. Diz: "Antes que pronunciasse palavras humanas pela carne humana, recebeu o poder de Damasco, ou seja, as riquezas com as quais Damasco contava: nas riquezas era entregue o principado por meio do ouro. Os espólios de Samaria lhe eram também destinados. Samaria aqui significa idolatria: pois, esse povo se voltara para o culto dos ídolos. O menino, portanto, arrastou consigo esses primeiros espólios da idolatria". Segundo essa interpretação se entende "antes que o menino saiba", isto é, "antes que mostre saber".

Articulus 4
Utrum anima Christi fuerit passibilis

Ad quartum sic proceditur. Videtur quod anima Christi non fuerit passibilis.

1. Nihil enim patitur nisi a fortiori: quia *agens est praestantius patiente*, ut patet per Agustinum, XII *super Gen. ad litt.*[1]; et per Philosophum, in III *de Anima*[2]. Sed nulla creatura fuit praestantior quam anima Christi. Ergo anima Christi non potuit ab aliqua creatura pati. Et ita non fuit passibilis: frustra enim fuisset in eo potentia patiendi, si a nullo pati potuisset.

2. Praeterea, Tullius, in libro *de Tusculan. Quaest.*[3], dicit quod passiones animae sunt *quaedam aegritudines*. Sed in anima Christi non fuit

Artigo 4
A alma de Cristo foi sujeita à paixão?

Quanto ao quarto, assim se procede: parece que a alma de Cristo **não** foi sujeita à paixão.

1. Com efeito, não se padece senão por ação do mais forte, pois *o agente pode mais que o paciente*, como ensinam Agostinho e Aristóteles. Ora, nenhuma criatura foi mais forte do que a alma de Cristo. Logo, a alma de Cristo não pôde padecer por parte de criatura alguma. Desta sorte, não esteve sujeita à paixão, pois se não podia sofrer por nenhuma causa, seria inútil nela a potência de padecer.

2. Além disso, diz Túlio que as paixões da alma são "como enfermidades". Ora, na alma de Cristo não houve qualquer enfermidade, pois a

---

5. Interlin.; vide Hieron., *In Isaiam*, l. III, super 8, 4: ML 24, 115 B.
6. Serm. 202, al. *de Temp.* 32, c. 2: ML 38, 1034.

4 Parall.: III *Sent.*, dist. 13, q. 1, a. 2, q.la 1, ad 2; dist. 15, q. 2, a. 1, q.la 3; dist. 33, Expos. litt.; *De Verit.*, q. 26, a. 8; *Compend. Theol.*, c. 232; in *Ioan.*, c. 12, lect. 5; c. 13, lect. 4.

1. C. 16, n. 33: ML 34, 467.
2. C. 5: 430, a, 18-19.
3. L. III, c. 10.

---

g. Essa primeira interpretação de Isaías (8,4) não pretende negar que Jesus tenha podido, pelo menos em sua ciência adquirida, ignorar certas coisas que ele aprendeu mais tarde pela experiência. Visa não a um momento particular da vida humana do Verbo, mas ao "tempo' que precede à encarnação.

aliqua aegritudo: nam aegritudo animae sequitur peccatum, ut patet per illud Ps 40,5: *Sana animam meam: quia peccavi tibi*. Ergo in Christo non fuerunt animae passiones.

3. PRAETEREA, passiones animae videntur idem esse cum fomite peccati: unde Apostolus, Rm 7,5, vocat eas *passiones peccatorum*. Sed in Christo non fuit fomes peccati, ut supra[4] dictum est. Ergo videtur quod non fuerint in eo animae passiones. Et ita anima Christi non fuit passibilis.

SED CONTRA est quod in Ps 87,4 dicitur ex persona Christi: *Repleta est malis anima mea*: non quidem peccatis, sed humanis malis, *idest doloribus*, ut Glossa[5] ibidem exponit. Sic igitur anima Christi fuit passibilis.

RESPONDEO dicendum quod animam in corpore constitutam contingit pati dupliciter: uno modo, passione corporali; alio modo, passione animali. Passione quidem corporali patitur per corporis laesionem. Cum enim anima sit forma corporis, consequens est quod unum sit esse animae et corporis: et ideo, corpore perturbato per aliquam corpoream passionem, necesse est quod anima per accidens perturbetur, scilicet quantum ad esse quod habet in corpore. Quia igitur corpus Christi fuit passibile et mortale, ut supra[6] habitum est, necesse fuit ut etiam anima eius hoc modo passibilis esset.

Passione autem animali pati dicitur anima secundum operationem quae vel est propria animae, vel est principalius animae quam corporis. Et quamvis etiam secundum intelligere et sentire dicatur hoc modo anima aliquid pati, tamen, sicut in Secunda Parte[7] dictum est, propriissime dicuntur passiones animae affectiones appetitus sensitivi: quae in Christo fuerunt, sicut et cetera quae ad naturam hominis pertinent. Unde Augustinus dicit, XIV *de Civ. Dei*[8]: *Ipse Dominus, in forma servi agere vitam dignatus, humanitus adhibuit eas, ubi adhibendas esse indicavit. Neque enim in quo verum erat hominis corpus et verus hominis animus, falsus erat humanus affectus*.

Sciendum tamen quod huiusmodi passiones aliter fuerunt in Christo quam in nobis, quantum ad tria. Primo quidem, quantum ad obiectum. Quia in nobis plerumque huiusmodi passiones feruntur

enfermidade da alma vem do pecado, conforme o Salmo 40: "Sara a minha alma porque pequei contra ti". Logo, em Cristo não existiram paixões da alma.

3. ADEMAIS, parece que as paixões da alma são a mesma coisa que a inclinação ao pecado. Assim o Apóstolo, na Carta aos Romanos, as chama "paixões pecaminosas". Ora, em Cristo não houve inclinação ao pecado, como antes foi dito. Logo, parece que nele não existiram as paixões da alma e, portanto, a alma de Cristo não foi sujeita à paixão.

EM SENTIDO CONTRÁRIO, no Salmo 87, se diz da pessoa de Cristo: "Minha alma está repleta de males", não de pecados, mas de males humanos, ou seja, "dores", como a Glosa explica. Portanto, a alma de Cristo esteve sujeita à paixão.

RESPONDO. De duas maneiras pode ser sujeita a paixões a alma unida ao corpo: ou pela paixão corporal ou pela paixão na própria alma. Sofre pela paixão corporal, por uma lesão no corpo. Com efeito, sendo a alma forma do corpo, segue-se que é um só o existir da alma e do corpo. Assim, conturbado o corpo por alguma paixão corporal, é necessário que a alma seja também conturbada por acidente, ou seja, quanto ao existir que possui no corpo. Portanto, como o corpo de Cristo foi sujeito a paixões e mortal, como antes se explicou, também sua alma necessariamente foi sujeita a paixões dessa maneira.

Diz-se que a alma sofre pela paixão na própria alma pela operação que é ou própria dela ou que é dela mais principalmente que do corpo. Embora se diga que a alma sofra algo segundo o entender e o sentir, no entanto, como na II Parte foi dito, chamam-se propriissimamente paixões da alma as afecções do apetite sensitivo, que existiram em Cristo, como tudo o mais que pertence à natureza do homem. Assim diz Agostinho: "O Senhor se dignou viver na forma de servo e humanamente disso se serviu, quando o julgou conveniente. Pois onde era verdadeiro o corpo do homem e verdadeira a alma do homem, o afeto humano não era falso".

No entanto, deve-se saber que essas paixões existiram em Cristo de maneira diferente do que em nós quanto a três aspectos. 1. Quanto ao objeto. Em nós essas paixões muitas vezes tendem a

---

4. A. 2.
5. Interl.; LOMBARDI: ML 191, 811 D. — Vide AUG., *Enarr. in Ps*., ps. 87, super v. 4: ML 36, 1110.
6. Q. 14, a. 1, 2.
7. I-II, q. 22, a. 3; q. 41, a. 1.
8. C. 9, n. 3: ML 41, 415.

ad illicita: quod in Christo non fuit. — Secundo, quantum ad principium. Quia huiusmodi passiones frequenter in nobis praeveniunt iudicium rationis: sed in Christo omnes motus sensitivi appetitus oriebantur secundum dispositionem rationis. Unde Augustinus dicit, XIV *de Civ. Dei*[9], quod *hos motus, certissime dispensationis gratia, ita cum voluit Christus suscepit animo humano, sicut cum voluit factus est homo.* — Tertio, quantum ad effectum. Quia in nobis quandoque huiusmodi motus non sistunt in appetitu sensitivo, sed trahunt rationem. Quod in Christo non fuit: quia motus naturaliter humanae carni convenientes sic ex eius dispositione in appetitu sensitivo manebant quod ratio ex his nullo modo impediebatur facere quae conveniebant. Unde Hieronymus dicit, *super Math.*[10], quod *Dominus noster, ut veritatem assumpti probaret hominis, vere quidem contristatus est: sed, ne passio in animo illius dominaretur, per propassionem dicitur quod "coepit contristari"*: ut passio perfecta intelligatur quando animo, idest rationi, dominatur; *propassio* autem, quando est inchoata in appetitu sensitivo, sed ulterius non se extendit.

AD PRIMUM ergo dicendum quod anima Christi poterat quidem resistere passionibus, ut non ei supervenirent: praesertim virtute divina. Sed propria voluntate se passionibus subiiciebat, tam corporalibus quam animalibus.

AD SECUNDUM dicendum quod Tullius ibi loquitur secundum opinionem Stoicorum, qui non vocabant passiones quoscumque motus appetitus sensitivi, sed solum inordinatos. Tales autem passiones manifestum est in Christo non fuisse.

AD TERTIUM dicendum quod *passiones peccatorum* sunt motus appetitus sensitivi in illicita tendentes. Quod non fuit in Christo: sicut nec fomes peccati.

coisas ilícitas, o que não acontecia em Cristo. — 2. Quanto ao princípio. Em nós essas paixões antecedem frequentemente o juízo da razão; em Cristo, porém, todos os movimentos do apetite sensitivo eram orientados segundo a disposição da razão. Por isso diz Agostinho: *Esses movimentos, pela graça de uma disposição certíssima, Cristo acolheu quando quis na alma humana, assim como se fez homem quando quis.* — 3. Quanto ao efeito. Em nós esses movimentos algumas vezes não se detêm no apetite sensitivo, mas arrastam consigo a razão. Mas isso não sucedeu em Cristo, pois os movimentos que convinham naturalmente à carne humana de tal modo permaneciam, segundo sua disposição, no apetite sensitivo, que a razão não era, de maneira alguma, impedida de fazer o que era conveniente. Eis por que diz Jerônimo: "O Senhor nosso, para provar a verdade do homem que assumira, verdadeiramente se entristeceu; no entanto, como a paixão não dominava seu ânimo, se diz por uma paixão incoativa: 'começou a entristecer-se'", de modo que se entenda uma paixão perfeita quando é dominada pelo ânimo, isto é, pela razão; *paixão incoativa* quando começa no apetite sensitivo, mas não se estende além dele[h].

QUANTO AO 1º, portanto, deve-se dizer que a alma de Cristo poderia resistir às paixões para que nele não acontecessem, e isso sobretudo pelo poder divino. Mas, por vontade própria, se submetia às paixões, tanto às corporais quanto às paixões da alma.

QUANTO AO 2º, deve-se dizer que Túlio, no texto citado, fala de acordo com a opinião dos estoicos, que não chamavam paixões quaisquer movimentos do apetite sensitivo, mas apenas os desordenados. É claro que em Cristo não existiram tais paixões.

QUANTO AO 3º, deve-se dizer que as *paixões pecaminosas* são movimentos do apetite sensitivo que tendem a coisas ilícitas. Eles não existiram em Cristo, como nem a inclinação ao pecado.

---

9. Loc. cit.
10. L. IV, super 26, 37: ML 26, 197 AB.

h. O domínio das paixões pela razão, de maneira que elas permaneçam "protopaixões", é uma das principais características do estado de inocência tal como o concebia o autor (ver I, q. 95, a. 2). Cristo partilhava desse estado de inocência, com uma diferença, contudo: o primeiro homem, situado no paraíso, não temia mal algum; logo, não tinha nenhuma das paixões que têm o mal por objeto: temor, tristeza, dor etc. Cristo, pelo contrário, tendo voluntariamente assumido a vida do homem expulso do paraíso, sentia como qualquer outro as paixões provocadas pelo mal, assim como aquelas provocadas pelo bem. Talvez fossem até mais intensas nele, devido a seu conhecimento excepcional do bem e do mal, e ao fato de permanecerem submetidos à sua razão.

Articulus 5
Utrum in Christo fuerit verus dolor sensibilis

AD QUINTUM SIC PROCEDITUR. Videtur quod in Christo non fuerit verus dolor sensibilis.

1. Dicit enim Hilarius, in X *de Trin.*[1]: *Cum pro Christo mori vita sit, quid ipse in mortis sacramento doluisse aestimandus est, qui pro se morientibus vitam rependit?* Et infra[2] dicit: *Unigenitus Deus hominem verum, non deficiens a se Deo, sumpsit: in quo, quamvis aut ictus incideret, aut vulnus descenderet, aut nodi concurrerent, aut suspensio elevaret, afferrent quidem haec impetum passionis, non tamen dolorem inferrent.* Non igitur in Christo fuit verus dolor.

2. PRAETEREA, hoc proprium videtur esse carni in peccato conceptae, quod necessitati doloris subiaceat. Sed caro Christi non est cum peccato concepta, sed ex Spiritu Sancto in utero virginali. Non ergo subiacuit necessitati patiendi dolorem.

3. PRAETEREA, delectatio contemplationis divinorum diminuit sensum doloris: unde et martyres in passionibus suis tolerabilius dolorem sustinuerunt ex consideratione divini amoris. Sed anima Christi summe delectabatur in contemplatione Dei, quem per essentiam videbat, ut supra[3] dictum est. Non ergo poterat sentire aliquem dolorem.

SED CONTRA est quod Is 53,4 dicitur: *Vere languores nostros ipse tulit, et dolores nostros ipse portavit.*

RESPONDEO dicendum quod, sicut patet ex his quae in Secunda Parte[4] dicta sunt, ad veritatem doloris sensibilis requiritur laesio corporis et sensus laesionis. Corpus autem Christi laedi poterat: quia erat passibile et mortale, ut supra[5] habitum est. Nec defuit ei sensus laesionis: cum anima Christi perfecte haberet omnes potentias naturales. Unde nulli dubium debet esse quin in Christo fuerit verus dolor.

AD PRIMUM ergo dicendum quod in omnibus illis verbis, et similibus, Hilarius a carne Christi non veritatem doloris, sed necessitatem excludere

Artigo 5
Houve em Cristo verdadeira dor sensível?

QUANTO AO QUINTO, ASSIM SE PROCEDE: parece que em Cristo **não** houve verdadeira dor sensível.

1. Com efeito, escreve Hilário: "Como para Cristo morrer é viver, o que se deve pensar quanto à dor no mistério da morte, ele que restitui a vida aos que por ele morrem?" E acrescenta logo depois: "Deus Unigênito, não deixando de ser Deus, assumiu o homem verdadeiro. Nele, embora caíssem os golpes, as feridas sobreviessem, as cordas ligassem ou a crucifixão o suspendesse, tudo isso trazia o impacto do sofrimento, mas não acarretava dor". Logo, em Cristo não houve dor verdadeira.

2. ALÉM DISSO, parece ser próprio da carne concebida no pecado o estar submetida à necessidade da dor. Ora, a carne de Cristo não foi concebida no pecado, mas por obra do Espírito Santo no seio virginal. Logo, não esteve sujeita à necessidade de sofrer dor.

3. ADEMAIS, o gozo da contemplação das coisas divinas diminui o sentimento de dor. Por isso, os mártires em seus sofrimentos suportaram a dor de modo mais tolerável pela consideração do amor divino. Ora, a alma de Cristo se deleitava sumamente na contemplação de Deus, a quem via em sua essência, como acima foi dito. Logo, não podia sentir qualquer dor.

EM SENTIDO CONTRÁRIO, está o que escreve o profeta Isaías: "Na verdade ele suportou os nossos sofrimentos, ele carregou as nossas dores".

RESPONDO. Como ficou claro do que foi dito na II Parte, para a dor sensível verdadeira são necessárias a lesão do corpo e a sensação da lesão. Ora, o corpo de Cristo podia sofrer lesão porque era sujeito à paixão e mortal, como já foi explicado. Também a sensação da lesão não lhe faltou, pois a alma de Cristo possuiu perfeitamente todas as potências naturais. Logo, não há nenhuma dúvida de que em Cristo existiu verdadeira dor.

QUANTO AO 1º, portanto, deve-se dizer que em todos esses textos e outros semelhantes, Hilário não pretende excluir da carne de Cristo a verdade

---

5   PARALL.: III *Sent.*, dist. 15, q. 2, a. 3, q.la 1; Expos. litt.; *De Verit.*, q. 26, a. 8, ad 7, 8; *Compend. Theol.*, c. 232.

1. N. 10: ML 10, 350 B.
2. N. 23: ML 10, 361 A.
3. Q. 9, a. 2.
4. I-II, q. 35, a. 7.
5. Q. 14, a. 1, 2.

intendit. Unde post praemissa verba subdit[6]: *Neque enim, cum sitivit aut esurivit aut flevit, bibisse Dominus aut manducasse aut doluisse monstratus est: sed ad demonstrandam corporis veritatem corporis consuetudo suscepta est, ita ut, naturae nostrae consuetudine, consuetudini sit corporis satisfactum. Vel, cum potum aut cibum accepit, non se necessitati corporis, sed consuetudini tribuit*. Et accepit *necessitatem* per comparationem ad causam primam horum defectuum, quae est peccatum, ut supra[7] dictum est: ut scilicet ea ratione dicatur caro Christi non subiacuisse necessitati horum defectuum, quia non fuit in ea peccatum. Unde subdit[8]: *Habuit enim*, scilicet Christus, *corpus, sed originis suae proprium; neque ex vitiis humanae conceptionis existens, sed in formam corporis nostri, virtutis suae potestate, subsistens*. Quantum tamen ad causam propinquam horum defectuum, quae est compositio contrariorum, caro Christi subiacuit necessitati horum defectuum, ut supra[9] habitum est.

AD SECUNDUM dicendum quod caro in peccato concepta subiacet dolori non solum ex necessitate naturalium principiorum, sed etiam ex necessitate reatus peccati. Quae quidem necessitas in Christo non fuit: sed solum necessitas naturalium principiorum.

AD TERTIUM dicendum quod, sicut supra[10] dictum est, virtute divinitatis Christi dispensative sic beatitudo in anima continebatur quod non derivabatur ad corpus, ut eius passibilitas et mortalitas tolleretur. Et, eadem ratione, delectatio contemplationis sic continebatur in mente quod non derivabatur ad vires sensibiles, ut per hoc dolor sensibilis excluderetur.

da dor, mas sua necessidade[i]. Por isso, depois das palavras citadas, acrescenta: "Quando teve sede, ou fome ou chorou, não foi mostrado o Senhor bebendo, comendo ou chorando; porém, para demonstrar a verdade do corpo foi assumido o costume para que, pelo costume da nossa natureza, seja satisfeito o costume do corpo. Ou então, quando aceitou a bebida e o alimento não se entregou à necessidade do corpo, mas ao costume". Aqui Hilário entendeu *necessidade* por comparação à causa primeira dessas deficiências, que é o pecado, como antes foi dito. De modo que a carne de Cristo não esteve sujeita à necessidade dessas deficiências, pois nela não houve pecado. Por isso acrescenta: "Teve, a saber, Cristo, um corpo, mas próprio de sua origem: não existindo pelos vícios da concepção humana, mas subsistindo na forma do nosso corpo pelo poder de sua virtude". No que diz respeito, porém, à causa próxima dessas deficiências, que é a composição dos contrários, a carne de Cristo esteve sujeita à necessidade delas, como antes já foi explicado.

QUANTO AO 2º, deve-se dizer que a carne concebida no pecado está sujeita à dor, não somente pela necessidade dos princípios naturais, mas também da culpa do pecado. Essa última necessidade não existiu em Cristo, mas apenas a necessidade dos princípios naturais.

QUANTO AO 3º, deve-se dizer que como acima foi dito, por uma disposição do poder da divindade de Cristo, a bem-aventurança de tal maneira era retida na alma que não redundava no corpo para não suprimir a passibilidade e mortalidade. Pela mesma razão, o prazer da contemplação era retido na mente, de modo a não derivar para as potências sensíveis e assim suprimir a dor sensível[j].

---

6. N. 24: ML 10, 364 AB.
7. Q. 14, a. 1, 3.
8. N. 25: ML 10, 364 B.
9. Q. 14, a. 2.
10. Q. 14, a. 1, ad 2.

---

i. Outros autores haviam tentado desculpar Sto. Hilário por esse modo de falar, afirmando que ele se retratara, ou modificado essa opinião em suas obras posteriores, ou ainda garantindo que ele falava de Cristo em sua divindade ao recusar-lhe a dor. Segundo era seu costume, Sto. Tomás procura dar a essas expressões de Hilário um sentido ortodoxo, interpretando-as no sentido de suas próprias ideias sobre a passibilidade de Cristo. Em seu comentário às *Sentenças* (*III Sent.* D. 15, q. 2, a. 3, *expositio*), Sto. Tomás explicava: Hilário só recusa a Cristo a dor segundo as condições humanas, isto é, na medida em que ela 1) domina a razão, 2) é merecida pelo pecado, 3) é necessária em consequência do pecado. Lido desse modo, Hilário afirmaria que a dor de Cristo seria uma "protopaixão", voluntariamente assumida por Cristo, o qual, não tendo pecado, não a merecia em absoluto — o que se identifica exatamente com o que pensa Sto. Tomás.

j. É preciso comparar esta resposta com a que já encontramos na questão 14 (a. 1, r. 3, nota 3). "Retida" na parte superior da alma, a visão beatífica não só não se difunde para suas faculdades inferiores, como não impede a estas de sofrer. Em outros termos, e sobre esse ponto preciso da relação com o corpo, pelo menos, é como se Cristo não tivesse desfrutado dessa visão bem-aventurada (ver também o próximo artigo).

Articulus 6
Utrum in Christo fuerit tristitia

AD SEXTUM SIC PROCEDITUR. Videtur quod in Christo non fuerit tristitia.
1. Dicitur enim de Christo, Is 42,4: *Non erit tristis neque turbulentus*.
2. PRAETEREA, Pr 12,21 dicitur: *Non contristabit iustum quidquid ei acciderit*. Et huius rationem Stoici assignabant[1], quia nullus tristatur nisi de amissione bonorum suorum: iustus autem non reputat bona sua nisi iustitiam et virtutem, quas non potest amittere. Alioquin, subiaceret iustus fortunae, si pro amissione bonorum fortunae tristaretur. Sed Christus fuit maxime iustus: secundum illud Ier 23,6: *Hoc est nomen quod vocabunt eum, Dominus Iustus noster*. Ergo in eo non fuit tristitia.

3. PRAETEREA, Philosophus dicit, in 7 *Ethic*.[2], quod omnis tristitia est *malum et fugiendum*. Sed nullum malum vel fugiendum fuit in Christo. Ergo in Christo non fuit tristitia.

4. PRAETEREA, sicut Augustinus dicit, XIV *de Civ. Dei* [3], *tristitia est de his quae nobis nolentibus accidunt*. Sed nihil passus est Christus contra suam voluntatem: dicitur enim Is 53,7: *Oblatus est quia ipse voluit*. Ergo in Christo non fuit tristitia.

SED CONTRA est quod dicit Dominus, Mt 26,38: *Tristis est anima mea usque ad mortem*. — Et Ambrosius dicit, II *de Trin*.[4]: *Ut homo, tristitiam habuit: suscepit enim tristitiam meam. Confidenter tristitiam nomino, qui crucem praedico*.

RESPONDEO dicendum quod, sicut dictum est[5], delectatio divinae contemplationis ita per dispensationem divinae virtutis retinebatur in mente Christi quod non derivabatur ad vires sensitivas, ut per hoc dolor sensibilis excluderetur. Sicut

Artigo 6
Em Cristo houve tristeza?

QUANTO AO SEXTO, ASSIM SE PROCEDE: parece que em Cristo **não** houve tristeza.
1. Com efeito, no livro do profeta Isaías, se diz de Cristo: "Não será triste nem turbulento".
2. ALÉM DISSO, no livro dos Provérbios, está escrito: "O justo não se entristecerá por qualquer coisa que lhe aconteça". Os estoicos explicavam: porque ninguém se entristece senão pela perda de seus bens. Ora, o justo não considera bens seus senão a justiça e a virtude, que não pode perder. Do contrário, o justo estaria sujeito à fortuna se se entristecesse pela perda dos bens da fortuna. Ora, Cristo foi o maior dos justos, segundo o profeta Jeremias: "Eis o nome que lhe darão: ele é a nossa justiça, o Senhor!" Logo, nele não houve tristeza.

3. ADEMAIS, diz o Filósofo, no livro VII da *Ética*, que toda tristeza é "um mal e dele se deve fugir". Ora, em Cristo não houve nenhum mal do qual devesse fugir. Logo, em Cristo não houve tristeza.

4. ADEMAIS, diz Agostinho: "A tristeza é das coisas que nos acontecem sem que o queiramos". Ora, Cristo nada sofreu contra sua vontade, pois dele se diz no livro do profeta Isaías: "Foi oferecido porque ele quis". Logo, em Cristo não houve tristeza.

EM SENTIDO CONTRÁRIO, eis o que diz o Senhor: "Minha alma está triste até a morte". — E diz Ambrósio: "Teve tristeza como homem; tomou sobre si minha tristeza. Confiadamente nomeio a tristeza ao anunciar a cruz".

RESPONDO. Como já foi dito, o prazer da contemplação divina era retido na mente de Cristo por disposição do poder divino, de modo a não derivar para as potências sensitivas e, assim, suprimir a dor sensível[k]. Tanto a dor sensível quanto a tristeza

---

6 PARALL.: III *Sent*., dist. 15, q. 2, a. 2, q.la 1; Expos. litt.; *De Verit*., q. 26, a. 8; *Compend. Theol*., c. 232; in *Matth*., c. 26.

1. Vide I. AB ARNIM, *Stoicorum veterum fragmenta*, vol. III, Lipsiae 1903, c. 9, § 3, p. 150.
2. C. 14: 1153, b, 1-2.
3. Cc. 6, 15: ML 41, 409, 424.
4. C. 7, n. 53: ML 16, 570 C.
5. A. praec., ad 3.

k. Segundo a psicologia aristotélica da qual o autor é tributário, a alma se divide em partes potenciais, ou seja, em faculdades diferentes, tendo cada uma seu objeto próprio. O intelecto e o apetite racional ou vontade, faculdades espirituais, têm por objeto realidades espirituais, abstratas e universais; a imaginação e os apetites sensíveis, faculdades inferiores, relacionam-se às coisas sensíveis e particulares. Mas essa divisão teórica não impede uma interação recíproca entre as faculdades inferiores e superiores. Uma emoção excessivamente forte impedirá a concentração intelectual, como se sabe. Do mesmo modo, uma grande alegria ou tristeza cortará o apetite: fica-se por demais transtornado para poder comer. O mesmo deveria ocorrer com a alegria suprema proporcionada pela visão beatífica: ela só é o objeto específico das faculdades superiores, mas, por derivação,

autem dolor sensibilis est in appetitu sensitivo, ita et tristitia: sed est differentia secundum motivum, sive obiectum. Nam obiectum et motivum doloris est laesio sensu tactus percepta: sicut cum aliquis vulneratur. Obiectum autem et motivum tristitiae est nocivum seu malum interius apprehensum sive per rationem sive per imaginationem, sicut in Secunda Parte[6] habitum est: sicut cum aliquis tristatur de amissione gratiae vel pecuniae.

Potuit autem anima Christi interius apprehendere aliquid ut nocivum, et quantum ad se, sicut passio et mors eius fuit: et quantum ad alios, sicut peccatum discipulorum, vel etiam Iudaeorum occidentium ipsum. Et ideo, sicut in Christo potuit esse verus dolor, ita in eo potuit esse vera tristitia: alio tamen modo quam in nobis est, secundum illa tria quae sunt assignata supra[7], cum communiter de Christi passione loqueremur.

AD PRIMUM ergo dicendum quod tristitia removetur a Christo secundum passionem perfectam: fuit tamen in eo initiata, secundum propassionem. Unde dicitur Mt 26,37: *Coepit contristari et moestus esse*. "Aliud enim est contristari, aliud incipere contristari", ut Hieronymus ibidem[8] dicit.

AD SECUNDUM dicendum quod, sicut Augustinus dicit, XIV *de Civ. Dei*[9], *pro tribus perturbationibus*, scilicet cupiditate, laetitia et timore. *Stoici tres eupathias, idest bonas passiones, in anima sapientis posuerunt*: scilicet *pro cupiditate voluntatem, pro laetitia gaudium, pro metu cautionem. Sed pro tristitia negaverunt aliquid posse esse in animo sapientis: quia tristitia est de malo quod iam accidit; nullum autem malum aestimant posse accidere sapienti*. Et hoc ideo est quia non credebant aliquid esse bonum nisi honestum quod homines bonos facit; nec aliquid esse malum nisi inhonestum, per quod homines mali fiunt.

Quamvis autem honestum sit principale hominis bonum, et inhonestum principale hominis malum, quia haec pertinent ad ipsam rationem, quae est principalis in homine; sunt tamen quaedam secundaria hominis bona, quae pertinent ad ipsum

residem no apetite sensitivo. A diferença, porém, está no motivo ou objeto. Com efeito, o objeto e motivo da dor é a lesão percebida pelo sentido do tato, como acontece quando alguém é ferido. O objeto ou motivo da tristeza é o mal ou o que é nocivo apreendido interiormente, seja pela razão seja pela imaginação, como foi explicado na II Parte; por exemplo, quando alguém se entristece pela perda da graça ou do dinheiro.

A alma de Cristo pôde apreender interiormente algo como nocivo, seja quanto a si mesma como a paixão e a morte, seja quanto aos outros, como o pecado dos discípulos ou dos judeus que o matavam. Desta sorte, como em Cristo pôde haver dor verdadeira, pôde haver também nele verdadeira tristeza, mas de um modo diferente do que em nós, segundo os três aspectos antes enumerados, quando falamos em geral da paixão de Cristo.

QUANTO AO 1º, portanto, deve-se dizer que a tristeza se exclui de Cristo como paixão perfeita, mas nele teve início a tristeza, à maneira da paixão incoativa. Assim se diz no Evangelho de Mateus: "Começou a sentir tristeza e angústia". E Jerônimo explica: "Uma coisa é ficar triste, outra começar a ficar triste".

QUANTO AO 2º, deve-se dizer que Agostinho afirma: "Para as três perturbações (a saber, cobiça, alegria e temor), os estoicos admitiram na alma do sábio três eupatias, isto é, paixões boas, a saber, para a cobiça a vontade, para a alegria o gáudio, para o temor a precaução. Para a tristeza, porém, negaram que algo possa ter lugar na alma do sábio, pois a tristeza vem do mal que já aconteceu e pensam que mal algum pode acontecer ao sábio". Isto afirmavam porque não admitiam que houvesse outro bem a não ser o honesto, que torna os homens bons; e nenhum mal a não ser o desonesto que torna os homens maus.

Embora o bem honesto seja o principal bem do homem e o mal desonesto seu principal mal, pois pertencem à própria razão que é o principal no homem, há, alguns bens secundários do homem que pertencem ao corpo ou a coisas exteriores que

---

6. I-II, q. 35, a. 2, 7.
7. A. 4.
8. *In Matth.*, l. IV, super 26, 37: ML 26, 197 B. — Cfr. supra a. 4 c.
9. C. 8, n. 1: ML 41, 411.

concerne igualmente às faculdades sensíveis. Para prevenir essa difusão normal, foi preciso uma intervenção divina especial, erguendo uma espécie de "divisória" entre as faculdades da alma. É desse modo que Tomás explica que a visão não vedava a Cristo a possibilidade de sofrer e, inversamente, que os sofrimentos extremos da paixão prejudicassem à alegria da visão na parte superior da alma, mesmo nos piores momentos. Muitos teólogos partilham essa posição tomasiana, mas muitos outros sentem muitas dificuldades a respeito.

corpus, vel ad exteriores res corpori deservientes. Et secundum hoc, potest in animo sapientis esse tristitia, quantum ad appetitum sensitivum, secundum apprehensionem huiusmodi malorum: non tamen ita quod ista tristitia perturbet rationem. Et secundum hoc etiam intelligitur quod *non contristabit iustum quidquid ei acciderit*: quia scilicet ex nullo accidente eius ratio perturbatur. Et secundum hoc tristitia fuit in Christo, secundum propassionem, non secundum passionem.

AD TERTIUM dicendum quod omnis tristitia est malum poenae: non tamen semper est malum culpae, sed solum quando ex inordinato affectu procedit. Unde Augustinus dicit, XIV *de Civ. Dei*[10]: *Cum rectam rationem sequantur istae affectiones, et quando et ubi oportet adhibentur, quis eas tunc morbidas aut vitiosas passiones audeat dicere?*

AD QUARTUM dicendum quod nihil prohibet aliquid esse contrarium voluntati secundum se quod tamen est volitum ratione finis ad quem ordinatur: sicut medicina amara non est secundum se volita, sed solum secundum quod ordinatur ad sanitatem. Et hoc modo mors Christi et eius passio fuit, secundum se considerata, involuntaria et tristitiam causans: licet fuerit voluntaria in ordine ad finem, qui est redemptio humani generis.

servem ao corpo. De acordo com isso, na alma do sábio pode haver tristeza no apetite sensitivo pela apreensão desses males, não porém de tal modo que a tristeza perturbe a razão. Daqui também pode-se entender que *qualquer coisa que lhe aconteça não entristecerá o justo*. Pois sua razão não é perturbada por nada que possa acontecer. Desse modo, houve tristeza em Cristo segundo a paixão incoativa, não segundo a paixão perfeita.

QUANTO AO 3º, deve-se dizer que toda tristeza é um mal de pena, mas nem sempre é um mal de culpa, mas somente quando procede do afeto desordenado[1]. Por isso, diz Agostinho: "Como essas afecções seguem a razão reta e se empregam quando e onde é necessário, quem ousará chamá-las mórbidas ou viciosas?"

QUANTO AO 4º, deve-se dizer que nada impede que algo em si seja contrário à vontade, mas seja querido em razão do fim ao qual é ordenado; por exemplo, o remédio amargo não é querido em si, mas somente porque é ordenado à saúde. Desse modo a morte de Cristo e sua paixão, consideradas em si mesmas, não foram voluntárias e foram causadoras de tristeza. Mas foram voluntárias em ordem ao fim, ou seja, a redenção do gênero humano.

ARTICULUS 7
Utrum in Christo fuerit timor

AD SEPTIMUM SIC PROCEDITUR. Videtur quod in Christo non fuerit timor.

1. Dicitur enim Pr 28,1: *Iustus, quasi leo confidens, absque terrore erit.* Sed Christus fuit maxime iustus. Ergo in Christo non fuit aliquis timor.

2. PRAETEREA, Hilarius dicit, X *de Trin.*[1]: *Interrogo eos qui hoc existimant, an ratione subsistat ut mori timuerit qui, omnem ab Apostolis mortis timorem expellens, ad gloriam eos sit martyrii exhortatus.* Non ergo in Christo rationabile est fuisse timorem.

ARTIGO 7
Em Cristo houve temor?

QUANTO AO SÉTIMO, ASSIM SE PROCEDE: parece que em Cristo **não** houve temor.

1. Com efeito, no livro dos Provérbios está escrito: "O justo, como um leão seguro, viverá sem terror". Ora, Cristo foi o maior dos justos. Logo, nele não houve temor algum.

2. ALÉM DISSO, diz Hilário: "Pergunto aos que assim pensam se é conforme à razão que tenha temido morrer aquele que, expulsando dos Apóstolos todo temor da morte, os exortou à glória do martírio". Logo, não é razoável que em Cristo tenha havido temor.

---

10. C. 9, n. 3: ML 41, 414-415.

7   PARALL.: III *Sent.*, dist. 15, q. 2, a. 2, q.la 3; Expos. litt.; *De Verit.*, q. 26, a. 8; *Compend. Theol.*, c. 232.

1. N. 10: ML 10, 350 A.

1. "De pena" ou "de culpa" são qualificações do mal quando ele afeta uma criatura racional. Um mal, privação ou carência, não causa necessariamente pena; mas, somente quando contraria uma vontade racional. Toda forma de tristeza entra evidentemente nessa categoria, pois é definida como "percepção racional de um mal". Mas pode ser também mal de culpa, de duas maneiras. Em primeiro lugar, se resulta da ausência de um bem desregrado: como a tristeza de um ladrão que falhou em seu golpe. Em segundo lugar, se é causada pela perda de um bem virtuosamente desejado, mas não dominado pela razão quanto a seu grau: como alguém, que a perda de um ente querido mergulha-se na tristeza até o suicídio (ver a I, q. 48, a. 5, para maiores esclarecimentos sobre as noções de mal de pena e mal de culpa em geral).

3. Praeterea, timor non videtur esse nisi de malo quod non potest homo vitare. Sed Christus poterat vitare et malum poenae, quod passus est; et malum culpae, quod aliis accidit. Ergo in Christo non fuit aliquis timor.

Sed contra est quod dicitur Mc 14,33: *Coepit Iesus taedere et pavere*.

Respondeo dicendum quod, sicut tristitia causatur ex apprehensione mali praesentis, ita etiam timor causatur ex apprehensione mali futuri. Apprehensio autem mali futuri, si omnimodam certitudinem habeat, non inducit timorem. Unde Philosophus dicit, in II *Rhet*.[2], quod timor non est nisi ubi est aliqua spes evadendi: nam quando nulla spes est evadendi, apprehenditur malum ut praesens; et sic magis causat tristitiam quam timorem.

Sic igitur timor potest considerari quantum ad duo. Uno modo, quantum ad hoc quod appetitus sensitivus naturaliter refugit corporis laesionem, et per tristitiam, si sit praesens; et per timorem, si sit futura. Et hoc modo timor fuit in Christo, sicut et tristitia. — Alio modo potest considerari secundum incertitudinem futuri adventus: sicut quando nocte timemus ex aliquo sonitu, quasi ignorantes quid hoc sit. Ex quantum ad hoc, timor non fuit in Christo: ut Damascenus dicit, in III libro[3].

Ad primum ergo dicendum quod iustus dicitur esse *absque terrore*, secundum quod terror importat perfectam passionem, avertentem hominem a bono quod est rationis. Et sic timor non fuit in Christo: sed solum secundum propassionem. Et ideo dicitur quod *coepit Iesus pavere et taedere*, quasi *secundum propassionem*, ut Hieronymus exponit[4].

Ad secundum dicendum quod Hilarius eo modo excludit a Christo timorem quo excludit tristitiam: scilicet quoad necessitatem timendi. Sed tamen, ad comprobandam veritatem humanae naturae, voluntarie timorem assumpsit, sicut et tristitiam.

Ad tertium dicendum quod, licet Christus potuerit vitare mala futura secundum virtutem

3. Ademais, o temor não ocorre senão acerca do mal que o homem não pode evitar. Ora, Cristo podia evitar, seja o mal de pena que sofreu, seja o mal de culpa que aconteceu a outros. Logo, em Cristo não houve qualquer temor.

Em sentido contrário, está o texto do Evangelho de Marcos: "E começou a experimentar temor e angústia".

Respondo. Assim como a tristeza é causada pela apreensão do mal presente, o temor é causado pela apreensão do mal futuro. Porém, a apreensão do mal futuro, se possui uma total certeza, não induz o temor. Daqui dizer o Filósofo, no livro II das *Retóricas*, que não há temor onde há alguma esperança de escapar do mal; pois, quando não há esperança alguma de escapar, o mal é apreendido como presente e, assim, causa mais tristeza do que temor.

Assim, o temor pode ser considerado de duas maneiras. 1. Na medida em que o apetite sensitivo evita naturalmente o mal do corpo: pela tristeza, se é presente e pelo temor se é futuro. Dessa maneira, assim como houve tristeza em Cristo houve também temor. — 2. Segundo a incerteza do que vai acontecer: como à noite, tememos por causa de algum ruído, sem saber o que é. Quanto a essa segunda maneira, não houve temor em Cristo, como diz Damasceno[m].

Quanto ao 1º, portanto, deve-se dizer que o justo é chamado *sem terror*, na medida em que o terror implica uma paixão plena, que afasta o homem do bem da razão. Desse modo não houve temor em Cristo, mas apenas segundo a paixão incoativa. Assim se diz que "Jesus começou a experimentar temor e angústia", como por uma paixão incoativa, como explica Jerônimo.

Quanto ao 2º, deve-se dizer que Hilário exclui de Cristo o temor da mesma maneira que exclui a tristeza, ou seja, quanto à necessidade de temer. No entanto, para comprovar a verdade da natureza humana, assumiu voluntariamente o temor, assim como a tristeza.

Quanto ao 3º, embora Cristo pudesse evitar os males futuros, pelo poder da divindade, esses

---

2. C. 5: 1382, b, 29-35.
3. *De fide orth*., l. III, c. 23: MG 94, 1089 AB.
4. *In Matth*., l. IV, super 26, 37: ML 26, 197 B. — Cfr. supra, a. 4 c; a. 6, ad 1.

m. Na medida em que se trata de ciência infusa perfeita, Cristo não pôde experimentar o "temor do desconhecido", uma vez que nada lhe era incerto. Mas, na medida em que se trata de sua ciência experimental, que ia sendo adquirida aos poucos (ver acima q. 12, a. 2), ele pôde sem dúvida experimentar temor em relação aos males futuros e "incertos", pois ainda não estavam presentes à sua sensibilidade.

divinitatis, erant tamen inevitabilia, vel non de facili vitabilia, secundum infirmitatem carnis.

ARTICULUS 8
Utrum in Christo fuerit admiratio

Ad octavum sic proceditur. Videtur quod in Christo non fuerit admiratio.

1. Dicit enim Philosophus, in I *Metaphys.*[1], quod admiratio causatur ex hoc quod aliquis videt effectum et ignorat causam: et sic admirari non est nisi ignorantis. Sed in Christo non fuit ignorantia, ut dictum est[2]. Ergo in Christo non fuit admiratio.

2. Praeterea, Damascenus dicit, in II libro[3], quod *admiratio est timor ex magna imaginatione*: et ideo Philosophus dicit, in IV *Ethic.*[4], quod *magnanimus non est admirativus*. Sed Christus fuit maxime magnanimus. Ergo in Christo non fuit admiratio.

3. Praeterea, nullus admiratur de eo quod ipse facere potest. Sed Christus facere potuit quidquid magnum erat in rebus. Ergo videtur quod de nullo admirabatur.

Sed contra est quod dicitur Mt 8,10: *Audiens Iesus*, scilicet verba centurionis, *miratus est*.

Respondeo dicendum quod admiratio proprie est de novo aliquo insolito. In Christo autem non poterat esse aliquid novum et insolitum quantum ad scientiam divinam; neque etiam quantum ad scientiam humanam qua cognoscebat res in Verbo; vel qua cognoscebat res per species inditas. Potuit tamen esse aliquid sibi novum et insolitum secundum scientiam experimentalem, secundum quam sibi poterant quotidie aliqua nova occurrere. Et ideo, si loquimur de Christo quantum ad scientiam divinam et scientiam beatam, vel etiam infusam, non fuit in Christo admiratio. Si autem loquamur de eo quantum ad scientiam experimentalem, sic admiratio in eo esse potuit. Et assumpsit hunc affectum ad nostram instructionem: ut scilicet doceat esse mirandum quod etiam ipse mirabatur. Unde Augustinus dicit, in I *super Gen. contra Manich.*[5]: *Quod miratur Dominus, nobis mirandum esse significat, quibus adhuc opus est sic*

males eram de fato inevitáveis ou não facilmente evitáveis segundo a fraqueza da carne.

ARTIGO 8
Em Cristo houve admiração?

QUANTO AO OITAVO, ASSIM SE PROCEDE: parece que em Cristo **não** houve admiração.

1. Com efeito, explica o Filósofo, no livro I da *Metafísica*, que a admiração é causada pelo fato de que alguém vê o efeito e ignora a causa. Assim, admirar é próprio do ignorante. Ora, em Cristo não houve ignorância, como já foi dito. Logo, em Cristo não houve admiração.

2. ALÉM DISSO, diz Damasceno que "a admiração é o temor acompanhado de uma grande imaginação", e por isso diz o Filósofo, no livro IV da *Ética*, que "o magnânimo não se admira". Ora, Cristo foi ao máximo magnânimo. Logo, nele não houve admiração.

3. ADEMAIS, ninguém se admira daquilo que ele mesmo pode fazer. Ora, Cristo pôde fazer tudo de grande que há nas coisas. Logo, parece que de nada se admirava.

EM SENTIDO CONTRÁRIO, no Evangelho de Mateus se diz: "Ouvindo Jesus as palavras do centurião, *admirou-se*".

RESPONDO. A admiração ocorre quando há algo de novo e incomum. Em Cristo, no que diz respeito à ciência divina, nada poderia haver de novo e incomum, como também acontecia quanto à ciência humana, pela qual conhecia as coisas no Verbo ou pela qual conhecia as coisas por espécies infusas. Mas podia haver algo novo e incomum no que toca à ciência experimental, na qual podiam ocorrer quotidianamente coisas novas. Assim, se falarmos de Cristo em relação à ciência divina, à ciência dos bem-aventurados ou também à infusa, não houve admiração em Cristo. Se, porém, falarmos dele em relação à ciência experimental, então pôde haver admiração em Cristo, que assumiu esse sentimento para nossa instrução, a fim de nos ensinar que devíamos nos admirar do que ele se admirava. Assim diz Agostinho: "A admiração do Senhor indica que devemos nos admirar, nós que temos necessidade de ser assim comovidos.

---

8 PARALL.: *Cont. Gent.* IV, c. 33; in *Matth.*, c. 8.

1. C. 2: 982, b, 17-21; 983, a, 12-14.
2. A. 3.
3. *De fide orth.*, l. II, c. 15: MG 94, 932 C.
4. C. 8: 1125, a, 2-3.
5. C. 8: ML 34, 180.

moveri. Omnes ergo tales motus eius non perturbati animi signa sunt, sed docentis magisterium.

Ad primum ergo dicendum quod, licet Christus nihil ignoret, poterat tamen de novo aliquid occurrere experimentali eius scientiae, ex quo admiratio causaretur.

Ad secundum dicendum quod Christus admirabatur de fide centurionis non ea ratione quod esset magna quantum ad ipsum: sed quia erat magna quantum ad alios.

Ad tertium dicendum quod ipse poterat facere omnia secundum virtutem divinam, secundum quam in eo admiratio non erat: sed solum secundum humanam scientiam experimentalem, ut dictum est[6].

Portanto, nele esses movimentos não são sinal de um ânimo perturbado, mas fazem parte do ensino do Mestre"[n].

QUANTO AO 1º, portanto, deve-se dizer que embora Cristo nada ignore, algo de novo poderia ocorrer à sua ciência experimental que provocasse admiração.

QUANTO AO 2º, deve-se dizer que Cristo se admirava da fé do centurião não porque o centurião fosse grande em relação ao próprio Cristo, mas porque era grande em relação aos outros.

QUANTO AO 3º, deve-se dizer que Cristo podia fazer tudo por seu poder divino, no qual não havia para ele qualquer surpresa. Esta ocorria apenas no campo da ciência experimental, como foi dito.

ARTICULUS 9
Utrum in Christo fuerit ira

Ad nonum sic proceditur. Videtur quod in Christo non fuerit ira.

1. Dicitur enim Iac 1,20: *Ira enim viri iustitiam Dei non operatur.* Sed quidquid fuit in Christo ad iustitiam Dei pertinuit: ipse enim *factus est nobis iustitia a Deo*, ut dicitur 1Cor 1,30. Ergo videtur quod in Christo non fuerit ira.

2. Praeterea, ira mansuetudini opponitur: ut patet in IV *Ethic.*[1]. Sed Christus fuit maxime mansuetus. Ergo in Christo non fuit ira.

3. Praeterea, Gregorius dicit, in V *Moral.*[2], quod *ira per vitium excaecat oculum mentis; ira vero per zelum ipsum turbat.* Sed in Christo mentis oculus non fuit neque excaecatus neque turbatus. Ergo in Christo non fuit ira per vitium, nec ira per zelum.

Sed contra est quod Io 2,17 dicitur de eo esse impletum quod in Ps 68,10 legitur: *Zelus domus tuae comedit me.*

Respondeo dicendum quod, sicut in Secunda Parte[3] dictum est, ira est effectus tristitiae. Ex

ARTIGO 9
Em Cristo houve ira?

QUANTO AO NONO, ASSIM SE PROCEDE: parece que em Cristo **não** houve ira.

1. Com efeito, na Carta de Tiago, está escrito: "Pois a ira do homem não opera a justiça de Deus". Ora, tudo o que houve em Cristo pertencia à justiça de Deus; ele "se tornou para nós justiça que vem de Deus", diz a primeira Carta aos Coríntios. Logo, parece que em Cristo não houve ira.

2. ALÉM DISSO, a ira é o oposto da mansidão, como explica com clareza o livro IV da *Ética*. Ora, Cristo foi ao máximo manso. Logo, em Cristo não houve ira.

3. ADEMAIS, diz Gregório: "A ira quando é por vício cega o olhar da mente; quando é por zelo torna-o turvo". Ora, o olhar da mente em Cristo não foi nem cego nem turvo. Logo, em Cristo não houve ira nem por vício, nem por zelo.

EM SENTIDO CONTRÁRIO, no Evangelho de João, se diz que em Cristo cumpriu-se o que está no Salmo 68: "O zelo de tua casa me devora".

RESPONDO. Na II Parte, foi explicado que a ira é um efeito da tristeza. Da tristeza que é causada

---

6. In corp.

9 PARALL.: III *Sent.*, dist. 15, q. 2, a. 2, q.la 2; *Compend. Theol.*, c. 232.

1. C. 11: 1125, b, 26.
2. C. 45, al. 30, in vet. 33, n. 82: ML 75, 726 C.
3. I-II, q. 46, a. 3, ad 3; II-II, q. 158, a. 2, ad 3.

n. Assim como a progressividade da ciência experimental de Cristo explica que ele pode ter sentido a paixão do temor, do mesmo modo ela explica seu espanto em certos casos. Trata-se de um espanto admirativo diante da fé do centurião (ver Mt 8,10); é esse espanto maravilhado diante das obras de Deus que Cristo nos ensina, segundo Agostinho.

tristitia enim alicui illata consequitur in eo, circa sensitivam partem, appetitus repellendi illatam iniuriam vel sibi vel aliis. Et sic ira est passio composita ex tristitia et appetitu vindictae. Dictum est[4] autem quod in Christo tristitia esse potuit. Appetitus etiam vindictae quandoque est cum peccato: quando scilicet aliquis vindictam quaerit sibi absque ordine rationis. Et sic ira in Christo esse non potuit: hoc enim dicitur ira per vitium. — Quandoque vero talis appetitus est sine peccato, immo est laudabilis: puta cum aliquis appetit vindictam secundum ordinem iustitiae. Et hoc vocatur ira per zelum: dicit enim Augustinus, *super Ioan.*[5], quod *zelo domus Dei comeditur qui omnia perversa quae videt cupit emendare; et, si emendare non possit, tolerat et gemit*. Et talis ira fuit in Christo.

Ad primum ergo dicendum quod, sicut dicit Gregorius, in V *Moral.*[6], ira dupliciter se habet in homine. Quandoque enim praevenit rationem, et trahit eam secum ad operandum. Et tunc proprie ira dicitur *operari*: nam operatio attribuitur principali agenti. Et secundum hoc intelligitur quod *ira viri iustitiam Dei non operatur*. — Quandoque vero ira sequitur rationem, et est quasi instrumentum ipsius. Et tunc operatio, quae est iustitiae, non attribuitur irae, sed rationi.

Ad secundum dicendum quod ira quae transgreditur ordinem rationis, mansuetudini opponitur: non autem ira quae est moderata, ad medium reducta per rationem. Nam mansuetudo medium tenet in ira.

Ad tertium dicendum quod in nobis, secundum naturalem ordinem, potentiae animae mutuo se impediunt: ita scilicet quod, cum unius potentiae operatio fuerit intensa, alterius operatio debilitetur. Et ex hoc procedit quod motus irae, etiam si sit secundum rationem moderatus, utcumque impedit oculum animae contemplantis. Sed in Christo, per moderationem divinae virtutis, unicuique potentiae permittebatur agere quod erat ei proprium[7], ita quod una potentia ex alia non impediebatur. Et ideo, sicut delectatio mentis contemplantis non impediebat tristitiam vel dolorem inferioris partis, ita etiam e converso passiones inferioris partis in nullo impediebant actum rationis.

em alguém, segue-se nele, na parte sensitiva, a inclinação a repelir a injúria feita a si ou a outros. Desta sorte, a ira é composta da tristeza e do apetite de vingança. Foi dito antes que em Cristo pode ter havido tristeza. O apetite de vingança, algumas vezes, é acompanhado de pecado quando alguém procura vingar-se fora da ordem da razão. Desse modo não pôde haver ira em Cristo; trata-se da chamada ira por vício. — Algumas vezes, porém, esse apetite é sem pecado, antes, é até louvável, por exemplo quando alguém deseja a vingança segundo a ordem da justiça. Chama-se, então, ira por zelo. Agostinho explica: "Alguém é devorado pelo zelo da casa de Deus, quando deseja emendar todas as coisas perversas que vê; se não pode emendar, as tolera e geme". Essa ira existiu em Cristo.

Quanto ao 1º, portanto, deve-se dizer que como explica Gregório, de duas maneiras acontece a ira no homem. Algumas vezes antecede a razão e a arrasta consigo para a operação. Então se diz propriamente que a ira opera; pois o operar é atribuído ao agente principal. Assim se entende que "a cólera do homem não opera a justiça de Deus". — Outras vezes, a ira segue a razão e é como seu instrumento. Então a operação, que pertence à justiça, não é atribuída à ira e sim à razão.

Quanto ao 2º, deve-se dizer que a ira que transgride a ordem da razão é a que se opõe à mansidão, não porém a ira que é moderada e contida no meio-termo pela razão. Pois, a mansidão guarda o meio-termo na ira.

Quanto ao 3º, deve-se dizer que segundo a ordem natural, em nós as potências da alma se impedem uma à outra, de modo que, quando a operação de uma for intensa ficará enfraquecida a operação de outra. Daqui acontece que o movimento da ira, mesmo sendo moderado segundo a razão, de alguma maneira impede o olhar da alma contemplativa. Em Cristo, porém, graças à ação moderadora da virtude divina, *a cada potência era permitido operar o que era próprio dela*, de tal sorte que uma potência não era impedida pela outra. Portanto, como o prazer da mente contemplativa não impedia a tristeza ou a dor da parte inferior, nem tampouco, de seu lado, as paixões da parte inferior em nada impediam o ato da razão[o].

---

4. A. 6.
5. Tract. 10, n. 9, super 2, 17: ML 35, 1471.
6. C. 45, al. 30, in vet. 33, n. 81: ML 75, 725 D-726 A.
7. Damascen., *De fide orth.*, l. III, c. 19: MG 94, 1080 B.

o. A doutrina presente nesta solução é um corolário da afirmação já encontrada diversas vezes, e segundo a qual a visão beatífica de Cristo, retida na parte superior de sua alma, não afetava o funcionamento de suas faculdades inferiores. Pode-se

Articulus 10
Utrum Christus fuerit simul viator et comprehensor

AD DECIMUM SIC PROCEDITUR. Videtur quod Christus non fuerit simul viator et comprehensor.

1. Viatori enim competit moveri ad finem beatitudinis: comprehensori autem competit in fine quiescere. Sed non potest simul eidem convenire quod moveatur ad finem, et quod quiescat in fine. Ergo non potuit simul esse quod Christus esset viator et comprehensor.

2. PRAETEREA, moveri ad beatitudinem, aut eam obtinere, non competit homini secundum corpus, sed secundum animam. Unde Augustinus dicit, in Epistola *ad Dioscorum*[1], quod *ad inferiorem naturam, quae est corpus, redundat ab anima non beatitudo, quae propria est fruentis et intelligentis*. Sed Christus, licet haberet corpus passibile, tamen secundum mentem plene Deo fruebatur. Non ergo Christus fuit viator, sed purus comprehensor.

3. PRAETEREA, sancti, quorum animae sunt in caelo et corpora in sepulcris, fruuntur quidem beatitudine secundum animam, quamvis eorum corpora morti subiaceant: et tamen non dicuntur viatores, sed solum comprehensores. Ergo, pari ratione, licet corpus Christi fuerit mortale, quia tamen mens eius Deo fruebatur, videtur quod fuerit purus comprehensor, et nullo modo viator.

SED CONTRA est quod dicitur Ier 14,8: *Quasi colonus futurus es in terra, et quasi viator declinans ad manendum*.

RESPONDEO dicendum quod aliquis dicitur viator ex eo quod tendit in beatitudinem, comprehensor autem dicitur ex hoc quod iam beatitudinem obtinet: secundum illud 1Cor 9,24: *Sic currite ut comprehendatis*; et Philp 3,12: *Sequor autem, si*

Artigo 10
Cristo foi, ao mesmo tempo, peregrino e possuidor da visão beatífica?[p]

QUANTO AO DÉCIMO, ASSIM SE PROCEDE: parece que Cristo **não** foi, ao mesmo tempo, peregrino e possuidor da visão beatífica.

1. Com efeito, ao peregrino cabe mover-se para o fim que é a bem-aventurança; a quem possui a visão beatífica cabe repousar no fim alcançado. Ora, ao mesmo sujeito não pode convir simultaneamente que tenda para o fim e que nele repouse. Logo, Cristo não pôde, ao mesmo tempo, ser peregrino e possuir a visão beatífica.

2. ALÉM DISSO, estar a caminho para a bem-aventurança e obtê-la não cabe ao homem segundo o corpo e sim segundo a alma. Daí, dizer Agostinho: "À natureza inferior, que é o corpo, não redunda desde a alma a bem-aventurança, que é própria do que é capaz de fruição e de intelecção". Ora, Cristo, embora possuindo um corpo passível, gozava de Deus plenamente segundo a mente. Logo, Cristo não foi peregrino para a bem-aventurança, mas plenamente possuidor da visão beatífica.

3. ADEMAIS, os santos cujas almas estão no céu e os corpos no sepulcro, gozam da bem-aventurança segundo a alma, embora seus corpos estejam sob o domínio da morte; no entanto, não são chamados peregrinos e sim bem-aventurados. Logo, pela mesma razão, embora o corpo de Cristo fosse mortal, como sua mente gozava de Deus, parece que foi simples possuidor da visão beatífica e de modo algum peregrino.

EM SENTIDO CONTRÁRIO, está o que escreve o profeta Jeremias: "Serás na terra como um estrangeiro, um peregrino que se detém para o descanso".

RESPONDO. Chama-se "peregrino" aquele que se dirige à bem-aventurança; possuidor da visão beatífica, aquele que já alcançou a bem-aventurança, conforme está escrito na primeira Carta aos Coríntios: "Correi, pois, de modo a alcançar

---

10 PARALL.: III *Sent*., dist. 15, q. 2, a. 1, q.la 3, ad 3; dist. 18, a. 2; *De Verit*., q. 10, a. 11, ad 3; q. 26, a. 10, ad 14, 15; q. 29, a. 6; *Compend. Theol*., cap. 231.

1. Epist. 118, al. 56, c. 3, n. 14: ML 33, 439.

acrescentar que essa "compartimentação" dizia respeito estritamente aos efeitos da visão bem-aventurada, pois, de resto, as diversas faculdades da alma de Cristo continuavam a reagir umas sobre as outras. Assim, sua razão dominava as paixões de suas faculdades inferiores e, inversamente, a dor de suas faculdades sensíveis causava tristeza em suas faculdades superiores.
  p. Este artigo conclui o conjunto de questões de 7 a 15; o autor mostrou como Cristo podia possuir simultaneamente todas as perfeições e deficiências compatíveis com a finalidade da encarnação redentora. Aqui, ele fornece um esclarecimento de vocabulário a respeito dos termos "*comprehensor*" e "*viator*": o estado de "*comprehensor*" se define pela posse do fim, o de *viator*, pela tendência ao fim. Ainda que não estivesse em posse perfeita do fim — uma vez que ainda lhe faltava a glorificação do corpo —, Cristo podia, quanto ao essencial, ser considerado como *comprehensor*. E se, por isso mesmo, não podemos considerá-lo como mero *viator*, ele estava ainda a caminho de sua glorificação total, e merecia também esse título.

quo modo comprehendam. Hominis autem beatitudo perfecta consistit in anima et corpore, ut in Secunda Parte[2] habitum est: in anima quidem, quantum ad id quod est ei proprium, secundum quod mens videt et fruitur Deo; in corpore vero, secundum quod corpus *resurget spirituale, et in virtute et in gloria et in incorruptione*, ut dicitur 1Cor 15,42 sqq. Christus autem, ante passionem, secundum mentem plene videbat Deum: et sic habebat beatitudinem quantum ad id quod est proprium animae. Sed quantum ad alia deerat ei beatitudo: quia et anima eius erat passibilis, et corpus passibile et mortale, ut ex supra[3] dictis patet. Et ideo simul erat comprehensor, inquantum habebat beatitudinem animae propriam: et simul viator, inquantum tendebat in beatitudinem secundum id quod ei de beatitudine deerat.

AD PRIMUM ergo dicendum quod impossibile est moveri ad finem et quiescere in fine secundum idem. Sed secundum diversa nihil prohibet hoc: sicut aliquis homo simul est sciens quantum ad ea quae iam novit, et addiscens quantum ad ea quae nondum novit.

AD SECUNDUM dicendum quod beatitudo principaliter et proprie consistit in anima secundum mentem: secundario tamen, et quasi instrumentaliter, requiruntur ad beatitudinem corporis bona; sicut Philosophus dicit, in I *Ethic.*[4], quod exteriora bona *organice* deserviunt beatitudini.

AD TERTIUM dicendum quod non est eadem ratio de animabus sanctorum defunctorum et de Christo, propter duo. Primo quidem, quia animae sanctorum non sunt passibiles, sicut fuit anima Christi. Secundo, quia corpora non agunt aliquid per quod in beatitudinem tendant: sicut Christus, secundum corporis passiones, in beatitudinem tendebat quantum ad gloriam corporis.

o prêmio"; e na Carta aos Filipenses: "Lanço-me à frente para ver se alcanço o prêmio". A bem-aventurança perfeita do homem tem lugar na alma e no corpo, como foi explicado na II Parte: na alma, abrangendo o que lhe é próprio, enquanto a mente vê a Deus e dele frui; no corpo, que "ressuscitará espiritual, resplandecente de glória, cheio de força, incorruptível", como diz a mesma Carta aos Coríntios. Cristo, antes da paixão, via plenamente a Deus com a mente e assim, possuía a bem-aventurança, segundo o que é próprio da alma. Quanto ao resto, porém, carecia da bem-aventurança, pois sua alma era sujeita a paixões e o corpo sujeito a paixões e mortal, como já foi explicado. Desse modo, era *comprehensor* no que é próprio da alma; e, ao mesmo tempo, *viator*, enquanto tendia para o que lhe faltava da bem-aventurança.

QUANTO AO 1º, portanto, deve-se dizer que é impossível tender para o fim e repousar no fim, sob o mesmo aspecto. Porém, segundo diversos aspectos, nada impede que isso aconteça, como no caso do homem, que possui a ciência com respeito ao que já aprendeu e está aprendendo quanto ao que ainda não sabe.

QUANTO AO 2º, deve-se dizer que a bem-aventurança propriamente e de maneira principal reside na alma segundo a mente; porém, de forma secundária e como instrumental, os bens do corpo são requeridos para a bem-aventurança. Assim, diz o Filósofo, no livro I da *Ética*, que os bens exteriores servem *instrumentalmente* à bem-aventurança.

QUANTO AO 3º, deve-se dizer que o caso da almas dos santos defuntos e da alma de Cristo não é o mesmo por duas razões. Primeiro, porque as almas dos santos não estão sujeitas a paixões, como estava a alma de Cristo. Em segundo lugar, porque os corpos não fazem algo pelo qual possam tender à bem-aventurança; mas Cristo, mediante as paixões do corpo, tendia à bem-aventurança quanto à glória do corpo.

---

2. I-II, q. 4, a. 6.
3. A. 4; q. 14, a. 1, 2.
4. C. 9: 1099, a, 30-b, 2.

QUAESTIO XVI
DE HIS QUAE CONVENIUNT CHRISTO SECUNDUM ESSE ET FIERI
in duodecim articulos divisa

Deinde considerandum est de his quae consequuntur unionem. Et primo, quantum ad ea quae conveniunt Christo secundum se; secundo, de his quae conveniunt Christo per comparationem ad Deum Patrem; tertio, de his quae conveniunt Christo quantum ad nos.

Circa primum duplex consideratio occurrit: primo quidem, de his quae conveniunt Christo secundum esse et fieri; secundo, de his quae conveniunt Christo secundum rationem unitatis.

Circa primum quaeruntur duodecim.

Primo: utrum haec sit vera: *Deus est homo.*

Secundo: utrum haec sit vera: *Homo est Deus.*

Tertio: utrum Christus possit dici *Homo Dominicus.*

Quarto: utrum ea quae conveniunt Filio Hominis, possint praedicari de Filio Dei, et e converso.

Quinto: utrum ea quae conveniunt Filio Hominis, possint praedicari de divina natura; et de humana ea quae conveniunt Filio Dei.

Sexto: utrum haec sit vera: *Filius Dei factus est homo.*

Septimo: utrum haec sit vera: *Homo factus est Deus.*

QUESTÃO 16
O QUE CONVÉM A CRISTO SEGUNDO O SER E O VIR-A-SER[a]
em doze artigos

Devemos agora considerar as consequências da união[b]. Primeiro, em ordem ao que convém a Cristo em si mesmo. Segundo, ao que convém a Cristo em relação a Deus Pai. Terceiro, ao que convém a Cristo em relação a nós.

Quanto ao primeiro ponto, ocorrem duas considerações: primeiro, sobre o que convém a Cristo segundo o ser e o vir-a-ser. Segundo, sobre o que convém a Cristo segundo a razão da unidade.

Sobre o primeiro são doze as perguntas:

1. É verdadeira a proposição *Deus é homem?*
2. É verdadeira a proposição *O homem é Deus?*
3. Cristo pode ser chamado *Homem do Senhor?*
4. O que convém ao Filho do Homem pode ser atribuído ao Filho de Deus e reciprocamente?
5. O que convém ao Filho do Homem pode ser atribuído à natureza divina e o que convém ao Filho de Deus pode ser atribuído à natureza humana?
6. É verdadeira a proposição: *o Filho de Deus se fez homem?*
7. É verdadeira a proposição: *o homem foi feito Deus?*

---

a. Esta questão constitui um esforço paciente de esclarecimento da terminologia utilizada para se referir ao mistério de Cristo. Uma vez que as palavras traduzem a ideia que fazemos da realidade, não é indiferente cuidar para que só utilizemos expressões que não possam ser objeto de censura. E, para começar, dado que as expressões "Deus é homem" e "o homem é Deus" remetem ambas à pessoa de Cristo, são igualmente aceitáveis como afirmação de duas naturezas na pessoa exclusiva do Verbo encarnado (a. 1 e 2). No entanto, se podemos dizer "o homem é Deus", não é exato falar do "homem *do* Senhor" (a. 3). Os artigos 4 e 5 enunciam as leis do que chamamos de *communicatio idiomatum*, isto é, as condições nas quais se pode atribuir à pessoa de Cristo o que convém a uma de suas duas naturezas, mas que não permitem atribuir à pessoa de Cristo o que só convém a uma. Para utilizar expressões correntes, é exato dizer que "o Filho de Deus se fez homem", uma vez que ele assumiu uma natureza humana (a. 6), mas o contrário: "o homem foi feito Deus" não é aceitável, pois isso significaria que o homem assumiu a natureza divina, o que é obviamente falso (a. 7). Do mesmo modo, a expressão ariana "Cristo é uma criatura" só poderá ser utilizada com o acréscimo: Cristo "segundo sua natureza humana" (a. 8). Deve-se igualmente recusar a fórmula "*este* homem começou a existir", pois o demonstrativo designa no caso o supósito de Cristo-homem, isto é, a pessoa eterna do Verbo (a. 9). Em contrapartida, seria verdadeiro afirmar: Cristo, enquanto homem, é uma criatura", pois sua natureza humana é criada (a. 10), mas seria falso dizer: "Cristo, enquanto homem, é Deus", pois a natureza humana não é divina (a. 11). É aceitável ainda dizer "Cristo, enquanto homem, é uma pessoa", sob condição de se entender bem a palavra "homem"; se designasse a natureza humana, seria falso, pois significaria que a natureza humana constitui uma pessoa diferente da do Verbo (a. 12).

b. Abordamos aqui a terceira seção da parte consagrada ao mistério da Encarnação. A primeira seção (questões 1-6) tinha por objeto o mistério em si mesmo: a maneira pela qual duas naturezas, divina e humana, se unem na única pessoa do Verbo. A segunda, que terminamos agora (questões 7-15), era consagrada à natureza humana assumida, tendo em vista descobrir as perfeições, mas também as debilidades, ambas sendo vistas à luz da finalidade redentora da missão do Verbo encarnado. A terceira e última seção examina as consequências da união hipostática, seja em Cristo considerado em si mesmo (q. 16-19), seja em suas relações conosco (q. 20-26). Essa série de onze questões completa o exame iniciado nas duas seções precedentes, terminando de responder às principais questões que ainda se apresentam.

Octavo: utrum haec sit vera: *Christus est creatura.*
Nono: utrum haec sit vera: *Iste homo*, demonstrato Christo, *incoepit esse*, vel, *fuerit semper.*
Decimo: utrum haec sit vera: *Christus, secundum quod homo, est creatura.*
Undecimo: utrum haec sit vera: *Christus, secundum quod homo, est Deus.*
Duodecimo: utrum haec sit vera: *Christus, secundum quod homo, est hypostasis vel persona.*

8. É verdadeira a proposição: *Cristo é criatura?*
9. É verdadeira a proposição: *Este homem,* indicando-se Cristo, *começou a existir,* ou então *sempre existiu?*
10. É verdadeira a proposição: *Cristo, enquanto homem, é criatura?*
11. É verdadeira a proposição: *Cristo, enquanto homem, é Deus?*
12. É verdadeira a proposição: *Cristo, enquanto homem, é hipóstase ou pessoa?*

ARTICULUS 1
Utrum haec sit vera: *Deus est homo*

AD PRIMUM SIC PROCEDITUR. Videtur quod haec sit falsa: *Deus est homo.*

1. Omnis enim propositio affirmativa in materia aliqua remota est falsa[1]. Sed haec propositio, *Deus est homo*, est in materia remota: quia formae significatae per subiectum et praedicatum sunt maxime distantes. Cum ergo praedicta propositio sit affirmativa, videtur quod sit falsa.

2. PRAETEREA, magis conveniunt tres Personae ad invicem quam humana natura et divina. Sed in mysterio Trinitatis una persona non praedicatur de alia: non enim dicimus quod Pater est Filius, vel e converso. Ergo videtur quod nec humana natura possit praedicari a Deo, ut dicatur quod Deus est homo.

3. PRAETEREA, Athanasius dicit[2] quod, *sicut anima et caro unus est homo, ita Deus et homo unus est Christus.* Sed haec est falsa: *Anima est corpus.* Ergo et haec est falsa: *Deus est homo.*

4. PRAETEREA, sicut in Prima Parte[3] habitum est, quod praedicatur de Deo non relative sed absolute, convenit toti Trinitati et singulis personis. Sed hoc nomen *homo* non est relativum, sed absolutum. Si ergo vere praedicatur de Deo, sequitur quod tota Trinitas et quaelibet persona sit homo. Quod patet esse falsum.

SED CONTRA est quod dicitur Philp 2,6-7: *Qui, cum in forma Dei esset, exinanivit semetipsum, formam servi accipiens, in similitudinem hominum factus et habitu inventus ut homo.* Et sic ille qui est

ARTIGO 1
É verdadeira a proposição: *Deus é homem?*

QUANTO AO PRIMEIRO ARTIGO, ASSIM SE PROCEDE: parece que **não** é verdadeira a proposição: *Deus é homem.*

1. Com efeito, toda proposição afirmativa em matéria remota é falsa. Ora, essa proposição, *Deus é homem,* é em matéria remota, porque as formas significadas pelo predicado e pelo sujeito distam ao máximo. Logo, sendo afirmativa, tal proposição é falsa.

2. ALÉM DISSO, as três Pessoas correspondem mais entre si do que a natureza humana e a natureza divina. Ora, no mistério da Trindade uma Pessoa não se atribui a outra; pois não dizemos que o Pai é o Filho ou reciprocamente. Logo, parece que a natureza humana não possa ser atribuída a Deus, de sorte a se dizer que Deus é homem.

3. ADEMAIS, diz o Símbolo de Atanásio: "Como a alma e o corpo são um só homem, assim Deus e o homem são um só Cristo". Ora, é falsa a proposição: "A alma é o corpo". Logo também é falsa essa outra: "Deus é homem".

4. ADEMAIS, como foi demonstrado na I Parte, o que é atribuído a Deus, não relativa mas absolutamente, convém a toda a Trindade e a cada uma das Pessoas. Ora, o termo *homem* não é relativo, mas absoluto. Logo, se é predicado verdadeiramente de Deus, segue-se que toda a Trindade e cada uma das Pessoas é homem. O que é evidentemente falso.

EM SENTIDO CONTRÁRIO, está o texto da Carta aos Filipenses: "O qual, existindo na forma de Deus, se despojou de si mesmo, tomando a forma de servo, tornando-se semelhante aos homens e por seu

---

1 PARALL.: III Sent., dist. 7, q. 1, a. 1; *Cont. Graec., Armen.* etc., c. 6.

1. S. TH., *In I Peri Hermeneias*, lect. 13, nn. 166, 168.
2. Cfr. Symb. "Quicumque": MG 28, 1584 B.
3. Q. 39, a. 4.

in forma Dei, est homo. Sed ille qui est in forma Dei, est Deus. Ergo Deus est homo.

RESPONDEO dicendum quod ista propositio, *Deus est homo*, ab omnibus Christianis conceditur: non tamen ab omnibus secundum eandem rationem. Quidam enim hanc propositionem concedunt non secundum propriam acceptionem horum terminorum. Nam Manichaei[4] Verbum Dei dicunt esse hominem, non quidem verum, sed similitudinarium, inquantum dicunt Filium Dei corpus phantasticum assumpsisse: ut sic dicatur Deus esse homo sicut cuprum figuratum dicitur homo, quia habet similitudinem hominis. — Similiter etiam illi[5] qui posuerunt quod in Christo anima et corpus non fuerunt unita, non posuerunt quod Deus sit verus homo: sed quod dicatur homo figurative, ratione partium. — Sed utraque harum opinionum supra[6] improbata est.

Alii vero e converso ponunt veritatem ex parte hominis, sed negant veritatem ex parte Dei. Dicunt enim Christum, qui est Deus homo, esse Deum, non naturaliter, sed participative, scilicet per gratiam, sicut et omnes sancti viri dicuntur dii: excellentius tamen Christus prae aliis, propter gratiam abundantiorem. Et secundum hoc, cum dicitur, *Deus est homo*, ly *Deus* non supponit verum et naturalem Deum. Et haec est haeresis Photini, quae supra[7] improbata est.

Alii vero concedunt hanc propositionem cum veritate utriusque termini, ponentes Christum et verum Deum esse et verum hominem: sed tamen veritatem praedicationis non salvant. Dicunt enim quod homo praedicatur de Deo per quandam coniunctionem, vel dignitatis, vel auctoritatis, vel etiam affectionis aut inhabitationis. Et sic posuit Nestorius[8] Deum esse hominem: ut per hoc nihil aliud significetur quam quod Deus est homini coniunctus tali coniunctione quod homo inhabitetur a Deo, et uniatur ei secundum affectum, et secundum participationem auctoritatis et honoris divini. — Et in similem errorem incidunt qui[9] ponunt

aspecto reconhecido como homem". Assim, o que existe na forma de Deus é homem. Ora, o que existe na forma de Deus é Deus. Logo, Deus é homem.

RESPONDO[c]. A proposição *Deus é homem* é aceita por todos os cristãos, mas não segundo a mesma razão por todos. Alguns aceitam a proposição, mas não na acepção própria dos termos. Com efeito, os maniqueus dizem que o Verbo de Deus é homem, mas não verdadeiro e sim em imagem, enquanto dizem que o Filho de Deus assumiu um corpo imaginário, como se dissessem que Deus é homem, como a estátua de cobre é homem, por ter a semelhança de um homem. — Do mesmo modo, os que afirmaram que em Cristo a alma e o corpo não se uniram, não admitiram que Deus fosse verdadeiro homem, mas apenas figurado, em razão das partes. — Mas ambas essas opiniões foram refutadas anteriormente.

Outros, ao contrário, afirmam a verdade por parte do homem, mas a negam no que diz respeito a Deus. Dizem que Cristo, que é Deus-homem é Deus não por natureza, mas por participação, a saber, pela graça, assim como todos os santos são chamados deuses. Cristo, porém, de modo mais excelente do que os outros em razão de uma graça mais abundante. De acordo com essa sentença, quando se diz *Deus é homem*, o termo *Deus* não designa o Deus verdadeiro e natural. Tal é a heresia de Fotino, que já antes foi refutada.

Outros aceitam essa proposição, admitindo a verdade de ambos os termos, afirmando que Cristo é verdadeiro Deus e verdadeiro homem. No entanto, não preservam a verdade da atribuição. Dizem que o homem é atribuído a Deus por uma certa conjunção: seja de dignidade, seja de autoridade ou de afeição ou de habitação. Desse modo, Nestório afirmou que Deus é homem, de sorte que com essa afirmação nada mais seja significado senão que Deus está unido ao homem por uma tal união que o homem seja habitado por Deus e a Ele se una segundo o afeto e segundo a participação na autoridade e na honra divinas.

---

4. Cfr. AUG., *Confess.*, l. V, c. 10, n. 20: ML 32, 716; *De haeresibus*, § 46: ML 42, 37-38.
5. Cfr. supra, q. 2, a. 6.
6. Q. 2, a. 5, 6; q. 5, a. 1, 2.
7. Q. 2, a. 10, 11. — Vide infra, p. 35, a. 4.
8. Cfr. supra, q. 2, a. 6.
9. Cfr. supra, *ibid*.

c. Esta primeira resposta é representativa de todos os artigos da questão. Nesse esforço de conferir uma maior precisão à linguagem, o que está em jogo não são apenas palavras, mas coisas. Sto. Tomás constantemente toma suas distâncias em relação aos erros que ameaçam a fé cristã: "Nossas expressões não devem ter nada em comum com as dos heréticos, para não parecer favorecer seus erros" (a. 8, abaixo). Os artigos 1-7 atacam as fórmulas nestorianas; os artigos 8 e 9, as expressões arianas.

duas hypostases vel duo supposita in Christo. Quia non est possibile intelligi quod duorum quae sunt secundum suppositum vel hypostasim distincta, unum proprie praedicetur de alio: sed solum secundum quandam figurativam locutionem, inquantum in aliquo coniunguntur; puta si dicamus Petrum esse Ioannem, quia habent aliquam coniunctionem ad invicem. — Et hae etiam opiniones supra[10] reprobatae sunt.

Unde, supponendo, secundum veritatem Catholicae fidei, quod vera natura divina unita est cum vera natura humana, non solum in persona, sed etiam in supposito vel hypostasi, dicimus esse veram hanc propositionem et propriam, *Deus est homo*: non solum propter veritatem terminorum, quia scilicet Christus est verus Deus et verus homo; sed etiam propter veritatem praedicationis. Nomen enim significans naturam communem in concreto potest supponere pro quolibet contentorum in natura communi: sicut hoc nomen *homo* potest supponere pro quolibet homine singulari. Et ita hoc nomen *Deus*, ex ipso modo suae significationis, potest supponere pro persona Filii Dei: ut in Prima Parte[11] habitum est. De quolibet autem supposito alicuius naturae potest vere et proprie praedicari nomen significans illam naturam in concreto: sicut de Socrate et Platone proprie et vere praedicatur *homo*. Quia ergo persona Filii Dei, pro qua supponit hoc nomen *Deus*, est suppositum naturae humanae, vere et proprie hoc nomen *homo* potest praedicari de hoc nomine *Deus*, secundum quod supponit pro persona Filii Dei.

AD PRIMUM ergo dicendum quod, quando formae diversae non possunt convenire in unum suppositum, tunc oportet quod propositio sit in materia remota cuius subiectum significat unam illarum formarum, et praedicatum aliam. Sed quando duae formae possunt convenire in unum suppositum, non est materia remota, sed naturalis vel contingens, sicut cum dico, *Album est musicum*. Natura

— Em erro semelhante caem os que afirmam em Cristo duas hipóstases ou dois supósitos. Com efeito, não é possível entender que, de dois que se distinguem segundo o supósito ou a hipóstase, um seja propriamente atribuído ao outro, o que só é possível por meio de uma locução figurativa, na medida em que se unem por alguma outra coisa como, por exemplo, se dissermos que Pedro é João porque possuem alguma forma de união entre si.
— Também essas opiniões foram refutadas antes.

Daí que, supondo, de acordo com a verdade da fé católica, que a verdadeira natureza divina está unida com a verdadeira natureza humana, não somente na pessoa, mas também no supósito ou hipóstase, dizemos que é verdadeira e própria essa proposição *Deus é homem*. E o é não apenas segundo a verdade do termos, pois Cristo é verdadeiro Deus e verdadeiro homem, mas também segundo a verdade da atribuição. Com efeito, o nome que significa uma natureza comum é concretamente empregado para designar qualquer dos indivíduos contidos sob a natureza comum. Assim o nome *homem* pode designar qualquer homem singular. E também o nome *Deus,* pelo próprio modo de sua atribuição, pode designar a pessoa do Filho de Deus, como foi explicado na I Parte. A qualquer supósito de alguma natureza pode ser atribuído o nome que significa concretamente aquela natureza, assim como a Sócrates e a Platão é atribuído *homem* própria e verdadeiramente. Portanto, como a pessoa do Filho de Deus, que é designada pelo nome *Deus,* é supósito da natureza humana, esse nome *homem* pode ser atribuído a esse nome *Deus* própria e verdadeiramente, enquanto Deus designa a pessoa do Filho de Deus.

QUANTO AO 1º, portanto, deve-se dizer que quando diversas formas não podem convir em um só supósito, é necessário que a proposição seja em matéria remota, de modo que o sujeito signifique uma forma e o predicado, outra. Mas quando duas formas podem convir num só supósito não há matéria remota, mas ou natural ou contingente, como quando digo *o branco é músico*[d]. A natureza divina

---

10. Q. 2, a. 3, 6.
11. Q. 39, a. 4.

d. Será útil reproduzir aqui uma nota de Ch.-V. Héris, em seu comentário da tradução francesa da Suma, conhecida como "Revue des Jeunes" (*Le Verbe incarné*, t. III, p. 283): "Ao longo deste artigo, Sto. Tomás lembra que podemos distinguir as proposições segundo sua matéria, ou seja, de acordo com as relações que existem entre predicado e sujeito. Sob esse aspecto, existem proposições em matéria necessária ou natural, separada ou impossível, ou ainda contingente ou possível. Quando o predicado pertence ao sujeito, ambas dão lugar a uma proposição em matéria necessária ou natural; quando se diz, por exemplo, *O homem é um animal*, ou *O homem é dotado da faculdade de rir*. — Quando o predicado repugna ao sujeito, excluindo-o em sua razão formal, no que o faz ser tal, temos uma proposição em matéria separada ou impossível; exemplo: *O homem é uma*

autem divina et humana, quamvis sint maxime distantes, tamen conveniunt per incarnationis mysterium in uno supposito, cui neutra illarum inest per accidens, sed secundum se. Et ideo haec propositio, *Deus est homo*, non est neque in materia remota neque in materia contingenti, sed in materia naturali. Et praedicatur *homo* de Deo, non per accidens, sed per se, sicut de sua hypostasi: non quidem ratione formae significatae per hoc nomen *Deus*; sed ratione suppositi, quod est hypostasis humanae naturae.

AD SECUNDUM dicendum quod tres personae divinae conveniunt in natura, distinguuntur tamen in supposito: et ideo non praedicantur de invicem. In mysterio autem incarnationis naturae quidem, quia distinctae sunt, de invicem non praedicantur secundum quod significantur in abstracto, non enim natura divina est humana: sed quia conveniunt in supposito, praedicantur de invicem in concreto.

AD TERTIUM dicendum quod *anima* et *caro* significantur ut in abstracto, sicut *divinitas* et *humanitas*. In concreto vero dicuntur *animatum* et *carneum*, sive *corporeum*: sicut ex alia parte *Deus* et *homo*. Unde utrobique abstractum non praedicatur de abstracto, sed solum concretum de concreto.

AD QUARTUM dicendum quod hoc nomen *homo* praedicatur de Deo ratione unionis in persona: quae quidem unio relationem importat. Et ideo non sequitur regulam eorum nominum quae absolute praedicantur de Deo ab aeterno.

ARTICULUS 2
Utrum haec sit vera: *Homo est Deus*

AD SECUNDUM SIC PROCEDITUR. Videtur quod haec sit falsa: *Homo est Deus*.

1. *Deus* enim est nomen incommunicabile. Sed Sap 14,21 reprehenduntur idolatrae de hoc quod *istud nomen Deus, quod est incommunicabile, lignis et lapidibus imposuerunt*. Ergo, pari ratione, videtur esse inconveniens quod hoc nomen *Deus* praedicetur de homine.

2. PRAETEREA, quidquid praedicatur de praedicato, praedicatur de subiecto[1]. Sed haec est vera: *Deus est Pater*, vel, *Deus est Trinitas*. Si ergo haec

e a humana, embora sejam distantes ao máximo, por obra do mistério da encarnação, convêm em um só suposto, ao qual nenhuma delas é inerente por acidente, mas em razão de si mesma. Assim, a proposição *Deus é homem* não é nem em matéria remota, nem em matéria contingente, mas em matéria natural. E *homem* se atribui a Deus não por acidente, mas em razão de si mesmo como de sua hipóstase; não, é verdade, em razão da forma significada por esse nome *Deus*, mas em razão do suposto que é a hipóstase da natureza humana.

QUANTO AO 2º, deve-se dizer que as três pessoas divinas convêm na natureza, mas distinguem-se no suposto; por isso, não se atribui uma à outra. Já no mistério da encarnação, as naturezas, sendo distintas, não se atribuem uma à outra segundo sua significação abstrata, pois a natureza divina não é humana; mas, uma vez que convêm ao mesmo suposto, se atribuem uma à outra concretamente.

QUANTO AO 3º, deve-se dizer que a *alma* e a *carne* são significados abstratamente, como a *divindade* e a *humanidade*. Concretamente, se designam como *animado* e *corpóreo*, como de outra parte *Deus* e *homem*. Donde, nos dois casos, o abstrato não se atribui ao abstrato, mas somente o concreto ao concreto.

QUANTO AO 4º, deve-se dizer que o nome *homem* se atribui a Deus em razão da união na pessoa; e essa união implica relação. Portanto, não segue a regra dos nomes atribuídos absolutamente a Deus desde toda a eternidade.

ARTIGO 2
É verdadeira a proposição: *o homem é Deus*?

QUANTO AO SEGUNDO, ASSIM SE PROCEDE: parece que é falsa a proposição: *o homem é Deus*.

1. Com efeito, *Deus* é um nome incomunicável. No livro da Sabedoria, são repreendidos os idólatras porque "atribuíram à pedra e à madeira o nome incomunicável". Portanto, pela mesma razão parece inconveniente que se atribua ao homem o nome de *Deus*.

2. ALÉM DISSO, tudo o que se pode atribuir ao predicado, pode-se atribuir ao sujeito. Ora, essa proposição é verdadeira: "Deus é Pai ou Deus é

---

2 PARALL.: III *Sent.*, dist. 7, q. 1, a. 1.

1. ARISTOT., *Categ.*, c. 3: 1, b, 10-11.

pedra. — Enfim, quando o predicado não pertence ao sujeito, nem lhe é incompatível, a proposição é contingente ou possível do ponto de vista da matéria; exemplo: *O homem é músico*. (Ver a respeito 'Coment. sobre o *Perihermeneias*', livro I, cap. IX, lição 13)."

sit vera, *Homo est Deus*; videtur etiam quod haec sit vera, *Homo est Pater*, vel *Homo est Trinitas*. Quas quidem patet esse falsas. Ergo et primam.

3. Praeterea, in Ps 80,10 dicitur: *Non erit in te deus recens*. Sed homo est quiddam recens: non enim Christus semper fuit homo. Ergo haec est falsa: *Homo est Deus*.

Sed contra est quod dicitur Rm 9,5: *Ex quibus est Christus secundum carnem, qui est super omnia Deus benedictus in saecula*. Sed Christus secundum carnem est homo. Ergo haec est vera: *Homo est Deus*.

Respondeo dicendum quod, supposita veritate utriusque naturae, divinae scilicet et humanae, et unione in persona et hypostasi, haec est vera et propria, *Homo est Deus*, sicut et ista, *Deus est homo*. Hoc enim nomen *homo* potest supponere pro qualibet hypostasi humanae naturae: et ita potest supponere pro persona Filii, quam dicimus esse hypostasim humanae naturae. Manifestum est autem quod de persona Filii Dei vere et proprie praedicatur hoc nomen *Deus*: ut in Prima Parte[2] habitum est. Unde relinquitur quod haec sit vera et propria: *Homo est Deus*.

Ad primum ergo dicendum quod idololatrae attribuebant nomen deitatis lapidibus et lignis secundum quod in sua natura considerantur: quia putabant in illis aliquid numinis esse. Nos autem non attribuimus nomen deitatis homini secundum humanam naturam: sed secundum suppositum aeternum, quod est etiam per unionem suppositum humanae naturae, ut dictum est[3].

Ad secundum dicendum quod hoc nomen *Pater* praedicatur de hoc nomine *Deus* secundum quod hoc nomen *Deus* supponit pro persona Patris. Sic autem non praedicatur de persona Filii: quia persona Filii non est persona Patris. Et per consequens non oportet quod hoc nomen *Pater* praedicetur de hoc nomine *homo*, de quo praedicatur hoc nomen *Deus*, inquantum scilicet *homo* supponit pro persona Filii.

Trindade". Se é verdadeira a proposição *o homem é Deus*, serão verdadeiras também essas outras *o homem é Pai* ou *o homem é Trindade*, que são evidentemente falsas. Logo, a primeira também o é.

3. Ademais, no Salmo 80: "Em ti não haverá um deus recente". Ora, o homem é algo recente, pois Cristo nem sempre foi homem. Logo, é falsa a proposição: *o homem é Deus*.

Em sentido contrário, está o texto da Carta aos Romanos: "Dos quais, segundo a carne, descende o Cristo, que está acima de tudo, Deus bendito eternamente". Ora, Cristo segundo a carne é Deus. Logo é verdadeira a proposição: *o homem é Deus*.

Respondo. Supondo-se a verdade de ambas as naturezas, a divina e a humana, e a união na pessoa e na hipóstase, é verdadeira e adequada a proposição *o homem é Deus*, assim como também o *é Deus é homem*. Esse nome *homem* designa qualquer hipóstase da natureza humana e, assim, pode designar a pessoa do Filho que afirmamos ser hipóstase da natureza humana. Ora, é claro que à pessoa do Filho se atribui verdadeira e propriamente o nome *Deus*, como foi mostrado na I Parte. Logo, segue-se que seja verdadeira e adequada a proposição: *o homem é Deus*[e].

Quanto ao 1º, portanto, deve-se dizer que os idólatras atribuíam o nome da divindade às pedras e madeiras enquanto as consideravam em sua natureza, pois julgavam que nelas havia algo do nome divino. Nós, porém, não atribuímos ao homem o nome da divindade segundo a natureza humana, mas segundo o supósito eterno que, pela união, é também supósito da natureza humana, como já foi dito.

Quanto ao 2º, deve-se dizer que a esse nome *Pai* se atribui o nome *Deus* enquanto esse nome *Deus* designa a pessoa do Pai. Mas não se atribui do mesmo modo à pessoa do Filho, porque a pessoa do Filho não é a pessoa do Pai. Consequentemente, não é necessário que a esse nome *Pai* se atribua o nome *homem*, ao qual, porém, se atribui o nome *Deus*, enquanto *homem* designa a pessoa do Filho.

---

2. Q. 39, a. 4.
3. In corp.

e. A expressão "o homem é Deus", empregada a propósito de Cristo, é tão verdadeira quanto "Deus é homem", que é seu contrário. Cada uma dessas fórmulas exprime uma proposição de identidade, na qual ambos os termos, sujeito e predicado, designam na verdade o único e exclusivo supósito referido com esses dois nomes diferentes. O mesmo valeria para a seguinte proposição: "Essa ilha é a Sicília"; nela, a inversão dos dois termos não modificaria em nada o sentido da afirmação. Já não é o caso nas proposições em que o predicado é atribuído ao sujeito de tal modo que o predicado designa a natureza, e o sujeito o supósito: tais proposições não são reversíveis, pois seu sentido muda com a inversão do sujeito e do predicado. É o que ocorre com as expressões que serão examinadas adiante, nos artigos 6 e 7.

AD TERTIUM dicendum quod, licet humana natura in Christo sit quiddam recens, tamen suppositum humanae naturae non est recens, sed aeternum. Et quia hoc nomen *Deus* non praedicatur de homine ratione humanae naturae, sed ratione suppositi, non sequitur quod ponamus Deum recentem. — Sequeretur autem si poneremus quod *homo* supponit suppositum creatum: secundum quod oportet dicere eos qui in Christo ponunt duo supposita.

QUANTO AO 3º, deve-se dizer que embora seja a natureza humana em Cristo algo recente, o supósito da natureza humana em Cristo não é recente, mas eterno. E como o nome *Deus* não se atribui ao homem, em razão da natureza humana, mas em razão do supósito, não se segue que afirmemos um Deus recente. — Tal afirmação se seguiria se afirmássemos que *homem* designa um supósito criado, o que são obrigados a dizer os que afirmam em Cristo dois supósitos.

ARTICULUS 3
Utrum Christus possit dici *homo dominicus*

AD TERTIUM SIC PROCEDITUR. Videtur quod Christus possit dici *homo dominicus*.

1. Dicit enim Augustinus, in libro *Octoginta trium Quaest.*[1]: *Monendum est ut illa bona expectentur quae fuerunt in illo homine dominico*. Loquitur autem de Christo. Ergo videtur quod Christus sit homo dominicus.

2. PRAETEREA, sicut dominium convenit Christo ratione divinae naturae, ita etiam humanitas pertinet ad humanam naturam. Sed Deus dicitur *humanatus*: ut patet per Damascenum, in III libro[2], ubi dicit quod *humanatio eam quae ad hominem copulationem demonstrat*. Ergo, pari ratione, potest demonstrative dici quod homo ille sit dominicus.

3. PRAETEREA, sicut *dominicus* denominative dicitur a Domino, ita *divinus* dicitur denominative a Deo. Sed Dionysius[3] Christum nominat *divinissimum Iesum*. Ergo, pari ratione, potest dici quod Christus sit homo dominicus.

SED CONTRA est quod Augustinus dicit, in libro *Retract.*[4]: *Non video utrum recte dicatur homo dominicus Iesus Christus: cum sit utique Dominus*.

RESPONDEO dicendum quod, sicut supra[5] dictum est, cum dicitur *homo Christus Iesus*, designatur suppositum aeternum, quod est persona Filii Dei, propter hoc quod unum suppositum est utriusque naturae. De persona autem Filii Dei praedicatur

ARTIGO 3
Cristo pode ser chamado homem do Senhor?

QUANTO AO TERCEIRO, ASSIM SE PROCEDE: parece que Cristo **pode** ser chamado homem do Senhor.

1. Com efeito, escreve Agostinho: "Deve-se advertir que sejam esperados os bens que existiram naquele homem do Senhor". Ora, o texto se refere a Cristo. Logo, parece que Cristo seja homem do Senhor.

2. ALÉM DISSO, como o domínio convém a Cristo em razão da natureza divina, assim a humanidade pertence à natureza humana. Ora, Deus se diz *humanado*, como fica claro em Damasceno: "A humanação demonstra a união com o homem". Logo, pela mesma razão, pode-se dizer demonstrativamente que aquele homem é do Senhor.

3. ADEMAIS, assim como "do Senhor" (*dominicus*) deriva de "Senhor" (*Domino*), divino deriva de Deus. Ora, Dionísio chama Cristo *diviníssimo Jesus*. Logo, pela mesma razão pode-se dizer que Cristo é homem do Senhor.

EM SENTIDO CONTRÁRIO, diz Agostinho: "Não vejo como se possa chamar corretamente Jesus Cristo 'homem do Senhor', sendo ele Senhor"[f].

RESPONDO. Como antes já foi explicado, quando se diz *o homem Cristo Jesus*, se designa o supósito eterno que é a pessoa do Filho de Deus, já que um só é o supósito de ambas as naturezas. Deus e Senhor se atribuem, porém, essencialmente à

---

3   PARALL.: III *Sent.* dist. 7, q. 1, a. 2.

1. Q. 36, n. 2: ML 40, 26.
2. *De fide orth.*, l. III, c. 11: MG 94, 1024 BC.
3. *De Eccl. Hier.*, c. 4, p. 3, § 10: MG 3, 484 A.
4. L. I, c. 19, n. 8: ML 32, 616.
5. A. praec.

f. É interessante encontrar a mesma expressão agostiniana em três lugares diferentes da questão. Sto. Tomás obviamente retém a correção proposta por Agostinho, mas acrescentou à resposta um exemplo do abuso nestoriano da expressão, que poderia ter sido bem compreendido, mostrando ao mesmo tempo os perigos que ela contém e a necessidade de às vezes se precaver em relação às autoridades patrísticas, de que os heréticos fazem um mau uso.

Deus et Dominus essentialiter. Et ideo non debet praedicari denominative: quia hoc derogat veritati unionis. Unde, cum dominicus dicatur denominative a Domino, non potest vere et proprie dici quod homo ille sit *dominicus*, sed magis quod sit *Dominus*.

Sic autem per hoc quod dicitur *homo Christus Iesus*, designaretur suppositum aliquod creatum, secundum illos[6] qui ponunt in Christo duo supposita: posset dici homo ille dominicus, inquantum sumitur ad participationem honoris divini; sicut Nestoriani[7] posuerunt.

Et hoc etiam modo humana natura non dicitur essentialiter *dea*, sed *deificata*: non quidem per conversionem ipsius in divinam naturam, sed per coniunctionem ad divinam naturam in una hypostasi; ut patet per Damascenum, in III libro[8].

AD PRIMUM ergo dicendum quod Augustinus illa verba, et similia, retractat in libro *Retractationum*. Unde post praedicta verba libri *Retractationum*[9] subdit: *Hoc ubicumque dixi*, scilicet quod Christus Iesus sit homo dominicus, *dixisse me nollem. Postea quippe vidi non esse dicendum: quamvis nonnulla ratione posset defendi*: quia scilicet posset aliquis dicere quod dicitur homo dominicus ratione humanae naturae, quam significat hoc nomen *homo*, non autem ratione suppositi.

AD SECUNDUM dicendum quod illud unum suppositum quod est divinae et humanae naturae, primo quidem fuit divinae naturae, scilicet ab aeterno: postea autem ex tempore per incarnationem factum est suppositum humanae naturae. Et hac ratione dicitur *humanatum*: non quia assumpserit hominem; sed quia assumpsit humanam naturam. Non autem sic est e converso quod suppositum humanae naturae assumpserit divinam naturam. Unde non potest dici homo *deificatus*, vel *dominicus*.

AD TERTIUM dicendum quod hoc nomen *divinum* consuervit praedicari etiam de his de quibus praedicatur essentialiter hoc nomen *Deus*: dicimus enim quod *divina essentia est Deus*, ratione identitatis; et quod *essentia est Dei* sive *divina*, propter diversum modum significandi; et *Verbum divinum*, cum tamen Verbum sit Deus. Et similiter dicimus *personam divinam*, sicut et *personam Platonis*:

pessoa do Filho de Deus. Portanto não se devem atribuir denominativamente, pois assim se falta à verdade da união. Portanto, como "do Senhor" deriva de "Senhor" não se pode dizer verdadeira e propriamente que o homem Cristo Jesus seja do Senhor e sim que seja Senhor.

Se, porém, ao dizer-se *o homem Cristo Jesus* se designasse algum supósito criado, de acordo com os que afirmam dois supósitos em Cristo, então Cristo poderia ser dito do Senhor, na medida em que é chamado a participar da honra divina, como afirmaram os nestorianos.

Também pela mesma razão a natureza humana não se diz essencialmente *deusa*, mas *deificada*; não pela sua conversão na natureza divina, mas pela conjunção numa só hipóstase com a mesma natureza divina, como diz Damasceno.

QUANTO AO 1º, portanto, deve-se dizer que no livro das *Retratações,* Agostinho retrata tais expressões e outras semelhantes. Assim, depois daquelas palavras, acrescenta no mesmo livro: "Onde quer que tenha dito essas palavras, a saber, que o Cristo Jesus é homem do Senhor não quereria tê-las dito. Depois percebi que não se deve dizer assim, embora se possa justificar com alguma razão". Com efeito, alguém pode dizer que o Cristo é homem do Senhor em razão da natureza humana significada por esse nome *homem,* não em razão do *supósito*.

QUANTO AO 2º, deve-se dizer que o supósito único da natureza divina e da humana primeiramente foi supósito da natureza divina desde toda a eternidade; e só no tempo, pela encarnação, tornou-se supósito da natureza humana. Por essa razão é dito *humanado*, não por ter assumido o homem, mas porque assumiu a natureza humana. Mas a recíproca não vale, a saber que o supósito da natureza humana tenha assumido a natureza divina; por isso o homem Cristo Jesus não pode ser dito *deificado* ou *do Senhor*.

QUANTO AO 3º, deve-se dizer que costuma-se atribuir o nome *divino* às realidades às quais se atribui essencialmente o nome *Deus*. Dizemos que a essência divina é Deus em razão da identidade; e que a essência é de Deus ou *divina* em razão da maneira diversa de significar. Também dizemos *Verbo divino*, conquanto o Verbo seja Deus. De modo semelhante dizemos *pessoa divina*, como

---

6. Cfr. supra, q. 2, a. 6.
7. Cfr. Nestorium apud CYRILLUM ALEX., *Dial. cum Nest.*: MG 76, 252 C; DAMASCEN., *De fide orth*, l. III, c. 2: MG 94, 988 A.
8. *De fide orth.*, cc. 11, 17: MG 94, 1024 C, 1069 A.
9. L. I, c. 19, n. 8: ML 32, 616-617.

propter diversum modum significandi. Sed *dominicus* non dicitur de his de quibus *dominus* praedicatur: non enim consuevit dici quod aliquis homo qui est dominus, sit *dominicus*. Sed illud quod qualitercumque est domini, *dominicum* dicitur: sicut *dominica voluntas*, vel *dominica manus*, vel *dominica possessio*. Et ideo ipse homo Christus, qui est Dominus, non potest dici *dominicus*: sed potest caro eius dici *dominica caro*, et passio eius potest dici *dominica passio*.

também *pessoa de Platão*, por causa do modo diverso de significar. Mas *do senhor* não se diz daqueles aos quais se atribui *senhor*. Não se costuma dizer de certo homem que seja senhor, que ele é *do senhor*. Assim, tudo o que, de alguma maneira, pertence ao senhor se diz *do senhor*; por exemplo: *a vontade do senhor*, a *mão do senhor* ou a *propriedade do senhor*. Por isso, o próprio homem Cristo não pode ser dito *do Senhor*. Mas, de sua carne pode-se dizer *a carne do Senhor* e de sua paixão *a paixão do Senhor*.

Articulus 4
Utrum ea quae sunt humanae naturae de Deo dici possint

Ad quartum sic proceditur. Videtur quod ea quae sunt humanae naturae, de Deo dici non possint.

1. Impossibile est enim opposita de eodem praedicari. Sed ea quae sunt humanae naturae, sunt contraria his quae sunt propria Dei: Deus enim est increatus, immutabilis et aeternus; ad humanam autem naturam pertinet ut sit creata, temporalis et mutabilis. Non ergo ea quae sunt naturae humanae, possunt dici de Deo.

2. Praeterea, attribuere Deo ea quae ad defectum pertinent, videtur derogare divino honori, et ad blasphemiam pertinere. Sed ea quae sunt humanae naturae, defectum quendam continent: sicut mori, pati, et alia huiusmodi. Ergo videtur quod nullo modo ea quae sunt humanae naturae, possint dici de Deo.

3. Praeterea, assumi convenit humanae naturae. Non autem hoc convenit Deo. Non ergo ea quae sunt humanae naturae, de Deo dici possunt.

Sed contra est quod Damascenus dicit, in III libro[1], quod Deus *suscepit ea quae sunt carnis idiomata*, idest proprietates, *dum Deus passibilis nominatur, et Deus gloriae crucifixus est*.

Respondeo dicendum quod de hac quaestione diversitas fuit inter Nestorianos et Catholicos. Nestoriani enim voces quae dicuntur de Christo dividere volebant hoc modo, ut ea quae pertinent ad humanam naturam, non dicerentur de Deo; nec ea quae pertinent ad divinam naturam, dicerentur de homine. Unde Nestorius dixit[2]: *Si quis Dei*

Artigo 4
Pode-se dizer de Deus o que pertence à natureza humana?

Quanto ao quarto, assim se procede: parece que **não** se pode dizer de Deus o que pertence à natureza humana.

1. Com efeito, à mesma coisa é impossível atribuir coisas opostas. Ora, o que pertence à natureza humana é contrário ao que pertence a Deus; pois Deus é incriado, imutável e eterno, ao passo que da natureza humana é próprio ser criada, temporal e mutável. Logo, não se pode dizer de Deus o que pertence à natureza humana.

2. Além disso, atribuir a Deus o que é limitado é faltar à honra que lhe é devida e blasfemar. Ora, é próprio da natureza humana estar sujeita a limitações, como morrer, padecer e coisas semelhantes. Logo, parece que de nenhuma maneira se pode dizer de Deus o que pertence à natureza humana.

3. Ademais, convém à natureza humana o ser assumida. Ora, tal não convém a Deus. Logo, não se pode dizer de Deus o que é próprio da natureza humana.

Em sentido contrário, escreve Damasceno: "Deus tomou sobre si as propriedades da carne, na medida em que Deus é denominado passível e o Deus da glória foi crucificado".

Respondo. Sobre essa questão houve divergências entre nestorianos e católicos. Os nestorianos queriam introduzir uma divisão nos nomes que se dizem de Cristo, de tal sorte que os pertencentes à natureza humana não fossem ditos de Deus, nem os que pertencessem à natureza divina fossem ditos do homem. Daí pronunciar Nestório: "Se

---

4 Parall.: Supra, q. 10, a. 1, ad 3; III *Sent.*, dist. 5, q. 1, a. 2, ad 4; dist. 11, a. 4; *Cont. Graec., Armen.* etc., c. 6; I ad Cor., c. 2, lect. 2.

1. *De fide orth.*, l. III, c. 4: MG 94, 997 D-1000 A.
2. *Anathem.* (interprete Mario Mercatore), anath. 12: ML 48, 923.

Verbo passiones tentat tribuere, anathema sit. Si qua vero nomina sunt quae pertinere possunt ad utramque naturam, de talibus praedicabant ea quae sunt utriusque naturae: sicut hoc nomen *Christus*, vel *Dominus*. Unde concedebant Christum esse natum de Virgine, et fuisse ab aeterno: non tamen concedebant vel Deum natum de Virgine, vel hominem ab aeterno fuisse.

Catholici vero posuerunt huiusmodi quae dicuntur de Christo, sive secundum divinam naturam sive secundum humanam, dici posse tam de Deo quam de homine. Unde Cyrillus dixit[3]: *Si quis duabus personis seu substantiis*, idest hypostasibus, *eas quae in Evangelicis et Apostolicis sunt conscriptionibus dividit voces, vel ea quae de Christo a Sanctis dicuntur, vel ab ipso Christo de semetipso; et aliquos quidem ex his homini applicandas crediderit, aliquas soli Verbo deputaverit: anathema sit*. Et huius ratio est quia, cum sit eadem hypostasis utriusque naturae, eadem hypostasis supponitur nomine utriusque naturae. Sive ergo dicatur *homo*, sive *Deus*, supponitur hypostasis divinae et humanae naturae. Et ideo de homine dici possunt ea quae sunt divinae naturae: et de Deo possunt dici ea quae sunt humanae naturae.

Sciendum tamen quod in propositione in qua aliquid de aliquo praedicatur, non solum attenditur quid sit illud de quo praedicatur praedicatum, sed etiam secundum quid de illo praedicetur. Quamvis igitur non distinguantur ea quae praedicantur de Christo, distinguuntur tamen quantum ad id secundum quod utrumque praedicatur. Nam ea quae sunt divinae naturae, praedicantur de Christo secundum divinam naturam: ea autem quae sunt humanae naturae, praedicantur de eo secundum humanam naturam. Unde Augustinus dicit, in I *de Trin.*[4]: *Distinguamus quod in Scripturis sonat secundum*

alguém ousa atribuir paixões ao Verbo de Deus, seja anátema". Se há alguns nomes que podem pertencer a ambas as naturezas, a esses atribuíam o que é de ambas, como o nome Cristo e Senhor. Concediam, portanto, que Cristo nasceu da Virgem e existiu desde toda a eternidade; mas não concediam que Deus nasceu da Virgem ou que o homem existiu desde toda a eternidade.

Já os católicos afirmaram que o que se diz de Cristo, tanto segundo a natureza divina quanto segundo a natureza humana, podem ser ditos tanto de Deus quanto do homem. Por isso Cirilo de Alexandria escreve: "Se alguém divide entre duas pessoas ou substâncias, isto é hipóstases, os nomes que estão nos Evangelhos e nos escritos apostólicos ou que pelos santos são ditos de Cristo ou de si mesmo pelo próprio Cristo; e desses crer que alguns devem ser aplicados ao homem e outros reservar somente ao Verbo, seja anátema". E a razão é que, sendo a mesma hipóstase para as duas naturezas, a mesma hipóstase é designada pelo nome de ambas as naturezas. Portanto, seja que se diga *homem,* seja que se diga *Deus*, supõe-se a hipóstase da natureza divina e da humana; e, assim, pode-se dizer do homem o que pertence à natureza divina e da de Deus o que pertence à natureza humana[g].

No entanto, convém saber que na proposição na qual algo é dito de um sujeito, não somente se considera o que seja aquilo ao qual o predicado é atribuído, mas também a razão pela qual é atribuído. Portanto, embora não se distingam os atributos que são ditos de Cristo, distinguem-se quanto à razão segundo a qual são atribuídos os predicados das duas naturezas. Com efeito, o que pertence à natureza divina é dito de Cristo segundo a natureza divina; e o que pertence à natureza humana é dito segundo a natureza humana. Por isso, escreve Agostinho: "Distingamos o que na Escritura se

---

3. Epist. 17 *ad Nestorium*, anath. 4: MG 77, 120 CD (= ML 48, 840 AB).
4. C. 11, n. 22: ML 42, 836.

g. Este artigo trata do que chamamos de *communicatio idiomatum* (do grego *idiomata*, isto é, *propriedades*). Um idioma é portanto uma propriedade característica de uma dada natureza, pela qual se distingue das outras naturezas que possuem igualmente seus idiomas, suas propriedades. Desse modo, em Cristo, a natureza divina e a natureza humana possuem suas propriedades respectivas, e não se poderia atribuir direta e indistintamente as características da natureza humana à natureza divina e vice-versa. No entanto, dada a unicidade da pessoa que possui essas duas naturezas, a atribuição de propriedades de uma à outra pode se efetuar indiretamente, por intermédio da pessoa da qual constituem a natureza. É fácil ilustrá-lo por meio de exemplos. Não é exato afirmar "A natureza divina nasceu de uma mulher", pois uma natureza eterna não pode nascer de uma pessoa cuja natureza é temporal. Mas poder-se-ia afirmar "Deus, o Verbo, nasceu de Maria", pois o sujeito Deus, nessa frase, designa o Verbo encarnado, o qual, em sua natureza humana, efetivamente nasceu de uma mulher. Do mesmo modo, não é correto dizer "a humanidade faz parte da Trindade", mas seria perfeitamente exato dizer: o homem Jesus é uma das três pessoas da Trindade; pois, nesse caso, o homem Jesus designa primeiramente a pessoa, isto é, o Verbo, e, secundariamente, a natureza na qual essa pessoa subsiste. Como diz Agostinho, no final desta resposta, uma justa sensibilidade teológica ajuda a exprimir-se corretamente, mas não é inútil dominar as regras lógicas da operação.

formam Dei, et quod secundum formam servi. Et infra[5]: *Quid propter quid, et quid secundum quid dicatur, prudens et diligens et pius lector intelligit.*

AD PRIMUM ergo dicendum quod opposita praedicari de eodem secundum idem est impossibile: sed secundum diversa, nihil prohibet. Et hoc modo opposita praedicantur de Christo: non secundum idem, sed secundum diversas naturas.

AD SECUNDUM dicendum quod, si ea quae ad defectum pertinent Deo attribuantur secundum divinam naturam, esset blasphemia, quasi pertinens ad diminutionem honoris ipsius: non autem pertinent ad Dei iniuriam si attribuantur ei secundum naturam assumptam. Unde in quodam sermone Ephesini Concilii[6] dicitur: *Nihil putat Deus iniuriam quod est occasio salutis hominibus: nihil enim abiectorum quae elegit propter nos, iniuriam facit illi naturae quae non potest esse subiecta iniuriis, propria vero facit inferiora ut salvet naturam nostram. Quando ergo quae abiecta et vilia sunt Dei naturam non iniuriantur, sed salutem hominibus operantur, quomodo dicis ea quae causa nostrae salutis sunt, iniuriae occasionem Deo fuisse?*

AD TERTIUM dicendum quod assumi convenit humanae naturae non ratione suppositi, sed ratione sui ipsius. Et ideo non convenit Deo.

exprime segundo a forma de Deus ou segundo a forma de servo". E em seguida: "O leitor prudente, diligente e piedoso entende o que se diz, por que e como se diz".

QUANTO AO 1º, portanto, deve-se dizer que é impossível que coisas opostas sejam atribuídas à mesma coisa segundo a mesma razão, mas nada impede que o sejam segundo razões diversas. Desse modo, coisas opostas são atribuídas a Cristo, não segundo a mesma razão, mas segundo as diversas naturezas.

QUANTO AO 2º, deve-se dizer que seria blasfêmia se o que contém defeito fosse atribuído a Deus segundo a natureza divina, como pertencente à diminuição de sua honra. Mas não contém injúria a Deus se lhe for atribuído em razão da natureza que foi assumida. Por isso, se diz num sermão do Concílio de Éfeso: "Não se repute injúria de Deus o que é ocasião de salvação para os homens. Nada das coisas vis que escolheu por nossa causa é motivo de injúria para a natureza que não pode estar sujeita a injúrias, e faz suas as coisas inferiores para que a nossa natureza se salve. Quando pois as coisas baixas e vis são de Deus, não injuriam a natureza divina, mas realizam a salvação para os homens; como dizes que a causa da nossa salvação foi ocasião de injúria a Deus?"

QUANTO AO 3º, deve-se dizer que o ser assumida convém à natureza humana, não em razão do suposito, mas em razão de si mesma. Por isso, não convém a Deus.

ARTICULUS 5
Utrum ea quae sunt humanae naturae possint dici de natura divina

AD QUINTUM SIC PROCEDITUR. Videtur quod ea quae sunt humanae naturae, possint dici de natura divina.
1. Ea enim quae sunt humanae naturae, praedicantur de Filio Dei, et de Deo. Sed Deus est sua natura. Ergo ea quae sunt naturae humanae, possunt praedicari de divina natura.
2. PRAETEREA, caro pertinet ad naturam humanam. Sed, sicut dicit Damascenus, in III libro[1], *dicimus naturam Verbi incarnatam esse, secundum beatos Athanasium et Cyrillum*. Ergo videtur quod,

ARTIGO 5
Pode-se dizer da natureza divina o que pertence à natureza humana?

QUANTO AO QUINTO, ASSIM SE PROCEDE: parece que o que pertence à natureza humana **pode** ser dito da natureza divina.
1. Com efeito, o que pertence à natureza humana é atribuído ao Filho de Deus e a Deus. Ora, Deus é sua natureza. Logo, o que pertence à natureza humana pode ser atribuído à natureza divina.
2. ALÉM DISSO, a carne pertence à natureza humana. Ora, diz Damasceno: "Dizemos que a natureza do Verbo se encarnou, segundo os bem-aventurados Atanásio e Cirilo". Logo, parece que,

---

5. C. 13, n. 28: ML 42, 840.
6. P. III, c. 10: ed. Mansi, V, 205. — Cfr. THEODOTUM, hom. II *in Nat. Salv.*: MG 77, 1372 BC.

5 PARALL.: III *Sent.*, dist. 5, q. 1, a. 2, ad 4; q. 2, a. 2, ad 4; I *ad Cor.*, c. 2, lect. 2.
1. *De fide orth.*, l. III, c. 6: MG 94, 1008 B.

pari ratione, ea quae sunt humanae naturae, possint dici de divina natura.

3. PRAETEREA, ea quae sunt divinae naturae, conveniunt humanae naturae in Christo: sicut cognoscere futura, et habere salufiferam virtutem. Ergo videtur quod, pari ratione, ea quae sunt humanae naturae, possint dici de divina natura.

SED CONTRA est quod Damascenus dicit, in III libro[2]: *Deitatem quidem dicentes, non nominamus de ea quae humanitatis idiomata* idest proprietates: *non enim dicimus deitatem passibilem vel creabilem*. Deitas autem est divina natura. Ergo ea quae sunt humanae naturae, non possunt dici de divina natura.

RESPONDEO dicendum quod ea quae sunt proprie unius, non possunt vere de aliquo praedicari nisi de eo quod est idem illi: sicut *risibile* non convenit nisi ei quod est homo. In mysterio autem incarnationis non est eadem divina natura et humana: sed est eadem hypostasis utriusque naturae. Et ideo ea quae sunt unius naturae, non possunt de alia praedicari, secundum quod in abstracto significantur. Nomina vero concreta supponunt hypostasim naturae. Et ideo indifferenter praedicari possunt ea quae ad utramque naturam pertinent, de nominibus concretis: sive illud nomen de quo dicuntur det intelligere utramque naturam, sicut hoc nomen *Christus*, in quo intelligitur *et divinitas ungens et humanitas uncta*[3]; sive solum divinam naturam, sicut hoc nomen *Deus*, vel *Filius Dei*; sive solum naturam humanam, sicut hoc nomen *homo*, vel *Iesus*. Unde Leo Papa dicit, in Epistola *ad Palaestinos*[4]: *Non interest ex qua Christus substantia nominetur: cum, inseparabiliter manente unitate personae, idem sit et totus hominis Filius propter carnem, et totus Dei Filius propter unam cum Patre divinitatem*.

AD PRIMUM ergo dicendum quod in divinis realiter est idem persona cum natura: et ratione huius identitatis, divina natura praedicatur de Filio Dei. Non tamen est idem modus significandi. Et ideo quaedam dicuntur de Filio Dei quae non dicuntur de divina natura: sicut dicimus quod Filius Dei est

pela mesma razão, o que pertence à natureza humana pode ser dito da natureza divina.

3. ADEMAIS, o que é próprio da natureza divina convém à natureza humana em Cristo: como conhecer o futuro e possuir um poder salvífico. Logo, parece que, pela mesma razão, o que é próprio da natureza humana pode ser dito da natureza divina.

EM SENTIDO CONTRÁRIO, Damasceno declara: "Ao dizer a divindade não designamos aquelas que são propriedades da humanidade: pois, não dizemos que a divindade é sujeita a paixões ou criável". Ora, a divindade é a natureza divina. Logo, o que pertence à natureza humana não pode ser dito da natureza divina.

RESPONDO. O que é próprio de uma coisa não pode ser dito de outra, a não ser que seja idêntica a ela. Por exemplo, *risível* não convém senão a quem é homem. No mistério da encarnação, a natureza divina não é idêntica com a natureza humana, embora seja a mesma a hipóstase de ambas. Portanto, o que pertence a uma natureza, enquanto é significado abstratamente, não pode ser atribuído a outra. Já os nomes concretos designam a hipóstase da natureza. Assim, o que pertence a ambas as naturezas pode ser atribuído indiferentemente aos nomes concretos, seja que aquele nome signifique ambas as naturezas, como o nome *Cristo*, no qual se entende não só a divindade que unge, como também a humanidade que é ungida; seja que signifique somente a natureza divina como os nomes *Deus* e *Filho de Deus*, ou apenas a natureza humana, como os nomes *Homem* e *Jesus*. Por isso, afirma o papa Leão: "Não importa em razão de que substância é nomeado Cristo, visto que, mantida inseparavelmente a unidade da pessoa, ele é todo Filho do Homem em razão da carne e todo Filho de Deus em razão de uma só divindade com o Pai"[h].

QUANTO AO 1º, portanto, deve-se dizer que em Deus, a pessoa é realmente idêntica com a natureza; e em razão dessa identidade, a natureza divina é atribuída ao Filho de Deus. Mas o modo de significar não é o mesmo. Por isso, algumas propriedades são ditas do Filho de Deus, mas não

---

2. *Ibid.*, c. 4: MG 94, 997 C.
3. *Ibid.*, l. IV, c. 14: MG 94, 1161 A.
4. Epist. 124, al. 97, c. 7: ML 54, 1066 D.

h. Este artigo completa o precedente, aprofundando as regras da *communicatio idiomatum*, e a sequência da questão examinará diversos casos de aplicação. Deve recordar-se, em particular, que a *communicatio idiomatum* não permite de modo algum a atribuição *real* das propriedades de uma natureza a outra; seria monofisismo, e contrário ao dogma de Calcedônia, o qual ensina que a união se fez sem confusão das naturezas. É ao sujeito concreto, o Verbo encarnado, que se atribuem as qualidades das duas naturezas, pois ele é o único que subsiste e opera em ambas as naturezas.

genitus, non tamen dicimus quod divina natura sit genita, ut in Prima Parte[5] habitum est. Et similiter in mysterio incarnationis dicimus quod Filius Dei est passus, non autem dicimus quod natura divina sit passa.

AD SECUNDUM dicendum quod incarnatio magis importat unionem ad carnem quam carnis proprietatem. Utraque autem natura est in Christo unita alteri in persona: ratione cuius unionis et natura divina dicitur *incarnata*, et humana natura *deificata*, ut supra[6] dictum est.

AD TERTIUM dicendum quod ea quae sunt divinae naturae, dicuntur de humana natura, non secundum quod essentialiter competunt divinae naturae, sed secundum quod participative derivantur ad humanam naturam. Unde ea quae participari non possunt a natura humana, sicut esse increatum aut omnipotentem, nullo modo de humana natura dicuntur. Divina autem natura nihil participative recipit ab humana natura. Et ideo ea quae sunt humanae naturae, nullo modo possunt dici de divina.

Articulus 6
Utrum haec sit vera:
Deus factus est homo

AD SEXTUM SIC PROCEDITUR. Videtur quod haec sit falsa: *Deus factus est homo*.

1. Cum enim *homo* significet substantiam, fieri hominem est fieri simpliciter. Sed haec est falsa: *Deus factus est simpliciter*. Ergo haec est falsa: *Deus factus est homo*.

2. PRAETEREA, fieri hominum est mutari. Sed Deus non potest esse subiectum mutationis: secundum illud Mal 3,6: *Ego Dominus, et non mutor*. Ergo videtur quod haec sit falsa: *Deus factus est homo*.

3. PRAETEREA, *homo*, secundum quod de Christo dicitur, supponit personam Filii Dei. Sed haec est falsa: *Deus factus est persona Filii Dei*. Ergo haec est falsa: *Deus factus est homo*.

SED CONTRA est quod dicitur Io 1,14: *Verbum caro factum est*. Et sicut Athanasius dicit, in Epistola *ad Epictetum*[1], *quod dixit, "Verbum caro factum est", simile est ac si diceretur, "homo factus est"*.

da natureza divina. Assim, dizemos que o Filho de Deus foi gerado, mas não dizemos que a natureza divina foi gerada, como na I Parte foi explicado. De modo semelhante dizemos, no mistério da encarnação, que o Filho de Deus sofreu, mas não dizemos que a natureza divina sofreu.

QUANTO AO 2º, deve-se dizer que a encarnação diz respeito mais à união com o corpo do que à propriedade do corpo. Ambas as naturezas estão em Cristo, unidas uma à outra na pessoa. Em razão dessa união a natureza divina se diz *encarnada* e a natureza humana *deificada*, como já foi dito.

QUANTO AO 3º, deve-se dizer que os atributos da natureza divina se dizem da natureza humana, não enquanto convêm essencialmente à natureza divina, mas enquanto derivam à natureza humana por modo de participação. Assim, o que não pode ser participado pela natureza humana, como ser incriado ou onipotente, de maneira nenhuma se diz da natureza humana. Já a natureza divina nada recebe da natureza humana por modo de participação, e por isso, o que pertence à natureza humana de nenhum modo se pode dizer da natureza divina.

Artigo 6
É verdadeira a proposição:
Deus se fez homem?

QUANTO AO SEXTO, ASSIM SE PROCEDE: parece que **é falsa** a proposição: Deus se fez homem.

1. Com efeito, *homem* significa substância e, assim, fazer-se homem é fazer-se de modo absoluto. Ora, é falsa a proposição: Deus se fez de modo absoluto. Logo, também é falsa essa outra: Deus se fez homem.

2. ALÉM DISSO, fazer-se homem é mudar. Ora, Deus não pode ser sujeito de mudança segundo se diz no livro de Malaquias: "Eu, o Senhor, e não mudo". Logo, é falsa a proposição: Deus se fez homem.

3. ADEMAIS, *Homem,* dito de Cristo, designa a pessoa do Filho de Deus. Ora, é falsa a proposição: Deus se fez a pessoa do Filho de Deus. Logo, também é falsa essa outra: Deus se fez homem.

EM SENTIDO CONTRÁRIO, diz-se no Evangelho de João: "O Verbo se fez carne". E Atanásio comenta: "Ao dizer que o Verbo se fez carne é como se dissesse: 'fez-se homem'".

---

5. Q. 39, a. 5.
6. Q. 2, a. 1, ad 3.

PARALL.: Infra, q. 33, a. 3; III *Sent.*, dist. 7, q. 2, a. 1; *Cont. Error. Graec.*, c. 21; *ad Rom.*, c. 1, lect. 2.
1. N. 8: MG 26, 1061 C-1064 A.

RESPONDEO dicendum quod unumquodque dicitur esse factum illud quod de novo incipit praedicari de ipso. Esse autem hominem vere praedicatur de Deo, sicut dictum est[2]: ita tamen quod non convenit Deo esse hominem ab aeterno, sed ex tempore per assumptionem humanae naturae. Et ideo haec est vera: *Deus factus est homo*. Diversimode tamen intelligitur a diversis: sicut et haec, *Deus est homo*, ut supra[3] dictum est.

AD PRIMUM ergo dicendum quod fieri hominem est fieri simpliciter in omnibus his in quibus humana natura incipit esse in supposito de novo creato. Deus autem dicitur factus homo ex eo quod humana natura incoepit esse in supposito divinae naturae ab aeterno praeexistente. Et ideo Deum fieri hominem non est Deum fieri simpliciter.

AD SECUNDUM dicendum quod, sicut dictum est[4], *fieri* importat quod aliquid praedicetur de novo de altero. Unde quandocumque aliquid de novo praedicatur de altero cum mutatione eius de quo dicitur, tunc fieri est mutari. Et hoc convenit omnibus quae absolute dicuntur: non enim potest albedo aut magnitudo de novo advenire alicui nisi per hoc quod de novo mutatur ad albedinem vel magnitudinem. Ea vero quae relative dicuntur, possunt de novo praedicari de aliquo absque eius mutatione: sicut homo de novo fit dexter absque sua mutatione, per motum illius qui fit ei sinister. Unde in talibus non oportet omne quod dicitur fieri, esse mutatum: quia hoc potest accidere per mutationem alterius. Et per hunc modum Deo dicimus: *Domine, refugium factus es nobis*[5]. — Esse autem hominem convenit Deo ratione unionis, quae est relatio quaedam. Et ideo esse hominem praedicatur de novo de Deo absque eius mutatione, per mutationem humanae naturae, quae assumitur in divinam personam. Et ideo, cum dicitur, *Deus factus est homo*, non intelligitur aliqua mutatio ex parte Dei, sed solum ex parte humanae naturae.

RESPONDO. Diz-se que algo se fez aquilo quando aquilo começa a ser-lhe atribuído como algo novo para ele. A Deus se atribui verdadeiramente o ser homem, como foi dito, mas de tal sorte que não lhe convém ser homem desde toda a eternidade, mas a partir do tempo, ao assumir a natureza humana. Portanto, é verdadeira a proposição: *Deus se fez homem*. Mas ela é entendida diversamente pelos diversos autores, como aquela outra: *Deus é homem*, como foi dito anteriormente[i].

QUANTO AO 1º, portanto, deve-se dizer que fazer-se homem é fazer-se tal de modo absoluto, em todos aqueles nos quais a natureza humana começa a existir num supósito que acaba de ser criado. Ora, Deus se diz feito homem, pelo fato de que a natureza humana começou a existir no supósito de natureza divina, preexistente desde toda a eternidade. Portanto, Deus fazer-se homem não é o mesmo que Deus fazer-se de modo absoluto.

QUANTO AO 2º, deve-se dizer que como foi explicado, *fazer-se* significa que algo é atribuído a um outro como novo para ele. Assim, sempre que algo é atribuído como novo a outro, com mudança daquele ao qual é atribuído, então o fazer-se é mudar. E tal atribuição convém a tudo o que é atribuído absolutamente; a brancura ou a grandeza não podem ser atribuídas como novo a um sujeito, a não ser que se mude para a brancura e para a grandeza como para algo novo. Contudo, o que é dito relativamente pode ser atribuído como algo novo de alguma coisa, sem mudança dela; por exemplo, um homem se põe à direita, como algo novo, sem mudança sua, mediante o movimento de outro que se põe à sua esquerda. Daí, nesses casos, não ser necessário que tudo o que se diz ser feito seja mudado, pois isso pode acontecer pela mudança de outro. Dessa maneira dizemos a Deus: "Senhor, tu te fizeste um refúgio para nós". — Ora, ser homem convém a Deus em razão da união, que é uma certa relação. Portanto, ser homem se atribui a Deus como algo novo sem mudança dele, pela mudança da natureza humana que é assumida na pessoa divina. Assim, quando se diz *Deus se fez homem* não se entende qualquer

---

2. A. 1.
3. Ibid.
4. In corp.
5. Ps. 89, 1. — Cfr. I, q. 13, a. 7, ad 2.

i. Para melhor compreensão da expressão discutida, deve-se tomar a palavra "homem" como significando a natureza humana em si mesma, e não a natureza já completamente realizada num sujeito. Assim, a fórmula significa a assunção da natureza humana pelo Verbo. Se a resposta 3 fala do homem concreto, é que ela o toma no sentido utilizado pelas objeções, mas conclui no mesmo sentido da solução principal.

AD TERTIUM dicendum quod *homo* supponit personam Filii Dei, non nudam, sed prout subsistit in humana natura. Et quamvis haec sit falsa, *Deus factus est persona Filii*, est tamen haec vera, *Deus factus est homo*, ex eo quod unitus est humanae naturae.

mudança da parte de Deus, mas somente da parte da natureza humana.

QUANTO AO 3º, deve-se dizer que o termo *homem* designa a pessoa do Filho de Deus não simplesmente, mas enquanto subsiste na natureza humana. Embora seja falsa a proposição: *"Deus se fez a pessoa do Filho"*, é verdadeira essa outra: *"Deus se fez homem*, pelo fato de estar unido à natureza humana".

ARTICULUS 7
Utrum haec sit vera: *Homo factus est Deus*

ARTIGO 7
É verdadeira a proposição: *o homem foi feito Deus*?

AD SEPTIMUM SIC PROCEDITUR. Videtur quod haec sit vera: *Homo factus est Deus*.
1. Dicitur enim Rm 1,2-3: *Quod ante promiserat per prophetas suos in Scripturis sanctis de Filio suo, qui factus est ei ex semine David secundum carnem*. Sed Christus secundum quod homo est ex semine David secundum carnem. Ergo homo factus est Filius Dei.

2. PRAETEREA, Augustinus dicit, in I *de Trin.*[1]: *Talis erat illa susceptio quae Deum hominem faceret, et hominem Deum*. Sed ratione illius susceptionis haec est vera: *Deus factus est homo*. Ergo similiter haec est vera: *Homo factus est Deus*.

3. PRAETEREA, Gregorius Nazianzenus dicit, in Epistola *ad Chelidonium*[2]: *Deus quidem humanatus est: homo autem deificatus, vel quomodolibet aliter nominaverit*. Sed Deus ea ratione dicitur humanatus, quia est homo factus. Ergo homo ea ratione dicitur deificatus, quia est factus Deus. Et ita haec est vera: *Homo factus est Deus*.

4. PRAETEREA, cum dicitur, *Deus factus est homo*, subiectum factionis vel unitionis non est Deus, sed humana natura, quam significat hoc nomen *homo*. Sed illud videtur esse subiectum factionis cui factio attribuitur. Ergo haec magis est vera, *Homo factus est Deus*, quam ista, *Deus factus est homo*.

SED CONTRA est quod Damascenus dicit, in III libro[3]: *Non hominem deificatum dicimus, sed Deum humanatum*. Idem autem est fieri Deum quod deificari. Ergo haec est falsa: *Homo factus est Deus*.

QUANTO AO SÉTIMO, ASSIM SE PROCEDE: parece que é verdadeira a proposição: *o homem foi feito Deus*.
1. Com efeito, na Carta aos Romanos, se diz: "O que ele prometera por seus profetas nas sagradas Escrituras a respeito de seu Filho que se fez para ele como descendente de Davi segundo a carne". Ora, Cristo enquanto homem é da descendência de Davi segundo a carne. Logo, o homem foi feito Filho de Deus.

2. ALÉM DISSO, diz Agostinho: "Aquela assunção era tal que tornasse Deus homem e o homem Deus". Ora, em razão dessa assunção é verdadeira a proposição: "Deus se fez homem". Logo, de modo semelhante, é também verdadeira essa: "O homem foi feito Deus".

3. ADEMAIS, diz Gregório Nanzianzeno: "Em verdade Deus se fez humanado; o homem foi deificado ou de que outra maneira se queira dizer". Ora, Deus se diz humanado porque se fez homem. Logo, o homem se diz deificado porque foi feito Deus e, assim, é verdadeira a proposição: "O homem foi feito Deus".

4. ADEMAIS, quando se diz "Deus se fez homem", o sujeito que foi feito ou unido não é Deus mas a natureza humana, significada pelo nome *homem*. Ora, o sujeito do fazer-se é aquele a quem é atribuído. Logo, é mais verdadeira a proposição "o homem foi feito Deus" do que a outra "Deus se fez homem".

EM SENTIDO CONTRÁRIO, está o que diz Damasceno: "Não dizemos que o homem foi deificado, mas que Deus foi humanado". Ora, ser feito Deus é ser deificado. Logo, é falsa a proposição: "O homem foi feito Deus".

---

7 PARALL.: Infra, q. 33, a. 3; III *Sent.*, dist. 7, q. 2, a. 2; *Cont. Error. Graec.*, c. 21; *ad Rom.*, c. 1, lect. 2.
1. C. 13, n. 28: ML 42, 840.
2. Epist. 101, al. Orat. 50: MG 37, 180 A.
3. *De fide orth.*, l. III, c. 2: MG 94, 988 A.

RESPONDEO dicendum quod propositio ista, *Homo factus est Deus*, tripliciter potest intelligi. Uno modo, ita quod hoc participium *factus* determinet absolute vel subiectum, vel praedicatum. Et in hoc sensu est falsa: quia neque homo ille de quo praedicatur est factus, neque Deus est factus, ut infra[4] dicetur. Et sub eodem sensu haec est falsa: *Deus factus est homo*. Sed sub hoc sensu non quaeritur hic de istis propositionibus.

Alio modo potest intelligi ut ly *factus* determinet compositionem: ut sit sensus, *Homo factus est Deus*, idest: *factum est ut homo sit Deus*. Et sub hoc sensu utraque est vera, et, *Homo factus est Deus*, et, *Deus factus est homo*. Sed hic non est proprius sensus harum locutionum: — nisi forte intelligatur quod ly *homo* non habeat personalem suppositionem, sed simplicem. Licet enim hic homo non sit factus Deus, quia hoc suppositum, persona Filii Dei, ab aeterno fuit Deus: tamen homo, communiter loquendo, non semper fuit Deus.

Tertio modo, proprie intelligitur: secundum quod hoc participium *factus* ponit fieri circa hominem in respectu ad Deum sicut ad terminum factionis. Et in hoc sensu, supposito quod in Christo sit eadem persona et hypostasis et suppositum Dei et hominis, ut supra[5] ostensum est, ista propositio falsa est. Quia cum dicitur, *Homo factus est Deus*, ly *homo* habet personalem suppositionem: non enim esse Deum verificatur de homine ratione humanae naturae, sed ratione sui suppositi. Suppositum autem illud humanae naturae de quo verificatur esse Deum, est idem quod hypostasis seu persona Filii Dei, quae semper fuit Deus. Unde non potest dici quod iste homo *incoepit esse Deus* vel quod *fiat Deus*, aut quod *factus sit Deus*.
Si vero esset alia persona vel hypostasis Dei et hominis, ita quod esse Deum praedicaretur de homine, et e converso, per quandam coniunctionem suppositorum, vel dignitatis personalis, vel

RESPONDO. Essa proposição "O homem foi feito Deus" pode ser entendida de três maneiras. 1. De tal sorte que o particípio *feito* determine absolutamente ou o sujeito ou o predicado. Nesse sentido é falsa: porque nem aquele homem, de quem se diz o particípio, foi feito, nem Deus foi feito, como abaixo se dirá. Segundo o mesmo sentido é falsa a proposição "Deus foi feito homem". Mas não é esse o sentido, segundo o qual se pergunta aqui a respeito dessas proposições.

2. De modo que o termo *foi feito* determine a composição, e tal será então o sentido: *o homem foi feito Deus*, isto é, *foi feito que o homem seja Deus*. Nesse sentido ambas as proposições são verdadeiras, tanto *o homem foi feito Deus*, como *Deus se fez homem*. Mas esse não é o sentido próprio dessas locuções —, a não ser que se entenda que o termo *homem* não se empregue por uma pessoa, mas por homem em geral. Ainda que este homem não tenha sido feito Deus, porque este suposito, a saber, a pessoa do Filho de Deus, é Deus desde toda a eternidade. O homem, falando em geral, nem sempre foi Deus.

3. De modo próprio: enquanto o particípio *feito* afirma o fazer-se no homem em relação a Deus como término do ser feito. Nesse sentido, na hipótese de que em Cristo seja a mesma pessoa e hipóstase ou supósito de Deus e do homem, como acima foi mostrado, essa proposição é falsa. Com efeito, quando se diz "o homem foi feito Deus", o termo *homem* emprega-se por pessoa: ser Deus não se verifica do homem em razão da natureza humana mas em razão de seu supósito. Ora, o supósito da natureza humana, do qual se verifica ser Deus, é o mesmo que a hipóstase ou pessoa do Filho de Deus, que sempre foi Deus. Logo, não se pode dizer que este homem "começou a ser Deus", ou que se "faça Deus", ou que "foi feito Deus"[j].
Se, porém, fosse distinta a pessoa ou hipóstase de Deus e do homem, de sorte que *ser Deus* fosse dito do homem e reciprocamente, por alguma conjunção dos supósitos ou da dignidade pessoal

---

4. A. 8, 9.
5. Q. 2, a. 2, 3.

j. O exame da expressão "o homem se fez Deus" tinha uma dupla motivação. Por um lado, parecia a mera inversão da proposição precedente, "Deus se fez homem"; por outro lado, e talvez, devido ao aparente conflito a que dá ocasião, pelas posições diversas de S. Gregório de Nazianzo e Sto. Agostinho, por um lado, e S. João Damasceno, por outro. Sto. Tomás se dá ao trabalho de explicar em que sentido tal expressão é aceitável: 1) se a tomarmos como equivalente a "este homem é Deus" (ver acima a. 2); 2) se o termo homem significa a natureza humana assumida. Mas nem um nem outro representam o sentido primeiro da expressão; ela significa, em vez disso, que um homem concreto se tornou uma pessoa divina, se fez Deus num sentido concreto. O que não é evidentemente a fé cristã, que considera que uma pessoa divina assumiu uma natureza humana concreta, de tal modo que essa mesma pessoa divina se tornou pessoa dessa natureza humana.

affectionis, vel inhabitationis, ut Nestoriani[6] dixerunt: tunc pari ratione posset dici quod *homo factus est Deus*, idest *coniunctus Deo*, sicut et quod *Deus factus est homo*, idest *coniunctus homini*.

AD PRIMUM ergo dicendum quod in verbis illis Apostoli hoc relativum *qui*, quod refert pro persona Filii, non debet intelligi ex parte praedicati, quasi aliquis existens ex semine David secundum carnem sit factus Filius Dei, in quo sensu obiectio procedebat: sed debet intelligi ex parte subiecti, ut sit sensus quod *Filius Dei factus est ei, ("scilicet ad honorem Patris"*, ut Glossa[7] exponit) *existens ex semine David secundum carnem*; ac si diceret: *Filius Dei habens carnem ex semine David ad honorem Dei*.

AD SECUNDUM dicendum quod verbum Augustini est intelligendum in illo sensu, secundum quod ex illa susceptione incarnationis factum est ut homo esset Deus et Deus esset homo. In quo sensu ambae locutiones sunt verae, ut dictum est[8].

Et similiter dicendum est AD TERTIUM: nam *deificari* idem est quod *fieri Deum*.

AD QUARTUM dicendum quod terminus in subiecto positus tenetur materialiter, idest pro supposito: positus vero in praedicato, tenetur formaliter, idest pro natura significata. Et ideo cum dicitur, *Homo factus est Deus*, ipsum fieri non attribuitur humanae naturae, sed supposito humanae naturae: quod est ab aeterno Deus, et ideo non convenit ei fieri Deum. Cum autem dicitur, *Deus factus est homo*, factio intelligitur terminari ad ipsam humanam naturam. Et ideo proprie loquendo, haec est vera, *Deus factus est homo*: sed haec est falsa, *Homo factus est Deus*. Sicut, si Socrates, cum prius fuerit homo, postea factus est albus: demonstrato Socrate, haec est vera, *Hic homo hodie factus est albus*; haec tamen est falsa, *Hoc album hodie factus est homo*.

Si tamen ex parte subiecti poneretur aliquod nomen significans naturam humanam in abstracto, posset hoc modo significari ut subiectum factionis: puta si dicatur quod *natura humana facta est Filii Dei*.

ou da afeição ou habitação, como disseram os nestorianos, então, por uma razão semelhante, se poderia dizer que "o homem foi feito Deus", isto é, *unido a Deus,* assim como "Deus se fez homem, isto é, *unido ao homem*.

QUANTO AO 1º, portanto, deve-se dizer que naquelas palavras do Apóstolo o relativo *que,* referindo-se à pessoa do Filho, não deve ser entendido da parte do predicado, como se alguém existente da descendência de Davi segundo a carne, tenha sido feito Filho de Deus; nesse sentido procedia a objeção. Mas deve ser entendido da parte do sujeito, de modo que o sentido seja: "O Filho de Deus foi feito para ele (a saber, para honra do Pai, como expõe a Glosa)", "existindo da descendência de Davi segundo a carne"; como se dissesse: "O Filho de Deus tem a carne da descendência de Davi para a honra de Deus".

QUANTO AO 2º, deve-se dizer que a palavra de Agostinho deve ser entendida neste sentido: pela admissão da Encarnação, resultou que o homem fosse Deus e Deus fosse homem. Nesse sentido são verdadeiras ambas as locuções, como foi explicado.

QUANTO AO 3º, a mesma resposta se deve dar à objeção. Com efeito, é a mesma coisa *ser deificado* e *ser feito Deus*.

QUANTO AO 4º, deve-se dizer que o termo, posto como sujeito, se entende materialmente, ou seja, pelo supósito. Posto, porém, como predicado, se entende formalmente, ou seja, pela natureza significada. Por essa razão quando se diz "o homem foi feito Deus", o ser feito não se atribui à natureza humana, mas ao supósito da mesma natureza, que é Deus desde toda eternidade e, portanto, não lhe cabe ser feito Deus. Quando porém se diz "Deus se fez homem", se entende que o fazer tem como termo a própria natureza humana. Assim, falando propriamente, é verdadeira a proposição "Deus se fez homem"; mas é falsa a proposição "o homem foi feito Deus". Do mesmo modo, se Sócrates, sendo primeiro homem, depois fosse feito branco, mostrando-se Sócrates é verdadeira a proposição "este homem hoje foi feito branco"; mas é falsa essa outra "esse branco hoje foi feito homem".

Se, no entanto, da parte do sujeito se afirmasse algum nome significando a natureza humana abstratamente, desse modo poderia ser significado como sujeito do ser feito, dizendo-se, por exemplo: "A natureza humana foi feita (natureza) do Filho de Deus."

---

6. Cfr. supra, q. 2, a. 6 c.
7. Interl.; LOMBARDI: ML 191, 1305 D.
8. In corp.

Artigo 8

É verdadeira a proposição: Cristo é criatura?

QUANTO AO OITAVO, ASSIM SE PROCEDE: parece que é verdadeira a proposição: *Cristo é criatura*.

1. Com efeito, diz o papa Leão: "Novo e inaudito encontro: Deus que é e que era faz-se criatura". Ora, de Cristo se pode dizer o que o Filho de Deus foi feito pela Encarnação. Logo, é verdadeira a proposição: "Cristo é criatura".

2. ALÉM DISSO, as propriedades de ambas as naturezas podem ser atribuídas à hipóstase comum a ambas, qualquer que seja o nome com o qual é significada, como acima foi dito. Ora, é propriedade da natureza humana ser criatura, como é propriedade da natureza divina ser Criador. Logo, ambas as propriedades podem ser atribuídas a Cristo, a saber, que seja criatura e que seja incriado e Criador.

3. ADEMAIS, a alma é parte principal do homem, mais do que o corpo. Ora, de Cristo, em razão do corpo que recebeu da Virgem, se diz absolutamente que nasceu da Virgem. Logo, em razão da alma, criada por Deus, deve-se dizer absolutamente que Cristo é criatura.

EM SENTIDO CONTRÁRIO, diz Ambrósio: "Acaso por uma palavra foi feito Cristo? Acaso por uma ordem foi criado Cristo?" como se dissesse: "Não". Por isso, acrescenta: "Como a criatura pode estar em Deus? Pois Deus é natureza simples, não conjunta". Logo, não se deve admitir essa proposição: "Cristo é criatura".

RESPONDO. Segundo Jerônimo: "Das palavras inconsideradas nasce a heresia". Ora, com os hereges não devemos ter em comum nem mesmo os nomes, para não parecer que favorecemos seus erros[k]. Os heréticos arianos disseram que Cristo

---

k. Este artigo e o seguinte recusam fórmulas favoráveis ao arianismo: a primeira quanto ao ser de Cristo, a segunda quanto a seu devir. Aqui, a questão específica sobre o estado de criatura de Cristo em sua humanidade é um pouco eclipsada pela lembrança dos princípios gerais por ela suscitados. Trata-se, por um lado, da necessidade de explicitar bem as expressões que comportam um possível erro de interpretação. Por outro, sem criticar os Padres, Sto. Tomás admite que seus enunciados nem sempre eram precisos; donde a necessidade de entendê-los no sentido correspondente à fé católica (ver a r. 1).

esse creaturam, et minorem Patre, non solum ratione humanae naturae, sed etiam ratione divinae personae. Et ideo non est absolute dicendum quod Christus sit creatura, vel minor Patre: sed cum determinatione, scilicet, secundum humanam naturam. Ea vero de quibus suspicari non potest quod divinae personae conveniant secundum seipsam, possunt simpliciter dici de Christo ratione humanae naturae: sicut simpliciter dicimus Christum esse *passum, mortuum* et *sepultum*. Sicut etiam in rebus corporalibus et humanis, ea quae in dubitationem venire possunt an conveniant toti vel parti, si insunt alicui parti, non attribuimus toti simpliciter, idest sine determinatione: non enim dicimus quod *aethiops est albus*, sed quod *est albus secundum dentem*. Dicimus autem absque determinatione quod est *crispus*: quia hoc non potest ei convenire nisi secundum capillos.

AD PRIMUM ergo dicendum quod aliquando sancti Doctores, causa brevitatis determinatione omissa, nomine *creaturae* utuntur circa Christum. Est tamen in eorum dictis subintelligenda.

AD SECUNDUM dicendum quod omnes proprietates humanae naturae, sicut et divinae, possunt aliqualiter dici de Christo. Unde et Damascenus dicit, in III libro[7], quod *Christus, qui Deus et homo dicitur, creabilis est et increabilis, et partibilis et impartibilis*. Sed tamen illa quae dubitationem habent circa alterutram naturam, non sunt dicenda absque determinatione. Unde et ipse postea alibi[8] subdit: *Ipsa una hypostasis*, scilicet Christi, *et increata est deitate et creata est humanitate*. Sicut et e converso non esset dicendum sine determinatione quod *Christus est incorporeus*, vel *impassibilis*, ad evitandum errorem Manichaei[9], qui posuit Christum verum corpus non habuisse, nec vere passum esse: sed dicendum est cum determinatione quod *Christus secundum deitatem est incorporeus et impassibilis*.

AD TERTIUM dicendum quod de nativitate ex Virgine nulla dubitatio potest esse quod conveniat personae Filii Dei: sicut potest esse de creatione. Et ideo non est similis ratio utrobique.

é criatura, menor do que o Pai, não somente em razão da natureza humana, mas também em razão da pessoa divina. Portanto, não se deve dizer de modo absoluto que Cristo é criatura e menor do que o Pai, mas com a reserva, isto é, segundo a natureza humana. As coisas das quais não podemos suspeitar que convenham à pessoa divina segundo ela mesma podem absolutamente ser atribuídas a Cristo segundo a natureza humana; assim dizemos de modo absoluto que Cristo *padeceu, foi morto e sepultado*. Assim também nas coisas corporais e humanas, as coisas das quais se pode duvidar se convêm ao todo ou à parte, se estão presentes na parte não as atribuímos absolutamente ao todo, ou seja, sem restrição. Não dizemos que *o etíope é branco*, mas que *é branco quanto aos dentes*. Mas dizemos sem determinação que *é crespo*, porque isso não pode convir senão aos cabelos.

QUANTO AO 1º, portanto, deve-se dizer que algumas vezes, os santos Doutores usam para Cristo o nome de *criatura*, por brevidade omitindo a reserva. Mas esta deve ser subentendida nos seus textos.

QUANTO AO 2º, deve-se dizer que todas as propriedades da natureza humana, como também da divina, de alguma maneira podem ser ditas de Cristo. Por isso diz Damasceno: "Cristo, que é dito Deus e homem, é criável e incriável, divisível e indivisível". As coisas, porém, sobre as quais há alguma dúvida quanto a uma ou outra natureza, não devem ser atribuídas sem reserva. Por isso, o mesmo Damasceno acrescenta em outro lugar: "A mesma e única hipóstase", a saber, de Cristo, *é incriada segundo a divindade e criada segundo a humanidade*. Inversamente, não se deve dizer, sem reserva, que *Cristo é incorpóreo* ou *impassível*, para evitar o erro de Maniqueu que afirmou não possuir Cristo um corpo verdadeiro, nem ter sofrido verdadeiramente; mas deve-se dizer, com precisão, que *Cristo, segundo a divindade, é incorpóreo e impassível*.

QUANTO AO 3º, deve-se dizer que quanto ao nascimento da Virgem não pode subsistir nenhuma dúvida de que convenha à pessoa do Filho de Deus, como acontece com a criação. Portanto, não há uma razão semelhante nos dois casos.

---

7. *De fide orth.*, l. III, c. 4: MG 94, 997 D.
8. Op. cit., l. IV, c. 5: MG 94, 1109 D.
9. Vide supra, q. 16, a. 1 c.

Articulus 9
Utrum *ille homo*, demonstrato Christo, *incoeperit esse*

Ad nonum sic proceditur. Videtur quod *ille homo*, demonstrato Christo, *incoeperit esse*.

1. Dicit enim Augustinus, *super Ioan*.[1]: *Priusquam mundus esset, nec nos eramus, nec ipse mediator Dei et hominum, homo Christus Iesus*. Sed illud quod non semper fuit, incoepit esse. Ergo ille homo, demonstrato Christo, incoepit esse.

2. Praeterea, Christus incoepit esse homo. Sed esse hominem est esse simpliciter. Ergo ille homo incoepit esse simpliciter.

3. Praeterea, *homo* importat suppositum humanae naturae. Sed Christus non fuit semper suppositum humanae naturae. Ergo homo ille incoepit esse.

Sed contra est quod dicitur Hb ult., 8: *Iesus Christus heri et hodie, ipse et in saecula*.

Respondeo dicendum quod non est dicendum quod ille homo, demonstrato Christo, incoeperit esse, si nihil addatur. Et hoc duplici ratione. Primo quidem, quia locutio est simpliciter falsa, secundum sententiam Catholicae fidei[2], qua ponimus in Christo unum suppositum et unam hypostasim, sicut et unam personam. Secundum hoc enim oportet quod in hoc quod dicitur, *ille homo*, demonstrato Christo, designetur suppositum aeternum: cuius aeternitati repugnat incipere esse. Unde haec est falsa: *Hic homo incoepit esse*. — Nec obstat quod incipere esse convenit humanae naturae, quae significatur per hoc nomen *homo*: quia terminus in subiecto positus non tenetur formaliter pro natura, sed magis materialiter pro supposito, ut supra[3] dictum est.

Secundo quia, etiam si esset vera, non tamen esset ea utendum absque determinatione, ad evitandum haeresim Arii, qui, sicut personae Filii Dei attribuit quod esset creatura et quod esset minor Patre, ita attribuit ei quod esse incoeperat, dicens quod *erat quando non erat*[4].

Artigo 9
Designando Cristo, pode-se dizer: este homem começou a existir?

Quanto ao nono, assim se procede: parece que designando Cristo, **pode-se** dizer: este homem começou a existir.

1. Com efeito, escreve Agostinho: "Antes que fosse o mundo, nem nós existíamos, nem o próprio mediador de Deus e dos homens, o homem Cristo Jesus". Ora, o que não existiu sempre começou a existir. Logo, o homem designado Cristo começou a existir.

2. Além disso, Cristo começou a ser homem. Ora, ser homem é ser de modo absoluto. Logo, aquele homem começou a ser de modo absoluto.

3. Ademais, o termo *homem* importa o supósito da natureza humana. Ora, Cristo não foi sempre supósito da natureza humana. Logo, aquele homem começou a existir.

Em sentido contrário, está o texto da Carta aos Hebreus: "Jesus Cristo é o mesmo, ontem e hoje; ele o será para a eternidade".

Respondo. Se não se acrescenta nada, não se deve dizer, designando Cristo: aquele homem começou a existir. E isso por duas razões. 1. Porque esse modo de falar é absolutamente falso segundo a doutrina da fé católica, pela qual afirmamos em Cristo um supósito e uma hipóstase, assim como uma só pessoa. Segundo tal afirmação, quando se diz, designando Cristo, *este homem*, se designa necessariamente o supósito eterno, a cuja eternidade repugna o começo no existir. Assim é falsa a proposição: *este homem começou a existir*. — A isso não obsta que o começar a existir convenha à natureza humana que é significada pelo nome *homem*, porque o termo afirmado no sujeito não se toma formalmente pela natureza, mas antes materialmente pelo supósito, como antes já foi explicado.

2. Porque tal afirmação, mesmo que fosse verdadeira, não se deveria empregar sem reserva, para evitar a heresia de Ário. Este, além de atribuir à pessoa do Filho de Deus o ser criatura e o ser menor que o Pai, lhe atribuiu também o começo do existir, dizendo: "Existiu tempo em que não existiu".

---

9 Parall.: III *Sent*., dist. 12, q. 1; *Ad Rom*., c. 1, lect. 3.

  1. Tract. 105, n. 7, super 17, 5: ML 35, 1907.
  2. Cfr. supra, q. 2, a. 2, 3.
  3. A. 7, ad 4.
  4. Cfr. I, q. 42, a. 2, ad 4. — Vide Athan., Epist. *ad episc. Aegypti*, n. 16: MG 25, 576 B; *ad Iovianum*, n. 4: MG 26, 817 C; *ad Apros episc*., n. 5: MG 26, 1037 A; — Basil., *Hom*. 16, in Ioan. 1, 1: MG 31, 473 B; — Marium Victorin., *Adv. Arium*, l. I: ML 8, 1039 D; — Hilar., *De Trin*., l. XII, nn. 18-19: ML 10, 444 AC.

AD PRIMUM ergo dicendum quod auctoritas illa est intelligenda cum determinatione: ut si dicamus quod homo Christus Iesus non fuit antequam mundus esset, *secundum humanitatem*.

AD SECUNDUM dicendum quod cum hoc verbo *incoepit* non sequitur argumentum ab inferiori ad superius: non enim sequitur: *Hoc incoepit esse album, Ergo incoepit esse coloratum*. Et hoc ideo quia *incipere* importat nunc esse et non prius: non autem sequitur: *Hoc non erat prius album, Ergo non erat prius coloratum*. Esse autem simpliciter est superius ad esse hominem. Unde non sequitur: *Christus incoepit esse homo, Ergo incoepit esse*.

AD TERTIUM dicendum quod hoc nomen *homo*, secundum quod accipitur pro Christo, licet significet humanam naturam, quae incoepit esse, tamen supponit suppositum aeternum, quod esse non incoepit. Et ideo, quia, secundum quod ponitur in subiecto, tenetur pro supposito, secundum autem quod ponitur in praedicato, refertur ad naturam: et ideo haec est falsa, *Homo Christus incoepit esse*; sed haec est vera, *Christus incoepit esse homo*.

QUANTO AO 1º, portanto, deve-se dizer que esse texto deve ser entendido com reserva, como se disséssemos que o homem Cristo Jesus não existiu, *segundo a humanidade*, antes que existisse o mundo.

QUANTO AO 2º, deve-se dizer que com o verbo *começou* não se segue o argumento do inferior ao superior. Com efeito de: "Isto começou a ser branco" não se segue, "logo começou a ser colorido". A razão é porque o verbo *começar* importa o ser agora e não antes, e assim não se segue de: "isto antes não era branco, logo antes não era colorido". Ser absolutamente é superior a ser homem. Donde, não se segue: "Cristo começou a ser homem, logo começou a existir"¹.

QUANTO AO 3º, deve-se dizer que o termo *homem*, enquanto empregado para designar Cristo, embora signifique a natureza humana que começou a existir, designa o suposto eterno que não começou a existir. Assim, enquanto é afirmado no sujeito, tem o lugar do suposto; enquanto, porém, é afirmado no predicado, refere-se à natureza. Portanto, é falsa a proposição: "O homem Cristo começou a existir"; mas é verdadeira essa outra: "Cristo começou a ser homem".

ARTICULUS 10

Utrum haec sit vera: *Christus, secundum quod homo, est creatura*; vel, *incoepit esse*

AD DECIMUM SIC PROCEDITUR. Videtur quod haec sit falsa: *Christus, secundum quod homo, est creatura*; vel, *incoepit esse*.

1. Nihil enim in Christo est creatum nisi humana natura. Sed haec est falsa: *Christus, secundum quod homo, est humana natura*. Ergo etiam haec sit falsa: *Christus, secundum quod homo, est creatura*.

2. PRAETEREA, praedicatum magis praedicatur de termino in reduplicatione posito quam de ipso

ARTIGO 10

É verdadeira a proposição: Cristo, enquanto homem, é criatura ou começou a existir? [m]

QUANTO AO DÉCIMO, ASSIM SE PROCEDE: parece que **é falsa** a proposição: Cristo, enquanto homem, é criatura ou começou a existir.

1. Com efeito, em Cristo nada é criado, a não ser a natureza humana. Ora, é falsa a proposição: "Cristo, enquanto homem, é a natureza humana". Logo, também é falsa essa: "Cristo, enquanto homem, é criatura".

2. ALÉM DISSO, o predicado se atribui mais ao termo afirmado por reduplicação do que ao sujeito

---

10 PARALL.: III *Sent*., dist. 4, q. 1, a. 2, q.la 2, ad 1; dist. 11, a. 3.

l. Segundo uma regra elementar de lógica, o que é verdade de cada membro de um gênero é igualmente verdade de cada membro de uma das espécies desse gênero. Se é verdade, por exemplo, que todo animal tem a capacidade de sentir, é igualmente verdade que todo homem tem essa mesma capacidade, uma vez que a espécie homem pertence ao gênero animal. Já o contrário não se aplica; o que convém a uma espécie não vale forçosamente do gênero do qual deriva: todo homem é racional, mas nem todo animal o é. O raciocínio vai do geral ao particular, não o contrário.

m. Os artigos de 10 a 12 examinam três casos nos quais pode surgir uma dificuldade a partir da especificação "enquanto homem", aposta ao sujeito Cristo. Deve-se tratá-la como sujeito ou como predicado, isto é, designando o suposto ou a natureza? Segundo Sto. Tomás, essa especificação tem o papel de um predicado; significa a natureza. Assim, cada vez que se diz algo de Cristo "enquanto homem" isso é afirmado de sua natureza humana, e não de sua pessoa. O autor leva em conta porém a possibilidade de interpretar as fórmulas examinadas, considerando a aposição "enquanto homem" como designando o suposto, e especifica as consequências disso.

subiecto propositionis: sicut, si dicatur, *Corpus, secundum quod coloratum, est visibile*, sequitur quod coloratum sit visibile. Sed haec non est absolute, sicut dictum est[1], concedenda: *Homo Christus est creatura*. Ergo etiam neque haec: *Christus, secundum quod homo, est creatura*.

3. Praeterea, quidquid praedicatur de quocumque homine secundum quod homo, praedicatur de eo per se et simpliciter: idem enim est *per se*, et *secundum quod ipsum*, ut dicitur in V *Metaphys*.[2]. Sed haec est falsa: *Christus est per se et simpliciter creatura*. Ergo etiam haec est falsa: *Christus, secundum quod homo, est creatura*.

Sed contra, omne quod est, vel est Creator vel creatura. Sed haec est falsa: *Christus, secundum quod homo, est Creator*. Ergo haec est vera: *Christus, secundum quod homo, est creatura*.

Respondeo dicendum quod, cum dicitur, *Christus secundum quod homo*, hoc nomen *homo* potest resumi in reduplicatione vel ratione suppositi, vel ratione naturae. Si quidem resumatur ratione suppositi, cum suppositum humanae naturae in Christo sit aeternum et increatum, haec erit falsa: *Christus, secundum quod homo, est creatura*. Si vero resumatur ratione humanae naturae, sic est vera: quia ratione humanae naturae, sive secundum humanam naturam, convenit sibi esse creaturam, ut supra[3] dictum est.

Sciendum tamen quod nomen sic resumptum in reduplicatione magis proprie tenetur pro natura quam pro supposito: resumitur enim in vi praedicati, quod tenetur formaliter; idem enim est dictu, *Christus secundum quod homo*, ac si diceretur, *Christus secundum quod est homo*. Et ideo haec est magis concedenda quam neganda: *Christus, secundum quod homo, est creatura*. — Si tamen adderetur aliquid per quod pertraheretur ad suppositum, esset propositio magis neganda quam concedenda: puta si diceretur: *Christus, secundum quod hic homo, est creatura*.

Ad primum ergo dicendum quod, licet Christus non sit humana natura, est tamen habens humanam naturam. Nomen autem *creaturae* natum est praedicari non solum de abstractis, sed etiam de concretis: dicimus enim quod *humanitas est creatura*, et quod *homo est creatura*.

Ad secundum dicendum quod ly *homo*, secundum quod ponitur in subiecto, magis respicit

da proposição. Assim, da proposição: "O corpo enquanto colorido é visível", segue-se que o colorido é visível. Ora, como foi explicado, não se deve conceder de modo absoluto a proposição: "O homem Cristo é criatura". Portanto, nem a outra: "Cristo, enquanto homem, é criatura".

3. Ademais, tudo o que se atribui a qualquer homem enquanto homem se atribui por si e de modo absoluto; pois, é a mesma coisa *por si* e *enquanto tal*, como se diz no livro V da *Metafísica*. Ora, é falsa a proposição: "Cristo é por si e de modo absoluto criatura". Logo, também é falsa: "Cristo, enquanto homem, é criatura".

Em sentido contrário, tudo o que existe ou é Criador ou criatura. Ora, é falsa a proposição: "Cristo, enquanto homem, é Criador". Logo, é verdadeira: "Cristo, enquanto homem, é criatura".

Respondo. Quando se diz *Cristo enquanto homem*, esse termo *homem* pode ser retomado na reduplicação ou em razão do supósito ou em razão da natureza. Se é retomado em razão do supósito, como o supósito da natureza humana em Cristo é eterno e incriado, é falsa a proposição: "Cristo, enquanto homem, é criatura". Mas, entendendo-se em razão da natureza humana, então é verdadeira, pois em razão da natureza humana ou segundo a natureza humana, convém a Cristo ser criatura, como antes foi explicado.

Deve-se saber, no entanto, que o nome assim retomado na reduplicação, mais propriamente significa a natureza do que o supósito; pois, é retomado em força do predicado, que é entendido formalmente. Com efeito, é a mesma coisa dizer: "Cristo enquanto homem" e dizer: "Cristo enquanto é homem". Desta sorte, deve-se conceder mais do que negar a proposição: "Cristo enquanto homem é criatura". — Contudo, se for acrescentado algo que leve a significação para o supósito, deveria antes ser negada do que concedida uma proposição como: "Cristo, enquanto este homem, é criatura".

Quanto ao 1º, portanto, deve-se dizer que embora Cristo não seja a natureza humana, no entanto possui a natureza humana. O termo *criatura* é apto para ser predicado tanto dos sujeitos abstratos quanto dos concretos. Dizemos, com efeito, que *a humanidade é criatura* e que *o homem é criatura*.

Quanto ao 2º, deve-se dizer que o termo *homem*, enquanto afirmado no sujeito, diz respeito

---

1. A. 8.
2. C. 18: 1022, a, 14-16; 25-29.
3. A. 8.

suppositum: secundum autem quod ponitur in reduplicatione, magis respicit naturam, ut dictum est[4]. Et quia natura est creata, suppositum vero increatum, ideo, licet non concedatur ista simpliciter, *Iste homo est creatura*, conceditur tamen ista: *Christus, secundum quod homo, est creatura*.

AD TERTIUM dicendum quod cuilibet homini qui est suppositum solius naturae humanae, competit quod non habeat esse nisi secundum naturam humanam. Et ideo de quolibet tali supposito sequitur, si secundum quod est homo est creatura, quod sit creatura simpliciter. Sed Christus non solum est suppositum humanae naturae, sed etiam divinae, secundum quam habet esse increatum. Et ideo non sequitur, si secundum quod homo est creatura, quod simpliciter sit creatura.

mais ao supósito; enquanto reduplicado, diz respeito mais à natureza, como foi explicado. Já que a natureza é criada, o supósito é, porém, incriado, por isso, embora não se conceda absolutamente a proposição *este homem é criatura*, concede-se esta: "Cristo, enquanto homem, é criatura".

QUANTO AO 3º, deve-se dizer que a qualquer homem, que é supósito apenas da natureza humana, cabe existir somente segundo a natureza humana. Assim, de qualquer desses supósitos segue-se que, sendo criatura enquanto homem, é criatura de modo absoluto. Ora, Cristo não apenas é supósito da natureza humana, mas também da divina, segundo a qual possui um existir incriado. Por isso, não se segue que, sendo criatura enquanto homem, seja absolutamente criatura.

ARTICULUS 11
Utrum Christus,
secundum quod homo, sit Deus

AD UNDECIMUM SIC PROCEDITUR. Videtur quod *Christus, secundum quod homo, sit Deus*.

1. Christus enim est Deus per gratiam unionis. Sed Christus, secundum quod homo, habet gratiam unionis. Ergo Christus, secundum quod homo, est Deus.

2. PRAETEREA, dimittere peccata est proprium Dei: secundum illud Is 43,25: *Ego ipse sum qui deleo iniquitates tuas propter me*. Sed Christus, secundum quod homo, dimittit peccata: secundum illud Mt 9,6: *Ut autem sciatis quod Filius Hominis habet potestatem in terra dimittendi peccata*, etc. Ergo Christus, secundum quod homo, est Deus.

3. PRAETEREA, Christus non est homo communis, sed est iste homo particularis. Sed Christus, secundum quod est iste homo, est Deus: quia in *isto homine* designatur suppositum aeternum, quod naturaliter est Deus. Ergo Christus, secundum quod homo, est Deus.

SED CONTRA, illud quod convenit Christo secundum quod homo, convenit cuilibet homini. Si ergo Christus, secundum quod homo, est Deus, sequitur quod omnis homo sit Deus. Quod patet esse falsum.

RESPONDEO dicendum quod iste terminus *homo*, in reduplicatione positus, potest dupliciter accipi. Uno modo, quantum ad naturam. Et sic non est

ARTIGO 11
Cristo, enquanto homem, é Deus?

QUANTO AO DÉCIMO PRIMEIRO, ASSIM SE PROCEDE: parece que Cristo, enquanto homem, é Deus.

1. Com efeito, Cristo é Deus pela graça da união. Ora, Cristo, enquanto homem, possui a graça da união. Logo Cristo, enquanto homem, é Deus.

2. ALÉM DISSO, perdoar os pecados é próprio de Deus, segundo se lê no livro do profeta Isaías: "Sou Eu que, por amor de mim, apago as tuas iniquidades". Ora, Cristo, enquanto homem, perdoa os pecados, segundo o Evangelho de Mateus: "Para que saibais que o Filho do homem tem na terra o poder de perdoar os pecados etc..." Logo Cristo, enquanto homem, é Deus.

3. ADEMAIS, Cristo não é homem em geral, mas este homem particular. Ora, Cristo, enquanto este homem, é Deus, pois *neste homem* se designa o supósito eterno que é Deus por natureza. Logo, Cristo, enquanto homem, é Deus.

EM SENTIDO CONTRÁRIO, o que convém a Cristo, enquanto homem, convém a todos os homens. Logo, se Cristo, enquanto homem, é Deus, segue-se que todo homem é Deus. O que, evidentemente, é falso.

RESPONDO. O termo *homem*, tomado reduplicativamente, pode ser entendido de duas maneiras. Primeiro, quanto à natureza. Desse modo, não é

---

4. In corp.

11 PARALL.: III *Sent.*, dist. 10, q. 1, a. 1, q.la 1; *Ad Rom.* c. 1, lect. 3.

verum quod, secundum quod homo, sit Deus: quia humana natura est distincta a divina secundum differentiam naturae. — Alio modo potest accipi ratione suppositi. Et sic, cum suppositum naturae humanae in Christo sit persona Filii Dei, cui per se convenit esse Deum, verum est quod Christus, secundum quod homo, sit Deus.

Quia tamen terminus in reduplicatione positus magis proprie tenetur pro natura quam pro supposito, ut supra[1] dictum est: ideo magis est ista neganda: *Christus, secundum quod homo, est Deus*, quam sit affirmanda.

AD PRIMUM ergo dicendum quod non secundum idem convenit alicui moveri ad aliquid, et esse illud: nam moveri convenit alicui ratione materiae vel subiecti, esse autem in actu ratione formae. Et similiter non secundum idem convenit Christo ordinari ad hoc quod sit Deus per gratiam unionis, et esse Deum: sed convenit primum sibi secundum humanam naturam; secundum vero secundum divinam. Et ideo haec est vera, *Christus, secundum quod homo, habet gratiam unionis*: non tamen ista, *Christus, secundum quod homo, est Deus*.

AD SECUNDUM dicendum quod *Filius Hominis habet in terra potestatem dimittendi peccata*, non virtute humanae naturae, sed divinae: in qua quidem divina natura consistit potestas dimittendi peccata per auctoritatem; in humana autem divina consistit instrumentaliter et per ministerium. Unde Chrysostomus, *super Matth.*[2], hoc exponens, dicit: *Signanter dixit, "in terra dimittendi peccata", ut ostenderet quod humanae naturae potestatem divinitatis univit indivisibili unione. Quia, etsi factus est homo, tamen Dei Verbum permansit.*

AD TERTIUM dicendum quod, cum dicitur *iste homo*, pronomen demonstrativum trahit hoc nomen *homo* ad suppositum. Et ideo magis est haec vera, *Christus, secundum quod iste homo, est Deus*, quam ista, *Christus, secundum quod homo, est Deus*.

verdade que Cristo, enquanto homem, é Deus, pois a natureza humana é distinta da natureza divina por uma diferença de natureza. — De outra maneira, pode ser entendido em razão do supósito. Desse modo, como o supósito da natureza humana em Cristo é a pessoa do Filho de Deus, à qual o ser Deus convém por si mesmo, é verdade que Cristo, enquanto homem, é Deus.

Dado, porém, que o termo tomado reduplicativamente mais propriamente significa a natureza do que o supósito, como antes foi explicado, deve-se, portanto, antes negar do que afirmar a proposição: *Cristo, enquanto homem, é Deus*.

QUANTO AO 1º, portanto, deve-se dizer que mover-se para um termo e ser esse termo não convém a alguma coisa segundo a mesma razão. Com efeito, mover-se convém segundo a razão de matéria ou de sujeito, mas, ser em ato convém em razão da forma. Assim, não é segundo a mesma razão que convém a Cristo: ser ordenado a ser Deus pela graça da união; e ser Deus. Pois, o primeiro lhe convém em razão da natureza humana; o segundo, em razão da natureza divina. Portanto, é verdadeira a proposição: "Cristo, enquanto homem, possui a graça da união"; mas não é verdadeira essa outra: "Cristo, enquanto homem, é Deus".

QUANTO AO 2º, deve-se dizer que o Filho do Homem tem na terra o poder de perdoar pecados, não em virtude da natureza humana, mas da divina. À natureza divina compete o poder de perdoar pecados por autoridade; à natureza humana, de maneira instrumental e por ministério. Assim Crisóstomo, expondo esse texto declara: "Disse expressamente 'na terra o poder de perdoar os pecados', para mostrar que uniu com união indivisível o poder da divindade à natureza humana. Porque, embora feito homem, permaneceu Verbo de Deus".

QUANTO AO 3º, deve-se dizer que ao dizer *este homem*, o pronome demonstrativo atrai o nome *homem* para o supósito. Portanto, é mais verdadeira a proposição: "Cristo, enquanto este homem, é Deus", do que: "Cristo, enquanto homem, é Deus".

---

1. A. praec.
2. Cfr. *Caten. aur.*, In Marc., c. 2, § 1, super v. 10, sub nomine Chrysostomi.

ARTICULUS 12
Utrum Christus, *secundum quod homo*, sit hypostasis vel persona

AD DUODECIMUM SIC PROCEDITUR. Videtur quod Christus, secundum quod homo, sit hypostasis vel persona.
1. Illud enim quod convenit cuilibet homini, convenit Christo secundum quod est homo: est enim aliis hominibus similis, secundum illud Philp 2,7: *In similitudinem hominum factus*. Sed omnis homo est persona. Ergo Christus, secundum quod homo, est persona.
2. PRAETEREA, Christus, secundum quod homo, est substantia rationalis naturae. Non autem substantia universalis. Ergo substantia individua. Sed nihil aliud est persona quam *rationalis naturae individua substantia*: ut dicit Boetius, in libro *de Duabus Naturis*[1]. Ergo Christus, secundum quod homo, est persona.
3. PRAETEREA, Christus, secundum quod homo, est res humanae naturae, et suppositum et hypostasis eiusdem naturae. Sed omnis hypostasis et suppositum et res naturae humanae est persona. Ergo Christus, secundum quod homo, est persona.

SED CONTRA, Christus secundum quod homo, non est persona aeterna. Si ergo, secundum quod homo, sit persona, sequetur quod in Christo sint personae duae, una temporalis et alia aeterna. Quod est erroneum, ut supra[2] dictum est.

RESPONDEO dicendum quod, sicut supra[3] dictum est, iste terminus *homo*, in reduplicatione positus, potest accipi vel ratione suppositi, vel ratione naturae. Cum ergo dicitur, *Christus, secundum quod homo, est persona*, si accipiatur ratione suppositi, manifestum est quod Christus, secundum quod homo, est persona: quia suppositum humanae naturae nihil est aliud quam persona Filii Dei.
Si autem accipiatur ratione naturae, sic potest intelligi dupliciter. Uno modo, quod intelligatur quod naturae humanae competat esse in aliqua persona. Et hoc etiam modo verum est: omne enim quod subsistit in humana natura, est persona. — Alio modo potest intelligi ut naturae humanae in Christo propria personalitas debeatur, causata ex principiis humanae naturae. Et sic Christus, secundum quod homo, non est persona: quia humana

ARTIGO 12
Cristo, enquanto homem, é hipóstase ou pessoa?

QUANTO AO DÉCIMO SEGUNDO, ASSIM SE PROCEDE: parece que Cristo, enquanto homem, é hipóstase ou pessoa.
1. Com efeito, o que convém a todo homem convém a Cristo enquanto homem, pois é semelhante aos outros homens, segundo a Carta aos Filipenses: "Fez-se semelhante aos homens". Ora, todo homem é pessoa. Logo Cristo, enquanto homem, é pessoa.
2. ALÉM DISSO, Cristo, enquanto homem, é substância da natureza racional. Ora, não é substância universal. Logo, é substância individual. Ora, a pessoa não é senão a *substância individual da natureza racional,* como define Boécio. Logo Cristo, enquanto homem, é pessoa.
3. ADEMAIS, Cristo, enquanto homem, é realidade da natureza humana, supósito e hipóstase da mesma natureza. Ora, toda hipóstase, supósito e realidade da natureza humana é pessoa. Logo Cristo, enquanto homem, é pessoa.

EM SENTIDO CONTRÁRIO, Cristo, enquanto homem, não é pessoa eterna. Logo, se é pessoa, enquanto homem, segue-se que em Cristo há duas pessoas, uma temporal e outra eterna; o que é errôneo, como antes foi dito.

RESPONDO. Como anteriormente já foi dito, o termo *homem,* afirmado reduplicativamente, pode ser entendido ou em razão do supósito ou em razão da natureza. Portanto, quando se diz "Cristo, enquanto homem, é pessoa", se se toma em razão do supósito é claro que Cristo, enquanto homem, é pessoa. Pois, o supósito da natureza humana em Cristo não é outro senão a pessoa do Filho de Deus.
Se se toma, porém, em razão da natureza, pode-se entender de duas maneiras. De um modo, entendendo que à natureza humana pertença o existir em alguma pessoa. Desse modo, é verdadeira a proposição, porque tudo o que subsiste na natureza humana é pessoa. — De outro modo, pode-se entender que a natureza humana em Cristo é devida à personalidade própria, causada pelos princípios da natureza humana. Desse modo, Cristo, enquanto

---

12 PARALL.: III *Sent*., dist. 10, q. 1, a. 2, q.la 1; *ad Rom*., c. 1, lect. 3.

1. C. 3: ML 64, 1343 C.
2. Q. 2, a. 6; q. 4, a. 2.
3. A. 10, 11.

natura non est per se seorsum existens a divina natura, quod requirit ratio personae.

AD PRIMUM ergo dicendum quod omni homini convenit esse personam secundum quod omne subsistens in humana natura est persona. Sed hoc est proprium homini Christo, quod persona subsistens in humana natura eius non sit causata ex principiis humanae naturae, sed sit aeterna. Et ideo uno modo est persona secundum quod homo, alio modo non, ut dictum est[4].

AD SECUNDUM dicendum quod *substantia individua* quae ponitur in definitione personae, importat substantiam completam per se subsistentem separatim ab aliis. Alioquin, manus hominis posset dici persona, cum sit substantia quaedam individua: quia tamen est substantia individua sicut in alio existens, non potest dici persona. Et eadem ratione nec natura humana in Christo: quae tamen potest dici individuum vel singulare quoddam.

AD TERTIUM dicendum quod, sicut *persona* significat quid completum et per se subsistens in natura rationali, ita *hypostasis, suppositum* et *res naturae* in genere substantiae significat quiddam per se subsistens. Unde, sicut humana natura non est per se seorsum a persona Filii, ita etiam non est per se hypostasis vel suppositum vel res naturae. Et ideo in sensu in quo negatur ista, *Christus, secundum quod homo, est persona*, oportet etiam negari omnes alias.

---

4. In corp.

homem, não é pessoa, pois a natureza humana nele não existe por si, separada da natureza divina, o que é exigido pela razão de pessoa.

QUANTO AO 1º, portanto, deve-se dizer que a todo homem convém ser pessoa, na medida em que todo subsistente na natureza humana é pessoa. Mas, é próprio do homem Cristo que nele a pessoa subsistente na natureza humana não seja causada pelos princípios da natureza humana, mas seja eterna. Assim, de uma maneira é pessoa enquanto homem, de outra não, como já foi dito.

QUANTO AO 2º, deve-se dizer que o termo *substância individual* que se afirma na definição da pessoa implica a substância completa, subsistente por si separadamente das outras. De outra forma, a mão do homem poderia ser dita pessoa, pois é uma certa substância individual; porém, como é substância individual existente em outro, não pode ser chamada pessoa. Pela mesma razão, a natureza humana em Cristo não pode ser chamada pessoa, mas pode ser chamada algo individual ou singular.

QUANTO AO 3º, deve-se dizer que como *pessoa* significa algo completo e subsistente por si na natureza racional, assim também *hipóstase, supósito e realidade* significam algo subsistente por si. Portanto, assim como a natureza humana não existe por si separada da pessoa do Filho, também não é por si hipóstase, supósito ou realidade. Desta sorte, no sentido em que é negada a proposição: "Cristo, enquanto homem, é pessoa", é necessário que sejam negadas todas as outras.

QUAESTIO XVII
DE UNITATE CHRISTI QUANTUM AD ESSE
in duos articulos divisa

Deinde considerandum est de his quae pertinent ad unitatem in Christo in communi. Nam de his quae pertinent ad unitatem vel pluralitatem in speciali, suis locis determinandum est: sicut supra determinatum est quod in Christo non una

QUESTÃO 17
A UNIDADE DE CRISTO QUANTO AO EXISTIR[a]
em dois artigos

Deve-se considerar em seguida o que pertence à unidade de Cristo em geral. Com efeito, o que toca à unidade ou pluralidade em particular deve ser determinado em seus respectivos lugares, como acima foi determinado que em Cristo não

---

a. Os dois artigos desta questão estão relacionados da maneira mais simples possível. O primeiro estabelece que, a despeito de suas duas naturezas, Cristo é um só ente, uma só realidade existente, dada a unicidade de sua pessoa. Segue-se como consequência necessária, desenvolvida pelo artigo 2, que só há nele um só existir ou *esse*, um só ato de ser, o existir de sua natureza humana estando integrado no de sua pessoa divina.

est tantum scientia; et infra determinabitur quod in Christo non una est tantum nativitas.

Considerandum est ergo primo, de unitate Christi quantum ad esse; secundo, quantum ad velle; tertio, quantum ad operari.

Circa primum quaeruntur duo.

Primo: utrum Christus sit unum vel duo.
Secundo: utrum in Christo sit tantum unum esse.

Articulus 1
Utrum Christus sit unum vel duo

AD PRIMUM SIC PROCEDITUR. Videtur quod Christus non sit unum, sed duo.

1. Dicit enim Augustinus, in I *de Trin.*[1]: *Quia forma Dei accepit formam servi, utrumque Deus, propter accipientem Deum: utrumque homo, propter acceptum hominem.* Sed *utrumque* dici non potest ubi non sunt duo. Ergo Christus est duo.

2. PRAETEREA, ubicumque est *aliud et aliud*, ibi sunt duo. Sed Christus est aliud et aliud: dicit enim Augustinus, in *Enchirid.*[2]: *Cum in forma Dei esset, formam servi accepit: utrumque unus, vel aliud propter Verbum, aliud propter hominem.* Ergo Christus est duo.

3. PRAETEREA, Christus non est tantum homo: quia, si purus homo esset, non esset Deus. Ergo est aliquid aliud quam homo. Et ita in Christo est *aliud et aliud.* Ergo Christus est duo.

4. PRAETEREA, Christus est aliquid quod est Pater: et est aliquid quod non est Pater. Ergo Christus est *aliquid et aliquid.* Ergo Christus est duo.

5. PRAETEREA, sicut in mysterio Trinitatis sunt tres personae in una natura, ita in mysterio Incarnationis sunt duae naturae in una persona. Sed propter unitatem naturae, non obstante distinctione personae, Pater et Filius sunt unum: secundum illud Io 10,30: *Ego et Pater unum sumus.* Ergo, non obstante unitate personae, propter dualitatem naturarum Christus est duo.

6. PRAETEREA, Philosophus dicit in III *Physic.*[3], quod *unum* et *duo* denominative dicuntur. Sed Christus habet dualitatem naturarum. Ergo Christus est duo.

7. PRAETEREA, sicut forma accidentalis facit *alterum*, ita forma substantialis *aliud*, ut Porphyrius

há apenas uma ciência. Depois se determinará que em Cristo não houve somente uma só natividade.

Primeiro, portanto, deve-se considerar a unidade de Cristo quanto ao existir. Em seguida quanto ao querer. Em terceiro lugar quanto ao operar.

A respeito do primeiro são duas as questões:
1. Cristo é um ou dois?
2. Em Cristo há um só existir?

Artigo 1
Cristo é um ou dois?

QUANTO AO PRIMEIRO ARTIGO, ASSIM SE PROCEDE: parece que Cristo **não** é um, mas dois.

1. Com efeito, Agostinho declara: "Tendo a forma de Deus recebido a forma de servo, ambas são Deus, em razão do Deus que recebe; ambas são homem, em razão do homem recebido". Ora, não se pode dizer *ambos* onde não há dois. Logo, Cristo é dois.

2. ALÉM DISSO, onde há *um* e *outro*, há dois. Ora, em Cristo há *um* e *outro*, pois diz Agostinho: "Existindo na forma de Deus, recebeu a forma de servo; ambos são um só sujeito, mas um por causa do Verbo e outro por causa do homem". Logo, Cristo é dois.

3. ADEMAIS, Cristo não é somente homem, porque se fosse puro homem não seria Deus. Logo, é uma coisa além de homem. Logo, em Cristo há *uma coisa e outra coisa.* Logo, Cristo é dois.

4. ADEMAIS, Cristo é algo que o Pai também é, e é algo que o Pai não é. Portanto, Cristo é *uma coisa e outra coisa.* Logo, Cristo é dois.

5. ADEMAIS, como no mistério da Trindade há três pessoas em uma natureza, assim no mistério da Encarnação há duas naturezas em uma só pessoa. Ora, não obstante a distinção das pessoas, em razão da unidade da natureza, o Pai e o Filho são um, segundo o Evangelho de João: "Eu e o Pai somos um". Logo, não obstante a unidade da pessoa, por causa da dualidade de naturezas, Cristo é dois.

6. ADEMAIS, diz o Filósofo no livro III da *Física* que *um* e *dois* se dizem de maneira denominativa. Ora, Cristo tem uma dualidade de naturezas. Logo, Cristo é dois.

7. ADEMAIS, como a forma acidental faz que o sujeito seja *um outro*, assim a forma substancial

---

1 PARALL.: III *Sent.*, dist. 6, q. 2, a. 1; *Cont. Gent.* IV, 38; *De Unione Verb.*, a. 2, ad 2, 7; a. 3; *Cont. Graec., Armen.* etc., c. 6.

1. C. 7: ML 42, 829.
2. C. 35: ML 40, 250.
3. C. 3: 202, a, 18-20.

dicit[4]. Sed in Christo sunt duae naturae substantiales, humana scilicet et divina. Ergo Christus est *aliud et aliud*. Ergo Christus est duo.

SED CONTRA est quod Boetius dicit, in libro *de Duabus Naturis*[5]: *Omne quod est, inquantum est, unum est*. Sed Christum esse confitemur. Ergo Christus est unum.

RESPONDEO dicendum quod natura, secundum se considerata, prout in abstracto significatur, non vere potest praedicari de supposito seu persona nisi in Deo, in quo non differt *quod est* et *quo est*, ut in Prima Parte[6] habitum est. In Christo autem cum sint duae naturae, divina scilicet et humana, altera earum, scilicet divina potest de eo praedicari et in abstracto et in concreto: dicimus enim quod *Filius Dei*, qui supponitur in hoc nomine *Christus*, *est divina natura, et est Deus*. Sed humana natura non potest praedicari de Christo secundum se in abstracto: sed solum in concreto, prout scilicet significatur in supposito. Non enim vere potest dici quod *Christus sit humana natura*, quia natura humana non est nata praedicari de suo supposito: dicitur autem quod *Christus est homo*, sicut et quod *Christus est Deus*. Deus autem significat *habentem deitatem*, et *homo* significat *habentem humanitatem*. Aliter tamen habens humanitatem significatur per hoc nomen *homo*: et aliter per hoc nomen *Iesus*, vel *Petrus*. Nam hoc nomen *homo* importat habentem humanitatem indistincte: sicut et hoc nomen *Deus* indistincte importat habentem deitatem. Hoc tamen nomen *Petrus*, vel *Iesus*, importat distincte habentem humanitatem, scilicet sub determinatis individualibus proprietatibus: sicut et hoc nomen *Filius Dei* importat habentem deitatem sub determinata proprietate personali.

Numerus autem dualitatis in Christo ponitur circa ipsas naturas. Et ideo, si ambae naturae in abstracto praedicarentur de Christo, sequeretur quod Christus esset duo. Sed quia duae naturae non praedicantur de Christo nisi prout significantur in supposito, oportet secundum rationem suppositi praedicari de Christo *unum* vel *duo*. Quidam autem[7] posuerunt in Christo duo supposita, sed unam personam: quae quidem videtur se habere, secundum eorum oponionem, tanquam suppositum completum ultima completione. Et ideo,

faz dele *outra coisa*, como diz Porfírio. Ora, em Cristo há duas naturezas substanciais, a humana e a divina. Assim, Cristo é uma coisa e outra coisa. Portanto, Cristo é dois.

EM SENTIDO CONTRÁRIO, escreve Boécio: "Tudo o que é, enquanto é, é uno". Ora, confessamos que Cristo é. Logo, Cristo é uno.

RESPONDO. Considerada em si mesma, enquanto é significada abstratamente, a natureza não pode ser atribuída verdadeiramente ao supósito ou pessoa, a não ser em Deus, no qual não é diferente *o que é* e o *pelo que é*, como foi demonstrado na I Parte. Mas, em Cristo, como há duas naturezas, a divina e a humana, uma delas, a saber a divina, pode ser a ele atribuída em abstrato e em concreto. Dizemos, com efeito, que o Filho de Deus, que é significado no nome Cristo, é a natureza divina e é Deus. No entanto, a natureza humana não pode ser atribuída a Cristo em si mesma, em abstrato, mas apenas em concreto, enquanto é significada no supósito. Não se pode dizer com verdade que Cristo é a natureza humana, porque à natureza humana não cabe ser predicada de seu supósito. Mas dizemos que Cristo é homem, assim como Cristo é Deus. Deus significa o que tem a divindade e o homem o que tem a humanidade. Porém o ter a humanidade é significado diferentemente no nome *homem* e no nome *Jesus* ou *Pedro*. Com efeito, o nome *homem* implica indistintamente o que tem a humanidade, assim como o nome *Deus* implica indistintamente o que tem a divindade. Mas o nome *Pedro* e o nome *Jesus* implicam o que tem a humanidade distintamente, ou seja, sob determinadas propriedades individuais, assim como o nome *Filho de Deus* implica o que tem a divindade sob determinada propriedade pessoal.

O número dual em Cristo é posto com respeito às próprias naturezas. Portanto, se ambas as naturezas fossem ditas de Cristo em abstrato seguir-se-ia que Cristo seria dois. Mas, como as duas naturezas não são atribuídas a Cristo senão enquanto significadas no supósito, é necessário atribuir a Cristo, um ou dois, segundo a razão do supósito. Alguns afirmaram em Cristo dois supósitos e uma pessoa a qual, segundo essa opinião, se comporta como o supósito inteira e definitivamente completo. Assim, tendo afirmado em Cristo dois

---

4. *Isagoge*, interpr. Boeth., c. De differentiis, § *Illae igitur*: ML 64, 120 D-121 A.
5. C. 4: ML 64, 1346 A.
6. Q. 29, a. 4, ad 1; q. 40, a. 1, *sed c*; q. 50, a. 2, ad 3; q. 75, a. 5, ad 4.
7. Q. 2, a. 6.

quia ponebant in Christo duo supposita, dicebant Christum esse *duo* neutraliter; sed quia ponebant unam personam, dicebant Christum esse *unum* masculine: nam neutrum genus designat quiddam informe et imperfectum; genus autem masculinum designat quiddam formatum et perfectum. — Nestoriani autem, ponentes in Christo duas personas, dicebant Christum non solum esse *duo* neutraliter, sed etiam *duos* masculine[8]. — Quia vero nos ponimus in Christo unam personam et unum suppositum, ut ex praedictis[9] patet, sequitur quod dicamus quod non solum Christus est unus masculine, sed etiam est unum neutraliter.

AD PRIMUM ergo dicendum quod verbum illud Augustini non est sic intelligendum quod ly *utrumque* teneatur ex parte praedicati, quasi dicat quod *Christus sit utrumque*: sed tenetur ex parte subiecti. Et tunc ly *utrumque* ponitur, non quasi pro duobus suppositis, sed pro duobus nominibus significantibus duas naturas in concreto. Possum enim dicere quod *utrumque*, scilicet Deus et homo, est Deus, propter accipientem Deum: et *utrumque*, scilicet Deus et homo, est homo, propter acceptum hominem.

AD SECUNDUM dicendum quod, cum dicitur, Christus est *aliud et aliud*, locutio est exponenda ut sit sensus: habens aliam et aliam naturam. Et hoc modo exponit Augustinus in libro *contra Felicianum*[10]: ubi, cum dixisset, *In mediatore Dei et hominum aliud Dei Filius, aliud hominis Filius*, subdit: *"Aliud", inquam, pro discretione substantiae: non "alius", pro unitate personae*. — Et Gregorius Nazianzenus, in Epistola *ad Chelidonium*[11]: *Si oportet compendiose dicere, aliud quidem et aliud ea ex quibus Salvator est: siquidem non idem est invisibile visibili, et quod absque tempore ei quod sub tempore. Non autem alius et alius: absit. Haec enim ambo unum*.

AD TERTIUM dicendum quod haec est falsa, Christus est tantum homo, quia non excludit aliud suppositum, sed etiam naturam: eo quod termini in praedicato positi tenentur formaliter. Si vero

supósitos, disseram que Cristo era *dois* segundo o gênero neutro; mas porque afirmavam nele uma pessoa, diziam que era *um* no gênero masculino. Pois, o gênero neutro designa algo ainda informe e imperfeito, porém o gênero masculino algo formado e perfeito. — Já os nestorianos, afirmando em Cristo duas pessoas, diziam que Cristo era *dois* não apenas no gênero neutro, mas *dois* no gênero masculino. — Nós, ao contrário, porque afirmamos em Cristo uma só pessoa e um só supósito, como ficou claro do que antes foi explicado, dizemos que Cristo não somente é *um* no gênero masculino, mas também *um* no gênero neutro[b].

QUANTO AO 1º, portanto, deve-se dizer que a palavra de Agostinho não deve ser entendida no sentido de que o termo *ambos* se ponha da parte do predicado, como se disséssemos que "Cristo é ambos"; mas é posto da parte do sujeito. Nesse caso, o termo *ambos* é posto não em lugar de dois supósitos, mas em lugar de dois nomes que significam duas naturezas em concreto. Posso dizer que *ambos*, a saber, Deus e homem, são Deus por causa do Deus que recebe; e *ambos*, a saber, Deus e homem são homem por causa do homem que é recebido.

QUANTO AO 2º, deve-se dizer que quando se diz que Cristo é *uma e outra coisa*, esta expressão deve ser entendida de tal sorte que o sentido seja: possui uma e outra natureza. Assim a expõe Agostinho na passagem em que tendo dito: "No mediador de Deus e dos homens, uma coisa é o Filho de Deus, outra coisa o Filho do Homem", acrescenta: "*Digo outra coisa*, em razão da distinção da substância; não *um outro* por causa da unidade da pessoa". — E Gregório de Nanzianzo explica: "Se é necessário exprimir-se resumidamente, o nosso Salvador consta de uma e outra coisa; pois não é o mesmo, o visível e o invisível, o intemporal e o temporal. Porém, longe de nós dizer que é um e outro. Pois ambos são um".

QUANTO AO 3º, deve-se dizer que é falsa a proposição: "Cristo é somente homem", porque não exclui o outro supósito e sim a outra natureza, pois os termos afirmados no predicado são tomados

---

8. Cfr. CYRILLUM ALEX., *Adv. Nestorii blasphemias*, l. II, c. 6: MG 76, 85 AB.
9. Q. 2, a. 2, 3.
10. Scil. VIGILIUS TAPSENS., in libro *De unitate Trinitatis*, c. 14: ML 62, 344 B (= ML 42, 1166).
11. Epist. 101 *ad Chelid*., al. Orat. 50: MG 37, 180 A. — Cfr. supra, q. 2, a. 3, ad 1.

b. O raciocínio do final desta resposta só pode ser perfeitamente compreendido a partir do latim e de seus três gêneros gramaticais. Tomás tem em vista alguns de seus contemporâneos, os quais, seguindo Pedro Lombardo, admitiam a presença em Cristo de uma só pessoa, mas dois supostos. Cristo teria sido "dois" (supósitos) no neutro, mas "um" (sujeito) no masculino. Tomás, que já mostrou que suposto, hipóstase ou pessoa significam exatamente a mesma realidade, só pode concluir pela unidade absoluta do ente-Cristo, no neutro assim como no masculino.

adderetur aliquid per quod traheretur ad suppositum, esset vera locutio: puta, Christus est tantum id quod est homo. Non tamen sequeretur quod sit aliquid aliud quam homo: quia ly *aliud*, cum sit relativum diversitatis substantiae, proprie refertur ad suppositum, sicut et omnia relativa facientia personalem relationem. Sequitur autem, Ergo habet aliam naturam.

AD QUARTUM dicendum quod, cum dicitur, Christus est aliquid quod est Pater, ly *aliquid* tenetur pro natura divina, quae etiam in abstracto praedicatur de Patre et Filio. Sed cum dicitur, Christus est aliquid quod non est Pater, ly *aliquid* tenetur non pro ipsa natura humana secundum quod significatur in abstracto, sed secundum quod significatur in concreto; non quidem secundum suppositum distinctum, sed secundum suppositum indistinctum; prout scilicet substat naturae, non autem proprietatibus individuantibus. Et ideo non sequitur quod Christus sit *aliud et aliud*, vel quod sit *duo*: quia suppositum humanae naturae in Christo, quod est persona Filii Dei, non ponit in numerum cum natura divina, quae praedicatur de Patre et Filio.

AD QUINTUM dicendum quod in mysterio divinae Trinitatis natura divina praedicatur in abstracto de tribus personis: et ideo simpliciter potest dici quod *tres personae sint unum*. Sed in mysterio Incarnationis non praedicantur ambae naturae in abstracto de Christo: et ideo non potest simpliciter dici quod *Christus sit duo*.

AD SEXTUM dicendum quod *duo* dicitur quasi habens dualitatem, non quidem in aliquo alio, sed in ipso de quo duo praedicantur. Fit autem praedicatio de supposito: quod importatur per hoc nomen *Christus*. Quamvis igitur Christus habeat dualitatem naturarum, quia tamen non habet dualitatem suppositorum, non potest dici esse duo.

AD SEPTIMUM dicendum quod *alterum* importat diversitatem accidentis: et ideo diversitas accidentis sufficit ad hoc quod aliquid simpliciter dicatur *alterum*. Sed *aliud* importat diversitatem substantiae. Substantia autem dicitur non solum natura, sed etiam suppositum: ut dicitur in V *Metaphys.*[12].

formalmente. Porém, se algo for acrescentado, pelo qual seja referido ao supósito, como, por exemplo: Cristo é somente o que é o homem[c], então a expressão seria verdadeira. Não se seguiria, porém, que seja alguma outra coisa além do homem, porque o termo *outra coisa*, sendo relativo à diversidade da substância, propriamente se refere ao supósito, assim como todos os relativos que constituem uma relação pessoal. Segue-se, pois: Logo, possui outra natureza.

QUANTO AO 4º, deve-se dizer que quando se diz: "Cristo é algo que o Pai também é", o termo "algo" refere-se à natureza divina, que é dita do Pai e do Filho também abstratamente. Mas, quando se diz: "o Filho é algo que o Pai não é", o termo "algo" refere-se não à natureza humana enquanto significada em abstrato, mas enquanto significada em concreto; não segundo o supósito distinto, mas segundo o supósito indistinto; enquanto subjaz à natureza e não às propriedades individuais. Assim, não se segue que Cristo seja *uma e outra coisa*, ou que seja *dois*. Pois, o supósito da natureza humana em Cristo, que é a pessoa do Filho de Deus, não se pode adicionar à natureza divina, que é dita do Pai e do Filho.

QUANTO AO 5º, deve-se dizer que, no mistério da Trindade divina, a natureza divina é dita em abstrato das três pessoas e, portanto, pode-se dizer absolutamente que *três pessoas são um*. Mas, no mistério da Encarnação as duas naturezas não são atribuídas em abstrato a Cristo e, portanto, não se pode dizer absolutamente que *Cristo é dois*.

QUANTO AO 6º, deve-se dizer que *dois* se diz como possuindo a dualidade, não em algum outro e sim no mesmo ao qual o *dois* é atribuído. A atribuição se faz ao supósito, que, no caso, é implicado por esse nome *Cristo*. Portanto, embora Cristo tenha a dualidade das naturezas, como não tem a dualidade dos supósitos, não pode ser dito *dois*.

QUANTO AO 7º, deve-se dizer que *um outro* implica a diversidade que vem do acidente e por isso a diversidade do acidente é suficiente para que algo seja dito simplesmente *um outro*. Mas, *outra coisa* implica a diversidade da substância. Não somente a natureza, mas também o supósito são ditos

---

12. C. 8: 1017, b, 23-26.

c. A diferença entre as duas expressões discutidas é manifesta. "Cristo é somente homem" significa que ele não possui outra natureza senão a humana, enquanto "Cristo é somente esse sujeito que é homem" designa a pessoa que subsiste na natureza humana. A segunda proposição é verdadeira, a primeira, falsa. Além disso, não basta tomar o contrário da primeira proposição para ter a verdade, é preciso ainda entendê-lo: "Cristo não é somente homem" não significa que ele tenha em si outro supósito além daquele que é homem, mas simplesmente que ele possui outra natureza além da humana.

Et ideo diversitas naturae non sufficit ad hoc quod aliquid simpliciter dicatur aliud, nisi adsit diversitas secundum suppositum. Sed diversitas naturae facit aliud secundum quid, scilicet secundum naturam, si non adsit diversitas suppositi.

substância, como se diz no livro V da *Metafísica*. Assim, a diversidade de natureza não basta para que algo seja dito absolutamente *outra coisa*, se não há a diversidade segundo o supósito. Mas a diversidade de natureza, se não há a diversidade do supósito, é bastante para que algo seja *outro* segundo um certo aspecto, isto é, segundo a natureza.

Articulus 2
Utrum in Christo sit tantum unum esse

Ad secundum sic proceditur. Videtur quod in Christo non sit tantum unum esse, sed duo.

1. Dicit enim Damascenus, in III libro¹, quod ea quae consequuntur naturam in Christo duplicantur. Sed esse consequitur naturam: esse enim est a forma. Ergo in Christo sunt duo esse.
2. Praeterea, esse Filii Dei est ipsa divina natura, et est aeternum. Esse autem hominis Christi non est divina natura, sed est esse temporale. Ergo in Christo non est tantum unum esse.
3. Praeterea, in Trinitate, quamvis sint tres personae, est tamen unum esse, propter unitatem naturae. Sed in Christo sunt duae naturae, quamvis sit una persona. Ergo in Christo non est unum esse tantum, sed duo.
4. Praeterea, in Christo anima dat aliquod esse corpori: cum sit forma eius. Sed non dat sibi esse divinum: cum sit increatum. Ergo in Christo est aliud esse praeter esse divinum. Et sic in Christo non est tantum unum esse.

Sed contra, unumquodque, secundum quod dicitur ens, dicitur unum: quia unum et ens convertuntur. Si ergo in Christo duo essent esse, et non tantum unum, Christus esset duo, et non unum.

Respondeo dicendum quod, quia in Christo sunt duae naturae et una hypostasis, necesse est quod ea quae ad naturam pertinent in Christo sint duo, quae autem pertinent ad hypostasim in Christo sint

Artigo 2
Em Cristo há somente um ato de existir?ᵈ

Quanto ao segundo, assim se procede: parece que em Cristo **não** há somente um ato de existir, mas dois.

1. Com efeito, diz Damasceno que tudo o que se segue à natureza em Cristo é duplicado. Ora, o ato de existir se segue à natureza, pois o existir vem da forma. Logo, em Cristo há dois atos de existir.
2. Além disso, o ato de existir do Filho de Deus é a própria natureza divina e é eterno. O ato de existir do homem Cristo não é a natureza divina e é ato de existir temporal. Logo, em Cristo não há somente um ato de existir.
3. Ademais, na Trindade, embora haja três pessoas, há somente um ato de existir em razão da unidade de natureza. Ora, em Cristo há duas naturezas, embora haja uma só pessoa. Logo, em Cristo não há um ato de existir e sim dois.
4. Ademais, em Cristo a alma confere um certo ato de existir ao corpo, pois é sua forma. Ora, não confere o ato de existir divino, que é incriado. Logo, em Cristo há outro ato de existir, além do ato de existir divino, e assim, em Cristo não há somente um ato de existir.

Em sentido contrário, o que quer que seja, na medida em que é ente, é uno, pois o existir e o uno são logicamente convertíveis. Portanto, se em Cristo houvesse dois atos de existir e não somente um, Cristo seria dois e não um.

Respondo. Havendo em Cristo duas naturezas e uma hipóstase, é necessário que tudo o que pertence à natureza em Cristo seja dois, o que pertence à hipóstase seja um. O ato de existir pertence à

---

2   Parall.: III *Sent.*, dist. 4, q. 1, a. 2, q.la 1; dist. 6, q. 2, a. 2; dist. 14, a. 1, q.la 1; dist. 18, a. 1, ad 3; *De Unione Verb.*, a. 1, ad 10; a. 4; *Quodlib.* IX, q. 2, a. 2; *Compend. Theol.*, c. 212.

1. *De fide orth.*, l. III, cc. 13-15: MG 94, 1033-1061.

d. A palavra ato de existir ou ato de ser do título traduz o latim *esse*, termo especialmente difícil de verter; significa o ser enquanto "ato último que põe uma realidade na existência, segundo as determinações essenciais que lhe convêm" (Ch.-V. Héris). Deve-se portanto entender *existência* aqui enquanto distinta da *essência*, ou natureza, e conceder-lhe o sentido ativo do verbo ser, do ato de *existir*. Só em Deus essência e existência se identificam; em todas as criaturas são distintas, e é sua composição que as faz vir a ser.

unum tantum. Esse autem pertinet ad hypostasim et ad naturam: ad hypostasim quidem sicut ad id quod habet esse; ad naturam autem sicut ad id quo aliquid habet esse; natura enim significatur per modum formae, quae dicitur ens ex eo quod ea aliquid est, sicut albedine est aliquid album, et humanitate est aliquis homo. Est autem considerandum quod, si aliqua forma vel natura est quae non pertineat ad esse personale hypostasis subsistentis, illud esse non dicitur esse illius personae simpliciter, sed secundum quid: sicut esse album est esse Socratis, non inquantum est Socrates, sed inquantum est albus. Et huiusmodi esse nihil prohibet multiplicari in una hypostasi vel persona: aliud enim est esse quo Socrates est albus, et quo Socrates est musicus. Sed illud esse quod pertinet ad ipsam hypostasim vel personam secundum se, impossibile est in una hypostasi vel persona multiplicari: quia impossibile est quod unius rei non sit unum esse.

Si igitur humana natura advenerit Filio Dei, non hypostatice vel personaliter, sed accidentaliter, sicut quidam posuerunt[2], oporteret ponere in Christo duo esse: unum quidem secundum quod est Deus; aliud autem secundum quod est homo. Sicut in Socrate ponitur aliud esse secundum quod est albus, aliud secundum quod est homo: quia esse album non pertinet ad ipsum esse personale Socratis. Esse autem capitatum, et esse corporeum, et esse animatum, totum pertinet ad unam personam Socratis: et ideo ex omnibus his non fit nisi unum esse in Socrate. Et si contingeret quod, post constitutionem personae Socratis, advenirent Socrati manus vel pedes vel oculi, sicut accidit in caeco nato, ex his non accresceret Socrati aliud esse, sed solum relatio quaedam ad huiusmodi: quia scilicet diceretur esse non

hipóstase e à natureza[e]; à hipóstase, como àquilo que possui o ato de existir; à natureza como àquilo, pelo qual se possui o ato de existir. Pois, a natureza é significada à maneira de forma, que é dita ente porque por ela algo existe, por exemplo, algo é branco pela brancura, e alguém é homem pela humanidade. Deve-se considerar que, se há alguma forma ou natureza que não pertença ao ato de existir pessoal da hipóstase subsistente, aquele ato de existir não é dito de modo absoluto ato de existir daquela pessoa, mas sob certo aspecto apenas, assim como ser branco é ato de existir de Sócrates, não enquanto é Sócrates, mas enquanto é branco. Nada impede que tal ato de existir se multiplique numa hipóstase ou pessoa: é um o ato de existir pelo qual Sócrates é branco, e é outro aquele pelo qual Sócrates é músico. Mas é impossível que se multiplique o ato de existir que pertence à própria hipóstase ou pessoa em razão dela mesma, porque é impossível que de uma única coisa não haja senão um único ato de existir.

Portanto, se a natureza humana fosse assumida pelo Filho de Deus não hipostática ou pessoalmente, mas acidentalmente, como alguns afirmaram, seria necessário atribuir a Cristo dois atos de existir: um pelo qual é Deus e outro pelo qual é homem, assim como a Sócrates é atribuído um ato de existir enquanto é branco, e outro enquanto é homem, pois o ser branco não pertence ao ser pessoal de Sócrates. Porém, ter cabeça, ser corpóreo e ser animado, tudo isso pertence a uma só pessoa de Sócrates e, portanto, de tudo isso não resulta senão um ato de existir em Sócrates. Se acontecesse que, depois da constituição da pessoa de Sócrates, a ele se acrescentassem mãos, pés ou olhos, como aconteceu ao cego de nascença, não se acrescentaria a Sócrates um outro ato de existir,

---

2. Vide supra, q. 2, a. 6 c.

e. A doutrina deste artigo suscitou discussões apaixonadas entre os discípulos de Sto. Tomás. Ele conclui pela unidade da existência em Cristo. Ora, num texto que é sensivelmente da mesma data, na Questão disputada *De unione Verbi incarnati*, ele conclui não menos claramente por uma dualidade certa. Não é possível entrar aqui nas sutilezas requeridas pelo tratamento de um tema tão difícil, mas simplificando um pouco, parece que podemos dizer o seguinte. Uma vez que se trata de textos da mesma época, não se pode pensar numa evolução no ensinamento do autor, e como não se cogita que ele se contradiga, resta que essas duas posições são conciliáveis. Elas o são pelo princípio aqui lembrado, e ao qual Tomás é constantemente fiel: o *esse*, o ato de existir, deriva ao mesmo tempo da natureza e da hipóstase. Segundo o ponto de vista mantido, é um dos dois aspectos que deve ser valorizado. É assim que na Questão disputada *Da união do Verbo encarnado*, cujo enfoque se dá pelo lado das naturezas nas quais a pessoa existe, Tomás concluiu pela dualidade dos atos de existir: uma vez que a natureza humana de Cristo é uma realidade criada, deve ter sua existência própria. Mas não se trata de uma dualidade pura e simples: em relação à existência não-criada que a pessoa do Verbo possui desde sempre em virtude de sua natureza divina, a existência criada que lhe vem de sua natureza humana é uma existência secundária integrada à existência principal, que é sem contestação o ato de existir da pessoa divina. É por isso que, neste artigo, o autor, que compara a realidade de Cristo sob o ângulo da unidade de sua hipóstase, conclui pela unidade de seu ato de existir pessoal, mas não contradiz o que estabelece em outras passagens: essa unidade se efetua pela integração de uma certa dualidade.

solum secundum ea quae prius habebat, sed etiam secundum ea quae postmodum sibi adveniunt.

Sic igitur, cum humana natura coniungatur Filio Dei hypostatice vel personaliter, ut supra[3] dictum est, et non accidentaliter, consequens est quod secundum humanam naturam non adveniat sibi novum esse personale, sed solum nova habitudo esse personalis praeexistentis ad naturam humanam: ut scilicet persona illa iam dicatur subsistere, non solum secundum naturam divinam, sed etiam humanam.

AD PRIMUM ergo dicendum quod esse consequitur naturam, non sicut habentem esse, sed sicut qua aliquid est: personam autem, sive hypostasim, consequitur sicut habentem esse. Et ideo magis retinet unitatem secundum unitatem hypostasis, quam habeat dualitatem secundum dualitatem naturae.

AD SECUNDUM dicendum quod illud esse aeternum Filii Dei quod est divina natura, fit esse hominis, inquantum humana natura assumitur a Filio Dei in unitate personae.

AD TERTIUM dicendum quod, sicut in Prima Parte[4] dictum est, quia persona divina est idem cum natura, in personis divinis non est aliud esse personae praeter esse naturae: et ideo tres personae non habent nisi unum esse. Haberent autem triplex esse, si in eis esset aliud esse personae, et aliud esse naturae.

AD QUARTUM dicendum quod anima in Christo dat esse corpori inquantum facit ipsum actu animatum: quod est dare ei complementum naturae et speciei. Sed si intelligatur corpus perfectum per animam absque hypostasi habente utrumque, hoc totum compositum ex anima et corpore, prout significatur nomine *humanitatis*, non significatur ut quod est, sed ut quo aliquid est. Et ideo ipsum esse est personae subsistentis, secundum quod habet habitudinem ad talem naturam: cuius habitudinis causa est anima, inquantum perficit humanam naturam informando corpus.

mas apenas uma certa relação a esses membros, pois a ele se atribuiria o ato de existir, não somente segundo o que possuía antes, mas também segundo o que depois lhe foi acrescentado.

Portanto, sendo a natureza humana unida ao Filho de Deus hipostática ou pessoalmente, como antes foi explicado, e não acidentalmente, segue-se que, em razão da natureza humana, não lhe advém um novo ato de existir pessoal, mas apenas uma nova relação do ato de existir preexistente à natureza humana, de tal sorte a se dizer que a pessoa de Cristo subsiste não somente na natureza divina, mas também na natureza humana.

QUANTO AO 1º, portanto, deve-se dizer que o ato de existir acompanha a natureza, não que a natureza seja o que tem o ato de existir, mas que ela é aquilo pelo que algo existe. O ato de existir acompanha a pessoa ou hipóstase como o que possui o ato de existir. Assim, Cristo conserva mais a unidade segundo a unidade da hipóstase, do que tem dualidade em razão da dualidade das naturezas.

QUANTO AO 2º, deve-se dizer que o ato de existir eterno do Filho de Deus, que é a natureza divina, faz-se ato de existir do homem, enquanto a natureza humana é assumida pelo Filho de Deus na unidade de pessoa.

QUANTO AO 3º, deve-se dizer que como foi explicado na I Parte, nas pessoas divinas, não há outro ato de existir da pessoa além do ato de existir da natureza, pois a pessoa divina é idêntica com a natureza. Desta sorte, as três pessoas não possuem senão um ato de existir. Teriam um tríplice ato de existir se nelas fossem diferentes o ato de existir da pessoa e o ato de existir da natureza.

QUANTO AO 4º, deve-se dizer que em Cristo a alma confere o ato de existir ao corpo, enquanto o faz animado em ato, o que é o mesmo que lhe conferir o complemento de sua natureza e de sua espécie. Mas, se se entende o corpo perfeito em virtude da alma, sem a hipóstase que possui a ambos, o composto da alma e do corpo, enquanto é significado pelo nome *humanidade*, não designa o que existe, mas aquilo pelo que algo existe. Por conseguinte, o próprio ato de existir cabe à pessoa subsistente, enquanto tem relação com tal natureza. A causa dessa relação é a alma, enquanto dá a ultima perfeição à natureza humana ao informar o corpo.

---

3. Cfr. q. 2, a. 6.
4. Q. 50, a. 2, ad 3; q. 75, a. 5, ad 4.

QUAESTIO XVIII
DE UNITATE CHRISTI QUANTUM AD VOLUNTATEM

in sex articulos divisa

Deinde considerandum est de unitate quantum ad voluntatem.

Et circa hoc quaeruntur sex.

Primo: utrum in Christo sit alia voluntas divina, et alia humana.
Secundo: utrum in humana natura Christi sit alia voluntas sensualitatis, et alia rationis.
Tertio: utrum in Christo fuerint ex parte rationis plures voluntates.
Quarto: utrum in Christo fuerit liberum arbitrium.
Quinto: utrum humana voluntas Christi fuerit omnino conformis divinae voluntati in volito.
Sexto: utrum in Christo fuerit aliqua contrarietas voluntatum.

Articulus 1
Utrum in Christo sint duae voluntates, una divina et alia humana

AD PRIMUM SIC PROCEDITUR. Videtur quod in Christo non sint duae voluntates, una divina et alia humana.

1. Voluntas enim est primum movens et imperans in unoquoque volente. Sed in Christo primum movens et imperans fuit voluntas divina: quia omnia humana in Christo movebantur secundum voluntatem divinam. Ergo videtur quod in Christo non fuerit nisi una voluntas, scilicet divina.

2. PRAETEREA, instrumentum non movetur propria voluntate, sed voluntate moventis. Sed natura

QUESTÃO 18
A UNIDADE DE CRISTO QUANTO À VONTADE[a]

em seis artigos

Deve-se considerar, em seguida, a unidade quanto à vontade.

Sobre isso são seis as perguntas:

1. Há em Cristo uma vontade divina e outra humana?
2. Na natureza humana de Cristo há um apetite sensível e outro racional?
3. Da parte da razão houve em Cristo várias vontades?
4. Houve em Cristo livre-arbítrio?
5. Terá sido a vontade humana de Cristo totalmente conforme à vontade de Deus em seu querer?
6. Houve contrariedade entre as vontades de Cristo?

Artigo 1
Houve em Cristo duas vontades, uma divina e outra humana?

QUANTO AO PRIMEIRO ARTIGO, ASSIM SE PROCEDE: parece que **não** houve em Cristo duas vontades, uma divina e outra humana.

1. Com efeito, em todo o que quer, a vontade é o primeiro princípio que move e comanda. Ora, em Cristo esse primeiro princípio foi a vontade divina, porque nele tudo o que havia de humano era movido pela vontade divina. Logo, parece que em Cristo só houve uma vontade, a divina.

2. ALÉM DISSO, o instrumento não é movido pela própria vontade, mas pela vontade daquele que

---

1 PARALL.: III *Sent.*, dist. 17, a. 1, q.la 1; *Cont. Gent.* IV, 36; *Compend. Theol.*, c. 212; in *Matth.*, c. 26; in *Ioan.*, c. 6, lect. 4.

a. Os seis artigos desta questão se dividem segundo o seguinte encadeamento. O autor estabelece em primeiro lugar a existência de duas vontades em Cristo, uma divina, outra humana; é uma consequência de suas duas naturezas: cada natureza é princípio de vontade e de operação (a. 1). Em seguida, examina os múltiplos aspectos da vontade humana. O que é chamado de "vontade de sensualidade" é o apetite sensível, o qual, por sua submissão à razão, é suscetível de se tornar racional por participação (a. 2). Existe uma só faculdade racional que merece propriamente o título de vontade, mas essa faculdade única apresenta dois aspectos diferentes: segundo seu ato de simples querer, espontâneo e irrefletido, pode ser chamado de "vontade de natureza" (*ut natura* = enquanto natureza apetitiva); segundo seu ato de querer refletido, isto é, na medida em que é um ato de escolha e de razão, é chamada de "vontade de razão" (*ut ratio* = enquanto racional; a. 3). Esse ato de escolha provém do livre-arbítrio, e portanto, uma vez que há em Cristo essa vontade da razão, há também o livre-arbítrio e uma perfeita liberdade (a. 4). Põe-se então a questão das relações entre a vontade humana e a vontade divina em Cristo: a vontade de razão estava sempre de acordo com a vontade divina, mas não era o caso da vontade de natureza e da vontade de sensualidade, cujo movimento espontâneo precisava ser assumido pela razão (a. 5). Entretanto, sua repugnância ao sofrimento e à morte aceitos pela vontade humana, de acordo com a vontade divina como meio de salvação do gênero humano, não constituía propriamente falando um ato contrário a essa escolha, mas uma mera divergência de tendências (a. 6).

humana in Christo fuit *instrumentum divinitatis eius*[1]. Ergo natura humana in Christo non movebatur propria voluntate, sed divina.

3. PRAETEREA, illud solum multiplicatur in Christo quod pertinet ad naturam. Voluntas autem non videtur ad naturam pertinere: quia ea quae sunt naturalia, sunt ex necessitate; quod autem est voluntarium, non est necessarium. Ergo voluntas est una tantum in Christo.

4. PRAETEREA, Damascenus dicit, in III libro[2], quod *aliqualiter velle non est naturae, sed nostrae intelligentiae*, scilicet personalis. Sed omnis voluntas est aliqualis voluntas: quia *non est in genere quod non est in aliqua eius specie*[3]. Ergo omnis voluntas ad personam pertinet. Sed in Christo fuit tantum et est una persona. Ergo in Christo est tantum una voluntas.

SED CONTRA, est quod Dominus dicit, Lc 22,42: *Pater, si vis, transfer calicem istum a me. Veruntamen non mea voluntas, sed tua fiat*. Quod inducens Ambrosius, in libro *ad Gratianum Imperatorem*[4], dicit: *Sicut susceperat voluntatem meam, suscepit tristitiam meam*. Et, *super Lucam*[5], dicit: *Voluntatem suam ad hominem retulit: Patris, ad divinitatem. Voluntas enim hominis est temporalis: voluntas divinitatis aeterna*.

RESPONDEO dicendum quod quidam posuerunt in Christo esse unam solam voluntatem: sed ad hoc ponendum diversimode moti esse videntur. Apollinaris enim non posuit animam intellectualem in Christo: sed quod Verbum esset loco animae, vel etiam loco intellectus[6]. Unde, cum *voluntas sit in ratione*, ut Philosophus dicit, in III *de Anima*[7], sequebatur quod in Christo non esset voluntas humana: et ita in eo non esset nisi una voluntas. — Et similiter Eutyches, et omnes qui posuerunt unam naturam compositam in Christo[8], cogebantur ponere unam voluntatem in eo. — Nestorius etiam[9], qui posuit unionem Dei et hominis esse factam solum secundum affectum et voluntatem, posuit unam voluntatem in Christo.

o move. Ora, a natureza humana de Cristo era o *instrumento de sua divindade*. Logo, a natureza humana de Cristo não era movida pela própria vontade, mas pela divina.

3. ADEMAIS, só é multiplicado em Cristo o que pertence à natureza. Ora, a vontade não parece pertencer à natureza, porque o que é da natureza é necessário, mas o que é voluntário não é necessário. Logo, em Cristo havia uma só vontade.

4. ADEMAIS, Damasceno diz: "Querer de uma determinada forma não é próprio da natureza, mas de nossa inteligência", ou seja é da pessoa. Ora, toda vontade é uma vontade particular, porque "só pertence ao gênero o que pertence a alguma sua espécie". Toda vontade, portanto, pertence à pessoa. Mas, em Cristo só houve e há uma pessoa. Logo, em Cristo, há uma só vontade.

EM SENTIDO CONTRÁRIO, está a palavra do Senhor no Evangelho de Lucas: "Pai, se quiseres, afasta de mim esse cálice. No entanto, não se faça a minha vontade, mas a tua". Ao comentar esse texto, Ambrósio escreve: "Da mesma forma que assumira a minha vontade, assumiu a minha tristeza". E a propósito de Lucas: "Ele referiu sua vontade à sua humanidade; a do Pai à divindade. Pois a vontade do homem é temporal; a vontade de Deus é eterna".

RESPONDO. Alguns afirmaram que em Cristo só havia uma vontade, mas chegaram a essa conclusão por diversos motivos. Apolinário negou a Cristo a alma intelectual; o Verbo ocupava o lugar da alma e mesmo do intelecto. Daí que, "estando a vontade na razão", segundo o Filósofo no livro III da *Alma*, resultava que em Cristo não haveria vontade humana. E, portanto, só teria uma vontade. — Igualmente, Êutiques e todos aqueles que afirmavam uma natureza composta em Cristo, eram obrigados a afirmar uma única vontade nele. — Também segundo Nestório, Cristo teria uma única vontade, porque a união de Deus e do homem se realizaria só segundo o afeto e a vontade.

---

1. Cfr. DAMASCEN., *De fide orth.*, l. III, c. 15: MG 94, 1060 A.
2. C. 14: MG 94, 1036 B.
3. ARISTOT., *Topic.*, l. IV, c. 1: 121, a, 28-29; 34-35.
4. *De fide, ad Gratiam.*, l. II, c. 7, al. 3, n. 53: ML 16, 570 C.
5. L. X, n. 60, super 22, 42: ML 15, 1819 A.
6. Cfr. ATHAN., *Contra Apollin.*, l. I, n. 2: MG 26, 1096 B; GREG. NAZ., Epist. 202 *ad Nectarium*: MG 37, 333 A; GREG. NYSS., *Adv. Apollin.*, n. 35: MG 45, 1201 A; THEOPHIL. ALEX., Epist. *ad totius Aegypti episc.*, a. 402, interprete Hieron., n. 4: ML 22, 795.
7. C. 9: 432, b, 5.
8. Vide supra, q. 2, a. 6 c.
9. Vide supra, ibid.

Postmodum vero Macarius Antiochenus Patriarcha[10], et Cyrus Alexandrinus[11], et Sergius Constantinopolitanus[12], et quidam eorum sequaces[13], posuerunt in Christo unam voluntatem, quamvis ponerent duas naturas in Christo secundum hypostasim unitas: quia opinabantur quod humana natura in Christo nunquam movebatur proprio motu, sed solum secundum quod erat mota a divinitate, ut patet in Epistola Synodica Agathonis Papae[14]. — Et ideo in Sexta Synodo, apud Constantinopolim celebrata[15], determinatum est oportere dici quod in Christo sint duae voluntates: ubi sic legitur: *Iuxta quod olim prophetae de Christo, et ipse nos erudivit, et sanctorum Patrum nobis tradidit Symbolum, duas voluntates naturales in eo, et duas naturales operationes praedicamus.*

Et hoc necessarium fuit dici. Manifestum est enim quod Filius Dei assumpsit humanam naturam perfectam: ut supra[16] ostensum est. Ad perfectionem autem humanae naturae pertinet voluntas, quae est naturalis eius potentia, sicut et intellectus: ut patet ex his quae in Prima Parte[17] dicta sunt. Unde necesse est dicere quod Filius Dei humanam voluntatem assumpserit in natura humana. Per assumptionem autem humanae naturae nullam diminutionem passus est Filius Dei in his quae pertinent ad divinam naturam, cui competit voluntatem habere, ut in Prima Parte[18] habitum est. Unde necesse est dicere quod in Christo sint duae voluntates, una scilicet divina et alia humana.

AD PRIMUM ergo dicendum quod quidquid fuit in humana natura Christi, movebatur nutu divinae voluntatis: non tamen sequitur quod in Christo non fuerit motus voluntatis proprius naturae humanae. Quia etiam aliorum sanctorum piae voluntates moventur secundum voluntatem Dei, *quae operatur in eis et velle et perficere*, ut dicitur Philip 2,13. Licet enim voluntas non possit interius moveri ab aliqua creatura, interius tamen movetur a Deo: ut in Prima Parte[19] dictum est. Et sic etiam Christus secundum voluntatem humanam sequebatur volunta-

Mais tarde, Macário, patriarca de Antioquia, Ciro de Alexandria, Sérgio de Constantinopla e alguns de seus seguidores, apesar de admitirem em Cristo duas naturezas unidas segundo a hipóstase, reconheciam nele uma única vontade, porque pensavam que a natureza humana de Cristo não era movida por um movimento próprio, mas unicamente pela divindade, como consta na *Carta Sinodal* do papa Agatão. — Por isso, o sexto Concílio, realizado em Constantinopla, determinou que é necessário afirmar duas vontades em Cristo. E o expressou nestes termos: "Segundo o que outrora nos ensinaram os profetas sobre Cristo, o que ele mesmo nos ensinou e o que nos transmitiu o Símbolo dos santos Padres, proclamamos que, em Cristo, há duas vontades e duas operações segundo as duas naturezas".

Era necessário falar assim, porque é evidente que o Filho de Deus assumiu uma natureza humana perfeita, como foi mostrado antes. Ora, como está claro pelo que foi exposto na I Parte, a vontade pertence à perfeição da natureza humana porque é sua potência natural, como também o intelecto. Por isso é necessário dizer que o Filho de Deus, junto com a natureza humana, assumiu uma vontade humana. Ao assumir a natureza humana, contudo, o Filho de Deus não sofreu nenhuma diminuição no que diz respeito à natureza divina à qual, como foi estabelecido na I Parte, compete ter vontade. Por isso é necessário dizer que em Cristo há duas vontades, uma divina e outra humana.

QUANTO AO 1º, portanto, deve-se dizer que parece que tudo o que havia na natureza humana de Cristo era movido pela vontade divina. Mas não se pode concluir daí que não houvesse em Cristo um movimento da vontade próprio da natureza humana. Porque também as vontades piedosas de outros santos são movidas segundo a vontade de Deus "que opera neles o querer e o fazer", como diz a Carta aos Filipenses. Embora a vontade não possa ser movida interiormente por nenhuma criatura, pode ser movida interiormente por Deus,

---

10. Cfr. Conc. Constant. III, actio 11: ed. Mansi, XI, 511-518.
11. Cfr. Conc. Constant. III, actio 13, Satisfactio facta a Cyro: ed. Mansi, XI, 567.
12. Cfr. Conc. Constant. III, actio 12, Epist. Sergii ad Honorium: ed. Mansi, XI, 534. Vide etiam Mansi, X, 995, 999.
13. Ut PYRRHUS, apud Conc. Lat. Rom.: ed. Mansi, X, 1002; THEODORUS PHARANITANUS, ibid.: ed. cit., X, 959, 962; PAULUS CONSTANTINOPOL., ibid.: ed. cit., X, 1023.
14. Epist. III: MG 87, 1221. — Conc. Constant. III, actio 4: ed. Mansi, XI, 291.
15. Actio 18: ed. Mansi, XI, 638.
16. Q. 4, a. 2, 2 a; q. 5; q. 9, a. 1.
17. Q. 79, a. 1, ad 2; q. 80, a. 2.
18. Q. 19, a. 1.
19. Q. 105, a. 4; q. 106, a. 2; q. 111, a. 2.

tem divinam: secundum illud Ps 39,9: *Ut facerem voluntatem tuam, Deus meus, volui.* Unde Augustinus dicit, *contra Maximinum*[20]: *Ubi dixit Filius Patri, "Non quod ego volo, sed quod tu vis", quid te adiuvat quod tua verba subiungis, et dicis, "Ostendit vere suam voluntatem subiectam suo Genitori": quasi nos negemus hominis voluntatem voluntati Dei debere esse subiectam?*

AD SECUNDUM dicendum quod proprium est instrumenti quod moveatur a principali agente: diversimode tamen, secundum proprietatem naturae ipsius. Nam instrumentum inanimatum, sicut securis aut serra, movetur ab artifice per motum solum corporalem. Instrumentum vero animatum anima sensibili movetur per appetitum sensitivum, sicut equus a sessore. Instrumentum vero animatum anima rationali movetur per voluntatem eius, sicut per imperium domini movetur servus ad aliquid agendum: qui quidem servus est sicut *instrumentum animatum*, ut Philosophus dicit, in I *Politic.*[21]. Sic ergo natura humana in Christo fuit instrumentum divinitatis ut moveretur per propriam voluntatem.

AD TERTIUM dicendum quod ipsa potentia voluntatis est naturalis, et consequitur naturam ex necessitate. Sed motus vel actus potentiae, qui etiam voluntas dicitur, quandoque quidem est naturalis et necessarius, puta respectu felicitatis; quandoque autem ex libero arbitrio rationis proveniens, et non necessarius neque naturalis; sicut patet ex his quae in Secunda Parte[22] dicta sunt. Et tamen etiam ipsa ratio, quae est principium huius motus, est naturalis. Et ideo, praeter voluntatem divinam, oportet in Christo ponere voluntatem humanam, non solum prout est potentia naturalis, aut prout est motus naturalis, sed etiam prout est motus rationalis.

AD QUARTUM dicendum quod per hoc quod dicitur *aliqualiter velle*, designatur determinatus modus volendi. Determinatus autem modus ponitur circa ipsam rem cuius est modus. Unde,

como foi explicado na I Parte. Assim também Cristo, segundo a vontade humana, seguia a vontade divina, conforme o Salmo 39: "Meu Deus, eu quis fazer a tua vontade". Por isso Agostinho diz: "Onde o Filho diz ao Pai: 'Não o que eu quero, mas o que tu queres', é supérfluo acrescentar tuas palavras dizendo: 'Assim mostra que sua vontade estava verdadeiramente submetida ao Pai'. Por acaso nós negamos que a vontade do homem deva estar submetida à vontade de Deus?"

QUANTO AO 2º, deve-se dizer que é próprio do instrumento ser movido pela agente principal, mas de maneiras diferentes, segundo a propriedade de sua natureza. Um instrumento inanimado, como o machado ou a serra, é movido pelo artesão por um movimento unicamente corporal. Um instrumento animado por uma alma sensível é movido pelo apetite sensitivo, como o cavalo pelo cavaleiro. Mas um instrumento animado por uma alma racional é movido por sua vontade, como o escravo é movido a fazer algo pela ordem de seu senhor, porque, segundo o Filósofo no livro I da *Política*, o escravo é como um "instrumento animado". Assim, pois, a natureza humana de Cristo foi o instrumento da divindade pelo fato de ser movida por sua própria vontade.

QUANTO AO 3º, deve-se dizer que a potência da vontade é natural e decorre necessariamente da natureza. Mas o movimento ou ato dessa potência, que se diz também vontade, por vezes é natural e necessário, por exemplo quando se trata da felicidade; mas outras vezes provém do livre-arbítrio da razão, e então não é necessário[b] nem natural, como fica claro pelo que foi explicado na II Parte. Todavia, também a razão, princípio deste movimento, é natural. Por isso, além da vontade divina, é preciso afirmar em Cristo uma vontade humana, não só por ser uma potência ou movimento natural, mas também por ser um movimento racional.

QUANTO AO 4º, deve-se dizer que quando se diz *querer de determinada maneira* se indica um modo determinado de querer. Mas um modo determinado diz respeito à coisa mesma da qual

---

20. L. II, c. 20, n. 2: ML 42, 789.
21. C. 2: 1253, b, 32-33.
22. I-II, q. 10, a. 1, 2.

b. Ao afirmar que o livre-arbítrio não é nem necessário nem natural, o autor distingue seu movimento do movimento das criaturas diferentes do homem. As coisas inanimadas agem necessariamente segundo as leis de sua natureza e do mundo físico: lei da gravidade (do peso), por exemplo. Os animais não agem segundo o mesmo tipo de necessidade, mas são movidos por seus apetites sensíveis segundo essa espécie de juízo natural a que chamamos de instinto. O homem, pelo contrário — pelo menos quando se comporta realmente como homem —, não age segundo a necessidade ou segundo seus instintos, mas de acordo com o juízo de sua razão. Seu livre-arbítrio é portanto racional, e não necessário ou natural (ver *De veritate*, q. 24, a. 1).

cum voluntas pertineat ad naturam, ipsum etiam quod est aliqualiter velle, pertinet ad naturam: non secundum quod est absolute considerata, sed secundum quod est in tali hypostasi. Unde etiam voluntas humana Christi habuit quendam determinatum modum ex eo quod fuit in hypostasi divina: ut scilicet moveretur semper secundum nutum divinae voluntatis.

Articulus 2
Utrum in Christo fuerit aliqua voluntas sensualitatis, praeter rationis voluntatem

Ad secundum sic proceditur. Videtur quod in Christo non fuerit aliqua voluntas sensualitatis, praeter rationis voluntatem.

1. Dicit enim Philosophus, in III *de Anima*[1], quod *voluntas in ratione est: in sensitivo autem appetitu est irascibilis et concupiscibilis*. Sed *sensualitas* significat appetitum sensitivum. Ergo non fuit in Christo voluntas sensualitatis.

2. Praeterea, secundum Augustinus, XII *de Trin.*[2], sensualitas significatur per serpentem. Sed nihil serpentium fuit in Christo: habuit enim similitudinem animalis venenosi sine veneno, ut dicit Augustinus[3], super illud Io 3,14, *Sicut exaltavit Moyses serpentem in deserto*. Ergo in Christo non fuit voluntas sensualitatis.

3. Praeterea, voluntas sequitur naturam, ut dictum est[4]. Sed in Christo non fuit nisi una natura praeter divinam. Ergo in Christo non fuit nisi una voluntas humana.

Sed contra est quod Ambrosius dicit, in II *ad Gratianum Imperatorem*[5]: *Mea est voluntas quam suam dixit: quia, ut homo, suscepit tristitiam meam*: ex quo datur intelligi quod tristitia pertineat ad humanam voluntatem in Christo. Sed

é modo. Por isso, dado que a vontade pertence à natureza, o fato mesmo de querer de determinada maneira pertence também à natureza. Não de uma natureza considerada em si mesma absolutamente, mas na medida em que existe numa hipóstase concreta. Eis por que a vontade humana de Cristo, pelo fato de existir na hipóstase divina, possuía também um modo determinado, a fim de que se movesse sempre segundo a vontade divina.

Artigo 2
Houve em Cristo um apetite sensível[c] além do apetite racional?

Quanto ao segundo, assim se procede: parece que **não** houve em Cristo um apetite sensível, além do apetite racional.

1. Com efeito, como diz o Filósofo no livro III da *Alma*: "A vontade reside na razão; no apetite sensitivo há o irascível e o concupiscível". Ora, a vontade de natureza designa o apetite sensível. Logo, Cristo não teve um apetite racional.

2. Além disso, segundo Agostinho, o apetite sensível é simbolizada pela serpente. Ora, Cristo não tinha nada em comum com as serpentes. Comentando o texto do evangelista João: "Assim como Moisés levantou a serpente no deserto", Agostinho afirma que Cristo teve a semelhança deste animal venenoso sem ter, porém, o veneno. Logo, não houve em Cristo um apetite sensível.

3. Ademais, como já foi dito, a vontade tem sua origem na natureza. Ora, em Cristo, além da natureza divina só houve uma natureza. Logo, em Cristo só houve uma vontade humana.

Em sentido contrário, afirma Ambrósio: "É minha a vontade que Ele considera sua, porque, enquanto homem, assumiu a minha tristeza". Isso quer dizer que a tristeza faz parte da vontade humana de Cristo. Ora, a tristeza faz parte do apetite

2 Parall.: III *Sent.*, dist. 17, a. 1, q.la 2.

1. C. 9: 432, b, 5-6.
2. Cc. 12, 13: ML 42, 1007-1009. — Cfr. I-II, q. 74, a. 3, 2 a.
3. *De Pecc. Remiss. et Bapt. Parvul.*, l. I, c. 32: ML 44, 145.
4. A. praec., ad 3.
5. *De fide ad Gratian.*, l. II, c. 7, al. 3, n. 53: ML 16, 570 C.

c. O apetite sensível (*voluntas sensualitatis*) não deve ser compreendido, obviamente, no sentido que espontaneamente lhe emprestaríamos em nossa época, o de uma vontade de fruição. O termo *voluntas sensualitatis*, consagrado entre os teólogos desde o século XII, não significa nada mais que o apetite sensível, ou seja, a tendência espontânea, ligada à natureza animal do corpo humano, para o que lhe convém, e a repugnância não menos espontânea em relação ao que lhe é contrário. A questão que o autor se coloca aqui é saber se essa tendência espontânea pode assumir o caráter de uma "vontade", dado que tal palavra designa prioritariamente o apetite racional. A resposta é clara: na medida em que obedece à razão, adquirindo dessa forma um caráter racional, o apetite sensível, ou *voluntas sensualitatis*, participa do caráter da vontade.

tristitia pertinet ad sensualitatem: ut in Secunda Parte[6] habitum est. Ergo videtur quod in Christo sit voluntas sensualitatis, praeter voluntatem rationis.

RESPONDEO dicendum quod, sicut supra[7] dictum est, Filius Dei humanam naturam assumpsit cum omnibus quae pertinent ad perfectionem ipsius naturae. In humana autem natura includitur etiam natura animalis, sicut in specie includitur genus. Unde oportet quod Filius Dei cum humana natura assumpserit etiam ea quae pertinent ad perfectionem naturae animalis. Inter quae est appetitus sensitivus, qui sensualitas dicitur. Et ideo oportet dicere quod in Christo fuit sensualis appetitus, sive sensualitas.

Sciendum est autem quod sensualitas, sive sensualis appetitus, inquantum est natus obedire rationi, dicitur *rationale per participationem*: ut patet per Philosophum, in I *Ethic.*[8]. Et quia *voluntas est in ratione*, ut dictum est[9], pari ratione potest dici quod sensualitas sit voluntas per participationem.

AD PRIMUM ergo dicendum quod ratio illa procedit de voluntate essentialiter dicta, quae non est nisi in parte intellectiva. Sed voluntas participative dicta potest esse in parte sensitiva, inquantum obedit rationi.

AD SECUNDUM dicendum quod sensualitas significatur per serpentem, non quantum ad naturam sensualitatis, quam Christus assumpsit: sed quantum ad corruptionem fomitis, quae in Christo non fuit.

AD TERTIUM dicendum quod, *ubi est unum propter alterum, ibi tantum unum esse videtur*[10]: sicut superficies, quae est visibilis per colorem, est unum visibile cum colore. Et similiter, quia sensualitas non dicitur voluntas nisi quia participat voluntatem rationis, sicut est una natura humana in Christo, ita etiam ponitur una voluntas humana in Christo.

sensível, como ficou demonstrado na II Parte. Logo, além do apetite racional, houve em Cristo o apetite sensível.

RESPONDO. Como já foi dito acima, o Filho de Deus assumiu a natureza humana com tudo aquilo que pertence à perfeição da mesma. Ora, a natureza animal está incluída na natureza humana, como o gênero na espécie. Por isso, ao assumir a natureza humana, o Filho de Deus assumiu também tudo aquilo que constitui a perfeição da natureza animal, aí incluído o apetite sensível, chamado vontade de natureza. Eis por que se deve dizer que em Cristo houve o apetite sensível ou a vontade de natureza.

Além do mais é preciso saber que a vontade de natureza ou apetite sensível, feito por natureza para obedecer à razão, pode ser considerado *racional por participação*, como explica o Filósofo no livro I da *Ética*. E, dado que *a vontade está na razão*, como foi explicado, da mesma forma se pode afirmar que o apetite sensível é vontade por participação[d].

QUANTO AO 1º, portanto, deve-se dizer que o argumento aduzido vale para a vontade propriamente dita que só se encontra na parte intelectiva. Mas, a vontade por participação pode existir na parte sensitiva, na medida em que obedece à razão.

QUANTO AO 2º, deve-se dizer que o apetite sensível é simbolizado pela serpente não quanto à natureza do apetite sensível, assumida por Cristo, mas quanto à corrupção da inclinação ao pecado e à corrupção, que não existia em Cristo.

QUANTO AO 3º, deve-se dizer que *quando uma coisa existe em função de outra, ambas parecem constituir uma única realidade*. Por exemplo, a superfície, que a cor torna visível, constitui com ela um único objeto visível. De maneira semelhante, o apetite sensível só pode ser considerado vontade porque participa na vontade racional; assim como só há uma natureza humana em Cristo, só há nele uma vontade humana.

---

6. I-II, q. 23, a. 1; q. 25, a. 1.
7. Q. 4, a. 2, 2 a; q. 5 per tot.; q. 9, a. 1.
8. C. 13: 1102, b, 30-31.
9. In 1 a.
10. ARISTOT., *Topic.*, l. III, c. 2: 117, a, 18-19.

---

d. Em Jesus, em quem esse apetite sempre obedecia à razão, é da maneira mais adequada que podemos falar de uma vontade por participação.

Articulus 3
Utrum in Christo fuerint duae voluntates quantum ad rationem

AD TERTIUM SIC PROCEDITUR. Videtur quod in Christo fuerunt duae voluntates quantum ad rationem.

1. Dicit enim Damascenus, in II libro[1], quod duplex est hominis voluntas: naturalis, quae vocatur *thelesis*; et rationalis, quae vocatur *bulesis*. Sed Christus in humana natura habuit quidquid ad perfectionem humanae naturae pertinet. Ergo utraque praedictarum voluntatum fuit in Christo.

2. PRAETEREA, vis appetitiva diversificatur in homine secundum diversitatem virtutis apprehensivae: et ideo, secundum differentiam sensus et intellectus, diversificatur in homine appetitus sensitivus et intellectivus. Sed similiter quantum ad apprehensionem hominis ponitur differentia rationis et intellectus: quorum utrumque fuit in Christo. Ergo fuit in eo duplex voluntas, una intellectualis, et alia rationalis.

3. PRAETEREA, a quibusdam[2] ponitur in Christo *voluntas pietatis*. Quae non potest poni nisi ex parte rationis. Ergo in Christo ex parte rationis sunt plures voluntates.

SED CONTRA est quod in quolibet ordine est unum primum movens[3]. Sed voluntas est primum movens in genere humanorum actuum. Ergo in uno homine, non est nisi una voluntas proprie dicta, quae est voluntas rationis. Christus autem est unus homo. Ergo in Christo est tantum una voluntas humana.

RESPONDEO dicendum quod, sicut dictum est[4], voluntas quandoque accipitur pro potentia, et quandoque pro actu. Si ergo voluntas accipiatur pro actu, sic oportet in Christo ex parte rationis ponere duas voluntates, idest, duas species actuum voluntatis. Voluntas enim, ut in Secunda Parte[5] dictum est, et est finis, et est eorum quae sunt ad finem: et alio modo fertur in utrumque. Nam in finem fertur simpliciter et absolute, sicut in id quod est secundum se bonum: in id autem quod est ad finem, fertur cum quadam comparatione, secundum quod habet bonitatem ex ordine ad aliud.

Artigo 3
Houve em Cristo duas vontades racionais?

QUANTO AO TERCEIRO, ASSIM SE PROCEDE: parece que **houve** em Cristo duas vontades racionais.

1. Com efeito, Damasceno afirma que a vontade humana é dupla: uma natural, chamada *thelesis*; outra racional, chamada *boulesis*. Ora, Cristo, na natureza humana, teve tudo o que pertence à perfeição da mesma. Logo, em Cristo existiram essas duas vontades.

2. ALÉM DISSO, no homem, a diversificação da faculdade apetitiva corresponde à diversidade da potência de conhecimento. Por isso, a distinção entre apetite sensitivo e intelectivo no homem corresponde à distinção entre os sentidos e o intelecto. Ora, de maneira semelhante, do ponto de vista do conhecimento do homem, afirma-se a diferença entre razão e intelecto, que existiram também em Cristo. Logo, houve em Cristo uma dupla vontade, intelectual e racional.

3. ADEMAIS, alguns atribuem a Cristo uma *vontade de piedade* que só pode ser afirmada da parte da razão. Portanto, em Cristo há várias vontades da parte da razão.

EM SENTIDO CONTRÁRIO, em toda ordem há sempre um primeiro motor. Ora, na ordem dos atos humanos, a vontade é o primeiro motor. Logo, num único homem só pode haver uma única vontade propriamente dita, que é a vontade racional. Ora, sendo Cristo um único homem, nele só há uma única vontade humana.

RESPONDO. Como foi dito acima, a vontade pode ser entendida como potência ou como ato. Se entendida como ato, é preciso afirmar em Cristo duas vontades racionais, ou seja duas espécies de atos voluntários. Pois, como foi dito na II Parte, a vontade não só tem por objeto o fim, como também os meios que se referem ao fim; e, em cada caso, se comporta de maneira diferente. Para o fim tende de maneira simples e absoluta, como para algo que em si mesmo é bom; para os meios tende por comparação, na medida em que a bondade lhes vem da ordem para outra coisa. Assim pois,

---

3   PARALL.: III *Sent.*, dist. 17, a. 1, q.la 3.

1. *De fide orth.*, l. II, c. 22: MG 94, 944 BC. — Cfr. I, q. 83, a. 4, 1a.
2. HUG. DE S. VICT., *De quatuor Voluntatibus in Christo*: ML 176, 841 B.
3. Cfr. ARISTOT., *Phys.*, l. VIII, c. 5: 526, a, 13-21; lect. 9, n. 1040.
4. A. 1, ad 3.
5. I-II, q. 8, a. 2, 3.

Et ideo alterius rationis est actus voluntatis secundum quod fertur in aliquid secundum se volitum, ut sanitas, quod a Damasceno[6] vocatur *thelesis*, idest *simplex voluntas*, et a Magistris[7] vocatur *voluntas ut natura*: et alterius rationis est actus voluntatis secundum quod fertur in aliquid quod est volitum solum ex ordine ad alterum, sicut est sumptio medicinae, quem quidem voluntatis actum Damascenus vocat *bulesim*[8], idest *consiliativam voluntatem*, a Magistris[9] autem vocatur *voluntas ut ratio*. Haec autem diversitas actus non diversificat potentiam: quia uterque actus attenditur ad unam rationem communem obiecti, quod est bonum. Et ideo dicendum est quod, si loquamur de potentia voluntatis, in Christo est una sola voluntas humana essentialiter et non participative dicta. Si vero loquamur de voluntate quae est actus, sic distinguitur in Christo voluntas quae est ut natura, quae dicitur *thelesis*; et voluntas ut ratio, quae dicitur *bulesis*.

AD PRIMUM ergo dicendum quod illae voluntates non diversificantur secundum potentiam, sed solum secundum differentiam actus, ut dictum est[10].

AD SECUNDUM dicendum quod etiam intellectus et ratio non sunt diversae potentiae, ut in Prima Parte[11] dictum est.

AD TERTIUM dicendum quod *voluntas pietatis* non videtur esse aliud quam voluntas quae consideratur ut natura: inquantum scilicet refugit alienum malum absolute consideratum.

o ato voluntário que tende para algo querido por si mesmo, como a saúde, não é da mesma razão que o ato da vontade que tende para algo querido somente por sua relação com outra coisa, como pode ser tomar um remédio. O primeiro ato é chamado por Damasceno *thelesis*, isto é, *simples vontade*, e os Mestres o denominam *vontade de natureza*; o segundo é denominado por Damasceno *boulesis*, *vontade de conselho*, e os Mestres o chamam *vontade de razão*. Essa diversidade de atos não diversifica a potência porque ambos visam, no objeto, a uma única razão comum que é o bem. Portanto, quando falamos da vontade como potência, deve-se afirmar que em Cristo há uma única vontade humana, entendida essencialmente e não de modo participado. Mas quando falamos da vontade como ato é preciso distinguir em Cristo uma vontade de natureza, chamada *thélesis* e uma vontade de razão, chamada *boulesis*[e].

QUANTO AO 1º, portanto, deve-se dizer que as vontades, em questão, não se distinguem do ponto de vista da potência, mas do ato, como foi dito.

QUANTO AO 2º, deve-se dizer que, como foi afirmado na I Parte, o intelecto e a razão não são potências diferentes.

QUANTO AO 3º, deve-se dizer que a *vontade de piedade* não parece que se distinga da vontade de natureza na medida em que rejeita o mal de alguém considerado absolutamente[f].

---

6. Loc. cit. in 1 a: MG 94, 944 B.
7. Vide PETRUM LOMB., *Sent.*, l. II, dist. 24; ALEXANDRUM HALENS., *Summa Theol.*, Ia IIi, n. 388: ad Claras Aquas, t. II, p. 465; S. BONAVENTURAM, *In II Sent.*, dist. 24, p. I, a. 2, q. 3: ad Claras Aquas, t. II, p. 566; S. ALBERTUM M., *In III Sent.*, dist. 17, a. 5: ed. Borgnet, t. XXVIII, p. 304.
8. Loc. cit., in 1 a: MG 94, 944 C.
9. Cfr. HUGON. A S. VICT., loc. supra cit., 3 a.
10. In corp.
11. Q. 79, a. 8.

e. Apesar da concessão do artigo precedente, que justificava a expressão "vontade de sensualidade" admitida pelos teólogos de sua época, Tomás só reconhece uma vontade humana propriamente dita em Cristo: a faculdade racional apetitiva. No entanto, se por vontade se designam os atos dessa faculdade, é preciso distinguir duas delas. A vontade de natureza (*voluntas ut natura*) designa o movimento natural pelo qual ela se volta para o bem em si, antes de qualquer diversificação. Mas existem vários tipos de bens, hierarquizados entre si e, em última análise, todos subordinados ao fim último. É necessário, portanto, que o sujeito voluntário compare esses bens entre si para escolher os que o conduziriam melhor para seu fim tal como ele o percebe. Esse ato, pelo qual a vontade escolhe entre bens finitos e limitados, é evidentemente diferente daquele, anterior e irrepreensível, que o leva para o bem em si que é seu fim último, e falamos aqui de uma vontade de razão (*voluntas ut ratio*). A vontade permanece portanto uma só faculdade, mas a dualidade fundamental desses atos permite a dualidade da designação.

f. A "vontade de piedade" é uma das quatro vontades que eram atribuídas a Cristo por Hugo de São Vítor, que a distinguia da vontade divina e da vontade racional, mas especialmente da vontade de sensualidade (ver nota 3). Esta última incidia sobre o que era bom ou mau para o próprio Cristo; a vontade de piedade, pelo contrário, incide sobre o que é bom ou mau para o próximo. Ao fazer dessa vontade de piedade um certo aspecto da vontade de natureza, Tomás vai além do que diz Hugo de São Vítor, mas parece interpretar até suas últimas consequências a intuição deste. Essa vontade de não desejar o mal para ninguém é com efeito uma espécie de repugnância absoluta pelo mal em si, que é o exato oposto do querer absoluto do bem por si mesmo, que define, segundo Tomás, a vontade de natureza.

Articulus 4
Utrum in Christo fuerit liberum arbitrium

AD QUARTUM SIC PROCEDITUR. Videtur quod in Christo non fuerit liberum arbitrium.

1. Dicit enim Damascenus, in III libro[1]: *Gnomen autem* (idest *sententiam*, vel *mentem*, vel *cogitationem*) *et proaeresin* (idest *electionem*) *in Domino dicere impossibile est, si proprie loqui volumus*. Maxime autem in his quae sunt fidei est proprie loquendum. Ergo in Christo non fuit electio. Et per consequens nec liberum arbitrium, cuius actus est electio.

2. PRAETEREA, Philosophus dicit, in III *Ethic.*[2], quod electio est *appetitus praeconsiliati*. Sed consilium non videtur fuisse in Christo: quia non consiliamur de quibus certi sumus; Christus autem certitudinem habuit de omnibus. Ergo in Christo non fuit electio. Et sic, nec liberum arbitrium.

3. PRAETEREA, liberum arbitrium se habet *ad utrumque*. Sed voluntas Christi fuit determinata ad bonum: quia non potuit peccare, sicut supra[3] dictum est. Ergo in Christo non fuit liberum arbitrium.

SED CONTRA est quod dicitur Is 7,15: *Butyrum et mel comedet, ut sciat reprobare malum et eligere bonum*: quod est actus liberi arbitrii. Ergo in Christo fuit liberum arbitrium.

RESPONDEO dicendum quod, sicut supra[4] dictum est, in Christo fuit duplex actus voluntatis: unus quidem quo eius voluntas ferebatur in aliquid sicut secundum se volitum, quod pertinet ad rationem finis; alius autem secundum quem eius voluntas ferebatur in aliquid per ordinem ad aliud, quod pertinet ad rationem eius quod est ad finem. Differt autem, ut Philosophus dicit, in III *Ethic.*[5], electio a voluntate in hoc, quod voluntas, per se loquendo, est ipsius finis; electio autem eorum quae sunt ad finem. Et sic simplex voluntas est idem quod voluntas ut natura: electio autem est idem quod voluntas ut ratio, et est proprius actus liberi arbitrii, ut in Prima Parte[6] dictum est. Et ideo, cum in Christo ponatur voluntas ut ratio, necesse est

Artigo 4
Houve em Cristo livre-arbítrio?

QUANTO AO QUARTO, ASSIM SE PROCEDE: parece que em Cristo **não** houve livre-arbítrio.

1. Com efeito, Damasceno afirma: "Com propriedade, *é impossível atribuir ao Senhor a gnome (isto é, parecer, mente, pensamento) e a proaieresis (isto é, a escolha refletida)*. Ora, deve-se falar com propriedade sobretudo no que concerne às questões de fé. Logo, em Cristo não houve eleição e, por conseguinte, nem livre-arbítrio, cujo ato é a eleição.

2. ALÉM DISSO, segundo o Filósofo no livro III da *Ética*, a eleição é própria do *apetite que segue o conselho*. Ora, não parece que em Cristo tenha havido conselho, porque não nos aconselhamos nos assuntos em que temos certeza e Cristo teve certeza a respeito de tudo. Logo, não houve nele eleição, nem livre-arbítrio.

3. ADEMAIS, o livre-arbítrio se refere a um e outro dos contrários. Ora, a vontade de Cristo estava determinada ao bem, dado que não podia pecar, como acima foi dito. Logo, em Cristo não houve livre-arbítrio.

EM SENTIDO CONTRÁRIO, diz o profeta Isaías: "Comerá coalhada e mel, até que saiba rejeitar o mal e escolher o bem", o que é um ato de livre-arbítrio. Em Cristo havia, portanto, livre-arbítrio.

RESPONDO. Como antes foi dito, havia em Cristo dois atos de vontade: um pelo qual sua vontade tendia para um objeto querido por si mesmo, o que pertence à razão de fim; outro pelo qual sua vontade tendia para um objeto em ordem a um outro, o que pertence à razão de meio. Ora, a diferença entre eleição e vontade, segundo o Filósofo no livro III da *Ética*, está em que a vontade, em sentido estrito, tem como objeto o fim, enquanto a eleição tem como objeto os meios. Assim, a pura vontade é a vontade de natureza, enquanto a eleição é a vontade de razão e é um ato próprio do livre-arbítrio, como foi demonstrado na I Parte. Eis por que, uma vez que se afirma que Cristo tinha vontade de razão é necessário afirmar também

---

4 PARALL.: III *Sent.*, dist. 17, a. 1, q.la 3, ad 5; dist. 18, a. 2, ad 5; *Cont. Gent.* IV, 36.

1. *De fide orth.*, l. III, c. 14: MG 94, 1044 B.
2. C. 4: 1112, a, 15-16. Cfr. l. VI, c. 2: 1139, a, 23.
3. Q. 15, a. 1; a. 2, *sed c*.
4. A. praec.
5. C. 4: 1111, b, 26-27. — Cfr. I-II, q. 13, a. 3.
6. Q. 83, a. 3. — Cfr. I-II, q. 13, a. 1.

ibi ponere electionem: et per consequens liberum arbitrium, cuius actus est electio, ut in Prima Parte[7] habitum est.

AD PRIMUM ergo dicendum quod Damascenus excludit a Christo electionem secundum quod intelligit in nomine electionis importari dubitationem. Sed tamen dubitatio non est de necessitate electionis: quia etiam Deo competit eligere, secundum illud Eph 1,4, *Elegit nos in ipso ante mundi constitutionem*; cum tamen in Deo nulla sit dubitatio. Accidit autem dubitatio electioni, inquantum est in natura ignorante. Et idem dicendum est de aliis de quibus fit mentio in auctoritate praedicta.

AD SECUNDUM dicendum quod electio praesupponit consilium: non tamen sequitur ex consilio nisi iam determinato per iudicium; illud enim quod iudicamus agendum post iniquisitionem consilii, eligimus, ut dicitur in III *Ethic*.[8] Et ideo, si aliquid iudicetur ut agendum absque dubitatione et inquisitione praecedente, hoc sufficit ad electionem. Et sic patet quod dubitatio, sive inquisitio, non per se pertinet ad electionem, sed solum secundum quod est in natura ignorante.

AD TERTIUM dicendum quod voluntas Christi, licet sit determinata ad bonum, non tamen est determinata ad hoc vel illud bonum. Et ideo pertinebat ad Christum eligere per liberum arbitrium confirmatum in bono, sicut ad beatos.

ARTICULUS 5
Utrum voluntas humana in Christo voluerit aliud quam quod Deus vult

AD QUINTUM SIC PROCEDITUR. Videtur quod voluntas humana in Christo non voluerit aliud quam quod Deus vult.

a eleição, e, portanto, o livre-arbítrio, cujo ato é a eleição, como foi tratado na I Parte.

QUANTO AO 1º, portanto, deve-se dizer que Damasceno nega em Cristo a eleição porque compreende que no nome eleição está implicada a dúvida. Mas a eleição não comporta necessariamente dúvida, porque também a Deus cabe eleger conforme a Carta aos Efésios: "Escolheu-nos nele antes da fundação do mundo", embora em Deus não haja dúvida alguma. A dúvida surge na eleição quando se trata de uma natureza ignorante. A mesma observação vale para os outros aspectos mencionados no referido texto.

QUANTO AO 2º, deve-se dizer que a eleição pressupõe o conselho, entretanto somente o segue quando o conselho é determinado pelo juízo. De fato, como diz Aristóteles, nós escolhemos o que julgamos que deve ser feito depois da indagação do conselho. Por isso, se julgamos que algo deve ser feito sem que tenha havido dúvida ou indagação prévia, isso é suficiente para uma eleição. Assim fica claro que a dúvida ou a indagação não são necessárias à eleição em si, mas unicamente quando se trata de uma natureza ignorante.

QUANTO AO 3º, deve-se dizer que a vontade de Cristo, embora estivesse determinada para o bem, não estava determinada para este ou aquele bem. Por isso cabia a Cristo fazer escolhas pelo livre-arbítrio, confirmado no bem, como é próprio dos bem-aventurados[g].

ARTIGO 5
A vontade humana de Cristo queria algo diferente do que Deus quer?

QUANTO AO QUINTO, ASSIM SE PROCEDE: parece que a vontade humana de Cristo **não** queria algo diferente do que Deus quer.

---

7. Loc. cit.
8. C. 5: 1113, a, 4-5.

5 PARALL.: Infra, q. 21, a. 4; III *Sent.*, dist. 17, a. 2, q.la 1; *Cont. Gent.* IV, 36.

g. Como se pode compreender facilmente pela leitura dos artigos 3 e 4, a liberdade não reside no poder de escolher indiferentemente o bem ou o mal, mas de poder escolher o bem, e é isso que se verifica em Cristo, ao mesmo tempo peregrino e possuidor da visão beatífica. Em sua qualidade de possuidor da visão beatífica, Cristo não poderia escolher outro bem que não Deus, não porque tivesse perdido seu poder de escolha, mas porque não existe bem melhor do que Deus. É impensável que aquele que já possui o bem supremo possa se desviar dele em favor de um bem inferior. É desse modo que os felizes exercem sua liberdade amando Deus sem se desviar em nada, pois nenhum outro bem pode exercer uma atração sobre eles. Em sua qualidade de peregrino, Cristo tinha de agir no tempo; ele teve portanto a ocasião de escolher entre diferentes bens na medida em que lhe parecessem mais ou menos aptos a servir ao bem que ele se assignara como fim. Pode-se pensar, por exemplo, que Jesus, que teria podido curar Lázaro antes que este morresse, considerou que sua ressurreição era um bem melhor, de modo a melhor edificar a fé e a glorificar Deus (ver Jo 11,1-45). Pode-se mesmo afirmar, sem medo de errar, que Cristo gozava de

1. Dicitur enim in Ps 39,9, ex persona Christi: *Ut facerem voluntatem tuam, Deus meus, volui*. Sed ille qui vult voluntatem alicuius facere, vult quod ille vult. Ergo videtur quod voluntas humana Christi nihil aliud voluerit quam voluntas ipsius divina.

2. PRAETEREA, anima Christi habuit perfectissimam caritatem, quae etiam comprehensionem nostrae scientiae excedit, secundum illud Eph 3,19: *supereminentem scientiae caritatem Christi*. Sed caritatis est facere quod homo idem velit quod Deus: unde et Philosophus, in IX *Ethic*.[1], dicit quod unum de amicabilibus est *eadem velle et eligere*. Ergo voluntas humana in Christo nihil aliud voluit quam divina.

3. PRAETEREA, Christus fuit verus comprehensor. Sed sancti qui sunt comprehensores in patria, nihil aliud volunt quam quod Deus vult. Alioquin, non essent beati, quia non haberent quidquid vellent: *beatus* enim *est qui habet quidquid vult et nihil mali vult*, ut dicit Augustinus, in libro de *Trin*.[2]. Ergo Christus nihil aliud voluit secundum voluntatem humanam quam quod voluit voluntas divina.

SED CONTRA est quod Augustinus dicit, *contra Maximinum*[3]: *In hoc quod Christus ait, "Non quod ego volo, sed quod tu", aliud se ostendit voluisse quam Pater. Quod nisi humano corde non posset: cum infirmitatem nostram in suum, non divinum, sed humanum transfiguraret affectum*.

RESPONDEO dicendum quod, sicut dictum est[4], in Christo secundum humanam naturam ponitur multiplex voluntas: scilicet voluntas sensualitatis, quae participative voluntas dicitur; et voluntas rationalis, sive consideretur per modum naturae, sive per modum rationis. Dictum est autem supra[5] quod, ex quadam dispensatione, Filius Dei, ante suam passionem, *permittebat carni agere et pati quae sunt ei propria*. Et similiter permittebat omnibus viribus animae agere quae propria. Manifestum est autem quod voluntas sensualitatis refugit naturaliter dolores sensibiles et corporis laesionem.

1. Com efeito, no Salmo 39 diz-se da pessoa de Cristo: "Meu Deus, eu quis fazer tua vontade". Ora, fazer a vontade de alguém é querer o que ele quer. Logo, parece que a vontade humana de Cristo nada quis, a não ser o que queria a vontade divina.

2. ALÉM DISSO, a alma de Cristo possuía uma caridade perfeitíssima que supera a nossa capacidade de compreensão, conforme a Carta aos Efésios: "A caridade de Cristo sobrepuja todo conhecimento". Ora, a caridade consiste em fazer coincidir o querer do homem com o de Deus. Por isso, segundo o Filósofo no livro IV da *Ética*, uma das características da amizade é *querer e escolher as mesmas coisas*. Logo, a vontade humana de Cristo somente queria o que Deus quer.

3. ADEMAIS, Cristo possuía verdadeiramente a visão beatífica. Ora, os santos, que possuem a visão beatífica no céu, só querem o que Deus quer, do contrário não seriam bem-aventurados, porque não possuiriam tudo o que querem. Pois, segundo Agostinho: "O bem-aventurado é aquele que tem tudo o que quer e não quer nada de mal". Logo, a vontade humana de Cristo só quis o que queria a vontade divina.

EM SENTIDO CONTRÁRIO, afirma Agostinho: "Quando Cristo diz, 'Não o que eu quero, mas o que tu queres' indicou que queria algo diferente do que o Pai queria. Isso só seria possível pelo seu coração humano, pois transformou a nossa fragilidade em seu amor humano e não no divino".

RESPONDO. Como foi dito acima, em Cristo, enquanto homem, há várias vontades: uma vontade de sensualidade, que é vontade por participação, e uma vontade racional que pode ser considerada como vontade de natureza ou como vontade de razão. Mas, como já foi dito também, por condescendência divina, o Filho de Deus, antes de sua paixão, permitiu a sua carne agir e padecer o que lhe é próprio. Da mesma forma permitiu a todas as faculdades da alma agir segundo o que lhes é próprio. Ora, é evidente que a vontade de sensualidade foge, por natureza, das dores sensíveis e das lesões

---

1. C. 4: 1166, a, 7-8.
2. L. XIII, c. 5: ML 42, 1020.
3. L. II, c. 20, n. 2: ML 42, 789.
4. A. 2, 3.
5. Q. 13, a. 3, ad 1; q. 14, a. 1, ad 2.

---

uma liberdade excepcional, pois era inteiramente livre de qualquer inclinação ao pecado. A ausência de qualquer tendência a escolher bens sem conexão com o fim último aperfeiçoa a liberdade, proporcionando-lhe plena possibilidade de escolher o verdadeiro bem. Assim, mesmo como peregrino, Cristo possuía uma liberdade perfeita pela qual ele sempre pôde escolher o bem específico que melhor servia à sua missão.

Similiter etiam voluntas ut natura repudiat ea quae naturae sunt contraria, et quae sunt secundum se mala, puta mortem et alia huiusmodi. Haec tamen quandoque voluntas per modum rationis eligere potest ex ordine ad finem: sicut etiam in aliquo puro homine sensualitas eius, et etiam voluntas absolute considerata, refugit ustionem, quam voluntas secundum rationem elegit propter finem sanitatis. Voluntas autem Dei erat ut Christus dolores et passiones et mortem pateretur: non quod ista essent a Deo volita secundum se, sed ex ordine ad finem humanae salutis. Unde patet quod Christus, secundum voluntatem sensualitatis, et secundum voluntatem rationis quae consideratur per modum naturae, aliud poterat velle quam Deus. Sed secundum voluntatem quae est per modum rationis, semper idem volebat quod Deus. Quod patet ex hoc ipso quod dicit[6]: *Non sicut ego volo, sed sicut tu*. Volebat enim, secundum rationis voluntatem, divinam voluntatem impleri: quamvis aliud dicat se velle secundum aliam eius voluntatem.

AD PRIMUM ergo dicendum quod Christus volebat ut voluntas Patris impleretur: non autem secundum voluntatem sensualitatis, cuius motus non se extendit usque ad voluntatem Dei; neque per voluntatem quae consideratur per modum naturae, quae fertur in aliqua obiecta absolute considerata, et non in ordine ad divinam voluntatem.

AD SECUNDUM dicendum quod conformitas voluntatis humanae ad voluntatem divinam attenditur secundum voluntatem rationis: secundum quam etiam voluntates amicorum concordant, inquantum scilicet ratio considerat aliquod volitum in ordine ad voluntatem amici.

AD TERTIUM dicendum quod Christus simul fuit comprehensor et viator: inquantum scilicet per mentem fruebatur Deo, et habebat carnem passibilem. Et ideo ex parte carnis passibilis poterat in eo aliquid accidere quod repugnaret naturali voluntati ipsius, et etiam appetitui sensitivo.

corporais. Igualmente, a vontade de natureza rejeita o que é contrário à natureza e tudo aquilo que em si é mau, por exemplo, a morte e coisas semelhantes. Às vezes, contudo, o apetite racional pode escolher essas coisas tendo em vista o fim: por exemplo, num homem normal, o apetite sensível e também a vontade considerada de modo absoluto rejeitam uma queimadura, que o apetite racional escolhe por causa do fim da saúde. Ora, a vontade de Deus era que Cristo sofresse a dor, a paixão e a morte; não porque as quisesse em si mesmas, mas porque estavam ordenadas ao fim que era a salvação dos homens. Fica, pois, evidente que Cristo, por seu apetite sensível e por seu apetite racional considerado como natureza, podia querer algo diferente do que Deus queria. Mas sua vontade de razão queria sempre o que Deus queria. O que é manifesto naquelas palavras: "Não como eu quero, mas como tu queres". A sua vontade de razão queria realizar a vontade divina, embora afirme que quer outra coisa segundo sua outra vontade.

QUANTO AO 1º, portanto, deve-se dizer que Cristo queria que se cumprisse a vontade do Pai; mas não por seu apetite sensível, cuja tendência não se estende à vontade de Deus; nem por seu apetite racional, que tende para alguns objetos considerados de maneira absoluta e não ordenados à vontade divina[h].

QUANTO AO 2º, deve-se dizer que é pela vontade de razão que a vontade humana se conforma com a vontade divina; como é também por ela que concordam entre si as vontades dos amigos, na medida em que a razão considera o objeto querido em relação à vontade do amigo.

QUANTO AO 3º, deve-se dizer que Cristo ao mesmo tempo possuiu a visão beatífica e foi peregrino, enquanto pela mente fruía de Deus, e tinha uma carne sujeita às paixões. Eis por que, por parte de sua carne sujeita às paixões, podia acontecer-lhe algo que repugnasse à sua vontade natural e mesmo a seu apetite sensitivo.

---

6. Matth. 26, 39.

h. Ainda que tenha sido descrita como vontade por participação, a vontade de sensualidade só tem por objeto próprio bens particulares e sensíveis. Ela não pode fazer sua a vontade de Deus senão pela mediação da vontade de razão, à qual estava sempre submetida em Cristo. Apesar disso, duas tendências naturais não eram inexistentes: sua vontade continuava a temer o sofrimento, e a repugnar a morte com todas as suas forças. A submissão desse movimento natural ao *dictamen* da razão não impediu Jesus de sentir plenamente o recuo normal do homem diante do que ameaça sua carne e sua vida. O mesmo ocorria com a vontade de natureza. Seu movimento espontâneo e irrefletido o conduzia ao bem como tal, e não ao bem visto em sua relação com a vontade divina. Isso era reservado à vontade de razão. A angústia do Getsêmani e a dualidade de desejos que ali se exprime manifestavam a repugnância natural e normal da vontade de sensualidade e da vontade de natureza em relação à paixão e à morte, que só podiam ser percebidas como mal; só a vontade de razão podia aceitá-las como um bem, considerando-as no conjunto do desígnio divino.

Articulus 6
Utrum in Christo fuerit contrarietas voluntatum

AD SEXTUM SIC PROCEDITUR. Videtur quod in Christo fuerit contrarietas voluntatum.

1. Contrarietas enim voluntatum attenditur secundum contrarietatem obiectorum: sicut et contrarietas motuum attenditur secundum contrarietatem terminorum, ut patet per Philosophum, in V *Physic.*[1]. Sed Christus secundum diversas voluntates contraria volebat: nam secundum voluntatem divinam volebat mortem, quam refugiebat secundum voluntatem humanam. Unde Athanasius dicit, in libro *adversus Apollinarium*[2]: *Quando Christus dixit, "Pater, si possibile est, transeat a me calix iste, et tamen non mea, sed tua voluntas fiat", et iterum, "Spiritus promptus est, caro autem infirma", duas voluntates hic ostendit: humanam, quae propter infirmitatem carnis refugiebat passionem; et divinam eius, prompta ad passionem.* Ergo in Christo fuit contrarietas voluntatum.

2. PRAETEREA, Gl 5,17 dicitur quod *caro concupiscit adversus spiritum*, et *spiritus adversus carnem*. Est igitur contrarietas voluntatum quando spiritus concupiscit unum, et caro aliud. Sed hoc fuit in Christo: nam per voluntatem caritatis, quam Spiritus Sanctus in eius mente faciebat, volebat passionem, secundum illud Is 53,7, *Oblatus est quia ipse voluit*; secundum autem carnem, passionem refugiebat. Ergo erat in eo contrarietas voluntatum.

3. PRAETEREA, Lc 22,43 dicitur quod, *factus in agonia, prolixius orabat*. Sed agonia videtur importare quandam impugnationem animi in contraria tendentis. Ergo videtur quod in Christo fuerit contrarietas voluntatis.

SED CONTRA est quod in determinatione Sextae Synodi[3] dicitur: *Praedicamus duas naturales voluntates: non contrarias, iuxta quod impii asserunt haeretici; sed sequentem humanam eius voluntatem, et non resistentem vel reluctantem, sed potius subiectam divinae eius atque omnipotenti voluntati.*

RESPONDEO dicendum quod contrarietas non potest esse nisi oppositio attendatur in eodem,

Artigo 6
Houve contrariedade de vontades em Cristo?

QUANTO AO SEXTO, ASSIM SE PROCEDE: parece que houve contrariedade de vontades em Cristo.

1. Com efeito, há contrariedade de vontades quando há contrariedade de objetos; assim como há contrariedade de movimentos quando os termos deles são contrários, como ensina o Filósofo no livro V da *Física*. Ora, Cristo, tendo várias vontades, queria objetos contrários; com efeito, segundo sua vontade divina queria a morte, mas sua vontade humana a rejeitava. Por isso, afirma Atanásio: "Quando Cristo disse: 'Pai, se possível, afasta de mim este cálice, mas que não se faça a minha vontade e sim a tua' e, em outra ocasião, 'o espírito está pronto, mas a carne é fraca', manifestou duas vontades: a humana, que por causa da fraqueza da carne recusava a paixão, e a divina, pronta a sofrer a paixão". Logo, em Cristo houve contrariedade de vontades.

2. ALÉM DISSO, como diz a Carta aos Gálatas: "A carne, em seus desejos, opõe-se ao espírito e o espírito à carne". Existe, portanto, contrariedade de vontades quando o espírito deseja uma coisa e a carne outra. Ora, aconteceu isso em Cristo: pela caridade que o Espírito Santo infundia em sua alma queria sofrer a paixão, segundo a palavra do profeta Isaías: "Ele se ofereceu porque quis"; mas, segundo a carne recusava sofrer a paixão. Logo, havia nele contrariedade de vontades.

3. ADEMAIS, o Evangelho de Lucas nos diz que: "Entrando em agonia orava com mais insistência". Ora, a agonia parece implicar uma rejeição do espírito que se sente inclinado ao contrário. Logo, parece que em Cristo houve contrariedade de vontades.

EM SENTIDO CONTRÁRIO, está o que declara o sexto Concílio: "Proclamamos (em Cristo) duas vontades naturais, que não são contrárias, como afirmam alguns hereges ímpios, e que sua vontade humana obedecia, sem resistência nem relutância, à vontade divina e onipotente, e a ela se submetia".

RESPONDO. Há contrariedade quando se dá uma oposição com relação ao mesmo objeto e sob o

---

6 PARALL.: III *Sent.*, dist. 17, a. 2, q.la 2, 3; *Compend. Theol.*, c. 232.

1. C. 5: 229, a, 25-28.
2. *De Incarn. Verbi et contra Arian.*, n. 21: MG 26, 1021 B.
3. Constant. III, act. 18: ed. Mansi, XI, 638 (cfr. DENZ. 291).

et secundum idem. Si autem secundum diversa, et in diversis existat diversitas, non sufficit hoc ad rationem contrarietatis, sicut nec ad rationem contradictionis: puta quod homo sit pulcher aut sanus secundum manum, et non secundum pedem.

Ad hoc igitur quod sit contrarietas voluntatum in aliquo, requiritur, primo quidem, quod secundum idem attendatur diversitas voluntatum. Si enim unius voluntas sit de aliquo fiendo secundum quandam rationem universalem, et alterius voluntas sit de eodem non fiendo secundum quandam rationem particularem, non est omnino contrarietas voluntatum. Puta, si rex vult suspendi latronem in bonum reipublicae, et aliquis eius consanguineus velit eum non suspendi propter amorem privatum, non erit contrarietas voluntatis: nisi forte se in tantum extendat voluntas boni privati ut bonum publicum velit impedire ut conservetur bonum privatum; tunc enim secundum idem attenderetur repugnantia voluntatum.

Secundo autem requiritur ad contrarietatem voluntatis, quod sit circa eandam voluntatem. Si enim homo vult unum secundum appetitum intellectus, et aliud secundum appetitum sensitivum, non est hic aliqua contrarietas: nisi forte appetitus sensitivus in tantum praevaleat quod vel immutet vel saltem retardet appetitum rationis; sic enim iam ad ipsam voluntatem rationis perveniet aliquid de motu contrario appetitus sensitivi.

Sic igitur dicendum est quod, licet voluntas naturalis et voluntas sensualitatis in Christo aliquid aliud voluerit quam divina voluntas et voluntas rationis ipsius, non tamen fuit ibi aliqua contrarietas voluntatum. Primo quidem, quia neque voluntas eius naturalis, neque voluntas sensualitatis, repudiabat illam rationem secundum quam divina voluntas, et voluntas rationis humanae in Christo, passionem volebant. Volebat enim voluntas absoluta in Christo salutem humani generis: sed eius non erat velle hoc in ordine ad aliud. Motus autem sensualitatis ad hoc se extendere non valebat.

mesmo aspecto[i]. Quando a diversidade se dá acerca de diversos objetos e sob aspectos diferentes, então não há razão de falar em contrariedade nem em contradição. Por exemplo, um homem pode ter as mãos belas e sãs, mas não os pés.

Portanto, para que haja contrariedade de vontades requer-se: 1. Que a diversidade de vontades se dê sob o mesmo ponto de vista. Quando a vontade de alguém quer fazer algo por um motivo universal e a vontade de outra pessoa não quer que se faça por um motivo particular, não existe propriamente contrariedade de vontades. Por exemplo, se um rei quer enforcar um ladrão pelo bem do estado, e um parente do ladrão não quer que seja enforcado pelo amor particular, não há propriamente contrariedade de vontades. Mas se a vontade do bem particular fosse tão grande que, para conservá-lo, fosse capaz de impedir o bem público, então, sim, haveria oposição de vontades sob o mesmo ponto de vista.

2. Que a contrariedade se refira à mesma vontade. Que um homem queira uma coisa pelo apetite racional e outra pelo apetite sensitivo, não há nesse caso contrariedade de vontades; a não ser que predomine de tal forma o apetite sensitivo que modifique ou pelo menos diminua o apetite racional; pois nesse caso a vontade racional seria afetada pelo movimento contrário do apetite sensível.

Portanto, é preciso dizer que mesmo que a vontade natural e a vontade de sensualidade de Cristo quisessem algo diferente do que queriam a sua vontade divina ou a sua vontade racional, não haveria nenhuma contrariedade de vontades. Em primeiro lugar, porque nem a vontade natural nem a vontade de sensualidade rejeitavam o motivo pelo qual sua vontade divina e sua vontade humana racional queriam a paixão. Pois a vontade absoluta de Cristo queria a salvação do gênero humano, mas não lhe cabia querer uma coisa relacionada à outra. Quanto ao movimento do apetite sensível, não podia chegar até isso.

---

i. Este artigo tem por objetivo resolver o conflito aparente entre o relato de Getsêmani e o ensinamento do Concílio de Constantinopla III, citado *em sentido contrário*, mostrando que só a vontade de razão teria podido contrariar a vontade divina em Jesus, e que ela jamais o fez. De fato, só o que se opõe diretamente pode ser considerado contrário; a contrariedade entre duas vontades só será possível se tomarem duas posições opostas em relação ao mesmo objeto, e sob o mesmo aspecto. Ora, nem o apetite sensível nem a vontade de natureza têm os mesmo objetos que a vontade de razão ou a vontade divina (ver nota h). Podem portanto ser divergentes, mas não propriamente falando contrárias. A vontade racional, tendo o mesmo objeto que a vontade divina, teria podido contrariá-la; mas sabemos que esse não foi jamais o caso: não tendo pecado, Cristo não se pôs jamais em desacordo com a vontade divina. Nesse plano, não houve jamais divergência, nem, muito menos, contrariedade. O que o relato do Getsêmani expressa é a divergência entre o movimento espontâneo da vontade de natureza e o apetite sensível, por um lado, e da vontade racional em acordo com a vontade divina, por outro; é dessa última harmonia que fala Constantinopla III.

Secundo, quia neque voluntas divina, neque voluntas rationis in Christo, impediebatur aut retardabatur per voluntatem naturalem, aut per appetitum sensualitatis. Similiter autem nec e converso voluntas divina, vel voluntas rationis in Christo, refugiebat aut retardabat motum voluntatis naturalis humanae, et motum sensualitatis in Christo. Placebat enim Christo secundum voluntatem divinam, et secundum voluntatem rationis, ut voluntas naturalis in ipso et voluntas sensualitatis secundum ordinem suae naturae moverentur.

Unde patet quod in Christo nulla fuerit repugnantia vel contrarietas voluntatum.

AD PRIMUM ergo dicendum quod hoc ipsum quod aliqua voluntas humana in Christo aliud volebat quam eius voluntas divina, procedebat ex ipsa voluntate divina, cuius beneplacito natura humana propriis motibus movebatur in Christo, ut Damascenus dicit[4].

AD SECUNDUM dicendum quod in nobis per concupiscentiam carnis impeditur aut retardatur concupiscentia spiritus: quod in Christo non fuit. Et ideo in Christo non fuit contrarietas carnis ad spiritum, sicut in nobis.

AD TERTIUM dicendum quod agonia non fuit in Christo quantum ad partem animae rationalem, secundum quod importat concertationem voluntatum ex diversitate rationum procedentem: puta cum aliquis, secundum quod ratio considerat unum, vult hoc, et secundum quod considerat aliud, vult contrarium. Hoc enim contingit propter debilitatem rationis, quae non potest diiudicare quid sit simpliciter melius. Quod in Christo non fuit: quia per suam rationem iudicabat simpliciter esse melius quod per eius passionem impleretur voluntas divina circa salutem generis humani. Fuit tamen in Christo agonia quantum ad partem sensitivam, secundum quod importat timorem infortunii imminentis, ut dicit Damascenus, in III libro[5].

Em segundo lugar, porque nem a vontade natural nem o apetite sensível impediam ou retardavam a vontade divina ou a vontade racional em Cristo. Igualmente e de modo inverso, a vontade divina e a vontade racional em Cristo não evitavam nem retardavam o movimento de sua vontade natural humana ou de seu apetite sensível. Pois tanto a vontade divina como o apetite racional de Cristo se comprazia em que sua vontade natural e seu apetite sensível agissem de acordo com a ordem de sua natureza.

É claro, portanto, que em Cristo não houve oposição ou contrariedade de vontades.

QUANTO AO 1º, portanto, deve-se dizer que o fato de a vontade humana de Cristo querer algo diferente do que a vontade divina queria procedia da própria vontade divina, por cujo beneplácito, a natureza humana em Cristo agia segundo seus movimentos próprios, como ensina Damasceno.

QUANTO AO 2º, deve-se dizer que em nós, a concupiscência da carne impede ou retarda a concupiscência do espírito, o que não acontecia em Cristo. Eis por que em Cristo não houve, como há em nós, contrariedade entre carne e espírito.

QUANTO AO 3º, deve-se dizer que em Cristo não houve agonia na parte racional da alma de Cristo, implicando uma luta entre suas vontades, decorrente da diversidade de motivos. Por exemplo, quando alguém quer uma coisa porque a razão considera tal aspecto, e depois quer o contrário quando a razão considera outro aspecto. Isso acontece pela fragilidade da razão, incapaz de discernir o que é melhor de modo absoluto. Mas isso não existiu em Cristo, porque sua razão julgava como absolutamente melhor que a vontade divina, a respeito da salvação do gênero humano, se realizasse por meio de sua paixão. Mas houve em Cristo agonia na parte sensitiva de sua alma, implicando o medo da desgraça iminente, como o mostra Damasceno.

---

4. *De fide orth.*, l. III, cc. 14, 19: MG 94, 1037 A, 1080 B.
5. *De fide orth.*, l. III, cc. 18, 23: MG 94, 1073 B, 1087 C; item l. II, c. 15: MG 94, 932 C.

QUAESTIO XIX
DE UNITATE OPERATIONIS CHRISTI
in quatuor articulos divisa

Deinde considerandum est de unitate operationis Christi.
Et circa hoc quaeruntur quatuor.
Primo: utrum in Christo sit una operatio divinitatis et humanitatis, vel plures.
Secundo: utrum in Christo sint plures operationes secundum humanam naturam.
Tertio: utrum Christus secundum humanam operationem aliquid sibi meruerit.
Quarto: utrum per eam aliquid meruerit nobis.

Articulus 1
Utrum in Christo sit tantum una operatio divinitatis et humanitatis

AD PRIMUM SIC PROCEDITUR. Videtur quod in Christo sit tantum una operatio divinitatis et humanitatis.
1. Dicit enim Dionysius, 2 cap. *de Div. Nom.*[1] *Discreta autem est benignissima circa nos Dei operatio per hoc quod, secundum nos, ex nobis, integre vereque humanatum est Verbum quod est supra substantiam, et operari et pati quaecumque humanae eius divinaeque operationi congruunt*: ubi unam operationem nominat humanam et divinam, quae in Graeco dicitur *theandrica*, idest *Dei-virilis*[2]. Videtur igitur esse una operatio composita in Christo.

2. PRAETEREA, principalis agentis et instrumenti est una sola operatio. Sed humana natura in Christo fuit instrumentum divinae: ut supra[3] dictum est. Ergo eadem operatio est divinae et humanae naturae in Christo.

QUESTÃO 19
A UNIDADE DE OPERAÇÃO DE CRISTO[a]
em quatro artigos

Deve-se considerar, em seguida, a unidade de operação de Cristo.
Sobre isso são quatro as perguntas:
1. Há em Cristo uma única operação, divina e humana, ou várias?
2. Há em Cristo várias operações segundo a natureza humana?
3. Cristo mereceu algo para si mesmo com sua operação humana?
4. Mereceu algo para nós com essa mesma operação?

Artigo 1
Há em Cristo só uma única operação, divina e humana?

QUANTO AO PRIMEIRO ARTIGO, ASSIM SE PROCEDE: parece que **há** em Cristo só uma única operação, divina e humana.
1. Com efeito, como afirma Dionísio: "A discrição da misericordiosa ação de Deus para conosco se manifestou no fato de o Verbo, que está acima de toda substância, ter-se humanizado inteira e verdadeiramente, como nós e a partir de nós, e ter operado e sofrido tudo aquilo que condizia com sua operação humano-divina". Ora, aí se fala de uma só operação, divina e humana, que em grego se diz *teândrica* ou seja *de Deus e do homem*. Parece, pois, que em Cristo havia uma única operação compósita.

2. ALÉM DISSO, é uma única a operação do agente principal e do instrumento. Ora, como já foi dito, a natureza humana de Cristo foi o instrumento de sua natureza divina. Logo, em Cristo é uma só a operação da natureza divina e humana.

---

1 PARALL.: III *Sent.*, dist. 18, a. 1; *Cont. Gent.* IV, 36; *De Verit.*, q. 20, a. 1, ad 2; *De Unione Verb. Incarn.*, q. 1, a. 1, ad 16; a. 5; *Compend. Theol.*, c. 212.

1. § 6: MG 3, 644 C.
2. Cfr. Epist. 4 *ad Caium*: MG 3, 1072 C.
3. Q. 2, a. 6, 4 a; q. 7, a. 1, ad 3; q. 8, a. 1, ad 1; q. 18, a. 1, ad 2.

a. A existência de duas naturezas integrais em Cristo conduziu a Igreja a reconhecer que possuía igualmente uma dupla vontade. Deve-se afirmar também que podia efetuar uma dupla operação, divina e humana. Ambas eram distintas entre si, mas realizavam-se em estreita comunhão, pois o agente divino, principal operador, servia-se da natureza humana como instrumento (a. 1). Quanto à operação propriamente humana de Jesus, apesar da diversidade das faculdades de sua alma, ela era perfeitamente unificada pela razão, que assegurava sua unidade (a. 2). Uma vez que era viajante como nós, Cristo podia evidentemente agir de maneira a merecer por si, mas é preciso explicar como isso é compatível com sua qualidade de possuidor da visão beatífica (a. 3). Esse mérito não era porém seu assunto privado; em sua qualidade de cabeça, merecia também pelos membros de seu corpo místico (a. 4).

3. PRAETEREA, cum in Christo duae naturae in una hypostasi vel persona sint, necesse est unum et idem esse quod pertinet ad hypostasim vel personam. Sed operatio pertinet ad hypostasim vel personam: nihil enim operatur nisi suppositum subsistens; unde et, secundum Philosophum[4], *actus sunt singularium*. Ergo in Christo est una et eadem operatio divinitatis et humanitatis.

4. PRAETEREA, sicut esse est hypostasis subsistentis, ita etiam et operari. Sed propter unitatem hypostasis est in Christo unum esse, ut supra[5] dictum est. Ergo et propter eandem unitatem est in Christo una operatio.

5. PRAETEREA, ubi est unum operatum, ibi est una operatio. Sed idem operatum erat divinitatis et humanitatis: sicut sanatio leprosi[6], vel suscitatio mortui[7]. Ergo videtur quod in Christo sit una tantum operatio divinitatis et humanitatis.

SED CONTRA est quod Ambrosius, in II libro *ad Gratianum Imperatorem*[8], dicit: *Quem ad modum eadem operatio diversae est potestatis? Nunquid sic potest minor quemadmodum maior operari? Aut una operatio potest esse ubi diversa est substantia?*

RESPONDEO dicendum quod, sicut supra[9], dictum est, haeretici qui posuerunt in Christo unam voluntatem, posuerunt[10] etiam in ipso unam operationem. Et ut eorum opinio erronea melius intelligatur, considerandum est quod, ubicumque sunt plura agentia ordinata, inferius movetur a superiori: sicut in homine corpus movetur ab anima, et inferiores vires a ratione. Sic igitur actiones et motus inferioris principii sunt magis operata quaedam quam operationes: id autem quod pertinet ad supremum principium, est proprie operatio. Puta si dicamus in homine quod ambulare, quod est pedum, et palpare, quod est manuum, sunt quaedam hominis operata, quorum unum operatur anima per pedes, aliud per manus: et quia est eadem anima operans per utrumque, ex parte ipsius operantis, quod est primum principium movens, est una et indifferens operatio; ex parte autem ipsorum operatorum differentia invenitur. Sicut autem in homine puro corpus movetur ab anima, et appetitus sensitivus

3. ADEMAIS, dado que as duas naturezas em Cristo existem numa única hipóstase ou pessoa, é necessário que tudo o que pertence à hipóstase ou à pessoa tenha um único e mesmo existir. Ora, a operação pertence à hipóstase ou à pessoa, pois só um supósito subsistente opera; pois segundo o Filósofo, "o ato é próprio do que é individual". Logo, em Cristo há uma única e mesma operação, divina e humana.

4. ADEMAIS, o operar, como o existir, é próprio da hipóstase subsistente. Ora, como já foi dito, dada a unidade da hipóstase, em Cristo há um único existir. Logo, em razão da mesma unidade, há também em Cristo uma única operação.

5. ADEMAIS, onde há um único efeito há uma única operação. Ora, o mesmo efeito, como a cura de um leproso ou a ressurreição de um morto, era realizado pela divindade e pela humanidade. Logo, em Cristo havia uma única operação, divina e humana.

EM SENTIDO CONTRÁRIO, escreve Ambrósio: "Como pode a mesma operação ser resultado de faculdades diferentes? Por acaso, o inferior pode agir como o superior? Pode haver uma única operação onde há substâncias diferentes?"

RESPONDO. Como acima foi dito, os hereges que afirmaram em Cristo uma única vontade afirmaram igualmente uma única operação. Para compreender melhor o seu erro, deve-se considerar que, quando há vários agentes ordenados entre si, o agente inferior é movido pelo superior; no homem, por exemplo, o corpo é movido pela alma e as potências inferiores pela razão. Assim, pois, as ações e os movimentos do princípio inferior são mais efeitos que operações; a operação propriamente dita é própria do princípio supremo. A ação de caminhar, por exemplo, ou de tocar, são certamente efeitos humanos que a alma opera, no primeiro caso, servindo-se dos pés e, no segundo caso, das mãos. E dado que é a mesma alma que opera em ambos os casos, do ponto de vista do agente que é o primeiro princípio do movimento, há uma única operação indiferenciada; a diferença se encontra do lado dos efeitos realizados. E assim como num homem simples o corpo é movido pela

---

4. *Met.*, l. I, c. 1: 981, a, 16-17.
5. Q. 17, a. 2.
6. Matth. 8, 3.
7. Matth. 9, 25; Luc. 7, 14, 15; Ioan. 11, 43, 44.
8. *De fide, ad Gratiam.*, l. II, c. 8, al. c. 4, n. 70: ML 16, 574 C.
9. Q. praec., a. 1.
10. Cfr. IOANN. DAMASCEN., *De fide orth.*, l. III, c. 15: MG 94, 1046-1061.

a rationali, ita in Domino Iesu Christo humana natura movebatur et regebatur a divina. Et ideo dicebant quod eadem est operatio et indifferens ex parte ipsius divinitatis operantis: sunt tamen diversa operata, inquantum scilicet divinitas Christi aliud agebat per seipsam, sicut quod *portabat omnia verbo virtutis suae*[11]; aliud autem per naturam humanam, sicut quod corporaliter ambulabat. Unde in Sexta Synodo[12] inducuntur verba Severi haeretici sic dicentis: *Ea quae agebantur et operabantur ab uno Christo, multum differunt. Quaedam enim sunt Deo decibilia: quaedam humana. Veluti, corporaliter vadere super terram profecto humanum est: cruribus vero vexatis, et ambulare super terram penitus non valentibus, sanum gressum donare Deo decibile est. Sed unum, scilicet incarnatum Verbum, hoc et illud operatum est: et nequaquam hoc quidem huius, hoc vero huius est naturae. Neque, eo quod diversa sunt operamenta, ideo duas operatrices naturas atque formas iuste definiemus.*

Sed in hoc decipiebantur. Quia actio eius quod movetur ab altero, est duplex: una quidem quam habet secundum propriam formam; alia autem quam habet secundum quod movetur ab alio. Sicut securis operatio secundum propriam formam est incisio: secundum autem quod movetur ab artifice, operatio eius est facere scamnum. Operatio igitur quae est alicuius rei secundum suam formam, est propria eius; nec pertinet ad moventem, nisi secundum quod utitur huiusmodi re ad suam operationem: sicut calefacere est propria operatio ignis; non autem fabri, nisi quatenus utitur igne ad calefaciendum ferrum. Sed illa operatio quae est rei solum secundum quod movetur ab alio, non est alia praeter operationem moventis ipsum: sicut facere scamnum non est seorsum operatio securis ab operatione artificis. Et ideo, ubicumque movens et motum habent diversas formas seu virtutes operativas, ibi oportet quod sit alia propria operatio moventis, et alia propria operatio moti: licet motum participet operationem moventis, et movens utatur operationi moti, et sic utrumque agit cum communione alterius.

alma, e o apetite sensitivo pelo apetite racional, assim também no Senhor Jesus Cristo a natureza humana era movida e governada pela natureza divina. Por isso, diziam que, da parte da divindade operante, a operação era a mesma e indiferenciada, entretanto os efeitos eram diversos, a saber, a divindade de Cristo realizava algumas coisas por si mesma, como "sustentar todas as coisas pelo poder de sua palavra", mas em outros casos ela operava mediante a natureza humana, como caminhar corporalmente. Daí as palavras do herege Severo às quais se refere o sexto Concílio: "As obras realizadas e operadas pelo único Cristo são muito diferentes entre si: algumas são atribuídas a Deus, mas outras são humanas; assim, caminhar corporalmente sobre o chão é algo evidentemente humano, mas curar os que não podiam caminhar por terem as pernas aleijadas é atribuído a Deus. Mas é o mesmo e único Verbo encarnado que realizava um e outro efeito, sem que se possa atribuir uma ação à natureza humana e outra à natureza divina. E também não concluiremos que há duas naturezas ou duas formas operantes pelo fato de serem diversas as obras realizadas".

Neste ponto estavam enganados. A ação de alguém que é movido por outro é dupla: uma que provém de sua própria forma e outra que provém daquele pelo qual é movido. Por exemplo, a operação do machado, pela sua própria forma, é cortar; mas enquanto é movido por um artesão sua operação é fazer uma cadeira. Portanto, a operação de alguma coisa pela sua forma é sua própria operação e só se torna a do agente motor na medida em que este a utiliza para realizar sua própria operação. Por exemplo, esquentar é a operação própria do fogo, mas ela se torna ação do ferreiro na medida em que ele utiliza o fogo para esquentar o ferro. Contudo, a operação que uma coisa possui unicamente quando é movida por outro não é uma operação diferente da do agente que a move; por exemplo, fazer uma cadeira não é uma ação do machado que possa ser separada da operação do artesão. Portanto, sempre que o agente motor e o que é movido possuem formas ou potências operativas diversas, necessariamente a operação própria daquele que move é diferente da operação própria daquele que é movido, embora o que é movido participe da operação do que move e este utilize a operação do que é movido; de tal forma que cada um age em comunhão com o outro.

---

11. *Heb*. 1, 3.
12. Constant. III, act. 10: ed. Mansi, XI, 443.

Sic igitur in Christo humana natura habet propriam formam et virtutem per quam operatur, et similiter divina. Unde et humana natura habet propriam operationem distinctam ab operatione divina, et e converso. Et tamen divina natura utitur operatione naturae humanae sicut operatione sui instrumenti: et similiter humana natura participat operationem divinae naturae, sicut instrumentum participat operationem principalis agentis. Et hoc est quod dicit Leo Papa, in Epistola *ad Flavianum*[13]: *Agit utraque forma*, scilicet tam natura divina quam humana in Christo, *cum alterius communione, quod proprium est: Verbo scilicet operante quod Verbi est, et carne exsequente quod carnis est*.

Si vero esset una tantum operatio divinitatis et humanitatis in Christo, oporteret dicere vel quod humana natura non haberet propriam formam et virtutem (de divina enim hoc dici est impossibile), ex quo sequeretur quod in Christo esset tantum divina operatio: vel oporteret dicere quod ex virtute divina et humana esset conflata in Christo una virtus. Quorum utrumque est impossibile: nam per primum horum ponitur natura humana in Christo esse imperfecta; per secundum vero ponitur confusio naturarum.

Et ideo rationabiliter in Sexta Synodo haec opinio eest condemnata: in cuius determinatione dicitur[14]: *Duas naturales operationes indivise, inconvertibiliter, inconfuse, inseparabiliter, in eodem Domino Iesu Christo, vero Deo nostro, glorificamus*, hoc est, divinam operationem et humanam.

AD PRIMUM ergo dicendum quod Dionysius ponit in Christo operationem *theandricam*, idest *divinam-virilem*, vel *divinam-humanam*, non per aliquam confusionem operationum seu virtutum utriusque naturae, sed per hoc quod divina operatio eius utitur humana eius operatione, et humana operatio participat virtutem divinae operationis.

Assim, pois, em Cristo a natureza humana possui uma forma própria e uma potência pelas quais opera; assim também a natureza divina. Por conseguinte, a natureza humana possui uma operação própria distinta da operação divina, e vice-versa. Mas a natureza divina utiliza a operação da natureza humana como operação de seu instrumento; a natureza humana, por sua vez, participa da operação da natureza divina como o instrumento participa da operação do agente principal. É o que afirma o papa Leão: "Uma e outra forma", isto é, a natureza divina e a natureza humana em Cristo, "realizam o que lhes é próprio em comunhão com a outra: o Verbo opera o que é próprio do Verbo e a carne realiza o que é próprio da carne"[b].

Se em Cristo fosse uma só a operação da divindade e da humanidade, seria necessário afirmar ou que a natureza humana não possuía uma forma e uma potência próprias (porque isso não pode ser dito da natureza divina) e, disso resultaria que em Cristo só existiria a operação divina, ou então que a potência divina e a potência humana em Cristo estariam fundidas numa única potência. Mas estas duas hipóteses são impossíveis; porque, no primeiro caso, a natureza humana em Cristo seria imperfeita, e, no segundo, se afirmaria a confusão de naturezas.

Tinha razão, portanto, o sexto Concílio ao condenar esta opinião e declarar em seus decretos: "Confessamos que, no mesmo e único Senhor Jesus Cristo, nosso verdadeiro Deus, há duas operações naturais, sem divisão, sem mudança, sem confusão e sem separação", isto é, a operação divina e a operação humana.

QUANTO AO 1º, portanto, deve-se dizer que Dionísio afirma em Cristo uma operação *teândrica*, a saber, *divino-humana* ou *humano-divina*, não no sentido de uma confusão de operações ou potências das duas naturezas, nas no sentido de que a operação divina de Cristo utiliza sua operação humana e esta participa da potência da operação divina.

---

13. Epist. 28, al. 10, c. 4: ML 54, 767 AB.
14. Act. 18: ed. Mansi, XI, 638. — Cfr. DENZ. 292.

b. O nascimento de uma operação própria à natureza humana é aqui a única maneira de respeitar integralmente a verdade da Encarnação. Mas a analogia do instrumento utilizado pelo agente principal deve ser bem compreendida: sua humanidade não é para o Verbo um instrumento *separado* (como a caneta que utilizamos para escrever), é seu instrumento *conjunto* (da mesma forma que a mão que escreve é o instrumento da alma). Dito isto, a analogia é preciosa para compreender como duas operações especificamente distintas podem concorrer numa mesma e única ação: quando a mão de Cristo *toca* um doente, é sua faculdade divina que o *cura*; duas operações podem ser atribuídas respectivamente às duas naturezas, mas uma só ação humano-divina pode ser atribuída ao único agente, o Verbo encarnado. É bem a propósito que Tomás cita S. Leão, o inspirador da fórmula de Calcedônia: a distinção de naturezas na unidade da pessoa se traduz por essa dupla operação em comunhão recíproca.

Unde, sicut ipse dicit in quadam Epistola[15], *super hominem operabatur ea quae sunt hominis: quod monstrat Virgo supernaturaliter concipiens, et aqua terrenorum pedum sustinens gravitatem*. Manifestum est enim quod concipi est humanae naturae, similiter et ambulare: sed utrumque fuit in Christo supernaturaliter. Et similiter divina operabatur humanitus: sicut cum sanavit leprosum tangendo[16]. Unde in eadem Epistola subdit: *Sed, Deo homine facto, nova quadam Dei et hominis operatione*.

Quod autem intelligat duas esse operationes in Christo, unam divinae naturae, aliam autem humanae, patet ex his quae dicit in 2 cap. *de Div. Nom.*[17], ubi dicit quod *his*, quae pertinent ad humanam eius operationem, *Pater et Spiritus Sanctus nulla ratione communicant: nisi quis dixerit secundum benignissimam et misericordem voluntatem*, inquantum scilicet Pater et Spiritus Sanctus ex sua misericordia voluerunt Christum agere et pati humana. Addit autem: *et omnem sublimissimam et ineffabilem Dei operationem quam operatus est secundum nos factus incommutabilis eo quod Deus et Dei Verbum*. Sic igitur patet quod alia est eius operatio humana, in qua Pater et Spiritus Sanctus non communicant nisi secundum acceptationem misericordiae suae: et alia est eius operatio inquantum est Dei Verbum, in qua communicant Pater et Spiritus Sanctus.

AD SECUNDUM dicendum quod instrumentum dicitur aliquid ex eo quod movetur a principali agente: quod tamen, praeter hoc, potest habere propriam operationem secundum suam formam, ut de igne dictum est[18]. Sic igitur actio instrumenti inquantum est instrumentum, non est alia ab actione principalis agentis: potest tamen habere aliam operationem prout est res quaedam. Sic igitur operatio

Nesse sentido ele mesmo escreve: (Cristo) "realizava as coisas próprias da natureza humana de uma maneira sobre-humana, como o demonstra a Virgem ao conceber sobrenaturalmente, e as águas ao sustentarem o peso dos pés terrenos". Ora, é evidente que ser concebido e caminhar são coisas próprias da natureza humana, mas aconteceram em Cristo de modo sobrenatural. Da mesma forma, Cristo operava humanamente coisas divinas; por exemplo, ao curar um leproso tocando-o. Por isso, acrescenta Dionísio: "Por ser Deus feito homem agia com uma nova operação, divina e humana".

É portanto evidente que Dionísio admitia duas operações em Cristo, uma da natureza divina e outra da natureza humana, como ele diz que nas coisas que se referem à operação humana "o Pai e o Espírito Santo não tem nenhuma participação, a não ser a que caberia à sua benigníssima e misericordiosa vontade", isto é, na medida em que o Pai e o Espírito Santo quiseram, na sua misericórdia, que Cristo agisse e sofresse humanamente. E acrescenta: "E feito semelhante a nós realizou essa sublimíssima operação divina porque permaneceu sem mudança Deus e Verbo de Deus". Assim, pois, é claro que uma é a operação humana, na qual o Pai e o Espírito Santo só participam na medida de seu consentimento misericordioso, e outra é a sua operação enquanto Verbo de Deus, na qual participam o Pai e o Espírito Santo[c].

QUANTO AO 2º, chama-se instrumento aquilo que é movido por um agente principal, mas isso não impede que possa ter além disso uma operação própria que provém de sua forma, como foi dito a respeito do fogo. Portanto, a ação do instrumento como tal não é distinta da do agente principal, mas pode ter uma operação distinta, enquanto é tal coisa. Por isso, a operação da natureza humana de

---

15. Epist. 4 *ad Caium*: MG 3, 1072 B.
16. Matth. 8, 3.
17. § 6: MG 3, 644 C.
18. In corp.

c. Além do fato de ser exigido pelo dogma de Calcedônia, o reconhecimento da operação própria da natureza humana em Cristo tem a vantagem de dar conta da maneira pela qual as operações do Verbo encarnado diferem das do Pai e do Espírito. Com efeito, as coisas operadas por Cristo em virtude de sua natureza divina são na verdade operadas por toda a Trindade. Mas não poderíamos dizer que era a Trindade inteira que tocava os olhos dos cegos ou comia na última Ceia. Daí a necessidade de postular em Jesus, distinta de sua operação divina, uma operação humana própria ao Verbo encarnado Mas deve-se acrescentar que, se havia muitos casos nos quais a divindade se servia da humanidade como de seu instrumento para lhe fazer produzir efeitos além de seu alcance natural, havia também toda uma categoria de operações nas quais a pessoa divina do Verbo utilizava sua humanidade como utilizamos a nossa: comer ou andar, pensar e falar eram para Jesus atos tão naturais quanto para nós. A diferença residia na qualidade divina da pessoa que agia, não à sua estrutura interna ou a seus resultados; devia-se ainda ao fato de que, pela eminência de sua graça, todas as suas operações propriamente humanas, motivadas pela caridade e movidas pelo Espírito, eram fonte de um mérito incomparavelmente superior ao nosso.

quae est humanae naturae in Christo, inquantum est instrumentum divinitatis, non est alia ab operatione divinitatis: non enim est alia salvatio qua salvat humanitas Christi, et divinitas eius. Habet tamen humana natura in Christo, inquantum est natura quaedam, quandam propriam operationem praeter divinam, ut dictum est[19].

AD TERTIUM dicendum quod operari est hypostasis subsistentis, sed secundum formam et naturam, a qua operatio speciem recipit. Et ideo a diversitate formarum seu naturarum est diversa species operationum: sed ab unitate hypostasis est unitas secundum numerum quantum ad operationem speciei. Sicut ignis habet duas operationes specie differentes, scilicet illuminare et calefacere, secundum differentiam lucis et caloris: et tamen est una numero illuminatio ignis semel illuminantis. Et similiter in Christo oportet quod sint duae operationes specie differentes, secundum eius duas naturas: quaelibet tamen operationum est una numero in Christo, semel facta, sicut una ambulatio et una sanatio.

AD QUARTUM dicendum quod esse et operari est personae a natura, aliter tamen et aliter. Nam esse pertinet ad ipsam constitutionem personae: et sic quantum ad hoc se habet in ratione termini. Et ideo unitas personae requirit unitatem ipsius esse completi et personalis. Sed operatio est quidam effectus personae secundum aliquam formam vel naturam. Unde pluralitas operationum non praeiudicat unitati personali.

AD QUINTUM dicendum quod aliud est proprium operatum operationis divinae, et operationis humanae in Christo: sicut operátum proprium divinae operationis est sanatio leprosi, operatum autem proprium humanae naturae est eius contactus. Concurrunt tamen ambae operationes ad unum operatum secundum quod una natura agit cum communione alterius, ut dictum est[20].

Cristo, enquanto é instrumento da divindade, não é distinta da operação divina, pois a salvação é obra única da humanidade e da divindade de Cristo. Mas a natureza humana de Cristo, enquanto natureza, tem uma operação própria distinta da divina, como foi explicado.

QUANTO AO 3º, deve-se dizer que operar é próprio da hipóstase subsistente, mas segundo a forma e a natureza das quais a operação recebe a espécie. Por isso, de formas ou naturezas diferentes resultam diversas espécies de operação; da unidade de hipóstase, contudo, resulta a unidade numérica da operação especificada. O fogo, por exemplo, tem duas operações específicas diferentes, iluminar e esquentar, em virtude da diferença que existe entre luz e calor; mas, no momento de iluminar, a sua iluminação é numericamente uma só. Assim também em Cristo há duas operações especificamente diferentes, correspondentes às suas duas naturezas; cada uma delas, porém, no momento de realizar-se, é numericamente uma; por exemplo, só há um ato de caminhar, uma única cura.

QUANTO AO 4º, deve-se dizer que o existir e o agir são próprios da pessoa pela natureza, mas de modos diferentes[d]. O existir pertence à constituição mesma da pessoa e, sob este aspecto, tem razão de término; por isso a unidade da pessoa requer a unidade do existir completo e pessoal. Mas a operação é um efeito da pessoa mediante uma forma ou natureza; por isso a pluralidade de operações não prejudica a unidade pessoal.

QUANTO AO 5º, deve-se dizer que em Cristo, o efeito próprio da operação divina é distinto do efeito próprio da operação humana; por exemplo, o efeito próprio da operação divina é curar o leproso, enquanto o da natureza humana é o contato do leproso. Mas as duas operações contribuem para o mesmo efeito, na medida em que, como foi explicado acima, uma natureza age em comunhão com a outra.

---

19. Ibid.
20. In corp.

d. "A existência e o agir são próprios da pessoa pela natureza"; em outros termos, é a pessoa que existe ou age, enquanto a natureza é o princípio pelo qual ela existe ou age. Isto se realiza porém de maneira diferente, a natureza não dá à pessoa sua operação, como lhe dá sua existência. Com efeito, a pessoa é por assim dizer o resultado ou o termo da composição de sua natureza, ou essência, e de sua existência (pelo menos no domínio criado que é o nosso; em Deus — e isso vale portanto para a pessoa do Verbo — não existe essa composição entre essência e existência). Essência e existência são os dois componentes do existente que é a pessoa; fazendo existir a natureza, a existência é imediatamente constitutiva da pessoa, ao mesmo título que a natureza. Pelo contrário, o agir é o efeito da pessoa já constituída que age por sua natureza. O agir é portanto mais imediatamente atribuível à natureza e determinado por ela, do que à pessoa e por ela, uma vez que a natureza é por assim dizer o intermediário entre a pessoa e sua operação. É desse modo que a dualidade das naturezas em Cristo acarreta a dualidade de operações, mas não é contudo o ponto de vista último; assim como só há um existente, apesar da dualidade de atos de existir (ver acima q. 17, a. 2, nota 5), do mesmo modo só há um operante neste caso, a pessoa do Verbo encarnado.

ARTICULUS 2
Utrum in Christo sint plures humanae operationes

AD SECUNDUM SIC PROCEDITUR. Videtur quod in Christo sint plures humanae operationes.

1. Christus enim, inquantum homo, communicat cum plantis in natura nutritiva, cum animalibus autem in natura sensitiva, cum angelis vero in natura intellectiva, sicut et ceteri homines. Sed alia est operatio plantae inquantum est planta, et alia animalis inquantum est animal. Ergo Christus, inquantum est homo, habet plures operationes.

2. PRAETEREA, potentiae et habitus distinguuntur secundum actus. Sed in anima Christi fuerunt diversae potentiae et diversi habitus. Ergo diversae operationes.

3. PRAETEREA, instrumenta debent esse proportionata operationibus. Corpus autem humanum habet diversa membra differentia secundum formam. Ergo diversis operationibus accommodata. Sunt igitur in Christo diversae operationes secundum humanam naturam.

SED CONTRA est quod Damascenus dicit, in III libro[1]: *Operatio sequitur naturam*. Sed in Christo est tantum una humana natura. Ergo in Christo fuit tantum una operatio humana.

RESPONDEO dicendum quod, quia homo est id quod est secundum rationem[2], illa operatio dicitur esse simpliciter humana quae a ratione procedit per voluntatem, quae est rationis appetitus. Si qua autem operatio est in homine quae non procedit a ratione et voluntate, non est simpliciter operatio humana, sed convenit homini secundum aliquam partem humanae naturae: quandoque quidem secundum ipsam naturam elementi corporalis, sicut ferri deorsum; quandoque vero secundum virtutem animae vegetabilis, sicut nutriri et augeri; quandoque vero secundum partem sensitivam, sicut videre et audire, imaginari et memorari, concupiscere et irasci. Inter quas operationes est differentia. Nam operationes animae sensitivae sunt aliqualiter obedientes rationi: et ideo sunt aliqualiter rationales et humanae, inquantum scilicet obediunt rationi, ut patet per Philosophum, in I *Ethic*.[3]. Operationes vero quae sequuntur animam vegetabilem, vel etiam naturam elementalis corporis, non subiiciuntur rationi: unde nullo modo sunt rationales, nec

ARTIGO 2
Há em Cristo várias operações humanas?

QUANTO AO SEGUNDO, ASSIM SE PROCEDE: parece que em Cristo **há** várias operações humanas.

1. Com efeito, Cristo, enquanto homem, e como os outros homens, tinha em comum com as plantas a natureza vegetativa, com os animais a natureza sensitiva, e com os anjos a natureza intelectiva. Ora, uma é a operação da planta como planta, e outra a operação do animal como animal. Logo, em Cristo, enquanto homem, havia várias operações.

2. ALÉM DISSO, as potências e os hábitos se distinguem segundo os atos. Ora, a alma de Cristo possuía diversas potências e diversos atos. Logo, também diversas operações.

3. ADEMAIS, os instrumentos devem ter proporção com suas operações. Ora, o corpo humano possui diversos membros que se distinguem segundo as formas, adaptados, portanto, às diversas operações. Logo, em Cristo, segundo a natureza humana, havia diversas operações.

EM SENTIDO CONTRÁRIO, escreve Damasceno: "A operação segue a natureza". Ora, em Cristo há uma única natureza humana. Logo, em Cristo havia apenas uma única operação humana.

RESPONDO. Sendo o homem aquilo que é pela razão, a operação absolutamente humana será a que procede da razão mediante a vontade, que é um apetite racional. Uma operação do homem que não proceda da razão e da vontade não é absolutamente humana, mas convém ao homem unicamente em virtude de alguma parte de sua natureza humana. Às vezes, em virtude da própria natureza corporal, por exemplo, ser levado para baixo; às vezes; em virtude de sua alma vegetativa, por exemplo, alimentar-se e crescer; às vezes em virtude da parte sensitiva, por exemplo, ver e ouvir, imaginar e lembrar-se, desejar e ficar irado. Mas entre essas operações há diferenças. Com efeito, as operações da alma sensitiva obedecem de alguma maneira à razão e, na medida em que lhe estão submetidas, são de alguma maneira racionais e humanas, como prova o Filósofo no livro I da *Ética*. Mas as operações que procedem da alma vegetativa ou da natureza corporal não estão submetidas à razão e por isso não são racionais de modo algum, nem

---

1. *De fide orth.*, l. III, cc. 15, 16: MG 94, 1048 A, 1068 A.
2. Cfr. ARISTOT., *Eth.*, l. X, c. 7: 1177, b, 31-1178, a, 8.
3. C. 13: 1102, b, 30-31.

humanae simpliciter, sed solum secundum partem humanae naturae.

Dictum est autem supra[4] quod quando agens inferius agit per propriam formam, tunc est alia operatio inferioris agentis et superioris: quando vero agens inferius non agit nisi secundum quod est motum a superiori agente, tunc est eadem operatio superioris agentis et inferioris. Sic igitur in quocumque homine puro alia est operatio elementalis et animae vegetabilis ab operatione voluntatis, quae est proprie humana. Similiter etiam operatio animae sensitivae quantum ad id quod non movetur a ratione: sed quantum ad id quod movetur a ratione, est eadem operatio partis sensitivae et rationalis. Ipsius autem animae rationalis est una operatio, si attendamus ad ipsum principium operationis, quod est ratio vel voluntas: diversificatur autem secundum respectum ad diversa obiecta; quam quidem diversitatem aliqui[5] appellaverunt diversitatem *operatorum*, magis quam operationum, iudicantes de unitate operationis solum ex parte operativi principii; sic enim nunc quaeritur de unitate vel pluralitate operationum in Christo.

Sic igitur in quolibet puro homine est tantum una operatio quae proprie humana dicitur: praeter quam tamen sunt in homine puro quaedam aliae operationes, quae non sunt proprie humanae, sicut dictum est. Sed in homine Iesu Christo nullus erat motus sensitivae partis qui non esset ordinatus a ratione. Ipsae etiam operationes naturales et corporales aliqualiter ad eius voluntatem pertinebant, inquantum voluntatis eius erat *ut caro eius ageret et pateretur quae sunt sibi propria*, ut dictum est supra[6]. Et ideo multo magis est una operatio in Christo quam in quocumque alio homine.

AD PRIMUM ergo dicendum quod operatio partis sensitivae et nutritivae non est proprie humana, sicut dictum est[7]. Et tamen in Christo huiusmodi operationes fuerunt magis humanae quam in aliis.

AD SECUNDUM dicendum quod potentiae et habitus diversificantur per comparationem ad obiecta: et ideo diversitas operationum hoc modo respondet diversis potentiis et habitibus sicut etiam respondet diversis obiectis. Talem autem diversitatem operationum non intendimus excludere ab humanitate Christi, sicut nec eam quae est secundum aliud

humanas de modo absoluto, mas apenas segundo partes da natureza humana.

Já foi dito que quando um agente inferior age por sua própria forma, sua operação é distinta da operação do agente superior; pelo contrário, quando o agente inferior age movido somente pelo agente superior, então há uma única operação do agente superior e do inferior. Assim, pois, em todo homem normal, a operação da natureza enquanto corporal e da alma vegetativa é distinta da operação da vontade que é propriamente humana. O que vale também para a operação da alma sensitiva quando não é movida pela razão; mas quando é movida pela razão, há uma única operação da parte sensível e da parte racional. No que diz respeito à operação da alma racional ela é única se consideramos o seu princípio, isto é, a razão ou a vontade; mas ela se diversifica conforme sua relação com os diversos objetos. Alguns denominaram esta diversidade como diversidade de obras e não de *operações*, por julgarem que a unidade de operação se estabelece unicamente a partir do princípio operativo. É neste sentido se pergunta aqui sobre a unidade ou a pluralidade de operações em Cristo.

Assim, em qualquer homem normal há apenas uma única operação propriamente humana; além dela há no homem outras operações que não são propriamente humanas, como foi explicado. Mas no homem Jesus Cristo todos os movimentos da parte sensitiva eram regidos pela razão. Mesmo suas operações naturais e corporais dependiam, de alguma forma, de sua vontade porque, como foi dito acima, a vontade do Cristo era que "sua carne realizasse e sofresse o que era próprio de sua natureza". Por isso, mais ainda do que em qualquer outro homem, havia em Cristo uma única operação.

QUANTO AO 1º, portanto, deve-se dizer que a operação da parte sensitiva e da parte vegetativa não é propriamente humana, como foi dito. Em Cristo, contudo, tais operações foram mais humanas do que nos demais.

QUANTO AO 2º, deve-se dizer que as potências e os hábitos se diversificam em relação a seus objetos; é por isso que a diversidade de operações se deve tanto à diversidade de potências e hábitos quanto à diversidade de objetos. Não pretendemos excluir da humanidade de Cristo essa diversidade de operações, nem a que provém de outras razões.

---

4. A. praec.
5. Cfr. ALBERTUM M., *In III Sent.*, dist. 17, a. 5, ad 4; ed. Borgnet, t. XXVIII, p. 304.
6. Q. 18, a. 5.
7. In corp.

tempus; sed solum illam quae est secundum primum principium activum, ut dictum est⁸.

Unde patet responsio AD TERTIUM.

A única diversidade de operações que é excluída, como foi explicado, é a que provém do primeiro princípio ativo.

QUANTO AO 3º, está clara a resposta pelo exposto.

ARTICULUS 3
Utrum actio humana Christi potuerit ei esse meritoria

AD TERTIUM SIC PROCEDITUR. Videtur quod actio humana Christi non potuit ei esse meritoria.

1. Christus enim ante mortem fuit comprehensor, sicut et modo est. Sed comprehensoris non est mereri: caritas enim comprehensoris pertinet ad praemium beatitudinis, cum secundum eam attendatur fruitio; unde non videtur esse principium merendi, cum non sit idem meritum et praemium. Ergo Christus ante passionem non merebatur: sicut nec modo meretur.

2. PRAETEREA, nullus meretur id quod est sibi debitum. Sed ex hoc quod Christus est Filius Dei per naturam, debetur sibi hereditas aeterna, quam alii homines per bona opera merentur. Non ergo Christus aliquid sibi mereri potuit, qui a principio fuit Filius Dei.

3. PRAETEREA, quicumque habet id quod est principale, non proprie meretur id quod ex illo habito sequitur. Sed Christus habuit gloriam animae, ex qua secundum communem ordinem sequitur gloria corporis, ut Augustinus dicit, in Epistola *ad Dioscorum*¹: in Christo tamen dispensative factum est quod gloria animae non derivaretur ad corpus. Non ergo Christus meruit gloriam corporis.

4. PRAETEREA, manifestatio excellentiae Christi non est bonum ipsius Christi, sed eorum qui eum cognoscunt: unde et pro praemio promittitur dilectoribus Christi ut eis manifestetur, secundum illud Io 14,21: *Si quis diligit me, diligetur a Patre meo: et ego diligam eum, et manifestabo ei meipsum*. Ergo Christus non meruit manifestationem suae altitudinis.

SED CONTRA est quod Apostolus dicit, Philp 2,8-9: *Factus est obediens usque ad mortem: propter quod et Deus exaltavit illum*. Meruit ergo obediendo suam exaltationem: et ita aliquid sibi meruit.

ARTIGO 3
Cristo mereceu algo com sua ação humana?

QUANTO AO TERCEIRO, ASSIM SE PROCEDE: parece que Cristo **não** mereceu algo com sua ação humana.

1. Com efeito, Cristo, antes de sua morte, já possuía a visão beatífica, como agora também. Ora, quem possui a visão beatífica não pode merecer; porque sua caridade é o prêmio da bem-aventurança, já que é por ela que se considera fruição. A caridade, pois, não pode ser princípio de mérito porque o mérito e a recompensa são distintos. Portanto, Cristo, antes da paixão, não merecia, como agora também não merece.

2. ALÉM DISSO, ninguém merece o que lhe é devido. Ora, pelo fato de Cristo ser Filho de Deus por natureza lhe é devida a herança eterna, que os outros homens merecem pelas boas obras. Logo, sendo Filho de Deus desde o princípio, Cristo não podia merecer nada para si mesmo.

3. ADEMAIS, quem possui o principal, a rigor não merece o que dele resulta. Ora, Cristo possuía a glória da alma, da qual decorre normalmente a glória do corpo, como afirma Agostinho; mas, em Cristo, por uma dispensação divina, a glória da sua alma não redundou sobre o corpo. Logo, Cristo não mereceu a glória do corpo.

4. ADEMAIS, a manifestação da excelência de Cristo não é um bem para o próprio Cristo, mas para aqueles que o conhecem. Por isso, segundo o Evangelho de João, o prêmio prometido aos que amam o Cristo é sua manifestação: "Se alguém me ama, será amado por meu Pai e eu o amarei e me manifestarei a ele". Portanto, Cristo não mereceu a manifestação de sua elevação.

EM SENTIDO CONTRÁRIO, está o que diz o Apóstolo na Carta aos Filipenses: "Fez-se obediente até a morte; por isso Deus o exaltou". Assim, pela obediência mereceu a exaltação e, portanto, mereceu algo para si mesmo.

---

8. In corp.

PARALL.: III *Sent.*, dist. 18, a. 2 sqq.; *De Verit.*, q. 29, a. 6; *Compend. Theol.*, c. 231.
1. Epist. 118, al. 56, c. 3, n. 14: ML 33, 439.

RESPONDEO dicendum quod habere aliquod bonum per se est nobilius quam habere illud per aliud: *semper enim causa quae est per se, potior est ea quae est per aliud*, ut dicitur in VIII *Physic*.[2]. Hoc autem dicitur aliquis habere per seipsum, cuius est sibi aliquo modo causa. Prima autem causa omnium bonorum nostrorum per auctoritatem est Deus: et per hunc modum nulla creatura habet aliquid boni per seipsam, secundum illud 1Cor 4,17: *Quid habes quod non accepisti?* Potest tamen secundario aliquis esse causa sibi alicuius boni habendi: inquantum scilicet in hoc ipso Deo cooperatur. Et sic ille qui habet aliquid per meritum proprium, habet quodammodo illud per seipsum. Unde nobilius habetur id quod habetur per meritum quam id quod habetur sine merito.

Quia autem omnis perfectio et nobilitas Christo est attribuenda, consequens est quod ipse per meritum habuit illud quod alii per meritum habent, nisi sit tale quid cuius carentia magis dignitati Christi et perfectioni praeiudicet quam per meritum accrescat. Unde nec gratiam, nec scientiam, nec beatitudinem animae, nec divinitatem meruit: quia, cum meritum non sit nisi eius quod nondum habetur, oportet quod Christus aliquando istis caruisset; quibus carere magis diminuit dignitatem Christi quam augeat meritum. Sed gloria corporis, vel si quid aliud huiusmodi est, minus est quam dignitas merendi, quae pertinet ad virtutem caritatis. Et ideo dicendum est quod Christus gloriam corporis, et ea quae pertinent ad exteriorem eius excellentiam, sicut est ascensio, veneratio, et alia huiusmodi, habuit per meritum. Et sic patet quod aliquid sibi mereri potuit.

AD PRIMUM ergo dicendum quod fruitio, quae est actus caritatis, pertinet ad gloriam animae, quam Christus non meruit. Et ideo, si per caritatem aliquid meruit, non sequitur quod idem sit meritum et praemium. Nec tamen per caritatem meruit inquantum erat caritas comprehensoris, sed

RESPONDO. É mais nobre possuir um bem por si mesmo do que possuí-lo por meio de outrem, pois, como diz o livro VIII da *Física*: "A causa que age por si é melhor do que aquela que age por meio de outro". Com efeito, diz-se que alguém possui alguma coisa por si mesmo quando, de alguma maneira, é também causa dessa coisa. Ora, Deus é a causa primeira por excelência de todos os nossos bens; nesse sentido, segundo o Apóstolo na primeira Carta aos Coríntios, nenhuma criatura possui algo de bom por si mesma: "Que tens que não o tenhas recebido"? Mas, como causa segunda, isto é, cooperando com Deus, alguém pode ser causa de um bem adquirido para si. Nesse sentido, aquele que possui alguma coisa por mérito próprio a possui, de certa forma, por si mesmo. Por isso, é mais nobre possuir um bem por mérito do que possuí-lo sem merecer.

Ora, uma vez que se deve atribuir a Cristo toda perfeição e toda nobreza, segue-se que ele possuiu por mérito o que os outros por mérito possuem; a não ser que a carência de determinado bem fosse mais prejudicial à dignidade e à perfeição de Cristo do que o mérito poderia acrescentar. Por isso, Cristo não mereceu nem a graça, nem a ciência, nem a bem-aventurança da alma, nem a divindade. Por que, como só se pode merecer aquilo que não se possui, teria sido necessário que Cristo em algum momento não tivesse possuído esses bens; e essa carência teria diminuído mais a dignidade de Cristo do que o mérito poderia ter aumentado. Mas a glória do corpo, ou qualquer outro bem semelhante, é inferior à dignidade do mérito que pertence à virtude da caridade. É preciso, pois, afirmar que Cristo mereceu a glória corporal e tudo aquilo que diz respeito à excelência exterior, como a ascensão, a veneração e outros bens. É claro, portanto, que pôde merecer algo para si mesmo[e].

QUANTO AO 1º, portanto, deve-se dizer que o fruir, que é um ato da caridade, pertence à glória da alma, glória esta não merecida por Cristo. Por isso, se Cristo mereceu algo pela caridade, isso não quer dizer que o mérito e o prêmio se identifiquem. De fato, a caridade pela qual Cristo

---

2. C. 5: 257, a, 30-31.

e. Este artigo quer evidentemente dar conta da dificuldade que surge a partir da afirmação de que Cristo era compreensor: se ele possui a visão beatífica que é o essencial da beatitude, é que ela já atingiu o termo da viagem; como pode ele merecer esse termo, sem mais nem menos? A resposta destaca o fato de que Cristo estava também na condição de viajante, e ainda não possuía tudo o que lhe era possível merecer: sua ressurreição corporal e a exaltação de sua humanidade em seu domínio sobre todo o universo. Na perspectiva conservada por Tomás, a resposta não deixa de ser coerente, mas parece difícil de conciliar com as afirmações da Escritura, segundo as quais Cristo só tomou posse de sua glória, alma e corpo, pela Paixão-Ressurreição.

inquantum erat viatoris: nam ipse fuit simul viator et comprehensor, ut supra³ habitum est. Et ideo, quia nunc non est viator, non est in statu merendi.

AD SECUNDUM dicendum quod Christo, secundum quod est Deus et Dei Filius per naturam, debetur gloria divina et dominium omnium sicut primo et supremo Domino. Nihilominus tamen debetur ei gloria sicut homini beato: quam quantum ad aliquid debuit habere sine merito, et quantum ad aliquid cum merito, ut ex supra⁴ dictis patet.

AD TERTIUM dicendum quod redundantia gloriae ex anima ad corpus est ex divina ordinatione secundum congruentiam humanorum meritorum: ut scilicet, sicut homo meretur per actum animae quem exercet in corpore, ita etiam remuneretur per gloriam animae redundantem ad corpus. Et propter hoc non solum gloria animae, sed etiam gloria corporis cadit sub merito: secundum illud Rm 8,11: *Vivificabit mortalia corpora nostra, propter inhabitantem Spiritum eius in nobis*. Et ita potuit cadere sub merito Christi.

AD QUARTUM dicendum quod manifestatio excellentiae Christi pertinet ad bonum eius secundum esse quod habet in notitia aliorum: quamvis principalius pertineat ad bonum eorum qui eum cognoscunt secundum esse quod habent in seipsis. Sed hoc ipsum refertur ad Christum, inquantum sunt eius membra.

mereceu não era a caridade que lhe cabia enquanto possuidor da visão beatífica, mas enquanto peregrino; pois, como vimos antes, ele foi ambas as coisas ao mesmo tempo. Por não ser agora peregrino, não pode mais merecer.

QUANTO AO 2º, deve-se dizer que por ser Deus e Filho de Deus por natureza são devidas a Cristo a glória divina e o domínio sobre todas as coisas, como ao primeiro e supremo Senhor. Contudo, como a um homem bem-aventurado, a glória lhe é devida, em parte sem mérito, e em parte por mérito, como ficou claro na exposição acima.

QUANTO AO 3º, deve-se dizer que o transbordamento da glória da alma sobre o corpo deve-se a uma disposição divina que leva em conta os méritos humanos; assim como o homem merece pelo ato da alma que age por meio do corpo, assim também ele é recompensado pela glória da alma, que transborda sobre o corpo. Por isso, não só a glória da alma, mas também a do corpo são objeto de mérito, como diz a Carta aos Romanos: "Ele dará também a vida a nossos corpos mortais por seu Espírito que habita em nós". Eis por que a glória do corpo podia também ser objeto de mérito para Cristo.

QUANTO AO 4º, deve-se dizer que a manifestação da excelência de Cristo é para ele um bem cuja existência depende de ser conhecida pelos outros. É verdade que tal manifestação seja muito mais um bem para aqueles que o conhecem, de acordo com a existência que têm em si mesmos. Mas, isso mesmo se refere a Cristo na medida em que são seus membros.

ARTICULUS 4
Utrum Christus aliis mereri potuerit

AD QUARTUM SIC PROCEDITUR. Videtur quod Christus aliis mereri non potuit.
1. Dicitur enim Ez 18,20: *Anima quae peccaverit ipsa morietur*. Ergo, pari ratione, anima quae meretur ipsa remunerabitur. Non est ergo possibile quod Christus aliis meruerit.

2. PRAETEREA, *de plenitudine gratiae Christi omnes accipiunt*, ut dicitur Io 1,16. Sed alii homines, habentes gratiam Christi, non possunt aliis

ARTIGO 4
Pôde Cristo merecer para os outros?

QUANTO AO QUARTO, ASSIM SE PROCEDE: parece Cristo que **não** pôde merecer para os outros.
1. Com efeito, segundo o livro do profeta Ezequiel, "A alma que pecar morrerá". Logo, pela mesma razão, a alma que merecer será recompensada. É impossível, portanto, que Cristo tenha merecido para os outros.

2. ALÉM DISSO, "todos recebem da plenitude da graça de Cristo", diz o Evangelho de João. Ora, os outros homens que possuem a graça de Cristo

---

3. Q. 15, a. 10.
4. In corp.

4 PARALL.: Part. I-II, q. 114, a. 6; infra, q. 48, a. 1; II *Sent*., dist. 20, q. 2, a. 3, ad 3; III dist. 18, a. 6, q.la 1; *De Verit*., q. 29, a. 7; *Compend. Theol*., cap. 231.

mereri: dicitur enim Ez 14,20 quod, *si fuerint in civitate Noe, Daniel et Iob, filium et filiam non liberabunt, sed ipsi iustitia sua liberabunt animas suas*. Ergo nec Christus potuit aliquid nobis mereri.

3. PRAETEREA, *merces quam quis meretur, debetur secundum iustitiam, et non secundum gratiam*: ut patet Rm 4,4. Si ergo Christus meruit salutem nostram, sequitur quod salus nostra non sit ex gratia Dei, sed ex iustitia: et quod iniuste agat cum eis quos non salvat, cum meritum Christi ad omnes se extendat.

SED CONTRA est quod dicitur Rm 5,18: *Sicut per unius delictum in omnes homines in condemnationem, sic et per unius iustitiam in omnes homines in iustificationem vitae*. Sed demeritum Adae derivatur ad condemnationem aliorum. Ergo multo magis meritum Christi ad alios derivatur.

RESPONDEO dicendum quod, sicut supra[1] dictum est, in Christo non solum fuit gratia sicut in quodam homine singulari, sed sicut in capite totius Ecclesiae, cui omnes uniuntur sicut capiti membra, ex quibus constituitur mystice una persona. Et exinde est quod meritum Christi se extendit ad alios, inquantum sunt membra eius: sicut etiam in uno homine actio capitis aliqualiter pertinet ad omnia membra eius, quia non solum sibi sentit, sed omnibus membris.

AD PRIMUM ergo dicendum quod peccatum singularis personae non nocet nisi sibi ipsi. Sed peccatum Adae, qui constitutus est a Deo principium totius naturae, ad alios per carnis propagationem derivatur. Et similiter meritum Christi, qui est a Deo constitutus caput omnium hominum quantum ad gratiam, se extendit ad omnia eius membra.

AD SECUNDUM dicendum quod alii de plenitudine Christi accipiunt, non quidem fontem gratiae, sed quandam particularem gratiam. Et ideo non oportet quod alii homines possint aliis mereri, sicut Christus.

não podem merecer para os outros. Está escrito no livro do profeta Ezequiel: "Ainda que estivessem na cidade Noé, Daniel e Jó, não salvariam um filho ou uma filha; mas eles, pela própria justiça, salvarão suas almas". Logo, Cristo não pôde merecer para nós.

3. ADEMAIS, "recompensa, merecida por alguém, é devida por justiça e não por graça", conforme a Carta aos Romanos. Portanto, se Cristo mereceu nossa salvação segue-se que nossa salvação não procede da graça de Deus, mas da justiça, e que Deus age injustamente com aqueles que não salva porque o mérito de Cristo se estende a todos.

EM SENTIDO CONTRÁRIO, diz a Carta aos Romanos: "Assim como pela culpa de um só chegou-se à condenação de todos os homens, assim também chegou-se à justificação da vida para todos os homens pela justiça de um só". Ora, do demérito de Adão derivou a condenação dos outros homens. Logo, com maior razão o mérito de Cristo difundiu-se nos outros.

RESPONDO. Como foi explicado antes, Cristo não possuía a graça unicamente a título individual, mas como cabeça de toda a Igreja, à qual todos estão unidos como os membros à cabeça, para constituir com Ele misticamente uma única pessoa. Eis a razão pela qual o mérito de Cristo se estende aos outros homens como membros seus que são; é assim que em qualquer homem a ação da cabeça pertence de certa forma a todos seus membros, porque ela não só sente para si, mas para todos os membros[f].

QUANTO AO 1º, portanto, deve-se dizer que o pecado de um indivíduo só é prejudicial a ele. Mas o pecado de Adão, por ter sido constituído por Deus princípio de toda a natureza humana, se transmite aos outros homens pela propagação da carne. Assim também, o mérito de Cristo, constituído por Deus cabeça de todos os homens quanto à graça, se estende a todos os seus membros.

QUANTO AO 2º, deve-se dizer que os outros recebem da plenitude de Cristo não a fonte da graça, mas uma determinada graça particular. Por isso, não podem os outros homens, como Cristo, merecer para os outros.

---

1. Q. 8, a. 1, 5.

f. Deve-se comparar a doutrina deste artigo com a de várias outras passagens que permitem sua melhor compreensão (q. 7 e 8, e q. 48, a. 1 e 2). Cristo não mereceu por nós de uma forma que permanecesse exterior a nós, e não recebemos o crédito de seu mérito de maneira puramente jurídica. Bem pelo contrário, pela unidade mística que existe entre a cabeça e os membros do corpo da Igreja, sua plenitude de graça se torna a fonte da nossa; tendo-a recebido na proporção de nossa qualidade de membros, ela se torna nosso próprio princípio de mérito, de modo que podemos merecer por nossa vez em virtude da superabundância do mérito de nosso Chefe, e jamais fora dele.

AD TERTIUM dicendum quod, sicut peccatum Adae non derivatur ad alios nisi per carnalem generationem, ita meritum Christi non derivatur ad alios nisi per regenerationem spiritualem, quae fit in baptismo, per quam Christo incorporamur, secundum illud Gl 3,27: *Omnes quotquot in Christo baptizati estis, Christum induistis*. Et hoc ipsum est gratiae, quod homini conceditur regenerari in Christo. Et sic salus hominis est ex gratia.

QUANTO AO 3º, deve-se dizer que assim como o pecado de Adão não se transmite aos outros homens, a não ser pela geração carnal, assim também o mérito de Cristo só lhes é transmitido por uma regeneração espiritual que tem lugar no batismo e pela qual somos incorporados a Cristo, como diz a Carta aos Gálatas: "Todos os que fostes batizados em Cristo fostes revestidos de Cristo". Isto é obra da graça: que seja concedido ao homem ser regenerado em Cristo. Assim a salvação do homem é pela graça.

QUAESTIO XX
DE SUBIECTIONE CHRISTI AD PATREM
in duos articulos divisa

Deinde considerandum est de his quae conveniunt Christo per comparationem ad Patrem. Quorum quaedam dicuntur de ipso secundum habitudinem ipsius ad Patrem: puta quod est ei subiectus; quod ipsum oravit; quod ei in sacerdotio ministravit. Quaedam vero dicuntur, vel dici possunt, secundum habitudinem Patris ad ipsum: puta, si Pater eum adoptasset; et quod eum praedestinavit. Primo igitur considerandum est de subiectione Christi ad Patrem; secundo, de eius oratione; tertio, de ipsius sacerdotio; quarto, de adoptione, an ei conveniat; quinto, de eius praedestinatione.

Circa primum quaeruntur duo.
Primo: utrum Christus sit subiectus Patri.
Secundo: utrum sit subiectus sibi ipsi.

QUESTÃO 20
A SUBMISSÃO DE CRISTO AO PAI[a]
em dois artigos

É preciso considerar agora tudo aquilo que convém a Cristo em comparação com o Pai[b]. Algumas coisas lhe são atribuídas por sua relação com o Pai: por exemplo, estar-lhe submetido, ou ter rezado ao Pai, ou ainda ter-lhe servido por seu sacerdócio. Outras coisas lhe são atribuídas ou podem ser-lhe atribuídas pela relação do Pai com Ele: por exemplo, se o Pai o adotou, ou sua predestinação pelo Pai. Portanto, consideraremos:
1. a submissão de Cristo ao Pai; 2. a sua oração; 3. o seu sacerdócio; 4. se convinha a Cristo ser adotado?; e 5. a sua predestinação.

A respeito do primeiro são duas as perguntas:
1. Cristo esteve submetido ao Pai?
2. Esteve submetido a si mesmo?

ARTICULUS 1
Utrum sit dicendum Christum esse subiectum Patri

AD PRIMUM SIC PROCEDITUR. Videtur quod non sit dicendum Christum esse subiectum Patri.

1. Omne enim quod subiicitur Deo Patri, est creatura: quia, ut dicitur in libro *de Ecclesiast*.

ARTIGO 1
Pode-se dizer que Cristo esteve submetido ao Pai?

QUANTO AO PRIMEIRO ARTIGO, ASSIM SE PROCEDE: parece que **não** se pode dizer que Cristo tenha estado submetido ao Pai.

1. Com efeito, tudo o que está submetido a Deus Pai é uma criatura; porque, como diz o livro

---

1 PARALL.: Part. I, q. 42, a. 4, ad 1; III *Sent*., dist. 11, a. 1, ad 2; I *ad Cor*., c. 15, lect. 3.

a. Como veremos, os dois artigos desta questão estão em relação direta com as primeiras heresias cristológicas. No primeiro, Tomás mostra que podemos falar de uma inferioridade de Cristo em relação ao Pai, e portanto de submissão a ele, sem renunciar por isso a sua igualdade com o Pai, do qual possui a natureza divina. Quanto ao segundo artigo, ele extrai uma conclusão à primeira vista inesperada, mas lógica: submetido ao Pai em sua humanidade, Cristo está igualmente submetido a si mesmo do ponto de vista de sua divindade, pois Pai e Filho são um só quanto à natureza divina.

b. No que concerne à situação desta nova seção no plano de conjunto da cristologia, ver acima q. 16, Prólogo, nota 1.

*Dogmat.*¹, *in Trinitate nihil est serviens neque subiectum*. Sed non est simpliciter dicendum quod Christus sit creatura: ut supra² dictum est. Ergo etiam non est simpliciter dicendum quod Christus sit Deo Patri subiectus.

2. PRAETEREA, ex hoc dicitur aliquid Deo subiectum, quod est eius dominio serviens. Sed humanae naturae in Christo non potest attribui servitus: dicit enim Damascenus, in III libro³: *Sciendum quod neque servam ipsam*, humanam scilicet naturam Christi, *dicere possumus. Servitutis enim et dominationis nomen non naturae sunt cognitiones, sed eorum quae ad aliquid, quemadmodum paternitatis et filiationis.* Ergo Christus secundum humanam naturam non est subiectus Deo Patri.

3. PRAETEREA, 1Cor 15,28 dicitur: *Cum autem subiecta fuerint illi omnia, tunc ipse Filius subiectus erit illi qui sibi subiecit omnia*. Sed, sicut dicitur Hb 2,8, *nunc necdum videmus ei subiecta omnia*. Ergo nondum ipse est subiectus Patri, qui ei subiecit omnia.

SED CONTRA est quod dicitur Io 14,28: *Pater maior me est*. Et Augustinus dicit, in I *de Trin*.⁴: *Non immerito Scriptura utrumque dicit: aequalem Patri Filium; et Patrem maiorem Filio. Illud enim propter formam Dei, hoc autem propter formam servi, sine ulla confusione intelligitur*. Sed minor est subiectus maiori. Ergo Christus, secundum formam servi, est Patri subiectus.

RESPONDEO dicendum quod cuilibet habenti aliquam naturam conveniunt ea quae sunt propria illius naturae. Natura autem humana ex sui conditione habet triplicem subiectionem ad Deum. Unam quidem secundum gradum bonitatis: prout scilicet natura divina est ipsa essentia bonitatis, ut patet per Dionysium, 1 cap. *de Div. Nom.*⁵; natura autem creata habet quandam participationem divinae bonitatis, quasi radiis illius bonitatis subiecta. — Secundo, humana natura subiicitur Deo quantum ad Dei potestatem: prout scilicet humana natura, sicut et quaelibet creatura, subiacet operationi divinae dispositionis. — Tertio modo, specialiter humana natura Deo subiicitur per pro-

dos *Dogmas eclesiásticos*: "Na Trindade, ninguém serve nem está submetido". Ora, já se disse acima que não se pode dizer absolutamente que Cristo seja uma criatura. Logo, não se pode dizer absolutamente que Cristo esteja submetido a Deus Pai.

2. ALÉM DISSO, alguma coisa está submetida a Deus quando está a serviço de seu domínio. Ora, não se pode atribuir servidão à natureza humana de Cristo, porque, como afirma Damasceno: "Não podemos dizer que ela, a natureza humana de Cristo, seja serva, porque os termos servidão e dominação não são propriedade da natureza, mas simples relações, como a paternidade e a filiação". Logo, Cristo, segundo sua natureza humana, não esteve submetido a Deus Pai.

3. ADEMAIS, afirma a primeira Carta aos Coríntios: "Quando tudo lhe tiver sido submetido, então o mesmo Filho se submeterá àquele que lhe submeteu tudo". Ora, como diz a Carta aos Hebreus: "No momento ainda não vemos que tudo lhe esteja submetido". Logo, Cristo ainda não está submetido ao Pai, que lhe submeteu todas as coisas.

EM SENTIDO CONTRÁRIO, lemos no Evangelho de João: "O Pai é maior do que eu". E Agostinho comenta: "Não em vão a Escritura afirma as duas coisas: por um lado, que o Filho é igual ao Pai e, por outro, que o Pai é maior do que o Filho. Entende-se a primeira devido à forma de Deus e a segunda à forma de servo, sem que devam ser confundidas." Ora, o menor está submetido ao maior. Logo, Cristo, sob a forma de servo, está submetido ao Pai.

RESPONDO. A quem tem uma determinada natureza convêm as propriedades dessa natureza. Ora, a natureza humana, por sua condição, está submetida a Deus de três maneiras: 1. Segundo o grau de bondade: a natureza divina é a bondade por essência, como ensina Dionísio; e a natureza criada possui uma certa participação da bondade divina e está, por assim dizer, submetida à irradiação da bondade divina. — 2. Com respeito ao poder de Deus: ela, como qualquer outra criatura, está submetida à ação da disposição divina. — 3. De modo especial, a natureza humana está submetida a Deus por um ato próprio: na medida em que obedece voluntariamente aos preceitos de Deus.

---

1. GENNADII, c. 4: ML 58, 982 AB.
2. Q. 16, a. 8.
3. *De fide orth.*, l. III, c. 21: MG 94, 1085 A.
4. C. 7: ML 42, 829.
5. § 5: MG 3, 593 C. Cfr. c. 4, § 1: MG 3, 693 B.

prium suum actum: inquantum scilicet propria voluntate obedit mandatis eius.

Et hanc triplicem subiectionem ad Patrem Christus de seipso confitetur. Primam quidem, Mt 19,17: *Quid me interrogas de bono? Unus est bonus Deus.* Ubi Hieronymus dicit[6] quod, *quia eum magistrum vocaverat bonum, et non Deum vel Dei Filium confessus erat, dixit quamvis sanctum hominem in comparatione Dei non esse bonum.* Per quod dedit intelligere quod ipse, secundum humanam naturam, non pertingebat ad gradum bonitatis divinae. Et quia *in his quae non mole magna sunt, idem est esse maius quod melius*, ut Augustinus dicit, in VI *de Trin.*[7]; ex hac ratione Pater dicitur *maior Christo* secundum humanam naturam.

Secunda autem subiectio Christo attribuitur, inquantum omnia quae circa humanitatem Christi acta sunt, divina dispositione gesta creduntur. Unde dicit Dionysius, 4 cap. *Cael. Hier.*[8], quod Christus *subiicitur Dei Patris ordinationibus*. Et haec est subiectio servitutis, secundum quod *omnis creatura Deo servit*, eius ordinationi subiecta: secundum illud Sap 16,24: *Creatura tibi Factori deserviens.* Et secundum hoc etiam Filius Dei, Philp 2,7, dicitur *formam servi accipiens.*

Tertiam etiam subiectionem attribuit sibi ipsi, Io 8,29 dicens: *Quae placita sunt ei, facio semper.* Et haec est subiectio obedientiae. Unde dicitur Philp 2,8 quod *factus* est *obediens* Patri *usque ad mortem.*

AD PRIMUM ergo dicendum quod, sicut non est simpliciter intelligendum quod Christus sit creatura, sed solum secundum humanam naturam, sive apponatur ei determinatio sive non, ut supra[9] dictum est; ita etiam non est simpliciter intelligendum quod Christus sit subiectus Patri, sed solum secundum humanam naturam, etiam si haec determinatio non apponatur. Quam tamen convenientius est apponere, ad evitandum errorem Arii, qui posuit Filium minorem Patre[10].

O próprio Cristo confessa de si mesmo esta tríplice submissão ao Pai. Com relação à primeira, pode-se ler no Evangelho de Mateus: "Por que me perguntas sobre o que é bom? Só Deus é bom". Jerônimo comenta: "Porque chamara a ele Mestre, bom, e não o proclamara Deus ou Filho de Deus, respondeu que o homem em comparação com Deus, embora santo, não é bom." Assim deu a entender que, ele mesmo, segundo a natureza humana, não atingia o grau da bondade divina. Ora, segundo Agostinho: "Nas coisas que não são materialmente grandes, ser maior é ser melhor e a mesma coisa". Por isso, diz-se que o Pai é *maior do que Cristo*, segundo a natureza humana.

A segunda submissão é atribuída a Cristo na medida em que se crê que todos os atos que se referem à sua humanidade foram realizados por disposição divina. Por isso diz Dionísio que Cristo "está submetido às determinações de Deus Pai". Trata-se da submissão de servidão, em virtude da qual "toda criatura serve a Deus", submetida à sua determinação, como diz o livro da Sabedoria: "A criação serve a Ti, seu Criador". É nesse sentido que diz a Carta aos Filipenses que o Filho de Deus "tomou a forma de servo".

Cristo se atribui a si mesmo a terceira submissão ao afirmar segundo o Evangelho de João: "Eu faço sempre aquilo que lhe agrada". É a submissão da obediência. Por isso diz a Carta aos Filipenses: "Fez-se obediente ao Pai até a morte".

QUANTO AO 1º, portanto, deve-se dizer que já foi explicado antes que Cristo não pode ser considerado como criatura de maneira absoluta, mas unicamente segundo sua natureza humana, quer se faça explicitamente esta distinção, quer não. Igualmente, não se deve entender de maneira absoluta que Cristo esteja submetido ao Pai, a não ser por causa de sua natureza humana, mesmo que não se faça explicitamente esta distinção. É preferível, contudo, fazê-la, para evitar o erro de Ário que afirmou o Filho menor do que o Pai[c].

---

6. *In Matth.*, l. III, super 19, 17: ML 26, 136 D.
7. C. 8: ML 42, 929.
8. § 4: MG 3, 181 C.
9. Q. 16, a. 8.
10. Cfr. supra, q. 10, a. 2, ad 1; q. 16, a. 8.

c. Apoiando-se nos textos da Escritura nos quais Jesus reconhece que o Pai é maior do que ele, e que lhe obedece em tudo, Ário pretendia ver em Cristo uma mera criatura, um homem adotado por Deus. Tomás mostra que esses textos podem ser perfeitamente compreendidos sem chegar a essa conclusão: é em sua natureza humana que Cristo é submetido a Deus sob

AD SECUNDUM dicendum quod relatio servitutis et dominii fundatur super actione et passione: inquantum scilicet servi est moveri a domino secundum imperium. Agere autem non attribuitur naturae sicut agenti, sed personae: *actus enim suppositorum sunt et singularium*, secundum Philosophum[11]. Attribuitur tamen actio naturae sicut ei secundum quam persona vel hypostasis agit. Et ideo, quamvis non proprie dicatur quod natura sit domina vel serva, potest tamen proprie dici quod aliqua hypostasis vel persona sit domina vel serva secundum hanc vel illam naturam. Et secundum hoc, nihil prohibet Christum dicere Patri subiectum, vel servum, secundum humanam naturam.

AD TERTIUM dicendum quod, sicut Augustinus dicit, in I *de Trin.*[12], *tunc Christus tradet regnum Deo et Patri, quando iustos, in quibus nunc regnat per fidem, perducturus est ad speciem*, ut scilicet videant ipsam essentiam communem Patri et Filio. Et tunc totaliter erit Patri subiectus non solum in se, sed etiam in membris suis, per plenam participationem divinae bonitatis. Tunc etiam omnia erunt plene ei subiecta per finalem impletionem suae voluntatis de eis. Licet etiam modo sint omnia ei subiecta quantum ad potestatem: secundum illud Mt 28,18: *Data est mihi omnis potestas in caelo et in terra*, etc.

QUANTO AO 2º, deve-se dizer que a relação servo e senhor se funda na ação e na paixão, na medida em que o servo é movido pelo senhor por meio de uma ordem. Ora, não se atribui a ação à natureza, como agente, mas à pessoa, pois como diz o Filósofo: "Os atos pertencem aos supósitos e aos indivíduos". Atribui-se a ação à natureza como aquilo pelo qual age a pessoa ou a hipóstase. Por isso, embora a rigor não se diga que a natureza é senhora ou serva, pode-se dizer com propriedade que uma hipóstase ou pessoa é senhora ou serva, em razão desta ou daquela natureza. Nesse sentido, nada impede dizer que Cristo está submetido ao Pai ou que é seu servo em razão de sua natureza humana.

QUANTO AO 3°, deve-se dizer que segundo Agostinho: "Cristo entregará o reino a Deus seu Pai quando tiver conduzido à visão direta os justos sobre os quais reina agora pela fé", para que contemplem a própria essência divina, comum ao Pai e ao Filho. Então, estará totalmente submetido ao Pai, não só em si mesmo, mas também em seus membros, por uma participação plena da bondade divina. Então, também, todas as coisas lhe estarão plenamente submetidas pela realização definitiva de sua vontade nelas; mesmo que, desde agora, todas as coisas estejam submetidas a seu poder, segundo o Evangelho de Mateus: "Todo o poder me foi dado no céu e na terra"[d].

ARTICULUS 2
Utrum Christus sit sibi ipsi subiectus

AD SECUNDUM SIC PROCEDITUR. Videtur quod Christus non sit sibi ipsi subiectus.

1. Dicit enim Cyrillus, in Epistola Synodica, quam scilicet Synodus Ephesina[1] recepit: *neque*, inquit, *ipse Christus sibi servus est neque Dominus. Fatuum enim est, magis autem et impium,*

ARTIGO 2
Esteve Cristo submetido a si mesmo?

QUANTO AO SEGUNDO, ASSIM SE PROCEDE: parece que Cristo **não** esteve submetido a si mesmo.

1. Com efeito, Cirilo, na *Carta Sinodal*, aprovada pelo Concílio de Éfeso, escreve: "Cristo não é nem servo nem senhor com relação a si mesmo. Seria uma necedade, mais ainda uma impiedade,

---

11. *Met.*, l. I, c. 1: 981, a, 16-17.
12. C. 8, n. 16: ML 42, 830.

1. Epist. 17 *ad Nestorium*: MG 77, 112 (= ML 48, 836 A). — Conc. Ephes., p. I, c. 26: ed. Mansi, IV, 1075.

a tripla condição de seu ser, de sua qualidade de criatura e de sua obediência voluntária, sem que isso atente contra a igualdade entre o Verbo e o Pai na natureza divina. Contudo, deve-se acrescentar que é o Verbo que, por sua natureza humana, e nela, é inferior e submetido ao Pai, pois é a pessoa que vive essa situação e que realiza voluntariamente essa obediência possibilitada por sua natureza humana.

d. A reflexão sobre a submissão de Cristo enquanto homem a seu Pai prossegue com um paralelo sobre a submissão dos membros de Cristo-cabeça a Deus no final dos tempos. Ela se efetuará segundo as mesmas três modalidades que a Resposta apontou em Cristo: 1) pela visão beatífica os membros do corpo místico receberão sua bondade de uma participação inteiramente submetida e dependente da bondade de Deus; 2) sendo o objeto último da vontade de Deus a seu respeito, sua posse da bem-aventurança será a perfeita realização do querer divino sobre as criaturas; 3) sua ligação a Deus na visão será a forma suprema de sua submissão a sua vontade.

ita dicere vel sapere. Et hoc etiam asseruit Damascenus, in III libro[2], dicens: *Unum enim ens Christus non potest servus esse sui ipsius et Dominus.* Sed intantum dicitur servus Patris Christus, inquantum est ei subiectus. Ergo Christus non est subiectus sibi ipsi.

2. Praeterea, servus refertur ad dominum. Sed relatio non est alicuius ad seipsum: unde et Hilarius dicit, in libro *de Trin.*[3] quod *nihil est sibi simile aut aequale.* Ergo Christus non potest dici servus sui ipsius. Et per consequens, nec sibi esse subiectus.

3. Praeterea, *sicut anima rationalis et caro unus est homo, ita Deus et homo unus est Christus*: ut Athanasius dicit[4]. Sed homo non dicitur subiectus sibi ipsi, vel servus sui ipsius, aut maior seipso, propter hoc quod corpus eius subiectum est animae. Ergo neque Christus dicitur subiectus sibi ipsi propter hoc quod eius humanitas subiecta est divinitati ipsius.

Sed contra est quod Augustinus dicit, in I *de Trin.*[5]: *Veritas ostendit, secundum istum modum,* quo scilicet Pater maior est Christo secundum humanam naturam, *etiam seipso minorem Filium.*

2. Praeterea, sicut ipse argumentatur ibidem[6], sic accepta est a Filio Dei forma servi ut non amitteretur forma Dei. Sed secundum formam Dei, quae est communis Patri et Filio, Pater est Filio maior secundum humanam naturam. Ergo etiam Filius maior est seipso secundum humanam naturam.

3. Praeterea, Christus, secundum humanam naturam, est servus Dei Patris: secundum illud Io 20,17: *Ascendo ad Patrem meum et Patrem vestrum, Deum meum et Deum vestrum.* Sed quicumque est servus Patris, est servus Filii: alioquin non omnia quae sunt Patris essent Filii. Ergo Christus est servus sui ipsius, et sibi subditus.

falar ou pensar assim". Damasceno afirma igualmente: "Cristo, sendo um único ente, não pode ser servo e senhor de si mesmo". Ora, Cristo é servo do Pai na medida em que lhe está submetido. Logo, Cristo não está submetido a si mesmo.

2. Além disso, servo é relativo a senhor. Ora, não existe relação de algo consigo mesmo. Por isso diz Hilário: "Nada é semelhante ou igual a si mesmo". Logo, Cristo não pode ser chamado servo de si mesmo nem, por conseguinte, submetido a si mesmo.

3. Ademais, segundo Atanásio: "Assim como a alma e a carne constituem um único homem, assim Deus e o homem constituem um só Cristo". Ora, pelo fato de o corpo estar submetido à alma, não se diz que o homem esteja submetido a si mesmo, ou que seja servo de si mesmo, ou que seja maior do que si mesmo. Logo, pelo fato de a humanidade de Cristo estar submetida à sua divindade, não se pode dizer que Cristo esteja submetido a si mesmo.

Em sentido contrário, afirma Agostinho: "Sob este ponto de vista (isto é, segundo o qual o Pai é maior do que Cristo, considerada a natureza humana de Cristo), a verdade mostra que o Filho é inferior a si mesmo".

2. Mais ainda, como argumenta Agostinho, no mesmo lugar, o Filho de Deus assumiu a forma de servo sem perder a forma de Deus. Mas, segundo a forma de Deus, que é comum ao Pai e ao Filho, o Pai é maior do que o Filho, segundo a natureza humana. Portanto, também o Filho é maior do que ele mesmo, segundo a natureza humana.

3. Além disso, Cristo, segundo a natureza humana, é servo de Deus Pai, como diz o Evangelho de João: "Subo ao meu Pai e vosso Pai, ao meu Deus e vosso Deus". Mas, todo aquele que é servo do Pai é servo do Filho, porque, do contrário, nem tudo o que pertence ao Pai pertenceria ao Filho. Cristo, portanto, é servo de si mesmo e está submetido a si mesmo[e].

---

2. *De fide orth.*, l. III, c. 21: MG 94, 1085 B.
3. L. VII, n. 15: ML 10, 211 C. Cfr. l. III, n. 23: ML 10, 92 AB.
4. Symb. *Quicumque*: MG 28, 1584 B. Cfr. Denz. 40.
5. C. 7: ML 42, 828.
6. Loc. cit.

e. Rara na *Suma*, essa sucessão de autoridades *em sentido contrário* é mais frequente nas *Questões disputadas*. Lembra discretamente que o assunto é delicado e, de fato, encontramos aqui Agostinho contra Cirilo e outros Padres gregos. Combatendo os erros de Nestório, Cirilo e o Concílio de Éfeso recusavam a ideia de uma submissão de Cristo a si mesmo, pois viam aí a afirmação herética de duas pessoas em Cristo, a pessoa humana sendo submetida à pessoa divina. Bem menos preocupados com esses erros, os Padres latinos aceitavam mais livremente essa posição, e a eles que se associa Sto. Tomás: pode-se admitir que o Verbo em sua natureza humana esteja submetido ao Verbo em sua natureza divina sem por isso postular nele uma dualidade de pessoas.

RESPONDEO dicendum quod, sicut dictum est[7], esse dominum et servum attribuitur personae vel hypostasi secundum aliquam naturam. Cum ergo Christus dicitur esse Dominus vel servus sui ipsius, vel quod Verbum Dei est Dominus hominis Christi, hoc potest intelligi dupliciter. Uno modo, ut intelligatur hoc esse dictum ratione alterius hypostasis vel personae, quasi alia sit persona Verbi Dei dominantis, et alia hominis servientis: quod pertinet ad haeresim Nestorii[8]. Unde in condemnatione Nestorii dicitur in Synodo Ephesina[9]: *Si quis dicit Deum vel Dominum esse Christi ex Deo Patre Verbum, et non eundem magis confitetur simul Deum et hominem, utpote Verbo carne facto, secundum Scripturas, anathema sit*. Et hoc modo negatur a Cyrillo et Damasceno[10]. Et sub eodem sensu negandum est Christum esse minorem seipso, vel esse sibi ipsi subiectum.

Alio modo potest intelligi secundum diversitatem naturarum in una persona vel hypostasi. Et sic dicere possumus, secundum unam earum, in qua cum Patre convenit, simul eum cum Patre praeesse et dominari: secundum vero alteram naturam, in qua nobiscum convenit, ipsum subesse et servire. Et secundum hunc modum dicit Augustinus[11] Filium esse *seipso minorem*.

Sciendum tamen quod, cum hoc nomen *Christus* sit nomen personae, sicut et hoc nomen *Filius*, illa per se et absolute possunt dici de Christo quae conveniunt ei ratione suae personae, quae est aeterna: et maxime huiusmodi relationes, quae magis proprie videntur ad personam vel hypostasim pertinere. Sed ea quae conveniunt sibi secundum humanam naturam, sunt ei potius attribuenda cum determinatione. Ut videlicet dicamus Christum simpliciter esse Maximum, et Dominum, et Praesidentem: quod autem sit subiectus, vel servus, vel minor, est ei attribuendum cum determinatione, scilicet, *secundum humanam naturam*.

AD PRIMUM ergo dicendum quod Cyrillus et Damascenus negant Christum esse Dominum sui ipsius, secundum quod per hoc importatur pluralitas suppositorum, quae requiritur ad hoc quod aliquis simpliciter sit dominus alicuius.

RESPONDO. Como foi explicado, ser senhor ou servo é atribuído à pessoa ou à hipóstase segundo uma natureza determinada. Dizer que Cristo é Senhor ou servo de si mesmo, ou que o Verbo de Deus é Senhor do homem Cristo, pode ser entendido de duas maneiras. A primeira seria compreender tal afirmação em razão de uma outra hipóstase ou pessoa, como se uma fosse a pessoa do Verbo de Deus, que domina e outra a pessoa do homem, que serve: tal era a heresia de Nestório. Por isso, o Concílio de Éfeso, ao condenar a Nestório, afirma: "Se alguém diz que o Verbo de Deus Pai é Deus ou Senhor de Cristo, em vez de confessar, segundo as Escrituras, que ele é ao mesmo tempo Deus e homem, uma vez que o Verbo se fez carne, que seja anátema". A mesma negação é feita por Cirilo e por Damasceno. Nesse mesmo sentido se deve negar que Cristo seja inferior ou submetido a si mesmo.

A segunda maneira seria entender essa afirmação segundo a diversidade de naturezas numa mesma pessoa ou hipóstase. Assim podemos dizer que, segundo a natureza que tem em comum com o Pai, Cristo preside e domina junto com o Pai; e que, segundo a natureza que tem em comum conosco, Cristo está submetido e é servidor. É neste sentido que Agostinho afirma que o Filho é *inferior a si mesmo*.

Convém, contudo, ter presente que o nome *Cristo* é um nome pessoal, como também o nome *Filho*. Assim, pode ser atribuído a Cristo, de maneira essencial e absoluta, tudo aquilo que lhe convém em razão da sua pessoa, que é eterna; de modo especial as relações que parecem pertencer mais propriamente à pessoa ou hipóstase. Mas o que convém a Cristo segundo a natureza humana deve ser-lhe atribuído com a conveniente delimitação. Dessa forma podemos dizer de maneira absoluta que Cristo é o Altíssimo, Senhor e Soberano; mas quando dizemos que está submetido, servo ou inferior, é necessário precisar: *segundo a natureza humana*.

QUANTO AO 1º, portanto, deve-se dizer que Cirilo e Damasceno negam que Cristo seja Senhor de si mesmo, enquanto isso implica uma pluralidade de supósitos, necessária para que alguém seja em absoluto senhor de alguém.

---

7. A. praec., ad 2.
8. Vide supra, q. 2, a. 6.
9. P. III, c. 1, anath. 6: ed. Mansi, IV, 1083.
10. Cfr. 1 a.
11. Cfr. 1 a *sed c*.

AD SECUNDUM dicendum quod simpliciter quidem oportet esse alium dominum et alium servum: potest tamen aliqua ratio dominii et servitutis servari prout idem est dominus sui ipsius secundum aliud et aliud.

AD TERTIUM dicendum quod, propter diversas partes hominis, quarum una est superior et alia inferior, dicit etiam Philosophus, in V *Ethic*.[12], quod *iustitia hominis est ad seipsum*, inquantum irascibilis et concupiscibilis obediunt rationi. Secundum etiam hunc modum unus homo potest dici sibi subiectus et serviens, secundum diversas sui partes.

Ad alia autem argumenta[13] patet responsio ex dictis. Nam Augustinus asserit Filium seipso minorem, vel sibi subiectum, secundum humanam naturam: non secundum diversitatem suppositorum.

12. C. 15: 1138, b, 5-13.
13. 1, 2, 3 arg. *sed c*.

QUANTO AO 2º, deve-se dizer que é absolutamente necessário que um seja o senhor e outro o servo. Pode-se, contudo, manter uma certa razão de domínio e de servidão na medida em que a mesma pessoa é senhor e servo de si mesmo, segundo aspectos diferentes.

QUANTO AO 3º, deve-se dizer que devido às diversas partes do homem, das quais uma é superior e outra inferior, o Filósofo diz no livro V da *Ética* que *a justiça do homem para consigo mesmo*, na medida em que o irascível e o concupiscível obedecem à razão. Sob este aspecto, um mesmo homem pode ser considerado como submetido e servidor de si mesmo, segundo suas diversas partes.

Pelo que foi dito, fica clara a resposta aos outros argumentos, pois Agostinho afirma que o Filho é inferior ou submetido a si mesmo segundo a natureza humana, e não segundo a diversidade de supósitos.

QUAESTIO XXI
DE ORATIONE CHRISTI
in quatuor articulos divisa
Deinde considerandum est de oratione Christi. Et circa hoc quaeruntur quatuor.
Primo: utrum Christo conveniat orare.
Secundo: utrum conveniat sibi secundum suam sensualitatem.
Tertio: utrum conveniat sibi orare pro seipso, an tantum pro aliis.
Quarto: utrum omnis oratio eius sit exaudita.

ARTICULUS 1
Utrum Christo competat orare

AD PRIMUM SIC PROCEDITUR. Videtur quod Christo non competat orare.

QUESTÃO 21
A ORAÇÃO DE CRISTO[a]
em quatro artigos
Deve-se considerar agora a oração de Cristo. Sobre isso são quatro as perguntas:
1. Convinha a Cristo orar?
2. Convinha-lhe segundo seu apetite sensível?
3. Convinha-lhe orar por si mesmo ou somente pelos outros?
4. Terá sido atendida toda oração de Cristo?

ARTIGO 1
Cabia a Cristo orar?

QUANTO AO PRIMEIRO ARTIGO, ASSIM SE PROCEDE: parece que **não** cabia a Cristo orar.

1 PARALL.: Supra, q. 13, a. 4, ad 3; infra, q. 43, a. 2, ad 2; III *Sent*., dist. 17, a. 3, q.la 1; IV, dist. 15, q. 4, a. 6, q.la 1, ad 2; q.la 2, ad 1; in *Ioan*., c. 11, lect. 6; in Boet. *de Trin*., q. 3, a. 4.

a. Nesta questão, Sto. Tomás estabelece primeiramente a conveniência da prece de Jesus: em sua natureza humana, ele não era Todo-Poderoso, convinha portanto que pedisse o que não lhe era possível em suas capacidades meramente humanas (a. 1). Quanto à sua fonte, a prece de Deus emanava tanto de sua sensibilidade como de sua racionalidade, mas só a razão pode propriamente falando orar (a. 2). Quanto a seu objeto, é claro que, segundo o testemunho da Escritura, que Jesus orou não só pelos outros, mas também por si mesmo, a fim de obter tudo o que lhe faltava ainda em sua qualidade de viajante (a. 3). Essa prece tinha de ser eficaz, pois exprimia os desejos humanos de Cristo, que estavam sempre de acordo com a vontade divina (a. 4).

1. Nam, sicut dicit Damascenus[1], *oratio est petitio decentium a Deo*. Sed, cum Christus omnia facere posset, non videtur ei convenire quod aliquid ab aliquo peteret. Ergo videtur quod Christo non conveniat orare.

2. PRAETEREA, non oportet orando petere illud quod aliquis scit pro certo esse futurum: sicut non oramus quod sol oriatur cras. Neque etiam est conveniens quod aliquis orando petat quod scit nullo modo esse futurum. Sed Christus sciebat circa omnia quid esset futurum. Ergo non conveniebat ei aliquid orando petere.

3. PRAETEREA, Damascenus dicit, in III libro[2], quod *oratio est ascensus intellectus in Deum*. Sed intellectus Christi non indigebat ascensione in Deum: quia semper intellectus eius erat Deo coniunctus, non solum secundum unionem hypostasis, sed etiam secundum fruitionem beatitudinis. Ergo Christo non conveniebat orare.

SED CONTRA est quod dicitur Lc 6,12: *Factum est in illis diebus, exiit in montem orare, et erat pernoctans in oratione Dei*.

RESPONDEO dicendum quod, sicut dictum est in Secunda Parte[3], oratio est quaedam explicatio propriae voluntatis apud Deum, ut eam impleat. Si igitur in Christo esset una tantum voluntas, scilicet divina, nullo modo sibi competeret orare: quia voluntas divina per seipsam est effectiva eorum quae vult, secundum illud Ps 134,6: *Omnia quaecumque voluit Dominus fecit*. Sed quia in Christo est alia voluntas divina et alia humana; et voluntas humana non est per seipsam efficax ad implendum ea quae vult, nisi per virtutem divinam: inde est quod Christo, secundum quod est homo et humanam voluntatem habens, competit orare.

AD PRIMUM ergo dicendum quod Christus poterat perficere omnia quae volebat secundum quod Deus, non autem secundum quod homo: quia, secundum quod homo, non habuit omnipotentiam, ut supra[4] habitum est. Nihilominus tamen, idem ipse Deus existens et homo, voluit ad Patrem orationem

1. Com efeito, segundo Damasceno, "a oração é um pedido a Deus do que é conveniente". Ora, Cristo podia fazer tudo; logo não lhe convinha pedir nada a ninguém. Logo, parece que não cabia a Cristo orar.

2. ALÉM DISSO, não convém pedir na oração o que alguém sabe com certeza que vai acontecer; por exemplo, não pedimos que amanhã saia o sol. Como também não convém pedir na oração o que alguém sabe que não acontecerá de modo nenhum. Ora, Cristo conhecia o futuro de todas as coisas. Logo, não lhe convinha pedir nada na oração.

3. ADEMAIS, diz ainda Damasceno: "A oração é a ascensão do intelecto para Deus". Ora, o intelecto de Cristo não tinha necessidade de elevar-se a Deus porque estava sempre unido a Deus, não só pela união hipostática mas também pela fruição da bem-aventurança. Logo, não convinha a Cristo orar.

EM SENTIDO CONTRÁRIO, diz o Evangelho de Lucas: "Naqueles dias saiu ao monte para orar e passou a noite em oração a Deus".

RESPONDO. Como foi explicado na II Parte, a oração é uma exposição da nossa própria vontade diante de Deus para que Ele a realize[b]. Se, pois, em Cristo houvesse uma única vontade, ou seja a vontade divina, não lhe competiria de modo algum orar, porque a vontade divina realiza por si mesma aquilo que deseja, como diz o Salmo 134: "O Senhor fez tudo aquilo que quis". Mas em Cristo há uma vontade divina e uma vontade humana; e a vontade humana não é capaz de realizar por si mesma o que quer a não ser graças ao poder divino. Por isso convinha a Cristo orar, por ser homem e por ter uma vontade humana.

QUANTO AO 1º, portanto, deve-se dizer que Cristo podia fazer tudo o que queria enquanto Deus, não enquanto homem; porque, como foi explicado acima, enquanto homem não possuía a onipotência. E, embora fosse ao mesmo tempo Deus e homem, quis apresentar a oração ao Pai,

---

1. *De fide orth.*, l. III, c. 24: MG 94, 1089 C.
2. Ibid.
3. II-II, q. 83, a. 1, 2.
4. Q. 13, a. 1.

b. Apesar das aparências, essa definição lapidar não limita a prece de Deus ao mero pedido; Sto. Tomás se explicou em outro lugar a esse respeito (ver II-II, q. 83, a. 17). Para apresentar a Deus nossos pedidos é preciso entrar em sua presença; o que supõe a elevação de nosso espírito em sua direção, e portanto uma certa contemplação. É preciso, além disso, expor as razões que permitirão a Deus atender ao pedido; eis por que o louvamos por seu amor, sua bondade, sua misericórdia. É preciso por fim a ação de graças pelos benefícios já outorgados, e que põe na atitude adequada para aqueles que esperamos ainda. Tudo isso se vê realizado de maneira eminente no caso de Cristo; é claro portanto que sua prece inclui todas as formas que conhecemos: pedido, louvor, ação de graças, contemplação (ver aqui mesmo a resposta 3 para a menção explícita da contemplação, e a resposta do artigo 3 no que concerne à ação de graças).

porrigere, non quasi ipse esset impotens, sed propter nostram instructionem. Primo quidem, ut ostenderet se esse a Patre. Unde ipse dicit, Io 11,42: *Propter populum qui circumstat dixi*, scilicet verba orationis, *ut credant quia tu me misisti*. Unde Hilarius, in X *de Trin*.[5], dicit: *Non prece eguit: nobis oravit, ne Filius ignoraretur*. — Secundo, ut nobis exemplum daret. Unde Ambrosius dicit, super *Luc*.[6]: *Noli insidiatrices aperire aures, ut putes Filium Dei quasi infirmum rogare, ut impetret quod implere non possit. Potestatis enim auctor, obedientiae magister, ad praecepta virtutis suo nos informat exemplo*. Unde et Augustinus dicit, super *Ioan*.[7]: *Poterat Dominus in forma servi, si hoc opus esset, orare silentio. Sed ita se Patri voluit exhibere precatorem, ut meminisset nostrum se esse doctorem*.

AD SECUNDUM dicendum quod, inter alia quae Christus scivit futura, scivit quaedam esse fienda propter suam orationem. Et huiusmodi non inconvenienter a Deo petiit.

AD TERTIUM dicendum quod ascensio nihil est aliud quam motus in id quod est sursum. Motus autem, ut dicitur in III *de Anima*[8], dupliciter dicitur. Uno modo, proprie, secundum quod importat exitum de potentia in actum, prout est *actus imperfecti*. Et sic ascendere competit ei quod est potentia sursum et non actu. Et hoc modo, ut Damascenus dicit, in III libro[9], *intellectus humanus Christi non eget ascensione in Deum: cum sit semper Deo unitus et secundum esse personale, et secundum beatam contemplationem*. — Alio modo dicitur motus *actus perfecti*, idest existentis in actu: sicut intelligere et sentire dicuntur quidam motus. Et hoc modo intellectus Christi semper ascendit in Deum: quia semper contemplatur ipsum ut supra se existentem.

não como se fosse impotente, mas para nos instruir. 1. Para nos mostrar que procede do Pai. Por isso ele mesmo afirma, no Evangelho de João: "Disse-o por causa do povo que me rodeia (refere-se às palavras da oração), para que creiam que Tu me enviaste". Por isso escreve Hilário: "Ele não tinha necessidade da oração, mas rezou por nossa causa, para que não ignorássemos que é o Filho". – 2. Para dar-nos exemplo, como diz Ambrósio: "Não escuteis de maneira insidiosa, pensando que o Filho de Deus pedia, por fraqueza, o que ele mesmo não podia realizar. Autor do poder e mestre da obediência, ele nos informa com seu exemplo sobre os preceitos da virtude". Por isso diz também Agostinho: "O Senhor, em sua forma de servo, podia orar em silêncio, se fosse necessário. Mas quis se mostrar como orante ao Pai para lembrar que era nosso mestre".

QUANTO AO 2º, deve-se dizer que entre as coisas que Cristo sabia que iriam acontecer estavam aquelas que haveriam de acontecer graças à sua oração. Não havia, pois, inconveniente em que as pedisse a Deus.

QUANTO AO 3º, deve-se dizer que a ascensão nada mais é do que um movimento para o alto. Ora, pode-se falar do movimento de duas maneiras, segundo o livro III da *Alma*. 1. De modo próprio, enquanto implica a passagem da potência ao ato; e este é o ato do que é *imperfeito*. Nesse sentido, subir compete àquilo que está em potência para estar em lugar mais alto, mas não em ato. Desse ponto de vista, como diz Damasceno, "o intelecto humano de Cristo não tem necessidade de subir a Deus, por estar sempre unido a Deus por seu existir pessoal e por sua contemplação bem-aventurada". 2. Como ato do que é *perfeito*, ou seja que existe em ato. Nesse sentido, entender e sentir podem ser considerados como movimentos. É deste modo que o intelecto de Cristo se eleva sempre a Deus, porque o contempla sempre como existindo acima de si mesmo.

---

5. N. 71: ML 10, 398 A.
6. L. V, n. 42, super 6, 12: ML 15, 1647 C.
7. Tract. 104, n. 2, super 17, 1: ML 35, 1902.
8. C. 7: 431, a, 6-7.
9. Loc. supra cit.

Articulus 2
Utrum Christo conveniat orare secundum suam sensualitatem

AD SECUNDUM SIC PROCEDITUR. Videtur quod Christo conveniat orare secundum suam sensualitatem.

1. Dicitur enim in Ps 83,3, ex persona Christi: *Cor meum et caro mea exultaverunt in Deum vivum*. Sed sensualitas dicitur appetitus carnis. Ergo Christi sensualitas potuit ascendere in Deum vivum exsultando: et pari ratione, orando.

2. PRAETEREA, eius videtur esse orare cuius est desiderare illud quod petitur. Sed Christus petivit aliquid quod desideravit sensualitas, cum dixit *Transeat a me calix iste*, ut habetur Mt 26,39. Ergo sensualitas Christi oravit.

3. PRAETEREA, magis est uniri Deo in persona quam ascendere in Deum per orationem. Sed sensualitas fuit assumpta a Deo in unitate personae: sicut et quaelibet pars humanae naturae. Ergo multo magis potuit ascendere in Deum orando.

SED CONTRA est quod Philp 2,7 dicitur quod Filius Dei, secundum naturam quam assumpsit, est *in similitudinem hominum factus*. Sed alii homines non orant secundum sensualitatem. Ergo nec Christus oravit secundum sensualitatem.

RESPONDEO dicendum quod orare secundum sensualitatem potest dupliciter intelligi. Uno modo, sic quod oratio sit actus sensualitatis. Et hoc modo Christus secundum sensualitatem non oravit. Quia eius sensualitas eiusdem naturae et speciei fuit in Christo et in nobis. In nobis autem non potest orare, duplici ratione. Primo quidem, quia motus sensualitatis non potest sensualitas transcendere: et ideo non potest in Deum ascendere, quod requiritur ad orationem. — Secundo, quia oratio importat quandam ordinationem, prout aliquis desiderat aliquid quasi a Deo implendum: et hoc

Artigo 2
Convinha a Cristo rezar segundo seu apetite sensível?

QUANTO AO SEGUNDO, ASSIM SE PROCEDE: parece que **convém** a Cristo rezar segundo seu apetite sensível.

1. Com efeito, diz o Salmo 83, referindo-se a Cristo: "O meu coração e a minha carne exultaram pelo Deus vivo". Ora, chama-se apetite sensível o apetite da carne. Logo, o apetite sensível de Cristo pôde elevar-se ao Deus vivo exultando e, por uma razão semelhante, orando.

2. ALÉM DISSO, orar é próprio daquele que deseja o que pede. Ora, Cristo pediu o que desejava seu apetite sensível ao exclamar, como está no Evangelho de Mateus: "Afasta de mim este cálice". Logo, o apetite sensível de Cristo rezou.

3. ADEMAIS, é mais estar unido a Deus pela pessoa do que elevar-se a Deus pela oração. Ora, o apetite sensível foi assumido por Deus na unidade da pessoa, como qualquer outra parte da natureza humana. Logo, com maior razão, pôde elevar-se a Deus pela oração.

EM SENTIDO CONTRÁRIO, está o que diz a Carta aos Filipenses: O Filho de Deus, pela natureza que assumiu, "fez-se semelhante aos homens". Ora, os outros homens não rezam segundo o apetite sensível. Portanto, Cristo também não rezou segundo o apetite sensível.

RESPONDO. Orar segundo o apetite sensível pode ser entendido de duas maneiras[c]. 1. Entendendo a oração como um ato do apetite sensível. Nesse sentido, Cristo não orou segundo o apetite sensível. Porque seu apetite sensível era da mesma natureza e espécie do que o nosso. Ora, em nós o apetite sensível não pode orar por uma dupla razão. Em primeiro lugar, porque o movimento do apetite sensível não pode ultrapassar o sensível e, por isso, não pode elevar-se a Deus, o que é um requisito para a oração. — E, em segundo lugar, porque a oração supõe uma certa ordem, na

---

2 PARALL.: III *Sent.*, dist. 17, a. 3, q.la 3; *Compend. Theol.* c. 233.

c. "Orar segundo a sensualidade" é uma fórmula ambígua, mais ainda em nossa língua do que na de Sto. Tomás. É preciso recordar as explicações fornecidas acima, q. 18, a. 2, nota 3, mas deve-se acrescentar também que a prece só pode ser um ato de razão, pois só a razão pode elevar-se ao domínio da prece, que é o de um bem solicitado a outro porque está no poder desse outro, e não daquele que pede. A sensualidade por si só não poderia orar, mas a razão pode tomar a si o desejo da sensibilidade; esta fornece então o conteúdo da prece, sem formulá-la em ato. Assim, no Getsêmani, Cristo reza segundo sua vontade de sensualidade, para que se afaste o cálice de sofrimentos que lhe é apresentado. Contudo, como sua prece refletia igualmente a submissão de todos os seus desejos, sensíveis ou razoáveis, à vontade divina, ela pode resumir-se no apelo ao Pai, repetido em sua paixão: "Seja feita tua vontade".

est solius rationis. Unde oratio est actus rationis: ut in Secunda Parte¹ habitum est.

Alio modo potest dici aliquis orare secundum sensualitatem, quia scilicet eius ratio orando Deo proposuit quod erat in appetitu sensualitatis ipsius. Et secundum hoc, Christus oravit secundum sensualitatem: inquantum scilicet eius oratio exprimebat sensualitatis affectum tamquam sensualitatis advocata. Et hoc, ut nos de tribus instrueret. Primo, ut ostenderet se veram humanam naturam assumpsisse, cum omnibus naturalibus affectibus. Secundo, ut ostenderet quod homini licet, secundum naturalem affectum, aliquid velle quod Deus non vult. Tertio, ut ostendat quod proprium affectum debet homo divinae voluntati subiicere. Unde Augustinus dicit, in *Enchirid*.²: *Sic Christus, hominem gerens, ostendit privatam quandam hominis voluntatem, cum dicit, "Transeat a me calix iste". Haec enim erat humana voluntas, proprium aliquid, et tanquam privatum, volens. Sed quia rectum vult esse hominem, et ad Deum dirigi subdit, "Verumtamen non sicut ego volo, sed sicut tu": ac si dicat, "Vide te in me: quia potes aliquid proprium velle, etsi Deus aliud velit".*

AD PRIMUM ergo dicendum quod caro exsultat in Deum vivum, non per actum carnis ascendentem in Deum: sed per redundantiam a corde in carnem, inquantum appetitus sensitivus sequitur motum appetitus rationalis.

AD SECUNDUM dicendum quod, licet sensualitas hoc voluerit quod ratio petebat, hoc tamen orando petere non erat sensualitatis, sed rationis, ut dictum est³.

AD TERTIUM dicendum quod unio in persona est secundum esse personale, quod pertinet ad quamlibet partem humanae naturae. Sed ascensio orationis est per actum qui non convenit nisi rationi, ut dictum est⁴. Unde non est similis ratio.

medida em que se deseja um bem que deve ser realizado por Deus; o que só pode ser feito pela razão. Por isso, como foi exposto na II Parte, a oração é um ato da razão.

2. Quando a razão expõe a Deus na oração os desejos de seu apetite sensível. Nesse sentido, Cristo orou segundo o apetite sensível, na medida em que a sua oração expressava o desejo do apetite sensível, como que advogando por ela. Deste modo Cristo nos instruiu a respeito destas três coisas: primeiro, para mostrar que assumira uma verdadeira natureza humana, com toda a sua afetividade natural; segundo, para manifestar que o homem pode querer, com um afeto natural, algo que Deus não quer; terceiro, para fazer-nos ver que o homem deve submeter a própria afetividade à vontade divina. Daí as palavras de Agostinho: "Assim Cristo, comportando-se como homem, mostra sua vontade humana concreta ao dizer 'afasta de mim este cálice'. Era a sua vontade humana, querendo algo próprio e como privado. Mas porque quer ser um homem reto e dirigir-se a Deus, acrescenta: 'Contudo, não se faça como eu quero, mas como tu queres'. Como se nos dissesse: olha-te em mim, porque podes querer pessoalmente algo, embora Deus queira outra coisa."

QUANTO AO 1º, portanto, deve-se dizer que a carne exulta pelo Deus vivo, não por um ato da carne que se eleva a Deus, mas por um transbordamento do coração na carne, enquanto o apetite sensitivo segue o movimento do apetite racional.

QUANTO AO 2º, deve-se dizer que embora o apetite sensível tenha querido o que pedia a razão, não correspondia ao apetite sensível pedi-lo na oração, mas à razão, como foi explicado.

QUANTO AO 3º, deve-se dizer que a união na pessoa se faz segundo o ser pessoal, que pertence a todas as partes da natureza humana. Mas a ascensão da oração se realiza por um ato que só pertence à razão, como foi exposto. Portanto, não há paridade de razões.

---

1. II-II, q. 83, a. 1.
2. *Enarr. in Psalm.*, ps. 32, enarr. 2, serm. 1, n. 2, super vers. 1: ML 36, 277-278.
3. In corp.
4. Ibid.

ARTICULUS 3
Utrum Christo conveniens fuerit pro se orare

AD TERTIUM SIC PROCEDITUR. Videtur quod Christo non fuerit conveniens pro se orare.

1. Dicit enim Hilarius, in X *de Trin*.[1]: *Cum sibi non proficeret deprecationis sermo, ad profectum tamen fidei nostrae loquebatur*. Sic ergo videtur quod Christus non sibi, sed nobis oraverit.

2. PRAETEREA, nullus orat nisi pro eo quod vult: quia, sicut dictum est[2], oratio est quaedam explicatio voluntatis per Deum implendae. Sed Christus volebat pati ea quae patiebatur: dicit enim Augustinus, XXVI *contra Faustum*[3]: *Homo plerumque, etsi nolit, contristatur; etsi nolit, dormit; etsi nolit, esurit aut sitit. Ille autem*, scilicet Christus, *omnia ista habuit quia voluit*. Ergo ei non competebat pro seipso orare.

3. PRAETEREA, Cyprianus dicit, in libro *de Oratione Dominica*[4]: *Pacis et unitatis Magister noluit sigillatim et privatum precem fieri, ut quis, dum precatur, pro se tantum precetur*. Sed Christus illud implevit quod docuit: secundum illud Act 1,1: *Coepit Iesus facere et docere*. Ergo Christus nunquam pro se solo oravit.

SED CONTRA est quod ipse Dominus orando dicit, Io 17,1: *Clarifica Filium tuum*.

RESPONDEO dicendum quod Christus pro se oravit dupliciter. Uno modo, exprimendo affectum sensualitatis, ut supra[5] dictum est; vel etiam voluntatis simplicis, quae consideratur ut natura; sicut cum oravit a se calicem passionis transferri[6]. Alio modo, exprimendo affectum voluntatis deliberatae, quae consideratur ut ratio: sicut cum petiit gloriam resurrectionis. Et hoc rationabiliter. Sicut enim dictum est[7], Christus ad hoc uti voluit oratione ad Patrem, ut nobis daret exemplum orandi; et ut ostenderet Patrem suum esse auctorem a quo et aeternaliter processit secundum divinam naturam, et secundum humanam naturam ab eo

ARTIGO 3
Foi conveniente que Cristo orasse por si mesmo?

QUANTO AO TERCEIRO, ASSIM SE PROCEDE: parece que **não** foi conveniente que Cristo orasse por si mesmo.

1. Com efeito, Hilário diz: "Uma vez que as palavras da oração não lhe eram de proveito, falava, contudo, em proveito da nossa fé". Parece, pois, que Cristo não rezou por si mesmo, mas por nós.

2. ALÉM DISSO, ninguém reza a não ser por aquilo que quer, pois, como foi dito, a oração é uma exposição a Deus de nossa vontade para que Ele a realize. Ora, Cristo queria padecer o que padecia; como escreve Agostinho: "O homem, quase sempre se entristece, mesmo sem querer; dorme mesmo que não queira; sem querer tem fome e sede. Ele, Cristo, pelo contrário, experimentou tudo isso porque quis". Logo, não lhe cabia rezar por si mesmo.

3. ADEMAIS, também Cipriano diz: "O Mestre da paz e da unidade não quis que se fizesse oração em particular e em privado, para evitar que, ao rezar, se ore só por si mesmo". Ora, Cristo realizou o que ensinou: "Jesus começou a fazer e ensinar", conforme o livro dos Atos dos Apóstolos. Logo Cristo nunca orou só por si mesmo.

EM SENTIDO CONTRÁRIO, está o que o próprio Senhor, no Evangelho de João, diz em sua oração: "Glorifica o teu Filho".

RESPONDO. Cristo orou por si mesmo de duas maneiras. 1. Expressando o desejo de seu apetite sensível, como foi dito acima, ou de sua vontade espontânea, considerada como natureza, como quando pediu que fosse afastado dele o cálice da paixão. 2. Expressando o desejo de sua vontade deliberada, considerada como razão, como quando pediu a glória da ressurreição. E isso o fez com razão. Pois, como foi dito, Cristo quis servir-se da oração ao Pai para dar-nos exemplo de oração e também para mostrar que seu Pai é o autor do qual ele procede desde a eternidade segundo a natureza divina, e segundo a natureza humana é dele que

---

3 PARALL.: III *Sent*., dist. 17, a. 3, q.la 2.

1. N. 71: ML 10, 398 A.
2. A. 1.
3. C. 8: ML 42, 484.
4. C. 8: ML 4, 523 B-524 A.
5. A. praec.
6. Matth. 26, 39.
7. A. 1, ad 1.

habet quidquid boni habet. Sicut autem in humana natura quaedam bona habebat a Patre iam percepta, ita etiam expectabat ab eo quaedam bona nondum habita, sed percipienda. Et ideo, sicut pro bonis iam perceptis in humana natura gratias agebat Patri, recognoscendo eum auctorem, ut patet Mt 26,27 et Io 11,41: ita etiam, ut Patrem auctorem recognosceret, ab eo orando petebat quae sibi deerant secundum humanam naturam, puta gloriam corporis et alia huiusmodi. Et in hoc etiam nobis dedit exemplum ut de perceptis muneribus gratias agamus, et nondum habita orando postulemus.

AD PRIMUM ergo dicendum quod Hilarius loquitur quantum ad orationem vocalem: quae non erat ei necessaria propter ipsum, sed solum propter nos. Unde signanter dicit quod *sibi non proficiebat deprecationis sermo*. Si enim *desiderium pauperum exaudit Dominus*, ut in Ps 9,17 dicitur, multo magis sola voluntas Christi habet vim orationis apud Patrem. Unde ipse dicebat, Io 11,42: *Ego sciebam quia semper me audis: sed propter populum qui circumstat dixi, ut credant quia tu me misisti*.

AD SECUNDUM dicendum quod Christus volebat quidem pati illa quae patiebatur, pro tempore illo: sed nihilominus volebat ut, post passionem, gloriam corporis consequeretur, quam nondum habebat. Quam quidem gloriam expectabat a Patre sicut ab auctore. Et ideo convenienter ab eo ipsam petebat.

AD TERTIUM dicendum quod ipsa gloria quam Christus orando sibi petebat, pertinebat ad salutem aliorum: secundum illud Rm 4,25: *Resurrexit propter iustificationem nostram*. Et ideo illa etiam oratio quam pro se faciebat, erat quodammodo pro aliis. Sicut et quicumque homo aliquod bonum a Deo postulat ut utatur illo ad utilitatem aliorum, non sibi soli, sed etiam aliis orat.

recebe tudo o que possui de bom. Ora, assim como em sua natureza humana possuía já alguns bens recebidos do Pai, assim também esperava receber dele outros que ainda não possuía. Por isso, pelos bens já recebidos em sua natureza humana dava graças ao Pai, reconhecendo-o como autor dos mesmos, como se vê claramente nos evangelhos de Mateus e de João. Por isso ainda pedia ao Pai, pela oração, os bens que lhe faltavam, segundo a natureza humana, como a glória do corpo e outros semelhantes, para reconhecer também o Pai como autor dos mesmos. Dessa forma também nos deu exemplo para que agradeçamos os bens recebidos e peçamos pela oração os que ainda não possuímos.

QUANTO AO 1º, portanto, deve-se dizer que Hilário fala da oração vocal, que Cristo não necessitava para si mesmo, mas só para nós. Por isso diz expressamente: "As palavras da oração não lhe eram de proveito". Pois, se como diz o Salmo 9: "O Senhor escuta o desejo dos pobres", a vontade de Cristo sozinha tem uma força de oração muito maior junto ao Pai. Por isso, segundo o Evangelho de João, podia afirmar o mesmo Cristo: "Eu sabia que sempre me escutas, mas falei por causa do povo que me rodeia para que ele creia que tu me enviaste".

QUANTO AO 2º, Cristo queria certamente padecer tudo o que padecia naquele momento da paixão, mas queria obter, depois da paixão, a glória corporal que ainda não possuía. Glória que ele esperava do Pai como autor da mesma. Por isso era conveniente que lha pedisse.

QUANTO AO 3º, deve-se dizer que a mesma glória que Cristo pedia para si por meio da oração pertencia à salvação dos outros, segundo a Carta aos Romanos: "Ressuscitou para a nossa justificação". Eis por que a oração que fazia por si mesmo era, de certa forma, uma oração pelos outros. Como acontece quando qualquer homem que pede a Deus algum bem para utilizá-lo em proveito dos outros, não ora só por si mesmo, mas também pelos outros.

ARTICULUS 4
Utrum Christus oratio fuerit semper exaudita

AD QUARTUM SIC PROCEDITUR. Videtur quod Christi oratio non fuerit semper exaudita.

ARTIGO 4
Foi sempre atendida a oração de Cristo?

QUANTO AO QUARTO, ASSIM SE PROCEDE: parece que **não** foi sempre atendida a oração de Cristo.

---

4 PARALL.: III *Sent*., dist. 17, a. 3, q.la 4; *Compend. Theol*., c. 233; in *Ps*. 21; in *Ioan*., c. 11, lect. 6; c. 12, lect 5; *ad Heb*., c. 5, lect. 1.

1. Petiit enim a se removeri calicem passionis, ut patet Mt 26,39: qui tamen ab eo non fuit translatus. Ergo videtur quod non omnis eius oratio fuerit exaudita.

2. Praeterea, ipse oravit ut peccatum suis crucifixoribus ignosceretur, ut patet Lc 23,34. Non tamen omnibus fuit illud peccatum dimissum: nam Iudaei fuerunt pro illo peccato puniti. Ergo videtur quod non omnis eius oratio fuerit exaudita.

3. Praeterea, Dominus oravit pro his qui erant credituri per verbum Apostolorum in ipsum, ut omnes in eo unum essent, et ut pervenirent ad hoc quod essent cum ipso. Sed non omnes ad hoc perveniunt. Ergo non omnis eius oratio est exaudita.

4. Praeterea, in Ps 21,3 dicitur, in persona Christi: *Clamabo per diem, et non exaudies*. Non igitur omnis eius oratio est exaudita.

Sed contra est quod Apostolus dicit, Hb 5,7: *Cum clamore valido et lacrimis offerens, exauditus est pro sua reverentia*.

Respondeo dicendum quod, sicut dictum est[1], oratio est quodammodo interpretativa voluntatis humanae. Tunc ergo alicuius orantis exauditur oratio, quando eius voluntas adimpletur. Voluntas autem simpliciter hominis est voluntas rationis: hoc enim absolute volumus quod secundum deliberatam rationem volumus. Illud autem quod volumus secundum motum sensualitatis, vel etiam secundum motum voluntatis simplicis, quae consideratur ut natura, non simpliciter volumus, sed secundum quid: scilicet, si aliud non obsistat quod per deliberationem rationis invenitur. Unde talis voluntas magis est dicenda *velleitas* quam absoluta voluntas: quia scilicet homo hoc vellet si aliud non obsisteret.

Secundum autem voluntatem rationis, Christus nihil aliud voluit nisi quod scivit Deum velle. Et ideo omnis absoluta voluntas Christi, etiam humana, fuit impleta, quia fuit Deo conformis: et per consequens, omnis eius oratio fuit exaudita. Nam et secundum hoc aliorum orationes adimplentur, quod sunt eorum voluntates Deo conformes: secundum illud Rm 8,27: *Qui autem scrutatur corda, scit*, idest, approbat, *quid desideret Spiritus*, idest, quid faciat sanctos desiderare: *quoniam secundum Deum*, idest, secundum conformitatem divinae voluntatis, *postulat pro sanctis*.

1. Com efeito, Cristo pediu que fosse afastado de si o cálice da paixão, como é evidente no Evangelho de Mateus, mas o cálice não foi afastado. Parece, portanto, que nem toda oração de Cristo foi atendida.

2. Além disso, ele orou para que não fosse levado em conta o pecado dos que o crucificavam, como consta no Evangelho de Lucas. Ora, nem a todos foi perdoado aquele pecado, porque os judeus foram punidos por causa daquele pecado. Logo, nem toda oração de Cristo foi atendida.

3. Ademais, o Senhor rezou também por aqueles que haveriam de crer nele pela palavra dos apóstolos, para que nele todos fossem um e para que chegassem a estar com ele. Ora, nem todos o conseguem. Logo, nem toda oração de Cristo foi atendida.

4. Além disso, diz o Salmo 21, falando na pessoa de Cristo: "Gritarei o dia inteiro e não me escutarás". Portanto, nem todas as suas orações foram atendidas.

Em sentido contrário, afirma a Carta aos Hebreus: "Tendo apresentado, com gritos e lágrimas, orações e súplicas, foi atendido pela sua piedade".

Respondo. Já foi dito que a oração é, em certo modo, intérprete da vontade humana. Considera-se atendida a oração de alguém quando se realiza a sua vontade. Ora, a vontade como tal do homem é a vontade racional, porque queremos de maneira absoluta aquilo que queremos por deliberação da razão. Pelo contrário, aquilo que queremos por um movimento da sensualidade ou ainda por um movimento da vontade espontânea que emana da natureza, não o queremos de maneira absoluta, mas relativa, isto é, se à deliberação da razão não se opõe nenhum obstáculo. Eis por que tal vontade deveria chamar-se melhor veleidade do que vontade absoluta, porque o homem quereria tal coisa se nada se opusesse a ela.

Segundo sua vontade racional, Cristo não quis outra coisa a não ser o que sabia que o Pai queria. Por isso, toda vontade absoluta de Cristo, mesmo a humana, se realizou, porque estava em conformidade com Deus; e, por conseguinte, todas as suas orações foram atendidas. É também neste sentido que são escutadas as orações das outras pessoas, na medida em que expressam desejos que estão em conformidade com Deus, como diz a Carta aos Romanos: "Aquele que perscruta os corações sabe (isto é, aprova) o que o Espírito deseja (isto é, o que ele faz aos santos desejar): porque segundo

---

1. A. 1.

AD PRIMUM ergo dicendum quod illa petitio de translatione calicis diversimode a Sanctis exponitur. Hilarius enim, *super Matth.*[2], dicit: *Quod autem ut a se transeat rogat, non ut ipse praetereatur orat: sed ut in alterum id quod a se transit excedat. Atque ideo pro his orat qui passuri post se erant: ut sit sensus: Quomodo a me bibitur calix passionis, ita ab aliis bibatur, sine spei diffidentia, sine sensu doloris, sine metu mortis.*

Vel, secundum Hieronymum[3]: *signanter dicit, "Calix iste": hoc est, populi Iudaeorum, qui excusationem ignorantiae habere non potest, si me occiderit, habens legem et Prophetas, qui me vaticinantur.*

Vel, secundum Dionysium Alexandrinum[4]: *Quod dicit, "Transfer calicem istum a me", non hoc est, "Non adveniat mihi": nisi enim advenerit, transferri non poterit. Sed, sicut quod praeterit nec intactum est nec permanens, sic Salvator leviter invadentem tentationem flagitat pelli.*

Ambrosius[5] autem et Origenes[6] et Chrysostomus[7] dicunt quod petiit quasi homo naturali voluntate mortem recusans.

Sic igitur, si intelligatur quod petierit per hoc alios martyres suae passionis imitatores fieri, secundum Hilarium; vel si petiit quod timor bibendi calicis eum non pertubaret; vel quod mors eum non detineret: omnino impletum est quod petivit. Si vero intelligitur petiisse quod non biberet calicem passionis et mortis; vel quod non biberet ipsum a Iudaeis: non quidem est factum quod petiit, quia ratio, quae petitionem proposuit, non volebat ut hoc impleretur; sed, ad instructionem nostram, volebat declarare nobis suam voluntatem

Deus (isto é, de acordo com a vontade divina) intercede pelos santos"[d].

QUANTO AO 1º, portanto, deve-se dizer que os Santos Padres explicam de diversas maneiras a petição de Cristo "afasta de mim este cálice". Hilário comenta: "Quando pede que o cálice passe dele, não pede para ser eximido dele, mas que o que passa por ele redunde em benefício de outros. Assim, pois, ora por aqueles que haveriam de sofrer depois dele; o sentido, pois, é este: assim como eu bebo o cálice da paixão, que seja também bebido por eles: sem que falte a esperança, sem que sintam a dor, sem temer a morte.".

Ou, segundo Jerônimo: "Diz expressamente 'este cálice', isto é, do povo judeu, porque se me matarem não poderão ter a excusa da ignorância, já que possuem a Lei e os Profetas que profetizam a meu respeito".

Ou ainda, como afirma Dionísio de Alexandria: "Dizer 'afasta de mim este cálice' não significa 'que não se aproxime de mim', porque se não se aproximar, também não poderá ser afastado. Mas, assim como o que passa não toca nem é permanente, assim o Salvador pede que seja afastada a prova que o assalta levemente."

Mas, Ambrósio, Orígenes e Crisóstomo dizem que ele fez esta prece como um homem que, segundo sua vontade natural, rejeita a morte.

Assim pois, se entendermos com Hilário que ele pediu que os outros mártires se tornassem imitadores de sua paixão; ou que pediu para não ser conturbado pelo medo de beber o cálice; ou que a morte não o retivesse, então se realizou plenamente o que pediu. Mas, se entendermos que pediu para não beber o cálice da paixão e da morte; ou não para bebê-lo das mãos dos judeus, então não se realizou o que pediu, porque a razão, que apresentou esta petição, não queria que se realizasse. Mas, para nos ensinar, queria fazer-nos

---

2. C. 31, n. 7: ML 9, 1068 C-1069 A.
3. *In Matth.*, l. IV, super 26, 39: ML 26, 198 B.
4. *Fragm. in Luc.*, super 22, 42: MG 10, 1589 A.
5. *In Luc.*, l. X, n. 59, super 22, 42: ML 15, 1818 D.
6. *In Matth.*, Commentar. series, n. 92, super 26, 39: MG 13, 1743 A.
7. *In Matth.*, hom. 84, al. 85, n. 1: MG 58, 752.

d. A vontade humana de Cristo estava sempre em conformidade com sua vontade divina, no sentido de que sua vontade de razão estava sempre de acordo com a vontade de Deus (o que não era necessariamente o caso dessas vontades de natureza ou de sensualidade, ver acima q. 18, notas 3, 4 e 7). É por isso que, na medida em que exprimia sua vontade racional e absoluta, sua prece era sempre atendida. De fato, uma vez que sua vontade racional estava de acordo com sua vontade divina em todas as coisas, ela se realizava na medida mesma em que se realizava a vontade divina. É essa mesma lei que comanda a eficácia de toda prece: nossa prece é tanto mais eficaz quanto mais ela foi formulada sob a influência do Espírito de Deus, isto é, na vontade de se unir à vontade divina. Dócil ao Espírito de maneira incomparável, a prece de Cristo era eminentemente concedida à vontade divina, logo, só podia ser atendida.

naturalem, et sensualitatis motum, quam, sicut homo, habebat.

AD SECUNDUM dicendum quod Dominus non oravit pro omnibus crucifixoribus, neque etiam pro omnibus qui erant credituri in eum: sed pro his solum qui erant praedestinati ut per ipsum vitam consequerentur aeternam.

Unde patet etiam responsio AD TERTIUM.

AD QUARTUM dicendum quod, cum dicit, *Clamabo et non exaudies*, intelligendum est quantum ad affectum sensualitatis, quae mortem refugiebat. Exauditur tamen quantum ad affectum rationis, ut dictum est[8].

conhecer sua vontade natural e o movimento do apetite sensível que possuía como homem.

QUANTO AO 2º, deve-se dizer que o Senhor não orou por todos os que o crucificavam, nem por todos aqueles que haveriam de crer nele, mas somente por aqueles que estavam predestinados a obter a vida eterna[e] por meio dele.

QUANTO AO 3º, deve-se dizer que assim fica respondida também a terceira objeção.

QUANTO AO 4º, deve-se dizer que quando ele diz: "Gritarei e não me escutarás", é preciso entender como referido ao desejo de seu apetite sensível, que recusava a morte. Mas ele é atendido no que diz respeito ao desejo da razão, como foi dito.

---

8. In corp.

e. A teoria geral exposta neste artigo e na nota precedente supõe que a prece de Cristo era especificamente conforme à vontade divina *consequente*, ou seja, aquela que passa efetivamente ao ato. (Remetemos à I, q. 19, a. 6, sol. 1 para a distinção entre vontade *antecedente*, pela qual Deus quer de maneira geral que todo homem se salve, e vontade *consequente*, pela qual ele quer efetivamente que sejam salvos os que acolheram sua vontade de salvação, e que sejam condenados os que a recusaram.) A menção à predestinação em nossa sol. 2 levou alguns a ver aí um traço de jansenismo. Sem entrar num assunto que não é o nosso, remetemos às explicações mais detalhadas de Sto. Tomás, as quais não têm nada a ver com o determinismo da heresia jansenista (ver I, q. 23, especialmente a. 1 e 5). Os críticos de Tomás foram eles próprios condenados pela Santa Sé em 18 de julho de 1726.

QUAESTIO XXII
DE SACERDOTIO CHRISTI
in sex articulos divisa

Deinde considerandum est de sacerdotio Christi.
Et circa hoc quaeruntur sex.
Primo: utrum conveniat Christo esse sacerdotem.
Secundo: de hostia huius sacerdotis.
Tertio: de effectu huius sacerdotii.
Quarto: utrum effectus sacerdotii eius pertineat ad ipsum, vel solum ad alios.
Quinto: de aeternitate sacerdotii eius.
Sexto: utrum debeat dici *sacerdos secundum ordinem Melchisedech*.

QUESTÃO 22
O SACERDÓCIO DE CRISTO[a]
em seis artigos

Deve-se considerar agora o sacerdócio de Cristo.
Sobre isso são seis as perguntas:
1. Convinha a Cristo ser sacerdote?
2. Qual é a vítima deste sacerdote?
3. Qual é o efeito deste sacerdócio?
4. O efeito de seu sacerdócio concerne a Cristo ou somente aos outros?
5. É eterno o seu sacerdócio?
6. Cristo deve ser chamado sacerdote segundo a ordem de Melquisedec?

---

a. Segundo o comentário de Sto. Tomás à Epístola aos Hebreus, (7, 1: Marietti n. 326), o autor da carta tinha uma dupla intenção: estabelecer o fato do sacerdócio de Cristo e demonstrar sua superioridade em relação ao sacerdócio da lei antiga. Nesta questão 22, que apela constantemente a essa epístola, Tomás retoma por sua conta essa dupla preocupação: num primeiro momento, prova a realidade do sacerdócio de Jesus (a. 1 e 2); trata em seguida das principais características do sacerdócio, e demonstra desse modo sua eminência em relação ao sacerdócio levítico (a. 3-6).

Articulus 1
Utrum Christo conveniat esse sacerdotem

AD PRIMUM SIC PROCEDITUR. Videtur quod Christo non conveniat esse sacerdotem.

1. Sacerdos enim est minor angelo: unde dicitur Zach 3,1: *Ostendit mihi Deus sacerdotem magnum stantem coram angelo Domini*. Sed Christus est maior angelis: secundum illud Hb 1,4: *Tanto melior angelis effectus, quanto differentius prae illis nomen hereditavit*. Ergo Christo non convenit esse sacerdotem.

2. PRAETEREA, ea quae fuerunt in veteri Testamento, fuerunt figurae Christi: secundum illud Cl 2,17: *Quae sunt umbra futurorum, corpus autem Christi*. Sed Christus non traxit carnis originem ex sacerdotibus veteris legis: dicit enim Apostolus, Hb 7,14: *Manifestum est quod ex Iuda ortus sit Dominus noster: in qua tribu nihil de sacerdotibus Moyses locutus est*. Ergo Christo non convenit esse sacerdotem.

3. PRAETEREA, in veteri lege, quae est figura Christi, non est idem legislator et sacerdos: unde dicit Dominus ad Moysen, legislatorem, Ex 28,1: *Aplica Aaron, fratrem tuum, ut sacerdotio fungatur mihi*. Christus autem est lator novae legis: secundum illud Ier 31,33: *Dabo leges meas in cordibus eorum*. Ergo Christo non convenit esse sacerdotem.

SED CONTRA est quod dicitur Hb 4,14: *Habemus pontificem qui penetravit caelum, Iesum, Filium Dei*.

RESPONDEO dicendum quod proprium officium sacerdotis est esse mediatorem inter Deum et populum: inquantum scilicet divina populo tradit, unde *sacerdos* dicitur quasi *sacra dans*, secundum illud Mal 2,7, *Legem requirent ex ore eius*, scilicet sacerdotis; et iterum inquantum preces populi Deo offert, et pro eorum peccatis Deo aliqualiter satisfacit: unde Apostolus dicit, Hb 5,1: *Omnis pontifex ex hominibus assumptus, pro hominibus constituitur in his quae sunt ad Deum, ut offerat dona et sacrificia pro peccatis*. Hoc autem maxime convenit Christo. Nam per ipsum dona hominibus sunt collata: secundum illud 2Pe 1,4: *Per quem*, scilicet Christum, *maxima et pretiosa nobis promissa donavit, ut per haec efficiamini divinae consortes naturae*. Ipse etiam humanum genus

Artigo 1
Convinha a Cristo ser sacerdote?

QUANTO AO PRIMEIRO ARTIGO, ASSIM SE PROCEDE: parece que **não** convinha a Cristo ser sacerdote.

1. Com efeito, o sacerdote é inferior ao anjo. Por isso se diz no Livro de Zacarias: "Deus me mostrou o sumo sacerdote que estava em pé diante do anjo do Senhor". Ora, Cristo é superior aos anjos, segundo a Carta aos Hebreus: "Está tão acima dos anjos que herdou um nome mais excelente do que o deles". Logo, não convinha a Cristo ser sacerdote.

2. ALÉM DISSO, os acontecimentos do Antigo Testamento foram figuras de Cristo, segundo a Carta aos Colossenses: "Tudo isso é só a sombra do que há de vir, o corpo de Cristo". Ora, a origem humana de Cristo não está nos sacerdotes da antiga lei, pois o Apóstolo diz na Carta aos Hebreus: "É conhecido que Nosso Senhor nasceu de Judá, tribo da qual Moisés nada disse ao falar dos sacerdotes". Logo, não convinha a Cristo ser sacerdote.

3. ADEMAIS, na antiga lei, que é figura de Cristo, o legislador e o sacerdote não eram a mesma pessoa. Por isso diz o Senhor a Moisés, o legislador segundo o livro do Êxodo: "Toma Aarão, teu irmão, para que seja sacerdote para mim". Ora, Cristo é o legislador da nova lei, segundo o profeta Jeremias: "Eu colocarei as minhas leis em seus corações". Logo, não convinha a Cristo ser sacerdote.

EM SENTIDO CONTRÁRIO, está a afirmação da Carta aos Hebreus: "Temos um pontífice que penetrou nos céus, Jesus, o Filho de Deus".

RESPONDO. O ofício próprio do sacerdote é ser mediador entre Deus e o povo, enquanto entrega ao povo as coisas divinas. Por isso, *sacerdote* equivale ao que dá as coisas sagradas, conforme o livro de Malaquias: "De sua boca (isto é, do sacerdote) buscarão a lei". Além disso, o sacerdote é mediador enquanto oferece a Deus as orações do povo e de alguma forma satisfaz a Deus pelos seus pecados. Daí dizer o Apóstolo na Carta aos Hebreus: "Todo sacerdote é escolhido entre os homens e a favor deles é constituído nas coisas que se referem a Deus, para que ofereça dons e sacrifícios pelos pecados". Ora, isso convinha de modo particular a Cristo. Porque por meio dele são conferidos aos homens os dons, segundo as palavras da segunda Carta de Pedro: "Por ele

1 PARALL.: *Ad Heb.*, c. 5, lect. 1.

Deo reconciliavit: secundum illud Cl 1,19-20: *In ipso*, scilicet Christo *complacuit omnem plenitudinem inhabitare, et per eum reconciliare omnia*. Unde Christo maxime convenit esse sacerdotem.

AD PRIMUM ergo dicendum quod potestas hierarchica convenit quidem angelis, inquantum et ipsi sunt medii inter Deum et hominem, ut patet per Dionysium, in libro *Cael. Hier.*[1]: ita quod ipse sacerdos, inquantum est medius inter Deum et populum, angeli nomen habet, secundum illud Mal 2,7: *Angelus Domini exercituum est*. Christus autem maior angelis fuit, non solum secundum divinitatem, sed etiam secundum humanitatem: inquantum habuit plenitudinem gratiae et gloriae. Unde etiam excellentiori modo hierarchicam seu sacerdotalem potestatem prae angelis habuit: ita etiam quod ipsi angeli fuerunt ministri sacerdotii eius, secundum illud Mt 4,11: *Accesserunt angeli et ministrabant ei*. Secundum tamen passibilitatem, *modico ab angelis minoratus est*: ut Apostolus dicit, Hb 2,9. Et secundum hoc conformis fuit hominibus viatoribus in sacerdotio constitutis.

AD SECUNDUM dicendum quod, sicut dicit Damascenus, in III libro[2], *quod in omnibus est simile, idem utique erit, et non exemplum*. Quia igitur sacerdotium veteris legis erat figura sacerdotii Christi, noluit Christus nasci de stirpe figuralium sacerdotum, ut ostenderetur non esse omnino idem sacerdotium, sed differre sicut verum a figurali.

AD TERTIUM dicendum quod, sicut supra[3] dictum est, alii homines particulatim habent quasdam gratias: sed Christus, tanquam omnium caput, habet perfectionem omnium gratiarum. Et ideo, quantum ad alios pertinet, alius est legislator, et alius sacerdos, et alius rex: sed haec omnia concurrunt

(isto é, Cristo) nos concedeu os maiores e preciosos bens, que tinham sido prometidos, para que, por meio deles nos tornássemos participantes da natureza divina". Cristo, também, reconciliou o gênero humano com Deus, como diz a Carta aos Colossenses: "Aprouve a Deus fazer habitar nele (isto é, no Cristo) toda a plenitude e reconciliar por ele todas as coisas". Portanto, convinha a Cristo de forma eminente ser sacerdote[b].

QUANTO AO 1º, portanto, deve-se dizer que o poder hierárquico convém certamente aos anjos enquanto também eles são intermediários entre Deus e o homem, como deixa claro Dionísio. Eis por que o sacerdote, enquanto é intermediário entre Deus e o povo, recebe o nome de anjo, conforme diz o livro de Malaquias: "É o anjo do Senhor dos exércitos". Ora, Cristo foi superior aos anjos, não só segundo a divindade, mas também segundo a humanidade, porque ele possuía a plenitude de graça e de glória. Por isso, teve também de modo muito superior ao dos anjos o poder hierárquico ou sacerdotal; pois até os anjos foram ministros de seu sacerdócio, como diz o Evangelho de Mateus: "Aproximaram-se os anjos e o serviam". Todavia, em razão de ser sujeito à paixão, "foi colocado um pouco abaixo dos anjos", conforme o Apóstolo diz na Carta aos Hebreus. E desse ponto de vista foi semelhante aos homens peregrinos constituídos no sacerdócio.

QUANTO AO 2º, deve-se dizer que segundo Damasceno: "Aquilo que é em tudo semelhante será certamente idêntico e não um modelo". Dado, portanto, que o sacerdócio da antiga lei era figura do de Cristo, Cristo não quis nascer da estirpe dos sacerdotes prefigurativos, para mostrar que não se tratava do mesmo sacerdócio, mas que havia uma diferença como entre a verdade e a prefiguração.

QUANTO AO 3º, deve-se dizer que como acima foi dito, os outros homens possuem certas graças parcialmente, mas Cristo, como cabeça de todos, possui todas as graças de modo perfeito. Por isso, no que diz respeito aos outros homens, um é legislador, outro sacerdote e outro rei; mas em

---

1. C. 9, § 2: MG 3, 257 D.
2. *De fide orth.*, l. III, c. 26: MG 94, 1096 AB.
3. Q. 7, a. 7, ad 1; a. 10.

b. A mediação que cabe ao sacerdote, segundo este artigo, exerce-se em dupla direção: a primeira, a que podemos chamar "descendente", e segundo a qual o sacerdote é o intermediário entre Deus e os homens, a quem ele traz os benefícios divinos; a segunda, pelo contrário, é "ascendente", e o sacerdote é considerado como representante dos homens diante de Deus, a quem oferece preces e sacrifícios para a expiação do pecado. É claro que Cristo assumiu esse duplo papel de maneira única: ninguém mais do que ele era qualificado para transmitir aos homens a participação na realidade divina que ele lhes oferecia; ninguém era mais digno do que ele de apresentar ao Pai as súplicas do gênero humano como um todo, e de ser atendido em função de sua santidade.

in Christo, tanquam in fonte omnium gratiarum. Unde dicitur Is 33,22: *Dominus iudex noster, Dominus legifer noster, Dominus rex noster: ipse veniet et salvabit nos.*

Cristo, tudo isso se reúne nele, como na fonte de todas as graças. Daí poder dizer o profeta Isaías: "O Senhor, nosso juiz; o Senhor, nosso legislador; o Senhor, nosso rei: ele virá e nos salvará"[c].

Articulus 2
Utrum ipse Christus fuerit simul sacerdos et hostia

AD SECUNDUM SIC PROCEDITUR. Videtur quod ipse Christus non fuit simul sacerdos et hostia.

1. Sacerdotis enim est hostiam occidere. Sed Christus non seipsum occidit. Ergo ipse non fuit simul sacerdos et hostia.
2. PRAETEREA, sacerdotium Christi magis est simile sacerdotio Iudaeorum, quod erat a Deo institutum, quam sacerdotio gentilium, quo daemones colebantur. In veteri autem lege nunquam homo in sacrificium offerebatur: quod maxime reprehenditur in sacrificiis gentilium, secundum illud Ps 105,38: *Effuderunt sanguinem innocentem filiorum suorum et filiarum suarum, quas sacrificaverunt sculptilibus Chanaan.* Ergo in sacerdotio Christi non debuit esse ipse homo Christus hostia.
3. PRAETEREA, omnis hostia, ex hoc quod Deo offertur, Deo sanctificatur. Sed ipsa Christi humanitas a principio fuit sanctificata et Deo coniuncta. Ergo non convenienter potest dici quod Christus, secundum quod homo, fuerit hostia.

SED CONTRA est quod Apostolus dicit, Eph 5,2: *Christus dilexit nos, et tradidit semetipsum pro nobis oblationem et hostiam Deo in odorem suavitatis.*

RESPONDEO dicendum quod, sicut dicit Augustinus, in X *de Civ. Dei*[1], *omne sacrificium visibile invisibilis sacrificii est sacramentum, idest sacrum signum.* Est autem invisibile sacrificium quo homo spiritum suum offert Deo: secundum illud Ps 50,19: *Sacrificium Deo spiritus contribulatus.* Et ideo omne illud quod Deo exhibetur ad hoc quod spiritus hominis feratur in Deum, potest dici sacrificium.

Artigo 2
Cristo foi sacerdote e vítima ao mesmo tempo?

QUANTO AO SEGUNDO, ASSIM SE PROCEDE: parece que Cristo **não** foi sacerdote e vítima ao mesmo tempo.

1. Com efeito, cabe ao sacerdote matar a vítima. Ora, Cristo não se matou a si mesmo. Logo, ele não foi sacerdote e vítima ao mesmo tempo.
2. ALÉM DISSO, o sacerdócio de Cristo se parece mais com o sacerdócio dos judeus, instituído por Deus, do que com o dos pagãos, pelo qual se prestava culto aos demônios. Ora, na lei antiga nunca se oferecia um homem em sacrifício, o que é incriminado principalmente nos sacrifícios dos pagãos: "Derramaram o sangue inocente dos seus filhos e filhas, sacrificando-os aos ídolos de Canaã", diz o Salmo 105. Logo, no sacerdócio de Cristo, o homem Cristo não podia ser a vítima.
3. ADEMAIS, toda vítima, por ser oferecida a Deus, é santificada por Deus. Ora, a humanidade de Cristo foi santificada e unida a Deus desde o começo. Logo, não se pode dizer com propriedade que Cristo, como homem, fosse vítima.

EM SENTIDO CONTRÁRIO, está o que diz o Apóstolo na Carta aos Efésios: "Cristo nos amou e se entregou a Deus por nós em oblação, como vítima agradável".

RESPONDO. Diz Agostinho: "todo sacrifício visível é sacramento, isto é, sinal sagrado de um sacrifício invisível". Ora, o sacrifício invisível é aquele pelo qual o homem oferece seu espírito a Deus, como diz o Salmo 50: "O sacrifício, para Deus, é um espírito contrito". Por isso, tudo aquilo que é apresentado a Deus para conduzir o espírito do homem a Deus, pode ser chamado sacrifício.

2

1. C. 5: ML 41, 282.

---

c. Essa solução 3 traz um elemento bem importante para a diferença entre os sacerdotes da antiga lei e os da nova aliança. Os primeiros eram estritamente destinados a funções sacrificais, ou pelo menos cultuais, e as funções de instrução e governo do Povo de Deus eram confiadas a outros homens: profetas e reis. Separação de "poderes" que, com poucas exceções, foi regra constante. Em Cristo, pelo contrário, tudo isso se une, e os ministros que ele estabeleceu em sua Igreja para continuar sua obra são também eles, em seu nível e em total dependência dele, simultaneamente sacerdotes, reis e profetas. Mesmo sua graça é sacerdotal, real e profética, e todos os batizados são participantes. São pontos sobre os quais a doutrina do Vaticano II insiste particularmente (ver *Lumen gentium*, caps. II e III).

Indiget igitur homo sacrificio propter tria. Uno quidem modo, ad remissionem peccati, per quod a Deo avertitur. Et ideo dicit Apostolus, Hb 5,1, quod ad sacerdotem pertinet *ut offerat dona et sacrificia pro peccatis*. — Secundo, ut homo in statu gratiae conservetur, semper Deo inhaerens, in quo eius pax et salus consistit. Unde et in veteri lege immolabatur hostia pacifica pro offerentium salute, ut habetur Lv 3. — Tertio, ad hoc quod spiritus hominis perfecte Deo uniatur: quod maxime erit in gloria. Unde et in veteri lege offerebatur holocaustum, quasi totum incensum, ut dicitur Lv 1[2].

Haec autem per humanitatem Christi nobis provenerunt. Nam primo quidem, nostra peccata deleta sunt: secundum illud Rm 4,25: *Traditus est propter delicta nostra*. Secundo, gratiam nos salvantem per ipsum accepimus: secundum illud Hb 5,9: *Factus est omnibus obtemperantibus sibi causa salutis aeternae*. Tertio, per ipsum perfectionem gloriae adepti sumus: secundum illud Hb 10,19: *Habemus fiduciam per sanguinem eius in introitum sanctorum*, scilicet in gloriam caelestem. Et ideo ipse Christus, inquantum homo, non solum fuit sacerdos, sed etiam hostia perfecta, simul existens hostia pro peccato, et hostia pacificorum, et holocaustum.

AD PRIMUM ergo dicendum quod Christus non se occidit, sed seipsum voluntarie morti exposuit: secundum illud Is 53,7: *Oblatus est quia ipse voluit*. Et ideo dicitur seipsum obtulisse.

AD SECUNDUM dicendum quod Christi hominis occisio potest ad duplicem voluntatem comparari. Uno modo, ad voluntatem occidentium. Et sic non habuit rationem hostiae: non enim dicuntur occisores Christi hostiam Deo obtulisse, sed graviter deliquisse. Et huius peccati similitudinem gerebant impia gentilium sacrificia, quibus homines idolis immolabant. — Alio modo potest considerari occisio Christi per comparationem ad voluntatem patientis, qui voluntarie se obtulit passioni. Et

O homem, portanto, tem necessidade do sacrifício por três motivos: 1. Para a remissão do pecado que o afasta de Deus. Por isso, diz o Apóstolo, na Carta aos Hebreus, que cabe ao sacerdote "oferecer dons e sacrifícios pelos pecados". — 2. Para que o homem possa conservar-se no estado de graça, sempre unido a Deus, no que consiste a sua paz e salvação. Por isso, na antiga lei se imolavam vítimas pacíficas pela salvação dos que as ofereciam, como prescrevia o livro do Levítico. — 3. Para que o espírito do homem esteja perfeitamente unido a Deus, como acontecerá sobretudo na glória. Por isso, na antiga lei, era oferecido o holocausto em que tudo era queimado, como relata o Levítico.

Ora, tudo isso chegou até nós mediante a humanidade de Cristo. Em primeiro lugar, porque os nossos pecados foram apagados: "Foi entregue pelos nossos pecados", diz a Carta aos Romanos. Em segundo lugar, porque por ele recebemos a graça que nos salva: "Ele se tornou causa de salvação eterna para todos aqueles que lhe obedecem", diz a Carta aos Hebreus. Em terceiro lugar, por ele alcançamos a perfeição da glória, como nos diz a Carta aos Hebreus: "Temos confiança, pelo sangue de Jesus, de entrar no santuário", isto é, na glória celeste. Por isso, Cristo, enquanto homem, não só foi sacerdote, mas também vítima perfeita, sendo ao mesmo tempo vítima pelo pecado, vítima pacífica e holocausto.

QUANTO AO 1º, portanto, deve-se dizer que Cristo não se matou a si mesmo, mas se expôs voluntariamente à morte, conforme diz o profeta Isaías: "Ofereceu-se porque quis". Por isso se afirma que ele se ofereceu a si mesmo[d].

QUANTO AO 2º, deve-se dizer que a morte de Cristo homem pode referir-se a uma dupla vontade. Primeiro, à vontade dos que o mataram; e deste modo não teve a razão de vítima, pois os que mataram a Cristo não estavam oferecendo uma vítima a Deus; pelo contrário, pecaram gravemente. Os ímpios sacrifícios dos pagãos, pelos quais imolavam homens aos ídolos, eram a imagem deste pecado. — Segundo, à vontade do paciente que voluntariamente se ofereceu à paixão. E, sob este aspecto teve

---

2. De hoc triplici sacrificiorum genere cfr. I-II, q. 102, a. 3, ad 8.

d. Na morte na cruz, se é fácil compreender que Cristo foi a vítima, é mais difícil ver como ele foi também o sacerdote desse sacrifício. Se cabe ao sacerdote dar a morte à vítima, isso não significa que Cristo se suicidou? (Ver a obj. 1). Tomás resolve a dificuldade lembrando, com Sto. Agostinho, que o essencial do sacrifício (e portanto do ato sacerdotal) não é a morte da vítima, mas sim a atitude interior de oferenda (além do início da Resposta do presente artigo, ver II-II, q. 85, a. 3). Ora, Cristo livremente aceitou a morte das mãos de seus carrascos, quando poderia ter escapado (ver Jo 10,17-18), e é essa livre aceitação que constitui a essência de sua oferenda sacrifical, não sua morte, executada pelos carrascos. Assim, ele foi ao mesmo tempo a vítima e o sacerdote do sacrifício da cruz.

ex hac parte habet rationem hostiae. In quo non convenit cum sacrificiis gentilium.

Editio Piana addit:

"*Ad tertium* dicendum quod sanctitas humanitatis Christi a principio non impedit quin ipsamet humana natura, cum in passione oblata est Deo, sanctificata novo modo fuerit, scilicet ut hostia actualiter tunc exhibita. Acquisivit enim actualem hostiae sanctificationem tunc ex antiqua caritate et gratia unionis sanctificante eandem absolute".

ARTICULUS 3
Utrum effectus sacerdotii Christi sit expiatio peccatorum

AD TERTIUM SIC PROCEDITUR. Videtur quod effectus sacerdotii Christi non sit expiatio peccatorum.

1. Solius enim Dei est peccata delere: secundum illud Is 43,25: *Ego sum qui deleo iniquitates tuas propter me*. Sed Christus non est sacerdos secundum quod Deus, sed secundum quod homo. Ergo sacerdotium Christi non est expiativum peccatorum.

2. PRAETEREA, Apostolus dicit, Hb 10,1-3, quod hostiae veteris Testamenti *non potuerunt perfectos facere: alioquin cessassent offerri, eo quod nullam haberent conscientiam peccati cultores sufficienter semel mundati; sed in ipsis commemoratio peccatorum per singulos annos fit*. Sed similiter sub sacerdotio Christi fit commemoratio peccatorum, cum dicitur, *Dimitte nobis debita nostra*, Mt 6,12. Offertur etiam continue sacrificium in Ecclesia: unde ibidem [v. 11] dicitur, *Panem nostrum quotidianum da nobus hodie*. Ergo per sacerdotium Christi non expiantur peccata.

3. PRAETEREA, pro peccato in veteri lege maxime immolabatur hircus pro peccato principis, vel capra pro peccato alicuius de populo, vel vitulus pro peccato sacerdotis: ut patet Lv 4,3,23,28. Sed Christus nulli horum comparatur, sed agno: secundum illud Ier 11,19: *Ego quasi agnus mansuetus qui portatur ad victimam*. Ergo videtur quod eius sacerdotium non sit expiativum peccatorum.

a razão de vítima, sem que haja semelhança com os sacrifícios dos pagãos.

A edição Piana acrescenta:

QUANTO AO 3º, deve-se dizer que a santidade da humanidade de Cristo, desde o começo, não impede que a própria natureza humana, quando foi oferecida a Deus na paixão, tenha sido santificada de uma maneira nova, como uma vítima realmente apresentada a Deus. Pois ela adquiriu então a santificação atual da vítima, em virtude da antiga caridade e pela graça da união que a santificava de maneira absoluta.

ARTIGO 3
O sacerdócio de Cristo tem como efeito a expiação dos pecados?

QUANTO AO TERCEIRO, ASSIM SE PROCEDE: parece que o sacerdócio de Cristo **não** tem como efeito a expiação dos pecados.

1. Com efeito, é próprio de Deus unicamente apagar os pecados, segundo o profeta Isaías: "Sou eu quem apago teus pecados por amor de mim". Ora, Cristo não é sacerdote enquanto Deus, mas enquanto homem. Logo, o sacerdócio de Cristo não é expiatório dos pecados.

2. ALÉM DISSO, o Apóstolo diz, na Carta aos Hebreus, que as vítimas do Antigo Testamento "não puderam tornar perfeitos, do contrário cessariam de ser oferecidas, porque os celebrantes de tal culto, se suficientemente purificados, não teriam consciência de nenhum pecado. Pelo contrário, por esses cultos, se faz a memória dos pecados" ano após ano. Ora, de modo semelhante, sob o sacerdócio de Cristo, se faz também a memória dos pecados quando se diz, no Evangelho de Mateus: "Perdoai os nossos débitos". Além disso, também na Igreja se oferece continuamente o sacrifício; por isso se acrescenta no mesmo lugar: "Dai-nos hoje nosso pão de cada dia". Logo, pelo sacerdócio de Cristo não são expiados os pecados.

3. ADEMAIS, na antiga lei se imolava sobretudo um bode pelo pecado do chefe, uma cabra pelo pecado de alguém do povo ou um vitelo pelo pecado do sacerdote, deixa claro o livro do Levítico. Ora, Cristo não é comparado com nenhum destes animais, mas com o cordeiro, como diz o profeta Jeremias: "Sou como um cordeiro manso que é levado ao matadouro". Logo, parece que o sacerdócio de Cristo não é expiatório dos pecados.

---

3 PARALL.: *Ad Heb.*, c. 9, lect. 3.

SED CONTRA est quod dicit Apostolus, Hb 9,14: *Sanguis Christi, qui per Spiritum Sanctum seipsum obtulit immaculatum Deo, emundabit conscientias nostras ab operibus mortuis, ad serviendum Deo viventi.* Opera autem mortua dicuntur peccata. Ergo sacerdotium Christi habet virtutem emundandi peccata.

RESPONDEO dicendum quod ad perfectam peccatorum emundationem duo requiruntur: secundum quod duo sunt in peccato, scilicet *macula culpae*, et *reatus poenae*. Macula quidem culpae deletur per gratiam, qua cor peccatoris in Deum convertitur: reatus autem poenae totaliter tollitur per hoc quod homo Deo satisfacit. Utrumque autem horum efficit sacerdotium Christi. Nam virtute ipsius gratia nobis datur, qua corda nostra convertuntur ad Deum: secundum illud Rm 3,24-25: *Iustificati gratis per gratiam ipsius, per redemptionem quae est in Christo Iesu, quem proposuit Deus propitiatorem per fidem in sanguine ipsius.* Ipse etiam pro nobis plenarie satisfecit: inquantum *ipse languores nostros tulit, et dolores nostros ipse portavit.* Unde patet quod Christi sacerdotium habet vim plenam expiandi peccata.

AD PRIMUM ergo dicendum quod, licet Christus non fuerit sacerdos secundum quod Deus, sed secundum quod homo, unus tamen et idem fuit sacerdos et Deus. Unde in Synodo Ephesina[1] legitur: *Si quis Pontificem nostrum et Apostolum fieri dicit non ipsum ex Deo Verbum, sed quasi alterum praeter ipsum specialiter hominem ex muliere, anathema sit.* Et ideo, inquantum eius humanitas operabatur in virtute divinitatis, illud sacrificium erat efficacissimum ad delenda peccata. Propter quod Augustinus dicit, in IV *de Trin.*[2]: *Ut, quoniam quatuor considerantur in omni sacrificio, cui offeratur, a quo offeratur, quid offeratur, pro quibus offeratur; idem ipse unus verusque mediator, per sacrificium pacis reconcilians nos Deo, unum cum illo maneret cui offerabat, unum in se faceret pro quibus offerabat, unus ipse esset qui offerebat, et quod offerebat.*

EM SENTIDO CONTRÁRIO, está escrito na Carta aos Hebreus: "O sangue de Cristo, que pelo Espírito Santo, se ofereceu sem mancha a Deus, purificará nossas consciências das obras mortas, para servirmos ao Deus vivo". Ora, as obras mortas são os pecados. Logo, o sacerdócio de Cristo tem o poder de purificar os pecados.

RESPONDO. Duas coisas são necessárias para a perfeita purificação dos pecados, segundo os dois aspectos do pecado, ou seja, a *mancha da culpa* e o *reato da pena*. A *mancha da culpa* se apaga pela graça que faz voltar a Deus o coração do pecador, o *reato da pena* é tirado totalmente pela satisfação que o homem apresenta a Deus. Ora, o sacerdócio de Cristo produz estes dois efeitos. Pois, em virtude do mesmo nos é dada a graça pela qual os nossos corações se voltam para Deus, conforme a Carta aos Romanos: "Justificados gratuitamente pela sua graça, pela redenção realizada por Jesus Cristo, a quem Deus designou como intercessor pela fé no seu sangue". Além disso, ele satisfez plenamente por nós pois "suportou nossas doenças e carregou as nossas dores". Resulta, pois, claro que o sacerdócio de Cristo tem pleno poder para expiar os pecados[e].

QUANTO AO 1º, portanto, deve-se dizer que ainda que Cristo não fosse sacerdote enquanto Deus, mas enquanto homem, a mesma e única pessoa era sacerdote e Deus. Daí afirmar o Concílio de Éfeso: "Se alguém disser que o nosso Pontífice e Apóstolo não é o próprio Verbo de Deus, mas alguém distinto dele, especialmente um homem filho de mulher, que seja anátema". Portanto, na medida em que sua humanidade agia pelo poder da divindade, seu sacrifício era sumamente eficaz para apagar os pecados. É por isso que diz Agostinho: "Quatro aspectos podem ser considerados em todo sacrifício: a quem é oferecido, quem o oferece, o que é oferecido e por quem se oferece. Ora, o mesmo, único e verdadeiro mediador, ao nos reconciliar com Deus por um sacrifício de paz, continuava sendo um com aquele a quem o oferecia, unificava em si aqueles pelos quais o oferecia e ele mesmo era o que apresentava a oferenda e a vítima oferecida".

---

1. P. III, c. 1, anath. 10: ed. Mansi, IV, 1083 (cfr. Denz. 122). — Vide CYRILL. ALEX., Epist. 17, *ad Nestorium*, anath. 10: MG 77, 121 C (= ML 48, 841 A).
2. C. 14: ML 42, 901.

e. Como observa Cajetano em seu comentário, a intenção de Sto. Tomás neste artigo não é saber se a expiação do pecado é o único efeito do sacerdócio de Cristo, e tampouco saber se é unicamente pelo sacerdócio que o pecado é expiado. Ele quer simplesmente provar, a partir da Escritura, que, contrariamente ao sacerdócio levítico, que se revelara incapaz de expiar o pecado de uma vez por todas, o sacerdócio de Cristo é capaz de fazê-lo. Isso provém da ontologia única de Cristo, pois é somente em sua qualidade divina que ele pode perdoar os pecados e estabelecer os homens na graça (ver sol. 1). Ele é sacerdote em sua natureza humana, mas sua humanidade é o instrumento de sua divindade. Este artigo completa a q. 8, a. 1, sobre a graça capital.

Ad secundum dicendum quod peccata non commemorantur in nova lege propter inefficaciam sacerdotii Christi, quasi per ipsum non sufficienter expientur peccata: sed commemorantur quantum ad illos scilicet qui vel eius sacrificii nolunt esse participes, sicut sunt infideles, pro quorum peccatis oramus, ut convertantur; vel etiam quantum ad illos qui, post participationem huius sacrificii, ab eo deviant qualitercumque peccando.

Sacrificium autem quod quotidie in Ecclesia offertur, non est aliud a sacrificio quod ipse Christus obtulit, sed eius commemoratio. Unde Augustinus dicit, in X *de Civ. Dei*[3]: *sacerdos ipse Christus offerens, ipse et oblatio: cuius rei sacramentum quotidianum esse voluit Ecclesiae sacrificium*.

Ad tertium dicendum quod, sicut Origenes dicit, *super Ioan.*[4], licet diversa animalia in lege offerrentur, quotidianum tamen sacrificium, quod offerebatur mane et vespere, erat agnus, ut habetur Nm 28,3-4. Unde significabatur quod oblatio agni, idest Christi, esset sacrificium consummativum omnium aliorum. Et ideo Io 1,29 dicitur: *Ecce Agnus Dei, ecce qui tollit peccata mundi*.

Quanto ao 2º, deve-se dizer que na nova lei os pecados são lembrados não porque o sacerdócio de Cristo seja ineficaz, como se fosse insuficiente para expiar os pecados, mas por causa dos que não querem participar de seu sacrifício, como os infiéis, pelos quais rezamos para que se convertam, ou ainda por causa dos que, tendo participado deste sacrifício, se afastam dele caindo, de uma forma ou de outra, no pecado.

O sacrifício que se oferece cotidianamente na Igreja não é distinto do sacrifício que Cristo ofereceu, mas é sua memória. Por isso Agostinho diz: "Cristo é o sacerdote que oferece, ele é a oblação; ele quis que o sacrifício da Igreja fosse o sacramento cotidiano destas realidades".

Quanto ao 3º, deve-se dizer que na antiga lei, como observa Orígenes, eram oferecidos diversos animais, mas o sacrifício cotidiano, oferecido de manhã e de tarde, era um cordeiro, como está no livro dos Números. Dessa maneira se dava a entender que a oblação do cordeiro, isto é, de Cristo, seria o sacrifício que deveria consumar todos os outros. Por isso afirma o Evangelho de João: "Eis o cordeiro de Deus que tira o pecado do mundo".

Articulus 4
Utrum effectus sacerdotii Christi non solum pertinuerit ad alios, sed etiam ad ipsum

Ad quartum sic proceditur. Videtur quod effectus sacerdotii Christi non solum pertinuerit ad alios, sed etiam ad ipsum.

1. Ad officium enim sacerdotis pertinet pro populo orare: secundum illud 2Mac 1,23: *Orationem faciebant sacerdotes dum consummaretur sacrificium*. Sed Christus non solum pro aliis oravit, sed etiam pro seipso, secundum quod supra[1] dictum est: et sicut expresse dicitur, Hb 5,7, quod *in diebus carnis suae preces supplicationesque ad eum qui possit illum salvum facere a morte, cum clamore valido et lacrimis obtulit*. Ergo sacerdotium Christi habuit non solum in aliis, sed etiam in seipso effectum.

2. Praeterea, Christus obtulit seipsum sacrificium in sua passione. Sed per passionem suam non solum aliis meruit, sed etiam sibi: ut supra[2]

Artigo 4
O efeito do sacerdócio de Cristo concernia aos outros ou somente a ele?

Quanto ao quarto, assim se procede: parece que o efeito do sacerdócio de Cristo **concernia** aos outros e também a ele.

1. Com efeito, faz parte do ofício do sacerdote orar pelo povo, conforme o segundo livro dos Macabeus: "Os sacerdotes faziam a oração enquanto se consumia o sacrifício". Ora, Cristo não rezou só pelos outros, mas também por si mesmo, como acima foi dito e como o afirma expressamente a Carta aos Hebreus: "Nos dias de sua vida no corpo, ofereceu petições e súplicas, com veementes clamores e lágrimas, àquele que podia salvá-lo da morte". Logo, o sacerdócio de Cristo teve efeito não só para os outros, mas também para si mesmo.

2. Além disso, Cristo se ofereceu a si mesmo como sacrifício na sua paixão. Ora, pela sua paixão, mereceu não só para os outros, mas também

---

3. C. 20: ML 41, 298.
4. Tom.VI, n. 32: MG 14, 289 A.

1. Q. 21, a. 3.
2. Q. 19, a. 3, 4.

habitum est. Ergo sacerdotium Christi non solum habuit effectum in aliis, sed etiam in seipso.

3. PRAETEREA, sacerdotium veteris legis fuit figura sacerdotii Christi. Sed sacerdos veteris legis non solum pro aliis, sed etiam pro seipso sacrificium offerebat: dicitur enim Lv 16,17, quod *pontifex ingreditur sanctuarium ut roget pro se, et pro domo sua, et pro universo coetu* filiorum *Israel*. Ergo etiam sacerdotium Christi non solum in aliis, sed in seipso effectum habuit.

SED CONTRA est quod in Ephesina Synodo³ legitur: *Si quis dicit Christum pro se obtulisse oblationem, et non magis pro nobis solum (nec enim indiguit sacrificio qui peccatum nescit), anathema sit*. Sed in sacrificio offerendo potissime sacerdotis consistit officium. Ergo sacerdotium Christi non habuit effectum in ipso Christo.

RESPONDEO dicendum quod, sicut dictum est⁴, sacerdos constituitur medius inter Deum et populum. Ille autem indiget medio ad Deum qui per seipsum accedere ad Deum non potest: et talis sacerdotio subiicitur, effectum sacerdotii participans. Hoc autem Christo non competit: dicit enim Apostolus, Hb 7,25: *Accedens per seipsum ad Deum, semper vivens, ad interpellandum pro nobis*. Et ideo Christo non competit effectum sacerdotii in se suscipere: sed potius ipsum aliis communicare. Primum enim agens in quolibet genere ita est influens quod non est recipiens in genere illo: sicut sol illuminat sed non illuminatur, et ignis calefacit sed non calefit. Christus autem est fons totius sacerdotii: nam sacerdos legalis erat figura ipsius; sacerdos autem novae legis in persona ipsius operatur, secundum illud 2Cor 2,10: *Nam et ego, quod donavi, si quid donavi, propter vos, in persona Christi*. Et ideo non competit Christo effectum sacerdotii suscipere.

AD PRIMUM ergo dicendum quod oratio, etsi conveniat sacerdotibus, non tamen est eorum offi-

para si, como foi explicado acima. Logo, o sacerdócio de Cristo teve efeito não só para os outros, mas também para si.

3. ADEMAIS, o sacerdócio da antiga lei era a figura do sacerdócio de Cristo. Ora, o sacerdote da antiga lei oferecia o sacrifício não só pelos outros, mas também por si mesmo. De fato, diz o livro do Levítico: "O sumo sacerdote entra no santuário para orar por si e por sua casa, e por toda a comunidade dos filhos de Israel". Logo, o sacerdócio de Cristo produziu efeito não só nos outros, mas também si mesmo.

EM SENTIDO CONTRÁRIO, pode-se ler no Concílio de Éfeso: "Se alguém disser que Cristo ofereceu a oblação por si mesmo e não unicamente por nós (pois aquele que não conhece o pecado não precisa de sacrifício), seja anátema". Ora, o dever principal do sacerdote está em oferecer o sacrifício. Logo, o sacerdócio de Cristo não teve efeito nele.

RESPONDO. Como foi dito, o sacerdote é constituído intermediário entre Deus e o povo. Ora, quem precisa de um intermediário para chegar a Deus é aquele que não pode chegar a Deus por si mesmo. Tal pessoa depende do sacerdócio por participar do efeito do sacerdócio. Mas isso não se aplica a Cristo; com efeito, diz o Apóstolo na Carta aos Hebreus: "Ele tem acesso a Deus por si mesmo, vivendo eternamente, para interceder por nós". Não cabe, portanto, a Cristo receber em si mesmo o efeito do sacerdócio, mas antes comunicá-lo aos outros. O agente primeiro, em qualquer gênero de coisas, influi de tal modo que não é receptor nesse mesmo gênero. Por exemplo, o sol ilumina, mas não é iluminado; o fogo aquece, mas não é aquecido. Ora, Cristo é a fonte de todo sacerdócio porque o sacerdote da antiga lei era a figura de Cristo; e o sacerdote da nova lei age na pessoa de Cristo, como diz a segunda Carta aos Coríntios: "Eu também, o que perdoei, se alguma coisa perdoei, foi por causa de vós, na pessoa de Cristo". Portanto, não cabe a Cristo receber o efeito do sacerdócio.ᶠ

QUANTO AO 1º, portanto, deve-se dizer que mesmo sendo algo que condiz aos sacerdotes, a

---

3. P. III, c. 1, anath. 10: ed. Mansi, IV, 1083 (cfr. DENZ. 122). — Vide CYRILL. ALEX., Epist. 17, *ad Nestorium*, anath. 10: MG 77, 121 (= ML 48, 841 A).
4. A. 1.

f. Para complementar o artigo anterior, Tomás especifica agora que o ato próprio do sacerdócio é o sacrifício e, por isso mesmo, expiação do pecado. Segue-se que Cristo é sacerdote para nós, não para si, pois somos nós apenas que precisamos ser libertados do pecado. No entanto, como especifica a solução 2, a caridade de Cristo, e sua devoção no sentido mais forte, que animavam a oferenda sacrifical de si mesmo, mereceram para ele a glória da ressurreição. De modo que, mesmo que o sacrifício de Cristo não tivesse de libertar do pecado propriamente dito, ele o libertou da morte, consequência do pecado assumido por nós: ele destruiu a morte em si mesmo e, é nossa esperança, em nós.

cio propria: cuilibet enim convenit et pro se et pro aliis orare, secundum illud Iac 5,16: *Orate pro invicem, ut salvemini*. Et sic posset dici quod oratio qua Christus pro se oravit, non erat actus sacerdotii eius.

Sed haec responsio videtur excludi per hoc quod Apostolus, Hb 5, cum dixisset [v. 6], *Tu es sacerdos in aeternum secundum ordinem Melchisedech*, subdit, [v. 7], *Qui in diebus carnis suae preces* etc., ut supra[5]: et ita videtur quod oratio qua Christus oravit, ad eius sacerdotium pertineat. Et ideo oportet dicere quod alii sacerdotes effectum sacerdotii sui participant, non inquantum sacerdotes, sed inquantum peccatores, ut infra[6] dicetur. Christus autem, simpliciter loquendo, peccatum non habuit: habuit tamen *similitudinem peccati in carne*, ut dicitur Rm 8,3. Et ideo non simpliciter dicendum est quod ipse effectum sacerdotii participaverit: sed secundum quid, scilicet secundum passibilitatem carnis. Unde signanter dicit: *qui possit illum salvum facere a morte*.

AD SECUNDUM dicendum quod in oblatione sacrificii cuiuscumque sacerdotis duo possunt considerari: scilicet ipsum sacrificium oblatum, et devotio offerentis. Proprius autem effectus sacerdotii est id quod sequitur ex ipso sacrificio. Christus autem consecutus est per suam passionem, non quasi ex vi sacrificii, quod offertur per modum satisfactionis: sed ex ipsa devotione qua, secundum caritatem, passionem humiliter sustinuit.

AD TERTIUM dicendum quod figura non potest adaequare veritatem. Unde sacerdos figuralis veteris legis non poterat ad hanc perfectionem attingere ut sacrificio satisfactorio non indigeret. Sed Christus non indiguit. Unde non est similis ratio de utroque. Et hoc est quod Apostolus dicit[7]: *Lex homines constituit sacerdotes infirmitatem habentes: sermo autem iurisiurandi, qui post legem est, Filium in aeternum perfectum*.

oração não é algo próprio de seu ofício; pois cabe a cada um orar por si e pelos outros, conforme a Carta de Tiago: "Orai uns pelos outros para serdes salvos". Assim, poder-se-ia dizer que a oração que Cristo fez por si não era um ato de seu sacerdócio.

Mas esta resposta parece excluída pelo que diz o Apóstolo na Carta aos Hebreus: "Tu és sacerdote para sempre segundo a ordem de Melquisedec", acrescentando: "Durante os dias de sua vida mortal ofereceu preces" etc. Parece, pois, que a oração de Cristo concerne a seu sacerdócio. Por isso deve-se dizer que os outros sacerdotes participam do efeito de seu sacerdócio, não enquanto sacerdotes, mas enquanto pecadores, como abaixo se dirá. Cristo, pelo contrário, absolutamente falando, não teve pecado; teve, porém, "uma carne semelhante à do pecado", como diz a Carta aos Romanos. Por isso não se pode afirmar, de modo absoluto, que ele participou do efeito do sacerdócio; só sob um certo aspecto, ou seja, segundo a sujeição à paixão do corpo. Eis por que afirma claramente: "Aquele que podia salvá-lo da morte".

QUANTO AO 2º, deve-se dizer que dois aspectos podem ser levados em consideração na oblação do sacrifício de qualquer sacerdote: o sacrifício oferecido, em si mesmo, e a devoção daquele que o oferece. O efeito próprio do sacerdócio é o que decorre do sacrifício em si mesmo. Ora, Cristo o alcançou por sua paixão, não em virtude do sacrifício, oferecido como satisfação, mas pela devoção com a qual suportou humildemente a paixão por amor.

QUANTO AO 3º, deve-se dizer que a prefiguração não se pode equiparar à verdade. Por isso, o sacerdócio prefigurativo da antiga lei não podia atingir um grau tal de perfeição que não precisasse mais do sacrifício de satisfação. Ora, Cristo não teve essa necessidade; portanto, a razão não é a mesma para ambos. É o que diz o Apóstolo: "A lei estabeleceu, como sacerdotes, homens sujeitos à fraqueza, mas a palavra do juramento, posterior à lei, estabeleceu o Filho perfeito para sempre".

---

5. In arg.
6. Cfr. resp. ad 3.
7. *Heb*. 7, 28.

Articulus 5
Utrum sacerdotium Christi permaneat in aeternum

AD QUINTUM SIC PROCEDITUR. Videtur quod sacerdotium Christi non permaneat in aeternum.

1. Quia, ut dictum est[1], illi soli effectu sacerdotii indigent qui habent infirmitatem peccati quae per sacerdotis sacrificium expiari potest. Sed hoc non erit in aeternum. Quia in sanctis nulla erit infirmitas, secundum illud Is 60,21, *Populus tuus omnes iusti*: peccatorum autem infirmitas inexpiabilis erit, quia *in inferno nulla est redemptio*. Ergo sacerdotium Christi non est in aeternum.

2. PRAETEREA, sacerdotium Christi maxime manifestum est in eius passione et morte, quando *per proprium sanguinem introivit in sancta*, ut dicitur Hb 9,12. Sed passio et mors Christi non erit in aeternum: ut dicitur Rm 6,9: *Christus resurgens a mortuis iam non moritur*. Ergo sacerdotium Christi non est in aeternum.

3. PRAETEREA, Christus est sacerdos non secundum quod Deus, sed secundum quod homo. Sed Christus quandoque non fuit homo: scilicet in triduo mortis. Ergo sacerdotium Christi non est in aeternum.

SED CONTRA est quod dicitur in Ps 109,4: *Tu es sacerdos in aeternum*.

RESPONDEO dicendum quod in officio sacerdotis duo possunt considerari: primo quidem, ipsa *oblatio sacrificii*; secundo, ipsa *sacrificii consummatio*, quae quidem consistit in hoc quod illi pro quibus sacrificium offertur, finem sacrificii consequuntur. Finis autem *sacrificii* quod Christus obtulit, non fuerunt bona temporalia, sed aeterna, quae per eius mortem adipiscimur, unde dicitur Hb 9,11 quod *Christus* est *assistens pontifex futurorum bonorum*: ratione cuius Christi sacerdotium dicitur esse aeternum. Et haec quidem *consummatio* sacrificii Christi praefigurabatur in hoc ipso quod pontifex legalis semel in anno cum sanguine hirci et vituli intrabat in sancta sanctorum, ut dicitur Lv 16,11sqq., cum tamen hircum et vitulum non immolaret in sancta sanctorum, sed extra. Similiter Christus in *sancta sanctorum*, idest in ipsum caelum intravit, et nobis viam paravit intrandi per

Artigo 5
Permanece para sempre o sacerdócio de Cristo?

QUANTO AO QUINTO, ASSIM SE PROCEDE: parece que o sacerdócio de Cristo **não** permanece para sempre.

1. Com efeito, como foi explicado, só precisam do efeito do sacerdócio os que estão sujeitos à fraqueza do pecado que pode ser expiada pelo sacrifício do sacerdote. Ora, tal situação não é eterna, porque os santos não terão mais fraquezas, segundo o profeta Isaías: "Só haverá santos no teu povo". Por outro lado, a fraqueza dos pecadores não terá expiação, porque "no inferno não há redenção". Portanto, o sacerdócio de Cristo não é para sempre.

2. ALÉM DISSO, o sacerdócio de Cristo se manifestou sobretudo em sua paixão e morte, quando "entrou no santuário por seu próprio sangue", segundo a Carta aos Hebreus. Ora, a paixão e a morte de Cristo não são eternas; pois, como diz a Carta aos Romanos: "Cristo ressuscitado dentre os mortos já não morre". Logo, o sacerdócio de Cristo não é para sempre.

3. ADEMAIS, Cristo é sacerdote não enquanto Deus, mas enquanto homem. Ora, houve um tempo em que Cristo não foi homem, isto é, nos três dias da sua morte. Logo, o sacerdócio de Cristo não é para sempre.

EM SENTIDO CONTRÁRIO, diz o Salmo 109: "Tu és sacerdote para sempre".

RESPONDO. No ofício do sacerdote podem ser considerados dois aspectos: a *oblação* do sacrifício e a *consumação* do sacrifício. Esta consiste em que aqueles pelos quais se oferece o sacrifício alcancem o fim do sacrifício. Ora, o *fim do sacrifício* oferecido por Cristo não eram os bens temporais, mas os bens eternos que alcançamos por sua morte; por isso diz a Carta aos Hebreus: "Cristo é o Sumo Sacerdote dos bens futuros". Essa é a razão pela qual se diz que o sacerdócio de Cristo é eterno. Esta *consumação* do sacrifício de Cristo estava prefigurada no fato de o sacerdote da antiga lei entrar, uma vez por ano, no Santo dos santos, com o sangue do bode e do vitelo, segundo o livro do Levítico, embora não os imolasse no Santo dos santos, mas fora. Igualmente, Cristo entrou no *Santo dos santos*, isto é, no mesmo céu, preparando-nos assim o caminho de acesso,

---

5   PARALL.: III *Sent*., dist. 22, q. 1, a. 1, ad 4; *ad Heb*., c. 7, lect. 4.

   1. A. praec., ad 1, 3.

virtutem sanguinis sui, quem pro nobis in terra effudit.

AD PRIMUM ergo dicendum quod sancti qui erunt in patria, non indigebunt ulterius expiari per sacerdotium Christi, sed, expiati iam, indigebunt consummari per ipsum Christum, a quo gloria eorum dependet: ut dicitur, Ap 21,23 quod *claritas Dei illuminat illam*, scilicet civitatem sanctorum, *et lucerna eius est Agnus*.

AD SECUNDUM dicendum quod, licet passio et mors Christi de cetero non sit iteranda, tamen virtus illius hostiae permanet in aeternum: quia, ut dicitur Hb 10,14, *una oblatione consummavit in aeternum sanctificatos*. — Per quod etiam patet responsio AD TERTIUM.

Unitas autem huius oblationis figurabatur in lege per hoc quod semel in anno legalis pontifex cum solemni oblatione sanguinis intrabat in sancta, ut dicitur Lv 16. Sed deficiebat figura a veritate in hoc, quod illa hostia non habebat sempiternam virtutem, et ideo annuatim illae hostiae reiterabantur.

em virtude do seu sangue, derramado por nós na terra[g].

QUANTO AO 1º, portanto, deve-se dizer que os santos que estarão na pátria não terão mais necessidade de uma expiação ulterior pelo sacerdócio de Cristo; mas, já perdoados, só necessitarão da consumação pelo mesmo Cristo, de quem depende a glória deles. Por isso diz o livro do Apocalipse: "A glória de Deus a ilumina, isto é, a cidade dos santos, e o Cordeiro é sua lâmpada".

QUANTO AO 2º, deve-se dizer que ainda que a paixão e a morte de Cristo não hajam de se repetir, a virtude daquela vítima permanece para sempre. Por isso afirma a Carta aos Hebreus: "Com uma única oblação tornou perfeitos para sempre os santificados". — Assim fica respondida a TERCEIRA OBJEÇÃO.

A unidade desta oblação estava prefigurada na lei pelo fato de o sumo sacerdote entrar no santuário, uma vez por ano, para o oblação solene do sangue, como estava prescrito no livro do Levítico. Mas a prefiguração era deficiente em relação à verdade porque aquela vítima não tinha uma virtude perpétua e por isso era necessário renovar cada ano aqueles sacrifícios.

ARTICULUS 6
Utrum sacerdotium Christi fuerit secundum ordinem Melchisedech

AD SEXTUM SIC PROCEDITUR. Videtur quod sacerdotium Christi non fuerit secundum ordinem Melchisedech.
1. Christus enim est fons totius sacerdotii, tanquam principalis sacerdos. Sed illud quod est principale, non sequitur ordinem aliorum, sed alia sequuntur ordinem ipsius. Ergo Christus non debet dici sacerdos secundum ordinem Melchisedech.

2. PRAETEREA, sacerdotium veteris legis propinquius fuit sacerdotio Christi quam sacerdotium quod fuit ante legem. Sed sacramenta tanto expressius significabant Christum, quanto propinquiora fuerunt Christo: ut patet ex his quae in Secunda

ARTIGO 6
O sacerdócio de Cristo foi segundo a ordem de Melquisedec?

QUANTO AO SEXTO, ASSIM SE PROCEDE: parece que o sacerdócio de Cristo **não** foi segundo a ordem de Melquisedec.
1. Com efeito, Cristo, como sacerdote primeiro, é a fonte de todo sacerdócio. Ora, o que é primeiro não segue a ordem dos outros, pelo contrário são os outros que seguem a sua ordem. Logo, Cristo não deve ser denominado sacerdote segundo a ordem de Melquisedec.

2. ALÉM DISSO, o sacerdócio da antiga lei estava mais próximo do sacerdócio de Cristo do que o sacerdócio anterior à lei. Ora, os sacramentos, quanto mais próximos estavam de Cristo, mais claramente o significavam, como foi provado na

---

6 PARALL.: Infra, q. 61, a. 3, ad 3; IV *Sent.*, dist. 8, q. 1, a. 2, q.la 3; *ad Heb.*, c. 7, lect. 1.

g. O sacerdócio de Cristo permanece por tanto tempo quanto a união hipostática, ou seja, eternamente. Essa eternidade se verifica não do lado de seu ato sacrifical — isto só ocorreu uma vez —, mas do lado da oferenda interior, do lado da obediência amorosa à vontade do Pai que perdura, eternamente ligada à humanidade de Cristo. Verifica-se igualmente do lado do efeito desse sacrifício: a reconciliação com Deus e a vida que nos proporcionou duram para sempre. A solução 2 acrescenta uma nova dimensão desse efeito: a glória dos bem-aventurados é eternamente dependente da humanidade de Cristo, que foi imolada. É desse modo que podemos dizer que seu sacerdócio permanece eternamente, não em sua oblação, mas em sua consumação.

Parte¹ dicta sunt. Ergo sacerdotium Christi magis debet denominari secundum sacerdotium legale quam secundum sacerdotium Melchisedech, quod fuit ante legem.

3. PRAETEREA, Hb 7,2-3 dicitur: *Quod est rex pacis; sine patre, sine matre, sine genealogia; neque initium dierum neque finem vitae habens*: quae quidem conveniunt soli Filio Dei. Ergo non debet dici Christus sacerdos secundum ordinem Melchisedech, tanquam cuiusdam alterius: sed secundum ordinem sui ipsius.

SED CONTRA est quod dicitur in Ps 109,4: *Tu es sacerdos in aeternum secundum ordinem Melchisedech.*

RESPONDEO dicendum quod, sicut supra² dictum est, legale sacerdotium fuit figura sacerdotii Christi, non quidem quasi adaequans veritatem, sed multum ab ea deficiens: tum quia sacerdotium legale non mundabat peccata; tum etiam quia non erat aeternum, sicut sacerdotium Christi. Ipsa autem excellentia sacerdotii Christi ad sacerdotium Leviticum fuit figurata in sacerdotio Melchisedech, qui ab Abraham decimas sumpsit³, in cuius lumbis decimatus est quodammodo ipse sacerdos legalis. Et ideo sacerdotium Christi dicitur esse secundum ordinem Melchisedech, propter excellentiam veri sacerdotii ad figurale sacerdotium legis.

AD PRIMUM ergo dicendum quod Christus non dicitur esse secundum ordinem Melchisedech quasi principalioris sacerdotis: sed quasi praefigurantis excellentiam sacerdotii Christi ad sacerdotium Leviticum.

AD SECUNDUM dicendum quod in sacerdotio Christi duo possunt considerari: scilicet ipsa *oblatio* Christi, et *participatio* eius. Quantum autem ad ipsam *oblationem* expressius figurabat sacerdotium Christi sacerdotium legale per sanguinis effusionem, quam sacerdotium Melchisedech, in quo sanguis non effundebatur. Sed quantum ad *participationem* huius sacrificii et eius effectum, in quo praecipue attenditur excellentia sacerdotii Christi ad sacerdotium legale, expressius praefigurabatur per sacerdotium Melchisedech, qui

segunda Parte. Logo, o sacerdócio de Cristo deve ser denominado segundo o sacerdócio da lei muito mais do que segundo o sacerdócio de Melquisedec, anterior à lei.

3. ADEMAIS, está escrito na Carta aos Hebreus: "(Melquisedec) significa rei da paz; sem pai, sem mãe, sem genealogia; sem princípio nem fim dos seus dias". Tudo isso convém unicamente ao Filho de Deus. Cristo, portanto, não deve ser chamado sacerdote segundo a ordem de Melquisedec, como de uma outra ordem, mas segundo a sua própria ordem.

EM SENTIDO CONTRÁRIO, diz o Salmo 109: "Tu és sacerdote para sempre segundo a ordem de Melquisedec".

RESPONDO. Já foi dito que o sacerdócio da lei era a prefiguração do sacerdócio de Cristo, não de maneira adequada à verdade, mas de maneira muito deficiente. Por duas razões: quer porque o sacerdócio da lei não purificava os pecados, quer porque não era eterno, como o sacerdócio de Cristo. Ora, a superioridade do sacerdócio de Cristo, com relação ao sacerdócio levítico, estava prefigurada no sacerdócio de Melquisedec que recebeu o dízimo de Abraão, de quem, de alguma forma, o sacerdócio levítico dependia. Por causa desta superioridade do verdadeiro sacerdócio com relação ao sacerdócio prefigurativo da lei, se diz que o sacerdócio de Cristo é segundo a ordem de Melquisedecʰ.

QUANTO AO 1º, portanto, deve-se dizer que Cristo não é sacerdote segundo a ordem de Melquisedec porque este seja o sacerdote principal, mas porque prefigurava a superioridade do sacerdócio de Cristo com relação ao sacerdócio levítico.

QUANTO AO 2º, deve-se dizer que no sacerdócio de Cristo podemos considerar dois aspectos: a *oblação* e a sua *participação*. No que diz respeito à *oblação* em si mesma, o sacerdócio de Cristo estava mais explicitamente prefigurado pela efusão do sangue no sacerdócio da lei do que pelo sacerdócio de Melquisedec, no qual não havia derramamento de sangue. Mas, quanto à *participação* neste sacrifício e nos seus efeitos, no que principalmente se considera a superioridade do sacerdócio de Cristo com relação ao sacerdócio da lei, o sacerdócio de

---

1. II-II, q. 1, a. 7, *sed c*; q. 2, a. 7.
2. A. 4, ad 3.
3. *Gen*. 14, 20.

---

h. Mais ainda talvez do que nos artigos precedentes, o autor se atém aqui bastante estreitamente ao ensinamento da Epístola aos Hebreus, da qual retoma os principais argumentos em favor da superioridade do sacerdócio segundo a ordem de Melquisedec não pertencia ao povo eleito, simbolizando assim a universalidade de Cristo, que devia estender-se a todas as nações, povos e línguas.

offerebat panem et vinum⁴, significantia, ut dicit Augustinus⁵, ecclesiasticam unitatem, quam constituit participatio sacrificii Christi. Unde etiam in nova lege verum Christi sacrificium communicatur fidelibus sub specie panis et vini.

AD TERTIUM dicendum quod Melchisedech dictus est *sine patre et sine matre et sine genealogia*, et quod *non habet initium dierum neque finem*, non quia ista non habuit, sed quia in Scriptura sacra ista de eo non leguntur. Et per hoc ipsum, ut Apostolus ibidem dicit, *assimilatus est Filio Dei*, qui in terris est sine patre, et in caelis sine matre et sine genealogia, secundum illud Is 53,8, *Generationem eius quis enarrabit?* et, secundum divinitatem, neque principium neque finem habet dierum.

Cristo estava melhor prefigurado pelo sacerdócio de Melquisedec, porque oferecia pão e vinho, os quais, como diz Agostinho, significam a unidade da Igreja, realizada pela participação no sacrifício de Cristo. Por isso, também na nova lei, o verdadeiro sacrifício de Cristo é comunicado aos fiéis sob as espécies do pão e do vinho.

QUANTO AO 3º, deve-se dizer que Melquisedec é apresentado sem pai, sem mãe, sem genealogia e sem ter princípio nem fim dos seus dias, não porque não tivesse tudo isso, mas porque a Sagrada Escritura nada fala a respeito. Por isso mesmo, como afirma o Apóstolo na passagem citada, "foi assimilado ao Filho de Deus" que não tem pai na terra e no céu não tem mãe nem genealogia, segundo o profeta Isaías: "Quem poderá contar a sua geração?" E, segundo a divindade, não tem princípio nem fim.

---

4. *Gen*. 14, 18.
5. *In Ioan. Evang*., tract. 26, n. 15, super 6, 54: ML 35, 1614.

QUAESTIO XXIII
DE ADOPTIONE, AN CHRISTO CONVENIAT
in quatuor articulos divisa

Deinde considerandum est an adoptio Christo conveniat.
Et circa hoc quaeruntur quatuor.
Primo: utrum Deo conveniat filios adoptare.
Secundo: utrum hoc conveniat soli Deo Patri.
Tertio: utrum sit proprium hominum adoptari in filios Dei.
Quarto: utrum Christus possit dici filius adoptivus.

ARTICULUS 1
Utrum Deo conveniat filios adoptare

AD PRIMUM SIC PROCEDITUR. Videtur quod Deo non conveniat filios adoptare.

QUESTÃO 23
A CONVENIÊNCIA DE CRISTO SER ADOTADO
em quatro artigos

Deve-se considerar agora se convém a Cristo a adoção[a].
Sobre isso são quatro as perguntas:
1. Compete a Deus adotar filhos?
2. Isso corresponde só a Deus Pai?
3. É próprio dos homens ser adotados como filhos de Deus?
4. Cristo pode ser chamado filho adotivo?

ARTIGO 1
Compete a Deus adotar filhos?

QUANTO AO PRIMEIRO ARTIGO, ASSIM SE PROCEDE: parece que **não** compete a Deus adotar filhos.

---

1 PARALL.: Part. I, q. 33, a. 3; III *Sent*., dist. 10, q. 2, a. 1, q.la 1; *Cont. Gent*. IV, 17 in fine.

a. Sto. Tomás não trata em outras passagens da *Suma* da adoção divina; é por isso que ele começa definindo a natureza, sujeito e termo do ato de adoção, antes de procurar ver se isso se verifica no caso de Cristo; daí a sequência dos artigos da questão.
A adoção divina consiste no livre dom da graça, pelo qual Deus cria no homem uma participação em sua própria natureza divina, e constitui assim um filho adotivo capaz de herdar os bens divinos do Reino (a. 1). Essa filiação adotiva, efeito criado por Deus fora dele, não é só a obra do Pai, mas da Trindade como um todo (a. 2). Uma vez que a herança à qual são chamados os filhos adotivos é a união de amor com Deus, é evidente que só as criaturas racionais podem ser chamadas a esse destino (a. 3). Ao final de sua pesquisa, Tomás conclui que a adoção divina não convém a Cristo: Filho de Deus por natureza, ele não tem necessidade alguma de ser adotado (a. 4).

1. Nullus enim adoptat nisi extraneam personam in filium: secundum quod iuristae dicunt. Sed nulla persona est extranea Deo, qui est omnium Creator. Ergo videtur quod Deo non conveniat adoptare.

2. Praeterea, adoptatio videtur esse introducta in defectu filiationis naturalis. Sed in Deo invenitur naturalis filiatio: ut in Prima Parte[1] habitum est. Ergo non convenit Deo filios adoptare.

3. Praeterea, ad hoc aliquis adoptatur ut in hereditate adoptantis succedat. Sed in hereditate Dei non videtur aliquis posse succedere: quia ipse nunquam decedit. Ergo Deo non competit adoptare.

Sed contra est quod dicitur Eph 1,5: *Praedestinavit nos in adoptionem filiorum* Dei. Sed praedestinatio Dei non est irrita. Ergo Deus aliquos sibi adoptat in filios.

Respondeo dicendum quod aliquis homo adoptat alium sibi in filium inquantum ex sua bonitate admittit eum ad participationem suae hereditatis. Deus autem est infinitae bonitatis: ex qua contingit quod ad participationem bonorum suas creaturas admittit; et praecipue rationales creaturas, quae, inquantum sunt ad imaginem Dei factae, sunt capaces beatitudinis divinae. Quae quidem consistit in fruitione Dei: per quam etiam ipse Deus beatus est et per seipsum dives, inquantum scilicet seipso fruitur. Hoc autem dicitur hereditas alicuius ex quo ipse est dives. Et ideo, inquantum Deus ex sua bonitate admittit homines ad beatitudinis hereditatem, dicitur eos adoptare. — Hoc autem plus habet adoptatio divina quam humana, quod Deus hominem quem adoptat idoneum facit, per gratiae munus, ad hereditatem caelestem percipiendam: homo autem non facit idoneum eum quem adoptat, sed potius eum iam idoneum eligit adoptando.

Ad primum ergo dicendum quod homo, in sua natura consideratus, non est extraneus a Deo quantum ad bona naturalia quae recipit: est tamen extraneus quantum ad bona gratiae et gloriae. Et secundum hoc adoptatur.

1. Com efeito, ninguém adota como filho a não ser uma pessoa estranha. Ora, para Deus nenhuma pessoa é estranha, porque ele é o criador de todas. Logo, parece que não compete a Deus adotar.

2. Além disso, a adoção parece ter sido introduzida na falta de uma filiação natural. Mas, em Deus há uma filiação natural, como foi mostrado na I Parte. Portanto, não compete a Deus adotar filhos.

3. Ademais, alguém é adotado para que suceda na herança de quem o adotou. Ora, ninguém pode suceder a Deus em sua herança, porque Deus nunca morre. Logo, não compete a Deus adotar.

Em sentido contrário, diz a Carta aos Efésios: "Ele nos predestinou a ser filhos adotivos de Deus". Ora, a predestinação de Deus não pode ser anulada. Logo, Deus, adota algumas pessoas como filhos.

Respondo. Um homem adota outro como seu filho quando, por sua bondade o admite a participar em sua herança. Ora, Deus é a bondade infinita; em virtude dessa bondade, ele admite as criaturas a participar de seus bens; de modo especial as criaturas racionais que, por serem feitas à imagem de Deus, são capazes da bem-aventurança divina. Esta consiste na fruição de Deus, pela qual o próprio Deus é bem-aventurado e rico por si mesmo, a saber, enquanto frui de si mesmo. Com efeito, a herança de alguém é o que o faz rico. Por isso, na medida em que Deus, por sua bondade, admite os homens à herança da bem-aventurança, pode-se dizer que os adota. — Mas a adoção divina supera a adoção humana porque Deus, ao adotar o homem, o torna capaz, pelo dom da graça, de alcançar a herança do céu; o homem, pelo contrário, ao adotar alguém, não o torna capaz, mas o adota porque já é capaz[b].

Quanto ao 1º, portanto, deve-se dizer que o homem, considerado em sua natureza, não é estranho a Deus, no que se refere aos bens naturais que dele recebe; mas é-lhe estranho no que se refere aos bens da graça e da glória. E nesse sentido é adotado.

---

1. Q. 27, a. 2.

b. Se é possível comparar a adoção de uma criança à geração natural, é que ela faz de um estranho um filho; mas a adoção por Deus se aproxima bem mais da geração natural do que a adoção por parte de um homem. De fato, esta última é primeiramente um ato jurídico: do ponto de vista ontológico, nada mudou no interior da criança adotada; é modificado apenas seu estatuto diante da lei (o que não exclui, obviamente, que o ato jurídico de adoção possa ser inspirado por um amor desinteressado, nem que a repercussão psicológica na criança possa ser considerável). Já a adoção por Deus se efetua pelo dom de uma nova vida, está ligada ao dom dessa nova natureza (acidental em relação ao ser natural) a que chamamos de graça (ver I-II, q. 110, a. 1). Assim, a adoção divina é uma geração real, mas também pode ser comparada a uma adoção jurídica, no sentido de que, por sua livre decisão, Deus fez de homens que eram estranhos à sua vida divina seus filhos.

AD SECUNDUM dicendum quod hominis est operari ad supplendam suam indigentiam: non autem Dei, cui convenit operari ad communicandam suae perfectionis abundantiam. Et ideo, sicut per actum creationis communicatur bonitas divina omnibus creaturis secundum quandam similitudinem, ita per actum adoptionis communicatur similitudo naturalis filiationis hominibus: secundum illud Rm 8,29: *Quos praescivit conformes fieri imaginis Filii sui*.

AD TERTIUM dicendum quod bona spiritualia possunt simul a pluribus possideri, non autem bona corporalia. Et ideo hereditatem corporalem nullus potest percipere nisi succedens decedenti: hereditatem autem spiritualem simul omnes ex integro percipiunt, sine detrimento Patris semper viventis.

Quamvis posset dici quod Deus decedit secundum quod est in nobis per fidem, ut incipiat in nobis esse per speciem: sicut Glossa[2] dicit, Rm 8, super illud [v. 17], *Si filii, et heredes*.

QUANTO AO 2º, deve-se dizer que cabe ao homem agir para suprir sua indigência; não, porém, a Deus, a quem cabe agir para comunicar a abundância de sua perfeição. Por isso, assim como pelo ato da criação se comunica a todas as criaturas a bondade divina segundo uma certa semelhança, assim também, pelo ato da adoção se comunica aos homens a semelhança da filiação natural, segundo a Carta aos Romanos: "Aos que predestinou para serem conformes à imagem do seu Filho".

QUANTO AO 3º, deve-se dizer que os bens espirituais podem ser possuídos ao mesmo tempo por muitos, não, porém, os bens corporais. Por isso, ninguém pode receber a herança material a não ser sucedendo ao que morre. A herança espiritual, pelo contrário, pode ser possuída integralmente por todos ao mesmo tempo, sem prejuízo do Pai que vive para sempre.

Poder-se-ia, contudo, falar do falecimento de Deus na medida em que deixa de existir em nós pela fé para começar a existir em nós pela visão, como diz a Glosa, comentando a Carta aos Romanos: "Se filhos, logo herdeiros".

ARTICULUS 2
Utrum adoptare conveniat toti Trinitati

AD SECUNDUM SIC PROCEDITUR. Videtur quod adoptare non conveniat toti Trinitati.

1. Adoptatio enim dicitur in divinis ad similitudinem rerum humanarum. Sed in rebus humanis soli illi convenit adoptare qui potest filios generare: quod in divinis convenit soli Patri. Ergo in divinis solus Pater potest adoptare.

2. PRAETEREA, homines per adoptionem efficiuntur fratres Christi: secundum illud Rm 8,29: *Ut sit ipse primogenitus in multis fratribus*. Fratres autem dicuntur qui sunt filii unius patris: unde et Dominus dicit, Io 20,17: *Ascendo ad Patrem meum et Patrem vestrum*. Ergo solus Pater Christi habet filios adoptivos.

3. PRAETEREA, Gl 4,4sqq. dicitur: *Misit Deus Filium suum, ut adoptionem filiorum* Dei *reciperemus. Quoniam autem estis filii* Dei, *misit Deus Spiritum Filii sui in corda vestra, clamantem, "Abba, Pater"*. Ergo eius est adoptare cuius est Filium et Spiritum Sanctum habere. Sed hoc est solius personae Patris. Ergo adoptare convenit soli personae Patris.

ARTIGO 2
Adotar filhos convém a toda a Trindade?

QUANTO AO SEGUNDO, ASSIM SE PROCEDE: parece que adotar **não** convém a toda a Trindade.

1. Com efeito, fala-se de adoção em Deus por semelhança com as coisas humanas. Ora, entre os homens só pode adotar aquele que pode gerar filhos; isto, em Deus, só convém ao Pai. Logo, em Deus, só o Pai pode adotar.

2. ALÉM DISSO, pela adoção os homens se tornam irmãos de Cristo, segundo a Carta aos Romanos: "Para que seja o primogênito dentre muitos irmãos". Ora, chamamos irmãos aqueles que são filhos do mesmo pai; por isso diz o Senhor no Evangelho de João: "Subo ao meu Pai e ao vosso Pai". Logo, só o Pai de Cristo tem filhos adotivos.

3. ADEMAIS, a Carta aos Gálatas afirma: "Deus enviou o seu Filho para que recebêssemos a adoção de filhos de Deus. E porque sois filhos de Deus, enviou Deus aos vossos corações o Espírito do Filho que clama Abbá, Pai". Portanto, compete adotar àquele que tem o Filho e o Espírito Santo. Ora, isso é próprio somente da pessoa do Pai. Logo, só a ela convém adotar.

---

2. Ordin.: ML 114, 496 D; LOMBARDI: ML 191, 1441 C.
2 PARALL.: Supra, q. 3, a. 4, ad 3; III *Sent*., dist. 10, q. 2, a. 1, q.la 2, 3.

EM SENTIDO CONTRÁRIO, adotar-nos como filhos compete àquele a quem podemos chamar de Pai, segundo a Carta aos Romanos: "Recebestes um espírito de adoção no qual clamamos Abbá, Pai". Mas, quando dizemos *Pai nosso* referimo-nos a toda a Trindade, como acontece também com os outros nomes atribuídos a Deus em relação com a criatura, conforme foi exposto na I Parte. Portanto, adotar convém a toda a Trindade.

RESPONDO. A diferença entre o filho adotivo de Deus e o Filho de Deus por natureza está em que este é "gerado, não feito", enquanto o filho adotivo é feito, como diz o Evangelho de João: "Deu-lhes o poder de se tornar filhos de Deus". Contudo, às vezes se diz que o filho adotivo é gerado, por causa da regeneração espiritual que vem da graça, não da natureza, como podemos ler na Carta de Tiago: "Ele quis nos gerar pela palavra da verdade". Embora a geração, em Deus, seja própria da pessoa do Pai, a produção de qualquer efeito nas criaturas é comum à Trindade toda, por causa da unidade de natureza: onde há unidade de natureza é preciso que haja unidade de poder e de operação. Eis por que o Senhor diz no Evangelho de João: "Tudo o que faz o Pai, o Filho o faz igualmente". Portanto, compete a toda a Trindade adotar os homens como filhos de Deus.

QUANTO AO 1º, portanto, deve-se dizer que todas as pessoas humanas não formam numericamente uma única natureza, de modo que tenham de ter todas uma só operação e um só efeito, como acontece em Deus. Por isso, sob este aspecto, não se pode esperar uma semelhança nos dois casos.

QUANTO AO 2º, deve-se dizer que pela adoção nos tornamos irmãos de Cristo, tendo com ele o mesmo Pai; mas é diferente a maneira de ser Pai de Cristo e nosso Pai. Por isso, o Senhor, no Evangelho de João, claramente separava "meu Pai" e "vosso Pai". Com efeito, ele é Pai de Cristo por geração de natureza, o que é próprio do Pai; enquanto ele é nosso Pai ao fazer voluntariamente algo que lhe é comum com o Filho e o Espírito Santo. Por isso, Cristo não é Filho da Trindade toda, como é o nosso caso.

QUANTO AO 3º, deve-se dizer que como foi dito acima, a filiação adotiva é imagem da filiação eterna, como tudo o que foi feito no tempo é semelhança das realidades eternas. Ora, o homem

fuerunt. Assimilatur autem homo splendori aeterni Filii per gratiae claritatem, quae attribuitur Spiritui Sancto. Et ideo adoptatio, licet sit communis toti Trinitati, appropriatur tamen Patri ut auctori, Filio ut exemplari, Spiritui Sancto ut imprimenti in nobis huius similitudinem exemplaris.

Articulus 3
Utrum adoptari sit proprium rationalis creaturae

Ad tertium sic proceditur. Videtur quod adoptari non sit proprium rationalis creaturae.

1. Non enim Deus Pater creaturae rationalis dicitur nisi per adoptionem. Dicitur autem Pater creaturae etiam irrationalis: secundum illud Iob 38,28: *Quis est pluviae Pater? Aut quis genuit stillas roris?* Ergo adoptari non est proprium rationalis naturae.

2. Praeterea, per adoptionem dicuntur aliqui filii Dei. Sed esse filios Dei in Scriptura proprie videtur attribui angelis: secundum illud Iob 1,6: *Quadam autem die, cum assisterent filii Dei coram Domino.* Ergo non est proprium rationalis creaturae adoptari.

3. Praeterea, quod est proprium alicui naturae, convenit omnibus habentibus naturam illam: sicut risibile convenit omnibus hominibus. Sed adoptari non convenit omni rationali naturae. Ergo adoptari non est proprium rationalis naturae.

Sed contra est quod filii adoptati sunt *heredes Dei,* ut patet Rm 8,17. Sed talis hereditas convenit soli creaturae rationali. Ergo proprium rationalis creaturae est adoptari.

Respondeo dicendum quod, sicut dictum est[1], filiatio adoptionis est quaedam similitudo filiationis naturalis. Filius autem Dei naturaliter procedit a Patre ut Verbum intellectuale, unum cum ipso Patre existens. Huic ergo Verbo tripliciter potest aliquid

é assimilado ao esplendor do Filho eterno pela claridade da graça, atribuída ao Espírito Santo. Por isso, a adoção, embora seja comum à Trindade toda, é apropriada ao Pai como autor, ao Filho como exemplar e ao Espírito Santo como aquele que imprime em nós a semelhança do exemplar[c].

Artigo 3
Ser adotado é próprio da criatura racional?

Quanto ao terceiro, assim se procede: parece que ser adotado **não** é próprio da criatura racional.

1. Com efeito, Deus não é chamado Pai da criatura racional a não ser pela adoção. Ora, também se diz que é Pai da criatura irracional segundo está no livro de Jó: "Quem é o pai da chuva? ou quem gerou as gotas de orvalho?". Logo, a adoção não é algo próprio da criatura racional.

2. Além disso, alguns são chamados filhos de Deus pela adoção. Ora, a Escritura parece atribuir o título de filhos de Deus propriamente aos anjos, como diz também o livro de Jó: "Um dia apresentaram-se os filhos de Deus diante de Deus". Logo, ser adotado não é próprio da criatura racional.

3. Ademais, aquilo que é próprio de uma natureza convém a todos os que a possuem; por exemplo, o riso convém a todos os homens. Ora, ser adotado não convém a toda natureza racional. Logo, ser adotado não é próprio da natureza racional.

Em sentido contrário, está claro na Carta aos Romanos que os filhos adotivos são "herdeiros de Deus". Mas tal herança só convém à criatura racional. Portanto, ser adotado é próprio da criatura racional.

Respondo. Como já foi dito, a filiação adotiva é uma semelhança da filiação natural. Mas o Filho de Deus procede do Pai, por natureza, como Verbo intelectual, sendo um só com o Pai. A semelhança com este Verbo pode dar-se de três

---

3 Parall.: III *Sent.*, dist. 10, q. 2, a. 2, q.la 1, 2.

1. A. 1, ad 2.

---

c. É uma doutrina bem estabelecida que as operações internas à Trindade podem ser atribuídas de maneira adequada a tal ou qual pessoa, ao passo que as operações externas (*ad extra*) são comuns às Três, a Trindade inteira operando como um só agente (ver I, q. 32, a. 1 e *De veritate*, q. 10, a. 13). Ato imanente à Trindade, a geração do Filho é própria do Pai, mas a "geração" de filhos adotivos, que produz seu efeito fora da Trindade, deve ser atribuída simultaneamente às Três. É permitido, contudo, distinguir entre dois tipos de atribuição: "em próprio" e "por apropriação" (ver I, q. 39, a. 7, sobre a apropriação de nomes divinos próprias às pessoas divinas); é esta última que Tomás emprega na solução 3, enfatizando que cada uma das pessoas participa da adoção segundo suas propriedades características: o Pai é o seu "autor", e merece a esse título ser "nosso Pai"; o Filho é o exemplar, e pode ser chamado de "nosso Irmão"; o Espírito é por assim dizer o princípio ativo, e é por isso que chamado de "Espírito de adoção" (Rm 8,15).

assimilari. Uno quidem modo, secundum rationem formae, non autem secundum intellectualitatem ipsius: sicut forma domus exterius constitutae assimilatur verbo mentali artificis secundum speciem formae, non autem secundum intelligibilitatem, quia forma domus in materia non est intelligibilis, sicut erat in mente artificis. Et hoc modo Verbo aeterno assimilatur quaelibet creatura: cum sit facta per Verbum. — Secundo, assimilatur creatura Verbo, non solum quantum ad rationem formae, sed etiam quantum ad intellectualitatem ipsius: sicut scientia quae fit in mente discipuli, assimilatur verbo quod est in mente magistri. Et hoc modo creatura rationalis, etiam secundum suam naturam, assimilatur Verbo Dei. — Tertio modo, assimilatur creatura Verbo aeterno secundum unitatem quam habet ad Patrem, quod quidem fit per gratiam et caritatem: unde Dominus orat, Io 17,21-22: *Sint unum in nobis, sicut et nos unum sumus*. Et talis assimilatio perficit rationem adoptionis: quia sic assimilatis debetur hereditas aeterna.

Unde manifestum est quod adoptari convenit soli creaturae rationali: non tamen omni, sed solum habenti caritatem. Quae est *diffusa in cordibus nostris per Spiritum Sanctum*, ut dicitur Rm 5,5. Et ideo, Rm 8,15, Spiritus Sanctus dicitur *Spiritus adoptionis filiorum*.

AD PRIMUM ergo dicendum quod Deus dicitur Pater creaturae irrationalis, non proprie per adoptionem, sed per creationem: secundum primam participationem similitudinis.

AD SECUNDUM dicendum quod angeli dicuntur filii Dei filiatione adoptionis, non quia ipsis primo conveniat: sed quia ipsi primo adoptionem filiorum receperunt.

AD TERTIUM dicendum quod adoptio non est proprium consequens naturam, sed consequens gratiam, cuius natura rationalis est capax. Et ideo non oportet quod omni rationali creaturae

maneiras[d]. Primeiro, segundo a forma e não segundo a intelectualidade. Assim, a forma exterior de uma casa construída assemelha-se ao verbo mental do artífice segundo a espécie da forma, mas não segundo a inteligibilidade; de fato, a forma da casa na matéria não é inteligível como era na mente do artífice. Desse ponto de vista, qualquer criatura assemelha-se ao Verbo eterno, porque foi feita por ele. — Segundo, uma criatura assemelha-se ao Verbo não só quanto à razão da forma, mas também quanto à intelectualidade do mesmo Verbo; assim, a ciência que surge na mente do discípulo assemelha-se ao verbo que se encontra na mente do mestre. E, desse ponto de vista, a criatura racional é assimilada ao Verbo de Deus também segundo sua natureza. — Terceiro, a criatura assemelha-se ao Verbo eterno segundo a unidade que este tem com o Pai; tal semelhança se faz pela graça e pela caridade. Por isso, o Senhor ora no Evangelho de João: "Que sejam um em nós, como nós somos um". E esta semelhança completa a razão de adoção, pois a herança eterna pertence aos que se assemelham ao Verbo desta forma.

É claro, pois, que ser adotado convém só às criaturas racionais; não a todas, porém, mas unicamente às que possuem a caridade, "derramada em nossos corações pelo Espírito Santo", como diz a Carta aos Romanos. Por isso, também, o Espírito Santo é chamado "Espírito dos filhos de adoção".

QUANTO AO 1º, portanto, deve-se dizer que Deus pode ser chamado Pai da criatura irracional não propriamente pela adoção, mas pela criação; segundo o primeiro modo de participação na semelhança.

QUANTO AO 2º, deve-se dizer que os anjos são chamados filhos de Deus por um filiação de adoção; não porque a filiação lhes seja própria em primeiro lugar, mas porque foram os primeiros a receber a adoção de filhos.

QUANTO AO 3º, deve-se dizer que a adoção não é uma propriedade decorrente da natureza, mas da graça; e a natureza racional é capaz de tal graça. Mas não é necessário que corresponda a toda

---

d. Todo efeito se assemelha à sua causa. Esse princípio se aplica igualmente no caso da criação, no que concerne ao Verbo divino. No espírito do Pai, o Verbo é o modelo, o exemplar segundo o qual e pelo qual tudo foi feito — um pouco como a planta, no espírito do arquiteto, é o modelo da casa que ele constrói. Em virtude dessa relação fundamental com o Verbo, toda criatura traz em si uma certa semelhança, um "vestígio" desse exemplar, sua espécie ou sua forma realizando uma das virtualidades do modelo primordial. No entanto, só as criaturas racionais levam essa relação de semelhança bastante longe para poderem ser consideradas "imagens" e não só "vestígios" do Verbo. Isto em função da imaterialidade de seu espírito, pela qual elas alcançam algo da espiritualidade do Verbo (falar de *imaterialidade* é dizer também *intelectualidade* e *inteligibilidade*). Enfim, só a graça virá perfazer essa conformidade da criatura racional ao Verbo, a ponto de desembocar na filiação adotiva. A graça, com efeito, torna possível a união a Deus pela caridade, que se concluirá pela recepção em herança da felicidade. Essa união pela graça é a mais perfeita imitação possível da união natural entre o Filho e o Pai, na comunhão trinitária.

conveniat: sed quod omnis rationalis creatura sit capax adoptionis.

Articulus 4
Utrum Christus, secundum quod homo, sit filius Dei adoptivus

AD QUARTUM SIC PROCEDITUR. Videtur quod Christus, secundum quod homo, sit filius Dei adoptivus.

1. Dicit enim Hilarius[1], de Christo loquens: *Potestatis dignitas non amittitur dum carnis humanitas adoptatur.* Ergo Christus, secundum quod homo, est filius adoptivus.

2. PRAETEREA, Augustinus dicit, in libro *de Praedest. Sanct.*[2], quod *eadem gratia ille homo est Christus, qua gratia ab initio fidei quicumque homo est Christianus.* Sed alii homines sunt Christiani per gratiam adoptionis. Ergo et ille homo est Christus per adoptionem. Et ita videtur esse filius adoptivus.

3. PRAETEREA, Christus, secundum quod homo, est servus. Sed dignius est esse filium adoptivum quam servum. Ergo multo magis Christus, secundum quod homo, est filius adoptivus.

SED CONTRA est quod Ambrosius dicit, in libro *de Incarnat.*[3]: *Adoptivum filium non dicimus filium esse natura: sed eum dicimus natura esse filium qui verus est filius.* Christus autem verus et naturalis est Filius Dei: secundum illud 1Io 5,20: *Ut simus in vero Filio eius*, Iesu Christo. Ergo Christus, secundum quod homo, non est filius adoptivus.

RESPONDEO dicendum quod filiatio proprie convenit hypostasi vel personae, non autem naturae: unde in Prima Parte[4] dictum est quod filiatio est proprietas personalis. In Christo autem non est alia

criatura racional; é suficiente que toda criatura racional seja capaz de adoção.

Artigo 4
Cristo, enquanto homem, é filho adotivo de Deus?

QUANTO AO QUARTO, ASSIM SE PROCEDE: parece que Cristo, enquanto homem, **é** filho adotivo de Deus.

1. Com efeito, falando de Cristo, Hilário afirma: "não se perde a dignidade do poder ao adotar a humanidade da carne". Portanto, Cristo, enquanto homem, é filho adotivo.

2. ALÉM DISSO, Agostinho diz: "A graça pela qual este homem é Cristo é a mesma pela qual, desde o início da fé, todo homem é cristão". Ora, os outros homens são cristãos pela graça da adoção. Logo, também este homem é Cristo por adoção. Desse modo, parece que é filho adotivo.

3. ADEMAIS, Cristo, enquanto homem, é servo. Ora, é mais digno ser filho adotivo do que servo. Logo, com muito mais razão, Cristo enquanto homem é filho adotivo.

EM SENTIDO CONTRÁRIO, escreve Ambrósio: "Não dizemos que o filho adotivo é filho por natureza; chamamos filho por natureza ao que é verdadeiro filho". Ora, Cristo é verdadeiro Filho de Deus por natureza, conforme a primeira Carta de João: "Para que estejamos em seu verdadeiro Filho, Jesus Cristo". Portanto, Cristo, enquanto homem, não é filho adotivo[e].

RESPONDO. A filiação convém propriamente à hipóstase ou à pessoa, não à natureza. Por isso, na I Parte se disse que a filiação é uma propriedade pessoal. Ora, em Cristo a única pessoa ou

---

4 PARALL.: Infra, q. 32, a. 3; III *Sent.*, dist. 4, q. 1, a. 2, q.la 1; q.la 2, ad 3; dist. 10, q. 2, a. 2, q.la 3; dist. 11, a. 3, ad 2; dist. 12, q. 1, a. 1, ad 1; dist. 18, a. 4, q.la 1, ad 1; *Cont. Gent.* IV, 4; *De Verit.*, q. 29, a. 1, ad 1.

1. *De Trin.*, l. II, n. 27: ML 10, 68 B.
2. C. 15, n. 31: ML 44, 982.
3. C. 8, n. 87: ML 16, 840 A.
4. Q. 32, a. 3; q. 34, a. 2, ad 3; q. 40, a. 1, ad 1.

e. Tentação constante da reflexão cristológica, desde a origem, o adopcianismo conheceu diferentes formas ao longo da história. Assim, os cardeais espanhóis do século VIII pensaram poder sustentar, sem incorrer na heresia nestoriana, que Cristo era filho adotivo em sua humanidade, sem deixar de ser filho por natureza em sua divindade. Condenada por vários papas e concílios antes do fim do século VIII, essa doutrina foi retomada sob nova forma, no século XII, por Abelardo e outros mais, no XIV por Duns Scotto, seguido igualmente por outros autores (ver *Dict. de théol. cathol.* I, col. 403-413). Era esquecer o princípio aqui recordado por Sto. Tomás, de que a filiação — natural ou adotiva — é uma propriedade da pessoa, e não da natureza. É por isso que uma filiação adotiva não poderia ser acrescentada à filiação natural, que é a propriedade inalienável do Verbo encarnado. Quanto à graça habitual que qualifica sua humanidade — a qual entre os outros homens constitui o essencial da filiação adotiva —, ela é uma consequência de sua filiação divina, e não sua antecedente (ver acima q. 7, a. 13 e nota 20). Em caso algum podemos falar a seu respeito de filiação adotiva.

persona vel hypostasis quam increata, cui convenit esse Filium per naturam. Dictum est autem supra[5] quod filiatio adoptionis est participata similitudo filiationis naturalis. Non autem dicitur aliquid participative quod per se dicitur. Et ideo Christus, qui est Filius Dei naturalis, nullo modo potest dici filius adoptivus.

Secundum autem illos qui ponunt in Christo duas personas, vel duas hypostases, seu duo supposita, nihil rationaliter prohibet Christum hominem dici filium adoptivum.

AD PRIMUM ergo dicendum quod, sicut filiatio non proprie convenit naturae, ita nec adoptio. Et ideo, cum dicitur quod *carnis humanitas adoptatur*, impropria est locutio: et accipitur ibi *adoptio* pro unione humanae naturae ad personam Filii.

AD SECUNDUM dicendum quod similitudo illa Augustini est intelligenda quantum ad principium: quia scilicet, sicut sine meritis habet quilibet homo ut sit Christianus, ita ille homo sine meritis habuit ut esset Christus. Est tamen differentia quantum ad terminum: quia scilicet Christus per gratiam unionis est Filius naturalis; alius autem per gratiam habitualem est filius adoptivus. Gratia autem habitualis in Christo non facit de non-filio filium adoptivum: sed est quidam effectus filiationis in anima Christi, secundum illud Io 1,14: *Vidimus gloriam eius quasi Unigeniti a Patre, plenum gratiae et veritatis*.

AD TERTIUM dicendum quod esse creaturam, et etiam servitus vel subiectio ad Deum, non solum respicit personam, sed etiam naturam: quod non potest dici de filiatione. Et ideo non est similis ratio.

---

5. A. 1, ad 2.

hipóstase é não-criada, e a ela convém ser Filho por natureza. Já foi dito acima que a filiação adotiva é uma semelhança por participação da filiação natural. Aquilo que é afirmado por si não se diz por participação. Por isso, Cristo, que é Filho de Deus por natureza, de modo algum pode ser chamado filho adotivo.

Pelo contrário, para os que afirmam em Cristo duas pessoas ou duas hipóstases ou dois supósitos, com razão não há dificuldade em chamar a Cristo, enquanto homem, filho adotivo.

QUANTO AO 1º, portanto, deve-se dizer que nem a filiação nem a adoção convêm propriamente à natureza. Por isso, é impróprio falar em "adoção da humanidade da carne", pois a palavra *adoção* designa aqui a união da natureza humana com a pessoa do Filho.

QUANTO AO 2º, deve-se dizer que a semelhança de que fala Agostinho deve ser entendida no que se refere ao início. Com efeito, assim como qualquer homem pode se tornar cristão sem mérito, assim também aquele homem, sem mérito aconteceu ser Cristo. Mas há uma diferença no que diz respeito ao término; porque Cristo, pela graça da união, é Filho por natureza, enquanto o homem, pela graça habitual, é filho adotivo. Pois a graça habitual, em Cristo, não torna filho adotivo alguém que não era ainda filho; ela é o efeito, na alma de Cristo, da filiação por natureza, como diz o Evangelho de João: "Vimos sua glória como de Filho Unigênito do Pai, cheio de graça e de verdade".

QUANTO AO 3º, deve-se dizer que o fato de ser criatura ou estar a serviço de Deus, submetido a Ele, diz respeito não só à pessoa, mas também à natureza; mas isso não pode ser afirmado da filiação. Por isso não é igual à razão.

QUAESTIO XXIV
DE PRAEDESTINATIONE CHRISTI
in quatuor articulos divisa

Deinde considerandum est de praedestinatione Christi.

QUESTÃO 24
A PREDESTINAÇÃO DE CRISTO[a]
em quatro artigos

Em seguida, deve-se considerar a predestinação de Cristo.

---

a. Dado que é à adoção divina que os homens estão predestinados, teríamos a impressão de que, não sendo filho adotivo, Cristo não seria tampouco predestinado. Tomás esclarecerá nesta questão que se trata de uma só predestinação, a qual, pela graça santificante, faz filhos adotivos e, pela graça da união, faz de Cristo-homem o Filho de Deus por natureza (a. 1). Cristo foi predestinado enquanto homem, pois é somente por meio de humanidade que ele pode receber a graça da união como efeito

Et circa hoc quaeruntur quatuor.
Primo: utrum sit praedestinatus.
Secundo: utrum sit praedestinatus secundum quod homo.
Tertio: utrum eius praedestinatio sit exemplar praedestinationis nostrae.
Quarto: utrum sit causa praedestinationis nostrae.

Sobre isso são quatro as perguntas:
1. Cristo foi predestinado?
2. Foi predestinado enquanto homem?
3. Sua predestinação é o modelo da nossa?
4. É causa da nossa predestinação?

Articulus 1
Utrum Christo conveniat praedestinatum esse

AD PRIMUM SIC PROCEDITUR. Videtur quod Christo non conveniat praedestinatum esse.
1. Terminus enim cuiuslibet praedestinationis videtur esse adoptio filiorum: secundum illud Eph 1,5: *Praedestinavit nos in adoptionem filiorum*. Sed Christo non convenit esse filium adoptivum, ut dictum est[1]. Ergo Christo non convenit praedestinatum esse.
2. PRAETEREA, in Christo duo est considerare: scilicet naturam humanam, et personam. Sed non potest dici quod Christus est praedestinatus ratione naturae humanae: quia haec est falsa, *Humana natura est Filius Dei*. Similiter etiam neque ratione personae: quia illa persona non habet ex gratia quod sit Filius Dei, sed ex natura; praedestinatio autem est eorum quae sunt ex gratia, ut in Prima Parte[2] dictum est. Ergo Christus non est praedestinatus Filius Dei.
3. PRAETEREA, sicut illud quod est factum non semper fuit, ita et illud quod fuit praedestinatum: eo quod praedestinatio antecessionem quandam importat. Sed, quia Christus semper fuit Deus et Filius Dei, non proprie dicitur quod homo ille sit factus Filius Dei. Ergo, pari ratione, non debet dici quod Christus sit praedestinatus Filius Dei.

SED CONTRA est quod Apostolus dicit, Rm 1,4, de Christo loquens: *Qui praedestinatus est Filius Dei in virtute*.

Artigo 1
Convinha a Cristo ser predestinado?

QUANTO AO PRIMEIRO ARTIGO, ASSIM SE PROCEDE: parece que **não** convinha a Cristo ser predestinado.
1. Com efeito, o término de qualquer predestinação parece ser a filiação adotiva, segundo a Carta aos Efésios: "Predestinou-nos a ser filhos adotivos". Ora, como se disse, a Cristo não convinha ser filho adotivo. Logo, não convinha a Cristo ser predestinado.
2. ALÉM DISSO, em Cristo devem ser consideradas a natureza humana e a pessoa. Mas não se pode dizer que Cristo tenha sido predestinado em razão da natureza humana, pois a afirmação *a natureza humana é Filho de Deus* é falsa. Também não foi predestinado em razão da pessoa, pois tal pessoa não é Filho de Deus por graça, mas por natureza; e a predestinação é própria dos que o são pela graça, como foi dito na I Parte. Logo, Cristo não foi predestinado a ser Filho de Deus.
3. ADEMAIS, assim como o que foi feito não existiu sempre, assim também o que foi predestinado, pois a predestinação implica uma certa anterioridade. Ora, Cristo foi sempre Deus e Filho de Deus; por isso não se pode dizer que este homem tenha sido feito Filho de Deus. Logo, por uma razão semelhante, não se pode dizer que Cristo tenha sido predestinado a ser Filho de Deus.

EM SENTIDO CONTRÁRIO, escreve o Apóstolo aos Romanos, falando de Cristo: "Predestinado a ser Filho de Deus com poder"[b].

---

1   PARALL.: I *Sent.*, dist. 40, q. 2; III dist. 10, q. 3, q.la 1; dist. 11, a. 4, ad 4; *Ad Rom.*, c. 1, lect. 3.
   1. Q. 23, a. 4.
   2. Q. 23, a. 2, ad 4; a. 5.

de sua predestinação (a. 2). Num sentido a ser especificado, essa predestinação é a causa exemplar da nossa (a. 3), é também sua causa eficiente e meritória (a. 4).

b. O termo *predestinado*, que Sto. Tomás recebia com seu texto latino, não se encontra no grego de S. Paulo, e o contexto geral do versículo é bem diferente; na verdade, as traduções modernas preferem conservar o termo "*estabelecido* Filho de Deus..." (ver Bíblia de Jerusalém ou Tradução Ecumênica da Bíblia). Tomás parece ter tido consciência de que outras traduções eram possíveis — e ele volta a tratar disso extensamente na solução 3 —, mas uma vez que existia uma interpretação tradicional do versículo, é menos seu sentido exegético original do que sua carga teológica que Sto. Tomás conserva.

RESPONDO. Como foi claramente explicado na I Parte, a predestinação propriamente dita é a eterna pré-ordenação divina com relação às coisas que, pela graça de Deus, devem realizar-se no tempo. Ora, pela graça da união, Deus fez com que, no tempo, o homem fosse Deus e Deus fosse homem. E não se pode afirmar que Deus não tenha pré-ordenado desde a eternidade que Ele faria isso no tempo, porque daí se seguiria que algo de novo poderia acontecer para o entendimento divino. Por isso é preciso afirmar que a união das naturezas na pessoa de Cristo entra na predestinação eterna de Deus. Por esta razão se diz que Cristo foi predestinado[c].

QUANTO AO 1º, portanto, deve-se dizer que no texto citado o Apóstolo fala da nossa predestinação a sermos filhos adotivos. Mas, assim como Cristo, de modo singular em relação aos outros, é Filho de Deus por natureza, assim também foi predestinado de modo singular.

QUANTO AO 2º, deve-se dizer que, como diz a Glosa a propósito do texto da Carta aos Romanos, alguns disseram que esta predestinação devia ser entendida da natureza, não da pessoa; porque a natureza humana recebeu a graça de estar unida ao Filho de Deus na unidade da pessoa.

Mas entendida assim, a expressão do Apóstolo é imprópria por dois motivos. Em primeiro lugar, por uma razão geral. Pois não dizemos que a natureza de alguém seja predestinada, mas a pessoa; porque ser predestinado é ser conduzido à salvação, e isso é próprio do suposito que age em função do fim que é a bem-aventurança. — Em segundo lugar, por uma razão especial. Porque não cabe à natureza humana ser Filho de Deus, pois é falsa a proposição *a natureza humana é o Filho de Deus*. A não ser que se queira explicar a frase foi predestinado a ser Filho de Deus com poder de forma forçada, neste sentido: foi predestinado que a natureza humana se unisse ao Filho de Deus na pessoa.

Resta, pois, que a predestinação seja atribuída à pessoa de Cristo, não considerada em si mesma, nem enquanto subsiste na natureza divina, mas enquanto subsiste na natureza humana. Por isso, o

---

3. Q. 23, a. 2.
4. Ordin.: ML 114, 470 C; LOMBARDI: ML 191, 1309 AB.

c. Segundo a definição fornecida pelo autor, a predestinação é um aspecto da Providência: o desígnio divino segundo o qual a graça é dada no tempo desejado a cada criatura racional tendo em vista o fim a atingir, a felicidade (ver I, q. 23, a. 2, Resp. e sol. 4). Dessa forma, os homens são predestinados a receber a graça habitual e as graças efetivas no momento oportuno e, de modo paralelo mas especial, Cristo era predestinado a receber a graça da união. A graça santificante comum às pessoas estabelece-as numa união intencional (isto é, segundo o conhecimento e o amor) com Deus, enquanto a graça da união estabelece a humanidade de Cristo numa união pessoal ao Verbo.

cum praedixisset [v. 3] Apostolus, *Qui factus est ei ex semine David secundum carnem*, subiunxit, *Qui praedestinatus est Filius Dei in virtute*: ut daret intelligere quod, secundum hoc quod est factus ex semine David secundum carnem, est praedestinatus Filius Dei in virtute. Quamvis enim sit naturale illi personae secundum se consideratae quod sit Filius Dei in virtute, non tamen est ei naturale secundum naturam humanam, secundum quam hoc sibi competit per gratiam unionis.

AD TERTIUM dicendum quod Origenes, *super Epistolam ad Rom*.[5], dicit hanc esse litteram Apostoli: *Qui destinatus est Filius Dei in virtute*: ita quod non designetur aliqua antecessio. Et sic nihil habet difficultatis.

Alii[6] vero antecessionem quae designatur in hoc participatio *praedestinatus*, referunt, non ad id quod est esse Filius Dei, sed ad eius manifestationem, secundum illum consuetum modum loquendi in Scripturis quo res dicuntur fieri quando innotescunt: ut sit sensus quod Christus praedestinatus est manifestari Filius Dei. — Sed sic non proprie praedestinatio accipitur. Nam aliquis dicitur proprie praedestinari secundum quod dirigitur in finem beatitudinis. Beatitudo autem Christi non dependet ex nostra cognitione.

Et ideo melius dicendum est quod illa antecessio quam importat hoc participium *praedestinatus*, non refertur ad personam secundum seipsam, sed ratione humanae naturae: quia scilicet persona illa etsi ab aeterno fuerit Filius Dei, hoc tamen non fuit semper, quod subsistens in natura humana fuerit Filius Dei. Unde dicit Augustinus, in libro *de Praedest. Sanct*.[7]: *Praedestinatus est Iesus ut qui futurus erat secundum carnem Filius David, esset tamen in virtute Filius Dei*.

Et est considerandum quod, licet hoc participium *praedestinatus* importet antecessionem, sicut et hoc participium *factus*, aliter tamen et aliter. Nam fieri pertinet ad ipsam rem secundum quod in se est: praedestinari autem pertinet ad aliquem secundum quod est in apprehensione alicuius praeordinantis. Id autem quod subest alicui formae vel naturae secundum rem, potest apprehendi vel prout est sub forma illa, vel etiam absolute. Et quia absolute non convenit personae Christi quod incoeperit esse Filius Dei, convenit autem ei

Apóstolo, depois de ter dito "feito da raça de Davi segundo a carne", acrescentou "que foi predestinado a ser Filho de Deus com poder", para dar a entender que na medida em que Cristo foi feito da raça de Davi segundo a carne, foi predestinado a ser Filho de Deus com poder. Pois, embora seja natural a esta pessoa, considerada em si mesma, ser Filho de Deus com poder, considerada em sua natureza humana isto não lhe é natural, pois só lhe corresponde pela graça da união.

QUANTO AO 3º, deve-se dizer que Origenes diz que o texto do Apóstolo é este: "O que foi destinado a ser Filho de Deus com poder". Dessa forma não se alude a nenhuma anterioridade; e assim a dificuldade desaparece.

Mas outros não referem a anterioridade a que alude o particípio *predestinado* para o fato de ser Filho de Deus, mas para a sua manifestação, pois é um modo habitual de falar na Escritura dizer que as coisas são feitas quando nos são conhecidas. O sentido então seria: Cristo foi predestinado a manifestar-se como Filho de Deus. — Mas não é esta a verdadeira acepção de predestinação. Pois se diz com toda propriedade que alguém é predestinado quando é conduzido ao fim que é a bem-aventurança; ora, a bem-aventurança de Cristo não depende do nosso conhecimento.

Por isso seria melhor dizer que a anterioridade implicada no particípio *predestinado* não se refere à pessoa considerada em si mesma, mas à pessoa em razão de sua natureza humana. Pois, embora esta pessoa fosse Filho de Deus desde toda a eternidade, não é verdade que tenha sido Filho de Deus subsistindo desde sempre numa natureza humana. Por isso afirma Agostinho: "Jesus, que haveria de ser filho de Davi segundo a carne, foi predestinado a ser Filho de Deus com poder".

Deve-se considerar ainda que, se o particípio *predestinado* implica uma anterioridade, também a implica o particípio *feito*, só que de maneiras diferentes. Pois ser feito pertence à coisa mesma enquanto existe em si; ser predestinado pertence a alguém enquanto existe na mente daquele que predestina. Mas, o que depende de uma forma ou de uma natureza na realidade, pode ser apreendido ou como é sob essa forma ou de maneira absoluta. Ora, não convém à pessoa do Cristo, tomada em absoluto, que tenha começado a existir como Filho

---

5. L. I, super 1, 4, n. 5: MG 14, 849 A.
6. Glossa Ordin.: ML 114, 470 C; LOMBARDI: ML 191, 1310 C.
7. C. 15, n. 31: ML 44, 982.

secundum quod intelligitur vel apprehenditur ut in natura humana existens, quia scilicet hoc aliquando incoepit esse quod in natura humana existens esset Filius Dei: ideo magis est haec vera, *Christus est praedestinatus Filius Dei*, quam ista, *Christus est factus Filius Dei*.

de Deus; mas isso lhe convém na medida em que é entendida ou apreendida como existindo numa natureza humana. Porque é verdade que, a partir de um determinado momento, o Filho de Deus começou a existir como Filho de Deus numa natureza humana. Por isso, a proposição "Cristo foi predestinado a ser Filho de Deus" é mais exata do que a outra: "Cristo foi feito Filho de Deus".

Articulus 2
Utrum haec sit falsa: *Christus, secundum quod homo, est praedestinatus esse Filius Dei*

Ad secundum sic proceditur. Videtur quod haec sit falsa: *Christus, secundum quod homo, est praedestinatus esse Filius Dei*.
1. Hoc enim est unusquisque secundum aliquod tempus quod est praedestinatus esse: eo quod praedestinatio Dei non fallitur. Si ergo Christus, secundum quod homo, est praedestinatus Filius Dei, videtur sequi quod sit Filius Dei secundum quod homo. Hoc autem est falsum. Ergo et primum.

2. Praeterea, illud quod convenit Christo secundum quod homo, convenit cuilibet homini: eo quod ipse est unius speciei cum aliis hominibus. Si ergo Christus, secundum quod homo, est praedestinatus esse Filius Dei sequetur quod cuilibet homini hoc conveniat. Hoc autem est falsum. Ergo et primum.

3. Praeterea, hoc ab aeterno praedestinatur quod est aliquando fiendum in tempore. Sed magis est haec vera, *Filius Dei factus est homo*, quam ista, *Homo factus est Filius Dei*. Ergo magis est haec vera, *Christus, secundum quod Filius Dei, est praedestinatus esse homo*, quam e converso, *Christus, secundum quod homo, praedestinatus est esse Filius Dei*.

Sed contra est quod dicit Augustinus, in libro *de Praedest. Sanct.*[1]: *Ipsum Dominum gloriae, inquantum homo factus est Dei Filius, praedestinatum esse dicimus*.
Respondeo dicendum quod in praedestinatione duo possunt considerari. Unum quidem ex parte ipsius praedestinationis aeternae: et secundum hoc importat antecessionem quandam respectu eius quod sub praedestinatione cadit. Alio modo

Artigo 2
Cristo, enquanto homem, foi predestinado a ser Filho de Deus. É falsa essa proposição?

Quanto ao segundo, assim se procede: parece que é falsa a proposição: Cristo, enquanto homem, foi predestinado a ser Filho de Deus.
1. Com efeito, cada um é, num determinado tempo, aquilo que foi predestinado a ser, porque a predestinação de Deus não falha. Portanto, se Cristo, enquanto homem, foi predestinado a ser Filho de Deus, parece seguir-se daí que é Filho de Deus enquanto homem. Mas isso é falso. Logo, também é falsa a afirmação precedente.

2. Além disso, aquilo que convém a Cristo, enquanto homem, convém também a qualquer homem, pelo fato de ser da mesma espécie que os outros homens. Portanto, se Cristo, enquanto homem, foi predestinado a ser Filho de Deus, seguir-se-ia que isso convém a qualquer homem. Mas isso é falso. Logo também é falsa a afirmação precedente.

3. Ademais, é objeto da predestinação eterna aquilo que deverá realizar-se alguma vez no tempo. Ora, é mais correto dizer: "O Filho de Deus se fez homem" do que dizer: "O homem foi feito Filho de Deus". Portanto, também é mais correto dizer: "Cristo, enquanto Filho de Deus, foi predestinado a ser homem", do que o contrário: "Cristo, enquanto homem, foi predestinado a ser Filho de Deus".

Em sentido contrário, está o que afirma Agostinho: "Dizemos que o próprio Senhor da glória foi predestinado, na medida em que o Filho de Deus se fez homem".
Respondo. Na predestinação podem ser considerados dois aspectos. Em primeiro lugar, se consideramos a predestinação em si mesma; nesse sentido ela implica uma certa anterioridade com relação ao que é o objeto da predestinação. Em

---

2 Parall.: III *Sent.*, dist. 7, q. 3, a. 1; dist. 10, q. 1, a. 1, q.la 3; *Cont. Gent.* IV, 9; *ad Rom.*, c. 1, lect. 3.
  1. C. 15, n. 31: ML 44, 982.

potest considerari secundum effectum temporalem: qui quidem est aliquod gratuitum Dei donum. Dicendum est ergo quod secundum utrumque istorum attribuitur praedestinatio Christo ratione solius humanae naturae: nam humana natura non semper fuit Verbo unita; et ei etiam per gratiam hoc est collatum, ut Filio Dei in persona uniretur. Et ideo solum ratione naturae humanae praedestinatio competit Christo. Unde Augustinus dicit, in libro *de Praedest. Sanct.*[2]: *Praedestinata est ista humanae naturae tanta et tam celsa et summa subvectio, ut quo attolleretur altius non haberet*. Hoc autem dicimus convenire alicui secundum quod homo, quod convenit ei ratione humanae naturae. Et ideo dicendum est quod Christus, secundum quod homo, est praedestinatus esse Filius Dei.

Ad primum ergo dicendum quod, dum dicitur, *Christus, secundum quod homo, est praedestinatus esse Filius Dei*, haec determinatio *secundum quod homo* potest referri ad actum significatum per participium dupliciter. Uno modo, ex parte eius quod materialiter cadit sub praedestinatione. Et hoc modo est falsa. Est enim sensus quod praedestinatum sit ut Christus, secundum quod homo, sit Filius Dei. Et in hoc sensu procedit obiectio.

Alio modo, potest referri ad ipsam propriam rationem actus: prout scilicet praedestinatio importat in sui ratione antecessionem et effectum gratuitum. Et hoc modo convenit Christo praedestinatio ratione humanae naturae, ut dictum est[3]. Et secundum hoc dicitur praedestinatus secundum quod homo.

Ad secundum dicendum quod aliquid potest convenire alicui homini ratione humanae naturae dupliciter. Uno modo, sic quod humana natura sit causa illius: sicut esse risibile convenit Socrati ratione humanae naturae, ex cuius principiis causatur. Et hoc modo praedestinatio non convenit nec Christo nec alteri homini ratione humanae naturae. Et in hoc sensu procedit obiectio.

segundo lugar, segundo o efeito temporal da predestinação, que é, certamente, um dom gratuito de Deus. Ora, sob os dois aspectos, a predestinação é atribuída a Cristo unicamente segundo sua natureza humana, porque esta não esteve sempre unida ao Verbo; e, além disso, é por graça que lhe foi dado estar unida ao Filho de Deus na sua pessoa. Por isso, a predestinação só convém a Cristo em razão de sua natureza humana. Eis por que afirma Agostinho: "Esta elevação da natureza humana foi predestinada a tão grandiosa, excelsa e sublime dignidade que não havia como elevá-la ainda mais alto". Ora, o que convém a alguém por ser homem, convém-lhe em razão de sua natureza humana. Por isso, deve-se dizer que Cristo foi predestinado a ser Filho de Deus enquanto homem[d].

Quanto ao 1º, portanto, deve-se dizer que quando dizemos que "Cristo foi predestinado a ser Filho de Deus enquanto homem", a determinação *enquanto homem* pode referir-se de duas maneiras ao ato significado pelo particípio. A primeira, da parte do que constitui o objeto material da predestinação. E nesse sentido a proposição é falsa. Pois significaria que Cristo, enquanto homem, foi predestinado a ser Filho de Deus. Nesse sentido, a objeção seria procedente.

A segunda, referindo "enquanto homem" à razão própria do ato, na medida em que a predestinação implica uma anterioridade e um efeito gratuito. E nesse sentido, a predestinação convém a Cristo em razão de sua natureza humana, como foi dito. Desta segunda maneira diz-se que ele foi predestinado enquanto homem.

Quanto ao 2º, deve-se dizer que uma coisa pode convir a um homem, por razão de sua natureza humana, de duas maneiras. A primeira, porque a natureza humana é a causa de tal coisa. Por exemplo, o riso convém a Sócrates em razão de sua natureza humana, que tem nela sua causa. Neste sentido, em razão da natureza humana, a predestinação não convém nem a Cristo nem a qualquer outro homem. A objeção seria procedente neste sentido.

---

2. Ibid.: ML 44, 983.
3. In corp.

d. Filiação divina e predestinação pertencem ambas à pessoa, mas só a segunda lhe pertence segundo sua natureza humana. É por isso que, se compararmos a afirmação "Cristo, enquanto homem, é o Filho de Deus" a "Cristo, enquanto homem, é predestinado a ser o Filho de Deus", é preciso dizer que a primeira é falsa e a segunda verdadeira. De fato, por sua natureza humana, Cristo não é Filho de Deus, mas filho de homem, e homem. Mas, pela graça da união, essa natureza humana se torna a do Filho de Deus; ora, é essa graça que é o efeito da predestinação, de modo que podemos dizer: enquanto homem, Cristo foi predestinado a ser Filho de Deus. A natureza humana não é em absoluto a causa eficiente dessa filiação divina, é somente a condição ou disposição necessária à recepção da graça da união, que é ela própria o efeito da predestinação de Cristo, em sua natureza humana, a ser Filho de Deus.

Alio modo dicitur aliquid convenire alicui ratione humanae naturae, cuius humana natura est susceptiva. Et sic dicimus Christum esse praedestinatum ratione humanae naturae: quia praedestinatio refertur ad exaltationem humanae naturae in ipso, sicut dictum est[4].

AD TERTIUM dicendum quod, sicut Augustinus dicit, in libro *de Praedest. Sanct.*[5], *ipsa est illa ineffabiliter facta hominis a Deo Verbo susceptio singularis, ut Filius Hominis simul propter susceptum hominem, et Filius Dei propter suscipientem unigenitum Deum, veraciter et proprie diceretur.* Et ideo, quia illa susceptio sub praedestinatione cadit tanquam gratuita, utrumque potest dici: quod et Filius Dei praedestinatus sit esse homo, et Filius Hominis praedestinatus sit esse Filius Dei. Quia tamen gratia non est facta Filio Dei ut esset homo, sed potius humanae naturae ut Filio Dei uniretur, magis proprie potest dici quod *Christus, secundum quod homo, est praedestinatus esse Filius Dei,* quam quod *Christus, secundum quod Filius Dei, sit praedestinatus esse homo.*

Em segundo lugar, diz-se convir a alguém em razão de sua natureza humana, aquilo que a natureza humana é capaz de assumir. É neste sentido que dizemos que Cristo foi predestinado em razão de sua natureza humana; porque a predestinação se refere à exaltação da natureza humana nele, como foi dito.

QUANTO AO 3º, deve-se dizer que como escreve Agostinho: "É tal e tão inefável a singularidade da assunção do homem pelo Verbo de Deus, que o Verbo pode ser chamado verdadeira e propriamente Filho do Homem, por causa do homem assumido, e, ao mesmo tempo, Filho de Deus, porque quem assume é o Deus unigênito. Por isso, dado que esta assunção, por ser gratuita, é o objeto da predestinação, pode-se dizer igualmente que o Filho de Deus foi predestinado a ser homem ou que o Filho do Homem foi predestinado a ser Filho de Deus. Contudo, a graça não foi feita ao Filho de Deus para ser homem, mas à natureza humana para unir-se ao Filho de Deus; por isso, é mais exato afirmar que "Cristo, enquanto homem, foi predestinado a ser Filho de Deus", do que dizer: "Cristo, enquanto Filho de Deus, foi predestinado a ser homem".

ARTICULUS 3
Utrum Christi praedestinatio sit exemplar nostrae praedestinationis

AD TERTIUM SIC PROCEDITUR. Videtur quod Christi praedestinatio non sit exemplar nostrae praedestinationis.
1. Exemplar enim praeexistit exemplato. Nihil autem praeexistit aeterno. Cum ergo praedestinatio

ARTIGO 3
A predestinação de Cristo é modelo da nossa predestinação?[e]

QUANTO AO TERCEIRO, ASSIM SE PROCEDE: parece que a predestinação de Cristo **não** é modelo da nossa predestinação.
1. Com efeito, o modelo preexiste à sua imagem. Mas nada pode existir antes do eterno. Ora,

---

4. Ibid.
5. Loc. cit.: ML 44, 982-983.

3 PARALL.: III *Sent.*, dist. 10, q. 3, q.la 2; *ad Rom.*, c. 1, lect. 3.

e. Os dois últimos artigos desta questão tratam sucessivamente de dois aspectos da única e exclusiva causalidade da predestinação de Cristo em relação à nossa. Se a causalidade exemplar é considerada em separado no artigo 3, é devido ao texto de Agostinho citado *em sentido contrário*.
Do ponto de vista de seu ato, a predestinação de Cristo não é tal que possa se distinguir da nossa; não poderia ser nem a causa nem o modelo. Em Deus, os atos não se diversificam; são somente os efeitos da intervenção divina que são múltiplos e diversos, e é só em seu nível que podemos falar de uma certa causalidade.
Do ponto de vista de seu efeito, portanto, a predestinação de Cristo é a causa do efeito da nossa, causa ao mesmo tempo eficiente e exemplar. Eficiente, em primeiro lugar, pois o efeito da predestinação é a graça e a felicidade, que é seu fim; ora, como sabemos, a graça da união é o termo da predestinação de Cristo (ver acima a. 1), e nossa própria graça depende da graça capital de Cristo, que por sua vez encontra fundamento em sua graça de união (ver acima q. 7, a. 13 e q. 8, a. 1); existe portanto relação de causa e efeito passando da graça de Cristo à nossa.
Quanto à causalidade exemplar, esta se deve a que cada causa imprime em seu efeito uma semelhança a si. Seguindo esse princípio, diríamos que o efeito da predestinação de Cristo não produz apenas o efeito de nossa predestinação, determina-o também, dando-lhe uma certa conformidade a Cristo. Esta consiste na sujeição à união com Deus na felicidade, segundo o modelo que nos oferece Cristo, em sua pessoa, da perfeita união com Deus. A influência da causalidade exemplar em ação aqui consiste portanto na determinação da ordem e do modo de nossa predestinação, como observa Sto. Tomás no final da Resposta do artigo 4.

nostra sit aeterna, videtur quod praedestinatio Christi non sit exemplar nostrae praedestinationis.

2. Praeterea, exemplar ducit in cognitionem exemplati. Sed non oportuit quod Deus duceretur in cognitionem nostrae praedestinationis ex aliquo alio: cum dicatur Rm 8,29: *Quos praescivit*, hos *et praedestinavit*. Ergo praedestinatio Christi non est exemplar nostrae praedestinationis.

3. Praeterea, exemplar est conforme exemplato. Sed alterius rationis videtur esse praedestinatio Christi quam praedestinatio nostra: quia nos praedestinamur in filios adoptivos, Christus autem est praedestinatus *Filius Dei in virtute*, ut dicitur Rm 1,4. Ergo eius praedestinatio non est exemplar nostrae praedestinationis.

Sed contra est quod dicit Augustinus, in libro *de Praedest. Sanct.*[1]: *Est praeclarissimum lumen praedestinationis et gratiae ipse Salvator, ipse mediator Dei et hominum, homo Christus Iesus.* Dicitur autem lumen praedestinationis et gratiae inquantum per eius praedestinationem et gratiam manifestatur nostra praedestinatio: quod videtur ad rationem exemplaris pertinere. Ergo praedestinatio Christi est exemplar nostrae praedestinationis.

Respondeo dicendum quod praedestinatio dupliciter potest considerari. Uno modo, secundum ipsum actum praedestinantis. Et sic praedestinatio Christi non potest dici exemplar nostrae praedestinationis: uno enim modo, et eodem actu aeterno, praedestinavit Deus nos et Christum.

Alio modo potest praedestinatio considerari secundum id ad quod aliquis praedestinatur, quod est praedestinationis terminus et effectus. Et secundum hoc praedestinatio Christi est exemplar nostrae praedestinationis. Et hoc dupliciter. Primo quidem, quantum ad bonum ad quod praedestinamur. Ipse enim praedestinatus est ad hoc quod esset Dei Filius naturalis: nos autem praedestinamur ad filiationem adoptionis, quae est quaedam participata similitudo filiationis naturalis. Unde dicitur Rm 8,29: *Quos praescivit*, hos *et praedestinavit conformes fieri imaginis Filii eius*.

Alio modo, quantum ad modum consequendi istud bonum: quod est per gratiam. Quod quidem in Christo est manifestissimum: quia natura humana in ipso, nullis suis praecedentibus meritis,

dado que a nossa predestinação é eterna, parece que a predestinação de Cristo não pode ser modelo da nossa.

2. Além disso, o modelo leva ao conhecimento de sua imagem. Ora, Deus não podia ser levado ao conhecimento da nossa predestinação a partir de outro modelo, pois como diz a carta aos Romanos: "Aos que conheceu de antemão, os predestinou". Logo, a predestinação de Cristo não é modelo da nossa predestinação.

3. Ademais, o modelo é conforme com a imagem. Ora, a predestinação de Cristo não parece ser da mesma razão que a nossa; porque nós somos predestinados a ser filhos adotivos, enquanto Cristo é predestinado a ser Filho de Deus com poder, como diz a Carta aos Romanos. Logo, a sua predestinação não é modelo da nossa predestinação.

Em sentido contrário, Agostinho escreve: "o homem Cristo Jesus, Salvador e mediador entre Deus e os homens, é a luz esplendorosa da predestinação e da graça". É chamado luz da predestinação e da graça porque por sua predestinação e graça é dada a conhecer a nossa predestinação, o que parece pertencer à razão de modelo. Portanto, a predestinação de Cristo é modelo da nossa predestinação.

Respondo. A predestinação pode ser considerada de duas maneiras. Primeiramente, enquanto designa o ato mesmo daquele que predestina. Neste sentido, a predestinação de Cristo não pode ser considerada como modelo da nossa; pois é um só e o mesmo ato eterno pelo qual Deus nos predestinou a Cristo e a nós.

Em segundo lugar, de acordo com aquilo para o qual somos predestinados, ou seja, o término e o efeito da predestinação. E neste sentido a predestinação de Cristo é modelo da nossa. Em dois sentidos: 1. no que se refere ao bem para o qual somos predestinados. Ele, com efeito, foi predestinado a ser Filho de Deus por natureza; nós, porém, a ser filhos por adoção, que é uma semelhança por participação da filiação natural. Por isso se diz na Carta aos Romanos: "Aos que conheceu de antemão, predestinou-os a tornar-se semelhantes à imagem do seu Filho".

2. No que se refere ao modo de alcançar este bem, ou seja, pela graça. Isto é claríssimo com relação a Cristo, pois nele a natureza humana foi unida ao Filho de Deus sem ter para isso mérito

---

1. C. 15, n. 30: ML 44, 981.

unita est Filio Dei. *Et de plenitudine gratiae eius nos omnes accepimus*, ut dicitur Io 1,16.

AD PRIMUM ergo dicendum, quod illa ratio procedit ex parte ipsius actus praedestinantis.

Et similiter dicendum AD SECUNDUM.

AD TERTIUM dicendum quod non est necessarium quod exemplatum exemplari quantum ad omnia conformetur: sed sufficit quod aliqualiter exemplatum imitetur suum exemplar.

ARTICULUS 4
Utrum praedestinatio Christi sit causa nostrae praedestinationis

AD QUARTIM SIC PROCEDITUR. Videtur quod praedestinatio Christi non sit causa nostrae praedestinationis.

1. Aeternum enim non habet causam. Sed praedestinatio nostra est aeterna. Ergo praedestinatio Christi non est causa nostrae praedestinationis.

2. PRAETEREA, illud quod dependet ex simplici Dei voluntate, non habet aliam causam nisi Dei voluntatem. Sed praedestinatio nostra ex simplici voluntate Dei dependet: dicitur enim Eph 1,11: *Praedestinati secundum propositum eius, qui omnia operatur secundum consilium voluntatis suae*. Ergo praedestinatio Christi non est causa nostrae praedestinationis.

3. PRAETEREA, remota causa, removetur effectus. Sed, remota praedestinatione Christi, non removetur nostra praedestinatio: quia, etiam si Filius Dei non incarnaretur, erat alius modus possibilis nostrae salutis, ut Augustinus dicit, in libro *de Trin*.[1] Praedestinatio ergo Christi non est causa nostrae praedestinationis.

SED CONTRA est quod dicitur Eph 1,5: *Praedestinavit nos in adoptionem filiorum per Iesum Christum*.

RESPONDEO dicendum quod, si consideretur praedestinatio secundum ipsum praedestinationis actum, praedestinatio Christi non est causa praedestinationis nostrae: cum uno et eodem actu Deus praedestinaverit Christum et nos. — Si autem consideretur praedestinatio secundum terminum praedestinationis, sic praedestinatio Christi est causa nostrae praedestinationis: sic enim Deus

algum anterior. Quanto a nós "todos recebemos da plenitude da sua graça" diz o Evangelho de João.

QUANTO AO 1º, portanto, deve-se dizer que a objeção é válida se considerarmos o ato daquele que predestina.

QUANTO AO 2º, a resposta é a mesma que a anterior.

QUANTO AO 3º, deve-se dizer que não é necessário que a imagem seja em tudo conforme ao modelo; é suficiente que o imite de alguma maneira.

ARTIGO 4
A predestinação de Cristo é causa da nossa predestinação?

QUANTO AO QUARTO, ASSIM SE PROCEDE: parece que a predestinação de Cristo **não** é causa da nossa predestinação.

1. Com efeito, o que é eterno não tem causa. Ora, a nossa predestinação é eterna. Logo, a predestinação de Cristo não é causa da nossa predestinação.

2. ALÉM DISSO, aquilo que depende da simples vontade de Deus só pode ter como causa a vontade de Deus. Ora, a nossa predestinação depende da simples vontade de Deus, como diz a Carta aos Efésios: "Predestinados conforme o desígnio daquele que realiza tudo segundo sua vontade". Logo, a predestinação de Cristo não é causa da nossa predestinação.

3. ADEMAIS, supressa a causa, desaparece o efeito. Ora, supressa a predestinação de Cristo, não desaparece a nossa predestinação; pois, como diz Agostinho, mesmo que o Filho de Deus não se tivesse encarnado, poderíamos ter sido salvos de outra maneira. Logo, a predestinação de Cristo não é causa da nossa predestinação.

EM SENTIDO CONTRÁRIO, diz a Carta aos Efésios: "Predestinou-nos a ser filhos adotivos por Jesus Cristo".

RESPONDO. Considerando o ato mesmo da predestinação, a predestinação de Cristo não é a causa da nossa, pois é por um único e mesmo ato que Deus nos predestinou, a Cristo e a nós. — Mas se considerarmos o término da predestinação, então, sim, a predestinação de Cristo é causa da nossa predestinação, pois Deus, no seu eterno desígnio, determinou que a nossa salvação se realizasse por

---

4 PARALL.: III *Sent*., dist. 10, q. 3, q.la 3.

1. L. XIII, c. 10, n. 13: ML 42, 1024.

praeordinavit nostram salutem, ab aeterno praedestinando, ut per Iesum Christum compleretur. Sub praedestinatione enim aeterna non solum cadit id quod est fiendum in tempore, sed etiam modus et ordo secundum quod est complendum ex tempore.

AD PRIMUM ergo et SECUNDUM dicendum quod rationes illae procedunt de praedestinatione secundum praedestinationis actum.

AD TERTIUM dicendum quod, si Christus non fuisset incarnandus, Deus praeordinasset homines salvari per aliam causam. Sed quia praeordinavit incarnationem Christi, simul cum hoc praeordinavit ut esset causa nostrae salutis.

Jesus Cristo. Com efeito, dentro da predestinação eterna entra não só o que há de realizar-se no tempo, mas também o modo e a ordem segundo os quais há de realizar-se.

QUANTO AO 1º e 2º, deve-se dizer que os argumentos procedem tendo em vista o ato da predestinação.

QUANTO AO 3º, deve-se dizer que se Cristo tivesse sido encarnado, Deus teria disposto de antemão salvar os homens por outros meios. Mas uma vez que determinou de antemão a encarnação de Cristo, determinou ao mesmo tempo que ela fosse causa da nossa salvação.

QUAESTIO XXV
DE ADORATIONE CHRISTI
in sex articulos divisa

Deinde considerandum est de his quae pertinent ad Christum in comparatione ad nos. Et primo, de adoratione Christi, qua scilicet nos eum adoramus; secundo, de hoc quod est mediator noster ad Deum.

Circa primum quaeruntur sex.

Primo: utrum una et eadem adoratione sit adoranda divinitas Christi et eius humanitas.
Secundo: utrum caro eius sit adoranda adoratione latriae.
Tertio: utrum adoratio latriae sit exhibenda imagini Christi.
Quarto: utrum sit exhibenda cruci Christi.
Quinto: utrum sit exhibenda matri eius.
Sexto: de adoratione reliquiarum sanctorum.

QUESTÃO 25
A ADORAÇAO DE CRISTO[a]
em seis artigos

Deve-se considerar agora o que diz respeito a Cristo em relação conosco. Em primeiro lugar, a adoração de Cristo, ou seja o ato pelo qual o adoramos; e, em segundo lugar, consideraremos o seu título de mediador nosso diante de Deus.

A respeito do primeiro, são seis as perguntas:
1. Deve-se adorar, com uma só e mesma adoração, a divindade de Cristo e sua humanidade?
2. Deve-se adorar sua carne com adoração de latria?
3. Deve-se manifestar uma adoração de latria à imagem de Cristo?
4. E à sua cruz?
5. E à sua mãe?
6. E a adoração das relíquias dos santos?

ARTICULUS 1
Utrum eadem adoratione adoranda sit humanitas Christi et eius divinitas

AD PRIMUM SIC PROCEDITUR. Videtur quod non eadem adoratione adoranda sit humanitas Christi et eius divinitas.

ARTIGO 1
Deve-se adorar, com a mesma adoração, a humanidade de Cristo e sua divindade?

QUANTO AO PRIMEIRO ARTIGO, ASSIM SE PROCEDE: parece que **não** se deve adorar, com a mesma adoração, a humanidade de Cristo e sua divindade.

---

1 PARALL.: Infra, q. 58, a. 3; III *Sent.*, dist. 9, q. 1, a. 2, q.la 1; a. 3, q.la 2, ad 3; *De Verit.*, q. 29, a. 4, ad 4.

a. Após ter examinado as consequências da união hipostática, seja para Cristo, seja nas relações deste com Deus (ver acima Prol. q. 16), Tomás aborda o que resulta para nós e, em primeiro lugar, a adoração devida a Cristo em virtude de sua pessoa divina. O encadeamento da questão é dos mais simples: uma só adoração, por ser uma só pessoa (a. 1), mas diferentes motivos, na medida em que consideramos a humanidade ou a divindade (a. 2). As imagens ou a cruz de Cristo não são veneradas por si mesmas, só devido à sua relação com a pessoa de Cristo (a. 3 e 4). E, uma vez que, no domínio do culto, aparecem também Maria e os outros santos, Tomás especifica o tipo de veneração que lhes cabe (a. 5 e 6).

1. Divinitas enim Christi est adoranda, quae est communis Patri et Filio: unde dicitur Io 5,23: *Omnes honorificent Filium sicut honorificant Patrem*. Sed humanitas Christi non est communis ei et Patri. Ergo non eadem adoratione adoranda est humanitas Christi et eius divinitas.

2. Praeterea, honor est proprie *praemium virtutis*: ut Philosophus dicit, in IV *Ethic*.[1]. Meretur autem virtus praemium suum per actum. Cum igitur in Christo sit alia operatio divinae et humanae naturae, ut supra[2] habitum est, videtur quod alio honore sit adoranda humanitas Christi, et alio eius divinitas.

3. Praeterea, anima Christi, si non esset Verbo unita, esset veneranda propter excellentiam sapientiae et gratiae quam habet. Sed nihil dignitatis est ei subtractum per hoc quod est unita Verbo. Ergo natura humana est quadam propria veneratione adoranda, praeter venerationem quae exhibetur divinitati ipsius.

Sed contra est quod in capitulis Quintae Synodi[3] sic legitur: *Si quis in duabus naturis adorari dicit Christum, ex quo duae adorationes introducuntur, sed non una adoratione Deum Verbum incarnatum cum propria ipsius carne adorat, sicut ab initio Dei Ecclesiae traditum est: talis anathema sit*.

Respondeo dicendum quod in eo qui honoratur, duo possumus considerare: scilicet eum cui honor exhibetur, et causam honoris. Proprie autem honor exhibetur toti rei subsistenti: non enim dicimus quod manus hominis honoretur, sed quod homo honoretur. Et si quandoque contingat quod dicatur honorari manus vel pes alicuius, hoc non dicitur ea ratione quod huiusmodi partes secundum se honorentur: sed quia in istis partibus honoratur totum. Per quem etiam modum aliquis homo potest honorari in aliquo exteriori: puta in veste, aut in imagine, aut in nuntio.

Causa autem honoris est id ex quo ille qui honoratur habet aliquam excellentiam: nam honor est reverentia alicui exhibita propter sui excellentiam, ut in Secunda Parte[4] dictum est. Et ideo, si in uno homine sunt plures causae honoris, puta praelatio, scientia et virtus, erit quidem illius hominis unus honor ex parte eius qui honoratur, plures tamen

1. Com efeito, deve-se adorar a divindade de Cristo, comum ao Pai e ao Filho; por isso se diz no Evangelho de João: "Que todos honrem o Filho como honram o Pai". Ora, a humanidade de Cristo não lhe é comum com o Pai. Logo, não devem ser adoradas com a mesma adoração a humanidade e a divindade de Cristo.

2. Além disso, a honra é propriamente a *recompensa da virtude*, diz o Filósofo no livro IV da *Ética*. Ora, a virtude merece o seu prêmio por seus atos. Logo, como em Cristo são distintas a operação da natureza divina e a da natureza humana, como já foi provado, a humanidade de Cristo e a sua divindade devem ser adoradas com honras distintas.

3. Ademais, a alma de Cristo, se não estivesse unida ao Verbo, deveria ser venerada por causa da excelência da sabedoria e da graça que possui. Ora, a união com o Verbo não lhe tira nada de sua dignidade. Logo, a natureza humana deve ser venerada com uma adoração própria, diferente da que é devida à divindade.

Em sentido contrário, lemos nas atas do quinto Concílio ecumênico: "Se alguém disser que Cristo deve ser adorado nas duas naturezas, introduzindo assim duas adorações, e se não adorar com uma única adoração Deus Verbo encarnado, com sua própria carne, como ensinou a tradição da Igreja de Deus desde o início, seja anátema".

Respondo. Na honra tributada a alguém podemos considerar duas coisas: a pessoa à qual é dirigida a honra e a causa da mesma. A rigor, a honra é tributada à coisa subsistente como um todo; pois não afirmamos honrar a mão do homem, mas o homem mesmo. E quando alguma vez acontece dizer que honramos a mão ou o pé de alguém, isso não significa venerar tais membros por si mesmos, mas neles honramos a totalidade da pessoa. Desta forma pode-se honrar um homem por algo que lhe é exterior, como, por exemplo, a roupa, a imagem ou um mensageiro seu.

Mas a causa da honra é aquilo pelo qual aquele a quem se honra tem alguma excelência, pois a honra é a reverência manifestada a alguém por causa de sua excelência, como foi provado na II Parte. Por isso, se num homem coexistem várias causas de ser honrado, por exemplo, a preeminência, a ciência e a virtude, a honra tributada a esse

---

1. C. 7: 1123, b, 35.
2. Q. 19, a. 1.
3. Conc. Constant. II, coll. VIII, can. 9: Denz. 221.
4. II-II, q. 103, a. 1.

secundum causas honoris: homo enim est qui honoratur et propter scientiam, et propter virtutem.

Cum igitur in Christo una sit tantum persona divinae et humanae naturae, et etiam una hypostasis et unum suppositum, est quidem una eius adoratio et unus honor ex parte eius qui adoratur: sed ex parte causae qua honoratur, possunt dici esse plures adorationes, ut scilicet alio honore honoretur propter sapientiam increatam, et propter sapientiam creatam.

Si autem ponerentur in Christo plures personae seu hypostases, sequeretur quod simpliciter essent plures adorationes. Et hoc est quod in Synodis reprobatur. Dicitur enim in capitulis Cyrilli[5]: *Si quis audet dicere assumptum hominem coadorari oportere Deo Verbo, quasi alterum alteri, et non magis una adoratione honorificat Emmanuelem, secundum quod factum est caro Verbum: anathema sit.*

AD PRIMUM ergo dicendum quod in Trinitate sunt tres qui honorantur, sed una est causa honoris. In mysterio autem incarnationis est e converso. Et ideo alio modo est unus honor Trinitatis, et alio modo est unus honor Christi.

AD SECUNDUM dicendum quod operatio non est quae honoratur, sed est ratio honoris. Et ideo per hoc quod in Christo sunt duae operationes, non ostenditur quod sint duae adorationes, sed quod sint duae adorationis causae.

AD TERTIUM dicendum quod anima Christi, si non esset unita Dei Verbo, esset id quod est principalissimum in homine illo. Et ideo sibi praecipue deberetur honor: quia homo est quod est potissimum in eo[6]. Sed quia anima Christi est unita personae digniori, illi personae praecipue debetur honor cui anima Christi unitur. Nec per hoc tamen diminuitur dignitas animae Christi, sed augetur: ut supra[7] dictum est.

homem, da parte de quem é honrado, é uma só, embora seja múltipla se considerarmos a causa, pois é o homem que é honrado por causa da ciência e da virtude.

Ora, dado que em Cristo há uma única pessoa em duas naturezas, divina e humana, uma única hipóstase e um só supósito, haverá também uma única adoração e honra da parte de quem é adorado; mas, da parte da causa da adoração, pode-se dizer que há várias adorações, a saber, uma causada pela sabedoria não criada e outra pela sabedoria criada.

Mas se se afirmassem várias pessoas ou hipóstases em Cristo, seguir-se-ia de modo absoluto a existência de várias adorações. É isso que é condenado pelos Concílios. Assim, por exemplo, nas atas de Cirilo se diz: "Se alguém ousar dizer que o homem assumido deve ser adorado ao mesmo tempo que o Verbo Deus, como diferentes um do outro, e se não honrar, com uma única adoração, o Emanuel, que é o Verbo feito carne, seja anátema".

QUANTO AO 1º, portanto, deve-se dizer que na Trindade são três as pessoas honradas, mas a causa da honra é uma só. No mistério da encarnação acontece o contrário. Por isso a honra da Trindade é uma só de uma maneira, e a honra de Cristo é uma só de maneira distinta.

QUANTO AO 2º, deve-se dizer que a operação não é aquilo que é honrado, mas a razão da honra. Por isso, o fato de haver em Cristo duas operações não significa que haja duas adorações, mas duas causas de adoração.

QUANTO AO 3º, deve-se dizer que se a alma de Cristo não estivesse unida ao Verbo de Deus, seria o que há de mais importante nesse homem. E a ela, portanto, seria devida principalmente a honra; porque o homem é o que há de melhor nele. Mas por estar a alma de Cristo unida a uma pessoa mais digna, é a ela que se deve principalmente a honra. E nem por isso é diminuída a dignidade da alma de Cristo; pelo contrário, é aumentada, como já foi dito.

---

5. Epist. 17 *ad Nestorium*, anath. 8: MG 77, 121 AB (= ML 48, 840 C). — Act. Concilii Ephes., p. I, c. 26, can. 8: DENZ. 120.
6. ARISTOT., *Eth.*, l. X, c. 7: 1177, b, 31-1178, a, 8.
7. Q. 2, a. 2, ad 2.

Articulus 2
Utrum humanitas Christi sit adoranda adoratione latriae

AD SECUNDUM SIC PROCEDITUR. Videtur quod humanitas Christi non sit adoranda adoratione latriae.

1. Quia super illud Ps 98,5, *Adorate scabellum pedum eius quoniam sanctum est*, dicit Glossa[1]: *Caro a Verbo Dei assumpta sine impietate adoratur a nobis: quia nemo spiritualiter carnem eius manducat nisi prius adoret; non illa dico adoratione quae latria est, quae soli Creatori debetur.* Caro autem est pars humanitatis. Ergo humanitas Christi non est adoranda adoratione latriae.

2. PRAETEREA, cultus latriae nulli creaturae debetur: ex hoc enim reprobantur gentiles quod *coluerunt et servierunt creaturae*, ut dicitur Rm 1,25. Sed humanitas Christi est creatura. Ergo non est adoranda adoratione latriae.

3. Praeterea, adoratio latriae debetur Deo in recognitionem maximi dominii: secundum illud Dt 6,13[2]: *Dominum Deum tuum adorabis, et illi soli servies*. Sed Christus, secundum quod homo, est minor Patre. Ergo humanitas eius non est adoratione latriae adoranda.

SED CONTRA est quod Damascenus dicit, in IV libro[3]: *Adoratur autem caro Christi, incarnato Deo Verbo, non propter seipsam, sed propter unitum ei secundum hypostasim Verbum Dei*. Et super illud Psalmi, *Adorate scabellum pedum eius*, dicit Glossa[4]: *Qui adorat corpus Christi, non terram intuetur, sed illum potius cuius scabellum est, in cuius honore scabellum adorat*. Sed Verbum incarnatum adoratur adoratione latriae. Ergo etiam corpus eius, sive eius humanitas.

RESPONDEO dicendum quod, sicut supra[5] dictum est, honor adorationis debetur hypostasi subsis-

Artigo 2
Deve-se adorar a humanidade de Cristo com adoração de latria?[b]

QUANTO AO SEGUNDO, ASSIM SE PROCEDE: parece que **não** se deve adorar a humanidade de Cristo com adoração de latria.

1. Com efeito, a propósito do Salmo 99: "Adorai o escabelo de seus pés, porque ele é santo" diz a Glosa: "Adoramos sem impiedade a carne assumida pelo Verbo de Deus, porque ninguém come espiritualmente a sua carne, sem primeiro adorá-lo; mas não com a adoração de latria que é devida unicamente ao Criador". Ora, a carne é parte da humanidade. Logo, a humanidade de Cristo não deve ser adorada com adoração de latria.

2. ALÉM DISSO, o culto de latria não é devido a nenhuma criatura; por isso os gentios são recriminados, na Carta aos Romanos, porque "adoram e servem à criatura". Ora, a humanidade de Cristo é criatura. Logo, não deve ser adorada com adoração de latria.

3. ADEMAIS, a adoração de latria é devida a Deus como reconhecimento do seu domínio absoluto, conforme o que diz o Deuteronômio: "Adorarás o Senhor teu Deus e só a Ele servirás". Ora, Cristo, enquanto homem, é inferior ao Pai. Logo, a sua humanidade não deve ser adorada com adoração de latria.

EM SENTIDO CONTRÁRIO, diz Damasceno: "Uma vez que Deus Verbo se encarnou, a carne de Cristo é adorada não por si mesma, mas porque o Verbo de Deus está unido a ela segundo a hipóstase". E a respeito da palavra do Salmo: "Adorai o escabelo de seus pés", diz a Glosa: "Aquele que adora o corpo de Cristo não olha para a terra, mas antes aquele do qual a terra é escabelo, e em cuja honra adora o escabelo". Ora, o Verbo encarnado é adorado com adoração de latria. Logo, também o seu corpo ou a sua humanidade.

RESPONDO. Como foi dito acima, a honra da adoração é devida à hipóstase subsistente; a razão

---

2 PARALL.: Infra, q. 58, a. 3, ad 1; III *Sent.*, dist. 9, q. 1, a. 2, q.la 1; q.la 4; ad 1; *ad Galat.*, c. 4, lect. 4.

1. Ordin.: ML 113, 1009 A; LOMBARDI: ML 191, 895 B.
2. Cfr. Matth. 4, 10; Luc. 4, 8.
3. *De fide orth.*, l. IV, c. 3: MG 94, 1105 B.
4. Ordin.: ML 113, 1009 A; LOMBARDI: ML 191, 895 C. — Cfr. AUG., *Enarr. in Ps.*, ps. 98, n. 9, super vers. 5: ML 37, 1264.
5. A. praec.

b. O termo "latria" (do grego *latreia*: serviço) é empregado por Sto. Tomás, distinguindo-o do termo "dulia" (do grego *douleia*: escravidão), para significar uma forma especial de culto reservada a Deus; adorar uma criatura desse modo seria *idolatria*. A "dulia", pelo contrário, é a forma de culto que prestamos aos santos, nos quais veneramos a grandeza sobrenatural de sua participação na excelência divina (ver II-II, q. 84, a. 1, sol. 1). Talvez se deva acrescentar que, no grego clássico, *dulia* é um termo mais forte do que *latria*, mas o uso eclesiástico consagrou o sentido aqui conservado.

tenti: tamen ratio honoris potest esse aliquid non subsistens, propter quod honoratur persona cui illud inest. Adoratio igitur humanitatis Christi dupliciter potest intelligi. Uno modo, ut sit eius sicut rei adoratae. Et sic adorare carnem Christi nihil est aliud quam adorare Verbum Dei incarnatum: sicut adorare vestem regis nihil est aliud quam adorare regem vestitum. Et secundum hoc, adoratio humanitatis Christi est adoratio latriae.

Alio modo potest intelligi adoratio humanitatis Christi quae fit ratione humanitatis Christi perfectae omni munere gratiarum. Et sic adoratio humanitatis Christi non est adoratio latriae, sed adoratio duliae. Ita scilicet quod una et eadem persona Christi adoretur adoratione latriae propter suam divinitatem, et adoratione duliae propter perfectionem humanitatis.

Nec hoc est inconveniens. Quia ipsi Deo Patri debetur honor latriae propter divinitatem, et honor duliae propter dominium quo creaturas gubernat. Unde super illud Ps 7,1, *Domine Deus meus in te speravi*, dicit Glossa[6]: *Domine omnium per potentiam: cui debetur dulia. Deus omnium per creationem: cui debetur latria.*

AD PRIMUM ergo dicendum quod glossa illa non est sic intelligenda quasi seorsum adoretur caro Christi ab eius divinitate: hoc enim posset contingere solum hoc modo, si esset alia hypostasis Dei et hominis. Sed quia, ut dicit Damascenus[7], *si dividas subtilibus intelligentiis quod videtur ab eo quod intelligitur, inadorabilis est ut creatura*, scilicet adoratione latriae. Et tunc sic intellectae ut separatae a Dei Verbo, debetur sibi adoratio duliae: non cuiuscumque, puta quae communiter exhibetur aliis creaturis; sed quadam excellentiori, quam *hyperduliam* vocant.

da honra, contudo, pode ser algo não subsistente, pelo qual honramos a pessoa que o possui. Por isso, a adoração da humanidade de Cristo pode ser compreendida de duas maneiras. Em primeiro lugar, enquanto lhe é própria como ao que é adorado. Nesse sentido, adorar a carne de Cristo nada mais é do que adorar o Verbo de Deus encarnado; por exemplo, adorar a roupa do rei nada mais é do que adorar o rei que a veste. Deste ponto de vista, a adoração da humanidade de Cristo é adoração de latria.

A segunda maneira de entender a adoração da humanidade de Cristo é a que se faz em razão da humanidade de Cristo, enquanto foi aperfeiçoada com todos os dons de graças. Sob esse ponto de vista, a adoração da humanidade de Cristo não é adoração de latria, mas de dulia. De maneira que, a mesma e única pessoa de Cristo é adorada com adoração de latria por causa de sua divindade, e com adoração de dulia por causa da perfeição da sua humanidade[c].

E não há inconveniência nisso; porque ao próprio Deus Pai lhe é devida a honra de latria por causa da divindade, e a honra de dulia pela soberania com que governa as criaturas. Por isso, a propósito do Salmo 7: "Senhor meu Deus, eu esperei em Vós", diz a Glosa: "Senhor de todos pelo poder, ao qual é devido a dulia; Deus de todos pela criação, ao qual é devido a latria".

QUANTO AO 1º, portanto, deve-se dizer que esta Glosa não deve ser entendida como se devêssemos adorar por separado a carne de Cristo e sua divindade; pois isso só seria possível se a hipóstase humana fosse diferente da hipóstase divina. Mas, como diz Damasceno: "Se separar, por meio de conceitos sutis, o que é objeto de visão e o que é objeto de compreensão, então (Cristo) não pode ser adorado, como criatura", com uma adoração de latria. Assim entendida, como separada do Verbo de Deus, é devida à humanidade de Cristo a adoração de dulia; mas não qualquer uma, por exemplo, a que se rende normalmente às criaturas, e sim uma mais excelente, que é chamada *hiperdulia*.

---

6. Interl.; LOMBARDI: ML 191, 111 D-112 A.
7. Loc. cit. supra: MG 94, 1105 A.

c. Nos dois casos analisados por Sto. Tomás, é sempre a mesma e única pessoa de Cristo que é objeto de adoração, mas essa adoração pode assumir duas formas diferentes, segundo os motivos que a provocam. No primeiro caso, a humanidade de Cristo recebe uma adoração de latria "relativa" — relativa à pessoa a quem pertence (um pouco como a vestimenta do rei), a qual, visada em primeiro lugar, recebe um culto de latria absoluta, devido a sua divindade. No segundo caso, a natureza humana é vista como o fundamento de uma veneração particular, que lhe é devida em função de sua própria excelência de criatura agraciada de maneira única; como se trata de uma criatura, fala-se de adoração de dulia. É sempre porém a pessoa do Verbo encarnado que recebe a adoração, mas bem precisamente na medida em que subsiste numa natureza humana, enquanto "esse homem". Como a perfeição desse homem é levada ao grau supremo, fala-se então de *hiper-dulia* (ver a sol. 2).

Et per hoc etiam patet responsio ad SECUNDUM ET TERTIUM. Quia adoratio latriae non exhibetur humanitati Christi ratione sui ipsius: sed ratione divinitatis cui unitur, secundum quam Christus non est minor Patre.

QUANTO AO 2º E 3º, deve-se dizer que assim ficam respondidas as outras duas objeções. Porque a adoração de latria não é prestada à humanidade de Cristo em razão de si mesma, mas em razão da divindade à qual está unida; pois segundo a divindade, Cristo não é inferior ao Pai.

ARTICULUS 3
Utrum imago Christi sit adoranda adoratione latriae

AD TERTIUM SIC PROCEDITUR. Videtur quod imago Christi non sit adoranda adoratione latriae.

1. Dicitur enim Ex 20,4: *Non facies tibi sculptile, neque omnem similitudinem*. Sed nulla adoratio est facienda contra Dei praeceptum. Ergo imago Christi non est adoranda adoratione latriae.

2. PRAETEREA, operibus gentilium non debemus communicare: ut Apostolus dicit, Eph 5,11. Sed gentiles de hoc praecipue inculpantur, quia *commutaverunt gloriam incorruptibilis Dei in similitudinem imaginis corruptibilis hominis*: ut dicitur Rm 1,23. Ergo imago Christi non est adoranda adoratione latriae.

3. PRAETEREA, Christo debetur adoratio latriae ratione divinitatis, non ratione humanitatis. Sed imagini divinitatis eius, quae animae rationali est impressa, non debetur adoratio latriae. Ergo multo minus imagini corporali, quae repraesentat humanitatem ipsius Christi.

4. PRAETEREA, nihil videtur in cultu divino faciendum nisi quod est a Deo institutum: unde et Apostolus, 1Cor 11,23, traditurus doctrinam de sacrificio Ecclesiae, dicit: *Ego accepi a Domino quod et tradidi vobis*. Sed nulla traditio in Scriptura invenitur de adorandis imaginibus. Ergo imago Christi non est adoratione latriae adoranda.

SED CONTRA est quod Damascenus[1] inducit Basilium dicentem: *Imaginis honor ad prototypum pervenit*, idest exemplar. Sed ipsum exemplar, scilicet Christus, est adorandus adoratione latriae. Ergo et eius imago.

ARTIGO 3
Deve-se adorar a imagem de Cristo com adoração de latria?

QUANTO AO TERCEIRO, ASSIM SE PROCEDE: parece que a imagem de Cristo **não** deve ser adorada com adoração de latria.

1. Com efeito, no livro do Êxodo está escrito: "Não farás estátuas ou nenhuma imagem". Ora, não se deve praticar adoração alguma contra o preceito divino. Logo, a imagem de Cristo não deve ser adorada com adoração de latria.

2. ALÉM DISSO, não devemos ter nada em comum com as obras dos pagãos, como nos diz o Apóstolo na Carta aos Efésios. Ora, o que é recriminado principalmente aos pagãos é que "trocaram a glória do Deus incorruptível pela imagem de um homem corruptível" como se diz na Carta aos Romanos. Logo, a imagem de Cristo não deve ser adorada com adoração de latria.

3. ADEMAIS, a adoração de latria é devida a Cristo em razão da divindade, não em razão da humanidade. Ora, à imagem de sua divindade, impressa na alma racional, não é devida a adoração de latria. Logo, muito menos à imagem corporal, que representa a humanidade de Cristo.

4. ADEMAIS, nada deve ser feito no culto divino que não tenha sido instituído por Deus. Por isso o Apóstolo na primeira Carta aos Coríntios, quando transmite o ensinamento sobre o sacrifício da Igreja, diz: "Recebi do Senhor o que vos transmiti". Ora, não se encontra na Escritura nenhum ensinamento sobre a adoração das imagens. Logo, a imagem de Cristo não deve ser adorada com adoração de latria.

EM SENTIDO CONTRÁRIO, afirma Damasceno, citando Basílio: "A honra prestada à imagem chega ao protótipo", a saber, ao modelo. Ora, o modelo como tal que é Cristo, deve ser adorado com adoração de latria. Logo, também a sua imagem[d].

---

3 PARALL.: Infra, a. 4; a. 5, ad 2; II-II, q. 81, a. 3, ad 3; q. 94, a. 2, ad 1; III *Sent.*, dist. 9, q. 1, a. 2, q.la 2.
1. *De fide orth.*, l. IV, c. 16: MG 94, 1169 A.

d. A citação de S. Basílio, retomada por S. João Damasceno, representa a posição da ortodoxia católica, em luta contra o iconoclasmo da primeira metade do século VIII no Oriente. Essa heresia, oposta ao culto tradicional dos ícones na Igreja,

RESPONDEO dicendum quod, sicut Philosophus dicit, in libro *de Mem. et Remin.*², duplex est motus animae in imaginem: unus quidem in imaginem ipsam secundum quod est res quaedam; alio modo, in imaginem inquantum est imago alterius. Et inter hos motus est haec differentia, quia primus motus, quo quis movetur in imaginem prout est res quaedam, est alius a motu qui est in rem: secundus autem motus, qui est in imaginem inquantum est imago, est unus et idem cum illo qui est in rem. Sic igitur dicendum est quod imagini Christi inquantum est res quaedam, puta lignum sculptum vel pictum, nulla reverentia exhibetur: quia reverentia debetur non nisi rationali naturae. Relinquitur ergo quod exibeatur ei reverentia solum inquantum est imago. Et sic sequitur quod eadem reverentia exhibeatur imagini Christi et ipsi Christo. Cum igitur Christus adoretur adoratione latriae, consequens est quod eius imago sit adoratione latriae adoranda.

AD PRIMUM ergo dicendum quod non prohibetur illo praecepto facere quamcumque sculpturam vel similitudinem, sed facere ad adorandum: unde subdit [v. 5]: *Non adorabis ea neque coles*. Et quia, sicut dictum est³, idem est motus in imaginem et in rem, eo modo prohibetur adoratio quo prohibetur adoratio rei cuius est imago. Unde ibi intelligitur prohiberi adoratio imaginum quas gentiles faciebant in venerationem deorum suorum, idest daemonum: ideoque praemittitur [3]: *Non habebis deos alienos coram me*. Ipsi autem Deo vero, cum sit incorporeus, nulla imago corporalis poterat poni: quia, ut Damascenus dicit⁴, *insipientiae summae est et impietatis figurare quod est divinum*. Sed quia in novo Testamento Deus factus est homo, potest in sua imagine corporali adorari.

RESPONDO. Como o Filósofo diz no livro da *Memória e da Reminiscência*, há um duplo movimento da alma para a imagem: um, para a imagem mesma, enquanto é uma coisa; outro, para a imagem enquanto é imagem de outro. E entre os dois movimentos há esta diferença: o primeiro, pelo qual alguém se move para a imagem como uma coisa, é diferente do que se move para a coisa; o segundo movimento que é para a imagem enquanto imagem é um e o mesmo com o que se move para a coisa. Assim, pois, deve-se dizer que não se presta veneração alguma à imagem de Cristo enquanto é uma coisa, por exemplo, uma madeira esculpida ou pintada; porque a veneração só é devida à criatura racional. Só é possível, pois, manifestar-lhe veneração enquanto imagem. Daí se conclui que à imagem de Cristo se presta a mesma veneração que ao próprio Cristo. Dado, portanto, que Cristo é adorado com adoração de latria, segue-se que sua imagem seja adorada também com adoração de latria.

QUANTO AO 1º, portanto, deve-se dizer que no preceito mencionado não se proíbe fazer qualquer tipo de escultura ou de imagem, mas de fazê-las para adorá-las. Por isso acrescenta o livro do Êxodo: "Não as adorarás nem lhes prestarás culto". Porque, como foi dito, o movimento para a imagem e para a coisa é o mesmo, da mesma forma que se proíbe a adoração, se proíbe a adoração da coisa da qual é imagem. Entende-se, assim, que a adoração proibida é a das imagens que faziam os pagãos para adorar os seus deuses, isto é, os demônios; daí a advertência que precede: "Não terás deuses estrangeiros diante de mim". Pois o verdadeiro Deus, por ser incorpóreo, não podia ser plasmado em nenhuma imagem corporal; por isso diz Damasceno: "É o cúmulo da estultície e da impiedade dar figura ao que é divino". Mas, no Novo Testamento, Deus se fez homem; por isso pode ser adorado em sua imagem corporalᵉ.

---

2. C. 1: 450, b, 27-31.
3. In corp.
4. Loc. cit. supra: MG 94, 1172 A.

pretendia que as imagens, uma vez que só representavam o lado humano de Cristo, ou bem favoreciam o nestorianismo, dividindo a unidade de Cristo, ou bem conduziam ao monofisismo, confundindo as duas naturezas numa só representação. O Concílio de Niceia-II (787) condenou o iconoclasmo, justificou o culto das imagens e retomou por sua própria conta o princípio de Basílio, que Tomás desenvolve em sua resposta: a honraria não se dirige à própria imagem, mas à realidade que ela representa.
 e. As imagens de Cristo representam-no evidentemente em sua forma humana, pois sua natureza divina é incorpórea. O que não significa que a imagem separe a divindade da humanidade, como pensavam os iconoclastas: a imagem, pelo corpo, pretende representar a pessoa à qual o corpo pertence, Cristo inteiro, logo, também sua divindade. Contudo, não poderíamos formar uma imagem propriamente falando da Trindade, ou de Deus Pai, pois nem uma nem outro possuem uma natureza corporal. Suas representações não podem ser mais do que simbólicas e, por muito tempo, a legitimidade de seu culto era recebida como uma opinião passível de discussão. Sto. Tomás assume uma posição mais positiva mas, mesmo permitindo tal prática, a Igreja jamais a sancionou oficialmente.

AD SECUNDUM dicendum quod Apostolus prohibet communicare *operibus infructuosis* gentilium: communicare autem eorum utilibus operibus Apostolus non prohibet. Adoratio autem imaginum est inter infructuosa opera computanda quantum ad duo. Primo quidem, quantum ad hoc quod quidam eorum adorabant ipsas imagines ut res quasdam, credentes in eis aliquid numinis esse, propter responsa quae daemones in eis dabant, et alios mirabiles huiusmodi effectus. Secundo, propter res quarum erant imagines: statuebant enim imagines aliquibus creaturis, quas in eis veneratione latriae venerabantur. Nos autem adoramus adoratione latriae imaginem Christi qui est verus Deus, non propter ipsam imaginem, sed propter rem cuius imago est, ut dictum est[5].

AD TERTIUM dicendum quod creaturae rationali debetur reverentia propter seipsam. Et ideo, si creaturae rationali, in qua est imago, exhiberetur adoratio latriae, posset esse erroris occasio: ut scilicet motus adorantis in homine sisteret inquantum est res quaedam, et non ferretur in Deum, cuius est imago. Quod non potest contingere de imagine sculpta vel picta in materia insensibili.

AD QUARTUM dicendum quod Apostoli, familiari instinctu Spiritus Sancti, quaedam ecclesiis tradiderunt servanda quae non reliquerunt in scriptis, sed in observatione Ecclesiae per successionem fidelium sunt ordinata. Unde ipse dicit, 2Thess 2,15: *State, et tenete traditiones quas didicistis, sive per sermonem,* scilicet ab ore prolatum, *sive per epistolam,* scilicet scripto transmissam. Et inter huiusmodi traditiones est imaginum Christi adoratio. Unde et beatus Lucas dicitur depinxisse imaginem Christi, quae Romae habetur.

Quanto ao 2º, deve-se dizer que o Apóstolo proíbe comungar nas *obras estéreis* dos pagãos, não em suas obras úteis. Ora, a adoração das imagens está entre as obras estéreis por dois motivos. Primeiramente, porque alguns adoravam as imagens mesmas como coisas reais, crendo que nelas havia algo de divino, por causa das respostas que davam os demônios por meio delas, e por outros efeitos maravilhosos semelhantes. Em segundo lugar, por causa das coisas das quais eram imagens: construíam imagens de certas criaturas às quais veneravam com veneração de latria. Nós, porém, adoramos com adoração de latria a imagem de Cristo, verdadeiro Deus, não pela imagem em si, mas por causa da realidade que ela representa, como foi dito.

Quanto ao 3º, deve-se dizer que à criatura racional como tal é devida reverência. Por isso, se lhe fosse tributada adoração de latria por ser imagem de Deus, poderia haver uma ocasião de erro, pois o movimento de quem adora poderia deter-se no homem, enquanto é uma coisa, e não terminar em Deus, do qual é imagem. Não há lugar para este erro quando se trata de uma imagem esculpida ou pintada numa matéria insensível.

Quanto ao 4º, deve-se dizer que os Apóstolos, por um impulso interior do Espírito Santo, transmitiram às Igrejas certas coisas a serem observadas que não deixaram em seus escritos, mas que a sucessão dos fiéis estabeleceu como observância da Igreja[f]. Por isso o mesmo Apóstolo diz na segunda Carta aos Tessalonicenses: "Ficai firmes e guardai as tradições que aprendestes, quer de palavra, a saber, por tradição oral, quer por carta, a saber, por tradição escrita. E entre estas tradições está a adoração das imagens de Cristo. Eis por que se conta que são Lucas pintou uma imagem de Cristo que se conserva em Roma.

ARTICULUS 4
Utrum crux Christi sit adoranda adoratione latriae

AD QUARTUM SIC PROCEDITUR. Videtur quod crux Christi non sit adoranda adoratione latriae.

ARTIGO 4
Deve-se adorar a cruz de Cristo com adoração de latria?

QUANTO AO QUARTO, ASSIM SE PROCEDE: parece que **não** se deve adorar a cruz de Cristo com adoração de latria.

---

5. In corp.

4 PARALL.: II-II, q. 103, a. 4, ad 3; III *Sent.*, dist. 9, q. 1, a. 2, q.la 4.

---

f. Contra o literalismo escriturário da objeção, Sto. Tomás apela ao grande princípio hermenêutico da Igreja antiga: a Escritura só pode ser lida e compreendida em seu verdadeiro sentido à luz da Tradição, e esta nos é acessível na prática da Igreja conduzida pelo Espírito. Isto é claro não torna inútil o trabalho exegético, com todas as suas pesquisas filológicas e histórica,

1. Nullus enim pius filius veneratur contumeliam patris sui, puta flagellum quo flagellatus est, vel lignum in quo erat suspensus: sed magis illud abhorret. Christus autem in ligno crucis est opprobriosissimam mortem passus: secundum illud Sap 2,20: *Morte turpissima condemnamus eum*. Ergo non debemus crucem venerari, sed magis abhorrere.

2. PRAETEREA, humanitas Christi adoratione latriae adoratur inquantum est unita Filio Dei in persona. Quod de cruce dici non potest. Ergo crux Christi non est adoranda adoratione latriae.

3. PRAETEREA, sicut crux Christi fuit instrumentum passionis eius et mortis, ita etiam et multa alia, puta clavi, corona et lancea: quibus tamen non exhibemus latriae cultum. Ergo videtur quod crux Christi non sit adoratione latriae adoranda.

SED CONTRA, illi exhibemus adorationem latriae in quo ponimus spem salutis. Sed in cruce Christi ponimus spem: cantat enim Ecclesia[1]: *O Crux, ave, spes unica, Hoc passionis tempore, Auge piis iustitiam, Reisque dona veniam*. Ergo crux Christi est adoranda adoratione latriae.

RESPONDEO dicendum quod, sicut supra[2] dictum est, honor seu reverentia non debetur nisi rationali creaturae: creaturae autem insensibili non debetur honor vel reverentia nisi ratione naturae rationalis. Et hoc dupliciter: uno modo, inquantum repraesentat naturam rationalem; alio modo, inquantum ei quocumque modo coniungitur. Primo modo consueverunt homines venerari regis imaginem: secundo modo, eius vestimentum. Utrumque autem venerantur homines eadem veneratione qua venerantur et regem.

Si ergo loquamur de ipsa cruce in qua Christus crucifixus est, utroque modo est a nobis veneranda: uno modo scilicet inquantum repraesentat nobis figuram Christi extensi in ea; alio modo, ex contactu ad membra Christi, et ex hoc quod eius sanguine est perfusa. Unde utroque modo adoratur eadem adoratione cum Christo, scilicet adoratione latriae. Et propter hoc etiam crucem alloquimur et deprecamur, quasi ipsum crucifixum.

1. Com efeito, nenhum bom filho venera o que foi a afronta do seu pai, por exemplo, o látego com que foi açoitado ou o madeiro no qual foi pendurado. Pelo contrário, detesta tudo isso. Ora, Cristo sofreu no madeiro da cruz a morte mais ignominiosa, segundo o livro da Sabedoria: "Condenamo-lo à morte mais vergonhosa". Não devemos, portanto, venerar a cruz, mas ter horror dela.

2. ALÉM DISSO, a humanidade de Cristo é adorada com adoração de latria por estar unida à pessoa do Filho de Deus; o que não se pode dizer da cruz. Portanto, a cruz de Cristo não deve ser adorada com adoração de latria.

3. ADEMAIS, a cruz de Cristo foi instrumento de sua paixão e morte, como o foram também os pregos, a coroa e a lança; a estas coisas, contudo, não tributamos o culto de latria. Portanto, parece que a cruz de Cristo não deve ser adorada com adoração de latria.

EM SENTIDO CONTRÁRIO, prestamos adoração de latria àquilo no qual depositamos esperança de salvação. Ora, nós depositamos tal esperança na cruz de Cristo, pois a Igreja canta: "Salve, ó cruz, única esperança! Neste tempo da paixão, aumenta a justiça aos bons e aos réus concede o perdão". Logo, a cruz de Cristo deve ser adorada com adoração de latria.

RESPONDO. Como acima foi dito, a honra ou a veneração são devidas só à criatura racional; e só em razão da natureza racional pode ser honrada ou venerada uma criatura insensível. Isto pode acontecer de duas maneiras: ou porque representa a natureza racional, ou porque está unida a ela de alguma maneira. Da primeira forma costumam os homens venerar a imagem do rei; da segunda maneira se venera a sua roupa. Mas em ambos os casos os homens veneram esses objetos com a mesma veneração com que veneram o rei.

Por conseguinte, se falamos da própria cruz na qual Cristo foi crucificado, deve ser venerada pelos mesmos dois motivos: primeiro, porque representa para nós a figura de Cristo estendido nela; e em segundo lugar, porque foi tocada pelos membros de Cristo e inundada com o seu sangue. Por ambos os motivos deve ser adorada com a mesma adoração de latria que tributamos a Cristo. Por isso também nos dirigimos à cruz e a invocamos, como ao próprio crucificado.

---

1. Dom. Passionis ad Vesp.
2. A. 3.

---

mas longe de se limitar a um mero positivismo escriturário, esse trabalho só encontra seu acabamento numa interpretação pela fé e a serviço dela. Como lembrou o Vaticano II, "a Escritura também deve ser lida e interpretada no mesmo Espírito em que foi escrita" (*Dei Verbum* III, 12).

Si vero loquamur de effigie crucis Christi in quacumque alia materia, puta lapidis vel ligni, argenti vel auri, sic veneramur crucem, tantum ut imaginem Christi: quam veneramur adoratione latriae, ut supra[3] dictum est.

AD PRIMUM ergo dicendum quod in cruce Christi, quantum ad opinionem vel intentionem infidelium, consideratur opprobrium Christi: sed quantum ad effectum nostrae salutis, consideratur virtus divina ipsius, qua de hostibus triumphavit, secundum illud Col 2,14-15: *Ipsum tulit de medio, affigens illud cruci: et spolians principatus et potestates, traduxit confidenter, palam triumphans illos in semetipso.* Et ideo dicit Apostolus, 1Cor 1,18: *Verbum crucis pereuntibus quidem stultitia est: his autem qui salvi fiunt, idest nobis, virtus Dei est.*

AD SECUNDUM dicendum quod crux Christi, licet non fuerit unita Verbo Dei in persona, fuit tamen ei unita aliquo alio modo, scilicet per repraesentationem et contactum. Et hac sola ratione exhibetur ei reverentia.

AD TERTIUM dicendum quod, quantum ad rationem contactus membrorum Christi, adoramus non solum crucem, sed etiam omnia quae sunt Christi. Unde Damascenus dicit, in IV libro[4]: *Pretiosum lignum, ut sanctificatum contactu sancti corporis et sanguinis, decenter adorandum; clavos, indumenta, lanceam; et sacra eius tabernacula.* Ista tamen non repraesentant imaginem Christi, sicut crux; quae dicitur *signum Filii Hominis*, quod *apparebit in caelo*, ut dicitur Mt 24,30. Ideoque mulieribus dixit angelus[5], *Iesum quaeritis Nazarenum crucifixum*: non dixit, *lanceatum*, sed, *crucifixum*. Et inde est quod imaginem crucis Christi veneramur in quacumque materia: non autem imaginem clavorum, vel quorumcumque huiusmodi.

Mas se falamos da imagem da cruz de Cristo, feita de qualquer outra matéria, por exemplo, de pedra, madeira, prata ou ouro, a cruz é venerada só como imagem de Cristo, com uma adoração de latria, como foi exposto acima.

QUANTO AO 1º, portanto, deve-se dizer que segundo a opinião e a intenção dos pagãos, a cruz de Cristo é considerada como um opróbrio de Cristo; contudo, olhando o efeito da nossa salvação, o que se considera é o seu poder divino, pelo qual triunfou dos inimigos, segundo a Carta aos Colossenses. "Ele o cancelou, pregando-o na cruz; e despojando os principados e as potestades, os expôs confiadamente, triunfando abertamente sobre eles em si mesmo". Por isso diz ainda o Apóstolo na primeira Carta aos Coríntios: "A palavra da cruz é estultície para os que se perdem; mas é poder de Deus para os que se salvam, isto é, para nós".

QUANTO AO 2º, deve-se dizer que ainda que a cruz de Cristo não tenha estado unida pessoalmente ao Verbo de Deus, esteve unida a ele, de outra forma: por representação e por contato. E só por esta razão é reverenciada.

QUANTO AO 3º, deve-se dizer que quanto ao argumento do contato dos membros de Cristo, adoramos não só a cruz, mas tudo aquilo que é de Cristo. Por isso escreve Damasceno: "Deve ser adorado de maneira digna o precioso lenho, santificado pelo contato com o santo corpo e sangue; como também os pregos, as vestes, a lança; e os lugares sagrados em que habitou". Todas estas coisas, contudo, não representam a imagem de Cristo, como a cruz, chamada "sinal do Filho do Homem" que "aparecerá no céu", como diz o Evangelho de Mateus. Por isso o Anjo disse às mulheres: "Buscais a Jesus Nazareno, o crucificado"; e não disse: "atravessado com a lança", mas "crucificado". Por isso veneramos a imagem da cruz de Cristo, de qualquer matéria, mas não a imagem dos pregos ou de outros objetos com ele relacionados.

ARTICULUS 5
Utrum mater Dei sit adoranda adoratione latriae

AD QUINTUM SIC PROCEDITUR. Videtur quod mater Dei sit adoranda adoratione latriae.

ARTIGO 5
Deve-se adorar a mãe de Deus com adoração de latria?

QUANTO AO QUINTO, ASSIM SE PROCEDE: parece que se **deve** adorar a mãe de Deus com adoração de latria.

---

3. A. 3.
4. *De fide orth.*, l. IV, c. 11: MG 94, 1129 C-1131 A.
5. Marc. 16, 6.

5 PARALL.: II-II, q. 103, a. 4, ad 2; III *Sent.*, dist., 9, q. 1, a. 2, q.la 3; dist. 22, q. 3, a. 3, q.la 3, ad 3.

1. Videtur enim idem honor exhibendus esse matri regis et regi: unde dicitur 3Reg 2,19 quod *positus est thronus matri regis, quae sedit ad dexteram eius*. Et Augustinus dicit, in Sermone de Assumpt.[1]: *Thronum Dei, thalamum Domini caeli, atque tabernaculum Christi, dignum est ibi esse ubi est ipse*. Sed Christus adoratur adoratione latriae. Ergo et mater eius.

2. Praeterea, Damascenus dicit, in IV libro[2], quod *honor matris refertur ad filium*. Sed Filius adoratur adoratione latriae. Ergo et mater.

3. Praeterea, coniunctior est Christo mater eius quam crux. Sed crux adoratur adoratione latriae. Ergo et mater eadem adoratione est adoranda.

Sed contra est quod mater Dei est pura creatura. Non ergo ei debetur adoratio latriae.

Respondeo dicendum quod, quia latria soli Deo debetur, non debetur creaturae prout creaturam secundum se veneramur. Licet autem creaturae insensibiles non sint capaces venerationis secundum seipsas, creatura tamen rationalis est capax venerationis secundum seipsam. Et ideo nulli purae creaturae rationali debetur cultus latriae. Cum ergo beata Virgo sit pure creatura rationalis, non debetur ei adoratio latriae, sed solum veneratio duliae: eminentius tamen quam ceteris creaturis, inquantum ipsa est mater Dei. Et ideo dicitur quod debetur ei, non qualiscumque dulia, sed hyperdulia.

Ad primum ergo dicendum quod matri regis non debetur aequalis honor honori qui debetur regi. Debetur tamen et quidam honor consimilis, ratione cuiusdam excellentiae. Et hoc significant auctoritates inductae.

Ad secundum dicendum quod honor matris refertur ad filium, quia ipsa mater est propter filium honoranda. Non tamen eo modo quo honor imaginis refertur ad exemplar: quia ipsa imago, prout in se consideratur ut res quaedam, nullo modo est veneranda.

1. Com efeito, parece que a mesma honra deve ser tributada ao rei e à mãe do rei, como afirma o livro dos Reis: "Foi colocado um trono para a mãe do rei e ela se sentou à sua direita". E Agostinho diz: "É justo que o trono de Deus, o leito nupcial do Senhor do céu e o tabernáculo de Cristo estejam lá onde se encontra o próprio Cristo". Ora, Cristo é adorado com adoração de latria. Logo, também a sua mãe.

2. Além disso, afirma Damasceno que "a honra à mãe remete ao filho". Ora, o Filho é adorado com adoração de latria. Logo, a mãe também.

3. Ademais, a mãe de Cristo esteve mais unida a ele do que a cruz. Ora, a cruz é adorada com adoração de latria. Logo, também a mãe deve ser adorada com a mesma adoração.

Em sentido contrário, a mãe de Deus é pura criatura; portanto, não lhe é devida adoração de latria.

Respondo. Dado que a latria é devida exclusivamente a Deus, não é devida a nenhuma criatura, se veneramos a criatura em si mesma. Pois, embora as criaturas insensíveis não tenham condições de ser veneradas em si mesmas, a criatura racional pode ser venerada por si mesma. Por isso, a nenhuma simples criatura racional se deve o culto de latria. E como a Virgem bem-aventurada é uma simples criatura racional, não lhe é devida uma adoração de latria, mas unicamente uma veneração de dulia; de forma mais eminente, contudo, do que às outras criaturas, por ser a mãe de Deus. Por isso, se diz que lhe é devido não um culto de dulia qualquer, mas de hiperdulia[g].

Quanto ao 1º, portanto, deve-se se dizer que a honra devida à mãe do rei não é a mesma que a que se deve ao rei; mas uma honra que se lhe assemelha, em razão de sua dignidade. É o sentido dos textos aduzidos.

Quanto ao 2º, deve-se dizer que a honra da mãe remete ao filho, porque ela mesma deve ser honrada por causa do filho. Mas não da maneira como a honra da imagem remete ao modelo, porque a imagem em si mesma, se considerada como uma coisa, não deve ser venerada de forma alguma.

---

1. Al. Tract. de Assumpt. B. M. V., c. 6: ML 40, 1146.
2. *De fide orth.*, l. IV, c. 16: MG 94, 1172 B.

g. Se veneramos os objetos inanimados na medida em que possuem uma certa relação com Cristo, por mais forte razão devemos venerar sua mãe, cujas relações com ele foram e são incomparavelmente superiores. Essa veneração não pode ser de latria, nem mesmo relativa, mas é claro que o culto de dulia que lhe é dirigido é tanto mais superior à dos outros santos na medida em que sua perfeição é maior. Daí a introdução por Sto. Tomás do termo de hiperdulia, que ele utilizou para se referir ao culto prestado à santa humanidade de Cristo. Não se deve esquecer, todavia, que a Virgem só possui essa excelência em total dependência da excelência do Verbo encarnado.

AD TERTIUM dicendum quod crux, prout ipsa in se consideratur, ut dictum est[3], non est capax honoris. Sed beata Virgo est secundum seipsam capax venerationis. Et ideo non est similis ratio.

ARTICULUS 6
Utrum sanctorum reliquiae aliquo modo sint adorandae

AD SEXTUM SIC PROCEDITUR. Videtur quod sanctorum relinquiae nullo modo sint adorandae.

1. Non enim est aliquid faciendum quod possit esse erroris occasio. Sed adorare mortuorum reliquias videtur ad errorem gentilium pertinere, qui mortuis hominibus honorificentiam impendebant. Ergo non sunt sanctorum reliquiae honorandae.
2. Praeterea, stultum videtur rem insensibilem venerari. Sed sanctorum reliquiae sunt insensibiles. Ergo stultum est eas venerari.
3. PRAETEREA, corpus mortuum non est eiusdem speciei cum corpore vivo: per consequens non videtur esse numero idem. Ergo videtur quod post mortem alicuius sancti, corpus eius non sit adorandum.

SED CONTRA est quod dicitur in libro *de Ecclesiast. Dogmat.*[1]: *Sanctorum corpora, et praecipue beatorum martyrum reliquias, ac si Christi membra, sincerissime adoranda* (scilicet, *credimus*). Et postea subdit: *Si quis contra hanc sententiam velit esse, non Christianus, sed Eunomiamus et Vigilantius creditur.*

RESPONDEO dicendum quod, sicut Augustinus dicit, in libro *de Civ. Dei*[2], *si paterna vestis et anulus, ac si quid huiusmodi est, tanto carius est posteris quanto erga parentes est maior affectus, nullo modo ipsa spernenda sunt corpora, quae utique multo familiarius atque coniunctius quam quaelibet indumenta gestamus: haec enim ad ipsam naturam hominis pertinent.* Ex quo patet quod qui habet affectum ad aliquem, etiam ipsa quae de ipso post mortem relinquuntur veneratur: non solum corpus aut partes corporis eius, sed etiam aliqua exteriora, puta vestes et similia. Manifestum est autem quod sanctos Dei in veneratione debemus

QUANTO AO 3º, deve-se dizer que a cruz, considerada em si mesma, não é objeto de veneração, como já foi dito. Mas a bem-aventurada Virgem, em si mesma, é passível de ser venerada. Por isso, a razão não é a mesma.

ARTIGO 6
Devem ser adoradas de algum modo as relíquias dos santos?

QUANTO AO SEXTO, ASSIM SE PROCEDE: parece que **não** devem ser adoradas de modo algum as relíquias dos santos.

1. Com efeito, não devemos fazer nada que possa ser ocasião de erro. Ora, adorar as relíquias dos mortos parece cair no erro dos pagãos, que rendiam culto aos mortos. Logo, não devem ser honradas as relíquias dos santos.
2. ALÉM DISSO, parece uma tolice venerar um objeto insensível. Ora, as relíquias dos santos são insensíveis. Logo, é tolice venerá-las.
3. ADEMAIS, um corpo morto não é da mesma espécie do que um corpo vivo; e por conseguinte não parece ser numericamente o mesmo. Parece, pois, que depois da morte de um santo, o seu corpo não deve ser adorado.

EM SENTIDO CONTRÁRIO, diz o livro dos *Dogmas eclesiásticos*: "Cremos que devem ser adorados com sinceridade os corpos do santos, e principalmente as relíquias dos bem-aventurados mártires, com se fossem os membros de Cristo". E acrescenta logo depois: "Se alguém for contra esta doutrina, não é cristão, mas seguidor de Eunômio e de Vigilâncio".

RESPONDO. Agostinho afirma: "Se a roupa e a aliança de um pai, ou outras coisas parecidas, são tanto mais apreciadas pelos filhos quanto maior é o seu seu amor pelos pais, de modo algum devem ser desprezados os corpos que, sem dúvida, são para nós muito mais familiares e intimamente unidos do que qualquer roupa que vistamos; pois os corpos pertencem à natureza mesma do homem". É evidente que quem ama uma pessoa, depois de sua morte, venera tudo o que fica dela; não só o corpo ou as partes dele, mas também objetos exteriores, por exemplo, as roupas ou coisas semelhantes. É, pois, evidente que devemos ter veneração pelos

---

3. In corp. et a. 4.

1. Gennadii, c. 73: ML 58, 997 B. — (Inter Opp. Aug.).
2. L. I, c. 13: ML 41, 27.

habere, tanquam membra Christi, Dei filios et amicos, et intercessores nostros. Et ideo eorum reliquias qualescumque honore congruo in eorum memoriam venerari debemus: et praecipue eorum corpora, quae fuerunt templum Spiritus Sancti, et organa Spiritus Sancti in eis habitantis et operantis, et sunt corpori Christi configuranda per gloriam resurrectionis. Unde et ipse Deus huiusmodi reliquias convenienter honorat, in eorum praesentia miracula faciendo.

AD PRIMUM ergo dicendum quod haec fuit ratio Vigilantii, cuius verba introducit Hieronymus in libro quem contra eum scripsit[3], dicentis: *Prope ritum gentilium videmus sub praetextu religionis introductum: pulvisculum nescio quem in modico vasculo, pretioso linteamine circumdatum, osculantes adorant.* Contra quem Hieronymus dicit, in Epistola *ad Riparium*[4]: *Nos non dico martyrum reliquias, sed nec solem nec lunam nec angelos adoramus*, scilicet adoratione latriae. *Honoramus autem reliquias martyrum, ut eum cuius sunt martyres adoremus: honoramus servos, ut honor servorum redundet ad Dominum.* Sic ergo honorando reliquias sanctorum non incidimus in errorem gentilium, qui cultum latriae mortuis hominibus exhibebant.

AD SECUNDUM dicendum quod corpus insensibile non adoramus propter seipsum, sed propter animam, quae ei fuit unita, quae nunc fruitur Deo; et propter Deum, cuius fuerunt ministri.

AD TERTIUM dicendum quod corpus mortuum alicuius sancti non est idem numero quod primo fuerit dum viveret, propter diversitatem formae, quae est anima: est tamen idem identitate materiae, quae est iterum suae formae unienda.

santos de Deus como membros de Cristo, filhos e amigos de Deus e intercessores nossos. E, portanto, em memória deles, devemos venerar dignamente qualquer relíquia deles, principalmente os seus corpos, que foram templos e órgãos do Espírito Santo, que habitou e agiu neles, e que devem ser configurados ao corpo de Cristo pela glória da ressurreição. Por isso, o próprio Deus honra como convém as suas relíquias, pelos milagres que faz na presença deles[h].

QUANTO AO 1º, portanto, deve-se dizer que esta era a razão apresentada por Vigilâncio, cujas palavras são citadas por Jerônimo no livro que escreveu contra ele: "É um rito quase pagão que acaba sendo introduzido sob pretexto de religião: eles adoram, beijando-o, não sei que tipo de pó, depositado numa pequena vasilha, envolvida num pano precioso". Contra ele escreve Jerônimo: "Nós não adoramos, a saber, com adoração de latria as relíquias dos mártires; nem o sol, nem a lua, nem os anjos. Mas honramos as relíquias dos mártires para honrar aquele de quem são mártires; honramos os servos para que a honra prestada aos servos redunde ao Senhor". Assim, pois, honrando as relíquias dos santos não caímos no erro dos pagãos que rendiam culto de latria aos mortos.

QUANTO AO 2º, deve-se dizer que não adoramos o corpo insensível por si mesmo, mas pela alma com a qual esteve unido e que agora frui de Deus; e por causa de Deus, a cujo serviço estiveram.

Quanto ao 3º, deve-se dizer que o corpo morto de um santo não é idêntico numericamente ao seu corpo vivo, que tinha uma forma diferente, ou seja a alma; mas é o mesmo pela identidade da matéria, que deverá unir-se de novo à sua forma que é a alma.

---

3. *Cont. Vigilant.*, n. 4: ML 23, 342 C-343 A. — Cfr. epist. 109 *ad Riparium*, n. 1: ML 22, 907.
4. Loc. prox. cit.

h. A doutrina deste artigo é um prolongamento da que foi exposta nos artigos precedentes. A humanidade de Cristo, tomada em si mesma, recebe um culto de hiperdulia; os santos, em sua qualidade de membros eminentes do Corpo do qual Cristo é a cabeça, recebem similarmente um culto de dulia. Por extensão, seus restos são igualmente venerados, mas não se trata mais então do que uma dulia relativa, isto é, em função da relação desses restos com a pessoa do santo; já a pessoa do santo é venerada em virtude de sua participação na santidade de Cristo.

QUAESTIO XXVI
DE HOC QUOD CHRISTUS DICITUR MEDIATOR DEI ET HOMINUM

in duos articulos divisa

Deinde considerandum est de hoc quod Christus dicitur mediator Dei et hominum.
Et circa hoc quaeruntur duo.
Primo: utrum esse mediatorem Dei et hominum sit proprium Christo.
Secundo: utrum hoc conveniat ei secundum humanam naturam.

Articulus 1
Utrum esse mediatorem Dei et hominum sit proprium Christo

Ad primum sic proceditur. Videtur quod esse mediatorem Dei et hominum non sit proprium Christo.

1. Sacerdos enim et propheta videtur esse mediator inter Deum et homines: secundum illud Dt 5,5: *Ego illo tempore sequester et medius fui inter vos et Deum.* Sed esse prophetam et sacerdotem non est proprium Christo. Ergo nec etiam esse mediatorem.

2. Praeterea, illud quod convenit angelis bonis et malis, non potest dici esse proprium Christo. Sed esse medium inter Deum et homines convenit angelis bonis: ut dicit Dionysius, 4 cap. *de Div. Nom.*[1]. Convenit etiam angelis malis, idest daemonibus: habent enim quaedam communia cum Deo, scilicet *immortalitatem*; quaedam autem habent communia cum hominibus, scilicet quod sunt *animo passivi*, et per consequens *miseri*; ut patet per Augustinum, in lib. IX *de Civ. Dei*[2]. Ergo esse mediatorem Dei et hominum non est proprium Christo.

3. Praeterea, ad officium mediatoris pertinet interpellare ad unum eorum inter quos est mediator, pro altero. Sed *Spiritus Sanctus*, sicut dicitur Rm 8,26, *interpellat pro nobis ad Deum gemitibus inenarrabilibus.* Ergo Spiritus Sanctus est mediator inter Deum et homines. Ergo non est proprium Christo.

QUESTÃO 26
CRISTO MEDIADOR ENTRE DEUS E OS HOMENS[a]

dividida em dois artigos

Deve-se considerar, em seguida, a denominação de Cristo: mediador entre Deus e os homens.
Sobre isso são duas as perguntas:
1. É próprio de Cristo ser mediador entre Deus e os homens?
2. Isso lhe convém em razão de sua natureza humana?

Artigo 1
É próprio de Cristo ser mediador entre Deus e os homens?

Quanto ao primeiro artigo, assim se procede: parece que **não** é próprio de Cristo ser mediador entre Deus e os homens.

1. Com efeito, o sacerdote e o profeta são mediadores entre Deus e os homens, segundo as palavras do livro do Deuteronômio: "Eu fui então mediador entre vós e Deus". Ora, não é próprio de Cristo ser profeta nem sacerdote. Logo, nem mediador também.

2. Além disso, aquilo que convém aos anjos, bons ou maus, não pode ser considerado como próprio de Cristo. Ora, cabe aos anjos bons ser mediadores entre Deus e os homens, como afirma Dionísio. Convém igualmente aos anjos maus ou demônios, porque possuem algumas coisas comuns com Deus, como *a imortalidade*, e outras coisas comuns com os homens, como ser *passíveis quanto ao espírito*, e, portanto, *dignos de compaixão*, segundo Agostinho. Logo, não é próprio de Cristo ser mediador entre Deus e os homens.

3. Ademais, faz parte da função do mediador interceder diante de um dos lados em favor do outro. Ora, como diz a Carta aos Romanos: "O Espírito Santo intercede por nós junto de Deus com gemidos inenarráveis". Logo, o Espírito Santo é o mediador entre Deus e os homens; e tal função não é própria de Cristo.

---

1 Parall.: III *Sent.*, dist. 19, a. 5, q.la 3; dist. 48, q. 1, a. 2; *ad Galat.*, c. 3, lect. 7; I *ad Tim.*, c. 2, lect. 1.

1. § 2: MG 3, 696 A.
2. C. 13, n. 2; c. 15, n. 1: ML 41, 267, 268.

a. Esta questão traz um complemento à reflexão iniciada acima, q. 22, a. 1, onde o autor definia o ofício do sacerdote como o de um mediador. Ele mostra aqui que este é exercido de maneira única por Cristo, mas que os homens podem exercer esse ministério na dependência dele (a. 1). Ele enfatiza também que é por sua natureza humana que Cristo pode ser esse mediador perfeito (a. 2). Constatação que já havia sido feita a respeito de seu sacerdócio.

SED CONTRA est quod dicitur 1Ti 2,5: *Unus* est *mediator Dei et hominum, homo Christus Iesus*.

RESPONDEO dicendum quod mediatoris officium proprie est coniungere eos inter quos est mediator: nam extrema uniuntur in medio. Unire autem homines Deo perfective quidem convenit Christo, per quem homines reconciliantur Deo: secundum illud 2Cor 5,19: *Deus erat in Christo mundum reconcilians sibi*. Et ideo solus Christus est perfectus Dei et hominum mediator, inquantum per suam mortem humanum genus Deo reconciliavit. Unde, cum Apostolus dixisset, *Mediator Dei et hominum homo Christus Iesus*, subiunxit [v. 6]: *Qui dedit semetipsum redemptionem pro omnibus*.

Nihil tamen prohibet aliquos alios secundum quid dici mediatores inter Deum et hominem: prout scilicet cooperantur ad unionem hominum cum Deo dispositive vel ministerialiter.

AD PRIMUM ergo dicendum quod prophetae et sacerdotes veteris legis dicti sunt mediatores inter Deum et homines dispositive et ministerialiter: inquantum scilicet praenuntiabant et praefigurabant verum et perfectum Dei et hominum mediatorem. — Sacerdotes vero novae legis possunt dici mediatores Dei et hominum inquantum sunt ministri veri mediatoris, vice ipsius salutaria sacramenta hominibus exhibentes.

AD SECUNDUM dicendum quod angeli boni, ut Augustinus dicit, in IX *de Civ. Dei*[3], non recte possunt dici mediatores inter Deum et homines. *Cum enim utrumque habeant cum Deo, et beatitudinem et immortalitatem, nihil autem horum cum hominibus miseris et mortalibus, quomodo non potius remoti sunt ab hominibus, Deoque coniuncti, quam inter utrosque medii constituti?* Dionysius tamen dicit eos esse medios, quia, secundum gradum naturae, sunt infra Deum et supra homines constituti. Et mediatoris officium exercent, non quidem principaliter et perfective, sed ministerialiter et dispositive: unde Mt 4,11 dicitur quod *accesserunt angeli et ministrabant ei*, scilicet Christo.

EM SENTIDO CONTRÁRIO, diz a primeira Carta a Timóteo: "Um só é o mediador entre Deus e os homens, o homem Cristo Jesus".

RESPONDO. A função de mediador consiste propriamente em unir aqueles entre os quais é mediador, porque os extremos são unidos pelo meio. Ora, unir perfeitamente os homens a Deus convém, na verdade, a Cristo, pois por meio dele os homens são reconciliados com Deus, conforme a segunda Carta aos Coríntios: "Em Cristo, Deus estava reconciliando o mundo consigo". Eis por que só o Cristo é o perfeito mediador entre Deus e os homens, pois por sua morte reconciliou o gênero humano com Deus. Por isso, o Apóstolo, depois de ter afirmado "o mediador entre Deus e os homens, o homem Cristo Jesus", acrescenta: "Que se entregou pela redenção de todos".

Nada impede, contudo, que, sob determinado aspecto, outros possam ser chamados mediadores entre Deus e os homens, na medida em que cooperam, de maneira dispositiva ou ministerial, para a união dos homens com Deus.

QUANTO AO 1º, portanto, deve-se dizer que os profetas e os sacerdotes da antiga lei eram chamados mediadores entre Deus e os homens de maneira dispositiva e ministerial, ou seja, na medida em que anunciavam e prefiguravam o verdadeiro e perfeito mediador entre Deus e os homens. — Mas os sacerdotes da nova lei podem ser chamados mediadores entre Deus e os homens na medida em que são ministros do verdadeiro mediador, e administram em seu nome aos homens os sacramentos da salvação.

QUANTO AO 2º, deve-se dizer que os anjos bons, como diz Agostinho, a rigor, não podem ser chamados mediadores entre Deus e os homens: "Porque tendo em comum com Deus a bem-aventurança e a imortalidade, nada têm em comum com os homens, mortais e dignos de compaixão, e por isso, como não haveriam de estar muito mais afastados dos homens e unidos a Deus do que constituídos como intermediários entre ambos?" Dionísio, contudo, os chama intermediários porque, segundo o grau de sua natureza, estão situados abaixo de Deus e acima dos homens. E exercem a função de mediadores não de maneira principal e perfeita, mas ministerial e dispositiva, segundo o Evangelho de Mateus: "Os anjos se aproximaram e o serviam", isto é, a Cristo.

---

3. C. 13, n. 3: ML 41, 267.

Daemones autem habent quidem cum Deo immortalitatem, cum hominibus vero miseriam. *Ad hoc ergo se interponit medius daemon immortalis et miser, ut ad immortalitatem beatam transire non sinat*[4], sed perducat ad miseriam immortalem. Unde est sicut *malus medius, qui separat amicos*[5].

Christus autem habuit cum Deo communem beatitudinem, cum hominibus autem mortalitatem. Et ideo *ad hoc se interposuit medium ut, mortalitate transacta, ex mortuis faceret immortales, quod in se resurgendo monstravit; et ex miseris beatos efficeret, unde nunquam ipse discessit*[6]. Et ideo ipse est *bonus mediator, qui reconciliat inimicos*[7].

AD TERTIUM dicendum quod Spiritus Sanctus, cum sit per omnia Deo aequalis, non potest dici medius vel mediator inter Deum et homines: sed solus Christus, qui, licet *secundum divinitatem aequalis sit Patri*, tamen *secundum humanitatem minor est Patre*[8], ut dictum est[9]. Unde, super illud Gl 3,20, *Christus est mediator*, dicit Glossa[10]; *Non Pater vel Spiritus Sanctus*. Dicitur autem Spiritus Sanctus *interpellare pro nobis*, quia ipse interpellare nos facit.

Os demônios têm em comum com Deus a imortalidade e com os homens a miséria. "O demônio, imortal e miserável, se interpõe como intermediário, para impedir que cheguemos à imortalidade bem-aventurada" e conduzir-nos a uma infelicidade que não acaba. Age, portanto, como um "mau intermediário, que separa os amigos".

Cristo, porém, teve em comum com Deus a bem-aventurança, e com os homens a mortalidade. Por isso "se interpôs como mediador: para tornar imortais os que morrem, uma vez que ele superou a morte, como no-lo manifesta a sua ressurreição; e para fazer bem-aventurados os miseráveis, já que nunca se afastou de nós". Por isso é "o bom mediador, que reconcilia os inimigos".

QUANTO AO 3º, deve-se dizer que o Espírito Santo, sendo em tudo igual a Deus, não pode ser chamado intermediário ou mediador entre Deus e os homens, mas unicamente Cristo que, sendo igual ao Pai segundo a divindade, é-lhe, contudo, inferior segundo a humanidade, como foi dito acima. Por isso, a propósito do que diz a Carta aos Gálatas: "Cristo é o mediador", diz a Glosa: "Não o Pai nem o Espírito Santo". Se afirmamos, contudo, que o Espírito Santo pede por nós" é porque ele nos impulsa a pedir.

ARTICULUS 2
Utrum Christus sit mediator Dei et hominum secundum quod homo

AD SECUNDUM SIC PROCEDITUR. Videtur quod Christus non sit mediator Dei et hominum secundum quod homo.

1. Dicit enim Augustinus, in libro *contra Felicianum*[1]: *Una est Christi persona: ne sit non unus Christus, non una substantia; ne, mediatoris dispensatione submota, aut Dei tantum aut hominis dicatur Filius*. Sed non est Dei est hominis Filius secundum quod homo: sed simul secundum quod Deus et homo. Ergo neque dicendum est quod sit mediator Dei et hominum solum secundum quod homo.

ARTIGO 2
Cristo é mediador entre Deus e os homens enquanto homem?

QUANTO AO SEGUNDO, ASSIM SE PROCEDE: parece que Cristo **não** é mediador entre Deus e os homens enquanto homem.

1. Com efeito, Agostinho diz: "Única é a pessoa de Cristo; não se diga, pois, que Cristo não é um, que não é uma única substância ou que é só Filho de Deus ou Filho do homem, suprimindo assim a sua função de mediador". Ora, Cristo não é Filho de Deus ou Filho do homem enquanto homem, mas por ser, ao mesmo tempo, Deus e homem. Logo, não se deve dizer que ele é mediador entre Deus e os homens só enquanto homem.

---

4. C. 15: ML 41, 269.
5. Loc. cit.
6. Loc. cit.
7. Loc. cit.
8. Cfr. Symb. *Quicumque*: MG 28, 1583 B; DENZ. 40.
9. Q. 20, a. 1.
10. LOMBARDI: ML 192, 129 D.

PARALL.: III *Sent.*, dist. 19, a. 5, q.la 2; *De Verit.*, q. 29, a. 5, ad 5; I *ad Tim.*, c. 2, lect. 1.

1. Vide VIGILIUM TAPSENS., *De Unit. Trinit.*, c. 12: ML 62, 342 A (= ML 42, 1164).

2. Praeterea, sicut Christus, inquantum est Deus, convenit cum Patre et Spiritu Sancto, ita, inquantum est homo, convenit cum hominibus. Sed propter hoc quod, inquantum est Deus, convenit cum Patre et Spiritu Sancto, non potest dici mediator inquantum est Deus: quia super illud 1Ti 2,5, *Mediator Dei et hominum*, dicit Glossa[2]: *Inquantum est Verbum, non medius est: quia aequalis est Deo, et Deus apud Deum, et simul unus Deus*. Ergo nec etiam inquantum homo, potest dici mediator, propter convenientiam quam cum hominibus habet.

3. Praeterea, Christus dicitur mediator inquantum reconciliavit nos Deo: quod quidem fecit auferendo peccatum, quod nos separabat a Deo. Sed auferre peccatum convenit Christo non inquantum est homo, sed inquantum est Deus. Ergo Christus, inquantum est homo, non est mediator, sed inquantum est Deus.

Sed contra est quod Augustinus dicit, in lib. IX, *de Civ. Dei*[3]: *Non ob hoc est mediator Christus, quia est Verbum. Maxime quippe immortale et maxime beatum Verbum longe a mortalibus miseris. Sed mediator est secundum quod homo*.

Respondeo dicendum quod in mediatore duo possumus considerare: primo quidem, rationem medii; secundo, officium coniungendi. Est autem de ratione medii quod distet ab utroque extremorum: coniungit autem mediator per hoc quod ea quae unius sunt, defert ad alterum. Neutrum autem horum potest convenire Christo secundum quod Deus, sed solum secundum quod homo. Nam secundum quod Deus, non differt a Patre et Spiritu Sancto in natura et potestate dominii: nec etiam Pater et Spiritus Sanctus aliquid habent quod non sit Filii, ut sic possit id quod est Patris vel Spiritus Sancti, quasi quod est aliorum, ad alios deferre. Sed utrumque convenit ei inquantum est homo. Quia, secundum quod est homo, distat et a Deo in natura, et ab hominibus in dignitate et gratiae et gloriae. Inquantum etiam est homo, competit ei coniungere homines Deo, praecepta et dona hominibus exhibendo, et pro hominibus ad Deum satisfaciendo et interpellando. Et ideo verissime dicitur mediator secundum quod homo.

2. Além disso, assim como Cristo, enquanto Deus, se une ao Pai e ao Espírito Santo, assim também, enquanto homem, se une aos homens. Ora, precisamente, por estar unido ao Pai e ao Espírito Santo, enquanto Deus, não pode ser considerado mediador enquanto Deus. Por isso, a propósito da primeira Carta a Timóteo: "Mediador entre Deus e os homens", a Glosa comenta: "Enquanto Verbo não pode ser intermediário, por ser igual a Deus, Deus junto de Deus e, ao mesmo tempo, um só Deus". Logo, também não pode ser chamado mediador enquanto homem, pela igualdade que tem com os homens.

3. Ademais, Cristo é chamado mediador porque nos reconciliou com Deus, ao tirar o pecado que nos separava de Deus. Ora, tirar o pecado não convém a Cristo enquanto homem, mas enquanto Deus. Logo, Cristo não é mediador enquanto homem, mas enquanto Deus.

Em sentido contrário, diz Agostinho: "Cristo não é mediador por ser Verbo; pois o Verbo, soberanamente imortal e bem-aventurado, está longe dos infelizes mortais. Mas é mediador enquanto homem".

Respondo. Dois aspectos podem ser considerados no mediador: a razão do intermediário, e sua função de unir. É da razão do intermediário, conservar-se distante dos dois extremos; e, como mediador, realiza a função de unir transmitindo a um dos extremos o que pertence ao outro. Ora, nenhum destes dois aspectos pode convir a Cristo enquanto Deus, mas unicamente enquanto homem. Pois, enquanto Deus, não difere do Pai e do Espírito Santo em natureza nem em poder de domínio. Assim também, o Pai e o Espírito Santo nada possuem que não seja do Filho, como se desta maneira pudesse levar aos outros o que é do Pai e do Espírito Santo como se fosse dos outros. Mas ambos os aspectos convêm a Cristo enquanto homem. De fato, enquanto homem, Cristo dista de Deus pela natureza e dos homens pela dignidade da graça e da glória. Além do mais é enquanto homem que cabe a Cristo unir os homens a Deus, manifestando-lhes os preceitos e os dons de Deus, e satisfazendo e pedindo a Deus pelos homens. Portanto, é com toda verdade que Cristo é chamado mediador enquanto homem[b].

---

2. Ordin.: ML 114, 627 C; Lombardi: ML 192, 339 B. — Vide Aug., *Confess.*, l. X, c. 43, n. 68: ML 32, 808.
3. C. 15, n. 2: ML 41, 269.

---

b. Para ser mediador, é preciso não só ter algo em comum com os dois extremos entre os quais se ocupa a posição central, como também manter distância de cada extremo. Não somos mediadores, evidentemente, se nos identificamos totalmente com

AD PRIMUM ergo dicendum quod, si subtrahatur divina natura a Christo, subtrahitur per consequens ab eo singularis plenitudo gratiarum, quae convenit ei inquantum est *Unigenitus a Patre*, ut dicitur Io 1,14. Ex qua quidem plenitudine habet ut sit super omnes homines constitutus, et propinquius ad Deum accedens.

AD SECUNDUM dicendum quod Christus, secundum quod Deus, est per omnia aequalis Patri. Sed etiam in humana natura excedit alios homines. Et ideo, secundum quod homo, potest esse mediator: non autem secundum quod Deus.

AD TERTIUM dicendum quod, licet auctoritative peccatum auferre conveniat Christo secundum quod est Deus, tamen satisfacere pro peccato humani generis convenit ei secundum quod homo. Et secundum hoc dicitur Dei et hominum mediator.

QUANTO AO 1º, portanto, deve-se dizer que privar Cristo da natureza divina é privá-lo, consequentemente, da singular plenitude de graça que lhe cabe enquanto "Filho único do Pai", como diz o Evangelho de João. É essa plenitude de graça que o constitui acima de todos os homens e o aproxima mais de Deus.

QUANTO AO 2º, deve-se dizer que Cristo, enquanto Deus, é em tudo igual ao Pai; mas, ao mesmo tempo, é superior aos outros homens na natureza humana. Por isso pode ser mediador enquanto homem e não enquanto Deus.

QUANTO AO 3º, deve-se dizer que embora tirar o pecado com autoridade convenha a Cristo enquanto Deus, satisfazer pelo pecado do gênero humano lhe convém enquanto homem. E sob este aspecto é chamado mediador entre Deus e os homens.

---

um ou outro dos extremos. De acordo com esse princípio, esperaríamos que Cristo fosse mediador em sua qualidade de Verbo encarnado, isto é, na medida em que a natureza divina e a natureza humana se associam na unidade de sua pessoa. Na verdade, não é isso o que afirma Tomás, que situa a natureza e o ato da mediação de Cristo unicamente do lado de sua natureza humana. De modo bastante lógico, ele vê a distância em relação a Deus no fato de que Cristo é homem, mas a contrapartida não é verdadeira: a distância em relação ao homem é tomada não a partir de sua qualidade divina, mas de sua plenitude de graça: "(Enquanto homem)", ele está à distância de Deus por natureza, e dos homens por dignidade de graça e de glória". É exatamente a posição que era anunciada na solução 2 do artigo anterior, que o exprimia de maneira invertida: "Cristo tem em comum com Deus a felicidade (pela visão), e com o homem a 'mortalidade'". Ao que parece, essa doutrina se explica pelo fato de que Tomás aborda a questão pelo viés do ato principal dessa mediação: a morte de Cristo; ela só era possível, como é evidente, segundo sua natureza humana.

VIDA, MORTE
E RESSURREIÇÃO DE CRISTO

Introdução e notas por Marie-Joseph Nicolas

INTRODUÇÃO

Eis a segunda parte do tratado do Verbo encarnado. Até esta questão 27, o que estava em jogo era o mistério propriamente dito da Encarnação. Quem é e o que é esse "Ser" que resulta da união de Deus ao homem (da "pessoa" divina à "natureza" humana) e, como tal, mediador entre Deus e o homem? Como é ele em sua estrutura ontológica profunda? O que resulta para essa humanidade (para essa natureza humana) que Deus assumiu ao se encarnar?

Agora, e ao longo de 33 questões, (33! o número de anos passados pela Verbo encarnado na Terra), Sto. Tomás irá estudar "o que nosso Salvador, isto é, nosso Deus encarnado, fez e sofreu na Terra: *Acta et passa per ipsum Salvatorem nostrum, id est Deum incarnatum*".

Essa divisão corresponde à que poderíamos sugerir entre Cristo e sua obra. Mas não é de todo adequada. Em primeiro lugar, porque a obra de Cristo prossegue além de sua vida terrestre, e entra numa nova fase no momento de sua entrada na glória. Mas antes de mais nada porque a obra, a missão de Cristo, comanda todo o conjunto do tratado, e isso desde sua primeira parte. Não esqueçamos o plano geral, ou melhor, o movimento imanente da *Suma teológica*: Deus se faz homem para trazer o homem de volta a Deus — "Ele nos mostrou em si mesmo o caminho da verdade, aquele pelo qual poderemos, ressuscitando, alcançar a felicidade da vida imortal" (Prólogo da III). Em estilo patrístico, diríamos: "Deus se fez homem para divinizar o homem". Do mesmo modo, a condição da união hipostática e especialmente o estado no qual a natureza humana foi assumida pelo Verbo foram inteiramente condicionados pela obra a efetuar, a qual não consistia apenas em "divinizar" o homem mas, para poder fazê-lo, salvá-lo do pecado e da morte.

Enfim, cabia à primeira parte do tratado de Cristo mostrar o mistério do "agir" do Verbo encarnado. Quem agiu e sofreu quando Jesus agiu e sofreu? Quem realiza sua obra? Quem está em relação com aquele a quem Jesus chama de Pai e conosco homens? Isso faz parte do mistério essencial do Verbo encarnado. E é por isso que essa parte da cristologia de Sto. Tomás se conclui pela questão do mediador. Qual é o ato do mediador, o ato daquele que é homem e Deus? É o de *reconciliar e unir o homem a Deus*. Quem faz, e só ele, de modo intransmissível, esse ato? O Verbo encarnado, mas enquanto homem, por sua humanidade, por meio de seus atos humanos.

Mas por meio de quais atos humanos, em que circunstâncias, de que maneira Cristo realizou sua obra, como se efetuou o desígnio divino, é o que não se poderá deduzir de Deus ter se tornado homem, é o que só conhecemos por intermédio dos fatos, pela história de Jesus, pela revelação do desígnio de Deus que é essa história.

No entanto, as 33 questões abaixo não consistem essencialmente no relato de uma história. É preciso descobrir seu sentido. É preciso fornecer a interpretação teológica, e isso só poderá ser feito a partir do que é Cristo e da natureza profunda de sua "obra". O que ele faz e o que ele veio fazer, no entanto, só nos aparece por meio do que ele fez. Mas, por sua vez, o que ele fez só adquire toda sua inteligibilidade à luz do mistério de seu ser e de sua missão. De modo que essa longa e amorosa meditação dos fatos e gestos de Cristo remete a cada instante às grandes verdades do tratado da Encarnação, de maneira concreta e existencial. Existe uma co-implicação. A Encarnação era estudada como *in facto esse*, isto é, em seu resultado, que é a união hipostática: é agora *in fieri*, em sua realização propriamente dita. A graça, a ciência, a força de Cristo eram estudadas em suas propriedades essenciais; ei-las agora presentes na maneira de viver, no ensinamento, nos milagres de Cristo. A condição mortal de Cristo e sua solidariedade com os homens, "uma só pessoa mística", aparecem como a condição de uma natureza assumida para a salvação dos homens; vemos em obra agora uma paixão esmiuçada, interpretada, explicada em seus menores detalhes. A encarnação do Verbo era compreendida como a exaltação absoluta do humano e do universo inteiro em sua união indestrutível com a divindade; é na ressurreição e na exaltação de Cristo que vemos tal coisa realizada.

Não há um aspecto da vida de Cristo sobre a Terra que não seja um "mistério": o mistério daquele que a vive e do que tem em vista vivendo. O conceito de "mistério" não é só o de uma verdade escondida, mas presente e alcançável em conceitos, imagens, palavras. É o da realidade divina, ela própria oculta, mas presente e atuante no humano. É o da existência mesma desse homem que é Deus

feito homem, e só existe para os outros. É o de cada um de seus instante terrestres.

Vemos aí uma das ideias principais desta parte do tratado da Encarnação. Sem dúvida ela é desenvolvida sobretudo no que concerne à paixão, à morte e à ressurreição de Cristo, aos "mistérios" que permanecem atuais e atuantes nos sacramentos. Mas Sto. Tomás a aplica expressamente a tudo o que Jesus viveu. "A humanidade de Cristo é o instrumento da divindade, e resulta que *todas* as ações e paixões de Cristo (*acta et passa*) operam de modo instrumental, pela virtude da divindade, para a salvação dos homens" (III, q. 48, a. 6). Sim, em cada um dos atos humanos de Cristo é Deus que age com plena comunhão de consciência e coração, os quais fez seus encarnando. E Deus encarnado age em nosso nome e por nós. Não há um ato de Cristo que não seja como uma aplicação da encarnação redentora: exemplo, realização perfeita do que pode, do que deve ser o homem; mérito que se comunica a cada um daqueles por quem, e em nome de quem Cristo existe. Além disso, cada um dos atos de Cristo, enquanto portador da virtude e da intenção divinas, age espiritualmente sobre os humanos através de todos os tempos, comunicando-lhes a graça que estava presente em sua própria atividade de homem. Essa concepção "mistérica" da vida de Cristo é característica do pensamento de Sto. Tomás. Mas está profundamente enraizada na tradição patrística e na prática contemplativa da Igreja. O que Sto. Tomás fez foi explicá-la servindo-se do conceito filosófico de causa instrumental.

O passado terrestre de Cristo é sem dúvida pretérito, mas permanece como fundamento de tudo o que ele realiza agora em seu ser ressuscitado. E é pela fé e pelos sacramentos que podemos entrar em contato com essa virtude sempre atual dos atos passados de Cristo. Como veremos pela leitura dos textos, Sto. Tomás não quis ou não pôde explicar mais uma verdade que alimentou toda a meditação cristã sobre a vida de Cristo. Lembrando-se sempre que se trata do que fez e sofreu Deus homem.

Se cada um dos atos de Cristo é um mistério, há aqueles que se apresentam como mais significativos, mais dotados de sentido, mas aptos a cristalizar tal ou qual aspecto da obra de Cristo. É nesse sentido que se pode falar dos mistérios de Cristo. Mas Sto. Tomás não está empenhado numa enumeração, mas numa sequência, num encadeamento profundamente significativo por si mesmo. Mostra a vida de Cristo como um caminho: das entranhas da humanidade, do seio humano de Maria, à glória eterna do Pai. E desse caminho ele destaca a lógica divina que o conduz e que condensa todos os acasos da história (tão marcados pela insistência em sublinhar a liberdade de Deus, de Cristo, do homem, dos homens) num pensamento, num desígnio e num movimento.

Que movimento é esse? Tomemos cuidado, pois isso possui um grande alcance teológico.

1º *A Entrada de Cristo neste mundo*, que só se conclui por sua entrada na vida pública.

2º Em seguida, sua vida e seu comportamento no mundo, o que Sto. Tomás chama de *seu avanço no mundo* (*de progressu Christi in mundo*).

3º Depois, sua *partida do mundo* (*exitus*), ou seja, sua paixão e morte.

4º E tudo se conclui por *sua exaltação*.

Reconhecemos aí esse movimento de "*exitus* e de *reditus*" (de saída de Deus e de retorno a Deus), que é a essência da Suma teológica. Ele se realiza de maneira total e primeira em Cristo, para permitir-lhe retomar em si toda a obra de Deus, entrando nela pela encarnação e tirando-o de lá para o seio do Pai. Mas reconhecemos ainda mais São João: "Sabendo que o Pai depositara em suas mãos todas as coisas, e que ele saíra de Deus, e ia para Deus…" (Jo 13,3).

A natureza desse grande afresco teológico, construído a partir dos fatos e textos que os narram conduz Sto. Tomás a um gênero literário bem diferente do que é em geral o da *Suma teológica*. Aqui, o texto sagrado não é somente invocado como princípio e prova da construção teológica. É ele próprio objeto de reflexão. O esforço pessoal e às vezes minucioso de interpretação do dado escriturístico será a todo momento enriquecido e fortalecido pelo recurso aos Antigos, aos Padres. Longas citações que nos dão uma ideia não só da profunda continuidade de espírito que Sto. Tomás queria ter com os Padres da fé, mas de sua vastíssima erudição. Essa multiplicidade e essa diversidade de citações, e portanto de opiniões, poderia levar a considerar o gênero literário de algumas questões como o da *lectio divina*. Seria desconhecer o rigor e a riqueza propriamente teológicas destas páginas. Mais característico ainda e, aliás, ligado ao que precede é o papel dominante desempenhado pelos argumentos de conveniência nesta parte da *Suma teológica*. Como dissemos, não se pode deduzir o que Jesus viveu da união hipostática, mesmo condicionada pela salvação dos homens. Sabendo que isto ocorreu e se produziu, podemos nos perguntar como é que convém à realização do

mistério da encarnação e da salvação dos homens. Mas ocorre quase sempre que as conveniências são múltiplas. Sto. Tomás nem sempre procurou mostrar que era a conveniência essencial, a razão de ser mesmo do que se passou. O seu texto deixa uma grande liberdade à reflexão pessoal.

QUAESTIO XXVII
DE SANCTIFICATIONE BEATAE VIRGINIS
in sex articulos divisa

Post praedicta, in quibus de unione Dei et hominis et de his quae unionem sequuntur, tractatum est, restat considerandum de his quae Filius Dei incarnatus in natura humana sibi unita fecit vel passus est. Quae quidem consideratio quadripartita erit. Nam primo considerabimus de his quae pertinent ad ingressum eius in mundum; secundo, de his quae pertinent ad processum vitae ipsius in hoc mundo; tertio, de exitu ipsius ab hoc mundo; quarto, de his quae pertinent ad exaltationem ipsius post hanc vitam.

Circa primum quatuor consideranda occurrunt: primo quidem de conceptione Christi; secundo, de eius nativitate; tertio, de eius circumcisione; quarto, de eius baptismo.

Circa conceptionem autem eius, oportet aliqua considerare primo, quantum ad matrem concipientem; secundo, quantum ad modum conceptionis; tertio, quantum ad perfectionem prolis conceptae.

Ex parte autem matris occurrunt quatuor consideranda: primo quidem, de sanctificatione eius; secundo, de virginitate eius; tertio, de desponsatione eius; quarto, de annuntiatione ipsius, vel de praeparatione ipsius ad concipiendum.

Circa primum quaeruntur sex.

Primo: utrum Beata Virgo mater Dei fuerit sanctificata ante nativitatem ex utero.

Secundo: utrum fuerit sanctificata ante animationem.

Tertio: utrum per huiusmodi sanctificationem fuerit sibi totaliter sublatus fomes peccati.

Quarto: utrum per huiusmodi sanctificationem fuerit consecuta ut nunquam peccaret.

Quinto: utrum per huiusmodi sanctificationem adepta fuerit plenitudinem gratiarum.

Sexto: utrum sic fuisse sanctificata fuerit proprium sibi.

QUESTÃO 27
A SANTIFICAÇÃO DA BEM-AVENTURADA VIRGEM[a]
em seis artigos

Depois de termos estudado a união entre Deus e o homem, e as consequências que se seguem dessa união, resta-nos ainda considerar as ações e sofrimentos do Filho de Deus encarnado, o que fez e padeceu na natureza humana à qual ele se uniu. Esta consideração será dividida em quatro partes: I. A entrada do Filho de Deus neste mundo. II. O processo de sua vida neste mundo. III. Sua saída deste mundo. IV. Sua exaltação depois desta vida.

A respeito da primeira parte ocorrem quatro considerações: 1. Sobre a concepção de Cristo. 2. Sobre seu nascimento. 3. Sobre sua circuncisão. 4. Sobre seu batismo.

A propósito de sua concepção é preciso considerar: 1º A mãe que o concebeu. 2º O modo da concepção. 3º A perfeição da criança concebida.

Finalmente, no que se refere à mãe, serão considerados quatro aspectos: I. Sua santificação. II. Sua virgindade. III. Seus esponsais. IV. A anunciação ou sua preparação para conceber.

Sobre o primeiro são seis as perguntas:

1. A bem-aventurada Virgem mãe de Deus foi santificada antes de seu nascimento, no seio materno?
2. Foi santificada antes de lhe ser infundida a alma?
3. Em virtude desta santificação terá sido totalmente suprimida nela a inclinação para pecado?
4. Por causa disso teve o privilégio de nunca pecar?
5. Obteve a plenitude das graças?
6. Ter sido assim santificada foi exclusivo dela?

---

a. Nestas quatro questões (27-30), diretamente concernentes à Mãe de Cristo, "a que o concebeu", Sto. Tomás destaca e valoriza o papel pessoal de Maria na entrada neste mundo do Verbo encarnado. O que o leva a estudar como Maria foi preparada para se tornar a Mãe de Cristo, antes de mais nada por sua santificação, e depois por sua virgindade e, apesar de tudo, por seu casamento; e acima de tudo pelo anúncio que lhe foi feito do que iria se realizar nela. Todo o fundamento, mas não o desenvolvimento, de uma teologia marial. É portanto pela santificação de Maria, ou seja, por sua graça, que começa o processo de entrada no mundo dos homens do Verbo de Deus. Vai se abordar aqui a primeira infusão da graça de Maria, do "momento" em que essa graça lhe foi concedida. É aí que se põe formalmente a questão que se tornou a da Imaculada Conceição. Se quisermos compreender de que maneira e em que espírito Sto. Tomás a resolve, é preciso ler atentamente, em sua sequência encadeada de modo tão admirável, os seis artigos da questão 27.

Articulus 1
Utrum Beata Virgo fuerit sanctificata ante nativitatem ex utero

AD PRIMUM SIC PROCEDITUR. Videtur quod Beata Virgo non fuerit sanctificata ante nativitatem ex utero.
1. Dicit enim Apostolus, 1Cor 15,46: *Non prius quod spirituale est, sed quod animale: deinde quod est spirituale*. Sed per gratiam sanctificantem nascitur homo spiritualiter in filium Dei: secundum illud Io 1,13: *Ex Deo nati sunt*. Nativitas autem ex utero est nativitas animalis. Non ergo Beata Virgo fuit prius sanctificata quam ex utero nasceretur.

2. PRAETEREA, Augustinus dicit, in Epistola *ad Dardanum*[1]: *Sanctificatio, qua efficimur templum Dei, non nisi renatorum est*. Nemo autem renascitur nisi prius nascatur. Ergo Beata Virgo non fuit prius sanctificata quam ex utero nasceretur.

3. PRAETEREA, quicumque est sanctificatus per gratiam, est mundatus a peccato originali et actuali. Si ergo Beata Virgo fuit sanctificata ante nativitatem ex utero, consequens est quod fuerit tunc emundata ab originali peccato. Sed solum originale peccatum poterat eam impedire ab introitu regni caelestis. Si ergo tunc mortua fuisset, videtur quod ianuam regni caelestis introisset. Quod tamen fieri non potuit ante passionem Christi: iuxta illud Apostoli: *habemus enim fiduciam in introitu sanctorum per sanguinem eius*, ut dicitur Hb 10,19. Videtur ergo quod Beata Virgo non fuerit sanctificata antequam ex utero nasceretur.

4. PRAETEREA, peccatum originale ex origine contrahitur, sicut peccatum actuale ex actu. Sed quandiu aliquis est in actu peccandi, non potest a peccato actuali mundari. Ergo etiam nec Beata Virgo a peccato originali mundari potuit dum esset adhuc in ipso actu originis, in materno utero existens.

SED CONTRA est quod Ecclesia celebrat Nativitatem Beatae Virginis. Non autem celebratur festum in Ecclesia nisi pro aliquo sancto. Ergo Beata Virgo in ipsa sui nativitate fuit sancta. Fuit ergo in utero sanctificata.

Artigo 1
A Bem-aventurada Virgem foi santificada no seio materno antes de nascer?

QUANTO AO PRIMEIRO ARTIGO, ASSIM SE PROCEDE: parece que a Bem-aventurada Virgem **não** foi santificada no seio materno antes de nascer.
1. Com efeito, o Apóstolo diz na primeira Carta aos Coríntios: "Não é o espiritual que vem primeiro, mas o animal; o espiritual vem depois". Ora, o homem nasce espiritualmente como filho de Deus pela graça santificante, como diz o Evangelho de João: "Nascidos de Deus". Mas o nascimento do seio materno é um nascimento animal. Logo, a Bem-aventurada Virgem não foi santificada no seio materno antes de nascer.

2. ALÉM DISSO, Agostinho diz: "A santificação pela qual nos tornamos templo de Deus é própria só dos que renasceram". Ora, ninguém pode renascer sem ter nascido primeiro. Logo, a Bem-aventurada Virgem não foi santificada no seio materno antes de nascer.

3. ADEMAIS, todo aquele que é santificado pela graça é purificado do pecado original e do pecado atual. Portanto, se a Bem-aventurada Virgem foi santificada no seio materno antes de seu nascimento, seguir-se-ia que teria sido então purificada do pecado original. Ora, só o pecado original poderia impedir-lhe entrar no Reino dos Céus. Se ela tivesse morrido então, parece que teria entrado no Reino dos Céus. Isto, contudo, não podia acontecer antes da paixão de Cristo, conforme as palavras do Apóstolo na Carta aos Hebreus: "Pelo seu sangue temos a confiança de entrar no santuário". Logo, não parece que a Bem-aventurada Virgem tenha sido santificada no seio materno antes de nascer.

4. ADEMAIS, o pecado original se contrai pela origem, como o pecado atual por um ato. Ora, ninguém pode ser purificado do pecado atual enquanto dura o ato de pecar. Logo, a Bem-aventurada Virgem não podia ser purificada do pecado original enquanto permanecia ainda no mesmo ato da origem, ou seja, existindo no seio materno.

EM SENTIDO CONTRÁRIO, a Igreja celebra a natividade da Bem-aventurada Virgem. Ora, na Igreja só se celebra uma festa por algum santo. Portanto, a Bem-aventurada Virgem foi santa desde o seu nascimento. E, portanto, santificada no seio materno.

---

1 PARALL.: A. seq., ad 2; III *Sent*., dist. 3, q. 1, a. 1, q.la 3; *Quodlib*. VI, q. 5, a. 1; *Compend. Theol*., c. 224; *Expos. in Salut. Angelic*.; in *Psalm*. 45; in *Ierem*., c. 1.

1. Epist. 187, al. 57, c. 10, n. 32: ML 33, 844.

RESPONDEO dicendum quod de sanctificatione Beatae Mariae, quod scilicet fuerit sanctificata in utero, nihil in Scriptura canonica traditur: quae etiam nec de eius nativitate mentionem facit. Sed sicut Augustinus, *de Assumptione* ipsius Virginis[2], rationabiliter argumentatur quod cum corpore sit assumpta in caelum, quod tamen Scriptura non tradit; ita etiam rationabiliter argumentari possumus quod fuerit sanctificata in utero. Rationabiliter enim creditur quod illa quae genuit *Unigenitum a Patre, plenum gratiae et veritatis*[3], prae omnibus aliis maiora gratiae privilegia accepit: unde legitur, Lc 1,28, quod Angelus ei dixit: *Ave, gratia plena*. Invenimus autem quibusdam aliis hoc privilegialiter esse concessum ut in utero sanctificarentur: sicut Ieremias, cui dictum est, Ier 1,5, *Antequam exires de vulva sanctificavi te*; et sicut Ioannes Baptista, de quo dictum est, Lc 1,15, *Spiritu Sancto replebitur adhuc ex utero matris suae*. Unde rationabiliter creditur quod Beata Virgo sanctificata fuerit antequam ex utero nasceretur.

AD PRIMUM ergo dicendum quod etiam in Beata Virgine prius fuit animale, et post id quod est spirituale: quia prius fuit secundum carnem concepta, et postea secundum spiritum sanctificata.

AD SECUNDUM dicendum quod Augustinus loquitur secundum legem communem, secundum quam per sacramenta non regenerantur aliqui nisi prius nati. Sed Deus huic legi sacramentorum potentiam suam non alligavit, quin aliquibus ex speciali privilegio gratiam suam conferre possit antequam nascantur ex utero.

AD TERTIUM dicendum quod Beata Virgo sanctificata fuit in utero a peccato originali quantum ad maculam personalem: non tamen fuit liberata a reatu quo tota natura tenebatur obnoxia, ut scilicet non intraret in Paradisum nisi per Christi hostiam;

RESPONDO. A Sagrada Escritura nada nos diz sobre a santificação da Bem-aventurada Virgem Maria no seio materno; nem mesmo faz menção de seu nascimento. Agostinho, contudo, num sermão sobre a Assunção, argumenta de forma racional que ela foi elevada ao céu corporalmente, embora a Escritura não o mencione. Da mesma forma podemos argumentar racionalmente que ela foi santificada no seio materno[b]. Com efeito, existem boas razões para crer que aquela que gerou "o Filho unigênito do Pai, cheio de graça e de verdade", tenha recebido privilégios de graça superiores aos dos outros homens. Eis por que, segundo o Evangelho de Lucas, o anjo lhe diz: "Salve, cheia de graça". Sabemos também que a outros foi concedido o privilégio da santificação no seio materno: Jeremias, por exemplo, a quem é dito: "Eu te conheci antes de te formar no seio materno", ou João Batista, de quem se diz: "Estará cheio do Espírito Santo ainda no seio materno". É, pois, razoável crer que a bem-aventurada Virgem Maria foi santificada no seio materno antes de nascer[c].

QUANTO AO 1º, portanto, deve-se dizer que também na Bem-aventurada Virgem o que é animal precedeu o espiritual, porque ela foi concebida primeiro segundo a carne e depois santificada segundo o espírito[d].

QUANTO AO 2º, deve-se dizer que Agostinho fala da lei ordinária, segundo a qual ninguém pode ser regenerado pelos sacramentos antes de ter nascido. Mas Deus não ligou seu poder a esta lei dos sacramentos; por privilégio especial pode outorgar sua graça a algumas pessoas antes mesmo de nascerem do seio materno.

QUANTO AO 3º, deve-se dizer que a Bem-aventurada Virgem foi santificada no seio materno da mancha pessoal do pecado original, mas não foi libertada da pena à qual estava sujeita toda a natureza humana. Nesse sentido só podia entrar no

---

2. *Tract. de Assumpt. B. M. V.*, Praef.: ML 40, 1141. — (Inter Opp. Aug.).
3. Ioan. 1, 14.

b. É de maneira racional, isto é, por meio de um raciocínio, mas a partir de verdades contidas na Revelação, que Sto. Tomás prova a santificação de Maria no seio de sua mãe. E é também mediante um raciocínio teológico que ele julgará dever negar a possibilidade de uma santificação no momento da "animação".

c. Os dois exemplos fornecidos serão de fato casos de santificação no seio da mãe? O notável artigo 5 dessa mesma questão nos mostrará de modo bem mais direto e sem comparação com qualquer um que a "plenitude" da graça ligada à maternidade divina invoca uma santificação excepcional.

d. Não esqueçamos que, para Sto. Tomás, como para todos os teólogos de sua época, a alma espiritual só é criada um certo número de semanas após a concepção propriamente dita. Imaginava-se um momento em que Maria, "já concebida segundo a carne", não estava ainda criada segundo o espírito. Daí, entre os teólogos antigos e sobretudo na pregação, uma grande confusão vocabular e uma embaraçosa ambiguidade na expressão "Imaculada Conceição". Compreendeu-se com clareza, enfim, que quando se trata de um ser humano, sua concepção é um processo inteiramente voltado para a animação (ou seja, para a infusão de uma alma espiritual), e que se conclui com ela, a qualquer momento que isso se produza.

sicut etiam de sanctis Patribus dicitur qui fuerunt ante Christum⁴.

AD QUARTUM dicendum quod peccatum originale trahitur ex origine inquantum per eam communicatur humana natura, quam respicit proprie peccatum originale. Quod quidem fit quando proles concepta animatur. Unde post animationem nihil prohibet prolem conceptam sanctificari: postea enim non manet in materno utero ad accipiendam humanam naturam, sed ad aliqualem perfectionem eius quod iam accepit.

ARTICULUS 2
Utrum Beata Virgo sanctificata fuerit ante animationem

AD SECUNDUM SIC PROCEDITUR. Videtur quod Beata Virgo sanctificata fuit ante animationem.

1. Quia, ut dictum est¹, plus gratiae est collatum Virgini matri Dei quam alicui sanctorum. Sed quibusdam videtur esse concessum quod sanctificarentur ante animationem. Quia dicitur Ier 1,5, *Priusquam te formarem in utero, novi te*: non autem infunditur anima ante corporis formationem. Similiter etiam de Ioanne Baptista dicit Ambrosius, *super Luc.*², quod *nondum inerat ei spiritus vitae, et iam inerat ei Spiritus gratiae*. Ergo multo magis Beata Virgo ante animationem sanctificari potuit.

2. PRAETEREA, conveniens fuit, sicut Anselmus dicit, in libro *de Conceptu Virginali*³, *ut illa Virgo ea puritate niteret qua maior sub Deo nequit intelligi*: unde et in Ct 4,7 dicitur: *Tota pulchra es, amica mea, et macula non est in te*. Sed maior puritas fuisset Beatae Virginis si nunquam fuisset inquinata contagio originalis peccati. Ergo hoc ei

paraíso pelo sacrifício de Cristo, como os santos patriarcas que existiram antes dele.

QUANTO AO 4º, deve-se dizer que o pecado original se transmite pelo ato gerador, pois é por ele que se comunica a natureza humana, à qual se refere propriamente o pecado originalᵉ. Ora, isso acontece quando a prole concebida recebe a alma. Assim, pois, nada impede que a prole seja santificada depois de receber a alma. De fato, a prole não permanece depois no seio materno para receber a natureza humana, mas para uma maior perfeição do que já recebeu.

ARTIGO 2
A Bem-aventurada Virgem foi santificada antes de receber a alma?

QUANTO AO SEGUNDO, ASSIM SE PROCEDE: parece que a bem-aventurada Virgem **foi** santificada antes de receber a alma.

1. Com efeito, como foi dito, à Virgem Mãe de Deus foi concedida mais graça do que a qualquer outro santo. Ora, parece que a alguns santos foi concedida a santificação antes de receberem a alma. Com efeito, no livro de Jeremias se diz: "Antes de te formar no seio materno te conheci". Ora, a alma não é infundida antes da formação do corpo. Igualmente, a propósito de João Batista, comenta Ambrósio: "Ainda o espírito da vida não estava nele e já estava nele o Espírito da graça". Logo, com maior razão, pôde ser santificada a Bem-aventurada Virgem antes de receber a alma.

2. ALÉM DISSO, era conveniente, afirma Anselmo, "que esta Virgem resplandecesse em tal pureza que não se possa conceber outra maior fora de Deus". Por isso se diz no Cântico dos Cânticos: "És toda formosa, amiga minha, e não há mancha alguma em ti". Ora, seria maior a pureza da bem-aventurada Virgem se nunca tivesse sido manchada

---

4. AUG., Epist. 187, al. 57, c. 11: ML 33, 845; Epist. 190, al. 157, c. 2, n. 6: ML 33, 858-859. — Cfr. *In Ioan. Evang.*, tract. 45, n. 9: ML 35, 1722-1723.

2 PARALL.: III *Sent.*, dist. 3, q. 1, a. 1, q.la 2; *Quodlib.* VI, q. 5, a. 1; *Compend. Theol.*, c. 224; in *Psalm.* 45; in *Ierem.*, c. 1.

1. A. praec.
2. L. I, n. 33, super 1, 15: ML 15, 1547 B.
3. C. 18: ML 158, 451 A.

e. Notemos bem o que se diz aqui: se o ato gerador transmite o pecado original, é na medida em que transmite a natureza que, enquanto tal, é privada de sua ordenação original à graça. Isso exclui, mesmo que Sto. Tomás não se despoje sempre inteiramente de uma linguagem corrente, a ideia de uma mácula devida ao que a sexualidade humana pode ter de desregrada. Notemos também que não se poderia falar nem de pecado original nem de graça antes que a natureza seja inteiramente transmitida, ou seja, antes do momento em que a alma espiritual é criada.

praestitum fuit quod, antequam animaretur caro eius, sanctificaretur.

3. PRAETEREA, sicut dictum est[4], non celebratur festum nisi de aliquo sancto. Sed quidam celebrant festum Conceptionis Beatae Virginis. Ergo videtur quod in ipsa sua conceptione fuerit sancta. Et ita videtur quod ante animationem fuerit sanctificata.

4. PRAETEREA, Apostolus dicit, Rm 11,16: *Si radix sancta, et rami*. Radix autem filiorum sunt parentes eorum. Potuit ergo Beata Virgo sanctificari etiam in suis parentibus, ante animationem.

SED CONTRA est quod ea quae fuerunt in veteri Testamento, sunt figura Novi: secundum illud 1Cor 10,11: *Omnia in figura contingebat illis*. Per sanctificationem autem tabernaculi, de qua dicitur in Ps 45,5, *Sanctificavit tabernaculum suum Altissimus*, videtur significari sanctificatio Matris Dei, quae tabernaculum Dei dicitur, secundum illud Ps 18,6, *In sole posuit tabernaculum suum*. De tabernaculo autem dicitur Ex 40,31-32: *Postquam cuncta perfecta sunt, operuit nubes tabernaculum Testimonii, et gloria Domini implevit illud*. Ergo et Beata Virgo non fuit sanctificata nisi postquam cuncta eius perfecta sunt, scilicet corpus et anima.

RESPONDEO dicendum quod sanctificatio Beatae Virginis non potest intelligi ante eius animationem, duplici ratione. Primo quidem, quia sanctificatio de qua loquimur, non est nisi emundatio a peccato originali: sanctitas enim est *perfecta munditia*, ut Dionysius dicit, 12 cap. *de Div. Nom.*[5]. Culpa autem non potest emundari nisi per gratiam: cuius subiectum est sola creatura rationalis. Et ideo ante infusionem animae rationalis Beata Virgo sanctificata non fuit.

Secundo quia, cum sola creatura rationalis sit susceptiva culpae, ante infusionem animae rationalis proles concepta non est culpae obnoxia. Et sic, quocumque modo ante animationem Beata Virgo sanctificata fuisset, nunquam incurrisset maculam originalis culpae: et ita non indiguisset redemptione et salute quae est per Christum, de quo dicitur Mt 1,21: *Ipse salvum faciet populum suum a peccatis eorum*. Hoc autem est inconveniens, quod Christus non sit *Salvator omnium hominum*, ut dicitur 1Ti 4,10. Unde relinquitur quod sanctificatio Beatae Virginis fuerit post eius animationem.

pelo contágio do pecado original. Logo, foi-lhe concedido ser santificada antes de receber a alma.

3. ADEMAIS, como já foi dito, só se celebra festa de algum santo. Ora, alguns celebram a festa da Conceição da Bem-aventurada Virgem. Logo, parece que ela foi santa na própria concepção; e, assim, foi santificada antes de receber a alma.

4. ADEMAIS, segundo o Apóstolo na Carta aos Romanos: "Se a raiz é santa, os ramos também o são". Ora, a raiz dos filhos são os seus pais. Logo, a bem-aventurada Virgem pôde ser santificada nos seus pais antes de receber a alma.

EM SENTIDO CONTRÁRIO, os acontecimentos do Antigo Testamento são figura do Novo, segundo a primeira Carta aos Coríntios: "Tudo lhes acontecia em figura". E quando o Salmo 45 fala da santificação do tabernáculo: "O Altíssimo santificou o seu tabernáculo", parece simbolizar a santificação da Mãe de Deus, que, em outro Salmo é chamada tabernáculo de Deus: "Estabeleceu seu tabernáculo no sol". Mas a respeito do tabernáculo diz o livro do Êxodo: "Quando tudo foi concluído, a nuvem cobriu o tabernáculo do Testemunho e a glória do Senhor o encheu". Logo, a bem-aventurada Virgem só foi santificada depois de ter sido completado tudo o que lhe pertencia, a saber, o corpo e a alma.

RESPONDO. A santificação da Bem-aventurada Virgem antes de ter uma alma não tem sentido por dois motivos: 1º, a santificação de que se trata nada mais é do que a purificação do pecado original; pois, como diz Dionísio, a santidade é *a purificação perfeita*. Ora, a culpa só pode ser purificada pela graça, e o sujeito da graça é exclusivamente a criatura racional. Por isso, a bem-aventurada Virgem não foi santificada antes que lhe tenha sido infundida a alma racional.

2º, só a criatura racional é suscetível de culpa; por isso, a prole concebida só pode estar sujeita à culpa depois que lhe tenha sido infundida a alma racional. Assim, de qualquer modo que, antes de receber a alma, a Bem-aventurada Virgem tivesse sido santificada, não teria incorrido nunca na mancha do pecado original; e, como consequência, não teria tido necessidade da redenção e da salvação trazidas por Cristo, de quem o Evangelho de Mateus afirma: "Salvará seu povo de seus pecados". Além de não convir que Cristo não seja "o Salvador de todos os homens", como se diz na primeira Carta a Timóteo. Só resta, pois, que a

---

4. A. praec., arg. *sed c*.
5. § 2: MG 3, 969 B.

AD PRIMUM ergo dicendum quod Dominus dicit ante formationem in utero Ieremiam *novisse*, notitia scilicet praedestinationis: sed *sanctificasse se dicit*[6] eum, non ante formationem, sed *antequam exiret de ventre*, etc.

Quod autem dicit Ambrosius, quod Ioanni Baptistae nondum inerat spiritus vitae cum iam haberet Spiritum gratiae, non est intelligendum secundum quod *spiritus vitae* dicitur anima vivificans: sed secundum quod spiritus dicitur aer exterius respiratus. — Vel potest dici quod nondum inerat, ei spiritus vitae, idest anima, quantum ad manifestas et completas operationes ipsius.

AD SECUNDUM dicendum quod, si nunquam anima Beata Virginis fuisset contagio originalis peccati inquinata, hoc derogaret dignitati Christi, secundum quam est universalis omnium Salvator. Et ideo sub Christo, qui salvari non indiguit, tanquam universalis Salvator, maxima fuit Beatae Virginis puritas. Nam Christus nullo modo contraxit originale peccatum, sed in ipsa sui conceptione fuit sanctus: secundum illud Lc 1,35: *Quod ex te nascetur sanctum vocabitur Filius Dei*. Sed Beata Virgo contraxit quidem originale peccatum, sed ab eo fuit mundata antequam ex utero nasceretur. Et hoc significatur Iob 3,9, ubi de nocte originalis peccati dicitur, *Expectet lucem*, idest Christum, *et non videat* (quia *nihil inquinatum intravit in illam*, ut dicitur Sap 7,25: *nec ortum surgentis aurorae*, idest Beatae Virginis, quae in suo ortu a peccato originali fuit immunis.

santificação da Bem-aventurada Virgem se tenha realizado depois de receber a alma[f].

QUANTO AO 1º, portanto, deve-se dizer que o Senhor diz *ter conhecido* Jeremias antes de sua formação no seio materno, ou seja, com um conhecimento de predestinação; mas diz que o *santificou* não antes de sua formação e sim *antes que saísse do seio materno*.

Quanto à afirmação de Ambrósio de que em João Batista já estava o espírito da graça antes de estar o espírito da vida não deve ser entendida como se *espírito de vida* significasse a alma vivificante, mas como o ar de fora que respiramos. — Ou poder-se-ia dizer ainda que não estava nele o espírito de vida, ou seja, a alma, quanto às suas operações visíveis e completas.

QUANTO AO 2º, deve-se dizer que se a alma da Bem-aventurada Virgem não tivesse sido nunca manchada pela transmissão do pecado original, seria uma diminuição da dignidade de Cristo, que é o Salvador universal de todos. Por isso, a pureza da Bem-aventurada Virgem foi a maior de todas, abaixo de Cristo, que não tinha necessidade de ser salvo por ser o Salvador universal. Porque Cristo não contraiu, de modo algum, o pecado original, mas foi santo em sua própria concepção, como nos diz o Evangelho de Lucas: "O que nascer de ti será santo, e será chamado Filho de Deus". A Bem-aventurada Virgem, porém, contraiu o pecado original, mas foi purificada dele antes de nascer do seio materno. É o que dá a entender o livro de Jó quando, a propósito da noite do pecado original, afirma: "Que espere a luz, isto é, o Cristo e não veja nem o surgir da aurora nascente", isto é, da

---

6. Loc. cit.

f. É neste artigo que, de maneira indiscutível, Sto. Tomás afirma que Maria contraiu o pecado original para ser, logo depois, libertada pelo dom da graça. No entanto, ele não põe diretamente essa questão, mas esta: Maria foi santificada antes de sua animação, isto é, antes que fosse criada sua alma espiritual? A resposta era evidente, e ele a reafirma neste texto. Antes que haja uma alma, e portanto uma pessoa, não se podia falar nem de pecado nem de graça. A "mácula" do pecado original não reside na "carne", mesmo que, mesmo que seja transmitida pela carne, mas na alma. Mas, isto dito, por que não propor uma nova questão: "A Bem-aventurada Virgem foi santificada no instante mesmo de sua animação?". Essa questão ele não a propõe. É que, a seus olhos, isso equivaleria a dizer que, tendo sido "santificada" antes de poder contrair o pecado original, ela não teria tomado parte na redenção do gênero humano por Cristo. Não seria resgatada. Ora, nada é mais certo do que o fato de Maria ter sido resgatada. Negá-lo seria negar que em seu ser de graça ela pertença tão inteiramente a Cristo quanto o resto da Igreja. E é igualmente certo que, se sua alma foi santificada, ou seja, preenchida de graça no instante de sua criação e de sua infusão no corpo, pode-se afirmar que ela contraiu o pecado original, este se definindo na doutrina de Tomás como a privação da graça. Em contrapartida, pode-se perfeitamente dizer que, nesse caso, foi salva por Cristo, em previsão de seu ato redentor. Com efeito, criada por apelo de um corpo saído de Adão, e por consequência naturalmente destinado a receber uma alma privada de graça, esta foi todavia criada na graça devido a sua destinação única de mãe do Redentor. Resgatada ela o é, afirmará o dogma, mas de maneira mais sublime: foi preservada, impedida de contrair o pecado original ao qual tendia sua originação carnal. Desse modo, Sto. Tomás não superou o obstáculo que era para ele a necessidade de ver em Maria uma resgatada. Mas, para conseguir fazê-lo, bastava a seus discípulos utilizar a doutrina do pecado original e de sua transmissão, evitando as confusões da imaginação que por muito tempo pairaram sobre a questão, relativas a uma purificação da mácula "carnal", anterior à criação da alma de Maria. É pena que tenham levado tanto tempo para fazer isso.

AD TERTIUM dicendum quod, licet Romana Ecclesia Conceptionem Beatae Virginis non celebret, tolerat tamen consuetudinem aliquarum ecclesiarum illud festum celebrantium. Unde talis celebritas non est totaliter reprobanda. Nec tamen per hoc festum Conceptionis celebratum datur intelligi quod in sua conceptione fuerit sancta. Sed, quia quo tempore sanctificata fuerit ignoratur, celebratur festum sanctificationis eius, potius quam conceptionis, in die conceptionis ipsius.

AD QUARTUM dicendum quod duplex est sanctificatio. Una quidem totius naturae: inquantum scilicet tota natura humana ab omni corruptione culpae et poenae liberatur. Et haec erit in resurrectione. — Alia vero est sanctificatio personalis. Quae non transit in prolem carnaliter genitam: quia talis sanctificatio non respicit carnem, sed mentem. Et ideo, etsi parentes Beatae Virginis fuerunt mundati a peccato originali, nihilominus Beata Virgo contraxit peccatum originale, cum fuerit concepta secundum carnis concupiscentiam et ex commixtione maris et feminae: dicit enim Augustinus, in libro *de Nuptiis et Concupiscentia*[7], *omnem quae de concubitu nascitur, carnem esse peccati*.

ARTICULUS 3
Utrum Beata Virgo fuerit emundata ab infectione fomitis

AD TERTIUM SIC PROCEDITUR. Videtur quod Beata Virgo non fuerit emundata ab infectione fomitis.

1. Sicut enim poena originalis peccati est fomes, qui consistit in inferiorum virium rebellione ad rationem, ita etiam poena originalis peccati est mors, et ceterae poenalitates corporales. Sed Beata Virgo fui subiecta huiusmodi poenalitatibus. Ergo etiam fomes ab ea totaliter remotus non fuit.

Bem-aventurada Virgem que, em seu nascimento, foi indene do pecado original porque, como diz o livro da Sabedoria: "Nada de maculado entrou nela".

QUANTO AO 3º, deve-se dizer que embora a Igreja romana não celebre a Conceição da Bem-aventurada Virgem, tolera o costume de certas Igrejas que celebram esta festa. Tal celebração não deve ser, portanto, totalmente reprovada. Contudo, a celebração da festa da Conceição não significa que a Bem-aventurada Virgem fosse santa na sua concepção. Mas, porque se ignora em que momento foi santificada, celebra-se a festa de sua santificação mais do que a da concepção, no dia de sua concepção.

QUANTO AO 4º, deve-se dizer que há duas espécies de santificação. Uma, de toda natureza, enquanto toda natureza humana é libertada de toda corrupção da culpa e da pena. Tal santificação terá lugar na ressurreição. — A outra é a santificação pessoal. Esta não passa à prole gerada segundo a carne, porque tal santificação não diz respeito à carne, mas ao espírito. Por isso, mesmo que os pais da Bem-aventurada Virgem tenham sido purificados do pecado original, a bem-aventurada Virgem contraiu o pecado original porque foi concebida segundo a concupiscência da carne e pela união entre o homem e a mulher. E, como diz Agostinho: "Toda carne que nasce do concúbito é carne de pecado".

ARTIGO 3
A Bem-aventurada Virgem foi purificada da inclinação ao pecado?[g]

QUANTO AO TERCEIRO, ASSIM SE PROCEDE: parece que a bem-aventurada Virgem **não** foi purificada da inclinação ao pecado.

1. Com efeito, a inclinação ao pecado é uma pena que decorre do pecado original e consiste na rebelião das potências inferiores contra a razão. Da mesma forma são pena do pecado original a morte e outras penalidades corporais. Ora, a Bem-aventurada Virgem esteve sujeita a estas

---

7. L. I, c. 12: ML 44, 421.

PARALL.: Infra, a. 4, ad 1; a. 5, ad 2; III *Sent.*, dist. 3, q. 1, a. 2, q.la 1; *Expos. primae partis text.; Compend. Theol.*, c. 224, 225; in *Ierem.*, c. 1.

g. Qualquer que seja o momento no qual a graça, a santificação tenha sido concedida a Maria, podemos nos perguntar se ela chega a ponto de abolir ou impedir a "concupiscência" — também chamada de inclinação ao pecado —, quando a graça batismal a deixa subsistir. Fiel à posição tomada de reservar a Cristo (a sua humanidade assumida pelo Verbo) uma vitória total sobre o pecado original, e a Maria uma maneira única de participar dessa vitória, Sto. Tomás adota uma posição intermediária: com a total purificação dando a Maria as propriedades da graça original, Sto. Tomás vê nela o efeito da Encarnação do Salvador. Mas, à primeira santificação ele atribui o poder de tornar absolutamente ineficaz e sem poder algum, mesmo em seu primeiro movimento, essa concupiscência original.

2. PRAETEREA, 2Cor 12,9 dicitur: *Virtus in infirmitate perficitur*: et loquitur de infirmitate fomitis, secundum quam patiebatur *stimulum carnis* [v. 7]. Sed nihil quod pertinet ad perfectionem virtutis, fuit Beatae Virgini subtrahendum. Ergo non fuit Beatae Virgini totaliter subtrahendus fomes.

3. PRAETEREA, Damascenus dicit[1] quod in Beata Virgine *supervenit Spiritus Sanctus purgans eam ante conceptionem Filii Dei*. Quod non potest intelligi nisi de purgatione a fomite: nam peccatum non fecit, ut Augustinus dicit, in libro *de Natura et Gratia*[2]. Ergo per sanctificationem in utero non fuit libere mundata a fomite.

SED CONTRA est quod dicitur Ct 4,7: *Tota pulchra es, amica mea, et macula non est in te*. Fomes autem ad maculam pertinet, saltem carnis. Ergo in Beata Virgine fomes non fuit.

RESPONDEO dicendum quod circa hoc sunt diversae opiniones. Quidam[3] enim dixerunt quod in ipsa sanctificatione Beatae Virginis, qua fuit sanctificata in utero, totaliter fuit ei fomes subtractus. — Quidam[4] vero dicunt quod remansit fomes quantum ad hoc quod facit difficultatem ad bonum, sublatus tamen fuit quantum ad hoc quod facit pronitatem ad malum. — Alii[5] vero dicunt quod sublatus fuit fomes inquantum pertinet ad corruptionem personae, prout impellit ad malum et difficultatem facit ad bonum: remansit tamen inquantum pertinet ad corruptionem naturae, prout scilicet est causa traducendi originale peccatum in prolem. — Alii[6] vero dicunt quod in prima sanctificatione remansit fomes secundum essentiam, sed ligatus fuit: in ipsa autem conceptione Filii Dei fuit totaliter sublatus.

Ad horum autem intellectum, oportet considerare quod fomes nihil aliud est quam inordinata concupiscentia sensibilis appetitus, habitualis tamen: quia actualis concupiscentia est motus pecca-

penalidades. Logo, não foi totalmente eliminada nela a inclinação ao pecado.

2. ALÉM DISSO, na segunda Carta aos Coríntios se diz: "A virtude se torna perfeita na fraqueza", e se refere à fraqueza da inclinação ao pecado, pois por ela padecia o *aguilhão da carne*. Ora, nada do que diz respeito à perfeição da virtude deve ser negado à Bem-aventurada Virgem. Logo a inclinação ao pecado não lhe deve ser totalmente negada.

3. ADEMAIS, declara Damasceno que "o Espírito Santo desceu sobre a Bem-aventurada Virgem para purificá-la" antes que ela concebesse o Filho de Deus. O que só tem sentido com relação à purificação da inclinação ao pecado, porque, como diz Agostinho, ela não cometeu pecado. Portanto, a santificação no útero não a purificou totalmente da inclinação ao pecado.

EM SENTIDO CONTRÁRIO, lemos no Cântico dos Cânticos: "És toda formosa, amiga minha, não há mancha alguma em ti". Ora, a inclinação ao pecado é uma mancha, pelo menos da carne. Portanto, a bem-aventurada Virgem não teve tal inclinação.

RESPONDO. Há diversidade de opiniões sobre isso. — Alguns disseram que a inclinação ao pecado foi totalmente suprimida na Bem-aventurada Virgem pela santificação que recebeu no seio de sua mãe. — Outros dizem que lhe ficou a inclinação ao pecado para aquilo que dificulta fazer o bem, mas que lhe teria sido tirada para aquilo que facilita fazer o mal. — Outros ainda afirmam que lhe teria sido suprimida a inclinação ao pecado na medida em que implica uma corrupção da pessoa, a saber, enquanto impele ao mal e dificulta fazer o bem; mas teria permanecido a inclinação na medida em que faz parte da corrupção da natureza, a saber, enquanto é causa da transmissão do pecado original à descendência. — Alguns, enfim, dizem que a inclinação em si mesma teria permanecido na primeira santificação, mas ligada; e teria sido totalmente suprimida no momento mesmo da concepção do Filho de Deus.

Para entender estas opiniões é preciso ter presente que a inclinação nada mais é do que a concupiscência desordenada do apetite sensível. Concupiscência habitual, porque a concupiscência

---

1. *De fide orth.*, l. III, c. 2: MG 94, 985 B.
2. C. 36: ML 44, 267.
3. Nicolaus Monachus: vide PETRUM CELLENSEM, epist. 171 *ad Nicolaum mon.*: ML 202, 621.
4. PETRUS CELLENSIS, epist. 173 *ad Nicolaum mon.*: ML 202, 630 C.
5. ALEXANDER HALENSIS, *Summa Theol.*, P. III, q. 9, m. 2, a. 5; m. 3, a. 1; a. 2, § 1.
6. S. ALBERTUS M., *In III Sent.*, dist. 3, a. 6: ed. A. Borgnet, t. XXVIII, p. 49; S. BONAVENTURA, *In III* Sent., dist. 3, P. I, a. 2, q. 2; ad Claras Aquas, t. III, p. 75.

ti. Dicitur autem concupiscentia sensualitatis esse inordinata, inquantum repugnat rationi: quod quidem fit inquantum inclinat ad malum, vel difficultatem facit ad bonum. Et ideo ad ipsam rationem fomitis pertinet quod inclinet ad malum, vel difficultatem facit in bono. Unde ponere quod remanserit fomes in Beata Virgine non inclinans ad malum, est ponere duo opposita.

Similiter etiam videtur oppositionem implicare quod remanserit fomes inquantum pertinet ad corruptionem naturae, non autem inquantum pertinet ad corruptionem personae. Nam secundum Augustinum, in libro *de Nuptiis et Concupiscentia*[7], libido est quae peccatum originale transmittit in prolem. Libido autem importat inordinatam concupiscentiam, quae non totaliter subditur rationi. Et ideo, si totaliter fomes subtraheretur inquantum pertinet ad corruptionem personae, non posset remanere inquantum pertinet ad corruptionem naturae.

Restat igitur ut dicamus quod vel totaliter fomes fuerit ab ea sublatus per primam sanctificationem: vel quod fuerit ligatus. Posset tamen intelligi quod totaliter fuit sublatus fomes hoc modo, quod praestitum fuerit Beatae Virgini, ex abundantia gratiae descendentis in ipsam, ut talis esset dispositio virium animae in ipsa quod inferiores vires nunquam moverentur sine arbitrio rationis: sicut dictum est[8] fuisse in Christo, quem constat peccati fomitem non habuisse; et sicut fuit in Adam ante peccatum per originalem iustitiam; ita quod, quantum ad hoc, gratia sanctificationis in Virgine habuit vim originalis iustitiae.

Et quamvis haec positio ad dignitatem Virginis Matris pertinere videatur, derogat tamen in aliquo dignitati Christi, absque cuius virtute nullus a prima damnatione liberatus est. Et quamvis per fidem Christi aliqui ante Christi incarnationem sint secundum spiritum ab illa damnatione liberati, tamen quod secundum carnem aliquis ab illa damnatione liberetur, non videtur fieri debuisse

atual é o movimento do pecado. Ora, a concupiscência da sensualidade é desordenada quando se opõe à razão, isto é, quando inclina ao mal ou torna difícil fazer o bem. Por isso, à razão mesma da inclinação está a inclinação ao mal ou a dificuldade para o bem. Eis por que afirmar que na Bem-aventurada Virgem teria ficado a inclinação, mas sem inclinar ao mal é afirmar duas coisas opostas.

Igualmente parece implicar uma contradição admitir a persistência da inclinação no que se refere à corrupção da natureza, mas não naquilo que se refere à corrupção da pessoa. Pois, segundo Agostinho, é a libido que transmite o pecado original à descendência. Ora, a libido comporta uma concupiscência desordenada, que não se submete totalmente à razão. Por isso, se a inclinação foi totalmente suprimida no que se refere à corrupção da pessoa, não poderia subsistir no que se refere à corrupção da natureza.

Só resta, portanto, dizer: ou a Bem-aventurada Virgem foi totalmente libertada da inclinação ao pecado em virtude da primeira santificação, ou que a inclinação tenha ficado atada. Eis como entender que a inclinação possa ter sido totalmente suprimida na Bem-aventurada Virgem: ter-lhe-ia sido concedido, pela abundância das graças que desceram sobre ela, que as potências de sua alma estivessem dispostas de tal forma que as potências inferiores nunca agissem sem a decisão da razão. Assim aconteceu com Cristo, como já vimos, de quem consta que não teve a inclinação ao pecado; e essa era também a situação de Adão antes do pecado, em virtude da justiça original[h]. De tal maneira que, sob esse aspecto, a graça da santificação na Virgem teria tido a força da justiça original.

Embora essa afirmação pareça contribuir para a dignidade da Virgem Mãe, ela diminui de alguma forma a dignidade de Cristo, pois sem o seu poder ninguém foi libertado da primeira condenação. É certo que, pela fé em Cristo, alguns, antes da encarnação de Cristo, foram libertados, segundo o Espírito, daquela condenação; mas que alguém tenha sido libertado, segundo a carne, daquela

---

7. L. I, c. 24: ML 44, 429. — Cfr. I-II, q. 82, a. 4, 3 a, ad 3.
8. Q. 15, a. 2.

h. O núcleo do debate está aí: a graça de Maria possui todas as características daquela que foi originalmente dada a toda a humanidade e depois perdida pelo pecado? O que impede Sto. Tomás de se decidir totalmente nesse sentido é que, para ele, é a própria Encarnação que devia transformar a natureza humana. Que ela o tenha feito primeiramente em Maria, antes, de outro modo, mais perfeitamente do que em qualquer outro, e isso, formalmente, pela concepção nela do Verbo encarnado, já é uma grande coisa. Mas a lógica do dogma da Imaculada Concepção é a da criação da alma de Maria na justiça original. E isso por uma antecipação nela dos efeitos da Encarnação sobre a natureza humana. E é enfim da graça de Cristo, mas do que a de Adão, que ela participa.

nisi post incarnationem eius, in qua primo debuit immunitas damnationis apparere.

Et ideo, sicut ante immortalitatem carnis Christi resurgentis nullus adeptus fuit carnis immortalitatem, ita inconveniens etiam videtur dicere quod ante carnem Christi, in qua nullum fuit peccatum, caro Virginis matris eius, vel cuiuscumque alterius, fuerit absque fomite, qui dicitur *lex carnis*, sive *membrorum*[9].

Et ideo melius videtur dicendum quod per sanctificationem in utero non fuit sublatus Virgini fomes secundum essentiam, sed remansit ligatus: non quidem per actum rationis suae, sicut in viris sanctis, quia non statim habuit usum liberi arbitrii adhuc in ventre matris existens, hoc enim speciale privilegium Christi fuit; sed per gratiam abundantem quam in sanctificatione recepti; et etiam perfectius per divinam providentiam sensualitatem eius ab omni inordinato motu prohibentem. Postmodum vero, in ipsa conceptione carnis Christi, in qua primo debuit refulgere peccati immunitas, credendum est quod ex prole redundaverit in matrem totaliter a fomite subtractio. Et hoc significatur Ez 43,2, ubi dicitur: *Ecce, gloria Dei Israel ingrediebatur per viam orientalem*, idest per Beatam Virginem, *et terra*, idest caro ipsius, *splendebat a maiestate eius*, scilicet Christi.

AD PRIMUM ergo dicendum quod mors et huiusmodi poenalitates de se non inclinant ad peccatum. Unde etiam Christus, licet assumpserit huiusmodi poenalitates, fomitem tamen non assumpsit. Unde etiam in Beata Virgine, ut Filio conformaretur, *de cuius plenitudine gratiam accipiebat*[10], primo quidem fuit ligatus fomes, et postea sublatus: non autem fuit liberata a morte et aliis huiusmodi poenalitatibus.

AD SECUNDUM dicendum quod infirmitas carnis ad fomitem pertinens est quidem in sanctis viris perfectae virtutis occasio: non tamen causa sine qua perfectio haberi non possit. Sufficit autem in Beata Virgine ponere perfectam virtutem et abundantiam gratiae: nec in ea oportet ponere omnem occasionem perfectionis.

condenação só podia acontecer depois da encarnação. Com efeito, foi nela que em primeiro lugar se manifestou a imunidade da condenação.

E assim como ninguém podia alcançar a imortalidade da carne antes da ressurreição de Cristo na imortalidade de sua carne, assim também seria incongruente afirmar que, antes da carne de Cristo, na qual não houve pecado, a carne da Virgem sua mãe ou de qualquer outra pessoa tenha sido isenta da inclinação ao pecado, chamada *lei da carne* ou *dos membros*.

Eis por que parece melhor dizer que a santificação no seio materno não libertou a Virgem da inclinação ao pecado em si mesma, mas tal inclinação permaneceu atada. Não por um ato de sua razão, como nos santos, porque ela não teve o uso do livre-arbítrio ainda no seio materno, o que foi um privilégio especial de Cristo, mas pela abundância das graças que recebeu na santificação; e mais perfeitamente ainda pela providência divina que preservou seu apetite sensível de qualquer movimento desordenado. Mas depois, quando ela concebeu a carne de Cristo, na qual devia brilhar em primeiro lugar a imunidade do pecado, deve-se crer que a supressão total da atração transbordou do filho para a mãe. É o que está simbolizado no livro de Ezequiel: "Eis que a glória do Deus de Israel entrava pelo caminho do oriente, isto é, pela Bem-aventurada Virgem, e a terra, isto é, a sua carne, resplandecia pela sua glória", isto é, pela glória de Cristo.

QUANTO AO 1º, portanto, deve-se dizer que a morte e as outras penalidades, por si mesmas não inclinam ao pecado. Por isso, embora Cristo tenha assumido tais penalidades, não assumiu a inclinação ao pecado. E por isso também a Bem-aventurada Virgem, para ser semelhante ao Filho, *de cuja plenitude recebia a graça*, teve, num primeiro momento, atada a inclinação ao pecado e, depois, suprimida. Mas não foi libertada da morte e das outras penalidades.

QUANTO AO 2º, deve-se dizer que a fraqueza da carne, relacionada com a inclinação ao pecado, é para os santos uma ocasião da virtude perfeita; mas não é causa sem a qual não se possa alcançar a perfeição. É suficiente, pois, atribuir à Bem-aventurada Virgem uma virtude perfeita e a abundância da graça, sem que seja necessário atribuir-lhe todas as ocasiões de perfeição.

---

9. *Rom.* 7, 23, 25.
10. Ioann. 1, 16.

AD TERTIUM dicendum quod Spiritus Sanctus in Beata Virgine duplicem purgationem fecit. Unam quidem quasi praeparatoriam ad Christi conceptionem: quae non fuit ab aliqua impuritate culpae vel fomitis, sed mentem eius magis in unum colligens et a multitudine sustollens. Nam et angeli purgari dicuntur, in quibus nulla impuritas invenitur: ut Dionysius dicit, 6 cap. *Eccles. Hier.*[11]. — Aliam vero purgationem operatus est in ea Spiritus Sanctus mediante conceptione Christi, quae fuit opus Spiritus Sancti. Et secundum hoc potest dici quod purgavit eam totaliter a fomite.

QUANTO AO 3º, deve-se dizer que o Espírito Santo realizou na Bem-aventurada Virgem uma dupla purificação. A primeira a preparava, por assim dizer, para a concepção de Cristo; tal purificação não consistiu em lavar alguma impureza de culpa ou de inclinação ao pecado, mas em unificar ainda mais o seu espírito, subtraindo-a à dispersão. É nesse sentido que se fala da purificação dos anjos, nos quais, segundo Dionísio, não há nenhuma impureza. — A outra purificação foi realizada nela pelo Espírito Santo por meio da concepção de Cristo, que foi obra do Espírito Santo. E, sob este aspecto, pode-se dizer que a purificou totalmente da inclinação ao pecado[i].

ARTICULUS 4
Utrum per sanctificationem in utero fuerit Beata Virgo praeservata ab omni peccato actuali

AD QUARTUM SIC PROCEDITUR. Videtur quod per sanctificationem in utero non fuerit Beata Virgo praeservata ab omni peccato actuali.

1. Quia, ut dictum est[1], post primam sanctificationem fomes peccati remansit in Virgine. Motus autem fomitis, etiam si rationem praeveniat, est peccatum veniale, licet *levissimum*: ut Augustinus dicit, in libro *de Trin.*[2]. Ergo in Beata Virgine fuit aliquod peccatum veniale.

2. PRAETEREA, super illud Lc 2,35, *Tuam ipsius animam pertransibit gladius*, dicit Augustinus, in libro *de Quaest. Novi et Veteris Test.*[3], quod Beata Virgo *in morte Domini stupore quodam dubitavit*. Sed dubitare de fide est peccatum. Ergo

ARTIGO 4
Pela santificação no seio materno a Bem-aventurada Virgem foi preservada de todo pecado atual?[j]

QUANTO AO QUARTO, ASSIM SE PROCEDE: parece que pela santificação no seio materno a Bem-aventurada Virgem **não** foi preservada de todo pecado atual.

1. Porque, como foi dito, a inclinação ao pecado permaneceu na Virgem depois da primeira santificação. Ora, o movimento da inclinação, mesmo que seja anterior à razão, é um pecado venial, ainda que *muito leve* segundo Agostinho. Logo, na Bem-aventurada Virgem houve algum pecado venial.

2. ALÉM DISSO, a propósito do texto de Lucas: "Uma espada atravessará a tua alma", diz Agostinho que a Bem-aventurada Virgem, "na morte do Senhor, presa de um certo estupor, duvidou". Ora, a dúvida de fé é um pecado. Logo, a

---

11. P. III, § 6: MG 3, 537 B; cfr. *De Caelesti Hier.*, c. 7, § 3: MG 3, 209 C.

PARALL.: III *Sent.*, dist. 3, q. 1, a. 2, q.la 2, 3; dist. 13, q. 1, a. 2, q.la 1; IV dist. 6, q. 1, a. 1, q.la 2; *Compend. Theol.*, c. 224; *Expos. Orat. Domin.*, ad petit. 5ªm; *Expos. Salut. Angelic.*; in *Matth.*, c. 12.

1. A. praec.
2. Cfr. PETRUM LOMBARDUM, II *Sent.*, dist. 24. Vide AUG., *De Trin.*, l. XII, c. 12: ML 42, 1007-1008. Item vide I-II, q. 74, a. 3.
3. Quaest. 73: ML 35, 2267-2268. — (Inter. Opp. Aug.).

i. As hesitações de Sto. Tomás merecem profunda reflexão. A última purificação de Maria lhe foi concedida pela concepção, nela, do Salvador. Mas a preparação última de Maria para essa concepção foi uma ação do Espírito Santo, não purificadora do pecado, mas unificadora de todas as suas forças espirituais. Admirável perspectiva sobre a mobilização ímpar da alma de Maria no momento da anunciação! E que permanece inteiramente, mesmo se admitirmos a total isenção dos efeitos pessoais do pecado original na hipótese da concepção imaculada de Maria.

j. Desta vez, é sem qualquer hesitação e mesmo com especial vigor que Sto. Tomás afirma que, em Maria, a graça impediu todo movimento pecaminoso, mesmo no sentido de "primeiro movimento", de modo algum desejado, da sensualidade ou da vontade. Ele conhece bem, no entanto, as asserções de alguns dos Padres que parecem ir de encontro a essa doutrina, e responde com muita habilidade. As "razões" que ele fornece para essa imunidade dominam toda a teologia marial, e valem na verdade para a prevenção do pecado original, assim como dos pecados pessoais.

Beata Virgo non fuit praeservata immunis ab omni peccato.

3. Praeterea, Chrysostomus, *super Matth.*[4], exponens illud, *Ecce mater tua et fratres tui foris stant quaerentes te*[5], dicit: *Manifestum est quoniam solum ex vana gloria hoc faciebant*. Et Io 2, super illud, *Vinum non habent* [v. 3], dicit idem Chrysostomus[6] quod *volebat illis ponere gratiam, et seipsam clariorem facere per Filium: et fortassis quid humanum patiebatur, quemadmodum et fratres eius dicentes, Manifesta teipsum mundo*. Et post pauca subdit[7]: *Nondum enim quam oportebat de eo opinionem habebat*. Quod totum constat esse peccatum. Ergo Beata Virgo non fuit praeservata immunis ab omni peccato.

Sed contra est quod Augustinus dicit, in libro *de Natura et Gratia*[8]: *De sancta Virgine Maria, propter honorem Christi, nullam prorsus, cum de peccatis agitur, habere volo quaestionem. Inde enim scimus quod ei plus gratiae collatum fuerit ad vincendum ex omni parte peccatum, quod concipere et parere meruit eum quem constat nullum habuisse peccatum.*

Respondeo dicendum quod illos quos Deus ad aliquid eligit, ita praeparat et disponit ut ad id ad quod eliguntur inveniantur idonei: secundum illud 2Cor 3,6: *Idoneos nos fecit ministros novi Testamenti*. Beata autem Virgo fuit electa divinitus ut esset mater Dei. Et ideo non est dubitandum quod Deus per suam gratiam eam ad hoc idoneam reddidit: secundum quod Angelus ad eam dicit[9], *Invenisti gratiam apud Deum: ecce, concipies*, etc. Non autem fuisset idonea mater Dei, si peccasset aliquando. Tum quia honor parentum redundat in prolem: secundum illud Pr 17,6, *Gloria filiorum patres eorum*. Unde et, per oppositum, ignominia matris ad Filium redundasset. — Tum etiam quia singularem affinitatem habuit ad Christum, qui ab ea carnem accepit. Dicitur autem 2Cor 6,15: *Quae conventio Christi ad Belial?* — Tum etiam quia singulari modo Dei Filius, qui est *Dei Sapientia*[10], in ipsa habitavit: non solum in anima, sed in utero. Dicitur autem Sap 1,4: *In malevolam animam non intrabit Sapientia: nec habitabit in corpore subdito peccatis.*

Bem-aventurada Virgem não foi preservada imune de todo pecado.

3. Ademais, Crisóstomo, explicando o texto de Mateus: "Eis que tua mãe e teus irmãos estão fora buscando-te" afirma: "é evidente que o faziam por vanglória". E sobre o texto de João: "Não têm vinho" diz ainda Crisóstomo: "Queria conquistar a simpatia dos presentes, e pôr-se em evidência graças a seu Filho. Talvez experimentava o mesmo sentimento humano que os irmãos de Jesus quando lhe diziam: 'Manifesta-te ao mundo'". E, logo depois, acrescenta: "Ainda não tinha de Jesus a opinião que devia". Tudo isso consta que é pecado. Logo, a bem-aventurada Virgem não foi preservada imune de todo pecado.

Em sentido contrário, está o que diz Agostinho: "Quando se trata do pecado, não quero que se questione absolutamente a santa Virgem Maria, pela honra de Cristo. Pois conhecemos a superabundância de graça que lhe foi conferida para vencer o pecado de todas as formas, precisamente porque mereceu conceber e dar à luz àquele que, sabemos, não teve nenhum pecado.

Respondo. Aqueles que foram eleitos por Deus para alguma coisa, Ele os prepara e dispõe de modo que sejam idôneos para desempenhar a missão, como no-lo diz a segunda Carta aos Coríntios: "Deus nos fez ministros idôneos da Nova Aliança". Ora, a Bem-aventurada Virgem foi divinamente eleita para ser mãe de Deus. Não se pode, pois, duvidar que Deus, por sua graça, a tenha tornado idônea para isso, segundo as palavras do Anjo: "Encontraste graça diante de Deus, eis que conceberás etc.". Mas não teria sido idônea mãe de Deus se tivesse pecado alguma vez. Em primeiro lugar, porque a honra dos pais redunda na descendência, como diz o livro dos Provérbios: "A glória dos filhos são seus pais". Donde também, em sentido contrário, a infâmia da mãe teria redundado sobre o Filho. — E ainda, porque teve uma afinidade sem igual com Cristo, já que dela recebeu a sua carne. Ora, diz-nos a segunda Carta aos Coríntios: "Que cumplicidade pode haver entre Cristo e Belial? — E finalmente, porque o Filho de Deus, que é a *sabedoria de Deus*, habitou nela

---

4. Hom. 44, n. 1: MG 57, 464.
5. Matth. 12, 47.
6. Homil. 21, al. 20, n. 2: MG 59, 130.
7. Ibid.: MG 59, 131.
8. C. 36: ML 44, 267.
9. Luc. 1, 30-31.
10. 1 *Cor.* 1, 24.

Et ideo simpliciter fatendum est quod Beata Virgo nullum actuale peccatum commisit, nec mortale nec veniale: ut sic impleatur quod dicitur Ct 4,7: *Tota pulchra es, amica mea, et macula non est in te*, etc.

AD PRIMUM ergo dicendum quod in Beata Virgine, post sanctificationem in utero, remansit quidem fomes, sed ligatus: ne scilicet prorumperet in aliquem motum inordinatum, qui rationem praeveniret. Et licet ad hoc operaretur gratia sanctificationis, non tamen ad hoc sufficiebat: alioquin, virtute illius gratiae hoc ei fuisset praestitum ut nullus motus posset esse in sensualitate eius non ratione praeventus, et sic fomitem non habuisset, quod est contra supra[11] dicta. Unde oportet dicere quod complementum illius ligationis fuit ex divina providentia, quae non permittebat aliquem motum inordinatum ex fomite provenire.

AD SECUNDUM dicendum quod illud verbum Simeonis Origenes[12], et quidam alii Doctores[13], exponunt de dolore quem passa est in Christi passione.
Ambrosius autem per gladium dicit[14] significari *prudentiam Mariae, non ignaram mysterii caelestis. Vivum enim est verbum Dei et validum, acutius omni gladio ancipiti*.

Quidam vero gladium dubitationem intelligunt. Quae tamen non est intelligenda dubitatio infidelitatis: sed admirationis et discussionis. Dicit enim Basilius, in Epistola *ad Optimum*[15], quod *Beata Virgo, assistens cruci et aspiciens singula, post testimonium Gabrielis, post ineffabilem divinae conceptionis notitiam, post ingentem miraculorum ostensionem, animo fluctuabat*: ex una scilicet parte videns eum pati abiecta, et ex alia parte considerans eius mirifica.

de modo único, não só em sua alma, mas também em seu seio. Ora, como diz o livro da Sabedoria: "A sabedoria não entrará numa alma perversa; nem habitará num corpo submetido ao pecado".
É preciso, pois, confessar de maneira absoluta que a Bem-aventurada Virgem não cometeu nenhum pecado atual, nem mortal nem venial, de tal forma que nela se realiza o que diz o Cântico dos Cânticos: "És toda formosa, amiga minha, e não há em ti mancha alguma" etc.

QUANTO AO 1º, portanto, deve-se dizer que a Bem-aventurada Virgem teve, certamente, depois de sua santificação no seio materno, a inclinação ao pecado, mas atada, de tal forma que não desse lugar a nenhum movimento desordenado que precedesse ao ato da razão. Para isso contribuía a graça da santificação, mas não era suficiente; do contrário, pela eficácia dessa graça, foi-lhe concedido não ter nenhum movimento do seu apetite sensível que não tivesse sido prevenido pela razão; dessa maneira não teria tido a inclinação ao pecado, o que contradiz o que acabamos de afirmar. É necessário, pois, dizer que o que completava esse domínio lhe vinha da divina providência, que não permitia que proviesse da inclinação ao pecado nenhum movimento desordenado.

QUANTO AO 2º, deve-se dizer que as palavras de Simeão são interpretadas por Orígenes e por outros doutores como referidas à dor que a Virgem experimentou na paixão de Cristo.
Ambrósio, porém, diz que a espada simboliza "a prudência de Maria, que não desconhecia o mistério celeste. Pois a palavra de Deus é viva e poderosa, mais aguda do que uma espada de dois gumes".

Outros interpretam a espada como uma dúvida. Mas essa dúvida não deve ser compreendida como dúvida de infidelidade, mas como dúvida de admiração e de perplexidade. Com efeito, escreve Basílio: "A Bem-aventurada Virgem estava ao pé da cruz, observando cada acontecimento; depois do testemunho do anjo Gabriel, depois do conhecimento inefável da concepção divina, depois da grande manifestação dos milagres, a sua alma se debatia indecisa". Por um lado via o seu Filho

---

11. Art. praec.
12. Cfr. Homil. 17 *in Luc*.: MG 13, 1845 C.
13. CYRILL. ALEX., *In Ioan*., l. XII, super 19, 25: MG 74, 661 D; DAMASC., *De fide orth*., l. IV, c. 14: MG 94, 1161 D; BEDA, *In Luc*., l. I, super 2, 35: ML 92, 346 C.
14. *In Luc*., l. II, n. 61, super 2, 35: ML 15, 1574 B.
15. Epist. 260, al. 317, n. 9: MG 32, 965 C-968 A.

AD TERTIUM dicendum quod in verbis illis Chrysostomus excessit. Possunt tamen exponi ut intelligatur in ea Dominum cohibuisse, non inordinatum inanis gloriae motum quantum ad ipsam, sed id quod ab aliis posset existimari.

sofrer de maneira ignominiosa; mas por outro meditava suas obras maravilhosas[k].

QUANTO AO 3º, deve-se dizer que Crisóstomo se excedeu nestas suas palavras. Elas podem, contudo, ser interpretadas compreendendo que o Senhor deteve nela não um movimento desordenado de vanglória, que brotasse dela mesma, mas algo que podia ser interpretado assim por outros.

ARTICULUS 5
Utrum Beata Virgo per sanctificationem in utero obtinuerit gratiae plenitudinem

AD QUINTUM SIC PROCEDITUR. Videtur quod Beata Virgo per sanctificationem in utero non obtinuerit gratiae plenitudinem, sive perfectionem.

1. Hoc enim videtur pertinere ad privilegium Christi: secundum illud Io 1,14: *Vidimus eum, quasi Unigenitum a Patre, plenum gratiae et veritatis*. Sed ea quae sunt propria Christi, non sunt alteri attribuenda. Ergo Beata Virgo plenitudinem gratiarum non accepit in sanctificatione.

2. PRAETEREA, ei quod est plenum et perfectum, non restat aliquid addendum: quia *perfectum est cui nihil deest*, ut dicitur in III *Physic*.[1]. Sed Beata Virgo postmodum additionem gratiae suscepit, quando Christum concepit: dictum est enim ei, Lc 1,35: *Spiritus Sanctus superveniet in te*. Et iterum, quando in gloriam est assumpta. Ergo videtur quod non habuerit in sua prima sanctificatione plenitudinem gratiarum.

3. PRAETEREA, *Deus non facit aliquid frustra*: ut dicitur in I *de Coelo et Mundo*[2]. Frustra autem habuisset quasdam gratias, cum earum usum nunquam exercuerit: non enim legitur eam docuisse, quod est actus sapientiae; aut miracula fecisse, quod est actus gratiae gratis datae. Non ergo habuit plenitudinem gratiarum.

ARTIGO 5
A Bem-aventurada Virgem alcançou a plenitude de graça pela santificação no seio materno?[1]

QUANTO AO QUINTO, ASSIM SE PROCEDE: parece que a bem-aventurada Virgem **não** alcançou a plenitude de graça ou a perfeição pela santificação no seio materno.

1. Com efeito, este parece ser um privilégio de Cristo, segundo o que diz o Evangelho de João: "Nós o vimos, como Filho único do Pai, cheio de graça e de verdade". Ora, o que é próprio de Cristo não deve ser atribuído a outrem. Logo, a Bem-aventurada Virgem não recebeu a plenitude de graça em sua santificação.

2. ALÉM DISSO, nada pode ser acrescentado ao que é pleno e perfeito, porque, como diz o livro III da *Física*: "Aquilo que não carece de nada é perfeito". Ora, a Bem-aventurada Virgem recebeu um aumento de graça mais tarde, ao conceber o Cristo, como lhe foi dito segundo o Evangelho de Lucas: "O Espírito Santo virá sobre ti". E ainda de novo, quando foi elevada à glória. Logo, não parece que tenha tido a plenitude de graças em sua primeira santificação.

3. ADEMAIS, "Deus não faz nada em vão", diz o livro *do Céu e do Mundo*. Ora, em vão teria tido a Virgem determinadas graças cuja utilidade nunca teria sido posta em prática. Não se lê, por exemplo, que ela tenha ensinado, o que é um ato de sabedoria; ou que tenha feito milagres, que é o exercício de uma pura graça. Logo, não teve a plenitude de graças.

---

5 PARALL.: Supra, q. 7, a. 10, ad 1; III *Sent*., dist. 13, q. 1, a. 2, q.la 1; *Expos. Salut. Angelic*.
 1. C. 6: 207, a, 9.
 2. C. 4: 271, a. 33.

 k. Enfatizemos essa admirável reflexão de S. Basílio, com o comentário de Sto. Tomás. Sim, diz ele, "havia uma dúvida não de infidelidade, mas de admiração e de perplexidade... ela que, por um lado, o via sofrer de abjeção, e por outro considerava suas maravilhas".

 1. Podemos afirmar que a interpretação fornecida neste artigo à plenitude da graça de Maria e sua comparação com aquela que foi mencionada a respeito de Cristo na questão 7 permitem situar Maria na ordem daqueles que recebem a graça de Cristo absolutamente em primeiro lugar, e isso devido à rigorosa conexão que se estabelece entre a graça e a Encarnação.

SED CONTRA est quod Angelus ad eam dixit[3]: *Ave, gratia plena*. Quod exponens Hieronymus, in Sermone *de Assumptione*[4], dicit: *Bene, gratia plena: quia ceteris per partes praestatur; Mariae vero se totam simul infudit gratiae plenitudo*.

RESPONDEO dicendum quod, quanto aliquid magis appropinquat principio in quolibet genere, tanto magis participat effectum illius principii: unde dicit Dionysius, 4 cap. *Cael. Hier.*[5], quod angeli, qui sunt Deo propinquiores, magis participant de bonitatibus divinis quam homines. Christus autem est principium gratiae, secundum divinitatem quidem auctoritative, secundum humanitatem vero instrumentaliter: unde et Io 1,17 dicitur: *Gratia et veritas per Iesum Christum facta est*. Beata autem Virgo Maria propinquissima Christo fuit secundum humanitatem: quia ex ea accepit humanam naturam. Et ideo prae ceteris maiorem debuit a Christo plenitudinem gratiae obtinere.

AD PRIMUM ergo dicendum quod unicuique a Deo datur gratia secundum hoc ad quod eligitur. Et quia Christus, inquantum est homo, ad hoc fuit praedestinatus et electus ut esset *praedestinatus Filius Dei in virtute sanctificationis*[6], hoc fuit proprium sibi, ut haberet talem plenitudinem gratiae quod redundaret in omnes: secundum quod dicitur Io 1,16: *De plenitudine eius nos omnes accepimus*. Sed Beata Virgo Maria tantam gratiae obtinuit plenitudinem ut esset propinquissima auctori gratiae: ita quod eum qui est plenus omni gratia, in se reciperet; et, eum pariendo, quodammodo gratiam ad omnes derivaret.

AD SECUNDUM dicendum quod in rebus naturalibus primo quidem est perfectio dispositionis:

EM SENTIDO CONTRÁRIO, estão as palavras do Anjo: "Salve, cheia de graça". Palavras que são Jerônimo comenta: "Sim, cheia de graça, porque aos outros lhes é dada em fragmentos, mas a Maria lhe foi infundida a plenitude da graça por inteiro e de uma vez".

RESPONDO. Quanto mais próximo está alguém do princípio, seja qual for o gênero, mais participa de seu efeito. Por isso afirma Dionísio que os anjos, por estarem mais perto de Deus, participam da benevolência divina mais do que os homens. Ora, Cristo é o princípio da graça: como autor, por sua divindade; como instrumento, por sua humanidade. Por isso diz o Evangelho de João: "A graça e a verdade vieram por Jesus Cristo". Ora, a Bem-aventurada Virgem Maria foi a que esteve mais próxima de Cristo segundo a humanidade, pois foi dela que Cristo recebeu a natureza humana. Eis por que ela tinha de obter de Cristo uma plenitude de graça maior do que as outras pessoas[m].

QUANTO AO 1º, portanto, deve-se dizer que Deus dá a graça a cada um de acordo com aquilo para o qual foi eleito. E, dado que Cristo, enquanto homem, foi predestinado e eleito para ser Filho de Deus com poder de santificar, coube-lhe como próprio ter tal plenitude de graça que pudesse transbordar para todos, como diz o Evangelho de João: "Da sua plenitude todos recebemos". Ora, a Bem-aventurada Virgem Maria obteve tal plenitude de graça que se tornou a mais próxima do autor da graça, a ponto de receber em si aquele que está cheio de toda graça; e, dando-o à luz, fez com que, de alguma maneira, a graça derivasse para todos[n].

QUANTO AO 2º, deve-se dizer que nas coisas da natureza vem em primeiro lugar a perfeição de

---

3. Luc. 1, 28.
4. Al. Epist. 9 *ad Paulum et Eustochium*, n. 5 ML 30, 127 A. — (Inter supposit.).
5. § I: MG 3, 177 D.
6. *Rom*. 1, 4.

---

m. Por sua maternidade, Maria está mais próxima daquele que é a fonte mesma da graça em sua humanidade. A que está mais próxima do princípio recebe mais do que todos os outros sua influência. Para conferir toda a força a este raciocínio, deve-se compará-lo com o que faz Sto. Tomás na III, q. 7, a. 1, quando quer mostrar que a alma humana de Cristo participa necessariamente e sem limite, pela graça, da divindade, em virtude da proximidade ontológica singular que cria a união hipostática entre ela e a divindade.

n. Aquela que está "o mais próximo do autor da graça" é também, e por isso mesmo, a que serve de mediadora para dá-lo ao mundo por meio de sua maternidade. Aqui, Sto. Tomás considera a maternidade de Maria como uma missão, a missão de "receber em si aquele que está cheio de toda a graça", de modo que "ao dar-lhe a luz faça derivar a graça sobre todos". Ela o recebe para dá-lo, e a graça que lhe é feita é proporcional a isso. É evidente que ela não teria necessidade alguma de graça e de plenitude de graça caso se tratasse somente de ser, materialmente falando, a mãe de Cristo. Ela tem necessidade da graça para recebê-lo como fonte de graça a difundir no mundo. Tal missão requeria uma plenitude e uma totalidade de graça incomparáveis com o que qualquer outro papel e missão na história da salvação poderiam exigir. O papel de Maria no dom de cada graça específica não é definido, como tampouco o faz S. Bernardo em seu sermão "Sobre o aqueduto". Mas o que é definido aí será a base de tudo o que puder ser desenvolvido e especificado: é o alcance e fim universal da maternidade de Maria, igual à universalidade da humanidade de Jesus.

puta cum materia est perfecte ad formam disposita. Secundo autem est perfectio formae, quae est potior: nam et ipse calor est perfectior qui provenit ex forma ignis, quam ille qui ad formam ignis disponebat. Tertio autem est perfectio finis: sicut cum ignis habet perfectissime suas qualitates, cum ad locum suum pervenerit.

Et similiter in Beata Virgine fuit triplex perfectio gratiae. Prima quidem quasi dispositiva, per quam reddebatur idonea ad hoc quod esset mater Christi: et haec fuit perfectio sanctificationis. Secunda autem perfectio gratiae fuit in Beata Virgine ex praesentia Filii Dei in eius utero incarnati. Tertia autem perfectio est finis, quam habet in gloria.

Quod autem secunda perfectio sit potior quam prima, et tertia quam secunda, patet quidem, uno modo, per liberationem a malo. Nam primo, in sua sanctificatione fuit liberata a culpa originali; secundo, in conceptione Filii Dei fuit totaliter mundata a fomite; tertio vero, in sui glorificatione fuit liberata etiam ab omni miseria. — Alio modo, per ordinem ad bonum. Nam primo, in sua sanctificatione adepta est gratiam inclinantem eam ad bonum; in conceptione autem Filii Dei consummata est ei gratia confirmans eam in bono; in sui vero glorificatione consummata est eius gratia perficiens eam in fruitione omnis boni.

AD TERTIUM dicendum quod non est dubitandum quin Beata Virgo acceperit excellenter et donum sapientiae, et gratiam virtutum, et etiam gratiam prophetiae, sicut habuit Christus. Non tamen accepit ut haberet omnes usus harum et similium gratiarum, sicut habuit Christus: sed secundum quod conveniebat conditioni ipsius. Habuit enim usum sapientiae in contemplando: secundum illud Lc 2,19: *Maria autem conservabat omnia verba haec, conferens in corde suo*. Non autem habuit usum sapientiae quantum ad docendum: eo quod hoc non conveniebat sexui muliebri, secundum

disposição. Por exemplo, quando a matéria está perfeitamente disposta para receber a forma. Em segundo lugar, está a perfeição da forma que é superior, porque o calor que provém da forma do fogo é mais perfeito do que aquele que se dispunha para receber esta forma. E em terceiro lugar, está a perfeição do fim; por exemplo, o fogo alcança de modo perfeito as suas qualidades quando chega ao seu lugar natural.

De modo semelhante, houve na bem-aventurada Virgem uma tríplice perfeição da graça. A primeira era como dispositiva, e a tornava idônea a ser a mãe de Cristo; esta foi a perfeição de santificação. A segunda perfeição da graça teve lugar na bem-aventurada Virgem pela presença do Filho de Deus encarnado em seu seio. A terceira perfeição é a do fim; é a que ela possui na glória.

Que a segunda perfeição seja superior à primeira, e a terceira superior à segunda aparece, de uma maneira, na libertação do mal. Porque 1º: na sua santificação foi libertada do pecado original; 2º: na concepção do Filho de Deus foi totalmente purificada da inclinação ao pecado; 3º: na sua glorificação foi libertada de toda miséria humana. — De outra maneira, em relação ao bem. Porque na sua santificação alcançou a graça que a inclinava ao bem; na concepção do Filho de Deus tal graça foi levada à plenitude, confirmando-a assim no bem; e na sua glorificação foi levada à plenitude a graça que lhe dava a capacidade de fruir de todo bem[o].

QUANTO AO 3º, deve-se dizer que está fora de dúvida que a bem-aventurada Virgem recebeu de modo eminente o dom da sabedoria, a graça dos milagres e o dom da profecia, como os possuía Cristo. Mas não recebeu estas e outras graças semelhantes para exercitá-las, como Cristo, mas segundo o que convinha à sua condição. Com efeito, exerceu o dom da sabedoria na sua contemplação, como nos diz o Evangelho de Lucas: "Maria conservava todas estas palavras, meditando-as em seu coração". Mas não teve de utilizar esta sabedoria ensinando, porque não era próprio das mulheres, como diz a

---

o. Diferentemente da graça de Cristo, a qual, segundo Sto. Tomás, esteve totalmente em ato desde sua concepção (III, q. 7, a. 12), a de Maria não deixou de aumentar desde sua concepção até sua glorificação. Os três momentos que Tomás distingue são na verdade três estados de graça, e a passagem de cada um ao que o segue representa o término de uma primeira etapa. A analogia que ele toma emprestada ao advento e desenvolvimento das formas da natureza permitem-lhe projetar uma luz admirável sobre a vida da graça em Maria. É no momento da encarnação que surge aquilo pelo qual a graça foi dada a Maria: é a perfeição da forma, e a graça da maternidade divina. Até lá, tudo era disposição ao que é a "forma" da santidade. A graça de sua primeira santificação estava toda submetida à encarnação nela do Filho de Deus — e a dispunha passo a passo a esse momento supremo no qual o Espírito Santo baixará sobre ela para dar-lhe uma nova alma. — Mas a graça da maternidade divina e espiritual deve crescer ainda mais. Em toda maternidade humana, a dimensão espiritual deve crescer e aprofundar-se; ainda mais a de uma maternidade na fé, tendo por objeto o Verbo encarnado progressivamente revelado. Enfim, sobrevém o "fim", quando a graça atingiu seu objetivo, aquilo ao qual a "forma" está submetida, ou seja, a visão de Deus, o que, para ela, representa a plena união a seu filho, a plena realização de sua maternidade.

illud 1Ti 2,12: *Docere autem mulieri non permitto*. — Miraculorum autem usus sibi non competebat dum viveret: quia tunc temporis confirmanda erat doctrina Christi miraculis; et ideo soli Christo et eius discipulis, qui erant baiuli doctrinae Christi, conveniebat miracula facere. Propter quod etiam de Ioanne Baptista dicitur, Io 10,14, quod *signum fecit nullum*: ut scilicet omnes in Christo intenderent. — Usum autem prophetiae habuit: ut patet in Cantico quod fecit[7], *Magnificat anima mea Dominum*.

primeira Carta a Timóteo: "Não permito à mulher ensinar". — Quanto ao exercício dos milagres, não lhe convinha durante sua vida, porque nesse momento os milagres deviam servir para confirmar a doutrina de Cristo; por isso, fazer milagres convinha unicamente a Cristo e aos seus discípulos, que eram os mensageiros de sua doutrina. Eis por que também de João Batista se diz no Evangelho de João que "não fez nenhum sinal", para que todos estivessem atentos a Cristo. — Teve, contudo, o uso da profecia, como consta no cântico que compôs: "A minha alma glorifica o Senhor"[p].

Articulus 6
Utrum sanctificari in utero, post Christum, proprium fuerit Beatae Virginis

AD SEXTUM SIC PROCEDITUR. Videtur quod sanctificari in utero, post Christum, proprium fuerit Beatae Virginis.

1. Dictum est[1] enim quod propter hoc Beata Virgo in utero fuit sanctificata, ut redderetur idonea ad hoc ut esset mater Dei. Sed hoc est proprium sibi. Ergo ipsa sola fuit sanctificata in utero.

2. PRAETEREA, aliqui videntur propinquius accessisse ad Christum quam Ieremias et Ioannes Baptista, qui dicuntur sanctificati in utero. Nam Christus specialiter dicitur filius Davi et Abraham, propter promissionem eis specialiter factam de Christo. Isaias etiam expressissime de Christo prophetavit[2]. Apostoli etiam cum ipso Christo conversati sunt. Nec tamen leguntur sanctificati in utero. Ergo etiam neque Ieremiae et Ioannis Baptistae convenit sanctificari in utero.

Artigo 6
Além de Cristo, foi próprio da Bem-aventurada Virgem ser santificada no seio materno?

QUANTO AO SEXTO, ASSIM SE PROCEDE: parece que além de Cristo, **foi** próprio da Bem-aventurada Virgem ser santificada no seio materno.

1. Com efeito, como foi dito antes, a Bem-aventurada Virgem foi santificada no seio materno para ser idônea de tornar-se a mãe de Deus. Ora, isso é próprio dela. Logo, só ela foi santificada no seio materno.

2. ALÉM DISSO, de Jeremias e de João Batista se afirma que foram santificados no seio materno. No entanto, outros parecem ter sido mais próximos de Cristo do que eles. Com efeito, Cristo é chamado especialmente filho de Davi e filho de Abraão, pela promessa que lhes tinha sido especialmente feita a respeito de Cristo. Também Isaías profetizou da maneira mais explícita sobre Cristo. Os apóstolos conviveram com o próprio Cristo. De nenhum deles, no entanto, se diz que tenham sido santificados no seio materno. Logo, também não era conveniente que Jeremias e João Batista fossem santificados no seio materno.

---

7. Luc. 1, 46.

6 PARALL.: III *Sent.*, dist. 3, q. 1, a. 2, q.la 1, ad 4; IV, dist. 6, q. 1, a. 1, q.la 2; *Quodlib.* VI, q. 5, a. 1; *Compend. Theol.*, c. 224; in *Psalm*. 45; in *Ierem.*, cap. I.

1. A. 4.
2. Is. 53.

p. Desde a época de Sto. Tomás, a teologia marial, estreitamente ligada à devoção, tinha uma tendência a atribuir a Maria, desde sua vida na terra, todos os dons, e muitas vezes os mais maravilhoso que a hagiografia detalhava na vida dos santos. Vimos acima (a. 3) que Sto. Tomás negava que ela tivesse desde o ventre de sua mãe o uso da razão e do livre-arbítrio. Aqui, ele afirma que ela só usou os dons que eram necessários a sua missão, única medida de sua graça. — Mas deve-se observar que, em nome de sua missão, ele lhe atribui, como a Cristo, a plenitude do dom de sabedoria, e pelo menos uma vez de profecia (implicando a revelação de seu próprio destino). Quanto ao carisma dos milagres, ela o teria, sem dúvida, mas para não usá-lo. O Concílio Vaticano II orientou a teologia marial numa concepção da fé obscura de Maria, baseada na natureza de sua missão de acompanhante do mistério de Cristo.

3. PRAETEREA, Iob de seipso dicit, Iob 31,18: *Ab infantia crevit mecum miseratio, et de utero egressa est mecum*. Et tamen propter hoc non dicimus eum sanctificatum in utero. Ergo etiam neque Ioannem Baptistam et Ieremiam cogimur dicere sanctificatos in utero.

SED CONTRA est quod de Ieremia dicitur, Ier 1,5: *Antequam exires de ventre, sanctificavi te*. Et de Ioanne Baptista dicitur, Lc 1,15: *Spiritu Sancto replebitur adhuc ex utero matris suae*.

RESPONDEO dicendum quod Augustinus, in Epistola *ad Dardanum*[3], dubie videtur loqui de horum sanctificatione in utero. *Potuit enim* exsultatio Ioannis in utero, ut ipse dicit, *esse significatio rei tantae*, scilicet quod mulier esset mater Dei, *a maioribus cognoscendae, non a parvulo cognitae. Unde in Evangelio non dicitur, "Credidit infans in utero eius", sed "exsultavit": videmus autem exsultationem non solum parvulorum, sed etiam pecorum esse. Sed haec inusitata extitit, quia in utero. Et ideo, sicut solent miracula fieri, facta est divinitus in infante: non humanitus ab infante. Quamquam, etiam si usque adeo est in illo puero acceleratus usus rationis et voluntatis ut intra viscera materna iam posset agnoscere, credere et consentire, ad quod in aliis parvulis aetas exspectatur ut possint: et hoc in miraculis habendum puto divinae potentiae*.

Sed quia expresse in Evangelio dicitur quod *Spiritu Sancto replebitur adhuc ex utero matris suae*; et de Ieremia expresse dicitur, *Antequam exires de vulva, sanctificavi te;* asserendum videtur eos sanctificatos in utero, quamvis in utero usum liberi arbitrii non habuerunt (de quo Augustinus quaestionem movet); sicut etiam pueri qui sanctificantur per baptismum, non statim habent usum liberi arbitrii.

Nec est credendum aliquos alios sanctificatos esse in utero, de quibus Scriptura mentionem non facit. Quia huiusmodi privilegia gratiae, quae dantur aliquibus praeter legem communem, ordinantur ad utilitatem aliorum, secundum illud 1Cor 12,7, *Unicuique datur manifestatio Spiritus ad utilitatem*: quae nulla proveniret ex sanctificatione aliquorum in utero, nisi Ecclesiae innotesceret.

3. ADEMAIS, Jó diz de si mesmo: "Desde a minha infância cresceu comigo a misericórdia, e comigo saiu do seio materno". E, contudo, não afirmamos que ele tenha sido santificado no seio materno. Portanto, também não somos obrigados a dizer que o tenham sido Jeremias e João Batista.

EM SENTIDO CONTRÁRIO, a Escritura afirma de Jeremias: "Antes de saíres do seio materno, eu te santifiquei". E de João Batista diz: "Será repleto do Espírito Santo desde o seio da sua mãe".

RESPONDO. Agostinho deixa pairar uma dúvida sobre a santificação destas pessoas no seio materno. "A exultação de João no seio materno", escreve Agostinho, "poderia ter sido sinal de um acontecimento tão maravilhoso (ou seja, que uma mulher fosse mãe de Deus) que só seria conhecido pelos pais, não pelo menino. Por isso, o evangelho não diz 'o menino, no seio materno, acreditou', mas 'exultou'. Ora, a exultação não se dá só nas crianças, mas também nos animais. Mas esta exultação é surpreendente porque acontece no seio materno. Por isso, como só acontece com os milagres, foi uma obra divina no menino e não uma obra humana do menino. E, mesmo que, aquele menino tivesse tão desenvolvido o uso da razão e da vontade que pudesse conhecer, crer e consentir, dentro ainda das entranhas da mãe, o que, nas outras crianças, requer uma certa idade, tal acontecimento, creio, deveria ser considerado como um milagre do poder divino".

Mas, porque o evangelho diz expressamente que João Batista "será repleto do Espírito Santo desde o seio de sua mãe"; e de Jeremias se afirma expressamente "antes de saíres do seio materno, eu te santifiquei", parece que se deve afirmar que ambos foram santificados no seio materno, ainda que não tenham tido o uso do livre-arbítrio no seio materno. É a questão levantada por Agostinho. Assim também as crianças santificadas pelo batismo não têm imediatamente o uso do livre-arbítrio.

E nada faz crer que outros, dos quais nem faz menção a Escritura, tenham sido santificados no seio materno. Por esta razão: tais privilégios da graça, dados a alguns fora da lei comum, se ordenam ao bem de outros, como nos diz a primeira Carta aos Coríntios: "A cada um é dada a manifestação do Espírito para utilidade de todos". Ora, de nenhuma utilidade seria essa santificação no seio materno se fosse desconhecida pela Igreja.

---

3. Epist. 187, al. 57, c. 7, nn. 23-24: ML 33, 840-841.

Et quamvis iudiciorum Dei non possit ratio assignari, quare scilicet huic et non alii hoc munus gratiae conferat, conveniens tamen videtur fuisse utrumque istorum sanctificari in utero, ad praefigurandam sanctificationem per Christum fiendam. Primo quidem, per eius passionem: secundum illud Hb 13,12: *Iesus, ut sanctificaret per suum sanguinem populum, extra portam passus est.* Quam quidem passionem Ieremias verbis et mysteriis apertissime praenuntiavit, et suis passionibus expressissime praefiguravit. — Secundo, per baptismum: 1Cor 6,11, *Sed abluti estis, sed sanctificati estis.* Ad quem quidem baptismum Ioannes suo baptismo homines praeparavit.

AD PRIMUM ergo dicendum quod Beata Virgo, quae fuit a Deo electa in matrem, ampliorem sanctificationis gratiam obtinuit quam Ioannes Baptista et Ieremias, qui sunt electi ut speciales praefiguratores sanctificationis Christi. Cuius signum est quod Beatae Virgini praestitum est ut de cetero non peccaret mortaliter nec venialiter: aliis autem sanctificatis creditur praestitum esse ut de cetero non peccarent mortaliter, divina eos gratia protegente.

AD SECUNDUM dicendum quod quantum ad alia potuerunt sancti esse Christo coniunctiores quam Ieremias et Ioannes Baptista. Qui tamen fuerunt ei coniunctissimi quantum ad expressam figuram sanctificationis ipsius, ut dictum est[4].

AD TERTIUM dicendum quod miseratio de qua Iob loquitur, non significat virtutem infusam: sed quandam inclinationem naturalem ad actum huius virtutis.

---

4. In c. et ad 1.

É verdade que não se pode dar uma razão aos desígnios de Deus. Por que, por exemplo, é outorgado este dom da graça a este e não a outros? Mas neste caso é possível indicar um motivo de conveniência pelo qual ambos foram santificados no seio materno: para prefigurar a santificação que haveria de ser realizada por Cristo. Em primeiro lugar, pela sua paixão, como diz a carta aos Hebreus: "Jesus, para santificar o povo pelo seu sangue, padeceu fora da porta". Paixão esta que foi profetizada muito claramente por Jeremias com palavras e sinais, e prefigurada de maneira explícita pelos seus sofrimentos. — E, em segundo lugar, pelo batismo: "Fostes lavados, fostes purificados", diz a primeira Carta aos Coríntios. É para este batismo que João preparava os homens com o seu batismo.

QUANTO AO 1º, portanto, deve-se dizer que a bem-aventurada Virgem, escolhida por Deus para ser sua mãe, alcançou uma graça de santificação maior do que a de João Batista e a de Jeremias, que foram escolhidos como prefigurações particulares da santificação de Cristo É sinal disso o fato de ter sido concedido à bem-aventurada Virgem não ter cometido nunca um pecado, nem mortal nem venial. Quanto aos outros santificados, acreditamos que lhes foi concedido não pecar mortalmente, com a proteção da graça graça divina.

QUANTO AO 2º, deve-se dizer que pode ter havido santos que, sob outros aspectos, fossem mais próximos de Cristo do que Jeremias e João Batista. Mas estes dois, como foi dito, foram os mais próximos de Cristo porque prefiguravam de maneira explícita a santificação de Cristo.

QUANTO AO 3º, deve-se dizer que a misericórdia, da qual fala Jó, não significa uma virtude infusa, mas uma inclinação natural para o ato desta virtude.

QUAESTIO XXVIII
DE VIRGINITATE MATRIS DEI
in quatuor articulos divisa

Deinde considerandum est de virginitate Matris Dei.
Et circa hoc quaeruntur quatuor.
Primo: utrum fuerit virgo in concipiendo.
Secundo: utrum fuerit virgo in partu.

QUESTÃO 28
A VIRGINDADE DA MÃE DE DEUS
em quatro artigos

Deve-se considerar, em seguida, a virgindade da Mãe de Deus.
Sobre isso são quatro as perguntas:
1. Foi virgem ao conceber?
2. Foi virgem no parto?

Tertio: utrum permanserit virgo post partum.
Quarto: utrum votum virginitatis emiserit.

Articulus 1
Utrum Mater Dei fuerit virgo in concipiendo Christum

AD PRIMUM SIC PROCEDITUR. Videtur quod Mater Dei non fuerit virgo in concipiendo Christum.

1. Nulla enim proles quae habet patrem et matrem, ex virgine matre concipitur. Sed Christus non solum dicitur habere matrem, sed etiam patrem: dicitur enim Lc 2,33: *Erant pater et mater eius mirantes super his quae dicebantur de illo*. Et infra eodem dicit [v. 48]: *Ecce, ego et pater tuus dolentes quaerebamus te*. Ergo Christus non est conceptus ex virgine matre.

2. PRAETEREA, Mt 1,1seqq. probatur quod Christus fuerit filius Abrahae et David, per hoc quod Ioseph ex David descendit. Quae quidem probatio nulla videtur esse si Ioseph pater Christi non fuisset. Ergo videtur quod mater Christi eum ex semine Ioseph conceperit. Et ita non videtur fuisse virgo in concipiendo.

3. PRAETEREA, dicitur Gl 4,4: *Misit Deus Filium suum factum ex muliere*. Mulier autem, consueto modo loquendi, dicitur quae est viro cognita. Ergo Christus non fuit conceptus ex virgine matre.

4. PRAETEREA, eorum quae sunt eiusdem speciei, est idem modus generationis: quia generatio recipit speciem a termino, sicut et ceteri motus. Sed Christus fuit eiusdem speciei cum aliis hominibus: secundum illud Philip 2,7: *In similitudinem hominum factus, et habitu inventus ut homo*. Cum ergo alii homines generentur ex commixtione maris et feminae, videtur quod etiam Christus simili modo fuerit generatus. Et ita non videtur fuisse conceptus ex virgine matre.

5. PRAETEREA, quaelibet forma naturalis habet materiam sibi determinatam, extra quam esse non potest. Materia autem formae humanae videtur esse semen maris et feminae. Si ergo corpus Christi non fuerit conceptum ex semine maris et feminae, non vere fuisset corpus humanum: quod est inconveniens. Videtur igitur non fuisse conceptus ex virgine matre.

3. Permaneceu virgem depois do parto?
4. Fizera voto de virgindade?

Artigo 1
A Mãe de Deus foi virgem ao conceber Cristo?

QUANTO AO PRIMEIRO ARTIGO, ASSIM SE PROCEDE: parece que a Mãe de Deus **não** foi virgem ao conceber Cristo.

1. Com efeito, nenhum filho que tem pai e mãe é concebido de mãe virgem. Ora, de Cristo se diz não só que teve mãe, mas também pai: "Seu pai e sua mãe estavam admirados do que se dizia do menino", está no Evangelho de Lucas. E mais adiante: "Eis que teu pai e eu te buscávamos angustiados". Logo, Cristo não foi concebido de mãe virgem.

2. ALÉM DISSO, o início do evangelho de Mateus prova que Cristo foi filho de Abraão e de Davi porque José era descendente de Davi. Tal prova ficaria sem valor se José não fosse pai de Cristo. Parece, pois, que a mãe de Cristo o concebeu pela união com José. Não parece, portanto, que tenha sido virgem ao conceber.

3. ADEMAIS, a Carta aos Gálatas diz: "Deus enviou seu Filho, nascido de uma mulher". Ora, na linguagem corrente, o termo mulher designa aquela que tem relações com um homem. Logo, Cristo não foi concebido de mãe virgem.

4. ADEMAIS, os que são da mesma espécie são gerados da mesma forma, porque a geração, como qualquer outro movimento, recebe a sua especificação pelo término. Ora, Cristo foi da mesma espécie que os outros homens, como diz a Carta aos Filipenses: "Tornou-se semelhante aos homens e foi reconhecido como homem pelo seu comportamento". Logo, dado que os outros homens são gerados pela união do homem e da mulher, parece que também Cristo teve de ser gerado de modo semelhante. E, portanto, não foi concebido de mãe virgem.

5. ADEMAIS, qualquer forma natural tem uma matéria determinada para ela, fora da qual não pode existir. Ora, a matéria da forma humana parece ser a semente do homem e da mulher. Logo, se o corpo de Cristo não tivesse sido concebido da semente do homem e da mulher, não teria sido um verdadeiro corpo humano, o que não é conveniente. Parece, pois, que não foi concebido de mãe virgem.

---

1 PARALL.: IV *Sent.*, dist. 30, q. 2, a. 3; *Cont. Gent.* IV, 45; *Compend. Theol.*, c. 221; in *Isaiam*, c. 7; in *Matth.*, c. 1; in *Ioan.*, c. 2, lect. 1.

SED CONTRA est quod dicitur Is 7,14: *Ecce, Virgo concipiet*.

RESPONDEO dicendum quod simpliciter confitendum est matrem Christi virginem concepisse: contrarium enim pertinet ad haeresim Ebionitarum et Cerinthi, qui Christum purum hominem arbitrantur, et de utroque sexu eum natum putaverunt[1].

Quod Christus sit conceptus ex virgine, conveniens est propter quatuor. Primo, propter mittentis Patris dignitatem conservandam. Cum enim Christus sit verus et naturalis Dei Filius, non fuit conveniens quod alium patrem haberet quam Deum: ne Dei dignitas transferretur ad alium.

Secundo, hoc fuit conveniens proprietati ipsius Filii, qui mittitur. Qui quidem est Verbum Dei. Verbum autem absque omni corruptione cordis concipitur: quinimmo cordis corruptio perfecti verbi conceptionem non patitur. Quia igitur caro sic fuit a Verbo Dei assumpta ut esset caro Verbi Dei, conveniens fuit quod etiam ipsa sine corruptione matris conciperetur.

Tertio, hoc fuit conveniens dignitati humanitatis Christi, in qua locum peccatum habere non debuit, per quam peccatum mundi tollebatur, secundum illud Io 1,29: *Ecce, Agnus Dei*, scilicet innocens, *qui tollit peccatum mundi*[2]. Non poterat autem esse quod in natura iam corrupta ex concubitu caro nasceretur sine infectione originalis peccati. Unde Augustinus dicit, in libro *de Nuptiis et Concupiscentia*[3]: *Solus nuptialis concubitus ibi non fuit*, scilicet in matrimonio Mariae et Ioseph: *quia in carne peccati fieri non poterat sine ulla carnis concupiscentia, quae accidit ex peccato, sine qua concipi voluit qui futurus erat sine peccato*.

Quarto, propter ipsum finem incarnationis Christi, qui ad hoc fuit ut homines renascerentur in filios Dei, *non ex voluntate carnis, neque ex voluntate viri, sed ex Deo*[4], idest ex Dei virtute.

EM SENTIDO CONTRÁRIO, está o que diz Isaías: "Eis que a Virgem conceberá".

RESPONDO. É absolutamente necessário confessar que a mãe de Cristo concebeu virgem. O contrário é a heresia dos ebionitas e de Cerinto, que julgavam Cristo um homem ordinário e pensavam ter ele nascido da união dos sexos.

Quatro são as razões que mostram a conveniência da concepção virginal de Cristo[a]. Primeiro, para salvaguardar a dignidade do Pai que o envia. Pois dado que Cristo é verdadeiro Filho de Deus por natureza, não convinha que tivesse outro Pai fora de Deus, para não transferir a outrem a dignidade de Deus.

Segundo, isso convinha ao que é próprio do Filho enviado. Pois ele é o Verbo de Deus. Ora, o Verbo é concebido sem nenhuma corrupção do coração; mais ainda, a corrupção do coração é incompatível com a concepção de um verbo perfeito. Dado, pois, que a carne foi assumida pelo Verbo de Deus para ser carne do Verbo de Deus, convinha também que ela mesma fosse concebida sem a corrupção da mãe.

Terceiro, isso convinha à dignidade da humanidade de Cristo, na qual não podia haver lugar para o pecado, pois por ela seria tirado o pecado do mundo, como diz o Evangelho de João: "Eis o Cordeiro de Deus, ou seja, o inocente, que tira o pecado do mundo". Mas, numa natureza já corrompida pela união do homem e da mulher, a carne não poderia nascer sem a contaminação do pecado original[b]. Por isso afirma Agostinho: "Só não houve aí, a saber, no matrimônio de Maria e José, a relação conjugal, porque não poderia dar-se tal relação na carne de pecado sem a concupiscência da carne, que provém do pecado, e sem a qual quis ser concebido aquele que não deveria ter pecado".

Quarto, pela finalidade mesma da encarnação de Cristo, que se destinava a fazer renascer os homens como filhos de Deus, "não pela vontade da carne, nem pela vontade do varão, mas de Deus", isto é,

---

1. Cfr. AUG., *De haeres*., cc. 7, 8, 10: ML 42, 27.
2. Cfr. supra, q. 1, a. 4.
3. L. I, c. 12: ML 44, 421.
4. Ioan. 1, 13.

---

a. Razões que são apenas de "conveniência". Sem dúvida alguma, o Verbo poderia ter-se encarnado assumindo uma "carne" resultante da união entre homem e mulher. Mas a Encarnação nos foi revelada e só foi acreditada pela Igreja como tendo se realizado no ventre de uma virgem. A tarefa da teologia é compreender que sentido tem semelhante economia.

b. O ato conjugal não é "corrompido", e apesar de certas concessões a uma linguagem agostiniana, Sto. Tomás não pensa nem ensina que a transmissão do pecado original proviria do que a sexualidade teria de desordenado, mas só do fato de que ela transmite a natureza "corrompida" (o que significa: privada da graça original). Ele não diz tampouco que, se Jesus tivesse nascido de uma união conjugal teria necessariamente contraído o pecado original, coisa que a união hipostática torna impensável. Independente da maneira pela qual Cristo foi concebido, a "carne" que ele faz sua está toda ela e desde sua origem mais profunda submetida ao espírito, a Deus.

Cuius rei exemplar apparere debuit in ipsa conceptione Christi. Unde Augustinus, in libro *de Sancta Virginitate*[5]: *Oportebat caput nostrum, insigni miraculo, secundum corpus nasci de virgine, ut significaret membra sua de virgine Ecclesia secundum spiritum nascitura.*

AD PRIMUM ergo dicendum quod, sicut Beda dicit, *super Luc.*[6], *pater Salvatoris appellatur Ioseph, non quod vere, iuxta Photinianos*[7], *pater fuerit ei: sed quod, ad famam Mariae conservandam, pater sit ab hominibus existimatus.* Unde et Lc 3,23 dicitur: *Ut putabatur, filius Ioseph.*

Vel, sicut Augustinus dicit, in libro *de Bono Coniugali*[8], *eo modo pater Christi dicitur Ioseph quo et vir Mariae intelligitur, sine commixtione carnis, ipsa copulatione coniugii: multo videlicet coniunctius quam si esset aliunde adoptatus. Neque enim propterea non erat appellandus Ioseph pater Christi quia non eum concumbendo genuerat: quandoquidem pater esset etiam ei quem, non ex sua coniuge procreatum, aliunde adoptasset.*

AD SECUNDUM dicendum quod, sicut Hieronymus dicit, *super Matth.*[9], *cum Ioseph non sit pater Domini Salvatoris, ordo generationis eius usque ad Ioseph deducitur*, primo quidem, quia *non est consuetudinis Scripturarum ut mulierum in generationibus ordo texatur. — Deinde, ex una tribu fuit Maria et Ioseph. Unde ex lege eam accipere cogebatur ut propinquam.* — Et, ut Augustinus dicit, in libro *de Nuptiis et Concupiscentia*[10], *fuit generationum series usque ad Ioseph perducenda, ne in illo coniugio virili sexui, utique potiori, fieret iniuria: cum veritati nihil deperiret, quia ex semine David et Ioseph erat et Maria.*

AD TERTIUM dicendum quod, sicut Glossa[11] dicit ibidem, *"mulierem" pro "femina" posuit, more locutionis Hebraeorum. Usus enim Hebraeae locutionis mulieres dicit, non virginitate corruptas, sed feminas.*

pelo poder de Deus. O modelo deste renascimento tinha de manifestar-se na própria concepção de Cristo. Por isso escreve Agostinho: "Era necessário que a nossa cabeça nascesse, segundo a carne, de uma virgem, por um milagre extraordinário, para significar que seus membros deveriam nascer, segundo o espírito, da virgem que é a Igreja."

QUANTO AO 1º, portanto, deve-se dizer que segundo Beda: "José era chamado pai do Salvador, não porque o fosse verdadeiramente, como afirmam os focinianos, mas foi como tal considerado pelos homens para salvaguardar a reputação de Maria". É por isso que diz o Evangelho de Lucas: "E, segundo se pensava, filho de José".

Ou, como diz Agostinho, José é chamado pai de Cristo da mesma maneira que "é tido por esposo de Maria, sem comércio carnal, mas pelo vínculo do matrimônio; e assim esteve unido muito mais estreitamente a Cristo do que se o tivesse adotado de outra forma. E o fato de não o ter gerado por meio da união carnal não era motivo para deixar de chamá-lo pai de Cristo, pois também seria pai de alguém que tivesse sido adotado, mesmo que não tivesse sido gerado pela sua esposa".

QUANTO AO 2º, deve-se dizer que segundo Jerônimo: "Mesmo que José não fosse o pai do Senhor e Salvador, a genealogia de Jesus se prolonga até José porque, em primeiro lugar, as Escrituras não costumam estabelecer uma genealogia seguindo a ordem das mulheres. — E, em segundo lugar, porque Maria e José eram da mesma tribo, e por isso era obrigado pela lei a tomá-la por esposa". — E, como diz Agostinho: "era preciso prolongar a série das gerações até José para que não se fizesse afronta, neste matrimônio, ao sexo masculino que é superior; dessa forma em nada sofria a verdade, uma vez que José e Maria eram da linhagem de Davi".

QUANTO AO 3º, deve-se dizer que como afirma a Glosa, na passagem referida: "Utilizou a palavra mulher em vez de fêmea, seguindo a maneira de falar dos hebreus. A palavra mulher, no uso dos hebreus, não designa aquelas que perderam sua virgindade, mas se refere ao sexo feminino em geral".

---

5. C. 6: ML 40, 399.
6. L. I, supra 2, 33: ML 92, 345 D.
7. Cfr. ISIDOR., *Etymol.*, l. VII, c. 5, n. 37: ML 82, 301 B; MARIUM MERCATOR., *Append. ad contradict. XII Anathem. Nestor.*, n. 19: ML 48, 929 B.
8. *De consensu Evang.*, l. II, c. 1, nn. 2, 3: ML 40, 1071-1072.
9. L. I, super 1, 18: ML 26, 24 A.
10. L. I, c. 11, n. 12: ML 44, 421.
11. Ordin.: ML 114, 578 C; LOMBARDI: ML 192, 136 D. — Vide AUG., *Contra Faustum*, l. XXIII, c. 7: ML 42, 470.

AD QUARTUM dicendum quod ratio illa habet locum in his quae procedunt in esse per viam naturae: eo quod natura, sicut est determinata ad unum effectum, ita est etiam determinata ad unum modum producendi illum. Sed cum virtus supernaturalis divina possit in infinita, sicut non est determinata ad unum effectum, ita non est determinata ad modum producendi quemcumque effectum. Et ideo, sicut virtute divina fieri potuit ut primus homo *de limo terrae* formaretur, ita etiam fieri potuit ut divina virtute corpus Christi formaretur de virgine absque virili semine.

AD QUINTUM dicendum quod, secundum Philosophum, in libro *de Generat. Animal*.¹², semen maris non est sicut materia in conceptione animalis, sed solum sicut agens: sola autem femina materiam subministrat in conceptu. Unde per hoc quod semen maris defuit in conceptione corporis Christi, non sequitur quod defuerit ei debita materia.

Si tamen semen maris esset materia fetus concepti in animalibus, manifestum tamen est quod non est materia permanens in eadem forma, sed materia transmutata. Et quamvis virtus naturalis non possit transmutare ad certam formam nisi determinatam materiam, virtus tamen divina, quae est infinita, potest transmutare omnem materiam in quamcumque formam. Unde, sicut transmutavit limum terrae in corpus Adae, ita in corpus Christi transmutare potuit materiam a matre ministratam, etiam si non esset sufficiens materia ad naturalem conceptum.

Quanto ao 4º, deve-se dizer que este argumento é válido para os que vêm à existência por vias naturais. Pois assim como a natureza está determinada a produzir um só efeito, assim também está determinada a produzi-lo de uma única maneira. Mas o poder sobrenatural de Deus, sendo infinito, não está determinado a produzir um único efeito, nem a produzi-lo de uma maneira determinada. Por isso, da mesma forma que o poder de Deus pôde formar o primeiro homem do *pó da terra*, assim também pôde formar o corpo de Cristo de uma virgem sem a intervenção do homem.

Quanto ao 5º, deve-se dizer que segundo o Filósofo, no livro da *Geração dos Animais*, o sêmen do macho não desempenha o papel da matéria na concepção do animal, mas age só como princípio ativo. Só a fêmea fornece a matéria na concepção. Daí que, pelo fato de ter faltado o sêmen do macho na concepção do corpo de Cristo, não se segue que lhe faltasse a matéria devida.

Mas, mesmo na hipótese de que, nos animais, o sêmen do macho fosse a matéria do feto concebido, é evidente que não se trata de uma matéria que permaneça sob a mesma forma, mas de uma matéria transformada. E, embora o poder natural só possa transformar uma certa matéria em determinada forma, o poder de Deus, que é infinito, pode transformar qualquer matéria em qualquer forma. E assim como transformou o pó da terra no corpo de Adão, assim também pôde transformar no corpo de Cristo a matéria proporcionada pela mãe, ainda que não fosse matéria suficiente para uma concepção natural.

ARTICULUS 2
Utrum mater Christi fuerit virgo in partu

AD SECUNDUM SIC PROCEDITUR. Videtur quod mater Christi non fuerit virgo in partu.

1. Dicit enim Ambrosius, *super Luc*.¹: *Qui vulvam sanctificavit alienam ut nasceretur propheta, hic est qui aperuit matris suae vulvam ut*

ARTIGO 2
Foi a mãe de Cristo virgem no parto?ᶜ

QUANTO AO SEGUNDO, ASSIM SE PROCEDE: parece que a mãe de Cristo **não** foi virgem no parto.

1. Com efeito, Ambrósio diz: "Aquele que santificou um seio desconhecido para que nascesse um profeta é o mesmo que abriu o seio de sua

---

12. L. I, c. 2; l. II, c. 4; l. IV, c. 1: 716, a, 9; 738, b, 20-21; 765, b, 10-15.
PARALL.: IV *Sent*., dist. 30, q. 2, a. 3; *Compend. Theol*., c. 225; in *Matth*., c. 1.

1. L. II, n. 57, super 2, 23: ML 15, 1573 B.

c. A glória que seria para a mulher permanecer virgem, glória oposta à da maternidade; o valor da virgindade física como símbolo dessa gloriosa virgindade; a assimilação da perda da virgindade a uma perda de integridade, ou mesmo uma "corrupção"; trata-se de temas patrísticos herdados pela Idade Média, e que nos dizem menos respeito hoje em dia. Mas compreendamos que, para os Padres e seus discípulos, a virgindade só se revestia desse valor no plano do coração e da alma, e mesmo no plano teologal e místico, como símbolo e como sacramento de um amor consagrado exclusivamente a Cristo, e só unido a ele. O que se realiza de modo super-eminente em Maria e em sua maternidade. Tanto é verdadeiro que a virgindade de Maria lhes parecia o tipo de virgindade espiritual da Igreja-mãe, tipo e "ícone" concreto e pessoalmente viabilizado de um "mistério" invisível.

immaculatus exiret. Sed apertio vulvae virginitatem excludit. Ergo mater Christi non fuit virgo in partu.

2. PRAETEREA, nihil in mysterio Christi esse debuit per quod corpus eius phantasticum appareret. Sed hoc non videtur vero corpori, sed phantastico convenire, ut possit per clausa transire: eo quod duo corpora simul esse non possunt[2]. Non igitur debuit ex matris utero clauso corpus Christi prodire. Et ita non decuit quod esset virgo in partu.

3. PRAETEREA, sicut Gregorius dicit, in Homilia *Octavarum Paschae*[3], per hoc quod, ianuis clausis, ad discipulos post resurrectionem intravit Dominus, *ostendit corpus suum esse eiusdem naturae et alterius gloriae*: et sic clausa transire videtur ad gloriam corporis pertinere. Sed corpus Christi in sua conceptione non fuit gloriosum, sed passibile, habens *similitudinem carnis peccati*, ut Apostolus dicit, Rm 8,3. Non ergo exivit per Virginis uterum clausum.

SED CONTRA est quod in quodam sermone Ephesini Concilii[4] dicitur: *Natura post partum nescit ulterius virginem. Gratia vero et parientem ostendit, et matrem fecit, et virginitati non nocuit.* Fuit ergo mater Christi virgo etiam in partu.

RESPONDEO dicendum quod absque omni dubio asserendum est matrem Christi etiam in partu virginem fuisse: nam Propheta non solum dicit, *Ecce virgo concipiet*; sed addit, *et pariet filium*[5]. Et hoc quidem conveniens fuit propter tria. Primo quidem, quia hoc competebat proprietati eius qui nascebatur, quod est Verbum Dei. Nam verbum non solum in corde absque corruptione concipitur, sed etiam absque corruptione ex corde procedit. Unde, ut ostenderetur quod illud corpus esset ipsius Verbi Dei, conveniens fuit ut de incorrupto virginis utero nasceretur. Unde in sermone quodam Ephesini Concilii[6] legitur: *Quae parit carnem puram, a virginitate cessat. Sed quia natum est carne Verbum, Deus custodit virginitatem, seipsum ostendens per hoc Verbum. Neque enim nostrum verbum, cum paritur, corrumpit mentem: neque Deus Verbum substantiale, partum eligens, peremit virginitatem.*

mãe para sair imaculado". Ora, a abertura do seio elimina a virgindade. Logo, a mãe de Cristo não foi virgem no parto.

2. ALÉM DISSO, nada devia existir no mistério de Cristo que desse a impressão de que o seu corpo era imaginário. Ora, atravessar lugares fechados parece mais próprio de um corpo imaginário do que de um corpo real, pois dois corpos não podem coexistir no mesmo lugar. Logo, o corpo de Cristo não devia sair do seio fechado de sua mãe. Eis por que não convinha que ela fosse virgem no parto.

3. ADEMAIS, como diz Gregório, o fato de ter entrado o Senhor, após a ressurreição, com as portas fechadas, onde estavam seus discípulos "mostra que seu corpo era da mesma natureza, mas de condição gloriosa". Por isso, atravessar lugares fechados parece ser próprio dos corpos gloriosos. Ora, na sua concepção, o corpo de Cristo não era glorioso, mas passível, já que, como diz o Apóstolo na Carta aos Romanos: "Semelhante à carne do pecado". Portanto, não pôde ter saído do seio fechado da Virgem.

EM SENTIDO CONTRÁRIO, numa alocução do Concílio de Éfeso se diz: "A natureza, depois do parto, não conhece mais a virgem. A graça, porém, mostrou a parturiente, fez a mãe e não prejudicou a virgindade". Portanto, a mãe de Cristo foi virgem também no parto.

RESPONDO. É preciso afirmar, sem lugar a dúvidas, que a mãe de Cristo foi virgem também no parto. Pois o Profeta não só diz "eis que a Virgem conceberá", mas acrescenta: "e dará à luz um filho". Há três razões que mostram por que convinha que assim fosse:

Primeira, porque correspondia ao que é próprio daquele que iria nascer, ou seja o Verbo de Deus. Porque o verbo não só é concebido no coração sem corrupção, mas procede do coração também sem corrupção. Por isso, para que ficasse manifesto que aquele corpo era do Verbo de Deus em pessoa, era conveniente que nascesse do seio incorrupto de uma virgem. Assim se lê em outra alocução do Concílio de Éfeso: "Aquela que dá à luz a carne deixa de ser virgem. Mas porque o Verbo nasceu da carne, o próprio Deus protegeu a virgindade, mostrando assim que ele é o Verbo. Pois, nem mesmo o nosso verbo ao ser gerado

---

2. Cfr. ARISTOT., *De gen. et corrupt.*, l. I, c. 5: 321, a, 7-9.
3. Al. hom. 26 *in Evang.*, n. 1: ML 76, 1198 A.
4. P. III, c. 9: ed. Mansi, V, 186. — Vide THEOD. ANCYRAN., Hom. I *in Nat. Salv.*, n. 1: MG 77, 1349 A.
5. Isai. 7, 14.
6. P. III, c. 9. Vide THEOD. ANCYR., Hom. I *in Nat. Salv.*, n. 1: MG 77, 1349 C-1352 A.

Secundo, hoc est conveniens quantum ad effectum incarnationis Christi. Nam ad hoc venit ut nostram corruptionem tolleret. Unde non fuit conveniens ut virginitatem matris nascendo corrumperet. Unde Augustinus dicit, in quodam Sermone *de Nativitate Domini*[7]: *Fas non erat ut per eius adventum violaretur integritas, qui venerat sanare corrupta.*

Tertio fuit conveniens, ne matris honorem nascendo diminueret qui parentes praeceperat honorandos.

AD PRIMUM ergo dicendum quod Ambrosius dicit hoc exponens illud quod Evangelista de lege induxit[8], *Omne masculinum adaperiens vulvam sanctum Domino vocabitur.* Quod quidem, ut Beda dicit[9], *consuetae nativitatis more loquitur: non quod Dominus sacri ventris hospitium, quod ingressus sanctificaverat, egressus devirginasse credendus sit.* Unde illa aperitio non significat reserationem claustri pudoris virginei: sed solum exitum prolis de utero matris.

AD SECUNDUM dicendum quod ita Christus voluit veritatem sui corporis demonstrare quod etiam simul eius divinitas declararetur. Et ideo permiscuit mira humilibus. Unde, ut corpus eius verum ostenderetur, nascitur ex femina. Sed ut ostenderetur eius divinitas, nascitur ex virgine: *talis* enim *partus decet Deum,* ut Ambrosius dicit, in hymmo Nativitatis[10].

AD TERTIUM dicendum quod quidam[11] dixerunt Christum in sua nativitate dotem subtilitatis assumpsisse, quando exivit de clauso virginis utero; et quando ambulavit siccis pedibus super mare, dicunt eum assumpsisse dotem agilitatis. — Sed hoc non convenit his quae supra[12] determinata sunt. Huiusmodi enim dotes corporis gloriosi proveniunt ex redundantia gloriae animae ad corpus: ut infra dicetur, cum tractabitur de corporibus gloriosis. Dictum est autem supra[13] quod Christus ante passionem permittebat carni suae agere et pati

corrompe a alma, nem Deus, o Verbo substancial, ao escolher nascer, destrói a virgindade".

Segunda, é também conveniente no que diz respeito ao efeito da encarnação de Cristo. Pois ele veio precisamente para tirar a nossa corrupção. Por isso não seria conveniente que, ao nascer, destruísse a virgindade da mãe. Eis por que, afirma Agostinho: "Não seria justo que, aquele que vinha sarar a corrupção, violasse a integridade com sua vinda".

Terceira, era conveniente que, aquele que mandou honrar os pais, não diminuísse a honra da mãe ao nascer.

QUANTO AO 1º, portanto, deve-se dizer que a afirmação de Ambrósio é um comentário do que o evangelista tirou das palavras da lei: "Todo varão que abre o seio será consagrado ao Senhor". Ora, isso, como explica Beda, "se refere ao nascimento ordinário; pois não se deve pensar que o Senhor, depois de ter santificado a morada do sagrado ventre ao entrar nele, lhe tivesse feito perder a virgindade ao sair dele". Eis por que o ato de abrir o seio não significa que o claustro do pudor virginal seja rompido, mas somente a saída do filho do seio da mãe.

QUANTO AO 2º, deve-se dizer que Cristo quis manifestar de tal maneira a verdade de seu corpo que ficasse patente também, ao mesmo tempo, a sua divindade. É por isso que juntou o admirável com o simples. Para mostrar que o seu corpo é verdadeiro, nasce de uma mulher; para mostrar a sua divindade, nasce de uma virgem. "Um nascimento assim era digno de Deus", diz Ambrósio num hino de Natal.

QUANTO AO 3º, deve-se dizer que alguns afirmaram que Cristo, ao nascer, quando saiu do seio fechado da virgem, assumiu o dom da sutilidade, da mesma forma que, quando caminhava sobre o mar, a pé enxuto, teria assumido o dom da agilidade. — Mas isso não está de acordo com o que foi estabelecido acima. Com efeito, tais dons do corpo glorioso provêm da glória da alma que extravasa sobre o corpo, como veremos mais adiante ao tratar dos corpos gloriosos. Mas acima foi dito que Cristo, antes de sua paixão, permitia que sua

---

7. Serm. 121, al. 10, n. 4: ML 39, 1988. — Cfr. a. praec., c.
8. Luc. 2, 23.
9. *In Luc.*, l. I, super 2, 23: ML 92, 342 A.
10. Hymn. IV: *Veni Redemptor gentium*: ML 16, 1410.
11. Cfr. INNOCENT. III, *De sacro altaris mysterio*, l. IV, c. 12: ML 217, 864 C. — Vide infra, q. 45, a. 2 c.
12. Q. 14, a. 1, ad 2.
13. Q. 13, a. 3, ad 1; q. 14, a. 1, ad 2.

quae propria[14]: nec fiebat talis redundantia gloriae ab anima ad corpus.

Et ideo dicendum est quod omnia ista facta sunt miraculose per virtutem divinam. Unde Augustinus, *super Ioan.*[15]: *Moli corporis ubi divinitas erat, ostia clausa non obstiterunt. Ille quippe, non eis apertis, intrare potuit, quo nascente virginitas matris inviolata permansit.* Et Dionysius dicit, in quadam Epistola[16], quod *Christus super hominem operabatur ea quae sunt hominis: et hoc monstrat virgo supernaturaliter concipiens, et aqua instabilis terrenorum pedum sustinens gravitatem.*

Articulus 3
Utrum mater Christi permanserit virgo post partum

Ad tertium sic proceditur. Videtur quod mater Christi non permanserit virgo post partum.

1. Dicitur enim Mt 1,18: *Antequam convenirent Ioseph et Maria, inventa est in utero habens de Spiritu Sancto.* "Non autem Evangelista hoc diceret, *antequam convenirent*, nisi certus esset de conventuris: quia nemo dicit de non pransuro, *antequam pranderet*". Ergo videtur quod Beata Virgo quandoque convenit carnali copula cum Ioseph. Et ita non permansit virgo post partum.

2. Praeterea, ibidem [v. 20] subditur, ex verbis Angeli loquentis ad Ioseph: *Ne timeas accipere Mariam coniugem tuam.* Coniugium autem consummatur per carnalem copulam. Ergo videtur quod quandoque carnalis copula intervenit inter Mariam et Ioseph. Et ita videtur quod non permansit virgo post partum.

3. Praeterea, ibidem post pauca subditur [v. 24-25]: *Et accepit coniugem suam: et non cognoscebat eam donec peperit filium suum primogenitum.* "Hoc autem adverbium *donec* consuevit determinatum tempus signare, quo completo, fiat id quod usque ad illud tempus non fiebat. Verbum autem *cognoscendi* ibi ad coitum refertur": sicut et

carne agisse e sofresse como lhe é próprio, não havendo lugar para esse extravasamento da glória da alma sobre o corpo.

Eis por que é preciso afirmar que tudo isso era realizado miraculosamente pelo poder divino. Assim pôde dizer Agostinho: "As portas fechadas não foram um obstáculo para a massa do corpo no qual residia a divindade. Com efeito, pôde entrar quando estavam fechadas, como, ao nascer, pôde deixar intacta a virgindade de sua mãe". E Dionísio escreve: "Cristo realizava o que é próprio do homem de maneira sobrehumana. É o que mostra uma virgem que concebe sobrenaturalmente, e a água sem consistência que suporta o peso de seus pés terrestres".

Artigo 3
A mãe de Cristo permaneceu virgem depois do parto?

Quanto ao terceiro, assim se procede: parece que a mãe de Cristo **não** permaneceu virgem depois do parto.

1. Com efeito, o Evangelho de Mateus diz: "Antes que José e Maria coabitassem, ela ficou grávida por obra do Espírito Santo". Ora, o evangelista não teria dito "antes que coabitassem" se não tivesse certeza de que iriam coabitar, porque ninguém diz *antes de comer* referindo-se a alguém que não vai comer. Logo, parece que a Bem-aventurada Virgem alguma vez se uniu a José carnalmente e, assim, não permaneceu virgem depois do parto.

2. Além disso, mais adiante, o mesmo texto acrescenta, nas palavras do Anjo dirigidas a José: "Não temas receber Maria como tua esposa". Ora, o matrimônio se consuma pela união carnal. Logo, parece que houve alguma vez união carnal entre Maria e José, e assim, parece que não permaneceu virgem depois do parto.

3. Ademais, acrescenta ainda o texto, um pouco mais adiante: "E recebeu Maria como esposa, e não a conheceu até o dia em que deu à luz o seu filho primogênito". Ora, a preposição *até* designa habitualmente um tempo determinado, após o qual se faz aquilo que até então não se fazia. E o verbo *conhecer* se refere aqui à união carnal, como

---

14. Damascen., *De fide orth.*, l. III, c. 19: MG 94, 1080 B. — Cfr. cc. 14, 15: MG 94, 1037 A, 1045 C.
15. Tract. 121, n. 4, super 20, 19: ML 35, 1958.
16. Epist. 4, *ad Caium mon.*; MG 3, 186 A.

3 Parall.: IV *Sent.*, dist. 30, q. 2, a. 3; *Compend. Theol.*, c. 225; in *Matth.*, c. 1; in *Ioan.*, c. 2, lect. 1.

Gn 4,1 dicitur quod *Adam cognovit uxorem suam*. Ergo videtur quod post partum Beata Virgo fuit a Ioseph cognita. Ergo videtur quod non permanserit virgo post partum.

4. PRAETEREA, *primogenitus* non potest dici nisi qui habeat fratres subsequentes: unde Rm 8,29: *Quos praescivit, et praedestinavit conformes fieri imaginis Filii sui, ut sit ipse primogenitus in multis fratribus*. Sed Evangelista nominat Christum *primogenitum*[1] matris eius. Ergo alios filios habuit post Christum. Et ita videtur quod mater Christi non fuerit virgo post partum.

5. PRAETEREA, Io 2,12 dicitur: *Post haec descendit Capharnaum ipse*, scilicet Christus, *et mater et fratres eius*. Sed fratres dicuntur qui ex eodem parente geniti sunt. Ergo videtur quod Beata Virgo habuerit alios filios post Christum.

6. PRAETEREA, Mt 27,55-56 dicitur: *Erant ibi*, scilicet iuxta crucem Christi, *mulieres multae a longe, quae secutae erant Iesum a Galilaea, ministrantes ei: inter quas erat Maria Magdalene, et Maria Iacobi et Ioseph mater, et mater filiorum Zebedaei*. Videtur autem haec Maria quae hic dicitur *Iacobi et Ioseph mater*, esse etiam mater Christi: dicitur enim Io 19,25 quod *stabat iuxta crucem Iesu Maria, mater eius*. Ergo videtur quod mater Christi non permanserit virgo post partum.

SED CONTRA est quod dicitur Ez 44,2: *Porta haec clausa erit*, et *non aperietur, et vir non transibit per eam: quoniam Dominus Deus Israel ingressus est per eam*. Quod exponens Augustinus, in quodam Sermone[2], dicit: *Quid est "porta in domo Domini clausa", nisi quod Maria semper erit intacta? Et quid est, "homo non transibit per eam", nisi quod Ioseph non cognoscet eam? Et quid est, "Dominus solus intrat et egreditur per eam", nisi quod Spiritus Sanctus impraegnabit eam, et angelorum Dominus nascetur per eam? Et quid est, "clausa erit in aeternum", nisi quod Maria virgo est ante partum, et virgo in partu, et virgo post partum?*

RESPONDEO dicendum quod absque omni dubio detestandus est error Helvidii, qui dicere praesumpsit matrem Christi a Ioseph post partum esse carnaliter cognitam, et alios filios genuisse[3].

quando se diz no Gênesis: "Adão conheceu sua esposa". Logo, parece, que depois do parto, José conheceu a Bem-aventurada Virgem; portanto, não permaneceu virgem depois do parto.

4. ADEMAIS, só pode ser chamado *primogênito* o filho a quem seguem outros irmãos. Por isso na Carta aos Romanos se diz que: "Aos que conheceu de antemão predestinou-os a tornar-se conformes à imagem do seu Filho, para que ele seja o primogênito de uma multidão de irmãos". Ora, o evangelista chama a Cristo *primogênito* de sua mãe. Logo, ela teve outros filhos depois de Cristo. E assim parece que a mãe de Cristo não foi virgem depois do parto.

5. ADEMAIS, diz o Evangelho de João: "Depois disso ele mesmo, a saber, Cristo, desceu a Cafarnaum junto com sua mãe e seus irmãos". Ora, irmãos são aqueles que foram gerados pelos mesmos pais. Logo, parece que a Bem-aventurada Virgem teve outros filhos depois de Cristo.

6. ADEMAIS, no Evangelho de Mateus se diz: "Estavam lá, a saber, junto à cruz de Cristo, a distância, muitas mulheres que tinham seguido Jesus a partir da Galileia servindo-o. Entre elas Maria Madalena, Maria mãe de Tiago e de José e a mãe dos filhos do Zebedeu". Esta Maria, chamada aqui mãe de Tiago e de José, parece ser também a mãe de Cristo, pois João nos diz que "estava junto à cruz de Jesus, Maria, sua mãe". Logo, parece que a mãe de Cristo não permaneceu virgem depois do parto.

EM SENTIDO CONTRÁRIO, está o que se diz em Ezequiel: "Esta porta estará fechada e não se abrirá; e o varão não passará por ela, porque o Senhor Deus de Israel entrou por ela". Agostinho comenta assim este texto: "Que significa 'porta fechada na casa do Senhor' a não ser que Maria permanecerá sempre intacta? E que quer dizer 'o homem não passará por ela' a não ser que José não a 'conhecerá'? E que significa 'só o Senhor entra e sai por ela', a não ser que o Espírito Santo a fecundará e o Senhor dos anjos nascerá dela? E qual o sentido de 'estará fechada para sempre' a não ser que Maria é virgem antes do parto, no parto e depois do parto?"

RESPONDO. Deve ser rejeitado, sem lugar a dúvidas, o erro de Helvídio, que teve a ousadia de dizer que a mãe de Cristo, depois do parto, teve relações carnais com José e gerou outros filhos.

---

1. Matth. 1, 25; Luc. 2, 7.
2. Serm. 195, al. *de Temp*. 18, n. 1: ML 39, 2107. — (Inter Opp.).
3. Cfr. HIERON., *Adv. Helvidium*, nn. 5, 7: ML 23, 188 C, 191 C; AUG., *De haer*., c. 84: ML 42, 86; GENNAD., *De script. eccl*., c. 32: ML 58, 1077 B.

Hoc enim, primo, derogat Christi perfectioni: qui, sicut secundum divinam naturam *Unigenitus* est *Patris*, tanquam perfectus per omnia Filius eius, ita etiam decuit ut esset unigenitus matris, tanquam perfectissimum germen eius.

Secundo, hic error iniuriam facit Spiritui Sancto, cuius *sacrarium* fuit uterus virginalis, in quo carnem Christi formavit: unde non decebat ut de cetero violaretur per commixtionem virilem.

Tertio, hoc derogat dignitati et sanctitati Matris Dei: quae ingratissima videretur si tanto Filio contenta non esset; et si virginitatem, quae in ea miraculose conservata fuerat, sponte perdere vellet per carnis concubitum.

Quarto, etiam ipsi Ioseph esset ad maximam praesumptionem imputandum, si eam quam, revelante Angelo, de Spiritu Sancto Deum concepisse cognoverat, polluere attentasset.

Et ideo simpliciter est asserendum quod Mater Dei, sicut virgo concepit et virgo peperit, ita etiam virgo post partum in sempiternum permanserit.

AD PRIMUM ergo dicendum quod, sicut Hieronymus dicit, in libro *contra Helvidium*[4], *intelligendum est quod haec praepositio "ante", licet saepe consequentia indicet, tamen nonnunquam ea tantum quae prius cogitabantur, ostendit: nec est necesse ut cogitata fiant, cum ideo aliud intervenerit, ne ea quae cogitata sunt, fierent. Sicut, si aliquis dicat, "Antequam in portu pranderem, navigavi", non intelligitur quod in portu prandeat postquam navigaverit: sed quia cogitabatur in portu pransurus*. Et similiter Evangelista dicit, *Antequam convenirent, inventa est Maria in utero habens de Spiritu Sancto*, non quia postea convenerint: sed quia, dum viderentur conventuri, praevenit conceptio per Spiritum Sanctum, ex quo factum est ut ulterius non convenirent.

AD SECUNDUM dicendum quod, sicut Augustinus dicit, in libro *de Nuptiis et Concupiscentia*[5], *coniux vocatur Mater Dei ex prima desponsationis fide, quam concubitu non cognoverat nec fuerat cogniturus*. Ut enim Ambrosius dicit, *super Luc.*[6], *non virginitatis ereptio, sed coniugii testificatio nuptiarum celebratio declaratur*.

Em primeiro lugar, isso nega a perfeição de Cristo. Pois, assim como segundo sua natureza divina é *o Filho único do Pai*, e Filho perfeito sob todos os aspectos, assim também convinha que fosse o filho único da sua mãe e seu fruto perfeitíssimo.

Em segundo lugar, este erro é uma injúria ao Espírito Santo, porque o seio virginal foi o *sacrário* no qual formou a carne de Cristo. Por isso não era conveniente que depois fosse profanado pela união com um homem.

Em terceiro lugar, isso nega a dignidade e a santidade da mãe de Deus. Pois pareceria cheia de ingratidão se não se contentasse com tal Filho, e se, por própria vontade, quisesse perder, pela união carnal, a virgindade que de maneira miraculosa tinha sido conservada nela.

Em quarto lugar, porque seria a maior presunção de José tentar contaminar aquela que concebera a Deus pela ação do Espírito Santo, como lhe fora revelado pelo Anjo.

Deve-se, pois, afirmar sem mais que a mãe de Deus, que foi virgem ao conceber e ao dar à luz, permaneceu também virgem para sempre depois do parto.

QUANTO AO 1º, portanto, deve-se dizer que como diz Jerônimo: "É preciso compreender que esta preposição 'antes', ainda que com frequência indique o que vai se seguir, às vezes mostra só aquilo que com anterioridade tinha sido pensado. E não é necessário que tais pensamentos se realizem, pois pode interferir outra coisa que impeça realizar o que havia sido pensado. Por exemplo, se alguém disser 'antes de comer no porto, comecei a navegar', ninguém compreenderá que comeu no porto depois de ter começado a navegar, mas que tinha a intenção de comer no porto". De maneira semelhante diz o evangelista: "Antes que coabitassem, Maria se encontrou grávida pela ação do Espírito Santo". Não que depois tivessem coabitado, mas porque, enquanto pensavam que assim conviveriam, se antecipou a concepção, por obra do Espírito Santo, e por isso não coabitaram depois.

QUANTO AO 2º, deve-se dizer que Agostinho escreve: "A mãe de Deus é chamada esposa por causa do primeiro compromisso dos esponsais, o qual não conheceu nem haveria de conhecer carnalmente". E Ambrósio diz também: "A celebração das bodas manifesta a existência do matrimônio, não a perda da virgindade".

---

4. N. 4: ML 23, 186 AB.
5. L. I, c. 11, n. 12: ML 44, 420.
6. L. II, n. 5, super 1, 27: ML 15, 1555 A.

AD TERTIUM dicendum quod quidam dixerunt hoc non esse intelligendum de cognitione carnis, sed de cognitione notitiae. Dicit enim Chrysostomus[7] quod *non cognovit eam Ioseph, antequam pareret, cuius fuerit dignitatis: sed, postquam peperit, tunc cognovit eam. Quia per ipsius prolem speciosior et dignior facta fuerat quam totus mundus: quia quem totus mundus capere non poterat, in angusto uteri sui sola suscepit.*

Quidam[8] vero hoc referunt ad notitiam visus. Sicut enim Moysi cum Deo colloquentis glorificata est facies, *ut non possent intendere in eum filii Israel*; sic Maria, claritate virtutis Altissimi obumbrata, cognosci non poterat a Ioseph, donec pareret. Post partum autem a Ioseph agnita invenitur, specie faciei, non tactu libidinis.

Hieronymus[9] autem concedit hoc esse intelligendum de cognitione coitus. Sed dicit[10] quod *usque*, vel *donec*, in Scripturis dupliciter potest intelligi. Quandoque enim designat certum tempus: secundum illud Gl 3,19, *Propter transgressionem lex posita est, donec veniret semen cui promiserat.* Quandoque vero signat infinitum tempus: secundum illud Ps 122,2, *Oculi nostri, ad Dominum Deum nostrum, donec misereatur nostri*; ex quo non est intelligendum quod post impetratam misericordiam oculi avertantur a Deo. Et secundum hunc modum loquendi, significantur ea *de quibus posset dubitari si scripta non fuissent: cetera vero nostrae intelligentiae derelinquuntur*[11]. Et secundum hoc, Evangelista dicit matrem Dei *non esse cognitam a viro usque ad partum ut multo magis intelligamus cognitam non fuisse post partum*[12].

AD QUARTUM dicendum quod mos divinarum Scripturarum est ut primogenitum vocent non solum eum quem fratres sequuntur, sed eum qui primus natus sit. *Alioquin, si non est primogenitus nisi quem sequuntur fratres, tandiu secundum legem primogenita non debentur, quandiu et alia fuerint procreata*[13]. Quod patet esse falsum: cum

QUANTO AO 3º, deve-se dizer que alguns afirmaram que conhecer não deve ser entendido no sentido de conhecimento carnal, mas no sentido de conhecimento de algo notório. Pois, como diz Crisóstomo: "Antes de dar à luz, José não conheceu qual era a dignidade dela, mas a conheceu depois que deu à luz; pois, por causa de seu filho, ela se tornou mais bela e mais nobre do que o universo inteiro, porque só ela recebeu no limite de seu seio àquele que o mundo inteiro não podia conter".

Mas outros referem conhecer ao conhecimento visual. Assim como o rosto de Moisés, quando falava com Deus, se tornava resplandecente, "a ponto de não poderem olhar para ele os filhos de Israel", assim também Maria, encoberta com a claridade do poder do Altíssimo, não podia ser conhecida por José antes de dar à luz. Mas, depois do parto, José a reconheceu pelo aspecto do seu rosto e não pelo contato carnal.

Jerônimo aceita que se possa entender este conhecimento em sua acepção carnal. Mas diz que, na Escritura, *até* ou *enquanto* podem ser entendidos de duas maneiras. Às vezes designa um tempo determinado, como na Carta aos Gálatas: "A lei foi dada por causa da transgressão, até que chegasse a descendência à qual fora feita a promessa". Mas outras vezes designa um tempo indeterminado, por exemplo no Salmo 122: "Nossos olhos estão voltados para o Senhor nosso Deus, até que se compadeça de nós"; o que não deve ser entendido como se, uma vez obtida a misericórdia, os nossos olhos devessem se afastar do Senhor. E segundo esta maneira da falar é significado "aquilo do qual se poderia duvidar se não tivesse sido escrito; mas o resto é entregue à nossa inteligência". É neste sentido que o evangelista diz que "a mãe de Deus não foi conhecida por um homem até o parto; para que entendamos ainda mais que também não o foi depois do parto".

QUANTO AO 4º, deve-se dizer que é comum na Sagrada Escritura chamar primogênito não só àquele que tem outros irmãos depois dele, mas também àquele que nasceu em primeiro lugar. "Do contrário, se só fosse primogênito aquele a quem seguem outros irmãos, não seriam exigidas as primícias sobre os primogênitos, segundo a lei,

---

7. *Opus imperf. in Matth.*, hom. 1, super 1, 25: MG 56, 635.
8. Hanc opinionem S. Thomas in *Cat. aur.*, In Matth., c. 1, § 14, Hilario tribuit.
9. *Adv. Helvidium*, n. 5: ML 23, 188 B.
10. Ibid.: ML 23, 188 C.
11. Loc. cit., n. 6: ML 23, 189 AD.
12. Loc. cit., n. 7: ML 23, 190 B.
13. Ibid., n. 10: ML 23, 192 C.

infra unum mensem primogenita redimi mandentur secundum legem[14].

AD QUINTUM dicendum quod *quidam*[15], sicut dicit Hieronymus, *super Matth.*[16], *de alia uxore Ioseph fratres Domini suspicantur. Nos autem fratres Domini, non filios Ioseph, sed consobrinos Salvatoris, Mariae materterae filios intelligimus. Quatuor enim modis in Scriptura fratres dicuntur*: scilicet *natura, gente, cognatione* et *affectu*[17]. Unde fratres Domini dicti sunt, non secundum naturam, quasi ab eadem matre nati: sed secundum cognationem, quasi consanguinei eius existentes. Ioseph autem, sicut Hieronymus dicit, *contra Helvidium*[18], magis credendus est virgo permansisse: qui *aliam uxorem habuisse non scribitur*, et *fornicatio in sanctum virum non cadit*.

AD SEXTUM dicendum quod Maria quae dicitur *Iacobi et Ioseph mater*, non intelligitur esse mater Domini, quae in Evangelio non consuevit nominari nisi cum cognominatione huius dignitatis, quod sit *mater Iesu*[19]. Haec autem Maria intelligitur esse uxor Alphaei, cuius filius est Iacobus Minor, qui dictus est *frater Domini*.

ARTICULUS 4
Utrum Mater Dei virginitatem voverit

AD QUARTUM SIC PROCEDITUR. Videtur quod Mater Dei virginitatem non voverit.
1. Dicitur enim Dt 7,14: *Non erit apud te sterilis utriusque sexus*. Sterilitas autem sequitur virginitatem. Ergo servatio virginitatis erat contra praeceptum veteris legis. Sed adhuc lex vetus habebat statum antequam Christus nasceretur. Ergo non potuit licite Beata Virgo virginitatem vovere pro tempore illo.

2. PRAETEREA, Apostolus, 1Cor 7,25 dicit: *De virginibus autem praeceptum Domini non habeo, consilium autem do*. Sed perfectio consiliorum a Christo debuit inchoari, qui est *finis legis*, ut

enquanto não tivessem nascido outros irmãos. O que é evidentemente falso, porque a lei ordenava resgatar os primogênitos no prazo de um mês.

QUANTO AO 5º, deve-se dizer que "alguns, como diz Jerônimo, supõem que os irmãos do Senhor eram os filhos de outra esposa de José. Nós, porém, entendemos que os irmãos do Senhor não eram filhos de José, mas primos-irmãos do Salvador, filhos de Maria, a tia materna. Pois a Escritura fala de irmãos em quatro sentidos: por natureza, pela raça, por parentesco e pelo afeto". Por isso, os chamados irmãos do Senhor não o são por natureza, como se tivessem nascido da mesma mãe, mas por parentesco, por serem seus consanguíneos. Quanto a José, como diz Jerônimo, deve-se antes pensar que permaneceu virgem, porque "a Escritura não diz que tenha tido outra esposa, e a homem santo não cabe a fornicação"[d].

QUANTO AO 6º, deve-se dizer que Maria, a chamada *mãe de Tiago e de José*, não deve ser mãe do Senhor, porque no evangelho é designada habitualmente com o título de sua dignidade que é ser a *mãe de Jesus*. Esta outra Maria, pelo contrário, entende-se que é a mulher de Alfeu, cujo filho é Tiago Menor, chamado *irmão do Senhor*.

ARTIGO 4
Terá feito voto de virgindade a Mãe de Deus?

QUANTO AO QUARTO, ASSIM SE PROCEDE: parece que a Mãe de Deus **não** fez voto de virgindade.
1. Com efeito, diz o Deuteronômio: "Não haverá no meio de ti homem ou mulher estéril". Ora, a esterilidade é uma consequência da virgindade. Logo, observar a virgindade era contrário a um preceito da antiga lei. Mas essa lei ainda estava em vigor antes do nascimento de Cristo. Logo, naquela época, a bem-aventurada Virgem não podia licitamente fazer voto de virgindade.

2. ALÉM DISSO, o Apóstolo afirma na primeira Carta aos Coríntios: "A respeito das virgens não tenho nenhum preceito do Senhor, mas dou-vos um conselho". Ora, a perfeição dos conselhos

---

14. *Num.* 18, 16.
15. Ut HILARIUS, *In Matth.*, c. 1, n. 4: ML 9, 922 B.
16. L. II, super c. 12, 49: ML 26, 84 D-85 A.
17. *Adv. Helvidium*, n. 14: ML 23, 197 A.
18. Ibid., n. 19: ML 23, 203 B.
19. Ioan. 2, 1. — Cfr. Matth. 1, 18; 2, 11; Luc. 2, 34; *Act.* 1, 14.

4 PARALL.: IV *Sent.*, dist. 30, q. 2, a. 1, q.la 1.

---

d. Deixemos a S. Jerônimo a responsabilidade por essa inaceitável assimilação do uso do casamento à fornicação.

Apostolus dicit, Rm 10,4. Non ergo conveniens fuit quod Virgo votum virginitatis emitteret.

3. PRAETEREA, Glossa Hieronymi[1] dicit, 1Ti 5,12, quod *voventibus virginitatem non solum nubere, sed etiam velle nubere damnabile est*. Sed mater Christi nullum peccatum damnabile commisit: ut supra[2] habitum est. Cum ergo desponsata fuerit, ut habetur Lc 1,27, videtur quod ipsa virginitatis votum non emiserit.

SED CONTRA est quod Augustinus dicit, in libro *de Sancta Virginitate*[3]: *Annuntianti Angelo Maria respondit: "Quomodo fiet istud, quoniam virum non cognosco?" Quod profecto non diceret, nisi se virginem Deo ante vovisset*.

RESPONDEO dicendum quod, sicut in Secunda Parte[4] habitum est, perfectionis opera magis sunt laudabilia si ex voto celebrantur. Virginitas autem in Matre Dei praecipue debuit pollere: ut ex supra[5] dictis rationibus patet. Et ideo conveniens fuit ut virginitas eius ex voto esset Deo consecrata. Verum quia tempore legis oportebat generationi insistere tam mulieres quam viros, quia secundum carnis originem cultus Dei propagabatur antequam ex illo populo Christus nasceretur, Mater Dei non creditur, antequam desponsaretur Ioseph, absolute virginitatem vovisse, licet eam in desiderio habuerit, super hoc tamen voluntatem suam divino commisit arbitrio. Postmodum vero, accepto sponso, secundum quod mores illius temporis exigebant, simul cum eo votum virginitatis emisit.

AD PRIMUM ergo dicendum quod, quia videbatur esse lege prohibitum non dare operam ad relinquendum semen super terram, ideo non simpliciter virginitatem vovit Dei Genitrix, sed sub conditione, si Deo placeret. Postquam autem ei innotuit hoc esse Deo acceptum, absolute vovit, antequam ab Angelo annuntiaretur.

devia começar com Cristo, que é *o fim da lei*, como diz o Apóstolo na Carta aos Romanos. Logo, não convinha que a Virgem fizesse voto de virgindade.

3. ADEMAIS, a propósito da primeira Carta a Timóteo comenta a Glosa de Jerônimo: "Para os que fazem voto de virgindade é condenável não só o casamento, mas também o desejo de casar-se". Ora, a mãe de Cristo não cometeu nenhum pecado condenável, como foi mostrado acima. Logo, pelo fato de ter estado desposada, como diz Lucas, parece que não teria feito voto de virgindade.

EM SENTIDO CONTRÁRIO, escreve Agostinho: "Maria respondeu ao anúncio do Anjo: 'Como poderá acontecer isso, se eu não conheço varão?' Com certeza não teria dito isso, se antes não tivesse consagrado a Deus sua virgindade".

RESPONDO. Como já foi dito na II Parte, as obras de perfeição são mais dignas de louvor quando se celebram com voto. Ora, a virgindade devia sobressair principalmente na Mãe de Deus, como está claro pelos argumentos acima apresentados. Por isso convinha que sua virgindade fosse consagrada a Deus por voto. É verdade que no tempo daquela lei eram incentivados a procriar tanto as mulheres quanto os homens, porque, antes que Cristo nascesse daquele povo, era pela descendência carnal que se propagava o culto de Deus. Por isso, não se crê que a mãe de Deus tenha feito voto definitivo de virgindade antes de estar desposada com José; embora a desejasse. Neste assunto abandonou sua vontade à decisão de Deus. Mas depois, uma vez que aceitou um esposo, como o exigia o costume daquele tempo, fez voto de virgindade junto com ele[e].

QUANTO AO 1º, portanto, deve-se dizer que porque parecia proibido pela lei não esforçar-se por deixar uma descendência na terra, a Mãe de Deus não fez voto de virgindade de modo absoluto, mas sob a condição de que fosse agradável a Deus. Mas depois de conhecer que seria agradável a Deus, fez voto de modo absoluto, antes da anunciação do anjo.

---

1. Ordin.: ML 114, 630 CD; LOMBARDI: ML 192, 353 D. — Vide AUG., *De bono viduitatis*, c. 9: ML 40, 437.
2. Q. 27, a. 4.
3. C. 4: ML 40, 398.
4. II-II, q. 88, a. 6.
5. A. 1, 2, 3.

e. Desse modo, Sto. Tomás apela a uma intuição interior de Maria, bastante poderosa para que ela se entregue a Deus no momento mesmo em que desposou José. Mas ele apela também a uma intuição semelhante em José, intuição que a mentalidade judaica da época não impedia forçosamente, como se vê entre os essênios, em João Batista. Mas que perspectiva tal pensamento nos abre para a união entre Maria e José!

AD SECUNDUM dicendum quod, sicut gratiae plenitudo perfecte quidem fuit in Christo, et tamen aliqua eius inchoatio praecessit in matre: ita etiam observatio consiliorum, quae per gratiam Dei fit, perfecte quidem incoepit in Christo, sed aliquo modo fuit inchoata in Virgine matre eius.

AD TERTIUM dicendum quod verbum illud Apostoli est intelligendum de illis qui absolute castitatem vovent. Quod quidem mater Dei non fecit antequam Ioseph desponsaretur. Sed post desponsationem, ex communi voluntate, simul cum sponso suo votum virginitatis emisit.

QUANTO AO 2º, deve-se dizer que assim como a plenitude de graça foi perfeita em Cristo e, no entanto, houve uma certa antecipação incoativa em sua mãe, assim também a observância dos conselhos, que se realiza por graça de Deus, teve o seu início perfeito em Cristo, mas de alguma forma começou também na Virgem sua mãe.

QUANTO AO 3º, deve-se dizer que a palavra do Apóstolo deve ser entendida com referência aos que fazem voto de castidade de maneira absoluta. Não foi esse o caso da mãe de Deus antes de estar desposada com José. Mas depois dos esponsais, junto com seu esposo e de comum acordo, fez voto de virgindade.

QUAESTIO XXIX
DE DESPONSATIONE MATRIS DEI
in duos articulos divisa

Deinde considerandum est de desponsatione Matris Dei.
Et circa hoc quaeruntur duo.
Primo: utrum Christus debuerit de desponsata nasci.
Secundo: utrum fuerit verum matrimonium inter Matrem Domini et Ioseph.

QUESTÃO 29
OS ESPONSAIS DA MÃE DE DEUS[a]
em dois artigos

Deve-se considerar em seguida os esponsais da Mãe de Deus.
Sobre isso são duas as perguntas:
1. Devia nascer Cristo de uma mulher desposada?
2. Houve um verdadeiro matrimônio entre a Mãe do Senhor e José?

ARTICULUS 1
Utrum Christus debuerit de virgine desponsata nasci

AD PRIMUM SIC PROCEDITUR. Videtur quod Christus non debuerit de virgine desponsata nasci.

1. Desponsatio enim ad carnalem copulam ordinatur. Sed Mater Domini nunquam voluit carnali viri copula uti: quia hoc derogaret virginitati mentis ipsius. Ergo non debuit esse desponsata.
2. PRAETEREA, quod Christus ex virgine nasceretur, miraculum fuit: unde Augustinus dicit, in Epistola *ad Volusianum*[1]: *Ipsa Dei virtus per inviolata matris virginea viscera membra infantis*

ARTIGO 1
Cristo devia nascer de uma virgem desposada?

QUANTO AO PRIMEIRO ARTIGO, ASSIM SE PROCEDE: parece que Cristo **não** devia nascer de uma virgem desposada.

1. Com efeito, os esponsais se ordenam à união carnal. Ora, a Mãe do Senhor nunca quis realizar a união carnal porque iria contra a virgindade que tinha em mente. Logo, não deve ter sido desposada.
2. ALÉM DISSO, foi um milagre que Cristo nascesse de uma virgem. Por isso Agostinho diz: "Foi o poder de Deus que fez sair os membros do menino das entranhas virginais de sua mãe inviolada,

---

1 PARALL.: IV *Sent.*, dist. 30, q. 2, a. 1, q.la 2, 3; in *Matth.*, c. 1.

1. Epist. 137, al. 3, c. 2, n. 8: ML 33, 519.

a. Maria era "noiva" quando ocorreu a concepção virginal. Daí o título da questão, ainda que o segundo artigo não trate mais do noivado, mas do casamento. De qualquer modo, é surpreendente que o a. 1 se intitule: "Cristo devia nascer de uma noiva?", pois ele nasceu de uma virgem casada.

eduxit, quae per clausa ostia membra iuvenis introduxit. Huius si ratio quaeritur, non erit mirabile: si exemplum poscitur, non erit singulare. Sed miracula, quae fiunt ad confirmationem fidei, debent esse manifesta. Cum igitur per desponsationem hoc miraculum fuerit obumbratum, videtur non fuisse conveniens quod Christus de desponsata nasceretur.

3. PRAETEREA, Ignatius Martyr, ut dicit Hieronymus, *super Matth.*[2], hanc causam assignat desponsationis Matris Dei, *ut partus eius celaretur diabolo, dum eum putat non de virgine, sed de uxore generatum.* Quae quidem causa nulla esse videtur. Tum quia diabolus ea quae corporaliter fiunt perspicacitate sensus cognoscit. Tum quia per multa evidentia signa postmodum daemones aliqualiter Christum cognoverunt: unde dicitur Mc 1,23-24, quod *homo in spiritu immundo exclamavit, dicens: "Quid nobis et tibi, Iesu Nazarene? Venisti perdere nos? Scio quia sis Sanctus Dei".* Non ergo videtur conveniens fuisse quod Mater Dei fuisset desponsata.

4. PRAETEREA, aliam rationem assignat Hieronymus[3], *ne lapidaretur Mater Dei a Iudaeis sicut adultera.* Haec autem ratio nulla esse videtur: si enim non esset desponsata, non posset de adulterio condemnari. Et ita non videtur rationabile fuisse quod Christus de desponsata nasceretur.

SED CONTRA est quod dicitur Mt 1,18: *Cum esset desponsata mater eius Maria Ioseph*; et Lc 1,26-27: *Missus est Gabriel angelus ad* Mariam, *virginem desponsatam viro cui nomen erat Ioseph.*

RESPONDEO dicendum quod conveniens fuit Christum de desponsata virgine nasci, tum propter ipsum; tum propter matrem; tum etiam propter nos.

Propter ipsum quidem Christum, quadruplici ratione. Primo quidem, ne ab infidelibus tamquam illegitime natus abiiceretur. Unde Ambrosius dicit, *super Luc.*[4]: *Quid Iudaeis, quid Herodi posset adscribi, si natum viderentur ex adulterio persecuti?* — Secundo, ut consueto modo eius genealogia per virum describeretur. Unde dicit Ambrosius, *super Luc.*[5]: *Qui in saeculum venit, saeculi debuit*

como mais tarde fez entrar os membros de um jovem através das portas fechadas. Se se busca uma razão para isso acabará o maravilhoso; e se se pede um exemplo acabará o que é único". Ora, os milagres, precisamente porque têm como finalidade confirmar a fé, devem ser evidentes. Logo, uma vez que os esponsais teriam obscurecido este milagre, parece que não convinha que Cristo nascesse de uma mulher desposada.

3. ADEMAIS, segundo Jerônimo, o mártir Inácio dá esta razão para os esponsais da Mãe de Deus: "Para que seu parto ficasse oculto ao diabo, pois ele pensaria que tinha sido gerado não por uma virgem, mas por uma esposa". Mas essa razão parece sem valor. Primeiro, porque o diabo conhece, graças à perspicácia dos sentidos, tudo o que se refere ao corpo. E ainda, porque, posteriormente, os demônios, de alguma maneira conheceram a Cristo por seus numerosos sinais evidentes. Por isso, diz o Evangelho de Marcos: "Um homem possuído por um espírito imundo gritou dizendo: 'Que entre tu e nós, Jesus de Nazaré? Vieste para nos perder? Sei que tu és o Santo de Deus". Portanto, não parece ter sido conveniente que a Mãe de Deus fosse desposada.

4. ADEMAIS, Jerônimo acrescenta ainda outro motivo: "Para que a Mãe de Deus não fosse lapidada pelos judeus como adúltera". Ora, este motivo parece sem valor, porque se não estivesse desposada não poderia ser condenada por adultério. E, por isso, não parece sensato que Cristo nascesse de uma mulher desposada.

EM SENTIDO CONTRÁRIO, nos diz o Evangelho de Mateus: "Maria, a mãe de Jesus, estava desposada com José". E o de Lucas: "O anjo Gabriel foi enviado a Maria, uma virgem desposada com um homem chamado José".

RESPONDO. Convinha que Cristo nascesse de uma virgem desposada: por causa de Cristo, de sua mãe e também de nós.

Por causa de Cristo, por quatro razões. 1º para que não fosse rejeitado pelos infiéis como nascido de modo ilegítimo. Por isso diz Ambrósio: "Que imputação poderia ter sido feita aos judeus ou a Herodes, se tivessem perseguido um menino aparentemente nascido de adultério?" — 2º para poder estabelecer a sua genealogia pela linha do homem, como era o costume. Eis por que Ambrósio afirma:

---

2. L. I, super 1, 18: ML 26, 24 B.
3. Loc. cit.: ML 26, 24 A.
4. L. II, n. 2, super 1, 26: ML 15, 1553 A.
5. L. III, nn. 3, 4, super 3, 23: ML 15, 1589 C, 1590 A, 1590 B.

more describi. Viri autem persona quaeritur, qui in senatu et reliquis curiis civitatum generis asserit dignitatem. Consuetudo etiam nos instruit Scripturarum, quae semper viri originem quaerit. — Tertio, ad tutelam pueri nati: ne diabolus contra eum vehementius nocumenta procurasset. Et ideo Ignatius dicit ipsam fuisse desponsatam *ut partus eius diabolo celaretur*[6]. — Quarto, ut a Ioseph nutriretur. Unde et *pater* eius dictus est, quasi nutritius.

Fuit etiam conveniens ex parte Virginis. Primo quidem, quia per hoc redditur immunis a poena: *ne* scilicet *lapidaretur a Iudaeis tanquam adultera*, ut Hieronymus dicit[7]. — Secundo, ut per hoc ab infamia liberaretur. Unde dicit Ambrosius, *super Luc.*[8], quod *desponsata est ne temeratae virginitatis adureretur infamia, cui gravis alvus corruptelae videretur insigne praeferre.* — Tertio, ut ei a Ioseph ministerium exhiberetur: ut Hieronymus dicit[9].

Ex parte etiam nostra hoc fuit conveniens. Primo quidem, quia testimonio Ioseph comprobatum est Christum ex virgine natum. Unde Ambrosius dicit, *super Luc.*[10]: *Locupletior testis pudoris maritus adhibetur, qui posset et dolere iniuriam et vindicare opprobrium, si non agnosceret sacramentum.* — Secundo, quia ipsa verba Virginis magis credibilia redduntur, suam virginitatem asserentis. Unde Ambrosius dicit, *super Luc.*[11]: *Fides Mariae verbis magis asseritur, et mendacii causa removetur. Videtur enim culpam obumbrare voluisse mendacio innupta praegnans: causam autem mentiendi desponsata non habuit, cum coniugii praemium et gratia nuptiarum partus sit feminarum.* Quae quidem duo pertinent ad firmitatem fidei nostrae. — Tertio, ut tolleretur excusatio virginibus quae, propter incautelam suam, non vitant infamiam. Unde Ambrosius dicit[12]: *Non decuit virginibus sinistra opinione viventibus velamen excusationis relinqui, quod infamia Mater quoque Domini ureretur.* — Quarto, quia per hoc significatur universa Ecclesia, quae *cum*

"Aquele que veio ao mundo deve ser identificado à maneira do mundo. Pois quando alguém quer afirmar a dignidade da sua linhagem, quer no Senado, quer em outras assembleias das cidades, busca sempre a pessoa de um homem. É o mesmo costume atestado nas Escrituras, que sempre busca a origem pelo homem". — 3º para proteger o menino recém-nascido, para que o demônio não tramasse danos com maior veemência contra ele. Por isso diz Inácio que Maria estava desposada "para que seu parto fosse ocultado ao diabo". — 4º para que fosse criado por José, que, por isso, foi chamado seu pai, como quem é o alimentou.

Era também conveniente por causa da Virgem: 1º porque desse modo ficava imune da pena: "Para não ser lapidada como adúltera pelos judeus", comenta Jerônimo. — 2º para ser livre assim da desonra; como diz Ambrósio: "Foi desposada para não ser destruída pela infâmia de uma virgindade profanada; pois sua gravidez pareceria ser o sinal manifesto de tal depravação". — 3º para que aparecesse a dedicação de José, como afirma S. Jerônimo.

Também foi conveniente por causa de nós: 1º porque o testemunho de José comprovou que Cristo nasceu de uma virgem, como observa Ambrósio: "Considera-se o marido a testemunha mais autorizada do pudor, porque ele poderia sentir a injúria ou vingar a afronta se não tivesse conhecido o mistério". — 2º porque assim se tornam mais dignas de fé as próprias palavras da Virgem quando afirma a sua virgindade. É o que diz Ambrósio: "Assim se outorga mais fé às palavras de Maria e se afasta qualquer motivo de mentira. Pois uma mulher solteira grávida trataria de ocultar sua falta com uma mentira. Mas, estando desposada, não teria motivo para mentir, pois a recompensa do matrimônio e a graça do casamento é, para as mulheres, dar à luz". E estas duas razões são a confirmação de nossa fé. — 3º para que não possam ter escusa as virgens que, por sua imprudência, não evitam a infâmia. Por isso, diz Ambrósio: "Não convinha que as virgens cuja vida tem má reputação encontrassem sombra de desculpa no fato de a Mãe do Senhor ter sido atingida

---

6. Cfr. Hier., loc. cit.: ML 26, 24 B.
7. Loc. cit.: ML 26, 24 A.
8. L. II, n. 1, super 1, 27: ML 15, 1553 A.
9. Loc. cit.: ML 26, 24 A.
10. L. II, n. 2, super 1, 27: ML 15, 1553 B.
11. Ibid.
12. Loc. cit., n. 1: ML 15, 1553 A.

virgo sit, desponsata tamen est uni viro Christo: ut Augustinus dicit, in libro *de Sancta Virginitate*[13]. — Potest etiam quinta ratio esse quia, quod Mater Domini fuit desponsata et virgo, in persona ipsius et virginitas et matrimonium honoratur: contra haereticos alteri horum detrahentes[14].

AD PRIMUM ergo dicendum quod Beata Virgo Mater Dei ex familiari instinctu Spiritus Sancti credenda est desponsari voluisse, confidens de divino auxilio quod nunquam ad carnalem copulam perveniret: hoc tamen divino commisit arbitrio. Unde nullum passa est virginitatis detrimentum.

AD SECUNDUM dicendum quod, sicut Ambrosius dicit, *super Luc.*[15], *maluit Dominus aliquos de suo ortu quam de matris pudore dubitare. Sciebat enim teneram esse virginis verecundiam, et lubricam famam pudoris: nec putavit ortus sui fidem matris iniuriis astruendam.*

Sciendum tamen quod miraculorum Dei quaedam sunt de quibus est fides: sicut miraculum virginei partus, et resurrectionis Domini, et etiam Sacramenti Altaris. Et ideo Dominus voluit ista occultiora esse, ut fides eorum magis meritoria esset. — Quaedam vero miracula sunt ad fidei comprobationem. Et ista debent esse manifesta.

AD TERTIUM dicendum quod, sicut Augustinus dicit, in III *de Trin.*[16], diabolus multa potest virtute suae naturae, a quibus tamen prohibetur virtute divina. Et hoc modo potest dici quod virtute suae naturae diabolus cognoscere poterat Matrem Dei non fuisse corruptam, sed virginem: prohibebatur tamen a Deo cognoscere modum partus divini.

Quod autem postmodum eum aliqualiter cognovit diabolus esse Filium Dei, non obstat: quia iam tempus erat ut Christus suam virtutem contra diabolum ostenderet, et persecutionem ab eo concitatam pateretur. Sed in infantia oportebat impediri malitiam diaboli, ne eum acrius persequeretur: quando Christus nec pati disposuerat, nec virtutem suam ostendere, sed in omnibus aliis infantibus se similem exhibebat. Unde Leo Papa, in Sermone *de Epiphania*[17], dicit quod *Magi invenerunt puerum*

também pela infâmia". — 4º porque esse é um símbolo de toda a Igreja, que "sendo virgem, foi desposada com um único esposo, Cristo", como diz Agostinho. — Ainda poderia ser aduzida uma quinta razão: sendo a Mãe do Senhor desposada e virgem, na sua pessoa são exaltados ao mesmo tempo a virgindade e o matrimônio, contra os heréticos que menosprezam um ou outro.

QUANTO AO 1º, portanto, deve-se dizer que é preciso acreditar que a bem-aventurada Virgem Mãe de Deus quis estar desposada por um impulso íntimo do Espírito Santo: confiando, com a ajuda divina, que nunca chegaria à união carnal, mas abandonando tudo à decisão divina. Por isso, sua virgindade não sofreu detrimento algum.

QUANTO AO 2º, deve-se dizer que como diz Ambrósio: "O Senhor preferiu que alguns duvidassem de sua origem antes do que do pudor de sua mãe. Pois sabia como é delicada a honestidade de uma virgem e escorregadia a reputação de pudor; e julgou que não devia estabelecer a verdade de sua origem para não injuriar a mãe".

É preciso, contudo, saber que entre os milagres de Deus alguns são de fé, como o do parto virginal, o da ressurreição do Senhor ou o do sacramento do altar. Eis por que quis o Senhor que estes fossem mais ocultos, para que o ato de crer neles fosse mais meritório. — Mas outros milagres se destinam a confirmar a fé. E estes devem ser patentes.

QUANTO AO 3º, deve-se dizer, como diz Agostinho, que o diabo pode muitas coisas pelo poder de sua natureza, mas é impedido pelo poder divino. E assim pode-se dizer que, pelo poder de sua natureza, o diabo teria podido saber que a Mãe de Deus não tinha sido manchada, mas que permanecera virgem; Deus, porém, impediu que ele conhecesse o modo do parto divino.

Nada impede que o diabo depois tenha chegado a conhecer de algum modo que Jesus era o Filho de Deus, porque então já era o momento de Cristo mostrar o seu poder contra o diabo e sofrer a perseguição levantada por ele. Mas durante a infância, era conveniente que estivesse impedida a malícia do diabo para que não o perseguisse com maior ferocidade; pois estava disposto que, na infância, Cristo não padeceria, nem manifestaria o seu poder, mas se mostraria igual a todas as outras

---

13. C. 12, n. 11: ML 40, 401.
14. Cfr. AUG., *De haer.*, cc. 31, 40, 84: ML 42, 31, 32, 46; *Contra Secundinum Manich.*, c. 21: ML 42, 597.
15. L. II, n. 1, super 1, 27: ML 15, 1553 A.
16. C. 9: ML 42, 878.
17. Serm. 34, al. 33 (*de Epiphania* IV), c. 3: ML 54, 247 B.

Iesum quantitate parvum, alienae opis indigentem, fandi impotentem, et in nullo ab humanae infantiae generalitate discretum.

Ambrosius tamen, *super Luc.*[18], videtur magis referre ad membra diaboli. Praemissa enim hac ratione, scilicet de fallendo principem mundi, subdit: *Sed tamen magis fefellit principes saeculi. Daemonum enim malitia facile etiam occulta deprehendit: at vero qui saecularibus vanitatibus occupantur, scire divina non possunt.*

AD QUARTUM dicendum quod iudicio adulterorum lapidabatur secundum legem non solum illa quae iam erat desponsata vel nupta, sed etiam illa quae in domo patris custodiebatur ut virgo quandoque nuptura. Unde dicitur Dt 22,20-21: *Si non est in puella inventa virginitas, lapidibus obruent eam viri civitatis illius, et morietur: quia fecit nefas in Israel, ut fornicaretur in domo patris sui.*

Vel potest dici, secundum quosdam[19], quod Beata Virgo erat de stirpe sive parentela Aaron: unde erat cognata Elisabeth, ut dicitur Lc 1,36. Virgo autem de genere sacerdotali propter stuprum occidebatur: legitur enim Lv 21,9: *Sacerdotis filia, si deprehensa fuerit in stupro, et violaverit nomen patris sui, flammis exuretur.*

Quidam[20] referunt verbum Hieronymi ad lapidationem infamiae.

ARTICULUS 2
Utrum inter Mariam et Ioseph fuerit verum matrimonium

AD SECUNDUM SIC PROCEDITUR. Videtur quod inter Mariam et Ioseph non fuerit verum matrimonium.

1. Dicit enim Hieronymus, *contra Helvidium*[1], quod Ioseph Mariae *custos fuit, potius quam maritus eius*. Sed si fuisset verum matrimonium, vere Ioseph maritus eius fuisset. Ergo videtur quod non fuerit verum matrimonium inter Mariam et Ioseph.

crianças. Por isso diz o papa Leão: "Os magos encontraram o menino Jesus pequeno de tamanho, necessitando dos cuidados dos outros, incapaz de falar, e em nada distinto do comum de qualquer humana criança".

Já Ambrósio parece relacionar tudo isso com os membros do diabo. Com efeito, dando como razão que se tratava de enganar o príncipe deste mundo, acrescenta: "E, contudo, enganou mais aos príncipes deste mundo; porque os demônios, com sua malícia, podem desvendar com facilidade o que está oculto, mas os que estão absorvidos pelas vaidades deste mundo não podem conhecer as realidades divinas".

QUANTO AO 4º, deve-se dizer que no julgamento dos adúlteros era lapidada, segundo a lei, não só a mulher já desposada ou casada, mas também a virgem que permanecia na casa paterna esperando o casamento. Por isso diz o Deuteronômio: "Se uma jovem não se encontra mais virgem, será lapidada pelos homens da cidade e morrerá, por ter cometido uma infâmia em Israel, prostituindo-se na casa de seu pai".

Ou poderia afirmar-se, na opinião de alguns, que a bem-aventurada Virgem era da descendência ou parentela de Aarão, e por isso tinha parentesco com Isabel, como diz o Evangelho de Lucas. Ora, a virgem de estirpe sacerdotal era morta quando tinha sido desonrada. Por isso diz o Levítico: "Se a filha de um sacerdote for surpreendida prostituindo-se, desonrando assim o nome de seu pai, será queimada".

Alguns relacionam a palavra de Jerônimo com a lapidação por desonra.

ARTIGO 2
Houve um verdadeiro matrimônio entre Maria e José?

QUANTO AO SEGUNDO, ASSIM SE PROCEDE: parece que **não** houve verdadeiro matrimônio entre Maria e José.

1. Com efeito, Jerônimo diz que José "foi mais guardião do que marido de Maria". Ora, se tivesse havido verdadeiro matrimônio, José teria sido seu verdadeiro esposo. Logo, parece que não houve verdadeiro matrimônio entre Maria e José.

---

18. L. II, n. 3, super 1, 27: ML 15, 1554 A.
19. AUG., *L. LXXXIII Quaest.*, q. 61, n. 2: ML 40, 50.
20. ALBERTUS M., *In Matth.*, super 1, 18: ed. A. Borgnet, t. XX, p. 35.

PARALL.: IV *Sent.*, dist. 30, q. 2, a. 2; in *Matth.*, cap. 1.

1. N. 4: ML 23, 187.

2. PRAETEREA, super illud Mt 1,16, *Iacob genuit Ioseph virum Mariae*, dicit Hieronymus[2]: *Cum virum audieris, suspicio tibi non subeat nuptiarum: sed recordare consuetudinis Scripturarum, quod sponsi viri et sponsae vocantur uxores*. Sed verum matrimonium non efficitur ex sponsalibus, sed ex nuptiis. Ergo non fuit verum matrimonium inter Beatam Virginem et Ioseph.

3. PRAETEREA, Mt 1,19 dicitur: *"Ioseph, vir eius, cum esset iustus, et nollet eam traducere"*, idest, *in domum suam ad cohabitationem assiduam, "voluit eam occulte dimittere"*, idest, *tempus nuptiarum mutare*, ut Remigius exponit[3]. Ergo videtur quod, nondum nuptiis celebratis, nondum esset verum matrimonium: praesertim cum, post matrimonium contractum, non liceat alicui sponsam dimittere.

SED CONTRA est quod Augustinus dicit, in II *de Consensu Evangelist.*[4], *non est fas ut Ioseph ob hoc a coniugio Mariae separandum Evangelista putaret* (cum dixit Ioseph virum Mariae), *quod non ex eius concubitu, sed virgo peperit Christum. Hoc enim exemplo manifeste insinuatur fidelibus coniugatis, etiam servata pari consensu continentia, posse permanere vocariturque coniugium, non permixto corporis sexu*.

RESPONDEO dicendum quod matrimonium sive coniugium dicitur verum ex hoc quod suam perfectionem attingit. Duplex est autem rei perfectio: prima et secunda. Prima quidem perfectio in ipsa forma rei consistit, ex qua speciem sortitur: secunda vero perfectio consistit in operatione rei, per quam res aliqualiter suum finem attingit. Forma autem matrimonii consistit in quadam indivisibili coniunctione animorum, per quam unus coniugum indivisibiliter alteri fidem servare tenetur. Finis autem matrimonii est proles generanda et educanda: ad quorum primum pervenitur per concubitum coniugalem; ad secundum, per alia opera viri et uxoris, quibus sibi invicem obsequuntur ad prolem nutriendam.

Sic igitur dicendum est quod, quantum ad primam perfectionem, omnino verum fuit matrimonium Virginis Matris Dei et Ioseph: quia uterque consensit in copulam coniugalem; non autem expresse in copulam carnalem, nisi sub conditione, *si Deo placeret*. Unde et Angelus vocat

2. ALÉM DISSO, a propósito do texto de Mateus: "Jacó gerou José, esposo de Maria", escreve Jerônimo: "Ao escutares a palavra esposo, que não surja em ti a suspeita de matrimônio; lembra-te de que as Escrituras costumam chamar marido e esposa aos desposados". Ora, o que constitui o verdadeiro matrimônio não são os esponsais, mas as bodas. Logo, não houve verdadeiro matrimônio entre a Bem-aventurada Virgem e José.

3. ADEMAIS, diz o Evangelho de Mateus: "José, seu esposo, porque era justo e não queria conduzi-la, a saber, à sua casa para uma coabitação constante, quis repudiá-la em segredo", isto é, protelar a data das bodas, como explica Remígio. Logo, dado que não tinham sido ainda celebradas as bodas, não havia ainda verdadeiro matrimônio; sobretudo porque, depois de contraído o matrimônio, ninguém podia repudiar a esposa.

EM SENTIDO CONTRÁRIO, está o que Agostinho diz: "Não é justo que o evangelista, quando chama José esposo de Maria, pensasse que José ter-se-ia separado do matrimônio com Maria pelo fato de ela, virgem, ter dado à luz Cristo, sem ter-se unido carnalmente com ele. Com este exemplo se insinua claramente aos fiéis casados que existe verdadeiro matrimônio e assim pode ser chamado, mesmo guardando a continência de comum acordo, e sem a união sexual dos corpos".

RESPONDO. Chama-se verdadeiro matrimônio ou união conjugal aquele que atinge sua perfeição. Ora, dupla é a perfeição de uma coisa: a primeira e a segunda. A primeira perfeição consiste na mesma forma da coisa, da qual provém a espécie. A segunda consiste na operação pela qual a coisa, de alguma forma, atinge seu fim. Ora, a forma do matrimônio consiste na união indissolúvel dos espíritos, pela qual cada esposo se compromete a guardar fidelidade indissolúvel ao outro. O fim do matrimônio é gerar e educar os filhos. São gerados pelo ato conjugal e são educados pelos trabalhos do marido e da mulher com os quais se ajudam mutuamente para criar os filhos.

Assim, pois, deve-se dizer que no que concerne à primeira perfeição, o matrimônio da Virgem Mãe de Deus e José foi plenamente um verdadeiro matrimônio, porque ambos consentiram na união conjugal, embora não expressamente na união carnal, a não ser sob condição: *se fosse do*

---

2. Comment. l. I: ML 26, 23 C.
3. Cfr. *Cat. aur. in Matth.*, loc. cit. — Vide REMIGIUM ANTISSIODORENSEM, hom. IV, *in Matth.*, 1, 18: ML 131, 887 B.
4. C. 1, n. 2: ML 34, 1071.

Mariam coniugem Ioseph, dicens ad Ioseph, Mt 1,20: *Noli timere accipere Mariam coniugem tuam*. Quod exponens Augustinus, in libro *de Nuptiis et Concupiscentia*[5], dicit: *Coniux vocatur ex prima desponsationis fide, quam concubitu nec cognoverat, nec fuerat cogniturus*.

Quantum vero ad secundam perfectionem, quae est per actum matrimonii, si hoc referatur ad carnalem concubitum, per quem proles generatur, non fuit illud matrimonium consummatum. Unde Ambrosius dicit, *super Luc.*[6]: *Non te moveat quod Mariam Scriptura coniugem vocat. Non enim virginitatis ereptio, sed coniugii testificatio nuptiarum celebratio declaratur*. — Habuit tamen illud matrimonium etiam secundam perfectionem quantum ad prolis educationem. Unde Augustinus dicit, in libro *de Nuptiis et Concupiscentia*[7]: *Omne nuptiarum bonum impletum est in illis parentibus Christi: proles, fides et sacramentum. Prolem cognoscimus ipsum Dominum Iesum; fidem, quia nullum adulterium; sacramentum, quia nullum divortium. Solus ibi nuptialis concubitus non fuit*.

AD PRIMUM ergo dicendum quod Hieronymus accipit ibi maritum ab actu matrimonii consummati.

AD SECUNDUM dicendum quod nuptias Hieronymus vocat nuptialem concubitum.

AD TERTIUM dicendum quod, sicut Chrysostomus dicit, *super Matth.*[8], Beata Virgo sic fuit desponsata Ioseph quod etiam esset domi habita. *Nam sicut in ea quae in domo viri concipit, intelligitur conceptio maritalis, sic in ea quae extra domum concipit, est suspecta coniunctio*. Et ita non esset sufficienter provisum famae Beatae Virginis per hoc quod fuit desponsata, nisi etiam fuisset domi habita. Unde quod dicit, *et nollet eam traducere*, melius intelligitur, *idest, nollet eam diffamare in publicum*, quam quod intelligatur de traductione in domum. Unde et Evangelista subdit quod *voluit occulte dimittere eam*. Quamvis tamen esset domi habita propter primam desponsationis fidem,

agrado de Deus. Por isso o anjo chama a Maria esposa de José quando diz a este: "Não temas receber Maria tua esposa". Palavras que Agostinho comenta assim: "É chamada esposa por causa da fidelidade primeira dos esponsais, a qual não havia conhecido nem iria conhecer pela união carnal".

No que concerne à segunda perfeição, que se realiza pelo ato do matrimônio, se for entendida como união carnal, pela qual são gerados os filhos, este matrimônio não foi consumado. É por isso que Ambrósio diz: "Que não te inquiete ouvir a Escritura chamar Maria de esposa: a celebração das bodas não significa a perda da virgindade, mas uma prova do matrimônio. Contudo, este matrimônio teve também a segunda perfeição pelo que diz respeito à educação do filho. Por isso diz Agostinho: "Todo o bem do matrimônio se realizou nos pais de Cristo: o filho, a fidelidade e o sacramento. Reconhecemos o filho no próprio Senhor Jesus; a fidelidade, porque não houve nenhum adultério; e o sacramento, porque não houve separação. A única coisa que não houve foi a união carnal"[b].

QUANTO AO 1º, portanto, deve-se dizer que Jerônimo entende a palavra marido no sentido que tem o ato do matrimônio consumado.

QUANTO AO 2º, deve-se dizer que Jerônimo chama bodas a união conjugal.

QUANTO AO 3º, deve-se dizer, como diz Crisóstomo, que a Bem-aventurada Virgem esteve desposada com José de tal maneira que habitava já em sua casa. "Porque, assim como se considera que tenha concebido do marido a mulher que concebe na casa do seu esposo, assim também da que concebe fora de casa imagina-se uma relação suspeita". E assim, a reputação da bem-aventurada Virgem não teria sido suficientemente protegida pelo fato de estar desposada, se não tivesse habitado já na casa de José. Por isso, as palavras "não queria conduzi-la" devem ser entendidas como "não querendo difamá-la publicamente" melhor do que interpretá-las como conduzi-la à sua casa.

---

5. L. I, c. 11, n. 12: ML 44, 420.
6. L. II, n. 5, super 1, 27: ML 15, 1555 A. — Cfr. q. praec., a. 3, ad 2.
7. L. I, cc. 11, 12: ML 44, 421.
8. *Opus imperf. in Matth.*, hom. 1, super 1, 17: MG 56, 631. — (Inter Opp. Chrysost.).

b. Que se trate, entre Maria e José, de um verdadeiro casamento, Sto. Tomás o prova por meio de uma definição preciosa do que é em essência o casamento: "A forma do casamento é a união indissolúvel dos espíritos", e portanto das pessoas, dos esposos; união que, mesmo tendo seu valor próprio (é ela que será consagrada pelo sacramento), está submetida a um fim que é a criança (criança a pôr no mundo e a criar). Jesus era a criança à qual estava subordinado tal casamento, a união de tais esposos. Essa união, primeiramente espiritual, se consuma, se exprime e se mantém carnalmente. Mas nesse caso único, não tinha de consumar-se efetivamente, mesmo sendo total, e à exclusão de toda outra união conjugal.

nondum tamen intervenerat solemnis celebratio nuptiarum: propter quod etiam nondum carnaliter convenerant. Unde, sicut Chrysostomus dicit[9], *non dicit Evangelista, "antequam duceretur in domum sponsi": etenim intus erat in domo. Consuetudo enim erat veteribus multoties in domo desponsatas habere.* Et ideo etiam Angelus dicit Ioseph[10]: *Ne timeas accipere Mariam coniugem tuam*: idest, *Ne timeas nuptias eius solemniter celebrare.* — Licet alii dicant quod nondum erat in domum introducta, sed solum desponsata[11]. Primum tamen magis consonat Evangelio.

É por isso que o evangelista acrescenta que "quis repudiá-la em segredo". Pois, embora habitasse na casa de José, por causa do compromisso inicial dos esponsais, ainda não se tinha realizado a celebração solene das bodas. E por isso não tinha havido ainda entre eles relações conjugais. Daí Crisóstomo dizer: "O evangelista não diz 'antes de ser conduzida à casa do esposo', pois já vivia nela. Com efeito, era frequente entre os antigos o costume de ter em casa as desposadas". E por isso diz o anjo a José: "Não temas receber a Maria como tua esposa", isto é, "não temas celebrar solenemente com ela as bodas". — É verdade que, segundo outros, ela não estava introduzida ainda na casa, mas apenas desposada. Mas a primeira explicação está mais de acordo com o evangelho.

---

9. *In Matth.*, hom. 4, n. 2: MG 57, 42.
10. Matth. 1, 20.
11. Cfr. Glossam ordin. super Matth. 1, 18: ML 114, 70 C. — Vide Bedam, *Homil.*, l. I, hom. 5, in vig. Nat. Dom.: ML 94, 31 C; Remigium Antissiodorensem, hom. IV, *in Matth.*, 1, 18: ML 131, 887 A.

QUAESTIO XXX
DE ANNUNTIATIONE BEATAE VIRGINIS
in quatuor articulos divisa

Deinde considerandum est de annuntiatione Beatae Virginis.
Et circa hoc quaeruntur quatuor.
Primo: utrum conveniens fuerit ei annuntiari quod in ea generandum erat.
Secundo: per quem erat ei annuntiandum.
Tertio: per quem modum ei annuntiari debebat.
Quarto: de ordine annuntiationis.

Articulus 1
Utrum fuerit necessarium Beatae Virgini annuntiari quod in ea fiendum erat

Ad primum sic proceditur. Videtur quod non fuerit necessarium Beatae Virgini annuntiari quod in ea fiendum erat.

QUESTÃO 30
A ANUNCIAÇÃO DA BEM-AVENTURADA VIRGEM
em quatro artigos

Deve-se considerar em seguida a anunciação da Bem-aventurada Virgem.
Sobre isso são quatro as perguntas:
1. Era conveniente que lhe fosse anunciado o que iria ser gerado nela?
2. Quem lhe deveria anunciar?
3. De que maneira lhe deveria ser anunciado?
4. A ordem da anunciação?

Artigo 1
Era necessário que fosse anunciado à Bem-aventurada Virgem o que iria realizar-se nela?

Quanto ao primeiro artigo, assim se procede: parece que **não** era necessário que fosse anunciado à Bem-aventurada Virgem o que iria realizar-se nela.

---

1 Parall.: III *Sent.*, dist. 3, q. 3, a. 1, q.la 1.

1. Annuntiatio enim ad hoc solum necessarium videbatur ut Virginis consensus haberetur. Sed consensus eius non videtur necessarius fuisse: qui conceptus Virginis praenuntiatus fuit prophetia *praedestinationis*, quae *sine nostro completur arbitrio*, ut dicit quaedam glossa[1], Mt 1,22. Non ergo necessarium fuit quod talis annuntiatio fieret.

2. PRAETEREA, Beata Virgo incarnationis fidem habebat, sine qua nullus esse poterat in statu salutis: quia, ut dicitur Rm 3,22, *iustitia Dei* est *per fidem Iesu Christi*. Sed de eo quod aliquis per certitudinem credit, non indiget ulterius instrui. Ergo Beatae Virgini non fuit necessarium ut ei incarnatio Filii annuntiaretur.

3. PRAETEREA, sicut Beata Virgo corporaliter Christum concepit, ita quaelibet sancta anima concipit ipsum spiritualiter: unde Apostolus dicit, Gl 4,19: *Filioli mei, quos iterum parturio, donec formetur Christus in vobis*. Sed illis qui spiritualiter debent ipsum concipere, talis conceptio eis non annuntiatur. Ergo nec Beatae Virgini fuit annuntiandum quod esset in utero conceptura Filium Dei.

SED CONTRA est quod habetur Lc 1,31, quod Angelus dixit ei: *Ecce, concipies in utero et paries filium*.

RESPONDEO dicendum quod congruum fuit Beatae Virgini annuntiari quod esset Christum conceptura.

Primo quidem, ut servaretur congruus ordo coniunctionis Filii Dei ad Virginem: ut scilicet prius mens eius de ipso instrueretur quam carne eum conciperet. Unde Augustinus dicit, in libro *de Virginitate*[2]: *Beatior Maria est percipiendo fidem Christi, quam concipiendo carnem Christi*. Et postea[3] subdit: *Materna propinquitas nihil Mariae profuisset, nisi felicius Christum corde quam carne gestasset*.

1. Com efeito, parece que a anunciação só seria necessária para obter o consentimento da Virgem. Ora, tal consentimento não parece ter sido necessário, porque a concepção de uma virgem já estava anunciada de antemão pela profecia de *predestinação* que "se realiza sem a nossa decisão", como diz uma Glosa. Logo, não era necessário que se realizasse tal anunciação.

2. ALÉM DISSO, a bem-aventurada Virgem acreditava na encarnação, pois sem essa fé ninguém poderia estar em estado de salvação, porque, como diz a Carta aos Romanos: "A justiça de Deus é dada pela fé em Jesus Cristo". Ora, quando alguém crê algo com certeza não precisa de ulteriores explicações. Logo, não era necessário à bem-aventurada Virgem que lhe fosse anunciada a encarnação do Filho.

3. ADEMAIS, assim como a bem-aventurada Virgem concebeu a Cristo corporalmente, assim também toda alma santa o concebe espiritualmente; por isso diz o apóstolo na Carta aos Gálatas: "Meus filhinhos a quem de novo dou à luz, até que se forme Cristo em vós". Ora, aos que devem conceber Cristo espiritualmente não lhes é anunciada tal concepção. Logo não havia por que anunciar à bem-aventurada Virgem que iria conceber no seu seio o Filho de Deus.

EM SENTIDO CONTRÁRIO, o anjo, segundo o Evangelho de Lucas, lhe disse: "Eis que conceberás em teu seio e darás à luz um filho".

RESPONDO. Era conveniente que fosse anunciado à bem-aventurada Virgem que iria conceber Cristo.

1º para que fosse guardada a ordem que convinha à união do Filho de Deus com a Virgem, ou seja, que o seu espírito fosse preparado antes que ela o concebesse corporalmente. Por isso Agostinho diz: "Maria foi mais feliz de receber a fé em Cristo do que de conceber a carne de Cristo". E acrescenta a seguir: "De nada teria servido a Maria a intimidade materna, se não tivesse sido mais feliz por levar a Cristo em seu coração do que em seu corpo"[a].

---

1. Ordin.: ML 114, 71 D-72 A.
2. C. 3: ML 40, 398.
3. Ibid.

a. É difícil traduzir o latim de Sto. Agostinho aqui. Trata-se contudo de uma verdade capital. Conceber a carne de Cristo seria, por si, um ato meramente biológico. Conceber em seu espírito a fé a esse mesmo Cristo no exato momento em que ele se torna carne nela é dar a esse ato gerador toda a sua dimensão espiritual, é tornar-se sua mãe na medida mesma em que ele é o Verbo de Deus vindo ao mundo para salvá-la. Pode-se dizer de toda maternidade, aliás, que seu valor propriamente humano provém de sua dimensão espiritual, do que comporta de consciência, de consentimento, de dom. Mas para tal maternidade é sobre a Encarnação mesma que se deve voltar, para ser verdadeira, essa consciência, esse consentimento, esse dom de si. O que só pode ser feito pela fé. Fé necessariamente obscura, mas total, cujo conteúdo não cessou de se explicitar até a plena visão.

Secundo, ut posset esse certior testis huius sacramenti, quando super hoc divinitus erat instructa.

Tertio, ut voluntaria sui obsequii munera Deo offerret: ad quod se promptam obtulit, dicens[4]: *Ecce ancilla Domini*.

Quarto, ut ostenderetur esse quoddam spirituale matrimonium inter Filium Dei et humanam naturam. Et ideo per annuntiationem expectebatur consensus Virginis loco totius humanae naturae.

AD PRIMUM ergo dicendum quod prophetia praedestinationis completur sine nostro arbitrio causante: non tamen sine nostro arbitrio consentiente.

AD SECUNDUM dicendum quod Beata Virgo expressam fidem habebat incarnationis futurae: sed, cum esset humilis, non tam alta de se sapiebat. Et ideo super hoc erat instruenda.

AD TERTIUM dicendum quod spiritualem conceptionem Christi, quae est per fidem, praecedit annuntiatio quae est per fidei praedicationem: secundum quod *fides est ex auditu*, ut dicitur Rm 10,17. Nec tamen propter hoc aliquis pro certo scit se gratiam habere: sed scit veram fidem esse quam accipit.

ARTICULUS 2
Utrum Beatae Virgini debuerit annuntiatio fieri per angelum

AD SECUNDUM SIC PROCEDITUR. Videtur quod Beatae Virgini non debuerit annuntiatio fieri per angelum.
1. Supremis enim angelis fit revelatio immediate a Deo: ut dicit Dionysius, 7 cap. *Cael. Hier.*[1].

2º para que pudesse ser firme testemunha deste mistério, uma vez que fora instruída por Deus a respeito dele.

3º para que oferecesse a Deus os serviços voluntários da sua entrega, ao que prontamente se dispôs ao dizer: "Eis a escrava do Senhor".

4º para que assim se manifestasse existir um certo matrimônio espiritual entre o Filho de Deus e a natureza humana. Por isso, da anunciação se esperava o consentimento da Virgem em nome de toda a natureza humana[b].

QUANTO AO 1º, portanto, deve-se dizer que a profecia de predestinação se realiza sem que entre em ação o nosso livre-arbítrio, mas não sem o nosso consentimento.

QUANTO AO 2º, deve-se dizer que a bem-aventurada Virgem tinha uma fé expressa na encarnação futura; mas, por ser humilde, não tinha tão alta ideia de si mesma. E por isso era preciso que fosse informada a respeito da encarnação.

QUANTO AO 3º, deve-se dizer que a concepção espiritual de Cristo, que se realiza pela fé, é precedida por uma anunciação que é a pregação da fé, como diz a Carta aos Romanos: "A fé vem pelo ouvido". Sem que, por isso, tenha alguém a certeza de possuir a graça, mas tem a certeza de que a fé que recebe é verdadeira.

ARTIGO 2
A anunciação à Bem-aventurada Virgem deveria ser feita por um anjo?[c]

QUANTO AO SEGUNDO, ASSIM SE PROCEDE: parece que a anunciação à Bem-aventurada Virgem **não** deveria ser feita por um anjo.
1. Com efeito, segundo Dionísio, a revelação é feita aos anjos superiores por Deus. Ora, a Mãe de

---

4. Luc. 1, 38.

2   PARALL.: III *Sent*., dist. 3, q. 3, a. 2, q.la 1, 2.

1. § 3: MG 3, 209 A.

---

b. A ideia de que a encarnação é um "casamento" entre o Verbo de Deus e o gênero humano como um todo, que o corpo concebido em Maria traz em si toda a humanidade, é agostiniana. Mas é próprio de Sto. Tomás, e de importância capital, afirmar que tal "casamento" só se efetua, e para sempre, por meio de um "consentimento", e que, tal consentimento, a Virgem Maria o deu em nome de todo o gênero humano: '*per annuntiationem expectabatur consensus Virginis loco totius humanae naturae*". Que todo o gênero humano tenha como que se personalizado em Maria para tornar-se esposa de Deus que se faz homem, para tornar-se a Igreja, isso funda toda a teologia tão atual de Maria protótipo da Igreja, nova Eva, associada a Cristo em todo seu destino de Verbo encarnado. Isso permite compreender que a "mulher" do Gênesis (Gn 3,15), ou a do capítulo 12 do Apocalipse seja ao mesmo tempo Maria e o gênero humano, do qual é a realização pessoal, para que ela dê à luz seu Salvador.

c. A revelação de Deus ao homem pode ser imediata. Jamais todavia sem a utilização de conceitos e imagens apropriadas ao espírito daquele que recebe a revelação. Que a utilização de tais conceitos e imagens possa se efetuar pela mediação dos espíritos angélicos convém bem ao papel iluminador que Sto. Tomás descreveu de maneira tão notável em seu tratado do Governo divino (I, q. 106). De qualquer modo, a luz sob a qual pode ser apreendida a verdade que se revela é obra imediata de Deus na alma. E é a Deus, ao que ele é, ao que faz, que a fé adere.

Sed Mater Dei est super omnes angelos exaltata. Ergo videtur quod immediate a Deo debuerit sibi annuntiari incarnationis mysterium, et non per angelum.

2. Praeterea, si in hoc oportebat servari communem ordinem, secundum quem divina hominibus per angelos revelantur, similiter divina ad mulierem per virum deferuntur: unde et Apostolus dicit, 1Cor 14,34-35: *Mulieres in ecclesiis taceant: et si quid velint discere, domi viros suos interrogent*. Ergo videtur quod Beatae Virginis debuit annuntiari mysterium incarnationis per aliquem virum: praesertim quia Ioseph, vir eius, super hoc fuit ab angelo instructus, ut legitur Mt 1,20-21.

3. Praeterea, nullus potest congrue annuntiare quod ignorat. Sed supremi angeli non plene cognoverunt incarnationis mysterium: unde Dionysius, 7 cap. *Cael. Hier.*[2], ex eorum persona dicit esse intelligendam quaestionem quae ponitur Is 63,1: *Quis est iste qui venit de Edom?* Ergo videtur quod per nullum angelum potuit convenienter annuntiatio incarnationis fieri.

4. Praeterea, maiora sunt per maiores nuntios annuntianda. Sed mysterium incarnationis est maximum inter omnia alia quae per angelos sunt hominibus annuntiata. Ergo videtur quod, si per aliquem angelum annuntiari debuit, quod annuntiandum fuit per aliquem de supremo ordine. Sed Gabriel non est de supremo ordine, sed de ordine archangelorum, qui est penultimus: unde cantat Ecclesia[3]: *Gabrielem archangelum scimus divinitus te esse affatum*. Non ergo huiusmodi annuntiatio per Gabrielem archangelum convenienter facta est.

Sed contra est quod dicitur Lc 1,26: *Missus est Gabriel angelus a Deo*, etc.

Respondeo dicendum quod conveniens fuit Matri Dei annuntiari per angelum divinae incarnationis mysterium, propter tria.

Primo quidem, ut in hoc etiam servaretur divina ordinatio, secundum quam mediantibus angelis divina ad homines perveniunt. Unde dicit Dionysius, 4 cap. *Cael. Hier.*[4], quod *divinum Iesu benignitatis mysterium angeli primum edocti sunt: postea per*

Deus foi exaltada acima de todos os anjos. Logo, parece que o mistério da encarnação deveria ser-lhe anunciado imediatamente por Deus e não por um anjo.

2. Além disso, se era conveniente observar nisto a ordem comum segundo a qual os mistérios de Deus são comunicados aos homens pelos anjos, convinha igualmente observar a ordem segundo a qual os mistérios divinos são propostos às mulheres pelos maridos, como afirma o Apóstolo na primeira Carta aos Coríntios: "As mulheres calem-se nas assembleias; e se elas desejam instruir-se sobre algum a coisa, interroguem ao marido em casa". Logo, parece que o mistério da encarnação deveria ter sido anunciado à Bem-aventurada Virgem por algum homem; principalmente porque José, seu esposo, fora instruído a esse respeito por um anjo, como se lê no Evangelho de Mateus.

3. Ademais, ninguém pode anunciar de maneira conveniente aquilo que ignora. Ora, os anjos superiores não tiveram conhecimento pleno do mistério da encarnação; por isso Dionísio afirma que a eles se refere a questão posta por Isaías: "Quem é pois este que vem de Edom?". Logo, parece que nenhum anjo teria podido anunciar convenientemente a encarnação.

4. Ademais, as coisas mais importantes devem ser anunciadas por mensageiros mais importantes. Ora, o mistério da encarnação é o maior de todos aqueles que foram anunciados aos homens pelos anjos. Parece, pois, que se tivesse de ser anunciado por algum anjo, deveria ser por algum da ordem mais elevada. Ora, Gabriel não é da ordem mais elevada, mas da ordem dos arcanjos, que é a penúltima; por isso canta a Igreja: "Sabemos que o arcanjo Gabriel te falou da parte de Deus". Logo, tal anunciação não podia ser feita convenientemente pelo arcanjo Gabriel.

Em sentido contrário, está o que diz o Evangelho de Lucas: "O anjo Gabriel foi enviado por Deus etc.".

Respondo. Por três motivos era conveniente que o mistério da encarnação divina fosse anunciado à Mãe de Deus por um anjo:

1º para que neste caso fosse observada a ordem estabelecida por Deus segundo a qual os mistérios divinos chegam aos homens por mediação dos anjos. Por isso diz Dionísio: "Os anjos foram os primeiros a ser instruídos sobre o mistério divino

---

2. § 3: MG 3, 209 B.
3. *Brev. S. Ord. Praed.*, in festo Purific. B. M. V., resp. 9 ad Matutin.
4. § 4: MG 3, 181 B.

ipsos ad nos cognitionis gratia transivit. Sic igitur divinissimus Gabriel Zachariam quidem docebat prophetam esse futurum ex ipso: Mariam autem, quomodo in ipsa fieret thearchicum ineffabilis Dei formationis mysterium.

Secundo, hoc fuit conveniens reparationi humanae, quae futura erat per Christum. Unde Beda dicit, in Homilia[5]: *Aptum humanae restaurationis principium ut angelus a Deo mitteretur ad Virginem partu consecrandam divino: quia prima perditionis humanae fuit causa cum serpens a diabolo mittebatur ad mulierem spiritu superbiae decipiendam.*

Tertio, quia hoc congruebat virginitati Matris Dei. Unde Hieronymus dicit, in sermone *Assumptionis*[6]: *Bene angelus ad Virginem mittitur: quia semper est angelis cognata virginitas. Profecto in carne praeter carnem vivere non terrena vita est, sed caelestis.*

AD PRIMUM ergo dicendum quod Mater Dei superior erat angelis quantum ad dignitatem ad quam divinitus eligebatur. Sed quantum ad statum praesentis vitae, inferior erat angelis. Quia etiam ipse Christus, ratione passibilis vitae, *modico ab angelis minoratus est*, ut dicitur Hb 2,9. Sed quia tamen Christus fuit viator et comprehensor, quantum ad cognitionem divinorum non indigebat ab angelis instrui. Sed Mater Dei nondum erat in statu comprehensorum. Et ideo de divino conceptu per angelos instruenda erat.

AD SECUNDUM dicendum quod, sicut Augustinus dicit, in Sermone *de Assumptione*[7], Beata Virgo Maria vera existimatione ab aliquibus generalibus excipitur. Quia *nec conceptus multiplicavit, nec sub viri*, idest mariti, *potestate fuit, quae integerrimis visceribus de Spiritu Sancto Christum suscepit*. Et ideo non debuit mediante viro instrui de mysterio incarnationis, sed mediante angelo. Propter quod etiam ipsa prius est instructa quam Ioseph: nam ipsa instructa est ante conceptum, Ioseph autem post eius conceptum.

AD TERTIUM dicendum quod, sicut patet ex auctoritate Dionysii inducta[8], angeli incarnationis

do amor benigno de Jesus; depois, por meio deles chegou até nós a graça desse conhecimento. É assim que o divino Gabriel comunicou a Zacarias que um profeta teria nele a sua origem; e a Maria, como se realizaria nela o mistério 'teárquico' da inefável formação de Deus".

2º convinha também à reparação do gênero humano que haveria de acontecer por Cristo. Por isso afirma Beda: "Foi um bom começo da restauração da humanidade que Deus enviasse um anjo à Virgem que deveria ser consagrada por um parto divino. Pois a primeira causa da perdição humana foi o envio da serpente à mulher, feito pelo diabo, para enganá-la com espírito de soberba".

3º porque era conveniente à virgindade da Mãe de Deus. Por isso Jerônimo afirma: "É bom que um anjo seja enviado à Virgem, porque a virgindade sempre esteve aparentada com os anjos. De fato, viver na carne sem estar a ela submetido não é uma vida terrena, mas celestial".

QUANTO AO 1º, portanto, deve-se dizer que a Mãe de Deus era superior aos anjos no que se refere à dignidade para a qual fora eleita por Deus; mas era inferior aos anjos do ponto de vista do estado da presente vida. Pois o próprio Cristo, por causa da sua vida sujeita ao sofrimento "tornou-se um pouco inferior aos anjos" diz a Carta aos Hebreus. Mas pelo fato de Cristo ser, ao mesmo tempo, peregrino e possuidor da visão beatífica, não tinha necessidade de ser instruído pelos anjos a respeito do conhecimento dos mistérios divinos. A Mãe de Deus, porém, não tinha atingido ainda o estado dos que possuem a visão beatífica. Por isso necessitava ser instruída pelos anjos a respeito do pensamento de Deus.

QUANTO AO 2º, deve-se dizer que como diz Agostinho, é a justo título que a bem-aventurada Virgem Maria constitui uma exceção de algumas leis comuns, pois "aquela que recebeu Cristo, do Espírito Santo, nas suas entranhas virginais, nem multiplicou as suas concepções, nem esteve sob o poder de um varão", isto é, de um marido. Por isso não devia ser instruída sobre o mistério da encarnação por um homem, mas por um anjo. É também por essa razão que foi instruída antes de José, pois foi instruída antes de conceber, enquanto José depois.

QUANTO AO 3º, deve-se dizer que o texto citado de Dionísio deixa bem claro que os anjos

---

5. *Homil.*, l. I, hom. 1, in festo Annunt. B. M. V.: ML 94, 9 B.
6. Al. Epist. *ad Paul. et Eustoch.* (9 inter suppolit.), c. 5: ML 30, 126 D.
7. C. 4: ML 40, 1144.
8. 3 a et in c.

mysterium cognoverunt: sed tamen interrogant, perfectius scire cupientes a Christo huius mysterii rationes, quae sunt incomprehensibiles omni creato intellectui. Unde Maximus dicit[9] quod *utrum angeli cognoverint futuram incarnationem, ambigere non oportet. Latuit autem eos investigabilis Domini conceptio, atque modus qualiter totus in Genitore, totus manebat in omnibus, nec non et in Virginis cellula.*

AD QUARTUM dicendum quod quidam[10] dicunt Gabrielem fuisse de supremo ordine: propter hoc quod Gregorius dicit[11]: *Summum angelum venire dignum fuerat, qui summum omnium nuntiabat.* Sed ex hoc non habetur quod fuerit summus inter omnes ordines, sed respectu angelorum: fuit enim de ordine archangelorum. Unde et Ecclesia eum archangelum nominat, et Gregorius ipse dicit, in Homilia *de Centum Ovibus*[12], quod *archangeli dicuntur qui summa annuntiant.* Satis est ergo credibile quod sit summus in ordine archangelorum. Et, sicut Gregorius dicit[13], hoc nomen officio suo congruit: *Gabriel* enim *Dei fortitudo nominatur. Per Dei ergo fortitudinem nuntiandum erat quia virtutum Dominus et potens in proelio ad debellandas potestates aereas veniebat.*

conheceram o mistério da encarnação; mas, apesar disso, interrogam, desejosos de saber mais perfeitamente do próprio Cristo as razões deste mistério, que superam a compreensão de todo entendimento criado. Por isso afirma Máximo: "Não se pode duvidar que os anjos conheceram a futura encarnação; o que lhes restou velado foi o misterioso pensamento do Senhor, e o modo pelo qual, permanecendo totalmente no Pai que o gerou, podia permanecer integralmente em todas as coisas, como também no seio da Virgem".

QUANTO AO 4º, deve-se dizer que afirmam alguns que Gabriel pertencia à ordem mais elevada dos anjos, sobretudo pelo que diz Gregório: "Era digno que fosse o maior dos anjos aquele que anunciasse o maior de todos os mistérios". Mas desse texto não se pode concluir que fosse o maior com relação a todas as ordens, mas só com relação aos anjos, já que pertencia à ordem dos arcanjos. Por isso a Igreja o chama arcanjo, e o próprio Gregório afirma: "Denominam-se arcanjos os que anunciam os mais altos mistérios". É, pois, suficiente pensar que seja o maior na ordem dos arcanjos. E, como diz Gregório, o nome corresponde à sua missão, já que "Gabriel significa 'força de Deus'; pois era pela força de Deus que devia ser anunciado aquele que, sendo Senhor das potestades e poderoso no combate, vinha para subjugar os poderes espalhados no ar".

ARTICULUS 3
Utrum angelus annuntians debuerit Virgini apparere visione corporali

AD TERTIUM SIC PROCEDITUR. Videtur quod angelus annuntians non debuerit Virgini apparere visione corporali.
1. *Dignior* enim *est intellectualis visio quam corporalis*, ut Augustinus dicit, XII *super Gen. ad*

ARTIGO 3
O anjo da Anunciação devia aparecer à Virgem numa visão corporal?[d]

QUANTO AO TERCEIRO, ASSIM SE PROCEDE: parece que o anjo da Anunciação **não** devia aparecer à Virgem numa visão corporal.
1. Com efeito, segundo Agostinho, "a visão espiritual é mais nobre do que a visão corporal",

---

9. Quaest., Interr. et Resp., interr. 42: MG 90, 820 B.
10. BERNARD., *De laudibus V. Matris*, hom. 1, n. 2: ML 183, 57 A.
11. Homil. *de centum ovibus*, al. 34 *in Evang.*, n. 8: ML 76, 1250 D.
12. Loc. cit.
13. Ibid., n. 9: ML 76, 1251 A, BC.

PARALL.: III *Sent.*, dist. 3, q. 3, a. 1, q.la 2.

---

d. Sobre a modalidade de intervenção angélica, sobre a natureza da revelação que foi feita a Maria, S. Lucas é discreto, e limita-se a empregar a linguagem usual da Bíblia nos relatos de mensagem divina (nenhum, aliás, equiparável ao de que se trata aqui). Que aqueles a quem repugna admitir uma visão corporal leiam com cuidado as belíssimas e profundas razões dadas por Sto. Tomás: a necessidade dessa certeza simples e forte que só os sentidos podem dar, princípio de todo realismo — e, especialmente, a conveniência de uma forma humana para anunciar a encarnação de Deus. Que meditem sobretudo sobre esta frase da sol. 1: "A Bem-aventurada Virgem não percebeu apenas uma visão corporal, mas também uma iluminação intelectual". É esta que permanece essencial, e cujas palavras, relatadas pelo Evangelho, continuam sendo sua mais verdadeira expressão possível.

litt.[1], et praecipue ipsi angelo magis conveniens: nam visione intellectuali videtur angelus in sua substantia; visione autem corporali videtur in assumpta figura corporea. Sed sicut ad annuntiandum conceptum divinum decebat venire summum nuntium, ita etiam videtur quod decuerit esse summum genus visionis. Ergo videtur quod angelus annuntians apparuit Virgini visione intellectuali.

2. PRAETEREA, visio imaginaria videtur etiam esse nobilior quam visio corporalis: sicut imaginatio est altior potentia quam sensus. Sed *angelus apparuit Ioseph in somnis*, secundum imaginariam visionem: ut patet Mt 1,20 et 2,13-19. Ergo videtur quod etiam apparere debuerit Beatae Virgini imaginaria visione, et non corporali.

3. PRAETEREA, corporalis visio spiritualis substantiae videntes stupefacit: unde etiam de ipsa Virgine cantatur[2]: *Et expavescit Virgo de lumine*. Sed melius fuisset quod a tali turbatione mens eius esset praeservata. Non ergo fuit conveniens quod huiusmodi annuntiatio fieret per visionem corporalem.

SED CONTRA est quod Augustinus, in quodam Sermone[3], inducit Beatam Virginem sic dicentem: *Venit ad me Gabriel Archangelus facie rutilans, veste coruscans, incessu mirabilis*. Sed haec non possunt pertinere nisi ad corpoream visionem. Ergo corporea visione angelus annuntians Beatae Virgini apparuit.

RESPONDEO dicendum quod angelus annuntians apparuit Matri Dei corporea visione. Et hoc conveniens fuit.

Primo quidem, quantum ad id quod annuntiabatur. Venerat enim angelus annuntiare incarnationem invisibilis Dei. Unde etiam conveniens fuit ut ad huius rei declarationem invisibilis creatura formam assumeret in qua visibiliter appareret: cum etiam omnes apparitiones veteris Testamenti ad hanc apparitionem ordinentur, qua Filius Dei in carne apparuit.

Secundo, congruum fuit dignitati Matris Dei, quae non solum in mente, sed in corporeo ventre erat Dei Filium receptura. Et ideo non solum mens eius, sed etiam sensus corporei erant visione angelica refovendi.

e sobretudo mais adequada ao próprio anjo, porque pela visão espiritual o anjo é visto em sua substância, enquanto pela visão corporal é visto assumindo uma figura corporal. Ora, assim como para anunciar a concepção de Deus convinha que viesse o mais alto mensageiro, assim também parece que convinha ser o mais alto o gênero de visão. Logo, parece que o anjo da anunciação apareceu à Virgem numa visão intelectual.

2. ALÉM DISSO, a visão da imaginação parece também ser mais nobre do que a visão corporal, pois a imaginação é uma potência superior aos sentidos. Ora, "o anjo apareceu a José em sonho", como está claro no Evangelho de Mateus, segundo uma visão da imaginação. Logo, parece que também deveria ter aparecido à Bem-aventurada Virgem numa visão da imaginação e não numa visão corporal.

3. ADEMAIS, a visão corporal de uma substância espiritual causa admiração nos videntes; por isso canta-se a propósito da Virgem: "A Virgem ficou espantada pela luz". Ora, teria sido melhor que seu espírito tivesse sido poupado dessa perturbação. Logo, não convinha que tal anunciação fosse feita por uma visão corporal.

EM SENTIDO CONTRÁRIO, Agostinho apresenta a Bem-aventurada Virgem dizendo: "Veio até mim o arcanjo Gabriel de rosto brilhante, com vestes resplandecentes e numa atitude admirável". Ora, tudo isso caracteriza uma visão corporal. Logo, o anjo que fez o anúncio à Bem-aventurada Virgem apareceu-lhe por meio de uma visão corporal.

RESPONDO. Deve-se dizer que o anjo da anunciação apareceu à Mãe de Deus por meio de uma visão corporal. E isso foi conveniente:

1º por aquilo que vinha anunciar. O anjo, com efeito, vinha anunciar a encarnação do Deus invisível. Era, pois, conveniente, para desvelar tal acontecimento, que uma criatura invisível assumisse uma forma pela qual aparecesse visivelmente. De fato, no Antigo Testamento, todas as aparições estavam orientadas para esta aparição do Filho de Deus na carne.

2º pela dignidade da Mãe de Deus, que haveria de acolher o Filho de Deus não só em seu espírito, mas em seu seio corporal. Por isso, além de seu espírito, os seus sentidos corporais deviam ser também reconfortados com a visão do anjo.

---

1. C. 24, n. 51: ML 34, 474.
2. *Brev. Rom., In festo Annunt. B. M. V.*, resp. 1 ad Mat.
3. Serm. 3 de *Annunt.*, aliter 18 *de Temp.*, (in App. 195), n. 2: ML 39, 2108. — (Inter Opp. Aug.).

Tertio, congruit certitudini eius quod annuntiabatur. Ea enim quae sunt oculis subiecta, certius apprehendimus quam ea quae imaginamur. Unde Chrysostomus dicit, *super Matth.*[4], quod angelus non in somnis, immo visibiliter Virgini astitit. *Nam quia magnam valde relationem ab angelo accipiebat, egebat ante tantae rei eventum visione solemni.*

AD PRIMUM ergo dicendum quod intellectualis visio est potior quam visio imaginaria vel corporalis si sit sola. Sed ipse Augustinus dicit[5] quod est excellentior prophetia quae habet simul intellectualem et imaginariam visionem, quam illa quae habet alterum tantum. Beata autem Virgo non solum percepit visionem corporalem, sed etiam intellectualem illuminationem. Unde talis apparitio nobilior fuit.

Fuisset tamen nobilior si ipsum angelum intellectuali visione in sua substantia vidisset. Sed hoc non patiebatur status hominis viatoris, quod angelum per essentiam videret.

AD SECUNDUM dicendum quod imaginatio quidem est altior potentia quam sensus exterior: quia tamen principium humanae cognitionis est sensus, in eo consistit maxima certitudo; quia semper oportet quod principia cognitionis sint certiora. Et ideo Ioseph, cui angelus in somnis apparuit, non ita excellentem apparitionem habuit sicut Beata Virgo.

AD TERTIUM dicendum quod, sicut Ambrosius dicit, *super Luc.*[6], *perturbamur, et a nostro alienamur affectu, quando restringimur alicuius superioris potestatis occursu.* Et hoc non solum contingit in visione corporali, sed etiam in visione imaginaria. Unde Gn 15,12 dicitur quod, *cum sol occubuisset, sopor irruit super Abraham, et horror magnus et tenebrosus invasit eum.* Talis tamen perturbatio hominis non tantum homini nocet ut propter eam debeat angelica apparitio praetermitti. Primo quidem, quia ex hoc ipso quod homo supra seipsum elevatur, quod ad eius pertinet dignitatem, pars eius inferior debilitatur, ex quo provenit perturbatio praedicta: sicut etiam calore naturali ad interiora reducto, exteriora tremunt. — Secundo

3º pela certeza do que era anunciado; pois tudo aquilo que está sob os olhos apreendemos com maior certeza do que aquilo que imaginamos. Eis por que afirma Crisóstomo que o anjo não se apresentou à Virgem em sonhos, mas de forma visível: "Porque aquela que iria receber do anjo uma tão grande revelação tinha necessidade de uma visão solene, antes de um acontecimento de tamanha importância".

QUANTO AO 1º, portanto, deve-se dizer que tomada sozinha, em si mesma, a visão intelectual é melhor do que a visão da imaginação ou ainda do que a visão corporal. Mas o próprio Agostinho afirma que a profecia que comporta ao mesmo tempo a visão intelectual e a da imaginação é superior àquela que só tem uma das duas dimensões. Ora, a bem-aventurada Virgem não percebeu apenas uma visão corporal, mas também uma iluminação intelectual. Essa aparição, portanto, foi mais nobre.

Mas teria sido ainda superior se, pela visão intelectual, tivesse visto o próprio anjo em sua substância. Mas ver o anjo em sua essência é algo incompatível com o estado do homem peregrino.

QUANTO AO 2º, deve-se dizer que a imaginação é uma potência superior aos sentidos exteriores; mas, por serem os sentidos exteriores o princípio do conhecimento humano, é neles que reside o maior grau de certeza, pois é preciso sempre que, no conhecimento, os princípios sejam os mais seguros. Eis por que a aparição do anjo a José em sonho não foi uma aparição tão excelente quanto a que teve a Bem-aventurada Virgem.

QUANTO AO 3º, deve-se dizer, como diz Ambrósio, que: "Quando nos descobrimos cercados pela irrupção de algum poder superior, sentimo-nos perturbados e como que fora de nós mesmos". O que não acontece só numa visão corporal, mas também numa visão da imaginação. Por isso diz o livro do Gênesis: "Ao pôr-do-sol, um torpor tomou conta de Abraão; um terror grande e tenebroso o invadiu". Mas essa perturbação do homem não lhe é tão nociva a ponto de ter de evitar qualquer aparição angélica. Em primeiro lugar porque, pelo fato mesmo de o homem ser elevado acima de si mesmo, o que faz parte da sua dignidade, as suas potências inferiores ficam enfraquecidas, e é daí que provém a referida perturbação. Por exemplo,

---

4. Hom. 4, n. 5: MG 57, 45.
5. *De Gen. ad litt.*, l. XII, c. 9: ML 34, 461.
6. L. I, n. 28, super 1, 11: ML 15, 1545 B.

quia, sicut Origenes dicit, *super Luc.*[7], *angelus apparens, sciens hanc esse humanam naturam, primum perturbationi humanae medetur.* Unde tam Zachariae quam Mariae, post turbationem, dixit: *Ne timeas*[8]. Et propter hoc, ut legitur in vita Antonii[9], *non difficilis est bonorum spirituum malorumque discretio. Si enim post timorem successerit gaudium, a Domino venisse sciamus auxilium: quia securitas animae praesentis maiestatis iudicium est. Si autem incussa formido permanserit, hostis est qui videtur.*

Ipsa etiam turbatio Virginis conveniens fuit verecundiae virginali. Quia, ut Ambrosius dicit, *super Luc.*[10], *trepidare virginum est: et ad omnes viri ingressus pavere, omnes viri affatus vereri.*

Quidam[11] tamen dicunt quod, cum Beata Virgo assueta esset visionibus angelorum, non fuit turbata in visione angeli: sed in admiratione eorum quae ei ab angelo dicebantur, quia de se tam magnifica non cogitabat. Unde et Evangelista non dicit quod turbata fuerit in visione angeli, sed, *in sermone eius*[12].

quando há uma concentração de calor natural dentro de nós tremem os membros exteriores. — Em segundo lugar porque, como afirma Orígenes, "o anjo, ao aparecer, conhecendo a natureza humana, começa pondo remédio à perturbação humana". Por isso, ao ver a perturbação, tanto de Zacarias como de Maria, o anjo lhes disse: "Não tenhais medo". Eis por que, como lemos na *Vida de Antão*: "Não é difícil distinguir os bons dos maus espíritos: se a alegria sucede ao temor é certo que a ajuda veio do Senhor, porque a segurança da alma é indício da presença da majestade divina; se, pelo contrário, o temor provocado permanecer é o inimigo que se manifesta".

A mesma comoção da Virgem estava de acordo com o pudor virginal. Pois, segundo Ambrósio: "É próprio das virgens estremecer e ficar amedrontadas a toda aproximação de um homem, e mostrar-se receosas a toda palavra de um homem".

Alguns, contudo, dizem que a causa da perturbação da bem-aventurada Virgem não foi a visão do anjo, já que ela estava habituada às visões de anjos, mas a admiração diante de tudo o que o anjo lhe dizia, pois não ousava pensar de si coisas tão maravilhosas. É por isso que o evangelista não diz que ela se perturbou ao ver o anjo, mas "por suas palavras".

Articulus 4
Utrum annuntiatio fuerit convenienti ordine perfecta

Ad quartum sic proceditur. Videtur quod annuntiatio non fuerit convenienti ordine perfecta[1].

1. Dignitas enim Matris Dei dependet ex prole concepta. Sed causa prius debet manifestari quam effectus. Ergo primo debuit Angelus Virgini annuntiare conceptum prolis, quam eius dignitatem exprimere eam salutando.

2. Praeterea, probatio aut praetermitti debet, in his quae dubia non sunt: aut praemitti, in his quae dubia esse possunt. Sed Angelus primo videtur annuntiasse id de quo Virgo dubitaret, et dubitando

Artigo 4
A anunciação se realizou segundo uma ordem conveniente?

Quanto ao quarto, assim se procede: parece que a anunciação **não** se realizou segundo uma ordem conveniente.

1. Com efeito, a dignidade da Mãe de Deus depende da prole concebida. Ora, a causa deve manifestar-se antes do efeito. Logo, o anjo devia ter anunciado à Virgem a concepção da prole antes de expressar sua dignidade saudando-a.

2. Além disso, ou se deve deixar de lado a prova nas coisas que não são duvidosas, ou deve ser anteposta às coisas que podem ser duvidosas. Ora, parece que o anjo anunciou primeiro o de

---

7. Hom. 4: MG 13, 1810 A (= ML 26, 227 B).
8. Luc. 1, 13, 30.
9. Auctore Athanasio, §§ 35, 36, 37: MG 26, 893, 896, 897.
10. Exposit. l. II, n. 8, super 1, 28: ML 15, 1555 C.
11. Cfr. *Cat. aur.* in Luc., c. 1, § 8, ubi citatur *Graecus*.
12. Luc. 1, 29.

quaereret, dicens, *Quomodo fiet istud?* et postea probationem adiunxit, tum ex exemplo Elisabeth, tum ex Dei omnipotentia. Ergo inconvenienti ordine annuntiatio per Angelum est effecta.

3. PRAETEREA, maius non potest sufficienter probari per minus. Sed maius fuit virginem parere quam vetulam. Ergo non fuit sufficiens probatio Angeli probantis conceptum virginis ex conceptu senis.

SED CONTRA est quod dicitur Rm 13,1: *Quae a Deo sunt, ordinata sunt*. Angelus autem *missus est a Deo* ad hoc quod Virgini annuntiaret, ut dicitur Lc 1,26. Ergo ordinatissime fuit annuntiatio per Angelum completa.

RESPONDEO dicendum quod annuntiatio congruo ordine per Angelum est perfecta. Tria enim Angelus intendebat circa Virginem. Primo quidem, reddere mentem eius attentam ad tantae rei considerationem. Quod quidem fecit eam salutando quadam nova et insolita salutatione. Unde Origenes dicit, *super Luc.*[1], quod, *si scivisset ad alium quempiam similem factum esse sermonem (utpote quae habebat legis scientiam), nunquam eam, quasi peregrina, talis salutatio terruisset*. In qua quidem salutatione praemisit idoneitatem eius ad conceptum, in eo quod dixit, *gratia plena*; expressit conceptum, in eo quod dixit, *Dominus tecum*; et praenuntiavit honorem consequentem, cum dixit, *Benedicta tu in mulieribus*.

Secundo autem, intendebat eam instruere de mysterio incarnationis, quod in ea erat implendum. Quod quidem fecit praenuntiando conceptum et partum, dicens, *Ecce, concipies in utero*, etc.; et ostendendo dignitatem prolis conceptae, cum dixit, *Hic erit magnus*; et etiam demonstrando modum conceptionis, cum dixit, *Spiritus Sanctus superveniet in te*.

Tertio, intendebat animum eius inducere ad consensum. Quod quidem fecit exemplo Elisabeth; et ratione ex divina omnipotentia sumpta.

AD PRIMUM ergo dicendum quod animo humili nihil est mirabilius quam auditus suae excellentiae. Admiratio autem maxime attentionem animi facit. Et ideo Angelus, volens mentem Virginis attentam reddere ad auditum tanti mysterii, ab eius laude incoepit.

AD SECUNDUM dicendum quod Ambrosius expresse dicit, *super Luc.*[2], quod Beata Virgo de

que a Virgem duvidava, e por duvidar perguntou, dizendo: *Como isso se fará?* E só depois acrescentou a prova tirada do exemplo de Isabel e da onipotência de Deus. Logo, a anunciação angélica não se realizou segundo uma ordem conveniente.

3. ADEMAIS, não se prova suficientemente o que é maior pelo menor. Ora, dar à luz uma virgem é maior do que dar à luz uma anciã. Logo, não foi suficiente a prova do anjo sobre a concepção da virgem a partir da concepção de uma anciã.

EM SENTIDO CONTRÁRIO, diz a Carta aos Romanos: "O que é de Deus está em ordem". Ora, o anjo "foi enviado por Deus" para anunciar à Virgem, como diz o Evangelho de Lucas. Logo, a anunciação angélica se realizou de maneira ordenadíssima.

RESPONDO. A anunciação angélica se realizou segundo uma ordem conveniente. Pois três eram as intenções do anjo com respeito à Virgem: 1º chamar sua atenção para a consideração de uma tão grande realidade. O que fez, saudando-a com nova e insólita saudação. Daí dizer Orígenes: "Se soubesse que palavras semelhantes tinham sido ditas a qualquer outro, uma vez que ela conhecia a lei, jamais uma tal saudação a teria atemorizado como algo estranho". E nessa saudação adiantou-lhe a idoneidade para a concepção, ao dizer: *Cheia de graça*; expressou a concepção, ao dizer: *o Senhor contigo*, e predisse a honra subsequente, ao dizer: *Bendita tu entre as mulheres*.

2º instruí-la a respeito do mistério da encarnação, que nela se devia realizar. O que fez predizendo a concepção e o parto, ao dizer: *Eis que conceberás no seio* etc.; e manifestando a dignidade da prole concebida, ao dizer: *Este será grande* etc.; e ainda indicando o modo da concepção, ao dizer: *O Espírito Santo virá sobre ti*.

3º induzir-lhe o espírito ao consentimento. O que fez com o exemplo de Isabel e com o argumento tomado da onipotência divina.

QUANTO AO 1º, portanto, deve-se dizer que nada há mais admirável para o espírito humilde do que ouvir sua grandeza. Pois a admiração torna o espírito sobremaneira atento. Por isso o anjo, querendo despertar a atenção da mente da Virgem para o anúncio de tão grande mistério, começou louvando-a.

QUANTO AO 2º, deve-se dizer que Ambrósio expressamente disse que a bem-aventurada Virgem

---

1. Hom. 6: MG 13, 1816 A (= ML 26, 231 D).
2. L. II, n. 15, super 1, 34: ML 15, 1558 C.

verbis Angeli non dubitavit. Dicit enim: *Temperatior est Mariae responsio quam verba sacerdotis. Haec ait: Quomodo fiet istud? Ille respondit: Unde hoc sciam? Negat ille se credere, qui negat se scire ista. Non dubitat esse faciendum quod, quomodo fieri possit, inquirit.*

Augustinus tamen videtur dicere quod dubitaverit. Dicit enim, in libro *Quaestionum Veteris et Novi Test.*[3]: *Ambigenti Mariae de conceptu, possibilitatem Angelus praedicat.* Sed talis dubitatio magis est admirationis quam incredulitatis. Et ideo Angelus probationem inducit, non ad auferendam infidelitatem, sed ad removendam eius admirationem.

AD TERTIUM dicendum quod, sicut Ambrosius dicit, in *Hexaemeron*[4], *ob hoc multae steriles praevenerunt, ut partus credatur Virginis*. Et ideo conceptus Elisabeth sterilis inducitur, non quasi sufficiens argumentum, sed quasi quoddam figurale exemplum. Et ideo, ad confirmationem huius exempli, subditur argumentum efficax ex omnipotentia divina.

duvidou das palavras do anjo. Com efeito, diz: "A resposta de Maria é mais moderada que as palavras do sacerdote. Ela disse: Como se fará isso? Ele respondeu: Por onde conhecerei isso? Nega-se a crer aquele que se nega a conhecer estas coisas. Não duvida que se fará, o que pergunta é como isso se fará".

Agostinho, porém, parece dizer que ela duvidou, pois diz: "A Maria que duvida da concepção, o anjo anuncia sua possibilidade". Mas esta dúvida foi antes de admiração que de incredulidade. Por isso o anjo aduziu a prova não para dissipar a incredulidade, mas para suprimir a admiração.

QUANTO AO 3º, deve-se dizer que, segundo Ambrósio, muitas estéreis precederam para que se acreditasse no parto da Virgem. Por isso é aduzida a concepção de Isabel estéril, não como um argumento suficiente, mas como um exemplo prefigurativo. Daí que, para confirmação deste exemplo, acrescenta o argumento eficaz da onipotência divina.

---

3. Q. 51: ML 35, 2250. — (Inter Opp. Aug.).
4. Cfr. CHRYSOST., *In Gen.*, hom. 49, n. 2: MG 53, 445. — Vide AMBROSIUM, *In Luc.*, l. II, n. 19 (super 1, 39); l. VI, n. 60 (super 8, 49): ML 15, 1560 A, 1684 A; *In hexaem.*, l. V, c. 20, n. 65: ML 14, 233 D.

QUAESTIO XXXI
DE MATERIA DE QUA CORPUS SALVATORIS CONCEPTUM EST
in octo articulus divisa

Deinde considerandum est de ipsa conceptione Salvatoris. Et primo, quantum ad materiam de qua corpus eius conceptum est; secundo, quantum ad conceptionis auctorem; tertio, quantum ad modum et ordinem conceptionis.

Circa primum quaeruntur octo.
Primo: utrum caro Christi fuerit sumpta ab Adam.
Secundo: utrum fuerit sumpta de David.
Tertio: de genealogia Christi quae in Evangeliis ponitur.
Quarto: utrum decuerit Christum nasci de femina.
Quinto: utrum fuerit de purissimis sanguinibus Virginis corpus eius formatum.

QUESTÃO 31
A MATÉRIA DA QUAL FOI CONCEBIDO O CORPO DO SALVADOR[a]

em oito artigos

Agora é preciso considerar a concepção do Salvador em si mesma: I. quanto à matéria a partir da qual foi concebido o seu corpo. II. Quanto ao autor dessa concepção. III. Quanto ao modo e à ordem da concepção.

Sobre o primeiro são oito as perguntas:
1. A carne de Cristo foi tomada de Adão?
2. Foi tomada de Davi?
3. Sobre a genealogia de Cristo segundo os evangelhos.
4. Era conveniente que Cristo nascesse de uma mulher?
5. O seu corpo terá sido formado do sangue puríssimo da Virgem?

---

a. A partir de agora só Cristo estará em questão e, de início, a sua concepção. Esta questão 31, sobre a matéria da qual o corpo de Cristo foi feito, não pode nos deter, pois as considerações exegéticas e principalmente biológicas nela contidas são hoje desprovidas de sentido. O artigo primeiro, contudo, contém toda a teologia da questão.

Sexto: utrum caro Christi fuerit in antiquis Patribus secundum aliquid signatum.
Septimo: utrum caro Christi in Patribus fuerit peccato obnoxia.
Octavo: utrum fuerit decimata in lumbis Abrahae.

6. Terá existido a carne de Cristo segundo uma forma determinada nos antigos patriarcas?
7. A carne de Cristo terá sido submetida ao pecado nos patriarcas?
8. Cristo terá pago o dízimo na pessoa de Abraão?

Articulus 1
Utrum caro Christi fuerit sumpta ex Adam

Ad primum sic proceditur. Videtur quod caro Christi non fuerit sumpta ex Adam.

1. Dicit enim Apostolus, 1Cor 15,47: *Primus homo de terra, terrenus: secundus homo de caelo, caelestis*. Primus autem homo est Adam: secundus homo est Christus. Ergo Christus non est ex Adam, sed habet ab eo distinctam originem.

2. Praeterea, conceptio Christi debuit esse maxime miraculosa. Sed maius est miraculum formare corpus hominis ex limo terrae quam ex materia humana, quae de Adam trahitur. Ergo videtur quod non fuit conveniens Christum ab Adam carnem assumpsisse. Ergo videtur quod corpus Christi non debuit formari de massa humani generis derivata ab Adam, sed de aliqua alia materia.

3. Praeterea, *peccatum in hunc mundum intravit per hominem unum*, scilicet Adam, quia omnes in eo gentes originaliter peccaverunt: ut patet Rm 5,12. Sed si corpus Christi fuisset ab Adam sumptum, ipse etiam in Adam originaliter fuisset quando peccavit. Ergo peccatum originale contraxisset. Quod non decebat Christi puritatem. Non ergo corpus Christi est formatum de materia sumpta ab Adam.

Sed contra est quod Apostolus dicit, Hb 2,16: *Nusquam angelos apprehendit*, scilicet Filius Dei: *sed semen Abrahae apprehendit*. Semen autem Abrahae sumptum est ab Adam. Ergo corpus Christi fuit formatum de materia ex Adam sumpta.

Respondeo dicendum quod Christum humanam naturam assumpsit ut eam a corruptione purgaret. Non autem purgatione indigebat humana natura nisi secundum quod infecta erat per originem vitiatam qua ex Adam descendebat. Et ideo conveniens fuit ut carnem sumeret ex materia ab

Artigo 1
A carne de Cristo foi tomada de Adão?

Quanto ao primeiro artigo, assim se procede: parece que a carne de Cristo **não** foi tomada de Adão.

1. Com efeito, segundo o Apóstolo na primeira Carta aos Coríntios: "O primeiro homem vindo da terra é terrestre; o segundo homem, vindo do céu é celeste". Ora, o primeiro homem é Adão e o segundo Cristo. Logo, não vem de Adão; possui uma origem diferente.

2. Além disso, a concepção de Cristo foi ao máximo miraculosa. Ora, é maior milagre formar o corpo do homem do barro da terra do que formá-lo de uma matéria humana tirada de Adão. Assim, não parece conveniente que Cristo tomasse sua carne de Adão. Logo, parece que o corpo de Cristo não devia ser formado da massa do gênero humano derivada de Adão, mas de uma outra matéria.

3. Ademais, "O pecado entrou neste mundo por um só homem", Adão, porque nele tem sua origem o pecado de todos os homens, como mostra a Carta aos Romanos. Ora, se o corpo de Cristo tivesse sido tomado de Adão, ele mesmo estaria originalmente em Adão quanto este pecou. E então teria contraído o pecado original, o que não condiria com a pureza de Cristo. Logo, o corpo de Cristo não foi formado de uma matéria tirada de Adão.

Em sentido contrário, afirma o Apóstolo na Carta aos Hebreus: "Ele, o Filho de Deus, nunca assumiu os anjos, mas a descendência de Abraão". Ora a descendência de Abraão foi tirada de Adão. Logo, o corpo de Cristo foi formado da matéria tirada de Adão.

Respondo. Cristo assumiu a natureza humana para purificá-la da corrupção. Ora, a natureza humana só necessitava de purificação porque tinha sido infectada pela origem viciada que vinha de Adão. Por isso era conveniente que Cristo assumisse sua carne da matéria que provinha de

---

1 Parall.: *Compend. Theol.*, c. 217; *in Isaiam*, cap. 11.

Adam derivata, ut ipsa natura per assumptionem curaretur.

AD PRIMUM ergo dicendum quod secundus homo, idest Christus, dicitur esse de caelo, non quidem quantum ad materiam corporis: sed vel quantum ad virtutem formativam corporis; vel etiam quantum ad ipsam eius divinitatem. Secundum autem materiam corpus Christi fuit terrenum, sicut et corpus Adae.

AD SECUNDUM dicendum quod, sicut supra[1] dictum est, mysterium incarnationis Christi est quiddam miraculosum non sicut ordinatum ad confirmationem fidei, sed sicut articulus fidei. Et ideo in mysterio incarnationis non requiritur quid sit malus miraculum, sicut in miraculis quae fiunt ad confirmationem fidei: sed quid sit divinae sapientiae convenientius, et magis expediens humanae saluti, quod requiritur in omnibus quae fidei sunt.

Vel potest dici quod in mysterio incarnationis non solum attenditur miraculum ex materia conceptus, sed magis ex modo conceptionis et partus: quia scilicet virgo concepit et peperit Deum.

AD TERTIUM dicendum quod, sicut supra[2] dictum est, corpus Christi fuit in Adam secundum corpulentam substantiam, quia scilicet ipsa materia corporalis corporis Christi derivata est ab Adam: non autem fuit ibi secundum seminalem rationem, quia non est concepta ex virili semine. Et ideo non contraxit originale peccatum sicut et ceteri, qui ab Adam per viam virilis seminis derivantur.

Adão, para sarar, assumindo-a, a natureza humana em si mesma[b].

QUANTO AO 1º, portanto, deve-se dizer que Cristo, como segundo homem, é chamado celestial, não quanto à matéria de seu corpo, mas pelo poder que formou seu corpo ou ainda por sua própria divindade. Mas no que diz respeito à matéria, o corpo de Cristo era terrestre como o de Adão.

QUANTO AO 2º, deve-se dizer que, como já foi dito acima, o mistério da encarnação de Cristo é algo milagroso não por estar destinado a confirmar a fé, mas por ser um artigo de fé. Por isso não é necessário que seja o maior dos milagres, como nos milagres destinados à confirmação da fé; mas, como se requer de todos os objetos de fé, que seja o mais adequado à sabedoria divina e o mais favorável à salvação humana.

Poder-se-ia dizer ainda que no mistério da encarnação não se considera só o milagre pela matéria do que é concebido, mas principalmente pelo modo da concepção e do parto, isto é, pelo fato de uma virgem ter concebido e dado à luz a Deus.

QUANTO AO 3º, deve-se dizer que como foi dito acima, o corpo de Cristo existia em Adão segundo sua substância corporal, uma vez que a matéria de seu corpo provinha de Adão; mas não em virtude do sêmen, porque a matéria de Cristo não foi concebida pelo sêmen de um varão. Por isso não contraiu o pecado original, como os demais homens que provêm de Adão pelo sêmen de um varão.

ARTICULUS 2
Utrum Christus sumpserit carnem de semine David

AD SECUNDUM SIC PROCEDITUR. Videtur quod Christus non sumpserit carnem de semine David.

1. Matthaeus enim, genealogiam Christi texens[1], eam ad Ioseph perduxit. Ioseph autem non fuit pater Christi, ut supra[2] ostensum est. Non ergo videtur quod Christus de genere David descenderit.

ARTIGO 2
Cristo tomou a carne da descendência de Davi?

QUANTO AO SEGUNDO, ASSIM SE PROCEDE: parece que Cristo **não** tomou a carne da descendência de Davi.

1. Com efeito, Mateus, ao compor a genealogia de Cristo, prolongou-a até José. Ora, José não era o pai de Cristo, como foi mostrado acima. Logo, não parece que Cristo descendesse da prole de Davi.

---

1. Q. 29, a. 1, ad 2.
2. Q. 15, a. 1, ad 2.

PARALL.: *Ad Heb.*, c. 7, lect. 3.
1. C. 1.
2. Q. 28, a. 1, ad 1, 2.

---

b. Cristo não assumiu apenas a natureza humana, mas sua origem. Recebeu-a, ou melhor, tomou-a enquanto proveniente, através de inúmeras gerações, daquele no qual e pelo qual havia sido viciada, isto é, por assim dizer, "desdivinizada", e isso a fim de curá-la, "redivinizá-la", não só nele que a tomava e fazia sua, mas enquanto natureza.

2. Praeterea, Aaron fuit de tribu Levi: ut patet Ex 6,16sqq. Maria autem, mater Christi, *cognata* dicitur Elisabeth, quae est *filia Aaron*: ut patet Lc 1,5-36. Cum ergo David de tribu Iuda fuerit, ut patet Mt 1,3sqq., videtur quod Christus de semine Davide non descenderit.

3. Praeterea, Ier 22,30 dicitur de Iechonia: *Scribe virum istum sterilem: nec enim erit de semine eius vir qui sedeat super solium David.* Sed de Christo dicitur Is 9,7: *Super solium David sedebit.* Ergo Christus non fuit de semine Iechoniae. Et per consequens nec de genere David: quia Matthaeus a David per Iechoniam seriem generationis perducit[3].

Sed contra est quod dicitur Rm 1,3: *Qui factus est ei ex semine David secundum carnem.*

Respondeo dicendum quod Christus specialiter duorum antiquorum Patrum filius dicitur esse, Abrahae scilicet et David, ut patet Mt 1,1. Cuius est multiplex ratio.

Prima quidem, quia ad hos specialiter de Christo repromissio facta est. Dictum est enim Abrahae, Gn 22,18: *Benedicentur in semine tuo omnes gentes terrae*: quod Apostolus de Christo exponit, dicens, Gl 3,16: *Abrahae dictae sunt promissiones, et semini eius. Non dicit "et seminibus", quasi in multis: sed, quasi in uno, "et semini tuo", qui est Christus.* Ad David autem dictum est[4]: *De fructu ventris tui ponam super sedem tuam.* Unde et populi Iudaeorum, ut regem honorifice suscipientes, dicebant, Mt 21,9: *Hosanna Filio David.*

Secunda ratio est quia Christus futurus erat rex, propheta et sacerdos. Abraham autem sacerdos fuit: ut patet ex hoc quod Dominus dixit ad eum, Gn 15,9: *Sume tibi vaccam triennem*, etc. Fuit etiam propheta: secundum id quod dicitur Gn 20,7: *Propheta est, et orabit pro te.* David autem rex fuit et propheta.

Tertia ratio est quia in Abraham primo incoepit circumcisio[5]: in David autem maxime manifesta est Dei electio, secundum illud quod dicitur 1Reg 13,14: *Quaesivit sibi Dominus virum iuxta cor suum.* Et ideo utriusque filius Christus specialissime dicitur, ut ostendatur esse in salutem Circumcisioni et electioni Gentilium.

2. Além disso, Aarão era da tribo de Levi segundo o livro do Êxodo. E Maria, a mãe de Cristo, é chamada *parente* de Isabel, que era *filha de Aarão*, segundo o Evangelho de Lucas. Logo, sendo Davi da tribo de Judá, parece que Cristo não descendeu da prole de Davi.

3. Ademais, Jeremias diz, a respeito de Jeconias, "escrevei a respeito desse homem: estéril, porque ninguém de sua descendência chegará a sentar-se no trono de Davi". Ora, Isaías afirma de Cristo: "Sentar-se-á no trono de Davi". Logo, Cristo não foi descendente de Jeconias nem, por conseguinte, de Davi, pois Mateus faz passar por Jeconias a série de gerações a partir de Davi.

Em sentido contrário, está o que diz a Carta aos Romanos: "Oriundo, segundo a carne, da descendência de Davi".

Respondo. Cristo é considerado filho especialmente de dois dos antigos patriarcas: Abraão e Davi, segundo o Evangelho de Mateus. Por várias razões:

1º A eles foi feita especialmente a promessa de Cristo, pois foi dito a Abraão: "Em tua descendência serão abençoadas todas as nações da terra"; promessa que o Apóstolo, na Carta aos Gálatas, aplica a Cristo: "Foi a Abraão que as promessas foram feitas, e à sua descendência. Não se diz 'e às descendências', como se fossem muitas, mas como se se tratasse de uma só, 'e à tua descendência', isto é, Cristo". E a Davi foi-lhe dito: "é alguém saído de ti que estabelecerei sobre o teu trono". Por isso, o povo judeu, para receber com honra o seu rei, clamava: "Hosana ao filho de Davi!", diz o Evangelho de Mateus.

2º Cristo deveria ser sacerdote, profeta e rei. Ora, Abraão foi sacerdote, pois o Senhor lhe disse: "Toma uma novilha de três anos" etc. Foi também profeta: "ele é profeta e rezará por ti", segundo diz o livro dos Gênesis. E Davi foi rei e profeta.

3º A circuncisão começou com Abraão. Mas, a eleição de Deus se manifestou sobretudo em Davi, segundo o livro dos Reis: "O Senhor procurou para si um homem segundo seu coração". É por isso que Cristo é chamado de modo muito especial filho de ambos, para manifestar que veio trazer a salvação tanto para os circuncisos como para os eleitos dentre os pagãos.

---

3. C. 1, 6-11.
4. Ps. 131, 11.
5. *Gen.* 17, 10 sqq.

AD PRIMUM ergo dicendum quod obiectio fuit Fausti Manichaei[6], volentis probare Christum non esse filium David, quia non est conceptus ex Ioseph, usque ad quem seriem generationis Matthaeus perducit. Contra quod Augustinus respondet, XXIII libro *contra Faustum*[7], quod, *cum idem Evangelista dicat virum Mariae esse Ioseph, et Christi matrem virginem esse, et Christum ex semine David, quid restat nisi credere Mariam non fuisse extraneam a cognatione David; et eam Ioseph coniugem non frustra appellatam, propter animorum confoederationem, quamvis ei non fuerit carne commixtus; et quod potius propter dignitatem virilem ordo generationum ad Ioseph perducitur? Sic ergo nos credimus etiam Mariam fuisse in cognatione David: quia Scripturis credimus, quae utrumque dicunt, et Christum ex semine David secundum carnem, et eius matrem Mariam, non cum viro concumbendo, sed virginem*. Ut enim dicit Hieronymus, super *Matth.*[8], *ex una tribu fuit Ioseph et Maria: unde et secundum legem eam accipere cogebatur ut propinquam. Propter quod et simul censentur in Bethlehem, quasi de una stirpe generati.*

AD SECUNDUM dicendum quod huic obiectioni Gregorius Nazianzenus[9] respondet dicens quod hoc nutu superno contigit, ut regium genus sacerdotali stirpi iungeretur, ut Christus, qui rex est et sacerdos, ab utrisque nasceretur secundum carnem. Unde et Aaron, qui fuit primus sacerdos secundum legem, duxit ex tribu Iudae coniugem Elisabeth, filiam Aminadab[10]. Sic ergo potuit fieri ut pater Elisabeth aliquam uxorem habuerit de stirpe David, ratione cuius Beata Virgo Maria, quae fuit de stirpe David, esset Elisabeth cognata. Vel potius e converso quod pater Beatae Mariae, de stirpe David existens, uxorem habuerit de stirpe Aaron.

Vel, sicut Augustinus dicit, XXII *contra Faustum*[11], si Ioachim, pater Mariae, de stirpe Aaron fuit (ut Faustus haereticus per quasdam scripturas apocryphas[12] asserebat), credendum est quod mater Ioachim fuerit de stirpe David, vel etiam uxor eius: ita quod per aliquem modum dicamus Mariam fuisse de progenie David.

QUANTO AO 1º, portanto, deve-se dizer que esta era a objeção do maniqueu Fausto: queria provar que Cristo não era filho de Davi porque não tinha sido concebido por José, em quem termina a série de gerações segundo Mateus. Agostinho lhe responde: "Dado que o próprio evangelista diz que José era o esposo de Maria, que a mãe de Cristo era virgem e que Cristo era da descendência de Davi, só nos resta acreditar que Maria não era estranha à descendência de Davi; não em vão é chamada esposa de José, pela união dos espíritos, ainda que não houvesse entre eles união carnal; se a série de gerações termina em José é pela consideração devida à dignidade do marido. Por isso cremos que também Maria era da linhagem de Davi, porque temos fé nas Escrituras que afirmam ambas coisas: que Cristo é da descendência de Davi segundo a carne e que Maria é sua mãe sendo virgem, sem ter relação carnal com seu marido". Pois como diz também Jerônimo: "José e Maria eram da mesma tribo; por isso, segundo a lei, ele estava obrigado a acolhê-la, por ser parente; e por essa razão foram recenseados juntos em Belém, como nascidos da mesma estirpe".

QUANTO AO 2º, deve-se dizer que a esta objeção responde Gregório Nazianzeno dizendo que, por decisão divina, uma prole real se uniu a uma prole sacerdotal para que Cristo, como rei e sacerdote, pudesse nascer segundo a carne das duas linhagens. Por isso, Aarão, que foi o primeiro sacerdote segundo a lei, tomou por esposa Isabel, filha de Aminadab, da tribo de Judá. Assim, pôde acontecer que o pai de Isabel tenha desposado uma mulher da linhagem de Davi e, dessa forma, a bem-aventurada Virgem Maria, que era também da estirpe de Davi, era parente de Isabel. Ou melhor, inversamente, que o pai da bem-aventurada Maria, sendo da estirpe de Davi, tenha desposado alguém da estirpe de Aarão.

Ou ainda, segundo Agostinho, se Joaquim, pai de Maria, era da linhagem de Aarão (como afirmava o herege Fausto, apoiado em certos escritos apócrifos) é de se crer que sua mãe, ou também sua esposa, fossem da linhagem de Davi. Assim, de qualquer maneira que se fale, Maria era da estirpe de Davi.

---

6. Apud AUG., *Contra Faustum*, l. XXIII, c. 3: ML 42, 468.
7. Cc. 8, 9: ML 42, 471.
8. L. I, super 1, 18: ML 26, 24 A.
9. *Carmina*, l. I, sect. 1, poëm. 18: MG 37, 480-482.
10. *Exod.* 6, 23. Cfr. *Num.* 1, 7.
11. C. 9: ML 42, 472.
12. Apud AUG., *Contra Faustum*, l. XXIII, c. 4: ML 42, 468.

AD TERTIUM dicendum quod per illam auctoritatem propheticam, sicut Ambrosius dicit, *super Luc.*[13], *non negatur ex semine Iechoniae posteros nascituros. Et ideo de semine eius Christus est. Et quod regnavit Christus, non contra prophetiam est: non enim saeculari honore regnavit; ipse enim dixit, "Regnum meum non est de hoc mundo".*

ARTICULUS 3
Utrum genealogia Christi convenienter ab Evangelistis texatur

AD TERTIUM SIC PROCEDITUR. Videtur quod genealogia Christi inconvenienter ab Evangelistis texatur[1].
1. Dicitur enim Is 53,8 de Christo: *Generationem eius quis enarrabit?* Ergo non fuit Christi generatio enarranda.
2. PRAETEREA, impossibile est unum hominem duos patres habere. Sed Matthaeus dicit quod *Iacob genuit Ioseph, virum Mariae*: Lucas autem dicit Ioseph fuisse filium Heli. Ergo contraria sibi invicem scribunt.
3. PRAETEREA, videntur in quibusdam a se invicem diversificari. Matthaeus enim, in principio libri, incipiens ab Abraham, descendendo usque ad Ioseph, quadraginta duas generationes enumerat. Lucas autem post baptismum Christi generationem Christi ponit, incipiens a Christo et perducens generationum numerum usque ad Deum, ponens generationes septuaginta septem, utroque extremo computato. Videtur ergo quod inconvenienter generationem Christi describant.
4. PRAETEREA, 4Reg 8,24 legitur quod Ioram genuit Ochoziam; cui successit Ioas, filius eius; huic autem successit filius eius Amasias; postea regnavit filius eius Azarias, qui appellatur Ozias; cui successit Ioathan, filius eius. Matthaeus autem dicit quod *Ioram genuit Oziam*. Ergo videtur inconvenienter generationem Christi describere, tres reges in medio praetermittens.
5. PRAETEREA, omnes qui in Christi generatione describuntur patres habuerunt et matres, et plurimi etiam ex eis fratres habuerunt. Matthaeus autem in generatione Christi tres tantum matres nominat, scilicet Thamar, Ruth et uxorem Uriae. Fratres autem nominat Iudae et Iechoniae: et iterum Phares et Zaram. Quorum nihil posuit Lucas. Ergo videtur

QUANTO AO 3º, deve-se dizer que a autoridade do profeta Jeremias, segundo Ambrósio, "não nega que Jeconias haveria de ter descendência. Por isso Cristo é de sua descendência. E que Cristo tenha reinado não contradiz a profecia, porque não foi rei com as honras deste mundo como ele mesmo disse: 'meu reino não é deste mundo'".

ARTIGO 3
A genealogia de Cristo nos evangelhos está convenientemente elaborada?

QUANTO AO TERCEIRO, ASSIM SE PROCEDE: parece que a genealogia de Cristo **não** está convenientemente elaborada nos evangelhos.
1. Com efeito, a respeito de Cristo diz Isaías: "Quem poderá narrar sua geração?". Logo, sua genealogia não deveria ter sido narrada.
2. ALÉM DISSO, homem algum pode ter dois pais. Ora, Mateus afirma que "Jacó gerou José, esposo de Maria". E Lucas diz que José era filho de Heli. Logo, os dois escrevem coisas contrárias entre si.

3. ADEMAIS, eles diferem também em outros pontos. Mateus, no início do livro, começando por Abraão, desce até José, enumerando quarenta e duas gerações. Lucas, pelo contrário, coloca a genealogia de Cristo depois do batismo, começando por Cristo e percorrendo o número das gerações até Deus, num total de setenta e sete gerações, incluindo os dois extremos. Parece, pois, que descrevem a geração de Cristo de maneira inconveniente.

4. ADEMAIS, no livro dos Reis se lê que Joram gerou Ocazias, a quem sucedeu seu filho Joás, sendo este sucedido por seu filho Amasias. Depois reinou seu filho Azarias, chamado Ozias, a quem sucedeu seu filho Jotam. Ora, Mateus diz que "Joram gerou Ozias". Logo, parece que descreve de maneira não conveniente a genealogia de Cristo, pois omite os nomes de três reis.
5. ADEMAIS, todos aqueles que são mencionados na genealogia de Cristo tiveram pais e mães, e muitos dentre eles também irmãos. Ora, Mateus, na genealogia de Cristo menciona só três mães: Tamar, Rute e a mulher de Urias. Como irmãos, menciona os de Judá e os de Jeconias, assim como Farés e Zara. Lucas não diz nada deles. Logo,

---
13. L. III, nn. 42, 44, super 3, 28: ML 15, 1607 B-1608 A.
PARALL.: *In Matth.*, c. 1.
1. Matth. 1; Luc. 3, 23-38.

Evangelistae inconvenienter genealogiam Christi descripsisse.
SED CONTRA est auctoritas Scripturae.

RESPONDEO dicendum quod, sicut dicitur 2Ti 3,16, *omnis Scriptura sacra est divinitus inspirata*. Quae autem divinitus fiunt, ordinatissime fiunt: secundum illud Rm 13,1: *Quae a Deo sunt, ordinata sunt*. Unde convenienti ordine genealogia Christi est ab Evangelistis descripta.

AD PRIMUM ergo dicendum quod, sicut Hieronymus dicit, *super Matth*.[2], Isaias loquitur de generatione divinitatis Christi. Matthaeus autem enarrat generationem Christi secundum humanitatem: non quidem explicans modum incarnationis, quia hoc etiam est ineffabile; sed enumerat patres ex quibus Christus secundum carnem processit.

AD SECUNDUM dicendum quod ad hanc obiectionem, quam movit Iulianus Apostata[3], diversimode ab aliquibus respondetur. Quidam[4] enim, ut Gregorius Nazianzenus dicit[5], dicunt eosdem esse quos uterque Evangelista enumerat, sed sub diversis nominibus, quasi binomios. — Sed hoc stare non potest: quia Matthaeus ponit unum filiorum David, scilicet Salomonem, Lucas autem ponit alium, scilicet Nathan, quos secundum historiam libri *Regum* constat fratres fuisse.

Unde alii[6] dixerunt quod Matthaeus veram genealogiam Christi tradidit: Lucas autem putativam, unde incoepit, *ut putabatur, filius Ioseph*. Erant enim aliqui ex Iudaeis qui, propter peccata regnum Iuda, credebant Christum ex David non per reges, sed per aliam eius stirpem hominum privatorum, esse nasciturum.

Alii[7] vero dixerunt quod Matthaeus posuit patres carnales: Lucas autem posuit patres spirituales, scilicet iustos viros, qui dicuntur patres propter similitudinem honestatis.

In libro vero de *Quaest. Nov. et Vet. Test*.[8], respondetur quod non est intelligendum quod Ioseph a Luca dicatur esse filius Heli: sed quia Heli et Ioseph fuerunt tempore Christi diversimode a David descendentes. Unde de Christo dicitur quod

parece que os evangelistas descreveram de maneira inconveniente a genealogia de Cristo.
EM SENTIDO CONTRÁRIO, está a autoridade da Escritura.

RESPONDO. Segundo o Apóstolo na segunda Carta a Timóteo, "toda a Escritura é inspirada por Deus". Ora, o que é feito por Deus segue uma ordem perfeita, como diz a Carta aos Romanos: "Tudo o que procede de Deus é perfeitamente ordenado". Portanto, a genealogia de Cristo é descrita pelos evangelistas de maneira conveniente.

QUANTO AO 1º, portanto, deve-se dizer que, como afirma Jerônimo, Isaías fala da geração da divindade de Cristo, enquanto Mateus narra a geração da humanidade de Cristo, não pretendendo explicar o modo da encarnação, que é inefável, mas enumerando os pais dos quais Cristo procedeu segundo a carne.

QUANTO AO 2º, deve-se dizer que há diversas maneiras de responder a esta questão levantada por Juliano Apóstata. Alguns, como Gregório de Nazianzo, dizem que são os mesmos os nomeados por ambos os evangelistas, com nomes diferentes, como tendo dois nomes. — Mas isto não se pode sustentar porque Mateus afirma como filho de Davi Salomão e Lucas outro, que é Natã. Ora, consta pelos livros dos Reis que eles eram irmãos.

Eis por que outros afirmaram que Mateus transmitiu a verdadeira genealogia de Cristo, enquanto a de Lucas seria a genealogia legal, pois começa dizendo: "Ele era filho, como se acreditava, de José". De fato, alguns judeus acreditavam que, por causa dos pecados dos reis de Judá, o Cristo não poderia nascer de Davi pela linha dos reis, mas por outra estirpe de homens particulares.

Alguns ainda disseram que Mateus enumerou os pais segundo a carne, enquanto Lucas os pais espirituais, ou seja homens justos, chamados pais pela semelhança na honestidade.

Mas a resposta do livro *Questões sobre o Novo e o Antigo Testamento* é que não se deve entender que Lucas faça de José o filho de Heli; mas que Heli e José eram, na época de Cristo, descendentes de Davi por linhas diferentes. Por isso se diz que

---

2. L. I, super 1, 1: ML 26, 21 B.
3. Apud CYRILLUM ALEX., *Adv. Iulianum*, l. VIII: MG 76, 888 B.
4. Cfr. *Cat. aur. in Luc*., c. 3, § 8, super v. 23 sqq. — Vide AUG., *Quaest. Evang*., l. II, q. 5, super 3, 23: ML 35, 1334.
5. Vide *Cat. aur. in Luc*., loc. cit.
6. Cfr. *Cat. aur. in Luc*., loc. cit., sub nomine EUSEBII EMESINI.
7. Cfr. ibid.
8. Q. 56: ML 35, 633. — (Inter Opp. Aug.).

putabatur filius Ioseph, et quod ipse etiam Christus *fuit Heli filius*: quasi diceret quod Christus, ea ratione qua dicitur filius Ioseph, potest dici filius Heli, et omnium eorum qui ex stirpe David descendunt; sicut Apostolus dicit, Rm 9,5, *Ex quibus*, scilicet Iudaeis, *Christus est secundum carnem*.

Augustinus vero, in libro *de Quaest. Evang.*[9], tripliciter solvit, dicens: *Tres causae occurrunt, quarum aliquam Evangelista secutus est. Aut enim unus Evangelista patrem Ioseph a quo genitus est, nominavit: alter vero vel avum maternum, vel aliquem de cognatis maioribus posuit. — Aut unus erat Ioseph naturalis pater: et alter eum adoptaverat. — Aut, more Iudaeorum, cum sine filiis unus decessisset, eius uxorem propinquus accipiens, filium quem genuit propinquo mortuo deputavit*: quod etiam quoddam genus adoptionis legalis est, ut ipse Augustinus dicit, in II *de Consensu Evang.*[10].

Et haec ultima causa est verior: quam etiam Hieronymus, *super Matth.*[11], ponit; et Eusebius Caesariensis, in *Ecclesiastica Historia*[12], ab Africano Historiographo[13] traditum asserit. Dicunt enim quod Mathan et Melchi diversis temporibus de una eademque uxore, Estha nomine, singulos filios procrearunt. Quia Mathan, qui per Salomonem descendit, uxorem eam primum ceperat, et, relicto filio uno, Iacob nomine, defunctus est; post cuius obitum, quoniam lex viduam alii viro non vetat nubere, Melchi, qui per Nathan genus ducit, cum esset ex eadem tribu sed non ex eodem genere, relictam Mathan accepit uxorem, ex qua et ipse suscepit filium, nomine Heli; et sic ex diverso patrum genere efficiuntur Iacob et Heli uterini fratres. Quorum alter, idest Iacob, fratris sui Heli, sine liberis defuncti, ex mandato legis accipiens uxorem, genuit Ioseph, natura quidem generis suum filium: secundum vero legis praeceptum, Heli efficitur filius. Et ideo Matthaeus dicit, *Iacob genuit Ioseph*: sed Lucas, quia legalem generationem describit, nullum nominat aliquem genuisse.

Et quamvis Damascenus dicat[14] quod Beata Virgo Maria Ioseph attinebat secundum illam originem qua pater eius dicitur Heli, quia dicit eam

Cristo "era, como se acreditava, filho de José", e que ele era também "filho de Heli", como se dissesse que Cristo, pela razão de ser chamado filho de José pode ser chamado filho de Heli e de todos aqueles que descendem da linhagem de Davi, como afirma o Apóstolo na Carta aos Romanos: "É deles, isto é, dos judeus, que descende Cristo segundo a carne".

Agostinho propõe uma tríplice solução: "Ocorrem três soluções, mas o evangelista seguiu uma delas: a) ou um deles mencionou o pai que gerou José, enquanto o outro afirmou o avô materno ou algum dos antepassados mais antigos; — b) ou um era o pai natural de José e o outro o pai adotivo; — c) ou ainda, segundo os costumes dos judeus, quando um homem morria sem deixar filhos, o parente mais próximo se casava com a mulher e o filho por ele gerado era considerado como filho do morto". O que, como afirma o próprio Agostinho é uma espécie de adoção legal.

Esta última solução é mais correta. Foi proposta por Jerônimo, e Eusébio de Cesareia afirma que a recebeu do historiador Júlio Africano. Dizem, com efeito, que Natã e Melqui, em épocas diferentes, e da mesma e única esposa chamada Estha, geraram um filho cada um. Natã, descendente de Davi da prole de Salomão, foi o primeiro a tê-la como esposa; ele morreu deixando um único filho, chamado Jacó. Depois de sua morte, dado que a lei não impede que a viúva se case com outro homem, Melqui, descendente de Natã, que era da mesma tribo, mas não da mesma linhagem, se casou com a viúva e dela teve um filho chamado Heli. E assim, nascidos de pais diferentes, Jacó e Heli resultaram ser irmãos uterinos. Um deles, Jacó, tendo falecido seu irmão Heli sem deixar filhos, de acordo com a lei, se casou com a mulher de seu irmão e dela teve José. Este, segundo a natureza, era filho de Jacó, mas, segundo a disposição da lei, se tornou o filho de Heli. É por isso que Mateus diz "Jacó gerou José", enquanto Lucas, que relata a geração legal, não diz que tenha gerado algum filho.

E embora Damasceno diga que a Bem-aventurada Virgem Maria, como descendente que era de Melqui, tinha parentesco com José pela linha de

---

9. L. II, q. 5, super Luc. 3, 23: ML 35, 1335.
10. *Retract.*, l. II, c. 7, n. 2: ML 32, 633.
11. L. I, super 1, 16: ML 26, 23 B.
12. L. I, c. 7: MG 20, 89 BC.
13. Scil. IULIO AFRIC., *Ad Aristidem*: MG 10, 57 AB.
14. *De fide orth.*, l. IV, c. 14: MG 94, 1157 A.

ex Melchi descendisse: tamen credendum est quod etiam ex Salomone originem duxerit, secundum aliquem modum, per illos patres quos enumerat Matthaeus, qui carnalem Christi generationem dicitur enarrare; praesertim cum Ambrosius dicat[15] Christum *de semine Iechoniae* descendisse.

AD TERTIUM dicendum quod, sicut Augustinus dicit, in libro *de Consensu Evang.*[16], *Matthaeus regiam in Christo instituerat insinuare personam: Lucas autem sacerdotalem. Unde in generationibus Matthaei significatur nostrorum susceptio peccatorum a Domino Iesu Christo*: inquantum scilicet per carnis originem *similitudinem carnis peccati*[17] assumpsit. *In generationibus autem Lucae significatur nostrorum ablutio peccatorum,* quae est per sacrificium Christi. *Et ideo generationes Matthaeus descendens enumerat: Lucas autem ascendens.* — Inde etiam est quod *Matthaeus ab ipso David per Salomonem descendit, in cuius matre ille peccavit: Lucas vero ad ipsum David per Nathan ascendit, per cuius nominis prophetam Deus peccatum illius expiavit.* — Et inde est etiam quod, quia *Matthaeus ad mortalitatem nostram Christum descendentem voluit significare, ipsas generationes ab Abraham usque ad Ioseph, et usque ad ipsius Christi nativitatem, descendendo commemoravit ab initio Evangelii sui. Lucas autem non ab initio, sed a baptismo Christi generationem narrat, nec descendendo, sed ascendendo: tanquam sacerdotem in expiandis peccatis magis assignans ubi testimonium Ioannes perhibuit, dicens, Ecce qui tollit peccatum mundi. Ascendendo autem, transit Abraham et pervenit ad Deum, cui mundati et expiati reconciliamur.* — *Merito etiam adoptionis originem ipse suscepit: quia per adoptionem efficimur filii Dei; per carnalem vero generationem Filius Dei filius hominis factus est. Satis autem demonstravit non se ideo dixisse Ioseph filium Heli quod de illo sit genitus, sed quod ab illo fuerat adoptatus, cum et ipsum Adam filium Dei dixit, cum sit factus a Deo.*

Numerus etiam quadragenarius ad tempus praesentis vitae pertinet: propter quatuor partes mundi, in quo mortalem vitam ducimus sub Christo

Heli, pai de José, deve-se crer que a Virgem fosse, de alguma maneira, da linhagem de Salomão, por alguns dos antepassados enumerados por Mateus, que apresenta a genealogia de Cristo segundo a carne; sobretudo porque, segundo Ambrósio, Cristo descendia "da linhagem de Jeconias".

QUANTO AO 3º, deve-se dizer que segundo Agostinho, "Mateus se propusera insinuar a função real da pessoa de Cristo; Lucas, porém, a função sacerdotal. Daí que na genealogia de Mateus se expresse que o Senhor Jesus Cristo tomou sobre si os nossos pecados, dado que, por sua origem carnal, assumiu 'a semelhança da carne de pecado'". Na genealogia de Lucas se expressa a ablução dos nossos pecados que se realiza pelo sacrifício de Cristo. Eis por que a genealogia de Mateus segue uma ordem descendente, enquanto a de Lucas é ascendente". — Por isso ainda, "Mateus desce de Davi por Salomão, pois é com a mãe dele que Davi pecou; Lucas remonta até Davi por Natã, porque Deus perdoou o pecado de Davi por um profeta com esse nome". — Daí se segue também que "Mateus, querendo significar que Cristo descera até a nossa condição mortal, tornou pública desde o início de seu evangelho a genealogia descendente, de Abraão até José, e até o nascimento do próprio Cristo. Lucas, porém, narra a genealogia de Cristo, não desde o início do evangelho, mas desde o batismo de Cristo, de maneira ascendente e não descendente. Situando-se no momento em que João deu o seu testemunho: "Eis aquele que tira o pecado do mundo", Lucas assinala que Cristo é o sacerdote que havia de expiar os pecados do mundo. Seguindo uma ordem ascendente passa por Abraão para chegar até Deus, com quem, purificados e perdoados, nos reconciliamos. — É, pois, com razão que Lucas assumiu a ordem da adoção, pois é por adoção que nos tornamos filhos de Deus; ao contrário, pela geração carnal o Filho de Deus se tornou filho do homem. Dessa maneira mostrou claramente que, ao chamar José filho de Heli, não queria dizer que tivesse sido gerado por ele, mas que fora por ele adotado; da mesma forma que o próprio Adão, apesar de ter sido criado por Deus, é chamado filho de Deus."

O número quarenta se refere ao tempo da vida presente, por causa das quatro partes do mundo no qual passamos esta vida mortal sob o reinado de

---

15. *In Luc.*, l. III, n. 42, super 3, 28: ML 15, 1607 B.
16. L. II, c. 4, nn. 8, 11, 12: ML 34, 1074-1076.
17. *Rom.* 8, 3.

regnante. Quadraginta autem quater habent decem: et ipsa decem ab uno usque ad quatuor progrediente numero consummantur. Posset etiam denarius ad decalogum referri: et quaternarius ad praesentem vitam; vel etiam ad quatuor Evangelia, secundum quod Christus regnat in nobis. Et ideo *Matthaeus, regiam personam Christi commendans, quadraginta personas posuit, excepto ipso*. — Sed hoc intelligendum est, si sit idem Iechonias qui ponitur in fine secundi quaterdenarii et in principio tertii: ut Augustinus vult[18]. Quod dicit factum esse ad significandum quod *in Iechonia facta est quaedam deflexio ad extraneas gentes, quando in Babyloniam transmigratum est: quod etiam praefigurabat Christum a Circumcisione ad Praeputium migraturum*.

Hieronymus autem dicit[19] duos fuisse Ioachim, idest Iechonias, patrem scilicet et filium: quorum uterque in generatione Christi assumitur, ut constet distinctio generationum, quas Evangelista per tres quaterdenarios distinguit. Quod ascendit ad quadraginta duas personas. Qui etiam numerus convenit sanctae Ecclesiae. Hic enim numerus consurgit ex senario, qui significat laborem praesentis vitae, et septenario, qui significat quietem vitae futurae: sexies enim septem sunt quadraginta duo. Ipse etiam quaterdenarius, qui ex denario et quaternario constituitur per aggregationem, ad eandem significationem pertinere potest quae attributa est quadragenario, qui consurgit ex eisdem numeris secundum multiplicationem.

Numerus autem quo Lucas utitur in generationibus Christi, significat universitatem peccatorum. *Denarius enim, tanquam iustitiae numerus, in decem praeceptis legis ostenditur. Peccatum autem est legis transgressio. Denarii vero numeri transgressio est undenarius*[20]. Septenarius autem significat universitatem: quia *universum tempus septenario dierum numero volvitur*. Septies autem undecim sunt septuaginta septem. Et ita per hoc significatur universitas peccatorum, quae per Christum tolluntur.

AD QUARTUM dicendum quod, sicut Hieronymus, *super Matth.*[21], dicit, *quia Ioram rex generi se*

Cristo. Quarenta equivale a quatro vezes dez; e o número dez resulta da soma dos números que vão de um a quatro. O número dez poderia estar relacionado também com o decálogo; o número quatro com a vida presente, ou ainda com os quatro evangelhos, pois é por meio deles que Cristo reina em nós. Por isso, segundo Agostinho, "Mateus, para fazer ressaltar a função régia da pessoa de Cristo, enumerou quarenta pessoas, sem contar o próprio Cristo". — Mas este cálculo só é compreensível se, como quer Agostinho, o Jeconias que figura no fim da segunda série de quatorze gerações for o mesmo que o mencionado no começo da terceira série. Esta dupla menção, segundo Agostinho, significa que "em Jeconias se deu um desvio para as nações estrangeiras, por ocasião da deportação para Babilônia; o que também prefigurava a passagem de Cristo do povo da circuncisão para as nações dos incircuncisos".

Jerônimo diz que houve duas pessoas com o nome de Joaquim ou Jeconias, o pai e o filho, ambos mencionados na genealogia de Cristo para deixar clara a distinção de gerações, que o evangelista distribui em três séries de quatorze. Assim se chega a quarenta e duas pessoas. E este número é adequado também à santa Igreja. Pois ele resulta do seis que significa os trabalhos da vida presente, e do sete, que significa o repouso da vida futura: seis vezes sete dá quarenta e dois. E ainda, o próprio quatorze, que é o resultado da soma de dez e quatro, pode ter a mesma significação atribuída a quarenta, que é o produto da multiplicação dos mesmos números.

O número utilizado por Lucas na genealogia de Cristo significa a universalidade dos pecados. "Com efeito, dez, como número da justiça, aparece nos dez mandamentos da lei. Ora, o pecado é a transgressão da lei. E a transgressão do número dez é o onze". O número sete simboliza a universalidade, pois "a totalidade do tempo se desdobra segundo o número dos sete dias". Ora, sete vezes onze dá setenta e sete. Assim é simbolizada a universalidade dos pecados que são tirados por Cristo.

QUANTO AO 4º, deve-se dizer que segundo Jerônimo "por ter-se misturado a raça do rei Joram

---

18. Ibid., n. 10: ML 34, 1076.
19. *In Matth.*, l. I, super 1, 12: ML 26, 23 A.
20. AUG., loc. prox. cit., n. 13: ML 34, 1077.
21. L. I, super 1, 8: ML 26, 22 D-23 A.

miscuerat impiissimae Iezabel, idcirco usque ad tertiam generationem eius memoria tollitur, ne in sancto Nativitatis ordine poneretur. Et ita, ut Chrysostomus dicit[22], *quanta benedictio facta est super Iehu, qui vindictam fecerat super domum Achab et Iezabel, tanta est maledictio super domum Ioram, propter filiam iniqui Achab et Iezabel, ut usque ad quartam generationem praecidantur filii eius de numero regum: sicut scriptum est Ex 20,5: "Reddam peccatum parentum in filios usque ad tertiam et quartam generationem".*

Est etiam attendendum quod et alii reges fuerunt peccatores, qui in genealogia Christi ponuntur: sed non fuit eorum continua impietas. Nam, ut dicitur in libro *Quaest. Novi et Vet. Test.*[23], *Salomon merito patris sui remissus in regno est, Roboam merito Asae, filii Abiae, filii sui. Horum autem trium continua fuit impietas.*

AD QUINTUM dicendum quod, sicut Hieronymus dicit, *super Matth.*[24], *in genealogia Salvatoris nulla sanctarum mulierum assumitur, sed eas quas Scripturas reprehendit, ut qui propter peccatores venerat, de peccatoribus nascens, omnium peccata deleret.* Unde ponitur Thamar, quae reprehenditur de socerino concubitu; et Rahab, quae fuit meretrix; et Ruth, quae fuit alienigena; et Bethsabee, uxor Uriae, quae fuit adultera. Quae tamen proprio nomine non ponitur, sed ex nomine viri designatur: tum propter peccatum ipsius, quia fuit adulterii et homicidii conscia tum etiam ut, nominato viro, peccatum David ad memoriam revocetur. — Et quia Lucas Christum designare intendit ut peccatorum expiatorem, talium mulierum mentionem non facit.

Fratres autem Iudae commemorat, ut ostendat eos ad Dei populum pertinere: cum tamen Ismael, frater Isaac, et Esau, frater Iacob, a populo Dei fuerint separati; propter quod in generatione Christi non commemorantur. Et etiam ut superbiam de nobilitate excludat: multi enim fratrum Iudae ex ancillis nati fuerunt, sed omnes simul erant Patriarchae et tribuum principes. — Phares autem et Zaram simul nominantur, ut Ambrosius dicit, *super Luc.*[25], quia *per eos gemina describitur*

com a da ímpia Jezabel, a memória de Joram desaparece da genealogia até a terceira geração, para que não figurasse na santa sequência da Natividade". E assim, como diz Jerônimo, "a bênção outorgada a Jeú por ter executado a vingança sobre a casa de Acab e Jezabel, só tem comparação com a maldição da casa de Joram, por causa da filha do ímpio Acab e Jezabel; é por isso que os seus filhos foram apagados do número dos reis até a quarta geração, como está escrito no livro do Êxodo: 'Castigarei o pecado dos pais nos seus filhos até a terceira e a quarta geração'".

Convém notar ainda que há outros reis que figuram na genealogia de Cristo que foram pecadores, mas sua impiedade não foi constante. Pois, como lemos no livro das *Questões sobre o Novo e o Antigo Testamento*: "Salomão foi recolocado no trono pelos méritos de seu pai, e Roboão pelos de Asa, filho de seu filho Abias. E a impiedade destes três reis foi constante".

QUANTO AO 5º, deve-se dizer que como afirma Jerônimo, "na genealogia do Salvador não é incluída nenhuma santa mulher, só se faz menção das que são repreendidas pela Escritura; dessa maneira se indica que aquele que veio pelos pecadores, nascido de pecadores, apagaria os pecados de todos". É assim que é mencionada Tamar, censurada por suas relações com o sogro; e Raab, que era uma prostituta; e Rute, que era uma estrangeira; e Betsabé, a esposa de Urias, que foi uma adúltera. Esta, contudo, não é designada pelo próprio nome, mas pelo de seu marido: quer para indicar que era consciente do pecado de adultério e de homicídio, quer ainda para que a evocação do nome do seu marido mantivesse viva a memória do pecado de Davi. — Lucas, pelo contrário, que quer apresentar a Cristo como aquele que expia os pecados, não faz menção de tais mulheres.

Mateus menciona os irmãos de Judá para mostrar que pertencem ao povo de Deus, mas omite na sua genealogia a menção de Ismael, irmão de Isaac, e de Esaú, irmão de Jacó, porque foram separados do povo de Deus. Os irmãos de Judá são mencionados também para excluir qualquer orgulho de nobreza, pois muitos dos irmãos de Judá eram filhos de escravas, mas todos eles eram igualmente patriarcas e chefes de tribos. — Farés e Zara são nomeados ao mesmo tempo, segundo

---

22. *Opus imperf. in Matth.*, hom. 1, super 1, 8: MG 56, 624.
23. Q. 85: ML 35, 2280. — (Inter Opp. Aug.).
24. L. I, super 1, 3: ML 26, 21 CD.
25. L. III, n. 21, super 3, 23: ML 15, 1597 C.

vita populorum: una secundum legem, quae significatur per Zaram; *altera per fidem*, quae significatur per Phares. — Fratres autem Iechoniae ponit, quia omnes regnaverunt diversis temporibus: quod in aliis regibus non acciderat. Vel quia eorum similis fuit et iniquitas et miseria.

Ambrósio, "porque por eles se descrevem os dois tipos de vida dos povos: a vida segundo a lei significada por Zara e a vida segundo a fé, significada por Farés. — Mateus inclui ainda os irmãos de Jeconias, porque todos reinaram em diversas épocas; coisa que não aconteceu com os outros reis. E, talvez, também porque neles se equiparavam a iniquidade e a miséria.

Articulus 4
Utrum materia corporis Christi debuerit esse assumpta de femina

Ad quartum sic proceditur. Videtur quod materia corporis Christi non debuit esse assumpta de femina.
1. Sexus enim masculinus est nobilior quam sexus femininus. Sed maxime decuit ut Christus assumeret id quod est perfectum in humana natura. Ergo non videtur quod debuerit de femina carnem assumere, sed magis de viro: sicut Heva de costa viri formata est.
2. Praeterea, quicumque ex femina concipitur, utero feminae includitur. Sed Deo, qui caelum et terram implet, ut dicitur Ier 23,24, non competit ut parvo feminae utero includatur. Ergo videtur quod non debuit concipi de femina.

3. Praeterea, illi qui concipiuntur ex femina, quandam immunditiam patiuntur: ut dicitur Iob 25,4: *Numquid iustificari potest homo comparatus Deo? aut apparere mundus natus de muliere?* Sed in Christo nulla immunditia esse debuit: ipse enim est *Dei Sapientia*, de qua dicitur, Sap 7,25, quod *nihil inquinatum in illam incurrit*. Ergo non videtur quod debuerit carnem assumpsisse de femina.

Sed contra est quod dicitur Gl 4,4: *Misit Deus Filium suum factum ex muliere*.

Respondeo dicendum quod, licet Filius Dei carnem humanam assumere potuerit de quacumque materia voluisset, convenientissimum tamen fuit ut de femina carnem acciperet.
Primo quidem, quia per hoc tota humana natura nobilitata est. Unde Augustinus dicit, in libro *Octoginta trium Quaest.*[1]: *Hominis liberatio in utroque sexu debuit apparere. Ergo, quia virum oportebat suscipere, qui sexus honorabilior est,*

Artigo 4
A matéria do corpo de Cristo devia ser tomada de uma mulher?

Quanto ao quarto, assim se procede: parece que a matéria do corpo de Cristo **não** devia ser tomada de uma mulher.
1. Com efeito, o sexo masculino é mais nobre que o sexo feminino. Ora, convinha, acima de tudo, que Cristo assumisse o que é perfeito na natureza humana. Logo, parece que não deveria tomar a carne da mulher, mas de um varão, como Eva foi formada da costela de Adão.
2. Além disso, tudo o que é concebido de mulher é encerrado em seu seio. Ora, Deus, que enche o céu e a terra, como se lê em Jeremias, não poderia ficar encerrado no pequeno seio de uma mulher. Logo, parece que não devia ser concebido por uma mulher.

3. Ademais, os que são concebidos de mulher são afetados por certa impureza. É o que diz o livro de Jó: "Pode o homem considerar-se justo em comparação com Deus? ou parecer puro quem nasce de mulher?" Ora, em Cristo não devia haver nenhuma impureza, por ser a mesma Sabedoria de Deus, da qual se diz: "Nela não pode entrar nada manchado". Logo, parece que não devia tomar carne de mulher.

Em sentido contrário, está o que se diz na Carta aos Gálatas: "Deus enviou o seu Filho, nascido de mulher".

Respondo. Embora o Filho de Deus pudesse ter tomado a carne humana de qualquer matéria que quisesse, era extremamente conveniente que recebesse a carne de uma mulher:
1º porque dessa maneira era enobrecida toda a natureza humana. É o que diz Agostinho: "A libertação do homem devia manifestar-se em ambos os sexos. Assim, pois, dado que era conveniente que assumisse o lado do varão, por ser o sexo mais

---

4 Parall.: III *Sent.*, dist. 12, q. 3, a. 2, q.la 2; *Compend. Theol.*, c. 221.
1. Q. 11: ML 40, 14.

conveniens erat ut feminei sexus liberatio hinc appareret qua ille vir de femina natus est.

Secundo, quia per hoc veritas incarnationis adstruitur. Unde Ambrosius dicit, in libro *de Incarnatione*[2]: *Multa secundum naturam invenies, et ultra naturam. Secundum conditionem etenim naturae in utero,* feminei scilicet corporis, *fuit; sed supra conditionem virgo concepit, virgo generavit: ut crederes quia Deus erat, qui innovabat naturam; et homo erat, qui secundum naturam nascebatur ex homine.* Et Augustinus dicit, in Epistola *ad Volusianum*[3]: *Si omnipotens Deus hominem, ubicumque formatum, non ex materno utero crearet, sed repentinum inferret aspectibus, nonne opinionem confirmaret erroris; nec hominem verum suscepisse ullo modo crederetur; et, dum omnia mirabiliter facit, auferret quod misericorditer fecit? Nunc vero ita inter Deum et hominem mediator apparuit ut, in unitate personae copulans utramque naturam, et solita sublimaret insolitis, et insolita solitis temperaret.*

Tertio, quia per hunc modum completur omnis diversitas generationis humanae. Nam primus homo productus est *ex limo terrae*, sine viro et femina; Heva vero producta est ex viro sine femina; ceteri vero homines producuntur ex viro et femina. Unde hoc quartum quasi Christo proprium relinquebatur, ut produceretur ex femina sine viro.

AD PRIMUM ergo dicendum quod sexus masculinus est nobilior quam femineus: ideo humanam naturam in masculino sexu assumpsit. Ne tamen sexus femininus contemneretur, congruum fuit ut carnem assumeret de femina. Unde Augustinus dicit, in libro *de Agone Christiano*[4]: *Nolite vos ipsos contemnere, viri: Filius Dei virum suscepit. Nolite vos ipsas contemnere, feminae: Filius Dei natus est ex femina.*

AD SECUNDUM dicendum quod, sicut Augustinus dicit, XXIII libro *Contra Faustum*[5], qui hac obiectione utebatur: *Non plane,* inquit, *Catholica fides, quae Christum, Dei Filium, natum secundum carnem credit ex virgine, ullo modo eundem Dei*

honorável, convinha também que a libertação do sexo feminino aparecesse pelo fato de esse homem nascer de mulher".

2º porque assim estava garantida a verdade da encarnação. Por isso diz Ambrósio: "(em Cristo) encontrarás muitas coisas de acordo com a natureza e muitas outras que a superam. Era conforme à condição da natureza ter estado no seio, isto é, no corpo de mulher; mas ultrapassa a condição natural que uma virgem conceba e dê à luz. Tudo isso para creres que aquele que renovava a natureza era Deus e que aquele que nascia de um ser humano, segundo a natureza, era homem". E Agostinho: "Se Deus onipotente tivesse criado o homem em tudo formado e não do seio materno, e o tivesse apresentado de repente aos nossos olhares, não estaria confirmando uma opinião errônea? Ninguém acreditaria que tivesse assumido um verdadeiro homem. Ele, que tudo faz de modo admirável, como poderia destruir o que fizera com tanta misericórdia? Pelo contrário, mediador entre Deus e o homem, se manifestou de tal forma que, juntando ambas as naturezas na unidade da pessoa, sublimou o habitual pelo insólito e atenuou o insólito com o habitual".

3º porque dessa maneira se completam todos os modos como o ser humano é gerado. Pois o primeiro homem foi feito *do pó da terra*, sem homem nem mulher; Eva foi feita do homem sem mulher; e os demais homens são feitos pelo concurso do homem e da mulher. Havia ainda um quarto modo, reservado a Cristo como próprio: ser feito da mulher sem intervenção do homem.

QUANTO AO 1º, portanto, deve-se dizer que o sexo masculino é mais nobre do que o feminino; por isso Cristo assumiu a natureza humana com o sexo masculino. Mas para que o sexo feminino não fosse menosprezado, convinha que assumisse a carne de uma mulher. Daí a afirmação de Agostinho: "Varões, não vos menosprezeis a vós mesmos, pois o Filho de Deus assumiu um varão; mulheres, não vos menosprezeis a vós mesmas, pois o Filho de Deus nasceu de uma mulher".

QUANTO AO 2º, deve-se dizer que respondendo a Fausto, que utilizava esta objeção, diz Agostinho: "A fé católica acredita que Cristo, Filho de Deus, segundo a carne nasceu de uma virgem; mas nunca pretendeu com isso encerrar o Filho de Deus no

---

2. C. 6, n. 54: ML 16, 832 B.
3. Epist. 137, al. 3, c. 3, n. 9: ML 33, 519.
4. C. 11: ML 40, 298.
5. C. 10: ML 42, 472.

Filium sic in utero mulieris includit quasi extra non sit, quasi caeli et terrae administrationem deseruerit, quasi a Patre recesserit. Sed vos, Manichaei, corde illo quo nihil potestis nisi corporalia phantasma cogitare, ista omnino non capitis. Ut enim dicit in Epistola *ad Volusianum*[6], *hominum iste sensus est nihil nisi corpora valentium cogitare, quorum nullum potest esse ubique totum, quoniam per innumerabiles partes aliud alibi habeat necesse est. Longe aliud est natura animae quam corporis. Quanto magis Dei, qui Creator est animae et corporis? Novit ubique totus esse, et nullo contineri loco; novit venire, non recedendo ubi erat; novit abire, non deserendo quo venerat.*

AD TERTIUM dicendum quod in conceptione viri ex femina non est aliquid immundum inquantum est opus Dei: unde dicitur Act 10,15: *Quod Deus creavit, tu ne commune dixeris*, idest immundum. Est tamen aliqua ibi immunditia ex peccato proveniens, prout cum libidine aliquis concipitur ex commixtione maris et feminae. Quod tamen in Christo non fuit: ut supra[7] ostensum est.

Si tamen aliqua ibi esset immunditia, ex ea non inquinaretur Dei Verbum, quod nullo modo est mutabile. Unde Augustinus dicit, in libro *contra Quinque Haereses*[8]: *Dicit Deus, Creator hominis: Quid est quod te permovet in mea nativitate? Non sum libidinis conceptus cupiditate. Ego matrem de qua nascerer, feci. Si solis radius cloacarum sordes siccare novit, eis inquinari non novit: multo magis Splendor lucis aeternae, quocumque radiaverit mundare potest, ipse pollui non potest.*

ARTICULUS 5
Utrum caro Christi fuerit concepta ex purissimis sanguinibus Virginis

AD QUINTUM SIC PROCEDITUR. Videtur quod caro Christi non fuerit concepta ex purissimis sanguinibus Virginis.

1. Dicitur enim in Collecta[1] quod Deus *Verbum suum de Virgine carnem sumere voluit*. Sed caro

seio de uma mulher de tal modo que não estivesse fora também, ou que tivesse abandonado o governo de céu e da terra, ou que se tivesse afastado do Pai. Vós, porém, maniqueus, sois incapazes de compreender estes mistérios porque o vosso coração é incapaz de ir além das imagens corporais". E na carta a Volusiano acrescenta: "O espírito de tais homens não consegue imaginar mais do que os corpos; ora, nenhum corpo pode estar inteiro em toda parte, porque, segundo as diversas partes, há de ocupar necessariamente diversos lugares. Mas a natureza da alma é muito diferente da do corpo. Quanto mais Deus, que é o criador da alma e do corpo! Ele soube estar inteiro em toda parte, sem ser contido em lugar algum; soube vir, sem afastar-se do lugar onde estava; soube partir, sem abandonar o lugar ao qual viera".

QUANTO AO 3º, deve-se dizer que na concepção do homem a partir da mulher não há nada de impuro, pois é obra de Deus, como diz o livro dos Atos: "Não declares impuro o que Deus criou". Há, contudo, na concepção alguma impureza proveniente do pecado, na medida em que o desejo carnal acompanha a união do homem e da mulher. Nada disso existiu na concepção de Cristo, como foi mostrado acima.

E, mesmo que houvesse alguma impureza, não contaminaria o Verbo de Deus que, de modo nenhum, pode mudar. Por isso pergunta Agostinho: "Diz Deus, criador do homem: o que é que te inquieta no meu nascimento? Não fui concebido pelo desejo carnal; eu mesmo fiz a mãe da qual iria nascer; se os raios do sol podem secar as imundícies dos esgotos sem ser contaminados, quanto mais o esplendor da luz eterna poderá purificar tudo o que tocar com sua irradiação sem ser contaminado!"

ARTIGO 5
A carne de Cristo foi concebida do sangue puríssimo da Virgem?

QUANTO AO SEXTO, ASSIM SE PROCEDE: parece que a carne de Cristo **não** foi concebida do sangue puríssimo da Virgem.

1. Com efeito, uma oração da Missa afirma que Deus "quis que o seu Verbo tomasse carne da

---

6. Epist. 137, al. 3, c. 2, n. 4: ML 33, 517.
7. Q. 28, a. 1.
8. C. 5, n. 7: ML 42, 1107. — (Inter Opp. Aug.).

5 PARALL.: III *Sent.*, dist. 3, q. 5, a. 1.
   1. In festo Annunt. B. M. V.

differt a sanguine. Ergo corpus Christi non est sumptum de sanguine Virginis.

2. Praeterea, sicut mulier formata est miraculose de viro, ita corpus Christi miraculose formatum est de Virgine. Sed mulier non dicitur esse formata de sanguine viri, sed magis de carne et ossibus eius: secundum illud quod dicitur Gn 2,23: *Hoc nunc os ex ossibus meis, et caro de carne mea*. Ergo videtur quod nec etiam corpus Christi formari debuerit de sanguine Virginis, sed de carnibus et ossibus eius.

3. Praeterea, corpus Christi fuit eiusdem speciei cum corporibus aliorum hominum. Sed corpora aliorum hominum non formantur ex purissimo sanguine, sed ex semine et sanguine menstruo. Ergo videtur quod nec etiam corpus Christi fuerit conceptum ex purissimis sanguinibus Virginis.

Sed contra est quod Damascenus dicit, in III libro[2], quod *Filius Dei construxit sibi ipsi ex castis et purissimis sanguinibus Virginis carnem animatam anima rationali*.

Respondeo dicendum quod, sicut supra[3] dictum est, in conceptione Christi fuit secundum conditionem naturae quod est natus ex femina, sed supra conditionem naturae quod est natus ex virgine. Habet autem hoc naturalis conditio, quod in generatione animalis femina materiam ministret, ex parte autem maris sit activum principium in generatione: sicut probat Philosophus, in libro *de Generat. Animal*.[4] Femina autem quae ex mare concipit, non est virgo. Et ideo ad supernaturalem modum generationis Christi pertinet quod activum principium in generatione illa fuerit virtus supernaturalis divina: sed ad naturalem modum generationis eius pertinet quod materia de qua corpus eius conceptum est, sit conformis materiae quam aliae feminae subministrant ad conceptionem prolis. Haec autem materia, secundum Philosophum, in libro *de Generat. Animal*.[5], est sanguis mulieris, non quicumque, sed perductus ad quandam ampliorem digestionem per virtutem generativam matris, ut sit materia apta ad conceptum. Et ideo ex tali materia fuit corpus Christi conceptum.

Ad primum ergo dicendum quod, cum Beata Virgo fuerit eiusdem naturae cum aliis feminis,

Virgem". Ora, a carne não é a mesma coisa que o sangue. Logo, o corpo de Cristo não foi tomado do sangue da Virgem.

2. Além disso, assim como a mulher foi formada maravilhosamente do homem, assim também o corpo de Cristo foi formado maravilhosamente da Virgem. Ora, ninguém diz que a mulher tenha sido formada do sangue do homem, mas de sua carne e de seus ossos, segundo o livro do Gênesis: "Eis, desta vez, o osso dos meus ossos e a carne da minha carne". Logo, parece que o corpo de Cristo não devia ser formado do sangue da Virgem, mas de sua carne e de seus ossos.

3. Ademais, o corpo de Cristo era da mesma espécie que os corpos dos outros homens. Ora, os corpos dos outros homens não são formados do sangue puríssimo, mas do esperma e do sangue menstrual. Logo, parece que também o corpo de Cristo não foi concebido do sangue puríssimo da Virgem.

Em sentido contrário, diz João Damasceno: "O Filho de Deus construiu para si, do mais casto e puro sangue da Virgem, uma carne animada pela alma racional".

Respondo. Como já foi dito antes, na concepção de Cristo foi conforme a condição da natureza ele ter nascido de uma mulher; mas supera a condição da natureza ter nascido de uma virgem. Na geração de um animal, é próprio da condição natural que a fêmea forneça a matéria e que o princípio ativo da geração venha do macho, como é provado pelo Filósofo no livro da *Geração dos Animais*. Ora, a mulher que concebe pela união com o marido não é virgem. Por isso, na geração de Cristo, o modo sobrenatural consiste em que o princípio ativo daquela geração foi o poder sobrenatural de Deus; mas o modo natural consiste em que a matéria da qual foi concebido o corpo fosse igual à que fornecem as outras mulheres para a concepção da prole. Ora, esta matéria, segundo o Filósofo, é o sangue da mulher; não qualquer tipo de sangue, mas aquele que, em virtude do poder gerador da mãe, atingiu uma transformação mais perfeita que o torna matéria apta para a concepção. É de tal matéria que o corpo de Cristo foi concebido.

Quanto ao 1º, portanto, deve-se dizer que sendo a bem-aventurada Virgem da mesma natureza

---

2. *De fide orth.*, l. III, c. 2: MG 94, 985 B.
3. A. praec.
4. L. I, cc. 2, 20; l. II, c. 4; l. IV, c. 1: 716 a, 5-10; 729, a, 9-11; 738, b, 20-21; 765, b, 10-15.
5. L. I, c. 19: 727, b, 31-33.

consequens est quod habuerit carnem et ossa eiusdem naturae. Carnes autem et ossa in aliis feminis sunt actuales corporis partes, ex quibus constituitur integritas corporis: et ideo subtrahi non possunt sine corruptione corporis vel deminutione. Christus autem, qui venerat corrupta reparare, nullam corruptionem aut deminutionem integritati matris eius inferre debuit. Et ideo non debuit corpus Christi formari de carne vel ossibus Virginis, sed de sanguine, qui nondum est actu pars, sed est potentia totum, ut dicitur in libro, *de Generat. Animal.*[6]. Et ideo dicitur carnem de Virgine sumpsisse, non quod materia corporis fuerit actu caro, sed sanguis, qui est potentia caro.

AD SECUNDUM dicendum quod, sicut in Prima Parte[7] dictum est, Adam, quia institutus erat ut principium quoddam humanae naturae, habebat in suo corpore aliquid carnis et ossis quod non pertinebat ad integritatem personalem ipsius, sed solum inquantum erat naturae humanae principium. Et de tali formata est mulier, absque viri detrimento. Sed nihil tale fuit in corpore Virginis, ex quo corpus Christi posset formari sine corruptione materni corporis.

AD TERTIUM dicendum quod semen feminae non est generationi aptum, sed est quiddam imperfectum in genere seminis, quod non potuit produci ad perfectum seminis complementum, propter imperfectionem virtutis femineae. Et ideo tale semen non est materia quae de necessitate requiratur ad conceptum: sicut Philosophus dicit, in libro *de Generat. Animal.*[8]. Et ideo in conceptione Christi non fuit: praesertim quia, licet sit imperfectum in genere seminis, tamen cum quaddam concupiscentia resolvitur, sicut et semen maris; in illo autem conceptu virginali concupiscentia locum habere non potuit. Et ideo Damascenus dicit[9] quod corpus Christi non *seminaliter* conceptum est.

Sanguis autem menstruus, quem feminae per singulos menses emittunt, impuritatem quandam naturalem habet corruptionis: sicut et ceterae superfluitates, quibus natura non indiget, sed eas expellit. Ex tali autem menstruo corruptionem habente, quod natura repudiat, non formatur conceptus: sed hoc est purgamentum quoddam illius

que as outras mulheres, segue-se que tinha carne e ossos da mesma natureza. Ora, a carne e os ossos nas outras mulheres são partes atuais do corpo que lhe conferem sua integridade; por isso não lhes podem ser subtraídas sem dano ou diminuição do corpo. Cristo, que vinha restaurar o que estava corrompido, não devia infligir nenhum dano ou diminuição à integridade de sua mãe. Por isso, o corpo de Cristo não devia ser formado da carne e dos ossos da Virgem, mas de seu sangue, que ainda não é uma parte em ato do corpo, mas é o corpo todo em potência, como diz o livro da *Geração dos Animais*. Eis por que se diz que Cristo tomou carne da Virgem, não como se a matéria de seu corpo fosse carne em ato, mas sangue, que é carne em potência.

QUANTO AO 2º, deve-se dizer que como foi dito na I Parte, Adão tinha sido constituído como princípio do gênero humano e, por isso, tinha em seu corpo carne e ossos que não pertenciam à sua integridade pessoal, mas somente à sua função de princípio da natureza humana. Disso foi formada a mulher, sem detrimento para ele. Mas no corpo da Virgem não havia nada que permitisse que o corpo de Cristo pudesse ser formado sem detrimento do corpo materno.

QUANTO AO 3º, deve-se dizer que a semente da mulher não é apta para a geração; é algo imperfeito como semente, que não pôde alcançar a complementação perfeita da semente pela imperfeição da força feminina. E por isso, tal semente não é matéria necessariamente exigida para a concepção, como diz o Filósofo. Eis por que não existiu também na concepção de Cristo. A razão, sobretudo, é que, mesmo sendo imperfeita como semente, é emitida com certa concupiscência, como acontece com o sêmen do marido. Ora, naquela concepção virginal não podia haver lugar para a concupiscência. Por isso afirma Damasceno que o corpo de Cristo não foi concebido "por um processo seminal".

O sangue menstrual, que as mulheres emitem todo mês, contém uma impureza natural de corrupção; como as outras superfluidades que a natureza elimina por não ter necessidade delas. A concepção não se realiza com este sangue menstrual corrompido e rejeitado pela natureza; esse sangue é uma certa purificação de outro sangue,

---

6. L. I, c. 19: 726, b, 5-11. Cfr. *De Part. An.*, l. III, c. 5: 668, a, 4-7.
7. Q. 92, a. 3, ad 2.
8. L. I, c. 20: 727, b, 33-728, a. 1.
9. *De fide orth.*, l. III, c. 2: MG 94, 985 B.

puri sanguinis qui digestione quadam est praeparatus ad conceptum, quasi purior et perfectior alio sanguine. Habet tamen impuritatem libidinis in conceptione aliorum hominum: inquantum ex ipsa commixtione maris et feminae talis sanguis ad locum generationi congruum attrahitur. Sed hoc in conceptione Christi non fuit: quia operatione Spiritus Sancti talis sanguis in utero Virginis adunatus est et formatus in prolem. Et ideo dicitur corpus Christi *ex castissimis et purissimis sanguinibus Virginis formatum.*

mais puro e perfeito que, depois de sofrer uma certa transformação, se torna apto para a concepção. Na concepção dos outros homens, contudo, esse sangue tem uma certa impureza que provém do desejo sexual, pois só é atraído ao lugar próprio da concepção pela união do homem e da mulher. Nada disso houve na concepção de Cristo, porque esse sangue se concentrou no seio da Virgem, apto para formar o filho, pela intervenção do Espírito Santo. É por essa razão que Damasceno afirma que o corpo de Cristo foi "formado do sangue castíssimo e puríssimo da Virgem".

Articulus 6
Utrum corpus Christi fuerit secundum aliquid signatum in Adam et in aliis patribus

AD SEXTUM SIC PROCEDITUR. Videtur quod corpus Christi fuerit secundum aliquid signatum in Adam et in aliis patribus.
1. Dicit enim Augustinus, X *super Gen. ad litt.*[1], quod caro Christi fuit in Adam et Abraham *secundum corpulentam substantiam.* Sed corpulenta substantia est quidam signatum. Ergo caro Christi fuit in Adam et Abraham et in aliis patribus secundum aliquid signatum.
2. PRAETEREA, Rm 1,3 dicitur quod Christus *factus est ex semine David secundum carnem.* Sed semen David fuit aliquid signatum in ipso. Ergo Christus fuit in David secundum aliquid signatum: et eadem ratione in aliis patribus.

3. PRAETEREA, Christus ad humanum genus affinitatem habet inquantum ex humano genere carnem assumpsit. Sed si caro illa non fuit secundum aliquid signatum in Adam, nullam videtur habere affinitatem ad humanum genus, quod ex Adam derivatur: sed magis ad alias res, unde materia carnis eius assumpta est. Videtur ergo quod caro Christi fuerit in Adam et aliis patribus secundum aliquid signatum.
SED CONTRA est quod Augustinus dicit, X *super Gen. ad litt.*[2]: Quocumque modo Christus fuit in Adam et Abraham, alii homines ibi fuerunt: sed non convertitur. Alii autem homines non fuerunt in Adam et Abraham secundum aliquam materiam signatam, sed solum secundum originem: ut in

Artigo 6
Existiu o corpo de Cristo segundo uma forma determinada em Adão e nos outros patriarcas?

QUANTO AO SEXTO, ASSIM SE PROCEDE: parece que o corpo de Cristo **existiu** determinado, sob algum aspecto, em Adão e nos outros patriarcas.
1. Com efeito, Agostinho diz que a carne de Cristo existiu em Adão e em Abraão "segundo a substância corporal". Ora, tal substância corporal é algo determinado. Logo, a carne de Cristo existiu segundo uma forma determinada em Adão, em Abraão e nos outros patriarcas.
2. ALÉM DISSO, a Carta aos Romanos diz que Cristo "nasceu, segundo a carne, da descendência de Davi". Ora, a descendência era algo determinado em Davi. Logo, Cristo, sob algum aspecto, existiu segundo uma forma determinada em Davi; e, pelo mesmo motivo, nos outros patriarcas.
3. ADEMAIS, Cristo tem afinidade com o gênero humano por ter assumido a carne do gênero humano. Ora, se essa carne não existiu segundo uma forma determinada em Adão, não teria nenhuma afinidade com o gênero humano, que provém de Adão, mas com as outras coisas das quais foi tomada a matéria de sua carne. Logo, parece que a carne de Cristo existiu segundo uma forma determinada em Adão e nos outros patriarcas.
EM SENTIDO CONTRÁRIO, segundo Agostinho, seja qual for o modo no qual Cristo tenha existido em Adão e em Abraão, lá existiram também os outros homens; mas não inversamente. Pois os outros homens não existiram em Adão e em Abraão segundo alguma matéria determinada, mas só segundo

6 PARALL.: III *Sent.*, dist. 3, q. 4, a. 2.
1. C. 20, n. 35: ML 34, 424.
2. Cc. 19, 20: ML 34, 423-424.

Prima Parte[3] habitum est. Ergo neque Christus fuit in Adam et Abraham secundum aliquid signatum: et, eadem ratione, nec in aliis patribus.

RESPONDEO dicendum quod, sicut supra[4] dictum est, materia corporis Christi non fuit caro et os Beatae Virginis, nec aliquid quod fuerit actu pars corporis eius, sed sanguis, qui est potentia caro. Quidquid autem fuit in Beata Virgine a parentibus acceptum, fuit actu pars corporis Beatae Virginis. Unde illud quod fuit in Beata Virgine a parentibus acceptum, non fuit materia corporis Christi. Et ideo dicendum est quod corpus Christi non fuit in Adam et aliis patribus secundum aliquid signatum, ita scilicet quod aliqua pars corporis Adae, vel alicuius alterius, posset designari determinate, ut diceretur quod ex hac materia formabitur corpus Christi: sed fuit ibi secundum originem, sicut et caro aliorum hominum. Corpus enim Christi habet relationem ad Adam et alios patres mediante corpore matris eius. Unde nullo alio modo fuit in patribus corpus Christi quam corpus matris eius, quod non fuit in patribus secundum materiam signatam: sicut nec corpora aliorum hominum, ut in Parte Prima[5] dictum est.

AD PRIMUM ergo dicendum quod, cum dicitur Christus fuisse in Adam *secundum corpulentam substantiam*, non est intelligendum hoc modo, quod corpus Christi in Adam fuerit quaedam corpulenta substantia: sed quia corpulenta substantia corporis Christi, idest materia quam sumpsit ex Virgine, fuit in Adam sicut in principio activo, non autem sicut in principio materiali; quia scilicet per virtutem generativam Adae, et aliorum ab Adam descendentium usque ad Beatam Virginem, factum est ut illa materia taliter praepararetur ad conceptum corporis Christi. Non autem fuit materia illa formata in corpus Christi per virtutem seminis ab Adam derivatam. Et ideo Christus dicitur fuisse in Adam originaliter secundum corpulentam substantiam: non autem secundum seminalem rationem.

AD SECUNDUM dicendum quod, quamvis corpus Christi non fuerit in Adam et in aliis patribus secundum seminalem rationem, corpus tamen Beatae

a origem, como já foi estabelecido na I Parte. Portanto, também Cristo não existiu em Adão e em Abraão segundo uma forma determinada, e, pela mesma razão, também não nos outros patriarcas.

RESPONDO. Como já foi dito antes, a matéria do corpo de Cristo não foi a carne nem os ossos da Bem-aventurada Virgem, nem algo que fosse parte, em ato, de seu corpo, mas o sangue, que é carne em potência. Ora, tudo o que a Bem-aventurada Virgem recebeu de seus pais fazia parte, em ato, do corpo da Bem-aventurada Virgem. Por isso, aquilo que a Bem-aventurada Virgem recebeu dos pais não era matéria do corpo de Cristo. Portanto, deve-se afirmar que o corpo de Cristo não existiu em Adão ou nos outros patriarcas segundo uma forma determinada, ou seja, como se alguma parte do corpo de Adão ou de qualquer outro pudesse ser apontada com exatidão como sendo a matéria da qual teria sido formado o corpo de Cristo. Ele existiu em Adão segundo a origem; da mesma forma que a carne dos outros homens. Com efeito, o corpo de Cristo se relaciona com Adão e com os outros patriarcas mediante o corpo de sua mãe. E, portanto, o corpo de Cristo não existiu nos patriarcas de forma diferente à que teve o corpo de sua mãe, que, como o corpo dos outros homens, não existiu nos patriarcas segundo uma matéria determinada, tal como foi exposto na I Parte.

QUANTO AO 1º, portanto, deve-se dizer que a afirmação de que Cristo existiu em Adão "segundo uma substância corporal" não deve ser entendida como se o corpo de Cristo fosse em Adão uma substância corporal, mas no sentido de que a substância corporal do corpo de Cristo, isto é, a matéria que tomou da Virgem, existiu em Adão como em seu princípio ativo, não como em seu princípio material; ou seja, pela força geradora de Adão e de seus descendentes até a Bem-aventurada Virgem, foi preparada a matéria de tal maneira que o corpo de Cristo pudesse ser concebido. Mas essa matéria não se transformou no corpo de Cristo por alguma força derivada do sêmen de Adão. Assim, pois, podemos dizer que Cristo existiu em Adão originalmente, segundo a substância corporal, mas não em virtude de uma razão seminal.

QUANTO AO 2º, deve-se dizer que embora o corpo de Cristo não tenha existido em Adão e nos outros patriarcas segundo uma razão seminal,

---

3. Q. 119, a. 1; a. 2, ad 4.
4. A. 5, ad 1.
5. Loc. cit. in arg. *sed c*.

Virginis, quod ex semine maris est conceptum, fuit in Adam et in aliis patribus secundum rationem seminalem. Et ideo, mediante Beata Virgine, Christus secundum carnem dicitur esse ex semine David per modum originis.

AD TERTIUM dicendum quod Christus habet affinitatem ad humanum genus secundum similitudinem speciei. Similitudo autem speciei attenditur, non secundum materiam remotam, sed secundum materiam proximam, et secundum principium activum, quod generat sibi simile in specie. Sic igitur affinitas Christi ad humanum genus sufficienter conservatur per hoc quod corpus Christi formatum est ex sanguinibus Virginis, derivatis secundum originem ab Adam et aliis patribus. Nec refert ad hanc affinitatem undecumque materia illorum sanguinum sumpta fuerit: sicut nec hoc refert in generatione aliorum hominum, sicut in Prima Parte[6] dictum est.

o corpo da Bem-aventurada Virgem, concebido pelo sêmen de um homem, existiu em Adão e nos outros patriarcas segundo uma razão seminal. Por isso, por intermédio da Bem-aventurada Virgem, diz-se que Cristo é da descendência de Davi, segundo a origem.

QUANTO AO 3º, deve-se dizer que Cristo tem afinidade com o gênero humano segundo uma semelhança de espécie. Tal semelhança não se estende à matéria remota, mas à matéria próxima e segundo o princípio ativo que gera um ser semelhante a si mesmo na espécie. Assim, pois, a afinidade de Cristo com o gênero humano é suficientemente salva pelo fato de o corpo de Cristo ter sido formado do sangue da Virgem que tem sua origem em Adão e nos outros patriarcas. Para tal afinidade não vem ao caso saber donde foi tomada a matéria daquele sangue, como isso também não importa quando se trata da geração dos outros homens, como já foi dito na I Parte.

ARTICULUS 7
Utrum caro Christi in antiquis patribus peccato infecta fuerit

AD SEPTIMUM SIC PROCEDITUR. Videtur quod caro Christi in antiquis patribus peccato infecta non fuerit.
1. Dicitur enim Sap 7,25 quod in divinam Sapientiam *nihil inquinatum incurrit*. Christus autem est *Dei Sapientia*: ut dicitur 1Cor 1,24. Ergo caro Christi nunquam peccato inquinata fuit.

2. PRAETEREA, Damascenus dicit, in III libro[1], quod Christus *primitias nostrae naturae assumpsit*. Sed in primo statu caro humana non erat peccato infecta. Ergo caro Christi non fuit infecta nec in Adam nec in aliis patribus.

3. PRAETEREA, Augustinus dicit, X *super Gen. ad litt.*[2], quod *natura humana semper habuit, cum vulnere, vulneris medicinam*. Sed id quod est infectum, non potest esse vulneris medicina, sed magis ipsum indiget medicina. Ergo semper in natura humana fuit aliquid non infectum, ex quo postmodum est corpus Christi formatum.

ARTIGO 7
A carne de Cristo foi contaminada pelo pecado nos antigos patriarcas?

QUANTO AO SÉTIMO, ASSIM SE PROCEDE: parece que a carne de Cristo **não** foi contaminada pelo pecado nos antigos patriarcas.

1. Com efeito, no livro da Sabedoria, se diz que na sabedoria divina "não se encontra mancha alguma". Ora, Cristo é a "Sabedoria de Deus", diz a primeira Carta aos Coríntios. Logo, a carne de Cristo nunca foi manchada pelo pecado.

2. ALÉM DISSO, Damasceno escreve que Cristo "assumiu as primícias de nossa natureza". Ora, em seu primeiro estado a carne humana não estava contaminada pelo pecado. Logo, a carne de Cristo não foi contaminada nem em Adão nem nos outros patriarcas.

3. ADEMAIS, Agostinho afirma que "a natureza humana teve sempre, junto com a ferida, o remédio para a mesma". Ora, o que está contaminado não pode ser o remédio da ferida; pelo contrário, é isso que precisa de remédio. Logo, sempre houve na natureza humana algo que não estava contaminado; é daí que depois foi formado o corpo de Cristo.

---

6. Q. 119, a. 2, ad 3.

7 PARALL.: A. seq., ad 2; III *Sent.*, dist. 3, q. 4, a. 1; part. 2, Expos. litt.; *in Isaiam*, c. 11; *in Ioan.*, c. 3, lect. 5.
1. *De fide orth.*, l. III, cc. 2, 11: MG 94, 985 B, 1024 BC.
2. C. 20, n. 36: ML 34, 424.

SED CONTRA est quod corpus Christi non refertur ad Adam et ad alios patres nisi mediante corpore Beatae Virginis, de qua carnem assumpsit. Sed corpus Beatae Virginis totum fuit in originali conceptum, ut supra[3] dictum est: et ita etiam, secundum quod fuit in patribus, fuit peccato obnoxium. Ergo caro Christi, secundum quod fuit in patribus, fuit peccato obnoxia.

RESPONDEO dicendum quod, cum dicimus Christum, vel eius carnem, fuisse in Adam et in aliis patribus, comparamus ipsum, vel carnem eius, ad Adam et ad alios patres. Manifestum est autem quod alia fuit conditio patrum, et alia Christi: nam patres fuerunt subiecti peccato, Christus autem fuit omnino a peccato immunis. Dupliciter ergo in hac comparatione errare contingit. Uno modo, ut attribuamus Christo, vel carni eius, conditionem quae fuit in patribus: puta si dicamus quod Christus in Adam peccavit quia in eo aliquo modo fuit. Quod falsum est: quia non eo modo in eo fuit ut ad Christum peccatum Adae pertineret; quia non derivatur ab eo secundum concupiscentiae legem, sive secundum rationem seminalem, ut supra[4] dictum est.

Alio modo contingit errare, si attribuamus ei quod actu fuit in patribus, conditionem Christi, vel carnis eius: ut scilicet, quia caro Christi, secundum quod in Christo fuit, non fuit peccato obnoxia, ita etiam in Adam et in aliis patribus fuit aliqua pars corporis eius quae non fuit peccato obnoxia, ex qua postmodum corpus Christi formaretur; sicut quidam posuerunt[5]. Quod quidem esse non potest. Primo, quia caro Christi non fuit secundum aliquid signatum in Adam et in aliis patribus, quod posset distingui a reliqua eius carne sicut purum ab impuro: sicut iam supra[6] dictum est. Secundo quia, cum caro humana peccato inficiatur ex hoc quod est per concupiscentiam concepta, sicut tota caro alicuius hominis per concupiscentiam concipitur, ita etiam tota peccato inquinatur. Et ideo dicendum est quod tota caro antiquorum patrum fuit peccato obnoxia, nec fuit in eis aliquid a peccato immune, de quo postmodum corpus Christi formaretur.

EM SENTIDO CONTRÁRIO, o corpo de Cristo tem relação com Adão e com os outros patriarcas por intermédio do corpo da bem-aventurada Virgem, da qual tomou sua carne. Mas o corpo da bem-aventurada Virgem foi todo ele concebido no pecado original, como acima foi mostrado; e assim também foi submetido ao pecado na medida em que existiu nos patriarcas. Portanto, a carne de Cristo, na medida em que existiu nos patriarcas, esteve sujeita ao pecado.

RESPONDO. Ao afirmar que Cristo, ou sua carne, existiu em Adão e nos outros patriarcas, estamos comparando-o, a ele e à sua carne, com Adão e com os outros patriarcas. Mas é evidente que a condição de Cristo era diferente da condição dos patriarcas, porque os patriarcas estavam submetidos ao pecado, enquanto Cristo foi totalmente isento de pecado. Esta comparação, portanto, pode induzir ao erro de duas maneiras: 1º atribuindo a Cristo, ou à sua carne, a mesma condição dos patriarcas, por exemplo, afirmando que Cristo pecou em Adão porque, de algum modo, existiu nele. Isso é falso, pois Cristo não existiu em Adão de tal forma que o pecado de Adão o atingisse, uma vez que, como foi dito acima, ele não procede de Adão segundo a lei da concupiscência, nem pelo caminho da razão seminal.

2º pode-se errar ainda atribuindo ao que existiu em ato nos patriarcas a condição de Cristo ou de sua carne; assim, dado que a carne de Cristo, segundo o modo de existir nele, não esteve submetida ao pecado, em Adão e nos outros patriarcas teria havido também alguma parte do corpo, da qual seria formado depois o corpo de Cristo, que não teria estado sujeita ao pecado, como alguns afirmaram. Mas isso é impossível. Em primeiro lugar, porque, como já vimos, a carne de Cristo não existiu em Adão ou nos outros patriarcas segundo algo determinado que poderia ser distinguido do resto de sua carne como o puro do impuro. E em segundo lugar, porque a carne humana é contaminada pelo pecado ao ser concebida pela concupiscência; e dado que toda a carne de um homem é concebida pela concupiscência, é toda ela também contaminada pelo pecado. Por isso deve-se afirmar que toda carne dos antigos patriarcas esteve sujeita ao pecado e que não houve neles algo que escapasse ao pecado, do qual posteriormente fosse formado o corpo de Cristo.

---

3. Q. 14, a. 3, ad 1.
4. A. 1, ad 3; a. 6, ad 1: q. 15, a. 1, ad 2.
5. Cfr. HUG. DE S. VICT., *de Sacram.*, l. II, p. I, c. 5: ML 176, 381 CD.
6. A. praec.

AD PRIMUM ergo dicendum quod Christus non assumpsit carnem humani generis subditam peccato, sed ab omni infectione peccati mundatam. Et ideo *in Dei Sapientiam nihil inquinatum incurrit*.

AD SECUNDUM dicendum quod Christus dicitur primitias nostrae naturae assumpsisse, quantum ad similitudinem conditionis: quia scilicet assumpsit carnem peccato non infectam, sicut fuerat caro hominis ante peccatum. Non autem hoc intelligitur secundum continuationem puritatis: ita scilicet quod illa caro puri hominis servaretur a peccato immunis usque ad formationem corporis Christi.

AD TERTIUM dicendum quod in humana natura, ante Christum, erat vulnus, idest infectio originalis peccati, in actu. Medicina autem vulneris non erat ibi actu, sed solum secundum virtutem originis, prout ab illis patribus propaganda erat caro Christi.

QUANTO AO 1º, portanto, deve-se dizer que Cristo não assumiu a carne do gênero humano submetida ao pecado, mas purificada de toda contaminação de pecado. E, por isso, "mancha alguma se encontra na Sabedoria de Deus".

QUANTO AO 2º, deve-se dizer que Cristo assumiu as primícias de nossa natureza no que se refere à semelhança da condição, a saber, porque assumiu uma carne não contaminada pelo pecado, como era a carne do homem antes do pecado. Mas, não se entende daí que tenha continuado depois essa pureza, de tal modo que a carne daquele homem puro se tivesse conservado isenta do pecado até a formação do corpo de Cristo.

QUANTO AO 3º, deve-se dizer que antes de Cristo, a natureza humana tinha, em ato, a ferida, isto é, a infecção do pecado original. O remédio para a ferida, porém, não existia em ato, mas unicamente segundo a força da origem, ou seja, na medida em que a carne de Cristo se propagaria a partir daqueles patriarcas.

ARTICULUS 8
Utrum Christus fuerit in lumbis Abrahae decimatus

AD OCTAVUM SIC PROCEDITUR. Videtur quod Christus fuerit in lumbis Abrahae decimatus.

1. Dicit enim Apostolus, Hb 7,9-10, quod *Levi, pronepos Abrahae, decimatus fuit in Abraham*, quia, eo decimas dante Melchisedech, *adhuc Levi erat in lumbis eius*. Similiter Christus erat in lumbis Abrahae quando decimas dedit. Ergo ipse etiam Christus decimatus fuit in Abraham.

2. PRAETEREA, Christus est ex semine Abrahae secundum carnem quam de matre accepit. Sed mater eius fuit decimata in Abraham. Ergo, pari ratione, Christus.

3. PRAETEREA, *illud in Abraham decimabatur quod indigebat curatione*: ut Augustinus dicit, X *super Gen. ad litt*.[1] Curatione autem indigebat omnis caro peccato obnoxia. Cum ergo caro Christi fuerit peccato obnoxia, sicut dictum est[2], videtur quod caro Christi in Abraham fuerit decimata.

4. PRAETEREA, hoc non videtur aliquo modo derogare dignitati Christi. Nihil enim prohibet, patre

ARTIGO 8
Cristo pagou o dízimo como descendente de Abraão?

QUANTO AO OITAVO, ASSIM SE PROCEDE: parece que Cristo **pagou** o dízimo como descendente de Abraão.

1. Com efeito, segundo o Apóstolo na Carta aos Hebreus, Levi, bisneto de Abraão, "pagou o dízimo em Abraão" porque, quando este pagou o dízimo a Melquisedec, "Levi estava ainda em seu sangue". Da mesma forma, Cristo estava presente no sangue de Abraão quando este pagou o dízimo. Portanto, também Cristo pagou o dízimo em Abraão.

2. ALÉM DISSO, Cristo é da descendência de Abraão segundo a carne, que recebeu de sua mãe. Ora, sua mãe pagou o dízimo em Abraão. Logo Cristo também, pela mesma razão.

3. ADEMAIS, segundo Agostinho, "em Abraão foi submetido ao dízimo aquilo que necessitava de cura". Ora, toda carne sujeita ao pecado precisava de cura. Logo, estando a carne de Cristo sujeita ao pecado, como foi dito, parece que também a carne de Cristo terá pago o dízimo em Abraão.

4. ADEMAIS, não parece que isso diminua em nada a dignidade de Cristo. Mesmo que o pai de

---

8 PARALL.: III *Sent*., dist. 3, q. 4, a. 3, q.la 1, 2; IV, dist. 1, q. 2, a. 2, q.la 3, ad 2; *ad Heb*., c. 7, lect. 2.

1. C. 20, n. 36: ML 34, 424.
2. A. praec.

alicuius pontificis decimas dante alicui sacerdoti, filium eius pontificem maiorem esse simplici sacerdote. Licet ergo dicatur Christus decimatus, Abraham decimas dante Melchisedech, non tamen propter hoc excluditur quin Christus sit maior quam Melchisedech.

SED CONTRA est quod Augustinus dicit, X *super Gen. ad litt.*[3], quod *Christus ibi*, scilicet in Abraham, *decimatus non est: cuius caro inde non fervorem vulneris, sed materiam medicaminis traxit*.

RESPONDEO dicendum quod, secundum intentionem Apostoli, oportet dicere quod Christus in lumbis Abrahae non fuerit decimatus. Probat enim Apostolus maius esse sacerdotium quod est secundum ordinem Melchisedech, sacerdotio Levitico, per hoc quod Abraham decimas dedit Melchisedech, adhuc Levi existente in lumbis eius, ad quem pertinet legale sacerdotium. Si autem Christus etiam in Abraham decimatus esset, eius sacerdotium non esset secundum ordinem Melchisedech, sed minus sacerdotio Melchisedech. Et ideo dicendum est quod Christus non est decimatus in lumbis Abrahae, sicut Levi.

Quia enim ille qui decimas dat, novem sibi retinet et decimum alii attribuit, quod est perfectionis signum, inquantum est quodammodo terminus omnium numerorum, qui procedunt usque ad decem; inde est quod ille qui decimas dat, protestatur se imperfectum et perfectionem alii attribuere. Imperfectio autem humani generis est propter peccatum: quod indiget perfectione eius qui a peccato curat. Curare autem a peccato est solius Christi: ipse enim est *Agnus qui tollit peccatum mundi*, ut dicitur Io 1,29. Figuram autem eius gerebat Melchisedech: ut Apostolus probat, Hb 7. Per hoc ergo quod Abraham Melchisedech decimas dedit, praefiguravit se, velut in peccato conceptum, et omnes qui ab eo descensuri erant ea ratione ut peccatum originale contraherent, indigere curatione quae est per Christum. Isaac autem et Iacob et Levi, et omnes alii, sic fuerunt in Abraham ut ex eo derivarentur non solum secundum *corpulentam substantiam*, sed etiam secundum *rationem seminalem*, per quam originale contrahitur. Et ideo omnes in Abraham sunt decimati, idest praefigurati indigere curatione quae est per Christum. Solus autem Christus sic fuit in Abraham ut ab eo derivaretur non secundum rationem seminalem,

um sumo sacerdote pague o dízimo a um sacerdote, nada impede que seu filho possa ser sumo sacerdote, maior do que um simples sacerdote. Por isso, embora se afirme que Cristo pagou o dízimo quando Abraão o pagou a Melquisedec, nem por isso se exclui que Cristo seja maior do que Melquisedec.

EM SENTIDO CONTRÁRIO, afirma Agostinho que "Cristo não pagou o dízimo em Abraão, porque sua carne não tirou dele o ardor de uma ferida, mas a matéria de um remédio".

RESPONDO. Segundo a intenção do Apóstolo é preciso dizer que Cristo não pagou o dízimo como descendente de Abraão. O Apóstolo, com efeito, prova que o sacerdócio segundo a ordem de Melquisedec é superior ao sacerdócio levítico, pelo fato de Abraão ter pagado o dízimo a Melquisedec, quando Levi, a quem pertence o sacerdócio legal, estava ainda no sangue de Abraão. Mas, se Cristo tivesse pagado também o dízimo em Abraão, o seu sacerdócio não seria segundo a ordem de Melquisedec, mas inferior ao sacerdócio de Melquisedec. Portanto, é preciso dizer que Cristo não pagou o dízimo, como Levi, como descendente de Abraão.

De fato, quem paga o dízimo reserva para si nove partes e entrega a outrem a décima. Isto é um sinal da perfeição, pois a décima parte é, em certo sentido, o término de todos os números que terminam na dezena; por isso, quem paga o dízimo se declara imperfeito e atribui a outro a perfeição. Mas a imperfeição do gênero humano provém do pecado e necessita da perfeição daquele que cura do pecado. Ora, só Cristo pode curar do pecado, pois ele é "o Cordeiro que tira o pecado do mundo", como diz o Evangelho de João. Melquisedec, porém, era a prefiguração de Cristo, como o prova o Apóstolo. Portanto, ao pagar o dízimo a Melquisedec, Abraão declarava, como em figura, que ele, que fora concebido em pecado, e todos os que dele descenderiam, que por isso mesmo contrairiam o pecado original, tinham necessidade da cura trazida por Cristo. Ora, Isaac, Jacó, Levi e todos os outros existiram em Abraão de tal forma que dele tirariam a sua origem, não só segundo a *substância corporal*, mas também segundo a razão seminal, por meio da qual se contrai o pecado original. É por isso que todos pagaram o dízimo em Abraão, isto é, anunciaram em figura a necessidade que tinham da cura que nos vem de Cristo.

---

3. Loc. cit. in 3 arg.

sed secundum corpulentam substantiam. Et ideo non fuit in Abraham sicut curatione indigens: sed magis sicut vulneris medicina. Et ideo non fuit in lumbis Abrahae decimatus.

Et per hoc patet responsio AD PRIMUM.

AD SECUNDUM dicendum quod, quia Beata Virgo fuit in originali concepta, fuit in Abraham sicut curatione indigens. Et ideo fuit ibi decimata, velut inde descendens secundum seminalem rationem. De corpore autem Christi non est sic, ut dictum est⁴.

AD TERTIUM dicendum quod caro Christi dicitur fuisse in antiquis patribus peccato obnoxia, secundum qualitatem quam habuit in ipsis parentibus, qui fuerunt decimati. Non autem secundum qualitatem quam habet prout est actu in Christo, qui non est decimatus.

AD QUARTUM dicendum quod sacerdotium Leviticum secundum carnis originem derivabatur. Unde non minus fuit in Abraham quam in Levi. Unde per hoc quod Abraham decimas dedit Melchisedech tanquam maiori, ostenditur sacerdotium Melchisedech, inquantum gerit figuram Christi, esse maius sacerdotio Levitico. Sacerdotium autem Christi non sequitur carnis originem, sed gratiam spiritualem. Et ideo potest esse quod pater dedit decimas alicui sacerdoti tanquam minor maiori, et tamen filius eius, si sit pontifex, est maior illo sacerdote, non propter carnis originem, sed propter gratiam spiritualem, quam habet a Christo.

Ele foi o único que existiu em Abraão de tal forma que não descendesse dele pelo caminho da razão seminal, mas segundo a substância corporal. E, por essa razão, não existiu em Abraão como necessitando de cura, mas antes como o medicamento da ferida. Eis por que ele não pagou o dízimo como descendente de Abraão.

QUANTO AO 1º, portanto, deve-se dizer que assim fica já respondida a primeira objeção.

QUANTO AO 2º, deve-se dizer que a bem-aventurada Virgem foi concebida em pecado original; e por isso existiu em Abraão como necessitada da cura. Essa é a razão pela qual pagou o dízimo em Abraão, como descendendo dele pelo caminho da razão seminal. Não é isso que acontece com o corpo de Cristo, como acabamos de dizer.

QUANTO AO 3º, deve-se dizer que a carne de Cristo esteve sujeita ao pecado nos antigos patriarcas, segundo a condição que teve nos mesmos patriarcas que pagaram o dízimo. Mas não segundo a condição que tem pelo modo de existir em ato em Cristo, que não pagou o dízimo.

QUANTO AO 4º, deve-se dizer que o sacerdócio levítico se transmitia segundo a origem da carne. Por isso não era mais inferior em Abraão do que em Levi. Daí também que a superioridade do sacerdócio de Melquisedec, na medida em que representa Cristo, sobre o sacerdócio de Levi se mostra pelo fato de Abraão ter pagado o dízimo a Melquisedec como a alguém que lhe é superior. Mas o sacerdócio de Cristo não obedece à origem da carne, e sim a uma graça espiritual. E assim pode acontecer que o pai tenha pagado o dízimo a algum sacerdote, como alguém que reconhece a superioridade do outro, enquanto seu filho, sendo sumo sacerdote, é superior àquele sacerdote, não pela origem da carne, mas pela graça espiritual que recebe de Cristo.

---

4. In corp.

QUAESTIO XXXII
DE PRINCIPIO ACTIVO IN CONCEPTIONE CHRISTI
in quatuor articulos divisa
Deinde considerandum est de principio activo in conceptione Christi.

QUESTÃO 32
O PRINCÍPIO ATIVO NA CONCEPÇÃO DE CRISTO
em quatro artigos
Deve-se considerar, em seguida, o princípio ativo na concepção de Cristo.

Et circa hoc quaeruntur quatuor.
Primo: utrum Spiritus Sanctus fuerit principium activum conceptionis Christi.
Secundo: utrum possit dici quod Christus sit conceptus de Spiritu Sancto.
Tertio: utrum possit dici quod Spiritus Sanctus sit pater Christi secundum carnem.
Quarto: utrum Beata Virgo aliquid active egerit in conceptione Christi.

Sobre isso são quatro as perguntas:
1. Foi o Espírito Santo o princípio ativo da concepção de Cristo?
2. Pode-se dizer que Cristo foi concebido do Espírito Santo?
3. Pode-se dizer que o Espírito Santo é pai de Cristo segundo a carne?
4. Desempenhou a bem-aventurada Virgem papel ativo na concepção de Cristo?

Articulus 1
Utrum efficere conceptionem Christi debeat attribui Spiritui Sancto

Ad primum sic proceditur. Videtur quod efficere conceptionem Christi non debeat attribui Spiritui Sancto.
1. Quia, ut Augustinus dicit, in I *de Trin.*[1], *indivisa sunt opera Trinitatis, sicut et indivisa est essentia Trinitatis.* Sed efficere conceptionem Christi est quoddam opus divinum. Ergo videtur quod non magis sit attribuendum Spiritui Sancto quam Patri vel Filio.
2. Praeterea, Apostolus dicit, Gl 4,4: *Cum venit plenitudo temporis, misit Deus Filium suum factum ex muliere:* quod exponens Augustinus, IV *de Trin.*[2], dicit: *Eo utique missum, quo factum ex muliere.* Sed missio Filii attribuitur praecipue Patri: ut in Prima Parte[3] habitum est. Ergo et conceptio, secundum quam factus est ex muliere, debet praecipue Patri attribui.
3. Praeterea, Pr 9,1 dicitur: *Sapientia aedificavit sibi domum.* Est autem Sapientia Dei ipse Christus: secundum illud 1Cor 1,24: *Christum Dei Virtutem et Dei Sapientiam.* Domus autem huius Sapientiae est corpus Christi: quod etiam dicitur templum eius, secundum illud Io 2,21: *Hoc autem dicebat de templo corporis sui.* Ergo videtur quod efficere conceptionem corporis Christi debeat praecipue attribui Filio. Non ergo Spiritui Sancto.

Artigo 1
Deve-se atribuir ao Espírito Santo a realização da concepção de Cristo?[a]

Quanto ao primeiro artigo, assim se procede: parece que a realização da concepção de Cristo **não** deve ser atribuída ao Espírito Santo.
1. Com efeito, segundo Agostinho, "as obras da Trindade são indivisas, como é indivisa a sua essência". Ora, realizar a concepção de Cristo é uma obra divina. Logo, parece que não deva ser atribuída mais ao Espírito Santo do que ao Pai ou ao Filho.
2. Além disso, o Apóstolo afirma na Carta aos Gálatas: "Ao chegar a plenitude dos tempos, Deus enviou o seu Filho, nascido de mulher"; e Agostinho comenta: "Com certeza foi enviado por aquele que o fez nascer de mulher". Ora, a missão do Filho é atribuída sobretudo ao Pai, como foi mostrado na I Parte. Logo, também deve ser atribuída ao Pai a concepção pela qual nasceu de mulher.
3. Ademais, o livro dos Provérbios afirma: "A Sabedoria construiu para si uma casa". Ora, segundo a primeira Carta aos Coríntios, Cristo é a Sabedoria de Deus em pessoa: "Cristo, Poder de Deus e Sabedoria de Deus". Ora, a casa desta Sabedoria é o corpo de Cristo que é chamado também o seu templo, como diz o Evangelho de João: "Mas ele falava do templo do seu corpo". Logo, parece que a realização da concepção do corpo de Cristo deva ser atribuída principalmente ao Filho, não ao Espírito Santo.

---

1 Parall.: I *Sent.*, dist. 11, a. 1, ad 4; III, dist. 1, q. 2, a. 2, ad 6; dist. 2, q. 2, a. 2, q.la 2; dist. 4, q. 1, a. 1, q.la 1, 2, 3; *Cont. Gent.* IV, 46; *Compend. Theol.*, c. 219; *in Matth.*, c. 1.

1. Cc. 4, 5; l. IV, c. 21, n. 30: ML 42, 824, 910. Cfr. *Enchir.*, c. 38: ML 40, 251.
2. C. 19, n. 26: ML 42, 905.
3. Q. 43, a. 8.

a. É na medida em que a concepção virginal é inseparável da encarnação do Verbo que será chamada de obra do Espírito Santo, logo obra do Amor. Do mesmo modo, se o Símbolo batismal diz: "Ele foi concebido do Espírito Santo", o de Niceia diz: "E se encarnou pelo Espírito Santo no seio da Virgem Maria, e se fez homem". E, de fato, neste artigo, as três razões fornecidas por Sto. Tomás da atribuição da concepção virginal ao Espírito Santo são extraídas do motivo e termo da Encarnação.

SED CONTRA est quod dicitur Lc 1,35: *Spiritus Sanctus superveniet in te*, etc.

RESPONDEO dicendum quod conceptionem corporis Christi tota Trinitas est operata: attribuitur tamen hoc Spiritui Sancto, triplici ratione.

Primo quidem, quia hoc congruit causae incarnationis quae consideratur ex parte Dei. Spiritus enim Sanctus est amor Patris et Filii: ut in Prima Parte[4] habitum est. Hoc autem ex maximo Dei amore provenit, ut Filius Dei carnem sibi assumeret in utero virginali: unde dicitur Io 3,16: *Sic Deus dilexit mundum ut Filium suum unigenitum daret.*

Secundo, quia hoc congruit causae incarnationis ex parte naturae assumptae. Quia per hoc datur intelligi quod humana natura assumpta est a Filio Dei in unitatem personae non ex aliquibus meritis, sed ex sola gratia: quae Spiritui Sancto attribuitur, secundum illud 1Cor 12,4: *Divisiones gratiarum sunt, idem autem Spiritus*. Unde Augustinus dicit, in *Enchirid*.[5]: *Iste modus quo est natus Christus de Spiritu Sancto, insinuat nobis gratiam Dei, qua homo, nullis praecedentibus meritis, ex ipso primo exordio naturae suae quo esse coepit, Verbo Dei copularetur in tantam unitatem personae ut idem ipse eset Filius Dei.*

Tertio, quia hoc congruit termino incarnationis. Ad hoc enim terminata est incarnatio ut homo ille qui concipiebatur, esset sanctus et Filius Dei. Utrumque autem horum attribuitur Spiritui Sancto. Nam per ipsum efficiuntur homines filii Dei: secundum illud Gl 4,6: *Quoniam estis filii Dei, misit Deus Spiritum Filii sui in corda nostra, clamantem, Abba, Pater*. Ipse est etiam *Spiritus sanctificationis*, ut dicitur Rm 1,4. Sicut ergo alii per Spiritum Sanctum sanctificantur spiritualiter ut sint filii Dei adoptivi, ita Christus per Spiritum Sanctum est in sanctitate conceptus ut esset Filius Dei naturalis. Unde Rm 1,4, secundum unam

EM SENTIDO CONTRÁRIO, afirma o Evangelho de Lucas: "O Espírito Santo virá sobre ti" etc.

RESPONDO. A concepção de Cristo é obra da Trindade toda, entretanto é atribuída ao Espírito Santo, por três razões[b]:

1º porque assim convém ao motivo da encarnação visto da parte de Deus. Com efeito, o Espírito Santo é o amor do Pai e do Filho, como mostrado na I Parte. Ora, que o Filho de Deus tenha assumido a carne no seio virginal é algo que tem sua origem no extremo amor de Deus, como diz o Evangelho de João: "Deus amou tanto o mundo que deu o seu Filho único".

2º porque assim convém ao motivo da encarnação, visto da parte da natureza assumida. Pois assim se dá a entender que a natureza humana foi assumida pelo Filho de Deus na unidade da pessoa, não porque tivesse algum mérito, mas por pura graça, a qual é atribuída ao Espírito Santo, conforme afirma a primeira Carta aos Coríntios: "Há diversidade dos dons da graça, mas o Espírito é o mesmo". Daí que Agostinho comente: "O modo pelo qual Cristo nasceu do Espírito Santo nos faz descobrir a graça de Deus, pela qual o homem, sem nenhum mérito anterior, desde o primeiro momento em que começou a existir a sua natureza, se uniria ao Verbo de Deus numa tão grande unidade da pessoa que seria ele mesmo Filho de Deus".

3º porque convém ao término da encarnação. O término da encarnação, com efeito, era que aquele homem que foi concebido fosse santo e Filho de Deus. Dois efeitos atribuídos ao Espírito Santo. Pois por ele se tornam os homens filhos de Deus, como diz a Carta aos Gálatas: "Porque sois filhos de Deus, enviou Deus aos nossos corações o Espírito de seu Filho, que clama: Abbá, Pai!" Ele é também o *Espírito de santificação*, como diz a Carta aos Romanos. Assim como os outros são santificados espiritualmente pelo Espírito Santo para serem filhos adotivos de Deus, assim também Cristo foi concebido na santidade pelo Espírito

---

4. Q. 37, a. 1.
5. C. 40: ML 40, 252.

b. Pudemos ver no tratado da Trindade que toda causalidade enquanto eficiência é comum às três Pessoas, tendo por princípio próprio o *Ipsum Esse Subsistens*, ou seja, o que é comum às três Pessoas. Mas a apropriação a uma delas de um determinado efeito responde a algo de bem real, a saber, não que ela causasse esse efeito em virtude de sua propriedade pessoal, mas que essa propriedade pessoal aí se manifesta especialmente. — É dessa forma que toda obra de Deus do qual o Amor é o princípio, e ainda mais o Amor do qual Deus ama a si mesmo, ou melhor, do qual o Pai e o Filho se amam mutuamente, é especialmente atribuído ao Espírito Santo. É o caso dessa obra suprema de Amor que é a Encarnação, e por conseguinte a concepção virginal, que não pode ser separada da Encarnação, uma vez que o que é concebido é ao mesmo tempo assumido, e que ela só é virginal em função disso.

glossam⁶, quod praemittitur, *Qui praedestinatus est Filius Dei in virtute*, manifestatur per id quod immediate sequitur, *secundum Spiritum sanctificationis*, idest, *per hoc quod est conceptus de Spiritu Sancto*. Et ipse Angelus anuntians, per hoc quod praemiserat, *Spiritus Sanctus superveniet in te*, concludit: *Ideoque et quod nascetur ex te sanctum, vocabitur Filius Dei*⁷.

AD PRIMUM ergo dicendum quod opus conceptionis commune quidem est toti Trinitati, secundum tamen modum aliquem attribuitur singulis Personis. Nam Patri attribuitur auctoritas respectu personae Filii, qui per huiusmodi conceptionem sibi assumpsit; Filio autem attribuitur ipsa carnis assumptio; sed Spiritui Sancto attribuitur formatio corporis quod assumitur a Filio. Nam Spiritus Sanctus est Spiritus Filii: secundum illud Gl 4,6: *Misit Deus Spiritum Filii sui*. Sicut autem virtus animae quae est in semine, per spiritum qui in semine concluditur, format corpus in generatione aliorum hominum; ita Virtus Dei, quae est ipse Filius, secundum illud 1Cor 1,24, *Christum Dei Virtutem*, per Spiritum Sanctum corpus formavit quod assumpsit. Et hoc etiam verba Angeli demonstrant dicentis⁸: *Spiritus Sanctus superveniet in te*, quasi ad praeparandam et formandam materiam coporis Christi; *et Virtus Altissimi*, idest Christus, *obumbrabit tibi*, "*idest, corpus humanitatis in te accipiet incorporeum lumen divinitatis, umbra enim a lumine formatur et corpore*", ut Gregorius dicit, XVIII *Moral.*⁹. Altissimus autem intelligitur Pater, cuius Virtus est Filius.

AD SECUNDUM dicendum quod missio refertur ad personam assumentem, quae a Patre mittitur: sed conceptio refertur ad corpus assumptum, quod operatione Spiritus Sancti formatur. Et ideo, licet missio et conceptio sint idem subiecto, quia tamen differunt ratione, missio attribuitur Patri, efficere autem conceptionem Spiritui Sancto: sed carnem assumere Filio attribuitur.

Santo para ser Filho de Deus por natureza. Por isso, segundo uma glosa da Carta aos Romanos, o que antecede: "Estabelecido Filho de Deus com poder" deve ser explicado à luz do que segue imediatamente: "Segundo o Espírito que santifica", isto é, "por ter sido concebido do Espírito Santo". E o mesmo anjo da Anunciação, depois de dizer "o Espírito Santo virá sobre ti", conclui "por isso, o que nascerá de ti será santo e será chamado Filho de Deus".

QUANTO AO 1º, portanto, deve-se dizer que a obra da encarnação é, sem dúvida, comum à Trindade toda, mas sob certos aspectos é atribuída a cada uma das pessoas. Ao Pai é atribuída a autoridade sobre a pessoa do Filho que, por isso, assumiu a concepção; ao Filho é atribuída a assunção mesma da carne; mas ao Espírito Santo é atribuída a formação do corpo assumido pelo Filho. Pois o Espírito Santo é o Espírito do Filho, como diz a Carta aos Gálatas: "Deus enviou o Espírito do seu Filho". E assim como na geração dos outros homens, a força da alma, contida no sêmen, forma o corpo pelo espírito vital encerrado no sêmen, assim também a força de Deus, que é o próprio Filho, conforme afirma a primeira Carta aos Coríntios: "Cristo, que é a força de Deus", formou, pelo Espírito Santo, o corpo que assumiu. É o que mostram as palavras do anjo ao dizer: "O Espírito Santo virá sobre ti", como para preparar e formar a matéria do corpo de Cristo; "e a força do Altíssimo, isto é, Cristo te cobrirá com sua sombra". Ou, como diz Gregório: "O corpo humano receberá em ti a luz incorpórea da divindade, pois a sombra se forma da luz e de um corpo". O Altíssimo designa aqui o Pai, cuja força é o Filho.

QUANTO AO 2º, deve-se dizer que a missão se refere à pessoa que a assume, e que é enviada pelo Pai; a concepção, porém, se refere ao corpo assumido, que é formado por obra do Espírito Santo. Por isso, ainda que a missão e a concepção se identifiquem no mesmo sujeito, há entre elas uma diferença de razão, pela qual a missão é atribuída ao Pai, a realização da concepção ao Espírito Santo, mas assumir a carne é atribuído ao Filhoᶜ.

---

6. Interl.; LOMBARDI: ML 191, 1313 B.
7. Luc. 1, 35.
8. Luc. 1, 35.
9. C. 20, al. 12, n. 33: ML 76, 55 B.

---

c. Se é verdade que, enquanto obra de amor, a Encarnação é atribuída ao Espírito Santo, na medida em que consiste na assunção da natureza humana pelo Filho, é o Filho que é seu autor; na medida em que o Filho só está presente na carne como enviado do Pai, ela pode também ser atribuída ao Pai.

AD TERTIUM dicendum quod, sicut Augustinus dicit, in libro *de Quaest. Vet. et Nov. Test.*[10], *quaestio ista gemina ratione potest intelligi. Primo enim domus Christi Ecclesia est, quam aedificavit sibi sanguine suo. Deinde potest et corpus eius dici domus eius: sicut dicitur templum eius. Factum autem Spiritus Sancti Filii Dei est, propter naturae et voluntatis unitatem.*

QUANTO AO 3º, deve-se dizer que como diz Agostinho: "Esta questão pode ser entendida de duas maneiras: a casa de Cristo, em primeiro lugar, é a Igreja, porque ele a construiu com seu sangue; depois, também o seu corpo pode ser chamado a sua casa, como é chamado igualmente o seu templo. Mas a obra do Espírito Santo é a obra do Filho de Deus, por causa da unidade de natureza e de vontade".

ARTICULUS 2
Utrum Christus debeat dici conceptus de Spiritu Sancto

AD SECUNDUM SIC PROCEDITUR. Videtur quod Christus non debeat dici conceptus de Spiritu Sancto.

1. Quia super illud Rm 11,36, *Ex ipso et per ipsum et in ipso sunt omnia*, dicit Glossa[1] Augustini: *Attendendum quod non ait "de ipso", sed "ex ipso". Ex ipso enim caelum sunt et terra: quia fecit ea. Non autem de ipso: quia non de substantia sua.* Sed Spiritus Sanctus non formavit corpus Christi de substantia sua. Ergo Christus non debet dici conceptus de Spiritu Sancto.

2. PRAETEREA, principium activum de quo aliquid concipitur, se habet sicut semen in generatione. Sed Spiritus Sanctus non se habuit sicut semen in conceptione Christi. Dicit enim Hieronymus, in *Exposit. Catholicae Fidei*[2]: *Non, sicut quidam sceleratissimi opinantur, Spiritum Sanctum dicimus fuisse pro semine: sed potentia et virtute Creatoris dicimus esse operatum*, idest formatum, *corpus Christi*. Non ergo debet dici quod Christus sit conceptus de Spiritu Sancto.

3. PRAETEREA, nihil unum de duobus formatur nisi aliquo modo commixtis. Sed corpus Christi formatum est de Virgine Maria. Si ergo Christus dicatur conceptus de Spiritu Sancto, videtur quod facta sit commixtio quaedam Spiritus Sancti et materiae quam Virgo ministravit: quod patet esse falsum. Non ergo Christus debet dici conceptus de Spiritu Sancto.

SED CONTRA est quod dicitur Mt 1,18: *Antequam convenirent, inventa est in utero habens de Spiritu Sancto.*

ARTIGO 2
Deve-se dizer que Cristo foi concebido do Espírito Santo?

QUANTO AO SEGUNDO, ASSIM SE PROCEDE: parece que **não** se deve dizer que Cristo foi concebido do Espírito Santo.

1. Com efeito, Agostinho, numa Glosa sobre a Carta aos Romanos 11,36: "Tudo existe a partir dele, e por ele e para ele", diz: "Convém observar que não diz 'dele', mas 'a partir dele'. 'A partir dele' existem o céu e a terra porque ele os criou; mas não 'dele', porque não são da sua substância". Ora, o Espírito Santo não formou o corpo de Cristo da sua substância. Logo, não se deve dizer que Cristo tenha sido concebido do Espírito Santo.

2. ALÉM DISSO, o princípio ativo pelo qual algo é concebido se comporta como o sêmen na geração. Ora, o Espírito Santo não teve o papel do sêmen na concepção de Cristo. Afirma Jerônimo: "Não afirmamos que o Espírito Santo tenha desempenhado o papel do sêmen, como opinam alguns de modo irreverente, mas afirmamos que o corpo de Cristo foi feito, isto é, formado pelo poder e pela força do Criador". Logo, não se deve dizer que Cristo tenha sido concebido do Espírito Santo.

3. ADEMAIS, de dois seres não se pode formar um só, a não ser que se misturem de alguma forma. Ora, o corpo de Cristo foi formado da Virgem Maria. Mas dizer que Cristo foi concebido do Espírito Santo significaria dizer que houve uma mistura entre o Espírito Santo e a matéria fornecida pela Virgem, o que evidentemente é falso. Logo, não se deve dizer que Cristo tenha sido concebido do Espírito Santo.

EM SENTIDO CONTRÁRIO, afirma o Evangelho de Mateus: "Antes de terem coabitado, achou-se ela grávida por obra do Espírito Santo".

---

10. Q. 52: ML 35, 2251. — (Inter Opp. Aug.).

PARALL.: III *Sent*., dist. 4, q. 1, a. 1, q.la 4; *in Matth*., c. 1.

1. Ordin.: ML 114, 510 A; LOMBARDI: ML 191, 1493 B.
2. Cfr. PELAGIUM, *Libellus Fidei ad Innocentium*, n. 4: ML 45, 1717.

RESPONDEO dicendum quod conceptio non attribuitur soli corpori Christi, sed etiam ipsi Christo rationi ipsius corporis. In Spiritu autem Sancto duplex habitudo consideratur respectu Christi. Nam ad ipsum Filium Dei, qui dicitur esse conceptus, habet habitudinem consubstantialitatis: ad corpus autem eius habet habitudinem causae efficientis. Haec autem praepositio *de* utramque habitudinem designat: sicut cum dicimus hominem aliquem *de suo patre*. Et ideo convenienter dicere possumus Christum esse conceptum de Spiritu Sancto, hoc modo quod efficacia Spiritus Sancti referatur ad corpus assumptum, consubstantialitas ad personam assumentem.

AD PRIMUM ergo dicendum quod corpus Christi, quia non est consubstantiale Spiritui Sancto, non proprie potest dici de Spiritu Sancto conceptum, sed magis *ex Spiritu Sancto*: sicut Ambrosius dicit, in libro *de Spiritu Sancto*[3]: *Quod ex aliquo est, aut ex substantia aut ex potestate eius est: ex substantia, sicut Filius, qui a Patre est; ex potestate, sicut ex Deo omnia, quo modo et in utero habuit Maria ex Spiritu Sancto*.

AD SECUNDUM dicendum quod super hoc videtur esse quaedam diversitas Hieronymi ad quosdam alios Doctores, qui asserunt Spiritum Sanctum in conceptione fuisse pro semine. Dicit enim Chrysostomus, *super Matth.*[4]: *Unigenito Dei in Virginem ingressuro praecessit Spiritus Sanctus: ut, praecedente Spiritu Sancto, in sanctificationem nascatur Christus secundum corpus, divinitate ingrediente pro semine*. Et Damascenus dicit, in III libro[5]: *Obumbravit super ipsam Dei Sapientia et Virtus, velut divinum semen*.

Sed hoc de facili solvitur. Quia secundum quod in semine intelligitur virtus activa, sic Chrysostomus et Damascenus comparant semini Spiritum Sanctum, vel etiam Filium, qui est *Virtus Altissimi*. Secundum autem quod in semine intelligitur substantia corporalis quae in conceptione transmutatur, negat Hieronymus Spiritum Sanctum fuisse pro semine.

RESPONDO. A concepção não é atribuída só ao corpo de Cristo, mas ao próprio Cristo por causa de seu corpo. Ora, o Espírito Santo tem uma dupla relação com Cristo: com o próprio Filho de Deus, que foi concebido, a relação é de consubstancialidade; com o seu corpo, porém, tem uma relação de causa eficiente. A preposição *de* expressa ambas as relações, por exemplo, quando dizemos de um homem que procede *de seu pai*. Por isso, pode-se muito bem afirmar que Cristo foi concebido do Espírito Santo, de tal forma que a ação eficiente do Espírito Santo se refira ao corpo assumido, e a consubstancialidade à pessoa que o assume.

QUANTO AO 1º, portanto, deve-se dizer que não sendo consubstancial ao Espírito Santo, a rigor não se pode dizer que o corpo de Cristo tenha sido concebido do Espírito Santo, mas antes *a partir do Espírito Santo*, como diz Ambrósio: "O que procede de alguém procede ou da substância, como o Filho que procede do Pai, ou do poder, como procedem de Deus todas as coisas. É neste sentido que Maria teve em seu seio o que procede do Espírito Santo".

QUANTO AO 2º, deve-se dizer que neste ponto há uma certa discrepância entre Jerônimo e outros doutores que afirmam que o Espírito Santo teve o papel do sêmen na concepção de Cristo. Crisóstomo, por exemplo, diz: "O Espírito Santo precedeu ao Unigênito de Deus que iria entrar na Virgem, para que, por essa precedência do Espírito Santo, Cristo nascesse na santidade, no que diz respeito ao corpo; assim, a divindade ocupava o lugar do sêmen". E Damasceno: "A Sabedoria e a Força de Deus a cobriram com a sua sombra, como um sêmen divino".

Mas é fácil explicar esta divergência. Crisóstomo e Damasceno comparam o Espírito Santo, ou também o Filho, que é a *Força do Altíssimo*, com o sêmen na medida em que por sêmen se entende uma força ativa. Mas se por sêmen se entende uma substância corporal que se transforma na concepção, então Jerônimo nega que o Espírito Santo desempenhasse o papel do sêmen[d].

---

3. L. II, c. 5, nn. 42-43: ML 16, 751 C-752 A.
4. *Opus imperf. in Matth.*, hom. 1, super 1, 20: MG 56, 634. — (Inter Opp. Chrysost.).
5. *De fide orth.*, l. III, c. 2: MG 94, 985 B.

d. Afirmar que o Espírito Santo foi a potência ativa na concepção de Cristo não deve, é claro, ser compreendido como se a divindade tivesse provido à semente humana, a não ser na medida em que esta exerce uma eficiência. A causa primeira pode sempre fazer sozinha o que faz usualmente por intermédio das causas segundas. Pode fazê-lo sem nenhuma matéria prévia. Pode igualmente conferir a uma matéria por si insuficiente as disposições que lhe faltam. Tudo o que essa causa faz se situa do lado da pura eficiência, e de modo algum poderia tratar-se de uma comunicação de substância emanada de si mesmo.

AD TERTIUM dicendum quod, sicut dicit Augustinus, in *Enchirid.*⁶, non eodem modo dicitur Christus conceptus aut natus de Spiritu Sancto, et de Maria Virgine: nam de Maria Virgine materialiter, de Spiritu Sancto effective. Et ideo non habuit hic locum commixtio.

QUANTO AO 3º, deve-se dizer que como afirma Agostinho: não tem o mesmo sentido que Cristo tenha sido concebido ou tenha nascido do Espírito Santo ou de Maria Virgem: da Virgem Maria se entende materialmente; do Espírito Santo como causa eficiente. Por isso não havia lugar para falar de mistura.

ARTICULUS 3
Utrum Spiritus Sanctus debeat dici pater Christi secundum humanitatem

AD TERTIUM SIC PROCEDITUR. Videtur quod Spiritus Sanctus debeat dici pater Christi secundum humanitatem.
1. Quia secundum Philosophum, in libro *de Generat. Animal.*¹, *pater dat principium activum in generatione, mater vero ministrat materiam.* Sed Beata Virgo dicitur mater Christi propter materiam quam in conceptione eius ministravit. Ergo videtur quod etiam Spiritus Sanctus possit dici pater eius, propter hoc quod fuit principium activum in conceptione ipsius.
2. PRAETEREA, sicut mentes aliorum sanctorum formantur per Spiritum Sanctum, ita etiam corpus Christi est per Spiritum Sanctum formatum. Sed alii sancti, propter praedictam formationem, dicuntur filii totius Trinitatis: et per consequens Spiritus Sancti. Videtur ergo quod Christus debeat dici filius Spiritus Sancti, inquantum corpus eius est Spiritu Sancto formatum.
3. PRAETEREA, Deus dicitur pater noster secundum hoc quod nos fecit: secundum illud Dt 32,6: *Nonne ipse est pater tuus, qui possedit et fecit et creavit te?* Sed Spiritus Sanctus fecit corpus Christi, ut dictum est². Ergo Spiritus Sanctus debet dici pater Christi secundum corpus ab ipso formatum.

SED CONTRA est quod Augustinus dicit, in *Enchirid.*³: *Natus est Christus de Spiritu Sancto non sicut filius: et de Maria Virgine sicut filius.*

RESPONDEO dicendum quod nomina paternitatis et maternitatis et filiationis generationem consequuntur, non tamen quamlibet, sed proprie generationem viventium, et praecipue animalium. Non

ARTIGO 3
Deve-se dizer que o Espírito Santo é o pai de Cristo segundo a humanidade?

QUANTO AO TERCEIRO, ASSIM SE PROCEDE: parece que se **deve** dizer que o Espírito Santo é o pai de Cristo segundo a humanidade.
1. Com efeito, segundo o Filósofo no livro da *Geração dos Animais*: "Na geração, o pai dá o princípio ativo e a mãe fornece a matéria". Ora, a bem-aventurada Virgem é chamada mãe de Cristo pela matéria que forneceu em sua concepção. Logo, parece que o Espírito Santo pode ser chamado pai de Cristo, por ter sido o princípio ativo em sua concepção.
2. ALÉM DISSO, assim como o espírito dos outros santos é formado pelo Espírito Santo, assim também o corpo de Cristo é formado pelo Espírito Santo. Ora, por causa dessa formação, os outros santos são chamados filhos de toda a Trindade, e por conseguinte, do Espírito Santo. Logo, parece que Cristo pode ser chamado filho do Espírito Santo, dado que seu corpo foi formado pelo Espírito Santo.
3. ADEMAIS, na Escritura, Deus é chamado nosso pai porque nos fez, segundo o livro do Deuteronômio: "Não é ele o teu pai que te possuiu, te fez e te criou?" Ora, o Espírito Santo fez o corpo de Cristo, como foi dito. Logo, o Espírito Santo deve ser chamado pai de Cristo, segundo o corpo, por ele formado.

EM SENTIDO CONTRÁRIO, declara Agostinho: "Cristo nasceu do Espírito Santo, mas não como filho; e de Maria Virgem, como filho".

RESPONDO. Paternidade, maternidade e filiação, são nomes que decorrem da geração, mas não de qualquer geração, e sim da geração no sentido próprio dos seres vivos, sobretudo dos animais.

---

6. C. 40: ML 40, 252.

3 PARALL.: III *Sent.*, dist. 4, q. 1, a. 2, q.la 1, 2; Expos. litt.; *Cont. Gent.* IV, 47; *Compend. Theol.*, c. 223; *in Matth.*, c. 1.
1. L. I, cc. 2, 20; l. II, c. 4; l. IV, c. 1: 716, a, 5-10; 729, a, 9-11; 738, b, 20-21; 765, b, 10-15.
2. A. 1, 2.
3. C. 40: ML 40, 252.

enim dicimus quod ignis generatus sit filius ignis generantis, nisi forte secundum metaphoram: sed hoc solum dicimus in animalibus quorum generatio est magis perfecta. Nec tamen omne quod in animalibus generatur, filiationis accepit nomen: sed solum illud quod generatur in similitudine generantis. Unde, sicut Augustinus dicit[4], non dicimus quod capillus qui nascitur ex homine, sit filius hominis; nec etiam dicimus quod homo qui nascitur sit filius seminis: quia nec capillus habet similitudinem hominis; nec homo qui nascitur habet similitudinem seminis, sed hominis generantis. Et si quidem perfecta sit similitudo, erit perfecta filiatio, tam in divinis quam in humanis. Si autem sit similitudo imperfecta, est etiam filiatio imperfecta. Sicut in homine est quaedam similitudo Dei imperfecta, et inquantum creatus est ad imaginem Dei, et inquantum creatus est secundum similitudinem gratiae. Et ideo utroque modo potest homo dici filius eius: et quia, scilicet est creatus ad imaginem eius, et quia est ei assimilatus per gratiam.

Est autem considerandum quod illud quod de aliquo dicitur secundum perfectam rationem, non est dicendum de eo secundum rationem imperfectam: sicut, quia Socrates dicitur naturaliter homo secundum propriam rationem hominis, nunquam dicitur homo secundum illam significationem qua pictura hominis dicitur homo, licet forte ipse assimiletur alteri homini. Christus autem est Filius Dei secundum perfectam rationem filiationis. Unde, quamvis secundum humanam naturam sit creatus et iustificatus, non tamen debet dici filius Dei neque ratione creationis, neque ratione iustificationis: sed solum ratione generationis aeternae, secundum quam est Filius Patris solius. Et ideo nullo modo debet dici Christus filius Spiritus Sancti: nec etiam totius Trinitatis.

AD PRIMUM ergo dicendum quod Christus conceptus est de Maria Virgine materiam ministrante in similitudinem speciei. Et ideo dicitur filius eius. Christus autem, secundum quod homo, conceptus est de Spiritu Sancto sicut de activo principio: non tamen secundum similitudinem speciei, sicut

Ninguém diz, por exemplo, que o fogo gerado seja filho do fogo que o gerou a não ser talvez metaforicamente. Mas falamos assim só dos animais, cuja geração é mais perfeita. Mas nem tudo o que é gerado nos animais recebe o nome de filiação; só o que é gerado na semelhança de quem gera. Por isso, como afirma Agostinho, o cabelo que nasce do homem não é chamado filho do homem; e ninguém afirma que o homem que nasce seja filho do sêmen, porque nem o cabelo tem a semelhança do homem, nem o homem que nasce tem a semelhança do sêmen e sim do homem que o gerou. E quanto mais perfeita for a semelhança, mais perfeita será a filiação, tanto na esfera divina quanto na humana. Quando a semelhança é imperfeita, também a filiação é imperfeita. Por exemplo, existe no homem certa semelhança imperfeita com Deus, quer porque foi criado à imagem de Deus, quer porque foi criado segundo a semelhança da graça. Por isso o homem poder ser chamado filho de Deus nos dois sentidos: por ter sido criado à sua imagem e por ter-se tornado semelhante a ele pela graça.

Mas convém ter presente que o que é dito de alguém segundo uma razão perfeita não deve ser-lhe atribuído segundo uma razão imperfeita. Por exemplo, o nome de homem é atribuído a Sócrates por sua natureza e segundo a razão própria de homem; por isso nunca se diz homem no sentido pelo qual a pintura de um homem se diz homem, mesmo que pareça muito com outro homem. Ora, Cristo é Filho de Deus segundo a razão perfeita de filiação. Por isso, mesmo que, segundo a natureza humana, tenha sido criado e justificado, não deve, contudo, ser chamado Filho de Deus nem por razão de criação, nem por razão de justificação, mas unicamente por razão de sua geração eterna, segundo a qual é o Filho único do Pai. Portanto, Cristo não pode, de maneira alguma, ser chamado filho do Espírito Santo ou da Trindade toda[e].

QUANTO AO 1º, portanto, deve-se dizer que Cristo foi concebido de Maria Virgem, que forneceu a matéria em termos de semelhança da espécie. E por isso é chamado seu filho. Mas, enquanto homem, Cristo foi concebido do Espírito Santo como princípio ativo, mas não segundo a

---

4. *Enchirid.*, c. 39: ML 40, 252. — Cfr. I, q. 27, a. 2 c.

e. Só poderíamos afirmar que o Espírito Santo seria, propriamente falando, pai de Cristo devido ao papel ativo que lhe é atribuído em sua concepção, se esse papel ativo consistisse em comunicar-lhe sua própria substância divina. É pelo contrário uma natureza inteiramente diferente da sua, a qual, por meio de sua "operação", foi concebida de Maria, a saber, a natureza humana. É do Pai e somente dele que Cristo, mesmo considerado em sua humanidade, é o Filho no sentido adequado da palavra. Por isso é inexato, ou pelo menos ambíguo, afirmar do Espírito Santo que, em virtude de seu papel, ele é o esposo de Maria.

homo nascitur de patre suo. Et ideo Christus non dicitur filius Spiritus Sancti.

AD SECUNDUM dicendum quod homines qui spiritualiter formantur a Spiritu Sancto, non possunt dici filii Dei secundum perfectam rationem filiationis. Et ideo dicuntur filii Dei secundum filiationem imperfectam, quae est secundum similitudinem gratiae, quae est a tota Trinitate. Sed de Christo est alia ratio, ut dictum est[5].

Et similiter dicendum est AD TERTIUM.

semelhança da espécie, como nasce um homem de seu pai. Por isso, Cristo não é chamado filho do Espírito Santo.

QUANTO AO 2º, deve-se dizer que os homens formados espiritualmente pelo Espírito Santo não podem ser considerados filhos no sentido perfeito da filiação. Por isso são chamados filhos de Deus segundo uma filiação imperfeita, que é a semelhança da graça, que provém da Trindade toda. Mas, com respeito a Cristo, a razão é distinta, como foi dito.

QUANTO AO 3º, deve-se dizer que a mesma resposta vale para a terceira objeção.

ARTICULUS 4
Utrum Beata Virgo aliquid active egerit in conceptione corporis Christi

AD QUARTUM SIC PROCEDITUR. Videtur quod Beata Virgo aliquid active egerit in conceptione corporis Christi.
1. Dicit enim Damascenus, in III libro[1], quod *Spiritus Sanctus supervenit Virgini, purgans ipsam, et virtutem susceptivam Verbi Dei tribuens, simul autem et generativam*. Sed virtutem generativam passivam habebat a natura: sicut et quaelibet femina. Ergo dedit ei virtutem generativam activam. Et sic aliquid active egit in conceptione Christi.
2. PRAETEREA, omnes virtutes animae vegetabilis sunt virtutes activae: sicut Commentator dicit, in II *de Anima*[2]. Sed potentia generativa, tam in mare quam in femina, pertinet ad animam vegetabilem. Ergo, tam in mare quam in femina, active operatur ad conceptum prolis.

3. PRAETEREA, femina ad conceptionem prolis materiam ministrat ex qua naturaliter corpus prolis formatur. Sed natura est principium motus intrinsecum. Ergo videtur quod in ipsa materia quam Beata Virgo ministravit ad conceptum Christi, fuit aliquod principium activum.

ARTIGO 4
Teve a Bem-aventurada Virgem papel ativo na concepção do corpo de Cristo?[f]

QUANTO AO QUARTO, ASSIM SE PROCEDE: parece que a bem-aventurada Virgem **teve** um papel ativo na concepção do corpo de Cristo.
1. Com efeito, segundo Damasceno, "o Espírito Santo desceu sobre a Virgem, purificando-a e dando-lhe a potência capaz de acolher e de gerar ao mesmo tempo o Verbo de Deus". Ora, ela tinha por natureza, como todas as mulheres, a capacidade passiva de gerar. Logo, foi-lhe dada a capacidade ativa de gerar. E assim ela teve um papel ativo na concepção de Cristo.
2. ALÉM DISSO, todas as potências da alma vegetativa são potências ativas, como diz Averróis comentando o livro II da *Alma*. Ora, a potência geradora, tanto do homem como da mulher, é uma potência da alma vegetativa. Logo, tanto no homem como na mulher, há uma operação ativa na concepção da prole.
3. ADEMAIS, na concepção, a mulher fornece a matéria a partir da qual naturalmente se forma o corpo da prole. Ora, a natureza é um princípio intrínseco do movimento. Logo, parece que, na própria matéria que a Bem-aventurada Virgem forneceu para a concepção de Cristo, havia já um princípio ativo.

---

5. In corp.

PARALL.: Infra, q. 33, a. 4, ad 2; III *Sent*., dist. 3, q. 2, a. 1.

1. *De fide orth*., l. III, c. 2: MG 94, 985 B.
2. Text. comm. 33.

f. Sto. Tomás adotava a posição de Aristóteles: no ato gerador, a mulher só teria trazido o princípio passivo: a matéria; o princípio ativo — a semente — vindo inteiramente do homem. Posição que não é sustentável em nossos dias, mas que não tem importância alguma. O que se deve reter do artigo é que, na concepção de Cristo, Maria teve o papel próprio ao organismo feminino, e não um outro. Mas, em relação à assunção pelo Verbo do que era concebido em sua carne, ela foi puramente passiva, embora com consentimento total e ativo no mistério que se realizava nela.

SED CONTRA est quod principium activum in generatione dicitur ratio seminalis. Sed, sicut Augustinus dicit, X *super Gen. ad litt.*[3], corpus Christi *in sola materia corporali, per divinam conceptionis formationisque rationem, de Virgine assumptum est: non autem secundum aliquam rationem seminalem humanam.* Ergo Beata Virgo nihil active fecit in conceptione corporis Christi.

RESPONDEO dicendum quod quidam dicunt Beatam Virginem aliquid active esse operatam in conceptione Christi[4], et naturali virtute, et supernaturali[5]. Naturali quidem virtute, quia ponunt quod in qualibet materia naturali est aliquod activum principium. Alioquin, credunt quod non esset transmutatio naturalis. — In quo decipiuntur. Quia transmutatio dicitur naturalis propter principium intrinsecum non solum activum, sed etiam passivum; expresse enim dicit Philosophus, in VIII *Physic.*[6], quod in gravibus et levibus est principium passivum motus naturalis, et non activum. Nec est possibile quod materia agat ad sui formationem: quia non est actu. Nec est etiam possibile quod aliquid moveat seipsum, nisi dividatur in duas partes, quarum una sit movens et alia sit mota: quod in solis animatis contingit, ut probatur in VIII *Physic.*[7].

Supernaturali autem virtute, quia dicunt ad matrem requiri quod non solum materiam ministret, quae est sanguis menstruus; sed etiam semen, quod, commixtum virili semini, habet virtutem activam in generatione. Et quia in Beata Virgine nulla fuit facta resolutio seminis, propter integerrimam eius virginitatem, dicunt quod Spiritus Sanctus supernaturaliter ei tribuit virtutem activam in conceptione corporis Christi, quam aliae matres habent per semen resolutum. — Sed hoc non potest stare. Quia, cum *quaelibet res sit propter suam operationem*, ut dicitur II *de Caelo*[8]; natura non distingueret ad opus generationis sexum maris et feminae, nisi esset distincta operatio maris ab operatione feminae. In generatione autem distinguitur operatio agentis et patientis. Unde relinquitur quod tota virtus activa sit ex parte maris, passio autem ex parte feminae. Propter quod in plantis, in

EM SENTIDO CONTRÁRIO, o princípio ativo da geração é a razão seminal. Mas, como diz Agostinho, o corpo de Cristo "foi tomado da Virgem unicamente em sua matéria corporal, e não segundo alguma razão seminal humana, conforme o plano divino de sua concepção e de sua formação". Portanto, a Bem-aventurada Virgem não teve nenhum papel ativo na concepção do corpo de Cristo.

RESPONDO. Alguns afirmam que a bem-aventurada Virgem cooperou ativamente na concepção de Cristo por uma potência natural e por uma sobrenatural. Por uma potência natural, porque afirmam que em qualquer matéria natural existe um princípio ativo. Do contrário, acreditam, não haveria transformação natural. — Mas neste ponto se enganam, porque há transformação natural pelo princípio intrínseco, não só ativo, mas também passivo. O Filósofo, no livro VIII da *Física*, afirma explicitamente que, nos corpos pesados e leves, o princípio do movimento natural é passivo e não ativo. É impossível que a matéria possa agir em sua formação, porque não existe em ato. Como é também impossível que uma coisa se mova a si mesma, a não ser que se divida em duas partes, das quais uma seria a que move e a outra a movida. Isto só acontece nos seres animados, como se prova no livro VIII da *Física*.

Quanto à potência sobrenatural, eles afirmam que da mãe se requer que forneça não só a matéria, que é o sangue menstrual, mas também uma semente que, misturada com o sêmen do homem, possui a potência ativa na geração. Ora, dado que na Bem-aventurada Virgem, por causa de sua perfeita virgindade, não houve produção alguma de sêmen, eles afirmam que, na concepção do corpo de Cristo, o Espírito Santo lhe conferiu de modo sobrenatural uma potência ativa que as outras mães possuem pela produção do sêmen. — Mas isto é insustentável. Com efeito, o livro II do *Céu* afirma que "todo ser existe com vistas à sua ação". Ora, se na obra da geração, não fossem diferentes a ação do homem e a da mulher, a natureza não faria distinção entre o sexo masculino e o feminino. Na geração, porém, é diferente a ação do agente e a do paciente. Daí que toda a potência ativa deve ser atribuída ao

---

3. C. 20, n. 36: ML 34, 424.
4. ALEXANDER HALENS., *Summa Theol.*, P. III, q. 8, m. 1, q.la incidens 3; BONAVENTURA, *In III Sent.*, dist. 4, a. 3, q. 1: ad Claras Aquas, t. III, p. 112.
5. BONAVENTURA, loc. prox. cit., q. 2: ad Claras Aquas, t. III, p. 114.
6. C. 4: 255, b, 30-31.
7. C. 4: 255, a, 4-18.
8. C. 3: 286, a, 8-9.

quibus utraque vis commiscetur, non est distinctio maris et feminae.

Quia igitur Beata Virgo non hoc accepit ut esset pater Christi, sed mater, consequens est quod non acceperit potentiam activam in conceptione Christi: sive aliquid egerit, ex quo sequitur ipsam patrem fuisse Christi; sive nihil egerit, ut quidam[9] dicunt, ex quo sequitur huiusmodi potentiam activam sibi frustra fuisse collatam. Et ideo dicendum est quod in ipsa conceptione Christi Beata Virgo nihil active operata est, sed solam materiam ministravit. Operata tamen est ante conceptionem aliquid active, praeparando materiam ut esset apta conceptui.

AD PRIMUM ergo dicendum quod illa conceptio tria privilegia habuit: scilicet, quod esset sine peccato originali; quod esset non puri hominis, sed Dei et hominis; item quod esset conceptio virginis. Et haec tria habuit a Spiritu Sancto. Et ideo dicit Damascenus, quantum ad primum, quod Spiritus Sanctus *supervenit Virgini purgans ipsam*: idest, praeservans ne cum peccato originali conciperet. Quantum ad secundum, dicit, *et virtutem susceptivam Verbi Dei tribuens*: idest, ut conciperet Verbum Dei. Quantum autem ad tertium, dicit *simul et generativam*: ut, scilicet, manens virgo posset generare, non quidem active sed passive, sicut aliae matres hoc consequuntur ex semine viri.

AD SECUNDUM dicendum quod potentia generativa in femina est imperfecta respectu potentiae generativae quae est in mare. Et ideo, sicut in artibus ars inferior disponit materiam, ars autem superior inducit formam, ut dicitur in II *Physic*.[10]; ita etiam virtus generativa feminae praeparat materiam, virtus vero activa maris format materiam praeparatam.

AD TERTIUM dicendum quod ad hoc quod transmutatio sit naturalis, non requiritur quod in materia sit principium activum, sed solum passivum, ut dictum est[11].

homem e a passiva à mulher. É por isso que, nas plantas, nas quais as duas potências estão misturadas, não há distinção entre macho e fêmea.

Assim, pois, dado que a Bem-aventurada Virgem não recebeu a missão de ser o pai, mas a mãe de Cristo, segue-se que não recebeu a potência ativa na concepção de Cristo. Com efeito, se tivesse agido ativamente, ela mesma teria sido consequentemente o pai de Cristo; se não tivesse feito nada, como afirmam alguns, segue-se que tal potência ativa lhe teria sido conferida em vão. Portanto, deve-se afirmar que, na concepção de Cristo, a bem-aventurada Virgem não teve uma participação ativa, mas forneceu apenas a matéria. Antes da concepção, contudo, ela cooperou ativamente preparando a matéria, de modo que fosse adequada para a concepção.

QUANTO AO 1º, portanto, deve-se dizer que esta concepção teve três privilégios: foi sem pecado original; foi uma concepção não unicamente do homem, mas de Deus e do homem; e foi uma concepção virginal. E estes três privilégios provinham do Espírito Santo. Por isso, a respeito do primeiro afirma Damasceno que o Espírito Santo "desceu sobre a Virgem, purificando-a", isto é, preservando-a de conceber em pecado original. A propósito do segundo diz: "Deu-lhe a potência de acolher o Verbo de Deus", isto é, de conceber o Verbo de Deus. E, com relação ao terceiro diz: "E ao mesmo tempo a potência de gerar", isto é, que permanecendo virgem, pudesse gerar, não de maneira ativa mas passiva, como as outras mães que conseguem isso do sêmen do varão.

QUANTO AO 2º, deve-se dizer que na mulher, a potência geradora é imperfeita em relação com a potência geradora do homem. Por isso, como acontece nas artes, a arte inferior fornece a matéria enquanto, segundo o livro II da *Física*, a arte superior introduz a forma. De modo semelhante, a potência geradora da mulher prepara a matéria, e a potência ativa do homem confere a forma à matéria preparada.

QUANTO AO 3º, deve-se dizer que para que a transformação seja natural não é necessário que haja um princípio ativo na matéria, mas unicamente um princípio passivo, como foi dito.

---

9. Cfr. BONAVENTURAM, loc. cit., supra, nota 5.
10. C. 2: 194, a, 36-b, 7.
11. In corp.

QUAESTIO XXXIII
DE MODO ET ORDINE CONCEPTIONIS CHRISTI
in quatuor articulos divisa

Deinde considerandum est de modo et ordine conceptione Christi.
Et circa hoc quaeruntur quatuor.
Primo: utrum corpus Christi in primo instanti conceptionis fuerit formatum.
Secundo: utrum in primo instanti conceptionis fuerit animatum.
Tertio: utrum in primo instanti conceptionis fuerit a Verbo assumptum.
Quarto: utrum conceptio illa fuerit naturalis vel miraculosa.

ARTICULUS 1
Utrum corpus Christi fuerit formatum in primo instanti conceptionis

AD PRIMUM SIC PROCEDITUR. Videtur quod corpus Christi non fuerit formatum in primo instanti conceptionis.

1. Dicitur enim Io 2,20: *Quadraginta et sex annis aedificatum est Templum hoc*: quod exponens Augustinus, in IV *de Trin.*[1], dicit: *Hic numerus perfectioni dominici corporis aperte congruit*. Et in libro *Octoginta trium Quaest.*[2] dicit: *Non absurde quadraginta sex annis dicitur fabricatum esse Templum quod corpus eius figurabat: ut, quot anni fuerunt in fabricatione Templi, tot dies fuerint in corporis dominici perfectione*. Non ergo in primo instanti conceptionis corpus Christi fuit perfecte formatum.

2. PRAETEREA, ad formationem corporis Christi requirebatur motus localis, quo purissimi sanguines de corpore Virginis ad locum congruum

QUESTÃO 33
O MODO E A ORDEM DA CONCEPÇÃO DE CRISTO
em quatro artigos

Em seguida, deve-se considerar o modo e a ordem da concepção de Cristo.
Sobre isso são quatro as perguntas:
1. O corpo de Cristo foi formado no primeiro instante da concepção?
2. Foi informado com a alma desde o primeiro instante da concepção?
3. Foi assumido pelo Verbo no primeiro instante da concepção?
4. Tal concepção foi natural ou miraculosa?

ARTIGO 1
Formou-se o corpo de Cristo no primeiro instante da concepção?[a]

QUANTO AO ARTIGO PRIMEIRO, ASSIM SE PROCEDE: parece que o corpo de Cristo **não** se formou no primeiro instante da concepção.

1. Com efeito, João afirma: "Foram necessários quarenta e seis anos para construir este templo". E Agostinho diz: "Este número convém claramente à perfeição do corpo do Senhor". E, em outro lugar, diz: "Não é absurdo dizer que foram necessários quarenta e seis anos para fabricar este Templo que prefigurava o seu corpo, de tal maneira que o número de anos empregados na fabricação do Templo fosse o mesmo o número de dias necessários para a perfeição do corpo do Senhor". Portanto, o corpo de Cristo não foi perfeitamente formado no primeiro instante da concepção.

2. ALÉM DISSO, para a formação do corpo de Cristo requeria-se um movimento local pelo qual o sangue puríssimo da Virgem passasse do seu

---

1 PARALL.: III *Sent.*, dist. 3, q. 5, a. 2; *Cont. Gent.* IV, 44; *Compend. Theol.*, c. 218; *in Ioan.*, c. 1, lect. 9; c. 2, lect. 15.
  1. C. 5: ML 42, 894.
  2. Q. 56: ML 40, 39.

a. O pensamento de Sto. Tomás ainda é tributário aqui de uma fisiologia arcaica. Julgando que o corpo humano é formado a partir do "sangue" da mulher, ele supunha que, em casos comuns, essa formação resultava de um certo processo que não podia ser instantâneo. E então, como supor que o Verbo tenha assumido o que não era ainda um corpo humano, mas tendia a sê-lo? E, se ele só o houvesse assumido ao término do processo, como se poderia atribuir ao próprio Verbo o fato de ter concebido a si mesmo? Não há nenhuma dificuldade em admitir que a potência divina tenha feito passar instantaneamente o "sangue" ao estado de corpo humano. Na verdade, o problema não existe para nós. Nas gerações comuns, a fusão de dois gametas produz instantaneamente a célula original, que já é todo o corpo a ser somente desenvolvido a partir daí. Como diz admiravelmente a resposta à objeção 4, a partir do momento em que o novo organismo corporal existe de modo distinto, ele cresce e se desenvolve por sua própria força interna. Enquanto que, até a existência distinta desse novo organismo é pela potência geradora (ou potência divina) que ele se forma.

generationi pervenirent. Nullum autem corpus potest moveri localiter in instanti: eo quod tempus motus dividitur secundum divisionem mobilis, ut probatur in VI *Physic*.[3]. Ergo corpus Christi non fuit in instanti formatum.

3. PRAETEREA, corpus Christi formatum est ex purissimis sanguinibus Virginis, ut supra[4] habitum est. Non autem potuit esse materia illa in eodem instanti sanguis et caro: quia sic materia simul fuisset sub duabus formis. Ergo aliud fuit instans in quo ultimo fuit sanguis, et aliud in quo primo fuit caro formata. Sed inter quaelibet duo instantia est tempus medium. Ergo corpus Christi non fuit in instanti formatum, sed per aliquod tempus.

4. PRAETEREA, sicut potentia augmentativa requirit determinatum tempus in suo actu, ita etiam virtus generativa: utraque enim est potentia naturalis ad vegetabilem animam pertinens. Sed corpus Christi fuit determinato tempore augmentatum, sicut et aliorum hominum corpora: dicitur enim Lc 2,52, quod *proficiebat aetate et sapientia*. Ergo videtur quod, pari ratione, formatio corporis eius, quae pertinet ad vim generativam, non fuerit in instanti, sed determinato tempore quo aliorum hominum corpora formantur.

SED CONTRA est quod Gregorius dicit, XVIII *Moral*.[5]: *Angelo nuntiante, et Spiritu adveniente, mox Verbum in utero, mox intra uterum Verbum caro*.

RESPONDEO dicendum quod in conceptione corporis Christi tria est considerare: primo quidem, motum localem sanguinis ad locum generationis; secundo, formationem corporis ex tali materia; tertio, augmentum quo perducitur ad quantitatem perfectam. In quorum medio ratio conceptionis consistit: nam primum est conceptioni preambulum; tertium autem conceptionem consequitur.

Primum autem non potuit esse in instanti: quia hoc est contra ipsam rationem motus localis corporis cuiuscumque, cuius partes successive subintrant locum. — Similiter et tertium oportet esse successivum. Tum quia augmentum non est sine motu locali. Tum etiam quia procedit ex virtute animae iam in corpore formato operantis, quae non operatur nisi in tempore.

corpo ao lugar adequado para a geração. Ora, nenhum corpo pode realizar um movimento local num instante, como prova o livro VI da *Física*, porque o tempo do movimento se divide segundo a divisão do móvel. Logo, o corpo de Cristo não foi formado num instante.

3. ADEMAIS, o corpo de Cristo foi formado do sangue puríssimo da Virgem, como acima foi provado. Ora, tal matéria não podia ser, no mesmo instante, sangue e carne, porque então a matéria teria existido ao mesmo tempo sob duas formas. Portanto, houve um instante no qual a realidade última foi o sangue e outro no qual a carne começou a ser formada. Ora, entre dois instantes há um tempo intermediário. Logo, o corpo de Cristo não foi formado num instante, mas num espaço de tempo.

4. ADEMAIS, assim como a potência que faz crescer exige um determinado tempo para seus atos, assim também a potência geradora, pois ambas são uma potência natural pertencente à alma vegetativa. Ora, o corpo de Cristo, como os corpos dos outros homens, cresceu durante um determinado tempo, como diz o Evangelho de Lucas: "Crescia em idade e em sabedoria". Logo, parece, pela mesma razão, que a formação de seu corpo, que pertence à potência geradora, não tenha acontecido num instante, mas no mesmo espaço de tempo em que são formados os corpos dos outros homens.

EM SENTIDO CONTRÁRIO, afirma Gregório: "Com o anúncio do anjo e a vinda do Espírito Santo, logo que o Verbo está no seio, imediatamente se faz carne no seio".

RESPONDO. Três coisas devem ser consideradas na concepção do corpo de Cristo: 1) o movimento local do sangue para o lugar da geração; 2) a formação do corpo a partir dessa matéria; 3) o crescimento que o conduz à quantidade perfeita. A razão da concepção consiste na fase intermediária, pois a primeira fase é a preparação da concepção e a terceira é o resultado da mesma.

A primeira fase não pôde ser num instante, porque seria contra a razão mesma do movimento local de qualquer corpo, cujas partes entram sucessivamente num lugar. — Da mesma forma, a terceira fase tinha de ser sucessiva: quer porque não há crescimento sem movimento local, quer porque o crescimento provém da força da alma que está agindo já no corpo formado, e que só pode agir no tempo.

---

3. C. 4: 235, a, 13.
4. Q. 31, a. 5.
5. C. 52, al. 27, in vet. 36, n. 85: ML 76, 90 A.

Sed ipsa formatio corporis, in qua principaliter ratio conceptionis consistit, fuit in instanti, duplici ratione. Primo quidem, propter virtutem agentis infinitam, scilicet Spiritus Sancti, per quem corpus Christi est formatum, ut supra[6] dictum est. Tanto enim aliquod agens citius potest materiam disponere, quando fuerit maioris virtutis. Unde agens infinitae virtutis potest in instanti materiam disponere ad debitam formam.

Secundo, ex parte personae Filii, cuius corpus formabatur. Non enim erat congruum ut corpus humanum assumeret nisi formatum. Si autem ante formationem perfectam aliquod tempus conceptionis praecessisset, non posset tota conceptio attribui Filio Dei, quae non attribuitur ei nisi ratione assumptionis. Et ideo in primo instanti quo materia adunata pervenit ad locum generationis, fuit perfecte formatum corpus Christi et assumptum. Et per hoc dicitur ipse Filius Dei conceptus: quod aliter dici non posset.

AD PRIMUM ergo dicendum quod verbum Augustini utrobique non refertur ad solam formationem corporis Christi: sed ad formationem simul cum determinato augmento usque ad tempus partus. Unde secundum rationem illius numeri dicitur perfici tempus novem mensium, quo Christus fuit in utero Virginis.

AD SECUNDUM dicendum quod motus ille localis non comprehenditur infra ipsam conceptionem, sed est conceptioni praeambulus.

AD TERTIUM dicendum quod non est assignare ultimum instans in quo materia illa fuit sanguis: sed est assignare ultimum tempus, quod continuatur, nullo interveniente medio, ad primum instans in quo fuit caro Christi formata. Et hoc instans fuit terminus temporis motus localis materiae ad locum generationis.

AD QUARTUM dicendum quod augmentum fit per potentiam augmentativam ipsius quod augetur: sed formatio corporis fit per potentiam generativam, non eius qui generatur, sed patris generantis ex semine, in quo operatur vis formativa ab anima patris derivata. Corpus autem Christi non fuit formatum ex semine viri, sicut supra[7] dictum est, sed ex operatione Spiritus Sancti. Et ideo talis debuit esse formatio ut Spiritum Sanctum deceret. Sed augmentum corporis Christi fuit factum secundum

Mas a formação do corpo, na qual consiste a razão da concepção, deu-se num instante, por dois motivos. 1º pela potência infinita do agente, isto é, do Espírito Santo, pela qual foi formado o corpo de Cristo, como vimos antes. Pois quanto maior for a potência do agente, mais rápida será a preparação da matéria. Daí que um agente de potência infinita pode preparar a matéria para a devida forma num instante.

2º por parte da pessoa do Filho cujo corpo era formado. Pois não convinha que assumisse um corpo humano ainda não formado. Ora, se tivesse havido um espaço de tempo entre a concepção e a formação perfeita, a concepção não poderia ser atribuída inteiramente ao Filho de Deus, pois só lhe é atribuída em razão da assunção. Portanto, desde o primeiro momento em que a matéria reunida chegou ao lugar da geração, estava perfeitamente formado e foi assumido o corpo de Cristo. E por isso se diz que o Filho de Deus em pessoa foi concebido, não se podendo dizer o contrário.

QUANTO AO 1º, portanto, deve-se dizer que as duas citações de Agostinho não se referem unicamente à formação do corpo de Cristo, mas à formação com o devido crescimento até o momento do parto. Assim, segundo a razão daquele número, afirma que se completa o tempo dos nove meses em que Cristo esteve no seio da Virgem.

QUANTO AO 2º, deve-se dizer que esse movimento local não faz parte da concepção, mas é algo prévio.

QUANTO AO 3º, deve-se dizer que é impossível determinar o último instante em que aquela matéria foi sangue, mas pode-se indicar o último momento que se prolonga sem intervalo até o primeiro instante em que a carne de Cristo já estava formada. Tal instante representou o término do tempo do movimento local da matéria para o lugar da geração.

QUANTO AO 4º, deve-se dizer que o crescimento se dá pela potência de crescer daquele que cresce, enquanto a formação do corpo se realiza pela potência geradora, não daquele que é gerado, mas do pai que gera pelo sêmen, no qual age a potência de formação derivada da alma do pai. Ora, o corpo de Cristo não foi formado pelo sêmen de um homem, como já foi dito, mas por obra do Espírito Santo. A formação, pois, tinha de ser digna do Espírito Santo. Mas o crescimento do corpo de Cristo se realizou

---

6. Q. 32, a. 1.
7. Q. 31, a. 5, ad 3.

potentiam augmentativam animae Christi: quae cum sit specie conformis animae nostrae, eodem modo debuit corpus illud augmentari sicut et alia corpora hominum augmentantur, ut ex hoc ostenderetur veritas humanae naturae.

Articulus 2
Utrum corpus Christi fuerit animatum in primo instanti conceptionis

AD SECUNDUM SIC PROCEDITUR. Videtur quod corpus Christi non fuit animatum in primo instanti conceptionis.

1. Dicit enim Leo Papa, in Epistola *ad Iulianum*[1]: *Non alterius naturae erat caro Christi quam nostrae: nec alio illi quam ceteris hominibus anima est inspirata principio*. Sed aliis hominibus non infunditur anima in primo instanti suae conceptionis. Ergo neque corpori Christi anima debuit infundi in primo instanti suae conceptionis.

2. PRAETEREA, anima, sicut quaelibet forma naturalis, requirit determinatam quantitatem in sua materia. Sed in primo instanti conceptionis corpus Christi non habuit tantam quantitatem quantam habent corpora aliorum hominum quando animantur: alioquin, si continue fuisset postmodum augmentatum, vel citius fuisset natum; vel in sua nativitate fuisset maioris quantitatis quam alii infantes. Quorum primum est contra Augustinum, IV *de Trin.*[2], ubi probat eum spatio novem mensium in utero Virginis fuisse: secundum autem est contra Leonem Papam, qui, in Sermone *Epiphaniae*[3], dicit: *Invenerunt puerum Iesum in nullo ab humanae infantiae generalitate discretum*. Non ergo corpus Christi fuit animatum in primo instanti suae conceptionis.

3. PRAETEREA, ubicumque est prius et posterius, oportet esse plura instantia. Sed secundum Philosophum, in libro *de Generat. Animal.*[4], in generatione hominis requiritur prius et posterius: prius enim est vivum, et postea animal, et postea homo. Ergo non potuit animatio Christi perfici in primo instanti conceptionis.

SED CONTRA est quod Damascenus dicit, in III libro[5]: *Simul caro, simul Dei Verbi caro, simul caro animata anima rationali et intellectuali*.

Artigo 2
O corpo de Cristo recebeu uma alma no primeiro instante da concepção?

QUANTO AO SEGUNDO, ASSIM SE PROCEDE: parece que o corpo de Cristo **não** recebeu uma alma no primeiro instante da concepção.

1. Com efeito, como diz o papa Leão: "A carne de Cristo não era de natureza diferente da nossa; nem lhe foi infundida a alma em outro momento que o do resto dos homens". Ora, a alma dos outros homens não é infundida no primeiro instante de sua concepção. Logo, também não devia ser infundida a alma no corpo de Cristo no primeiro instante de sua concepção.

2. ALÉM DISSO, a alma, como qualquer forma natural, exige uma determinada quantidade em sua matéria. Mas, no primeiro instante da concepção, o corpo de Cristo não tinha a mesma quantidade que têm os corpos dos outros homens quando recebem a alma. Do contrário, se depois tivesse continuado a crescer, ou teria nascido mais cedo, ou seria maior do que as outras crianças quando nasceu. A primeira hipótese contradiz Agostinho quando ele prova que Cristo permaneceu no seio da Virgem durante nove meses. A segunda hipótese se opõe ao que afirma o papa Leão: "Encontraram o menino Jesus, que em nada se diferenciava do comum da infância humana". Logo, o corpo de Cristo não recebeu a alma no primeiro instante de sua concepção.

3. ADEMAIS, onde há antes e depois, há necessariamente vários instantes. Ora, segundo o Filósofo no livro da *Geração dos Animais*, a geração humana exige um antes e um depois: primeiro é ser vivo, depois animal e, finalmente, ser humano. Logo, a recepção da alma não pôde ser realizada em Cristo no primeiro instante da concepção.

EM SENTIDO CONTRÁRIO, afirma Damasceno: "Ao mesmo tempo foi carne, carne do Verbo de Deus, e carne animada por uma alma racional e intelectual".

---

2 PARALL.: III *Sent.*, dist. 3, q. 5, a. 2; *Cont. Gent.* IV, 44; *Compend. Theol.*, c. 218; *in Ioan.*, c. 1, lect. 9.

1. Ep. 35, al. 11, c. 3: ML 54, 809 A.
2. C. 5: ML 42, 894.
3. Serm. 4 *in Epiph.*, c. 3: ML 54, 247 B.
4. L. II, c. 3: 736, a, 35-b, 3.
5. *De fide orth.*, 1. III, c. 2: MG 94, 985 C-988 A.

RESPONDEO dicendum quod, ad hoc quod conceptio ipsi Filio Dei attribuatur, ut in Symbolo[6] confitemur, dicentes, *Qui conceptus est de Spiritu Sancto*; necesse est dicere quod ipsum corpus, dum conciperetur, esset a Verbo Dei assumptum. Ostensum est autem supra[7] quod Verbum Dei assumpsit corpus mediante anima, et animam mediante spiritu, idest intellectu. Unde oportuit quod in primo instanti conceptionis corpus Christi esset animatum anima rationali.

AD PRIMUM ergo dicendum quod principium inspirationis animae potest considerari dupliciter. Uno modo, secundum dispositionem corporis. Et sic non ab alio principio inspirata est anima corpori Christi, et corporibus aliorum hominum. Sicut enim statim, formato corpore alterius hominis, infunditur anima, ita fuit in Christo. — Alio modo potest considerari dictum principium solum secundum tempus. Et sic, quia prius tempore formatum fuit perfecte corpus Christi, prius tempore fuit etiam animatum.

AD SECUNDUM dicendum quod anima requirit debitam quantitatem in materia cui infunditur: sed ista quantitas quandam latitudinem habet, quia et in maiori et minori quantitate salvatur. Quantitas autem corporis quam habet cum primo sibi infunditur anima, proportionatur quantitati perfectae ad quam per augmentum perveniet: ita scilicet quod maiorum hominum maiorem quantitatem corpora habent in prima animatione. Christus autem in perfecta aetate habuit decentem et mediocrem quantitatem: cui proportionabatur quantitas quam corpus eius habuit in tempore quo aliorum hominum corpora animantur; minorem tamen habuit in principio suae conceptionis. Sed tamen illa parva quantitas non erat tam parva ut in ea non posset ratio animati corporis conservari: cum in tali quantitate quorundam parvorum hominum corpora animentur.

AD TERTIUM dicendum quod in generatione aliorum hominum locum habet quod dicit Philosophus, propter hoc quod successive corpus formatur et disponitur ad animam: unde primo, tanquam imperfecte dispositum, recipit animam imperfectam; et postmodum, quando perfecte est dispositum, recipit animam perfectam. Sed

RESPONDO. Para poder atribuir a concepção ao próprio Filho de Deus, como confessamos no Símbolo ao dizer "que foi concebido pelo Espírito Santo", é preciso afirmar que o próprio corpo ao ser concebido foi assumido pelo Verbo de Deus. Já se mostrou acima que o Verbo de Deus assumiu o corpo por meio da alma, e a alma por meio do espírito, isto é, o entendimento. Era, pois, necessário que, no primeiro instante da concepção, o corpo de Cristo estivesse animado por uma alma racional.

QUANTO AO 1º, portanto, deve-se dizer que o princípio da infusão da alma pode ser considerado sob dois aspectos. Por um lado, segundo a disposição do corpo. E, nesse sentido, a alma não foi infundida ao corpo de Cristo de maneira diferente do que é infundida aos corpos dos outros homens. Pois, assim como nos outros homens, uma vez formado o corpo lhes é infundida a alma, assim também em Cristo. — De outro modo, esse princípio pode ser considerado unicamente segundo o tempo. Por ter sido formado perfeitamente o corpo de Cristo com anterioridade temporal, também recebeu antes a alma.

QUANTO AO 2º, deve-se dizer que para ser infundida na matéria, a alma requer uma determinada quantidade, mas tal quantidade admite certa variação, pois está inteira em maior ou em menor quantidade. A quantidade que possui o corpo no momento em que lhe é infundida a alma é proporcional à quantidade perfeita que deverá atingir pelo crescimento; por isso, os corpos dos homens que têm maior tamanho possuem maior quantidade quando lhes é infundida a alma. O tamanho de Cristo, em sua idade perfeita, era justo e moderado, proporcional à quantidade que tinha o seu corpo no momento em que são animados os corpos dos outros homens, mas menor no momento de sua concepção. Mas essa quantidade não era tão pequena que não pudesse comportar a razão de um corpo animado, pois nessa quantidade também é infundida a alma nos corpos dos homens de tamanho pequeno.

QUANTO AO 3º, deve-se dizer que na geração dos demais homens acontece o que diz o Filósofo, pois é progressivamente que se forma o corpo e se dispõe para receber a alma: primeiro, por não estar ainda perfeitamente disposto, recebe uma alma imperfeita; depois, quando a sua disposição é perfeita, recebe uma alma perfeita. Mas o corpo

---

6. Apostolorum: DENZ. 6.
7. Q. 6, a. 1, 2.

corpus Christi, propter infinitam virtutem agentis, fuit perfecte dispositum in instanti. Unde statim in primo instanti recepit formam perfectam, idest animam rationalem.

Articulus 3
Utrum caro Christi prius fuerit concepta, et postmodum assumpta

Ad tertium sic proceditur. Videtur quod caro Christi prius fuit concepta, et postmodum assumpta.

1. Quod enim non est, non potest assumi. Sed caro Christi per conceptionem esse incoepit. Ergo videtur quod fuerit assumpta a Verbo Dei postquam fuit concepta.

2. Praeterea, caro Christi fuit assumpta a Verbo Dei mediante anima rationali. Sed in termino conceptionis accepit animam rationalem. Ergo in termino conceptionis fuit assumpta. Sed in termino conceptionis dicitur iam concepta. Ergo prius fuit concepta, et postmodum assumpta.

3. Praeterea, in omni generato prius tempore est id quod est imperfectum, eo quod est perfectum: ut patet per Philosophum, in IX *Metaphys.*[1]. Sed corpus Christi est quiddam generatum. Ergo ad ultimam perfectionem, quae consistit in unione ad Verbum Dei, non statim in primo instanti conceptionis pervenit, sed primo fuit caro concepta, et postmodum assumpta.

Sed contra est quod Augustinus[2] dicit, in libro *de Fide ad Petrum*[3]: *Firmissime tene, et nullatenus dubites carnem Christi non fuisse conceptam in utero Virginis priusquam susciperetur a Verbo.*

de Cristo, por causa da potência infinita da agente, foi perfeitamente disposto num instante. Por isso, no primeiro instante recebeu uma forma perfeita, isto é, a alma racional[b].

Artigo 3
A carne de Cristo foi concebida primeiro e depois assumida?

Quanto ao terceiro, assim se procede: parece que a carne de Cristo **foi** concebida primeiro e depois assumida.

1. Com efeito, o que não existe não pode ser assumido. Ora, a carne de Cristo começou a existir pela concepção. Logo, parece que foi assumida pelo Verbo de Deus depois de ter sido concebida.

2. Além disso, a carne de Cristo foi assumida pelo Verbo de Deus mediante a alma racional. Ora, é no fim da concepção que recebeu a alma racional. Logo, foi assumida no fim da concepção. E, como no fim da concepção já estava concebida, segue-se que primeiro foi concebida e depois assumida.

3. Ademais, em todo ser gerado, temporalmente, antes do que é perfeito, vem primeiro o que é imperfeito, como diz o Filósofo no livro IX da *Metafísica*. Ora, o corpo de Cristo é algo gerado. Logo, não atingiu a última perfeição, que consiste na união com o Verbo de Deus, logo no primeiro instante da concepção, mas primeiro foi concebida a carne e depois assumida.

Em sentido contrário, afirma Agostinho: "Tem como a coisa mais segura e não duvides de modo algum que a carne de Cristo não foi concebida no seio da Virgem antes de ser assumida pelo Verbo".

---

3 Parall.: III *Sent.*, dist. 2, q. 2, a. 3, q.la 1; dist. 3, q. 5, a. 2; *Cont. Gent.* IV, 43.

1. C. 8: 1049, b, 17-29.
2. Fulgentius.
3. C. 18, n. 59: ML 65, 698 D-699 A.

b. Segundo Sto. Tomás, mesmo dotado de identidade e existência próprias, o organismo corporal que tem de tornar-se homem não era desde logo animado por uma alma espiritual. Imaginava-se uma espécie de "transformismo" intra-uterino, uma sucessão de formas ou de almas: um princípio vital vegetativo, depois uma alma animal, e enfim a alma espiritual. Como afirma Sto. Tomás na resposta às objeções do artigo, a alma espiritual só pode ser criada num corpo organizado para ela e, por assim dizer, invocando-a. Não se trata ainda da "coisa" indistinta e, ao que se acreditava, indiferenciada das primeiras semanas da vida humana. A razão pela qual Sto. Tomás não admite que tenha podido existir essa sucessão de almas na formação da humanidade de Jesus é sempre a mesma: o que o Verbo de Deus assume é aquilo mesmo que é concebido. Como admitir que o Verbo de Deus se uniu substancialmente ao que não era humano ainda? — Mas é-nos hoje bem mais fácil pensar que a célula original que traz em si todos os fatores de desenvolvimento do ser já se encontra animada por uma alma espiritual, embora não possa ter os seus atos antes do desenvolvimento dos órgãos superiores. Não seria mais necessário, nesse caso, postular para Cristo a formação repentina de um corpo minúsculo mas organizado com seus membros e órgãos, e por isso capaz de receber imediatamente uma alma espiritual. Podemos compreender que delicadeza pode fazer recuar diante da ideia de que o Verbo encarnado não teria tido desde o primeiro instante de sua encarnação forma humana. Mas ser concebido na carne não é exatamente isso? "Ele aniquilou a si próprio".

RESPONDEO dicendum quod, sicut supra[4] dictum est, proprie dicimus *Deum factum esse hominem*, non autem proprie dicimus quod *homo factus sit Deus*: quia scilicet Deus assumpsit sibi id quod est hominis; non autem praeexstitit id quod est hominis quasi per se subsistens, antequam susciperetur a Verbo. Si autem caro Christi fuisset concepta antequam susciperetur a Verbo, habuisset aliquando aliquam hypostasim praeter hypostasim Verbi Dei. Quod est contra rationem incarnationis, secundum quam ponimus Verbum Dei esse unitum humanae naturae, et omnibus partibus eius, in unitate hypostasis: nec fuit conveniens quod hypostasim praeexistentem humanae naturae, vel alicuius partis eius, Verbum Dei sua assumptione destrueret. Et ideo contra fidem est dicere quod caro Christi prius fuerit concepta, et postmodum assumpta a Verbo Dei.

AD PRIMUM ergo dicendum quod, si caro Christi non fuisset in instanti formata seu concepta, sed per temporis successionem, oporteret alterum duorum sequi: vel quod assumptum nondum esset caro; vel quod prius esset conceptio carnis quam eius assumptio. Sed quia ponimus conceptionem in instanti esse perfectam, consequens est quod in illa carne simul fuit concipi et conceptum esse. Et sic, ut dicit Augustinus, in libro *de Fide ad Petrum*[5], *dicimus ipsum Dei Verbum suae carnis acceptione conceptum, ipsamque carnem Verbi incarnatione conceptam*.

Et per hoc patet responsio AD SECUNDUM. Nam simul dum caro illa concipitur, concepta est et animatur.

AD TERTIUM dicendum quod in mysterio incarnationis non consideratur ascensus, quasi alicuius praeexistentis proficientis usque ad unionis dignitatem: sicut posuit Photinus haereticus[6]. Sed potius ibi consideratur descensus: secundum quod perfectum Dei Verbum imperfectionem naturae nostrae sibi assumpsit; secundum illud Io 6,38-51: *Descendi de caelo*.

RESPONDO. Como já foi visto, é com propriedade que afirmamos que *Deus se fez homem*, mas não afirmamos com propriedade que *o homem se fez Deus*; porque Deus assumiu como próprio o que é do homem, sem que isso preexistisse, como subsistindo por si mesmo, antes de ser tomado pelo Verbo. Mas se a carne de Cristo tivesse sido concebida antes de ter sido tomada pelo Verbo, teria tido em algum momento uma hipóstase diferente da hipóstase do Verbo de Deus. O que contradiz a razão de encarnação, segundo a qual afirmamos que o Verbo de Deus se uniu à natureza humana e a todas suas partes, na unidade da hipóstase. E não convinha que o Verbo de Deus, ao assumir a natureza humana, destruísse a hipóstase preexistente dessa natureza ou de alguma de suas partes. Por isso é contrário à fé dizer que a carne de Cristo foi primeiro concebida e só depois assumida pelo Verbo de Deus[c].

QUANTO AO 1º, portanto, deve-se dizer que se a carne de Cristo não tivesse sido formada ou concebida num instante, mas em tempos sucessivos, dever-se-ia aceitar uma destas duas consequências: ou o que foi assumido ainda não era carne, ou primeiro foi concebida a carne e depois assumida. Mas uma vez que afirmamos que a concepção foi perfeita num instante, segue-se que, nessa carne, o ato da concepção e o estar concebido foram simultâneos. Por isso, segundo Agostinho, "dizemos que o Verbo de Deus em pessoa foi concebido ao receber a sua carne, e que essa mesma carne foi concebida pela encarnação do Verbo".

QUANTO AO 2º, deve-se dizer que com isso se responde também à segunda objeção, porque, ao mesmo tempo que é concebida a carne, se realiza a concepção e a animação.

QUANTO AO 3º, deve-se dizer que no mistério da encarnação não se considera a ascensão, como se fosse de alguém preexistente sendo elevado até a dignidade da união, como afirmava o herege Fotino. Pelo contrário, aí se considera a descida, porque o Verbo de Deus perfeito assumiu como própria a imperfeição de nossa natureza, segundo o que diz o Evangelho de João: "Desci do céu"[d].

---

4. Q. 16, a. 6, 7.
5. Loc. supra cit.: ML 65, 699 A.
6. Cfr. supra, q. 2, a. 11; infra, q. 35, a. 4.

 c. Admirável rigor de raciocínio! Ser concebido, ou engendrado (é o mesmo) é passar a existir como hipóstase independente. E, caso a concepção tivesse precedido a assunção, ou Jesus seria para sempre uma hipóstase diferente da do Verbo. Ou então, para que não seja assim, o Verbo de Deus teria de destruir pela união hipostática a hipóstase humana concebida por Maria. E Maria não seria a mãe do Verbo, mas apenas dessa hipóstase que o Verbo teria substituído.
 d. Antes de ser a ascensão do humano ao divino, a encarnação é a descida do divino ao humano. Fórmula memorável e característica da cristologia de Sto. Tomás. Mas, se Deus desce em direção ao homem, é para elevá-lo para ele. E, se desce

ARTICULUS 4
Utrum conceptio Christi fuerit naturalis

Ad quartum sic proceditur. Videtur quod conceptio Christi fuerit naturalis.

1. Secundum enim conceptionem carnis Christus dicitur Filius Hominis. Est autem verus et naturalis hominis filius: sicut et verus et naturalis Dei Filius. Ergo eius conceptio fuit naturalis.

2. PRAETEREA, nulla creatura producit operationem miraculosam. Sed conceptio Christi attribuitur Beatae Virgini, quae est pura creatura: dicitur enim quod Virgo Christum concepit. Ergo videtur quod non sit miraculosa, sed naturalis conceptio.

3. PRAETEREA, ad hoc quod aliqua transmutatio sit naturalis, sufficit quod principium passivum sit naturale, ut supra[1] habitum est. Sed principium passivum ex parte matris in conceptione Christi fuit naturale, ut ex dictis[2] patet. Ergo conceptio Christi fuit naturalis.

SED CONTRA est quod Dionysius dicit, in Epistola *ad Caium Monachum*[3]: *Super hominem operatur Christus ea quae sunt hominis: et hoc monstrat virgo supernaturaliter concipiens*.

RESPONDEO dicendum quod, sicut Ambrosius dicit, in libro *de Incarnatione*[4], *multa in hoc mysterio et secundum naturam invenies, et ultra naturam*. Si enim consideremus id quod est ex parte materiae conceptus, quam mater ministravit, totum est naturale. Si vero consideremus id quod est ex parte virtutis activae, totum est miraculosum. Et quia unumquodque magis iudicatur secundum formam quam secundum materiam; et similiter secundum agens quam secundum patiens: inde est quod conceptio Christi debet dici simpliciter miraculosa et supernaturalis, sed secundum aliquid naturalis.

AD PRIMUM ergo dicendum quod Christus dicitur naturalis filius hominis inquantum habet naturam humanam veram, per quam est filius hominis, licet eam miraculose habuerit: sicut caecus illuminatus

ARTIGO 4
A concepção de Cristo foi natural?

QUANTO AO QUARTO, ASSIM SE PROCEDE: parece que a concepção de Cristo **foi** natural.

1. Com efeito, Cristo é chamado Filho do Homem por causa da concepção de sua carne. Ora, ele é verdadeiramente filho do homem por natureza, como é também verdadeiramente e por natureza Filho de Deus. Logo, a sua concepção foi natural.

2. ALÉM DISSO, nenhuma criatura realiza uma ação miraculosa. Ora, a concepção de Cristo é atribuída à Bem-aventurada Virgem, que é pura criatura; diz-se pois que a Virgem concebeu a Cristo. Logo, parece que a concepção não foi miraculosa, mas natural.

3. ADEMAIS, para que uma transformação seja natural basta que o princípio passivo seja natural, como foi visto acima. Ora, o princípio passivo por parte da mãe na concepção de Cristo foi natural, como fica claro pelo que foi dito. Logo, a concepção de Cristo foi natural.

EM SENTIDO CONTRÁRIO, diz Dionísio: "Cristo realiza as ações humanas de uma maneira que supera o homem, como mostra a Virgem ao conceber sobrenaturalmente".

RESPONDO. Segundo Ambrósio: "encontrarás muitas coisas neste mistério que são conformes à natureza, e outras que superam a natureza". Se considerarmos a concepção do ponto de vista da matéria fornecida pela mãe, tudo é natural. Mas se a considerarmos do ponto de vista da potência ativa, tudo é miraculoso. Ora, o juízo sobre cada coisa recai mais sobre a forma do que sobre a matéria, isto é, mais sobre o princípio ativo do que sobre o princípio passivo. Por isso, a concepção de Cristo deve ser considerada, absolutamente, miraculosa e sobrenatural, mas natural segundo algum aspecto.

QUANTO AO 1º, portanto, deve-se dizer que Cristo é chamado filho do homem por natureza na medida em que possui uma natureza humana verdadeira, que faz dele um filho de homem, mesmo

---

4   PARALL.: III *Sent.*, dist. 3, q. 2, a. 2.

1. Q. 32, a. 4.
2. Ibid.
3. Epist. 4: MG 3, 1072 B.
4. C. 6, n. 54: ML 16, 832 B.

---

até a morte humana, é para elevar a humanidade a ele a partir da morte humana e do pecado humano. A primeira criatura na qual esse movimento de assunção foi operado foi Maria.

videt naturaliter per potentiam visivam quam miraculose accepit.

AD SECUNDUM dicendum quod conceptio attribuitur Beatae Virgini, non tanquam principio activo, sed quia ministravit materiam conceptui, et in eius utero est conceptio celebrata.

AD TERTIUM dicendum quod principium passivum naturale sufficit ad transmutationem naturalem quando naturali et consueto modo movetur a principio activo proprio. Sed hoc in proposito non habet locum. Et ideo conceptio illa non potest dici simpliciter naturalis.

que a tenha recebido de modo miraculoso. Como, por exemplo, um cego que recupera a vista, vê naturalmente por uma potência visiva, recuperada miraculosamente.

QUANTO AO 2º, deve-se dizer que a concepção é atribuída à bem-aventurada Virgem não porque ela tenha sido o princípio ativo, mas porque forneceu a matéria para uma concepção que teve lugar em seu seio.

QUANTO AO 3º, deve-se dizer que o princípio passivo natural é suficiente para uma transformação natural quando é movido, de modo natural e ordinário, por um princípio ativo próprio. Mas não é este o caso. Portanto, aquela concepção não pode ser considerada absolutamente, natural.

QUAESTIO XXXIV
DE PERFECTIONE PROLIS CONCEPTAE
in quatuor articulos divisa
Deinde considerandum est de perfectione prolis conceptae.
Et circa hoc quaeruntur quatuor.
Primo: utrum in primo instanti conceptionis Christus fuerit sanctificatus per gratiam.
Secundo: utrum in eodem instanti habuerit usum liberi arbitrii.
Tertio: utrum in eodem instanti potuerit mereri.
Quarto: utrum in eodem instanti fuerit plene comprehensor.

QUESTÃO 34
A PERFEIÇÃO DA PROLE CONCEBIDA[a]
em quatro artigos
Em seguida, deve-se considerar a perfeição da prole concebida.
Sobre isso são quatro as perguntas:
1. Cristo foi santificado pela graça no primeiro instante de sua concepção?
2. Teve o uso do livre-arbítrio desde o mesmo instante?
3. Pôde merecer desde o primeiro instante?
4. Foi plenamente possuidor da visão beatífica nesse mesmo instante?

ARTICULUS 1
Utrum Christus fuerit sanctificatus in primo instanti suae conceptionis

AD PRIMUM SIC PROCEDITUR. Videtur quod Christus non fuerit sanctificatus in primo instanti suae conceptionis.
1. Dicitur enim 1Cor 15,46: *Non prius quod spirituale est, sed quod animale: deinde quod spirituale.* Sed sanctificatio gratiae pertinet ad spiritualitatem. Non ergo statim a principio suae conceptionis Christus percepit gratiam sanctificationis, sed post aliquod spatium temporis.

ARTIGO 1
Cristo foi santificado no primeiro instante de sua concepção?

QUANTO AO PRIMEIRO ARTIGO, ASSIM SE PROCEDE: parece que Cristo **não** foi santificado no primeiro instante de sua concepção.
1. Com efeito, segundo a primeira Carta aos Coríntios, "o que existe primeiro é o animal, não o espiritual; este vem depois". Ora, a santificação da graça pertence ao estado espiritual. Logo, Cristo não recebeu a graça da santificação logo no início de sua concepção, mas depois de um certo tempo.

1 PARALL.: III *Sent.*, dist. 3, q. 5, a. 3.

a. O título da questão exprime o partido adotado por Sto. Tomás: o de ver a perfeição total, pelo menos de sabedoria e de graça, realizar-se na humanidade sensível e mortal de Cristo, e isso desde o primeiro instante de sua existência terrestre.

2. Praeterea, sanctificatio videtur esse a peccato: secundum illud 1Cor 6,11: *Et hoc quidem fuistis aliquando*, scilicet peccatores, *sed abluti estis, sed sanctificati estis*. Sed in Christo nunquam fuit peccatum. Ergo non convenit sibi sanctificari per gratiam.

3. Praeterea, sicut per Verbum Dei *omnia facta sunt*, ita per Verbum incarnatum sunt omnes homines sanctificati qui sanctificantur: Hb 2,11: *Qui sanctificat et qui sanctificantur ex uno omnes*. Sed *Verbum Dei, per quod facta sunt omnia, non est factum*: ut Augustinus dicit, in I *de Trin.*[1]. Ergo Christus, per quem sanctificantur omnes non est sanctificatus.

Sed contra est quod dicitur Lc 1,35: *Quod ex te nascetur sanctum, vocabitur Filius Dei.* Et Io 10,36: *Quem Pater sanctificavit et misit in mundum*.

Respondeo dicendum quod, sicut supra[2] dictum est, abundantia gratiae sanctificantis animam Christi derivatur ex ipsa Verbi unione: secundum illud Io 1,14: *Vidimus gloriam eius quasi Unigeniti a Patre, plenum gratiae et veritatis*. Ostensum est autem supra[3] quod in primo instanti conceptionis corpus Christi animatum fuit et a Verbo Dei assumptum. Unde consequens est quod in primo instanti conceptionis Christus habuit plenitudinem gratiae sanctificantis animam et corpus eius.

Ad primum ergo dicendum quod ille ordo quem ponit ibi Apostolus, pertinet ad eos qui per profectum ad spiritualem statum perveniunt. In mysterio autem incarnationis magis consideratur descensus divinae plenitudinis in naturam humanam, quam profectus humanae naturae, quasi praeexistentis, in Deum. Et ideo in homine Christo a principio fuit perfecta spiritualitas.

Ad secundum dicendum quod sanctificari est aliquid *fieri sanctum*. Fit autem aliquid non solum ex contrario, sed etiam ex negative vel privative opposito: sicut album fit ex nigro, et etiam ex non

2. Além disso, a santificação diz respeito ao pecado, como está escrito na primeira Carta aos Coríntios: "E é isso que vós éreis outrora, isto é, pecadores, mas fostes lavados, fostes santificados". Ora, Cristo nunca teve pecado. Logo, não era conveniente que fosse santificado pela graça.

3. Ademais, assim como *tudo foi feito* pelo Verbo de Deus, assim também todos os homens que são santificados recebem a santificação pelo Verbo encarnado, como diz a Carta aos Hebreus: "O santificador e os santificados têm todos a mesma origem". Mas, segundo Agostinho, "o Verbo de Deus, pelo qual tudo foi feito, não foi feito". Logo, Cristo, pelo qual todos são santificados, não foi ele mesmo santificado.

Em sentido contrário, nos diz o Evangelho de Lucas: "Aquele que vai nascer de ti será santo e será chamado Filho de Deus". E o Evangelho de João: "Aquele a quem o Pai santificou e enviou ao mundo".

Respondo. Já foi dito antes que a abundância da graça santificante na alma de Cristo provém da mesma união com o Verbo, como diz o Evangelho de João: "E vimos a sua glória que ele tem da parte do Pai, como Filho único, cheio de graça e de verdade". Ora, foi acima demonstrado que o corpo de Cristo recebeu uma alma e foi assumido pelo Verbo de Deus no primeiro instante de sua concepção. Daí se segue que Cristo teve a plenitude da graça que santificou a sua alma e o seu corpo, no primeiro instante de sua concepção[b].

Quanto ao 1º, portanto, deve-se dizer que a ordem a que alude o Apóstolo diz respeito aos que progredindo chegam a um estado espiritual. Mas no mistério da encarnação é levada em conta mais a descida da plenitude divina à natureza humana do que o crescimento até Deus de uma natureza humana quase preexistente. Por isso, a espiritualidade do homem Cristo foi perfeita desde o início[c].

Quanto ao 2º, deve-se dizer que a santificação consiste em que algo *se torna santo*. Ora, uma coisa se torna algo não só a partir do seu contrário, mas também do seu oposto, por negação

---

1. C. 6, n. 9; l. IV, c. 1, n. 3: ML 42, 825, 888.
2. Q. 7, a. 9, 10, *sed c*; a. 12 c et ad 2.
3. Q. 33, a. 2, 3.

b. A plenitude da graça e da sabedoria na alma de Cristo são inseparáveis da união hipostática. Esta se realizando desde o primeiro instante, o mesmo deve valer para a santidade e a sabedoria. Só a derivação dessa plenitude na psicologia humana de Cristo deverá depender dos acréscimos dessa psicologia e das circunstâncias exteriores, e não da graça.

c. Sim, haverá uma prodigiosa ascensão da natureza humana, e até no ser de Cristo enquanto efetuada "na carne" frágil, mas a partir dele em todos os seres do universo. Mas o princípio ativo dessa "divinização" progressiva será a plenitude do divino na alma de Jesus.

albo. Nos autem ex peccatoribus sancti efficimur: et ita sanctificatio nostra est ex peccato. Sed Christus quidem, secundum hominem, factus est sanctus, quia hanc gratiae sanctitatem non semper habuit: non tamen factus est sanctus ex peccatore, quia peccatum nunquam habuit; sed factus est sanctus ex non sancto secundum hominem, non quidem privative, ut scilicet aliquando fuerit homo et non fuerit sanctus, sed negative, quia scilicet, quando non fuit homo, non habuit sanctitatem humanam. Et ideo simul factus fuit homo et sanctus homo. Propter quod Angelus dixit, Lc 1: *Quod nascetur ex te sanctum*. Quod exponens Gregorius, XVIII *Moral*.[4], dicit: *Ad distinctionem nostrae sanctitatis, Iesus sanctus nasciturus asseritur. Nos quippe, si sancti efficimur, non tamen nascimur: quia ipsa naturae corruptibilis conditione constringimur. Ille autem solus veraciter sanctus natus est, qui ex coniunctione carnalis copulae conceptus non est.*

AD TERTIUM dicendum quod aliter operatur Pater creationem rerum per Filium, aliter tota Trinitas sanctificationem hominum per hominem Christum. Nam Verbum Dei est eiusdem virtutis et operationis cum Deo Patre: unde Pater non operatur per Filium sicut per instrumentum, quod movet motum. Humanitas autem Christi est sicut *instrumentum divinitatis*, sicut supra[5] dictum est. Et ideo humanitas Christi est sanctificans et sanctificata.

ou privação; por exemplo, a cor branca se faz a partir do preto ou de outra cor não-branca. Nós, de pecadores nos tornamos santos; é nesse sentido que a nossa santificação parte do pecado. Mas Cristo, enquanto homem, tornou-se santo porque não possuiu sempre esta santidade da graça; mas não se tornou santo por ser pecador, já que nunca teve pecado. Cristo tornou-se santo porque, como homem, era não santo; não no sentido de privação, isto é, como se em algum momento tivesse sido homem sem ser santo, mas no sentido de negação, isto é, porque quando não era homem não tinha a santidade humana. Por isso tornou-se, ao mesmo tempo, homem e santo. Eis por que o anjo disse: "Aquele que vai nascer de ti será santo". E Gregório comenta: "Para distinguir a santidade de Jesus da nossa afirma-se que ele nascerá santo; nós, porém, nos tornamos, mas não nascemos santos, porque estamos sujeitos à condição de uma natureza corruptível. Mas ele é o único que verdadeiramente nasceu santo, porque não foi concebido pela união carnal.

QUANTO AO 3º, deve-se dizer que é diferente o modo de o Pai realizar a criação das coisas por meio do Filho do modo de a Trindade realizar a santificação dos homens por meio do homem Cristo. Porque o Verbo de Deus tem a mesma potência e capacidade de agir que Deus Pai; por isso, o Pai não age pelo Filho como por meio de um instrumento que move ao ser movido. Já a humanidade de Cristo é como um *instrumento da divindade*, como foi dito acima. Por isso, a humanidade de Cristo é santificadora e santificada.

ARTICULUS 2

Utrum Christus, secundum hominem, habuerit usum liberi arbitrii in primo instanti suae conceptionis

AD SECUNDUM SIC PROCEDITUR. Videtur quod Christus, secundum hominem, non habuerit usum liberi arbitrii in primo instanti suae conceptionis.
1. Prius est enim esse rei quam agere vel operari. Usum autem liberi arbitrii est quaedam operatio. Cum ergo anima Christi esse incoeperit in primo instanti conceptionis, ut ex praedictis[1] patet;

ARTIGO 2

Cristo, enquanto homem, teve o uso do livre-arbítrio no primeiro instante de sua concepção?

QUANTO AO SEGUNDO, ASSIM SE PROCEDE: parece que Cristo, enquanto homem, **não** teve o uso do livre-arbítrio no primeiro instante de sua concepção.
1. Com efeito, o existir é anterior ao agir ou operar. Ora, o uso do livre-arbítrio é uma operação. Logo, dado que a alma de Cristo começou a existir no primeiro instante de sua concepção, como ficou

---

4. C. 52, al. 27, in vet. 35, n. 84: ML 76, 89 B.
5. Q. 2, a. 6, 4 a; q. 7, a. 1, ad 3; q. 8, a. 1, ad 1; q. 18, a. 1, ad 2.

PARALL.: *De Verit.*, q. 29, a. 8.

1. Q. 33, a. 2.

videtur esse impossibile quod in primo instanti conceptionis habuit usum liberi arbitrii.

2. Praeterea, usus liberi arbitrii est electio. Electio autem praesupponit deliberationem consilii: dicit enim Philosophus, in III *Ethic*.[2], quod electio est *appetitus praeconsiliati*. Ergo videtur impossibile quod in primo instanti suae conceptionis Christus habuerit usum liberi arbitrii.

3. Praeterea, liberum arbitrium est *facultas voluntatis et rationis*, ut in Prima Parte[3] habitum est: et ita usus liberi arbitrii est actus voluntatis et rationis, sive intellectus. Sed actus intellectus praesupponit actum sensus: qui esse non potest sine convenientia organorum, quae non videtur fuisse in primo instanti conceptionis Christi. Ergo videtur quod Christus non potuerit habere usum liberi arbitrii in primo instanti suae conceptionis.

Sed contra est quod Augustinus dicit, in libro *de Trin*.[4]: *Mox ut Verbum venit in uterum, servata veritate propriae naturae, factum est caro et perfectus homo*. Sed perfectus homo habet usum liberi arbitrii. Ergo Christus habuit in primo instanti suae conceptionis usum liberi arbitrii.

Respondeo dicendum quod, sicut supra[5] dictum est, naturae humanae quam Christus assumpsit, convenit spiritualis perfectio, in quam non profecit, sed eam statim a principio habuit. Perfectio autem ultima non consistit in potentia vel in habitu, sed in operatione: unde in II *de Anima*[6] dicitur quod operatio est *actus secundus*. Et ideo dicendum est quod Christus in primo instanti suae conceptionis habuit illam operationem animae quae potest in instanti haberi. Talis autem est operatio voluntatis et intellectus, in qua consistit usus liberi arbitrii. Subito enim et in instanti perficitur operatio intellectus et voluntatis, multo magis quam visio corporalis: eo quod intelligere, velle et sentire non est motus qui sit *actus imperfecti*, quod successive perficitur; sed est *actus iam perfecti*, ut dicitur in III *de Anima*[7]. Et ideo dicendum est quod Christus in primo instanti suae conceptionis habuit usum liberi arbitrii.

claro acima, parece impossível que tivesse o uso do livre-arbítrio no primeiro instante da concepção.

2. Além disso, o uso do livre-arbítrio é a escolha. Ora, a escolha pressupõe uma deliberação ponderada. Por isso diz o Filósofo, no livro III da *Ética*, que a eleição é *um desejo previamente deliberado*. Logo, parece impossível que Cristo possuísse o uso do livre-arbítrio desde o primeiro instante de sua concepção.

3. Ademais, o livre-arbítrio é uma faculdade da vontade e da razão, como foi provado na I Parte. Assim, o uso do livre-arbítrio é um ato da vontade e da razão, ou do intelecto. Ora, o ato do intelecto pressupõe o ato dos sentidos, os quais não podem existir sem a harmonia dos órgãos; e essa harmonia não parece ter existido no primeiro instante da concepção de Cristo. Logo, parece que Cristo não poderia ter o uso do livre-arbítrio no primeiro instante da sua concepção.

Em sentido contrário, está a afirmação de Agostinho: "A partir do momento em que o Verbo entrou no seio, tornou-se carne e homem perfeito, mantendo a verdade da própria natureza". Ora, o homem perfeito possui o uso do livre-arbítrio. Logo, Cristo teve uso do livre-arbítrio no primeiro instante da sua concepção.

Respondo. Como foi dito acima, à natureza humana assumida por Cristo convinha uma perfeição espiritual não adquirida progressivamente, mas possuída logo desde o início. Ora, a perfeição última não consiste na potência nem no hábito, mas na operação; por isso o livro II da *Alma*, chama a operação *ato segundo*. Portanto, deve-se dizer que Cristo, no primeiro instante de sua concepção, teve a operação da alma que pode ser possuída no instante. Esta é a operação da vontade e do intelecto, na qual consiste o uso do livre-arbítrio. Com efeito, a operação do intelecto e da vontade se realiza de repente e num único instante, muito melhor do que a visão corporal, pois conhecer, querer e sentir não são um movimento como *ato de algo imperfeito*, que se realiza de maneira sucessiva, mas é *ato de algo já perfeito*, como diz o livro III da *Alma*. Por isso deve-se afirmar que Cristo teve o uso do livre-arbítrio no primeiro instante de sua concepção.

---

2. C. 4: 1112, a, 15-16.
3. Q. 83, a. 2, 2 a.
4. Cfr. Aug., *De Trin*., l. XIII, c. 17, n. 22: ML 42, 1031; *Enchir*., c. 36, n. 11: ML 40, 250; *Contra serm. Arian*., c. 8, n. 6: ML 42, 688.
5. A. 1.
6. C. 1: 412, a, 22-28.
7. C. 7: 431, a, 6-7.

AD PRIMUM ergo dicendum quod esse est prius natura quam agere: non tamen est prius tempore, sed, simul cum agens habet esse perfectum, incipit agere, nisi sit aliquid impediens. Sicut ignis, simul cum generatur, incipit calefacere et illuminare. Sed calefactio non terminatur in instanti, sed per temporis successionem: illuminatio autem perficitur in instanti. Et talis operatio est usus liberi arbitrii, ut dictum est[8].

AD SECUNDUM dicendum quod, simul cum terminatur consilium vel deliberatio, potest esse electio. Illi autem qui deliberatione consilii indigent, in ipsa terminatione consilii primo habent certitudinem de eligendis: et ideo statim eligunt. Ex quo patet quod deliberatio consilii non praeexigitur ad electionem nisi propter inquisitionem incerti. Christus autem in primo instanti suae conceptionis, sicut habuit plenitudinem gratiae iustificantis, ita habuit plenitudinem veritatis cognitae: secundum illud: *plenum gratiae et veritatis*. Unde, quasi habens omnium certitudinem, potuit statim in instanti eligere.

AD TERTIUM dicendum quod intellectus Christi, secundum scientiam infusam, poterat intelligere etiam non convertendo se ad phantasmata, ut supra[9] habitum est. Unde poterat in eo esse operatio voluntatis et intellectus absque operatione sensus.

Sed tamen potuit in eo esse etiam operatio sensus in primo instanti suae conceptionis: maxime quantum ad sensum tactus, quo sensu proles concepta sentit in matre etiam antequam animam rationalem obtineat, ut dicitur in libro *de Generat. Animal.*[10]. Unde, cum Christus in primo instanti suae conceptionis habuit animam rationalem, formato iam et organizato corpore eius, multo magis in eodem instanti poterat habere operationem sensus tactus.

QUANTO AO 1º, portanto, deve-se dizer que o existir é anterior ao agir por natureza, mas não é anterior no tempo. No mesmo momento em que o agente alcança a perfeição de seu existir, começa a agir, a não ser que haja algum obstáculo. Por exemplo, o fogo, no momento em que é produzido, começa a esquentar e a iluminar; mas o efeito de esquentar não é instantâneo, mas progressivo, enquanto a iluminação é instantânea. Assim é o uso do livre-arbítrio, como foi dito.

QUANTO AO 2º, deve-se dizer que a eleição acontece no momento em que terminam a consideração e a deliberação. Aqueles que precisam de uma deliberação ponderada, uma vez terminada a deliberação, fazem a sua opção, porque têm certeza do que deve ser escolhido. Isso mostra que a deliberação ponderada não é um requisito prévio para a eleição a não ser para examinar o que é incerto. Mas Cristo, no primeiro instante de sua concepção, assim como possuía a plenitude da graça justificante, possuía também a plenitude da verdade conhecida, segundo o que diz o Evangelho de João: "Cheio de graça e de verdade". Portanto, possuindo certeza sobre todas as coisas, podia escolher num instante.

QUANTO AO 3º, deve-se dizer que o intelecto de Cristo, por ter a ciência infusa, podia compreender mesmo sem se voltar para as representações imaginárias, como já foi mostrado. É por isso que nele era possível uma operação da vontade e do intelecto sem a ação dos sentidos.

Mas pôde haver nele também uma operação dos sentidos no primeiro instante de sua concepção, sobretudo no que diz respeito ao sentido do tato, pelo qual a prole concebida sente no seio da mãe, mesmo antes de possuir a alma racional, como diz o livro da *Geração dos Animais*. Daí que, por ter Cristo alma racional no primeiro instante de sua concepção, uma vez que possuía um corpo já formado e dotado de seus órgãos, com mais razão pôde ter, no mesmo instante, a operação do sentido do tato[d].

---

8. In corp. — Cfr. I-II, q. 113, a. 7, ad 4.
9. Q. 11, a. 2.
10. L. II, c. 3: 736, b, 1-5.

d. Numa alma plena desde sua criação, como os anjos, de ciência infusa, o primeiro ato do livre-arbítrio poderá prescindir de imagens e de contato com o mundo exterior. No entanto, Tomás prefere aqui apelar ao sentido do tato, e por conseguinte a um conhecimento mais humano, para explicar o primeiro ato de liberdade de Cristo. Ele antecipa curiosamente a atenção que hoje se dá à experiência sensível do feto no ventre da mãe.

Articulus 3
Utrum Christus in primo instanti suae conceptionis mereri potuerit

AD TERTIUM SIC PROCEDITUR. Videtur quod Christus in primo instanti suae conceptionis mereri non potuerit.

1. Sicut enim se habet liberum arbitrium ad merendum, ita ad demerendum. Sed diabolus in primo instanti suae creationis non potuit peccare: ut in Prima Parte[1] habitum est. Ergo neque anima Christi in primo instanti suae creationis, quod fuit primum instans conceptionis Christi, potuit mereri.

2. PRAETEREA, illud quod homo habet in primo instanti suae conceptionis, videtur ei esse naturale: quia hoc est ad quod terminatur sua generatio naturalis. Sed naturalibus non merentur: ut patet ex his quae dicta sunt in Secunda Parte[2]. Ergo videtur quod usus liberi arbitrii quem Christus habuit secundum hominem in primo instanti suae conceptionis, non fuerit meritorius.

3. PRAETEREA, illud quod semel aliquis meruit, iam facit quodammodo suum, et ita non videtur quod iterum possit illud idem mereri: quia nullus meretur quod suum est. Si ergo Christus in primo instanti suae conceptionis meruit, sequitur quod postea nihil meruit. Quod patet esse falsum. Non ergo Christus in primo instanti suae conceptionis meruit.

SED CONTRA est quod Augustinus[3] dicit, *super Exod.*[4]: *Non habuit omnino Christus, iuxta animae meritum, quo potuisset proficere*. Potuisset autem proficere in merito si in primo instanti suae conceptionis non meruisset. Ergo in primo instanti suae conceptionis meruit Christus.

RESPONDEO dicendum quod, sicut supra[5] dictum est, Christus in primo instanti conceptionis suae sanctificatus fuit per gratiam. Est autem duplex sanctificatio: una quidem adultorum, qui secundum proprium actum sanctificantur; alia autem puerorum, qui non sanctificantur secundum proprium actum fidei, sed secundum fidem parentum vel Ecclesiae. Prima autem sanctificatio est perfectior quam secunda: sicut actus est perfectior quam habitus; et *quod est per se, eo quod est per*

Artigo 3
Pôde Cristo merecer no primeiro instante de sua concepção?

QUANTO AO TERCEIRO, ASSIM SE PROCEDE: parece que Cristo **não** pôde merecer no primeiro instante de sua concepção.

1. Com efeito, a relação do livre-arbítrio com o mérito e com o demérito é a mesma. Ora, o demônio, no primeiro instante de sua criação, não pôde pecar, como foi mostrado na I Parte. Logo, também a alma de Cristo não pôde merecer no primeiro instante de sua criação, que foi o primeiro instante de sua concepção.

2. ALÉM DISSO, o que o homem possui no primeiro instante de sua concepção é algo que lhe é natural, pois esse é o término de sua geração natural. Ora, na II Parte foi mostrado que não há nenhum mérito no que é natural. Logo, parece que o uso do livre-arbítrio que, enquanto homem, Cristo teve no primeiro instante de sua concepção, não foi meritório.

3. ADEMAIS, o que alguma vez alguém mereceu torna-se, de alguma maneira, algo próprio; e, nesse sentido, parece que não pode de novo ser merecido, pois ninguém merece o que é seu. Se Cristo mereceu no primeiro instante de sua concepção, segue-se que depois não pôde merecer mais nada; coisa manifestamente falsa. Portanto, Cristo não mereceu no primeiro instante de sua concepção.

EM SENTIDO CONTRÁRIO, afirma Agostinho: "Cristo não tinha, de modo algum, como crescer no mérito da alma". Mas teria podido progredir no mérito se não tivesse merecido no primeiro instante de sua concepção. Logo Cristo não mereceu no primeiro instante de sua concepção.

RESPONDO. Como foi dito acima, Cristo foi santificado pela graça no primeiro instante de sua concepção. Mas há uma dupla santificação: a dos adultos, que se santificam pelos próprios atos e a das crianças, que não se santificam pelos próprios atos de fé, mas segundo a fé dos pais ou da Igreja. A primeira santificação é mais perfeita do que a segunda, como o ato é mais perfeito do que o hábito, e *o que é por si é mais do que o que é por outro*. Portanto, tendo sido a santificação de

---

3   PARALL.: III *Sent.*, dist. 18, a. 3; *De Verit.*, q. 29, art. 8.

1. Q. 63, a. 5.
2. I-II, q. 109, a. 5; q. 114, a. 2.
3. Paterius.
4. *Exposit. Vet. et N. Test.*, super *Exod.*, c. 40: ML 79, 740 C.
5. A. 1.

aliud. Cum ergo sanctificatio Christi fuerit perfectissima, quia sic sanctificatus est ut esset aliorum sanctificator; consequens est quod ipse secundum proprium motum liberi arbitrii in Deum fuerit sanctificatus. Qui quidem motus liberi arbitrii est meritorius. Unde consequens est quod in primo instanti suae conceptionis Christus meruerit.

AD PRIMUM ergo dicendum quod liberum arbitrium non eodem modo se habet ad bonum et ad malum: nam ad bonum se habet per se et naturaliter; ad malum autem se habet per modum defectus, et praeter naturam. Sicut autem Philosophus dicit, in II *de Caelo*[6], *posterius est quod est praeter naturam, eo quod est secundum naturam: quia id quod est praeter naturam, est quaedam excisio ab eo quod est secundum naturam*. Et ideo liberum arbitrium creaturae in primo instanti creationis potest moveri ad bonum merendo, non autem ad malum peccando: si tamen natura sit integra.

AD SECUNDUM dicendum quod id quod homo habet in principio suae creationis secundum communem naturae cursum, est homini naturale: nihil tamen prohibet quin aliqua creatura in principio suae creationis aliquod beneficium gratiae a Deo consequatur. Et hoc modo anima Christi in principio suae creationis consecuta est gratiam, qua posset mereri. Et ea ratione gratia illa, secundum quandam similitudinem, dicitur fuisse illi homini naturalis: ut patet per Augustinum, in *Enchirid*.[7].

AD TERTIUM dicendum quod nihil prohibet idem esse alicuius ex diversis causis. Et secundum hoc, Christus gloriam immortalitatis, quam meruit in primo instanti suae conceptionis, potuit etiam posterioribus actibus et passionibus mereri: non quidem ut esset sibi magis debita; sed ut sibi ex pluribus causis deberetur.

Cristo perfeitíssima, pois ele foi santificado para santificar a outros, segue-se que foi santificado segundo o próprio movimento do livre-arbítrio para Deus. E esse movimento do livre-arbítrio é meritório. Por isso, Cristo mereceu no primeiro instante de sua concepção[e].

QUANTO AO 1º, portanto, deve-se dizer que não é a mesma a relação do livre-arbítrio com o bem e com o mal: a relação com o bem é por si mesma e natural; com o mal se relaciona por defeito e contra a natureza. E, como diz o Filósofo no livro II do *Céu*: "O que é contra a natureza é posterior ao que lhe é conforme, pois o que é contra a natureza é uma certa ruptura com o que lhe é conforme". Por isso, o livre-arbítrio da criatura, desde o primeiro instante de sua criação, pode ser impelido ao bem, merecendo, e não ao mal, pecando, desde que haja integridade da natureza.

QUANTO AO 2º, deve-se dizer que é natural ao homem o que ele possui no princípio de sua criação, dentro do curso ordinário da natureza. Nada impede, contudo, que uma criatura, no princípio de sua criação, obtenha de Deus algum benefício da graça. Foi assim que a alma de Cristo, no princípio de sua criação, alcançou a graça de poder merecer. Por essa razão podemos dizer que, por uma certa semelhança, tal graça foi natural àquele homem, como deixa claro Agostinho.

QUANTO AO 3º, deve-se dizer que nada impede que uma coisa possa pertencer a alguém por motivos diferentes. Assim, a glória da imortalidade que Cristo mereceu no primeiro instante de sua concepção pôde merecê-la também com as suas ações e padecimentos posteriores; não como se tivesse maiores direitos, mas porque lhe era devida por diversos motivos.

ARTICULUS 4

Utrum Christus fuerit perfectus comprehensor in primo instanti suae conceptionis

AD QUARTUM SIC PROCEDITUR. Videtur quod Christus non fuerit perfectus comprehensor in primo instanti suae conceptionis.

ARTIGO 4

Cristo foi perfeitamente possuidor da visão beatífica no primeiro instante de sua concepção?

QUANTO AO QUARTO, ASSIM SE PROCEDE: parece que Cristo **não** foi perfeitamente possuidor da visão beatífica no primeiro instante de sua concepção.

---

6. C. 3: 286, a, 18-20.
7. C. 40: ML 40, 252. — Cfr. supra, q. 2, a. 12.

4   PARALL.: Infra, q. 49, a. 6, ad 3; I-II, q. 5, a. 7, ad 2.

e. Deve-se compreender bem o que significa esta frase: "Cristo foi santificado segundo o próprio movimento de seu livre-arbítrio". O que queria dizer Sto. Tomás? Que ele mereceu sua santificação em virtude de um ato humano? Mas como

1. Meritum enim praecedit praemium: sicut et culpa poenam. Sed Christus in primo instanti suae conceptionis meruit, sicut dictum est[1]. Cum ergo status comprehensoris sit principale praemium, videtur quod Christus in primo instanti suae conceptionis non fuerit comprehensor.

2. PRAETEREA, Dominus dicit, Lc 24,26: *Haec oportuit Christum pati, et ita intrare in gloriam suam.* Sed gloria pertinet ad statum comprehensionis. Ergo Christus non fuit in statu comprehensoris in primo instanti suae conceptionis, quando adhuc nullam sustinuit passionem.

3. PRAETEREA, illud quod non convenit nec homini nec angelo, videtur esse proprium Deo: et ita non convenit Christo secundum quod homo. Sed semper esse beatum non convenit nec homini nec angelo: si enim fuissent conditi beati, postmodum non peccassent. Ergo Christus, secundum quod homo, non fuit beatus in primo instanti suae conceptionis.

SED CONTRA est quod dicitur in Ps 64,5: *Beatus quem elegisti et assumpsisti*: quod, secundum Glossa[2], refertur ad humanam naturam Christi, quae *assumpta est a Verbo Dei in unitatem personae*. Sed in primo instanti conceptionis fuit assumpta humana natura a Verbo Dei. Ergo in primo instanti suae conceptionis Christus, secundum quod homo, fuit beatus. Quod est esse comprehensorem.

RESPONDEO dicendum quod, sicut ex dictis[3] patet, non fuit conveniens ut Christus in sua conceptione acciperet gratiam habitualem tantum absque actu. Accepit autem gratiam *non ad mensuram*, ut supra[4] habitum est. Gratia autem viatoris, cum sit deficiens a gratia comprehensoris, habet mensuram minorem respectu comprehensoris. Unde manifestum est quod Christum in primo instanti suae conceptionis accepit non solum tantam gratiam quantam comprehensores habent, sed etiam omnibus comprehensoribus maiorem. Et quia gratia

1. Com efeito, o mérito precede o prêmio, como a culpa a pena. Ora, Cristo mereceu no primeiro instante de sua concepção, como foi dito. Ora, como o estado do possuidor da visão beatífica é o prêmio principal, parece que Cristo não possuiu a visão beatífica no primeiro instante de sua concepção.

2. ALÉM DISSO, diz o Senhor no Evangelho de Lucas: "Foi necessário que Cristo sofresse e assim entrasse na sua glória". Ora, a glória pertence ao estado da visão beatífica. Logo, Cristo não teve o estado de possuidor da visão beatífica no primeiro instante de sua concepção, quando ainda não tinha padecido nada.

3. ADEMAIS, o que não convém ao homem nem ao anjo parece ser próprio de Deus, e, por isso, não cabe a Cristo enquanto homem. Ora, ser sempre bem-aventurado não convém nem ao homem nem ao anjo, porque se tivessem sido criados na bem-aventurança não teriam pecado depois. Logo, Cristo, enquanto homem, não foi bem-aventurado no primeiro instante de sua concepção.

EM SENTIDO CONTRÁRIO, a afirmação do Salmo 64: "Bem-aventurado aquele que escolheste e assumiste" é aplicada pela Glosa à natureza humana de Cristo, *assumida pelo Verbo de Deus na unidade da pessoa*. Ora, a natureza humana foi assumida pelo Verbo de Deus no primeiro instante de sua concepção. Logo Cristo, enquanto homem, foi bem-aventurado no primeiro instante de sua concepção. Isso é possuir a visão beatífica.

RESPONDO. Como fica claro pelo que acima foi dito, não convinha que Cristo, em sua concepção, recebesse só a graça habitual sem exercê-la em ato. Ele recebeu a graça *sem medida*, como foi antes mostrado. Mas a graça daquele que está a caminho não chega à medida da graça de quem possui a visão beatífica e, por isso é menor. Por conseguinte, é evidente que Cristo recebeu no primeiro instante de sua concepção não só a mesma graça que têm os que possuem a visão beatífica, mas ainda maior do que a de todos eles. E dado

---

1. A. praec.
2. Ordin.: ML 113, 936 D; LOMBARDI: ML 191, 584 B.
3. A. praec.
4. Q. 7, a. 11.

---

poderia ser meritório esse ato, se não era inspirado pela graça? Que o primeiro ato livre de Cristo seja meritório, não há dúvida. Que o dom da graça, inseparável da união hipostática em si mesma, preceda e inspire esse primeiro ato, não há dúvida sobre isso também. — É preciso compreender Sto. Tomás pelo que ele acaba de dizer sobre a santificação dos adultos, que se santificaram devido a seu próprio ato de fé. Não que a fé mereça a santificação pura e simplesmente, mas ela acolhe, consente, e a graça então inspira ao livre-arbítrio o ato meritório de caridade. O mesmo vale para Cristo: "No princípio de sua criação, recebeu a graça que permite merecer" (sol. 2). E o primeiro ato dessa graça é um ato de acolhida e consentimento plenos ao que lhe é dado. Mas, diferentemente de nosso ato de fé, ele é imediatamente perfeito e meritório. E não podemos dizer também que ele se torna "digno" da plenitude de seus dons?

illa non fuit sine actu, consequens est quod actu fuit comprehensor, videndo Deum per essentiam clarius ceteris creaturis.

AD PRIMUM ergo dicendum quod, sicut supra[5] dictum est, Christus non meruit gloriam animae, secundum quam dicitur comprehensor: sed gloriam corporis, ad quam per suam passionem pervenit.

Unde patet responsio AD SECUNDUM.

AD TERTIUM dicendum quod Christus, ex hoc quod fuit Deus et homo, etiam in sua humanitate habuit aliquid prae ceteris creaturis: ut scilicet statim a principio esset beatus.

que esta graça não existiu sem ser exercida em ato, segue-se que Cristo possuiu a visão beatífica em ato, vendo a Deus em sua essência, com mais clareza que o resto das criaturas[f].

QUANTO AO 1º, portanto, deve-se dizer, como antes foi dito, que Cristo não mereceu a glória da alma, em virtude da qual é chamado possuidor da visão beatífica, mas a glória do corpo à qual chegou por sua paixão.

QUANTO AO 2º, deve-se dizer que assim fica respondida a segunda objeção.

QUANTO AO 3º, deve-se dizer que Cristo, por ser Deus e homem, teve em sua humanidade algo acima das demais criaturas, ou seja, ter sido bem-aventurado logo no início.

---

5. Q. 19, a. 3.

f. Já foi estabelecido na III Parte, q. 9, a 2 e q. 10, a. 1 que, em sua alma humana, Cristo teve a visão beatífica já na Terra. O que é afirmado aqui é que ele a teve, desde sua concepção, que este foi o primeiro ato de sua graça, e isso porque a graça sempre esteve nele na plenitude de seu ato. Vemos aí, levada ao extremo, a ideia de que, em Cristo, fonte de toda graça, a perfeição é total desde o início.

QUAESTIO XXXV
DE NATIVITATE CHRISTI
in octo articulos divisa

Consequenter, post Christi conceptionem, agendum est de eius nativitate. Et primo, quantum ad ipsam nativitatem; secundo, quantum ad nati manifestationem.

Circa primum quaeruntur octo.
Primo: utrum nativitas sit naturae, vel personae.
Secundo: utrum Christo sit attribuenda alia nativitas preter aeternam.
Tertio: utrum secundum nativitatem temporalem Beata Virgo sit mater eius.
Quarto: utrum debeat dici Mater Dei.
Quinto: utrum Christus secundum duas filiationes sit Filius Dei Patris et Virginis Matris.
Sexto: de modo nativitatis.
Septimo: de loco.
Octavo: de tempore nativitatis.

QUESTÃO 35
O NASCIMENTO DE CRISTO
em oito artigos

Depois da concepção de Cristo, deve-se tratar de seu nascimento: primeiro, o nascimento em si mesmo. Segundo, a manifestação daquele que nasceu.

Com relação ao primeiro são oito as perguntas:
1. O nascimento cabe à natureza ou à pessoa?
2. Devemos atribuir a Cristo outro nascimento além do eterno?
3. A bem-aventurada Virgem é sua mãe segundo o nascimento temporal?
4. Deve ela ser chamada Mãe de Deus?
5. Cristo é Filho de Deus e filho da Virgem Mãe segundo duas filiações?
6. Como nasceu?
7. Onde nasceu?
8. Quando nasceu?

Articulus 1
Utrum nativitas naturae conveniat magis quam personae

AD PRIMUM SIC PROCEDITUR. Videtur quod nativitas naturae conveniat magis quam personae.

1. Dicit enim Augustinus[1], in libro *de Fide ad Petrum*[2]: *Natura aeterna atque divina non posset concipi et nasci ex humana natura, nisi secundum veritatem humanae naturae*. Sic igitur naturae divinae convenit concipi et nasci ratione humanae naturae. Multo magis igitur convenit humanae naturae.

2. PRAETEREA, secundum Philosophum, in V *Metaphys*.[3], nomen naturae a *nascendo* sumptum est. Sed denominationes fiunt secundum similitudinis convenientiam. Ergo videtur quod nativitas magis pertineat ad naturam quam ad personam.

3. PRAETEREA, illud proprie nascitur quod per nativitatem incipit esse. Sed per nativitatem Christi non incoepit esse persona Christi, sed eius natura humana. Ergo videtur quod nativitas proprie pertineat ad naturam, non ad personam.

SED CONTRA est quod dicit Damascenus, in III libro[4]: *Nativitas hypostasis est, non naturae*.

RESPONDEO dicendum quod nativitas potest attribui alicui dupliciter: uno modo, sicut subiecto; alio modo, sicut termino. Sicut subiecto quidem attribuitur ei quod nascitur. Hoc autem proprie est hypostasis, non natura. Cum enim nasci sit quoddam generari, sicut generatur aliquid ad hoc quod sit, ita nascitur aliquid ad hoc quod sit. Esse autem proprie rei subsistentis est: nam forma quae non subsistit, dicitur esse solum quia ea aliquid est. Persona autem, vel hypostasis, significatur per modum subsistentis: natura autem significatur per modum formae in qua aliquid subsistit. Et ideo nativitas, tanquam subiecto proprie nascendi, attribuitur personae vel hypostasi, non naturae.

Artigo 1
O nascimento cabe antes à natureza ou à pessoa?[a]

QUANTO AO PRIMEIRO ARTIGO, ASSIM SE PROCEDE: parece que o nascimento **cabe** antes à natureza do que à pessoa.

1. Com efeito, Agostinho afirma: "A natureza eterna e divina não poderia ser concebida e nascer da natureza humana a não ser segundo a verdade desta natureza humana". Assim, pois, em razão da natureza humana, cabe à natureza divina ser concebida e nascer. Muito mais, portanto, cabe à natureza humana.

2. ALÉM DISSO, segundo o Filósofo no livro V da *Metafísica*, o nome de natureza provém de *nascer*. Ora, as denominações são feitas de acordo com a conveniência de semelhança. Logo, parece que o nascimento é mais próprio da natureza do que da pessoa.

3. ADEMAIS, nasce propriamente o que começa a existir pelo nascimento. Ora, o que começou a existir pelo nascimento de Cristo não foi a sua pessoa, mas a sua natureza humana. Logo, parece que o nascimento é algo próprio da natureza e não da pessoa.

EM SENTIDO CONTRÁRIO, afirma Damasceno: "O nascimento é próprio da hipóstase e não da natureza".

RESPONDO. Há duas maneiras de atribuir a alguém o nascimento: como a um sujeito ou como a um termo. Como a um sujeito é atribuído o nascimento àquele que nasce, e este propriamente é hipóstase e não natureza. E como nascer é um modo de ser gerado, o fim do nascimento é o mesmo que o da geração: que um ser exista. Ora, existir pertence propriamente à coisa subsistente; a existência só é atribuída à forma não subsistente na medida em que algo exista por ela. Mas, por pessoa ou hipóstase se entende um modo de subsistência, enquanto por natureza se entende a forma em que algo subsiste. Por isso, quando se trata do sujeito propriamente dito do nascer, o nascimento é atribuído à pessoa ou à hipóstase, e não à natureza.

---

1 PARALL.: III *Sent.*, dist. 8, a. 2.

1. Fulgentius.
2. C. 2, n. 14: ML 65, 678 B.
3. C. 4: 1014, b, 16-17.
4. *De fide orth.*, l. IV, c. 7: MG 94, 1113 C.

a. Tudo o que é dito sobre o nascimento neste artigo pode sê-lo também desde a concepção. Pois já é no momento da concepção que a pessoa divina recebe uma natureza humana. Mas só existe maternidade completa pelo nascimento. Ora, toda a problemática da questão é a da maternidade divina, da *Theotokos*.

Sed sicut termino, attribuitur nativitas naturae. Terminus enim generationis, et cuiuslibet nativitatis, est forma. Natura autem per modum formae significatur. Unde nativitas dicitur *via in naturam*, ut patet per Philosophum, II *Physic.*⁵: terminatur enim naturae intentio ad formam, seu naturam speciei.

AD PRIMUM ergo dicendum quod, propter identitatem quae in divinis est inter naturam et hypostasim, quandoque natura ponitur pro persona vel hypostasi. Et secundum hoc dicit Augustinus naturam divinam esse conceptam et natam: quia scilicet persona Filii est concepta et nata secundum humanam naturam.

AD SECUNDUM dicendum quod nullus motus seu mutatio denominatur a subiecto quod movetur: sed a termino motus, a quo speciem habet. Et propter hoc nativitas non denominatur a persona quae nascitur, sed a natura ad quam nativitas terminatur.

AD TERTIUM dicendum quod natura, proprie loquendo, non incipit esse: sed magis persona incipit esse in aliqua natura. Quia, sicut dictum est⁶, natura significatur ut quo aliquid est: persona vero significatur ut quae habet esse subsistens.

Mas, como a um termo é atribuído o nascimento à natureza, porque o termo da geração e de qualquer nascimento é a forma. Mas a natureza se define como uma forma. Por isso, o nascimento é definido pelo Filósofo no livro II da *Física*, como o "caminho que conduz à natureza", pois a intenção da natureza é a forma, ou a natureza específicaᵇ.

QUANTO AO 1º, portanto, deve-se dizer que em razão da identidade que existe em Deus entre natureza e hipóstase, às vezes, se afirma a natureza em lugar da pessoa ou da hipóstase. É nesse sentido que Agostinho afirma que a natureza divina foi concebida e nasceu, ou seja, a pessoa do Filho foi concebida e nasceu segundo a natureza humana.

QUANTO AO 2º, deve-se dizer que nenhum movimento ou mutação recebe o nome do sujeito que se move, mas do termo do movimento, que lhe dá a especificidade. Por isso, o nascimento não recebe o nome da pessoa que nasce, mas da natureza na qual termina o nascimento.

QUANTO AO 3º, deve-se dizer que falando com propriedade, não é a natureza que começa a existir, mas a pessoa que começa a existir numa natureza. Pois, como foi dito, por natureza se entende aquilo pelo qual algo existe, enquanto por pessoa se entende o que tem o ser subsistente.

ARTICULUS 2
Utrum Christo sit attribuenda aliqua nativitas temporalis

AD SECUNDUM SIC PROCEDITUR. Videtur quod Christo non sit attribuenda aliqua nativitas temporalis.
1. *Nasci enim est sicut quidam motus rei non existentis antequam nascatur, id agens beneficio nativitatis, ut sit*¹. Sed Christus ab aeterno fuit. Ergo non potuit temporaliter nasci.

ARTIGO 2
Deve-se atribuir a Cristo um nascimento temporal?

QUANTO AO SEGUNDO, ASSIM SE PROCEDE: parece que **não** se deve atribuir a Cristo um nascimento temporal.
1. Com efeito, "o nascimento é como o movimento de uma coisa que não existe, antes de nascer, mas que tende a existir em virtude do nascimento". Ora, Cristo existiu desde toda eternidade. Logo não pôde nascer no tempo.

---

5. C. i: 193, b, 13.
6. In corp.

PARALL.: III *Sent.*, dist. 8, a. 4; *De Union. Verb.*, a. 2, ad 16; *Compend. Theol.*, c. 212.
1. Cf. Virgilio de Tapso, De Unit. Trinit. c. 15: ML 62,344.

b. Que diferença existe entre "termo" e "sujeito"? Sujeito é o que existe, portanto o que se torna, que nasce: é a hipóstase, a pessoa. Termo é o que visa a ação geradora, o que visa o processo inteiro de pôr no mundo um novo ser, o que recebe o sujeito. E isso, diz Sto. Tomás, é a natureza, pois o ato gerador visa propriamente transmitir a natureza. Mas é ao sujeito, à hipóstase, à pessoa que ele a transmite, pois a natureza é aquilo pelo qual, segundo o qual, a pessoa, a hipóstase subsiste. De certa maneira, a pessoa também é visada pelo ato gerador, e a esse título ela pode igualmente ser considerada termo: na linguagem escolástica, não empregada por Tomás aqui, isso foi expresso afirmando-se que a natureza é o termo *quo* da geração, enquanto a pessoa é seu termo *quod*. Diremos portanto que a maternidade de Maria finda na pessoa divina do Verbo, mas na medida em que ele encarna, que assume e faz sua a natureza humana que ela lhe dá. — A denominação de sujeito, preferida por Tomás, tem a vantagem de se pôr no ponto de vista daquele que assume simultaneamente essa natureza e esse nascimento.

2. Praeterea, illud quod est in se perfectum, nativitate non indiget. Sed persona Filii Dei ab aeterno fuit perfecta. Ergo non indiget temporali nativitate. Et ita videtur quod non sit temporaliter natus.

3. Praeterea, nativitas proprie personae convenit. Sed in Christo tantum est una persona. Ergo in Christo tantum est una nativitas.

4. Praeterea, quod duabus nativitatibus nascitur, bis nascitur. Sed haec videtur esse falsa: *Christus est bis natus*. Quia nativitas eius qua de Patre est natus, interruptionem non patitur: cum sit aeterna. Quod tamen requiritur ad hoc adverbium *bis*: ille enim dicitur bis currere qui cum interruptione currit. Ergo videtur quod in Christo non sit ponenda duplex nativitas.

Sed contra est quod Damascenus dicit, in III libro[2]: *Confitemur Christi duas nativitates: unam quae est ex Patre, aeternam; et unam quae est in ultimis temporibus propter nos*.

Respondeo dicendum quod, sicut dictum est[3], natura comparatur ad nativitatem sicut terminus ad motum vel mutationem. Motus autem diversificatur secundum diversitatem terminorum: ut patet per Philosophum, in V *Physic*.[4]. In Christo autem est duplex natura, quarum unam accepit ab aeterno a Patre, alteram autem accepit temporaliter a matre. Et ideo necesse est attribuere Christo duas nativitates: unam qua aeternaliter natus est a Patre, aliam qua temporaliter natus est a matre.

Ad primum ergo dicendum quod haec fuit obiectio cuiusdam Feliciani haeretici: quam Augustinus, in libro *contra Felicianum*[5], sic solvit: *Fingamus*, inquit, *sicut plerique volunt, esse in mundo animam generalem, quae sic ineffabili motu semina cuncta vivificet ut non sit concreta cum genitis, sed vitam praestet ipsa gignendis. Nempe cum haec in uterum, passibilem materiam ad usus suos formatura, pervenerit, unam facit secum esse personam eius rei, quam non eandem constat habere substantiam, et fit, operante anima et patiente materia, ex duabus substantiis unus homo. Sicque animam nasci fatemur ex utero: non quia, antequam nasceretur, quantum ad se attinet, ipsa penitus non fuisset. Sic ergo, immo sublimius, natus est Filius Dei secundum hominem, eo pacto quo cum corpore nasci docetur et animus: non quia utriusque sit*

2. Além disso, o que é perfeito em si mesmo não tem necessidade de nascer. Ora, a pessoa do Filho de Deus foi perfeita desde toda a eternidade. Logo não tem necessidade de um nascimento temporal. E assim parece que não nasceu no tempo.

3. Ademais, o nascimento cabe propriamente à pessoa. Ora, em Cristo há uma única pessoa. Logo em Cristo há um único nascimento.

4. Ademais, o que nasce em dois nascimentos nasce duas vezes. Ora, a proposição *Cristo nasceu duas vezes* parece ser falsa, pois o nascimento pelo qual ele nasceu do Pai não sofre interrupção porque é eterno. A expressão adverbial *duas vezes*, no entanto, pressupõe a interrupção, pois só se pode dizer que alguém correu duas vezes se interrompeu a corrida. Parece, pois, que em Cristo não se deve afirmar um duplo nascimento.

Em sentido contrário, diz Damasceno: "Confessamos dois nascimentos em Cristo, um eterno, que é do Pai, e outro que teve lugar nos últimos tempos por nós".

Respondo. Como foi dito, a natureza se refere ao nascimento assim como o termo ao movimento ou à mutação. Mas o que diferencia o movimento é a diversidade dos termos, como diz o Filósofo no livro V da *Física*. Ora, Cristo tem duas naturezas, uma que recebeu do Pai desde toda a eternidade, e a outra que recebeu da mãe no tempo. É, pois, necessário atribuir a Cristo dois nascimentos: o nascimento do Pai desde a eternidade, e o nascimento da mãe no tempo.

Quanto ao 1º, portanto, deve-se dizer que esta era a objeção de um certo herege chamado Feliciano, à qual assim responde Agostinho: "Suponhamos, como pretendem alguns, que exista no mundo uma alma comum, que, por um movimento indizível, vivifique todos os gérmens, sem identificar-se concretamente com o que é gerado, mas dando ela mesma vida a tudo aquilo que gera. Assim, quando esta alma comum tiver entrado no seio para dar forma, segundo o seu uso, a uma matéria passível, constituirá uma única pessoa com essa realidade que, ao que consta não tem a mesma substância, e das duas substâncias, pelo princípio ativo da alma e pelo princípio passivo da matéria, resulta um único homem. É assim que confessamos que a alma nasce do seio e não porque, antes de nascer, naquilo que a concerne,

---

2. *De fide orth.*, l. III, c. 7: ML 94, 1009 C.
3. A. praec.
4. C. 5: 229, a, 25-28.
5. Cfr. Vigilium Tapsensem, *De Unitate Trin.*, cc. 15, 16: ML 62, 344 D-345 A; 345 BC.

una substantia, sed quia ex utraque fit una persona. Non tamen ab hoc incoepisse initio dicimus Dei Filium: ne temporalem credat aliquis divinitatem. Non ab aeterno Filii Dei novimus carnem: ne non veritatem humani corporis, sed quandam eum suscepisse putemus imaginem.

AD SECUNDUM dicendum quod haec fuit ratio Nestorii[6]: quam solvit Cyrillus, in quadam Epistola[7], dicens: *Non dicimus quod Filius Dei indiguerit necessario propter se secunda nativitate, post eam quae ex Patre est: est enim fatuum et indoctum existentem ante omnia saecula, et consempiternum Patri, indigere dicere initio ut sit secundo. Quoniam autem, propter nos, et propter nostram salutem, uniens sibi secundum subsistentiam quod est humanum, processit ex muliere, ob hoc dicitur nasci carnaliter.*

AD TERTIUM dicendum quod nativitas est personae ut subiecti, naturae autem ut termini. Possibile est autem uni subiecto plures transmutationes inesse: quas tamen necesse est secundum terminos variari. Quod tamen non dicimus quasi aeterna nativitas sit transmutatio aut motus: sed quia significatur per modum mutationis aut motus.

AD QUARTUM dicendum quod Christus potest dici bis natus, secundum duas nativitates. Sicut enim dicitur bis currere qui currit duobus temporibus, ita potest dici bis nasci qui semel nascitur in aeternitate, et semel in tempore: quia aeternitas et tempus multo magis differunt quam duo tempora, cum tamen utrumque designet mensuram durationis.

não existisse absolutamente. Assim também, mas de maneira mais sublime, nasceu o Filho de Deus enquanto homem, da mesma forma que se ensina que o espírito nasce com o corpo, não porque a substância de ambos seja a mesma, mas porque das duas resulta uma pessoa. Mas não dizemos que o Filho de Deus tenha começado a partir desse momento, para que não venha a crer alguém que a divindade é temporal. Também não reconhecemos que a carne do Filho de Deus tenha existido desde toda eternidade, para que não pensemos que ele assumiu um simulacro de corpo e não um verdadeiro corpo humano"[c].

QUANTO AO 2º, deve-se dizer que este era o argumento de Nestório, desfeito por Cirilo ao afirmar: "Não dizemos que o Filho de Deus, depois de ter nascido do Pai, precisasse necessariamente para si mesmo de um segundo nascimento; seria necedade e ignorância afirmar que aquele que existe antes de todos os tempos, e que é coeterno com o Pai, tivesse necessidade de um princípio para existir uma segunda vez. Mas diz-se que nasceu segundo a carne porque, por nós e por nossa salvação, se uniu segundo a subsistência ao que é humano e nasceu da mulher".

QUANTO AO 3º, deve-se dizer que o nascimento é próprio da pessoa como sujeito e da natureza como termo. Mas um sujeito pode ser sujeito de várias mutações, que se diferenciam necessariamente segundo os termos. Com isso não dizemos que o nascimento eterno seja uma mutação ou movimento, mas que é significado à maneira de uma mutação ou um movimento.

QUANTO AO 4º, deve-se dizer que se pode dizer que Cristo nasceu duas vezes por causa dos dois nascimentos. Da mesma forma que se diz que corre duas vezes quem corre em dois momentos diferentes, pode-se também dizer que nasce duas vezes aquele que nasce uma vez na eternidade e outra vez no tempo, pois a eternidade e o tempo são mais diferentes entre si do que dois tempos, embora ambos designem uma medida de duração.

---

6. Cfr. NESTORIUM, *Sermones XIII*, serm. 3: ML 48, 768 B.
7. Epist. 4 *ad Nestorium*: MG 77, 45 CD.

c. Nem Sto. Agostinho, nem Sto. Tomás adotam a hipótese de uma alma comum e única animando todos e cada um dos seres vivos, o que permitiria dizer que, mesmo existindo, ela já nasceria a cada vez com os corpos aos quais se estenderia como princípio vivificador. Sto. Tomás não adotará tampouco a hipótese de um espírito individualmente preexistente, já pessoal, portanto, que viria animar e vivificar no ventre de uma mulher. A hipótese se destina apenas a mostrar que, em tal caso, o espírito nasceria com o corpo por ele vivificado. E que, de maneira bem mais sublime, o Filho de Deus, preexistindo desde toda a eternidade, nasce de sua mãe com o corpo que faz seu. Mas deve-se dizer que antes, ou mesmo infinitamente além desse nascimento temporal, ele recebe do Pai sua existência eterna pela comunicação da mesma e idêntica natureza divina, o que pode ser considerado, embora analogicamente, supra-analogicamente um nascimento, o modelo supremo de todo nascimento. E é a mesma pessoa que, nascendo eternamente, nasce também no tempo.

Artigo 3
A Bem-aventurada Virgem pode ser chamada mãe de Cristo por causa do nascimento temporal?

QUANTO AO TERCEIRO, ASSIM SE PROCEDE: parece que a Bem-aventurada Virgem **não** pode ser chamada mãe de Cristo por causa do nascimento temporal.

1. Com efeito, foi dito acima que a Bem-aventurada Virgem Maria não desempenhou uma função ativa na geração de Cristo, mas forneceu unicamente a matéria. Ora, isso não parece ser suficiente para a razão de mãe; do contrário, a madeira poderia ser chamada mãe do leito ou do banco. Logo, parece que a Bem-aventurada Virgem não pode ser chamada mãe de Cristo.

2. ALÉM DISSO, Cristo nasceu da Bem-aventurada Virgem miraculosamente. Ora, uma geração miraculosa é insuficiente para a razão de maternidade ou de filiação, pois não dizemos que Eva fosse filha de Adão. Logo, parece que Cristo não deva ser chamado filho da Bem-aventurada Virgem.

3. ADEMAIS, faz parte do papel de mãe contribuir com a sua semente. Ora, segundo Damasceno, o corpo de Cristo "não foi formado por via seminal, mas pela ação criadora do Espírito Santo". Logo, não parece que a Bem-aventurada Virgem possa ser chamada mãe de Cristo.

EM SENTIDO CONTRÁRIO, está o que diz o Evangelho de Mateus: "Eis qual foi a origem de Cristo. Maria, sua mãe, estava prometida em casamento a José" etc.

RESPONDO. A Bem-aventurada Virgem Maria é a verdadeira mãe de Cristo segundo a natureza. Como já foi estabelecido acima, o corpo de Cristo não foi trazido do céu, como afirmou o herege Valentino, mas foi tomado da Virgem mãe e formado de seu puríssimo sangue. O que é suficiente para a razão de mãe, como ficou claro no que já foi dito. Portanto, a Bem-aventurada Virgem é verdadeira mãe de Cristo.

QUANTO AO 1º, portanto, deve-se dizer que já foi dito que a paternidade ou a maternidade e a filiação não são próprias de qualquer geração, mas só da geração dos seres vivos. Por isso, embora

---

3 PARALL.: III *Sent*., dist. 3, q. 2, a. 1: dist. 4, q. 2, a. 1; *Cont. Gent.* IV, 34, 45; *ad Galat*., c. 4, lect. 2.

1. Q. 32, a. 4.
2. *De fide orth*., l. III, c. 2: MG 94, 985 B.
3. Q. 5, a. 2; q. 31, a. 5.
4. Q. 31, a. 5; q. 32, a. 4.
5. Q. 32, a. 3.

inanimata ex aliqua materia fiant, non propter hoc consequitur in eis relatio maternitatis et filiationis: sed solum in generatione viventium, quae proprie nativitas dicitur.

AD SECUNDUM dicendum quod, sicut Damascenus dicit, in III libro[6], nativitas temporalis, qua Christus est natus propter nostram salutem, est quodammodo *secundum nos, quoniam natus est homo ex muliere, et tempore conceptionis debito: super nos autem, quoniam non ex semine, sed ex Sancto Spiritu et sancta Virgine, super legem conceptionis*. Sic igitur ex parte matris nativitas illa fuit naturalis: sed ex parte operationis Spiritus Sancti fuit miraculosa. Unde Beata Virgo est vera et naturalis mater Christi.

AD TERTIUM dicendum quod, sicut supra[7] dictum est, resolutio seminis feminae non pertinet ad necessitatem conceptus. Et ideo resolutio seminis non ex necessitate requiritur ad matrem.

alguns seres inanimados provenham de uma matéria, não se segue daí uma relação de maternidade ou de filiação; só na geração dos seres vivos se fala propriamente de nascimento.

QUANTO AO 2º, deve-se dizer que segundo Damasceno, o nascimento temporal pelo qual Cristo nasceu por nossa salvação é, de certa forma "como o nosso, porque nasceu homem de uma mulher, e no tempo devido depois da concepção; mas supera o nosso, porque não nasceu do sêmen, mas do Espírito Santo e da santa Virgem, superando a lei da concepção". Assim pois, tal nascimento foi natural do lado da mãe, mas miraculoso do ponto de vista da ação do Espírito Santo. Daí que a bem-aventurada Virgem seja verdadeira mãe de Cristo, no sentido natural.

QUANTO AO 3º, deve-se dizer que como já foi dito acima, a emissão do sêmen da mulher não é parte necessária da concepção. E por essa razão também não é requerida necessariamente para a maternidade.

ARTICULUS 4
Utrum Beata Virgo debeat dici mater Dei

AD QUARTUM SIC PROCEDITUR. Videtur quod Beata Virgo non debeat dici mater Dei.

1. Non enim est dicendum circa divina mysteria nisi quod ex sacra Scriptura habetur. Sed nunquam in sacra Scriptura legitur quod sit mater aut genitrix Dei: sed quod sit *mater Christi*, aut *mater pueri*, ut patet Mt 1,18. Ergo non est dicendum quod Beata Virgo sit mater Dei.

2. PRAETEREA, Christus dicitur Deus secundum divinam naturam. Sed divina natura non accepit initium essendi ex Virgine. Ergo Beata Virgo non est dicenda mater Dei.

3. PRAETEREA, hoc nomen *Deus* communiter praedicatur de Patre et Filio et Spiritu Sancto. Si ergo Beata Virgo est mater Dei, videtur sequi quod Beata Virgo sit mater Patris et Filii et Spiritus Sancti: quod est inconveniens. Non ergo Beata Virgo debet dici mater Dei.

ARTIGO 4
A Bem-aventurada Virgem deve ser chamada mãe de Deus?

QUANTO AO QUARTO, ASSIM SE PROCEDE: parece que a Bem-aventurada Virgem **não** deve ser chamada mãe de Deus.

1. Com efeito, não se deve falar dos mistérios de Deus a não ser o que diz a Sagrada Escritura. Ora, a Sagrada Escritura nunca afirma que seja mãe de Deus ou a que o gerou, mas "mãe de Cristo", ou "mãe do menino", como está no Evangelho de Mateus. Logo, a Bem-aventurada Virgem não deve ser chamada mãe de Deus.

2. ALÉM DISSO, Cristo é chamado Deus pela natureza divina. Ora, a natureza divina não começou a existir pela Virgem. Logo, a Bem-aventurada Virgem não deve ser chamada mãe de Deus.

3. ADEMAIS, O nome *Deus* é atribuído igualmente ao Pai, ao Filho e ao Espírito Santo. Por isso, se a Bem-aventurada Virgem é mãe de Deus, a consequência seria que a Bem-aventurada Virgem seria mãe do Pai, do Filho e do Espírito Santo; o que é inadmissível. Portanto, a Bem-aventurada Virgem não deve ser chamada mãe de Deus.

---

6. *De fide orth.*, l. III, c. 7: MG 94, 1009 C.
7. Q. 31, a. 5, ad 3; q. 32, a. 4.

PARALL.: III *Sent.*, dist. 4, q. 2, a. 2; *Cont. Gent.* IV, 34, 45; *Compend. Theol.*, c. 222; *in Matth.*, c. 1; *ad Galat.*, c. 4, lect. 2.

SED CONTRA est quod in capitulis Cyrilii[1], approbatis in Ephesina Synodo[2], legitur: *Si quis non confitetur Deum esse secundum veritatem Emmanuel, et propter hoc Dei genitricem sanctam Virginem, genuit enim carnaliter carnem factam ex Deo Verbum: anathema sit.*

RESPONDEO dicendum quod, sicut supra[3] dictum est, omne nomen significans in concreto naturam aliquam, potest supponere pro qualibet hypostasi illius naturae. Cum autem unio incarnationis sit facta in hypostasi, sicut supra[4] dictum est, manifestum est quod hoc nomen *Deus* potest supponere pro hypostasi habente humanam naturam et divinam. Et ideo quidquid convenit divinae naturae et humanae, potest attribui illi personae: sive secundum quod pro ea supponit nomen significans divinam naturam; sive secundum quod pro ea supponit nomen significans humanam naturam. Concipi autem et nasci personae attribuitur et hypostasi secundum naturam illam in qua concipitur et nascitur. Cum igitur in ipso principio conceptionis fuerit humana natura assumpta a divina persona, sicut praedictum est[5], consequens est quod vere posset dici Deum esse conceptum et natum de Virgine. Ex hoc autem dicitur aliqua mulier alicuius mater, quod eum concepit et genuit. Unde consequens est quod Beata Virgo vere dicatur mater Dei. Solum enim sic negari posset Beatam Virginem esse matrem Dei, si vel humanitas prius fuisset subiecta conceptioni et nativitati quam homo ille fuisset Filius Dei, sicut Photinus posuit[6]: vel humanitas non fuisset assumpta in unitatem personae vel hypostasis Verbi Dei, sicut posuit Nestorius[7]. Utrumque autem horum est erroneum. Unde haereticum est negare Beatam Virginem esse matrem Dei.

AD PRIMUM ergo dicendum quod haec fuit obiectio Nestorii[8]. Quae quidem solvitur ex hoc

EM SENTIDO CONTRÁRIO, lê-se nos capítulos de Cirilo, aprovados pelo Concílio de Éfeso: "Se alguém não confessar que Deus é verdadeiramente o Emanuel, e que, por isso, a santa Virgem é mãe de Deus, porque gerou, segundo a carne, a carne que por obra de Deus se tornou carne do Verbo, seja anátema".

RESPONDO. Foi dito acima que todo nome que significa uma natureza concreta pode designar qualquer hipóstase dessa mesma natureza. Ora, a união da encarnação se realizou segundo a hipóstase, conforme foi dito acima, por isso é evidente que o nome *Deus* pode designar a hipóstase que tem a natureza humana e a divina. Por conseguinte, tudo o que cabe à natureza divina ou à humana pode ser atribuído àquela pessoa, quer a designe por um nome que significa a natureza divina, quer por um nome que designa a natureza humana. Mas ser concebido e nascer é algo que se atribui à pessoa ou à hipóstase em virtude da natureza na qual é concebida e nasce. Ora, a natureza humana foi assumida pela pessoa divina no início da concepção, como já foi dito. Por conseguinte, pode-se dizer com toda verdade que Deus foi concebido e nasceu da Virgem, portanto, a razão pela qual uma mulher é mãe de alguém é por tê-lo concebido e gerado. Donde se segue que a Bem-aventurada Virgem pode ser chamada com propriedade mãe de Deus. Só assim se poderia negar que a Bem-aventurada Virgem é a mãe de Deus: ou porque a humanidade teria sido concebida e teria nascido antes que aquele homem fosse Filho de Deus, como afirmou Fotino, ou porque a humanidade não teria sido assumida na unidade da pessoa ou da hipóstase do Verbo de Deus, como afirma Nestório. As duas proposições são falsas. Portanto, é uma heresia negar que a bem-aventurada Virgem seja mãe de Deus[d].

QUANTO AO 1º, portanto, deve-se dizer que essa era a objeção de Nestório. Mas ela tem solução,

---

1. Epist. 17 *ad Nestorium*, anath. 1: MG 77, 120 BC.
2. P. I, c. 26: DENZ. 113.
3. Q. 16, a. 1.
4. Q. 2, a. 3.
5. Q. 33, a. 3.
6. Cfr. ATHAN., *Epist. de Synodis*, n. 27: MG 26, 736 CD-737 A; HILARIUM, *De Synodis*, n. 38: ML 10, 510 B.
7. Cfr. CYRILLUM ALEX., Epist. 17 *ad Nestorium*, anath. 2: MG 77, 120 C.
8. Cfr. *Act. Conc. Ephes.*, p. I, c. 9, *Epist. Nestor. ad Cyrill.*: ed. Mansi, IV, 895.

d. Se podemos, se devemos chamar de *Deus*, nome concreto, a pessoa que subsiste e que nasceu na natureza humana procedente de Maria, e se essa pessoa não é outra senão a do Verbo, que assumiu essa natureza humana no momento de sua concepção, fica claro que podemos chamar a mãe de Jesus de mãe de Deus. E não se trata só de atribuir à pessoa divina este ou aquele atributo ou qualificação próprios à natureza humana. Trata-se de lhe atribuir essa natureza como procedendo de Maria. Não é só enquanto Verbo encarnado que Jesus é filho de Maria. É na medida mesma em que ele encarna, e é a partir daí que se iniciam todas as atribuições humanas.

quod, licet non inveniatur expresse in Scriptura dictum quod Beata Virgo sit mater Dei, invenitur tamen expresse in Scriptura quod *Iesus Christus est verus Deus*, ut patet 1Io 5,20; et quod Beata Virgo est *mater Iesu Christi*, ut patet Mt 1,18. Unde sequitur ex necessitate ex verbis Scripturae quod sit mater Dei.

Dicitur etiam Rm 9,5, quod ex Iudaeis *est secundum carnem* Christus, *qui est super omnia Deus benedictus in saecula*. Non autem est ex Iudaeis nisi mediante Beata Virgine. Unde ille qui est *super omnia Deus benedictus in saecula*, est vere natus ex Beata Virgine sicut ex sua matre.

AD SECUNDUM dicendum quod illa est obiectio Nestorii[9]. Sed Cyrillus, in quadam Epistola contra Nestorium[10], eam solvit sic dicens: *Sicut hominis anima cum proprio corpore nascitur, et tanquam unum reputatur; et si voluerit dicere quispiam quia est genitrix carnis, non tamen et animae genitrix, nimis superflue loquitur: tale aliquid gestum percipimus in generatione Christi. Natum est enim ex Dei Patris substantia Dei Verbum: quia vero carnem assumpsit, necesse est confiteri quia natum est secundum carnem ex muliere*. Dicendum est ergo quod Beata Virgo dicitur mater Dei, non quia sit mater divinitatis: sed quia personae habentis divinitatem et humanitatem est mater secundum humanitatem.

AD TERTIUM dicendum quod hoc nomen *Deus*, quamvis sit commune tribus personis, tamen quandoque supponit pro sola persona Patris, quandoque pro sola persona Filii vel Spiritus Sancti, ut supra[11] habitum est. Et ita, cum dicitur, *Beata Virgo est mater Dei*, hoc nomen *Deus* supponit pro sola persona Filii incarnata.

porque, mesmo que a Escritura não afirme explicitamente que a Bem-aventurada Virgem é mãe de Deus, nela se afirma explicitamente que "Jesus Cristo é verdadeiro Deus" como está claro na primeira Carta de João, e que a Bem-aventurada Virgem é "mãe de Jesus Cristo", como está claro no Evangelho de Mateus. Destas palavras da Escritura segue-se necessariamente que é mãe de Deus.

Também afirma a Carta aos Romanos: "Cristo, segundo a carne, descende dos judeus, ele que está acima de tudo, Deus bendito eternamente". Ora, ele descende dos judeus por intermédio da Bem-aventurada Virgem. Por conseguinte, aquele que "está acima de tudo, Deus bendito eternamente", nasceu verdadeiramente da Bem-aventurada Virgem como de sua mãe.

QUANTO AO 2º, deve-se dizer que essa é também a objeção de Nestório, resolvida assim por Cirilo: "A alma humana nasce com o próprio corpo e com ele constitui uma unidade; e se alguém quisesse afirmar que a mãe não gera a alma, mas só a carne, estaria falando inutilmente. Algo semelhante vemos na geração de Cristo. O Verbo de Deus nasceu da substância de Deus Pai; mas, por ter assumido verdadeiramente a carne, deve-se confessar que nasceu, segundo a carne, de uma mulher". Portanto, deve-se afirmar que a Bem-aventurada Virgem é chamada mãe de Deus não porque seja mãe da divindade, mas por ser mãe, segundo a humanidade, de uma pessoa que possui a divindade e a humanidade.

QUANTO AO 3º, deve-se dizer que o nome *Deus*, mesmo sendo comum às três pessoas, às vezes designa só a pessoa do Pai, às vezes só a do Filho ou a do Espírito Santo, como já foi mostrado. Por isso, ao dizer: "A Bem-aventurada Virgem é mãe de Deus", o nome *Deus* designa só a pessoa do Filho encarnado.

ARTICULUS 5
Utrum in Christo sint duae filiationes

AD QUINTUM SIC PROCEDITUR. Videtur quod in Christo sint duae filiationes.
1. Nativitas enim est causa filiationis. Sed in Christo sunt duae nativitates. Ergo etiam in Christo sunt duae filiationes.

ARTIGO 5
Existem duas filiações em Cristo?

QUANTO AO QUINTO, ASSIM SE PROCEDE: parece que em Cristo **existem** duas filiações.
1. Com efeito, o nascimento é causa da filiação. Ora, Cristo teve dois nascimentos. Logo, em Cristo existem também duas filiações.

---

9. *Sermones XIII* (interpr. Mario Mercatore), serm. 1, n. 6; serm. 5, nn. 1, 5: ML 48, 759-760 A, 785 C-786 A, 787 A.
10. Epist. 1 *ad Mon. Aegypti*: MG 77, 21 CD.
11. Q. 16, a. 1; I, q. 39, a. 4.

5   PARALL.: III *Sent.*, dist. 8, a. 5; *Quodlib.* I, q. 2, a. 1; IX, q. 2, a. 3; *Compend. Theol.*, c. 212.

2. Praeterea, filiatio, qua quis dicitur filius alicuius ut matris vel patris, dependet aliqualiter ab ipso: quia esse relationis est *ad aliud aliqualiter se habere*; unde et, interempto uno relativorum, interimitur aliud. Sed filiatio aeterna, qua Christus est Filius Dei Patris, non dependet a matre: quia nullum aeternum dependet a temporali. Ergo Christus non est filius matris filiatione aeterna. Aut ergo nullo modo est filius eius, quod est contra praedicta[1]: aut oportet quod sit filius eius quadam alia filiatione temporali. Sunt ergo in Christo duae filiationes.

3. Praeterea, unum relativorum ponitur in definitione alterius: ex quo patet quod unum relativorum specificatur ex alio. Sed unum et idem non potest esse in diversis speciebus. Ergo impossibile videtur quod una et eadem relatio terminetur ad extrema omnino diversa. Sed Christus dicitur Filius Patris aeterni, et matris temporalis, qui sunt termini omnino diversi. Ergo videtur quod non possit eadem relatione Christus dici Filius Patris et matris. Sunt ergo in Christo duae filiationes.

Sed contra est quod, sicut Damascenus dicit, in III libro[2], ea quae sunt naturae, multiplicantur in Christo: non autem ea quae sunt personae. Sed filiatio maxime pertinet ad personam: est enim proprietas personalis, ut patet ex his quae in Prima Parte[3] dicta sunt. Ergo in Christo est una tantum filiatio.

Respondeo dicendum quod circa hoc sunt diversae opiniones. Quidam[4] enim, attendentes ad causam filiationis, quae est nativitas, ponunt in Christo duas filiationes, sicut et duas nativitates. — Alii[5] vero, attendentes ab subiectum filiationis, quod est persona vel hypostasis, ponunt in Christo tantum unam filiationem, sicut et unam hypostasim vel personam.

Unitas enim relationis vel eius pluralitas non attenditur secundum terminos: sed secundum causam vel subiectum. Si enim secundum terminos attenditur, oporteret quod quilibet homo in se duas

2. Além disso, a filiação, pela qual alguém se diz filho de alguém como mãe ou como pai, depende em certo sentido do próprio filho, porque o ser da relação consiste em *estar referido de alguma forma a outro*, de tal maneira que, se desaparecer um dos termos da relação desaparece também o outro. Ora, a filiação eterna pela qual Cristo é Filho de Deus Pai não depende de sua mãe, porque nada eterno depende do temporal. Logo, Cristo não é filho de sua mãe por filiação eterna. Portanto, ou não é de nenhuma maneira seu filho, o que contradiz o que foi dito nos artigos precedentes; ou tem de ser seu filho por uma outra filiação temporal. Logo, existem duas filiações em Cristo.

3. Ademais, um dos termos da relação afirma-se na definição do outro; isso põe em evidência que um dos termos da relação é especificado pelo outro. Ora, uma só e mesma coisa não pode existir em diversas espécies. Parece, pois, impossível que uma só e mesma relação termine em extremos totalmente diferentes. Mas Cristo é chamado Filho do Pai eterno e da mãe temporal, que são termos totalmente diferentes. Portanto, parece que Cristo não pode ser chamado Filho do Pai e da mãe em virtude da mesma relação. Logo, em Cristo existem duas filiações.

Em sentido contrário, segundo Damasceno, em Cristo, tudo o que é próprio da natureza pode ser multiplicado, mas não o que é próprio da pessoa. Ora, a filiação acima de tudo pertence à pessoa, por ser uma propriedade pessoal, como foi visto na I Parte. Logo, em Cristo existe uma única filiação.

Respondo. Há diversas opiniões a esse respeito. Alguns, com efeito, considerando a causa da filiação, que é o nascimento, afirmam em Cristo duas filiações assim como dois nascimentos. — Outros, porém, considerando o sujeito da filiação, que é a pessoa ou a hipóstase, afirmam uma única filiação em Cristo, assim como uma só hipóstase ou pessoa.

De fato, a unidade ou a pluralidade da relação não depende dos termos, mas da causa ou do sujeito. Se fosse em função dos termos, todo homem teria de ter duas filiações, uma em relação ao pai

---

1. A. 3, 4.
2. *De fide orth.*, l. III, c. 13, 14: MG 94, 1033 AC.
3. Q. 32, a. 3; q. 40, a. 2.
4. Cfr. Virgilium Tapsens., *De Unit. Trin.*, c. 14: ML 62, 344 AB; Ps. Hugonem de S. V., *Summa Sent.*, tract. I, c. 15; ML 176, 70 BD; Abaelardum, *Sic et non*, § 75: ML 178, 1448 D.
5. Ut S. Bonaventura, *In III Sent.*, dist. 8, a. 2, q. 2: ad Claras Aquas, t. III, p. 194; S. Albertus M., *In III Sent.*, dist. 8, a. 1: ed. A. Borgnet, t. XXVIII, p. 163.

filiationes haberet: unam qua refertur ad patrem, et aliam qua refertur ad matrem. Sed recte consideranti apparet eadem relatione referri unumquemque ad suum patrem et matrem, propter unitatem causae. Eadem enim nativitate homo nascitur ex patre et matre: unde eadem relatione ad utrumque refertur. Et eadem ratio est de magistro qui docet multos discipulos eadem doctrina; et de domino qui gubernat diversos subiectos eadem potestate. — Si vero sint diversae causae specie differentes, ex consequenti videntur relationes specie differre. Unde nihil prohibet plures tales relationes eidem inesse. Sicut, si aliquis est aliquorum magister in grammatica et aliorum in logica, alia est ratio magisterii utriusque: et ideo diversis relationibus unus et idem homo potest esse magister vel diversorum vel eorundem secundum diversas doctrinas. — Contingit autem quandoque quod aliquis habet relationem ad plures secundum diversas causas, eiusdem tamen speciei: sicut cum aliquis est pater diversorum filiorum secundum diversos generationis actus. Unde paternitas non potest specie differre: cum actus generationum sint iidem specie. Et quia plures formae eiusdem speciei non possunt simul inesse eidem subiecto, non est possibile quod sint plures paternitates in eo qui est pater plurium filiorum generatione naturali. Secus autem esset si esset pater unius generatione naturali, et alterius per adoptionem.

Manifestum est autem quod non una et eadem nativitate Christus est natus ex Patre ab aeterno, et ex matre ex tempore. Nec nativitas est unius speciei. Unde, quantum ad hoc, oporteret dicere in Christo esse diversas filiationes, unam temporalem et aliam aeternam. Sed quia subiectum filiationis non est natura aut pars naturae, sed solum persona vel hypostasis; in Christo autem non est hypostasis vel persona nisi aeterna: non potest in Christo esse aliqua filiatio nisi quae sit in hypostasi aeterna. Omnis autem relatio quae ex tempore de Deo dicitur, non ponit in ipso Deo aeterno aliquid secundum rem, sed secundum rationem tantum: sicut in Prima Parte[6] habitum est. Et ideo filiatio qua Christus refertur ad matrem, non potest esse realis relatio, sed solum secundum rationem.

e outra em relação à mãe. Mas, considerando bem as coisas, é óbvio que cada um está relacionado com seu pai e com sua mãe com a mesma e única relação, porque a causa é uma só. Pois pelo mesmo nascimento nasce o homem do pai e da mãe e, por isso, está referido a ambos pela mesma relação. E o mesmo argumento vale para o mestre que ensina a mesma doutrina a vários discípulos; como também para o senhor que, com o mesmo poder, governa diversas pessoas. — Quando, porém, existem diversas causas especificamente diferentes, as relações consequentemente serão também especificamente diferentes. Nada impede então que no mesmo sujeito existam essas diversas relações. Por exemplo, se um mestre ensina a alguns alunos gramática e a outros lógica, a causa do magistério é diferente em cada caso; por isso, um mesmo homem pode ser mestre e ter relações diferentes com alunos diferentes ou com os mesmos alunos, em função dos diversos conteúdos do ensino. — Mas pode acontecer às vezes que alguém tenha relação com diversos em virtude de causas diferentes, mas da mesma espécie. Por exemplo, um pai de vários filhos em virtude de vários atos de geração. A paternidade, então, não pode ser especificamente diferente, dado que os atos das gerações são especificamente iguais. E, uma vez que o mesmo sujeito não pode ter várias formas da mesma espécie, o pai que gerou vários filhos por geração natural não pode ter diversas paternidades. Mas seria diferente se fosse pai, num caso, por geração natural e, no outro, por adoção.

Ora, é evidente que não é um e o mesmo o nascimento pelo qual Cristo nasceu do Pai desde toda a eternidade e da mãe no tempo. Nem são nascimentos da mesma espécie. Eis por que, sob esse ponto de vista, é preciso reconhecer em Cristo duas filiações, uma temporal e outra eterna. E, dado que o sujeito da filiação não é a natureza ou uma parte da natureza, mas unicamente a pessoa ou a hipóstase, e que em Cristo a única pessoa ou hipóstase é a eterna, a única filiação possível em Cristo é a que corresponde à hipóstase eterna. Mas qualquer relação atribuída a Deus em função do tempo não afirma uma relação real em Deus mesmo, que é eterno, mas somente uma relação de razão, como foi mostrado na I Parte. Por isso, a filiação que estabelece uma relação entre Cristo e sua mãe, não pode ser uma relação real, mas só uma relação de razão.

---

6. Q. 13, a. 7.

Et sic quantum ad aliquid utraque opinio verum dicit. Nam si attendamus ad perfectas rationes filiationis, oportet dicere duas filiationes secundum dualitatem nativitatem. Si autem attendamus ad subiectum filiationis, quod non potest esse nisi suppositum aeternum, non potest in Christo esse realiter nisi filiatio aeterna.

Dicitur tamen relative filius ad matrem relatione quae cointelligitur relationi maternitatis ad Christum. Sicut Deus dicitur Dominus relatione quae cointelligitur reali relationi qua creatura subiicitur Deo. Et quamvis relatio dominii non sit realis in Deo, tamen realiter est Dominus, ex reali subiectione creaturae ad ipsum. Et similiter Christus dicitur realiter filius Virginis matris ex relatione reali maternitatis ad Christum.

AD PRIMUM ergo dicendum quod nativitas temporalis causaret in Christo temporalem filiationem realem, si esset ibi subiectum huiusmodi filiationis capax. Quod quidem esse non potest: ipsum enim suppositum aeternum non potest esse susceptivum relationis temporalis, ut dictum est[7]. — Nec etiam potest dici quod sit susceptivum filiationis temporalis ratione humanae naturae, sicut etiam et temporalis nativitatis: quia oporteret naturam humanam aliqualiter esse subiectam filiationi, sicut est aliqualiter subiecta nativitati; cum enim Aethiops dicitur albus ratione dentis, oportet quod dens Aethiopis sit albedinis subiectum. Natura autem humana nullo modo potest esse subiectum filiationis: quia haec relatio directe respicit personam.

AD SECUNDUM dicendum quod filiatio aeterna non dependet a matre temporali: sed huic filiationi aeternae cointelligitur quidam respectus temporalis dependens a matre, secundum quem Christus dicitur filius matris.

AD TERTIUM dicendum quod *unum et ens se consequuntur*, ut dicitur in IV *Metaphys*.[8]. Et ideo,

Assim, cada uma das duas opiniões tem a sua parte de verdade. Pois, se considerarmos as verdadeiras causas da filiação, é preciso falar em duas filiações em virtude dos dois nascimentos. Mas, se consideramos o sujeito da filiação, que só pode ser o supósito eterno, a única relação real em Cristo é a filiação eterna.

Contudo, Cristo é chamado filho em relação à sua mãe, em virtude da relação implicitamente reconhecida na relação de maternidade a Cristo. Da mesma forma que Deus é chamado Senhor em virtude da relação implicitamente reconhecida na relação real pela qual a criatura está submetida a Deus. E, embora tal relação de domínio não seja real em Deus, ele é realmente Senhor em virtude da real submissão da criatura para com ele. De modo semelhante, Cristo é chamado realmente filho da Virgem mãe, em virtude da relação real que a mãe tem com Cristo[e].

QUANTO AO 1º, portanto, deve-se dizer que o nascimento temporal causaria em Cristo uma real filiação temporal se houvesse um sujeito capaz de tal filiação. Mas isso é impossível porque o supósito eterno não pode ser ele mesmo sujeito de uma relação temporal, como foi dito. — Nem tampouco se pode dizer que seja sujeito de uma filiação temporal em virtude da sua natureza humana, como é o caso do nascimento temporal, pois seria necessário que a natureza humana fosse, de alguma forma, sujeito da filiação, como é de alguma forma sujeito do nascimento. Quando se diz, por exemplo, que um etíope é branco por causa dos dentes, é preciso que os dentes do etíope sejam o sujeito da brancura. Mas a natureza humana não pode, de modo algum, ser sujeito da filiação, porque tal relação diz respeito diretamente à pessoa.

QUANTO AO 2º, deve-se dizer que a filiação eterna não depende da mãe temporal, mas nessa filiação eterna reconhecemos ao mesmo tempo uma relação temporal que procede da mãe; em virtude dessa relação Cristo é chamado filho de sua mãe.

QUANTO AO 3º, deve-se dizer que segundo o livro IV da *Metafísica*, "o uno e o ente estão mutuamente

---

7. In corp.
8. C. 2: 1003, b, 22-25.

---

e. Uma vez compreendido que "nascer", e por conseguinte, "ser filho" cabe à pessoa do Filho, e segundo sua propriedade pessoal, não se pode pensar que o fato de ser filho de Maria se traduza por uma relação real, que afete e modifique a pessoa eterna e infinita. Não mais do que o fato de criar ou de se unir hipostaticamente à natureza humana. Mas, assim como é realmente Deus que cria e que se encarna, é realmente também ele que se faz filho da mulher. No entanto, só podemos pensar a relação de Maria com o Verbo, que é uma relação materna bem real, em correlação com uma relação de filiação, que só possui realidade distinta daquela da pessoa do Filho em nossa razão que a pensa. Isso, que é verdade de toda relação de Deus *ad extra*, evidencia algo de absolutamente único, a saber, que a única criatura da qual podemos afirmá-lo, ela está em relação direta, interpessoal com uma das pessoas divinas, a do Verbo.

sicut contingit quod in uno extremorum relatio sit quoddam ens, in alio autem non sit ens, sed ratio tantum, sicut de scibili et scientia Philosophus dicit, in V *Metaphys.*[9]: ita etiam contingit quod ex parte unius extremi est una relatio, ex parte autem alterius extremi sunt multae relationes. Sicut in hominibus ex parte parentum invenitur duplex relatio, una paternitatis et alia maternitatis, quae sunt specie differentes propter hoc quod alia ratione pater, et alia mater est generationis principium (— si vero essent plures eadem ratione principium unius actionis, puta cum multi simul trahunt navem, in omnibus esset una et eadem relatio): ex parte autem prolis est una sola filiatio secundum rem, sed duplex secundum rationem, inquantum correspondet utrique relationi parentum secundum duos respectus intellectus. Et sic etiam quantum ad aliquid in Christo est tantum una filiatio realis, quae respicit Patrem aeternum: est tamen ibi alius respectus temporalis, qui respicit matrem temporalem.

implicados". Por isso, pode acontecer que a relação seja um ente real num dos extremos e, em outro, não seja um ente real, mas só de razão; como acontece entre a ciência e o seu objeto, segundo o Filósofo no livro V da *Metafísica*. Pode, pois, acontecer que, considerando um dos extremos exista só uma relação, enquanto, visto de outro extremo, existam várias relações. Nos homens, por exemplo: do lado dos pais existe uma dupla relação, de paternidade e de maternidade, que são especificamente diferentes, porque cada um, o pai e a mãe, são o princípio da geração, mas de modos diferentes (mas se fossem vários que, do mesmo modo, fossem o princípio da mesma ação, por exemplo, quando muitos arrastam um barco, a relação seria em todos uma só e a mesma); mas, do lado da prole, só existe uma filiação real, embora uma dupla segundo a razão, que corresponde às duas relações nos pais, segundo dois pontos de vista do intelecto. Assim também, sob um certo aspecto, em Cristo há uma única filiação real, a que diz respeito ao Pai eterno; mas existe outro ponto de vista, o temporal, que diz respeito à mãe temporal.

Articulus 6
Utrum Christus fuerit natus sine dolore matris

Ad sextum sic proceditur. Videtur quod Christus non fuerit natus sine dolore matris.

1. Sicut enim mors hominum subsecuta est ex peccato primorum parentum, secundum illud Gn 2,17: *Quacumque die comederitis, morte moriemini*; ita etiam dolor partus, secundum illud Gn 3,16: *In dolore paries filios*. Sed Christus mortem subire voluit. Ergo videtur quod pari ratione eius partus esse debuerit cum dolore.

2. Praeterea, finis proportionatur principio. Sed finis vitae Christi fuit cum dolore: secundum illud Is 53,4: *Vere dolores nostros ipse tulit*. Ergo videtur quod etiam in sua nativitate fuerit dolor partus.

3. Praeterea, in libro *de Ortu Salvatoris*[1] narratur quod ad Christi nativitatem obstetrices occurrerunt: quae videntur necessariae parienti propter dolorem. Ergo videtur quod Beata Virgo peperit cum dolore.

Artigo 6
Cristo nasceu sem dor da mãe?

Quanto ao sexto, assim se procede: parece que Cristo nasceu **sem** dor da mãe.

1. Com efeito, da mesma forma que a morte foi consequência do pecado dos primeiros pais, como diz o Gênesis: "No dia em que dela comeres, morrerás", também o foi a dor do parto: "É com dor que hás de gerar filhos". Ora, Cristo quis sofrer a morte. Logo, pelo mesmo motivo, deverá ter sido dado à luz com dor.

2. Além disso, o fim é proporcionado ao princípio. Ora, o fim da vida de Cristo foi com dor, como diz Isaías: "São os nossos sofrimentos que ele carregou". Logo, também em seu nascimento houve a dor do parto.

3. Ademais, conta-se no *Proto-evangelho de Tiago* que vieram parteiras para o nascimento de Cristo. Ora, a que vai dar à luz delas necessita por causa das dores. Logo, a bem-aventurada Virgem deu à luz com dor.

---

9. C. 15: 1021, a, 29-32.

Parall.: II-II, q. 164, a. 2, ad 3.

1. Al. *Protoevangel. Iacobi*, c. 18: ed. C. de Tischendorf, Lipsiae 1876, p. 35.

SED CONTRA est quod Augustinus dicit, in Sermone *de Nativitate*², alloquens Virginem Matrem: *Nec in conceptione*, inquit, *inventa es sine pudore: nec in partu inventa es cum dolore*.

RESPONDEO dicendum quod dolor patientis causatur ex apertione meatuum per quos proles egreditur. Dictum est autem supra³ quod Christus est egressus ex clauso utero matris: et sic nulla apertio meatuum ibi fuit. Et propter hoc in illo partu nullus fuit dolor, sicut nec aliqua corruptio: sed fuit ibi maxima iucunditas, ex hoc quod *homo Deus natus est in mundum*, secundum illud Is 35,1-2: *Germinans germinabit sicut lilium, et exsultabit laetabunda et laudans*.

AD PRIMUM ergo dicendum quod dolor partus consequitur in muliere commixtionem virilem. Unde Gn 3,16, postquam dictum est, *In dolore paries*, subditur: *et sub viri potestate eris*. Sed, sicut dicit Augustinus, in Sermone *de Assumptione Beatae Virginis*⁴, ab hac sententia excipitur Virgo mater Dei: quae, *quia sine peccati colluvione et sine virilis admixtionis detrimento Christum suscepit, sine dolore genuit, sine integritatis violatione, pudore virginitatis integra permansit*. Christus autem mortem suscepit spontanea voluntate, ut pro nobis satisfaceret, non quasi ex necessitate illius sententiae: quia ipse mortis debitor non erat.

AD SECUNDUM dicendum quod, sicut Christus *moriendo dextruxit mortem nostram*, ita suo dolore nos a doloribus liberavit: et ita mori voluit cum dolore. Sed dolor parientis matris non pertinebat ad Christum, qui pro peccatis nostris satisfacere veniebat. Et ideo non oportuit quod mater eius pareret cum dolore.

AD TERTIUM dicendum quod Lc 2,7 dicitur quod Beata Virgo ipsamet puerum, quem pepererat, *pannis involvit et posuit in praesepio*. Et ex hoc ostenditur narratio huius libri, qui est apocryphus⁵, esse falsa. Unde Hieronymus dicit, *contra Helvidium*⁶: *Nulla ibi obstetrix, nulla muliercularum sedulitas intercessit. Et mater et obstetrix fuit. "Pannis"*, inquit, *"involvit infantem, et posuit in praesepio". Quae sententia apocryphorum deliramenta convincit*.

EM SENTIDO CONTRÁRIO, num sermão atribuído a Agostinho, ele se dirige assim à Virgem Mãe: "Nem a concepção lesou o teu pudor, nem deste à luz com dores".

RESPONDO. As dores da parturiente são causadas pela abertura dos condutos por onde sai a criança. Mas, como já foi dito acima, Cristo saiu do seio materno, que permaneceu fechado; lá não houve nenhuma abertura dos condutos. Por isso, nesse parto não houve dor alguma, nem deterioração; houve, sim, a maior alegria, porque *nasceu para o mundo o homem Deus*, como diz Isaías: "Que a terra se cubra de flores dos campos, que ela exulte e grite de alegria".

QUANTO AO 1º, portanto, deve-se dizer que a dor do parto na mulher é consequência da união carnal com o homem. Por isso, o Gênesis, depois de dizer "é com dor que hás de gerar filhos", acrescenta "e o homem te dominará". Mas, como diz Agostinho, a Virgem mãe de Deus fica excluída desta afirmação: "Porque recebeu a Cristo sem a impureza do pecado e sem rebaixamento da união carnal com o homem, e por isso deu à luz sem dor, sem dano de sua integridade, permanecendo íntegra no pudor da virgindade". Quanto a Cristo, sofreu a morte voluntariamente, para satisfazer por nós e não como algo necessariamente decorrente daquela sentença, pois ele mesmo não estava obrigado a morrer.

QUANTO AO 2º, deve-se dizer que assim como Cristo *morrendo destruiu a nossa morte*, assim, pela sua dor, nos libertou de nossas dores; por isso quis morrer sofrendo dores. Mas a dor da mãe que dava à luz não concernia a Cristo que vinha satisfazer por nossos pecados. Por isso não convinha que sua mãe desse à luz com dor.

QUANTO AO 3º, deve-se dizer que o Evangelho de Lucas diz que a própria Bem-aventurada Virgem "envolveu em faixas e deitou numa manjedoura" o menino que dera à luz. O que mostra que é falsa a narração do *Protoevangelho de Tiago*, que é um livro apócrifo. Por isso diz Jerônimo: "Lá não houve mediação de nenhuma parteira, nem a diligência das comadres; foi mãe e parteira, envolveu o menino em faixas e o deitou numa manjedoura. Esta frase denuncia o delírio dos apócrifos".

---

2. *Sermones suppos.*, serm. 195, n. 1: ML 39, 2108.
3. Q. 28, a. 2, ad argg.
4. Al. Tract. VIII *de Divers.*, c. 4: ML 40, 1144.
5. Cfr. GRATIANUM, *Decretum*, P. I, dist. 15, can. 3: Sancta Romana, § 42: ed. Richter-Friedberg, t. I, p. 38.
6. *De Perpet. Virginit. B. Mariae, advers. Helvidium*, n. 8: ML 23, 192 A.

Artigo 7
Cristo deveria nascer em Belém?

Quanto ao sétimo, assim se procede: parece que Cristo **não** deveria nascer em Belém.

1. Com efeito, Isaías diz: "A lei virá de Sião e a palavra de Deus de Jerusalém". Ora, Cristo é a verdadeira Palavra de Deus. Logo, tinha de vir ao mundo em Jerusalém.

2. Além disso, está escrito a respeito de Cristo, diz o Evangelho de Mateus, que "será chamado nazareno". Isto está tomado da profecia de Isaías: "uma flor nascerá de sua raiz". Ora, 'Nazaré' quer dizer *flor*. Mas alguém é denominado sobretudo do lugar em que nasceu. Logo, parece que deveria ter nascido em Nazaré, onde também foi concebido e criado.

3. Ademais, o Senhor veio ao mundo para anunciar a fé na verdade, como diz o Evangelho de João: "Eu nasci e vim ao mundo para dar testemunho da verdade". Ora, tal missão teria resultado mais fácil se tivesse nascido na cidade de Roma que então dominava o mundo. Por isso Paulo, na Carta aos Romanos, diz: "No mundo inteiro se proclama a vossa fé". Logo, parece que não devia nascer em Belém.

Em sentido contrário, está escrito em Miqueias: "E tu, Bet-Lehem Efrata (...) de ti sairá para mim aquele que há de governar Israel".

Respondo. Cristo quis nascer em Belém por dois motivos. Primeiro, porque "é da descendência de Davi segundo a carne", como se diz na Carta aos Romanos. É a Davi que foi feita uma promessa especial a respeito de Cristo, segundo o livro dos Reis: "Oráculo do homem posto no alto, do Messias do Deus de Jacó". Por isso quis nascer em Belém, onde nascera também Davi, para que, pelo lugar mesmo do nascimento, aparecesse a realização da promessa que lhe tinha sido feita. É o que mostra o evangelista ao dizer: "Porque era da casa e da família de Davi".

E em segundo lugar, porque, como diz Gregório: "Belém quer dizer 'casa do pão'. E o próprio Cristo afirma: 'Eu sou o pão vivo, que desceu do céu'".

Quanto ao 1º, portanto, deve-se dizer que Davi nasceu em Belém, mas escolheu Jerusalém para

---

7 Parall.: *In Matth.*, c. 2.

1. Cfr. Hieron., *De Nom. Hebr.*, Nov. Test., De Matth.: ML 23, 842.
2. Luc. 2, 4.
3. *In Evang.*, l. I, hom. 8, n. 1: ML 76, 1104 A.
4. I *Reg.* 17, 12.

in ea sedem regni constitueret, et templum Dei ibi aedificaret, et sic Ierusalem esset civitas simul regalis et sacerdotalis. Sacerdotium autem Christi, et eius regnum, praecipue consummatum est in eius passione. Et ideo convenienter Bethlehem elegit nativitati, Ierusalem vero passioni.

Simul etiam per hoc hominum gloriam confutavit, qui gloriantur de hoc quod ex civitatibus nobilibus originem ducunt: in quibus etiam praecipue volunt honorari. Christus autem e converso in civitate ignobili nasci voluit, et in civitate nobili pati opprobrium.

AD SECUNDUM dicendum quod Christus florere voluit secundum virtuosam conversationem, non secundum carnis originem. Et ideo in civitate Nazareth educari voluit et nutriri. In Bethlehem autem voluit quasi peregre nasci: quia ut Gregorius dicit[5], *per humanitatem quam assumpserat, quasi in alieno nascebatur: non secundum potestatem, sed secundum naturam.* Et, ut etiam Beda dicit[6], *per hoc quod in diversorio loco eget, nobis multas mansiones in domo Patris sui praepararet.*

AD TERTIUM dicendum quod, sicut dicitur in quodam Sermone Ephesini Concilii[7], *si maximam Romam elegisset civitatem, propter potentiam civium mutationem orbis terrarum putarent. Si filius fuisset Imperatoris, potestati utilitatem adscriberent. Sed ut divinitas cognosceretur orbem transformasse terrarum, pauperculam elegit matrem, pauperiorem patriam.*

Elegit autem Deus infirma mundi ut confundat fortia: sicut dicuntur 1Cor 1,27. Et ideo, ut suam potestatem magis ostenderet, in ipsa Roma, quae caput orbis erat, statuit caput Ecclesiae suae, in signum perfectae victoriae, ut exinde fides derivaretur ad universum mundum: secundum illud Is 26,5-6: *Civitatem sublimem humiliabit, et conculcabit eam pes pauperis*, idest Christi, *gressus egenorum*, idest Apostolorum Petri et Pauli.

estabelecer nela a sede de seu reino e ali edificar o templo de Deus. Assim, Jerusalém viria a ser ao mesmo tempo a cidade real e sacerdotal. Mas o sacerdócio de Cristo, e o seu reino, se realizaram principalmente em sua paixão. Por isso era conveniente que, para nascer, escolhesse Belém e para a paixão Jerusalém.

Além disso, desmascarava assim a glória dos homens que se orgulham de ter nascido em cidades famosas, nas quais querem principalmente ser honrados. Cristo, pelo contrário, quis nascer numa cidade sem nome e padecer opróbrios numa cidade famosa.

QUANTO AO 2º, deve-se dizer que Cristo quis distinguir-se por um modo de ser virtuoso, não por sua origem carnal. Por isso quis ser criado e educado em Nazaré; e em Belém quis nascer como um estrangeiro. Pois, como diz Gregório: "Pela humanidade que tinha assumido nasceu como em terra estranha; não segundo o poder, mas segundo a natureza". E Beda acrescenta: "Por estar necessitado de um lugar na hospedaria, estava a nos preparar muitas moradas na casa de seu Pai".

QUANTO AO 3º, deve-se dizer que como se lê num sermão do Concílio de Éfeso: "Se tivesse escolhido a ilustre cidade de Roma, teriam pensado que a conversão do orbe terrestre se devia ao prestígio de seus cidadãos; se fosse filho do Imperador, teriam atribuído as vantagens ao poder. Mas para que fosse reconhecido que a divindade transformara o orbe terrestre, escolheu uma mãe pobrezinha e uma pátria mais pobre ainda".

"Pois Deus escolheu o que é fraco no mundo para confundir o que é forte", como se diz na primeira Carta aos Coríntios. Por isso, para manifestar mais o seu poder, estabeleceu em Roma, que era a capital do universo, a cabeça de sua Igreja, em sinal de perfeita vitória e para que dali se estendesse a fé ao mundo inteiro, segundo as palavras de Isaías: "Abateu a cidade inacessível; pisá-la-ão os pés dos pobres, isto é, de Cristo, e os passos dos desvalidos", isto é, dos Apóstolos Pedro e Paulo.

---

5. Loc. supra cit.
6. *Exposit. in Luc.*, l. I, super 2, 7: ML 92, 331 CD.
7. THEODOT. ANCYR., Homil. I *in Nat. Salvat.*, n. 8: MG 77, 1360 CD. — Act. Conc., P. III, c. 9: ed. Mansi, V, 195.

Articulus 8
Utrum Christus fuerit congruo tempore natus

AD OCTAVUM SIC PROCEDITUR. Videtur quod Christus non fuerit congruo tempore natus.

1. Ad hoc enim Christus venerat ut suos in libertatem revocaret. Natus est autem tempore servitutis: quo scilicet totus orbis praecepto Augusti describitur, quasi tributarius factus, ut habetur Lc 2,1sqq. Ergo videtur quod non congruo tempore Christus feurit natus.

2. PRAETEREA, promissiones de Christo nascituro non gentilibus fuerant factae: secundum illud Rm 9,4: *Quorum sunt promissa*. Sed Christus natus est tempore quo rex alienigena dominabatur: sicut patet Mt 2,1: *Cum natus esset Iesus in diebus Herodis Regis*. Ergo videtur quod non fuerit congruo tempore natus.

3. PRAETEREA, tempus praesentiae Christi in mundo diei comparatur, propter id quod ipse est *lux mundi:* unde ipse dicit, Io 9,4: *Me oportet operari opera eius qui misit me, donec dies est.* Sed in aestate sunt dies longiores quam in hieme. Ergo, cum natus fuerit in profundo hiemis, octo kalendas Ianuarii, videtur quod non fuerit convenienti tempore natus.

SED CONTRA est quod dicitur Gl 4,4: *Cum venit plenitudo temporis, misit Deus Filium suum, factum ex muliere, factum sub lege*.

RESPONDEO dicendum quod haec est differentia inter Christum et alios homines, quod alii homines nascuntur subiecti necessitati temporis: Christus autem, tanquam Dominus et Conditor omnium temporum, elegit sibi tempus in quo nasceretur, sicut et matrem et locum. Et quia *quae a Deo sunt, ordinata sunt*, et convenienter disposita, consequens est quod convenientissimo tempore Christus nasceretur.

AD PRIMUM ergo dicendum quod Christus venerat nos in statum libertatis reducere de statu servitutis. Et ideo, sicut mortalitatem nostram suscepit ut nos ad vitam reduceret, ita, ut Beda dicit[1], eo

Artigo 8
Cristo nasceu no tempo oportuno?[f]

QUANTO AO OITAVO, ASSIM SE PROCEDE: parece que Cristo **não** nasceu no tempo oportuno.

1. Com efeito, Cristo veio para reconduzir os seus à liberdade. Ora, nasceu num tempo de escravidão, pois o mundo inteiro foi submetido ao recenseamento por ordem de Augusto, e assim tornado sujeito a impostos, como diz o Evangelho de Lucas. Logo, parece que Cristo não nasceu no tempo oportuno.

2. ALÉM DISSO, as promessas do nascimento de Cristo não foram feitas aos pagãos, mas aos israelitas, "dos quais são as promessas", conforme diz a Carta aos Romanos. Ora, Cristo nasceu num tempo em que dominava um rei estrangeiro: "Tendo nascido Jesus no tempo do rei Herodes", diz o Evangelho de Mateus. Logo, parece que não nasceu no tempo oportuno.

3. ADEMAIS, o tempo da presença de Cristo no mundo é comparado ao dia, pois ele mesmo é *a luz do mundo* e por isso ele mesmo afirma no Evangelho de Mateus: "Enquanto é dia, é mister que eu trabalhe nas obras daquele que me enviou". Ora, os dias são mais longos no verão do que no inverno. Logo, tendo nascido em pleno inverno, no dia 8 das calendas de janeiro, parece que não nasceu no tempo conveniente.

EM SENTIDO CONTRÁRIO, afirma a Carta aos Gálatas: "Quando chegou a plenitude dos tempos Deus enviou seu Filho, nascido de uma mulher, nascido sob a lei".

RESPONDO. A diferença entre Cristo e os outros homens é que estes nascem submetidos à necessidade do tempo, mas Cristo, sendo Senhor e Criador de todos os tempos, escolheu o tempo em que iria nascer, como também a mãe e o lugar. E como *tudo o que vem de Deus é perfeitamente ordenado* e convenientemente disposto, segue-se que Cristo nasceu no tempo mais conveniente.

QUANTO AO 1º, portanto, deve-se dizer que Cristo veio para nos reconduzir do estado de escravidão ao estado de liberdade. Por isso, diz Beda que assim como assumiu a nossa mortalidade para

---

8 PARALL.: *In Matth.*, c. 2.

1. *Exposit. in Luc.*, l. I, super 2, 4-5: ML 92, 330 B.

f. Sto. Tomás tratou esse tema do "momento" mais favorável à encarnação aproximando-o estreitamente da história da salvação, nos artigos 5 e 6 da questão 1 desta mesma Parte: "Convinha que Deus se encarnasse desde o início da história humana? Convinha que ele postergasse sua encarnação até o fim do mundo?".

tempore dignatus est incarnari quo, mox natus, censu Caesaris adscriberetur, atque, ob nostri liberationem, ipse servitio subderetur.

Tempore etiam illo, quo totus orbis sub uno Principe vivebat, maxime pax fuit in mundo. Et ideo decebat ut illo tempore Christus nasceretur, qui est *pax nostra, faciens utraque unum*, ut dicitur Eph 2,14. Unde Hieronymus dicit, *super Isaiam*[2]: *Veteres resolvamus historias, et inveniemus usque ad vigesimum octavum annum Caesaris Augusti in toto orbe terrarum fuisse discordiam: orto autem Domino, omnia bella cessaverunt*, secundum illud Is 2,4: *Non levabit gens contra gentem gladium.*

Congruebat etiam ut illo tempore quo unus Princeps dominabatur in mundo, Christus nasceretur, qui venerat suos *congregare in unum, ut esset unum ovile et unus Pastor*, ut dicitur Io 10,16.

AD SECUNDUM dicendum quod Christus regis alienigenae tempore nasci voluit, ut impleretur prophetia Iacob dicentis, Gn 49,10: *Non auferetur sceptrum de Iuda, et dux de femore eius, donec veniat qui mittendus est.* Quia, ut Chrysostomus dicit, *super Matth.*[3], *quandiu Iudaica gens sub Iudaicis regibus, quamvis peccatoribus, tenebatur, prophetae mittebantur ad remedium eius. Nunc autem, quando lex Dei sub potestate regis iniqui tenebatur, nascitur Christus: quia magna et desperabilis infirmitas medicum artificiosiorem quaerebat.*

AD TERTIUM dicendum quod, sicut dicitur in libro *de Quaest. Novi et Vet. Test.*[4], *tunc Christus nasci voluit, quando lux diei crementum incipit accipere*: ut ostenderetur quod ipse venerat ut homines crescerent in lucem divinam, secundum illud Lc 1,79: *Illuminare his qui in tenebris et umbra mortis sedent.*

Similiter etiam asperitatem hiemis elegit ad nativitatem, ut ex tunc carnis afflictionem pateretur pro nobis.

nos conduzir à vida, assim, "dignou-se encarnar-se num tempo em que, apenas nascido, seria registrado no censo de César, e, por nossa libertação, se submeteu ele mesmo à escravidão".

Naquele tempo, também, vivendo o mundo inteiro sob um Soberano, reinava no mundo a paz suprema. Por isso convinha que Cristo nascesse naquele tempo, pois ele é "nossa paz, fazendo dos dois povos um só", como diz a Carta aos Efésios. Daí que Jerônimo comente: "Se procurarmos na história antiga, encontraremos que até o ano 28 de César Augusto dominou a discórdia no universo mundo; mas, quando nasceu o Senhor, cessaram todas as guerras", como diz Isaías: "Nenhuma nação levantará a espada contra outra".

Era oportuno ainda que Cristo, vindo "para reunir os seus na unidade", "a fim de que houvesse um só rebanho e um só pastor" segundo o Evangelho de João, nascesse num tempo em que um só Príncipe dominava o mundo.

QUANTO AO 2º, deve-se dizer que Cristo quis nascer no tempo de um rei estrangeiro, para que se cumprisse a profecia de Jacó: "O cetro não se afastará de Judá, nem o bastão de comando de entre seus pés, até que venha aquele que deve ser enviado". Pois, como diz Crisóstomo: "Enquanto a nação judaica viveu sob reis judeus, mesmo pecadores, foram-lhe enviados profetas como remédio. Mas Cristo nasceu quando a lei de Deus estava sob o poder de um rei iníquo; pois uma doença grande e incurável exigia um médico mais habilidoso".

QUANTO AO 3º, deve-se dizer que lemos nas *Questões do Novo e do Antigo Testamento*: "Cristo quis nascer quando a luz do dia começa a crescer"; assim ficava claro que ele veio para que os homens crescessem na luz divina, como diz o Evangelho de Lucas: "Para iluminar os que estão sentados nas trevas e nas sombras da morte".

Igualmente, ainda, escolheu para nascer o rigor do inverno, para sofrer por nós, desde esse momento, as aflições da carne.

---

2. L. I, super 2, 4: ML 24, 46 A.
3. *Opus imperf. in Matth.*, hom. 2, super 2, 1: MG 56, 636.
4. Q. 53: ML 35, 2252.

QUAESTIO XXXVI
DE MANIFESTATIONE CHRISTI NATI
in octo articulos divisa

Deinde considerandum est de manifestatione Christi nati.
Et circa hoc quaeruntur octo.
Primo: utrum nativitas Christi debuerit omnibus esse manifesta.
Secundo: utrum debuerit aliquibus manifestari.
Tertio: quibus manifestari debuerit.
Quarto: utrum ipse se debuerit manifestare, vel potius manifestari per alios.
Quinto: per quae alia manifestari debuerit.
Sexto: de ordine manifestationum.
Septimo: de stella per quam manifestata fuit eius nativitas.
Octavo: de veneratione Magorum, qui per stellam nativitatem Christi cognoverunt.

Articulus 1
Utrum Christi nativitas debuerit omnibus esse manifesta

AD PRIMUM SIC PROCEDITUR. Videtur quod Christi nativitas debuerit omnibus esse manifesta.

1. Impletio enim debet promissioni respondere. Sed de promissione adventus Christi dicitur in Ps 49,3: *Deus manifeste veniet.* Venit autem per carnis nativitatem. Ergo videtur quod eius nativitas debuit esse toti mundo manifesta.

2. PRAETEREA, 1Ti 1,15 dicitur: *Christus in hunc mundum venit peccatores salvos facere.* Sed hoc non fit nisi inquantum eis gratia Christi manifestatur: secundum illud Tt 2,11-12: *Apparuit gratia Salvatoris nostri Dei omnibus hominibus, erudiens nos ut, abnegantes impietatem et saecularia desideria, sobrie et pie et iuste vivamus in hoc saeculo.* Ergo videtur quod Christi nativitas debuerit esse omnibus manifesta.

3. PRAETEREA, Deus super omnia pronior est ad miserendum: secundum illud Ps 144,9: *Mise-*

QUESTÃO 36ª
A MANIFESTAÇÃO DE CRISTO EM SEU NASCIMENTO
em oito artigos

Em seguida, deve-se considerar a manifestação de Cristo em seu nascimento.
Sobre isso são oito as perguntas:
1. O nascimento de Cristo devia ser manifestado a todos?
2. Devia ser manifestado a alguns?
3. A quem devia ser manifestado?
4. Devia manifestar-se ele mesmo ou ser manifestado por outros?
5. Por que outros meios devia ser manifestado?
6. A ordem das manifestações.
7. A estrela pela qual foi manifestado o seu nascimento.
8. A adoração do magos que conheceram o nascimento de Cristo pela estrela.

Artigo 1
O nascimento de Cristo devia ser manifestado a todos?

QUANTO AO PRIMEIRO ARTIGO, ASSIM SE PROCEDE: parece que o nascimento de Cristo **devia** ser manifestado a todos.

1. Com efeito, a realização deve corresponder à promessa. Ora, a respeito da promessa da vinda de Cristo, diz o Salmo 49: "Deus virá de maneira manifesta". Ele veio por seu nascimento na carne. Logo, parece que seu nascimento devia ser manifestado ao mundo inteiro.

2. ALÉM DISSO, a primeira Carta a Timóteo diz: "Cristo veio a este mundo para salvar os pecadores". Ora, isso só se realiza na medida em que lhes é manifestada a graça de Cristo, segundo a Carta de Tito: "A graça de Deus nosso Salvador tornou-se manifesta a todos os homens; ela nos ensina a renunciar à impiedade e aos desejos mundanos, para vivermos no tempo presente com moderação, justiça e piedade". Logo, parece que o nascimento de Cristo devia ser manifestado a todos.

3. ADEMAIS, Deus é, acima de tudo, mais propenso à misericórdia, como diz o Salmo 144:

---

1 PARALL.: Infra, q. 39, a. 8, ad 3.

a. Toda esta questão é uma meditação teológica, uma grande *"lectio divina"* sobre o mistério do Natal e da Epifania, na qual abundam as citações patrísticas, mas que segue um encadeamento lógico bem próprio do gênio de Sto. Tomás. Deve-se notar que, é claro, a realidade dos eventos da infância narrados nos evangelhos não é posta em dúvida, nem mesmo em seus pormenores, mas a atenção se volta principalmente para sua significação e simbolismo.

rationes eius super omnia opera eius. Sed in secundo adventu, quo *iustitias iudicabit*, veniet omnibus manifestus: secundum illud Mt 24,27: *Sicut fulgur exit ab oriente et paret usque in occidentem, ita erit adventus Filii Hominis*. Ergo multo magis primus, quo natus est in mundo secundum carnem, debuit omnibus esse manifestus.

SED CONTRA est quod dicitur Is 45,15: *Tu es Deus absconditus, Sanctus Israel, Salvator*. Et Is 53,3: *Quasi absconditus est vultus eius et despectus*.

RESPONDEO dicendum quod nativitas Christi non debuit omnibus communiter esse manifesta.

Primo quidem, quia per hoc impedita fuisset humana redemptio, quae per crucem eius peracta est: quia, ut dicitur 1Cor 2,8, *si cognovissent, nunquam Dominum gloriae crucifixissent*.

Secundo, quia hoc diminuisset meritum fidei, per quam venerat homines iustificare, secundum illud Rm 3,22: *Iustitia Dei per fidem Iesu Christi*. Si enim manifestis indiciis, Christo nascente, eius nativitas omnibus appareret, iam tolleretur ratio fidei, quae est *argumentum non apparentium*, ut dicitur Hb 11,1.

Tertio, quia per hoc venisset in dubium veritas humanitatis ipsius. Unde Augustinus dicit, in Epistola *ad Volusianum*[1]: *Si nullas ex parvulo in iuventutem mutaret aetates, nullos cibos, nullos caperet somnos, nonne opinionem confirmaret erroris, nec hominem verum ullo modo suscepisse crederetur: et, dum omnia mirabiliter facit, auferret quod misericorditer fecit?*

AD PRIMUM ergo dicendum quod auctoritas illa intelligitur de adventu Christi ad iudicium: secundum quod Glossa[2] ibidem exponit.

AD SECUNDUM dicendum quod de gratia Dei Salvatoris erudiendi erant omnes homines ad salutem, non in principio nativitatis eius, sed postea, tempore procedente, postquam *operatus esset salutem in medio terrae*. Unde, post passionem et resurrectionem suam, dixit discipulis, Mt 28,19: *Euntes, docete omnes gentes*.

AD TERTIUM dicendum quod ad iudicium requiritur quod auctoritas iudicis cognoscatur: et propter

"As suas misericórdias estão sobre todas as suas obras". Ora, na segunda vinda, na qual julgará com retidão, virá de maneira patente a todos, como diz o Evangelho de Mateus: "Como o relâmpago que parte do oriente e brilha até o ocidente, assim sucederá na vinda do Filho do Homem". Logo, com mais razão a primeira vinda, pela qual nasceu no mundo segundo a carne, devia ser manifestada a todos.

EM SENTIDO CONTRÁRIO, afirma Isaías: "Tu és um Deus escondido, Santo de Israel, Salvador". E ainda: "Seu rosto estava escondido e desprezado".

RESPONDO. O nascimento de Cristo não tinha de ser manifestado a todos em geral.

1º porque isso teria impedido a redenção humana, que se realizou por sua cruz, como diz a primeira Carta aos Coríntios: "Se o tivessem conhecido, nunca teriam crucificado o Senhor da glória".

2º porque isso teria diminuído o mérito da fé, pela qual viera justificar os homens, como afirma a Carta aos Romanos: "A justiça de Deus, pela fé em Jesus Cristo". Se quando nasceu Cristo, o seu nascimento se tivesse manifestado a todos com indícios evidentes, teria desaparecido a razão da fé, pois, como diz a Carta aos Hebreus, ela é "a prova do que não se vê".

3º porque isso teria posto em dúvida a verdade de sua humanidade. Por isso, escreve Agostinho: "Se não houvesse nenhuma diferença entre o tempo da infância e o da juventude, se não tivesse tomado alimento algum, se não tivesse dormido, não teria reforçado a opinião errônea? não levaria a crer que de modo algum assumiu um homem verdadeiro? e, enquanto age em tudo de modo admirável, não teria destruído o que realizou com misericórdia?"

QUANTO AO 1º, portanto, deve-se dizer que este Salmo, segundo a explicação que dele dá a Glosa, se refere à vinda de Cristo para o juízo.

QUANTO AO 2º, deve-se dizer que todos os homens deviam ser instruídos, para sua salvação, a respeito da graça de Deus Salvador, mas não desde o início de seu nascimento, e sim mais tarde, com o correr do tempo, depois que ele tivesse *realizado a salvação no meio da terra*. É por isso que disse a seus discípulos, depois de sua paixão e ressurreição: "Ide e ensinai a todas as nações", conforme o Evangelho de Mateus.

QUANTO AO 3º, deve-se dizer que para um juízo é necessário que seja reconhecida a autoridade do

---

1. Epist. 137, al. 3, c. 3, n. 9: ML 33, 519.
2. Interl.; LOMBARDI super Ps. 49, 3: ML 191, 476 A.

hoc oportet quod adventus Christi ad iudicium sit manifestus. Sed primus adventus fuit ad omnium salutem, quae est per fidem, quae quidem est de non apparentibus. Et ideo adventus Christi primus debuit esse occultus.

ARTICULUS 2
Utrum nativitas Christi aliquibus debuerit manifestari

AD SECUNDUM SIC PROCEDITUR. Videtur quod nativitas Christi nulli debuerit manifestari.

1. Quia, ut dictum est[1], hoc erat congruum humanae saluti, ut primus Christi adventus esset occultus. Sed Christus venerat ut omnes salvaret: secundum illud 1Ti 4,10: *Qui est Salvator omnium hominum, maxime fidelium*. Ergo nativitas Christi nulli debuit manifestari.

2. PRAETEREA, ante nativitatem Christi, manifestata erat Beatae Virgini et Ioseph futura Christi nativitas. Non ergo erat necessarium, Christo nato, eandem aliis manifestari.

3. PRAETEREA, nullus sapiens manifestat id ex quo turbatio nascitur et detrimentum aliorum. Sed, manifestata Christi nativitate, subsecuta est turbatio: dicitur enim Mt 2,3 quod, *audiens rex Herodes* Christi nativitatem, *turbatus est, et omnis Ierosolyma cum illo*. Cessit etiam hoc in detrimentum aliorum: quia ex hac occasione Herodes *occidit pueros in Bethlehem et in finibus eius a bimatu et infra*. Ergo videtur quod non fuerit conveniens Christi nativitatem aliquibus manifestari.

SED CONTRA est quod Christi nativitas nulli fuisset proficua si omnibus esset occulta. Sed oportebat Christi nativitatem esse proficuam: alioquin frustra natus fuisset. Ergo videtur quod aliquibus manifestari debuerit Christi nativitas.

RESPONDEO dicendum quod, sicut Apostolus dicit, Rm 13,1, *quae a Deo sunt, ordinata sunt*. Pertinet autem ad divinae sapientiae ordinem ut Dei dona, et secreta sapientiae eius, non aequaliter ad omnes, sed immediate ad quosdam perveniant, et per eos ad alios deriventur. Unde et quantum

juiz; por isso é necessário que a vinda de Cristo para o juízo seja manifesta. Mas a primeira vinda era para a salvação de todos, por meio da fé; e esta diz respeito às coisas que não se veem. Por isso a primeira vinda de Cristo devia ser oculta.

ARTIGO 2
O nascimento de Cristo devia ser manifestado a alguns?

QUANTO AO SEGUNDO, ASSIM SE PROCEDE: parece que o nascimento de Cristo **não** devia ser manifestado a ninguém.

1. Com efeito, como foi dito, era conveniente para a salvação dos homens que a primeira vinda de Cristo fosse oculta. Ora, Cristo veio para salvar todos os homens, como diz a primeira Carta a Timóteo: "Ele é o Salvador de todos os homens, sobretudo dos fiéis". Logo, o nascimento de Cristo não devia ser manifestado a ninguém.

2. ALÉM DISSO, antes que Cristo nascesse, o seu futuro nascimento tinha sido revelado à bem-aventurada Virgem e a José. Não era, pois, necessário que fosse manifestado a outros, depois de Cristo ter nascido.

3. ADEMAIS, nenhum sábio manifesta o que pode produzir perturbação e dano a outros. Ora, à manifestação do nascimento de Cristo seguiu-se uma conturbação, pois diz o Evangelho de Mateus: "Ouvindo o rei Herodes esta notícia, do nascimento de Cristo, ficou perturbado, e toda a Jerusalém com ele". E isto aconteceu em detrimento de outros, pois, nessa ocasião, Herodes *mandou matar, em Belém e em suas proximidades, os meninos de até dois anos*. Logo, parece que não convinha que o nascimento de Cristo fosse manifestado a alguns.

EM SENTIDO CONTRÁRIO, a ninguém teria aproveitado o nascimento de Cristo se fosse oculto a todos. Mas era necessário que o nascimento de Cristo fosse proveitoso, pois do contrário teria nascido em vão. Portanto, parece que o nascimento de Cristo devia ser manifestado a alguns.

RESPONDO. Como diz o Apóstolo: "Tudo o que vem de Deus é feito com ordem". Ora, é inerente à ordem da sabedoria divina que os dons de Deus e os segredos de sua sabedoria não cheguem da mesma forma a todos, mas que cheguem imediatamente a alguns e, por meio deles, se estendam

---
1. A. praec., ad 3.

ad resurrectionis mysterium dicitur, Act 10,40-41, quod *Deus dedit Christum resurgentem manifestum fieri, non omni populo, sed testibus praeordinatis a Deo*. Unde hoc etiam debuit circa ipsius nativitatem observari, ut non omnibus Christus manifestaretur, sed quibusdam, per quos posset ad alios devenire.

AD PRIMUM ergo dicendum quod, sicut fuisset in praeiudicium salutis humanae si omnibus hominibus Dei nativitas innotuisset, ita etiam et si nulli tota fuisset. Utroque enim modo tollitur fides: tam scilicet per hoc quod aliquid est totaliger manifestum; quam etiam per hoc quod a nullo cognoscitur a quo possit testimonium audiri; *fides* enim *est ex auditu*, ut dicitur Rm 10,17.

AD SECUNDUM dicendum quod Maria et Ioseph instruendi erant de Christi nativitate antequam nasceretur, quia ad eos pertinebat reverentiam habere prolis conceptae in utero, et obsequi nasciturae. Eorum autem testimonium, propter hoc quod erat domesticum, fuisset habitum suspectum circa magnificentiam Christi. Et ideo oportuit ut aliis manifestaretur extraneis, quorum testimonium suspectum esse non posset.

AD TERTIUM dicendum quod ipsa turbatio subsecuta ex nativitate Christi manifestata congruebat Christi nativitati. Primo quidem, quia per hoc manifestatur caelestis Christi dignitas. Unde Gregorius dicit, in Homilia[2]: *Caeli Rege nato, rex terrae turbatur: quia nimirum terrena altitudo confunditur cum celsitudo caelestis aperitur.* — Secundo, quia per hoc figurabatur iudiciaria Christi potestas. Unde Augustinus dicit, in quodam Sermone *Epiphaniae*[3]: *Quid erit tribunal iudicantis, quando superbos reges cuna terrebat infantis?* — Tertio, quia per hoc figurabatur delectio regni diaboli. Quia, ut Leo Papa[4] dicit, in Sermone *Epiphaniae, non tantum Herodes in semetipso turbatur, quantum diabolus in Herode. Herodes enim hominem aestimabat, sed diabolus Deum. Et uterque regni sui successorem timebat: diabolus caelestem, sed Herodes terrenum.* Superflue tamen: quia Christus non venerat regnum terrenum in terra habere: ut Leo Papa dicit[5], Herodi loquens: *Non capit*

aos outros. Assim, no que concerne ao mistério da ressurreição, diz o livro dos Atos: "Deus ressuscitou Cristo ao terceiro dia e lhe concedeu manifestar a sua presença, não ao povo em geral, mas às testemunhas designadas de antemão por Deus". O mesmo devia ser observado em relação a seu nascimento: que Cristo não se manifestasse a todos, mas a alguns, por meio dos quais poderia chegar aos outros.

QUANTO AO 1º, portanto, deve-se dizer que teria sido igualmente prejudicial à salvação humana que o nascimento de Deus tivesse vindo ao conhecimento de todos ou que não tivesse sido conhecido por ninguém. Em ambos os casos desapareceria a fé: quer quando algo é totalmente manifesto, quer quando não é conhecido por ninguém que possa dar testemunho e ser escutado, pois como diz a Carta aos Romanos: "A fé vem pelo ouvido".

QUANTO AO 2º, deve-se dizer que Maria e José foram informados do nascimento de Cristo antes que ele nascesse, porque a eles cabia prestar reverência ao menino concebido no seio e ocupar-se dele quando nascesse. Mas o testemunho deles a respeito da grandeza de Cristo teria sido suspeito por ser da família. Por isso convinha que fosse manifestado a estranhos, cujo testemunho não pudesse ser suspeito.

QUANTO AO 3º, deve-se dizer que a conturbação que se seguiu à manifestação do nascimento de Cristo estava de acordo com tal nascimento: 1º, porque assim se revela a dignidade celeste de Cristo, como diz Gregório: "Ao nascer o Rei do céu, conturba-se o rei da terra, porque quando se descobre a grandeza celeste, a alteza terrestre é confundida". — 2º, porque assim se figurava o poder judiciário de Cristo, como diz Agostinho: "Que será o tribunal do que julga, quando o berço da criança já atemorizava os reis orgulhosos?" — 3º, porque assim era significada a destruição do reino do demônio, como afirma o papa Leão: "Não é tanto Herodes quem se conturba, quanto o demônio em Herodes; pois Herodes o considerava como um homem, mas o diabo como Deus. Todos os dois temiam o sucessor do seu reino: o demônio um sucessor celeste e Herodes um sucessor terrestre". Mas em vão, porque Cristo não veio para possuir um reino terrestre na terra. Eis como fala o

---

2. *In Evang.*, l. I, hom. 10, n. 1: ML 76, 1110 C.
3. Serm. 200, al. *de Tempore* 30, c. 1, n. 2: ML 38, 1029.
4. Cfr. *Opus imperf. in Matth.*, hom. 2, super 2, 3: MG 56, 639.
5. Serm. 34, al. 33 (*de Epiphan.* 4), c. 2: ML 54, 246 AB.

Christum regia tua: nec mundi Dominus potestatis tuae sceptri est contentus angustiis.

Quod autem Iudaei turbantur, qui tamen magis gaudere debuerant, aut hoc est quia, ut Chrysostomus dicit[6], *de adventu iusti non poterant gaudere iniqui*: aut volentes favere Herodi, quem timebant; *populus enim plus iusto favet eis quos crudeles sustinet*[7].

Quod autem pueri ab Herode sunt interfecti, non cessit in eorum detrimentum, sed in eorum profectum. Dicit enim Augustinus, in Sermone quodam *de Epiphania*[8]: *Absit ut, ad liberandos homines Christus veniens, de illorum praemio qui pro eo interficerentur nihil egerit, qui, pendens in ligno, pro eis a quibus interficiebatur oravit.*

papa Leão, dirigindo-se a Herodes: "O teu palácio não seduziu Cristo, nem o Senhor do mundo podia sentir-se à vontade nos limites estreitos do cetro de teu poder".

O fato de os judeus terem ficado conturbados, quando deveriam antes alegrar-se, aconteceu, ou porque, como diz Crisóstomo, "os malvados não podiam alegrar-se com a vinda do justo"; ou porque queriam agradar a Herodes a quem temiam, pois "o povo lisonjeia mais do que é justo àqueles cuja crueldade tem de suportar".

O fato de as crianças terem sido mortas por Herodes não resultou em detrimento, mas em benefício delas, pois como diz Agostinho: "Longe de nós pensar que aquele que orou pelos que o matavam, enquanto estava pendurado na cruz, nada fizesse pelos que por sua causa davam a vida, quando veio para libertar os homens".

Articulus 3
Utrum sint convenienter electi illi quibus est Christi nativitas manifestata

Ad tertium sic proceditur. Videtur quod non sunt convenienter electi illi quibus est Christi nativitas manifestata.

1. Dominus enim, Mt 10,5, mandavit discipulis, *In viam gentium ne abieritis*: ut scilicet prius manifestaretur Iudaeis quam gentilibus. Ergo videtur quod multo minus a principio fuerit revelanda Christi nativitas gentibus, qui *ab oriente venerunt*, ut habetur Mt 2,1.

2. Praeterea, manifestatio divinae veritatis praecipue debet fieri ad Dei amicos: secundum illud Iob 37: *Annuntiat de ea amico suo*. Sed magi videntur esse Dei inimici: dicitur enim Lv 19,31: *Non declinetis ad magos: nec ab ariolis aliquid sciscitemini*. Non ergo debuit Christi nativitas Magis manifestari.

3. Praeterea, Christus venerat mundum totum a potestate diaboli liberare: unde dicitur Mal 1,11: *Ab ortu solis usque ad occasum magnum est nomen meum in gentibus*. Non ergo solum in oriente positis manifestari debuit, sed etiam ubique terrarum debuit aliquibus manifestari.

4. Praeterea, omnia sacramenta veteris legis erant Christi figura. Sed sacramenta veteris legis

Artigo 3
Foram bem escolhidos aqueles aos quais o nascimento de Cristo foi manifestado?

Quanto ao terceiro, assim se procede: parece que **não** foram bem escolhidos aqueles aos quais o nascimento de Cristo foi manifestado.

1. Com efeito, o Senhor ordenou aos discípulos: *não tomeis o caminho dos pagãos*, para manifestar-se aos judeus antes de aos pagãos. Logo, menos ainda deveria ser revelado desde o início o nascimento de Cristo aos pagãos "vindos do Oriente", como diz o Evangelho de Mateus.

2. Além disso, a manifestação da verdade divina deve ser feita sobretudo aos amigos de Deus, segundo Jó: "Comunicá-la-á a seu amigo". Ora, os magos parecem ser inimigos de Deus, conforme o Levítico: "Não vos dirijais aos magos, nem consulteis os adivinhos". Logo, o nascimento de Cristo não devia ser manifestado aos magos.

3. Ademais, Cristo veio para libertar o mundo inteiro do poder do demônio. Por isso lê-se em Malaquias: "Do nascente ao poente, grande é o meu nome entre os pagãos". Portanto, devia manifestar-se a alguns, não só no oriente, mas também por toda a terra.

4. Ademais, todos os sacramentos da antiga lei eram figura de Cristo. Ora, os sacramentos da

---

6. *Op. imperf. in Matth.*, hom. 2, super 2, 3: MG 56, 639.
7. Ordin. super Matth. 2, 3: ML 114, 74 B.
8. Serm. 373, al. *de Diversis* 66, c. 3: ML 39, 1665.

dispensabantur per ministerium sacerdotum legalium. Ergo videtur quod magis debuerit Christi nativitas manifestari sacerdotibus in templo, quam pastoribus in agro.

5. PRAETEREA, Christus ex virgine matre natus est, et aetate parvulus erat. Convenientius ergo videtur fuisse quod Christus manifestaretur iuvenibus et virginibus, quam senibus et coniugatis vel viduis, sicut Simeoni et Annae.

SED CONTRA est quod dicitur Io 13,18: *Ego scio quos elegerim*. Quae autem fiunt secundum Dei sapientiam, convenienter fiunt. Ergo convenienter sunt electi illi quibus est manifestata Christi nativitas.

RESPONDEO dicendum quod salus quae erat futura per Christum, ad omnem diversitatem hominum pertinebat: quia, sicut dicitur Col 3,11, *in Christo non est masculus et femina, gentilis et Iudaeus, servus et liber*, et sic de aliis huiusmodi. Et ut hoc in ipsa Christi nativitate praefiguraretur, omnibus conditionibus hominum est manifestatus. Quia, ut Augustinus dicit, in Sermone *de Epiphania*[1], *pastores erant Israelitae, Magi gentiles. Illi prope, isti longe. Utrique tanquam ad angularem lapidem concurrerunt*. Fuit etiam inter eos alia diversitas: nam Magi fuerunt sapientes et potentes, Pastores autem simplices et viles. Manifestatus est etiam iustis, Simeoni et Annae, et peccatoribus, scilicet Magis; manifestatus est etiam et viris et mulieribus scilicet Annae; ut per hoc ostenderetur nullam conditionem hominum excludi a Christi salute.

AD PRIMUM ergo dicendum quod illa manifestatio nativitatis Christi fuit quaedam praelibatio plenae manifestationis quae erat futura. Et sicut in secunda manifestatione primo annuntiata est gratia Christi per Christum et eius Apostolos Iudaeis, et postea gentilibus; ita ad Christum primo pervenerunt Pastores, qui erant primitiae Iudaeorum, tanquam prope existentes; et postea venerunt Magi a remotis, qui fuerunt *primitiae gentium*, ut Augustinus dicit[2].

AD SECUNDUM dicendum quod, sicut Augustinus dicit, in Sermone *de Epiphania*[3], *sicut praevalet imperitia in rusticitate pastorum, ita praevalet impietas in sacrilegiis magorum. Utrosque tamen sibi ille lapis angularis attribuit: quippe qui venit "stulta eligere ut confunderet sapientes", et "non*

antiga lei eram administrados pelo ministério do sacerdócio legal. Logo, parece que o nascimento de Cristo deveria ter sido manifestado antes aos sacerdotes no templo de aos pastores no campo.

5. ADEMAIS, Cristo nasceu de uma virgem mãe e era pequeno em idade. Parece, pois, mais conveniente que se tivesse manifestado aos jovens e às virgens antes de aos velhos e casados ou viúvos, como Simeão e Ana.

EM SENTIDO CONTRÁRIO, afirma o Evangelho de João: "Eu conheço os que escolhi". Ora, o que é feito segundo a sabedoria de Deus é bem feito. Portanto, aqueles aos quais foi manifestado o nascimento de Cristo foram bem escolhidos.

RESPONDO. A salvação que Cristo iria trazer concernia a todo tipo de homens, pois, como diz a Carta aos Colossenses: "Em Cristo não há mais homem e mulher, grego e judeu, escravo e homem livre", e assim das outras diferenças. E para que isto estivesse prefigurado no próprio nascimento de Cristo, ele se manifestou a todas as condições de homens. Pois, como diz Agostinho: "Os pastores eram israelitas, os magos pagãos; aqueles estavam perto, estes longe; uns e outros se encontraram na pedra angular". Havia ainda entre eles outro tipo de diversidade: os magos eram sábios e poderosos, os pastores, ignorantes e de condição humilde. Manifestou-se ainda aos justos, como Simeão e Ana, e aos pecadores, como os magos; e também se manifestou a homens e mulheres, como Ana, para mostrar que nenhuma condição humana estava excluída da salvação em Cristo.

QUANTO AO 1º, portanto, deve-se dizer que a manifestação do nascimento de Cristo foi uma antecipação da manifestação plena que haveria de vir. E assim como na segunda manifestação a graça de Cristo foi anunciada por Cristo e por seus apóstolos, primeiro aos judeus, e depois aos pagãos, assim também, os primeiros a aproximar-se de Cristo foram os pastores, que eram as primícias dos judeus e estavam perto; depois vieram os magos, de longe, como *primícias dos pagãos*, na expressão de Agostinho.

QUANTO AO 2º, deve-se dizer, como diz Agostinho: "Como predomina a ignorância na rusticidade dos pastores, predomina a impiedade no sacrilégio dos magos. E, contudo, aquele que era a pedra angular uniu a si uns e outros, pois veio 'escolher o que era ignorante para confundir os sábios' e

---

1. Serm. 202, al. *de Temp*. 32, c. 1, n. 1: ML 38, 1033.
2. Serm. 200, al. *de Temp*. 30, c. 1, n. 1; serm. 202, al. *de Temp*. 32, c. 1: ML 38, 1028, 1033.
3. Serm. 200, al. *de Temp*. 30, c. 3: ML 38, 1030.

vocare iustos, sed peccatores"; ut nullus magnus superbiret, nullus infirmus desperaret.

Quidam[4] tamen dicunt quod isti Magi non fuerunt malefici, sed sapientes astrologi, qui apud Persas vel Chaldaeos Magi vocantur.

AD TERTIUM dicendum quod, sicut Chrysostomus dicit[5], *ab oriente venerunt Magi, quia, unde dies nascitur, inde initium fidei processit: quia fides lumen est animarum.* — Vel, *quia omnes qui ad Christum veniunt, ab ipso et per ipsum veniunt*: unde dicitur Zc 6,12: *Ecce vir, Oriens nomen eius.*

Dicuntur autem ab oriente, ad litteram, venisse, vel quia de ultimis orientis partibus venerunt, secundum quosdam[6]: vel quia de aliquibus vicinis partibus Iudaeae venerunt, quae tamen sunt regioni Iudaeorum ad orientem.

Credibile tamen est etiam in aliis partibus mundi aliqua indicia nativitatis Christi apparuisse: sicut Romae fluxit oleum; et in Hispania apparuerunt tres soles paulatim in unum coeuntes.

AD QUARTUM dicendum quod, sicut Chrysostomus dicit[7], angelus manifestans Christi nativitatem non ivit Ierosolymam, non requisivit scribas et pharisaeos: erant enim corrupti, et prae invidia cruciabantur. Sed Pastores erant sinceri, antiquam conversationem Patriarcharum et Moysen colentes.

Per hos etiam Pastores significabantur doctores Ecclesiae, quibus Christi mysteria revelantur, quae latebant Iudaeos.

AD QUINTUM dicendum quod, sicut Ambrosius dicit[8], *generatio Domini non solum a pastoribus, sed etiam a senioribus et iustis accipere debuit testimonium*: quorum etiam testimonio, propter iustitiam, magis credebatur.

ARTICULUS 4
Utrum Christus per seipsum suam nativitatem manifestare debuerit

AD QUARTUM SIC PROCEDITUR. Videtur quod Christus per seipsum suam nativitatem manifestare debuerit.

'chamar não os justos, mas os pecadores', para que os grandes não ficassem orgulhosos e os fracos não desesperassem".

Alguns, contudo, defendem que os magos não eram perigosos, mas sábios astrólogos que os persas ou os caldeus chamam 'magos'.

QUANTO AO 3º, deve-se dizer que segundo Crisóstomo: "Os magos vieram do oriente porque o início da fé começou onde nasce o dia, pois a fé é a luz das almas". — Ou "porque todos os que vêm a Cristo vêm dele e por ele". Por isso diz Zacarias: "Eis o homem, seu nome é Oriente".

E afirma-se que vieram literalmente do Oriente ou porque, segundo alguns, vinham dos mais remotos pontos do Oriente, ou porque vinham de alguns pontos próximos à Judeia, de regiões situadas a oriente da Judeia.

Pode-se pensar, contudo, que tenham aparecido também alguns indícios do nascimento de Cristo em outras partes do mundo, assim como em Roma jorrou óleo e na Espanha apareceram três sóis que se juntaram num só.

QUANTO AO 4º, deve-se dizer que como diz Crisóstomo, o anjo que manifestou o nascimento de Cristo não foi a Jerusalém nem procurou os escribas e fariseus, pois eram corruptos e atormentados pela inveja. Mas os pastores eram sinceros e cultivavam a antiga familiaridade dos patriarcas e de Moisés.

Nestes pastores estavam representados também os doutores da Igreja, aos quais são revelados os mistérios de Cristo que permaneciam ocultos aos judeus.

QUANTO AO 5º, deve-se dizer, segundo Ambrósio: "O nascimento do Senhor tinha de ser testemunhado não só pelos pastores, mas também pelos velhos e pelos justos", cujo testemunho, por causa de sua justiça, merecia mais crédito.

ARTIGO 4
Cristo devia manifestar por si mesmo seu nascimento?

QUANTO AO QUARTO, ASSIM SE PROCEDE: parece que Cristo **devia** manifestar por si mesmo seu nacimento.

---

4. HIERON., *In Dan.*, super 2, 2: ML 25, 498 CD; — item *Opus imperf. in Matth.*, hom. 2, super 2, 1: MG 56, 637 (inter Opp. Chrysost.); *Glossa ordin.* in Matth. 2, 1: ML 114, 73 B.

5. *Opus imperf. in Matth.*, hom. 2, super 2, 2: MG 56, 537.

6. Cfr. IOAN. CHRYSOST., *In Matth.*, hom. 6, n. 1: MG 57, 63; REMIGIUM ANTISSIODOR., *Hom. 7 in Matth.* 2, 1: ML 131, 900 CD; S. ALBERTUM M., *In Matth.* 2, 2: ed. Borgnet, t. XX, p. 66.

7. THEOPHYLACT., *In Luc.*, super 2, 8: MG 123, 721 D-724 C.

8. *In Luc.*, l. II, n. 58, super 2, 25: ML 15, 1573 B.

1. *Causa* enim *quae est per se, semper est potior ea quae est per aliud*, ut dicitur in VIII *Physic.*[1]. Sed Christus suam nativitatem manifestavit per alios: puta Pastoribus per angelos, et Magis per stellam. Ergo multo magis per seipsum debuit suam nativitatem manifestare.

2. Praeterea, Eccli 20,30 dicitur: *Sapientia abscondita, et thesaurus invisus, quae utilitas in utrisque?* Sed Christus a principio conceptionis suae plene habuit sapientiae et gratiae thesaurum. Nisi ergo hanc plenitudinem manifestasset per opera et verba, fuisset frustra ei data sapientia et gratia. Quod est inconveniens: quia *Deus et natura nihil frustra facit*, ut dicitur in I *de Caelo*[2].

3. Praeterea, in libro *de Infantia Salvatoris*[3] legitur quod Christus in sua pueritia multa miracula fecit. Et ita videtur quod suam nativitatem per seipsum manifestaverit.

Sed contra est quod Leo Papa dicit[4], quod Magi invenerunt puerum Iesum *nulla ab infantiae humanae generalitate discretum*. Sed alii infantes non manifestant seipsos. Ergo neque decuit quod Christus per seipsum suam nativitatem manifestaret.

Respondeo dicendum quod nativitas Christi ad humanam salutem ordinabatur, quae quidem est per fidem. Fides autem salutaris divinitatem et humanitatem Christi confitetur. Oportebat igitur ita manifestari nativitatem Christi ut demonstratio divinitas eius fidei humanitatis ipsius non praeiudicaret. Hoc autem factum est dum Christus in seipso similitudinem infirmitatis humanae exhibuit, et tamen per Dei creaturas divinitatis virtutem in se monstravit. Et ideo Christus non per seipsum suam nativitatem manifestavit, sed per quasdam alias creaturas.

Ad primum ergo dicendum quod in via generationis et motus oportet per imperfecta ad perfectum perveniri. Et ideo Christus prius manifestatus est per alias creaturas, et postea manifestavit se per seipsum manifestatione perfecta.

Ad secundum dicendum quod, licet sapientia abscondita inutilis sit, non tamen ad sapientem pertinet ut quolibet tempore manifestet seipsum, sed tempore congruo: dicitur enim Eccli 20,6: *Est*

1. Com efeito, "a causa que age por si mesma é superior à que age por outrem", como diz o livro VIII da *Física*. Ora, Cristo manifestou o seu nascimento por meio de outros: aos pastores por meios dos anjos, aos magos por meio da estrela. Logo, com maior razão devia manifestar por si mesmo o seu nascimento.

2. Além disso, diz o Sirácida: "Sabedoria escondida e tesouro enterrado, para que serve uma e outro?" Ora, Cristo, desde o princípio de sua concepção, possuiu plenamente o tesouro da sabedoria e da graça. Logo, se não tivesse manifestado esta plenitude com obras e palavras, em vão lhe teriam sido dadas a sabedoria e a graça. O que não pode ser admitido, porque "Deus e a natureza nada fazem em vão", como se diz no livro I do *Céu*.

3. Ademais, no *Protoevangelho de Tiago* lê-se que Cristo fez muitos milagres durante sua infância. Assim parece que manifestou por si mesmo o seu nascimento.

Em sentido contrário, o papa Leão afirma que os magos encontraram o menino Jesus "sem que se diferenciasse em nada do comum das outras crianças". Ora, as outras crianças não se manifestam por si mesmas. Logo, não convinha que Cristo manifestasse por si mesmo o seu nascimento.

Respondo. O nascimento de Cristo se destinava à salvação dos homens, que se alcança pela fé. Ora, a fé salvífica confessa a divindade e a humanidade de Cristo. Era, pois, necessário que o nascimento de Cristo fosse manifestado de tal maneira que a demonstração de sua divindade não prejudicasse a fé em sua humanidade. Ora, isso aconteceu ao apresentar Cristo em si mesmo a semelhança com a fragilidade humana, mostrando, contudo, o poder de sua divindade por meio das criaturas de Deus. Eis por que Cristo não manifestou por si mesmo o seu nascimento, mas por meio de outras criaturas.

Quanto ao 1º, portanto, deve-se dizer que quando se trata de geração e de movimento é preciso atingir o perfeito pelo imperfeito. Por isso, Cristo manifestou-se primeiramente por meio das outras criaturas e depois se manifestou por si mesmo de modo perfeito.

Quanto ao 2º, deve-se dizer que é certo que a sabedoria escondida é inútil, mas cabe ao sábio manifestar-se no tempo oportuno e não em qualquer momento, como diz o Sirácida: "Há quem

---
1. C. 5: 257, a, 30-31.
2. C. 4: 271, a, 33.
3. Cc. 26-41.
4. Serm. 34, al. 33 (*de Epiphania* 4), c. 3: ML 54, 247 B.

tacens non habens sensum loquelae: et est tacens sciens tempus apti temporis. Sic ergo sapientia Christo data non fuit inutilis, quia seipsam tempore congruo manifestavit. Et hoc ipsum quod tempore congruo abscondebatur, est sapientiae indicium.

AD TERTIUM dicendum quod liber ille *de Infantia Salvatoris* est apocryphus[5]. Et Chrysostomus, *super Ioan.*[6], dicit quod Christus non fecit miracula antequam aquam converteret in vinum: secundum illud quod dicitur Io 2,11: "Hoc fecit initium signorum Iesus". *Si enim secundum primam aetatem miracula fecisset, non indiguissent Israelitae alio manifestante eum: cum tamen Ioannes Baptista dicat*, Io 1,31: *"Ut manifestetur Israeli, propterea veni in aqua baptizans". Decenter autem non incoepit facere signa in prima aetate. Aestimassent enim phantasiam esse incarnationem: et ante opportunum tempus eum cruci tradidissent, livore liquefacti*.

se cale por não ter resposta; outro se cala porque sabe o momento certo". Assim, pois, a sabedoria dada a Cristo não foi inútil porque o manifestou no momento oportuno. E o fato de permanecer escondido no momento oportuno é sinal de sabedoria.

QUANTO AO 3º, deve-se dizer que o livro *Sobre a infância do Salvador* é apócrifo. Crisóstomo afirma que Cristo não fez milagres antes de transformar a água em vinho, pois diz o Evangelho de João que "esse foi o primeiro dos sinais de Jesus". Com efeito, "se tivesse feito milagres desde a tenra infância, os israelitas não teriam tido necessidade de algum outro que o manifestasse, como parece indicar João Batista ao dizer: 'Foi em vista de sua manifestação a Israel que eu vim batizar na água'. Com razão, pois, não começou a fazer sinais desde a primeira infância, porque teriam pensado que a encarnação era pura fantasia e, corroídos pela inveja, tê-lo-iam crucificado antes do tempo oportuno".

ARTICULUS 5
Utrum nativitas Christi debuerit per angelos et stellam manifestari

AD QUINTUM SIC PROCEDITUR. Videtur quod non debuerit manifestari per angelos Christi nativitas.

1. Angeli enim sunt spirituales substantiae: secundum illud Ps 103,4: *Qui facit angelos suos spiritus*. Sed Christi nativitas erat secundum carnem: non autem secundum spiritualem eius substantiam. Ergo non debuit per angelos manifestari.

2. PRAETEREA, maior est affinitas iustorum ad angelos quam ad quoscumque alios: secundum illud Ps 33,8: *Immittet angelus Domini in circuitu timentium eum, et eripiet eos*. Sed iustis, scilicet Simeoni et Annae, non est manifestata Christi nativitas per angelos. Ergo nec Pastoribus per angelos manifestari debuit.

3. ITEM, videtur quod nec Magis debuit manifestari per stellam. Hoc enim videtur esse erroris occasio quantum ad illos qui existimant sidera nativitatibus hominum dominari. Sed occasiones peccandi sunt hominibus auferendae. Non ergo fuit conveniens quod per stellam Christi nativitas manifestaretur.

ARTIGO 5
O nascimento de Cristo devia ser manifestado por meio dos anjos e da estrela?

QUANTO AO QUINTO, ASSIM SE PROCEDE: parece que o nascimento de Cristo **não** devia ser manifestado por meio dos anjos e da estrela.

1. Com efeito, os anjos são substâncias espirituais, como diz o Salmo 104: "Ele faz seus anjos espíritos". Ora, o nascimento de Cristo foi na carne e não numa substância espiritual. Logo, não devia ser manifestado pelos anjos.

2. ALÉM DISSO, os justos têm maior afinidade com os anjos do que com qualquer outra criatura, conforme diz o Salmo 34: "O anjo do Senhor acampa em torno daqueles que o temem, e os liberta". Ora, o nascimento de Cristo não foi manifestado aos justos Simeão e Ana por meio dos anjos. Logo, também não devia ser manifestado aos pastores pelos anjos.

3. ADEMAIS, parece que nem aos magos devia ter sido manifestado por meio da estrela. Pois poderia ser ocasião de erro para aqueles que acreditam que os astros presidem o nascimento dos homens. Ora, as ocasiões de pecar devem ser afastadas dos homens. Logo, não convinha que o nascimento de Cristo fosse manifestado por uma estrela.

---

5. Cfr. GRATIANUM, *Decretum*, P. I, dist. 15, can. 3: Sancta Romana, § 41.
6. Homil. 21, al. 20, n. 2: MG 59, 129-130.

PARALL.: *In Matth.*, c. 2.

4. PRAETEREA, signum oportet esse certum, ad hoc quod per ipsum aliquid manifestetur. Sed stella non videtur esse signum certum nativitatis Christi. Ergo inconvenienter fuit Christi nativitas per stellam manifestata.

SED CONTRA est quod dicitur Dt 32,4: *Dei perfecta sunt opera*. Sed talis manifestatio fuit opus divinum. Ergo per convenientia signa fuit effecta.

RESPONDEO dicendum quod, sicut manifestatio syllogistica fit per ea quae sunt magis nota ei cui est aliquid manifestandum, ita manifestatio quae fit per signa, debet fieri per ea quae sunt familiaria illis quibus manifestatur. Manifestum est autem quod viris iustis est familiare et consuetum interiori Spiritus Sancti edoceri instinctu, absque signorum sensibilium demonstratione, scilicet per spiritum prophetiae. Alii vero, corporalibus rebus dediti, per sensibilia ad intelligibilia adducuntur. Iudaei tamen consueti erant divina responsa per angelos accipere: per quos etiam legem acceperant, secundum illud Act 7,53: *Accepistis legem in dispositione angelorum*. Gentiles vero, maxime astrologi, consueti sunt stellarum cursus aspicere. Et ideo iustis, scilicet Simeoni et Annae, manifestata est Christi nativitas per interiorem instinctum Spiritus Sancti: secundum illud Lc 2,26 *Responsum accepit a Spiritu Sancto non visurum se mortem nisi prius videret Christum Domini*. Pastoribus autem et Magis, tanquam rebus corporalibus deditis, manifestata est Christi nativitas per apparitiones visibiles. Et quia nativitas non erat pure terrena, sed quodammodo caelestis, ideo per signa caelestia utrisque nativitas Christi revelatur: ut enim Augustinus dicit, in Sermone *de Epiphania*[1], *caelos angeli habitant, et sidera ornant: utrisque ergo "caeli enarrant gloriam Dei"*.

Rationabiliter autem Pastoribus, tanquam Iudaeis, apud quos frequenter factae sunt apparitiones angelorum, revelata est nativitas Christi per angelos: Magis autem, assuetis in consideratione caelestium corporum, manifestata est per signum stellae. Quia, ut Chrysostomus dicit[2], *per consueta*

4. ADEMAIS, é preciso que o sinal seja claro para que revele alguma coisa. Ora, a estrela não parece ser um sinal claro do nascimento de Cristo. Logo, não convinha que o nascimento de Cristo fosse manifestado por uma estrela.

EM SENTIDO CONTRÁRIO, diz o livro do Deuteronômio: "As obras de Deus são perfeitas". Mas, tal manifestação foi uma obra divina. Logo, foi realizada por meio de sinais convenientes.

RESPONDO. A manifestação pelo silogismo procede a partir de noções que são mais evidentes para aquele ao qual se dirige a demonstração; assim também, a manifestação feita por sinais deve utilizar sinais que sejam mais familiares aos destinatários da manifestação. Ora, é conhecido que os justos estão familiarizados e acostumados a ser ensinados pelo instinto interior do Espírito Santo, ou seja, pelo espírito de profecia, sem demonstração de sinais visíveis. Aqueles, porém, que se entregam às coisas corporais, são conduzidos às realidades inteligíveis pelas realidades sensíveis. Ora, os judeus estavam acostumados a receber comunicações divinas por mediação de anjos, por meio dos quais receberam também a lei, como diz o livro dos Atos: "Vós tínheis recebido a lei promulgada por anjos". Os pagãos, porém, e sobretudo os astrólogos, estavam acostumados a contemplar o movimento das estrelas. Por isso, o nascimento de Cristo foi manifestado aos justos, a saber, Simeão e Ana, pelo impulso interior do Espírito Santo, conforme o Evangelho de Lucas: "Fora-lhe revelado pelo Espírito Santo que não veria a morte sem antes ter visto o Cristo do Senhor". Aos pastores e aos magos, porém, mais entregues às realidades corporais, o nascimento de Cristo foi-lhes manifestado por meio de aparições visíveis. E, dado que não se tratava de um nascimento puramente terrestre, mas de certa forma celeste, o nascimento de Cristo foi revelado, tanto a uns como a outros, por meio de sinais do céu. Pois, como diz Agostinho: "Os anjos moram nos céus que são adornados pelas estrelas; é por meio deles que 'os céus proclamam a glória de Deus'".

É, pois, com razão que o nascimento de Cristo foi revelado aos pastores por meio dos anjos, porque se tratava de judeus, entre os quais eram frequentes as aparições de anjos; mas aos magos, acostumados a contemplar os corpos celestes, foi manifestado pelo sinal da estrela. Pois, como diz

---

1. Serm. 204, al. ex Vignerian. 7 (*in Epiph*. 6), n. 1: ML 38, 1037.
2. *In Matth*., hom. 6, n. 3: MG 57, 65.

eos Dominus vocare voluit, eis condescendens. — Est autem et alia ratio. Quia, ut Gregorius dicit[3], *Iudaeis, tanquam ratione utentibus, rationale animal, idest angelus, praedicare debuit. Gentiles vero, qui uti ratione nesciebant ad cognoscendum Deum, non per vocem, sed per signa perducuntur. Et sicut Dominum iam loquentem annuntiaverunt gentibus praedicatores loquentes, ita nondum loquentem elementia muta praedicaverunt.* — Est autem et alia ratio. Quia, ut Augustinus[4] dicit, in Sermone *Epiphaniae, Abrahae innumerabilis erat promissa successio non carnis semine, sed fidei fecunditate generanda. Et ideo stellarum multitudini est comparata: ut caelestis progenies speraretur. Et ideo gentiles, in sideribus designati, ortu novi sideris excitantur* ut perveniant ad Christum, per quem efficiuntur semen Abrahae.

AD PRIMUM ergo dicendum quod illud manifestatione indiget quod de se est occultum: non autem illud quod de se est manifestum. Caro autem eius qui nascebatur erat manifesta: sed divinitas erat occulta. Et ideo convenienter manifestata est illa nativitas per angelos, qui sunt Dei ministri. Unde et cum claritate angelus apparuit: ut ostenderetur quod ille qui nascebatur erat *splendor paternae gloriae.*

AD SECUNDUM dicendum quod iusti non indigebant visibili apparitione angelorum, sed eis sufficiebat interior instinctus Spiritus Sancti, propter eorum perfectionem.

AD TERTIUM dicendum quod stella quae nativitatem Christi manifestavit, omnem occasionem erroris subtraxit. Ut enim Augustinus dicit, *contra Faustum*[5], *nulli astrologi constituerunt ita nascentium hominum fata sub stellis, ut aliquam stellarum, homine aliquo nato, circuitus sui ordinem reliquisse, et ad eum qui natus est perrexisse asseverent*: sicut accidit circa stellam quae demonstravit nativitatem Christi. Et ideo per hoc non confirmatur error eorum qui *sortem nascentium hominum*

Crisóstomo: "Por condescendência com eles, o Senhor quis chamá-los pelas realidades às quais estavam habituados". — Mas, há outro motivo, como diz Gregório: "Aos judeus, porque utilizavam a razão, o anúncio devia ser proclamado por um animal racional, isto é, um anjo; mas os pagãos, que não sabiam servir-se da razão para conhecer a Deus, são conduzidos não pela voz, mas pelos sinais. E assim como os pregadores, por meio da palavra, anunciaram aos pagãos o Senhor quando este podia falar, assim, quando ele ainda não podia falar, foi proclamado por elementos mudos". — E há outro motivo ainda, como diz Agostinho: "Porque Abraão recebeu a promessa de uma descendência inumerável, que não seria gerada pelo sêmen carnal, mas pela fecundidade da fé. Por isso é comparada à multidão das estrelas, para suscitar a esperança de uma descendência celeste". Eis por que os pagãos, "designados pelos astros, são estimulados, pela aparição de um novo astro" a chegarem até Cristo e tornar-se assim descendência de Abraão[b].

QUANTO AO 1º, portanto, deve-se dizer que aquilo que por si é oculto carece de manifestação, não o que por si já é manifesto. Ora, a carne daquele que nascia era manifesta, mas a sua divindade, oculta. Eis por que tal nascimento foi convenientemente manifestado pelos anjos, que são ministros de Deus. E o anjo apareceu resplandecente para mostrar que o que nascia era *o esplendor da glória do Pai.*

QUANTO AO 2º, deve-se dizer que os justos não tinham necessidade de uma aparição visível dos anjos; por causa da sua perfeição, bastava-lhes o impulso interior do Espírito Santo.

QUANTO AO 3º, deve-se dizer que a estrela que manifestou o nascimento de Cristo suprimiu qualquer ocasião de erro. Por isso diz Agostinho: "Nunca os astrólogos estabeleceram o destino dos homens pelas estrelas, afirmando que, ao nascer um homem, uma estrela abandonaria o traçado de sua órbita, e que se teria dirigido para o que acabava de nascer", como aconteceu com a estrela que mostrou o nascimento de Cristo. Eis por que não se confirma o erro dos que "acreditam que o destino dos

---

3. *In Evang.*, l. I, hom. 10, n. 1: ML 76, 1110 C-1111 A.
4. LEO PAPA, Serm. 33, al. 32 (*in Epiph.* 3), c. 2: ML 54, 241 B.
5. L. II, c. 5: ML 42, 212.

b. Podemos notar aqui a adaptação dos meios pelos quais Deus se manifesta aos diferentes hábitos de espírito e modos de conhecimento daqueles a quem ele se dirige. O mais elevado, aquele ao qual estão "acostumados" os "justos", é o impulso interior. Mas aos que são destinados às ocupações corporais são os signos sensíveis os mais indicados e, caso se trate do povo judeu, sob forma de anjos. E serão os sinais do céu para os pagãos, sobretudo se forem astrólogos. Sto. Tomás não pensa, é claro, que essas considerações tão judiciosas possam influenciar a maneira de contar as coisas.

astrorum ordini colligari arbitrantur, non autem credunt astrorum ordinem ad hominis nativitatem posse mutari.

Similiter etiam, ut Chrysostomus dicit[6], *non est hoc astronomiae opus, a stellis scire eos qui nascuntur: sed ab hora nativitatis futura praedicere. Magi autem tempus nativitatis non cognoverunt, ut, hinc sumentes initium, a stellarum motu futura cognoscerent: sed potius e converso.*

AD QUARTUM dicendum quod, sicut Chrysostomus refert[7], in quibusdam scriptis apocryphis legitur quod quaedam gens in extremo orientis, iuxta Oceanum, quandam scripturam habebat, ex nomine *Seth*, de hac stella et muneribus huiusmodi offerendis. Quae gens diligenter observabat huius stellae exortum, positis exploratoribus duodecim, qui certis temporibus devote ascendebant in montem. In quo postmodum viderunt eam habentem in se quasi parvuli formam, et super se similitudinem crucis.

Vel dicendum quod, sicut dicitur in libro *de Quaest. Nov. et Vet. Test.*[8], *Magi illi traditionem Balaam sequebantur*, qui dixit, *"Orietur stella ex Iacob"*. *Unde, videntes stellam extra ordinem mundi, hanc esse intellexerunt quam Balaam futuram indicem Regis Iudaeorum prophetaverat.*

Vel dicendum, sicut Augustinus dicit, in Sermone *de Epiphania*[9], quod *ab angelis aliqua monitione revelationis audierunt Magi* quod stella Christum natum significaret. Et probabile videtur quod *a bonis: quando in Christo adorando salus eorum iam quaerebatur.*

Vel, sicut Leo Papa dicit, in Sermone *de Epiphania*[10], *praeter illam speciem quae corporeum incitavit obtutum, fulgentior veritatis radius eorum corda perdocuit quod ad illuminationem fidei pertinebat.*

homens quando nascem está vinculado à disposição dos astros, mas não acreditam que possa mudar a disposição dos astros quando nasce um homem".

Igualmente, diz Crisóstomo: "A função da astronomia não é conhecer, por meio das estrelas, aqueles que vão nascer, mas anunciar seu futuro desde o momento do nascimento. Ora, os magos não conheciam o momento do nascimento, de tal forma que, a partir daí, pudessem descobrir o futuro pelo movimento das estrelas, mas ao contrário".

QUANTO AO 4º, deve-se dizer que conta Crisóstomo que, alguns escritos apócrifos falam de uma nação do Extremo Oriente, junto ao mar, que possuiria um escrito, atribuído a Set, que se refere a esta estrela e aos dons que deviam ser oferecidos. Essa nação observava com atenção a aparição desta estrela; para isso tinha colocado doze observadores que, em determinados tempos, com toda a dedicação, subiam a um monte. De lá observaram depois que ela tinha a forma de uma criança e, acima dela, uma espécie de cruz.

Poder-se-ia dizer que "aqueles magos seguiam a tradição de Balaam quando disse: 'Uma estrela sairá de Jacó'. Por isso, quando viram uma estrela fora do movimento ordinário do universo, compreenderam que era aquela da qual Balaam profetizara que indicaria o Rei dos judeus".

Ou ainda, com Agostinho, dir-se-á que "os magos ouviram dos anjos uma advertência reveladora" de que a estrela anunciava o nascimento de Cristo. E parece provável que dos anjos bons, pois já procuravam sua salvação em Cristo, a quem vinham adorar".

Finalmente, pode-se dizer com o papa Leão, que "além da imagem que estimulou o olhar corporal, o raio mais luminoso ainda da verdade instruiu até o fundo os seus corações no que concernia a iluminação da fé".

ARTICULUS 6
Utrum convenienti ordine Christi nativitas fuerit manifestata

AD SEXTUM SIC PROCEDITUR. Videtur quod inconvenienti ordine Christi nativitas fuit manifestata.

ARTIGO 6
O nascimento de Cristo foi manifestado na ordem conveniente?

QUANTO AO SEXTO, ASSIM SE PROCEDE: parece que o nascimento de Cristo **não** foi manifestado na ordem conveniente.

---

6. *In Matth.*, hom. 6, n. 1: MG 57, 63.
7. *Opus imperf. in Matth.*, hom. 2, super 2, 2: MG 57, 637.
8. Q. 62: ML 35, 2258 A. — (Inter. Opp. Aug.).
9. Serm. 374, al. *de Diversis* 67, n. 1: ML 39, 1666.
10. Serm. 34, al. 33 (*in Epiph.* 4), c. 3: ML 54, 246 C-247 A.

1. Illis enim debuit primo manifestari Christi nativitas qui Christo propinquiores fuerunt, et qui magis Christum desiderabant: secundum illud Sap 6,14: *Praeoccupat eos qui se concupiscunt, ut se priorem illis ostendat*. Sed iusti propinquissimi erant Christo per fidem, et maxime eius adventum desiderabant: unde dicitur Lc 2,25 de Simeone quod erat *homo iustus et timoratus, expectans redemptionem Israel*. Ergo prius debuisset manifestari Christi nativitas Simeoni quam Pastoribus et Magis.

2. PRAETEREA, Magi fuerunt *primitiae gentium* Christo crediturarum. Sed primo *plenitudo gentium intrat* ad fidem, et postmodum *omnis Israel salvus fiet*, ut dicitur Rm 11,25-26. Ergo primo debuit manifestari Christi nativitas Magis quam Pastoribus.

3. PRAETEREA, Mt 2,16, dicitur quod *Herodes occidit omnes pueros qui erant in Bethlehem et in omnibus finibus eius a bimatu et infra, secundum tempus quod exquisierat a Magis*: et sic videtur quod per duos annos post Christi nativitatem Magi ad Christum pervenerunt. Inconvenienter igitur post tantum tempus fuit gentilibus Christi nativitas manifestata.

SED CONTRA est quod dicitur Dn 2,21: *Ipse mutat tempora et aetates*. Et ita tempus manifestationis nativitatis Christi videtur congruo ordine esse dispositum.

RESPONDEO dicendum quod Christi nativitas primo quidem manifestata est Pastoribus, ipso die nativitatis Christi. Ut enim dicitur Lc 2, [8, 15, 16], *erant Pastores in eadem regione vigilantes et custodientes vigilias noctis super gregem suum. Et, ut discesserunt ab eis angeli in caelum, loquebantur ad invicem: Transeamus usque in Bethlehem. Et venerunt festinantes*. — Secundo autem Magi pervenerunt ad Christum, tertiadecima die nativitatis eius, quo die festum Epiphaniae celebratur. Si enim revoluto anno, aut etiam duobus annis, pervenissent, non invenissent eum in Bethlehem: cum scriptum sit Lc 2,39 quod, postquam *perfecerunt omnia secundum legem Domini*, offerentes scilicet puerum Iesum in Templum, *reversi sunt in Galilaeam, in civitatem suam*, scilicet *Nazareth*. — Tertio autem manifestata est iustis in Templo, quadragesimo die a nativitate, ut habetur Lc 2,22.

1. Com efeito, o nascimento de Cristo deveria ter sido manifestado primeiro àqueles que eram mais próximos de Cristo e que mais o desejavam, como diz o livro da Sabedoria: "Antecipa-se aos que a desejam, sendo a primeira a se dar a conhecer". Ora, os mais próximos a Cristo pela fé e os que mais desejavam sua vinda eram os justos. Por isso diz o Evangelho de Lucas a respeito de Simeão que "era um homem justo e piedoso, que esperava a consolação de Israel". Logo, o nascimento de Cristo deveria ter sido manifestado primeiro a Simeão do que aos pastores e aos magos.

2. ALÉM DISSO, os magos foram *as primícias dos pagãos* que haveriam de crer no Cristo. Ora, primeiro é "a totalidade das nações que entra" na fé, e depois "todo Israel será salvo", como diz a Carta aos Romanos. Logo, o nascimento de Cristo deveria ter sido manifestado antes aos magos do que aos pastores.

3. ADEMAIS, como diz o Evangelho de Mateus: "Herodes mandou matar, em Belém e em todo o seu território, todos os meninos de até dois anos, segundo o tempo de que ele se certificara com os magos". Assim parece que os magos encontraram a Cristo dois anos depois de seu nascimento. Por isso, não foi conveniente que o nascimento de Cristo tenha sido manifestado aos pagãos depois de tanto tempo.

EM SENTIDO CONTRÁRIO, diz o livro de Daniel: "É ele que faz alternar os tempos e os momentos". Assim, o tempo em que se manifestou o nascimento de Cristo parece ter sido organizado na devida ordem.

RESPONDO. O nascimento de Cristo foi manifestado em primeiro lugar aos pastores, no dia mesmo do nascimento de Cristo. Com efeito, diz o Evangelho de Lucas: "Havia na mesma região pastores que montavam guarda durante a noite junto a seu rebanho. Ora, quando os anjos os deixaram, indo para o céu, os pastores disseram entre si: vamos, pois, até Belém. E foram para lá apressadamente". — Em segundo lugar, os magos chegaram a Cristo treze dias depois de seu nascimento, dia no qual se celebra a Epifania. Pois se tivessem vindo um ano depois ou passados dois anos, não o teriam encontrado em Belém, pois o Evangelho de Lucas diz: "Quando cumpriram tudo o que prescreve a lei do Senhor, isto é, depois de ter oferecido o menino Jesus no templo, eles voltaram para a Galileia, para a cidade de Nazaré". — Em terceiro lugar, foi manifestado aos justos no templo, quarenta dias depois do nascimento, como diz o Evangelho de Lucas.

Et huius ordinis ratio est quia per Pastores significantur Apostoli et alii credentes ex Iudaeis, quibus primo manifestata est fides Christi: inter quos non fuerunt *multi potentes* nec *multi nobiles*, ut dicitur 1Cor 1,26. Secundo autem fides Christi pervenit ad plenitudinem gentium: quae est praefigurata per Magos. Tertio autem pervenit ad plenitudinem Iudaeorum: quae est praefigurata per iustos. Unde etiam in Templo Iudaeorum est eis Christus manifestatus.

AD PRIMUM ergo dicendum quod, sicut Apostolus dicit, Rm 9,30-31, *Israel, sectando legem iustitiae, in legem iustitiae non pervenit*: sed gentiles, qui *non quaerebant iustitiam*, Iudaeos communiter in iustitia fidei praevenerunt. Et in huius figuram, Simeon, *qui expectabat consolationem Israel*, ultimo Christum natum cognovit: et praecesserunt eum Magi et Pastores, qui Christi nativitatem non ita sollicite expectabant.

AD SECUNDUM dicendum quod, licet plenitudo gentium prius intraverit ad fidem quam plenitudo Iudaeorum, tamen primitiae Iudaeorum praevenerunt in fide primitias gentium. Et ideo Pastoribus primo manifestata est Christi nativitas quam Magis.

AD TERTIUM dicendum quod de apparitione stellae quae apparuit Magis, est duplex opinio. Chrysostomus enim dicit, *super Matth.*[1], et Augustinus, in Sermone *Epiphaniae*[2]: — Stella Magis apparuit per biennium ante Christi nativitatem: et tunc primo, meditantes et se ad iter praeparantes, a remotissimis partibus orientis pervenerunt ad Christum tertiadecima die a sua nativitate. Unde et Herodes statim post recessum Magorum, videns se ab eis illusum, mandavit occidi pueros a bimatu et infra, dubitans ne tunc Christus natus esset quando stella apparuit, secundum quod a Magis audierat.

Alii[3] vero dicunt stellam apparuisse primo cum Christus est natus, et statim Magi visa stella iter arripientes, longissimum iter in tredecim diebus peregerunt, partim quidem adducti divina virtute, partim autem dromedariorum velocitate. Et hoc dico, si venerunt ex extremis partibus orientis. Quidam[4] tamen dicunt eos venisse de regione propinqua, unde fuerat Balaam, cuius doctrinae successores fuerunt. Dicuntur autem ab oriente venisse, quia

Eis a razão de tal ordem. Os pastores simbolizam os apóstolos e os outros crentes dentre os judeus, aos quais foi manifestada em primeiro lugar a fé em Cristo; entre eles, como diz a primeira Carta aos Coríntios, não havia "muitos poderosos, nem muitos nobres". Em segundo lugar, a fé em Cristo chegou à totalidade das nações, prefigurada pelos magos. E, finalmente, chegou à totalidade dos judeus, prefigurada pelos justos. E, por isso, Cristo foi-lhes manifestado no templo dos judeus.

QUANTO AO 1º, portanto, deve-se dizer que como diz o Apóstolo na Carta aos Romanos, "Israel, que procurava uma lei que pudesse alcançar-lhe a justiça, não alcançou a lei", mas os pagãos que "não procuravam a justiça", se anteciparam aos judeus, de modo geral, na justiça da fé. Simeão "que esperava a consolação de Israel", é a figura disso, pois foi o último a conhecer o nascimento de Cristo, depois dos magos e dos pastores, que não esperavam com tanto empenho o nascimento de Cristo.

QUANTO AO 2º, deve-se dizer que a totalidade das nações chegou à fé antes da totalidade dos judeus, mas as primícias dos judeus precederam na fé às primícias dos pagãos. Por isso foi manifestado o nascimento de Cristo aos pastores antes que aos magos.

QUANTO AO 3º, deve-se dizer que há duas opiniões a respeito da aparição da estrela aos magos. Segundo Crisóstomo e Agostinho, a estrela apareceu aos magos dois anos antes do nascimento de Cristo; os magos, então, depois de terem refletido e de se terem preparado para a viagem, chegaram a Cristo, dos lugares mais remotos do Oriente, treze dias depois do seu nascimento. Eis por que Herodes, logo depois que os magos partiram, vendo que fora enganado por eles, mandou matar todas as crianças de até dois anos, supondo que Cristo tivesse nascido no momento em que apareceu a estrela, segundo o que ouvira dos magos.

Outros, porém, dizem que a estrela apareceu quando Cristo nasceu, e os magos, imediatamente depois de ver a estrela, empreenderam o caminho, tendo percorrido tão longa distância em treze dias, ajudados em parte pelo poder divino, e, em parte, pela velocidade dos dromedários. Isto, no caso que tenham vindo dos lugares mais remotos do Oriente. Há alguns que dizem que vieram de uma região mais próxima, a mesma da qual provinha Balaam,

---

1. *Opus imperf. in Matth.*, hom. 2, super 2, 2: MG 56, 638.
2. *Serm. supp.*, serm. 131, n. 3; serm. 132, n. 2: ML 39, 2006, 2007-2008.
3. Cfr. REMIG., hom. 7, *in Matth.*, 2, 1: ML 131, 902 B.
4. Cfr. ID., *ibid.*: ML 131, 901 AB.

terra illa est ad orientalem partem terrae Iudaeorum.
— Et secundum hoc, Herodes non statim recedentibus Magis, sed post biennium interfecit pueros. Vel quia dicitur interim accusatus Romam ivisse[5]: vel, aliquorum periculorum terroribus agitatus[6], a cura interficiendi puerum interim destitisse. Vel quia potuit credere Magos, *fallaci stellae visione deceptos, postquam non invenerunt quem natum putaverunt, erubuisse ad se redire*: ut Augustinus dicit, in libro *de Consensu Evangelist*.[7]. Ideo autem non solum bimos interfecit sed etiam infra, quia, ut Augustinus dicit, in quodam Sermone *Innocentum*[8], *timebat ne puer cui sidera famulantur, speciem suam paulo super aetatem vel infra transformaret*.

de cuja doutrina eram herdeiros. Considera-se que vieram do Oriente porque aquela terra está do lado oriental da terra dos judeus. — Neste caso, Herodes não matou as crianças logo depois que partiram os magos, mas dois anos depois; quer porque nesse tempo teve de ir a Roma para defender-se de acusações, quer porque, agitado pelo medo de outros perigos, tivesse desistido por um tempo da preocupação de matar o menino. Ou também por pensar que os magos, "enganados por uma falsa visão da estrela, não tendo encontrado aquele que acreditavam ter nascido, ficaram com vergonha de voltar até ele", como diz Agostinho. E por isso mandou matar não só os de dois anos, mas também os mais jovens, porque, segundo Agostinho: "Tinha medo que o menino a quem serviam as estrelas modificasse o seu aspecto, para torná-lo mais velho ou menos velho".

Articulus 7
Utrum stella quae Magis apparuit, fuerit una de caelestibus stellis

AD SEPTIMUM SIC PROCEDITUR. Videtur quod stella quae Magis apparuit, fuerit una de caelestibus stellis.

1. Dicit enim Augustinus, in quodam Sermone *Epiphaniae*[1]: *Dum pendet ad ubera et vilium patitur Deus involumenta pannorum, repente novum de caelo sidus effulsit*. Fuit igitur stella caelestis quae Magis apparuit.

2. PRAETEREA, Augustinus dicit, in Sermone quodam *Epiphaniae*[2]: *Pastoribus angeli, Magis stella Christum demonstrat. Utrisque loquitur lingua caelorum, quia lingua cessaverat prophetarum*. Sed angeli Pastoribus apparentes fuerunt vere de caelestibus angelis. Ergo et stella Magis apparens fuit vere de caelestibus stellis.

3. PRAETEREA, stellae quae non sunt in caelo, sed in aere, dicuntur stellae comatae: quae non apparent in nativitatibus regum, sed magis sunt indicia mortis eorum. Sed illa stella designabat Regis nativitatem: unde Magi dicunt, Mt 2,2: *Ubi est qui natus est Rex Iudaeorum? Vidimus enim*

Artigo 7
A estrela que apareceu aos magos era uma estrela do céu?

QUANTO AO SÉTIMO, ASSIM SE PROCEDE: parece que a estrela que apareceu aos magos **era** uma estrela do céu.

1. Com efeito, segundo Agostinho: "enquanto Deus está pendurado ao seio e envolvido em míseros panos, de repente uma nova estrela refulgiu no céu". Portanto, foi uma estrela do céu a que apareceu aos magos.

2. ALÉM DISSO, diz ainda Agostinho: "Os anjos revelam Cristo aos pastores; aos magos uma estrela. Nos dois casos é uma linguagem celeste que fala, pois a língua dos profetas cessara". Ora, os anjos que apareceram aos pastores eram anjos do céu. Logo, também a estrela que apareceu aos magos era em verdade uma estrela do céu.

3. ADEMAIS, as estrelas que não estão no céu, mas na atmosfera, chamam-se cometas e não aparecem quando nascem os reis, mas antes são indícios de sua morte. Ora, aquela estrela designava o nascimento do Rei, como afirmam os magos: "Onde está o Rei dos Judeus que acaba de

---

5. Cfr. PETRUM COMESTOR., *Hist. Schol.*, In Evang., c. 11: ML 198, 1543 B.
6. Cfr., inter Opp. Aug., *Sermon. supposit.*, serm. 131, n. 3; serm. 132, n. 2: ML 39, 2006, 2007.
7. L. II, c. 11: ML 34, 1088.
8. Glossa ordin. in Matth. 2, 16: ML 114, 76 D.

PARALL.: *In Matth.*, c. 2.

1. *Serm. supposit.*, serm. 122, n. 4: ML 39, 1990.
2. Serm. 201, al. *de Temp.* 31 (*in Epiph.* 3), c. 1: ML 38, 1031.

stellam eius in oriente. Ergo videtur quod fuerit de caelestibus stellis.

SED CONTRA est quod Augustinus dicit, in libro *contra Faustum*[3]: *Non ex illis erat stellis quae ab initio creaturae itinerum suorum ordinem sub Creatoris lege custodiunt: sed, novo Virginis partu, novum sidus apparuit.*

RESPONDEO dicendum quod, sicut Chrysostomus dicit, *super Matth.*[4], quod illa stella quae Magis apparuit non fuerit una caelestium stellarum, multipliciter manifestum est. Primo quidem, quia nulla alia stellarum hac via incedit. Haec enim stella ferebatur a septentrione in meridiem: ita enim iacet Iudaea ad Persidem, unde Magi venerunt.

Secundo, apparet hoc ex tempore. Non enim solum apparebat in nocte, sed etiam in media die. Quod non est virtutis stellae: sed nec etiam lunae.

Tertio, quia quandoque apparebat et quandoque occultabatur. Cum enim intraverunt Ierosolymam, occultavit seipsam: deinde, ubi Herodem reliquerunt, monstravit seipsam.

Quarto, quia non habebat continuum motum: sed, cum oportebat ire Magos, ibat; quando autem oportebat stare, stabat; sicut et de columna nubis erat in deserto[5].

Quinto, quia non sursum manens partum Virginis demonstrabat: sed deorsum descendens hoc faciebat. Dicitur enim Mt 2,9 quod *stella quam viderant in oriente, antecedebat eos, usque dum veniens staret supra ubi erat puer.* Ex quo patet quod verbum Magorum dicentium, *Vidimus stellam eius in oriente*, non est sic intelligendum quasi ipsis in oriente positis stella apparuerit existens in terra Iuda: sed quia viderunt eam in oriente existentem, et praecessit eos usque in Iudaeam (quamvis hoc a quibusdam sub dubio relinquatur[6]. Non autem potuisset distincte domum demonstrare nisi esset terrae vicina. Et, sicut ipse dicit, hoc non videtur proprium esse stellae, sed *virtutis cuiusdam rationalis*. Unde *videtur quod haec stella virtus invisibilis fuisset in talem apparentiam transformata*.

Unde quidam dicunt[7] quod, sicut Spiritus Sanctus descendit super baptizatum Dominum in specie columbae, ita apparuit Magis in specie stellae.

nascer? Pois vimos sua estrela no oriente" diz o Evangelho de Mateus. Logo, parece que era uma estrela do céu.

EM SENTIDO CONTRÁRIO, diz também Agostinho: "Não era uma das estrelas que, desde o início da criação, conservam a ordem de seus movimentos sob a lei do Criador, mas para indicar a novidade do parto da Virgem apareceu uma nova estrela".

RESPONDO. Segundo Crisóstomo, existem muitos indícios que manifestam que aquela estrela que apareceu aos magos não era uma das estrelas do céu: 1º porque nenhuma outra estrela seguiu este caminho, pois esta se movia do norte ao sul; tal é a situação da Judeia com relação à Pérsia, donde vieram os magos.

2º pelo tempo em que aparece, pois não aparecia só de noite, mas também em pleno dia; o que não está no poder de uma estrela, nem mesmo da lua.

3º porque às vezes aparecia e outras vezes se ocultava; quando entraram em Jerusalém se escondeu, para aparecer depois que deixaram Herodes.

4º porque não tinha um movimento contínuo: andava quando era preciso que os magos caminhassem, e se detinha quando eles deviam se deter, como a coluna da nuvem no deserto.

5º porque mostrou o parto da Virgem não só permanecendo no alto, mas também descendo, como diz o Evangelho de Mateus: "A estrela que tinham visto no oriente ia à sua frente até parar em cima do lugar onde estava o menino". Daí se deduz claramente que a palavra dos magos, "vimos sua estrela no oriente", não deve ser entendida como se, encontrando-se eles no oriente, lhes tivesse aparecido uma estrela que estava na Judeia, mas que viram uma estrela situada no oriente e que os precedeu até a Judeia (embora alguns duvidem disto). Mas não teria podido indicar claramente a casa se não estivesse próxima da terra. E, como diz o mesmo Crisóstomo, isso não parece próprio de uma estrela, mas de "algum poder racional". "Parece, pois, que esta estrela era um poder invisível transformado na aparência de uma estrela".

Por isso afirmam alguns que, assim como o Espírito Santo desceu sobre o Senhor batizado sob a forma de pomba, apareceu também aos magos

---

3. L. II, c. 5: ML 42, 212.
4. Hom. VI, n. 2: MG 57, 64.
5. *Exod.* 40, 34-35; *Deut.* 1, 33.
6. Cfr. REMIGIUM ANTISSIODOR., *Hom.* 7, *in Matth.* 2, 1: ML 131, 902 D.
7. *De mirabilib. S. Script.*, l. III, c. 4: ML 35, 2194 (inter Opp. Aug.). — Cfr. REMIGIUM ANTISSIODOR., *Hom.* 7, *in Matth.* 2, 1: ML 131, 902 B.

— Alii[8] vero dicunt quod angelus qui apparuit Pastoribus in specie humana, apparuit Magis in specie stellae. — Probabilius tamen videtur quod fuerit stella de novo creata, non in caelo, sed in aere vicino terrae, quae secundum Dei voluntatem movebatur. Unde Leo Papa dicit, in Sermone *Epiphaniae*[9]: *Tribus Magis in regione orientis stella novae claritatis apparuit, quae, illustrior ceteris pulchriorque sideribus, in se intuentium oculos animosque converteret: ut confestim adverteretur non esse otiosum quod tam insolitum videbatur.*

AD PRIMUM ergo dicendum quod caelum in sacra Scriptura quandoque dicitur aer: secundum illud, *Volucres caeli et pisces maris.*

AD SECUNDUM dicendum quod ipsi caelestes angeli ex suo officio habent ut ad nos descendant, *in ministerium missi.* Sed stellae caelestes suum situm non mutant. Unde non est similis ratio.

AD TERTIUM dicendum quod, sicut stella non est secuta motum stellarum caelestium, ita nec stellarum cometarum, quae nec de die apparent, nec cursum suum ordinatum mutant. — Et tamen non omnino aberat significatio cometarum. Quia caeleste regnum Christi *comminuit et consumpsit universa regna terrae, et ipsum stabit in aeternum*, ut dicitur Dn 2,44.

sob a forma de estrela. — Outros, porém, dizem que o anjo que apareceu aos pastores sob forma humana apareceu aos magos na forma de estrela. — É, contudo, mais provável que se tratasse de uma estrela criada de novo, não no céu, mas na atmosfera próxima à terra, e que se movia segundo a vontade de Deus. É por isso que afirma o papa Leão: "Apareceu aos três magos, na região do Oriente, uma estrela de uma nova claridade, mais brilhante e formosa do que os outros astros, que atraía os olhos e os corações dos que a olhavam, para que compreendessem imediatamente que não carecia de significação o que parecia tão insólito".

QUANTO AO 1º, portanto, deve-se dizer que na Sagrada Escritura às vezes diz-se céu para designar a atmosfera, como ao dizer *as aves do céu e os peixes do mar.*

QUANTO AO 2º, deve-se dizer que os anjos do céu têm por ofício descer até nós, *enviados para este serviço.* Mas as estrelas do céu não mudam de lugar. Portanto, a razão não é a mesma.

QUANTO AO 3º, deve-se dizer que esta estrela não seguiu o movimento das estrelas do céu, nem o dos cometas, que não aparecem durante o dia nem modificam a ordem do seu movimento. — E, no entanto, o significado atribuído aos cometas não estava totalmente ausente, pois o reino celeste de Cristo "pulverizará e aniquilará todos esses reinos, e subsistirá para sempre", diz o livro de Daniel.

ARTICULUS 8
Utrum Magi convenienter venerint ad Christum adorandum et venerandum

AD OCTAVUM SIC PROCEDITUR. Videtur quod Magi non convenienter venerunt ad Christum adorandum et venerandum.

1. Unicuique enim regi reverentia debetur a suis subiectis. Magi autem non erant de regno Iudaeorum. Ergo, cum ex visione stellae cognoverunt natum esse *Regem Iudaeorum*, videtur quod inconvenienter venerunt ad eum adorandum.

2. PRAETEREA, stultum est, vivente rege aliquo, extraneum regem annuntiare. Sed in regno Iudaeae regnabat Herodes. Ergo stulte fecerunt Magi regis nativitatem annuntiantes.

ARTIGO 8
Foi conveniente que os magos viessem adorar e venerar a Cristo?

QUANTO AO OITAVO, ASSIM SE PROCEDE: parece que **não** foi conveniente que os magos viessem adorar e venerar a Cristo.

1. Com efeito, cada rei deve receber a homenagem de seus súditos. Ora, os magos não pertenciam ao reino dos judeus. Logo, quando conheceram pela visão da estrela que tinha nascido o *Rei dos Judeus*, parece que não era conveniente que viessem adorá-lo.

2. ALÉM DISSO, é imprudente anunciar um rei estrangeiro enquanto vive o próprio rei. Ora, Herodes reinava no reino dos judeus. Logo, os magos procederam com imprudência ao anunciar o nascimento do rei.

---

8. Cfr. REMIGIUM ANTISSIODOR., loc. cit.
9. Serm. 31, al. 30 (*in Epiph.* 1), c. 1: ML 54, 235 B.

PARALL.: Supra, a. 3, ad 1.

3. PRAETEREA, certius est caeleste indicium quam humanum. Sed Magi ducatu caelestis indicii ab oriente venerant in Iudaeam. Stulte ergo egerunt praeter ducatum stellae humanum indicium requirendo, dicentes: *Ubi est qui natus est Rex Iudaeorum?*

4. PRAETEREA, munerum oblatio, et adorationis reverentia, non debetur nisi regibus iam regnantibus. Sed Magi non invenerunt Christum regia dignitate fulgentem. Ergo inconvenienter ei munera et reverentiam regiam exhibuerunt.

SED CONTRA est quod dicitur Is 60,3: *Ambulabunt gentes in lumine tuo, et reges in splendore ortus tui.* Sed qui divino lumine ducuntur, non errant. Ergo Magi absque errore Christo reverentiam exhibuerunt.

RESPONDEO dicendum quod, sicut dictum est[1], Magi sunt *primitiae gentium* in Christo credentium, in quibus apparuit, sicut in quodam praesagio, fides et devotio gentium venientium a remotis ad Christum. Et ideo, sicut devotio et fides gentium est absque errore per inspirationem Spiritus Sancti, ita etiam credendum est Magos, a Spiritu Sancto inspiratos, sapienter Christo reverentiam exhibuisse.

AD PRIMUM ergo dicendum quod, sicut Augustinus dicit, in Sermone *Epiphaniae*[2], *cum multi reges Iudaeorum nati fuissent atque defuncti, nullum eorum Magi adorandum quaesierunt. Non itaque regi Iudaeorum quales illic esse solebant, hunc tam magnum honorem longinqui, alienigenae et ab eodem regno prorsus extranei, a se deberi arbitrabantur. Sed talem natum esse didicerunt in quo adorando se salutem quae secundum Deum est consecuturos minime dubitarent.*

AD SECUNDUM dicendum quod per illam annuntiationem Magorum praefigurabatur constantia gentium Christum usque ad mortem confitentium. Unde Chrysostomus dicit, *super Matth.*[3], quod, *dum considerabant Regem futurum, non timebant regem praesentem. Adhuc non viderant Christum, et iam parati erant pro eo mori.*

AD TERTIUM dicendum quod, sicut Augustinus dicit, in sermone *Epiphaniae*[4], *stella quae Magos perduxit ad locum ubi erat cum matre virgine Deus*

3. ADEMAIS, um sinal do céu é mais seguro do que uma indicação humana. Ora, os magos vieram do Oriente à Judeia guiados por um sinal do céu. Logo, agiram sem prudência ao buscar uma indicação humana, abandonando a guia da estrela, quando perguntaram: "Onde está o rei dos judeus que acaba de nascer?"

4. ADEMAIS, a oferenda de dons e a homenagem da adoração são devidas só aos reis que estão reinando. Ora, os magos não encontraram Cristo revestido da dignidade real. Logo, não foi conveniente apresentar-lhe dons e render-lhe a homenagem real.

EM SENTIDO CONTRÁRIO, afirma Isaías: "As nações vão caminhar para a tua luz e os reis para a claridade da tua aurora". Ora, os que são conduzidos pela luz divina não erram. Logo, os magos não incorreram em erro ao prestar homenagem a Cristo.

RESPONDO. Como já foi dito, os magos são *as primícias dos pagãos* a crerem em Cristo. Neles apareceram, numa espécie de presságio, a fé e a devoção dos pagãos vindos a Cristo de lugares remotos. Por isso, sendo a fé e a devoção dos pagãos isenta de erro por inspiração do Espírito Santo, também deve-se crer que os magos, inspirados pelo Espírito Santo, se comportaram sabiamente ao prestarem homenagem a Cristo.

QUANTO AO 1º, portanto, deve-se dizer, como diz Agostinho: "Muitos reis dos judeus nasceram e morreram sem que os magos os tivessem procurado para adorá-los". "Não é, pois, a um rei dos judeus como então costumavam ser, que estes estrangeiros, vindos de tão longe, e totalmente alheios a este reino, julgavam estar prestando tão grande homenagem. Mas aprenderam que o recém-nascido era tal que não podiam duvidar que, adorando-o, conseguiriam a salvação que é segundo Deus".

QUANTO AO 2º, deve-se dizer que o anúncio aos magos prefigurava a constância dos pagãos em confessar Cristo até a morte. Por isso diz Crisóstomo: "Tendo os olhos postos no rei futuro não tinham medo do rei presente. Ainda não tinham visto Cristo e já estavam preparados para morrer por ele".

QUANTO AO 3º, deve-se dizer, como Agostinho diz: "A estrela que conduziu os magos ao lugar em que o Deus-menino se encontrava com sua mãe

---

1. A. 3, ad 1; a. 6, 2 a.
2. Serm. 200, al. *de Temp.* 30 (*in Epiph.* 2), c. 1, n. 2: ML 38, 1029.
3. *Opus imperf. in Matth.*, hom. 2, super 2, 2: MG 56, 637.
4. Serm. 200, al. *de Temp.* 30 (*in Epiph.* 2), c. 2: ML 38, 1030.

infans, poterat eos ad ipsam perducere civitatem Bethlehem, in qua natus est Christus. Sed tamen subtraxit se, donec de civitate in qua Christus nasceretur, etiam Iudaei testimonium perhiberent: ut sic, *geminato testimonio confirmati*, sicut Leo Papa dicit[5], *ardentiori fide expeterent quem et stellae claritas, et prophetiae manifestabat auctoritas*. — Ita ipsi *annuntiant* Christi nativitatem, *et interrogant* locum, *credunt et quaerunt, tanquam significantes eos qui ambulant per fidem et desiderant speciem*: ut Augustinus dicit, in Sermone Epiphaniae[6]. — *Iudaei autem, indicantes eis locum nativitatis Christi, similes facti sunt fabris arcae Noe, qui aliis ubi evaderent praestiterunt, et ipsi diluvio perierunt. Audierunt et abierunt inquisitores: dixerunt et remanserunt doctores, similes lapidibus miliariis, qui viam ostendunt, nec ambulant*[7]. — Divino etiam nutu factum est ut, aspectu stellae subtracto, Magi humano sensu irent in Ierusalem, quaerentes in civitate regia Regem natum, ut in Ierusalem primo nativitas Christi publice annuntiaretur, secundum illud Is 2,3, *De Sion exibit lex, et verbum Domini de Ierusalem*: et *ut etiam studio Magorum de longe venientium damnaretur pigritia Iudaeorum prope existentium*[8].

AD QUARTUM dicendum quod, sicut Chrysostomus dicit, *super Matth.*[9], *si Magi regem terrenum quaerentes venissent, fuissent confusi, quia tanti itineris laborem sine causa suscepissent. Unde nec adorassent, nec munera obtulissent. Nunc autem, quia caelestem Regem quaerebant, etsi nihil regalis excellentiae in eo viderunt, tamen, solius stellae testimonio contenti adoraverunt*: vident enim hominem, et agnoscunt Deum. Et offerunt munera dignitati Christi congruentia: *aurum quidem, quasi Regi magno; thus, quod in Dei sacrificio ponitur, immolant ut Deo; myrrha, qua mortuorum corpora condiuntur, praebetur tanquam pro salute omnium morituro*. Et, ut Gregorius dicit[10], instruimur ut *nato Regi* aurum, *per quod significatur sapientia, offeramus, in conspectu eius sapientiae lumine splendentes*;

virgem podia conduzi-los à cidade de Belém, na qual Cristo nascera. Escondeu-se, contudo, até que os judeus dessem testemunho da cidade na qual Cristo deveria nascer". Assim também, "confirmados com este duplo testemunho, como diz o papa Leão, buscassem com fé mais ardente aquele que era manifestado pela claridade da estrela e pela autoridade da profecia". — Segundo Agostinho: "Eles mesmos anunciam o nascimento de Cristo e perguntam pelo lugar, creem e buscam, como para significar os que caminham na fé, e desejam a visão". — Mas os judeus, que lhes indicaram o lugar do nascimento de Cristo, são semelhantes àqueles carpinteiros que construíram a arca de Noé: forneceram a outros os meios para escapar, mas eles mesmos pereceram no dilúvio. Os que procuravam, ouviram e partiram; os doutores falaram e ficaram, semelhantes às pedras miliárias, que mostram o caminho, mas não caminham". — Foi por vontade divina que os magos, quando perderam de vista a estrela, levados pelo sentido humano, se dirigiram a Jerusalém, buscando na cidade real o rei que nascera, para que o nascimento de Cristo fosse anunciado publicamente em primeiro lugar em Jerusalém, segundo o que diz Isaías: "De Sião sairá a lei e de Jerusalém a palavra do Senhor". E também "para que o cuidado dos magos, vindos de tão longe, condenasse a preguiça dos judeus que estavam tão perto."

QUANTO AO 4º, deve-se dizer, como Crisóstomo diz: "Se os magos tivessem vindo procurar um rei terrestre teriam ficado decepcionados, porque teriam enfrentado sem razão as dificuldades de um caminho tão longo". E assim, nem o teriam adorado, nem lhe teriam oferecido presentes. "Mas, porque procuravam o rei do céu, mesmo não vendo nele nada da majestade real, o adoraram satisfeitos unicamente com o testemunho da estrela". Viram um homem e reconheceram a Deus. E ofereceram presentes adequados à dignidade de Cristo: "Ouro, como a um grande rei; incenso, utilizado nos sacrifícios divinos, como a Deus; e mirra, com a qual são embalsamados os corpos dos mortos, indicando que iria morrer pela salvação de todos". Assim somos ensinados, diz Gregório: "A oferecer ao Rei recém-nascido o

---

5. Serm. 34, al. 33 (*in Epiph.* 4), c. 2: ML 54, 246 A.
6. Serm. 199, al. *de Temp.* 34 (*in Epiph.* 1), c. 1, n. 2: ML 38, 1027.
7. AUGUSTINUS, Serm. 373, al. *de Diversis* 66, c. 4: ML 39, 1665.
8. REMIGIUS ANTISSIODOR., *Hom.* 7, *in Matth.* 2, 1: ML 131, 902 A.
9. *Opus imperf. in Matth.*, hom. 2, super 2, 11: MG 56, 642.
10. GREG., *In Evang.*, l. I, hom. 10, n. 6: ML 76, 1112 D.

thus autem, *per quod exprimitur orationis devotio*, offerimus Deo *si per orationum studia Deo redolere valeamus*; myrrham, quae *significat mortificationem carnis*, offerimus *si carnis vitia per abstinentiam mortificamus*.

ouro, que representa a sabedoria, resplandecendo em sua presença com a luz da sabedoria"; o incenso "com o qual expressamos a dedicação da oração, e que oferecemos a Deus quando exalamos diante de Deus o empenho das orações" e *a mirra* "que representa a mortificação da carne" e que a oferecemos "quando mortificamos os vícios da carne pela abstinência".

QUAESTIO XXXVII
DE CIRCUMCISIONE CHRISTI ET DE ALIIS LEGALIBUS CIRCA PUERUM CHRISTUM OBSERVATIS

in quatuor articulos divisa

Deinde considerandum est de circumcisione Christi. Et quia circumcisio est quaedam professio legis observandae, secundum illud Gl 5,3, *Testificor omni homini circumcidenti se, quoniam debitor est universae legis faciendae*, simul cum hoc quaerendum est de aliis legalibus circa puerum Christum observatis.

Unde quaeruntur quatuor.
Primo: de eius circumcisione.
Secundo: de nominis impositione.
Tertio: de eius oblatione.
Quarto: de matris purgatione.

ARTICULUS 1
Utrum Christus debuerit circumcidi

AD PRIMUM SIC PROCEDITUR. Videtur quod Christus non debuerit circumcidi.
1. Veniente enim veritate, cessat figura. Sed circumcisio fuit Abrahae praecepta in signum foederis quod erat de semine nascituro, ut patet Gn 17. Hoc autem foedus fuit in Christi nativitate completum. Ergo circumcisio statim cessare debuit.
2. PRAETEREA, *omnis Christi actio nostra est instructio*: unde dicitur Io 13,15: *Exemplum dedi*

QUESTÃO 37
A CIRCUNCISÃO DE CRISTO E AS OUTRAS PRESCRIÇÕES LEGAIS OBSERVADAS COM CRISTO MENINO

em quatro artigos

Deve-se considerar agora a circuncisão de Cristo. E, sendo a circuncisão uma manifestação da observância da lei, conforme a palavra da Carta aos Gálatas: "Eu atesto mais uma vez a todo homem que se faz circuncidar que ele é obrigado a praticar a lei integralmente", por isso, junto com a circuncisão, deve-se perguntar sobre as outras prescrições da lei observadas com relação a Cristo menino.

Portanto, são quatro as perguntas:
1. Sobre sua circuncisão.
2. Sobre a imposição do nome.
3. Sobre sua oblação.
4. Sobre a purificação da mãe.

ARTIGO 1
Cristo devia ser circuncidado?[a]

QUANTO AO PRIMEIRO ARTIGO, ASSIM SE PROCEDE: parece que Cristo **não** devia ser circuncidado.
1. Com efeito, ao chegar a verdade, desaparece a figura. Ora, a circuncisão fora prescrita a Abraão em sinal da aliança feita com a descendência, como está claro no livro do Gênesis. Ora, esta aliança se realizou no nascimento de Cristo. Logo, a circuncisão devia cessar imediatamente.
2. ALÉM DISSO, "Todas as ações de Cristo são para nós um ensinamento"; por isso diz o

---

1 PARALL.: Infra, q. 40, a. 4; IV *Sent.*, dist. 1, q. 2, a. 2, q.la 3.

a. A razão fundamental da circuncisão de Cristo Sto. Tomás a fornece na q. 40, a. 4: "Jesus devia viver segundo a lei?". Eis sua resposta: "Cristo viveu inteiramente segundo os preceitos da lei. Como prova disso, quis até ser circuncidado, pois a circuncisão equivale a professar que se cumprirá a lei".

vobis, ut, quemadmodum ego feci vobis, ita et vos faciatis. Sed nos non debemus circumcidi: secundum illud Gl 5,2: *Si circumcidimini, Christus vobis nihil proderit*. Ergo videtur quod nec Christus debuit circumcidi.

3. Praeterea, circumcisio est ordinata in remedium originalis peccati. Sed Christus non contraxit originale peccatum, ut ex supra[1] dictis patet. Ergo Christus non debuit circumcidi.

Sed contra est quod dicitur Lc 2,21: *Postquam consummati sunt dies octo, ut circumcideretur puer.*

Respondeo dicendum quod pluribus de causis Christus debuit circumcidi[2]. Primo quidem, ut ostendat veritatem carnis humanae: contra Manichaeum, qui dixit eum habuisse corpus phantasticum[3]; et contra Apollinarium, qui dixit corpus Christi esse divinitati consubstantiale[4]; et contra Valentinum, qui dixit Christum corpus de caelo attulisse[5].

Secundo, ut approbaret circumcisionem, quam olim Deus instituerat.

Tertio, ut comprobaret se esse de genere Abrahae, qui circumcisionis mandatum acceperat in signum fidei quam de ipso habuerat.

Quarto, ut Iudaeis excusationem tolleret ne eum reciperent, si esset incircumcisus.

Quinto, ut obedientiae virtutem nobis suo commendaret exemplo. Unde et octava die circumcisus est, sicut erat in lege praeceptum.

Sexto, ut qui in similitudinem carnis peccati advenerat, remedium quo caro peccati consueverat mundari, non respueret.

Septimo, ut, legis onus in se sustinens, alios a legis onere liberaret: secundum illud Gl 4,4-5: *Misit Deus Filium suum factum sub lege, ut eos qui sub lege erant redimeret.*

Ad primum ergo dicendum quod circumcisio, per remotionem carnalis pelliculae in membro generationis facta, significabat spoliationem vetustae generationis. A qua quidem vetustate liberamur per passionem Christi. Et ideo veritas huius figurae non fuit plene impleta in Christi nativitate, sed in eius passione: ante quam circumcisio suam virtutem et statum habebat. Et ideo decuit Christum, ante suam passionem, tanquam filium Abrahae, circumcidi.

Evangelho de João: "Eu vos dei o exemplo: o que eu fiz por vós, fazei-o vós também". Ora, nós não devemos ser circuncidados, como diz a Carta aos Gálatas: "Se vos fizerdes circuncidar, Cristo não vos servirá para mais nada". Parece, portanto, que também Cristo não devia ter sido circuncidado.

3. Ademais, a circuncisão destinava-se a remediar o pecado original. Ora, Cristo não contraiu o pecado original, como foi provado acima. Logo, Cristo não devia ser circuncidado.

Em sentido contrário, diz o Evangelho de Lucas: "Oito dias depois, quando chegou o momento de circuncidar o menino".

Respondo. Cristo devia ser circuncidado por muitas razões: 1º para manifestar a verdade de sua carne humana contra os maniqueus, que afirmavam que ele teve um corpo imaginário; contra Apolinário, que afirmou a consubstancialidade do corpo de Cristo com a divindade; contra Valentino, segundo o qual Cristo teria trazido o seu corpo do céu.

2º para aprovar a circuncisão, outrora instituída por Deus.

3º para provar que era da descendência de Abraão; pois este recebeu o preceito da circuncisão como sinal da fé que tinha nele.

4º para tirar dos judeus o pretexto de não recebê-lo por ser incircunciso.

5º para recomendar-nos com seu exemplo a virtude da obediência. Pois foi circuncidado no oitavo dia, como estava prescrito na lei.

6º para não rejeitar o remédio com o qual costumava purificar-se a carne do pecado, já que ele tinha vindo na semelhança da carne de pecado.

7º para libertar os outros do peso da lei, tomando sobre si o peso da lei, como diz a Carta aos Gálatas: "Deus enviou seu Filho, nascido sob a lei, para resgatar os que estavam sob a lei".

Quanto ao 1º, portanto, deve-se dizer que a circuncisão, que consiste em tirar o prepúcio do membro da geração, significava o despojamento da velha geração. É a paixão de Cristo que nos liberta dessa antiga situação. Por isso, a verdade dessa figura não estava plenamente realizada no nascimento de Cristo, mas em sua paixão. Eis por que antes da paixão, a circuncisão mantinha seu poder e seu valor. Por isso convinha que Cristo, antes de sua paixão, por ser filho de Abraão, fosse circuncidado.

---

1. Q. 4, a. 6, ad 2; q. 14, a. 3; q. 15, a. 1.
2. Cfr. Epiphanium, *Advers. Haer.*, l. I, t. 2, haer. 30, n. 28: MG 41, 453 C.
3. Vide supra, q. 5, a. 2; q. 16, a. 1.
4. Vide supra, q. 5, a. 3; q. 18, a. 1.
5. Vide supra, q. 5, a. 2.

AD SECUNDUM dicendum quod Christus circumcisionem suscepit eo tempore quo erat sub praecepto. Et ideo sua actio in hoc est nobis imitanda, ut observemus ea quae sunt nostro tempore in praecepto. Quia *unicuique negotio est tempus et opportunitas*, ut dicitur Eccle 8,6.

Et praeterea, ut Origenes, dicit[6], *sicut mortui sumus cum illo moriente, et consurreximus Christo resurgenti, ita circumcisi sumus spirituali circumcisione per Christum. Et ideo carnali circumcisione non indigemus*. Et hoc est quod Apostolus dicit, Cl 2,11: *In quo*, scilicet Christo, *circumcisi estis circumcisione non manu facta in expoliatione corporis carnis, sed in circumcisione* Domini nostri Iesu *Christi*.

AD TERTIUM dicendum quod, sicut Christus propria voluntate mortem nostram suscepit, quae est effectus peccati, nullum in se habens peccatum, ut nos a morte liberaret, et spiritualiter nos faceret mori peccato; ita etiam circumcisionem, quae est remedium originalis peccati, suscepit absque hoc quod haberet originale peccatum, ut nos a legis iugo liberaret, et ut in nobis spiritualem circumcisionem efficeret; ut scilicet, suscipiendo figuram, impleret veritatem.

ARTICULUS 2
Utrum convenienter fuerit Christo nomen impositum

AD SECUNDUM SIC PROCEDITUR. Videtur quod inconvenienter fuerit Christo nomen impositum.

1. Veritas enim evangelica debet praenuntiationi propheticae respondere. Sed Prophetae aliud nomen de Christo praenuntiaverunt: dicitur enim Is 7,14, *Ecce Virgo concipiet et pariet Filium et vocabitur nomen eius Emmanuel*; et 8,3, *Voca nomen eius: Accelera, spolia detrahe, festina praedari*; et 9,6, *Vocabitur nomen eius, Admirabilis, Consiliarius, Deus, Fortis, Pater futuri saeculi, Princeps pacis*; et Zc 6,12 dicitur, *Ecce vir, Oriens nomen eius*. Ergo inconvenienter vocatum est nomen eius Iesus.

QUANTO AO 2º, deve-se dizer que Cristo foi circuncidado na época em que a circuncisão era ainda prescrita. Por isso, sua ação deve ser imitada por nós no sentido de observarmos o que está prescrito na nossa época[b]. Pois, como diz o livro do Eclesiastes: "Há um tempo oportuno para cada coisa".

E além disso, como diz Orígenes: "Assim como morremos com ele morto, e ressuscitamos com Cristo ressuscitado, fomos também circuncidados espiritualmente por Cristo. E por isso não temos necessidade da circuncisão carnal". É o que diz o apóstolo, na Carta aos Colossenses: "Nele, isto é, em Cristo, fostes circuncidados com uma circuncisão na qual a mão do homem não intervém e que vos despojou do corpo carnal: tal é a circuncisão de nosso Senhor Jesus Cristo".

QUANTO AO 3º, deve-se dizer que Cristo, sem ter pecado algum, por livre vontade, suportou a nossa morte, que é efeito do pecado, para libertar-nos da morte, e fazer-nos morrer espiritualmente ao pecado; assim também, aceitou a circuncisão, que é remédio para o pecado original, sem ter ele pecado original, para libertar-nos do jugo da lei e produzir em nós a circuncisão espiritual; ou seja, para que aceitando a figura se realizasse plenamente a verdade.

ARTIGO 2
Convinha a Cristo o nome que lhe foi imposto?

QUANTO AO SEGUNDO, ASSIM SE PROCEDE: parece que **não** convinha a Cristo o nome que lhe foi dado.

1. Com efeito, a verdade evangélica deve corresponder ao anúncio profético. Ora, os profetas tinham vaticinado outro nome para Cristo. Isaías, por exemplo, diz: "Eis que a Virgem conceberá, e dará à luz um Filho, e ser-lhe-á dado o nome de Emanuel"; ou "chama-o Pronto-Despojo, Rápida-pilhagem"; e ainda: "e será chamado: Conselheiro maravilhoso, Deus, Forte, Pai para sempre, Príncipe da paz". E Zacarias: "Eis o homem cujo nome será Oriente". Portanto, não convinha que fosse chamado com o nome de Jesus.

---

6. Homil. 14 *in Luc*.: MG 13, 1833 A (= ML 26, 246 CD).
PARALL.: *In Matth*., c. 1.

b. Esta observação de Sto. Tomás merece ser destacada: "Por isso, a sua ação deve ser imitada por nós no sentido de observarmos o que está prescrito na nossa época". Isto significa que, mesmo na época da Igreja, da nova aliança, existem preceitos ligados às condições de uma época, aos quais se deve obedecer até que sejam suprimidos ou fiquem fora de uso.

2. PRAETEREA, Is 62,2 dicitur: *Vocabitur tibi nomen novum, quod os Domini nominavit*. Sed hoc nomen Iesus non est nomen novum, sed pluribus fuit in veteri Testamento impositum: ut patet etiam ex ipsa genealogia Christi, Lc 3,29. Ergo videtur quod inconvenienter vocatum est nomen eius Iesus.

3. PRAETEREA, hoc nomen Iesus *salutem* significat: ut patet per id quod dicitur Mt 1,21: *Pariet filium, et vocabis nomen eius Iesum: ipse enim salvum faciet populum suum a peccatis eorum*. Sed salus per Christum non est facta solum *in circumcisione*, sed etiam *in praeputio*: ut patet per Apostolum, Rm 4,11-12. Inconvenienter ergo hoc nomen fuit Christo impositum in sua circumcisione.

SED CONTRA est auctoritas Scripturae, in qua dicitur, Lc 2,21, quod, *postquam consummati sunt dies octo, ut circumcideretur puer, vocatum est nomen eius Iesus*.

RESPONDEO dicendum quod nomina debent proprietatibus rerum respondere. Et hoc patet in nominibus generum et specierum: prout dicitur IV *Metaphys*.[1]: *Ratio enim quam significat nomen, est definitio*, quae designat propriam rei naturam.

Nomina autem singularium hominum semper imponuntur ab aliqua proprietate eius cui nomen imponitur. Vel a tempore: sicut imponuntur nomina aliquorum Sanctorum his qui in eorum festis nascuntur. Vel a cognatione: sicut cum filio imponitur nomen patris, vel alicuius de cognatione eius; sicut propinqui Ioannis Baptistae volebant eum vocare *nomine patris sui Zachariam*, non autem Ioannem, quia *nullus erat in cognatione eius qui vocaretur hoc nomine*, ut dicitur Lc 1,59sqq. Vel etiam ab eventu: sicut Ioseph vocavit primogenitum suum Manassen, dicens; *Oblivisci me fecit Deus omnium laborum meorum*, Gn 41,51. Vel etiam ex aliqua qualitate eius cui nomen imponitur: sicut Gn 25,25, dicitur quod, quia qui primo egressus est de utero matris, *rufus erat, et totus in morem pellis hispidus, vocatum est nomen eius Esau*, quod interpretatur *rubeus*.

Nomina autem quae imponuntur divinitus aliquibus, semper significant aliquod gratuitum donum eis divinitus datum: sicut Gn 17,5 dictum est Abrahae, *Appellaberis Abraham: quia patrem multarum gentium constitui te*; et Mt 16,18 dictum est Petro, *Tu es Petrus: et super hanc petram aedificabo Ecclesiam meam*.

2. ALÉM DISSO, segundo Isaías: "Ser-te-á dado um nome novo que a boca do Senhor pronunciará". Ora, o nome Jesus não é um nome novo, pois foi imposto a muitos no Antigo Testamento, como é manifesto na mesma genealogia de Cristo. Logo, parece que não convinha chamá-lo Jesus.

3. ADEMAIS, o nome Jesus significa *salvação*, como diz o Evangelho de Mateus: "E ela dará à luz um filho a quem porás o nome de Jesus, pois é ele que salvará seu povo de seus pecados". Ora, a salvação que nos vem por Cristo não foi dada só "para os da circuncisão, mas também para os incircuncisos", como diz o Apóstolo na Carta aos Romanos. Logo, não era conveniente dar este nome a Cristo em sua circuncisão.

EM SENTIDO CONTRÁRIO, está a autoridade da Escritura que diz: "Oito dias mais tarde, chegado o momento da circuncisão do menino, chamaram-no com o nome de Jesus".

RESPONDO. Os nomes devem corresponder às propriedades das coisas. O que é evidente nos nomes dos gêneros e das espécies, como diz o livro IV da *Metafísica*: "A razão significada pelo nome é a definição", que expressa a própria natureza da coisa.

Mas os nomes dos indivíduos são dados por alguma propriedade daquele a quem se dá o nome: quer por uma circunstância temporal, como é dado o nome de alguns santos àqueles que nascem no dia de sua festa; quer por razão de parentesco, como quando se dá ao filho o nome do pai, ou de alguém da família; assim, os vizinhos e parentes de João Batista queriam que se chamasse com "o nome de seu pai Zacarias", e não João, porque "não há ninguém na tua parentela que tenha este nome", como diz o Evangelho de Lucas; quer ainda por algum acontecimento, como José que "ao primogênito deu o nome de Manassés, pois, disse ele: 'Deus me fez esquecer todas as minhas agruras' ou também, por uma qualidade daquele a quem se dá o nome: "O primeiro que saiu do seio de sua mãe era ruivo, todo peludo como um pelo de animal: chamou-se Esaú", que significa "vermelho".

Mas os nomes que Deus impõe a alguns significam sempre algum dom gratuito que Deus lhes concede, como foi dito a Abraão: "Serás chamado Abraão, porque eu te constituí pai de numerosas nações"; ou como foi dito a Pedro: "Tu és Pedro e sobre esta pedra edificarei a minha igreja".

---

1. C. 7: 1012, a, 23-24.

Quia igitur homini Christo hoc munus gratiae collatum erat ut per ipsum omnes salvarentur, ideo convenienter vocatum est nomen eius Iesus, idest Salvator: angelo hoc nomen praenuntiante non solum matri, sed etiam Ioseph, quia erat futurus eius nutritius.

AD PRIMUM ergo dicendum quod in omnibus illis nominibus quodammodo significatur hoc nomen Iesus, quod est significativum *salutis*. Nam in hoc quod dicitur *Emmanuel, quod interpretatur, Nobiscum Deus*, designatur causa salutis, quae est unio divinae et humanae naturae in persona Filii Dei, per quam factum est ut *Deus esset nobiscum*. Per hoc autem quod dicitur, *Voca nomen eius, Accelera, spolia detrahe*, etc., designatur a quo nos salvaverit: quia a diabolo, cuius spolia abstulit, secundum illud Cl 2,15: *Expolians principatus et potestates, traduxit confidenter*.

In hoc autem quod dicitur, *Vocabitur nomen eius Admirabilis, etc.*, designatur via et terminus nostrae salutis: inquantum scilicet *admirabili divinitatis consilio et virtute, ad haereditatem futuri saeculi perducimur*, in quo erit *pax perfecta filiorum Dei*, sub ipso *Principe Deo*.

Quod vero dicitur, *Ecce vir, Oriens nomen eius*, ad idem refertur ad quod primum, scilicet ad incarnationis mysterium: secundum quod *exortum est in tenebris lumen rectis corde*.

AD SECUNDUM dicendum quod his qui fuerunt ante Christum potuit convenire hoc nomen Iesus secundum aliquam aliam rationem: puta quia aliquam particularem et temporalem salutem attulerunt. Sed secundum rationem spiritualis et universalis salutis, hoc nomen est proprium Christo. Et secundum hoc dicitur esse *novum*.

AD TERTIUM dicendum quod, sicut Gn 17 legitur, simul Abraham suscepit impositionem nominis a Deo, et circumcisionis mandatum. Et ideo apud Iudaeos consuetum erat ut ipso die circumcisionis nomina pueris imponerentur, quasi ante circumcisionem perfectum esse non habuerint: sicut etiam nunc pueris in baptismo nomina imponuntur. Unde super illud Pr 4,3, *Ergo filius fui patris mei, tenellus et unigenitus coram matre mea*, dicit Glossa[2]: *Quare Salomon se unigenitum coram matre vocat, quem fratrem uterinum praecessisse Scriptura testatur, nisi quia ille mox natus sine*

Ora, dado que ao homem Cristo fora concedido este dom gratuito de salvar todos os homens, convenientemente, pois, lhe foi dado o nome de Jesus, ou seja, Salvador[c]; nome que o anjo comunicou de antemão não só à mãe, mas também a José, que haveria de ser o pai de criação.

QUANTO AO 1º, portanto, deve-se dizer que todos aqueles nomes aludem de alguma maneira ao nome de Jesus, que significa *salvação*. Pois, *Emanuel*, que significa *Deus conosco* designa a causa da salvação, que está na união da natureza divina e humana na pessoa do Filho de Deus; por essa união aconteceu que "Deus estivesse conosco".

Ao designá-lo como "Pronto-Despojo, Rápida-pilhagem", indica-se de quem nos salvou, o demônio, ao qual arrebatou os despojos, como diz a Carta aos Colossenses: "Despojou as autoridades e os poderes e os expôs publicamente em espetáculo".

Quando é chamado "Conselheiro maravilhoso" etc. indica-se o caminho e o término da nossa salvação; com efeito, "pelo conselho e pela força admirável da divindade somos conduzidos à herança do mundo vindouro, no qual haverá a paz perfeita dos filhos de Deus, sob o mesmo Príncipe da Paz".

Quanto ao que se diz: "Eis o homem cujo nome é Oriente", refere-se ao mesmo que o primeiro, a saber, ao mistério da encarnação, pelo qual "das trevas surgiu uma luz para os retos de coração".

QUANTO AO 2º, deve-se dizer que o nome Jesus podia convir aos que viveram antes de Cristo por alguma outra razão, por exemplo, porque trouxeram alguma salvação particular e temporal. Mas, no sentido espiritual e universal da salvação, este nome é próprio de Cristo. E nesse sentido se diz que é *novo*.

QUANTO AO 3º, deve-se dizer que lemos no livro do Gênesis que Abraão recebeu ao mesmo tempo a imposição do nome por Deus e o preceito da circuncisão. Por isso costumavam os judeus impor o nome à criança no mesmo dia da circuncisão, como para indicar que antes da circuncisão não tinham atingido ainda a perfeição do existir; da mesma forma que agora se impõe o nome às crianças no batismo. Por isso, comentando as palavras do livro dos Provérbios: "Para meu pai fui um bom filho e filho único para minha mãe", a Glosa afirma: "Por que Salomão se chama a si mesmo

---

2. Ordin.: ML 113, 1086 C.

c. Jesus é o nome próprio de Cristo, enquanto homem. E é com efeito enquanto homem que Cristo é o salvador dos homens. Mas esse homem que é Jesus só tem o poder de salvar porque é Deus feito homem.

nomine, quasi nunquam esset, de vita decessit? Et ideo Christus, simul cum fuit circumcisus, nominis impositionem accepit.

como filho único para sua mãe, quando a Escritura confirma que fora precedido por um irmão uterino, a não ser porque aquele, apenas nascido, morreu sem ter recebido um nome, como se nunca tivesse existido?" Por isso, Cristo recebeu o nome junto com a circuncisão.

Articulus 3
Utrum convenienter fuerit Christus in Templo oblatus

Ad tertium sic proceditur. Videtur quod inconvenienter fuerit Christus in Templo oblatus.

1. Dicitur enim Ex 13,2: *Sanctifica mihi omne primogenitum quod aperit vulvam in filiis Israel.* Sed Christus exivit de clauso Virginis utero: et ita matris vulvam non aperuit. Ergo Christus ex hac lege non debuit in Templo offerri.

2. Praeterea, illud quod est semper praesens alicui, non potest ei praesentari. Sed Christi humanitas semper fuit Deo maxime praesens, utpote ei semper coniuncta in unitate personae. Ergo non oportuit quod *coram Domino sisteretur.*

3. Praeterea, Christus est hostia principalis, ad quam omnes hostiae veteris legis referuntur sicut figura ad veritatem. Sed hostiae non debet esse alia hostia. Ergo non fuit conveniens ut pro Christo alia hostia offerretur.

4. Praeterea, inter legales hostias praecipue fuit agnus, qui erat *iuge sacrificium,* ut habetur Nm 28,3-6. Unde etiam Christus dicitur Agnus, Io 1,29: *Ecce Agnus Dei.* Magis ergo fuit conveniens quod pro Christo offerretur agnus quam *par turturum vel duo pulli columbarum.*

Sed in contrarium est auctoritas Scripturae, quae hoc factum esse testatur, Lc 2,22sqq.

Respondeo dicendum quod, sicut dictum est[1], Christus voluit *sub lege fieri, ut eos qui sub lege erant redimeret,* et *ut iustificatio legis* in suis membris spiritualiter *impleretur.* De prole autem nata duplex praeceptum in lege traditur. Unum quidem generale quantum ad omnes: ut scilicet, completis diebus purificationis matris, offerretur sacrificium pro filio sive pro filia, ut habetur Lv 12,6sqq. Et hoc quidem sacrificium erat et ad

Artigo 3
Convinha que Cristo fosse oferecido no templo?

Quanto ao terceiro, assim se procede: parece que **não** convinha que Cristo fosse oferecido no templo.

1. Com efeito, o livro do Êxodo diz: "Consagra-me todo primogênito que abre o seio materno entre os filhos de Israel". Ora, Cristo saiu do seio fechado da Virgem e assim não abriu o seio materno. Logo, em virtude desta lei, Cristo não devia ser oferecido no templo.

2. Além disso, o que está sempre presente a alguém não lhe pode ser apresentado. Ora, a humanidade de Cristo esteve sempre muito presente a Deus, por ter-lhe estado sempre unida na unidade da pessoa. Logo, não era necessário que "fosse apresentado diante do Senhor".

3. Ademais, Cristo é a vítima principal à qual se referem todas as vítimas da antiga lei, como figura à verdade. Ora, uma vítima não exige outra vítima. Logo, não convinha que fosse oferecida outra vítima em lugar de Cristo.

4. Ademais, o cordeiro era a principal entre as vítimas prescritas pela lei, pois era "o sacrifício perpétuo", segundo o livro dos Números. Por isso Cristo é chamado também Cordeiro, no Evangelho de João: "Eis o Cordeiro de Deus". Portanto, teria sido mais conveniente oferecer por Cristo um cordeiro do que "um par de rolas ou dois pombinhos".

Em sentido contrário, está a autoridade da Escritura que confirma este fato.

Respondo. Como antes foi dito, Cristo quis "nascer sob a lei para resgatar aqueles que estavam sob a lei", e "para realizar a justificação da lei" espiritualmente em seus membros. Ora, a respeito dos recém-nascidos, há duas prescrições na lei. Uma, geral, que se estende a todos: completados os dias da purificação da mãe, devia ser oferecido um sacrifício pelo filho ou pela filha, diz o livro do Levítico. Este sacrifício era para a expiação do

---
1. A. 1.

expiationem peccati, in quo proles erat concepta et nata: et etiam ad consecrationem quandam ipsius, quia tunc primo praesentabatur in Templo. Et ideo aliquid offerebatur in holocaustum, et aliquid pro peccato.

Aliud autem praeceptum erat speciale in lege de primogenitis *tam in hominibus quam in iumentis*: sibi enim Dominus deputaverat omne primogenitum in Israel, pro eo quod, ad liberationem populi Israel, *percusserat primogenita Aegypti ab homine usque ad pecus*, primogenitis filiorum Israel reservatis. Et hoc mandatum ponitur Ex 13,2-12sqq. In quo etiam praefigurabatur Christus, qui est *primogenitus in multis fratribus*, ut dicitur Rm 8,29.

Quia igitur Christus, ex muliere natus, erat primogenitus; et voluit fieri sub lege: haec duo Evangelista Lucas circa eum fuisse observata ostendit. Primo quidem, id quod pertinet ad primogenitos, cum dicit: *Tulerunt illum in Ierusalem, ut sisterent eum Domino: sicut scriptum est in lege Domini, Quia omne masculinum adaperiens vulvam sanctum Domino vocabitur*. Secundo, id quod pertinet communiter ad omnes, cum dicit: *Et ut darent hostiam, secundum quod dictum erat in lege Domini, par turturum aut duos pullos columbarum*.

AD PRIMUM ergo dicendum quod, sicut Gregorius Nyssenus dicit[2], *illud legis praeceptum in solo incarnato Deo singulariter et ab aliis differenter impleri videtur. Ipse namque solus, ineffabiliter conceptus ac incomprehensibiliter editus, virginalem uterum aperuit, non antea connubio reseratum, servans et post partum inviolabiliter signaculum castitatis*. Unde quod dicit, *aperiens vulvam*, designat quod nihil antea inde intraverat vel exiverat. Et per hoc etiam specialiter dicitur *"masculinus": quia nihil de femineitate culpae portavit*[3]. Singulariter etiam *"sanctus': qui terrenae contagia corruptelae, immaculati partus novitate, non sensit*.

AD SECUNDUM dicendum quod, sicut Filius Dei *non propter seipsum factus est homo et circumcisus in carne, sed ut nos per gratiam faceret Deos, et ut spiritualiter circumcidamur; sic propter nos sistitur Domino, ut discamus Deo praesentare nosipsos*[4]. Et hoc post circumcisionem eius factum

pecado, no qual fora concebida e nascera a criança. E também como uma espécie de consagração, pois então, pela primeira vez, era apresentado no templo. Por isso, oferecia-se algo em holocausto e algo pelo pecado.

A segunda prescrição era específica para os primogênitos, "tanto dos homens como dos animais". Pois o Senhor tinha-se reservado todo primogênito em Israel, porque na libertação do povo de Israel "o Senhor matou todo primogênito na terra do Egito, tanto dos homens como dos animais", preservando os primogênitos de Israel. É o que prescreve o Êxodo. E nisso estava prefigurado Cristo, que é "o primogênito de muitos irmãos", segundo a Carta aos Romanos.

Assim pois, porque Cristo nascera de mulher como primogênito e quis estar sob a lei, o evangelista Lucas mostra que essas duas prescrições foram observadas no que lhe dizia respeito. Primeiro, o que se refere aos primogênitos: "Eles o conduziram a Jerusalém para apresentá-lo ao Senhor, como está escrito na lei do Senhor: 'todo primogênito masculino será consagrado ao Senhor'". Em segundo lugar, o que é comum a todos os nascimentos: "E para oferecer em sacrifício, segundo o que está dito na lei do Senhor, 'um par de rolas ou dois pombinhos'".

QUANTO AO 1º, portanto, deve-se dizer que segundo Gregório de Nissa: "Aquele preceito da lei parece ter-se realizado só em Deus encarnado de maneira singular e diferente dos outros. Pois só ele foi concebido de modo inefável e dado à luz de modo incompreensível; abriu o seio virginal, que não fora antes violado pela união conjugal, conservando intacto, mesmo depois do parto, a marca distintiva da castidade". Assim, a palavra "primogênito" significa que antes nada tinha entrado nem saído. E por isso se diz especificamente "masculino", indicando que "Cristo não carregou nada da culpa da mulher". E de modo particular "santo": "Porque, pela novidade de seu parto imaculado, não sentiu o contágio da corrupção terrena".

QUANTO AO 2º, deve-se dizer que o Filho de Deus "não se fez homem e foi circuncidado na carne por si mesmo, mas para fazer-nos deuses pela sua graça e para circuncidar-nos espiritualmente; de modo semelhante, foi por nós apresentado ao Senhor para que aprendamos a

---

2. *De Occursu Domini*: MG 46, 1157.
3. NYSSEN., loc. cit.
4. ATHAN., *Fragment. in Luc.*, super 2, 23: MG 27, 1396 D.

est, ut ostendat *neminem nisi circumcisum vitiis, dignum esse divinis conspectibus*[5].

AD TERTIUM dicendum quod propter hoc ipsum voluit hostias legales pro se offerri, qui erat vera hostia, ut figura veritati coniungeretur, et per veritatem figura approbaretur: contra illos qui Deum legis negant a Christo fuisse in Evangelio praedicatum. *Non enim putandum est*, ut Origenes dicit[6], *quod Filium suum bonus Deus sub lege inimici fecerit, quam ipse non dederat.*

AD QUARTUM dicendum quod Lv 12,6-8 *praecipitur ut qui possent, agnum pro filio aut filia, simul et turturem sive columbam offerrent: qui vero non sufficerent ad offerendum agnum, duos turtures aut duos columbae pullos offerrent. Dominus ergo, qui, "cum dives esset, propter nos egemus factus est, ut illius inopia divites essemus"*, ut dicitur 2Cor 8,9, *pro se pauperum hostiam voluit offerri:* sicut et in ipsa nativitate *pannis involvitur et reclinatur in praesepio.*

Nihilominus tamen huiusmodi aves figurae congruunt. Turtur enim, quia est avis loquax, praedicationem et confessionem fidei significat; quia vero est animal castum, significat castitatem: quia vero est animal solitarium, significat contemplationem. Columba vero est animal mansuetum et simplex, mansuetudinem et simplicitatem significans. Est autem animal gregale: unde significat vitam activam. Et ideo huiusmodi hostia significabat perfectionem Christi et membrorum eius. — *Utrumque* autem *animal, propter consuetudinem gemendi, praesentes sanctorum luctus designat: sed turtur, quae est solitaria, significat orationum lacrimas; columba vero, quae est gregalis, significat publicas orationes Ecclesiae*[7]. — Utrumque tamen animal duplicatum offertur: ut sanctitas sit non solum in anima, sed etiam in corpore.

apresentar-nos a Deus". Isto aconteceu depois de sua circuncisão para mostrar que "ninguém merece estar diante do olhar de Deus se não estiver circuncidado dos vícios".

QUANTO AO 3º, deve-se dizer que por isso mesmo, Cristo, que era a vítima verdadeira, quis que fossem oferecidas por ele as vítimas prescritas pela lei para juntar a figura com a verdade e aprovar com a verdade a figura. Assim são refutados aqueles que negam que o Deus anunciado por Cristo no evangelho seja o Deus da lei. Pois, como diz Orígenes: "Não se deve julgar que o bom Deus tenha colocado seu Filho sob a lei do inimigo, uma lei que não fora dada por ele".

QUANTO AO 4º, deve-se dizer que o Levítico "prescreve, aos que podem, oferecer pelo filho ou pela filha um cordeiro, junto com uma rola ou uma pomba; e aqueles que não tivessem os meios para oferecer um cordeiro, que oferecessem duas rolas ou dois pombinhos". Ora, o Senhor, que "sendo rico, se fez pobre por nós, para enriquecer-nos com sua pobreza, como diz a segunda Carta aos Coríntios, quis que oferecessem por ele a vítima dos pobres", da mesma forma que, no nascimento, "foi envolvido em panos e deitado numa manjedoura".

Estas aves, contudo, são adequadas como figuras. Pois a rola, que é um pássaro loquaz, simboliza a pregação e a confissão da fé; por ser um animal casto, simboliza a castidade; sendo um animal solitário, simboliza a contemplação. Já a pomba, por ser um animal manso e simples, simboliza a mansidão e a simplicidade; e por ser um animal que vive em bandos, simboliza a vida ativa. Assim, tais vítimas simbolizavam a perfeição de Cristo e de seus membros. — "Esses dois animais, por seu hábito de arrulhar, simbolizam os prantos atuais dos santos; mas a rola, por ser solitária, simboliza as lágrimas das orações; a pomba, que vive em bandos, simboliza as orações públicas da Igreja". — Mas deve ser oferecido um par de cada um desses animais: para que a santidade não esteja só na alma, mas também no corpo.

---

5. BEDA, *Exposit. in Luc.*, ad loc. cit.: ML 92, 341 A.
6. Homil. 14 *in Luc.*: MG 13, 1836 B (= ML 26, 250 A).
7. BEDA, Homil. 15 *in festo Purific. B. M. V.*: ML 94, 80 AD.

Artigo 4
Foi conveniente que a Mãe de Deus se apresentasse no templo para ser purificada?

Quanto ao quarto, assim se procede: parece que **não** foi conveniente que a Mãe de Deus se apresentasse no templo para ser purificada.

1. Com efeito, só pode haver purificação de alguma impureza. Ora, na Bem-aventurada Virgem não houve nenhuma impureza, como ficou demonstrado acima. Logo, não tinha de se apresentar no templo para ser purificada.

2. Além disso, diz o livro do Levítico: "A mulher que, recebido o sêmen do marido, der à luz um menino, ficará impura durante sete dias". Por isso lhe é proibido "entrar no templo até completar-se o tempo de sua purificação". Ora, a Bem-aventurada Virgem deu à luz um menino sem o sêmen do homem. Logo, não tinha de ir ao Templo para ser purificada.

3. Ademais, a purificação da impureza só se realiza pela graça. Ora, os sacramentos da antiga lei não conferiam a graça, ela, pelo contrário, tinha consigo o próprio Autor da graça. Logo, não convinha que a bem-aventurada Virgem fosse ao templo para ser purificada.

Em sentido contrário, está a autoridade da Escritura que diz: "Cumpriram-se os dias da purificação de Maria, segundo a lei de Moisés".

Respondo. Assim como a plenitude de graça passa de Cristo à Mãe, convinha também que a Mãe fosse configurada pela humildade do Filho, pois "Deus dá sua graça aos humildes", diz a Carta de Tiago. Por isso, Cristo, embora não estando sujeito à lei, quis submeter-se à circuncisão e às outras imposições da lei, para dar exemplo de humildade e de obediência, para aprovar a lei, e para retirar dos judeus a ocasião de caluniá-lo; por essas mesmas razões quis que sua mãe cumprisse todas as observâncias da lei, ainda que não estivesse sujeita a elas.

Quanto ao 1º, portanto, deve-se dizer que embora a Bem-aventurada Virgem não tivesse nenhuma impureza, quis cumprir a observância da purificação, não por necessidade, mas pela prescrição da lei. Por isso o evangelista diz explicitamente que se completaram os dias de sua purificação "segundo a lei", pois ela mesma, por si, não tinha necessidade de ser purificada.

---

1. A. praec., ad 1; q. 27, a. 3, 4; q. 28, a. 1, 2, 3.

AD SECUNDUM dicendum quod signanter Moyses videtur fuisse locutus, ad excipiendam ab immunditia Matrem Dei, quae non peperit *suscepto semine*. Et ideo patet quod non obligatur ad impletionem illius praecepti, sed voluntarie purgationis observantiam implevit, ut dictum est[2].

AD TERTIUM dicendum quod legalia sacramenta non purgabant ab immunditia culpae, quod fit per gratiam, sed hanc purgationem praefigurabant: purgabant enim purgatione quadam carnali ab immunditia irregularitatis cuiusdam: sicut in Secunda Parte[3] dictum est. Neutram tamen immunditiam Beata Virgo contraxerat. Et ideo non indigebat purgari.

QUANTO AO 2º, deve-se dizer que parece que Moisés falou assim explicitamente, para excetuar da impureza a Mãe de Deus, que não deu à luz "tendo recebido o sêmen do homem". Por isso, é claro que não estava obrigada a cumprir esse preceito, mas, como se disse, cumpriu voluntariamente a observância da purificação.

QUANTO AO 3º, deve-se dizer que os sacramentos da lei não purificavam da impureza da culpa, pois isso é obra da graça, mas eram como uma prefiguração da purificação; como efeito, por meio de uma purificação corporal, purificavam da impureza de alguma irregularidade, como foi dito na II Parte. A Bem-aventurada Virgem, contudo, não contraiu nem uma nem outra impureza. Por isso, não tinha necessidade de ser purificada.

---

2. Ad 1.
3. I-II, q. 102, a. 5; q. 103, a. 2.

QUAESTIO XXXVIII
DE BAPTISMO IOANNIS
in sex articulos divisa

Deinde considerandum est de baptismo quo Christus baptizatus est. Et quia Christus baptizatus est baptismo Ioannis, primo considerandum est de baptismo Ioannis in communi; secundo, de baptizatione Christi.

Circa primum quaeruntur sex.

Primo: utrum conveniens fuerit quod Ioannes baptizaret.
Secundo: utrum ille baptismus fuerit a Deo.
Tertio: utrum contulerit gratiam.
Quarto: utrum alii praeter Christum illo baptismo debuerint baptizari.
Quinto: utrum baptismus ille cessare debuerit, Christo baptizato.
Sexto: utrum batizati baptismo Ioannis essent postea baptizandi baptismo Christi.

QUESTÃO 38
O BATISMO DE JOÃO
em seis artigos

Deve-se considerar agora o batismo recebido por Cristo[a]. E porque o batismo que ele recebeu é o batismo de João, considerar-se-á: I. O batismo de João em geral. II. O batismo recebido por Cristo.

A respeito do primeiro são seis as perguntas:

1. Era conveniente que João batizasse?
2. Aquele batismo era de Deus?
3. Conferia a graça?
4. Além de Cristo, outros deveriam receber esse batismo?
5. Devia cessar esse batismo uma vez batizado Cristo?
6. Os que foram batizados com o batismo de João deviam ser batizados depois com o batismo de Cristo?

---

1 PARALL.: IV *Sent.*, dist. 2, q. 2, a. 2, ad 5.

a. O batismo de Cristo inaugura o ministério público de Cristo. Por que Sto. Tomás trata disso ao final das questões consagradas à "entrada de Cristo no mundo", em vez de incluí-lo como inauguração de sua missão? É que ele vê nisso antes de mais nada o mistério da manifestação de Cristo, inseparável enquanto mistério e significação do Natal e da Epifania.

Articulus 1
Utrum fuerit conveniens Ioannem baptizare

AD PRIMUM SIC PROCEDITUR. Videtur quod non fuerit conveniens Ioannem baptizare.

1. Omnis enim ritus sacramentalis ad aliquam pertinet legem. Sed Ioannes non introduxit novam legem. Ergo inconveniens fuit quod novum ritum baptizandi introduceret.

2. PRAETEREA, Ioannes *fuit missus a Deo in testimonium* tanquam propheta: secundum illud Lc 1,76: *Tu, Puer, propheta Altissimi vocaberis*. Sed prophetae qui fuerunt ante Christum, non introduxerunt novum ritum, sed ad observantiam legalium rituum inducebant: ut patet Ml 4,4: *Mementote legis Moysi, servi mei*. Ergo nec Ioannes novum ritum baptizandi inducere debuit.

3. PRAETEREA, ubi est alicuius rei superfluitas, non est ad illud aliquid addendum. Sed Iudaei excedebant in superfluitate baptismatum: dicitur enim Mc 7,3-4, quod *Pharisaei, et omnes Iudaei, nisi crebro lavent manus, non manducant; et a foro, nisi baptizentur, non comedunt; et alia multa quae tradita sunt illis servare, baptismata calicum et urceorum et aeramentorum et lectorum*. Ergo inconveniens fuit quod Ioannes baptizaret.

SED CONTRA est auctoritas Scripturae, Mt 3,5-6, ubi, praemissa sanctitate Ioannis, subditur quod exibant ad eum multi, *et baptizabantur in Iordane*.

RESPONDEO dicendum quod conveniens fuit Ioannem baptizare, propter quatuor. Primo quidem, quia oportebat Christum a Ioanne baptizari, ut baptismum consecraret: ut dicit Augustinus, *super Ioan.*[1].

Secundo, ut Christus manifestaretur. Unde ipse Ioannes Baptista dicit. Io 1,31: *Ut manifestetur*, scilicet Christus, *in Israel, propterea veni ego in aqua baptizans*. Concurrentibus enim turbis annuntiabat Christum: quod quidem facilius sic factum est quam si per singulos discurrisset, ut Chrysostomus dicit, *super Ioan.*[2].

Artigo 1
Era conveniente que João batizasse?

QUANTO AO PRIMEIRO ARTIGO, ASSIM SE PROCEDE: parece que **não** era conveniente que João batizasse.

1. Com efeito, todo rito sacramental está vinculado a uma lei. Ora, João não introduziu uma lei nova. Logo, não convinha que introduzisse um novo rito de batismo.

2. ALÉM DISSO, João "foi enviado por Deus para dar testemunho" como profeta, segundo o Evangelho de Lucas: "E tu, menino, serás chamado profeta do Altíssimo". Ora, os profetas que existiram antes de Cristo não introduziram um rito novo, mas levavam à observância dos ritos da lei, como diz claramente Malaquias: "Lembrai-vos da lei de Moisés, meu servo". Logo, também João não devia introduzir um novo rito de batismo.

3. ADEMAIS, não se deve acrescentar nada ao que já é superabundante. Ora, os judeus tinham excessiva abundância de abluções, como diz o Evangelho de Marcos: "De fato, os fariseus, bem como todos os judeus, não comem sem ter lavado repetidas vezes as mãos: ao voltar do mercado, eles não comem sem ter feito abluções; e há muitas outras práticas que por tradição guardam: lavagens rituais das taças, dos jarros e dos pratos". Logo, não era conveniente que João batizasse.

EM SENTIDO CONTRÁRIO, está a autoridade da Escritura: depois de falar da santidade de João, Mateus acrescenta que muitos vinham a ele "e eram batizados no Jordão".

RESPONDO. Era conveniente que João batizasse, por quatro razões[b]: 1º porque era necessário que Cristo fosse batizado por João para consagrar o batismo, como diz Agostinho.

2º para que Cristo se manifestasse. Pois o próprio João Batista diz: "Eu vim batizar na água para que fosse manifestado a Israel". Pois quando as multidões se reuniam, João lhes anunciava Cristo; o que resultava mais fácil do que se tivesse de ir um por um, como diz Crisóstomo.

---

1. Tract. 13, n. 4, super 3, 22: ML 35, 1494; — cfr. *Serm. supposit.*, serm. 134 (*in Epiph. Dom.* 4), al. 37 *de Temp.*, n. 4: ML 39, 2011.
2. Homil. 10 *in Matth.*, n. 2: MG 57, 186.

b. Não se encontrarão aqui, com certeza, os problemas e as luzes que os estudos históricos modernos nos trazem sobre a missão e a obra de João Batista. Em contrapartida, Sto. Tomás, dando continuidade aos Padres, manifesta sua significação teológica. Unida à seguinte — que ela introduz — sobre o batismo de Cristo, assume uma grande importância para a teologia do batismo cristão.

Tertio, ut suo baptismo assuefaceret homines ad baptismum Christi. Unde Gregorius dicit, in quadam homilia[3], quod ideo baptizavit Ioannes *ut, praecursionis suae ordinem servans, qui nasciturum Dominum nascendo praevenerat, baptizando quoque baptizaturum praeveniret*.

Quarto ut, ad poenitentiam homines inducens, homines praepararet ad digne suscipiendum baptismum Christi. Unde Beda[4] dicit quod, *quantum catechumenis nondum baptizatis prodest doctrina fidei, tantum profuit baptisma Ioannis ante baptisma Christi. Quia sicut ille praedicabat poenitentiam, et baptismum Christi praenuntiabat, et in cognitionem veritatis quae mundo apparuit attrahebat; sic ministri Ecclesiae, qui primo erudiunt, postea peccata eorum redarguunt, deinde in baptismo Christi remissionem promittunt*.

AD PRIMUM ergo dicendum quod baptismus Ioannis non erat per se sacramentum: sed quasi quoddam sacramentale, disponens ad baptismum Christi. Et ideo aliqualiter pertinebat ad legem Christi: non autem ad legem Moysi.

AD SECUNDUM dicendum quod Ioannes non fuit solum propheta, sed *plus quam propheta*, ut dicitur Mt 11,9: fuit enim terminus legis et initium Evangelii. Et ideo magis pertinebat ad eum verbo et opere inducere homines ad legem Christi quam ad observantiam veteris legis.

AD TERTIUM dicendum quod baptismata illa Pharisaeorum erant inania, utpote ad solam munditiam carnis ordinata. Sed baptismus Ioannis ordinabatur ad munditiam spiritualem: inducebat enim homines ad poenitentiam, ut dictum est[5].

3º para, com o seu batismo, ir acostumando os homens ao batismo de Cristo. Por isso diz Gregório que João batizava "para que, guardando a ordem de precursor, aquele que se adiantou em seu nascimento ao Senhor que iria nascer, com seu batismo se antecipasse também àquele que iria batizar".

4º para levar os homens à penitência e prepará-los assim a receber dignamente o batismo de Cristo. Por isso diz Beda: "Foi tão proveitoso o batismo de João, antes do batismo de Cristo, quanto aproveita a doutrina da fé aos catecúmenos ainda não batizados. Pois João pregava a penitência, anunciava o batismo de Cristo e atraía ao conhecimento da verdade que aparecera no mundo; assim, os ministros da Igreja, primeiro ensinam, depois mostram a falsidade dos pecados, e, finalmente, prometem a remissão dos mesmos no batismo de Cristo".

QUANTO AO 1º, portanto, deve-se dizer que por si, o batismo de João não era um sacramento, mas uma espécie de sacramental que preparava para o batismo de Cristo. E por isso, de algum modo, pertencia à lei de Cristo e não à lei de Moisés.

QUANTO AO 2º, deve-se dizer que João não era só um profeta, mas "mais do que um profeta", segundo o Evangelho de Mateus, porque foi o término da lei e o início do evangelho. Por isso, cabia-lhe mais conduzir os homens, com obras e palavras, à lei de Cristo do que à observância da antiga lei.

QUANTO AO 3º, deve-se dizer que todas aquelas abluções dos fariseus eram inúteis, pois só visavam à purificação do corpo. Mas o batismo de João visava à purificação espiritual, porque, como foi dito, conduzia os homens à penitência.

ARTICULUS 2
Utrum baptismus Ioannis fuerit a Deo

AD SECUNDUM SIC PROCEDITUR. Videtur quod baptismus Ioannis non fuit a Deo.
1. Nihil enim sacramentale quod est a Deo, denominatur ab homine puro: sicut baptismus novae legis non dicitur Petri vel Pauli, sed Christi. Sed ille baptismus denominatur a Ioanne: secundum illud Mt 21,25: *Baptismus Ioannis e caelo erat?*

ARTIGO 2
O batismo de João era de Deus?

QUANTO AO SEGUNDO, ASSIM SE PROCEDE: parece que o batismo de João **não** era de Deus.
1. Com efeito, nenhum sacramental que seja de Deus recebe o nome de um simples homem; assim, o batismo da nova lei não é denominado batismo de Pedro ou de Paulo, mas de Cristo. Ora, aquele batismo é denominado de João, como diz

---

3. Homil. 7 *in Evang.*, n. 3: ML 76, 1101 A.
4. SCOT. ERIG., *Comment. in Evang. sec. Ioan.*, super 3, 24: ML 122, 323 BC.
5. In corp.

PARALL.: IV *Sent.*, dist. 2, q. 2, a. 1, q.la 3; *in Matth.*, c. 21.

an ex hominibus?. Ergo baptismus Ioannis non fuit a Deo.

2. PRAETEREA, omnis doctrina de novo a Deo procedens aliquibus signis confirmatur: unde et Dominus, Ex 4, dedit Moysi potestatem signa faciendi; et Hb 2,3-4 dicitur quod, *cum fides nostra principium accepisset enuntiari a Domino, per eos qui audierunt in nos confirmata est, contestante Deo signis et prodigiis*. Sed de Ioanne Baptista dicitur, Io 10,41: *Ioannes signum fecit nullum*. Ergo videtur quod baptismus quo baptizavit, non esset a Deo.

3. PRAETEREA, sacramenta quae sunt divinitus instituta, aliquibus sacrae Scripturae praeceptis continentur. Sed baptismus Ioannis non praecipitur aliquo praecepto sacrae Scripturae. Ergo videtur quod non fuerit a Deo.

SED CONTRA est quod dicitur Io 1,33: *Qui me misit baptizare in aqua, ille mihi dixit: Super quem videris Spiritum*, etc.

RESPONDEO dicendum quod in baptismo Ioannis duo possunt considerari: scilicet ipse ritus baptizandi, et effectus baptismi. Ritus quidem baptizandi non fuit ab hominibus, sed a Deo, qui familiari Spiritus Sancti revelatione Ioannem ad baptizandum misit. Effectus autem illius baptismi fuit ab homine: quia nihil in illo baptismo efficiebatur quod homo facere non posset. Unde non fuit a solo Deo: nisi inquantum Deus in homine operatur.

AD PRIMUM ergo dicendum quod per baptismum novae legis homines interius per Spiritum Sanctum baptizantur, quod facit solus Deus. Per baptismum autem Ioannis solum corpus mundabatur aqua. Unde dicitur Mt 3,11: *Ego baptizo vos in aqua: ille vos baptizabit in Spiritu Sancto*. Et ideo baptismus Ioannis denominatur ab ipso: quia scilicet nihil in eo agebatur quod ipse non ageret. Baptismus autem novae legis non denominatur a ministro, qui principalem baptismi effectum non agit, scilicet interiorem emundationem.

AD SECUNDUM dicendum quod tota doctrina et operatio Ioannis ordinabatur ad Christum, qui

o Evangelho de Mateus: "O batismo de João, era do céu ou dos homens?" Logo, o batismo de João não era de Deus.

2. ALÉM DISSO, toda doutrina que venha de Deus como algo novo é confirmada com alguns sinais. Por isso, o Senhor deu a Moisés o poder de fazer sinais; e a Carta aos Hebreus diz: "Nossa fé, tendo começado a ser anunciada pelo Senhor, depois nos foi confirmada por aqueles que o tinham ouvido, ratificando Deus tal testemunho com sinais e prodígios". Ora, a respeito de João Batista lemos no Evangelho de João: "João não fez nenhum sinal". Logo, parece que o batismo de João não era de Deus.

3. ADEMAIS, os sacramentos instituídos por Deus se encontram em algumas prescrições da Sagrada Escritura. Ora, o batismo de João não se encontra em nenhuma prescrição da Sagrada Escritura. Logo, parece que não era de Deus.

EM SENTIDO CONTRÁRIO, afirma o Evangelho de João: "Aquele que me enviou a batizar na água me disse: Aquele sobre o qual vires o Espírito descer" etc.

RESPONDO. Dois aspectos podem ser considerados no batismo de João: o rito do batismo e os seus efeitos. O rito do batismo não vinha dos homens, mas de Deus que, por uma revelação interior do Espírito Santo, enviou João a batizar. Mas os efeitos de tal batismo vinham do homem, pois esse batismo nada produzia que o homem não pudesse fazer. Por isso, não era só de Deus, mas de Deus enquanto age no homem[c].

QUANTO AO 1º, portanto, deve-se dizer que pelo batismo da nova lei os homens são batizados interiormente pelo Espírito Santo, o que só Deus faz. Mas pelo batismo de João só o corpo era purificado na água. Por isso diz o Evangelho de Mateus: "Eu vos batizo na água, mas ele vos batizará no Espírito Santo". Por isso, o batismo de João leva o seu nome, porque tudo o que se fazia ali era feito por ele. Mas o batismo da nova lei não leva o nome do ministro, porque este não produz o efeito principal do batismo que é a purificação interior.

QUANTO AO 2º, deve-se dizer que o ensinamento e a ação de João estavam totalmente orientados

---

c. "Esse batismo não produzia nada que o homem não pudesse fazer". Tal asserção é reforçada na sol. 1: "Tudo o que se fazia ali era feito por ele". Isto é dito em oposição ao batismo cristão, no qual "os homens são batizados interiormente pelo Espírito Santo, o que é obra exclusiva de Deus". De maneira tal, como será dito e explicado neste mesmo volume (III, q. 62, a. 1), que essa operação propriamente divina passe pela água e pelas palavras sacramentais como por um instrumento. Em João Batista, Deus também age, e não só inspirando-lhe o batismo, mas da mesma maneira que ele opera em todo operante, sem aumentar seu poder natural. E, sem dúvida, na ocasião em que o fazia João, em virtude da disposição dos que se prestavam a esse ato, Deus agia de certo modo nas almas, mesmo que fosse apenas para prepará-las para o batismo decisivo.

multitudine signorum et suam doctrinam et Ioannis confirmavit. Si autem Ioannes signa fecisset, homines ex aequo Ioanni et Christo attendissent. Et ideo, ut homines principaliter Christo attenderent, non est datum Ioanni ut faceret signum. Iudaeis tamen quaerentibus quare baptizaret, confirmavit suum officium auctoritate Scripturae, dicens: *Ego vox clamantis in deserto*, etc., ut dicitur Io 1,19sqq. Ipsa etiam austeritas vitae eius officium eius commendabat: quia, ut Chrysostomus dicit, *super Matth.*[1], *mirabile erat in humano corpore tantam patientiam videre*.

AD TERTIUM dicendum quod baptismus Ioannis non fuit ordinatus a Deo nisi modico tempore duraret, propter causas praedictas[2]. Et ideo non fuit commendatus aliquo praecepto communiter tradito in sacra Scriptura, sed familiari quadam revelatione Spiritus Sancti, ut dictum est[3].

para Cristo, o qual confirmou com muitos sinais tanto o seu ensinamento como o de João. Mas se João tivesse feito milagres, os homens teriam dado a mesma atenção a João que a Cristo. Por isso, para que os homens dessem atenção sobretudo a Cristo, não foi concedido a João fazer milagres. Contudo, quando os judeus lhe perguntaram por que batizava, confirmou o seu ofício com a autoridade da Escritura: "Eu sou a voz que clama no deserto", como está no Evangelho de João. A austeridade mesma de sua vida era uma confirmação de seu ofício, como diz Crisóstomo: "Era admirável ver tanta paciência num corpo humano".

QUANTO AO 3º, deve-se dizer que o batismo de João foi estabelecido por Deus para durar pouco tempo, pelas razões vistas. Por isso não foi recomendado por nenhuma prescrição transmitida em geral na Sagrada Escritura, mas por uma revelação interior do Espírito Santo, como foi dito.

ARTICULUS 3
Utrum in baptismo Ioannis gratia daretur

AD TERTIUM SIC PROCEDITUR. Videtur quod in baptismo Ioannis gratia daretur.

1. Dicitur enim Mc 1,4: *Fuit Ioannis in deserto baptizans, et praedicans baptismum poenitentiae in remissionem peccatorum*. Poenitentia autem et remissio peccatorum est per gratiam. Ergo baptismus Ioannis gratiam conferebat.

2. PRAETEREA, baptizandi a Ioanne confitebantur *peccata sua*: ut habetur Mt 3,6 et Mc 1,5. Sed confessio peccatorum ordinatur ad remissionem, quae fit per gratiam. Ergo in baptismo Ioannis gratia conferebatur.

3. PRAETEREA, baptismus Ioannis propinquior erat baptismo Christi quam circumcisio. Per circumcisionem autem remittebatur peccatum originale: quia, ut Beda dicit[1], *idem salutiferae curationis auxilium circumcisio in lege contra originalis peccati vulnus agebat, quod nunc baptismus agere revelatae gratiae tempore consuevit*. Ergo multo magis baptismus Ioannis remissionem peccatorum operabatur. Quod sine gratia fieri non potest.

ARTIGO 3
O batismo de João conferia a graça?

QUANTO AO TERCEIRO, ASSIM SE PROCEDE: parece que o batismo de João **conferia** a graça.

1. Com efeito, o Evangelho de Marcos diz: "Apresentou-se João no deserto, batizando e pregando um batismo de penitência para o perdão dos pecados". Ora, a penitência e a remissão dos pecados são fruto da graça. Logo, o batismo de João conferia a graça.

2. ALÉM DISSO, os que iam ser batizados por João "confessavam seus pecados", como consta nos Evangelhos de Mateus e de Marcos. Ora, a confissão dos pecados destina-se ao perdão, que se obtém pela graça. Logo, o batismo de João conferia a graça.

3. ADEMAIS, o batismo de João estava mais próximo do batismo de Cristo do que a circuncisão. Ora, a circuncisão perdoava o pecado original, pois segundo Beda: "No regime da lei, a circuncisão produzia contra a ferida do pecado original o mesmo remédio de cura salutar que agora, no tempo da graça revelada, produz o batismo". Logo, muito mais o batismo de João devia trazer o perdão dos pecados; coisa impossível sem a graça.

---

1. Homil. 10, n. 4: MG 57, 188.
2. A. praec.
3. In corp.

PARALL.: IV *Sent.*, dist. 2, q. 2, a. 2.

1. Homil. 10 *in festo Circumcis.*: ML 94, 54 B.

SED CONTRA est quod Mt 3,11 dicitur: *Ego quidem baptizo vos in aqua in poenitentiam*. Quod exponens Gregorius, in quadam homilia[2], dicit: *Ioannes non in Spiritu, sed in aqua baptizat: quia peccata solvere non valebat*. Sed gratia est a Spiritu Sancto: et per eam peccata tolluntur. Ergo baptismus Ioannis gratiam non conferebat.

RESPONDEO dicendum quod, sicut dictum est[3], tota doctrina et operatio Ioannis preparatoria erat ad Christum: sicut ministri et inferioris artificis est praeparare materiam ad formam, quam inducit principalis artifex. Gratia autem conferenda erat hominibus per Christum: secundum illud Io 1,17: *Gratia et veritas per Iesum Christum facta est*. Et ideo baptismus Ioannis gratiam non conferebat: sed solum ad gratiam praeparabat, tripliciter. Uno quidem modo, per doctrinam Ioannis, inducentem homines ad fidem Christi. Alio modo, assuefaciendo homines ad ritum baptismi Christi. Tertio modo, per poenitentiam, praeparando homines ad suscipiendum effectum baptismi Christi.

AD PRIMUM ergo dicendum quod in illis verbis, ut Beda dicit[4], potest intelligi duplex baptismus poenitentiae. Unus quidem, quem Ioannes baptizando conferebat: qui scilicet baptismus dicitur *poenitentiae*, etc., quia scilicet ille baptismus erat quoddam inductivum ad poenitentiam, et quasi quaedam protestatio qua profitebantur homines se poenitentiam acturos. Alius autem est baptismus Christi, per quem peccata remittuntur: quem Ioannes dare non poterat, sed solum praedicabat, dicens: *Ille vos baptizabit in Spiritu Sancto*.

Vel potest dici quod praedicabat *baptismum poenitentiae*, idest, inducentem ad poenitentiam: quae quidem poenitentia ducit homines *in remissionem peccatorum*.

Vel potest dici quod *per baptismum Christi*, ut Hieronymus dicit[5], *gratia datur, qua peccata gratis dimittuntur: quod autem consummatur per Sponsum, initiatur per paranymphum*, scilicet per Ioannem. Unde dicitur quod *baptizabat et praedicabat baptismum poenitentiae in remissionem peccatorum*, non ideo quia hoc ipse perficeret, sed quia hoc inchoabat praeparando.

AD SECUNDUM dicendum quod illa confessio peccatorum non fiebat ad remissionem peccatorum statim per baptismum Ioannis exhibendam: sed

EM SENTIDO CONTRÁRIO, afirma o Evangelho de Mateus: "Eu vos batizo na água para a penitência". Comentando estas palavras, diz Gregório: "João não batiza no Espírito mas na água, porque não era capaz de tirar os pecados". Ora, a graça vem pelo Espírito Santo, e por ela são tirados os pecados. Logo, o batismo de João não conferia a graça.

RESPONDO. Como foi dito, o ensinamento e a ação de João eram uma preparação para Cristo, como o servente e o operário inferior preparam uma matéria para receber a forma que lhe infundirá o mestre de obra. Ora, a graça devia ser conferida aos homens por Cristo, como diz o Evangelho de João: "A graça e a verdade vieram por Jesus Cristo". Por isso, o batismo de João não conferia a graça, mas era uma preparação para ela. E isso de três maneiras: 1º pelo ensinamento de João, que conduzia os homens à fé em Cristo; 2º acostumando os homens ao rito do batismo de Cristo; 3º pela penitência, que preparava os homens para receberem o efeito do batismo de Cristo.

QUANTO AO 1º, portanto, deve-se dizer que nas palavras de Marcos, como diz Beda, o 'batismo de penitência' pode ser entendido num duplo sentido. Um é o que lhe dava João ao batizar, chamado 'batismo de penitência' etc. porque era um batismo que incitava à penitência e uma espécie de declaração pela qual os homens confessavam que fariam penitência. O batismo de Cristo, pelo qual são perdoados os pecados, é diferente; João não podia administrá-lo, mas só o anunciava, dizendo: "Ele vos batizará no Espírito Santo".

Podemos dizer que João pregava um *batismo de penitência* no sentido de levar à penitência, a qual por sua vez conduz os homens à *remissão dos pecados*.

Ou ainda, pode-se dizer, como afirma Jerônimo, que "pelo batismo de Cristo é dada a graça que perdoa gratuitamente os pecados; mas a obra que é levada ao fim pelo Esposo é começada pelo amigo do Esposo", a saber, por João. Por isso se diz que "batizava e pregava um batismo de penitência para o perdão dos pecados", não que ele mesmo completasse essa obra, mas porque a começava, preparando os homens.

QUANTO AO 2º, deve-se dizer que a confissão dos pecados não era feita para obter imediatamente o perdão dos pecados pelo batismo de João, mas

---

2. Homil. 7 *in Evang.*, n. 3: ML 76, 1101 A.
3. A. praec., ad 2.
4. *Exposit. in Marc.*, l. I, super 1, 4: ML 92, 136 B.
5. *Exposit. in Marc.*, super 1, 4: ML 30, 592 C.

consequendam per poenitentiam consequentem, et baptismum Christi, ad quem poenitentia illa praeparabat.

AD TERTIUM dicendum quod circumcisio instituta erat in remedium originalis peccati. Sed baptismus Ioannis ad hoc non erat institutus, sed solum erat praeparatorius ad baptismum Christi, ut dictum est[6]. Sacramenta autem ex vi institutionis suum habent effectum.

obter esse perdão pela penitência que se seguia, e pelo batismo de Cristo, para o qual preparava a penitência.

QUANTO AO 3º, deve-se dizer que a circuncisão fora instituída como remédio para o pecado original. Mas o batismo de João não fora instituído com essa finalidade, mas só como preparação para o batismo de Cristo, como foi dito. Os sacramentos, por sua vez, produzem o seu efeito em virtude da instituição[d].

ARTICULUS 4
Utrum baptismo Ioannis solus Christus debuerit baptizari

AD QUARTUM SIC PROCEDITUR. Videtur quod baptismo Ioannis solus Christus debebat baptizari.

1. Quia, sicut dictum est[1], *ad hoc Ioannes baptizavit ut Christus baptizaretur: sicut* Augustinus dicit, *super Ioan.*[2]. Sed quod est proprium Christo, non debet aliis convenire. Ergo nulli alii debuerunt illo baptismo baptizari.

2. PRAETEREA, quicumque baptizatur, aut accipit aliquid a baptismo, aut baptismo aliquid confert. Sed a baptismo Ioannis nullus aliquid accipere poterat: quia in eo gratia non conferebatur, ut dictum est[3]. Nec aliquis baptismo aliquid conferre poterat nisi Christus, qui *tactu mundissimae suae carnis aquas sanctificavit*. Ergo videtur quod solus Christus baptismo Ioannis debuerit baptizari.

3. PRAETEREA, si alii illo baptismo baptizabantur, hoc non erat nisi ut praepararentur ad baptismum Christi: et sic conveniens videbatur quod, sicut baptismus Christi omnibus confertur, et magnis et parvis, et gentilibus et Iudaeis, ita etiam et baptismus Ioannis conferretur. Sed non legitur quod ab eo pueri baptizarentur, nec etiam gentiles: dicitur enim Marci 1,5, quod *egrediebantur ad eum Ierosolymitae universi, et baptizabantur ab illo*. Ergo videtur quod solus Christus a Ioanne debuit baptizari.

ARTIGO 4
Somente Cristo devia ser batizado com o batismo de João?

QUANTO AO QUARTO, ASSIM SE PROCEDE: parece que **somente** Cristo devia ser batizado com o batismo de João.

1. Com efeito, já foi visto que "João batizava para que Cristo fosse batizado", como diz Agostinho. Ora, o que é próprio de Cristo não convém a outros. Logo, ninguém mais devia ser batizado com aquele batismo.

2. ALÉM DISSO, todo aquele que é batizado, ou recebe algo do batismo ou lhe confere algo. Ora, do batismo de João ninguém podia receber nada, porque, como foi dito, não conferia a graça. E ninguém, com exceção de Cristo, podia conferir algo ao batismo, porque ele "santificou as águas pelo contato de sua carne puríssima". Logo, parece que só Cristo devia ser batizado com o batismo de João.

3. ADEMAIS, se outros foram batizados com aquele batismo era só como preparação para o batismo de Cristo; e assim como o batismo de Cristo é dado a todos, grandes e pequenos, pagãos e judeus, também o batismo de João deveria ser dado a todos. Ora, não consta que ele tivesse batizado crianças nem pagãos; segundo o Evangelho de Marcos: "Todos os habitantes de Jerusalém acorriam a ele e eram batizados por ele". Logo parece que só Cristo deveria ter sido batizado por João.

---

6. In corp. et a. 1.

4   PARALL.: IV *Sent.*, dist. 2, q. 2, a. 3, q.la 2.

1. A. 1.
2. Tract. 13, n. 6, super 3, 22: ML 35, 1495.
3. A. 3.

d. À medida que Sto. Tomás desenvolve seus pensamentos sobre João Batista, ele resume o sentido de sua missão como o de preparar para o batismo de Cristo, ou seja, não só para a vinda de Cristo e a fé nele, mas para o batismo pelo qual nos apropriamos da salvação por ele trazida.

SED CONTRA est quod dicitur Lc 3,21: *Factum est, cum baptizaretur omnis populus, et Iesu baptizato et orante, aperti sunt caeli.*

RESPONDEO dicendum quod duplici de causa oportuit alios a Christo baptizari baptismo Ioannis. Primo quidem, ut Augustinus dicit, *super Ioan.*[4], quia, *si solus Christus baptismo Ioannis baptizatus esset, non defuissent qui dicerent baptismum Ioannis, quo Christus est baptizatus, digniorem esse baptismo Christi, quo alii baptizantur.*

Secundo, quia oportebat per baptismum Ioannis alios ad baptismum Christi praeparari, sicut dictum est[5].

AD PRIMUM ergo dicendum quod non propter hoc solum fuit Ioannis baptismus institutus ut Christus baptizaretur, sed etiam propter alias causas, ut dictum est[6]. Et tamen, si ad hoc solum esset institutus ut Christus eo baptizaretur, oportebat praedictum inconveniens vitari, aliis hoc baptismo baptizatis.

AD SECUNDUM dicendum quod alii qui ad baptismum Ioannis accedebant, non poterant quidem baptismo aliquid conferre: nec tamen a baptismo gratiam accipiebant, sed solum poenitentiae signum.

AD TERTIUM dicendum quod ille baptismus erat *poenitentiae*, quae pueris non convenit: ideo pueri illo baptismo non baptizabantur. — Conferre autem gentibus viam salutis soli Christo reservabatur, qui est *Exspectatio Gentium*, ut dicitur Gn 49,10. Sed et ipse Christus Apostolis inhibuit gentibus Evangelium praedicare, ante passionem et resurrectionem. Unde multo minus conveniebat per Ioannem gentiles ad baptismum admitti.

EM SENTIDO CONTRÁRIO, afirma o Evangelho de Lucas: "Aconteceu que, ao ser batizado todo o povo, Jesus, batizado também ele, orava; então o céu se abriu".

RESPONDO. Há dois motivos pelos quais convinha que outros, além de Cristo, fossem batizados com o batismo de João. Primeiro, como diz Agostinho, porque "se Cristo tivesse sido o único a ser batizado com o batismo de João, não faltaria quem dissesse que o batismo de João, com o qual Cristo foi batizado, era superior ao batismo de Cristo, com o qual outros são batizados".

Em segundo lugar, porque era preciso que os outros fossem preparados para o batismo de Cristo pelo batismo de João, como já foi dito.

QUANTO AO 1º, portanto, deve-se dizer que o batismo de João não foi instituído só para que Cristo fosse batizado, mas também por outras razões, como foi dito. Contudo, mesmo que tivesse sido instituído só para que Cristo fosse batizado, seria necessário evitar o inconveniente indicado, batizando outros com esse batismo.

QUANTO AO 2º, deve-se dizer que os que se aproximavam do batismo de João nada podiam conferir ao batismo, nem pelo batismo recebiam a graça, mas unicamente o sinal da penitência.

QUANTO AO 3º, deve-se dizer que aquele era um *batismo de penitência*, que não convém às crianças, e por isso as crianças não eram batizadas com aquele batismo. — Abrir aos pagãos o caminho da salvação estava reservado unicamente a Cristo, que é "a esperança das nações", segundo o livro do Gênesis. Cristo mesmo proibiu aos apóstolos pregar o evangelho aos pagãos antes de sua paixão e ressurreição. Muito menos conveniente seria que os pagãos fossem admitidos ao batismo por João.

ARTICULUS 5
Utrum baptismus Ioannis cessare debuerit postquam Christus est baptizatus

AD QUINTUM SIC PROCEDITUR. Videtur quod baptismus Ioannis cessare debuerit postquam Christus est baptizatus.

1. Dicitur enim Io 1,31: *Ut manifestetur Israeli, propterea veni in aqua baptizans.* Sed, Christo baptizato, sufficienter fuit manifestatus:

ARTIGO 5
O batismo de João devia cessar, uma vez batizado Cristo?

QUANTO AO QUINTO, ASSIM SE PROCEDE: parece que o batismo de João **devia** cessar uma vez batizado Cristo.

1. Com efeito, diz o Evangelho de João: "Foi em vista de sua manifestação a Israel que eu vim batizar na água". Ora, uma vez batizado, Cristo

---
4. Tract. 4, n. 14; tract. 5, n. 5: ML 35, 1412, 1416.
5. A. 1, 3.
6. A. 1.

5 PARALL.: Infra, q. 39, a. 3, ad 4; IV *Sent.*, dist. 2, q. 2, a. 1, q.la 4; *in Ioan.*, c. 3, lect. 4.

tum per testimonium Ioannis; tum per descensum columbae; tum etiam testimonio paternae vocis. Ergo non videtur quod postea debuerit baptismus Ioannis durare.

2. PRAETEREA, Augustinus dicit, *super Ioan.*[1]: *Baptizatus est Christus, et cessavit Ioannis baptismus*. Ergo videtur quod Ioannes, post Christum baptizatum, non debuerit baptizare.

3. PRAETEREA, baptismus Ioannis erat praeparatorius ad baptismum Christi. Sed baptismus Christi incoepit statim Christo baptizato: quia *tactu suae mundissimae carnis vim regenerativam contulit aquis*, ut Beda dicit[2]. Ergo videtur quod baptismus Ioannis cessaverit, Christo baptizato.

SED CONTRA est quod dicitur Io 3,22-23: *Venit Iesus in Iudaeam terram et baptizabat: erat autem et Ioannes baptizans*. Sed Christus non baptizavit priusquam fuit baptizatus. Ergo videtur quod, postquam fuit Christus baptizatus, adhuc Ioannes baptizabat.

RESPONDEO dicendum quod baptismus Ioannis cessare non debuit, Christo baptizato. Primo quidem quia, ut Chrysostomus dicit[3], *si cessasset Ioannes baptizare*, Christo baptizato, *existimaretur quod zelo vel ira faceret*. — Secundo quia, si cessasset a baptismo, Christo baptizante, *discipulos suos in maiorem zelum minisset*. — Tertio quia, persistens in baptizando, *suos auditores mittebat ad Christum*. — Quarto quia, ut Beda[4] dicit, *adhuc permanebat umbra veteris legis: nec debet praecursor cessare donec veritas manifestetur*.

AD PRIMUM ergo dicendum quod nondum Christus erat plene manifestatus, eo baptizato. Et ideo adhuc necessarium erat quod Ioannes baptizaret.

AD SECUNDUM dicendum quod, baptizato Christo, cessavit baptismus Ioannis: non tamen statim, sed eo incarcerato. Unde Chrysostomus dicit: *super Ioan.*[5]: *Aestimo propter hoc permissam esse mortem Ioannis et, eo sublato de medio, Christum maxime praedicare coepisse, ut omnis multitudinis affectio ad Christum transiret, et non ultra his quae de utroque erant sententiis scinderentur*.

estava suficientemente manifestado, quer pelo testemunho de João, quer pela descida da pomba, quer ainda pelo testemunho da voz do Pai. Logo, parece que o batismo de João não deveria durar depois.

2. ALÉM DISSO, diz Agostinho: "Cristo foi batizado e cessou o batismo de João". Portanto, parece que João não devia ter batizado mais, uma vez batizado Cristo.

3. ADEMAIS, O batismo de João preparava o batismo de Cristo. Ora, o batismo de Cristo começou logo depois de ele ter sido batizado, porque, como diz Beda: "Pelo contato de sua puríssima carne conferiu às águas o poder de regenerar". Logo, parece que o batismo de João tinha de cessar, uma vez batizado Cristo.

EM SENTIDO CONTRÁRIO, afirma o Evangelho de João: "Foi Jesus com seus discípulos à região da Judeia... e lá batizava; João, por seu lado, batizava também". Ora, Cristo não batizou antes de ser batizado. Logo, parece que, depois do batismo de Cristo, João ainda batizava.

RESPONDO. O batismo de João não devia cessar depois de Cristo ter sido batizado: 1º porque, como diz Crisóstomo: "Se João tivesse deixado de batizar, depois de ter batizado Cristo, daria a impressão que foi por inveja ou por raiva. — 2º se deixasse de batizar, enquanto Cristo batizava, "teria despertado maior inveja em seus discípulos" — 3º continuando a batizar "remetia seus ouvintes a Cristo" — 4º porque, nas palavras de Beda, "ainda permanecia a sombra da antiga lei, e o precursor não devia cessar até que se manifestasse a verdade".

QUANTO AO 1º, portanto, deve-se dizer que mesmo depois de batizado, Cristo não tinha sido ainda plenamente manifestado. Portanto, era necessário que João continuasse a batizar.

QUANTO AO 2º, deve-se dizer que depois do batismo de Cristo cessou o batismo de João, mas não imediatamente, só depois que ele foi encarcerado. Por isso Crisóstomo diz: "Tenho para mim que a morte de João foi permitida e que, uma vez ele tendo desaparecido, Cristo começou a pregar mais intensamente para que toda a afeição da multidão se voltasse para Cristo, sem dividir-se por causa das opiniões que havia sobre um e sobre outro".

---

1. Tract. 4, n. 14: ML 35, 1412.
2. MAG., IV *Sent.*, dist. 3, c. *Si vero*; GRATIANUS, *Decretum*, P. III, dist. 4, can. 10: *Nunquam aquae*: ed. Richter-Friedberg, I, 1364.
3. Homil. 29, al. 28, *in Ioan.*, n. 1: MG 59, 167.
4. Cfr. Glossam ordin.: ML 114, 369 A; SCOT. ERIG. *Comment. in Evang. Ioan.*, super 3, 23: ML 122, 322 D.
5. Loc. cit.

AD TERTIUM dicendum quod baptismus Ioannis praeparatorius erat, non solum ad hoc quod Christus baptizaretur, sed ad hoc quod alii ad Christi baptismum accederent. Quod nondum fuit impletum, Christo baptizato.

QUANTO AO 3º, deve-se dizer que o batismo de João era uma preparação não só para que Cristo fosse batizado, mas para que outros chegassem ao batismo de Cristo. E isso ainda não se tinha realizado quando Cristo foi batizado.

ARTICULUS 6
Utrum baptizati baptismo Ioannis fuerint baptizandi baptismo Christi

ARTIGO 6
Os batizados com o batismo de João deviam ser batizados com o batismo de Cristo?

AD SEXTUM SIC PROCEDITUR. Videtur quod baptizati baptismo Ioannis non fuerint baptizandi baptismo Christi.

1. Ioannes enim non fuit minor Apostolis: cum de eo scriptum sit, Mt 11,11: *Inter natos mulierum non surrexit maior Ioanne Baptista*. Sed illi qui baptizabantur ab Apostolis, non rebaptizabantur iterum, sed solummodo addebatur eis impositio manuum: dicitur enim Act 8,16-17, quod aliqui tantum baptizati erant a Philippo *in nomine Domini Iesu: tunc* Apostoli, scilicet Petrus et Ioannes, *imponebant manus super illos, et accipiebant Spiritum Sanctum*. Ergo videtur quod baptizati a Ioanne non debuerint baptizari baptismo Christi.

2. PRAETEREA, Apostoli fuerunt baptizati baptismo Ioannis: fuerunt enim quidam eorum discipuli Ioannis, ut patet Io 1,37. Sed Apostoli non videntur baptizati baptismo Christi: dicitur enim Io 4,2, quod *Iesus non baptizabat, sed discipuli eius*. Ergo videtur quod baptizati baptismo Ioannis non erant baptizandi baptismo Christi.

3. PRAETEREA, minor est qui baptizatur quam qui baptizat. Sed ipse Ioannes non legitur baptizatus baptismo Christi. Ergo multo minus illi qui a Ioanne baptizabantur, indigebant baptismo Christi baptizari.

4. PRAETEREA, Act 19,1-5 dicitur quod Paulus invenit *quosdam* de discipulis, *dixitque ad eos: Si Spiritum Sanctum accepistis credentes? At illi dixerunt ad eum: Sed neque si Spiritus Sanctus est, audivimus. Ille vero ait: In quo baptizati estis? Qui dixerunt: In Ioannis baptismate*. Unde *baptizati sunt* iterum *in nomine Domini* nostri *Iesu Christi*. Sic ergo videtur quod, quia Spiritum nesciebant, quod oportuerit eos iterum baptizari: sicut Hieronymus dicit, *super Ioelem*[1], et in Epistola

QUANTO AO SEXTO, ASSIM SE PROCEDE: parece que os batizados com o batismo de João **não** deviam ser batizados com o batismo de Cristo.

1. Com efeito, João não era inferior aos apóstolos, pois dele se diz: "Dentre os que nasceram de mulher não surgiu ninguém maior do que João Batista". Ora, aqueles que eram batizados pelos apóstolos não eram batizados de novo, mas só lhes eram impostas as mãos. Assim, lemos no livro dos Atos: a alguns que "tinham sido batizados por Filipe no nome do Senhor Jesus", os apóstolos, Pedro e João, "impunham-lhes as mãos e eles recebiam o Espírito Santo". Logo, parece que os que tinham sido batizados por João não deviam ser batizados com o batismo de Cristo.

2. ALÉM DISSO, os apóstolos foram batizados com o batismo de João, pois alguns deles foram discípulos de João, como consta no Evangelho de João. Ora, não parece que os apóstolos tenham sido batizados com o batismo de Cristo, pois como diz João: "Jesus não batizava, mas somente os seus discípulos". Logo, parece que os que tinham sido batizados por João não deviam ser batizados com o batismo de Cristo.

3. ADEMAIS, aquele que é batizado é inferior àquele que batiza. Ora, não se lê que João tenha sido batizado com o batismo de Cristo. Logo, menos ainda os que eram batizados por João precisavam ser batizados com o batismo de Cristo.

4. ADEMAIS, narra o livro dos Atos que "Paulo encontrou alguns discípulos e lhes perguntou: 'Recebestes o Espírito Santo quando abraçastes a fé?' Mas eles lhe responderam: 'Nós nem mesmo ouvimos falar que exista um Espírito Santo'. Paulo então perguntou: 'Então que batismo recebestes?'. E eles responderam: 'O batismo de João'. E foram batizados, de novo, em nome do Senhor Jesus". Portanto, parece que tiveram de ser batizados de novo porque desconheciam o Espírito Santo,

---

6 PARALL.: Infra, q. 66, a. 9, ad 2; IV *Sent*., dist. 2, q. 2, a. 4; Expos. litt.; *in Matth*., c. 3.
 1. Super 2, 28: ML 25, 976 B.

*de Viro unius uxoris*²; et Ambrosius, in libro *de Spiritu Sancto*³. Sed quidam fuerunt baptizati baptismo Ioannis qui habebant plenam notitiam Trinitatis. Ergo non erant baptizandi iterum baptismo Christi.

5. PRAETEREA, Rm 10, super illud, *Hoc est verbum fidei quod praedicamus* [v. 8], dicit Glossa⁴ Augustini: *Unde est ista virtus aquae ut corpus tangat et cor abluat, nisi faciente verbo, non quia dicitur, sed quia creditur?* Ex quo patet quod virtus baptismi dependet ex fide. Sed forma baptismi Ioannis significavit fidem in qua nos baptizamur: dicit enim Paulus, Act 19,4: *Ioannes baptizabat baptismo poenitentiae populum, dicens in eum qui venturus est post ipsum ut crederent, hoc est, in Iesum.* Ergo videtur quod non oportebat baptizatos baptismo Ioannis iterum baptizari baptismo Christi.

SED CONTRA est quod Augustinus dicit, *super Ioan.*⁵: *Qui baptizati sunt baptismate Ioannis, oportebat ut baptizarentur baptismate Domini.*

RESPONDEO dicendum quod secundum opinionem Magistri, in IV *Sent.*⁶, *illi qui baptizati sunt a Ioanne nescientes Spiritum Sanctum esse, ac spem ponentes in illius baptismo, postea baptizati sunt baptismo Christi: illi vero qui spem non posuerunt in baptismo Ioannis, et Patrem et Filium et Spiritum Sanctum credebant, non fuerunt postea baptizati, sed, impositione manuum ab Apostolis super eos facta, Spiritum Sanctum receperunt.*

Et hoc quidem verum est quantum ad primam partem: quod multis auctoritatibus confirmatur. Sed quantum ad secundam partem, est penitus irrationabile quod dicitur. Primo quidem, quia baptismus Ioannis neque gratiam conferebat, neque characterem imprimebat, sed erat solum *in aqua*, ut ipse dicit Mt 3,11. Unde baptizati fides vel spes quam habebat in Christum, non poterat hunc defectum supplere.

Secundo quia, quando in sacramento omittitur quod est de necessitate sacramenti, non solum oportet suppleri quod fuerat omissum, sed oportet totaliter innovari. Est autem de necessitate baptismi Christi quod fiat non solum in aqua, sed etiam in Spiritu Sancto: secundum illud Io 3,5: *Nisi quis*

como afirmam Jerônimo e Ambrósio. Ora, alguns dos que foram batizados por João tinham pleno conhecimento da Trindade. Logo, não tinham de ser batizados de novo com o batismo de João.

5. ADEMAIS, sobre a palavra da Carta aos Romanos: "Esta é a palavra da fé que anunciamos", diz uma Glosa de Agostinho: "Donde vem à água o poder de tocar o corpo e lavar o coração, senão da eficácia da palavra, não por ser dita, mas por ser crida?" O que mostra que a força do batismo depende da fé. Ora, a forma do batismo de João significava a fé na qual somos batizados. Por isso afirma Paulo no livro dos Atos: "João batizava o povo com um batismo de penitência, dizendo que cressem naquele que viria depois dele, ou seja, em Jesus". Logo, parece que não era necessário batizar de novo com o batismo de Cristo aqueles que tinham sido batizados com o batismo de João.

EM SENTIDO CONTRÁRIO, afirma Agostinho: "Os que foram batizados com o batismo de João deviam ser batizados com o batismo do Senhor".

RESPONDO. Segundo a opinião do Mestre das Sentenças, "os que foram batizados por João, ignorando a existência do Espírito Santo e pondo sua esperança no batismo de João, foram batizados depois no batismo de Cristo; mas os que não punham sua esperança na batismo de João e acreditavam no Pai, no Filho e no Espírito Santo, depois não foram batizados, mas receberam o Espírito Santo pela imposição das mãos que os apóstolos fizeram sobre ele".

Esta opinião é verdadeira no que se refere à primeira parte; e são muitas as autoridades que a confirmam. Mas no que concerne à segunda parte é profundamente irracional. Primeiro, porque o batismo de João nem conferia a graça nem imprimia caráter, pois era só "na água", como diz o Evangelho de Mateus. Por isso, a fé e a esperança que o batizado tinha em Cristo não podia suprir este defeito.

Em segundo lugar, porque se num sacramento se omite o que é necessário para o sacramento, não só é necessário suprir o que foi omitido, mas é preciso recomeçar tudo de novo. Ora, para o batismo de Cristo, é necessário que seja feito não só na água, mas no Espírito Santo, como diz

---
2. Epist. 69, *ad Oceanum*, n. 6: ML 22, 660.
3. L. I, c. 3, n. 42: ML 16, 713 B-714 A.
4. Ordin.: ML 114, 504 B; LOMBARDI: ML 191, 1475 C.
5. Tract. 5, n. 5: ML 35, 1419.
6. Dist. 2, c. 6.

renatus fuerit ex aqua et Spiritu Sancto, non potest introire in regnum Dei. Unde illis qui tantum in aqua baptizati erant baptismo Ioannis, non solum erat supplendum quod deerat, ut scilicet daretur eis Spiritus Sanctus per impositionem manuum: sed erant iterato totaliter baptizandi in aqua et Spiritu Sancto.

AD PRIMUM ergo dicendum quod, sicut Augustinus dicit, *super Ioan.*[7], *ideo post Ioannem baptizatum est, quia non dabat baptisma Christi, sed suum. Quod autem dabatur a Petro, et si quod datum est a Iuda, Christi erat. Et ideo, si quos baptizavit Iudas, non sunt iterum baptizandi: baptisma enim tale est qualis est ille in cuius potestate datur; non qualis ille cuius ministerio datur.* Et inde est etiam quod baptizati a Philippo Diacono, qui baptismum Christi dabat, non sunt iterum baptizati, sed acceperunt manus impositionem per Apostolos: sicut baptizati per sacerdotes confirmantur per episcopos.

AD SECUNDUM dicendum quod, sicut Augustinus dicit, *ad Seleucianum*[8], *intelligimus discipulos Christi fuisse baptizatos, sive baptismo Ioannis, sicut nonnulli arbitrantur: sive, quod magis credibile est, baptismo Christi. Neque enim ministerio baptizandi defuit, ut haberet baptizatos servos per quos ceteros baptizaret, qui non defuit humilitatis ministerio quando eis pedes lavit.*

AD TERTIUM dicendum quod, sicut Chrysostomus dicit, *super Matth.*[9], *per hoc quod Christus Ioanni dicenti, "Ego a te debeo baptizari", respondit, "Sine modo", ostenditur quia postea Christus baptizavit Ioannem.* Et hoc dicit *in quibusdam libris apocryphis manifeste scriptum esse.* — Certum tamen est, ut Hieronymus dicit, *super Matth.*[10], quod, *sicut Christus baptizatus fuit in aqua a Ioanne, ita Ioannes a Christo erat in Spiritu baptizandus.*

AD QUARTUM dicendum quod non est tota causa quare illi fuerunt baptizati post baptismum Ioannis, quia Spiritum Sanctum non cognoverant: sed quia non erant baptismo Christi baptizati.

o Evangelho de João: "Ninguém, a não ser que nasça de novo da água e do Espírito Santo, pode entrar no Reino de Deus". Por isso, não só era necessário suprir o que faltava àqueles que tinham sido batizados na água, no batismo de João, isto é, dar-lhes o Espírito Santo pela imposição das mãos, mas deviam ser batizados totalmente de novo na água e no Espírito Santo.

QUANTO AO 1º, portanto, deve-se dizer que segundo Agostinho: "Batizava-se ainda depois de João porque ele não dava o batismo de Cristo, mas o seu. Mas o batismo administrado por Pedro, e o que eventualmente Judas administrara, era o batismo de Cristo. Por isso, aqueles que Judas eventualmente possa ter batizado não devem ser batizados de novo, pois o batismo é função daquele em cujo poder é dado e não da qualidade daquele que o administra". É por isso ainda que os que foram batizados pelo diácono Filipe, que administrava o batismo de Cristo, não foram batizados de novo, mas receberam a imposição das mãos pelos apóstolos, da mesma forma que os que são batizados pelos sacerdotes são confirmados pelos bispos.

QUANTO AO 2º, deve-se dizer que na opinião de Agostinho: "Pensamos que os discípulos de Cristo foram batizados ou com o batismo de João, como julgam alguns, ou, o que parece mais plausível, com o batismo de Cristo. Pois aquele que não deixou o humilde ministério de lavar os pés aos discípulos, não abandonou o ministério de batizar, de modo que tivesse servidores batizados, pelos quais pudesse batizar a outros".

QUANTO AO 3º, deve-se dizer que como diz Crisóstomo: "Quando Cristo, ouvindo dizer a João: 'Eu devo ser batizado por ti', responde: 'Deixa agora', dá a ver assim que depois Cristo batizou a João". E acrescenta: "Isso está escrito claramente em alguns livros apócrifos". — É certo, contudo, como diz Jerônimo que "assim como Cristo foi batizado na água por João, João tinha de ser batizado por Cristo no Espírito".

QUANTO AO 4º, deve-se dizer que a razão pela qual alguns foram batizados depois do batismo de João não era só por não conhecerem o Espírito Santo, mas porque não tinham sido batizados com o batismo de Cristo.

---

7. Tract. 5, n. 18: ML 35, 1423.
8. Epist. 265, al. 108, n. 5: ML 33, 1088.
9. *Opus imperf. in Matth.*, homil. 4, super 3, 15: MG 56, 658.
10. L. I, super 3, 13: ML 26, 30 CD.

Ad quintum dicendum quod, sicut Augustinus dicit, *contra Faustum*[11], sacramenta nostra sunt signa praesentis gratiae: sacramenta vero veteris legis fuerunt signa gratiae futurae. Unde ex hoc ipso quod Ioannes baptizavit in nomine venturi, datur intelligi quod non dabat baptismum Christi, qui est sacramentum novae legis.

Quanto ao 5º, deve-se dizer que os nossos sacramentos, como diz Agostinho, são sinais da graça presente; mas os sacramentos da antiga lei eram sinais da graça futura. Por isso, pelo fato mesmo de João batizar em nome daquele que haveria de vir, já se dá a entender que não administrava o batismo de Cristo, que é o sacramento da nova lei[e].

---

11. L. XIX, cc. 13, 18: ML 42, 355, 359.

e. O grande número de objeções que preenchem este artigo mostra que se trata de um questão bastante difícil. Ao resolvê-la da maneira que faz, isto é, supondo que todos os apóstolos e discípulos, batizados ou não por João Batista (e talvez o próprio João Batista), foram batizados pelo novo batismo, e sem dúvida pelo próprio Cristo, Sto. Tomás resolve de passagem a questão que hoje divide exegetas e teólogos: o batismo dado pelos discípulos de Jesus em sua presença era ainda o de João ou o de Jesus? Para ele, só podia ser o batismo de Jesus. E no entanto, Sto. Tomás afirma que esse batismo age em virtude da paixão e ressurreição de Cristo, o que levaria a pensar que, durante sua presença terrestre e sensível, Jesus dava por si mesmo, por sua própria presença, vontade e difusão, todos os efeitos que seriam dados por seu batismo depois dele.

QUAESTIO XXXIX
DE BAPTIZATIONE CHRISTI
in octo articulos divisa

Deinde considerandum est de baptizatione Christi.
Et circa hoc quaeruntur octo.
Primo: utrum Christus debuerit baptizari.
Secundo: utrum debuerit baptizari baptismo Ioannis.
Tertio: de tempore baptismi.
Quarto: de loco.
Quinto: de hoc quod sunt ei caeli aperti.
Sexto: de Spiritu Sancto apparente in specie columbae.
Septimo: utrum illa columba fuerit verum animal.
Octavo: de voce paterni testimonii.

QUESTÃO 39
O BATISMO DE CRISTO
em oito artigos

Em seguida, deve-se considerar o batismo de Cristo.
Sobre isso são oito as perguntas:
1. Cristo devia ser batizado?
2. Devia ser batizado com o batismo de João?
3. Sobre o tempo do batismo.
4. Sobre o lugar.
5. Sobre a questão dos "céus que se abriram".
6. Sobre o Espírito Santo que apareceu na forma de pomba.
7. Era aquela pomba um verdadeiro animal?
8. Sobre a voz do testemunho do Pai.

Articulus 1
Utrum fuerit conveniens Christum baptizari

Ad primum sic proceditur. Videtur quod non fuerit conveniens Christum baptizari.

1. Baptizari enim est ablui. Sed Christo non convenit ablui, in quo nulla fuit impuritas. Ergo videtur quod Christum non decuerit baptizari.

Artigo 1
Era conveniente que Cristo fosse batizado?

Quanto ao primeiro artigo, assim se procede: parece que **não** era conveniente que Cristo fosse batizado.

1. Com efeito, ser batizado é ser purificado. Ora, Cristo não tinha nenhuma impureza para que pudesse ser purificado. Logo, não parece conveniente que Cristo fosse batizado.

---

1 Parall.: IV *Sent.*, dist. 7, q. 3, a. 2, q.la 1; *in Matth.*, c. 3.

2. PRAETEREA, Christus circumcisionem suscepit ut impleret legem. Sed baptismus non pertinebat ad legem. Ergo non debebat baptizari.

3. PRAETEREA, primum movens in quolibet genere est immobile secundum illum motum: sicut caelum, quod est primum alterans, non est alterabile. Sed Christus est primum baptizans: secundum illud[1]: *Super quem videris Spiritum descendentem et manentem, hic est qui baptizat.* Ergo Christum non decuit baptizari.

SED CONTRA est quod dicitur Mt 3,13, quod *venit Iesus a Galilea in Iordanem ad Ioannem, ut baptizaretur ab eo.*

RESPONDEO dicendum quod conveniens fuit Christum baptizari. Primo quidem quia, ut Ambrosius dicit, *super Luc.*[2], *baptizatus est Dominus, non mundari volens, sed mundare aquas, ut, ablutae per carnem Christi, quae peccatum non cognovit, baptismatis vim haberent*: et *ut sanctificatas relinqueret postmodum baptizandis*, sicut Chrysostomus dicit[3].

Secundo, sicut Chrysostomus dicit, *super Matth.*[4], *quamvis Christus non esset peccator, tamen naturam suscepit peccatricem, et "similitudinem carnis peccati". Propterea, etsi pro se baptismate non indigebat, tamen in aliis carnalis natura opus habebat.* Et, sicut Gregorius Nazianzenus dicit[5], *baptizatus est Christus ut totum veteranum Adam immergat aquae.*

Tertio, baptizari voluit, sicut Augustinus dicit, in Sermone *de Epiphania*[6], *quia voluit facere quod faciendum omnibus imperavit.* Et hoc est quod ipse dicit: *Sic decet nos adimplere omnem iustitiam.* Ut enim Ambrosius dicit, *super Luc.*[7], *haec est iustitia, ut quod alterum facere velis, prius ipse incipias, et tuo alios horteris exemplo.*

2. ALÉM DISSO, Cristo recebeu a circuncisão para cumprir a lei. Ora, o batismo não pertencia à lei. Logo, não devia ser batizado.

3. ADEMAIS, em qualquer tipo de movimento, o primeiro motor há de ser ele mesmo imóvel no que se refere a esse movimento. Assim, o céu, que é a primeira causa das alterações, é ele mesmo inalterável. Ora, Cristo é o primeiro que batiza, conforme as palavras de João: "Aquele sobre o qual vires o Espírito descer e permanecer sobre ele, é ele que batiza". Logo, não era conveniente que Cristo fosse batizado.

EM SENTIDO CONTRÁRIO, diz o Evangelho de Mateus: "Então chegou Jesus, vindo da Galileia ao Jordão, junto a João, para fazer-se batizar por ele".

RESPONDO. Era conveniente que Cristo fosse batizado: 1º porque, como diz Ambrósio: "O Senhor foi batizado não porque quisesse ser purificado, mas querendo purificar as águas, para que limpas pela carne de Cristo, que não conheceu o pecado, tivessem a força do batismo". E Crisóstomo acrescenta: "Para deixá-las santificadas para os que haveriam de ser batizados depois"[a].

2º porque, como Crisóstomo diz: "Embora não fosse pecador, Cristo assumiu uma natureza pecadora e a semelhança da carne do pecado. Por isso, ainda que ele mesmo não tivesse necessidade do batismo, a natureza carnal dos outros necessitava dele". E, como diz Gregório Nazianzeno: "Cristo foi batizado para mergulhar nas águas por inteiro o velho Adão"[b].

3º quis ser batizado, diz ainda Agostinho: "porque quis fazer o que tinha mandado a todos que fizessem". É o que ele mesmo diz: "É assim que nos convém cumprir toda a justiça". Porque, declara Ambrósio: "Esta é a justiça: começa tu mesmo a fazer primeiro o que queres que os outros façam, e assim os animarás com o teu exemplo".

---

1. Ioan. 1, 33.
2. *Exposit.*, l. II, n. 83, super 3, 21: ML 15, 1583 A.
3. *Opus imperf. in Matth.*, hom. 4, super 2, 13: MG 56, 657.
4. Ibid.
5. Orat. 39 *in sancta Lumina*, n. 15: MG 36, 352 B.
6. Cfr. AMBROSIUM, *Serm. de temp.*, serm. 12, n. 1: ML 17, 626 C.
7. Loc. cit. supra, n. 90: ML 15, 1586 B.

   a. Sto. Tomás retoma e adota uma ideia tradicional, muitas vezes encontrada entre os Padres. Ao entrar nas águas do Jordão, Cristo "purificou", consagrou todas as águas da Terra, dando-lhes a virtude que elas não tinham de santificar os que fossem batizados em seu nome. O que dá à água, ao elemento água, à criatura água, o contato da carne do Cristo, senão uma designação pelo próprio Criador? Um novo sentido que não é mais o de servir unicamente às necessidades naturais do homem, mas as suas necessidades espirituais das quais é o símbolo?
   b. Esta segunda razão é mais formal: Cristo é batizado enquanto nos representando a todos, o seu batismo é o protótipo do nosso. Nele, é "a carne do pecado", o antigo e universal Adão que ele mergulha simbolicamente nas águas do Jordão, à espera de fazê-lo no "batismo do qual foi batizado".

AD PRIMUM ergo dicendum quod Christus non fuit baptizatus ut ablueretur, sed ut ablueret, sicut dictum est[8].

AD SECUNDUM dicendum quod Christus non solum debebat implere ea quae sunt legis veteris, sed etiam inchoare ea quae sunt novae. Et ideo non solum voluit circumcidi, sed etiam baptizari.

AD TERTIUM dicendum quod Christus est primum baptizans spiritualiter. Et sic non est baptizatus: sed solum in aqua.

QUANTO AO 1º, portanto, deve-se dizer que Cristo não foi batizado para ser purificado, mas para purificar, como foi dito.

QUANTO AO 2º, deve-se dizer que Cristo não devia só realizar as prescrições da antiga lei, mas inaugurar o que pertence à nova lei. Por isso, não só quis ser circuncidado, mas também ser batizado.

QUANTO AO 3º, deve-se dizer que Cristo é o primeiro que batiza espiritualmente. E desse modo não foi batizado, mas só na água.

ARTICULUS 2
Utrum Christum decuerit baptizari baptismo Ioannis

AD SECUNDUM SIC PROCEDITUR. Videtur quod Christum non decuerit baptizari baptismo Ioannis.

1. Baptismus enim Ioannis fuit *baptismus poenitentiae*. Sed poenitentia Christo non convenit: quia nullum habuit peccatum. Ergo videtur quod non debuit baptizari baptismo Ioannis.

2. PRAETEREA, baptismo Ioannis, sicut dicit Chrysostomus[1], *medium fuit inter baptismum Iudaeorum et baptismum Christi*. Sed *medium sapit naturam extremorum*. Cum ergo Christus non fuerit baptizatus baptismate iudaico, nec etiam baptismate suo, videtur quod, pari ratione, baptismate Ioannis baptizari non debuerit.

3. PRAETEREA, omne quod in rebus humanis est optimum, debet attribui Christo. Sed baptismus Ioannis non tenet supremum locum inter baptismata. Ergo non convenit Christum baptizari baptismo Ioannis.

SED CONTRA est quod dicitur Mt 3,13, quod *venit Iesus in Iordanem ut baptizaretur* a Ioanne.

RESPONDEO dicendum quod, sicut Augustinus dicit, *super Ioan.*[2], *baptizatus Dominus baptizabat non baptismate quo baptizatus est*. Unde, cum ipse baptizaret baptismo proprio, consequens est quod non fuerit baptizatus suo baptismate, sed baptismate Ioannis. Et hoc fuit conveniens, primo quidem, propter conditionem baptismi Ioannis, qui non baptizavit in Spiritu, sed solum *in aqua*. Christus autem spirituali baptismate non indigebat,

ARTIGO 2
Convinha que Cristo fosse batizado com o batismo de João?

QUANTO AO SEGUNDO, ASSIM SE PROCEDE: parece que **não** convinha que Cristo fosse batizado com o batismo de João.

1. Com efeito, o batismo de João era um 'batismo de penitência'. Mas a penitência não era condizente com Cristo porque ele não teve nenhum pecado. Logo, não devia ser batizado com o batismo de João.

2. ALÉM DISSO, o batismo de João, como diz Crisóstomo, "ocupou o meio entre o batismo dos judeus e o batismo de Cristo". Ora, "o que está no meio conhece a natureza dos extremos". Logo, Cristo não foi batizado com o batismo dos judeus, nem com o seu próprio; igualmente, parece que não devia ser batizado com o batismo de João.

3. ADEMAIS, tudo o que há de melhor nas coisas humanas deve ser atribuído a Cristo. Ora, o batismo de João não ocupa o lugar mais alto entre os batismos. Logo, não convinha que Cristo fosse batizado com o batismo de João.

EM SENTIDO CONTRÁRIO, afirma o Evangelho de Mateus: "Veio Jesus ao Jordão para ser batizado por João".

RESPONDO. Como diz Agostinho, "uma vez batizado, o Senhor batizava, mas não com o batismo com o qual fora batizado". Por isso, dado que ele batizava com o seu próprio batismo, segue-se que não foi batizado com o próprio batismo, mas com o batismo de João. E isso era conveniente: 1º pela condição do batismo de João, que não batizou no Espírito, mas só *na água*. Mas Cristo não necessitava de um batismo espiritual, pois desde o início

---

8. In corp.

PARALL.: IV *Sent.*, dist. 2, q. 2, a. 3, q.la 1; *in Matth.*, c. 3.
1. Homil. *de Bapt. Christi.*, n. 3: MG 49, 366.
2. Tract. 13, n. 4, super 3, 22: ML 35, 1494.

qui a principio suae conceptionis gratia Spiritus Sancti repletus fuit, ut patet ex dictis[3]. Et haec est ratio Chrysostomi[4].

Secundo, ut Beda dicit[5], baptizatus est baptismo Ioannis, *ut baptismo suo baptismum Ioannis comprobaret*.

Tertio, sicut Gregorius Nazianzenus dicit[6], *accedit Iesus ad baptismum Ioannis sanctificaturus baptismum*.

AD PRIMUM ergo dicendum quod, sicut supra[7] dictum est, Christus baptizari voluit ut nos suo exemplo induceret ad baptismum. Et ideo, ad hoc quod esset efficacior eius inductio, voluit baptizari baptismo quo manifeste non indigebat, ut homines ad baptismum accederent quo indigebant. Unde Ambrosius dicit, *super Luc.*[8]: *Nemo refugiat lavacrum gratiae, quando Christus lavacrum poenitentiae non refugit*.

AD SECUNDUM dicendum quod baptismus Iudaeorum in lege praeceptus, erat solum figuralis; baptismus autem Ioannis aliqualiter erat realis, inquantum inducebat homines ad abstinendum a peccatis; baptismus autem Christi habet efficaciam mundandi a peccato et gratiam conferendi. Christus autem neque indigebat percipere remissionem peccatorum, quae in eo non erant; neque recipere gratiam, qua plenus erat. Similiter etiam, cum ipse sit *veritas*, non competebat ei id quod in sola figura gerebatur. Et ideo magis congruum fuit quod baptizaretur baptismo medio quam aliquo extremorum.

AD TERTIUM dicendum quod baptismus est quoddam spirituale remedium. Quanto autem est aliquid magis perfectum, tanto minori remedio indiget. Unde ex hoc ipso quod Christus est maxime perfectus, conveniens fuit quod non baptizaretur perfectissimo baptismo: sicut ille qui est sanus, non indiget efficaci medicina.

ARTICULUS 3
Utrum convenienti tempore Christus fuerit baptizatus

AD TERTIUM SIC PROCEDITUR. Videtur quod non convenienti tempore Christus fuerit baptizatus.

de sua concepção tinha sido repleto da graça do Espírito Santo, como foi dito acima. E esta é a razão aduzida por Crisóstomo.

2º segundo Beda, Cristo foi batizado com o batismo de João "para confirmar o batismo de João pelo fato de recebê-lo".

3º como diz Gregório Nazianzeno, "veio Jesus ao batismo de João para santificar o batismo".

QUANTO AO 1º, portanto, deve-se dizer que, como foi dito acima, Cristo quis ser batizado para nos atrair ao batismo com o seu exemplo. Por isso, para que sua atração fosse mais eficaz quis ser batizado com um batismo do qual manifestamente não necessitava, para que os homens se aproximassem do batismo do qual necessitavam. Por isso diz Ambrósio: "Que ninguém se afaste do banho da graça, já que Cristo não se afastou do banho da penitência".

QUANTO AO 2º, deve-se dizer que o batismo dos judeus, prescrito na lei, era só figurativo; mas o batismo de João era, em certo sentido, real, dado que conduzia os homens a abster-se de pecar; já o batismo de Cristo tem a eficácia de purificar do pecado e de conferir a graça. Mas Cristo não tinha necessidade de alcançar a remissão de pecados que não tinha, nem de receber a graça que possuía em plenitude. E ainda, de modo semelhante, sendo ele *a verdade*, não lhe correspondia o que se realizava só em figura. Por isso era mais razoável que fosse batizado com o batismo do meio do que com algum batismo dos extremos.

QUANTO AO 3º, deve-se dizer que o batismo é um remédio espiritual. Ora, quanto mais perfeito é alguém, menos necessidade tem de remédio. E assim, pelo fato de Cristo ser ao máximo perfeito, convinha que não fosse batizado com o batismo mais perfeito; como alguém que está são não necessita de remédios eficazes.

ARTIGO 3
Cristo foi batizado no momento conveniente?

QUANTO AO TERCEIRO, ASSIM SE PROCEDE: parece que Cristo **não** foi batizado no momento conveniente.

---

3. Q. 34, a. 1.
4. Loc. cit. in 2 a: MG 49, 367.
5. *Exposit. in Marc.*, l. I, super 1, 9: ML 92, 138 A.
6. Orat. 39 *in sancta Lumina*, n. 15: MG 36, 352 B.
7. A. praec.
8. *Exposit.*, l. II, n. 91, super 3, 21: ML 15, 1586 C.

PARALL.: IV *Sent.*, dist. 4, q. 3, a. 1, q.la 2, ad 1; *in Matth.*, c. 3.

1. Ad hoc enim Christus baptizatus est ut suo exemplo alios ad baptismum provocaret. Sed fideles Christi laudabiliter baptizantur, non solum ante trigesimum annum, sed etiam in infantil aetate. Ergo videtur quod Christus non debuit baptizari in aetate triginta annorum.

2. Praeterea, Christus non legitur docuisse, vel miracula fecisse, ante baptismum. Sed utilius fuisset mundo si pluri tempore docuisset, incipiens a vigesimo anno, vel etiam prius. Ergo videtur quod Christus, qui pro utilitate hominum venerat, ante trigesimum annum debuerat baptizari.

3. Praeterea, indicium sapientiae divinitus infusae maxime debuit manifestari in Christo. Est autem manifestatum in Daniele tempore suae pueritiae: secundum illud Dn 13,45: *Suscitavit Dominus spiritum sanctum pueri iunioris, cui nomen Daniel*. Ergo multo magis Christus in sua pueritia debuit baptizari vel docere.

4. Praeterea, baptismus Ioannis ordinatur ad baptismum Christi sicut ad finem. Sed *finis est prior in intentione, et postremum in executione*. Ergo vel debuit primus baptizari a Ioanne, vel ultimus.

Sed contra est quod dicitur Lc 3,21, *Factum est, cum baptizaretur omnis populus, et Iesu baptizato et orante*: et infra [v. 23], *Et ipse Iesus erat incipiens quasi annorum triginta*.

Respondeo dicendum quod Christus convenienter fuit in trigesimo anno baptizatus. Primo quidem, quia Christus baptizabatur quasi ex tunc incipiens docere et praedicare: ad quod requiritur perfecta aetas, qualis est triginta annorum. Unde et Gn 41,46 legitur quod *triginta annorum erat Ioseph quando suscepit regimen Aegypti*. Similiter etiam 2Reg 5,4 legitur de David quod *triginta annorum erat cum regnare coepisset*. Ezechiel etiam *in anno trigesimo* coepit prophetare, ut habetur Ez 1,1.

Secundo quia, sicut Chrysostomus dicit, *super Matth.*[1], *futurum erat ut post baptismum Christi lex cessare inciperet. Et ideo hac aetate Christus ad baptismum venit quae potest omnia peccata suscipere: ut, lege servata, nullus dicat quod ideo eam solvit quod implere non potuit*.

Tertio, quia per hoc quod Christus in aetate perfecta baptizatur, datur intelligi quod baptismus parit viros perfectos: secundum illud Eph 4,13: *Donec occurramus omnes in unitatem fidei*

1. Com efeito, Cristo foi batizado para estimular outros ao batismo com o seu exemplo. Ora, é louvável que os fiéis de Cristo se batizem não só antes dos trinta anos, mas mesmo na infância. Logo, parece que Cristo não devia ser batizado na idade de trinta anos.

2. Além disso, não se lê que Cristo tenha ensinado ou feito milagres antes do batismo. Ora, teria sido mais proveitoso para o mundo se ele tivesse ensinado durante mais tempo, começando aos vinte anos ou mesmo antes. Logo, parece que Cristo, que viera para o proveito dos homens, deveria ter sido batizado antes dos trinta anos.

3. Ademais, o sinal da sabedoria infundida da parte de Deus devia manifestar-se sobretudo em Cristo. Ora, manifestou-se em Daniel no tempo de sua infância: "O Senhor suscitou o espírito santo de um jovem chamado Daniel", diz o livro de Daniel. Logo, com mais razão devia Cristo ser batizado ou ensinar em sua infância.

4. Ademais, o batismo de João estava orientado ao batismo de Cristo como a seu fim. Ora, "o fim é o primeiro na ordem da intenção e o último na ordem da execução". Logo, Cristo devia ser o primeiro a ser batizado por João ou o último.

Em sentido contrário, diz o Evangelho de Lucas: "Ora, ao ser batizado todo o povo, Jesus, batizado também ele, orava"; e mais adiante: "Jesus, ao iniciar tinha cerca de trinta anos".

Respondo. Foi conveniente que Cristo fosse batizado aos trinta anos: 1º porque Cristo foi batizado quando ia começar a ensinar e a pregar, para o que se requer a idade perfeita, que são os trinta anos. Por isso lê-se no livro do Gênesis que "José tinha trinta anos" quando assumiu o governo do Egito. De Davi se lê, igualmente, no livro dos Reis que "tinha trinta anos quando começou a reinar". E também Ezequiel começou a profetizar "aos trinta anos", diz o livro de Ezequiel.

2º porque, como diz Jerônimo: "Haveria de acontecer que, depois do batismo de Cristo, a lei começaria a cair em desuso. Por isso, Cristo veio ao batismo na idade em que se podem assumir todos os pecados; assim, tendo observado a lei, ninguém poderia dizer que ele a aboliu porque não podia observá-la".

3º porque o fato de Cristo ser batizado na idade perfeita nos ajuda a compreender que o batismo gera homens perfeitos, como diz a Carta aos Efésios: "Até que cheguemos todos juntos

---

1. Homil. 10, n. 1: MG 57, 184.

et agnitionis Filii Dei, in virum perfectum, in mensuram aetatis plenitudinis Christi. Unde et ipsa proprietas numeri ad hoc pertinere videtur. Consurgit enim tricenarius numerus ex ductu ternarii in denarium; per ternarium autem intelligitur fides Trinitatis, per denarium autem impletio mandatorum legis; et in his duobus perfectio vitae Christianae consistit.

AD PRIMUM ergo dicendum quod, sicut Gregorius Nazianzenus dicit[2], Christus non est baptizatus *quasi indigeret purgatione, nec aliquod illi immineret periculum differendo baptismum. Sed cuivis alii non in parvum redundat periculum, si exeat ex hac vita non indutus veste incorruptionis*, scilicet gratia. Et licet bonum sit post baptismum munditiam custodire, *potius tamen est*, ut ipse dicit[3], *interdum paulisper maculari, quam gratia omnino carere*.

AD SECUNDUM dicendum quod utilitas quae a Christo provenit hominibus praecipue est per fidem et humilitatem: ad quorum utrumque valet quod Christus non in pueritia vel in adolescentia coepit docere, sed in perfecta aetate. Ad finem quidem, quia per hoc ostenditur in eo vera humanitas, quod per temporum incrementa corporaliter proficit: et ne huiusmodi profectus putaretur esse phantasticus, noluit suam sapientiam et virtutem manifestare ante perfectam corporis aetatem. Ad humilitatem vero, ne ante perfectam aetatem aliquis praesumptuose praelationis gradum et docendi officium assumat.

AD TERTIUM dicendum quod Christus proponebatur hominibus in exemplum omnium. Et ideo oportuit in eo ostendi id quod competit omnibus secundum legem communem: ut scilicet in aetate perfecta doceret. Sed, sicut Gregorius Nazianzenus dicit[4], *non est lex Ecclesiae quod raro contingit: sicut "nec una hirundo ver facit"*. Aliquibus enim, ex quadam speciali dispensatione, secundum divinae sapientiae rationem, concessum est, praeter legem communem, ut ante perfectam, aetatem officium vel praesidendi vel docendi haberent: sicut Salomon, Daniel et Ieremias.

AD QUARTUM dicendum quod Christus nec primus nec ultimus debuit a Ioanne baptizari. Quia, ut Chrysostomus dicit, *super Matth.*[5], Christus ad

à unidade da fé e do conhecimento do Filho de Deus, ao homem perfeito, à estatura de Cristo em sua plenitude". Por isso, a propriedade mesma do número parece incluir isso. Com efeito, o número trinta é o produto de três por dez; o três evoca a fé na Trindade; e o dez a observância plena dos mandamentos da lei; nesses dois pontos consiste a perfeição da vida cristã.

QUANTO AO 1º, portanto, deve-se dizer que como diz Gregório Nazianzeno, Cristo não foi batizado "como se tivesse necessidade de ser purificado, ou como se corresse algum perigo iminente ao protelar o batismo. Para qualquer outro seria um perigo nada desprezível sair desta vida sem revestir a veste da incorruptibilidade", isto é, a graça. E ainda que seja bom conservar a pureza após o batismo, "é melhor, diz ele mesmo, manchar-se às vezes um pouco do que carecer totalmente da graça".

QUANTO AO 2º, deve-se dizer que o proveito que recebem os homens de Cristo lhes vem principalmente pela fé e pela humildade. Ora, para uma e para outra é importante que Cristo não começasse a ensinar na infância nem na adolescência, mas na idade perfeita. Para a fé, porque assim se manifesta a verdadeira humanidade de Cristo, que vai progredindo corporalmente com o correr dos anos. Por isso não quis manifestar sua sabedoria e seu poder antes da idade perfeita do corpo, pois do contrário o seu crescimento poderia ser julgado puramente imaginário. Para a humildade também, a fim de que ninguém tenha a pretensão de assumir um cargo de superior ou a função de ensinar, antes da idade perfeita.

QUANTO AO 3º, deve-se dizer que Cristo se oferecia aos homens como exemplo em tudo. Por isso convinha que nele aparecesse o que convém a todos segundo a lei comum, a saber, ensinar na idade perfeita. Mas, como diz Gregório Nazianzeno: "O que acontece raramente não é lei da Igreja, como também 'uma andorinha não faz verão'". De fato, por disposição especial, querida pela sabedoria divina, e contrária à lei comum, foi concedido a alguns a função de presidir ou de ensinar, antes da idade perfeita, como foi o caso de Salomão, Daniel e Jeremias.

QUANTO AO 4º, deve-se dizer que Cristo não devia ser batizado por João, nem o primeiro nem o último. Pois, como diz Crisóstomo, Cristo foi

---

2. Orat. 40 *in Sanct. Baptism.*, n. 29: MG 36, 400 C.
3. Ibid., n. 19: MG 36, 384 B.
4. Orat. 39 *in sancta Lumina*, n. 14: MG 36, 352 B.
5. *Opus imperf. in Matth.*, homil. 4, super 3, 13: MG 56, 657. — (Inter Opp. Chrysost.).

hoc baptizatur *ut confirmaret praedicationem et baptismum Ioannis; et ut testimonium acciperet a Ioanne*. Non autem creditum fuisset testimonio Ioannis nisi postquam multi fuerunt baptizati ab ipso. Et ideo non debuit primus a Ioanne baptizari. — Similiter etiam nec ultimus. Quia, sicut ipse ibidem subdit, *sicut lux solis non expectat occasum Luciferi, sed eo procedente egreditur, et suo lumine obscurat illius candorem; sic et Christus non expectavit ut cursum suum Ioannes impleret, sed, adhuc eo docente et baptizante apparuit.*

batizado "para corroborar a pregação e o batismo de João, e para receber o testemunho de João". Ninguém teria acreditado no testemunho de João se muitos outros não tivessem sido batizados antes por ele. E por isso não devia ser batizado em primeiro lugar. — Mas também não devia ser o último. Porque, como acrescenta ainda o mesmo autor: "A luz do sol não espera o ocaso da estrela matutina, mas desponta enquanto esta ainda percorre o seu caminho, e, com sua luz apaga o seu brilho; Cristo, igualmente, não esperou que João terminasse a sua carreira, mas apareceu enquanto João ainda ensinava e batizava".

Articulus 4
Utrum Christus debuerit baptizari in Iordane

AD QUARTUM SIC PROCEDITUR. Videtur quod Christus non debuerit baptizari in Iordane.

1. Veritas enim debet respondere figurae. Sed figura baptismi praecessit in transitu maris Rubri, ubi Aegyptii sunt submersi, sicut peccata delentur in baptismo. Ergo videtur quod Christus magis debuerit baptizari in mari quam in flumine Iordanis.

2. PRAETEREA, *Iordanis* interpretatur *descensus*[1]. Sed per baptismum aliquis plus ascendit quam descendit: unde et Mt 3,16 dicitur quod *baptizatus Iesus confestim ascendit de aqua*. Ergo videtur inconveniens fuisse quod Christus in Iordane baptizaretur.

3. PRAETEREA, transeuntibus filiis Israel, aquae Iordanis *conversae sunt retrorsum*: ut legitur *Iosue* 4, et sicut in Ps 113,3-5 dicitur. Sed illi qui baptizantur, non retrorsum, sed in antea progrediuntur. Non ergo fuit conveniens ut Christus in Iordane baptizaretur.

SED CONTRA est quod dicitur Marci 1,9, quod *baptizatus est* Iesus *a Ioanne in Iordane*.

RESPONDEO dicendum quod fluvius Iordanis fuit per quem filii Israel in terram promissionis intraverunt. Hoc autem habet baptismus Christi speciale prae omnibus baptismatibus, quod introducit in regnum Dei, quod per terram promissionis significatur: unde dicitur Io 3,5: *Nisi quis renatus fuerit ex aqua et Spiritu Sancto, non potest introire in regnum Dei.* Ad quod etiam pertinet quod Elias divisit aquas Iordanis, qui erat in curru igneo

Artigo 4
Cristo devia ser batizado no Jordão?

QUANTO AO QUARTO, ASSIM SE PROCEDE: parece que Cristo **não** devia ser batizado no Jordão.

1. Com efeito, a verdade deve corresponder à figura. Ora, a figura do batismo aconteceu na passagem do mar Vermelho, no qual foram submergidos os egípcios, como os pecados são lavados no batismo. Logo, parece que Cristo deveria ter sido batizado no mar, e não no rio Jordão.

2. ALÉM DISSO, *Jordão* significa *descida*. Ora, quem é batizado sobe mais do que desce, como diz o Evangelho de Mateus: "Logo que Jesus foi batizado, subiu da água". Logo, parece que não era conveniente que Cristo fosse batizado no Jordão.

3. ADEMAIS, uma vez que os filhos de Israel tinham passado, as águas do Jordão "voltaram atrás", como se lê no livro de Josué e se diz no Salmo 113. Ora, os batizados não caminham para trás, mas para a frente. Logo, não convinha que Cristo fosse batizado no Jordão.

EM SENTIDO CONTRÁRIO, está no Evangelho de Marcos: "Jesus foi batizado por João no Jordão".

RESPONDO. Foi pelo rio Jordão que os filhos de Israel entraram na terra prometida. Ora, o que tem de especial o batismo de Cristo com relação a todos os outros batismos é que introduz no reino de Deus, simbolizado pela terra prometida. Por isso diz o Evangelho de João: "Ninguém pode entrar no reino de Deus, a não ser que nasça da água e do Espírito Santo". É nesse sentido também que Elias dividiu as águas do Jordão, antes de ser arrebatado

---

4 PARALL.: *In Matth.*, c. 3.

1. HIERON., Epist. 78 *ad Fabiolam*: ML 22, 722 A; *De Nom. Hebr. N. T.*, De Luc.: ML 23, 844.

rapiendus in caelum, ut dicitur IVReg 2,7sqq.: quia scilicet transeuntibus per aquam baptismi, per ignem Spiritus Sancti patet aditus in caelum. Et ideo conveniens fuit ut Christus in Iordane baptizaretur.

AD PRIMUM ergo dicendum quod transitus maris Rubri praefiguravit baptismum quantum ad hoc quod baptismus delet peccata. Sed transitus Iordanis quantum ad hoc quod aperit ianuam regni caelestis: qui est principalior effectus baptismi, et per solum Christum impletus. Et ideo convenientius fuit quod Christus in Iordane quam in mari baptizaretur.

AD SECUNDUM dicendum quod in baptismo est ascensus per profectum gratiae: qui requirit humilitatis descensum, secundum illud Iac 4,6: *Humilibus autem dat gratiam*. Et ad talem descensum referendum est nomen Iordanis.

AD TERTIUM dicendum quod, sicut Augustinus dicit, in Sermone *de Epiphania*[2], *sicut antea aquae Iordanis retrorsum conversae fuerant, ita modo, Christo baptizato, peccata retrorsum conversa sunt.*

Vel etiam per hoc significatur quod, contra descensum aquarum, benedictionum fluvius sursum ferebatur.

ao céu numa carruagem de fogo, pois o fogo do Espírito Santo abre a entrada do céu aos que atravessam as águas do batismo. Por isso convinha que Cristo fosse batizado no Jordão.

QUANTO AO 1º, portanto, deve-se dizer que a passagem do mar Vermelho era a prefiguração do batismo no sentido de que o batismo apaga os pecados; mas a travessia do Jordão o prefigurava no sentido de abrir as portas do reino dos céus. Este é o principal efeito do batismo e só é realizado por Cristo. Por isso convinha que Cristo fosse batizado no Jordão e não no mar.

QUANTO AO 2º, deve-se dizer que há no batismo uma ascensão pelo progresso na graça, e esta exige a descida da humildade: "Dá a sua graça aos humildes", diz a Carta de Tiago. É para essa descida que se refere o nome Jordão.

QUANTO AO 3º, deve-se dizer que segundo Agostinho, "assim como outrora voltaram para trás as águas do Jordão, também agora, depois do batismo de Cristo, voltaram para trás os pecados".

Ou ainda, isso quer dizer que, em oposição à descida das águas, um rio de bênçãos impelia para cima.

ARTICULUS 5
Utrum Christo baptizato debuerint caeli aperiri

AD QUINTUM SIC PROCEDITUR. Videtur quod Christo baptizato non debuerunt caeli aperiri.

1. Illi enim aperiendi sunt caeli qui indiget intrare in caelum, quasi extra caelum existens. Sed Christus semper erat in caelo: secundum illud Io 3,13: *Filius Hominis qui est in caelo.* Ergo videtur quod non debuerint ei caeli aperiri.

2. PRAETEREA, apertio caelorum aut intelligitur corporaliter, aut spiritualiter. Sed non potest intelligi corporaliter: quia corpora caelestia sunt impassibilia et infrangibilia, secundum illud Iob 37,18: *Tu forsitan fabricatus es caelos, qui solidissimi quasi aere fusi sunt?* Similiter etiam nec potest intelligi spiritualiter: quia ante oculos Filii Dei caeli antea clausi non fuerant. Ergo inconvenienter videtur dici quod baptizatio Christo *aperti fuerunt caeli.*

ARTIGO 5
Deviam abrir-se os céus depois do batismo de Cristo?

QUANTO AO QUINTO, ASSIM SE PROCEDE: parece que os céus **não** deviam abrir-se depois do batismo de Cristo.

1. Com efeito, os céus devem abrir-se para quem necessita entrar nos céus porque vive fora deles. Ora, Cristo vivia sempre no céu, como diz o Evangelho de João: "O Filho do Homem que está no céu". Logo, parece que os céus não tinham de se abrir.

2. ALÉM DISSO, a abertura dos céus pode ser entendida de maneira física ou espiritual. Ora, não pode ser entendida de maneira física, porque os corpos celestes são inalteráveis e inabaláveis, como diz o livro de Jó: "Acaso fabricaste os céus, que são solidíssimos como fundidos de metal?" Mas, também não pode ser entendida de maneira espiritual, porque aos olhos do Filho de Deus, os céus nunca estiveram antes fechados. Logo, não parece conveniente dizer que *os céus se abriram* depois do batismo de Cristo.

---

2. Serm. 10, al. *de S. Epiph.* 3, n. 5: ML 17, 624 B.

5 PARALL.: Infra, q. 49, a. 5, ad 3; III *Sent.*, dist. 18, a. 6, q.la 3, ad 2; dist. 22, q. 3, a. 1, ad 4.

3. PRAETEREA, fidelibus caelum apertum est per Christi passionem: secundum illud Hb 10,19: *Habemus fiduciam in introitum sanctorum in sanguine Christi*. Unde etiam nec baptizati baptismo Christi, si qui ante eius passionem decesserunt, caelos intrare potuerunt. Ergo magis debuerunt aperiri caeli Christo patiente, quam eo baptizato.

SED CONTRA est quod dicitur Lc 3,21: *Iesu baptizato et orante, apertum est caelum*.

RESPONDEO dicendum quod, sicut dictum est[1], Christus baptizari voluit ut suo baptismo consecraret baptismum quo nos baptizaremur. Et ideo in baptismo Christi ea demonstrari debuerunt quae pertinent ad efficaciam nostri baptismi. Circa quam tria sunt consideranda. Primo quidem, principalis virtus ex qua baptismus efficaciam habet: quae quidem est virtus caelestis. Et ideo baptizato Christo apertum est caelum, ut ostenderetur quod de cetero caelestis virtus baptismum sanctificaret.

Secundo, operatur ad efficaciam baptismi fides Ecclesiae et eius qui baptizatur: unde et baptizati fidem profitentur, et baptismus dicitur *fidei sacramentum*[2]. Per fidem autem inspicimus caelestia, quae sensum et rationem humanam excedunt. Et ad hoc significandum, Christo baptizato aperti sunt caeli.

Tertio, quia per baptismum Christi specialiter aperitur nobis introitus regni caelestis, qui primo homini praeclusus fuerat per peccatum. Unde baptizato Christo aperti sunt caeli, ut ostenderetur quod baptizatis patet via in caelum.

Post baptismum autem necessaria est homini iugis oratio, ad hoc quod caelum introeat: licet enim per baptismum remittantur peccata, remanet tamen fomes peccati nos impugnans interius, et mundus et daemones qui impugnant exterius. Et ideo signanter dicitur Lc 3, quod, *Iesu baptizato et orante, apertum est caelum*: quia scilicet fidelibus necessaria est oratio post baptismum. — Vel ut detur intelligi quod hoc ipsum quod per baptismum caelum aperitur credentibus, est ex virtute orationis

3. ADEMAIS, para os fiéis, os céus se abriram pela paixão de Cristo, segundo a Carta aos Hebreus: "Temos garantia de entrar no santuário pelo sangue de Jesus". Por isso, nem mesmo os batizados com o batismo de Cristo puderam entrar no céu se morreram antes de sua paixão. Logo, os céus deveriam se abrir muito mais durante a paixão de Cristo do que depois de seu batismo.

EM SENTIDO CONTRÁRIO, diz o Evangelho de Lucas: "Depois de ser batizado Jesus, e enquanto orava, se abriram os céus".

RESPONDO. Como já foi dito, Cristo quis ser batizado para consagrar com seu batismo aquele com o qual nós seríamos batizados. Por isso, no batismo de Cristo devia manifestar-se tudo o que diz respeito à eficácia de nosso batismo. A esse propósito devemos considerar três aspectos: 1º a força principal da qual o batismo recebe sua eficácia, que é a força celeste. Por isso, uma vez batizado Cristo, o céu se abriu para mostrar que, doravante, uma força celeste santificaria o batismo.

2º para a eficácia do batismo cooperam a fé da Igreja e a fé daquele que é batizado; por isso, os que são batizados fazem a profissão de fé e o batismo é chamado *sacramento da fé*. Pela fé contemplamos as realidades celestes, que superam os sentidos e a razão humana. Para expressar isso se abriram os céus depois do batismo de Cristo[c].

3º é pelo batismo de Cristo especialmente que se abre para nós a entrada no reino dos céus, que tinha sido fechada pelo pecado ao primeiro homem. Por isso, os céus se abriram depois do batismo de Cristo, para mostrar que o caminho do céu está aberto para os batizados.

Mas, depois do batismo, o homem precisa da oração constante para entrar no céu; pois, mesmo que os pecados sejam perdoados pelo batismo, permanece a atração ao pecado que nos ataca interiormente, e o mundo e os demônios que nos atacam exteriormente. Por isso, claramente diz o Evangelho de Lucas que "depois de ter sido batizado Jesus, e enquanto orava, se abriram os céus", porque a oração é necessária aos fiéis depois do batismo. — Ou ainda, para dar a entender que o

---

1. A. 1: q. 38, a. 1.
2. AUG., Epist. 98, al. 23, *ad Bonifacium*, n. 9: ML 33, 364.

c. O papel da fé no batismo (fé do sujeito e fé da Igreja) é capital na teologia de Sto. Tomás. Aqui, Sto. Tomás o afirma com tal ênfase que poderíamos pensar que é a fé mesma que produz o efeito do batismo. "O que age pela eficácia do batismo é a fé da Igreja e do batizado; daí vem que os batizados professem a fé, e que o batismo seja chamado de 'sacramento da fé'". No entanto, Sto. Tomás acaba de dizer: "A virtude principal de onde o batismo tira sua eficácia é uma virtude celeste". A verdade é que a graça do batismo é recebida pela fé. E a graça da fé que é pressuposta é dada em função do batismo.

Christi. Unde signanter dicitur, Mt 3,16, quod apertum est ei caelum, idest, omnibus propter eum: sicut si imperator alicui pro alio petenti dicat, *Ecce, hoc beneficium non illi do, sed tibi*, idest, *propter te illi*; ut Chrysostomus dicit, *super Matth*.³.

AD PRIMUM ergo dicendum quod, sicut Chrysostomus dicit, *super Matth*.⁴, *sicut Christus secundum dispensationem humanam baptizatus est, quamvis propter se baptismo non indigeret; sic secundum humanam dispensationem aperti sunt ei caeli, secundum autem naturam divinam semper erat in caelis.*

AD SECUNDUM dicendum quod, sicut Hieronymus dicit, *super Matth*.⁵, *caeli aperti sunt Christo baptizato, non reseratione elementorum, sed spiritualibus oculis: sicut et Ezechiel in principio voluminis sui caelos apertos esse commemorat.* Et hoc probat Chrysostomus, *super Matth*.⁶ dicens quod, *si ipsa creatura*, scilicet caelorum, *rupta fuisset, non dixisset, "aperti sunt ei"*: quia *quod corporaliter aperitur, omnibus est apertum*. Unde et Marci 1,10 expresse dicitur quod Iesus *statim ascendens de aqua, vidit caelos apertos*: quasi ipsa apertio caelorum ad visionem Christi referatur. Quod quidem aliqui referunt ad visionem corporalem, dicentes quod circa Christum baptizatum tantus splendor fulsit in baptismo ut viderentur caeli aperti. Potest etiam referri ad imaginariam visionem, per quem modum Ezechiel vidit caelos apertos: formabatur enim ex virtute divina et voluntate rationis talis visio in imaginatione Christi, ad significandum quod per baptismum caeli aditus hominibus aperitur. Potest etiam ad visionem intellectualem referri: prout Christus vidit, baptismo iam sanctificatio, apertum esse caelum hominibus; quod tamen etiam ante viderat fiendum.

fato de se abrir o céu aos crentes pelo batismo se deve à força da oração de Cristo. Por isso, claramente diz o Evangelho de Mateus: "Abriram-se-lhe os céus", isto é, e a todos por causa dele, como se um imperador dissesse a alguém que pede uma graça para outrem: "É a ti que faço este favor e não a ele", ou seja, "a ele, por tua causa", como afirma Crisóstomoᵈ.

QUANTO AO 1º, portanto, deve-se dizer, como diz Crisóstomo: "Cristo foi batizado segundo sua condição humana, embora ele mesmo não tivesse necessidade de ser batizado; é assim que, os céus se lhe abriram segundo essa condição humana, pois segundo sua natureza divina ele estava sempre nos céus".

QUANTO AO 2º, deve-se dizer que segundo Jerônimo: "Os céus se abriram para Cristo depois do batismo, não pela separação dos elementos, mas para os olhos de seu espírito; da mesma forma que Ezequiel, no início de seu livro, faz menção aos céus abertos". É o que prova Crisóstomo ao afirmar que "se a mesma criatura, a saber, os céus, se tivesse rasgado, não diria: 'Abriram-se-lhe os céus', porque o que se abre corporalmente, fica aberto para todos". Por isso, o Evangelho de Marcos diz expressamente que "Jesus, no momento em que subia da água, viu os céus abrirem-se", como se a abertura dos céus se referisse à visão de Cristo. Alguns referem o fato como sendo uma visão corporal, dizendo que, ao redor de Jesus, uma vez batizado, se formou tal esplendor que parecia que os céus se tinham aberto. Mas isso pode ser referido também como uma visão da imaginação, da mesma maneira que Ezequiel viu os céus abertos. Essa visão ter-se-ia formado na imaginação de Cristo, pelo poder de Deus e pela vontade racional, para expressar que, pelo batismo, se abre para os homens a entrada do céu. O fato pode ainda ser referido como uma visão intelectual: santificado já o batismo, Cristo viu que o céu estava aberto para os homens; mas já antes tinha visto que isso iria acontecerᵉ.

---

3. *Opus imperf. in Matth.*, homil. 4, super 3, 16: MG 56, 659.
4. Ibid.
5. L. II, super 3, 16: ML 26, 31 A.
6. Loc. supra cit.

d. Pensamento admirável! O poder de santificar e de conduzir ao céu, ao Pai, ao longo dos séculos, é por sua prece (que culminará em seu sacrifício) que Cristo obtém. Do mesmo modo, na administração dos sacramentos, a Igreja será o instrumento visível não só da ação santificadora, mas da prece de Cristo invisível.

e. Desse modo, a propósito desse problema de interpretação, Sto. Tomás tem em vista a possibilidade geral de imagens produzidas em Jesus pela virtude divina, e também por sua própria vontade racional, ou mesmo por uma concepção puramente intelectual, igualmente inspirada pela divindade. Isso nos abre perspectivas importantes sobre a psicologia humana de Jesus.

AD TERTIUM dicendum quod per passionem Christi aperitur caelum hominibus sicut per causam communem apertionis caelorum. Oportet tamen hanc causam singulis applicari, ad hoc quod caelum introeant. Quod quidem fit per baptismum: secundum illud Rm 6,3: *Quicumque baptizati sumus in Christo Iesu, in morte ipsius baptizati sumus*. Et ideo potius fit mentio de apertione caelorum in baptismo quam in passione.

Vel, sicut Chrysostomus dicit, *super Matth*.[7], *baptizato Christo caeli tantum sunt aperti: postquam vero tyrannum vicit per crucem, quia non erant portae necessariae caelo nunquam claudendo, non dicunt angeli, "Aperite portas", sed, "Tollite portas"*. Per quod dat intelligere Chrysostomus quod obstacula quibus prius obsistentibus animae defunctorum introire non poterant caelos, sunt totaliter per passionem ablata: sed in baptismo Christi sunt aperta, quasi manifesta iam via per quam homines in caelum erant intraturi.

QUANTO AO 3º, deve-se dizer que a paixão de Cristo é como a causa universal pela qual se abrem os céus aos homens. Mas é preciso que esta causa se aplique a cada um para que possa entrar no céu. É o que se realiza pelo batismo, conforme as palavras da Carta aos Romanos: "Nós todos, batizados em Jesus Cristo, é na sua morte que fomos batizados". Por isso, se faz menção da abertura dos céus antes, no batismo, e não na paixão.

Ou ainda, segundo Crisóstomo: "Só depois de batizado Cristo se abriram os céus, mas depois de ter vencido o tirano pela cruz; porque não havia mais necessidade de portas, já que o céu nunca mais seria fechado; por isso, os anjos não dizem 'abri as portas', mas 'tirai as portas'". Dessa forma, dá a entender Crisóstomo que os obstáculos que antes impediam que as almas dos defuntos entrassem nos céus, foram totalmente retirados pela paixão; mas, no batismo de Cristo, foram abertas, como para indicar o caminho pelo qual haverão de entrar os homens no céu.

ARTICULUS 6
Utrum convenienter Spiritus Sanctus super Christum baptizatum dicatur in specie columbae descendisse

AD SEXTUM SIC PROCEDITUR. Videtur quod inconvenienter Spiritus Sanctus super Christum baptizatum dicatur in specie columbae descedisse.

1. Spiritus enim Sanctus habitat in homine per gratiam. Sed in homine Christo fuit plenitudo gratiae a principio suae conceptionis, quo fuit *Unigenitus a Patre*, ut ex supra[1] dictis patet. Ergo non debuit Spiritus Sanctus ad eum mitti in baptismo.

2. PRAETEREA, Christus dicitur in mundum *descendisse* per mysterium incarnationis, quando *exinanivit semetipsum, formam servi accipiens*[2]. Sed Spiritus Sanctus non est incarnatus. Ergo inconvenienter dicitur quod Spiritus Sanctus *descenderit super eum*.

3. PRAETEREA, in baptismo Christi ostendi debuit, sicut in quodam exemplari, id quod fit in nostro baptismo. Sed in nostro baptismo non fit aliqua missio visibilis Spiritus Sancti. Ergo nec in baptismo Christi debuit fieri visibilis missio Spiritus Sancti.

ARTIGO 6
Convém dizer que o Espírito Santo desceu em forma de pomba sobre o Cristo batizado?

QUANTO AO SEXTO, ASSIM SE PROCEDE: parece que **não** convém dizer que o Espírito Santo desceu em forma de pomba sobre o Cristo batizado.

1. Com efeito, o Espírito Santo habita no homem pela graça. Ora, o homem Cristo possuía a plenitude de graça desde o início de sua concepção, por ser o Filho único do Pai, como foi dito antes. Logo, não devia ser-lhe enviado o Espírito Santo por ocasião do batismo.

2. ALÉM DISSO, diz-se que Cristo *desceu* ao mundo pelo mistério da encarnação, quando "se esvaziou a si mesmo, tomando a condição de escravo". Ora, o Espírito Santo não se encarnou. Logo, não é correto dizer que o Espírito Santo *desceu sobre ele*.

3. ADEMAIS, o batismo de Cristo, como uma espécie de protótipo, devia mostrar o que acontece no nosso batismo. Ora, no nosso batismo, não há um envio visível do Espírito Santo. Logo, também no batismo de Cristo não devia haver um envio visível do Espírito Santo.

---

7. Loc. supra cit., hom. 4, super 3, 13: MG 56, 600.

6   PARALL.: Infra, q. 45, a. 4, ad 2; I *Sent.*, dist. 16, a. 3; *in Matth.*, c. 3.

1. Q. 7, a. 12: q. 34, a. 1.
2. *Philipp.* 2,7.

4. PRAETEREA, Spiritus Sanctus a Christo in omnes alios derivatur: secundum illud Io 1,16: *De plenitudine eius nos omnes accepimus.* Sed super Apostolos Spiritus Sanctus descendit, non in specie columbae, sed in specie ignis. Ergo nec super Christum in specie columbae descendere debuit, sed in specie ignis.

SED CONTRA est quod dicitur Lc 3,22: *Descendit Spiritus Sanctus corporali specie sicut columba in ipsum.*

RESPONDEO dicendum quod hoc quod circa Christum factum est in eius baptismo, sicut Chrysostomus dicit, *super Matth.*[3], *pertinet ad mysterium omnium qui postmodum fuerant baptizandi.* Omnes autem qui baptismo Christi baptizantur, Spiritum Sanctum recipiunt, nisi ficti accedant: secundum illud Mt 3,11: *Ipse vos baptizabit in Spiritu Sancto.* Et ideo conveniens fuit ut super baptizatum Dominum Spiritus Sanctus descenderet.

AD PRIMUM ergo dicendum quod, sicut Augustinus dicit, XV *de Trin.*[4], *absurdissimum est dicere quod Christus, cum esset iam triginta annorum, accepisset Spiritum Sanctum: sed venit ad baptismum, sicut sine peccato, ita non sine Spiritu Sancto. Si enim de Ioanne scriptum est quod "replebitur Spiritu Sancto ab utero matris suae", quid de homine Christo dicendum est, cuius carnis ipsa conceptio non carnalis, sed spiritualis fuit? Nunc ergo,* idest in baptismo, *corpus suum, idest Ecclesiam, praefigurare dignatus est, in qua baptizati praecipue accipiunt Spiritum Sanctum.*

AD SECUNDUM dicendum quod, sicut Augustinus dicit, in II *de Trin.*[5], Spiritus Sanctus descendisse dicitur super Christum specie corporali sicut columba, non quia ipsa substantia Spiritus Sancti videretur: quae est invisibilis. Neque ita quod illa visibilis creatura in unitatem personae divinae assumeretur: neque enim dicitur quod Spiritus Sanctus sit columba, sicut dicitur quod Filius Dei est homo, ratione unionis. Neque etiam hoc modo Spiritus Sanctus visus est in specie columbae sicut Ioannes vidit agnum occisum in Apocalypsi, ut habetur Ap 5,6: *illa enim visio facta fuit in spiritu per spirituales imagines corporum; de illa vero columba nullus unquam dubitavit quin oculis visa sit.* Nec etiam hoc modo in specie columbae Spiritus Sanctus apparuit sicut dicitur, 1Cor 10,4, *"Petra autem erat Christus": illa enim iam erat*

4. ADEMAIS, o Espírito Santo provém de Cristo para todos os outros homens, segundo a palavra do Evangelho de João: "De sua plenitude todos nós recebemos". Ora, o Espírito Santo desceu sobre os apóstolos, não em forma de pomba, mas em forma de fogo. Logo, também sobre Cristo não devia ter descido em forma de pomba, mas em forma de fogo.

EM SENTIDO CONTRÁRIO, afirma o Evangelho de Lucas: "O Espírito Santo desceu sobre ele, sob uma aparência corporal, como uma pomba".

RESPONDO. Segundo Crisóstomo, o acontecido com Cristo em seu batismo "tem relação com o mistério de todos aqueles que haveriam de ser batizados depois". Ora, todos os que são batizados no batismo de Cristo recebem o Espírito Santo, segundo a palavra de Mateus: "Ele vos batizará no Espírito Santo", a não ser que se aproximem de maneira fingida. Por isso, era conveniente que o Espírito Santo descesse sobre o Senhor batizado.

QUANTO AO 1º, portanto, deve-se dizer que "é totalmente absurdo, diz Agostinho, afirmar que Cristo recebeu o Espírito Santo aos trinta anos de idade. Assim como se aproximou do batismo sem pecado, assim também aproximou-se não sem o Espírito Santo. Pois, se de João está escrito que "será cheio do Espírito Santo desde o seio de sua mãe", que haveremos de dizer do homem Cristo, cuja carne não foi concebida de maneira carnal, mas espiritual? Agora, pois, no batismo, dignou-se prefigurar seu corpo, que é a Igreja, na qual, os batizados de modo especial recebem o Espírito Santo".

QUANTO AO 2º, deve-se dizer que segundo Agostinho, afirmar que o Espírito Santo desceu sobre Cristo em forma corporal, como uma pomba, não significa que se desse a ver a substância mesma do Espírito Santo, que é invisível. Nem que tal criatura visível tenha sido assumida na unidade da pessoa divina, pois não se diz que o Espírito Santo seja uma pomba como se diz que o Filho de Deus é homem, por causa da união. Tampouco foi visto o Espírito Santo em forma de pomba, como João viu o cordeiro imolado no Apocalipse, pois aquela visão aconteceu em espírito, pelas imagens espirituais dos corpos; mas nunca ninguém duvidou que aquela pomba tenha sido vista com os olhos. Nem tampouco apareceu o Espírito Santo em forma de pomba, no sentido do que diz a primeira Carta aos Coríntios: "E o rochedo era Cristo", pois esse

---

3. *Opus imperf. in Matth.*, hom. 4, super 3, 13: MG 56, 659.
4. C. 26, n. 46: ML 42, 1093, 1094.
5. C. 5, n. 10; c. 6: ML 42, 851, 852.

in creatura, et per actionis modum nuncupata est nomine Christi, quem significabat; illa autem columba ad hoc tantum significandum repente extitit et postea cessavit, sicut flamma quae in rubo apparuit Moysi.

Dicitur ergo Spiritus Sanctus *descendisse super* Christum, non ratione unionis ad columbam: sed vel ratione ipsius columbae significantis Spiritum Sanctum, quae descendendo super Christum venit; vel etiam ratione spiritualis gratiae, quae a Deo per modum cuiusdam descensus in creaturam derivatur, secundum illud Iac 1,17, *Omne datum optimum, et omne donum perfectum, desursum est, descendens a Patre luminum.*

AD TERTIUM dicendum quod, sicut Chrysostomus dicit, *super Matth.*[6], *in principiis spiritualium rerum semper sensibiles apparent visiones, propter eos qui nullam intelligentiam incorporalis naturae suscipere possunt: ut, si postea non fiant, ex his quae semel facta sunt, recipiant fidem.* Et ideo circa Christum baptizatum corporali specie Spiritus Sanctus visibiliter descendit, ut super omnes baptizatos postea invisibiliter credatur descendere.

AD QUARTUM dicendum quod Spiritus Sanctus in specie columbae apparuit super Christum baptizatum, propter quatuor. Primo quidem, propter dispositionem quae requiritur in baptizato, ut scilicet non fictus accedat: quia, sicut dicitur Sap 1,5, *Spiritus Sanctus disciplinae effugiet fictum.* Columba enim est animal simplex, astutia et dolo carens: unde dicitur Mt 10,16: *Estote simplices sicut columbae.*

Secundo, ad designandum septem dona Spiritus Sancti, quae columba suis proprietatibus significat. Columba enim secus fluenta habitat, ut, viso accipitre, mergat se et evadat. Quod pertinet ad donum sapientiae, per quam sancti secus Scripturae divinae fluenta resident, ut incursum diaboli evadant. — Item columba meliora grana eligit. Quod pertinet ad donum scientiae, qua sancti sententias sanas, quibus pascantur, eligunt. — Item columba alienos pullos nutrit. Quod pertinet ad donum consilli, quo sancti homines, qui fuerunt pulli, idest imitatores, diaboli, doctrina nutriunt et exemplo. — Item columba non lacerat rostro. Quod pertinet ad donum intellectus, quo sancti bonas sententias lacerando non pervertunt, haereticorum

rochedo já existia como realidade criada, mas, pelo tipo de ação, recebeu o nome de Cristo, a quem simbolizava; aquela pomba foi posta de repente na existência para simbolizar o mistério, e depois deixou de existir, como a chama que apareceu a Moisés na sarça.

Portanto, o Espírito Santo *desceu* sobre Cristo não por causa da união com a pomba, mas, ou por causa da mesma pomba que simbolizava o Espírito Santo e que, descendo, veio sobre Cristo, ou por causa da graça espiritual que, por uma espécie de descida, vem de Deus à criatura, segundo a Carta de Tiago: "Todo dom valioso e toda dádiva perfeita descem do alto, do Pai das luzes".

QUANTO AO 3º, deve-se dizer que como diz Crisóstomo: "No começo das experiências espirituais aparecem sempre visões sensíveis, por causa dos que não podem ter nenhuma inteligência da natureza incorpórea; dessa forma, mesmo que depois não se repitam, aceitam a fé, por meio daquelas que se verificaram uma só vez". Por isso, o Espírito Santo desceu visivelmente, em forma corporal, sobre Cristo batizado, para que se creia que desceria depois invisivelmente sobre todos os batizados.

QUANTO AO 4º, deve-se dizer que o Espírito Santo apareceu em forma de pomba sobre Cristo batizado por quatro razões: 1º pela disposição requerida no batizado, isto é, que não se aproxime de maneira fingida, pois como diz o livro da Sabedoria: "O Espírito Santo, educador, foge da duplicidade". Mas a pomba é um animal simples, sem astúcia nem dolo; por isso nos diz Mateus: "Sede simples como pombas".

2º para simbolizar os sete dons do Espírito Santo, representados nas características da pomba: ela mora junto às correntezas de água, para poder submergir e escapar quando vê o gavião. Isso diz respeito ao dom de sabedoria, pela qual os santos moram junto das correntezas da Escritura divina, para escapar aos assaltos do demônio. — A pomba escolhe os melhores grãos; o que está relacionado com o dom da ciência, por meio da qual os santos escolhem as opiniões sadias para alimentar-se. — A pomba alimenta os filhotes alheios; o que diz respeito ao dom de conselho, com o qual os santos alimentam, com seu ensinamento e exemplo, os homens que foram filhotes do demônio, isto é, seus imitadores. — A pomba não despedaça com

---

6. Homil. 12, n. 2: MG 57, 205.

more. — Item columba felle caret. Quod pertinet ad donum pietatis, per quam sancti ira irrationabili carent. — Item columba in cavernis petrae nidificat. Quod pertinet ad donum fortitudinis, qua sancti in plagis mortis Christi, qui est petra firma, nidum ponunt, idest, suum refugium et spem. — Item columba gemitum pro cantu habet. Quod pertinet ad donum timoris, quo sancti delectantur in gemitu pro peccatis.

Tertio, apparuit Spiritus Sanctus in specie columbae propter effectum proprium baptismi, qui est remissio peccatorum et reconciliatio ad Deum: columba enim est animal mansuetum. Et ideo, sicut Chrysostomus dicit, *super Matth.*[7], *in diluvio apparuit hoc animal, ramum ferens olivae et communem orbis terrarum tranquilitatem annuntians: et nunc etiam columba apparet in baptismo, liberationem nobis demonstrans.*

Quarto, apparuit Spiritus Sanctus in specie columbae super Dominum baptizatum, ad designandum communem effectum baptismi, qui est constructio ecclesiasticae unitatis. Unde dicitur Eph 5,25sqq., quod *Christus tradidit semetipsum ut exhiberet sibi gloriosam Ecclesiam, non habentem maculam aut rugam aut aliquid huiusmodi, lavans eam lavacro aquae in verbo vitae*. Et ideo convenienter Spiritus Sanctus in baptismo demonstratus est in specie columbae, quae est animal amicabile et gregale. Unde et Ct 6,8 dicitur de Ecclesia: *Una est columba mea.*

Super Apostolus autem in specie ignis Spiritus Sanctus descendit, propter duo. Primo quidem, ad ostendendum fervorem quo corda eorum erant commovenda, ab hoc quod Christum ubicumque inter pressuras praedicarent. Et ideo etiam in igneis linguis apparuit. Unde Augustinus dicit, *super Ioan.*[8]: *Duobus modis ostendit visibiliter Dominus Spiritus Sanctum*: scilicet *per columbam, super Dominum baptizatum; per ignem, super discipulos congregatos. Ibi simplicitas, hic fervor ostenditur. Ergo, ne per Spiritum sanctificati dolum habeant, in columba demonstratus est: et ne simplicitas frigida remaneat, in igne demonstratus est. Nec moveat, quia linguae divisae sunt: unitatem in columba cognosce.*

seu bico; o que está relacionado com o dom da inteligência, pela qual os santos não pervertem as boas opiniões dilacerando-as, como fazem os hereges. — A pomba não tem fel; o que está relacionado com o dom da piedade, pela qual os santos estão isentos da ira irracional. — A pomba faz o ninho nas aberturas das rochas; o que está relacionado com o dom de fortaleza, pela qual os santos fazem o seu ninho, isto é, põem seu refúgio e esperança nas chagas da morte de Cristo, que é a rocha firme. — A pomba arrulha em vez de cantar; o que diz respeito ao dom do temor, pelo qual os santos sentem prazer em chorar os seus pecados.

3º o Espírito Santo apareceu em forma de pomba para indicar o efeito próprio do batismo, que é a remissão dos pecados e a reconciliação com Deus; pois, a pomba é um animal manso. Por isso, diz Crisóstomo: "Este animal apareceu no dilúvio, levando um ramo de oliveira e anunciando a tranquilidade geral a todo o universo; e agora também aparece a pomba no batismo para mostrar-nos a libertação".

4º o Espírito Santo apareceu em forma de pomba sobre o Senhor batizado para significar o efeito geral do batismo, que é a construção da unidade da Igreja. Por isso, diz a Carta aos Efésios: "Cristo se entregou para apresentá-la a si mesmo esplêndida, sem mancha nem ruga, nem defeito algum, purificando-a pelo banho da água na palavra de vida". Por isso, convinha que, no batismo, o Espírito Santo se revelasse em forma de pomba, que é um animal amável e que anda em bandos. Por isso, da Igreja se diz: "A minha pomba é única" no livro dos Cânticos.

Mas sobre os apóstolos o Espírito Santo desceu em forma de fogo, por duas razões: 1º para mostrar o fervor que devia apoderar-se de seus corações para anunciar Cristo por toda parte, no meio de perseguições. Por isso, apareceu também em línguas de fogo. Eis por que diz Agostinho: "O Senhor mostrou visivelmente o Espírito Santo de duas maneiras: pela pomba, sobre o Senhor batizado e pelo fogo, sobre os discípulos reunidos. Lá se mostra a simplicidade, aqui o fervor. Portanto, para que os santificados pelo Espírito não caiam no dolo, se manifestou na pomba; e para que a simplicidade não se congele, se manifestou no fogo. Nem te inquiete o fato de as línguas estarem divididas; reconhece a unidade na pomba".

---

7. Hom. 12, n. 3: MG 57, 205.
8. Tract. 6, n. 3, super 1, 32: ML 35, 1426-1427.

Secundo quia, sicut Chrysostomus⁹ dicit, *cum oportebat delictis ignoscere*, quod fit in baptismo, *mansuetudo necessaria erat*: quae demonstratur in columba. *Sed ubi adepti sumus gratiam, restat iudicii tempus*: quod significatur per ignem.

2º na opinião de Crisóstomo, "quando era necessário perdoar os pecados, o que acontece no batismo, era necessária a mansidão, que se manifesta na pomba, mas uma vez alcançada a graça, só resta o tempo do juízo; que é significado pelo fogo".

Articulus 7
Utrum illa columba in qua Spiritus Sanctus apparuit, fuerit verum animal

Ad septimum sic proceditur. Videtur quod illa columba in qua Spiritus Sanctus apparuit, non fuerit verum animal.
1. Illud enim videtur specie tenus apparere quod secundum similitudinem apparet. Sed Lc 3,22 dicitur quod *descendit Spiritus Sanctus corporali specie sicut columba in ipsum*. Non ergo fuit vera columba, sed quaedam similitudo columbae.

2. Praeterea, sicut *natura nihil facit frustra*, ita *nec Deus*, ut dicitur in I *de Caelo*¹. Sed cum columba illa non advenerit nisi *ut aliquid significaret atque praeteriret*, ut Augustinus dicit, in II *de Trin.*², frustra fuisset vera columba: quia hoc ipsum fieri poterat per columbae similitudinem. Non ergo illa columba fuit verum animal.

3. Praeterea, proprietates cuiuslibet rei ducunt in cognitionem naturae illius rei. Si ergo fuisset illa columba verum animal, proprietates columbae significassent naturam veri animalis, non autem effectus Spiritus Sancti. Non ergo videtur quod illa columba fuerit verum animal.

Sed contra est quod Augustinus dicit, in libro *de Agone Christiano*³: *Neque hoc ita dicimus ut Dominum Iesum Christum dicamus solum verum corpus habuisse, Spiritum autem Sanctum fallaciter apparuisse oculis hominum: sed ambo illa corpora vera esse credimus.*

Respondeo dicendum quod, sicut supra⁴ dictum est, non decebat ut Filius Dei, qui est Veritas Patris, aliqua fictione uteretur: et ideo non phantasticum, sed verum corpus accepit. Et quia Spiritus Sanctus

Artigo 7
A pomba na qual apareceu o Espírito Santo era verdadeiro animal?

Quanto ao sétimo, assim se procede: parece que a pomba na qual apareceu o Espírito Santo **não** era verdadeiro animal.
1. Com efeito, o que aparece só numa forma, aparece segundo a semelhança. Ora, o Evangelho de Lucas diz: "O Espírito Santo desceu sobre ele em forma corporal, como uma pomba". Logo, não era uma pomba verdadeira, mas uma semelhança de pomba.

2. Além disso, "a natureza nada faz em vão, e Deus tampouco", diz o livro I do *Céu*. Ora, dado que aquela pomba só veio "para significar algo e logo desaparecer", como diz Agostinho, em vão teria sido uma pomba verdadeira, pois a mesma coisa poderia ter sido feita por algo que parecesse uma pomba. Logo, aquela pomba não era um animal de verdade.

3. Ademais, as propriedades de uma coisa introduzem no conhecimento de sua natureza. Se a pomba tivesse sido um verdadeiro animal, as propriedades da pomba significariam a natureza de um animal verdadeiro e não o efeito do Espírito Santo. Logo, não parece que a pomba fosse um animal verdadeiro.

Em sentido contrário, afirma Agostinho: "Não pretendemos dizer com isso que só o Senhor Jesus Cristo teve um corpo verdadeiro, e que o Espírito Santo apareceu aos olhos dos homens de forma enganadora; pelo contrário, cremos que esses dois corpos eram verdadeiros".

Respondo. Como já foi dito acima, não convinha que o Filho de Deus, que é a Verdade do Pai, se servisse de alguma ficção; por isso, assumiu um corpo real e não imaginário. Por isso, o Espírito

---

9. Vide Greg. M., *In Evang.*, l. II, hom. 30, n. 6: ML 76, 1224 BC.

7 Parall.: I *Sent.*, dist. 16. a. 3, ad 3; *in Ioan.*, c. 1, lect. 14.

1. C. 4: 271, a, 33.
2. C. 6: ML 42, 853.
3. C. 22: ML 40, 303.
4. Q. 5, a. 1.

dicitur *Spiritus Veritatis*, ut patet Io 16,13, ideo etiam ipse veram columbam formavit in qua appareret, licet non assumeret ipsam in unitatem personae. Unde post praedicta verba Augustinus subdit: Sicut non oportebat ut homines falleret Filius Dei, sic etiam non oportebat ut falleret Spiritus Sanctus. Sed omnipotenti Deo, qui universam creaturam ex nihilo fabricavit, non erat difficile verum corpus columbae sine aliarum columbarum ministerio figurare, sicut non fuit ei difficile verum corpus in utero Mariae sine virili semine fabricare: cum creatura corporea et in visceribus feminae ad formandum hominem, et in ipso mundo ad formandum columbam, imperio Domini voluntatique serviret.

Ad primum ergo dicendum quod Spiritus Sanctus dicitur descendisse in specie vel similitudine columbae, non ad excludendam veritatem columbae, sed ad ostendendum quod non apparuit in specie suae substantiae.

AD SECUNDUM dicendum quod non fuit superfluum formare veram columbam ut in ea Spiritus Sanctus appareret: quia per ipsam veritatem columbae significatur veritas Spiritus Sancti et effectuum eius.

AD TERTIUM dicendum quod proprietates columbae eodem modo ducunt ad significandam naturam columbae, et ad designandos effectus Spiritus Sancti. Per hoc enim quod columba habet tales proprietates, contingit quod columba significat Spiritus Sanctum.

Santo, que é chamado *Espírito da Verdade*, formou uma pomba verdadeira na qual pudesse aparecer, ainda que não a assumisse na unidade da pessoa. Eis por que, às palavras antes citadas, Agostinho acrescenta: "Assim como não convinha que o Filho de Deus enganasse os homens, também não convinha que o fizesse o Espírito Santo. Ora, não era difícil ao Deus onipotente, que fez todas as criaturas do nada, configurar um verdadeiro corpo de pomba sem a ajuda das outras pombas, como não lhe foi difícil modelar no seio de Maria um corpo verdadeiro sem o sêmen do homem; pois as criaturas corporais, quer nas entranhas de uma mulher para formar o homem, quer no próprio mundo para formar a pomba, estão submetidas ao império e à vontade do Senhor"[f].

Quanto ao 1º, portanto, deve-se dizer que quando se diz que o Espírito Santo desceu em forma ou semelhança de uma pomba, não se exclui com isso a verdade da pomba, mas só se quer mostrar que não apareceu na forma de sua substância.

QUANTO AO 2º, deve-se dizer que não foi supérfluo formar uma pomba verdadeira para que nela aparecesse o Espírito Santo, pois pela verdade mesma da pomba se simboliza a verdade do Espírito Santo e os seus efeitos.

QUANTO AO 3º, deve-se dizer que as propriedades da pomba servem tanto para significar a natureza da pomba como para designar os efeitos do Espírito Santo; pois é por ter tais propriedades que a pomba significa o Espírito Santo.

ARTICULUS 8
Utrum convenienter,
Christo baptizato, fuerit vox
Patris audita Filium protestantis

AD OCTAVUM SIC PROCEDITUR. Videtur quod inconvenienter, Christo baptizato, fuit vox Patris audita Filium protestantis.

1. Filius enim et Spiritus Sanctus, secundum hoc quod sensibiliter apparuerunt, dicuntur visibiliter

ARTIGO 8
Foi conveniente que, uma vez batizado Cristo, se deixasse ouvir a voz do Pai dando testemunho do Filho?

QUANTO AO OITAVO, ASSIM SE PROCEDE: parece que **não** foi conveniente que, uma vez batizado Cristo, se deixasse ouvir a voz do Pai dando testemunho do Filho.

1. Com efeito, diz-se que o Filho e o Espírito Santo foram enviados visivelmente, porque apareceram

---

8 PARALL.: Infra, q. 45, a. 4; q. 66, a. 6; I *Sent.*, dist. 16, a. 3.

f. Por que se ater tanto à realidade da pomba, que parece não ter outro papel a não ser simbólico, quando, como vimos, Sto. Tomás vê facilmente o caráter imaginário e todavia de origem divina dos "céus abertos"? A longa citação de Sto. Agostinho que lhe serve de resposta mostra que ele viu uma tradição patrística, a qual ele adota ao mesmo tempo que a razão fornecida: era preciso uma realidade física, objetiva, para significar de fato a realidade distinta do Espírito Santo e de sua vinda. E, com certeza, o Espírito Santo não esperou o batismo de Jesus para descer nele, mas em seu batismo ele ocupa o nosso lugar, e o Filho Bem-Amado não é somente ele, mas nós com ele.

esse missi. Sed Patri non convenit mitti: ut patet per Augustinum, in II *de Trin*.[1]. Ergo etiam nec apparere.

2. PRAETEREA, vox est significativa verbi in corde concepti. Sed Pater non est Verbum. Ergo inconvenienter manifestatur in voce.

3. PRAETEREA, homo Christus non incoepit esse Filius Dei in baptismo, sicut quidam haeretici[2] putaverunt, sed a principio suae conceptionis fuit Filius Dei. Magis ergo in nativitate debuit vox Patris protestari Christi divinitatem, quam in eius baptismo.

SED CONTRA est quod dicitur Mt 3,17: *Ecce, vox de caelis dicens: Hic est Filius meus dilectus, in quo mihi complacui*.

RESPONDEO dicendum quod, sicut supra[3] dictum est, in baptismo Christi qui fuit exemplar nostri baptismi, demonstrari debuit quod in nostro baptismo perficitur. Baptismus autem quo baptizantur fideles, consecratur in invocatione et virtute Trinitatis: secundum illud Mt 28,19: *Euntes, docete omnes gentes, baptizantes eos in nomine Patris et Filii et Spiritus Sancti*. Et ideo *in baptismo Christi*, ut Hieronymus dicit[4], *mysterium Trinitatis demonstratur: Dominus ipse in natura humana baptizatur; Spiritus Sanctus descendit in habitu columbae; Patris vox testimonium Filio perhibentis auditur*. Et ideo conveniens fuit ut in illo baptismo Pater declararetur in voce.

AD PRIMUM ergo dicendum quod missio visibilis addit aliquid super apparitionem, scilicet auctoritatem mittentis. Et ideo Filius et Spiritus Sanctus, qui sunt ab alio, dicuntur non solum apparere, sed etiam visibiliter mitti. Pater autem, qui non est ab alio, apparere quidem potest, visibiliter autem mitti non potest.

AD SECUNDUM dicendum quod Pater non demonstratur in voce nisi sicut auctor vocis, vel loquens per vocem. Et quia proprium est Patri producere Verbum, quod est dicere vel loqui, ideo convenientissime Pater per vocem manifestatus est, quae significat verbum. Unde et ipsa vox a Patre emissa filiationem Verbi protestatur. Et sicut species columbae, in qua demonstratus est Spiritus Sanctus, non est natura Spiritus Sancti; nec species hominis,

de maneira sensível. Ora, não convém ao Pai ser enviado, como mostra Agostinho. Logo, também não lhe convinha aparecer.

2. ALÉM DISSO, a voz é a expressão da palavra concebida no coração. Ora, o Pai não é o Verbo. Portanto, não foi conveniente que se manifestasse na voz.

3. ADEMAIS, o homem Cristo não começou a ser Filho de Deus no batismo, como pensaram alguns hereges, mas foi Filho de Deus desde o início de sua concepção. Portanto, a voz do Pai deveria ter dado testemunho da divindade de Cristo antes no nascimento do que em seu batismo.

EM SENTIDO CONTRÁRIO, diz o Evangelho de Mateus: "E eis que uma voz vinda dos céus dizia: 'Este é o meu Filho bem-amado, aquele que me aprouve escolher'".

RESPONDO. Já foi dito antes que, no batismo de Cristo, por ser protótipo do nosso batismo, tinha de se manifestar aquilo que se realiza no nosso batismo. Ora, o batismo com que são batizados os fiéis, é consagrado pela invocação e pelo poder da Trindade, segundo as palavras de Mateus: "Ide, pois; ensinai todas as nações, batizando-as em nome do Pai e do Filho e do Espírito Santo". Por isso, "no batismo de Cristo, como diz Jerônimo, se manifesta o mistério da Trindade: o Senhor mesmo é batizado na natureza humana; o Espírito Santo desce em forma de pomba; e se ouve a voz do Pai que dá testemunho do Filho". Por isso foi conveniente que, naquele batismo, o Pai se manifestasse na voz.

QUANTO AO 1º, portanto, deve-se dizer que o envio visível acrescenta à aparição a autoridade daquele que envia. Por isso, o Filho e o Espírito Santo, que procedem de outro, não só aparecem, mas também são visivelmente enviados. O Pai, porém, que não procede de ninguém, pode aparecer, mas não pode ser enviado visivelmente.

QUANTO AO 2º, deve-se dizer que o Pai só se manifesta na voz como o autor da voz, ou como aquele que fala por meio dela. E por ser próprio do Pai produzir o Verbo, ou seja dizer ou falar, era muito conveniente que o Pai se manifestasse pela voz, que significa a palavra. Por isso, a voz mesma emitida pelo Pai dá testemunho da filiação do Verbo. E assim como a forma de pomba, pela qual se manifestou o Espírito Santo, não é a natureza do

---

1. C. 5, n. 8; c. 12, n. 22: ML 42, 849, 859.
2. EBION et CERINTHUS. Vide EPIPHANIUM, *De haeres*., l. I, t. 2, haer. 28, n. 1; haer. 30, n. 13; l. II, t. 2, haer. 51, n. 6, 20: MG 41, 380 A, 429 A, 897 A, 925 AB; THEODORETUM, *Haeret. fabul. compend*., l. II, c. 3: MG 83, 389 B.
3. A. 5.
4. *In Matth*., l. I, super 3, 16: ML 26, 31 A.

in qua demonstratus est ipse Filius, est ipsa natura Filii Dei: ita etiam ipsa vox non pertinet ad naturam Verbi vel Patris loquentis. Unde Io 5,37 Dominus dicit: *Neque vocem eius*, idest Patris, *unquam audistis, neque speciem eius vidistis*. Per quod sicut Chrysostomus dicit, *super Ioan.*[5], *paulatim eos in philosophicum dogma inducens, ostendit quoniam neque vox circa Deum est neque species, sed superior et figuris est et loquelis talibus*. Et sicut columbam, et etiam humanam naturam a Christo assumptam, tota Trinitas operata est, et etiam formationem vocis: sed tamen in voce declaratur solus Pater ut loquens, sicut naturam humanam solus Filius assumpsit, et sicut in columba solus Spiritus Sanctus demonstratus est; ut patet per Augustinum[6], in libro *de Fide ad Petrum*[7].

AD TERTIUM dicendum quod divinitas Christi non debuit omnibus in eius nativitate manifestari, sed magis occultari in defectibus infantilis aetatis. Sed quando iam pervenit ad perfectam aetatem, in qua oportebat eum docere et miracula facere et homines ad se convertere, tunc testimonio Patris erat eius divinitas indicanda, ut eius doctrina credibilior fieret. Unde et ipse dicit, Io 5,37: *Qui misit me Pater, ipse testimonium perhibet de me*. Et hoc praecipue in baptismo, per quam homines renascuntur in filios Dei adoptivos: filii enim Dei adoptivi instituuntur ad similitudinem Filii naturalis, secundum illud Rm 8,29: *Quos praescivit, hos et praedestinavit conformes fieri imaginis Filii sui*. Unde Hilarius dicit, *super Matth.*[8], quod super Iesum baptizatum descendit Spiritus Sanctus, et vox Patris audita est dicentis, "Hic est Filius meus dilectus", *ut ex his quae consummabantur in Christo, cognosceremus, post aquae lavacrum, et de caelestibus partibus Sanctum in nos Spiritum avolare, et paternae vocis adoptione Dei filios fieri*.

Espírito Santo, nem a forma de homem pela qual se manifestou o próprio Filho é a natureza própria do Filho de Deus, também a voz não pertence à natureza do Verbo ou do Pai que fala. Por isso, o Senhor mesmo se expressa assim no Evangelho de João: "Vós nunca escutastes sua voz, isto é, do Pai, nem vistes jamais sua forma". Assim, diz Crisóstomo: "Aos poucos os introduzia no dogma filosófico e lhes mostrava que não há em Deus nem voz nem figura, mas que Deus está acima de toda figura e locução". E, da mesma maneira, que a Trindade toda agiu na formação da pomba e da natureza humana, assumida por Cristo, assim também agiu na formação da voz; mas na voz é só o Pai que se manifesta como quem fala, da mesma forma que só o Filho assumiu a natureza humana e que só o Espírito Santo se manifestou na pomba, como está claro em Agostinho.

QUANTO AO 3º, deve-se dizer que a divindade de Cristo não tinha de se manifestar a todos em seu nascimento, mas antes ocultar-se na debilidade da infância. Mas quando atingiu a idade perfeita, na qual devia ensinar, fazer milagres e atrair os homens a si, então devia ser manifestada sua divindade pelo testemunho do Pai, para tornar mais digno de fé o seu ensinamento. Por isso, ele mesmo afirma: "O Pai que me enviou, ele mesmo dá testemunho de mim". Sobretudo no batismo, pelo qual os homens renascem como filhos adotivos de Deus; ora, os filhos adotivos de Deus são constituídos à semelhança daquele que é Filho por natureza, segundo a Carta aos Romanos: "Aqueles que de antemão conheceu, também os predestinou a serem conformes à imagem de seu Filho". É por isso, comenta Hilário, que o Espírito Santo desceu sobre Jesus depois do batismo, e se ouviu a voz do Pai que dizia: 'Este é meu Filho bem-amado', "para compreendermos, por aquilo que se realizava em Cristo, que, depois do banho da água, o Espírito Santo voava até nós das regiões celestes, e que nos tornávamos filhos de Deus pela adoção da voz do Pai".

---

5. Homil. 40, al. 39, n. 3: MG 59, 232.
6. FULGENTIUM.
7. C. 9, al. *Reg.* 6, n. 52: ML 40, 770.
8. *In Matth.*, c. 2, n. 6: ML 9, 927 C.

QUAESTIO XL
DE MODO CONVERSATIONIS CHRISTI
in quatuor articulos divisa

Consequenter, post ea quae pertinent ad ingressum Christi in mundum vel ad eius principium, considerandum restat de his quae pertinent ad progressum ipsius. Et primo, considerandum est de modo conversationis ipsius; secundo, de tentatione eius; tertio, de doctrina; quarto, de miraculis.

Circa primum quaeruntur quatuor.

Primo: utrum Christus debuerit solitariam vitam ducere, an inter homines conversari.
Secundo: utrum debuerit austeram vitam ducere in cibo et potu et vestitu, an aliis communem.
Tertio: utrum debuerit abiecte vivere in hoc mundo, an cum divitiis et honore.
Quarto: utrum debuerit secundum legem vivere.

Articulus 1
Utrum Christus debuerit inter homines conversari, an solitariam agere vitam

AD PRIMUM SIC PROCEDITUR. Videtur quod Christus non debuerit inter homines conversari, sed solitariam agere vitam.

1. Oportebat enim quod Christus sua conversatione non solum se hominem ostenderet, sed etiam Deum. Sed Deum non convenit cum hominibus conversari: dicitur enim Dn 2,11: *Exceptis diis, quorum non est cum hominibus conversatio*; et Philosophus dicit, in I *Polit.*[1], quod ille qui solitarius vivit, *aut est bestia*, si scilicet propter saevitiam hoc faciat, *aut est deus*, si hoc faciat propter contemplandam veritatem. Ergo videtur quod non fuerit conveniens Christum inter homines conversari.

2. PRAETEREA, Christus, dum in carne mortali vixit, debuit perfectissimam vitam ducere. Perfectissima autem vita est contemplativa: ut in Secunda Parte[2] habitum est. Ad vitam autem contemplativam

QUESTÃO 40
O MODO DE VIVER DE CRISTO
em quatro artigos

Após o que se refere à entrada de Cristo no mundo ou a seu princípio, resta considerar o que se refere a seu progresso. Primeiro, deve-se considerar seu modo de viver; segundo, sua tentação; terceiro, seu ensinamento; quarto, seus milagres.

Quanto ao primeiro, são quatro as perguntas:
1. Cristo devia levar uma vida solitária, ou conviver com os demais?
2. Quanto à alimentação, bebida e vestuário, devia levar uma vida austera, ou comum?
3. Devia viver pobremente, ou com riquezas e honras?
4. Devia viver segundo a Lei?[a]

Artigo 1
Cristo devia conviver com as pessoas, ou levar uma vida solitária?

QUANTO AO PRIMEIRO ARTIGO, ASSIM SE PROCEDE: parece que Cristo **não** devia conviver com as pessoas, mas levar uma vida solitária.

1. Com efeito, na verdade, era necessário que, em seu modo de viver, Cristo se mostrasse não apenas homem, mas também Deus. Ora, não convém a Deus conviver com os homens. Diz o profeta Daniel: "Com exceção dos deuses, dos quais não é próprio conviver com os homens". Diz também o Filósofo no livro I da *Política* que aquele que leva uma vida solitária *ou é um animal*, se o faz por bruteza, *ou é um deus*, se o faz para contemplar a verdade. Logo, parece que não era conveniente que Cristo convivesse com os demais.

2. ALÉM DISSO, em sua vida mortal, Cristo devia levar uma vida perfeitíssima. Ora, a vida mais perfeita é a vida contemplativa, como se disse na II Parte. E à vida contemplativa importa sumamente

---

1 PARALL.: II-II, q. 25, a. 6, ad 5.

1. C. 1: 1253, a. 29.
2. Q. 182, a. 1, 2.

a. O gênero de vida levado por Cristo na terra apresenta quatro características: é uma vida mesclada à vida dos homens, ainda que com momentos de retiro e solidão (a. 1). É uma vida sem especial austeridade, uma vez que é de comensalidade com todos, mesmo com os pecadores (a. 2). Vida pobre e humilde (a. 3). Vida submetida à lei, que ele vinha não para abolir, mas para cumprir (a. 4). Cada um desses aspectos da vida de Cristo se explica pela própria natureza de sua missão. Isso é afirmado desde o artigo 1, e será o fio condutor da questão: "O gênero de vida de Cristo devia adequar-se ao fim da encarnação, segundo o qual, ele veio ao mundo para manifestar a verdade", para livrar os homens de seus pecados... indo à busca do cordeiro desgarrado..., para que, por ele, tenhamos acesso a Deus... inspirando a todos, por sua familiaridade, a confiança de ir a ele". É visível no entrelinhas, e às vezes mesmo explicitamente, que essa vida de Jesus é o protótipo da vida apostólica para todos os séculos.

maxime competit solitudo: secundum illud Os 2,14: *Ducam eam in solitudinem et loquar ad cor eius.* Ergo videtur quod Christus debuerit solitariam vitam ducere.

3. PRAETEREA, conversatio Christi debuit esse uniformis: quia semper in eo debuit apparere quod optimum est. Sed quandoque Christus solitaria loca quaerebat, turbas declinans: unde Remigius dicit, *super Matth.*[3]: *Tria refugia legitur Dominus habuisse, navim, montem et desertum: ad quorum alterum, quotiescumque a turbis comprimebatur, conscendebat.* Ergo et semper debuit solitariam vitam agere.

SED CONTRA est quod dicitur Bar 3,38: *Post haec in terris visus est, et cum hominibus conversatus est.*

RESPONDEO dicendum quod conversatio Christi talis debuit esse ut conveniret fini incarnationis, secundum quam venit in mundum. Venit autem in mundum, primo quidem, ad manifestandum veritatem: sicut ipse dicit, Io 18,37: *In hoc natus sum, et ad hoc veni in mundum, ut testimonium perhibeam veritati.* Et ideo non debebat se occultare, vitam solitariam agens, sed in publicum procedere, publice praedicando. Unde, Lc 4,42-43, dicit illis qui volebant eum detinere: *Quia et aliis civitatibus oportet me evangelizare regnum Dei: quia ideo missus sum.*

Secundo, venit ad hoc ut homines a peccato liberaret: secundum illud 1Ti 1,15: *Christus Iesus venit in hunc mundum peccatores salvos facere.* Et ideo, ut Chrysostomus dicit[4], *licet in eodem loco manendo posset Christus omnes ad se attrahere, ut eius praedicationem audirent: non tamen hoc fecit, praebens nobis exemplum ut perambulemus et requiramus pereuntes, sicut pastor ovem perditam, et medicus accedit ad infirmum.*

Tertio, venit ut *per ipsum habeamus accessum ad Deum,* ut dicitur Rm 5,2. Et ita, familiariter cum hominibus conversando, conveniens fuit ut hominibus fiduciam daret ad se accedendi. Unde dicitur Mt 9,10: *Factum est, discumbente eo in domo, ecce, multi publicani et peccatores venientes discumbebant cum Iesu et discipulis eius.* Quod exponens Hieronymus[5] dicit: *Viderant publicanum, a peccatis ad meliora conversum, locum invenisse poenitentiae: et ob id etiam ipsi non desperant salutem.*

a solidão. "Levá-la-ei à solidão e falarei a seu coração", diz o profeta Oseias. Logo, parece que Cristo devia levar uma vida solitária.

3. ADEMAIS, o modo de viver de Cristo devia ser uniforme, uma vez que nele devia transparecer sempre o que era melhor. Ora, algumas vezes Cristo procurava os lugares solitários, afastando-se das aglomerações. Remígio assim comenta o Evangelho de Mateus: "Lê-se que o Senhor tinha três refúgios: a barca, o monte e o deserto. Para um deles se dirigia quando era oprimido pela multidão". Logo, Cristo devia sempre levar uma vida solitária.

EM SENTIDO CONTRÁRIO, lê-se na profecia de Baruc: "Depois disso, foi visto na terra e viveu entre os homens".

RESPONDO. O modo de viver de Cristo devia ser conveniente ao fim da encarnação, pela qual ele veio ao mundo. Ora, Cristo veio ao mundo em primeiro lugar para manifestar a verdade, como ele mesmo diz no Evangelho de João: "Para isso nasci e para isso vim ao mundo, para dar testemunho da verdade". Portanto, ele não devia ocultar-se, levando uma vida solitária, mas agir em público, pregando publicamente. Por isso diz aos que o queriam deter: "Eu devo anunciar o reino de Deus também a outras cidades, pois para isso fui enviado".

Em segundo lugar, Cristo veio ao mundo para livrar os homens do pecado, como se lê na Carta a Timóteo: "Cristo Jesus veio a este mundo para salvar os homens do pecado". Diz Crisóstomo: "Embora Cristo pudesse atrair todos a si para ouvir sua pregação permanecendo ele no mesmo lugar, não o fez, dando o exemplo para que andemos de um lugar para outro e procuremos os que estão em perigo, assim como o pastor procura a ovelha perdida e o médico vai até o enfermo".

Em terceiro lugar, Cristo veio ao mundo para que "por ele tenhamos acesso a Deus", como diz a Carta aos Romanos. Deste modo, vivendo familiarmente entre as pessoas, era conveniente que infundisse em todos confiança para dele se aproximarem. Assim se lê: "Enquanto estava à mesa na casa de Mateus, vieram muitos publicanos e pecadores e sentaram-se à mesa, junto com Jesus e os seus discípulos". E Jerônimo explica: "Vendo que o publicano, convertido de seus pecados, alcançou a penitência, eles também não perderam a esperança da salvação".

---

3. Vide ISIDORUM, *De Vet. et N. Test. Quaest.*, q. 36, n. 50: ML 83, 206 B.
4. Cfr. *Cat. aur.*, in LUC., c. 4, 5, § 10, super v. 42, sub nomine CHRYSOSTOMI.
5. *In Matth.*, l. I, super 9, 10: ML 26, 56 B.

AD PRIMUM ergo dicendum quod Christus per humanitatem suam voluit manifestare divinitatem. Et ideo, conversando cum hominibus, quod est proprium hominis, manifestavit omnibus suam divinitatem, praedicando et miracula faciendo, et innocenter et iuste inter homines conversando.

AD SECUNDUM dicendum quod, sicut in secunda Parte[6] dictum est, vita contemplativa simpliciter est melior quam activa quae occupatur circa corporales actus: sed vita activa secundum quam aliquis praedicando et docendo contemplata aliis tradit, est perfectior quam vita quae solum contemplatur, quia talis vita praesupponit abundantiam contemplationis. Et ideo Christus talem vitam elegit.

AD TERTIUM dicendum quod *actio Christi fuit nostra instructio*. Et ideo, ut daret exemplum praedicatoribus quod non semper se darent in publicum, ideo quandoque Dominus se a turbis retraxit. Quod quidem legitur fecisse propter tria. Quandoque quidem propter corporalem quietem. Unde Marci 6,31 dicitur quod Dominus dixit discipulis: *Venite seorsum in desertum locum, et requiescite pusillum. Erant enim qui veniebant et redibant multi, et nec spatium manducandi habebant.* — Quandoque vero causa orationis. Unde dicitur Lc 6,12: *Factum est in illis diebus, exiit in montem orare, et erat pernoctans in oratione Dei.* Ubi dicit Ambrosius[7] quod *ad praecepta virtutis suo nos informat exemplo.* — Quandoque vero ut doceat favorem humanum vitare. Unde super illud Mt 5,1, *Videns Iesus turbas ascendit in montem*, dicit Chrysostomus[8]: *Per hoc quod non in civitate et foro, sed in monte et solitudine sedit, erudivit nos nihil ad ostentationem facere, et a tumultibus abscedere, et maxime cum de necessariis disputare oporteat.*

QUANTO AO 1º, portanto, deve-se dizer que Cristo, por sua humanidade, quis manifestar sua divindade. Por isso, convivendo com os homens, o que é próprio de um homem, manifestou a todos sua divindade, pregando e fazendo milagres, vivendo entre os homens inocente e santamente.

QUANTO AO 2º, deve-se dizer, como se disse na II Parte, que, em princípio, a vida contemplativa é melhor do que a vida ativa, que se ocupa de ações corporais. Por outro lado, a vida ativa, pela qual se transmite aos outros, pela pregação e o ensino, o que se contemplou, é mais perfeita do que a vida que apenas contempla, pois que supõe uma abundância de contemplação[b]. Por isso, Cristo escolheu a vida ativa.

QUANTO AO 3º, deve-se dizer que *a ação de Cristo é nossa instrução*. Por isso, para dar exemplo aos pregadores de que nem sempre devem procurar estar em público, o próprio Senhor se afastou às vezes da multidão. E o fez por três razões. Às vezes, para descanso corporal. No Evangelho de Marcos se lê que o Senhor disse aos discípulos: "Vinde a sós para um lugar deserto e descansai um pouco. Havia, de fato, tanta gente chegando e saindo que não tinham nem tempo para comer". — Às vezes, por causa da oração. Lê-se no Evangelho de Lucas: "Naqueles dias Jesus foi à montanha para orar e passou a noite toda em oração a Deus". Ambrósio acrescenta que "por seu exemplo Cristo nos forma para as exigências da virtude". — Às vezes, finalmente, para nos ensinar a evitar o favor humano. Sobre o que diz o Evangelho de Mateus: "Vendo Jesus as multidões, subiu à montanha", afirma Crisóstomo: "Permanecendo não na cidade e na praça, mas na montanha e na solidão, Cristo nos ensinou a não fazer nada por ostentação e a evitar o tumulto, especialmente quando é necessário refletir sobre assuntos importantes".

ARTICULUS 2
Utrum Christum decuerit austeram vitam ducere in hoc mundo

AD SECUNDUM SIC PROCEDITUR. Videtur quod Christum decuerit austeram vitam ducere in hoc mundo.

ARTIGO 2
Cristo devia levar neste mundo uma vida austera?

QUANTO AO SEGUNDO, ASSIM SE PROCEDE: parece que Cristo **devia** levar neste mundo uma vida austera.

---

6. Q. 181, a. 1; q. 188, a. 6.
7. *Exposit. in Luc.*, l. V, n. 42, super 6, 12: ML 15, 1647 CD.
8. *In Matth.*, hom. 15, n. 1: MG 57, 223.

PARALL.: *In Matth.*, c. 11.

b. É o lema da Ordem dos Pregadores, os dominicanos.

1. Christus enim multo magis praedicavit perfectionem vitae quam Ioannes. Sed Ioannes austeram vitam duxit, ut suo exemplo homines ad perfectionem vitae provocaret: dicitur enim, Mt 3,4, quod *ipse Ioannes habebat vestimentum de pilis camelorum, et zonam pelliceam circa lumbos suos, esca autem eius erant locustae et mel sylvestre*; quod exponens Chrysostomus[1] dicit: *Erat mirabile in humano corpore tantam patientiam videre: quod et Iudaeos magis attrahebat*. Ergo videtur quod multo magis Christum decuerit austeritas vitae.

2. Praeterea, abstinentia ad continentiam ordinatur: dicitur enim Os 4,10: *Comedentes non saturabuntur: fornicati sunt, et non cessaverunt*. Sed Christus continentiam et in se servavit et aliis servandam proposuit, cum dixit, Mt 19,12: *Sunt eunuchi qui se castraverunt propter regnum caelorum: qui potest capere, capiat*. Ergo, videtur quod Christus in se, et in suis discipulis austeritatem vitae servare debuerit.

3. Praeterea, ridiculum videtur ut aliquis districtiorem vitam incipiat, et ab ea in laxiorem revertatur: potest enim dici contra eum quod habetur Lc 14,30: *Hic homo coepit aedificare, et non potuit consummare*. Christus autem districtissimam vitam incoepit post baptismum, manens in deserto et ieiunans *quadraginta diebus et quadraginta noctibus*. Ergo videtur non fuisse congruum quod post tantam vitae districtionem ad communem vitam rediret.

Sed contra est quod dicitur Mt 11,19: *Venit Filius Hominis manducans et bibens*.

Respondeo dicendum quod, sicut dictum est[2], congruum erat incarnationis fini ut Christus non ageret solitariam vitam, sed cum hominibus conversaretur. Qui autem cum aliquibus conversatur, convenientissimum est ut se eis in conversatione conformet: secundum illud Apostoli, 1Cor 9,22: *Omnibus omnia factus sum*. Et ideo convenientissimum fuit ut Christus in cibo et potu communiter se sicut alii haberet. Unde Augustinus dicit, contra Faustum[3], quod *Ioannes dictus est "non manducans neque bibens", quia illo victu quo Iudaei utebantur, non utebatur*. Hoc ergo Dominus nisi uteretur, non in eius comparatione "manducans bibensque" diceretur.

1. Com efeito, Cristo, muito mais do que João Batista, pregou a vida perfeita. Ora, João levou uma vida austera a fim de, com seu exemplo, incitar os homens à vida perfeita. Diz-se no Evangelho de Mateus: "João usava uma roupa feita de pelos de camelo e um cinto de couro à cintura; o seu alimento eram gafanhotos e mel silvestre". Crisóstomo assim o comenta: "Era admirável ver num corpo humano tão grande paciência. Isso atraía ainda mais os judeus". Logo, parece que muito mais convinha a Cristo uma vida austera.

2. Além disso, a abstinência tem por finalidade a continência. Diz Oseias: "Comerão sem se saciar, fornicarão sem se multiplicar". Ora, Cristo guardou a continência e propôs a todos que a guardassem, como se lê no Evangelho de Mateus: "Existem homens que, por causa do reino dos céus, se fizeram incapazes do casamento. Quem puder entender, entenda". Logo, parece que Cristo, em si mesmo e em seus discípulos, devia levar uma vida austera.

3. Ademais, parece que seria desprezível a pessoa que começasse a levar uma vida rigorosa e depois voltasse a uma vida mais frouxa; a ela se poderia aplicar o que diz o Evangelho de Lucas: "Este homem começou a construir e não pôde terminar". Ora, Cristo começou a levar uma vida rigorosíssima logo depois do batismo, permanecendo no deserto e jejuando *por quarenta dias e quarenta noites*. Logo, parece que não seria adequado que, após tanto rigor, voltasse a uma vida comum.

Em sentido contrário, diz o Evangelho de Mateus: "Veio o Filho do homem que come e bebe".

Respondo. Como foi dito acima, convinha ao fim da encarnação que Cristo não levasse uma vida solitária, mas que convivesse com os outros. Ora, é de toda a conveniência que aquele que convive com outros a eles se conforme em seu modo de viver, como diz o Apóstolo: "Fiz-me tudo para todos". Portanto, foi de toda a conveniência que, no comer e beber, Cristo agisse como os demais. Agostinho, refutando Fausto, diz: "Diziam que João 'não comia, nem bebia' porque não se servia do alimento dos outros judeus. Ora, se o Senhor não se servisse deles, não diriam, comparando-o com João, que ele 'comia e bebia'"

---

1. *In Matth.*, hom. 10, n. 4: MG 57, 188.
2. A. praec.
3. L. XVI, c. 31: ML 42, 337.

AD PRIMUM ergo dicendum quod Dominus in sua conversatione exemplum perfectionis dedit in omnibus quae per se pertinent ad salutem. Ipsa autem abstinentia cibi et potus non per se pertinet ad salutem: secundum illud Rm 14,17: *Non est regnum Dei esca et potus*. Et Augustinus dicit, in libro *de Quaestionibus Evang*.[4], exponens illud Mt 11,19, *Iustificata est sapientia a filiis suis*: Quia scilicet sancti Apostoli *intellexerunt regnum Dei non esse in esca et potu, sed in aequanimitate tolerandi*, quos nec copia sublevat nec deprimit egestas. Et in III *de Doct. Christ*.[5], dicit quod in omnibus talibus non usus rerum, sed libido utentis in culpa est. Utraque autem vita est licita et laudabilis: ut scilicet aliquis a communi consortio hominum segregatus abstinentiam servet; et ut in societate aliorum positus communi vita utatur. Et ideo Dominus voluit utriusque vitae exemplum dare hominibus.

Ioannes autem, sicut Chrysostomus dicit, *super Matth*.[6], *nihil plus ostendit praeter vitam et iustitiam. Christus autem et a miraculis testimonium habebat. Dimittens ergo Ioannem ieiunio fulgere, ipse contrariam incessit viam, ad mensam intrans publicanorum et manducans et bibens*.

AD SECUNDUM dicendum quod, sicut alii homines per abstinentiam consequuntur virtutem continendi, ita etiam Christus, in se et suis, per virtutem suae divinitatis carnem comprimebat. Unde, sicut legitur Mt 9,14, Pharisaei et discipuli Ioannis ieiunabant, non autem discipuli Christi. Quod exponens Beda dicit[7] quod *Ioannes vinum et siceram non bibit: quia illi abstinentia meritum auget cui potentia nulla inerat naturae. Dominus autem, cui naturaliter suppetebat delicta donare, cur eos declinaret quos abstinentibus poterat reddere puriores?*

AD TERTIUM dicendum quod, sicut Chrysostomus dicit, *super Matth*.[8], *ut discas quam magnum bonum est ieiunium, et qualiter scutum est adversus diabolum, et quoniam post baptismum non lasciviae, sed ieiunio intendere oportet, ipse ieiunavit, non eo indigens, sed nos instruens. Non*

QUANTO AO 1º, portanto, deve-se dizer que, em seu modo de viver, o Senhor deu exemplo de perfeição em tudo o que propriamente diz respeito à salvação. Ora, a abstinência de alimento e bebida não diz respeito propriamente à salvação, como diz a Carta aos Romanos: "O reino de Deus não é comida e bebida". Explicando o Evangelho de Mateus "A Sabedoria revelou-se justa pelos seus filhos", Agostinho diz que os santos Apóstolos "entenderam que o Reino de Deus não consiste em comida e bebida, mas em levar as situações com igualdade de ânimo", sem se exaltar na abundância, nem abater na indigência. E na *Doutrina cristã* diz que a culpa está não no uso das coisas, mas na ganância da pessoa. Tanto a vida solitária, como a comum são lícitas e louváveis; tanto o guardar a abstinência longe do convívio das pessoas, como o levar uma vida comum entre os demais. Portanto, o Senhor quis dar a todos o exemplo dos dois modos de viver.

Comentando o Evangelho de Mateus, diz Crisóstomo que João Batista "deu apenas exemplo de vida e justiça; Cristo, além disso, tinha o testemunho dos milagres. Por isso, deixando a João resplandecer pelo exemplo do jejum, Cristo tomou o caminho contrário, participando da mesa dos publicanos, comendo e bebendo".

QUANTO AO 2º, deve-se dizer que assim como os outros homens alcançam a virtude da continência mediante a abstinência, assim também Cristo, tanto em si mesmo, como em seus discípulos, em virtude de sua divindade dominava a carne. De fato, como se lê no Evangelho de Mateus, os fariseus e os discípulos de João Batista jejuavam, enquanto os discípulos de Cristo não. Beda comenta isto dizendo que "João não bebeu vinho, nem bebida alcoólica; não possuindo o vigor da natureza, teve o mérito da abstinência. Já o Senhor, que tinha o poder natural de perdoar os pecados, por que haveria de rejeitar aqueles que ele podia tornar mais puros que os próprios abstinentes?"

QUANTO AO 3º, deve-se dizer, como Crisóstomo comentando o Evangelho de Mateus: "Para que saibas quão grande bem é o jejum e quão bom escudo é contra o diabo, e para que aprendas que, depois do batismo, é preciso dedicar-se não à lascívia, mas ao jejum, Cristo jejuou, não porque

---

4. L. II, q. 11, super Luc. 7, 37: ML 35, 1337.
5. C. 12, nn. 19, 20: ML 34, 73.
6. Homil. 37, al. 38, n. 3: MG 57, 423.
7. *In Marc*., l. I, super 2, 18: ML 92, 151 C.
8. Homil. 13, nn. 1, 2: MG 57, 209.

autem ultra processit ieiunando quam Moyses et Elias: ne incredibilis videretur carnis assumptio.

Secundum mysterium autem, ut Gregorius dicit[9], quadragenarius numerus exemplo Christi in ieiunio custoditur, quia *virtus decalogi per libros quatuor sancti Evangelii impletur: denarius enim quater ductus in quadragenarium surgit.* — Vel, quia *in hoc mortali corpore ex quattuor elementis subsistimus, per cuius voluntatem praeceptis Dominicis contrahimus, quae per decalogum sunt accepta.* — Vel, secundum Augustinum, in libro *Octoginta trium Quaest.*[10], *omnis sapientiae disciplina est Creatorem creaturamque cognoscere. Creator est Trinitas, Pater et Filius et Spiritus Sanctus. Creatura vero partim est invisibilis, sicut anima, cui tenarius numerus tribuitur, diligere enim Deum tripliciter iubemur, "ex toto corde, ex tota anima, ex tota mente": partim visibilis, sicut corpus, cui quaternarius debetur propter calidum, humidum, frigidum et siccum. Denarius* ergo *numerus, qui totam insinuat disciplinam, quater ductus, idest numero qui corpori tribuitur multiplicatus, quia per corpus administratio geritur, quadragenarium conficit numerum.* Et ideo *tempus quo ingemiscimus et dolemus, quadragenario numero celebratur.*

Nec tamen incongruum fuit ut Christus post ieiunium et desertum ad communem vitam rediret. Hoc enim convenit vitae secundum quam aliquis contemplata aliis tradit, quam Christum dicimus assumpsisse, ut primo contemplationi vacet, et postea ad publicum actionis descendat aliis convivendo. Unde et Beda dicit, *super Marc.*[11]: *Ieiunavit Christus, ne praeceptum declinares: manducavit cum peccatoribus, ut, gratiam cernens, agnosceres potestatem.*

precisasse, mas para nos instruir. Porém não prolongou o jejum mais do que Moisés e Elias para não desacreditar a sua encarnação".

Quanto a serem quarenta os dias do jejum, diz Gregório que este costume é misterioso, a exemplo de Cristo, porque "a força do decálogo se completa pelos quatro livros do santo Evangelho. Ora, dez multiplicado por quatro dá quarenta". — Ou porque, "neste corpo mortal, subsistimos em quatro elementos, por cuja vontade contrariamos os preceitos do Senhor, que recebemos pelo decálogo". — Ou ainda, como diz Agostinho: "Todo o ensinamento da sabedoria consiste no conhecimento do Criador e da criatura. O Criador é a Trindade, Pai e Filho e Espírito Santo. A criatura é em parte invisível, como a alma, em parte visível, como o corpo. À alma se atribui o número três, pois devemos amar a Deus de três maneiras, 'de todo o coração, com toda a alma e com toda a mente'. Ao corpo se atribui o número quatro, por ser quente, úmido, frio e seco. O número dez, que manifesta todo o ensinamento da sabedoria, multiplicado por quatro, que se atribui ao corpo, porque por ele se administra tudo o mais, dá o número quarenta". Por isso, "o tempo em que gememos e nos afligimos é designado pelo número quarenta".

Não foi, porém, inadequado que Cristo, após o jejum e o deserto, voltasse a uma vida comum. De fato, convém à vida que alguém transmita aos outros o que contemplou, e esta dizemos que Cristo assumiu, de modo que primeiro se dê à contemplação e depois venha a público convivendo com os demais[c]. Por isso diz Beda, comentando o Evangelho de Marcos: "Cristo jejuou para que não te esquivasses ao preceito e comeu com os pecadores para que, percebendo a graça, reconhecesses o poder".

Articulus 3
Utrum Christus in hoc mundo debuerit pauperem vitam ducere

Ad tertium sic proceditur. Videtur quod Christus in hoc mundo non debuerit pauperem vitam ducere.

Artigo 3
Cristo devia levar neste mundo uma vida pobre?

Quanto ao terceiro, assim se procede: parece que Cristo **não** devia levar neste mundo uma vida pobre.

---

9. Homil. 16 *in Evang.*, n. 5: ML 76, 1137 B.
10. Q. 81, n. 1: ML 40, 96.
11. Loc. cit. in resp. ad 2.

Parall.: *Cont. Gent.* IV, c. 55; *Cont. Graec., Armen. etc.*, c. 7; *Cont. retrahent. hom. a Relig. ingress.*, c. 15.

---

c. Para transmitir o fruto de sua contemplação, é preciso "descer" à ação pública, vivendo com as demais pessoas.

1. Christus enim debuit eligibilissimam vitam assumere. Sed eligibilissima vita est quae est mediocris inter divitias et paupertatem: dicitur enim Pr 30,8: *Mendicitatem et divitias ne dederis mihi: tribue tantum victui meo necessaria*. Ergo Christus non debuit pauperem vitam ducere, sed moderatam.

2. PRAETEREA, exteriores divitiae ad usum corporis ordinantur quantum ad victum et vestitum. Sed Christus in victu et vestitu communem vitam duxit, secundum modum aliorum quibus convivebat. Ergo videtur quod etiam in divitiis et paupertate communem modum vivendi servare debuit, et non ut maxima paupertate.

3. PRAETEREA, Christus maxime homines invitavit ad exemplum humilitatis: secundum illud Mt 11,29: *Discite a me, quia mitis sum et humilis*. Sed humilitas maxime commendatur in divitibus: ut dicitur 1Ti 6,17: *Divitibus huius saeculi praecipue non altum sapere*. Ergo videtur quod Christus non debuit ducere pauperem vitam.

SED CONTRA est quod dicitur Mt 8,20: *Filius Hominis non habet ubi caput reclinet*. Quasi dicat, secundum Hieronymum[1]: *Quid me propter divitias et saeculi lucra cupis sequi: cum tantae sim paupertatis ut nec hospitiolum quidem habeam, et tecto utar non meo?* Et super illud Mt 17,26, *Ut non scandalizemus eos vade ad mare*, dicit Hieronymus[2]: Hoc, *simpliciter intellectum, aedificat auditorem: dum audit tantae Dominum fuisse paupertatis ut unde tributa pro se et Apostolo redderet, non habuerit*.

RESPONDEO dicendum quod Christum decuit in hoc mundo pauperem vitam ducere. Primo quidem, quia hoc erat congruum praedicationis officio, propter quod venisse se dicit, Mc 1,38: *Eamus in proximos vicos et civitates, ut et ibi praedicem: ad hoc enim veni*. Oportet autem praedicatores verbi Dei, ut omnino vacent praedicationi, omnino a saecularium rerum cura esse absolutos. Quod facere non possunt qui divitias possident. Unde et ipse Dominus, Apostolos ad praedicandum mittens, dicit eis: *Nolite possidere aurum neque argentum*. Et ipsi Apostoli dicunt, Act 6,2: *Non est aequum nos relinquere verbum et ministrare mensis*.

1. Com efeito, Cristo devia assumir a vida mais apropriada entre todas. Ora, a vida mais apropriada é a mediana entre a riqueza e a pobreza. Diz o livro dos Provérbios: "Não me deis indigência nem riqueza; dai-me apenas o necessário para o sustento". Logo, Cristo não devia levar uma vida pobre, mas moderada.

2. ALÉM DISSO, a riqueza externa diz respeito ao uso do corpo quanto à alimentação e ao vestuário. Ora, na alimentação e no vestuário Cristo levou uma vida comum, conforme ao modo de viver daqueles com quem convivia. Logo, parece que, quanto à riqueza e pobreza, devia observar o modo comum de viver e não a extrema pobreza.

3. ADEMAIS, Cristo convidou todos a segui-lo sobretudo na humildade, como diz o Evangelho de Mateus: "Aprendei de mim, que sou manso e humilde de coração". Ora, a humildade se recomenda muito especialmente aos ricos, como diz a primeira Carta a Timóteo: "Ordena aos ricos deste mundo que não se deixem levar pelo orgulho". Logo, parece que Cristo não devia levar uma vida pobre.

EM SENTIDO CONTRÁRIO, diz o Evangelho de Mateus: "O Filho do Homem não tem onde reclinar a cabeça". Como se dissesse, como nota Jerônimo: "Por que me queres seguir por causa das riquezas e do lucro mundano? Não vês que eu vivo em tanta pobreza que não tenho sequer um tugúrio onde me abrigar e me sirvo de teto alheio?" O mesmo Jerônimo assim comenta o texto de Mateus: "Para não os escandalizarmos, vai até a praia..." Esta afirmação, "entendida simplesmente, edifica o que a ouve, pois este percebe que o Senhor vivia em tanta pobreza que nem tinha como pagar o tributo por si e pelos Apóstolos".

RESPONDO. Cristo devia levar neste mundo uma vida pobre. Primeiro, porque tal convinha ao ofício da pregação, pela qual ele dizia ter vindo ao mundo. Assim, no Evangelho de Marcos: "Vamos a outros lugares, às aldeias da redondeza, a fim de que lá também eu anuncie, pois foi para isso que eu vim". É preciso que os pregadores da palavra de Deus, para se darem inteiramente à pregação, estejam absolutamente livres de cuidados seculares. Ora, isso não é possível aos que possuem riquezas. Por isso, o próprio Senhor, enviando os Apóstolos a pregar, diz-lhes: "Não tenhais ouro, nem prata". E os Apóstolos no livro dos Atos dizem: "Não está certo que abandonemos a pregação da palavra de Deus para servirmos às mesas".

---

1. *In Matth*., l. I, in h. l.: ML 26, 53 A.
2. *In Matth*., l. III, in h. l.: ML 26, 127 D-128 A.

Secundo quia, sicut mortem corporalem assumpsit ut nobis vitam largiretur spiritualem, ita corporalem paupertatem sustinuit ut nobis spirituales divitias largiretur: secundum illud 2Cor 8,9: *Scitis gratiam Domini nostri Iesu Christi: quoniam propter nos egenus factus est, ut illius inopia divites essemus.*

Tertio ne, si divitias haberet, cupiditati eius praedicatio adscriberetur. Unde Hieronymus dicit, *super Matth.*[3], quod, si discipuli divitias habuissent, *videbantur non causa salutis hominum, sed causa lucri praedicasse.* Et eadem ratio est de Christo.

Quarto, ut tanto maior virtus divinitatis eius ostenderetur, quanto per paupertatem videbatur abiectior. Unde dicitur in quodam sermone Ephesini Concilii[4]: *Omnia paupera et vilia elegit, omnia mediocria et plurimus obscura, ut divinitas cognosceretur orbem terrarum transformasse. Propterea pauperculam elegit matrem, pauperiorem patriam: egens fit pecuniis. Et hoc tibi exponat praesepe.*

AD PRIMUM ergo dicendum quod superabundantia divitiarum et mendicitas vitanda videntur ab his qui volunt vivere secundum virtutem, inquantum sunt occasiones peccandi: abundantia namque divitiarum est superbiendi occasio; mendicitas vero est occasio furandi et mentiendi, aut etiam periurandi. Quia vero Christus peccati capax non erat, propter hanc causam, ex qua Salomon haec vitabat, Christo vitanda non erant. — Neque tamen quaelibet mendicitas est furandi et periurandi occasio, ut ibidem Salomon subdere videtur: sed sola illa quae est contraria voluntati, ad quam vitandam homo furatur et periurat. Sed paupertas voluntaria hoc periculum non habet. Et talem paupertatem Christus elegit.

AD SECUNDUM dicendum quod communi vita uti quantum ad victum et vestitum potest aliquis non solum divitias possidendo, sed etiam a divitibus necessaria accipiendo. Quod etiam circa Christum factum est: dicitur enim Lc 8,2-3, quod mulieres quaedam sequebantur Christum, *quae ministrabant ei de facultatibus suis.* Ut enim Hieronymus dicit, *contra Vigilantium*[5], *consuetudinis Iudaicae fuit, nec ducebatur in culpam, more gentis antiquo,*

Em segundo lugar, porque Cristo, assim como assumiu a morte corporal para nos conceder a vida espiritual, assim suportou a pobreza corporal para nos conceder as riquezas espirituais, como se diz na segunda Carta aos Coríntios: "Conheceis a generosidade de nosso Senhor Jesus Cristo: de rico que era, tornou-se pobre por vós, para que vos tornásseis ricos por sua pobreza".

Em terceiro lugar, se Cristo tivesse riquezas, sua pregação poderia ser atribuída à ambição. Jerônimo, no comentário ao Evangelho de Mateus, diz que, se os discípulos tivessem riquezas, "poderia parecer que pregavam, não por causa da salvação dos homens, mas por causa do lucro". O mesmo valeria para Cristo.

Em quarto lugar, para que tanto maior se mostrasse o esplendor de sua divindade, quanto mais vil parecesse por causa da pobreza. Lê-se num discurso no Concílio de Éfeso: "Cristo escolheu as coisas pobres e vis, as de menor valor e obscuras para que se visse que sua divindade transformou o orbe da terra. Escolheu sua mãe pobrezinha, uma pátria mais pobre ainda. Ele mesmo foi pobre. Não é isto que nos diz o presépio?"

QUANTO AO 1º, portanto, tanto a superabundância de riquezas, quanto a indigência, parece que devem ser evitadas por aqueles que desejam viver virtuosamente, visto que são ocasiões de pecado. A abundância de riqueza pode ser ocasião de soberba; a indigência, de roubo, de mentira e até de perjúrio. Cristo não era capaz de pecado e por isso não lhe cabia evitar estas coisas, como a Salomão, que as evitava. — É verdade que nem toda a indigência é ocasião de roubo ou de perjúrio, como Salomão parece insinuar, mas somente a que é contra a vontade. É para evitá-la que o homem rouba e perjura. A pobreza voluntária, ao contrário, não tem este perigo. E foi ela que Cristo escolheu.

QUANTO AO 2º, deve-se dizer que alguém pode levar uma vida comum quanto ao alimento e ao vestuário não apenas possuindo riquezas, mas também recebendo dos ricos o necessário. Foi o que se verificou em Cristo. O Evangelho de Lucas diz que seguiam a Cristo algumas mulheres "que o ajudavam com seus bens". Jerônimo observa, contra Vigilâncio, que "era um costume antigo entre os judeus, e não se considerava como culpável,

---

3. *In Matth.*, l. I, super 10, 9: ML 26, 62 D.
4. P. III, c. 9.
5. Cfr. *Comment. in Matth.*, l. IV, super 27, 55: ML 26, 214 B.

ut mulieres de substantia sua victum et vestitum praeceptoribus suis ministrarent. Hoc autem, *quia scandalum facere poterat in nationibus, Paulus se abiecisse commemorat.* Sic ergo communis victus poterat esse sine sollicitudine impediente praedicationis officium: non autem divitiarum possessio.

AD TERTIUM dicendum quod in eo qui ex necessitate pauper est, humilitas non multum commendatur. Sed in eo qui voluntarie pauper est, sicut fuit Christus, ipsa paupertas est maximae humilitatis indicium.

que as mulheres provessem de alimento e vestido os seus preceptores com os próprios bens. Mas como tal costume podia causar escândalo entre os pagãos, Paulo diz que, de sua parte, não o seguia". Por conseguinte, o modo comum de viver podia ser adotado sem prejuízo do dever da pregação; não assim a posse de riquezas.

QUANTO AO 3º, deve-se dizer que, naquele que é pobre por necessidade, a humildade não é muito valorizada, enquanto naquele que é pobre voluntariamente, como Cristo, ela é demonstração da maior humildade.

ARTICULUS 4
Utrum Christus fuerit conversatus secundum legem

AD QUARTUM SIC PROCEDITUR. Videtur quod Christus non fuerit conversatus secundum legem.
1. Lex enim praecipiebat ut nihil operis in sabbato fieret, sicut *Deus die septimo requievit ab omni opere quod patrarat*. Sed ipse in sabbato curavit hominem, et ei mandavit ut tolleret lectum suum. Ergo videtur quod non fuerit secundum legem conversatus.
2. PRAETEREA, eadem Christus fecit et docuit: secundum illud Act 1,1: *Coepit Iesus facere et docere*. Sed ipse docuit, Mt 15,11, quod *omne quod intrat in os, non coinquinat hominem*: quod est contra praeceptum legis, quae per esum et contactum quorundam animalium dicebat hominem immundum fieri, ut patet Lv 11. Ergo videtur quod ipse non fuerit secundum legem conversatus.

3. PRAETEREA, idem iudicium videtur esse facientis et consentientis: secundum illud Rm 1,32: *Non solum illi qui faciunt, sed qui consentiunt facientibus*. Sed Christus consensit discipulis solventibus legem in hoc quod sabbato spicas vellebant, excusando eos: ut habetur Mt 12,1-8. Ergo videtur quod Christus non conversatus fuerit secundum legem.

SED CONTRA est quod dicitur Mt 5,17: *Nolite putare quoniam veni solvere legem aut prophetas*. Quod exponens Chrysostomus dicit[1]: Legem implevit, primo quidem, nihil transgrediendo legalium: secundo, iustificando per fidem, quod lex per litteram facere non valebat.

ARTIGO 4
Cristo viveu segundo a lei?

QUANTO AO TERCEIRO, ASSIM SE PROCEDE: parece que Cristo **não** viveu segundo a lei.
1. Com efeito, a Lei prescrevia que não se fizesse nenhum trabalho no sábado, assim como "Deus descansou no sétimo dia de toda a obra que tinha realizado". Ora, Cristo, num sábado, curou um homem e lhe ordenou carregar o seu catre. Logo, parece que Cristo não viveu segundo a lei.
2. ALÉM DISSO, Cristo fez o mesmo que ensinou, como dizem o livro dos Atos: "Jesus começou a fazer e a ensinar". Ora, como se lê no Evangelho de Mateus, ele ensinou que "o que entra pela boca não torna a pessoa impura". Isto é contra o preceito da lei, a qual dizia no livro do Levítico que a pessoa se tornava impura comendo ou tocando determinados animais. Logo, parece que Cristo não viveu segundo a lei.
3. ADEMAIS, do mesmo modo devem ser julgados o que faz e o que consente, como diz a Carta aos Romanos: "Não somente os que praticam estas coisas, mas também os que os aprovam". Ora, Cristo, desculpando os discípulos que tinham infringido a lei arrancando espigas no dia de sábado, os aprovou, com se lê no Evangelho de Mateus. Logo, parece que Cristo não viveu segundo a lei.

EM SENTIDO CONTRÁRIO, lê-se em Mateus: "Não penseis que eu vim abolir a lei ou os profetas". Crisóstomo assim o comenta: "Cristo cumpriu a lei, antes de tudo não a transgredindo em nenhum ponto; depois, justificando pela fé o que a lei não alcançava pela letra".

---

4   PARALL.: III *Sent.*, dist. 14, a. 3, q.la 6, ad 3; IV, dist. 1, q. 2, a. 2, q.la 3; *in Matth.*, c. 5.
   1. *In Matth.*, hom. 16, n. 2: MG 57, 241.

RESPONDEO dicendum quod Christus in omnibus secundum legis praecepta conversatus est. In cuius signum, etiam voluit circumcidi: circumcisio enim est quaedam protestatio legis implendae, secundum illud Gl 5,3: *Testificor omni homini circumcidenti se, quoniam debitor est universae legis faciendae.*

Voluit autem Christus secundum legem conversari, primo quidem, ut legem veterem comprobaret. — Secundo, ut eam observando in seipso consummaret et terminaret, ostendens quod ad ipsum erat ordinata. — Tertio, ut Iudaeis occasionem calumniandi subtraheret. — Quarto, ut homines a servitute legis liberaret: secundum illud Gl 4,4-5: *Misit Deus Filium suum factum sub lege, ut eos qui sub lege erant redimeret.*

AD PRIMUM ergo dicendum quod Dominus super hoc se excusat a transgressione legis tripliciter. Uno quidem modo, quia per praeceptum de sanctificatione sabbati non interdicitur opus divinum, sed humanum opus: quamvis enim Deus die septima cessaverit a novis creaturis condendis, semper tamen operatur in rerum conservatione et gubernatione. Quod autem Christus miracula faciebat, erat operis divini. Unde ipse dicit, Io 5,17: *Pater meus usque modo operatur, et ego operor.*

Secundo, excusat se per hoc quod illo praecepto non prohibentur opera quae sunt de necessitate salutis corporalis. Unde ipse dicit, Lc 13,15: *Unusquisque vestrum non solvet sabbato bovem suum aut asinum a praesepio, et ducit adaquare?* Et infra, 14,5: *Cuius vestrum asinus aut bos in puteum cadit, et non continuo extrahet illum die sabbati?* Manifestum est autem quod opera miraculorum quae Christus faciebat, ad salutem corporis et animae pertinebant.

Tertio, quia illo praecepto non prohibentur opera quae pertinent ad Dei cultum. Unde dicit, Mt 12,5: *An non legistis in lege quia sabbatis sacerdotes in Templo sabbatum violant, et sine crimine sunt?* Et Io 7,23 dicitur quod *circumcisionem accipit homo in sabbato.* Quod autem Christus paralytico mandavit ut lectum suum sabbato portaret, ad cultum Dei pertinebat, idest ad laudem virtutis divinae.

Et patet quod sabbatum non solvebat. Quamvis hoc ei Iudaei falso obiicerent, dicentes, Io 9,16: *Non est hic homo a Deo, qui sabbatum non custodit.*

RESPONDO. Cristo viveu inteiramente segundo os preceitos da lei. Como prova disso, quis até ser circuncidado, pois a circuncisão equivale a professar que se cumprirá a lei, como diz a Carta aos Gálatas: "Declaro a todo circuncidado que está obrigado a observar a lei inteira".

Cristo quis viver segundo a lei, primeiro, para aprovar a antiga lei. — Segundo, para dar-lhe a consumação e o término, demonstrando que ela estava orientada precisamente para ele. — Terceiro, para não dar aos judeus ocasião de caluniá-lo. — Quarto, para libertar os homens da servidão da lei, como diz a Carta aos Gálatas: "Deus enviou seu Filho, nascido sujeito à lei, para resgatar os que eram sujeitos à lei".

QUANTO AO 1º, portanto, deve-se dizer que por três razões o Senhor está escusado de transgressão da lei. Em primeiro lugar, porque o preceito da santificação do sábado impedia o trabalho humano, mas não o divino. No sétimo dia, Deus cessou de criar novas criaturas, mas continua operando na conservação e governo das coisas. Ora, os milagres que Cristo realizava eram obra divina. Ele próprio disse: "Meu Pai trabalha sempre, e eu também trabalho".

Em segundo lugar, porque aquele preceito não proibia as ações que fossem necessárias para a saúde corporal. Cristo disse: "Não solta cada um de vós seu boi ou seu jumento do curral para dar-lhe de beber, mesmo que seja em dia de sábado?" E noutro lugar: "Se algum de vós tem um filho ou um boi que caiu num poço, não o tira logo daí, mesmo em dia de sábado?" Ora, é claro que os milagres que Cristo realizava diziam respeito à saúde do corpo e da alma.

Em terceiro lugar, porque o preceito não proibia os trabalhos referentes ao culto divino. Diz Cristo no Evangelho de Mateus: "Nunca lestes na lei que em dia de sábado, no templo, os sacerdotes violam o sábado e não são culpados?" Em João se lê que "alguém pode receber a circuncisão em dia de sábado". Ora, a ordem de Cristo ao paralítico de carregar seu catre num sábado pertencia ao culto de Deus, isto é, ao louvor do poder divino. Por isso, é claro que Cristo não violava o sábado, embora os judeus alegassem falsamente contra ele: "Este homem não vem de Deus, pois não observa o sábado"[d].

---

d. Sto. Tomás mostra cuidadosamente que, na verdade, Cristo não infringiu a lei do sábado; ele teria dado o exemplo da verdadeira maneira de cumpri-la.

AD SECUNDUM dicendum quod Christus voluit ostendere per illa verba quod homo non redditur immundus secundum animam ex usu ciborum quorumcumque secundum suam naturam, sed solum secundum quandam significationem. Quod autem in lege quidam cibi dicuntur immundi, hoc est propter quandam significationem. Unde Augustinus dicit, *contra Faustum*[2]: *Si de porco et agno requiratur, utrumque natura mundum est, quia "omnis creatura Dei bona est": quadam vero significatione agnus mundus, porcus immundus est.*

AD TERTIUM dicendum quod etiam discipuli, quando esurientes spicas sabbato vellebant, a transgressione legis excusantur propter necessitatem famis: sicut et David non fuit transgressor legis quando, propter necessitatem famis, comedit panes quos ei edere non licebat.

QUANTO AO 2º, deve-se dizer que por aquela afirmação Cristo quis mostrar que a pessoa não se torna impura em sua alma pelo uso de determinados alimentos por causa da natureza deles, mas somente devido a alguma significação. Quando a lei diz que alguns alimentos são impuros, o diz por causa de alguma significação. É o que afirma Agostinho contra Fausto: "Tanto o porco como o cordeiro, por sua natureza, são puros, uma vez que 'toda a criatura de Deus é boa'. Mas devido a alguma significação o cordeiro é puro e o porco, impuro".

Quanto ao 3º, deve-se dizer que também os discípulos, quando arrancavam espigas num sábado, estavam escusados de transgressão da lei por causa da premência da fome. Do mesmo modo Davi não transgrediu a lei quando, tendo fome, comeu pães que não lhe era lícito comer.

---

2. L. VI, c. 7: ML 42, 233.

QUAESTIO XLI
DE TENTATIONE CHRISTI
in quatuor articulos divisa
Deinde considerandum est de tentatione Christi.

Et circa hoc quaeruntur quatuor.
Primo: utrum fuerit conveniens Christum tentari.
Secundo: de loco tentationis.
Tertio: de tempore.
Quarto: de modo et ordine tentationum.

QUESTÃO 41
A TENTAÇÃO DE CRISTO[a]
em quatro artigos
Em seguida deve-se considerar a tentação de Cristo.

Sobre isso são quatro as perguntas:
1. Era conveniente que Cristo fosse tentado?
2. Onde?
3. Quando?
4. De que modo e em que ordem devia ser tentado?

ARTICULUS 1
Utrum Christo tentari conveniens fuerit

AD PRIMUM SIC PROCEDITUR. Videtur quod Christo tentari non conveniebat.

1. Tentare enim est *experimentum sumere*. Quod quidem non fit nisi de re ignota. Sed virtus Christi erat nota etiam daemonibus: dicitur enim Lc 4,41, quod *non sinebat* daemonia *loqui, quia sciebant eum esse Christum.* Ergo videtur quod non decuerit Christum tentari.

ARTIGO 1
Era conveniente que Cristo fosse tentado?

QUANTO AO PRIMEIRO ARTIGO, ASSIM SE PROCEDE: parece que **não** convinha que Cristo fosse tentado.

1. Com efeito, tentar é o mesmo que *pôr à prova*, e isto só se faz em relação a algo desconhecido. Ora, o poder de Cristo era conhecido até pelos demônios, como diz o Evangelho de Lucas: "Ele os proibia de falar, pois sabiam que ele era o Cristo". Logo, parece que não convinha que Cristo fosse tentado.

---

1 PARALL.: *In Matth.*, c. 4.

a. Ir aos pecadores a ponto de conhecer não o pecado, mas a tentação, que jamais deixará de atacar os seus até o fim do mundo, tal é o sentido do misterioso episódio pelo qual se iniciou a entrada de Jesus na vida pública.

2. PRAETEREA, Christus ad hoc venerat ut opera diaboli dissolveret: secundum illud 1Io 3,8: *In hoc apparuit Filius Dei, ut dissolvat opera diaboli.* Sed non est eiusdem dissolvere opera alicuius, et ea pati. Et ita videtur inconveniens fuisse quod Christus pateretur se tentari a diabolo.

3. PRAETEREA, triplex est tentatio: scilicet *a carne, a mundo, a diabolo.* Sed Christus non fuit tentatus nec a carne nec a mundo. Ergo nec etiam debuit tentari a diabolo.

SED CONTRA est quod dicitur Mt 4,1: *Ductus est Iesus a Spiritu in desertum, ut tentaretur a diabolo.*

RESPONDEO dicendum quod Christus tentari voluit, primo quidem, ut nobis contra tentationes auxilium ferret. Unde Gregorius dicit, in Homilia[1]: *Non erat indignum Redemptori nostro quod tentari voluit, qui venerat et occidi: ut sic tentationes nostras suis tentationibus vinceret, sicut mortem nostram sua morte superavit.*

Secundo, propter nostram cautelam: ut nullus, quantumcumque sanctus, se existimet securum et immunem a tentatione. Unde etiam post baptismum tentari voluit: quia, sicut Hilarius dicit, *super Matth.*[2]*, in sanctificatis maxime diaboli tentamenta grassantur: quia victoria magis est ei exoptanda de sanctis.* Unde et Eccli 2,1 dicitur: *Fili, accedens ad servitutem Dei, sta in iustitia et timore, et praepara animam tuam ad tentationem.*

Tertio, propter exemplum: ut scilicet nos instrueret qualiter diaboli tentationes vincamus. Unde Augustinus dicit, in IV *de Trin.*[3], quod Christus diabolo *se tentandum praebuit, ut ad superandas tentationes eius mediator esset, non solum per adiutorium, verum etiam per exemplum.*

Quarto, ut nobis fiduciam de sua misericordia largiretur. Unde dicitur Hb 4,15: *Non habemus Pontificem qui non possit compati infirmitatibus nostris: tentatum autem per omnia, pro similitudine, absque peccato.*

AD PRIMUM ergo dicendum quod, sicut Augustinus dicit, in IX *de Civ. Dei*[4], *Christus tantum innotuit daemonibus quantum voluit: non per id quod est vita aeterna, sed per quaedam temporalia*

2. ALÉM DISSO, Cristo veio para destruir as obras do diabo, como diz a primeira Carta de João: "Para isso é que o Filho de Deus se manifestou: para destruir as obras do diabo". Ora, não pode alguém ao mesmo tempo destruir as obras de outrem e sofrê-las. Logo, parece inconveniente que Cristo sofresse tentação do diabo.

3. ADEMAIS, são três as tentações, a saber: a da carne, do mundo e do diabo. Ora, Cristo não foi tentado nem pela carne, nem pelo mundo. Logo, não deveria ser tentado pelo diabo.

EM SENTIDO CONTRÁRIO, diz-se no Evangelho de Mateus: "Jesus foi conduzido ao deserto pelo Espírito para ser tentado pelo diabo".

RESPONDO. Cristo quis ser tentado antes de tudo para nos trazer auxílio contra as tentações. Diz Gregório: "Não era indigno de nosso Redentor que quisesse ser tentado, ele que veio para ser morto; eles quis vencer com as suas as nossas tentações, assim como venceu com a sua a nossa morte".

Em segundo lugar, para nos acautelar, de modo que ninguém, por mais santo que seja, se julgue seguro e imune à tentação. Foi por isso que quis ser tentado após o batismo, como diz Hilário comentando o Evangelho de Mateus: "As tentações do diabo se dão principalmente nos que foram santificados, pois o que o diabo mais deseja é triunfar dos santos". Diz também o Eclesiástico: "Filho, se aspiras servir ao Senhor, prepara a tua alma para a tentação".

Em terceiro lugar, para nosso exemplo, isto é, para nos ensinar de que modo vencer as tentações. Diz Agostinho que Cristo "prestou-se a ser tentado pelo diabo para ser o mediador na vitória sobre as tentações, não só por seu auxílio, mas também por seu exemplo".

Em quarto lugar, para nos incutir a confiança em sua misericórdia. Diz-se na Carta aos Hebreus: "Não temos um sumo sacerdote incapaz de se compadecer de nossas fraquezas, pois ele mesmo foi provado em tudo, à nossa semelhança, sem todavia pecar".

QUANTO AO 1º, portanto, deve-se dizer como Agostinho: "Cristo se manifestou aos demônios tanto quanto quis, não por seus predicados eternos, mas por alguns efeitos temporais de seu poder".

---

1. *In Evang.*, l. I, hom. 16, n. 1: ML 76, 1135 C.
2. C. 3, n. 1: ML 9, 928 B.
3. C. 13, n. 17: ML 42, 899.
4. C. 21: ML 41, 273-274.

suae virtutis effecta, ex quibus quandam coniecturam habebant Christum esse Filium Dei. Sed quia rursus in eo quaedam signa humanae infirmitatis videbant, non pro certo cognoscebant eum esse Filium Dei. Et ideo eum tentare voluit. Et hoc significatur Mt 4,2-3, ubi dicitur quod, *postquam esuriit*, accessit *tentator ad eum*: quia, ut Hilarius dicit[5], *tentare Christum diabolus non fuisset ausus, nisi in eo, per esuritionis infirmitatem, quae sunt hominis recognosceret*. Et hoc etiam patet ex ipso modo tentandi, cum dixit, *Si Filius Dei es*. Quod exponens Gregorius[6] dicit: *Quid sibi vult talis sermonis exorsus, nisi quia cognoverat Dei Filium esse venturum, sed venisse per infirmitatem corporis non putabat?*

AD SECUNDUM dicendum quod Christus venerat dissolvere opera diaboli, non potestative agendo, sed magis ab eo et eius membris patiendo, ut sic diabolum vinceret iustitia, non potestate: sicut Augustinus dicit, XIII *de Trin*.[7], quod *diabolus non potentia Dei, sed iustitia superandus fuit*. Et ideo circa tentationem Christi considerandum est quod propria voluntate fecit, et quod a diabolo passus fuit. Quod enim tentatori se offerret, fuit propriae voluntatis. Unde dicitur Mt 4,1: *Ductus est* Iesus *in desertum a Spiritu, ut tentaretur a diabolo*: quod Gregorius[8] intelligendum dicit de Spiritu Sancto, *ut scilicet illuc eum Spiritus suus duceret, ubi eum ad tentandum spiritus malignus inveniret*. Sed a diabolo passus est quod *assumeretur* vel *supra pinnaculum Templi*, vel etiam *in montem excelsum valde*. *Nec est mirum*, ut Gregorius dicit[9], *si se ab illo permisit in montem duci, qui se permisit a membris ipsius crucifigi*. Intelligitur autem a diabolo assumptus, non quasi ex necessitate: sed quia, ut Origenes dicit, *super Luc.*[10], *sequebatur eum ad tentationem quasi athleta sponte procedens*.

AD TERTIUM dicendum quod, sicut Apostolus dicit, *Christus in omnibus tentari voluit, absque peccato*. Tentatio autem quae est ab hoste, potest esse sine peccato: quia fit per solam exteriorem

Assim, os demônios podiam de algum modo conjeturar que ele era Filho de Deus; mas, vendo nele ao mesmo tempo alguns sinais da fraqueza humana, não o podiam saber com certeza, e por isso o quiseram tentar. É o quer dizer o Evangelho de Mateus quando afirma que, depois de jejuar, Cristo "teve fome, e o tentador aproximou-se". Hilário comenta: "O diabo não teria ousado tentar Cristo se não tivesse percebido nele, na fraqueza da fome, o que é próprio do ser humano". O mesmo transparece também pelo modo como o tentou, dizendo: "Se és Filho de Deus". Gregório assim o explica: "Este modo de falar indica que sabia que o Filho de Deus haveria de vir, mas, vendo a fraqueza corporal, não julgava que tivesse vindo".

QUANTO AO 2º, deve-se dizer que Cristo veio destruir as obras do diabo não agindo com prepotência, mas antes sofrendo as investidas dele e de seus partidários, para assim vencê-lo não pelo poder, mas pela justiça. Diz Agostinho: "O diabo devia ser vencido não pelo poder de Deus, mas por sua justiça". Deve-se considerar, portanto, que foi voluntariamente que Cristo se submeteu à tentação e à ação do demônio. Que se tenha oferecido voluntariamente à tentação lê-se no Evangelho de Mateus: "Foi conduzido ao deserto pelo Espírito, para ser tentado pelo diabo". Gregório diz que isto se deve entender do Espírito Santo: "O seu Espírito o conduziu lá onde o encontraria o espírito maligno para o tentar". E submeteu-se voluntariamente à ação do diabo quando permitiu que este o levasse ao "ponto mais alto do templo" e a "uma montanha muito alta". O mesmo Gregório comenta: "Não é de admirar que Cristo se tenha deixado levar pelo diabo até a montanha, pois se deixou crucificar pelos partidários dele". Deve-se entender que foi levado pelo diabo não por força, mas, como diz Orígenes, "Seguia-o para a tentação como um atleta que avança espontaneamente"[b].

QUANTO AO 3º, deve-se dizer com o Apóstolo que "foi provado em tudo, sem todavia pecar". A tentação que vem do inimigo pode existir sem pecado, pois se dá por sugestão exterior. Enquanto

---

5. C. 3, n. 2: ML 9, 929 A.
6. AMBROSIUS, *Exposit. in Luc.*, l. IV, n. 18, super 4, 3: ML 15, 1617 D.
7. C. 13: ML 42, 1026.
8. *In Evang.*, l. I, hom. 16, n. 1: ML 76, 1135 B.
9. Ibid.: ML 76, 1135 C.
10. Homil. 31, super 4, 9: MG 13, 1879 B.

b. Nesta resposta à segunda objeção vemos que o enfrentamento de Cristo com o diabo prosseguiu até o final, e na crucifixão, era o diabo que, por meio de "seus membros", os pecadores, o atacava. A perspectiva se amplia, e o que está em jogo passa a ser a luta entre as trevas e a luz.

suggestionem. Tentatio autem quae est a carne, non potest esse sine peccato: quia haec tentatio fit per delectationem et concupiscentiam; et, sicut Augustinus dicit, *nonnullum peccatum est cum "caro concupiscit adversus spiritum"*. Et ideo Christus tentari voluit ab hoste, sed non a carne.

Articulus 2
Utrum Christus debuerit tentari in deserto

AD SECUNDUM SIC PROCEDITUR. Videtur quod Christus non debuit tentari in deserto.

1. Christus enim tentari voluit propter exemplum nostrum, ut dictum est[1]. Sed exemplum debet manifeste proponi illis qui sunt per exemplum informandi. Non ergo debuit in deserto tentari.

2. PRAETEREA, Chrysostomus dicit, *super Matth*.[2], quod *tunc maxime instat diabolus ad tentandum, cum viderit solitarios. Unde et in principio mulierem tentavit sine viro eam inveniens*. Et sic videtur, per hoc quod in desertum ivit ut tentaretur, quod tentationi se exposuit. Cum ergo eius tentatio sit nostrum exemplum, videtur quod etiam alii debeant se ingerere ad tentationes suscipiendas. Quod tamen videtur esse periculosum: cum magis tentationum occasiones vitare debeamus.

3. PRAETEREA, Mt 4,5 ponitur secunda Christi tentatio qua diabolus Christum *assumpsit in sanctum Civitatem, et statuit eum super pinnaculum Templi*: quod quidem non erat in deserto. Non ergo tentatus est solum in deserto.

SED CONTRA est quod dicitur Mc 1,13, quod *erat Iesus in deserto quadraginta diebus et quadraginta noctibus, et tentabatur a Satana*.

RESPONDEO dicendum quod, sicut dictum est[3], Christus propria voluntate se diabolo exhibuit ad tentandum, sicut etiam propria voluntate se membris eius exhibuit ad occidendum: alioquin diabolus eum advenire non auderet. Diabolus autem magis attentat aliquem cum est solitarius: quia, ut dicitur Eccle 4,12, *si quispiam praevaluerit contra unum, duo resistunt ei*. Et inde est quod Christus in desertum exivit, quasi ad campum certaminis, ut ibi a diabolo tentaretur. Unde Ambrosius dicit, *super Luc*.[4], quod Christus *agebatur in desertum*

que a tentação que vem da carne não pode existir sem pecado, porque se dá pelo deleite e pela concupiscência. Diz Agostinho: "Algum pecado há quando 'a carne deseja contra o espírito'". Por isso, Cristo quis ser tentado pelo inimigo, mas não pela carne.

Artigo 2
Cristo devia ser tentado no deserto?

QUANTO AO SEGUNDO, ASSIM SE PROCEDE: parece que Cristo **não** devia ser tentado no deserto.

1. Com efeito, como foi dito acima, Cristo quis ser tentado para nosso exemplo. Ora, o exemplo deve ser proposto claramente àqueles aos quais deve aproveitar. Logo, Cristo não devia ser tentado no deserto.

2. ALÉM DISSO, Crisóstomo diz que "o diabo tenta especialmente os que estão sós. Assim, no princípio, tentou a mulher, achando-a sem o homem". Parece que, indo para o deserto para ser tentado, Cristo se expôs à tentação. Portanto, uma vez que a tentação de Cristo é para nosso exemplo, parece que nós também nos devemos expor a sermos tentados. Mas isso parece que é perigoso. Além do mais, devemos evitar as ocasiões de tentação.

3. ADEMAIS, narrando a segunda tentação de Cristo, o Evangelho de Mateus diz que "o diabo o levou à cidade santa e o colocou no ponto mais alto do templo". Ora, este não estava situado no deserto. Logo, Cristo não foi tentado só no deserto.

EM SENTIDO CONTRÁRIO, lê-se no Evangelho de Marcos que Jesus "esteve no deserto quarenta dias e quarenta noites e lá foi tentado por Satanás".

RESPONDO. Como foi dito acima, foi voluntariamente que Cristo se apresentou ao diabo para ser tentado, assim como se apresentou aos partidários dele para ser morto; de outra maneira o diabo não ousaria aproximar-se dele. Ora, o diabo tenta alguém especialmente quando o vê só, pois, como diz o Eclesiastes, "se alguém prevalecer contra um que está sozinho, dois resistirão ao agressor". Foi por isso que Cristo saiu para o deserto como para o campo de batalha, para ali ser tentado pelo diabo. Diz Ambrósio que Cristo "foi de propósito para o

---

2 PARALL.: *In Matth*., c. 4.

1. A. praec.
2. Homil. 13, n. 1: MG 57, 209.
3. A. praec., ad 2.
4. L. IV, n. 14, super 4, 1: ML 15, 1616 D.

consilio, ut diabolum provocaret. Nam nisi ille certasset, scilicet diabolus, *non iste vicisset*, idest Christus. — Addit autem et alias rationes: dicens hoc Christum fecisse *mysterio, ut Adam de exilio liberaret*, qui scilicet de paradiso in desertum eiectus est; *exemplo, ut ostenderet nobis diabolum ad meliora tendentibus invidere*.

AD PRIMUM ergo dicendum quod Christus proponitur omnibus in exemplum per fidem: secundum illud Hb 12,2: *Aspicientes in auctorem fidei et consummatorem, Iesum*. Fides autem, ut dicitur Rm 10,17, est *ex auditu*, non autem ex visu: quinimmo dicitur, Io 20,29: *Beati qui non viderunt et crediderunt*. Et ideo, ad hoc quod tentatio Christi esset nobis in exemplum, non oportet quod ab hominibus videretur, sed sufficiens fuit quod hominibus narraretur.

AD SECUNDUM dicendum quod duplex est tentationis occasio. Una quidem ex parte hominis: puta cum aliquis se peccato propinquum facit, occasiones peccandi non evitans. Et talis occasio tentationis est vitanda: sicut dictum est Lot, Gn 19,17: *Ne steteris in omni regione circa Sodoman*.
Alia vero tentationis occasio est ex parte diaboli, qui semper *invidet ad meliora tendentibus*, ut Ambrosius dicit[5]. Et talis tentationis occasio non est vitanda. Unde dicit Chrysostomus, *super Matth*.[6], quod *non solum Christus ductus est in desertum a Spiritu, sed omnes filii Dei habentes Spiritum Sanctum. Non enim sunt contenti sedere otiosi, sed Spiritus Sanctus urget eos aliquod magnum apprehendere opus: quod est esse in deserto quantum ad diabolum, quia non est ibi iniustitia, in qua diabolus delectatur. Omne etiam bonum opus est desertum quantum ad carnem et mundum: quia non est secundum voluntatem carnis et mundi*. Talem autem occasionem tentationis dare diabolo non est periculosum: quia maius est auxilium Spiritus Sancti, qui est perfecti operis auctor, quam impugnatio diaboli invidentis.

AD TERTIUM dicendum quod quidam dicunt omnes tentationes factas fuisse in deserto. Quorum quidam dicunt quod Christus ductus est in sanctam Civitatem, non realiter, sed secundum imaginariam visionem. Quidam autem dicunt quod etiam ipsa Civitas sancta, idest Ierusalem, *desertum* dicitur,

deserto a fim de provocar o diabo. De fato, se este não combatesse, ele não venceria". — Ambrósio acrescenta ainda outras razões, dizendo que Cristo agiu assim "por mistério e por exemplo. Por mistério, para libertar Adão do exílio", pois Adão foi expulso do paraíso para o deserto; "por exemplo, para nos mostrar que o diabo tem inveja dos que se esforçam por ser melhores".

QUANTO AO 1º, portanto, deve-se dizer que Cristo é proposto a todos como exemplo pela fé, como se lê na Carta aos Hebreus: "Com os olhos fixos em Jesus, que vai à frente da nossa fé e a leva à perfeição". Ora, a fé, como se diz na Carta aos Romanos, vem "pela audição", não pela visão. No Evangelho de João se lê: "Felizes os que creram, sem terem visto". Logo, para que a tentação de Cristo nos servisse de exemplo, não era necessário que fosse vista pelos homens; bastaria que lhes fosse narrada.

QUANTO AO 2º, deve-se dizer que são duas as ocasiões de tentação. Uma, da parte do homem, por exemplo: quando ele se chega ao pecado, não evitando a ocasião de pecar. Esta ocasião de tentação deve ser evitada, como foi dito a Ló: "Não pares em parte alguma da região de Sodoma".
Outra, da parte do diabo, o qual sempre "tem inveja dos que se esforçam por ser melhores", como diz Ambrósio. Esta ocasião de tentação não deve ser evitada. Crisóstomo diz, comentando o texto de Mateus, que "não somente Cristo foi conduzido ao deserto pelo Espírito, mas o são também todos os filhos de Deus, que têm o Espírito Santo. Estes não se contentam com estar sentados ociosos, mas o Espírito Santo os urge a empreender grandes ações. E isso é estar no deserto sob o ponto de vista do diabo, dado que na boa ação não há injustiça, na qual o diabo se compraz. A boa obra é também deserto do ponto de vista da carne e do mundo, porque não é segundo a vontade da carne e do mundo". Dar, pois, ao diabo esta ocasião de tentação não é perigoso, uma vez que o auxílio do Espírito Santo, que é o autor da obra perfeita, é maior que a investida do diabo invejoso.

QUANTO AO 3º, alguns dizem que todas as tentações se deram no deserto. Uns afirmam que Cristo foi levado à cidade santa não na realidade, mas numa visão imaginária. Outros, que a cidade santa, Jerusalém, é chamada *deserto*, porque estava abandonada por Deus. — Mas estas explicações não

---

5. Loc. cit.: ML 15, 1617 A.
6. *Opus imperf. in Matth.*, homil. 5, super 4, 1: MG 56, 662-663.

quia erat derelicta a Deo. — Sed hoc non erat necessarium. Quia Marcus dicit quod in deserto tentabatur a diabolo: non autem dicit quod solum in deserto.

Articulus 3
Utrum tentatio Christi debuerit esse post ieiunium

AD TERTIUM SIC PROCEDITUR. Videtur quod tentatio Christi non debuit esse post ieiunium.

1. Dictum est enim supra[1] quod Christum non decebat conversationis austeritas. Sed maximae austeritatis fuisse videtur quod quadraginta diebus et quadraginta noctibus nihil comederit: sic enim intelligitur *quadraginta diebus et quadraginta noctibus ieiunasse*, quia scilicet *in illis diebus nullum omnino cibum sumpsit*, ut Gregorius dicit[2]. Ergo non videtur quod debuerit huiusmodi ieiunium tentationi praemittere.

2. PRAETEREA, Marci 1,13 dicitur quod *erat in deserto quadraginta diebus et quadraginta noctibus, et tentabatur a Satana*. Sed quadraginta diebus et quadraginta noctibus ieiunavit. Ergo videtur quod non post ieiunium, sed simul dum ieiunaret, sit tentatus a diabolo.

3. PRAETEREA, Christus non legitur nisi semel ieiunasse. Sed non solum semel fuit tentatus a diabolo: dicitur enim Lc 4,13, quod, *consummata omni tentatione, diabolus recessit ab illo usque ad tempus*. Sicut igitur secundae tentationi non praemisit ieiunium, ita nec primae praemittere debuit.

SED CONTRA est quod dicitur Mt 4,2-3: *Cum ieiunasset quadraginta diebus et quadraginta noctibus, postea esuriit*: et tunc accessit ad eum tentator.

RESPONDEO dicendum quod convenienter Christus post ieiunium tentari voluit. Primo quidem, propter exemplum. Quia, cum omnibus, sicut dictum est[3], immineat se contra tentationes tueri; per hoc quod ipse ante tentationem futuram ieiunavit, docuit quod per ieiunium nos oportet contra tentationes armari. Unde inter *arma iustitiae* Apostolus ieiunia connumerat, 2Cor 6,5-7.

são necessárias, porque o Evangelho de Marcos diz que Cristo foi tentado no deserto, mas não diz que o foi somente no deserto[c].

Artigo 3
Cristo devia ser tentado depois do jejum?

QUANTO AO TERCEIRO, ASSIM SE PROCEDE: parece que Cristo **não** devia ser tentado depois do jejum.

1. Com efeito, foi dito acima que não convinha a Cristo a austeridade no modo de viver. Ora, seria grandíssima austeridade que nada comesse por quarenta dias e quarenta noites. De fato, quando se diz que "jejuou por quarenta dias e quarenta noites" foi porque "naqueles dias não tomou absolutamente nenhum alimento", como diz Gregório. Logo, não parece que devia submeter-se a tal jejum antes da tentação.

2. ALÉM DISSO, lê-se no Evangelho de Marcos que Cristo "permanecia no deserto durante quarenta dias e quarenta noites e era tentado por Satanás". Ora, durante quarenta dias e quarenta noites Cristo jejuou. Logo, parece que Cristo foi tentado não depois de jejuar, mas enquanto jejuava.

3. ADEMAIS, não se lê que Cristo tenha jejuado senão uma só vez. Ora, não uma só vez foi tentado pelo diabo, pois o Evangelho de Lucas diz que "terminadas todas as tentações, o diabo afastou-se dele até o tempo oportuno". Logo, se Cristo não jejuou antes da segunda tentação, não devia jejuar antes da primeira.

EM SENTIDO CONTRÁRIO, diz o Evangelho de Mateus: "Ele jejuou durante quarenta dias e quarenta noites. Depois, teve fome". Então "aproximou-se dele o tentador".

RESPONDO. Convenientemente Cristo quis ser tentado depois do jejum. Em primeiro lugar, para servir de exemplo. De fato, como foi dito, sendo necessário precavermo-nos contra as tentações, jejuando antes da tentação que viria depois, ele nos ensinou a armar-nos contra as tentações. Por isso, na segunda Carta aos Coríntios, o Apóstolo enumera o jejum entre as "armas da justiça".

---

3 PARALL.: *In Matth.*, c. 4.

1. Q. 40, a. 2.
2. *In Evang.*, l. I, hom. 16, n. 5: ML 76, 1137 A.
3. A. 1.

---

c. Sto. Tomás, mesmo não julgando necessário pensar que Cristo tenha sido transportado em imaginação a Jerusalém, não se opõe a essa explicação, que estaria de acordo com o que ele afirmou a respeito do batismo de Cristo, dos céus abertos.

Secundo, ut ostenderet quod etiam ieiunantes diabolus aggreditur ad tentandum, sicut alios qui bonis operibus vacant. Et ideo, sicut post baptismum, ita post ieiunium Christus tentatur. Unde Chrysostomus dicit, *super Matth*.[4]: *Ut discas quam magnum bonum est ieiunium, et qualiter scutum est adversus diabolum; et quoniam post baptismum non lasciviae, sed ieiunio intendere oportet; Christus ieiunavit, non ieiunio indigens, sed nos instruens*.

Tertio, quia post ieiunium secuta est esuries, quae dedit diabolo audaciam eum aggrediendi, sicut dictum est[5]. *Cum* autem *esuriit Dominus*, ut Hilarius dicit, *super Matth*.[6], *non fuit ex subreptione inediae: sed naturae suae hominem dereliquit. Non enim erat a Deo diabolus, sed a carne vincendus*. Unde etiam, ut Chrysostomus dicit[7], *non ultra processit in ieiunando quam Moyses et Elias: ne incredibilis videretur carnis assumptio*.

AD PRIMUM ergo dicendum quod Christum non decuit conversatio austerioris vitae, ut se communem exhiberet illis quibus praedicavit. Nullus autem debet assumere praedicationis officium, nisi prius fuerit purgatus et in virtute perfectus: sicut et de Christo dicitur, Act 1,1, quod *coepit Iesus facere et docere*. Et ideo Christus statim post baptismum austeritatem vitae assumpsit, ut doceret post carnem edomitam oportere alios ad praedicationis officium transire: secundum illud Apostoli: *Castigo corpus meum et in servitutem redigo: ne forte, aliis praedicans, ipse reprobus efficiar*.

AD SECUNDUM dicendum quod verbum illud Marci potest sic intelligi quod *erat in deserto quadraginta diebus et quadraginta noctibus*, quibus scilicet ieiunavit: quod autem dicitur, *et tentabatur a Satana*, intelligendum est, non in illis quadraginta diebus et quadraginta noctibus, sed post illos; eo quod Matthaeus dicit quod, *cum ieiunasset quadraginta diebus et quadraginta noctibus, postea esuriit*, ex quo sumpsit tentator occasionem accedendi ad ipsum. Unde et quod subditur, *et angeli ministrabant ei*, consecutive intelligendum esse ostenditur ex hoc quod Mt 4,11 dicitur: *Tunc reliquit eum diabolus*, scilicet post tentationem *et ecce*,

Em segundo lugar, para mostrar que o diabo tenta até mesmo os que jejuam, assim como os que se dedicam às boas obras. Assim Cristo, como fora tentado depois do batismo, o foi também depois do jejum. Crisóstomo diz: "Para que saibas quão grande bem é o jejum e quão bom escudo é contra o diabo, e para que aprendas que, depois do batismo, é preciso dedicar-se não à lascívia, mas ao jejum, Cristo jejuou, não porque precisasse, mas para nos instruir".

Em terceiro lugar, porque depois do jejum seguiu-se a fome, vendo a qual, o diabo ousou aproximar-se de Cristo, como foi dito acima. Hilário diz, comentando o texto de Mateus: "O Senhor teve fome não por ter sido surpreendido pela inanição, mas por ter deixado o homem entregue à própria natureza. Era pela carne, não por Deus, que o diabo devia ser vencido". Por isso também diz Crisóstomo que Cristo "não prolongou o jejum mais do que Moisés e Elias, para não desacreditar a encarnação".

QUANTO AO 1º, portanto, deve-se dizer que não convinha a Cristo um modo de viver demasiado austero, a fim de mostrar-se assim igual àqueles a quem pregava. Por outro lado, ninguém deve assumir o ofício da pregação sem antes purificar-se e tornar-se perfeito na virtude, como se diz de Cristo: "Começou a fazer e a ensinar". Por isso, Cristo, logo depois do batismo, assumiu um modo de viver austero, para ensinar que somente depois de dominada a carne se deve passar ao ofício da pregação. Assim também o Apóstolo: "Trato duramente o meu corpo e o subjugo, para não acontecer que, depois de ter proclamado a mensagem aos outros, eu mesmo seja reprovado".

QUANTO AO 2º, deve-se dizer que o texto de Marcos pode ser entendido no sentido de que Cristo "estava no deserto por quarenta dias e quarenta noites" e durante estes jejuava; e que "era tentado por Satanás" não durante os quarenta dias e quarenta noites, senão depois deles. De fato, Mateus diz que Cristo "jejuou durante quarenta dias e quarenta noites e depois teve fome", de onde o tentador tomou ocasião para se aproximar dele. Do mesmo modo a afirmação "e os anjos se aproximaram para servi-lo" deve-se entender que foi depois do jejum e da tentação, uma vez que o mesmo Mateus diz: "Então o diabo o deixou", a

---

4. Hom. 13, n. 1: MG 57, 209.
5. A. 1, ad 1.
6. C. 3, n. 2: ML 9, 928 C-929 A.
7. *In Matth*., hom. 13, n. 2: MG 57, 209.

angeli accesserunt et ministrabant ei. Quod vero interponit Marcus, *eratqua cum bestiis*, inducitur, secundum Chrysostomum[8], ad ostendendum *quale erat desertum*: quia scilicet erat invium hominibus et bestiis plenum.

Tamen secundum expositionem Bedae[9], Dominus tentatur quadraginta diebus et quadraginta noctibus. Sed hoc intelligendum est, non de illis tentationibus visibilibus quas narrant Matthaeus et Lucas, quae factae sunt post ieiunium: sed de quibusdam aliis impugnationibus quas forte illo ieiunii tempore Christus est a diabolo passus.

AD TERTIUM dicendum quod, sicut Ambrosius dicit, *super Luc.*[10], recessit diabolus a Christo *usque ad tempus*, quia *postea, non tentaturus, sed aperte pugnaturus advenit*, tempore scilicet passionis. — Et tamen per illam impugnationem videbatur Christum tentare de tristitia et odio proximorum: sicut in deserto de delectatione gulae et contemptu Dei per idololatriam.

saber, depois da tentação, "e os anjos se aproximaram para servi-lo". A observação de Marcos de que "ele convivia com as feras" quer apenas mostrar, segundo Crisóstomo, "de que espécie era o deserto", a saber, impraticável para os homens e cheio de feras.

É verdade que Beda, em seu comentário, diz que o Senhor foi tentado por quarenta dias e quarenta noites. Mas isso se deve entender não das tentações visíveis narradas por Mateus e Lucas, as quais se deram depois do jejum, mas de outras investidas do diabo que Cristo talvez sofreu durante o tempo do jejum[d].

QUANTO AO 3º, deve-se dizer, como Ambrósio no comentário ao texto de Lucas, que o diabo se afastou de Cristo "até o tempo oportuno", porque "depois se aproximou não para tentar, mas para combater abertamente", a saber, no tempo da paixão. — Embora nesta última investida, pareça que a tentação com que o diabo tentou a Cristo foi de tristeza e ódio ao próximo, enquanto que no deserto foi de gula e desprezo de Deus por idolatria[e].

ARTICULUS 4
Utrum fuerit conveniens tentationis modus et ordo

AD QUARTUM SIC PROCEDITUR. Videtur quod non fuerit conveniens tentationis modus et ordo.

1. Tentatio enim diaboli ad peccandum inducit. Sed si Christus subvenisset corporali fami convertendo lapides in panes, non peccasset: sicut non peccavit cum panes multiplicavit, quod non fuit minus miraculum, ut turbae esurienti subveniret. Ergo videtur quod nulla fuerit illa tentatio.

2. PRAETEREA, nullus persuasor convenienter persuadet contrarium eius quod intendit. Sed diabolus, statuens Christum supra pinnaculum Templi, intendebat eum de superbia seu vana gloria tentare. Ergo inconvenienter persuadet ei ut se mittat deorsum: quod est contrarium superbiae vel vanae gloriae, quae semper quaerit ascendere.

ARTIGO 4
Foram convenientes o modo e a ordem da tentação?

QUANTO AO QUARTO, ASSIM SE PROCEDE: parece que **não** foram convenientes nem o modo, nem a ordem da tentação.

1. Com efeito, a tentação do diabo induz ao pecado. Ora, se Cristo atendesse à fome corporal convertendo as pedras em pães não pecaria, assim como não pecou ao multiplicar os pães para socorrer à multidão faminta, o que não foi menor milagre. Logo, parece que aquela tentação foi nula.

2. ALÉM DISSO, ninguém persuade convenientemente se procura levar ao contrário do que pretende. Ora, colocando Cristo no pináculo do templo, o diabo pretendia induzi-lo à soberba e vanglória. Era inconveniente, portanto, que procurasse persuadi-lo a jogar-se dali, uma vez que isso seria o contrário da soberba e vanglória, que buscam sempre subir.

---

8. *In Matth.*, hom. 13, n. 1: MG 57, 209.
9. *In Marc.*, l. I, super 1, 12: ML 92, 140 A.
10. L. IV, n. 36, super 4, 13: ML 15, 1623 A.

PARALL.: *In Matth.*, c. 4.

---

d. Que perspectiva abriria sobre a tentação de Cristo a hipótese de Beda, vista de modo tão favorável por Sto. Tomás! Ora, essas três tentações poderiam ser apenas o último assalto, ou talvez mesmo a síntese de um período cruel!

e. Essa aproximação tão precisa do episódio da tentação com o do Getsêmani tem uma significação teológica muito importante, que ainda não foi explorada pelos exegetas e teólogos.

3. PRAETEREA, una tentatio conveniens est ut sit de uno peccato. Sed in tentatione quae fuit in monte, duo peccata persuasit: scilicet cupiditatem et idololatriam. Non ergo conveniens videtur fuisse tentationis modus.

4. PRAETEREA, tentationes ad peccata ordinantur. Sed septem sunt vitia capitalia, ut in Secunda Parte[1] habitum est. Non autem tentat nisi de tribus, scilicet gula et vana gloria et cupiditate. Non ergo videtur sufficiens tentatio.

5. PRAETEREA, post victoriam omnium vitiorum, remanet homini tentatio superbiae vel vanae gloriae: quia *superbia etiam bonis operibus insidiatur, ut pereant*, sicut dicit Augustinus[2]. Inconvenienter ergo Matthaeus ultimam ponit tentationem cupiditatis in monte, mediam autem inanis gloriae in Templo: praesertim cum Lucas ordinet e converso.

6. PRAETEREA, Hieronymus dicit, *super Matth.*[3], quod *propositum* Christi fuit *diabolum humilitate vincere, non potestate*. Ergo non imperiose obiurgando eum repellere debuit: *Vade retro, Satana*.

7. PRAETEREA, narratio Evangelii videtur falsum continere. Non enim videtur possibile quod Christus supra pinnaculum Templi statui potuerit quin ab aliis videretur. Neque aliquis mons tam altus invenitur ut inde totus mundus inspici possit, ut sic ex eo potuerint Christo omnia regna mundi ostendi. Inconvenienter igitur videtur descripta Christi tentatio.

SED CONTRA est Scripturae auctoritas.

RESPONDEO dicendum quod tentatio quae est ab hoste, fit per modum suggestionis, ut Gregorius dicit[4]. Non autem eodem modo potest aliquid omnibus suggeri: sed unicuique suggeritur aliquid ex his circa quae est affectus. Et ideo diabolus hominem spiritualem non statim tentat de gravibus peccatis: sed paulatim a levioribus incipit, ut postmodum ad graviora perducat. Unde Gregorius, XXXI *Moral.*[5], exponens illud Iob 39,25, *Procul odoratur bellum, exhortationem ducum et ululatum exercitus*, dicit: *Bene duces exhortari dicti sunt, exercitus ululare. Quia prima vitia deceptae menti quasi sub quadam ratione se ingerunt: sed innumera quae sequuntur, dum hanc*

3. ADEMAIS, é conveniente que a tentação seja de um só pecado. Ora, a tentação na montanha se referia a dois pecados, a saber, a ambição e a idolatria. Logo, parece que o modo não foi conveniente.

4. ADEMAIS, as tentações induzem a pecados. Ora, os vícios capitais são sete, como se disse na II Parte. E o diabo tentou induzir Cristo a apenas três, isto é, a gula, a vanglória e a ambição. Parece, portanto, que a tentação não foi suficiente.

5. ADEMAIS, após a vitória sobre todos os vícios, resta ao homem a tentação de soberba e vanglória, pois, como diz Agostinho, "a soberba insidia até as boas obras para que se percam". Logo, de modo inconveniente Mateus afirma em último lugar a tentação de ambição na montanha, e, no meio, a de vanglória no templo. Tanto mais que Lucas indica uma ordem inversa.

6. ADEMAIS, diz Jerônimo no comentário ao Evangelho de Mateus, que "o propósito de Cristo era vencer o diabo não pelo poder, mas pela humildade". Não devia, portanto, repeli-lo ameaçando autoritariamente: "Afasta-te de mim, Satanás".

7. ADEMAIS, parece que a narração evangélica contém uma falsidade. Não parece possível que Cristo fosse colocado no pináculo do templo sem que fosse visto por todos. Nem existe algum monte tão alto que dele se possa descortinar todo o mundo e assim pudessem ser mostrados a Cristo todos os reinos. Logo, parece não conveniente a narração da tentação de Cristo.

EM SENTIDO CONTRÁRIO, está a autoridade da Escritura.

RESPONDO. A tentação que provém do inimigo se faz por insinuação, como diz Gregório. Ora, a mesma coisa não pode ser insinuada em todas as pessoas do mesmo modo, mas a cada um se sugere algo daquilo a que é mais afeito. Por isso, o diabo não tenta imediatamente a pessoa espiritual a graves pecados, mas começa paulatinamente pelos mais leves, para depois levá-la aos mais graves. Comentando o versículo do livro de Jó "... farejando de longe a batalha, as ordens dos chefes e a gritaria do exército", diz Gregório: "Corretamente se diz que os chefes ordenam e o exército faz gritaria, porque os primeiros vícios se insinuam sob alguma razão na mente iludida, enquanto que os muitíssimos que

---

1. I-II, q. 84, a. 4.
2. In Reg., al. Epist. 211, vel 110, *ad Sanctimonial.*, n. 6: ML 33, 960.
3. L. I, super 4, 4: ML 26, 31 C.
4. *In Evang.*, l. I, hom. 16, n. 1: ML 76, 1135 C.
5. C. 45, al. 17, in vet. 32, n. 90: ML 76, 622 A.

ad omnem insaniam pertrahunt, quasi bestiali clamore confundunt.
Et hoc idem diabolus observavit in tentatione primi hominis. Nam primo sollicitavit mentem primi hominis de ligni vetiti esu, dicens, Gn 3,1: *Cur praecepit vobis Deus ut non comederetis de omni ligno paradisi?* Secundo, de inani gloria, cum dixit: *Aperientur oculi vestri*. Tertio, perduxit tentationem ad extremam superbiam, cum dixit: *Eritis sicut dii, scientes bonum et malum*.
Et hunc etiam tentandi ordinem servavit in Christo. Nam primo tentavit ipsum de eo quod appetunt quantumcumque spirituales viri: scilicet de sustentatione corporalis naturae per cibum. Secundo, processit ad id in quo spirituales viri quandoque deficiunt, ut scilicet aliqua ad ostentationem operentur: quod pertinet ad inanem gloriam. Tertio, perduxit tentationem ad id quod iam non est spiritualium virorum, sed carnalium: scilicet ut divitias et gloriam mundi concupiscant *usque ad contemptum Dei*. Et ideo in primis duabus tentationibus dixit, *si Filius Dei es*: non autem in tertia, quae non potest spiritualibus convenire viris, qui sunt per adoptionem filii Dei, sicut et duae primae.
His autem tentationibus Christus restitit testimoniis legis, non potestate virtutis: *ut hoc ipso et hominem plus honoraret, et adversarium plus puniret, cum hostis generis humani non quasi a Deo, sed quasi ab homine vinceretur* sicut dicit Leo Papa[6].

AD PRIMUM ergo dicendum quod uti necessariis ad sustentationem non est peccatum gulae: sed quod ex desiderio huius sustentationis homo aliquid inordinatum faciat, ad vitium gulae pertinere potest. Est autem inordinatum quod aliquis, ubi potest haberi recursus ad humana subsidia, pro solo corpore sustentando miraculose sibi cibum quaerere velit. Unde et Dominus filiis Israel miraculose manna praebuit in deserto, ubi aliunde cibus haberi non potuit. Et similiter Christus in deserto turbas pavit miraculose, ubi aliter cibi haberi non poterant. Sed Christus ad subveniendum fami poterat aliter sibi providere quam miracula faciendo: sicut et Ioannes Baptista fecit, ut legitur Mt 3,4; vel etiam ad loca proxima properando. Et ideo reputabat diabolus quod Christus peccaret, si ad subveniendum fami miracula facere attentaret, si esset purus homo.

vêm depois, levando a pessoa a toda a insensatez, a confundem com um clamor bestial".
Foi precisamente este o modo que o diabo observou ao tentar o primeiro homem. Primeiro provocou-o com a comida da árvore proibida: "É verdade que Deus vos disse: 'Não comais de nenhuma das árvores do jardim'?" Segundo, incitou-o à vanglória dizendo: "Os vossos olhos se abrirão". Terceiro, propôs-lhe a tentação de extrema soberba: "Sereis como Deus, conhecedores do bem e do mal".
O mesmo modo observou ao tentar Cristo. Primeiro tentou-o a respeito do que moderadamente desejam as pessoas espirituais, isto é, o sustento do corpo pelo alimento. Segundo, passou àquilo em que as pessoas espirituais algumas vezes falham, a saber, fazer alguma coisa por ostentação; o que pertence à vanglória. Terceiro, propôs-lhe uma tentação própria não mais de pessoas espirituais, senão de carnais, isto é, a ambição de riquezas e de glória mundana "até o desprezo de Deus". Por isso, nas duas primeiras tentações disse "se és o Filho de Deus"; não já na terceira, uma vez que esta tentação não pode convir a pessoas espirituais, que são filhas de Deus por adoção.
A essas tentações Cristo resistiu com os testemunhos da lei, não com a força da virtude. O papa Leão comenta: "Cristo assim agiu não só para mais honrar o homem, mas também para mais punir o adversário, uma vez que o inimigo do gênero humano seria vencido não como por Deus, mas como pelo próprio homem".

QUANTO AO 1º, portanto, deve-se dizer que não é pecado de gula servir-se do que é necessário para o sustento, mas pode pertencer ao vício da gula fazer algo desordenado em vista deste sustento. Ora, é desordenado que alguém, para sustentar o corpo, podendo recorrer a auxílios humanos, queira procurar para si alimento miraculosamente. No deserto, onde não era possível encontrar alimento de outra maneira, o Senhor proporcionou miraculosamente o maná aos filhos de Israel. Do mesmo modo Cristo alimentou miraculosamente as multidões no deserto. Mas para acudir à própria fome, Cristo poderia prover de outra maneira, que não fazendo um milagre, quer fazendo como João Batista, como se lê no Evangelho de Mateus, quer dirigindo-se às aldeias próximas. Por isso, pensava o diabo que Cristo, se fosse apenas um homem, pecaria se tentasse fazer um milagre para matar a fome.

---

6. *Sermones*, serm. 39 (1 *de Quadrag.*), c. 3: ML 54, 265 A.

AD SECUNDUM dicendum quod per humiliationem exteriorem frequenter quaerit aliquis gloriam qua exaltetur circa spiritualia bona. Unde Augustinus dicit, in libro *de Sermone Domini in Monte*[7]: *Animadvertendum est non in solo rerum corporearum nitore atque pompa, sed etiam in ipsis sordibus lutosis esse posse iactantiam*. Et ad hoc significandum, diabolus Christo suasit ut, ad quaerendum gloriam spiritualem, corporaliter mitteret se deorsum.

AD TERTIUM dicendum quod divitias et honores mundi appetere peccatum est, quando huiusmodi inordinate appetuntur. Hoc autem praecipue manifestatur ex hoc quod pro huiusmodi adipiscendis homo aliquid inhonestum facit. Et ideo non fuit contentus diabolus persuadere cupiditatem divitiarum et honorum, sed induxit ad hoc quod propter huiusmodi adipiscenda Christus eum adoraret: quod est maximum scelus, et contra Deum. — Nec solum dixit, *si adoraveris me*, sed addidit, *si cadens*: quia, ut dicit Ambrosius[8], *habet ambitio domesticum periculum: ut enim dominetur aliis, prius servit; et curvatur obsequio ut honore donetur; et, dum vult esse sublimior, fit remissior*.

Et similiter etiam in praecedentibus tentationibus ex appetitu unius peccati in aliud peccatum inducere est conatus: sicut ex desiderio cibi conatus est inducere in vanitatem sine causa miracula faciendi; et ex cupiditate gloriae conatus est ducere ad tentandum Deum per praecipitium.

AD QUARTUM dicendum quod, sicut dicit Ambrosius, *super Luc.*[9], *non dixisset Scriptura quod, consummata omni tentatione*, diabolus recessit ab illo, *nisi in tribus praemissis esset omnium materia delictorum. Quia causae tentationum causae sunt cupiditatum*: scilicet *carnis oblectatio, spes gloriae, et aviditas potentiae*.

AD QUINTUM dicendum quod, sicut Augustinus dicit, in libro *de Consensu Evang.*[10], *incertum est quid prius factum sit: utrum regna terrae prius demonstrata sint ei, et postea in pinnaculum Templi locatus sit; aut hoc prius, et illud postea. Nihil tamen ad rem: dum omnia facta esse manifestum sit*. Videntur autem Evangelistae diversum ordinem tenuisse, quia quandoque ex inani gloria venitur ad cupiditatem, quandoque e converso.

QUANTO AO 2º, deve-se dizer que, muitas vezes, humilhando-se exteriormente, o que a pessoa procura é dar motivo para ser exaltada como pessoa espiritual. Diz Agostinho: "Deve-se advertir que não só na pompa e no esplendor, mas também na sordidez pode existir ostentação". Com este intuito, o diabo tentou persuadir Cristo a que, para buscar uma glória espiritual, se jogasse corporalmente abaixo.

QUANTO AO 3º, deve-se dizer que desejar riquezas e honras mundanas só é pecado se se desejam desordenadamente, o que se manifesta principalmente quando, para consegui-las, a pessoa faz algo desonesto. Assim, o diabo não se contentou com persuadir Cristo à cobiça de riquezas e honras, mas procurou induzi-lo a que, para consegui-las, o adorasse, o que é o maior dos crimes e contra Deus. — Não apenas disse "se me adorares", mas acrescentou "se, prostrando-te, me adorares". Diz Ambrósio: "A ambição tem dentro de si um mal: para dominar os outros, primeiro os serve; para obter honra, curva-se submissamente; querendo ser mais elevada, diminui-se".

Do mesmo modo, nas duas primeiras tentações, o diabo procurou, pelo desejo de um pecado, induzir a outro; na primeira, pelo desejo de alimento, procurou induzir Cristo à vaidade de fazer milagres sem razão; na segunda, pela cobiça de glória, procurou levá-lo a tentar a Deus precipitando-se do alto.

QUANTO AO 4º, deve-se dizer com Ambrósio que "a Escritura não diria que o diabo afastou-se dele depois de 'terminadas todas as tentações', se nelas não estivesse contida a matéria de todos os delitos, uma vez que as causas das tentações são as causas das concupiscências; a saber, o deleite da carne, a esperança de glória e a cobiça de poder".

QUANTO AO 5º, deve-se dizer com Agostinho que "não se sabe ao certo o que primeiro aconteceu, se primeiro foram mostrados a Cristo os reinos da terra e depois ele foi levado ao pináculo do templo, ou ao contrário. Mas isso não importa; sendo claro que todas essas coisas se deram. Parece que os evangelistas seguiram uma ordem diversa, porque às vezes da vanglória se vai à cobiça e às vezes o contrário.

---

7. L. II, c. 12, n. 41: ML 34, 1287.
8. *In Luc.*, l. IV, n. 31, super 4, 5: ML 15, 1621 C.
9. *Ibid.*, n. 35, super 4, 13: ML 15, 1622 C.
10. L. II, c. 16: ML 34, 1093-1094.

AD SEXTUM dicendum quod Christus, cum passus fuisset tentationis iniuriam, dicente sibi diabolo, *Si Filius Dei es, mitte te deorsum*, non est turbatus, nec diabolum increpavit. Quando vero diabolus Dei usurpavit sibi honorem, dicens, *Haec omnia tibi dabo si cadens adoraveris me*, exasperatus est et repulit eum, dicens, *Vade, Satanas*: ut nos illius discamus exemplo nostras quidem iniurias magnanimiter sustinere, Dei autem iniurias nec usque ad auditum sufferre.

AD SEPTIMUM dicendum quod, sicut Chrysostomus dicit[11], *diabolus sic Christum assumebat* (in pinnaculum Templi) *ut ab omnibus videretur: ipse autem, nesciente diabolo, sic agebat ut a nemine videretur.*
Quod autem dicit, *"Ostendit ei omnia regna mundi et gloriam eorum", non est intelligendum quod videret ipsa regna vel civitates vel populos, vel aurum vel argentum: sed partes in quibus unumquodque regnum vel civitas posita est, diabolus Christo digito demonstrabat, et uniuscuiusque regni honores et statum verbis exponebat.* — Vel, secundum Origenem[12], ostendit ei quomodo ipse per diversa vitia regnabat in mundo.

QUANTO AO 6º, deve-se dizer que Cristo, apesar de sofrer a injúria da tentação quando o diabo lhe disse "Se és o Filho de Deus, lança-te daqui abaixo", não se perturbou, nem repreendeu o diabo. Mas quando este usurpou para si a honra de Deus dizendo: "Tudo isto eu te darei se, prostrando-te, me adorares", Cristo exasperou-se e o repeliu dizendo: "Vai-te, Satanás". Para que aprendamos com seu exemplo a suportar com magnanimidade as ofensas dirigidas a nós, mas não tolerar sequer ouvir as injúrias feitas a Deus.

QUANTO AO 7º, deve-se dizer, como Crisóstomo, que "o diabo levou Cristo (ao pináculo do templo) para que fosse visto por todos, enquanto Cristo assim agia, sem que o diabo o soubesse, para que não fosse visto por ninguém".
Pela afirmação "Mostrou-lhe todos os reinos do mundo e a sua glória" não se deve entender que Cristo visse todos os reinos, cidades e povos, ou ouro ou prata; mas que o diabo apontava a Cristo os lugares onde se situavam os reinos e as cidades e lhe expunha as honras e o estado de cada um deles". — Ou então, como diz Orígenes, mostrou-lhe o diabo como por diversos vícios reinava no mundo[f].

---

11. *Opus imperf. in Matth.*, hom. 5, super 4, 5: MG 56, 665-666.
12. Homil. 30 *in Luc.*, super 4, 5: MG 13, 1877 B.

f. Toda esta questão sobre a tentação de Cristo é dominada pela ideia de que Jesus quis viver por si mesmo a tentação que estaria sempre ameaçando seus discípulos. E a importância que assume o deserto nos relatos evangélicos levou os Padres a analisar — com que penetração! — as tentações que ameaçam o homem espiritual assim que ele abandona tudo e se retira de tudo para viver de Deus e com Deus. Hoje nos inclinaríamos a interpretar as três tentações de Jesus como relativas à verdadeira natureza de seu papel messiânico: tratar-se-ia da tentação de um "messianismo temporal". Essa interpretação não retira da tentação de Cristo o valor de protótipo das tentações dos discípulos, mas de maneira que concerne mais particularmente aos apóstolos e aos que tiverem que continuar a obra de Cristo.

QUAESTIO XLII
DE DOCTRINA CHRISTI
in quatuor articulos divisa
Deinde considerandum est de doctrina Christi.

Et circa hoc quaeruntur quatuor.
Primo: utrum Christus debuerit praedicare solum Iudaeis, vel etiam gentibus.
Secundo: utrum in sua praedicatione debuerit turbationes Iudaeorum vitare.
Tertio: utrum debuerit praedicare publice, vel occulte.

QUESTÃO 42
O ENSINAMENTO DE CRISTO
em quatro artigos
Em seguida, deve-se considerar o ensinamento de Cristo.
Sobre isso são quatro as perguntas:
1. Cristo devia pregar só aos judeus, ou também aos gentios?
2. Em sua pregação, devia evitar causar perturbação nos judeus?
3. Devia pregar pública ou ocultamente?

Quarto: utrum solum debuerit docere verbo, vel etiam scripto.
De tempore autem quo docere incoepit, supra dictum est, cum de baptismo eius ageretur.

4. Devia ensinar somente por palavra, ou também por escrito?
Do tempo em que começou a ensinar já se falou acima, quando se tratou de seu batismo[a].

ARTICULUS 1
Utrum Christus non solum Iudaeis, sed etiam gentibus debuerit praedicare

ARTIGO 1
Cristo devia pregar só aos judeus, ou também aos gentios?[b]

AD PRIMUM SIC PROCEDITUR. Videtur quod Christus non solum Iudaeis, sed etiam gentibus debuerit praedicare.

1. Dicitur enim Is 49,6: *Parum est ut sis mihi servus ad suscitandas tribus Israel et faeces Iacob convertendas: dedi te in lucem gentium, ut sis salus mea usque ad extrema terrae.* Sed lumen et salutem Christus praebuit per suam doctrinam. Ergo videtur parum fuisse si solum Iudaeis, et non gentibus praedicavit.

2. PRAETEREA, sicut dicitur Mt 7,29, *erat docens eos sicut potestatem habens.* Sed maior potestas doctrinae ostenditur in instructione illorum qui penitus nihil audierunt, quales erant gentiles: unde Apostolus dicit, Rm 15,20: *Sic praedicavi evangelium, non ubi nominatus est Christus: ne super alienum fundamentum aedificarem.* Ergo multo magis Christus praedicare debuit gentibus quam Iudaeis.

3. PRAETEREA, utilior est instructio multorum quam unius. Sed Christus aliquos gentilium instruxit: sicut mulierem Samaritanam, Io 4,7sqq., et Chananaeam, Mt 15,22sqq. Ergo videtur quod, multo fortius, Christus debuerit multitudini gentium praedicare.

SED CONTRA est quod Dominus dicit, Mt 15,24: *Non sum missus nisi ad oves quae perierunt domus Israel.* Sed Rm 10,15 dicitur: *Quomodo praedicabunt nisi mittantur?* Ergo Christus non debuit praedicare gentibus.

QUANTO AO PRIMEIRO ARTIGO, ASSIM SE PROCEDE: parece que Cristo devia pregar **não** só aos judeus, mas também aos gentios.

1. Com efeito, diz-se em Isaías: "É muito pouco seres o meu servo só para levantar as tribos de Israel e fazer voltar os sobreviventes de Jacó. E te fiz luz para as nações, para que sejas a minha salvação até os confins do mundo". Ora, Cristo trouxe a luz e a salvação por seu ensinamento. Logo, parece que seria muito pouco se tivesse pregado só aos judeus, e não aos gentios.

2. ALÉM DISSO, diz o Evangelho de Mateus: "Ele os ensinava como quem tem poder". Ora, maior poder se demonstra quando se ensina àqueles que nada jamais ouviram; tais eram os gentios. Por isso diz o Apóstolo: "Tive o cuidado de anunciar o evangelho somente onde Cristo ainda não era conhecido, a fim de não edificar sobre alicerce alheio". Logo, Cristo devia pregar muito mais aos gentios do que aos judeus.

3. ADEMAIS, é mais útil instruir muitos do que um só. Ora, Cristo instruiu alguns gentios, como a samaritana e a cananeia. Logo, parece que com muito maior razão devia pregar à multidão dos gentios.

EM SENTIDO CONTRÁRIO, disse o Senhor: "Eu fui enviado somente às ovelhas perdidas da casa de Israel". E a Carta aos Romanos: "Como proclamarão, se não houver enviados?" Portanto, Cristo não devia pregar aos gentios.

---

1 PARALL.: III *Sent.*, dist. 1, Expos. litt.; *in Matth.*, c. 10, 15; *ad Rom.*, c. 15, lect. 1.

a. Esta questão sobre o ensinamento de Cristo é efetivamente central neste conjunto que trata de sua vida pública, cuja razão de ser, ocupação, foi a pregação da Palavra, pregação que o levará à paixão e à morte.
É claro que nesta questão o que está em jogo não é o conteúdo da pregação de Cristo (algo de que a toda a teologia se ocupa), nem mesmo sua origem (o "Pai", a "Visão perfeita" que tem Jesus em sua alma humana), mas da maneira pela qual Cristo conduziu seu ministério da Palavra.

b. Sim, de fato, é a primeira questão que se põe. O Verbo se faz carne para revelar Deus ao mundo, a todos os homens, de todos os tempos. É por intermédio de sua fala humana que ele o faz. Ora, ele se instala em Israel. Ele diz "só ter sido enviado às ovelhas desgarradas da casa de Israel", ou seja, para reconduzir a Deus seu povo. E Sto. Tomás comenta essa fala espantosa com esta outra de S. Paulo: "Como pregar se não se foi enviado?" O que S. Paulo fez, ir aos pagãos, por que não o fez Jesus, uma vez rejeitado pelos judeus? Essa questão é a do destino do povo judeu na história da salvação.

RESPONDEO dicendum quod conveniens fuit praedicationem Christi, tam per ipsum quam per Apostolos, a principio solis Iudaeis exhiberi. Primo quidem, ut ostenderet per suum adventum impleri promissiones antiquitus factas Iudaeis, non autem gentilibus. Unde Apostolus dicit, Rm 15,8: *Dico Christum ministrum fuisse Circumcisionis*, idest apostolum et praedicatorem Iudaeorum, *propter veritatem Dei, ad confirmandas promissiones Patrum*.

Secundo, ut eius adventus ostenderetur esse a Deo. *Quae enim a Deo sunt, ordinata sunt*, ut dicitur Rm 13,1. Hoc autem debitus ordo exigebat, ut Iudaeis, qui Deo erant propinquiores per fidem et cultum unius Dei, prius quidem doctrina Christi proponeretur, et per eos transmitteretur ad gentes: sicut etiam et in caelesti hierarchia per superiores angelos ad inferiores divinae illuminationes deveniunt. Unde super illud Mt 15, *Non sum missus nisi ad oves quae perierunt domus Israel*, dicit Hieronymus[1]: *Non hoc dicit quin ad gentes missus sit: sed quod primum ad Israel missus est*. Unde et Is 66,19 dicitur: *Mittam ex eis qui salvati fuerint*, scilicet ex Iudaeis, *ad gentes, et annuntiabunt gloriam meam gentibus*.

Tertio, ut Iudaeis auferret calumniandi materiam. Unde super illud Mt 10,5, *In viam gentium ne abieritis*, dicit Hieronymus[2]: *Oportebat primum adventum Christi nuntiari Iudaeis, ne iustam haberent excusationem, dicentes ideo se Dominum reiecisse, quia ad gentes et Samaritanos Apostolos miserit*.

Quarto, quia Christus per crucis victoriam meruit potestatem et dominium super gentes. Unde dicitur Ap 2,26-28: *Qui vicerit, dabo ei potestatem super gentes: sicut et ego accepi a Patre meo*. Et Philp 2,8sqq., quod, quia *factus est obediens usque ad mortem crucis, Deus exaltavit illum, ut in nomine Iesu omne genu flectatur, et omnis lingua ei confiteatur*. Et ideo ante passionem suam noluit gentibus praedicari suam doctrinam: sed post passionem suam dixit discipulis, Mt 28,19: *Euntes,*

RESPONDO. Era conveniente que a pregação de Cristo, tanto a dele próprio, como a dos Apóstolos, fosse feita a princípio somente aos judeus. Em primeiro lugar, para mostrar que, com sua vinda, cumpriam-se as promessas feitas outrora aos judeus, não aos gentios. Por isso diz o Apóstolo: "Digo que Cristo tornou-se servo dos circuncisos", isto é, apóstolo e pregador dos judeus, "para mostrar que Deus é verdadeiro e cumpre as promessas feitas aos patriarcas".

Em segundo lugar, para que se visse que ele vinha de Deus. Lê-se na Carta aos Romanos: "As coisas que vêm de Deus são ordenadas". Ora, a boa ordem exigia que o ensinamento de Cristo fosse feito primeiro aos judeus, os quais eram mais próximos de Deus pela fé e pelo culto do único Deus, e por eles fosse transmitido aos gentios. Também na hierarquia celeste as iluminações divinas chegam aos anjos inferiores pelos superiores. Comentando o que se lê em Mateus: "Eu fui enviado somente às ovelhas perdidas da casa de Israel", diz Jerônimo: "Isto não quer dizer que Cristo não tenha sido enviado aos gentios, mas que foi enviado primeiro a Israel". Isaías diz: "Os sobreviventes", entenda-se dos judeus, "mandarei para as nações e eles anunciarão a minha glória às nações"[c].

Em terceiro lugar, para não dar aos judeus razão para caluniá-lo. Comentando o texto de Mateus: "Não deveis ir ao território dos gentios", diz Jerônimo: "Era preciso que a vinda de Cristo fosse anunciada primeiro aos judeus, a fim de que eles não pudessem desculpar-se justamente, dizendo que o Senhor os rejeitou, enviando os Apóstolos aos gentios e aos samaritanos".

Em quarto lugar, porque, pela vitória da cruz, Cristo mereceu o poder e o domínio sobre os gentios. Diz o Apocalipse: "Ao vencedor darei poder sobre as nações, como o recebi de meu Pai". E a Carta aos Filipenses: "Fez-se obediente até a morte de cruz e Deus o exaltou, para que em Nome de Jesus todo joelho se dobre e toda língua o confesse". Assim, Cristo não quis que sua doutrina fosse pregada aos gentios antes de sua paixão; mas depois dela disse aos discípulos:

---

1. *In Matth.*, l. II, super 15, 24: ML 26, 110 A.
2. *In Matth.*, l. I, super 10, 5: ML 26, 62 B.

c. Esta segunda razão desenvolve a primeira. Deus só podia, ao encarnar, permanecer fiel a si mesmo e ao povo no qual e pelo qual se haviam preparado a Encarnação e a Revelação totais. E isto fazendo desse povo mediador da Revelação universal pela própria superação de sua singularidade. "A ordem da Revelação queria que o ensinamento de Cristo fosse primeiramente proposto aos judeus, para ser em seguida transmitido por eles aos pagãos." E isso mediante uma aplicação do grande princípio da economia divina, que é o de se realizar de forma cada vez mais próxima pelas mediações por ela suscitadas: "Deus tinha tornado os judeus mais próximos dele por sua fé e seu culto monoteísta".

docete omnes gentes. Propter quod, ut legitur Io 12,20sqq., cum, imminente passione, quidam gentiles vellent videre Iesum, respondit: *Nisi granum frumenti cadens in terram mortuum fuerit, ipsum solum manet: si autem mortuum fuerit, multum fructum affert*. Et, sicut Augustinus dicit ibidem[3], *se dicebat granum mortificandum in infidelitate Iudaeorum, multiplicandum in fide populorum*.

AD PRIMUM ergo dicendum quod Christus fuit in lumen et salutem gentium per discipulos suos, quos ad praedicandum gentibus misit.

AD SECUNDUM dicendum quod non est minoris potestatis, sed maioris, facere aliquid per alios, quam per seipsum. Et ideo in hoc maxime potestas divina in Christo monstrata est, quod discipulis suis tantam virtutem contulit in docendo, ut gentes, quae nihil de Christo audierant, converterent ad ipsum.

Potestas autem Christi in docendo attenditur et quantum ad miracula, per quae doctrinam suam confirmabat; et quantum ad efficaciam persuadendi; et quantum ad auctoritatem loquentis, quia loquebatur quasi dominium habens super legem, cum diceret, *Ego autem dico vobis*; et etiam quantum ad virtutem rectitudinis quam in sua conversatione monstrabat, sine peccato vivendo.

AD TERTIUM dicendum quod, sicut Christus non debuit a principio indifferenter gentilibus suam doctrinam communicare, ut Iudaeis tanquam primogenito populo deditus observaretur; ita etiam non debuit gentiles omnino repellere, ne spes salutis eis praecluderetur. Et propter hoc aliqui gentilium particulariter sunt admissi, propter excellentiam fidei et devotionis eorum.

ARTICULUS 2
Utrum Christus debuerit Iudaeis sine eorum offensione praedicare

AD SECUNDUM SIC PROCEDITUR. Videtur quod Christus debuerit Iudaeis sine eorum offensione praedicare.

"Ide e ensinai a todas as nações". Por isso, como se lê no Evangelho de João, estando próxima a paixão, quando alguns gentios quiseram vê-lo, Jesus respondeu: "Se o grão de trigo que cai na terra não morre, fica só; mas se morre, produz muito fruto". Agostinho comenta: "Jesus se dizia um grão que devia morrer pela infidelidade dos judeus e multiplicar-se pela fé dos povos"[d].

QUANTO AO 1º, portanto, deve-se dizer que Cristo foi luz e salvação para os gentios por meio de seus discípulos, os quais enviou a pregar aos gentios.

QUANTO AO 2º, deve-se dizer que não é menor poder, senão maior, realizar algo por meio de outros do que por si mesmo. Assim, o poder divino se manifestou em Cristo principalmente por ter concedido aos discípulos tanta autoridade que converteram a ele os gentios, que dele nunca tinham ouvido falar.

O poder de Cristo ao ensinar se vê seja pelos milagres com que confirmava a doutrina, seja pela eficácia com que persuadia, seja pela autoridade com que falava, pois o fazia como quem tinha domínio sobre a lei, afirmando: "Eu, porém, vos digo", seja finalmente pela retidão de seu proceder, vivendo sem pecado.

QUANTO AO 3º, deve-se dizer que assim como Cristo não devia desde o princípio comunicar indiferentemente sua doutrina aos gentios, para que fosse guardada a devida consideração aos judeus como ao povo primogênito, também não devia repelir totalmente os gentios, para não lhes fechar a esperança da salvação. Por essa razão, foram admitidos particularmente alguns gentios, pela excelência de sua fé e devoção.

ARTIGO 2
Cristo devia pregar aos judeus sem escandalizá-los?[e]

QUANTO AO SEGUNDO, ASSIM SE PROCEDE: parece que Cristo **deveria** pregar aos judeus sem escandalizá-los.

---

3. *In Ioan.*, tract. 51, n. 9, super 12, 20: ML 35, 1766.

2 PARALL.: II-II, q. 43, a. 7; *in Matth.*, c. 15.

d. Por que era necessária a morte de Cristo ("se o grão não morre") e que ela se devesse à rejeição de sua doutrina pelos judeus, para que sua doutrina pudesse se dirigir total e livremente aos pagãos? — Para que fosse primeiramente vencido o obstáculo a toda adesão a Cristo, fosse por parte dos pagãos, fosse por parte dos próprios judeus, obstáculo que é o pecado do homem. E, para que, ressuscitado e exaltado na glória, ele aja com toda a sua força pela palavra de seus apóstolos.

e. Mas então não teria sido preciso falar de outro modo aos judeus? Questão bem moderna. Cristo não foi de encontro aos judeus, escandalizando-os, tornando impossível sua adesão? Tal como nos é relatado seu ensinamento, podia ser aceito por aqueles? A resposta de Sto. Tomás será radical: Jesus só podia pregar a verdade contra o que ensinavam e praticavam os fariseus, quaisquer que fossem suas desculpas, às quais se referirá S. Paulo.

1. Quia, ut Augustinus dicit, in libro *de Agone Christiano*[1], *in homine Iesu Christo se nobis ad exemplum vitae praebuit Filius Dei*. Sed nos debemus vitare offensionem, non solum fidelium, sed etiam infidelium: secundum illud 1Cor 10,32: *Sine offensione estote Iudaeis et gentibus et Ecclesiae Dei*. Ergo videtur quod etiam Christus in sua doctrina offensionem Iudaeorum vitare debuerit.

2. Praeterea, nullus sapiens debet facere unde effectum sui operis impediat. Sed per hoc quod sua doctrina Christus Iudaeos turbavit, impediebatur effectus doctrinae eius: dicitur enim Lc 11,53-54, quod, cum Dominus Pharisaeos et scribas reprehenderet, *coeperunt graviter insistere, et os eius opprimere de multis, insidiantes ei et quaerentes aliquid capere ex ore eius ut accusarent eum*. Non ergo videtur conveniens fuisse quod eos in sua doctrina offenderet.

3. Praeterea, Apostolus dicit, 1Ti 5,1: *Seniorem ne increpaveris, sed obsecra ut patrem*. Sed sacerdotes et principes Iudaeorum erant illius populi seniores. Ergo videtur quod non fuerint duris increpationibus arguendi.

Sed contra est quod Is 8,14 fuerat prophetatum quod Christus esset *in lapidem offensionis et petram scandali duabus domibus Israel*.

Respondeo dicendum quod salus multitudinis est praeferenda paci quorumcumque singularium hominum. Et ideo, quando aliqui sua perversitate multitudinis salutem impediunt, non est timenda eorum offensio a praedicatore vel doctore, ad hoc quod multitudinis saluti provideat. Scribae autem et Pharisaei et principes Iudaeorum sui malitia plurimum impediebant populi salutem: tum quia repugnabant Christi doctrinae, per quam solam poterat esse salus; tum etiam quia pravis suis moribus vitam populi corrumpebant. Et ideo Dominus, non obstante offensione eorum, publice veritatem docebat, quam illi odiebant, et eorum vitia arguebat. Et ideo dicitur, Mt 15,12-14, quod, discipulis Domino dicentibus, *Scis quia Iudaei, audito hoc verbo, scandalizati sunt?* respondit: *Sinite illos. Caeci sunt duces caecorum. Si caecus caeco ducatum praestet, ambo in foveam cadunt*.

Ad primum ergo dicendum quod homo sic debet esse sine offensione omnibus ut nulli det suo facto vel dicto minus recto occasionem ruinae.

1. Porque, como diz Agostinho: "No homem Jesus Cristo, o Filho de Deus se apresentou a nós como exemplo de vida". Ora, nós devemos evitar ser escândalo não só para os fiéis, mas também para os infiéis, como diz a primeira Carta aos Coríntios: "Não sejais motivo de escândalo para ninguém, judeus, gregos ou a Igreja de Deus". Logo, parece que também Cristo em seu ensinamento devia evitar escandalizar os judeus.

2. Além disso, nenhuma pessoa sensata faz algo que impeça o efeito de sua ação. Ora, perturbando os judeus com seu ensinamento, Cristo impedia o efeito dele. Diz o Evangelho de Lucas que, repreendendo o Senhor os fariseus e os escribas, estes "começaram a importuná-lo e a provocá-lo em muitos pontos, armando ciladas para apanhá-lo em suas próprias palavras". Logo, parece que não era conveniente que Cristo os escandalizasse com seu ensinamento.

3. Ademais, diz o Apóstolo: "A um mais velho não repreendas, mas exorta como a um pai.". Ora, os sacerdotes e os principais dos judeus eram os mais velhos daquele povo. Logo, parece portanto, que não deviam ser arguidos com duras interpelações.

Em sentido contrário, foi profetizado por Isaías que Cristo seria "uma pedra de escândalo para as duas casas de Israel".

Respondo. A salvação da multidão deve ser preferida à tranquilidade de qualquer pessoa particular. Por isso, quando alguém, com sua perversidade, impede a salvação da multidão, o pregador ou o mestre não devem temer escandalizá-lo, a fim de atender à salvação da multidão. Ora, os escribas, os fariseus e os principais dos judeus, com sua malícia, muito impediam a salvação do povo, seja porque rejeitavam o ensinamento de Cristo, que era o único caminho da salvação, seja porque, com seus maus costumes, corrompiam a vida do povo. Por isso, não obstante o escândalo deles, o Senhor ensinava publicamente a verdade que eles odiavam, e arguía os seus vícios. Assim, no Evangelho de Mateus se diz que, quando os discípulos disseram ao Senhor: "Sabes que os fariseus ficaram indignados ao ouvir as tuas palavras?", ele respondeu: "Deixai-os. São cegos guiando cegos. Se um cego guia outro cego, os dois caem no buraco".

Quanto ao 1º, portanto, deve-se dizer que cada qual deve falar e proceder de tal modo que não seja ocasião de perdição para ninguém. "Mas

---

1. C. 11: ML 40, 298.

Si tamen de veritate scandalum oritur, magis est sustinendum scandalum quam veritas relinquatur, ut Gregorius dicit[2].

AD SECUNDUM dicendum quod per hoc quod Christus publice scribas et Pharisaeos arguebat, non impedivit, sed magis promovit effectum suae doctrinae. Quia cum eorum vitia populo innotescebant, minus avertebatur a Christo propter verba scribarum et Pharisaeorum, qui semper doctrinae Christi obsistebant.

AD TERTIUM dicendum quod illud verbum Apostoli est intelligendum de illis senioribus qui non solum aetate vel auctoritate, sed etiam honestate sunt senes: secundum illud Nm 11,16, *Congrega mihi septuaginta viros de senioribus Israel, quos tu nosti quod senes populi sint*. Si autem auctoritatem senectutis in instrumentum malitiae vertant publice peccando, sunt manifeste et acriter arguendi: sicut et Daniel dixit, Dn 13,52: *Inveterate dierum malorum*, etc.

se, como diz Gregório, da verdade nasce algum escândalo, antes se deve permitir o escândalo que deixar a verdade".

QUANTO AO 2º, deve-se dizer que Cristo, repreendendo publicamente os escribas e os fariseus, não só não impediu, mas antes favoreceu o efeito de seu ensinamento. Porque assim o povo, conhecendo os vícios dos escribas e dos fariseus, menos se afastava de Cristo por causa das palavras deles, que sempre resistiam ao ensinamento de Cristo.

QUANTO AO 3º, deve-se dizer que as palavras do Apóstolo devem ser entendidas no sentido dos mais velhos que o são não apenas pela idade e autoridade, mas também pela probidade. Diz-se no livro dos Números: "Reúne-me setenta homens dentre os anciãos de Israel, que tu conheces como sendo anciãos do povo". Mas se, prevaricando publicamente, os anciãos fazem da autoridade da velhice um instrumento de malícia, devem ser aberta e severamente repreendidos, como se lê em Daniel: "Ó homem envelhecido na malícia etc."

ARTICULUS 3
Utrum Christus omnia publice docere debuerit

AD TERTIUM SIC PROCEDITUR. Videtur quod Christus non omnia publice docere debuit.

1. Legitur enim multa seorsum discipulis dixisse: sicut patet in sermone Caenae. Unde et Mt 10,27 dixit: *Quod in aure audistis in cubilibus, praedicabitur in tectis*. Non ergo omnia publice docuit.

2. PRAETEREA, profunda sapientiae non sunt nisi perfectis exponenda: secundum illud 1Cor 2,6: *Sapientiam loquimur inter perfectos*. Sed doctrina Christi continebat profundissimam sapientiam. Non ergo erat imperfectae multitudini communicanda.

3. PRAETEREA, idem est veritatem aliquam occultare silentio, et obscuritate verborum. Sed Christus veritatem quam praedicabat, occultabat turbis obscuritate verborum: quia *sine parabolis non loquebatur ad eos*, ut dicitur Mt 13,34. Ergo pari ratione poterat occultari silentio.

ARTIGO 3
Cristo devia ensinar tudo publicamente?

QUANTO AO TERCEIRO, ASSIM SE PROCEDE: parece que Cristo **não** devia ensinar tudo publicamente.

1. Com efeito, lê-se que Cristo disse muitas coisas aos discípulos reservadamente, como na última Ceia. Por isso também o Evangelho de Mateus diz: "O que escutais ao pé do ouvido, proclamai-o sobre os telhados". Logo, Cristo não ensinou tudo publicamente.

2. ALÉM DISSO, as coisas profundas de sabedoria devem ser comunicadas somente aos perfeitos, como se diz na primeira Carta aos Coríntios: "Entre os fiéis plenamente instruídos falamos de sabedoria". Ora, o ensinamento de Cristo continha uma profundíssima sabedoria. Por isso, não devia ser comunicado à turba imperfeita.

3. ADEMAIS, ocultar a verdade com o silêncio é o mesmo que ocultá-la com a obscuridade das palavras. Ora, a verdade que pregava, Cristo a ocultava às turbas com a obscuridade das palavras, pois "nada lhes falava sem usar de parábolas", como se lê no Evangelho de Mateus. Logo, pela mesma razão poderia ocultá-las com o silêncio.

---

2. *In Ezechiel.*, hom. 7, n. 5: ML 76, 842 C.

SED CONTRA est quod ipse dicit, Io 18,20: *In occulto locutus sum nihil*.

RESPONDEO dicendum quod doctrina alicuius potest esse in occulto tripliciter. Uno modo, quantum ad intentionem docentis, qui intendit suam doctrinam non manifestare multis, sed magis occultare. Quod quidem contingit dupliciter. Quandoque ex invidia docentis, qui vult per suam scientiam excellere, et ideo scientiam suam non vult aliis communicare. Quod in Christo locum non habuit, ex cuius persona dicitur, Sap 7,13: *Quam sine fictione didici, et sine invidia communico, et honestatem illius non abscondo*.

Quandoque vero hoc contingit propter inhonestatem eorum quae docentur: sicut Augustinus dicit, *super Ioan*.[1], quod *quaedam sunt mala quae portare non potest qualiscumque pudor humanus*. Unde de doctrina haereticorum dicitur, Pr 9,17: *Aquae furtivae dulciores sunt*. Doctrina autem Christi non est neque de errore neque de immunditia. Et ideo Dominus dicit, Marci 4,21: *Numquid venit lucerna*, idest vera et honesta doctrina, *ut sub modio ponatur?*

Alio modo aliqua doctrina est in occulto, quia paucis proponitur. Et sic etiam Christus nihil docuit in occulto: quia omnem doctrinam suam vel turbae toti proposuit, vel omnibus suis discipulis in communi. Unde Augustinus dicit, *super Ioan*.[2]: *Quis in occulto loquitur, cum coram tot hominibus loquitur? Praesertim si hoc loquitur paucis, quod per eos velit innotescere multis?*

Tertio modo aliqua doctrina est in occulto, quantum ad modum docendi. Et sic Christus quaedam turbis loquebatur in occulto, parabolis utens ad annuntianda spiritualia mysteria, ad quae capienda non erant idonei vel digni. Et tamen melius erat eis vel sic, sub tegumento parabolarum, spiritualium doctrinam audire, quam omnino ea privari. Harum tamen parabolarum apertam et nudam veritatem Dominus discipulis exponebat, per quos deveniret ad alios, qui essent idonei: secundum illud 2Ti 2,2: *Quae audisti a me per multos testes, haec commenda fidelibus hominibus, qui idonei erunt et alios docere*. Et hoc significatum est Nm 4,5sqq., ubi mandatur quod filii Aaron involverent vasa sanctuarii, quae Levitae involuta portarent.

EM SENTIDO CONTRÁRIO, o próprio Cristo afirmou: "Nada falei às escondidas".

RESPONDO. O ensinamento de alguém pode permanecer oculto de três modos: primeiro, pela intenção de quem ensina, quando pretende não comunicar o seu ensinamento a muitos, antes ocultá-lo. E isto pode acontecer por dois motivos: às vezes, por ciúme, por querer ser melhor na ciência e por isso não querer transmiti-la aos outros, o que não se verificou em Cristo, em cujo nome diz o livro da Sabedoria: "Aprendi-a sem falsidade e reparto-a sem inveja; não escondo sua dignidade".

Outras vezes, devido à indecência do assunto. Agostinho diz, comentando João, que "certas indecências não as pode suportar nenhum pudor humano". Por isso, no livro dos Provérbios se diz do ensinamento dos hereges: "As águas furtivas são mais doces". Ora, o ensinamento de Cristo não era de erro, nem de impureza. Diz o Senhor: "Será que a lâmpada vem", isto é a verdadeira e pura doutrina, "para ser colocada debaixo de um alqueire?"

De outro modo pode um ensinamento permanecer oculto, a saber, por ser comunicado a poucos. Ora, Cristo nada ensinou ocultamente, pois comunicou sua doutrina seja a toda a multidão, seja a todos os seus discípulos em comum. Diz Agostinho: "Falar diante de muitos é falar ocultamente? Especialmente quando, falando a poucos, pretende-se por meio deles comunicar a muitos?"

De um terceiro modo pode um ensinamento permanecer oculto, a saber, pelo modo como é ensinado. Ora, Cristo ensinou algumas coisas ocultamente, servindo-se de parábolas para falar de mistérios espirituais, porque os ouvintes ou não eram capazes ou não eram dignos de os entender. Ainda assim, era melhor para eles ouvir a doutrina espiritual sob o manto das parábolas do que serem dela inteiramente privados. Mas aos discípulos o Senhor expunha aberta e claramente a verdade das parábolas a fim de que, por eles, chegasse aos que fossem capazes. Diz a segunda Carta a Timóteo: "O que ouviste de mim na presença de numerosas testemunhas, transmite-o a pessoas de confiança, que sejam capazes de ensinar a outros". Isso foi significado no livro dos Números, onde se mandava que os filhos de Aarão envolvessem com um véu os objetos do santuário que os levitas deviam levar.

---

1. Tract. 96, n. 5, super 16, 12: ML 35, 1877.
2. Tract. 113, n. 3, super 18, 13: ML 35, 1934.

AD PRIMUM ergo dicendum quod, sicut Hilarius dicit, *super Matth*.[3], exponens illud verbum inductum, *non legimus Dominum solitum fuisse noctibus sermocinari, et doctrinam in tenebris tradidisse: sed hoc dicit, quia omnis sermo eius carnalibus tenebrae sunt, et verbum eius infidelibus nox est. Itaque quod ab eo dictum est, inter infideles cum libertate fidei et confessionis est loquendum.*

Vel, secundum Hieronymum[4], comparative loquitur, quia videlicet erudiebat eos in parvo Iudaeae loco, respectu totius mundi, in quo erat per Apostolorum praedicationem doctrina Christi publicanda.

AD SECUNDUM dicendum quod Dominus non omnia profunda suae sapientiae sua doctrina manifestavit, non solum turbis, sed nec etiam discipulis, quibus dixit, Io 16,12: *Adhuc habeo vobis multa dicere, quae non potestis portare modo*. Sed tamen quaecumque dignum dixit aliis tradere de sua sapientia, non in occulto, sed palam proposuit: licet non ab omnibus intelligeretur. Unde Augustinus dicit, *super Ioan*.[5]: *Intelligendum est ita dixisse Dominum, "Palam locutus sum mundo", ac si dixisset, "Multi me audierunt". Et rursus non erat palam: quia non intelligebant.*

AD TERTIUM dicendum, quod turbis Dominus in parabolis loquebatur, sicut dictum est[6], quia non erant digni nec idonei nudam veritatem accipere, quam discipulis exponebat.

Quod autem dicitur quod *sine parabolis non loquebatur eis*, secundum Chrysostomum[7] intelligendum est quantum ad illum sermonem: quamvis alias et sine parabolis multa turbis locutus fuerit. — Vel, secundum Augustinum, in libro *de Quaest. Evang*.[8], hoc dicitur, *non quia nihil proprie locutus est: sed quia nullum fere sermonem explicavit ubi non per parabolam aliquid significaverit, quamvis in eo aliqua proprie dixerit*.

QUANTO AO 1º, portanto, deve-se dizer com Hilário, comentando o texto referido de Mateus: "Não lemos que o Senhor costumasse pregar à noite ou que tenha ensinado nas trevas. Esta frase significa que suas palavras eram trevas para os carnais e noite para os infiéis. Por conseguinte, o seu ensinamento deve ser comunicado aos infiéis com a liberdade da fé e do testemunho".

Jerônimo opina que a frase é dita comparativamente, pois os ensinava na Judeia, lugar pequeno se comparado a todo o mundo no qual o ensinamento de Cristo devia ser proclamado pela pregação dos Apóstolos.

QUANTO AO 2º, deve-se dizer que, não só às multidões, mas nem mesmo aos discípulos, o Senhor comunicou toda a profundeza de sua sabedoria. De fato, ele disse aos discípulos: "Tenho ainda muitas coisas a vos dizer, mas não sois capazes de compreender agora". O que julgou que podia transmitir, não o ocultou, antes o comunicou abertamente, embora nem todos entendessem. Agostinho diz, comentando a afirmação do Evangelho de João: "'Falei abertamente ao mundo', como se dissesse: 'muitos me ouviram'. Mas ao mesmo tempo não era abertamente, pois eles não entendiam"[f].

QUANTO AO 3º, deve-se dizer, como acima, que o Senhor falava às multidões por parábolas porque eles não eram dignos nem capazes de acolher a verdade pura, que ele expunha aos discípulos.

Por outro lado, quando se diz que "nada lhes falava sem usar parábolas" deve-se entender, segundo Crisóstomo, quanto ao que acabava de expor; em outras ocasiões, de fato, o Senhor disse muitas coisas às multidões sem usar parábolas". Igualmente, segundo Agostinho, isso se diz "não porque nunca tenha falado propriamente, mas porque quase nunca pronunciou um sermão em que não significasse algo por alguma parábola, ainda que dissesse nele algumas coisas em sentido próprio".

---

3. C. 10, n. 17: ML 9, 972 C.
4. *In Matth.*, l. I, super 10, 27: ML 26, 66 A.
5. Tract. 113, n. 3, super 18, 13: ML 35, 1934.
6. In corp.
7. Homil. 47, al. 48, *in Matth.*, n. 1: MG 58, 481.
8. *Quaest. XVII in Matth.*, q. 15, super 13, 34: ML 35, 1373-1374.

f. Não, não há nenhum ensinamento esotérico no Evangelho, e, por si, a doutrina é para todos. Onde Cristo falou a um pequeno número, era com o objetivo de que eles instruíssem os outros. No entanto, nem tudo era imediatamente compreensível para todos. O sentido de muitas das coisas que o Senhor afirmou explicitamente, que foram registradas na Escritura, que ele portanto ensinou "abertamente", só veio à luz aos poucos ao longo dos séculos, ou mesmo ao longo da vida de um crente, e jamais sem uma luz do Espírito Santo, "que vos lembrará tudo o que vos digo".

Articulus 4
Utrum Christus doctrinam suam debuerit scripto tradere

AD QUARTUM SIC PROCEDITUR. Videtur quod Christus doctrinam suam debuerit scripto tradere.

1. Scriptura enim inventa est ad hoc quod doctrina commendetur memoriae in futurum. Sed doctrina Christi duratura erat in aeternum: secundum illud Lc 21,33: *Caelum et terra transibunt: verba autem mea non transibunt*. Ergo videtur quod Christus doctrinam suam debuerit scripto mandare.

2. PRAETEREA, lex vetus in figura Christi praecessit: secundum illud Hb 10,1: *Umbram habet lex futurorum bonorum*. Sed lex vetus a Deo fuit descripta: secundum illud Ex 24,12: *Dabo tibi duas tabulas lapideas, et legem ac mandata quae scripsi*. Ergo videtur quod etiam Christus doctrinam suam scribere debuerit.

3. PRAETEREA, ad Christum, qui venerat *illuminare his qui in tenebris et in umbra mortis sedent*, ut dicitur Lc 1,79, pertinebat erroris occasionem excludere, et viam fidei aperire. Sed hoc fecisset doctrinam suam scribendo: dicit enim Augustinus, in I *de Consens. Evang.*[1], quod *solet nonnullos movere cur ipse Dominus nihil scripserit, ut aliis de illo scribentibus necesse sit credere. Hoc enim illi vel maxime pagani quaerunt qui Christum culpare aut blasphemare non audent, eique tribuunt excellentissimam sapientiam, sed tamen tanquam homini. Discipulos vero eius dicunt magistro suo amplius tribuisse quam erat: ut eum Filium Dei dicerent, et Verbum Dei, per quod facta sunt omnia*. Et postea subdit[2]: *Videntur parati fuisse hoc de illo credere quod de se ipse scripsisset: non quod alii de illo pro suo arbitrio praedicassent*. Ergo videtur quod Christus ipse doctrinam suam scripto tradere debuerit.

Artigo 4
Cristo devia expor seu ensinamento por escrito?[g]

QUANTO AO QUARTO, ASSIM SE PROCEDE: parece que Cristo **devia** comunicar seu ensinamento por escrito.

1. Com efeito, a escrita foi inventada para que o ensinamento se conservasse para o futuro. Ora, o ensinamento de Cristo devia durar eternamente, como se lê em no Evangelho de Lucas: "O céu e a terra passarão, mas as minhas palavras não passarão". Logo, parece que Cristo devia transmitir o seu ensinamento por escrito.

2. ALÉM DISSO, a lei antiga precedeu como figura de Cristo, como diz a Carta aos Hebreus: "A lei contém a sombra dos bens futuros". Ora, a lei Antiga foi escrita por Deus, como diz o Êxodo: "Dar-te-ei duas tábuas de pedra, a lei e os mandamentos que escrevi". Logo, parece que também Cristo devia escrever o seu ensinamento.

3. ADEMAIS, cabia a Cristo, que veio "para iluminar os que estão nas trevas e na sombra da morte", como se lê no Evangelho de Lucas, afastar a ocasião de erro e abrir o caminho da fé. Ora, isso haveria de fazer escrevendo o seu ensinamento. Diz Agostinho que "alguns ficam intrigados com o fato de Cristo nada ter escrito, de modo que seja necessário acreditar em outros que sobre ele escreveram. Isto acontece principalmente com alguns pagãos que não ousam culpar ou blasfemar Cristo e até lhe atribuem uma altíssima sabedoria, mas só enquanto homem. Dizem que os discípulos atribuem ao mestre mais do que ele era, dizendo que era o Filho de Deus e o Verbo de Deus pelo qual tudo foi feito". E acrescenta: "Parece que aqueles pagãos estariam dispostos a crer no que Cristo escrevesse de si mesmo, não no que outros disseram a respeito dele segundo o próprio arbítrio". Logo, parece que o próprio Cristo devia comunicar o seu ensinamento por escrito.

4
1. C. 7, n. 11: ML 34, 1047.
2. Ibid., n. 12: ML 34, 1047.

---

g. É verdade, porém, que Cristo teria podido ele próprio escrever sua doutrina. E por que só poder recebê-la da boca ou da pluma dos que o ouviram? A resposta de Sto. Tomás é notável. É o caráter essencialmente vivo da Revelação e de sua transmissão que é aqui destacado. O que melhor o resume é a resposta à objeção 2: o ensinamento de Cristo, que é a fé do Espírito de vida, devia ser escrito não com tinta, mas pelo Espírito do Deus vivo, não em tábuas de pedra, mas "em tábuas de carne, nos vossos corações" (2 Cor 3,3). Mais notável ainda é o apelo à superioridade da palavra de Cristo "que não podia encerrar-se num texto"... Se Cristo houvesse consignado sua doutrina por escrito, pensaríamos que não há nada de mais profundo do que o contido na formulação escrita.

SED CONTRA est quod nulli libri ab eo scripti habentur in canone Scripturae.

RESPONDEO dicendum conveniens fuisse Christum doctrinam suam non scripsisse. Primo quidem, propter dignitatem ipsius. Excellentiori enim doctori excellentior modus doctrinae debetur. Et ideo Christo, tanquam excellentissimo doctori, hic modus competebat, ut doctrinam suam auditorum cordibus imprimeret. Propter quod dicitur Mt 7,29, quod *erat docens eos sicut potestatem habens*. Unde etiam apud gentiles Pythagoras et Socrates, qui fuerunt excellentissimi doctores, nihil scribere voluerunt. Scripta enim ordinantur ad impressionem doctrinae in cordibus auditorum sicut ad finem.

Secundo, propter excellentiam doctrinae Christi quae litteris comprehendi non potest: secundum illud Io 21,25: *Sunt et alia multa quae fecit Iesus, quae si scribantur per singula, nec ipsum arbitror mundum capere eos qui scribendi sunt libros*. Quos, sicut Augustinus dicit[3], *non spatio locorum credendum est mundum capere non posse: sed capacitate legentium comprehendi non posse*. Si autem Christus scripto suam doctrinam mandasset, nihil altius de eius doctrina homines existimarent quam quod scriptura contineret.

Tertio, ut ordine quodam ab ipso doctrina ad omnes perveniret: dum ipse scilicet discipulos suos immediate docuit, qui postmodum alios verbo et scripto docuerunt. Si autem ipsemet scripsisset, eius doctrina immediate ad omnes pervenisset. Unde et de Sapientia dicitur, Pr 9,3, quod *misit ancillas suas vocare ad arcem*.

Sciendum tamen est, sicut Augustinus dicit, in I *de Consens. Evang.*[4], aliquos gentiles existimasse Christum quosdam libros scripsisse continentes quaedam magica, quibus miracula faciebat: quae disciplina Christiana condemnat. *Et tamen illi qui Christi libros tales se legisse affirmant, nulla talia faciunt qualia illum de libris talibus fecisse mirantur. Divino etiam iudicio sic errant ut eosdem libros ad Petrum et Paulum dicant tanquam*

EM SENTIDO CONTRÁRIO está o fato de não constar no cânon da Escritura nenhum livro escrito por Cristo.

RESPONDO. Convinha a Cristo não escrever o seu ensinamento. Em primeiro lugar, por causa de sua dignidade. Ao mais exímio doutor convém o melhor modo de ensinar. Portanto, a Cristo, como ao mais exímio dos doutores, convinha o melhor modo de ensinar, isto é, imprimindo o seu ensinamento no coração dos ouvintes. Diz o Evangelho de Mateus: "Ele os ensinava como quem tem autoridade". Igualmente, entre os pagãos, Pitágoras e Sócrates, que foram exímios doutores, nada quiseram escrever. As coisas se escrevem com o fim de serem impressas no coração dos ouvintes.

Em segundo lugar, por causa da excelência de seu ensinamento, que não pode ser contido em escritos, como se lê no Evangelho de João: "Jesus fez ainda muitas outras coisas. Se todas elas fossem escritas, creio que nem o mundo inteiro poderia conter os livros que seria preciso escrever". Diz Agostinho: "Não que o mundo inteiro não pudesse conter relativamente ao espaço, mas que a capacidade dos leitores não poderia abarcar". Se Cristo comunicasse o seu ensinamento por escrito, os homens haveriam de pensar a respeito de sua doutrina que nada mais profundo haveria do que o contido na escrita.

Em terceiro lugar, para que o seu ensinamento chegasse a todos com certa ordem, a saber, ele ensinando imediatamente os seus discípulos e estes transmitindo o ensinamento aos outros por palavra e por escrito. Se o próprio Cristo escrevesse, seu ensinamento chegaria imediatamente a todos. A respeito da Sabedoria, diz o livro dos Provérbios: "Enviou suas servas para proclamarem no mais alto da cidade"[h].

Agostinho refere que alguns pagãos julgavam que Cristo escreveu alguns livros de magia, pela qual fazia os milagres; o que é condenado pelo ensinamento cristão. "No entanto, os que afirmam ter lido tais livros, nada fazem igual ao que admiram ter ele feito com tais livros. Erram também, por divina disposição, ao dizer que estes livros são intitulados como cartas de Pedro e de Paulo, por terem visto em muitos lugares os dois

---

3. *In Ioan.*, tract. 124, n. 8, super 21, 25: ML 35, 1976.
4. C. 9; c. 10, nn. 15, 16: ML 34, 1049.

h. A mediação apostólica, e portanto eclesial, funda-se solidamente no fato de que nosso único vínculo com o Cristo histórico provém daqueles que foram os discípulos de seu ensinamento vivo, inseparável de sua pessoa.

epistolari titulo praenotatos, eo quod in pluribus locis simul eos cum Christo pictos viderunt. Nec mirum si a pingentibus fingentes decepti sunt. Toto enim tempore quo Christus in carne mortali cum suis discipulis vixit, nondum erat Paulus discipulus eius.

AD PRIMUM ergo dicendum quod, sicut Augustinus dicit, in eodem libro[5], *omnibus discipulis suis tanquam membris sui corporis Christus caput est. Itaque, cum illi scripserunt quae ille ostendit et dixit, nequaquam dicendum est quod ipse non scripserit. Quandoquidem membra eius id operata sunt quod, dictante capite, cognoverunt. Quidquid enim ille de suis factis et dictis nos legere voluit, hoc scribendum illis tanquam suis manibus imperavit.*

AD SECUNDUM dicendum quod, quia lex vetus in sensibilibus figuris dabatur, ideo etiam convenienter sensibilibus signis scripta fuit. Sed doctrina Christi, quae est *lex Spiritus vitae*, scribi debuit, *non atramento, sed Spiritu Dei vivi, non in talibus lapideis, sed in tabulis cordis carnalibus*, ut Apostolus dicit, 2Cor 3,3.

AD TERTIUM dicendum quod illi qui scripturae Apostolorum de Christo credere nolunt, nec ipsi Christo scribenti credidissent, de quo opinabantur quod magicis artibus fecisset miracula.

pintados ao lado de Cristo. Não admira que sejam enganados pela imaginação dos pintores. Na realidade, em todo o tempo que Cristo viveu em sua carne mortal junto a seus discípulos, Paulo ainda não era seu discípulo".

QUANTO AO 1º, deve-se dizer, com Agostinho, que "Cristo é a cabeça de todos seus discípulos, que são como membros de seu corpo. Por isso, tendo eles escrito o que Cristo fez e ensinou, não se pode dizer que ele nada escreveu absolutamente, uma vez que seus membros puseram por escrito o que a cabeça lhes ditou. Tudo o que Cristo quis que lêssemos a respeito de suas palavras e ações, ele lhes ordenou escrever, como se fossem suas mãos"[i].

QUANTO AO 2º, deve-se dizer que a lei antiga foi dada por meio de símbolos sensíveis, e assim foi também escrita por meio de sinais sensíveis. O ensinamento de Cristo, que é *a lei do Espírito de vida*, devia então ser escrita "não com tinta, mas com o Espírito do Deus vivo, gravada não em tábuas de pedra, mas em tábuas de carne que são os corações humanos", como diz o Apóstolo na segunda Carta aos Coríntios.

QUANTO AO 3º, deve-se dizer que aqueles que não querem acreditar no que os Apóstolos escreveram de Cristo também não haveriam de acreditar no que o próprio Cristo escrevesse, pois julgavam que ele fazia os milagres por artes mágicas.

---

5. C. 35, n. 54: ML 34, 1070.

i. A maneira pela qual Sto. Agostinho resolve o problema do caráter não-escrito da pregação de Jesus é igualmente notável e complementar ao que precede. Cristo, diz ele, não escreveu por si mesmo, mas por meio de seus apóstolos inspirados por seu Espírito: "Tudo o que ele quis que lêssemos a respeito de suas ações e palavras, ele lhes ordenou escrever, como se fossem suas mãos". Ao complementar Sto. Agostinho, afirmou que não são tanto por suas mãos que os evangelistas são instrumentos de Cristo, mas por tudo o que, no homem, concorre para o ato de compor e escrever, vê-se que tal pensamento ajuda bastante a resolver o problema dos *ipsissima verba Christi*.

QUAESTIO XLIII
DE MIRACULIS A CHRISTO FACTIS IN GENERALI
in quatuor articulos divisa

Deinde considerandum est de miraculis a Christo factis. Et primo, in generali; secundo, in speciali de singulis miraculorum generibus; tertio, in particulari de transfiguratione ipsius.

QUESTÃO 43
OS MILAGRES DE CRISTO EM GERAL[a]
em quatro artigos

Em seguida, devem-se considerar os milagres realizados por Cristo. E primeiro, em geral; segundo, em especial, os diversos gêneros dos milagres; terceiro, em particular, a transfiguração de Cristo.

---

a. O sentido de todo milagre sendo o de confirmar um ensinamento, estas três questões sobre os milagres de Cristo se vinculam evidentemente à que trata de seu ensinamento. Uma vez mais vemos o quanto Sto. Tomás é joanino: "As obras que o Pai me deu a fazer, são elas que dão testemunho de mim".

Circa primum quaeruntur quatuor.
Primo: utrum Christus debuerit miracula facere.
Secundo: utrum fecerit ea virtute divina.
Tertio: quo tempore incoeperit miracula facere.
Quarto: utrum per miracula fuerit sufficienter ostensa eius divinitas.

Articulus 1
Utrum Christus miracula facere debuerit

AD PRIMUM SIC PROCEDITUR. Videtur quod Christus miracula facere non debuit.
1. Factum enim Christi verbo ipsius debuit concordare. Sed ipse dixit, Mt 16,4: *Generatio mala et adultera signum quaerit: et signum non dabitur ei, nisi signum Ionae Prophetae.* Ergo non debuit miracula facere.
2. PRAETEREA, sicut Christus in secundo adventu venturus est *in virtute magna et maiestate*, ut dicitur Mt 24,30; ita in primo adventu venit in infirmitate, secundum illud Is 53,3: *Virum dolorum et scientem infirmitatem.* Sed operatio miraculorum magis pertinet ad virtutem quam ad infirmitatem. Ergo non fuit conveniens ut in primo adventu miracula faceret.
3. PRAETEREA, Christus venit ad hoc ut per fidem homines salvaret: secundum illud Hb 12,2: *Aspicientes in auctorem fidei et consummatorem, Iesum.* Sed miracula diminuunt meritum fidei: unde Dominus dicit, Io 4,48: *Nisi signa et prodigia videritis, non creditis.* Ergo videtur quod Christus non debuerit miracula facere.
SED CONTRA est quod ex persona adversariorum dicitur, Io 11,47: *Quid facimus: quia hic homo multa signa facit?*
RESPONDEO dicendum quod divinitus conceditur homini miracula facere, propter duo. Primo quidem, et principaliter, ad confirmandam veritatem quam aliquis docet. Quia enim ea quae sunt fidei humanam rationem excedunt, non possunt per rationes humanas probari, sed oportet quod probentur per argumentum divinae virtutis: ut, dum aliquis facit opera quae solus Deus facere potest, credantur ea quae dicuntur esse a Deo; sicut, cum aliquis defert litteras anulo regis signatas, creditur ex voluntate regis processisse quod in illis continetur. — Secundo, ad ostendendum praesentiam Dei in homine per gratiam Spiritus Sancti: ut dum scilicet homo facit opera Dei, credatur Deus habitare

Sobre o primeiro, são quatro as perguntas:
1. Cristo devia fazer milagres?
2. Cristo fez milagres pelo poder divino?
3. Quando Cristo começou a fazer milagres?
4. Os milagres demonstraram suficientemente a divindade de Cristo?

Artigo 1
Cristo devia fazer milagres?

QUANTO AO PRIMEIRO ARTIGO, ASSIM SE PROCEDE: parece que Cristo **não** devia fazer milagres.
1. Com efeito, as ações de Cristo deviam concordar com suas palavras. Ora, Cristo disse: "Geração perversa e adúltera! Busca um sinal, mas não lhe será dado um sinal, a não ser o sinal de Jonas". Logo, Cristo não devia fazer milagres.
2. ALÉM DISSO, em sua segunda vinda, como diz o Evangelho de Mateus, Cristo deve vir "com grande poder e glória". Mas na primeira vinda, como diz Isaías, veio na fraqueza: "Homem do sofrimento, experimentado na dor". Ora, fazer milagres é mais próprio do poder do que da fraqueza. Logo, não convinha que Cristo fizesse milagres em sua primeira vinda.
3. ALÉM DISSO, Cristo veio para salvar os homens de fé, segundo Hebreus 12,2: "De olhos fitos naquele que é o iniciador da fé e a conduz à realização, Jesus. Mas os milagres diminuem o mérito da fé, pelo que o Senhor disse, João 4,48: 'Se não virdes sinais e prodígios nunca crereis'". Portanto, parece que Cristo não devia fazer milagres.
EM SENTIDO CONTRÁRIO, os próprios adversários de Cristo disseram: "Que vamos fazer? Este homem faz muitos sinais".
RESPONDO. Pelo poder divino é concedido ao homem fazer milagres por duas razões: primeiro, e principalmente, para confirmar a verdade que alguém ensina. As coisas que pertencem à fé são superiores à razão humana e por isso não se podem provar com razões humanas; é preciso que se provem com demonstrações do poder divino. Deste modo, quando a pessoa realiza obras que só Deus pode realizar, pode-se crer que o que diz vem de Deus; como quando alguém apresenta um documento com o sigilo do rei, pode-se crer que o que no documento está contido provém da vontade do rei. — Em segundo lugar, para mostrar a presença de Deus no homem pela graça

---

1 PARALL.: *Cont. Graec., Armen.* etc., c. 7.

in eo per gratiam. Unde dicitur Gl 3,5: *Qui tribuit vobis Spiritum, et operatur virtutes in vobis*.

Utrumque autem circa Christum erat hominibus manifestandum: scilicet quod Deus esset in eo per gratiam, non adoptionis, sed unionis; et quod eius supernaturalis doctrina esset a Deo. Et ideo convenientissimum fuit ut miracula faceret. Unde ipse dicit, Io 10,38: *Si mihi non vultis credere, operibus credite*. Et Io 5,36: *Opera quae dedit mihi Pater ut faciam, ipsa sunt quae testimonium perhibent de me*.

AD PRIMUM ergo dicendum quod hoc quod dicit, *Signum non dabitur ei nisi signum Ionae*, sic intelligendum est, ut Chrysostomus dicit[1], quod tunc *non acceperunt tale signum quale petebant*, scilicet *de caelo*: non quod nullum signum eis dederit. — Vel, quia *signa faciebat, non propter eos, quos sciebat lapideos esse, sed ut alios emundaret*. Et ideo non eis, sed aliis illa signa dabantur.

AD SECUNDUM dicendum quod, licet Christus venerit *in infirmitate carnis*, quod manifestatur per passiones, venit tamen *in virtute Dei*. Quod erat manifestandum per miracula.

AD TERTIUM dicendum quod miracula intantum diminuunt meritum fidei, inquantum per hoc ostenditur duritia eorum qui nolunt credere ea quae Scripturis divinis probantur, nisi per miracula. Et tamen melius est eis ut vel per miracula convertantur ad fidem, quam quod omnino in infidelitate permaneant. Dicitur enim 1Cor 14,22, quod *signa data sunt infidelibus*: ut scilicet convertantur ad fidem.

ARTICULUS 2
Utrum Christus fecerit miracula virtute divina

AD SECUNDUM SIC PROCEDITUR. Videtur quod Christus non fecerit miracula virtute divina.

do Espírito Santo. Quando a pessoa faz as obras de Deus, pode-se crer que Deus nela habita pela graça. Diz-se na Carta aos Gálatas: "Aquele que vos dá o Espírito e realiza milagres entre vós".

Ora, em Cristo, uma e outra coisa era preciso demonstrar, a saber, que Deus nele estava pela graça não de adoção, mas de união; e que seu ensinamento sobrenatural provinha de Deus. Por isso, era de todo conveniente que Cristo fizesse milagres. Ele próprio afirmou: "Se não quereis crer em mim, crede em minhas obras". E também: "As obras que o Pai me concedeu realizar, são elas que dão testemunho de mim"[b].

QUANTO AO 1º, portanto, deve-se dizer que as palavras "não lhe será dado um sinal, a não ser o sinal de Jonas" devem ser entendidas, como diz Crisóstomo, no sentido de que então "não receberam o sinal que pediam", isto é, "o sinal do céu", e não que Cristo não lhes tenha dado nenhum sinal. — Ou, então, no sentido de que Cristo "fazia os milagres não para eles, que sabia estavam dispostos a lapidá-lo, mas para purificar os outros". Assim, aqueles sinais eram dados não para eles, mas para os outros.

QUANTO AO 2º, deve-se dizer que Cristo, embora tenha vindo *na fraqueza da carne*, o que se vê pelos seus sofrimentos, veio *no poder de Deus*. E isso devia se manifestar por meio de milagres.

QUANTO AO 3º, deve-se dizer que os milagres só diminuem o mérito da fé enquanto demonstram a dureza daqueles que não querem crer nas sagradas Escrituras, a não ser mediante milagres. Ainda assim, é melhor para eles converterem-se à fé mesmo que seja mediante milagres, do que permanecerem de todo na infidelidade. Na primeira Carta aos Coríntios se diz que "os sinais são dados para os que não creem", para que se convertam à fé.

ARTIGO 2
Cristo fez milagres pelo poder divino?[c]

QUANTO AO SEGUNDO, ASSIM SE PROCEDE: parece que Cristo **não** fez milagres pelo poder divino.

---

1. *In Matth.*, hom. 43, n. 1: MG 57, 457.

2 PARALL.: Supra, q. 13, a. 2; III *Sent*., dist. 16, q. 1, a. 3; IV, dist. 5, q. 1, a. 1, ad 3; *Resp. ad Lector. Venet.*, ad a. 17; *in Ioan.*, c. 2, lect. 1.

b. Por si, a ordem da natureza não tem de ser perturbada pelos milagres. Sto. Tomas mostrou (I, q. 105, a. 6), a propósito do governo divino, que a única razão de ser do milagre, coisa que só Deus pode fazer, é manifestar que uma asserção humanamente improvável é verdadeira: é a assinatura de Deus — ou que Deus está naquele que o faz. Tratando-se de Cristo, eram essas duas coisas que deviam manifestava-se.

c. Este artigo pressupõe o que já foi afirmado na III, q. 13 (a força de alma de Cristo) e na q. 19 (a operação de Cristo). A partir daí se observa a grande abundância de citações patrísticas, invocadas para resolver de múltiplas maneiras os diversos problemas postos pela vida taumatúrgica de Cristo. Problemas que subsistem e ainda são estudados pelos exegetas.

1. Virtus enim divina est omnipotens. Sed videtur quod Christus non fuerit omnipotens in miraculis faciendis: dicitur enim Mc 6,5, quod *non poterat tibi*, scilicet in patria sua, *ullam virtutem facere*. Ergo videtur quod non fecerit miracula virtute divina.

2. Praeterea, Dei non est orare. Sed Christus aliquando in miraculis faciendis orabat: ut patet in suscitatione Lazari, Io 11,41-42; et in multiplicare panum, ut patet Mt 14,19. Ergo videtur quod non fecerit miracula virtute divina.

3. Praeterea, ea quae virtute divina fiunt, non possunt virtute alicuius creaturae fieri. Sed ea quae Christus faciebat, poterant etiam fieri virtute alicuius creaturae: unde et Pharisaei dicebant quod *in Beelzebub, principe daemoniorum*, eiiciebat *daemonia*. Ergo videtur quod Christus non fecerit miracula virtute divina.

Sed contra est quod Dominus dicit, Io 14,10: *Pater, in me manens, ipse facit opera*.

Respondeo dicendum quod, sicut in Prima Parte[1] habitum est, vera miracula sola virtute divina fieri possunt: quia solus Deus potest mutare naturae ordinem, quod pertinet ad rationem miraculi. Unde Leo Papa dicit, in Epistola *ad Flavianum*[2], quod, cum in Christo sint duae naturae, *una* earum est, scilicet divina, *quae fulget miraculis; altera*, scilicet humana, *quae succumbit iniuriis*; et tamen *una earum agit cum communicatione alterius*: inquantum scilicet humana natura est instrumentum divinae actionis, et actio humana virtutem accepit a natura divina, sicut supra[3] habitum est.

Ad primum ergo dicendum quod hoc quod dicitur, *non poterat ibi ullam virtutem facere*, non est referendum ad potentiam absolutam, sed ad id quod potest fieri congruenter: non enim congruum erat ut inter incredulos operaretur miracula. Unde subditur, [v. 6]: *Et mirabatur propter incredulitatem eorum*. Secundum quem modum dicitur Gn 18,17: *Non celare potero Abraham quae gesturus sum*; et 19,22: *Non potero facere quidquam donec ingrediaris illuc*.

Ad secundum dicendum quod sicut Chrysostomus dicit, super illud Mt 14,19[4], *Acceptis quinque panibus et duobus piscibus aspiciens in caelum benedixit et fregit: — Oportebat*, inquit, *credi de Christo quoniam a Patre est, et quoniam ei*

1. Com efeito, o poder divino é onipotente. Ora, parece que Cristo não era onipotente ao fazer milagres. Lê-se no Evangelho de Marcos que "não conseguia fazer ali", a saber, em sua pátria, "nenhum milagre". Logo, parece que Cristo não fez milagres pelo poder divino.

2. Além disso, não é próprio de Deus orar. Ora, Cristo às vezes orou ao fazer milagres, como se vê na ressurreição de Lázaro e na multiplicação dos pães. Logo, parece que não fez milagres pelo poder divino.

3. Ademais, o que é feito pelo poder divino não pode ser feito pelo poder de nenhuma criatura. Ora, o que Cristo fazia podia ser feito também pelo poder de alguma criatura, tanto que os fariseus diziam que ele expulsava os demônios "pelo poder de Beelzebu, o chefe dos demônios". Logo, parece que Cristo não fez milagres pelo poder divino.

Em sentido contrário, segundo o Evangelho de João, o Senhor disse: "O Pai, permanecendo em mim, realiza suas obras".

Respondo. Como foi dito na I Parte, os verdadeiros milagres só podem ser realizados pelo poder divino, pois só Deus pode mudar a ordem da natureza, o que pertence à razão de milagre. Por isso diz o papa Leão que há em Cristo duas naturezas, "uma", a divina, "que resplandece pelos milagres", e "outra", a humana, "que sucumbe às injúrias". Mas "cada uma age em comunicação com a outra": a natureza humana é instrumento da ação divina, e a ação humana recebe poder da natureza divina, como acima foi estabelecido.

Quanto ao 1º, portanto, deve-se dizer que as palavras "não conseguia fazer ali nenhum milagre" devem ser referidas não ao poder absoluto, mas ao que pode ser feito adequadamente. Ora, não é adequado que se realizem milagres entre incrédulos. Por isso se diz logo em seguida: "Ele se admirava da incredulidade deles". Nesse sentido se diz no livro do Gênesis: "Acaso poderei ocultar a Abraão o que vou fazer?" E, noutro lugar: "Nada posso fazer enquanto não entrares na cidade".

Quanto ao 2º, deve-se dizer como Crisóstomo comentando a frase de Mateus: "Tomou os cinco pães e os dois peixes, ergueu os olhos para o céu, pronunciou a bênção e partiu os pães", a saber: — "A respeito de Cristo era necessário crer que

---

1. Q. 110, a. 4.
2. Epist. 28, al. 10, c. 4: ML 54, 767 AB.
3. Q. 19, a. 1.
4. Homil. 49, al. 50, *in Matth.*, n. 2: MG 58, 497-498.

aequalis est. Et ideo, ut utrumque ostendat, nunc quidem cum potestate, nunc autem orans miracula facit. Et in minoribus quidem respicit in caelum, puta in multiplicatione panum: in maioribus autem, quae sunt solius Dei, cum potestate agit, puta quando peccata dimisit, mortuos suscitavit.

Quod autem dicitur Io 11, quod in suscitatione Lazari *oculos sursum levavit*, non propter necessitatem suffragii, sed propter exemplum hoc fecit. Unde dicit: *Propter populum qui circumstat dixi: ut credant quia tu me misisti.*

AD TERTIUM dicendum quod Christus alio modo expellebat daemones quam virtute daemonum expellantur. Nam virtute superiorum daemonum ita daemones a corporibus expelluntur quod tamen remanet dominium eorum quantum ad animam: non enim contra regnum suum diabolus agit. Sed Christus daemones expellebat non solum a corpore, sed multo magis ab anima. Et ideo Dominus blasphemiam Iudaeorum dicentium eum in virtute daemonum daemonia eiicere, reprobavit: primo quidem, per hoc quod Satanas contra seipsum non dividitur. Secundo, exemplo aliorum, qui daemonia eiiciebant per Spiritum Dei. Tertio, quia daemonium expellere non posset nisi ipsum vicisset virtute divina. Quarto, quia nulla convenientia in operibus nec in effectu erat sibi et Satanae: cum Satanas dispergere cuperet quos Christus colligebat.

procedia do Pai e que era igual ao Pai. Para manifestar tanto uma coisa como outra, Cristo fazia os milagres ora com poder, ora com oração. Em coisas menores, por exemplo, na multiplicação dos pães, ergue os olhos ao céu; nas maiores, de que só Deus é capaz, age com poder, por exemplo, quando perdoou pecados e ressuscitou mortos".

Quanto ao que refere o Evangelho de João, que na ressurreição de Lázaro Cristo "ergueu os olhos ao céu", deve-se dizer que o fez não porque precisasse de aprovação, mas porque queria dar exemplo. Ele próprio afirmou: "Digo isto por causa do povo que aqui está, para que creia que tu me enviaste".

QUANTO AO 3º, deve-se dizer que Cristo expulsava os demônios de modo diverso do que quando são expulsos pelo poder dos demônios. Quando os demônios são expulsos dos corpos pelo poder dos demônios superiores, permanece o poder deles sobre as almas, pois o diabo não age contra o próprio reino. Cristo, por sua vez, expulsava os demônios não apenas dos corpos, mas, principalmente, das almas. Por isso, quando os judeus disseram que ele expulsava os demônios pelo poder dos demônios, o Senhor reprovou a blasfêmia por várias razões: primeiro, porque Satanás não se divide contra si mesmo; segundo, pelo exemplo de outros, que expulsavam os demônios pelo Espírito de Deus; terceiro, porque não poderia expulsar o demônio se não o vencesse pelo poder divino; quarto, porque não havia nenhuma concordância entre Cristo e Satanás, nem nas obras, nem nos seus efeitos, pois o intento de Satanás era dispersar, o de Cristo reunir.

ARTICULUS 3
Utrum Christus incoeperit miracula facere in nuptiis, mutando aquam in vinum

AD TERTIUM SIC PROCEDITUR. Videtur quod Christus non incoeperit miracula facere in nuptiis, mutando aquam in vinum.

1. Legitur enim in libro *de Infantia Salvatoris*[1], quod Christus in sua pueritia multa miracula fecit. Sed miraculum de conversione aquae in vinum fecit in nuptiis trigesimo vel trigesimoprimo anno suae aetatis. Ergo videtur quod non incoeperit tunc miracula facere.

ARTIGO 3
Cristo começou a fazer milagres nas bodas de Caná, mudando a água em vinho?

QUANTO AO TERCEIRO, ASSIM SE PROCEDE: parece que Cristo **não** começou a fazer milagres por ocasião das bodas de Caná, mudando a água em vinho.

1. Com efeito, no livro sobre *A infância do Salvador*, lê-se que Cristo fez muitos milagres quando era criança. Ora, o milagre da conversão da água em vinho nas bodas de Caná, ele o fez quando tinha trinta ou trinta e um anos de idade. Logo, parece que não foi então que começou a fazer milagres.

---

3 PARALL.: Supra, q. 36, a. 4, ad 3; *in Ioan.*, c. 2, lect. 1; c. 15, lect. 5.

1. Cc. 26-41: ed. C. de Tischendorf, Lipsiae 1876, pp. 93-110. Cfr. supra, q. 36, a. 4, 3 a et ad 3.

2. PRAETEREA, Christus faciebat miracula secundum virtutem divinam. Sed virtus divina fuit in eo a principio suae conceptionis: ex tunc enim fuit Deus et homo. Ergo videtur quod a principio miracula fecerit.

3. PRAETEREA, Christus post baptismum et tentationem coepit discipulos congregare: ut legitur Mt 4,18 sqq. et Io 1,35 sqq. Sed discipuli praecipue congregati sunt ad ipsum propter miracula: sicut dicitur Lc 5,4 sqq., quod Petrum vocavit obstupescentem propter miraculum quod fecerat *in captura piscium*. Ergo videtur quod ante miraculum quod fecit in nuptiis, fecerit alia miracula.

SED CONTRA est quod dicitur Io 2,11: *Hoc fecit initium signorum Iesus in Cana Galilaeae.*

RESPONDEO dicendum quod miracula facta sunt a Christo propter confirmationem eius doctrinae, et ad ostendendum virtutem divinam in ipso. Et ideo, quantum ad primum, non debuit ante miracula facere quam docere inciperet. Non autem debuit incipere docere ante perfectam aetatem: ut supra[2] habitum est, cum de baptismo eius ageretur.

Quantum autem ad secundum, sic debuit per miracula divinitatem ostendere ut crederetur veritas humanitatis ipsius. Et ideo, sicut dicit Chrysostomus, *super Ioan.*[3], *decenter non incoepit signa facere ex prima aetate: existimassent enim phantasiam esse incarnationem, et ante opportunum tempus cruci eum tradidissent.*

AD PRIMUM ergo dicendum quod, sicut Chrysostomus dicit, *super Ioan.*[4], ex verbo Ioannis Baptistate dicentis, "Ut manifestetur in Israel, propterea veni ego in aqua baptizans", *manifestum est quod illa signa quae quidam dicunt in pueritia a Christo facta, mendacia et fictiones sunt. Si enim a prima aetate miracula fecisset Christus, nequaquam neque Ioannes eum ignorasset, neque reliqua multitudo indiguisset magistro ad manifestandum eum.*

AD SECUNDUM dicendum quod divina virtus operabatur in Christo secundum quod erat necessarium ad salutem humanam, propter quam carnem assumpserat. Et ideo sic miracula fecit virtute divina ut fidei de veritate carnis eius praeiudicium non fieret.

2. ALÉM DISSO, Cristo fazia milagres pelo poder divino. Ora, o poder divino nele esteve desde o início de sua concepção, pois desde então era Deus e homem. Logo, parece que fez milagres desde o início.

3. ADEMAIS, depois do batismo e da tentação, Cristo começou a reunir discípulos, como se lê nos Evangelhos de Mateus e de João. Ora, os discípulos se reuniram a ele principalmente por causa dos milagres. De fato, o Evangelho de Lucas refere que Cristo chamou Pedro após o milagre da pesca, quando Pedro ficou espantado "com a quantidade de peixes que tinham pescado". Logo, parece que, antes do milagre que fez nas núpcias de Caná, Cristo fez outros milagres.

EM SENTIDO CONTRÁRIO, diz o Evangelho de João: "Este início dos sinais, Jesus o realizou em Caná da Galileia".

RESPONDO. Cristo fez milagres tanto para confirmar o seu ensinamento como para mostrar o seu poder divino. Pela primeira razão, não devia fazer milagres antes de começar a ensinar. Nem devia começar a ensinar antes da idade adulta, como se disse acima quando se tratou do seu batismo.

Pela segunda razão, devia com os milagres mostrar sua divindade, mas de modo a tornar crível a verdade de sua humanidade. Por isso, diz Crisóstomo: "Convenientemente não começou a fazer milagres desde a infância; teriam pensado que sua encarnação era uma fantasia e o teriam crucificado antes do tempo oportuno".

QUANTO AO 1º, portanto, deve-se dizer como Crisóstomo, comentando as palavras de João Batista referidas no Evangelho de João: "Eu vim batizar com água para que ele fosse manifestado a Israel": "É claro que os sinais que alguns dizem que Cristo fez na sua infância são mentiras e imaginações. Se Cristo tivesse feito milagres já desde a infância, João não o teria ignorado, nem a multidão precisaria de um mestre para o indicar".

QUANTO AO 2º, deve-se dizer que o poder divino agia em Cristo na medida em que isso era necessário para a salvação dos homens, razão de sua encarnação. Por isso os milagres que ele fez pelo poder divino não deviam prejudicar a verdade de sua encarnação.

---

2. Q. 39, a. 3.
3. Homil. 21, al. 20, n. 2: MG 59, 130.
4. Homil. 17, al. 16, n. 3: MG 59, 110-111.

AD TERTIUM dicendum quod hoc ipsum ad laudem discipulorum pertinet, quod Christum secuti sunt cum *nulla eum miracula facere vidissent*: sicut Gregorius dicit, in quadam Homilia[5]. Et, ut Chrysostomus dicit[6], *maxime tunc signa necessarium erat facere, quando discipuli iam congregati erant et devoti, et attendentes his quae fiebant. Unde subditur: "Et crediderunt in eum discipuli eius"*: non quia tunc primum crediderunt; sed quia tunc *diligentius et perfectius* crediderunt. — Vel discipulos vocat eos *qui futuri erant discipuli*: sicut exponit Augustinus, in libro *de Consensu Evangelistarum*[7].

QUANTO AO 3º, deve-se dizer, como Gregório, que redunda precisamente em louvor dos discípulos o terem seguido a Cristo "quando ainda não o tinham visto fazer nenhum milagre". Assim também Crisóstomo: "Quando os discípulos já estavam reunidos e lhe eram devotos, atentos ao que se passava, então, sim, era necessário fazer milagres. Por isso se diz que 'os discípulos creram nele'. Não porque então creram pela primeira vez, mas porque então creram mais atenta e perfeitamente". — Pode-se ainda interpretar com Agostinho que chama de discípulos "os que depois haveriam de ser discípulos".

ARTICULUS 4
Utrum miracula quae Christus fecit fuerint sufficientia ad ostendendam divinitatem ipsius

AD QUARTUM SIC PROCEDITUR. Videtur quod miracula quae Christus fecit, non fuerunt sufficientia ad ostendendam divinitatem ipsius.

1. Esse enim Deum et hominem proprium est Christo. Sed miracula quae Christus fecit, etiam ab aliis sunt facta. Ergo videtur quo non fuerint sufficientia ad ostendendam divinitatem ipsius.

2. PRAETEREA, virtute divinitatis nihil est maius. Sed aliqui fecerunt maiora miracula quam Christus: dicitur enim Io 14,12: *Qui credit in me, opera quae ego facio, et ipse faciet: et maiora horum faciet*. Ergo videtur quod miracula quae Christus fecit, non fuerint sufficientia ad ostendendum divinitatem ipsius.

3. PRAETEREA, ex particulari non sufficienter ostenditur universale. Sed quodlibet miraculorum Christi fuit quoddam particulare opus. Ergo ex nullo eorum potuit manifestari sufficienter divinitas Christi, ad quam pertinet universalem virtutem habere de omnibus.

SED CONTRA est quod Dominus dicit, Io 5,36: *Opera quae dedit mihi Pater ut faciam, ipsa testimonium perhibent de me*.

RESPONDEO dicendum quod miracula quae Christus fecit, sufficientia erant ad manifestandum divinitatem ipsius, secundum tria. Primo quidem, secundum ipsam speciem operum, quae transcendebant

ARTIGO 4
Os milagres que Cristo fez foram suficientes para manifestar sua divindade?

QUANTO AO QUARTO, ASSIM SE PROCEDE: parece que os milagres que Cristo fez **não** foram suficientes para manifestar sua divindade.

1. Com efeito, é próprio de Cristo ser Deus e homem. Ora, os milagres que Cristo fez, outros também fizeram. Logo, parece que não foram suficientes para manifestar sua divindade.

2. ALÉM DISSO, nada é maior do que o poder da divindade. Ora, outros fizeram milagres maiores que os de Cristo. Diz o Evangelho de João: "Quem crê em mim fará as obras que eu faço, e fará ainda maiores do que estas". Logo, parece que os milagres que Cristo fez não foram suficientes para manifestar sua divindade.

3. ADEMAIS, do particular não se prova suficientemente o universal. Ora, qualquer milagre de Cristo é uma obra particular. Logo, em nenhum milagre poderia manifestar-se suficientemente a divindade de Cristo, à qual pertence o poder universal de operar todos os milagres.

EM SENTIDO CONTRÁRIO, consta o que diz o Senhor no Evangelho de João: "As obras que o Pai me concedeu realizar, são elas que dão testemunho de mim".

RESPONDO. Os milagres feitos por Cristo foram suficientes para manifestar sua divindade por três razões. Em primeiro lugar, por sua espécie. De fato, transcendiam todo o poder criado e não

---

5. *In Evang.*, l. I, hom. 5, n. 1: ML 76, 1093.
6. Homil. 23, al. 22, *in Ioan.*, n. 1: MG 59, 139.
7. L. II, c. 17, n. 38: ML 34, 1096.

PARALL.: III *Sent.*, dist. 16, q. 1, a. 3; *Cont. Gent.* I, 6; IV, 55; *Quodlib.* II, q. 4, a. 1, ad 4; *in Ioan.*, c. 5, lect. 6; c. 15, lect. 5.

omnem potestatem creatae virtutis, et ideo non poterant fieri nisi virtute divina. Et propter hoc caecus illuminatus dicebat, Io 9,32-33: *A saeculo non est auditum quia aperuit quis oculos caeci nati. Nisi esset hic a Deo, non posset facere quidquam.*

Secundo, propter modum miracula faciendi: quia scilicet quasi propria potestate miracula faciebat, non autem orando, sicut alii. Unde dicitur Lc 6,19, quod *virtus de illo exibat et sanabat omnes.* Per quod ostenditur, sicut Cyrillus dicit[1], quod *non accipiebat alienam virtutem: sed, cum esset naturaliter Deus, propriam virtutem super infirmos ostendebat. Et propter hoc etiam innumerabilia miracula faciebat.* Unde super illud Mt 8,16, *Eiiciebat spiritus verbo, et omnes male habentes curavit,* dicit Chrysostomus[2]: *Intende quantam multitudinem curatam transcurrunt Evangelistae, non unumquemque curatum enarrantes, sed uno verbo pelagus ineffabile miraculorum inducentes.* Et ex hoc ostendebatur quod haberet virtutem coaequalem Deo Patri: secundum illud Io 5,19: *Quaecumque Pater facit, haec et Filius similiter facit;* et ibidem [v. 21]: *Sicut Pater suscitat mortuos et vivificat, sic et Filius quos vult vivificat.*

Tertio, ex ipsa doctrina qua se Deum dicebat: quae nisi vera esset, non confirmaretur miraculis divina virtute factis. Et ideo dicitur Mc 1,27: *Quaenam doctrina haec nova? Quia in potestate spiritibus immundis imperat, et obediunt ei.*

Ad primum ergo dicendum quod haec erat obiectio gentilium. Unde Augustinus dicit, in Epistola *ad Volusianum*[3]: *Nulla, inquiunt, competentibus signis tantae maiestatis indicia claruerunt. Quia larvalis illa purgatio,* qua scilicet daemones effugabat, *debilium cura reddita vita defunctis, si et alia considerentur, Deo parva sunt.* Et ad hoc respondet Augustinus[4]: *Fatemur et nos talia quidem fecisse prophetas. Sed et ipse Moyses et ceteri prophetae Dominum Iesum prophetaverunt, et ei gloriam magnam dederunt. Qui propterea talia et ipse facere voluit, ne esset absurdum, quod per illos fecerat, si ipse non faceret. Sed tamen et aliquid proprium facere debuit: nasci de Virgine, resurgere a mortuis, in caelum ascendere. Hoc Deo qui parum putat, quid plus expectet ignoro.*

poderiam ser feitos senão por um poder divino. Foi o que disse o cego curado: "Jamais se ouviu dizer que alguém tenha aberto os olhos a um cego de nascença. Se esse homem não fosse de Deus, não conseguiria fazer nada".

Em segundo lugar, pelo modo como foram feitos. Cristo fazia os milagres por um poder próprio, não orando, como outros fizeram. Diz-se no Evangelho de Lucas: "Dele saía uma força que curava a todos". O que demonstra, segundo Cirilo, que "Cristo não recebia poder de um outro; como era Deus por natureza, manifestava o seu poder curando os doentes. Pela mesma razão fez também inúmeros outros milagres". Comentando a frase de Mateus: "Expulsou os espíritos com a palavra e curou todos os doentes", diz Crisóstomo: "Repare como os evangelistas apresentam uma multidão de curados, não descrevendo cada um em particular, mas apontando com uma palavra para um mar imensurável de milagres". Isso demonstra que ele tinha um poder igual ao de Deus Pai, como se diz no Evangelho de João: "O que o Pai faz, o Filho o faz igualmente". E logo em seguida: "Assim como o Pai ressuscita os mortos e lhes dá a vida, o Filho também dá a vida a quem ele quer".

Em terceiro lugar, pelo próprio ensinamento com que Cristo se dizia Deus. Se este ensinamento não fosse verdadeiro, não poderia ter sido confirmado por milagres feitos pelo poder divino. Diz o Evangelho de Marcos: "Que é isso? Um ensinamento novo e com autoridade; ele dá ordens até aos espíritos impuros e eles lhe obedecem?"

Quanto ao 1º, portanto, deve-se dizer que tal era a objeção dos pagãos. Por isso, diz Agostinho: "Não se vê, dizem eles, nenhum sinal adequado da imensa majestade divina. As espantosas expulsões de demônios, a cura dos enfermos, a restituição da vida aos mortos, se bem se considera, são coisas pequenas para Deus". A isso responde Agostinho: "Nós também admitimos que os profetas fizeram coisas semelhantes. Mas tanto Moisés, como os demais profetas profetizaram o Senhor Jesus e lhe renderam uma grande glória. Mas o próprio Cristo quis fazer milagres, para que não parecesse absurdo que, fazendo-os por meio de outros, ele próprio não os fizesse. E fez ainda algumas obras próprias: nascer de uma Virgem, ressurgir dos mortos, subir aos céus. Os que acham que isso

---

1. *Comment. in Luc.*, super 6, 19: MG 72, 588 C.
2. Homil. 27, al. 28, *in Matth.*, n. 1: MG 57, 345.
3. Epist. 137, al. 3, c. 4, n. 13: ML 33, 521.
4. Ibid., nn. 13-14: ML 33, 521-522.

Num, homine assumpto, alium mundum facere debuit, ut eum esse crederemus per quem factus est mundus? Sed nec maior mundus, nec isti aequalis in hoc fieri posset: si autem minorem faceret infra istum, similiter hoc quoque parum putaretur.

Quae tamen alii fecerunt, Christus excellentius fecit. Unde super Io 15,24, *Si opera non fecissem in eis quae nemo alius fecit*, etc., dicit Augustinus[5]: *Nulla in operibus Christi videntur esse maiora quam suscitatio mortuorum: quod scimus etiam antiquos fecisse prophetas. Fecit tamen aliqua Christus quae nemo alius fecit. Sed respondetur nobis et alios fecisse quae nec ipse, nec alius fecit. Sed quod tam multa vitia et malas valetudines vexationesque mortalium tanta potestate sanaret, nullus omnino legitur antiquorum fecisse. Ut enim taceatur quod iubendo, sicut ocurrebant, salvos singulos fecit, Marcus dicit: "Quocumque introibat in vicos aut in villas aut in civitates, in plateis ponebant infirmos, et deprecabantur eum ut vel fimbriam vestimenti eius tangerent, et quotquot tangebant eum, salvi fiebant". Haec nemo alius fecit in eis. Sic enim intelligendum est quod ait, "in eis": non "inter eos", aut "coram eis", sed prorsus "in eis", quia sanavit eos. Nec tamen alius fecit, quicumque in eis talia opera fecit: quoniam quisquis alius homo aliquid eorum fecit, ipso faciente fecit; haec autem ipse, non illis facientibus, fecit.*

AD SECUNDUM dicendum quod Augustinus, exponens illud verbum Ioannis, inquirit: *Quae sunt ista opera maiora*, quae credentes in eum erant facturi? *An forte quod aegros, ipsis transeuntibus, etiam eorum umbra sanabat? Maius est enim quod sanet umbra, quam fimbria. Veruntamen, quando ista Christus dicebat, verborum suorum facta et opera commendabat. Cum enim dixit, "Pater in me manens ipse facit opera", quae opera tunc dicebat, nisi verba quae loquebatur? Et eorundem verborum fructus erat fides illorum. Veruntamen, evangelizantibus discipulis, non tam pauci quam illi erant, sed gentes etiam crediderunt*[6]. *Nonne ab ore ipsius dives ille tristis abscessit: et tamen postea, quod ab illo auditum non fecit unus, fecerunt multi cum per discipulos loqueretur? Ecce,*

é pouco para Deus, não sei o que mais querem. Talvez que, tendo-se feito homem, fizesse um outro mundo, para crermos que por ele foi feito o mundo? Mas neste mundo não se poderia fazer um mundo maior, nem mesmo um igual; e se ele fizesse um mundo menor que este, haveriam de achar que era pouco".

O que outros fizeram, Cristo fez melhor. Sobre o que refere João: "Se eu não tivesse feito entre eles as obras que nenhum outro fez etc.", diz Agostinho: "Entre as obras de Cristo, nenhuma parece maior que a ressurreição de mortos; contudo sabemos que alguns antigos profetas também o fizeram. Mas Cristo fez algumas obras que nenhum outro fez. Mas, responderão que outros fizeram o que nem Cristo, nem algum outro fez. Respondo que não se lê que algum dos antigos profetas tenha curado com tanto poder tantas doenças e defeitos corporais e tantos males. Para não dizer que com sua simples vontade curava os enfermos. Diz o Evangelho de Marcos: "Em toda parte onde chegava, povoados, cidades ou sítios do campo, traziam os doentes para as praças e suplicavam-lhe para que pudessem ao menos tocar a franja de seu manto. E todos os que o tocavam ficavam curados". Nenhum outro fez isso neles. Assim se deve entender a expressão "neles", não "entre eles" ou "na presença deles", mas precisamente "neles", pois a eles curou. No entanto, dos que fizeram tais obras entre eles, nenhum outro fez, pois o que algum outro fazia, fazia-o porque ele o fazia; mas o que ele fazia, fazia-o sem que os outros o fizessem".

QUANTO AO 2º, deve-se dizer com Agostinho, comentando o texto de João: " Quais são estas obras maiores que haveriam de fazer os que nele cressem? Talvez que, passando, haveriam de curar os enfermos com a própria sombra? De fato, é mais curar com a sombra, do que com a franja. Na verdade, porém, assim falando, Cristo queria recomendar a realidade das próprias palavras. Assim, quando dizia: "É o Pai que, permanecendo em mim, realiza suas obras", a que obras se referia senão às mesmas palavras que dizia? O fruto destas palavras era a fé dos ouvintes. Mais tarde, quando os discípulos pregarem, já não serão tão poucos os ouvintes, mas até os pagãos haverão de crer. Às palavras de Cristo, afastou-se, triste, aquele rico; mais tarde, o que um deixou de fazer

---

5. *In Ioan.*, tract. 91, nn. 2, 3, 4, super 15, 24: ML 35, 1860-1862.
6. *In Ioan.*, tract. 71, n. 3, super 14, 10: ML 35, 1821-1822.

maiora fecit praedicatus a credentibus, quam locutus audientibus[7].

Verum hoc adhuc movet, quod haec maiora per Apostolos fecit: non autem ipsos tantum significans ait, "Qui credit in me". Audi ergo: "Qui credit in me, opera quae ego facio et ipse faciet". Prius ego facto, deinde et ipse faciet: quia facio ut faciat. Quae opera, nisi ut ex impio iustus fiat? Quod utique in illo, sed non sine illo Christus operatur. Prorsus maius hoc esse dixerim quam creare caelum et terram: "caelum enim et terra transibunt", praedestinatorum autem salus et iustificatio permanebit. — Sed in caelis angeli opera sunt Christi. Nunquid his operibus maiora facit qui cooperatur Christo ad suam iustificationem? Iudicet qui potest utrum maius sit iustos creare, quam impios iustificare. Certe, si aequalis est utrumque potentiae, hoc maioris est misericordiae.

Sed omnia opera Christi intelligere ubi ait, "Maiora horum faciet", nulla nos necessitas cogit. Horum enim forsitam dixit quae illa hora faciebat. Tunc autem verba fidei faciebat: et utique minus est verba praedicare iustitiae, quod fecit praeter nos, quam impium iustificare, quod ita facit in nobis ut faciamus et nos[8].

AD TERTIUM dicendum quod, quando aliquod particulare opus proprium est alicuius agentis, tunc per illud particulare opus probatur tota virtus agentis: sicut, cum ratiocinari sit proprium hominis, ostenditur aliquis esse homo ex hoc ipso quod ratiocinatur circa quodcumque particulare propositum. Et similiter, cum propria virtute miracula facere sit solius Dei, sufficienter ostensum est Christum esse Deum ex quocumque miraculo quod propria virtute fecit.

ouvindo a Cristo, muitos haverão de fazer, ouvindo os discípulos de Cristo. Mais fez Cristo quando foi pregado pelos que creram, do que quando falou aos que o ouviam.

O que impressiona é que tenha feito coisas maiores por meio dos Apóstolos. E não só por eles, pois diz: "Aquele que crê em mim". Repare nas palavras: "Aquele que crê em mim fará as obras que eu faço". Primeiro, eu faço, depois, ele faz; pois eu faço para que ele faça. Quais obras, senão que de um ímpio se faça um justo? Isso faz aquele que crê, mas é Cristo que nele opera. Diria que isso é mais do que criar o céu e a terra; "o céu e a terra passarão", mas a salvação e a justificação dos predestinados permanecerá. — Os anjos no céu são obras de Cristo. Será que aquele que coopera com Cristo para sua justificação faz obras maiores do que os anjos? Julgue quem puder se é mais criar justos do que justificar ímpios. Certamente se o poder é o mesmo, justificar é maior misericórdia.

Além disso, nada nos obriga a entender todas as obras de Cristo quando ele diz: "Fará obras maiores do que estas". Talvez ele se referisse às obras que fazia naquele momento. Naquele momento, ele falava palavras de fé; certamente é menos falar palavras de fé, o que fez sem nós, do que justificar o ímpio, o que ele faz em nós para que nós também façamos".

QUANTO AO 3º, deve-se dizer que, quando alguma obra particular é própria de algum agente, por aquela obra particular fica comprovado todo o poder do agente. Por exemplo: se raciocinar é próprio do homem, fica evidente que alguém é homem pelo fato de raciocinar sobre qualquer assunto em particular. Assim, sendo próprio somente de Deus fazer milagres pelo próprio poder, fica evidenciado suficientemente que Cristo é Deus pelo fato de ter feito pelo próprio poder qualquer milagre em particular.

---

7. *Ibid.*, nn. 1-2, super 14, 12: ML 35, 1822-1823.
8. *Ibid.*, nn. 2-3, super 14, 12: ML 35, 1823-1824.

QUAESTIO XLIV
DE SINGULIS MIRACULORUM SPECIEBUS
in quatuor articulos divisa

Deinde considerandum est de singulis miraculorum speciebus.

Et *primo:* de miraculis quae fecit circa spirituales substantias.
Secundo: de miraculis quae fecit circa caelestia corpora.
Tertio: de miraculis quae fecit circa homines.
Quarto: de miraculis quae fecit circa creaturas irrationales.

Articulus 1
Utrum miracula quae Christus fecit circa spirituales substantias fuerint convenientia

Ad primum sic proceditur. Videtur quod miracula quae Christus fecit circa spirituales substantias, non fuerint convenientia.

1. Inter spirituales enim substantias, sancti angeli praepollent daemonibus: quia, ut Augustinus dicit, in III *de Trin.*[1], *spiritus vitae rationalis desertor atque peccator regitur per spiritum vitae rationalem pium et iustum.* Sed Christus non legitur aliqua miracula fecisse circa angelos bonos. Ergo neque etiam circa daemones aliqua miracula facere debuit.

2. Praeterea, miracula Christi ordinabantur ad manifestandum divinitatem ipsius. Sed divinitas Christi non erat daemonibus manifestanda: quia per hoc impeditum fuisset mysterium passionis eius, secundum illud 1Cor 2,8: *Si cognovissent, nunquam Dominum gloriae crucifixissent.* Ergo non debuit circa daemones aliqua miracula fecisse.

3. Praeterea, miracula Christi ad gloriam Dei ordinabantur: unde dicitur Mt 9,8, quod *videntes turbae* paralyticum sanatum a Christo, *timuerunt et glorificaverunt Deum, qui dedit potestatem talem hominibus.* Sed ad daemones non pertinet glorificare Deum: quia *non est speciosa laus in ore peccatoris,* ut dicitur Eccli 15,9. Unde et, sicut

QUESTÃO 44
AS DIVERSAS ESPÉCIES DE MILAGRES[a]
em quatro artigos

Em seguida, devem-se considerar as diversas espécies de milagres.

1. Os milagres que Cristo fez em relação às substâncias espirituais.
2. Os milagres em relação aos corpos celestes.
3. Os milagres em relação aos homens.
4. Os milagres em relação às criaturas irracionais.

Artigo 1
Foram convenientes os milagres que Cristo fez em relação às substâncias espirituais?

Quanto ao primeiro artigo, assim se procede: parece que **não** foram convenientes os milagres que Cristo fez em relação às substâncias espirituais.

1. Com efeito, entre as substâncias espirituais, os santos anjos estão acima dos demônios, pois, como diz Agostinho, "o espírito racional desertor e pecador é regido pelo espírito racional pio e justo". Ora, não se lê que Cristo tenha feito milagres em relação aos anjos bons. Logo, não devia fazer milagres em relação aos demônios.

2. Além disso, os milagres de Cristo tinham por fim manifestar sua divindade. Ora, a divindade de Cristo não devia ser manifestada pelos demônios, pois assim se impediria o mistério de sua paixão, segundo a primeira Carta aos Coríntios: "Se a tivessem conhecido, jamais teriam crucificado o Senhor da glória". Logo, não devia Cristo fazer nenhum milagre em relação aos demônios.

3. Ademais, os milagres de Cristo tinham por fim a glória de Deus. Por isso, diz o Evangelho de Mateus que "vendo isso", a saber, a cura do paralítico, "a multidão ficou cheia de temor e glorificou a Deus por ter dado tal poder aos homens". Ora, não pertence aos demônios glorificar a Deus, pois, como diz o Eclesiástico, "não é belo o louvor na boca

---

1. C. 4, n. 9: ML 42, 873.

a. Aqui voltamos a encontrar a necessidade de Sto. Tomás de dividir seu assunto, e examinar separadamente seus elementos. Tendo definido o milagre como uma intervenção do Criador sobre sua criatura, ele dividirá os milagres de Cristo segundo as diversas espécies de criaturas em causa.

dicitur Mc 1,34 et Lc 4,41, *non sinebat daemonia loqui* ea quae ad gloriam ipsius pertinebant. Ergo videtur non fuisse conveniens quod circa daemones aliqua miracula faceret.

4. PRAETEREA, miracula a Christo facta ad salutem hominum ordinantur. Sed quaedam daemonia ab hominibus eiecta fuerunt cum hominum detrimento. Quandoque quidem corporali: sicut dicitur Mc 9,24-25, quod daemon, ad praeceptum Christi, *exclamans et multum discerpens hominem exiit* ab homine, *et factus est sicut mortuus, ita ut multi dicerent, Quia mortuus est*. Quandoque etiam cum damno rerum: sicut quando daemones, ad eorum preces, misit in porcos, quos praecipitaverunt in mare; unde cives illius regionis rogaverunt *eum ut transiret a finibus eorum*, sicut legitur Mt 8,31sqq. Ergo videtur inconvenienter fecisse huiusmodi miracula.

SED CONTRA est quod Zc 13,2 hoc praenuntiatum fuerat, ubi dicitur: *Spiritum immundum auferam de terra*.

RESPONDEO dicendum quod miracula quae Christus fecit, argumenta quaedam fuerunt fidei quam ipse docebat. Futurum autem erat ut per virtutem divinitatis eius excluderet daemonum potestatem ab hominibus credituris in eum: secundum illud Io 12,31: *Nunc princeps huius mundi eiicietur foras*. Et ideo conveniens fuit ut, inter alia miracula, etiam obsessos a daemonibus liberaret.

AD PRIMUM ergo dicendum quod homines, sicut per Christum erant a potestate daemonum liberandi, ita per eum erant angelis consociandi: secundum illud Cl 1,20: *Pacificans per sanguinem crucis eius quae in caelis et quae in terris sunt*. Et ideo circa angelos alia miracula hominibus demonstrare non conveniebat, nisi ut angeli hominibus apparerent: quod quidem factum est in nativitate ipsius, et in resurrectione et in ascensione.

AD SECUNDUM dicendum quod, sicut Augustinus dicit, IX *de Civ. Dei*[2], *Christus tantum innotuit daemonibus quantum voluit: tantum autem voluit quantum oportuit. Sed innotuit eis, non sicut angelis sanctis, per id quod est vita aeterna: sed per quaedam temporalia suae virtutis effecta*. Et

do ímpio". Tanto que, como se lê nos Evangelhos de Marcos e de Lucas, "não deixava os demônios falarem" o que pertencia à glória de Deus. Logo, parece que não seria conveniente que Cristo fizesse algum milagre em relação aos demônios.

4. ADEMAIS, os milagres de Cristo tinham por fim a salvação dos homens. Ora, alguns demônios foram expulsos dos homens em detrimento dos mesmos homens. Às vezes, o detrimento era corporal, como quando, à ordem de Cristo, o demônio "saiu gritando e sacudindo violentamente o homem e este ficou como morto, tanto que muitos diziam 'ele morreu'", como refere o Evangelho de Marcos. Outras vezes, o detrimento era das coisas, como quando, a pedido dos gadarenos, Cristo mandou os demônios para os porcos, e estes se precipitaram para dentro do mar e, por isso, os habitantes lhe pediram "que fosse embora da região", como se lê no Evangelho de Mateus. Logo, parece inconveniente que Cristo fizesse tais milagres.

EM SENTIDO CONTRÁRIO, foi profetizado por Zacarias: "Vou eliminar da terra o espírito impuro".

RESPONDO. Os milagres que Cristo realizou eram argumentos da fé que ensinava. Mais tarde, pelo poder de sua divindade, Cristo haveria de afastar dos que nele cressem o poder dos demônios, conforme o Evangelho de João: "Agora o chefe deste mundo será lançado fora". Por isso, era conveniente que, entre outros milagres, Cristo libertasse os atormentados pelos demônios[b].

QUANTO AO 1º, portanto, deve-se dizer que os homens, assim como deviam ser libertados por Cristo do poder dos demônios, por ele também deviam ser associados aos anjos. Lê-se na Carta aos Colossenses: "Estabelecendo a paz por seu sangue derramado na cruz entre os que estão nos céus, como entre os que estão na terra". Por isso não convinha mostrar aos homens outros milagres em relação aos anjos, a não ser a aparição deles aos homens, como aconteceu em seu nascimento, em sua ressurreição e em sua ascensão.

QUANTO AO 2º, deve-se dizer como Agostinho: "Cristo manifestou-se aos demônios tanto quanto quis; e tanto quis, quanto foi necessário. Manifestou-se, porém, não como se manifesta aos santos anjos, pelos seus predicados eternos, mas por alguns efeitos temporais de seu poder".

---

2. C. 21: ML 41, 273-274.

b. Trata-se aí da questão da libertação dos possuídos. A razão essencial de tais milagres é a necessidade de fazer crer na vitória total de Cristo sobre as forças demoníacas.

primo quidem, videntes Christum esurire post ieiunium, aestimaverunt eum non esse Filium Dei. Unde, super illud Lc 4,3, *Si Filius Dei es* etc., dicit Ambrosius[3]: *Quid sibi vult talis sermonis exorsus, nisi quia cognoverat Dei Filium esse venturum, sed venisse per infirmitatem corporis non putavit?* Sed postmodum, visis miraculis, ex quadam suspicatione coniecturavit eum esse Filium Dei. Unde super illud Mc 1,24, *Scio quia sis Sanctus Dei,* dicit Chrysostomus[4] quod *non certam aut firmam adventus Dei habebat notitiam.* Sciebat tamen ipsum esse *Christum in lege promissum*: unde dicitur Lc 4,41: *Quia sciebant ipsum esse Christum.* Quod autem ipsum confitebantur esse Filium Dei, magis erat ex suspicione quam ex certitudine. Unde Beda dicit, *super Luc.*[5]: *Daemonia Filium Dei confitentur: et, sicut postea dicitur, "sciebant eum esse Christum". Quia, cum ieiunio fatigatum eum diabolus videret, verum hominem intellexit: sed, quia tentando non praevaluit, utrum Filius Dei esset, dubitabat. Nunc autem, per signorum potentiam, vel intellexit, vel potius suspicatus est esse Filium Dei. Non ideo igitur Iudaeis eum crucifigere persuasit, quia Christum sive Dei Filium non esse putavit: sed quia se morte illius non praevidit esse damnandum.* De hoc enim *"mysterio a saeculis abscondito"* dicit Apostolus quod *"nemo principum huius saeculi cognovit: si enim cognovissent, nunquam Dominum gloriae crucifixissent".*

Ad tertium dicendum quod miracula in expulsione daemonum non fecit Christus propter utilitatem daemonum, sed propter utilitatem hominum, ut ipsi eum glorificarent. Et ideo prohibuit eos loqui ea quae ad laudem ipsius pertinebant: primo quidem, propter exemplum. Quia, ut dicit Athanasius[6] *compescebat eius sermonem, quamvis vera fateretur, ut nos assuefaciat ne curemus de talibus, etiam si vera loqui videantur. Nefas est enim ut, cum adsit nobis Scriptura divina, instruamur a diabolo*: est enim hoc periculosum, quia

Vendo Cristo ter fome após o jejum, os demônios julgaram que ele não era o Filho de Deus. Por isso sobre a frase de Lucas "Se és o Filho de Deus etc.", diz Ambrósio: "Que significa esse modo de falar, senão que o demônio sabia que o Filho de Deus devia vir, mas não julgava que tivesse vindo na fraqueza da carne?" Mas depois, vendo os milagres, suspeitou que ele talvez fosse o Filho de Deus. Sobre o que diz o Evangelho de Marcos "Eu sei que tu és o Santo de Deus", comenta Crisóstomo: "O demônio não tinha um conhecimento certo e firme de que Deus tivesse vindo". Sabia que ele era "o Cristo prometido na lei", pois Lucas diz: "Sabiam que ele era o Cristo". Mas quando confessava que ele era o Filho de Deus, fazia-o mais por conjetura do que por certeza. Comentando o texto de Lucas: "Os demônios confessam o Filho de Deus" e, mais adiante: "Sabiam que ele era o Cristo", diz Beda: "Quando o diabo o viu extenuado pelo jejum, compreendeu que ele era verdadeiro homem; mas, como não conseguisse vencê-lo com a tentação, duvidava de que talvez fosse o Filho de Deus. Depois, pelo poder que ele manifestou nos sinais, compreendeu, ou, antes, suspeitou que era o Filho de Deus. Por isso, persuadiu os judeus a que o crucificassem, não porque não julgasse que ele era o Cristo ou o Filho de Deus, mas porque não previa que haveria de ser condenado por sua morte. Sobre este "mistério escondido desde séculos" diz o Apóstolo que "nenhum dos poderosos deste mundo o conheceu; pois se o tivessem conhecido, não teriam crucificado o Senhor da glória"[c].

Quanto ao 3º, deve-se dizer que os milagres que realizou expulsando os demônios, Cristo não os fez para utilidade dos próprios demônios, mas para utilidade dos homens, a fim de que o glorificassem. Por isso, proibiu aos demônios que falassem o que redundava em seu louvor. Em primeiro lugar, para nos dar exemplo. Diz Atanásio: "Cristo fazia calar o demônio, embora dissesse coisas verdadeiras, para nos ensinar a não dar importância a tais louvores. É ilícito sermos instruídos pelo diabo quando temos em mãos a divina

---

3. *In Luc.*, l. IV, n. 18, super 4, 3: ML 15, 1617 D.
4. Victor Antiochen., *Cat. in Marc.*, super 1, 23: apud I. A. Cramer, *Catenae Graecorum Patrum in N. T.*, Oxonii 1844, I, 275. 23.
5. L. II, super 4, 41: ML 92, 381 AB.
6. *Fragm. in Luc.*, super 4, 33: MG 27, 1397 C.

---

c. É com o embaraço sugerido pelos textos que Sto. Tomás resolve a questão do conhecimento que podia ter o demônio de sua identidade divina. Conhecimento sem certeza alguma, ao que parece, E mais de sua qualidade messiânica do que de sua divindade.

veritati frequenter daemones immiscent mendacia. — Vel, sicut Chrysostomus[7] dicit, *non oportebat eos subripere officii apostolici gloriam. Nec decebat Christi mysterium lingua fetida publicari*: quia *"non est speciosa laus in ore peccatoris"*. — Tertio quia, ut Beda[8] dicit, quia *nolebat ex hoc invidiam accendere Iudaeorum*. Unde etiam *ipsi Apostoli iubentur reticere de ipso: ne, divina maiestate praedicata, passionis dispensatio differatur*[9].

AD QUARTUM dicendum quod Christus specialiter venerat docere et miracula facere propter utilitatem hominum, principaliter quantum ad animae salutem. Et ideo permisit daemones quos eiiciebat hominibus aliquod nocumentum inferre, vel in corpore vel in rebus, propter animae humanae salutem, ad hominum scilicet instructionem. Unde Chrysostomus dicit, *super Matth.*[10], quod Christus *permisit daemonibus in porcos ire, non quasi a daemonibus persuasus*, sed *primo quidem, ut instruat magnitudinem nocumenti daemonum qui hominibus insidiantur; secundo, ut omnes discerent quoniam neque adversus porcos audent aliquid facere, nisi ipse concesserit; tertio, ut ostenderet quod graviora in illos homines operati essent quam in illos porcos, nisi essent divina providentia adiuti*.

Et propter easdem etiam causas permisit eum qui a daemonibus liberabatur, ad horam gravius affligi: a qua tamen afflictione eum continuo liberavit. Per hoc etiam ostenditur, ut Beda dicit[11], quod *saepe, dum converti ad Deum post peccata conamur, maioribus novisque antiqui hostis pulsamur insidiis. Quod facit vel ut odium virtutis incutiat: vel expulsionis suae vindicet iniuriam*. Factus est etiam homo sanatus *velut mortuus*, ut Hieronymus dicit[12], *quia sanatis dicitur, "Mortui estis, et vita vestra abscondita est cum Christo in Deo"*.

Escritura". Além do mais, isso é perigoso, pois o demônio muitas vezes mistura a mentira com a verdade. — Em segundo lugar, porque, como diz Crisóstomo: "Não deviam os demônios surripiar a glória do ministério apostólico. Nem convinha que o mistério de Cristo fosse proclamado por uma língua imunda", pois "não é belo o louvor na boca do pecador". — Finalmente, porque, como diz Beda, "Cristo não queria acender a inveja dos judeus". Pela mesma razão, "até aos Apóstolos ordenou que calassem a respeito dele, para que, tornando-se conhecida a sua divina majestade, não fosse impedida a realização de sua paixão".

QUANTO AO 4º, deve-se dizer que Cristo veio especialmente ensinar e fazer milagres para utilidade dos homens, principalmente no que se refere à salvação da alma. Por isso permitiu aos demônios que expulsava dos corpos que causassem algum dano aos corpos ou às coisas para a salvação da alma, isto é, para instrução das pessoas. No comentário a Mateus, diz Crisóstomo que Cristo "permitiu aos demônios que fossem para os porcos, não por ter sido persuadido pelos demônios, mas por três razões: primeiro, para mostrar quão grande prejuízo podem os demônios causar aos homens; segundo, para que todos aprendessem que os demônios nada ousariam fazer, nem mesmo contra os porcos, se ele não permitisse; terceiro, para mostrar que os demônios teriam prejudicado aqueles homens mais ainda do que aqueles porcos, se os homens não tivessem sido socorridos pela divina providência".

Pelas mesmas causas Cristo permitiu que aquele que ficou livre dos demônios sofresse por algum momento maior aflição; mas logo em seguida o libertou também daquela aflição. Por isso também se mostra, como diz Beda, que "muitas vezes, quando nos esforçamos por converter-nos a Deus depois do pecado, somos sacudidos por maiores e novas investidas do antigo inimigo o qual assim age tanto para incutir ódio à virtude, como para vingar o próprio prejuízo". O homem curado ficou "como morto", diz Jerônimo, "porque aos curados é dito 'Vós estais mortos, e vossa vida está escondida com Cristo em Deus'".

---

7. Cfr. CYRILLUM ALEX., *In Luc.*, super 4, 41: MG 72, 552 CD.
8. Vide THEOPHYLACTUM, *In Luc.*, super 4, 41: MG 123, 756 D.
9. BEDA, *In Luc.*, l. II, super 4, 41: ML 92, 381 BC.
10. Homil. 28, al. 29, n. 3: MG 57, 354.
11. *In Marc.*, l. III, super 9, 18: ML 92, 221 D. 222 A.
12. *In Marc.*, super 9, 25: ML 30, 616 B. — (Inter Opp. Hieron.).

Articulus 2
Utrum convenienter fuerint a Christo facta miracula circa caelestia corpora

AD SECUNDUM SIC PROCEDITUR. Videtur quod inconvenienter fuerint a Christo facta miracula circa caelestia corpora.

1. Ut enim Dionysius dicit, 4 cap. *de Div. Nom.*[1], *divinae providentiae non est naturam corrumpere, sed salvare*. Corpora autem caelestia secundum suam naturam sunt incorruptibilia et inalterabilia: ut probatur in I *de Caelo*[2]. Ergo non fuit conveniens ut per Christum fieret aliqua mutatio circa ordinem caelestium corporum.

2. PRAETEREA, secundum motum caelestium corporum temporum cursus designatur: secundum illud Gn 1,44: *Fiant luminaria in firmamento caeli: et sint in signa et tempora et dies et annos*. Sic ergo, mutato cursu caelestium corporum, mutatur temporum distinctio et ordo. Sed non legitur hoc esse perceptum ab astrologis, *qui contemplantur sidera et computant menses*, ut dicitur Is 47,13. Ergo videtur quod per Christum non fuerit aliqua mutatio facta circa cursum caelestium corporum.

3. PRAETEREA, magis competebat Christo facere miracula vivens et docens quam moriens: tum quia, ut dicitur 2Cor 13,4, *Crucifixus est ex infirmitate, sed vivit ex virtute Dei*, secundum quam miracula faciebat; tum etiam quia eius miracula confirmativa erant doctrinae ipsius. Sed in vita sua non legitur Christus aliquod miraculum circa caelestia corpora fecisse: quinimmo Pharisaeis petentibus ab eo *signum de caelo*, dare renuit, ut habetur Mt 12,38-39 et 16,1-4. Ergo videtur quod nec in morte circa caelestia corpora aliquod miraculum facere debuit.

SED CONTRA est quod dicitur Lc 23,44-45: *Tenebrae factae sunt in universa terra usque ad horam nonam, et obscuratus est sol*.

RESPONDEO dicendum quod, sicut supra[3] dictum est, miracula Christi talia esse debebant ut sufficienter eum Deum esse ostenderent. Hoc autem non ita evidenter ostenditur per transmutationes corporum inferiorum, quae etiam ab aliis causis moveri possunt, sicut per transmutationem cursus

Artigo 2
Foi conveniente que Cristo fizesse milagres em relação aos corpos celestes?

QUANTO AO SEGUNDO, ASSIM SE PROCEDE: parece que **não** foi conveniente que Cristo fizesse milagres em relação aos corpos celestes.

1. Com efeito, Dionísio diz que "não é próprio da divina providência corromper a natureza, mas salvá-la". Ora, os corpos celestes são por natureza incorruptíveis e inalteráveis, como se prova no primeiro livro *Do Céu*. Logo, não foi conveniente que Cristo fizesse alguma mudança na ordem dos corpos celestes.

2. ALÉM DISSO, o decurso do tempo é medido pelo movimento dos corpos celestes, como diz o livro do Gênesis: "Façam-se luzeiros no firmamento do céu; que sirvam de sinais para marcar as festas, os dias e os anos". Se, pois, se muda o curso dos corpos celestes, mudam-se também a distinção e a ordem dos tempos. Ora, não se lê que isso tenha sido percebido pelos astrólogos, "que observam as estrelas e calculam os meses", como diz o livro de Isaías. Logo, parece que Cristo não fez nenhuma mudança no curso dos corpos celestes.

3. ADEMAIS, era mais apropriado que Cristo fizesse milagres enquanto vivia e ensinava do que quando estava para morrer. Seja, porque, como diz a segunda Carta aos Coríntios, "foi crucificado em razão de sua fraqueza, mas está vivo pelo poder de Deus"; por este poder fazia os milagres. Seja, porque ele fazia os milagres para confirmar o seu ensinamento. Ora, não se lê que Cristo tenha feito em vida nenhum milagre em relação aos corpos celestes. Pelo contrário, negou-se a satisfazer os fariseus que lhe pediam "um sinal do céu", como está no Evangelho de Mateus. Logo, parece que nem em sua morte devia fazer algum milagre em relação aos corpos celestes.

EM SENTIDO CONTRÁRIO, diz o Evangelho de Lucas: "Houve trevas na terra inteira até a hora nona, e o sol parou de brilhar".

RESPONDO. Como se disse acima, os milagres de Cristo deviam mostrar clara e suficientemente que ele era Deus. Ora, isso não se daria por mudanças nos corpos inferiores, que podem ser movidos também por outras causas, mas, sim, por alterações no curso dos corpos celestes, que só por

---
2 PARALL.: *In Matth.*, c. 27.

1. § 33: MG 3, 733 B.
2. C. 3: 270, a, 12-17.
3. Q. 43, a. 4.

caelestium corporum, quae a solo Deo sunt immobiliter ordinata. Et hoc est quod Dionysius dicit, in Epistola *ad Polycarpum*[4]: *Cognoscere oportet non aliter aliquando posse aliquid perverti caelestis ordinationis et motus, nisi causam haberet ad hoc moventem qui facit omnia et mutat secundum suum sermonem.* Et ideo conveniens fuit in Christus miracula faceret etiam circa caelestia corpora.

AD PRIMUM ergo dicendum quod, sicut corporibus inferioribus naturale est moveri a caelestibus corporibus, quae sunt superiora secundum naturae ordinem; ita etiam naturale est cuilibet creaturae ut transmutetur a Deo secundum eius voluntatem. Unde Augustinus dicit, XXVI *contra Faustum*[5], et habetur in Glossa[6] Rm 11, super illud [v. 24], *Contra naturam insertus es* etc.: *Deus Creator et Conditor omnium naturarum, nihil contra naturam facit: quia id est cuique rei natura, quod facit.* Et ita non corrumpitur natura caelestium corporum cum eorum cursus immutatur a Deo: corrumperetur autem si ab aliqua alia causa immutaretur.

AD SECUNDUM dicendum quod per miraculum a Christo factum non est perversus ordo temporum. Nam secundum quosdam, illae tenebrae, vel solis obscuratio, quae in passione Christi accidit, fuit propter hoc quod sol suos radios retraxit, nulla immutatione facta circa motum caelestium corporum, secundum quem tempora mensurantur. Unde Hieronymus dicit, *super Matth.*[7]: *Videtur luminare maius retraxisse radios suos, ne aut pendentem videret Dominum, aut impii blasphemantes sua luce fruerentur.* — Talis autem retractio radiorum non est sic intelligenda quasi sol in sua potestate habeat radios emittere vel retrahere: non enim ex electione, sed ex natura radios emittit, ut dicit Dionysius, 4 cap. *de Div. Nom.*[8]. Sed sol dicitur retrahere radios, inquantum divina virtute factum est ut solis radii ad terram non pervenirent.

Origenes autem dicit hoc accidisse per interpositionem nubium. Unde, *super Matth.*[9], dicit: *Consequens est intelligere quasdam tenebrosissimas nubes multas et magnas concurrisse super Ierusalem et terram Iudaeae; et ideo factae sunt tenebrae profundae a sexta hora usque ad nonam. Arbitror ergo, sicut et cetera signa quae facta sunt in passione,* scilicet *quod velum est scissum, quod*

Deus foram imovelmente ordenados. É o que diz Dionísio: "É preciso saber que qualquer alteração na ordem e no movimento celestes não se pode verificar a não ser que aquele que tudo faz e muda com sua palavra, tenha uma causa que o leve a isso". Por isso, era conveniente que Cristo fizesse milagres também em relação aos corpos celestes.

QUANTO AO 1º, portanto, deve-se dizer que assim como é natural que os corpos inferiores sejam movidos pelos corpos celestes, que lhes são superiores segundo a ordem da natureza, assim também é natural que qualquer criatura seja mudada por Deus segundo sua vontade. Por isso Agostinho diz: "Deus, Autor e Criador de todas as coisas, nada faz contra a natureza, pois a natureza de uma coisa é o que Deus faz". Por conseguinte, a natureza dos corpos celestes não é alterada quando é Deus que lhes altera o curso; seria alterada se o fosse por outra causa.

QUANTO AO 2º, deve-se dizer que pelo milagre feito por Cristo não foi alterada a ordem dos tempos. Segundo alguns, as trevas e o obscurecimento do sol na paixão de Cristo se deram porque o sol recolheu os seus raios, sem que houvesse nenhuma mudança no movimento dos corpos celestes, pelos quais se medem os tempos. Comentando o Evangelho de Mateus, diz Jerônimo: "Parece que o luzeiro maior recolheu seus raios, para não ver o Senhor pendente da cruz, ou para que os ímpios blasfemos não gozassem de sua luz". — Com este modo de falar, não se deve entender que o sol tenha o poder de emitir ou recolher os seus raios, pois não os emite por vontade, mas por natureza, como diz Dionísio. Se se diz que o fez é porque, pelo poder divino, seus raios não chegaram até a terra.

Orígenes diz que isso aconteceu pela interposição de nuvens: "Deve-se entender, por conseguinte, que certas nuvens tenebrosas, grandes e numerosas, se acumularam sobre Jerusalém e a Judeia, e por isso se fizeram trevas profundas desde a hora sexta até a hora nona. Sou de parecer que estes e outros sinais, como o rasgar-se do véu do templo, o tremor de terra etc., se tenham

---
4. Epist. 7, § 2: MG 3, 1080 BC.
5. C. 3: ML 42, 480.
6. Ordin.: ML 114, 508 C; LOMBARDI ML 191, 1488 B.
7. L. IV, super 27, 45: ML 26, 212 A.
8. § 1: MG 3, 693 B.
9. *Commentarior. series*, n. 134, super 27, 45: MG 13, 1784 AB.

terra tremuit, etc., *in Ierusalem tantummodo facta sunt, ita et hoc: aut si latius voluerit quis extendere ad terram Iudaeae*, propter hoc quod dicitur quod *"tenebrae factae sunt in universa terra"; quod intelligitur de terra Iudaea, sicut in III libro Regum dixit Abdias ad Eliam. "Vivit Deus tuus, si est gens aut regnum ubi non miserit dominus meus quaerere te", ostendens quod eum quaesiverunt in gentibus quae sunt circa Iudaeam.*

Sed circa hoc magis est credendum Dionysio, qui oculata fide inspexit hoc accidisse per interpositionem lunae inter nos et solem. Dicit enim, in Epistola *ad Polycarpum*[10]: *Inopinabiliter soli lunam incidentem videbamus*, in Aegypto scilicet existentes, ut ibidem dicitur. Et designat ibi quatuor miracula. Quorum primum est quod naturalis eclipsis solis per interpositionem lunae nunquam accidit nisi tempore coniunctionis solis et lunae. Tunc autem erat luna in oppositione ad solem, quintadecima existens: quia erat Pascha Iudaeorum. Unde dicit[11]: *Non enim erat conventus tempus.* — Secundum miraculum est quod, cum circa horam sextam luna visa fuisset simul cum sole in medio caeli, in vesperis apparuit in suo loco, idest in oriente, opposita soli. Unde dicit[12]: *Et rursus ipsam vidimus*, scilicet lunam, *a nona hora*, scilicet in qua recessit a sole, cessantibus tenebris, *usque ad vesperam, supernaturaliter restitutam ad diametrum solis*, id est ut diametraliter esset soli opposita. Et sic patet quod non est turbatus consuetus temporum cursus: quia divina virtute factum est et quod ad solem supernaturaliter accederet praeter debitum tempus, et quod, a sole recedens, in locum proprium restitueretur tempore debito. — Tertium miraculum est quod naturaliter eclipsis solis semper incipit ab occidentali parte et pervenit usque ad orientalem: et hoc ideo quia luna secundum proprium motum, quo movetur ab occidente in orientem, est velocior sole in suo proprio motu: et ideo luna, ab occidente veniens, attingit solem et pertransit ipsum, ad orientem tendens. Sed tunc luna iam pertransiverat solem, et distabat ab eo per medietatem circuli, in oppositione existens. Unde oportuit quod reverteretur ad orientem versus solem, et attingeret ipsum primo ex parte orientali, procedens versus occidentem. Et hoc est quod dicit[13]: *Eclipsim etiam ipsam ex oriente vidimus inchoatam et usque ad solarem terminum venientem*,

verificado somente em Jerusalém, ou, quando muito, como querem alguns por causa daquelas palavras "houve trevas na terra inteira", no território da Judeia; de fato, assim se entende no livro dos Reis quando Abdias diz a Elias: "Vive o teu Deus, se houver povo ou reino a que o meu senhor não tenha enviado agentes à tua procura", significando que procuraram Elias nos povoados da Judeia".

A este propósito, maior crédito merece Dionísio, o qual, como testemunha ocular, observou que a escuridão se deveu à interposição da lua entre a terra e o sol. Diz ele: "Incompreensivelmente vimos a lua cobrir o sol". Ele se encontrava no Egito. E aponta neste fato quatro sinais. Primeiro, que o eclipse natural do sol pela interposição da lua não acontece senão por ocasião da conjunção do sol e da lua. Ora, naquela ocasião a lua estava em oposição ao sol, no décimo quinto dia, pois era a Páscoa dos judeus. Por isso diz: "Não era o tempo oportuno". — O segundo milagre foi que, pela hora sexta, a lua foi vista, juntamente com o sol, no meio do céu, e depois, à tarde, apareceu em seu lugar, isto é, ao oriente, oposta ao sol. "Nós a vimos novamente desde a hora nona", em que se afastou do sol, cessando as trevas, "até a tarde, sobrenaturalmente restituída ao diâmetro do sol", isto é, diametralmente oposta ao sol. Assim se evidencia que não foi perturbado o curso habitual do tempo, porque pelo divino poder aconteceu que a lua sobrenaturalmente se aproximou do sol fora do tempo devido, e, afastando-se do sol, foi devolvida ao lugar devido no tempo devido. — O terceiro milagre é que naturalmente o eclipse do sol começa sempre do lado ocidental e avança para o lado oriental; isso porque a lua, que se move do ocidente para o oriente, é mais veloz do que o sol; assim, vindo do ocidente, atinge o sol e passa por ele, indo para o oriente. Naquele dia, a lua já tinha passado pelo sol e distava dele a metade do círculo, já em oposição a ele. Foi preciso que voltasse atrás na direção do sol e o atingisse primeiro do lado oriental, indo para o ocidente. "Vimos este eclipse começar do lado oriental e ir até o limite do sol", pois o cobriu totalmente, "e depois voltar dali". — O quarto milagre foi que no eclipse natural o sol começa a reaparecer do mesmo lado em que começou a ser coberto; de

---

10. Epist. 7, § 2: MG 3, 1081 A.
11. *Ibid.*: MG 3, 1081 AB.
12. *Ibid.*: MG 3, 1081 B.
13. *Ibid.*

quia totum solem eclipsavit, *postea hinc regredientem.* — Quartum miraculum fuit quod in naturali eclipsi ex eadem parte incipit sol prius reapparere ex qua parte incipit prius obscurari: quia scilicet luna, se soli subiiciens, naturali suo motu solem pertransit versus orientem, et ita partem occidentalem solis, quam primo occupat, primo etiam derelinquit. Sed tunc luna, miraculose, ab oriente versus occidentem rediens, non pertransivit solem, ut esset eo occidentalior: sed, postquam pervenit ad terminum solis, reversa est versus orientem: et ita partem solis quam ultimo occupavit, primo etiam dereliquit. Et sic ex parte orientali inchoata fuit elipsis, sed in parte occidentali prius incoepit claritas apparere. Et hoc est quod dicit[14]: *Et rursus vidimus non ex eodem*, idest, non ex eadem parte solis, *et defectum et repurgationem, sed e contra secundum diametrum factam.*

Quintum miraculum addit Chrysostomus, *super Matth.*[15], dicens quod *tribus horis tunc tenebrae permanserunt, cum eclipsis solis in momento pertranseat: non enim habet moram, ut sciunt illi qui consideraverunt.* Unde datur intelligi quod luna quieverit sub sole. Nisi forte velimus dicere quod tempus tenebrarum computatur ab instanti quo incoepit sol obscurari, usque ad instans in quo sol totaliter fuit repurgatus.

Sed, sicut Origenes dicit, *super Matth.*[16], *adversus hoc filii saeculi huius dicunt: Quomodo hoc factum tam mirabile nemo Graecorum aut barbarorum scripsit?* Et dicit[17] quod quidam nomine Phlegon *in Chronicis suis scripsit hoc in principatu Tiberii Caesaris factum: sed non significavit quod fuerit in luna plena.* Potuit ergo hoc contingere quia astrologi ubique terrarum tunc temporis existentes, non sollicitabantur de observanda eclipsi, quia tempus non erat: sed illam obscuritatem ex aliqua passione aeris putaverunt accidere. Sed in Aegypto, ubi raro nubes apparent propter aeris serenitatem, permotus est Dionysius, et socii eius, ut praedicta circa illam obscuritatem observarent.

AD TERTIUM dicendum quod tunc praecipue oportebat per miracula divinitatem Christi ostendere, quando in eo maxime apparebat infirmitas secundum humanam naturam. Et ideo in Christi nativitate stella nova in caelo apparuit. Unde Maximus dicit, in Sermone *Nativitatis*[18]:

fato, a lua, passando pelo sol, por seu movimento natural passa pelo sol na direção do oriente, e assim abandona primeiro a parte ocidental do sol, que primeiro começou a cobrir. Naquela ocasião a lua, milagrosamente, voltando do oriente para o ocidente, não passou além do sol, ficando ao ocidente dele, mas, depois de cobrir todo o sol, voltou para o oriente; e assim a parte do sol que cobriu por último, primeiro também deixou. Portanto, o eclipse começou no lado oriental do sol e a claridade começou a aparecer no lado ocidental. "Vimos ainda que a escuridão e a claridade começaram não do mesmo lado", entenda-se do sol, "mas de lados diametralmente opostos".

Crisóstomo acrescenta um quinto milagre, dizendo que "as trevas duraram então três horas, sendo que o eclipse do sol dura um momento, pois não se detém, como dizem os entendidos". De onde se conclui que a lua parou sobre o sol. A não ser que se entenda que o tempo das trevas se conta desde o instante em que o sol começou a ser coberto, até quando ficou inteiramente descoberto.

Observa, porém, Orígenes: "Como se explica que nenhum grego ou bárbaro tenha referido fato tão admirável?" E acrescenta que um certo Flegonte "escreveu em suas Crônicas que o fato se verificou no império de Tibério César; mas não indicou que foi na lua cheia". Isto pôde acontecer porque os astrólogos de então não estavam preocupados com observar o eclipse, pois não era o tempo, e atribuíram aquela escuridão a alguma alteração na atmosfera. Enquanto no Egito, onde raramente aparecem nuvens, devido à serenidade do ar, Dionísio e seus companheiros foram levados a observar o que foi referido a respeito daquele escurecer.

QUANTO AO 3º, deve-se dizer que mais convinha mostrar a divindade de Cristo pelos milagres quando nele mais aparecia a fraqueza segundo a natureza humana. Por isso, por ocasião do nascimento de Cristo, apareceu no céu uma nova estrela. Diz Máximo: "Se fazes pouco caso do presépio, ergue

---

14. *Ibid.*: MG 3, 1081 A.
15. Homil. 88, al. 89, n. 1: MG 58, 775.
16. *Commentar. series*, n. 134, super 27, 45: MG 13, 1782 BC.
17. *Commentar. ser., ibid.*: MG 13, 1782 C.
18. Homil. 13, al. *in Nativ.* 8: ML 57, 251-252 A.

Si praesepe despicis, erige paulisper oculos, et novam in caelo stellam, protestantem mundo nativitatem Dominicam, contuere.

In passione autem adhuc maior infirmitas circa humanitatem Christi apparuit. Et ideo oportuit ut maiora miracula ostenderentur circa principalia mundi luminaria. Et, sicut Chrysostomus dicit, *super Matth.*[19]*, hoc est signum quod petentibus promittebat dare, dicens, "Generatio prava et adultera signum quaerit: et signum non dabitur ei, nisi signum Ionae Prophetae", crucem significans et resurrectionem. Etenim multo mirabilius est in eo qui crucifixus erat hoc fieri, quam ambulante eo super terram.*

um pouco os olhos e vê no céu a nova estrela, proclamando ao mundo o nascimento do Senhor".

Por ocasião da paixão, manifestou-se uma fraqueza ainda maior da humanidade de Cristo. Por isso era necessário que se verificassem milagres ainda maiores em relação aos principais luzeiros do mundo. Diz Crisóstomo, comentando Mateus: "Este é o sinal que ele prometeu dar aos que o pediam, dizendo: 'Uma geração perversa e adúltera busca um sinal, mas nenhum sinal lhe será dado, a não ser o sinal do profeta Jonas', significando a cruz e a ressurreição. De fato, era muito mais admirável que tais coisas acontecessem quando era crucificado, do que quando caminhava pela terra".

Articulus 3
Utrum convenienter circa homines Christus miracula fecerit

Ad tertium sic proceditur. Videtur quod inconvenienter circa homines Christus miracula fecit.

1. In homine enim potior est anima quam corpus. Sed circa corpora multa miracula fecit Christus, circa animas vero nulla miracula legitur fecisse: nam neque aliquos incredulos ad fidem virtuose convertit, sed admonendo et exteriora miracula ostendendo; neque etiam aliquos fatuos legitur sapientes fecisse. Ergo videtur quod non convenienter sit circa homines miracula operatus.

2. Praeterea, sicut supra[1] dictum est, Christus faciebat miracula virtute divina: cuius proprium est subito operari, et perfecte, et absque adminiculo alicuius. Sed Christus non semper subito curavit homines quantum ad corpus: dicitur enim Mc 8,22 sqq. quod, *apprehensa manu caeci, eduxit eum extra vicum, et exspuens in oculos eius, impositis manibus suis, interrogavit eum si aliquid videret. Et aspiciens ait: Video homines velut arbores ambulantes. Deinde iterum imposuit manus super oculos eius, et coepit videre, et restitutus est ita ut videret clare omnia.* Et sic patet quod non subito eum curavit, sed primo quidem imperfecte, et per sputum. Ergo videtur non convenienter circa homines miracula fecisse.

Artigo 3
Foram convenientes os milagres que Cristo fez em relação aos homens?

Quanto ao terceiro, assim se procede: parece que **não** foram convenientes os milagres que Cristo fez em relação aos homens.

1. Com efeito, no homem é mais importante a alma que o corpo. Ora, Cristo fez muitos milagres em relação aos corpos, mas não se lê que tenha feito algum em relação às almas. De fato, Cristo converteu à fé alguns incrédulos, não por sua virtude interior, mas admoestando e mostrando milagres exteriores; nem tornou sábio nenhum insensato. Logo, parece que não foram convenientes os milagres que fez em relação aos homens.

2. Além disso, como foi dito acima, Cristo fazia os milagres pelo poder divino. Ora, é próprio do poder divino agir instantânea e perfeitamente e sem nenhum auxílio. Ora, Cristo nem sempre curou instantaneamente pessoas quanto ao corpo. Diz o Evangelho de Marcos: "Tomando o cego pela mão, levou-o para fora do povoado, cuspiu nos olhos dele, impôs-lhe as mãos e perguntou: 'Estás vendo alguma coisa?' Erguendo os olhos o homem disse: 'Estou vendo as pessoas como se fossem árvores andando". Impôs de novo as mãos sobre seus olhos e ele começou a enxergar. Ficou curado e era capaz de ver tudo claramente". É evidente, portanto, que não o curou instantaneamente e que primeiro o fez de modo imperfeito e usando a saliva. Logo,

---

19. Homil. 88, n. 1: MG 58, 775.

1. Q. 43, a. 2.

3. PRAETEREA, quae se invicem non consequuntur, non oportet quod simul tollantur. Sed aegritudo corporalis non semper ex peccato causatur: ut patet per illud quod Dominus dicit, Io 9,2-3: *Neque hic peccavit, neque parentes eius, ut caecus nasceretur*. Non ergo oportuit ut hominibus corporum curationem quaerentibus peccata dimitteret, sicut legitur fecisse circa paralyticum, Mt 9,2: praesertim quia sanatio corporalis, cum sit minus quam remissio peccatorum, non videtur esse sufficiens argumentum quod possit peccata dimittere.

4. PRAETEREA, miracula Christi facta sunt ad confirmationem doctrinae ipsius, et testimonium divinitatis eius, ut supra[2] dictum est. Sed nullus debet impedire finem sui operis. Ergo videtur inconvenienter Christus quibusdam miraculose curatis praecepisse ut nemini dicerent, ut patet Mt 9,30 et Mc 8,26: praesertim quia quibusdam aliis mandavit ut miracula circa se facta publicarent, sicut Mc 5,19 legitur quod dixit ei quem a daemonibus liberaverat, *Vade in domum tuam ad tuos, et nuntia eis quanta Dominus tibi fecerit*.

SED CONTRA est quod dicitur Mc 7,37: *Bene omnia fecit: et surdos fecit audire, et mutos loqui*.

RESPONDEO dicendum quod ea quae sunt ad finem, debent fini esse proportionata. Christus autem ad hoc in mundum venerat et docebat, ut homines salvos faceret: secundum illud Io 3,17: *Non enim misit Deus Filium suum in mundum ut iudicet mundum, sed ut salvetur mundus per ipsum*. Et ideo conveniens fuit ut Christus, particulariter homines miraculose curando, ostenderet se esse universalem et spiritualem omnium Salvatorem.

AD PRIMUM ergo dicendum quod ea quae sunt ad finem, distinguuntur ab ipso fine. Miracula autem a Christo facta ordinabantur, sicut ad finem, ad rationalis partis salutem, quae consistit in sapientiae illustratione et hominum iustificatione. Quorum primum praesupponit secundum: quia, ut dicitur Sap 1,4, *in malevolam animam non intrabit sapientia, nec habitabit in corpore subdito peccatis*. Iustificare autem homines non conveniebat nisi eis volentibus: hoc enim esset et contra rationem

parece que os milagres que Cristo fez em relação aos homens não foram convenientes.

3. ADEMAIS, as coisas que não se seguem entre si não é necessário que sejam tomadas juntas. Ora, a enfermidade corporal nem sempre é causada pelo pecado, como disse Cristo: "Nem ele pecou, nem seus pais, para que nascesse cego". Não era preciso, pois, que perdoasse os pecados de quem lhe pedia a cura do corpo, como se lê que fez ao paralítico. Principalmente porque, sendo a cura do corpo menos do que a remissão de pecados, parece que não era argumento suficiente de que pudesse perdoar pecados.

4. ADEMAIS, como se disse acima, Cristo fez milagres para confirmar o seu ensinamento e demonstrar a sua divindade. Ora, ninguém deve impedir a finalidade da própria ação. Logo, parece que Cristo impropriamente ordenou a alguns daqueles que havia curado milagrosamente que não o dissessem a ninguém, como está claro no Evangelho de Marcos e de Mateus. Principalmente porque, a alguns outros, mandava que divulgassem o milagre, como no caso daquele a quem livrou do demônio, como refere Marcos: "Vai para casa, para junto dos teus, e anuncia-lhes tudo o que o Senhor fez por ti".

EM SENTIDO CONTRÁRIO, diz-se no Evangelho de Marcos: "Tudo ele tem feito bem. Fez os surdos ouvirem e os mudos falarem".

RESPONDO. As coisas ordenadas a um fim devem ser proporcionadas a este fim. Ora, Cristo veio ao mundo e ensinou com o fim de salvar os homens, como diz o Evangelho de João: "Deus enviou seu Filho ao mundo, não para condenar o mundo, mas para que o mundo seja salvo por ele". Era conveniente, portanto, que Cristo, particularmente curando milagrosamente os homens, manifestasse que era o Salvador universal e espiritual de todos[d].

QUANTO AO 1º, portanto, deve-se dizer que as coisas ordenadas a um fim, se distinguem pelo mesmo fim. Os milagres feitos por Cristo se ordenavam, como a seu fim, à salvação da parte racional, salvação que consiste na ilustração da sabedoria e na justificação da pessoa. O primeiro pressupõe o segundo, como se lê no livro da Sabedoria: "A sabedoria não entra numa alma que trama o mal, nem mora num corpo sujeito a pecados". Ora, não convinha justificar os homens

---

2. Q. 43, a. 4.

d. Vemos aqui que as curas milagrosas operadas nas pessoas destinam-se sobretudo a mostrar que sua doutrina é não só verdadeira, mas salvadora, que ele veio para que o mundo fosse salvo.

iustitiae, quae rectitudinem voluntatis importat; et etiam contra rationem humanae naturae, quae libero arbitrio ad bonum ducenda est, non autem per coactionem. Christus ergo virtute divina interius hominem iustificavit: non tamen eis invitis. Nec hoc ad miracula pertinet: sed ad miraculorum finem. — Similiter etiam virtute divina simplicibus discipulis sapientiam infudit: unde dicit eis, Lc 21,15: *Ego dabo vobis os et sapientiam cui non poterunt resistere et contradicere omnes adversarii vestri*. Quod quidem, quantum ad interiorem illuminationem, inter visibilia miracula non numeratur: sed solum quantum ad exteriorem actum, inquantum scilicet videbant homines eos qui fuerant illiterati et simplices, tam sapienter et constanter loqui. Unde dicitur Act 4,13: *Videntes* Iudaei *Petri constantiam et Ioannis, comperto quod homines essent sine litteris et idiotae, admirabantur*. — Et tamen huiusmodi spirituales effectus, etsi a miraculis visibilibus distinguantur, sunt tamen quaedam testimonia doctrinae et virtutis Christi: secundum illud Hb 2,4: *Contestante Deo signis et portentis et variis virtutibus, et Spiritus Sancti distributionibus*.

Sed tamen circa animas hominum, maxime quantum ad immutandas inferiores vires, Christus aliqua miracula fecit. Unde Hieronymus, super illud Mt 9,9, *Surgens secutus est eum*, dicit[3]: *Fulgor ipse et maiestas divinitatis occultae, quae etiam in facie relucebat humana, videntes ad se trahere poterat ex primo aspectu*. — Et super illud Mt 21,12, *Eiiciebat omnes vendentes et ementes*, dicit idem Hieronymus[4]: *Mihi inter omnia signa quae fecit Dominus hoc videtur esse mirabilius, quod unus homo, et illo tempore contemptibilis, potuerit, ad unius flagelli verbera, tantam eiicere multitudinem. Igneum enim quiddam atque sidereum radiabat ex oculis eius, et divinitatis maiestas lucebat in facie. Et Origenes dicit, super Ioan.*[5], *hoc esse maius miraculum eo quo aqua conversa est in vinum: eo quod illic subsistit inanimata materia, hic vero tot millium hominum domantur ingenia*. — Et super illud Io 18,6, *Abierunt retrorsum et ceciderunt in terram*, dicit Augustinus[6]: *Una vox turbam odiis ferocem armisque terribilem, sine*

a não ser com o consentimento deles, pois isso seria contra a ordem da justiça, que importa na retidão da vontade, e também contra a ordem da natureza humana, que deve ser levada ao bem pelo livre-arbítrio e, não, por coação. Cristo, com poder divino, justificou interiormente o homem, não, porém, contra a vontade humana. Ademais, isso não pertence ao milagre, mas à finalidade do milagre. — Igualmente com poder divino Cristo infundiu nos discípulos, homens simples, a sabedoria, como ele próprio diz: "Eu vos darei uma linguagem e uma sabedoria que nenhum dos que são contra vós poderá contrariar nem contradizer". Mas isso, quanto à iluminação interior, não se conta entre os milagres visíveis, mas somente quanto ao ato exterior, a saber, enquanto os outros viam aqueles homens, outrora iletrados e simples, falarem com tanta sabedoria e constância. Lê-se nos Atos dos Apóstolos: "Vendo os judeus a coragem de Pedro e João, e apercebendo-se de que se tratava de homens simples e sem instrução, estavam surpresos". — Estes efeitos espirituais, embora se distingam dos milagres visíveis, constituem, porém, testemunhos do ensinamento e do poder de Cristo, como se diz na Carta aos Hebreus: "Deus confirmou o testemunho deles mediante sinais, prodígios e milagres de todo tipo, e mediante dons do Espírito Santo".

Cristo fez também alguns milagres em relação às almas dos homens, especialmente na transformação das forças inferiores. Sobre a frase de Mateus, "levantando-se o seguiu", diz Jerônimo: "O fulgor e a majestade da divindade oculta que transpareciam na face humana de Cristo podiam atrair a ele aqueles que o viam pela primeira vez". — E sobre a frase: "Expulsou todos os que ali estavam vendendo e comprando", comenta o mesmo Jerônimo: "Dentre todos os milagres que Cristo fez, este me parece o mais admirável: que um só homem, naquela época ainda desprezível, tenha podido, a golpes de um simples chicote, expulsar tão numerosa multidão. É que de seus olhos se irradiava como que um fogo celestial e em sua face brilhava a majestade da divindade". Orígenes acrescenta, comentando João: "Este milagre foi maior que o da água transformada em vinho, porque neste permaneceu a matéria inanimada, enquanto naquele foi domada a natureza de tantos milhares de pessoas". — Comentando o dito de João: "Recuaram para

---

3. *In Matth.*, l. I, super 9, 9: ML 26, 56 A.
4. *In Matth.*, l. III, super 21, 15: ML 26, 152 B.
5. *In Ioan.*, t. X, n. 16: MG 14, 352 A.
6. *In Ioan.*, tract. 112, n. 3, super 18, 4: ML 35, 1931.

telo ullo, percussit, repulit, stravit: Deus enim latebat in carne. — Et ad idem pertinet quod dicitur Lc 4,30, quod Iesus *transiens per medium illorum ibat*: ubi dicit Chrysostomus[7] quod *stare in medio insidiantium et non apprehendi, divinitatis eminentiam ostendebat*. Et quod dicitur Io 8,59, *Iesus abscondit se et exivit de Templo*: ubi Augustinus[8] dicit: *Non abscondit se in angulo Templi quasi timens, vel post murum aut columnam divertens: sed, caelica potestate se invisibilem insidiantibus constituens, per medium illorum exivit.*

Ex quibus omnibus patet quod Christus, quando voluit, virtute divina animas hominum immutavit, non solum iustificando et sapientiam infundendo, quod pertinet ad miraculorum finem: sed etiam exterius alliciendo vel terrendo vel stupefaciendo, quod pertinet ad ipsa miracula.

AD SECUNDUM dicendum quod Christus venerat salvare mundum non solum virtute divina, sed per mysterium incarnationis ipsius. Et ideo frequenter in sanatione infirmorum non sola potestate divina utebatur, curando per modum imperii, sed etiam aliquid ad humanitatem ipsius pertinens apponendo. Unde super illud Lc 4,40, *Singulis manus imponens curabat omnes*, dicit Cyrillus[9]: *Quamvis, ut Deus, potuisset omnes verbo pellere morbos, tangit tamen eos, ostendens propriam carnem efficacem ad praestanda remedia*. — Et super illud Mc 8,23 sqq., *Exspuens in oculos eius impositis manibus* etc., dicit Chrysostomus[10]: *Spuit quidem et manus imponit caeco, volens ostendere quod verbum divinum, operationi adiunctum, mirabilia perficit: manus enim operationis est ostensiva, sputum sermonis ex ore prolati*. — Et super illud Io 9,6, *Fecit lutum ex sputo et linivit lutum super oculos caeci*, dicit Augustinus[11]: *De saliva sua lutum fecit: quia*

trás e caíram por terra", diz Agostinho: "Inerme, com uma só palavra, enfrentou, repeliu e prostrou por terra a turba fremente de ódio que brandia terrivelmente as armas; Deus estava oculto naquele corpo". — O mesmo quer significar o Evangelho de Lucas quando diz: "Passando por entre eles, continuou o seu caminho". Crisóstomo comenta: "Encontrar-se no meio de gente traiçoeira e não ser pego mostrava a supremacia da divindade". Comentando a frase de João "Jesus se escondeu e saiu do templo", diz Agostinho: "Escondeu-se não como se estivesse com medo, pondo-se atrás de algum muro ou coluna, mas, graças a um poder superior, tornando-se invisível a seus perseguidores; e assim saiu, passando por entre eles".

De tudo isso se torna evidente que Cristo, quando quis, com poder divino transformou as almas dos homens, não só justificando-as e infundindo-lhes sabedoria, o que pertence à finalidade dos milagres, mas também exteriormente atraindo ou atemorizando ou maravilhando, o que pertence aos próprios milagres[e].

QUANTO AO 2º, deve-se dizer que Cristo veio salvar o mundo não somente pelo poder divino, mas também pelo mistério da própria encarnação. Por isso muitas vezes ao curar os doentes não somente se servia do poder divino, curando com uma ordem, mas também aplicando algo pertencente à própria humanidade. Sobre o que diz o Evangelho de Lucas: "Impondo as mãos em cada um, curava-os a todos", comenta Cirilo: "Embora, como Deus, pudesse afastar todas as doenças com uma só palavra, toca os enfermos, mostrando que a própria carne era eficaz para trazer o remédio". — E sobre a frase de Marcos: "Cuspindo em seus olhos, impôs-lhe as mãos etc.", diz Crisóstomo: "Cospe e impõe as mãos sobre o cego querendo mostrar que a palavra divina, acrescentada ao gesto, opera maravilhas; as mãos significam o gesto, o cuspe a palavra pronunciada pela boca". — Sobre a frase de João: "Fez lodo com a saliva e esfregou

---

7. *In Ioan.*, hom. 48, al. 47, n. 1: MG 59, 269.
8. Vide THEOPHYLACTUM, super 8, 59: MG 124, 40 B.
9. *In Luc.*, super 4, 40: MG 72, 552 B.
10. VICTOR ANTIOCH., *Cat. in Marcum*, super 8, 23: apud I. A. CRAMER, *Catenae Graec. Patrum in N. T.*, Oxonii 1844, I, 344. 12.
11. *In Ioan.*, tract. 44, n. 2, super 9, 6: ML 35, 1714.

e. Notemos a distinção entre obra de Deus, de Jesus, no interior das almas humanas ("iluminação e purificação da alma"), que não é um milagre, ainda que obra mais divina do que a própria ressurreição de um morto, por um lado, e sua ação sobre os corpos e também sobre as faculdades inferiores, a qual, ela sim é milagrosa, por outro. Mas o objetivo dos milagres propriamente ditos é atingir a alma e concorrer para a justificação interior. Não seria atenuar o rigor do ordenamento da atividade taumatúrgica de Cristo na cura das almas mostrar também nos milagres uma manifestação da piedade e da misericórdia divinas, e mesmo uma revelação de sua providência.

"Verbum caro factum est". Vel etiam ad significandum quod ipse erat qui *ex limo terrae* hominem formaverat: ut Chrysostomus dicit[12].

Est etiam circa miracula Christi considerandum quod communiter perfectissima opera faciebat. Unde super illud Io 2,10, *Omnis homo primum bonum vinum ponit*, dicit Chrysostomus[13]: *Talia sunt Christi miracula ut multo his quae per naturam fiunt, speciosiora et utiliora fiant*. — Et similiter in instanti infirmis perfectam sanitatem conferebat. Unde super illud Mt 8,15, *Surrexit et ministrabat illis*, dicit Hieronymus[14]: *Sanitas quae confertur a Domino, tota simul redit*.

Specialiter autem in illo caeco contrarium fuit propter infidelitatem ipsius: ut Chrysostomus[15] dicit. — Vel, sicut Beda dicit[16], *quem uno verbo totum simul curare poterat, paulatim curat, ut magnitudinem humanae caecitatis ostendat, quae vix, et quasi per gradus ad lucem redeat: et gratiam suam nobis indicet, per quam singula perfectionis incrementa adiuvat*.

AD TERTIUM dicendum quod, sicut supra[17] dictum est, Christus miracula faciebat virtute divina. *Dei* autem *perfecta sunt opera*, ut dicitur Dt 32,4. Non est autem aliquid perfectum, si finem non consequatur. Finis autem exterioris curationis per Christum factae est curatio animae. Et ideo non conveniebat Christo ut alicuius corpus curaret, nisi eius curaret animam. Unde super illud Io 7,23, *Totum hominem sanum feci in sabbato*, dicit Augustinus[18]: *Quia curatus est, ut sanus esset in corpore; et credidit, ut sanus esset in anima*.

Specialiter autem paralytico dicitur, *Dimittuntur tibi peccata*, quia, ut Hieronymus dicit, *super Matth.*[19], *datur ex hoc nobis intelligentia propter peccata plerasque evenire corporum debilitates: et ideo forsitam prius dimittuntur peccata, ut, causis debilitatis ablatis, sanitas restituatur*. Unde et Io 5,14 dicitur: *Iam noli peccare: ne deterius tibi*

com ele os olhos do cego", diz Agostinho: "Fez lodo com a própria saliva porque 'O Verbo fez-se carne'". Ou também, como diz Crisóstomo, para significar que foi ele quem 'do limo da terra' formou o homem[f].

Ainda sobre os milagres deve-se considerar que Cristo ordinariamente fazia obras perfeitíssimas. Comentando a palavra de João: "Todos servem primeiro o bom vinho", diz Crisóstomo: "Tais são os milagres de Cristo, muito superiores aos da natureza, mais belos e mais úteis". — Do mesmo modo num instante conferia saúde perfeita aos enfermos. Comentando o Evangelho de Mateus: "Levantou-se e os servia", diz Jerônimo: "A saúde que o Senhor dá volta toda imediatamente".

No caso do cego deu-se o contrário por causa de sua falta de fé, como diz Crisóstomo. Ou, como diz Beda: "Cristo poderia curá-lo inteiramente com uma só palavra, mas o cura pouco a pouco para mostrar o tamanho da cegueira humana, que só com dificuldade e aos poucos pode voltar à luz, e para nos indicar a sua graça, com a qual nos ajuda em cada passo do caminho da perfeição".

QUANTO AO 3º, deve-se dizer, como acima, que Cristo operava os milagres pelo poder divino. Ora, "as obras de Deus são perfeitas", diz o livro do Deuteronômio. Mas o que não atinge o seu fim não é perfeito. O fim da cura exterior feita por Cristo era a cura da alma. Por conseguinte, não convinha a Cristo curar o corpo se não curasse a alma. Sobre a frase de João: "Estais indignados comigo por ter curado um homem em dia de sábado", diz Agostinho: "Foi curado, para que ficasse são quanto ao corpo; creu, para que ficasse são quanto à alma".

Particularmente no caso do paralítico, em que se diz: "Teus pecados estão perdoados", diz Jerônimo: "Estas palavras nos dão a entender que a maioria das doenças corporais provêm de pecados e assim talvez primeiro são curados os pecados para que, supressas as causas das doenças, seja então restituída a saúde". Por isso diz o Evangelho de João:

---

12. *In Ioan.*, hom. 56, al. 55, n. 2: MG 59, 307.
13. *In Ioan.*, hom. 22, al. 21, n. 3: MG 59, 136.
14. L. I, super 8, 14: ML 26, 52 B.
15. VICTOR ANTIOCH., *Cat. in Marcum*, super 8, 24: apud I. A. CRAMER, op. cit., I, 344. 23.
16. *In Marc.*, l. II, super 8, 23: ML 92, 211 C.
17. Q. 43, a. 2.
18. *In Ioan.*, tract. 30, n. 5, super 7, 23: ML 35, 1635.
19. L. I, super 9, 5: ML 26, 55 C.

f. Todas essas considerações que Sto. Tomás toma emprestadas aos Padres são de extrema riqueza, e vemos nelas uma espécie de atividade sacramental de Cristo por meio de seus gestos corporais.

aliquid contingat. Ubi, ut dicit Chrysostomus[20], *discimus quod ex peccato nata erat ei aegritudo.*

Quamvis autem, ut Chrysostomus dicit, *super Matth.*[21], *quanto anima est potior corpore, tanto peccatum dimittere maius sit quam corpus sanare: quia tamen illud non est manifestum, facit minus quod est manifestius, ut demonstraret maius et non manifestum.*

AD QUARTUM dicendum quod, super illud Mt 9,30 *Videte ne quis sciat*, dicit Chrysostomus[22] *non esse hoc contrarium quod hic dicitur, ei quod alteri dicit: "Vade et annuntia gloriam Dei". Erudit enim nos prohibere eos qui volunt nos propter nos laudare. Si autem ad Deum gloria refertur, non debemus prohibere, sed magis iniungere ut hoc fiat.*

"Não peques mais, para que não te aconteça coisa pior". Assim, como diz Crisóstomo, "ficamos sabendo que a doença era consequência do pecado".

Finalmente, sobre o que diz Mateus: "Quanto a alma é superior ao corpo, tanto é mais perdoar o pecado do que curar o corpo", Crisóstomo explica: "Como aquilo não é visível, Cristo faz o menos, que é visível, para mostrar o mais, que não é visível".

QUANTO AO 4º, deve-se dizer como Crisóstomo, comentando a frase do Evangelho de Mateus "Tomai cuidado para que ninguém fique sabendo": "O que diz a estes não se opõe ao que disse a um outro: 'Vai e anuncia a glória de Deus'. Cristo nos ensina a proibir que falem os que nos querem louvar por nós mesmos. Quando, porém, se trata da glória de Deus, não devemos proibir, mas antes mandar que falem".

ARTICULUS 4
Utrum convenienter fecerit Christus miracula circa criaturas irrationales

AD QUARTUM SIC PROCEDITUR. Videtur quod inconvenienter fecerit Christus miracula circa creaturas irrationales.
1. Bruta enim animalia sunt nobiliora plantis. Sed Christus fecit aliquod miraculum circa plantas: puta cum ad verbum eius est siccata ficulnea, ut dicitur Mt 21,19. Ergo videtur quod Christus etiam circa animalia bruta miracula facere debuisset.
2. PRAETEREA, poena non iuste infertur nisi pro culpa. Sed non fuit culpa ficulneae quod in ea Christus fructum non invenit, quando non erat tempus fructuum. Ergo videtur quod inconvenienter eam siccaverit.
3. PRAETEREA, aer et aqua sunt in medio caeli et terrae. Sed Christus aliqua miracula fecit in caelo, sicut supra[1] dictum est. Similiter etiam in terra: quando in eius passione terra mota est. Ergo videtur quod etiam in aere et aqua aliqua miracula facere debuerit: ut mare dividere, sicut fecit Moyses; vel etiam flumen, sicut fecerunt Iosue et Elias; et ut fierent in aere tonitrua, sicut factum est in monte Sinai quando lex dabatur, et sicut Elias fecit, 3Reg 18,45.

ARTIGO 4
Foram convenientes os milagres que Cristo fez em relação às criaturas irracionais?

QUANTO AO QUARTO, ASSIM SE PROCEDE: parece que **não** foram convenientes os milagres que Cristo fez em relação às criaturas irracionais.
1. Com efeito, os animais são mais nobres que as plantas. Ora, Cristo fez algum milagre em relação às plantas, como quando secou a figueira com a palavra, como refere o Evangelho de Mateus. Logo, parece que devia fazer milagres também em relação aos animais irracionais.
2. ALÉM DISSO, uma pena só é justa quando imposta por uma culpa. Ora, a figueira não teve culpa de Cristo não encontrar nela fruto, uma vez que não era o tempo de frutos. Logo, parece que não foi conveniente que Cristo a tenha secado.
3. ADEMAIS, o ar e a água estão no meio, entre o céu e a terra. Ora, Cristo fez alguns milagres no céu, como acima se disse. Fez também na terra, como quando ela tremeu por ocasião da paixão. Logo, parece que devia fazer algum milagre no ar e na água, por exemplo, dividindo o mar, como fez Moisés, ou o rio, como fizeram Josué e Elias, ou ainda provocando trovões no ar, como aconteceu no monte Sinai quando foi dada a lei e como também fez Elias.

---

20. *In Ioan.*, hom. 38, al. 37, n. 1: MG 59, 211.
21. Homil. 29, al. 30, n. 2: MG 57, 360.
22. *In Matth.*, hom. 32, al. 33, n. 1: MG 57, 378.

1. A. 2.

4. Praeterea, opera miraculosa pertinent ad opus gubernationis mundi per divinam providentiam. Hoc autem opus praesupponit creationem. Inconveniens ergo videtur quod Christus in suis miraculis usus est creatione: quando scilicet multiplicavit panes. Non ergo convenientia videntur fuisse eius miracula circa irrationales creaturas.

Sed contra est quod Christus est *Dei sapientia*, de qua dicitur, Sap 8,1, quod *disponit omnia suaviter*.

Respondeo dicendum quod, sicut supra[2] dictum est, miracula Christi ad hoc ordinabantur quod virtus divinitatis cognosceretur in ipso ad hominum salutem. Pertinet autem ad virtutem divinitatis ut omnis creatura sit ei subiecta. Et ideo in omnibus creaturarum generibus miracula eum facere oportuit, et non solum in hominibus, sed etiam in irrationabilibus creaturis.

Ad primum ergo dicendum quod animalia bruta propinque se habent secundum genus ad hominem: unde et in eodem die cum homine facta sunt. Et quia circa corpora humana multa miracula fecerat, non oportebat quod circa corpora brutorum animalium aliqua miracula faceret: praesertim quia, quantum ad naturam sensibilem et corporalem, eadem ratio est de hominibus et animalibus, praecipue terrestribus. Pisces autem, cum vivant in aqua, magis a natura hominum differunt: unde et alio die sunt facti. In quibus miraculum Christus fecit in copiosa piscium captura, ut legitur Lc 5,4 sqq. et Io 21,6: et etiam in pisce quem Petrus coepit et in eo invenit staterem. — Quod autem porci in mare praecipitati sunt, non fuit operatio divini miraculi, sed operatio daemonum ex permissione divina.

Ad secundum dicendum quod, sicut Chrysostomus dicit, *super Matth.*[3], *cum in plantis vel brutis aliquid tale Dominus operatur, non quaeras qualiter iuste siccata est ficus, si tempus non erat, hoc enim quaerere est ultimae dementiae*, quia scilicet in talibus non invenitur culpa et poena: *sed miraculum inspice, et admirare miraculi factorem.* Nec facit Creator iniuriam possidenti, si creatura sua suo arbitrio utatur ad aliorum salutem: sed magis, ut Hilarius dicit, *super Matth.*[4], *in hoc bonitatis divinae argumentum reperimus. Nam ubi afferre voluit procuratae per se salutis exemplum, virtutis suae potestatem in humanis corporibus exercuit: ubi vero in contumaces formam*

4. Ademais, ações milagrosas pertencem ao governo do mundo pela divina providência. Ora, estas ações pressupõem a criação. Portanto, parece inconveniente que Cristo tenha usado da criação, por exemplo, ao multiplicar os pães. Logo, parece que não foram convenientes os milagres que fez em relação às criaturas irracionais.

Em sentido contrário, consta que Cristo é "sabedoria de Deus", da qual diz o livro da Sabedoria que "governa todas as coisas com suavidade".

Respondo. Os milagres de Cristo, como foi dito, tinham por fim dar a conhecer o poder de sua divindade, para a salvação dos homens. Ora, pertence ao poder da divindade que toda criatura lhe esteja sujeita. Por conseguinte era conveniente que Cristo fizesse milagres em relação a todos os gêneros de criaturas, portanto não só em relação aos homens, mas também em relação às criaturas irracionais.

Quanto ao 1º, portanto, deve-se dizer que os animais, quanto ao gênero, estão próximos ao homem, tanto que foram criados no mesmo dia. Tendo Cristo feito muitos milagres em relação aos corpos humanos, não era necessário que fizesse em relação aos corpos dos animais, principalmente porque, quanto à natureza sensível e corporal, têm a mesma razão tanto os homens como os animais, especialmente os terrestres. Já os peixes, por viverem na água, diferem mais da natureza dos homens, tanto que foram criados num outro dia. E em relação a eles, Cristo fez o milagre da pesca abundante, como referem Lucas e João, e o do peixe que Pedro pescou, encontrando nele a moeda. — Quanto ao fato dos porcos que se precipitaram no mar, não se tratou de ação divina milagrosa, mas de ação dos demônios com permissão divina.

Quanto ao 2º, deve-se dizer como Crisóstomo, no comentário ao Evangelho de Mateus: "Quando Cristo faz algum milagre em relação às plantas ou aos animais, não perguntes como foi que secou justamente a figueira, se não era tempo de figos; fazer tal pergunta é um grande desatino", uma vez que em plantas e animais não há culpa nem pena. "Considera antes o milagre e admira o seu autor". Além do mais, o Criador não faz injustiça a uma criatura ao servir-se dela segundo o seu arbítrio em vista da salvação de outras criaturas. Antes, como diz Hilário, "vemos nisso uma prova da divina bondade. De fato, quando quis trazer um exemplo de salvação buscada por si mesma, exerceu o seu

---

2. A. praec.
3. Homil. 67, al. 68, n. 1: MG 58, 634.
4. C. 21, n. 6: ML 9, 1037 CD.

severitatis constituebat, futuri speciem damno arboris indicavit. Et praecipue, ut Chrysostomus dicit[5], in ficulnea, *quae est humidissima: ut miraculum maius appareat.*

AD TERTIUM dicendum quod Christus etiam in aqua et in aere fecit miracula quae sibi conveniebant: quando scilicet, ut legitur Mt 8,26, *imperavit ventis et mari, et facta est tranquillitas magna.* Non autem conveniebat ei qui omnia in statum pacis et tranquilitatis revocare venerat, ut vel turbationem aeris, vel divisionem aquarum faceret. Unde Apostolus dicit, Hb 12,18: *Non accessistis ad tractabilem et accessibilem ignem, et turbinem et caliginem et procellam.*

Circa passionem tamen, *divisum est velum,* ad ostendendum reserationem mysteriorum legis; *aperta sunt monumenta,* ad ostendendum quod per eius mortem mortuis vita daretur; *terra mota est et petrae scissae,* ad ostendendum quod lapidea hominum corda per eius passionem emollirentur, et quod totus mundus virtute passionis eius erat in melius commutandus.

AD QUARTUM dicendum quod multiplicatio panum non est facta per modum creationis, sed per additionem extraneae materiae in panes conversae. Unde Augustinus dicit, *super Ioan.*[6]: *Unde multiplicat de paucis granis segetes, inde in manibus suis multiplicavit quinque panes.* Manifestum est autem quod per conversionem grana multiplicantur in segetes.

poder sobre os corpos humanos; mas quando quis mostrar severidade para com os contumazes, mostrou no prejuízo da árvore um indício do futuro". E isso principalmente secando a figueira, a qual, como diz Crisóstomo, "é cheia de umidade, para que o milagre fosse ainda mais evidente".

QUANTO AO 3º, deve-se dizer que Cristo fez em relação à água e ao ar os milagres que convinha que fizesse; por exemplo, quando "repreendeu os ventos e o mar e fez-se uma grande calmaria", como refere o Evangelho de Mateus. Por outro lado, não convinha que aquele que viera restabelecer todas as coisas no estado de paz e tranquilidade provocasse perturbação no ar ou divisão nas águas. Diz o Apóstolo na Carta aos Hebreus: "Não vos aproximastes de um fogo palpável e ardente, de negrume, treva e tempestade".

Todavia, por ocasião da paixão, "o véu do templo dividiu-se" para mostrar que se descerravam os mistérios da lei; "os sepulcros se abriram" para mostrar que com sua morte a vida era restituída aos mortos; "a terra tremeu e as pedras racharam" para mostrar que os corações empedernidos dos homens haveriam de amolecer e que o mundo todo, em virtude da paixão, tornava-se melhor.

QUANTO AO 4º, deve-se dizer que a multiplicação dos pães não se deu por criação, mas por adição de matéria estranha convertida em pão. Diz Agostinho: "De onde tira matéria para de alguns grãos fazer searas, daí também suas mãos tiraram para multiplicar os cinco pães". É evidente que as sementes se multiplicam e se tornam searas por transformação[g].

---

5. Loc. cit., n. 2: MG 58, 634.
6. Tract. 24, n. 1, super 6, 1: ML 35, 1593.

g. As criaturas desprovidas de razão são aqui mais os elementos terrestres do que os animais.

QUAESTIO XLV
DE TRANSFIGURATIONE CHRISTI
in quatuor articulos divisa

Deinde considerandum est de transfiguratione Christi.
Et circa hoc quaeruntur quatuor.

QUESTÃO 45
A TRANSFIGURAÇÃO DE CRISTO[a]
em quatro artigos

Em seguida, deve-se considerar a transfiguração de Cristo.
Sobre isso, são quatro as perguntas:

---

a. Entre todos os milagres de Cristo, a Transfiguração ocupa um lugar à parte. Ocorre no próprio Cristo, e manifesta o que ele é. E isso numa nuvem luminosa, teofânica. É uma espécie de vislumbre do mundo escatológico no qual Jesus entrará por meio de sua ressurreição, que é oferecida às pessoas.

Primo: utrum convenientia fuerit Christum transfigurari.
Secundo: utrum claritas transfigurationis fuerit claritas gloriosa.
Tertio: de testibus transfigurationis.
Quarto: de testimonio paternae vocis.

Articulus 1
Utrum fuerit conveniens Christum transfigurari

AD PRIMUM SIC PROCEDITUR. Videtur quod non fuerit conveniens Christum transfigurari.

1. Non enim competit vero corpori ut in diversas figuras mutetur, sed corpori phantastico. Corpus autem Christi non fuit phantasticum, sed verum, ut supra[1] habitum est. Ergo videtur quod transfigurari non debuit.

2. PRAETEREA, figura est in quarta specie qualitatis: claritas autem est in tertia, cum sit sensibilis qualitas. Assumptio ergo claritatis a Christo *transfiguratio* dici non debet.

3. PRAETEREA, corporis gloriosi sunt quatuor dotes, ut infra[2] dicetur: scilicet impassibilitas, agilitas, subtilitas et claritas. Non ergo magis debuit transfigurari secundum assumptionem claritatis, quam secundum assumptionem aliarum dotium.

SED CONTRA est quod dicitur Mt 17,2, quod Iesus *transfiguratus est* ante tres discipulorum suorum.

RESPONDEO dicendum quod Dominus discipulos suos, praenuntiata sua passione, induxerat eos ad suae passionis sequelam. Oportet autem ad hoc quod aliquis directe procedat in via, quod finem aliqualiter praecognoscat: sicut sagittator non recte iaciet sagittam nisi prius signum prospexerit in quod iaciendum est. Unde et Thomas dixit, Io 14,5: *Domine, nescimus quo vadis: et quomodo possumus viam scire?* Et hoc praecipue necessarium est quando via est difficilis et aspera, et iter laboriosum, finis vero iucundus. Christus autem per passionem ad hoc pervenit ut gloriam obtineret, non solum animae, quam habuit a principio suae conceptionis, sed etiam corporis: secundum illud Lc 24,26: *Haec oportuit Christum pati, et ita intrare in gloriam suam.* Ad quam etiam perducit

1. Era conveniente que Cristo se transfigurasse?
2. A claridade da transfiguração foi uma claridade gloriosa?
3. Sobre as testemunhas da transfiguração.
4. Sobre o testemunho da voz do Pai.

Artigo 1
Era conveniente que Cristo se transfigurasse?

QUANTO AO PRIMEIRO ARTIGO, ASSIM SE PROCEDE: parece que **não** era conveniente que Cristo se transfigurasse.

1. Com efeito, não é próprio de um corpo verdadeiro, mas de um corpo fantástico, assumir diversas formas. Ora, o corpo de Cristo não era fantástico, mas verdadeiro, como acima se demonstrou. Logo, parece que não devia transfigurar-se.

2. ALÉM DISSO, a figura é uma qualidade da quarta espécie; a claridade, sendo uma qualidade sensível, é da terceira. Portanto, o fato de Cristo ter assumido a claridade não deve ser chamado de *transfiguração*.

3. ADEMAIS, como se dirá adiante, os dotes do corpo glorioso são quatro: impassibilidade, agilidade, sutileza e claridade. Não devia, portanto, o corpo de Cristo transfigurar-se assumindo a claridade, antes que assumindo os outros dotes.

EM SENTIDO CONTRÁRIO, diz o Evangelho de Mateus que Cristo *transfigurou-se* diante de três dos seus discípulos.

RESPONDO. Depois de anunciar aos discípulos a sua paixão, o Senhor os convidou a que o seguissem. Ora, para caminhar retamente, a pessoa deve saber de algum modo para onde vai, assim como o frecheiro, antes de lançar a flecha, deve mirar o alvo. Foi o que disse o Apóstolo Tomé: "Senhor, não sabemos para onde vais; como podemos conhecer o caminho?" Isso é particularmente necessário quando o caminho é difícil e áspero, a jornada trabalhosa e a meta agradável. Cristo, com a paixão, devia alcançar a glória não só da alma, esta a possuía desde o início de sua concepção, mas também do corpo, como se lê no Evangelho de Lucas: "Era necessário que o Messias sofresse estas coisas e assim entrasse em sua glória". A essa glória Cristo conduz os que seguem as pegadas de

---

1. Q. 5, a. 1.
2. *Supplem.*, q. 82 sqq.

eos qui vestigia suae passionis sequuntur: secundum illud Act 14,21: *Per multas tribulationes oportet nos intrare in regnum caelorum*. Et ideo conveniens fuit ut discipulis suis gloriam suae claritatis ostenderet (quod est ipsum transfigurari), cui suos configurabit: secundum illud Philp 3,21: *Reformabit corpus humilitatis nostrae, configuratum corpori claritatis suae*. Unde Beda dicit, *super Marcum*[3]: *Pia provisione factum est ut, contemplatione semper manentis gaudii ad breve tempus delibata, fortius adversa tolerarent*.

AD PRIMUM ergo dicendum quod, sicut Hieronymus dicit, *super Matth*.[4], *nemo putet* Christum per hoc quod transfiguratus dicitur, *pristinam formam et faciem perdidisse, vel amisisse corporis veritatem et assumpsisse corpus spirituale vel aereum. Sed quomodo transformatus sit, Evangelista demonstrat, dicens: "Resplenduit facies eius sicut sol, vestimenta autem eius facta sunt alba sicut nix". Ubi splendor faciei ostenditur, et candor describitur vestium, non substantia tollitur, sed gloria commutatur*.

AD SECUNDUM dicendum quod figura circa extremitatem corporis consideratur: est enim figura *quae termino vel terminis comprehenditur*. Et ideo omnia illa quae circa extremitatem corporis considerantur, ad figuram quodammodo pertinere videntur. Sicut autem color, ita et claritas corporis non transparentis in eius superficie attenditur. Et ideo assumptio claritatis transfiguratio dicitur.

AD TERTIUM dicendum quod, inter praedictas quatuor dotes, sola claritas est qualitas ipsius personae in seipsa: aliae vero tres dotes non percipiuntur nisi in aliquo actu vel motu, seu passione. Ostendit igitur Christus in seipso aliqua illarum trium dotium indicia: puta agilitatis, cum supra undas maris ambulavit; subtilitatis, quando de clauso utero Virginis exivit; impassibilitatis, quando de manibus Iudaeorum, vel praecipitare vel lapidare eum volentium, illaesus evasit. Nec tamen propter illa transfiguratus dicitur: sed propter solam claritatem, quae pertinet ad aspectum personae ipsius.

sua paixão, como dizem os Atos dos Apóstolos: "É necessário passar por muitos sofrimentos para entrar no reino de Deus". Por isso era conveniente que Cristo mostrasse aos discípulos a glória de sua claridade (e isto é ser transfigurado), à qual há de configurar os que o seguem, como diz a Carta aos Filipenses: "Transformará o nosso pobre corpo tornando-o semelhante ao seu corpo glorioso". Comentando o Evangelho de Marcos, diz Beda: "Saboreando por alguns instantes, por pia providência, o gozo definitivo, os discípulos haveriam de suportar com mais fortaleza as adversidades".

QUANTO AO 1º, portanto, deve-se afirmar como Jerônimo comentando o Evangelho de Mateus: "Não se pense" que Cristo, pelo fato de se ter transfigurado, "perdeu a forma e a face originais, ou deixou o corpo verdadeiro e assumiu um corpo espiritual ou aéreo. O evangelista declara de que modo ele se transfigurou: 'O seu rosto resplandeceu como o sol, as suas vestes se tornaram brancas como a neve'. O esplendor do rosto e a brancura das vestes, não afetam a substância, mas revelam a transformação da glória".

QUANTO AO 2º, deve-se dizer que a figura se considera segundo a extremidade do corpo. Portanto, tudo o que se considera acerca da extremidade do corpo, de algum modo pertence à figura. Ora, a claridade de um corpo não transparente, assim como a cor, se considera segundo a sua superfície. Por isso, o assumir a claridade se chama transfiguração.

QUANTO AO 3º, deve-se dizer que, dos quatro dotes citados, somente a claridade é uma qualidade da pessoa em si mesma; os outros três dotes só são percebidos quando há algum movimento ou alteração. Cristo mostrou em si mesmo sinais destes três dotes, a saber: da agilidade, ao andar sobre as ondas do mar; da sutileza, ao sair do útero fechado da Virgem; da impassibilidade, ao escapar ileso das mãos dos judeus que o queriam precipitar ou lapidar. No entanto, por nenhum destes dotes se diz que ele se transfigurou, mas somente pela claridade, que pertence à aparência de sua pessoa.

---

3. *In Marc*., l. III, super 8, 39: ML 92, 216 CD.
4. L. III, super 17, 2: ML 26, 122 A.

Articulus 2
Utrum illa claritas fuerit claritas gloriosa

AD SECUNDUM SIC PROCEDITUR. Videtur quod illa claritas non fuit claritas gloriosa.

1. Dicit enim quaedam glossa Bedae[1], super illud Mt 17,2, *Transfiguratus est* coram eis: *In corpore*, inquit, *mortali ostendit, non immortalitatem, sed claritatem similem futurae immortalitati.* Sed claritas gloriae est claritas immortalitatis. Non ergo illa claritas quam Christus discipulis ostendit, fuit claritas gloriae.

2. PRAETEREA, super illud Lc 9,27, *Non gustabunt mortem nisi videant regnum Dei*, dicit glossa[2] Bedae: *idest, glorificationem corporis in imaginaria repraesentatione futurae beatitudinis.* Sed imago alicuius rei non est ipsa res. Ergo claritas illa non fuit claritas beatitudinis.

3. PRAETEREA, claritas gloriae non est nisi in corpore humano. Sed claritas illa transfigurationis apparuit non solum in corpore Christi, sed etiam in vestimentis eius, et in nube lucida quae discipulos obumbravit. Ergo videtur quod illa claritas non fuit claritas gloriae.

SED CONTRA est quod, super illud Mt 17,2, *Transfiguratus est ante eos*, dicit Hieronymus[3]: *Qualis futurus est tempore iudicii, talis Apostolis apparuit.* Et super illud Mt 16,28, *Donec videant Filium Hominis venientem in regno suo*, dicit Chrysostomus[4]: *Volens monstrare quid est illa gloria in qua postea venturus est, eis in praesenti vita revelavit, sicut possibile erat eos discere: ut neque in Domini morte iam doleant.*

Artigo 2
A claridade da transfiguração foi a claridade da glória?[b]

QUANTO AO SEGUNDO, ASSIM SE PROCEDE: parece que a claridade da transfiguração **não** foi a claridade da glória.

1. Com efeito, sobre a frase de Mateus: "Transfigurou-se diante deles", diz o comentário de Beda: "Em seu corpo mortal mostrou não a imortalidade, mas uma claridade semelhante à da imortalidade futura". Ora, a claridade da glória é a claridade da imortalidade. Logo, a claridade que Cristo mostrou aos discípulos não era a claridade da glória.

2. ALÉM DISSO, sobre o que diz o Evangelho de Lucas: "Não provarão a morte sem antes terem visto o reino de Deus", comenta o mesmo Beda: isto é, "a glorificação do corpo na imaginária representação da futura bem-aventurança". Ora, a imagem de uma coisa não é a própria coisa. Logo, a claridade não era a claridade da bem-aventurança.

3. ADEMAIS, a claridade da glória só se dá no corpo humano. Ora, a claridade da transfiguração apareceu não só no corpo de Cristo, mas também nas suas vestes e na nuvem luminosa que envolveu os discípulos. Logo, parece que não era a claridade da glória.

EM SENTIDO CONTRÁRIO, comentando a frase de Mateus, "transfigurou-se diante deles", diz Jerônimo: "Cristo apareceu aos Apóstolos tal como será no dia do juízo". E sobre a outra frase: "Sem antes terem visto o Filho do Homem vindo com o seu reino", diz Crisóstomo: "Querendo mostrar o que seria a glória na qual viria depois, revelou-lhes em vida a mesma glória o quanto podiam compreender, para que não se afligissem nem mesmo com a sua morte".

---

2 PARALL.: III *Sent.*, dist. 16, q. 2, a. 2; *in Matth.*, cap. 17.

1. Interl.; Ordin.: ML 114, 143 D. — Vide BEDAM, *In Matth.*, l. III, super 17, 2: ML 92, 80 CD.
2. Interl.
3. L. III, super 17, 2: ML 26, 121 D.
4. Hom. 56, al. 57, n. 1: MG 58, 549.

---

b. A expressão "claridade da glória" é em geral empregada em teologia para designar essa transformação espiritual indizível, que proporcionará à inteligência humana a inteligibilidade da essência divina, permitindo-lhe conhecê-la a ela se unindo. Na transfiguração, é a glória corporal que está em jogo. Mas essa "glória" não é mais do que difusão para o corpo, e sob forma corporal, do que se passa na alma. Dessa difusão se dirá que é natural em virtude da união entre alma e corpo. Para Sto. Tomás, que afirma com tanta força que Cristo já possuía na Terra a visão beatífica, em virtude da própria união hipostática, a Transfiguração constituiu um milagre? Não seria em vez disso a não-difusão de sua visão interior (a união hipostática consciente de si mesma!) que constituiria um milagre? — Sim, contudo foi um milagre. O Verbo tendo assumido a natureza humana numa condição humilde, a visão beatífica só fora dada a esta privada de seu feliz difundir em todo o ser. Do mesmo modo, o que foi provisoriamente dado ao corpo de Jesus, não foi a glorificação do corpo em sua totalidade, mas em sua visibilidade. É por isso que a "glória" que se apossou por um instante de seu corpo não foi concedida a este como qualidade permanente, e o deixou em sua mortalidade.

RESPONDEO dicendum quod claritas illa quam Christus in transfiguratione assumpsit, fuit claritas gloriae quantum ad essentiam, non tamen quantum ad modum essendi. Claritas enim corporis gloriosi derivatur ab animae claritate: sicut Augustinus dicit, in Epistola *ad Dioscorum*[5]. Et similiter claritas corporis Christi in transfiguratione derivata est a divinitate ipsius, ut Damascenus dicit[6], et a gloria animae eius. Quod enim a principio conceptionis Christi gloria animae non redundaret ad corpus, ex quadam dispensatione divina factum est, ut in corpore passibili nostrae redemptionis expleret mysteria, sicut supra[7] dictum est. Non tamen per hoc adempta est potestas Christo derivandi gloriam animae ad corpus. Et hoc quidem fecit, quantum ad claritatem, in transfiguratione: aliter tamen quam in corpore glorificato. Nam ad corpus glorificatum redundat claritas ab anima sicut quaedam qualitas permanens corpus afficiens. Unde fulgere corporaliter non est miraculosum in corpore glorioso. Sed ad corpus Christi in transfiguratione derivata est claritas a divinitate et anima eius, non per modum qualitatis immanentis et afficientis ipsum corpus: sed magis per modum passionis transeuntis, sicut cum aer illuminatur a sole. Unde ille fulgor tunc in corpore Christi apparens miraculosus fuit: sicut et hoc ipsum quod ambulavit super undas maris. Unde Dionysius dicit in Epistola IV, *ad Caium*[8]: *Super hominem operatur Christus ea quae sunt hominis: et hoc monstrat Virgo supernaturaliter concipiens, et aqua instabilis materialium et terrenorum pedum sustinens gravitatem*.

Unde non est dicendum, sicut Hugo de Sancto Victore[9] dixit, quod Christus assumpserit dotes claritatis in transfiguratione, agilitatis ambulando super mare, et subtilitatis egrediendo de clauso utero Virginis: quia dos nominat quandam qualitatem immanentem corpori glorioso. Sed miraculose habuit ea quae pertinent ad dotes. Et est simile, quantum ad animam, de visione qua Paulus vidit Deum in raptu: ut in Secunda Parte[10] dictum est.

AD PRIMUM ergo dicendum quod ex illo verbo non ostenditur quod claritas Christi non fuerit claritas gloriae: sed quod non fuit claritas corporis gloriosi, quia corpus Christi nondum erat

RESPONDO. A claridade que Cristo assumiu na transfiguração foi a claridade da glória quanto à essência, não quanto ao modo de ser. A claridade do corpo glorioso deriva da claridade da alma, como diz Agostinho. Do mesmo modo a claridade do corpo de Cristo na Transfiguração derivava de sua divindade e da glória de sua alma, como diz Damasceno. Se desde o princípio da concepção de Cristo a glória de sua alma não redundou sobre seu corpo, foi por uma disposição divina, a fim de que, como se disse acima, pudesse realizar os mistérios de nossa redenção num corpo passível. Mas isso não tirou a Cristo o poder de derivar para o corpo a glória da alma; foi o que fez na transfiguração, quanto à claridade. Quando, porém, se trata de um corpo glorificado, o mesmo se dá, embora diversamente. Neste caso, a claridade da alma redunda sobre o corpo como uma qualidade permanente que o afeta. Por isso, brilhar corporalmente não é milagre num corpo glorioso. Na transfiguração, a claridade da divindade e da alma de Cristo derivaram para seu corpo não como uma qualidade imanente que afetasse o corpo, mas como uma qualidade passageira, como quando o ar é iluminado pelo sol. Daí que o fulgor que se manifestou então no corpo de Cristo foi milagroso, assim como quando ele caminhou sobre as ondas. Por isso, Dionísio diz: "Cristo faz ações humanas de modo sobre-humano; foi deste modo também que a Virgem concebeu sobrenaturalmente e a água movediça sustentou o peso dos pés materiais e terrenos".

Por conseguinte, não se deve dizer como Hugo de São Vítor, que Cristo assumiu o dote da claridade na transfiguração, o da agilidade quando caminhou sobre o mar e o da sutileza quando saiu do ventre da Virgem, uma vez que o dote significa uma qualidade imanente ao corpo glorioso. Cristo assumiu milagrosamente o que é próprio dos dotes. Foi o que se deu, de modo semelhante, quanto à alma, na visão que Paulo teve de Deus em êxtase, como se disse na II Parte.

QUANTO AO 1º, portanto, deve-se dizer que aquela afirmação não significa que a claridade de Cristo não foi gloriosa, e, sim, que não foi a claridade do corpo glorioso, uma vez que o corpo

---

5. Epist. 118, c. 3, n. 14: ML 33, 439.
6. *Orat. de Transfig. Dom. N. Iesu Christi*, n. 12: MG 96, 564 B.
7. Q. 14, a. 1, ad 2.
8. MG 3, 1072 B.
9. *De Sacram.*, l. II, P. 8, c. 3: ML 176, 462 D.
10. II-II, q. 175, a. 3, ad 2.

immortale. Sicut enim dispensative factum est ut in Christo gloria animae non redundaret ad corpus, ita fieri potuit dispensative ut redundaret quantum ad dotem claritatis, et non quantum ad dotem impassibilitatis.

AD SECUNDUM dicendum quod illa claritas dicitur imaginaria fuisse, non quia esset vera claritas gloriae: sed quia erat quaedam imago repraesentans illam gloriae perfectionem secundum quam corpus erit gloriosum.

AD TERTIUM dicendum quod, sicut claritas quae erat in corpore Christi repraesentabat futuram claritatem corporis eius, ita claritas vestimentorum eius designat futuram claritatem sanctorum, quae superabitur a claritate Christi, sicut candor nivis superatur a candore solis. Unde Gregorius dicit, XXXII *Moral*.[11], quod vestimenta Christi facta sunt splendentia, *quia in supernae claritatis culmine sancti omnes ei luce iustitiae fulgentes adhaerebunt. Vestium enim nomine iustos, quos sibi adiunget, significat*: secundum illud Is 49,18: *His omnibus velut ornamento vestieris*.

Nubes autem lucida significat Spiritus Sancti gloriam, vel *virtutem paternam*, ut Origenes dicit[12], per quam sancti in futura gloria protegentur. — Quamvis etiam convenienter significare posset claritatem mundi innovati, quae erit sanctorum tabernaculum. Unde, Petro disponente tabernacula facere, nubes lucida discipulos obumbravit.

ARTICULUS 3
Utrum convenienter inducti fuerint testes transfigurationis

AD TERTIUM SIC PROCEDITUR. Videtur quod non convenienter inducti fuerint testes transfigurationis.

1. Unusquisque enim maxime perhibere potest testimonium de notis. Sed qualis esset futura gloria, tempore transfigurationis Christi nulli homini per experimentum erat adhuc notum, sed solis angelis. Ergo testes transfigurationis magis debuerunt esse angeli quam homines.

2. PRAETEREA, testes veritatis non decet aliqua fictio, sed veritas. Moyses autem et Elias non ibi vere affuerunt, sed imaginarie: dicit enim quaedam glossa[1] super illud Lc 9,30, *Erant autem Moyses*

de Cristo ainda não era imortal. Assim como, por uma dispensação, a glória da alma de Cristo não redundou para seu corpo, por uma dispensação também pode ter redundado quanto ao dote da claridade e, não, quanto ao da impassibilidade.

QUANTO AO 2º, deve-se dizer que aquela claridade se diz imaginária não porque não fosse uma verdadeira claridade, mas porque era uma certa imagem representando a perfeição da glória pela qual o corpo será glorioso.

QUANTO AO 3º, deve-se dizer que assim como a claridade que havia no corpo de Cristo representava a futura claridade de seu corpo, assim também a claridade de suas vestes indicava a futura claridade dos santos, que será superada pela claridade de Cristo, assim como a brancura da neve é superada pela brancura do sol. Por isso, diz Gregório que as vestes de Cristo se tornaram brilhantes "porque, nas alturas da superna claridade, os santos, brilhando na luz da justiça, hão de estar unidos a Cristo. A palavra vestes significa os justos que Cristo unirá a si, como diz Isaías: "Hás de vesti-los como um adorno"".

A nuvem brilhante significa a glória do Espírito Santo, ou, como diz Orígenes, *o poder do Pai*, que há de abrigar os santos na glória futura. — Poderia também significar a claridade do mundo renovado, que será a habitação dos santos. Pois, quando Pedro se dispôs a fazer as tendas, uma nuvem brilhante envolveu os discípulos.

ARTIGO 3
Foram convenientes as testemunhas escolhidas para a transfiguração?

QUANTO AO TERCEIRO, ASSIM SE PROCEDE: parece que **não** foram convenientes as testemunhas escolhidas para a transfiguração.

1. Com efeito, cada um pode dar testemunho precisamente do que conhece. Ora, no tempo da transfiguração de Cristo, nenhum homem, mas somente os anjos, conheciam por experiência como seria a glória futura. Logo, os anjos e, não os homens deveriam ser as testemunhas da transfiguração.

2. ALÉM DISSO, a testemunhas da verdade não cabe a ficção, mas a verdade. Ora, Moisés e Elias ali estiveram não de verdade, mas imaginariamente. Sobre o que diz o Evangelho de Lucas "Eram

---

11. C. 6, al. 7: ML 76, 640 B.
12. *In Matth*., t. XII, n. 42: MG 13, 1082 A.

PARALL.: *In Matth*., c. 17.

1. Ordin.: ML 114, 280 CD.

et Elias etc.: *Sciendum est*, inquit, *non corpus vel animas Moysi vel Eliae ibi apparuisse: sed in subiecta creatura illa corpora fuisse formata. Potest etiam credi ut angelico ministerio hoc factum esset, ut angeli eorum personas assumerent.* Non ergo videtur quod fuerint convenientes testes.

3. Praeterea, Act 10,43 dicitur quod Christo *omnes prophetae testimonium perhibent.* Ergo non soli Moyses et Elias debuerunt adesse tanquam testes, sed etiam omnes prophetae.

4. Praeterea, gloria Christi fidelibus omnibus repromittitur[2], quos per suam transfigurationem ad illius gloriae desiderium accendere voluit. Non ergo solos Petrum et Iacobum et Ioannem in testimonium suae transfigurationis assumere debuit, sed omnes discipulos.

In contrarium est Evangelicae Scripturae auctoritas.

Respondeo dicendum quod Christus transfigurari voluit ut gloriam suam hominibus ostenderet, et ad eam desiderandam homines provocaret, sicut supra[3] dictum est. Ad gloriam autem aeternae beatitudinis adducuntur homines per Christum, non solum qui post eum fuerunt, sed etiam qui eum praecesserunt: unde, eo ad passionem properante, tam *turbae quae sequebantur*, quam *quae praecedebant* ei, *clamabant, Hosanna*, ut dicitur Mt 21,9, quasi salutem ab eo petentes. Et ideo conveniens fuit ut de praecedentibus ipsum testes adessent, scilicet Moyses et Elias; et de sequentibus, scilicet Petrus, Iacobus et Ioannes; ut *in ore duorum vel trium testium staret hoc verbum*.

Ad primum ergo dicendum quod Christus per suam transfigurationem manifestavit discipulis corporis gloriam, quae ad solos homines pertinet. Et ideo convenienter non angeli, sed homines pro testibus ad hoc inducuntur.

Ad secundum dicendum quod illa glossa dicitur esse sumpta ex libro qui intitulatur *de Mirabilibus Sacrae Scripturae*, qui non est liber autenticus, sed falso adscribitur Augustino. Et ideo illi glossae non est standum. Dicit enim Hieronymus, *super Matth.*[4]: Considerandum est quod *scribis et Pharisaeis de caelo signa poscentibus, dare noluit: hic vero, ut Apostolorum augeat fidem, dat signum de caelo, Elia inde descendente quo conscenderat, et Moyse ab inferis resurgente.* Quod non est sic intelligendum quasi anima Moysi suum corpus

Moisés e Elias", diz uma glosa: "Certamente os corpos ou as almas de Moisés e Elias não apareceram ali; aqueles corpos se formaram de alguma criatura existente. Pode-se admitir também que o fato se deu por ministério de anjos, que assumiram os papéis de Moisés e Elias". Logo, parece que estes não eram as testemunhas convenientes.

3. Ademais, lê-se nos Atos dos Apóstolos que "todos os profetas dão testemunho". Logo, não somente Moisés e Elias deviam comparecer como testemunhas, mas todos os profetas.

4. Ademais, a glória de Cristo é prometida, por sua vez, a todos os fiéis; com a transfiguração, Cristo quis exatamente acender neles o desejo de sua glória. Por conseguinte, Cristo devia tomar como testemunhas de sua transfiguração, não somente Pedro, Tiago e João, mas todos os discípulos.

Em sentido contrário está a autoridade do Evangelho.

Respondo. Como foi dito acima, Cristo quis transfigurar-se para mostrar aos homens a sua glória e incitá-los ao desejo dela. Ora, Cristo quer levar à glória da eterna bem-aventurança não só os homens que existirem depois dele, mas também os que existiram antes dele. Tanto que, como refere o Evangelho de Mateus, quando ele estava a caminho da paixão, "tanto as multidões que o seguiam, como as que o precediam, clamavam Hosana", como que pedindo-lhe a salvação. Por isso convinha que, dos que o precederam, comparecessem como testemunhas Moisés e Elias; e dos que o seguiam, Pedro, Tiago e João, a fim de que "da boca de duas ou três testemunhas o fato fosse comprovado".

Quanto ao 1º, portanto, deve-se dizer que, com a transfiguração, Cristo manifestou aos discípulos a glória de seu corpo, a qual pertence somente aos homens. Por conseguinte, homens, e, não os anjos são escolhidos convenientemente como testemunhas.

Quanto ao 2º, deve-se dizer que aquela glosa diz-se que é tirada do livro intitulado *Das maravilhas da Sagrada Escritura*, que não é autêntico, mas falsamente atribuído a Agostinho. Por isso, não se lhe deve dar valor. Comentando o Evangelho de Mateus, diz Jerônimo: "Quando os escribas e fariseus pediram um sinal do céu, Cristo não lhes quis dar; mas para aumentar a fé dos Apóstolos, dá-lhes um sinal do céu, descendo dele Elias que a ele subira, e ressurgindo Moisés dos abismos". Esta ressurreição de Moisés não se

---

2. II *Cor.* 3, 18; *Philipp.* 3, 21.
3. A. 1.
4. L. III, super 17, 3: ML 26, 122 B.

resumpserit: sed quod anima eius apparuit per aliquod corpus assumptum, sicut angeli apparent. Elias autem apparuit in proprio corpore, non quidem de caelo empyreo allatus, sed de aliquo eminenti loco, in quem fuerat in curru igneo raptus.

AD TERTIUM dicendum quod, sicut Chrysostomus dicit, *super Matth.*[5]*, Moyses et Elias in medium adducuntur propter multas rationes.* Prima est haec. *Quia enim turbae dicebant eum esse Eliam vel Ieremiam aut unum ex prophetis, capita prophetarum secum ducit: ut saltem hinc appareat differentia servorum et Domini.*

Secunda ratio est, *quia Moyses legem dedit, Elias pro gloria Domini aemulator fuit.* Unde per hoc quod simul cum Christo apparent, excluditur calumnia Iudaeorum *accusantium Christum tanquam transgressorem legis, et blasphemum Dei sibi gloriam usurpantem.*

Tertia ratio est, *ut ostendat se habere potestatem mortis et vitae, et esse iudicem mortuorum et vivorum, per hoc quod Moysen iam mortuum, et Eliam adhuc viventem, secum ducit.*

Quarta ratio est quia, sicut Lucas dicit[6], *"loquebantur cum eo de excessu, quem completurus erat in Ierusalem", idest de passione et morte sua.* Et ideo, *ut super hoc discipulorum animos confirmaret,* inducit eos in medium qui se morti exposuerunt pro Deo: nam Moyses cum periculo mortis se obtulit Pharaoni, Elias vero regi Achab.

Quinta ratio est, *quia volebat ut discipuli eius aemularentur Moysi mansuetudinem, et zelum Eliae.*

Sextam rationem addit Hilarius[7]: ut ostenderet scilicet se per legem, quam dedit Moyses, et per prophetas, inter quos fuit Elias praecipuus, esse praedicatum.

AD QUARTUM dicendum quod alta mysteria non sunt omnibus exponenda immediate, sed per maiores suo tempore ad alios debent devenire. Et ideo, ut Chrysostomus dicit[8], *assumpsit tres tanquam potiores.* Nam *Petrus excellens fuit in dilectione* quam habuit ad Christum et iterum in potestate sibi commissa; Ioannes vero in privilegio amoris quo a Christo diligebatur propter suam virginitatem, et iterum propter praerogativam Evangelicae doctrinae; Iacobus autem propter praerogativam

deve entender como se sua alma tivesse reassumido o seu corpo, mas que apareceu assumindo algum corpo, do modo como aparecem os anjos. Já Elias apareceu no próprio corpo, não trazido do céu empíreo, mas de algum lugar eminente para o qual fora raptado no carro de fogo.

QUANTO AO 3º, deve-se dizer como Crisóstomo, no comentário ao Evangelho de Mateus: "Moisés e Elias são escolhidos como testemunhas por várias razões. Primeira: as multidões diziam que Cristo era Elias, Jeremias ou um dos profetas; por isso, ele chamou os profetas mais importantes, para que ao menos assim aparecesse a diferença entre os servos e o Senhor.

Segunda: Moisés deu a lei, Elias competiu pela glória do Senhor. Aparecendo eles junto a Cristo, ficava afastada a calúnia dos judeus que o acusavam de transgressor da lei e blasfemo usurpador da glória de Deus.

Terceira: chamando para junto de si Moisés, que já havia morrido, e Elias, que ainda estava vivo, Cristo mostrou que tinha poder sobre a morte e sobre a vida e que era juiz dos mortos e dos vivos.

Quarta: Lucas refere que eles "conversavam sobre a saída deste mundo que Jesus iria consumar em Jerusalém", isto é, sobre sua paixão e morte. Então, para fortalecer o ânimo dos discípulos, ele chama aqueles que por Deus se expuseram à morte: Moisés, que com perigo de morte se apresentou ao Faraó, e Elias que se apresentou ao rei Acab.

Quinta: para que os discípulos procurassem emular a mansidão de Moisés e o zelo de Elias.

Hilário aduz uma sexta razão: para mostrar que foi ele quem foi anunciado pela lei, dada por Moisés, e pelos profetas, dos quais Elias foi o principal.

QUANTO AO 4º, deve-se dizer que os mistérios profundos não devem ser expostos imediatamente a todos, mas a eles devem chegar oportunamente por meio dos mais importantes. Por isso, diz Crisóstomo, "tomou consigo os três, como mais importantes: Pedro, que sobressaiu pelo amor a Cristo e pelo poder que lhe foi conferido; João, pelo privilégio do amor com que era amado por Cristo por causa da virgindade, e pela prerrogativa do ensinamento de seu evangelho; e Tiago, pela

---

5. Homil. 56, al. 57, nn. 1, 2: MG 58, 550-551.
6. C. 9, v. 31.
7. *In Matth.*, c. 17, n. 2: ML 9, 1014 A.
8. Loc. cit., n. 1: MG 58, 550.

martyrii. Et tamen hos ipsos noluit hoc quod viderant aliis annuntiare ante resurrectionem: *ne*, ut Hieronymus dicit[9], *incredibile esset, pro rei magnitudine; et, post tantam gloriam, sequens crux scandalum faceret*; vel etiam *totaliter impediretur a populo*; et *ut, cum essent Spiritu Sancto repleti, tunc gestorum spiritualium testes essent*.

prerrogativa do martírio. Ainda assim, não quis que eles contassem a outros o que tinham visto, antes de sua ressurreição "para que, como diz Jerônimo, dada a grandeza do assunto, não parecesse inacreditável; e também para que, depois de tamanha glória, a cruz não fosse um escândalo ou mesmo fosse inteiramente impedida pelo povo; e, finalmente, para que, quando estivessem repletos do Espírito Santo, então, sim, fossem testemunhas dos fatos espirituais".

Articulus 4
Utrum convenienter additum fuerit testimonium paternae vocis dicentis: Hic est Filius meus dilectus

Ad quartum sic proceditur. Videtur quod inconvenienter additum fuerit testimonium paternae vocis dicentis, *Hic est Filius meus dilectus*.

1. Quia, ut dicitur Iob 33,14, *semel loquitur Deus, et secundo idipsum non repetit*. Sed in baptismo hoc ipsum paterna vox fuerat protestata. Non ergo fuit conveniens quod hoc iterum protestaretur in transfiguratione.
2. Praeterea, in baptismo, simul cum voce paterna, affuit Spiritus Sanctus in specie columbae. Quod in transfiguratione factum non fuit. Non ergo conveniens videtur fuisse Patris protestatio.
3. Praeterea, Christus docere incoepit post baptismum. Et tamen in baptismo vox Patris ad eum audiendum homines non induxerat. Ergo nec in transfiguratione inducere debuit.
4. Praeterea, non debent aliquibus dici ea quae ferre non possunt: secundum illud Io 16,12: *Adhuc habeo vobis multa dicere, quae non potestis portare modo*. Sed discipuli vocem Patris ferre non potuerunt: dicitur enim Mt 17,6 quod *audientes discipuli ceciderunt in faciem suam et timuerunt valde*. Ergo non debuit vox paterna ad eos fieri.

In contrarium est auctoritas Evangelicae Scripturae.

Respondeo dicendum quod adoptio filiorum Dei est per quandam conformitatem imaginis ad Dei Filium naturalem. Quod quidem fit dupliciter: primo quidem, per gratiam viae, quae est conformitas imperfecta; secundo, per gloriam, quae est

Artigo 4
Foi conveniente que se acrescentasse o testemunho da voz do Pai dizendo: Este é o meu Filho dileto?

Quanto ao quarto, assim se procede: parece que **não** foi conveniente que se acrescentasse o testemunho da voz do Pai dizendo: "Este é o meu Filho dileto".

1. Com efeito, diz-se no livro de Jó: "Deus fala uma só vez e não repete segunda vez a mesma coisa". Ora, já no batismo a voz paterna afirmara o mesmo. Logo, não era conveniente que o tornasse a afirmar na transfiguração.
2. Além disso, no batismo, juntamente com a voz do Pai, apareceu o Espírito Santo sob a forma de uma pomba. Isto não se deu na transfiguração. Portanto, não foi conveniente a afirmação do Pai.
3. Ademais, Cristo começou a ensinar após o batismo. No entanto, no batismo a voz do Pai não exortou os homens a que o ouvissem. Não devia, portanto, exortá-los na transfiguração.
4. Ademais, não se deve dizer a uma pessoa o que ela não pode suportar, conforme o Evangelho de João: "Tenho ainda muitas coisas a vos dizer, mas não sois capazes de compreender agora". Ora, os discípulos não puderam suportar a voz do Pai, pois Mateus refere: "Ouvindo isso, os discípulos caíram com o rosto em terra e ficaram muito assustados". Logo, não devia a voz do Pai dirigir-se a eles.

Em sentido contrário está a autoridade do Evangelho.

Respondo. A adoção de filhos de Deus se dá pela conformidade da imagem com o Filho de Deus por natureza. E isso de dois modos: primeiro, pela graça do caminho, que é uma conformidade imperfeita; segundo, pela glória, que é a

---

9. *In Matth.*, l. III, super 17, 9: ML 26, 123 C-124 A.
Parall.: *In Matth.*, c. 17.

conformitas perfecta; secundum illud 1Io 3,2: *Nunc filii Dei sumus, et nondum apparuit quid erimus: scimus quoniam, cum opparuerit, similes ei erimus, quoniam videbimus eum sicuti est*. Quia igitur gratiam per baptismum consequimur, in transfiguratione autem praemonstrata est claritas futurae gloriae, ideo tam in baptismo quam in transfiguratione conveniens fuit manifestare naturalem Christi filiationem testimonio Patris: quia solus est perfecte conscius illius perfectae generationis, simul cum Filio et Spiritu Sancto.

AD PRIMUM ergo dicendum quod illud verbum referendum est ad aeternam Dei locutionem, qua Deus Pater Verbum unicum protulit sibi coaeternum. Et tamen potest dici quod idem corporali voce Deus bis protulerit, non tamen propter idem: sed ad ostendendum diversum modum quo homines participare possunt similitudinem filiationis aeternae.

AD SECUNDUM dicendum quod sicut in baptismo, ubi declaratum fuit mysterium primae regenerationis, ostensa est operatio totius Trinitatis, per hoc quod fuit ibi Filius incarnatus, apparuit Spiritus Sanctus in specie columbae, et Pater fuit ibi declaratus in voce; ita etiam in transfiguratione, quae est sacramentum secundae regenerationis, tota Trinitatis apparuit, Pater in voce, Filius in homine, Spiritus Sanctus in nube clara; quia sicut in baptismo dat innocentiam, quae per simplicitatem columbae designatur, ita in resurrectione dabit electis suis claritatem gloriae et refrigerium ab omni malo, quae designantur in nube lucida.

AD TERTIUM dicendum quod Christus venerat gratiam actualiter dare, gloriam vero verbo promittere. Et ideo convenienter in transfiguratione inducuntur homines ut ipsum audiant, non autem in baptismo.

AD QUARTUM dicendum quod conveniens fuit discipulos voce paterna terreri et prosterni, ut ostenderetur quod excellentia illius gloriae quae tunc demonstrabatur, excedit omnem sensum et facultatem mortalium: secundum illud Ex 33,20: *Non videbit me homo et vivet*. Et hoc est quod Hieronymus dicit, *super Matth.*[1], quod *humana fragilitas conspectum maioris gloriae ferre non*

conformidade perfeita. Segundo a primeira Carta de João: "Desde já somos filhos de Deus, mas nem sequer se manifestou o que seremos. Sabemos que, quando Jesus se manifestar, seremos semelhantes a ele, porque o veremos tal como ele é". Portanto, uma vez que pelo batismo alcançamos a graça, e na transfiguração nos foi mostrada a claridade da glória futura, era conveniente manifestar, tanto no batismo, como na transfiguração, a filiação natural de Cristo pelo testemunho do Pai, uma vez que ele é o único que tem consciência[c] perfeita daquela perfeita geração, juntamente com o Filho e o Espírito Santo.

QUANTO AO 1º, portanto, deve-se dizer que aquela palavra se deve referir à eterna locução de Deus, pela qual Deus Pai profere o único Verbo coeterno consigo. Pode-se dizer todavia que Deus afirmou duas vezes a mesma coisa com voz corporal, mas não pela mesma razão, isto é, para mostrar os diversos modos como os homens podem participar da semelhança da filiação eterna.

QUANTO AO 2º, deve-se dizer que, assim como no batismo, onde foi declarado o mistério da primeira regeneração, manifestou-se a operação de toda Trindade, uma vez que ali estava o Filho encarnado, o Espírito Santo apareceu sob a forma de pomba e o Pai se manifestou na voz; do mesmo modo na transfiguração, que é sacramento da segunda regeneração, apareceu toda a Trindade: o Pai na voz, o Filho no homem, o Espírito Santo na nuvem luminosa; porque, como o batismo dá a inocência, que é significada pela simplicidade da pomba, assim, na ressurreição, dará a seus eleitos a claridade da glória e o alívio de todos os males, significados pela nuvem luminosa.

QUANTO AO 3º, deve-se dizer que Cristo veio dar a graça com sua presença e prometer a glória com sua palavra. Por isso, de modo conveniente os homens são exortados a ouvi-lo na transfiguração, e não no batismo.

QUANTO AO 4º, deve-se dizer que era conveniente que os discípulos ficassem assustados e prostrados, para mostrar que a excelência da glória que lhes era manifestada excede todo sentido e faculdade dos mortais, como se diz no livro do Êxodo: "Ninguém me pode ver e permanecer vivo". É o que diz Jerônimo comentando o Evangelho de Mateus: "A fragilidade humana não pode suportar

---

1. L. III, super 17, 6: ML 26, 123 AB.

c. O latim traz a palavra *conscius*. Ter consciência é ter conhecimento íntimo do que se passa em si mesmo. O Pai eternamente consciente de engendrar o Filho e de amá-lo, eis o que a voz do Pai exprime.

a visão da glória maior". Cristo há de curar os homens desta fragilidade introduzindo-os na glória, o que é indicado pelas palavras que lhes dirige: "Levantai-vos, não tenhais medo".

QUESTÃO 46
A PAIXÃO DE CRISTO
em doze artigos

Considera-se, a seguir, o que se refere à partida de Cristo deste mundo: primeiro, sua paixão; segundo, sua morte; terceiro, sua sepultura, e quarto, sua descida à mansão dos mortos.

Sobre a paixão fazem-se três considerações: 1. a paixão em si; 2. a causa eficiente da paixão; 3. o fruto da paixão.

A respeito da primeira, são doze as perguntas:
1. Cristo tinha necessidade de sofrer para libertar o homem?
2. Havia outro modo possível de libertar a natureza humana?
3. A paixão era o modo mais conveniente?
4. Era conveniente que ele sofresse na cruz?
5. Qual a extensão de sua paixão?
6. A dor que suportou na paixão foi a dor máxima?
7. Toda a sua alma sofreu?
8. Sua paixão impediu o gozo da fruição?
9. Sofreu no tempo oportuno?
10. Sofreu no lugar conveniente?
11. Foi conveniente ter sido crucificado com os ladrões?
12. A paixão de Cristo deve ser atribuída à sua divindade?

Artigo 1
Era necessário Cristo ter sofrido pela libertação do gênero humano?[a]

Quanto ao primeiro artigo, assim se procede: parece que **não** era necessário Cristo ter sofrido pela libertação do gênero humano.

---

1 Parall.: III *Sent.*, dist. 16, q. 1, a. 2; dist. 20, a. 1, q.la 3; *Cont. Graec., Armen.* etc., c. 7.

a. Tudo o que Sto. Tomás dirá sobre o que Cristo sofreu é dominado pelos três primeiros artigos, nos quais se pergunta o motivo desse sofrimento. A resposta é a da fé: para a salvação, para a libertação das pessoas. Mas ao artigo primeiro, que afirma isso, é indispensável o complemento dos outros dois. Não basta mostrar para que fim a paixão de Cristo pode ter sido

1. Humanum enim genus liberari non poterat nisi a Deo: secundum illud Is 45,21: *Nunquid non ego Dominus, et non est ultra Deus absque me? Deus iustus et salvans non est praeter me.* In Deum autem non cadit aliqua necessitas: quia hoc repugnaret omnipotentiae ipsius. Ergo non fuit necessarium Christum pati.

2. PRAETEREA, necessarium voluntario opponitur. Sed Christus propria voluntate est passus: dicitur enim Is 53,7: *Oblatus est quia ipse voluit.* Ergo non necessarium fuit eum pati.

3. PRAETEREA, sicut in Ps 24,10 dicitur, *universae viae Domini misericordia et veritas.* Sed non videtur necessarium quod pateretur ex parte misericordiae divinae: quae, sicut gratis dona tribuit, ita videtur quod gratis debita relaxet, absque satisfactione. Neque etiam ex parte divinae iustitiae: secundum quam homo aeternam damnationem meruerat. Ergo videtur non fuisse necessarium quod Christus pro liberatione hominum pateretur.

4. PRAETEREA, angelica natura est excellentior quam humana: ut patet per Dionysium, 4 cap. *de Div. Nom.*[1]. Sed pro reparatione angelicae naturae, quae peccaverat, Christus non est passus. Ergo videtur quod nec etiam fuerit necessarium eum pati pro salute humani generis.

SED CONTRA est quod dicitur Io 3,14-15: *Sicut Moyses exaltavit serpentem in deserto, sic oportet exaltari Filium Hominis, ut omnis qui credit in eum non pereat, sed habeat vitam aeternam.* Quod quidem de exaltatione in cruce intelligitur. Ergo videtur quod Christum oportuerit pati.

RESPONDEO dicendum quod, sicut Philosophus docet in V *Metaphys.*[2], *necessarium* multipliciter dicitur. Uno quidem modo, quod secundum sui naturam impossibile est aliter se habere. Et sic manifestum est quod non fuit necessarium Christum pati: neque ex parte Dei, neque ex parte hominis.

Alio modo dicitur aliquid necessarium ex aliquo exteriori. Quod quidem si sit causa efficiens vel movens, facit necessitatem coactionis: utpote cum aliquis non potest ire propter violentiam detinentis ipsum. — Si vero illud exterius quod

1. Com efeito, só Deus poderia ter libertado o gênero humano. "Não sou eu, o Senhor? e nenhum outro é deus, fora de mim; um deus justo e que salva, não existe afora eu!", diz Isaías. Ora, em Deus não cabe nenhuma necessidade, pois isso repugnaria à sua onipotência. Logo, não era necessário Cristo ter sofrido.

2. ALÉM DISSO, o que é necessário se opõe ao que é voluntário. Ora, Cristo sofreu por vontade própria, como diz Isaías: "Ofereceu-se porque ele próprio quis". Logo, não era necessário ter ele sofrido.

3. ALÉM DISSO, "todos os caminhos do Senhor são fidelidade e verdade" diz o Salmo 24. Ora, não parece necessário que tivesse sofrido por parte da misericórdia divina: que, assim como gratuitamente concede seus dons, de igual modo parece perdoar os débitos, gratuitamente, sem satisfação. Nem por parte da justiça divina: segundo ela, o homem merecera a eterna condenação. Logo, parece não ter sido necessário que Cristo sofresse pela libertação dos homens.

4. ADEMAIS, a natureza dos anjos excede a dos homens, como deixa claro Dionísio. Ora, Cristo não sofreu para reparar a natureza angélica, que havia pecado. Logo, parece que tampouco seria necessário sofrer pela salvação do gênero humano.

EM SENTIDO CONTRÁRIO, diz o Evangelho de João: "E assim como Moisés levantou a serpente no deserto, é preciso que o Filho do Homem seja levantado, a fim de que todo aquele que crê nele não pereça e tenha a vida eterna". Ora, aqui se entende tratar-se do levantamento na cruz. Logo, parece que era oportuno ter Cristo sofrido.

RESPONDO. O termo *necessário* tem várias acepções, como ensina o Filósofo no livro V da *Metafísica*. Pela primeira, é impossível alguma coisa ser diferente daquilo que é segundo sua natureza. É claro então que não foi necessário Cristo ter sofrido, nem por parte de Deus nem por parte do homem.

Noutra acepção, algo pode ser necessário por um motivo externo. Tratar-se-á de uma necessidade de coação, se esse motivo externo for causa eficiente ou motriz; é o que acontece quando alguém é impedido de andar porque outro o segura à força.

---

1. § 2: MG 3, 696 C.
2. C. 5: 1015, a, 20-35.

---

desejada por Deus, caso se deixe de mostrar, ao mesmo tempo, que ela não era o único meio possível, mas era o mais apropriado. Resulta que toda a teologia do sofrimento de Cristo será dominada pela ideia de que foi livremente desejado e vivido, como modo de proporcionar a salvação mais digna de Deus e do homem.

necessitatem inducit, sit finis, dicetur aliquid necessarium ex suppositione finis: quando scilicet finis aliquis aut nullo modo potest esse, aut non potest esse convenienter, nisi tali fine praesupposito.

Non fuit ergo necessarium Christum pati necessitate coactionis: neque ex parte Dei, qui Christum definivit pati: neque etiam ex parte ipsius Christi, qui voluntarie passus est.

Fuit autem necessarium necessitate finis. Qui quidem potest tripliciter intelligi. Primo quidem, ex parte nostra, qui per eius passionem liberati sumus: secundum illud Io 3: *Oportet exaltari Filium Hominis, ut omnis qui credit in eum non pereat, sed habeat vitam aeternam*. — Secundo, ex parte ipsius Christi, qui per humilitatem passionis meruit gloriam exaltationis. Et ad hoc pertinet quod dicitur Lc 24,26: *Haec oportuit Christum pati, et sic intrare in gloriam suam*. — Tertio, ex parte Dei, cuius definitio est circa passionem Christi praenuntiatam in Scripturis et praefiguratam in observantia veteris Testamenti. Et hoc est quod dicitur Lc 22,22: *Filius Hominis secundum quod definitum est vadit*; et Lc 24,44-46: *Haec sunt verba quae locutus sum ad vos cum adhuc essem vobiscum: quoniam necesse est impleri omnia quae scripta sunt in lege Moysi et prophetis et psalmis de me*; et: *Quoniam scriptum est* quoniam *oportebat Christum pati et resurgere a mortuis*.

AD PRIMUM ergo dicendum quod ratio illa procedit de necessitate coactionis ex parte Dei.

AD SECUNDUM dicendum quod ratio illa procedit de necessitate coactionis ex parte hominis Christi.

AD TERTIUM dicendum quod hominem liberari per passionem Christi, conveniens fuit et misericordiae et iustitiae eius. Iustitiae quidem, quia per passionem suam Christus satisfecit pro peccato humani generis: et ita homo per iustitiam Christi liberatus est. Misericordiae vero, quia, cum homo per se satisfacere non posset pro peccato totius humanae naturae, ut supra[3] habitum est, Deus ei

— Se o motivo externo que gera a necessidade for um fim, diz-se que algo é necessário porque supõe esse fim, ou seja, quando um determinado fim de modo algum puder existir, ou não o for convenientemente a não ser que algo o suponha.

Não foi, pois, necessário que Cristo sofresse, por necessidade de coação, nem por parte de Deus, que estabeleceu que Cristo sofresse, nem por parte do próprio Cristo, que sofreu por vontade própria.

Mas esse sofrimento foi necessário por necessidade de fim. O que pode ser entendido de três modos. Primeiro, quanto a nós, que por sua paixão fomos libertados, como diz o Evangelho de João: "É preciso que o Filho do Homem seja levantado, a fim de que todo aquele que nele crê não pereça e tenha a vida eterna". — Segundo, quanto ao próprio Cristo, que mereceu a glória da exaltação pelo abatimento da paixão. É o que diz o Evangelho de Lucas a propósito: "Não era preciso que o Cristo sofresse isso para entrar em sua glória?" — Terceiro, quanto a Deus, que estabelecera a paixão de Cristo, anunciada nas Escrituras e prefigurada nas observâncias do Antigo Testamento. É o que diz o Evangelho de Lucas: "Eis as palavras que eu vos dirigi quando ainda estava convosco: é preciso que se cumpra tudo o que foi escrito sobre mim na lei de Moisés, nos Profetas e nos Salmos" e "E porque foi escrito: convinha que o Cristo sofresse e ressuscitasse dos mortos"[b].

QUANTO AO 1º, portanto, deve-se dizer que, por necessidade de coação, da parte de Deus, a razão apresentada procede.

QUANTO AO 2º, deve-se dizer que o argumento procede da necessidade de coação, da parte de Cristo homem.

QUANTO AO 3º, deve-se dizer que foi conveniente tanto à misericórdia como à justiça divina ser o homem libertado pela paixão de Cristo. À justiça porque, por sua paixão, Cristo deu satisfação pelo pecado do gênero humano e assim o homem, pela justiça de Cristo, foi libertado. À misericórdia porque, não podendo o homem, com suas forças, dar satisfação pelo pecado de toda natureza humana,

---

3. Q. 1, a. 2, ad 2.

b. Esses três pontos de vista guiarão constantemente nossa reflexão: o do homem, o de Cristo, o de Deus. O do homem porque ele próprio satisfaz seu pecado. O de Cristo, que encontra a plenitude de sua glória nesse ato de homem, que é o de satisfazer em nome dos homens. O de Deus, enfim. Na verdade, se nos limitássemos a ler o corpo do artigo, poderíamos pensar que o fim "do ponto de vista de Deus" é a realização de sua vontade: "Era preciso, pois estava escrito". Sim, mas por que estava escrito? — É a resposta à terceira objeção que nos mostrará a que soberana conveniência propriamente divina respondia essa economia da redenção eternamente concebida. Trata-se de responder às exigências inseparáveis da justiça e da misericórdia. Pois, como diz Sto. Tomás, há mais misericórdia para Deus em satisfazer ele próprio, tornando-se homem, às exigências da justiça do que desfazer-se dos pecados sem satisfação.

satisfactorem dedit Filium suum: secundum illud Rm 3,24-25: *Iustificati gratis per gratiam ipsius, per redemptionem quae est in Christo Iesu, quem proposuit Deus propitiatorem per fidem ipsius.* Et hoc fuit abundantioris misericordiae quam si peccata absque satisfactione dimisisset. Unde dicitur Eph 2,4-5: *Deus, qui dives est in misericordia, propter nimiam caritatem qua dilexit nos, cum essemus mortui peccatis, convivificavit nos in Christo.*

AD QUARTUM dicendum quod peccatum angeli non fuit remediabile, sicut peccatum hominis: ut ex supra dictis in Prima Parte[4] patet.

ARTICULUS 2
Utrum fuerit possibilis alius modus liberationis humanae naturae quam per passionem Christi

AD SECUNDUM SIC PROCEDITUR. Videtur quod non fuit possibilis alius modus liberationis humanae naturae quam per passionem Christi.

1. Dixit enim Dominus, Io 12,24-25: *Nisi granum frumenti cadens in terram mortuum fuerit, ipsum solum manet: si autem mortuum fuerit, multum fructum affert*: ubi dicit Augustinus[1] quod *seipsum granum dicebat*. Nisi ergo mortem passus esset, aliter fructus nostrae liberationis non fecisset.

2. PRAETEREA, Mt 26,42 Dominus dicit ad Patrem: *Pater mi, si non potest iste calix transire nisi bibam illum, fiat voluntas tua*. Loquitur autem ibi de calice passionis. Ergo passio Christi praeterire non poterat. Unde et Hilarius dicit[2]: *Ideo calix transire non potest nisi illum bibat, quia pati nisi ex eius passione non possumus*.

3. PRAETEREA, iustitia Dei exigebat ut homo a peccato liberaretur, Christo per passionem suam satisfaciente. Sed Christus suam iustitiam praeterire non potest. Dicitur enim 2Ti 2,13: *Si non credimus, ille fidelis permanet: negare seipsum non potest*. Seipsum autem negaret si iustitiam suam

como se disse acima, Deus lhe deu seu Filho para cumprir essa satisfação. É o que diz a Carta aos Romanos: "São gratuitamente justificados por sua graça, em virtude da libertação realizada em Jesus Cristo. Foi a ele que Deus destinou para servir de expiação, por meio da fé". O que se tornou uma misericórdia mais abundante do que se tivesse perdoado os pecados sem satisfação. Por isso, diz também a Carta aos Efésios: "Deus é rico em misericórdia; por causa do grande amor com que nos amou, quando estávamos mortos, deu-nos a vida com Cristo".

QUANTO AO 4º, deve-se dizer que o pecado dos anjos não era remediável como o pecado dos homens, como consta do que foi dito acima, na I Parte.

ARTIGO 2
Haveria outro modo possível de libertar a natureza humana que não fosse a paixão de Cristo?

QUANTO AO SEGUNDO, ASSIM SE PROCEDE: parece que **não** houve outro modo possível de libertar a natureza humana senão pela paixão de Cristo.

1. Com efeito, na verdade, disse o Senhor no Evangelho de João: "Se o grão de trigo que cai em terra não morre, ele fica só: se, ao contrário, ele morrer, produzirá fruto em abundância"; a respeito, observa Agostinho que Cristo dizia ser ele próprio o grão de trigo. Portanto, se Cristo não tivesse sofrido a morte, de outro modo não produziria o fruto de nossa libertação.

2. ALÉM DISSO, diz o Senhor ao Pai no Evangelho de Mateus: "Meu Pai, se esta taça não pode passar sem que eu a beba, faça-se a tua vontade!" Ora, ele fala do cálice da paixão. Logo, a paixão de Cristo não podia ser evitada. Eis por que diz Hilário: "Por essa causa o cálice não pode passar sem que ele o beba, porque não podemos ser resgatados senão por sua paixão".

3. ALÉM DISSO, a justiça de Deus exigia que o homem fosse libertado do pecado mediante a satisfação de Cristo em sua paixão. Ora, Cristo não pode prescindir de sua justiça, como diz a segunda Carta a Timóteo: "Se não cremos, ele permanece fiel, pois não pode renegar-se a si mesmo". E ele

---
4. Q. 64, a. 2.

2 PARALL.: III *Sent.*, dist. 20, a. 4, q.la 1.

1. *In Ioan.*, tract. 51, n. 9, super 12, 24: ML 35, 1766.
2. *In Matth.*, c. 31, n. 10: ML 9, 1069 C-1070 A.

negaret: cum ipse sit iustitia. Ergo videtur quod non fuerit possibile alio modo hominem liberari quam per passionem Christi.

4. PRAETEREA, fidei non potest subesse falsum. Sed antiqui Patres crediderunt Christum passurum. Ergo videtur quod non potuerit esse quin Christus pateretur.

SED CONTRA est quod Augustinus dicit, XIII *de Trin*.[3]: *Istum modum quo nos per mediatorem Dei et hominum, hominem Christum Iesum, Deus liberare dignatur, asserimus bonum et divinae dignitati congruum: verum etiam ostendamus alium modum possibilem Deo fuisse, cuius potestati cuncta aequaliter subiacent*.

RESPONDEO dicendum quod aliquid potest dici possibile vel impossibile dupliciter: uno modo, simpliciter et absolute; alio modo, ex suppositione. Simpliciter igitur et absolute loquendo, possibile fuit Deo alio modo hominem liberare quam per passionem Christi: *quia non est impossibile apud Deum omne verbum*, ut dicitur Lc 1,37. Sed ex aliqua suppositione facta, fuit impossibile. Quia enim impossibile est Dei praescientiam falli et eius voluntatem sive dispositionem cassari, supposita praescientia et praeordinatione Dei de passione Christi, non erat simul possibile Christum pati, et hominem alio modo quam per eius passionem liberari. Et est eadem ratio de omnibus his quae sunt praescita et praeordinata a Deo: ut in Prima Parte[4] habitum est.

AD PRIMUM ergo dicendum quod Dominus ibi loquitur supposita praescientia et praeordinatione Dei, secundum quam erat ordinatum ut fructus humanae salutis non sequeretur nisi Christo patiente.

Et similiter intelligendum est quod secundo obiicitur: *Si non potest hic calix transire nisi bibam illum*: scilicet, *propter hoc quod et tu ita disposuisti*. Unde subdit: *Fiat voluntas tua*.

AD TERTIUM dicendum quod haec etiam iustitia dependet ex voluntate divina ab humano genere satisfactionem pro peccato exigente. Alioquin, si voluisset absque omni satisfactione hominem a peccato liberare, contra iustitiam non fecisset. Ille enim iudex non potest, salva iustitia, culpam sive poenam dimittere, qui habet punire culpam

negaria a si mesmo se negasse sua justiça, uma vez que ele próprio é a justiça. Logo, parece não ter sido possível o homem ser libertado senão pela paixão de Cristo.

4. ADEMAIS, a fé não pode se basear no que é falso. Ora, criam os antigos patriarcas que Cristo haveria de sofrer. Logo, parece que não poderia acontecer a Cristo ficar sem sofrer.

EM SENTIDO CONTRÁRIO, diz Agostinho: "Afirmamos ser bom e próprio da dignidade divina o modo pelo qual Deus se digna de nos libertar, ou seja, pelo homem Jesus Cristo, mediador entre Deus e os homens. Mas afirmemos também que não faltariam outros modos possíveis a Deus, a cujo poder tudo se submete igualmente".

RESPONDO. Há dois modos de algo ser considerado possível ou impossível: de um modo simples e absoluto, ou por uma hipótese. Falando de modo simples e absoluto, era possível a Deus libertar o homem por outro modo diferente da paixão, "pois nada é impossível a Deus", como diz o Evangelho de Lucas. Mas, com base numa hipótese, isso seria impossível. Na verdade, uma vez que é impossível a presciência de Deus se enganar e sua vontade ou disposição ser cancelada, então, suposta a presciência e a predisposição de Deus a respeito da paixão de Cristo, não era possível ao mesmo tempo Cristo não sofrer e o homem ser libertado por outro modo que não fosse a paixão dele[c]. E a mesma razão vale para tudo aquilo que Deus já sabe e predispõe, como tratado na I parte.

QUANTO AO 1º, portanto, deve-se dizer que as palavras do Senhor nessa passagem supõem a presciência e a predisposição de Deus, segundo a qual estava ordenado que não haveria o fruto da salvação humana se Cristo não sofresse.

Deve-se entender de modo semelhante o que se diz na 2ª objeção: "Se esta taça não pode passar sem que eu a beba", ou seja, "porque tu assim dispuseste", concluindo ele: "Faça-se a tua vontade".

QUANTO AO 3º, deve-se dizer que também essa justiça depende da vontade divina, que exigia do gênero humano satisfação pelo pecado. Mas, por outra parte, se quisesse libertar o homem do pecado sem satisfação alguma, Deus não agiria contra a justiça. Pois o juiz, que deve punir a culpa cometida contra outros, seja contra outro homem, seja contra

---

3. C. 10, n. 13: ML 42, 1024.
4. Q. 14, a. 13; q. 22, a. 4; q. 23, a. 6.

c. Que a paixão e a morte de Jesus tenham sido conhecidas e pré-ordenadas por Deus não significa que tenham sido feitas e organizadas por ele, mas, como mostrará a questão seguinte, tendo sido desejadas e realizadas contra Deus pelos pecadores, por intermédio de sua "permissão", foram subordinadas por Deus à salvação dos homens, contra todas as intenções de seus autores.

in alium commissam, puta vel in alium hominem, vel in totam rempublicam, sive in superiorem principem. Sed Deus non habet aliquem superiorem, sed ipse est supremum et commune bonum totius universi. Et ideo, si dimittat peccatum, quod habet rationem culpae ex eo quod contra ipsum committitur, nulli facit iniuriam: sicut quicumque homo remittit offensam in se commissam absque satisfactione, misericorditer, et non iniuste agit. Et ideo David, misericordiam petens, dicebat[5], *Tibi soli peccavi*: quasi dicat, *Potes sine iniustitia mihi dimittere*.

AD QUARTUM dicendum quod fides humana, et etiam Scripturae divinae, quibus fides instruitur, innituntur praescientiae et ordinationi divinae. Et ideo eadem ratio est de necessitate quae provenit ex suppositione eorum, et de necessitate quae provenit ex praescientia et voluntate divina.

toda sociedade, seja contra uma autoridade superior, não pode, no cumprimento da justiça, perdoar a culpa sem a pena. Ora, Deus não tem acima de si nenhuma autoridade, pois ele mesmo é o bem supremo e comum de todo o universo. Portanto, se perdoar o pecado, que equivale a uma culpa por ser cometido contra Ele, não ofende a ninguém, do mesmo modo que qualquer um, ao perdoar sem satisfação uma ofensa pessoal, age com misericórdia e não de modo injusto. Por isso, dizia Davi, ao pedir misericórdia: "Somente contra ti pequei", como se dissesse: "Podes sem injustiça me perdoar".

QUANTO AO 4º, deve-se dizer que a fé humana e também as Escrituras divinas, nas quais a fé se baseia, arrimam-se na presciência e na disposição divinas. Portanto, a mesma razão vale para a necessidade que advém dessa hipótese e para a necessidade provinda da presciência e vontade divinas.

ARTICULUS 3
Utrum alius modus convenientior fuisset liberationis humanae quam per passionem Christi

AD TERTIUM SIC PROCEDITUR. Videtur quod alius modus convenientior fuisset liberationis humanae quam per passionem Christi.

1. Natura enim in sua operatione imitatur opus divinum: utpote a Deo mota et regulata. Sed natura non facit per duo quod per unum potest facere. Cum ergo Deus potuerit hominem liberare sola propria voluntate, non videtur conveniens fuisse quod ad liberationem humani generis Christi passio adderetur.

2. PRAETEREA, ea quae fiunt per naturam, convenientius fiunt quam ea quae per violentiam fiunt: quia violentum est *quaedam excisio*, seu casus, *ab eo quod est secundum naturam*, ut dicitur in libro *de Caelo*[1]. Sed passio Christi mortem violentam induxit. Ergo convenientius fuisset quod Christus naturali morte moriendo hominem liberaret, quam quod pateretur.

3. PRAETEREA, convenientissimum videtur quod ille qui violenter et iniuste detinet, per superioris potentiam spolietur: unde et Is 52,3 dicitur: *Gratis venundati estis, et sine argento redimemini*. Sed diabolus nullum ius in homine habebat, quem per

ARTIGO 3
Haveria outro modo mais conveniente de libertação humana do que a paixão de Cristo?

QUANTO AO TERCEIRO, ASSIM SE PROCEDE: parece que **haveria** outro modo mais conveniente de libertação humana do que a paixão de Cristo.

1. Com efeito, a natureza em sua operação imita a obra divina, pois é movida e regulada por Deus. Ora, a natureza não emprega dois meios quando apenas um é suficiente. Logo, como Deus poderia libertar o homem somente por meio de sua vontade, parece não ter sido conveniente que para a libertação humana acrescentasse a paixão de Cristo.

2. ALÉM DISSO, o que se faz segundo a natureza realiza-se de modo mais conveniente do que o que se faz com violência, pois a violência é "de certo modo um rompimento ou um desvio do que se comporta conforme a natureza", como se diz no livro *Do Céu*. Ora, a paixão de Cristo levou a uma morte violenta. Logo, seria mais conveniente que Cristo libertasse o homem morrendo de morte natural e não pelo sofrimento.

3. ADEMAIS, parece muito conveniente que o detentor violento e injusto seja despojado por uma força superior. É o que diz Isaías: "Gratuitamente fostes vendidos, sem dinheiro sereis resgatados". Ora, o diabo não tinha nenhum direito sobre o

---

5. Ps. 50, 6.

PARALL.: III *Sent.*, dist. 20, a. 4. q.la 2; *Cont. Graec., Armen.* etc., c. 7; in *Symb. Apost.*, a. 4; *ad Heb.*, c. 2, lect. 4.

1. L. II, c. 3: 286, a, 19-20; — Cfr. l. III, c. 2: 300, a, 23.

fraudem deceperat, et per quandam violentiam servituti subiectum detinebat. Ergo videtur convenientissimum fuisse quod Christus diabolum per solam potentiam spoliaret, absque sua passione.

SED CONTRA est quod Augustinus dicit, XIII *de Trin.*[2]: *Sanandae nostrae miseriae convenientior modus alius non fuit* quam per Christi passionem.

RESPONDEO dicendum quod tanto aliquis modus convenientior est ad assequendum finem, quanto per ipsum plura concurrunt quae sunt expedientia fini. Per hoc autem quod homo per Christi passionem est liberatus, multa occurrerunt ad salutem hominis pertinentia, praeter liberationem a peccato.

Primo enim, per hoc homo cognoscit quantum Deus hominem diligat, et per hoc provocatur ad eum diligendum: in quo perfectio humanae salutis consistit. Unde Apostolus dicit, Rm 5,8-9: *Commendat suam caritatem Deus in nobis, quoniam, cum inimici essemus, Christus pro nobis mortuus est*.

Secundo, quia per hoc dedit nobis exemplum obedientiae, humilitatis, constantiae, iustitiae, et ceterarum virtutum in passione Christi ostensarum: quae sunt necessariae ad humanam salutem. Unde dicitur 1Pe 2,21: *Christus passus est pro nobis, nobis relinquens exemplum, ut sequamur vestigia eius*.

Tertio, quia Christus per passionem suam non solum hominem a peccato liberavit, sed etiam gratiam iustificantem et gloriam beatitudinis ei promeruit, ut infra[3] dicetur.

Quarto, quia per hoc est homini indicta maior necessitas se immunem a peccato conservandi: secundum illud 1Cor 6,20: *Empti estis pretio magno: glorificate et portate Deum in corpore vestro*.

Quinto, quia hoc ad maiorem dignitatem cessit: ut, sicut homo victus fuerat et deceptus a diabolo, ita etiam homo esset qui diabolum vinceret; et sicut homo mortem meruit, ita homo moriendo mortem superaret; ut dicitur 1Cor 15,57: *Deo gratias, qui dedit nobis victoriam per Iesum Christum*.

Et ideo convenientius fuit quod per passionem Christi liberaremur, quam per solam Dei voluntatem.

homem, a quem enganara de modo fraudulento e, com certa violência, o mantinha em escravidão. Logo, parece ter sido muito conveniente que Cristo tivesse despojado o diabo apenas pelo próprio poder, sem a paixão.

EM SENTIDO CONTRÁRIO, Agostinho diz: "Não houve outro modo mais conveniente de sanar nossa miséria do que pela paixão de Cristo".

RESPONDO. Um modo é tanto mais conveniente para atingir um fim quanto mais ocorrem, por meio dele, resultados adequados a esse fim. Ora, o fato de o homem ter sido libertado pela paixão de Cristo teve muitas consequências apropriadas à sua salvação, além da libertação do pecado.

Primeiro, o homem conhece, por esse fato, quanto Deus o ama, sendo assim incentivado a amá-lo também, e é aí que está a perfeição da salvação humana. É o que diz o Apóstolo na Carta aos Romanos: "Nisto Deus prova o seu amor para conosco: Cristo morreu por nós quando ainda éramos inimigos".

Segundo, deu-nos exemplo de obediência, de humildade, de constância, de justiça e das demais virtudes que demonstrou na paixão de Cristo, necessárias todas para a salvação humana. É o que diz a primeira Carta de Pedro: "Cristo sofreu por nós, deixando-nos um exemplo, a fim de que sigamos suas pegadas".

Terceiro, Cristo, por sua paixão, não apenas livrou o homem do pecado, mas também lhe mereceu a graça santificante e a glória da bem-aventurança, como abaixo se dirá.

Quarto, mostra-se ao homem, por esse fato, que é ainda mais necessário ele se manter imune do pecado, segundo a primeira Carta aos Coríntios: "Alguém pagou o preço do vosso resgate. Glorificai e levai a Deus em vosso corpo".

Quinto, esse fato trouxe maior dignidade ao homem. Ou seja, como o homem fora vencido e enganado pelo diabo, seria também um homem a vencer o diabo; e como o homem merecera a morte, seria também um homem, ao morrer, que venceria a morte, como diz a primeira Carta aos Coríntios: "Rendamos graças a Deus, que nos dá a vitória por Jesus Cristo".

Portanto, foi mais conveniente que fôssemos libertados pela paixão de Cristo do que somente pela exclusiva vontade de Deus[d].

---

2. C. 10, n. 13: ML 42, 1024.
3. Q. 48, a. 1; q. 49, a. 1, 5.

d. A alternativa era uma salvação por pura graça e perdão de Deus ("pela exclusiva vontade de Deus"), ou então, como foi o caso, "pela paixão de Cristo". Observe-se aqui que Sto. Tomás só se situa no ponto de vista do homem. Ele não repete o que

AD PRIMUM ergo dicendum quod natura etiam, ut aliquid convenientius faciat, plura ad unum assumit: sicut duos oculos ad videndum. Et idem patet in aliis.

AD SECUNDUM dicendum quod, sicut Chrysostomus dicit[4], *Christus non sui mortem, quam non habebat, cum sit vita, sed hominum mortem venerat consumpturus. Unde non propria morte corpus deposuit, sed ab hominibus illatam sustinuit. Sed et, si aegrotavisset corpus eius et in conspectu omnium solveretur, inconveniens erat eum qui aliorum languores sanaret, habere proprium corpus affectum languoribus. Sed et, si absque aliquo morbo seorsum alicubi corpus deposuisset ac deinde se offerret, non crederetur ei de resurrectione disserenti. Quomodo enim pateret Christi in morte victoria, nisi, coram omnibus eam patiens, per incorruptionem corporis probasset extinctam?*

AD TERTIUM dicendum quod, licet diabolus iniuste invaserit hominem, tamen homo propter peccatum iuste erat sub servitute diaboli derelictus a Deo. Et ideo conveniens fuit ut per iustitiam homo a servitute diaboli liberaretur, Christo satisfaciente pro ipso per suam passionem.

Fuit etiam hoc conveniens ad vincendam superbiam diaboli, qui est *desertor iustitiae et amator potentiae*, ut Christus diabolum vinceret et hominem liberaret, non per solum potentiam divinitatis, sed etiam per iustitiam et humilitatem passionis: ut Augustinus dicit, XIII *de Trinitate*[5].

QUANTO AO 1º, portanto, deve-se dizer que também a natureza, para produzir alguma coisa de modo mais conveniente, usa vários meios para um só objetivo, como dois olhos para ver. E o mesmo se observa em outros casos.

QUANTO AO 2º, deve-se dizer o que afirma Crisóstomo: "Cristo viera destruir não a sua morte, a que não estava sujeito, uma vez que é a vida, mas a morte dos homens. Por isso, não morreu de morte natural, mas suportou a morte que os homens lhe infligiram. E se seu corpo ficasse doente e diante de todos perdesse a vida, seria um contra-senso ter o próprio corpo corroído pela doença justo aquele que viera curar as doenças dos outros. E se tivesse morrido sem doença alguma, isolado em algum canto, e depois se manifestasse, ninguém lhe daria crédito, ao falar de sua ressurreição. Pois como se manifestaria a vitória de Cristo sobre a morte se ele, sofrendo-a diante de todos, não provasse que a tinha extinto pela incorrupção de seu corpo?

QUANTO AO 3º, deve-se dizer que, embora o diabo tenha investido contra o homem de modo injusto, o homem, por causa de seu pecado, fora com justiça abandonado por Deus sob a escravidão do diabo. Portanto, foi conveniente que o homem, pela justiça, fosse libertado da escravidão do diabo, tendo Cristo, com sua paixão, dado satisfação por ele.

Isso foi também conveniente para vencer a soberba do diabo, que é o *desertor da justiça e o amante do poder*, a fim de que Cristo "vencesse o diabo e libertasse o homem, não apenas pelo poder de sua divindade, mas também pela justiça e abatimento da paixão", como diz Agostinho.

---

4. ATHANAS., *Orat. de Incarn. Verbi eiusque ad nos adventu*, nn. 22, 23: MG 25, 136 A, B, C, 137 A.
5. Cc. 13, 14: ML 42, 1026, 1028.

acabara de dizer, que, graças ao meio escolhido por Deus, a misericórdia e a justiça triunfam juntas em tal meio de redenção, e que Cristo encontrou sua glória em sua paixão. — Ele se limita a enumerar tudo o que contribui para a libertação do homem no modo mesmo com que ela se realizou. Mas enfatizemos sobretudo a quinta razão, cujo alcance é considerável e pouco notado: "A Paixão de Cristo conferiu ao homem uma dignidade mais eminente". É aí que se encontra o sentido mais profundo da redenção. Sto. Tomás desenvolvera esse ponto bem mais completamente na III *Sent.*, q. 20, a. 1, qla 2. Não se trata tanto, diz ele ali, nessa condição de perdão que é a cruz de Jesus, das exigências da justiça divina quanto da glória do homem. Pois Deus podia, sem dúvida, perdoar sem qualquer satisfação prévia, a não ser a que está incluída na conversão dos corações... Se Deus permitiu a paixão de Cristo, se ele quis fazer dela uma "satisfação", e perfeita, "é que é mais glorioso para o homem restaurar sua natureza e seu destino por seus próprios atos do que pura e simplesmente receber sua salvação". Consagração da grandeza da pessoa humana esse apelo à sua livre, custosa e generosa cooperação, e verdadeira reconciliação, que de ambos os lados é obra de amor! Mas, como o homem não podia, nem mesmo com a graça de Deus, dar plena satisfação ao pecado, Deus se fez homem a fim de que o pudesse. Compreende-se então que, longe de tomar o lugar do homem nessa vitória sobre o pecado, Cristo os tenha associado a si, propiciando aos que ele salva e une a si cooperar para sua própria salvação, ao mesmo tempo que para a dos outros.

Articulus 4
Utrum Christus debuerit pati in cruce

AD QUARTUM SIC PROCEDITUR. Videtur quod Christus non debuerit pati in cruce.

1. Veritas enim debet respondere figurae. Sed in figuram Christi praecesserunt omnia sacrificia veteris Testamenti, in quibus animalia gladio necabantur, et postmodum igni cremabantur. Ergo videtur quod Christus non debuerit pati in cruce, sed magis gladio vel igne.

2. PRAETEREA, Damascenus dicit[1] quod Christus non debuit assumere *detractibiles passiones*. Sed mors crucis videtur maxime detractibilis et ignominiosa: unde dicitur Sap 2,20: *Morte turpissima condemnemus eum*. Ergo videtur quod Christus non debuit pati mortem crucis.

3. PRAETEREA, de Christo dicitur, *Benedictus qui venit in nomine Domini*, ut patet Mt 21,9. Sed mors crucis erat mors maledictionis: secundum illud Dt 21,23: *Maledictus a Deo est qui pendet in ligno*. Ergo videtur quod non fuit conveniens Christum crucifigi.

SED CONTRA est quod dicitur Philp 2,8: *Factus est obediens usque ad mortem, mortem autem crucis*.

RESPONDEO dicendum quod convenientissimum fuit Christum pati mortem crucis. Primo quidem, propter exemplum virtutis. Dicit enim Augustinus, in libro *Octoginta trium Quaest.*[2]: *Sapientia Dei hominem, ad exemplum quo recte viveremus, suscepit. Pertinet autem ad vitam rectam ea quae non sunt metuenda, non metuere. Sunt autem homines qui, quamvis mortem ipsam non timeant, genus tamen mortis horrescunt. Ut ergo nullum genus mortis recte viventi homini metuendum esset, illius hominis cruce ostendendum fuit: nihil enim erat, inter omnia genera mortis, illo genere execrabilius et formidabilius*.

Secundo, quia hoc genus mortis maxime conveniens erat satisfactioni pro peccato primi parentis, quod fuit ex eo quod, contra mandatum Dei, pomum ligni vetiti sumpsit. Et ideo conveniens fuit quod Christus, ad satisfaciendum pro peccato illo,

Artigo 4
Cristo deveria sofrer na cruz?

QUANTO AO QUARTO, ASSIM SE PROCEDE: parece que Cristo **não** deveria sofrer na cruz.

1. Com efeito, a realidade deve corresponder à prefiguração. Ora, no passado, todos os sacrifícios do Antigo Testamento ocorreram como figura de Cristo e neles os animais eram mortos pela espada, sendo depois cremados. Logo, parece que Cristo não deveria morrer na cruz, mas, de preferência, pela espada ou pelo fogo.

2. ALÉM DISSO, Damasceno diz que Cristo não tinha de assumir "sofrimentos ignominiosos". Ora, a morte de cruz parece absolutamente repugnante e ignominiosa; tanto assim que diz o livro da Sabedoria: "Condenemo-lo a uma morte infame". Logo, parece que Cristo não deveria sofrer a morte de cruz.

3. ADEMAIS, falando de Cristo, diz o Evangelho de Mateus: "Bendito seja, em nome do Senhor, aquele que vem!". Ora, a morte de cruz era uma morte maldita, segundo o livro do Deuteronômio: "O que pende do madeiro é uma maldição de Deus". Logo, parece que não era conveniente Cristo ter sido crucificado.

EM SENTIDO CONTRÁRIO, diz-se a Carta aos Filipenses: "Ele se rebaixou, tornando-se obediente até a morte, e morte numa cruz".

RESPONDO. Foi muitíssimo conveniente ter Cristo sofrido a morte numa cruz. Primeiro, como um exemplo de virtude. É o que diz Agostinho: "A sabedoria de Deus tornou-se homem para nos dar exemplo de honestidade de vida. É próprio, porém, da vida honesta não temer o que não deve ser temido. Há, contudo, homens que, embora não tenham medo da morte em si, têm horror a um determinado tipo de morte. Assim, para que o homem de vida honesta não temesse nenhum tipo de morte, teve de lhe ser mostrado na cruz qual a morte daquele homem, pois entre todos os gêneros de morte nenhum foi mais execrável e temível que esse".

Segundo, porque esse tipo de morte era de máxima conveniência para satisfazer o pecado de nosso primeiro pai, pecado que consistiu em ter ele comido o fruto da árvore proibida, contrariando a ordem de Deus. Assim, foi conveniente que

---

4 PARALL.: III *Sent.*, dist. 20, a. 4, q.la 2, ad 1; *Cont. Gent.* IV, 55, ad 17; *Compend. Theol.*, c. 228; *in Matth.*, c. 27; *in Ioan.*, c. 3, lect. 2; c. 12, lect. 5.

1. *De fide orth.*, l. I, c. 11, l. III; c. 20: MG 94, 844 B, 1081 A.
2. Q. 25: ML 40, 17.

seipsum pateretur ligno affligi, quasi restituens quod Adam sustulerat: secundum illud Ps 68,5: *Quae non rapui, tunc exolvebam*. Unde Augustinus dicit, in quodam Sermone *de Passione*[3]: *Contempsit Adam praeceptum, accipiens ex arbore: sed quidquid Adam perdidit, Christus in cruce invenit*.

Tertia ratio est quia, ut Chrysostomus dicit, in Sermone *de Passione*[4], *in excelso ligno, et non sub tecto passus est, ut etiam ipsius aeris natura mundetur. Sed et ipsa terra simile beneficium sentiebat, decurrentis de latere sanguinis stillatione mundata*. Et super illud Io 3,14, *Oportet exaltari Filium Hominis: "Exaltari" audiens, suspensionem intelligas in altum: ut sanctificaret aerem qui sanctificaverat terram ambulando in ea*[5].

Quarta ratio est quia, per hoc quod in ea moritur, ascensum nobis parat in caelum, ut Chrysostomus[6] dicit. Et inde est quod ipse dicit, Io 12,32-33: *Ego, si exaltatus fuero a terra, omnia traham ad meipsum*.

Quinta ratio est quia hoc competit universali salvationi totius mundi. Unde Gregorius Nissenus dicit[7] quod *figura crucis, a medio contactu in quatuor extrema partita, significat virtutem et providentiam eius qui in ea pependit, ubique diffusam*. — Chrysostomus[8] etiam dicit quod in cruce, *expansis manibus, moritur, ut altera manu veterem populum, altera eos qui ex gentibus sunt, trahat*.

Sexta ratio est quia per hoc genus mortis diversae virtutes designantur. Unde Augustinus dicit, in libro *de Gratia Vet. et Novi Test*.[9]: *Non frustra tale genus mortis elegit: ut latitudinis et altitudinis et longitudinis et profunditatis*, de quibus Apostolus loquitur[10], *magister exsisteret. Nam latitudo est in eo ligno quod transversum desuper figitur; hoc ad bona opera pertinet, quia ibi extenduntur manus. Longitudo in eo quod ab ipso ligno usque ad terram conspicuum est: ibi enim quodammodo statur, idest, persistitur et perseveratur; quod longanimitati*

Cristo, a fim de dar satisfação por esse pecado, suportasse ser ele próprio afligido no madeiro, como quem restitui o que Adão roubara, segundo o que diz o Salmo 68: "Então pagarei o que não roubei". Por isso, diz Agostinho: "Adão desprezou uma ordem ao colher o fruto da árvore, mas o que Adão perdeu, Cristo o adquiriu na cruz".

Terceiro, porque, como diz Crisóstomo: "Sofreu no alto do madeiro e não dentro de casa a fim de purificar até mesmo a natureza do ar. Mas também a terra sentia os efeitos desse benefício, limpa que era pelo gotejar do sangue a escorrer de seu lado". E a respeito do que diz o Evangelho de João: "É preciso que o Filho do Homem seja levantado", observa Teofilato: "Ao ouvires 'que seja levantado', deves entender que foi elevado para o alto, a fim de que santificasse o ar aquele que santificara a terra, ao caminhar sobre ela".

Quarto, porque, por ter morrido no alto da cruz, prepara-nos a subida ao céu, como diz Crisóstomo. Daí ter dito o próprio Cristo conforme o Evangelho de João: "Se for elevado da terra, atrairei a mim todos os homens".

Quinto, porque essa morte é adequada à completa salvação do mundo inteiro. Por isso, diz Gregório de Nissa: "A representação da cruz, que se estende por quatro extremidades a partir de um ponto de união central, significa o universal poder e providência daquele que nela está pendente". — E também Crisóstomo afirma de Cristo na cruz: "Morre de braços abertos, a fim de atrair com uma das mãos o povo antigo e com a outra os que ainda são pagãos".

Sexto, porque, por esse tipo de morte, designam-se várias virtudes. Assim, afirma Agostinho: "Não foi em vão que escolheu esse tipo de morte a fim de se mostrar mestre da largura e da altura, do comprimento e da profundidade", das quais fala o Apóstolo. "A largura está representada no madeiro que se apoia transversalmente na parte de cima; refere-se às boas obras porque nele é que se estendem os braços. O comprimento, no tronco que desce da travessa até o chão; nele de certo modo está apoiado, ou seja, mantém-se estável e firme, o que

---

3. ML 39, 1808.
4. Hom. II *de Cruce et latrone*, hom. 2, n. 1: MG 49, 408-409; cfr. hom. 1, n. 1: MG 49, 400.
5. Theophylacti, *In Ioan. Enarr.*, super 3, 14: MG 123, 1209 C.
6. Vide Athanas., *Orat. de Incarn. Verbi eiusque ad nos adventu*, n. 25: MG 25, 140 C.
7. *In Christi Resurrect.*, Orat. 1: MG 46, 624 A.
8. Vide Athanasium, loc. cit.: MG 25, 140 A.
9. Epist. 140, al. 120, *de Grat. Test. Novi*, c. 26, n. 64: ML 33, 566.
10. *Eph*. 3, 18.

tribuitur. Altitudo est in ea ligni parte quae ab illa quae transversa figitur, sursum versus relinquitur, hoc est, ad caput crucifixi: quia bene sperantium superna expectatio est. Iam vero illud ex ligno quod fixum occultatur, unde totum illud exurgit, significat profunditatem gratuitae gratiae. Et, sicut Augustinus dicit, super Ioan[11], *lignum in quo fixa erant membra patientis, etiam cathedra fuit magistri docentis*.

Septima ratio est qua hoc genus mortis plurimis figuris respondet. Ut enim Augustinus dicit, in Sermone *de Passione*[12], *de diluvio aquarum humanum genus arca lignea liberavit; de Aegypto Dei populo recedente, Moyses mare virga divisit, et Pharaonem prostravit, et populum Dei redemit; idem Moyses lignum in aquam misit et amaram aquam in dulcedinem commutavit; ex lignea virga de spirituali petra salutaris unda profertur; et, ut Amalec vinceretur, contra virgam Moyses expansis manibus extenditur; et lex Dei arcae Testamenti creditur ligneae; ut his omnibus ad lignum crucis, quasi per quosdam gradus, veniatur.*

AD PRIMUM ergo dicendum quod altare holocaustorum, in quo sacrificia animalium offerebantur, erat factum de lignis, ut habetur Ex 27,1: et quantum ad hoc veritas respondet figurae. *Non autem oportet quod quantum ad omnia: quia iam non esset similitudo, sed veritas*, ut Damascenus dicit, in III libro[13]. — Specialiter tamen, ut Chrysostomus[14] dicit, *non caput ei amputatur, ut Ioanni; neque sectus est, ut Isaias: ut corpus integrum et indivisibile morti servet, et non fiat occasio volentibus Ecclesiam dividere.* — Loco autem materialis ignis, fuit in holocausto Christi ignis caritatis.

AD SECUNDUM dicendum quod Christus detractibiles passiones assumere renuit quae pertinebant ad defectum scientiae vel gratiae, aut etiam virtutis. Non autem illas quae pertinent ad iniuriam ab exteriori illatam: quinimmo, ut dicitur Hb 12,2, *sustinuit crucem confusione contempta.*

AD TERTIUM dicendum quod, sicut Augustinus dicit, XIV *contra Faustum*[15], peccatum maledictum est: et per consequens mors et mortalitas ex peccato proveniens. *Caro autem Christi mortalis*

é próprio da longanimidade. A altura está naquela parte do madeiro que se eleva acima da parte transversal, ou seja, onde está a cabeça do crucificado; é a suprema expectativa dos que têm justa esperança. Já a parte do madeiro oculta e fincada na terra e de onde se levanta toda a estrutura significa a profundidade da graça gratuita". E como diz Agostinho no comentário ao Evangelho de João, o madeiro no qual estavam pregados os membros do padecente foi igualmente a cátedra do mestre a ensinar".

Sétimo, porque esse gênero de morte corresponde a muitas figuras. Como diz Agostinho: "Uma arca de madeira salvou o gênero humano do dilúvio das águas; ao se afastar o povo de Deus do Egito, Moisés dividiu o mar com o bastão, vencendo o Faraó e redimindo o povo de Deus; o mesmo bastão Moisés lançou às águas, e de salgadas as tornou doces; com esse bastão faz jorrar da rocha espiritual uma água salutar; e, para vencer Amalec, Moisés mantém os braços abertos ao longo do bastão; e a lei de Deus é posta na arca de madeira do Testamento; de modo que, por tudo isso, como que por degraus, se chegasse ao madeiro da cruz".

QUANTO AO 1º, deve-se dizer que o altar dos holocaustos em que se ofereciam os sacrifícios dos animais era de madeira, como consta no livro do Êxodo. Nisso a realidade corresponde à figura. E, como diz Damasceno, "essa correspondência não precisa se dar sob todos os aspectos, pois já não seria semelhança, mas realidade". — E especialmente, como afirma Crisóstomo, "não lhe decepam a cabeça, como a João; nem é cortado ao meio, como Isaías; a fim de que fosse entregue à morte um corpo íntegro e indiviso, não se dando assim motivo aos que querem dividir a Igreja". — Em vez do fogo material, porém, esteve presente no holocausto de Cristo o fogo da caridade.

QUANTO AO 2º, deve-se dizer que Cristo recusou assumir sofrimentos ignominiosos que contivessem falta de ciência ou de graça ou mesmo de virtude. Mas não os que se referem a injúria causada por outros; antes, como diz a Carta aos Hebreus: "Suportou a cruz, desprezando a vergonha".

QUANTO AO 3º, deve-se dizer que, como diz Agostinho, o pecado é amaldiçoado e, consequentemente, assim é a morte e a mortalidade que dele provém. "A carne de Cristo, porém, era mortal,

---

11. Tract. 119, n. 2, super 19, 26: ML 35, 1950.
12. Vide App. Opp. Aug., Serm. 32, al. 101, *de Temp.*, n. 4: ML 39, 1809.
13. *De fide orth.*, l. III, c. 26: MG 94, 1096 AB.
14. Vide ATHANAS., *Orat. de Incarn. Verbi*, n. 24: MG 25, 137 C.
15. Cc. 4, 5: ML 42, 297.

fuit, "similitudinem habens carnis peccati". Et propter hoc Moyses eam nominat *maledictum*: sicut et Apostolus nominat eam *peccatum*, dicens, 2Cor 5,21: *Eum qui non noverat peccatum, pro nobis peccatum fecit*, scilicet per poenam peccati. *Nec ideo maior invidia est, quia dixit, "maledictus est a Deo". Nisi enim Deus peccatum odisset, non ad eam suscipiendum atque tollendam Filium suum mitteret. Confitere ergo maledictum suscepisse pro nobis, quem confiteris mortuum esse pro nobis*. Unde et Gl 3,13 dicitur: *Christus nos redemit de maledicto legis, factus pro nobis maledictum*.

'por ser semelhante à carne do pecado'". Por isso, Moisés a chama de "maldição", como o Apóstolo a chama de "pecado", quando diz: "Aquele que não conhecera o pecado fez-se pecado por nossa causa", ou seja, pela pena do pecado. "Nem há nisso maior ignomínia porque o chama de 'maldito por Deus'. Pois se Deus não odiasse o pecado, não teria enviado seu Filho para assumir nossa morte e a destruir. Confessa, portanto, ter aceito a maldição por nós aquele mesmo que confessas ter morrido por nós". Daí o que diz a Carta aos Gálatas: "Cristo nos libertou da maldição da lei, tornando-se ele mesmo maldição por nós".

Articulus 5
Utrum Christus omnes passiones sustinuerit

Ad quintum sic proceditur. Videtur quod Christus omnes passiones sustinuerit.

1. Dicit enim Hilarius, in X *de Trin*.[1]: *Unigenitus Dei, ad peragendum mortis suae sacramentum, consummasse in se omne humanarum* genus *passionum testatur, cum inclinato capite, emisit spiritum*. Videtur ergo quod omnes passiones humanas sustinuerit.

2. Praeterea, Is 52,13-14 dicitur: *Ecce, intelliget servus meus* et *exaltabitur, et elevabitur, et sublimis erit valde. Sicut obstupuerunt super eum multi, sic inglorius erit inter viros aspectus eius, et forma eius inter filios hominum*. Sed Christus est exaltatus secundum hoc quod habuit omnem gratiam et omnem scientiam: pro quo super eo multi admirantes obstupuerunt. Ergo videtur quod inglorius fuerit sustinendo omnem passionem humanam.

3. Praeterea, passio Christi ordinata est ad liberationem hominis a peccato, ut supra[2] dictum est. Sed Christus venit liberare homines ab omni peccatorum genere. Ergo debuit pati omne genus passionum.

Sed contra est quod dicitur Io 19,32-33, quod *milites primi quidem fregerunt crura et alterius qui crucifixus est cum eo: ad Iesum autem cum venissent, non fregerunt eius crura*. Non ergo passus est omnem humanam passionem.

Respondeo dicendum quod passiones humanae possunt considerari dupliciter. Uno modo,

Artigo 5
Cristo suportou todos os sofrimentos?

Quanto ao quinto, assim se procede: parece que Cristo **suportou** todos os sofrimentos.

1. Com efeito, diz Hilário: "O Unigênito de Deus, para completar o sacramento de sua morte, atesta ter recapitulado em si todo tipo de sofrimento humano, quando, ao inclinar a cabeça, entregou o espírito". Portanto, parece ter suportado todos os sofrimentos humanos.

2. Além disso, diz Isaías: "Eis que meu servo crescerá, ele será exaltado, elevado, enaltecido grandemente. Da mesma forma que as multidões ficaram horrorizadas a seu respeito, assim sua aparência estava desfigurada entre os homens e sua beleza entre os filhos dos homens". Ora, Cristo é exaltado por ter toda graça e toda ciência; por isso, as multidões, pasmadas, ficaram horrorizadas a respeito dele. Logo, parece que foi desfigurado ao suportar todos os sofrimentos humanos.

3. Ademais, a paixão de Cristo foi predisposta para libertar o homem do pecado, como se disse acima. Ora, Cristo veio libertar os homens de todo gênero de pecado. Logo, devia sofrer todo gênero de sofrimento.

Em sentido contrário, diz o Evangelho de João: "Os soldados vieram, portanto, e quebraram as pernas do primeiro e a seguir do segundo dos que foram crucificados com ele. Chegando a Jesus, não lhe quebraram as pernas". Portanto, não suportou todos os sofrimentos humanos.

Respondo. Os sofrimentos humanos podem ser considerados sob dois aspectos. Quanto à espécie.

---
1. *Num*. 11: ML 10, 351 A.
2. A. 1, 2, 3; q. 14, a. 1.

quantum ad speciem. Et sic non oportuit Christum omnem humanam passionem pati: quia multae passionem species sibi invicem contrariantur, sicut combustio in igne et submersio in aqua. Loquimur enim nunc de passionibus ab extrinseco illatas: quia passiones ab intrinseco causatas, sicut sunt aegritudines corporales, non decuit eum pati, ut supra[3] dictum est.

Sed secundum genus, passus est omnem passionem humanam. Quod quidem potest considerari tripliciter. Uno modo, ex parte hominum. Passus est enim aliquid et a gentibilibus, et a Iudaeis; a masculis et feminis, ut patet de ancillis accusantibus Petrum. Passus est etiam a principibus, et a ministris eorum, et popularibus: secundum illud Ps 2,1-2: *Quare fremuerunt gentes, et populi meditati sunt inania? Astiterunt reges terrae, et principes convenerunt in unum, adversus Dominum et adversus Christum eius*. Passus est etiam a familaribus et notis: sicut patet de Iuda eum prodente, et Petro ipsum negante.

Alio modo patet idem ex parte eorum in quibus homo potest pati. Passus est enim Christus in suis amicis eum descrentibus; in fama per blasphemias contra eum dictas; in honore et gloria per irrisiones et contumelias ei illatas; in rebus per hoc quod etiam vestibus spoliatus est; in anima per tristitiam taedium et timorem; in corpore per vulnera et flagella.

Tertio potest considerari quantum ad corporis membra. Passus est enim Christus in capite pungentium spinarum coronam; in manibus et pedibus fixionem clavorum; in facie alapas et sputa; et in toto corpore flagella. Fuit etiam passus secundum omnem sensum corporeum: secundum tactum quidem, flagellatus et clavis confixus; secundum gustum, felle et aceto potatus; secundum olfactum, in loco fetido cadaverum mortuorum, *qui dicitur calvariae*, appensus patibulo; secundum auditum, lacessitus vocibus blasphemantium et irridentium; secundum visum, *videns matrem et discipulum quem diligebat* flentes.

AD PRIMUM ergo dicendum quod verbum illud Hilarii est ingelligendum quantum ad omnia genera passionum: non autem quantum ad omnes species.

AD SECUNDUM dicendum quod similitudo ibi attenditur, non quantum ad numerum passionum et gratiarum, sed quantum ad magnitudinem utriusque: quia sicut sublimatus est in donis gratiarum

Sob esse ponto de vista, não era oportuno Cristo suportar todos os sofrimentos, porque muitas espécies de sofrimento são mutuamente exclusivas, como a combustão pelo fogo e a submersão na água. Na verdade, estamos falando dos sofrimentos que vêm de fora, pois os sofrimentos que vêm de dentro, como as doenças do corpo, não convinha que ele os sofresse, como se disse acima.

Mas quanto ao gênero, suportou todos os sofrimentos humanos. De três modos podem eles ser considerados. Primeiro, por parte dos homens. Sofreu por parte dos gentios e dos judeus; dos homens e das mulheres, como, por exemplo, das criadas que acusavam Pedro. Sofreu também por parte das autoridades, de seus ministros e do povo, conforme o que diz o Salmo 2: "Por que se agitaram e meditaram coisas vãs? Os reis da terra insurgem-se, e os príncipes se uniram contra o Senhor e contra seu Cristo". Sofreu também por parte dos amigos e conhecidos, como, por exemplo, de Judas, que o traiu e de Pedro, que o negou.

Segundo, o mesmo se diga por parte dos sofrimentos por que o homem pode passar. Com efeito, sofreu Cristo em seus amigos, que o abandonaram; no nome, pelas blasfêmias ditas contra ele; na reputação e na honra, pelo deboche e injúrias a ele dirigidas; nos pertences, pois até das vestes foi privado; na alma, pela tristeza, tédio e medo; no corpo, pelos ferimentos e açoites.

Terceiro, quanto aos membros do corpo. Pois suportou uma coroa de pungentes espinhos na cabeça; nas mãos e nos pés, a perfuração dos pregos; no rosto, tapas e cuspe; e no corpo todo, açoites. Também sofreu em todos os sentidos corporais: no tato, por ser flagelado e perfurado com pregos; no paladar, por ser dessedentado com fel e vinagre; no olfato, por ser posto num patíbulo em lugar fétido pelos cadáveres dos que ali eram mortos, *chamado calvário*; na audição, insultado pela gritaria dos que blasfemavam e riam dele; na visão, por presenciar as lágrimas de sua mãe e do discípulo que ele amava.

QUANTO AO 1º, portanto, deve-se dizer que as palavras de Hilário devem ser entendidas a respeito de todos os gêneros de sofrimento, mas não quanto a todas as espécies.

QUANTO AO 2º, deve-se dizer que a semelhança se verifica não quanto ao número dos sofrimentos e das graças, mas quanto à grandeza de ambos, pois como se elevou sobre os demais nos dons

---

3. Q. 14, a. 4.

super alios, ita deiectus est infra alios per ignominiam passionis.

AD TERTIUM dicendum quod, secundum sufficientiam, una minima passio Christi suffecit ad redimendum genus humanum ab omnibus peccatis. Sed secundum convenientiam, sufficiens fuit quod pateretur omnia genera passionum, sicut iam[4] dictum est.

ARTICULUS 6
Utrum dolor passionis Christi fuerit maior omnibus aliis doloribus

AD SEXTUM SIC PROCEDITUR. Videtur quod dolor passionis Christi non fuerit maior omnibus aliis doloribus.

1. Dolor enim patientis augetur secundum gravitatem et diuturnitatem passionis. Sed quidam martyres graviores passiones et diuturniores sustinuerunt quam Christus: sicut patet de Laurentio, qui est assatus in craticula[1]; et de Vincentio cuius carnes sunt ungulis ferreis laceratae[2]. Ergo videtur quod dolor Christi patientis non fuerit maximus.

2. PRAETEREA, virtus mentis est mitigativa doloris: in tantum quod Stoici posuerunt *tristitiam in animo sapientis non cadere*[3]. Et Aristoteles posuit[4] quod virtus moralis medium tenet in passionibus. Sed in Christo fuit perfectissima virtus mentis. Ergo videtur quod in Christo fuerit minumus dolor.

3. PRAETEREA, quanto aliquod patiens est magis sensibile, tanto maior sequitur dolor passionis. Sed anima est sensibilior quam corpus: cum corpus sentiat ex anima. Adam etiam in statu innocentiae videtur corpus sensibilius habuisse quam Christus, qui assumpsit corpus humanum cum naturalibus defectibus. Ergo videtur quod dolor animae patientis in purgatorio vel in inferno, vel etiam dolor Adae si passus fuisset, maior fuisset quam dolor passionis Christi.

4. PRAETEREA, maioris boni amissio causat maiorem dolorem. Sed peccator peccando amittit maius bonum quam Christus patiendo: quia vita gratiae est melior quam vita naturae. Christus etiam, qui

da graça, foi lançado abaixo deles pela ignomínia da paixão.

QUANTO AO 3º, deve-se dizer que, em termos de suficiência, o menor sofrimento de Cristo bastava para redimir o gênero humano de todos os pecados. Mas segundo a conveniência, o suficiente era suportar todo gênero de sofrimento, como já se disse.

ARTIGO 6
A dor da paixão de Cristo foi maior que todas as outras dores?

QUANTO AO SEXTO, ASSIM SE PROCEDE: parece que a dor da paixão de Cristo **não** foi maior que todas as outras dores.

1. Com efeito, a dor do paciente aumenta de acordo com a gravidade e a duração do sofrimento. Ora, alguns mártires suportaram sofrimentos mais graves e mais longos que os de Cristo, como Lourenço, que foi assado na grelha, ou como Vicente, cujo corpo foi dilacerado com unhas de ferro. Logo, parece que a dor do sofrimento de Cristo não foi a maior.

2. ALÉM DISSO, a força da mente mitiga as dores. Tanto assim que os estoicos afirmavam "não haver tristeza na alma do sábio", e Aristóteles declarava que a virtude moral é o ponto de equilíbrio em meio aos sofrimentos. Ora, Cristo possuía um perfeitíssimo poder de mente. Logo, parece que foi mínima a dor de Cristo.

3. ALÉM DISSO, quanto mais sensível o paciente, tanto maior a dor do sofrimento. Ora, a alma é mais sensível do que o corpo, uma vez que o corpo sente em virtude da alma. Mesmo Adão, no estado de inocência, parece ter tido um corpo mais sensível que o de Cristo, que assumiu um corpo humano com as deficiências naturais. Logo, parece que a dor da alma do paciente no purgatório ou no inferno, ou até mesmo a dor de Adão, se acaso tivesse sofrido, seria maior que a dor da paixão de Cristo.

4. ALÉM DISSO, a perda de um bem maior causa uma dor maior. Ora o pecador, ao pecar, perde um bem maior que Cristo, ao sofrer, pois a vida da graça é melhor que a vida da natureza. Também Cristo,

---

4. In corp.

PARALL.: III *Sent*., dist. 15, q. 2, a. 3, q.la 3.

1. Vide *Acta S. Laurentii*, die 10 augusti: BOLLAND., t. XXXVI, p. 519 D.
2. Vide *Acta S. Vincentii*, die 22 ianuarii: BOLLAND., t. III, p. 8 b.
3. AUG., *De Civ. Dei*, l. IV, c. 8, n. 1: ML 41, 411.
4. *Eth*., l. II, c. 5: 1106, b, 16-23.

amisit vitam post triduum resurrecturus, minus aliquid videtur amisisse quam illi qui amittunt vitam permansuri in morte. Ergo videtur quod dolor Christi non fuerit maximus dolor.

5. PRAETEREA, innocentia patientis diminuit dolorem passionis. Sed Christus innocenter est passus: secundum illud Ier 11,19: *Ego autem quasi agnus mansuetus qui portatur ad victimam*. Ergo videtur quod dolor passionis Christi non fuerit maximus.

6. PRAETEREA, in his quae Christi sunt, nihil fuit superfluum. Sed minimus dolor Christi suffecisset ad finem salutis humanae: habuisset enim infinitam virtutem ex persona divina. Ergo superfluum fuisset assumere maximum dolorem.

SED CONTRA est quod habetur *Thren*. 1,12 ex persona Christi: *Attendite, et videte si est dolor sicut dolor meus*.

RESPONDEO dicendum quod, sicut supra[5] dictum est cum de defectibus assumptis a Christo ageretur, in Christo patiente fuit verus dolor: et sensibilis, qui causatur ex corporali nocivo; et dolor interior, qui causatur ex apprehensione alicuius nocivi, qui tristitia dicitur. Uterque autem dolor in Christo fuit maximus inter dolores praesentis vitae. Quod quidem contingit propter quatuor.

Primo quidem, propter causas doloris. Nam doloris sensibilis causa fuit laesio corporalis. Quae acerbitatem habuit, tum propter generalitatem passionis, de qua dictum est[6]: tum etiam ex genere passionis. Quia mors confixorum in cruce est acerbissima: quia configuntur in locis nervosis et maxime sensibilibus, scilicet in manibus et pedibus; et ipsum pondus corporis pendentis continue auget dolorem; et cum hoc etiam est doloris diuturnitas, quia non statim moriuntur, sicut hi qui sunt gladio interfecti. — Doloris autem interioris causa fuit, primo quidem, omnia peccata humani generis, pro quibus satisfaciebat patiendo: unde ea quasi sibi adscribit, dicens in Ps 21,2: *Verba delictorum meorum*. Secundo, specialiter casus Iudaeorum et aliorum in eius mortem delinquentium: et praecipue discipulorum, qui scandalum passi fuerant in Christi passione. Tertio etiam amissio vitae corporalis, quae naturaliter est horribilis humanae naturae.

Secundo potest magnitudo considerari ex perceptibilitate patientis. Nam et secundum corpus

que perdeu a vida, mas que ressuscitaria depois de três dias, parece ter perdido menos que outros que perdem a vida e permanecerão na morte. Logo, parece que a dor de Cristo não foi a maior de todas.

5. ALÉM DISSO, a inocência do paciente diminui a dor do sofrimento. Ora, Cristo sofreu inocente, como diz Jeremias: "Eu era como um cordeiro manso, levado ao matadouro". Logo, parece que a dor da paixão de Cristo não foi a maior.

6. ADEMAIS, nada havia de supérfluo no que dizia respeito a Cristo. Ora, a mínima dor de Cristo seria suficiente para a salvação humana, pois teria o poder infinito proveniente da pessoa divina. Logo, seria supérfluo assumir a maior dor.

EM SENTIDO CONTRÁRIO, diz o livro das Lamentações ao se referir a Cristo: "Olhai e vede se há dor igual à minha dor".

RESPONDO. Como se disse acima, ao tratarmos das deficiências assumidas por Cristo, deve-se dizer que ele suportou uma autêntica dor; tanto sensível, causada por algo que fere o corpo, como interior, causada pela percepção do que é nocivo e que é chamada de tristeza. Ambas foram em Cristo as maiores dores na presente vida. E assim foi por quatro motivos.

Primeiro, pelas causas da dor. Pois a causa da dor sensível foi a lesão corporal, que se tornou pungente não só pela extensão do sofrimento, da qual se falou, mas também pelo gênero de sofrimento. É que a morte dos crucificados é muitíssimo cruel, pois são transfixados em locais de nervos muito sensíveis, ou seja, nas mãos e nos pés; o próprio peso do corpo suspenso aumenta continuamente a dor; e é uma dor que perdura, uma vez que o crucificado não morre logo, como os que são mortos a espada. — Já a causa da dor interior foi, em primeiro lugar, todos os pecados do gênero humano, pelos quais, sofrendo, Cristo dava satisfação, a ponto de, por assim dizer, assumi-los para si, como declara o Salmo 21: "As palavras das minhas faltas". Em segundo lugar, especialmente a culpa dos judeus e dos demais que tramaram sua morte, mas de modo particular dos discípulos, que se escandalizaram com a paixão de Cristo. Em terceiro lugar, a perda da vida corporal, que por natureza é horrível à condição humana.

Segundo, a extensão do sofrimento pode ser considerada pela sensibilidade do paciente. Ora,

---

5. Q. 15, a. 5, 6.
6. A. praec.

erat optime complexionatus, cum corpus eius fuerit formatum miraculose operatione Spiritus Sancti: sicut et alia quae per miracula facta sunt, sunt aliis potiora, ut Chrysostomus dicit[7] de vino in quod Christus aquam convertit in nuptiis. Et ideo in eo maxime viguit sensus tactus, ex cuius perceptione sequitur dolor. — Anima etiam, secundum vires interiores, efficacissime apprehendit omnes causas tristitiae.

Tertio magnitudo doloris Christi patientis potest considerari ex doloris puritate. Nam in aliis patientibus mitigatur tristitia interior, et etiam dolor exterior, ex aliqua consideratione rationis, per quandam derivationem seu redundantiam a superioribus viribus ad inferiores. Quod in Christo patiente non fuit: unicuique enim virium *permisit agere quod est sibi proprium*, sicut Damascenus dicit[8].

Quarto potest considerari magnitudo doloris Christi patientis ex hoc quod passio illa et dolor a Christo fuerunt assumpta voluntarie, propter finem liberationis hominum a peccato. Et ideo tantam quantitatem doloris assumpsit quae esset proportionata magnitudini fructus qui inde sequebatur.

Ex his igitur omnibus causis simul consideratis manifeste apparet quod dolor Christi fuit maximus.

AD PRIMUM ergo dicendum quod ratio illa procedit ex uno tantum praedictorum, scilicet ex laesione corporali, quae est causa sensibilis doloris. Sed ex aliis causis multo magis dolor Christi patientis augetur, ut dictum est[9].

AD SECUNDUM dicendum quod virtus moralis aliter mitigat tristitiam interiorem, et aliter exteriorem dolorem sensibilem. Tristitiam enim interiorem diminuit directe, in ea medium constituendo sicut in propria materia. Medium autem in passionibus virtus moralis constituit, ut in Secunda Parte[10] habitum est, non secundum quantitatem rei, sed secundum quantitatem proportionis: ut scilicet passio non excedat regulam rationis. Et quia Stoici reputabant quod nulla tristitia esset ad aliquid utilis, ideo credebant quod totaliter a ratione discordaret: et per consequens quod totaliter esset sapienti vitanda. Sed secundum rei veritatem, tristitia aliqua

ele tinha uma ótima compleição física, pois seu corpo fora formado de modo miraculoso pela ação do Espírito Santo; aliás, tudo o que foi realizado por um milagre era melhor que o resto, como diz Crisóstomo a respeito do vinho em que, na festa de núpcias, Cristo transformara a água. Assim, era agutíssimo nele o sentido do tato, com o qual se percebe a dor. — Igualmente, a alma, com suas forças interiores, captava de modo intenso todas as causas de tristeza.

Terceiro, a grandeza da dor de Cristo ao sofrer pode ser estimada pela pureza dessa dor. Nos demais pacientes, com efeito, mitiga-se a tristeza interior e mesmo a dor externa com alguma consideração da razão, por alguma derivação ou redundância das forças superiores para as inferiores. Mas isso não aconteceu com Cristo em sua paixão, pois, como diz Damasceno, "ele permitiu que cada uma de suas potências exercesse a função que lhe era própria".

Quarto, a extensão da dor de Cristo em sua paixão pode ser estimada pelo fato de seu sofrimento e dor terem sido assumidos voluntariamente, com o objetivo de libertar os homens do pecado. Assim, ele assumiu a intensidade da dor proporcional à grandeza do fruto que dela se seguiria.

De todas essas causas consideradas em seu conjunto, fica evidente que a dor de Cristo foi a maior.

QUANTO AO 1º, portanto, deve-se dizer que a razão procede somente quanto a uma das considerações aduzidas, ou seja, quanto às lesões físicas, causa das dores sensíveis. Mas a dor de Cristo, em sua paixão, foi muito mais intensa em função das outras causas, com se disse acima.

QUANTO AO 2º, deve-se dizer que a virtude moral mitiga de um jeito a tristeza interior e, de outro, a dor sensível exterior. Diminui a tristeza interior de modo direto, estabelecendo, por ser sua área, um ponto de equilíbrio. A virtude moral estabelece, porém, o equilíbrio nos sofrimentos, como se viu na II Parte, não segundo a quantidade, mas segundo a proporção, ou seja, para que a paixão não ultrapasse o razoável. E os estoicos, porque julgavam que nenhuma tristeza seria de utilidade alguma, criam não ser ela absolutamente compatível com a razão, devendo ser, por consequência, totalmente evitada pelo sábio. Mas, na verdade,

---

7. *In Ioan.*, hom. 22, al. 21, n. 3: MG 59, 136.
8. *De fide orth.*, l. III, c. 19: MG 94, 1080 A.
9. In corp.
10. I-II, q. 64, a. 2; II, q. 58, a. 10.

laudabilis est, ut Augustinus probat, in XIV *de Civ. Dei*[11]: quando scilicet procedit ex sancto amore, ut puta cum aliquis tristatur de peccatis propriis vel alienis. Assumitur etiam ut utilis ad finem satisfactionis pro peccato: secundum illud 2Cor 7,10: *Quae secundum Deum est tristitia, poenitentiam in salutem stabilem operatur*. Et ideo Christus, ut satisfaceret pro peccatis omnium hominum, assumpsit tristitiam maximam quantitate absoluta, non tamen excedentem regulam rationis.

Dolorem autem exteriorem sensus virtus moralis directe non minuit: quia talis dolor non obedit rationi, sed sequitur corporis naturam. Diminuit tamen ipsum indirecte per redundantiam a superioribus viribus in inferiores. Quod in Christo non fuit, ut dictum est[12].

AD TERTIUM dicendum quod dolor animae separatae patientis pertinet ad statum futurae damnationis, qui excedit omne malum huius vitae, sicut sanctorum gloria excedit omne bonum praesentis vitae. Unde, cum diximus Christi dolorem esse maximum, non comparamus ipsum dolori animae separatae.

Corpus autem Adae pati non poterat, nisi peccaret et sic fieret mortale et passibile. Et minus doleret patiens quam corpus Christi, propter rationes praedictas[13]. — Ex quibus etiam apparet quod etiam si, per impossibile, ponatur quod Adam in statu innocentiae passus fuisset, minor fuisset eius dolor quam Christi.

AD QUARTUM dicendum quod Christus non solum doluit pro amissione vitae corporalis propriae: sed etiam pro peccatis omnium aliorum. Qui dolor in Christo excessit omnem dolorem cuiuslibet contriti. Tum quia ex maiori sapientia et caritate processit, ex quibus dolor contritionis augetur. Tum etiam quia pro omnium peccatis simul doluit: secundum illud Is 53,4: *Vere dolores nostros ipse tulit*.

Vita autem corporalis Christi fuit tantae dignitatis, et praecipue propter divinitatem unitam, quod de eius amissione etiam ad horam, magis esset dolendum quam de amissione alterius hominis per quantumcumque tempus. Unde et Philosophus dicit, in III *Ethic*.[14], quod virtuosus plus diligit vitam suam quanto scit eam esse meliorem: et

alguma tristeza faz bem, como prova Agostinho, a saber, quando ela procede de um amor santo, ao se entristecer alguém por causa dos pecados seus ou de outros. É também considerada útil ao ter por objetivo a satisfação pelo pecado, conforme o que diz a segunda Carta aos Coríntios: "A tristeza segundo Deus produz um arrependimento que conduz à salvação". Assim, Cristo, a fim de dar satisfação pelos pecados de todos os homens, assumiu a tristeza máxima em quantidade absoluta, sem exceder, contudo, as normas da razão.

A virtude moral, porém, não diminui diretamente a dor externa dos sentidos, pois esse tipo de dor não obedece à razão, seguindo a natureza do corpo; mas a diminui indiretamente, pela redundância das forças superiores para as inferiores. O que não aconteceu com Cristo, como se disse.

QUANTO AO 3º, deve-se dizer que a dor da alma separada que sofre pertence ao estado de futura condenação, que excede todo mal da vida presente, assim como a glória dos santos supera todo bem desta vida. Assim, ao dizermos que a dor de Cristo foi máxima, não a comparamos com a dor da alma separada.

Já o corpo de Adão não podia sofrer, a não ser que pecasse e se tornasse assim mortal e passível, e, se sofresse, seu sofrimento seria menor que o do corpo de Cristo, por causa das razões apontadas. — Donde se conclui também que, se Adão, numa hipótese impossível, tivesse de sofrer em estado de inocência, sua dor seria menor que a de Cristo.

QUANTO AO 4º, deve-se dizer que Cristo sofreu não somente pela perda de sua vida corporal, mas também pelos pecados de todos os homens. Dor essa que nele excedeu todas as dores de qualquer pessoa contrita, seja porque proveniente de uma sabedoria e amor maiores, que fazem aumentar a dor da contrição, seja também porque foi uma dor por todos os pecados ao mesmo tempo, conforme o que diz Isaías: "Na verdade, são os nossos sofrimentos que ele carregou".

Mas a vida corporal de Cristo foi de tanta dignidade, principalmente por ter unida a ela a divindade, que sua perda, ainda que por horas, devia ser mais sentida, que a perda da vida de qualquer outro homem por mais longo que fosse o tempo. Daí ter dito o Filósofo que o homem de virtude tanto mais estima sua vida quanto mais

---

11. C. 8, n. 1; c. 9, n. 1: ML 41, 411, 413.
12. In corp.; q. 14, a. 1, ad 2; q. 45, a. 2.
13. In corp.
14. C. 12: 1117, b, 10-13.

tamen eam exponit propter bonum virtutis. Et similiter Christus vitam suam maxime dilectam exposuit propter bonum caritatis: secundum illud Ier 12,7: *Dedi dilectam animam meam in manibus inimicorum eius.*

AD QUINTUM dicendum quod innocentia patientis minuit dolorem passionis quantum ad numerum: quia, dum nocens patitur, dolet non solum de poena, sed etiam de culpa; innocens autem solum de poena. Qui tamen dolor in eo augetur ex innocentia: inquantum apprehendit nocumentum illatum ut magis indebitum. Unde etiam et alii magis sunt reprehensibiles si eis non compatiuntur: secundum illud Is 57,1: *Iustus autem perit, et non est qui recogitet in corde suo.*

AD SEXTUM dicendum quod Christus voluit genus humanum a peccatis liberare, non sola potestate, sed etiam iustitia. Et ideo non solum attendit quantam virtutem dolor eius haberet ex divinitate unita: sed etiam quantum dolor eius sufficeret secundum naturam humanam, ad tantam satisfactionem.

sabe ser ela melhor e, contudo, a expõe por causa da virtude. De modo semelhante, Cristo, por causa do amor, expôs sua vida muita estimada, conforme o que diz Jeremias: "Vou entregar a minha amada alma nas mãos de seus inimigos".

QUANTO AO 5º, deve-se dizer que a inocência do sofredor diminui as dores do sofrimento em relação ao número delas, pois o culpado sofre não só pela pena, mas também pela culpa, ao passo que o inocente sofre tão somente devido à pena. Mas essa dor se avoluma por ser ele inocente, ao sentir como mais imerecido o mal que lhe infligiram. Por isso, também outros merecem maior repreensão, se dele não se compadecem, conforme o que diz Isaías: "O justo perece, sem que ninguém considere em seu coração".

QUANTO AO 6º, deve-se dizer que Cristo quis libertar o gênero humano do pecado não só por seu poder, mas também por sua justiça. Por isso, considerou não apenas quanto poder teria sua dor, por estar unida à divindade, mas também quanta dor lhe seria suficiente, segundo a natureza humana, para obter tamanha satisfação[e].

ARTICULUS 7
Utrum Christus fuerit passus secundum totam animam

AD SEPTIMUM SIC PROCEDITUR. Videtur quod Christus non fuerit passus secundum totam animam.

1. Anima enim patitur, patiente corpore, per accidens, in quantum est *corporis actus*. Sed anima non est actus corporis secundum quamlibet partem eius: nam intellectus nullius corporis actus est, ut dicitur in III *de Anima*[1]. Ergo videtur quod Christus non fuerit passus secundum totam animam.

2. PRAETEREA, quaelibet potentia animae patitur a suo obiecto. Sed superioris partis rationis obiectum sunt *rationes aeternae*, quibus *inspiciendis et consulendis* intendit, ut Augustinus dicit, XII *de Trin.*[2]. Ex rationibus autem aeternis nullum potuit

ARTIGO 7
Cristo sofreu em toda a sua alma?

QUANTO AO SÉTIMO, ASSIM SE PROCEDE: parece que Cristo **não** sofreu em toda a sua alma.

1. Com efeito, quando o corpo sofre, a alma acidentalmente sofre, porquanto é *ato do corpo*. Ora, a alma não é, segundo todas suas partes, ato do corpo, pois o intelecto não é ato de nenhum corpo, como diz o livro III *Da Alma*. Logo, parece que Cristo não sofreu segundo toda sua alma.

2. ALÉM DISSO, toda faculdade da alma sofre em relação a seu objeto. Ora, a parte superior da razão tem como objeto as "razões eternas que ela procura considerar e consultar", como diz Agostinho. Ora, das razões eternas Cristo não pôde sofrer

---

7 PARALL.: III *Sent.*, dist. 15, q. 2, a. 1, q.la 3; a. 3, q.la 2; *De Verit.*, q. 26, a. 3, ad 1; a. 9; *Quodlib.* VII, q. 2; *Compend. Theol.*, c. 232.

1. C. 4: 429, a, 24-27.
2. C. 7, n. 12: ML 42, 1005.

e. De todo este artigo tão completo e tão importante, que dá tanto destaque à dimensão voluntária do sofrimento de Cristo, e como ele se entregou a toda a dor humana possível para que ela pudesse igualar e destruir todo o pecado humano, retenhamos a frase final, tão difícil de traduzir. A objeção era: a mínima dor teria bastado para a salvação dos homens. A resposta: "Cristo não mediu a grandeza de seu sofrimento pela virtude que recebia de sua união à divindade, mas pelo que seria preciso de dor humana sofrida com amor para contrabalançar o pecado humano. De fato, é enquanto homem, por sua humanidade, que Cristo "satisfez"; *Ut ipse homo*, para que o homem mesmo se restaure, se reabilite. Deus não se fez homem para economizar o que o homem tinha a fazer, mas para fazê-lo primeiramente ele próprio.

Christus pati nocumentum: cum in nullo ei contrariarentur. Ergo videtur quod non fuerit passus secundum totam animam.

3. PRAETEREA, quando passio sensibilis usque ad rationem pertingit, tunc dicitur completa passio. Quae in Christo non fuit, ut Hieronymus dicit[3], sed solum *propassio*. Unde et Dionysius dicit, in Epistola *ad Ioannem Evangelistam*[4], quod *passiones sibi illatas patiebatur secundum iudicare solum*. Non ergo videtur quod Christus secundum totam animam pateretur.

4. PRAETEREA, passio dolorem causat. Sed in intellectu speculativo non est dolor: quia *delectationi quae est ab eo quod est considerare, nulla tristitia opponitur*, ut Philosophus dicit, I *Topic.*[5]. Ergo videtur quod Christus non pateretur secundum totam animam.

SED CONTRA est quod in Ps 87,4 dicitur, ex persona Christi: *Repleta est malis anima mea*: Glossa[6]: *Non vitiis, sed doloribus, quibus anima carni compatitur, vel malis, scilicet pereuntis populi, compatiendo*. Non autem fuisset anima eius his malis repleta, si non secundum totam animam passus esset. Ergo Christus secundum totam animam passus est.

RESPONDEO dicendum quod totum dicitur respectu partium. Partes autem animae dicuntur potentiae eius. Sic ergo dicitur anima tota pati, inquantum patitur secundum suam essentiam: vel inquantum secundum omnes suas potentias patitur.

Sed considerandum est quod aliqua potentia animae potest pati dupliciter. Uno modo, passione propria: quae quidem est secundum quod patitur a suo obiecto, sicut si visus patiatur ex superabundantia visibilis. Alio modo patitur aliqua potentia passione subiecti super quod fundatur: sicut visus patitur patiente sensu tactus in oculo, super quem fundatur visus; puta cum oculus pungitur, aut etiam distemperatur per calorem.

Sic igitur dicendum quod, si intelligamus totam animam ratione suae essentiae, sic manifestum est totam animam Christi passam esse. Nam tota essentia animae coniungitur corpori ita quod *tota est in toto, et tota in qualibet parte eius*. Et ideo, corpore patiente et patiebatur.

Si vero intelligamus totam animam secundum omnes potentias eius, sic, loquendo de passionibus

nenhum dano, pois de modo algum a ele se opõem. Logo, parece que não sofreu em toda a sua alma.

3. ALÉM DISSO, um sofrimento sensível é considerado completo quando atinge a razão. Ora, Cristo não o teve, mas apenas *propaixão*, como diz Jerônimo. Por isso, diz também Dionísio que Cristo "suportava apenas mentalmente os sofrimentos que lhe infligiam". Logo, não parece que Cristo tenha sofrido em toda a sua alma.

4. ADEMAIS, o sofrimento causa dor. Ora, não há dor no intelecto especulativo, pois, como diz o Filósofo, "nenhuma tristeza contraria o prazer que provém da consideração". Logo, parece que Cristo não sofreu em toda a sua alma.

EM SENTIDO CONTRÁRIO, diz o Salmo 87 com relação a Cristo: "A minha alma está saturada de desgraças", a cujo respeito comenta a Glosa: "Não de vícios, mas de dores, pelas quais a alma sofre com o corpo, ou das desgraças de um povo a sucumbir, porque deles se compadece". Ora, sua alma não estaria repleta dessas desgraças se não sofresse em toda a sua alma. Portanto, Cristo sofreu em toda sua alma.

RESPONDO. O todo se define em função de suas partes. Ora, as partes da alma são suas potências. Assim, portanto, dizemos que toda a alma sofre, porquanto sofre ou em sua essência, ou em todas as suas potências.

Mas é preciso considerar que uma potência da alma pode sofrer de dois modos. Primeiro, por um sofrimento próprio, o que acontece quando sofre por seu próprio objeto, como a visão ao sofrer a excessiva visibilidade do objeto. De outro modo, sofre a faculdade pelo sofrimento do sujeito em que se baseia, como a visão sofre quando é afetado o sentido do tato no olho, em que se baseia o sentido da visão, por exemplo, quando se fere o olho ou é incomodado pelo calor.

Assim, pois, deve-se dizer que, se considerarmos toda a alma em relação à sua essência, é claro que toda a alma de Cristo sofreu. Com efeito, toda a essência da alma se une ao corpo, estando "toda ela em todo o corpo e toda em cada uma de suas partes". Portanto, ao sofrer o corpo, toda a alma sofria.

Se considerarmos, porém, toda a alma em relação a todas suas potências, ao falarmos então

---

3. *In Matth.*, l. IV, super 26, 37: ML 26, 197 A.
4. Epist. 10: MG 3, 1117 BC.
5. C. 13: 106, a, 38-b, 1.
6. Interl.; LOMBARDI: ML 191, 811 D-812 A.

propriis potentiarum, patiebatur quidem secundum omnes vires inferiores: quia in singulis viribus inferioribus animae, quae circa temporalia operantur, inveniebatur aliquid quod erat causa doloris Christi, sicut ex supra[7] dictis patet. Sed secundum hoc superior ratio non patiebatur in Christo ex parte sui obiecti, scilicet Dei, qui non erat animae Christi causa doloris, sed delectationis et gaudii. — Secundum autem illum modum passionis quo potentia aliqua dicitur pati ex parte sui subiecti, sic omnes potentiae animae Christi patiebantur. Omnes enim potentiae animae Christi radicantur in essentia eius, ad quam perveniebat passio, passo corpore, cuius est actus.

AD PRIMUM ergo dicendum quod, licet intellectus, secundum quod est potentia quaedam, non sit corporis actus; essentia tamen animae est corporis actus, in qua radicatur potentia intellectiva, ut in Prima Parte[8] habitum est.

AD SECUNDUM dicendum quod illa ratio procedit de passione quae est ex parte proprii obiecti: secundum quam superior ratio in Christo passa non fuit.

AD TERTIUM dicendum quod dolor tunc dicitur esse passio perfecta, per quam anima perturbatur, quando passio sensitivae partis pertingit usque ad immutandam rationem a rectitudine sui actus, ut scilicet sequatur passionem, et non habeat liberum arbitrium super eam. Sic autem passio sensitivae partis non pervenit in Christo usque ad rationem, sed ex parte subiecti, ut dictum est[9].

AD QUARTUM dicendum quod intellectus speculativus non potest habere dolorem vel tristitiam ex parte sui obiecti, quod est verum absolute consideratum, quod est perfectio eius. Potest tamen ad ipsum pertinere dolor, vel causa doloris, per modum iam[10] dictum.

dos sofrimentos próprios delas, por certo sofria em todas as forças inferiores, pois em cada uma dessas forças da alma, cujas operações são temporais, encontrava-se alguma causa da dor de Cristo, como se conclui do que foi dito acima. Assim sendo, a razão superior em Cristo não sofria por parte de seu objeto, ou seja, de Deus, que para a alma de Cristo não era motivo de dor, mas de prazer e alegria. — De acordo, porém, com o modo de sofrer pelo qual alguma potência sofre por parte de seu sujeito, então todas as potências da alma de Cristo sofriam, uma vez que todas as potências da alma se radicam em sua essência à qual chega o sofrimento, quando padece o corpo, do qual ela é o ato[f].

QUANTO AO 1º, portanto, deve-se dizer que, embora o intelecto, como uma das potências, não seja ato do corpo, contudo a essência da alma é ato do corpo e é nela que se radica a potência intelectiva, como tratado na I Parte.

QUANTO AO 2º, deve-se dizer que o argumento procede, se se refere ao sofrimento que provém do próprio objeto, e, segundo ela, a razão superior em Cristo não sofreu.

QUANTO AO 3º, deve-se dizer que a dor é um sofrimento perfeito que perturba a alma quando o sofrimento sensível chega a desviar a razão da retidão de seu ato, ou seja, quando segue a paixão, sem exercer sobre ela o livre-arbítrio. Assim, a paixão da parte sensitiva não chegou em Cristo até a razão, mas da parte do sujeito, como já se disse.

QUANTO AO 4º, deve-se dizer que o intelecto especulativo não pode ter dor nem tristeza por parte de seu objeto, o que, absolutamente considerado, é verdade e é uma perfeição sua. Contudo, tanto a dor como a sua causa podem atingi-lo do modo acima mencionado.

---

7. A. 5.
8. Q. 77, a. 6, 8.
9. In corp.
10. Ibid. — Vide I-II, q. 35, a. 5.

f. Vê-se como está longe de Sto. Tomás a ideia desenvolvida depois por alguns teólogos místicos, primeiro, e que hoje é retomada por muitos teólogos modernos, de um sofrimento diretamente causado à alma de Cristo pela divindade, que teria como que se furtado a ela, ou então que teria atacado com sua "amargura", com sua "santidade". Acabamos de ler: "Deus era para Cristo causa unicamente de deleite e de alegria". No entanto, quando Sto. Tomás nos fala, com tanta ênfase e como sendo o principal sofrimento de Jesus, da visão que ele tinha do mal, trata-se sem dúvida de um objeto temporal, mas visto à luz de Deus. Que contraste e que distância entre a visão beatífica de Deus e a da miséria do que não é Deus, do que é contra Deus!

Articulus 8
Utrum anima Christi in articulo illius passionis tota frueretur fruitione beata

AD OCTAVUM SIC PROCEDITUR. Videtur quod anima Christi, in articulo illius passionis, non tota frueretur fruitione beata.
1. Impossibile est enim simul dolere et gaudere: cum dolor et gaudium sint contraria. Sed anima Christi tota patiebatur dolorem in tempore passionis, ut supra[1] habitum est. Non ergo poterat esse ut tota frueretur.
2. PRAETEREA, Philosophus dicit, in VII *Ethic*.[2], quod tristitia, si sit vehemens, non solum impedit delectationem contrariam, sed quamcumque: et e converso. Dolor autem passionis Christi fuit maximus, ut ostensum est[3]: et similiter delectatio fruitionis est maxima, ut in primo Secundae Partis[4] habitum est. Non ergo potuit esse quod anima Christi tota simul pateretur et frueretur.

3. PRAETEREA, fruitio beata est secundum cognitionem et amorem divinorum: ut patet per Augustinum, in I *de Doct. Christ*.[5]. Sed non omnes vires animae attingunt ad cognoscendum et amandum Deum. Non ergo tota anima Christi fruebatur.

SED CONTRA est quod Damascenus dicit, in III libro[6], quod divinitas Christi *permisit carni agere et pati quae propria*. Ergo, pari ratione, cum proprium esset animae Christi, inquantum erat beata, quod frueretur, passio eius fruitionem non impediebat.

RESPONDEO dicendum quod, sicut dictum est prius[7], tota anima potest intelligi et secundum essentiam, et secundum omnes eius potentias. Si autem intelligatur secundum essentiam sic tota anima fruebatur, inquantum est subiectum superioris partis animae, cuius est frui divinitate: ut, sicut passio ratione essentiae attribuitur superiori parti animae, ita e converso fruitio ratione superioris partis animae attribuatur essentiae.
Si vero accipiamus totam animam ratione omnium potentiarum eius, sic non tota anima fruebatur:

Artigo 8
No momento da paixão, a alma toda de Cristo gozava da bem-aventurança?

QUANTO AO OITAVO, ASSIM SE PROCEDE: parece que no momento da paixão, a alma toda de Cristo **não** gozava da bem-aventurança.
1. Com efeito, é impossível sofrer e gozar ao mesmo tempo, uma vez que a dor e o prazer são entre si contrários. Ora, a alma toda de Cristo sofria a dor durante a paixão, como se disse acima. Logo, sua alma toda não podia gozar da bem-aventurança.
2. ALÉM DISSO, diz o Filósofo no livro VII da *Ética*, que a tristeza, quando é muito intensa, impede não apenas o prazer que lhe é contrário, mas qualquer um deles; e vice-versa. Ora, a dor de Cristo na paixão foi máxima, como acima demonstrado, e, de igual modo, o prazer da bem-aventurança é máximo, como tratado na II Parte. Logo, não foi possível a alma toda de Cristo ter sofrido e gozado ao mesmo tempo.

3. ADEMAIS, o gozo da bem-aventurança advém do conhecimento e do amor do que é divino, como esclarece Agostinho. Ora, nem todas as potências da alma chegam a conhecer e a amar a Deus. Logo, não era a alma toda de Cristo que gozava.

EM SENTIDO CONTRÁRIO, diz Damasceno que a divindade de Cristo "permitiu à carne agir e sofrer, conforme o que lhe era próprio". Portanto, pela mesma razão, como era próprio da alma de Cristo, por ser bem-aventurada, gozar, sua paixão não era empecilho para esse gozo.

RESPONDO. Como se disse antes, a alma toda pode ser entendida ou segundo sua essência, ou segundo todas as suas potências. Se é entendida segundo sua essência, então a alma toda gozava, como sujeito da parte superior, de quem é próprio gozar da divindade; de modo que, assim como a paixão, em razão da essência, é atribuída à parte superior da alma, assim, ao contrário, a contemplação, em razão da parte superior da alma, deve ser atribuída à essência.
Se, porém, entendermos a alma toda, em razão de todas as suas potências, então a alma toda não

---

8 PARALL.: III *Sent.*, dist. 15, q. 2, a. 3, q.la 2, ad 5; *De Verit.*, q. 10, a. 11, ad 3; q. 26, a. 10; *Quodlib.* VII, q. 2; *Compend. Theol.*, c. 232.

1. A. praec.
2. C. 15: 1154, b, 13-14.
3. A. 6.
4. Q. 34, a. 3.
5. Cc. 4, 22: ML 34, 20, 26.
6. *De fide orth.*, l. III, c. 19: MG 94, 108 A.
7. A. praec.

gozava. Nem de modo direto, porque o gozo não pode ser ato de parte alguma da alma, nem por transbordamento da glória, porque, enquanto Cristo esteve nesta terra, não se dava transbordamento da glória, da parte superior para a inferior, nem da alma para o corpo. Mas porque, ao contrário, a parte superior da alma não era impedida em seus próprios atos pela inferior, segue-se que a parte superior da alma gozava perfeitamente, enquanto Cristo sofria.

Quanto ao 1º, portanto, deve-se dizer que o gozo da bem-aventurança não contraria diretamente a dor da paixão, pois não têm o mesmo objeto. Nada impede, com efeito, que os contrários estejam no mesmo sujeito, desde que não considerados sob o mesmo ponto de vista. Assim, o gozo da bem-aventurança da contemplação pode pertencer à parte superior da razão por seu próprio ato, e a dor da paixão, segundo seu sujeito. De outro lado, a dor da paixão pertence à essência da alma, por parte do corpo, de que é a forma, e o gozo da bem-aventurança, por parte da potência, a que está sujeito.

Quanto ao 2º, deve-se dizer que a palavra do Filósofo é verdadeira em razão da redundância que naturalmente se dá de uma potência da alma para a outra. Mas isso não se verificou em Cristo, como se disse acima[g].

Quanto ao 3º, deve-se dizer que o argumento procede, com respeito à totalidade da alma em relação às suas potências.

nec directe quidem, quia fruitio, non potest esse actus cuiuslibet partis animae; nec per redundantiam, quia, dum Christus erat viator, non fiebat redundantia gloriae a superiori parte in inferiorem, nec ab anima in corpus. Sed quia nec e converso superior pars animae non impediebatur circa id quod est sibi proprium, per inferiorem, consequens est quod superior pars animae perfecte fruebatur, Christo patiente.

Ad primum ergo dicendum quod gaudium fruitionis non contrariatur directe dolori passionis: quia non sunt de eodem. Nihil enim prohibet contraria eidem inesse non secundum idem. Et sic gaudium fruitionis potest pertinere ad superiorem partem rationis per proprium actum: dolor autem passionis secundum suum subiectum. Ad essentiam vero animae pertinet dolor passionis ex parte corporis, cuius est forma: gaudium vero fruitionis ex parte potentiae, cui subiicitur.

Ad secundum dicendum quod verbum illud Philosophi habet veritatem ratione redundantiae quae naturaliter fit ab una potentiae animae in aliam. Sed hoc in Christo non fuit, ut supra[8] dictum est.

Ad tertium dicendum quod ratio illa procedit de totalitate animae quantum ad eius potentias.

Articulus 9
Utrum Christus fuerit convenienti tempore passus

Ad nonum sic proceditur. Videtur quod Christus non fuerit convenienti tempore passus.

1. Passio enim Christi figurabatur per immolationem agni paschalis: unde et Apostolus dicit, 1Cor 5,7: *Pascha nostrum immolatus est Christus.* Sed agnus paschalis immolabatur *quartadecima die ad vesperam*, ut dicitur Ex 12,6. Ergo videtur quod Christus tunc debuerit pati. Quod patet esse falsum: nam tunc pascha cum suis discipulis

Artigo 9
Cristo sofreu no tempo oportuno?

Quanto ao nono, assim se procede: parece que Cristo **não** sofreu no tempo oportuno.

1. Com efeito, a paixão de Cristo era prefigurada pela imolação do cordeiro pascal, conforme diz o Apóstolo na primeira Carta aos Coríntios: "O Cristo, nossa páscoa, foi imolado". Ora, o cordeiro pascal era imolado "no décimo quarto dia, ao anoitecer", como estabelece o Êxodo. Logo, parece que era então que Cristo deveria sofrer. O que é

---

8. In corp.; a. 6.

Parall.: *In Matth.*, c. 27; *in Ioan.*, c. 13, lect. 1.

g. Uma coisa é afirmar que a visão da essência divina permanecia nos mais profundo das agonias da cruz, outra dizer que ela era inteiramente beatífica. Ela não se espalhava para as faculdades inferiores, que Jesus abandonava plenamente a seus objetos naturais, e a todas as causas de sofrimento. Mas na solução 2, Sto. Tomás especifica que a própria alma, sendo por essência forma do corpo, era o sujeito da paixão, sendo também sujeito da felicidade. É o ser que ao mesmo tempo sofre e se alegra.

celebravit, secundum illud Mc 14,12, *Prima die azymorum, quando pascha immolabant*; sequenti autem die passus fuit.

2. PRAETEREA, passio Christi dicitur eius exaltatio: secundum illud Io 3,14: *Oportet exaltari Filium Hominis*. Ipse autem Christus dicitur *Sol Iustitiae*: ut patet Mal 4,2. Ergo videtur quod debuit pati hora sexta, quando sol est in maxima sua exaltatione. Cuius contrarium videtur per id quod dicitur Mc 15,25: *Erat autem hora tertia, et crucifixerunt eum*.

3. PRAETEREA, sicut sol in hora sexta maxime exaltatur quolibet die, ita in solstitio aestivali maxime exaltatur quolibet anno. Debuit ergo Christus magis pati circa tempus solstitii aestivalis, quam circa tempus aequinoctii vernalis.

4. PRAETEREA, per praesentiam Christi in mundo mundus illuminabatur: secundum illud Io 9,5: *Quandiu sum in mundo, lux mundi sum*. Conveniens igitur fuisset humanae saluti ut diutius in hoc mundo vixisset, ita quod non pateretur in iuvenili aetate, sed magis in senili.

SED CONTRA est quod dicitur Io 13,1: *Sciens Iesus quod venit hora eius ut transeat de hoc mundo ad Patrem*. Et Io 2,4 dicit: *Nondum venit hora mea*. Ubi dicit Augustinus[1]: *Ubi tantum fecit quantum sufficere iudicavit, venit hora eius: non necessitatis, sed voluntatis; non conditionis, sed potestatis*. Convenienti igitur tempore passus est.

RESPONDEO dicendum quod, sicut supra[2] dictum est, passio Christi subiecta erat eius voluntati. Voluntas autem eius regebatur divina sapientia, quae *omnia* convenienter et *suaviter disponit*, ut dicitur Sap 8,1. Et ideo dicendum est quod convenienti tempore passio Christi celebrata est. Unde et in libro *Quaest. Nov. et Vet. Test.*[3], dicitur: *Omnia propriis locis et temporibus gessit Salvator*.

AD PRIMUM ergo dicendum quod quidam dicunt Christum fuisse passum quartadecima luna, quando Iudaei pascha immolabant. Unde et Io 18,28 dicitur quod Iudaei *non introierunt in praetorium Pilati ipso die passionis, ut non contaminarentur,*

claramente falso, pois então ele celebrava a Páscoa com seus discípulos, conforme o Evangelho de Marcos: "No primeiro dia dos pães sem fermento, em que se imolava a Páscoa", tendo sofrido a paixão no dia seguinte.

2. ALÉM DISSO, a paixão de Cristo é chamada de sua exaltação, conforme diz o Evangelho de João: "É preciso que o Filho do Homem seja levantado". Ora, o próprio Cristo é chamado de "Sol da Justiça", como está claro no livro de Malaquias. Logo, parece que deveria sofrer na hora sexta, quando o sol está a pino. Mas, pelo que diz Marcos, parece que era o contrário: "Era a hora terceira quando eles o crucificaram".

3. ALÉM DISSO, como o sol está em seu ponto mais alto, todos os dias, na hora sexta, assim também atinge o ponto mais alto, a cada ano, no solstício de verão. Portanto, devia sofrer no período do solstício de verão, mais do que no equinócio de inverno.

4. ADEMAIS, o mundo era iluminado pela presença de Cristo, conforme diz o Evangelho de João: "Enquanto eu estiver no mundo, eu sou a luz do mundo". Portanto, seria mais conveniente para a salvação da natureza humana que ele vivesse mais tempo neste mundo. Assim, deveria sofrer não na juventude, mas em idade avançada.

EM SENTIDO CONTRÁRIO, diz o Evangelho de João: "Sabendo Jesus que sua hora tinha chegado, a hora de passar deste mundo para o Pai" e "A minha hora ainda não chegou". Textos esses que Agostinho assim comenta: "Quando ele fez tudo o que julgava suficiente é que chegou a sua hora; não por necessidade, mas por sua vontade, não como condição, mas por seu poder". Portanto, sofreu no momento conveniente.

RESPONDO. Como foi dito acima, a paixão de Cristo dependia de sua vontade. Ora, a sua vontade era guiada pela sabedoria divina que, "com bondade" e de modo conveniente, "governa o universo", como diz o livro da Sabedoria. Portanto, deve-se dizer que a paixão de Cristo se deu no momento oportuno. Por isso, diz Agostinho: "O Salvador fez tudo a tempo e lugar".

QUANTO AO 1º, portanto, deve-se dizer que alguns afirmam que Cristo sofreu no décimo quarto dia da lua, quando os judeus imolavam a Páscoa. Por isso, diz o Evangelho de João que os judeus, naquele dia da paixão, "não entraram no pretório

---

1. *In Ioan.*, tract. 8, n. 12, super 2, 4: ML 35, 1457-1458.
2. A. 1.
3. Q. 55: ML 35, 2252. — (Inter Opp. Aug.).

sed ut manducarent pascha. Ubi Chrysostomus dicit[4] quod *tunc Iudaei faciebant pascha: ipse vero ante unam diem celebravit pascha, reservans suam occisionem sextae feriae quando vetus pascha fiebat.* Cui videtur consonare quod dicitur Io 13,1-5, quod *ante diem festum Paschae*, Christus, facta cena, pedes discipulorum lavit.

Sed contra hoc videtur esse quod videtur Mt 26,17, quod *prima die azymorum accesserunt discipuli ad Iesum dicentes: Ubi vis paremus tibi comedere pascha?* Ex quo patet, *cum primus dies azymorum dicatur quartusdecimus dies mensis primi, quando agnus immolabatur et luna plenissima est,* ut Hieronymus dicit[5], quartadecima luna Christum cenam fecisse, et quintadecima eum passum fuisse. Et hoc expressius manifestatur per id quod dicitur Mc 14, *Primo die azymorum, quando pascha immolabant,* etc.; et Lc 22,7, *Venit dies azymorum, in quo necesse erat occidi pascha.*

Et ideo quidam dicunt quod Christus die convenienti, idest quartadecima luna, pascha cum discipulis suis manducavit, *demonstrans quod usque ad ultimum diem non erat contrarius legi,* ut Chrysostomus dicit, *super Matth.*[6]: sed Iudaei, occupati circa procurationem mortis Christi, contra legem celebrationem paschae in crastinum distulerunt. Et propter hoc de his dicitur quod in die passionis Christi noluerunt intrare praetorium, *ut non contaminarentur, sed manducarent pascha.*
Sed nec illud videtur esse consonum verbis Marci dicentis: *Primo die azymorum, quando pascha immolabant.* Simul ergo Christus et Iudaei vetus pascha celebraverunt. Et, sicut Beda dicit, *super Marc.*[7], *licet Christus, qui est pascha nostrum, sit crucifixus sequenti die, hoc est quintadecima luna; attamen nocte qua agnus immolabatur, corporis sanguinisque sui discipulis tradens mysteria celebranda, et a Iudaeis tentus et alligatus, ipsius immolationis, hoc est passionis suae, sacravit exordium.*

Cum autem dicitur, Io 13, *ante diem festum Paschae,* intelligitur hoc fuisse quartadecima luna,

de Pilatos, para não se contaminarem e poderem comer a Páscoa". E a propósito, diz Crisóstomo: "Nessa data, os judeus comemoravam a páscoa; ele, porém, celebrou a páscoa no dia anterior, reservando sua morte para a sexta-feira, quando se celebrava a páscoa antiga". E isso parece estar de acordo com a afirmação de João: "Antes da festa da Páscoa, terminada a ceia, Cristo lavou os pés dos discípulos".

Mas uma passagem de Mateus parece se opor a isso: "No primeiro dia dos pães sem fermento, os discípulos vieram dizer a Jesus: 'Onde queres que preparemos para ti a refeição da Páscoa?'". Daí se conclui que Cristo fez a ceia no décimo quarto dia da lua e sofreu no décimo quinto dia, "uma vez que o primeiro dia dos pães sem fermento é o décimo quarto dia do primeiro mês, quando o cordeiro é sacrificado e a lua está cheia", como explica Jerônimo. E isso se torna ainda mais evidente pelo que diz o Evangelho de Marcos: "No primeiro dia dos pães sem fermento, em que se imolava a Páscoa" e o de Lucas: "Veio o dia dos pães sem fermento, no qual era preciso imolar a Páscoa".

É por isso que alguns dizem ter Cristo comido a páscoa com seus discípulos no dia certo, ou seja, no décimo quarto dia da lua, "demonstrando que até o último dia ele não contrariava a lei", como afirma Crisóstomo, ao passo que os judeus, ocupados com a condenação de Cristo à morte, contra a lei, adiaram para o dia seguinte a celebração da páscoa. Por isso, se diz que eles não quiseram entrar no pretório no dia da paixão, "para não se contaminarem e poderem comer a Páscoa".

Mas nem essa opinião parece concordar com as palavras do Evangelho de Marcos, quando diz: "No primeiro dia dos pães sem fermento, em que se imolava a Páscoa". Portanto, Cristo e os judeus celebraram a páscoa antiga ao mesmo tempo. E, como diz Beda, ao comentar Lucas: "Embora Cristo, que é nossa Páscoa, tenha sido crucificado no dia seguinte, ou seja, no décimo quinto dia da lua, na noite em que o cordeiro era sacrificado, ao confiar a seus discípulos, para serem celebrados, os mistérios de seu corpo e sangue, e ao ser preso e atado pelos judeus, ele consagrou o início de sua própria imolação, ou seja, de sua paixão.

Quanto às palavras do Evangelho de João: "Antes da festa da Páscoa", devem elas ser entendidas

---

4. Hom. 83, al. 82, n. 3: MG 59, 452.
5. *In Matth.*, l. IV, super 26, 17: ML 26, 193 AB.
6. Hom. 81, al. 82, n. 1: MG 58, 730.
7. *In Luc.*, l. VI, super 22, 7: ML 92, 594 AB.

quod tunc evenit feria quinta: nam, luna existente quintadecima, erat dies solemnissimus Paschae apud Iudaeos. Et sic eundem diem quem Ioannes nominat *ante festum Paschae*, propter distinctionem naturalem dierum, Matthaeus nominat *primam diem azymorum*: quia, secundum ritum Iudaicae festivitatis, solemnitas incipiebat a vespera praecedentis diei. — Quod autem dicitur eos comesturos esse pascha in quintadecima luna, intelligendum est quod ibi pascha non dicitur agnus paschalis, qui immolatus fuerat decimaquarta luna: sed dicitur cibus paschalis, idest azymi panes, quos oportebat comedi a mundis.

Unde Chrysostomus ibi[8] aliam expositionem ponit: quod *pascha* potest accipi pro *toto festo* Iudaeorum, quod septem diebus agebatur.

AD SECUNDUM dicendum quod, sicut Augustinus dicit, in libro *de Consensu Evang.*[9], *"hora erat quasi sexta", cum traditus esset Dominus crucifigendus a Pilato, ut Ioannes dicit, Non enim erat plena sexta sed "quasi sexta": idest, peracta quinta, et aliquid de sexta esse coeperat, donec, completa sexta, Christo pendente in cruce, tenebrae fierent. Intelligitur autem fuisse hora tertia cum clamaverunt Iudaei ut Dominus crucifigeretur: et veracissime demonstratur tunc eos crucifixisse quando clamaverunt. Ergo, ne quisquam cogitationem tanti criminis a Iudaeis aversus in milites converteret, "Erat", inquit, "hora tertia, et crucifixerunt eum": ut illi potius eum crucifixisse inveniantur qui hora tertia ut crucifigeretur clamaverunt.*

Quanquam non desint qui "parasceve", quam Ioannes commemorat, dicens, "Erat autem parasceve hora quasi sexta", horam diei tertiam velint intelligi. Parasceve quippe interpretatur "praeparatio". Verum autem pascha, quod in passione Domini celebratur, incoepit praeparari ab hora noctis nona, quando scilicet omnes principes sacerdotum dixerunt, "Reus est mortis". Ab illa ergo hora noctis usque ad Christi crucifixionem occurrit "hora parasceve sexta", secundum Ioannem; et "hora diei tertia", secundum Marcum.

como a indicar o décimo quarto dia da lua, que então caiu numa quinta-feira, pois o décimo quinto dia da lua era para os judeus o dia mais solene da Páscoa. E assim aquele mesmo dia que João chama de dia "antes da festa da Páscoa", por motivo da divisão natural dos dias, Mateus o chama de primeiro dia dos pães sem fermento, porque, segundo o rito da festividade judaica, a solenidade começava na tarde do dia anterior. — Quando se diz, porém, que eles haveriam de comer a páscoa no décimo quinto dia da lua, deve-se entender que não se fala aí de cordeiro pascal, que fora imolado no décimo quarto dia da lua, mas do alimento pascal, ou seja, pães sem fermento, que os puros deveriam comer.

Por isso, sobre essa passagem, Crisóstomo dá uma outra explicação: "A Páscoa" pode ser entendida como "toda a festa" dos judeus, que durava sete dias.

QUANTO AO 2º, deve-se dizer que, como diz Agostinho, "era quase a hora sexta quando o Senhor foi entregue a Pilatos para ser crucificado, segundo o Evangelho de João. Não era exatamente a hora sexta, mas quase a sexta, ou seja, já tinha passado da quinta e já começara a sexta, quando, completada essa hora e estando Cristo pendente na cruz, começaram as trevas. Julga-se que era a terceira hora quando os judeus gritavam para que o Senhor fosse crucificado, e claramente se demonstra que eles o crucificaram quando gritavam. Portanto, para que ninguém desviasse dos judeus para os soldados a responsabilidade de um tão grande crime, diz: 'Era a hora terceira hora quando o crucificaram'; assim, devem ser considerados como os que o crucificaram aqueles mesmos que na terceira hora gritavam para que fosse crucificado.

Todavia, não falta quem deseje que seja considerada como a terceira hora do dia a *parasceve*, que João refere, ao dizer: 'Era o dia da preparação da Páscoa, por volta da hora sexta', pois, com efeito, *parasceve* quer dizer preparação. Mas a verdadeira Páscoa, que é celebrada na paixão do Senhor, começou a ser preparada desde a nona hora da noite, ou seja, quando todos os sumos sacerdotes disseram ser ele 'réu de morte'. Desde aquela hora da noite, portanto, até a crucifixão de Cristo, é que dura a hora sexta da *parasceve*, segundo o Evangelho de João, e a terceira hora do dia, segundo o de Marcos."

---

8. *In Ioan.*, hom. 83, al. 82, n. 3: MG 59, 452.
9. L. III, c. 13, nn. 41, 42: ML 34, 1183-1184.

Quidam tamen dicunt quod haec diversitas ex peccato scriptoris contingit apud Graecos: nam figurae quibus tria et sex repraesentantur, satis sunt propinquae apud eos.

AD TERTIUM dicendum quod, sicut dicitur in libro *de Quaest. Nov. et Vet. Test.*[10], *tunc voluit Dominus passione sua mundum redimere et reformare, quando eum creaverat, idest in aequinoctio. Et tunc dies super noctum increscit: quia per passionem Salvatoris a tenebris ad lucem perducimur.* Et quia perfecta illuminatio erit in secundo adventu Christi, ideo tempus secundi adventus aestati comparatur, Mt 24,32-33, ubi dicitur: *Cum ramus eius* iam *tener fuerit et folia nata, scitis quia prope est aetas. Ita et vos, cum videritis haec omnia, scitote quia prope est et in ianuis.* Et tunc etiam erit maxima Christi exaltatio.

AD QUARTUM dicendum quod Christus in iuvenili aetate pati voluit propter tria. Primo quidem, ut ex hoc magis suam dilectionem commendaret, quod vitam suam pro nobis dedit quando erat in perfectissimo statu. — Secundo, quia non conveniebat ut in eo appareret naturae diminutio, sicut nec morbus, ut supra[11] dictum est. — Tertio ut, in iuvenili aetate moriens et resurgens, futuram resurgentium qualitatem in seipso Christus praemonstraret. Unde dicitur Eph 4,13: *Donec occurramus omnes in unitatem fidei et agnitionis Filii Dei, in virum perfectum in mensuram aetatis plenitudinis Christi.*

Outros, porém, dizem que essas discrepâncias provêm de erros do copista grego, pois são bastante parecidos os caracteres por eles usados para representar o 3 e o 6.

QUANTO AO 3º, deve-se dizer que, de acordo com Agostinho, "O Senhor quis redimir e reformar o mundo por sua paixão no tempo em que o criara, ou seja, no equinócio. É quando o dia cresce em relação à noite, porque pela paixão do Salvador somos levados das trevas para a luz". E uma vez que a perfeita iluminação chegará com a segunda vinda de Cristo, o momento dessa sua segunda vinda é comparado ao verão por meio destas palavras: "Mal os seus ramos ficam tenros e suas folhas começam a brotar, reconheceis que o verão está próximo. Assim também vós, quando virdes tudo isto, sabei que o Filho do Homem está próximo, às vossas portas". Então será também a suprema exaltação de Cristo.

QUANTO AO 4º, deve-se dizer que por três motivos Cristo quis sofrer ainda jovem. Primeiro, para preconizar mais o seu amor ao dar a vida por nós, quando gozava da mais perfeita saúde. — Segundo, porque não lhe convinha demonstrar alguma deficiência natural ou alguma doença, como se disse anteriormente. — Terceiro, para que, tendo morrido e ressuscitado ainda novo, demonstrasse em si mesmo a condição futura dos que irão ressuscitar. Daí o dito da Carta aos Efésios: "Até que cheguemos todos juntos à unidade na fé e no conhecimento do Filho de Deus, ao estado de adultos, à estatura de Cristo em sua plenitude".

ARTICULUS 10
Utrum convenienti loco Christus passus fuerit

AD DECIMUM SIC PROCEDITUR. Videtur quod non convenienti loco Christus passus fuerit.

1. Christus enim passus est secundum carnem humanam, quae quidem concepta fuit ex Virgine in Nazareth, et nata in Bethlehem. Ergo videtur quod non in Ierusalem, sed in Nazareth vel in Bethlehem pati debuerit.

2. PRAETEREA, veritas debet respondere figurae. Sed passio Christi figurabatur per sacrificia veteris legis. Sed huiusmodi sacrificia offerebantur in

ARTIGO 10
Cristo sofreu no lugar conveniente?

QUANTO AO DÉCIMO, ASSIM SE PROCEDE: parece que Cristo **não** sofreu no lugar conveniente.

1. Com efeito, Cristo sofreu segundo sua carne humana, que foi concebida pela Virgem em Nazaré e nasceu em Belém. Portanto, parece que devia ter sofrido não em Jerusalém, mas em Nazaré ou em Belém.

2. ALÉM DISSO, a realidade deve corresponder à figura. Ora, a paixão de Cristo era representada pelos sacrifícios da antiga lei, os quais eram

---

10. Q. 55: ML 35, 2252. — (Inter Opp. Aug.).
11. Q. 14, a. 4.

PARALL.: Supra, q. 35, a. 7, ad 1; infra, q. 83, a. 3, ad 1; *in Matth.*, c. 2; *in Ioan.*, c. 19, lect. 3.

Templo. Ergo et Christus in Templo pati debuit, et non extra portam civitatis.

3. PRAETEREA, medicina debet morbo respondere. Sed passio Christi fuit medicina contra peccatum Adae. Adam autem non fuit sepultus in Ierusalem, sed in Hebron: dicitur enim Ios 14,15: *Nomen Hebron antea vocabatur Cariath Arbe: Adam maximus ibi in terra Enacim situs erat.*

SED CONTRA est quod dicitur Lc 13,33: *Non capit prophetam perire extra Ierusalem.* Convenienter igitur in Ierusalem passus est.

RESPONDEO dicendum quod, sicut dicitur in libro *Octoginta trium Quaest.*[1], *omnia propriis locis et temporibus gessit Salvator*: quia, sicut omnia sunt in manu eius, ita etiam omnia loca. Et ideo, sicut convenienti tempore Christus passus est, ita etiam convenienti loco.

AD PRIMUM ergo dicendum quod Christus convenientissime in Ierusalem passus est. Primo quidem, quia Ierusalem erat locus a Deo electus ad sacrificia sibi offerenda. Quae quidem figuralia sacrificia figurabant Christi passionem, quod est verum sacrificium: secundum illud Eph 5,2: *Tradidit semetipsum hostiam et oblationem in odorem suavitatis.* Unde Beda dicit, in quadam Homilia[2], quod, *appropinquante hora passionis, Dominus appropinquare voluit loco passionis,* scilicet in Ierusalem, quo pervenit ante quinque dies paschae, sicut agnus paschalis ante quinque dies paschae, idest decima luna, secundum praeceptum legis, ad locum immolationis ducebatur.

Secundo, quia virtus passionis eius ad totum mundum diffundenda erat, in medio terrae habitabilis pati voluit, idest in Ierusalem. Unde dicitur in Ps 73,12: *Deus autem, Rex noster ante saecula, operatus est salutem in medio terrae*: idest in Ierusalem, quae dicitur esse *terrae umbilicus*.

Tertio, quia hoc maxime conveniebat humilitati eius: ut scilicet, sicut turpissimum genus mortis elegit, ita etiam ad eius humilitatem pertinuit quod in loco tam celebri confusionem pati non recusavit. Unde Leo Papa dicit, in Sermone quodam *Epiphaniae*[3]: *Quae servi susceperat formam, Bethlehem praeelegit nativitati, Ierusalem passioni.*

oferecidos no templo. Logo, parece que também Cristo devia sofrer no templo e não fora das portas da cidade.

3. ADEMAIS, o remédio deve corresponder à doença. Ora, a paixão de Cristo foi um remédio contra o pecado de Adão, e Adão foi sepultado não em Jerusalém, mas em Hebron, como diz o livro de Josué: "O nome de Hebron era outrora Qiriat-Arbá. Adão, o maior homem entre os anaquitas, ali foi sepultado".

EM SENTIDO CONTRÁRIO, diz o Evangelho de Lucas: "Não é possível que um profeta pereça fora de Jerusalém". Portanto, sofreu em Jerusalém, como era conveniente.

RESPONDO. Como diz Agostinho, "O Salvador fez tudo a tempo e lugar", pois, assim como todas as coisas estão em suas mãos, assim também todos os lugares. Portanto, assim como Cristo sofreu no momento conveniente, também sofreu no lugar conveniente.

QUANTO AO 1º, portanto, deve-se dizer que foi muitíssimo conveniente Cristo ter sofrido em Jerusalém. Primeiro, porque Jerusalém era o lugar escolhido por Deus para os sacrifícios que a ele deviam ser oferecidos, e esses sacrifícios figurativos representavam a paixão de Cristo, que é o verdadeiro sacrifício, conforme diz a Carta aos Efésios: "E se entregou a si mesmo em oblação e vítima, como perfume de agradável odor". Por isso, diz Beda: "Ao se aproximar a hora da paixão, o Senhor quis se aproximar do local da paixão", ou seja, de Jerusalém, aonde chegou cinco dias antes da páscoa, do mesmo modo como o cordeiro pascal era levado para o local da imolação, de acordo com o que ordenava a lei, cinco dias antes da páscoa, ou seja, no décimo dia da lua.

Segundo, como a força de sua paixão devia ser difundida pelo mundo todo, ele quis sofrer no centro da terra habitada, ou seja, em Jerusalém. Por isso, diz o Salmo 73: "Deus, nosso rei antes dos séculos, realizou a salvação no meio da terra", ou seja, em Jerusalém, que é chamada de *umbigo da terra*.

Terceiro, porque isso era de máxima conveniência para a humildade dele, ou seja, como escolheu um tipo de morte infame, também foi próprio de sua humildade não ter recusado sofrer em lugar tão célebre. Por isso, diz o papa Leão: "Aquele que assumira a forma de servo escolheu Belém para seu nascimento e Jerusalém para sua paixão".

---

1. *Quaest. Vet. et N. Test.*, q. 55: ML 35, 2252. — (Inter Opp. Aug.).
2. Homil. 23, *in Dom. Palm.*: ML 94, 121 A.
3. Serm. 31, *in Epiph.* 1, c. 2: ML 54, 236 A.

Quarto, ut ostenderet a principus populi exortam esse iniquitatem occidentium ipsum. Et ideo in Ierusalem, ubi principes morabantur, voluit pati. Unde dicitur Act 4,27: *Convenerunt in ista civitate adversus puerum sanctum tuum Iesum, quem unxisti, Herodes et Pontius Pilatus, cum gentibus et populis Israel.*

AD SECUNDUM dicendum quod Christus non in Templo aut in civitate, sed extra portam passus est, propter tria. Primo quidem, ut veritas responderet figurae. Nam vitulus et hircus, qui solemnissimo sacrificio ad expiationem totius multitudinis offerebantur, extra castra comburebantur: ut praecipitur Lv 16,27. Unde dicitur Hb 13,11-12: *Quorum animalium infertur sanguis pro peccato in sancta per pontificem, horum corpora cremantur extra castra. Propter quod et Iesus, ut sanctificaret suum populum, extra portam passus est.*

Secundo, ut per hos daret exemplum nobis exeundi a mundana conversatione. Unde ibidem [v. 13] subditur: *Exeamus igitur ad eum extra castra, improperium eius portantes.*

Tertio, ut Chrysostomus dicit, in Sermone *de Passione*[4], *noluit Dominus pati sub tecto, non in Templo Iudaico, ne Iudaei subtraherent sacrificium salutare, ne putares pro illa tantum plebe oblatum. Et ideo foras civitatem, foras muros, ut scias sacrificium esse commune quod totius terrae est oblatio, quod communis est purificatio.*

AD TERTIUM dicendum quod, sicut Hieronymus dicit, super Matth.[5], *quidam exposuit "calvariae locum", in quo sepultus est Adam: et ideo sic appelatum quia ibi antiqui hominis sit conditum caput. Favorabilis interpretatio, et mulcens aures populi: nec tamen vera. Extra urbem enim, et foris portam, loca sunt in quibus truncantur capita damnatorum; et "calvariae", idest "decollatorum", sumpsere nomen. Propterea autem ibi crucifixus est Iesus, ut ubi prius erat area damnatorum, ibi erigerentur vexilla martyrii. Adam vero sepultum iuxta Hebron, in libro Iesu filii Nave legimus.*

Magis autem Christus crucifigendus erat in loco communi damnatorum quam iuxta sepulcrum

Quarto, para mostrar que a maldade dos que o matavam nascera dos chefes do povo, quis sofrer em Jerusalém onde moravam os chefes. Por isso, dizem os Atos dos Apóstolos: "Eles se reuniram verdadeiramente nesta cidade. Herodes e Pôncio Pilatos, com as nações e os povos de Israel contra Jesus, teu santo filho, que tu tinhas ungido".

QUANTO AO 2º, deve-se dizer que Cristo sofreu não no templo ou na cidade, mas fora dos muros, por três motivos. Primeiro, para que a realidade correspondesse à figura. Pois o novilho e o bode, que eram oferecidos em soleníssimo sacrifício para a expiação de toda a multidão, eram queimados fora do acampamento, como prescrito no livro do Levítico. É por isso que diz a Carta aos Hebreus: "Os corpos dos animais, cujo sangue o sumo sacerdote introduz no santuário para a expiação do pecado, são queimados fora do acampamento. Por esse motivo, Jesus, para santificar o povo com seu próprio sangue, sofreu do lado de fora da porta".

Segundo, para assim nos dar o exemplo de afastamento da convivência mundana. Consequentemente, continua o Apóstolo: "Saiamos, pois, ao seu encontro fora do acampamento, carregando a sua humilhação".

Terceiro, como diz Crisóstomo: "O Senhor não quis sofrer numa casa nem no templo judaico para que os judeus não nos tirassem um sacrifício salutar nem julgássemos que fora imolado apenas por aquele povo. Por isso, tudo aconteceu fora da cidade, além do muros, para que soubéssemos que o sacrifício dele era universal, que era uma oblação da terra toda, que era uma purificação para todos".

QUANTO AO 3º, deve-se dizer que, segundo Jerônimo, "alguém explicou que o lugar do Calvário era o lugar onde fora sepultado Adão e que fora assim chamado porque ali havia sido enterrada a cabeça do primeiro homem. Uma bela interpretação capaz de agradar ao gosto do povo, mas não verdadeira. De fato, estavam fora da cidade e para além de suas portas os locais em que se decapitavam os condenados; veio daí o nome de calvário, ou seja, dos decapitados. Assim, Jesus ali foi crucificado, para que se erguessem as bandeiras do martírio onde antes fora local de condenados. Adão, porém, foi sepultado em Hebron, como lemos no livro de Jesus, filho de Nave".

Mas Jesus devia mesmo ser crucificado num lugar comum dos condenados, mais que ao lado

---

4. *Hom. II de Cruce et Latrone*, hom. 1, n. 1: MG 49, 400; cfr. hom. 2, n. 1: MG 49, 409.
5. L. IV, super 27, 33: ML 26, 209 B, 209 C.

Adae, ut ostenderetur quod crux Christi non solum erat in remedium contra peccatum personale Adae, sed etiam contra peccatum totius mundi.

Articulus 11
Utrum fuerit conveniens Christum cum latronibus crucifigi

AD UNDECIMUM SIC PROCEDITUR. Videtur quod non fuerit conveniens Christum cum latronibus crucifigi.

1. Dicitur enim 2Cor 6,14: *Quae participatio iustitiae cum iniquitate?* Sed Christus *factus est nobis iustitia* a Deo; iniquitas autem pertinet ad latrones. Non ergo fuit conveniens ut Christus simul cum latronibus crucifigeretur.

2. PRAETEREA, super illud Mt 26,35, *Si oportuerit me mori tecum, non te negabo*, dicit Origenes[1]: *Mori cum Iesu pro omnibus moriente, hominum non erat*. Et Ambrosius dicit[2], super illud Lc 22,33, *Paratus sum tecum et in carcerem et in mortem ire: Passio*, inquit, *Domini aemulos habet, pares non habet*. Multo igitur minus conveniens videtur quod Christus simul cum latronibus pateretur.

3. PRAETEREA, Mt 27,44 dicitur quod *latrones qui crucifixi erant, improperabant ei*. Sed Lc 23,42 dicitur quod unus eorum qui crucifixi erant cum Christo, ei dicebat: *Memento mei, Domine, cum veneris in regnum tuum*. Ergo videtur quod, praeter latrones blasphemantes, fuerit cum eo crucifixus alius non blasphemans. Et sic videtur inconvenienter ab Evangelistis narratum quod Christus fuerit cum latronibus crucifixus.

SED CONTRA est quod Is 53,12 fuerat prophetatum: *Et cum sceleratis reputatus est*.

RESPONDEO dicendum quod Christus inter latrones crucifixus est, alia quidem ratione quantum ad intentionem Iudaeorum, alia vero quantum ad Dei ordinationem. Quantum enim ad intentionem Iudaeorum, duos latrones utrinque crucifixerunt, sicut dicit Chrysostomus[3], *ut eorum suspicionis fieret particeps. Sed non ita evenit. Nam de illis*

do sepulcro de Adão, para que se demonstrasse ser a cruz de Cristo um remédio não apenas contra o pecado pessoal de Adão, mas também contra o pecado de todo o mundo.

Artigo 11
Foi conveniente Cristo ter sido crucificado com os ladrões?

QUANTO AO DÉCIMO PRIMEIRO, ASSIM SE PROCEDE: parece que **não** foi conveniente Cristo ter sido crucificado com os ladrões.

1. Com efeito, diz a segunda Carta aos Coríntios: "Que associação pode haver entre a justiça e a impiedade?" Ora, Cristo "se tornou para nós sabedoria que vem de Deus, justiça", ao passo que a impiedade pertence aos ladrões. Logo, não foi conveniente Cristo ter sido crucificado com os ladrões.

2. ALÉM DISSO, a respeito do que diz o Evangelho de Mateus: "Mesmo que seja preciso que eu morra contigo, não, eu não te negarei", diz Orígenes: "Não cabia ao homem morrer com Jesus, que morria por todos". E, comentando o Evangelho de Lucas, diz Ambrósio: "Estou preparado para ir contigo ao cárcere e à morte, pois a paixão do Senhor tem seguidores, mas não concorrentes". Portanto, parece muito menos conveniente Cristo ter sofrido junto com ladrões.

3. ADEMAIS, diz o Evangelho de Mateus que "até os ladrões crucificados o injuriavam da mesma forma". Ora, Lucas afirma que um dos crucificados com Cristo dizia: "Lembra-te de mim, quando chegares ao teu reino". Assim, parece que, além dos ladrões blasfemadores, havia outro crucificado com Cristo que não blasfemava. Portanto, não parece conveniente a narração do evangelista, ao dizer que Cristo fora crucificado com ladrões.

EM SENTIDO CONTRÁRIO, já profetizara Isaías: "E se deixou contar entre os criminosos".

RESPONDO. Cristo foi crucificado entre ladrões, por uma razão, segundo a intenção dos judeus, e por outra razão, segundo a disposição de Deus. Quanto à intenção dos judeus, dois ladrões, um de cada lado, foram também crucificados, como diz Crisóstomo, "para que participasse da suspeita que sobre eles recaía. Mas não foi assim que

---

11 PARALL.: *In Matth.*, c. 27; *in Ioan.*, c. 19, lect. 3.

1. *In Matth.*, Commentar. series, n. 88, super 26, 35: MG 13, 1740 A.
2. L. X, n. 52: ML 15, 1817 A.
3. Cfr. Hom. 87, al. 88, *in Matth.*, n. 1: MG 58, 770; *In Ioan.*, hom. 85, n. 1: MG 59, 460.

nil dicitur: huius autem ubique crux honoratur. Reges, diademata deponentes, assumunt crucem: in purpuris, in diademantibus, in armis, in mensa sacrata, ubique terrarum crux emicat.

Quantum vero ad Dei ordinationem, Christus cum latronibus crucifixus est quia, ut Hieronymus dicit, *super Matth.*[4], *sicut pro nobis maledictum crucis factus est Christus, sic, pro omnium salute, inter noxios quasi noxius crucifigitur.*

Secundo, ut dicit Leo Papa in Sermone *de Passione*[5], *duo latrones unus ad dexteram alius ad sinistram crucifiguruntur, ut in ipsa patibuli specie demonstraretur illa quae in iudicio ipsius omnium hominum facienda est discretio.* Et Augustinus dicit, *super Ioan.*[6]: *Ipsa crux, si attendas, tribunal fuit. In medio enim iudice constituto, unus, qui credidit, liberatus; alius, qui insultavit, damnatus est. Iam significabat quid facturus est de vivis et mortuis, alios positurus ad dexteram et alios ad sinistram.*

Tertio, secundum Hilarium[7], *duo latrones laevae ac dextrae affiguntur, omnem humani generis diversitatem vocari ad sacramentum passionis Domini ostendentes. Sed quia per diversitatem fidelium atque infidelium fit omnium secundum dextram et sinistram divisio, unus ex duobus, ad dextram situs, fidei iustificatione salvatur.*

Quarto quia, ut Beda dicit, *super Marc.*[8], *latrones qui cum Domino crucifixi sunt, significant eos qui, sub fide et confessione Christi, vel agonem martyrii vel quaelibet arctioris disciplinae instituta subeunt. Sed qui hoc pro aeterna gloria gerunt, dextri latronis fide designantur: qui vero humanae laudis intuitu, sinistri latronis mentem imitantur et actus.*

AD PRIMUM ergo dicendum quod, sicut Christus debitum mortis non habuit, sed mortem voluntarie subiit ut sua virtute vinceret mortem, ita etiam non habuit meritum ut cum latronibus poneretur, sed voluit cum iniquis deputari ut sua virtute iniquitatem destrueret. Unde Chrysostomus dicit, *super Ioan.*[9], quod *latronem in cruce convertere et in paradisum inducere, non minus fuit quam concutere petras.*

aconteceu, pois deles nada se diz, mas a cruz de Cristo é honrada por toda a parte. Os reis depõem suas coroas e assumem a cruz; na púrpura, nos diademas, nas armas, na mesa sagrada, em toda a parte a cruz resplandece".

Quanto à disposição de Deus, Cristo foi crucificado com os ladrões porque, segundo Jerônimo, "como Cristo se tornou por nós maldito da cruz, assim também, pela salvação de todos, é crucificado criminoso entre criminosos".

Segundo, como diz o papa Leão, "crucificam-se dois ladrões, um à esquerda, outro à direita, para que fosse mostrado naquele cenário de patíbulo a separação que ocorrerá quando ele julgar todos os homens". E diz Agostinho: "Se bem reparas, a própria cruz foi um tribunal, pois, estando o juiz ao centro, um, o que acreditou, foi salvo, e o outro, que insultava, foi condenado. Já mostrava com isso o que ele haveria de fazer com os vivos e com os mortos, pondo uns à sua direita e outros, à esquerda".

Terceiro, conforme diz Hilário: "Dois ladrões são crucificados, um à direita, outro à esquerda, mostrando que todos os homens, mesmo diferentes entre si, são chamados ao sacramento da paixão do Senhor. Mas como, por causa da diferença entre fiéis e infiéis, dividem-se todos entre os que estão à direita e os que estão à esquerda, um dos dois lados, o da direita, é salvo pela justificação da fé.

Quarto, porque, como diz Beda: "Os ladrões que foram crucificados com o Senhor representam aqueles que, crendo em Cristo e o confessando, suportam ou o conflito do martírio ou as instituições de rígida disciplina. E os que assim agem pela glória eterna se caracterizam pela fé do ladrão da direita, mas os que assim se comportam, mirando o aplauso humano, imitam a atitude do ladrão da esquerda.

QUANTO AO 1º, portanto, deve-se dizer que, assim como Cristo não tinha obrigação de morrer, mas se submeteu à morte voluntariamente a fim de, com seu poder, vencer a morte, assim também não mereceu ser posto entre ladrões, mas quis ser considerado como os ímpios, a fim de, por seu poder, vencer a impiedade. Por isso, diz Crisóstomo que "converter o ladrão que estava na cruz e levá-lo ao paraíso não foi menos que abalar os rochedos".

---

4. L. IV, super 27, 33: ML 26, 209 BC.
5. Serm. 55, al. *de Passione* 4, c. 1: ML 54, 323 A.
6. Tract. 31, n. 11, super 7, 36: ML 35, 1642.
7. *Comment. in Matth.*, c. 33, n. 5: ML 9, 1074 A.
8. L. IV, super 15, 27: ML 92, 289 A.
9. Hom. 85, al. 84, n. 1: ML 59, 460.

AD SECUNDUM dicendum quod non conveniebat quod cum Christo aliquis alius pateretur ex eadem causa. Unde Origenes ibidem[10] subdit: *Omnes fuerant in peccatis, et omnes opus habebant ut pro eis alius moreretur, non ipsi pro aliis.*

AD TERTIUM dicendum quod, sicut Augustinus dicit, in libro *de Consensu Evang.*[11], possumus intelligere Matthaeum *posuisse pluralem numerum pro singulari*, cum dixit, *latrones improperabant ei.*
Vel potest dici, secundum Hieronymum[12], quod primum uterque blasphemaverit; deinde, visis signis, unus eorum crediderit.

QUANTO AO 2º, deve-se dizer que não era conveniente algum outro padecer com Cristo pela mesma causa. Por isso, continua Orígenes: "Todos estavam envolvidos em pecado e tinham todos necessidade de que alguém morresse por eles, não eles pelos outros".

QUANTO AO 3º, deve-se dizer que, conforme afirma Agostinho, podemos entender que Mateus "tenha usado o plural em vez do singular", quando falou que "os ladrões diziam impropérios contra ele".
Ou pode-se dizer, com Jerônimo, que "de início ambos blasfemaram; depois, diante dos prodígios, um deles acreditou".

ARTICULUS 12
Utrum passio Christi sit eius divinitati attribuenda

AD DUODECIMUM SIC PROCEDITUR. Videtur quod passio Christi sit eius divinitati attribuenda.

1. Dicitur enim 1Cor 2,8: *Si cognovissent, nunquam Dominum gloriae crucifixissent.* Sed Dominus gloriae est Christus secundum divinitatem. Ergo passio Christi competit ei secundum divinitatem.

2. PRAETEREA, principium salutis humanae est ipsa divinitas: secundum illud Ps 36,39: *Salus autem iustorum a Domino.* Si ergo passio Christi ad eius divinitatem non pertinent, videtur quod non posset esse nobis fructifera.

3. PRAETEREA, Iudaei puniti sunt pro peccato occisionis Christi tanquam homicidae ipsius Dei: quod magnitudo poenae demonstrat. Hoc autem non esset, si passio ad divinitatem non pertineret. Ergo passio Christi ad divinitatem pertinuit.

SED CONTRA est quod Athanasius dicit, in Epistola *ad Epictetum*[1]: *Natura Deus manens Verbum est impassibile.* Sed impassibile non potest pati. Passio ergo Christi non pertinebat ad eius divinitatem.

RESPONDEO dicendum quod, sicut supra[2] dictum est, unio humanae naturae et divinae facta est in persona et hypostasi et supposito, manente tamen distinctione naturarum: ut scilicet sit eadem

ARTIGO 12
A paixão de Cristo deve ser atribuída à sua divindade?

QUANTO AO DÉCIMO SEGUNDO, ASSIM SE PROCEDE: parece que a paixão de Cristo **deve** ser atribuída à sua divindade.

1. Com efeito, diz a primeira Carta aos Coríntios: "Se tivessem conhecido, não teriam crucificado o Senhor da glória". Ora, o Senhor da glória é Cristo segundo sua divindade. Logo, a paixão de Cristo é-lhe própria, segundo sua divindade.

2. ALÉM DISSO, o princípio da salvação humana é a própria divindade, conforme o Salmo 36: "A salvação dos justos vem do Senhor". Portanto, se a paixão de Cristo não fosse própria de sua divindade, parece que não nos seria frutífera.

3. ADEMAIS, os judeus foram punidos pelo pecado da morte de Cristo, por serem considerados assassinos do próprio Deus, como o demonstra o tamanho da pena. Ora, isso não aconteceria se a paixão não fosse própria da divindade. Logo, a paixão de Cristo foi própria da divindade dele.

EM SENTIDO CONTRÁRIO, diz Atanásio: "O Verbo, permanecendo Deus por natureza, é impassível". Ora o que é impassível não pode sofrer. Logo, a paixão de Cristo não é própria de sua divindade.

RESPONDO. Como dito acima, a união das naturezas humana e divina foi feita na pessoa, na hipóstase, no supósito, permanecendo, porém, a distinção das naturezas. Ou seja, é a mesma pessoa

---

10. Loc. cit. in arg.
11. L. III, c. 16: ML 34, 1190.
12. *In Matth.*, l. IV, super 27, 44: ML 26, 211 C.

12 PARALL.: *Cont. Gent.* IV, 55, ad 14; in *Symb. Apost.*, a. 4; I *ad Cor.*, c. 2, lect. 2.

1. N. 6: MG 26, 1060 C.
2. Q. 2, a. 1, ad argg.; a. 2, 3, 6.

persona et hypostasis divinae et humanae naturae, salva tamen utriusque naturae proprietate. Et ideo, sicut supra³ dictum est, supposito divinae naturae attribuenda est passio, non ratione divinae naturae, quae est impassibilis, sed ratione humanae naturae. Unde in Epistola Synodali Cyrilli dicitur⁴: *Si quis non confitetur Dei Verbum passum carne et crucifixum carne, anathema sit*. Pertinet ergo passio Christi ad suppositum divinae naturae ratione naturae passibilis assumptae, non autem ratione divinae naturae impassibilis.

AD PRIMUM ergo dicendum quod Dominus gloriae dicitur crucifixus, non secundum quod Dominus est gloriae, sed secundum quod erat homo passibilis.

AD SECUNDUM dicendum quod, sicut dicitur in quodam sermone Ephesini Concilii⁵, quod *mors Christi, tanquam facta mors Dei*, scilicet per unionem in persona, *destruxit mortem: quoniam Deus et homo erat* qui patiebatur. *Non enim natura Dei laesa est: nec mutatione sua suscepit passiones*.

AD TERTIUM dicendum quod, sicut subditur ibidem⁶, *non purum hominem crucifixerunt Iudaei, sed Deo intulerunt praesumptiones. Pone enim Principem loqui per verbum, et hoc formari per litteras in charta aliqua, et dirigi civitatibus: et aliquis inobediens chartam disrumpat. Ad mortis sententiam deducetur, non tanquam chartam discerpens, sed tanquam verbum imperiale disrumpens. Non ergo securus sit Iudaeus, tanquam purum hominem crucifigens. Quod enim videbat, quasi charta erat: quod autem in ea celabatur, imperiale Verbum erat, natum ex natura, non prolatum per linguam.*

e hipóstase das naturezas divina e humana, permanecendo, porém, as propriedades de ambas as naturezas. Portanto, como acima dito, a paixão deve ser atribuída ao supósito da natureza divina, não em razão da natureza divina, que é impassível, mas em razão da natureza humana. Por isso, diz Cirilo: "Se alguém não confessar que o Verbo de Deus sofreu na carne e foi crucificado na carne, que seja anátema". Portanto, a paixão de Cristo é própria do supósito da natureza divina, em razão da natureza passível que foi assumida; mas não em razão da natureza divina, que é impassível.

QUANTO AO 1º, deve-se dizer que o Senhor da glória foi crucificado não como Senhor da glória, mas como homem passível.

QUANTO AO 2º, deve-se dizer que, como mencionado num sermão do Concílio de Éfeso, a morte de Cristo, por ser morte de Deus, ou seja, pela união na pessoa, "destruiu a morte, porquanto aquele que sofria era Deus e homem. Com efeito, a natureza de Deus não foi atingida nem suportou os sofrimentos por uma modificação sua".

QUANTO AO 3º, deve-se dizer que, como continua a mesma passagem, "os judeus não crucificaram um simples homem, mas fizeram de Deus objeto de suas ofensas. Assim, suponha um príncipe que dê instruções verbais, as quais são transcritas num papel e dirigidas às cidades; se algum desobediente rasgar esse papel, será condenado à morte, não por ter rasgado o documento, mas por ter destruído a mensagem imperial. Portanto, que o judeu não fique tranquilo, julgando ter matado um simples homem. O que via era como um papel; mas o que nele estava contido era o Verbo imperial, Filho por natureza, não mera articulação da língua.

---

3. Q. 16, a. 4.
4. Epist. 17 *ad Nestorium*, anath. 12: MG 77, 121 D (= ML 48, 841 B).
5. *Act.*, P. III, c. 10: ed. Mansi, V, 216.
6. *Acta Conc. Eph.*, p. III, c. 10: ed. Mansi, V, 216.

QUAESTIO XLVII
DE CAUSA EFFICIENTE PASSIONIS CHRISTI
in sex articulos divisa

Deinde considerandum est de causa efficiente passionis Christi.
Et circa hoc quaeruntur sex.

QUESTÃO 47
A CAUSA EFICIENTE DA PAIXÃO DE CRISTO
em seis artigos

A seguir, deve-se considerar a causa eficiente da paixão de Cristo.
Sobre isso são seis as perguntas:

Primo: utrum Christus fuerit ab aliis occisus, vel a seipso.
Secundo: ex quo motivo seipsum passioni tradiderit.
Tertio: utrum Pater tradiderit eum ad patiendum.
Quarto: utrum fuerit conveniens ut per manus gentium pateretur, vel potius a Iudaeis.
Quinto: utrum occisores eius eum cognoverint.
Sexto: de peccato eorum qui Christum occiderunt.

1. Foram outros que mataram Cristo, ou foi ele próprio?
2. Por que motivo se entregou à paixão?
3. Foi o Pai que o entregou aos sofrimentos?
4. Era conveniente que sofresse pelas mãos dos gentios, ou, de preferência, pelos judeus?
5. Os que o mataram sabiam quem era ele?
6. Qual foi o pecado dos que o mataram?

Articulus 1
Utrum Christus fuerit ab alio occisus, an a seipso

AD PRIMUM SIC PROCEDITUR. Videtur quod Christus non fuerit ab alio occisus, sed a seipso.

1. Dicit enim ipse, Io 10,18: *Nemo a me tollit animam meam, sed ego pono eam*. Ille autem dicitur aliquem occidere qui animam eius tollit. Non est ergo Christus ab aliis occisus, sed a seipso.
2. PRAETEREA, illi qui ab aliis occiduntur, paulatim, debilitata natura, deficiunt. Et maxime hoc apparet in crucifixis: ut enim dicit Augustinus, in IV *de Trin.*[1], *longa morte cruciabantur ligno suspensi*. In Christo autem non hoc accidit: nam *clamans voce magna emisit spiritum*, ut dicitur Mt 27,50. Non ergo Christus est ab aliis occisus, sed a seipso.
3. PRAETEREA, illi qui ab aliis occiduntur, per violentiam moriuntur: et ita non voluntarie, quia violentum opponitur voluntario. Sed Augustinus dicit, in IV *de Trin.*[2], quod *spiritus Christi non deseruit carnem invitus: sed quia voluit, quando voluit, et quomodo voluit*. Non ergo Christus est ab aliis occisus, sed a seipso.

SED CONTRA est quod dicitur Lc 18,33: *Postquam flagellaverint, occident eum*.

RESPONDEO dicendum quod aliquid potest esse causa alicuius effectus dupliciter. Uno modo, directe ad illud agendo. Et hoc modo persecutores Christi eum occiderunt: quia sufficientem causam

Artigo 1
Foram outros que mataram Cristo, ou foi ele próprio?[a]

QUANTO AO PRIMEIRO ARTIGO, ASSIM SE PROCEDE: parece que **não** foi outra pessoa que matou Cristo, mas ele próprio.

1. Com efeito, ele mesmo diz no Evangelho de João: "Ninguém me tira a vida, mas eu a entrego". Ora, mata alguém quem lhe tira a vida. Logo, não foram outros que mataram Cristo, mas ele próprio.
2. ALÉM DISSO, os que são mortos por outros desfalecem à medida que a natureza perde as forças. E isso se percebe de modo especial nos crucificados, como diz Agostinho: "Os que pendiam do madeiro eram atormentados por uma morte lenta. Ora, isso não aconteceu com Cristo, pois "gritando novamente com voz forte, rendeu o espírito". Logo, não foram outros que mataram a Cristo, mas ele próprio.
3. ADEMAIS, os que são mortos por outros, é pela violência que morrem, e, por isso, não de modo voluntário, pois o que é violento se opõe ao que é voluntário. Ora, diz Agostinho que "o espírito de Cristo não deixou o corpo contra a vontade, mas porque quis, quando quis e como quis". Logo, não foram outros que mataram a Cristo, mas ele próprio.

EM SENTIDO CONTRÁRIO, diz o Evangelho de Lucas: "E depois de o terem flagelado, eles o mataram".

RESPONDO. De dois modos algo pode ser causa de um efeito. Primeiro, agindo diretamente sobre o seu objeto. Sob esse aspecto, os perseguidores de Cristo o mataram, porquanto lhe infligiram uma causa

---

1 PARALL.: *Quodlib.* I, q. 2, a. 2; *Compend. Theol.*, c. 230; *in Ioan.*, c. 2, lect. 3; c. 10, lect. 4.

1. C. 13, n. 16: ML 42, 899.
2. Loc. cit.: ML 42, 898.

a. A paixão e a morte de Cristo foram voluntárias, e é isso que constitui seu valor. O que não significa que ele tenha sido a causa direta e responsável de sua própria morte. Mas ele não a impediu, quando podia fazê-lo. Expôs-se ao ódio dos inimigos, dizendo até o fim o que tinha a dizer, dando provas de quem era e do que trazia aos homens, e fazendo-o em Jerusalém, abertamente, em pleno Templo. Ele se ofereceu livremente à paixão e à morte que lhe vinham pelas mãos dos homens. Não usou da força que a divindade conferia a sua humanidade para escapar ao sofrimento e à morte.

mortis ei intulerunt, cum intentione occidendi ipsum et effectu subsequente; quia scilicet ex illa causa est mors subsecuta.

Alio modo dicitur aliquis causa alicuius indirecte, scilicet quia non impedit, cum impedire possit: sicut si dicatur aliquis alium perfundere quia non claudit fenestram, per quam imber ingreditur. Et hoc modo ipse Christus fuit causa passionis et mortis. Poterat enim suam passionem et mortem impedire. Primo quidem, adversarios reprimendo: ut eum aut non vellent, aut non possent interficere. Secundo, quia spiritus eius habebat potestatem conservandi naturam carnis suae, ne a quocumque laesivo inflicto opprimeretur. Quod quidem habuit anima Christi quia erat Verbo Dei coniuncta in unitate personae: ut Augustinus dicit, in IV de Trin.[3]. Quia ergo anima Christi non repulit a proprio corpore nocumentum illatum, sed voluit quod natura corporalis ilii nocumento succumberet, dicitur suam animam posuisse, vel voluntarie mortuus esse.

AD PRIMUM ergo dicendum quod, cum dicitur, *Nemo tollit animam meam a me*, intelligitur, *me invito*. Quod enim aliquis ab invito aufert, qui resistere non potest, id proprie dicitur *tolli*.

AD SECUNDUM dicendum quod, ut Christus ostenderet quod passio illata per violentiam eius animam non eripiebat, naturam corporalem in eius fortitudine conservavit, ut etiam in extremis positus voce magna clamaret. Quod inter alia miracula mortis eius computatur. Unde dicitur Mc 15,39: *Videns autem centurio qui ex adverso stabat, quia sic clamans exspirasset, ait: Vere homo hic Filius Dei erat*.

Fuit etiam et mirabile in Christi morte quod velocius mortuus fuit aliis qui simili poena afficiebantur. Unde dicitur Io 19,32-33, quod eorum qui cum Christo erant *fregerunt crura*, ut cito morerentur: *ad Iesum autem cum venissent*, invenerunt *eum mortuum*, unde *non fregerunt eius crura*. Et Mc 15,44, dicitur quod *Pilatus mirabatur si iam obiisset*. Sicut enim eius voluntate natura corporalis conservata est in suo vigore usque ad extremum, sic etiam, quando voluit, subito cessit nocumento illato.

suficiente da morte, com a intenção de o matar, porque posta a causa seguiu-se a morte.

De outro modo, alguém pode ser causa indireta de algo, ou seja, se não o impede quando poderia impedir, por exemplo, quando se diz que alguém molhou um outro por não ter fechado a janela por onde entra a chuva. Sob esse aspecto, o próprio Cristo foi a causa de sua paixão e morte, uma vez que poderia tê-las impedido. Primeiro, contendo seus adversários para que não quisessem ou não pudessem matá-lo. Segundo, porque seu espírito tinha o poder de manter a integridade natural de seu corpo, para que não fosse ferido por nenhuma lesão, poder esse que a alma de Cristo realmente tinha, por estar unida ao Verbo de Deus na unidade de pessoa, como diz Agostinho. E como a alma de Cristo não afastou do próprio corpo os ferimentos que lhe infligiam, mas quis que o corpo naturalmente a eles se submetesse, diz-se que entregou a vida, ou que morreu voluntariamente.

QUANTO AO 1º, portanto, deve-se dizer que, quando se diz: "Ninguém me tira a vida", entende-se: "Sem que eu o permita". Com efeito, *tirar* significa precisamente subtrair alguma coisa a alguém que não o permite e que não pode resistir.

QUANTO AO 2º, deve-se dizer que Cristo, para mostrar que a paixão a ele infligida com violência não lhe tirava a vida, preservou as forças naturais de seu corpo a ponto de em seus últimos momentos ter podido clamar em alta voz; o que se enumera entre outros milagres de sua morte. Por isso, diz o Evangelho de Marcos: "O centurião que estava em frente dele, vendo que morrera assim, disse: 'Verdadeiramente, este homem era filho de Deus'".

Foi também admirável na morte de Cristo ter ele morrido mais depressa do que os outros que eram condenados a uma pena semelhante. Por isso, diz João que "quebraram as pernas dos que foram crucificados com ele", para que morressem mais depressa. "Chegando a Jesus, encontraram-no já morto; e não lhe quebraram as pernas". E Marcos relata que "Pilatos admirou-se de que já estivesse morto". Na verdade, como, por sua vontade, o corpo foi conservado até as últimas em seu vigor, assim também, quando ele quis, sucumbiu de imediato aos ferimentos causados[b].

---

3. Loc. cit.

b. Quando Sto. Tomás diz que Cristo conservou sua natureza corporal em toda sua força, ele não pretende afirmar que o corpo não tenha sido levado até esse ponto extremo no qual pode conservar sua alma, mas que a alma de Jesus teve até o fim a plenitude de consciência e de força, para deixá-lo num ato de dom e de oferenda, de devolução às mãos do Pai. E essa foi sem dúvida a sublime reunião voluntária de todas as suas forças psíquicas e sensíveis, o último ato do ser terrestre de Cristo.

AD TERTIUM dicendum quod Christus simul et violentiam passus est, ut moreretur, et tamen voluntarie mortuus fuit: quia violentia corpori eius illata est, quae tamen tantum corpori eius praevaluit quantum ipse voluit.

QUANTO AO 3º, deve-se dizer que Cristo, ao mesmo tempo em que sofreu uma violência de morte, morreu, todavia, por própria vontade, pois a violência que lhe infligiram prevaleceu sobre seu corpo na medida em que ele próprio o quis.

ARTICULUS 2
Utrum Christus fuerit ex obedientia mortuus

ARTIGO 2
Cristo morreu por obediência?[c]

AD SECUNDUM SIC PROCEDITUR. Videtur quod Christus non fuerit ex obedientia mortuus.
1. Obedientia enim respicit praeceptum. Sed non legitur Christo fuisse praeceptum quod ipse pateretur. Non ergo ex obedientia passus fuit.
2. PRAETEREA, illud dicitur ex obedientia aliquis facere quod facit ex necessitate praecepti. Christus autem non ex necessitate, sed voluntarie passus fuit. Non ergo passus est ex obedientia.
3. PRAETEREA, caritas est excellentior virtus quam obedientia. Sed Christus legitur ex caritate passus: secundum illud Eph 5,2: *Ambulate in dilectione: sicut et Christus dilexit nos, et tradidit semetipsum pro nobis*. Ergo passio Christi magis debet attribui caritati quam obedientiae.

SED CONTRA est quod dicitur Philp 2,8: *Factus est obediens Patri usque ad mortem*.

RESPONDEO dicendum quod convenientissimum fuit quod Christus ex obedientia pateretur. Primo quidem, quia hoc conveniebat iustificationi humanae: ut, *sicut per unius hominis inobedientiam peccatores constituti sunt multi, ita per unius hominis obedientiam iusti constituantur multi*, ut dicitur Rm 5,19.

Secundo, hoc fuit conveniens reconciliationi Dei ad homines, secundum illud Rm 5,10: *Reconciliati sumus Deo per mortem Filii eius*: inquantum scilicet ipsa mors Christi fuit quoddam sacrificium acceptissimum Deo, secundum illud Eph 5,2: *Tradidit semetipsum pro nobis oblationem et hostiam Deo in odorem suavitatis*. Obedientia vero omnibus sacrificiis antefertur: secundum illud 1Reg 15,22: *Melior est obedientia quam victimae*. Et ideo conveniens fuit ut sacrificium passionis et mortis Christi ex obedientia procederet.

QUANTO AO SEGUNDO, ASSIM SE PROCEDE: parece que Cristo **não** morreu por obediência.
1. Com efeito, a obediência se refere a uma ordem. Ora, não se lê que houvesse ordens para Cristo sofrer. Logo, não sofreu por obediência.
2. ALÉM DISSO, diz-se que é feito por obediência o que alguém faz por necessidade de uma ordem. Ora, Cristo sofreu não por necessidade, mas por vontade própria. Logo, não sofreu por obediência.
3. ADEMAIS, o amor é uma virtude de maior excelência que a obediência. Ora, diz a Carta aos Efésios que Cristo sofreu por amor: "Vivei no amor, como Cristo nos amou e se entregou a si mesmo a Deus por nós". Logo, deve-se atribuir a paixão de Cristo mais ao amor que à obediência.

EM SENTIDO CONTRÁRIO, diz a Carta aos Filipenses: "Ele se fez obediente ao Pai até a morte".

RESPONDO. Foi muito conveniente ter Cristo sofrido por obediência. Primeiro, porque isso era conveniente para a justificação humana, como diz a Carta aos Romanos: "Assim como, pela desobediência de um só homem, a multidão se tornou pecadora, assim também, pela obediência de um só, a multidão se tornará justa".

Segundo, isso foi conveniente para reconciliar o homem com Deus, como diz a Carta aos Romanos: "Fomos reconciliados com ele pela morte de seu Filho", porquanto a própria morte de Cristo foi um sacrifício muito agradável a Deus, conforme a Carta aos Efésios: "E se entregou a si mesmo a Deus por nós em oblação e vítima, como perfume de agradável odor". Ora, a obediência é preferível a todos os sacrifícios, com diz o livro dos Reis: "É melhor a obediência que os sacrifícios". Portanto, foi conveniente que o sacrifício da paixão e morte de Cristo procedesse da obediência.

---

2 PARALL.: *Cont. Gent.* IV, c. 55, ad 14, 16; *Compend. Theol.* c. 227; *in Ioan.*, c. 14, lect. 8; *ad Rom.*, c. 5, lect. 5; *ad Philipp.*, c. 2, lect. 2.

c. Por que Cristo quis sua morte? Observe-se que, no corpo do artigo, o motivo que é apresentado é o da obediência, mas na resposta às objeções, é o do amor. É que ter de assumir a paixão e a morte, como veremos em seguida, era menos o cumprimento de um preceito do Pai que uma vontade comum à sua, inspirado pelo amor aos homens.

Tertio, hoc conveniens fuit eius victoriae, qua de morte et auctore mortis triumphavit. Non enim miles vincere potest nisi duci obediat. Et ita homo Christus victoriam obtinuit per hoc quod Deo fuit obediens: secundum illud Pr 21,28: *Vir obediens loquitur victorias.*

AD PRIMUM ergo dicendum quod Christus mandatum accepit a Patre ut pateretur: dicitur enim Io 10,18: *Potestatem habeo ponendi* animam meam, *et potestatem habeo iterum sumendi eam*: et *hoc mandatum accepi a Patre meo*, scilicet ponendi animam et sumendi. Ex quo, ut Chrysostomus dicit[1], non est intelligendum quod *prius expectaverit audire, et opus fuerit ei discere: sed voluntarium monstravit processum, et contrarietatis* ad Patrem *suspicionem destruxit.*

Quia tamen in morte Christi lex vetus consummata est, secundum illud quod ipse moriens dixit, Io 19,30, *Consummatum est*; potest intelligi quod patiendo omnia veteris legis praecepta implevit. Moralia quidem, quae in praeceptis caritatis fundantur, implevit inquantum passus est et ex dilectione Patris, secundum illud Io 14,31, *Ut cognoscat mundus quia diligo Patrem, et sicut mandatum dedit mihi Pater sic facio, surgite, eamus hinc*, scilicet ad locum passionis; et etiam ex dilectione proximi, secundum illud Gl 2,20, *Dilexit me, et tradidit semetipsum pro me*. — Caeremonialia vero praecepta legis, quae ad sacrificia et oblationes praecipue ordinantur, implevit Christus sua passione inquantum omnia antiqua sacrificia figurae fuerunt illius veri sacrificii quod Christus obtulit moriendo pro nobis. Unde dicitur Cl 2,16-17: *Nemo vos iudicet in cibo aut in potu, aut in parte diei festi aut neomeniae: quae sunt umbra futurorum, corpus autem Christi*, eo scilicet quod Christus comparatur ad illa sicut corpus ad umbram. — Praecepta vero iudicialia legis, quae praecipue ordinantur ad satisfaciendum iniuriam passis, implevit Christus sua passione, quoniam, ut in Ps 68,5 dicitur, *quae non rapui, tunc exsolvebam*, permittens se ligno affigi pro pomo quod de ligno homo rapuerat contra Dei mandatum.

AD SECUNDUM dicendum quod obedientia, etsi importet necessitatem respectu eius quod praecipitur, tamen importat voluntatem respectu

Terceiro, foi conveniente à vitória pela qual Cristo triunfou sobre a morte e o autor dela, pois o soldado não pode vencer se não obedecer ao capitão. Assim o homem Cristo garantiu a vitória pelo fato de ter sido obediente a Deus, conforme o que diz o livro dos Provérbios: "O homem obediente cantará vitórias".

QUANTO AO 1º, portanto, deve-se dizer que Cristo recebeu do Pai a ordem de sofrer. É o que diz o Evangelho de João: "Eu tenho o poder de entregar a vida e tenho o poder de a retomar: este é o mandamento que recebi do meu Pai", ou seja, o poder de entregar a vida e de a retomar. Conclui-se, como diz Crisóstomo, que não se deve entender que "primeiro, ele esperou receber ordens ou que as tivesse de entender, mas demonstrou que suas atitudes eram voluntárias, destruindo as suspeitas de contradição" com o Pai.

E porque a antiga lei se encerrou com a morte de Cristo, conforme o que ele próprio disse ao morrer: "Tudo está consumado", pode-se entender que, ao sofrer, cumpriu todos os preceitos da antiga lei. Cumpriu os preceitos morais, que se fundam nos mandamentos do amor, porquanto sofreu pelo amor do Pai, segundo João: "A fim de que o mundo saiba que amo o meu Pai e ajo conforme o Pai me prescreveu. Levantai-vos, partamos daqui", ou seja, para o lugar da paixão; e pelo amor do próximo, segundo o que diz a Carta aos Gálatas: "Me amou e se entregou por mim". — Cumpriu com sua paixão os preceitos cerimoniais da lei, que se destinam especialmente aos sacrifícios e oblações, porquanto todos os sacrifícios da antiga lei foram figuras do verdadeiro sacrifício que, ao morrer, Cristo ofereceu por nós. Por isso, diz a Carta aos Colossenses: "Ninguém vos condene por questões de comida e bebida, a respeito de uma festa, de uma lua nova. Tudo isso não passa de sombra do que devia vir, mas o corpo é de Cristo", pois Cristo está para tudo isso como o corpo para a sombra. — Com sua paixão, Cristo cumpriu os preceitos jurídicos da lei, que se relacionam especialmente com a satisfação aos que sofreram injúria, pois, como diz o Salmo 68: "Então pagarei o que não roubei", permitindo ele mesmo ser pregado no madeiro por causa do fruto que o homem, contra a ordem de Deus, tirara da árvore.

QUANTO AO 2º, deve-se dizer que a obediência, embora seja necessária com relação ao que se manda, contudo implica vontade de cumprir

---

1. Hom. 60, al. 59, *in Ioan.*, n. 2: MG 59, 330.

impletionis praecepti. Et talis fuit obedientia Christi. Nam ipsa passio et mors, secundum se considerata, naturali voluntati repugnabat: volebat tamen Christus Dei voluntatem circa hoc implere, secundum illud Ps 39,9: *Ut facerem voluntatem tuam, Deus meus, volui*. Unde dicebat, Mt 26,42: *Si non potest transire a me calix iste nisi bibam illum, fiat voluntas tua*.

AD TERTIUM dicendum quod eadem ratione Christus passus est ex caritate, et obedientia: quia etiam praecepta caritatis nonnisi ex obedientia implevit; et obediens fuit ex dilectione ad Patrem praecipientem.

ARTICULUS 3
Utrum Deus Pater tradiderit Christum passioni

AD TERTIUM SIC PROCEDITUR. Videtur quod Deus Pater non tradiderit Christum passioni.

1. Iniquum enim et crudele esse videtur quod innocens passioni et morti tradatur. Sed, sicut dicitur Dt 32,4, *Deus fidelis et absque ulla iniquitate*. Ergo Christum innocentem non tradidit passioni et morti.

2. PRAETEREA, non videtur quod aliquis a seipso, et ab alio morti tradatur. Sed *Christus tradidit semetipsum pro nobis*: secundum quod dicitur Is 53,12: *Tradidit in mortem animam suam*. Non ergo videtur quod Deus Pater eum tradiderit.

3. PRAETEREA, Iudas vituperatur ex eo quod tradidit Christum Iudaeis: secundum illud Io 6,71-72: Unus ex vobis *diabolus est*: quod *dicebat* propter Iudam, qui eum *erat traditurus*. Similiter etiam vituperantur Iudaei, qui eum tradiderunt Pilato: secundum quod ipse dicit, Io 18,35: *Gens tua et pontifices tui tradiderunt te mihi*. Pilatus autem *tradidit* ipsum *ut crucifigeretur*: ut habetur Io 19,16. *Non est autem conventio iustitiae cum iniquitate*, ut dicitur 2Cor 6,14. Ergo videtur quod Deus Pater Christum non tradiderit passioni.

SED CONTRA est quod dicitur Rm 8,32: *Proprio Filio suo non pepercit* Deus, *sed pro nobis omnibus tradidit illum*.

RESPONDEO dicendum quod, sicut dictum est[1], Christus passus est voluntate ex obedientia Patris. Unde secundum tria Deus Pater tradidit Christum passioni. Uno quidem modo, secundum quod sua aeterna voluntate praeordinavit passionem Christi

ARTIGO 3
Deus Pai entregou Cristo à paixão?

o preceito. E foi essa a obediência de Cristo, pois, embora sua própria paixão e morte, em si consideradas, fossem repugnantes à vontade natural, Cristo queria cumprir a vontade de Deus a respeito, segundo o que diz o Salmo 39: "Meu Deus, quero fazer a tua vontade". Por isso, dizia: "Se esta taça não pode passar sem que eu a beba, faça-se a tua vontade".

QUANTO AO 3º, deve-se dizer que pela mesma razão Cristo sofreu por amor e por obediência, pois só por obediência cumpriu os preceitos do amor e, por amor, foi obediente às ordens do Pai.

QUANTO AO TERCEIRO, ASSIM SE PROCEDE: parece que Deus Pai **não** entregou Cristo à paixão.

1. Com efeito, parece ser iníquo e cruel que um inocente seja entregue à paixão e à morte. Ora, diz o livro do Deuteronômio que "Deus é fiel e sem nenhuma iniquidade". Logo, não entregou Cristo inocente à paixão e à morte.

2. ALÉM DISSO, não é verossímil que alguém morra por suas próprias mãos e também por mãos de outrem. Ora, Cristo se entregou à morte por nós, como diz Isaías: "Entregou sua alma à morte". Logo, parece que não foi Deus Pai quem o entregou.

3. ADEMAIS, Judas é censurado por ter entregue Cristo aos judeus, como diz o Evangelho de João: "'Um de vós é o diabo!' Dizia isso por causa de Judas que o haveria de entregar". Igualmente, também os judeus são censurados por tê-lo entregue a Pilatos, conforme ele mesmo diz: "A tua própria nação, os sumos sacerdotes te entregaram a mim". Além disso, "Pilatos lhes entregou Jesus para ser crucificado". Ora, diz a segunda Carta aos Coríntios: "Não há união da justiça com a iniquidade". Logo, parece que Deus Pai não entregou Cristo à paixão.

EM SENTIDO CONTRÁRIO, diz a Carta aos Romanos: "Ele, que não poupou o seu próprio Filho, mas o entregou por nós todos".

RESPONDO. Como foi dito acima, Cristo sofreu voluntariamente, em obediência ao Pai. E de três modos Deus Pai entregou Cristo à paixão. Primeiro, porque, conforme sua eterna vontade, determinou a paixão de Cristo para a libertação

---

3 PARALL.: III *Sent*., dist. 20, a. 5, q.la 1; *Cont. Gent*. IV, 55, ad 16; *in Ioan*., c. 3, lect. 3; *ad Rom*., c. 8, lect. 6.
1. A. praec.

ad humani generis liberationem: secundum illud quod dicitur Is 53,6: *Dominus posuit in eo iniquitatem omnium nostrum*; et iterum [v. 10]: *Dominus voluit conterere eum in infirmitate.* — Secundo, inquantum inspiravit ei voluntatem patiendi pro nobis, infundendo ei caritatem. Unde ibidem [v. 7] sequitur: *Oblatus est quia voluit.* — Tertio, non protegendo eum a passione, sed exponendo persequentibus. Unde, ut legitur Mt 27,46, pendens in cruce Christus dicebat: *Deus meus, ut quid dereliquisti me?* Quia scilicet potestati persequentium eum exposuit, ut Augustinus dicit[2].

AD PRIMUM ergo dicendum quod innocentem hominem passioni et morti tradere contra eius voluntatem, est impium et crudele. Sic autem Deus Pater Christum non tradidit, sed inspirando ei voluntatem patiendi pro nobis. In quo ostenditur et *Dei severitas*, qui peccatum sine poena dimittere noluit, quod significat Apostolus dicens, *Proprio Filio suo non pepercit*: et *bonitas eius*, in eo quod, cum homo sufficienter satisfacere non posset per aliquam poenam quam pateretur, ei satisfactorem dedit, quod significavit Apostolus dicens, *pro nobis omnibus tradidit illum.* Et Rm 3,25 dicit: *Quem,* scilicet Christum *per fidem propitiatorem proposuit Deus in sanguine ipsius.*

AD SECUNDUM dicendum quod Christus, secundum quod Deus, tradidit semetipsum in mortem eadem voluntate et actione qua et Pater tradidit eum. Sed inquantum homo, tradidit semetipsum voluntate a Patre inspirata. Unde non est contrarietas in hoc quod Pater tradidit Christum, et ipse tradidit semetipsum.

AD TERTIUM dicendum quod eadem actio diversimode iudicatur in bono vel in malo, secundum quod ex diversa radice procedit. Pater enim tradidit Christum, et ipse seipsum, ex caritate: et ideo laudantur. Iudas autem tradidit ipsum ex cupiditate, Iudaei ex invidia, Pilatus ex timore mundano, quo timuit Caesarem: et ideo ipsi vituperantur.

do gênero humano, de acordo com o que diz Isaías: "O Senhor fez recair sobre ele a iniquidade de todos nós" e "O Senhor quis triturá-lo pelo sofrimento". — Segundo, porque lhe inspirou a vontade de sofrer por nós, ao lhe infundir o amor. E na mesma passagem se lê: "Ofereceu-se porque quis". — Terceiro, por não livrá-lo da paixão, expondo-o a seus perseguidores. Assim, lemos no Evangelho de Mateus que o Senhor, pendente da cruz, dizia: "Meu Deus, meu Deus, por que me abandonaste?", ou seja, porque o expôs ao poder dos que o perseguiam, como diz Agostinho[d].

QUANTO AO 1º, portanto, deve-se dizer que é ímpio e cruel entregar à paixão e morte um homem inocente, contra a vontade dele. Não foi assim, porém, que Deus Pai entregou Cristo, mas sim por lhe ter inspirado a vontade de sofrer por nós. Nisso se demonstra tanto a "severidade de Deus", que não quis perdoar os pecados sem a pena, o que observa o Apóstolo, quando diz: "Não poupou seu próprio Filho", como a sua bondade, pois, dado que o homem não podia dar uma satisfação suficiente por meio de alguma pena que sofresse, deu-lhe alguém para cumprir essa satisfação. É o que assinala o Apóstolo ao dizer: "Ele o entregou por nós todos" e a Carta aos Romanos diz: "Foi a ele, ou seja, Cristo, que Deus destinou para servir de expiação por seu sangue".

QUANTO AO 2º, deve-se dizer que Cristo, como Deus que era, entregou-se à morte com a mesma vontade e ação com que o Pai o entregou. Mas, como homem, ele se entregou com a vontade inspirada pelo Pai. Daí não haver contradição entre o Pai ter entregue Cristo e ele próprio ter se entregado.

QUANTO AO 3º, deve-se dizer que a mesma ação é julgada boa ou má, dependendo das diferentes fontes de que proceda. Assim, foi por amor que o Pai entregou Cristo, e o próprio Cristo se entregou; por isso, ambos são louvados. Judas, porém, o entregou por cobiça. Os judeus, por inveja. E Pilatos, por temor mundano, porque temia a César. Por isso, são todos eles censurados.

---

2. Cfr. epist. 140, al. 120, *ad Honoratum*, c. 11, n. 28: ML 33, 550.

d. Todas as palavras devem ser ponderadas numa asserção ao mesmo tempo tão tradicional e tão grave. "O Pai ordenou de antemão a paixão de Cristo", isto é, tendo-a previsto e deixando-a se produzir, ele a submeteu à produção desse bem maior do que todos os demais, que é o amor com o qual Cristo a assumia.
  Outra especificação de importância capital, e que completa o artigo anterior: "Ele lhe inspirou a vontade de sofrer por nós, infundindo-lhe a caridade". Como dizíamos, a vontade humana de Cristo é invadida pela caridade divina, que quis a Encarnação. É portanto "por si mesmo" que Cristo, enquanto homem, assume a paixão e a morte para libertar o homem.
  A terceira observação importante é esta: a potência divina "abandonou sua humanidade a seus perseguidores" e às forças da morte. Tal é, segundo Sto. Tomás, o sentido do *Lema Sabaqthani*. Sentido que não exclui a angústia sentida por esse abandono.

Articulus 4
Utrum fuerit conveniens Christum pati a gentilibus

AD QUARTUM SIC PROCEDITUR. Videtur quod non fuerit conveniens Christum pati a gentilibus.

1. Quia enim per mortem Christi homines erant a peccato liberandi, conveniens videretur ut paucissimi in morte eius peccarent. Peccaverunt autem in mortem eius Iudaei, ex quorum persona dicitur, Mt 21,38: *Hic est heres: venite, occidamus eum*. Ergo videtur conveniens fuisse quod in peccato occisionis Christi gentiles non implicarentur.

2. PRAETEREA, veritas debet respondere figurae. Sed figuralia sacrificia veteris legis non gentiles, sed Iudaei offerebant. Ergo neque passio Christi, quae fuit verum sacrificium, impleri debuit per manus gentilium.

3. PRAETEREA, sicut dicitur Io 5,18, *Iudaei quaerebant Christum interficere, non solum quia solvebat sabbatum, sed etiam quia Patrem suum dicebat Deum, aequalem se Deo faciens*. Sed haec videbantur esse solum contra legem Iudaeorum: unde et ipsi dicunt, Io 19,7: *Secundum legem debet mori, quia Filium Dei se fecit*. Videtur ergo conveniens fuisse quod Christus non a gentilibus, sed a Iudaeis pateretur: et falsum esse quod dixerunt, *Nobis non licet interficere quemquam*, cum multa peccata secundum legem morte puniantur, ut patet Lv 20.

SED CONTRA est quod ipse Dominus dicit, Mt 20,19: *Tradent eum gentibus ad illudendum et flagellandum et crucifigendum*.

RESPONDEO dicendum quod in ipso modo passionis Christi praefiguratus est effectus ipsius. Primo enim passio Christi effectum salutis habuit in Iudaeis, quorum plurimi in morte Christi baptizati sunt, ut patet Act 2,41 et 4,4. Secundo vero, Iudaeis praedicantibus, effectus passionis Christi transivit ad gentes. Et ideo conveniens fuit ut Christus a Iudaeis pati inciperet, et postea, Iudaeis tradentibus, per manus gentilium eius passio finiretur.

Artigo 4
Foi conveniente ter Cristo sofrido nas mãos dos gentios?

QUANTO AO QUARTO, ASSIM SE PROCEDE: parece que **não** foi conveniente Cristo ter sofrido nas mãos dos gentios.

1. Com efeito, dado que, pela morte de Cristo, os homens deviam ser libertados do pecado, parece que seria conveniente haver pouquíssimas pessoas envolvidas no pecado da morte dele. Ora, quem tomou parte no pecado da morte dele foram os judeus, cujas palavras refere o Evangelho de Mateus: "Eis o herdeiro. Vinde! Matemo-lo". Logo, parece que seria conveniente não terem os gentios se envolvido no pecado da morte de Cristo.

2. ALÉM DISSO, a realidade deve corresponder à prefiguração. Ora, não eram os gentios, mas os judeus que ofereciam os sacrifícios figurativos da antiga lei. Logo, tampouco devia a paixão de Cristo, que foi o verdadeiro sacrifício, ser cumprida por mãos dos gentios.

3. ADEMAIS, como diz o Evangelho de João, os judeus procuravam matar a Cristo, não apenas porque "violava o sábado", mas também porque "chamava a Deus de seu Pai, fazendo-se igual a Deus". Ora, isso parecia ir somente contra a lei dos judeus, pois, dizem eles, "nós temos uma lei, e segundo esta lei ele deve morrer porque se fez Filho de Deus". Logo, parece que seria conveniente ter Cristo sofrido não por mãos dos gentios, mas pelos judeus, e que era falso o que diziam: "Não nos é permitido condenar ninguém à morte", uma vez que muitos delitos, segundo a lei, eram punidos com a morte, como se vê no livro do Levítico.

EM SENTIDO CONTRÁRIO, diz o Senhor no Evangelho de Mateus: "E o entregarão aos pagãos para que o escarneçam, o flagelem, o crucifiquem".

RESPONDO. No próprio modo da paixão de Cristo estava prefigurado seu efeito. Primeiro, a paixão de Cristo surtiu efeito em relação à salvação dos judeus, pois, com a morte de Cristo, muitos deles foram batizados, como deixam claro os Atos dos Apóstolos. Segundo, pela pregação dos judeus, o efeito da paixão de Cristo passou para os gentios. Portanto, foi conveniente que Cristo começasse a sofrer por mãos dos judeus e, depois que eles o entregaram, que sua paixão terminasse nas mãos dos gentios[e].

---

e. "Foi pela pregação dos judeus que a paixão de Cristo foi transmitida aos pagãos." Sto. Tomás não se refere a esses judeus que, discípulos de Cristo, foram o primeiro núcleo da Igreja, mas de muitos que o haviam rejeitado de início, convertidos

AD PRIMUM ergo dicendum quod, quia Christus, ad ostendendam abundantiam caritatis suae, ex qua patiebatur, in cruce positus veniam persecutoribus postulavit; ut huius petitionis fructus ad Iudaeos et gentiles perveniret, voluit Christus ab utrisque pati.

AD SECUNDUM dicendum quod passio Christi fuit sacrifici oblatio inquantum Christus propria voluntate mortem sustinuit ex caritate. Inquantum autem a persecutoribus est passus, non fuit sacrificium, sed peccatum gravissimum.

AD TERTIUM dicendum quod, sicut Augustinus dicit[1], Iudaei dicentes: *Nobis non licet interficere quemquam intellexerunt non sibi licere interficere quemquam propter festi diei sanctitatem, quam celebrare iam coeperant.*

Vel hoc dicebant, ut Chrysostomus dicit[2], quia volebant eum occidi, non tanquam transgressorem legis, sed tanquam publicum hostem, quia regem se fecerat: de quo non erat eorum iudicare. Vel quia non licebat eis crucifigere, quod cupiebant, sed lapidare: quod in Stephano fecerunt.

Vel melius dicendum est quod per Romanos, quibus erant subiecti, erat eis potestas occidendi interdicta.

QUANTO AO 1º, portanto, deve-se dizer que Cristo, para mostrar a abundância de seu amor, motivo por que sofria, e estando pendente na cruz, pediu por seus perseguidores. Por isso, para que o fruto desse pedido chegasse aos judeus e aos gentios, quis Cristo sofrer por parte de ambos.

QUANTO AO 2º, deve-se dizer que, a paixão de Cristo foi a oblação de um sacrifício, porquanto Cristo, voluntariamente, suportou a morte por amor. Mas o fato de ter ele sofrido em mãos de seus perseguidores não foi um sacrifício, mas um pecado gravíssimo.

QUANTO AO 3º, deve-se dizer que, como diz Agostinho, os judeus, ao afirmarem: "Não nos é permitido condenar ninguém à morte", entendiam que "não lhes era permitido condenar ninguém por causa da santidade do dia de festa, que eles já tinham começado a celebrar".

Ou diziam isso, como diz Crisóstomo, porque queriam matá-lo não como um transgressor da lei, mas como um inimigo público, pois se declarara rei, o que não lhes cabia julgar. Ou porque não lhes era permitido crucificar, o que eles desejavam, mas apedrejar, o que fizeram a Estêvão.

Ou, melhor, deve-se dizer que o poder de matar lhes fora tirado pelos romanos, a quem estavam submetidos.

ARTICULUS 5
Utrum persecutores Christi eum cognoverint

AD QUINTUM SIC PROCEDITUR. Videtur quod persecutores Christi eum cognoverunt.

1. Dicitur enim Mt 21,38, quod *agricolae, videntes filium, dixerunt intra se: Hic est heres, venite, occidamus eum.* Ubi dicit Hieronymus[1]: *Manifestissime Dominus probat his verbis Iudaeorum principes non per ignorantiam, sed per invidiam Dei Filium crucifixisse. Intellexerunt enim esse illum cui Pater per prophetam dicit: Postula a me, et dabo tibi gentes hereditatem tuam.* Ergo videtur quod cognoverunt eum esse Christum, vel Filium Dei.

ARTIGO 5
Os perseguidores de Cristo sabiam quem ele era?

QUANTO AO QUINTO, ASSIM SE PROCEDE: parece que os perseguidores de Cristo **sabiam** quem era ele.

1. Com efeito, diz o Evangelho de Mateus que "os vinhateiros, vendo o filho, disseram entre si: 'Eis o herdeiro. Vinde! Matemo-lo'". A propósito, diz Jerônimo: "Com essas palavras, o Senhor prova de modo claríssimo que os chefes judeus crucificaram o Filho de Deus, não por ignorância, mas por inveja, pois sabiam que ele era aquele de quem o Pai diz pelos profetas: 'Pede-me e te darei as nações como tua herança'". Portanto, parece que sabiam que ele era o Cristo ou o Filho de Deus.

---

1. *In Ioan.*, tract. 114, n. 4, super 18, 31: ML 35, 1937.
2. *In Ioan.*, hom. 83, al. 82, n. 4: MG 59, 452.

5 PARALL.: III *Sent.*, dist. 19, a. 1, q.la 2, ad 5; *in Matth.*, c. 21; I *ad Cor.*, c. 2, lect. 2.

1. Cfr. RABANUM MAURUM, *In Matth.*, l. VI, super 21, 30: ML 107, 1051 A.

após o Pentecostes. Pouco importa *quem* crucificou Cristo. É sobre esses mesmos que a Paixão produz seus primeiros efeitos de salvação.

2. PRAETEREA, Io 15,24 Dominus dixit: *Nunc autem et viderunt et oderunt et me et Patrem meum.* Quod autem videtur, manifeste cognoscitur. Ergo Iudaei, cognoscentes Christum, ex causa odii ei passionem intulerunt.

3. PRAETEREA, in quodam Sermone Ephesini Concilii[2] dicitur: *Sicut qui chartam imperialem disrumpit, tanquam Imperatoris disrumpens verbum ad mortem adducitur: sic crucifigens Iudaeus quem viderat, poenas dabit tanquam in ipsum Deum Verbum praesumptiones iniiciens.* Hoc autem non esset si eum Dei Filium esse non cognoverunt: quia ignorantia eos excusasset. Ergo videtur quod Iudaei crucifigentes Christum cognoverunt eum esse Filium Dei.

SED CONTRA est quod dicitur 1Cor 2,8: *Si cognovissent, nunquam Dominum gloriae crucifixissent.* Et Act 3,17 dicit Petrus Iudaeis loquens: *Scio quod per ignorantiam fecistis, sicut et principes vestri.* Et Dominus, in cruce pendens, dixit: *Pater, dimitte illis: non enim sciunt quid faciunt.*

RESPONDEO dicendum quod apud Iudaeos quidam erant maiores, et quidam minores. Maiores quidem, qui eorum principes dicebantur, cognoverunt, ut dicitur in libro *Quaest. Nov. et Vet. Test.*[3], sicut et daemones cognoverunt, eum esse Christum promissum in lege: *omnia enim signa videbant in eo quae dixerant futura prophetae.* Mysterium autem divinitatis eius ignorabant: et ideo Apostolus dixit quod, *si cognovissent, nunquam Dominum gloriae crucifixissent.*

Sciendum tamen quod eorum ignorantia non eos excusabat a crimine: quia erat quodammodo ignorantia affectata. Videbant enim evidentia signa ipsius divinitatis: sed ex odio et invidia Christi ea pervertebant, et verbis eius, quibus se Dei Filium fatebatur, credere noluerunt. Unde ipse de eis dicit, Io 15,22: *Si non venissem, et locutus eis non fuissem, peccatum non haberent: nunc autem excusationem non habent de peccato suo.* Et postea subdit [v. 24]: *Si opera non fecissem in eis quae nemo alius fecit, peccatum non haberent.* Et sic ex persona eorum accipi potest quod dicitur Iob 21,14: *Dixerunt Deo: Recede a nobis, scientiam viarum tuarum nolumus.*

2. ALÉM DISSO, diz o Senhor no Evangelho de João: "Agora que eles viram, continuam a nos odiar tanto a mim como a meu Pai". Ora, o que se vê é claro que se conhece. Logo, os judeus, conhecendo a Cristo, infligiram-lhe a paixão por causa do ódio.

3. ADEMAIS, diz-se num sermão do Concílio de Éfeso: "Como aquele que rasga o documento imperial será condenado à morte, por destruir as palavras do Imperador, assim também o judeu, ao crucificar quem ele via, sofrerá as penas, por ousar injuriar o próprio Verbo de Deus". Isso, porém, não se daria se não soubessem ser ele o Filho de Deus, pois a ignorância os escusaria. Portanto, parece que os judeus, ao crucificarem Cristo, sabiam ser ele o Filho de Deus.

EM SENTIDO CONTRÁRIO, diz a primeira Carta aos Coríntios: "Se o tivessem conhecido, não teriam crucificado o Senhor da glória". E Pedro, ao falar aos judeus, diz: "Eu sei que foi por ignorância que agistes, assim como os vossos chefes". E o Senhor, pendente da cruz, diz: "Pai, perdoa-lhes, porque não sabem o que fazem".

RESPONDO. Entre os judeus, havia os grandes e os pequenos. Como diz Agostinho, os grandes, que eram chamados de chefes, sabiam, como os demônios, que "ele era o Cristo prometido na lei, pois viam nele todos os sinais, cuja realização futura os profetas prediziam. Mas ignoravam o mistério de sua divindade". Por isso, diz o Apóstolo que "se o tivessem conhecido, não teriam crucificado o Senhor da glória".

Entenda-se, porém, que a ignorância deles não os escusava do crime, pois, de certo modo, era uma ignorância afetada. Viam os sinais evidentes da divindade dele, mas, por ódio e inveja de Cristo, os distorciam e não quiseram acreditar nas palavras dele, quando confessava ser o Filho de Deus. Por isso, ele mesmo diz: "Se eu não tivesse vindo, se não lhes tivesse dirigido a palavra, eles não teriam nenhum pecado; mas agora o pecado deles não tem defesa". E acrescenta: "Se eu não tivesse feito no meio deles estas obras que nenhum outro fez, eles não teriam nenhum pecado". Assim, a expressão usada por Jó cai bem a respeito deles: "Disseram a Deus: 'Afasta-te de nós! Não desejamos conhecer os teus caminhos'"[f].

---

2. P. III, c. 10: ed. Mansi, V, 217. — Vide THEOD. ANCYR., Homil. II *in Nat. Salv.*, n. XIV: MG 77, 1384 D-1385 A.
3. Q. 66: ML 35, 2261-2262. — (Inter Opp. Aug.).

---

f. Sto. Tomás é bastante severo em relação aos "chefes", os "*maiores*". Julga que eles ignoraram sua divindade, mas que sua ignorância era culpada. Parece porém que os textos dos Atos e de S. Paulo deixam mais espaço a uma ignorância desculpável,

Minores vero, idest populares, qui mysteria Scripturae non noverant, non plene cognoverunt ipsum esse nec Christum nec Filium Dei: licet aliqui eorum etiam in eum crediderint. Multitudo tamen non credidit. Et si aliquando dubitarent an ipse esset Christus, propter signorum multitudinem et efficaciam doctrinae, ut habetur Io 7,31-41sqq.: tamen postea decepti fuerunt a suis principibus ut eum non crederent neque Filium Dei neque Christum. Unde et Petrus eis dixit: *Scio quod per ignorantiam hoc fecistis, sicut et principes vestri*: quia scilicet per principes seducti erant.

AD PRIMUM ergo dicendum quod illa verba dicuntur ex persona colonorum vineae, per quos significantur rectores illius populi, qui eum cognoverunt esse heredem, inquantum cognoverunt eum esse Christum promissum in lege.

Sed contra hanc responsionem videtur esse quod illa verba Ps 2,8, *Postula a me et dabo tibi gentes hereditatem tuam*, eidem dicuntur cui dicitur, *Filius meus es tu, ego hodie genui te*. Si ergo cognoverunt eum esse illum cui dictum est, *Postula a me et dabo tibi gentes hereditatem tuam*, sequitur quod cognoverunt eum esse Filium Dei. — Chrysostomus[4] etiam, ibidem, dicit quod *cognoverunt eum esse Filium Dei*. — Beda etiam dicit, super illud Lc 23,34[5], *Quia nesciunt quid faciunt: Notandum*, inquit, *quod non pro eis orat qui, quem Filium Dei intellexerunt, crucifigere quam confiteri maluerunt*.

Sed ad hoc potest responderi quod cognoverunt eum esse Filium Dei, non per naturam, sed per excellentiam gratiae singularis.

Possumus tamen dicere quod etiam verum Dei Filium cognovisse dicuntur, quia evidentia signa huius rei habebant, quibus tamen assentire propter odium et invidiam noluerunt, ut eum cognoscerent esse Filium Dei.

AD SECUNDUM dicendum quod ante illa verba praemittitur, *Si opera non fecissem in eis quae nemo alius fecit, peccatum non haberent*: et postea subditur, *Nunc autem viderunt, et oderunt et me et Patrem meum*. Per quod ostenditur quod, videntes opera Christi mirifica, ex odio processit quod eum Filium Dei non cognoverunt.

Já os pequenos, o povo, que não conheciam os mistérios das Escrituras, não tiveram plena consciência de que ele era o Cristo nem o Filho de Deus. Ainda que alguns deles tenham acreditado, a multidão, não lhe deu crédito. E se por vezes tinham dúvidas sobre ser ele ou não o Cristo, por causa do grande número de sinais e da força de sua doutrina, como diz o Evangelho de João, foram depois enganados por seus chefes a ponto de não acreditarem que fosse ele o Filho de Deus nem o Cristo. É por isso que Pedro lhes disse: "Sei que foi por ignorância que agistes, assim como os vossos chefes", ou seja, porque foram enganados pelos chefes.

QUANTO AO 1º, portanto, deve-se dizer que as palavras citadas foram ditas pelos vinhateiros, que representam os chefes daquele povo, os quais sabiam ser ele o herdeiro, porquanto sabiam que ele era o Cristo prometido na lei.

Mas, contradizendo essa resposta, parece que as palavras do Salmista: "Pede-me, e dou-te em patrimônio as nações" são dirigidas àquele a quem se diz: "Tu és meu filho, eu, hoje, te gerei". Portanto, se sabiam que ele era aquele a quem se disse: "Pede-me, e dou-te em patrimônio as nações", segue-se que sabiam ser ele o Filho de Deus. — E sobre essa passagem, também Crisóstomo diz que "sabiam que ele era o Filho de Deus". — E igualmente Beda, ao comentar as palavras "Não sabem o que fazem", diz: "Observemos que não ora por aqueles que, embora sabendo ser ele o Filho de Deus, preferiram crucificá-lo a nele acreditar".

Pode-se responder a isso, dizendo que souberam ser ele o Filho de Deus, não pela natureza, mas pela excelência da graça singular.

Podemos, contudo, afirmar que certamente tinham conhecimento de que ele era o verdadeiro Filho de Deus, pois tinham evidentes sinais disso, mas que, por causa do ódio e da inveja, não quiseram dar-lhes crédito e assim acreditar ser ele o Filho de Deus.

QUANTO AO 2º, deve-se dizer que as palavras citadas são precedidas por estas: "Se eu não tivesse feito no meio deles estas obras que nenhum outro fez, eles não teriam nenhum pecado", acrescentando então: "Mas agora que eles as viram, continuam a nos odiar tanto a mim como a meu Pai". Fica claro assim que, ao verem as obras

---

4. *Opus imperf. in Matth.*, hom. 40, super 21, 38: MG 56, 855.
5. L. VI: ML 92, 616 D.

senão pela messianidade, ao menos pela divindade. De qualquer modo, o perdão foi oferecido a todos, quaisquer que tenham sido suas responsabilidades, como se disse no artigo anterior.
Quanto a uma culpabilidade do povo enquanto tal, não encontramos traço nos textos de Sto. Tomás.

AD TERTIUM dicendum quod ignorantia affectata non excusat a culpa, sed magis videtur culpam aggravare: ostendit enim hominem sic vehementer esse affectum ad peccandum quod vult ignorantiam incurrere ne peccatum vitet. Et ideo Iudaei peccaverunt, non solum hominis Christi, sed tanquam Dei crucifixores.

ARTICULUS 6
Utrum peccatum crucifigentium Christum fuerit gravissimum

AD SEXTUM SIC PROCEDITUR. Videtur quod peccatum crucifigentium Christum non fuerit gravissimum.
1. Non enim est gravissimum peccatum quod excusationem habet. Sed ipse Dominus excusavit peccatum crucifigentium eum, dicens: *Pater, ignosce illis, quia nesciunt quid faciunt*. Non ergo peccatum eorum fuit gravissimum.
2. PRAETEREA, Dominus dixit Pilato, Io 19,11: *Qui tradidit me tibi, maius peccatum habet*. Ipse autem Pilatus fecit Christum crucifigi per suos ministros. Ergo videtur fuisse maius peccatum Iudae proditoris peccato crucifigentium Christum.
3. PRAETEREA, secundum Philosophum, in V *Ethic*.[1], *nullus patitur iniustum volens*: et, sicut ipse ibidem[2] dicit, *nullo patiente iniustum, nullus facit iniustum*. Ergo volenti nullus facit iniustum. Sed Christus voluntarie est passus, ut supra[3] habitum est. Non ergo iniustum fecerunt crucifixores Christi. Et ita eorum peccatum non est gravissimum.

SED CONTRA est quod super illud Mt 23,32, *Et vos implete mensuram patrum vestrorum*, dicit Chrysostomus[4]: *Quantum ad veritatem, excesserunt mensuram patrum suorum. Illi enim homines occiderunt: isti Deum crucifixerunt*.

RESPONDEO dicendum quod, sicut dictum est[5], principes Iudaeorum cognoverunt Christum: et si aliqua ignorantia fuit in eis, fuit ignorantia affectata,

maravilhosas de Cristo, foi por ódio que não o reconheceram como Filho de Deus.

QUANTO AO 3º, deve-se dizer que a ignorância afetada não isenta de culpa, mas parece agravá-la ainda mais; pois mostra que o homem de tal modo se apega ao pecado que deseja incorrer na ignorância para não deixar de pecar. Portanto, os judeus pecaram por terem crucificado não apenas o homem Cristo, mas também a Deus.

ARTIGO 6
Os que crucificaram a Cristo cometeram o mais grave dos pecados?

QUANTO AO SEXTO, ASSIM SE PROCEDE: parece que os que crucificaram a Cristo **não** cometeram o mais grave dos pecados.
1. Com efeito, não é o mais grave dos pecados aquele que tem uma escusa. Ora, o próprio Senhor escusou o pecado dos que o crucificavam, quando disse: "Pai, perdoa-lhes porque não sabem o que fazem". Logo, o pecado deles não foi o mais grave.
2. ALÉM DISSO, o Senhor disse a Pilatos: "Quem me entregou a ti tem um pecado maior". Ora, o próprio Pilatos foi quem ordenou a seus subalternos que crucificassem a Cristo. Logo, parece que foi maior o pecado de Judas traidor do que o pecado dos que crucificaram a Jesus.
3. ADEMAIS, segundo o Filósofo no livro V da *Ética*, "ninguém sofre uma injustiça por vontade própria" ou, como diz na mesma passagem, "se ninguém é injustiçado, ninguém comete injustiça". Assim, a quem dá consentimento não se faz injustiça. Ora, Cristo sofreu por vontade própria, como vimos anteriormente. Logo, os que crucificaram a Cristo não cometeram injustiça e, consequentemente, o pecado deles não foi o mais grave.

EM SENTIDO CONTRÁRIO, comentando as palavras do Evangelho de Mateus, "acabai de encher a medida de vossos pais!", diz Crisóstomo: "Na verdade, foram além da medida de seus pais. Pois aqueles mataram a homens, mas eles crucificaram a um Deus".

RESPONDO. Como foi dito acima, os chefes dos judeus sabiam quem era Cristo e, se houve ignorância por parte deles, foi uma ignorância afetada

---

6 PARALL.: III *Sent*., dist. 19, a. 1, q.la 2, ad 5; in *Symb. Apost*., a. 4.

1. Cc. II, 15: 1136, b, 6; 1138, a, 12.
2. C. 11: 1136, a, 29-30.
3. A. 1; a. 2, ad 2; q. 46, a. 6.
4. *Opus imperf. in Matth*., hom. 45: MG 56, 888.
5. A. praec.

quae eos non poterat excusare. Et ideo peccatum eorum fuit gravissimum: tum ex genere peccati; tum ex malitia voluntatis.

Minores autem Iudaei gravissime peccaverunt quantum ad genus peccati: in aliquo tamen diminuebatur eorum peccatum propter eorum ignorantiam. Unde super illud Lc 23, *Nesciunt quid faciunt*, dicit Beda[6]: *Pro illis rogat qui nescierunt quod fecerunt, zelum Dei habentes, sed non secundum scientiam.*

Multo autem magis fuit excusabile peccatum gentilium per quorum manus Christus crucifixus est, qui legis scientiam non habebant.

AD PRIMUM ergo dicendum quod excusatio illa Domini non refertur ad principes Iudaeorum, sed ad minores de populo, sicut dictum est[7].

AD SECUNDUM dicendum quod Iudas tradidit Christum, non Pilato, sed principibus sacerdotum, qui tradiderunt eum Pilato: secundum illud Io 18,35: *Gens tua et pontifices tui tradiderunt te mihi*. Horum tamen omnium peccatum fuit maius quam Pilati, qui timori Caesaris Christum occidit; et etiam quam peccatum militum, qui mandato praesidis Christum crucifixerunt; non ex cupiditate, sicut Iudas, nec ex invidia et odio, sicut principes sacerdotum.

AD TERTIUM dicendum quod Christus voluit quidem suam passionem, sicut et Deus eam voluit: iniquam tamen actionem Iudaeorum noluit. Et ideo occisores Christi ab iniustitia non excusantur. — Et tamen ille qui occidit hominem, iniuriam facit non solum homini, sed etiam Deo et reipublicae: sicut etiam et ille qui occidit seipsum, ut Philosophus dicit, in V *Ethic*.[8]. Unde David damnavit illum ad mortem qui non timuerat *mittere manum* ut occideret *christum Domini*, quamvis eo petente, ut legitur 2Reg 1,6sqq.

que não os poderia escusar. Portanto, cometeram o mais grave dos pecados, quer consideremos o gênero de pecado, quer a malícia da vontade.

Também os pequenos pecaram de modo gravíssimo, considerando-se o gênero de pecado, mas esse seu pecado, em certo sentido, diminuía, devido à ignorância deles. Por isso, comentando a passagem "Não sabem o que fazem", diz Beda: "Ele roga pelos que não sabiam o que faziam, pois tinham zelo da coisas de Deus, mas não segundo o conhecimento".

Já o pecado dos gentios, por cujas mãos ele foi crucificado, teve uma escusa muito maior, pois não tinham conhecimento da lei.

QUANTO AO 1º, portanto, deve-se dizer que a escusa do Senhor não se refere aos chefes dos judeus, mas aos pequenos do povo, como se disse.

QUANTO AO 2º, deve-se dizer que Judas entregou Cristo não a Pilatos, mas aos chefes dos sacerdotes, que, por sua vez, o entregaram a Pilatos, como diz o Evangelho de João: "A tua própria nação, os sumos sacerdotes te entregaram a mim!" O pecado de todos eles, porém, foi maior que o de Pilatos, que matou a Cristo por medo de César, e maior que o pecados dos soldados, que crucificaram a Cristo por ordem do governador e não por cobiça, como Judas, nem por inveja e ódio, como os chefes dos sacerdotes.

QUANTO AO 3º, deve-se dizer que realmente Cristo quis a sua paixão, como Deus também a quis, mas não a atitude iníqua dos judeus. Portanto, os que mataram a Cristo não se escusam da injustiça. — Entretanto, quem mata um homem é injusto não só em relação a ele, mas também em relação a Deus e à sociedade, como, aliás, o que se suicida, como diz o Filósofo no livro da *Ética*. Por isso, Davi condenou à morte aquele que "não temera lançar as mãos sobre o ungido do Senhor", a fim de o matar, apesar de suas súplicas, como se lê no livro dos Reis.

---

6. L. VI: ML 92, 616 D.
7. In corp.
8. C. 15: 1138, a, 11.

QUAESTIO XLVIII
DE MODO EFFICIENDI PASSIONSI CHRISTI
in sex articulos divisa

Deinde considerandum est de effectu passionis Christi. Et primo, de modo efficiendi; secundo, de ipso effectu.

Circa primum quaeruntur sex.

Primo: utrum passio Christi causaverit nostram salutem per modum meriti.
Secundo: utrum per modum satisfactionis.
Tertio: utrum per modum sacrificii.
Quarto: utrum per modum redemptionis.
Quinto: utrum esse Redemptorem sit proprium Christi.
Sexto: utrum causaverit effectum nostrae salutis per modum efficientiae.

Articulus 1
Utrum passio Christi causaverit nostram salutem per modum meriti

AD PRIMUM SIC PROCEDITUR. Videtur quod passio Christi non causaverit nostram salutem per modum meriti.

1. Passionum enim principia non sunt in nobis. Nullus autem meretur vel laudatur nisi per id cuius principium est in ipso. Ergo passio Christi nihil est operata per modum meriti.

2. PRAETEREA, Christus ab initio suae conceptionis meruit et sibi et nobis, ut supra[1] dictum est.

QUESTÃO 48[a]
O MODO DA PAIXÃO DE CRISTO
em seis artigos

Considera-se, a seguir, o efeito da paixão de Cristo. Primeiro, o modo como se deu esse efeito. Segundo, o próprio efeito.

Sobre o primeiro, são seis as perguntas.

1. Foi por mérito que a paixão de Cristo causou a nossa salvação?
2. Foi como satisfação?
3. Como sacrifício?
4. Como redenção?
5. É próprio de Cristo ser o redentor?
6. Foi por eficiência que teve como efeito a nossa salvação?

Artigo 1
Foi por mérito que a paixão de Cristo causou a nossa salvação?

QUANTO AO PRIMEIRO ARTIGO, ASSIM SE PROCEDE: parece que **não** foi por mérito que a paixão de Cristo causou a nossa salvação.

1. Com efeito, os princípios dos sofrimentos não estão em nós. Ora, ninguém merece algo ou é louvado senão por aquilo cujo princípio está nele mesmo. Logo, a paixão de Cristo nada realizou por mérito.

2. ALÉM DO MAIS, Cristo, desde o início de sua concepção, obteve merecimentos para si mesmo

---

[1] PARALL.: Infra, a. 6, ad 3; *De Verit.*, q. 26, a. 6, ad 4 *in contrarium*.

1. Q. 34, a. 3.

a. O essencial do que podemos dizer a respeito da razão de ser, logo do objetivo, do sentido, e por isso mesmo das modalidades da paixão de Cristo, foi dito na q. 46, seja do ponto de vista de Deus, seja do ponto de vista de Cristo, seja enfim do ponto de vista do homem. Se considerarmos do ponto de vista do homem, isto é, do ponto de vista dos efeitos que a paixão vem produzir nele, uma palavra o resumia até agora: a libertação do homem, que logo será chamada de redenção. Sto. Tomás irá detalhá-lo na q. 49. Mas antes, e isso é fundamental, a q. 48 mostrará de que maneira a paixão e a morte de Cristo podem operar o que chamamos de seus efeitos. Pois, afinal, a fé nos diz que Jesus morreu para nossa salvação, mas cabe à teologia compreender que relação pode haver entre essa morte e essa salvação. Verdadeira obra-prima o leque dos diversos aspectos pelos quais a paixão de Cristo pôde agir para nos salvar. Aspectos que se chocam em S. Paulo, todos presentes ali, e que se diferenciaram, por isso mesmo cristalizando-se no que se chamou de diversos sistemas da redenção, que não se excluem, mas antes se incluem. Síntese poderosa e clara que não procura, de um artigo a outro, marcar as evoluções do pensamento teológico, mas pretende reuni-las todas. Síntese sóbria, elegante, que não se pode compreender sem se referir às análises dos conceitos e categorias aqui utilizados, mas elaborados muitas vezes longamente, aplicados em outras passagens da teologia.

Poderíamos nos perguntar, no entanto, por que Sto. Tomás não tratou aqui desse outro aspecto pelo qual a paixão de Cristo realizou nossa salvação, a saber, que é a revelação do amor divino, o estímulo e o exemplo de nosso próprio amor, e por isso mesmo um caminho maravilhoso para nos conduzir a nosso fim. Ora, é justamente isso que o autor pôs no centro do artigo 3 da questão 46: "Era a paixão o melhor meio de nos salvar?" Mas a paixão de Cristo só nos revela o amor divino porque a maneira pela qual ela nos salva põe em jogo esse amor de maneira total e suprema. Quer se trate de mérito, de satisfação, de sacrifício, de redenção, de eficiência, é o amor que age e que opera. É o amor que nos salva, e é a revelação desse amor que nos ajuda a acolher tal salvação, a fazê-la nossa.

Sed superfluum est iterum mereri id quod alias meruerat. Ergo Christus per suam passionem non meruit nostram salutem.

3. PRAETEREA, radix merendi est caritas. Sed caritas Christi non fuit magis augmentata in passione quam ante. Ergo non magis meruit salutem nostram patiendo quam ante fecerat.

SED CONTRA est, quod, super illud Philp 2,9, *Propter quod et Deus exaltavit illum* etc., dicit Augustinus[2]: *Humilitas passionis claritatis est meritum: claritas humilitatis est praemium*. Sed ipse clarificatus est non solum in seipso, sed etiam in suis fidelibus, ut ipse dicit, Io 17,10. Ergo videtur quod ipse meruit salutem suorum fidelium.

RESPONDEO dicendum quod, sicut supra[3] dictum est, Christo data est gratia non solum sicut singulari personae, sed inquantum est caput Ecclesiae, ut scilicet ab ipso redundaret ad membra. Et ideo opera Christi hoc modo se habent tam ad se quam ad sua membra, sicut se habent opera alterius hominis in gratia constitui ad ipsum. Manifestum est autem quod quicumque in gratia constitutus propter iustitiam patitur, ex hoc ipso meretur sibi salutem: secundum illud Mt 5,10: *Beati qui persecutionem patiuntur propter iustitiam*. Unde Christus non solum per suam passionem sibi, sed etiam omnibus suis membris meruit salutem.

AD PRIMUM ergo dicendum quod passio inquantum huiusmodi, habet principium ab exteriori. Sed secundum quod eam aliquis voluntarie sustinet, habet principium ab interiori.

AD SECUNDUM dicendum quod Christus a principio suae conceptionis meruit nobis salutem aeternam: sed ex parte nostra erant impedimenta quaedam, quibus impediebamur consequi effectum praecedentium meritorum. Unde, ad removendum illa impedimenta, oportuit Christum pati, ut supra[4] dictum est.

e para nós, como se disse anteriormente. Ora, é supérfluo alguém merecer de novo o que já tinha sido merecido. Logo, por sua paixão, Cristo não mereceu a nossa salvação.

3. ADEMAIS, a raiz do merecimento é o amor. Ora, o amor de Cristo não aumentou na paixão, mais do que antes. Logo, ao sofrer, não mereceu a nossa salvação mais do que antes.

EM SENTIDO CONTRÁRIO, a respeito das palavras da Carta aos Filipenses: "Foi por isso que Deus o exaltou", diz Agostinho: "A humilhação da paixão é o mérito da glória; a glória é o prêmio da humilhação". Ora, ele mesmo foi glorificado não só em si mesmo, mas também em seus fiéis, como ele próprio diz. Logo, parece que ele mereceu a salvação de seus fiéis.

RESPONDO. Como foi dito acima, a graça foi dada a Cristo não só como a uma pessoa em particular, mas como ao chefe da Igreja, ou seja, de modo que dele redundasse para seus membros. Portanto, as obras de Cristo são atribuídas tanto a si como a seus membros, do mesmo modo que as obras de qualquer homem constituído em graça se atribuem a ele. É evidente, porém, que todo aquele que sofrer por causa da justiça, desde que esteja constituído em graça, merece por isso mesmo a salvação, conforme diz Mateus: "Felizes os perseguidos por causa da justiça". Conclui-se então que, por sua paixão, Cristo mereceu a salvação não só para si, mas também para todos seus membros[b].

QUANTO AO 1º, portanto, deve-se dizer que a paixão como tal tem seu princípio fora. Mas, desde que alguém a sofra voluntariamente, seu princípio é interior.

QUANTO AO 2º, deve-se dizer que, desde o início de sua concepção, Cristo nos mereceu a salvação eterna. Mas, de nossa parte, havia alguns impedimentos que não nos deixavam conseguir o efeito dos méritos anteriores. Por isso, para remover esses impedimentos, "foi necessário que Cristo sofresse", como dito acima.

---

2. *In Ioan.*, tract. 104, n. 3, super 17, 1: ML 35, 1903.
3. Q. 7, a. 1; q. 8, a. 1.
4. Q. 46, a. 3.

b. Todo esse texto se funda na doutrina do mérito, do mérito em geral (I-II, q. 114) e do mérito de Cristo em particular (III, q. 19, a. 3 e 4). Como por sua paixão Cristo mereceu sua exaltação, e não só para si, mas para os homens, é o que a doutrina da graça chamada de "capital" (*gratia capitis*) permite compreender. A graça lhe foi dada como cabeça, e por conseguinte, nele, a todos os seus membros, "para se difundir", diz Sto. Tomás, sobre todos os que chamamos de seus membros, que formam "com ele uma única pessoa mística". Tal graça será princípio de mérito não só para ele, mas para os que são indissociáveis dele. Os Padres expressaram essa extraordinária solidariedade afirmando que, ao encarnar, o Verbo havia "divinizado" em seu princípio a natureza humana. Mas o estado ao qual é promovida a natureza humana precisa ainda ser merecida para pertencer-lhe como vantagem. É o que Cristo faz à frente deles e em seu nome em cada um de seus atos, mas de maneira suprema e total pelo dom de sua vida na paixão e na morte. Pois não existe amor maior do que dar sua vida.

AD TERTIUM dicendum quod passio Christi habuit aliquem effectum quem non habuerunt praecedentia merita, non propter maiorem caritatem, sed propter genus operis, quod erat conveniens tali effectui: ut patet ex rationibus supra[5] inductis de convenientia passionis Christi.

ARTICULUS 2
Utrum passio Christi causaverit nostram salutem per modum satisfactionis

AD SECUNDUM SIC PROCEDITUR. Videtur quod passio Christi non causaverit nostram salutem per modum satisfactionis.

1. Eiusdem enim videtur esse satisfacere cuius est peccare: sicut patet in aliis poenitentiae partibus; eiusdem enim est conteri et confiteri cuius est peccare. Sed Christus non peccavit: secundum illud 1Pe 2,22: *Qui peccatum non fecit*. Ergo ipse non satisfecit propria passione.

2. PRAETEREA, nulli satisfit per maiorem offensam. Sed maxima offensa fuit perpetrata in Christi passione: quia gravissime peccaverunt qui eum occiderunt, ut supra[1] dictum est. Ergo videtur quod per passionem Christi non potuit Deo satisfieri.

3. PRAETEREA, satisfactio importat aequalitatem quandam ad culpam: cum sit actus iustitiae. Sed passio Christi non videtur esse aequalis omnibus peccatis humani generis: quia Christus non est passus secundum divinitatem, sed secundum carnem, secundum illud 1Pe 4,1, *Christo igitur passo in carne*; anima autem, in qua est peccatum, potior est quam caro. Non ergo Christus sua passione satisfecit pro peccatis nostris.

SED CONTRA est quod ex persona eius dicitur in Ps 68,5: *Quae non rapui, tunc exsolvebam*. Non autem exsolvit qui perfecte non satisfecit. Ergo videtur quod Christus patiendo satisfecerit perfecte pro peccatis nostris.

RESPONDEO dicendum quod ille proprie satisfacit pro offensa qui exhibet offenso id quod seque vel magis diligit quam oderit offensam. Christus

QUANTO AO 3º, deve-se dizer que a paixão de Cristo surtiu um efeito que os méritos precedentes não tiveram, não por causa de maior amor, mas por causa do gênero de obra, que era adequada à obtenção desse efeito, como se deduz das razões acima apresentadas a respeito da conveniência da paixão de Cristo[c].

ARTIGO 2
A paixão de Cristo causou a nossa salvação como satisfação?

QUANTO AO SEGUNDO, ASSIM SE PROCEDE: parece que **não** foi como satisfação que a paixão de Cristo causou a nossa salvação.

1. Com efeito, parece que compete a quem pecou dar satisfação, como se sabe das outras partes da penitência, por exemplo, cabe a quem pecou lamentar e confessar o erro. Ora, Cristo não pecou, como diz a primeira Carta de Pedro: "Ele que não cometeu pecado". Logo, com sua própria paixão, ele não deu satisfação.

2. ALÉM DISSO, a ninguém se dá satisfação por meio de uma ofensa ainda maior. Ora, na paixão de Cristo foi cometida a maior ofensa, pois os que o mataram cometeram o maior pecado, como visto acima. Logo, parece que não se podia dar satisfação a Deus por meio da paixão de Cristo.

3. ADEMAIS, a satisfação supõe certa equivalência com a culpa, uma vez que é um ato de justiça. Ora, a paixão de Cristo não parece equivaler a todos os pecados do gênero humano, porque Cristo não sofreu em sua divindade, mas na carne, como diz a primeira Carta de Pedro: "Visto ter Cristo sofrido na carne", sendo que a alma, na qual está o pecado, vale mais que o corpo. Logo, com sua paixão, Cristo não deu satisfação pelos nossos pecados.

EM SENTIDO CONTRÁRIO, diz o Salmo 68 representando Cristo: "Então pagarei o que não roubei". Ora, quem não dá plena satisfação não paga. Portanto, parece que Cristo, com sua paixão, deu plena satisfação pelos nossos pecados.

RESPONDO. Dá satisfação adequada por uma ofensa quem oferece ao ofendido algo que lhe traga um agrado igual ou maior do que o ódio que

---

5. Ibid.
PARALL.: Infra, a. 6, ad 3; III *Sent.*, dist. 20, a. 3; *Cont. Gent.* IV, c. 55, ad 23, 24.
1. Q. 47, a. 6.

c. Havia sem dúvida do que merecer-vos nada mais que no primeiro ato, mesmo interior, do Verbo encarnado na Terra. Mas tudo ficou suspenso na expressão desse ato no dom total e supremo. É o que tem em mente Sto. Tomás na Resposta às objeções 2 e 3.

autem, ex caritate et obedientia patiendo, maius aliquid Deo exhibuit quam exigeret recompensatio totius offensae humani generis. Primo quidem, propter magnitudinem caritatis ex qua patiebatur. Secundo, propter dignitatem vitae suae, quam pro satisfactione ponebat, quae erat vita Dei et hominis. Tertio, propter generalitatem passionis et magnitudinem doloris assumpti, ut supra[2] dictum est. Et ideo passio Christi, non solum sufficiens, sed etiam superabundans satisfactio fuit pro peccatis humani generis: secundum illud 1Io 2,2: *Ipse est propitiatio pro peccatis nostris: non pro nostris autem tantum, sed etiam pro totius mundi.*

AD PRIMUM ergo dicendum quod caput et membra sunt quasi una persona mystica. Et ideo satisfactio Christi ad omnes fideles pertinet sicut ad sua membra. Inquantum etiam duo homines sunt unum in caritate, unus pro alio satisfacere potest, ut infra[3] patebit. Non autem est similis ratio de confessione et contritione: quia satisfactio consistit in actu exteriori, ad quem assumi possunt instrumenta; inter quae computantur etiam amici.

AD SECUNDUM dicendum quod maior fuit caritas Christi patientis quam malitia crucifigentium. Et ideo plus potuit Christus satisfacere sua passione quam crucifixores offendere occidendo: in tantum quod passio Christi sufficiens fuit, et superabundans, ad satisfaciendum pro peccatis crucifigentium ipsum.

AD TERTIUM dicendum quod dignitas carnis Christi non est aestimanda solum secundum carnis naturam, sed secundum personam assumentem, inquantum scilicet erat caro Dei: ex quo habebat dignitatem infinitam.

sentiu pela ofensa. Ora, sofrendo por amor e por obediência, Cristo ofereceu a Deus mais do que exigia a compensação de todas as ofensas do gênero humano. Primeiro, por causa do imenso amor que o movia a sofrer. Segundo por causa da dignidade de sua vida, que ele dava em satisfação, pois era a vida de quem era Deus e homem. Terceiro, por causa da extensão da paixão e intensidade da dor assumida, como se disse anteriormente. Portanto, a paixão de Cristo foi uma satisfação pelos pecados humanos não só suficiente, mas também superabundante, conforme diz a primeira Carta de João: "Ele é a vítima de expiação por nossos pecados; e não somente pelos nossos, mas também pelos do mundo inteiro"[d].

QUANTO AO 1º, portanto, deve-se dizer que cabeça e membros são como uma única pessoa mística. Portanto, a satisfação de Cristo pertence a todos os fiéis como a membros seus. Igualmente, quando duas pessoas estão unidas no amor, uma pode dar satisfação pela outra, como se dirá mais adiante. Mas a mesma razão não vale para a confissão e a contrição, pois a satisfação consiste no ato exterior para o qual podem ser usados diversos meios, entre os quais podem ser incluídos também os amigos.

QUANTO AO 2º, deve-se dizer que foi maior o amor de Cristo, ao sofrer, do que a malícia dos que o crucificaram. Portanto, foi mais forte a satisfação de Cristo em sua paixão do que a ofensa dos que o crucificaram e mataram. Tanto que a paixão de Cristo foi suficiente e superabundante para dar satisfação pelos pecados dos que o crucificaram.

QUANTO AO 3º, deve-se dizer que a dignidade da carne de Cristo não deve ser avaliada somente segundo a natureza da carne, mas segundo a pessoa que a assume, porquanto era a carne de Deus, tendo, por isso, dignidade infinita.

---

2. Q. 46, a. 5, 6.
3. Cfr. *Suppl.*, q. 13, a. 2.

d. O pecado constitui portanto obstáculo à graça, à glória que o mérito de Cristo obtém? Obstáculo que será facilmente removido pelo perdão total e pela graça de conversão merecida a cada um pelo mínimo ato de amor de Cristo. Mas, se é a paixão de Cristo que merece, ela dá satisfação de todos os pecados do mundo. Será esta a famosa teoria, supostamente medieval, da "satisfação vicária"? Sim, mas sob condição de que se tome cuidado com a maneira pela qual é expressa aqui: "É sofrendo por caridade e por obediência que Cristo ofereceu a Deus algo maior do que exigia a compensação de todas as ofensas do gênero humano", e sobretudo algo "mais amável" do que detestável fora a ofensa. Onde encontrar aí a ideia de justiça punitiva, de castigo ou mesmo de expiação? Ela é até mesmo superada, absorvida na de reparação e de amor. E isso em nome dos pecadores, os quais (resposta à primeira objeção) formam uma só pessoa com Cristo. Onde encontrar aí o juridicismo? Principalmente se nos lembrarmos de que a justiça de Deus, segundo Sto. Tomás, não exigia castigo, mas que, bem pelo contrário, o homem pecador plenamente convertido aspira a reparar o mal pelo amor, o que ele só pode fazer em Jesus Cristo.

ARTICULUS 3
Utrum passio Christi fuerit operata per modum sacrificii

AD TERTIUM SIC PROCEDITUR. Videtur quod passio Christi non fuerit operata per modum sacrificii.

1. Veritas enim debet respondere figurae. Sed in sacrificiis veteris legis, quae erant figurae Christi, nunquam offerebatur caro humana: quinimmo haec sacrificia nefanda habebantur, secundum illud Ps 105,38: *Effuderunt sanguinem innocentem, sanguinem filiorum suorum et filiarum, quas sacrificaverunt sculptilibus Chanaan*. Ergo videtur quod passio Christi sacrificium dici non possit.

2. PRAETEREA, Augustinus dicit, in X *de Civ. Dei*[1] quod *sacrificium visibile invisibilis sacrificii sacramentum, idest sacrum signum, est*. Sed passio Christi non est signum, sed magis significatum per alia signa. Ergo videtur quod passio Christi non sit sacrificium.

3. PRAETEREA, quicumque offert sacrificium, aliquid sacrum facit: ut ipsum nomen *sacrificii* demonstrat. Illi autem qui Christum occiderunt, non fecerunt aliquod sacrum, sed magnam malitiam perpetraverunt. Ergo passio Christi magis fuit maleficium quam sacrificium.

SED CONTRA est quod Apostolus dicit, Eph 5,2: *Tradidit semetipsum pro nobis oblationem et hostiam Deo in odorem suavitatis*.

RESPONDEO dicendum quod sacrificium proprie dicitur aliquid factum in honorem proprie Deo debitum, ad eum placandum. Et inde est quod Augustinus dicit, in X *de Civ. Dei*[2]: *Verum sacrificium est omne opus quod agitur ut sancta societate Deo inhaereamus, relatum scilicet ad illum finem boni quo veraciter beati esse possumus*. Christus autem, ut ibidem subditur, *seipsum obtulit in passione pro nobis*: et hoc ipsum opus, quod voluntarie passionem sustinuit, fuit Deo maxime acceptum, utpote ex caritate proveniens. Unde manifestum est quod passio Christi fuit verum sacrificium. Et, sicut ipse postea subdit in eodem libro[3],

ARTIGO 3
A paixão de Cristo se efetuou como um sacrifício?

QUANTO AO TERCEIRO, ASSIM SE PROCEDE: parece que a paixão de Cristo **não** se efetuou como um sacrifício.

1. Com efeito, a realidade deve corresponder à figura. Ora, nos sacrifícios da antiga lei, que eram figuras de Cristo, jamais se oferecia carne humana; e, ao contrário, esses sacrifícios eram considerados abomináveis, de acordo com o Salmo 105: "Derramaram sangue inocente, o sangue de seus filhos e de suas filhas que eles sacrificaram aos ídolos de Canaã". Logo, parece que a paixão de Cristo não pode ser considerada um sacrifício.

2. ALÉM DISSO, diz Agostinho que "o sacrifício visível é um sacramento, ou seja, é um sinal sagrado do sacrifício invisível". Ora, a paixão de Cristo não é um sinal, mas sim é significada por outros sinais. Logo, parece que a paixão de Cristo não é um sacrifício.

3. ADEMAIS, todo aquele que oferece um sacrifício faz algo sagrado, como o demonstra o próprio nome de *sacrifício*. Ora, os que mataram a Cristo não realizaram nenhum ato sagrado, mas cometeram uma grande maldade. Logo, a paixão de Cristo foi mais um malefício que um sacrifício.

EM SENTIDO CONTRÁRIO, diz o Apóstolo: "Cristo nos amou e se entregou a si mesmo a Deus por nós em oblação e vítima, como perfume de agradável odor".

RESPONDO. Chama-se sacrifício em sentido próprio o que se faz para a honra que a Deus propriamente se deve, para o aplacar. Daí ter dito Agostinho: "O verdadeiro sacrifício é toda boa obra realizada com a finalidade de nos unir a Deus numa santa aliança, ou seja, uma obra que tem como meta o bem pelo qual podemos ser verdadeiramente felizes". Ora, continua o texto, Cristo "se ofereceu por nós na paixão" e esse fato, ou seja, ter ele suportado voluntariamente os sofrimentos, foi de grande aceitação diante de Deus, por se originar do amor. Portanto, é claro que a paixão de Cristo foi um verdadeiro sacrifício[e].

---

3 PARALL.: Supra, q. 47, a. 4, ad 2; infra, a. 6, ad 3; q. 49, a. 4; *ad Ephes*., c. 5, lect. 1; *ad Heb*., c. 7, lect. 1.

1. C. 5: ML 41, 282.
2. C. 6: ML 41, 283.
3. C. 20: ML 41, 298.

e. A aplicação da noção de "sacrifício" à paixão e morte de Cristo é frequente na Escritura e na Tradição patrística. Enquanto as categorias de "mérito" e de "satisfação" são tomadas de empréstimo ao domínio das relações inter-humanas, a "categoria"

huius veri sacrificii multiplicia variaque signa erant sacrificia prisca Sanctorum: cum hoc unum per multa figuraretur, tanquam verbis multis res una diceretur, ut sine fastidio multum commendaretur; et, *cum quatuor considerentur in omni sacrificio*, ut Augustinus dicit in IV *de Trin*.[4], scilicet *cui offeratur, a quo offeratur, quid oferatur, pro quibus offeratur, idem ipse qui unus verusque mediator per sacrificium pacis reconciliat nos Deo, unum cum illo maneret cui offerebat, unum in se faceret pro quibus offerebat, unus ipse esset qui offerebat, et quod offerebat.*

AD PRIMUM ergo dicendum quod, licet veritas respondeat figurae quantum ad aliquid, non tamen quantum ad omnia: quia oportet quod veritas figuram excedat. Et ideo convenienter figura huius sacrificii, quo caro Christi offertur pro nobis, fuit caro, non hominum, sed aliorum animalium significantium carnem Christi. Quae est perfectissimum sacrificium. Primo quidem quia, ex eo quod est humanae naturae caro, congrue pro hominibus offertur, et ab eis sumitur sub Sacramento. Secundo quia, ex eo quod erat passibilis et mortalis, apta erat immolationi. Tertio quia, ex hoc quod erat sine peccato, efficax erat ad emundanda peccata. Quarto quia, ex eo quod erat caro ipsius offerentis, erat Deo accepta propter caritatem suam carnem offerentis.

Unde Augustinus dicit, in IV *de Trin*.[5]: *Quid tam congruenter ab hominibus sumeretur quod pro eis offerretur, quam humana caro? Et quid tam aptum huic immolationi quam caro mortalis? Et quid tam mundum pro mundandis vitiis mortalium quam sine contagione carnalis concupiscentiae caro nata in utero et ex utero virginali? Et quid tam grate offerri et suscipi posset quam caro sacrificii nostri, corpus effectum sacerdotis nostri?*

Além disso, como acrescenta mais adiante, "os sacrifícios primitivos dos santos patriarcas eram múltiplos e variados sinais desse verdadeiro sacrifício. Assim, um só era prefigurado por muitos, do mesmo modo que se manifesta uma só realidade com muitas palavras a fim de lhe dar ênfase sem fastio"; e, continua ele, "como se observam quatro aspectos em todo sacrifício, a quem se oferece, quem oferece, o que se oferece, por quem se oferece, aquele mesmo, único e verdadeiro Mediador, ao nos reconciliar com Deus pelo sacrifício da paz, poderia permanecer em unidade com aquele a quem oferecia, manteria unidos a si aqueles por quem oferecia e seria um único aquele mesmo que oferecia e o objeto do oferecimento".

QUANTO AO 1º, portanto, deve-se dizer que, embora a realidade corresponda à figura em relação a alguns aspectos, não apresenta uma correspondência total, pois a realidade deve exceder a figura. Assim, a figura desse sacrifício, em que se oferece a carne de Cristo por nós, convenientemente foi a carne não de homens, mas de outros animais que simbolizavam a carne de Cristo. E essa carne de Cristo oferecida é um sacrifício absolutamente perfeito. Primeiro porque, sendo carne da natureza humana, é convenientemente oferecida pelos homens e por eles é consumida em forma de sacramento. Segundo, pelo fato de ser passível e mortal, era adequada à imolação. Terceiro, por ser sem pecado, tinha o poder de purificar dos pecados. Quarto, por ser a carne do próprio oferente, era aceita por Deus devido ao amor de quem oferecia sua carne.

Por isso, diz Agostinho: "O que poderia ser tão convenientemente partilhado pelos homens ou por eles oferecido como a carne humana?" E que poderia ser tão adequado a essa imolação como a carne mortal? E que poderia ser tão limpo para purificar os vícios dos mortais como a carne concebida sem o contágio da concupiscência carnal no útero virginal e dele nascido? E que poderia ser oferecido e aceito com tão boa vontade como a carne de nosso sacrifício, que se tornou o corpo de nosso sacerdote?"

---

4. C. 14: ML 42, 901.
5. C. 14: ML 42, 901.

---

sacrifício refere-se às relações entre o homem e Deus. Mas necessita ser liberada de todas as acepções e mesmo ressonâncias ligadas às concepções religiosas naturais ao homem. O que Sto. Tomás faz aqui: 1º por sua breve definição do sacrifício como "o que é feito para dar a Deus o que lhe é devido" e, assim, agradar-lhe (mais do que apaziguá-lo); 2º pela interpretação agostiniana dessa definição: trata-se "de todo ato pelo qual o homem busca unir-se a Deus", logo, pelo qual se dá a Deus. O que faz do sofrimento e morte de Cristo um sacrifício é que ele próprio se oferece por nós, e que "essa obra, suportar voluntariamente sua paixão, foi supremamente agradável a Deus, como proveniente da caridade, uma vez que só a caridade pode levar a se dar a ponto de se perder".

Assim, apenas a caridade é o princípio do mérito, da satisfação, do sacrifício.

AD SECUNDUM dicendum quod Augustinus ibi loquitur de sacrificiis visibilibus figuralibus. Et tamen ipsa passio Christi, licet sit aliquid significatum per alia sacrificia figuralia, est tamen signum alicuius rei observantiae a nobis: secundum illud 1Pe 4,1-2: *Christo igitur passo in carne, et vos eadem cogitatione armamini: quia qui passus est in carne, desiit a peccatis; ut iam non hominum desideriis, sed voluntati Dei, quod reliquum est in carne vivat temporis.*

AD TERTIUM dicendum quod passio Christi ex parte occidentium ipsum fuit maleficium: sed ex parte ipsius ex caritate patientis fuit sacrificium. Unde hoc sacrificium ipse Christus obtulisse dicitur, non autem illi qui eum occiderunt.

QUANTO AO 2º, deve-se dizer que Agostinho fala nessa passagem a respeito dos sacrifícios visíveis e figurativos. Contudo, a própria paixão de Cristo, embora seja significada por outros sacrifícios figurativos, é ainda sinal de alguma coisa que devemos observar, como diz a primeira Carta de Pedro: "Visto ter Cristo sofrido na carne, armai-vos, também vós, da mesma convicção: aquele que sofreu na carne rompeu com o pecado, a fim de viver todo o tempo que lhe fica por passar na carne não mais de acordo com os desejos dos homens, mas segundo a vontade de Deus".

QUANTO AO 3º, deve-se dizer que a paixão de Cristo foi um crime, por parte dos que o mataram; mas, por parte dele próprio, que sofria por amor, foi um sacrifício. Por isso, diz-se que foi o próprio Cristo quem ofereceu esse sacrifício, e não os que o mataram.

ARTICULUS 4
Utrum passio Christi fuerit operata nostram salutem per modum redemptionis

AD QUARTUM SIC PROCEDITUR. Videtur quod passio Christi non fuerit operata nostram salutem per modum redemptionis.
1. Nullus enim emit vel redimit quod suum esse non desiit. Sed homines nunquam desierunt esse Dei: secundum illud Ps 23,1: *Domini est terra et plenitudo eius, orbis terrarum et universi qui habitant in eo.* Ergo videtur quod Christus non redemerit nos sua passione.
2. PRAETEREA, sicut Augustinus dicit, XIII *de Trin.*[1], *diabolus a Christo iustitia superandus fuit.* Sed hoc exigit iustitia, ut ille qui invasit dolose rem alienam, debeat privari: quia *fraus et dolus nemini debet patrocinari*, ut etiam iura humana dicunt. Cum ergo diabolus creaturam Dei, scilicet hominem, dolose deceperit et sibi subiugaverit, videtur quod non debuit homo per modum redemptionis ab eius eripi potestate.
3. PRAETEREA, quicumque emit aut redimit aliquid pretium solvit ei qui possidebat. Sed Christus non solvit sanguinem suum, qui dicitur esse pretium redemptionis nostrae, diabolo, qui nos captivos tenebat. Non ergo Christus sua passione nos redemit.

ARTIGO 4
Foi como redenção que a paixão de Cristo efetuou a nossa salvação?

QUANTO AO QUARTO, ASSIM SE PROCEDE: parece que **não** foi como redenção que Cristo efetuou a nossa salvação.
1. Com efeito, ninguém compra ou resgata o que não deixou de ser seu. Ora, os homens jamais deixaram de pertencer a Deus, como diz o Salmo 33: "Ao Senhor, a terra e suas riquezas, o mundo e seus habitantes!" Logo, parece que Cristo não nos remiu com sua paixão.
2. ALÉM DISSO, como diz Agostinho, "é por justiça que o diabo teve de ser vencido por Cristo". Ora, a justiça exige que aquele que se apoderou com dolo de alguma coisa alheia deve dela ser despojado, pois "a fraude e o dolo não deveriam beneficiar a ninguém", como dizem também os direitos humanos. Logo, como o diabo enganou com dolo e sujeitou a si uma criatura de Deus, ou seja, o homem, parece que o homem não deveria ser subtraído do poder dele por meio de redenção.
3. ADEMAIS, todo aquele que compra ou resgata alguma coisa paga o preço a quem a possuía. Ora, não foi ao diabo, que nos mantinha cativos, que Cristo deu o seu sangue, que dizemos ser o preço de nossa redenção. Logo, Cristo não nos remiu com sua paixão.

---

4 PARALL.: Infra, a. 6, ad 3; III *Sent.*, dist. 19, a. 4, q.la 1; *ad Rom.*, c. 3, lect. 3.
1. C. 13: ML 42, 1026.

SED CONTRA est quod dicitur 1Pe 1,18-19: *Non corruptibilibus auro vel argento redempti estis de vana vestra conversatione paternae traditionis: sed pretioso sanguine, quasi agni immaculati et incontaminati, Christi*. Et Gl 3,13 dicitur: *Christus nos redemit de maledicto legis, factus pro nobis maledictum*. Dicitur autem pro nobis factus maledictum, inquantum pro nobis passus est in ligno, ut supra[2] dictum est. Ergo per passionem suam nos redemit.

RESPONDEO dicendum quod per peccatum dupliciter homo obligatus erat. Primo quidem, servitute peccati: quia *qui facit peccatum, servus est peccati*, ut dicitur Io 8,34; et 2Pe 2,19: *A quo quis superatus est, huic et servus addictus est*. Quia igitur diabolus hominem superaverat inducendo eum ad peccatum, homo servituti diaboli addictus erat. — Secundo, quantum ad reatum poenae, quo homo erat obligatus secundum Dei iustitiam. Et haec est servitus quaedam: ad servitutem enim pertinet quod aliquis patiatur quod non vult, cum liberi hominis sit uti seipso ut vult.

Igitur, quia passio Christi fuit sufficiens et superabundans satisfactio pro peccato et reatu generis humani, eius passio fuit quasi quoddam pretium, per quod liberati sumus ab utraque obligatione. Nam ipsa satisfactio qua quis satisfacit sive pro se sive pro alio, pretium quoddam dicitur quo se redimit a peccato et poena: secundum illud Dn 4,24: *Peccata tua eleemosynis redime*. Christus autem satisfecit, non quidem pecuniam dando aut aliquid huiusmodi, sed dando id quod fuit maximum, seipsum, pro nobis. Et ideo passio Christi dicitur esse nostra redemptio.

AD PRIMUM ergo dicendum quod homo dicitur esse Dei dupliciter. Uno modo, inquantum subiicitur potestati eius. Et hoc modo nunquam homo desiit Dei esse: secundum illud Dn 4,22-29: *Dominatur Excelsus in regno hominum, et*

EM SENTIDO CONTRÁRIO, diz a primeira Carta de Pedro: "Sabeis que não foi por coisas perecíveis, prata ou ouro, que fostes resgatados da maneira vã de viver, herdada dos vossos antepassados, mas pelo sangue precioso, como de um cordeiro sem defeito e sem mancha, o sangue de Cristo". E a Carta aos Gálatas diz: "Cristo pagou para nos libertar da maldição da lei, tornando-se ele mesmo maldição por nós". Ora, dizemos que ele se tornou maldição por nós, porquanto padeceu por nós no alto de um madeiro, como acima foi dito. Logo, ele nos redimiu por sua paixão.

RESPONDO. Pelo pecado, o homem fora feito escravo de dois modos. Primeiro, pela escravidão do pecado, pois "aquele que comete o pecado é escravo do pecado", como diz o Evangelho de João, e "é-se escravo daquilo pelo qual se é dominado", conforme a segunda Carta de Pedro. Portanto, como o diabo dominara o homem, induzindo-o ao pecado, o homem ficou sujeito à escravidão do diabo. — Segundo, por sua condição de réu, estava ele vinculado a uma pena perante a justiça de Deus. O que, de certo modo, é também uma escravidão, pois é próprio da servidão alguém sofrer o que não quer, quando a condição do homem livre é a de dispor de si como quiser.

Portanto, uma vez que a paixão de Cristo foi uma satisfação suficiente e superabundante em relação ao pecado e à dívida do gênero humano, a paixão dele foi como que um preço pelo qual fomos libertados de ambas as obrigações. Pois a própria satisfação, com a qual alguém quita a dívida por si mesmo ou por outro, é considerada uma espécie de preço pelo qual se redime do pecado e da pena, segundo o livro de Daniel: "Resgata teus pecados com esmolas". Ora, Cristo deu satisfação não por dar esmolas ou coisa semelhante, mas ao entregar por nós o maior bem, ele próprio. Portanto, a paixão de Cristo é considerada nossa redenção[f].

QUANTO AO 1º, portanto, deve-se dizer que há dois modos de o homem pertencer a Deus. Primeiro, como sujeito a seu poder. Sob esse aspecto, jamais o homem deixou de pertencer a Deus, conforme diz o livro de Daniel: "O Altíssimo é o soberano

---

2. Q. 46, a. 4, ad 3.

f. Vimos como o termo global de que se serve Sto. Tomás para definir a obra de Cristo é o de *libertação*. A ideia de redenção é antes de mais nada a de libertação de uma servidão. Acrescenta a de um preço estipulado, de um resgate. Imagem paulina profundamente enraizada na Bíblia. É fácil a Sto. Tomás mostrar no pecado uma sujeição a uma força que domina e, na situação de "pena" resultante, uma sujeição ao que não se deseja, e especialmente à lei do sofrimento e da morte. A imagem do "preço estipulado", do resgate, é fácil de reduzir ao conceito de "satisfação", que abole a falta e a pena.

Daí a descrição dos efeitos da paixão de Cristo como uma libertação total. Ao mesmo tempo, como diz claramente a resposta à primeira objeção, de total pertencimento ao que nos resgata, um pertencimento de amor.

cuicumque voluerit, dabit illud. — Alio modo, per unionem caritatis ad eum: secundum quod dicitur Rm 8,9: *Si quis Spiritum Christi non habet, hic non est eius.*
Primo igitur modo, nunquam homo desiit esse Dei. Secundo modo, desiit esse Dei per peccatum. Et ideo, inquantum fuit a peccato liberatus, Christo passo satisfaciente, dicitur per passionem Christi esse redemptus.

AD SECUNDUM dicendum quod homo peccando obligatus erat et Deo et diabolo. Quantum enim ad culpam, Deum offenderat, et diabolo se subdiderat, ei consentiens. Unde ratione culpae non erat factus servus Dei: sed potius, a Dei servitute recedens, diaboli servitutem incurrerat, Deo iuste hoc permittente propter offensam in se commissam. Sed quantum ad poenam, principaliter homo erat Deo obligatus, sicut summo iudici, diabolo autem tanquam tortori: secundum illud Mt 5,25: *Ne forte tradat te adversarius tuus iudici, et iudex tradat te ministro, "idest angelo poenarum crudeli"*, ut Chrysostomus dicit[3]. Quamvis igitur diabolus iniuste, quantum in ipso erat, hominem, sua fraude deceptum, sub servitute teneret, et quantum ad culpam et quantum ad poenam: iustum tamen erat hoc hominem parti, Deo hoc permittente quantum ad culpam, et ordinante quantum ad poenam. Et ideo per respectum ad Deum iustitia exigebat quod homo redimeretur: non autem per respectum ad diabolum.

AD TERTIUM dicendum quod, quia redemptio requirebatur ad hominis liberationem per respectum ad Deum, non autem per respectum ad diabolum: non erat pretium solvendum diabolo, sed Deo. Et ideo Christus sanguinem suum, qui est pretium nostrae redemptionis, non dicitur obtulisse diabolo, sed Deo.

da realeza dos homens e ele a dá a quem quer". — Segundo, por estar unido a ele pela caridade, segundo o que diz a Carta aos Romanos: "Se alguém não tem o espírito de Cristo, não lhe pertence".
Pelo primeiro modo, o homem jamais deixa de pertencer a Deus. Mas pelo segundo modo, deixa de ser de Deus pelo pecado. Assim, por ter sido libertado do pecado pela satisfação de Cristo em sua paixão, o homem é considerado redimido pela paixão de Cristo.

QUANTO AO 2º, deve-se dizer que, pelo pecado, o homem se tornou devedor tanto de Deus como do diabo. Com relação à culpa, ofendera a Deus e se submetera ao diabo, com quem consentira. Por isso, em razão dessa culpa, não se tornara servo de Deus, mas, pelo contrário, afastando-se do serviço de Deus e com sua permissão, ele caíra na escravidão do diabo, por causa da ofensa cometida. Mas com relação à pena, o homem devia principalmente obrigação a Deus, como a juiz supremo; ao diabo, porém, como ao algoz, segundo diz o Evangelho de Mateus: "Não aconteça que esse adversário te entregue ao juiz, e o juiz, ao policial", ou seja, "ao cruel anjo das penas", como diz Crisóstomo. Portanto, embora o diabo, tanto em relação à culpa quanto em relação à pena, mantivesse de modo injusto sob sua servidão, quanto lhe era possível, o homem que ele enganara, era justo que o homem suportasse isso, pois Deus o permitia no tocante à culpa, e o ordenava no tocante à pena. Portanto, a justiça exigia que o homem fosse redimido, com referência a Deus, mas não com referência ao diabo.

QUANTO AO 3º, deve-se dizer que, uma vez que a redenção era necessária para a libertação do homem, com referência a Deus, mas não com referência ao diabo, o preço não devia ser pago ao diabo, mas a Deus. Portanto, dizemos que Cristo ofereceu o seu sangue, que é o preço de nossa redenção, não ao diabo, mas a Deus[g].

---

3. *Opus imperf. in Matth.*, hom. 11, super 5, 25: MG 56, 693.

g. O que vem complicar essa imagem tão tradicional, tão completa, tão expressiva de resgate é o papel que nela ocupa o diabo, não de fato segundo S. Paulo, mas numa corrente insistente da Tradição patrística. Tomás evita rejeitá-la, mas a circunscreve. Que ser submetido à força do pecado seja de certo modo estar submetido ao diabo só é verdadeiro na medida indicada na III, q. 8, a. 7, "não por um influxo interior, mas por uma ação exterior". Que a sujeição a "pena", isto é, a tudo o que faz o homem sofrer, seja uma sujeição ao diabo, Sto. Tomás não nega, já que tantos Padres veem no Mau "o executante" do castigo. Mas tudo o que poderia se assemelhar a um "direito" do demônio sobre nós, o qual teríamos de respeitar ou nos desviar de algum modo, é obviamente rejeitado por Sto. Tomás.

Articulus 5
Utrum esse Redemptorem sit proprium Christi

AD QUINTUM SIC PROCEDITUR. Videtur quod esse Redemptorem non sit proprium Christi.
1. Dicitur enim in Ps 30,6: *Redemisti me, Domine Deus veritatis*. Sed esse Dominum Deum veritatis convenit toti Trinitati. Non ergo est proprium Christo.
2. PRAETEREA, ille dicitur redimere qui dat pretium redemptionis. Sed Deus Pater dedit Filium suum redemptionem pro peccatis nostris: secundum illud Ps 110,9: *Redemptionem misit Dominus populo suo*; Glossa[1]: *idest Christum, qui dat redemptionem captivis*. Ergo non solum Christus, sed etiam Deus Pater nos redemit.
3. PRAETEREA, non solum passio Christi, sed etiam aliorum sanctorum, proficua fuit ad nostram salutem: secundum illud Col 1,24: *Gaudeo in passionibus pro vobis, et adimpleo ea quae desunt passionum Christi in carne mea pro corpore eius, quod est Ecclesia*. Ergo non solum Christus debet dici Redemptor, sed etiam alii sancti.

SED CONTRA est quod dicitur Gl 3,13: *Christus nos redemit de maledicto legis, factus pro nobis maledictum*. Sed solus Christus factus est pro nobis maledictum. Ergo solus Christus debet dici noster Redemptor.

RESPONDEO dicendum quod ad hoc quod aliquis redimat, duo requiruntur: scilicet actus solutionis, et pretium solutum. Si enim aliquis solvat pro redemptione alicuius rei pretium, si non est suum, sed alterius, non dicitur ipse redimere principaliter, sed magis ille cuius est pretium. Pretium autem redemptionis nostrae est sanguis Christi, vel ita eius corporalis, quae *est in sanguine*, quam ipse Christus exsolvit. Unde utrumque istorum ad Christum pertinet immediate inquantum est homo: sed ad totam Trinitatem sicut ad causam primam et remotam, cuius erat et ipsa vita Christi sicut primi auctoris, et a qua inspiratum fuit ipsi homini Christo ut pateretur pro nobis. Et ideo esse immediate Redemptorem est proprium Christi inquantum est homo: quamvis ipsa redemptio possit attribui toti Trinitati sicut primae causae.

AD PRIMUM ergo dicendum quod Glossa[2] sic exponit: *Tu Deus veritatis, redemisti me in Christo*

Artigo 5
É próprio de Cristo ser redentor?

QUANTO AO QUINTO, ASSIM SE PROCEDE: parece que **não** é próprio de Cristo ser redentor.
1. Na verdade, diz o Salmo 30: "Tu me resgataste, Senhor, Deus verdadeiro". Ora, ser Senhor, Deus verdadeiro é próprio de toda Trindade. Portanto, não é próprio de Cristo.
2. ALÉM DISSO, redime quem paga o preço da redenção. Ora, foi Deus Pai quem deu seu Filho como redenção por nossos pecados, como diz o Salmo 110: "A seu povo enviou o Senhor a redenção" e comenta a Glosa: "Ou seja, Cristo, que dá a redenção aos cativos". Logo, não somente Cristo, mas também Deus Pai nos remiu.
3. ADEMAIS, não somente a paixão de Cristo, mas também as de outros santos foram profícuas para nossa salvação, conforme a Carta aos Colossenses: "Encontro minha alegria nos sofrimentos que suporto por vós; e o que falta às tribulações de Cristo, eu o completo em minha carne em favor de seu corpo que é a Igreja". Portanto, não só Cristo deve ser considerado redentor, mas também os outros santos.

EM SENTIDO CONTRÁRIO, diz a Carta aos Gálatas: "Cristo nos remiu da maldição da lei, tornando-se ele mesmo maldição por nós". Ora, somente Cristo se tornou maldição por nós. Portanto, somente Cristo deve ser considerado nosso redentor.

RESPONDO. Para que alguém possa resgatar algo, duas coisas se exigem, ou seja, o ato de pagar e o preço pago. Se, para resgatar alguma coisa, alguém paga com o que não é seu, mas de outro, não se diz ser ele o principal remidor, mas sim aquele de quem é a paga. Ora, o preço de nossa redenção é o sangue de Cristo, ou sua vida corporal, *que está no sangue*, e esse preço ele mesmo o pagou. Portanto, ambos, ato de pagar e preço, pertencem imediatamente a Cristo como homem, e à Trindade como à causa primeira e remota, a quem pertencia a própria vida de Cristo, como a seu primeiro autor e da qual o próprio Cristo, como homem, recebeu a inspiração de sofrer por nós. Portanto, é próprio de Cristo como homem ser o redentor imediato, embora a própria redenção possa ser atribuída a toda Trindade, como à primeira causa.

QUANTO AO 1º, portanto, deve-se dizer que esta é a explicação da Glosa: "Tu, Deus da verdade,

---

5 PARALL.: III *Sent.*, dist. 19, a. 4, q.la 2.

1. Interl.; LOMBARDI: ML 191, 1007 C.
2. LOMBARDI: ML 191, 303 A.

clamante: "In manus tuas, Domine, commendo spiritum meum". Et sic redemptio immediate pertinet ad hominem Christum: principaliter autem ad Deum.

AD SECUNDUM dicendum quod pretium redemptionis nostrae homo Christus solvit immediate: sed de mandato Patris sicut primordialis auctoris.

AD TERTIUM dicendum quod passiones sanctorum proficiunt Ecclesiae, non quidem per modum redemptionis, sed per modum exhortationis et exempli: secundum illud 2Cor 1,6: *Sive tribulamur pro vestra exhortatione et salute*.

remiste-me em Cristo, que exclamava: 'Pai, em tuas mãos entrego o meu espírito'". Assim, a redenção pertence imediatamente ao homem Cristo, mas, de modo principal, a Deus.

QUANTO AO 2°, deve-se dizer que o homem Cristo pagou imediatamente o preço de nossa redenção, mas a mando do Pai, como autor primeiro.

QUANTO AO 3°, deve-se dizer que os sofrimentos dos santos trazem benefício à Igreja; não, porém, como redenção, mas como exemplo e exortação, conforme diz a segunda Carta aos Coríntios: "Estamos metidos em dificuldade? É para vossa consolação e vossa salvação".

ARTICULUS 6
Utrum passio Christi fuerit operata nostram salutem per modum efficientiae

AD SEXTUM SIC PROCEDITUR. Videtur quod passio Christi non fuerit operata nostram salutem per modum efficientiae.

1. Causa enim efficiens nostrae salutis est magnitudo divinae virtutis: secundum illud Is 59,1: *Ecce, non est abbreviata manus eius, ut salvare non possit*. Christus autem *crucifixus est ex infirmitate*, ut dicitur 2Cor 13,4. Non ergo passio Christi efficienter operata est salutem nostram.

2. PRAETEREA, nullum agens corporale efficienter agit nisi per contactum: unde etiam et Christus tangendo mundavit leprosum, *ut ostenderet carnem suam salutiferam virtutem habere*, sicut Chrysostomus[1] dicit. Sed passio Christi non potuit contingere omnes homines. Ergo non potuit efficienter operari omnium hominum salutem.

3. PRAETEREA, non videtur eiusdem esse operari per modum meriti, et per modum efficientiae: quia ille qui meretur, expectat effectum ab alio. Sed passio Christi operata est nostram salutem per modum meriti. Non ergo per modum efficientiae.

SED CONTRA est quod dicitur 1Cor 1,18, quod *verbum crucis his qui salvi fiunt est virtus Dei*. Sed virtus Dei efficienter operatur nostram salutem. Ergo passio Christi in cruce efficienter operata est nostram salutem.

RESPONDEO dicendum quod duplex est efficiens: principale, et instrumentale. Efficiens quidem

ARTIGO 6
A paixão de Cristo efetuou a nossa salvação de modo eficiente?

QUANTO AO SEXTO, ASSIM SE PROCEDE: parece que a paixão de Cristo **não** efetuou a nossa salvação de modo eficiente.

1. Na verdade, a causa eficiente de nossa salvação é a grandeza do poder divino, segundo o que diz Isaías: "Não, a mão do Senhor não é curta demais para salvar". Ora, "Cristo foi crucificado em sua fraqueza", como diz a segunda Carta aos Coríntios. Logo, a paixão de Cristo não efetuou de modo eficiente a nossa salvação.

2. ALÉM DISSO, nenhum agente corporal age com eficiência senão por contato; assim, até o próprio Cristo, foi por contato que limpou o leproso, "a fim de mostrar que sua carne tinha um poder de salvar", como diz Crisóstomo. Ora, a paixão de Cristo não pôde ter contato com todos os homens. Logo, não pôde efetuar a salvação de todos os homens com eficiência.

3. ADEMAIS, parece que não cabe ao mesmo agente realizar algo por mérito e também por eficiência, pois o que merece aguarda o efeito que vem de outro. Ora, a paixão de Cristo efetuou a nossa salvação por mérito. Logo, não foi por eficiência.

EM SENTIDO CONTRÁRIO, diz a primeira Carta aos Coríntios que "a linguagem da cruz é para os que estão sendo salvos poder de Deus". Ora, o poder de Deus realiza com eficiência a nossa salvação. Logo, a paixão de Cristo na cruz efetuou com eficiência a nossa salvação.

RESPONDO. É dupla a causa eficiente: a principal e a instrumental. A causa eficiente principal da

---

6 PARALL.: Infra, q. 49, a. 1; *ad Rom.*, c. 4, lect. 3.

1. Vide CYRILLUM ALEX., *In Matth.*, super 8, 3: MG 72, 389 B.

principale humanae salutis Deus est. Quia vero humanitas Christi est *divinitatis instrumentum*, ut supra² dictum est, ex consequenti omnes actiones et passiones Christi instrumentaliter operantur, in virtute divinitatis, ad salutem humanam. Et secundum hoc, passio Christi efficienter causat salutem humanam.

AD PRIMUM ergo dicendum quod passio, Christi, relata ad Christi carnem, congruit infirmitati assumptae: relata vero ad divinitatem, consequitur ex ea infinitatem virtutem, secundum illud 1Cor 1,25: *Quod infirmum est Dei, fortius est hominibus*; quia scilicet ipsa infirmitas Christi inquantum est Dei, habet virtutem excedentem omnem virtutem humanam.

AD SECUNDUM dicendum quod passio Christi, licet sit corporalis, habet tamen spiritualem virtutem ex divinitate unita. Et ideo per spiritualem contactum efficaciam sortitur: scilicet per fidem et fidei sacramenta, secundum illud Apostoli: *Quem proposuit propitiatorem per fidem in sanguine eius*.

AD TERTIUM dicendum quod passio Christi, secundum quod comparatur ad divinitatem eius, agit per modum efficientiae; inquantum vero comparatur ad voluntatem animae Christi, agit per modum meriti; secundum vero quod consideratur in ipsa carne Christi, agit per modum satisfactionis, inquantum per eam liberamur a reatu poenae; per modum vero redemptionis, inquantum per eam liberamur a servitute culpae; per modum autem sacrificii, inquantum per eam reconciliamur Deo, ut infra³ dicetur.

salvação humana é Deus. Mas como a humanidade de Cristo é *instrumento da divindade*, como dito antes, todas as ações e sofrimentos de Cristo, consequentemente, operam de modo instrumental, pela virtude da divindade para a salvação dos homens. Assim, a paixão de Cristo causa a salvação humana de modo eficiente[h].

QUANTO AO 1º, portanto, deve-se dizer que a paixão de Cristo, em relação à sua carne, foi compatível com a fraqueza que assumiu; mas, em relação à divindade, dela adquire infinito poder, como diz a primeira Carta aos Coríntios: "O que é fraqueza de Deus é mais forte do que os homens". Ou seja, a própria fraqueza de Cristo, por ser de Deus, tem um poder que excede todo poder humano.

QUANTO AO 2º, deve-se dizer que a paixão de Cristo, embora corporal, tem um poder espiritual, por estar unida à divindade. Portanto, garante sua eficácia pelo contato espiritual, ou seja, pela fé e pelos sacramentos da fé, como diz o Apóstolo: "Foi a ele que destinou para servir de expiação por seu sangue, por meio da fé".

QUANTO AO 3º, deve-se dizer que a paixão de Cristo, em relação com sua divindade, age com eficiência; em relação com a vontade da alma de Cristo, age por mérito; mas considerada na própria carne de Cristo, age como satisfação, porquanto por ela somos libertados do reato da pena; age por redenção, porquanto por ela somos libertados da servidão da culpa; e age por sacrifício, porquanto por ela nós nos reconciliamos com Deus, como se dirá abaixo.

---

2. Q. 2, a. 6; q. 13, a. 2; q. 19, a. 1; q. 43, a. 2.
3. Q. sq.

h. A ideia segundo a qual cada um dos atos humanos de Cristo é portador da virtude de sua divindade, e que por conseguinte ele atinge de maneira eficaz quem quer que esteja em contato com ele "pela fé e pelos sacramentos", dominou, como dissemos, esta longa série de questões concernentes aos mistérios da vida, da morte e da ressurreição de Cristo. Isso ficará mais claro na teologia da ressurreição. Esse papel eficaz da paixão de Cristo na realização da redenção humana é tão importante que poderíamos dividir esta questão 48 em duas partes, pondo de um lado todos os aspectos da obra de Cristo que no-lo mostram obtendo do Pai nossa salvação, e de outro este artigo 6: Deus nos dando efetivamente a salvação, isto é, a graça, por meio desse instrumento sempre em ato que é a humanidade primeiramente crucificada e depois ressuscitada em Cristo. Ainda aí trata-se da chamada teoria "física" da Redenção pela "divinização", já subjacente no que precede, e que atinge agora sua forma mais completa.

QUAESTIO XLIX
DE EFFECTIBUS PASSIONIS CHRISTI
in sex articulos divisa

Deinde considerandum est de ipsis effectibus passionis Christi.

Et circa hoc quaeruntur sex.

Primo: utrum per passionem Christi simus liberati a peccato.
Secundo: utrum per eam simus liberati a potestate diaboli.
Tertio: utrum per eam simus liberati a reatu poenae.
Quarto: utrum per eam simus Deo reconciliati.
Quinto: utrum per eam sit nobis aperta ianua caeli.
Sexto: utrum per eam Christus adeptus fuerit exaltationem.

ARTICULUS 1
Utrum per passionem Christi simus liberati a peccato

AD PRIMUM SIC PROCEDITUR. Videtur quod per passionem Christi non simus liberati a peccato.

1. Liberare enim a peccato est proprium Dei: secundum illud Is 43,25: *Ego sum qui deleo iniquitates tuas propter me.* Christus autem non est passus secundum quod Deus, sed secundum quod homo. Ergo passio Christi non liberavit nos a peccato.

2. PRAETEREA, corporale non agit in spirituale. Sed passio Christi corporalis est: peccatum autem non est nisi in anima, quae est spiritualis creatura. Ergo passio Christi non potuit nos mundare a peccato.

3. PRAETEREA, nullus potest liberari a peccato quod nondum commisit, sed quod in posterum est commissurus. Cum igitur multa peccata post Christi passionem sint commissa, et tota die committantur, videtur quod per passionem Christi non simus liberati a peccato.

4. PRAETEREA, posita causa sufficienti, nihil aliud requiritur ad effectum inducendum. Requiruntur autem adhuc alia ad remissionem peccatorum: scilicet baptismus et poenitentia. Ergo

QUESTÃO 49
OS EFEITOS DA PAIXÃO DE CRISTO[a]
em seis artigos

Devem-se considerar, a seguir, os efeitos da paixão de Cristo.

A respeito disso são seis as perguntas:

1. Pela paixão de Cristo, fomos libertados do pecado?
2. Fomos libertados do poder do diabo?
3. Ficamos livres do reato da pena?
4. Fomos reconciliados com Deus?
5. Foram-nos abertas as portas do céu?
6. Cristo conseguiu sua exaltação?

ARTIGO 1
Fomos libertados do pecado pela paixão de Cristo?

QUANTO AO PRIMEIRO ARTIGO, ASSIM SE PROCEDE: parece que **não** fomos libertados do pecado pela paixão de Cristo.

1. Na verdade, cabe a Deus libertar do pecado, conforme diz Isaías: "Sou eu que apago, em consideração a mim, as tuas iniquidades". Ora, Cristo não sofreu como Deus, mas como homem. Logo, a paixão de Cristo não nos libertou do pecado.

2. ALÉM DISSO, o que é corporal não tem ação sobre o que é espiritual. Ora, a paixão de Cristo é corporal, ao passo que o pecado só pode estar na alma, que é espiritual. Logo, a paixão de Cristo não pôde nos limpar do pecado.

3. ALÉM DISSO, ninguém pode ser libertado de um pecado que ainda não cometeu e que só no futuro vai cometer. Ora, como depois da paixão de Cristo foram cometidos muitos pecados e diariamente ainda o são, parece que não somos libertados do pecado pela paixão de Cristo.

4. ALÉM DISSO, afirmada uma causa suficiente, nada mais se exige para produzir um efeito. Ora, para a remissão dos pecados, fazem-se ainda outras exigências, como o batismo e a penitência.

---

1 PARALL.: Infra, q. 69, a. 1, ad 2, 3; III *Sent.*, dist. 19, a. 1; Exposit. litt.; *Compend. Theol.*, c. 239; *in Symb. Apost.*, a. 4.

a. Os pormenores dos efeitos da paixão de Cristo já apareciam em grande parte nas diversas formas em que vimos essa paixão agir para obtê-los. Ao reagrupá-los sistematicamente, esta questão permite a Sto. Tomás fornecer preciosos esclarecimentos.

videtur quod passio Christi non sit sufficiens causa remissionis peccatorum.

5. Praeterea, Pr 10,12 dicitur: *Universa delicta operit caritas*; et 15,27 dicitur: *Per misericordiam et fidem purgantur peccata*. Sed multa sunt alia de quibus habemus fidem, et quae sunt provocativa caritatis. Ergo passio Christi non est propria causa remissionis peccatorum.

Sed contra est quod dicitur Ap 1,5: *Dilexit nos, et lavit nos a peccatis nostris in sanguine suo*.

Respondeo dicendum quod passio Christi est propria causa remissionis peccatorum, tripliciter. Primo quidem, per modum provocantis ad caritatem. Quia, ut Apostolus dicit, Rm 5,8-9: *Commendat Deus suam caritatem in nobis, quoniam, cum inimici essemus, Christus pro nobis mortuus est*. Per caritatem autem consequimur veniam peccatorum: secundum illud Lc 7,47: *Dimissa sunt ei peccata multa, quoniam dilexit multum*.

Secundo, passio Christi causat remissionem peccatorum per modum redemptionis. Quia enim ipse est caput nostrum, per passionem suam, quam ex caritate et obedientia sustinuit, liberavit nos, tanquam membra sua, a peccatis, quasi per pretium suae passionis: sicut si homo per aliquod opus meritorium quod manu exerceret, redimeret se a peccato quod pedibus commisisset. Sicut enim naturale corpus est unum, ex membrorum diversitate consistens, ita tota Ecclesia, quae est mysticum corpus Christi, computatur quasi una persona cum suo capite, quod est Christus.

Tertio, per modum efficientiae: inquantum caro, secundum quam Christus passionem sustinuit, est *instrumentum divinitatis*, ex quo eius passiones et actiones operantur in virtute divina ad expellendum peccatum.

Ad primum ergo dicendum quod, licet Christus non sit passus secundum quod Deus, tamen caro eius est divinitatis instrumentum. Et ex hoc passio eius habet quandam divinam virtutem ad expellendum peccatum, ut dictum est[1].

Ad secundum dicendum quod passio Christi, licet sit corporalis, sortitur tamen quandam spiritualem virtutem ex divinitate, cuius caro ei unita est instrumentum. Secundum quam quidem virtutem passio Christi est causa remissionis peccatorum.

Ad tertium dicendum quod Christus sua passione a peccatis nos liberavit causaliter, idest,

Logo, parece que a paixão de Cristo não é a causa suficiente da remissão dos pecados.

5. Ademais, diz o livro dos Provérbios: "O amor encobre todas as faltas" e "pela misericórdia e pela fé é que se purificam os pecados". Ora, há muitas outras coisas em que temos fé e que provocam o amor. Logo, a paixão de Cristo não é a causa própria da remissão dos pecados.

Em sentido contrário, diz o livro do Apocalipse: "Amou-nos e nos purificou de nossos pecados por seu sangue".

Respondo. De três modos a paixão de Cristo é causa própria da remissão dos pecados. Primeiro, por provocar nosso amor, pois, como diz a Carta aos Romanos: "Nisso Deus prova o seu amor para conosco: Cristo morreu por nós quando ainda éramos inimigos". Ora, pelo amor conseguimos o perdão dos pecados, conforme o Evangelho de Lucas: "Seus pecados tão numerosos foram perdoados, porque ela mostrou muito amor".

Segundo, a paixão de Cristo causa a remissão dos pecados por redenção. Uma vez que ele próprio é nossa cabeça, por sua paixão, que suportou com amor e obediência, ele nos libertou dos pecados, a nós que somos seus membros, como que pelo preço de sua paixão, do mesmo modo que um homem, por alguma boa obra feita com suas mãos, redimir-se-ia de um pecado que tivesse cometido com os pés. Pois, assim como o corpo natural é um só, formado pela diversidade dos membros, também toda a Igreja, que é o corpo místico de Cristo, é considerada como uma só pessoa com sua cabeça, que é Cristo.

Terceiro, a paixão causa a remissão dos pecados por eficiência: porquanto a carne, na qual Cristo suportou a paixão, é *instrumento da divindade*, de modo que seus sofrimentos e ações agem por força divina para banir o pecado.

Quanto ao 1º, portanto, deve-se dizer que, embora Cristo não tenha sofrido como Deus, sua carne é instrumento da divindade. Por isso, sua paixão tem certo poder divino de expulsar os pecados, como dito acima.

Quanto ao 2º, deve-se dizer que a paixão de Cristo, embora corporal, obtém poder da divindade, à qual sua carne está unida como instrumento e, segundo esse poder, a paixão de Cristo é causa da remissão dos pecados.

Quanto ao 3º, deve-se dizer que, com sua paixão, Cristo nos libertou de modo causal, ou seja,

---

1. In corp.

instituens causam nostrae liberationis, ex qua possent quaecumque peccata quandocumque remitti, vel praeterita vel praesentia vel futura: sicut si medicus faciat medicinam ex qua possint etiam quicumque morbi sanari, etiam in futurum.

AD QUARTUM dicendum quod, quia passio Christi praecessit ut causa quaedam universalis remissionis peccatorum, sicut dictum est[2], necesse est quod singulis adhibeatur ad deletionem propriorum peccatorum. Hoc autem fit per baptismum et poenitentiam et alia sacramenta, quae habent virtutem ex passione Christi, ut infra[3] patebit.

AD QUINTUM dicendum quod etiam per fidem applicatur nobis passio Christi ad percipiendum fructum ipsius: secundum illud Rm 3,25: *Quem proposuit Deus propitiatorem per fidem in sanguine eius*. Fides autem per quam a peccato mundamur, non est fides informis, quae potest esse etiam cum peccato, sed est fides formata per caritatem: ut sic passio Christi nobis applicetur non solum quantum ad intellectum, sed etiam quantum ad affectum. Et per hunc etiam modum peccata dimittuntur ex virtute passionis Christi.

estabeleceu a causa de nossa libertação, causa pela qual pudessem ser remidos em qualquer momento todos os pecados, passados, presentes e futuros; como um médico que preparasse um remédio com o qual pudesse sarar qualquer doença, mesmo no futuro[b].

QUANTO AO 4º, deve-se dizer que, uma vez que a paixão de Cristo foi como que a causa universal precedente da remissão dos pecados, como se disse, é necessário que seja aplicada a cada um para purificar os pecados pessoais. Ora, isso se dá pelo batismo, pela penitência e pelos demais sacramentos, que buscam seu poder na paixão de Cristo, como se esclarecerá mais abaixo.

QUANTO AO 5º, deve-se dizer que também pela fé aplica-se a nós a paixão de Cristo para que participemos de seus frutos, conforme a Carta aos Romanos: "Foi a ele que Deus destinou para servir de expiação por seu sangue, por meio da fé". Ora, a fé com a qual nos purificamos do pecado não é uma fé informe, que pode existir até com o pecado; mas é uma fé formada pelo amor; assim, a paixão de Cristo nos será aplicada, não apenas em nossa mente, mas também em nossos afetos. E também por esse modo, perdoam-se os pecados, pela força da paixão de Cristo.

ARTICULUS 2
Utrum per passionem Christi simus liberati a potestate diaboli

AD SECUNDUM SIC PROCEDITUR. Videtur quod per passionem Christi non simus liberati a potestate diaboli.

1. Ille enim non habet potestatem super aliquos, in quibus nihil sine permissione alterius facere potest. Sed diabolus, nunquam potuit aliquid in nocumentum hominum facere nisi ex permissione divina: sicut patet Iob 1 et 2 quod, potestate divinitus accepta, eum primo in rebus, postea in corpore laesit. Et similiter Mt 8,31-32 dicitur quod daemones, nisi Christo concedente, non potuerunt porcos intrare. Ergo diabolus nunquam habuit in hominibus potestatem. Et ita per passionem Christi non sumus a potestate diaboli liberati.

ARTIGO 2
Pela paixão de Cristo, somos libertados do poder do diabo?

QUANTO AO SEGUNDO, ASSIM SE PROCEDE: parece que pela paixão de Cristo **não** somos libertados do poder do diabo.

1. Na verdade, não tem poder sobre outros quem nada lhes pode fazer sem a permissão de um terceiro. Ora, o diabo jamais pôde fazer algum mal ao homem a não ser por permissão divina; foi o que fez com Jó, quando, com o poder recebido de Deus, prejudicou-o primeiro em seus bens e depois em seu corpo. E de modo semelhante diz o Evangelho de Mateus que os demônios não puderam entrar na vara de porcos a não ser com a permissão de Cristo. Logo, o diabo jamais teve poder sobre os homens. E, assim, pela paixão de Cristo não fomos libertados do poder do diabo.

---

2. Resp. ad 3.
3. Q. 62, a. 5.

PARALL.: Supra, q. 48, a. 4; III *Sent.*, dist. 19, a. 2; *ad Heb.*, c. 2, lect. 4.

---

b. Aqui uma noção muito importante: por meio de sua paixão, foi a causa de nossa liberação que foi instituída, para sempre presente e efetiva, causa à qual precisamos nos submeter e nos unir para receber seus efeitos.

2. Praeterea, diabolus potestatem suam in hominibus exercet tentando et corporaliter vexando. Sed hoc adhuc in hominibus operatur, post Christi passionem. Ergo non sumus per passionem Christi ab eius potestate liberati.

3. Praeterea, virtus passionis Christi in perpetuum durat: secundum illud Hb 10,14: *Una oblatione consummavit sanctificatos in sempiternum*. Sed liberatio a potestate diaboli nec est ubique, quia in multis partibus mundi adhuc sunt idololatrae: nec etiam erit semper, quia tempore Antichristi maxime suam potestatem exercebit in hominum nocumentum, de quo dicitur, 2Thess 2,9-10, quod eius *adventus* erit *secundum operationem Satanae in omni virtute et signis et prodigiis mendacibus, et in omni seductione iniquitatis*. Ergo videtur quod passio Christi non sit causa liberationis humani generis a potestate diaboli.

Sed contra est quod Dominus dicit, Io 12,31-32, passione imminente: *Nunc princeps huius mundi eiicietur foras, et ego, si exaltatus fuero a terra, omnia traham ad meipsum*. Est autem exaltatus a terra per crucis passionem. Ergo per eius passionem diabolus est a potestate hominum eiectus.

Respondeo dicendum quod circa potestatem quam diabolus in homines exercebat ante Christi passionem, tria sunt consideranda. Primum quidem est ex parte hominis, qui suo peccato meruit ut in potestatem traderetur diaboli, per cuius tentationem fuerat superatus. — Aliud autem est ex parte Dei, quem homo peccando offenderat, qui, per suam iustitiam, hominem reliquerat potestati diaboli. — Tertium autem est ex parte ipsius diaboli: qui sua nequissima voluntate hominem a consecutione salutis impediebat.

Quantum igitur ad primum, homo est a potestate diaboli liberatus per passionem Christi, inquantum passio Christi est causa remissionis peccatorum, ut dictum est[1]. — Quantum autem ad secundum, dicendum quod passio Christi nos a potestate diaboli liberavit, inquantum nos Deo reconciliavit, ut infra[2] dicetur. — Quantum vero ad tertium, passio Christi nos a diabolo liberavit, inquantum in passione Christi excessit modum potestatis sibi traditae a Deo, machinando in mortem

2. Além disso, o diabo exerce seu poder sobre os homens, tentando-os e atormentando seus corpos. Ora, ele ainda continua realizando isso com os homens, depois da paixão de Cristo. Logo, pela paixão de Cristo, não fomos libertados do poder dele.

3. Ademais, o poder da paixão de Cristo dura para sempre, segundo a Carta aos Hebreus: "Por uma única oblação levou para sempre à perfeição os que santificou". Ora, a libertação do poder do diabo não se verifica em todos os lugares, pois em muitas partes do mundo ainda existem idólatras; nem será para sempre, pois, no tempo do anticristo, o diabo exercerá ao máximo seu poder de prejudicar os homens. É por isso que dele diz a segunda Carta aos Tessalonicenses: "Que sua vinda será marcada pelas obras de Satanás em todo o seu poder e por milagres, prodígios enganosos e com todas as seduções da injustiça". Logo, parece que a paixão de Cristo não é a causa pela qual o gênero humano se liberta do poder do diabo.

Em sentido contrário, diz o Senhor, diante da paixão iminente: "Agora o príncipe deste mundo será lançado fora. Quanto a mim, quando eu for elevado da terra, atrairei a mim todas as coisas". Ora, foi levantado da terra pela paixão da cruz. Logo, por ela, o diabo foi banido do poder sobre os homens.

Respondo. Há três aspectos a considerar a respeito do poder que, antes da paixão de Cristo, o diabo exercia sobre os homens. O primeiro, por parte do homem, que mereceu, com seu pecado, ser entregue ao poder do diabo, a cuja tentação sucumbira. — O segundo, por parte de Deus, a quem o homem ofendera com o pecado e que, por sua justiça, abandonara o homem ao poder do diabo. — Terceiro, por parte do diabo, que, por sua perversíssima vontade impedia que o homem alcançasse a salvação.

Em relação ao primeiro aspecto, portanto, o homem ficou livre do poder do diabo pela paixão de Cristo, porquanto a paixão de Cristo é a causa da remissão dos pecados, como dito acima. — Em relação ao segundo aspecto, deve-se dizer que a paixão de Cristo nos livrou do poder do diabo, porquanto nos reconciliou com Deus, como se dirá abaixo. — Em relação ao terceiro aspecto, a paixão de Cristo nos livrou do diabo, porquanto na paixão de Cristo ele excedeu o limite de poder

---

1. A. praec.
2. A. 4

Christi, qui non habebat meritum mortis, cum esset absque peccato. Unde Augustinus dicit, in XIII *de Trin*.[3]: *Iustitia Christi diabolus victus est: quia, cum in eo nihil morte dignum inveniret, occidit eum tamen; et utique iustum est ut debitores quos tenebat, liberi dimittantur, in eum credentes quem sine ullo debito occidit*.

AD PRIMUM ergo dicendum quod non dicitur sic diabolus in homines potestatem habuisse quasi posset eis nocere Deo non permittente. Sed quia iuste permittebatur nocere hominibus, quos tentando ad suum consensum perduxerat.

AD SECUNDUM dicendum quod diabolus etiam nunc quidem potest, Deo permittente, homines tentare quantum ad animam, et vexare quantum ad corpus: sed tamen praeparatum est homini remedium ex passione Christi, quo se potest tueri contra hostis impugnationes, ne deducatur in interitum mortis aeternae. Et quicumque ante passionem Christi diabolo resistebant, per fidem passionis Christi hoc facere poterant: licet, passione Christi nondum peccata, quantum ad aliquid nullus potuerit diaboli manus evadere, ut scilicet non descenderet in infernum. A quo, post passionem Christi, se possunt homines eius virtute tueri.

AD TERTIUM dicendum quod Deus permittit diabolo posse decipere homines certis personis, temporibus et locis, secundum occultam rationem iudiciorum suorum. Semper tamen per passionem Christi est paratum hominibus remedium se tuendi contra nequitias daemonum, etiam tempore Antichristi. Sed si aliqui hoc remedio uti negligant, nil deperit efficaciae passionis Christi.

que Deus lhe concedera, ao tramar a morte de Cristo, que não merecia morrer por não ter nenhum pecado. Por isso, diz Agostinho: "O diabo foi vencido pela justiça de Cristo porque, embora não encontrasse nele nada que merecesse a morte, contudo o matou. E é assim justo que sejam postos em liberdade os devedores que mantinha presos, pois acreditavam naquele a quem ele matou, embora nada devesse"[c].

QUANTO AO 1º, portanto, deve-se dizer que não se afirma que o diabo tenha tido poder sobre os homens a ponto de poder prejudicá-los, sem que Deus o permitisse, mas que justamente tinha permissão de prejudicar os homens a quem, por tentação, levava a com ele consentir.

QUANTO AO 2º, deve-se dizer que o diabo, ainda hoje, se Deus o permitir, pode tentar os homens em relação à alma e importuná-los em relação ao corpo; contudo, pela paixão de Cristo foi preparado para o homem um remédio com o qual pode se prevenir contra os ataques do inimigo para não ser arrastado à destruição da morte eterna. E os que, antes da paixão, resistiam ao diabo podiam fazê-lo pela fé na paixão de Cristo, embora, por não ter acontecido ainda a paixão, ninguém, em certo sentido, pudesse escapar às mãos do diabo, ou seja, deixar de descer à mansão dos mortos, da qual, depois da paixão de Cristo e por sua força, os homens podem se defender.

QUANTO AO 3º, deve-se dizer que Deus permite ao diabo enganar os homens, estas ou aquelas pessoas, neste ou naquele lugar e tempo, de acordo com os arcanos de seus juízos. Contudo, pela paixão de Cristo, sempre se tem um remédio preparado para que os homens se defendam das maldades dos demônios, mesmo no tempo do anticristo. E mesmo que alguns se descurem do uso desse remédio, nada se tira à eficácia da paixão de Cristo.

ARTICULUS 3
Utrum per passionem Christi homines fuerint liberati a poena peccati

AD TERTIUM SIC PROCEDITUR. Videtur quod per passionem Christi non fuerunt homines liberati a poena peccati.

ARTIGO 3
Pela paixão de Cristo, os homens ficaram livres da pena do pecado?

QUANTO AO TERCEIRO, ASSIM SE PROCEDE: parece que pela paixão de Cristo os homens **não** ficaram livres da pena do pecado.

---

3. C. 14: ML 42, 1027-1028.

3   PARALL.: Supra, q. 48, a. 6, ad 3; III *Sent*., dist. 19, a. 3; *in Symb. Apost*., a. 4.

c. A ideia de que o diabo tenha perdido seus "direitos" sobre o homem ao levar à morte Cristo, sobre o qual ele não tinha direito algum, não nos diz respeito. Não ocupa papel algum na explicação da redenção por Sto. Tomás. Ele só a menciona

1. Praecipua enim poena peccati est aeterna damnatio. Sed illi qui damnati erant in inferno pro suis peccatis, non sunt per Christi passionem liberati: quia *in inferno nulla est redemptio*. Ergo videtur quod passio Christi non liberavit homines a poena.

2. Praeterea, illis qui sunt liberati a reatu poenae, non est aliqua poena iniungenda. Sed poenitentibus iniungitur poena satisfactoria. Non ergo per passionem Christi sunt homines liberati a reatu poenae.

3. Praeterea, mors est poena peccati: secundum illud Rm 6,23: *Stipendia peccati mors*. Sed adhuc post passionem Christi homines moriuntur. Ergo videtur quod per passionem Christi non sumus a reatu poenae liberati.

Sed contra est quod dicitur Is 53,4: *Vere languores nostros ipse tulit, et dolores nostros ipse portavit*.

Respondeo dicendum quod per passionem Christi liberati sumus a reatu poenae dupliciter. Uno modo, directe: inquantum scilicet passio Christi fuit sufficiens et superabundans satisfactio pro peccatis totius humani generis. Exhibita autem satisfactione sufficienti, tollitur reatus poenae. — Alio modo, indirecte: inquantum scilicet passio Christi est causa remissionis peccati, in quo fundatur reatus poenae.

Ad primum ergo dicendum quod passio Christi sortitur effectum suum in illis quibus applicatur per fidem et caritatem, et per fidei sacramenta. Et ideo damnati in inferno, qui praedicto modo passioni Christi non coniunguntur, effectum eius percipere non possunt.

Ad secundum dicendum quod, sicut dictum est[1], ad hoc quod consequamur effectum passionis Christi, oportet nos ei configurari. Configuramur autem ei in baptismo sacramentaliter: secundum illud Rm 6,4: *Consepulti sumus* ei *per baptismum in mortem*. Unde baptizatis nulla poena satisfactoria imponitur: quia sunt totaliter liberati per satisfactionem Christi. Quia vero *Christus semel tantum pro peccatis nostris mortuus est*, ut dicitur 1Pe 3,18, ideo non potest homo secundario configurari morti Christi per sacramentum baptismi. Unde oportet quod illi qui post baptismum peccant, configurentur Christo patienti per aliquid

1. Na verdade, a principal pena do pecado é a condenação eterna. Ora, os condenados no inferno por causa de seus pecados não são libertados pela paixão de Cristo, pois "nenhuma redenção existe no inferno". Logo, parece que a paixão de Cristo não livrou os homens da pena.

2. Além disso, não há nenhuma pena a ser aplicada aos que ficaram livres do reato da pena. Ora, impõe-se aos penitentes uma pena satisfatória. Logo, pela paixão de Cristo, os homens não ficaram livres do reato da pena.

3. Ademais, a morte é a pena do pecado, como diz a Carta aos Romanos: "O salário do pecado é a morte". Ora, mesmo depois da paixão de Cristo os homens morrem. Logo, parece que, pela paixão de Cristo não ficamos livres do reato da pena.

Em sentido contrário, diz Isaías: "Na verdade, são os nossos sofrimentos que ele carregou, foram as nossas dores que ele suportou".

Respondo. Pela paixão de Cristo ficamos duplamente livres do reato da pena. Primeiro, de modo direto, porquanto a paixão de Cristo foi uma satisfação suficiente e superabundante pelos pecados de todo o gênero humano; ora, dada uma satisfação suficiente, o reato da pena é abolido. — Segundo, de modo indireto, porquanto a paixão de Cristo é causa da remissão do pecado no qual se fundamenta o reato da pena.

Quanto ao 1º, portanto, deve-se dizer que a paixão de Cristo surte seu efeito naqueles em quem ela é aplicada pela fé, pelo amor, e pelos sacramentos da fé. Portanto, os condenados do inferno, que não se unem à paixão de Cristo do modo acima dito, não podem participar de seu efeito.

Quanto ao 2º, deve-se dizer que, como foi dito anteriormente, para que possamos conseguir o efeito da paixão de Cristo, é preciso que a ele nos configuremos. Ora, a ele nós nos configuramos sacramentalmente no batismo, conforme diz a Carta aos Romanos: "Pelo batismo, nós fomos sepultados com ele em sua morte". Por isso, não se impõe aos batizados nenhuma pena satisfatória, pois são totalmente libertados pela satisfação de Cristo. Mas, como "Cristo sofreu pelos pecados, uma vez por todas", como diz a primeira Carta de Pedro, não pode o homem de novo se configurar à morte de Cristo pelo sacramento do batismo.

---

1. A. 1, ad 4, ad 5; I-II, q. 85, a. 5, ad 2.

abrigando-se por trás de Sto. Agostinho, e por respeito aos Padres. Mas que Cristo tenha vindo tomar posse dos homens e rejeitar assim todas as forças más que pressionam sua liberdade e reinam sobre eles, algo de que o diabo é o protótipo e muitas vezes o motor, o instigador, trata-se de magna teologia.

poenalitatis vel passionis quam in seipsis sustineant. Quae tamen multo minor sufficit quam esset condigna peccato, cooperante satisfactione Christi.

AD TERTIUM dicendum quod satisfactio Christi habet effectum in nobis inquantum incorporamur ei ut membra capiti, sicut supra[2] dictum est. Membra autem oportet capiti esse conformia. Et ideo, sicut Christus primo quidem habuit gratiam in anima cum passibilitate corporis, et per passionem ad gloriam immortalitatis pervenit; ita et nos, qui sumus membra eius, per passionem ipsius liberamur quidem a reatu cuiuslibet poenae, ita tamen quod primo recipimus in anima *Spiritum adoptionis filiorum*, quo adscribimur ad hereditatem gloriae immortalitatis, adhuc corpus passibile et mortale habentes; postmodum vero, *configurati passionibus et morti Christi*, in gloriam immortalem perducimur; secundum illud Apostoli, Rm 8,17: *Si filii Dei, et heredes, heredes quidem Dei, coheredes autem Christi: si tamen compatimur, ut simul glorificemur*.

Por isso, é preciso que os que pecam depois do batismo se configurem a Cristo sofredor por alguma penalidade ou sofrimento que suportam em si mesmos. Pena essa, todavia, que, com a ajuda da satisfação de Cristo, é suficiente, ainda que seja bem menor que a merecida pelo pecado.

QUANTO AO 3º, deve-se dizer que a satisfação de Cristo tem efeito sobre nós à medida que nos incorporamos a ele como membros à cabeça, como se disse acima. Ora, os membros devem se conformar com a cabeça. Portanto, assim como Cristo teve, primeiro, a graça na alma com a passividade do corpo, e pela paixão chegou à glória da imortalidade, também nós, que somos membros dele, sejamos livres por sua paixão do reato de qualquer pena. De modo que, primeiro, recebamos na alma o "Espírito de adoção dos filhos", pelo qual somos recebidos na herança da glória da imortalidade, embora tenhamos ainda o corpo passível e mortal; depois, "configurados com os sofrimentos e morte de Cristo", sejamos conduzidos à glória imortal, segundo a Carta aos Romanos: "Filhos e, portanto, herdeiros: herdeiros de Deus, co-herdeiros de Cristo, visto que, participando de seus sofrimentos, também teremos parte na sua glória"[d].

ARTICULUS 4
Utrum per passionem Christi simus Deo reconciliati

AD QUARTUM SIC PROCEDITUR. Videtur quod per passionem Christi non simus Deo reconciliati.

1. Reconciliatio enim non habet locum inter amicos. Sed Deus semper dilexit nos: secundum illud Sap 11,25: *Diligis omnia quae sunt, et nihil odisti eorum quae fecisti*. Ergo passio Christi non reconciliavit nos Deo.

2. PRAETEREA, non potest idem esse principium et effectus: unde gratia, quae est principium merendi, non cadit sub merito. Sed dilectio Dei est principium passionis Christi: secundum illud Io 3,16: *Sic Deus dilexit mundum ut Filium suum unigenitum daret*. Non ergo videtur quod per passionem Christi simus reconciliati Deo, ita quod de novo nos amare inciperet.

ARTIGO 4
Pela paixão de Cristo, fomos reconciliados com Deus?

QUANTO AO QUARTO, ASSIM SE PROCEDE: parece que pela paixão de Cristo **não** fomos reconciliados com Deus.

1. Na verdade, entre amigos não há espaço para reconciliação. Ora, Deus sempre nos amou, conforme diz o livro da Sabedoria: "Tu amas todas as coisas e não detestas nenhuma de tuas obras". Logo, a paixão de Cristo não nos reconciliou com Deus.

2. ALÉM DISSO, uma mesma coisa não pode ser princípio e efeito; por isso, a graça, que é princípio de merecimento, não é passível de mérito. Ora, o amor de Deus é o princípio da paixão de Cristo, conforme diz o Evangelho de João: "Deus, com efeito, amou tanto o mundo que deu o seu Filho, o seu único". Logo, parece que, pela paixão de Cristo, não somos reconciliados com Deus, a ponto de ele começar a nos amar de novo.

---

2. A. 1; q. 48, a. 1; a. 2, ad 1.
4 PARALL.: III *Sent*., dist. 19, a. 5, q.la 1; *in Symb. Apost.*, a. 4.

---

d. Desse modo, portanto, para aquele que foi salvo por Cristo, os sofrimentos desta vida não constituem mais penas, nem mesmo satisfações (a não ser para as faltas pessoais pós-batismais), mas uma conformidade a Cristo.

3. PRAETEREA, passio Christi impleta est per homines Christum occidentes, qui ex hoc graviter Deum offenderunt. Ergo passio Christi magis est causa indignationis quam reconciliationis Dei.

SED CONTRA est quod Apostolus dicit, Rm 5,10: *Reconciliati sumus Deo per mortem Filii eius*.

RESPONDEO dicendum quod passio Christi est causa reconciliationis nostrae ad Deum dupliciter. Uno modo, inquantum removet peccatum, per quod homines constituuntur inimici Dei, secundum illud Sap 14,9: *Similiter odio sunt Deo impius et impietas eius*; et in Ps 5,7: *Odisti omnes qui operantur iniquitatem*.

Alio modo, inquantum est Deo sacrificium acceptissimum. Est enim hoc proprie sacrificii effectus, ut per ipsum placetur Deus: sicut cum homo offensam in se commissam remittit propter aliquod obsequium acceptum quod ei exhibetur. Unde dicitur 1Reg 26,19: *Si Dominus incitat te adversum me, odoretur sacrificium*. Et similiter tantum bonum fuit quod Christus voluntarie passus est, quod propter hoc bonum in natura humana inventum, Deus placatus est super omni offensa generis humani, quantum ad eos qui Christo passo coniunguntur secundum modum praemissum[1].

AD PRIMUM ergo dicendum quod Deus diligit omnes homines quantum ad naturam, quam ipse fecit. Odit tamen eos quantum ad culpam, quam contra eum homines committunt: secundum illud Eccli 12,3: *Altissimus odio habet peccatores*.

AD SECUNDUM dicendum quod Christus non dicitur quantum ad hoc nos Deo reconciliasse, quod de novo nos amare inciperet: cum scriptum sit, Ier 31,3: *In caritate perpetua dilexi te*. Sed quia per passionem Christi est sublata odii causa: tum propter ablutionem peccati; tum propter recompensationem acceptabilioris boni.

AD TERTIUM dicendum quod, sicut occisores Christi homines fuerunt, ita et Christus occisus. Maior autem fuit caritas Christi patientis quam iniquitas occisorum. Et ideo passio Christi magis valuit ad reconciliandum Deum toti humano generi, quam ad provocandum iram.

3. ADEMAIS, a paixão de Cristo foi levada a cabo pelos homens que o mataram e que assim ofenderam gravemente a Deus. Portanto, a paixão de Cristo é mais causa de indignação que de reconciliação com Deus.

EM SENTIDO CONTRÁRIO, diz a Carta aos Romanos: "Fomos reconciliados com Deus pela morte de seu Filho".

RESPONDO. A paixão de Cristo é, de dois modos, causa de nossa reconciliação com Deus. Primeiro, por remover o pecado, pelo qual os homens se tornam inimigos de Deus, conforme diz o livro da Sabedoria: "Deus detesta igualmente o ímpio e sua impiedade" e o Salmo 5: "Odeias todos os que praticam a iniquidade".

Segundo, por ser um sacrifício muito aceito por Deus. Ora, o efeito próprio do sacrifício é aplacar a Deus; como o homem que perdoa uma ofensa pessoal por causa de algum ato de atenção que se lhe presta. Por isso, diz o livro dos Reis: "Se o Senhor te incita contra mim, receba o cheiro do sacrifício". E, de modo semelhante, o sofrimento voluntário de Cristo foi um ato tão bom que, devido a esse bem encontrado na natureza humana, Deus se aplacou diante de todas as ofensas do gênero humano, com referência àqueles que se unem a Cristo sofredor do modo apontado.

QUANTO AO 1º, portanto, deve-se dizer que Deus ama todos os homens sob o ponto de vista da natureza que ele mesmo criou, mas ele os odeia sob o ponto de vista da culpa que todos têm diante dele, conforme diz o Eclesiástico: "O Altíssimo odeia os pecadores".

QUANTO AO 2º, deve-se dizer que Cristo não nos reconciliou com Deus, como se ele tivesse começado a nos amar de novo, pois diz o livro de Jeremias: "Eu te amo com um amor de eternidade", mas que pela paixão de Cristo foi retirada a causa do ódio, tanto pela retirada do pecado como pela compensação de um bem mais aceitável.

QUANTO AO 3º, deve-se dizer que se os que mataram a Cristo eram homens, também o era Cristo, a quem mataram. Foi maior, porém, o amor de Cristo sofredor que a iniquidade dos que o mataram. Por isso, a paixão de Cristo serviu mais para reconciliar Deus com todo gênero humano do que para o provocar à ira.

---

1. A. 1, ad 4; a. 3, ad 1; q. 48, a. 6, ad 2.

Articulus 5
Utrum Christus sua passione aperuerit nobis ianuam caeli

AD QUINTUM SIC PROCEDITUR. Videtur quod Christus sua passione non aperuerit nobis ianuam caeli.

1. Dicitur enim Pr 11,18: *Seminanti iustitiam merces fidelis*. Sed merces iustitiae est introitus regni caelestis. Ergo videtur quod sancti Patres, qui operati sunt opera iustitiae, fideliter consecuti essent introitum regni caelestis, etiam absque Christi passione. Non ergo passio Christi est causa apertionis ianuae regni caelestis.

2. PRAETEREA, ante passionem Christi, Elias raptus est in caelum, ut dicitur IVReg 2,11. Sed effectus non praecedit causam. Ergo videtur quod apertio ianuae caelestis non sit effectus passionis Christi.

3. PRAETEREA, sicut legitur Mt 3,16, Christo baptizato *aperti sunt caeli*. Sed baptismus praecessit passionem. Ergo apertio caeli non est effectus passionis Christi.

4. PRAETEREA, Mich 2,13 dicitur: *Ascendit pandens iter ante eos*. Sed nihil aliud videtur pandere iter caeli quam eius ianuam aperire. Ergo videtur quod ianuae caeli sit nobis aperta, non per passionem, sed per ascensionem Christi.

SED CONTRA est quod Apostolus dicit, Hb 10,19: *Habemus fiduciam in introitu sanctorum*, scilicet caelestium, *in sanguine Christi*.

RESPONDEO dicendum quod clausio ianuae est obstaculum quoddam prohibens homines ab ingressu. Prohibebantur autem homines ab ingressu regni caelestis propter peccatum: quia, sicut dicitur Is 35,8, *via illa sancta vocabitur*, et *non transibit per eam pollutus*. Est autem duplex peccatum impediens ab ingressu regni caelestis. Unum quidem commune totius humanae naturae, quod est peccatum primi Parentis. Et per hoc peccatum praecludebatur homini aditus regni caelestis: unde legitur Gn 3,24 quod, post peccatum primi hominis, *collocavit* Deus *cherubim, et flammeum gladium atque versatilem, ad custodiendam viam ligni vitae*. — Aliud autem est peccatum speciale uniuscuiusque personae, quod per proprium actum committitur uniuscuiusque hominis.

Artigo 5
Por sua paixão, Cristo nos abriu as portas do céu?

QUANTO AO QUINTO, ASSIM SE PROCEDE: parece que Cristo, com sua paixão, **não** nos abriu as portas do céu.

1. Na verdade, diz o livro dos Provérbios: "Quem semeia a justiça tem recompensa segura". Ora, a recompensa da justiça é a entrada no reino dos céus. Logo, parece que os Patriarcas, que realizaram obras de justiça, pela fé, conseguiram a entrada no reino dos céus, mesmo sem a paixão de Cristo. Portanto, a paixão de Cristo não é a causa da abertura das portas do reino dos céus.

2. ALÉM DISSO, antes da paixão de Cristo, Elias foi arrebatado aos céus, como diz o livro dos Reis. Ora, o efeito não precede a causa. Logo, parece que a abertura das portas do céu não é efeito da paixão de Cristo.

3. ALÉM DISSO, como se lê no Evangelho de Mateus, tendo Cristo sido batizado, "os céus se abriram". Ora, o batismo precedeu a paixão. Logo, a abertura dos céus não é efeito da paixão de Cristo.

4. ADEMAIS, diz o livro de Miqueias: "Já subiu, diante deles, aquele que abre o caminho". Ora, abrir o caminho nos céus parece não ser outra coisa senão abrir suas portas. Logo, parece que as portas do céu nos foram abertas não pela paixão, mas pela ascensão de Cristo.

EM SENTIDO CONTRÁRIO, diz a Carta aos Hebreus: "Temos garantia de acesso ao santuário", ou seja, aos céus, "pelo sangue de Jesus".

RESPONDO. O fechamento de uma porta é um obstáculo que impede a entrada das pessoas. Ora, os homens estavam impedidos de entrar no reino dos céus por causa do pecado, pois, como diz Isaías: "Caminho sagrado chamá-lo-ão. O impuro não passará por ele". E há dois pecados que impedem a entrada do reino dos céus. Um é o pecado de nosso primeiro pai, pecado comum a toda a natureza humana e que fechava ao homem a entrada do reino celeste. Por isso, se lê no livro do Gênesis, que, depois do pecado do primeiro homem, "Deus postou os querubins com uma espada de fogo e versátil, para guardar o caminho da árvore da vida". — O outro é o pecado especial de cada pessoa, cometido pelo ato pessoal de cada homem.

---

5 PARALL.: Supra, q. 39, a. 5, ad 3; III *Sent*., dist. 18, a. 6, q.la 2, 3; dist. 22, q. 3, a. 1, ad 4; IV, dist. 4, q. 2, a. 2, q.la 6; in *Symbol. Apost*., a. 4.

Per passionem autem Christi liberati sumus non solum a peccato communi totius humanae naturae, et quantum ad culpam et quantum ad reatum poenae, ipso solvente pretium pro nobis: sed etiam a peccatis propriis singulorum qui communicant eius passioni per fidem et caritatem et fidei sacramenta. Et ideo per passionem Christi aperta est nobis ianua regni caelestis. Et hoc est quod Apostolus dicit, Hb 9,11-12, quod *Christus, assistens Pontifex futurorum bonorum, per proprium sanguinem introivit semel in sancta, aeterna redemptione inventa*. Et hoc significatur Nm 35,25sqq., ubi dicitur quod homicida *manebit ibi*, scilicet in civitate refugii, *donec sacerdos magnus, qui oleo sancto unctus est, moriatur*: quo mortuo, poterit in domum suam redire.

AD PRIMUM ergo dicendum quod sancti Patres, operando opera iustitiae, meruerunt introitum regni caelestis per fidem passionis Christi, secundum illud Hb 11,33, *Sancti per fidem vicerunt regna, operati sunt iustitiam*: per quam etiam unusquisque a peccato purgabatur quantum pertinet ad emundationem propriae personae. Non tamen alicuius fides vel iustitia sufficiebat ad removendum impedimentum quod erat per reatum totius humanae creaturae. Quod quidem remotum est pretio sanguinis Christi. Et ideo ante passionem Christi nullus intrare poterat regnum caeleste, adipiscendo scilicet beatitudinem aeternam, quae consistit in plena Dei fruitione.

AD SECUNDUM dicendum quod Elias sublevatus est in caelum aereum: non autem in caelum empyreum, qui est locus beatorum. Et similiter nec Henoch: sed raptus est ad paradisum terrestrem, ubi cum Elia simul creditur vivere usque ad adventum Antichristi.

AD TERTIUM dicendum quod, sicut supra[1] dictum est, Christo baptizato aperti sunt caeli, non propter ipsum Christum, cui semper caelum patuit: sed ad significandum quod caelum aperitur baptizatis baptismo Christi, qui habet efficaciam ex passione ipsius.

AD QUARTUM dicendum quod Christus sua passione meruit nobis introitum regni caelestis, et impedimentum removit: sed per suam ascensionem nos quasi in possessionem regni caelestis introduxit. Et ideo dicitur quod *ascendens pandit iter ante eos*.

Ora, pela paixão de Cristo somos libertados não só do pecado comum a toda a natureza humana, em relação à culpa e em relação à dívida da pena, uma vez que ele pagou por nós o preço, mas também dos pecados próprios de cada um dos que participam da paixão dele pela fé, pelo amor, e pelos sacramentos da fé. Consequentemente, pela paixão de Cristo foi-nos aberta a porta do reino celeste. E é precisamente isso que nos diz a Carta aos Hebreus: "Cristo, sumo sacerdote dos bens vindouros, por seu próprio sangue, entrou uma vez para sempre no santuário e obteve uma libertação definitiva". É o que dá a entender o livro dos Números quando diz que o homicida "ali permanecerá", ou seja, na cidade de refúgio, "até a morte do sumo sacerdote consagrado com o óleo santo"; depois da morte deste, voltará para sua casa.

QUANTO AO 1º, portanto, deve-se dizer que os Patriarcas, ao realizarem obras de justiça, mereceram entrar no reino celeste pela fé na paixão de Cristo, segundo o que diz a Carta aos Hebreus: "Graças à fé, conquistaram reinos, praticaram a justiça"; por ela, cada um deles ficava limpo do pecado, quanto condiz com a purificação da própria pessoa. Contudo a fé ou a justiça de nenhum deles era suficiente para remover o impedimento proveniente da dívida de todas as criaturas humanas. Impedimento que foi removido pelo preço do sangue de Cristo. Por isso, antes da paixão de Cristo, ninguém pudera entrar no reino celeste, ou seja, conseguir a eterna bem-aventurança, que consiste no pleno gozo de Deus.

QUANTO AO 2º, deve-se dizer que Elias foi arrebatado ao céu da atmosfera, não ao céu empíreo, que é o lugar dos santos. Coisa semelhante aconteceu com Henoc; foi arrebatado ao paraíso terrestre, onde se acredita viver com Elias até o advento do anticristo.

QUANTO AO 3º, deve-se dizer que, como dito anteriormente, por ocasião do batismo de Cristo, os céus se abriram, não por causa do próprio Cristo, a quem esteve sempre aberto, mas para significar que o céu se abria para os batizados no batismo de Cristo, que retira sua eficácia da paixão dele.

QUANTO AO 4º, deve-se dizer que Cristo, com sua paixão, mereceu-nos a abertura do reino celeste e removeu o impedimento; mas pela ascensão como que nos introduziu na posse do reino celeste. Por isso, se diz que "já subiu, diante deles, aquele que abre o caminho".

---

1. Q. 39, a. 5.

Articulus 6
Utrum Christus per suam passionem meruerit exaltari

AD SEXTUM SIC PROCEDITUR. Videtur quod Christus per suam passionem non meruit exaltari.

1. Sicut enim cognitio veritatis est proprium Deo, ita et sublimitas: secundum illud Ps 112,4: *Excelsus super omnes gentes Dominus, et super caelos gloria eius*. Sed Christus, secundum quod homo, habuit cognitionem omnis veritatis non ex aliquo merito praecedenti, sed ex ipsa unione Dei et hominis: secundum illud Io 1,14: *Vidimus gloriam eius quasi Unigeniti a Patre, plenum gratiae et veritatis*. Ergo neque exaltationem habuit ex merito passionis, sed ex sola unione.

2. PRAETEREA, Christus meruit sibi a primo instanti suae conceptionis, ut supra[1] habitum est. Non autem maior caritas fuit in eo tempore passionis quam ante. Cum ergo caritas sit merendi principium, videtur quod non magis meruit per passionem suam exaltationem quam ante.

3. PRAETEREA, gloria corporis resultat ex gloria animae: ut Augustinus dicit, in Epistola *ad Dioscorum*[2]. Sed Christus per passionem suam non meruit exaltationem quantum ad gloriam animae: quia anima eius fuit beata a primo instanti suae conceptionis. Ergo neque etiam per passionem meruit exaltationem quantum ad gloriam corporis.

SED CONTRA est quod dicitur Phil 2,8-9: *Factus est obediens usque ad mortem, mortem autem crucis: propter quod et Deus exaltavit illum*.

RESPONDEO dicendum quod meritum importat quandam aequalitatem iustitiae: unde Apostolus dicit: *Ei qui operatur, merces imputatur secundum debitum*. Cum autem aliquis ex sua iniusta voluntate sibi attribuit plus quam debeatur, iustum est ut diminuatur etiam quantum ad id quod sibi debebatur: sicut *cum furatur quis unam ovem, reddet quatuor*, ut dicitur Ex 22,1. Et hoc dicitur mereri, inquantum per hoc punitur cuius est iniqua voluntas. Ita etiam, cum aliquis sibi ex iusta voluntate subtrahit quod debebat habere, meretur ut sibi amplius aliquid superaddatur, quasi merces iustae voluntatis. Et inde est quod, sicut dicitur Lc 14,11, *qui se humiliat, exaltabitur*.

Artigo 6
Por sua paixão, Cristo mereceu ser exaltado?

QUANTO AO SEXTO, ASSIM SE PROCEDE: parece que Cristo, por sua paixão, **não** mereceu ser exaltado.

1. Na verdade, como é próprio de Deus o conhecimento da verdade, assim também a mais alta posição, conforme diz o Salmo 112: "O Senhor domina todas as nações, e sua glória está acima dos céus". Ora, Cristo como homem teve o conhecimento de toda a verdade, não por algum mérito precedente, mas pela própria união de Deus e do homem, conforme diz o Evangelho de João: "E nós vimos sua glória, glória essa que, Filho único cheio de graça e de verdade, ele tem da parte do Pai". Logo, não teve sua exaltação por mérito da paixão, mas somente pela união.

2. ALÉM DISSO, Cristo adquiriu merecimento desde o primeiro instante de sua concepção, como foi tratado anteriormente. Ora, seu amor não foi maior na paixão do que antes. Logo, como o amor é o princípio do merecimento, parece que pela paixão não mereceu mais sua exaltação do que antes.

3. ADEMAIS, a glória do corpo vem da glória da alma, como diz Agostinho. Ora, por sua paixão, Cristo não mereceu a exaltação no tocante à glória da alma, pois sua alma gozava da bem-aventurança desde o primeiro instante de sua concepção. Logo, pela paixão, tampouco mereceu a exaltação no tocante à glória do corpo.

EM SENTIDO CONTRÁRIO, diz a Carta aos Filipenses: "Ele se fez obediente até a morte, e morte numa cruz. Foi por isso que Deus o exaltou".

RESPONDO. O mérito comporta certa igualdade com a justiça. Por isso, diz o Apóstolo que "para aquele que realiza obras, o salário é considerado um débito". Quando alguém, por sua injusta vontade, atribui a si mais do que se lhe deve, é justo que se diminua também o que se lhe devia, como diz o livro do Êxodo: "Quando um homem roubar uma ovelha, devolva". E dizemos que ele o mereceu, porquanto desse modo se pune sua vontade injusta. Assim também, quando alguém, por uma justa vontade, se priva do que tinha direito de possuir, merece que se lhe dê mais, como salário de sua vontade justa. Por isso, como diz o Evangelho de Lucas, "quem se humilha será exaltado".

---

6 PARALL.: Supra, q. 19, a. 3; q. 46, a. 1; infra, q. 54, a. 2; q. 59, a. 3; III *Sent.*, dist. 18, a. 4, q.la 3; *De Verit.*, q. 26, a. 6, ad 4 *in contrar.; Compend. Theol.*, c. 240.

1. Q. 34, a. 3.
2. Epist. 118, al. 56, c. 3, n. 14: ML 33, 439.

Christus autem in sua passione seipsum humiliavit infra suam dignitatem, quantum ad quatuor. Primo quidem, quantum ad passionem et mortem, cuius debitor non erat. — Secundo, quantum ad locum: quia corpus eius positum est in sepulcro, anima in inferno. — Tertio, quantum ad confusionem et opprobria quase sustinuit. — Quarto, quantum ad hoc quod est traditus humanae potestati: secundum quod ipse dicit Pilato, Io 19,11: *Non haberes in me potestatem, nisi datum tibi fuisset desuper.*

Et ideo per suam passionem meruit exaltationem quantum ad quatuor. Primo quidem, quantum ad resurrectionem gloriosam. Unde dicitur in Ps 138,2: *Tu cognovisti sessionem meam*, idest humilitatem meae passionis, *et resurrectionem meam.* — Secundo, quantum ad ascensionem in caelum. Unde dicitur Eph 4,9-10: *Descendit primo in inferiores partes terrae: qui* autem *descendit, ipse est et qui ascendit super omnes caelos.* — Tertio, quantum ad consessum paternae dexterae, et manifestationem divinitatis ipsius: secundum illud Is 52,13-14: *Exaltabitur et elevabitur, et sublimis erit valde: sicut obstupuerunt super eum multi, sic inglorius erit inter viros aspectus eius.* Et Phil 2,8-9 dicitur: *Factus* est *obediens usque ad mortem, mortem autem crucis: propter quod est super omne nomen*, ut scilicet ab omnibus nominetur Deus, et omnes sibi reverentiam exhibeant sicut Deo. Et hoc est quod subditur [v. 10]: *ut in nomine Iesu omne genu flectatur, caelestium, terrestrium et infernorum.* — Quarto, quantum ad iudiciariam potestatem. Dicitur enim Iob 36,17: *Causa tua quasi impii iudicata est: iudicium causamque recipies.*

AD PRIMUM ergo dicendum quod principium merendi est ex parte animae: corpus autem est instrumentum meritorii actus. Et ideo perfectio animae Christi, quae fuit merendi principium, non debuit in eo acquiri per meritum, sicut perfectio corporis, quod fuit passioni subiectum, et per hoc fuit ipsius meriti instrumentum.

AD SECUNDUM dicendum quod per priora merita Christus meruit exaltationem ex parte ipsius animae, cuius voluntas caritate et aliis virtutibus informabatur. Sed in passione meruit suam exaltationem, per modum cuiusdam recompensationis, etiam ex parte corporis: iustum enim est ut corpus, quod fuerat ex caritate passioni subiectum, acciperet recompensationem in gloria.

Ora, Cristo, em sua paixão, de quatro modos se humilhou abaixo de sua dignidade. Primeiro, em relação à sua paixão e morte, de que não era devedor. — Segundo, em relação ao local, pois seu corpo foi posto num sepulcro, e sua alma, na mansão dos mortos. — Terceiro, em relação à confusão e opróbrios que suportou. — Quarto, em relação ao fato de ter sido entregue ao poder dos homens, conforme ele mesmo disse a Pilatos: "Não terias poder algum sobre mim se não te houvesse sido dado do alto".

Consequentemente, por sua paixão, mereceu a exaltação de quatro maneiras. Primeiro, em relação à ressurreição gloriosa. Por isso, diz o Salmo 138: "Conheces o meu deitar", ou seja, a humilhação de minha paixão, "e o meu levantar". — Segundo, em relação à ascensão ao céu. Por isso, diz a Carta aos Efésios: "Desceu primeiro até as partes inferiores da terra. Aquele que desceu é também o que subiu mais alto que todos os céus". — Terceiro, em relação ao assento que teve à direita do Pai e à manifestação de sua divindade, conforme diz Isaías: "Ele será exaltado, elevado, e posto muito alto, da mesma forma que as multidões ficaram horrorizadas a seu respeito assim será sem glória o seu aspecto entre os homens". E diz a Carta aos Filipenses: "Ele se fez obediente até a morte e morte numa cruz. Foi por isso que Deus lhe conferiu o Nome que está acima de todo nome", ou seja, para que por todos seja considerado como Deus e todos lhe mostrem reverência como a um Deus. E é o que se acrescenta: "A fim de que ao nome de Jesus todo joelho se dobre, nos céus, na terra e debaixo da terra". — Quarto, em relação ao poder judiciário, pois diz o livro de Jó: "Tua causa foi julgada como a de um ímpio. Receberás o juízo e a causa".

QUANTO AO 1º, portanto, deve-se dizer que o princípio do merecimento está na alma, sendo o corpo o instrumento do ato meritório. Portanto, a perfeição da alma de Cristo, que foi o princípio do merecimento, não teve de ser nele adquirida por mérito, como a perfeição do corpo, que esteve sujeito ao sofrimento e que, por isso, foi o instrumento de seu mérito.

QUANTO AO 2º, deve-se dizer que por méritos anteriores, Cristo mereceu a exaltação em relação à própria alma, cuja vontade era informada pelo amor e por outras virtudes. Ora, na paixão, mereceu sua exaltação, como que por certa compensação, também por parte do corpo, pois é justo que o corpo, que estivera por amor sujeito ao sofrimento, recebesse a compensação na glória.

AD TERTIUM dicendum quod dispensatione quadam factum est in Christo ut gloria animae, ante passionem, non redundaret ad corpus, ad hoc quod gloriam corporis honorabilius obtineret, quando eam per passionem meruisset. Gloriam autem animae differri non conveniebat: quia anima immediate uniebatur Verbo, unde decens erat ut gloria repleretur ab ipso Verbo. Sed corpus uniebatur Verbo mediante anima.

QUANTO AO 3º, deve-se dizer que, por especial permissão, a glória da alma, em Cristo, não refluía para o corpo, antes da paixão, a fim de que obtivesse com maior honra a glória do corpo, quando a merecesse pela paixão. Não convinha, porém, que a glória da alma fosse preterida, pois a alma se unia imediatamente ao Verbo. Por isso, era conveniente que a glória fosse completada pelo próprio Verbo. Mas o corpo se unia ao Verbo mediante a alma.

QUAESTIO L
DE MORTE CHRISTI
in sex articulos divisa

Deinde considerandum est de morte Christi. Et circa hoc quaeruntur sex.
Primo: utrum conveniens fuerit Christum mori.
Secundo: utrum per mortem fuerit separata unio divinitatis et carnis.
Tertio: utrum fuerit separata unio divinitatis et animae.
Quarto: utrum Christus in triduo mortis fuerit homo.
Quinto: utrum corpus eius fuerit idem numero vivum et mortuum.
Sexto: utrum mors eius aliquid sit operata ad nostram salutem.

QUESTÃO 50
A MORTE DE CRISTO[a]
em seis artigos

Deve-se considerar, a seguir, a morte de Cristo. A respeito, são seis as perguntas.
1. Foi conveniente ter Cristo morrido?
2. Pela morte de Cristo, a divindade ficou separada da carne?
3. A divindade se separou da alma?
4. Nos três dias da paixão, Cristo continuou como homem?
5. Seu corpo, vivo e morto, foi identicamente o mesmo?
6. Sua morte teve algum efeito para nossa salvação?

ARTICULUS 1
Utrum fuerit conveniens Christum mori

AD PRIMUM SIC PROCEDITUR. Videtur quod non fuerit conveniens Christum mori.
1. Illud enim quod est primum principium in aliquo genere, non disponitur per id quod est contrarium illi generi: sicut ignis, qui est principium caloris, nunquam potest esse frigidus. Sed Filius Dei est principium et fons omnis vitae: secundum illud Ps 35,10: *Apud te est fons vitae.* Ergo videtur quod non fuerit conveniens Christum mori.
2. PRAETEREA, maior est defectus mortis quam morbi: quia per morbum pervenitur ad mortem.

ARTIGO 1
Foi conveniente Cristo ter morrido?

QUANTO AO PRIMEIRO ARTIGO, ASSIM SE PROCEDE: parece que **não** foi conveniente Cristo ter morrido.
1. Na verdade, o que é primeiro princípio em algum gênero não é afetado pelo que lhe é contrário, como o fogo, princípio do calor, jamais pode ser frio. Ora, o Filho de Deus é o princípio e a fonte de toda vida, conforme diz o Salmista: "Pois em ti está a fonte da vida". Logo, parece que não era conveniente ter Cristo morrido.
2. ALÉM DISSO, a morte é uma deficiência maior que a doença, porque a doença leva à morte. Ora,

---

1 PARALL.: Infra, q. 52, a. 1; III *Sent.*, dist. 20, a. 3; *Cont. Gent.* IV, 55; *Quodlib.* II, q. 1, a. 2; *Compend. Theol.*, c. 227; *Cont. Graec., Armen.* etc., cap. 7.

a. Trata-se do estado de morte, isto é, de separação da alma e do corpo, que se torna cadáver, e não do que poderíamos chamar de ato de morrer, que é considerado por Sto. Tomás como ato último da paixão.

Sed non fuit conveniens Christum aliquo morbo languescere, ut Chrysostomus[1] dicit. Ergo etiam non fuit conveniens Christum mori.

3. PRAETEREA, Dominus dicit, Io 10,10: *Ego veni ut vitam habeant, et abundantis habeant.* Sed oppositum non perducit ad oppositum. Ergo videtur quod non fuit conveniens Christum mori.

SED CONTRA est quod dicitur Io 11,50: *Expedit ut moriatur unus homo pro populo, ut non tota gens pereat*: quod quidem Caiphas prophetice dixit, ut Evangelista testatur [v. 51].

RESPONDEO dicendum quod conveniens fuit Christum mori. Primo quidem, ad satisfaciendum pro humano genere, quod erat morti adiudicatum propter peccatum, secundum illud Gn 2,17: *Quacumque die comederitis, morte moriemini.* Est autem conveniens satisfaciendi pro alio modus cum aliquis se subiicit poenae quam alius meruit. Et ideo Christus mori voluit, ut, moriendo, pro nobis satisfaceret: secundum illud 1Pe 3,18: *Christus semel pro peccatis nostris mortuus est.*

Secundo, ad ostendendum veritatem naturae assumptae. Sicut enim Eusebius dicit[2], *si aliter, post conversationem cum hominibus, evanescens subito evolaret fugiens mortem, ab omnibus compararetur phantasmati.*

Tertio ut, moriendo, nos a timore mortis liberaret. Unde dicitur Hb 2,14-15, quod communicavit carni et sanguini, *ut per mortem destrueret eum qui habebat mortis imperium, et liberaret eos qui timore mortis per totam vitam obnoxii erant servituti.*

Quarto ut, corporaliter moriendo *similitudini peccati*, idest poenalitati, daret nobis exemplum moriendi spiritualiter peccato. Unde dicitur Rm 6,10-11: *Quod enim mortuus est peccato, mortuus est semel: quod autem vivit, vivit Deo. Ita et vos existimate mortuos esse peccato, viventes autem Deo.*

Quinto ut, a mortuis resurgendo, virtutem suam ostenderet, qua mortem superavit, et nobis spem resurgendi a mortuis daret. Unde Apostolus dicit,

não era conveniente que Cristo fosse atingido por alguma doença, como diz Crisóstomo. Logo, tampouco era conveniente que Cristo morresse.

3. ADEMAIS, diz o Senhor: "Eu vim para que os homens tenham a vida e a tenham em abundância". Ora, um oposto não leva a outro oposto. Logo, parece que não era conveniente ter Cristo morrido.

EM SENTIDO CONTRÁRIO, diz o Evangelho de João: "É de vosso interesse que um só homem morra pelo povo e que não pereça a nação inteira"; palavras essas ditas de modo profético por Caifás, como atesta o evangelista.

RESPONDO. Era conveniente que Cristo morresse. Primeiro, para dar satisfação pelo gênero humano, que estava condenado à morte por causa do pecado, conforme diz o livro do Gênesis: "Desde o dia em que dela comeres, tua morte estará marcada". Ora, um modo conveniente de alguém satisfazer por um outro é submeter-se à pena que o outro merecera. Assim, Cristo quis morrer, para que, ao morrer, satisfizesse por nós, conforme o que diz a primeira Carta de Pedro: "Cristo morreu pelos pecados, uma vez por todas"[b].

Segundo, para mostrar a realidade da natureza que assumira. Pois, como diz Eusébio, "se ele, depois de ter permanecido entre os homens, tivesse desaparecido de repente, como que se ocultando, para fugir à morte, seria tido por todos como um fantasma".

Terceiro, para que, morrendo, pudesse nos livrar do temor da morte. Por isso, diz a Carta aos Hebreus: que "ele participou do sangue e da carne, a fim de, por sua morte, destruir aquele que detinha o poder da morte e libertar os que, por medo da morte, passavam a vida inteira numa situação de escravos".

Quarto, para que, morrendo no corpo, à semelhança do pecado, ou seja, ao seu castigo, desse-nos exemplo de morrer espiritualmente ao pecado. Por isso, diz a Carta aos Romanos: "Morrendo, é para o pecado que ele morreu uma vez por todas; vivendo, é para Deus que ele vive. Do mesmo modo também vós: considerai que estais mortos para o pecado e vivos para Deus".

Quinto, para que ressurgindo dos mortos, mostrasse seu poder, com o qual venceu a morte, e também nos desse a esperança de ressurgir dos

---

1. Cfr. ATHANAS., *Orat. de Incarn. Verbi*, n. 22: MG 25, 136 B.
2. Orat. *de laudibus Constantini*, c. 15: MG 20, 1413 BC.

b. É pelo ato de morrer que Cristo dá uma satisfação ao pecado, e é nesse ato plenamente consciente e voluntário que se consuma seu sacrifício.

1Cor 15,12: *Si Christus praedicatur quod resurrexit a mortuis, quomodo quidam in vobis dicunt quod resurrectio mortuorum non erit?*.

AD PRIMUM ergo dicendum quod Christus est fons vitae secundum quod Deus, non autem secundum quod homo. Mortuus autem est non secundum quod Deus, sed secundum quod homo. Unde Augustinus[3] dicit, *contra Felicianum*[4]: *Absit ut Christus sic senserit mortem ut, quantum est in se vita, vitam perdiderit. Si enim hoc ita esset, vitae fons aruisset. Sensit igitur mortem participatione humani affectus, quem sponte susceperat: non naturae suae perdidit potentiam, per quam cuncta vivificat.*

AD SECUNDUM dicendum quod Christus non sustinuit mortem ex morbo provenientem, ne videretur ex necessitate mori propter infirmitatem naturae. Sed sustinuit mortem ab exteriori illatam, cui se spontaneum obtulit, ut mors eius voluntaria ostenderetur.

AD TERTIUM dicendum quod unum oppositorum per se non ducit ad aliud, sed quandoque per accidens: sicut frigidum quandoque per accidens calefacit. Et hoc modo Christus per suam mortem nos perduxit ad vitam, quia de sua morte mortem nostram destruxit: sicut ille qui poenam pro alio sustinet, removet poenam eius.

mortos. Por isso, diz a primeira Carta aos Coríntios: "Se se proclama que Cristo ressuscitou dos mortos, como é que alguns dentre vós dizem que hão há ressurreição dos mortos?"

QUANTO AO 1º, portanto, deve-se dizer que Cristo é a fonte da vida enquanto Deus, mas não enquanto homem. Ora, ele morreu enquanto homem, não enquanto Deus. Por isso, diz Agostinho: "Longe de nós supor que Cristo de tal modo experimentou a morte que tenha perdido a vida, uma vez que ele é a própria vida; se fosse assim, a fonte da vida teria secado. Experimentou a morte porque participava do sentimento humano, que por própria vontade assumira, mas não perdeu o poder de sua natureza, pela qual vivifica todas as coisas".

QUANTO AO 2º, deve-se dizer que Cristo não sofreu uma morte proveniente de uma doença, para que não parecesse morrer por uma consequência necessária de uma enfermidade da natureza. Mas suportou a morte imposta de fora e à qual se sujeitou espontaneamente, para mostrar que sua morte era voluntária.

QUANTO AO 3º, deve-se dizer que um oposto não leva necessariamente ao outro, mas às vezes isso ocorre acidentalmente; assim, o frio às vezes, acidentalmente, causa calor. Desse modo, Cristo, por sua morte, levou-nos à vida, ao mesmo tempo em que, por sua morte, destruiu a nossa, do mesmo modo que alguém, ao suportar uma pena por outro, remove essa pena.

ARTICULUS 2
Utrum in morte Christi fuerit separata divinitas a carne

AD SECUNDUM SIC PROCEDITUR. Videtur quod in morte Christi fuerit separata divinitas a carne.

1. Ut enim dicitur Mt 27,46, Dominus, in cruce pendens, clamavit: *Deus, Deus meus, ut quid me dereliquisti?* Quod exponens Ambrosius, dicit[1]: *Clamat homo separatione divinitatis moriturus. Nam, cum divinitas morte libera sit, utique mors ibi esse non poterat nisi vita discederet: quia vita divinitas est*. Et sic videtur quod in morte Christi sit divinitas separata a carne.

ARTIGO 2
Quando Cristo morreu, a divindade se separou da carne?

QUANTO AO SEGUNDO, ASSIM SE PROCEDE: parece que, quando Cristo morreu, a divindade se **separou** de sua carne.

1. Na verdade, como diz o Evangelho de Mateus, o Senhor clamou, quando pendia da cruz: "Meu Deus, meu Deus, por que me abandonaste?". Em seu comentário, diz Ambrósio: "Clama o homem que estava para morrer pela separação da divindade. Pois, como a divindade está livre da morte, a morte ali não poderia estar, a menos que a vida se afastasse, uma vez que a vida é a

---

3. VIGILIUS TAPSENS.
4. *De Unit. Trin.*, c. 20: ML 62, 348 BC. Al. *de fide Trin.*, c. 14: ML 42, 1160.

PARALL.: Infra, q. 53, a. 1, ad 2; III *Sent.*, dist. 2, q. 2, a. 1, q.la 1, ad 1, 2; q.la 3, ad 4; a. 3, q.la 2, ad 1; dist. 21, q. 1, a. 1, q.la 1; *De Spirit. Creat.*, a. 3, ad 5; *Quodlib.* II, q. 1, a. 1.

1. *In Luc.*, l. X, n. 127, super 23, 46: ML 15, 1836 A.

2. Praeterea, remoto medio, separantur extrema. Sed divinitas unita est carni mediante anima, ut supra² habitum est. Ergo videtur quod, cum in morte Christi anima sit separata a carne, quod per consequens divinitas sit a carne separata.

3. Praeterea, maior est virtus vivificativa Dei quam animae. Sed corpus mori non poterat nisi anima separata. Ergo videtur quod multo minus mori poterat nisi separata divinitate.

Sed contra, ea quae sunt humanae naturae, non dicuntur de Filio Dei nisi ratione unionis, ut supra³ habitum est. Sed de Filio Dei dicitur id quod convenit corpori Christi post mortem, scilicet esse sepultum: ut patet in symbolo Fidei⁴, ubi dicitur quod *Filius Dei conceptus est et natus ex Virgine, passus, mortuus et sepultus*. Ergo corpus Christi non fuit separatum in morte a divinitate.

Respondeo dicendum quod id quod per gratiam Dei conceditur, nunquam absque culpa revocatur: unde dicitur Rm 11,29, quod *sine poenitentia sunt dona* Dei *et vocatio*. Multo autem maior est gratia unionis, per quam divinitas unita est carni Christi in persona, quam gratia adoptionis, qua alii sanctificantur: et etiam magis permanens ex sui ratione, quia haec gratia ordinatur ad unionem personalem, gratia autem adoptionis ad quandam unionem affectualem. Et tamen videmus quod gratia adoptionis nunquam perditur sine culpa. Cum igitur in Christo nullum fuerit peccatum, impossibile fuit quod solveretur unio divinitatis a carne ipsius. Et ideo, sicut ante mortem caro Christi unita fuit secundum personam et hypostasim Verbo Dei, ita et remansit unita post mortem: ut scilicet non esset alia hypostasis Verbi Dei et carnis Christi post mortem, ut Damascenus dicit, in III libro⁵.

divindade". Portanto, parece que, quando da morte de Cristo, sua divindade se separou da carne.

2. Além disso, separam-se os extremos, quando se remove o meio. Ora, a divindade se une à carne mediante a alma, como se viu anteriormente. Logo, parece que, separando-se a alma do corpo, quando Cristo morreu, a divindade, consequentemente, separou-se da carne.

3. Ademais, o poder divino de dar a vida é maior que o da alma. Ora, o corpo não poderia morrer, a menos que a alma dele se separasse. Logo, muito menos poderia morrer, a menos que a divindade se separasse.

Em sentido contrário, como visto anteriormente, o que é próprio da natureza humana não se atribui ao Filho de Deus senão em razão da união. Ora, atribui-se ao Filho de Deus o que é próprio do corpo de Cristo depois da morte, ou seja, que foi sepultado, como está bem claro na profissão de fé, quando se diz que "Jesus Cristo foi concebido, nasceu da Virgem, padeceu, foi crucificado, morto e sepultado". Logo, quando Cristo morreu, seu corpo não ficou separado da divindade.

Respondo. O que se concede por graça de Deus jamais é pedido de volta, exceto por culpa. Por isso, diz a Carta aos Romanos: que "os dons e o chamamento de Deus são irrevogáveis". Ora, é muito maior a graça da união, pela qual a divindade está unida à carne na pessoa de Cristo, do que a graça da adoção, pela qual outros se santificam; e é também, por si, mais duradoura, pois essa graça se destina a uma união pessoal, ao passo que a graça da adoção se refere a uma espécie de união afetiva. Observamos, contudo, que a graça da adoção jamais se perde sem culpa. Ora, como não havia pecado algum em Cristo, era impossível desfazer-se nele a união da divindade com a carne. Portanto, como, antes da morte, a carne de Cristo estivera, segundo a pessoa e hipóstase, unida ao Verbo de Deus, assim também ficou unida depois da morte, ou seja, para que não houvesse outra hipóstase do Verbo de Deus e da carne de Cristo depois da morte, como diz Damascenoᶜ.

---

2. Q. 6, a. 1.
3. Q. 16, a. 4.
4. Denz. 6.
5. *De fide orth.*, l. III, c. 27: MG 94, 1097 B.

c. Dessa forma, separando-se da alma, o corpo que se torna cadáver não foi separado do Verbo que o havia assumido, e continuava a subsistir como alma no preposto divino. O que parece excluir a mínima possibilidade de decomposição. Como mostra com efeito a resposta à objeção 2, é em virtude de sua relação intrínseca com a alma, mesmo separada dela e de sua subordinação à ressurreição, que a carne pode ser assumida pelo Verbo (q. 5, a. 3 e 4), o que supõe uma matéria inteiramente disposta à vinda nela da alma espiritual.

AD PRIMUM ergo dicendum quod derelictio illa non est referenda ad solutionem unionis personalis: sed ad hoc quod Deus Pater eum exposuit passioni. Unde *derelinquere* ibi non est aliud quam non protegere a persequentibus.

Vel dicit se derelictum quantum ad illam orationem qua dixerat, *Pater, si fieri potest, transeat a me calix iste*: ut Augustinus exponit, in libro *de Gratia Novi Testamenti*[6].

AD SECUNDUM dicendum quod Verbum Dei dicitur esse unitum carni mediante anima, inquantum caro per animam pertinet ad humanam naturam, quam Filius Dei assumere intendebat: non autem ita quod anima sit quasi medium ligans unita. Habet autem caro ab anima quod pertineat ad humanam naturam, etiam postquam anima separatur ab ea: inquantum scilicet in carne mortua remanet, ex divina ordinatione, quidam ordo ad resurrectionem. Et ideo non tollitur unio divinitatis ad carnem.

AD TERTIUM dicendum quod anima habet vim vivificandi formaliter. Et ideo, ea praesente et unita formaliter, necesse est corpus esse vivum. Divinitas autem non habet vim vivificandi formaliter, sed effective: non enim potest esse corporis forma. Et ideo non est necesse quod, manente unione divinitatis ad carnem, caro sit viva: quia Deus non ex necessitate agit, sed ex voluntate.

QUANTO AO 1º, portanto, deve-se dizer que o citado abandono não deve ser relacionado com a dissolução da união pessoal, mas com o fato de Deus Pai o ter entregue à paixão. Por isso, o verbo *abandonar*, no contexto, não é mais do que não proteger dos que o perseguiam.

Ou ele se diz abandonado em relação à oração que fizera: "Meu Pai, se é possível, esta taça passe longe de mim!", como expõe Agostinho.

QUANTO AO 2º, deve-se dizer que se considera o Verbo de Deus unido à carne, mediante a alma, na medida em que a carne, por meio da alma, pertence à natureza humana, que o Filho de Deus pretendia assumir; mas não como se a alma estivesse unida, servindo de meio de ligação. Ora, é pela alma que a carne pertence à natureza humana, mesmo depois que a alma dela se separa, ou seja, porque, por disposição divina, permanece na carne morta certa ordenação à ressurreição. Portanto, não desaparece a união da divindade com a carne.

QUANTO AO 3º, deve-se dizer que a alma tem o poder formal de dar a vida. Portanto, estando ela presente e formalmente unida ao corpo, necessariamente ele estará vivo. Ora, a divindade não tem a força de dar a vida de modo formal, mas de modo efetivo, pois não pode ser a forma do corpo. Portanto, mesmo permanecendo a união da divindade com a carne, não é necessário que ela esteja viva, pois Deus não age por necessidade, mas por vontade.

ARTICULUS 3
Utrum in morte Christi fuerit separatio divinitatis ab anima

AD TERTIUM SIC PROCEDITUR. Videtur quod in morte Christi fuerit separatio divinitatis ab anima.

1. Dicit enim Dominus Io 10,18: *Nemo tollit animam meam a me: sed ego pono eam, et iterum sumo eam*. Non autem videtur quod corpus animam ponere possit, eam a se separando: quia anima non subiicitur potestati corporis, sed potius e converso. Et sic videtur quod Christo secundum quod est Verbum Dei, conveniat animam suam ponere. Hoc autem est eam a se separare. Ergo per mortem anima eius fuit a divinitate separata.

ARTIGO 3
Quando Cristo morreu, a divindade se separou da alma?

QUANTO AO TERCEIRO, ASSIM SE PROCEDE: parece que na morte de Cristo **houve** separação entre sua divindade e sua alma.

1. Na verdade, diz o Senhor: "Ninguém me tira a alma; mas eu a entrego e novamente a retomo". Parece, pois, que o corpo não pode entregar a alma, separando-a de si, pois a alma não se sujeita ao poder do corpo; muito pelo contrário. Assim, parece que cabe a Cristo, como Verbo de Deus, entregar a alma. Ora, isso significa separar-se da alma. Logo, por sua morte, sua alma foi separada da divindade.

---

6. Al. Epist. 140, olim 120, *ad Honoratum*, c. 6, n. 15: ML 33, 544.
PARALL.: III *Sent.*, dist. 21, q. 1, a. 1, q.la 2; q.la 3, ad 3; *Quodlib*. II, q. 1, a. 1.

2. Praeterea, Athanasius[1] dicit *maledictum qui totum hominem quem assumpsit Dei Filius, denuo assumptum vel liberatum, tertia die a mortuis resurrexisse non confitetur*. Sed non potuit totus homo denuo assumi, nisi aliquando fuerit totus homo a Dei Verbo separatus. Totus autem homo componitur ex anima et corpore. Ergo aliquando fuit facta separatio divinitatis et a corpore et ab anima.

3. Praeterea, propter unionem ad totum hominem Filius Dei vere dicitur homo. Si igitur, soluta unione animae et corporis per mortem, Verbum Dei remansit unitum animae, sequeretur quod vere dici potuisset Filium Dei esse animam. Hoc autem est falsum: quia, cum anima sit forma corporis, sequeretur quod Verbum Dei fuerit corporis forma, quod est impossibile. Ergo in morte Christi anima fuit a Verbo Dei separata.

4. Praeterea, anima et corpus, ab invicem separata, non sunt una hypostasis, sed duae. Si igitur Verbum Dei remansit unitum tam animae quam corpori Christi, separatis eis ab invicem per mortem Christi, videtur sequi quod Verbum Dei, durante morte Christi, fuerit duae hypostases. Quod est inconveniens. Non ergo post mortem Christi remansit anima Verbo unita.

Sed contra est quod dicit Damascenus, in III libro[2]: *Etsi Christus mortuus est ut homo, et sancta eius anima ab incontaminato divisa est corpore; sed divinitas inseparabilis ab utrisque permansit, ab anima dico et corpore.*

Respondeo dicendum quod anima unita est Verbo Dei immediatius et per prius quam corpus: cum corpus unitum sit Verbo Dei mediante anima, ut supra[3] dictum est. Cum igitur Verbum Dei non sit separatum in morte a corpore, multo minus separatum est ab anima. Unde, sicut de Filio Dei praedicatur id quod convenit corpori ab anima separato, scilicet esse sepultum; ita de eo in Symbolo[4] dicitur quod *descendit ab inferos*, quia anima eius, a corpore separata, descendit ad inferos.

2. Além disso, diz Atanásio: "Seja maldito quem não confessar que o homem todo, que o Filho de Deus assumiu, ressuscitou dos mortos no terceiro dia, depois de ser assumido de novo ou libertado". Ora, não poderia o homem todo ser assumido de novo, a menos que em algum tempo o homem todo fosse separado do Verbo de Deus. E o homem todo se compõe de alma e de corpo. Logo, em algum tempo, houve a separação da divindade tanto em relação ao corpo como em relação à alma.

3. Além disso, o Filho de Deus é realmente considerado homem, por causa da união com o homem todo. Ora, se o Verbo de Deus ficasse unido à alma, mesmo depois de rompida a união da alma com o corpo devido à morte, poder-se-ia dizer que o Filho de Deus era na verdade uma alma. Ora, isso é falso porque, sendo a alma a forma do corpo, seguir-se-ia que o Verbo de Deus era a forma do corpo, o que é impossível. Logo, com a morte de Cristo, sua alma foi separada do Verbo de Deus.

4. Ademais, alma e corpo separados um do outro não são uma hipóstase, mas duas. Ora, se o Verbo de Deus ficou unido tanto ao corpo como à alma de Cristo, então, ao se separarem eles um do outro na morte de Cristo, parece concluir-se que o Verbo de Deus, durante o tempo em que Cristo esteve morto, era constituído de duas hipóstases. Mas isso não convém. Logo, após a morte de Cristo, a alma não ficou unida ao Verbo.

Em sentido contrário, diz Damasceno: "Embora Cristo tenha morrido como homem e sua santa alma tenha sido separada de seu imaculado corpo, contudo a divindade permaneceu inseparável de ambos, ou seja, da alma e do corpo.

Respondo. A alma está unida ao Verbo de Deus de modo mais imediato que o corpo, numa união anterior, uma vez que o corpo se une ao Verbo de Deus por meio da alma, como dito acima. Ora, como o Verbo de Deus, na morte, não se separou do corpo, com maior razão não se separou da alma. Logo, assim como se atribui ao Filho de Deus o que é próprio do corpo separado da alma, ou seja, estar sepultado, assim também dele se diz na profissão de fé que "desceu à mansão dos mortos", porque a alma dele, separada do corpo, "desceu à mansão dos mortos".

---

1. Vigilius Tapsens., *de Trin.*, al. *de Beatitud. Fidei*, etc., l. VI: ML 62, 280 A.
2. *De fide orth.*, l. III, c. 27: MG 94, 1097 A.
3. Q. 6, a. 1.
4. Apostolorum: Denz. 6.

AD PRIMUM ergo dicendum quod Augustinus[5], exponens illud verbum Ioannis, inquirit, cum Christus sit *Verbum et anima et caro, utrum ex eo quod est Verbum, ponat animam; an ex eo quod est anima*; an iterum *ex eo quod est caro*. Et dicit quod, *si dixerimus quod Verbum Dei animam posuit, sequeretur quod aliquando anima illa separata est a Verbo. Quod est falsum. Mors enim corpus ab anima separavit: a Verbo autem animam separatam non dico. Si vero dixerimus quod anima ipsa se ponat, sequitur quod ipsa a se separatur. Quod est absurdissimum*. Relinquitur ergo quod *ipsa caro animam suam ponit et iterum eam sumit, non potestate sua, sed potestate Verbi inhabitantis carnem*: quia, sicut supra[6] dictum est, per mortem non est separata divinitas Verbi a carne.

AD SECUNDUM dicendum quod in verbis illis Athanasius non intellexit quod totus homo denuo sit assumptus, idest, omnes partes eius: quasi Verbum Dei partes humanae naturae deposuerit per mortem. Sed quod iterato totalitas naturae assumptae sit in resurrectione redintegrata per iteratam unionem animae et corporis.

AD TERTIUM dicendum quod Verbum Dei, propter unionem humanae naturae, non dicitur humana natura: sed dicitur *homo*, quod est *habens humanam naturam*. Anima autem et corpus sunt partes essentiales humanae naturae. Unde propter unionem Verbi at utrumque eorum non sequitur quod Verbum Dei sit anima vel corpus: sed quod est *habens animam* vel *corpus*.

AD QUARTUM dicendum quod, sicut Damascenus dicit, in III libro[7], *quod in morte Christi est separata anima a carne, non est una hypostasis in duas hypostases divisa. Et corpus enim et anima secundum idem ex principio in Verbi hypostasi habuerunt existentiam: et in morte, invicem divisa, singula eorum manserunt unam hypostasim Verbi habens. Quare una Verbi hypostasis Verbi et animae et corporis existitit hypostasis. Nunquam enim neque anima neque corpus propriam habuerunt hypostasim, praeter Verbi hypostasim. Una enim semper Verbi hypostasis, et nunquam duae*.

QUANTO AO 1º, portanto, deve-se dizer que Agostinho, comentando as palavras do Evangelho de João, pergunta se "Cristo, sendo Verbo, alma e carne, entrega a alma como Verbo, como alma ou", de novo, "como carne". E acrescenta que "se dissermos que o Verbo de Deus entregou a alma, segue-se que alguma vez aquela alma está separada do Verbo. O que é falso, pois a morte separou o corpo da alma; mas não afirmo que a alma está separada do Verbo. Se dissermos que a própria alma é que se entrega, segue-se que a própria alma está separada dela mesma. O que é um grande absurdo". Resta, então, que "a própria carne entrega sua alma e a retoma, não por seu poder, mas pelo poder do Verbo que habita na carne", porque, como se disse acima, pela morte, a divindade do Verbo não está separada da carne.

QUANTO AO 2º, deve-se dizer que, com essas palavras, Atanásio não deu a entender que o homem todo foi de novo assumido, ou seja, todas as suas partes, como se o Verbo de Deus, pela morte, tivesse entregue partes da natureza humana, mas que a totalidade da natureza assumida foi de novo restaurada na ressurreição pela renovada união da alma e do corpo.

QUANTO AO 3º, deve-se dizer que o Verbo de Deus, por estar unido à natureza humana, não é chamado de natureza humana, mas sim de *homem*, ou seja, *que tem a natureza humana*. Ora, a alma e o corpo são partes essenciais da natureza humana. Portanto, não se segue que o Verbo de Deus seja alma ou corpo por causa da união do Verbo com ambos; mas que tem alma ou corpo.

QUANTO AO 4º, deve-se dizer que, como diz Damasceno, "na morte de Cristo, a alma estava separada da carne, mas não é uma hipóstase separada em duas. Na verdade, o corpo e a alma de Cristo, sob o mesmo ponto de vista, tiveram sua existência desde o início na hipóstase do Verbo; e na morte, embora separados um do outro, cada qual continuou a ter a mesma hipóstase do Verbo. Portanto, a única hipóstase do Verbo permaneceu a hipóstase do Verbo, da alma e do corpo, dado que nem a alma nem o corpo jamais tiveram uma hipóstase própria, além da hipóstase do Verbo, pois sempre houve uma única hipóstase do Verbo, jamais duas".

---

5. *In Ioan.*, tract. 47, nn. 9, 10, 11: ML 35, 1737-1739.
6. A. praec.
7. Loc. cit.: MG 94, 1097 AB.

Articulus 4
Utrum Christus in triduo mortis fuerit homo

AD QUARTUM SIC PROCEDITUR. Videtur quod Christus in triduo mortis fuerit homo.

1. Dicit enim Augustinus, in I *de Trin*.[1]: *Talis erat illa susceptio, quae Deum hominem faceret et hominem Deum.* Sed illa susceptio non cessavit per mortem. Ergo videtur quod per mortem non desiit esse homo.

2. PRAETEREA, Philosophus dicit, in IX *Ethic*.[2], quod *unusquisque homo est suus intellectus*. Unde et, post mortem animam Petri alloquentes, dicimus: *Sancte Petre, ora pro nobis*. Sed post mortem Filius Dei non fuit separatus ab anima intellectuali. Ergo in illo triduo Filius Dei fuit homo.

3. PRAETEREA, omnis sacerdos est homo. Sed in illo triduo mortis Christus fuit sacerdos: aliter enim non verum esset quod dicitur in Ps 109,4: *Tu es sacerdos in aeternum*. Ergo Christus in illo triduo fuit homo.

SED CONTRA, remoto superiori, removetur inferius. Sed vivum, sive animatum, est superius ad animal et ad hominem: nam animal est substantia animata sensibilis. Sed in illo triduo mortis corpus Christi non fuit vivum neque animatum. Ergo non fuit homo.

RESPONDEO dicendum quod Christum vere fuisse mortuum est articulus fidei. Unde asserere omne id per quod tollitur veritas mortis Christi, est error contra fidem. Propter quod in Epistola Synodali Cyrilli[3] dicitur: *Si quis non confitetur Dei Verbum passum carne, et crucifixum carne, et quod mortem gustavit carne, anathema sit.* Pertinet autem ad veritatem mortis hominis vel animalis quod per mortem desinat esse homo vel animal: mors enim hominis vel animalis provenit ex separatione animae, quae complet rationem animalis vel hominis. Et ideo dicere Christum in triduo mortis hominem fuisse, simpliciter et absolute loquendo, erroneum est. Potest tamen dici quod Christus in triduo fuit *homo mortuus*.

Artigo 4
Cristo continuou sendo homem nos três dias de sua morte?

QUANTO AO QUARTO, ASSIM SE PROCEDE: parece que Cristo **continuou** sendo homem nos três dias de sua morte.

1. Na verdade, diz Agostinho: "De tal modo assumiu, que fez de Deus um homem, e do homem, um Deus". Ora, essa assunção não terminou com a morte. Logo, parece que pela morte não deixou de ser homem.

2. ALÉM DISSO, diz o Filósofo no livro IX da *Ética* que "cada homem é seu intelecto". Por isso, ao nos dirigir à alma de Pedro, depois de sua morte, dizemos: "São Pedro, rogai por nós". Ora, depois da morte, o Filho de Deus não esteve separado de sua alma intelectual. Logo, naqueles três dias o Filho de Deus era homem.

3. ADEMAIS, todo sacerdote é homem. Ora, naqueles três dias de morte, Cristo foi um sacerdote, pois, do contrário, não seria verdade o que diz o Salmo 109: "Tu és sacerdote para sempre". Logo, naqueles três dias, Cristo era homem.

EM SENTIDO CONTRÁRIO, ao remover o superior, remove-se o inferior. Estar vivo ou ser animado, porém, é superior ao fato de ser animal e ser homem, pois o animal é substância animada sensível. Ora, naqueles três dias de morte, o corpo de Cristo não era vivo nem animado. Logo, não era homem.

RESPONDO. Dizer que Cristo morreu de verdade é um artigo de fé. Toda afirmação, portanto, que nega a verdade da morte de Cristo é um erro contra a fé. Por isso, diz-se na Epístola sinodal de Cirilo: "Se alguém não confessar que o Verbo de Deus sofreu em sua carne, foi crucificado em sua carne e experimentou a morte em sua carne, seja anátema". Ora, é na verdade próprio da morte de um homem ou animal que, pela morte deixe de ser homem ou animal, pois a morte do homem ou do animal provém da separação da alma, que é a que completa a razão de animal ou de homem. Portanto, é, pura e absolutamente errôneo dizer que Cristo foi homem naqueles três dias de morte. Contudo, pode-se dizer que Cristo foi um *homem morto* naqueles três dias.

---

4 PARALL.: III *Sent.*, dist. 22, q. 1, a. 1; *Quodlib.* II, q. 1, a. 1; III, q. 2, a. 2; *Compend. Theol.*, c. 229.

1. C. 13, n. 28: ML 42, 840.
2. C. 4: 1166, a, 17.
3. Epist. 17 *ad Nestorium*, anath. 12: MG 77, 121 D (= ML 48, 841 B). — Vide *Act. Conc. Eph.*, p. I, c. 26: ed. Mansi, IV, 1084.

Quidam tamen confessi sunt Christum in triduo hominem fuisse, dicentes quidem verba erronea, sed sensum erroris non habentes in fide: sicut Hugo de Sancto Victore[4], qui ea ratione dixit Christum in triduo mortis fuisse hominem, quia dicebat animam esse hominem. Quod tamen est falsum, ut in Prima Parte[5] ostensum est.

Magister etiam Sententiarum, in 22 distinctione[6] III libri, posuit quod Christus in triduo mortis fuit homo, alia ratione: quia credidit quod unio animae et carnis non esset de ratione hominis, sed sufficit ad hoc quod aliquid sit homo, quod habeat animam humanam et corpus, sive coniuncta sive non coniuncta. Quod etiam patet esse falsum ex his quae dicta sunt in Prima Parte[7] et ex his quae dicta sunt[8] circa modum unionis.

AD PRIMUM ergo dicendum quod Verbum Dei suscepit animam et carnem unitam: et ideo illa susceptio fecit Deum hominem et hominem Deum. Non autem cessavit illa susceptio per separationem Verbi ab anima vel a carne: cessavit tamen unio carnis et animae.

AD SECUNDUM dicendum quod homo dicitur esse suus intellectus, non quia intellectus sit totus homo, sed quia intellectus est principalior pars hominis, in quo virtualiter existit tota dispositio hominis: sicut si rector civitatis dicatur tota civitas, quia in eo consistit tota dispositio civitatis.

AD TERTIUM dicendum quod esse sacerdotem convenit homini ratione animae, in qua est ordinis character. Unde per mortem homo non perdit ordinem sacerdotalem. Et multo minus Christus, qui est totius sacerdotii origo.

ARTICULUS 5
Utrum fuerit idem numero corpus Christi viventis et mortui

AD QUINTUM SIC PROCEDITUR. Videtur quod non fuit idem numero corpus Christi viventis et mortui.
1. Christus enim vere mortuus fuit, sicut et alii homines moriuntur. Sed corpus cuiuscumque

Alguns, porém, afirmaram que, naqueles três dias, Cristo era homem, usando expressões que são de fato errôneas, mas que não têm sentido de erro na fé. Assim, Hugo de São Vítor via motivo de afirmar que, naqueles três dias, Cristo era homem, pois dizia que a alma era homem. O que é falso, como já demonstrado na I Parte.

O Mestre das Sentenças afirmou que, naqueles três dias, Cristo era homem, por outra razão, pois acreditava que a união da alma e da carne não pertencia à razão de homem e que bastava, para algo ser homem, ter alma humana e corpo, quer estejam ambos unidos ou separados. Também isso é manifestamente falso, como se deduz do que foi tratado na I Parte e do que acima se disse sobre o modo de união.

QUANTO AO 1º, portanto, deve-se dizer que o Verbo de Deus assumiu alma e carne unidas e que o resultado dessa assunção foi que Deus se fez homem, e o homem, Deus. Mas essa assunção não deixou de existir por se separar o Verbo da alma ou da carne; o que cessou foi a união da carne e da alma.

QUANTO AO 2º, deve-se dizer que se afirma do homem ser ele seu intelecto, não porque o intelecto seja o homem todo, mas porque o intelecto é a principal parte do homem, na qual consiste virtualmente toda a organização do homem; como o prefeito de uma cidade é considerado toda a cidade, porque nele está depositada toda a organização da cidade.

QUANTO AO 3º, deve-se dizer que o fato de ser sacerdote é atribuído ao homem em razão da alma, na qual está o caráter da ordem. Por isso, o homem, com a morte, não perde a ordem sacerdotal. Muito menos Cristo, que é a origem de todo sacerdócio.

ARTIGO 5
O corpo de Cristo, vivo e morto, foi numericamente o mesmo?

QUANTO AO QUINTO, ASSIM SE PROCEDE: parece que **não** foi numericamente o mesmo o corpo de Cristo, quando vivo e quando morto.
1. Na verdade, Cristo realmente morreu, como todos os homens morrem. Ora, o corpo de qualquer

---

4. *De Sacram.*, l. II, p. I, c. 11: ML 176, 401, 406, 408.
5. Q. 75, a. 4.
6. Cap. *Hic quaeritur.*
7. Cfr. q. 76, a. 1.
8. Q. 2, a. 5.

5 PARALL.: *Quodlib.* II, q. 1, a. 1; III, q. 2, a. 2, ad 1; IV, q. 5.

alterius hominis non est simpliciter idem numero mortuum et vivum: quia differunt essentiali differentia. Ergo neque corpus Christi est idem numero mortuum et vivum simpliciter.

2. PRAETEREA, secundum Philosophum, in V *Metaphys*.[1], quaecumque sunt diversa specie, sunt diversa etiam numero. Sed corpus Christi vivum et mortuum fuit diversum specie: quia non dicitur oculus aut caro mortui nisi aequivoce, ut patet per Philosophum, et in II *de Anima*[2] et VII *Metaphys*.[3]. Ergo corpus Christi non fuit simpliciter idem numero vivum et mortuum.

3. PRAETEREA, mors est corruptio quaedam. Sed illud quod corrumpitur corruptione substantiali, postquam corruptum est, iam non est; quia corruptio est *mutatio de esse in non esse*. Corpus igitur Christi, postquam mortuum fuit, non remansit idem numero: cum mors sit substantialis corruptio.

SED CONTRA est quod Athanasius dicit, in Epistola *ad Epictetum*[4]: *Circumciso corpore, et potato et manducante et laborante, et in ligno affixo, erat impassibile et incorporeum Dei Verbum: hoc erat in sepulcro positum*. Sed corpus Christi vivum fuit circumcisum et in ligno affixum: corpus autem Christi mortuum fuit positum in sepulcro. Ergo hoc idem corpus quod fuit vivum, fuit et mortuum.

RESPONDEO dicendum quod hoc quod dico *simpliciter*, potest dupliciter accipi. Uno modo, quod simpliciter idem est quod *absolute*: sicut *simpliciter dicitur quod nullo addito dicitur*, ut Philosophus dicit[5]. Et hoc modo corpus Christi mortuum et vivum simpliciter fuit idem numero. Dicitur enim aliquod esse idem numero simpliciter, quia est supposito idem. Corpus autem Christi vivum et mortuum fuit supposito idem: quia non habuit aliam hypostasim vivum et mortuum, praeter hypostasim Dei Verbi, ut supra[6] dictum est. Et hoc modo loquitur Athanasius in auctoritate inducta.

outro homem não é em absoluto o mesmo numericamente, quando morto e quando vivo, pois há uma diferença essencial entre eles. Logo, tampouco o corpo de Cristo é em absoluto o mesmo numericamente, quando morto e quando vivo.

2. ALÉM DISSO, conforme o Filósofo no livro V da *Metafísica*, tudo o que é diferente segundo a espécie é também diferente em número. Ora, o corpo de Cristo quando vivo e quando morto era diferente segundo a espécie, pois não se fala de olho ou carne de um morto, senão de modo equívoco, como explica o Filósofo no livro II da *Alma* e no VII da *Metafísica*. Logo, o corpo de Cristo não foi em absoluto o mesmo numericamente quando vivo e quando morto.

3. ADEMAIS, a morte é uma espécie de corrupção. Ora o que passa por uma corrupção substancial não existe mais, depois que foi corrompido, pois a corrupção é a *mudança do existir para o não-existir*. Logo, o corpo de Cristo, depois que morreu, não continuou o mesmo numericamente, uma vez que a morte é corrupção substancial.

EM SENTIDO CONTRÁRIO, diz Atanásio: "No corpo que passou pela circuncisão, que se dessedentou, que comeu e trabalhou, e que foi pregado na cruz estava presente o impassível e incorpóreo Verbo de Deus, o mesmo que foi posto no sepulcro". Ora o corpo de Cristo vivo foi circuncidado e pregado no madeiro, ao passo que o corpo de Cristo morto foi posto no sepulcro. Logo, vivo ou morto, o corpo era o mesmo.

RESPONDO. Quando digo *de modo absoluto*, pode-se entender de duas maneiras: Primeiro, é o mesmo que "absolutamente"; assim, "diz-se de modo absoluto" o que "se diz sem nenhum acréscimo", como diz o Filósofo. Nesse sentido, o corpo de Cristo, quando morto e quando vivo, foi em absoluto o mesmo numericamente, pois se diz que algo é em absoluto o mesmo numericamente quando tem o mesmo supósito. Ora, o corpo de Cristo, quando vivo e quando morto era o mesmo em seu supósito, porque, quando vivo e quando morto, não teve outra hipóstase, além da hipóstase do Verbo de Deus, como dito acima. E é nesse sentido que fala Atanásio na citação apresentada[d].

---

1. C. 6: 1016, b, 36-1017, a, 3.
2. C. 1: 412, b, 20-22.
3. C. 10: 1035, b, 25.
4. N. 5: MG 26, 1060 A.
5. *Top*., l. II, c. 11: 115, b, 29-30.
6. A. 2.

---

d. Esta questão aparentemente bem escolástica não deixa de apresentar interesse do ponto de vista da ressurreição de Cristo, para a qual é importante que haja identidade numérica entre o cadáver, a partir do qual saiu o corpo ressuscitado de Cristo, e seu corpo terrestre.

Alio modo, simpliciter idem est quod omnino vel totaliter. Et sic corpus Christi mortuum et vivum non fuit simpliciter idem numero. Quia non fuit totaliter idem: cum vita sit aliquid de essentia corporis viventis, est enim praedicatum essentiale, non accidentale; unde comsequens est quod corpus quod desinit esse vivum, non totaliter idem remaneat.

Si autem diceretur quod corpus Christi mortuum totaliter idem remaneret, sequeretur quod non esset corruptum, corruptione dico mortis. Quod est haeresis Gaianitarum, ut Isidorus dicit[7], et habetur in Decretis, XXIV, q. 3[8]. Et Damascenus dicit, in III libro[9], quod *corruptionis nomen duo significat: uno modo, separationem animae a corpore, et alia huiusmodi; alio modo, perfectam dissolutionem in elementa. Ergo incorruptibile dicere corpus Domini, secundum Iulianum et Gaianum, secundum primum corruptionis modum, ante resurrectionem, est impium: quia* corpus Christi *non esset consubstantiale nobis; nec in veritate mortuum esset; nec secundum veritatem salvati essemus. Secundo autem modo, corpus Christi fuit incorruptum.*

AD PRIMUM ergo dicendum quod corpus mortuum cuiuscumque alterius hominis non remanet unitum alicui hypostasi permanenti, sicut corpus mortuum Christi. Et ideo corpus mortuum cuiuscumque alterius hominis non est idem simpliciter, sed secundum quid: quia est idem secundum materiam, non autem idem secundum formam. Corpus autem Christi remanet idem simpliciter propter identitatem suppositi, ut dictum est[10].

AD SECUNDUM dicendum quod, quia idem numero dicitur aliquid secundum suppositum, idem autem specie est idem secundum formam, ubicumque suppositum subsistit in una sola natura, oportet quod, sublata unitate speciei, auferatur unitas numeralis. Sed hypostasis Verbi Dei subsistit in duabus naturis. Et ideo, quamvis in aliis non remaneat corpus idem secundum speciem humanae naturae, remanet tamen in Christo idem numero secundum suppositum Verbi Dei.

AD TERTIUM dicendum quod corruptio et mors non competit Christo ratione suppositi, secundum

Segundo, *de modo absoluto* é o mesmo que "todo" ou "totalmente". Nesse sentido, o corpo de Cristo, quando morto e quando vivo não foi totalmente o mesmo numericamente. Porque não foi totalmente o mesmo? Porque a vida é a essência do corpo vivo, pois é o predicado essencial, não acidental; consequentemente, o corpo que deixa de estar vivo não permanece totalmente o mesmo.

Entretanto, se dissermos que o corpo morto de Cristo permanece totalmente o mesmo, segue-se que não se corrompera, ou seja, pela corrupção da morte. É a heresia dos gaianitas, como diz Isidoro e como consta nos Decretais. E diz Damasceno que "a palavra corrupção tem dois significados: a separação entre alma e corpo, ou coisa semelhante; e outro, a perfeita dissolução em vários elementos. Portanto, dizer que o corpo do Senhor é incorruptível, de acordo com o que diz Juliano e Gaiano, conforme o primeiro significado de corrupção, antes da ressurreição, é ímpio, pois o corpo de Cristo não seria consubstancial com a nossa natureza; em verdade, nem teria morrido; nem, em verdade, estaríamos salvos. Pelo segundo significado, porém, o corpo de Cristo era incorruptível.

QUANTO AO 1º, portanto, deve-se dizer que o corpo morto de qualquer homem não fica unido a nenhuma hipóstase permanente, como o corpo morto de Cristo. Por isso, o corpo morto de qualquer homem não é absolutamente o mesmo, mas apenas sob certo aspecto, pois é o mesmo em relação à matéria, mas não é o mesmo em relação à forma. O corpo de Cristo, porém, permanece o mesmo absolutamente por causa da identidade do supósito, como se disse.

QUANTO AO 2º, deve-se dizer que, como algo é considerado o mesmo numericamente em razão do supósito, e o mesmo especificamente em razão da forma, sempre que o supósito subsiste numa única natureza, segue-se necessariamente que, suprimida a unidade da espécie, desaparece a unidade numérica. Ora, a hipóstase do Verbo de Deus subsiste em duas naturezas. Portanto, embora nos outros homens não continue o mesmo corpo segundo a espécie da natureza humana, contudo, em Cristo, permanece o mesmo numericamente, em razão do supósito do Verbo de Deus.

QUANTO AO 3º, deve-se dizer que a corrupção e a morte não são próprias de Cristo em razão

---

7. *Etymol.*, l. VIII, c. 5, n. 67: ML 82, 304 B.
8. GRATIANUS, *Decretum*, P. II, causa 24, q. 3, can. 39: ed. Richter-Friedberg, t. I, p. 1005.
9. *De fide orth.*, l. III, c. 28: MG 94, 1100 A, B, C.
10. In corp.

quod suppositum attenditur unitas numeralis: sed ratione naturae humanae, secundum quam invenitur in corpore Christi differentia mortis et vitae.

do supósito, uma vez que segundo o supósito se considera a unidade numérica, mas em razão da natureza humana, segundo a qual se constata diferença entre morte e vida no corpo de Cristo.

Articulus 6
Utrum mors Christi aliquid operata fuerit ad nostram salutem

AD SEXTUM SIC PROCEDITUR. Videtur quod mors Christi nihil operata fuerit ad nostram salutem.

1. Mors enim est privatio quaedam: est enim privatio vitae. Sed privatio, cum non sit res aliqua, non habet aliquam virtutem agendi. Ergo non potuit aliquid operari ad nostram salutem.

2. PRAETEREA, passio Christi operata est ad nostram salutem per modum meriti. Sic autem non potuit operari mors Christi: nam in morte separatur anima a corpore, quae est merendi principium. Ergo mors Christi non est operata aliquid ad nostram salutem.

3. PRAETEREA, corporale non est causa spiritualis. Sed mors Christi fuit corporalis. Non ergo potuit esse causa spiritualis nostrae salutis.

SED CONTRA est quod Augustinus dicit, in IV de Trin.[1]: *Una mors nostri Salvatoris*, scilicet corporalis, *duabus mortibus nostris*, idest animae et corporis, *saluti fuit*.

RESPONDEO dicendum quod de morte Christi dupliciter loqui possumus: uno modo, secundum quod est in fieri; alio modo, secundum quod est in facto esse. Dicitur autem mors esse in fieri, quando aliquis per aliquam passionem vel naturalem vel violentam, tendit in mortem. Et hoc modo, idem est loqui de morte Christi et de passione ipsius. Et ita, secundum hunc modum, mors Christi est causa salutis nostrae, secundum illud quod de passione supra[2] dictum est.

Sed in facto esse mors consideratur secundum quod iam facta est separatio corporis et animae. Et sic nunc loquimur de morte Christi. Hoc autem modo mors Christi non potest esse causa salutis nostrae per modum meriti, sed solum per modum efficientiae: inquantum scilicet nec per mortem divinitas separata est a carne Christi, et ideo quidquid contigit circa carnem Christi, etiam anima

Artigo 6
A morte de Cristo teve algum efeito para nossa salvação?

QUANTO AO SEXTO, ASSIM SE PROCEDE: parece que a morte de Cristo **não** teve nenhum efeito para nossa salvação.

1. Na verdade, a morte é uma espécie de privação, uma privação da vida. Ora, a privação, por não ser algo real, não tem nenhuma força para agir. Logo, não pôde ter nenhum efeito para nossa salvação.

2. ALÉM DISSO, a paixão de Cristo realizou a nossa salvação por mérito. Ora, a morte de Cristo não pôde realizar isso por mérito, pois na morte se separa a alma do corpo, a qual é princípio de merecimento. Logo, a morte de Cristo não teve nenhum efeito para nossa salvação.

3. ADEMAIS, o que é corporal não é a causa espiritual. Ora, a morte de Cristo foi corporal. Logo, não pôde ser causa espiritual de nossa salvação.

EM SENTIDO CONTRÁRIO, diz Agostinho: "Uma única morte de nosso Salvador", ou seja, a morte corporal, "salvou-nos de duas mortes", ou seja, da alma e do corpo.

RESPONDO. Podemos falar da morte de Cristo, sob dois aspectos, em seu devir e em sua realidade. A morte é considerada em seu devir quando alguém tende para a morte, por algum sofrimento natural ou violento. Sob esse aspecto, dá na mesma falar da morte de Cristo e de sua paixão. Assim considerada, a morte de Cristo é causa de nossa salvação, de acordo com o que foi dito acima, a respeito da paixão.

Mas, sob o aspecto de sua realidade, a morte de Cristo é considerada como um fato em que já ocorreu a separação do corpo e da alma. É nesse sentido que falamos da morte de Cristo. Assim considerada, a morte de Cristo não pode ser causa de nossa salvação por mérito, mas somente por eficiência; ou seja, como nem pela morte a divindade se separou da carne de Cristo, então, tudo

---

6 PARALL.: Infra, q. 51, a. 1, ad 2; q. 56, a. 1, ad 4; *ad Rom.*, c. 4, lect. 3.

1. C. 3, n. 6: ML 42, 892.
2. Q. 48.

separata, fuit nobis salutiferum virtute divinitatis unitae.

Consideratur autem proprie alicuius causae effectus secundum similitudinem causae. Unde, quia mors est quaedam privatio vitae propriae, effectus mortis Christi attenditur circa remotionem eorum quae contrariantur nostrae saluti, quae quidem sunt mors animae et mors corporis. Et ideo per mortem Christi dicitur esse destructa in nobis et mors animae, quae est per peccatum, secundum illud Rm 4,25, *Traditus est*, scilicet in mortem, *propter delicta nostra*; et mors corporis, quae consistit in separatione animae, secundum illud 1Cor 15,54: *Absorpta est mors in victoria*.

AD PRIMUM ergo dicendum quod mors Christi est operata salutem nostram ex virtute divinitatis unitae, et non ex sola ratione mortis.

AD SECUNDUM dicendum quod mors Christi, secundum quod consideratur in facto esse, etsi non fuerit ad nostram salutem operata per modum meriti, fuit tamen operata per modum efficientiae, ut dictum est[3].

AD TERTIUM dicendum quod mors Christi fuit quidem corporalis, sed corpus illud fuit instrumentum divinitatis sibi unitae, operans in virtute eius etiam mortuum.

o que aconteceu com o corpo de Cristo, mesmo separado da alma, teve efeito de salvação, por força da divindade a ele unida[e].

Avalia-se adequadamente o efeito de uma causa pela semelhança que tem com essa causa. Assim, dado que a morte é uma espécie de privação da vida própria, o efeito da morte de Cristo é considerado em relação à remoção dos obstáculos à nossa salvação, que são a morte da alma e a morte do corpo. Por isso, pela morte de Cristo dizemos que foi destruída em nós a morte da alma, que acontece por nosso pecado, como diz a Carta aos Romanos: "Foi entregue", ou seja, à morte, "por nossas faltas"; bem como a morte do corpo, que consiste na separação da alma, segundo o que diz a primeira Carta aos Coríntios: "A morte foi tragada na vitória".

QUANTO AO 1º, portanto, deve-se dizer que a morte de Cristo teve como efeito a nossa salvação pela força da divindade unida e não apenas em razão da morte.

QUANTO AO 2º, deve-se dizer que a morte de Cristo, se considerada em sua realidade, embora não tenha produzido o efeito de nossa salvação por mérito, contudo realizou-a por eficiência, como foi dito antes.

QUANTO AO 3º, deve-se dizer que a morte de Cristo foi, sim, corporal, mas que o corpo foi o instrumento da divindade a ele unida e, mesmo morto, agia por força dessa divindade.

---

3. In corp.

e. Ficamos surpresos em constatar que Sto. Tomás distingue a morte em devir, isto é, a paixão de Cristo em seu desenvolvimento inelutável para a morte, da morte realizada, após o último suspiro, sem mencionar que o ato de morrer, de "entregar sua alma", de "entregar o espírito", concentra em si toda a potência salvadora não só da paixão, mas da vida de Cristo. Como dissemos, porém, trata-se nesta questão do estado de morte para nossa salvação, e esse papel não pode ser nem o do mérito nem o da satisfação, mas o da eficiência, o cadáver permanecendo sempre substancialmente unido à divindade. Somente adiante se verá como essa virtude permanece em Cristo ressuscitado.

QUAESTIO LI
DE SEPULTURA CHRISTI

in quatuor articulos divisa

Deinde considerandum est de sepultura Christi.

Et circa hoc quaeruntur quatuor.
Primo: utrum conveniens fuerit Christum sepeliri.
Secundo: de modo sepulturae eius.

QUESTÃO 51
O SEPULTAMENTO DE CRISTO

em quatro artigos

A seguir, deve-se considerar o sepultamento de Cristo.

A respeito disso, são quatro as perguntas:
1. Foi conveniente que Cristo tenha sido sepultado?
2. Sobre o modo de sua sepultura.

Tertio: utrum corpus eius fuerit in sepulcro resolutum.
Quarto: de tempore quo iacuit in sepulcro.

Articulus 1
Utrum fuerit conveniens Christum sepeliri

AD PRIMUM SIC PROCEDITUR. Videtur quod non fuerit conveniens Christum sepeliri.

1. De Christo enim dicitur in Ps 87,5-6: *Factus est sicut homo sine adiutorio, inter mortuos liber.* Sed in sepulcro includuntur corpora mortuorum: quod videtur libertati esse contrarium. Ergo non videtur fuisse conveniens quod corpus Christi sepeliretur.
2. PRAETEREA, nihil circa Christum fieri debuit quod non esset salufiferum nobis. Sed in nullo videtur ad salutem hominum pertinere quod Christus fuit sepultus. Ergo non fuit conveniens Christum sepeliri.
3. PRAETEREA, inconveniens esse videtur quod Deus, qui est *super caelos excelsos*[1], in terra sepeliretur. Sed illud quod convenit corpori Christi mortuo, attribuitur Deo, ratione unionis. Ergo inconveniens videtur Christum fuisse sepultum.

SED CONTRA est quod Dominus dicit, Mt 26,10, de muliere quae eum inunxit: *Opus bonum operata est in me*: et postea subdit [12]: *Mittens unguentum hoc in corpus meum, ad sepeliendum me fecit.*

RESPONDEO dicendum quod conveniens fuit Christum sepeliri. Primo quidem, ad comprobandum veritatem mortis: non enim aliquis in sepulcro ponitur, nisi quando iam de veritate mortis constat. Unde et Mc 15,44-45 legitur quod Pilatus, antequam concederet Christum sepeliri, diligenti inquisitione cognovit eum mortuum esse.
Secundo, quia per hoc quod Christus de sepulcro resurrexit, datur spes resurgendi per ipsum his qui sunt in sepulcro: secundum illud Io 5,25-28: *Omnes qui in monumentis sunt, audient vocem Filii Dei, et qui audierint, vivent.*

Tertio, ad exemplum eorum qui per mortem Christi spiritualiter moriuntur peccatis, qui scilicet absconduntur a conturbatione hominum. Unde dicitur Cl 3,3: *Mortui estis, et vita vestra abscondita*

3. Seu corpo se decompôs no sepulcro?
4. Por quanto tempo ficou no sepulcro?

Artigo 1
Foi conveniente que Cristo tenha sido sepultado?

QUANTO AO PRIMEIRO ARTIGO, ASSIM SE PROCEDE: parece que **não** foi conveniente que Cristo tenha sido sepultado.

1. Na verdade, diz o Salmo 87 a respeito de Cristo: "Eis-me como um homem acabado, livre entre os mortos". Ora, encerram-se no sepulcro os corpos dos mortos; o que parece ser algo contrário à liberdade. Logo, não parece ter sido conveniente que o corpo de Cristo fosse sepultado.
2. ALÉM DISSO, nada devia acontecer com Cristo que não nos fosse salutar. Ora, parece que não tem nada a ver com a salvação dos homens o fato de Cristo ter sido sepultado. Logo, não foi conveniente que Cristo tenha sido sepultado.
3. ADEMAIS, não parece conveniente ser sepultado na terra o Deus que está acima dos céus. Ora, o que é próprio do corpo morto de Cristo atribui-se a Deus, em razão da união. Logo, parece não ser conveniente que Cristo tenha sido sepultado.

EM SENTIDO CONTRÁRIO, diz o Senhor a respeito da mulher que o ungira: "É uma obra boa que ela acaba de praticar para comigo"; e depois acrescenta: "Ao derramar este perfume sobre meu corpo, ela o fez para o meu sepultamento".

RESPONDO. Foi conveniente que Cristo tenha sido sepultado. Primeiro, para provar a verdade da morte, pois ninguém é posto num sepulcro senão quando já se tem certeza da morte. Por isso, se lê no Evangelho de Marcos que Pilatos, antes de permitir que Cristo fosse sepultado, fez cuidadosa averiguação e se certificou de que ele estava morto.

Segundo, porque o fato de Cristo ter ressuscitado do sepulcro dá aos que estão sepultados a esperança de, por meio dele, chegar à ressurreição, de acordo com o que diz o Evangelho de João: "Todos os que jazem nos túmulos ouvirão a voz do Filho de Deus e os que ouvirem viverão".

Terceiro, como exemplo para aqueles que pela morte de Cristo morrerão espiritualmente para os pecados, ou seja, os que estão escondidos longe das intrigas dos homens. Por isso, diz a Carta aos

---

1 PARALL.: Infra, q. 52, a. 4; *Compend. Theol.*, c. 234; I *ad Cor.*, c. 15, lect. 1.
1. *Iob* 11, 8; 22, 12; Ps. 112, 4.

est cum Christo in Deo. Unde et baptizati, qui per mortem Christi moriuntur peccatis, quasi consepeliuntur Christo per immersionem: secundum illud Rm 6,4: *Consepulti sumus cum Christo per baptismum in mortem*.

AD PRIMUM ergo dicendum quod Christus etiam sepultus ostendit se inter mortuos liberum fuisse, in hoc quod per inclusionem sepulcri non potuit impediri quin ab eo resurgendo exiverit.

AD SECUNDUM dicendum quod, sicut Christi mors efficienter operata est nostram salutem, ita etiam et eius sepultura. Unde Hieronymus dicit, *super Marc.*[2]: *Sepultura Christi resurgimus*. Et Is 53, super illud [v. 9], *Dabit impios pro sepultura*, dicit Glossa[3]: *idest: Gentes, quae sine pietate erant, Deo Patrique dabit, quia mortuus et sepultus eos acquisivit*.

AD TERTIUM dicendum quod, sicut dicitur in quodam Sermone Concilii Ephesini[4], *nihil horum quae salvant homines, iniuriam Deo facit: quae ostendunt eum, non passibilem, sed clementem*. Et in alio Sermone eiusdem Concilii legitur[5]: *Nihil putat iniuriam Deus quod est occasio salutis hominibus. Tu quidem non ita vilem Dei naturam arbitreris, tanquam quae aliquando subiecta possit esse iniuriis*.

Colossenses: "Vós estais mortos, e vossa vida está escondida com Cristo em Deus". Portanto, também os batizados, que, pela morte de Cristo, morrem para os pecados são como que co-sepultados com Cristo pela imersão, segundo o que diz a Carta aos Romanos: "Pelo batismo, nós fomos sepultados com Cristo em sua morte".

QUANTO AO 1º, portanto, deve-se dizer que Cristo, mesmo sepultado, demonstrou estar livre entre os mortos, uma vez que o fato de estar encerrado no sepulcro não pôde impedi-lo de sair dele por meio da ressurreição.

QUANTO AO 2º, deve-se dizer que, assim como a morte de Cristo realizou com eficiência a nossa salvação, igualmente o seu sepultamento. Por isso, diz Jerônimo, comentando Marcos: "Pela sepultura de Cristo é que nós ressurgimos". E a respeito do que diz Isaías: "Destinaram-lhe uma sepultura entre os maus", comenta a Glosa: "ou seja, dará a Deus Pai os povos que viviam sem piedade, porque ele, morto e sepultado, os conquistara".

QUANTO AO 3º, deve-se dizer que, como se diz no Concílio de Éfeso: "Nada do que salva os homens ofende a Deus, pois não o mostra passível, mas clemente". E no mesmo concílio também se lê: "Nada do que é ocasião de salvação para os homens, Deus considera como ofensa. Certamente não julgarias ser tão vil a natureza de Deus a ponto de poder alguma vez estar sujeita a ofensas".

ARTICULUS 2
Utrum convenienti modo Christus fuerit sepultus

AD SECUNDUM SIC PROCEDITUR. Videtur non convenienti modo Christum fuisse sepultum.

1. Sepultura enim eius respondet morti ipsius. Sed Christus fuit passus mortem abiectissimam: secundum illud Sap 2,20: *Morte turpissima condemnemus eum*. Ergo inconveniens videtur fuisse quod Christo exhibita fuit honorabilis sepultura, inquantum a magnatibus fuit tumulatus, scilicet a Ioseph ab Arimathaea, qui erat *nobilis decurio*, ut habetur Mc 15,43, et a Nicodemo, qui erat *princeps Iudaeorum*, ut habetur Io 3,1.

ARTIGO 2
Cristo foi sepultado de modo conveniente?

QUANTO AO SEGUNDO, ASSIM SE PROCEDE: parece que Cristo **não** foi sepultado de modo conveniente.

1. Na verdade, seu sepultamento deveria corresponder à morte que teve. Ora, Cristo sofreu morte extremamente humilhante, segundo diz o livro da Sabedoria: "Condenemo-lo a uma morte infame". Logo, parece inconveniente ter sido oferecido a Cristo um sepultamento honroso, porquanto foi enterrado por homens ricos, ou seja, por José de Arimateia, "membro eminente do conselho", segundo o Evangelho de Marcos, e por Nicodemos, "um dos notáveis dos judeus".

---

2. *Comment. in S. Marc.*, super 14, 63: ML 30, 635 D-636 A.
3. Ordin.: ML 113, 1296 B.
4. *Act.*, p. III, c. 9: ed. Mansi, V, 189.
5. Ibid., c. 10: ed. Mansi, V, 205.

PARALL.: *In Matth.*, c. 27; *in Ioan.*, c. 19, lect. 6.

2. Praeterea, circa Christum non debuit aliquid fieri quod esset superfluitatis exemplum. Videtur autem superfluitatis fuisse quod ad sepeliendum Christum Nicodemus venit *ferens mixturam myrrhae et aloes quasi libras centum*, ut dicitur Io 19,39: praesertim cum mulier *praevenerit corpus eius ungere in sepulturam*, ut dicitur Mc 14,8. Non ergo fuit hoc convenienter circa Christum factum.

3. Praeterea, non est conveniens ut aliquod factum sibi ipsi dissonum sit. Sed sepultura Christi fuit simplex ex una parte, quia scilicet *Ioseph involvit* corpus eius *in sindone munda*, ut dicitur Mt 27,59, *non autem auro aut gemmis aut serico*, ut Hieronymus[1] ibidem dicit: ex alia vero parte videtur fuisse ambitiosa, inquantum eum *cum aromatibus* sepelierunt. Ergo videtur non fuisse conveniens modus sepulturae Christi.

4. Praeterea, *quaecumque scripta sunt*, et praecipue de Christo, *ad nostram doctrinam scripta sunt*, ut dicitur Rm 15,4. Sed quaedam scribuntur in Evangeliis circa sepulcrum quae in nullo videntur ad nostram doctrinam pertinere: sicut quod fuit sepultus *in horto*, quod *in monumento alieno*, et *novo*, et *exciso in petra*. Inconveniens igitur fuit modus sepulturae Christi.

Sed contra est quod dicitur Is 11,10: *Et erit sepulcrum eius gloriosum*.

Respondeo dicendum quod modus sepulturae Christi ostenditur esse conveniens quantum ad tria. Primo quidem, quantum ad confirmandam fidem mortis et resurrectionis ipsius. — Secundo, ad commendandam pietatem eorum qui eum sepelierunt. Unde Augustinus dicit, in I *de Civ. Dei*[2]: *Laudabiliter commemorantur in Evangelio qui corpus eius, de cruce acceptum, diligenter atque honorifice tegendum sepeliendumque curarunt*. — Tertio, quantum ad mysterium, per quod informantur illi qui *Christo consepeliuntur in mortem*.

Ad primum ergo dicendum quod, circa mortem Christi, commendantur patientia et constantia ipsius qui mortem est passus: et tanto magis, quanto mors fuit abiectior. Sed in sepultura honorifica consideratur virtus morientis, qui, contra intentionem occidentium, etiam mortuus honorifice sepelitur: et praefiguratur devotio fidelium, qui erant Christo mortuo servituri.

2. Além disso, nada devia acontecer com relação a Cristo que fosse exemplo de superfluidade. Ora, parece ter sido supérfluo o fato de Nicodemos ter trazido para o sepultamento de Cristo "uma mistura de mirra e aloés, cerca de cem libras", especialmente quando uma mulher já tinha perfumado seu "corpo antecipadamente para o sepultamento", como diz o Evangelho de Marcos. Logo, isso não foi feito de modo conveniente no caso de Cristo.

3. Ademais, não é conveniente que alguma coisa seja feita em discordância consigo mesma. Ora, o sepultamento de Cristo foi, por uma parte, simples, uma vez que José "o envolveu num lençol limpo", como diz o Evangelho de Mateus, e "não com ouro nem com pedra preciosas nem com seda", como diz Jerônimo a respeito. Por outra parte, porém, foi um sepultamento requintado, pois o enterraram com aromas. Logo, parece não ter sido conveniente o modo como Cristo foi sepultado.

4. Ademais, "tudo o que foi escrito", principalmente a respeito de Cristo, "o foi para nossa instrução", como diz a Carta aos Romanos. Ora, escrevem-se nos Evangelhos coisas a respeito do sepultamento de Cristo que parecem não ter nada a ver com nossa instrução, como ter sido sepultado num "jardim", num "túmulo alheio, novo e cavado na pedra". Logo, foi inconveniente o modo como Cristo foi sepultado.

Em sentido contrário, diz Isaías: "Seu sepulcro será glorioso".

Respondo. Três motivos mostram ter sido conveniente o modo como Cristo foi sepultado. Primeiro, para confirmar a fé em sua morte e ressurreição. — Segundo, para encomiar a piedade dos que o sepultaram. Por isso, diz Agostinho: "No Evangelho, recordam-se como dignos de louvor os que, tendo tirado o corpo dele da cruz, procuraram, com atenção e respeito, cobri-lo e sepultá-lo". — Terceiro, em relação ao mistério pelo qual são formados os que "são sepultados com Cristo em sua morte".

Quanto ao 1º, portanto, deve-se dizer que, com relação à morte de Cristo, louvam-se a paciência e a firmeza com que ele suportou a morte, tanto mais quanto foi uma morte bastante humilhante. Já no sepultamento honroso se leva em consideração o poder daquele que morrera, a quem se dá, contra a vontade dos que o mataram, um enterro com honras, e se prefigura a devoção dos fiéis que haveriam de servir ao Cristo morto.

---

1. *In Matth.*, l. IV, super 27, 59: ML 26, 215 A.
2. C. 13: ML 41, 27.

AD SECUNDUM dicendum quod in hoc quod Evangelista dicit³ quod sepelierunt eum *sicut mos est Iudaeis sepelire*, sicut Augustinus dicit, *super Ioan.*⁴, *admonuit in huiusmodi officiis quae mortuis exhibentur, morem cuiusque gentis esse servandum. Erat autem illius gentis consuetudo ut mortuorum corpora variis aromatibus condirentur, ut diutius servarentur illaesa.* Unde et in III de Doct. Christ.⁵ dicitur quod *in omnibus talibus non usus rerum, sed libido utentis in culpa est.* Et postea subdit⁶: *Quod in aliis personis plerumque flagitium est, in divina vel prophetica persona magnae cuiusdam rei signum est.* Myrrha enim et aloes, propter sui amaritudinem, significant poenitentiam, per quam aliquis in seipso Christum conservat absque corruptione peccati. Odor autem aromatum significat bonam famam.

AD TERTIUM dicendum quod myrrha et aloes adhibebantur corpori Christi ut immune a corruptione servaretur: quod videbatur ad quandam necessitatem pertinere. Unde datur nobis exemplum ut licite possimus aliquibus pretiosis uti medicinaliter pro necessitate nostri corporis conservandi.

Sed involutio corporis pertinebat ad solam quandam decentiam honestatis. Et in talibus, simplicibus debemus esse contenti. Per hoc tamen significabatur, ut Hieronymus dicit⁷, quod *ille in sindome munda involvit Iesum, qui mente pura eum susceperit.* Et hinc, ut Beda dicit, *super Marc.*⁸, *Ecclesiae mos obtinuit ut sacrificium Altaris non in serico neque in panno tincto, sed in lino terreno celebretur: sicut corpus Domini est in sindone munda sepultum.*

AD QUARTUM dicendum quod Christus sepelitur *in horto*, ad significandum quod per mortem et sepulturam ipsius liberamur a morte, quam incurrimus per peccatum Adae in horto Paradisi commissum.
Ideo autem *Salvator in aliena ponitur sepultura*, ut Augustinus dicit, in quodam Sermone⁹, *quia pro aliorum moriebatur salute: sepulcrum autem mortis est habitaculum.* — Per hoc etiam

QUANTO AO 2º, deve-se dizer que, o fato de Cristo ter sido enterrado "segundo a maneira de sepultar dos judeus", como diz o Evangelista João, é assim comentado por Agostinho: "Mostrou que nos serviços fúnebres prestados aos mortos devem-se seguir os costumes de cada povo. Ora, era costume dos judeus preservar o corpo dos mortos com diversos aromas, para que fossem mantidos ilesos por mais tempo". Por isso, diz também que "em todos esses casos, a culpa pode estar não no costume, mas na vontade de quem o pratica". E acrescenta: "O que em outros é, com frequência, indecoroso, numa pessoa divina ou de um profeta é sinal de algo grandioso". Na verdade, a mirra e o aloés, por seu amargor, significam a penitência com que alguém guarda Cristo em si, sem a corrupção do pecado. Já o perfume dos aromas significa a boa fama.

QUANTO AO 3º, deve-se dizer que a mirra e o aloés foram usados no corpo de Cristo para que ele se mantivesse imune da corrupção, o que parecia ser algo necessário. Isso é para nós um exemplo de que podemos licitamente lançar mão de recursos caros diante da necessidade de manter a saúde de nosso corpo.

E o envolvimento do corpo era apenas questão de decoro e de dignidade. E nesses casos, temos de nos contentar com a simplicidade. Tudo isso significa, como diz Jerônimo, que "envolve Jesus num lençol limpo aquele que o recebe com o coração puro". Por isso, diz Beda, comentando o Evangelho de Marcos: "Prevaleceu o costume da Igreja de que o sacrifício do altar fosse celebrado não com seda nem com pano tingido, mas com linho natural, como o corpo do Senhor foi sepultado num lençol limpo".

QUANTO AO 4º, deve-se dizer que Cristo foi sepultado *num jardim* para significar que, por sua morte e sepultura, ficamos livres da morte em que incorremos por causa do pecado de Adão cometido no jardim do Paraíso.
Portanto, como diz Agostinho, "o Salvador é posto numa sepultura cavada para outro, porque morria para a salvação de outros, pois o sepulcro é a habitação da morte". — E nisso se pode ver

---
3. Ioan. 19, 40.
4. Tract. 120, n. 4, super 19, 40: ML 35, 1954.
5. C. 12, n. 18: ML 34, 73.
6. Ibid.
7. *In Matth.*, l. IV, super 27, 59: ML 26, 215 B.
8. L. IV, super 15, 46: ML 92, 293 D.
9. Serm. 248, al. *de Temp.* 133, n. 4: ML 39, 2205.

considerari potest paupertatis abundantia pro nobis susceptae. Nam qui domum in vita non habuit, post mortem quoque in alieno sepulcro reconditur, et nudus existens a Ioseph operitur.

In *novo* autem ponitur monumentum, ut Hieronymus dicit[10], *ne, post resurrectionem, ceteris corporibus remanentibus, surrexisse alius fingeretur. Potest autem et novum sepulcrum Mariae virginalem uterum demonstrare.* — Per hoc etiam datur intelligi quod per Christi sepulturam omnes *innovamur*, morte et corruptione destructa.

In monumento autem *deciso in petra* conditus est, ut Hieronymus dicit[11], *ne, si ex multis lapidibus aedificatum fuisset, tumuli fundamentis suffossis, sublatus furto diceretur.* Unde et *saxum magnum* quod appositum fuit, *ostendit non absque auxilio plurimorum sepulcrum potuisse reserari.* — Si etiam sepultus fuisset in terra, dicere poterant: *"Suffoderunt terram, et furati sunt eum"*, sicut Augustinus dicit. — Significatur autem mystice per hoc, ut Hilarius dicit[12], quod *per Apostolorum doctrinam in pectus duritiae gentilis, quodam doctrinae opere excisum, Christus infertur: rude scilicet ac novum, nullo antea ingressu timori Dei pervium. Et quia nihil oporteat praeter eum in pectora nostra penetrare, lapis ostio advolvitur.*

Et, sicut Origenes dicit[13], *non fortuito scriptum est: "Ioseph involvit corpus Christi sindone munda, et posuit in monumento novo",* et quod *"advolvit lapidem magnum": quia omnia quae sunt circa corpus Iesu, munda sunt, et nova, et valde magna.*

Articulus 3
Utrum corpus Christi in sepulcro fuerit incineratum

Ad tertium sic proceditur. Videtur quod corpus Christi in sepulcro fuerit incineratum.

1. Sicut enim mors est poena peccati primi Parentis, ita etiam incineratio: dictum est enim primo homini post peccatum: *Pulvis es, et in pulverem reverteris*, ut dicitur Gn 3,19. Sed Christus

também a extrema pobreza que assumiu por nós, pois quem não teve uma casa em vida é, depois da morte, enterrado num sepulcro alheio e, estando nu, é coberto por José.

E também é posto num sepulcro *novo*, como diz Jerônimo, "para que, depois da ressurreição, se houvesse outros corpos ali depositados, não se inventasse ter um outro ressuscitado. Mas também pode o sepulcro novo representar o seio virginal de Maria". — Pode igualmente nos fazer entender que, pelo sepultamento de Cristo, todos nós nos *renovamos*, tendo sido destruídas a morte e a corrupção.

E foi posto num sepulcro *cavado na pedra*, como diz Jerônimo, "para que não se dissesse ter sido roubado, devido a uma escavação feita na base de um túmulo construído com muitas pedras". Por isso, como diz Agostinho, a "grande pedra" rolada na entrada "mostra que o sepulcro não poderia ser aberto sem a ajuda de muitos homens. — E se fosse sepultado na terra, poderiam dizer: 'Escavaram a terra e o levaram furtivamente'". — E diz Hilário que o significado místico é que "Cristo é levado ao coração duro dos gentios, aberto com certa dificuldade pela doutrina dos Apóstolos, um coração grosseiro e novo, antes totalmente fechado à entrada do temor de Deus. E como nada além dele deve entrar em nossos corações, uma pedra é rolada na entrada do sepulcro".

E como diz Orígenes: "Não foi à toa que se escreveu que José envolveu o corpo de Cristo num lençol limpo e o pôs num sepulcro novo e que se rolou uma grande pedra à entrada: é que tudo o que diz respeito ao corpo de Jesus, é limpo, é novo e é grandioso".

Artigo 3
O corpo de Cristo no sepulcro foi reduzido a pó?

Quanto ao terceiro, assim se procede: parece que o corpo de Cristo no sepulcro **foi** reduzido a pó.

1. Na verdade, assim como a morte é a pena do pecado do primeiro homem, também o é a redução ao pó; pois foi dito ao primeiro homem, após o pecado: "És pó e ao pó voltarás" como consta no

---
10. *In Matth.*, l. IV, super 27, 60: ML 26, 215 B.
11. *Ibid.*, super 27, 64: ML 26, 215 D.
12. *In Matth.*, c. 33, n. 8: ML 9, 1076 A.
13. *In Matth.*, Commentar. series, n. 143, super 27, 59: MG 13, 1796 D, 1797 C.

Parall.: Infra, q. 53, a. 1, ad 1; III *Sent.*, dist. 21, q. 1, a. 2; *Compend. Theol.*, c. 234; *in Ioan.*, c. 2, lect. 3.

mortem sustinuit ut nos a morte liberaret. Ergo etiam incinerari debuit corpus eius, ut nos ab incineratione liberaret.

2. PRAETEREA, corpus Christi fuit eiusdem naturae cum corporis nostris. Sed corpora nostra statim post mortem resolvi incipiunt et ad putrefactionem disponuntur: quia, exhalante calido naturali, supervenit calor extraneus, qui putrefactionem causat. Ergo videtur quod similiter in corpore Christi acciderit.

3. PRAETEREA, sicut dictum est[1], Christus sepeliri voluit ut daret hominibus spem resurgendi etiam de sepulcris. Ergo etiam incinerationem pati debuit, ut spem resurgendi incineratis post incinerationem daret.

SED CONTRA est quod in Ps 15,10 dicitur: *Non dabis Sanctum tuum videre corruptionem*: quod Damascenus exponit, in III libro[2], de corruptione quae est per resolutionem in elementa.

RESPONDEO dicendum quod non fuit conveniens corpus Christi putrefieri, vel quocumque modo incinerari. Quia putrefactio cuiuscumque corporis provenit ex infirmitate naturae illius corporis, quae non potest amplius corpus continere in unum. Mors autem Christi, sicut supra[3] dictum est, non debuit esse cum infirmitate naturae, ne crederetur non esse voluntaria. Et ideo non ex morbo, sed ex passione illata voluit mori, cui se obtulit sponte. Et ideo Christus, ne mors eius naturae infirmitati adscriberetur, noluit corpus suum qualitercumque putrefieri aut qualitercumque resolvi: sed, ad ostensionem virtutis divinae, voluit corpus illud incorruptum permanere. Unde Chrysostomus dicit[4] quod, *viventibus aliis hominibus, his scilicet qui egerunt strenue, arrident propria gesta: his autem pereuntibus, pereunt. Sed in Christo est totum contrarium: nam ante crucem, omnia sunt maesta et infirma; ut autem crucifixus est, omnia clariora sunt facta, ut noscas non purum hominem crucifixum.*

AD PRIMUM ergo dicendum quod Christus, cum non esset subiectus peccato, neque morti erat

livro do Êxodo. Ora Cristo sofreu a morte para nos libertar da morte. Logo, também o corpo dele devia ser reduzido a pó, para nos livrar desse mesmo processo.

2. ALÉM DISSO, o corpo de Cristo era da mesma natureza que nosso corpo. Ora, nossos corpos, logo depois da morte, começam a se decompor e ficam sujeitos à putrefação, uma vez que, ao desaparecer o calor natural, surge um outro calor estranho que causa a putrefação. Logo, parece que algo semelhante aconteceu com o corpo de Cristo.

3. ADEMAIS, como já foi dito, Cristo quis ser sepultado para dar aos homens a esperança de ressurgir até mesmo do túmulos. Logo, devia também ser reduzido a pó, para dar esperança de ressurreição aos que tiverem passado pelo processo de redução a pó.

EM SENTIDO CONTRÁRIO, diz o Salmo 15: "Não deixas o teu fiel ver a corrupção; que Damasceno explica se tratar da corrupção que se processa pela dissolução em elementos.

RESPONDO. Não era conveniente que o corpo de Cristo entrasse em putrefação nem que, de algum modo, se reduzisse a pó. E a razão é que a putrefação de qualquer corpo provém da fraqueza desse corpo, cuja natureza não consegue mais mantê-lo coeso. Ora, a morte de Cristo, como foi dito acima, não poderia ser consequência de uma enfermidade natural, para que não se julgasse não ser voluntária. Portanto, ele quis morrer não por causa de uma doença, mas pelos sofrimentos que lhe foram impostos e aos quais se submeteu de modo espontâneo. Assim, Cristo, para que sua morte não fosse atribuída à fraqueza da natureza, não quis que seu corpo tivesse um mínimo de putrefação nem que se corrompesse por pouco que fosse, mas, para mostrar a força divina, quis que seu corpo permanecesse incorruptível. Por isso, diz Crisóstomo que "os demais homens, especialmente os de feitos valorosos, têm a seu favor, em vida, suas próprias obras, mas, morrendo eles, também elas perecem. Com Cristo, porém, acontece exatamente o contrário, pois tudo é tristeza e debilidade antes da cruz, mas, quando o crucificaram, tudo se torna resplandecente; ficas assim sabendo que não era apenas homem o crucificado".

QUANTO AO 1º, portanto, deve-se dizer que Cristo, por não estar sujeito ao pecado, tampouco

---

1. A. 1.
2. *De fide orth.*, l. III, c. 28: MG 94, 1100 A.
3. Q. 50, a. 1, ad 2.
4. *Contra Iud. et Gent. quod Christus sit Deus*, n. 9: MG 48, 824-825.

obnoxius neque incinerationi. Voluntarie tamen mortem sustinuit propter nostram salutem, propter rationes supra[5] dictas. Si autem corpus eius fuisset putrefactum vel resolutum, magis hoc fuisset in detrimentum humanae salutis: dum non crederetur in eo esse virtus divina. Unde ex persona eius in Ps 29,10 dicitur: *Quae utilitas in sanguine meo dum descendo in corruptionem?* Quasi dicat: *Si corpus meum putrescat, perdetur effusi sanguinis utilitas.*

AD SECUNDUM dicendum quod corpus Christi, quantum ad conditionem naturae passibilis, putrefactibile fuit: licet non quantum ad meritum putrefactionis, quod est peccatum. Sed virtus divina corpus Christi a putrefactione reservavit, sicut et resuscitavit a morte.

AD TERTIUM dicendum quod Christus de sepulcro resurrexit virtute divina, quae nullis terminis coarctatur. Et ideo hoc quod a sepulcro surrexit, sufficiens argumentum fuit quod homines erant resuscitandi virtute divina non solum de sepulcris, sed etiam de quibuscumque cineribus.

devia se submeter à morte nem se reduzir a pó. Mas suportou a morte voluntariamente por causa de nossa salvação, segundo as razões acima indicadas. E se o seu corpo passasse pela putrefação, ou se se decompusesse, tudo isso seria, sim, prejudicial à salvação humana, pois não se acreditaria haver nele força divina. Por isso, diz o Salmo 29, representando Cristo: "Que utilidade há no meu sangue se desço à corrupção?" Como se dissesse: "Se meu corpo entrar em putrefação, ficará perdida a utilidade de meu sangue derramado".

QUANTO AO 2º, deve-se dizer que o corpo de Cristo, se considerarmos a condição da natureza passível, poderia entrar em putrefação, mas não sob o ponto da causa de merecer a putrefação, a qual é o pecado. O poder divino, porém, preservou da putrefação o corpo de Cristo, assim como o ressuscitou da morte[a].

QUANTO AO 3º, deve-se dizer que Cristo ressuscitou do sepulcro pelo poder divino, que não é coibido por limite algum. Assim, o fato de ter ressuscitado do sepulcro foi um argumento suficiente para afirmar que os homens haveriam de ressuscitar pelo poder divino, não só dos sepulcros, mas também do pó, seja ele qual for.

ARTICULUS 4
Utrum Christus fuerit in sepulcro solum una die et duabus noctibus

AD QUARTUM SIC PROCEDITUR. Videtur quod Christus non fuerit in sepulcro solum una die et duabus noctibus.
1. Dicit enim ipse, Mt 12,40: *Sicut fuit Ionas in ventre ceti tribus diebus et tribus noctibus, ita Filius Hominis erit in corde terrae tribus diebus et tribus noctibus.* Sed in corde terrae fuit in sepulcro existens. Non ergo fuit in sepulcro solum una die et duabus noctibus.

2. PRAETEREA, Gregorius dicit, in Homilia Paschali[1], quod, *sicut Samson abstulit media nocte portas Gazae, ita Christus media nocte, auferens portas inferni, resurrexit.* Sed postquam resurrexit,

ARTIGO 4
Cristo ficou no sepulcro somente por um dia e duas noites?

QUANTO AO QUARTO, ASSIM SE PROCEDE: parece que Cristo **não** esteve no sepulcro por apenas um dia e duas noites.
1. Na verdade, ele próprio diz: "Assim como Jonas esteve no ventre do monstro marinho três dias e três noites, assim o Filho do Homem estará no seio da terra três dias e três noites". Ora, ele esteve no seio da terra quando esteve no sepulcro. Logo, não ficou no sepulcro apenas um dia e duas noites.

2. ALÉM DISSO, diz Gregório que "assim como Sansão arrancou no meio da noite as portas de Gaza, assim Cristo, no meio da noite, arrancando as portas do inferno, ressuscitou. Ora, depois que

---

5. Q. 50, a. 1.

4   PARALL.: III *Sent.*, dist. 21, q. 2, a. 2, ad 5, 6; *Compend. Theol.*, c. 236; *in Matth.*, c. 12; I *ad Cor.*, c. 15, lect. 1.
   1. *In Evang.*, l. II, hom. 21, n. 7: ML 76, 1173 C.

a. No corpo do artigo, Sto. Tomás parecia imputar a incorruptibilidade do corpo de Cristo à perfeição da natureza humana, que, nele, não estava em absoluto submetida ao pecado. Mas a resposta à objeção 2 mostra claramente que é a virtude da divindade, da qual se acaba de dizer que permanece sempre substancialmente unida ao cadáver, que o preservou da corrupção, assim como o ressuscitará.

non fuit in sepulcro. Ergo non fuit in sepulcro duabus noctibus integris.

3. PRAETEREA, per mortem Christi lux praevaluit tenebris. Sed nox ad tenebras pertinet: dies autem ad lucem. Ergo convenientius fuit quod corpus Christi fuerit in sepulcro duabus diebus et una nocte, quam e converso.

SED CONTRA est quod, sicut Augustinus dicit, in IV *de Trin.*[2], *a vespere sepulturae usque ad diluculum resurrectionis triginta sex horae sunt*: idest, *nox tota cum die tota ex nocte tota*.

RESPONDEO dicendum quod ipsum tempus quo Christus in sepulcro mansit, effectum mortis eius repraesentat. Dictum est enim supra[3] quod per mortem Christi liberati sumus a duplici morte, scilicet a morte animae et a morte corporis. Et hoc significatur per duas noctes quibus Christus in sepulcro permansit. Mors autem eius, quia non fuit ex peccato proveniens sed ex caritate suscepta, non habuit rationem noctis, sed diei. Et ideo significatur per diem integram qua Christus fuit in sepulcro. Et sic conveniens fuit quod Christus una die et duabus noctibus esset in sepulcro.

AD PRIMUM ergo dicendum quod, sicut Augustinus dicit, in libro *de Consensu Evang.*[4], *quidam, modum Scripturae nescientes, noctem voluerunt animadvertere tres illas horas, a sexta usque ad nonam, quibus sol obscuratus est; et diem, tres horas alias quibus iterum terris est redditus, idest a nona usque ad eius occasum. Sequitur enim nox futura sabbati: qua cum suo die computata, erunt iam duae noctes et duo dies. Post sabbatum autem, sequitur nox primae sabbati, idest illucescentis diei Dominici, in qua tunc Dominus resurrexit. Et ita adhuc non constabit ratio trium dierum et trium noctium. Restat ergo ut hoc inveniatur illo Scripturarum usitato loquendi modo quo a parte totum intelligitur*: ita scilicet quod unam noctem et unam diem accipiamus pro uno die naturali. Et sic primus dies computatur ab extrema parte sui, qua Christus in sexta feria est mortuus et sepultus; secunda autem dies est integra cum viginti quatuor horis nocturnis et diurnis; nox autem sequens pertinet ad tertium diem. *Sicut enim primi dies, propter futurum hominis lapsum, a luce in noctem; ita isti, propter hominis reparationem, a tenebris computantur in lucem*.

ressuscitou, não ficou no sepulcro. Portanto, não ficou no sepulcro por duas noites inteiras.

3. ADEMAIS, pela morte de Cristo, a luz pôde mais que as trevas. Ora, às trevas se associa a noite, e à luz, o dia. Logo, era mais conveniente que o corpo de Cristo estivesse no sepulcro por dois dias e uma noite e não ao contrário.

EM SENTIDO CONTRÁRIO, diz Agostinho: "Desde o final da tarde do dia da sepultura até a madrugada do dia da ressurreição, contam-se trinta e seis horas, ou seja, toda uma noite, com um dia inteiro, mais uma noite toda".

RESPONDO. O tempo mesmo em que Cristo ficou no sepulcro representa o efeito de sua morte. Na verdade, foi dito acima que pela morte de Cristo ficamos livres de uma dupla morte, ou seja, da morte da alma e da morte corporal. E isso é significado pelas duas noites durante as quais Cristo ficou no sepulcro. Ora, a sua morte, uma vez que não era proveniente do pecado, mas aceita por amor, não tinha a característica da noite, mas do dia. Por isso, é significada pelo dia inteiro durante o qual Cristo esteve no sepulcro. Assim, foi conveniente que Cristo estivesse no sepulcro por um dia e por duas noites.

QUANTO AO 1º, portanto, deve-se dizer que, como diz Agostinho, "alguns, ignorando o modo de a Escritura se expressar, quiseram considerar como uma noite aquelas três horas, da sexta à nona hora, durante as quais o sol escureceu; e como um dia, aquelas três outras horas em que de novo voltou à terra, ou seja, da nona hora até o ocaso. A seguir, viria a noite do sábado, a qual, somada a seu dia, já daria um total de duas noites e dois dias. Depois do sábado vem a noite do primeiro sábado, ou seja, do dia luminoso do Senhor, quando ele ressuscitou. Mesmo assim não se chega ao total de três dias e de três noites. Resta, portanto, que se encontre a solução no modo costumeiro de a Escritura se expressar, que toma a parte pelo todo". Ou seja, temos de tomar uma noite e um dia como um dia natural. Assim, o primeiro dia se conta desde seu final, quando Cristo, na sexta-feira, morreu e foi sepultado; o segundo dia é o tempo integral de vinte e quatro horas dos períodos noturno e diurno; e a noite seguinte pertence ao terceiro dia. "Pois, assim como se contam os primeiros dias a partir da luz para a noite, por causa da futura queda do homem, assim também esses

---

2. C. 6: ML 42, 895.
3. Q. 50, a. 6.
4. L. III, c. 24, n. 66: ML 34, 1109.

AD SECUNDUM dicendum quod, sicut Augustinus dicit, in IV *de Trin*.[5], Christus in diluculo resurrexit, in quo aliquid lucis apparet, et adhuc tamen aliquid remanet tenebrarum noctis: unde de mulieribus dicitur, Io 20,1, quod, *cum tenebrae adhuc essent, venerunt ad monumentum*. Ratione ergo harum tenebrarum, Gregorius dicit Christum media nocte surrexisse: non quidem divisa nocte in duas partes aequales, sed infra illam noctem. Illud enim diluculum et pars noctis et pars diei dici potest, propter communicantiam quam habet cum utroque.

AD TERTIUM dicendum quod in tantum lux in morte Christi praevaluit, quod significatur per unam diem, quod tenebras duarum noctium, idest duplicis mortis nostrae, removit, ut dictum est[6].

5. *De consensu Evang.*, l. III, c. 24, n. 65: ML 34, 1198.
6. In corp.

dias se contam das trevas para a luz, por causa da restauração do homem".

QUANTO AO 2º, deve-se dizer que, como afirma Agostinho, Cristo ressuscitou de madrugada, quando já se vê alguma luz, mas ainda resta alguma escuridão da noite. Por isso, diz o Evangelho de João que as mulheres, "enquanto ainda estava meio escuro", foram ao túmulo. E por causa dessas trevas, diz Gregório que Cristo ressuscitou no meio da noite, não porque a noite tenha sido dividida em duas partes iguais, mas porque foi durante aquela mesma noite. Na verdade, a madrugada pode ser chamada parte da noite e parte do dia, uma vez que tem algo em comum com uma e com a outra.

QUANTO AO 3º, deve-se dizer que a luz, significada por um dia, de tal modo pôde mais na morte de Cristo que removeu as trevas de duas noites, ou seja, da dupla morte nossa, como já se disse.

QUAESTIO LII
DE DESCENSU CHRISTI AD INFEROS
in octo articulus divisa

Deinde considerandum est de descensu Christi ad inferos.
Et circa hoc quaeruntur octo.
Primo: utrum conveniens fuerit Christum ad inferos descendere.
Secundo: in quem infernum descenderit.
Tertio: utrum totus fuerit in inferno.
Quarto: utrum aliquam moram ibi contraxerit.
Quinto: utrum sanctos Patres ab inferno liberaverit.
Sexto: utrum ab inferno liberaverit damnatos.
Septimo: utrum liberaverit pueros in peccato originali defunctos.
Octavo: utrum liberaverit homines de purgatorio.

ARTICULUS 1
Utrum fuerit conveniens Christum ad infernum descendere

AD PRIMUM SIC PROCEDITUR. Videtur quod non fuerit conveniens Christum ad infernum descendere.

QUESTÃO 52
A DESCIDA DE CRISTO AOS INFERNOS
em oito artigos

A seguir, deve-se considerar a descida de Cristo aos infernos.
A respeito, são oito as perguntas:
1. Foi conveniente ter Cristo descido aos infernos?
2. A que infernos desceu?
3. Esteve lá por inteiro?
4. Permaneceu lá por algum tempo?
5. Libertou os santos patriarcas?
6. Libertou de lá os condenados?
7. Libertou as crianças que tinham morrido com o pecado original?
8. Libertou os homens do purgatório?

ARTIGO 1
Foi conveniente que Cristo tenha descido aos infernos?

QUANTO AO ARTIGO PRIMEIRO, ASSIM SE PROCEDE: parece que **não** foi conveniente que Cristo tenha descido aos infernos.

1 PARALL.: III *Sent.*, dist. 22, q. 2, a. 1, q.la 1; *Compend. Theol.*, c. 235; *in Symb. Apost.*, a. 5.

1. Dicit enim Augustinus, in Epistola *ad Evodium*[1]. *Nec ipsos quidem inferos uspiam Scripturarum in bono appellatos potui reperire*. Sed anima Christi non descendit ad aliquod malum: quia nec animae iustorum ad aliquod malum descendunt. Ergo videtur quod non fuerit conveniens Christum ad inferos descendere.

2. PRAETEREA, descendere ad inferos non potest Christo convenire secundum divinam naturam, quae est omnino immobilis: sed solum convenire potest ei secundum naturam assumptam. Ea vero quae Christus fecit vel passus est in natura assumpta, ordinantur ad humanam salutem. Ad quam non videtur necessarium fuisse quod Christus descenderit ad inferos: quia per passionem suam, quam in hoc mundo sustinuit, nos liberavit a culpa et poena, ut supra[2] dictum est. Non igitur fuit conveniens quod Christus ad infernum descenderet.

3. PRAETEREA, per mortem Christi separata est anima a corpore eius, quod quidem positum fuerat in sepulcro, ut supra[3] habitum est. Non videtur autem quod secundum animam solam ad infernum descenderit: quia anima, cum sit incorporea, non videtur quod localiter possit moveri; hoc enim est corporum, ut probatur in VI *Physic*.[4]; descensus autem motum corporalem importat. Non ergo fuit conveniens quod Christus ad infernum descenderet.

SED CONTRA est quod dicitur in Symbolo[5]: *Descendit ad inferos*. Et Apostolus dicit, Eph 4,9: *Quod autem ascendit, quid est nisi quia descendit primum ad inferiores partes terrae?*. Glossa[6]: *idest ad inferos*.

RESPONDEO dicendum quod conveniens fuit Christum ad infernum descendere. Primo quidem, quia ipse venerat poenam nostram portare, ut nos a poena eriperet: secundum illud Is 53,4: *Vere languores nostros ipse tulit, et dolores nostros ipse portavit*. Ex peccato autem homo incurrerat non solum mortem corporis, sed etiam descensum ad inferos. Et ideo, sicut fuit conveniens eum mori ut nos liberaret a morte, ita conveniens fuit eum descendere ad inferos ut nos a descensu ad inferos liberaret. Unde dicitur Os 13,14: *Ero mors tua, o mors! Ero morsus tuus, inferne!*.

Secundo, quia conveniens erat ut, victo diabolo per passionem, vinctos eius eriperet, qui

1. Na verdade, diz Agostinho: "Em nenhum lugar da Escritura pude constatar que os infernos eram considerados um bom lugar. Ora, a alma de Cristo não desceu a nenhum lugar mau, pois nem as almas dos justos descem a um lugar assim. Logo, parece que não foi conveniente que Cristo tenha descido aos infernos.

2. ALÉM DISSO, não é próprio de Cristo descer aos infernos, de acordo com sua natureza divina, que é absolutamente imutável, mas somente em razão da natureza que ele assumira. E tudo o que Cristo fez ou sofreu na natureza assumida está ordenado à salvação humana. Ora, para isso parece não ter sido necessário que Cristo tivesse descido aos infernos, pois pelo sofrimento por que passou neste mundo ele nos libertou da culpa e da pena, como foi dito acima. Logo, não foi conveniente que Cristo tivesse descido aos infernos.

3. ADEMAIS, pela morte de Cristo, a alma se separou de seu corpo, que foi colocado no sepulcro, como se tratou acima. Ora, parece que não teria descido aos infernos somente com sua alma, uma vez que a alma, por ser incorpórea, parece que não pode se mover localmente. Isso é propriedade dos corpos, como prova o livro VI da *Física*, pois a descida importa um movimento corporal. Logo, não foi conveniente que Cristo tivesse descido aos infernos.

EM SENTIDO CONTRÁRIO, diz a profissão de fé: "Desceu à mansão dos mortos". E o Apóstolo: "Ele subiu! Que quer dizer isso senão que ele também desceu até as partes inferiores da terra?" "Ou seja, aos infernos", segundo a Glosa.

RESPONDO. Foi conveniente que Cristo tenha descido aos infernos. Primeiro, porque ele viera assumir nossa pena para dela nos livrar, como diz Isaías: "Na verdade, são os nossos sofrimentos que ele carregou, foram as nossas dores que ele suportou". Ora, por causa do pecado, o homem incorrera não apenas na morte do corpo, mas também na descida aos infernos. Portanto, assim como foi conveniente ter ele morrido para nos libertar da morte, também foi conveniente ter descido aos infernos, para nos livrar de até lá descer. Por isso, diz o livro de Oseias: "Morte, eu serei tua morte! Inferno, eu serei tua mordida".

Segundo, porque era conveniente que, tendo sido vencido o diabo pela paixão, arrancasse dele

---

1. Epist. 164, al. 99, c. 3, n. 7: ML 33, 711.
2. Q. 49, a. 1, 3.
3. Q. praec.
4. Cc. 4, 0: 234, b, 10-20; 240, b, 8-14.
5. Apostolorum: DENZ. 6.
6. Interl.; LOMBARDI: ML 192, 199 D.

detinebantur in inferno: secundum illud Zc 9,11: *Tu quoque in sanguine testamenti tui vinctos tuos emisisti de lacu*. Et Cl 2,15 dicitur: *Expolians principatus et potestates, traduxit confidenter.*

Tertio ut, sicut potestatem suam ostendit in terra vivendo et moriendo, ita etiam potestatem suam ostenderet in inferno, ipsum visitando et illuminando; unde dicitur in Ps 23,7-9: *Attollite portas, principes, vestras*, Glossa[7]: *idest: Principes inferni, auferte potestatem vestram, qua usque nunc homines in inferno detinebatis*; et sic *in nomine Iesu omne genu flectatur*, non solum *caelestium*, sed etiam *infernorum*, ut dicitur Philp 2,10.

AD PRIMUM ergo dicendum quod nomen infernorum sonat in malum poenae, non autem in malum culpae. Unde decuit Christum in infernum descendere, non tanquam ipse esset debitor poenae, sed ut eos qui erant poenae obnoxii, liberaret.

AD SECUNDUM dicendum quod passio Christi fuit quaedam causa universalis humanae salutis, tam vivorum quam mortuorum. Causa autem universalis applicatur ad singulares effectus per aliquid speciale. Unde, sicut virtus passionis Christi applicatur viventibus per sacramenta configurantia nos passioni Christi, ita etiam applicata est mortuis per descensum Christi ad inferos. Propter quod signanter dicitur Zc 9 quod, *eduxit vinctos de lacu in sanguine testamenti sui*, idest per virtutem passionis suae.

AD TERTIUM dicendum quod anima Christi non descenderit ad inferos eo genere motus quo corpora moventur: sed eo genere motus quo angeli moventur, sicut in Prima Parte[8] habitum est.

ARTICULUS 2
Utrum Christus descenderit etiam ad infernum damnatorum

AD SECUNDUM SIC PROCEDITUR. Videtur quod Christus descenderit etiam ad infernum damnatorum.

os vencidos que mantinha nos infernos. É o que diz o livro de Zacarias: "Quanto a ti, por causa da aliança firmada contigo no sangue, libertarei os teus cativos da cisterna sem água". E a Carta aos Colossenses diz: "Despojou os principados e as potestades e os expôs publicamente".

Terceiro, para que, assim como mostrou seu poder na terra, ao viver e ao morrer, também o mostrasse nos infernos, ao visitá-los e iluminá-los. Por isso, diz o Salmo 23: "Príncipes, levantai vossas portas", que a Glosa interpreta: "Ou seja, príncipes dos infernos, retirai vosso poder com que detínheis até agora os homens", e assim, conforme diz a Carta aos Filipenses: "Ao nome de Jesus todo joelho se dobre", não apenas "nos céus", mas também "nos infernos".

QUANTO AO 1º, portanto, deve-se dizer que a palavra infernos refere-se ao mal da pena e não ao da culpa. Portanto, foi conveniente que Cristo descesse aos infernos, não como se ele mesmo fosse devedor de pena, mas para que libertasse os que estavam sujeitos à pena.

QUANTO AO 2º, deve-se dizer que a paixão de Cristo foi uma espécie de causa universal da salvação dos homens, tanto dos vivos como dos mortos. Ora, a causa universal se aplica aos efeitos particulares segundo algo especial. Portanto, assim como o poder da paixão de Cristo se aplica aos vivos por meio dos sacramentos, que nos configuram com a paixão de Cristo, também é aplicada aos mortos por meio de sua descida aos infernos. Por isso, diz claramente o livro de Zacarias: "Tirou os cativos do lago pelo testamento de seu sangue", isto é, pelo poder de sua paixão.

QUANTO AO 3º, deve-se dizer que a alma de Cristo não desceu aos infernos pelo mesmo gênero de movimento com que os corpos se movem, mas pelo gênero de movimento com que os anjos se movem, como tratado na I Parte.

ARTIGO 2
Cristo desceu também ao inferno dos condenados?[a]

QUANTO AO SEGUNDO, ASSIM SE PROCEDE: parece que Cristo **desceu** também ao inferno dos condenados.

---

7. Ordin.: ML 113, 877 A; LOMBARDI: ML 191, 251 A.
8. Q. 53, a. 1.

PARALL.: III *Sent*., dist. 22, q. 2, a. 1, q.la 2.

---

a. Sto. Tomás não tinha dificuldade alguma, assim como Dante na *Divina Comédia*, em situar o inferno nas profundezas da Terra. Além disso, distinguia diversos infernos (já Dante fará referência a vários círculos). O dos condenados, no qual Cristo,

1. Dicitur enim ex ore divinae Sapientiae, Eccli 24,5: *Penetrabo omnes inferiores partes terrae*. Sed inter partes inferiores terrae computatur etiam infernus damnatorum: secundum illud Ps 62,10: *Introibunt in inferiora terrae*. Ergo Christus, qui est *Dei Sapientia*, etiam usque ad infernum damnatorum descendit.

2. PRAETEREA, Act 2,24 dicit Petrus quod *Deus Christum suscitavit, solutis doloribus inferni, iuxta quod impossibile erat teneri illum ab eo*. Sed dolores non sunt in inferno Patrum: neque etiam in inferno puerorum, qui non poniuntur poena sensus propter peccatum actuale, sed solum poena damni propter peccatum originale. Ergo Christus descendit in infernum damnatorum, vel etiam in purgatorium, ubi homines puniuntur poena sensus pro peccatis actualibus.

3. PRAETEREA, 1Pe 3,19-20 dicitur quod *Christus his qui in carcere conclusi erant, spiritu veniens praedicavit, qui increduli fuerant aliquando*: quod, sicut Athanasius dicit, in Epistola *ad Epictetum*[1], intelligitur de descensu Christi ad inferos. Dicit enim quod *corpus Christi fuit in sepulcro positum, quando ipse perrexit praedicare his qui in custodia erant spiritibus, sicut dixit Petrus*. Constat autem quod increduli erant in inferno damnatorum. Ergo Christus ad infernum damnatorum descendit.

4. PRAETEREA, Augustinus dicit, in Epistola *ad Evodium*[2]: *Si in illum Abrahae sinum Christum mortuum venisse sacra Scriptura dixisset non nominato inferno eiusque doloribus, miror si quisquam eum ad inferos descendisse asserere auderet. Sed quia evidentia testimonia et infernum commemorant et dolores, nulla causa occurrit cur illo credatur venisse Salvator, nisi ut ab eisdem doloribus salvos faceret*. Sed locus dolorum est infernus damnatorum. Ergo Christus in infernum damnatorum descendit.

5. PRAETEREA, sicut Augustinus dicit, in quodam Sermone *de Passione*[3], *Christus ad infernum descendens omnes iustos qui originali peccato adstricti tenebantur, absolvit*. Sed inter illos erat etiam Iob: qui de seipso dicit, Iob 17,16: *In profundissima inferni descendent omnia mea*. Ergo Christus etiam usque ad profundissumum inferni descendit.

1. Na verdade, diz a divina Sabedoria, no livro do Eclesiástico: "Penetrei todas as partes inferiores da terra". Ora, entre as partes inferiores da terra está também o inferno dos condenados, segundo o que diz o Salmo 62: "Entrarão nas profundezas da terra". Logo, Cristo, a sabedoria de Deus, desceu também até o inferno dos condenados.

2. ALÉM DISSO, diz Pedro que "Deus ressuscitou o Cristo, livrando-o das dores da morte, porque não era possível que a morte o retivesse em seu poder". Ora, não há dores no inferno dos patriarcas nem no das crianças, que não são punidas pela pena do sentido por causa do pecado atual, mas somente pela pena da condenação por causa do pecado original. Logo, Cristo desceu ao inferno dos condenados, ou também ao purgatório, onde os homens são punidos com a pena dos sentidos por causa dos pecados atuais.

3. ADEMAIS, diz a primeira Carta de Pedro que "Cristo, vindo em espírito, pregou aos espíritos que se encontravam na prisão, que outrora haviam sido incrédulos", o que, como diz Atanásio, é interpretado como a descida de Cristo aos infernos, pois diz que "o corpo de Cristo foi posto no sepulcro, quando ele mesmo foi pregar aos espíritos que estavam na prisão, como diz Pedro". Ora, está claro que os incrédulos estavam no inferno dos condenados. Logo, Cristo desceu ao inferno dos condenados.

4. ADEMAIS, diz Agostinho: "Se a sagrada Escritura tivesse dito que Cristo tinha ido para o seio de Abraão, sem nomear o inferno e suas dores, duvido que alguém ousasse afirmar que ele tinha descido aos infernos. Mas porque claros testemunhos mencionam tanto o inferno como as dores, não há nenhuma causa que nos leve a crer que o Salvador para lá tenha se dirigido senão para salvar os homens dessas mesmas dores". Ora, o lugar das dores é o inferno dos condenados. Logo, Cristo desceu ao inferno dos condenados.

5. ADEMAIS, como diz Agostinho, ao descer aos infernos, Cristo "libertou todos os justos que estavam presos por causa do pecado original". Ora, entre eles estava também Jó, que disse de si mesmo: "No mais profundo do inferno descerão todas as minhas coisas". Logo, Cristo desceu também até o fundo do inferno.

---

1. N. 5: MG 26, 1060 A.
2. Epist. 164, al. 99, c. 3, nn. 7-8: ML 33, 711-712.
3. *Serm. supp.*, serm. 160, al. *de Temp.* 137, *de Pasch.* 2, n. 1: ML 39, 2060.

segundo ele, se manifestou pela irradiação de sua alma, e não por sua presença física. O dos "justos", já purificados ("o seio de Abraão") e o purgatório.

SED CONTRA est quod de inferno damnatorum dicitur, Iob 10,21: *Antequam vadam, et non revertar, ad terram tenebrosam et opertam mortis caligine*, etc. Nulla autem est *conventio lucis ad tenebras*: ut dicitur 2Cor 6,14. Ergo Christus, qui est lux, ad illum infernum damnatorum non descendit.

RESPONDEO dicendum quod dupliciter dicitur aliquid alicubi esse. Uno modo, per suum effectum. Et hoc modo Christus in quemlibet infernum descendit: aliter tamen et aliter. Nam in infernum damnatorum habuit hunc effectum quod, descendens ad inferos, eos de sua incredulitate et malitia confutavit. Illis vero qui detinebantur in purgatorio, spem gloriae consequendae dedit. Sanctis autem Patribus, qui pro solo peccato originali detinebantur in inferno, lumen aeternae gloriae infudit.

Alio modo dicitur aliquid esse alicubi per suam essentiam. Et hoc modo anima Christi descendit ad solum locum inferni in quo iusti detinebantur: ut quos ipse per gratiam interius visitabat secundum divinitatem, eos etiam secundum animam visitaret et loco. Sic autem in una parte inferni existens, effectum suum aliqualiter ad omnes inferni partes derivavit, sicut, in uno loco terrae passus, totum mundum sua passione liberavit.

AD PRIMUM ergo dicendum quod Christus, qui est Dei Sapientia, *penetravit omnes inferiores partes terrae*, non localiter, secundum animam omnes circumeundo; sed effectum suae potentiae aliqualiter ad omnes extendendo. Ita tamen quod solos iustos illuminavit: sequitur enim: *Et illuminabo omnes sperantes in Domino*.

AD SECUNDUM dicendum quod duplex est dolor. Unus de passione poenae, quam patiuntur homines pro peccato actuali: secundum illud Ps 17,6: *Dolores inferni circumdederunt me*. — Alius autem dolor est de dilatione speratae gloriae: secundum illud Pr 13,12: *Spes quae differtur, affligit animam*. Quem quidem dolorem etiam patiebantur sancti Patres in inferno. Ad quod significandum Augustinus, in Sermone *de Passione*[4], dicit quod *lacrimabili obsecratione* Christum orabant.

Utrosque autem dolores Christus solvit ad infernum descendens: aliter tamen et aliter. Nam dolores poenarum solvit praeservando ad eis: sicut medicus dicitur solvere morbum a quo praeservat

EM SENTIDO CONTRÁRIO, diz Jó a respeito do inferno dos condenados: "Antes que, sem volta, eu me vá à terra das trevas e da sombra-da-morte" etc. Ora, não há nenhuma "união entre a luz e as trevas", como diz a segunda Carta aos Coríntios. Logo, Cristo, que é a luz, não desceu ao inferno dos condenados.

RESPONDO. De dois modos uma coisa pode estar em algum lugar. Primeiro, por seu efeito. Por esse modo, Cristo desceu a cada um dos infernos, mas de diferentes maneiras. Ao descer ao inferno dos condenados, ele realizou o efeito de censurar a incredulidade e malícia deles. Aos que estavam detidos no purgatório, porém, deu a esperança de conseguirem a glória. E aos santos patriarcas, que somente por causa do pecado original estavam presos nos infernos, infundiu a luz da eterna glória.

Segundo, dizemos que algo está em algum lugar por sua essência. Desse modo, a alma de Cristo desceu somente ao local dos infernos onde os justos estavam detidos, a fim de que visitasse também *in loco*, segundo a sua alma, aqueles que ele, segundo a divindade, visitava pela graça interior. Assim, estando numa parte dos infernos produziu seu efeito, em certo sentido, em todas as demais partes, do mesmo modo como, ao sofrer num lugar da terra, libertou todo o mundo por meio de sua paixão.

QUANTO AO 1º, portanto, deve-se dizer que Cristo, que é a Sabedoria de Deus, penetrou em todas as partes inferiores da terra, não passando por elas, localmente, com sua alma, mas, em certo sentido, estendendo a todas o efeito de seu poder, de tal modo a iluminar apenas os justos. Por isso, continua o texto: "E iluminarei todos os que esperam no Senhor".

QUANTO AO 2º, deve-se dizer que há duas espécies de dor. Uma vem do sofrimento da pena, que os homens suportam devido ao pecado atual, de acordo com o que diz o Salmo 17: "As dores do inferno me cercaram". — A outra dor nasce da demora da glória esperada, de acordo com o que diz o livro dos Provérbios: "Faz mal à alma a esperança protelada", dor essa que os santos patriarcas suportavam nos infernos. É isso que Agostinho quer dar a entender quando diz que "imploravam a Cristo com súplicas e lágrimas".

Ao descer aos infernos, porém, Cristo suprimiu ambas as dores, ainda que de diferentes maneiras. Desfez a dor da pena, dela preservando, como se diz que um médico livra alguém de uma doença ao

---

4. *Serm. supp.*, serm. 160, al. *de Temp.* 137, *de Pasch.* 2, n. 4: ML 39, 2061.

per medicinam. Dolores autem causatos ex dilatione gloriae actualiter solvit, gloriam praebendo.

AD TERTIUM dicendum quod illud quod ibi dicit Petrus, a quibusdam refertur ad descensum Christi ad inferos, sic exponentes verbum illud: *His qui in carcere conclusi erant*, idest in inferno, *spiritu*, idest secundum animam, *Christus veniens praedicavit, qui increduli fuerant aliquando*. Unde et Damascenus dicit, in III libro[5], quod, *sicut his qui in terra sunt evangelizavit, ita et his qui in inferno*: non quidem ut incredulos ad fidem converteret, sed *ut eorum infidelitatem confutaret*. Quia et ipsa praedicato nihil aliud intelligi potest quam manifestatio divinitatis eius, quae manifestata est infernalibus per virtuosum descensum Christi ad inferos.

Augustinus tamen melius exponit, in Epistola *ad Evodium*[6]: ut referatur, non ad descensum Christi ad inferos, sed ad operationem divinitatis eius, quam exercuit a principio mundi. Ut sit sensus quod *his qui in carcere conclusi erant*, viventes scilicet in corpore mortali, quod est quasi quidam carcer animae, *spiritu* suae divinitatis *veniens praedicavit*, per internas inspirationes, et etiam exteriores admonitiones per ora iustorum: *his*, inquam, *praedicavit qui increduli fuerant aliquando*, Noe scilicet praedicanti, *quando expectabant Dei patientiam*, per quam differebatur poena diluvii. Unde subdit: *in diebus Noe, cum fabricaretur arca*.

AD QUARTUM dicendum quod *sinus Abrahae* potest secundum duo considerari. Uno modo, secundum quietem quae ibi erat a poena sensibili. Et quantum ad hoc non competit ei nec nomen inferni, nec sunt ibi aliquid dolores. Alio modo potest considerari quantum ad privationem gloriae speratae. Et secundum hoc patet rationem inferni et doloris. Et ideo nunc dicitur sinus Abrahae illa requies beatorum: non tamen dicitur infernus, nec dicuntur nunc in sinu Abrahae esse dolores.

AD QUINTUM dicendum quod, sicut Gregorius ibidem[7] dicit, *ipsa superiora loca inferni "profundissimum infernum" vocat. Si enim, quantum ad celsitudinem caeli, aer iste caliginosus infernus est; quantum ad eiusdem aeris altitudinem, terra,*

preveni-la com um remédio. Já a dor causada pela demora da glória, ele a suprime ao conceder a glória.

QUANTO AO 3º, deve-se dizer que alguns relacionam as palavras de Pedro com a descida de Cristo aos infernos, e assim as explicam: "Àqueles que se encontravam na prisão, que outrora foram incrédulos", ou seja, nos infernos, "vindo em espírito", isto é, com sua obra, "Cristo pregou". Por isso, diz Damasceno que "como evangelizou os que estavam na terra, também o fez com os dos infernos", não para converter à fé os incrédulos, mas "para censurar a infidelidade deles". E essa pregação não pode ter outro sentido senão a manifestação da divindade dele que se manifestou aos que habitavam os infernos pela poderosa descida de Cristo até lá".

Agostinho, porém, dá melhor explicação, quando diz que essa pregação não deve se referir à descida de Cristo aos infernos, mas à obra de sua divindade, exercida desde o início do mundo. E este seria o sentido: "Vindo em espírito" de sua divindade, Cristo pregou, por inspirações internas, bem como por exortações exteriores feitas pelos justos, "aos espíritos que se encontravam na prisão", ou seja, vivendo num corpo mortal, que é como que uma prisão da alma, "aos que outrora foram incrédulos", ou seja, à pregação de Noé, "quando se prolongava a paciência de Deus", pela qual se adiava a pena do dilúvio. Por isso, acrescenta: "no dias em que Noé construía a arca[b]".

QUANTO AO 4º, deve-se dizer que o 'seio de Abraão' pode ser entendido de dois modos. Primeiro, sob o ponto de vista da tranquilidade que lá existia a respeito da pena sensível. Nesse sentido, não lhe cabe o nome do inferno nem existe lá dor alguma. Segundo, pode ser considerado como uma privação da glória esperada. Nesse sentido, tem caráter de inferno e de dor. Portanto, o descanso dos bem-aventurados é agora chamado de seio de Abraão, e não de inferno, nem se diz que haja agora dores no seio de Abraão.

QUANTO AO 5º, deve-se dizer que, como diz Gregório, sobre essa passagem: "Mesmo as mais altas regiões do inferno, ele as chama de profundíssimo inferno. Se em relação ao mais alto dos céus este ar tenebroso é um inferno, então, com

---

5. *De fide orth.*, l. III, c. 29: MG 94, 1101 A.
6. Epist. 164, al. 99, cc. 5, 6: ML 33, 715-716.
7. *Moral.*, l. XIII, c. 48, al. 17, in vet. 22: ML 75, 1040 BC.

b. Por pouco verossímil que seja a interpretação de Sto. Agostinho como exegese de texto, ela contém um pensamento magnífico, que ficamos felizes de ver retomado por Sto. Tomás: essa "pregação" por inspirações divinas interiores aos que viviam na prisão de seus corpos mortais e, ao que parece, sem revelação propriamente dita.

quae inferius iacet, et infernus intelligi, et profundum potest. Quantum vero ad eiusdem terrae altitudinem, illa loca inferni quae superiora sunt aliis receptaculis inferni, hoc modo inferni profundissimi appellatione significantur.

Articulus 3
Utrum Christus fuerit totus in inferno

Ad tertium sic proceditur. Videtur quod Christus non fuit totus in inferno.
1. Corpus enim Christi est aliqua pars eius. Sed corpus Christi non fuit in inferno. Ergo totus Christus non fuit in inferno.
2. Praeterea, nihil cuius partes ab invicem separatae sunt, potest dicit *totum*. Sed corpus et anima, quae sunt partes humanae naturae, fuerunt ab invicem separata post mortem, ut supra[1] dictum est. Descendit autem ad infernum mortuus existens. Non ergo potuit esse totus in inferno.

3. Praeterea, illud *totum* dicitur esse in loco *cuius nihil est extra* locum illum. Sed aliquid Christi erat extra infernum: quia et corpus erat in sepulcro, et divinitas ubique. Ergo Christus non fuit totus in inferno.

Sed contra est quod Augustinus dicit, in libro *de Symbolo*[2]: *Totus Filius apud Patrem, totus in caelo, totus in terra, totus in utero Virginis, totus in cruce, totus in inferno, totus in paradiso quo latronem introduxit.*
Respondeo dicendum quod, sicut patet ex his quae in Prima Parte[3] dicta sunt, masculinum genus refertur ad hypostasim vel personam, neutrum autem genus pertinet ad naturam. In morte autem Christi, licet anima fuerit separata a corpore, neutrum tamen fuit separatum a persona Filii Dei, ut supra[4] dictum est. Et ideo, in illo triduo mortis Christi, dicendum est quod totus Christus fuit in sepulcro, quia tota persona fuit ibi per corpus sibi unitum; et similiter totus fuit in inferno, quia tota persona Christi fuit ibi ratione animae sibi unitate; totus etiam Christus tunc erat ubique, ratione divinae naturae.

relação à altura desse mesmo ar, a terra, que está abaixo, pode ser considerada como inferno e como profundo. Com relação, porém, à altura da própria terra, aqueles locais do inferno que estão acima de outros seus abrigos são, desse modo, designados com o nome de inferno profundíssimo".

Artigo 3
Cristo esteve inteiro nos infernos?

Quanto ao terceiro, assim se procede: parece que Cristo **não** esteve inteiro nos infernos.
1. Na verdade, o corpo de Cristo é uma parte dele. Ora, o corpo de Cristo não esteve nos infernos. Logo, Cristo não esteve inteiro nos infernos.
2. Além disso, nada pode ser chamado de inteiro quando suas partes estão separadas umas das outras. Ora, o corpo e a alma, que são partes da natureza humana, estiveram separados entre si, depois de sua morte, como se disse acima. Ora, enquanto estava morto, desceu aos infernos. Logo, não pôde estar inteiro nos infernos.
3. Ademais, dizemos que algo está *inteiro* em algum lugar se *nenhuma de suas partes* está fora daquele lugar. Ora, uma parte de Cristo estava fora dos infernos, uma vez que o corpo estava no sepulcro e a divindade, em todas as partes. Logo, Cristo não esteve inteiro nos infernos.

Em sentido contrário, diz Agostinho: "O Filho, todo ele, está junto do Pai, todo ele no céu, todo ele na terra, todo ele no útero da Virgem, todo ele na cruz, todo ele nos infernos, todo ele no paraíso, aonde fez entrar o ladrão."

Respondo. Como se sabe do que foi dito na I Parte, o gênero masculino se refere à hipóstase ou pessoa, ao passo que o gênero neutro se refere à natureza. Ora, na morte de Cristo, embora a alma estivesse separada do corpo, nenhum dos dois esteve separado da pessoa do Filho de Deus, como foi dito acima. Logo, nos três dias da morte de Cristo temos de afirmar que Cristo, todo ele, esteve no sepulcro, pois toda a pessoa ali esteve pelo corpo a ela unido. De modo semelhante, esteve inteiro nos infernos, pois toda a pessoa de Cristo ali esteve em razão da alma a ela unida. Cristo inteiro, por conseguinte, estava em qualquer lugar em razão da natureza divina.

---

3   Parall.: III *Sent.*, dist. 22, q. 1, a. 2, ad 6.

1. Q. 50, a. 3, 4.
2. L. (al. Serm.) 3, *ad Cathecum.*, c. 7: ML 40, 658.
3. Q. 31, a. 2, ad 4.
4. Q. 50, a. 2, 3.

AD PRIMUM ergo dicendum quod corpus quod tunc erat in sepulcro, non est pars personae increatae, sed naturae assumptae. Et ideo per hoc quod corpus Christi non fuit in inferno, non excluditur quin totus Christus fuerit: sed ostenditur quod non fuit ibi totum quod pertinet ad humanam naturam.

AD SECUNDUM dicendum quod ex anima et corpore unitis constituitur totalitas humanae naturae, non autem totalitas divinae personae. Et ideo, soluta unione animae et corporis per mortem, remansit totus Christus: sed non remansit humana natura in sua totalitate.

AD TERTIUM dicendum quod persona Christi est tota in quolibet loco, sed non totaliter: quia nullo loco circumscribitur. Sed nec omnia loca simul accepta eius immensitatem comprehendere possunt. Quinimmo ipse sua immensitate omnia comprehendit. Hoc autem locum habet in his quae corporaliter et circumscriptive sunt in loco, quod, si totum sit alicubi, nihil eius sit extra. Sed hoc in Deo locum non habet. Unde Augustinus dicit, in Sermone *de Symbolo*[5]: *Non per diversa tempora vel loca dicimus ubique Christum esse totum, ut modo ibi totus sit, et alio tempore alibi totus: sed ut semper ubique sit totus.*

QUANTO AO 1º, portanto, deve-se dizer que o corpo que então estava no sepulcro não é parte da pessoa incriada, mas da natureza assumida. Por conseguinte, o fato de o corpo de Cristo não ter estado nos infernos não exclui que Cristo inteiro ali tivesse estado, mas demonstra que não esteve tudo o que é próprio da natureza humana.

QUANTO AO 2º, deve-se dizer que a totalidade da natureza humana provém da união da alma e do corpo, mas não a totalidade da pessoa divina. Portanto, desfeita a união da alma e do corpo pela morte, Cristo continuou inteiro, mas a natureza humana não permaneceu em sua totalidade.

QUANTO AO 3º, deve-se dizer que a pessoa de Cristo está, toda ela, em qualquer lugar, mas não totalmente, pois não está circunscrita por nenhum lugar. Nem todos os lugares computados juntos poderiam abarcar sua imensidade; antes, ele é que, com sua imensidade, tudo abarca. Na verdade, acontece com aquilo que está num lugar de modo corporal e circunscritivo que, se o todo estiver num lugar, então nenhuma parte dele está fora dali. O que não acontece com Deus. Por isso, diz Agostinho: "Dizemos que Cristo está inteiro em toda a parte, não porque em momentos diferentes está em locais diferentes, como se estivesse inteiro num lugar e, em outro momento, inteiro em outro lugar, mas que está inteiro sempre por toda parte".

ARTICULUS 4

Utrum Christus aliquam moram contraxerit in inferno

AD QUARTUM SIC PROCEDITUR. Videtur quod Christus nullam moram contraxit in inferno.

1. Christus enim ad hoc in infernum descendit ut ex eo homines liberaret. Sed hoc statim ab eo factum est in ipso suo descensu; *facile enim est in conspectu Dei subito honestare pauperem*, ut dicitur Eccli 11,23. Ergo videtur quod nullam moram in inferno contraxit.

2. PRAETEREA, Augustinus dicit, in Sermone *de Passione*[1], quod *sine aliqua mora, ad imperium Domini ac Salvatoris, omnes "ferrei confracti sunt vectes"*. Unde ex persona angelorum concomitantium Christum dicitur: *Tollite portas, principes, vestras*. Ad hoc autem Christus illuc descendit

ARTIGO 4

Cristo demorou algum tempo nos infernos?

QUANTO AO QUARTO, ASSIM SE PROCEDE: parece que Cristo **não** demorou tempo algum nos infernos.

1. Na verdade, Cristo desceu aos infernos para libertar de lá os homens. Ora, isso ocorreu imediatamente quando de sua descida, como diz o livro do Eclesiástico: "É fácil aos olhos do Senhor enriquecer um pobre de repente". Logo, parece que não demorou tempo algum nos infernos.

2. ALÉM DISSO, diz Agostinho que "sem demora alguma, por ordem do Senhor e Salvador, todas as trancas de ferro foram despedaçadas". Por isso, diz o Salmista, representando os anjos que acompanhavam a Cristo: "Príncipes, tirai as vossas portas". Ora, Cristo desceu aos infernos para

---

5. Loc. cit. in arg. *sed c*.

PARALL.: III *Sent.*, dist. 22, q. 2, a. 1, q.la 3.

1. *Serm. supp.*, serm. 160, al. *de Tempore* 137, *de Pasch.* 2, n. 4: ML 39, 2061.

ut vectes inferni confringeret. Ergo Christus in inferno nullam moram contraxit.

3. PRAETEREA, Lc 23,43 dicitur quod Dominus, in cruce pendens, dixit latroni: *Hodie mecum eris in paradiso*: ex quo patet quod eadem die Christus fuit in paradiso. Non autem secundum corpus, quod positum fuit in sepulcro. Ergo secundum animam, quae ad infernum descenderat. Et ita videtur quod non contraxit moram in inferno.

SED CONTRA est quod Petrus dicit, Act 2,24: *Quem Deus suscitavit, solutis doloribus inferni, iuxta quod impossibile erat teneri illum ab eo*. Ergo videtur quod usque ad horam resurrectionis mansit in inferno.

RESPONDEO dicendum quod sicut Christus, ut nostras poenas in se susciperet, voluit corpus suum in sepulcro poni, ita etiam voluit animam suam ad infernum descendere. Corpus autem eius mansit in sepulcro per diem integrum et duas noctes ad comprobandum veritatem mortis suae. Unde etiam tantundem credendum est animam eius fuisse in inferno: ut simul anima eius educeretur de inferno, et corpus de sepulcro.

AD PRIMUM ergo dicendum quod Christus, ad infernum descendens, sanctos ibi existentes liberavit, non quidem statim educendo eos de loco inferni, sed in ipso inferno eos luce gloriae illustrando. Et tamen conveniens fuit ut tandiu anima eius remaneret in inferno quandiu corpus manebat in sepulcro.

AD SECUNDUM dicendum quod *vectes inferni* dicuntur impedimenta quibus sancti Patres de inferno exire prohibebantur, reatu culpae primi Parentis. Quos Christus statim descendens ad inferos, virtute suae passionis et mortis confregit. Et tamen voluit in inferno aliquandiu remanere, propter rationem praedictam.

AD TERTIUM dicendum quod illud verbum Domini est intelligendum, non de paradiso terrestri corporeo, sed de paradiso spirituali, in quo esse dicuntur quicumque divina gloria perfruuntur. Unde latro loco quidem cum Christo ad infernum descendit, ut cum Christo esset, quia dictum est ei, *mecum eris in paradiso*: sed praemio in paradiso fuit, quia ibi divinitate Christi fruebatur, sicut et alii sancti.

lhes quebrar as trancas. Logo, Cristo não demorou tempo algum nos infernos.

3. ADEMAIS, o Senhor, pendente na cruz, disse ao ladrão: "Hoje, estarás comigo no paraíso", o que mostra que naquele mesmo dia Cristo esteve no paraíso. Ora, não esteve lá com o corpo, que fora posto no sepulcro. Logo, com a alma, que descera aos infernos. Assim, parece que não se demorou nos infernos.

EM SENTIDO CONTRÁRIO, diz Pedro: "Deus o ressuscitou, livrando-o das dores do inferno, porque não era possível que este o retivesse em seu poder". Logo, parece que permaneceu nos infernos até a hora da ressurreição.

RESPONDO. Assim como Cristo, a fim de assumir em si as nossas penas, quis que seu corpo fosse posto num sepulcro, também quis que sua alma descesse aos infernos. O corpo dele, porém, ficou no sepulcro um dia inteiro e duas noites, para comprovar a realidade de sua morte. Por isso, acreditamos que sua alma permaneceu também nos infernos durante esse mesmo tempo, para que, simultaneamente, saísse a alma dos infernos e o corpo, do sepulcro.

QUANTO AO 1º, portanto, deve-se dizer que Cristo, ao descer aos infernos, libertou os santos que lá estavam, não os tirando, porém, de imediato, daquele lugar infernal, mas iluminando-os com a luz da glória, lá mesmo nos infernos. Entretanto, era conveniente que sua alma permanecesse nos infernos pelo tempo em que seu corpo estava no sepulcro.

QUANTO AO 2º, deve-se dizer que as trancas dos infernos são chamadas de empecilhos que não permitiam aos santos patriarcas saírem dos infernos, devido à culpa dos primeiros pais. E, descendo aos infernos, Cristo imediatamente as quebrou, pelo poder de sua paixão e morte. Contudo, pela razão acima apontada, quis demorar-se um tempo lá.

QUANTO AO 3º, deve-se dizer que as palavras do Senhor devem ser entendidas não a respeito do paraíso terrestre e material, mas do paraíso espiritual, em que dizemos estar todos os que gozam da glória divina. Por isso, o ladrão desceu com Cristo até o local dos infernos a fim de ficar com ele, uma vez que lhe fora dito: "Hoje, estarás comigo no paraíso", mas, com relação ao prêmio, esteve no paraíso, pois lá gozava da divindade de Cristo, como os demais santos[c].

---

c. O "Sábado santo", segundo Sto. Tomás, é exclusivamente preenchido por essa presença de Cristo nos infernos, em meio aos justos, antes de levá-los consigo ao paraíso, mas "iluminando-os com a luz de sua glória", o que já constituía a substância do paraíso.

Articulus 5
Utrum Christus, descendens ad inferos, sanctos Patres inde liberaverit

AD QUINTUM SIC PROCEDITUR. Videtur quod Christus, descendens ad inferos, sanctos Patres inde non liberaverit.

1. Dicit enim Augustinus, in epistola *ad Evodium*[1]: *Illis iustis qui in sinu erant Abrahae cum Christus in inferna descenderet, nondum quid contulisset inveni, a quibus eum, secundum beatificam praesentiam suae divinitatis, nunquam video recessisse*. Multum autem eis contulisset si eos ab inferis liberasset. Non ergo videtur quod Christus sanctos Patres ab inferius liberaverit.

2. PRAETEREA, nullus in inferno detinetur nisi propter peccatum. Sed sancti Patres, dum adhuc viverent, per fidem Christi iustificati fuerant a peccato. Ergo non indigebant liberari ab inferno, ad inferos Christo descendente.

3. PRAETEREA, remota causa, removetur, effectus. Sed causa descendendi ad inferos est peccatum: quod fuit remotum per passionem Christi, ut supra[2] dictum est. Non ergo per descensum Christi ad inferos sancti Patres sunt de inferno educti.

SED CONTRA est quod Augustinus dicit, in Sermone *de Passione*[3], quod Christus, quando ad inferna descendit, *portam inferni et "vectes ferreos"* confregit, et omnes iustos, qui originali peccato adstricti tenebantur, absolvit.

RESPONDEO dicendum quod, sicut supra[4] dictum est, Christus, descendens ad inferos, operatus est in virtute suae passionis. Per passionem autem Christi liberatum est genus humanum, non solum a peccato, sed etiam a reatu poenae, ut supra[5] dictum est. Dupliciter autem homines reatu poenae erant adstricti. Uno modo, pro peccato actuali, quod quilibet in sua persona commiserat. Alio modo, pro peccato totius humanae naturae, quod a primo Parente in omnes originaliter devenit, ut dicitur Rm 5,12sqq. Cuius quidem peccati poena est mors corporalis et exclusio a vita gloriae, ut patet ex his quae dicuntur Gn 2,17 et 3, [3,19,23sq.]: nam Deus hominem de paradiso post peccatum eiecit, cui ante peccatum mortem fuerat comminatus si

Artigo 5
Cristo, ao descer aos infernos, libertou de lá os santos patriarcas?

QUANTO AO QUINTO, ASSIM SE PROCEDE: parece que Cristo, ao descer aos infernos, **não** libertou de lá os santos Patriarcas.

1. Na verdade, diz Agostinho: "Ainda não descobri que proveito tiveram os justos que estavam no seio de Abraão, quando Cristo desceu aos infernos, pois julgo que ele, pela bem-aventurada presença de sua divindade, jamais se afastou deles". Ora, se os tivesse libertado dos infernos, grande proveito lhes teria levado. Logo, parece que Cristo não libertou dos infernos os santos patriarcas.

2. ALÉM DISSO, ninguém é detido nos infernos senão por causa do pecado. Ora, os santos patriarcas, enquanto viviam, foram, pela fé de Cristo, justificados do pecado. Logo, não tinham necessidade de ser libertados dos infernos, quando Cristo desceu até lá.

3. ADEMAIS, removida a causa, remove-se o efeito. Ora a causa da descida aos infernos é o pecado, que foi removido pela paixão de Cristo, como se disse acima. Logo, com a descida de Cristo aos infernos, os santos patriarcas não foram tirados de lá.

EM SENTIDO CONTRÁRIO, diz Agostinho que Cristo, ao descer aos infernos, "quebrou a porta dos infernos e suas trancas de ferro, e libertou todos os justos, que eram mantidos presos por causa do pecado original".

RESPONDO. Como foi dito acima, Cristo, ao descer aos infernos, agiu pelo poder de sua paixão. E pela paixão de Cristo o gênero humano foi libertado não apenas do pecado, mas também do reato da pena, como vimos antes. Ora, de dois modos estavam os homens sujeitos ao reato da pena. Primeiro, pelo pecado atual, que cada qual cometera pessoalmente; segundo, pelo pecado de toda a natureza humana, que na origem passou a todos os homens, a partir dos primeiros pais, como diz a Carta aos Romanos. E a pena desse pecado é a morte corporal e a exclusão da vida da glória, como fica evidente nas palavras do livro do Gênesis, pois Deus, depois do pecado, expulsou do paraíso o homem, o qual, antes do pecado,

---

5 PARALL.: III *Sent.*, dist. 22, q. 2, a. 2, q.la 1; *Compend. Theol.*, c. 235; *in Symb. Apost.*, a. 5; *ad Ephes.*, c. 4, lect. 3.

1. Epist. 164, al. 99, c. 3, n. 8: ML 33, 712.
2. Q. 49, a. 1.
3. *Serm. supp.*, serm. 160, al. *de Temp.* 137, *de Pasch.* 2, n. 1: ML 39, 2060.
4. A. praec., ad 2.
5. Q. 49, a. 1, 3.

peccaret. Et ideo Christus, descendens ad inferos, virtute suae passionis ab hoc reatu sanctos absolvit, quo erant a vita gloriae exclusi, ut non possent Deum per essentiam videre, in quo consistit perfecta hominis beatitudo, ut in Secunda Parte[6] dictum est. Per hoc autem sancti Patres detinebantur in inferno, quod eis ad vitam gloriae, propter peccatum primi Parentis, aditus non patebat. Et sic Christus, descendens ad inferos, sanctos Patres ab inferis liberavit. Et hoc est quod dicitur Zc 9,11: *Tu vero in sanguine testamenti tui eduxisti vinctos de lacu in quo non erat aqua*. Et Cl 2,15 dicitur quod, *exspolians principatus et potestates*, scilicet *"infernales, auferendo Isaac et Iacob et ceteros iustos", traduxit* eos, idest, *"longe ab hoc regno tenebrarum ad caelum duxit"*, ut Glossa[7] ibidem dicit.

AD PRIMUM ergo dicendum quod Augustinus ibi loquitur contra quosdam qui aestimabant antiquos iustos, ante adventum Christi, in inferno doloribus poenarum fuisse subiectos. Unde parum ante verba inducta, praemittit dicens: *Addunt quidam hoc beneficium antiquis etiam sanctis fuisse concessum, ut, Dominus cum in infernum venisset, ab illis doloribus solverentur. Sed quonam modo intelligatur Abraham, in cuius sinum pius etiam pauper ille susceptus est, in illis fuisse doloribus, ego quidem non video*. Et ideo, cum postea subdit *se nondum invenisse quid descensus Christi ad inferos antiquis iustis contulerit*, intelligendum est quantum ad absolutionem a doloribus poenarum. Contulit tamen eis quantum ad adeptionem gloriae: et per consequens solvit eorum dolorem quem patiebantur ex dilatione gloriae. Ex cuius tamen spe magnum gaudium habebant: secundum illud Io 8,56: *Abraham, Pater vester, exultavit ut videret diem meum*. Et ideo subdit: *A quibus eum, secundum beatificam praesentiam suae divinitatis, nunquam video recessisse*: inquantum scilicet, etiam ante adventum Christi, erant beati in spe, licet nondum essent perfecte beati in re.

AD SECUNDUM dicendum quod sancti Patres, dum adhuc viverent, liberati fuerunt per fidem

fora ameaçado de morte, caso pecasse. Portanto, Cristo, ao descer aos infernos e pelo poder de sua paixão, libertou os homens dessa dívida, pela qual estavam excluídos da vida da glória de modo que não podiam ver a Deus em sua essência, em que consiste a perfeita bem-aventurança do homem, como tratado na II Parte. Mas os santos patriarcas estavam detidos nos infernos uma vez que, por causa do pecado dos primeiros Patriarcas, não lhes era permitida a entrada na vida da glória. Assim, Cristo, ao descer aos infernos, libertou de lá os santos patriarcas. É o que diz o livro de Zacarias: "Quanto a ti, por causa da aliança firmada no sangue, libertastes os teus cativos da cisterna sem água", e em outra parte diz a Carta aos Colossenses, comentada pela Glosa, que "ele despojou os principados e as potestades", ou seja, infernais, ao tirar Abraão, Isaac, Jacó e os demais justos, "e os expôs publicamente", ou seja, ele os levou ao céu, para longe daquele reino de trevas.

QUANTO AO 1º, portanto, deve-se dizer que Agostinho usa essas palavras contra alguns que sustentavam estarem os antigos justos submetidos às dores das penas nos infernos, anteriormente à chegada de Cristo. Por isso, um pouco antes da citada passagem, afirmava: "Acrescentam alguns que esse benefício de ficar livres daquelas dores, quando Cristo descesse aos infernos, também foi concedido aos antigos santos. Mas, na verdade, eu não vejo como se pode entender que Abraão, em cujo seio foi também recebido o piedoso pobre, estivesse em meio àquelas dores. Portanto, quando depois ele acrescenta que "ainda não descobrira que proveito a descida de Cristo aos infernos levara aos antigos justos", a frase tem de ser entendida com relação à libertação das dores das penas. Houve, contudo, proveito em relação à aquisição da glória e, consequentemente, acabou com as dores daqueles que sofriam pelo adiamento dela. Pelo menos tinham uma grande alegria na esperança de alcançá-la, segundo o que diz o Evangelho de João: "Abraão, vosso pai, exultou na esperança de ver o meu Dia". Por isso acrescenta: "julgo que, pela bem-aventurada presença de sua divindade, jamais se afastou deles". Ou seja, antes da ida de Cristo estavam felizes por esperar, embora não fossem, de fato, plenamente felizes.

QUANTO AO 2º, deve-se dizer que os santos patriarcas, enquanto viviam, tinham sido libertados,

---

6. I-II, q. 3, a. 8.
7. Interl.; Ordin.: ML 114, 612 D; LOMBARDI: 192, 275 B.

Christi ab omni peccato tam originali quam actuali, et reatu poenae actualium peccatorum: non tamen a reatu poenae originalis peccati, per quem excludebantur a gloria, nondum soluto pretio redemptionis humanae. Sicut etiam nunc fideles Christi liberantur per baptismum a reatu actualium peccatorum, et a reatu originalis quantum ad exclusionem a gloria: remanent tamen adhuc obligati reatu originalis peccati quantum ad necessitatem corporaliter moriendi; quia renovantur secundum spiritum, sed nondum secundum carnem, secundum illud Rm 8,10: *Corpus quidem mortuum est propter peccatum, spiritus vero vivit propter iustificationem.*

AD TERTIUM dicendum quod statim, Christo mortem patiente, anima eius ad infernum descendit, et suae passionis fructum exhibuit sanctis in inferno detentis: quamvis ex loco illo non exierint, Christo apud inferos commorante, quia ipsa Christi praesentia pertinebat ad cumulum gloriae.

pela fé em Cristo, de todo pecado tanto original como atual, bem como da dívida da pena dos atuais pecados; não, todavia, da dívida da pena do pecado original, pela qual ficavam excluídos da glória, uma vez que não estava ainda pago o preço da redenção humana. Como, aliás, os fiéis de hoje, que se livram pelo batismo da dívida dos pecados atuais e da dívida original no tocante à exclusão da glória, mas continuam ainda sujeitos à dívida do pecado original no tocante à necessidade de morrer corporalmente, pois se renovam no espírito, mas não na carne, conforme diz a Carta aos Romanos: "O vosso corpo, sem dúvida, está morto por causa do pecado, mas o Espírito é vivo por causa da justiça".

QUANTO AO 3º, deve-se dizer que logo depois de Cristo ter passado pela morte, sua alma desceu aos infernos e mostrou aos santos lá detidos o fruto de sua paixão. Eles, porém, não saíram daquele lugar enquanto Cristo ali permanecia, porque a própria presença de Cristo era o cúmulo da glória.

ARTICULUS 6
Utrum Christus aliquos damnatos ab inferno liberaverit

AD SEXTUM SIC PROCEDITUR. Videtur quod Christus aliquos damnatos ab inferno liberaverit.

1. Dicitur enim Is 24,22: *Congregabuntur congregatione unius fascis in lacum, et claudentur in carcerem, et post multos dies visitabuntur.* Loquitur autem ibi de damnatis, qui *militiam caeli* adoraverant. Ergo videtur quod etiam damnati, Christo descendente ad inferos, sunt visitati. Quod ad eorum liberationem videtur pertinere.

2. PRAETEREA, super illud Zc 9,11, *Tu autem in sanguine testamenti tui eduxisti vinctos de lacu in quo non erat aqua*, dicit Glossa[1]: *Tu eos liberasti qui tenebantur vincti carceribus, ubi nulla misericordia eos refrigerabat, quam dives ille petebat.* Sed soli damnati includuntur carceribus absque misericordia. Ergo Christus liberavit aliquos de inferno damnatorum.

3. PRAETEREA, potentia Christi non fuit minor in inferno quam in hoc mundo: utrobique enim operatus est per potentiam suae divinitatis. Sed in hoc mundo de quolibet statu aliquos liberavit.

ARTIGO 6
Cristo libertou do inferno algum condenado?

QUANTO AO SEXTO, ASSIM SE PROCEDE: parece que Cristo **libertou** do inferno alguns condenados.

1. Na verdade, diz Isaías: "Serão reunidos, como um feixe no lago, serão encerrados na prisão e, muito tempo depois, serão visitados". Ora, nessa passagem, fala dos condenados que tinham adorado o "exército do céu". Logo, parece que também os condenados foram visitados, quando Cristo desceu aos infernos. E isso parece implicar a libertação deles.

2. ALÉM DISSO, a respeito das palavras do livro de Zacarias: "Tu, por causa da aliança firmada no sangue, libertaste os teus cativos da cisterna sem água", diz a Glosa: "Tu livrastes os que estavam presos nos cárceres, onde absolutamente não os aliviava aquela misericórdia implorada pelo rico". Ora, só os condenados estão trancados em cárceres sem misericórdia. Logo, Cristo libertou alguns do inferno dos condenados.

3. ADEMAIS, o poder de Cristo não foi menor no inferno que neste mundo, pois em uma e outra parte ele agiu pelo poder de sua divindade. Ora, neste mundo libertou alguns de qualquer situação

---

6 PARALL.: III *Sent.*, dist. 22, q. 2, a. 1, q.la 2; *Compend. Theol.*, c. 235; *in Symb. Apost.*, a. 5.
1. Interl.

Ergo etiam in inferno liberavit aliquos etiam de statu damnatorum.

SED CONTRA est quod dicitur Os 13,14: *Ero mors tua, o mors! Morsus tuus, inferne!* Glossa[2]: *Electos educendo, reprobos vero ibidem relinquendo.* Sed soli reprobi sunt in inferno damnatorum. Ergo per descensum Christi ad inferos non sunt aliqui de inferno damnatorum liberati.

RESPONDEO dicendum quod, sicut supra[3] dictum est, Christus, descendens ad inferos, operatus est in virtute suae passionis. Et ideo eius descensus ad inferos illis solis liberationis contulit fructum qui fuerunt passioni Christi coniuncti per fidem caritate formatam, per quam peccata tolluntur. Illi autem qui erant in inferno damnatorum, aut penitus fidem passionis Christi non habuerant, sicut infideles: aut, si fidem habuerunt, nullam conformitatem habebant ad caritatem Christi patientis. Unde nec a peccatis suis erant mundati. Et propter hoc descensus Christi ad inferos non contulit eis liberationem a reatu poenae infernalis.

AD PRIMUM ergo dicendum quod, Christo descendente ad inferos, omnes qui erant in quacumque parte inferni, sunt aliqualiter visitati: sed quidam ad suam consolationem et liberationem; quidam autem ad suam confutationem et confusionem, scilicet damnati. Unde ibidem subditur [v. 23]: *Et erubescet luna, et confundetur sol*, etc.

Potest etiam hoc referri ad visitationem qua visitabuntur in die iudicii, non ut liberentur, sed ut condemnentur amplius: secundum illud Soph 1,12: *Visitabo super viros defixos in faecibus suis.*

AD SECUNDUM dicendum quod, cum dicitur in Glossa, *ubi nulla misericordia eos refrigerabant*, intelligendum est quantum ad refrigerium perfectae liberationis. Quia sancti Patres ab illis inferni carceribus ante Christi adventum non poterant liberari.

AD TERTIUM dicendum quod non fuit propter Christi impotentiam quod non sunt aliqui liberati de quolibet statu infernalium, sicut de quolibet

em que estivessem. Logo, também no inferno libertou alguns até da condição de condenados.

EM SENTIDO CONTRÁRIO, diz a Escritura: "Morte, serei tua morte! Inferno, serei tua mordida!", que a Glosa interpreta: "Por retirar os eleitos, e lá deixar os réprobos". Ora, somente os réprobos estão no inferno dos condenados. Logo, com a descida de Cristo aos infernos nenhum dos condenados ficou livre do inferno.

RESPONDO. Como foi dito acima, Cristo, ao descer aos infernos, agiu pelo poder de sua paixão. Portanto, sua descida aos infernos teve o efeito de libertação somente para aqueles que estavam unidos à sua paixão, por meio de uma fé formada no amor, a qual tira os pecados. Aqueles, porém, que estavam no inferno dos condenados ou não tinham tido nenhuma fé na paixão de Cristo, como os infiéis, ou, se tiveram fé, não tiveram nenhuma conformidade com o amor de Cristo sofredor. Por isso, não ficaram purificados de seus pecados. Assim sendo, a descida de Cristo aos infernos não lhes rendeu a libertação do reato da pena infernal[d].

QUANTO AO 1º, portanto, deve-se dizer que todos os que estavam em qualquer parte dos infernos foram igualmente visitados por Cristo, quando lá desceu; alguns, para a própria consolação e libertação, outros, porém, para a censura e a vergonha, ou seja, os condenados. Por isso, continua o texto: "A lua será humilhada, o sol será confundido" etc.

Podem também essas palavras se referir à visita que terão no dia do juízo, não para serem libertados, mas para que tenham maior condenação, segundo o livro de Sofonias: "Visitarei os homens que se sentem sobre suas fezes".

QUANTO AO 2º, deve-se dizer que as palavras da Glosa: "Onde não os aliviava nenhuma misericórdia" devem ser entendidas como o alívio da completa libertação, pois os santos patriarcas não podiam, antes da ida de Cristo, ficar livres das prisões infernais.

QUANTO AO 3º, deve-se dizer que não foi por causa da impotência de Cristo que alguns não foram libertados de qualquer situação infernal, como

---

2. Interl.
3. A. 4, ad 2; a. 5.

d. Haveria alguma coisa de implacável e de perturbador na afirmação dessa impossibilidade de salvação para "os que não se uniram à paixão pela fé associada à caridade" se esquecêssemos o que Sto. Tomás nos disse na II-II, q. 2, a. 5 e 7, sobre a fé implícita, e na I-II, q. 89, a. 6, sobre a justificação para o primeiro ato da razão, que não parece exigir a fé explícita em Cristo. E, no texto acima, lemos: "Os que se encontravam no inferno dos condenados, seja por terem possuído a fé *de alguma maneira* como os infiéis, seja tendo possuído a fé, não tinham tido conformidade alguma com a caridade de Cristo sofredor". É bem mais difícil explicar o que é afirmado no artigo seguinte, sobre as crianças anteriores a Cristo mortas antes da idade de razão, para as quais, ao que parece, a hipótese impossível dos limbos pareceu suficiente a Sto. Tomás.

statu mundanorum: sed propter diversam utrorumque conditionem. Nam homines quandiu hic vivunt, possunt ad fidem et caritatem converti: quia in hac vita non sunt homines confirmati in bono vel in malo, sicut post exitum ab hac vita.

o foram de qualquer situação neste mundo, mas por causa da diferente condição de cada situação. É que os homens, enquanto estão vivos, podem se converter à fé e ao amor, pois nesta vida não estão confirmados no bem ou no mal, como acontece depois de saírem desta vida.

Articulus 7
Utrum pueri qui cum originali peccato decesserant, fuerint per descensum Christi liberati

Ad septimum sic proceditur. Videtur quod pueri qui cum originali peccato decesserant, fuerint per descensum Christi liberati.

1. Non enim tenebantur in inferno nisi pro peccato originali: sicut et sancti Patres. Sed sancti Patres sunt ab inferno liberati per Christum, ut supra[1] dictum est. Ergo et pueri similiter per Christum sunt ab inferno liberati.

2. Praeterea, Apostolus dicit, Rm 5,15: *Si unius delicto multi mortui sunt, multo magis gratia Dei et donum, in gratia unius hominis Iesu Christi, in plures abundavit.* Sed propter peccatum primi Parentis pueri cum solo peccato originali decedentes in inferno detinentur. Ergo multo magis per gratiam Christi sunt ab inferno liberati.

3. Praeterea, sicut baptismus operatur in virtute passionis Christi, ita et descensus Christi ad inferos, ut ex dictis[2] patet. Sed pueri per baptismum liberantur a peccato originali et ab inferno. Ergo similiter liberati sunt per descensum Christi ad inferos.

Sed contra est quod Apostolus dicit, Rm 3,25, quod *Deus proposuit Christum propitiatorem per fidem in sanguine eius.* Sed pueri qui cum solo peccato originali decesserant, nullo modo fuerant participes fidei. Ergo non perceperunt fructum propitiationis Christi, ut per ipsum ab inferno liberarentur.

Respondeo dicendum quod, sicut supra[3] dictum est, descensus Christi ad inferos in illis solis effectum habuit qui per fidem et caritatem passioni

Artigo 7
Com a descida de Cristo, as crianças que morreram com o pecado original foram libertadas?

Quanto ao sétimo, assim se procede: parece que, com a descida de Cristo, as crianças que morreram com o pecado original **foram** libertadas.

1. Na verdade, elas estavam detidas nos infernos apenas por causa do pecado original, como os santos patriarcas. Ora, os santos patriarcas foram libertados dos infernos por Cristo, como dito acima. Logo, também as crianças foram igualmente libertadas dos infernos por Cristo.

2. Além disso, diz a Carta aos Romanos: "Se pela falta de um só muitos sofreram a morte, com muito maior razão a graça de Deus, graça de um só homem, Jesus Cristo, derramou-se em abundância sobre muitos". Ora, por causa do pecado dos primeiros pais, as crianças mortas apenas com o pecado original ficam retidas nos infernos. Logo, com maior razão, pela graça de Cristo, são libertadas dos infernos.

3. Ademais, como o batismo produz efeito pelo poder da paixão de Cristo, assim também sua descida aos infernos, como é claro a partir do que foi dito acima. Ora, as crianças, pelo batismo, livram-se do pecado original e dos infernos. Logo, de igual modo, são libertadas pela descida de Cristo aos infernos.

Em sentido contrário, diz a Carta aos Romanos que "foi a ele que Deus destinou como propiciação pela fé em seu sangue". Ora, as crianças que morreram apenas com o pecado original, de modo algum foram participantes da fé. Logo, não receberam o fruto da expiação de Cristo, não podendo ser por ele libertadas dos infernos.

Respondo. Como foi dito acima, a descida de Cristo aos infernos teve o efeito de libertação somente para aqueles que, pela fé e pelo amor,

---

7 Parall.: III *Sent.*, dist. 22, q. 2, a. 2, q.la 3; *in Symb. Apost.*, a. 5.

1. A. 5.
2. A. 4, ad 2; a. 5, 6.
3. A. praec.

Christi coniungebantur, in cuius virtute descensus Christi ad inferos liberatorius erat. Pueri autem qui cum originali decesserant nullo modo fuerant coniuncti passioni Christi per fidem et dilectionem: neque enim fidem propriam habere potuerant, quia non habuerant usum liberi arbitrii; neque per fidem parentum aut per aliquod fidei sacramentum fuerant a peccato originali mundati. Et ideo descensus Christi ad inferos huiusmodi pueros non liberavit ab inferno.

Et praeterea per hoc sancti Patres ab inferno sunt liberati quia sunt ad gloriam divinae visionis admissi, ad quam nullus potest pervenire nisi per gratiam, secundum illud Rm 6,23: *Gratia Dei vita aeterna*. Cum igitur pueri cum originali decedentes gratiam non habuerint, non fuerunt ab inferno liberati.

AD PRIMUM ergo dicendum quod sancti Patres, etsi adhuc tenerentur adstricti reatu originalis peccati inquantum respicit humanam naturam, tamen liberati erant per fidem Christi ab omni macula peccati: et ideo capaces erant illius liberationis quam Christus attulit descendens ad inferos. Sed hoc de pueris dici non potest, ut ex supra[4] dictis patet.

AD SECUNDUM dicendum quod, cum Apostolus dicit, *gratia Dei in plures abundavit*, ly *plures* non est accipiendum comparative, quasi plures numero sint salvati per gratiam Christi quam damnati per peccatum Adae: sed absolute, ac si diceret quod gratia unius Christi abundavit *in multos*, sicut et peccatum unius Adae pervenit ad multos. Sed sicut peccatum Adae ad eos tantum pervenit qui per seminalem rationem carnaliter ab eo descenderunt, ita gratia Christi ad illos tantum pervenit qui spirituali regeneratione eius membra sunt facti. Quod non competit pueris decedentibus cum originali peccato.

AD TERTIUM dicendum quod baptismus adhibetur hominibus in hac vita, in qua homo potest transmutari de culpa in gratiam. Sed descensus Christi ad inferos exhibitus fuit animabus post hanc vitam, ubi non sunt capaces transmutationis praedictae. Et ideo per baptismum pueri liberantur a peccato originali et ab inferno: non autem per descensum Christi ad inferos.

estavam unidos à paixão de Cristo, por força da qual era de caráter libertador a descida de Cristo aos infernos. Ora, as crianças que morreram com o pecado original de modo algum estiveram unidas à paixão de Cristo pela fé e pelo amor: nem podiam ter fé própria, porque não tinham o uso da razão, nem foram purificados do pecado original pela fé dos pais ou por algum sacramento da fé. Portanto, a descida de Cristo aos infernos não libertou de lá essas crianças.

Além disso, os santos patriarcas foram libertados dos infernos pelo fato de terem sido admitidos à glória da visão divina, à qual ninguém pode chegar senão pela graça, conforme diz a Carta aos Romanos: "A graça de Deus é a vida eterna". Assim, como as crianças que morreram com o pecado original não tinham a graça, não foram libertadas dos infernos.

QUANTO AO 1º, portanto, deve-se dizer que os santos patriarcas, embora continuassem presos ao reato do pecado original no que diz respeito à natureza humana, pela fé de Cristo, tinham ficado livres de toda mancha do pecado. Estavam então preparados para receber aquela libertação que, ao descer aos infernos, Cristo lhes levou. Mas o mesmo não pode ser dito das crianças, como fica claro do que foi dito acima.

QUANTO AO 2º, deve-se dizer que, quando o Apóstolo diz que "a graça de Deus derramou-se em abundância sobre muitos", a palavra *muitos* não deve ser entendida de modo comparativo, como se numericamente fossem mais os salvos pela graça de Cristo do que os condenados pelo pecado de Adão, mas de modo absoluto, como se dissesse que a graça de um só Cristo derramou-se em abundância sobre muitos. Mas, como o pecado de Adão atingiu somente aqueles que dele procederam por geração carnal, assim a graça de Cristo chegou somente aos que, por uma geração espiritual, se tornaram seus membros. O que não aconteceu com as crianças que morreram com o pecado original.

QUANTO AO 3º, deve-se dizer que o batismo é conferido aos homens nesta vida, quando o homem pode passar da culpa para a graça. Ora, a descida de Cristo aos infernos foi uma manifestação às almas, após esta vida, quando já não podem sofrer a mencionada mudança. Portanto, pelo batismo, as crianças ficam livres do pecado original e do inferno; mas não pela descida de Cristo aos infernos.

---

4. In corp.

Articulus 8
Utrum Christus suo descensu ad inferos liberaverit animas a purgatorio

AD OCTAVUM SIC PROCEDITUR. Videtur quod Christus suo descensu ad inferos liberaverit animas a purgatorio.

1. Dicit enim Augustinus, in Epistola *ad Evodium*[1]: *Quia evidentia testimonia et infernum commemorant et dolores, nulla causa occurrit cur illo credatur venisse Salvator, nisi ut ab eisdem doloribus salvos faceret. Sed utrum omnes quos in eis invenit, an quosdam, quos illo beneficio dignos iudicavit, adhuc requiro. Tamen venisse Christum apud inferos, et in eorum doloribus constitutis hoc beneficium praestitisse, non dubito.* Non autem praestitit beneficium liberationis damnatis: sicut supra[2] dictum est. Praeter eos autem nulli sunt in doloribus poenalibus constituti nisi illi qui sunt in purgatorio. Ergo Christus animas de purgatorio liberavit.

2. PRAETEREA, ipsa animae Christi praesentia non minorem effectum habuit quam sacramenta ipsius. Sed per sacramenta Christi liberantur animae a purgatorio: et praecipue per Eucharistiae sacramentum, ut infra[3] dicetur. Ergo multo magis per praesentiam Christi ad inferos descendentis sunt animae a purgatorio liberatae.

3. PRAETEREA, Christus quoscumque curavit in hac vita, totaliter curavit: ut Augustinus dicit, in libro *de Poenitentia*[4]. Et Io 7,23 Dominus dicit: *Totum hominem salvum feci in sabato.* Sed Christus eos qui in purgatorio erant, liberavit a reatu poenae damni, quo excludebantur a gloria. Ergo etiam liberavit eos a reatu poenae purgatorii.

SED CONTRA est quod Gregorius dicit, XIII *Moral.*[5]: *Dum Conditor ac Redemptor noster, claustra inferni penetrans, electorum exinde animas eduxit, nos illo ire non patitur, unde iam alios descendendo liberavit.* Patitur autem nos ire ad purgatorium. Ergo, descendens ad inferos, animas a purgatorio non liberavit.

Artigo 8
Com sua descida aos infernos, Cristo libertou as almas do purgatório?

QUANTO AO OITAVO, ASSIM SE PROCEDE: parece que Cristo, com sua descida aos infernos, **libertou** as almas do purgatório.

1. Na verdade, diz Agostinho: "Como evidentes testemunhos fazem menção dos infernos e de suas dores, nenhum motivo existe que nos leve a acreditar que o Salvador para lá tenha descido senão o de livrar dessas dores não sei se todos os que lá encontrou ou se alguns que considerou dignos desse benefício. Não tenho dúvidas, porém, de que Cristo desceu aos infernos e concedeu esse benefício aos que sofriam com suas dores". Mas não concedeu o benefício da libertação aos condenados, como foi dito acima. Ora, além deles não há mais ninguém a suportar as dores da pena senão os que estão no purgatório. Logo, Cristo libertou as almas do purgatório.

2. ALÉM DISSO, a própria presença da alma de Cristo não teve um efeito menor que o de seus sacramentos. Ora, pelos sacramentos de Cristo, libertam-se as almas do purgatório, principalmente pelo sacramento da Eucaristia, como se verá abaixo. Logo, com mais razão, as almas foram libertadas do purgatório pela presença de Cristo, que desceu aos infernos.

3. ADEMAIS, diz Agostinho que Cristo curou de modo completo todos os que curou nesta vida. E diz também o Senhor no Evangelho de João: "Curei completamente um homem num dia de sábado". Ora, aqueles que estavam no purgatório, Cristo os livrou da dívida da pena do dano, que os excluía da glória. Logo, também os livrou da dívida da pena do purgatório.

EM SENTIDO CONTRÁRIO, diz Gregório: "Uma vez que nosso Criador e Redentor, ao penetrar nos claustros infernais, de lá retirou as almas dos eleitos, não permite ele que nós vamos para o lugar de onde, com sua descida, já libertou outros". Ora, ele permite que nós vamos para o purgatório. Portanto, ao descer aos infernos, não libertou as almas do purgatório.

---

8 PARALL.: III *Sent.*, dist. 22, q. 2, a. 2, q.la 4.

1. Epist. 164, al. 99, c. 3, n. 8: ML 33, 712.
2. A. 6.
3. *Suppl.*, q. 71, a. 9.
4. Al. *de Vera et Falsa Poenit.*, c. 9, n. 24: ML 40, 1121.
5. C. 43, al. 15, in vet. 20: ML 75, 1038 A.

RESPONDEO dicendum quod, sicut saepe dictum est[6], descensus Christi ad inferos liberatorius fuit in virtute passionis ipsius. Passio autem eius non habuit temporalem virtutem et transitoriam, sed sempiternam: secundum illud Hb 10,14: *Una oblatione consummavit sanctificatos in sempiternum*. Et sic patet quod non habuit tunc maiorem efficaciam passio Christi quam habeat nunc. Et ideo illi qui fuerunt tales quales nunc sunt qui in purgatorio detinentur, non fuerunt a purgatorio liberati per descensum Christi ad inferos. Si qui autem inventi sunt ibi tales quales etiam nunc virtute passionis Christi a purgatorio liberantur, tales nihil prohibet per descensum Christi ad inferos a purgatorio esse liberatos.

AD PRIMUM ergo dicendum quod ex illa auctoritate Augustini non potest concludi quod omnes illi qui in purgatorio erant, fuerint a purgatorio liberati, sed quod aliquibus eorum fuerit hoc beneficium collatum: illis scilicet qui iam sufficienter purgati erant; vel etiam qui, dum adhuc viverent, meruerunt per fidem et dilectionem, et devotionem ad mortem Christi, ut, eo descendente, liberarentur a temporali purgatorii poena.

AD SECUNDUM dicendum quod virtus Christi operatur in sacramentis per modum sanationis et expiationis cuiusdam. Unde sacramentum Eucharistiae liberat homines a purgatorio inquantum est quoddam sacrificium satisfactorium pro peccato. Descensus autem Christi ad inferos non fuit satisfactorius. Operabatur tamen in virtute passionis, quae fuit satisfactoria, ut supra[7] habitum est: sed erat satisfactoria in generali, cuius virtutem oportebat applicari ad unumquemque per aliquid specialiter ad ipsum pertinens. Et ideo non oportet quod per descensum Christi ad inferos omnes fuerint a purgatorio liberati.

AD TERTIUM dicendum quod illi defectus a quibus Christus simul in hoc mundo homines liberabat, erant personales, proprie ad unumquemque pertinentes. Sed exclusio a gloria Dei erat quidam defectus generalis pertinens ad totam humanam naturam. Et ideo nihil prohibet eos qui erant in purgatorio, per Christum esse liberatos ab exclusione a gloria, non autem a reatu poenae purgatorii, qui pertinet ad proprium defectum. Sicut e converso sancti Patres, ante Christi adventum, liberati sunt a propriis defectibus, non autem a defectu communi, sicut supra[8] dictum est.

RESPONDO. Como já se disse, a descida de Cristo aos infernos teve caráter libertador pelo poder de sua paixão. Ora, a paixão dele não tem um poder temporal e transitório, mas para sempre, conforme diz a Carta aos Hebreus: "Por uma única oblação levou para sempre à perfeição os que santificou". Fica claro, assim, que a paixão de Cristo não teve então maior eficácia do que tem agora. Logo, aqueles que eram iguais aos que agora estão no purgatório não foram libertados do purgatório pela descida de Cristo aos infernos. Mas se se encontrassem alguns iguais aos que agora são libertados do purgatório pela força da paixão de Cristo, então nada impediria que pela descida de Cristo aos infernos eles fossem libertados do purgatório.

QUANTO AO 1º, portanto, deve-se dizer que não se pode concluir da passagem de Agostinho que todos os que estavam no purgatório foram libertados de lá; mas que esse benefício foi concedido a alguns, ou seja, aos que já estavam suficientemente purificados, ou também aos que, ainda em vida, mereceram, pela fé, amor e devoção em relação à morte de Cristo, ser libertados da pena temporal do purgatório, quando Cristo para lá desceu.

QUANTO AO 2º, deve-se dizer que o poder de Cristo age nos sacramentos, sarando e expiando. Por isso, o sacramento da Eucaristia livra o homem do purgatório, porquanto é um sacrifício satisfatório pelo pecado. Ora, a descida de Cristo aos infernos não foi satisfatória. Operava, porém, por força da paixão, que foi satisfatória, como vimos acima, mas era satisfatória em geral, pois seu poder tinha de ser aplicado a cada um por algo especialmente pessoal. Portanto, não havia necessidade de que, pela descida de Cristo aos infernos, todos fossem libertados do purgatório.

QUANTO AO 3º, deve-se dizer que as deficiências de que Cristo livrava ao mesmo tempo os homens neste mundo eram pessoais, próprias de cada indivíduo. Ora, a exclusão da glória de Deus era uma deficiência geral comum a toda a natureza humana. Por isso, nada impede que os que estavam no purgatório fossem, por Cristo, libertados da exclusão da glória, mas não da dívida da pena do purgatório, que diz respeito a defeitos pessoais. De outro lado, os santos patriarcas, antes da chegada de Cristo, foram libertados das próprias deficiências, mas não da deficiência comum a todos, como se disse acima.

---

6. A. 4, ad 2; a. 5, 6, 7.
7. Q. 48, a. 2.
8. A. praec., ad 1; q. 49, a. 5, ad 1.

QUAESTIO LIII
DE RESURRECTIONE CHRISTI
in quatuor articulos divisa

Consequenter considerandum est de his quae pertinent ad exaltationem Christi. Et primo, de eius resurrectione; secundo, de eius ascensione; tertio, de sessione ad dexteram Patris; quarto, de iudiciaria potestate.

Circa primum occurrit quadruplex consideratio: quarum prima est de ipsa Christi resurrectione; secunda, de qualitate resurgentis; tertia, de manifestatione resurrectionis; quarta, de eius causalitate.

Circa primum quaeruntur quatuor.
Primo: de necessitate resurrectionis eius.
Secundo: de tempore.
Tertio: de ordine.
Quarto: de causa.

Articulus 1
Utrum fuerit necessarium Christum resurgere

AD PRIMUM SIC PROCEDITUR. Videtur quod non fuerit necessarium Christum resurgere.

1. Dicit enim Damascenus, in IV libro[1]: *Resurrectio est secunda eius quod dissolutum est et cecidit animalis surrectio.* Sed Christus non cecidit per peccatum, nec corpus eius est dissolutum: ut ex supra[2] dictis patet. Non ergo proprie convenit sibi *resurgere*.
2. PRAETEREA, quicumque resurgit, ad aliquid altius promovetur: quia *surgere* est sursum moveri. Sed corpus Christi remansit post mortem divinitati unitum, et ita non potuit in aliquid altius promoveri. Ergo non competebat sibi resurgere.

3. PRAETEREA, ea quae circa humanitatem Christi sunt acta, ad nostram salutem ordinantur. Sed sufficiebat ad salutem nostram passio Christi, per quam sumus liberati a culpa et poena, ut ex supra[3] dictis patet. Non ergo fuit necessarium quod Christus a mortuis resurgeret.

SED CONTRA est quod dicitur Lc 24,46: *Oportebat Christum pati et resurgere a mortuis.*

QUESTÃO 53
A RESSURREIÇÃO DE CRISTO
em quatro artigos

A seguir, deve-se considerar o que se refere à exaltação de Cristo. Primeiro, sua ressurreição; segundo, sua ascensão; terceiro, seu assento à direita do Pai; e quarto, seu poder de julgar.

Sobre a ressurreição, ocorrem quatro considerações. 1. Sobre a própria ressurreição de Cristo. 2. Sobre a qualidade do ressuscitado. 3. Sobre a manifestação da ressurreição 4. Sobre a causa da ressurreição.

A respeito da primeira, são quatro perguntas.
1. Havia necessidade da ressurreição?
2. Em que momento ressurgiu?
3. Quem foi o primeiro a ressurgir?
4. Quem causou a ressurreição?

Artigo 1
Havia necessidade de Cristo ressurgir?

QUANTO AO PRIMEIRO ARTIGO, ASSIM SE PROCEDE: parece que **não** era necessário ter Cristo ressuscitado.

1. Na verdade, diz Damasceno: "A ressurreição é o levantar-se por segunda vez de um animal, que se decompôs e que caiu". Ora Cristo não caiu pelo pecado nem seu corpo se decompôs, como está claro pelo que foi tratado acima. Logo, não lhe convinha propriamente *ressurgir*.

2. ALÉM DO MAIS, quem ressurge é alçado a uma situação mais elevada, porque *levantar-se* significa mover-se para cima. Ora, o corpo de Cristo, depois da morte, ficou unido à divindade e, assim, não pôde ser alçado a uma situação mais elevada. Logo, não lhe competia ressurgir.

3. ADEMAIS, tudo o que se passou com a humanidade de Cristo ordena-se à nossa salvação. Ora, para nossa salvação bastava a paixão de Cristo, pela qual ficamos livres da pena e da culpa, como fica claro do que acima se disse. Logo, não foi necessário que Cristo ressurgisse dos mortos.

EM SENTIDO CONTRÁRIO, diz o Evangelho de Lucas: "Era preciso que Cristo sofresse e ressuscitasse dos mortos".

---

1 PARALL.: III *Sent.*, dist. 21, q. 2, a. 1.

1. *De fide orth.*, l. IV, c. 27: MG 94, 1220 A.
2. Q. 15, a. 1; q. 51, a. 3.
3. Q. 49, a. 1, 3.

RESPONDEO dicendum quod necessarium fuit Christum resurgere, propter quinque. Primo quidem, ad commendationem divinae iustitiae, ad quam pertinet exaltare illos qui se propter Deum humiliant: secundum illud Lc 1,52: *Deposuit potentes de sede, et exaltavit humiles*. Quia igitur Christus, propter caritatem et obedientiam Dei, se humiliavit usque ad mortem crucis, oportebat quod exaltaretur a Deo usque ad gloriosam resurrectionem. Unde ex eius persona dicitur in Ps 138,2: *Tu cognovisti*, idest *"approbasti"*, *sessionem meam*, idest, *"humilitatem et passionem"*, *et resurrectionem meam*, idest *"glorificationem in resurrectione"*: sicut Glossa[4] exponit.

Secundo, ad fidei nostrae instructionem. Quia per eius resurrectionem confirmata est fides nostra circa divinitatem Christi: quia, ut dicitur 2Cor 13,4, *etsi crucifixus est ex infirmitate* nostra, *sed vivit ex virtute Dei*. Et ideo 1Cor 15,14 dicitur: *Si Christus non resurrexit, inanis est praedicatio nostra, inanis est et fides nostra*. Et in Ps 29,10: *Quae utilitas erit in sanguine meo*, idest *"in effusione sanguinis mei"*, *dum descendo*, *"quasi per quosdam gradus malorum"*, *in corruptionem?* *"Quasi dicat: Nulla. Si enim statim non resurgo, corruptumque fuerit corpus meum, nemini annuntiabo, nullum lucrabor"*: ut Glossa[5] exponit.

Tertio, ad sublevationem nostrae spei. Quia, dum videmus Christum resurgere, qui est caput nostrum, speramus et nos resurrecturos. Unde dicitur 1Cor 15,12: *Si Christus praedicatur quod resurrexit a mortuis, quomodo quidam dicunt in vobis quoniam resurrectio mortuorum non est?* Et Iob 19,25-27 dicitur: *Scio*, scilicet per certitudinem fidei, *quod Redemptor meus*, idest Christus, *vivit*, a mortuis resurgens, *et ideo in novissimo die de terra surrecturus sum: reposita est haec spes mea in sinu meo*.

Quarto, ad informationem vitae fidelium: secundum illud Rm 6,4: *Quomodo Christus* resurrexit *a mortuis per gloriam Patris, ita et nos in novitate vitae ambulemus*. Et infra [v. 9, 11]. *Christus resurgens ex mortuis iam non moritur: ita et vos existimate mortuos esse peccato, viventes autem Deo*.

Quinto, ad complementum nostrae salutis. Quia sicut propter hoc mala sustinuit moriendo ut nos liberaret a malis, ita glorificatus est resurgendo ut

RESPONDO. Por cinco motivos, houve necessidade de Cristo ressurgir. Primeiro, para louvor da divina justiça, à qual é próprio exaltar aqueles que se humilham por causa de Deus, conforme o que diz Lucas: "Precipitou os poderosos de seus tronos e exaltou os humildes". E uma vez que Cristo, por causa do amor e da obediência a Deus, se rebaixou até a morte de cruz, convinha que fosse exaltado por Deus até a gloriosa ressurreição. Por isso, representando-o, diz o Salmo 138, com o comentário da Glosa: "Senhor, tu conheces", isto é, aprovaste, "o meu cair", isto é, minha humilhação e paixão, "e a minha ressurreição", isto é, minha glorificação na ressurreição.

Segundo, para instrução da nossa fé. É que pela ressurreição dele foi confirmada nossa fé sobre a divindade de Cristo, pois, como diz a segunda Carta aos Coríntios: "Foi crucificado pela nossa fraqueza, mas está vivo pelo poder de Deus", e, por isso, diz em outra Carta: "Se Cristo não ressuscitou, a nossa pregação é vazia, e vazia também a vossa fé". E diz o Salmo 29: "Que utilidade haverá em meu sangue", isto é, com a efusão de meu sangue, "e em minha descida", isto é, como que por diversos degraus do mal, "à corrupção?", como se dissesse: nada. Pois se não ressurgir logo e meu corpo se corromper, não pregarei a ninguém, e não ganharei ninguém, como explica a Glosa.

Terceiro, para levantar nossa esperança, pois, ao vermos Cristo, nossa cabeça, ressuscitar, temos esperança de que também nós ressuscitaremos. Por isso, diz a primeira Carta aos Coríntios: "Se se proclama que Cristo ressuscitou dos mortos, como é que alguns dentre vós dizem que não há ressurreição dos mortos?". E o livro de Jó: "Mas eu sei", isto é, pela certeza da fé, "que meu redentor", isto é, Cristo, "está vivo", isto é, tendo ressuscitado dos mortos, por isso, "no último dia se erguerá da terra; esta minha esperança depositada em meu peito".

Quarto, para dar forma à vida dos fiéis, segundo o que diz a Carta aos Romanos: "Assim como Cristo ressuscitou dos mortos pela glória do Pai, também nós levemos uma vida nova". E mais abaixo diz: "Ressuscitado de entre os mortos, Cristo não morre mais; do mesmo modo também vós: considerai que estais mortos para o pecado e vivos para Deus".

Quinto, para aperfeiçoamento de nossa salvação. Assim como, por esse motivo, suportou incômodos morrendo, para nos livrar dos males, também foi

---

4. Interl.; LOMBARDI: ML 191, 1212 AB.
5. Interl.; Ordin.: ML 113, 884 A; LOMBARDI: ML 191, 296 D.

nos promoveret ad bona: secundum illud Rm 4,25: *Traditus est propter delicta nostra, et resurrexit propter iustificationem nostram.*

AD PRIMUM ergo dicendum quod, licet Christus non ceciderit per peccatum, cecidit tamen per mortem: quia sicut peccatum est casus a iustitia, ita mors est casus a vita. Unde ex persona Christi potest intelligi quod dicitur Mich 7,8: *Ne laeteris, inimica mea, super me, quia cecidi: consurgam.*

Similiter etiam, licet corpus Christi non fuerit dissolutum per incinerationem, ipsa tamen separatio animae a corpore dissolutio quaedam fuit.

AD SECUNDUM dicendum quod divinitas erat carni Christi post mortem unita unione personali: non autem unione naturae, sicut anima unitur corpori ut forma ad constituendam humanam naturam. Et ideo per hoc quod corpus eius unitum est animae, promotum est in altiorem statum naturae: non autem in altiorem statum personae.

AD TERTIUM dicendum quod passio Christi operata est nostram salutem, proprie loquendo, quantum ad remotionem malorum: resurrectio autem quantum ad inchoationem et exemplar bonorum.

ARTICULUS 2
Utrum fuerit conveniens Christum tertia die resurgere

AD SECUNDUM SIC PROCEDITUR. Videtur quod non fuerit conveniens Christum tertia die resurgere.

1. Membra enim debent capiti conformari. Sed nos, qui sumus membra Christi, non resurgimus a morte tertia die, sed nostra resurrectio differtur usque ad finem mundi. Ergo videtur quod Christus, qui est caput nostrum, non debuit tertia die resurgere, sed debuit eius resurrectio differri usque ad finem mundi.

2. PRAETEREA, Act 2,24 dicit Petrus quod *impossibile erat* Christum *detineri* ab inferno et morte. Sed quandiu aliquis est mortuus, detinetur a morte. Ergo videtur quod Christi resurrectio non debuerit differri usque ad tertiam diem, sed statim eodem die resurgere: praecipue cum glossa super[1] inducta

glorificado ressurgindo, para nos fazer avançar no bem, segundo o que diz a Carta aos Romanos: "Entregue por nossas faltas e ressuscitado para nossa justificação".

QUANTO AO 1º, portanto, deve-se dizer que, embora Cristo não tenha caído pelo pecado, caiu pela morte, pois como o pecado é a ruína da justiça, assim a morte é a ruína da vida. Por isso, podemos entender que representam palavras de Cristo o que diz o profeta Miqueias: "Não rias de mim, minha inimiga, porque caí. Eu me levantarei".

Igualmente, embora o corpo de Cristo não tenha se desintegrado e virado pó, a separação mesma da alma e do corpo foi, de certo modo, uma desintegração.

QUANTO AO 2º, deve-se dizer que, pela união pessoal, a divindade estava unida à carne de Cristo, depois de sua morte; mas não pela união da natureza, como a alma se une ao corpo como sua forma, para constituir a natureza humana. Portanto, pelo fato de seu corpo estar unido à alma, foi alçado a uma situação mais alta da natureza, mas não a uma mais alta situação pessoal.

QUANTO AO 3º, deve-se dizer que a paixão de Cristo operou a nossa salvação, propriamente falando, pela remoção dos males, e a ressurreição, como o início e o modelo de todas as coisas boas.

ARTIGO 2
Foi conveniente ter Cristo ressurgido no terceiro dia?

QUANTO AO SEGUNDO, ASSIM SE PROCEDE: parece que **não** foi conveniente ter Cristo ressurgido no terceiro dia.

1. Na verdade, deve haver conformidade entre os membros e a cabeça. Ora, nós, que somos membros de Cristo, não ressurgimos da morte no terceiro dia, mas nossa ressurreição é adiada até o fim do mundo. Logo, parece que Cristo, que é nossa cabeça, não devia ressurgir no terceiro dia, mas ter sua ressurreição adiada para o fim do mundo.

2. ALÉM DISSO, diz Pedro, nos Atos dos Apóstolos, que não era possível que o inferno e a morte detivessem Cristo. Ora, quando alguém está morto, a morte o detém. Logo, parece que a ressurreição de Cristo não deveria ser adiada até o terceiro dia, mas que ele deveria ressurgir imediatamente,

---

2 PARALL.: Supra, q. 51, a. 4; III *Sent.*, dist. 21, q. 2, a. 2; IV, dist. 43, a. 3, q.la 1, ad 1; *Compend. Theol.*, c. 236; in *Symbol. Apost.*, a. 5; in *Psalm.* 15; in *Ioan.*, c. 2, lect. 3.

1. A. praec. c.

dicat *nullam esse utilitatem in effusione sanguinis Christi si non statim resurgeret.*

3. PRAETEREA, dies incipere videtur ab ortu solis, qui sua praesentia diem causat. Sed ante ortum solis Christus resurrexit: dicitur enim Io 20,1, quod *una sabbati Maria Magdalene venit mane, cum adhuc tenebrae essent, ad monumentum*: et tunc Christus iam resurrexerat, quia sequitur: *et vidit revolutum lapidem a monumento.* Ergo non resurrexit Christus tertia die.

SED CONTRA est quod dicitur Mt 20,19: *Tradent eum gentibus ad illudendum et flagellandum et crucifidendum: et tertia die resurget.*

RESPONDEO dicendum quod, sicut dictum est[2], resurrectio Christi necessaria fuit ad instructionem fidei nostrae. Est autem fides nostra et de divinitate et de humanitate Christi: non enim sufficit alterum sine altero credere, ut ex praedictis[3] patet. Et ideo, ad hoc quod confirmaretur fides divinitatis ipsius, oportuit quod cito resurgeret, et eius resurrectio non differretur usque ad finem mundi: ad hoc autem quod confirmaretur fides de veritate humanitatis et mortis eius, oportuit moram esse inter mortem et resurrectionem; si enim statim post mortem resurrexisset, videri posset quod eius mors vera non fuerit, et per consequens nec resurrectio vera. Ad veritatem autem mortis Christi manifestandam, sufficiebat quod usque ad tertiam diem eius resurrectio differretur: quia non contingit quin infra hoc tempus, in homine qui mortuus videtur cum vivat, appareant aliqua indicia vitae.

Per hoc etiam quod tertia die resurrexit, commendatur perfectio ternarii, qui est *numerus omnis rei*, utpote habens *principium, medium et finem*, ut dicitur in I *de Caelo*[4].

Ostenditur etiam, secundum mysterium, quod Christus *una sua morte*, quae fuit lux propter iustitiam, corporali scilicet, *duas nostras mortes destruxit*, scilicet corporis et animae, quae sunt tenebrosae propter peccatum: et ideo una die integra et duabus noctibus permansit in morte, ut Augustinus dicit, in IV *de Trin.*[5].

no mesmo dia, especialmente quando a Glosa citada acima diz que "não haveria nenhuma utilidade para a efusão do sangue de Cristo se não ressurgisse logo".

3. ADEMAIS, parece que o dia começa com o nascer do sol, cuja presença é causa do dia. Ora, Cristo ressurgiu antes do nascer do sol, pois diz o Evangelho de João que "no primeiro dia da semana, ao alvorecer, enquanto ainda estava meio escuro, Maria de Mágdala vai ao túmulo", e nesse momento Cristo já havia ressuscitado, como se vê a seguir: "E vê que a pedra fora retirada do túmulo". Logo, Cristo não ressuscitou no terceiro dia.

EM SENTIDO CONTRÁRIO, diz o Evangelho de Mateus: "E o entregarão aos pagãos para que o escarneçam, o flagelem, o crucifiquem e, no terceiro dia, ele ressuscitará".

RESPONDO. Como foi afirmado, a ressurreição de Cristo foi necessária para a instrução de nossa fé. Ora, a nossa fé diz respeito tanto à divindade como à humanidade de Cristo, pois não basta crer numa sem a outra, como está claro pelo que foi dito acima. Portanto, para que se confirmasse nossa fé a respeito da divindade dele, era preciso que ele ressuscitasse logo e que sua ressurreição não fosse adiada até o final do mundo. E para que se confirmasse a fé a respeito da verdade da humanidade e da morte dele, foi conveniente ter havido um espaço de tempo entre a morte a ressurreição. Pois, se tivesse ressuscitado logo após a morte, poderia parecer que sua morte não fora verdadeira e, consequentemente, nem a ressurreição. Para manifestar, porém, a verdade da morte de Cristo, era suficiente que sua ressurreição fosse adiada até o terceiro dia, pois nesse espaço de tempo não costumam aparecer alguns sinais de vida no homem que, embora pareça morto, está vivo.

Pelo fato também de ter ressuscitado no terceiro dia, preconiza-se a perfeição do conjunto três, que é o "número de todas as coisas", porquanto tem "princípio, meio e fim", como diz o livro I do *Céu*.

Demonstra-se também, num sentido místico, que Cristo, *com sua única morte* corporal, que foi luz por causa da justiça, *destruiu nossas duas mortes*, ou seja, a morte do corpo e da alma, que são tenebrosas por causa do pecado; assim, permaneceu na morte por um dia inteiro e por duas noites, como diz Agostinho.

---

2. A. praec.
3. Q. 36, a. 4.
4. C. 1: 268, a, 11-13.
5. C. 6: ML 42, 894.

Per hoc etiam significatur quod per resurrectionem Christi tertium tempus incipiebat. Nam primum fuit ante legem; secundum sub lege; tertium sub gratia. — Incipit etiam in Christi resurrectione tertius status Sanctorum. Nam primus fuit sub figuris legis; secundus, sub veritate fidei; tertius erit in aeternitate gloriae, quam Christus resurgendo inchoavit.

AD PRIMUM ergo dicendum quod caput et membra conformantur in natura, sed non in virtute: excellentior est enim virtus capitis quam membrorum. Et ideo, ad demonstrandam excellentiam virtutis Christi, conveniens fuit ipsum tertia die resurgere, aliorum resurrectione dilata usque ad finem mundi.

AD SECUNDUM dicendum quod detentio coactionem quandam importat. Christus autem nulla necessitate mortis tenebatur adstrictus, sed erat *inter motuos liber*. Et ideo aliquandiu in morte mansit, non quasi detentus, sed propria voluntate: quandiu iudicavit hoc esse necessarium ad instructionem fidei nostrae. Dicitur autem statim fieri quod fit brevi interposito tempore.

AD TERTIUM dicendum quod, sicut supra[6] dictum est, Christus resurrexit circa diluculum, illucescente iam die, ad significandum quod per suam resurrectionem nos ad lucem gloriae inducebat: sicut mortuus est advesperascente iam die et tendente in tenebras, ad ostendendum quod per suam mortem destrueret tenebras culpae et poenae. Et tamen dicitur tertia die resurrexisse, accipiendo diem pro die naturali, quae continet spatium viginti quatuor horarum. Et, sicut dicit Augustinus, in IV *de Trin.*[7], *nox usque ad diluculum quo Domini resurrectio declarata est, ad tertium pertinet diem. Quia Deus, "qui dixit de tenebris lumen clarescere", ut per gratiam novi Testamenti et participationem resurrectionis Christi audiremus, "Fuistis aliquando tenebrae, nunc autem lux in Domino", insinuat nobis quodammodo quod a nocte dies sumat initium. Sicut enim primi dies, propter futurum hominis lapsum, a luce in noctem: ita isti, propter hominis reparationem, a tenebris ad lucem computantur.*

Et ita patet quod, etiam si media nocte surrexisset, posset dici de tertia eum surrexisse, intelli-

Dá-se a entender também que se iniciava com a ressurreição uma terceira era. A primeira foi a anterior à lei; a segunda, sob a lei; a terceira, sob a graça. — Começou também com a ressurreição de Cristo a terceira situação dos santos: a primeira foi sob as figuras da lei; a segunda, sob a verdade da fé; a terceira será na eternidade da glória à qual Cristo, ao ressurgir, deu início.

QUANTO AO 1º, portanto, deve-se dizer que cabeça e membros são conformes na natureza, mas não no poder: pois é mais admirável o poder da cabeça que o dos membros. Portanto, para mostrar a excelência do poder de Cristo, foi conveniente que ele ressuscitasse no terceiro dia, ao passo que a ressurreição dos demais ficava adiada até o fim do mundo.

QUANTO AO 2º, deve-se dizer que uma detenção implica certa coação. Ora, Cristo não se sentia preso por nenhuma necessidade de morte, mas era "livre entre os mortos". Logo, por um certo tempo permaneceu na morte, não como um prisioneiro, mas por vontade própria, pelo tempo que julgou ser necessário para a instrução de nossa fé. Além disso, dizemos que é feito imediatamente o que é feito com breve intervalo de tempo.

QUANTO AO 3º, deve-se dizer que, como dito acima, Cristo ressuscitou de madrugada, quando apenas amanhecia o dia, para significar que por sua ressurreição nos levava para a luz da glória, do mesmo modo que morreu quando o dia já declinava e mergulhava nas trevas, para mostrar que por sua morte destruiria as trevas da culpa e da pena. Contudo, dizemos que ressuscitou no terceiro dia, entendendo por dia o dia natural com suas vinte e quatro horas. E como diz Agostinho, "a noite que vai até o amanhecer em que foi proclamada a ressurreição do Senhor pertence ao terceiro dia. Porque Deus que disse que a luz brilhasse das trevas, para que pela graça do Novo Testamento e pela participação da ressurreição de Cristo ouvíssemos 'outrora éreis trevas, mas agora sois luz no Senhor', insinua-nos de certa forma que o dia começa a partir da noite. E assim como os primeiros dias se contam a partir da luz para a noite, por causa da futura queda do homem, assim também esses dias se contam das trevas para a luz, por causa da restauração do homem".

Fica evidente assim que, ainda que ressuscitasse à meia-noite, poder-se-ia dizer que ele tinha

---

6. Q. 51, a. 4, ad 1, 2.
7. C. 6: ML 42, 894.

gendo de die naturali. Nunc autem, cum in diluculo surrexerit, potest dici quod die tertia surrexit, etiam accipiendo diem artificialem, quae causatur ex praesentia solis: quia iam sol incipiebat aerem illustrare. Unde et Mc 16,2 dicitur quod mulieres venerunt ad monumentum, *orto iam sole*. Quod non est contrarium ei quod Ioannes dicit, *cum adhuc tenebrae essent*, ut Augustinus dicit, in libro *de Consensu Evang.*[8]: *quia, die surgente, reliquiae tenebrarum tanto magis extenuantur, quando magis oritur lux*; quod autem dicit Marcus, *"orto iam sole", non sic accipiendum est tanquam iam sol ipse videretur super terram, sed tanquam eo proximo veniente in has partes*.

Articulus 3
Utrum Christus primo resurrexerit

Ad tertium sic proceditur. Videtur quod Christus non primo resurrexit.

1. Nam in veteri Testamento per Eliam et Elisaeum aliqui resuscitati leguntur: secundum illud Hb 11,35: *Acceperunt mulieres de resurrectione mortuos suos*. Similiter etiam Christus, ante passionem suam, tres mortuos suscitavit. Non ergo Christus fuit primus resurgentium.

2. Praeterea, Mt 27,52, inter alia miracula quae in passione Christi acciderunt, narratur quod *monumenta aperta sunt, et multa corpora Sanctorum qui dormierant, surrexerunt*. Non ergo Christus fuit primus resurgentium.

3. Praeterea, sicut Christus per suam resurrectionem est causa nostrae resurrectionis, ita per suam gratiam est causa nostrae gratiae: secundum illud Io 1,16: *De plenitudine eius omnes accepimus*. Sed alii prius tempore gratiam habuerunt quam Christus: sicut omnes Patres veteris Testamenti. Ergo etiam aliqui prius ad resurrectionem corporalem pervenerunt quam Christus.

Sed contra est quod dicitur 1Cor 15,20: *Christus resurrexit a mortuis primitiae dormientium*: Glossa[1]: *quia prius tempore et dignitate surrexit*.

Respondeo dicendum quod resurrectio est reparatio a morte in vitam. Dupliciter autem aliquis eripitur a morte. Uno modo, solum a morte in actu:

Artigo 3
Cristo foi o primeiro a ressuscitar?

Quanto ao terceiro, assim se procede: parece que Cristo **não** foi o primeiro a ressuscitar.

1. Na verdade, lê-se que no Antigo Testamento algumas pessoas foram ressuscitadas por Elias e Eliseu, conforme diz a Carta aos Hebreus: "Mulheres reencontraram seus mortos, pela ressurreição". Também Cristo, antes de sua paixão, ressuscitou três mortos. Portanto, Cristo não foi o primeiro a ressurgir.

2. Além disso, o Evangelho de Mateus narra que, entre outros milagres que ocorreram na paixão de Cristo, "os túmulos se abriram, os corpos de muitos santos já falecidos ressuscitaram". Portanto, Cristo não foi o primeiro a ressuscitar.

3. Ademais, assim como Cristo é, por sua ressurreição, a causa de nossa ressurreição, também é a causa, por sua graça, de nossa graça, conforme diz o Evangelho de João: "De sua plenitude todos nós recebemos". Ora, outros receberam a graça antes de Cristo, como todos os Patriarcas do Antigo Testamento. Logo, alguns também chegaram à ressurreição dos corpos antes de Cristo.

Em sentido contrário, diz a primeira Carta aos Coríntios: "Cristo ressuscitou dos mortos, primícias dos que morreram", e comenta a Glosa: "Porque ressuscitou antes, no tempo e em sua dignidade".

Respondo. A ressurreição é um retorno da morte para a vida. De dois modos pode alguém ficar livre da morte. Primeiro, somente da morte atual,

---

8. L. III, c. 24, n. 65: ML 34, 1198.

3 Parall.: IV *Sent.*, dist. 43, a. 3, q.la 1, ad 3; *Compend. Theol.*, c. 236, 239; *in Matth.*, c. 27; I *ad Cor.*, c. 15, lect. 3; *ad Coloss.*, c. 1, lect. 5.

1. Interl.; Lombardi: ML 191, 1678 A.

ut scilicet aliquis vivere incipiat qualitercumque postquam mortuus fuerat. Alio modo, ut aliquis liberetur non solum a morte, sed etiam a necessitate et, quod plus est, a possibilitate moriendi. Et haec est vera et perfecta resurrectio. Quia quandiu aliquis vivit subiectus necessitati moriendi, quodammodo mors ei dominatur: secundum illud Rm 8,10: *Corpus quidem mortuum est propter peccatum*. Illud etiam quod possibile est esse, secundum quid dicitur esse, idest potentialiter. Et sic patet quod illa resurrectio qua quis eripitur solum ab actuali morte, est resurrectio imperfecta.

Loquendo ergo de resurrectione perfecta, Christus est primus resurgentium: quia ipse resurgendo primo pervenit ad vitam penitus immortalem; secundum illud Rm 6,9: *Christus, resurgens ex mortuis, iam non moritur*. Sed resurrectione imperfecta quidam alii surrexerunt ante Christum: ad praemonstrandum quasi in quodam signo resurrectionem ipsius.

Et sic patet responsio AD PRIMUM. Quia et illi qui suscitati sunt in veteri Testamento, et illi qui suscitati sunt a Christo, sic redierunt ad vitam ut iterum morerentur.

AD SECUNDUM dicendum quod de illis qui resurrexerunt cum Christo, duplex est opinio. Quidam enim asserunt quod redierunt ad vitam tanquam non iterum morituri: quoniam maius illis esset tormentum si iterum morerentur, quam si non resurgerent. Et secundum hoc, intelligendum erit, sicut Hieronymus dicit, *super Matth.*[2], quod *non ante resurrexerunt quam resurgeret Dominus*. Unde et Evangelista dicit quod, *exeuntes de monumentis post resurrectionem eius, venerunt in sanctam Civitatem et apparuerunt multis*.

Sed Augustinus, in Epistola *ad Evodium*[3], hanc opinionem commemorans, dicit: *Scio quibusdam videri morte Domini Christi iam talem resurrectionem praestitam iustis, qualis nobis in fine promittitur. Quod si non iterum, repositis corporibus, dormierunt, videndum est quomodo intelligatur Christus "primogenitus a mortuis", si eum in illam resurrectionem tot praecesserunt. Quod si*

quando alguém de algum modo começa a viver, depois de ter morrido. Segundo, quando alguém se livra não apenas da morte, mas também da necessidade e, mais ainda, da possibilidade de morrer. Essa é a verdadeira e perfeita ressurreição. De fato, enquanto alguém vive sujeito à necessidade de morrer, de certo modo a morte tem domínio sobre ele, como diz a Carta aos Romanos: "O vosso corpo, sem dúvida, está destinado à morte por causa do pecado". E o que tem possibilidade de existir, em certo sentido já existe, ou seja, potencialmente. É claro então que a ressurreição que livra alguém apenas da morte atual é considerada uma ressurreição imperfeita.

Falando, portanto, da ressurreição perfeita, Cristo é o primeiro a ressurgir, pois, ao ressuscitar, ele foi o primeiro a chegar à vida plenamente imortal, conforme diz a Carta aos Romanos: "Ressuscitado de entre os mortos, Cristo não morre mais". Falando, porém, de uma ressurreição imperfeita, alguns ressuscitaram antes de Cristo, para serem uma espécie de sinal da ressurreição dele[a].

É clara assim a resposta QUANTO AO 1º. Porque os que foram ressuscitados no Antigo Testamento como os ressuscitados por Cristo voltaram à vida para de novo morrer.

QUANTO AO 2º, deve-se dizer que há duas opiniões sobre os que ressuscitaram com Cristo. Afirmam alguns que eles voltaram à vida como quem não mais haveria de morrer, pois se tivessem de morrer de novo, o tormento seria maior do que se não tivessem ressuscitado. Por essa afirmação, deve-se entender que, como afirma Jerônimo, "não ressuscitaram antes de o Senhor ter ressuscitado". É o que diz o Evangelista: "Saindo dos túmulos, depois da sua ressurreição, eles entraram na Cidade Santa e apareceram a muitas pessoas".

Agostinho, porém, lembrando essa opinião, diz: "Sei que alguns acham que já foi concedida aos justos, por ocasião da morte de Cristo, a mesma ressurreição que nos é prometida para o final dos tempos. Mas se eles não descansaram de novo, deixando seus corpos nos túmulos, como é que podemos entender que Cristo foi 'primogênito dos que morreram', quando tantos outros o teriam

---

2. L. IV, super 27, 53: ML 26, 213 B.
3. Epist. 164, al. 99, c. 3, n. 9: ML 33, 712-713.

a. Essa distinção entre ressurreição imperfeita, isto é, retorno à vida terrestre mortal, e ressurreição perfeita, isto é, retorno à vida, mas a uma vida "gloriosa", é extremamente importante. Pois a vida gloriosa representa um outro estado de coisas, uma outra espécie de dependência em relação à alma, alma levada ao extremo da espiritualidade pela união perfeita a Deus. É um estado escatológico, supondo e chamando um outro estado do mundo. Que Cristo seja o primeiro dos ressuscitados significa que, nele, a natureza humana atinge a plenitude de seu estado de glória.

respondetur hoc dictum esse per anticipationem, ut monumenta illo terrae motu aperta intelligantur cum Christus in cruce penderet, resurrexisse autem iustorum corpora non tunc, sed cum ille prior resurrexisset: sed adhuc restat quod moveat quomodo Petrus non de David sed de Christo asseruit fuisse praedictum carnem eius non vidisse corruptionem, scilicet per hoc quod apud eos erat monumentum David; et sic illos non convincebat, si corpus David ibi iam non erat; quia, etsi ante in recenti sua morte resurrexisset, nec caro eius vidisset corruptionem, posset monumentum illud manere. Durum autem videtur ut David non fuerit in illa resurrectione iustorum, si eis iam aeterna donata est, cuius Christus ex semine commendatur. Periclitabitur etiam illud quod ad Hebraeos de iustis antiquis dicitur, "ne sine nobis perficerentur", si iam in illa resurrectionis incorruptione constituti sunt quae nobis perficiendis in fine promittitur.

Sic ergo Augustinus sentire videntur quod resurrexerint iterum morituri. Ad quod etiam videtur pertinere quod Hieronymus dicit, *super Matth.*[4], quod, *sicut Lazarus resurrexit, sic et multa corpora Sanctorum resurrexerunt, ut Dominum ostenderent resurgentem.* Quamvis hoc in Sermone *de Assumptione*[5] sub dubio relinquat. Rationes tamen Augustini multo efficaciores videntur.

AD TERTIUM dicendum quod, sicut ea quae praecesserunt Christi adventum, fuerunt praeparatoria in Christum, ita gratia est dispositio ad gloriam. Et ideo ea quae sunt gloriae, sive quantum ad animam, sicut perfecta Dei fruitio, sive quantum ad corpus, sicut resurrectio gloriosa, prius tempore debuit esse in Christo, sicut in auctore gloriae. Gratiam vero conveniebat prius esse in his quae ordinabantur ad Christum.

precedido nessa ressurreição? Se responderem que isso foi dito por antecipação, de tal modo que se entenda que os sepulcros foram abertos durante o terremoto, quando Cristo ainda pendia da cruz, mas que os corpos não ressuscitaram naquele momento, mas somente depois que ele mesmo ressuscitara, ainda resta uma dificuldade: como é que Pedro afirmava estar predito, não de Davi, mas de Cristo, que sua carne não veria a corrupção, argumentando que o túmulo de Davi estava ali no meio deles? Ou seja, ele não os convencia, na hipótese de o corpo de Davi não estar mais ali, porque mesmo que Davi tivesse ressuscitado logo depois de sua morte e sua carne não tivesse visto a corrupção, seu túmulo poderia, não obstante, existir ainda. Contudo, parece difícil de entender como Davi, cuja descendência é para Cristo motivo de louvor, não estaria entre os justos ressuscitados se a vida eterna já fora dada a todos eles. E é também difícil de entender o que a Carta aos Hebreus diz dos antigos justos: 'Eles não deviam chegar sem nós à plena realização', se já tivessem sido constituídos naquela incorruptibilidade da ressurreição que está prometida para o final, quando nós seremos perfeitos".

Assim, portanto, parece que Agostinho julga que ressuscitaram para de novo morrer. E Jerônimo parece ser dessa mesma opinião quando diz: "Como Lázaro ressuscitou, também muitos corpos dos santos ressuscitaram, para demonstrar que o Senhor também ressuscitara", embora essa afirmação pareça duvidosa num de seus sermões. As razões de Agostinho, porém, parecem muito mais convincentes[b].

QUANTO AO 3º, deve-se dizer que, assim como tudo o que aconteceu antes da chegada de Cristo foi uma preparação para Cristo, assim a graça é disposição para a glória. Portanto, tudo o que é próprio da glória, seja em relação à alma, como o perfeito gozo de Deus, quer em relação ao corpo, como a ressurreição gloriosa, convinha que primeiro acontecesse com Cristo, o autor da glória. Já a graça, convinha que estivesse primeiro nos que se dispunham para Cristo.

---

4. Loc. cit.
5. Epist. 9 *ad Paulam et Eustoch.*, n. 2: ML 30, 124 AB.

b. Deve-se convir que ressuscitar para em seguida voltar a morrer não é algo fácil de admitir. Sem dúvida, é suficiente para a veracidade do relato de Mateus que vários que estavam mortos tenham aparecido a seus próximos e conhecidos, "fantasmas" noturnos ou diurnos. O que, na parábola de Lázaro, o rico mau pedia em vão a Deus.

ARTICULUS 4
Utrum Christus fuerit causa suae resurrectionis

AD QUARTUM SIC PROCEDITUR. Videtur quod Christus non fuerit causa suae resurrectionis.

1. Quicumque enim suscitatur ab alio, non est suae resurrectionis causa. Sed Christus est suscitatus ab alio: secundum illud Act 2,24: *Quem Deus suscitavit, solutis doloribus inferni*; et Rm 8,11: *Qui suscitavit Iesum Christum a mortuis, vivificabit et mortalia corpora nostra*, etc. Ergo Christus non est causa suae resurrectionis.

2. PRAETEREA, nullus dicitur mereri, vel ab alio petit, aliquid cuius ipse est causa. Sed Christus sua passione meruit resurrectionem: sicut Augustinus dicit, *super Ioan.*[1], quod *humilitas passionis meritum* est gloriae resurrectionis. Ipse etiam petit a Patre se resuscitari: secundum illud Ps 40,11: *Tu autem, Domine, miserere mei et resuscita me*. Ergo Christus non fuit causa suae resurrectionis.

3. PRAETEREA, sicut Damascenus probat, in IV libro[2], resurrectio non est animae, sed corporis, quod per mortem cadit. Corpus autem non potuit sibi animam unire, quae est eo nobilior. Ergo id quod resurrexit in Christo, non potuit esse causa suae resurrectionis.

SED CONTRA est quod Dominus dicit, Io 10,17-18: *Nemo tollit animam meam a me: sed ego pono eam, et iterum sumo eam*. Sed nihil est aliud resurgere quam iterato animam sumere. Ergo videtur quod Christus propria virtute resurrexit.

RESPONDEO dicendum quod, sicut supra[3] dictum est, per mortem non fuit separata divinitas nec ab anima Christi, nec ab eius carne. Potest igitur tam anima Christi mortui, quam eius caro, considerari dupliciter: uno modo, ratione divinitatis; alio modo, ratione ipsius naturae creatae. Secundum igitur unitae divinitatis virtutem, et corpus resumpsit animam, quam deposuerat; et anima resumpsit corpus, quod dimiserat. Et hoc est quod de Christo dicitur 2Cor 13,4, quod, *etsi crucifixus est ex infirmitate* nostra, *sed vivit ex virtute Dei*.

Si autem consideremus corpus et animam Christi mortui secundum virtutem naturae creatae,

ARTIGO 4
Cristo foi a causa de sua ressurreição?

QUANTO AO QUARTO, ASSIM SE PROCEDE: parece que Cristo **não** foi a causa de sua ressurreição.

1. Na verdade, quem é ressuscitado por outro não é causa de sua ressurreição. Ora, Cristo foi ressuscitado por outro, como diz o livro dos Atos dos Apóstolos: "Deus o ressuscitou, livrando-o das dores da morte". E diz a Carta aos Romanos: "Aquele que ressuscitou Jesus Cristo de entre os mortos dará também a vida a nossos corpos". Logo, Cristo não é a causa de sua ressurreição.

2. ALÉM DISSO, dizemos que ninguém merece ou pede a outro aquilo de que ele mesmo é a causa. Ora, Cristo, por sua paixão, mereceu a ressurreição, como diz Agostinho: "A humilhação da paixão é a causa meritória da glória da ressurreição". E ele mesmo até pediu ao Pai para ser ressuscitado, como diz o Salmo 40: "Mas tu, Senhor, tem piedade de mim, levanta-me". Logo, Cristo não foi a causa de sua ressurreição.

3. ADEMAIS, como demonstra Damasceno, não é a alma que ressuscita, mas o corpo, o qual perece com a morte. Ora, o corpo não pode unir a si a alma, que é mais nobre que ele. Logo, o que ressuscitou em Cristo não pôde ser causa de sua ressurreição.

EM SENTIDO CONTRÁRIO, diz o Evangelho de João: "Ninguém me tira a vida; eu a entrego e a retomo". Ora, ressurgir nada mais é que retomar a vida. Logo, parece que Cristo ressuscitou por seu próprio poder.

RESPONDO. Como dito acima, pela morte de Cristo, a divindade não ficou separada nem de sua alma nem de seu corpo. Assim, tanto a alma como o corpo de Cristo morto podem ser considerados de dois modos. Primeiro, em razão da divindade; segundo, em razão da própria natureza criada. Portanto, conforme o poder da união com a divindade, o corpo reassumiu a alma que deixara, e a alma reassumiu o corpo que largara. E é isso que diz a segunda Carta aos Coríntios a respeito de Cristo: "Embora tenha sido crucificado por nossa fraqueza, está vivo pelo poder de Deus".

Mas se considerarmos o corpo e a alma de Cristo morto segundo o poder da natureza criada,

---

4 PARALL.: *In Symb. Apost.*, a. 5; *in Psalm*. 40; *in Ioan.*, c. 2, lect. 3; *ad Rom.*, c. 4, lect. 3; I *ad Cor.*, c. 15, lect. 2.
1. Tract. 104, n. 3, super 17, 1: ML 35, 1903.
2. *De fide orth.*, l. IV, c. 27: MG 94, 1220 A.
3. Q. 50, a. 2, 3.

sic non potuerunt sibi invicem reuniri, sed oportuit Christum resuscitari a Deo.

AD PRIMUM ergo dicendum quod eadem est divina virtus et operatio Patris et Filii. Unde haec duo esse consequuntur, quod Christus sit suscitatus divina virtute Patris, et sui ipsius.

AD SECUNDUM dicendum quod Christus orando petiit et meruit suam resurrectionem, inquantum homo: non autem inquantum Deus.

AD TERTIUM dicendum quod corpus secundum naturam creatam non est potentius anima Christi: est tamen ea potentius secundum virtutem divinam. Quae etiam rursus, secundum divinitatem unitam, est potentior corpore secundum naturam creatam. Et ideo secundum virtutem divinam corpus et anima mutuo se resumpserunt: non autem secundum virtutem naturae creatae.

não poderiam eles se reunir e, então, era necessário que Cristo fosse ressuscitado por Deus[c].

QUANTO AO 1º, portanto, deve-se dizer que é o mesmo o poder divino e a ação do Pai e do Filho. Portanto, os dois se seguem um ao outro, ou seja, Cristo foi ressuscitado pelo poder divino do Pai e dele mesmo.

QUANTO AO 2º, deve-se dizer que Cristo, como homem e não como Deus, pediu pela oração e mereceu a sua ressurreição.

QUANTO AO 3º, deve-se dizer que o corpo, segundo a natureza criada, não é mais forte que a alma de Cristo, mas é mais forte que ela, segundo o poder divino. A alma, por sua vez, por estar unida à divindade, é mais forte que o corpo considerado segundo a natureza criada. Portanto, o corpo e a alma mutuamente se reassumiram, segundo o poder divino, mas não segundo o poder da natureza criada.

---

c. Sim, sem dúvida, é Deus que ressuscita Jesus dos mortos. Mas sua virtude todo-poderosa que habita a alma e o corpo separados age por meio deles, e se "corpo e alma se reúnem um ao outro", é pela virtude da divindade, não por suas próprias forças. Dizer Deus é dizer as três pessoas da Trindade. Tudo o que há de poderoso nesse ato recriador é atribuído ao Pai. Entre as três pessoas, é o Verbo que assume a humanidade ressuscitante, como a assumira na concepção. Mas é o Espírito que, pelo rebrotar da glória da alma de Jesus, opera a glorificação de sua carne, sua transfiguração em corpo espiritual.

QUAESTIO LIV
DE QUALITATE CHRISTI RESURGENTIS
in quatuor articulos divisa

Deinde considerandum est de qualitate Christi resurgentis.
Et circa hoc quaeruntur quatuor.
Primo: utrum post resurrectionem Christus habuerit verum corpus.
Secundo: utrum resurrexit cum corporis integritate.
Tertio: utrum corpus eius fuerit gloriosum.
Quarto: de eius cicatricibus in corpore apparentibus.

QUESTÃO 54
A QUALIDADE DO CRISTO RESSUSCITADO[a]
em quatro artigos

A seguir, deve-se considerar a qualidade do Cristo ressuscitado.
A esse respeito, são quatro as perguntas.
1. Depois da ressurreição, Cristo tinha um corpo verdadeiro?
2. Cristo ressuscitou com seu corpo inteiro?
3. Com o corpo glorioso?
4. Com cicatrizes em seu corpo?

---

a. Com que corpo essas qualidades retornam? Era a questão formulada por Paulo aos Coríntios. É a primeira que põe Sto. Tomás para Cristo ressuscitado. Antes de mais nada, responde, o corpo ressuscitado é especificamente e numericamente o mesmo que o corpo terrestre concebido pela Espírito Santo, nascido de Maria, esse corpo que viveu na terra e foi crucificado. Mas também, sem que seja preciso conceber qualquer fase intermediária, ele é ressuscitado no estado glorioso, isto é, num estado no qual o corpo fica totalmente subordinado ao espírito. A natureza do corpo humano sendo a de ser o corpo de um espírito, um corpo para um espírito, alcançar esse estado de total subordinação não muda em nada essa natureza, pelo contrário a realiza. Sto. Tomás se reservava desenvolver as consequências de tal estado de glória ao final da *Suma teológica*, mas ele morreu sem conseguir alcançar esse fim. O que ele dizia a respeito em ensinamento, nas *Sentenças*, é forçosamente tributário de uma certa filosofia do cosmos e da natureza, mas isso deixa intacta a definição do estado de glória com o de total dominação da matéria pelo espírito.

Articulus 1
Utrum Christus post resurrectionem habuerit verum corpus

AD PRIMUM SIC PROCEDITUR. Videtur quod Christus post resurrectionem non habuerit verum corpus.
1. Verum enim corpus non potest simul esse cum alio corpore in eodem loco. Sed corpus Christi post resurrectionem fuit simul cum alio corpore in eodem loco: intravit enim ad discipulos *ianuis clausis*, ut dicitur Io 20,26. Ergo videtur quod Christus post resurrectionem non habuerit verum corpus.

2. PRAETEREA, verum corpus non evanescit ab aspectu intuentium, nisi forte corrumpatur. Sed corpus Christi *evanuit ab oculis* discipulorum eum intuentium, ut dicitur Lc 24,31. Ergo videtur quod Christus post resurrectionem non habuerit verum corpus.
3. PRAETEREA, cuiuslibet veri corporis est determinata figura. Sed corpus Christi apparuit discipulis *in alia effigie*, ut patet Mc 16,12. Ergo videtur quod Christus post resurrectionem non habuerit verum corpus humanum.

SED CONTRA est quod dicitur Lc 24,37, quod, Christo discipulis apparente, *conturbati et conterriti, existimabant se spiritum videre*, scilicet ac si non haberet verum corpus, sed phantasticum. Ad quod removendum, ipse postea subdit [v. 39]. *Palpate et videte: quia spiritus carnem et ossa non habet, sicut me videtis habere*. Non ergo habuit corpus phantasticum, sed verum.
RESPONDEO dicendum quod, sicut Damascenus dicit, in IV libro[1], *illud resurgere dicitur quod cecidit*. Corpus autem Christi per mortem cecidit: inquantum scilicet fuit ab eo anima separata, quae erat eius formalis perfectio. Unde oportuit, ad hoc quod esset vera Christi resurrectio, ut idem corpus Christi iterato eidem animae uniretur. Et quia veritas naturae corporis est ex forma, consequens est quod corpus Christi post resurrectionem et verum corpus fuerit, et eiusdem naturae cuius fuerat prius. Si autem eius corpus fuisset phantasticum, non fuisset vera resurrectio, sed apparens.

Artigo 1
Depois da ressurreição, Cristo tinha um corpo verdadeiro?

QUANTO AO PRIMEIRO ARTIGO, ASSIM SE PROCEDE: parece que Cristo, depois da ressurreição, **não** tinha um corpo verdadeiro.
1. Com efeito, um corpo verdadeiro não pode ocupar um mesmo lugar, ao mesmo tempo, com outro corpo. Ora, o corpo de Cristo, depois da ressurreição, esteve no mesmo lugar, ao mesmo tempo, com outro corpo, pois, "estando as portas trancadas", entrou na sala onde estavam seus discípulos, como diz o Evangelho de João. Logo, parece que Cristo, depois da ressurreição, não tinha um corpo verdadeiro.
2. ALÉM DISSO, um corpo verdadeiro não desaparece da vista dos presentes, a menos que se deteriore. Ora, o corpo de Cristo desapareceu dos olhos de seus discípulos, como diz o Evangelho de Lucas. Logo, parece que Cristo, depois da ressurreição, não tinha um corpo verdadeiro.
3. ADEMAIS, qualquer corpo verdadeiro tem uma determinada figura. Ora, o corpo de Cristo apareceu aos discípulos "com outras aparências" como está claro no Evangelho de Marcos. Logo, parece que Cristo, depois da ressurreição, não tinha um corpo humano verdadeiro.

EM SENTIDO CONTRÁRIO, diz Lucas que, ao aparecer Cristo aos discípulos, "espantados e cheios de medo, eles pensaram estar vendo um espírito", ou seja, como se ele não tivesse um corpo verdadeiro, mas imaginário. E para lhes tirar esse medo, diz: "Tocai-me, olhai; um espírito não tem carne nem ossos como vós vedes que eu tenho". Portanto, não teve um corpo imaginário, mas verdadeiro.
RESPONDO. Como diz Damasceno, "Se algo se levanta é porque caiu". Ora, o corpo de Cristo, pela morte, caiu, porquanto a alma, que era sua perfeição formal, dele se separou. Portanto, para que houvesse uma verdadeira ressurreição de Cristo, era necessário que o próprio corpo de Cristo de novo se unisse à mesma alma. E uma vez que a verdadeira natureza do corpo provém de sua forma, segue-se que, depois da ressurreição, o corpo de Cristo era um corpo verdadeiro e da mesma natureza de que era antes. Se o seu corpo, porém, fosse imaginário, sua ressurreição não seria verdadeira, mas aparente[b].

---

1 PARALL.: A. seq., q. 55, a. 6.
1. *De fide orth*., l. IV, c. 27: MG 94, 1220 A.

b. O realismo da fé na ressurreição é inequívoco: "o *mesmo* corpo foi reunido à *mesma alma*".

AD PRIMUM ergo dicendum quod corpus Christi post resurrectionem, non ex miraculo, sed ex conditione gloriae, sicut quidam dicunt, clausis ianuis ad discipulos introivit, simul cum alio corpore in eodem loco existens. Sed utrum hoc facere possit corpus gloriosum ex aliqua proprietate sibi indita, ut simul cum alio corpore in eodem loco existat, inferius discutietur, ubi agetur de resurrectione communi. Nunc autem, quantum ad propositum sufficit, dicendum est quod non ex natura corporis, sed potius ex virtute divinitatis unitae, illud corpus ad discipulos, licet verum esset, ianuis clausis introivit. Unde Augustinus dicit, in quodam Sermone Paschali[2], quod quidam sic disputant: *Si corpus erat, si hoc surrexit de sepulcro quod pependit in ligno, quomodo per ostia clausa intrare potuit?* Et respondet: *Si comprehendis modum, non est miraculum. Ubi deficit ratio, ibi est fidei aedificatio.* Et *super Ioan.*[3], dicit: *Moli corporis ubi divinitas erat, ostia clausa non obstiterunt: ille quippe non eis apertis intrare potuit, quo nascente virginitas matris inviolata permansit.* Et idem dicit Gregorius, in quadam Homilia *de Octava Paschae*[4].

AD SECUNDUM dicendum quod, sicut dictum est[5], Christus resurrexit ad immortalem gloriae vitam. Haec est autem dispositio corporis gloriosi, ut sit *spirituale*, idest subiectum spiritui, ut Apostolus dicit, 1Cor 15,44. Ad hoc autem quod sit omnino corpus subiectum spiritui, requiritur quod omnis actio corporis subdatur spiritus voluntati. Quod autem aliquid videatur, fit per actionem visibilis in visum: ut patet per Philosophum, in II *de Anima*[6]. Et ideo quicumque habet corpus glorificatum, in potestate sua habet videri quando vult, et, quando non vult, non videri. Hoc tamen Christus habuit non solum ex conditione corporis gloriosi, sed etiam ex virtute divinitatis: per quam fieri potest ut etiam corpora non gloriosa miraculose non videantur; sicut praestitum fuit miraculose beato

QUANTO AO 1º, portanto, deve-se dizer que, depois da ressurreição, o corpo de Cristo, como afirmam alguns, não por milagre, mas por sua condição gloriosa entrou na sala onde estavam seus discípulos, apesar de estarem as portas trancadas, ocupando assim ao mesmo tempo o mesmo lugar com outro corpo. Mas se um corpo glorioso pode, por alguma propriedade que lhe seja inerente, ocupar ao mesmo tempo o mesmo lugar com outro corpo é assunto a ser discutido mais adiante, quando tratarmos da ressurreição de todos. No momento, para nos ater a nosso propósito, deve-se dizer que, não por causa da natureza do corpo, mas sim pelo poder da divindade a ele unida, é que o corpo de Cristo entrou na sala onde estavam os discípulos, embora fosse um corpo verdadeiro e estivessem as portas trancadas[c]. Por isso, diz Agostinho que alguns perguntam: "Se se tratava de um corpo, e se esse corpo que ressuscitara do sepulcro era o mesmo que estava pendente da cruz, como pôde entrar pelas portas trancadas?" E responde: "Se compreenderes o como, não é um milagre. Onde falha a razão, aí se firma a fé". E alhures diz: "Portas trancadas não foram obstáculo à grandeza de um corpo em que estava presente a divindade; e, de fato, pôde entrar pelas portas não abertas aquele corpo que, ao nascer, deixou inviolada a virgindade de sua mãe". O mesmo diz Gregório em uma de suas homilias.

QUANTO AO 2º, deve-se dizer, como foi dito, que Cristo ressuscitou para a vida imortal da glória. Ora, a disposição do corpo glorioso é que seja "espiritual", ou seja, sujeito ao espírito, como diz na primeira Carta aos Coríntios. Todavia, para que esteja totalmente sujeito ao espírito, é preciso que todas as ações do corpo se submetam à vontade do espírito. E para que algo seja visto, é preciso que se faça visível, agindo sobre a visão, como prova o Filósofo no livro II da *Alma*. Portanto, qualquer um que tenha um corpo glorioso tem o poder de se fazer ver quando quer e de não ser visto quando não o quiser. E Cristo tinha esse poder não somente pela condição de seu corpo glorioso, mas também pelo poder da divindade, capaz de fazer com que mesmo corpos não gloriosos, por um milagre,

---

2. Serm. 247, n. 2: ML 38, 1157.
3. Tract. 121, n. 4, super 20, 18: ML 35, 1958.
4. *In Evang.*, l. II, hom. 26, n. 1: ML 76, 1197 CD.
5. Q. 53, a. 3.
6. C. 7: 419, a, 7-15.

c. Chama a atenção o fato de que Sto. Tomás não impute à qualidade própria do corpo glorioso o poder de passar por portas fechadas, mas sim à divindade à qual este estava unido. E isso do mesmo modo que em relação ao nascimento milagroso.

Bartholomaeo, ut, *si vellet, videretur, non autem videretur si non vellet*. Dicitur ergo quod Christus ab oculis discipulorum evanuit, non quia corrumperetur aut resolveretur in aliqua invisibilia, sed quia sua voluntate desiit ab eis videri, vel eo praesente, vel etiam eo abscedente per dotem agilitatis.

AD TERTIUM dicendum quod, sicut Severianus dicit, in Sermone Paschali[7], *Nemo putet Christum sua resurrectione sui vultus effigiem commutasse*. Quod est intelligendum quantum ad lineamenta membrorum: quia nihil inordinatum et deforme fuerat in corpore Christi, per Spiritum Sanctum concepto, quod in resurrectione corrigendum esset. Accepit tamen in resurrectione gloriam claritatis. Unde idem subdit: *Sed mutatur effigies dum efficitur ex mortali immortalis: ut hoc sic acquisivisse vultus gloriam, non vultus substantiam perdidisse*.

Nec tamen illis discipulis in specie gloriosa apparuit: sed, sicut in potestate eius erat ut corpus suum videretur vel non videretur, ita in potestate eius erat ut ex eius aspectu formaretur in oculis intuentium vel forma gloriosa, vel non gloriosa, aut etiam commixta, vel qualitercumque se habens. Modica tamen differentia sufficit ad hoc quod aliquis videatur in aliena effigie apparere.

não sejam vistos. Assim é que a são Bartolomeu foi milagrosamente concedido o dom de "se fazer ver ou não, conforme ele assim o quisesse ou não". Portanto, dizemos que Cristo desapareceu dos olhos de seus discípulos não porque se decompusera ou porque se transformara em algo invisível, mas porque, por sua vontade, não quis mais ser visto por eles, quer ele estivesse ainda presente, quer já tivesse se ausentado pelo dom da agilidade.

QUANTO AO 3º, deve-se dizer que, como diz Severiano, "não pense alguém que Cristo, pela ressurreição, tenha mudado as feições de seu rosto". E o mesmo se deve entender a respeito da figura de seu corpo, pois nada havia sem harmonia ou deforme no corpo de Cristo, concebido pelo Espírito Santo, que merecesse ser corrigido pela ressurreição. Todavia, na ressurreição, ele recebeu a glória da claridade. Por isso, acrescenta nessa passagem: "Mas a imagem mudou, quando de mortal ele se fez imortal, ou seja, adquiriu a glória do semblante, sem perder o que lhe era essencial".

Todavia, não apareceu aos discípulos em sua aparência gloriosa, pois, como tinha o poder de que seu corpo fosse visto ou não, também tinha o poder de que aos olhos dos que o viam aparecesse sua forma gloriosa ou não gloriosa, ou mista, ou ainda sob qualquer outra forma. Uma pequena diferença, aliás, é suficiente para que alguém pareça ter outras feições[d].

ARTICULUS 2
Utrum corpus Christi resurrexit gloriosum

AD SECUNDUM SIC PROCEDITUR. Videtur quod corpus Christi non resurrexit gloriosum.

1. Corpora enim gloriosa sunt fulgentia: secundum illud Mt 13,43: *Fulgebant iusti sicut sol in regno Patris eorum*. Sed corpora fulgida videntur secundum rationem lucis, non autem secundum rationem coloris. Cum ergo corpus Christi visum fuerit sub coloris specie, sicut et prius videbatur, videtur quod non fuerit gloriosum.

2. PRAETEREA, corpus gloriosum est incorruptibile. Sed corpus Christi non videtur fuisse incorruptibile. Fuit enim palpabile: sicut ipse dicit, Lc

ARTIGO 2
O corpo de Cristo ressuscitou glorioso?

QUANTO AO SEGUNDO, ASSIM SE PROCEDE: parece que o corpo de Cristo **não** ressuscitou glorioso.

1. Na verdade, os corpos gloriosos são resplandecentes, conforme diz o Evangelho de Mateus: "Os justos resplandecerão como o sol, no reino de seu Pai". Ora, o que nos faz ver os corpos resplandecentes é a luz, não a cor. Logo, como o que viram no corpo de Cristo foi uma aparência de cor igual à que estavam acostumados a ver antes, parece que o corpo de Cristo não era glorioso.

2. ALÉM DISSO, o corpo glorioso é incorruptível. Ora, o corpo de Cristo parece que não era incorruptível, pois era palpável, como ele próprio diz:

---

7. PETRUS CHRYSOLOGUS, Serm. 82: ML 52, 432 C.

PARALL.: *Compend. Theol.*, c. 238.

d. A submissão total do corpo ao espírito indica que ele se torna visível ou não de acordo com o espírito, e mesmo sob uma forma mais do que sob outra; ou melhor, com tal expressão mais do que uma outra, com determinada intensidade de clareza. Pois, diz finamente Sto. Tomás, basta uma modificação bem ligeira para mudar o aspecto de um rosto.

24,39, *Palpate et videte*. Dicit enim Gregorius, in quadam Homilia[1], quod *corrumpi necesse est quod palpatur, et palpari non potest quod non corrumpitur*. Non ergo corpus Christi fuit gloriosum.

3. PRAETEREA, corpus gloriosum non est animale, sed spirituale: ut patet 1Cor 15,35sqq. Sed corpus Christi videtur animale fuisse post resurrectionem: quia cum discipulis manducavit et bibit, ut legitur Lc 24,41sqq., et Io 21,9sqq. Ergo videtur quod corpus Christi non fuerit gloriosum.

SED CONTRA est quod Apostolus dicit, Philp 3,21: *Reformabit corpus humilitatis nostrae, configuratum corpori claritatis suae*.

RESPONDEO dicendum quod corpus Christi in resurrectione fuit gloriosum. Et hoc apparet triplici ratione. Primo quidem, quia resurrectio Christi fuit exemplar et causa nostrae resurrectionis, ut habetur 1Cor 15,12sqq. Sancti autem in resurrectione habebunt corpora gloriosa: sicut dicitur ibidem [v. 43]: *Seminatur in ignobilitate, surget in gloria*. Unde, cum causa sit potior causato et exemplar exemplato, multo magis corpus Christi resurgentis fuit gloriosum.

Secundo, quia per humilitatem passionis meruit gloriam resurrectionis. Unde et ipse dicebat, *Nunc anima mea turbata est*, quod pertinet ad passionem: et postea subdit [v. 28], *Pater, clarifica nomen tuum*, in quo petit gloriam resurrectionis.

Tertio quia, sicut supra[2] habitum est, anima Christi a principio suae conceptionis fuit gloriosa per fruitionem divinitatis perfectam. Est autem dispensative factum, sicut supra[3] dictum est, ut ab anima gloria non redundaret in corpus, ad hoc quod mysterium nostrae redemptionis sua passione impleret. Et ideo, peracto hoc mysterio passionis et mortis Christi, anima Christi statim in corpus, in resurrectione resumptum, suam gloriam derivavit. Et ita factum est corpus illud gloriosum.

AD PRIMUM ergo dicendum quod omne quod recipitur in aliquo, recipitur in eo secundum modum recipientis. Quia igitur gloria corporis derivatur ab anima, ut Augustinus dicit, in Epistola *ad Dioscorum*[4], fulgor seu claritas corporis gloriosi est secundum colorem humano corpori naturalem: sicut

"Tocai-me, olhai". E Gregório diz que "há de se corromper, o que se apalpa; e não se pode apalpar o que não se corrompe". Logo, o corpo de Cristo não era glorioso.

3. ADEMAIS, o corpo glorioso não é animal, mas espiritual, como deixa claro a primeira Carta aos Coríntios. Ora, o corpo de Cristo parece que era animal, depois da ressurreição, pois comeu e bebeu com os discípulos, como se lê nos Evangelhos de Lucas e de João. Logo, parece que o corpo de Cristo não era glorioso.

EM SENTIDO CONTRÁRIO, diz o Apóstolo: "Há de transformar o nosso corpo humilhado, para torná-lo semelhante a seu corpo glorioso".

RESPONDO. Três razões nos mostram que era glorioso o corpo de Cristo na ressurreição. Primeiro, a ressurreição de Cristo foi exemplo e causa de nossa ressurreição, como afirma a primeira Carta aos Coríntios. Ora, os santos terão corpos gloriosos na ressurreição: "Semeado desprezível, ressuscita-se glorioso", diz o mesmo Apóstolo. Portanto, como a causa é superior ao efeito, e o modelo, superior ao que é modelado, muito mais glorioso foi o corpo de Cristo, ao ressuscitar.

Segundo, porque pela humilhação da paixão mereceu a glória da ressurreição. Por isso, ele próprio dizia: "Agora a minha alma está perturbada", o que se refere à paixão; e acrescenta: "Pai, glorifica o teu nome", como a pedir a glória da ressurreição.

Terceiro, porque, como foi visto acima, a alma de Cristo, pelo perfeito gozo da divindade, foi gloriosa desde o primeiro instante de sua concepção. Mas por disposição divina, como dito antes, a glória não passou da alma para o corpo, a fim de que, por sua paixão, se realizasse o mistério de nossa redenção. Por isso, consumado o mistério da paixão e morte de Cristo, imediatamente a alma comunicou sua glória para o corpo reassumido na ressurreição, tornando-se assim glorioso aquele corpo[e].

QUANTO AO 1º, portanto, deve-se dizer que tudo o que chega a um receptor é recebido por ele segundo sua capacidade de receber. Portanto, como a glória da alma deriva para o corpo, como diz Agostinho, o fulgor ou claridade do corpo glorioso é adequado à cor natural de um corpo humano, do

---

1. *In Evang.*, l. II, hom. 26, n. 1: ML 76, 1198 A.
2. Q. 34, a. 4.
3. Q. 14, a. 1, ad 2; q. 45, a. 2.
4. Epist. 118, al. 56, c. 3, n. 14: ML 33, 439.

e. É por intermédio de uma ação praticamente natural da alma gloriosa de Cristo sobre seu corpo que este foi glorificado, tornando-se "corpo espiritual", puro instrumento do espírito. Reanimação? Sim, se isso significar a reunião da mesma alma ao mesmo corpo. Não, se "reanimação" significa a mesma maneira de animar, se isso implica retorno à vida biológica, animal.

vitrum diversimode coloratum recipit splendorem ex illustratione solis secundum modum sui coloris. Sicut autem in potestate hominis glorificati est ut corpus eius videatur vel non videatur, sicut dictum est[5]; ita in potestate eius est quod claritas eius videatur vel non videatur. Unde potest in suo colore sine aliqua claritate videri. Et hoc modo Christus discipulis post resurrectionem suam apparuit.

AD SECUNDUM dicendum quod corpus aliquod dicitur esse palpabile, non solum ratione resistentiae, sed ratione spissitudinis suae. Ad rarum autem et spissum sequuntur grave et leve, calidum et frigidum, et alia huiusmodi contraria, quae sunt principia corruptionis corporum elementarium. Unde corpus quod est palpabile humano tactu, est naturaliter corruptibile. Si autem sit aliquod corpus resistens tactui quod non sit dispositum secundum praedictas qualitates, quae sunt propria obiecta tactus humani, sicut est corpus caeleste, tale corpus non potest dici palpabile. Corpus autem Christi vere post resurrectionem fuit ex elementis compositum, habens in se tangibiles qualitates, secundum quod requirit natura corporis humani: et ideo naturaliter erat palpabile. Et si nihil aliud habuisset supra corporis humani naturam, fuisset etiam corruptibile. Habuit autem aliquid aliud quod ipsum incorruptibile reddidit: non quidem naturam caelestis corporis, ut quidam dicunt, de quo infra[6] magis inquiretur; sed gloriam redundantem ab anima beata; quia, ut Augustinus dicit, *ad Dioscorum*[7], *tam potenti natura Deus fecit animam ut ex plenissima beatitudine redundet in corpus plenitudo sanitatis, idest incorruptionis vigor.* Et ideo, sicut dicit Gregorius, ibidem[8], *ostenditur corpus Christi post resurrectionem fuisse eiusdem naturae, sed alterius gloriae.*

AD TERTIUM dicendum quod, sicut Augustinus dicit. XIII *de Civ. Dei*[9], *Salvator noster, post resurrectionem, iam quidem in spirituali carne, sed tamen vera, cibum ac potum cum discipulis sumpsit, non alimentorum indigentia, sed ea qua hoc poterat potestate.* Ut enim Beda dicit, *super Luc.*[10], *aliter absorbet aquam terra sitiens, aliter*

mesmo modo como um vidro multicolorido recebe seu esplendor da luz do sol de acordo com suas propriedades de cor. E assim como o corpo de um homem glorificado tem o poder de ser visível ou não, como foi dito acima, também tem o poder de tornar sua claridade visível ou não. Pode, portanto, ser visto em sua cor, sem nenhuma claridade. E foi desse modo que Cristo apareceu a seus discípulos, depois da ressurreição.

QUANTO AO 2º, deve-se dizer que um corpo pode ser palpável não apenas por sua resistência, mas também por sua densidade. Ora, ao ralo e denso segue-se o pesado e o leve, o quente e o frio, bem como outros tipos de contrários, que são princípios de corrupção dos corpos elementares. Portanto, o corpo palpável pelo tato humano é naturalmente corruptível. Mas se houver algum corpo resistente ao tato, como um corpo celeste, que não se rege pelas supracitadas propriedades, compatíveis com o tato humano, tal corpo não pode ser considerado palpável. Mas o corpo de Cristo, depois da ressurreição, era realmente composto de elementos com as qualidades tangíveis, como exige a natureza do corpo humano. Portanto, era naturalmente palpável e, se nada mais tivesse além da natureza do corpo humano, seria também corruptível. Mas tinha algo mais que o tornava incorruptível; não a natureza de um corpo celeste, como dizem alguns, e de que se tratará melhor mais abaixo, mas a glória que derivava da alma bem-aventurada. Por isso, como diz Agostinho, "Deus criou a alma com uma natureza tão poderosa que de sua pleníssima bem-aventurança redunda para o corpo a plenitude da saúde, ou seja, o vigor da incorrupção". Portanto, como afirma Gregório, "demonstra-se que o corpo de Cristo, depois da ressurreição, foi da mesma natureza, mas de diferente glória"[f].

QUANTO AO 3º, deve-se dizer que, como diz Agostinho, "o nosso Salvador, depois da ressurreição, já em seu corpo espiritual, contudo verdadeiro, comeu e bebeu com seus discípulos, não por necessidade de alimento, mas pelo poder que tinha para isso". E como diz Beda: "A terra sequiosa sorve a água de um modo, e o raio

---

5. A. 1, ad 2.
6. *Suppl.*, q. 82, a. 1.
7. Loc. cit.
8. Loc. cit. in arg.
9. C. 22: ML 41, 395.
10. *In Luc.*, l. VI, super 24, 41: ML 92, 631 B.

---

f. Não se vê por que, com efeito, o corpo ressuscitado não teria tido o poder de se transformar no que ele é, de qualquer natureza que seja, a partir da matéria terrestre da qual saiu.

solis radius calens: illa indigentia, iste potentia. Manducavit ergo post resurrectionem, *non quasi cibo indigens, sed ut eo modo naturam corporis resurgentis adstrueret*. Et propter hoc, non sequitur quod fuerit eius corpus animale, quod est indigens cibo.

candente do sol, de outro; a primeira por necessidade, o segundo por seu poder". Por isso, depois da ressurreição, ele comeu não porque precisasse do alimento, mas para demonstrar desse modo a natureza de um corpo ressuscitado. Mas não se conclui, por causa disso, que tivesse um corpo animal, que tem necessidade de alimento.

Articulus 3
Utrum corpus Christi resurrexerit integrum

Ad tertium sic proceditur. Videtur quod corpus Christi non resurrexerit integrum.

1. Sunt enim de integritate humani corporis caro et sanguis. Quae Christus non videtur habuisse: dicitur enim 1Cor 15,50: *Caro et sanguis regnum Dei non possidebunt*. Christus autem resurrexit in gloria regni Dei. Ergo videtur quod non habuerit carnem et sanguinem.

2. Praeterea, sanguis est unus de quatuor humoribus. Si ergo Christus habuit sanguinem, pari ratione habuit alios humores, ex quibus causatur corruptio in corporibus animalium. Sic ergo sequeretur quod corpus Christi fuerit corruptibile. Quod est inconveniens. Non igitur habuit carnem et sanguinem.

3. Praeterea, corpus Christi quod resurrexit, in caelum ascendit. Sed aliquid de sanguine eius in quibusdam ecclesiis reservatur pro reliquiis. Non ergo resurrexit Christi corpus cum integritate omnium suarum partium.

Sed contra est quod Dominus dicit, Lc 24,39, post resurrectionem discipulis loquens: *Spiritus carnem et ossa non habet, sicut me videtis habere*.

Respondeo dicendum quod, sicut supra[1] dictum est, corpus Christi in resurrectione fuit *eiusdem naturae, sed alterius gloriae*. Unde quidquid ad naturam corporis humani pertinet, totum fuit in corpore Christi resurgentis. Manifestum est autem quod ad naturam corporis humani pertinent carnes et ossa et sanguis, et alia huiusmodi. Et ideo omnia ista in corpore Christi resurgentis fuerunt. Et etiam integraliter, absque omni diminutione: alioquin non fuisset perfecta resurrectio, si non fuisset redintegratum quidquid per mortem ceciderat. Unde et Dominus fidelibus suis promittit dicens, Mt 10,30 *Vestri autem* et *capilli capitis omnes*

Artigo 3
O corpo de Cristo ressuscitou inteiro?

Quanto ao terceiro, assim se procede: parece que o corpo de Cristo **não** ressuscitou inteiro.

1. Na verdade, a carne e o sangue fazem parte da integridade do corpo humano. E parece que Cristo não os teve, pois diz a primeira Carta aos Coríntios: "A carne e o sangue não podem herdar o reino de Deus". Ora, Cristo ressuscitou na glória do reino de Deus. Logo, parece que não teve carne e sangue.

2. Além disso, o sangue é um dos quatro humores. Ora, se Cristo teve sangue, de igual modo teve também os outros humores dos quais provém a corrupção nos corpos dos animais. Seguir-se-ia, então, que o corpo de Cristo era corruptível, o que não convém. Logo, Cristo não teve carne e sangue.

3. Ademais, o corpo ressuscitado de Cristo subiu aos céus. Ora, amostras de seu sangue são conservadas como relíquias em algumas igrejas. Logo, o corpo de Cristo não ressuscitou na integridade de todas as suas partes.

Em sentido contrário, diz o Senhor, ao conversar com seus discípulos, após a ressurreição: "Um espírito não tem carne nem ossos como vós vedes que eu tenho".

Respondo. Como dito acima, o corpo de Cristo na ressurreição era da mesma natureza, mas de diferente glória. Por conseguinte, tudo o que é próprio da natureza do corpo humano estava integralmente no corpo de Cristo ressuscitado. Ora, é evidente que pertence à natureza do corpo humano ter carne e osso, sangue e tudo o mais a eles relacionados. Portanto, tudo isso havia no corpo de Cristo ressuscitado, e de modo integral, sem nenhuma deficiência; aliás, não haveria uma perfeita ressurreição se não tivesse sido reintegrado tudo aquilo que fora perdido pela morte. Por isso, o Senhor prometeu a seus seguidores: "Até vossos

---

3   Parall.: *Quodlib*. V, q. 3, a. 1; *in Ioan*., c, 20, lect. 6.

1. A. praec., ad 2, ex Gregorio.

numerati sunt. Et Lc 21,18 dicitur: *Capillus de capite vestro non peribit*.

Dicere autem quod corpus Christi carnem et ossa non habuerit, et alias huiusmodi partes humano corpori naturales, pertinet ad errorem Eutychii, Constantinopolitanae urbis episcopi[2], qui dicebat quod *corpus nostrum in illa resurrectionis gloria erit impalpabile, et ventis aereque subtilius*; et quod Dominus, *post confirmata corda discipulorum palpantium, omne illud quod in eo palpari potuit, in subtilitatem aliquam redegit*. Quod ibidem[3] improbat Gregorius, quia corpus Christi post resurrectionem immutatum non fuit: secundum illud Rm 6,9: *Christus resurgens ex mortuis iam non moritur*. Unde et ille quae dixerat, in morte retractavit. Si enim inconveniens est ut Christus alterius naturae corpus in sua conceptione acciperet, puta caeleste, sicut Valentinus asseruit[4]; multo magis inconveniens est quod in resurrectione alterius naturae corpus reassumpserit: quia corpus in resurrectione resumpsit ad vitam immortalem, quod in conceptione acceperat ad vitam mortalem.

AD PRIMUM ergo dicendum quod *caro et sanguis* ibi non accipitur pro natura carnis et sanguinis: sed vel pro culpa carnis et sanguinis, sicut Gregorius dicit, in XIV *Moral*.[5]; vel pro corruptione carnis et sanguinis, quia, ut Augustinus dicit, *ad Consentium, de Resurrectione Carnis*[6], *non ibi erit corruptio eet mortalitas carnis et sanguinis*. Caro ergo secundum substantiam possidet regnum Dei: secundum quod dictum est[7], *Spiritus carnem et ossa non habet, sicut me videtis habere*. Caro autem cum secundum corruptionem intelligitur, non possidebit. Unde continuo additum est in verbis Apostoli: *neque corruptio incorruptelam*.

AD SECUNDUM dicendum quod, sicut Augustinus dicit, in eodem libro[8], *fortassis, accepta occasione*

cabelos estão todos contados". E em outro lugar: "Nem um só cabelo da vossa cabeça se perderá".

A afirmação, porém, de que o corpo de Cristo não tinha carne nem ossos nem os demais elementos naturais num corpo humano faz parte do erro de Eutíquio, bispo de Constantinopla. Dizia ele que "nosso corpo, com a glória da ressurreição, se tornará impalpável e mais sutil que o vento e o ar"; e que o Senhor, "depois de confirmar o coração dos discípulos que o apalpavam, fez voltar a uma espécie de estado sutil tudo o que nele podia ser tocado". Nessa mesma passagem, Gregório desaprova essa afirmação, porque, depois da ressurreição, o corpo de Cristo não sofreu nenhuma alteração, conforme diz a Carta aos Romanos: "Ressuscitado de entre os mortos, Cristo não morre mais". Assim, o mesmo bispo retratou, por ocasião de sua morte, as afirmações que fizera. Com efeito, se não convinha Cristo ter assumido em sua concepção um corpo de outra natureza, por exemplo, um corpo celeste, como afirmou Valentino, muito mais não conviria se na ressurreição reassumisse um corpo de outra natureza, pois ele em sua ressurreição reassumiu para uma vida imortal o corpo que em sua concepção assumira para uma vida mortal[g].

QUANTO AO 1º, portanto, deve-se dizer que *carne e sangue* não é entendido nessa passagem como a natureza da carne e do sangue, mas ou como a culpa da carne e do sangue, como diz Gregório, ou como a corrupção da carne e do sangue, porque, como diz Agostinho, "não haverá aí corrupção nem mortalidade da carne e do sangue". A carne, portanto, segundo sua substância, possui o reino de Deus, de acordo com o que foi dito: "Um espírito não tem carne nem ossos como vós vedes que eu tenho"; mas, se entendida segundo sua corrupção, não o possui. Por isso, o Apóstolo imediatamente acrescenta às palavras citadas: "Nem a corrupção herdará a incorruptibilidade".

QUANTO AO 2º, deve-se dizer, como diz Agostinho no mesmo livro, "talvez, por falar em sangue,

---

2. Cfr. GREG., *Moral*., l. XIV, c. 56, al. 29, in vet. 31, n. 72: ML 75, 1077 C.
3. Loc. cit.: ML 75, 1078 B.
4. Cfr. supra, q. 5, a. 2 c.
5. Loc. cit.: ML 75, 1078 BC.
6. Epist. 205, al. 146, c. 2, n. 15: ML 33, 947.
7. Cfr. a. *sed c*.
8. C. 1, nn. 3, 4: ML 33, 943.

g. Sim, é claro, ele retomou um corpo que havia assumido por ocasião de sua concepção, mas um corpo transformado, não por uma mudança de natureza, nem por uma modificação extrínseca. Trata-se de uma modificação de sua relação com a alma, de seu papel no composto humano. Não é imprudente exigir para isso, com tanta precisão, "a carne, os ossos"? O universo atual não nos fornece os meios de nos representarmos uma realidade que é de um outro mundo, embora seja o desembocar deste mundo. Tomemos cuidado com o excesso de realismo, ou antes com um realismo excessivamente material.

sanguinis, urgebit nos molestior persecutor, et dicet: Si sanguis in corpore Christi resurgentis *fuit, cur non et pituita,* idest phlegma; *cur non et fel flavum,* idest cholera, *et fel nigrum,* idest melancholia; *quibus quatuor humoribus naturam carnis temperari etiam medicinae disciplina testatur? Sed, quodlibet quisque addat, corruptionem addere caveat: ne suae fidei sanitatem castitatemque corrumpat. Valet enim divina potentia de ista visibili atque tractabili natura corporum, quibusdam manentibus, auferre quas voluerit qualitates: ut absit labes,* scilicet corruptionis, *adsit effigies; adsit motio absit fatigatio; adsit vescendi potestas, absit esuriendi necessitas.*

AD TERTIUM dicendum quod totus sanguis qui de corpore Christi fluxit, cum ad veritatem humanae naturae pertineat, in Christi corpore resurrexit. Et eadem ratio est de omnibus particulis ad veritatem et integritatem humanae naturae pertinentibus. Sanguis autem ille qui in quibusdam ecclesiis pro reliquis observatur, non fluxit de latere Christi: sed miraculose dicitur effluxisse de quadam imagine Christi percussa.

algum crítico mais impertinente insistirá em nos dizer que, se havia sangue" no corpo do Cristo ressuscitado "por que também não a pituíta, ou seja, a fleuma; por que também não o fel flavo, ou seja, a cólera, e o fel negro, ou seja, a bílis, quatro humores de que se compõe a natureza da carne como atesta a ciência médica? Mas seja lá o que for que qualquer um acrescente, procure não acrescentar a corrupção, para não corromper o bom senso e a pureza de sua fé. Na verdade, pode o poder divino retirar as qualidades que desejar da natureza visível e palpável dos corpos, deixando outras, de modo que esteja ausente a causa nociva", ou seja, a causa da corrupção, "e estejam presentes as feições; presente o movimento, ausente a fadiga; presente o poder de se alimentar, ausente a necessidade de ter fome".

QUANTO AO 3º, deve-se dizer que todo o sangue que fluiu do corpo de Cristo, por pertencer realmente à natureza humana, ressuscitou com seu corpo. E a mesma razão vale a respeito de todos os elementos que realmente pertencem à integridade da natureza humana. O sangue, porém, que se vê como relíquia em algumas igrejas não verteu do lado de Cristo, mas terá escorrido milagrosamente, acredita-se, de alguma imagem batida de Cristo.

ARTICULUS 4
Utrum corpus Christi cum cicatricibus resurgere debuerit

AD QUARTUM SIC PROCEDITUR. Videtur quod corpus Christi cum cicatricibus resurgere non debuerit.

1. Dicitur enim 1Cor 15,52, quod *mortui resurgent incorrupti.* Sed cicatrices et vulnera ad quandam corruptionem pertinent et defectum. Non ergo fuit conveniens ut Christus, qui resurrectionis auctor est, cum cicatricibus resurgeret.

2. PRAETEREA, corpus Christi integrum resurrexit, sicut dictum est[1]. Sed aperturae vulnerum contrariantur integritati corporis: quia per eas discontinuatur corpus. Non ergo videtur fuisse conveniens quod in Christi corpore aperturae vulnerum remanerent: etsi remanerent ibi quaedam vulnerum insignia, quae sufficiebant ad aspectum, ad quem Thomas credidit, cui dictum est[2]: *Quia vidisti me, Thoma, credidisti.*

ARTIGO 4
O corpo de Cristo deveria ressurgir com cicatrizes?

QUANTO AO QUARTO, ASSIM SE PROCEDE: parece que o corpo de Cristo **não** deveria ressurgir com cicatrizes?

1. Na verdade, diz a primeira Carta aos Coríntios que "os mortos ressuscitarão incorruptíveis". Ora, tanto cicatrizes como feridas revelam de certo modo, corrupção e deficiência. Logo, não era conveniente que Cristo, autor da ressurreição, ressurgisse com cicatrizes.

2. ALÉM DISSO, o corpo de Cristo ressurgiu íntegro, como foi dito. Ora, feridas abertas contradizem a integridade do corpo, pois lhe quebram a continuidade. Logo, parece não ter sido conveniente que as feridas permanecessem abertas no corpo de Cristo, embora nele continuassem alguns vestígios delas, as quais davam a necessária aparência para que Tomé acreditasse, quando lhe foi dito: "Porque me viste, creste".

---

4 PARALL.: III *Sent.,* dist. 21, q. 2, a. 4, q.la 3; *Compend. Theol.,* c. 238; *in Ioan.,* c. 20, lect. 6.
1. A. praec.
2. Ioan. 20, 29.

3. Praeterea, Damascenus dicit, in IV libro³, quod *post resurrectionem de Christo dicuntur quaedam vere quidem, non autem secundum naturam, sed secundum dispensationem, ad certificandum quod ipsum quod passum est corpus resurrexit, ut cicatrices.* Cessante autem causa, cessat effectus. Ergo videtur quod, certificatis discipulis de sua resurrectione, cicatrices ulterius non habuit. Sed non conveniebat immutabilitati gloriae quod aliquid assumeret quod in eo perpetuo non remaneret. Videtur ergo quod non debuerit corpus cum cicatricibus in resurrectione resumere.

Sed contra est quod Dominus dicit Thomae, Io 20,27: *Infer digitum tuum huc, et vide manus meas, et affer manum tuam et mitte in latus meum.*

Respondeo dicendum quod conveniens fuit animam Christi in resurrectione corpus cum cicatricibus resumere. Primo quidem, propter gloriam ipsius Christi. Dicit enim Beda, *super Luc.*⁴, quod non ex impotentia curandi cicatrices servavit, sed *ut in perpetuum victoriae suae circumferat triumphum.* Unde et Augustinus dicit, in XXII *de Civ. Dei*⁵, quod *fortassis in illo regno in corporibus martyrum videbimus vulnerum cicatrices quae pro Christi nomine pertulerunt: non enim deformitas in eis, sed dignitas erit; et quaedam, quamvis in corpore, non corporis, sed virtutis pulchritudo fulgebit.*

Secundo, ad confirmandum corda discipulorum circa fidem suae resurrectionis.

Tertio, ut Patri, pro nobis supplicans, quale genus mortis pro homine pertulerit, semper ostendat.

Quarto, ut sua morte redemptis quam misericorditer sint adiuti, propositis eiusdem mortis iudiciis, insinuet.

Postremo, ut in iudicio quam iuste damnentur, ibidem annuntiet. Unde, sicut Augustinus dicit, in libro *de Symbolo*⁶: *Sciebat Christus quare cicatrices in suo corpore servaret. Sicut enim demonstravit Thomae non credenti nisi tangeret et videret, ita etiam inimicis vulnera demonstraturus est sua, ut convincens eos Veritas dicat: "Ecce hominem quem crucifixistis. Videtis vulnera quae infixistis. Agnoscitis latus quod pupugistis. Quoniam per vos, et propter vos apertum est: nec tamen intrare voluistis".*

3. Ademais, diz Damasceno que "depois da ressurreição certas coisas, como as cicatrizes, se dizem de Cristo com verdade, mas não conforme a natureza, e sim por disposição divina, para certificar que ressuscitou aquele mesmo corpo que padecera". Mas quando cessa a causa, termina o efeito. Portanto, parece que, tendo Cristo certificado os apóstolos a respeito de sua ressurreição, não mais teria as cicatrizes. Ora, não convinha à sua glória imutável que ele assumisse o que não deveria ficar com ele para sempre. Logo, parece que, na ressurreição, não deveria reassumir um corpo com cicatrizes.

Em sentido contrário, diz o Senhor a Tomé, no Evangelho de João: "Aproxima o teu dedo aqui e olha as minhas mãos; aproxima a tua mão e mete-a no meu lado"

Respondo. Era conveniente que a alma de Cristo, na ressurreição, reassumisse o corpo com as cicatrizes. Primeiro, por causa da glória do próprio Cristo. É o que diz Beda: "Ficou com as cicatrizes não por incapacidade de as curar, mas para carregá-las para sempre como troféu de sua vitória". E, por isso, diz Agostinho que "no reino, talvez vejamos nos corpos dos mártires as cicatrizes das feridas que, por causa do nome de Jesus, lhes ficaram impressas. Elas não serão uma deformidade neles, mas uma honra, e brilhará neles certa beleza que, embora no corpo, não é do corpo, mas da virtude".

Segundo, para confirmar o coração dos discípulos na fé de sua ressurreição.

Terceiro, "para que, ao interceder junto ao Pai por nós, ostentasse sempre o tipo de morte que suportara pelos homens".

Quarto, "para dar a entender aos que foram redimidos por sua morte com quanta misericórdia foram ajudados, depois de lhes mostrar os sinais dessa mesma morte".

Enfim, "para que no dia do juízo anunciasse quão justa foi a condenação recebida". Por isso, como diz Agostinho, "Cristo sabia por que conservava as cicatrizes em seu corpo. E assim como as mostrou a Tomé, que não acreditou enquanto não as viu e tocou, igualmente mostrará aos inimigos suas chagas, a fim de que ele, a Verdade, os convença, ao dizer: 'Eis o homem que crucificastes; vede as feridas que provocastes; reconhecei o lado que feristes, pois foi por vós, por vossa causa que foi aberto, embora não tenhais querido entrar'".

---

3. *De fide orth.*, l. IV, c. 18: MG 94, 1189 BC.
4. L. VI, super 24, 40: ML 92, 631 A.
5. C. 19, n. 3: ML 41, 782.
6. Serm. 1, al. serm. 2, c. 8: ML 40, 647.

AD PRIMUM ergo dicendum quod cicatrices illae quae in corpore Christi permanserunt, non pertinent ad corruptionem vel defectum: sed ad maiorem cumulum gloriae, inquantum sunt quaedam virtutis insignia. Et in illis locis vulnerum quidam specialis decor apparebit.

AD SECUNDUM dicendum quod illa apertura vulnerum, quamvis sit cum quadam solutione continuitatis, totum tamen hoc recompensatur per maiorem decorem gloriae: ut corpus non sit minus integrum, sed magis perfectum. Thomas autem non solum vidit, sed etiam vulnera tetigit quia, ut dicit Leo Papa[7], *suffecit sibi ad fidem propriam vidisse quod viderat; sed nobis operatus est ut tangeret quem videbat.*

AD TERTIUM dicendum quod Christus in suo corpore voluit cicatrices vulnerum remanere, non solum ad certificandum discipulorum fidem, sed etiam propter alias rationes. Ex quibus apparet quod semper in eius corpore cicatrices illae remanebunt. Quia, ut Augustinus dicit, *ad Consentium de Resurrectione Carnis*[8]: *Dominus corpus in caelo esse credo ut erat quando ascendit in caelum.* Et Gregorius, XIV *Moral.*[9], dicit quod, *si quid in corpore Christi post resurrectionem potuit immutari, contra veridicam Pauli sententiam, post resurrectionem Dominus rediit in mortem. Quod quis dicere vel stultus praesumat, nisi qui veram carnis resurrectionem denegat?* Unde patet quod cicatrices quas Christus post resurrectionem in suo corpore ostendit, nunquam postmodum ab illo corpore sunt remotae.

QUANTO AO 1º, portanto, deve-se dizer que as cicatrizes que permaneceram no corpo de Cristo não se relacionam com corrupção ou deficiência, mas com um acréscimo de glória, porquanto são alguns troféus da virtude. E uma beleza especial ornará os locais daquelas chagas.

QUANTO AO 2º, deve-se dizer que, embora a abertura das feridas tenha como consequência a quebra da continuidade do corpo, é tudo recompensado, por maior beleza da glória, a ponto de o corpo sem ser menos íntegro, ser mais perfeito. E Tomé não apenas viu, como tocou as chagas, pois, como diz o papa Leão, "foi-lhe suficiente, para sua fé pessoal, ter visto o que viu, mas ter tocado no que via, foi por nós que ele o fez.

QUANTO AO 3º, deve-se dizer que Cristo quis que as cicatrizes das feridas permanecessem em seu corpo não apenas para confirmar a fé dos discípulos, mas também por outros motivos. Daí se conclui que aquelas cicatrizes ficarão para sempre em seu corpo. E a razão a dá Agostinho: "Creio que o corpo do Senhor está nos céus, do mesmo modo como era quando subiu aos céus". E Gregório diz que "se alguma coisa pôde ser mudada no corpo de Cristo depois da ressurreição, então, contrariamente ao ensinamento autêntico de Paulo, o Senhor, depois de ressuscitado, voltara à morte. Mas que estulto diria isso, a menos que negasse a verdadeira ressurreição da carne?". Portanto, é evidente que as cicatrizes que o Senhor ostenta em seu corpo, após a ressurreição, jamais foram removidas de seu corpo.

---

7. Inter Opp. AUG., Serm. 162, al. 56, *de Temp.* 161, n. 1: ML 39, 2064.
8. Epist. 205, al. 146, c. 1, n. 2: ML 39, 2064.
9. C. 56, al. 29, in vet. 31, n. 72: ML 75, 1078 B.

QUAESTIO LV
DE MANIFESTATIONE RESURRECTIONIS

in sex articulos divisa

Deinde considerandum est de manifestatione resurrectionis.
Et circa hoc quaeruntur sex.
Primo: utrum resurrectio Christi omnibus hominibus manifestari debuerit, an solum quibusdam specialibus hominibus.
Secundo: utrum fuisset conveniens quod, eis videntibus, resurgeret.

QUESTÃO 55
A MANIFESTAÇÃO DA RESSURREIÇÃO

em seis artigos

A seguir, deve-se considerar a manifestação da ressurreição.
A respeito, são seis perguntas:
1. A ressurreição de Cristo deveria ser manifestada a todos os homens ou apenas a alguns em especial?
2. Era conveniente que ressurgisse à vista deles?

Tertio: utrum post resurrectionem debuerit cum suis discipulis conversari.
Quarto: utrum fuerit conveniens quod suis discipulis in aliena effigie appareret.
Quinto: utrum resurrectionem suam argumentis manifestare debuerit.
Sexto: de sufficientia illorum argumentorum.

Articulus 1
Utrum resurrectio Christi debuerit omnibus manifestari

AD PRIMUM SIC PROCEDITUR. Videtur quod resurrectio Christi debuerit omnibus manifestari.

1. Sicut enim publico peccato debetur poena publica, secundum illud 1Ti 5,20, *Peccantem coram omnibus argue*; ita merito publico debetur praemium publicum. Sed *claritas resurrectionis est praemium humilitatis passionis*: ut Augustinus dicit, *super Ioan.*[1] Cum ergo passio Christi fuerit omnibus manifestata, eo publice patiente, videtur quod gloria resurrectionis ipsius omnibus manifestari debuerit.

2. PRAETEREA, sicut passio Christi ordinatur ad nostram salutem, ita et eius resurrectio: secundum illud Rm 4,25: *Resurrexit propter iustificationem nostram*. Sed illud quod ad communem utilitatem pertinet, omnibus debet manifestari. Ergo resurrectio Christi omnibus debuit manifestari, et non specialiter quibusdam.

3. PRAETEREA, illi quibus manifestata est resurrectio, fuerunt resurrectionis testes: unde dicitur Act 3,15: *Quem Deus suscitavit a mortuis: cuius nos testes sumus*. Hoc autem testimonium ferebant publice praedicando. Quod quidam non convenit mulieribus: secundum illud 1Cor 14,34: *Mulieres in ecclesiis taceant*; et 1Ti 2,12: *Docere mulieri non permitto*. Ergo videtur quod inconvenienter resurrectio Christi manifestata fuerit primo mulieribus quam hominibus communiter.

SED CONTRA est quod dicitur Act 10,40-41 *Quem Deus suscitavit tertia die, et dedit eum manifestum fieri, non omni populo, sed testibus praeordinatis a Deo.*

Artigo 1
A ressurreição de Cristo deveria ser manifestada a todos?

3. Deveria conviver com seus discípulos, após a ressurreição?
4. Foi conveniente ter-se manifestado a seus discípulos com outra aparência?
5. Deveria demonstrar com provas a sua ressurreição?
6. Essas provas teriam sido suficientes?

QUANTO AO PRIMEIRO ARTIGO, ASSIM SE PROCEDE: parece que a ressurreição de Cristo **deveria** ser manifestada a todos.

1. Na verdade, assim como um pecado público merece uma pena pública, conforme diz a primeira Carta a Tito: "Àqueles que pecam, repreende-os diante de todos", também um mérito público merece um prêmio público. Ora, "a claridade da ressurreição é o prêmio das humilhações da paixão", como diz Agostinho. Logo, como a paixão de Cristo foi manifestada a todos, tendo ele sofrido publicamente, parece que a glória de sua ressurreição deveria ter sido manifestada a todos.

2. ALÉM DISSO, assim como a paixão de Cristo tem por meta a nossa salvação, também a sua ressurreição, como diz a Carta aos Romanos: "Ressuscitou para nossa justificação". Ora, o que é útil a todos deve ser de conhecimento de todos. Logo, a ressurreição de Cristo devia ser manifestada a todos, e não a alguns em especial.

3. ADEMAIS, aqueles a quem a ressurreição foi manifestada foram testemunhas da ressurreição, por isso se diz no livro dos Atos dos Apóstolos: "Deus o ressuscitou dos mortos, disso nós somos testemunhas". Ora, o testemunho, eles o davam ao pregar em público. O que não é apropriado às mulheres, conforme diz a primeira, Carta aos Coríntios: "As mulheres calem-se nas assembleias" e a primeira Carta a Tito: "Não permito à mulher que ensine". Logo, parece que não foi conveniente a ressurreição de Cristo ter sido manifestada primeiro às mulheres e só depois aos homens em geral.

EM SENTIDO CONTRÁRIO, diz o livro dos Atos dos Apóstolos: "Deus o ressuscitou ao terceiro dia e lhe concedeu manifestar a sua presença, não ao povo em geral, mas a testemunhas designadas de antemão por Deus".

---

1 PARALL.: Supra, q. 36, a. 2; *Compend. Theol.*, c. 238; I *ad Cor.*, c. 15, lect. 1.
   1. Tract. 104, n. 3, super 17, 1: ML 35, 1903.

Respondo. De todas as coisas que se conhece, parte se sabe pela lei geral da natureza, parte por especial favor da graça, como o que é revelado por Deus. Sobre essas, a lei instituída por Deus, como diz Dionísio, é que sejam reveladas por Deus imediatamente aos superiores, por meio dos quais são passadas aos inferiores, como é claro na ordem dos espíritos celestes. As que se referem, porém, à futura glória excedem o conhecimento comum dos homens, conforme o que diz Isaías: "Nunca o olho viu, ó Deus, sem igual, o que preparaste para os que te amam". Portanto, há coisas que não são do conhecimento dos homens, a menos que Deus os revele, como diz a primeira Carta aos Coríntios: "Foi a nós que Deus revelou por seu Espírito". E porque Cristo ressuscitou de modo glorioso, sua ressurreição não foi manifestada a todos, mas a alguns, mediante cujo testemunho ela chegaria ao conhecimento dos demais[a].

Quanto ao 1º, portanto, deve-se dizer que a paixão de Cristo se deu num corpo que tinha ainda uma natureza passível, que pela lei geral é de conhecimento de todos. Portanto, a paixão de Cristo pôde ser imediatamente conhecida por todos. Já a ressurreição de Cristo se deu "pela glória do Pai", como diz na Carta aos Romanos. Por isso, foi imediatamente dada a conhecer não a todos, mas a alguns.

Quanto à pena pública que se impõe aos que publicamente pecam, deve-se entender que se trata de pena na presente vida. Igualmente, devem-se premiar em público os méritos públicos, a fim de que haja estímulo para outros. Mas as penas e as recompensas da vida futura não se manifestam publicamente a todos, mas de modo especial àqueles que para tanto foram escolhidos por Deus.

Quanto ao 2º, deve-se dizer que a ressurreição de Cristo, por ser para a salvação comum de todos, chega ao conhecimento de todos; porém, não é manifestada imediatamente a todos, mas a alguns, mediante cujo testemunho chegaria ao conhecimento de todos.

Quanto ao 3º, deve-se dizer que não é permitido à mulher ensinar em público na Igreja, mas

---

2. C. 4, § 3: MG 3, 181 A.

a. A Ressurreição não é um evento da ordem natural, mas de um mistério propriamente divino, que só pode ser conhecido à luz de uma revelação (ver na sol. 1: "A ressurreição de Cristo se fez pela glória do Pai"). Ora, a lei da revelação divina é de se dirigir a todos, mas de se efetuar primeiramente para alguns, que a transmitirão. Como essa transgressão das leis da natureza intelectual, que é forçosamente uma revelação divina, poderia reproduzir-se para cada um? Não nos deixemos enganar porém pela citação de Dionísio feita por Sto. Tomás. Não é porque alguns são superiores aos outros que eles servem de mediadores. É pelo contrário pelo privilégio recebido que eles foram feitos "superiores", a verdadeira superioridade sendo aliás menos de receber e transmitir a revelação do que a ela aderir pessoalmente, de vivê-la.

ei privatim domestica aliquos admonitione instruere. Et ideo, sicut Ambrosius dicit, *super Luc*.[3], *ad eos femina mittitur qui domestici sunt*: non autem mittitur ad hoc quod resurrectionis testimonium ferat ad populum.

Ideo autem primo mulieribus apparuit, ut mulier, quae primo initium mortis ad hominem detullit, primo etiam initia resurgentis Christi in gloria nuntiaret. Unde Cyrillus dicit[4]: *Femina, quae quondam fuit mortis ministra, venerandum resurrectionis mysterium prima percepit et nuntiat. Adeptum est igitur femineum genus et ignominiae absolutionem, et maledictionis repudium.*

Simul etiam per hoc ostenditur quod, quandum ad statum gloriae pertinet, nullum detrimentum patietur sexus femineus, sed, si maiori caritate fervebunt, maiori etiam gloria ex visione divina potientur: eo quod mulieres, quae Dominum arctius amaverunt, in tantum ut ab eius sepulcro, discipulis etiam recedentibus, non recederent, primo viderunt Dominum in gloriam resurgentem.

Articulus 2
Utrum conveniens fuerit quod discipuli viderent Christum resurgere

Ad secundum sic proceditur. Videtur conveniens fuisse quod discipuli viderent Christum resurgere.

1. Ad discipulos enim pertinebat resurrectionem Christi testificari: secundum illud Act 4,33: *Virtute magna reddebant Apostoli testimonium resurrectionis Iesu Christi, Domini nostri*. Sed certissimum est testimonium de visu. Ergo conveniens fuisset ut ipsam resurrectionem Christi viderent.

2. Praeterea, ad certitudinem fidei habendam, discipuli ascensionem Christi viderunt: secundum illud Act 1,9: *Videntibus illis, elevatus est*. Sed similiter oporteret de resurrectione Christi certam fidem habere. Ergo videtur quod, discipulis videntibus, debuerit Christus resurgere.

é-lhe permitido dar instruções a poucas pessoas, em caráter particular, em reuniões familiares. Por isso, como diz Ambrósio, "a missão da mulher são seus familiares" e não lhe cabe dar testemunho da ressurreição ao povo.

Portanto, Cristo apareceu primeiro às mulheres para que a mulher, a primeira a levar a mensagem da morte ao homem, fosse também a primeira a levar a mensagem da vida de Cristo gloriosamente ressuscitado. Por isso, diz Cirilo: "A mulher, que um dia fora ministra da morte, foi a primeira a perceber e anunciar o venerável mistério da ressurreição. Conseguiu assim a condição feminina tanto a absolvição da ignomínia como a rejeição da maldição".

Mostra-se, além disso, que, no que se refere ao estado de glória, nenhum dano sofrerá o sexo feminino. Pelo contrário, quanto mais amor tiverem, de maior glória gozarão na contemplação divina, pois as mulheres que amaram o Senhor de modo mais intenso a ponto de não se afastarem de seu sepulcro, mesmo quando os discípulos tinham se ausentado, foram as primeiras a ver o Senhor ressurgir para a glória[b].

Artigo 2
Era conveniente que os discípulos vissem Cristo ressurgir?

Quanto ao segundo, assim se procede: parece que **era** conveniente que os discípulos vissem Cristo ressurgir.

1. Na verdade, era dever dos discípulos dar testemunho da ressurreição de Cristo, segundo o que dizem os Atos dos Apóstolos: "Com grande poder os apóstolos davam testemunho da ressurreição de Jesus Cristo, nosso Senhor". Ora, o testemunho da visão é o mais seguro. Logo, era conveniente que eles realmente vissem a ressurreição de Cristo.

2. Além disso, para a segurança da fé, os discípulos presenciaram a ascensão de Cristo, segundo o que dizem os Atos dos Apóstolos: "À vista deles, ele se elevou". Ora, de modo semelhante, era conveniente que tivessem segurança na fé a respeito da ressurreição de Cristo. Logo, parece que Cristo devia ressurgir à vista dos discípulos.

---

3. L. X, n. 165, super 24, 9: ML 15, 1845 C.
4. *In Ioan.*, l. XII, c. 1, super 20, 17: MG 74, 697 AD.

Parall.: *In Matth.*, c. 28.

b. É motivo de felicidade ver Sto. Tomás aproveitar-se da ocasião que lhe é dada de exaltar o amor e a fidelidade das mulheres santas e, mediante elas, da mulher na Igreja. Mas, no que se refere a seu papel, ele permanece aos olhos de Tomás o "de ir aos que estão na casa". Talvez fosse suficiente dizer que elas não eram "apóstolos" delegados para levar ao povo, ao mundo, o testemunho da ressurreição. Os discípulos de Emaús tampouco o foram.

3. Praeterea, resurrectio Lazari quoddam indicium fuit futurae resurrectionis Christi. Sed, discipulis videntibus, Dominus Lazarum suscitavit. Ergo videtur quod etiam Christus resurgere debuerit, discipulis videntibus.

Sed contra est quod dicitur Mc 16,9: *Resurgens Dominus mane prima sabbati, apparuit primo Mariae Magdalenae.* Sed Maria Magdalena non vidit eum resurgere: sed, cum eum quaereret in sepulcro, audivit ab angelo, *Surrexit* Dominus: *non est hic.* Ergo nullus vidit eum resurgere.

Respondeo dicendum quod, sicut Apostolus dicit, Rm 13,1, *quae a Deo sunt, ordinata sunt.* Est autem hic ordo divinitus institutus, ut ea quae supra homines sunt, hominibus per angelos revelentur: ut patet per Dionysium, 4 cap. *Cael. Hier.*[1] Christus autem resurgens non rediit ad vitam communiter omnibus notam, sed ad vitam quandam immortalem et Deo conformem: secundum illud Rm 6,10: *Quod enim vivit, vivit Deo.* Et ideo ipsa Christi resurrectio non debuit immediate ab hominibus videri, sed eis ab angelis nuntiari. Unde Hilarius dicit, *super Matth.*[2], quod *ideo angelus prior resurrectionis est index, ut quodam famulatu paternae voluntatis resurrectio nuntiaretur.*

Ad primum ergo dicendum quod Apostoli potuerunt testificari Christi resurrectionem etiam de visu: quia Christum post resurrectionem viventem oculata fide viderunt, quem mortuum sciverant. Sed sicut ad visionem beatam pervenitur per auditum fidei, ita ad visionem Christi resurgentis pervenerunt homines per ea quae prius ab angelis audierunt.

Ad secundum dicendum quod ascensio Christi, quantum ad terminum a quo, non transcendebat hominum communem notitiam, sed solum quantum ad terminum ad quem. Et ideo discipuli potuerunt videre ascensionem Christi quantum ad terminum a quo, idest secundum quod elevabatur a terra. Non autem viderunt ipsam quantum ad terminum ad quem: quia non viderunt quomodo reciperetur in caelo. Sed resurrectio Christi transcendebat communem notitiam et quantum ad terminum a quo, secundum quod anima rediit ab inferis et corpus de sepulcro clauso exivit; et quantum ad terminum ad quem, secundum quod est adeptus vitam

3. Ademais, a ressurreição de Lázaro foi um sinal da futura ressurreição de Cristo. Ora, foi em presença dos discípulos que o Senhor ressuscitou Lázaro. Logo, parece que Cristo também devia ressurgir à vista dos discípulos.

Em sentido contrário, diz o Evangelho de Marcos: "Tendo ressuscitado na manhã do primeiro dia da semana, Jesus apareceu primeiro a Maria de Mágdala". Ora, Maria de Mágdala não o viu ressuscitar, mas ao procurá-lo no sepulcro, ouviu do anjo: "Ele não está aqui, pois ressuscitou". Logo, ninguém o viu ressuscitar.

Respondo. Como diz o Apóstolo na Carta aos Romanos: "O que é de Deus é ordenado". Ora a ordem estabelecida por Deus é que aquilo que está acima dos homens lhes seja revelado pelos anjos, como afirma Dionísio. Ora, Cristo, ao ressurgir, não voltou à vida normalmente conhecida pelos homens, mas à vida imortal, própria de Deus, conforme diz a Carta aos Romanos: "Vivendo, é para Deus que ele vive". Portanto, a ressurreição de Cristo não devia ser vista imediatamente pelos homens, mas ser-lhes anunciada pelos anjos. Por isso, diz Hilário que "o anjo é, portanto, o primeiro arauto da ressurreição, para que seja anunciada por algum mensageiro a serviço da vontade paterna".

Quanto ao 1º, portanto, deve-se dizer que os apóstolos puderam ser testemunhas oculares da ressurreição de Cristo porque, confiando em seus próprios olhos, viram vivo, após a ressurreição, aquele mesmo Cristo que sabiam ter estado morto. Ora, assim como se chega à visão beatífica pela fé que se dá às palavras ouvidas, também os homens chegaram à visão de Cristo ressuscitado pelo que antes ouviram dos anjos.

Quanto ao 2º, deve-se dizer que a ascensão de Cristo, em relação a seu ponto de partida, não estava acima do conhecimento comum dos homens; mas apenas em relação ao ponto de chegada. Por isso, os discípulos puderam ver a ascensão de Cristo com relação ao ponto de partida, ou seja, enquanto se elevava da terra. Mas não a viram com relação ao ponto de chegada, porque não viram como terá sido recebido no céu. Ora, a ressurreição de Cristo estava acima do conhecimento comum, tanto em relação ao ponto de partida, quando a alma voltou dos infernos e o corpo saiu do sepulcro fechado, como em relação ao ponto de chegada, a consecução da

---

1. § 3: MG 3, 180 D-181 A.
2. C. 33, n. 9: ML 9, 1076 B.

gloriosam. Et ideo non debuit resurrectio fieri sic quod ab homine videretur.

AD TERTIUM dicenum quod Lazarus resuscitatus est ut rediret ad vitam qualem prius habuerat, quae communem notitiam hominum non transcendit. Et ideo non est similis ratio.

ARTICULUS 3
Utrum Christus post resurrectionem debuerit continue cum discipulis conversari

AD TERTIUM SIC PROCEDITUR. Videtur quod Christus post resurrectionem debuerit continue cum discipulis conversari.

1. Ad hoc enim Christus discipulis post resurrectionem apparuit, ut eos de fide resurrectionis, certificaret, et consolationem perturbatis aferret secundum illud Io 20,20: *Gavisi sunt discipuli, viso Domino*. Sed magis fuissent certificati et consolati si eis continue suam praesentiam exhibuisset. Ergo videtur quod continue cum eis debuerit conversari.

2. PRAETEREA, Christus resurgens a mortuis non statim ascendit in caelum, sed post *dies quadraginta*, ut habetur Act 1,3. Illo autem tempore intermedio in nullo alio loco potuit convenientius esse quam ubi discipuli eius erant pariter congregati. Ergo videtur quod continue cum eis conversari debuerit.

3. PRAETEREA, ipsi die resurrectionis Dominicae quinquies Christus apparuisse legitur, ut Augustinus dicit, in libro *de Consensu Evang.*[1]: primo quidem, *mulieribus ad monumentum; secundo, eisdem regredientibus a monumento in itinere; tertio, Petro; quarto, duobus euntibus in castellum; quinto, pluribus in Ierusalem, ubi non erat Thomas*. Ergo etiam videtur quod et aliis diebus ante suam ascensionem ad minus pluries debuit apparere.

4. PRAETEREA, Dominus ante passionem eis dixerat, Mt 26,32: *Postquam resurrexero, praecedam vos in Galilaeam*. Quod etiam angelus, et ipsemet Dominus, post resurrectionem mulieribus dixit. Et tamen antea in Ierusalem ab eis visus est: et ipsa die resurrectionis, ut dictum est[2]; et etiam

vida gloriosa. Portanto, a ressurreição não devia se dar de modo a ser vista pelo homem[c].

QUANTO AO 3º, deve-se dizer que Lázaro ressuscitou para voltar à vida que tivera antes, o que não ultrapassa o conhecimento comum dos homens. Portanto, o argumento não é semelhante.

ARTIGO 3
Cristo, após a ressurreição, deveria conviver continuamente com os discípulos?

QUANTO AO TERCEIRO, ASSIM SE PROCEDE: parece que Cristo, após a ressurreição, **deveria** conviver continuamente com os discípulos.

1. Na verdade, ele apareceu aos discípulos após a ressurreição para os confirmar na fé da ressurreição e para levar a consolação aos confundidos, conforme diz o Evangelho de João: "Vendo o Senhor, os discípulos ficaram tomados de intensa alegria". Ora, teriam maior confirmação na fé e maior consolo se continuamente tivesse se apresentado diante deles. Logo, parece que deveria ter convivido continuamente com eles.

2. ALÉM DISSO, ao ressuscitar dos mortos, Cristo não subiu logo aos céus, mas depois de quarenta dias, segundo o livro dos Atos dos Apóstolos. Ora, naquele intervalo de tempo, não poderia ter nenhum outro lugar mais conveniente para estar do que entre seus discípulos reunidos. Logo, parece que deveria ter convivido continuamente com eles.

3. ADEMAIS, lê-se que no próprio domingo da ressurreição Cristo apareceu cinco vezes, como diz Agostinho: primeiro, "às mulheres junto ao sepulcro; depois, no caminho, quando voltavam do sepulcro; terceiro, a Pedro; quarto, aos dois discípulos a caminho de uma aldeia; quinto, a diversas pessoas em Jerusalém, quando Tomé não estava presente". Portanto, parece que também nos demais dias antes de sua ascensão ele deveria ter aparecido pelo menos algumas vezes.

4. ADEMAIS, o Senhor dissera aos discípulos antes de sua paixão: "Depois de ressuscitado, eu vos precederei na Galileia". O mesmo que disseram às mulheres o anjo e o próprio Senhor após a ressurreição. Contudo, foi visto por eles, antes, em Jerusalém, tanto no próprio dia da ressurreição,

---

3 PARALL.: III *Sent.*, dist. 22, q. 3, a. 2, q.la 3; *in Ioan.*, c. 20, lect. 6; c. 21, lect. 1.

1. L. III, c. 25, n. 83: ML 34, 1214.
2. Arg. praec.

c. Mais claramente do que no corpo do artigo, esta resposta à segunda objeção mostra bem que o fato em si da ressurreição só podia escapar a todo olhar humano, só podia ser objeto de fé.

die octava, ut legitur Io 20,26. Non ergo videtur quod convenienti modo post resurrectionem cum discipulis fuerit conversatus.

SED CONTRA est quod Io 20 dicitur, quod *post dies octo* Christus discipulis apparuit. Non ergo continue conversabatur cum eis.

RESPONDEO dicendum quod circa resurrectionem Christi duo erant discipulis declaranda: scilicet ipsa veritas resurrectionis; et gloria resurgentis. Ad veritatem autem resurrectionis manifestandam, sufficit quod pluries apparuit, et cum eis familiariter est locutus, et comedit et bibit, et se eis palpandum praebuit. Ad gloriam autem resurrectionis manifestandam, noluit continue conversari cum eis, sicut prius fecerat, ne videretur ad talem vitam resurrexisse qualem prius habuerat. Unde Lc 24,44 dicit eis: *Haec sunt verba quae locutus sum ad vos cum adhuc essem vobiscum*. Tunc quidem erat cum eis praesentia corporali: sed ante cum eis fuerat, non solum corporali praesentia, sed etiam per similitudinem mortalitatis. Unde Beda, supradicta verba exponens, dicit[3]: *"Cum adhuc essem vobiscum": idest, "Cum adhuc essem in carne mortali, in qua estis est vos". Tunc quidem in eadem carne resuscitatus erat: sed cum illis in eadem mortalitate non erat.*

AD PRIMUM ergo dicendum quod frequens Christi apparitio sufficiebat ad certificandum discipulos de veritate resurrectionis: conversatio autem continua eos potuisset ducere in errorem, si ad similem vitam eum resurrexisse crederent quam prius habuerat. — Consolationem autem de continua sui praesentia eis in alia vita repromisit: secundum illud Io 16,22: *Iterum videbo vos, et gaudebit cor vestrum, et gaudium vestrum nemo tollet a vobis*.

AD SECUNDUM dicendum quod Christus non ideo non continue conversabatur cum discipulis quia reputaret se alibi convenientius esse: sed quia hoc discipulis instruendis convenientius iudicabat, si non continue conversaretur cum eis, ratione praedicta[4]. Incognitum autem est quibus in locis intermedio tempore corporaliter esset: cum hoc Scriptura non tradat, et *in omni loco sit dominatio eius*.

conforme dito acima, como também no oitavo dia, segundo se lê no Evangelho de João. Portanto, parece que, após a ressurreição, não conviveu com os discípulos como seria conveniente.

EM SENTIDO CONTRÁRIO, diz João que "oito dias mais tarde" Cristo apareceu aos discípulos. Portanto, não convivia com eles continuamente.

RESPONDO. A respeito da ressurreição, duas coisas deviam ser declaradas aos discípulos, ou seja, a realidade mesma da ressurreição e a glória do ressuscitado. Ora, para manifestar a realidade da ressurreição, era suficiente que lhes aparecesse algumas vezes, quando com eles conversou em tom familiar, com eles comeu e bebeu e quando permitiu que eles o tocassem. Mas, para manifestar a glória do ressuscitado, não quis conviver continuamente com os discípulos, como fizera antes, para que não parecesse ter ressuscitado para uma vida igual à que tivera antes. Por isso, lhes diz: "Eis as palavras que eu vos dirigi quando ainda estava convosco". Ora, nessa ocasião, estava presente entre eles de modo corporal; anteriormente, porém, estivera com eles não apenas com sua presença corporal, mas também na aparência de um mortal. Por isso, diz Beda, ao comentar as supracitadas palavras: "Quando ainda estava convosco, ou seja, quando ainda estava na carne mortal, na qual vós ainda estais. Mas agora ressuscitara com a mesma carne que eles, mas não era mais igualmente mortal".

QUANTO AO 1º, portanto, deve-se dizer que a frequente aparição de Cristo era suficiente para confirmar os discípulos a respeito da realidade da ressurreição. Já uma contínua convivência poderia induzi-los em erro, levando-os a acreditar que ele ressuscitara para uma vida semelhante à que tivera antes. — Por outro lado, prometeu-lhes que teriam na outra vida o consolo da contínua presença dele, como diz João: "Eu vos verei de novo, o vosso coração então se alegrará e essa alegria ninguém vos arrebatará".

QUANTO AO 2º, deve-se dizer que Cristo não convivia continuamente com seus discípulos não porque julgasse ser mais conveniente estar em outro lugar, mas porque considerava instruir de modo mais conveniente seus discípulos se não convivesse continuamente com eles, pela razão acima citada. Ignoramos, porém, em que lugares teria estado corporalmente nos intervalos entre as aparições, uma vez que a Escritura não fala a respeito e ele está "por toda parte como senhor".

---

3. *In Luc.*, l. VI, super 24, 44: ML 92, 631 D.
4. In c. et ad 1.

AD TERTIUM dicendum quod ideo prima die frequentius apparuit, quia per plura indicia erant admonendi, ut a principio fidem resurrectionis reciperent. Postquam autem iam eam receperant, non oportebat eos, iam certificatos, tam frequentibus apparitionibus instrui. Unde in Evangelio non legitur quod post primum diem eis apparuit nisi quinquies. Ut enim Augustinus dicit, in libro *de Consensu Evang.*[5], post primas quinque apparitiones, *sexto* eis apparuit *ubi vidit eum Thomas; septimo, ad more Tiberiadis, in captione piscium; octavo, in monte Galilaecae, secundum Matthaeum; nono, quod dicit Marcus, novissime recumbentibus, quia iam non erant in terra cum eo convivaturi; decimo, in ipso die, non iam in terra, sed elevatum in nube, cum in caelum ascenderet. Sed non omnia scripta sunt: sicut Ioannes fatetur. Crebra enim erat eius cum illis conversatio, priusquam ascendisset in caelum*: et hoc ad consolationem ipsorum. Unde et 1Cor 15,6-7 dicitur quod *visus est plus quam quingentis fratribus simul, deinde visus est Iacobo*: de quibus apparitionibus in Evangelio non habetur mentio.

AD QUARTUM dicendum quod, sicut Chrysostomus dicit[6], exponens illud quod dicitur Mt 26, *Postquam resurrexero, praecedam vos in Galilaeam: Non*, inquit, *in longinquam quandam regionem, ut eis appareat, vadit, sed in ipsa gente, in ipsis fere regionibus* in quibus cum eo plurimum fuerant conversati: *ut et hinc crederent quoniam qui crucifixus est, ipse est et qui resurrexit*. Propter hoc etiam in *Galilaeam se ire dicit, ut a timore Iudaeorum liberarentur*.

Sic ergo, ut Ambrosius dicit, *super Luc.*[7], *Dominus mandaverat discipulis ut in Galilaeam eum viderent: sed illis ob metum intra conclave residentibus primum ipse se obtulit. Nec hoc est promissi transgressio: sed potius festinata ex benignitate impletio. Postea vero, confirmatis animis, illos Galilaeam petisse. Vel nihil obstat si dicamus pauciores intra conclave, quamplures in monte fuisse*. Ut enim Eusebius dicit[8], *duo Evangelistae, scilicet Lucas et Ioannes, solis undecim hunc scribunt apparuisse in Ierusalem: ceteri vero duo in Galilaeam properare non solum undecim, sed*

QUANTO AO 3º, deve-se dizer que Cristo apareceu mais vezes no primeiro dia porque era preciso prevenir os discípulos com muitos sinais para que desde o início ficasse garantida neles a fé da ressurreição. Depois, porém, de ter ela sido aceita, não havia necessidade de esclarecer com tão grande número de aparições quem já estava convencido. Assim, lemos no Evangelho que, após o primeiro dia, Cristo lhes apareceu apenas cinco vezes. Diz Agostinho que, após as cinco primeiras aparições, Cristo "lhes apareceu pela sexta vez quando Tomé o viu; pela sétima, no mar de Tiberíades, quando pegaram peixes; pela oitava, no monte da Galileia, como diz Mateus; pela nona, como diz Marcos, 'enquanto estavam à mesa' pela última vez, pois não mais haveria de comer com eles nesta terra; pela décima vez, nesse mesmo dia, não mais na terra, mas elevado sobre as nuvens, quando subia para os céus. Mas nem tudo ficou por escrito, como admite João. Na verdade, era frequente a convivência dele com os discípulos, antes de subir aos céus", a fim de os consolar. Por isso, diz a primeira Carta aos Coríntios que "apareceu a mais de quinhentos irmãos de uma só vez; a seguir, apareceu a Tiago", mas dessas aparições não se faz menção no Evangelho.

QUANTO AO 4º, deve-se dizer que, ao explicar a afirmação do Senhor: "Depois de ressuscitado, eu vos precederei na Galileia", diz Crisóstomo: "Não vai para alguma região longínqua para lhes aparecer, mas o faz em meio a seu povo e naqueles mesmos lugares" em que os discípulos habitualmente conviviam com ele, "para que assim cressem que aquele que fora crucificado era o mesmo que ressuscitou". Por isso, "diz que iria para a Galileia, para que ficassem livres do medo dos judeus".

Portanto, como diz Ambrósio, "o Senhor recomendara a seus discípulos que o vissem na Galileia, mas primeiro se deu a conhecer a eles quando, por medo, estavam reunidos numa sala. E não se trata aqui de uma falta à promessa feita, mas, ao contrário, um seu amável cumprimento antecipado. Mais tarde, porém, com ânimo confirmado, eles foram para a Galileia. E nada impede que possamos afirmar serem poucos os que estavam naquela sala e muitos na montanha". Na verdade, como diz Eusébio, dois evangelistas, Lucas e João, afirmam ter ele aparecido apenas aos onze em Jerusalém;

---

5. L. III, c. 25, nn. 83-84: ML 34, 1214.
6. *In Matth.*, hom. 82, al. 83, n. 2: MG 58, 740.
7. L. X, n. 184, super 24, 49: ML 15, 1850 D.
8. *Quaest. ad Marinum*, q. 10: MG 22, 1003 CD.

universis discipulis et fratribus dixerunt angelum et Salvatorem iussisse. De quibus Paulus meminit, dicens[9]: "Deinde apparuit plus quam quingentis fratribus simul". *Est autem verior solutio quod prius in Ierusalem latitantibus semel aut bis visus est, ad eorum consolationem. In Galilaea vero non clam, aut semel aut bis, sed cum multa potestate ostensionem sui fecit, "praebens se eis viventem, post passionem in signis multis", ut Lucas testatur in Actibus.*

Vel, sicut dicit Augustinus, in libro *de Consensu Evang.*[10], *quod ab angelo et Domino dictum est, quod praecederet eos in Galilaeam, prophetice accipiendum est.* In *Galilaea* enim, *secundum "transmigrationis" significationem, intelligendum occurrit quia de populo Israel transmigraturi erant ad gentes: quibus Apostoli praedicantes non crederentur, nisi ipse viam in cordibus hominum praepararet. Et hoc intelligitur: "Praecedet vos in Galilaeam". Secundum autem illud quod Galilaea interpretatur "revelatio", non iam in forma servi intelligendum est, sed in illa in qua aequalis est Patri, quam promisit dilectoribus suis, quo nos praecedens non deseruit.*

mas os outros dois disseram que tanto o anjo como o Senhor mandaram que fossem para a Galileia não somente os onze, mas também todos os discípulos e irmãos". Paulo faz menção deles quando diz: "'A seguir, apareceu a mais de quinhentos irmãos de uma só vez'. A solução mais verdadeira, porém, é que primeiro foi visto uma ou duas vezes pelos que estavam escondidos em Jerusalém, para consolação deles. Na Galileia, porém, ele se deu a conhecer não de modo escondido, nem uma ou duas vezes, mas com muito poder, mostrando-se 'vivo após a sua Paixão' com muitas provas, como atesta Lucas no livro dos Atos".

Ou, como diz Agostinho, "deve-se entender em sentido profético o fato de o anjo e o Senhor terem dito que ele os precederia na Galileia. Por 'Galileia', segundo o significado de transmigração, o que nos ocorre é o entendimento de que se haveria de emigrar do povo de Israel para os gentios, os quais não dariam crédito à pregação dos Apóstolos se o próprio Senhor não lhes preparasse o caminho no coração daqueles homens". É o que se entende com as palavras: "'E eis que vos precederá na Galileia'. Mas segundo a interpretação de 'Galileia' como *revelação*, deve-se entender Cristo não mais em forma de servo, mas naquela em que se torna igual ao Pai e que ele prometeu aos que o amarem; precedendo-nos não nos abandonou".

ARTICULUS 4
Utrum Christus debuerit discipulis in alia effigie apparere

AD QUARTUM SIC PROCEDITUR. Videtur quod Christus non debuerit discipulis in alia effigie apparere.

1. Non enim potest apparere secundum veritatem nisi quod est. Sed in Christo non fuit nisi una effigies. Si ergo Christus in alia apparuit, non fuit apparitio vera, sed ficta. Hoc autem est inconveniens: quia, ut Augustinus dicit, in libro *Octoginta trium Quaest.*[1], *si fallit, Veritas non est; est autem Veritas Christus.* Ergo videtur quod Christus non debuit discipulis in alia effigie apparere.

2. PRAETEREA, nihil potest in alia effigie apparere quam habeat, nisi oculi intuentium aliquibus

ARTIGO 4
Cristo deveria se manifestar a seus discípulos com outra aparência?

QUANTO AO QUARTO, ASSIM SE PROCEDE: parece que Cristo **não** deveria se manifestar a seus discípulos com outra aparência.

1. Com efeito, só pode se manifestar como de verdade o que o é. Ora, em Cristo não houve senão uma aparência. Logo, se Cristo se manifestou com outra aparência, não foi uma aparição verdadeira, mas falsa. Ora, isso não é conveniente, porque, como diz Agostinho, "se engana, não é a Verdade; ora, Cristo é a Verdade". Logo, parece que Cristo não deveria se manifestar aos discípulos com outra aparência.

2. ALÉM DISSO, nada pode se manifestar sob uma aparência diferente da que tem, a menos que

---
9. I *Cor.* 15, 6.
10. L. III, c. 25, n. 86: ML 34, 1216.

PARALL.: III *Sent.*, dist. 21, q. 2, a. 4, q.la 1, ad 3.

1. Q. 14: ML 40, 14.

praestigiis detineantur. Huiusmodi autem praestigia, cum fiant magicis artibus, non conveniunt Christo: secundum illud 2Cor 6,15: *Quae conventio Christi ad Belial?* Ergo videtur quod non debuit in alia effigie apparere.

3. PRAETEREA, sicut per sacram Scripturam nostra fides certificatur, ita discipuli certificati sunt de fide resurrectionis per Christi apparitiones. Sed, sicut Augustinus dicit, in Epistola *ad Hieronymum*[2], si vel unum mendacium in sacra Scriptura recipiatur, infirmabitur tota sacrae Scripturae auctoritas. Ergo, si vel in una apparitione Christus discipulis apparuit aliter quam esset, infirmabitur quidquid post resurrectionem viderunt in Christo. Quod est inconveniens. Non ergo debuit in alia effigie apparere.

SED CONTRA est quod dicitur Mc 16,12: *Post haec, duobus ex eis ambulantibus ostensus est in alia effigie, euntibus in villam.*

RESPONDEO dicendum quod, sicut dictum est[3], ressurrectio Christi manifestanda fuit hominibus per modum quo eis divina revelantur. Innotescunt autem divina hominibus secundum quod diversimode sunt affecti. Nam illi qui habent mentem bene dispositam, secundum veritatem divina percipiunt. Illi autem qui habent mentem non bene dispositam, divina percipiunt cum quadam confusione dubietatis vel erroris: *animalis* enim *homo non percipit ea quae sunt Spiritus Dei,* ut dicitur 1Cor 2,14. Et ideo Christus quibusdam, ad credendum dispositis, post resurrectionem apparuit in sua effigie. Illis autem in alia effigie apparuit qui iam videbantur circa fidem tepescere: unde dicebant: *Nos sperabamus quia ipse esset redempturus Israel.* Unde Gregorius dicit, in Homilia[4], quod *talem se eis exhibuit in corpore qualis apud illos erat in mente. Quia enim adhuc in eorum cordibus peregrinus erat a fide, ire se longius finxit,* scilicet ac si esset peregrinus.

se detenham os olhos do observador com alguma ilusão. Ora, ilusões assim, por serem fruto de artes mágicas, não convêm a Cristo, segundo diz a segunda Carta aos Coríntios: "Que acordo entre Cristo e Belial?" Logo, parece que não devia se manifestar com outra aparência.

3. ADEMAIS, assim como nossa fé se assegura pela sagrada Escritura, também os discípulos tiveram sua fé na ressurreição assegurada pelas aparições de Cristo. Ora, como diz Agostinho, se se admitir uma única mentira na sagrada Escritura, fica enfraquecida toda a sua autoridade. Logo, se numa única aparição, Cristo se manifestou aos discípulos diferentemente do que era, ficará enfraquecido tudo o que os discípulos viram em Cristo, depois da ressurreição. O que não convém. Logo, não devia se manifestar com outra aparência.

EM SENTIDO CONTRÁRIO, diz o Evangelho de Marcos: "Depois disso, ele se manifestou com outras aparências a dois deles que caminhavam rumo ao campo".

RESPONDO. Como foi dito, a ressurreição de Cristo devia ser manifestada aos homens do mesmo modo como as coisas divinas lhes são reveladas. Ora, as coisas divinas são dadas a conhecer aos homens de diferentes modos, segundo estão bem ou mal dispostos[d]. Os que têm a mente bem disposta acolhem as coisas divinas segundo a verdade. Porém, os que não têm a mente bem disposta acolhem as coisas divinas com alguma confusão de dúvida ou de erro, pois "o homem animal não percebe o que vem do Espírito de Deus", como diz a primeira Carta aos Coríntios. Por isso, Cristo, após a ressurreição, manifestou-se com sua aparência a alguns que estavam dispostos a crer. Mas a outros, que já pareciam estar tíbios na fé, ele se manifestou com outra aparência. Por isso, diziam: "Quanto a nós, esperávamos que ele seria o que devia libertar Israel". E afirma Gregório que Cristo "se apresentou a eles com o corpo que eles tinham em suas mentes. Na verdade, porque no coração deles era ainda um estranho à fé, fingiu ir mais adiante", ou seja, como se fosse um estranho.

---

2. Epist. 28, al. 8, c. 3.
3. A. 1, 2.
4. *In Evang.*, l. II, hom. 23, n. 1: ML 76, 1182 C.

d. Sto. Tomás sugerira acima (q. 54, 1, obj. 3) que a forma pela qual Cristo ressuscitado se mostrava dependia de certo modo da vontade de Cristo, e isso porque, no estado de ressurreição, a faculdade que tem o corpo de exprimir a alma depende totalmente desta. Aqui uma nova sugestão, que poderia sem dúvida ser explorada tratando-se de uma realidade de ordem sobrenatural, cognoscível unicamente pela revelação, a maneira pela qual ela é percebida depende por um lado das disposições do coração. Ora, estas, entre os discípulos, não eram sempre imediatamente perfeitas. Mas retenhamos também o que foi dito acima (*loc. cit.*), que de todo modo não são necessárias transformações tão profundas para modificar um rosto.

AD PRIMUM ergo dicendum quod, sicut Augustinus dicit, in libro *de Quaestionibus Evang.*[5], *non omne quod fingimus, mendacium est. Sed quando id fingimus quod nihil significat, tunc est mendacium. Cum autem fictio nostra refertur ad aliquam significationem, non est mendacium, sed aliqua figura veritatis. Alioquin omnia quae a sapientibus et sanctis viris, vel etiam ab ipso Domino, figurate dicta sunt, mendacia reputabuntur, quia, secundum usitatum intellectum, non consistit veritas in talibus dictis. Sicut autem dicta, ita etiam finguntur facta sine mendacio, ad aliquam rem significandam.* Et ita factum est hic, ut dictum est[6].

AD SECUNDUM dicendum quod, sicut Augustinus dicit, in libro *de Consensu Evang.*[7], *Dominus poterat transformare carnem suam, ut alia re vera esset effigies ab illa quam solebant intueri: quandoquidem et ante passionem suam transformatus est in monte, ut facies eius claresceret sicut sol. Sed non ita nunc factum est. Non enim incongruenter accipimus hoc impedimentum in oculis eorum a Satana fuisse, ne agnosceretur Iesus.* Unde Lc 24,16 dicitur quod *oculi eorum tenebantur, ne eum agnoscerent.*

AD TERTIUM dicendum quod ratio illa sequeretur si ab alienae effigiei aspectu non fuissent reducti ad vere videndum Christi effigiem. Sicut enim Augustinus ibidem[8] dicit, *tantum a Christo facta est permissio*, ut scilicet praedicto modo oculi eorum tenerentur, *usque ad sacramentum panis: ut, unitate corporis eis participata, removeri intelligatur impedimentum inimici, ut Christus possit agnosci.* Unde ibidem subditur quod "aperti sunt oculi eorum et cognoverunt eum": *non quod ante clausis oculis ambularent; sed inerat aliquid quo non sinerentur agnoscere quod videbant, quod scilicet caligo et aliquis humor solet efficere.*

QUANTO AO 1º, portanto, deve-se dizer que, como diz Agostinho, "nem tudo o que fingimos é mentira. Mas quando fingimos o que nada significa, então é mentira. E quando nosso fingimento tem referência com alguma significação, não há mentira, mas alguma verdade figurada. Caso contrário, tudo o que foi dito de modo figurado pelos sábios e pelos santos e até mesmo pelo próprio Senhor seria considerado falso, pois, segundo o entendimento comum não há verdade nessas palavras. Ora, como as palavras, também os fatos podem ser imaginados, sem falsidade, com o objetivo de dar a entender alguma coisa". Foi o que aconteceu neste caso, como já se disse.

QUANTO AO 2º, deve-se dizer, como diz Agostinho, que "o Senhor poderia transformar sua carne, a ponto de realmente ser outra sua aparência, diferente da que os outros estavam habituados a ver. Uma vez, antes de sua paixão, ele se transfigurou na montanha, a ponto de sua face resplandecer como o sol. Mas não foi assim que agora aconteceu. E não haveria incongruência se aceitarmos que essa ilusão fora provocada por Satanás diante dos olhos deles para que não reconhecessem Jesus". Por isso, diz Lucas que "seus olhos estavam impedidos de o reconhecer".

QUANTO AO 3º, deve-se dizer que a razão procederia se da visão de uma figura estranha os discípulos não fossem levados a ver a verdadeira aparência de Cristo. Como diz Agostinho no mesmo lugar, "a permissão só foi tolerada por Cristo", ou seja, estarem os olhos dos discípulos impedidos daquele modo, "até o sacramento do pão; a fim de que, tendo participado da unidade de seu corpo, o impedimento do inimigo foi removido, para que Cristo pudesse ser reconhecido". Por isso, acrescenta: "'Seus olhos se abriram e eles o reconheceram'; não que antes andassem de olhos fechados, mas havia algo que não lhes permitia reconhecer o que viam; o que costuma ser provocado pela caligem ou alguma secreção.

ARTICULUS 5
Utrum Christus veritatem resurrectionis debuerit argumentis declarare

AD QUINTUM SIC PROCEDITUR. Videtur quod Christus veritatem resurrectionis non debuerit argumentis declarare.

ARTIGO 5
Cristo deveria demonstrar com provas a verdade da ressurreição?

QUANTO AO QUINTO, ASSIM SE PROCEDE: parece que Cristo **não** deveria demonstrar com provas a verdade da ressurreição.

---

5. L. II, q. 51, super Luc. 24, 28: ML 35, 1362.
6. In corp.
7. L. III, c. 25, n. 72: ML 34, 1206.
8. Loc. cit. in resp. ad 2.

PARALL.: III *Sent.*, dist. 21, q. 2, a. 3; *Compend. Theol.*, c. 238.

1. Dicit enim Ambrosius[1]: *Tolle argumenta ubi fides quaeritur.* Sed circa resurrectionem Christi quaeritur fides. Non ergo habent locum argumenta.

2. PRAETEREA, Gregorius dicit[2]: *Fides non habet meritum cui humana ratio praebet experimentum.* Sed ad Christum non pertinebat meritum fidei evacuare. Ergo ad eum non pertinebat resurrectionem per argumenta confirmare.

3. PRAETEREA, Christus in mundum venit ut per eum homines beatitudinem adipiscantur: secundum illud Io 10,10: *Ego veni ut vitam habeant, et abundantius habeant.* Sed per huiusmodi ostensiones argumentorum videtur humanae beatitudini impedimentum praestari: dicitur enim Io 20,29, ex ore ipsius Domini: *Beati qui non viderunt, et crediderunt.* Ergo videtur quod Christus non debuerit per aliqua argumenta resurrectionem suam manifestare.

SED CONTRA est quod dicitur Act 1,3, quod *apparuit discipulis Christus per dies quadraginta in multis argumentis, loquens de regno Dei.*

RESPONDEO dicendum quod argumentum dupliciter dicitur. Quandoque dicitur argumentum quaecumque *ratio rei dubiae faciens fidem.* Quandoque autem dicitur argumentum aliquod sensibile signum quod inducitur ad alicuius veritatis manifestationem: sicut etiam Aristoteles aliquando in libris suis utitur nomine argumenti[3]. Primo igitur modo accipiendo argumentum, Christus non probavit discipulis suam resurrectionem per argumenta. Quia talis probatio argumentativa procedit ex aliquibus principiis: quae si non essent nota discipulis, nihil per ea eis manifestaretur, quia ex ignotis non potest aliquod fieri notum; si autem essent eis nota, non transcenderent rationem humanam, et ideo non essent efficacia ad fidem resurrectionis astruendam, quae rationem humanam excedit; oportet enim principia ex eodem genere assumi, ut dicitur in I *Posteriorum*[4]. — Probavit autem eis resurrectionem suam per auctoritatem sacrae Scripturae, quae est fidei fundamentum, cum dixit: *Oportet impleri omnia quae scripta sunt in lege et psalmis et prophetis de me*, ut habetur Lc 24,44sqq.

1. Na verdade, diz Ambrósio: "Deixa as provas quando se trata da fé". Ora, trata-se de fé quando se fala da ressurreição de Cristo. Logo, neste caso, não cabem provas.

2. ALÉM DISSO, diz Gregório: "A fé não tem mérito, quando a razão humana fornece a verificação". Ora, não era papel de Cristo esvaziar o mérito da fé. Logo, não lhe cabia confirmar com provas a ressurreição.

3. ADEMAIS, Cristo veio ao mundo para que, por meio dele, os homens conseguissem a bem-aventurança, de acordo com o Evangelho de João: "Eu vim para que os homens tenham a vida e a tenham em abundância". Ora, demonstração de provas parece ser um impedimento para a bem-aventurança dos homens, pois é o próprio Senhor quem diz: "Bem-aventurados os que não viram e contudo creram". Logo, parece que Cristo não deveria demonstrar com algumas provas a sua ressurreição.

EM SENTIDO CONTRÁRIO, dizem os Atos dos Apóstolos que "Cristo se apresentou durante quarenta dias, com muitas provas, falando-lhes sobre o reino de Deus".

RESPONDO. A palavra prova tem dois significados. Às vezes, é chamada de prova qualquer *razão que confirme o que era duvidoso.* Às vezes, chama-se de prova qualquer sinal sensível que leve à demonstração de alguma verdade. É nesse sentido que também Aristóteles às vezes emprega o termo em suas obras. Tomando prova em seu primeiro sentido, Cristo não demonstrou sua ressurreição aos discípulos com provas, uma vez que essas provas argumentativas deveriam proceder segundo alguns princípios. E se eles não fossem do conhecimento dos discípulos, nada lhes poderia ser demonstrado, porque nada pode ser conhecido a partir do desconhecido. E se esses princípios lhes fossem conhecidos, não transcenderiam a razão humana, e não seriam, então, eficazes para basear a fé na ressurreição, a qual ultrapassa a razão humana, uma vez que os princípios devem ser do mesmo gênero, como diz o livro I dos *Analíticos Posteriores.* — Mas, ao dizer: "É preciso que se cumpra tudo o que foi escrito sobre mim na Lei de Moisés, nos Profetas e nos Salmos", provou-lhes sua ressurreição pela autoridade da sagrada Escritura, que é o fundamento da fé.

---

1. *De fide*, l. I, c. 5, al. 13, n. 84: ML 16, 548 B.
2. *In Evang.*, l. II, hom. 26, n. 1: ML 76, 1197 C.
3. Cfr. ARISTOT., *Prior. Anal.*, l. II, c. 29: 70, b, 2; *Rhet.*, l. I, c. 2: 1357, b, 4.
4. C. 7: 75, a, 38-39.

Si autem accipiatur secundo modo argumentum, sic Christus dicitur suam resurrectionem argumentis declarasse, in quantum per quaedam evidentissima signa se vere resurrexisse ostendit. Unde et in graeco, ubi nos habemus *in multis argumentis*, loco *argumenti* ponitur *tekmerium*, quod est *signum evidens ad probandum*.

Quae quidem signa resurrectionis Christus ostendit discipulis propter duo. Primo quidem, quia non erant corda eorum disposita ad hoc quod de facili fidem resurrectionis acciperent. Unde ipse dicit eis, Lc 24,25: *O stulti, et tardi corde ad credendum*. Et Mc 16,14, *exprobravit incredulitatem eorum et duritiam cordis*. — Secundo, ut per huiusmodi signa eis ostensa efficacius eorum testimonium redderetur: secundum illud 1Io 1,1-2: *Quod vidimus et audivimus, et manus nostrae contrectaverunt, hoc testamur*.

AD PRIMUM ergo dicendum quod Ambrosius ibi loquitur de argumentis secundum rationem humanam procedentibus: quae invalida sunt ad ea quae sunt fidei ostendenda, sicut ostensum est[5].

AD SECUNDUM dicendum quod meritum fidei est ex hoc quod homo ex mandato Dei credit quod non videt. Unde illa sola ratio meritum excludit quae facit videri per scientiam id quod credendum proponitur. Et talis est ratio demonstrativa. Huiusmodi autem rationes Christus non induxit ad resurrectionem suam declarandam.

AD TERTIUM dicendum quod, sicut dictum est[6], meritum beatitudinis quod causat fides, non totaliter excluditur nisi homo nollet credere nisi ea quae videt: sed quod aliquis ea quae non videt, credat per aliqua signa visa, non totaliter fidem evacuat nec meritum eius. Sicut et Thomas, cui dictum est, *"Quia vidisti me, credidisti", aliud vidit, et aliud credidit*: vidit vulnera, et credidit Deum. Est autem perfectioris fidei qui non requirit huiusmodi auxilia ad credendum. Unde, ad arguendum defectum fidei in quibusdam, Dominus dicit, Io 4,48: *Nisi signa et prodigia videritis, non credetis*. Et

De outro lado, se tomarmos o termo na segunda acepção, dizemos que Cristo demonstrou com provas sua ressurreição, porquanto mostrou por meio de alguns sinais de grande evidência que realmente ressuscitara. Por isso, onde se lê: "Com muitas provas", o texto grego, em vez de prova, usa 'tekmerion', que significa "sinal evidente capaz de provar".

E Cristo mostrou aos discípulos esses sinais da ressurreição por dois motivos. Primeiro, porque o coração deles não estava preparado para aceitar facilmente a fé da ressurreição. Por isso, ele próprio diz: "Espíritos sem inteligência, corações tardos para crer". E em outra parte se diz que Cristo "lhes censurou a incredulidade e a dureza de coração". — Segundo, para que, por meio desses sinais que lhes foram mostrados o testemunho deles fosse mais eficaz, conforme diz a primeira Carta de João: "O que vimos, o que ouvimos, e nossas mãos tocaram, disso damos testemunho"[e].

QUANTO AO 1º, portanto, deve-se dizer que Ambrósio fala nessa passagem a respeito das provas baseadas na razão humana. Provas que não são válidas para demonstrar assuntos de fé, como foi explicado acima.

QUANTO AO 2º, deve-se dizer que o mérito da fé consiste em que o homem, por preceito de Deus, crê no que não vê. Por isso, só exclui o mérito aquela razão que faz ver pela ciência o que é proposto como fé; assim é a prova demonstrativa. Ora, Cristo não fez uso de tais provas para demonstrar sua ressurreição.

QUANTO AO 3º, deve-se dizer que, como foi dito, não se exclui totalmente o mérito da bem-aventurança, cuja causa é a fé, a não ser que o homem queira crer somente naquilo que vê. O fato, porém, de alguém crer, por meio de alguns sinais visíveis, naquilo que não vê não esvazia totalmente a fé nem seu mérito. Como Tomé, a quem foi dito: "Porque me viste, creste", o qual viu uma coisa e acreditou em outra, ou seja, viu as chagas e acreditou em Deus. Mas há uma fé mais perfeita que não necessita desses auxílios para crer. Por isso, para censurar a falta de fé em alguns, diz o Senhor:

---

5. In corp.
6. Resp. ad 2.

e. Eis outra reflexão a desenvolver para resolver o problema sempre atual da demonstrabilidade da ressurreição de Cristo. A demonstração por raciocínio *a priori* não é evidentemente possível, pois se trata de uma verdade nem absurda nem impossível, mas da qual não se pode conceber o modo de realização. Depende inteiramente de verdades puramente sobrenaturais, divinas, da intervenção transcendente de Deus, de uma transformação sem exemplo nem modelo da realidade criada e empírica. Os signos sensíveis da realidade de Cristo ressuscitado, em contrapartida, eram poderosas o suficiente para obter a convicção sem dúvida possível. Para alcançar a convicção dos que o viram, é preciso passar pelo seu testemunho.

secundum hoc, potest intelligi quod illi qui sunt tam prompti animi ut credant Deo etiam signis non visis, sunt beati per comparationem ad illos qui non crederent nisi talia viderent.

"Se não virdes sinais e prodígios, nunca crereis!". Assim sendo, podemos entender que os que têm a mente pronta para acreditar em Deus, mesmo que não vejam sinais, são bem-aventurados, se comparados com os que não creem se não os virem.

Articulus 6
Utrum argumenta quae Christus induxit sufficienter manifestaverint veritatem resurrectionis eius

Artigo 6
As provas que Cristo apresentou demonstraram suficientemente a verdade de sua ressurreição?

AD SEXTUM SIC PROCEDITUR. Videtur quod argumenta quae Christus induxit, non sufficienter manifestaverunt veritatem resurrectionis eius.
1. Nihil enim ostendit Christus discipulis post resurrectionem quod etiam angeli, hominibus apparentes, vel non ostenderint, vel non ostendere potuerint. Nam angeli frequenter in humana effigie se hominibus ostenderunt, et cum eis loquebantur et conversabantur et comedebant, ac si essent homines veri: sicut patet Gn 18, de angelis quos Abraham suscepit hospitio; et in libro *Tobiae*, de angelo qui eum *duxit et reduxit*. Et tamen angeli non habent vera corpora naturaliter sibi unita: quod requiritur ad resurrectionem. Non ergo signa quae Christus discipulis exhibuit, fuerunt sufficientia ad resurrectionem eius manifestandam.

2. PRAETEREA, Christus resurrexit resurrectione gloriosa, idest, habens simul humanam naturam cum gloria. Sed quaedam Christus ostendit discipulis quae videntur esse contraria naturae humanae, sicut quod *ab oculis eorum evanuit*, et quod ad eos *ianuis clausis* intravit: quaedam autem videntur fuisse contraria gloriae, puta quod manducavit et bibit, quod etiam habuit vulnerum cicatrices. Ergo videtur quod illa argumenta non fuerunt sufficientia, neque convenientia, ad fidem resurrectionis ostendendam.
3. PRAETEREA, corpus Christi non erat tale post resurrectionem ut tangi deberet ab homine mortali: unde ipse dixit Magdalenae, Io 20,17: *Noli me tangere: nondum enim ascendi ad Patrem meum*. Non ergo fuit conveniens quod, ad manifestandam veritatem suae resurrectionis, seipsum discipulis palpabile exhibuerit.
4. PRAETEREA, inter dotes glorificati corporis praecipua videtur esse claritas. Quam tamen in resurrectione nullo argumento ostendit. Ergo videtur

QUANTO AO SEXTO, ASSIM SE PROCEDE: parece que as provas que Cristo apresentou **não** demonstraram suficientemente a verdade de sua ressurreição.
1. Na verdade, após a ressurreição, Cristo nada mostrou aos discípulos que também os anjos, ao aparecer aos homens, ou não tenham mostrado, ou não tenham podido mostrar. Com efeito, frequentemente os anjos se mostraram com aparência humana aos homens e com eles falavam e se entretinham, com eles comiam, como se fossem realmente homens, como no episódio dos anjos que Abraão recebeu como hóspedes, ou do anjo que levou Tobias e o trouxe de volta. Ora, apesar disso, os anjos não têm um corpo verdadeiro unido a eles por natureza; o que é necessário para a ressurreição. Logo, os sinais que Cristo apresentou aos discípulos não foram suficientes para demonstrar sua ressurreição.

2. ALÉM DISSO, Cristo ressuscitou de modo glorioso, ou seja, numa natureza humana com glória. Ora, Cristo mostrou algumas coisas aos discípulos que parecem contrárias à natureza humana, como o *fato de desaparecer da vista deles*, ou de entrar estando as *portas fechadas*. Outras, porém, parecem contrárias à glória, como, por exemplo, ter comido e bebido, ou continuar com as cicatrizes das feridas. Logo, parece que as provas não foram suficientes nem convenientes para o fim de demonstrar a fé na ressurreição.
3. ADEMAIS, o corpo de Cristo depois da ressurreição era tal que não devia ser tocado pelo homem mortal; por isso, ele mesmo disse a Madalena: "Não me toques! Pois eu ainda não subi para o meu Pai". Portanto, não foi conveniente que, para demonstrar a realidade de sua ressurreição, ele se expusesse a ser tocado pelos discípulos.
4. ADEMAIS, entre os dotes de um corpo glorificado, a claridade parece ser o principal. Ora, Cristo, na ressurreição, não a demonstrou com

6 PARALL.: III *Sent.*, dist. 21, q. 2, a. 3, 4; *Compend. Theol.*, c. 238.

quod insufficientia fuerint illa argumenta ad manifestandam qualitatem resurrectionis Christi.

SED CONTRA est quod Christus, qui est *Dei Sapientia, suaviter* et convenienter *disponit omnia*, ut dicitur Sap 8,1.

RESPONDEO dicendum quod Christus resurrectionem suam dupliciter manifestavit: scilicet testimonio; et argumento seu signo. Et utraque manifestatio in suo genere fuit sufficiens.

Est enim usus duplici testimonio ad manifestandam suam resurrectionem discipulis, quorum neutrum potest refelli. Quorum primum est testimonium angelorum, qui mulieribus resurrectionem annuntiaverunt: ut patet per omnes Evangelistas. — Aliud autem est testimonium Scripturarum, quas ipse proposuit ad ostensionem suae resurrectionis, ut dicitur Luc. ult., [25 sqq.; 44 sqq.].

Argumenta etiam fuerunt sufficientia ad ostendendam veram resurrectionem, et etiam gloriosam. Quod autem fuerit vera resurrectio, ostendit uno modo ex parte corporis. Circa quod tria ostendit. Primo quidem, quod esset corpus verum et solidum: non corpus phantasticum, vel rarum, sicut est aer. Et hoc ostendit per hoc quod corpus suum palpabile praebuit. Unde ipse dicit, Lc 24,39: *Palpate et videte: quia spiritus carnem et ossa non habet, sicut me videtis habere*. — Secundo, ostendit quod esset corpus humanum, ostendendo eis veram effigiem, quam oculis intuerentur. — Tertio, ostendit eis quod esset idem numero corpus quod prius habuerat, ostendendo eius vulnerum cicatrices. Unde legitur Luc. ult., [38-39]: *Dixit eis: Videte manus meas et pedes* meos, *quia ego ipse sum*.

Alio modo ostendit eis veritatem suae resurrectionis ex parte animae iterato corpori unitae. Et hoc ostendit per opera triplicis vitae. Prima quidem, per opus vitae nutritivae: in hoc quod cum discipulis manducavit et bibit, ut legitur Luc. ult., [30,43]. — Secundo, per opera vitae sensitivae: in hoc quod discipulis ad interrogata respondebat, et praesentes salutabat, in quo ostendebat se et videre et audire. — Tertio, per opera vitae intellectivae: in hoc quod cum eo loquebantur, et de Scripturis disserebant.

Et ne quid deesset ad perfectionem manifestationis, ostendit etiam se habere divinam naturam: per miraculum quod fecit in piscibus capiendis;

prova alguma. Logo, parece que aquelas provas foram insuficientes para demonstrar a qualidade da ressurreição de Cristo.

EM SENTIDO CONTRÁRIO, Cristo, que é a Sabedoria de Deus, "com suavidade" e de modo conveniente "dispõe todas as coisas", como diz o livro da Sabedoria.

RESPONDO. Cristo demonstrou sua ressurreição de dois modos, ou seja, pelo testemunho e pela prova, ou sinal. Ambas as demonstrações foram suficientes em seu gênero.

Para manifestar sua ressurreição aos discípulos, ele fez uso de dois testemunhos, nenhum dos quais pode ser impugnado. O primeiro é o testemunho dos anjos, que anunciaram a ressurreição às mulheres, como se vê em todos os evangelistas. — O outro é o testemunho das Escrituras, que ele próprio apresentou para demonstrar sua ressurreição, como se lê no Evangelho de Lucas.

As provas também foram suficientes para demonstrar que a ressurreição era não só verdadeira como gloriosa. Quanto a ser uma verdadeira ressurreição, ele o demonstrou, de uma parte, com relação a seu corpo, considerando três aspectos. Primeiro, que era um verdadeiro corpo sólido, não um corpo fantástico ou rarefeito, como o ar. Demonstrou isso ao deixar que seu corpo fosse tocado, quando ele próprio diz: "Tocai-me, olhai; um espírito não tem carne nem ossos como vós vedes que eu tenho". — Segundo, mostrou que era um corpo humano, ao lhes apresentar sua verdadeira aparência para que a vissem com seus próprios olhos. — Terceiro, mostrou-lhes que seu corpo era o mesmo numericamente de antes, ao lhes mostrar as cicatrizes das feridas. Por isso, se lê no Evangelho de Lucas: "Olhai as minhas mãos e os meus pés. Sou eu mesmo".

De outra parte, demonstrou ser verdadeira a sua ressurreição, com relação à sua alma novamente unida ao corpo. E o fez pelas atividades de uma tríplice vida. Primeiro, pelas atividades da vida nutritiva, porquanto comeu e bebeu com os discípulos, como se lê em Lucas. — Segundo, pelas atividades da vida sensitiva, porquanto respondia às perguntas dos discípulos e saudava os presentes, mostrando assim que via e ouvia. — Terceiro, pelas atividades da vida intelectiva, porquanto os discípulos falavam com ele e discorriam sobre as Escrituras.

E para que nada faltasse à perfeição da demonstração, mostrou também que tinha uma natureza divina, ao realizar a pesca milagrosa e também ao

et ulterius per hoc quod, eis videntibus, ascendit in caelum; quia, ut dicitur Io 3,13, *nemo ascendit in caelum nisi qui descendit de caelo, Filius Hominis, qui est in caelo.*

Gloriam etiam suae resurrectionis ostendit discipulis, per hoc quod ad eos *ianuis clausis* intravit: secundum quod Gregorius dicit, in Homilia[1]: *Palpandam carnem Dominus praebuit, quam clausis ianuis introduxit, ut esse post resurrectionem ostenderet corpus suum et eiusdem naturae, et alterius gloriae.* — Similiter etiam ad proprietatem gloriae pertinebat quod subito *ab oculis discipulorum evanuit*, ut dicitur Lucae ult., [31]: quia per hoc ostendebatur quod in potestate eius erat videri et non videri, quod pertinet ad conditionem corporis gloriosi, ut supra[2] dictum est.

AD PRIMUM ergo dicendum quod singula argumentorum non sufficerent ad manifestandam Christi resurrectionem; omnia tamen simul accepta perfecte Christi ressurrectionem manifestant; maxime propter Scripturae testimonium, et angelorum dicta, et ipsius Christi assertionem miraculis confirmatam. Angeli autem apparentes non asserebant se homines esse: sicut asseruit Christus vere se hominem esse.

Et tamen aliter Christus manducavit, et aliter angeli. Nam quia corpora ab angelis assumpta non erant corpora viva vel animata, non erat vera comestio, licet esset vera cibi contritio et traiectio in interiorem partem corporis assumpti: unde et angelus dixit, Tb 12,18-19: *Cum essem vobiscum, videbar quidem manducare et bibere vobiscum: sed ego cibo invisibili utor.* Sed quia corpus Christi vere fuit animatum, vera fuit eius comestio. Ut enim Augustinus dicit, XIII *de Civ. Dei*[3], *non potestas, sed egestas edendi corporibus resurgentium aufertur.* Unde, sicut Beda dicit[4], *Christus manducavit potestate, non egestate.*

AD SECUNDUM dicendum quod, sicut dictum est[5], argumenta quaedam inducebantur a Christo ad probandum veritatem humanae naturae; quaedam vero ad probandum gloriam resurgentis. Conditio autem naturae humanae, secundum quod in se

subir aos céus à vista dos discípulos, pois, como se diz no Evangelho de João: "Ninguém subiu ao céu senão aquele que desceu do céu, o Filho do Homem".

E mostrou também aos discípulos a glória de sua ressurreição, ao entrar, com as *portas fechadas*, aonde eles estavam, segundo o que diz Gregório: "O Senhor ofereceu para ser tocada aquela mesma carne que entrara na sala, quando as portas estavam fechadas, para mostrar que seu corpo, depois da ressurreição, era da mesma natureza, mas de glória diferente". — Igualmente, uma das propriedades da glória era que "ele se lhes tornou invisível", conforme o Evangelho de Lucas, porquanto se mostrava assim que ele tinha o poder de ser visto ou não, o que é próprio da condição de um corpo glorioso, como dito acima.

QUANTO AO 1º, portanto, deve-se dizer que, embora cada prova isolada não seja suficiente para demonstrar a ressurreição de Cristo, todas elas juntas demonstram perfeitamente a ressurreição de Cristo, especialmente pelo testemunho da Escritura, as palavras dos anjos e até a asserção do próprio Cristo, confirmada pelos milagres. Quanto aos anjos que apareceram, não afirmavam eles que eram homens, como Cristo afirmava ser verdadeiro homem.

Todavia, tanto Cristo como os anjos comeram, um de um modo, outros de outro. Uma vez que os corpos assumidos pelos anjos não eram corpos vivos e animados, não havia uma verdadeira manducação, embora houvesse autêntica mastigação e deglutição, indo o alimento para dentro do corpo assumido. Por isso, o anjo disse a Tobias: "Quando eu estava convosco, parecia comer e beber convosco. Mas eu me sirvo de um alimento invisível". Mas como era realmente animado o corpo de Cristo, era verdadeira sua manducação. E como diz Agostinho, "tira-se do corpo dos ressuscitados não o poder, mas a necessidade de comer". Por isso, diz Beda: "Cristo comeu porque podia, não porque precisava".

QUANTO AO 2º, deve-se dizer que, como foi dito, Cristo apresentou algumas provas para demonstrar que era verdadeira a sua natureza humana, e outras, para comprovar a glória do ressuscitado. Ora, a condição da natureza humana, em si considerada,

---

1. *In Evang.*, l. II, hom. 26, n. 1: ML 76, 1198 A.
2. Q. 54, a. 1, ad 2; a. 2, ad 1.
3. C. 22: ML 41, 395.
4. *In Luc.*, l. VI, super 24, 41: ML 92, 631 B.
5. In corp.

consideratur, quantum scilicet ad statum praesentem, contrariatur conditioni gloriae: secundum illud 1Cor 15,43: *Seminatur in infirmitate, et surget in virtute.* Et ideo ea quae inducuntur ad ostendendam conditionem gloriae, videntur habere contrarietatem ad naturam, non simpliciter, sed secundum statum praesentem; et e converso. Unde Gregorius dicit, in Homilia[6], quod *duo mira, et iuxta humanam rationem sibi valde contraria, Dominus ostendit, dum post resurrectionem corpus suum et incorruptibile, et tamen palpabile demonstravit.*

AD TERTIUM dicendum quod, sicut Augustinus dicit, *super Ioan.*[7], quod hoc Dominus dixit, *"Noli me tangere: nondum enim ascendi ad Patrem meum", ut in illa femina figuraretur Ecclesia de gentibus, quae in Christum non credidit nisi cum ascendisset ad Patrem. Aut sic in se credi voluit Iesus, hoc est, sic se spiritualiter tangi, quod ipse et Pater unum sunt. Eius quippe intimis sensibus quodammodo ascendit ad Patrem, qui sic in eo profecerit ut Patri agnoscat aequalem.* Haec autem *carnaliter adhuc in eum credebat, quem sicut hominem flebat.* — Quod autem Maria alibi legitur Christum tetigisse, quando simul cum aliis mulieribus *"accessit et tenuit pedes", quaestionem non facit,* ut Severianus[8] dicit. *Siquidem illud de figura est, hoc de sexu: illud de divina gratia, hoc de humana natura.*

Vel, sicut Chrysostomus dicit[9], *volebat haec mulier adhuc cum Christo conversari sicut et ante passionem. Prae gaudio nihil magnum cogitabat: quamvis caro Christi multo melior fuerit facta resurgendo.* Et ideo dixit, *nondum ascendi ad Patrem meum: quasi dicat: Non aestimes me iam terrenam vitam agere. Quod enim in terris me vides, hoc est quia nondum ascendi ad Patrem meum: sed in promptu est quod ascendam.* Unde subdit: *Ascendo ad Patrem meum et Patrem vestrum.*

AD QUARTUM dicendum quod, sicut Augustinus dicit, *ad Orosium*[10], *clarificata carne Dominus resurrexit: sed noluit in ea clarificatione discipulis suis apparere, quia non possent oculis talem*

ou seja, em relação ao estado presente, é contrária à condição da glória, conforme diz a primeira Carta aos Coríntios: "Semeado na fraqueza, ressuscita-se no poder". Portanto, o que se apresenta para demonstrar a condição de glória parece contrariar a natureza, não de modo absoluto, mas em relação ao estado presente, e vice-versa. Por isso, diz Gregório que "o Senhor mostrou duas coisas admiráveis, mas diametralmente opostas diante da razão humana, ou seja, demonstrou ter, após a ressurreição, um corpo incorruptível e ao mesmo tempo palpável".

QUANTO AO 3º, deve-se dizer que, como diz Agostinho, o Senhor avisou: "'Não me toques! Pois eu ainda não subi para meu Pai' para que aquela mulher representasse a figura da Igreja dos gentios, que não acreditou em Cristo senão quando ele subiu para o Pai. Ou então queria Cristo que se acreditasse nele, ou seja, que de tal modo fosse tocado espiritualmente, como quem era um só com o Pai. Com efeito, em certo sentido, já subira para o Pai, na percepção interior daquele que de tal modo é íntimo de Cristo que o reconhece como igual ao Pai". Aquela mulher, porém, "que o chorava como homem acreditava nele ainda como carnal". — Já o fato, como se lê em outra passagem, de Maria o tocar, quando chegou perto dele juntamente com outras mulheres e abraçou seus pés, "não apresenta nenhuma dificuldade", como diz Severiano, "pois na primeira situação trata-se de uma figura; na segunda, de sexo; na primeira, da graça divina; na segunda, da natureza humana".

Ou, como diz Crisóstomo, "aquela mulher queria conviver ainda com Cristo como antes da paixão. De tanta alegria, não pensava em grandes coisas, embora a carne de Cristo, após a ressurreição, tivesse se tornado muito melhor". É por isso que disse: "Pois eu ainda não subi para o meu Pai", como se dissesse: "Não penses que eu esteja levando ainda uma vida terrena, pois se me vês na terra, é porque ainda não subi para meu Pai, mas em breve o farei". Consequentemente, acrescenta: "Subo para o meu Pai, que é vosso Pai".

QUANTO AO 4º, deve-se dizer que, como diz Agostinho, "o Senhor ressuscitou com a carne cheia de claridade, mas não quis aparecer a seus discípulos nessa claridade, pois os olhos deles não

---

6. *In Evang.*, l. II, hom. 26, n. 1: ML 76, 1198 A.
7. Tract. 121, n. 3, super 20, 17: ML 35, 1957.
8. PETRUS CHRYSOL., *Sermones*, Serm. 76: ML 52, 416 B.
9. *In Ioan.*, hom. 86, al. 85, n. 2: MG 59, 469.
10. *Dial.* 65 *Quaest.*, q. 14: ML 40, 738 (inter Opp. Aug.).

claritatem perspicere. Si enim, antequam moreretur pro nobis et resurgeret, quando transfiguratus est in monte, discipuli sui eum videre non potuerunt; quanto magis, clarificata carne Domini, eum videre non potuerunt!

Est etiam considerandum quod post resurrectionem Dominus hoc praecipue volebat ostendere, quod idem ipse esset qui mortuus fuerat. Quod multum poterat impedire si eis sui corporis claritatem ostenderet. Nam immutatio quae fit secundum aspectum, maxime ostendit diversitatem eius quod videtur: quia sensibilia communia, inter quae est unum et multa, vel idem et diversum, maxime diiudicat visus. Sed ante passionem, ne infirmitatem passionis eius discipuli despicerent, maxime intendebat Christus eis gloriam maiestatis suae ostendere: quam maxime demonstrat claritas corporis. Et ideo, ante passionem, gloriam suam praemonstravit discipulis per claritatem: post resurrectionem autem, per alia indicia.

AD QUINTUM dicendum quod, sicut Augustinus dicit, in libro *de Consensu Evang.*[11], *possumus intelligere unum angelum visum a mulieribus, et secundum Matthaeum et secundum Marcum, ut eas ingressas in monumentum accipiamus, in aliquod scilicet spatium quod erat aliqua maceria communitum, atque ibi vidisse angelum sedentem supra lapidem revolutum a monumento, sicut dicit Matthaeus: ut hoc sit "sedentem a dextris", quod dicit Marcus. Deinde, dum introspicerent locum in quo iacebat corpus Domini, visos ab eis duos angelos,* primo quidem *sedentes, ut dicit Ioannes*; et post eis assurrexisse, ut stantes viderentur, ut dicit Lucas.

poderiam ver uma tal claridade. Com efeito, se antes de morrer por nós e de ressuscitar, quando se transfigurou na montanha, seus discípulos não o puderam olhar, com mais razão, estando clarificada a carne do Senhor, não seriam capazes de olhá-lo".

Deve-se considerar também que, após a ressurreição, o Senhor queria principalmente mostrar que ele era o mesmo que tinha sido morto. E poderia haver grande empecilho, se lhes mostrasse a claridade de seu corpo. Com efeito, a mudança de aparência demonstra mais que tudo a diferença no que se vê, pois o que é comumente perceptível aos sentidos, como um ou muitos, o mesmo ou diferente, quem mais os discerne é a vista. Mas, antes da paixão, para que os discípulos não desprezassem a fraqueza da paixão dele, pretendia Cristo mostrar-lhes a glória de sua majestade, que, acima de tudo, a claridade do corpo demonstra. Por isso, antes da paixão, demonstrou aos discípulos a sua glória por meio da claridade; depois da ressurreição, porém, por meio de outros sinais.

QUANTO AO 5º, deve-se dizer, como diz Agostinho, que "podemos entender que as mulheres viram um anjo, conforme Mateus e Marcos, se supusermos que elas entraram no sepulcro, ou seja, uma espécie de recinto murado, no qual viram um anjo sentado sobre a pedra revolvida do sepulcro, como diz Mateus, ou sentado à direita, como diz Marcos. Depois, ao examinarem o local em que jazera o corpo do Senhor, viram dois anjos, que primeiro estavam sentados, como diz João, e que depois se levantaram, parecendo estar de pé, como diz Lucas".

---

11. L. III, c. 24, n. 67: ML 34, 1200.

QUAESTIO LVI
DE CAUSALITATE RESURRECTIONIS CHRISTI
in duos articulos divisa

Deinde considerandum est de causalitate resurrectionis Christi.
Et circa hoc quaeruntur duo.
Primo: utrum resurrectio Christi sit causa nostrae resurrectionis.
Secundo: utrum sit causa nostrae iustificationis.

QUESTÃO 56
A CAUSALIDADE DA RESSURREIÇÃO DE CRISTO
em dois artigos

A seguir, deve-se considerar a causalidade da ressurreição de Cristo.
A respeito, são duas as perguntas:
1. A ressurreição de Cristo é causa de nossa ressurreição?
2. É causa de nossa justificação?

Articulus 1
Utrum resurrectio Christi sit causa resurrectionis corporum

AD PRIMUM SIC PROCEDITUR. Videtur quod resurrectio Christi non sit causa resurrectionis corporum.

1. Posita enim causa sufficienti, necesse est effectum poni. Si ergo resurrectio Christi est causa sufficiens resurrectionis corporum, statim, eo resurgente, omnes mortui resurgere debuerunt.

2. PRAETEREA, causa resurrectionis mortuorum est divina iustitia; ut scilicet corpora simul praemientur vel puniantur cum animabus, sicut communicaverunt in merito vel peccato; ut dicit Dionysius, ult. cap. *Eccles. Hier.*[1], et etiam Damascenus, in IV libro[2]. Sed iustitiam Dei necesse esset impleri, etiam si Christus non resurrexisset. Ergo, etiam Christo non resurgente, mortui resurgerent. Non ergo resurrectio Christi est causa resurrectionis corporum.

3. PRAETEREA, si resurrectio Christi sit causa resurrectionis corporum, aut esset causa exemplaris; aut causa effectiva; aut causa meritoria. Sed non est causa exemplaris. Quia resurrectionem corporum Deus operabitur: secundum illud Io 5,21: *Pater suscitat mortuos*. Deus autem non indiget inspicere ad aliquod exemplar extra se. — Similiter etiam non est causa effectiva. Quia causa efficiens non agit nisi per contactum, vel spiritualem vel corporalem. Manifestum est autem quod resurrectio Christi non agit per contactum corporalem ad mortuos qui resurgent, propter distantiam temporis et loci. Similiter etiam nec per contactum spiritualem, qui est per fidem et caritatem: quia etiam infideles et peccatores resurgent. — Neque etiam est causa meritoria. Quia Christus resurgens iam non erat viator: et ita non erat in statu merendi. — Et ita nullo modo resurrectio Christi videtur esse causa nostrae resurrectionis.

4. PRAETEREA, cum mors sit privatio vitae, nihil videtur esse aliud destruere mortem quam reducere vitam, quod pertinet ad resurrectionem. Sed Christus *moriendo mortem nostram destruxit*[3].

Artigo 1
A ressurreição de Cristo é causa da ressurreição dos corpos?

QUANTO AO PRIMEIRO ARTIGO, ASSIM SE PROCEDE: parece que a ressurreição de Cristo **não** é causa da ressurreição dos corpos.

1. Com efeito, dada uma causa suficiente, necessariamente se dá o efeito. Portanto, se a ressurreição de Cristo fosse causa eficiente da ressurreição dos corpos, imediatamente após sua ressurreição todos os mortos deveriam ressurgir.

2. ALÉM DISSO, a causa da ressurreição dos mortos é a justiça divina, ou seja, os corpos deverão ser premiados ou punidos junto com as almas, conforme tenham sido parceiros no mérito ou no pecado, como dizem Dionísio e Damasceno. Ora, dever-se-ia cumprir a justiça de Deus, mesmo que Cristo não tivesse ressuscitado. Logo, mesmo que Cristo não tivesse ressuscitado, os mortos ressurgiriam. Portanto, a ressurreição de Cristo não é causa da ressurreição dos corpos.

3. ADEMAIS, se a ressurreição de Cristo fosse causa da ressurreição dos corpos, ou seria causa exemplar, ou causa efetiva, ou causa meritória. Ora não é causa exemplar, porque é Deus que realizará a ressurreição dos corpos, segundo o que diz o Evangelho de João: "O Pai levanta os mortos". E Deus não tem necessidade de buscar nenhum exemplar fora de si. — Igualmente, não é causa efetiva, porque essa causa só age por contato, ou espiritual ou corporal. Ora, é evidente que a ressurreição de Cristo não age por contato corporal com os mortos que hão de ressuscitar, por causa da distância no tempo e no espaço. Igualmente nem contato espiritual, o qual se dá pela fé e pelo amor, pois até mesmo os infiéis e pecadores ressuscitam. — Tampouco é causa meritória, porque Cristo, ao ressuscitar, não era mais peregrino neste mundo e, por isso, não estava em condições de merecer. Logo, de modo algum a ressurreição de Cristo parece ser causa de nossa ressurreição.

4. ADEMAIS, dado que a morte é a privação da vida, destruir a morte parece nada mais ser que trazer de volta a vida, o que é próprio da ressurreição. Ora, Cristo, ao morrer, *destruiu a nossa morte*.

---

1 PARALL.: III *Sent.*, dist. 21, q. 2, a. 2, ad 1; IV, dist. 43, a. 2, q.la 1 (= Suppl., q. 76, a. 1); dist. 49, Expos. litt.; *Cont. Gent.* IV, 79; *De Verit.*, q. 29, a. 4, ad 1; *Compend. Theol.*, c. 239; *in Iob*, c. 19, lect. 2; I *ad Cor.*, c. 15, lect. 2; I *ad Thess.*, c. 4, lect. 2.

1. C. 7, p. I, § 1: MG 3, 553 AB.
2. *De fide orth.*, l. IV, c. 27: MG 94, 1220 C.
3. Praef. Missae, temp. Paschali.

Ergo mors Christi est causa nostrae resurrectionis. Non ergo eius resurrectio.

Logo, a causa de nossa ressurreição é a morte de Cristo e não a sua ressurreição.

SED CONTRA est quod, super illud 1Cor 15,12, *Si Christus praedicatur quod resurrexit a mortuis* etc., dicit Glossa[4]: *Qui est efficiens causa* nostrae *resurrectionis*.

EM SENTIDO CONTRÁRIO, diz a primeira Carta aos Coríntios: "Se se proclama que Cristo ressurgiu dos mortos...", o que a Glosa comenta: "Que é a causa eficiente de nossa ressurreição".

RESPONDEO dicendum quod *illud quod est primum in quolibet genere, est causa omnium eorum quae sunt post*, ut dicitur in II *Metaphys.*[5]. Primum autem in genere nostrae resurrectionis fuit resurrectio Christi, sicut ex supra[6] dictis patet. Unde oportet quod resurrectio Christi sit causa nostrae resurrectionis. Et hoc est quod Apostolus dicit, 1Cor 15,20-21: *Christus resurrexit a mortuis primitiae dormientium: quoniam quidem per hominem mors, et per hominem resurrectio mortuorum*.

RESPONDO. "O que é primeiro em qualquer gênero é a causa de todos os que se seguem", como diz o livro II da *Metafísica*. Ora, a ressurreição de Cristo é primeira no gênero de nossa ressurreição, como se conclui do que foi dito acima. Portanto, é preciso que a ressurreição de Cristo seja a causa de nossa ressurreição. É o que diz a primeira Carta aos Coríntios: "Cristo ressuscitou dos mortos, primícias dos que morreram. Com efeito, visto que a morte veio por um homem, é também por um homem que vem a ressurreição dos mortos".

Et hoc rationabiliter. Nam principium humanae vivificationis est Verbum Dei, de quo dicitur in Ps 35,10, *Apud te est fons vitae*: unde et ipse dicit, Io 5,21: *Sicut Pater suscitat mortuos et vivificat, sic et Filius quos vult vivificat*. Habet autem hoc naturalis ordo rerum divinitus institutus, ut quaelibet causa primo operetur in id quod est sibi propinquius, et per id operetur in alia magis remota: sicut ignis primo calefacit aerem propinquum, per quem calefacit corpora distantia; et ipse Deus primo illuminat substantias sibi propinquas, per quas illuminat magis remotas, ut Dionysius dicit, 13 cap. *Cael. Hier.*[7]. Et ideo Verbum Dei primo attribuit vitam immortalem corpori sibi naturaliter unito, et per ipsum operatur resurrectionem in omnibus aliis.

O que é razoável, pois o princípio da vivificação humana é o Verbo de Deus, de quem diz o Salmo 35: "Pois em ti está a fonte da vida". E o próprio Cristo diz: "Assim como o Pai levanta os mortos e os faz viver, o Filho também faz viver quem ele quer". Ora, é próprio da ordem natural instituída por Deus que as causas ajam primeiro sobre o que lhe está mais próximo e, por meio dele, sobre os que estão mais distantes, como o fogo, que primeiro aquece o ar que lhe está mais próximo e, por meio dele, os corpos mais distantes. Assim, Deus primeiro ilumina as substâncias mais próximas dele, e por elas ilumina as mais distantes, como diz Dionísio. Portanto, o Verbo de Deus primeiro dá a vida imortal ao corpo que está naturalmente unido a ele e, por meio dele, realiza a ressurreição em todos os demais[a].

AD PRIMUM ergo dicendum quod, sicut dictum est[8], resurrectio Christi causa est nostrae resurrectionis per virtutem Verbi uniti. Quod quidem operatur secundum voluntatem. Et ideo non

QUANTO AO 1º, portanto, deve-se dizer que, como foi dito, a ressurreição de Cristo é causa de nossa ressurreição pelo poder do Verbo unido, que opera segundo sua vontade. Portanto, não é

---

4. Interl.; LOMBARDI: ML 191, 1676 D.
5. C. 1: 993, b, 24-26.
6. Q. 53, a. 3.
7. § 3: MG 3, 301 A.
8. In corp.

a. Luminosa sequência de ideias! Voltamos a encontrar, mas em estado completo, esse admirável processo de divinização do mundo pela encarnação do Verbo. Ao assumir a natureza humana, essa natureza humana individual, o Verbo de Deus a fez mais próxima dele do que podemos conceber, uma vez que ele a fez sua, e que ao dizer, ao pensar "eu", ele inclui essa natureza no que ele designa. Comunica-lhe também essa participação na natureza divina (sua própria natureza divina), essa "divinização" que é a graça com uma plenitude total, rigorosamente insuperável. Ilumina-a ainda com toda a luz divina. E a difusão dessa "divinização" da alma sobre o corpo atingirá seu ápice absoluto nesse corpo assumido por ele com a alma. Essa realização individual da natureza humana é, com isso, o protótipo mesmo da natureza humana, o "novo Adão", Adão ao mesmo tempo pessoal e universal, que todo outro indivíduo deverá reproduzir em si sob o impulso desse primeiro. O sentido da ressurreição de Cristo em relação a toda ressurreição humana é a realização do sentido que já possuem a luz e a graça de Cristo em relação a toda luz e toda graça.

oportet quod statim sequatur effectus, sed secundum dispositionem Verbi Dei: ut scilicet primo conformemur Christo patienti et morienti in hac vita passibili et mortali, deinde perveniamus ad participandum similitudinem resurrectionis.

AD SECUNDUM dicendum quod iustitia Dei est causa prima resurrectionis quod iustitia Dei est causa prima resurrectionis nostrae: resurrectio autem Christi est causa secundaria, et quasi instrumentalis. Licet autem virtus principalis agentis non determinetur ad hoc instrumentum determinate, tamen, ex quo per hoc instrumentum operatur, instrumentum illud est causa effectus. Sic igitur divina iustitia, quantum est de se, non est obligata ad resurrectionem nostram causandam per resurrectionem Christi: potuit enim alio modo nos Deus liberare quam per Christi passionem et resurrectionem, ut supra[9] dictum est. Ex quo tamen decrevit hoc modo nos liberare, manifestum est quod resurrectio Christi est causa nostrae resurrectionis.

AD TERTIUM dicendum quod resurrectio Christi non est, proprie loquendo, causa meritoria nostrae resurrectionis: sed est causa efficiens et exemplaris. Efficiens quidem, inquantum humanitas Christi, secundum quam resurrexit, est quodammodo instrumentum divinitatis ipsius, et operatur in virtute eius, ut supra[10] dictum est. Et ideo, sicut alia quae Christus in sua humanitate fecit vel passus est, ex virtute divinitatis eius sunt nobis salutaria, ut supra[11] dictum est; ita et resurrectio Christi est causa efficiens nostrae resurrectionis virtute divina, cuius proprium est mortuos vivificare. Quae quidem virtus praesentialiter attingit omnia loca et tempora. Et talis contactus virtualis sufficit ad rationem huius efficientiae. Et quia, ut dictum est[12], primordialis causa resurrectionis humanae est divina iustitia, ex qua Christus habet *potestatem iudicium facere inquantum Filius Hominis est*, virtus effectiva resurrectionis eius se extendit non solum ad bonos, sed etiam ad malos, qui sunt eius iudicio subiecti.

Sicut autem resurrectio corporis Christi, ex eo quod corpus illud est personaliter Verbo unitum, est *prima tempore*, ita etiam est *prima dignitate*

necessário que o efeito se siga imediatamente, mas de acordo com a disposição do Verbo de Deus, ou seja, que primeiro nos conformemos com Cristo que sofreu e morreu nesta vida passível e mortal, e depois cheguemos a participar da semelhança da ressurreição.

QUANTO AO 2º, deve-se dizer que a justiça de Deus é a causa primeira de nossa ressurreição, ao passo que a ressurreição de Cristo é a causa secundária e como que instrumental. E embora o poder do agente principal não esteja restrito a um instrumento de um modo determinado, pelo fato de operar por esse instrumento, passa ele a ser causa do efeito. Portanto, a justiça divina em si mesma não está obrigada a causar a nossa ressurreição pela ressurreição de Cristo, pois poderia nos libertar de outro modo que não pela paixão e ressurreição de Cristo, como foi dito acima. Todavia, pelo fato de ter decretado nos libertar desse modo, é claro que a ressurreição de Cristo é causa de nossa ressurreição.

QUANTO AO 3º, deve-se dizer que a ressurreição de Cristo não é, propriamente falando[b], causa meritória de nossa ressurreição, mas é causa eficiente e exemplar. Eficiente, porquanto a humanidade de Cristo, segundo a qual ressuscitou, é de certo modo instrumento da divindade dele e opera por força dele, como foi dito. Portanto, assim como as demais coisas que Cristo em sua humanidade fez ou sofreu nos são salutares pelo poder de sua divindade, como foi dito acima, assim também a ressurreição de Cristo é causa eficiente de nossa ressurreição pelo poder divino, de quem é próprio vivificar os mortos. Poder esse que por sua presença atinge todos os lugares e tempos. Esse contato virtual é suficiente para a razão dessa eficiência. E porque, como foi dito, a causa primordial da ressurreição é a justiça divina, segundo a qual Cristo tem o *poder de julgar, como Filho do Homem*, o poder efetivo de sua ressurreição se estende não somente aos bons, mas também aos maus, que estão sujeitos a seu juízo.

E como a ressurreição do corpo de Cristo é a *primeira no tempo*, pelo fato de que o corpo está pessoalmente unido ao Verbo, também é *a*

---

9. Q. 46, a. 2.
10. Q. 13, a. 2, 3; q. 19, a. 1; q. 43, a. 2.
11. Q. 48, a. 6.
12. Resp. ad 2.

---

b. Como compreender o caráter instrumental da ressurreição de Cristo? Trata-se do ato pelo qual a divindade ressuscita a humanidade. Não só a virtude desse ato atinge todos os tempos e todos os lugares, mas está sempre presente e atuante na humanidade glorificada, que só possui existência por intermédio da ação não só criadora, mas recriadora de sua divindade.

et perfectione, ut Glossa[13] dicit, 1Cor 15,20-23. Semper autem id quod est perfectissimum, est exemplar quod imitantur minus perfecta secundum suum modum. Et ideo resurrectio Christi est exemplar nostrae resurrectionis. Quod quidem necessarium est, non ex parte resuscitantis, qui non indiget exemplari: sed ex parte resuscitatorum, quos oportet illi resurrectioni conformari, secundum illud Philp 3,21: *Reformabit corpus humilitatis nostrae, configuratum corpori claritatis suae*. Licet autem efficientia resurrectionis Christi se extendat ad resurrectionem tam bonorum quam malorum, exemplaritas tamen eius se extendit proprie solum ad bonos, qui sunt facti conformes filiationis ipsius, ut dicitur Rm 8,29.

AD QUARTUM dicendum quod, secundum rationem efficientiae, quae dependet ex virtute divina, communiter tam mors Christi quam etiam resurrectio est causa tam destructionis mortis quam reparationis vitae. Sed secundum rationem exemplaritatis, mors Christi, per quam recessit a vita mortali, est causa destructionis mortis nostrae: resurrectio vero eius, per quam inchoavit vitam immortalem, est causa reparationis vitae nostrae. Passio tamen Christi est insuper causa meritoria, ut supra[14] dictum est.

ARTICULUS 2
Utrum resurrectio Christi sit causa resurrectionis animarum

AD SECUNDUM SIC PROCEDITUR. Videtur quod resurrectio Christi non sit causa resurrectionis animarum.

1. Dicit enim Augustinus, *super Ioan*.[1], quod *corpora resurgunt per dispensationem humanam, sed animae resurgunt per substantiam Dei*. Sed resurrectio Christi non pertinet ad substantiam Dei, sed ad dispensationem humanam. Ergo resurrectio Christi, etsi sit causa resurrectionis corporum, non tamen videtur esse causa resurrectionis animarum.

2. PRAETEREA, corpus non agit in spiritum. Sed resurrectio Christi pertinet ad corpus eius, quod cecidit per mortem. Ergo resurrectio Christi non est causa resurrectionis animarum.

primeira em dignidade e em perfeição, como diz a Glosa. O que é mais perfeito, porém, é sempre um exemplo que os menos perfeitos imitam, a seu modo. Assim, a ressurreição de Cristo é causa exemplar de nossa ressurreição. O que é necessário, não por parte do que ressuscita, que não precisa de exemplar, mas por parte dos ressuscitados, que têm necessidade de se conformar com aquela ressurreição, como diz a Carta aos Filipenses: "Transformará nosso pobre corpo tornando-o semelhante a seu corpo glorioso". E embora a eficiência da ressurreição de Cristo se estenda à ressurreição tanto dos bons quanto dos maus, a exemplaridade dele se estende propriamente apenas aos bons, que se fizeram "conformes à imagem de seu Filho", como diz a Carta aos Romanos.

QUANTO AO 4º, deve-se dizer que, segundo a razão de eficiência, a qual depende do poder divino, de modo geral, tanto a morte de Cristo, como sua ressurreição, são causa da destruição da morte, como da restauração da vida. Mas, segundo a razão de exemplaridade, a morte de Cristo, pela qual se afastou da vida mortal, é a causa da destruição de nossa morte, mas a ressurreição, pela qual começou uma vida imortal, é causa da restauração de nossa vida. Todavia, a paixão de Cristo é, além disso, causa meritória, como dito acima.

ARTIGO 2
A ressurreição de Cristo é causa da ressurreição das almas?

QUANTO AO SEGUNDO, ASSIM SE PROCEDE: parece que a ressurreição de Cristo **não** é causa da ressurreição das almas.

1. Na verdade, diz Agostinho que "os corpos ressuscitam por uma exceção humana, mas as almas ressurgem pela substância de Deus". Ora, a ressurreição de Cristo não diz respeito à substância de Deus, mas à exceção humana. Logo, a ressurreição de Cristo, embora seja causa da ressurreição dos corpos, parece que não é causa da ressurreição das almas.

2. ALÉM DISSO, o corpo não age sobre o espírito. Ora, a ressurreição de Cristo diz respeito a seu corpo, que a morte fez sucumbir. Logo, a ressurreição de Cristo não é causa da ressurreição das almas.

---

13. Interl.; LOMBARDI: ML 191, 1678 C.
14. Q. 48, a. 1.

PARALL.: III *Sent*., dist. 21, q. 2, a. 2, ad 1; IV, dist. 49, *Expos. Litt.; Cont. Gent*. IV, 79; *De Verit*., q. 27, a. 3, ad 7; q. 29, a. 4, ad 1; *Compend. Theol*., c. 239.

1. Tract. 23, n. 6, super 5, 30: ML 35, 1586.

3. PRAETEREA, quia resurrectio Christi est causa resurrectionis corporum, omnium corpora resurgent: secundum illud 1Cor 15,51: *Omnes quidem resurgemus*. Sed non omnium animae resurgent: quia quidem *ibunt in supplicium aeternum*, ut dicitur Mt 25,46. Ergo resurrectio Christi non est causa resurrectionis animarum.

4. PRAETEREA, resurrectio animarum fit per remissionem peccatorum. Sed hoc factum est per Christi passionem: secundum illud Ap 1,5: *Lavit nos a peccatis nostris in sanguine suo*. Ergo resurrectionis animarum magis est causa Christi passio quam eius resurrectio.

SED CONTRA est quod Apostolus dicit, Rm 4,25: *Resurrexit propter iustificationem nostram*: quae nihil aliud est quam resurrectio animarum. Et super illud Ps 29,6, *Ad vesperum demorabitur fletus*, dicit Glossa[2] quod *resurrectio Christi causa est resurrectionis nostrae et animae in praesenti, et corporis in futuro*.

RESPONDEO dicendum quod, sicut dictum est[3], resurrectio Christi agit in virtute divinitatis. Quae quidem se extendit non solum ad resurrectionem corporum, sed etiam ad resurrectionem animarum: a Deo enim est et quod anima vivit per gratiam, et quod corpus vivit per animam. Et ideo resurrectio Christi habet instrumentaliter virtutem effectivam non solum respectu resurrectionis corporum, sed etiam respectu resurrectionis animarum.

Similiter autem habet rationem exemplaritatis respectu resurrectionis animarum. Quia Christo resurgenti debemus etiam secundum animam conformari: *ut sicut*, secundum Apostolum, Rm 6,4, *Christus resurrexit a mortuis per gloriam Patris, ita et nos in novitate vitae ambulemus*; et sicut ipse *resurgens ex mortuis iam non moritur, ita et nos existimemus nos mortuos esse peccato* [v. 8-9,11], ut iterum nos *vivamus cum illo*.

AD PRIMUM ergo dicendum quod Augustinus dicit resurrectionem animarum fieri per Dei substantiam, quantum ad participationem: quia scilicet participando divinam bonitatem animae fiunt iustae et bonae, non autem participando quamcumque creaturam. Unde, cum dixisset, *Animae resurgunt*

3. ADEMAIS, uma vez que a ressurreição de Cristo é causa da ressurreição dos corpos, os corpos de todos ressuscitarão, conforme diz a primeira Carta aos Coríntios: "Todos ressuscitaremos". Ora, nem todas as almas ressuscitarão, pois alguns "irão para o castigo eterno", como diz o Evangelho de Mateus. Logo, a ressurreição de Cristo não é causa da ressurreição das almas.

4. ADEMAIS, a ressurreição das almas se dá pela remissão dos pecados. Ora, essa remissão aconteceu pela paixão de Cristo, conforme o que diz o Apocalipse: "Lavou-nos de nossos pecados por seu sangue". Logo, a causa da ressurreição das almas é a paixão de Cristo, mais que sua ressurreição.

EM SENTIDO CONTRÁRIO, diz a Carta aos Romanos: "Ressuscitou para nossa justificação", que nada mais é senão a ressurreição das almas. E, comentando o Salmo 29: "De noite se detêm as lágrimas", diz a Glosa que "a ressurreição de Cristo é causa de nossa ressurreição, da alma, no presente, e do corpo, no futuro".

RESPONDO. Como foi dito, a ressurreição de Cristo age pelo poder da divindade e se estende não só à ressurreição dos corpos, mas também à ressurreição das almas, pois é vontade de Deus que a alma viva pela graça e que o corpo viva pela alma. Portanto, a ressurreição de Cristo tem como instrumento o poder efetivo, não só em relação à ressurreição dos corpos, mas também em relação à ressurreição das almas.

Igualmente, é causa exemplar em relação à ressurreição das almas, pois temos de nos conformar ao Cristo ressuscitado também segundo a alma, "a fim de que", como diz o Apóstolo, "assim como Cristo ressuscitou dos mortos pela glória do Pai, também nós levemos uma vida nova", e assim como ele "ressuscitado de entre os mortos, não morre mais... também nós: consideremo-nos mortos para o pecado" para que estejamos "vivos com ele"[c].

QUANTO AO 1º, portanto, deve-se dizer que Agostinho afirma que a ressurreição das almas acontece pela substância de Deus, em relação à participação, pois é por participar da divina bondade que as almas se tornam boas e justas e não por participar de qualquer criatura. Por isso, quando

---

2. Interl.; LOMBARDI: ML 191, 195 A.
3. A. praec., ad 3.

c. Que a ressurreição corporal de Cristo possa ser causa eficiente da ressurreição das almas das quais é o símbolo, isto é, da infusão nelas de uma nova vida, da vida mesma de Cristo, de sua graça, trata-se de uma aplicação da teoria da causalidade instrumental. Mas a graça só pode ser dada ao que a acolhe, que não se desvia dela. É por isso que Sto. Tomás diz em outro lugar que, para que se exerça a causalidade da ressurreição de Cristo, um "contato espiritual pela fé e pelos sacramentos".

per substantiam Dei, subdit[4] *Participatione enim Dei fit anima beata, non participatione animae sanctae.* Sed participando gloriam corporis Christi, efficientur corpora nostra gloriosa.

AD SECUNDUM dicendum quod efficacia resurrectionis Christi pertingit ad animas, non per propriam virtutem ipsius corporis resurgentis, sed per virtutem divinitatis, cui personaliter unitur.

AD TERTIUM dicendum quod resurrectio animarum pertinet ad meritum, quod est effectus iustificationis: sed resurrectio corporum ordinatur ad poenam vel praemium, quae sunt effectus iudicantis. Ad Christum autem non pertinet iustificare omnes, sed iudicare. Et ideo omnes resuscitat secundum corpus, sed non secundum animam.

AD QUARTUM dicendum quod in iustificatione animarum duo concurrunt: scilicet remissio culpae, et novitas vitae per gratiam. Quantum vero ad efficaciam, quae est per virtutem divinam, tam passio Christi quam resurrectio est causa iustificationis quoad utrumque. Sed quantum ad exemplaritatem, proprie passio et mors Christi est causa remissionis culpae, per quam morimur peccato: resurrectio autem est causa novitatis vitae, quae est per gratiam sive iustitiam. Et ideo Apostolus dicit, Rm 4,25, quod *traditus est*, scilicet in mortem, *propter delicta nostra*, scilicet tollenda, *et resurrexit propter iustificationem nostram*. Sed passio Christi est etiam causa meritoria, ut dictum est[5].

disse que "as almas ressuscitam pela substância de Deus", acrescenta: "pois pela participação de Deus é que a alma se torna bem-aventurada, não pela participação da alma santa". Mas, participando da glória do corpo de Cristo, os nossos corpos se tornarão gloriosos.

QUANTO AO 2º, deve-se dizer que a eficiência da ressurreição de Cristo atinge as almas não pelo poder próprio do corpo ressuscitado, mas pelo poder da divindade, ao qual está pessoalmente unido.

QUANTO AO 3º, deve-se dizer que a ressurreição das almas diz respeito ao mérito, que é efeito da justificação, ao passo que a ressurreição dos corpos se ordena à pena ou ao prêmio, que são efeitos daquele que julga. Ora, não cabe a Cristo justificar todos os homens, mas julgá-los. Portanto, a todos ressuscita no que diz respeito ao corpo, mas não quanto à alma.

QUANTO AO 4º, deve-se dizer que duas coisas concorrem para a justificação das almas, ou seja, a remissão da culpa e a novidade de vida pela graça. Em relação, pois, à eficiência, que se dá pelo poder divino, tanto a paixão de Cristo quanto a ressurreição são causas da justificação sob ambos os aspectos. Mas quanto à exemplaridade, propriamente falando, a paixão e a morte de Cristo são a causa da remissão da culpa, pela qual morremos para o pecado, mas a ressurreição de Cristo é causa da novidade de vida, que se dá pela graça ou justiça. Por isso, diz a Carta aos Romanos que "foi entregue", ou seja, entregue à morte, "por nossas faltas", ou seja, para que fossem tiradas, e "foi ressuscitado para nossa justificação". Mas a paixão de Cristo é também meritória, como foi dito[d].

---

4. Tract. 23, n. 5, s per 5, 31: ML 35, 1585.
5. A. praec., ad 4; q. 48, a. 1.

d. É nesta resposta à quarta objeção que se pode encontrar num belo resumo o conceito integral da redenção, obtida de modo inseparável da morte e ressurreição de Cristo.
A "justificação das almas", efeito da redenção, apresenta dois aspectos. Por um lado, é destruição e remissão da falta, e por outro é a novidade da vida pela graça. A paixão e a morte (o ato de morrer) de Jesus obtêm a remissão da falta, por sua força satisfatória e pela novidade da via, por seu valor meritório. Mas, por seu valor eficiente são igualmente a causa da abolição do pecado como força positiva, do que S. Paulo chama de "morte no pecado" (causamos, de fato, aquilo de que somos o exemplar, o símbolo). E é a ressurreição que é a causa própria da novidade da vida pela graça. Assim interpreta Sto. Tomás Rm 4, 25: "[Jesus, nosso Senhor], entregue por nossas faltas e ressuscitado para nossa justificação". Morte e ressurreição só agem juntas, pois a *fé* que nos põe em contato com a causa da salvação só pode incidir sobre as duas juntas, *per modum unius*. E o que significa a ressurreição senão a vida brotando da morte, e o que significava a morte de Cristo senão o a engendramento de uma nova vida? O efeito da morte e da ressurreição lhes é comum, mas a parte de uma se reconhece em tudo que está morto para a vida, o efeito da outra em tudo o que é vida.

QUAESTIO LVII
DE ASCENSIONE CHRISTI
in sex articulos divisa
Deinde considerandum est de ascensione Christi.

Et circa hoc quaeruntur sex.
Primo: utrum fuerit conveniens Christum ascendere.
Secundo: secundum quam naturam conveniat sibi ascensio.
Tertio: utrum propria virtute ascenderit.
Quarto: utrum ascenderit super omnes caelos corporeos.
Quinto: utrum ascenderit super omnes spirituales creaturas.
Sexto: de effectu ascensionis.

Articulus 1
Utrum fuerit conveniens Christum ascendere

AD PRIMUM SIC PROCEDITUR. Videtur quod non fuerit conveniens Christum ascendere.

1. Dicit enim Philosophus, in II *de Caelo*[1], quod *illa quae optimo modo se habent, possident suum bonum sine motu.* Sed Christus optime se habuit: quia et secundum naturam divinam est summum bonum; et secundum humanam est summe glorificatus. Ergo suum bonum habet sine motu. Sed ascensio est quidam motus. Ergo non fuit conveniens quod Christus ascenderet.

2. PRAETEREA, omne quod movetur, movetur propter aliquid melius. Sed Christo non fuit melius esse in caelo quam in terra: nihil enim accrevit sibi per hoc quod fuit in caelo, neque quantum ad animam neque quantum ad corpus. Ergo videtur quod Christus non debuit in caelum ascendere.

QUESTÃO 57
A ASCENSÃO DE CRISTO[a]
em seis artigos
A seguir, deve-se considerar a ascensão de Cristo.
A respeito, são seis as perguntas:
1. Foi conveniente ter Cristo subido ao céu?
2. A ascensão lhe convém segundo que natureza?
3. Subiu ao céu por seu próprio poder?
4. Subiu acima de todos os céus corpóreos?
5. Acima de todas as criaturas espirituais?
6. Qual o efeito da ascensão?

Artigo 1
Foi conveniente ter Cristo subido ao céu?

QUANTO AO PRIMEIRO ARTIGO, ASSIM SE PROCEDE: parece que **não** foi conveniente ter Cristo subido ao céu.

1. Na verdade, diz o Filósofo, no livro II do *Céu*, que "o que está em estado de perfeição tem posse de seu bem, sem se mover". Ora, Cristo estava em estado de perfeição, pois, segundo a natureza divina, é o sumo bem, e, segundo a natureza humana, foi sumamente glorificado. Logo, está na posse de seu bem, sem se mover. Ora, a ascensão é, em certo sentido, um movimento. Logo, não era conveniente que Cristo subisse ao céu.

2. ALÉM DISSO, tudo o que se move move-se por causa de algo melhor. Ora, para Cristo não era melhor estar no céu que na terra, pois o fato de estar no céu nada lhe acrescentava, nem quanto à alma nem quanto ao corpo. Logo, parece que Cristo não deveria subir ao céu.

---

1 PARALL.: III *Sent.*, dist. 22, q. 3, a. 1; *Compend. Theol.*, c. 240; *in Symb. Apost.*, a. 6.
   1. C. 12: 292, b, 5.

a. Sto. Tomás não pensou que a Ascensão tenha acarretado para Cristo ressuscitado uma outra modificação que não a de "lugar", toda a sua glorificação se realizando no ato mesmo de sua ressurreição, e dizendo bem mais respeito a seu corpo do que à sua alma, já espiritualmente completa na terra. Limitando-se a teologia da Ascensão nessa mudança de "lugar" para Cristo, ler-se-á um texto tributário de uma cosmologia hoje desaparecida. Mas é com uma mentalidade perdida que lidamos, pois Sto. Tomás só se interessa pelo aspecto simbólico do alto e do baixo, e no sentido do que ele chama de "lugar próprio", como que marcando o lugar de um ser na ordem verdadeira e final do mundo. Para Cristo a primeira posição. E que não deixa de marcar a distância, dada a extensão universal de sua virtude e a capacidade que possuem os corpos gloriosos de atingir o mesmo lugar que o pensamento (a. 3).
Leiamos esses artigos, portanto, um pouco como lemos o *Paraíso* de Dante, ou como contemplamos as representações medievais da majestade de Cristo.

3. PRAETEREA, Filius Dei humanam naturam assumpsit ad nostram salutem. Sed magis fuisset salutare hominibus quod semper conversaretur nobiscum in terris: ut ipse dixit discipulis suis, Lc 17,22: *Venient dies quando desideretis videre unum diem Filii Hominis, et non videbitis*. Videtur ergo quod non fuerit conveniens Christum ascendere in caelum.

4. PRAETEREA, sicut Gregorius dicit, in XIV *Moral*.[2], corpus Christi in nullo mutatum fuit post resurrectionem. Sed non immediate post resurrectionem ascendit in caelum: quia ipse dicit post resurrectionem, Io 20,17: *Nondum ascendi ad Patrem meum*. Ergo videtur quod nec post quadraginta dies ascendere debuerit.

SED CONTRA est quod Dominus dicit, Io 20,17: *Ascendo ad Patrem meum et Patrem vestrum*.

RESPONDEO dicendum quod locus debet esse proportionatus locato. Christus autem per resurrectionem vitam immortalem et incorruptibilem inchoavit. Locus autem in quo nos habitamus, est locus generationis et corruptionis: sed locus caelestis est locus incorruptionis. Et ideo non fuit conveniens quod Christus post resurrectionem remaneret in terris, sed conveniens fuit quod ascenderet in caelum.

AD PRIMUM ergo dicendum quod illud optime se habens quod sine motu possidet suum bonum, est Deus, qui est omnino immutabilis, secundum illud Mal 3,6: *Ego Dominus, et non mutor*. Quaelibet autem creatura est aliquo modo mutabilis: ut patet per Augustinum, VIII *super Gen. ad litt*.[3]. Et quia natura assumpta a Filio Dei remansit creata, ut patet ex his quae supra[4] dicta sunt, non est inconveniens si ei aliquis motus attribuatur.

AD SECUNDUM dicendum quod per hoc quod Christus ascendit in caelum, nihil ei accrevit quantum ad ea quae sunt de essentia gloriae, sive secundum corpus sive secundum animam: tamen accrevit ei aliquid quantum ad loci decentiam, quod est ad bene esse gloriae. Non quod corpori eius aliquid aut perfectionis aut conservationis acquireretur ex corpore caelesti: sed solummodo propter quandam decentiam. Hoc autem aliquo modo pertinebat ad eius gloriam. Et de hac decentia gaudium quoddam habuit: non quidem quod tunc de novo de hoc gaudere inciperet quando in caelum ascendit; sed quia novo modo de hoc

3. ADEMAIS, o Filho de Deus assumiu a nossa natureza para nossa salvação. Ora, teria sido mais salutar para os homens se ele convivesse sempre conosco na terra, como ele mesmo disse a seus discípulos: "Dias virão em que desejareis ver um só dos dias do Filho do Homem, e não o vereis". Logo, parece que não foi conveniente ter Cristo subido ao céu.

4. ADEMAIS, como diz Gregório, o corpo de Cristo em nada mudou após a ressurreição. Ora, não subiu ao céu imediatamente após a ressurreição, pois ele mesmo dissera, depois da ressurreição: "Eu ainda não subi para meu Pai". Logo, parece que nem depois de quarenta dias deveria subir ao céu.

EM SENTIDO CONTRÁRIO, diz o Senhor no Evangelho de João: "Subo para meu Pai, que é vosso Pai".

RESPONDO. O lugar deve ter proporção com o que nele está. Ora, Cristo, após a ressurreição, deu início a uma vida imortal e incorruptível, e o lugar em que habitamos é lugar de geração e de corrupção, ao passo que o lugar celeste é um lugar de incorrupção. Logo, não era conveniente que Cristo, após a ressurreição, permanecesse na terra, e, sim, que subisse ao céu.

QUANTO AO 1º, portanto, deve-se dizer que o que está em estado de perfeição e tem posse de seu bem, sem se mover, é Deus, pois é absolutamente imutável, conforme o livro de Malaquias: "Eu, o Senhor, e não mudo". Ora, qualquer criatura é de algum modo mutável, como esclarece Agostinho. E porque a natureza assumida pelo Filho de Deus continuou sendo criatura, como ficou evidente do que se disse acima, não há inconveniência em lhe atribuir algum movimento.

QUANTO AO 2º, deve-se dizer que pelo fato de Cristo ter subido ao céu nada lhe foi acrescentado em relação à essência da glória, quer no corpo, quer na alma, mas algo se lhe acrescentou no que diz respeito ao decoro do lugar, o que redunda em bem da glória. Não que seu corpo tivesse se aperfeiçoado ou se mantido por causa de um corpo celeste, mas apenas por certo decoro. O que, em certo sentido, tinha relação com sua glória. E desse decoro lhe advinha certa alegria, não porque então começasse de novo a gozar daquele lugar, ao subir para o céu, mas porque passou a gozá-lo de um modo diferente, como de algo que se completa. Por

---

2. C. 56, al. 29, in vet. 31, n. 72: ML 75, 1078 B.
3. C. 14, n. 31: ML 34, 384.
4. Q. 2, a. 7; q. 16, a. 8, 10; q. 20, a. 1.

gavisus est, sicut de re impleta. Unde super illud Ps 15,10, *Delectationes in dextera tua usque in finem*, dicit Glossa[5]: *Delectatio et laetitia erit mihi in consessu tuo humanis obtutibus subtracto*.

AD TERTIUM dicendum quod, licet praesentia corporalis Christi fuerit subtracta fidelibus per ascensionem, praesentia tamen divinitatis ipsius semper adest fidelibus: secundum quod ipse dicit, Mt 28,20: *Ecce, ego vobiscum sum omnibus diebus usque ad consummationem saeculi*. Qui enim *ascendit in caelos, non deserit adoptatos*, ut Leo Papa dicit[6].

Sed ipsa ascensio Christi in caelum, qua corporalem suam praesentiam nobis subtraxit, magis fuit nobis quam praesentia corporalis fuisset. Primo quidem, propter fidei augmentum, quae est de non visis. Unde ipse Dominus dicit, Io 16,8, quod Spiritus Sanctus adveniens *arguet mundum de iustitia*, scilicet *eorum qui credunt*, ut Augustinus dicit, *super Ioan*[7]: *ipsa quippe fidelium comparatio infidelium est vituperatio*. Unde subdit [v. 10], "*Quia ad Patrem vado, et iam non videbitis me*": *beati enim qui non vident, et credunt*. Erit itaque nostra iustitia de qua mundus arguitur: "*quoniam in me, quem non videbitis, credetis*".

Secundo, ad spei sublevationem. Unde ipse dicit, Io 14,3: *Si abiero et praeparavero vobis locum, iterum veniam, et accipiam vos ad meipsum, ut ubi ego sum, et vos sitis*. Per hoc enim quod Christus humanam naturam assumptam in caelo collocavit, dedit nobis spem illuc perveniendi: quia *ubi fuerit corpus, illuc congregabuntur et aquilae*, ut dicitur Mt 24,28. Unde et Mich 2,13 dicitur: *Ascendit pandens iter ante eos*.

Tertio, ad erigendum caritatis affectum in caelestia. Unde dicit Apostolus, Cl 3,1-2: *Quae sursum sunt quaerite, ubi Christus est in dextera Dei sedens: quae sursum sunt sapite, non quae super terram*. Ut enim dicitur Mt 6,21, *ubi est thesaurus tuus, ibi est et cor tuum*. Et quia Spiritus Sanctus est amor nos in caelestia rapiens, ideo Dominus dicit discipulis, Io 16,7: *Expedit vobis ut ego vadam*.

isso, a respeito do que diz o Salmo 15: "À tua destra, delícias eternas até o fim", comenta a Glosa: "Terei prazer e alegria quando estiver sentado a teu lado, após ter sido tirado da vista humana".

QUANTO AO 3º, deve-se dizer que, embora os fiéis, pela ascensão, tenham sido privados da presença corporal de Cristo, sua presença divina é constante entre os fiéis, conforme ele mesmo diz: "Eis que eu estou convosco todos os dias, até a consumação dos tempos". E como diz o papa Leão, "aquele que subiu aos céus não abandona os que adotou"[b].

Mas a ascensão de Cristo ao céu, que nos tirou sua presença corporal, foi de maior utilidade para nós do que teria sido a presença corporal. Primeiro, para aumento da fé, que é sobre o que não se vê. Por isso, o próprio Senhor diz no Evangelho de João que o Espírito Santo, ao vir, "arguirá o mundo a respeito da justiça", ou seja, da justiça "dos que creem"; como diz Agostinho: "A própria comparação dos fiéis com os infiéis é uma censura". Por isso, acrescenta: "Porque eu vou para o Pai e não me vereis mais, pois são bem-aventurados os que não veem e creem. Será nossa a justiça, de que o mundo será arguido, porque credes em mim, a quem não vedes".

Segundo, para reerguer a esperança. Por isso, ele próprio diz: "Quando tiver ido, prepararei um lugar para vós, voltarei e vos tomarei comigo, de tal sorte que lá onde eu estiver também vós estejais". Na verdade, pelo fato de Cristo ter elevado ao céu sua natureza humana assumida, deu-nos a esperança de lá chegarmos, pois "onde quer que esteja o corpo, ali se reunirão as águias", como diz Mateus. Por isso, diz também no livro de Miqueias: "Já subiu, diante deles, aquele que abre o caminho".

Terceiro, para elevar às coisas celestes o afeto do amor. Por isso, diz o Apóstolo: "Procurai o que está no alto, lá onde se encontra Cristo, sentado à direita de Deus; aspirai às coisas de cima, não às da terra", pois, como foi dito, "onde estiver o teu tesouro, ali também estará o teu coração". E porque o Espírito Santo é o Amor que nos arrebata para as coisas do céu, diz o Senhor aos discípulos:

---

5. LOMBARDI: ML 191, 176 C.
6. *De Resurrect.*, serm. 2, c. 3: ML 54, 392 A.
7. Tract. 95, n. 2, super 16, 9: ML 35, 1871.

b. Cristo só estaria presente a sua Igreja e a seus fiéis por meio de sua divindade? Notemos que, de qualquer modo, ali onde está Cristo, ele está inteiro, mesmo que ele esteja ali por sua divindade (um pouco acima, na q. 52, a. 3). Mas não esqueçamos, principalmente, o que Tomás nos diz de nossa participação na graça de Cristo, da eficiência de sua humanidade para produzi-la, de nosso contato espiritual com ele pela fé e pelos sacramentos, dessa continuidade vital com ele expressa pela imagem do corpo místico.

Si enim non abiero, Paraclitus non veniet ad vos: si autem abiero, mittam eum ad vos. Quod exponens Augustinus, *super Ioan.*[8], dicit: *Non potestis capere Spiritum quandiu secundum carnem nosse persistitis Christum. Christo autem discedente corporaliter, non solum Spiritus Sanctus, sed et Pater et Filius illis affuit spiritualiter.*

AD QUARTUM dicendum quod, licet Christo resurgenti in vitam immortalem, congrueret locus caelestis, tamen ascensionem distulit, ut veritas resurrectionis comprobaretur. Unde dicitur Act 1,3, quod *post passionem suam praebuit seipsum vivum discipulis in multis argumentis per dies quadraginta.* Ubi dicit glossa quaedam[9] quod, *quia quadraginta horas mortuus fuerat, quadraginta diebus se vivere confirmat. Vel per quadraginta dies tempus praesentis saeculi, quo Christus in Ecclesia conversatur, potest intelligi: secundum quod homo constat ex quatuor elementis, et eruditur contra transgressionem decalogi.*

"É de vosso interesse que eu parta; com efeito, se eu não partir, o Paráclito não virá a vós; se, pelo contrário, eu partir, eu vo-lo enviarei". Comentando essa passagem, diz Agostinho: "Não podeis receber o Espírito enquanto persistirdes em conhecer a Cristo segundo a carne. Pois quando Cristo se afastou corporalmente, não somente o Espírito Santo, mas o Pai e o Filho estavam espiritualmente em presença deles.

QUANTO AO 4º, deve-se dizer que, embora o lugar celeste fosse o lugar conveniente a Cristo que ressurgira para a vida imortal, ele adiou a ascensão a fim de comprovar a verdade de sua ressurreição. Por isso, diz o livro dos Atos que "é aos discípulos que Jesus se apresenta vivo após sua Paixão, com muitas provas", durante quarenta dias. Comentando, certa Glosa diz que "tendo ficado morto por quarenta horas, confirma por quarenta dias que ele está vivo. Ou os quarenta dias podem ser entendidos como o tempo deste mundo em que Cristo convive na Igreja; porquanto o homem é composto de quatro elementos e é instruído para que não transgrida o decálogo.

ARTICULUS 2
Utrum ascendere in caelum conveniat Christo secundum naturam divinam

AD SECUNDUM SIC PROCEDITUR. Videtur quod ascendere in caelum conveniat Christo secundum naturam divinam.

1. Dicitur enim in Ps 46,6: *Ascendit Deus in iubilatione*; et Dt 33,26: *Ascensor caeli auxiliator tuus.* Sed ista dicuntur de Deo etiam ante Christi incarnationem. Ergo Christo convenit ascendere in caelum secundum quod Deus.

2. PRAETEREA, eiusdem est ascendere in caelum cuius est descendere de caelo: secundum illud Io 3,13: *Nemo ascendit in caelum nisi qui de caelo descendit*; et Eph 4,10: *Qui descendit, ipse est et qui ascendit.* Sed Christus descendit de caelo, non secundum quod homo, sed secundum quod Deus: non enim humana eius natura ante in caelo fuerat, sed divina. Ergo videtur quod Christus ascendit in caelum secundum quod Deus.

3. PRAETEREA, Christus sua ascensione ascendit ad Patrem. Sed ad Patris aequalitatem non

ARTIGO 2
Subir ao céu convém a Cristo segundo a natureza divina?

QUANTO AO SEGUNDO, ASSIM SE PROCEDE: parece que subir ao céu convém a Cristo segundo a natureza divina.

1. Na verdade, diz o Salmo 46: "Deus subiu entre aclamações" e em outra parte: "O que sobe aos céus é o teu auxílio". Ora, essas palavras foram ditas de Deus, mesmo antes da encarnação de Cristo. Logo, subir ao céu é próprio de Cristo como Deus.

2. ALÉM DISSO, sobe ao céu aquele que dele desce, conforme diz o Evangelho de João: "Ninguém subiu ao céu senão aquele que desceu do céu", e o Apóstolo: "Aquele que desceu é também o que subiu". Ora, Cristo desceu do céu não como homem, mas como Deus, pois, antes, sua natureza no céu não era humana, mas divina. Logo, parece que Cristo subiu ao céu como Deus.

3. ADEMAIS, por sua ascensão, Cristo subiu ao Pai. Ora, não foi como homem que chegou à

---
8. Tract. 94, nn. 4, 5, super 16, 7: ML 35, 1869.
9. Ordin.: ML 114, 426 CD.

PARALL.: III *Sent.*, dist. 22, q. 3, a. 1, ad 2; *Compend. Theol.*, c. 240.

pervenit secundum quod homo: sic enim dicit, *maior me est*, ut habetur Io 14,28. Ergo videtur quod Christus ascendit secundum quod Deus.

SED CONTRA est quod, Eph 4, super illud [v. 9], *Quod autem ascendit, quid est nisi quia descendit*, dicit Glossa[1]: *Constat quod secundum humanitatem Christus descendit et ascendit*.

RESPONDEO dicendum quod ly *secundum quod* duo potest notare: scilicet conditionem ascendentis, et causam ascensionis. Et si quidem designet conditionem ascendentis, tunc ascendere non potest convenire Christo secundum conditionem divinae naturae. Tum quia nihil est deitate altius, quo possit ascendere. Tum etiam quia ascensio est motus localis, qui divinae naturae non competit, quae est immobilis et inlocalis. Sed per hunc modum ascensio competit Christo secundum humanam naturam, quae continetur loco, et motui subiici potest. Unde sub hoc sensu poterimus dicere quod Christus ascendit in caelum secundum quod homo, non secundum quod Deus.

Si vero ly *secundum quod* designet causam ascensionis, cum etiam Christus ex virtute divinitatis in caelum ascenderit, non autem ex virtute humanae naturae, dicendum erit quod Christus ascendit in caelum, non secundum quod homo, sed secundum quod Deus. Unde Augustinus dicit, in Sermone *de Ascensione*[2]: *De nostro fuit quod Filius Dei pependit in cruce: de suo quod ascendit*.

AD PRIMUM ergo dicendum quod auctoritates illae prophetice dicuntur de Deo secundum quod erat incarnandus.

Potest tamen dici quod ascendere, etsi non proprie conveniat divinae naturae, potest tamen ei metaphorice convenire: prout scilicet dicitur *in corde hominis ascendere*, quando cor hominis se subiicit et humiliat Deo. Et eodem modo metaphorice dicitur ascendere respectu cuiuslibet creaturae, ex eo quod eam subiicit sibi.

AD SECUNDUM dicendum quod ipse idem est qui ascendit et qui descendit. Dicit enim Augustinus, in libro *de Symbolo*[3]: *Quis est qui descendit? Deus homo. Quis est qui ascendit? Idem ipse Deus homo.*

Descensus tamen duplex attribuitur Christo. Unus quidem, quo dicitur descendisse de caelo. Qui quidem attribuitur Deo homini secundum

igualdade com o Pai, pois ele próprio diz: "O Pai é maior do que eu". Logo, parece que Cristo subiu ao céu como Deus.

EM SENTIDO CONTRÁRIO, comentando a Carta aos Efésios: "Ele subiu! Que quer dizer isso, senão que ele também desceu?", diz a Glosa: "É claro que Cristo desceu e subiu segundo sua humanidade".

RESPONDO. O termo *segundo* tem dupla significação: a condição de quem ascende e a causa da ascensão. Quando expressa a condição de quem ascende, então a ascensão não pode convir a Cristo segundo a condição da natureza divina, quer porque nada é mais elevado que a divindade à qual pudesse ascender, quer porque a ascensão é um movimento local, que não é próprio da natureza divina, imóvel e ilocável. Mas a ascensão, sob esse ponto de vista, é própria de Cristo segundo a natureza humana, que está limitada num espaço e pode ser sujeita a um movimento. Portanto, nesse sentido, poderíamos dizer que Cristo subiu ao céu, como homem, não como Deus.

Mas se o termo *segundo* designa a causa da ascensão, uma vez que Cristo subiu ao céu pelo poder da divindade, e não da natureza humana, deve-se dizer que Cristo subiu ao céu não como homem, mas como Deus. Por isso, diz Agostinho: "Foi por obra nossa que o Filho de Deus pendeu da cruz, mas foi por obra dele que subiu ao céu".

QUANTO AO 1º, portanto, deve-se dizer que aquelas passagens falam profeticamente de Deus, dando conta de que iria se encarnar.

Todavia, pode-se dizer que subir, embora não convenha propriamente à natureza divina, pode lhe convir de modo metafórico. Por exemplo, podemos dizer que *subir está no coração do homem*, quando seu coração se sujeita e se humilha diante de Deus. E, do mesmo modo, dizemos que Cristo sobe, metaforicamente, em relação a qualquer criatura, pelo fato de a sujeitar a si.

QUANTO AO 2º, deve-se dizer que o que subiu é o mesmo que desceu. É o que diz Agostinho: "Quem foi que desceu? Deus Homem. Quem é o que ascendeu? O mesmíssimo Deus Homem".

Atribui-se, porém, a Cristo uma dupla descida: a primeira, quando dizemos que desceu do céu; a qual é atribuída a Deus Homem, como

---
1. LOMBARDI: ML 192, 199 D.
2. Inter Opp. Aug., Serm. 176, olim *de Temp*. 176, al. 58, n. 3: ML 39, 2082.
3. Lib., al. Serm. 4 *de Symb., ad Catechum*., c. 7: ML 40, 666. — (Inter dub. Aug.).

quod Deus. Non enim est iste descensus intelligendus secundum modum localem: sed secundum *exinanitionem*, qua, *cum in forma Dei esset, servi formam suscepit*. Sicut enim dicitur exinanitus, non ex eo quod suam plenitudinem amitteret, sed ex eo quod nostram parvitatem suscepit; ita dicitur descendisse de caelo, non quia caelum deseruerit, sed quia naturam terrenam assumpsit in unitatem personae.

Alius autem est descensus quo *descendit in inferiores partes terrae*, ut dicitur Eph 4,9. Qui quidem est descensus localis. Unde competit Christo secundum conditionem humanae naturae.

AD TERTIUM dicendum quod Christus dicitur ad Patrem ascendere, inquantum ascendit ad consessum paternae dexterae. Quod quidem convenit Christo aliqualiter secundum divinam naturam, aliqualiter autem secundum humanam, ut infra[4] dicetur.

Deus. Essa descida não deve ser entendida como descida local, mas segundo o "despojamento" pelo qual "sendo de condição divina, tomou a condição de servo". Pois, assim como dizemos que foi reduzido a nada, não porque tivesse perdido sua plenitude, mas porque assumira nossa pequenez, assim também dizemos que desceu do céu, não porque tivesse perdido o céu, mas porque assumira a natureza terrena na unidade da pessoa.

A outra, porém, é a descida "até embaixo da terra", como diz a Carta aos Efésios. É uma descida local. Portanto, atribui-se a Cristo segundo a condição da natureza humana.

QUANTO AO 3º, deve-se dizer que se diz ter Cristo subido para o Pai como quem sobe para se sentar à direita do Pai; o que convém a Cristo, em parte segundo a natureza divina, em parte segundo a natureza humana, como veremos mais adiante.

ARTICULUS 3
Utrum Christus ascenderit propria virtute

AD TERTIUM SIC PROCEDITUR. Videtur quod Christus non ascenderit propria virtute.

1. Dicitur enim Mc 16,19 quod *Dominus Iesus, postquam locutus est discipulis, assumptus est in caelum*. Et Act 1,9 dicitur quod, *videntibus illis, elevatus est, et nubes suscepit eum ab oculis eorum*. Sed illud quod assumitur et elevatur, ab alio videtur moveri. Ergo Christus non propria virtute, sed aliena, ferebatur in caelum.

2. PRAETEREA, corpus Christi fuit terrenum: sicut et corpora nostra. Corpori autem terreno contra naturam est ferri sursum. Nullus autem motus est propria virtute eius quod contra naturam movetur. Ergo Christus non ascendit in caelum propria virtute.

3. PRAETEREA, propria virtus Christi est virtus divina. Sed motus ille non videtur fuisse ex virtute divina: quia, cum virtus divina sit infinita, motus ille fuisset in instanti; et sic non potuisset *videntibus discipulis elevari in caelum*, ut dicitur Act 1. Ergo videtur quod Christus non ascenderit propria virtute.

SED CONTRA est quod dicitur Is 63,1: *Iste formosus in stola sua, gradiens in multitudine fortitudinis suae*. Et Gregorius dicit, in Homilia

ARTIGO 3
Cristo subiu ao céu por seu próprio poder?

QUANTO AO TERCEIRO, ASSIM SE PROCEDE: parece que Cristo **não** subiu ao céu por seu próprio poder.

1. Na verdade, diz o Evangelho de Marcos que "o Senhor Jesus, depois de lhes ter falado, foi arrebatado ao céu" e em outra parte que: "À vista deles, ele se elevou, e uma nuvem veio subtraí-lo a suas vistas". Ora, o que é arrebatado e elevado parece ser movido por um outro. Logo, Cristo foi levado para o céu não por força própria, mas por outra.

2. ALÉM DISSO, o corpo de Cristo era terreno, como nosso corpo. Ora, é contra a natureza do corpo terreno elevar-se, e o que é movido contra a natureza de modo algum se move por seu próprio poder. Logo, Cristo não subiu ao céu pelo próprio poder.

3. ADEMAIS, o poder próprio de Cristo é o poder divino. Ora, o movimento da ascensão parece não ter sido pelo poder divino porque, como o poder divino é infinito, o movimento da ascensão seria instantâneo e assim não poderia ser elevado para o céu à vista dos discípulos como se diz no livro dos Atos. Logo, parece que Cristo não subiu para o céu pelo próprio poder.

EM SENTIDO CONTRÁRIO, diz Isaías: "Este, formoso em sua veste, que caminha na grandeza de seu poder". E diz Gregório: "Observe-se que lemos

---

4. Q. 58, a. 3.

3 PARALL.: *Compend. Theol.*, c. 240.

Ascensionis[1]: *Notandum est quod Elias in curru legitur ascendisse: ut videlicet aperte demonstraretur quia homo purus adiutorio indigebat alieno. Redemptor autem noster non curru, non angelis sublevatus legitur: quia qui fecerat omnia, super omnia sua virtute ferebatur.*
RESPONDEO dicendum quod in Christo est duplex natura, divina scilicet et humana. Unde secundum utramque naturam potest accipi propria virtus eius. Sed secundum humanam naturam potest accipi duplex virtus Christi. Una quidem naturalis, quae procedit ex principiis naturae. Et tali virtute manifestum est quod Christus non ascendit. Alia autem virtus in humana natura est virtus gloriae. Secundum quam Christus in caelum ascendit.

Cuius quidem virtutis rationem quidam accipiunt ex natura quintae essentiae, quae est lux, ut dicunt, quam ponunt esse de compositione humani corporis, et per eam elementa contraria conciliari in unum. Ita quod in statu huius mortalitatis natura elementaris in corporibus humanis dominatur: et ideo, secundum naturam elementi praedominantis, corpus humanum naturali virtute deorsum fertur. In statu autem gloriae praedominabitur natura caelestis: secundum cuius inclinationem et virtutem corpus Christi, et alia sanctorum corpora, feruntur in caelum. — Sed de hac opinione et in Prima Parte[2] habitum est; et infra magis agetur, in tractatu de resurrectione communi[3].

Hac autem opinione praetermissa, alii assignant rationem praedictae virtutis ex parte animae glorificatae, ex cuius redundantia glorificabitur corpus, ut Augustinus dicit, *ad Dioscorum*[4]. Erit enim tanta obedientia corporis gloriosi ad animam beatam ut, sicut Augustinus dicit, XXII *de Civ. Dei* [5], *ubi volet spiritus, ibi erit protinus corpus: nec volet aliquid quod nec spiritum possit decere nec corpus.* Decet autem corpus gloriosum et immortale esse in loco caelesti, sicut dictum est[6]. Et ideo ex virtute animae volentis corpus Christi ascendit in caelum.

Sicut autem corpus efficitur gloriosum, ita, ut Augustinus dicit, *super Ioan.*[7], *participatione Dei fit anima beata.* Unde prima origo ascensionis

ter Elias subido numa carruagem, a fim de que abertamente se mostrasse que um simples homem precisava de ajuda alheia. Não lemos, porém, que nosso Redentor tenha sido elevado por uma carruagem ou por anjos, pois quem tudo fizera era levado por seu próprio poder sobre todas as coisas.
RESPONDO. Há em Cristo duas naturezas, ou seja, a divina e a humana. Logo, seu próprio poder pode ser entendido segundo ambas as naturezas. E segundo a natureza humana, pode-se entender um duplo poder de Cristo. Um natural, que procede dos princípios da natureza. Por esse poder é evidente que Cristo não subiu ao céu. Outro poder, porém, na natureza humana de Cristo é o poder da glória. Foi segundo esse poder que Cristo subiu ao céu.

Mas há alguns que admitem estar a causa desse poder na natureza da quintessência, que é a luz, como dizem, que supõem ser da composição do corpo humano e pela qual os elementos contrários se reconciliam. E assim, em seu estado mortal, a natureza elementar domina nos corpos humanos; assim, segundo a natureza do elemento dominante, o corpo humano por seu poder natural é levado para baixo. Já no estado da glória, predominará a natureza celeste, por cuja tendência e poder o corpo de Cristo e os corpos dos santos são levados para o céu. — Mas já tratamos dessa opinião na I Parte, e mais abaixo voltaremos a ela no tratado da ressurreição comum.

Deixando de lado essa opinião, outros atribuem como razão do supracitado poder a alma glorificada, por cuja superabundância o corpo é glorificado, como diz Agostinho. Na verdade, o corpo glorioso será tão submisso à alma bem-aventurada que, como diz Agostinho, "onde quer que o espírito queira, lá estará logo o corpo; nem o espírito quererá o que poderá não lhe convir nem a ele nem ao corpo". Convém, porém, que o corpo glorioso e imortal esteja num lugar celestial, como foi dito. Por isso, pelo poder da vontade da alma o corpo de Cristo subiu ao céu.

E como o corpo se torna glorioso, assim também, como diz Agostinho, "pela participação de Deus, a alma se torna bem-aventurada". Portanto,

---

1. *In Evang.*, l. II, hom. 29, n. 5: ML 76, 1216 CD.
2. Q. 76, a. 7.
3. *Supplem.*, q. 84, a. 1.
4. Epist. 118, al. 56, c. 3, n. 14: ML 33, 439.
5. C. 30, n. 1: ML 41, 801.
6. A. 1.
7. Tract. 23, n. 5, super 5, 29: ML 35, 1585.

in caelum est virtus divina. Sic igitur Christus ascendit in caelum propria virtute: primo quidem, virtute divina; secundo, virtute animae glorificatae moventis corpus prout vult.

AD PRIMUM ergo dicendum quod, sicut Christus dicitur propria virtute surrexisse, et tamen est suscitatus a Patre, eo quod est eadem virtus Patris et Filii; ita etiam Christus propria virtute ascendit in caelum, et tamen a Patre est elevatus et assumptus.

AD SECUNDUM dicendum quod ratio illa probat quod Christus non ascenderit in caelum propria virtute quae est humanae naturae naturalis. Ascendit tamen in caelum propria virtute quae est virtus divina; et propria virtute quae est animae beatae. Et licet ascendere sursum sit contra naturam humani corporis secundum statum praesentem, in quo corpus non est omnino subiectum spiritui; non tamen erit contra naturam neque violentum corpori glorioso, cuius tota natura est omnino subiecta spiritui.

AD TERTIUM dicendum quod, etsi virtus divina sit infinita, et infinite operetur quantum est ex parte operantis, tamen effectus virtutis eius recipitur in rebus secundum earum capacitatem, et secundum Dei dispositionem. Corpus autem non est capax ut in instanti localiter moveatur: quia oportet quod commetiatur se spatio, secundum cuius divisionem dividitur tempus, ut probatur VI *Physic*.[8]. Et ideo non oportet quod corpus motum a Deo moveatur in instanti: sed movetur ea velocitate qua Deus disponit.

a primeira origem da ascensão de Cristo ao céu é o poder divino. Assim, Cristo subiu ao céu pelo próprio poder, primeiro pelo poder divino; segundo, pelo poder da alma glorificada que movia o corpo como queria.

QUANTO AO 1º, portanto, deve-se dizer que, assim como dizemos que Cristo ressuscitou por seu próprio poder, embora tenha sido ressuscitado pelo Pai, pois é o mesmo o poder do Pai e a do Filho, assim também Cristo subiu ao céu por seu próprio poder e, contudo, foi elevado e arrebatado pelo Pai.

QUANTO AO 2º, deve-se dizer que a razão aduzida prova que Cristo não subiu ao céu por poder próprio, natural à natureza humana. Mas subiu ao céu por poder próprio, ou seja, pelo poder divino; e pelo próprio poder, ou seja, próprio da alma bem-aventurada. E embora subir seja contra a natureza do corpo humano segundo nossa condição presente, na qual o corpo não está totalmente sujeito ao espírito, contudo não violará nem será contra a natureza do corpo glorioso, cuja natureza está totalmente submissa ao espírito.

QUANTO AO 3º, deve-se dizer que, embora o poder divino seja infinito e aja de modo infinito por parte do agente, o efeito de seu poder é reconhecido nas coisas segundo a capacidade delas e segundo a disposição de Deus. O corpo, porém, não é capaz de se mover localmente num instante, pois precisa se dimensionar em relação ao espaço, segundo cuja divisão se mede o tempo, como prova o livro VI da *Física*. Portanto, não é preciso que o corpo seja movido por Deus num instante, mas que seja movido na velocidade que Deus determinar.

ARTICULUS 4
Utrum Christus ascenderit super omnes caelos

AD QUARTUM SIC PROCEDITUR. Videtur quod Christus non ascenderit super omnes caelos.
1. Dicitur enim in Ps 10,5: *Dominus in templo sancto suo: Dominus, in caelo sedes eius*. Quod autem est in caelo, non est supra caelum. Ergo Christus non ascendit super omnes caelos.

2. PRAETEREA, duo corpora non possunt esse in eodem loco. Cum igitur non sit transitus de extremo in extremum nisi per medium, videtur quod

ARTIGO 4
Cristo subiu acima de todos os céus?

QUANTO AO QUARTO, ASSIM SE PROCEDE: parece que Cristo **não** subiu acima de todos os céus.
1. Na verdade, diz o Salmo 10: "O Senhor está em seu templo santo; o Senhor tem seu trono nos céus". Ora, o que está nos céus não está acima dos céus. Logo, Cristo não subiu acima de todos os céus.

2. ALÉM DISSO, dois corpos não podem estar no mesmo espaço. Portanto, como não existe passagem de um extremo a outro senão pelo espaço

---

8. C. 4: 235, a, 13.

4 PARALL.: III *Sent.*, dist. 22, q. 2, a. 1, q.la 2, ad 2; q. 3, a. 3, q.la 1; *Cont. Gent.* IV, 87.

Christus non potuisset ascendere super omnes caelos nisi caelum divideretur. Quod est impossibile.

3. PRAETEREA, At 1,9 dicitur quod *nubes suscepit eum ab oculis eorum*. Sed nubes non possunt elevari supra caelum. Ergo Christus non ascendit super omnes caelos.

4. PRAETEREA, ibi credimus Christum in perpetuum permansurum quo ascendit. Sed quod contra naturam est, non potest esse sempiternum: quia id quod est secundum naturam, est ut in pluribus et frequentius. Cum ergo contra naturam sit corpori terreno esse supra caelum, videtur quod corpus Christi supra caelum non ascenderit.

SED CONTRA est quod dicitur Eph 4,10: *Ascendit super omnes caelos, ut adimpleret omnia*.

RESPONDEO dicendum quod, quanto aliqua corpora perfectius participant bonitatem divinam, tanto sunt superiora corporali ordine, qui est ordo localis. Unde videmus quod corpora quae sunt magis formalia, sunt naturaliter superiora, ut patet per Philosophum, in IV *Physic*.[1], et in II *de Caelo*[2]: per formam enim unumquodque corpus participat divinum esse, ut patet in I *Physic*.[3]. Plus autem participat de divina bonitate corpus per gloriam quam quodcumque corpus naturale per formam suae naturae. Et inter cetera corpora gloriosa, manifestum est quod corpus Christi maiori refulget gloria. Unde convenientissimum est sibi quod sit supra omnia corpora constitutum in alto. Et ideo, super illud Eph 4,8, *Ascendens in altum*, dicit Glossa[4]: *Loco et dignitate*.

AD PRIMUM ergo dicendum quod sedes Dei dicitur esse in caelo, non sicut in continente, sed magis sicut in contento. Unde non oportet aliquam partem caeli eo superiorem esse, sed ipsum esse super omnes caelos: sicut et in Ps 8,2 dicitur: *Elevata est magnificentia tua super caelos*, Deus.

AD SECUNDUM dicendum quod, quamvis de natura corporis non sit quod possit esse in eodem loco cum alio corpore, tamen potest hoc Deus facere per miraculum quod in eodem loco possint esse: sicut et fecit *corpus Christi ut de clauso utero Beatae Virginis exiret*, et quod *intravit ianuis*

intermédio, parece que Cristo não teria podido subir acima de todos os céus, a menos que se dividisse o céu. O que é impossível.

3. ADEMAIS, diz a Escritura que "uma nuvem veio subtraí-lo a suas vistas". Ora, as nuvens não podem subir acima dos céus. Logo, Cristo não subiu acima de todos os céus.

4. ADEMAIS, acreditamos que Cristo haverá de permanecer para sempre no lugar para o qual subiu. Ora, o que é contra a natureza não pode ser para sempre, porque o que é segundo a natureza acontece em muitos casos e com muita frequência. Logo, como é contra a natureza um corpo terreno estar acima dos céus, parece que o corpo de Cristo não subiu acima dos céus.

EM CASO CONTRÁRIO, diz a Carta aos Efésios: "Subiu mais alto que todos os céus, a fim de enchê-lo todo".

RESPONDO. Quanto mais perfeitamente alguns corpos participarem da bondade divina, tanto mais alto seu lugar na ordem corporal, que é a ordem local. De onde se conclui que os corpos que são mais formais são naturalmente superiores, como esclarece o Filósofo no livro IV da *Física*, e no II do *Céu*, pois é pela forma que cada corpo participa do ser divino, como esclarece o livro I da *Física*. Ora, pela glória, um corpo participa mais da divina bondade do que qualquer corpo natural pela forma de sua natureza. E entre todos os corpos gloriosos é claro que o corpo de Cristo resplandece com maior glória. Portanto, é muito conveniente que esteja ele constituído acima de todos os corpos. Por isso, comentando a frase da Carta aos Efésios: "Tendo subido às alturas", diz a Glosa: "Quanto ao lugar e à dignidade".

QUANTO AO 1º, portanto, deve-se dizer que se afirma estar o trono de Deus no céu, não como se o céu o contivesse, mas, sim, como contido por ele. Portanto, não faz mister que alguma parte do céu lhe seja superior, mas que ele esteja acima de todos os céus, conforme diz o Salmo 8: "A tua magnificência foi exaltada acima dos céus, ó Deus".

QUANTO AO 2º, deve-se dizer que, embora a natureza do corpo não permita que ele possa estar no mesmo lugar com outro corpo, contudo pode Deus, por milagre, fazer com que possam estar no mesmo lugar. Assim foi quando fez "o corpo de Cristo sair do útero virginal da Virgem"

---

1. C. 5: 212, b, 17-22; 213, a, 1-4.
2. C. 13: 293, b, 12-16.
3. C. 9: 192, a, 16-22.
4. Interl.; LOMBARDI: ML 192, 198 D.

clausis, sicut dicit beatus Gregorius[5]. Corpori ergo Christi convenire potest esse cum alio corpore in eodem loco, non ex proprietate corporis, sed per virtutem divinam assistentem et hoc operantem.

AD TERTIUM dicendum quod nubes illa non praebuit adminiculum Christo ascendenti per modum vehiculi: sed apparuit in signum divinitatis, secundum quod gloria Dei Israel apparebat super tabernaculum in nube.

AD QUARTUM dicendum quod corpus gloriosum non habet ex principiis suae naturae quod possit in caelo aut supra caelum esse: sed habet hoc ex anima beata, ex qua recipit gloriam. Et sicut motus gloriosi corporis sursum non est violentus, ita nec quies violenta. Unde nihil prohibet eam esse sempiternam.

ARTICULUS 5
Utrum corpus Christi ascenderit super omnem creaturam spiritualem

AD QUINTUM SIC PROCEDITUR. Videtur quod corpus Christi non ascenderit super omnem creaturam spiritualem.

1. Eorum enim quae non dicuntur secundum rationem unam, non potest convenienter fieri comparatio. Sed locus non eadem ratione attribuitur corporibus et spiritualibus creaturis: ut patet ex his quae dicta sunt in Prima Parte[1]. Ergo videtur quod non possit dici corpus Christi ascendisse super omnem creaturam spiritualem.

2. PRAETEREA, Augustinus dicit, in libro *de Vera Relig.*[2], quod omni corpori spiritus praefertur. Sed nobiliori rei sublimior debetur locus. Ergo videtur quod Christus non ascenderit super omnem spiritualem creaturam.

3. PRAETEREA, in omni loco est aliquod corpus: cum nihil sit vacuum in natura. Si ergo nullum corpus obtinet altiorem locum quam spiritus in ordine naturalium corporum, nullus locus erit supra omnem spiritualem creaturam. Non ergo corpus Christi potuit ascendere super omnem spiritualem creaturam.

SED CONTRA est quod dicitur Eph 1,20-21: *Constituit illum super omnem principatum et*

e quando Cristo "entrou na sala estando as portas fechadas", como diz Gregório. Portanto, pode o corpo de Cristo ocupar o mesmo lugar com outro corpo, não por uma propriedade do corpo, mas pela assistência e ação do poder divino.

QUANTO AO 3º, deve-se dizer que a nuvem não sustentou a Cristo em sua ascensão, como se fosse um veículo, mas surgiu como um sinal da divindade, assim como a glória de Deus aparecia a Israel numa nuvem sobre o tabernáculo.

QUANTO AO 4º, deve-se dizer que o corpo glorioso pode estar no céu ou acima dos céus não por causa dos princípios de sua natureza, mas por causa da alma bem-aventurada, da qual recebe a glória. E assim como não é violento o movimento ascendente de um corpo glorioso, também não o é seu repouso. Portanto, nada impede que seja para sempre.

ARTIGO 5
O corpo de Cristo subiu acima de todas as criaturas espirituais?

QUANTO AO QUINTO, ASSIM SE PROCEDE: parece que o corpo de Cristo **não** subiu acima de todas as criaturas espirituais.

1. Na verdade, não se podem comparar convenientemente coisas que não são consideradas segundo uma mesma razão. Ora, não é segundo a mesma razão que o lugar é atribuído às criaturas corporais e espirituais, como fica evidente do que foi dito na I Parte. Logo, parece que não se pode dizer que o corpo de Cristo subiu acima de todas as criaturas espirituais.

2. ALÉM DISSO, diz Agostinho que o espírito tem precedência sobre qualquer corpo. Ora, deve-se dar lugar mais alto ao que é mais nobre. Logo, parece que Cristo não subiu acima de todas as criaturas espirituais.

3. ADEMAIS, em todos os lugares está presente um corpo, uma vez que não há vácuo na natureza. Por conseguinte, se nenhum corpo chega a uma posição mais alta que um espírito na ordem natural dos corpos, nenhum lugar haverá acima de todas as criaturas espirituais. Portanto, o corpo de Cristo não pôde subir acima de todas as criaturas espirituais.

EM SENTIDO CONTRÁRIO, diz a Carta aos Efésios: "Constituiu-o sobre todo principado e potestades

---

5. *In Evang.*, l. II, hom. 26, n. 1: ML 76, 1197 C.

5 PARALL.: *Ad Ephes.*, c. 1, lect. 7.

1. Q. 8, a. 2, ad 1, 2; q. 52, a. 1.
2. C. 55, n. 109: ML 34, 170.

potestatem, et supra omne nomen quod nominatur sive in hoc saeculo sive in futuro.

RESPONDEO dicendum quod tanto alicui rei debetur altior locus, quanto est nobilior: sive debeatur ei locus per modum contactus corporalis, sicut corporibus; sive per modum contactus spiritualis, sicut spiritualibus substantiis. Exinde enim spiritualibus substantiis debetur secundum quandam congruentiam locus caelestis, qui est supremus locorum, quia illae substantiae sunt supremae in ordine substantiarum. Corpus autem Christi, licet, considerando conditionem naturae corporeae, sit infra spirituales substantias; considerando tamen dignitatem unionis qua est personaliter Deo coniunctum, excellit dignitatem omnium spiritualem substantiarum. Et ideo, secundum praedictae congruentiae rationem, debetur sibi locus altior ultra omnem creaturam etiam spiritualem. Unde et Gregorius dicit, in Homilia *Ascensionis*[3], quod *qui fecerat omnia, super omnia sua virtute ferebatur*.

AD PRIMUM ergo dicendum quod, licet alia ratione attribuatur locus corporali et spirituali substantiae, tamen hoc est in utraque ratione commune, quod digniori rei attribuitur superior locus.

AD SECUNDUM dicendum quod ratio illa procedit de corpore Christi secundum conditionem naturae corporeae, non autem secundum rationem unionis.

AD TERTIUM dicendum quod comparatio ista potest attendi vel secundum rationem locorum: et sic nullus locus est tam altus quod excedat dignitatem spiritualis substantiae; secundum quod procedit obiectio. Vel secundum dignitatem eorum quibus attribuitur locus. Et sic corpori Christi debetur ut sit supra spirituales creaturas.

e sobre qualquer nome capaz de ser nomeado, seja neste mundo, mas ainda no mundo futuro".

RESPONDO. Quanto mais nobre alguma coisa é, um lugar mais alto se lhe deve, seja por contato corporal, como acontece com os corpos, seja por contato espiritual, como acontece com as substâncias espirituais. Segue-se que um lugar celeste, que é o mais sublime de todos, é devido com certa propriedade às substâncias espirituais, uma vez que são as mais altas na ordem das substâncias[c]. Ora, o corpo de Cristo, embora esteja abaixo das substâncias espirituais se considerarmos as condições da natureza corpórea, sobrepuja a dignidade de todas as substâncias espirituais, se considerarmos a dignidade da união com que se liga pessoalmente a Deus. Portanto, segundo a supracitada propriedade, deve-se-lhe um lugar mais alto que todas as criaturas, mesmo espirituais. Por isso, diz Gregório que "aquele que fizera todas as coisas era elevado, por seu poder, acima de todas as coisas".

QUANTO AO 1º, portanto, deve-se dizer que, embora, por razões distintas, um lugar seja atribuído às substâncias corporais e espirituais há algo comum nestas razões, a saber, que se atribui um lugar mais alto ao que é mais digno.

QUANTO AO 2º, deve-se dizer que o argumento procede em relação ao corpo de Cristo segundo a condição de natureza corpórea; mas não segundo a razão de união.

QUANTO AO 3º, deve-se dizer que a comparação pode ser considerada ou segundo a razão dos lugares, e assim, nenhum lugar é tão alto que exceda a dignidade da substância espiritual. Nesse sentido a objeção procede. Ou segundo a dignidade daqueles a quem se atribui o lugar, e ao corpo de Cristo compete estar acima das criaturas espirituais.

ARTICULUS 6

Utrum ascensio Christi sit causa nostrae salutis

AD SEXTUM SIC PROCEDITUR. Videtur quod ascensio Christi non sit causa nostrae salutis.

1. Christus enim fuit causa nostrae salutis inquantum salutem nostram meruit. Sed per ascensionem nihil nobis meruit: quia ascensio pertinet

ARTIGO 6

A ascensão de Cristo é causa de nossa salvação?

QUANTO AO SEXTO, ASSIM SE PROCEDE: parece que a ascensão de Cristo **não** é causa de nossa salvação.

1. Na verdade, Cristo foi a causa de nossa salvação, porquanto mereceu a nossa salvação. Ora, pela ascensão, ele nada mereceu para nós, pois a

---

3. *In Evang.*, l. II, hom. 29, n. 5: ML 76, 1216 D.

PARALL.: Supra, q. 49, a. 5, ad 4; *ad Ephes.*, c. 4, lect. 3.

c. A preocupação de dar um lugar apropriado mesmo às criaturas espirituais mostra a importância da dimensão corporal no universo da criatura, mesmo da nova criação.

ad praemium exaltationis eius; non est autem idem meritum et praemium, sicut nec via et terminus. Ergo videtur quod ascensio Christi non fuit causa nostrae salutis.

2. PRAETEREA, si ascensio Christi est causa nostrae salutis, maxime hoc videtur quantum ad hoc quod ascensio eius sit causa nostrae ascensionis. Sed hoc collatum est nobis per eius passionem: quia, ut dicitur Hb 10,19, *habemus fiduciam in introitu Sanctorum per sanguinem ipsius*. Ergo videtur quod ascensio Christi non fuit causa nostrae salutis.

3. PRAETEREA, salus per Christum nobis collata est sempiterna: secundum illud Is 51,6: *Salus autem mea in sempiternum erit*. Sed Christus non ascendit in caelum ut ubi in sempiternum esset: dicitur enim Act 1,11: *Quemadmodum vidistis eum ascendentem in caelum, ita veniet*. Legitur etiam multis sanctis se demonstrasse in terris post suam ascensionem: sicut de Paulo legitur Act 9. Ergo videtur quod eius ascensio non sit causa nostrae salutis.

SED CONTRA est quod ipse dicit, Io 16,7: *Expedit vobis ut ego vadam*: idest, *ut recedam a vobis per ascensionem*.

RESPONDEO dicendum quod ascensio Christi est causa nostrae salutis dupliciter: uno modo, ex parte nostra; alio modo, ex parte ipsius. Ex parte quidem nostra, inquantum per Christi ascensionem mens nostra movetur in ipsum. Quia per eius ascensionem, sicut supra[1] dictum est, primo quidem datur locus fidei; secundo, spei; tertio, caritati. Quarto etiam, per hoc reverentia nostra augetur ad ipsum, dum iam non existimamus eum sicut hominem terrenum, sed sicut Deum caelestem: sicut et Apostolus dicit, 2Cor 5,16: *Etsi cognovimus secundum carnem Christum, "idest, mortalem, per quod putavimus eum tantum hominem"*, ut Glossa[2] exponit: *sed nunc iam non novimus*.

Ex parte autem sua, quantum ad ea quae ipse fecit ascendens propter nostram salutem. Et primo quidem, viam nobis praeparavit ascendendi in caelum: secundum quod ipse dicit, Io 14,2: *Vado parare vobis locum*; et Mich 2,13: *Ascendit pandens iter ante eos*. Quia enim ipse est caput nostrum oportet illuc sequi membra quo caput praecessit: unde dicitur Io 14,3: *Ut ubi sum ego, et vos sitis*. Et in huius signum, animas sanctorum quas de

ascensão diz respeito ao prêmio da exaltação dele, e mérito e prêmio não são a mesma coisa, como não é a mesma coisa o caminho e o ponto de chegada. Logo, parece que a ascensão de Cristo não é causa de nossa salvação.

2. ALÉM DISSO, se a ascensão de Cristo fosse causa de nossa salvação, parece que ela o seria principalmente pelo fato de que sua ascensão seria causa da nossa. Ora nossa ascensão nos foi obtida por sua paixão, pois, como diz a Carta aos Hebreus: "Temos confiança no acesso ao santuário pelo sangue de Jesus". Logo, parece que a ascensão de Cristo não foi causa de nossa salvação.

3. ADEMAIS, a salvação que Cristo nos obteve é para sempre, conforme diz Isaías: "A minha salvação estará aí para sempre". Ora, Cristo não subiu aos céus para lá permanecer para sempre, pois diz o livro dos Atos: "Este Jesus há de vir do mesmo modo como o vistes partir". E também se lê que ele se manifestou a muitos santos na terra, depois de sua ascensão, como se lê no livro dos Atos a respeito de Paulo. Logo, parece que sua ascensão não é causa de nossa salvação.

EM SENTIDO CONTRÁRIO, diz o Evangelho de João: "É de vosso interesse que eu parta", ou seja, que me afaste de vós, pela ascensão.

RESPONDO. De dois modos a ascensão de Cristo é causa de nossa salvação: primeiro, de nossa parte; segundo, por parte dele. De nossa parte, porquanto, pela ascensão de Cristo, nossa mente se move em direção a ele. O fato é que a ascensão de Cristo, como dito acima, faz surgir em nós: primeiro, a fé; segundo, a esperança; terceiro, o amor. Em quarto lugar, cresce nossa reverência em relação a ele, pois não mais o consideramos um homem terreno, mas um Deus do céu, como diz o Apóstolo: "Se conhecemos o Cristo à maneira humana...", ou seja, como expõe a Glosa, "mortal, motivo pelo qual o julgamos apenas como um homem"; "...agora não o conhecemos mais assim".

Por parte dele, se considerarmos o que, ao subir ao céu, ele fez para nossa salvação. Primeiro, preparou-nos o caminho para subirmos ao céu, de acordo com o que ele próprio disse: "Irei preparar-vos um lugar" e com as palavras do livro de Miqueias: "Subiu, diante deles, aquele que abre o caminho". E porque ele é a nossa cabeça, mister se faz que os membros vão para onde ela se dirigiu. Por isso diz no Evangelho de João: "De tal sorte

---
1. A. 1, ad 3.
2. LOMBARDI: ML 192, 42 C.

inferno eduxerat, in caelum traduxit, secundum illud Ps 67,19: *Ascendens in altum captivam duxit captivitatem*: quia scilicet eos qui fuerant a diabolo captivati, secum duxit in caelum, quasi in locum peregrinum humanae naturae, bona captione captivos, utpote per victoriam acquisitos.

Secundo quia, sicut pontifex in veteri Testamento intrabat sanctuarium ut assisteret Deo pro populo, ita et Christus intravit in caelum *ad interpellandum pro nobis*, ut dicitur Hb 7,25. Ipsa enim repraesentatio sui ex natura humana, quam in caelum intulit, est quaedam interpellatio pro nobis: ut, ex quo Deus humanam naturam sic exaltavit in Christo, etiam eorum misereatur pro quibus Filius Dei humanam naturam assumpsit.

Tertio ut, in caelorum sede quasi Deus et Dominus constitutus, exinde divina dona hominibus mitteret: secundum illud Eph 4,10: *Ascendit super omnes caelos ut adimpleret omnia*, scilicet *donis suis*, secundum Glossam[3].

AD PRIMUM ergo dicendum quod ascensio Christi est causa nostrae salutis, non per modum meriti, sed per modum efficientiae: sicut supra[4] de resurrectione dictum est.

AD SECUNDUM dicendum quod passio Christi est causa nostrae ascensionis in caelum, proprie loquendo, per remotionem peccati prohibentis, et per modum meriti. Ascensio autem Christi est directe causa ascensionis nostrae, quasi inchoando ipsam in capite nostro, cui oportet membra coniungi.

AD TERTIUM dicendum quod Christus, semel ascendens in caelum, adeptus est sibi et nobis in perpetuum ius et dignitatem mansionis caelestis. Cui tamen dignitati non derogat si ex aliqua dispensatione Christus quandoque corporaliter ad terram descendat: vel ut ostendat se omnibus, sicut in iudicio; vel ut ostendat se alicui specialiter, sicut Paulo, ut habetur Act 9. Et ne aliquis credat hoc factum fuisse, non Christo ibi corporaliter praesente, sed

que lá onde eu estiver também vós estejais". E como sinal disso, levou para o céu as almas dos santos que libertara dos infernos, segundo o que diz o Salmo 67: "Tendo subido às alturas, levou os prisioneiros", ou seja, aqueles que tinham sido feito prisioneiros pelo diabo, ele os levou para o céu, como para um lugar estranho à natureza humana, como cativos num feliz cativeiro, uma vez conquistados por sua vitória.

Segundo, porque, como o pontífice do Antigo Testamento ingressava no santuário para implorar a Deus pelo povo, assim Cristo entrou nos céus "para interceder" por nós segundo a Carta aos Hebreus. O próprio fato de ele se apresentar no céu com a natureza humana já é de algum modo uma intercessão feita em nosso favor, de modo que o ter Deus exaltado a natureza humana em Cristo seja também motivo de ter piedade daqueles por quem o Filho de Deus assumiu essa natureza.

Terceiro, para que, tendo sido constituído como Deus e Senhor no trono dos céus, pudesse conferir aos homens os dons divinos, conforme diz a Carta aos Efésios: "Subiu mais alto que todos os céus, a fim de enchê-los todos", ou seja, "com seus dons", conforme a Glosa[d].

QUANTO AO 1º, portanto, deve-se dizer que a ascensão de Cristo é causa de nossa salvação, não por mérito, mas por eficiência, como se disse acima a respeito da ressurreição.

QUANTO AO 2º, deve-se dizer que a paixão de Cristo é, propriamente falando, causa de nossa ascensão ao céu, pelo fato de remover o pecado que a impedia e também por mérito. Já a ascensão de Cristo é diretamente causa de nossa ascensão, como que a iniciando em quem é nossa cabeça e à qual os membros devem se juntar.

QUANTO AO 3º, deve-se dizer que Cristo, tendo subido ao céu, conseguiu para ele e para nós o perpétuo direito e a dignidade da mansão celeste. Mas ele não abdica dessa dignidade se, por alguma disposição, Cristo descer alguma vez com seu corpo à terra, quer para se manifestar a todos, como no juízo, quer para se manifestar a alguém em especial, como a Paulo. E para que ninguém julgue que Cristo, nessa aparição, não esteve presente

---

3. Interl., LOMBARDI: ML 192, 200 B.
4. Q. 56, a. 1, ad 3, 4.

d. É no final deste artigo sobre os efeitos da ascensão que iremos encontrar o sentido mais profundo desse mistério, dessa "entrada na santuário" à qual se refere à Epístola aos Hebreus. A ascensão é a tradução corporal da inauguração celeste do sacerdócio de Cristo, tal como definido na III, q. 22. Sua presença pela natureza humana que ele introduziu no céu é com efeito uma intercessão por nós, e "sentando-se nos céus como Deus e Senhor envia lá de cima os bens divinos aos homens". "Ele se elevou acima de todos os céus, a fim de atender a todas as coisas."

aliqualiter apparente, contrarium apparet per hoc quod ipse Apostolus dicit, 1Cor 15,8, ad confirmandam resurrectionis fidem: *Novissime omnium, tanquam abortivo, visus est et mihi*: quae quidem visio veritatem resurrectionis non probaret nisi ipsum verum corpus visum fuisset ab eo.

com seu corpo, mas em aparência, o Apóstolo na primeira Carta aos Coríntios, quando, para confirmar a fé da ressurreição, diz: "Em último lugar, também me apareceu a mim, o aborto". Uma visão que não confirmaria a verdade da ressurreição se o verdadeiro corpo de Cristo não fosse visto por ele.

QUAESTIO LVIII
DE SESSIONE CHRISTI AD DEXTERAM PATRIS
in quatuor articulos divisa

Deinde considerandum est de sessione Christi ad dexteram Patris.
Et circa hoc quaeruntur quatuor.
Primo: utrum Christus sedeat ad dexteram Patris.
Secundo: utrum hoc conveniat sibi secundum divinam naturam.
Tertio: utrum conveniat sibi secundum humanam.
Quarto: utrum hoc sit proprium Christi.

QUESTÃO 58
O ASSENTO DE CRISTO À DIREITA DO PAI[a]
em quatro artigos

A seguir, deve-se considerar o assento de Cristo à direita do Pai.
A respeito, são quatro as perguntas.
1. Cristo se senta à direita de Deus Pai?
2. Isso lhe compete por sua natureza divina?
3. Ou por sua natureza humana?
4. E é próprio de Cristo?

Articulus 1
Utrum Christo conveniat sedere ad dexteram Dei Patris

Ad primum sic proceditur. Videtur quod Christo non conveniat sedere ad dexteram Dei Patris.

1. Dextera enim et sinistra sunt differentiae positionum corporalium. Sed nihil corporale convenit Deo: quia *Deus spiritus est*, ut habetur Io 4,24. Ergo videtur quod Christus non sedeat ad dexteram Patris.
2. Praeterea, si aliquis sedet ad dexteram alicuius, ille sedet ad sinistram eius. Si ergo Christus sedet ad dexteram Patris, sequitur quod Pater sedeat ad sinistram Filii. Quod est inconveniens.

Artigo 1
Compete a Cristo sentar-se à direita de Deus Pai?

Quanto ao primeiro artigo, assim se procede: parece que **não** compete a Cristo sentar-se à direita de Deus Pai.

1. Na verdade, direita e esquerda são diferentes posições relativas aos corpos. Ora, nada que é corporal é adequado a Deus, porque "Deus é espírito", como diz o Evangelho de João. Logo, parece que Cristo não se senta à direita do Pai.
2. Além disso, se alguém se senta à direita de outro, este outro está à esquerda do primeiro. Portanto, se Cristo se senta à direita do Pai, segue-se que o Pai se senta à esquerda do Filho. O que é inconveniente.

1 Parall.: III *Sent.*, dist. 22, q. 3, a. 3, q.la 2; *Compend. Theol.*, c. 246; *in Symb. Apost.*, a. 6; *ad Ephes.*, c. 1, lect. 7; *ad Heb.*, c. 8, lect. 1.

a. Chama a atenção que, a partir dos mistérios da paixão e da morte de Cristo, Sto. Tomás tenha decidido seguir artigo por artigo a parte do Símbolo batismal concernente a Cristo: "Sofreu por Pôncio Pilatos" (q. 46-49), morreu (q. 50), foi enterrado (q. 51), desceu aos infernos (q. 52), no terceiro dia ressuscitou dos mortos (q. 53-56), subiu aos céus (q. 57) e então as duas últimas questões: "Senta-se à direito de Deus Pai Todo-Poderoso" (q. 58) e "de onde virá julgar os vivos e os mortos". É nesse ponto que nos encontramos, e Sto. Tomás estenderá tanto quanto puder o sentido dessas duas fórmulas, puro eco da primeira predicação apostólica, para fazê-las exprimir os dois aspectos da glória de Cristo ressuscitado: ele recebeu o nome acima de todos os nomes — é o Rei e o Juiz universal de todo este universo que ele salvou.

3. Praeterea, sedere et stare videntur oppositionem habere. Sed Stephanus dicit, Act 7,56: *Ecce, video caelos apertos, et Filium Hominis stantem a dextris virtutis Dei*. Ergo videtur quod Christus non sedeat ad dexteram Patris.

Sed contra est quod dicitur Mc 16,19: *Dominus quidem Iesus, postquam locutus est eis, ascendit in caelum, et sedet a dextris Dei*.

Respondeo dicendum quod in nomine sessionis duo possumus intelligere: videlicet quietem, secundum illud Lc 24,49, *Sedete hic in civitate;* et etiam regiam vel iudiciariam potestatem, secundum illud Pr 20,8, *Rex qui sedet in solio iudicii, dissipat omne malum intuitu suo*. Utroque igitur modo Christo convenit sedere ad dexteram Patris. Uno quidem modo, inquantum aeternaliter manet incorruptibilis in beatitudine Patris, quae eius dextera dicitur, secundum illud Ps 15,11: *Delectationes in dextera tua usque in finem*. Unde Augustinus dicit, in libro *de Symbolo*[1]: *"Sedet ad dexteram Patris": Sedere "habitare" intelligite: quomodo dicimus de quocumque homine, "In illa patria sedit per tres annos". Sic ergo credite Christum habitare in dextera Dei Patris: beatus enim est, et ipsius beatitudines nomen est "dextera Patris"*.

Alio modo dicitur Christus sedere in dextera Patris, inquantum Patri conregnat, et ab eo habet iudiciariam potestatem: sicut ille qui considet regi ad dexteram, assidet ei in regnando et iudicando. Unde Augustinus dicit, in alio Sermone *de Symbolo*[2]: *Ipsam dexteram intelligite potestatem quam accepit ille homo susceptus a Deo, ut veniat iudicaturus qui prius venerat iudicandus*.

Ad primum ergo dicendum quod, sicut Damascenus dicit, in IV libro[3], *non localem dexteram Patris dicimus. Qualiter enim qui incircumscriram Patris dicimus. Qualiter enim qui incircumscriptibilis est, localem adipiscetur dexteram? Dextera enim et sinistra eorum quae circumscribuntur sunt. Dexteram autem Patris dicimus gloriam et honorem divinitatis*.

Ad secundum dicendum quod ratio illa procedit secundum quod sedere ad dexteram intelligitur corporaliter. Unde Augustinus dicit, in quodam sermone *de Symbolo*[4]: *Si carnaliter acceperimus quod Christus sedet ad dexteram Patris, ille erit*

3. Ademais, sentar-se e estar de pé parecem opostos. Ora, segundo o livro dos Atos, Estêvão diz: "Eis que eu contemplo os céus abertos, e o Filho do Homem, de pé, à destra do poder de Deus". Logo, parece que Cristo não se senta à direita do Pai.

Em sentido contrário, diz Marcos: "Então, o Senhor Jesus, depois de lhes ter falado, subiu ao céu e senta-se à direita de Deus".

Respondo. Por sentar-se podemos entender duas coisas, ou seja, o repouso, segundo o que diz o Evangelho de Lucas: "Permanecei na cidade"; e também o poder régio ou o poder de julgar, segundo o que diz o livro dos Provérbios: "O rei, quando se assenta no tribunal, dissipa todo mal com o olhar". Em ambos os sentidos compete a Cristo sentar-se à direita do Pai. Primeiro, porquanto permanece eternamente incorruptível na bem-aventurança do Pai, o que é chamado de estar à sua direita, conforme diz o Salmo 15: "À tua destra, delícias eternas até o fim". Por isso, diz Agostinho: "Senta-se à direita do Pai. Por assentar-se deveis entender *habitar*, como falamos de qualquer homem: 'Assentou moradia naquele país há três anos'. Acreditai, portanto, que Cristo habita à direita de Deus Pai, pois é bem-aventurado, e o nome de sua bem-aventurança é estar à direita do Pai.

Segundo, diz-se que Cristo se senta à direita de Deus Pai, porquanto reina com o Pai e dele tem o poder de julgar, como quem se senta à direita de um rei, lhe dá assistência no comando e nos julgamentos. Por isso, diz Agostinho: "Por direita deveis entender o poder que recebeu aquele homem aceito por Deus, a fim de que volte como juiz o que antes viera para ser julgado".

Quanto ao 1º, portanto, deve-se dizer, como diz Damasceno: "Não falamos da direita do Pai como um lugar, pois como poderia ocupar o lado direito quem é incircunscritível? Na verdade, a direita e a esquerda são propriedades do que é circunscritível. Mas chamamos de direita do Pai a glória e a honra da divindade.

Quanto ao 2º, deve-se dizer que a razão procede se entendermos de modo corporal o fato de sentar-se à direita. Por isso, diz Agostinho: "Se entendermos que Cristo está sentado à direita do Pai de modo corporal, então o Pai estará à

---

1. C. 4, n. 11: ML 40, 634.
2. L. II, al. Serm. II, *de Symbol. ad Catechum.*, c. 7: ML 40, 646.
3. *De fide orth.*, l. IV, c. 2: MG 94, 1104 B.
4. L. I, al. Serm. I, *de Symbol., ad Catechum.*, c. 4, n. 11: ML 40, 634.

ad sinistram. Ibi autem, idest in aeterna beatitudine, *omnis dextera est: quia nulla ibi est miseria*.

AD TERTIUM dicendum quod, sicut Gregorius dicit, in Homilia *Ascensionis*[5], *sedere iudicantis est: stare vero pugnantis vel adiuvantis. Stephanus ergo, in labore certaminis positus, stantem vidit quem adiutorem habuit. Sed hunc post ascensionem Marcus sedere describit: quia post assumptionis suae gloriam, iudex in fine videbitur*.

ARTICULUS 2
Utrum sedere ad dexteram Dei Patris conveniat Christo secundum quod Deus

AD SECUNDUM SIC PROCEDITUR. Videtur quod sedere ad dexteram Dei Patris non conveniat Christo secundum quod Deus.
1. Christus enim, secundum quod est Deus, est *dextera* Patris. Sed non videtur idem esse dextera alicuius, et ille qui sedet ad dexteram eius. Ergo Christus, secundum quod est Deus, non sedet ad dexteram Patris.
2. PRAETEREA, Mc 16,19: dicitur quod *Dominus Iesus assumptus est in caelum, et sedet a dextris Dei*. Christus autem non est assumptus in caelum secundum quod Deus. Ergo etiam neque secundum quod Deus, sedet a dextris Dei.
3. PRAETEREA, Christus, secundum quod Deus, est aequalis Patri et Spiritui Sancto. Si ergo Christus, secundum quod est Deus, sedet ad dexteram Patris, pari ratione et Spiritus Sanctus sedebit ad dexteram Patris et Filii, et ipse Pater ad dexteram Filii. Quod nusquam invenitur.

SED CONTRA est quod Damascenus dicit[1], quod *dexteram Patris dicimus gloriam et honorem divinitatis, in qua Dei Filius exstitit ante saecula ut Deus et Patri consubstantialis*.

RESPONDEO dicendum quod, sicut ex praedictis[2] patet, nomine *dexterae* tria intelligi possunt: uno modo, secundum Damascenum[3], *gloria divinitatis*; alio modo, secundum Augustinum[4], *beatitudo Patris*: tertio modo, secundum eundem, *iudiciaria potestas. Sessio* autem, ut dictum est[5], vel

esquerda. Lá, porém", ou seja, na bem-aventurança eterna, "tudo está à direita, pois nenhuma miséria ali existe".

QUANTO AO 3º, deve-se dizer, como diz Gregório, que "sentar-se é próprio de quem julga; mas estar de pé, de quem luta ou de quem ajuda. Portanto, Estêvão, no afã da luta, viu estar de pé quem o ajudava. Marcos, porém, o descreve assentado, após a ascensão, porque depois da glória de sua ascensão, será visto no final como juiz".

ARTIGO 2
Sentar-se à direita do Pai compete a Cristo enquanto Deus?

QUANTO AO SEGUNDO, ASSIM SE PROCEDE: parece que sentar-se à direita do Pai **não** compete a Cristo enquanto Deus.
1. Na verdade, Cristo, por ser Deus, é a *destra* do Pai. Ora, ser a destra de alguém parece não ser o mesmo que sentar-se à direita de alguém. Logo, Cristo, enquanto Deus, não se senta à direita de Deus.
2. ALÉM DISSO, diz o Evangelho de Marcos que "o Senhor Jesus foi arrebatado ao céu e senta-se à direita de Deus". Ora, Cristo não foi arrebatado ao céu como Deus. Logo, também não é enquanto Deus que ele se senta à direita de Deus.
3. ADEMAIS, Cristo, como Deus, é igual ao Pai e ao Espírito Santo. Portanto, se Cristo, enquanto Deus, se senta à direita do Pai, de igual modo o Espírito Santo deverá se sentar à direita do Pai e do Filho; e o próprio Pai, à direita do Filho. Mas em parte alguma se encontra isso.

EM SENTIDO CONTRÁRIO, diz Damasceno que: "chamamos de direita do Pai a glória e a honra da divindade, na qual o Filho de Deus existe desde todos os séculos como Deus e consubstancial com o Pai".

RESPONDO. Como esclarecido mais acima, temos três sentidos no termo *direita*: primeiro, de acordo com Damasceno, *a glória da divindade*; segundo, de acordo com Agostinho, *a bem-aventurança do Pai*; terceiro, também conforme Agostinho, *o poder de julgar*. Já *sentar-se*, como se disse,

---

5. *In Evang.*, l. II, hom. 29, n. 7: ML 76, 1217 C.

2 PARALL.: III *Sent.*, dist. 22, q. 3, a. 3, q.la 2; *Compend. Theol.*, c. 240; *ad Heb.*, c. 1, lect. 2, 6; c. 8, lect. 1; c. 10, lect. 1.

1. *De fide orth.*, l. IV, c. 2: MG 94, 1104 BC.
2. A. praec. c et ad 1; cfr. hic a. *sed c*.
3. Loc. cit.: MG 94, 1104 B.
4. *De Symb.*, c. 4, n. 11: ML 40, 634.
5. A. praec.

habitationem, vel regiam vel iudiciariam dignitatem designat. Unde *sedere ad dexteram Patris* nihil aliud est quam simul cum Patre habere gloriam divinitatis, et beatitudinem, et iudiciariam potestatem, et hoc immutabiliter et regaliter. Hoc autem convenit Filio secundum quod Deus. Unde manifestum est quod Christus, secundum quod Deus, sedet ad dexteram Patris: ita tamen quod haec praepositio *ad, quae transitiva* est, solam distinctionem personalem importat et originis ordinem, non autem gradum naturae vel dignitatis, qui nullus est in divinis personis, ut in Prima Parte[6] habitum est.

AD PRIMUM ergo dicendum quod Filius dicitur *dextera* Patris appropriate, per modum quo etiam dicitur *virtus* Patris. Sed dextera Patris secundum tres significationes praedictas est aliquid commune tribus personis.

AD SECUNDUM dicendum quod Christus, secundum quod homo, assumptus est ad divinum honorem, qui in praedicta sessione designatur. Sed tamen ille honor divinus convenit Christo, inquantum est Deus, non per aliquam assumptionem, sed per aeternam originem.

AD TERTIUM dicendum quod nullo modo potest dici quod Pater sedeat ad dexteram Filii vel Spiritus Sancti: quia Filius et Spiritus Sanctus trahunt originem a Patre, et non e converso. Sed Spiritus Sanctus proprie potest dici sedere ad dexteram Patris vel Filii secundum sensum praedictum: licet secundum quandam appropriationem attribuatur Filio, cui appropriatur aequalitas, sicut Augustinus dicit[7] quod *in Patre est unitas, in Filio aequalitas, in Spiritu Sancto unitatis aequalitatisque connexio*.

significa ou o repouso, ou a dignidade régia ou de julgar. Por conseguinte, *sentar-se à direita do Pai* nada mais é que ter junto com o Pai a glória da divindade, a bem-aventurança e o poder de julgar, de um modo imutável e próprio de um rei. Ora, tudo isso compete ao Filho, enquanto Deus. Portanto, é claro que Cristo, enquanto Deus, se senta à direita do Pai; assim, a preposição *a*, que é transitiva, implica apenas distinção pessoal e ordem de origem, mas não grau de natureza ou de dignidade, que de modo algum existe nas Pessoas divinas, como estudado na I Parte[b].

QUANTO AO 1º, portanto, deve-se dizer que o Filho de Deus é de modo apropriado chamado de *destra* do Pai, do mesmo modo como é chamado de *poder* do Pai. Ora, a direita do Pai, segundo os três significados apontados, é algo comum às três Pessoas.

QUANTO AO 2º, deve-se dizer que Cristo, enquanto homem, foi elevado à honra divina, que é o supracitado significado de sentar-se à direita de Deus. Todavia, essa honra divina compete a Cristo enquanto Deus, não por alguma elevação, mas por sua eterna origem.

QUANTO AO 3º, deve-se dizer que de modo algum se pode afirmar que o Pai se senta à direita do Filho ou do Espírito Santo, porque o Filho e o Espírito Santo, é do Pai que têm sua origem e não o contrário. Mas, falando propriamente, podemos dizer que o Espírito Santo se senta à direita do Pai ou do Filho, no sentido já mencionado, embora, por uma espécie de apropriação, essa atribuição se faça ao Filho, de quem é própria a igualdade, como diz Agostinho: "No Pai está a unidade; no Filho, a igualdade; no Espírito Santo, a união da unidade com a igualdade".

ARTICULUS 3
Utrum sedere ad dexteram Patris conveniat Christo secundum quod homo

AD TERTIUM SIC PROCEDITUR. Videtur quod sedere ad dexteram Patris non conveniat Christo secundum quod homo.

ARTIGO 3
Sentar-se à direita do Pai compete a Cristo enquanto homem?

QUANTO AO TERCEIRO, ASSIM SE PROCEDE: parece que sentar-se à direita do Pai **não** compete a Cristo enquanto homem.

---

6. Q. 42, a. 3, 4.
7. *De doctr. christ.*, l. I, c. 5: ML 34, 21.

3   PARALL.: Locis cit. art. praec.

b. Sentar-se à direita de Deus é evidentemente apenas uma imagem. Sto. Tomás a traduzirá em conceitos precisos. É neste artigo 2 que esses conceitos são especificados: "Sentar-se à direita de Deus não é portanto nada mais do que possuir, como o Pai, a glória da divindade, a felicidade e o poder judiciário; e isso de maneira imutável e real". O que cabe evidentemente à pessoa do Verbo, segundo sua natureza divina na medida em que a recebe do Pai. Mas que continua a lhe pertencer em sua natureza humana. O que além disso adquiriu em sua natureza humana por seu papel redentor, mas sob uma forma participada.

1. Ut enim Damascenus dicit[1], *dexteram Patris dicimus gloriam et honorem divinitatis*. Sed honor et gloria divinitatis non convenit Christo secundum quod homo. Ergo videtur quod Christus, secundum quod homo, non sedeat ad dexteram Patris.

2. Praeterea, sedere ad dexteram regnantis subiectionem excludere videtur: quia qui sedet ad dexteram regnantis, quodammodo illi conregnat. Christus autem, secundum quod homo, est *subiectus Patri*, ut dicitur 1Cor 15,28. Ergo videtur quod Christus, secundum quod homo, non sit ad dexteram Patris.

3. Praeterea, Rm 8, super illud [v. 34], *Qui est ad dexteram Dei*, exponit Glossa[2]: *idest, aequalis Patri in honore quo Deus Pater est; vel, ad dexteram Patris, idest in potioribus bonis Dei*. Et super illud Hb 1,3, *Sedet ad dexteram Dei in excelsis*, Glossa[3]: *idest, ad aequalitatem Patris, super omnia et loco et dignitate*. Sed esse aequalem Deo non convenit Christo secundum quod homo: nam secundum hoc ipse dicit, Io 14,28: *Pater maior me est*. Ergo videtur quod sedere ad dexteram Patris non conveniat Christo secundum quod homo.

Sed contra est quod Augustinus dicit, in Sermone *de Symbolo*[4]: *Ipsam dexteram intelligite potestatem quam accepit ille homo susceptus a Deo, ut veniat iudicaturus qui prius venerat iudicandus*.

Respondeo dicendum quod, sicut dictum est[5], nomine *dexterae Patris* intelligitur vel ipsa gloria divinitatis ipsius, vel beatitudo aeterna eius, vel potestas iudiciaria et regalis. Haec autem praepositio *ad* quendam ad dexteram accessum designat, in quo designatur convenientia cum quadam distinctione, ut supra[6] dictum est. Quod quidem potest esse tripliciter. Uno modo, ut sit convenientia in natura et distinctio in persona. Et sic Christus, secundum quod Filius Dei, sedet ad dexteram Patris, quia habet eandem naturam cum Patre. Unde praedicta conveniunt essentialiter Filio sicut et Patri. Et hoc est esse in aequalitate Patris.

Alio modo, secundum gratiam unionis: quae importat e converso distinctionem naturae et unitatem personae. Et secundum hoc Christus, secundum quod homo, est Filius Dei, et per consequens

1. Na verdade, diz Damasceno: "Chamamos de direita do Pai a glória e a honra da divindade". Ora, a honra e a glória da divindade não competem a Cristo enquanto homem. Logo, parece que Cristo, enquanto homem, não se senta à direita do Pai.

2. Além disso, sentar-se à direita de quem reina parece excluir a submissão, pois quem senta à direita dele, em certo sentido, reina com ele. Ora, Cristo, enquanto homem, está "submetido ao Pai", como diz a primeira Carta aos Coríntios. Logo, parece que Cristo, enquanto homem, não está à direita do Pai.

3. Ademais, comentando o que diz a Carta aos Romanos: "Ele que está à direita de Deus", expõe a Glosa: "Ou seja, igual ao Pai em honra, pela qual Deus é Pai; ou à direita do Pai, ou seja, nos melhores dons de Deus". E sobre esta outra passagem: "Sentou-se à direita de Deus nas alturas", diz a Glosa: "Ou seja, na igualdade com o Pai, acima de todas as coisas, em lugar e em dignidade". Ora, ser igual a Deus não compete a Cristo enquanto homem, pois a respeito ele próprio diz no Evangelho de João: "O Pai é maior do que eu". Logo, parece que sentar à direita do Pai não compete a Cristo enquanto homem.

Em sentido contrário, diz Agostinho: "Por direita deveis entender o poder que recebeu aquele homem aceito por Deus, a fim de que volte como juiz o que antes viera para ser julgado".

Respondo. Como foi dito, entende-se por *direita do Pai* ou a própria glória de sua divindade, ou sua eterna bem-aventurança, ou seu poder real e de julgar. Quanto à preposição *a*, designa certo acesso à direita, denotando semelhança com certa distinção, como já observado. Essa semelhança pode ser considerada de três modos. Primeiro, semelhança na natureza e distinção na pessoa. Assim, Cristo, como Filho de Deus, senta-se à direita do Pai, pois tem a mesma natureza que o Pai. Por isso, essas atribuições essencialmente competem tanto ao Filho como ao Pai. E isso significa ser igual ao Pai.

Segundo, pela graça da união, que, pelo contrário, implica distinção de natureza e unidade de pessoa. Assim sendo, Cristo, enquanto homem, é Filho de Deus e consequentemente está sentado à

---
1. *De fide orth.*, l. IV, c. 2: MG 94, 1104 B.
2. Lombardi: ML 191, 1452 C.
3. Lombardi: ML 192, 407 A.
4. L. II, al. Serm. II, *de Symb.*, *ad Catechum.*, c. 7: ML 40, 646.
5. A. praec.
6. Ibid. — Cfr. I, q. 93, a. 1.

sedens ad dexteram Patris: ita tamen quod ly *secundum quod* non designet conditionem naturae, sed unitatem suppositi, ut supra[7] expositum est.

Tertio modo potest praedictus accessus intelligi secundum gratiam habitualem, quae abundantior est in Christo prae omnibus aliis creaturis, in tantum quod ipsa natura humana in Christo est beatior ceteris creaturis, et super omnes alias creaturas habens regiam et iudiciariam potestatem.

Sic igitur, si ly *secundum quod* designet conditionem naturae, Christus, secundum quod Deus, sedet ad dexteram Patris, idest in aequalitate Patris. Secundum autem quod homo, sedet ad dexteram Patris, idest in bonis paternis potioribus prae ceteris creaturis, idest *in maiori beatitudine*, et *habens iudiciariam potestatem*. — Si vero ly *secundum quod* designet unitatem suppositi, sic etiam, secundum quod homo, sedet ad dexteram Patris secundum aequalitatem honoris: inquantum scilicet eodem honore veneramur ipsum Filium Dei cum eadem natura assumpta, ut supra[8] dictum est.

AD PRIMUM ergo dicendum quod humanitas Christi, secundum conditiones suae naturae, non habet gloriam vel honorem deitatis: quem tamen habet ratione personae cui unitur. Unde ibidem[9] Damascenus subdit: *In qua*, scilicet gloria deitatis, *Dei Filius existens ante saecula ut Deus et Patri consubstantialis sedet, conglorificata ei carne eius. Adoratur enim una hypostasis una adoratione cum carne eius, ab omni creatura.*

AD SECUNDUM dicendum quod Christus, secundum quod homo, subiectus est Patri prout ly *secundum quod* designat conditionem naturae. Et secundum hoc, non competit ei sedere ad dexteram Patris secundum rationem aequalitatis, secundum quod est homo. Sic autem competit ei sedere ad dexteram Patris secundum quod per hoc designatur excellentia beatitudinis, et iudiciaria potestas super omnem creaturam.

direita do Pai, de modo que a conjunção *enquanto* não designa condição de natureza, mas unidade de supósito, como foi exposto anteriormente.

Terceiro, o supracitado acesso pode ser entendido segundo a graça habitual, que é mais abundante em Cristo que em todas as demais criaturas, tanto quanto a natureza humana de Cristo é mais bem-aventurada que as demais criaturas, tendo sobre todas as outras criaturas o poder real e de julgar.

Assim, pois, se *enquanto* designa condição de natureza, então Cristo, enquanto Deus, se senta à direita do Pai, ou seja, na igualdade com o Pai. Mas enquanto homem, se senta à direita do Pai, ou seja, nos bens paternos mais importantes que as demais criaturas, ou seja, *numa bem-aventurança maior* e *tendo o poder de julgar*. — Mas se *enquanto* designa unidade do supósito, então, também enquanto homem, senta-se à direita do Pai, na igualdade de honra, ou seja, porquanto veneramos com a mesma honra o próprio Filho de Deus com a sua natureza assumida, como foi dito acima[c].

QUANTO AO 1º, portanto, deve-se dizer que a humanidade de Cristo, segundo as condições de sua natureza, não tem a glória ou a honra da divindade, que ela tem, todavia, por razão da pessoa a que está unida. Por isso, acrescenta Damasceno nesse mesmo lugar: "Na qual", ou seja, na glória da divindade, "senta-se o Filho de Deus desde a eternidade como Deus e consubstancial ao Pai, com sua carne glorificada. E é adorada a única hipóstase por todas as criaturas numa só adoração com sua carne".

QUANTO AO 2º, deve-se dizer que, se *enquanto* designa a condição da natureza, Cristo, enquanto homem, está submetido ao Pai. Sob esse aspecto, não lhe compete, enquanto homem, sentar-se à direita do Pai, numa razão de igualdade. Mas lhe compete sentar-se à direita do Pai, se se designa a excelência da bem-aventurança e o poder de julgar todas as criaturas.

---

7. Q. 16; q. 10, 11.
8. Q. 25, a. 1.
9. Loc. cit.: MG 94, 1104 C.

c. Sentar-se à direita de Deus cabe a Cristo enquanto Deus, como vimos, e enquanto homem. Mas "enquanto homem" significa duas coisas: primeiro, em virtude de um dom que recebe sua natureza humana, e que é participação criada ao que ele é de pleno direito como Deus; em seguida, devido ao fato de que, pela encarnação, o Verbo é e permanece a própria pessoa dessa natureza humana, e que permanece divina. Sentar-se à direita de Deus enquanto homem significa ainda duas coisas. Ou bem uma supremacia absoluta entre todas as criaturas, e uma associação por pura graça a todo o poder divino sem que se possa propriamente falar de igualdade com ele: "O Pai é maior do que eu". Ou bem uma verdadeira igualdade da Pessoa encarnada com o Pai. E é aí que aparece em toda a sua força o peso teológico desse "sentar-se à direita do Pai". Na carne, não por sua carne, mas inseparavelmente dela, ele permanece igual ao Pai. Ele o era sob sua forma humilde. Mas, na glória, é sua pessoa que aparece como tal aos olhos de todos. A glória de sua humanidade triunfante, à qual ele tem acesso pela ressurreição, é unicamente o justo reflexo de sua divindade.

AD TERTIUM dicendum quod esse in aequalitate Patris non pertinet ad ipsam naturam humanam Christi, sed solum ad personam assumentem. Sed esse in potioribus bonis Dei, secundum quod importat excessum aliarum creaturarum, convenit etiam ipsi naturae assumptae.

QUANTO AO 3º, deve-se dizer que ser igual ao Pai não compete à natureza humana de Cristo, mas apenas à pessoa que a assume. Mas compete até mesmo à natureza assumida participar dos melhores dons de Deus, na medida em que isso implica exaltação sobre todas as demais criaturas.

ARTICULUS 4
Utrum sedere ad dexteram Patris sit proprium Christi

ARTIGO 4
Sentar-se à direita do Pai é próprio de Cristo?

AD QUARTUM SIC PROCEDITUR. Videtur quod sedere ad dexteram Patris non sit proprium Christi.

QUANTO AO QUARTO, ASSIM SE PROCEDE: parece que sentar-se à direita do Pai **não** é próprio de Cristo.

1. Dicit enim Apostolus, Eph 2,6, quod *resuscitavit nos, et consedere fecit in caelestibus in Christo Iesu*. Sed resuscitari non est proprium Christi. Ergo pari ratione etiam nec *sedere ad dexteram Dei in excelsis*.

1. Na verdade, diz o Apóstolo que Deus "nos ressuscitou e nos fez sentar nos céus em Jesus Cristo". Ora, ser ressuscitado não é próprio de Cristo. Logo, pelo mesmo motivo, tampouco sentar-se à direita de Deus nas alturas.

2. PRAETEREA, sicut Augustinus dicit, in libro de Symbolo[1], *Christum sedere ad dexteram Patris, hoc est habitare in eius beatitudine*. Sed hoc multis aliis convenit. Ergo videtur quod sedere ad dexteram Patris non sit proprium Christi.

2. ALÉM DISSO, como diz Agostinho: "Estar Cristo sentado à direita do Pai é o mesmo que habitar em sua bem-aventurança". Ora, isso compete a muitos outros. Logo, parece que sentar-se à direita do Pai não é próprio de Cristo.

3. PRAETEREA, ipse dicit, Ap 3,21: *Qui vicerit, dabo ei sedere mecum in throno meo: sicut et ego vici, et sedi cum Patre meo in throno eius*. Sed per hoc sedet Christus ad dexteram Patris, quod sedet in throno eius. Ergo etiam et alii qui vincunt, sedent ad dexteram Patris.

3. ADEMAIS, diz o próprio Cristo no Apocalipse: "Ao vencedor, concederei sentar-se comigo no meu trono, como eu também alcancei a vitória e fui sentar-me com meu Pai em seu trono". Ora, por estar sentado no trono de seu Pai é que Cristo está sentado à direita dele. Logo, também os outros que vencem estão sentados à direita do Pai.

4. PRAETEREA, Mt 20,23 Dominus dicit: *Sedere ad dexteram vel sinistram meam, non est meum dare vobis, sed quibus paratum est a Patre meo*. Hoc autem frustra diceretur nisi esset aliquibus paratum. Non ergo sedere ad dexteram soli Christo convenit.

4. ADEMAIS, diz o Senhor: "Quanto a assentar-vos à minha direita e à minha esquerda, não cabe a mim concedê-lo; isto será dado àqueles para quem foi preparado por meu Pai". Ora, isso teria sido dito em vão, se não houvesse essa preparação para alguns. Logo, sentar-se à direita do Pai não compete somente a Cristo.

SED CONTRA est quod dicitur ad Hb 1,13: *Ad quem aliquando dixit angelorum, "Sede a dextris meis": idest*[2], *"in potioribus meis", vel "mihi secundum divinitatem aequalis?"* Quasi dicat: Ad nullum. Sed angeli sunt superiores aliis creaturis. Ergo multo minus ulli alii convenit sedere ad dexteram Patris quam Christo.

EM SENTIDO CONTRÁRIO, diz a Carta aos Hebreus: "E a qual dos anjos disse alguma vez: senta-te à minha direita?", ou seja, "Participa de meus melhores dons ou como igual a mim na divindade?" Como se dissesse: "A nenhum". Ora, os anjos são superiores às demais criaturas. Logo, muito menos compete a nenhum outro senão a Cristo sentar-se à direita do Pai.

RESPONDEO dicendum quod, sicut dictum est[3], Christus dicitur sedere ad dexteram Patris,

RESPONDO. Como foi dito acima, diz-se que Cristo está sentado à direita do Pai, porquanto,

---

4 PARALL.: III *Sent.*, dist. 22, q. 3, a. 3, q.la 3.

1. L. I, al. Serm. I, *de Symb., ad Catechum.*, c. 4, n. 11: ML 40, 634.
2. LOMBARDI: ML 192, 413 C.
3. A. praec.

inquantum secundum divinam naturam est in aequalitate Patris, secundum autem humanam naturam in excellenti possessione divinorum bonorum prae ceteris aliis creaturis. Utrumque autem soli Christo convenit. Unde nulli alii, nec angelo nec homini, convenit sedere ad dexteram Patris, nisi soli Christo.

AD PRIMUM ergo dicendum quod, quia Christus est caput nostrum, illud quod collatum est Christo, est etiam nobis in ipso collatum. Et propter hoc, quia ipse iam resuscitatus est, dicit Apostolus quod Deus nos quodammodo ei *conresuscitavit*, qui tamen in nobis ipsis nondum sumus resuscitati, sed resuscitandi, secundum illud Rm 8,11: *Qui suscitavit Iesum Christum a mortuis, vivificabit et mortalia corpora nostra*. Et secundum eundem modum loquendi subdit Apostolus quod *consedere nos fecit in caelestibus*: scilicet in hoc ipso quod caput nostrum, quod est Christus, ibi sedet.

AD SECUNDUM dicendum quod, quia dextera est divina beatitudo, *sedere in dextera* non significat simpliciter esse in beatitudine, sed habere beatitudinem cum quadam dominativa potestate, et quasi propriam et naturalem. Quod soli Christo convenit, nulli autem alii creaturae. — Potest tamen dici quod omnis sanctus qui est in beatitudine, est *ad dexteram Dei constitutus*. Unde et dicitur Mt 25,33, quod *statuet oves a dextris*.

AD TERTIUM dicendum quod per *thronum* significatur iudiciaria potestas, quam Christus habet a Patre. Et secundum hoc, dicitur *sedere in throno Patris*. Alii autem sancti habent eam a Christo. Et secundum hoc, dicuntur *in throno Christi sedere*: secundum illud Mt 19,28: *Sedebitis et vos super sedes duodecim iudicantes duodecim tribus Israel*.

AD QUARTUM dicendum quod, sicut Chrysostomus dicit, *super Matth.*[4], *locus ille*, idest consensus dexterae, *invius est omnibus non solum hominibus, sed etiam angelis. Sicut enim praecipuum Unigeniti ponit Paulus, dicens: "Ad quem autem angelorum dixit unquam, Sede a dextris meis?" Dominus ergo, non quasi existentibus* quibusdam qui sessuri sint, *sed condescendens interrogantium supplicationi, respondit. Hoc enim unum solum quaerebant, prae aliis stare apud ipsum*.

segundo a natureza divina, é igual ao Pai; segundo a natureza humana, porém, ele ultrapassa todas as demais criaturas na posse dos dons divinos. As duas afirmações dizem respeito somente a Cristo. Portanto, a nenhum outro, nem a um anjo nem a um homem, compete sentar-se à direita do Pai senão somente a Cristo.

QUANTO AO 1°, portanto, deve-se dizer que o que é concedido a Cristo também nos é concedido por meio dele, pois é a nossa cabeça. Por causa disso, como ele já ressuscitou, diz o Apóstolo que Deus de algum modo nos *ressuscitou com ele*, a nós que não fomos ressuscitados ainda, mas que haveremos de ressuscitar, como diz a Carta aos Romanos: "Aquele que ressuscitou Jesus Cristo dentre os mortos dará também a vida a nossos corpos mortais". E com o mesmo modo de falar, acrescenta o Apóstolo que ele "nos fez sentar com ele nos céus", ou seja, pelo motivo de que nossa cabeça, que é Cristo, lá está sentado.

QUANTO AO 2°, deve-se dizer que, como a direita significa a divina bem-aventurança, *sentar-se à direita* não significa de modo absoluto estar na bem-aventurança, mas ter a bem-aventurança com certo poder dominativo, quase que próprio e natural. O que compete somente a Cristo e a nenhuma outra criatura. — Pode-se, contudo, dizer que todo santo que está na bem-aventurança está *constituído à direita de Deus*. Por isso, diz Mateus que o Filho do Homem "colocará as ovelhas à sua direita".

QUANTO AO 3°, deve-se dizer que por *trono* se indica o poder de julgar que Cristo tem do Pai. Nesse sentido, diz-se que "está sentado no trono do Pai". Outros santos, porém, têm esse poder de Cristo. Nesse sentido, diz-se que "estão sentados no trono de Cristo", conforme o que diz Mateus: "Vós vos assentareis em doze tronos para julgar as doze tribos de Israel".

QUANTO AO 4°, deve-se dizer que, como diz Crisóstomo, "aquele lugar", ou seja, o lugar ocupado pelos que estão à direita "é inacessível a todos, não só aos homens, mas também aos anjos, pois Paulo declara ser prerrogativa do Unigênito, ao dizer: 'A qual dos anjos disse alguma vez: senta-te à minha direita?'". O Senhor, portanto, "responde, não como se existissem alguns que haveriam de se assentar, mas por condescendência à súplica dos que perguntavam". Na verdade, uma só coisa pediam, estar junto dele, à frente dos demais.

---

4. Homil. 65, al. 66, *in Matth.*, n. 3: MG 58, 620.

Potest tamen dici quod petebant filii Zebedaei excellentiam habere prae aliis in participando iudiciariam potestatem eius. Unde non petebant quod sederent ad dexteram vel sinistram Patris, sed ad dexteram vel sinistram Christi.

Pode-se, contudo, dizer que os filhos de Zebedeu pediam ter primazia sobre os outros, participando do poder de julgar dele. Assim, não pediam para sentar à direita ou à esquerda do Pai, mas à direita ou esquerda de Cristo.

QUAESTIO LIX
DE IUDICIARIA POTESTATE CHRISTI
in sex articulos divisa

Deinde considerandum est de iudiciaria potestate Christi.
Et circa hoc quaeruntur sex.
Primo: utrum iudiciaria potestas sit attribuenda Christo.
Secundo: utrum conveniat sibi secundum quod est homo.
Tertio: utrum fuerit eam ex merito adeptus.
Quarto: utrum eius potestas iudiciaria sit universalis respectu omnium hominum.
Quinto: utrum, praeter iudicium quod agit in hoc tempore, sit expectandus ad universale iudicium futurum.
Sexto: utrum eius iudiciaria potestas etiam ad angelos se extendat.
De executione autem finalis iudicii convenientius agetur cum considerabimus de his quae pertinent ad finem mundi. Nunc autem sufficit ea sola tangere quae pertinent ad Christi dignitatem.

QUESTÃO 59
O PODER JUDICIÁRIO DE CRISTO
em cinco artigos

A seguir, deve-se considerar o poder judiciário de Cristo.
A respeito, são seis as perguntas.
1. O poder de julgar deve ser atribuído a Cristo?
2. Esse poder compete a ele, enquanto homem?
3. Foi conseguido por mérito?
4. É universal, em relação a todos os homens?
5. Além do juízo que exerce neste mundo, deve-se esperar que ele faça um juízo universal?
6. Seu poder de julgar se estende também aos anjos?

Sobre a execução do juízo final, falaremos de modo mais adequado ao abordarmos os assuntos relativos ao fim do mundo. Por ora, vamos nos referir apenas ao que diz respeito à dignidade de Cristo.

ARTICULUS 1
Utrum iudiciaria potestas sit specialiter attribuenda Christo

AD PRIMUM SIC PROCEDITUR. Videtur quod iudiciaria potestas non sit specialiter attribuenda Christo.
1. Iudicium enim aliquorum videtur pertinere ad dominum: unde dicitur Rm 14,4: *Tu quis es, qui iudicas alienum servum?* Sed esse Dominum creaturarum est commune toti Trinitati. Non ergo debet Christo specialiter attribui iudiciaria potestas.

2. PRAETEREA, Dn 7,9 dicitur: *Antiquus Dierum sedit*; et postea subditur [v. 10] *Iudicium sedit et libri aperti sunt.* Sed Antiquus Dierum intelligitur

ARTIGO 1
O poder de julgar deve ser atribuído especialmente a Cristo?

QUANTO AO PRIMEIRO ARTIGO, ASSIM SE PROCEDE: parece que o poder de julgar **não** deve ser atribuído especialmente a Cristo.
1. Na verdade, o julgamento de algumas pessoas parece ser de competência de seu senhor. Por isso, diz a Carta aos Romanos: "Quem és tu para julgares um servo que não te pertence?" Ora, o domínio sobre todas as criaturas é comum a toda a Trindade. Logo, o poder de julgar não deve ser atribuído especialmente a Cristo.

2. ALÉM DISSO, diz o livro de Daniel: "O Ancião de dias se sentou"; e acrescenta: "O tribunal tomou assento, e livros foram abertos". Ora, por Ancião

---

1 PARALL.: IV *Sent.*, dist. 47, q. 1, a. 2, q.la 3; dist. 48, q. 1, a. 1, ad 4; *in Symb. Apost.*, a. 7; *in Ioan.*, c. 5, lect. 4.

Pater: quia, ut Hilarius dicit[1], *in Patre est aeternitas*. Ergo iudiciaria potestas magis est attribuenda Patri quam Christo.

3. PRAETEREA, eiusdem videtur iudicare cuius est arguere. Sed arguere pertinet ad Spiritum Sanctum: dicit enim Dominus, Io 16,8: *Cum autem venerit ille*, scilicet Spiritus Sanctus, *arguet mundum de peccato et de iustitia et de iudicio*. Ergo iudiciaria potestas magis debet attribui Spiritui Sancto quam Christo.

SED CONTRA est quod dicitur Act 10,42 de Christo: *Hic est qui constitutus est a Deo iudex vivorum et mortuorum*.

RESPONDEO dicendum quod ad iudicium faciendum tria requiruntur. Primo quidem, potestas subditos coercendi: unde dicitur Eccli 7,6: *Noli quaerere fieri iudex, nisi valeas virtute rumpere iniquitates*. Secundo, requiritur rectitudinis zelus, ut scilicet aliquis non ex odio vel livore, sed ex amore iustitiae iudicium proferat: secundum illud Pr 3,12: *Quem enim diligit Dominus, corripit: et quasi pater in filio complacet sibi*. Tertio, requiritur sapientia, secundum quam formatur iudicium: unde dicitur Eccli 10,1: *Iudex sapiens iudicabit populum suum*. Prima autem duo praeexiguntur ad iudicium: sed proprie tertium est secundum quod accipitur forma iudicii, quia ipsa ratio iudicii est lex sapientiae vel veritatis, secundum quam iudicatur.

Et quia Filius est *Sapientia genita*, et Veritas a Patre procedens et ipsum perfecte repraesentans, ideo proprie iudiciaria potestas attribuitur Filio Dei. Unde Augustinus dicit, in libro *de Vera Relig.*[2]: *Haec est incommutabilis illa Veritas quae lex omnium artium recte dicitur, et ars omnipotentis Artificis. Ut autem nos, et omnes animae rationales, secundum veritatem de inferioribus recte iudicamus, sic de nobis, quando eidem cohaeremus, sola ipsa Veritas iudicat. De ipsa vero nec Pater: non enim minus est quam ipse. Et ideo quae Pater iudicat, per ipsam iudicat*. Et postea concludit: *"Pater" ergo "non iudicat quemquam, sed omne iudicium dedit Filio"*.

de dias se entende o Pai, pois Hilário diz que "o Pai é eterno". Logo, o poder de julgar deve ser atribuído mais ao Pai que a Cristo.

3. ADEMAIS, parece que a quem compete arguir compete também julgar. Ora, compete ao Espírito Santo arguir, pois diz o Senhor: "Ele, com sua vinda, arguirá o mundo a respeito do pecado, da justiça e do julgamento". Logo, o poder de julgar deve ser atribuído mais ao Espírito Santo que a Cristo.

EM SENTIDO CONTRÁRIO, diz o livro dos Atos a respeito de Cristo: "Foi a ele que Deus constituiu como juiz dos vivos e dos mortos".

RESPONDO. São necessários três requisitos para um julgamento. Primeiro, poder de obrigar os súditos; por isso, diz o livro do Eclesiástico: "Não procures tornar-te juiz, se não és capaz de extirpar a iniquidade". Segundo, zelo pelo que é correto, ou seja, alguém que faça um julgamento não por ódio ou inveja, mas por amor da justiça, conforme o que diz o livro dos Provérbios: "O Senhor corrige a quem ele ama, como um pai ao filho muito amado". Terceiro, sabedoria, na qual se baseia o julgamento; por isso, diz o livro do Eclesiástico: "O juiz sábio julgará seu povo". Os dois primeiros requisitos são necessários para o julgamento, mas é propriamente sobre o terceiro requisito que se fundamenta o julgamento, pois a razão mesma do julgamento é a lei da sabedoria ou da verdade, segundo a qual se julga.

E como o Filho é a *Sabedoria gerada*, a Verdade que procede do Pai e que o representa perfeitamente, o poder de julgar é atribuído de modo próprio ao Filho de Deus. Por isso, diz Agostinho: "Esta é aquela imutável Verdade, chamada com razão lei de todas as artes e arte do Artífice onipotente. E assim como nós e todas as almas racionais julgamos com retidão a respeito dos inferiores de acordo com a verdade, também em relação a nós, é somente a própria Verdade quem julga, quando a ela aderimos. Mas essa Verdade, nem o Pai a julga, pois não é menor que ele. Portanto, o que o Pai julga, ele o julga por meio dela". E depois conclui: "O Pai, por conseguinte, não julga ninguém, mas confiou ao Filho todo julgamento"[a].

---

1. *De Trin.*, l. II, n. 1: ML 10, 51 A.
2. C. 31, nn. 57-58: ML 34, 147-148.

a. Vale para o poder judiciário o mesmo que valia em relação à igualdade com o Pai. Cabe a Cristo enquanto Deus, mais precisamente na medida em que é o Verbo: é a "Sabedoria engendrada". Pois o que julga é a sabedoria, é a verdade, e Jesus dirá: é minha palavra. É enquanto sábio Soberano e Verdade infalível, mais do que enquanto Mestre todo-poderoso, que Deus é o soberano e, de resto, o único juiz.

AD PRIMUM ergo dicendum quod ex illa ratione probatur quod iudiciaria potestas sit communis toti Trinitati: quod et verum est. Sed tamen per quandam appropriationem iudiciaria potestas attribuitur Filio, ut dictum est[3].

AD SECUNDUM dicendum quod, sicut Augustinus dicit, in VI *de Trin.*[4], Patri attribuitur aeternitas propter commendationem principii, quod etiam importatur in ratione aeternitatis. Ibidem etiam Augustinus dicit quod Filius est *ars Patris*. Sic igitur auctoritas iudicandi attribuitur Patri inquantum est principium Filii; sed ipsa ratio iudicii attribuitur Filio, qui est ars et sapientia Patris: ut scilicet, sicut Pater fecit omnia per Filium suum inquantum est ars eius, ita etiam iudicat omnia per Filium suum inquantum est sapientia et veritas eius. Et hoc significatur in Daniele, ubi primo dicitur quod *Antiquus Dierum sedit*, et postea subditur [v. 13-14] quod *Filius Hominis pervenit usque ad Antiquum Dierum, et dedit ei potestatem et honorem et regnum*: per quod datur intelligi quod auctoritas iudicandi est apud Patrem, a quo Filius accepit potestatem iudicandi.

AD TERTIUM dicendum quod, sicut Augustinus dicit, *super Ioan.*[5], ita dixit Christus quod Spiritus Sanctus *"arguet mundum de peccato", tanquam diceret: Ille diffundet in cordibus vestris caritatem. Sic enim, timore depulso, arguendi habebitis libertatem*. Sic ergo Spiritui Sancto attribuitur iudicium, non quantum ad rationem iudicii, sed quantum ad affectum iudicandi quem homines habent.

QUANTO AO 1º, portanto, deve-se dizer que com esse argumento se prova que o poder de julgar é comum a toda a Trindade, o que é verdade. Contudo, por uma espécie de apropriação, o poder de julgar á atribuído ao Filho, como foi dito.

QUANTO AO 2º, deve-se dizer, como diz Agostinho, que se atribui ao Pai a eternidade em atenção ao princípio, implícito na razão de eternidade. Nessa passagem, Agostinho fala que o Filho é "arte do Pai". Assim, a autoridade de julgar é atribuída ao Pai, como princípio do Filho; mas a razão de julgar é atribuída ao Filho, que é arte e sabedoria do Pai, ou seja, assim como o Pai faz todas as coisas pelo Filho, que é arte dele, também julga tudo pelo Filho, que é sabedoria e verdade dele. É esse o significado do texto de Daniel, quando, primeiro, diz que o "Ancião de dias se assentou" e, depois, acrescenta que o "Filho do Homem chegou até o Ancião de dias e lhe foi dada soberania, glória e realeza". Com isso se dá a entender que a autoridade para julgar está nas mãos do Pai, de quem o Filho recebe o poder de julgar.

QUANTO AO 3º, deve-se dizer que, como diz Agostinho, Cristo falou que o Espírito Santo arguirá o mundo a respeito do pecado "como se dissesse: 'Ele difundirá em vossos corações o amor. Assim, pois, afastado o temor, tereis liberdade de arguir". Portanto, atribui-se o julgamento ao Espírito Santo, não em relação à razão de julgar, mas em relação ao desejo que têm os homens de julgar.

ARTICULUS 2
Utrum iudiciaria potestas conveniat Christo secundum quod est homo

AD SECUNDUM SIC PROCEDITUR. Videtur quod iudiciaria potestas non conveniat Christo secundum quod est homo.

1. Dicit enim Augustinus, in libro *de Vera Relig.*[1], quod iudicium attribuitur Filio inquantum est ipsa lex primae veritatis. Sed hoc pertinet ad Christum secundum quod est Deus. Ergo iudiciaria potestas non convenit Christo secundum quod est homo, sed secundum quod est Deus.

ARTIGO 2
O poder de julgar compete a Cristo enquanto homem?

QUANTO AO SEGUNDO, ASSIM SE PROCEDE: parece que o poder de julgar **não** compete a Cristo enquanto homem.

1. Na verdade, diz Agostinho que o julgamento é atribuído ao Filho, porquanto é a própria lei da primeira verdade. Ora, essa é uma atribuição de Cristo enquanto Deus. Logo, o poder de julgar não compete a Cristo enquanto homem, mas enquanto Deus.

---

3. In corp.
4. C. 10, n. 11: ML 42, 931.
5. Tract. 95, n. 1, super 16, 8: ML 35, 1871.

2 PARALL.: IV *Sent.*, dist. 48, q. 1, a. 1 (= Suppl., q. 90, a. 1); *Cont. Gent.* IV, c. 96; *Quodlib.* X, q. 1, a. 2; *Compend. Theol.*, c. 241; in *Symb. Apost.*, a. 7; in *Matth.*, c. 25; in *Ioan.*, c. 5, lect. 4, 5.

1. C. 31, n. 58: ML 34, 148.

2. Praeterea, ad iudiciariam potestatem pertinet praemiare bene agentes, sicut et punire malos. Sed praemium bonorum operum est beatitudo aeterna, quae non datur nisi a Deo: dicit enim Augustinus, *super Ioan*.[2], quod *participatione Dei fit anima beata, non autem participatione animae sanctae*. Ergo videtur quod iudiciaria potestas non conveniat Christo secundum quod est homo, sed secundum quod est Deus.

3. Praeterea, ad iudiciarium Christi potestatem pertinet iudicare occulta cordium: secundum illud 1Cor 4,5: *Nolite ante tempus iudicare, quousque veniat Dominus, qui et illuminabit abscondita tenebrarum et manifestabit consilia cordium*. Sed hoc pertinet ad solam virtutem divinam: secundum illud Ier 17,9-10: *Pravum est cor hominis et inscrutabile: quis cognoscet illud? Ego Dominus, scrutans corda et probans renes, qui do unicuique iuxta viam suam*. Ergo iudiciaria potestas non convenit Christo secundum quod est homo, sed secundum quod est Deus.

Sed contra est quod dicitur Io 5,27: *Potestatem dedit ei iudicium facere, quia Filius Hominis est*.

Respondeo dicendum quod Chrysostomus, *super Ioan*.[3], sentire videtur quod iudiciaria potestas non conveniat Christo secundum quod est homo, sed solum secundum quod est Deus. Unde auctoritatem Ioannis inductam sic exponit: *Potestatem dedit ei iudicium facere. Quia Filius Hominis est, nolite mirari hoc* [v. 28]. *Nom enim propterea suscepit iudicium quoniam homo est: sed quia ineffabilis Dei Filius est, propterea iudex est. Quia vero ea quae dicebantur erant maiora quam secundum hominem, ideo, hanc opinionem solvens, dixit: Ne miremini quia Filius Hominis est: etenim ipse est etiam Filius Dei*. Quod quidem probat per resurrectionis effectum: unde subdit: *Quia venit hora in qua omnes qui in monumentis sunt, audient vocem Filii Dei*.

Sciendum tamen quod, quamvis apud Deum remaneat primaeva auctoritas iudicandi, hominibus tamen committitur a Deo iudiciaria potestas respectu eorum qui eorum iurisdictioni subiiciuntur. Unde dicitur Dt 1,16: *Quod iustum est iudicate*: et postea subditur [v. 17]: *Quia Dei est iudicium*, cuius scilicet auctoritate vos iudicatis.

---

2. Tract. 23, n. 5, super 5, 29: ML 35, 1585.
3. Homil. 39, al. 38, n. 3: MG 59, 223-224.

---

2. Além disso, é próprio do poder de julgar premiar os que agem bem, e punir os maus. Ora, o prêmio das boas obras é a bem-aventurança eterna que só Deus concede, pois diz Agostinho: "Pela participação de Deus é que a alma se torna bem-aventurada, não pela participação da alma santa". Logo, parece que o poder de julgar não compete a Cristo enquanto homem, mas enquanto Deus.

3. Ademais, julgar os segredos do coração é próprio do poder de julgar de Cristo, como diz a primeira Carta aos Coríntios: "Por conseguinte, não julgueis antes do tempo, antes que venha o Senhor. É ele que iluminará o que está escondido nas trevas e porá de manifesto os desígnios dos corações". Ora, isso é próprio somente do poder divino, segundo o livro de Jeremias: "O coração do homem é depravado e inescrutável, quem pode conhecê-los? Eu, o Senhor, que sondo os pensamentos, examino os sentimentos, e retribuo a cada um conforme sua conduta". Logo, o poder de julgar não compete a Cristo enquanto homem, mas enquanto Deus.

Em sentido contrário, diz o Evangelho de João: "Ele lhe deu o poder de exercer o julgamento porque é o Filho do Homem".

Respondo. Crisóstomo parece pensar que o poder de julgar não compete a Cristo enquanto homem, mas apenas enquanto Deus. Por isso, assim explica a citada passagem de João: "'Deu-lhe o poder de exercer o julgamento. Não vos admireis mais com tudo isso, pois é o Filho do Homem. Na verdade, não recebeu o poder de julgar por ser homem, mas é o juiz por ser o Filho inefável de Deus. E como as expressões usadas estavam acima do que pode o homem, então, para explicar, disse: 'Não vos admireis' por ser Filho do Homem, pois ele é também o Filho de Deus". E prova isso pelo efeito da ressurreição. Por isso, acrescenta: "Vem a hora em que todos os que jazem nos túmulos ouvirão a voz do Filho de Deus".

Deve-se observar, porém, que, embora a autoridade primária de julgar seja de Deus, ele delega aos homens o poder de julgar os que estão sob a jurisdição deles. Por isso, diz o livro do Deuteronômio: "Decidireis com justiça", acrescentando: "Pois o julgamento pertence a Deus", ou seja, é por sua autoridade que vós julgais. Ora, foi dito acima

Dictum est autem supra[4] quod Christus, etiam in natura humana, est caput totius Ecclesiae, et quod *sub pedibus eius Deus omnia subiecit*. Unde et ad eum pertinet, etiam secundum naturam humanam, habere iudiciariam potestatem. Propter quod videtur auctoritatem praedictam Evangelii sic esse intelligendam: *Potestatem dedit ei iudicium facere quia Filius Hominis est*, non quidem propter conditionem naturae, quia sic omnes homines huiusmodi potestatem haberent, ut Chrysostomus obiicit: sed hoc pertinet ad gratiam capitis, quam Christus in humana natura accepit.

Competit autem Christo hoc modo secundum humanam naturam iudiciaria potestas, propter tria. Primo quidem, propter convenientiam et affinitatem ipsius ad homines. Sicut enim Deus per causas medias, tanquam propinquiores effectibus, operatur; ita iudicat per hominem Christum homines, ut sit suavius iudicium hominibus. Unde Apostolus dicit, Hb 4,15-16: *Non habemus Pontificem qui non possit compati infirmitatibus nostris, tentatum per omnia per similitudinem, absque peccato. Adeamus ergo cum fiducia ad thronum gratiae* eius.

Secundo, quia *in finali iudicio*, ut Augustinus dicit, *super Ioan.*[5], *erit resurrectio corporum mortuorum, quae suscitat Deus per Filium Hominis*, sicut *per eundem Christum suscitat animas* inquantum *est Filius Dei*.

Tertio quia, ut Augustinus dicit, in libro *de Verbis Domini*[6], *rectum erat ut iudicandi viderent iudicem. Iudicandi autem erant boni et mali. Restabat ut in iudicio forma servi et bonis et malis ostenderetur, forma Dei solis bonis servaretur*.

AD PRIMUM ergo dicendum quod iudicium pertinet ad veritatem sicut ad regulam iudicii: sed ad hominem qui est veritate imbutus pertinet secundum quod est unum quodammodo cum ipsa veritate, quasi quaedam lex et quaedam *iustitia*

que Cristo, também em sua natureza humana, é a cabeça de toda a Igreja e que Deus "tudo submeteu a seus pés". Portanto, é próprio dele, mesmo em sua natureza humana, ter o poder de julgar. Por isso, Agostinho explica que assim deve ser entendida a supracitada frase do Evangelho: "Ele lhe deu o poder de exercer o julgamento porque é o Filho do Homem" não por causa da condição da natureza, pois desse modo todos os homens teriam esse poder, como objeta Crisóstomo, mas porque isso pertence à graça de ser a cabeça, graça que Cristo recebeu em sua natureza humana[b].

Desse modo, por três motivos compete a Cristo, em sua natureza humana, o poder de julgar. Primeiro, por sua semelhança e afinidade com os homens. Assim como Deus age pelas causas intermediárias, por serem próximas dos efeitos, também julga os homens por meio de Cristo homem, para que seu julgamento seja mais suave para os homens. Por isso, diz a Carta aos Hebreus: "De fato, nós não temos um sumo sacerdote incapaz de compadecer-se das nossas fraquezas; à nossa semelhança, ele foi provado em tudo, sem todavia pecar. Aproximemo-nos, pois, com toda a segurança de trono da graça"[c].

Segundo, porque no juízo final, como diz Agostinho, "haverá a ressurreição dos corpos dos mortos, que Deus ressuscitará pelo Filho do Homem", assim como "pelo mesmo Cristo ressuscita as almas" por ser "Filho de Deus".

Terceiro, porque, como diz Agostinho, "era justo que os que haveriam de ser julgados vissem seu juiz. Ora, os que iam ser julgados eram bons e maus. Restava, portanto, que no juízo se mostrasse sob a forma de servo tanto para os bons como para os maus, ficando reservada a forma de Deus apenas para os bons".

QUANTO AO 1º, portanto, deve-se dizer que o julgamento depende da verdade como sua norma, mas também depende do homem imbuído da verdade como se fosse ele uma só coisa com a mesma verdade, uma espécie de lei e de *justiça*

---

4. Q. 8, a. 1, 4; q. 20, a. 1, ad 3.
5. Tract. 19, n. 15, super 5, 26: ML 35, 1552.
6. Serm. 127, al. *de Verb. Dom.* 64, c. 7, n. 10: ML 38, 711.

b. O poder de julgar só pertence a Cristo enquanto homem por uma comunicação à sua humanidade do que é a prerrogativa de sua divindade. É que Cristo foi constituído em sua humanidade (em virtude da união hipostática, mas, formalmente, pela graça "capital") chefe da Igreja e senhor de tudo o que existe (pôs todas as coisas a seus pés). Deve-se acrescentar aqui que, ao "resgatar" o mundo, Jesus conquistou o que ele já possuía de direito. Mas isso será afirmado e desenvolvido no artigo 3. Como se vê, o poder de julgar é apresentado aqui como o poder real por excelência, o que é uma concepção bem medieval. Sto. Tomás não terá outro artigo sobre a realeza de Cristo.

c. Sta. Teresa de Ávila dizia: "Seremos julgados por nosso melhor amigo". É não só a soberana verdade, mas a soberana misericórdia que julga.

animata. Unde et ibidem Augustinus introduxit quod dicitur 1Cor 2,15: *Spiritualis iudicat omnia*. Anima autem Christi prae ceteris creaturis magis fuit unita veritati et magis ea repleta: secundum illud Io 1,14: *Vidimus eum plenum gratiae et veritatis*. Et secundum hoc, ad animam Christi maxime pertinet omnia iudicare.

AD SECUNDUM dicendum quod solius Dei est sui participatione animas beatas facere. Sed adducere homines ad beatitudinem, inquantum est caput et auctor salutis eorum, Christi est: secundum illud Hb 2,10: *Qui multos filios in gloriam adduxerat, auctorem salutis eorum per passionem consummari*.

AD TERTIUM dicendum quod cognoscere occulta cordium et diiudicare per se quidem pertinet ad solum Deum: sed ex refluentia divinitatis ad animam Christi, convenit ei etiam cognoscere et diiudicare occulta cordium, ut supra[7] dictum est, cum de scientia Christi ageretur. Et ideo dicitur Rm 2,16: *In die cum iudicabit Deus occulta hominum per Iesum Christum*.

ARTICULUS 3
Utrum Christus ex meritis fuerit adeptus iudiciarium potestatem

AD TERTIUM SIC PROCEDITUR. Videtur quod Christus non ex meritis fuerit adeptus iudiciariam potestatem.
1. Iudiciaria enim potestas assequitur regiam dignitatem: secundum illud Pr 20,8: *Rex qui sedet in solio iudicii, dissipat omne malum intuitu suo*. Sed regiam dignitatem Christus obtinuit absque meritis: competit enim ei ex hoc ipso quod est Unigenitus Dei; dicitur enim Lc 1,32: *Dabit ei Dominus Deus sedem David, patris eius, et regnabit in domo Iacob in aeternum*. Ergo Christus iudiciariam potestatem non obtinuit ex meritis.

2. PRAETEREA, sicut dictum est[1], iudiciaria potestas competit Christo inquantum est caput nostrum. Sed gratia capitis non competit Christo ex meritis:

viva. Por isso, nessa passagem, Agostinho apresenta o que diz a primeira Carta aos Coríntios: "O homem espiritual julga de tudo". Ora, para além das demais criaturas, a alma de Cristo estava mais unida à verdade e mais cheia da verdade, segundo o que diz João: "Nós o vimos cheio de graça e de verdade". Desse modo, é muito próprio da alma de Cristo julgar todas as coisas.

QUANTO AO 2º, deve-se dizer que é próprio somente de Deus proporcionar a bem-aventurança às almas, por meio da participação com ele. Mas compete a Cristo levar os homens à bem-aventurança, enquanto é a cabeça e o autor da salvação deles, de acordo com o que diz a Carta aos Hebreus: "Convinha àquele que conduziria à glória uma multidão de filhos, levar à consumação, por meio de sofrimentos, o promotor da salvação deles".

QUANTO AO 3º, deve-se dizer que, por si, somente a Deus compete conhecer e julgar os segredos do coração, mas pelo transbordamento da divindade para a alma de Cristo, também compete a ele conhecer e julgar os segredos do coração, como dito acima, quando se trata da ciência de Cristo. Por isso, diz a Carta aos Romanos: "No dia em que Deus julgará por Jesus Cristo o comportamento oculto dos homens".

ARTIGO 3
Foi por seus méritos que Cristo adquiriu o poder de julgar?

QUANTO AO TERCEIRO, ASSIM SE PROCEDE: parece que **não** foi por seus méritos que Cristo adquiriu o poder de julgar.
1. Na verdade, o poder de julgar é decorrência da dignidade real, conforme diz o livro dos Provérbios: "O rei, quando se assenta no tribunal, dissipa todo o mal com o olhar". Ora, foi sem méritos que Cristo adquiriu a dignidade real, pois essa lhe pertence pelo fato mesmo de ser o Unigênito de Deus, como diz o Evangelho de Lucas: "O Senhor Deus lhe dará o trono de Davi, seu pai; ele reinará para sempre sobre a família de Jacó". Logo, não foi por mérito que Cristo conseguiu o poder de julgar.

2. ALÉM DISSO, como foi dito, o poder de julgar pertence a Cristo, enquanto nossa cabeça. Ora, a graça de ser a cabeça não pertence a Cristo por

---
7. Q. 10, a. 2.

3   PARALL.: IV *Sent.*, dist. 47, q. 1, a. 2, q.la 2, ad 4; dist. 48, q. 1, a. 1; *Cont. Gent.* IV, 96; *Compend. Theol.*, c. 241.
    1. A. praec.

sed consequitur personalem unionem divinae et humanae naturae, secundum illud[2]: *Vidimus gloriam eius, quasi Unigeniti a Patre, plenum gratiae et veritatis, et de plenitudine eius nos omnes accepimus*, quod pertinet ad rationem capitis. Ergo videtur quod Christus non habuerit ex meritis iudiciariam potestatem.

3. PRAETEREA, Apostolus dicit, 1Cor 2,15: *Spiritualis iudicat omnia*. Sed homo efficitur spiritualis per gratiam: quae non est ex meritis, *alioquin iam non esset gratia*, ut dicitur Rm 11,6. Ergo videtur quod iudiciaria potestas non conveniat nec Christo nec aliis ex meritis, sed ex sola gratia.

SED CONTRA est quod dicitur Iob 36,17: *Causa tua quasi impii iudicata est: iudicium causamque recipies*. Et Augustinus dicit, in libro *de Verbis Domini*[3]: *Sedebit iudex qui stetit sub iudice: damnabit veros reos qui falso factus est reus*.

RESPONDEO dicendum quod nihil prohibet unum et idem deberi alicui ex causis diversis: sicut gloria corporis resurgentis debita fuit Christo non solum propter congruentiam divinitatis et propter gloriam animae, sed etiam *ex merito humilitatis passionis*. Et similiter dicendum est quod iudiciaria potestas homini Christo competit et propter divinam personam, et propter capitis dignitatem, et propter plenitudinem gratiae habitualis, et tamen etiam ex merito eam obtinuit: ut scilicet, secundum Dei iustitiam, iudex esset qui pro Dei iustitia pugnavit et vicit, et iniuste iudicatus est. Unde ipse dicit, Ap 3,21: *Ego vici, et sedi in throno Patris mei*. In *throno* autem intelligitur iudiciaria potestas: secundum illud Ps 9,5: *Sedet super thronum, et iudicat iustitiam*.

AD PRIMUM ergo dicendum quod ratio illa procedit de iudiciaria potestate secundum quod debetur Christo ex ipsa unione ad Verbum Dei.

AD SECUNDUM dicendum quod ratio illa procedit ex parte gratiae capitis.

AD TERTIUM dicendum quod ratio illa procedit ex parte gratiae habitualis, quae est perfectiva animae Christi. Per hoc tamen quod his modis debetur Christo iudiciaria potestas, non excluditur quin debeatur ei ex merito.

seus méritos, mas é decorrência da união pessoal das naturezas divina e humana, conforme diz João: "Nós vimos sua glória; glória essa que, Filho único cheio de graça e de verdade, ele tem da parte do Pai. De sua plenitude, todos nós recebemos", o que é próprio da razão de ser cabeça. Logo, parece que não foi por méritos que Cristo adquiriu o poder de julgar.

3. ADEMAIS, diz o Apóstolo: "O homem espiritual julga tudo". Ora, o homem se torna espiritual pela graça, que não se adquire por méritos, como diz a Carta aos Romanos: "Do contrário, a graça não seria mais graça". Logo, parece que o poder de julgar não compete nem a Cristo nem a outros em virtude de méritos, mas somente pela graça.

EM SENTIDO CONTRÁRIO, diz o livro de Jó: "Tua causa foi julgada como a do ímpio, receberás o juízo e a causa". E Agostinho diz: "Sentará como juiz aquele que esteve sob julgamento; condenará os verdadeiros réus aquele que falsamente foi considerado réu".

RESPONDO. Nada impede que uma só e mesma coisa possa ser devida a alguém por diversos motivos, como a glória do corpo do ressuscitado deveu-se a Cristo não somente pela união da divindade e pela glória da alma, mas também *pelo mérito da humilhação da paixão*. De modo semelhante, deve-se dizer que o poder de julgar pertence a Cristo homem quer pela pessoa divina que era, quer por causa da dignidade de ser cabeça, quer por causa da plenitude da graça habitual; contudo, foi também por mérito que ele o obteve, de modo que, segundo a justiça de Deus, fosse juiz quem lutou pela justiça de Deus, venceu e foi julgado injustamente. Por isso, ele próprio diz: "Eu alcancei a vitória e fui sentar-me com meu Pai em seu trono". Por *trono*, se entende o poder de julgar, segundo o que diz o Salmo 9: "Te assentaste no trono, tu que julgas a justiça".

QUANTO AO 1º, portanto, deve-se dizer que a razão procede em relação ao poder de julgar, porquanto se deve a Cristo por causa de sua mesma união com o Verbo de Deus.

QUANTO AO 2º, deve-se dizer que a razão procede no que tange à graça de ser cabeça.

QUANTO AO 3º, deve-se dizer que a razão procede no que tange à graça habitual, que é perfectiva da alma de Cristo. Mas, embora o poder de julgar seja devido a Cristo por esse motivo, não se exclui que lhe seja devido por causa do mérito.

---

2. Ioan. 1, 14, 16.
3. Serm. 127, al. *de Verbis Domini* 64, c. 7, n. 10: ML 38, 711.

Articulus 4
Utrum Christo pertineat iudiciaria potestas quantum ad omnes res humanas

AD QUARTUM SIC PROCEDITUR. Videtur quod ad Christum non pertineat iudiciaria potestas quantum ad omnes res humanas.

1. Ut enim legitur Lc 12,13-14, cum quidam de turba diceret, *Dic fratri meo ut dividat mecum hereditatem*, ille respondit: *Homo, quis me constituit iudicem aut divisorem super vos?* Non ergo habet iudicium super omnes res humanas.

2. PRAETEREA, nullus habet iudicium nisi super ea quae sunt sibi subiecta. Sed Christo *nondum videmus omnia esse subiecta*, ut dicitur Hb 2,8. Ergo videtur quod Christus non habeat super omnes res humanas iudicium.

3. PRAETEREA, Augustinus dicit, XX *de Civ. Dei*[1], quod ad iudicium divinum pertinet hoc quod interdum boni affliguntur in hoc mundo et interdum prosperantur, et similiter mali. Sed hoc fuit etiam ante Christi incarnationem. Ergo non omnia iudicia Dei circa res humanas pertinent ad potestatem iudiciariam Christi.

SED CONTRA est quod dicitur Io 5,22: *Pater omne iudicium dedit Filio*.

RESPONDEO dicendum quod, si de Christo loquamur secundum divinam naturam, manifestum est quod omne iudicium Patris pertinet ad Filium: sicut enim Pater facit omnia Verbo suo, ita et omnia iudicat Verbo suo.

Si vero loquamur de Christo secundum humanam naturam, sic etiam manifestum est quod omnes res humanae subduntur eius iudicio. Et hoc manifestum est, primo quidem, si consideremus habitudinem animae Christi ad Verbum Dei. Si enim *spiritualis iudicat omnia*, ut dicitur 1Cor 2,15, inquantum mens eius Verbo Dei inhaeret; multo magis anima Christi, quae plena est veritate Verbi Dei, super omnia iudicium habet.

Secundo, apparet idem ex merito mortis eius. Quia, ut dicitur Rm 14,9, *in hoc Christus mortuus est et resurrexit, ut vivorum et mortuorum dominetur*. Et ideo super omnes habet iudicium.

Artigo 4
Pertence a Cristo o poder de julgar todas as coisas humanas?[d]

QUANTO AO QUARTO, ASSIM SE PROCEDE: parece que **não** pertence a Cristo o poder de julgar todas as coisas humanas.

1. Na verdade, como se lê no Evangelho de Lucas, quando alguém da multidão falou: "Mestre, dize a meu irmão que reparta comigo a herança", ele responde: "Quem me estabeleceu para ser vosso juiz ou para fazer vossas partilhas?". Portanto, não tem o poder de julgar todas as coisas humanas.

2. ALÉM DISSO, ninguém tem poder de julgar senão sobre aquilo que lhe está submetido. Ora, "não vemos que tudo esteja submetido" a Cristo, como diz a Carta aos Hebreus. Logo, parece que Cristo não tem o poder de julgar todas as coisas humanas.

3. ADEMAIS, diz Agostinho que cabe ao juízo divino o fato de os bons serem às vezes afligidos neste mundo e às vezes prosperarem, o mesmo acontecendo com os maus. Ora, isso já acontecia antes da encarnação de Cristo. Logo, nem todos os julgamentos de Deus a respeito das coisas humanas pertencem ao poder de julgar de Cristo.

EM SENTIDO CONTRÁRIO, diz o Evangelho de João: "O Pai confiou todo julgamento ao Filho".

RESPONDO. Se considerarmos Cristo sob o aspecto da natureza divina, é claro que todo o poder de julgar do Pai pertence ao Filho, pois, assim como o Pai tudo fez por seu Verbo, também tudo julga por seu Verbo.

Mas se considerarmos Cristo sob o aspecto da natureza humana, também é claro que todas as coisas humanas estão submetidas a seu juízo. Isso é evidente, primeiro, se considerarmos a relação entre a alma de Cristo e o Verbo de Deus, pois, se "o homem espiritual julga tudo", como diz a primeira Carta aos Coríntios, porquanto a mente dele está unida ao Verbo de Deus, muito mais a alma de Cristo, que está cheia da verdade do Verbo de Deus, tem o poder de julgar sobre todas as coisas.

Segundo, resulta o mesmo do mérito de sua morte, pois, como diz a Carta aos Romanos: "Foi para ser Senhor dos mortos e dos vivos que Cristo morreu e tornou à vida". Portanto tem o poder de

---

4 PARALL.: IV *Sent.*, dist. 47, q. 1, a. 3, q.la 1, 2, 3; *in Symb. Apost.*, a. 7; *ad Rom.*, c. 14, lect. 1; II *ad Cor.*, c. 5, lect. 2.
1. C. 2: ML 41, 660.

d. O poder de Cristo (e não só judiciário, mas real) sobre os assuntos humanos é aqui enfaticamente afirmado: "As realidades humanas estão toda subordinadas à salvação do homem, a sua felicidade última", e Cristo se encarrega totalmente da salvação do homem. Uma razão tão formal estará necessariamente no centro das relações entre o temporal e o espiritual.

Propter quod et Apostolus ibi subdit [v. 10] quod *omnes stabimus ante tribunal Christi*: et Dn 7,14, quod *dedit ei potestatem et honorem et regnum, et omnes populi, tribus et linguae servient ei*.

Tertio, apparet idem ex comparatione rerum humanarum ad finem humanae salutis. Cuicumque enim committitur principale, committitur et accessorium. Omnes autem res humanae ordinantur in finem beatitudinis, quae est salus aeterna, ad quam homines admittuntur, vel etiam repelluntur, iudicio Christi, ut patet Mt 25,31sqq. Et ideo manifestum est quod ad iudiciariam potestatem Christi pertinent omnes res humanae.

AD PRIMUM ergo dicendum quod, sicut dictum est², iudiciaria potestas consequitur regiam dignitatem. Christus autem, quamvis rex esset constitutus a Deo, non tamen in terris vivens terrenum regnum temporaliter administrare voluit: unde ipse dicit, Io 18,36: *Regnum meum non est de hoc mundo*. Et similiter etiam iudiciariam potestatem exercere noluit super res temporales, qui venerat homines ad divina transferre: ut Ambrosius, ibidem³, dicit: *Bene terram declinat qui propter divina descenderat: nec iudex dignatur esse litium et arbiter facultatum, vivorum habens mortuorumque iudicium, arbitriumque meritorum*.

AD SECUNDUM dicendum quod Christo omnia sunt subiecta quantum ad potestatem, quam a Patre super omnia accepit: secundum illud Mt 28,18: *Data est mihi omnis potestas in caelo et in terra*. Nondum tamen sunt ei omnia subiecta quantum ad executionem suae potestatis. Quod quidem erit in futuro, quando de omnibus voluntatem suam adimplebit, quosdam quidem salvando, quosdam puniendo.

AD TERTIUM dicendum quod ante incarnationem huiusmodi iudicia exercebantur per Christum inquantum est Verbum Dei: cuius potestatis facta est particeps per incarnationem anima ei personaliter unita.

julgar sobre todos. Por isso, o Apóstolo acrescenta que "todos nós compareceremos perante o tribunal de Cristo", e o livro de Daniel que "lhe foi dada soberania, glória e realeza: e todos os povos, nações e línguas o servirão".

Terceiro, o mesmo fica claro da comparação das coisas humanas com o fim da salvação humana, pois a quem se confia o principal, confia-se também o que é acessório. Ora, todas as coisas humanas estão ordenadas para a finalidade da bem-aventurança, que é a salvação eterna, a que todos os homens são admitidos, ou da qual são repelidos, conforme o julgamento de Cristo, como afirma Mateus. Portanto, é evidente que cabe a Cristo julgar sobre todas as coisas humanas.

QUANTO AO 1º, portanto, deve-se dizer que, como foi dito, o poder de julgar é decorrência da dignidade real. Ora, Cristo, embora fosse rei por constituição de Deus, não quis, ao viver nesta terra, administrar um reino terreno e temporal. Por isso, ele próprio afirma: "O meu reino não é deste mundo". Igualmente, não quis exercer o poder de julgar sobre coisas temporais, pois viera elevar os homens ao plano divino. Por isso, diz Ambrósio a propósito dessa passagem: "Declina as coisas terrenas quem descera por causa das divinas, nem se digna ser juiz de contendas e árbitro de bens, pois tem o poder de julgar os vivos e os mortos, arbitrando sobre os méritos".

QUANTO AO 2º, deve-se dizer que, em relação ao poder sobre todas as coisas recebido do Pai, tudo está submetido a Cristo, segundo o que diz no Evangelho de Mateus: "Toda a autoridade me foi dada no céu e na terra". Em relação ao exercício de seu poder, porém, nem tudo está ainda submetido a ele. Isso acontecerá no futuro, quando consumará sua vontade a respeito de todos, salvando alguns, punindo outrosᵉ.

QUANTO AO 3º, deve-se dizer que, antes da encarnação, esses julgamentos eram exercidos por Cristo, enquanto Verbo de Deus, de cujo poder foi feita partícipe, pela encarnação, a alma a ele unida pessoalmente.

---

2. A. praec., 1 a.
3. *In Luc.*, l. VII, n. 122, super 12, 13: ML 15, 1730 AB.

e. Entretanto, é desde este mundo que Cristo julga todas as coisas, e antes de mais nada o segredo dos corações. É em relação a esse julgamento que tudo é verdadeiro ou falso, bom ou mau. O que é remetido para o dia final é a realização do julgamento, quanto tudo terminar. Enquanto isso, tudo pode ser salvo. É o que mostrará admiravelmente o artigo seguinte, sobre a necessidade de um julgamento último.

Articulus 5
Utrum post iudicium quod in praesenti tempore agitur restet aliud iudicium generale

AD QUINTUM SIC PROCEDITUR. Videtur quod post iudicium quod in praesenti tempore agitur, non restat aliud iudicium generale.
1. Post ultimam enim retributionem praemiorum et poenarum, frustra adhiberetur iudicium. Sed in hoc praesenti tempore fit retributio praemiorum et poenarum: dixit enim Dominus latroni in cruce, Lc 23,43: *Hodie mecum eris in Paradiso*; et Lc 16,22 dicitur quod *mortuus est dives et sepultus in inferno*. Ergo frustra expectatur finale iudicium.
2. PRAETEREA, Nah 1,9 dicitur, secundum aliam litteram[1]: *Non iudicabit Deus bis in idipsum*. Sed in hoc tempore Dei iudicium exercetur et quantum ad temporalia et quantum ad spiritualia. Ergo videtur quod non sit expectandum aliud finale iudicium.
3. PRAETEREA, praemium et poena respondent merito et demerito. Sed meritum et demeritum non pertinent ad corpus nisi inquantum est animae instrumentum. Ergo nec praemium seu poena debetur corpori nisi per animam. Non ergo requiritur aliud iudicium in fine, ad hoc quod homo praemietur aut puniatur in corpore, praeter illud quod nunc puniuntur aut praemiantur animae.

SED CONTRA est quod dicitur Io 12,48: *Sermo quem locutus sum vobis, ille vos iudicabit in novissimo die*. Erit ergo quoddam iudicium in novissimo die, praeter iudicium quod nunc agitur.

RESPONDEO dicendum quod iudicium de aliqua re mutabili perfecte dari non potest ante eius consummationem. Sicut iudicium de aliqua actione qualis sit, perfecte dari non potest antequam sit consummata et in se et in suis effectibus: quia multae actiones videntur esse utiles, quae ex effectibus demonstrantur nocivae. Et similiter de homine aliquo iudicium perfecte dari non potest quamdiu eius vita terminetur: eo quod multipliciter potest mutari de bono in malum aut e converso, vel de bono in melius, aut de malo in peius. Unde Apostolus dicit, Hb 9,27, quod *hominibus statutum est semel mori: post hoc autem, iudicium*.

Artigo 5
Depois do julgamento que se verifica nesta vida, haverá um juízo universal?

QUANTO AO QUINTO, ASSIM SE PROCEDE: parece que, após o julgamento que se verifica nesta vida, **não** haverá um juízo universal.
1. Na verdade, após a última concessão dos prêmios, em vão se fará um juízo. Ora, nesta vida presente já se concederam prêmios e penas, como o Senhor disse ao ladrão na cruz: "Hoje, estarás comigo no paraíso"; e Lucas diz que "o rico morreu e foi sepultado no inferno". Logo, em vão se espera um juízo final.
2. ALÉM DISSO, diz o livro de Naum na versão dos LXX: "Deus não julgará a mesma coisa uma segunda vez". Ora, o poder de Deus se exerce nesta vida em relação às coisas temporais e espirituais. Logo, parece que não se deve esperar um outro juízo final.
3. ADEMAIS, o prêmio e a pena correspondem, respectivamente, ao mérito e ao demérito. Ora, o mérito e o demérito só têm relação com o corpo, se considerado como instrumento da alma. Portanto, nem prêmio nem pena são devidos ao corpo, a não ser por causa da alma. Logo, não há necessidade de outro juízo no final para que o homem seja premiado ou punido em seu corpo, além daquele pelo qual as almas são agora punidas ou premiadas.

EM SENTIDO CONTRÁRIO, diz o Senhor no Evangelho de João: "A palavra que eu disse o julgará no último dia". Portanto, haverá um juízo no último dia, além do que se verifica na presente vida.

RESPONDO. Não se pode fazer um julgamento perfeito de algo mutável antes de sua consumação. Do mesmo modo como não se pode fazer um julgamento perfeito sobre a qualidade de uma ação antes que esteja consumada em si ou em seus efeitos, pois muitas ações parecem úteis, mas em seus efeitos se mostram nocivas. Igualmente, não se pode fazer um julgamento perfeito do homem enquanto sua vida não terminar, e o motivo é que, sob muitos aspectos, pode haver mudança do bem para o mal, ou vice-versa, ou de bom para melhor, ou de mau para pior. Por isso, diz a Carta aos Hebreus que "o destino dos homens é morrer uma só vez, após o que vem o julgamento".

---

5 PARALL.: IV *Sent*., dist. 47, q. 1, a. 1, q.la 1 (= Suppl., q. 88, a. 1); *Cont. Gent*. IV, 96; *Quodlib*. X, q. 1, a. 2; *Compend. Theol*., c. 242; *in Matth*., c. 25.

1. LXX Interpretum.

Sciendum tamen quod, licet per mortem vita hominis temporalis terminetur secundum se, remanet tamen ex futuris secundum quid dependens. Uno quidem modo, secundum quod adhuc vivit in memoriis hominum: in quibus quandoque contra veritatem remanet bonae famae vel malae. — Alio modo in filiis, qui sunt quasi aliquid patris: secundum illud Eccli 30,4: *Mortuus est pater illius, et quasi non est mortuus: similem enim reliquit sibi post se.* Et tamen multorum bonorum sunt mali filii, et e converso. — Tertio modo, quantum ad effectum suorum operum; sicut ex deceptione Arii et aliorum seductorum pullulat infidelitas usque ad finem mundi; et usque tunc proficit fides ex praedicatione Apostolorum. — Quarto modo, quantum ad corpus, quod quandoque honorifice traditur sepulturae, quandoque vero relinquitur insepultura, et tandem incineratum resolvitur omnino. — Quinto modo, quantum ad ea in quibus homo suum affectum defixit, puta in quibuscumque temporalibus rebus: quorum quaedam citius finiuntur, quaedam diutius durant.

Omnia autem haec subduntur existimationi divini iudicii. Et ideo de his omnibus perfectum et manifestum iudicium haberi non potest quandiu huius temporis cursus durat. Et propter hoc oportet esse finale iudicium in novissimo die, in quo perfecte id quod ad unumquemque hominem pertinet quocumque modo, perfecte et manifeste diiudicetur.

AD PRIMUM ergo dicendum quod opinio quorundam fuit quod animae sanctorum non praemiantur in caelo, nec animae damnatorum puniuntur in inferno, usque ad diem iudicii. Quod apparet falsum ex hoc quod Apostolus, 2Cor 5,6sqq., dicit: *Audemus, et bonam voluntatem habemus, peregrinari a corpore et praesentes esse ad Dominum,* quod est iam non *ambulare per fidem,* sed *per speciem,* ut patet ex his quae subsequuntur. Hoc autem est videre Deum per essentiam, in quo consistit *vita aeterna,* ut patet Io 17,3. Unde manifestum est animas a corporibus separatas esse in vita aeterna.

Et ideo dicendum est quod post mortem, quantum ad ea quae sunt animae, homo sortitur quendam immutabilem statum. Et ideo, quantum ad praemium animae, non oportet ulterius differri iudicium. Sed quia quaedam alia sunt ad hominem pertinentia quae toto temporis cursu aguntur, quae non sunt aliena a divino iudicio, oportet iterum in fine temporis omnia haec in iudicium adduci. Licet enim homo secundum haec non mereatur neque demereatur, tamen pertinent ad aliquod eius

Deve-se observar, porém, que, embora pela morte a vida temporal do homem em si termine, continua em certo sentido dependente do futuro. Primeiro, porquanto continua ainda vivo na memória dos homens, junto aos quais, às vezes contrariamente à verdade, permanece com boa ou má fama. — Segundo, junto aos filhos, que são como que parte do pai, conforme diz o livro do Eclesiástico: "Se o pai morre, é como se não tivesse morrido: pois deixa, depois de si, alguém que lhe é semelhante". Todavia, muitos filhos de pais bons são maus, e vice-versa. — Terceiro, em relação ao efeito de sua obras; por exemplo, o erro de Ário e de outros sedutores produz a infidelidade até o fim do mundo, e até lá também cresce a fé vinda da pregação dos Apóstolos. — Quarto, em relação ao corpo, que, às vezes, é enterrado com honras, às vezes é deixado insepulto, mas que, afinal, se reduz totalmente a pó. — Quinto, em relação às coisas em que o homem plantou seu afeto, por exemplo, em algumas coisas temporais, algumas das quais logo se consomem, outras duram mais.

Tudo isso, porém, fica submetido ao veredicto do juízo divino. Portanto, de tudo isso não se pode ter um perfeito e notório juízo, enquanto dura o tempo presente. Por isso, é necessário que haja um juízo final, no último dia, em que tudo o que diz respeito a cada homem sob todos os aspectos será perfeita e notoriamente julgado.

QUANTO AO 1º, portanto, deve-se dizer que a opinião de alguns era de que as almas dos santos não seriam premiadas no céu, nem as almas dos condenados seriam punidas no inferno até o dia do julgamento. O que parece falso, em vista do que diz o Apóstolo: "Temos confiança e preferimos deixar a morada deste corpo para ir morar junto do Senhor", o que não é "caminhar pela fé", mas "pela visão", como é claro pelo que segue. Ora, isso é ver a Deus em essência, e é nisso que consiste a *vida eterna,* como deixa claro o Evangelho de João. Donde se conclui estarem na vida eterna as almas separadas dos corpos.

Portanto, deve-se dizer que, depois da morte, o homem goza de certo estado imutável, em relação à alma, não sendo necessário, por conseguinte, diferir o julgamento em relação ao prêmio da alma. Mas, como algumas outras coisas que dizem respeito ao homem acontecem durante o decurso do tempo e não são alheias do juízo divino, é preciso que no final dos tempos seja tudo de novo levado a juízo. Na verdade, embora o homem, em relação a essas coisas, não mereça nem desmereça, elas

praemium vel poenam. Unde oportet haec omnia existimari in finali iudicio.

AD SECUNDUM dicendum quod Deus non iudicabit bis *in idipsum*, idest *secundum idem*. Sed secundum diversa non est inconveniens Deum bis iudicare.

AD TERTIUM dicendum quod, licet praemium vel poena corporis dependeat ex praemio vel poena animae, tamen, quia anima non est mutabilis nisi per accidens propter corpus, separata statim a corpore habet statum immutabilem, et accipit suum iudicium. Sed corpus remanet mutabilitati subiectum usque ad finem temporis. Et ideo oportet quod tunc recipiat suum praemium vel poenam in finali iudicio.

ARTICULUS 6
Utrum potestas Christi iudiciaria se extendat ad angelos

AD SEXTUM SIC PROCEDITUR. Videtur quod potestas Christi iudiciaria non se extendat ad angelos.

1. Angeli enim, tam boni quam mali, iudicati sunt a principio mundi, quando, quibusdam cadentibus per peccatum, alii sunt in beatitudine confirmati. Sed illi qui iudicati sunt, non iterum indigent iudicari. Ergo potestas iudiciaria Christi non se extendit ad angelos.

2. PRAETEREA, non est eiusdem iudicare et iudicari. Sed angeli venient cum Christo iudicaturi: secundum illud Mt 25,31: *Cum venerit Filius Hominis in maiestate sua, et omnes angeli eius cum eo*. Ergo videtur quod angeli non sint iudicandi a Christo.

3. PRAETEREA, angeli sunt superiores aliis creaturis. Si ergo Christus est iudex non solum hominum, sed etiam angelorum, pari ratione erit iudex omnium creaturarum. Quod videtur esse falsum, cum hoc sit proprium providentiae Dei: unde dicitur Iob 34,13: *Quem constituit alium super*

são em certo sentido ou um prêmio ou uma pena. Consequentemente, é preciso que tudo isso seja avaliado no juízo final[f].

QUANTO AO 2º, deve-se dizer que "Deus não julgará a mesma coisa uma segunda vez", ou seja, sob o mesmo ponto de vista. Mas, sob outros pontos de vista, não há inconveniência em Deus julgar duas vezes.

QUANTO AO 3º, deve-se dizer que, embora o prêmio ou a pena do corpo dependam do prêmio ou da pena da alma, uma vez que a alma não é mutável senão por acidente, por causa do corpo, no mesmo instante em que se separa da corpo adquire um estado imutável, e passa pelo julgamento. Mas o corpo permanece sujeito à mudança até o final dos tempos. Portanto, necessita receber seu prêmio ou sua pena no juízo final.

ARTIGO 6
O poder de julgar de Cristo se estende aos anjos?[g]

QUANTO AO SEXTO, ASSIM SE PROCEDE: parece que o poder de julgar de Cristo **não** se estende aos anjos.

1. Na verdade, os anjos, tanto os bons como os maus, foram julgados desde o início do mundo, quando alguns caíram pelo pecado e outros foram confirmados na bem-aventurança. Ora, os que foram julgados não precisam ser julgados de novo. Logo, o poder de julgar de Cristo não se estende aos anjos.

2. ALÉM DISSO, não cabe à mesma pessoa julgar e ser julgada. Ora, os anjos virão julgar com Cristo, conforme diz o Evangelho de Mateus: "Quando o Filho do Homem vier em sua glória e acompanhado de todos os anjos". Logo, parece que os anjos não serão julgados por Cristo.

3. ADEMAIS, os anjos são superiores às demais criaturas. Se, portanto, Cristo é o juiz não só dos homens, mas também dos anjos, de igual modo será o juiz de todas as criaturas. O que parece ser falso, pois isso é próprio da providência de Deus. Por isso, diz o Livro de Jó: "Quem foi que a ele

---

6   PARALL.: IV *Sent.*, dist. 47, q. 1, a. 3, q.la 4 (= Suppl., q. 89, a. 8); dist. 48, q. 1, a. 1.

f. Ao que parece, para Sto. Tomás o juízo final, que ocorrerá após o fim do mundo, dirá respeito às "coisas humanas", nada do que fazem os homens na história tendo realmente terminado antes do final dessa história. Mas a culpabilidade ou o mérito próprios de cada um por ocasião desses assuntos será julgado definitivamente ao final de cada vida humana.

g. É a propósito do governo divino que o papel dos anjos foi situado e desenvolvido, tudo o que cabia a Cristo sendo subentendido, ou antes suspenso nesta passagem da Suma, devido às exigências pedagógicas de um plano rigoroso. Será fácil para quem quiser estudar as relações entre a angelologia e a cristologia em Sto. Tomás reunir todos os textos.

terram? Aut quem posuit super orbem quem fabricatus est? Non ergo Christus est iudex angelorum.

SED CONTRA est quod Apostolus dicit, 1Cor 6,3: An *nescitis quoniam angelos iudicabimus?* Sed sancti non iudicabunt nisi auctoritate Christi. Ergo multo magis Christus habet iudiciariam potestatam super angelos.

RESPONDEO dicendum quod angeli subsunt iudiciariae potestati Christi, non solum quantum ad divinam naturam, prout est Verbum Dei, sed etiam ratione humanae naturae. Quod patet ex tribus. Primo quidem, ex propinquitate naturae assumptae ad Deum: quia, ut dicitur Hb 2,16, *nusquam angelos apprehendit, sed semen Abrahae apprehendit.* Et ideo anima Christi magis est repleta veritate Verbi Dei quam aliquis angelorum. Unde et angelos illuminat: sicut Dionysius dicit, 7 cap. *Cael. Hier.*[1]. Unde de eis habet iudicare.

Secundo, quia per humilitatem passionis humana natura in Christo meruit exaltari super angelos: ita quod, sicut dicitur Philp 2,10, *in nomine Iesu omne genu flectatur, caelestium, terretrium et infernorum.* Et ideo Christus habet iudiciariam potestatem etiam super angelos bonos et malos. In cuius signum dicitur, Ap 7,11, quod *omnes angeli stubant in circuitu throni.*

Tertio, ratione eorum quae circa homines operantur, quorum Christus speciali quodam modo est caput. Unde dicitur Hb 1,14: *Omnes sunt administratorii spiritus, in ministerium missi propter eos qui hereditatem capiunt salutis.*

Subsunt autem iudicio Christi, uno quidem modo, quantum ad dispensationem eorum quae per ipsos aguntur. Quae quidem dispensatio fit etiam per hominem Christum: cui *angeli ministrabant,* ut dicitur Mt 4,15; et a quo daemones petebant ut in porcos mitterentur, ut dicitur Mt 8,31.

Secundo, quantum ad alia accidentalia praemia bonorum angelorum, quae sunt gaudia quae habent de salute hominum, secundum illud Lc 15,10: *Gaudium est angelis Dei super uno peccatore poenitentiam agente.* Et etiam quantum ad poenas accidentales daemonum, quibus torquentur vel hic, vel recluduntur in inferno. Et hoc etiam pertinet ad hominem Christum. Unde Mc 1,24 dicitur quod daemon clamavit: *Quid nobis et tibi, Iesu Nazarene? Venisti perdere nos?*

confiou a terra? Ou a quem pôs sobre o orbe que fabricou?" Portanto, Cristo não é o juiz dos anjos.

EM SENTIDO CONTRÁRIO, diz o Apóstolo: "Acaso não sabeis que nós julgaremos os anjos?" Ora, os santos não julgarão senão por autoridade de Cristo. Portanto, com maior razão, Cristo tem o poder de julgar os anjos.

RESPONDO. Os anjos estão sujeitos ao poder de julgar de Cristo não apenas em razão da natureza divina dele, o Verbo de Deus, mas também em razão de sua natureza humana. O que é evidente por três razões: Primeiro, pela proximidade da natureza assumida em relação a Deus, pois, como diz a Carta aos Hebreus: "Nunca tomou os anjos, mas a descendência de Abraão". Portanto, a alma de Cristo está mais cheia do poder do Verbo de Deus do que qualquer outro anjo. Por essa razão ele ilumina os anjos, como diz Dionísio, podendo, pois, julgá-los.

Segundo, porque pelas humilhações da paixão a natureza humana em Cristo mereceu ser exaltada sobre os anjos, a ponto de "ao nome de Jesus todo joelho se dobrar nos céus, na terra e nos infernos", como diz a Carta aos Filipenses. Portanto, Cristo tem o poder de julgar também sobre todos os anjos, bons e maus. E como prova disso, diz o Apocalipse que "todos os anjos estavam reunidos em volta do trono".

Terceiro, em razão do que fazem em favor dos homens, de quem Cristo, em certo sentido especial, é a cabeça. Por isso, diz a Carta aos Hebreus: "São todos eles espíritos cumpridores de funções e enviados a serviço, em proveito daqueles que devem receber a salvação como herança".

Estão, porém, sujeitos ao julgamento de Cristo, primeiro, em relação à administração do que por eles é realizado, administração essa que também se faz por meio do homem Cristo, a quem "os anjos serviam" e a quem os demônios pediam que fossem mandados para o rebanho de porcos, como relata o evangelho de Mateus.

Segundo, em relação aos demais prêmios acidentais dos anjos bons, que são as alegrias que sentem pela salvação dos homens, como diz Lucas: "Há alegria entre os anjos de Deus por um só pecador que se converta". E também em relação às penas acidentais dos demônios, com que são atormentados aqui ou encarcerados no inferno. Também isso é próprio do homem Cristo. Por isso, diz o Evangelho de Marcos que o demônio exclamava: "Que há entre nós e ti, Jesus de Nazaré? Vieste para nos perder".

---

1. § 3: MG 3, 209 B.

Tertio, quantum ad praemium essentiale beatorum angelorum, quod est beatitudo aeterna: et quantum ad poenam essentialem malorum, quae est damnatio aeterna. Sed hoc factum est per Christum inquantum est Verbum Dei, a principio mundi.

AD PRIMUM ergo dicendum quod ratio illa procedit de iudicio quantum ad praemium essentiale et poenam principalem.

AD SECUNDUM dicendum quod, sicut dicit Augustinus, in libro *de Vera Relig.*², licet *spiritualis iudicet omnia*, tamen iudicatur ab ipsa veritate. Et ideo, licet angeli, ex eo quod sunt spirituales, iudicent, iudicantur tamen a Christo, inquantum est Veritas.

AD TERTIUM dicendum quod Christus habet iudicium non solum super angelos, sed etiam super administrationem totius creaturae. Si enim ut Augustinus dicit, in III *de Trin.*³, inferiora quodam ordine reguntur a Deo per superiora, oportet dicere quod omnia regantur per animam Christi, quae est super omnem creaturam. Unde et Apostolus dicit, Hb 2,5: *Non enim angelis subiecit Deus orbem terrae futurum*, scilicet *subiectum ei "de quo loquimur"*, idest *Christo*⁴.

Nec tamen propter hoc alium constituit Deus super terram. Quia unus et idem est Deus et homo Dominus Iesus Christus. De cuius incarnationis mysterio ad praesens dicta sufficiant.

Terceiro, em relação ao prêmio essencial dos anjos bons, que é a eterna bem-aventurança, bem como em relação à pena essencial dos anjos maus, que é a condenação eterna. Mas isso foi feito desde o início do mundo por Cristo, enquanto Verbo de Deus.

QUANTO AO 1º, portanto, deve-se dizer que o argumento procede a respeito do juízo em relação ao prêmio essencial e à pena principal.

QUANTO AO 2º, deve-se dizer que, como diz Agostinho, embora "o homem espiritual julgue tudo", será julgado pela própria verdade. Portanto, embora os anjos, por serem espirituais julguem, serão julgados por Cristo, enquanto Verdade.

QUANTO AO 3º, deve-se dizer que Cristo tem o poder de julgar não apenas sobre os anjos, mas também sobre a administração de todas as criaturas. Se, pois, como diz Agostinho, o que é inferior é regido, numa certa ordem, por Deus por meio do que é superior, é necessário dizer que tudo é regido pela alma de Cristo, que está acima de todas as criaturas. Por isso, diz a Carta aos Hebreus: "Não foi a anjos que ele submeteu o mundo futuro", ou seja, submetido àquele, "do qual nós falamos", ou seja, Cristo.

Não se segue daí que *Deus tenha constituído um outro com poder sobre a terra*, pois um só e mesmo é Deus e o homem nosso Senhor Jesus Cristo[h], de cujo mistério da encarnação baste o que foi dito até aqui[i].

---

2. C. 31, n. 58: ML 34, 147.
3. C. 4, n. 9: ML 42, 873.
4. Glossa LOMBARDI: ML 192, 415 D.

h. Que final grandioso, mas apenas esboçado! "O poder de Cristo se estende a toda a criação." A alma de Cristo, que está acima de toda criatura, rege todas as coisas. "Deus não passou a nenhum outro o governo da terra." É provável que se trate não só do governo dos assuntos humanos, mas do papel cósmico de Cristo, de toda a marcha da criação que ele conduz por meio de suas leis, ainda não transformadas, e seus gemidos, sua espera à qual se refere São Paulo (Rm 9,25), até o mundo por vir. E isso não significa, acrescenta, que Deus tenha constituído um outro Deus diferente dele sobre a terra. Pois Deus e o homem Jesus Cristo formam um só e mesmo ser.

i. Isto basta "presentemente". Pois resta muito a dizer, como o desenvolvimento do mistério da Encarnação redentora. É que o exercício de pleno direito de seu papel de Juiz e de Rei deveria ser estudado de forma completa nas questões reservadas à escatologia. Ora, Sto. Tomás não pôde chegar a esse ponto. Quanto à sua ação efetiva, é no tratado dos sacramentos concebido de modo bastante amplo que ela irá encontrar seu lugar. Mas por que não todo o tratado da Igreja? — E por que não, para nos atermos ao ponto onde nos encontramos, não ter tratado aqui do envio do Espírito por Cristo ressuscitado, do mistério de Pentecostes? Não podemos deixar de pensar que teria sido um belo fecho da cristologia, um belo início de tudo o que concerne à Igreja. Teríamos tido até o fim o movimento joanino: Jesus vem do Pai ano mundo. Realiza a obra do Pai. Retorna ao Pai. E dali volta a seus discípulos por intermédio de seu Espírito, esperando que seja por sua própria vinda, na parusia.

ÍNDICE DO VOLUME 8 DA SUMA TEOLÓGICA
III Parte — Questões 1 a 59

Siglas e Abreviaturas..	9
Autores e obras citados por Sto. Tomás na parte III – Questões 1 a 59..................	11
Fontes usadas por Sto. Tomás na parte III – Questões 1 a 59..................................	31

O MISTÉRIO DA ENCARNAÇÃO

INTRODUÇÃO E NOTAS POR JEAN-PIERRE TORRELL COM A COLABORAÇÃO DE BERNADEANE CARR		51
Introdução		53
Prólogo...		55
Questão 1	**A conveniência da encarnação**...	57
Artigo 1	Foi conveniente que Deus se encarnasse?...................................	57
Artigo 2	Era necessário que o Verbo de Deus se encarnasse para a restauração do gênero humano?...	60
Artigo 3	Deus teria se encarnado, mesmo se o homem não tivesse pecado?.........	64
Artigo 4	Deus se encarnou mais para remédio dos pecados atuais do que para remédio do pecado original?..	67
Artigo 5	Teria sido conveniente que Deus se encarnasse desde o princípio da humanidade?....	69
Artigo 6	A obra da encarnação deveria ter sido adiada até o fim do mundo?................	72
Questão 2	**O modo de união do Verbo encarnado com respeito à própria união**.................	75
Artigo 1	A união do Verbo encarnado foi feita em uma natureza?....................	75
Artigo 2	A união do Verbo encarnado foi feita na pessoa?...........................	79
Artigo 3	A união do Verbo encarnado foi feita no suposito, ou seja, na hipóstase?........	82
Artigo 4	A pessoa de Cristo é composta?..	85
Artigo 5	Em Cristo houve união da alma e do corpo?................................	86
Artigo 6	A natureza humana foi unida ao Verbo acidentalmente?.................	89
Artigo 7	A união das naturezas divina e humana é algo criado?.................	93
Artigo 8	A união é o mesmo que assunção?...	95
Artigo 9	A união das duas naturezas é a maior de todas as uniões?...........	97
Artigo 10	A união da encarnação foi feita pela graça?..................................	99
Artigo 11	A união da encarnação foi precedida por alguns méritos?.............	101
Artigo 12	A graça da união foi natural ao homem Cristo?............................	103
Questão 3	**A união, da parte da pessoa que assume**.................................	105
Artigo 1	Convinha à pessoa divina assumir a natureza criada?...................	105
Artigo 2	Convinha à natureza divina assumir?...	107
Artigo 3	A natureza poderia assumir, abstraindo-se a personalidade pelo intelecto?......	109
Artigo 4	Uma só pessoa poderia assumir a natureza criada, sem que outra a assumisse?.........	110
Artigo 5	Além da pessoa do Filho, outra pessoa divina poderia assumir a natureza humana?..	112
Artigo 6	Duas pessoas divinas poderiam assumir uma única e mesma natureza?.........	114
Artigo 7	Uma só pessoa divina poderia assumir duas naturezas humanas?.................	117
Artigo 8	Foi mais conveniente que se tenha encarnado o Filho de Deus do que o Pai ou o Espírito Santo?..	120
Questão 4	**A união da parte do que foi assumido**.....................................	122
Artigo 1	A natureza humana foi mais apta a ser assumida pelo Filho de Deus do que qualquer outra natureza?..	123
Artigo 2	O Filho de Deus assumiu a pessoa?...	126

Artigo 3	A pessoa divina assumiu o homem?	127
Artigo 4	Deveria o Filho de Deus assumir a natureza humana abstraída de todos os indivíduos?	129
Artigo 5	O Filho de Deus deveria assumir a natureza humana em todos os indivíduos?	131
Artigo 6	Foi conveniente que o Filho de Deus assumisse a natureza humana da descendência de Adão?	133
Questão 5	**A assunção das partes da natureza humana**	135
Artigo 1	O Filho de Deus assumiu um corpo verdadeiro?	135
Artigo 2	Cristo teve um corpo de carne ou terrestre?	138
Artigo 3	O Filho de Deus assumiu uma alma?	140
Artigo 4	O Filho de Deus assumiu a mente humana, ou o intelecto?	143
Questão 6	**A ordem da assunção**	146
Artigo 1	O Filho de Deus assumiu a carne mediante a alma?	146
Artigo 2	O Filho de Deus assumiu a alma mediante o espírito?	149
Artigo 3	A alma de Cristo foi assumida pelo Verbo antes da carne?	150
Artigo 4	A carne de Cristo foi assumida pelo Verbo antes de ser unida à alma?	152
Artigo 5	O Filho de Deus assumiu toda a natureza humana por meio das partes?	154
Artigo 6	O Filho de Deus assumiu a natureza humana mediante a graça?	156
Questão 7	**A graça de Cristo enquanto homem singular**	158
Artigo 1	Na alma assumida pelo Verbo houve a graça habitual?	159
Artigo 2	Em Cristo houve virtudes?	161
Artigo 3	Em Cristo houve fé?	163
Artigo 4	Em Cristo houve esperança?	164
Artigo 5	Em Cristo houve dons?	166
Artigo 6	Em Cristo houve o dom do temor?	168
Artigo 7	Em Cristo houve graças gratuitamente dadas?	169
Artigo 8	Em Cristo houve profecia?	171
Artigo 9	Em Cristo houve a plenitude da graça?	174
Artigo 10	A plenitude da graça é própria de Cristo?	176
Artigo 11	A graça de Cristo é infinita?	178
Artigo 12	A graça de Cristo pôde ser aumentada?	180
Artigo 13	A graça habitual em Cristo é uma consequência da união?	182
Questão 8	**Da graça de Cristo enquanto cabeça da Igreja**	185
Artigo 1	Compete a Cristo, enquanto homem, ser cabeça da Igreja?	185
Artigo 2	Cristo é a cabeça dos homens quanto aos corpos?	188
Artigo 3	Cristo é a cabeça de todos os homens?	189
Artigo 4	Cristo, enquanto homem, é cabeça dos anjos?	192
Artigo 5	A graça pela qual Cristo é cabeça da Igreja é a mesma que ele tem como homem individual?	194
Artigo 6	Ser cabeça da Igreja é próprio de Cristo?	196
Artigo 7	O demônio é cabeça dos maus?	198
Artigo 8	O Anticristo é cabeça de todos os maus?	200
Questão 9	**A ciência de Cristo em geral**	202
Artigo 1	Houve em Cristo alguma ciência além da divina?	202
Artigo 2	Houve em Cristo a ciência dos bem-aventurados ou dos que gozam a visão de Deus?	205
Artigo 3	Há em Cristo outra ciência infusa além da ciência bem-aventurada?	207
Artigo 4	Houve em Cristo alguma ciência experimental adquirida?	209
Questão 10	**A ciência bem-aventurada da alma de Cristo**	212
Artigo 1	A alma de Cristo compreendeu e compreende o Verbo, ou a essência divina?	212
Artigo 2	A alma de Cristo conhece todas as coisas no Verbo?	214
Artigo 3	A alma de Cristo pode conhecer no Verbo coisas infinitas?	217
Artigo 4	A alma de Cristo vê o Verbo mais perfeitamente do que qualquer outra criatura?	221

Questão 11	**A ciência infusa da alma de Cristo**	223
Artigo 1	Cristo conheceu todas as coisas por ciência infusa?	223
Artigo 2	A alma de Cristo podia conhecer em virtude da ciência infusa sem recorrer às representações imaginárias?	226
Artigo 3	A alma de Cristo possuiu a ciência infusa segundo o modo discursivo?	228
Artigo 4	A ciência infusa em Cristo foi menor do que nos anjos?	229
Artigo 5	A ciência infusa em Cristo foi uma ciência habitual?	230
Artigo 6	A ciência infusa da alma de Cristo se distinguiu segundo diversos hábitos?	232
Questão 12	**A ciência adquirida ou experimental da alma de Cristo**	234
Artigo 1	Cristo conheceu tudo por ciência adquirida ou experimental?	234
Artigo 2	Cristo progrediu na ciência adquirida ou experimental?	236
Artigo 3	Cristo aprendeu alguma coisa dos homens?	238
Artigo 4	Cristo recebeu ciência dos anjos?	240
Questão 13	**O poder da alma de Cristo**	242
Artigo 1	A alma de Cristo foi onipotente?	242
Artigo 2	A alma de Cristo foi onipotente com respeito à mudança nas criaturas?	245
Artigo 3	A alma de Cristo foi onipotente com respeito ao próprio corpo?	248
Artigo 4	A alma de Cristo foi onipotente com respeito à execução da própria vontade?	250
Questão 14	**As deficiências corporais que Cristo assumiu na natureza humana**	252
Artigo 1	O Filho de Deus deveria assumir a natureza humana com as deficiências corporais?	253
Artigo 2	Cristo esteve necessariamente submetido às deficiências do corpo?	256
Artigo 3	Cristo contraiu deficiências corporais?	258
Artigo 4	Cristo deveria assumir todas as deficiências corporais do homem?	260
Questão 15	**Deficiências da alma que Cristo assumiu na natureza humana**	262
Artigo 1	Em Cristo houve pecado?	262
Artigo 2	Em Cristo houve inclinação ao pecado?	265
Artigo 3	Em Cristo houve ignorância?	267
Artigo 4	A alma de Cristo foi sujeita à paixão?	269
Artigo 5	Houve em Cristo verdadeira dor sensível?	272
Artigo 6	Em Cristo houve tristeza?	274
Artigo 7	Em Cristo houve temor?	276
Artigo 8	Em Cristo houve admiração?	278
Artigo 9	Em Cristo houve ira?	279
Artigo 10	Cristo foi, ao mesmo tempo, peregrino e possuidor da visão beatífica?	281
Questão 16	**O que convém a Cristo segundo o ser e o vir-a-ser**	283
Artigo 1	É verdadeira a proposição: *Deus é homem*?	284
Artigo 2	É verdadeira a proposição: *o homem é Deus*?	287
Artigo 3	Cristo pode ser chamado homem do Senhor?	289
Artigo 4	Pode-se dizer de Deus o que pertence à natureza humana?	291
Artigo 5	Pode-se dizer da natureza divina o que pertence à natureza humana?	293
Artigo 6	É verdadeira a proposição: *Deus se fez homem*?	295
Artigo 7	É verdadeira a proposição: *o homem foi feito Deus*?	297
Artigo 8	É verdadeira a proposição: *Cristo é criatura*?	300
Artigo 9	Designando Cristo, pode-se dizer: este homem começou a existir?	302
Artigo 10	É verdadeira a proposição: Cristo, enquanto homem, é criatura ou começou a existir?	303
Artigo 11	Cristo, enquanto homem, é Deus?	305
Artigo 12	Cristo, enquanto homem, é hipóstase ou pessoa?	307
Questão 17	**A unidade de Cristo quanto ao existir**	308
Artigo 1	Cristo é um ou dois?	309
Artigo 2	Em Cristo há somente um ato de existir?	313

Questão 18	**A unidade de Cristo quanto à vontade**	316
Artigo 1	Houve em Cristo duas vontades, uma divina e outra humana?	316
Artigo 2	Houve em Cristo um apetite sensível além do apetite racional?	320
Artigo 3	Houve em Cristo duas vontades racionais?	322
Artigo 4	Houve em Cristo livre-arbítrio?	324
Artigo 5	A vontade humana de Cristo queria algo diferente do que Deus quer?	325
Artigo 6	Houve contrariedade de vontades em Cristo?	328
Questão 19	**A unidade de operação de Cristo**	331
Artigo 1	Há em Cristo só uma única operação, divina e humana?	331
Artigo 2	Há em Cristo várias operações humanas?	337
Artigo 3	Cristo mereceu algo com sua ação humana?	339
Artigo 4	Pôde Cristo merecer para os outros?	341
Questão 20	**A submissão de Cristo ao Pai**	343
Artigo 1	Pode-se dizer que Cristo esteve submetido ao Pai?	343
Artigo 2	Esteve Cristo submetido a si mesmo?	346
Questão 21	**A oração de Cristo**	349
Artigo 1	Cabia a Cristo orar?	349
Artigo 2	Convinha a Cristo rezar segundo seu apetite sensível?	352
Artigo 3	Foi conveniente que Cristo orasse por si mesmo?	354
Artigo 4	Foi sempre atendida a oração de Cristo?	355
Questão 22	**O sacerdócio de Cristo**	358
Artigo 1	Convinha a Cristo ser sacerdote?	359
Artigo 2	Cristo foi sacerdote e vítima ao mesmo tempo?	361
Artigo 3	O sacerdócio de Cristo tem como efeito a expiação dos pecados?	363
Artigo 4	O efeito do sacerdócio de Cristo concernia aos outros ou somente a ele?	365
Artigo 5	Permanece para sempre o sacerdócio de Cristo?	368
Artigo 6	O sacerdócio de Cristo foi segundo a ordem de Melquisedec?	369
Questão 23	**A conveniência de Cristo ser adotado**	371
Artigo 1	Compete a Deus adotar filhos?	371
Artigo 2	Adotar filhos convém a toda a Trindade?	373
Artigo 3	Ser adotado é próprio da criatura racional?	375
Artigo 4	Cristo, enquanto homem, é filho adotivo de Deus?	377
Questão 24	**A predestinação de Cristo**	378
Artigo 1	Convinha a Cristo ser predestinado?	379
Artigo 2	Cristo, enquanto homem, foi predestinado a ser Filho de Deus. É falsa essa proposição?	382
Artigo 3	A predestinação de Cristo é modelo da nossa predestinação?	384
Artigo 4	A predestinação de Cristo é causa da nossa predestinação?	386
Questão 25	**A adoração de Cristo**	387
Artigo 1	Deve-se adorar, com a mesma adoração, a humanidade de Cristo e sua divindade?	387
Artigo 2	Deve-se adorar a humanidade de Cristo com adoração de latria?	390
Artigo 3	Deve-se adorar a imagem de Cristo com adoração de latria?	392
Artigo 4	Deve-se adorar a cruz de Cristo com adoração de latria?	394
Artigo 5	Deve-se adorar a mãe de Deus com adoração de latria?	396
Artigo 6	Devem ser adoradas de algum modo as relíquias dos santos?	398
Questão 26	**Cristo mediador entre Deus e os homens**	400
Artigo 1	É próprio de Cristo ser mediador entre Deus e os homens?	400
Artigo 2	Cristo é mediador entre Deus e os homens enquanto homem?	402

VIDA, MORTE E RESSURREIÇÃO DE CRISTO

INTRODUÇÃO E NOTAS POR MARIE-JOSEPH NICOLAS 405
Introdução 407

Questão 27 A santificação da Bem-aventurada Virgem 411
    Artigo 1 A Bem-aventurada Virgem foi santificada no seio materno antes de nascer? 412
    Artigo 2 A Bem-aventurada Virgem foi santificada antes de receber a alma? 414
    Artigo 3 A Bem-aventurada Virgem foi purificada da inclinação ao pecado? 417
    Artigo 4 Pela santificação no seio materno a Bem-aventurada Virgem
              foi preservada de todo pecado atual? 421
    Artigo 5 A Bem-aventurada Virgem alcançou a plenitude
              de graça pela santificação no seio materno? 424
    Artigo 6 Além de Cristo, foi próprio da Bem-aventurada Virgem
              ser santificada no seio materno? 427

Questão 28 A virgindade da Mãe de Deus 429
    Artigo 1 A Mãe de Deus foi virgem ao conceber Cristo? 430
    Artigo 2 Foi a mãe de Cristo virgem no parto? 433
    Artigo 3 A mãe de Cristo permaneceu virgem depois do parto? 436
    Artigo 4 Terá feito voto de virgindade a Mãe de Deus? 440

Questão 29 Os esponsais da Mãe de Deus 442
    Artigo 1 Cristo devia nascer de uma virgem desposada? 442
    Artigo 2 Houve um verdadeiro matrimônio entre Maria e José? 446

Questão 30 A anunciação da Bem-aventurada Virgem 449
    Artigo 1 Era necessário que fosse anunciado à Bem-aventurada Virgem
              o que iria realizar-se nela? 449
    Artigo 2 A anunciação à Bem-aventurada Virgem deveria ser feita por um anjo? 451
    Artigo 3 O anjo da Anunciação devia aparecer à Virgem numa visão corporal? 454
    Artigo 4 A anunciação se realizou segundo uma ordem conveniente? 457

Questão 31 A matéria da qual foi concebido o corpo do Salvador 459
    Artigo 1 A carne de Cristo foi tomada de Adão? 460
    Artigo 2 Cristo tomou a carne da descendência de Davi? 461
    Artigo 3 A genealogia de Cristo nos evangelhos está convenientemente elaborada? 464
    Artigo 4 A matéria do corpo de Cristo devia ser tomada de uma mulher? 470
    Artigo 5 A carne de Cristo foi concebida do sangue puríssimo da Virgem? 472
    Artigo 6 Existiu o corpo de Cristo segundo uma forma determinada em Adão
              e nos outros patriarcas? 475
    Artigo 7 A carne de Cristo foi contaminada pelo pecado nos antigos patriarcas? 477
    Artigo 8 Cristo pagou o dízimo como descendente de Abraão? 479

Questão 32 O princípio ativo na concepção de Cristo 481
    Artigo 1 Deve-se atribuir ao Espírito Santo a realização da concepção de Cristo? 482
    Artigo 2 Deve-se dizer que Cristo foi concebido do Espírito Santo? 485
    Artigo 3 Deve-se dizer que o Espírito Santo é o pai de Cristo segundo a humanidade? 487
    Artigo 4 Teve a Bem-aventurada Virgem papel ativo na concepção do corpo de Cristo? .. 489

Questão 33 O modo e a ordem da concepção de Cristo 492
    Artigo 1 Formou-se o corpo de Cristo no primeiro instante da concepção? 492
    Artigo 2 O corpo de Cristo recebeu uma alma no primeiro instante da concepção? 495
    Artigo 3 A carne de Cristo foi concebida primeiro e depois assumida? 497
    Artigo 4 A concepção de Cristo foi natural? 499

Questão 34 A perfeição da prole concebida 500
    Artigo 1 Cristo foi santificado no primeiro instante de sua concepção? 500

Artigo 2	Cristo, enquanto homem, teve o uso do livre-arbítrio no primeiro instante de sua concepção?..	502
Artigo 3	Pôde Cristo merecer no primeiro instante de sua concepção?........................	505
Artigo 4	Cristo foi perfeitamente possuidor da visão beatífica no primeiro instante de sua concepção?..	506

Questão 35 O nascimento de Cristo 508
- Artigo 1 O nascimento cabe antes à natureza ou à pessoa?.. 509
- Artigo 2 Deve-se atribuir a Cristo um nascimento temporal?....................................... 510
- Artigo 3 A Bem-aventurada Virgem pode ser chamada mãe de Cristo por causa do nascimento temporal?.. 513
- Artigo 4 A Bem-aventurada Virgem deve ser chamada mãe de Deus?........................ 514
- Artigo 5 Existem duas filiações em Cristo?.. 516
- Artigo 6 Cristo nasceu sem dor da mãe?... 520
- Artigo 7 Cristo deveria nascer em Belém?... 522
- Artigo 8 Cristo nasceu no tempo oportuno?.. 524

Questão 36 A manifestação de Cristo em seu nascimento 526
- Artigo 1 O nascimento de Cristo devia ser manifestado a todos?.............................. 526
- Artigo 2 O nascimento de Cristo devia ser manifestado a alguns?............................. 528
- Artigo 3 Foram bem escolhidos aqueles aos quais o nascimento de Cristo foi manifestado?.... 530
- Artigo 4 Cristo devia manifestar por si mesmo seu nascimento?................................. 532
- Artigo 5 O nascimento de Cristo devia ser manifestado por meio dos anjos e da estrela?....... 534
- Artigo 6 O nascimento de Cristo foi manifestado na ordem conveniente?.................. 537
- Artigo 7 A estrela que apareceu aos magos era uma estrela do céu?........................ 540
- Artigo 8 Foi conveniente que os magos viessem adorar e venerar a Cristo?............... 542

Questão 37 A circuncisão de Cristo e as outras prescrições legais observadas com Cristo menino 545
- Artigo 1 Cristo devia ser circuncidado?... 545
- Artigo 2 Convinha a Cristo o nome que lhe foi imposto?.. 547
- Artigo 3 Convinha que Cristo fosse oferecido no templo?... 550
- Artigo 4 Foi conveniente que a Mãe de Deus se apresentasse no templo para ser purificada?... 553

Questão 38 O batismo de João 554
- Artigo 1 Era conveniente que João batizasse?.. 555
- Artigo 2 O batismo de João era de Deus?.. 556
- Artigo 3 O batismo de João conferia a graça?... 558
- Artigo 4 Somente Cristo devia ser batizado com o batismo de João?....................... 560
- Artigo 5 O batismo de João devia cessar, uma vez batizado Cristo?......................... 561
- Artigo 6 Os batizados com o batismo de João deviam ser batizados com o batismo de Cristo? ... 563

Questão 39 O batismo de Cristo 566
- Artigo 1 Era conveniente que Cristo fosse batizado?... 566
- Artigo 2 Convinha que Cristo fosse batizado com o batismo de João?..................... 568
- Artigo 3 Cristo foi batizado no momento conveniente?... 569
- Artigo 4 Cristo devia ser batizado no Jordão?.. 572
- Artigo 5 Deviam abrir-se os céus depois do batismo de Cristo?................................ 573
- Artigo 6 Convém dizer que o Espírito Santo desceu em forma de pomba sobre o Cristo batizado?... 576
- Artigo 7 A pomba na qual apareceu o Espírito Santo era verdadeiro animal?........... 580
- Artigo 8 Foi conveniente que, uma vez batizado Cristo, se deixasse ouvir a voz do Pai dando testemunho do Filho?... 581

Questão 40 O modo de viver de Cristo 584
- Artigo 1 Cristo devia conviver com as pessoas, ou levar uma vida solitária?............. 584

Artigo 2	Cristo devia levar neste mundo uma vida austera?	586
Artigo 3	Cristo devia levar neste mundo uma vida pobre?	589
Artigo 4	Cristo viveu segundo a lei?	592
Questão 41	**A tentação de Cristo**	**594**
Artigo 1	Era conveniente que Cristo fosse tentado?	594
Artigo 2	Cristo devia ser tentado no deserto?	597
Artigo 3	Cristo devia ser tentado depois do jejum?	599
Artigo 4	Foram convenientes o modo e a ordem da tentação?	601
Questão 42	**O ensinamento de Cristo**	**605**
Artigo 1	Cristo devia pregar só aos judeus, ou também aos gentios?	606
Artigo 2	Cristo devia pregar aos judeus sem escandalizá-los?	608
Artigo 3	Cristo devia ensinar tudo publicamente?	610
Artigo 4	Cristo devia expor seu ensinamento por escrito?	613
Questão 43	**Os milagres de Cristo em geral**	**615**
Artigo 1	Cristo devia fazer milagres?	616
Artigo 2	Cristo fez milagres pelo poder divino?	617
Artigo 3	Cristo começou a fazer milagres nas bodas de Caná, mudando a água em vinho?	619
Artigo 4	Os milagres que Cristo fez foram suficientes para manifestar sua divindade?	621
Questão 44	**As diversas espécies de milagres**	**625**
Artigo 1	Foram convenientes os milagres que Cristo fez em relação às substâncias espirituais?	625
Artigo 2	Foi conveniente que Cristo fizesse milagres em relação aos corpos celestes?	629
Artigo 3	Foram convenientes os milagres que Cristo fez em relação aos homens?	633
Artigo 4	Foram convenientes os milagres que Cristo fez em relação às criaturas irracionais?	638
Questão 45	**A transfiguração de Cristo**	**640**
Artigo 1	Era conveniente que Cristo se transfigurasse?	641
Artigo 2	A claridade da transfiguração foi a claridade da glória?	643
Artigo 3	Foram convenientes as testemunhas escolhidas para a transfiguração?	645
Artigo 4	Foi conveniente que se acrescentasse o testemunho da voz do Pai dizendo: Este é o meu Filho dileto?	648
Questão 46	**A paixão de Cristo**	**650**
Artigo 1	Era necessário Cristo ter sofrido pela libertação do gênero humano?	650
Artigo 2	Haveria outro modo possível de libertar a natureza humana que não fosse a paixão de Cristo?	653
Artigo 3	Haveria outro modo mais conveniente de libertação humana do que a paixão de Cristo?	655
Artigo 4	Cristo deveria sofrer na cruz?	658
Artigo 5	Cristo suportou todos os sofrimentos?	661
Artigo 6	A dor da paixão de Cristo foi maior que todas as outras dores?	663
Artigo 7	Cristo sofreu em toda a sua alma?	667
Artigo 8	No momento da paixão, a alma toda de Cristo gozava da bem-aventurança?	670
Artigo 9	Cristo sofreu no tempo oportuno?	671
Artigo 10	Cristo sofreu no lugar conveniente?	675
Artigo 11	Foi conveniente Cristo ter sido crucificado com os ladrões?	678
Artigo 12	A paixão de Cristo deve ser atribuída à sua divindade?	680
Questão 47	**A causa eficiente da paixão de Cristo**	**681**
Artigo 1	Foram outros que mataram Cristo, ou foi ele próprio?	682
Artigo 2	Cristo morreu por obediência?	684
Artigo 3	Deus Pai entregou Cristo à paixão?	686
Artigo 4	Foi conveniente ter Cristo sofrido nas mãos dos gentios?	688

Artigo 5	Os perseguidores de Cristo sabiam quem ele era?................................	689
Artigo 6	Os que crucificaram a Cristo cometeram o mais grave dos pecados?..........	692
Questão 48	**O modo da paixão de Cristo**..	694
Artigo 1	Foi por mérito que a paixão de Cristo causou a nossa salvação?...............	694
Artigo 2	A paixão de Cristo causou a nossa salvação como satisfação?.................	696
Artigo 3	A paixão de Cristo se efetuou como um sacrifício?.............................	698
Artigo 4	Foi como redenção que a paixão de Cristo efetuou a nossa salvação?........	700
Artigo 5	É próprio de Cristo ser redentor?..	703
Artigo 6	A paixão de Cristo efetuou a nossa salvação de modo eficiente?..............	704
Questão 49	**Os efeitos da paixão de Cristo**..	706
Artigo 1	Fomos libertados do pecado pela paixão de Cristo?............................	706
Artigo 2	Pela paixão de Cristo, somos libertados do poder do diabo?...................	708
Artigo 3	Pela paixão de Cristo, os homens ficaram livres da pena do pecado?.........	710
Artigo 4	Pela paixão de Cristo, fomos reconciliados com Deus?........................	712
Artigo 5	Por sua paixão, Cristo nos abriu as portas do céu?.............................	714
Artigo 6	Por sua paixão, Cristo mereceu ser exaltado?..................................	716
Questão 50	**A morte de Cristo**...	718
Artigo 1	Foi conveniente Cristo ter morrido?...	718
Artigo 2	Quando Cristo morreu, a divindade se separou da carne?.....................	720
Artigo 3	Quando Cristo morreu, a divindade se separou da alma?......................	722
Artigo 4	Cristo continuou sendo homem nos três dias de sua morte?...................	725
Artigo 5	O corpo de Cristo, vivo e morto, foi numericamente o mesmo?...............	726
Artigo 6	A morte de Cristo teve algum efeito para nossa salvação?.....................	729
Questão 51	**O sepultamento de Cristo**...	730
Artigo 1	Foi conveniente que Cristo tenha sido sepultado?...............................	731
Artigo 2	Cristo foi sepultado de modo conveniente?.....................................	732
Artigo 3	O corpo de Cristo no sepulcro foi reduzido a pó?...............................	735
Artigo 4	Cristo ficou no sepulcro somente por um dia e duas noites?....................	737
Questão 52	**A descida de Cristo aos infernos**..	739
Artigo 1	Foi conveniente que Cristo tenha descido aos infernos?.......................	739
Artigo 2	Cristo desceu também ao inferno dos condenados?............................	741
Artigo 3	Cristo esteve inteiro nos infernos?..	745
Artigo 4	Cristo demorou algum tempo nos infernos?.....................................	746
Artigo 5	Cristo, ao descer aos infernos, libertou de lá os santos patriarcas?............	748
Artigo 6	Cristo libertou do inferno algum condenado?...................................	750
Artigo 7	Com a descida de Cristo, as crianças que morreram com o pecado original foram libertadas?.................................	752
Artigo 8	Com sua descida aos infernos, Cristo libertou as almas do purgatório?.......	754
Questão 53	**A ressurreição de Cristo**...	756
Artigo 1	Havia necessidade de Cristo ressurgir?..	756
Artigo 2	Foi conveniente ter Cristo ressurgido no terceiro dia?.........................	758
Artigo 3	Cristo foi o primeiro a ressuscitar?...	761
Artigo 4	Cristo foi a causa de sua ressurreição?..	764
Questão 54	**A qualidade do Cristo ressuscitado**..	765
Artigo 1	Depois da ressurreição, Cristo tinha um corpo verdadeiro?...................	766
Artigo 2	O corpo de Cristo ressuscitou glorioso?...	768
Artigo 3	O corpo de Cristo ressuscitou inteiro?...	771
Artigo 4	O corpo de Cristo deveria ressurgir com cicatrizes?............................	773
Questão 55	**A manifestação da ressurreição**..	775
Artigo 1	A ressurreição de Cristo deveria ser manifestada a todos?.....................	776

Artigo 2	Era conveniente que os discípulos vissem Cristo ressurgir?............................	778
Artigo 3	Cristo, após a ressurreição, deveria conviver continuamente com os discípulos?.........	780
Artigo 4	Cristo deveria se manifestar a seus discípulos com outra aparência?....................	783
Artigo 5	Cristo deveria demonstrar com provas a verdade da ressurreição?.....................	785
Artigo 6	As provas que Cristo apresentou demonstraram suficientemente a verdade de sua ressurreição?...................................	788
Questão 56	**A causalidade da ressurreição de Cristo**	792
Artigo 1	A ressurreição de Cristo é causa da ressurreição dos corpos?	793
Artigo 2	A ressurreição de Cristo é causa da ressurreição das almas?.........................	796
Questão 57	**A ascensão de Cristo**	799
Artigo 1	Foi conveniente ter Cristo subido ao céu?..	799
Artigo 2	Subir ao céu convém a Cristo segundo a natureza divina?............................	802
Artigo 3	Cristo subiu ao céu por seu próprio poder?..	804
Artigo 4	Cristo subiu acima de todos os céus?..	806
Artigo 5	O corpo de Cristo subiu acima de todas as criaturas espirituais?....................	808
Artigo 6	A ascensão de Cristo é a causa de nossa salvação?...................................	809
Questão 58	**O assento de Cristo à direita do Pai**	812
Artigo 1	Compete a Cristo sentar-se à direita de Deus Pai?.....................................	812
Artigo 2	Sentar-se à direita do Pai compete a Cristo enquanto Deus?.........................	814
Artigo 3	Sentar-se à direita do Pai compete a Cristo enquanto homem?.....................	815
Artigo 4	Sentar-se à direita do Pai é próprio de Cristo?...	818
Questão 59	**O poder judiciário de Cristo**...	820
Artigo 1	O poder de julgar deve ser atribuído especialmente a Cristo?.......................	820
Artigo 2	O poder de julgar compete a Cristo enquanto homem?	822
Artigo 3	Foi por seus méritos que Cristo adquiriu o poder de julgar?.........................	825
Artigo 4	Pertence a Cristo o poder de julgar todas as coisas humanas?.......................	827
Artigo 5	Depois do julgamento que se verifica nesta vida, haverá um juízo universal?............	829
Artigo 6	O poder de julgar de Cristo se estende aos anjos?.....................................	831

Edições Loyola é uma obra da Companhia de Jesus do Brasil e foi fundada em 1958. De inspiração cristã, tem como maior objetivo o desenvolvimento integral do ser humano. Atua como editora de livros e revistas e também como gráfica, que atende às demandas internas e externas. Por meio de suas publicações, promove fé, justiça e cultura.

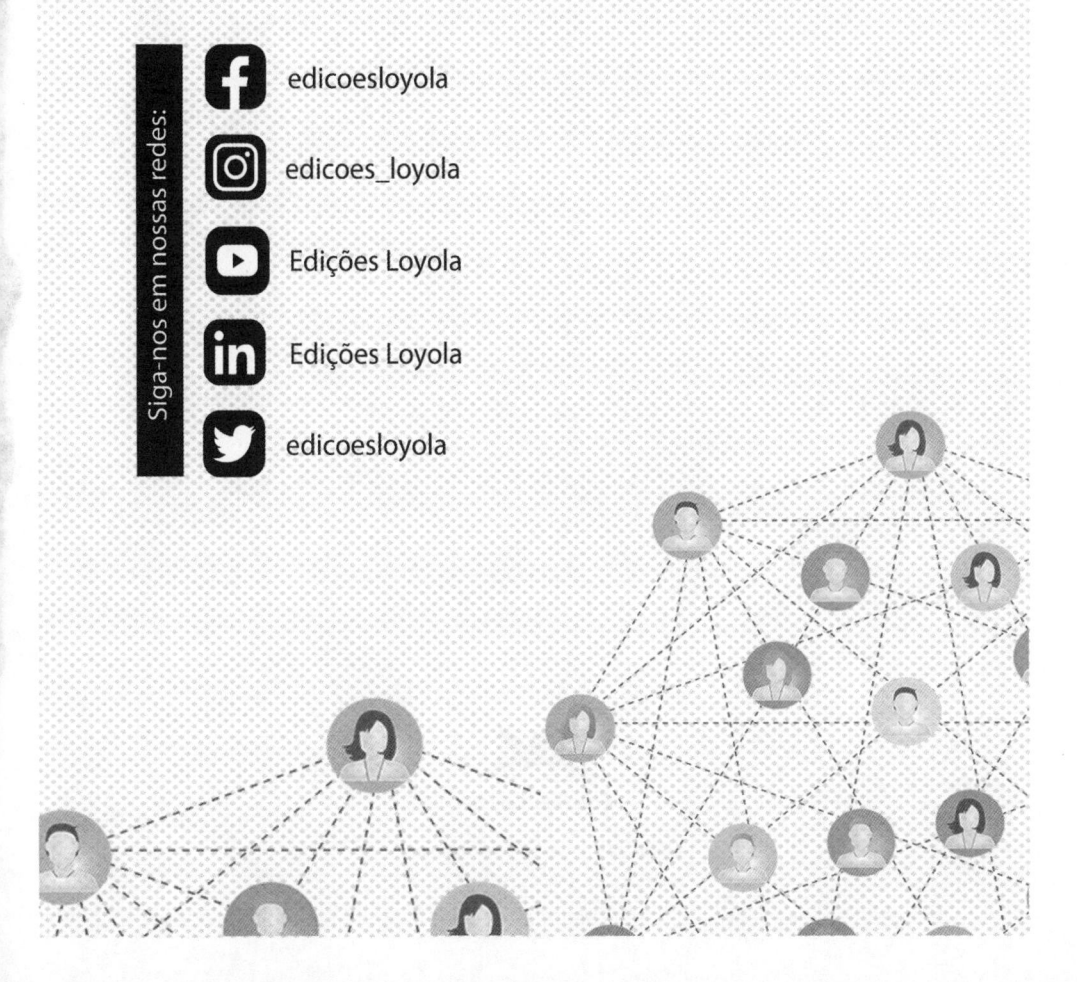

Siga-nos em nossas redes:

- edicoesloyola
- edicoes_loyola
- Edições Loyola
- Edições Loyola
- edicoesloyola

Edições Loyola

editoração impressão acabamento
rua 1822 nº 341
04216-000 são paulo sp
T 55 11 3385 8500/8501 · 2063 4275
www.loyola.com.br